栃木県高校入試の対策 2024

実戦編

社会

数学

理科

英語

国語

令和5年度
県立入試

令和4年度
県立入試

令和3年度
県立入試

令和2年度
県立入試

令和元年度
県立入試

平成30年度
県立入試

平成29年度
県立入試

下野新聞社

本書は昭和40年創刊。以来一貫して、栃木県内の国公立・私立高校に進学を目指す人のために毎年発行を続けている伝統ある進学情報誌です。
これから一年がんばる君を心から応援しています。

本書の特徴と使い方

[情報ガイド編]

栃木県内の全県立高校全日制・定時制・通信制高校、私立高校、国立高専などの先生方に下野新聞社が独自にアンケートを行い回答を頂いた「県内高校アンケート こんな学校です」はそれぞれの学校の特徴がリアルにわかり志望校決定に役立ちます。また過去3年分の栃木県立高校入試の傾向と対策を分析しています。

[基礎編]

栃木県立高校で出題されやすい傾向の問題を中心に社会、数学、理科、英語、国語の５教科各10回を掲載。制限時間を守り自分で解き、採点をすることによって苦手なところが分かります。解けなかった問題は［解答・解説編］にある解答・解説で確認し、理解しましょう。

[実戦編]

令和5年度から過去7年分の栃木県立高校入試問題、栃木県内の私立高校13校の入試問題と小山工業高等専門学校の入試問題を収録しています。

[英語リスニングテスト用音声データ]

栃木県立高校入試で英語の聞き方のテストの配点は100点満点中約3割を占めます。これほど大きな比重を占めるリスニング問題を入試本番でミスしないために、日頃からくりかえしこの音声データを聞き、耳に慣らしておくことが有効です。

栃木県高校入試の対策 2024

実戦編

作新学院

文星芸術大附属

宇都宮文星女子

宇都宮短大附属

星の杜

国学院大学栃木

佐野日本大学

青藍泰斗

足利短大附属

足利大学附属

白鷗大学足利

矢板中央

佐野清澄

国立小山工業高等専門学校

下野新聞社

栃木県高校入試の対策 2024

CONTENTS 1

［基礎編］

社会

数学

理科

英語

国語

栃木県高校入試の対策 2024

CONTENTS 2

[実戦編]

[掲載広告目次]

[基礎編]

社会

数学

理科

英語

国語

栃木県
高校入試
の対策
2024

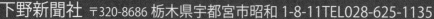

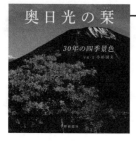

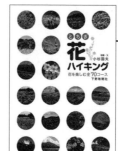

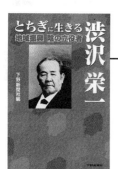

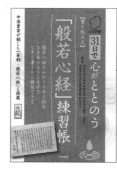

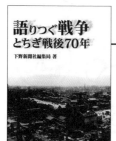

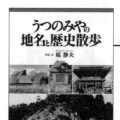

［基礎編］

社会

栃木県
高校入試
の対策
2024

1 地理 1

制限時間 30分

1 次の問いに答えなさい。 ((3)，(4)，各2点，その他各3点)

(1) 右の地図1中のⅠ～Ⅲは，それぞれ三大洋のいずれかを示しており，-----は，大洋の境界を示している。Ⅰが示している大洋の名称を答えなさい。 [ ]

地図1

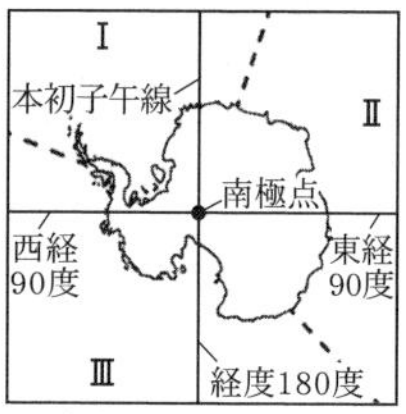

注）大陸の周囲の海は，Ⅰ～Ⅲの三つの大洋に含めている。

(2) アジア州をさらに細かく区分したとき，タイやインドネシアがふくまれる地域を何アジアというか。 [ ]

(3) 右の地図2は，長崎市を中心とした地図で，中心からの方位と距離が正しく表されている。地図から読み取れることに関するa，bの文の正誤の組み合わせとして最も適当なものを次から一つ選び，記号で答えなさい。 [ ]

地図2

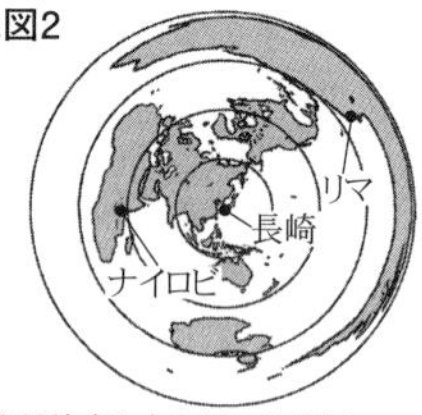

注）長崎市を中心として，半径5,000kmごとに円を記している。

a リマは，長崎からほぼ北西の方位に位置する。

b 長崎からリマまでの距離は，長崎からナイロビまでの距離より長い。

ア a＝正，b＝正 **イ** a＝正，b＝誤

ウ a＝誤，b＝正 **エ** a＝誤，b＝誤

(4) 右の地図3中の○印で示した区域において，伝統的に，主食とするために栽培されている作物として最も適当なものを次から一つ選び，記号で答えなさい。 [ ]

地図3

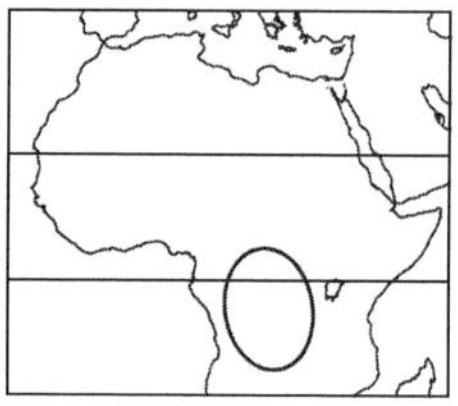

ア 米 **イ** 小麦 **ウ** とうもろこし **エ** いも類

(5) 右の資料は，世界を五つの気候帯に分けたときの，大陸別気候帯面積の割合を示したものである。オーストラリア大陸にあてはまるものとして最も適当なものを資料から一つ選び，記号で答えなさい。 [ ]

資料 世界の大陸別気候帯面積の割合 単位(%)

	北アメリカ	アフリカ	ア	イ	ウ	エ
熱 帯	5.2	38.6	7.4	16.9	63.4	—
乾燥帯	14.4	46.7	26.1	57.2	14.0	—
温 帯	13.5	14.7	17.5	25.9	21.0	—
冷 帯(亜寒帯)	43.4	—	39.2	—	—	—
寒 帯	23.5	—	9.8	—	1.6	100.0

(「データブック オブ・ザ・ワールド」2020より作成)

(6) 次の文中の(a)に当てはまる風の名を答えなさい。 [ ]

> アジアの東部から南部にかけての海沿いの地域では，半年ごとに風向きが変化する(a)が海から吹くことで降水量が多くなり，雨季となる。

(7) シェンチェンは，イギリスの植民地であったホンコンに隣接する都市であり，中国で最初の経済特区が設けられた。中国がシェンチェンなどに経済特区を設けた理由を，「外国企業」という語句を用いて答えなさい。[ ]

(8) 東南アジア諸国連合の略号を，大文字のアルファベット五字で答えなさい。[ ]

(9) マレーシアなどでみられる農業について述べた，次の文章中の( )に共通してあてはまる適当な語句をカタカナで答えなさい。 [ ]

> マレーシアなどでは，かつて植民地であった時代につくられた( )で天然ゴムや油やしなどの作物が大規模に栽培されている。( )とは，主に熱帯地域で見られる大農園のことである。

解答・解説 P60

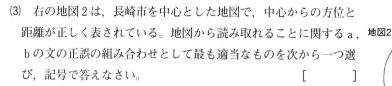

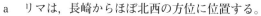

学習ポイント！

●世界の主要な国の名前と位置を覚えておく。
●各気候帯の特徴を言えるようにする。
●アジア州・ヨーロッパ州の特徴を自然・産業等の点からまとめておく。

得点　/50

2　次の問いに答えなさい。　((6)各2点，その他各3点)

(1)　次の文は，インドについてまとめたレポートの一部である。　文中の（ a ），（ b ）に当てはまる語句の組み合わせとして最も適当なものを次から一つ選び，記号で答えなさい。　[　　]

インドでは，最も多くの人々が（ a ）を信仰しており，この国の社会や人々の暮らしに大きな影響をあたえています。また，（ a ）では，水で身体をきよめる（ b ）とよばれる儀式が重視されています。

ア　a＝ヒンドゥー教，b＝断食　　**ウ**　a＝仏教，b＝断食
イ　a＝ヒンドゥー教，b＝沐浴　　**エ**　a＝仏教，b＝沐浴

(2)　インドの産業について述べた次の文a，bについて，その正誤の組み合わせとして最も適当なものを次から一つ選び，記号で答えなさい。　[　　]

a　理数教育の水準の高さなどを背景とし，バンガロールを中心にIT産業が発展している。
b　自動車産業の分野では，日本をはじめとする外国の企業が進出している。

ア　a＝正，b＝正　**イ**　a＝正，b＝誤　**ウ**　a＝誤，b＝正　**エ**　a＝誤，b＝誤

(3)　アフリカ北部や西アジアの一部の地域では，水や草を求めて季節的に移動し，牛やラクダなどを飼育する牧畜が行われている。このような牧畜を何というか。　[　　]

(4)　南アフリカ共和国は，異なる人種どうしの和解や協調を進めている。これは，1990年代にヨーロッパ系以外の人々を差別する政策が廃止されたためである。この廃止された政策を何というか。　[　　]

(5)　アフリカ州について述べた文として当てはまらないものを次から一つ選び，記号で答えなさい。　[　　]

ア　サハラ砂漠とその北部は，アフリカの他地域に比べイスラム教を信仰している人が特に少ない地域である。
イ　複数の民族が暮らす国では，民族のまとまりを無視した植民地時代の境界線が国境線となったところが多く，民族間の争いがみられる地域がある。
ウ　多くの国では，特定の生産物の輸出にたよったモノカルチャー経済がみられる。
エ　日本などの先進国は，アフリカの国々の自立に向けた技術支援や開発援助を行っている。

(6)　イギリスは，a(**ア**　夏に降水量が多い　**イ**　冬に降水量が多い　**ウ**　1年を通じて降水量の差が小さい)気候で，羊の放牧などの牧畜がさかんである。ギリシャでは夏に乾燥する気候にも強い　b(**ア**　オリーブ　**イ**　油やし　**ウ**　カカオ)の栽培がさかんである。a，bの(　　)の中から適当なものをそれぞれ一つずつ選び，記号で答えなさい。

a[　　]　b[　　]

(7)　スカンディナビア半島では，氷河によってけずられた谷に海水が入りこんでできた奥行きの長い湾がみられる。この地形を何というか。　[　　]

(8)　ヨーロッパ連合(EU)域内の多くの国で導入している共通通貨を何というか。カタカナで答えなさい。　[　　]

2 地理 2

制限時間 30分

3 次の問いに答えなさい。 （各3点）

⑴ 右の表の作物A～Cは，なつめやし・カカオ豆・オリーブのいずれかについての生産上位国を示している。作物Aの説明文として最も適当なものを次から一つ選び，記号で答えなさい。 [ ]

表

	作物A	作物B	作物C
1位	スペイン	エジプト	コートジボワール
2位	ギリシャ	イラン	ガーナ
3位	イタリア	アルジェリア	インドネシア

（二宮書店「地理統計要覧」2019年版より作成）

ア 気温が高く乾燥した地域でおもに栽培され，果実は生で食べたり，干して保存食にする。

イ 赤道付近を中心に栽培され，果実の中の種を乾燥させたものがお菓子の原料になる。

ウ 地中海沿岸地域が原産で，果実は食用やオイルにして料理に使われる。

⑵ 次の文a～dのうち，ロシアの特徴について説明したものの組み合わせとして最も適当なものを次から一つ選び，記号で答えなさい。 [ ]

a 国土の面積が世界で最も大きい国である。 b 人口が世界で最も多い国である。

c 原油や天然ガスが，パイプラインを通じて外国へ輸出されている。

d 世界全体のパソコンの９割以上が生産されている。

ア a，c イ a，d ウ b，c エ b，d

⑶ 右の図は，アメリカ合衆国のある航空会社の主な航空路線を示した模式図である。アトランタをはじめ，図中の■の空港は，国際線の乗りかえ拠点で，地方空港へのアクセスの中心的役割も担っている。このような空港を何というか。 [ ]

図

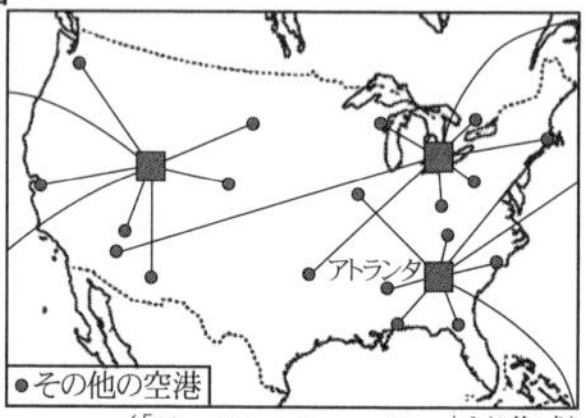

（「Sky West Route Map」より作成）

⑷ アメリカ合衆国では，地域の気候や土壌などに合わせた農業が行われている。このことを何というか。 [ ]

⑸ ブラジルのアマゾン川流域で行われてきた次の文のような農業を何というか。 [ ]

> 森林や草原を焼きはらい，その灰を肥料にして作物を栽培する農業。数年すると土地がやせて，作物が育たなくなるため，別の場所に移動して，これをくり返す。

⑹ 植物原料からつくられるアルコール燃料を何というか。 [ ]

⑺ オセアニア州について述べた文として当てはまらないものを次から一つ選び，記号で答えなさい。 [ ]

ア 面積の小さい島々の多くは，現在でもアメリカ領，フランス領などである。

イ 貿易などで，アジア諸国との結び付きを強めている。

ウ 日本と季節が逆であることから，日本を訪れる観光客が増えている。

エ 18世紀後半から世界に先がけて鉄鋼業や機械工業が発達した。

⑻ 右の略地図のA島は日本の西端である。A島の名として最も適当なものを次から一つ選び，記号で答えなさい。 [ ]

ア 南鳥島 イ 与那国島 ウ 沖ノ鳥島 エ 択捉島

略地図

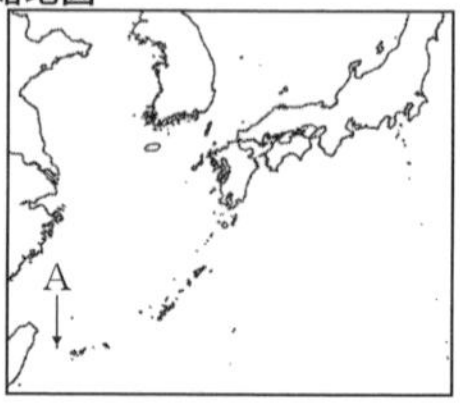

⑼ 日本を７地方に区分したとき，関東地方と接する東北地方の県が１県ある。その県名を答えなさい。 [ ]

学習ポイント！

- ●アフリカ州・北アメリカ州・南アメリカ州・オセアニア州の特徴をまとめておく。
- ●各都道府県の位置と県庁所在地は覚えておく。
- ●日本の自然環境の特徴は試験に頻出であるから何度も復習する。

得点　/50

4　次の問いに答えなさい。　((6)2点(完答)，その他各3点)

(1)　右の表は，都市の位置を示したものである。札幌とニューヨークの時差を正しく述べた文として最も適当なものを次から一つ選び，記号で答えなさい。　[　　]

ア　札幌の時刻は，ニューヨークの時刻よりも7時間早い。
イ　札幌の時刻は，ニューヨークの時刻よりも7時間遅い。
ウ　札幌の時刻は，ニューヨークの時刻よりも14時間早い。
エ　札幌の時刻は，ニューヨークの時刻よりも14時間遅い。

表

	都市の位置	
	緯《い》度	経度
札幌	北緯 43°	東経 141°
ロンドン	北緯 51°	0°
ニューヨーク	北緯 41°	西経 74°

(2)　世界には，高くけわしい山脈や島々が連なる造山帯が二つある。このうち，アルゼンチンとチリの国境をなすアンデス山脈が属する造山帯を何というか。　[　　]

(3)　フォッサマグナに関して述べた次のa，bの文の正誤の組み合わせとして最も適当なものを次から一つ選び，記号で答えなさい。　[　　]

a　フォッサマグナの東側には，日本アルプスともよばれる標高 3000 m 前後の三つの山脈が連なっている。

b　日本列島の山地の様子を大きくとらえると，フォッサマグナよりも西側の中国，四国地方では山地が南北方向に，東側の北海道，東北地方では山地が東西方向に連なっている。

ア　a＝正，b＝正　**イ**　a＝正，b＝誤　**ウ**　a＝誤，b＝正　**エ**　a＝誤，b＝誤

(4)　右の資料は，川が山間部から平野や盆地に出たところに土砂がたまってできた地形である。このような地形を何というか。　[　　]

資料

(5)　スペイン北西部の海岸には，わが国の志摩半島，三陸海岸のように，山地が海にせまり，奥行きのある湾と小さな岬が連続する入り組んだ海岸がみられる。このような海岸の地形を何というか。　[　　]

(6)　右のグラフの**ア**～**ウ**は，インド(2011年)，エチオピア(2008年)，アメリカ合衆国(2015年)のいずれかの人口ピラミッドである。**ア**～**ウ**は，それぞれどの国のものか。当てはまる国名を一つずつ答えなさい。

ア[　　]　**イ**[　　]
ウ[　　]

グラフ

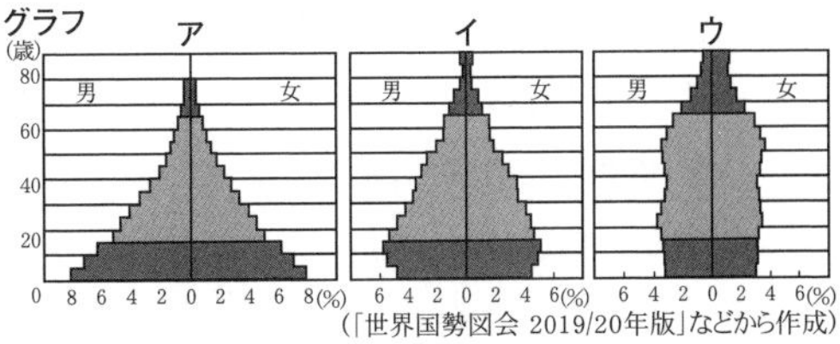

(「世界国勢図会 2019/20年版」などから作成)

(7)　宮崎県と高知県で主に行われている，冬季に収穫を可能とした出荷時期を早める栽培方法を何というか，漢字四字で答えなさい。　[　　]

(8)　次の**ア**～**ウ**は，日本の工業のようすについて述べたものである。これらを年代の古い順に左から並べ，記号で答えなさい。　[　→　→　]

ア　内陸部の交通網が整備されて，高速道路のインターチェンジ付近に工業団地の開発が行われ，北関東に工業地域が形成されはじめた。

イ　外国製品との競争や，貿易上の問題により，工業製品の輸出先であるアメリカやヨーロッパで現地生産を始めた。

ウ　京浜，中京，阪神，北九州の四つの地域を中心に，臨海部で工業が発達しはじめた。

5 次の問いに答えなさい。 ((3)各3点，その他各3点)

(1) 右のグラフは，四国地方と四国地方以外を行き来するときに利用した交通手段のうち，船舶，航空機，鉄道，自動車の利用者について，それぞれの年間の延べ人数の推移を示そうとしたものである。グラフ中のA～Dは，船舶，航空機，鉄道，自動車のいずれかを示している。Aにあたる交通手段として最も適当なものを次から一つ選び，記号で答えなさい。 [　　　]

ア 船舶　イ 航空機　ウ 鉄道　エ 自動車

グラフ

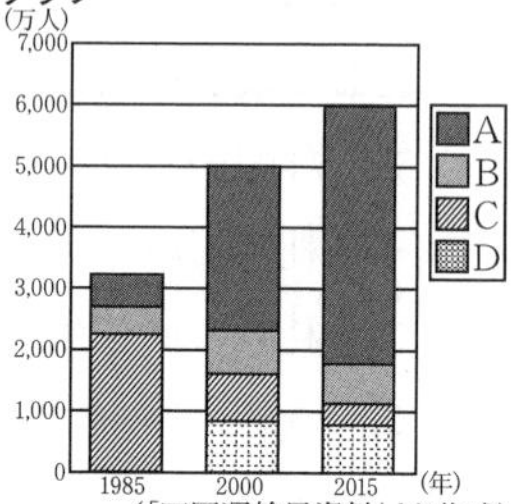

(「四国運輸局資料」より作成)

(2) 近年，災害への心がまえとして自ら備えを積極的に行い，被害をできる限り少なくすることが重視されている。この考え方を何というか。「防災」とは異なる言葉で「(　　)災」となるように答えなさい。 [　　　　]

(3) 右の略地図中の▲は，九州地方の火山である。これらに関する説明として適当なものを次から二つ選び，記号で答えなさい。 [　　　][　　　]

略地図

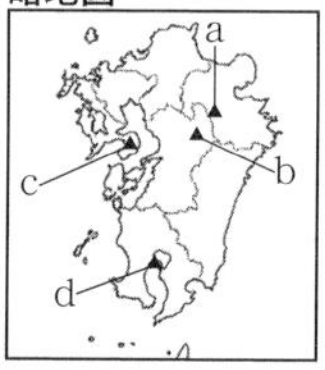

ア a周辺では以前よりダムの建設が盛んで，水力発電としては日本の八丁原発電所がある。

イ bは世界最大級のカルデラをもつ火山で，カルデラ内部には水田や市街地が広がっている。

ウ cは近年でも活発に噴火を繰り返す火山で，噴火の際の火砕流で大きな被害が出ている。

エ d周辺の九州南部はシラスと呼ばれる火山灰が堆積した台地となっており，水もちのよい土地で稲作が盛んである。

(4) 右のⅠ，Ⅱのグラフは，それぞれ，2016年における，全国と瀬戸内工業地域のいずれかの工業製品出荷額の工業別の割合を表したものであり，グラフⅠ，Ⅱ中のA・Bはそれぞれ機械，化学のいずれかにあたる。化学にあたる記号と瀬戸内工業地域の工業製品出荷額の工業別の割合を表したグラフにあたる記号の組み合わせとして最も適当なものを次から一つ選び，記号で答えなさい。 [　　　]

グラフ

(「日本国勢図会2019-20年版」より作成)

ア AとⅠ　イ AとⅡ　ウ BとⅠ　エ BとⅡ

(5) 近畿地方の産業について述べた次の文a，bの正誤の組み合わせとして最も適当なものを次から一つ選び，記号で答えなさい。 [　　　]

a 大阪は，江戸時代には「将軍のおひざもと」と呼ばれ，日本の商業の中心として発展した。

b 阪神工業地帯は数多くの自動車関連工場が集まり，日本最大の工業出荷額をほこっている。

ア a＝正，b＝正　イ a＝正，b＝誤　ウ a＝誤，b＝正　エ a＝誤，b＝誤

(6) 京都市が行っている取り組みについて述べた次の文中の(　　)に当てはまる内容を簡潔に答えなさい。 [　　　　　　　　　　]

> 京都市では歴史的な(　　)ことを目的として，建物の高さやデザインなどに規制を設けるなどの取り組みを行っている。

解答・解説 P61

学習ポイント！

- 日本の農業・工業・その他の産業について特徴をつかむ。
- 日本の各地域の特徴を自然・産業等の点からまとめておく。
- 重要な地図記号を覚え，正確に地図を読み取れるようにする。

得点　/50

6 次の問いに答えなさい。 （(5)2点，その他各3点）

(1) 北部に世界遺産に登録されている合掌造りで有名な白川郷がある都道府県の名を答えなさい。 [　　　　]

(2) 下のⅠ～Ⅳは，右の略地図中のア～エのいずれかの県庁所在地の雨温図である。ウの都市の雨温図を一つ選び，記号で答えなさい。[　　　　]

略地図

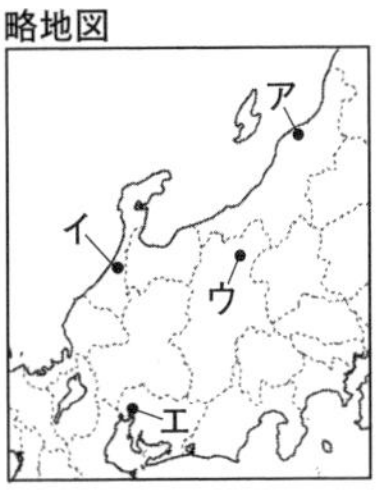

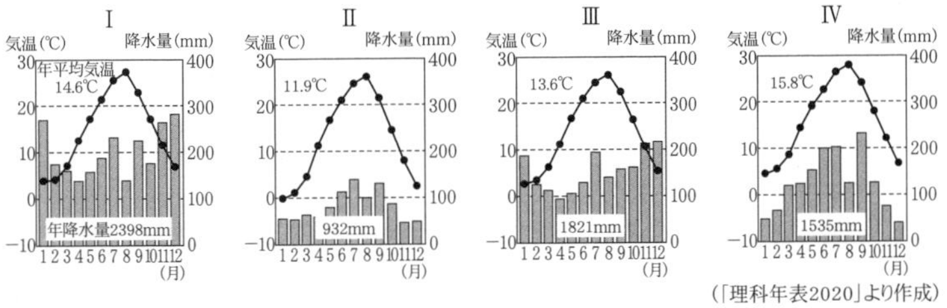

（「理科年表2020」より作成）

(3) 新潟県で採掘されていて，日本がおもに西アジアの国々から輸入している鉱産資源は何か。最も適当なものを次から一つ選び，記号で答えなさい。 [　　]

ア 鉄鉱石　　イ 石油（原油）　　ウ 金　　エ ウラン

(4) 群馬県を含めた北関東工業地域には，高速道路のインターチェンジ付近で，工場を計画的に集めた地域が見られる。このような工場を計画的に集めた地域を何というか。[　　　　]

(5) 千葉県と茨城県の県境などを流れる，流域面積が日本最大の川を次から一つ選び，記号で答えなさい。 [　　]

ア 信濃川　　イ 荒川　　ウ 那珂川　　エ 利根川

(6) 東北地方では，おもに太平洋側で夏に冷たい北東の風が強く吹くことで，低温や日照不足となり，冷害がおこることがある。この風を何というか。 [　　　　]

(7) 右の表は，東北地方における県別の農産物栽培面積に占めるある農産物の割合を表している。この農産物に当てはまるものとして最も適当なものを次から一つ選び，記号で答えなさい。 [　　]

表 東北地方における県別の農産物栽培面積に占めるある農産物の割合（2016年）

青森県	岩手県	宮城県	秋田県	山形県	福島県
18.1%	2.9%	1.4%	2.1%	9.6%	6.2%

（「日本の統計2019年版」より作成）

ア 稲　　イ 麦類　　ウ 野菜　　エ 果樹

(8) 三陸海岸には日本有数の漁港があり，その沖（沖合い）は豊かな漁場となっている。この理由について述べた次の文中の（　　）に当てはまる語句を答えなさい。 [　　　　]

> 三陸海岸の沖（沖合い）には，寒流の親潮（千島海流）と暖流の黒潮（日本海流）が出会う（　　）と呼ばれる場所があり，多くの魚が集まる豊かな漁場となっている。

(9) 稚内，札幌，室蘭などの地名は，北海道とその周辺地域で生活を営んできた先住民族独自の言語に由来するといわれている。この先住民族を何というか。 [　　　　]

(10) 北海道は，漁業生産量が全国１位である。かつては北洋漁業がさかんであったが，沿岸国が排他的経済水域を設定したことなどから，現在は栽培漁業や養殖業がさかんになっている。この排他的経済水域とはどのような水域か。「200海里」という語句を用いて答えなさい。

[　　　　　　　　　　　　]

4 歴史1

制限時間 30分

7 次の問いに答えなさい。 ((3)各2点，(1)(5)(6)各3点，その他各2点)

(1) 古代ギリシャで地中海各地に建設された，アテネやスパルタのような都市国家を何というか，カタカナで答えなさい。 [ ]

(2) ローマ帝国について述べた文として最も適当なものを次から一つ選び，記号で答えなさい。 [ ]

ア はじめはキリスト教を迫害したが，のちに国の宗教とした。

イ 東方との交流があり，中国へ絹を運ぶシルクロードを整備した。

ウ 都市国家が形成され，男性の市民による民主政が行われた。

エ ギリシャやインドの影響を受けて，数学や天文学が発展した。

(3) 金属器のうち，(a)器は主に祭りの道具として使用され，鉄器は実用的な工具や武器として使用された。4世紀ごろになると，大和政権(ヤマト王権)は鉄や進んだ技術を求めて朝鮮半島南端の伽耶(加羅)地域(諸国)と関係を深め， b(**ア** 百済 **イ** 魏 **ウ** 隋)と結んで高句麗や新羅と戦った。(a)にあてはまる語を答えなさい。また， bの( )の中から適当なものを一つ選び， 記号で答えなさい。a[ ] b[ ]

(4) 次の文中の( )にあてはまる人物名を答えなさい。 [ ]

邪馬台国の女王( )が倭の30ほどの国々を従えていた。( )は，使いを魏に送り，皇帝から「親魏倭王」 という称号と金印を授けられた。

(5) 右の資料は，古墳から出土した焼き物を示している。資料のような，古墳に置かれたさまざまな形の焼き物のことを何というか。 [ ]

資料

(6) 聖徳太子が，仏教や儒教の考え方を取り入れ，大王(天皇)の命令に従うことなどを定めた，役人の心構えを何というか。 [ ]

(7) 班田収授法について述べた文として当てはまらないものを次から一つ選び，記号で答えなさい。 [ ]

ア 戸籍に登録された6歳以上のすべての人々に口分田があたえられた。

イ 性別や良民，賤民の身分に応じて口分田の広さが決められていた。

ウ 口分田をあたえられた人が死ぬと，国に返すことになっていた。

エ 人々は，口分田の面積に応じて調を負担した。

(8) 聖武天皇の時代のわが国が，制度や文化を取り入れるために使節を送った中国の王朝の名称は何か。 [ ]

(9) 空海が，9世紀の初めに唐から帰国した後，仏教の新しい宗派を広めた。この宗派を何というか。最も適当なものを次から一つ選び， 記号で答えなさい。 [ ]

ア 真言宗　**イ** 天台宗　**ウ** 浄土宗　**エ** 日蓮宗

(10) 藤原頼通は，極楽浄土をこの世に再現しようとして( )を建てた。( )に当てはまる建物の名称として最も適当なものを次から一つ選び，記号で答えなさい。 [ ]

ア 平等院鳳凰堂　**イ** 慈照寺銀閣　**ウ** 姫路城天守　**エ** 法隆寺金堂

解答・解説 P62

学習ポイント！

●旧石器，縄文，弥生，古墳の各時代の出来事を整理する。
●奈良時代の農業，文化はまとめて覚えておく。
●平安時代は長く，様々な出来事があるので時系列にそってまとめておく。

得点　　/50

8　次の問いに答えなさい。　((9)(10)4点，(4)3点，その他各2点)

(1)　天皇の位をゆずって上皇になったのちも，上皇の住まいで行われた政治を何というか。
[　　　　]

(2)　後鳥羽上皇が隠岐へ流されるきっかけとなった戦乱として最も適当なものを次から一つ選び，記号で答えなさい。　[　　　　]

ア　応仁の乱　**イ**　承久の乱　**ウ**　壬申の乱　**エ**　保元の乱

(3)　宋(南宋)の滅亡後も元との間で，民間の商人による貿易がさかんに行われた。宋(南宋)を滅ぼした元の皇帝は誰か。　[　　　　]

(4)　元の皇帝は，日本を従えようと，使者を送ってきたが，執権の北条時宗がこれを無視したため，元は高麗の軍勢も合わせて攻めてきた。この時代におこった世界のできごとを述べた文として，その正誤の組み合わせが正しいものを次から一つ選び，記号で答えなさい。
[　　　　]

a　地中海を中心に広大な地域を支配したローマ帝国が東西に分裂した。

b　フビライに仕えたイタリア人のマルコポーロが『世界の記述』(『東方見聞録』)の中で「黄金の国ジパング」を紹介した。

c　ローマ教皇が免罪符を売り出すと，これを批判してルターやカルバンが宗教改革を始めた。

ア　a＝正，b＝正，c＝誤　**イ**　a＝正，b＝誤，c＝誤
ウ　a＝誤，b＝正，c＝誤　**エ**　a＝誤，b＝正，c＝正

(5)　東大寺南大門には，力強い動きを表す，彫刻作品が置かれている。この彫刻作品は，運慶らによって制作されたものである。この作品を何というか。　[　　　　]

(6)　鎌倉幕府の将軍と，御恩と奉公による主従関係を結んだ武士のことを何というか。
[　　　　]

(7)　12世紀後半から13世紀に成立した新しい仏教についての説明として当てはまらないものを次から一つ選び，記号で答えなさい。　[　　　　]

ア　法然は，ひたすらに念仏を唱えれば，極楽浄土に往生できるとした。
イ　栄西や道元が伝えた禅宗は，主に公家の間に広まっていった。
ウ　一遍は踊り念仏を行って各地へ布教し，時宗をひらいた。
エ　日蓮は，「南無妙法蓮華経」を唱えれば，人も国家も安らかになると説いた。

(8)　後醍醐天皇が中心となって行った，武士の政治を否定し，貴族を重んじる政治を何というか。　[　　　　]

(9)　勘合貿易において，明は，朝貢する日本の船に勘合を持たせた。明が，朝貢する日本の船に勘合を持たせた目的を，朝鮮半島や中国の沿岸を襲った集団の名称を用いて，簡潔に答えなさい。　[　　　　　　　　]

(10)　土一揆で，土倉や酒屋が襲われたのは，当時の土倉や酒屋がどのようなことを営んでいたからか。簡潔に答えなさい。
[　　　　　　　　]

5 歴史 2

制限時間 30分

9 次の問いに答えなさい。 ((8)各2点，(4)2点，その他各3点)

(1) 室町時代におこった世界のできごとを述べた文として，その正誤の組み合わせが最も適当なものを次から一つ選び，記号で答えなさい。 [ ]

a ムハンマドは，唯一の神アラーのお告げを受けたとして，イスラム教の開祖になった。

b モンゴル高原では，チンギス＝ハンが，モンゴル帝国を築いた。

c 朝鮮半島では，李成桂が高麗をほろぼして，朝鮮国を建てた。

ア a＝正，b＝誤，c＝誤 **イ** a＝誤，b＝正，c＝誤

ウ a＝誤，b＝誤，c＝正 **エ** a＝誤，b＝正，c＝正

(2) 惣とはどのような組織か。次の資料を参考に，「寄合」という語句を用いて答えなさい。

[ ]

> 惣のおきて
> 一 森林の苗木を切りとった者は，500文の罰金とする。
> 一 家を売却した者は，100文につき3文ずつ，1貫文につき30文ずつ惣へ出すものとする。
> 一 堀から東には，屋敷をつくってはならない。

(3) 金閣が初めて建てられた時代に広まった，和歌の上の句と下の句を別の人が次々によみつないでいく文芸を何というか，漢字二字で答えなさい。 [ ]

(4) 室町時代には，将軍足利義政のあとつぎ争いと有力守護大名の対立が結びついて，11年間に及ぶ戦乱がおきた。戦乱の名称を答えなさい。 [ ]

(5) 南蛮貿易について述べた文として最も適当なものを次から一つ選び，記号で答えなさい。

[ ]

ア 南蛮貿易は，蝦夷地(北海道)南部を領地とした松前藩を中心に行われた。

イ 南蛮貿易を通して，西洋の学問をオランダ語で研究する蘭学が盛んになった。

ウ 南蛮貿易は，ポルトガル人やスペイン人を貿易相手として行われた。

エ 南蛮貿易の結果，多くの日本人がメキシコに移り住み，各地に日本町ができた。

(6) 次の文中の(　　)には，足利義昭を京都から追放し，室町幕府を滅亡させた大名の氏名が当てはまる。(　　)に当てはまる大名の氏名を答えなさい。 [ ]

> (　　)が，壮大な天守を持つ安土城を築いた。

(7) 千利休がつくったとされる茶室がつくられたころには，社会に活気がみなぎり，権力や富をほこった大名や豪商の気風を反映した豪華で壮大な文化が生まれた。このころの文化は何と呼ばれるか。最も適当なものを次から一つ選び，記号で答えなさい。 [ ]

ア 飛鳥文化 **イ** 元禄文化 **ウ** 国風文化 **エ** 桃山文化

(8) 豊臣秀吉は，ものさしやますを統一し，全国の田畑の広さや収穫高を調べた。この土地調査を何というか。また，その際に用いられた，収穫高を表す単位を何というか。

[ ][ ]

(9) 1592年に豊臣秀吉が大軍を送った国はどこか。 [ ]

解答・解説 P63

学習ポイント！

- 鎌倉時代の政治のしくみ，室町時代の政治のしくみを整理する。
- 織田信長，豊臣秀吉の行ったことをそれぞれまとめておく。
- 江戸幕府が支配体制を固めていくまでの流れを理解する。

得点　　/50

10 次の問いに答えなさい。　((1)各2点，(4)各2点，その他各3点)

(1) 次のアからエは近世にだされたきまりである。このうち，武家諸法度の条文の内容として適当なものを二つ選び，記号で答えなさい。　[　　][　　]

ア　この安土の町は楽市としたので，いろいろな座は廃止し，さまざまな税や労役は免除する。

イ　諸国の城は，修理をする場合であっても，必ず幕府に申し出ること。

ウ　大名が自分の領地と江戸とを交代で住むように定める。毎年4月に江戸へ参勤せよ。

エ　諸国の百姓が刀や脇差し，弓，槍，鉄砲，その他の武具などをもつことは，かたく禁止する。

(2) 右の表は，江戸時代初期の東アジアの国や地域との関わりについて表したものである。表中のXにあてはまる品目と，Yにあてはまる藩の組み合わせとして最も適当なものをあとから一つ選び，記号で答えなさい。　[　　]

	朝鮮	蝦夷地《えぞち》
日本側が交易で得た物	X	鮭《さけ》・こんぶ
日本側の窓口となった藩	対馬《つしま》藩	Y

ア　X＝木綿・生糸・絹織物，Y＝薩摩藩　　イ　X＝木綿・生糸・絹織物，Y＝松前藩

ウ　X＝銀・銅，Y＝薩摩藩　　エ　X＝銀・銅，Y＝松前藩

(3) 江戸幕府の政治について述べた次の文の(a)，(b)にあてはまる語句の組み合わせとして最も適当なものを次から一つ選び，記号で答えなさい。　[　　]

> 幕府の政治は，はじめは(a)によって大名の築城や結婚などに規制を設けて大名を統制する，力でおさえつける政治が行われていた。その後，5代将軍徳川(b)は，儒学のなかでも身分秩序を大切にする朱子学などの学問を重視する政治への転換を行った。

ア　a＝御成敗式目，　b＝綱吉　　イ　a＝御成敗式目，　b＝吉宗

ウ　a＝武家諸法度，　b＝綱吉　　エ　a＝武家諸法度，　b＝吉宗

(4) 徳川吉宗が行った政策について述べた次の文のa，bの(　)の中から適当なものをそれぞれ一つずつ選び，記号で答えなさい。　a[　　]　b[　　]

> 徳川吉宗は，新しい知識の導入をはかるため，a(ア　中国語　イ　オランダ語)に翻訳されたヨーロッパの書物のうち，b(ウ　儒教　エ　キリスト教)に関係のない書物の輸入を許可した。

(5) 寛政の改革の内容として最も適当なものを次から一つ選び，記号で答えなさい。　[　　]

ア　凶作やききんに備え，各地に倉を設けて米を蓄えさせた。

イ　株仲間を奨励し，特権を与えるかわりに営業税を徴収した。

ウ　株仲間を解散させ，江戸に流入した人々を農村に帰らせた。

エ　米価の安定に努め，有能な人材を登用し，新田の開発を進めた。

(6) 18世紀後半に本居宣長が大成させた学問は何か。　[　　]

(7) 1837年に大阪で乱をおこした，元大阪町奉行所の役人は誰か。　[　　]

歴史 3

制限時間 30分

11 次の問いに答えなさい。 ((4)(8)4点(10)各2点，その他各2点)

(1) 18世紀になると，問屋から原料や道具などを借りて家内で商品作りを行う問屋制家内工業が始まった。19世紀には作業場に道具や農村からきた働き手を集め，製品を分業で大量に仕上げる生産のしくみが生まれた。このしくみのことを何というか。 [ ]

(2) イギリスのマンチェスターは18～19世紀，機械による綿織物の生産地として大きく発展したことで知られている。蒸気機関などの新技術によって生産力が増大し，工業中心の社会へ移り変わったことを表現する語句を漢字四字で答えなさい。 [ ]

(3) 大阪の町人で，武士や町人の生活をもとにした浮世草子と呼ばれる小説を書いた人物として最も適当なものを次から一つ選び，記号で答えなさい。 [ ]

ア 近松門左衛門 **イ** 井原西鶴 **ウ** 尾形光琳 **エ** 菱川師宣

(4) 尊王攘夷とはどのような考え方か，簡潔に答えなさい。

[ ]

(5) 1853年，アメリカ合衆国のペリーが浦賀に来航し，江戸幕府に日本の開国を要求した結果，1854年，幕府はアメリカ合衆国と条約を結び，開国した。この条約を何というか。

[ ]

(6) 日米修好通商条約が結ばれた後，大老の井伊直弼は，幕府の政策に反対する大名や公家，尊王攘夷派の武士を処罰した。このできごとは，一般に( )の大獄と呼ばれている。( )に当てはまる元号を答えなさい。 [ ]

(7) アメリカで起こった南北戦争中，「人民の，人民による，人民のための政治」を説く演説を行った大統領は誰か。 [ ]

(8) 幕府を武力で倒そうとする動きが強まると，徳川慶喜は，土佐藩のすすめを受けて，( )。このできごとは，一般に大政奉還と呼ばれている。( )に当てはまる適当な言葉を答えなさい。ただし，( )には，政権，朝廷の二つの言葉を含めること。

[ ]

(9) 王政復古の大号令によって成立した新政府は，さらに徳川慶喜に対して官職や領地の返還を求めた。このことをきっかけとしておこった，1868年の鳥羽・伏見の戦いに始まり，約1年5か月にわたる，新政府軍と旧幕府側との戦争は何と呼ばれるか。 [ ]

(10) 明治政府は殖産興業政策として，交通の整備を行い，1872年に東京(新橋)とa(**ア** 大阪 **イ** 京都 **ウ** 横浜)の間に初めて鉄道が開通した。また，北海道の開拓を進めるにあたり，防備の目的も兼ね，士族などを(b)とよばれる兵士として移住させた。aの( )の中から適当なものを一つ選び，記号で答えなさい。また，(b)にあてはまる語句を答えなさい。

a[ ] b[ ]

(11) 民撰議院設立建白書の提出をきっかけとして始まった，憲法制定や議会開設などの実現をとおして，国民が政治に参加する権利の確立を目指す運動を何というか。

[ ]

(12) 1882年に，立憲改進党を結成したのは誰か。 [ ]

 解答・解説 P64

学習ポイント！

- 江戸の三大改革の中身について整理する。
- 明治維新の内容についてまとめておく。
- 日清戦争・日露戦争について，原因や戦争後に結ばれた条約を整理する。

得点　　/50

12 次の問いに答えなさい。　((1)2点，(3)各3点，(4)各3点，その他各3点)

(1) 地租改正について述べた文として最も適当なものを次から一つ選び，記号で答えなさい。

[　　　]

ア　政府は，土地の所有者と価格(地価)を定め，地券を発行した。

イ　課税の基準を，その土地の収穫高にした。

ウ　地租は地価の2.5％としたが，のちに3％に引き上げた。

エ　土地の所有者は，地租を米で納めた。

(2) 次の文中の(a)，(b)に当てはまる語句の組み合わせとして最も適当なものを次から一つ選び，記号で答えなさい。

[　　　]

> 伊藤博文が中心となって作成された憲法案は，審議を経て1889年に憲法として発布された。この憲法では，議会は，(a)と衆議院の二院制がとられ，(b)は，天皇の相談に応じ，憲法解釈などの国の重要事項を審議する組織とされた。

ア　a＝参議院，　b＝枢密院　　イ　a＝参議院，　b＝内閣

ウ　a＝貴族院，　b＝枢密院　　エ　a＝貴族院，　b＝内閣

(3) 1894年，朝鮮半島南部で発生したa(ア　義和団事件　イ　甲午農民戦争　ウ　江華島事件)の鎮圧のため，朝鮮の求めに応じて清が軍隊を送ると，わが国もこれに対抗して出兵し，日清戦争へと発展した。戦争に勝利したわが国は，清との間で下関条約を結んだが，三国干渉により，清から獲得した　b(ア　台湾　イ　澎湖諸島(列島)　ウ　遼東半島)を返還した。a，bの(　　)の中から適当なものをそれぞれ一つずつ選び，記号で答えなさい。

a[　　　]　b[　　　]

(4) 次の文中の(あ)に当てはまる人物名を答えなさい。また，文中の(い)に当てはまる語と(い)の地図中の位置の組み合わせとして最も適当なものを次から一つ選び，記号で答えなさい。

あ[　　　　　]　記号[　　　]

> 中国では，清を倒して漢民族の独立と近代国家の建設を目指す革命運動が盛り上がった。その中心となった(あ)は三民主義を唱えて革命運動を進めた。1911年，武昌で軍隊が反乱をおこすと，革命運動は全国に広がり，多くの省が清からの独立を宣言した。翌年，(あ)が臨時大総統になり，(い)を首都とする，アジアで最初の共和国である中華民国が建国された。

ア　い＝南京，位置＝a　　イ　い＝南京，位置＝b

ウ　い＝南京，位置＝c　　エ　い＝北京，位置＝a

オ　い＝北京，位置＝b　　カ　い＝北京，位置＝c

地図

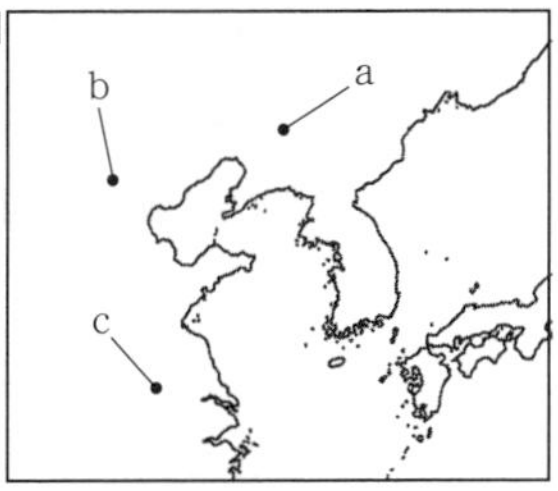

(5) ポーツマス条約が結ばれた後，国民が激しく政府を非難し，東京では日比谷焼き打ち事件などの暴動も発生した。このように国民から政府に対して強い不満の声が上がったのはなぜか。日本とこの条約を結んだ国の国名にふれながら答えなさい。

[　　　　　　　　　　　　　　　　　　　　]

歴史4

13 次の問いに答えなさい。 ((8)各2点，その他各2点)

(1) 栃木県でおこった鉱毒による公害問題について，天皇に直訴した栃木県の衆議院議員は誰か。 [　　　　]

(2) 大正デモクラシーの思想を広めるうえで大きな役割を果たした民本主義を主張した人物名を答えなさい。 [　　　　]

(3) 右の資料は，第一次世界大戦の参戦国の一部を表している。第一次世界大戦中のオスマン帝国(トルコ)と日本について述べた次の文中の(　　)に当てはまる国名を，資料中から一つ選び，答えなさい。 [　　　　]

資料

連合国側	同盟国側
イギリス	ドイツ
フランス	オーストリア
ロシア	オスマン帝国(トルコ)
セルビア	
イタリア	
アメリカ	
日本	

> オスマン帝国(トルコ)は同盟国側として参戦したが，日本は(　　)と同盟を結んでいることを理由に，連合国側として参戦した。

(4) 部落解放を目指して1922年に結成された団体は何か。漢字五字で答えなさい。 [　　　　]

(5) シベリア出兵に向けた米の買い付けなどによって，米の値段が急上昇した。それにより，全国で米の安売りを求める民衆が米屋などを襲う事件がおこり，その鎮圧に軍隊が出動した。このできごとを何というか。 [　　　　]

(6) 文中の(　　)に当てはまる語句として最も適当なものを次から一つ選び，記号で答えなさい。 [　　]

> 原敬内閣は，外務・陸軍・海軍の3大臣以外の閣僚をすべて，衆議院の第一党である(　　)の党員が占める本格的な政党内閣だった。

ア 自由党　イ 立憲政友会　ウ 立志社　エ 立憲改進党

(7) 1929年のニューヨーク株式市場での株価の大暴落をきっかけに，アメリカと経済的なつながりが深い国々に深刻な不況が広がった。このできごとを何というか。 [　　　　]

(8) 満州事変について，満州に駐留していた日本軍(関東軍)が，奉天(現在の瀋陽)郊外のa(ア 盧溝橋　イ 柳条湖)で南満州鉄道の線路を爆破したことをきっかけに軍事行動を開始し，満州の大部分を占領した。これに対し，b(ア 毛沢東　イ 蒋介石)を指導者とする中国国民政府は，国際連盟に日本の行動を訴えた。a，bの(　　)の中から適当なものをそれぞれ一つずつ選び，記号で答えなさい。 a[　　　] b[　　　]

(9) 犬養毅首相が暗殺されるという事件によって，第二次護憲運動以降続いていた，衆議院の二大政党の総裁が内閣を組織する時代が終わった。この事件を何というか。 [　　　　]

(10) ヤルタ会談の秘密協定に基づき，中立条約を破って日本に対して参戦し，満州や南樺太に侵攻してきた国はどこか。 [　　　　]

(11) 日本に対する連合国による降伏勧告を何というか。 [　　　　]

(12) 1945年に，原子爆弾が最初に投下された都市はどこか。 [　　　　]

解答・解説 P65

学習ポイント！

- 第一次世界大戦・第二次世界大戦の内容についてまとめておく。
- 世界恐慌から第二次世界大戦に至るまでの流れをつかむ。
- 第二次世界大戦後の主要な出来事について時系列にそってまとめておく。

得点 /50

14 次の問いに答えなさい。 ((1)(4)3点，その他各2点)

(1) 連合国軍総司令部(GHQ)は，日本の政治，教育，経済などの民主化を進めた。これについて，次の資料にある「大コンビネーション」とは何か。 [　　　　]

> 連合国軍総司令部の占領方針
>
> 日本国ノ商工業ノ大部分ヲ支配シ来リタル産業上及ビ金融上ノ大コンビネーションノ解体計画ヲ支持スベキコト

(2) 中華人民共和国が建国されたときの日本の首相で，後にサンフランシスコ平和条約に調印した人物を次から一人選び，記号で答えなさい。 [　　　　]

ア 吉田茂　**イ** 岸信介　**ウ** 田中角栄　**エ** 池田勇人

(3) 右の資料の(X)は第二次世界大戦後の日本に影響を与えた。(X)の名称を答えなさい。 [　　　　]

資料

> **X 調印、終わる**
>
> 十一年間の戦争状態終結へ
>
> 鳩山・ブルガーニン首相ら署名
>
> 議定書もクレムリンにて
>
> X の主な内容
>
> ・日ソ戦争状態の終了
>
> ・外交関係の回復
>
> ・日本の国連加盟へのソ連の支持

(当時の新聞記事より作成)

(4) 1955年にインドネシアで，第二次世界大戦後に植民地支配から独立した国々を中心に，植民地支配の反対や冷戦の下での平和共存の路線が確認されたある会議が開かれた。この会議は何と呼ばれるか。 [　　　　]

(5) 冷戦による国際的な緊張のなかで，東南アジアのある国では，南北に分裂し対立が続いていたところ，アメリカが大軍を送ったことにより，激しい戦争になった。この戦争を何というか。 [　　　　]

(6) 沖縄が日本に復帰したことについて述べた次の文のａ，ｂの(　　)の中から適当なものをそれぞれ一つずつ選び，記号で答えなさい。 ａ[　　　] ｂ[　　　]

> 沖縄は，ａ(**ア** 中華人民共和国　**イ** アメリカ合衆国)の統治下にあったが，日本への復帰を求める住民の運動が続けられ，ｂ(**ウ** 佐藤栄作　**エ** 田中角栄)内閣のとき，日本に復帰した。

(7) マルタ会談では，二つの国の首脳が冷戦の終結を宣言した。この二つの国の組み合わせとして最も適当なものを次から一つ選び，記号で答えなさい。 [　　　　]

ア アメリカ，中国　**イ** アメリカ，ソ連　**ウ** アメリカ，イギリス
エ イギリス，中国　**オ** イギリス，ソ連　**カ** 中国，ソ連

(8) 高度経済成長期の日本のようすについて述べた文として最も適当なものを，次から一つ選び，記号で答えなさい。 [　　　　]

ア 国民総生産が中国に次いで世界第２位となった。
イ 重化学工業から農業へ産業の中心が移った。
ウ 政府が所得倍増のスローガンをかかげ，経済成長を促進した。
エ おもなエネルギー源が石油から石炭に変わった。

(9) 1980年代後半，投機によって株式と土地の価格が異常に高くなる不健全な好景気が発生した。この経済の動きを何というか。 [　　　　]

(10) 1995年に，兵庫県南部を震源として発生した地震を何というか。 [　　　　]

8 公民 1

制限時間 30分

15 次の問いに答えなさい。 ((5)(7)各3点，その他各3点)

(1) 花子さんは，美化委員の役割として，クラスの清掃計画の案をつくることになった。次の**ア**～**エ**の観点は，花子さんが案をつくる上で，みんなが納得できるものにするために，効率と公正の考え方にもとづいて考えたものである。次のうち，効率の考え方に基づいて考えた観点として最も適当なものを一つ選び，記号で答えなさい。 [ ]

ア 時間内で清掃を終えるために，それぞれの清掃場所に何人の生徒が必要か。

イ クラスの生徒全員が清掃に参加しているか。

ウ 当番の割りあてが，一部の生徒に過大な負担となっていないか。

エ 清掃計画の案に対する意見をクラスの生徒全員から聞く機会を設けているか。

(2) 人権に関して述べた文として最も適当なものを次から一つ選び，記号で答えなさい。

[ ]

ア 大日本帝国憲法では，人権は主権者である国民に対し臣民の権利として保障された。

イ ドイツのワイマール憲法は，世界で初めて社会権を保障した憲法である。

ウ 日本国憲法では，いかなる場合にも人権が制限されることはない。

エ 国際連合において国際人権規約が採択された後，世界人権宣言が発表された。

(3) 18世紀に「法の精神」を著し，三権分立を主張したフランスの思想家の名を答えなさい。

[ ]

(4) 日本の政治体制についてまとめた次の文章中の（ ）に当てはまる最も適当な語句を漢字二字で答えなさい。 [ ]

> 議会から選出された首相が内閣を組織する。天皇は憲法で「日本国の象徴」とされ，その地位は「（ ）の存する日本国民の総意に基く」とされている。天皇に政治的権限はない。

(5) 平成19年に日本国憲法の改正手続きに関する法律が公布されたことに関連して，憲法改正の手続きを次の文章のようにまとめたつむぎさんは，このできごと以降で，下線**ア**～**エ**のいずれかに変更があったことに気づいた。変更があった内容を一つ選び，記号で答えなさい。また，変更後の内容を答えなさい。 記号[ ] 内容[ ]

> **ア**憲法審査会または衆議院議員100人以上の賛成（参議院議員50人以上の賛成）で憲法改正原案が国会に提出され，衆議院と参議院のそれぞれ **イ**総議員の3分の2以上の賛成で可決されると，国会は国民に対して憲法改正の発議をする。その後，満**ウ**20歳以上の国民による国民投票で有効投票の過半数の賛成を得て，承認されると，**エ**天皇が国民の名において公布する。

(6) 日本が掲げている非核三原則を，「核兵器を」の書き出しに続けて答えなさい。

[核兵器を]

(7) 雇用における男女の平等を目指して，1985年に制定された法律を何というか。また，男女が対等な立場であらゆる社会活動に参加し，利益と責任を分かち合う社会の実現を目指して，1999年に法律が制定された法律を何というか。 [ ][ ]

解答・解説 P66

学習ポイント！
- 憲法改正の手続きについて正確に理解する。
- 人権の種類について整理する。
- 選挙制度についてまとめておく。

得点　/50

16 次の問いに答えなさい。　((8)2点(完答)，その他各3点)

(1) 次の文章は，パラリンピックに向けた取り組みについて調べたことをまとめたレポートの一部である。文章中の(　　)に共通して当てはまる最も適当な語句をカタカナで答えなさい。
[　　　　　　]

> 生活に不便な物理的・心理的な「壁」をなくすことを(　　)といいます。多くの人が使用する公共の交通機関や建造物では体の不自由な人や高齢者でも安心して快適に過ごせるよう，(　　)化を進めていく必要があります。

(2) 日本国憲法について説明した次の文a，bの正誤の組み合わせとして最も適当なものを次から一つ選び，記号で答えなさい。　[　　　]

a　日本国憲法では，抑留または拘禁された後に無罪の裁判を受けたとしても，国にその補償を求めることができない。

b　日本国憲法では，勤労者に対して，団体で行動しストライキなどを行う権利が保障されている。

ア　a＝正，b＝正　イ　a＝正，b＝誤　ウ　a＝誤，b＝正　エ　a＝誤，b＝誤

(3) 次の文中の(a)，(b)に当てはまる語句の組み合わせとして最も適当なものを次から一つ選び，記号で答えなさい。　[　　　]

> 日本国憲法第22条で定められている(a)の自由や職業選択の自由，同じく第29条に定められている(b)によって経済活動の自由が保障されている。

ア　a＝居住・移転，b＝労働基本権　　イ　a＝居住・移転，b＝財産権
ウ　a＝集会・結社・表現，b＝労働基本権　　エ　a＝集会・結社・表現，b＝財産権

(4) 日本国憲法第25条で保障されている「健康で文化的な最低限度の生活を営む権利」として最も適当なものを次から一つ選び，記号で答えなさい。　[　　　]

ア　自由権　イ　生存権　ウ　勤労の権利　エ　教育を受ける権利　オ　労働基本権

(5) 選挙権や被選挙権などのように，人権の保障を確かなものにし，国民の意思や判断を政治に反映させるための権利を何というか。　[　　　　　　]

(6) 高度経済成長期に発生した公害の問題などがきっかけとなり主張されるようになった，きれいな空気や水，日当たりなどを求める新しい権利を何というか。　[　　　　　　]

(7) 自己決定の観点から，医師は治療方法などについて患者に十分な説明を行うべきだと考えられている。このような考え方を何というか。最も適当なものを次から一つ選び，記号で答えなさい。　[　　　]

ア　メディアリテラシー　　イ　クーリング・オフ
ウ　フェアトレード　　エ　インフォームド・コンセント

(8) 憲法上の国民の三大義務として適当なものを次からすべて選び，記号で答えなさい。
[　　　]

ア　勤労の義務　　イ　職業を選択する義務　　ウ　納税の義務
エ　普通教育を受けさせる義務　　オ　憲法を尊重し擁護する義務

9 公民 2

制限時間 30分

17 次の問いに答えなさい。　((1)各3点，(2)5点，(6)4点，(7)3点(完答)，その他各3点)

(1) 選挙権について，次の(a)，(b)に当てはまる語句をそれぞれ答えなさい。

a[　　　　　　]　b[　　　　　　]

> 選挙の基本原則において，一人一票を持つことを「(a)選挙」，一定年齢以上の全ての国民が選挙権を得ることを「(b)選挙」という。

(2) 衆議院小選挙区選挙でみられたことを右のグラフとしてまとめた。グラフに示されるように，違憲状態と判決が下った理由を簡潔に答えなさい。

[　　　　　　　　　　　　　　　　]

グラフ

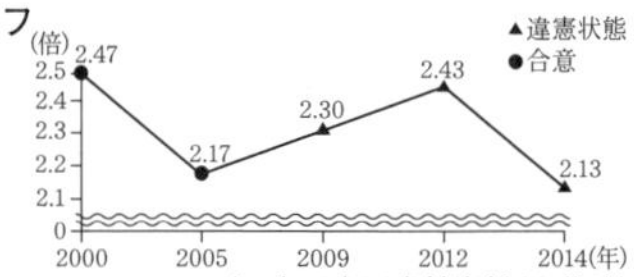

(国立国会図書館資料より作成)

(3) 次の文は，日本の政党政治について説明したものである。文中の(a)，(b)に当てはまる語句の組み合わせとして最も適当なものを次から一つ選び，記号で答えなさい。[　　　]

> 日本では1955年から1993年までの長期にわたって(a)内閣を組織していたが，21世紀に入り，アメリカやイギリスのように(b)の性格が強まった時期があり，2009年には政権交代がおこった。

ア　a＝同じ政党が単独で，b＝多党制　**イ**　a＝複数の政党が連立して，b＝多党制

ウ　a＝同じ政党が単独で，b＝二大政党制

エ　a＝複数の政党が連立して，b＝二大政党制

(4) テレビや新聞などからの情報をさまざまな角度から読み取り，自分で考えて判断したり，活用したりする能力のことを何というか。[　　　　]

(5) 次の文章はある選挙の前後におこったことを示したものである。このとき召集された国会を何というか。[　　　　]

> 内閣総理大臣のAさんは衆議院を解散した。総選挙の結果，Aさんの所属する政党が引き続き衆議院の総議席数の過半数を占め，その後召集された国会で再びAさんは内閣総理大臣となった。

(6) 衆議院と参議院の議決が一致しない場合，意見の調整を図るために開かれる，両院から選ばれた議員からなる会を何というか。[　　　　]

(7) 参議院議員選挙および参議院の特徴として適当なものを次からすべて選び，記号で答えなさい。[　　　]

ア　任期は6年　**イ**　解散がある　**ウ**　被選挙権は30歳以上

エ　議員の数は衆議院よりも少ない　**オ**　栃木県選挙区からは一度に4人が選ばれる

(8) アメリカ合衆国と日本とでは立法と行政の関係が異なる。次のaとbは，アメリカ合衆国の大統領制と日本の議院内閣制に関して述べた文である。それぞれの文の正誤の組み合わせとして最も適当なものを次から一つ選び，記号で答えなさい。[　　　]

a　大統領は連邦議会に対し，法案の拒否および議会の解散をすることができる。

b　内閣は国会に対して連帯責任を負い，衆議院の解散をすることができる。

ア　a＝正，b＝正　**イ**　a＝正，b＝誤　**ウ**　a＝誤，b＝正　**エ**　a＝誤，b＝誤

解答・解説 P66

学習ポイント！

●国会の種類・仕事などについてまとめておく。
●衆議院の優越について内容を整理する。
●議院内閣制は試験に頻出である。国会の内閣との関係を理解する。

得点　/50

18 次の問いに答えなさい。 (各4点)

⑴ 右の図は，裁判員が参加する裁判の様子を模式的に表したものである。この裁判の種類と，(a)，(b)に当てはまる語句の組み合わせとして最も適当なものを次から一つ選び，記号で答えなさい。 [　　　]

図

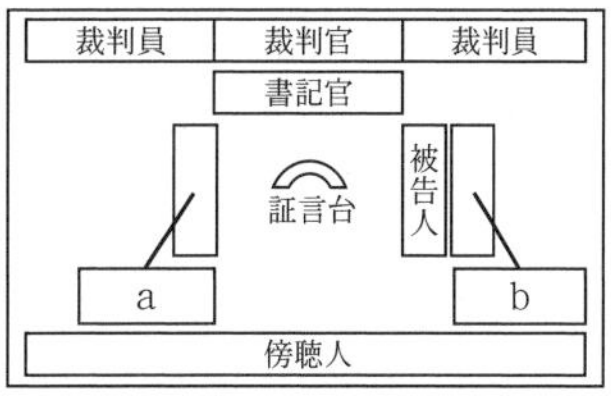

ア 種類＝刑事裁判，a＝検察官，b＝弁護人
イ 種類＝刑事裁判，a＝弁護人，b＝検察官
ウ 種類＝民事裁判，a＝検察官，b＝弁護人
エ 種類＝民事裁判，a＝弁護人，b＝検察官

⑵ 次の文は，刑事裁判の過程における被告人の権利について述べたものである。文中の(a)，(b)に当てはまる語句の組み合わせとして最も適当なものを次から一つ選び，記号で答えなさい。 [　　　]

> わが国では，憲法に基づき被告人の権利が保障されています。例えば，裁判(a)の原則により，公平で迅速な(a)裁判を受けることができます。また，経済的な理由などで弁護人を依頼できないときは，(b)が費用を負担して弁護人をつけてくれます。

ア a＝公開，b＝国　　**イ** a＝公開，b＝地方自治体
ウ a＝非公開，b＝国　　**エ** a＝非公開，b＝地方自治体

⑶ わが国では，国民の自由や権利を守るために国会，内閣，裁判所が互いに抑制し合い，均衡を保つことで，権力が集中しないようにしている。内閣の権限で行われるものとして最も適当なものを次から一つ選び，記号で答えなさい。 [　　　]

ア 違憲審査権(違憲立法審査権)を行使する。　　**イ** 国政調査権を行使する。
ウ 最高裁判所長官を指名する。　　**エ** 外国と結ぶ条約を承認する。

⑷ 地方自治に関して，次の文中の(　　)に共通して当てはまる語句を漢字四字で答えなさい。
[　　　　　　]

> 1999年に成立し，翌年に施行された(　　)一括法により，仕事や財源を国から地方公共団体に移す(　　)が進められている。

⑸ 私たちが暮らす市や町において，その地域の住民が自らの意志を政治に反映させることができる権利の一つとして直接請求権がある。この直接請求権について述べた次の文中の(a)，(b)に当てはまる内容の組み合わせとして最も適当なものを次から一つ選び，記号で答えなさい。 [　　　]

> 地方公共団体における直接請求権には条例の制定・改廃の請求や，議会の解散請求などがある。例えば，議会の解散を請求する場合には，有権者の(a)の署名を集め(b)に請求する。

ア a＝3分の1以上，b＝選挙管理委員会　　**イ** a＝50分の1以上，b＝選挙管理委員会
ウ a＝3分の1以上，b＝首長　　**エ** a＝50分の1以上，b＝首長

10 公民 3

制限時間 30分

19 次の問いに答えなさい。　((2)4点，(3)(5)(7)各3点，その他各2点)

(1) 次の文は，企業により製造された商品に関する法律について述べたものである。この法律の名称を答えなさい。　[　　　　　]

> 欠陥商品で消費者が被害を受けたときの企業の責任について定めており，消費者が企業側の過失を証明できなくても，損害賠償を求めることができる。

(2) 右の図の⇨は農産物の一般的な流通経路を示したものである。これに対し，➡は農産物直売所で販売される農産物に多くみられる流通経路である。図において，一般に同じ商品の場合，⇨の流通経路に比べ，➡の流通経路が消費者にもたらすと考えられる利点を，簡潔に答えなさい。

図

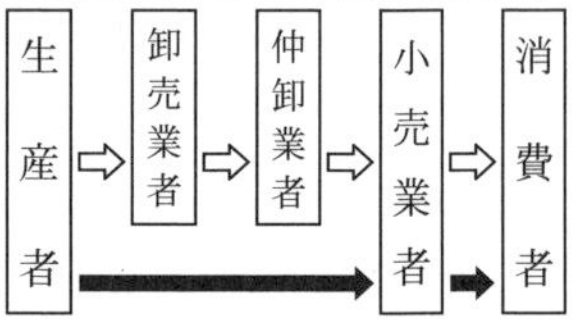

[　　　　　　　　　　　　　　　]

(3) 京都市営バスを運営する京都市交通局のような国や地方公共団体などが経営する公企業に対して，個人企業や法人企業のような民間企業を何というか。　[　　　　　]

(4) 右のグラフは，2016年における日本の製造業の製造品出荷額，事業所数，従業者数のいずれかについて，それぞれ中小企業と大企業の割合を表したものである。事業所数にあたるものをア〜ウから一つ選び，記号で答えなさい。[　　　]

グラフ

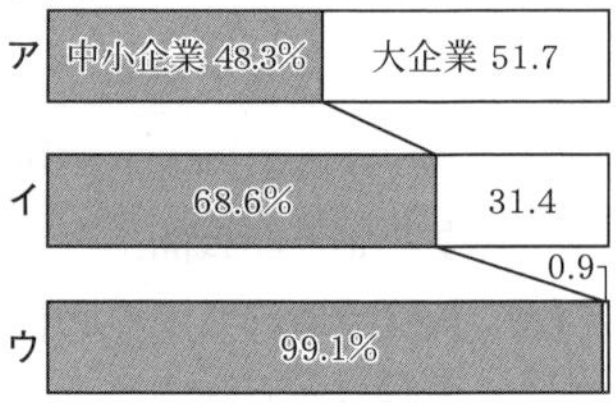

（「日本国勢図会2019／20」より作成）

(5) 企業に関して，企業が資金を調達する方法には，直接金融と間接金融がある。このうち直接金融について述べた次の文の(　　)に適する語句を補い，これを完成させなさい。　[　　　　　]

> 直接金融は，企業が(　　)するなどして家計などから直接資金を調達する方法である。

(6) 買おうとする量と同じ意味を示す量を何というか。最も適当なものを次から一つ選び，記号で答えなさい。　[　　　]

ア　供給量　　イ　流通量　　ウ　需要量　　エ　出荷量

(7) 市場での競争の結果，商品を供給する企業が1社だけの状態は独占と呼ばれるのに対し，商品を供給する企業が少数である状態は一般に何と呼ばれるか。　[　　　　　]

(8) 公共料金にあたるものを次から二つ選び，記号で答えなさい。　[　　　]

ア　電気料金　　イ　理容料金　　ウ　郵便料金　　エ　新聞購読料金

(9) 次の表は，物価の変動について，大まかにまとめたものである。表中の(　　)に当てはまる最も適当な語句を答えなさい。　[　　　　　]

(　　　　　)	好況(好景気)のときに，物価が上がり続ける現象のこと。
デフレーション	不況(不景気)のときに，物価が下がり続ける現象のこと。

(10) 消費税は，負担する人と納める人が異なる。このような税を負担する人と納める人が同じ税に対して何というか，漢字で答えなさい。　[　　　　　]

解答・解説 P67

学習ポイント！

●消費者保護のための具体的制度を覚える。
●価格が変動するしくみを理解しておく。
●アルファベットの略称は入試に頻出である。何を表すか覚えておく。

得点　　/50

20　次の問いに答えなさい。　　((4)各2点，その他各3点)

(1)　牛肉を，アメリカから日本に輸入する時，この店では1kgあたり10ドルで輸入している。このとき，為替相場(為替レート)は1ドル=100円であった。その後，為替相場が1ドル＝80円に変化した場合，牛肉の輸入価格はどのように変化するか。次の文中の(a)～(d)に当てはまる語句の組み合わせとして最も適当なものを次から一つ選び，記号で答えなさい。
[　　　]

> 1ドル=100円の時，牛肉を1kg輸入するときの価格は(a)円だったが，1ドル＝80円になると価格は(b)円になる。これを(c)といい，(d)するのに有利である。

ア　a＝800，b＝1000，c＝円高，d＝輸出
イ　a＝1000，b＝800，c＝円安，d＝輸入
ウ　a＝800，b＝1000，c＝円安，d＝輸出
エ　a＝1000，b＝800，c＝円高，d＝輸入

(2)　少子高齢化の進展に対応して導入された，40歳以上の人が加入し，介護が必要になったときに介護サービスを受けられる制度を何というか。　[　　　]

(3)　日本の社会保障制度は，四つの柱から構成されている。四つの柱のうち，国民の健康増進をはかり，感染症の予防などを行うことを何というか。　[　　　]

(4)　次の文中の(a)に当てはまる語句を漢字二字で答えなさい。また，(b)に当てはまる語句として最も適当なものを**ア**・**イ**から一つ選び，記号で答えなさい。[　　　][　　　]

> 国際社会における(a)とは，他の国がおかすことができない，それぞれの国がもつ権利のことであり，(a)をもつ国家同士は対等である。(a)が及ぶ領域には，領土・領海・領空があり，領海の外にある排他的経済水域では，(b)ことができる。

ア　沿岸国以外の国が航海や漁業を自由に行う
イ　沿岸国が漁業資源や鉱産資源を自国のものとする

(5)　難民とは，どのような人々のことをいうか。難民となるに至った理由も含めて，簡単に答えなさい。　[　　　]

(6)　国際連合の説明として最も適当なものを次から一つ選び，記号で答えなさい。[　　　]
ア　国際連合は，スイスのジュネーブに本部があり，PKOなどの専門機関がおかれている。
イ　国連総会は，すべての加盟国が1国1票を投じ，全会一致で議決が行われる。
ウ　国際司法裁判所は，争っている当事国の両方の合意があって初めて裁判が開かれる。
エ　安全保障理事会は，10か国の常任理事国と5か国の非常任理事国とで構成されている。

(7)　1948年に設立された，世界の各国民の健康の保持と公衆衛生の向上を目的とする国際連合の専門機関を何というか。　[　　　]

(8)　発展途上国の中には，工業化が進んだ国や産油国など，豊かになった国がある一方で，経済発展から取り残されて貧困から抜け出せない国がある。このような発展途上国間の経済格差の問題を何というか。　[　　　]

MEMO

［基礎編］

数　学

栃木県
高校入試
の対策
2024

1 文字式と計算・資料の整理

県立で出題された類似問題

1・2…4年度1，3，3年度1

数字・文字は大きくはっきり書いて計算する。

制限時間 45分　得点 /50

1 次の計算をしなさい。　(2点×10＝20点)

(1) $7-15$　[　　]

(2) $4\times8-5$　[　　]

(3) $-9+8\div4$　[　　]

(4) $(-56)\div7-3$　[　　]

(5) $-3^2-6\times5$　[　　]

(6) $5-3\times(-2)^2$　[　　]

(7) $x-3+6(x+1)$　[　　]

(8) $(6a^2-4ab)\div2a$　[　　]

(9) $6a^2b^3\div\dfrac{3}{5}ab^2$　[　　]

(10) $\dfrac{5x-y}{3}-\dfrac{x-y}{2}$　[　　]

2 次の問いに答えなさい。　(2点×9＝18点)

(1) P君が毎分 a m の速さで1時間進んだときの道のりを求めなさい。　[　　m]

(2) 1箱6000円のマンゴーを買うことにする。消費税が8％であるとき，支払う金額は税込みで何円になるか。　[　　円]

(3) ある日のA市の最低気温は 5.3 ℃ であり，B市の最低気温は － 0.4 ℃ であった。この日のA市の最低気温はB市の最低気温より何℃高いか。　[　　℃]

(4) 卵が全部で a 個あり，それを10個ずつパックにいれると b パックできて3個余った。a を b を用いて表しなさい。　[$a=$　　]

(5) 1本83円のペンを a 本，1本102円のテープを b 本買ったとき，合計金額は740円以下であった。この数量の関係を不等式で表しなさい。　[　　]

(6) 濃度が3％の食塩水 $400a$ g に含まれる食塩の量を求めなさい。　[　　g]

(7) 2けたの自然数のうち，3の倍数は全部で何個あるか。　[　　個]

(8) 右の図は，3年A組30人，B組30人の50m走の記録をそれぞれ箱ひげ図にまとめたものである。

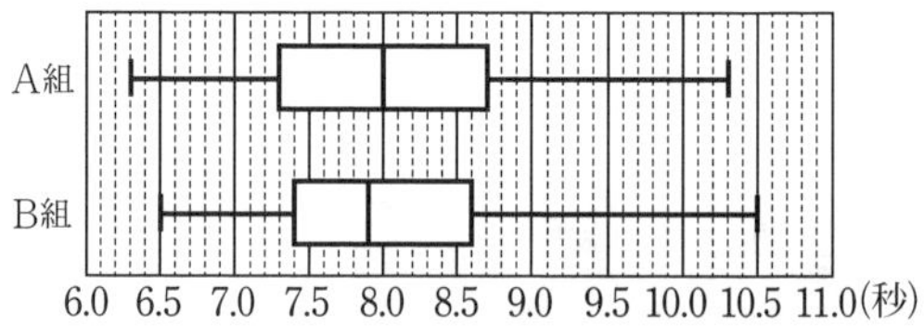

① B組の記録の第3四分位数を求めなさい。　[　　秒]

② A組の記録の四分位範囲を求めなさい。　[　　秒]

3 右の図のように，最初に黒い碁石を4個並べて1番目の正方形とし，その外側に白い碁石を並べて2番目の正方形を作る。次に内側の黒い碁石を取り除き，いくつかの黒い碁石を加えて外側に並べ，3番目の正方形を作る。このように，3番目以降は内側の碁石を取り除きその碁石と同じ色の碁石をいくつか並べ，正方形を作っていく。次の問いに答えなさい。　(6点×2＝12点)

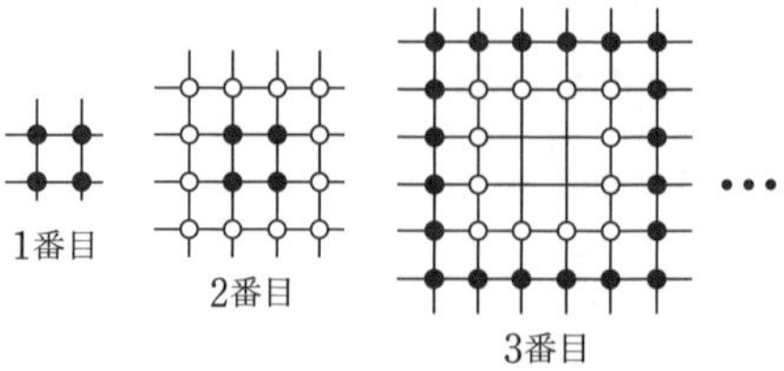

(1) 4番目の正方形を作ったとき，外側に並ぶ白い碁石の個数を求めなさい。　[　　個]

(2) n 番目の正方形を作ったとき，内側に並ぶ碁石の個数を n の式で表しなさい。[　　個]

解答・解説 P70

2　1次方程式と連立方程式

県立で出題された類似問題

4・5…4年度2，3年度3，2年度3

問題文は，しっかり，ていねいに読む。

制限時間 45分　得点　/50

4　次の1次方程式，連立方程式を解きなさい。　(2点×10＝20点)

(1)　$7x+9=x+3$　[$x=$　　]

(2)　$3x-7=8-2x$　[$x=$　　]

(3)　$5x-7=9(x-3)$　[$x=$　　]

(4)　$0.16x-0.08=-0.4$　[$x=$　　]

(5)　$\begin{cases} x+3y=1 \\ y=2x-9 \end{cases}$　[$x=$　　, $y=$　　]

(6)　$\begin{cases} 7x+y=19 \\ 5x+y=11 \end{cases}$　[$x=$　　, $y=$　　]

(7)　$\begin{cases} x+y=13 \\ 3x-2y=9 \end{cases}$　[$x=$　　, $y=$　　]

(8)　$\begin{cases} x-3y=5 \\ 3x+5y=1 \end{cases}$　[$x=$　　, $y=$　　]

(9)　$\begin{cases} 4x-3y=10 \\ 3x+2y=-1 \end{cases}$　[$x=$　　, $y=$　　]

(10)　$\begin{cases} 7x-3y=11 \\ 3x-2y=-1 \end{cases}$　[$x=$　　, $y=$　　]

5　次の問いに答えなさい。ただし，消費税は考えないものとする。　(4点×6＝24点)

(1)　方程式$2x-a=3(x+1)$の解が$x=3$であるとき，aの値を求めなさい。[$a=$　　]

(2)　ある洋品店では，ワイシャツを定価の3割引きで買うことができる割引券を配布している。割引券1枚につきワイシャツ1着だけが割引きされる。この割引券を3枚使って同じ定価のワイシャツを5着買ったところ，代金が8200円だった。このとき，ワイシャツ1着の定価を求めなさい。　[　　円]

(3)　A班の生徒と，A班より5人少ないB班の生徒で体育館に椅子《いす》を並べた。A班の生徒はそれぞれ3脚ずつ並べ，B班の生徒はそれぞれ4脚ずつ並べたところ，A班の生徒が並べた椅子の総数はB班の生徒が並べた椅子の総数より3脚多かった。A班とB班の生徒の人数をそれぞれ求めなさい。　[A班　　人，B班　　人]

(4)　K子さんは，学校の遠足で動物園に行った。行きと帰りは同じ道を通り，帰りは途中にある公園で休憩した。行きは分速80mで歩いたところ，学校を出発してから50分後に動物園に着いた。帰りは，動物園から公園までは分速70mで歩いた。公園で10分間休憩し，公園から学校までは分速60mで歩いたところ，動物園を出発してから70分後に学校に着いた。

このとき，学校から公園までの道のりと，公園から動物園までの道のりをそれぞれ求めなさい。　[学校から公園まで　　m，公園から動物園まで　　m]

(5)　5％の食塩水xgに水ygを加えると，2％の食塩水が500gできた。xとyの値をそれぞれ求めなさい。　[$x=$　　，$y=$　　]

(6)　I子さんの住む町の面積は630km^{2}であり，A地区とB地区の2つの地区に分かれている。この町の森林は，A地区の面積の70％，B地区の面積の90％を占め，町全体の森林面積は519km^{2}である。A地区とB地区の面積をそれぞれ求めなさい。　[A地区　　km^2，B地区　　km^2]

6　ある動物園の入園料は大人1人500円，子供1人300円である。昨日の入園者数は大人と子供を合わせて140人で，今日の大人と子供の入園者数は昨日の入園者数と比べて，大人は10％減り，子供は5％増えた。また今日の大人と子供の入園料の合計は52200円となった。今日の大人と子供の入園者数をそれぞれ求めなさい。(6点)　[大人　　人，子供　　人]

3 平面図形と空間図形

県立で出題された類似問題

7・8…4年度1，4，3年度1，2

図は美しく，正確に，ていねいにかき写す。

制限時間 40分　得点 /50

7 次の問いに答えなさい。 (4点×3＝12点)

(1)

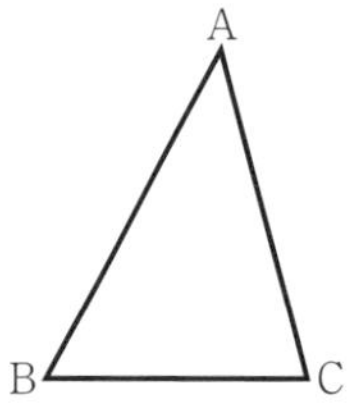

(2)

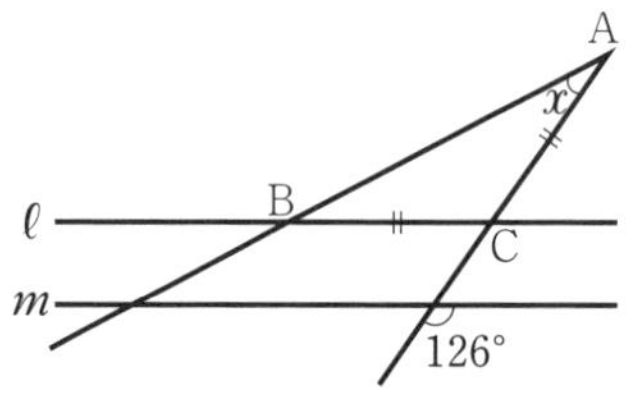

(3)

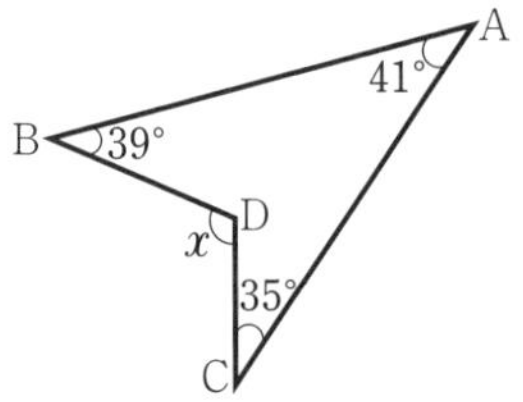

(1) 上の図(1)の △ABC で，辺 AB 上にあり，直線 AC と直線 BC との距離が等しい点 P を作図によって求めなさい。ただし，作図には定規とコンパスを使い，また，作図に用いた線は消さないこと。

(2) 上の図(2)で，$\ell \parallel m$，AC＝BC のとき，$\angle x$ の大きさを求めなさい。 [　　　　度]

(3) 上の図(3)で，$\angle x$ の大きさを求めなさい。 [　　　　度]

8 次の問いに答えなさい。ただし，円周率は π とする。 (4点×2＋5点×2＝18点)

(1)

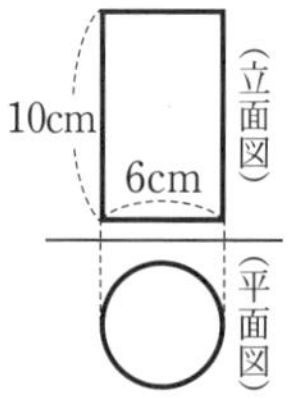

(2)

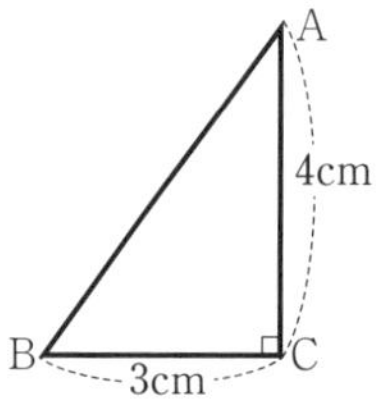

(3)

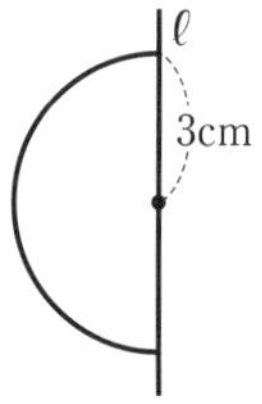

(1) 上の図(1)は，円柱の投影図である。この円柱の表面積を求めなさい。 [　　　　cm²]

(2) 上の図(2)のような直角三角形 ABC がある。辺 AC を軸として △ABC を1回転させてできる円錐の体積を求めなさい。 [　　　　cm³]

(3) 上の図(3)のような半径が 3 cm の半円を，直線 ℓ を軸として1回転させる。このとき

① 1回転させてできる球の体積を求めなさい。 [　　　　cm³]

② 1回転させてできる球の表面積を求めなさい。 [　　　　cm²]

9 次の問いに答えなさい。ただし，円周率は π とする。 (5点×4＝20点)

(1) 右の図のような △ABC がある。辺 AC 上に点 D が，辺 BC 上には点 E があり，AD：DC＝3：4，BE：EC＝2：7 である。このとき

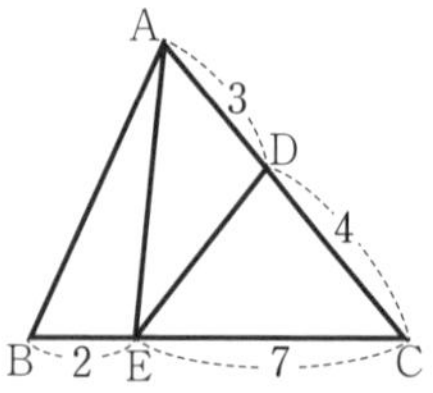

① △AED と △DEC の面積の比を求めなさい。 [　　：　　]

② △DEC の面積は，△ABC の面積の何倍か。 [　　　　倍]

(2) 右の図のような，底面の半径が 3 cm，母線の長さが 8 cm の円錐がある。この円錐について

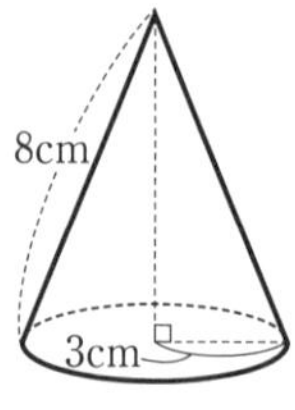

① 側面積を求めなさい。 [　　　　cm²]

② 展開図をかいたとき，側面にあたるおうぎ形の中心角の大きさを求めなさい。 [　　　　度]

解答・解説 P72

4 三角形の合同と確率

県立で出題された類似問題

13…4年度3，10・11…3年度1，2

教科書の証明の書き方をまねる，何度も書き写す。

制限時間 40分　得点 /50

10　右の図のような正三角形ABCがある。辺AC上に点Dをとり，点Aを通り辺BCに平行な直線上にAD＝AEとなる点Eをとる。△ABD≡△ACEであることを証明しなさい。　(8点)

[　　　　]

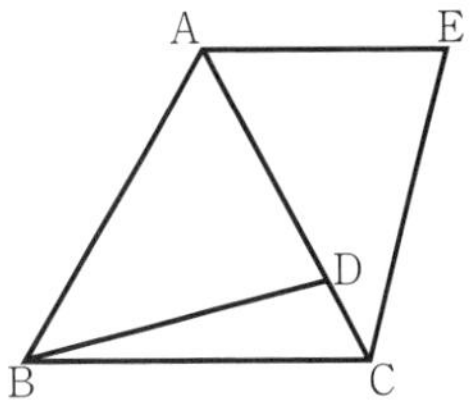

11　右の図のような2つの合同な正方形ABCD，AEFGがある。2つの正方形は頂点Aを共有し，辺BCと辺FGとの交点をHとする。△ABH≡△AGHであることを証明しなさい。　(9点)

[　　　　]

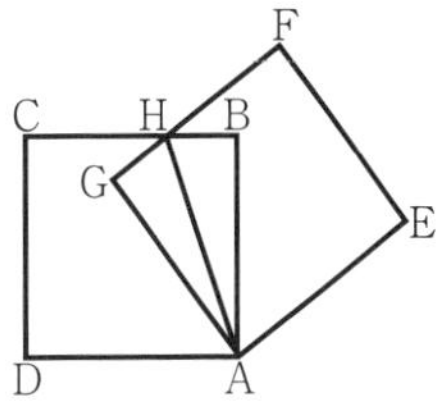

12　右の図のように，長方形ABCDを対角線BDを折り目として折り返す。点Cは点Pに移り，辺ADと線分BPとの交点をQとする。△ABQ≡△PDQであることを証明しなさい。　(9点)

[　　　　]

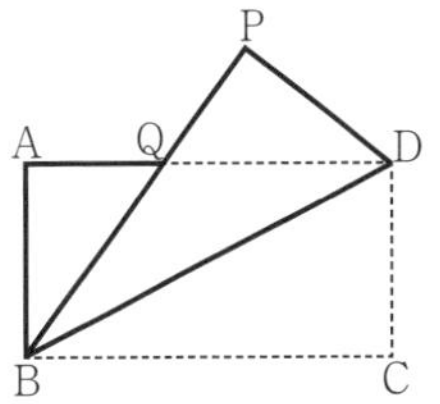

13　次の確率を求めなさい。　(3点×8＝24点)

(1)　大小2つのさいころを同時に投げるとき

①　出る目の数の積が5の倍数になる確率　[　　　]

②　出る目の数の和が素数になる確率　[　　　]

(2)　3枚の硬貨A，B，Cを同時に投げるとき少なくとも1枚は表が出る確率　[　　　]

(3)　袋の中に赤玉，白玉，青玉が1個ずつ合計3個入っている。袋の中をよく混ぜてから玉を1個取り出し，その色を確認した後，袋に戻す。これをもう1回繰り返して玉を合計2回取り出す。2回のうち1回だけ赤玉が出る確率　[　　　]

(4)　箱の中に**1**，**2**，**3**，**4**，**5**の数字を1つずつ書いた5枚のカードが入っている。この箱からカードを1枚取り出し，それを箱に戻さずにもう1枚取り出す。取り出した2枚のカードに書かれた数の大きい方を小さい方でわると，余りが1となる確率　[　　　]

(5)　**3**，**4**，**5**，**6**，**7**の数字が書かれたカードが1枚ずつある。この5枚のカードから同時に2枚のカードを取り出すとき，2枚のカードの数字の積が2の倍数でなく，3の倍数でもない確率　[　　　]

(6)　当たりくじが3本，はずれくじが3本入った箱がある。この箱から同時に2本のくじをひくとき，2本とも当たりくじである確率　[　　　]

(7)　袋の中に赤玉3個と白玉2個の合計5個の玉が入っている。この袋の中から同時に2個の玉を取り出すとき，赤玉と白玉が1個ずつである確率　[　　　]

5 比例と1次関数

県立で出題された類似問題

15・16…4年度1，3年度1，2年度1

関数の問題は必ず出題される。グラフも正確に写す。

制限時間 45分　得点 /50

14 次の問いに答えなさい。 (3点×6＝18点)

(1) y は x に比例し $x=2$ のとき $y=-6$ である。y を x の式で表しなさい。 [$y=$ 　]

(2) y は x に反比例し $x=2$ のとき $y=9$ である。y を x の式で表しなさい。 [$y=$ 　]

(3) x の値が5だけ増加すると y の値は3だけ増加し，$x=5$ のとき $y=-4$ である1次関数の式を求めなさい。 [$y=$ 　]

(4) 2点 $(-1,\ 1)$，$(2,\ 7)$ を通る直線の式を求めなさい。 [$y=$ 　]

(5) 2直線 $y=-2x+1$ と $y=x+4$ の交点の座標を求めなさい。 [(　，　)]

(6) 関数 $y=ax+b\ (a>0)$ について，x の変域が $-1 \leqq x \leqq 3$ のとき，y の変域は $-1 \leqq y \leqq 7$ である。a，b の値をそれぞれ求めなさい。 [$a=$ 　，$b=$ 　]

15 右の図のように，①は関数 $y=\dfrac{16}{x}$ のグラフである。2点A，Bは①上の点で x 座標はそれぞれ－4，8である。点Pは y 軸上にあり，y 座標は点Bの y 座標と同じである。

次の問いに答えなさい。 (3点×3＝9点)

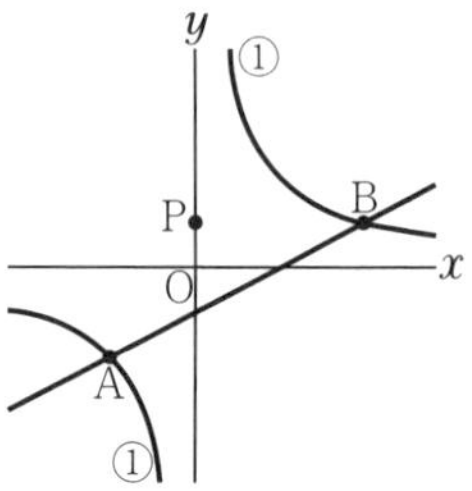

(1) 点Aの座標を求めなさい。 [(　，　)]

(2) 直線ABの式を求めなさい。 [$y=$ 　]

(3) 点Pを通り直線ABに平行な直線の式を求めなさい。 [$y=$ 　]

16 右の図のように2点A$(1,\ 6)$，B$(-6,\ -1)$ を通る直線ABと，直線 $y=-\dfrac{2}{5}x+b$ …①がある。直線①は，直線ABと x 軸との交点Cを通り y 軸と点Dで交わっている。

次の問いに答えなさい。 (3点×3＝9点)

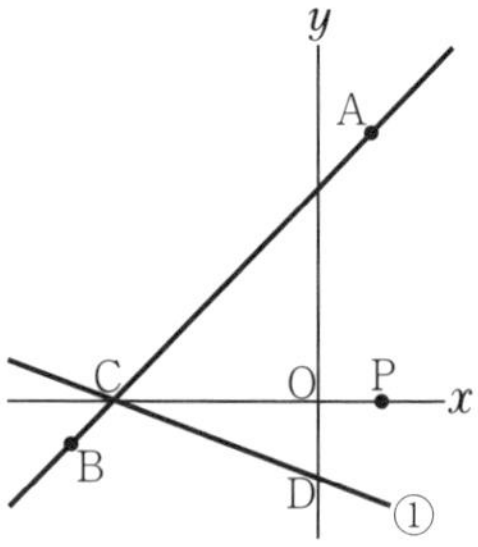

(1) 直線ABの式を求めなさい。 [$y=$ 　]

(2) b の値を求めなさい。 [$b=$ 　]

(3) x 軸上に x 座標が正である点Pがある。△ACDと△ACPの面積が等しくなるとき，点Pの座標を求めなさい。 [(　，　)]

17 右の図のように3点A$(2,\ 4)$，B$(8,\ 4)$，C$(10,\ 12)$ を頂点とする△ABCと，直線 $y=-x+2a$ …①がある。直線①が線分ABと交わるとき，点A，点Bを通る場合も交わるものとする。また，直線①と直線ACとの交点をPとするとき，次の問いに答えなさい。 (3点×2＋4点×2＝14点)

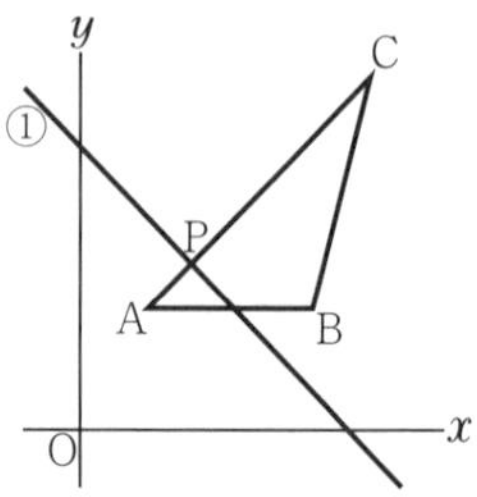

(1) △ABCの面積を求めなさい。 [　]

(2) 直線①が線分ABと交わるときの a の範囲を求めなさい。 [　$\leqq a \leqq$　]

(3) 点Pの座標を a を用いて表しなさい。 [(　，　)]

(4) 点Cを通り△ABCの面積を2等分する直線の式を求めなさい。 [$y=$ 　]

解答・解説 P74

6 1次関数の利用

県立で出題された類似問題

18・19…4年度5，3年度5，2年度5

1次関数を利用した問題に，積極的に取り組む。

制限時間 40分　得点 /50

18 右の図のように，AE＝4 cm，EF＝3 cm，FG＝5 cm，線分EB＝5 cmの直方体ABCD - EFGHがある。点Pは頂点Aを出発して毎秒 1cmの速さで辺AE上，線分EB上，辺BC上を頂点Cまで動き，Cで停止する。

このとき，5点P，E，F，G，Hを結び四角錐PEFGHをつくる。点Pが頂点Aを出発してから x 秒後の四角錐PEFGHの体積を y cm³ とするとき，$4 \leqq x \leqq 9$ のときの x と y の関係をグラフに表すと右下の図のようになる。

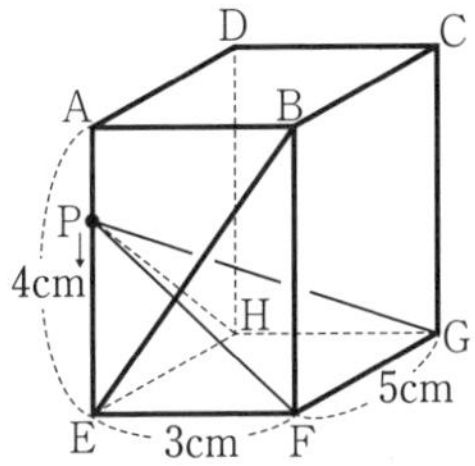

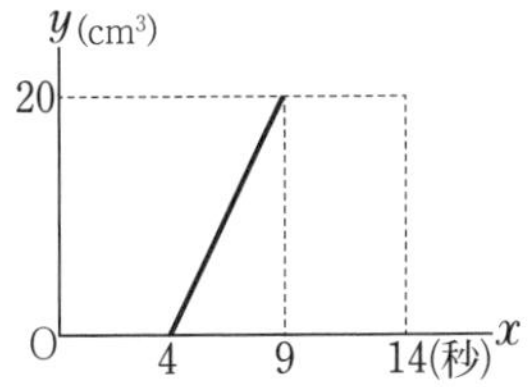

次の問いに答えなさい。　(5点×5＝25点)

(1) $0 \leqq x \leqq 4$ のとき，y を x の式で表しなさい。［$y=$　　　］

(2) $4 \leqq x \leqq 9$ のとき，y を x の式で表しなさい。［$y=$　　　］

(3) $9 \leqq x \leqq 14$ のとき，y の式を求めなさい。［$y=$　　　］

(4) $0 \leqq x \leqq 4$，$9 \leqq x \leqq 14$ のときの x と y の関係を表すグラフを上の図にかきなさい。

(5) 点Pが線分EB上にあって $y=12$ であるとき，EPの長さを求めなさい。［　　　cm］

19 右の図のように，池の周りに1周1800mの円形のジョギングコースがあり，このジョギングコース上に地点Aがある。ひなたさんは午前9時ちょうどに地点Aを出発し，このジョギングコースを一定の速さで同じ向きに2周歩いて，午前9時48分ちょうどに地点Aに着いた。また，大輝さんは，ひなたさんと同時に地点Aを出発し，このジョギングコースを一定の速さでひなたさんと同じ向きに1周走って，地点Aに着いたところで18分間休憩した。休憩後，再び地点Aを出発し，1周目と同じ一定の速さで1周目と同じ向きにもう1周走って，午前9時36分ちょうどに地点Aに着いた。

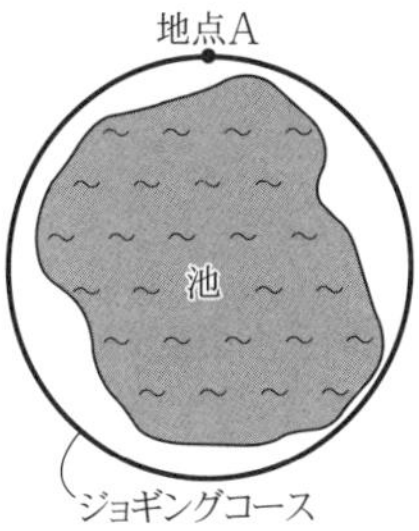

右下の図は，ひなたさんが午前9時ちょうどに出発してから x 分後の地点Aからの道のりを y mとして，x と y の関係をグラフに表したものである。

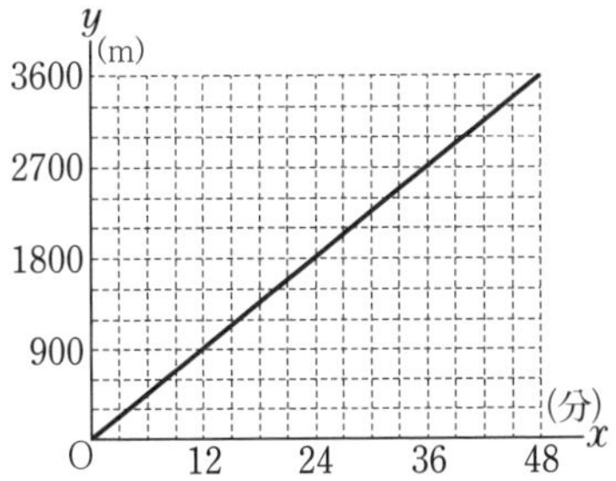

次の問いに答えなさい。　(5点×5＝25点)

(1) ひなたさんが出発してから48分後までの x と y の関係を式で表しなさい。［$y=$　　　］

(2) 大輝さんについて，$0 \leqq x \leqq 36$ のときの x と y の関係を表すグラフを上の図にかきなさい。

(3) 大輝さんの，休憩後から36分後までの x と y の関係を式で表しなさい。［$y=$　　　］

(4) 大輝さんは休憩後，再び出発してひなたさんに追い着いた。ひなたさんに追い着いたのは午前9時何分何秒か。［午前9時　　分　　秒］

(5) 京平さんは，ひなたさんとは反対向きに毎分150mの速さで，午前9時29分ちょうどに地点Aを出発した。京平さんが大輝さんとすれ違ったのは午前9時何分か。［午前9時　　分］

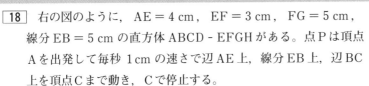

7 多項式・平方根・2次方程式

県立で出題された類似問題

20～23…4年度1，2，3年度1

根号の計算，2次方程式の解き方に慣れる。

制限時間 45分　得点　/50

20 次の計算をしなさい。　(1点×10＝10点)

(1) $\sqrt{12}+\sqrt{3}$　[　　]

(2) $\sqrt{3}\times\sqrt{6}-\sqrt{2}$　[　　]

(3) $4\sqrt{5}-\sqrt{10}\div\sqrt{2}$　[　　]

(4) $2\sqrt{6}+3\sqrt{3}\times(-\sqrt{2})$　[　　]

(5) $(\sqrt{18}+\sqrt{14})\div\sqrt{2}$　[　　]

(6) $(\sqrt{5}+\sqrt{3})(\sqrt{5}-\sqrt{3})$　[　　]

(7) $(\sqrt{2}-\sqrt{3})^2+\sqrt{6}$　[　　]

(8) $(\sqrt{3}+2\sqrt{7})(2\sqrt{3}-\sqrt{7})$　[　　]

(9) $(x+2)(x-8)-x^2$　[　　]

(10) $(a+3)^2-(a+7)(a-7)$　[　　]

21 次の式を因数分解しなさい。　(1点×6＝6点)

(1) x^2y-4xy　[　　]

(2) $x^2+5x-14$　[　　]

(3) x^2-x-20　[　　]

(4) $a^2-8a+16$　[　　]

(5) x^2-16y^2　[　　]

(6) $4x(a-b)-(a-b)$　[　　]

22 次の2次方程式を解きなさい。　(1点×10＝10点)

(1) $(x-2)^2=5$　[$x=$　　]

(2) $x^2-4x=0$　[$x=$　　]

(3) $x^2+3x+2=0$　[$x=$　　]

(4) $x^2-5x-6=0$　[$x=$　　]

(5) $x^2=x+12$　[$x=$　　]

(6) $x^2+5x-14=0$　[$x=$　　]

(7) $2x(x-1)-3=x^2$　[$x=$　　]

(8) $5(2-x)=(x-4)(x+2)$　[$x=$　　]

(9) $x^2+7x+11=0$　[$x=$　　]

(10) $2x^2-5x-1=0$　[$x=$　　]

23 次の問いに答えなさい。　(2点×7＝14点)

(1) $\dfrac{12}{\sqrt{6}}+3\sqrt{3}\times(-\sqrt{2})$ を計算しなさい。　[　　]

(2) $x=5+\sqrt{3}$，$y=5-\sqrt{3}$ のとき，$x^2+2xy+y^2$ の値を求めなさい。　[　　]

(3) $a<\sqrt{30}$ となる自然数 a のうち，最も大きい自然数を求めなさい。　[　　]

(4) $\sqrt{56n}$ が自然数となるような，最も小さい自然数 n を求めなさい。　[$n=$　　]

(5) $\sqrt{6}$ の小数部分を a とするとき，a^2+2a の値を求めなさい。　[　　]

(6) $x=1$ が2次方程式 $x^2+ax-8=0$ の1つの解であるとき，a の値と他の解を求めなさい。　[$a=$　　，他の解 $x=$　　]

(7) 2次方程式 $x^2+ax+b=0$ の2つの解が2，7であるとき，a，b の値をそれぞれ求めなさい。　[$a=$　　，$b=$　　]

24 右の図の4つの数11，13，14，16は，左上の数に2を加えて右上の数とし，左上，右上の数にそれぞれ3を加えて左下，右下の数としたものである。このような4つの数について，右上の数と左下の数の積から左上の数と右下の数の積をひくと6になることを，左上の数を n として説明しなさい。　(10点)

11	13
14	16

[　　]

2乗に比例する関数

県立で出題された類似問題

25～27…4年度5，3年度2，2年度2

放物線は美しくかく。関数と図形の融合問題に注意。

制限時間 45分　得点 /50

25 次の問いに答えなさい。　(3点×6＝18点)

(1) y は x の2乗に比例し，$x=-2$ のとき $y=8$ である。このとき，y を x の式で表しなさい。　[$y=$　　]

(2) 関数 $y=x^2$ について，x の変域が $-2 \leqq x \leqq 3$ のときの y の変域を求めなさい。　[　$\leqq y \leqq$　]

(3) 関数 $y=\frac{1}{4}x^2$ について，x の変域が $a \leqq x \leqq 3$ のときの y の変域が $b \leqq y \leqq 9$ である。a，b の値をそれぞれ求めなさい。　[$a=$　　，$b=$　　]

(4) 関数 $y=-3x^2$ について，x の値が -4 から3まで増加するときの変化の割合を求めなさい。　[　　]

(5) 関数 $y=-x^2$ について，x の値が p から $p+3$ まで増加するときの変化の割合は -11 である。p の値を求めなさい。　[$p=$　　]

(6) 関数 $y=ax^2$ と関数 $y=4x+1$ について，x の値が -2 から6まで増加するときの変化の割合が等しいとき，a の値を求めなさい。　[$a=$　　]

26 右の図のように，関数 $y=\frac{1}{4}x^2$ …①のグラフ上に点Aがあり，その x 座標は6である。点Aを通り x 軸に平行な直線をひき，y 軸との交点をBとする。また，x 軸上に x 座標が負である点Pがあり，BとPを結ぶと∠OAB＝∠BPOであり，線分BPと①のグラフとの交点をQとする。

次の問いに答えなさい。　(3点×3＋4点×2＝17点)

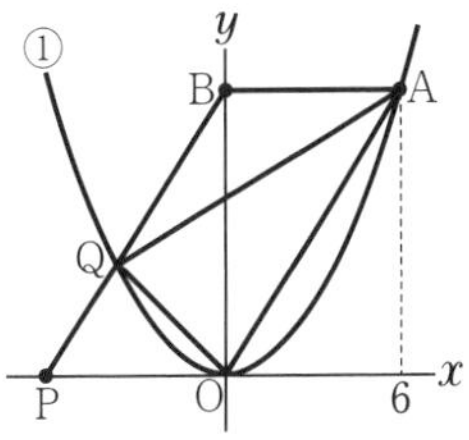

(1) 点Aの座標を求めなさい。　[(　　，　　)]

(2) 点Pの座標を求めなさい。　[(　　，　　)]

(3) 直線ABの式を求めなさい。　[$y=$　　]

(4) △OAQの面積を求めなさい。　[　　]

(5) 点Qの x 座標を求めなさい。　[　　]

27 右の図のように，関数 $y=ax^2\,(a>0)$ …①，$y=2x^2$ …②のグラフがある。点Aは①のグラフ上にあり，点Bは②のグラフ上にあって，点Aの座標は(6，12)，点Bの x 座標は -2 である。また，点Aを通り x 軸に平行な直線をひき②のグラフとの交点をCとする。次の問いに答えなさい。　(3点×5＝15点)

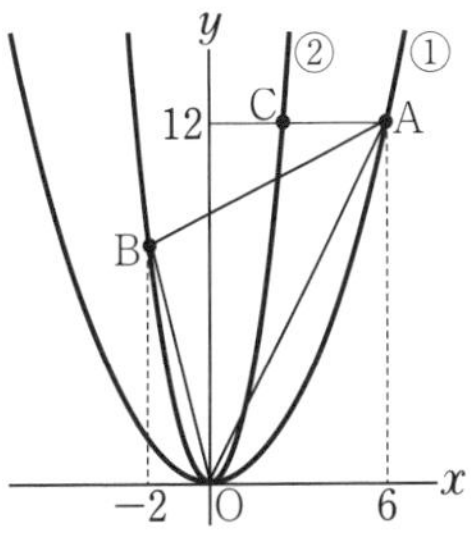

(1) a の値を求めなさい。　[$a=$　　]

(2) 直線ABの式を求めなさい。　[$y=$　　]

(3) △OABの面積を求めなさい。　[　　]

(4) 点Cの座標を求めなさい。　[(　　，　　)]

(5) △ACBと△ACOの面積の比を求めなさい。　[　：　]

9 円と相似

県立で出題された類似問題

28 ～ 31 …4年度1，3，3年度1

円の性質をしっかり覚える。平行は相似と結びつく。

制限時間 45分　得点 /50

28 次の問いに答えなさい。　(4点×3＝12点)

(1)
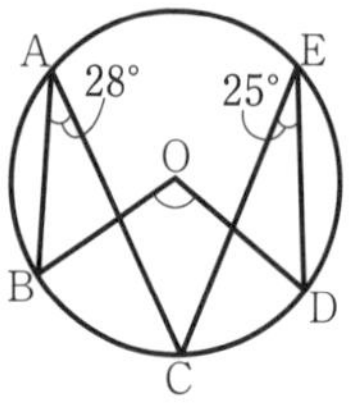

(2)
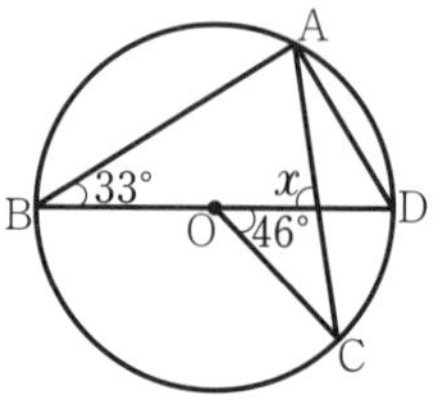

(3)
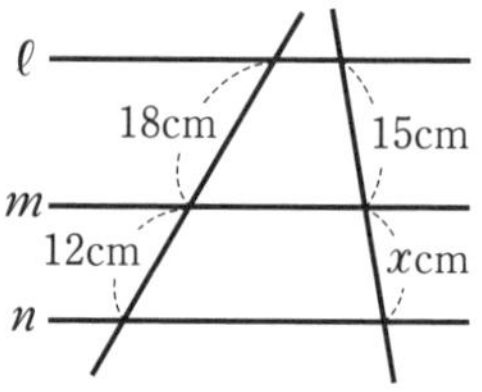

(1) 上の図(1)で，5点A，B，C，D，Eは円Oの円周上にある。∠BAC＝28°，∠CED＝25°のとき，∠BODの大きさを求めなさい。　[　　度]

(2) 上の図(2)で，4点A，B，C，Dは円Oの円周上にあり，線分BDは円Oの直径である。∠ABD＝33°，∠COD＝46°のとき，∠xの大きさを求めなさい。　[　　度]

(3) 上の図(3)で，3直線ℓ，m，nは，いずれも平行になっている。このとき，xの値を求めなさい。　[x＝　　]

29 右の図のように，線分ABを直径とする半円Oがあり，$\overset{\frown}{AB}$上に2点A，Bと異なる点Cをとる。$\overset{\frown}{BC}$上に$\overset{\frown}{CD}=\overset{\frown}{DB}$となる点Dをとり CとDを結ぶ。線分ADと線分BCとの交点をEとするとき，△ACD∽△AEBであることを証明しなさい。　(9点)

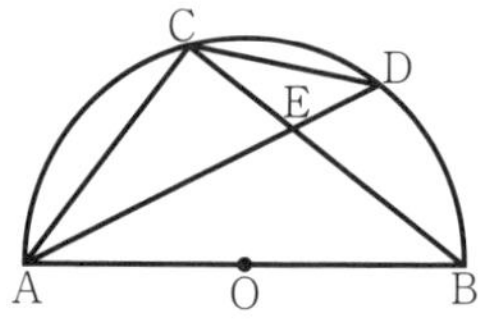

[　　]

30 右の図のように，正三角形ABCを頂点Aが辺BC上にくるように折り返す。頂点Aが移る点を点Fとし，折り目の線分を線分EDとする。このとき，△EBF∽△FCDであることを証明しなさい。　(9点)

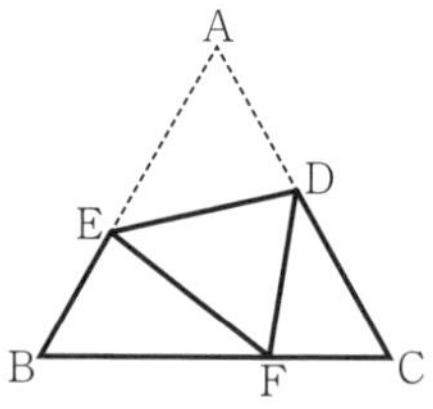

[　　]

31 右の図のような△ABCがあり，AB＝18cm，BC＝15cmである。∠ABCの二等分線と∠ACBの二等分線との交点をDとし，点Dを通り辺BCに平行な直線と2辺AB，ACとの交点をそれぞれE，Fとする。BE＝6cmであるとき，次の問いに答えなさい。　(5点×4＝20点)

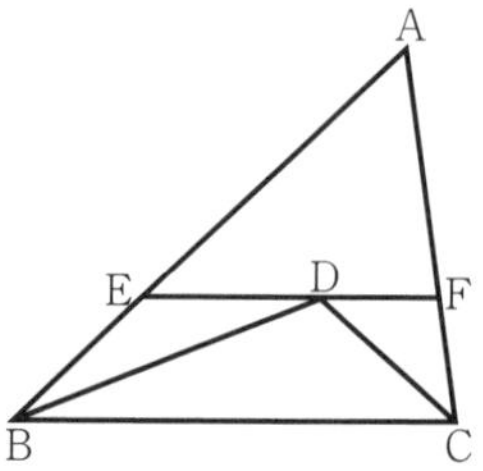

(1) 線分EFの長さを求めなさい。　[　　cm]

(2) 線分AFの長さを求めなさい。　[　　cm]

(3) △EBDの面積は△DBCの面積の何倍か。　[　　倍]

(4) △AEFの面積と四角形EBCFの面積の比を求めなさい。　[　：　]

解答・解説 P78

10 三平方の定理

県立で出題された類似問題

32 ～ 34 … 4 年度4，3 年度4，2 年度4

長さを求めるときは直角三角形で三平方の定理。

制限時間 45分　得点 /50

32　次の問いに答えなさい。　(3点×3＝9点)

(1)

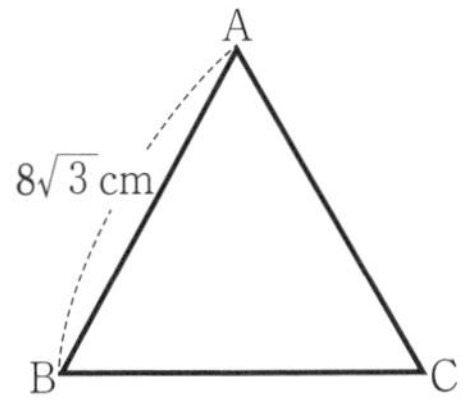

(2)

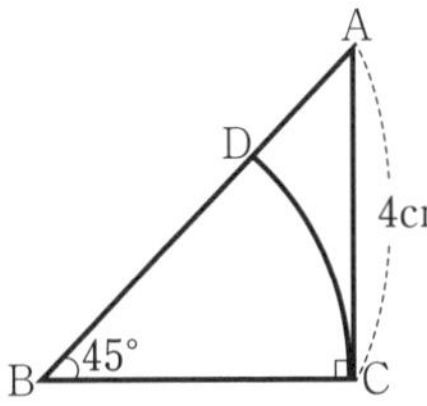

(3)

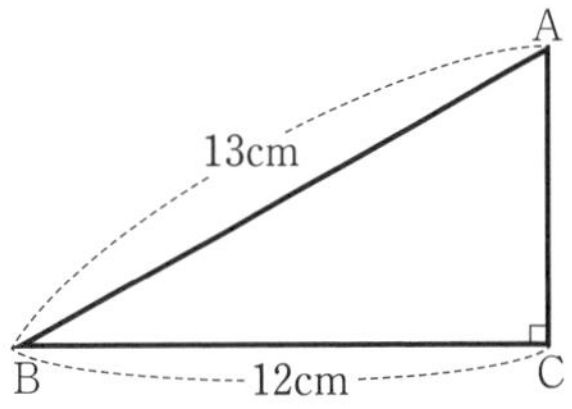

(1) 上の図(1)は，1 辺の長さが $8\sqrt{3}$ cm の正三角形 ABC である。この △ABC の面積を求めなさい。　[　　　cm²]

(2) 上の図(2)は，AC ＝ 4 cm の直角二等辺三角形 ABC である。点Bを中心として半径 4 cm の円をかき，辺 AB との交点をDとする。線分 AD の長さを求めなさい。　[　　　cm]

(3) 上の図(3)は，AB＝13 cm，BC＝12 cm の直角三角形 ABC である。辺 AC の長さを求めなさい。　[　　　cm]

33　右の図のように，底面が直角三角形で側面がすべて長方形である三角柱 ABC - DEF がある。AC ＝ $2\sqrt{5}$ cm，BE ＝ 9 cm，EF ＝ 6 cm で，点M，Nはそれぞれ辺 EF，DF の中点である。BとM，MとN，NとAをそれぞれ結んで四角形 ABMN をつくるとき，次の問いに答えなさい。　(3点×2＋4点×4＝22点)

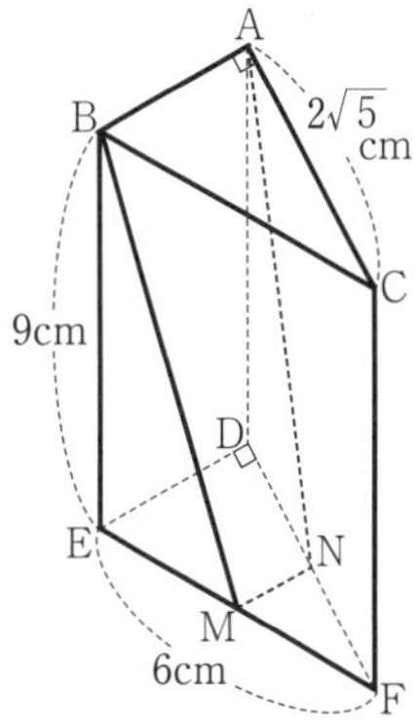

(1) 辺 DE の長さを求めなさい。　[　　　cm]

(2) 線分 MN の長さを求めなさい。　[　　　cm]

(3) 線分 BM の長さを求めなさい。　[　　　cm]

(4) 線分 AN の長さを求めなさい。　[　　　cm]

(5) 四角形 ABMN の面積を求めなさい。　[　　　cm²]

(6) この三角柱を 4 点A，B，M，Nを含む平面で切断したとき，頂点D，Eを含む方の立体の体積を求めなさい。　[　　　cm³]

34　右の図のように，底面の直径 AB が 4 cm，高さが $4\sqrt{2}$ cm で，頂点をOとする円錐がある。点Pは母線 OA 上の点で OP ＝ 2 cm である。また，点Bから点Pまでひもをかけ，ひもの長さが最も短くなるようにする。このとき，次の問いに答えなさい。ただし，円周率は π とする。　(3点×1＋4点×4＝19点)

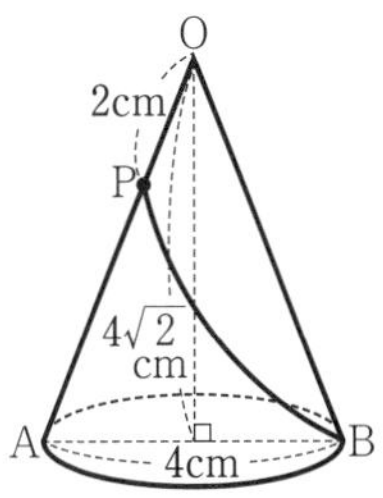

(1) この円錐の体積を求めなさい。　[　　　cm³]

(2) 母線 OA の長さを求めなさい。　[　　　cm]

(3) この円錐の側面積を求めなさい。　[　　　cm²]

(4) 円錐の側面にあたるおうぎ形の中心角の大きさを求めなさい。　[　　　度]

(5) ひもの長さを求めなさい。　[　　　cm]

MEMO

［基礎編］

理　科

栃木県
高校入試
の対策
2024

1 光・音・力による現象

制限時間 30分

1 右の図は春菜さんが手鏡(鏡1)と正面の壁の鏡(鏡2)を使って自分の後頭部を見たときのようすを真上から見た図である。後頭部の点Pを出た光が図の矢印→のように進み，鏡1と鏡2で反射して春菜さんの右目に届くとき，鏡2ではどこで反射するか。ア～エのうちから選びなさい。 (4点) [　　　]

図

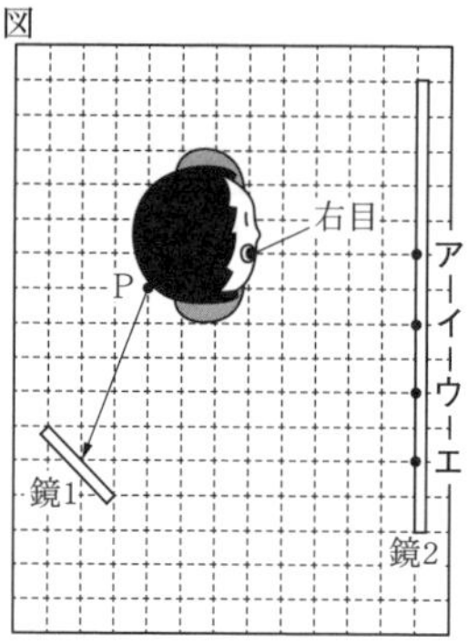

2 図1のように，直方体のガラスを通して鉛筆を見ると，鉛筆が実際にある位置よりずれて見えた。これについて各問いに答えなさい。

(1) 下線部の現象が見られたのは光の何という性質によるものか。また，その性質による現象として最も適切なものを次のア～エから選びなさい。 (各3点) 性質[　　　] 現象[　　　]

ア 鏡に映った物体は，鏡の奥にあるように見える。

イ 虫めがねを物体に近づけると，物体が大きく見える。

ウ でこぼこがある物体に光を当てると，光がいろいろな方向に進む。

エ 光ファイバーの中を光が進む。

図1

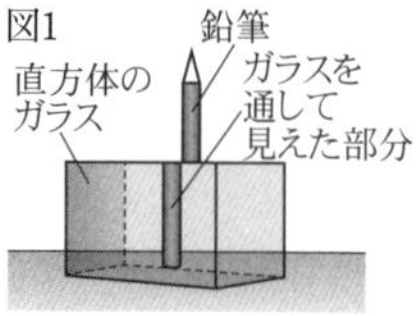

(2) 図2は，図1の位置の関係を模式的に表したものである。鉛筆を見た位置をA点として，鉛筆からガラスの中を通ってA点に向かう光の道すじを図2に実線でかき入れなさい。 (3点)

図2

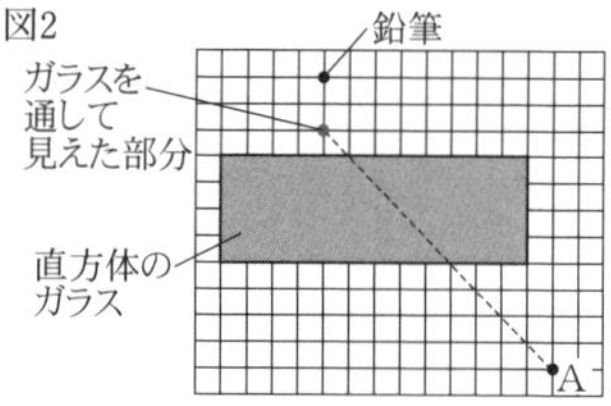

3 図のように，Aさん，Bさん，Cさんが一直線上に並んでいる。BさんとCさんの距離は51mで，AさんとBさんの距離はわからない。Aさんが手を1回たたいたところ，Cさんは0.60秒後にその音を聞いた。これについて各問いに答えなさい。

図

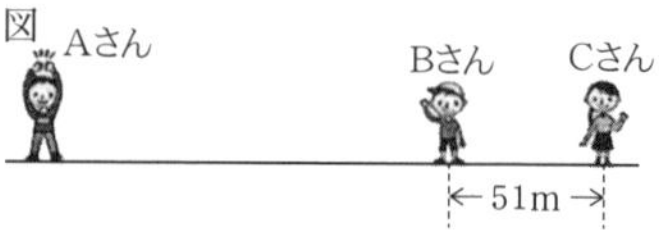

(1) 次の文は地上で音が聞こえるようすを説明したものである。[a]～[c]に当てはまる適切な語を答えなさい。 (各2点) a[　　　] b[　　　] c[　　　]

地上で音が聞こえるのは[a]の振動が[b]を振動させ，その振動が波として伝わり，耳の中にある[c]を振動させ，その振動を私たちが感じているからである。

(2) 手をたたいたときに出た音の，ある時点における，波のようす(A)と，伝わり方をばねで表したようす(B)の組み合わせとして最も適切なものはどれか。次のア～エから選びなさい。ただし(A)の図中の点は空気の粒を表している。 (3点) [　　　]

ア

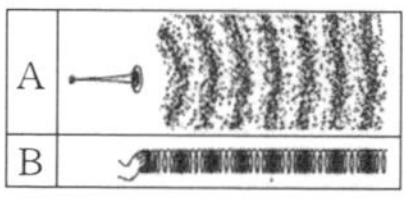

イ

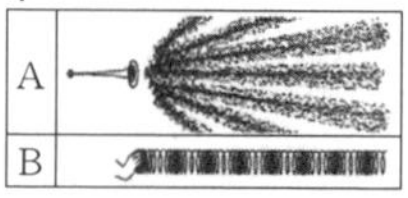

ウ

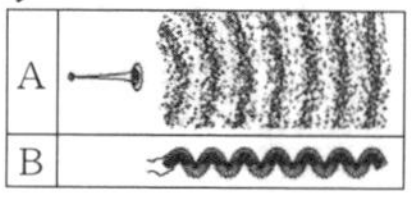

エ

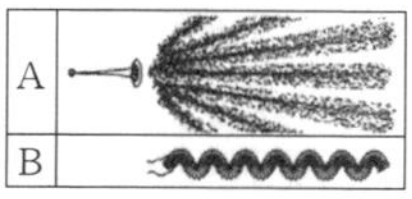

(3) Aさんが手をたたいてからBさんがその音を聞くのは何秒後か。四捨五入して小数第2位まで求めなさい。ただし，音速を340m/sとする。 (3点) [　　　秒後]

解答・解説 P82

Check! 県立で出題された類似問題

2 …30年度 8　3 …29年度 5

学習ポイント！

★つり合っている2力は「一つの物体にはたらく力」の関係。作用・反作用の2力は「二つの物体の間で対になって生じる力」の関係。

得点　/50

4　ばねや物体にはたらく力について調べるために次の実験を行った。これについて各問いに答えなさい。ただし，100gの物体にはたらく重力の大きさを1Nとし，ばねや糸の質量，糸ののびは考えないものとする。

図1

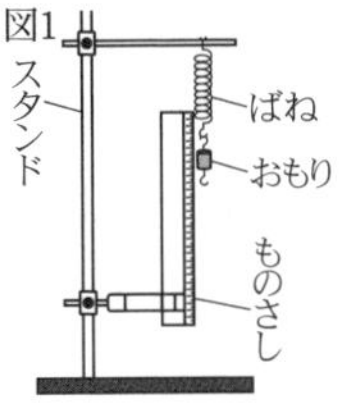

図2

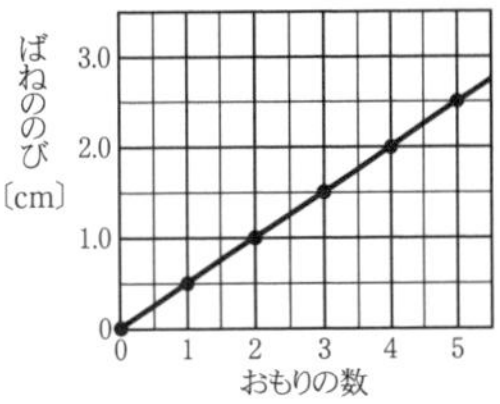

〔実験〕 ①　図1のように，ばねに1個10gのおもりをつるし，おもりが静止した後，ばねののびを測定した。図2は，おもりの数を1個ずつ増やしていき，得られた結果をもとにグラフにまとめたものである。

②　図3のように，点Oで結んだ3本の糸1～3のうち，糸3に質量500gの物体Xをつるし，糸1と糸2にばねばかり1，2をつけて異なる向きに引いて物体Xを静止させた。*A*，*B*は糸3の延長線と糸1，2の間のそれぞれの角を表す。

図3

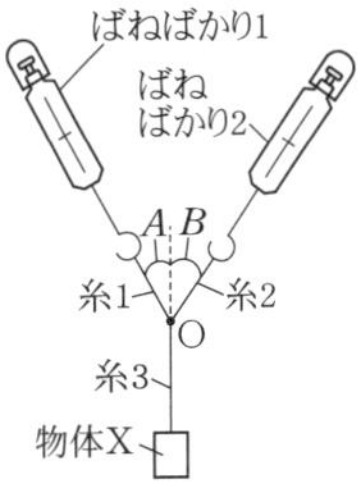

(1)　実験①で，おもりをつるすとばねがのびたのは，力の「物体を変形させる」というはたらきによるものである。力には大きく三つのはたらきがある。「物体を変形させる」というはたらきと「物体を支えたり持ち上げたりする」というはたらきの他に，どのようなはたらきがあるか。簡潔に書きなさい。　(3点) [　　　　　　　　]

(2)　図4は，実験①においておもりにはたらく力とばねにはたらく力の一部を表したものである。図中のア，イ，ウの矢印はそれぞれ，ばねがおもりを引く力，おもりがばねを引く力，おもりにはたらく重力を示している。(a)力のつりあいの関係にある二つの力はどれとどれか，(b)作用・反作用の関係にある二つの力はどれとどれか，ア～ウからそれぞれ選びなさい。ただし，ア～ウの矢印は本来は一直線上にあるが，見やすくするためにずらして表している。

図4

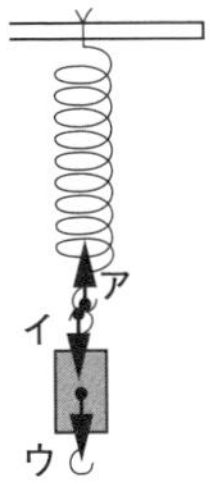

(各3点) (a)[　　　　] (b)[　　　　]

(3)　実験①で使ったばねに物体Yをつるすと，ばねののびが4.5cmになった。物体Yの質量は何gか。　(4点) [　　　　g]

(4)　実験②において，ばねばかり1とばねばかり2につないだ糸が点Oを引く力は，一つの力で表すことができる。このように，複数の力を同じはたらきをする一つの力で表すことを，力の何というか。　(3点) [力の　　　　]

(5)　実験②において，*A*と*B*の角度が図5の状態のとき，糸1が点Oを引く力と，糸2が点Oを引く力を図5にそれぞれかきなさい。ただし，矢印*F*は，物体Xにつけた糸3が点Oを引く力を表している。　(3点)

図5

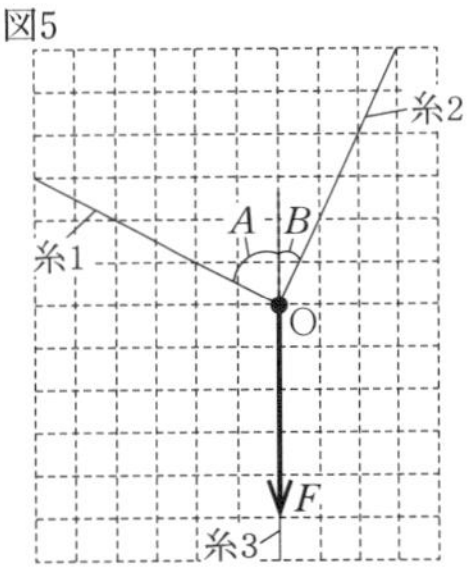

(6)　実験②で，*A*，*B*の角度を大きくしていったとき，ばねばかり1，2がそれぞれ示す値はどのようになるか。　(3点) [　　　　]

(7)　図3で，*A*，*B*の示す角度の大きさがそれぞれ60°のとき，ばねばかり1が示す値は何Nか。　(3点) [　　　　N]

2 物質の変化

制限時間 30分

5 気体の性質を調べるため，次の実験を行った。これについて各問いに答えなさい。

〔実験〕 ① 図1のように，試験管に塩化アンモニウムと水酸化バリウムを入れ，こまごめピペットで水を加えたところ，気体が発生し，試験管が冷たくなった。

② ①で発生した気体をフラスコに集めた。

③ ②のフラスコを使って図2のような装置を組み立て，水を入れたスポイトからフラスコ内に水を入れると，細いガラス管からフラスコ内へ水そうの水が吸い上げられ，赤い噴水のようになった。

図1

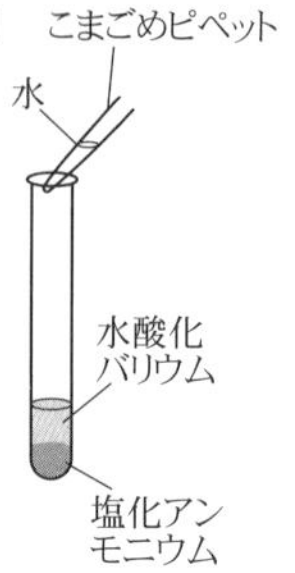

図2

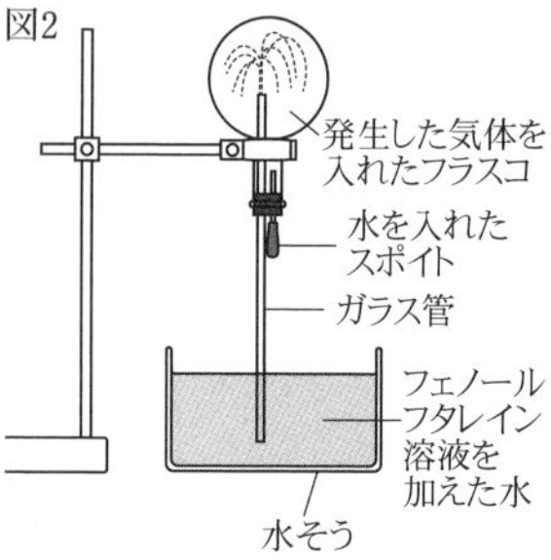

(1) 実験①で発生した気体の化学式を書きなさい。 (4点) [ ]

(2) 実験①のような，熱を吸収する化学変化を何というか。 (3点) [ ]

(3) 実験①で発生した気体の用途として最も適切なものを**ア**～**エ**から選びなさい。 (3点) [ ]

ア 食品に封入し，変質を防ぐために使われる。

イ 水道水の殺菌に使われる。

ウ 肥料の原料として使われる。

エ ドライアイスの原料として使われる。

(4) 実験②で下線部のようになったのは，実験①で発生した気体がどのような性質をもつためか。二つ，簡潔に書きなさい。 (各2点) [ ] [ ]

6 次の実験について，各問に答えなさい。

〔実験〕 ① 図のように，試験管Aに酸化銀1.00gを入れてガスバーナーで加熱し，発生した気体を試験管Bに集めた。

② 気体が発生しなくなってから，ガラス管を水から取り出し，ガスバーナーの火を止めた。

③ 試験管Aが冷えてから，試験管Aの中にある固体の質量を測定したところ，0.93gであった。

④ 次に，試験管Aのかわりに試験管Cに酸化銀3.00gを入れて，①から③までと同じことを行ったが，気体の発生が終わらないうちにガラス管を水から取り出し加熱をやめたところ，試験管に残った固体の質量は2.93gであった。

図

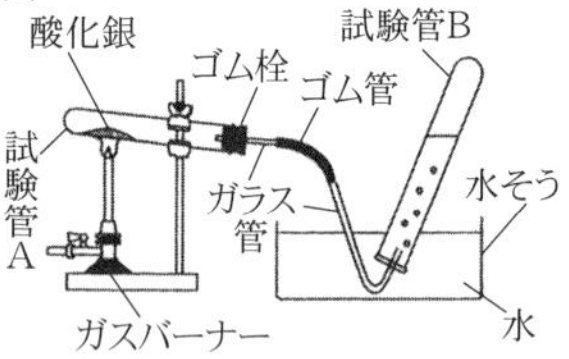

(1) 実験①で試験管Bに集めた気体が何であるかを確かめる方法を変化のようすも入れて一つ書きなさい。 (3点) [ ]

(2) 実験①で起こった化学変化を化学反応式で表すとどのようになるか。右辺を完成させなさい。 (4点) $2Ag_2O \rightarrow$ [ ]

(3) 実験④で，試験管Cに残った固体に含まれている酸素の質量は何gか。(4点) [g]

解答・解説 P82

Check! 県立で出題された類似問題

5 …29年度 6　6 …30年度 3

学習ポイント！

★石灰石（炭酸カルシウム）と塩酸が反応すると，二酸化炭素の他に，塩化カルシウムと水ができる。

得点　/50

7　ガスバーナーに点火すると，炎がオレンジ色であった。ガスの量を変えずに，空気の量を調節して青色の炎にするにはどのようにすればよいか。適切な文になるように，図を見て｛　　｝内の語句や記号を選びなさい。

(完答・4点)　①[　　　　]　②[　　　　]　③[　　　　]　④[　　　　]

空気の量が①｛多すぎる・不足している｝ので，ねじ②｛A・B｝を動かさないで，ねじ③｛A・B｝を④｛X・Y｝の向きに回す。

図

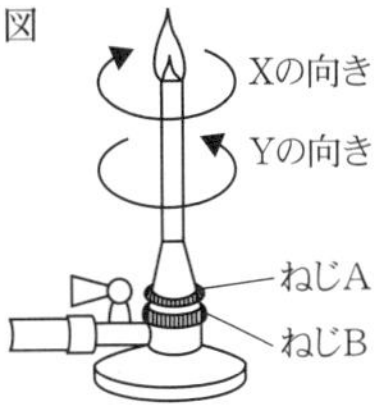

8　石灰石と塩酸の反応について調べる実験を行った。これについて各問いに答えなさい。

〔実験〕　①　ビーカーにうすい塩酸 $12cm^3$ を入れ，図1のように，ビーカーを含めた全体の質量を測ったところ，59.0gであった。

②　①のビーカーに，石灰石の粉末0.5gを入れて，気体が発生しなくなったことを確認した後，ビーカーを含めた全体の質量を測った。

③　石灰石の粉末の質量を，1.0g，1.5g，2.0g，2.5gにして，②と同様のことをそれぞれ行った。表はそれらの実験結果である。

図1

表

入れた石灰石の質量〔g〕	0.5	1.0	1.5	2.0	2.5
反応後の全体の質量〔g〕	59.3	59.6	59.9	60.4	60.9

(1)　化学変化の前後で，化学変化に関係する物質全体の質量は変化しないことを何の法則というか。

(3点) [　　　　　　の法則]

(2)　石灰石と塩酸に起こった反応の化学反応式になるように，[a]〜[c]に適切な化学式を入れなさい。ただし，[c]には発生した気体の化学式を入れること。

(各3点) a [　　　　]　b [　　　　]　c [　　　　]

$CaCO_3$ ＋ 2 [a] → $CaCl_2$ ＋ [b] ＋ [c]

(3)　実験結果をもとに，入れた石灰石の質量と発生した気体の質量との関係を表すグラフを図2にかき入れなさい。ただし，反応によって発生した気体はすべて空気中に逃げて，ビーカーに残らないものとする。(3点)

図2

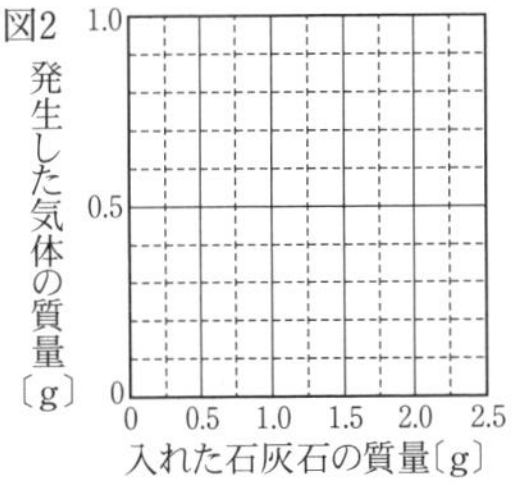

(4)　この実験で発生した気体と同じ気体が発生するのは次の**ア**〜**キ**のどれか。当てはまるものをすべて選びなさい。(3点) [　　　　]

ア　亜鉛にうすい塩酸を加える。

イ　炭酸水素ナトリウムを加熱する。

ウ　過酸化水素水に二酸化マンガンを加える。

エ　酸化銅と炭素の粉末を混ぜて加熱する。

オ　うすい塩酸を電気分解する。

カ　炭酸水素ナトリウムに酢酸を加える。

キ　水酸化カルシウムと塩化アンモニウムの混合物を加熱する。

(5)　実験で使ったものと同じ塩酸 $18cm^3$ に，実験で使ったものと同じ石灰石の粉末3.0gを入れると，発生する気体は何gか。

(3点) [　　　　g]

3 電流とその利用

制限時間 30分

9 豆電球を用いて次の実験を行った。これについて各問いに答えなさい。

図

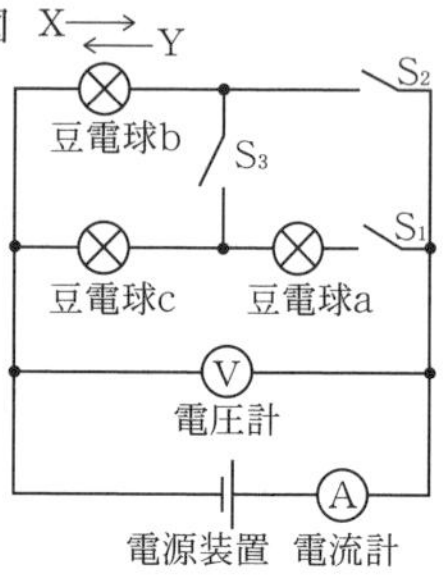

〔実験〕 ① 3.8 V の電圧を加えると，500 mA の電流が流れる二つの豆電球 a，b と，3.8 V の電圧を加えると，760 mA の電流が流れる豆電球 c を用いて，図のような回路をつくった。

② スイッチS_1を入れ，S_2とS_3を切って回路をつくり，電圧計の値が 5.7 V になるように電源装置を調節して電流を流したところ，豆電球 a と豆電球 c が点灯した。

③ スイッチS_2とS_3を入れ，S_1を切って回路をつくり，電圧計の値が 5.7 V になるように電源装置を調節して電流を流したところ，豆電球 b と豆電球 c が点灯した。

(1) 次の文は，電子の移動についてまとめたものである。［ ア ］には当てはまる符号を，［ イ ］には図中の X，Y のうち当てはまる記号を答えなさい。(各2点) ア[　　　] イ[　　　]

実験③で豆電球 b に電流が流れているとき，［ ア ］の電気をもった電子が，豆電球 b の中を［ イ ］の向きに移動している。

(2) 実験②における回路全体の抵抗は何Ωか。 (3点) [　　　Ω]

(3) 実験③において，電流計の示す値は何 A か。 (3点) [　　　A]

(4) 実験③における豆電球 b の消費電力は何W か。 (3点) [　　　W]

(5) 実験②と実験③で，最も明るく点灯した豆電球は次のどれか。 (3点) [　　　]

ア 実験②の豆電球 a　**イ** 実験②の豆電球 c

ウ 実験③の豆電球 b　**エ** 実験③の豆電球 c

10 家庭における電気に関して，次の各問いに答えなさい。

(1) 家庭用のコンセントの電源には交流が使われており，スマートフォンなどの充電器は，交流を直流に変換している。交流の説明として正しいものを次の**ア**～**エ**から選びなさい。

(2点) [　　　]

ア 電圧の大きさは常に 100 V である。　**イ** 乾電池につないだ回路に流れる。

ウ 電流の流れる向きが周期的に入れかわる。　**エ** DC と表現することがある。

(2) 次の文は，白熱電球と LED 電球の違いを調べてまとめた文である。［ ① ］，［ ② ］に当てはまる語句を書きなさい。 (各2点) ①[　　　] ②[　　　]

白熱電球では，電気エネルギーの一部が［ ① ］エネルギーになり，残りのほとんどが［ ② ］エネルギーになる。LED 電球では，明るさが同じくらいの白熱電球より［ ② ］エネルギーに変換される量が少なく，消費電力が小さい。

(3) 陽菜さんの家庭では，消費電力が 60W の白熱電球 4 個と 40W の白熱電球 8 個を使用していたが，60W の白熱電球 4 個を 10.6 W の LED 電球 4 個に，40W の白熱電球 8 個を 8.0 W の LED 電球 8 個にそれぞれとりかえた。LED 電球の消費電力の合計は，白熱電球の消費電力の合計の何%になるか。ただし，LED 電球は，白熱電球と同じ条件で使用し，表示どおりの電力が消費されるものとする。 (3点) [　　　%]

解答・解説 P83

Check! 県立で出題された類似問題

9 …4年度 4　10 …2年度 3　11 …3年度 4

学習ポイント！

★豆電球は電力の大きいものほど明るい。電圧と電流の大きさを比べよう。

得点　/50

11　図1のように，厚紙でできた水平面の上に方位磁針を置いて導線に→の向きに電流を流した。また,図2は方位磁針を模式的に表したものである。これについて各問いに答えなさい。

図1

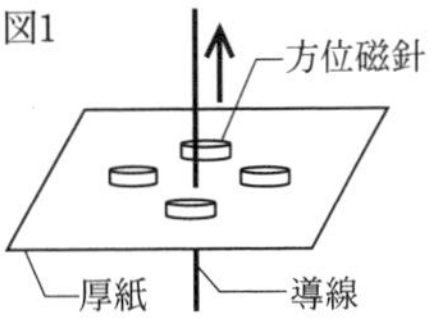

(1)　図1で用いた導線は，電流を通しやすい銅の線を，電流をほとんど通さないポリ塩化ビニルで覆われてできている。ポリ塩化ビニルのように，電流をほとんど通さない物質は何と呼ばれるか。

(4点)［　　　　　］

図2

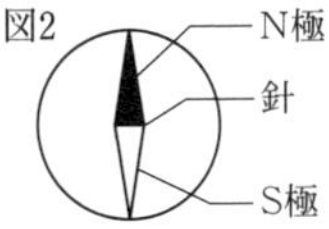

(2)　図1を真上から見たときの方位磁針の針の向きを表した図として，最も適切なものを**ア**～**エ**から選びなさい。ただし，導線に流れる電流がつくる磁界以外の影響は無視できるものとする。(4点)［　　　　］

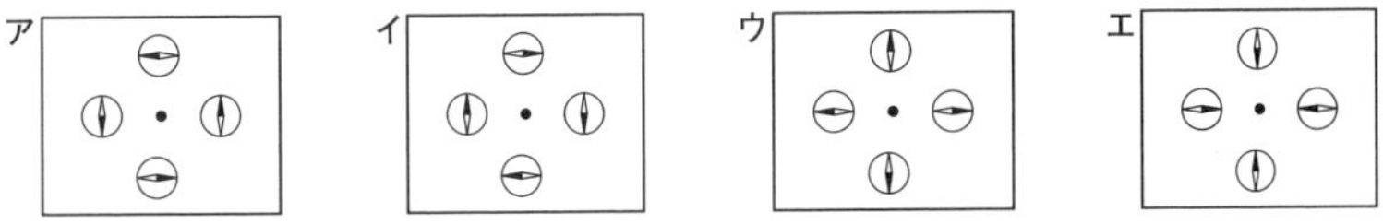

12　次の文は，手回し発電機のしくみについてまとめたものである。これについて各問いに答えなさい。

図1

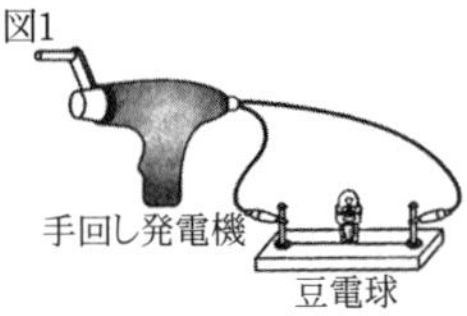

①　手回し発電機の中には，小型のモーターが入っている。

②　図1のように，手回し発電機に豆電球をつないでハンドルを回すと，モーター内のコイルが回転する。コイルの内部の磁界が変化すると，その変化にともない電圧が生じてコイルに電流が流れる。また，手回し発電機のハンドルを1秒間に一定の割合で回すと，豆電球には一定の電圧が加わる。

図2

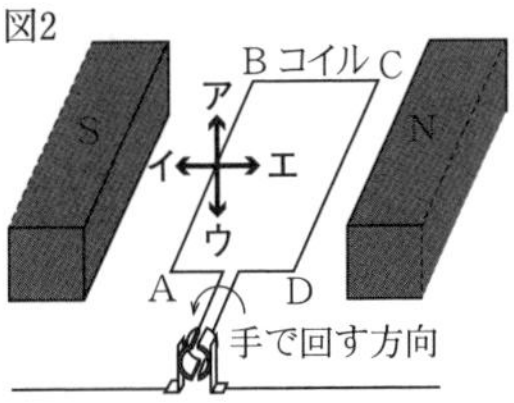

③　図2は，図1の手回し発電機のモーター内のコイルと磁石の模式図である。手回し発電機のハンドルを反時計回りに回すと，豆電球と手回し発電機を含めた回路にはA→B→C→Dの向きに電流が流れる。

④　コイルに電流が流れると，手回し発電機を回すときに手ごたえが感じられる。

(1)　下線部の現象を何というか。(4点)［　　　　　］

(2)　手回し発電機を回すと手ごたえを感じるのは，コイルに電流が流れるとコイルが磁界から力を受けるためである。図2で示す向きに手回し発電機を回し，コイルが図2の位置にあるとき，電流が流れているABの部分が磁界から受ける力の向きは図中の**ア**～**エ**のどれか。(6点)［　　　　］

(3)　手回し発電機のハンドルを回す手ごたえが，回路につなぐものやそのつなぎ方でどう変わるかについて調るため，抵抗値の等しい豆電球a，bと割りばしを**ア**～**エ**のように手回し発電機につないで実験を行った。手ごたえが軽いものから重いものの順に，**ア**～**エ**の記号を書きなさい。なお，回路全体に一定の電圧が加わるように，1秒間に回す回数を一定にした。(7点)［　　　　　］

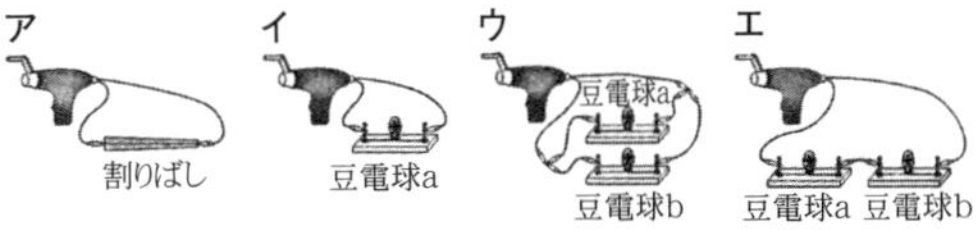

4 水溶液とイオン

制限時間 30分

13 次の実験１，２について，各問いに答えなさい。

〔実験１〕 図１のように，試験管Ａには硫酸銅水溶液と亜鉛片を，試験管Ｂには硫酸亜鉛水溶液と銅片を入れた。しばらくしてから金属片の表面のようすと水溶液のようすを確認したところ，結果は表のようになった。

図1

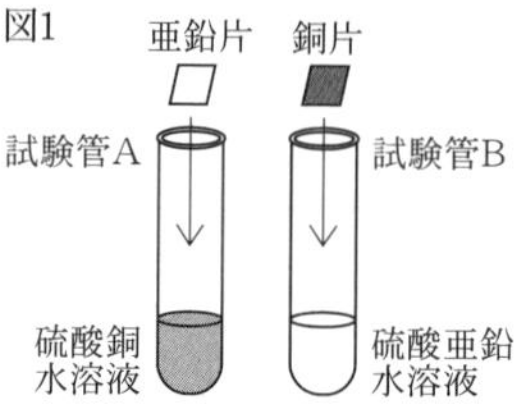

〔実験２〕 図２のように，亜鉛板と銅板を用いて，図のような電池を作成し，しばらくモーターを回転させた。その後，亜鉛板を取り出して観察すると，亜鉛板の表面はぼろぼろになっていた。

表

	金属片の表面のようす	水溶液のようす
試験管A	あ	青色がうすくなった
試験管B	変化なし	変化なし

図2

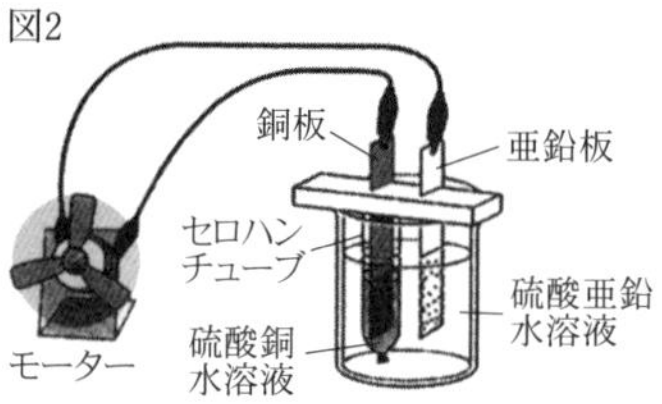

(1) 硫酸銅や硫酸亜鉛のように，水に溶けるとイオンに分かれる物質を何というか。 (1点) [ ]

(2) 表中の あ に当てはまる金属表面のようすとして最も適切なものを次のア～エから選びなさい。 (2点) [ ]

ア 気体が発生し，赤色の物質が付着した。 **イ** 気体が発生し，青色の物質が付着した。

ウ 赤色の物質が付着した。 **エ** 青色の物質が付着した。

(3) 実験１の結果をもとに考察した次の文の ① ， ② に「亜鉛」または「銅」のいずれかを入れなさい。 (各２点) ①[ ] ②[ ] ③[ ]

試験管Ａでは， ① 原子と ② イオンの間で電子のやり取りが行われ，試験管Ｂでは電子のやり取りが行われなかったと考えられる。このことから，亜鉛と銅では ③ の方がイオンになりやすいと考えられる。

(4) 図２の化学電池のしくみは，約200年前にイギリスの科学者によって発明された。発明した科学者の名前がつけられたこの電池の名称を書きなさい。 (2点) [電池]

(5) 実験２において，モーターが回転しているときに，亜鉛板の表面で起こっている化学変化を，化学反応式で書きなさい。ただし，電子はe^-を使って表すものとする。

(3点) [ ]

(6) 実験２でモーターが回っているときの電池について説明した次の文が正しくなるように，{ }内の語句のうち，適切なものを選びなさい。

(各２点) ①[ ] ②[ ] ③[ ]

実験２の電池において，＋極は①{亜鉛板・銅板}で，モーターが回っているとき，電子は②{水溶液・導線}を通って③{亜鉛板から銅板へ・銅板から亜鉛板へ}移動することで電気エネルギーを取り出している。

(7) 実験２では，硫酸亜鉛水溶液と硫酸銅水溶液はセロハンによって仕切られている。セロハンが果たしている役割を，「イオン」の語を使って簡潔に書きなさい。

(3点) [ ]

(8) 実験２では，何エネルギーが電気エネルギーに変換されたか。 (2点) [ ]

解答・解説 P84

Check! 県立で出題された類似問題

15 …4年度 6

学習ポイント！

★電池では，陽イオンになりやすい方の金属が－極になる。電子は，導線通って－極から＋極に向かって移動する。

得点　/50

14 図のア～オは，原子またはイオンの構造を模式的に表したものである。これについて各問いに答えなさい。ただし，電子を●，陽子を◎，中性子を○とする。

図

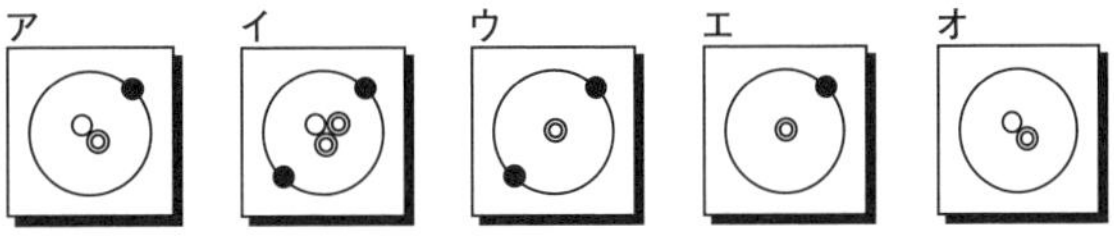

⑴ イオンを表しているものをア～オからすべて選びなさい。　(3点) [　　　　]

⑵ 図のアで表したものと同位体の関係にあるものをイ～オから一つ選びなさい。

(3点) [　　　　]

15 次の実験1，2についてそれぞれの各問いに答えなさい。

〔実験1〕 ① 水酸化ナトリウム水溶液 $4cm^3$ を試験管にとり，BTB溶液を加えて色の変化を観察した。

② ①の試験管に塩酸を $2cm^3$ ずつ加えていき，そのつど色の変化を観察した。

③ ①，②の結果を表にまとめた。

表

加えた塩酸の合計量〔cm^3〕	0	2	4	6	8	10
水溶液の色	青色	青色	緑色	黄色	黄色	黄色

⑴ 水酸化ナトリウム水溶液に塩酸を加えていったときに起こる化学変化を化学反応式で表しなさい。　(3点) [　　　　]

⑵ 加えた塩酸の量を横軸に，水溶液中のイオンの数を縦軸にとったとすると，ナトリウムイオンと水酸化物イオンの数を表すグラフとして適切なものはそれぞれどれか。

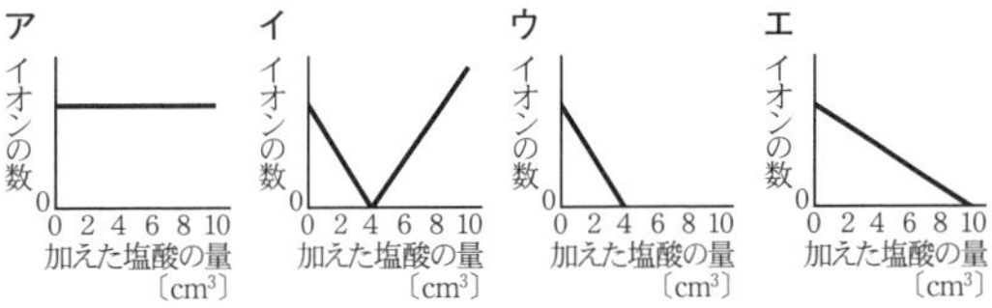

(各2点)ナトリウムイオン[　　　　]

水酸化物イオン[　　　　]

〔実験2〕 ① ビーカーにうすい硫酸 $20cm^3$ を入れ，緑色のBTB溶液を2，3滴加えた。

② 図のような装置をつくり，①のビーカーにステンレス電極を入れて3Vの電圧を加え，電流の大きさを実験前の値として記録した。

図

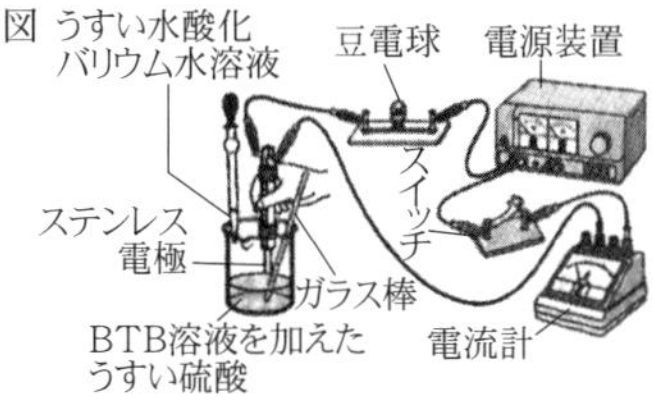

③ ビーカーにうすい水酸化バリウム水溶液を $1cm^3$ ずつ加え，電流の大きさと水溶液の色を記録した。

⑶ 実験2の結果をまとめた次の文が正しくなるように，a，bの{　}内の語のうち，適切なものを選びなさい。また，［ c ］には物質名，［ d ］には化学式を入れなさい。

(各3点) a [　　　　] b [　　　　] c [　　　　] d [　　　　]

うすい水酸化バリウム水溶液を $8cm^3$ 加えたときに水溶液の色は緑色になり，電流は a{実験前の値より大きく・実験前の値より小さく・ほとんど流れなく}なった。この水溶液にうすい水酸化バリウム水溶液をさらに加えていったときの電流の大きさは，水溶液が緑色のときと比べて b{大きくなった・小さくなった・変わらなかった}。また，二つの水溶液を混ぜたときにできた白い沈殿は［ c ］であり，その化学式は［ d ］である。

16 小球の運動に関する実験を行った。これについて各問いに答えなさい。

〔実験〕 カーテンレールを用いて図1のような装置をつくり，カーテンレールの水平部分に木片を置き，斜面上で小球を静かに離したところ，小球は点Pで木片と衝突したあと木片を動かし，やがて小球，木片ともに静止した。質量の異なる小球を用いて，小球を離す高さを変え，木片が静止するまでに動いた距離を繰り返し測定したところ，小球を離す高さと木片が動いた距離との関係は図2のようなグラフになった。ただし，小球とカーテンレールの間には摩擦はなく，木片とカーテンレールの間には一定の大きさの摩擦がはたらくものとする。また，空気の抵抗は考えないものとし，小球がはじめにもつ位置エネルギーはすべて木片を動かすことに使われるものとする。

図1

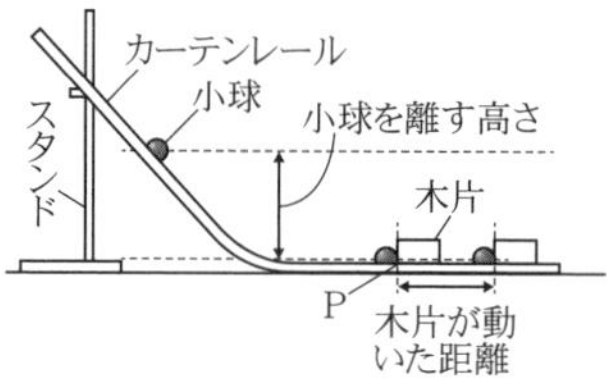

図2

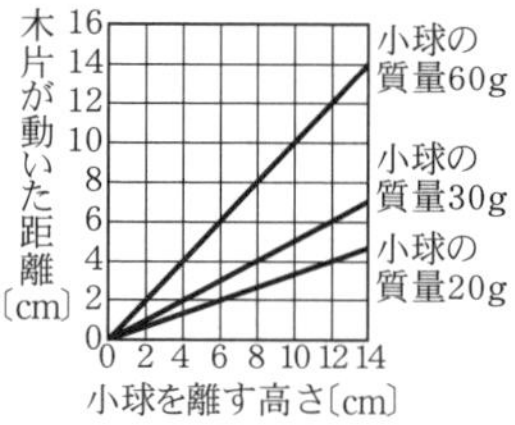

(1) 小球が斜面上を運動している間に小球にはたらく重力の，斜面に沿った方向の分力を表す矢印を図3にかき入れなさい。 (3点)

図3

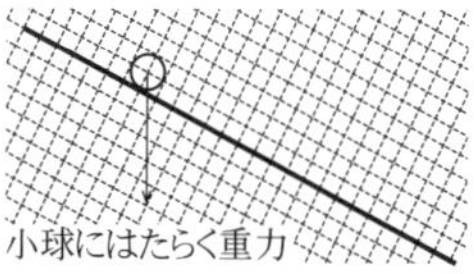

(2) 小球が斜面上を運動している間のようすについて，正しく述べている文はどれか。 (4点) [ ]

ア 小球にはたらく力の大きさはだんだん大きくなるが，小球の速さは変化しない。

イ 小球にはたらく力の大きさはだんだん大きくなり，小球の速さはだんだん速くなる。

ウ 小球にはたらく力の大きさは変化せず，小球の速さも変化しない。

エ 小球にはたらく力の大きさは変化しないが，小球の速さはだんだん速くなる。

(3) 小球の水平面での運動を何というか。 (3点) [ ]

(4) 次の**ア**～**エ**の中で，小球が斜面を運動しているときと比べて，水平面に達したとき小さくなっているものはどれか。 (3点) [ ]

ア 小球にはたらく重力　**イ** 小球のもつ位置エネルギー

ウ 小球のもつ運動エネルギー　**エ** 小球のもつ力学的エネルギー

(5) 小球を離す高さが 8cm のとき，小球の質量と木片が動いた距離との関係を表すグラフを図4にかき入れなさい。 (4点)

図4

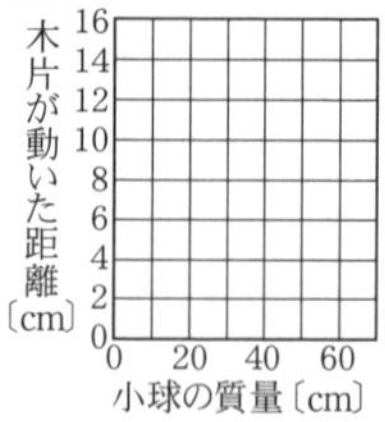

(6) 図2から，小球がはじめにもつ位置エネルギーは，小球を離す高さと，小球の質量に比例すると考えられる。図1で小球を離す高さを 15cm にして，質量 50g の小球を斜面上で静かに離すとき，木片が動く距離は何 cm か。 (4点) [cm]

図5

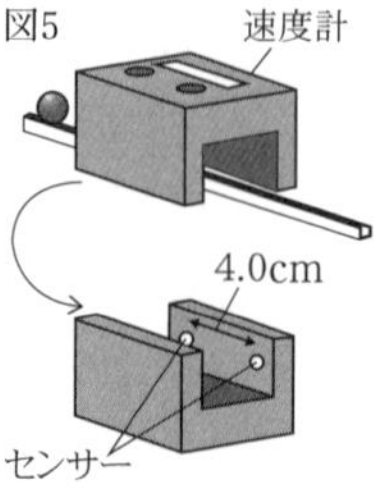

(7) 図5は，小球の速さを測定するための速度計である。速度計は二つのセンサー間を小球が通過する時間を計測し，速さを示す。速度計が示す速さが 1.60m/s のとき，二つのセンサー間を小球が通過するのにかかった時間は何秒か。 (4点) [秒]

Check! 県立で出題された類似問題

16 … 5年度6，元年度7

学習ポイント！

★仕事の大きさ〔J〕は，力の大きさ〔N〕×力の向きに動いた距離〔m〕で求める。
仕事率〔W〕は，仕事〔J〕÷仕事にかかった時間〔s〕で求める。

得点　/50

17　次の実験1，2について，各問いに答えなさい。ただし，ひもと滑車とのあいだおよび斜面と物体のあいだには摩擦がなく，空気抵抗もないものとする。

図1

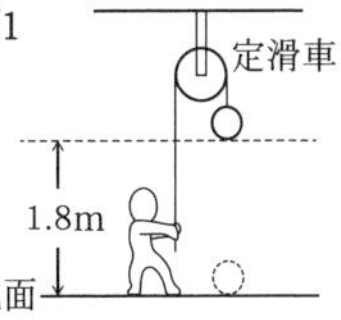

〔実験1〕　図1のように，重さ5.0Nの物体に軽いひもを取り付け，ひもをたるませずに，15cm/sの一定の速さで地面からの高さ1.8mまでゆっくりと引き上げ静止させた。

〔実験2〕　図2，図3のような斜面を用いて，実験1で用いたと同じ物体を1.8mの高さまでゆっくりと引き上げ静止させた。

図2

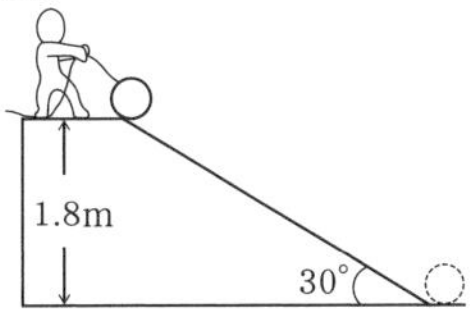

図3

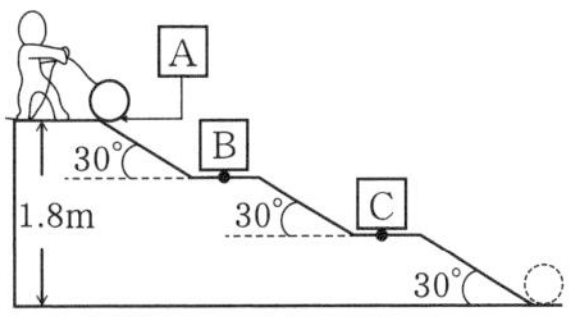

(1)　実験1で，物体を1.8mの高さまで引き上げるのにかかった時間は何秒か。

(3点)［　　　　秒］

(2)　実験1で物体を1.8mの高さまで引き上げたとき，ひもを引く力がした仕事の大きさを単位をつけて答えなさい。ただし，引き上げるのに必要な力は，物体にはたらく重力と同じ大きさとする。

(3点)［　　　　］

(3)　実験1で物体を1.8mの高さまで引き上げたとき，ひもを引く力がした仕事の仕事率は何Wか。

(4点)［　　　　W］

(4)　図1の方法で物体を引き上げたときと，図2のように斜面を使って物体を引き上げたときのひもを引く力がした仕事は同じである。このように，道具を使っても仕事の大きさが変わらないことを何というか。

(3点)［　　　　］

(5)　図1で引き上げた物体を静止させたまま，ひもと物体のつなぎ目をはさみで切った。このあとの物体の運動について記した次の文の ① ～ ③ に当てはまる語句や数値を書きなさい。

(各2点)①［　　　　］　②［　　　　］　③［　　　　］

静止していた物体は，地面に対し垂直に落下した。この物体の運動を ① といい，落下中は物体に対して重力が仕事をすることにより，物体の ② エネルギーの大きさが減少する。地面からの高さが0.90mにおけるエネルギーの総和は ③ Jである。

(6)　図1～図3で，ひもと物体のつなぎ目をはさみで切ったとき，地面に達した物体の運動エネルギーの大きさの関係として正しいものを**ア**～**エ**から選びなさい。(3点)［　　　　］

ア　図1＝図2＝図3　　　**イ**　図1＜図2＝図3

ウ　図1＜図2＜図3　　　**エ**　図2＜図3＜図1

(7)　図3の位置Aから水平面上の点B，Cを通過して地面に達するまでについて，物体の位置と運動エネルギーの関係を表したグラフとして最も適切なものを**ア**～**エ**から選びなさい。

(3点)［　　　　］

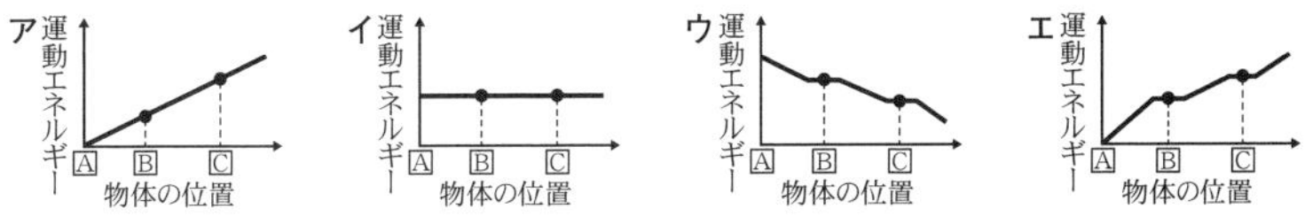

理科

基礎編

6 大地の変化

制限時間 30分

18 次の観察1，2について，各問いに答えなさい。

〔観察1〕 火山灰Aを双眼実体顕微鏡で観察し，火山灰Aに含まれる，粒の種類と，粒の数の割合を調べた。表はその結果をまとめたものである。

表

粒の種類	結晶の粒				結晶でない粒
	長石《ちょうせき》	輝石《きせき》	角閃石《かくせんせき》	石英《せきえい》	
粒の数の割合〔%〕	50	7	5	3	35

〔観察2〕 火成岩B，Cをルーペで観察したところ，岩石のつくりに異なる特徴が確認できた。図は，それらのスケッチであり，火成岩B，Cは花こう岩，安山岩のいずれかである。

図

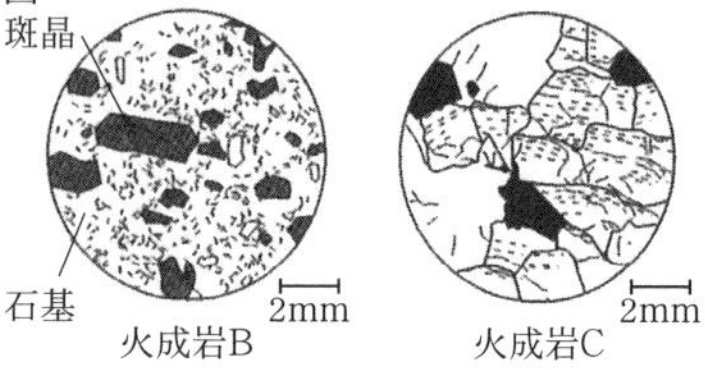

(1) 双眼実体顕微鏡の説明として最も適切なものを**ア**〜**エ**から選びなさい。(2点)［　　　］

ア 試料を手に持って観察するのに適している。

イ 試料をプレパラートにして観察するのに適している。

ウ 試料を観察すると，立体的に見える。

エ 試料を観察すると，上下左右が逆に見える。

(2) 観察1において，火山灰Aに含まれる粒の総数に占める有色鉱物である粒の数の割合は何％か。(2点)［　　　％］

(3) 火山灰が堆積して固まってできた岩石は**ア**〜**エ**のどれか。(2点)［　　　］

ア 凝灰岩　**イ** 石灰岩　**ウ** 砂岩　**エ** チャート

(4) 図の火成岩Bでは，石基の間に斑晶が散らばっているようすが見られた。このような岩石のつくりを何というか。(3点)［　　　］

(5) 図の火成岩Cは，花こう岩，安山岩のいずれか。また，火成岩Cは火成岩Bに比べて一つ一つの鉱物の粒が大きくなっている。その理由を答えなさい。

(各2点)岩石名［　　　］　理由［　　　］

(6) 次の文の①，②の｛　｝の中からそれぞれ適切なものを選び，記号を書きなさい。

(各2点)①［　　　］　②［　　　］

一般に，激しく爆発的な噴火をしたマグマのねばりけは①｛**ア**　強く　**イ**　弱く｝，そのマグマから形成される火山灰や岩石の色は，②｛**ア**　白っぽい　**イ**　黒っぽい｝。

(7) 溶岩の破片や火山灰が，高温の火山ガスとともに，高速で山の斜面を流れ下る現象を何というか。(2点)［　　　］

19 次の文は堆積岩について説明したものである。①〜③の｛　｝内の**ア**，**イ**のうち，適切なものを選びなさい。(各2点)①［　　　］　②［　　　］　③［　　　］

河口から運ばれた土砂のうち，粒の大きいものは陸から①｛**ア**　遠い　**イ**　近い｝場所に堆積する。また，陸から②｛**ア**　遠い　**イ**　近い｝場所では，プランクトンの死骸などが堆積し，砂や泥をほとんど含まないチャートという岩石ができる。チャートは③｛**ア**　炭酸カルシウム　**イ**　二酸化ケイ素｝を多く含む硬い岩石である。

解答・解説 P85

Check! 県立で出題された類似問題

18 …４年度 2　20 …元年度 8　21 …３年度 7

学習ポイント！

★地層の傾きの有無を知るには，カギ層となる凝灰岩の層の標高を求めて比べるとよい。

得点　/50

20 表は，ある地震を三つの観測地点A～Cにおいて観測した記録の一部である。地震のP波とS波は，あらゆる方向に一定の速さで伝わったものとして，各問いに答えなさい。

表

観測地点	震源からの距離	P波が到着した時刻	S波が到着した時刻
A	（ X ）km	15時9分（ Y ）秒	15時 9分58秒
B	160km	15時10分10秒	15時10分30秒
C	240km	15時10分20秒	15時10分50秒

(1) S波による大きなゆれを何というか。 (2点)［　　　］

(2) 地震の発生時刻は15時何分何秒か。 (3点)［15時　　分　　秒］

(3) 表の（ X ），（ Y ）に当てはまる値をそれぞれ求めなさい。

(各2点) X［　　　］ Y［　　　］

(4) 地震は，プレートの運動によって，プレートの境界が急に動いたり，プレート内部で断層が起きたり，過去にできた断層が再び動いたりすることで起こる。下線部のように，今後も活動する可能性がある断層を何というか。 (2点)［　　　］

図

△印は火山の位置を表している。

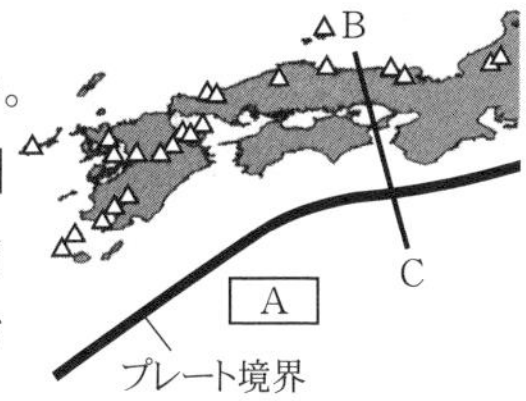

(5) 図は，プレート境界と主な火山の分布を表したものである。図中の A に当てはまる海洋プレートの名称を書きなさい。

(2点)［　　　プレート］

(6) 図中のB－Cの断面のようすとプレートの動き，震源の分布を模式的に表したものとして最も適切なものを**ア**～**エ**から選びなさい。(2点)［　　　］

➡プレートの動き ●震源

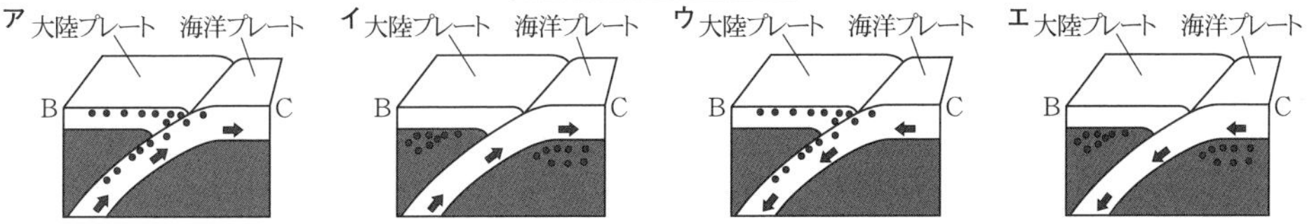

21 図１は，ボーリング調査が行われた地点A，B，C，Dとその標高を示す地図である。図２は，地点A，B，C，Dでのボーリング試料を用いて作成した柱状図である。この地域では断層やしゅう曲，地層の上下の逆転はなく，地層はある一定の方向に傾いている。これについて各問いに答えなさい。

図1

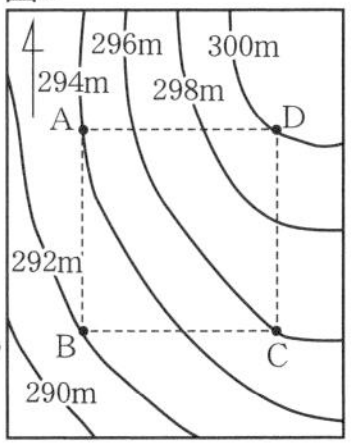

図2

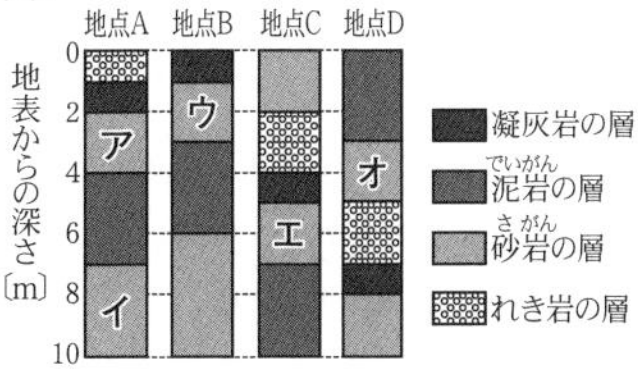

(1) 図２の砂岩の地層のうち，堆積した時代が最も新しいものはどれか。(2点)［　　　］

(2) この地域の地層は，東西南北のどの方向に低くなるように傾いているか。(2点)［　　　］

(3) 地点Dの泥岩の層では，ビカリアの化石が発見された。これにつて述べた次の文の a ～ c に，適切な語を入れなさい。(各2点) a［　　　］ b［　　　］ c［　　　］

ビカリアの化石が発見されたことから，この地層は a という地質年代に堆積したことが推定できる。このように，地層の堆積した年代を推定できる化石を b 化石という。また，地層が堆積した当時の環境を知ることができる化石を c 化石という。

7 植物と動物の世界

制限時間 30分

22 アブラナ，マツ，アサガオ，ツユクサ，イヌワラビ，ゼニゴケ，タンポポの7種類の植物を観察し，分類を行った。これについて各問いに答えなさい。

図1

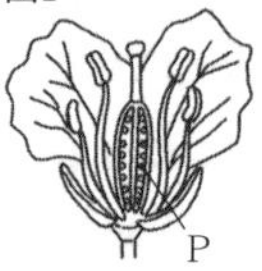

図2

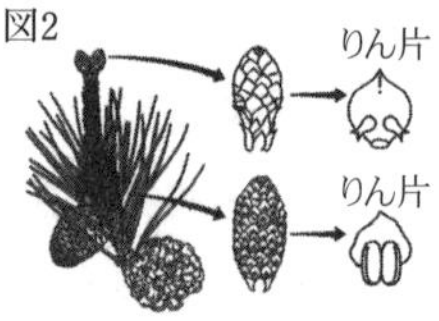

(1) 図1はアブラナの花，図2は，マツの花とりん片を模式的に表したものである。アブラナの花のPは，マツのりん片のどの部分にあたるか。図3のりん片の該当箇所を黒く塗りつぶしなさい。(3点)

図3

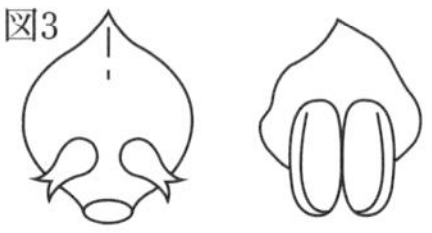

(2) 観察した7種類の植物のうち，タンポポ以外を図4のように四つの観点で分類した。観点1～4は，次の**ア**～**カ**のいずれかである。観点1，観点3に当てはまるものをそれぞれ選びなさい。

図4

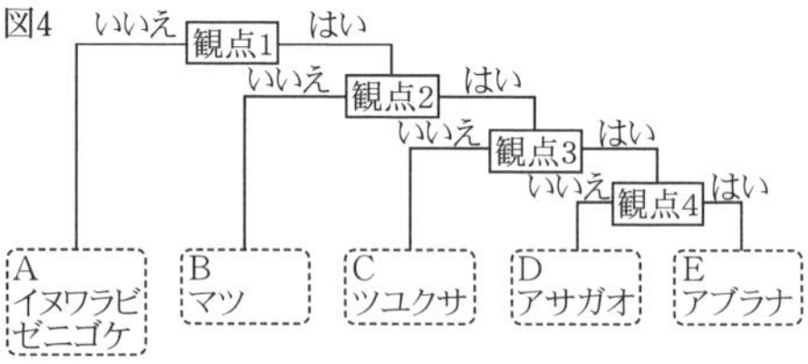

(各2点)観点1［　　　］　観点3［　　　］

ア　子房がある　　**イ**　根はひげ根である　　**ウ**　種子でふえる

エ　子葉が2枚である　　**オ**　花弁が分かれている　　**カ**　胞子でふえる

(3) タンポポは図4のA～Eのどれに分類されるか。　(2点)［　　　］

(4) ツユクサの子葉の枚数と茎の横断面を表したものとして適切なものを，図5の**ア**～**エ**のから選びなさい。　(3点)［　　　］

図5

	ア	イ	ウ	エ
子葉の枚数	1枚	1枚	2枚	2枚
茎の横断面	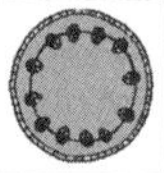	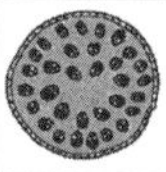	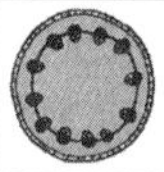	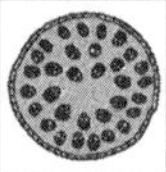

(5) Aに分類したイヌワラビとゼニゴケでは，水分を吸収するしくみが異なる。ゼニゴケは必要な水分をどのように吸収するか，簡潔に書きなさい。　(3点)［　　　］

23 図1～3は，表1に示す動物を表2の観点で分類したものである。図中のA～Fは表1の動物のいずれかであり，(あ)～(か)は表2のa～fのいずれかである。これについて各問いに答えなさい。

図1

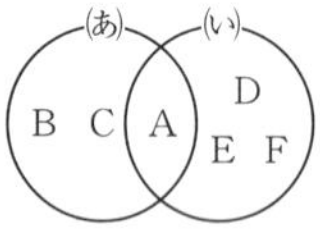

図2

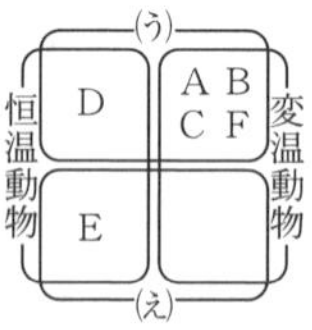

図3

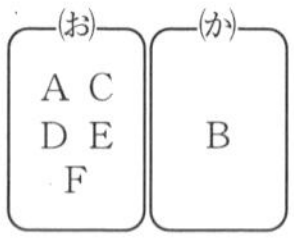

表1

動物の種類
イカ カエル トカゲ ニワトリ ネズミ メダカ

表2

分類の観点
恒温動物 変温動物
a 背骨がある b 背骨がない
c 卵生 d 胎生
e 肺呼吸 f えら呼吸

(1) 図1で，Aは卵からかえった子が成長して子をつくれるようになる前に，からだの形や生活のしかたが大きく変化する。このような変化を何というか。　(2点)［　　　］

(2) 図2で分類した動物Dは恒温動物であり，かつ，(う)という観点で分類した動物である。動物Dは何か。(2点)［　　　］

(3) 図1～3の(あ)，(え)，(お)に当てはまる観点をそれぞれ表2のa～fから選びなさい。

(各2点)(あ)［　　　］(え)［　　　］(お)［　　　］

解答・解説 P86

Check! 県立で出題された類似問題

22 … 2 年度 4　23 … 4 年度 5　26 …30年度 7

学習ポイント！

★目の網膜で受け取った光の刺激は，視神経を通って直接脳に送られる。

得点　/50

24 メダカの血液の流れを調べるために，図1のように，チャック付きのポリエチレン袋に水と生きているメダカを入れ，顕微鏡でメダカの尾びれを観察した。図2は，観察した尾びれの模式図である。これについて各問いに答えなさい。

図1

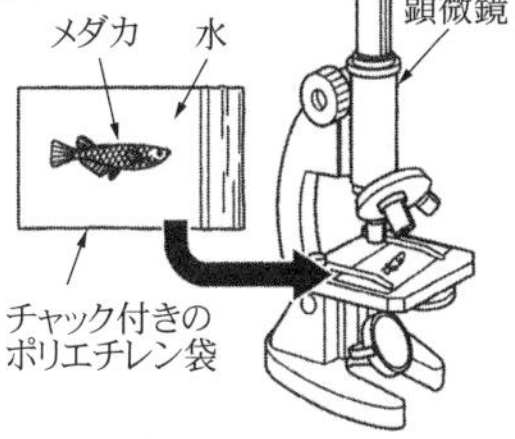

(1) 図2のXは，酸素を全身に運ぶはたらきをしている。Xの名称を書きなさい。 (2点) [　　　　]

(2) 細胞は，血液が運んだ酸素を使って養分からエネルギーを取り出し，二酸化炭素と水を放出する。細胞によるこのはたらきを何というか。 (3点) [　　　　]

図2

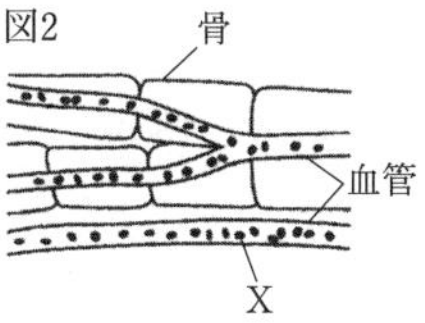

(3) 次の文は，ヒトの血液の循環において，毛細血管から細胞へ養分を運ぶしくみを述べたものである。 a ， b に適切な語を入れなさい。

(各2点) a [　　　　] b [　　　　]

毛細血管の壁は非常にうすいので，血液の成分である a の一部は毛細血管からしみ出て細胞のまわりを満たしている。この液を b という。血液によって運ばれてきた酸素や養分は b に溶けて細胞に取り入れられる。

(4) ヒトは血液の循環を通じて，体内で生じた有害なアンモニアを，無害な物質に変えて排出する。このしくみを説明した次の文の a ～ c に適切な語を入れなさい。

(各2点) a [　　　　] b [　　　　] c [　　　　]

アンモニアを a で b に変え， c でこしだして排出する。

25 ヒトのからだの刺激に対する反応について，各問いに答えなさい。

(1) 熱いものに触れたとき，熱いと感じる前に，思わず手を引っ込める。このように，刺激に対して無意識に起こる反応を何というか。 (3点) [　　　　]

(2) 目が光の刺激を受け取ってから手の筋肉が反応するまでに信号が伝わる経路を，伝わる順に並べたものはどれか。**ア～エ**から選びなさい。 (3点) [　　　　]

ア AE　**イ** ADF　**ウ** BCDF　**エ** BF

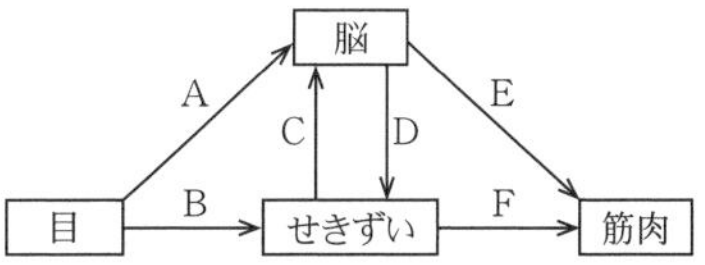

矢印の向きは信号が伝わる向きを表している。

26 私たちが意識してうでを曲げたりのばしたりできるのは，骨や筋肉が互いに関係し合って動いているためである。図は，ヒトを正面から見たときの左腕の骨格と筋肉の一部を表したもので，筋肉Aと筋肉Bは左腕の曲げのばしに関わっている筋肉である。図中の二重線(＝)で囲まれた部分に入る図として最も適切なものを**ア～エ**から選びなさい。また，図中のXは，筋肉が骨についている部分を指している。筋肉の両端にあるこの部分を何というか。

(各2点)図 [　　　] X [　　　　]

図

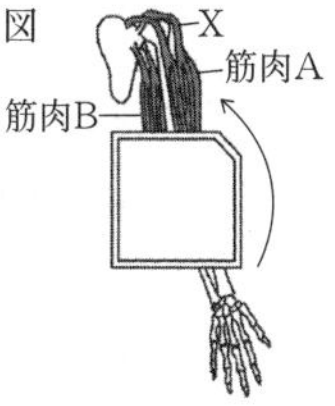

ア

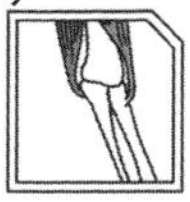

イ

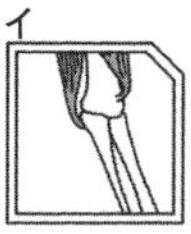

ウ

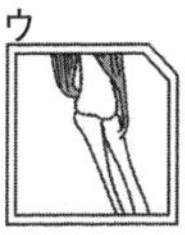

エ

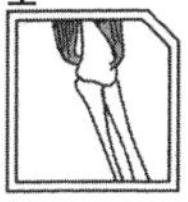

8 天気の変化

制限時間 30分

27 図１は，ある年の９月30日９時の天気図であり，図２は，同じ年の９月30日６時から10月１日18時までのＡ市の気圧と湿度の変化を表したグラフである。これについて各問いに答えなさい。

図1

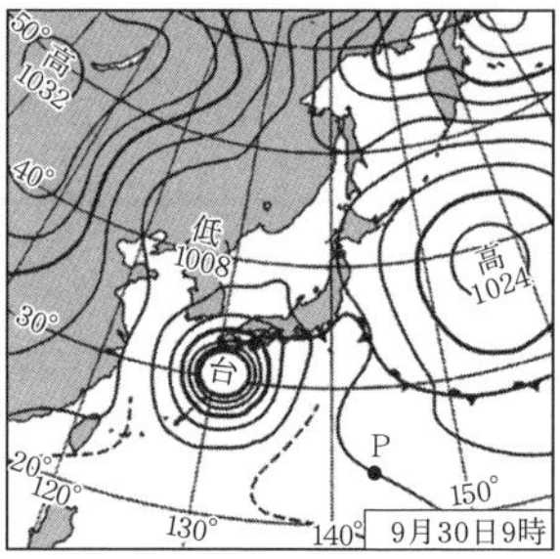

図2

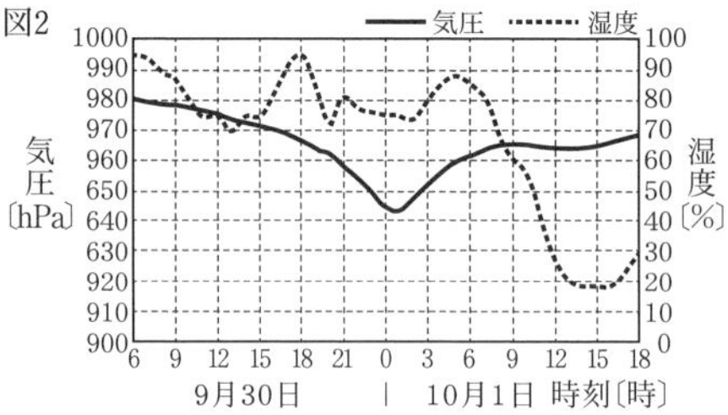

(1) 気象観測についての説明として最も適切なものを**ア**～**エ**から選びなさい。 (3点) [　　　]

ア 天気は，雲が空を占める割合である雲量と，雲の形を観測して決める。

イ 気温と湿度は，風通しの良い直射日光の当たる場所に乾湿計を置いて測定する。

ウ 風向は，風向計や煙がたなびく向きなどで調べ，風が吹いていく方向を16方位で表す。

エ 風力は，風力階級表を用いて，０～12の13段階で判断する。

(2) 図１のＰ点における気圧は何hPaか。 (3点) [　　　hPa]

図3

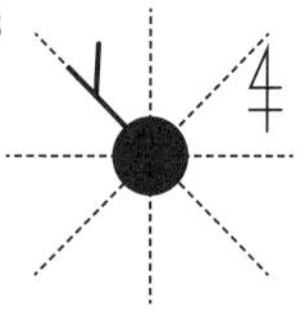

(3) 図３は，９月30日15時のＡ市の気象情報を天気図記号で表したものである。このときの天気，風向，風力をそれぞれ書きなさい。

(各２点) 天気[　　　]　風向[　　　]　風力[　　　]

(4) 図１中の台風の地表付近での風のふき方を模式的に表したものとして最も適切なものを**ア**～**エ**から選びなさい。 (3点) [　　　]

ア

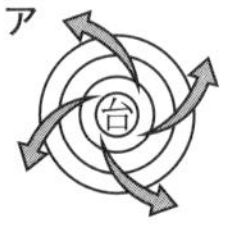

イ

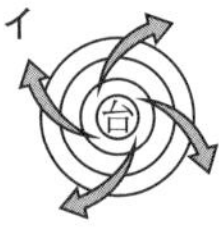

ウ

エ

(5) 図２のグラフから，台風の中心がＡ市に最も近づいたのは何時ごろと考えられるか。最も適切なものを**ア**～**エ**から選びなさい。また，そのように考えられる理由を簡潔に書きなさい。 (各３点) 記号[　　　] 理由[　　　　　　　　]

ア ９月30日15時から９月30日18時の間

イ ９月30日18時から９月30日21時の間

ウ 10月１日０時から10月１日３時の間

エ 10月１日６時から10月１日９時の間

(6) ９月30日21時の時点で部屋の気温と湿度を測定すると，気温23℃，湿度81％であった。部屋の湿度を下げるために除湿機を使用したところ，しばらくして気温が22℃，湿度が65％に低下した。この部屋の体積を $50\,m^3$ とするとき，除湿されて部屋の空気から除かれた水の質量は何ｇか。小数第１位を四捨五入して整数で答えなさい。なお，それぞれの気温における飽和水蒸気量は表の通りで，部屋の中の水蒸気の出入りはなかったものとする。 (4点) [　　　g]

表

気温〔℃〕	20	21	22	23	24
飽和水蒸気量〔g/m³〕	17.3	18.3	19.4	20.6	21.8

解答・解説 P87

Check! 県立で出題された類似問題

27 …２年度 8　29 …３年度 2

学習ポイント！

★空気は上昇すると膨張して温度が下がる。露点に達すると含まれる水蒸気の一部が水滴や氷の粒になって雲ができる。

得点　/50

28 図のように，少量の水と線香の煙を入れた丸底フラスコと注射器をつなぎ，注射器のピストンをすばやく引いたところ，丸底フラスコ内の温度が下がり，白くくもった。これについて各問いに答えなさい。

図

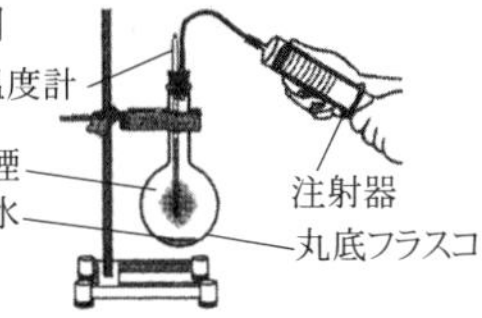

(1) ピストンを引く前，丸底フラスコ内の気圧は約１気圧であった。１気圧は何hPaか。次のア～エから選びなさい。　(2点) [　　　]

ア　987hPa　　イ　1000hPa　　ウ　1013hPa　　エ　1026hPa

(2) 実験から考えられる雲のでき方について述べた次の文の{　　}内の語句のうち，適切なものを選びなさい。また，[x] に当てはまる内容を書きなさい。

(各2点) a [　　　] b [　　　] c [　　　] x [　　　　　　　　]

空気のかたまりが上昇すると，周囲の気圧がa{ア　高く　イ　低く}なるため，空気のかたまりはb{ア　膨張　イ　収縮}する。すると，気温がc{ア　上がる　イ　下がる}ため，露点に達し，空気中の [　x　] 雲ができる。

(3) 次のア～エのうち，上昇気流ができやすい場所はどれか。二つ選びなさい。

(3点) [　　　]

ア　太陽の光で地面があたためられるところ　　イ　空気が山の斜面でぶつかるところ

ウ　夏の夜に海陸風がふいているときの陸上　　エ　高気圧の中心付近

(4) 実験をした日の気温は22℃，湿度は70%であった。この空気のかたまりが上昇したときに，空気$1m^3$中の水蒸気量が変わらないとすると，空気の上昇によって雲ができ始める地上からの高さは何mと考えられるか。ただし，空気の温度は，雲ができるまで100m上昇するごと1℃ずつ下がるものとする。また，表は，気温に対する飽和水蒸気量を示している。　(3点) [　　　m]

表

気温〔℃〕	16	18	20	22
飽和水蒸気量〔g/m^3〕	13.6	15.4	17.3	19.4

29 図の天気図について，各問いに答えなさい。

図

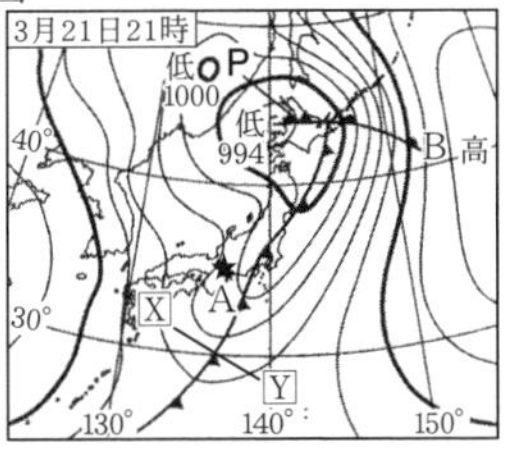

(1) 図中の　で表された前線Pは，前線Aが前線Bに追いついてできた前線である。前線Pの名称は何か。また，次の文の①，②の{　　}に当てはまる語を選びなさい。

(各2点) 名称 [　　　　　　前線]　①[　　　]　②[　　　]

前線Pができると地上付近は①{ア　寒気　イ　暖気}でおおわれ，②{ア　上昇　イ　下降}気流が発生しなくなるため，低気圧が消滅することが多い。

(2) 図中の前線AのX－Yの断面を模式的に表した図として最も適切なものをア～エから選びなさい。　(3点) [　　　]

ア

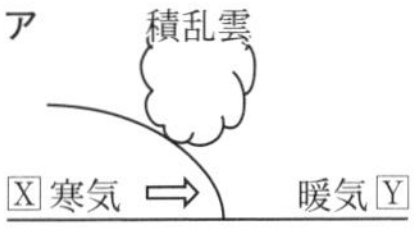

イ

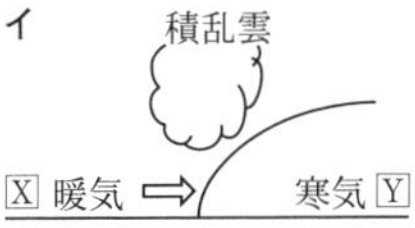

ウ

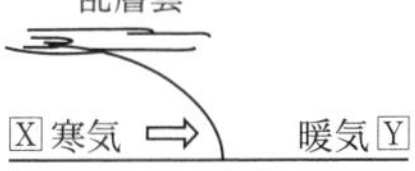

エ

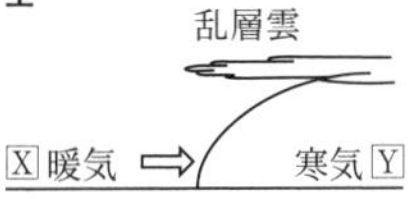

9 生命の連続性

制限時間 30分

30 アマガエルが行う生殖について調べたところ，図１のように，卵や精子がつくられるときに体細胞分裂とは異なる特別な細胞分裂が行われ，受精によって子がつくられる，有性生殖を行うことがわかった。また，ゾウリムシを顕微鏡で観察したところ，図２のように，くびれができているゾウリムシが見られた。これは，分裂という無性生殖を行っているようすであることがわかった。これについて各問いに答えなさい。

図1
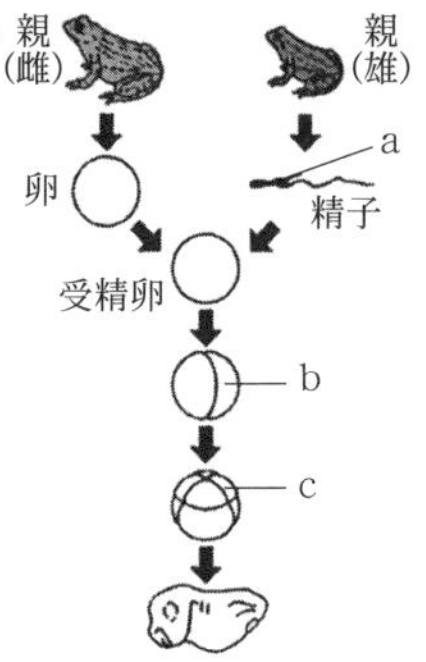

図2

(1) 下線部の特別な細胞分裂は何と呼ばれるか。(2点) [　　　　　]

(2) 図１の親のからだをつくる細胞の染色体の数が26本であるとすると，図１のａ，ｂ，ｃの各細胞の染色体の数は，それぞれ何本か。

(各1点) a [　　　本] b [　　　本] c [　　　本]

(3) 図１で，カエルに現れるある形質について，顕性形質の遺伝子をA，潜性形質の遺伝子をａとする。図１の受精卵の遺伝子の組み合わせをAAとしたとき，親(雌)の遺伝子の組み合わせとして可能性があるものをすべて書きなさい。ただし，Aとａの遺伝子は，遺伝の規則性にもとづいて受け継がれるものとする。(3点) [　　　　　]

(4) 次の**ア**～**エ**のうち，ゾウリムシについて述べた文として正しいのはどれか。(2点) [　　　]

ア からだの表面に，食物を取り込むところがある。
イ からだの表面の細かい毛から養分を吸収する。
ウ 植物のなかまであり，細胞内の葉緑体で光合成を行う。
エ さまざまな組織や器官が集まって個体がつくられている。

(5) 次の**ア**～**エ**のうち，ゾウリムシのように，からだが一つの細胞でできている生物はどれか。(2点) [　　　]

ア ミジンコ　**イ** アオミドロ　**ウ** ミカヅキモ　**エ** オオカナダモ

(6) ゾウリムシの生殖では，親と子の形質がすべて同じになる。その理由を「体細胞分裂」と「染色体」という語を用いて書きなさい。

(3点) [　　　　　　　　　　　　　　　　]

(7) 受精卵が細胞分裂を始めてから自分で食物をとり始めるまでの間の子を何というか。

(3点) [　　　　　]

(8) 受精卵が細胞分裂を繰り返すことで，形やはたらきが異なるいくつかの部分に分かれ，親と同じような形に成長し，個体としてのからだのつくりが完成していく過程を何というか。(2点) [　　　　　]

(9) さまざまな生物に見られる無性生殖のうち，ジャガイモなどの植物において，からだの一部から新しい個体ができる無性生殖を何というか。(2点) [　　　　　]

(10) 次の**ア**～**オ**のうち，ゾウリムシやジャガイモなどのように，受精を行わずに新しい個体をつくることができる生物はどれか。すべて選びなさい。(3点) [　　　　　]

ア オランダイチゴ　**イ** イソギンチャク　**ウ** メダカ　**エ** バフンウニ

解答・解説 P87

Check! 県立で出題された類似問題

30 …５年度 8　31 …３年度 6

学習ポイント！

★卵や精子ができるときは，染色体の数が半分になる減数分裂。受精によって染色体は親と同じ数になる。

得点　　/50

31　エンドウの種子の形の遺伝について調べた次の①〜④について，各問いに答えなさい。

①　丸形の種子をつくる純系のエンドウと，しわ形の種子をつくる純系のエンドウをそれぞれ自然の状態で受粉させた。丸形の種子をつくる純系のエンドウからできた種子をＡグループ，しわ形の種子をつくる純系のエンドウからできた種子をＢグループとした。

②　丸形の種子をつくる純系のエンドウのめしべに，しわ形の種子をつくる純系のエンドウの花粉をつけた。できた種子をＣグループとした。

③　しわ形の種子をつくる純系のエンドウのめしべに，丸形の種子をつくる純系のエンドウの花粉をつけた。できた種子をＤグループとした。

④　Ｄグループの種子をまいて育て，自然の状態で受粉させた。できた種子をＥグループとした。

表は，ＡグループからＥグループのそれぞれの種子の形をまとめたものである。

表

	Aグループ	Bグループ	Cグループ	Dグループ	Eグループ
種子の形	全て丸形	全てしわ形	全て丸形	全て丸形	丸形としわ形

⑴　次の文は，Ｂグループの種子がすべてしわ形になった理由を述べたものである。（　a　），（　b　）に当てはまる語を入れなさい。　　　（各４点）a［　　　　］　b［　　　　］

Ｂグループの種子がすべてしわ形になったのは，エンドウは自然の状態では（　a　）を行うためである。これは，エンドウの花のめしべとおしべが（　　b　　）つくりになっているためである。

⑵　Ａグループ〜Ｅグループの種子の形を決める遺伝子の組み合わせについて説明した文として適切なものを次の**ア**〜**エ**から選びなさい。　　　（４点）［　　　］

ア　Ａグループは，Ｃグループと同じであり，Ｄグループとは異なる。

イ　Ａグループは，Ｄグループと同じであり，Ｃグループとは異なる。

ウ　Ｃグループは，Ｄグループと同じであり，Ａグループとは異なる。

エ　Ａグループは，Ｃグループ，Ｄグループと同じである。

⑶　表のＥグループの丸形の種子のように，丸形の種子の中には遺伝子の組み合わせがわからないものがあり，この種子をＸとする。次の文章は，種子Ｘの遺伝子の組み合わせを特定するための方法について述べたものである。ｐ〜ｒの｛　｝中から適切なものをそれぞれ選びなさい。　　　（各３点）ｐ［　　］　ｑ［　　］　ｒ［　　］

種子Ｘをまいて育てたエンドウのめしべにｐ｛**ア**　丸形　**イ**　しわ形｝の種子をまいて育てたエンドウの花粉をつけて得られた種子の形を調べることによって，種子Ｘの遺伝子の組み合わせを特定することができる。

種子の形を丸形にする遺伝子をＡ，しわ形にする遺伝子をａとすると，得られた種子がｑ｛**ア**　すべて丸形　**イ**　丸形：しわ形＝３：１｝であれば，種子Ｘの遺伝子の組み合わせはＡＡであり，得られた種子がｒ｛**ア**　丸形：しわ形＝３：１　**イ**　丸形：しわ形＝１：１｝であれば，種子Ｘの遺伝子の組み合わせはＡａであることがわかる。

⑷　遺伝子の本体は何という物質か。名称を書きなさい。　　　（４点）［　　　］

10 地球と宇宙

制限時間 30分

32　日本のある地点で，同じ年の夏至の日と秋分の日の太陽の動きを調べる観察を行った。これについて各問いに答えなさい。

図

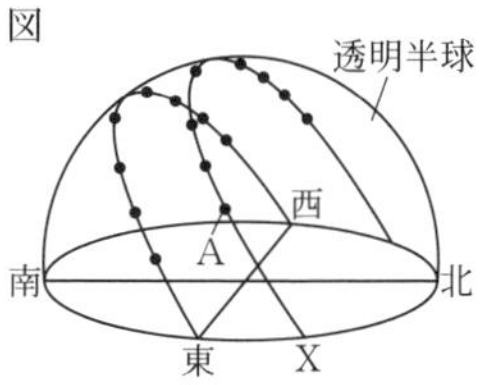

〔観察〕 図のように，夏至の日と秋分の日の８時から15時まで，１時間ごとに太陽の位置を観察し，その位置を•印で透明半球に記録した。図のように，•印をなめらかな曲線で結び，この曲線を透明半球のふちまで延長して，透明半球上に太陽の通り道をかいた。さらに，夏至の日の曲線と透明半球のふちとの東側の交点をX点，夏至の日の８時の太陽の位置をA点とした。

⑴　太陽などの天体は，地球から天体までの距離が非常に遠いため，観測者を中心とした大きな球体の天井にはりついているように見える。この見かけ上の球体の天井を何というか。

(3点) [　　　　　]

⑵　透明半球上に記録された太陽の動きのように，１日の間で時間がたつとともに動く，太陽の見かけ上の運動を何というか。また，このような太陽の見かけ上の運動が起こる理由を，簡潔に書きなさい。

(各2点) 名称 [　　　　　運動]　理由 [　　　　　]

⑶　観察の結果について説明した次の文章が正しくなるように｛　｝の中から，適切なものを選びなさい。　(各2点) ① [　　] ② [　　] ③ [　　] ④ [　　]

透明半球上で，•印は東から西に向かうように記録された。これは，地球が①｛ア　西から東　イ　東から西｝の向きへ回転しているためである。また，夏至の日から秋分の日にかけての，太陽の通り道の変化を見ると，南中高度は②｛ア　高く　イ　低く｝なり，日の出の位置は③｛ア　北寄り　イ　南寄り｝なっていった。なお，夏至の日と秋分の日の南中時刻が，12時より④｛ア　前　イ　後｝だったのは，観測地点が兵庫県明石市より，東に位置するためである。

⑷　図で，A点とX点の間の弧の長さは8.7cmであった。夏至の日の１時間ごとの•印間の弧の長さは2.3cmであった。夏至の日の日の出の時刻として適切なものをア～エから選びなさい。

(3点) [　　　　　]

ア　3時47分　　イ　4時13分　　ウ　4時47分　　エ　5時13分

⑸　季節によって，南中高度や日の出と日の入りの方角が変化するのはなぜか。「公転面」という語句を用いて簡潔に書きなさい。

(4点) [　　　　　]

33　太陽系について述べた文として最も適切なものを次のア～エから選びなさい。

(3点) [　　　　　]

ア　衛星をもつ惑星は地球だけである。
イ　大気をもつ惑星は地球だけである。
ウ　小惑星の多くは，火星と木星の公転軌道の間にある。
エ　海王星は地球型惑星である。

解答・解説 P88

Check! 県立で出題された類似問題

34 …５年度9，29年度4

学習ポイント！

★同じ時刻に見ると，星は１日で１°，１か月で30°西へ移動する。同じ日の動きを考えると，１時間で15°ずつ西へ移動する。

得点　　/50

34　金星と月の観察を定期的に行った。これについて各問いに答えなさい。ただし，観察した日は雲の影響はなく，図１～３の観察記録は肉眼で見たときの形を示してある。また，図４は，地球を北極側から見たときの，太陽のまわりを回る金星の位置を，図５は地球のまわりを回る月の位置をそれぞれ表したものである。

〔観察〕 ①　４月１日の午前７時には，金星と月はどちらも観察できなかった。

②　４月１日の19時には，西の空に金星が，南の空に月が見えた。図１はそのときの金星と月の形の記録である。

図1

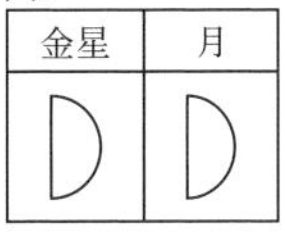

③　４月16日の午前７時に（ ア ）の空を観察したときは，月は見えたが，金星は見えなかった。そのときの記録が図２である。

④　４月16日の19時に（ イ ）の空を観察したときは金星が見えて，月が見えなかった。そのときの記録が図３である。

図2

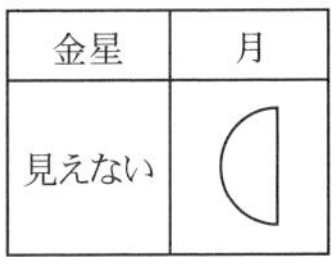

図3

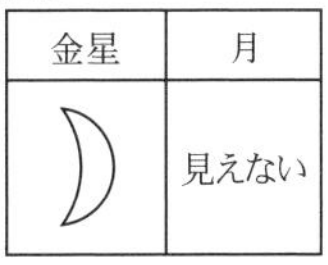

(1)　４月１日の金星の位置は図４のA～Gのどれか。また，４月１日の月の位置は図５のH～Lのどれか。　(各２点)金星［　　　］　月［　　　］

図4

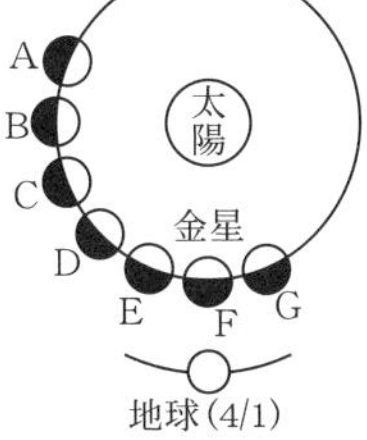

図5

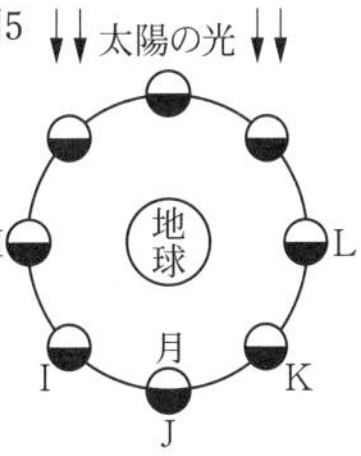

(2)　（ ア ），（ イ ）に当てはまる方角を東，西，南，北の中からそれぞれ一つ選んで書きなさい。

(各２点)ア［　　　］　イ［　　　］

(3)　金星は朝夕の限られた時間にしか観察することができない。その理由を簡潔に書きなさい。　(3点)［　　　］

(4)　金星の公転の周期は226日である。公転の軌道を円として考えると15日では何度移動するか。小数第１位を四捨五入して整数で答えなさい。　(2点)［　　　］

(5)　４月16日以降も観察を続けたところ，金星が見えなくなる時期があったが，７月に入ると金星を観察することができた。この金星はいつごろ，どの方角に見えたか。｛　｝内の適切なものを**ア**～**エ**から選びなさい。　(各２点) a［　　　］　b［　　　］

金星はａ｛**ア**　日の出ごろ　**イ**　日の入りごろ｝，ｂ｛**ウ**　西の空　**エ**　東の空｝に見えた。

(6)　月の公転によって，太陽，地球，月の順に一直線に並ぶとき，月が地球の影に入る現象を何というか。　(2点)［　　　］

(7)　春夏秋冬の四つの季節のうち，満月の南中高度が最も高い季節はどれか。(3点)［　　　］

35　図は，太陽のまわりを公転する地球と，天球上の星座の一部を模式的に表したものである。日本のある場所において，22時にてんびん座が南中して見えた。同じ場所で２時間後には，さそり座が南中して見えた。この日から９か月後の20時に，同じ場所で南中して見える星座として最も適切なものを図の12星座の中から選びなさい。　(3点)［　　　］

図

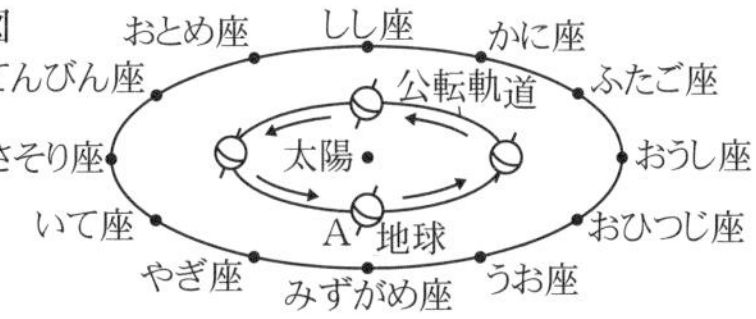

理科
基礎編

MEMO

［基礎編］

英　語

栃木県
高校入試の対策
2024

1 動詞の形
現在形・過去形・進行形

制限時間 30分

1 次の英文の(　　)に入る適当な形のbe動詞を下から選び記号で答えなさい。(各1点　計10点)

(1) Kumi's mother (　　) forty-five years old now. [　　　]

(2) Do you want to (　　) a police officer in the future? [　　　]

(3) Who (　　) that boy over there? —— He is John. [　　　]

(4) Mao will (　　) a university student in April next year. [　　　]

(5) There (　　) a funny boy in my class this year. ※今年を振り返って [　　　]

(6) Just watch me carefully. What (　　) I doing now? [　　　]

(7) Why (　　) your classmates angry this morning? ※お昼ごろの会話 [　　　]

(8) My grandpa's dream (　　) to become an actor when he was young. [　　　]

(9) My parents (　　) having a good time in Disney Sea now. [　　　]

(10) What (　　) you and Saki doing after school yesterday? [　　　]

ア am	イ are	ウ is	エ be	オ was	カ were

2 次の英文の(　　)の単語を適当な形に変えなさい。このままでよい場合には，○と答えなさい。
((5)(10)完答　各1点　計10点)

(1) Why are they (hurry) home today? [　　　]

(2) My friend usually (go) to school earlier than me. [　　　]

(3) Nancy (get) up very late every Sunday. [　　　]

(4) My sister (find) a nice pair of gloves last Sunday. [　　　]

(5) Hana usually (don't) (watch) TV after dinner. [　　　][　　　]

(6) Mike loves milk, so he (drink) milk every day. [　　　]

(7) My uncle doesn't (listen) to classical music. [　　　]

(8) How many teachers (do) your school have when it started 80 years ago? [　　　]

(9) My father is (look) for a birthday present for his wife. [　　　]

(10) I (see) a big red post when I (get) off the bus yesterday. [　　　], [　　　]

3 次の英文の(　　)に適当な語を入れて会話を完成させなさい。(各1点　(5)Bは完答　計12点)

(1) **A**: What country (　　) you from? [　　　]

B: I (　　) from the United Kingdom. [　　　]

(2) **A**: What time (　　) Taro leave for school every day? [　　　]

B: He always (　　) about seven o'clock. [　　　]

(3) **A**: (　　) you have any brothers? [　　　]

B: No, I (　　) have any brothers. [　　　]

解答・解説 P90

学習ポイント！

動詞が変化する前の形(be，likeなど)を原形と呼び，主語が三人称単数の時，beはisに，likeはlikesのように-sが付きます。過去形には，規則的に-edを付けるものと不規則に変化するものがあります。進行形は動詞に-ingを付けて〈be+～ing〉の形で表します。疑問文や否定文での動詞の位置や形にも注意です。

得点　/50

(4) **A**：(　　) Kenji practice basketball every day?　[　　　　]

B：Yes, he (　　). Because he is not a good player.　[　　　　]

(5) **A**：What (　　) your mother doing about six o'clock yesterday?　[　　　　]

B：She (　　)(　　) spicy curry and rice.　[　　　　][　　　　]

(6) **A**：(　　) it snow around here last night?　[　　　　]

B：No, it (　　). But it was very cold all night.　[　　　　]

4 次の英文が日本文の意味を表すように，(　　)に適当な語を入れなさい。(各2点　(4)(5)(6)は完答　計12点)

(1) その動物園には，先月まで大きなライオンが3匹いた。

The zoo (　　) three big lions until last month.　[　　　　]

(2) デイヴィッドは日本語を毎晩1時間勉強します。

David (　　) Japanese for an hour every evening.　[　　　　]

(3) 私の町にはスポーツジムがない。

There (　　) any sports gyms in my town.　[　　　　]

(4) 昨日トムは具合が悪かったので，散歩しなかった。

Tom was sick yesterday, so he (　　)(　　) a walk yesterday.

[　　　　][　　　　]

(5) 美樹は，その時私たちに日本食の作り方を見せていました。

Miki (　　)(　　) us how to cook Japanese food then.　[　　　　][　　　　]

(6) 新しいALTの先生は，どこの国から来るのですか。

What country (　　) our new ALT (　　) from?　[　　　　]，[　　　　]

5 次の英文は，香(Kaori)のある日の日記である。その内容に関する質問に英語で答えなさい。

(各2点　計6点)

Yesterday my parents and I went to the city stadium to see a football game. It was sunny and warm, and the game was so exciting. We had a good time there. After that, we went shopping. I wanted to buy a pair of red shoes, but I couldn't find a good one. My mother bought a very expensive Swiss watch. I envied her. For dinner, we chose a popular Italian restaurant. The dinner was delicious, and we enjoyed the evening together.

(1) The weather was fine yesterday. Why did Kaori and her parents go to the stadium?

[　　　　　　　　　　　　　　　　]

(2) Tell us about what Kaori's mother bought.

[　　　　　　　　　　　　　　　　]

(3) After the shopping, where did Kaori and her parents have dinner?

[　　　　　　　　　　　　　　　　]

2 未来を表す表現・助動詞

制限時間 30分

6 文中の(　)の中から正しい語句を選び，記号で答えなさい。(各1点　計6点)

(1) My sister Mao (ア can't to　イ doesn't can　ウ cannot　エ can doesn't) ski.

(2) (ア Could you do　イ Could you to　ウ Could do you　エ Could you) make some coffee for me?

(3) Kenji (ア will is　イ will　ウ will be　エ will been) a college student next year.

(4) What TV program (ア do you be going　イ do you going　ウ you are going　エ are you going) to watch tonight?

(5) Meg (ア will going to　イ is going to　ウ is going　エ will goes) meet Kaito tomorrow.

(6) You (ア must comes　イ come must　ウ must come　エ must to come) to school by seven fifty from Monday through Friday.

(1)[　　] (2)[　　] (3)[　　] (4)[　　] (5)[　　] (6)[　　]

7 会話が完成するように，次の文の(　)に適当な語を入れなさい。(完答各2点　計10点)

(1) A：When (　)(　) be back from school?　[　　][　　]
B：Well, let me see. I'll be back by six o'clock.

(2) A：Excuse me. (　)(　) turn off the lights?　[　　][　　]
B：Certainly.

(3) A：(　)(　) use your eraser?　[　　][　　]
B：Sure. Go ahead.

(4) A：(　) your mother (　) to go shopping this afternoon?　[　　], [　　]
B：Yes, she is. She loves shopping.

(5) A：(　)(　) open the windows?　[　　][　　]
B：No, thank you. I'm a little cold.

8 次の英文が日本文の意味を表すように(　)に適当な語を入れなさい。(完答各2点　計12点)

(1) チーズバーガーを一つと紅茶をください。
I (　)(　) a cheese burger and a cup of tea.　[　　][　　]

(2) とても疲れました。お隣に座ってもよろしいでしょうか。
I'm very tired. (　)(　) sit next to you?　[　　][　　]

(3) 彼らには食べるものが必要です。私たちは，あの人たちを助けなければなりません。
They need something to eat. We (　)(　) those people.　[　　][　　]

(4) ヨーロッパ旅行では，どの国を訪問するのがいいですか。
What countries (　) we (　) when we travel to Europe?　[　　], [　　]

(5) 来週まで雨は降らないでしょう。
It (　)(　) until next week.　[　　][　　]

解答・解説 P91

学習ポイント！

willやbe going toは未来や予定を表します。willは助動詞と呼ばれ，can, may, mustなども同じ助動詞です。助動詞の後には動詞の原形が続き，「〜できる」など，さまざまな意味を追加します。助動詞を含む文の疑問文や否定文の用法にも慣れましょう。

得点　　/50

(6)　申し訳ない，今日は一緒に図書館に行けない。

Sorry, but I (　　)(　　) to the library with you today.　　[　　　　][　　　　]

9　次の日本文に合うように(　　)内の語句を並べかえて英文を完成させなさい。(各2点　計10点)
ただし，使わない1語が入っています。

(1)　先生の具合がすぐに良くなることを私たちみんなが願っています。

We all (get well , our , hope , teacher , may , will , soon).

We all [　　　　　　　　　　　　　　　　　　　　　　].

(2)　コーヒーか紅茶はいかがですか。

(could , would , like , or , you , coffee , some) tea?

[　　　　　　　　　　　　　　　　　　　　　　] tea?

(3)　甘いものにお金を使い過ぎてはだめですよ。

You (spend , too much , could , must , money , not) on sweets.

You [　　　　　　　　　　　　　　　　　　　] on sweets.

(4)　あなたは友人たちと，いつ京都を訪れる予定ですか。

(you , visit , when , how , Kyoto , to , going , are) with your friends?

[　　　　　　　　　　　　　　　　　] with your friends?

(5)　スミスさんの家族は，今夜私たちとクリスマス・パーティーをします。

The Smith family (a , party , going , have , is , be , to , Christmas) with us tonight.

The Smith family [　　　　　　　　　　　　] with us tonight.

10　次の英文が日本文の意味を表すように，下線部に適当な語句を入れなさい。(各2点　計12点)

(1)　母親の誕生日のために何をする(予定)ですか。

__________ for your mother's birthday?　　[　　　　　　　　]

(2)　私はもっと一生懸命に練習すべきですか。

__________ harder?　　[　　　　　　　　]

(3)　あなたの町から阿蘇山は見えますか。

__________ Mt. Aso from your town?　　[　　　　　　　　]

(4)　明日の朝，彼に電話してもらえますか。

__________ tomorrow morning?　　[　　　　　　　　]

(5)　お年寄りが困っていたら，親切にしなければいけない。

__________ to old people when they're in trouble.　　[　　　　　　　　]

(6)　もっと早く出発すれば，遅れないよ。

__________ if you leave earlier.　　[　　　　　　　　]

3 現在完了

制限時間 30分

11 時間を表す表現に注意して, 次の英文の(　　)の中から最も適当な語句を選びなさい。(各1点　計6点)

(1) (ア Do　イ Have　ウ Did　エ Are) you already read that new comic book?

(2) I've never (ア spoken　イ speak　ウ spoke　エ speaking) to foreign people before.

(3) Ken (ア goes　イ have been　ウ has been　エ has visited) to Osaka many times.

(4) I (ア have know　イ has known　ウ have knew　エ have known) Meg for many years.

(5) Jane (ア has stay　イ have stayed　ウ has been staying　エ stays) with us since last May.

(6) My sister sometimes (ア was making　イ has made　ウ make　エ makes) dinner for me.

(1) [　　　] (2) [　　　] (3) [　　　] (4) [　　　] (5) [　　　] (6) [　　　]

12 次の文を(　　)の語句を加えて, 現在完了の文に書き換えなさい。(各2点　計8点)

(1) We start running in the park. (just)

[　　　　　　　　　　　　　　　　　　　　　　　　]

(2) Jiro lives in this city. (since he was a child)

[　　　　　　　　　　　　　　　　　　　　　　　　]

(3) My aunt travels to countries in Europe. (never, before)

[　　　　　　　　　　　　　　　　　　　　　　　　]

(4) Daniel and Mao are good friends. (for more than twenty years)

[　　　　　　　　　　　　　　　　　　　　　　　　]

13 次の英文の(　　)に入る最も適当な語句を選んで, 記号で答えなさい。(各1点　計6点)

(1) I've wanted a new bike (　　) many years. [　　　]

(2) My dad has (　　) left home for work. [　　　]

(3) Have you (　　) been to London? [　　　]

(4) We have (　　) played rugby before, so we want to try it someday. [　　　]

(5) She has been studying English (　　) this morning. [　　　]

(6) The train hasn't arrived at the station (　　). [　　　]

ア already　イ never　ウ ever　エ since　オ for　カ yet

14 次の日本文に合うように(　　)の語句を並べかえて英文を完成させなさい。(各2点　計10点)

(1) 私たちは以前に何度か日光に行ったことがあります。

(been, have, before, we, Nikko, times, to, several).

[　　　　　　　　　　　　　　　　　　　　　　　　].

(2) あなたはもう夕食を済ませましたか。

(you, finished, have, dinner, yet)?

[　　　　　　　　　　　　　　　　　　　　　　　　]?

英語 基礎編

解答・解説 P92

学習ポイント！

現在完了は,「have(has)＋動詞の過去分詞形」の形で,現在まで,また現在も「継続」していることや,現在までに「経験」,「完了」したことを表します。現在完了が使われている文が,現在との関わりから「継続」,「経験」または「完了」のどの意味で使われているか,文脈の中で確認しながら学習しましょう。

得点　　/50

(3) 私は，もう３時間以上英語を勉強しています。

(three hours , have , studying , I , been , English , more than , for).

[ ].

(4) あなたは消防士になってどれくらいになりますか。

(long , you , have , how , fire fighter , a , been)?

[ ]?

(5) ぼくは柔道の練習を始めて９年になります。

(practicing , I , for , been , *judo* , have) nine years.

[ ] nine years.

15 ( )の単語を用いて，日本文の意味を表す英文を完成させなさい。 (各２点　計10点)

(1) 私の家族はこの家に10年住んでいます。(live)

______________ ten years. [ ].

(2) この４月から何本映画を見ましたか。(watch)

______________ this April? [ ]?

(3) 卓球を始めてどれくらいになりますか。(have , table tennis)

How ______________ ? [ ]?

(4) 彼は，10歳の時以来，両親に会っていません。(see)

He __________ ten years old. [ ].

(5) 今までに富士山に登ったことがありますか。(climb)

______________ Mt. Fuji? [ ]?

16 日本文の内容に一致するように( )に１語ずつ入れなさい。(解答欄下線部毎に２点　計10点)

> 夕方になって叔父の明(Akira)から電話があった。陸(Riku)の父親は，兄と一緒に祖母の家に出かけてしまっている。陸は姉と家で留守番をしながら，午前中はゲームをした。明日は試験があるので数学と理科を午後からずっと勉強している。叔父に夕食はもう食べたのか聞かれた。陸と姉は，ちょうどカレーライスを作って食べたところだった。

Akira：Hi, Riku. Can I speak to your father?

Riku：Sorry, Uncle Akira. Dad (1)(2) home to visit Grandma with my brother. So, I'm home with my sister now. We were playing video games together in the morning. I have a test tomorrow, so I (3)(4)(5) math and science (6) this afternoon.

Akira：That's great! Good boy, Riku. (7) you (8) dinner (9)?

Riku：Yes, we (10). We cooked curry and rice.

(1)[ ] (2)[ ] (3)[ ] (4)[ ] (5)[ ]

(6)[ ] (7)[ ], (8)[ ], (9)[ ] (10)[ ]

4 名詞・冠詞・代名詞・接続詞・前置詞

制限時間 30分

17 次の単語の複数形を書きなさい。 (各1点　計4点)

(1) city　(2) dish　(3) tooth　(4) child

(1)[　　　]　(2)[　　　]　(3)[　　　]　(4)[　　　]

18 次の(　　)にあてはまる適当な語を英語で書きなさい。 (各1点　計6点)

(1) We usually have 365 (　　) in a year. [　　　]

(2) Winter comes before (　　). [　　　]

(3) Wednesday is the day after (　　). [　　　]

(4) The Halloween season comes in (　　), the tenth month of the year. [　　　]

(5) Mr. Aoki is my (　　). He is my mother's brother. [　　　]

(6) There are four train stations (　　) Oyama and Utsunomiya. [　　　]

19 次の英文の(　　)に, a , an , the のうち適当なものを入れなさい。必要がない場合は, ×を入れなさい。 (完答各1点　計6点)

(1) Which do you want to read, (　　) interesting story or (　　) sad one? [　　　], [　　　]

(2) Ms. Sato is (　　) my art teacher. She's (　　) excellent teacher. [　　　], [　　　]

(3) They went camping in (　　) Nikko (　　) this weekend. [　　　], [　　　]

(4) My father drinks (　　) glass of (　　) milk every morning. [　　　], [　　　]

(5) Mr. Brown teaches four (　　) English classes in (　　) morning. [　　　], [　　　]

(6) Mai has (　　) big dog. (　　) dog likes her very much. [　　　], [　　　]

20 次の英文の(　　)に適当な代名詞を入れなさい。 ((4)(5)は完答で1点　計6点)

(1) I want that red sweater because (　　) looks so warm. [　　　]

(2) Ms. Sato took off (　　) jacket when she came into the room. [　　　]

(3) My aunt gave us two birds, and we always take good care of (　　). [　　　]

(4) A: Who is that lady singing a song? What a beautiful voice!

B: (　　) is Taylor Swift, a popular singer. Many young people like (　　) songs.

[　　　], [　　　]

(5) A: I see a lot of boys and girls in this picture. Who are (　　)? [　　　]

B: My classmates. I can say all (　　) names. [　　　]

(6) A: Whose shoes are those? Are they (　　)? [　　　]

B: No, they're not yours. It's Jiro's.

学習ポイント！

名詞は主語や目的語などの働きをします。冠詞は名詞の前に置かれ，物を特定したり，不特定のものであることを表したりします。代名詞は先行する名詞の代わりに用いられ，所有格(my, his, our)などは冠詞と同じ位置で使われます。接続詞は文と文をつなぐ働きをし，前置詞は様々な名詞や動詞とともに用いられます。

得点　　/50

21 次の英文の(　　)に入る最も適当な語を下から選びなさい。（各1点　計6点）

(1) He was a little sick, (　　) he didn't go out on Sunday. [　　　　]

(2) She always listens to the radio (　　) she goes to bed. [　　　　]

(3) We have school lunch (　　) twelve thirty. [　　　　]

(4) What are you going to give your girlfriend (　　) her birthday? [　　　　]

(5) Tom can't write Japanese, (　　) he can speak some Japanese. [　　　　]

(6) A new department store is going to open (　　) November. [　　　　]

[before ／ on ／ at ／ but ／ and ／ so ／ in]

22 次の二つの英文に共通して入る単語を書きなさい。（各2点　計10点）

(1) We were all excited when our favorite singer appeared (　　) the stage.
Mom was not happy because I left many books (　　) the kitchen table. [　　　　]

(2) What kind (　　) music are you interested in?
The girl wanted to buy one (　　) the pretty dolls in the shop. [　　　　]

(3) There are more than one thousand students (　　) this university.
This building was built (　　) 2002. [　　　　]

(4) Our ALT has been working with us (　　) three years.
We had a special party (　　) my father last week. [　　　　]

(5) I will go abroad to study (　　) my friends next year.
Would you like come (　　) us? [　　　　]

23 次の英文が日本文の意味を表すように(　　)に適当な語を入れなさい。（各2点　計12点）

(1) 科学技術が様々な面で私たちを支援してくれるので，私たちの生活は楽になりました。
Our lives are easy now (　　) science and technology help us in many ways. [　　　　]

(2) LサイズとMサイズ，どちらのズボンを試着されますか。
Would you like to wear, the large pants (　　) the medium ones? [　　　　]

(3) 早紀は，明後日まで私たちといる予定です。
Saki is going to stay with us (　　) the day after tomorrow. [　　　　]

(4) 大学卒業後のあなたの将来の計画は何ですか。
(　　) you finish college, what are your plans for the future? [　　　　]

(5) 迎えに行くから，駅に着く前に電話しなさい。
I'll pick you up, so call me (　　) you get to the station. [　　　　]

(6) もし明日風が強かったら，釣りは行きたくありません。
I don't want to go fishing (　　) it's too windy tomorrow. [　　　　]

5 形容詞・副詞・比較の表現

制限時間 **30**分

24 次の語の比較級と最上級を答えなさい。　(完答各1点　計4点)

		比較級	最上級			比較級	最上級
(1)	warm	[　　　]	[　　　]	(2)	easy	[　　　]	[　　　]
(3)	important	[　　　]	[　　　]	(4)	good	[　　　]	[　　　]

25 次の文の(　　)の中から適当な語句を選びなさい。　(各1点　計9点)

(1) There was not (enough / many) water in the bottle.　[　　　]

(2) I want to enjoy this winter vacation very (much / well).　[　　　]

(3) The man didn't have (many / much) money in his wallet.　[　　　]

(4) The English test I took yesterday was (a few / a little) difficult.　[　　　]

(5) How (many / much) books do you buy every month?　[　　　]

(6) He will be with us in (a few / a little) minutes.　[　　　]

(7) He can use both English and Spanish very (much / well).　[　　　]

(8) How (many / much) paintings are there in this museum?　[　　　]

(9) Turn left, and you can find the post office (easy / easily).　[　　　]

26 次の(　　)内の単語を適当な形に変えなさい。変えない場合や1語加える場合あり。(各1点　計5点)

(1) Mt. Everest is (high) mountain in the world.　[　　　]

(2) Lake Biwa is (large) Lake Inawashiro.　[　　　]

(3) The Nile river is (long) than any other river in the world.　[　　　]

(4) Don't you think math is (difficult) than English?　[　　　]

(5) The weather has been as (hot) as summer for weeks.　[　　　]

27 次の英文が日本文の意味を表すように(　　)に適当な語を入れなさい。((1)(2)(4)(6)完答各1点　計6点)

(1) あなたは春と秋のどちら季節が好きですか。
(　　) season do you like (　　), spring or fall?　[　　　], [　　　]

(2) あそこにいる犬は，私たちの犬よりずっと大きくみえる。
The dog over there looks (　　)(　　) than ours.　[　　　][　　　]

(3) 僕が初めて立って歩いたのは，たった10か月の時だった。
I was (　　) ten months old when I first stood up and walked.　[　　　]

(4) 日本で最も素晴らしい紅葉を見せてあげよう。
I'll show you the (　　)(　　) autumn colors in Japan.　[　　　][　　　]

(5) 明人と健太は，いつも一緒に学校まで歩いて通っている。
Akito and Kenta (　　) walk to school together.　[　　　]

(6) 君は僕らの体育の先生と同じくらい速く泳げるのかい？
Can you swim (　　)(　　)(　　) our PE teacher?　[　　　][　　　][　　　]

解答・解説 P94

学習ポイント！

形容詞は名詞を，副詞は原則動詞を修飾します。副詞は形容詞も修飾し，形容詞の意味を強調したりします。形容詞はbe動詞の後やlookやsoundなどの一般動詞の後でも使われます。形容詞にも副詞にも，原級、比較級(-er)，最上級(the -est)があるので，ものや人などを比較する際の文をしっかり確認しておきましょう。

得点　/50

28　(　　)内の語句を並べかえて日本文に合う英文を完成させなさい。不要な1語あり。(各2点　計14点)

(1) ラグビーは，卓球よりもわくわくする［興奮する］。

(table tennis , interesting , exciting , is , more , rugby , than).

[　　　　　　　　　　　　　　　　　　　　].

(2) 君の学校で最も足が速いのは誰か教えてください。

Please tell me (runs , school , your , fastest , faster , in , the , who).

Please tell me [　　　　　　　　　　　　　　　　　　　　].

(3) 囲碁は将棋と同じくらい面白いと思う。

I think (as , as , *shogi* , is , *go* , easier , interesting).

I think [　　　　　　　　　　　　　　　　　　　　].

(4) 権力(authority)より平和のほうがもっと大切だと誰もが信じている。

Everyone believes (more , peace , authority , than , much , important , is , best).

Everyone believes [　　　　　　　　　　　　　　　　　　　　].

(5) 川は2日前より増水していたことに気が付いた。

I found (ago , was , two days , water , there , than , more , many) in the river.

I found [　　　　　　　　　　　　　　　　　　　　] in the river.

(6) あなたは，週に何回塾に行っていますか。週に2回です。

(do , times , to , how , go , much , many , *juku* , you , a week)?　Twice a week.

[　　　　　　　　　　　　　　　　　　　　]?　Twice a week.

(7) すべての中で最後の歌が，聴衆(audience)の間で最も人気があった。

The last song (popular , famous , was , of all , among , the most , the audience).

The last song [　　　　　　　　　　　　　　　　　　　　].

29　(　　)の語を必要に応じて適切な形に変え，次の日本文を英文に直しなさい。(各2点　計12点)

(1) 僕は，クラスの男子全員の中で一番背が高い。(tall)

[　　　　　　　　　　　　　　　　　　　　]

(2) 月は地球より小さい。(small)

[　　　　　　　　　　　　　　　　　　　　]

(3) あなたにとって最高の季節は何ですか。(good)

[　　　　　　　　　　　　　　　　　　　　]

(4) 僕は兄より速く走ることができます。(faster)

[　　　　　　　　　　　　　　　　　　　　]

(5) 私は日奈子ほど上手に踊れせん。(well)

[　　　　　　　　　　　　　　　　　　　　]

(6) サッカーは世界で最も人気のあるスポーツのひとつ(one of)です。(popular)

[　　　　　　　　　　　　　　　　　　　　]

6 受け身(受動態)

制限時間 30分

30 次の英文の(　　)から最も適当な語句を選び，記号で答えなさい。　(各1点　計6点)

(1) Vegetables can (ア grew　イ grows　ウ is grown　エ be grown) easily at home.

(2) Who (ア took　イ is taken　ウ was taken　エ was taking) to the hospital last night?

(3) Daniel (ア chose　イ was chosen　ウ is choosing　エ chooses) to make a speech.

(4) (ア Was　イ Has　ウ Does　エ Were) this window broken by the strong wind?

(5) The new movie was (ア show　イ shown　ウ showing　エ shows) in theaters for the first time last Friday.

(6) Why (ア was spoken to the man　イ the man was spoken to　ウ was the man spoken to　エ did the man spoken to) by the police?

(1) [　　] (2) [　　] (3) [　　] (4) [　　] (5) [　　] (6) [　　]

31 次の英文の(　　)の単語を適当な形に変えなさい。変える必要がない場合はそのまま答えなさい。　((6)完答　各2点　計12点)

(1) This little puppy was (love) by my father.　[　　]

(2) When was that old temple (build)?　[　　]

(3) My favorite earphons were (find) under the sofa.　[　　]

(4) The kitchen should be (clean) soon after dinner.　[　　]

(5) Kumi was (give) a surprise present on her birthday.　[　　]

(6) A beautiful sea can (be)(see) from my room.　[　　][　　]

32 次の英文が日本文の意味を表すように(　　)に適当な語を入れなさい。(完答各2点　計12点)

(1) この博物館は，1990年にオープンした(された)。

This museum (　　)(　　) in 1990.　[　　][　　]

(2) この自転車は，私の兄にだけ使われている。

This bike (　　)(　　) only (　　) my brother.　[　　][　　], [　　]

(3) 早紀がこの間君に送った手紙には，どんなことが書かれていたの。

What (　　)(　　) in the letter Saki sent you the other day?　[　　][　　]

(4) これは，ミレーによって描かれたものではない。

This (　　)(　　)(　　)(　　) Millet.　[　　][　　][　　][　　]

(5) 良質のワインをつくるブドウは，どこで生産されているのですか。

Where (　　) grapes for good wine (　　)?　[　　], [　　]

(6) この果物はとても古いので，食べられません。

This fruit can't (　　)(　　) because it is too old.　[　　][　　]

解答・解説 P96

学習ポイント！

受け身の文は，「be動詞＋動詞の過去分詞(＋by～)」の形で，「(～によって)…される」という意味を表します。「by～」の部分がないこともあります。一般動詞の過去分詞は過去形と同じで-edの語尾で終わりますが，be動詞や不規則動詞ではそれぞれに形が異なりますから，よく確認して覚えましょう。

得点 /50

33 次の日本文に合うように(　　)の語句を並べかえて英文を完成させなさい。ただし，不要な単語が一つ含まれています。(各2点　計12点)

(1) 良い思い出はいつまでも忘れられることはないでしょう。

Good memories (forever, will, forgotten, must, not, be).

Good memories [　　　　　　　　　　].

(2) 素晴らしい話が一郎によって生徒たちに語られました。

(by, great, stories, was, Ichiro, told, were) to the students.

[　　　　　　　　　　] to the students.

(3) その場所で何が発見されたのですか。

(in, place, did, discovered, was, what, that)?

[　　　　　　　　　　]?

(4) 英語は，共通語として多くの国で使われています。

(is, countries, English, not, used, in, many) as a common language.

[　　　　　　　　　　] as a common language.

(5) コンサートのチケットは，来週までに君に送られてくると思います。

I think the concert tickets (be, sent, to you, next week, until, will, by).

I think the concert tickets [　　　　　　　　　　].

(6) あの花は，君の国ではなんと呼ばれているのですか。

(called, said, flower, is, that, what) in your country?

[　　　　　　　　　　] in your country?

34 次の英文が日本文の内容を表すように，受け身を使って下線部を補いなさい。(各2点　計8点)

(1) ある一冊の古書が，私たちの国語の授業で紹介された。

An old book ________ to our Japanese class.

[　　　　　　　　　　]

(2) その本は，有名な作家が(作家によって)書いた(書かれた)のですか。

________ by a famous writer?　[　　　　　　　　　　]

(3) そうです。夏目漱石によって書かれました。

Yes, it ________ by Natsume Soseki.　[　　　　　　　　　　]

(4) 彼の(書いた)本は多くの日本人に読まれています。

His books ________ by many Japanese people.

[　　　　　　　　　　]

英語

基礎編

7 不定詞・動名詞

制限時間 30分

35 次の英文に（　）内の語を入れるとき，最も適切な場所を記号で答えなさい。(各1点　計5点)

(1) I think it's ア important イ for us ウ about エ world history. （to learn）

(2) I love classical music. ア My hobby イ is ウ to エ the music. （listening）

(3) Could you ア show イ me ウ get to the station? （how to）

(4) Hiroki wanted ア me イ help ウ him エ with his homework. （to）

(5) Miki is ア going to イ visit ウ Todai-ji temple エ the Great Buddha. （to see）

(1)[　　] (2)[　　] (3)[　　] (4)[　　] (5)[　　]

36 （　）の単語を適当な形に変えなさい。1語補って答えるものもあります。(各1点　計5点)

(1) I was thirsty, but there was nothing（drink）in the fridge. [　　]

(2) My mom has to finish（clean）the house by noon. [　　]

(3) Would you like（visit）Hawaii someday? [　　]

(4) My friends and I enjoyed（watch）a soccer game at the stadium. [　　]

(5) We always have（wear）our school uniform when we go to school. [　　]

37 次のAとBがほぼ同じ内容になるように（　）に適当な語を入れなさい。(完答各2点　計8点)

(1) **A**: Maki likes learning traditional Japanese dance.

B: Maki likes（　）（　）traditional Japanese dance. [　　][　　]

(2) **A**:（　）（　）is my sister's job.

B: My sister teaches math. It's her job. [　　][　　]

(3) **A**: I think watching a boxing match is very exciting.

B: I think（　）is very exciting（　）（　）a boxing match.

[　　], [　　][　　]

(4) **A**: Our history teacher often tells us many interesting stories.

B: Our history teacher has many interesting stories（　）（　）us. [　　][　　]

38 次の日本文の意味に合うように，英文の下線部に1～2語の適切な語を入れなさい。(各2点　計10点)

(1) マラソンを走り始める前はとても緊張していました。

I was very nervous before I started ______ the marathon. [　　]

(2) 大きなスタジアムでラグビーの試合を観戦するのはとても楽しい。

______ rugby matches in a big stadium is a lot of fun. [　　]

(3) トムはいつも飲み物を持って外出する。

Tom always has something ______ with him when he goes out. [　　]

(4) 私たちは健二が優勝できなかったと聞いて残念だった。

We felt sorry ______ that Kenji couldn't win the first prize. [　　]

(5) どの生徒もその有名な俳優に会えるのを楽しみにしています。

解答・解説 P97

学習ポイント！

不定詞は「to＋動詞の原形」の形で，文中で名詞的，形容詞的，副詞的な働きをします。動名詞は「動詞＋ing」の形で「～すること」という意味を表し，文中で名詞（句）と同じ働きをします。不定詞も動名詞も，多くの場合，他の語とのつながり（意味のかたまり）で使われています。「意味のかたまり」を押さえることが大切です。

得点　　/50

Every student is looking forward to ________ the famous actor. [　　　　　　　　]

39 次の日本文に合うように（　　）内の語句を並べかえて英文を完成させなさい。ただし，不要な単語が一つ含まれています。（各2点　計12点）

(1) その夫婦は，一緒に特別な食事ができる（をするための）良いレストランを見つけた。

The couple found (a special dinner ／ a ／ to ／ good ／ have ／ run ／ restaurant) together.

The couple found [　　　　　　　　　　　　　　　　　　] together.

(2) 仙台は七夕の季節に訪れるのにはいい場所です。

Sendai (visit ／ to ／ good ／ is ／ during ／ place ／ with ／ a) the *Tanabata* season.

Sendai [　　　　　　　　　　　　　　　　　　] the *Tanabata* season.

(3) 窓の掃除も頼んでいいですか。

Can I (clean ／ ask ／ to ／ for ／ the windows ／ you), too?

Can I [　　　　　　　　　　　　　　　　　　], too?

(4) 私の両親は，私が子供のころ，よく学びよく遊べとしばしば私に言った。

My parents often (me ／ study hard ／ and ／ play hard ／ told ／ to ／ not) when I was a kid.

My parents often [　　　　　　　　　　　　　　　　　　] when I was a kid.

(5) この券売機の使い方を教えていただけますか。

Could you (use ／ how ／ me ／ what ／ show ／ to) this ticket machine?

Could you [　　　　　　　　　　　　　　　　　　] this ticket machine?

(6) 真司は私に一緒に東京に行こうと頼んできました。

Shinji (asked ／ Tokyo ／ to ／ him ／ his ／ go to ／ with ／ me).

Shinji [　　　　　　　　　　　　　　　　　　].

40 次の会話が日本文の内容に一致するように，空所に1語ずつ入れなさい。（(3)(4)は1点，下線部毎に完答2点　計10点）

> 勇人（Yuto）は，昨日テレビでラグビー観戦を楽しんだ。太郎（Taro）が勇人に，どんなスポーツを観戦するのが一番好きかたずねると，サッカーだと言う。彼はサッカーをするのが得意で，将来はプロチームに入りたい。五郎（Goro）が，日曜日の試合に参加しないかと誘うが，勇人は両親と訪問する所があるとのこと。

Yuto : I (1)(2) a rugby game on TV yesterday.

Taro : What sports do you like (3) the best?

Yuto : Soccer! I'm good at (4) soccer, so I (5) (6) join a professional team one day.

Goro : We have a soccer game next Sunday. Would you like (7) (8) the game with us?

Yuto : I'd love to, but I have some places (9) (10) with my parents that day. Sorry, Goro.

(1) [　　　] (2) [　　　] (3) [　　　] (4) [　　　] (5) [　　　] (6) [　　　]

(7) [　　　] (8) [　　　] (9) [　　　] (10) [　　　]

8 分詞・関係代名詞

制限時間 30分

41 次の英文の(　　)内の語を適当な形に変えなさい。 (各1点　計5点)

(1) Can you see that little dog (run) in the school yard? [　　　　]

(2) 'Run, Mero!' is a famous book (write) by Dazai Osamu. [　　　　]

(3) The picture of (work) children often makes us sad. [　　　　]

(4) I bought a house (build) about a century ago. [　　　　]

(5) The girl (play) with a dog over there looks happy. [　　　　]

42 次の英文の(　　)内に，who, which, thatのうち使用可能なものを入れなさい。不要な場合は，×を書きなさい。 (各1点　計4点)

(1) We have a big city library (　　) has many useful books for students. [　　　　]

(2) The dictionary (　　) I borrowed from my friend is very old. [　　　　]

(3) Kei is an excellent tennis player (　　) we love and respect. [　　　　]

(4) The woman (　　) showed us the way to the station was very kind. [　　　　]

43 次の日本語を(　　)内の語を用いて英語に直しなさい。 (各1点　計4点)

(1) ベンチに座っている一人の少年 (sit) [　　　　]

(2) 多くの生徒に尊敬されているあの先生 (respect) [　　　　]

(3) 誰かに割られたその高価なカップ (break) [　　　　]

(4) 湖で泳いでいるあの女の子 (swim) [　　　　]

44 次の各組の英文がほぼ同じ意味になるように(　　)に適当な語を入れなさい。((1)(3)(4)は完答　各2点　計8点)

(1) I use an IC dictionary every day. The dictionary is very expensive.
The IC dictionary (　　)(　　) every day is very expensive. [　　　　][　　　　]

(2) The students looked very happy. They were singing their favorite songs.
The students (　　) their favorite songs looked very happy. [　　　　]

(3) Hinako works at that bread shop. She always looks busy there.
Hinako (　　)(　　) at that bread shop always looks busy. [　　　　][　　　　]

(4) My father grows some vegetables in his garden. They are so good.
The vegetables (　　)(　　) my father in his garden are so good. [　　　　][　　　　]

45 次の英文が日本文の意味を表すように(　　)に適当な語を入れなさい。(各2点　(5)は完答　計10点)

(1) あそこで踊っている女の子たちを見てください。彼女らは，早紀と美樹です。
Look at the girls (　　) are dancing over there. They are Saki and Miki. [　　　　]

(2) 一緒にお昼を食べていた友だちが，突然話すのをやめた。
My friend (　　) lunch with me stopped talking suddenly. [　　　　]

解答・解説 P98

学習ポイント！

分詞には現在分詞(～ing)と過去分詞があります。分詞は名詞を前後から修飾し，それぞれ「～している名詞」「～される／されている名詞」のように名詞を説明します。関係代名詞は、その前にある名詞(句)＝「先行詞」を説明する働きをします。who, which, thatなど，種類や使い分けをよく理解しましょう。

得点　　/50

(3) 私のいとこはキティという名前の(キティと呼ばれている)小さな猫を飼っています。

My cousin has a little cat (　　) Kitty.　[　　　　　　]

(4) 日本語では，５月５日の休日を何と呼んでいますか。

In Japanese, what do you call the holiday (　　) comes on May 5th?　[　　　　　　]

(5) これは僕が君の誕生日のために君に買ってあげたジャケットかい。

Is this the jacket (　　)(　　) you for your birthday?　[　　　　　　][　　　　　　]

46 (　　)内の語句を並べかえて日本文に合うように英文を完成させなさい。不要な１語あり。(各2点　計10点)

(1) バスケットコートでスリー・オン・スリーしているあの男の子たちは誰ですか。

Who are (3-on-3 , those , on , around , boys , the basketball court , playing)?

Who are [　　　　　　　　　　　　　　　　　　　　]?

(2) 先生が私たちに教えてくれた単語全部を思い出すのはとっても難しいですよね。

It is very difficult to (our teacher , the words , knew , taught , remember , all , us), isn't it?

It is very difficult to [　　　　　　　　　　　　　　　　], isn't it?

(3) 素晴らしいギター演奏をしているあの音楽家はとても人気があるんです。

That (musician , is , which , playing , who , the guitar , beautifully) is very popular.

That [　　　　　　　　　　　　　　　　　　] is very popular.

(4) クリスマスイヴに子どもたちにプレゼントを運んでくる男の人を知っているかい。

Do you know the man (at , children , presents , brings , to , who) on Christmas Eve?

Do you know the man [　　　　　　　　　　　　] on Christmas Eve?

(5) 彼はオーストラリアで撮影された１枚の古い写真を見つけた。

He (found , photo , took , taken , an , was , old , that) in Australia.

He [　　　　　　　　　　　　　　　　　　　　] in Australia.

47 次の英文を日本文に直しなさい。(各2点　計6点)

(1) The woman talking with our ALT in English is my homeroom teacher.

[　　　　　　　　　　　　　　　　　　　　　　　　]

(2) The game I often play online with my friends is difficult but a lot of fun.

[　　　　　　　　　　　　　　　　　　　　　　　　]

(3) English and French are the official languages used by people in Canada.

[　　　　　　　　　　　　　　　　　　　　　　　　]

48 次の(1)と(2)の日本文の内容を１文の英語で表しなさい。(3点)

(1) 母が私に何枚かの写真をみせてくれた。

(2) それらの写真は父が若いころに撮ったものだった。

[　　　　　　　　　　　　　　　　　　　　　　　　]

9 命令文・間接疑問文・いろいろな文型

制限時間 30分

49 次の英文の(　　)から最も適当な語句を選び，記号で答えなさい。　(各1点　計4点)

(1) I wish I (ア am　イ were　ウ be　エ can be) the king of all animals.

(2) How about (ア go　イ goes　ウ went　エ going) to a nice restaurant?

(3) Why don't we (ア be　イ are　ウ do　エ does) the job more carefully?

(4) Guess (ア what I had　イ what did I have　ウ what I have　エ what do I have) for dinner last night.

(1)[　　] (2)[　　] (3)[　　] (4)[　　]

50 次の英文が日本文の意味を表すように(　　)に適当な語を入れなさい。(完答各2点　計12点)

(1) ヨーロッパでどこを訪問しようかもう決めましたか。
Have you decided (　　)(　　) visit in Europe yet?　[　　][　　]

(2) この週末に遊園地に行きませんか。
(　　)(　　) go to the amusement park this weekend?　[　　][　　]

(3) 花子，この(これらの)スーツケースを運んでもらえますか。
Hanako, (　　)(　　) carry these suitcases for me?　[　　][　　]

(4) 明日の試合に勝つために，次に何をすべきか考えているところです。
I'm thinking about (　　)(　　)(　　) next to win tomorrow's game.　[　　][　　][　　]

(5) 間違いをすることを怖がらないでください。
(　　)(　　)(　　) of making mistakes.　[　　][　　][　　]

(6) 君のチームに昨年は選手が何人いたか教えて。
Tell me how many players (　　)(　　) in your team last year.　[　　][　　]

51 (1)〜(5)の it と同じ用法の it が用いられている文をア〜オの中から選びなさい。(各1点　計5点)

(1) Do you know what time it is in Paris now?　[　　]

(2) At first, I couldn't see what the animal was, but it was a little monkey.　[　　]

(3) It has been raining since early in the morning.　[　　]

(4) It's necessary to have something to eat when you are hungry.　[　　]

(5) How long does it take by train from Tokyo to Utsunomiya?　[　　]

ア Hurry up, or we're going to be late! It will be ten o'clock soon!

イ "Look! What's that up in the sky?" "It may be a big bird flying very high."

ウ The concert hall is very near here. It is about five minutes there on foot.

エ It is very interesting for me to study foreign languages.

オ I will not go out if it is too windy tomorrow.

52 次の二つの文がほぼ同じ内容になるように，下線部を補いなさい。　(各2点　計8点)

解答・解説 P100

学習ポイント！

命令文は，普通主語を置かずに動詞の原形で始まります。間接疑問文では，疑問文が文の一部として用いられ，I know where he lives. [who he is.] のように通常と形が変わります。中学校のまとめとして，基本文を中心に教科書で3年間に学習した様々な表現や構文(文の組立，型)を復習しましょう。

得点　/50

(1) What time does the soccer game start this afternoon?
Do you know ＿＿＿＿ this afternoon?　[　　　　　　　　]

(2) Where can I buy those cool shirts?
I'd like to know ＿＿＿＿.　[　　　　　　　　]

(3) Who gave me a call yesterday?
Does anyone remember ＿＿＿＿ yesterday?　[　　　　　　　　]

(4) How did he go to the stadium?
I wonder ＿＿＿＿.　[　　　　　　　　]

53 次の日本文に合うように(　　)の語句を並べかえて英文を完成させなさい。((3)完答　各2点　計12点)

(1) 私はとても気持ちが高ぶって(興奮して)いて，昨夜はよく眠れませんでした。
I (so , sleep well , that , excited , I , couldn't , was) last night.
I [　　　　　　　　] last night.

(2) 私の名前はジャクソンです。みんないつも私を略してDJと呼んでいます。
My name is Jackson, and (DJ , me , always , calls , everyone) for short.
My name is Jackson, and [　　　　　　　　] for short.

(3) そんなに早く登校する必要はありませんよね。　※念を押したり確認したりする。
You (don't , do , early , go to school , have to , so , you)?
You [　　　　　　　　] , [　　　　] ?

(4) 先生はその数学の問題について，いくつかヒントを私にくれました。
(hints , gave , my teacher , me , several) about the math question.
[　　　　　　　　] about the math question.

(5) この世界地図を君の歴史の先生のところに持っていってください。
(world , map , please , this , to , take) your history teacher.
[　　　　　　　　] your history teacher.

(6) この本はとても難しすぎて容易には理解できません。
This book (is , difficult , to , easily , understand , too).
This book [　　　　　　　　].

54 次の日本文を(　　)の語を用いて英文に直しなさい。　(各3点　計9点)

(1) そのテレビドラマは，私たちをとても悲しい気持ちにしました。(make , sad)
[　　　　　　　　]

(2) 私は将来，大きな宇宙プロジェクトに参加したい。(join , space project)
[　　　　　　　　]

(3) 図書館の中では大声で話してはいけません。(speak , loudly)
[　　　　　　　　]

10 会話文・さまざまな疑問文

制限時間 30分

55 次の英文の（　　）に入る適当な語を下から選び，記号で答えなさい。選択肢はすべて小文字になっています。 （(1)完答　各1点　計6点）

(1) （　　）Goro（　　）playing football for many years? [　　], [　　]

(2) （　　）it be sunny the day after tomorrow? [　　]

(3) （　　）you and Kumi often walk to school together? [　　]

(4) （　　）study together for tomorrow's test. [　　]

(5) Who（　　）older, your brother or your sister? [　　]

(6) Why（　　）you go to bed early last night? [　　]

ア let's	イ is	ウ are	エ has	オ did	カ do	キ does	ク will	ケ been

56 次の英文の下線部に適当な語句を入れて，会話を完成させなさい。（完答各2点　計12点）

(1) **A**: ______ ______ your uncle live? [　　][　　]

B: He lives in Ashikaga.

(2) **A**: ______ ______ the ______ yesterday?

[　　][　　], [　　]

B: It was July 22nd.

(3) **A**: ______ ______ music CDs do you have? [　　][　　]

B: Maybe I have more than one hundred.

(4) **A**: Mr. Sato is an art teacher, ______ ______? [　　][　　]

B: No, he isn't. He is an English teacher.

(5) **A**: ______ scissors did you use? [　　]

B: I used Riku's.

(6) **A**: ______ ______ ______, Mt. Fuji or Mt. Everest?

[　　][　　][　　]

B: Mt. Everest is. It's much higher.

57 次の英文の下線部が答えとなるような疑問文を作りなさい。 （各2点　計10点）

(1) We are going to travel to Kyushu <u>by plane</u>.

[　　]

(2) It's <u>Thursday</u> today.

[　　]

(3) My new "smart" watch is more than <u>50,000 yen</u>.

[　　]

(4) We will meet online <u>at nine</u> tonight.

[　　]

解答・解説 P101

学習ポイント！

入試問題には会話文もよく出題されます。会話の基本は質問することです。どのような疑問文を使っているか，どのような応答・答え方をしているかに注意しましょう。また，会話文には、多くの定形(決まった)表現が登場するので確認しておきましょう。入試の聞き取り問題には，会話文が多く出題されています。

得点　　/50

(5)　I closed all the curtains <u>because it was already so dark</u>.

[　　　　　　　　　　　　　　　　　　　　　　　　　　　　　　]

58　次の会話が完成するように，(　　)に適当な語を入れなさい。　(完答各2点　計12点)

(1)　A：Do you like summer or winter?

B：Winter. (　　)(　　)(　　)?　[　　　　　　][　　　　　　][　　　　　　]

A：Mmm… Let me see. I like summer better.

(2)　A：Hi, John. This is my sister, Amy.

B：(　　)(　　)(　　) you, Amy.　[　　　　　　][　　　　　　][　　　　　　]

(3)　A：(　　)(　　) play chess together?　[　　　　　　][　　　　　　]

B：Sorry, I'm busy now. Anyway, thank you for asking.

(4)　A：(　　) you (　　) some tea?　[　　　　　　], [　　　　　　]

B：Yes, please. Thank you.

(5)　A：(　　)(　　) have your name, please?　[　　　　　　][　　　　　　]

B：Of course. I'm Suzuki Ichiro.

(6)　A：(　　)(　　), but could you tell me the time?　[　　　　　　][　　　　　　]

B：Sorry. I forgot to wear my watch today.

59　次の(1)～(5)の会話文の応答として最も適した表現をア～オの文の中から一つずつ選び，その記号を答えなさい。　(各2点　計10点)

(1)　Shall I get the concert tickets for you?　[　　]

(2)　How is your new life in our town?　[　　]

(3)　The weather is beautiful today. Let's go on a picnic!　[　　]

(4)　We want to see a movie today. Would you like to join us?　[　　]

(5)　I'd like to listen to your adventure stories during your trip to Africa?　[　　]

ア　Certainly. I traveled alone and visited many places. I enjoyed the local food there!

イ　Thank you. Yes, please. You are so kind.

ウ　I'm afraid I can't. I have no free time today. What are you going to see?

エ　I love it here, because people are friendly and always so nice to me.

オ　Sounds great! I agree! What should we bring?

こするだけで、手応《てごた》えはない。「どうしても割ってやる」そんな気持ちで、僕はさらに右手の上を、左手で包み、膝《ひざ》の上で全身の力を籠《こ》めた。しかし、級の中でも小柄で、きゃしゃな自分の力では、ビクともしない。

左手の下で握りしめた右の掌の皮が、少しむけて、ヒリヒリする。僕はかんしゃくを起こして、ナット・クラッカーを卓の上へ放り出した。クラッカーは胡桃の皿に激しく当たって、皿は割れた。胡桃が三つ四つ、卓から床へ落ちた。そうするつもりは、さらになかったのだ。ハッとして、椅子を立った。

僕は二階へ駆け上り、勉強机にもたれてひとりで泣いた。勉強机にもたれてひとりで泣いた。その晩は、母の病室へも見舞に行かずにしまった。

しかし、幸いなことには、母の病気は翌日から小康を得て、僕は日光へ遠足に行くことが出来た。

襖《ふすま》をはらった宿屋の大広間に、ズラリと蒲団《ふとん》を引きつらねたその夜は、実に賑《にぎ》やかだった。果てしなくはしゃぐ、子供達《たち》の上の電灯は、八時頃に消されたが、それでも、なかなか騒ぎは鎮《しず》まらなかった。

いつまでも僕は寝つかれず、東京の家の事が思われてならなかった。やすらかな友達の寝息が耳につき、覆いをした母の部屋の電灯が、まざまざと眼に浮かんできたりした。②僕は、ひそかに自分の性質を反省した。この反省は、僕の生涯の最初のものであった。

（永井龍男「胡桃割り」『朝霧・青電車その他』〈講談社〉から一部改変）

※　ナット・クラッカー＝胡桃割り。固い木の実を割る器具。

(1) ――線①「それも辛くて」とあるが、辛かったことは何か。四十字以内で書きなさい。（25点）

(2) ――線②「僕は、ひそかに自分の性質を反省した」とあるが、反省した自分の性質として最も適切なものはどれか。（10点）

ア 思い通りにならないことがあるとすぐいらいらする性質。
イ 悩みがあると眠れなくなるほどくよくよしてしまう性質。
ウ 家族のことを忘れ、目の前のことに浮かれてしまう性質。
エ いやなことが起こっても、食欲だけはなくならない性質。

［　　］

(3) 本文の特徴を説明したものとして最も適切なものはどれか。（15点）

ア 「僕」の家での行動や家の中の様子を描写することで、家族が平常心を保っていることを表現している。
イ 姉と二人きりで夕食の食卓を囲む場面は、「僕」と姉だけが感じているとても強いきずなを象徴している。
ウ 簡単には割れない胡桃は、「僕」が今直面している、自分の力ではどうにもならないものを象徴している。
エ 宿屋での子供達の楽しげな様子を具体的に描写することで、かえって母の具合の悪さを対比している。

［　　］

10 文学的文章Ⅲ〔小説3〕

制限時間 30分

県立で出題された類似問題
23〈部分理解の選択〉―H30・R1・2・3・4・5
〈心情理解の記述〉―H30・R1・2・3・4・5
〈表現・特色の選択〉―H25・28・29・30・R1・2

得点 /50

23 次の文章を読んで⑴から⑶までの問いに答えなさい。

（主人公の「僕」は昭和初期の少年時代を回想している。）

この二三日、母の容態の面白くないことは知っていたので、靴を脱ぎながら、僕は気になった。電気のついた茶の間へ行くと、食事の支度のしてある食卓の脇《わき》に、編み物をしながら、姉は僕を待っていた。僕はおやつをすぐに頬《ほお》張りながら聞いた。「ただ今。――お医者さん、きょうは二人？」

「ええ、昨夜からお悪いのよ」

いつもお腹《なか》をへらして帰って来るので、姉はすぐ御飯をよそってくれた。父と二人で食卓を囲むことは、その頃《ころ》ほとんどなかった。ムシャムシャ食べ出した僕に、姉も箸《はし》をとりながら、「節ちゃん、お父さまがね」と言う。「あさってのの遠足ね、この分だと止《や》めてもらうかもしれないって、おっしゃっていてよ」遠足というのは、六年生だけで一晩泊まりで、日光へ行くことになっていた。

「チェッ」僕は乱暴にそういうと、茶碗《わん》を姉に突き出した。

「節ちゃんには、ほんとに済まないけど、もしものことがあったら。――お母さんとてもお悪いのよ」「知らない！」

姉は涙ぐんでいる様子であった。①それも辛《つら》くて、それきり黙りつづけて夕飯をかき込んだ。

「お風呂《ふろ》、すぐ入る？それとも勉強がすんでから？」姉には答えず、プッとして座を立った。母が悪いという事と、母が死ぬかもしれぬという事は、僕の心で一つにはならなかった。

生まれて初めて、級友と一泊旅行に出るということが、少年にとってどんなに魅力を持っているか！級の誰《だれ》彼との約束や計画があざやかに浮かんでくる。両の眼《め》に、涙いっぱい溢《あふ》れて来た。

父の書斎の扉《とびら》がなかば開いたまま、廊下へ灯《ひ》がもれている。そこを通って、突き当たりの階段を上ると、僕の勉強部屋があるのだが、ちょうどその階段を、物干しへ行った誰かが下りて来る様子なので、泣き顔を見られるのが厭《いや》さに、人気のない父の書斎へ、僕は入ってしまった。

いつも父の座る大ぶりな椅子《いす》。そして、ヒョイッと見ると、卓の上には、胡桃《くるみ》を盛った皿が置いてある。胡桃の味なぞは、子供に縁のないものだ。イライラした気持であった。

どすんと、その椅子へ身を投げ込むと、僕は胡桃を一つ取った。そして、冷たい※ナット・クラッカーへ挟んで、片手でハンドルを圧《お》した。小さな掌《てのひら》へ、かろうじて納まったハンドルは、胡桃の固い殻の上をグリグリと

解答・解説 P104

この朝早く、よしは庭にむしろを敷き、百枚の葉を並べた。家族と一緒に、くろも甘い餅にありつくことができた。干された葉が、柏餅に使われることも知っているのだろう。

二三に何度叱《しか》られても、くろは葉が気になって仕方がないようだ。

母親のよしは、台所であずきの餡《あん》を拵えている。七歳のみさきが、台所の隅で糝粉《しんこ》を練っていた。粳米《うるちまい》を水に浸《つ》けて柔らかくしたあと、風で乾かしてから粉にしたものが糝粉である。これをよく練ったものを、柏餅の生地に使うのだ。

亮太の好物を拵えるのは、よしとみさきの仕事だった。あずきの餡が、出来上がりつつある。甘い香りが、庭にまで漂っていた。

二三とくろが、一緒に鼻をひくひくさせた。

「お昼過ぎには、柏餅ができるんだって。お前も楽しみでしょう?」

ワン、ワンと続けて吠《ほ》えて、くろが尻尾《しっぽ》を振った。二三は、わざと顔をしかめた。

「おかあちゃんが蒸《ふ》かしてくれるのは、おにいちゃんとおとうちゃんが、畑から帰ってきてからだよ。ちょっと畑を見に行ってみようか」

立ち上がった二三が、先に駆け出した。くろがあとを追い始めた。

小さな坂道を登った先には、一面の菜の花畑が広がっている。五月五日のいまは、花はすっかり落ちていた。花を落としたあとには、③菜種が実を結んでいる。

〈山本一力「菜種晴れ」〈中央公論新社〉から〉

(1) □ に当てはまる語句として最も適切なものはどれか。(5点)

ア 頭に来　イ 足が乱れ
ウ 手を焼き　エ 首をかしげ

[　　]

(2) ——①線「だれよりも楽しみにしていた」とあるが、その理由を本文中から十字以内で抜き出しなさい。(15点)

[　　　　　　　　　　]

(3) ——②線「よしは、〜拵えた」とあるが、この時の「よし」の心情として最も適切なものはどれか。(10点)

ア 兄の働きぶりをほめてくれた村の人たちにもおすそ分けしたい。
イ 姉に代々伝わる作り方を教えることで、姉も跡取りの候補としたい。
ウ 家族分だけでは妹と仲良しの犬の分が足りず、妹を悲しませたくない。
エ 家族にたくさん食べさせ、また長男を立派な跡取りに育て上げたい。

[　　]

(4) ——③線「菜種が実を結んでいる」とあるが、この描写が暗示する家族の姿として最も適切なものはどれか。(20点)

ア 仕事が忙しく来年から柏餅を食べられなくなる姿。
イ 菜種が不作で、生活するのが苦しくなっていく姿。
ウ 一生懸命仕事をしつつ、皆仲良く暮らしていく姿。
エ 子供が大人になったら家を出てばらばらになる姿。

[　　]

9 文学的文章Ⅱ〈小説2〉

制限時間 30分

県立で出題された類似問題
22〈空欄補充〉— H28・29・30・R2・3・5
〈部分理解の選択〉— H30・R1・2・3・4・5
〈心情理解の選択〉— H30・R1・2・3・4・5

得点　　/50

22 次の文章を読んで⑴から⑷までの問いに答えなさい。

　天保五（一八三四）年五月五日。朝から空は晴れ上がり、五ツ（午前八時）を過ぎると二三《ふみ》が遊ぶ庭にも陽光が届いていた。
「くろ、そっちに行ったら駄目だって」
　庭を駆け回る犬を、二三が呼び止めた。走っていた犬が立ち止まり、二三に振り返った。
　くろは二三の誕生に先駆けて、父親の亮助《りょうすけ》が浜の漁師からもらった犬だ。
「犬は安産のお守りだからよう」
　二三誕生の数日前にもらってきた子犬は、二三の誕生までは名なしだった。が、鼻が真っ黒で黒目の大きい子犬を見た亮太《りょうた》とみさきは、勝手にくろと呼んでいた。
　丈夫な二三が誕生したあと、子犬はくろと命名された。
　二三と同じ年の四歳だが、くろはもはや成犬である。それでも犬なりに、二三とは格別の間柄であることをわきまえているらしい。まだこどもの二三には、ことのほか従順だった。
「柏《かしわ》の葉っぱを踏んだら、おかあちゃんに叱られるでしょ」
　大きな犬が、子犬のようにクウンと鼻声で鳴いた。
「ほんとうに分かったのかなあ」
　二三は［　　］ながら、くろのあたまを撫《な》でた。
　今日は端午の節句である。亮太はもう十二歳で、しっかりと菜種作りの家業を手伝っていた。
「亮太はほんまによう働くのう。亮助さんが、うらやましいがね」
　村の農家の女房は、亮太の働きぶりをうらやましがった。周りからは一人前だとみなされている亮太だが、端午の節句の柏餅《もち》を、①だれよりも楽しみにしていた。
　柏は、新しい葉が出ると、古い葉を落とす。そのさまは、あたかも後継ぎができたのを見定めて、家督を譲るかのようである。
　端午の節句に柏餅を食べるのは、この柏の葉のありさまに、代々の一家繁栄祈願を重ね合わせて祝うのが、興《おこ》りのひとつとされた。
　とはいえ、亮太が柏餅をだれよりも喜ぶのは、甘い物好きだからである。が、たとえそうであっても跡取りがすこやかに育っているのは、亮助とよしにはこのうえない喜びだった。
　それゆえ②よしは、毎年一家五人では食べきれないほどの柏餅を拵《こしら》えた。庭に干してあるのは、これから餅をくるむ柏の葉である。

解答・解説 P104

②理央はにわかに心配になってきた。どんな小さなダメージだって、油断はできない。あの大きな馬さえ、骨折で死んでしまうことがあるという。平橋さんも飼っていたハヤブサを亡《な》くしたことがあり、その死因もいまだによくわからないと言っていた。

そうだ。平橋さんに聞いてみよう。理央は思いつき、急いでパソコンを立ちあげた。メールボックスを開いて、宛先《あてさき》を出す。モコの様子を打ちこむ。あせっているので、何度も打ちまちがえる。文章も支離滅裂かもしれないが、読み返しもしないまま送信した。

どうぞすぐに気がついてくれますように。

はたして十分ほどで返信が来た。

「わ、いっぱい書いてある」

平橋さんも同じような経験をしたことがあるらしい。単独でいる動物を襲うことがあるので、注意が必要と書いてあった。※インプリントされた猛禽類は、人といっしょの動物には手出しはしないが、単独でいるのを見ると野生が戻るらしい。

平橋さんは、骨折の治療の方法をくわしく記してくれていた。

案外かんたんに家にあるもので処置ができそうだ。理央はお礼のメールを送り、さっそく道具を探した。

できることはなんでもやろう。

「タカをいっぱい、いっぱい、いっぱい愛しなさい」

けがはさせてしまったけれど、平橋さんの言葉を思い出して、③理央はなんとか気持ちをたてなおした。

（まはら三桃「鷹のように帆をあげて」〈講談社〉から一部改変）

※猛禽＝タカやフクロウなどの性質が荒い肉食の鳥。

※インプリント＝生まれたばかりの鳥類や哺乳類が目の前の動いたものを親として覚え込み、それになつく性質。

(1) ――線①「改めて、心臓が凍りつくような気分だった」とあるが、このように感じた理由として最も適切なものはどれか。（10点）

ア　毛のついた手袋を見て犬が無事か、ふと頭に浮かんだから。
イ　羽根を見て、モコにケガがあるか急に不安になったから。
ウ　手袋の状態からタカと犬の争いのすごさを実感したから。
エ　破れた手袋を見て、自分もケガをしたのではと思ったから。

［　　］

(2) ――線②「理央はにわかに心配になってきた」とあるが、何が心配なのか。心配な理由も踏まえ、五十字以内で書きなさい。（25点）

(3) ――線③「理央はなんとか気持ちをたてなおした」とあるが、この時の理央について最も適切なものはどれか。（15点）

ア　タカへの愛情を再確認し、前向きな気持ちになっている。
イ　タカへの愛情があれば治療できることに気づき、誇らしくなっている。
ウ　タカに詳しくても失敗する人がいると知り、安心している。
エ　タカへの愛情があっても人に頼らずにはいられないと思い、不安が残っている。

［　　］

8 文学的文章Ⅰ〈小説1〉

制限時間 30分

県立で出題された類似問題

21 〈心情理解の選択〉― H30・R1・2・3・4・5
〈心情理解の記述〉― H30・R1・2・3・4・5
〈部分理解の選択〉― H30・R1・2・3・4・5

得点 /50

21 次の文章を読んで(1)から(3)までの問いに答えなさい。

（中学生の理央《りお》は、鷹匠《たかじょう》（狩りをするためのタカを飼育、訓練する人）を目指し、モコというタカを飼っている。この日、訓練から帰る途中、モコは散歩中の犬に襲いかかってしまった。）

どうやって家に帰ったか、理央はよく覚えていない。ただその後モコが、いつにもましておとなしかったのは幸いだった。理央がひどくしかったこともあるだろうが、あたりが暗くなったからだろう。夜になると、鳥は動きが格段ににぶくなる。空はすっかり暗くなっていた。

家に帰ると母が帰ってきていた。理央とモコの様子がおかしいことに気がついて心配する母親にかんたんに説明をし、理央は洗面所に入った。

赤い手袋がひどいことになっていた。土や雑草、犬の毛、それにモコの羽根もまとわりつき、指の先は三本ほど破れている。無我夢中だったので状況は思い出せないが、ずいぶん激しい攻防だったのだろう。小さなトイプードルと、まだ若いタカとの戦いと言っても、決してあなどれるものではない。

①改めて、心臓が凍りつくような気分だった。

理央は、手袋をはずして石鹸《せっけん》で洗った。

モコの脚がおかしいことに気がついたのは、その夜のことだった。ソファーの肘掛《ひじか》けに止まっていたモコを、部屋に連れていこうとしたとき、理央ははっと息をのんだ。

「腫《は》れとる」「え？」

そばでテレビを見ていた父が顔をあげた。

「モコの指、ほら」

理央はあわてた。四本ある指のうち、外側から二本目がぷっくりと腫れていた。タカの指には関節がひとつあり、その先に黒いかぎつめがついている。通常、関節のくびれは目で見てわかるのだが、それがわからないほどにふくらんでいた。

「骨折しとるんじゃないか？」「えぇーっ！」

確かに人間も骨折をすれば、その部分が腫れてくる。

「どうしたらいいっちゃろ」「獣医さんはもうしまっとるしねえ」

母も心配げに眉《まゆ》を寄せる。※猛禽《もうきん》を診察できる獣医さんは前もって調べてはある。市内にあるので、朝になれば交通機関を使って、理央がひとりで連れていくこともできるだろう。

でも間に合うだろうか。

解答・解説 P105

がある。心の揺れがある。それがない所ではどちらも成り立ちが難しい。
ただ、小説を書き出してから、評論を書いていた自分がそれ以前よりもいくらかはっきり見えてきた。勿論《もちろん》その欠点を含めて。と同時に、※テキストの読みの粗雑な評論、あるいは研究の類《たぐい》に、強い疑問を抱くようになった。

⑦　読みには段階がある。そのほどにほとんど限りがない。それは、日常、自分の環境の事物を見る、その見方のほどに限りがないのと本質的には違っていないと思う。自分のかつてのいくつかの評論がそうであったように、読みの粗雑な評論には説得力が伴わず、とかく声が高い。小説を書くことを知った私が自分の評論に求めるようになったのは、出来《でき》るだけ具体的な平明な言葉で、事物としての文章の分析帰納を行うこと。事物としてのテキストの読みが、文章に即して謙虚であり、杜撰でさえなければ、具体的かつ平明な言葉での客観化は不可能ではないであろうし、説得の力、普遍の力をもつ論述は可能のはずだということである。

（竹西寛子『「見る」に始まる』『「あはれ」から「もののあはれ」へ』〈岩波書店〉から一部改変）

※　帰納＝具体的な事実から一般的な法則を導き出すこと。
※　敷衍＝ここでは、ある作品について言えることを、他の作品に当てはめて考えること。
※　具象＝具体。「抽象」の対義語。　※杜撰＝いい加減なこと。
※　テキスト＝ここでは、文学作品の本文のこと。

(1)　——線１「論理的に把握したい」とあるが、論理的に把握するとはどのような作業か。これを説明した部分を本文中から二十五字以内で抜き出し、初めと終わりの五字を書きなさい。（10点）

～

(2)　——線２「小説を書こうとしながら、評論では許される抽象的、概念的な物言いに無意識のうちに逃れている」について、後のⅠ、Ⅱの問いに答えなさい。

Ⅰ　小説の結論とはどのようなものか。三十字以内で書きなさい。（15点）

Ⅱ　「抽象的、概念的な物言いに逃れている」とは具体的に何をすることか。「結論」という語を用いて、二十字以内で書きなさい。（15点）

(3)　段落の関係について説明したものとして最も適切なものはどれか。（10点）

［　　］

ア　②段落は①段落の問題提起を、より具体的に解説している。
イ　③段落は②段落の筆者の考えと対立する主張を示している。
ウ　⑤段落は④段落以前を踏まえつつ新しい視点を挙げている。
エ　⑦段落は⑥段落の筆者の疑問は解決できないと述べている。

7 論説的文章〔Ⅲ〕

制限時間 30分

県立で出題された類似問題
20〈部分理解の記述〉―H30・R1・2・3・4・5
〈段落の構成・働き〉―H26・28・29・30・R1・5
〈抜き出し〉―H27・28・29・R2・4・5

得点 /50

20 次の文章を読んで⑴から⑶までの問いに答えなさい。①～⑦は形式段落の番号である。

① 小説を書き始めてまず突き当たった壁は、評論という形式に馴染《なじ》んだための、事物の抽象的な処理、非具体的な処理であった。心を動かされた作品と対《むか》い合い、なぜ感動したのかを問うてみる。事を分析※帰納しながら一般化できる共通項を抽《ひ》き出し、※敷衍《ふえん》してゆく作業は、当然のこととして、言葉による明確な結論を自分に要求する。時によっては、結論としての言葉あるいは文章が先に立ち、それを客観的に証明しようとして論理的な作業をひたすら重ねてゆく。

② 感動の拠《よ》り所を分析帰納して、少しでも[1]論理的に把握したい評論への欲望と、感動の拠り所を分散拡大して、更に強調したい小説への欲望、この二種類の欲望は、どうやら自分の中には矛盾なく生きているらしい。今更言い立てるのも気がひけるようなことながら、小説で必要なのは事物の具体的な表現であって、抽象的な論評でもなければ概念的な記述でもない。なぜこの作品を書いたかという、作者の直接の言葉は不要であり、結論は、作者が提示した具体的な事物を通じて読者にゆだねればよい。しかし習慣は恐ろしい。結論めいた文章を書かない不安と私は長く争うことになる。

③ [2]小説を書こうとしながら、評論では許される抽象的、概念的な物言いに無意識のうちに逃れている自分に気づくと、一時的にもせよ筆は止まってしまう。

④ もともと抽象は具象に始まっているはずで、※具象はなおざりにした抽象に説得力を望んでもそれは無理である。具象といい加減に馴れ合った抽象に胡坐《あぐら》をかいているとんだところで仕返しをされる。抽象に逃げるな、と自分を叱《しか》り続けて小説を書いていると、日頃《ひごろ》いかに物の見方が※杜《ず》撰《さん》であるかがよく分かる。見ているつもり、聞いているつもりでは小説は一行も進まない。小説を書く基礎になるのは、日常、事物を杜撰にではなく「見る」習慣、「見る」力だと知らされる。そこから事物の選択と再構成が始まる。

⑤ 評論では抽象的、概念的な物言いが許されると言ったが、事物を杜撰にではなく「見る」習慣、「見る」力の必要については、小説の場合と全く同じだと考えている。個々の作品も山川草木と対等な事実であって、具象としての文章をいい加減にではなく「見る」力の必要は、読みの誤りから遠ざかる条件でもある。

⑥ 評論への衝動にも小説への衝動にも、私の場合、その根には必ず感動

解答・解説 P105

してこの連続性の知覚を頼りにすれば、同じく連続的な輪郭線を思いつくことは容易になるはずである。ところが天空に散る星くずが対象となると、与えられているのは光の点ばかりであって、連続する線というものを見る助けはない。思うだに3驚くべきことだが、古代人はあの星くずを見てその間を想像上の線でつなぎ、白鳥や大熊《おおぐま》や神話の中の英雄など、おびただしい星座の絵を描いたのである。

　そのときから数千年、人類はいまだに星座という架空の形態を手がかりにして、時間ごとに移り変わる星の位置を見定めている。もっと重要なことだが、その星の位置を座標として人間は自己の位置を確認している。このことは砂漠の旅人や大洋の航海者を助けただけでなく、空想を逞《たくま》しくすれば、風景の中の相対的なものの位置とは別に、無限空間のなかの□な位置という観念がありうることを、人類に教えたかもしれない。

（山崎正和「大停滞の時代を超えて」〈中央公論新社〉から）

※　イデア・エイドス＝どちらもギリシャ語で「姿・形」の意。哲学では「存在の本質」を表す。

※　日月星辰＝太陽と月と星。

(1)　□に入る語として適切なものどれか。（5点）

ア　体系的　イ　日常的　ウ　対照的　エ　絶対的

〔　　〕

(2)　——線1「これはすぐれて視覚のおこなう営みに似ているからである」とあるが、何の、どういう点が似ているのか。四十五字以内で書きなさい。（20点）

(3)　——線2「あらゆる現実についてそれを認識の対象として統一する能力」とあるが、これを説明した部分を本文中から四十五字以内で抜き出し、初めと終わりの五字を書きなさい。（10点）

□□□□□～□□□□□

(4)　——線3「驚くべきことだが」とあるが、筆者がこのように述べる理由として最も適切なものはどれか。（15点）

ア　古代人は、視覚のみに頼り、想像した連続の線を用いて天空の星くずを結び付け、多くの星座の絵を作り上げたから。

イ　古代人は、視覚ではない感覚能力の助けを借りることで、現実よりも確実で本質的な存在があることに気づいたから。

ウ　古代人は、対象に触れてその連続性を確認することにより、天空の星くずを連続する線でつなぐことを思いついたから。

エ　古代人は、触れることのできない天空の星くずに恐怖を抱いたが、その恐怖を乗り越え、星くずを星座に見立てたから。

〔　　〕

6 論説的文章〔Ⅱ〕

制限時間 30分

県立で出題された類似問題
19〈空欄補充〉— H30・R1・2・3・4・5
〈部分理解の記述〉— H30・R1・2・3・4・5
〈部分理解の選択〉— H29・30・R1・2・3・4

得点　　/50

19 次の文章を読んで、(1)から(4)までの問いに答えなさい。

太古、人類は頭で「知る」ということを、まずはものを目で「見る」ことと同一視していたと考えられる。いまでは知ることは耳で聞くこと、手で触れること、さらには行動で関《かか》わることによっても可能だとわかっているが、最初の知的認識はとくに視覚の働きから誕生したと推察することができる。示唆深いのは、古代ギリシャでは真の知の対象は※イデアとかエイドスとか呼ばれていたが、どちらも語源的には目で見ること、ものの形という言葉と同根だったということである。おそらくさらに古く、古代メソポタミアやエジプトや黄河流域の昔から、この事情は同じだったに違いない。なぜなら、知的な認識は知る主体と知られる客体が向かい合い、主体が客体に距離を置いて、見渡したり分解したり総合したりする仕事であるが、1これはすぐれて視覚のおこなう営みに似ているからである。

そしてさらにいえば、そうした最初の知的認識を生んだ目の活動は、ほかならぬあの天空を見ることから始まったと考えてよいだろう。もちろん古代人の見るものには山も川も森も、日常の道具や収穫物もあったにちがいないが、それらはすべて視覚以外の感覚にも訴えかける存在であった。ただひとつあの大空の遠い姿だけが、※日月星辰《じつげつせいしん》の形と運行だけが、手で触れることも足で分け入ることもできないままに、視覚に鮮烈な印象を与えてくれる存在であった。その天上の無限の彼方《かなた》を仰ぎ見ることによって、古代人は現実には感じられないが現実よりも、確実な存在があること、のちにイデアやエイドスと呼ばれた本質的な存在があることを、史上初めて予感する端緒を得たとすら想像できるのである。

さらに天空の観察は人類に心の内の想像力という能力に気づかせ、その働きを飛躍的に発展させることを教えたであろう。ちなみにここでいう想像力とは夢想や幻想の力ではなく、2あらゆる現実についてそれを認識の対象として統一する能力をさしている。外から与えられる無数の感覚刺激を形にまとめ、それに個物としての名前を与える準備をする力を意味している。たとえば球体を見てそれを丸い輪郭線で描いたとすると、球面上にはそんな輪郭線などどこにもないのだから、これは見る人の想像力の産物だということになる。その意味で、想像力は人間があらゆる現実を認識するための基礎的な能力なのである。

だが、地上にある対象の場合は、それを確かめるために人間は別の感覚能力の助けを借りることができる。先の球体についていえば、その表面を指で撫《な》でてそれが連続する球体面であることを確認することができる。そ

解答・解説 P105

会的事業になる。昔は、ゴミの処分に頭をなやますのは限られた一部の人であったのが、いまはほとんどすべての人が多少とも頭をなやますことになった。

情報、知識というものが、モノと同じようにふえたかどうかは別として、かつては知識があふれて困るというような人は例外的であったと思われる。普通であれば、とくになにもしないでも、余計な、あふれた知識、記憶は生活の中で、ほとんど意識されずに、自然に処分されていた。つまり自然忘却で、支障はなかった。それが、知識・情報社会と言われるようになると、自然忘却だけでは、ゴミがあふれることになりかねない。記憶を意図的に廃棄しないと、頭がゴミで埋まってはたらかなくなる怖《おそ》れが現実的になってくる。

[2]忘却を積極的に評価する考え方は、現代においては不可欠である。気づいているのに具体的な努力をしないのは怠慢と言っても※不当ではなかろう。

（外山滋比古「忘却の整理学」〈筑摩書房〉から一部改変）

※　十全＝全く欠点のないこと。
※　一致符合＝二つ以上のものがぴったりと合うこと。
※　いわんや＝まして。
※　不当＝適当でないこと。

(1) □に入る語として適切なものはどれか。（10点）

ア　だから　イ　ところが
ウ　なぜなら　エ　たとえば

〔　　〕

(2) ——線1「人間とコンピューターはまったく別々の記憶をする」の説明として最も適切なものはどれか。（15点）

ア　コンピューターの物理的記憶は、人間と同様の生理的・心理的な記憶ができるように発展した。
イ　コンピューターの完全記憶こそ正常であり、人間の歪みのある記憶・選択的記憶は異常である。
ウ　驚異的な記憶の能力を持つ人間は、コンピューターと同じように百パーセントの記憶ができる。
エ　人間の記憶は忘却がつきものだが、コンピューターの記憶は物理的条件が整えば忘却されない。

〔　　〕

(3) ——線2「忘却を積極的に評価する考え方は、現代においては不可欠である」とあるが、なぜ意図的な忘却が不可欠なのか。次の文に当てはまるように、三十五字以内で書きなさい。（25点）

意図的に忘却しないと、□□□□□□□□□□□□□□□□□□□□□□□□□□□□□□□□□□□から。

5 論説的文章〔Ⅰ〕

制限時間 30分

県立で出題された類似問題

18

〈部分理解の記述〉— H30・R1・2・3・4・5

〈部分理解の選択〉— H29・R1・2・3・4・5

〈空欄の補充〉— H30・R1・2・3・4・5

得点　　/50

18　次の文章を読んで(1)から(3)までの問いに答えなさい。

あるがままを記憶する、全記憶などというのは生身の人間には考えられないこと。かならず、興味、関心、欲望などが複雑に入り組んだネットがあり、それを通して、記憶されるのであるから、完全・※十全の記憶は考えることもできない。

同じ光景を忠実に再現したと思われる記録を比べてみると、見た人の個人的特色というものによって、十人十色に異なる。それにもとづいた記憶、表現がもし※一致符合したらそれこそ異常である。

われわれは、完全記憶というものを人間にあてはめるのは誤りである、と考える必要があるように思われる。部分的記憶、歪《ゆが》みを内蔵した記憶、選択的記憶が、正常な記憶であるということになる。人間の記憶の特質もまさに、その選択的記憶という点にあることを昔の人はともかく、現代の人間は見落としてはならない。

別な言い方をすれば、人間の記憶は、生理的・心理的であって物理的ではないということである。それがはっきりするのはコンピューターが出現してからである。コンピューターは記憶する機械として人間の能力をはるかに超越するが、量的問題ではなく、質的に[1]人間とコンピューターはまったく別々の記憶をする。

人間の記憶は、生理・心理的であるのに、コンピューターは物理的記憶である。人間の記憶は忘却にさらされるが、コンピューターは、機械という物体が存在し、電気というエネルギーが存在する限り、消滅したりすることはない。忘却はおきない。※いわんや選択的忘却などはじめから問題にならない。百パーセントの記憶が可能なばかりでなく、それ以外の記憶はおきない。完全記憶で、そしていったん記憶されたものは物理的条件が激変しない限り忘却されることはありえない。選択的記憶・忘却は、こうしてみると、きわめて人間的性格のつよい心的作用であることがわかる。

人間の記憶は選択的であり、個人差が大きく影響するが、それ以上に、忘却は個人差が大きいと考えられる。したがって、コンピューターとの違いも、記憶よりいっそう顕著でなくてはならない。忘却は個人の心理的歴史を反映しているから、何が忘却されるかでその人間の精神構造を知ることができるはずである。

比喩《ひゆ》は適当でないが、忘却はゴミ出しに似ている。かつての、物資が不足気味な社会においては、ゴミはたいした量ではない。自然に近い形で処理されていた。[　　]、モノが豊かになり、近代的都市生活をするようになると自然のゴミ処理では間に合わなくなって、ゴミの収集、処分が社

解答・解説 P106

を付けなければならない。

16 次の漢文を読んで(1)から(3)までの問いに答えなさい。（各5点）

（書き下し文）

宋《そう》人※玉を得て、諸《これ》を※司城《しじやう》の※子罕《しかん》に献ず。子罕受けず。玉を献ずる者曰《いは》く、以《もつ》て※玉人に示すに、玉人以て宝と為《な》す、故に之《これ》を献ずと。子罕曰く、我は※貪《むさぼ》らざるを以て宝と為す。爾《なんぢ》ハ以テレ玉ヲ為スレ宝ト。若《も》し以て我に与へなば、皆宝を※喪《うしな》ふなり。※若《し》かず人其《そ》の宝を有《たも》たんにはと。

（漢文）

宋人得テレ玉ヲ、献ズ二諸ヲ司城ノ子罕ニ一。子罕不レ受ケ。献ズルレ玉ヲ者曰ク、以テ①示スニ玉人ニ、玉人以テ為スレ宝ト、故ニ献ズレ之ヲ。子罕曰ク、我ハ以テレ不ルヲレ貪ラ為スレ宝ト。②爾ハ以テレ玉ヲ為スレ宝ト。若シ以テ与ヘナバレ我ニ、皆喪フレ宝ヲ也。不レ若カ人有タンニハト二其ノ宝ヲ一。

※玉＝宝石。　※司城＝役職の一つ。
※子罕＝宋国の人の名前。　※玉人＝宝石職人。
※貪ら＝欲深く物を欲しがる。　※喪ふ＝失う。
※若かず＝～のほうがよい。

(1) ――線①「示スニ玉人ニ」とあるが、書き下し文を参考にして、これに返り点を付けなさい。

【示スニ玉人ニ】

(2) ――線②「爾ハ以テレ玉ヲ為スレ宝ト」を書き下し文に直しなさい。

[　　　　　　]

(3) 漢文から読み取れる内容として最も適切なものはどれか。　[　　]

ア 位の高い人に贈り物をして、取り入らなければならない。

イ 役職に就く者は、常に公正な立場でいなければならない。

ウ 他人の大切な物は、自分が欲しくても奪ってはならない。

エ 自分にとって価値がある物を大切にしなければならない。

17 次の漢文の書き下し文としてそれぞれ適切なものはどれか。（各3点）

① 入リテハレ郷《がう》ニ従フレ郷ニ。　[　　]

ア 郷に入りては郷に従ふ。　イ 郷に従ふ郷に入りては。
ウ 入りては郷に従ふ郷に。　エ 従ふ郷に入りては郷に。

② 先生教フ二生徒ニ漢文ヲ一。　[　　]

ア 先生漢文を生徒に教ふ。　イ 先生教ふ生徒に漢文を。
ウ 先生生徒に漢文を教ふ。　エ 生徒に漢文を先生教ふ。

③ 我誘《さそ》ヒテレ友ヲ行ク二美術館ニ一。　[　　]

ア 我美術館に行く友を誘ひて。
イ 我友を誘ひて美術館に行く。
ウ 友を誘ひて我美術館に行く。
エ 美術館に行く我友を誘ひて。

④ 人方《あた》リテハ二少壮ノ時ニ一不レ知ラ二惜陰《せきいん》ヲ一。　[　　]

ア 人少壮の時に知らず惜陰を方りては。
イ 人惜陰を方りては少壮の時に知らず。
ウ 人少壮の時に方りては惜陰を知らず。
エ 人惜陰を知らず少壮の時に方りては。

4 古文の学習〔Ⅱ〕

制限時間 30分

県立で出題された類似問題

16〈語句内容の理解〉— H30・R1・2・3・4・5

15 16〈主旨内容の理解〉— H30・R1・2・3・4・5

16 17〈漢文〉— H21・27・28・R1・3

得点 /50

15 次の文章を読んで⑴から⑶までの問いに答えなさい。

ある人、※ゑのこをいといたはりけるにや、その主人外《ほか》より帰りける時、かのゑのこ、その膝《ひざ》にのぼり、胸に手をあげ、口のほとりを舐《ねぶ》り廻《まわ》る。これによって、主人愛する事いやましなり。馬《むま》ほのかに此由《このよし》を見て、うらやましくや思ひけん、「※あっぱれ我もかやうにこそ侍《はんべ》らめ」と思ひさだめて、ある時、主人外より帰りける時、馬主人の胸にとびかかり、顔を舐り、尾を振りてなどしければ、主人是《これ》を見てはなはだ怒りをなし、棒をおほ取って、もとの※厩《むまや》におし入れける。

そのごとく、人の親疎をわきまへず、※わがかたより※馳《ち》走顔《そうがほ》こそはなはだもってをかしき事なれ。我程々に従って、其《その》※挨《あひ》拶をなすべき也。

（「伊曽保物語」より）

※ ゑのこ＝小さな子犬。

※ あっぱれ＝（とても感動して）ああ。

※ 厩＝馬小屋。

※ わがかたより＝自分の方から。

※ 馳走顔＝親しい者としてちやほやするように振る舞うこと。

※ 挨拶＝人への応対。

⑴ 〰〰線「かやう」は、現代ではどう読むか。現代かなづかいを用いて、すべてひらがなで書きなさい。（5点）

〔　　　　〕

⑵ ――線「此由を見て」とあるが、何を見たのか。六十字以内の現代語で書きなさい。（10点）

⑶ 本文で筆者が伝えたかったことは何か。（8点）

ア 自分が相手をよく思っていることが伝わるように、いつもきちんと挨拶をしなければならない。

イ 相手に対して自分から積極的に行動し、相手の気分が良くなるように応対しなければならない。

ウ 相手の自分に対する行動を踏まえて、時には厳しい態度で相手と向き合わなければならない。

エ 自分と相手がどのような関係かを理解した上で、人への接し方に気

〔　　　　〕

解答・解説 P107

14 次の文章を読んで⑴から⑷までの問いに答えなさい。

※道者《だうしや》の行《ぎやう》は、善行《ぜんぎやう》・悪行《あくぎやう》、皆、※思はくあり。人の量るところにあらず。昔、※恵心僧都《えしんそうづ》、※一日《いちにち》、庭前《ていぜん》に草を食《じき》する鹿《しか》を、※人をして打ち追はしむ。時に、ある人問うてaいはく、「師、※①慈悲なきに似たり。草を惜しみて、※畜生《ちくしやう》を悩ますか。」僧都のbいはく、「我、もしこれを※打たずんば、この鹿、人になれて、悪人に近づかん時、必ず殺されん。この故《ゆゑ》に打つなり。」

鹿を打つは慈悲なきに似たれども、※②内心の道理、慈悲の余ること、※かくの如《ごと》し。

（「正法眼蔵随聞記《しょうぼうげんぞうずいもんき》」より）

※　道者＝仏道を修める人。
※　思はく＝深い考え。
※　恵心僧都＝平安時代の僧。
※　一日＝ある日。
※　人をして打ち追はしむ＝人に命じて、追い払わせた。
※　慈悲＝いつくしみとあわれみのこころ。
※　畜生を悩ますか＝けものを苦しめるのですか。
※　打たずんば＝打たなかったら。
※　内心の道理＝心の中の筋の通った考え方。
※　かくの如し＝このとおりである。

⑴　〰〰線「故」は、現代ではどう読むか。現代かなづかいを用いて、すべてひらがなで書きなさい。（５点）

［　　　　］

⑵　‖線a「いはく」b「いはく」について、それぞれの主語にあたる人物の組み合わせとして最も適当なものはどれか。（５点）

ア　a　恵心僧都　b　恵心僧都　　イ　a　ある人　b　ある人

ウ　a　ある人　b　恵心僧都　　エ　a　恵心僧都　b　ある人

［　　　　］

⑶　──①線「慈悲なきに似たり」とあるが、恵心僧都が鹿を追い払ったことはなぜ思いやりがないと考えるのか。三十五字以内の現代語で書きなさい。（10点）

⑷　──②線「内心の道理、慈悲の余る」とあるが、筆者が恵心僧都を評価した理由として最も適切なものはどれか。（５点）

ア　恵心僧都は、悪人にねらわれた鹿を自ら打つことによって、自分の家に悪人を入れさせずに、家族を守ったから。

イ　恵心僧都は、鹿を打つことで、鹿が人に慣れて悪人に近づき、殺されないようにという深い考えがあったから。

ウ　恵心僧都は、鹿が悪人に殺されてしまうぐらいなら、自分の手で殺してしまったほうが良いと考えていたから。

エ　恵心僧都は、鹿を打つことによって、けものが嫌いな人々に近づかないようにという心くばりをしていたから。

［　　　　］

3 古文の学習〔Ⅰ〕

制限時間 30分

県立で出題された類似問題
13 14〈歴史的仮名遣い〉― H30・R1・2・3・4・5
13 14〈主語の識別〉― H26・29・30・R2・3・4
13 14〈語句内容の理解〉― H28・29・30・R2・4・5
13 14〈主旨内容の選択〉― H30・R1・2・3・4・5

得点 /50

13 次の文章を読んで⑴から⑷までの問いに答えなさい。

にしとみといふ所の山、①絵よくかきたらむ屏風《びやうぶ》をたてならべたらむやうなり。片つ方は海、浜のさまも、寄せかへる浪《なみ》の景色も、いみじうおもしろし。※②もろこしが原といふ所も、砂子のいみじう白きを二三日《ふつかみか》行く。「夏は※やまとなでしこの濃く薄く錦《にしき》をひけるやうになむ咲きたる。これは秋の末なれば見えぬ」といふに、なほところどころはうちこぼれつつ、あはれげに咲きわたれり。もろこしが原に、やまとなでしこしも咲きけむこそなど、人々③をかしがる。

（菅原孝標女《すがわらのたかすえのむすめ》「更級日記《さらしなにっき》」より）

※ もろこしが原＝現在の神奈川県南部一帯の海岸。「もろこし」は、昔、我が国で中国をさして呼んだ名称。
※ やまとなでしこ＝花の名称。「やまと」は日本を表すことば。

⑴ 〰〰線「寄せかへる」は現代ではどう読むか。現代かなづかいを用いて、すべてひらがなで書きなさい。（5点）
［　　　］

⑵ ――①線「絵よくかきたらむ屏風」とあるが、どのような屏風か。十五字以内の現代語で書きなさい。（10点）

⑶ ――②線「もろこしが原」の説明として、最も適切なものはどれか。（5点）

ア もろこしが原の海岸は人の足跡のせいであまり白くない。
イ 夏には大小様々なやまとなでしこが咲くと言われている。
ウ 秋の末にはやまとなでしこは見られないと言われている。
エ 秋に作者が訪れた際には、花がところどころ枯れていた。
［　　　］

⑷ ――③線「をかしがる」とあるが、人々がもろこしが原に花が咲くことを面白いと感じた理由として、最も適切なものはどれか。（5点）

ア 海岸に花が咲く様子が、日本ではなくまるで中国の景色のようだったから。
イ 普通海岸では咲かない花が、ここでは咲いていたから。
ウ 冬になり雪が降っているのに季節外れの花が咲くから。
エ 中国を表す語を名にもつ場所に日本を表す語を名にもつ花が咲いていたから。
［　　　］

解答・解説 P107

ア 大雪が降ったそうだ。　イ 今日は早く終わりそうだ。
ウ 彼は中学生だそうだ。　エ 今年は猛暑になるそうだ。

④ 小さなことから事故が生じる。　［　　］
ア 顔色から判断する。　イ 暑いから冷房をつける。
ゥ 時間がないから急ごう。　エ 疲れるからここで休もう。

⑤ 大人だけでなく子供さえも夢中になる。　［　　］
ア それは悪意さえ感じる。　イ 先生の話さえをも聞かない。
ウ ミスさえしなければ良い。　エ 寒い上に雨さえ降ってきた。

⑥ 子どもながらよくがんばった。　［　　］
ア 学生ながら読書もしない。　イ 野菜を煮ながら肉を焼く。
ウ 左右を見ながら道を渡る。　エ 大声を出しながら走る。

⑦ 道の向こうに交番がある。　［　　］
ア それはある日のことだ。　イ その日、ある事が起きた。
ウ 私の故郷は栃木にある。　エ ある人によると話はこうだ。

⑧ ここでの生活もまた楽しい。　［　　］
ア 道また道が続いている。　イ 親であり、また友でもある。
ウ 今回もまた失敗した。　エ 電話か、またメールします。

11 次の俳句を読み、あとの問いに答えなさい。　(各1点)

A 名月を取つてくれろと泣く子かな　小林一茶《こばやしいっさ》
B 何事ぞ花見る人の長刀《なががたな》　向井去来《むかいきょらい》
C 閑《しづ》かさや岩にしみ入る蝉《せみ》の声　松尾芭蕉《まつおばしょう》
D こがらしや海に夕日を吹き落とす　夏目漱石《なつめそうせき》

(1) A・Bの俳句の季語と季節を答えなさい。
A［　　・　　］　B［　　・　　］

(2) A～Dの俳句中の ―― 線部の「かな」「ぞ」「や」などの語句を俳句では何というか。　［　　］

(3) Dの俳句の解説として適切なものはどれか。　［　　］
ア 擬人法を用いることで、冬の風が吹きすさぶ自然のすさまじさを表現している。
イ 現実的にはあり得ない表現を用いることで読者を非現実的な世界へ導いている。
ウ 「吹き落とす」という表現は、穏やかな春の海が荒れることを予感させている。
エ 倒置法を用いることで、夕日が沈む瞬間のきらめきのはかなさを強調している。

12 次の各問いに答えなさい。　(各1点)

(1) 次の各文を例にならって文節に区切りなさい。
例 わたしは／今年／高校生に／なる。
① 故郷から父が上京してきた。
② 彼は私の人生に大きな影響を与えた。
③ 現代では自然も社会も環境の激変が起きている。
④ シェイクスピアは社会の変化を敏感に感じていた。

(2) 次の各文を例にならって単語に区切りなさい。
例 わたし／は／今年／高校／生／に／なる。
① これは古い歴史を持った技法だ。
② 自分はこの結果に全く満足をしていない。
③ 彼女は走ることをやめてゆっくり歩いた。
④ 人は自分と異なるものへのあこがれを抱くものだ。

2 文法・敬語・詩歌の学習

制限時間 30分

県立で出題された類似問題
8〈品詞〉―H20・21・22・23・30・R2
9〈敬語〉―H29・30・R1・3・4・5
10〈文法・意味〉―H28・29・30・R1・3・4
11〈俳句・短歌〉―H30・R1・2・3・4・5

得点　　/50

7 次の――線の部分の文の成分をあとから選びなさい。（各2点）

① 亡くなった祖母は物知りな人だった。〔　〕
② 後悔しないように自分の道は自分で選ぶ。〔　〕
③ 彼は驚いていた。だが表情は変わらない。〔　〕
④ 「電話しましたか。」「ええ、しましたよ。」〔　〕
⑤ 現代では「多様性」が重要視されている。〔　〕

ア 主語（主部）　**イ** 述語（述部）　**ウ** 修飾語（修飾部）
エ 接続語（接続部）　**オ** 独立語（独立部）

8 次の――線の部分の動詞の活用の種類と活用形を答えなさい。（各2点）

① はやくこちらへ来い。〔　・　〕
② 過去を思い出すことはなかった。〔　・　〕
③ 毎日練習をすれば上達できる。〔　・　〕
④ 展望台から景色をながめる。〔　・　〕
⑤ 一緒にテニスをしよう。〔　・　〕
⑥ 今日のニュースを見ましたか。〔　・　〕

9 次の――線の部分を適切な敬語の表現に直しなさい。（各1点）

① お客様はあちらにいます。〔　〕
② 昨日のこと、気にしないでください。〔　〕
③ 私の母と会いますか。〔　〕
④ 他の人に聞く方がいいです。〔　〕
⑤ すぐに迎えに行きます。〔　〕
⑥ 部屋まで案内します。〔　〕
⑦ ご要望を聞きます。〔　〕
⑧ 車まで荷物を持ちましょう。〔　〕

10 次の――線の部分と文法的に同じ意味・用法のものはどれか。（各1点）

① 教室に忘れ物を取りに戻った。〔　〕
ア 出発が間近に迫る。　**イ** 私はここに花を見に来た。
ウ 昨日遊園地に行った。　**エ** 友達にお礼を言われた。

② ジュースがあまり、冷蔵庫にしまった。〔　〕
ア 二月《ふたつき》あまりが経った。　**イ** あまりの時間で片づけた。
ウ 運動はあまりしない。　**エ** 小遣いがあまり、貯金した。

③ 明日の朝から雨が降りそうだ。〔　〕

解答・解説 P108

⑬ 遠出をする。［　　］　⑭ 秘密を握る。［　　］
⑮ 熟れた果物。［　　］　⑯ 新居を構える。［　　］

【二】

3 次の各問いに答えなさい。

(1) 次の漢字の総画数は何画か、数字で答えなさい。（各1点）

① 九［　画］　② 陛［　画］　③ 構［　画］
④ 仰［　画］　⑤ 極［　画］　⑥ 収［　画］

(2) 次の熟字訓の読みをひらがなで書きなさい。

① 一人［　　］　② 数珠［　　］　③ 凸凹［　　］
④ 大和［　　］　⑤ 今日［　　］　⑥ 浮つく［　　］
⑦ 浴衣［　　］　⑧ 果物［　　］　⑨ 二日［　　］
⑩ 乙女［　　］　⑪ 投網［　　］　⑫ 上手［　　］

4 次の――線の部分の読みをひらがなで書きなさい。（各1点）

① 均衡を保つ。［　　］　② 派生した問題。［　　］
③ 類似品。［　　］　④ 小説の傑作。［　　］
⑤ 参考文献。［　　］　⑥ 父は宮大工だ。［　　］
⑦ 難色を示す。［　　］　⑧ 発作を起こす。［　　］
⑨ 評判の良い店。［　　］　⑩ 滑車を回す。［　　］
⑪ 頻繁な連絡。［　　］　⑫ 屋根の修繕。［　　］
⑬ 誓約書。［　　］　⑭ 賃貸住宅。［　　］
⑮ 原料の麦芽。［　　］　⑯ 緊張が高まる。［　　］

5 次の――線の部分を漢字で書きなさい。（各1点）

① トコウ手続き。［　　］　② 詩をロウドクする。［　　］
③ ウンセイを占う。［　　］　④ 一般キョウヨウ。［　　］
⑤ ベンゴ士。［　　］　⑥ オンワな気候。［　　］
⑦ 地方のジチ体。［　　］　⑧ 合唱のシキ。［　　］
⑨ ハイケイの山々。［　　］　⑩ キンゾクバット。［　　］
⑪ ブレイな態度。［　　］　⑫ ユウボク民族。［　　］
⑬ 空港のケイビ。［　　］　⑭ シャクヤに住む。［　　］
⑮ リョウシの船。［　　］　⑯ セイコウした実験。［　　］

【三】

6 次の各問いに答えなさい。

(1) 次の――線の部分を漢字で書きなさい。（各2点）

① 休みのひ。［　　］　② 三《み》たび挑戦する。［　　］
③ 食器をあらう。［　　］　④ 場所をあらためる。［　　］
⑤ 手をとめる。［　　］　⑥ ちいさな足。［　　］
⑦ ごみをもやす。［　　］　⑧ たての線を引く。［　　］
⑨ 決をとる。［　　］　⑩ かたやぶりな人。［　　］
⑪ 花がちる。［　　］　⑫ あたたかい風。［　　］
⑬ おもいが募る。［　　］　⑭ 税金をおさめる。［　　］
⑮ すめば都。［　　］　⑯ 川の流れがはやい。［　　］
⑰ 土砂をのぞく。［　　］　⑱ 心がふるい立つ。［　　］
⑲ いさましい声。［　　］　⑳ 今年の夏はあつい。［　　］

(2) あとの語群から適切な語を選び、故事成語を完成させなさい。

① ［　　］を執《と》る　② 虎穴《こけつ》に入《い》らずんば［　　］を得ず
③ ［　　］重来《ちょうらい》　④ ［　　］三遷《さんせん》の教え
⑤ ［　　］三絶《さんぜつ》

【　虎子《こじ》　捲土《けんど》　韋編《いへん》　孟母《もうぼ》　牛耳《ぎゅうじ》　】

1 漢字・語句の基礎知識

制限時間 30分

県立で出題された類似問題
1(2)〈熟語構成〉― H25・26・29・R2・4・5
1(3)(4)〈慣用句・ことわざ〉― H22・R2
1(5)〈四字熟語〉― H24・28
3(1)〈画数〉― H20・21・22・27
3(2)〈熟字訓〉― H16・27

得点　一,二,三とも各50　/50

【一】

1 次の各問いに答えなさい。（各1点）

(1) 次の漢字の部首名を答えなさい。
① 屈〔　〕 ② 好〔　〕
③ 印〔　〕 ④ 峡〔　〕
⑤ 忙〔　〕 ⑥ 肺〔　〕
⑦ 冠〔　〕 ⑧ 恭〔　〕

(2) 次の熟語と構成が同じものはどれか。
① 出発〔ア 遅延　イ 難易　ウ 起点　エ 民意〕〔　〕
② 町立〔ア 頭脳　イ 制圧　ウ 遺言　エ 足早〕〔　〕
③ 無限〔ア 話芸　イ 悲哀　ウ 未知　エ 出番〕〔　〕
④ 乗車〔ア 納税　イ 祈念　ウ 指先　エ 破損〕〔　〕
⑤ 直線〔ア 代案　イ 腹痛　ウ 育児　エ 命名〕〔　〕
⑥ 大小〔ア 野道　イ 恋愛　ウ 独学　エ 濃淡〕〔　〕

(3) あとの語群から適切な語を選び、慣用句を完成させなさい。
① 〔　〕に使う　② 〔　〕を引く　③ 〔　〕を打つ
④ 〔　〕にはさむ　⑤ 〔　〕を抜かす　⑥ 〔　〕が立つ

【 顔　出し　うつつ　あと　終止符　小耳 】

(4) あとの語群から適切な語を選び、ことわざを完成させなさい。
① 〔　〕に蓋《ふた》をする　② 〔　〕あれば患《うれ》いなし
③ なくて〔　〕　④ 帯《おび》に短し〔　〕に長し
⑤ 急がば〔　〕　⑥ 〔　〕の魂《たましい》百まで
⑦ 尻切《しりき》れ〔　〕　⑧ どんぐりの〔　〕

【 背比《せいくら》べ　回れ　臭《くさ》い物《もの》　備《そな》え　たすき　とんぼ　七癖《ななくせ》　三つ子 】

(5) 次の四字熟語を完成させなさい。
① 枝葉《しよう》〔　〕　② 佳人《かじん》〔　〕　③ 優柔《ゆうじゅう》〔　〕
④ 二束《にそく》〔　〕　⑤ 〔　〕消沈《しょうちん》　⑥ 一騎《いっき》〔　〕

2 次の――線の部分の読みをひらがなで書きなさい。（各1点）
① 港のある町。〔　〕　② 靴を履く。〔　〕
③ 学問を究める。〔　〕　④ 斜めの線。〔　〕
⑤ 糸を垂らす。〔　〕　⑥ 子守歌。〔　〕
⑦ 雨の滴。〔　〕　⑧ 仕事が滞る。〔　〕
⑨ 物置小屋。〔　〕　⑩ 計画を練る。〔　〕
⑪ 運転を任せる。〔　〕　⑫ 笛を吹く。〔　〕

解答・解説 P109

［基礎編］

国語

栃木県
高校入試
の対策
2024

[実戦編]

栃木県 高校入試の対策 2024

令和5年度 県立入試

令和4年度 県立入試

令和3年度 県立入試

令和2年度 県立入試

令和元年度 県立入試

平成30年度 県立入試

平成29年度 県立入試

MEMO

[実戦編]

令和5年度
県立入試

栃木県
高校入試
の対策
2024

栃木県立高校入試　問題
社　会

制限時間 **50**分

1 次の１，２，３の問いに答えなさい。

１　次の会話文は，宇都宮市に住む一郎さんと，ロンドンに住む翔平さんのオンラインでの会話である。文中の Ⅰ ， Ⅱ に当てはまる語の組み合わせとして正しいのはどれか。

> 一郎：「日本とイギリスでは，どのくらい時差があるのかな。」
> 翔平：「12月の今は，イギリスの方が日本よりも９時間 Ⅰ いるよ。」
> 一郎：「ロンドンは宇都宮市よりも緯度が高いけれど，宇都宮市の冬とどのような違いがあるのかな。」
> 翔平：「ロンドンは，宇都宮市よりも日の出から日の入りまでの時間が Ⅱ よ。」

ア　Ⅰ－進んで　Ⅱ－長い　　**イ**　Ⅰ－進んで　Ⅱ－短い
ウ　Ⅰ－遅れて　Ⅱ－長い　　**エ**　Ⅰ－遅れて　Ⅱ－短い

２　**図１**は，1990年と2020年における日本の輸入総額に占めるアメリカ，タイ，中国，ドイツからの輸入の割合(%)を示している。中国はどれか。

	ア	イ	ウ	エ
1990年	22.4	5.1	4.9	1.8
2020年	11.0	25.7	3.3	3.7

図１（「日本国勢図会」ほかにより作成）

３　**図２**を見て，次の(1)から(6)までの問いに答えなさい。

(1)　鹿児島市では，桜島の火山災害の被害を最小限に抑えるために，被害が予想される範囲や避難場所などの情報を示した地図を作成している。このように，全国の自治体が自然災害に備えて作成している地図を何というか。

(2)　冬季(12，１，２月)の月別平均降水量の合計が最も大きい都市は，次の**ア**，**イ**，**ウ**，**エ**のうちどれか。

ア　豊橋市　　**イ**　富山市
ウ　松山市　　**エ**　熊本市

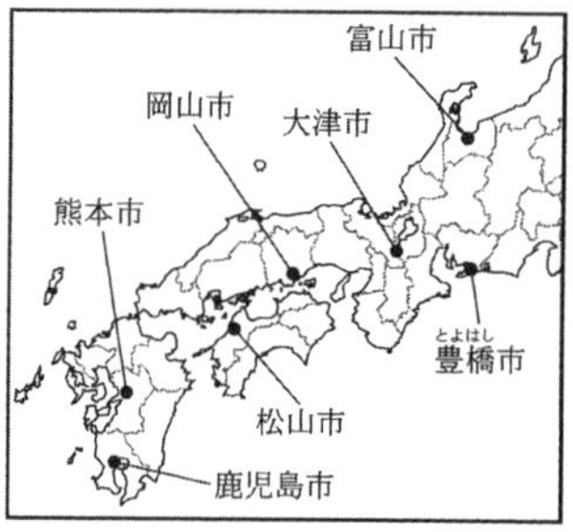

図２

(3)　**図２**中に示した各都市では，路面電車が運行されている。路面電車に関する調査を行う上で，適切な方法として**当てはまらない**のはどれか。

ア　路面電車の利便性について調べるため，地域住民に聞き取りを行う。
イ　路面電車の開業までの経緯について調べるため，図書館で新聞を閲覧する。
ウ　路面電車の開業後に他県から転入した人数を調べるため，新旧の航空写真を比較する。
エ　路面電車の停留場から近隣の商業施設までの直線距離を調べるため，地形図を利用する。

(4)　**図３**の**ア**，**イ**，**ウ**，**エ**は，岡山県に隣接する兵庫県，鳥取県，広島県，香川県のいずれかであり，2019年におけるそれぞれの人口，岡山県からの旅客数，他都道府県からの旅客数に占める岡山県からの旅客数の割合を示している。香川県はどれか。

	ア	イ	ウ	エ
人口(万人)	546	279	56	97
岡山県からの旅客数(万人)	172	481	16	335
他都道府県からの旅客数に占める岡山県からの旅客数の割合(%)	0.7	5.2	24.4	46.8

図３（「旅客地域流動調査」ほかにより作成）

(5)　日本の火力発電は，主に原油や石炭，天然ガスを利用している。次の**ア**，**イ**，**ウ**，**エ**のうち，それぞれの県の総発電量に占める火力発電の割合(2020年)が最も低い県はどれか。

ア　岐阜県　　**イ**　三重県　　**ウ**　山口県　　**エ**　福岡県

(6)　**図４**は，**図２**中の豊橋市，富山市，岡山市，鹿児島市における2020年の農業産出額の総額に占める，米，野菜，果実，畜産の産出額の割合(%)を示しており，**図５**は，豊橋市の農業の特徴についてまとめたものである。 X に当てはまる文を簡潔に書きなさい。また， Y に当てはまる文を，「大都市」の語を用いて簡潔に書きなさい。

解答・解説 P121

	米	野菜	果実	畜産
豊 橋 市	4.3	51.4	7.5	31.3
富 山 市	69.4	10.5	9.1	6.0
岡 山 市	36.8	22.1	22.7	12.9
鹿児島市	3.6	7.8	2.3	81.8

図 4（「市町村別農業産出額」により作成）

> **図 4** から，豊橋市の農業には，他の都市と比べて［　**X**　］という特徴があることが読み取れる。このような特徴がみられる主な理由の一つとして，東名高速道路のインターチェンジに近いことを生かし，［　**Y**　］ということが考えられる。

図 5

2 浩二さんは，サンパウロからリマまで走破した人物の旅行記を読んだ。**図 1** はその人物の走破ルートを示している。このことについて，次の 1 から 7 までの問いに答えなさい。

図 1

1 サンパウロとリマの直線距離に最も近いのはどれか。

ア 3,500 km　　**イ** 7,000 km
ウ 10,500 km　　**エ** 14,000 km

2 **図 1** 中の走破ルートにおいて，標高が最も高い地点を通過する区間は，**図 1** 中の**ア**，**イ**，**ウ**，**エ**のうちどれか。

3 **図 1** 中の走破ルート周辺の説明として**当てはまらない**のはどれか。

ア 日本からの移民の子孫が集まって住む地区がみられる。
イ キリスト教徒が礼拝などを行う施設が多くみられる。
ウ フランス語の看板を掲げている店が多くみられる。
エ 先住民とヨーロッパ人の混血の人々が多数暮らしている。

4 次の文は，浩二さんが**図 1** 中のサンタクルス付近で行われている農業についてまとめたものである。文中の［　　］に当てはまる語を書きなさい。

> 森林を伐採して焼き払い，その灰を肥料として作物を栽培する［　　］農業とよばれる農業を伝統的に行っている。数年たつと土地がやせて作物が育たなくなるので，新たな土地に移動する。

5 **図 2** はサンパウロ，**図 3** はリマの月別平均降水量をそれぞれ示している。**図 4** 中の都市 **A**，**B**，**C**，**D** のうち，サンパウロのように 6，7，8 月の月別平均降水量が他の月より少ない都市と，リマのように年間を通して降水量がほとんどない都市の組み合わせとして正しいのはどれか。

ア サンパウロ－**A**　リマ－**C**　　**イ** サンパウロ－**A**　リマ－**D**
ウ サンパウロ－**B**　リマ－**C**　　**エ** サンパウロ－**B**　リマ－**D**

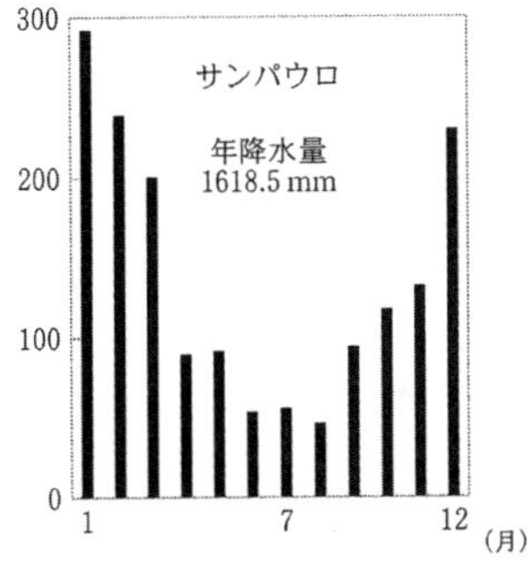

図 2（「理科年表」により作成）

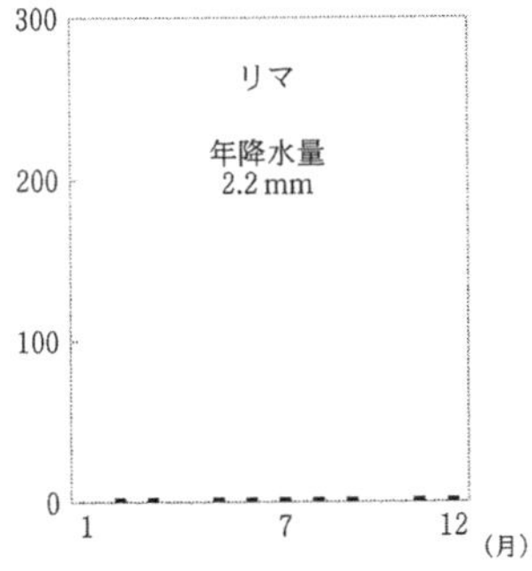

図 3（「理科年表」により作成）

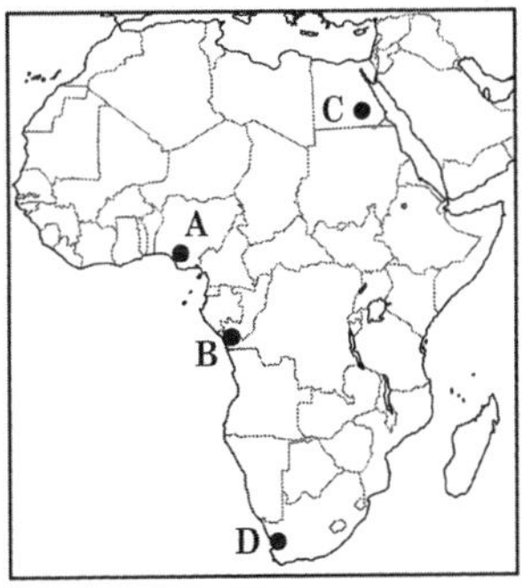

図 4

6　浩二さんは，**図1**中の走破ルート上の国が地下資源を豊富に有していることを知り，**図5**を作成した。**図5**の**ア**，**イ**，**ウ**，**エ**は，アジア州，アフリカ州，オセアニア州，南アメリカ州のいずれかである。南アメリカ州はどれか。

2016年における世界全体の地下資源産出量に占める州ごとの産出量の割合(%)

	ア	イ	ウ	エ	ヨーロッパ州	北アメリカ州
鉄鉱石	36.8	26.7	3.8	20.6	8.2	4.3
銅鉱	5.1	22.3	9.0	41.5	7.8	14.4
原油	0.5	46.1	8.8	9.0	17.3	18.3
ダイヤモンド	10.4	0.0	49.7	0.2	30.1	9.7

図5(「地理統計要覧」により作成)

7　浩二さんは，ブラジルで人口が最も多いサンパウロと，アメリカで人口が最も多いニューヨークの都市圏人口(千人)の推移を**図6**にまとめた。また，サンパウロ都市圏の生活環境の改善を目的として日本が行ったODA(政府開発援助)の事例を**図7**にまとめた。1950年から2015年までの時期における，ニューヨーク都市圏人口と比較したサンパウロ都市圏人口の推移の特徴と，その結果生じたサンパウロ都市圏の生活環境の課題について，**図6**および**図7**から読み取れることにふれ，簡潔に書きなさい。

	1950年	1970年	1990年	2015年
サンパウロ	2,334	7,620	14,776	20,883
ニューヨーク	12,338	16,191	16,086	18,648

図6(「データブックオブザワールド」により作成)

ビリングス湖流域環境改善計画
　サンパウロ都市圏における上水の供給源となっているビリングス湖の水質改善を図るため，湖への汚水の流入を防止する下水道を整備する。

図7(「外務省ウェブページ」により作成)

3　**図1**を見て，次の1から7までの問いに答えなさい。

和同開珎	皇宋通寶《こうそうつうほう》	石州銀《せきしゅうぎん》	寛永通寶	二十圓《えん》金貨

・唐にならってつくった貨幣。 ・朝廷は，ⓐ平城京の造営費用の支払いにも使用した。	・宋から輸入された貨幣(宋銭)。 ・ⓑ鎌倉時代や室町時代を通して使用された。	・ⓒ戦国大名がつくった貨幣。 ・原料の銀は，貿易を通して海外に輸出された。	・ⓓ徳川家光が将軍の時に幕府が発行した貨幣。 ・ⓔ江戸時代を通して広く流通した。	・ⓕ明治政府が発行した貨幣。 ・明治政府は，貨幣の単位を円・銭・厘《りん》に統一した。

図1(「日本銀行金融研究所ウェブページ」により作成)

1　下線部ⓐを都としてから平安京を都とするまでの時代のできごとはどれか。

ア　遣唐使の停止　　**イ**　冠位十二階の制定　　**ウ**　平将門の乱　　**エ**　国分寺の建立

2　下線部ⓑの社会の様子として**当てはまらない**のはどれか。

ア　米と麦を交互に作る二毛作がはじまり，農業生産力が高まった。
イ　荘園や公領に地頭が設置され，年貢の徴収をうけ負った。
ウ　戸籍に登録された人々に口分田が与えられ，租などの税が課された。
エ　寺社の門前や交通の便利な所において，月に3回の定期市が開かれた。

3　次の**ア**，**イ**，**ウ**，**エ**は，**図1**の皇宋通寶などの宋銭が日本で使用されていた時期のできごとである。年代の古い順に並べ替えなさい。

ア　後醍醐天皇が天皇中心の政治を行った。　　**イ**　京都に六波羅探題が設置された。
ウ　後鳥羽上皇が幕府を倒すため兵を挙げた。　　**エ**　足利義満が日明貿易をはじめた。

実戦編◆社会
県立 R5

解答・解説 P121

4　下線部ⓒに関して，次の⑴，⑵の問いに答えなさい。

⑴　戦国大名が領地を治めるために定めた独自のきまりを何というか。

⑵　戦国大名が活躍していた時期に当てはまる世界のできごとはどれか。

ア　ドイツでは，ルターがカトリック教会のあり方に抗議し，宗教改革がはじまった。
イ　イギリスでは，蒸気機関が実用化され，綿織物の大量生産が可能になった。
ウ　北アメリカでは，独立戦争がおこり，アメリカ合衆国が成立した。
エ　中国では，フビライ・ハンが都を大都に定め，国号を元と改めた。

5　次の**ア**，**イ**，**ウ**，**エ**は，古代から近世までに出された法令の一部をわかりやすく改めたものである。下線部ⓓによって出された法令はどれか。

外国船が乗り寄せてきたことを発見したら，居合わせた者たちで有無を言わせず打ち払うこと。	新しく開墾された土地は私財として認め，期限に関係なく永久に取り上げることはしない。	大名が自分の領地と江戸に交替で住むように定める。毎年4月に江戸へ参勤すること。	この町は楽市としたので，座を認めない。税や労役はすべて免除する。
ア	**イ**	**ウ**	**エ**

6　下線部ⓔの時代において，年貢米や特産品を販売するために大阪におかれたのはどれか。

ア　土倉　　**イ**　問注所　　**ウ**　正倉院　　**エ**　蔵屋敷

7　下線部ⓕに関して，**図2**は明治政府の役人が作成した資料の一部をわかりやすく改めたものであり，**図3**は明治政府が地租改正に伴い発行した地券である。明治政府が地租改正を行った理由を，**図2**，**図3**をふまえ簡潔に書きなさい。

【従来の税制度について】
・役人に目分量で豊作・凶作の判断をさせて，年貢の量を決める。
・政府に納められた米を換金して諸費用にあてているが，米の価格変動の影響を受ける。

図2（「田税改革建議」により作成）

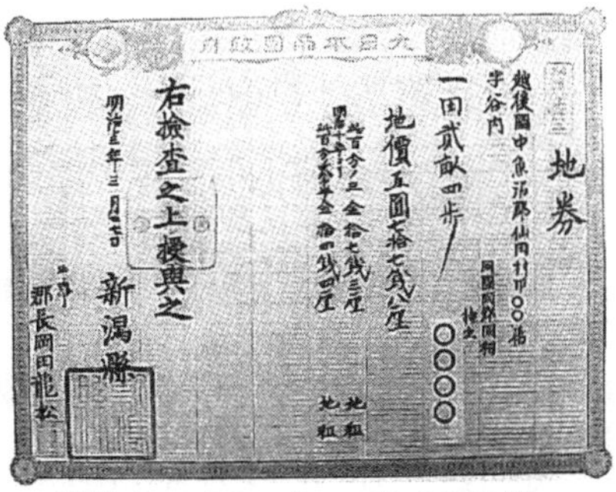

図3（「国税庁ウェブページ」により作成）

4　由紀さんは，メディアの歴史について調べた。次の1から4までの問いに答えなさい。

1　**図1**は，由紀さんが調べた江戸時代の瓦版《かわらばん》である。**図1**が伝えているできごとと直接関係があるのはどれか。

ア　下関条約の締結
イ　日米和親条約の締結
ウ　西南戦争の開始
エ　アヘン戦争の開始

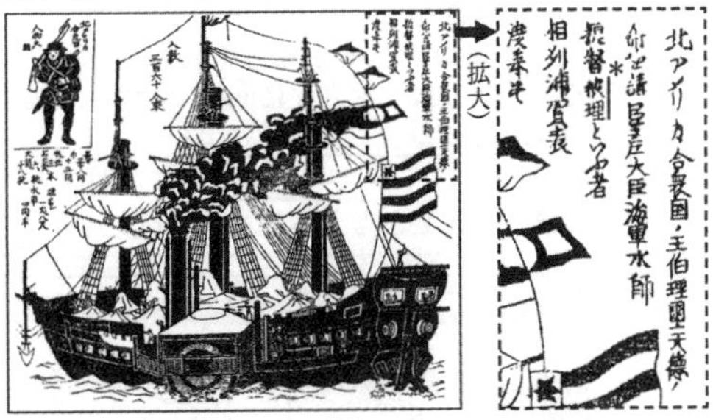

図1　＊彼理＝ペリー

2　由紀さんは，明治時代の新聞を調べ，国会開設を要求する運動に関する記事を見つけた。この時期に行われた，国民が政治に参加する権利の確立を目指す運動を何というか。

3　由紀さんは，第一次世界大戦と第二次世界大戦の間の時期におけるラジオの活用について調べた。次の⑴，⑵の問いに答えなさい。

⑴　由紀さんは，この時期にラジオを活用した人物について調べ，**図2**にまとめた。**図2**の［　Ⅰ　］，［　Ⅱ　］に当てはまる語の組み合わせとして正しいのはどれか。

【ルーズベルト(ローズベルト)】
・ニューディール政策を実施した。
・国民に向けたラジオ放送をたびたび行い，銀行救済政策などを伝えた。
【ヒトラー】
・「国民ラジオ」とよばれる小型で低価格のラジオを大量に生産した。
・ラジオ演説で失業者の救済を宣言し，公共事業の充実を図った。
共通点
・ラジオを活用して，国民に対して政策を直接伝えた。
・ Ⅰ による国内の経済の混乱を立て直すため， Ⅱ 。

図 2

ア Ⅰ－世界恐慌　Ⅱ－雇用の創出を目指した
イ Ⅰ－世界恐慌　Ⅱ－植民地を独立させた
ウ Ⅰ－賠償金の支払い　Ⅱ－雇用の創出を目指した
エ Ⅰ－賠償金の支払い　Ⅱ－植民地を独立させた

(2) 第二次世界大戦の戦況は，ラジオなどによって伝えられた。次のア，イ，ウ，エのうち，第二次世界大戦開戦後に日本が同盟を結んだ国を二つ選びなさい。

ア イタリア　イ フランス　ウ ドイツ　エ イギリス

4 図3は，日本のラジオとテレビの契約件数の推移を示している。これを見て，次の(1)，(2)，(3)の問いに答えなさい。

(1) 由紀さんと先生の会話文を読み， P ， Q に当てはまる文を，簡潔に書きなさい。

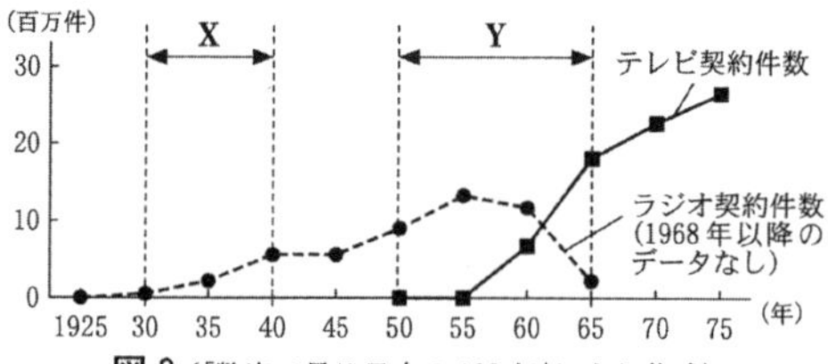

図 3 (「数字で見る日本の100年」により作成)

由紀：「1925年に放送がはじまったラジオは，図3のXの時期に契約件数が増加しています。このことは，文化の大衆化に何か関係があるのですか。」
先生：「1925年にラジオ放送局は東京，大阪，名古屋にしかなく，ラジオ放送を聴ける範囲はその周辺地域に限られていました。しかし，1934年には，同一のラジオ放送を聴ける範囲が全国に広がりました。このように変化した理由を，図4から考えてみましょう。」
由紀：「 P からですね。その結果，東京の番組を地方の人も聴くことができるようになったのですね。」
先生：「そうですね。次は図5を見てください。図5は1931年のラジオ放送の番組表の一部です。どのような人々に向けてどのような番組が放送されたかに着目して，文化の大衆化について考えてみましょう。」
由紀：「図5を見ると Q ことが読み取れるので，ラジオが文化の大衆化に影響を与えたと考えられます。」

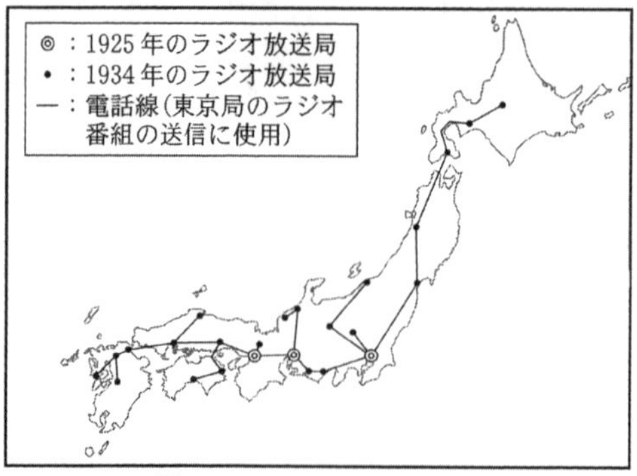

図 4 (「ラヂオ年鑑」により作成)

時刻	番組
9：00	天気予報
9：10	料理
9：30	童謡
10：00	修養講座
11：00	講演
12：30	ニュース
12：40	日本音楽
13：25	管弦楽
14：00	琵琶
14：30	映画物語

図 5 (「日刊ラヂオ新聞」により作成)

解答・解説 P121

⑵ **図 3** 中の**Y**の時期における日本のできごとはどれか。

ア 石油危機がおこった。　**イ** 財閥解体がはじまった。
ウ バブル経済が崩壊した。　**エ** 高度経済成長がはじまった。

⑶ **図 3** をふまえ，日本において，実際の様子がテレビで生中継されていないと判断できるできごとはどれか。

ア 満州事変　**イ** アメリカ同時多発テロ
ウ 湾岸戦争　**エ** ベルリンの壁の崩壊

5 圭太さんと弘子さんの会話文を読み，次の 1 から 7 までの問いに答えなさい。

圭太：「先日，ⓐ選挙があったね。ⓑ憲法，安全保障に関することや，ⓒ物価などのⓓ私たちの生活に関することが公約にあがっていたね。」
弘子：「選挙について調べたら，ⓔ衆議院議員選挙における選挙区割の変更に関する新聞記事を見つけたよ。この記事には栃木県の選挙区割についても書かれていたよ。」
圭太：「私たちも 18 歳になると投票できるようになるから，自分のことだけでなく，社会全体のことも考えていきたいね。」

1 下線部ⓐに関して，日本における選挙権年齢などの選挙制度を定めた法律を何というか。

2 日本における国や地方の政治のしくみとして，正しいのはどれか。
ア 内閣総理大臣は，すべての国務大臣を国会議員の中から任命しなければならない。
イ 内閣総理大臣は，国民の直接選挙により，国会議員の中から選ばれる。
ウ 地方公共団体の首長は，地方議会を解散することができない。
エ 地方公共団体の首長は，住民の直接選挙により選ばれる。

3 **図 1** は，2019 年における東京都と栃木県の歳入の内訳(%)を示している。**図 1** の**X**と**Y**は東京都と栃木県のいずれかであり，**図 1** の**ア**，**イ**，**ウ**は国庫支出金，地方交付税，地方税のいずれかである。栃木県と国庫支出金はそれぞれどれか。

	ア	イ	ウ	地方債	その他
X	37.5	16.7	12.2	14.9	18.8
Y	70.7	―	4.4	1.7	23.3

図 1（「県勢」により作成）

4 下線部ⓑに関して，**図 2** は「法の支配」の考え方を示している。「人の支配」の考え方との違いをふまえ，[Ⅰ]，[Ⅱ]，[Ⅲ]に当てはまる語の組み合わせとして，正しいのはどれか。

ア Ⅰ－国民　Ⅱ－政府　Ⅲ－法
イ Ⅰ－国民　Ⅱ－法　Ⅲ－政府
ウ Ⅰ－政府　Ⅱ－国民　Ⅲ－法
エ Ⅰ－政府　Ⅱ－法　Ⅲ－国民
オ Ⅰ－法　Ⅱ－国民　Ⅲ－政府
カ Ⅰ－法　Ⅱ－政府　Ⅲ－国民

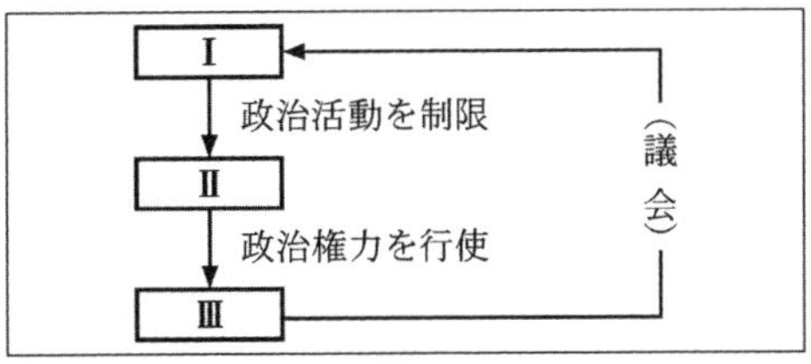

図 2

5 下線部ⓒに関して，次の文中の[Ⅰ]，[Ⅱ]に当てはまる語の組み合わせとして，正しいのはどれか。

インフレーションがおこると物価が[Ⅰ]し，一定のお金で買える財やサービスが[Ⅱ]なるので，お金の実質的な価値は低下する。

ア Ⅰ－上昇　Ⅱ－多く　**イ** Ⅰ－上昇　Ⅱ－少なく
ウ Ⅰ－下落　Ⅱ－多く　**エ** Ⅰ－下落　Ⅱ－少なく

6　下線部ⓓに関して，「この機械を付ければ電気代が安くなる」と勧誘され，実際にはそのような効果のない機械を購入するなど，事業者から事実と異なる説明によって商品を購入した場合，後からこの売買契約を取り消すことができることを定めた法律を何というか。

7　下線部ⓔに関して，**図3**は，2021年に実施された衆議院議員選挙における小選挙区の有権者数(人)について示している。衆議院議員選挙における小選挙区選挙の課題について，**図3**をふまえ，簡潔に書きなさい。

選挙区	有権者数
有権者数が最も多い選挙区	482,314
有権者数が最も少ない選挙区	231,343
全　国　平　均	365,418

図3(「総務省ウェブページ」により作成)

6　次の1から7までの問いに答えなさい。

1　国際的な人権保障のため，1948年に世界人権宣言が国際連合で採択された。この宣言に法的拘束力を持たせるため，1966年に採択されたのはどれか。

ア　国際連合憲章
イ　国際人権規約
ウ　女子差別撤廃条約
エ　子ども(児童)の権利条約

2　**図1**は，日本における就業率を年齢層別に示している。**図1**の**ア**，**イ**，**ウ**，**エ**は，1985年の男性，1985年の女性，2020年の男性，2020年の女性のいずれかである。2020年の女性はどれか。

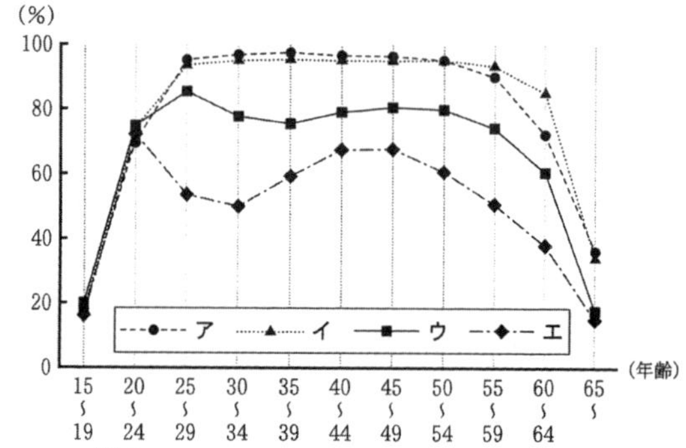

図1(「労働力調査結果」(総務省統計局)により作成)

3　日本の社会保障制度の四つの柱のうち，生活に困っている人々に対し，生活保護法に基づいて最低限度の生活を保障し，自立を助ける制度を何というか。

4　平和や安全，安心への取り組みに関する次の文Ⅰ，Ⅱ，Ⅲの正誤の組み合わせとして，正しいのはどれか。

> Ⅰ　日本は，核兵器を「持たず，作らず，持ち込ませず(持ち込まさず)」という，非核三原則の立場をとっている。
> Ⅱ　核拡散防止条約の採択以降，新たに核兵器の開発をする国はみられない。
> Ⅲ　日本は，一人一人の人間の生命や人権を大切にするという人間の安全保障の考え方を，外交政策の柱としている。

ア　Ⅰ－正　Ⅱ－正　Ⅲ－誤　　**イ**　Ⅰ－正　Ⅱ－誤　Ⅲ－正
ウ　Ⅰ－正　Ⅱ－誤　Ⅲ－誤　　**エ**　Ⅰ－誤　Ⅱ－正　Ⅲ－正
オ　Ⅰ－誤　Ⅱ－正　Ⅲ－誤　　**カ**　Ⅰ－誤　Ⅱ－誤　Ⅲ－正

5　発展(開発)途上国の中には，急速に経済発展している国と，開発の遅れている国がある。こうした発展(開発)途上国間の経済格差を何というか。

6　次の文中の［Ⅰ］，［Ⅱ］に当てはまる語の組み合わせとして，正しいのはどれか。

> グローバル化に伴い，生産や販売の拠点を海外に置くなど，国境を越えて経営する［Ⅰ］の活動が盛んになっている。また，日本やアメリカなどの，アジア・太平洋地域の国々が参加する［Ⅱ］のように，特定の地域でいくつかの国々が協力して経済成長を目指す動きもみられる。

ア　Ⅰ－多国籍企業　Ⅱ－APEC　　**イ**　Ⅰ－多国籍企業　Ⅱ－ASEAN
ウ　Ⅰ－NGO　Ⅱ－APEC　　**エ**　Ⅰ－NGO　Ⅱ－ASEAN

7 次の文は，食品ロス(食品の廃棄)の削減に向けて，生徒が作成したレポートの一部であり，**図2**，**図3**，**図4**はレポート作成のために使用した資料である。これを読み，**図2**から読み取れることを文中の［ X ］に，**図3**から読み取れる数値を文中の［ Y ］に書きなさい。また，**図4**をふまえ，文中の［ Z ］には「賞味期限」の語を用いて，食品ロスの削減につながる取り組みを簡潔に書きなさい。

> 私は，SDGsの目標の一つである「つくる責任　つかう責任」に着目し，食品ロスの削減につながる取り組みについて調べました。
> まず，「つくる責任」のある企業の取り組みを調べました。**図2**，**図3**は，節分に合わせて恵《え》方《ほう》巻《まき》を販売する企業が2019年度に「予約制」を導入した結果，前年度に比べて食品ロスの削減につながったかどうかを示したグラフです。**図2**から，「予約制」の導入前と比べて，［ X ］ことがわかりました。また，**図3**から，前年度よりも4割以上の削減をした企業が，［ Y ］%であることがわかりました。
> 次に，「つかう責任」のある消費者の取り組みを調べました。**図4**の食品ロスの削減を促すイラストを見ると，私たちにもできる取り組みがあることがわかります。例えば，翌日飲む牛乳を店舗で購入する場合には，［ Z ］ことで，食品ロスの削減に貢献できます。
> 授業で学んだことをふまえて，持続可能な社会づくりに向けて，私にできることを今まで以上に取り組んでいきたいです。

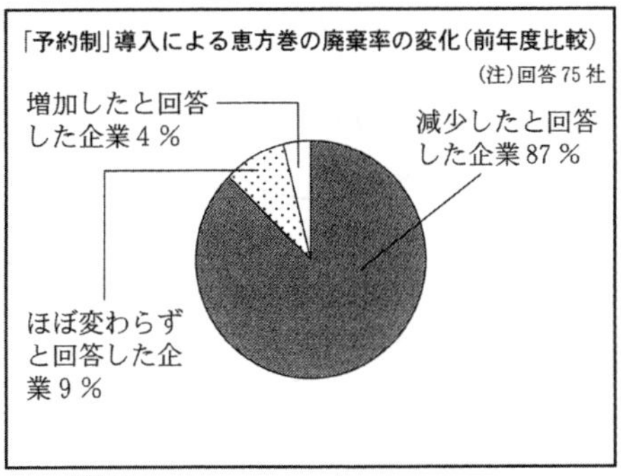

図2(「農林水産省ウェブページ」により作成)

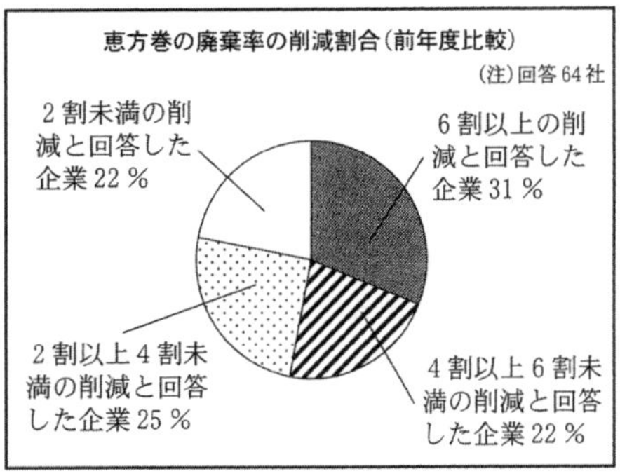

図3(「農林水産省ウェブページ」により作成)

図4(「FOODLOSS CHALLENGE PROJECT ウェブページ」により作成)

栃木県立高校入試　問題

数　学

制限時間 50分

1　次の1から8までの問いに答えなさい。

1　$3-(-5)$ を計算しなさい。

2　$8a^3b^2 \div 6ab$ を計算しなさい。

3　$(x+3)^2$ を展開しなさい。

4　1個 x 円のパンを7個と1本 y 円のジュースを5本買ったところ，代金の合計が2000円以下になった。この数量の関係を不等式で表しなさい。

5　右の図の立方体ABCD − EFGHにおいて，辺ABとねじれの位置にある辺の数はいくつか。

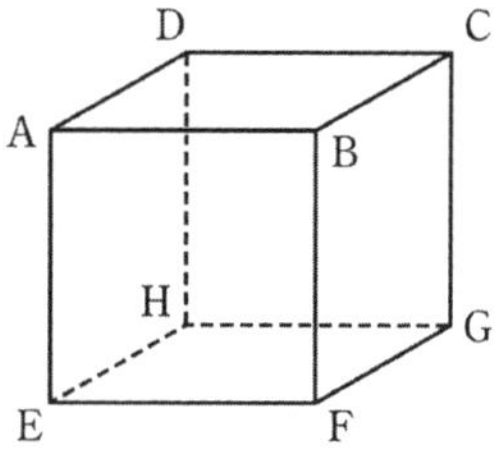

6　y は x に反比例し，$x=-2$ のとき $y=8$ である。y を x の式で表しなさい。

7　右の図において，点A，B，Cは円Oの周上の点である。
$\angle x$ の大きさを求めなさい。

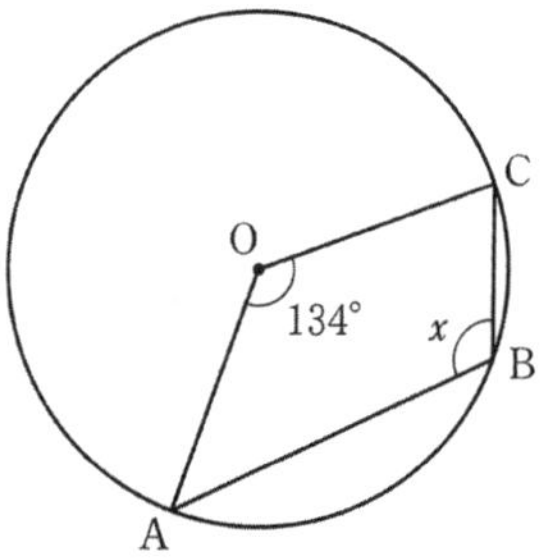

8　△ABCと△DEFは相似であり，その相似比は 3 : 5 である。このとき，△DEFの面積は△ABCの面積の何倍か求めなさい。

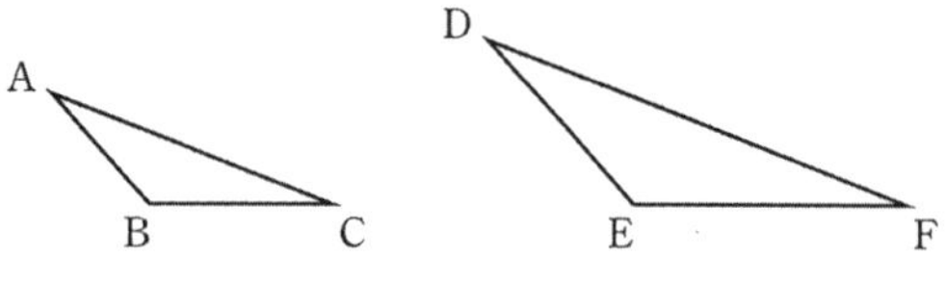

2　次の1，2，3の問いに答えなさい。

1　2次方程式 $x^2+4x+1=0$ を解きなさい。

2　ある高校では，中学生を対象に一日体験学習を各教室で実施することにした。使用できる教室の数と参加者の人数は決まっている。1つの教室に入る参加者を15人ずつにすると，34人が教室に入れない。また，1つの教室に入る参加者を20人ずつにすると，14人の教室が1つだけでき，さらに使用しない教室が1つできる。

このとき，使用できる教室の数を x として方程式をつくり，使用できる教室の数を求めなさい。ただし，途中の計算も書くこと。

3　次の［　　］内の先生と生徒の会話文を読んで，下の［　　］内の生徒が完成させた【証明】の［①］から［⑤］に当てはまる数や式をそれぞれ答えなさい。

先生「一の位が0でない900未満の3けたの自然数をMとし，Mに99をたしてできる自然数をNとすると，Mの各位の数の和とNの各位の数の和は同じ値になるという性質があります。例として583で確かめてみましょう。」

生徒　「583 の各位の数の和は $5+8+3=16$ です。583 に 99 をたすと 682 となるので，各位の数の和は $6+8+2=16$ で同じ値になりました。」
先生　「そうですね。それでは，M の百の位，十の位，一の位の数をそれぞれ a，b，c として，この性質を証明してみましょう。a，b，c のとりうる値の範囲に気をつけて，M と N をそれぞれ a，b，c を用いて表すとどうなりますか。」
生徒　「M は表せそうですが，N は $\mathrm{M}+99$ で …，各位の数がうまく表せません。」
先生　「99 を $100-1$ におきかえて考えてみましょう。」

生徒が完成させた【証明】

3 けたの自然数 M の百の位，十の位，一の位の数をそれぞれ a，b，c とすると，a は 1 以上 8 以下の整数，b は 0 以上 9 以下の整数，c は 1 以上 9 以下の整数となる。
このとき，
M ＝ [①] × a ＋ [②] × b ＋ c と表せる。
また，$\mathrm{N}=\mathrm{M}+99$ より
N ＝ [①] × a ＋ [②] × b ＋ c ＋ $100-1$ となるから
N ＝ [①] × ([③]) ＋ [②] × [④] ＋ [⑤] となり，
N の百の位の数は [③]，十の位の数は [④]，一の位の数は [⑤] となる。
よって，M の各位の数の和と N の各位の数の和はそれぞれ $a+b+c$ となり，同じ値になる。

3　次の 1，2，3 の問いに答えなさい。

1　右の図の △ABC において，辺 AC 上にあり，∠ABP ＝ 30° となる点 P を作図によって求めなさい。ただし，作図には定規とコンパスを使い，また，作図に用いた線は消さないこと。

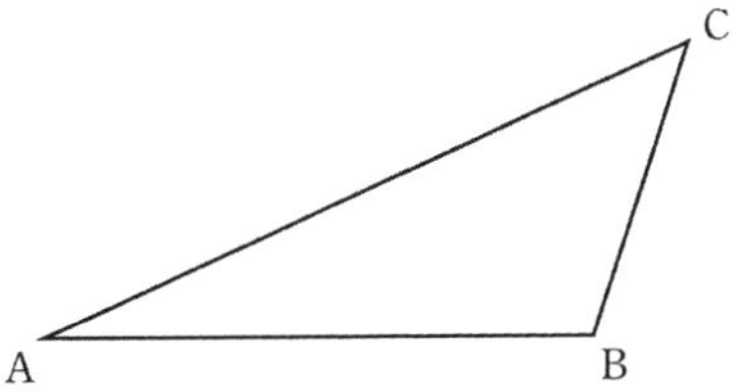

2　右の図は，AB ＝ 2 cm，BC ＝ 3 cm，CD ＝ 3 cm，∠ABC ＝ ∠BCD ＝ 90° の台形 ABCD である。
このとき，次の(1)，(2)の問いに答えなさい。

(1)　AD の長さを求めなさい。

(2)　台形 ABCD を，辺 CD を軸として 1 回転させてできる立体の体積を求めなさい。ただし，円周率は π とする。

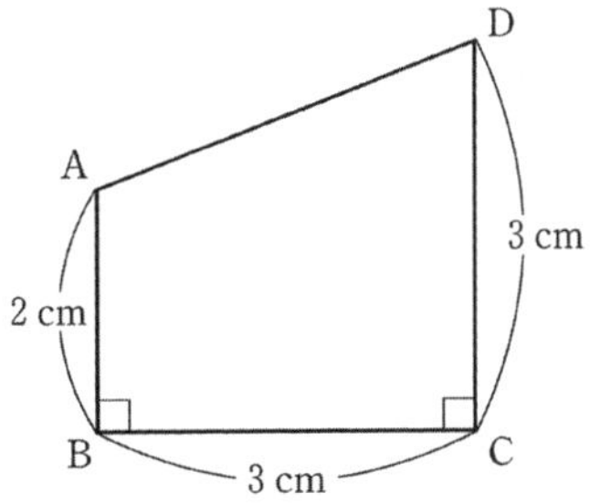

3　右の図のように，正方形 ABCD の辺 BC 上に点 E をとり，頂点 B，D から線分 AE にそれぞれ垂線 BF，DG をひく。
このとき，△ABF ≡ △DAG であることを証明しなさい。

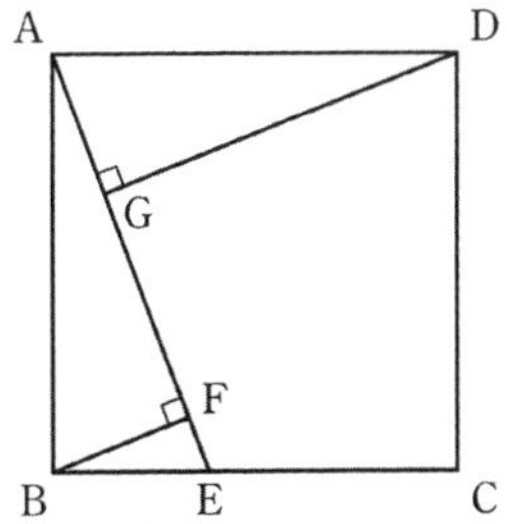

4 次の1，2，3の問いに答えなさい。

1　5人の生徒A，B，C，D，Eがいる。これらの生徒の中から，くじびきで2人を選ぶとき，Dが選ばれる確率を求めなさい。

2　右の表は，あるクラスの生徒35人が水泳の授業で25mを泳ぎ，タイムを計測した結果を度数分布表にまとめたものである。

このとき，次の(1)，(2)の問いに答えなさい。

(1)　18.0秒以上20.0秒未満の階級の累積度数を求めなさい。

(2)　度数分布表における，最頻値を求めなさい。

階級(秒)	度数(人)
以上　　未満	
14.0 ～ 16.0	2
16.0 ～ 18.0	7
18.0 ～ 20.0	8
20.0 ～ 22.0	13
22.0 ～ 24.0	5
計	35

3　下の図は，ある中学校の3年生100人を対象に20点満点の数学のテストを2回実施し，1回目と2回目の得点のデータの分布のようすをそれぞれ箱ひげ図にまとめたものである。

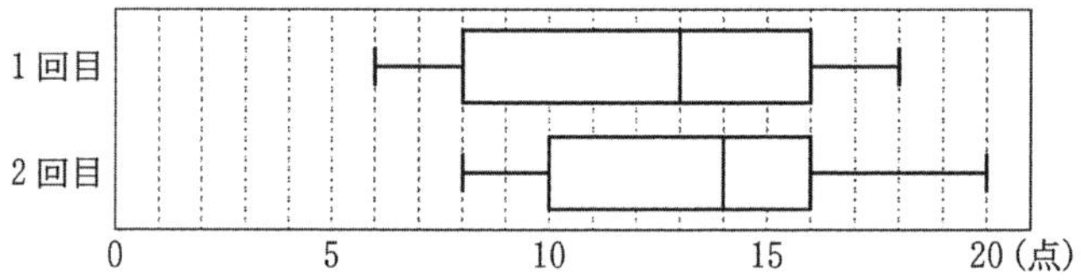

このとき，次の(1)，(2)の問いに答えなさい。

(1)　箱ひげ図から読み取れることとして正しいことを述べているものを，次のア，イ，ウ，エの中から<u>2つ</u>選び，記号で答えなさい。

ア　中央値は，1回目よりも2回目の方が大きい。
イ　最大値は，1回目よりも2回目の方が小さい。
ウ　範囲は，1回目よりも2回目の方が大きい。
エ　四分位範囲は，1回目よりも2回目の方が小さい。

(2)　次の文章は，「1回目のテストで8点を取った生徒がいる」ことが**正しいとは限らない**ことを説明したものである。［　　　］に当てはまる文を，特定の2人の生徒に着目して書きなさい。

> 箱ひげ図から，1回目の第1四分位数が8点であることがわかるが，8点を取った生徒がいない場合も考えられる。例えば，テストの得点を小さい順に並べたときに，［　　　　　　　　　　］の場合も，第1四分位数が8点となるからである。

 解答・解説 P125

5 次の１，２の問いに答えなさい。

１ 右の図のように，２つの関数 $y=5x$，$y=2x^2$ のグラフ上で，x 座標が $t(t>0)$ である点をそれぞれA，Bとする。Bを通り x 軸に平行な直線が，関数 $y=2x^2$ のグラフと交わる点のうち，Bと異なる点をCとする。また，Cを通り y 軸に平行な直線が，関数 $y=5x$ のグラフと交わる点をDとする。

このとき，次の(1)，(2)，(3)の問いに答えなさい。

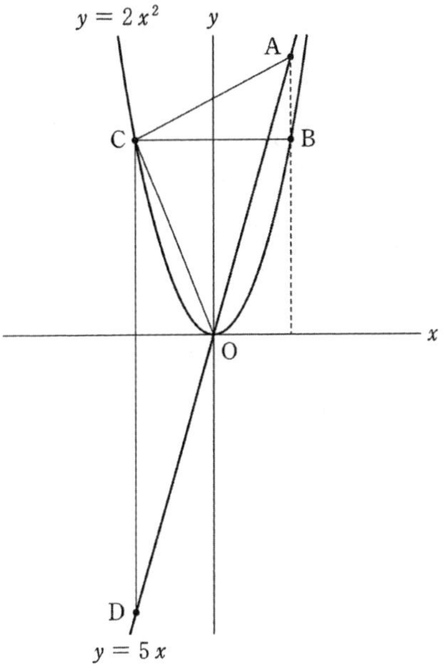

(1) 関数 $y=2x^2$ について，x の変域が $-1 \leqq x \leqq 5$ のときの y の変域を求めなさい。

(2) $t=2$ のとき，△OACの面積を求めなさい。

(3) BC：CD＝１：４となるとき，t の値を求めなさい。ただし，途中の計算も書くこと。

２ ある日の放課後，前田さんは友人の後藤さんと図書館に行くことにした。学校から図書館までの距離は1650 mで，その間に後藤さんの家と前田さんの家がこの順に一直線の道沿いにある。

２人は一緒に学校を出て一定の速さで６分間歩いて，後藤さんの家に着いた。後藤さんが家で準備をするため，２人はここで別れた。その後，前田さんは毎分70 mの速さで８分間歩いて，自分の家に着き，家に着いてから５分後に毎分70 mの速さで図書館に向かった。

右の図は，前田さんが図書館に着くまでのようすについて，学校を出てからの時間を x 分，学校からの距離を y mとして，x と y の関係をグラフに表したものである。

このとき，次の(1)，(2)，(3)の問いに答えなさい。

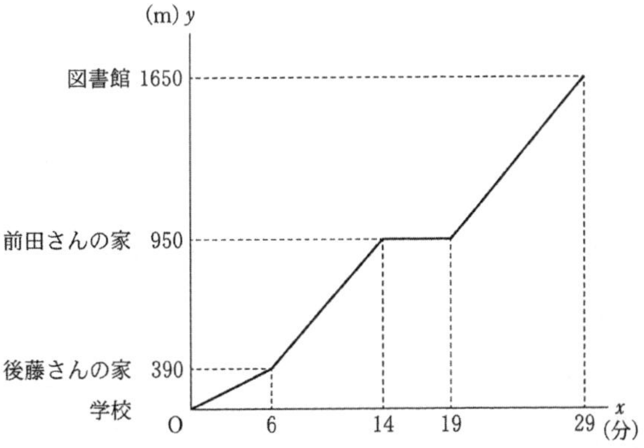

(1) ２人が学校を出てから後藤さんの家に着くまでの速さは毎分何 m か。

(2) 前田さんが後藤さんと別れてから自分の家に着くまでの x と y の関係を式で表しなさい。ただし，途中の計算も書くこと。

(3) 後藤さんは準備を済ませ，自転車に乗って毎分210 mの速さで図書館に向かい，図書館まで残り280 mの地点で前田さんに追いついた。後藤さんが図書館に向かうために家を出たのは，家に着いてから何分何秒後か。

6 1辺の長さが n cm(nは2以上の整数)の正方形の板に，図1のような1辺の長さが1 cmの正方形の黒いタイル，または斜辺の長さが1 cmの直角二等辺三角形の白いタイルを貼る。板にタイルを貼るときは，黒いタイルを1枚使う【貼り方Ⅰ】，または白いタイルを4枚使う【貼り方Ⅱ】を用いて，タイルどうしが重ならないように板にすき間なくタイルをしきつめることとする。

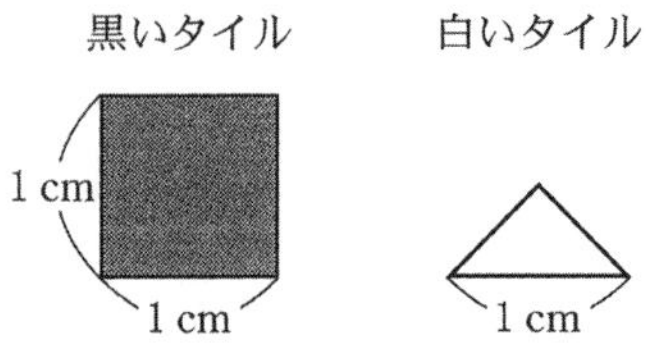

図1

【貼り方Ⅰ】

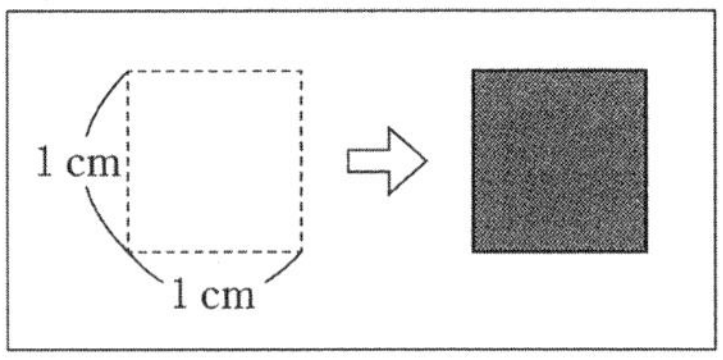

【貼り方Ⅱ】

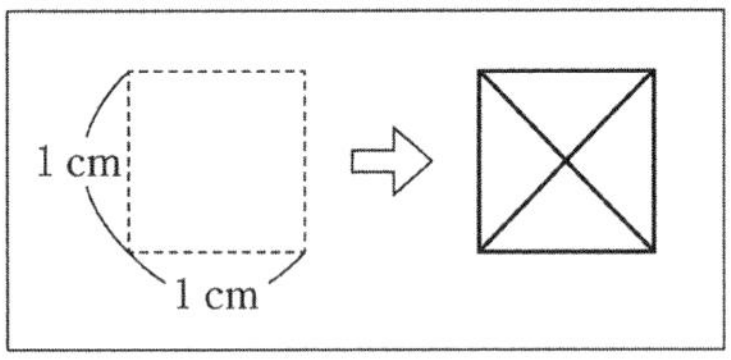

例えば，$n = 3$ の場合について考えるとき，図2は黒いタイルを7枚，白いタイルを8枚，合計15枚のタイルを使って板にタイルをしきつめたようすを表しており，図3は黒いタイルを4枚，白いタイルを20枚，合計24枚のタイルを使って板にタイルをしきつめたようすを表している。

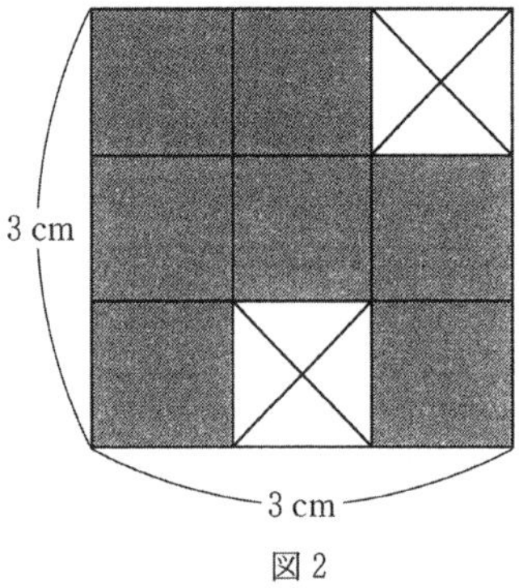

図2

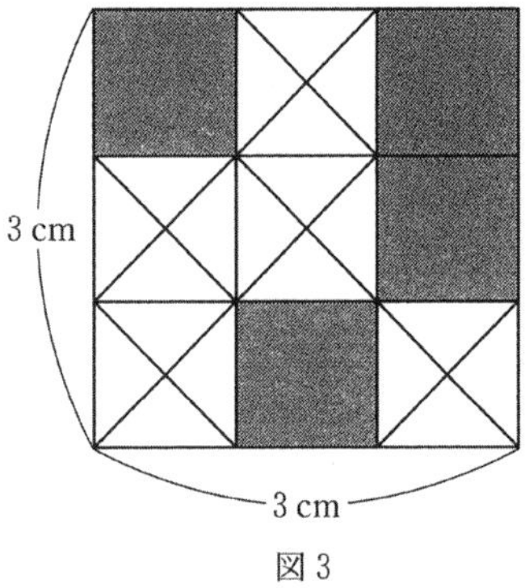

図3

このとき，次の1，2，3の問いに答えなさい。

1 $n = 4$ の場合について考える。白いタイルだけを使って板にタイルをしきつめたとき，使った白いタイルの枚数を求めなさい。

2 $n = 5$ の場合について考える。黒いタイルと白いタイルを合計49枚使って板にタイルをしきつめたとき，使った黒いタイルと白いタイルの枚数をそれぞれ求めなさい。

3 次の文章の①，②，③に当てはまる式や数をそれぞれ求めなさい。ただし，文章中の a は2以上の整数，b は1以上の整数とする。

> $n = a$ の場合について考える。はじめに，黒いタイルと白いタイルを使って板にタイルをしきつめたとき，使った黒いタイルの枚数を b 枚とすると，使った白いタイルの枚数は a と b を用いて（ ① ）枚と表せる。
> 次に，この板の【貼り方Ⅰ】のところを【貼り方Ⅱ】に，【貼り方Ⅱ】のところを【貼り方Ⅰ】に変更した新しい正方形の板を作った。このときに使ったタイルの枚数の合計は，はじめに使ったタイルの枚数の合計よりも225枚少なくなった。これを満たす a のうち，最も小さい値は（ ② ），その次に小さい値は（ ③ ）である。

解答・解説 P125

令和5年度
3月8日実施

栃木県立高校入試　問題

理　科

制限時間 50分

1　次の1から8までの問いに答えなさい。

1　次のうち，子房がなく胚珠がむきだしになっている植物はどれか。

ア　サクラ　　イ　アブラナ　　ウ　イチョウ　　エ　ツツジ

2　次のうち，空気中に最も多く含まれる気体はどれか。

ア　水　素　　イ　窒　素　　ウ　酸　素　　エ　二酸化炭素

3　右の図のように，おもりが天井から糸でつり下げられている。このとき，おもりにはたらく重力とつり合いの関係にある力はどれか。

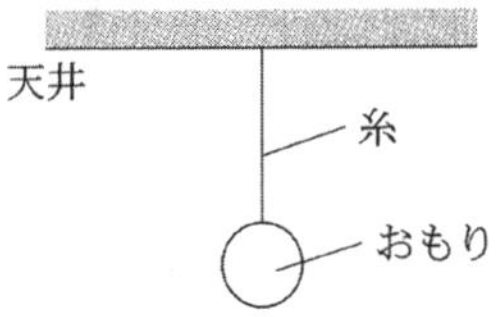

ア　糸がおもりにおよぼす力　　イ　おもりが糸におよぼす力
ウ　糸が天井におよぼす力　　エ　天井が糸におよぼす力

4　右の図は，日本付近において，特定の季節に日本の南側に発達する気団Xを模式的に表したものである。気団Xの特徴として，最も適切なものはどれか。

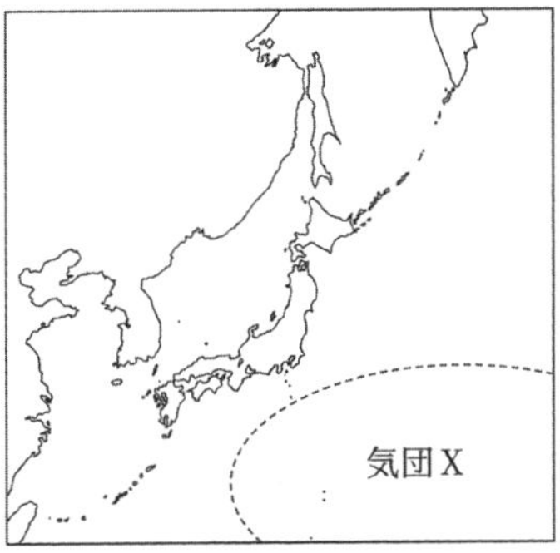

ア　冷たく乾燥《かんそう》した大気のかたまり
イ　冷たく湿《しめ》った大気のかたまり
ウ　あたたかく乾燥《かんそう》した大気のかたまり
エ　あたたかく湿《しめ》った大気のかたまり

5　地震が起こると，震源ではP波とS波が同時に発生する。このとき，震源から離れた場所に，はじめに到達するP波によるゆれを何というか。

6　熱いものにふれたとき，熱いと感じる前に，思わず手を引っこめるなど，ヒトが刺激を受けて，意識とは無関係に起こる反応を何というか。

7　100V の電圧で 1200W の電気器具を使用したときに流れる電流は何Aか。

8　酸の陰イオンとアルカリの陽イオンが結びついてできた物質を何というか。

2　ユウさんとアキさんは，音の性質について調べるために，次の実験(1)，(2)を行った。

(1)　図1のようなモノコードで，弦のPQ間の中央をはじいて音を発生させた。発生した音を，マイクとコンピュータで測定すると図2の波形が得られた。図2の横軸は時間を表し，1目《め》盛《も》りは200分の1秒である。縦軸は振動の振れ幅を表している。なお，砂ぶくろの重さにより弦の張り具合を変えることができる。

(2)　砂ぶくろの重さ，弦の太さ，弦のPQ間の長さと音の高さの関係を調べるために，モノコードの条件を表の条件A，B，C，Dに変え，実験(1)と同様に実験を行った。なお，砂ぶくろⅠより砂ぶくろⅡの方が重い。また，弦Ⅰと弦Ⅱは同じ材質でできているが，弦Ⅰより弦Ⅱの方が太い。

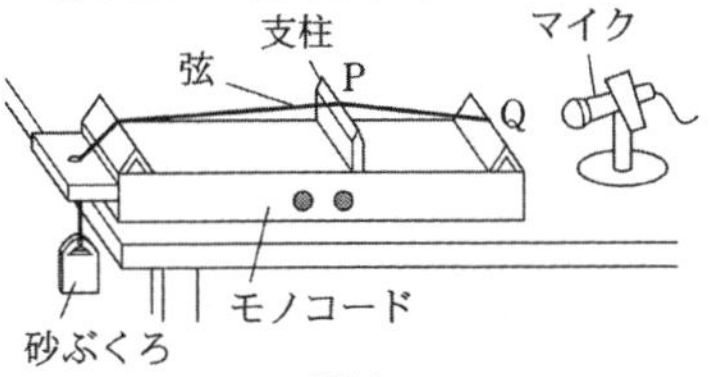

図1

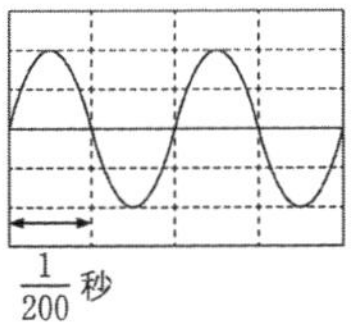

図2

	砂ぶくろ	弦	弦のPQ間の長さ
条件A	砂ぶくろⅠ	弦Ⅰ	40 cm
条件B	砂ぶくろⅠ	弦Ⅰ	80 cm
条件C	砂ぶくろⅡ	弦Ⅰ	40 cm
条件D	砂ぶくろⅠ	弦Ⅱ	40 cm

表

解答・解説 P128

このことについて，次の１，２，３，４の問いに答えなさい。

1　次の［　　　］内の文は，弦をはじいてから音がマイクに伝わるまでの現象を説明したものである。(　　　)に当てはまる語を書きなさい。

弦をはじくと，モノコードの振動が(　　　)を振動させ，その振動により音が波としてマイクに伝わる。

2　実験(1)で測定した音の振動数は何 Hz か。

3　実験(2)で，砂ぶくろの重さと音の高さの関係，弦の太さと音の高さの関係，弦の PQ 間の長さと音の高さの関係を調べるためには，それぞれどの条件とどの条件を比べるとよいか。条件 A，B，C，D のうちから適切な組み合わせを記号で答えなさい。

4　次の［　　　］内は，実験(2)を終えてからのユウさんとアキさんの会話である。①，②に当てはまる語句をそれぞれ(　　　)の中から選んで書きなさい。また，下線部のように弦をはじく強さを強くして実験を行ったときに，コンピュータで得られる波形は，弦をはじく強さを強くする前と比べてどのように変化するか簡潔に書きなさい。

ユウ「弦をはじいて発生する音の高さは，砂ぶくろの重さや弦の太さ，弦の長さが関係していることがわかったね。」
アキ「そうだね。例えば，図 2 の波形を図 3 のようにするには，それぞれどのように変えたらよいだろう。」
ユウ「実験結果から考えると，砂ぶくろを軽くするか，弦を①(太く・細く)するか，弦の PQ 間の長さを②(長く・短く)すればよいことがわかるよ。」
アキ「ところで，弦をはじく強さを強くしたときはどのような波形が得られるのかな。」
ユウ「どのような波形になるか，確認してみよう。」

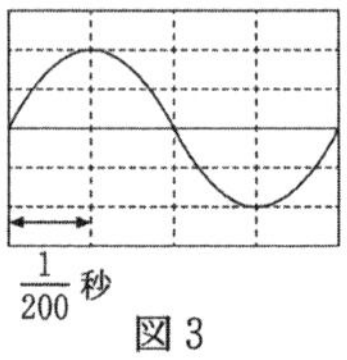

図 3

3　霧が発生する条件について調べるために，次の実験(1)，(2)，(3)，(4)を順に行った。

(1)　室内の気温と湿度を測定すると，25 ℃，58 % であった。

(2)　ビーカーを 3 個用意し，表面が結露することを防ぐため，ビーカーをドライヤーであたためた。

(3)　図のように，40 ℃ のぬるま湯を入れたビーカーに氷水の入ったフラスコをのせたものを装置 A，空《から》のビーカーに氷水の入ったフラスコをのせたものを装置 B，40 ℃ のぬるま湯を入れたビーカーに空のフラスコをのせたものを装置 C とした。

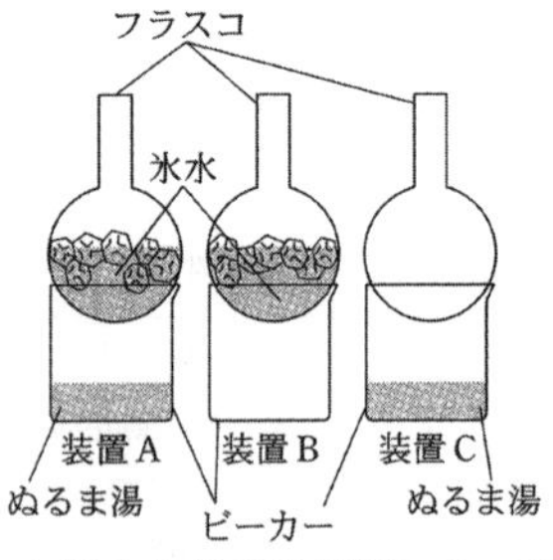

(4)　すべてのビーカーに線香のけむりを少量入れ，ビーカー内部のようすを観察した。表は，その結果をまとめたものである。

	装置 A	装置 B	装置 C
ビーカー内部のようす	白いくもりがみられた。	変化がみられなかった。	変化がみられなかった。

このことについて，次の１，２，３の問いに答えなさい。

1　次の［　　　］内の文は，下線部の操作により，結露を防ぐことができる理由を説明したものである。①，②に当てはまる語句をそれぞれ(　　　)の中から選んで書きなさい。

ビーカーの表面付近の空気の温度が，露点よりも①(高く・低く)なり，飽和水蒸気量が②(大きく・小さく)なるから。

2　装置Aと装置Bの結果の比較や，装置Aと装置Cの結果の比較から，霧が発生する条件についてわかることを，ビーカー内の空気の状態に着目して，それぞれ簡潔に書きなさい。

3　次の［　　　］内は，授業後の生徒と先生の会話である。①，②，③に当てはまる語をそれぞれ(　　)の中から選んで書きなさい。

> 生徒「『朝霧は晴れ』という言葉を聞いたことがありますが，どのような意味ですか。」
> 先生「人々の経験をもとに伝えられてきた言葉ですね。それは，朝霧が発生する日の昼間の天気は，晴れになることが多いという意味です。では，朝霧が発生したということは，夜間から明け方にかけて，どのような天気であったと考えられますか。また，朝霧が発生する理由を授業で学んだことと結びつけて説明できますか。」
> 生徒「天気は①(晴れ・くもり)だと思います。そのような天気では，夜間から明け方にかけて，地面や地表がより冷却され，地面の温度とともに気温も下がります。気温が下がると，空気中の②(水滴・水蒸気)が③(凝結・蒸発)しやすくなるからです。」
> 先生「その通りです。授業で学んだことを，身のまわりの現象に当てはめて考えることができましたね。」

4　だ液によるデンプンの消化について調べるために，次の実験(1)，(2)を行った。

(1)　試験管を2本用意し，一方の試験管にはデンプン溶液と水を，もう一方の試験管にはデンプン溶液と水でうすめただ液を入れ，それぞれの試験管を約40℃に保った。実験開始直後と20分後にそれぞれの試験管の溶液を新しい試験管に適量とり，試薬を加えて色の変化を調べた。表1は，その結果をまとめたものである。ただし，水でうすめただ液に試薬を加えて反応させても色の変化はないものとする。また，試薬による反応を調べるために，ベネジクト液を加えた試験管は，ガスバーナーで加熱するものとする。

	加えた試薬	試薬の反応による色の変化	
		直後	20分後
デンプン溶液＋水	ヨウ素液	○	○
	ベネジクト液	×	×
デンプン溶液＋だ液	ヨウ素液	○	×
	ベネジクト液	×	○

○：変化あり
×：変化なし

表1

(2)　セロハンチューブを2本用意し，デンプン溶液と水を入れたセロハンチューブをチューブA，デンプン溶液と水でうすめただ液を入れたセロハンチューブをチューブBとした。図のように，チューブA，Bをそれぞれ約40℃の水が入った試験管C，Dに入れ，約40℃に保ち60分間放置した。その後，チューブA，Bおよび試験管C，Dからそれぞれ溶液を適量とり，新しい試験管A′，B′，C′，D′に入れ，それぞれの試験管に試薬を加えて色の変化を調べた。表2は，その結果をまとめたものである。なお，セロハンチューブはうすい膜でできており，小さな粒子が通ることができる一定の大きさの微小な穴が多数あいている。

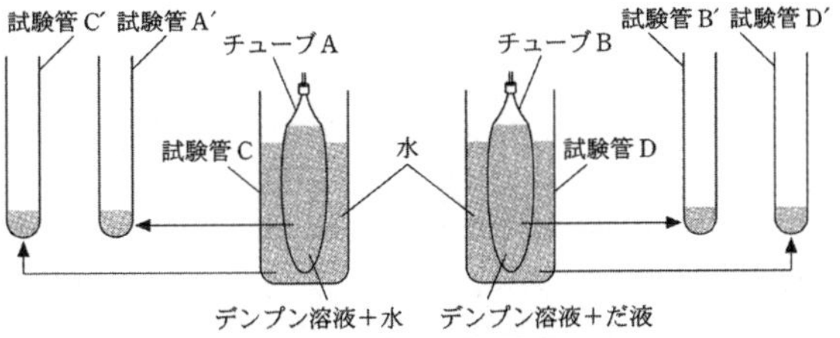

	加えた試薬	試薬の反応による色の変化
試験管A′	ヨウ素液	○
試験管B′	ベネジクト液	○
試験管C′	ヨウ素液	×
試験管D′	ベネジクト液	○

○：変化あり
×：変化なし

表2

このことについて，次の1，2，3，4の問いに答えなさい。

1　実験(1)において，ベネジクト液を加えて加熱し反応したときの色として，最も適切なものはどれか。

ア　黄緑色　　　イ　青紫色　　　ウ　赤褐色　　　エ　乳白色

2　実験(1)の結果から，だ液のはたらきについてわかることを簡潔に書きなさい。

3　実験(2)の結果から，デンプンの分子の大きさをR，ベネジクト液によって反応した物質の分子の大きさをS，セロハンチューブにある微小な穴の大きさをTとして，R，S，Tを左から大きい順に記号で書きなさい。

4　次の［　　　］内の文章は，実験(1)，(2)の結果を踏まえて，「だ液に含まれる酵素の大きさは，セロハンチューブにある微小な穴よりも大きい」という仮説を立て，この仮説を確認するために必要な実験と，この仮説が正しいときに得られる結果を述べたものである。①，②，③に当てはまる語句をそれぞれ(　　)の中から選んで書きなさい。

【仮説を確認するために必要な実験】
セロハンチューブに水でうすめただ液を入れたものをチューブX，試験管にデンプン溶液と①(水・だ液)を入れたものを試験管Yとする。チューブXを試験管Yに入れ約40℃に保ち，60分後にチューブXを取り出し，試験管Yの溶液を2本の新しい試験管にそれぞれ適量入れ，試薬の反応による色の変化を調べる。

【仮説が正しいときに得られる結果】
2本の試験管のうち，一方にヨウ素液を加えると，色の変化が②(ある・ない)。もう一方にベネジクト液を加え加熱すると，色の変化が③(ある・ない)。

5　塩化銅水溶液の電気分解について調べるために，次の実験(1)，(2)，(3)を順に行った。

(1)　図1のように，電極に炭素棒を用いて，10％の塩化銅水溶液の電気分解を行ったところ，陽極では気体が発生し，陰極では表面に赤色の固体が付着した。

(2)　新たに10％の塩化銅水溶液を用意し，実験(1)と同様の装置を用いて，0.20Aの電流を流して電気分解を行った。その際，10分ごとに電源を切って陰極を取り出し，付着した固体の質量を測定した。

(3)　電流の大きさを0.60Aに変えて，実験(2)と同様に実験を行った。
図2は，実験(2)，(3)について，電流を流した時間と付着した固体の質量の関係をまとめたものである。

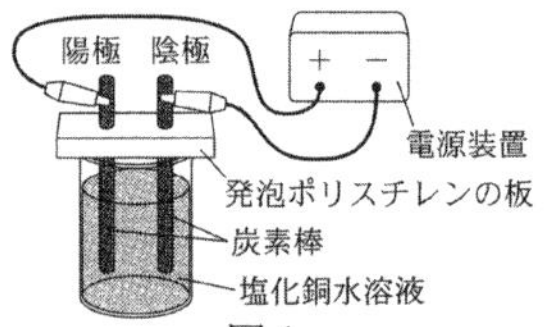

図1

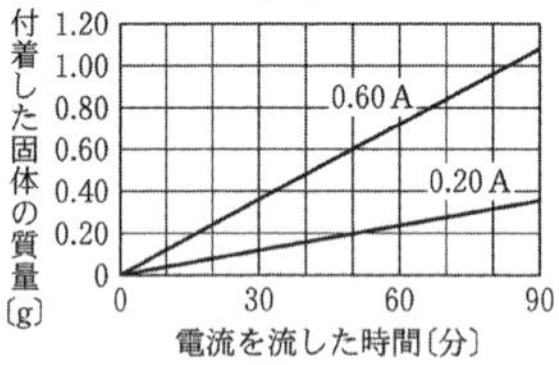

図2

このことについて，次の1，2，3の問いに答えなさい。

1　実験(1)について，気体のにおいを調べるときの適切なかぎ方を，簡潔に書きなさい。

2　実験(1)で起きた化学変化を，図3の書き方の例にならい，文字や数字の大きさを区別して，化学反応式で書きなさい。

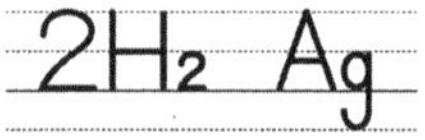

図3

3　実験(2)，(3)について，電流の大きさを0.40Aにした場合，付着する固体の質量が1.0gになるために必要な電流を流す時間として，最も適切なものはどれか。

ア　85分　　　イ　125分　　　ウ　170分　　　エ　250分

6 物体のエネルギーについて調べるために，次の実験(1)，(2)を順に行った。

(1) 図1のように，水平な床の上に，スタンドとレールを用いて斜面PQと水平面QRをつくり，水平面QRに速さ測定器を設置した。質量50gの小球を，水平な床から高さ20cmの点Aまで持ち上げ，レール上で静かにはなした後，水平面QRでの小球の速さを測定した。

(2) 図2のように，斜面PQの角度を変えながら，小球を点B，点C，点D，点Eから静かにはなし，実験(1)と同様に小球の速さを測定した。なお，AQ間，BQ間，EQ間の長さは等しく，点A，点C，点Dは水平な床からの高さが同じである。

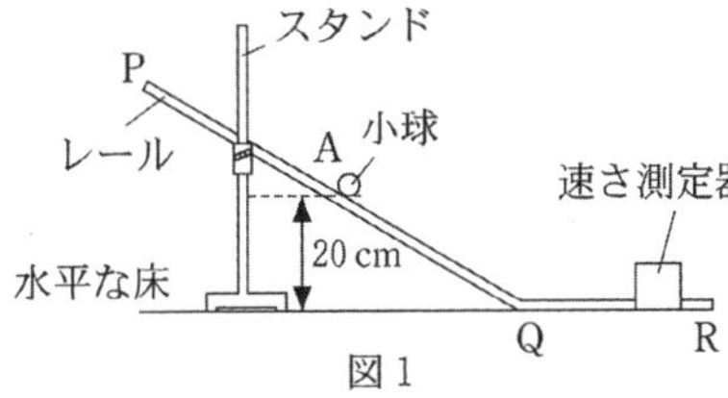

図1

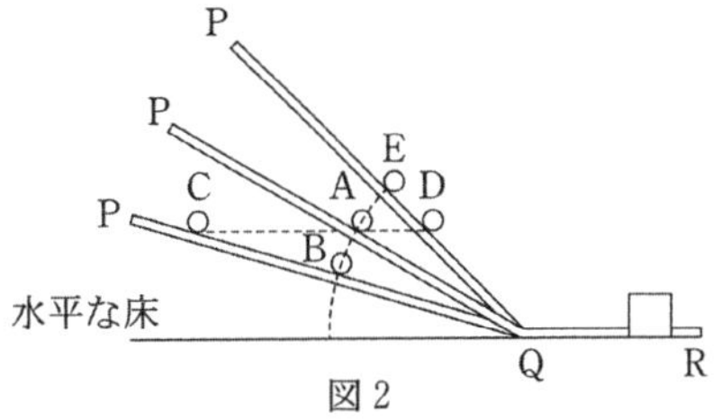

図2

このことについて，次の1，2，3の問いに答えなさい。ただし，小球の大きさ，摩擦《まさつ》や空気の抵抗は考えないものとする。また，レールはうすく，斜面と水平面はなめらかにつながれており，運動する小球はレールからはなれないものとする。

1 実験(1)において，小球を水平な床から点Aまで持ち上げたとき，小球にした仕事は何Jか。ただし，質量100gの小球にはたらく重力の大きさは1Nとする。

2 実験(1)，(2)で，小球を点A，点B，点C，点D，点Eから静かにはなした後，速さ測定器で測定した小球の速さをそれぞれa，b，c，d，eとする。aとb，aとd，cとeの大小関係をそれぞれ等号(=)か不等号(<，>)で表しなさい。

3 図3のように，点Rの先に台とレールを用いて斜面RSと水平面STをつくり，実験(1)と同様に小球を点Aから静かにはなしたところ，水平面QRを通過した後，斜面RSをのぼり，点Tを通過した。図4は，水平な床を基準とした各位置での小球の位置エネルギーの大きさを表すグラフである。このとき，各位置での運動エネルギーの大きさと力学的エネルギーの大きさを表すグラフをそれぞれかきなさい。なお，図4と解答用紙のグラフの縦軸の1目《め》盛《も》りの大きさは同じものとする。

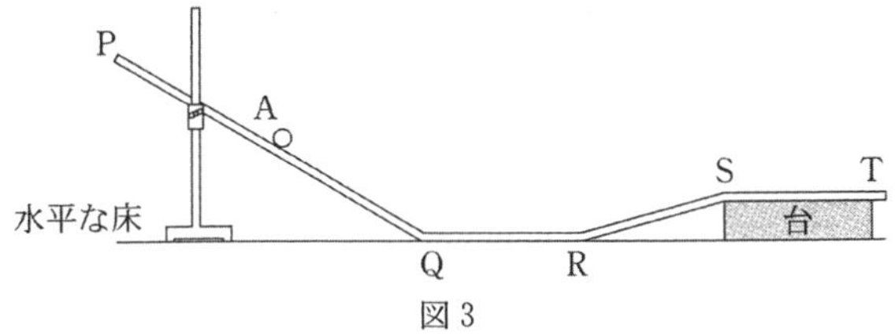

図3

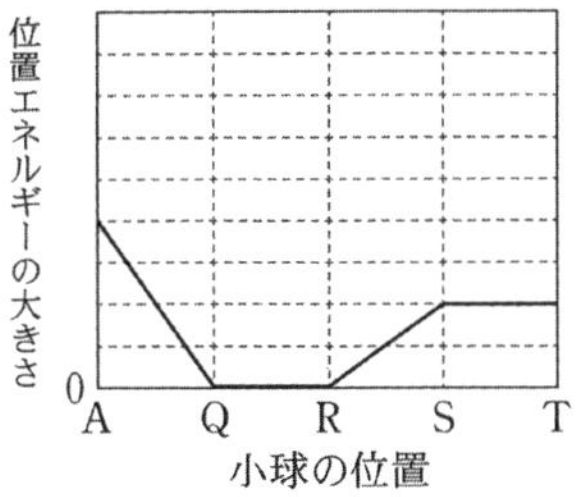

図4

7 図1は，硝酸カリウム，塩化ナトリウム，塩化カリウム，ホウ酸の溶解度曲線である。

このことについて，次の1，2，3，4の問いに答えなさい。

1 70℃の水100gに，塩化ナトリウムを25gとかした水溶液の質量パーセント濃度は何%か。

2 44℃の水20gに，ホウ酸を7g加えてよくかき混ぜたとき，とけずに残るホウ酸は何gか。ただし，44℃におけるホウ酸の溶解度は10gとする。

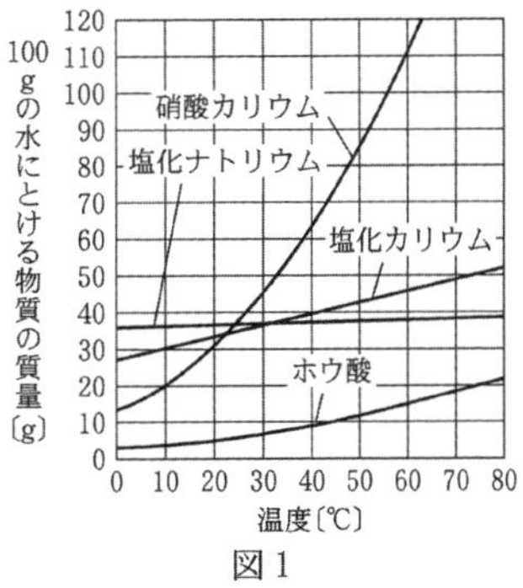

図1

3　次の［　　　］内の文章は，60 ℃の硝酸カリウムの飽和水溶液と塩化カリウムの飽和水溶液をそれぞれ 30 ℃に冷却したときのようすを説明したものである。①，②に当てはまる語句の組み合わせとして，正しいものはどれか。

> それぞれの水溶液を 30 ℃に冷却したとき，とけきれずに出てきた結晶は（　①　）の方が多かった。この理由は，（　①　）の方が温度による溶解度の変化が（　②　）からである。

	①	②
ア	硝酸カリウム	大きい
イ	硝酸カリウム	小さい
ウ	塩化カリウム	大きい
エ	塩化カリウム	小さい

4　60 ℃の水 100 g を入れたビーカーを 2 個用意し，硝酸カリウムを 60 g とかしたものを水溶液A，硝酸カリウムを 100 g とかしたものを水溶液Bとした。次に，水溶液A，Bを 20 ℃まで冷却し，とけきれずに出てきた結晶をろ過によって取り除いた溶液をそれぞれ水溶液A′，水溶液B′とした。図 2 は水溶液A，B，図 3 は水溶液A′における溶質の量のちがいを表した模式図であり，•は溶質の粒子のモデルである。水溶液B′の模式図として最も適切なものは，次の**ア**，**イ**，**ウ**，**エ**のうちどれか。また，そのように判断できる理由を，「溶解度」という語を用いて簡潔に書きなさい。なお，模式図が表す水溶液はすべて同じ体積であり，ろ過ではとけきれずに出てきた結晶のみ取り除かれ，ろ過による体積や温度の変化はないものとする。

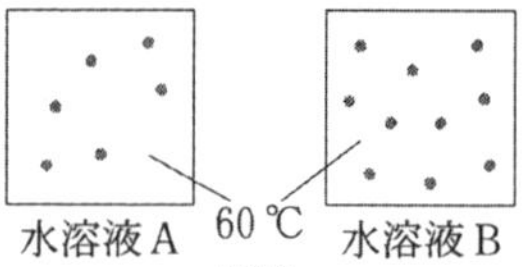

図 2

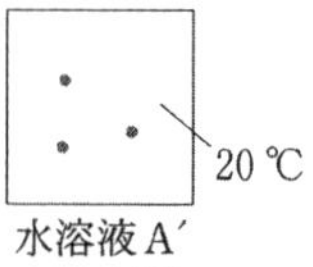

図 3

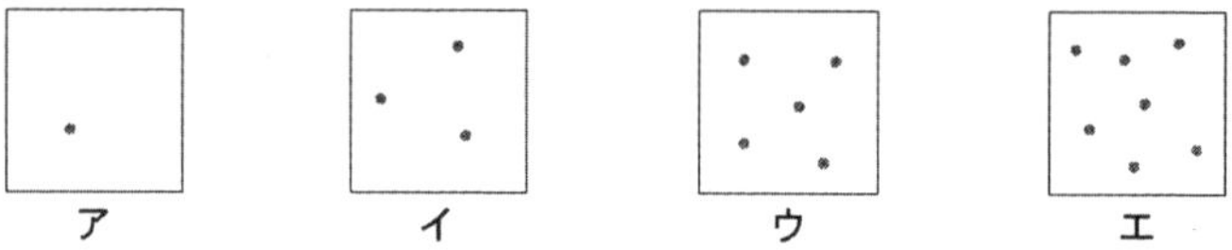

8　右の表は，ジャガイモの新しい個体をつくる二つの方法を表したものである。方法Xは，ジャガイモAの花のめしべにジャガイモBの花粉を受粉させ，できた種子をまいてジャガイモPをつくる方法である。方法Yは，ジャガイモCにできた「いも」を植え，ジャガイモQをつくる方法である。

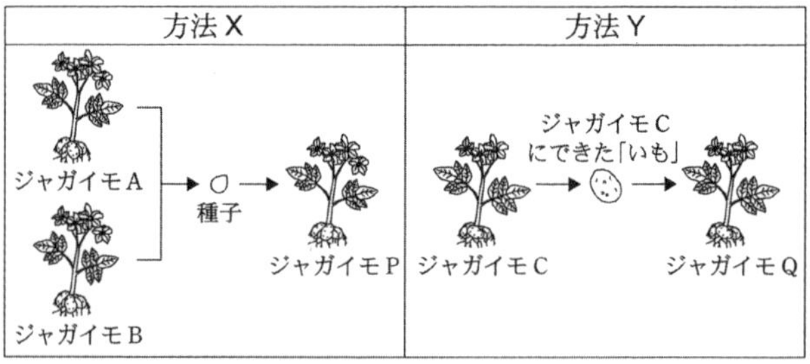

このことについて，次の 1，2，3 の問いに答えなさい。

1　方法Xと方法Yのうち，無性生殖により新しい個体をつくる方法はどちらか，記号で答えなさい。また，このようなジャガイモの無性生殖を何というか。

2　図は，ジャガイモA，Bの核の染色体を模式的に表したものである。ジャガイモPの染色体のようすとして，最も適切なものはどれか。

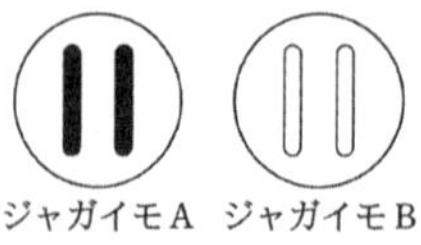

図

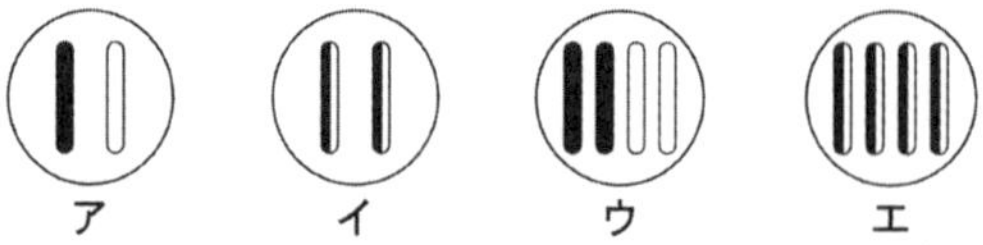

3　方法Yは，形質が同じジャガイモをつくることができる。形質が同じになる理由を，分裂の種類と遺伝子に着目して，簡潔に書きなさい。

9 太陽系の天体について調べるために，次の調査(1)，(2)を行った。

(1) コンピュータのアプリを用いて，次の(a)，(b)，(c)を順に行い，天体の見え方を調べた。なお，このアプリは，日時を設定すると，日本のある特定の地点から観測できる天体の位置や見え方を確認することができる。

(a) 日時を「2023年3月29日22時」に設定すると，西の方角に図1のような上弦の月が確認できた。

(b) (a)の設定から日時を少しずつ進めていくと，ある日時の西の方角に満月を確認することができた。

(c) 日時を「2023年5月3日19時」に設定し，金星の見え方を調べた。

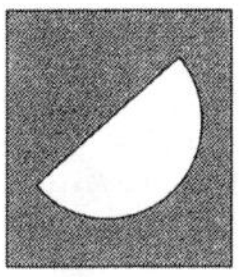

図1

(2) 惑星の特徴について調べ，次の表にまとめた。なお，表中の数値は，地球を1としたときの値である。

	直径	質量	太陽からの距離	公転の周期	惑星の主成分
水星	0.38	0.055	0.39	0.24	岩石，重い金属
金星	0.95	0.82	0.72	0.62	岩石，重い金属
地球	1	1	1	1	岩石，重い金属
火星	0.53	0.11	1.52	1.88	岩石，重い金属
木星	11.21	317.83	5.20	11.86	水素，ヘリウム
土星	9.45	95.16	9.55	29.46	水素，ヘリウム
天王星	4.01	14.54	19.22	84.02	水素，ヘリウム，氷
海王星	3.88	17.15	30.11	164.77	水素，ヘリウム，氷

このことについて，次の1，2，3，4の問いに答えなさい。

1 月のように，惑星のまわりを公転している天体を何というか。

2 図2は，北極側から見た地球と月の，太陽の光の当たり方を模式的に示したものである。調査(1)の(b)において，日時を進めて最初に満月になる日は，次のア，イ，ウ，エのうちどれか。また，この満月が西の方角に確認できる時間帯は「夕方」，「真夜中」，「明け方」のどれか。

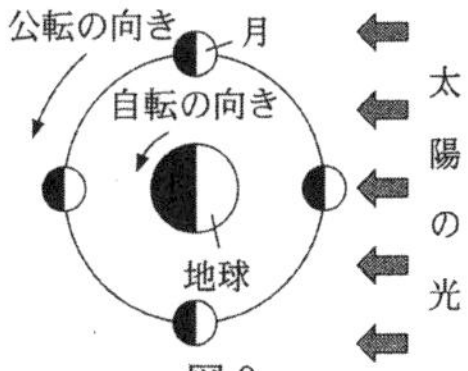

図2

ア 4月6日　**イ** 4月13日　**ウ** 4月20日　**エ** 4月27日

3 図3は，調査(1)の(c)で設定した日時における，北極側から見た太陽，金星，地球の位置を表した模式図であり，図4は，このとき見られる金星の画像である。設定した日時から150日(約0.41年)後の地球と金星の位置を，それぞれ黒でぬりつぶしなさい。また，このとき地球から見られる金星の画像として，最も適切なものを次のアからオのうちから一つ選び，記号で答えなさい。ただし，金星の画像はすべて同じ倍率で示している。

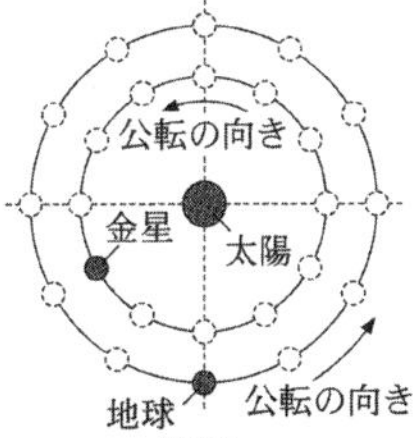

図3

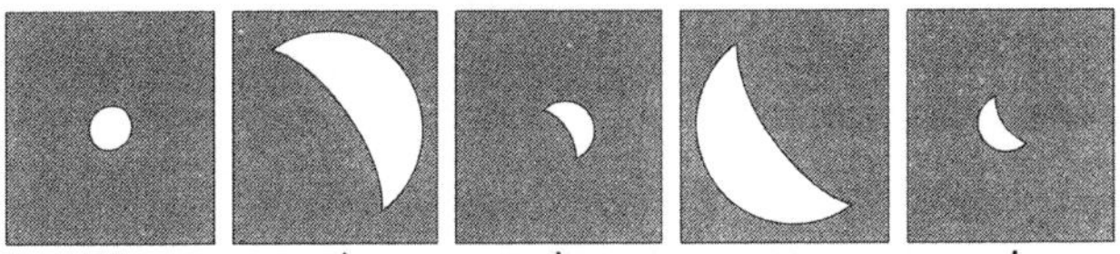

ア　**イ**　**ウ**　**エ**　**オ**

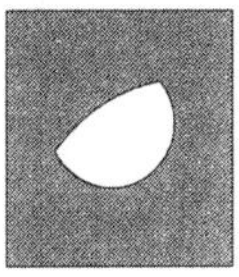

図4

4 図5は，太陽系の惑星の直径と平均密度の関係を表したものであり，惑星は大きさによって二つのグループX，Yに分けることができる。調査(2)の表と図5からわかることとして，最も適切なものはどれか。

ア XよりYの方が，質量，平均密度ともに小さい。

イ YよりXの方が，太陽からの距離，平均密度ともに小さい。

ウ YよりXの方が，平均密度が大きく，Xの惑星は主に岩石や重い金属でできている。

エ Yのうち，平均密度が最も小さい惑星は公転周期が最も短く，主に水素とヘリウムでできている。

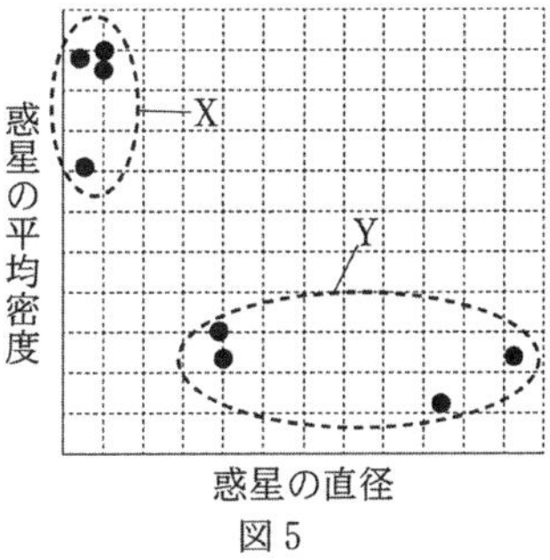

図5

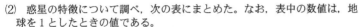

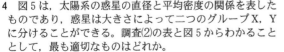

令和5年度
3月8日実施

栃木県立高校入試　問題

英　語

制限時間 50分

1 これは聞き方の問題である。指示に従って答えなさい。

1 〔英語の対話とその内容についての質問を聞いて，答えとして最も適切なものを選ぶ問題〕

(1) ア

イ

ウ

エ

(2) ア

イ

ウ

エ

(3) ア Find the teacher's notebook.　　イ Give her notebook to the teacher.
　ウ Go to the teachers' room.　　エ Play soccer with the teacher.

(4) ア At Kate's house.　　イ At the baseball stadium.
　ウ At the bookstore.　　エ At the museum.

解答・解説 P131

2 〔英語の対話とその内容についての質問を聞いて，答えとして最も適切なものを選ぶ問題〕

Welcome to Tochinoki High School Festival

<table>
<tr><th>Place / Time</th><th>Gym</th><th>Classroom A</th><th>Science Room</th><th>Cooking Room</th></tr>
<tr><td>10:00 a.m.～ 10:45 a.m.</td><td>Guitar Performance</td><td></td><td>Science Show</td><td rowspan="5">Menu
Curry and Rice
Sandwiches
Ice Cream
Drinks</td></tr>
<tr><td>11:00 a.m.～ 11:45 a.m.</td><td>Dance Club</td><td>Calligraphy Experience</td><td>Science Show</td></tr>
<tr><td colspan="4">Lunch Break</td></tr>
<tr><td>1:00 p.m.～ 1:45 p.m.</td><td>Chorus Club</td><td>Calligraphy Experience</td><td>Science Show</td></tr>
<tr><td>2:00 p.m.～ 2:45 p.m.</td><td>Piano Performance</td><td></td><td>Science Show</td></tr>
</table>

(1) ア In the Gym. イ In the Classroom A.
ウ In the Science Room. エ In the Cooking Room.

(2) ア 10:00 a.m.～10:45 a.m. イ 11:00 a.m.～11:45 a.m.
ウ 1:00 p.m.～1:45 p.m. エ 2:00 p.m.～2:45 p.m.

(3) ア Miho recommends Calligraphy Experience to Alex.
イ Miho recommends sandwiches to Alex.
ウ Miho suggests where to go after lunch.
エ Miho suggests where to go for lunch.

3 〔英語の説明を聞いて，メモを完成させる問題〕
メモの(1)には数字を入れ，(2)と(3)には英語を入れなさい。

Green Wing Castle

・It was built in [(1)].
・More than 400 rooms.
・The man in the picture had 10 [(2)].
・People enjoyed parties in the large room.
・The West Tower → We can see the [(3)] city.

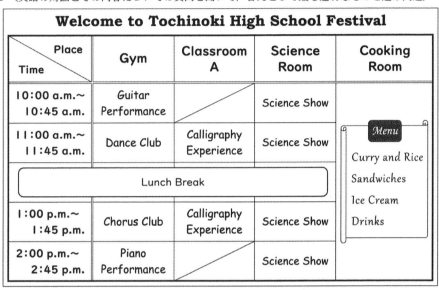

2 次の１，２の問いに答えなさい。

1 次の英文中の [(1)] から [(6)] に入る語として，下の(1)から(6)のア，イ，ウ，エのうち，それぞれ最も適切なものはどれか。

Hello, everyone. Do you like [(1)] movies? Me? Yes, I [(2)]. I'll introduce my favorite movie. It is "The Traveling of the Amazing Girl." The story is [(3)] a girl who travels through time. Some troubles happen, but she can solve [(4)]. The story is [(5)], and the music is also exciting. The movie was made a long time ago, but even now it is very popular. It is a great movie. If you were the girl, what [(6)] you do?

(1)	ア watch	イ watches	ウ watching	エ watched
(2)	ア am	イ do	ウ is	エ does
(3)	ア about	イ in	ウ to	エ with
(4)	ア they	イ their	ウ them	エ theirs
(5)	ア empty	イ fantastic	ウ narrow	エ terrible
(6)	ア can	イ may	ウ must	エ would

2 次の(1)，(2)，(3)の（　　）内の語句を意味が通るように並べかえて，(1)と(2)はア，イ，ウ，エ，(3)はア，イ，ウ，エ，オの記号を用いて答えなさい。

(1) *A*: Is Tom the tallest in this class?
　B: No. He (ア tall　イ not　ウ as　エ is) as Ken.

(2) *A*: I hear so many (ア be　イ can　ウ seen　エ stars) from the top of the mountain.
　B: Really? Let's go to see them.

(3) *A*: What sport do you like?
　B: Judo! Actually I (ア been　イ have　ウ practicing　エ since　オ judo) I was five years old.

3 次の英文を読んで，１，２，３，４の問いに答えなさい。

When people in Japan want to decide who wins or who goes first quickly, they often play a hand game called **Janken*. They use three hand gestures to play the game. A closed hand means a *rock, an open hand means paper, and a closed hand with the *extended *index and middle fingers means *scissors. A rock breaks scissors, so the rock wins. Also, scissors cut paper, and paper covers a rock. It is (　　　　) the rules, so many people can play *Janken*.

This kind of hand game is played in many countries all around the world. Most of the people use three hand gestures, but some people use more than three. In *France, people use four hand gestures. People in *Malaysia sometimes use five hand gestures.

In other countries, people use hand gestures which are [A] from the ones used in Japan. In *Indonesia, a closed hand with the extended *thumb means an elephant, a closed hand with the extended index finger means a person, and a closed hand with the extended *little finger means an *ant. In their rules, an elephant *beats a person, because it is larger and stronger. In the same way, a person beats an ant. But how can a small ant beat a big elephant? Can you imagine <u>the reason</u>? An ant can get into an elephant's ears and nose, and the elephant doesn't like that.

解答・解説 P131

Isn't it interesting to know that there are many kinds of hand games like *Janken* around the world? Even when the hand gestures and their meanings are [A], people can enjoy them. If you go to foreign countries in the future, ask the local people how they play their hand games. And why don't you introduce yours and play the games with them? Then that may be [B].

〔注〕 *Janken＝じゃんけん　*rock＝岩，石　*extended＝伸ばした
*index and middle fingers＝人差し指と中指　*scissors＝はさみ
*France＝フランス　*Malaysia＝マレーシア　*Indonesia＝インドネシア
*thumb＝親指　*little finger＝小指　*ant＝アリ
*beat～＝～を打ち負かす

1 本文中の(　　　　)に入るものとして，最も適切なものはどれか。

ア difficult to decide　　イ easy to understand

ウ free to break　　エ necessary to change

2 本文中の二つの [A] には同じ英語が入る。適切な英語を１語で書きなさい。

3 本文中の下線部の内容を，次の [　　] が表すように，(　　　　)に入る 25 字程度の日本語を書きなさい。ただし，句読点も字数に加えるものとする。

アリは(　　　　　　　　　　　　　　　　)から，アリがゾウに勝つ。

4 本文中の [B] に入るものとして，最も適切なものはどれか。

ア a good way to learn the culture and history of Japan

イ a good way to decide which hand gesture is the best

ウ a good start for communicating with people all over the world

エ a good start for knowing how you can always win at hand games

4 主人公である修二(Shuji)と，その同級生の竜也(Tatsuya)について書かれた次の英文を読んで，１から５までの問いに答えなさい。

I met Tatsuya when I was 7 years old. We joined a badminton club then. I was good at sports, so I improved my *skills for badminton soon. Tatsuya was not a good player, but he always practiced hard and said, "I can do it! I will win next time." He even said, "I will be the *champion of badminton in Japan." I also had a dream to become the champion, but I [　　　] such words because I thought it was *embarrassing to do that. When I won against him, he always said to me, "Shuji, let's play one more game. I will win next time." I never lost against him, but I felt he was improving his skills.

When we were 11 years old, the situation changed. In a city tournament, I played a badminton game against Tatsuya. Before the game, he said to me, "Shuji, I will win this time." I thought I would win against him easily because I never lost against him. However, I couldn't. I lost against him *for the first time. I never thought that would happen so soon. He smiled and said, "I finally won!" Then I started to practice badminton harder because I didn't want to lose again.

When we were junior high school students, we played several badminton games, but I couldn't win even once. Tatsuya became strong and joined the *national badminton tournament, so I went to watch his games. In the tournament, his play was great. Sometimes he *made mistakes in the games, but then, he said, "It's OK! I will not make the same mistake again!" He even said, "I will be the champion!" I thought, "He hasn't changed since he was a beginner."

Finally, Tatsuya really became the champion of badminton in Japan. After the tournament, I asked him why he became so strong. He said, "Shuji, I always say that I will be the champion. Do you know why? When we *say our goals out loud, our *mind and body move to *reach the goals. In fact, by saying that I will be the champion, I can practice hard, and that helps me play better. The words I say make me strong." I realized that those words gave him the (p　　　　) to reach the goal. On that day, I decided to say my goal and practice hard to reach it.

Now I am 18 years old and I am ready to win the national tournament. Now I am standing on the *court to play a game against Tatsuya in the *final of the national badminton tournament. I have changed. I am going to say to Tatsuya, "I will win this time. I will be the champion."

〔注〕 *skill＝技術　　*champion＝チャンピオン　　*embarrassing＝恥ずかしい
*for the first time＝初めて　　*national＝全国の　　*make a mistake＝ミスをする
*say～out loud＝～を声に出す　　*mind＝心　　*reach～＝～を達成する
*court＝コート　　*final＝決勝

1　本文中の［　　　　］に入る適切な英語を**2語**または**3語**で書きなさい。

2　本文中の下線部の指す内容は何か。日本語で書きなさい。

3　本文中の(　　　　)に入る適切な英語を**1語**で書きなさい。ただし，(　　　　)内に示されている文字で書き始め，その文字も含めて答えること。

4　次の文は，本文中の最後の段落に書かれた出来事の翌日に，竜也が修二に宛てて送ったメールの内容である。(　A　)，(　B　)に入る語の組み合わせとして，最も適切なものはどれか。

> Hi Shuji,
>
> *Congratulations!
> Now you are the champion, my friend.
> You've become my goal again.
> You were always my goal when I was little.
> I remember I was very (　A　) when I won against you for the first time.
>
> At that time, you told me that it was embarrassing for you to say your goal.
> So I was (　B　) when you said to me, "I will be the champion."
> This time I lost, but I will win next time.
>
> Your friend,
> Tatsuya

〔注〕 *congratulations＝おめでとう

ア　A：sorry　—　B：bored　　　イ　A：sad　—　B：excited
ウ　A：happy　—　B：lonely　　エ　A：glad　—　B：surprised

5　本文の内容と一致するものはどれか。

ア　Shuji played badminton better than Tatsuya when they began to play it.
イ　Tatsuya asked Shuji to practice hard and become the champion in Japan.
ウ　Shuji thought Tatsuya would win against Shuji in the national tournament.
エ　Tatsuya decided to say his goal out loud because Shuji told Tatsuya to do so.

5　次の英文は，高校生の光(Hikari)とドイツ(Germany)からの留学生レオン(Leon)の対話の一部である。また，**図**は二人が見ているウェブサイトの一部である。これらに関して，1から7までの問いに答えなさい。

Hikari: Leon, look at this T-shirt. I bought it yesterday.
Leon: It looks cute, but didn't you get a new <u>one</u>(1) last weekend?
Hikari: Yes. I love clothes.
Leon: Me too, [　A　]. Instead, I wear my favorite clothes for many years.
Hikari: Many years? I like new fashion, so I usually enjoy my clothes only for one season.
Leon: Too short! You mean you often *throw away the clothes you don't need?
Hikari: Well, I did <u>that</u>(2) before, but I stopped it. I have kept the clothes I don't wear in my *closet. However, I don't know what I can do with those clothes.
Leon: When I was in Germany, my family used "*Kleidercontainer*."
Hikari: What is that?
Leon: It is a box to collect used clothes. I will show you a website. It is made by a Japanese woman, Sachiko. She lives in Germany. Look at this picture on the website. This is *Kleidercontainer*.
Hikari: Wow, it's big! Sachiko is ＿＿(3)＿＿ the box, right?
Leon: That's right. Then, the collected clothes are used again by someone else, or they are recycled.
Hikari: Nice! Hey, look at the picture next to *Kleidercontainer*. You have a *bookshelf on the street?
Leon: It is "*Öffentlicher Bücherschrank*." It means "*public bookshelf." When you have books you don't need, you can bring them here.
Hikari: Sachiko says that people can ＿＿(4)＿＿ from the bookshelf *for free! Is that true?
Leon: Yes. When I was in Germany, I sometimes did that.
Hikari: Great! Sachiko is also introducing how she uses things she doesn't need in other ways. For example, by using an old T-shirt, she ＿＿(5)＿＿ or clothes for her pet.
Leon: Oh, some people call those activities "upcycling."
Hikari: Upcycling? I have never heard that word. [　B　] what upcycling is?
Leon: Sure! When you have something you don't need, you may throw it away. However, by creating something (　C　) from the thing you don't need, you can still use it. Upcycling can give (　C　) *values to things you don't use.
Hikari: Interesting! In this way, we can use things for a (　D　) time. I want to think more about how I can use my clothes in other ways.

〔注〕 *throw away～/throw～away＝～を捨てる　*closet＝クローゼット
*bookshelf＝本棚　*public＝公共の　*for free＝無料で　*value＝価値

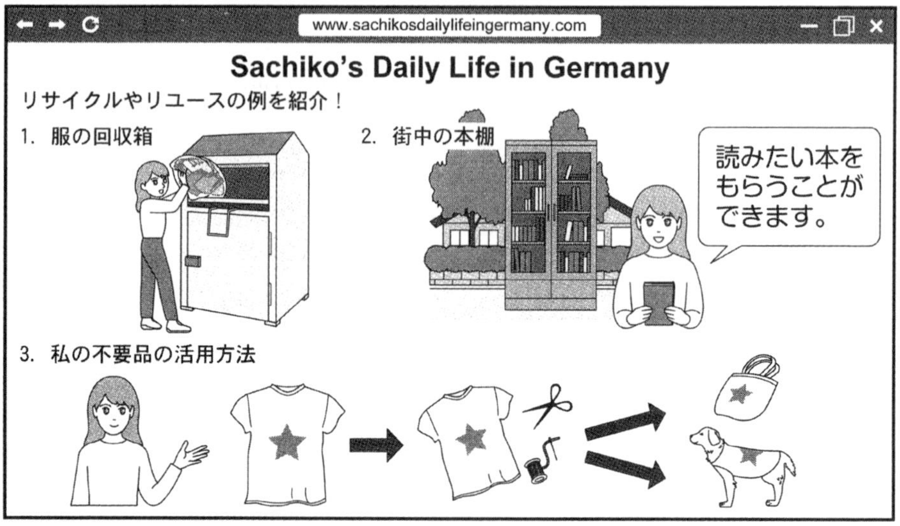

図

1　下線部(1)は何を指すか。本文から抜き出して書きなさい。

2　［　A　］に入るものとして，最も適切なものはどれか。

ア　but I don't buy new clothes so often　　イ　but I like shirts better than T-shirts
ウ　so I buy a lot of clothes every season　　エ　so I'm happy to hear that you love clothes

3　下線部(2)の that とはどのようなことか。**15字以内**の日本語で書きなさい。ただし，句読点も字数に加えるものとする。

4　**図**を参考に，二人の対話が成り立つよう，下線部(3)，(4)，(5)に適切な英語を書きなさい。

5　二人の対話が成り立つよう，［　B　］に入る適切な英語を**3語**または**4語**で書きなさい。

6　本文中の(　C　)，(　D　)に入る語の組み合わせとして，最も適切なものはどれか。

ア　C：old　—　D：long　　イ　C：old　—　D：short
ウ　C：new　—　D：long　　エ　C：new　—　D：short

7　英語の授業で，「今後，服を手放す際に，どのような手段を選ぶか」について，短いスピーチをすることになりました。それに向けて，次の〔**条件**〕に合うよう，あなたの考えを書きなさい。

〔**条件**〕①　下の［　　　］内の四つの手段から一つを選ぶこと。
　　なお，(　　　)内の例を参考にして書いてもよい。
②　なぜその手段を選ぶのかという理由も書くこと。
③　まとまりのある**5文程度**の英語で書くこと。

・売る	(例：*フリーマーケットやオンラインで売る)
・他の人にあげる	(例：兄弟姉妹や友だちにあげる)
・*寄付する	(例：*慈善団体に寄付する)
・リサイクルに出す	(例：リサイクルのためにお店に持って行く)

〔**注**〕　*フリーマーケット＝flea market　*(～を…に)寄付する＝donate～to…
*慈善団体＝charities

英 語 問 題 1 〔聞き方〕

(令5)

〔注意〕1　問題を読む速さなどについては，台本の指示によること。

2　台本は11分程度で読み終えること。ただし，騒音などで支障のある場合には，臨機の処置を取り，他の組との公平を失しないようにすること。

3　問題は受検者全員によく聞こえるように読むこと。その際，監督者の一人は教室の後ろにいて確認すること。

台　本	時　間
これから聞き方の問題に入ります。問題用紙の四角で囲まれた1番を見なさい。問題は1番，2番，3番の三つあります。 最初は1番の問題です。問題は(1)から(4)まで四つあります。英語の対話とその内容についての質問を聞いて，答えとして最も適切なものをア，イ，ウ，エのうちから一つ選びなさい。対話と質問は2回ずつ言います。 では始めます。　〔注〕(1)はカッコイチと読む。以下同じ。斜字体で表記された部分は読まない。 (1)の問題です。　*A*: Hi, Cathy. Welcome to my house. Did you see my dog, Hachi, outside? *B*: Hi, Kazuma. Yes, I saw Hachi under the tree in your garden. *A*: Really? He is so quiet today. Was he sleeping? *B*: No, he was playing with a ball. 質問です。　*Q*: What was Hachi doing when Cathy came to Kazuma's house? (約5秒おいて)繰り返します。(1回目のみ)(ポーズ約5秒) (2)の問題です。　*A*: Hi, Tomoki. We have to finish our report by July 19th. How about doing it together next Saturday? *B*: You mean July 8th? Sorry, Meg. I'll be busy on that day. How about Sunday, July 9th? *A*: Oh, I have a piano lesson in the afternoon every Sunday, but I have time in the morning. *B*: OK. See you then! 質問です。　*Q*: When will Tomoki and Meg do their report together?　(約5秒おいて)繰り返します。(1回目のみ)(ポーズ約5秒) (3)の問題です。　*A*: Hi, Satoshi. Did you see Mr. Suzuki? I went to the teachers' room, but he wasn't there. *B*: Hi, Sarah. He is on the school grounds. Why do you want to see him? *A*: I have to take my notebook to him because I couldn't give it to him yesterday. *B*: I see. I'm sure he's still there. 質問です。　*Q*: What does Sarah have to do?　(約5秒おいて)繰り返します。(1回目のみ)(ポーズ約5秒) (4)の問題です。　*A*: Hello, Koji. This is Kate. Where are you now? *B*: Hi, Kate. I'm at home. I'm watching a baseball game on TV. *A*: What? We are going to go to the museum today. Did you forget that? *B*: Oh no! I'm so sorry. Can you wait for me at the bookstore near the museum? I'll meet you there soon. 質問です。　*Q*: Where will Koji meet Kate?　(約5秒おいて)繰り返します。(1回目のみ)(ポーズ約5秒)	(1 番) 約5分
次は2番の問題です。英語の対話とその内容についての質問を聞いて，答えとして最も適切なものをア，イ，ウ，エのうちから一つ選びなさい。質問は(1)から(3)まで三つあります。対話と質問は2回ずつ言います。 では始めます。　〔注〕(1)はカッコイチと読む。以下同じ。斜字体で表記された部分は読まない。 *Miho*: We've arrived at my brother's high school! Thank you for coming with me, Alex. *Alex*: Thank you, Miho. This is my first time to come to a school festival in Japan. Your brother will play the guitar on the stage, right? *Miho*: Yes. He can play it very well. Alex, look. Here is the information about the events of the festival. *Alex*: Your brother's performance will start at 10 a.m. in the Gym, right? *Miho*: Yes. After his performance, what do you want to see? *Alex*: Well, I love Japanese culture, so I want to try calligraphy. How about you? *Miho*: Actually, I'm interested in the performance by the dance club, but both of the events will start at the same time. *Alex*: How about seeing the dance in the morning and trying calligraphy in the afternoon? *Miho*: Perfect! Thank you. *Alex*: I'm also interested in science. Let's go to see Science Show after that. *Miho*: That's a good idea. By the way, before we join Calligraphy Experience, let's go to the Cooking Room to eat lunch. *Alex*: Nice! We'll be hungry. I'll eat sandwiches. *Miho*: I want to eat curry and rice because it's my favorite food! *Alex*: Now let's go to the Gym first! (1)の質問です。　Where will Miho and Alex be at 1:00 p.m.?　(ポーズ約5秒) (2)の質問です。　What time will Miho and Alex see Science Show?　(ポーズ約5秒) (3)の質問です。　Which is true about Miho?　(約5秒おいて)繰り返します。(1回目のみ)(ポーズ約5秒)	(2 番) 約4分
次は3番の問題です。あなたは今，海外留学プログラムでイギリスに来ています。ある城についてのガイドの説明を聞いて，英語で感想文を書くためのメモを完成させなさい。ただし，メモの(1)には数字を入れ，(2)と(3)には英語を入れなさい。英文は2回言います。 では始めます。 OK, everyone. This is Green Wing Castle. It was built in 1723. Now let's go inside. There are more than four hundred rooms in the castle. Let's go into this room first. Look at this picture. The man in this picture lived in this castle. He had a big family. He had five sons and five daughters. Let's go to another room. This room is very large, isn't it? People enjoyed parties here. Next, look at the West Tower. We can see the beautiful city from the top of the tower. Now, we'll have some time to walk around the castle. Please enjoy it! (約5秒おいて)繰り返します。(1回目のみ)(ポーズ約5秒)	(3 番) 約2分

傍《かたわ》らでは、賢吾が気ぜわしげに、何度もくり返しうなずき続けていた。

（篠綾子「江戸寺子屋薫風庵」〈小学館〉から）

（注1）蓮寿先生＝「薫風庵」の主人。「薫風庵」は蓮寿が始めた。
（注2）手習い＝習字のこと。
（注3）帳面＝ノートのこと。
（注4）一葉＝ノートの一枚。一ページ。

1　本文中の□に入る語句として最も適当なものはどれか。

ア　腰を抜かし　　イ　腹をかかえ
ウ　腕を鳴らし　　エ　首をかしげ

2　(1)すっきりした表情　とあるが、おてるがこのような表情になったのはなぜか。

ア　妙春のした間違いを賢吾に直接伝えることができたから。
イ　うまく言葉にできなかった自分の思いがまとまったから。
ウ　賢吾の寂しい気持ちを妙春が十分に理解してくれたから。
エ　妙春が自分のした間違いに気づいて繰り返し謝ったから。

3　(2)妙春は静かに言葉を返し、おてると賢吾を交互に見つめた　とあるが、ここから妙春のどのような思いが読み取れるか。

ア　二人に自分の考えをきちんと聞いてほしいという思い。
イ　二人に謝ることの大切さを分かってほしいという思い。
ウ　二人へのいらだちを隠してきちんと話そうという思い。
エ　二人への言動の間違いを何とか取り繕おうという思い。

4　(3)そういうこと　の説明として最も適当なものはどれか。

ア　遠く離れた地で未知のことを経験して、成長していくこと。
イ　他者が何を言おうと自分の考えを貫き、成長していくこと。
ウ　仲間や先生と議論を重ねて思考を磨き、成長していくこと。
エ　相手の考えに疑念を抱かず聞き入れて、成長していくこと。

5　(4)首を横に振ると、返された帳面を急にめくり出し、ある一葉を見つけ出すと、それを妙春の方に突き出してくる　とあるが、ここから賢吾のどのような思いが読み取れるか。六十字以内で書きなさい。

6　次の会話文は、生徒たちが本文について話し合ったときの会話の一部である。□に当てはまる言葉を本文中から十三字で抜き出しなさい。

Aさん「妙春先生は賢吾の才能に気づけなくて、落ち込んだままでいたのかな。」
Bさん「いや、後半の賢吾とのやりとりを経て、気持ちが変化していったと思うよ。」
Aさん「どのように変化したのかな。」
Bさん「『□』ている妙春先生の様子から、妙春先生は教師としての役目を果たせていた喜びを感じていることがわかるよ。」
Aさん「なるほど。教師の仕事って素敵だね。」

5

中学校の生徒会役員であるAさんとBさんは、小学六年生に向けた学校紹介の実施方法について話している。AさんとBさんの意見のどちらがよいと考えるか。あなたの考えを国語解答用紙(2)に二百字以上二百四十字以内で書きなさい。

なお、次の《条件》に従って書くこと。

《条件》
(i)　AさんとBさんのどちらかの意見を選ぶこと。
(ii)　選んだ理由を明確にすること。

Aさん「小学六年生を中学校に招いて紹介するやり方はどうかな。学校の様子を直接見てもらいながら説明した方がいいと思うんだ。」
Bさん「インターネットを使って紹介するやり方はどうかな。学校の様子をオンライン会議ソフトを使って説明したり、動画で公開したりしてもいいんじゃないかな。」

「でも、わたくしは何もおかしなことなどしていません。先生だって、間違いをすることはありますし、そういう時には謝らなければいけないでしょう。間違えたことを謝るのに、何がおかしいのですか。」

妙春が訊《き》き返すと、おてるはじっと考え込み、

「間違えたのを謝るのは変じゃないんだけど、先生が謝るのは何か……。」

と、呟《つぶや》きながら、□ている。

「先生だから間違えちゃいけませんって言われると、わたくしだって城戸先生だって、とても緊張してしまいます。蓮寿《れんじゅ》(注1)先生だって『間違いくらいするわよ。』っておっしゃると思いますよ。」

「うーん、確かに蓮寿先生なら、そう言いそうな気はするんだけど……。」

おてるはそう言ってから、再びしばらく考え込むと、

「妙春先生は、間違いなんてしそうもないなって思えたんです。」

と、ややあってから、(1)すっきりした表情になって言った。

「わたくしだって間違えることはありますよ。」

(2)妙春は静かに言葉を返し、おてると賢吾を交互に見つめた。

「だから、間違えたら謝るのです。でも、間違っていないと思う時は、誰かから責められてもきちんとそう言います。わたくしの故郷は秋田という遠いところなのですけれどね。そこには明道館という学び舎《や》があって、皆さんよりもう少し年上の若者たちが学んでいます。そこでは、仲間同士はもちろん、先生とも論じ合うことをよしとしています。先生からただ教えられるだけではなく、教えられたことを使って自分の考えを述べ、それに対して相手の考えを聞き、また自分の考えを述べる。そうやって考えを深めていき、仲間と一緒に成長していくのですね。」

おてるは何度も何度もうなずいている。ただし、おてるは分からなくてもうなずくことがあるから、本当に理解したかどうかは注意が必要だ。

一方の賢吾はまったく反応がない。それでも、話をきちんと聞いてくれたということは分かる。

「今はまだ、あなたたちは新しいことを学ばなければならないから、論じ合うのは早いけれど、いつかこの薫風庵でも(3)そういうことができたらいいなと思うのですよ。」

妙春は話を終え、おてるには自分の手習い(注2)へ戻るようにと伝えた。それから手にした賢吾の帳面(注3)に再び目をやり、宗次郎がこの寺子屋の指導に加わってくれて本当によかったと改めて思った。

「もしわたくしが一人で賢吾を見ていたら、今でもまだ、この優れた才に気づかぬままだったかもしれませんね。」

賢吾に帳面を返しつつ、

「賢吾も城戸先生には感謝の気持ちを持ってくださいね。」

と、告げると、賢吾はその時初めてうなずいた。だが、それから何を思ったか、(4)急に首を横に振ると、返された帳面を急にめくり出し、ある一葉(注4)を見つけ出すと、それを妙春の方に突き出してくる。

「たい賢はぐなるがごとし」

と、書かれている。

ふた月ほど前に講話で話した言葉だったろうか。賢吾がこの言葉を書き写したのは、おそらく「賢」が自分の名前に使われた漢字だということが心に響いたからと思われる。

――大賢は愚なるがごとし。

非常に賢い人はその知恵をひけらかさないため、愚か者のように見えることがある。「大智《たいち》は愚なるがごとし」とも言うが、その時は「賢」の字を用いて説明した。

賢吾が今この一葉を開いて見せたのは、自分の名にある漢字が使われているからではない。この言葉の意をしっかりと理解しているからだ。

大賢とは、まさに賢吾自身のことだ。そして、その賢吾が周囲から愚者のように見られていたのは事実である。

賢吾はそれを気にしているようにはまったく見えなかった。しかし、自分が他人と同じように振る舞えないことを、賢吾が悩んでいなかったと決めつけることもできない。

他人からは推し量れない形で、賢吾が悩んでいたということはあるだろう。

そして、その傷を負う賢吾が、この言葉によって慰められていたのだとすれば――。あるいは、この言葉を信じて、自棄《やけ》になることもなく日々を過ごすことができたのだとすれば――。

「そうでしたか。この言葉は賢吾の心に届いていたのですね。」

妙春は涙ぐみそうになるのをこらえて、ようやく言った。

が作った制度です。しかし、まだ権力もそれをふるうリーダーも現れない段階では、みんなが世界観や物語や神話を強く共有してきずなを強め合うことによって社会はまとまっていました。(2)土器は、そのためのメディアとして働いたのです。

〈松木武彦「はじめての考古学」〈筑摩書房〉から〉

(注1) モチーフ＝題材。
(注2) 親理論＝ある理論の元となる理論。
(注3) 小林達雄＝考古学者。
(注4) 環状集落＝中央の広場を囲んで住居や建物が円く並んだ大きな村。
(注5) 符合＝二つ以上の事柄やものがぴったり照合・対応すること。

1 本文中の [A]、[B] に入る語の組み合わせはどれか。

ア A 物理的　B 心理的
イ A 心理的　B 物理的
ウ A 心理的　B 生物学的
エ A 生物学的　B 心理的

2 (1)おそらく意図的にそうしていたと推測されます とあるが、筆者はどのようなことを推測しているか。そのことについて説明した次の文の [　] に当てはまるように、五十字以内で書きなさい。

縄文時代の人びとは、[　　　　] ということ。

3 本文中の [　] に入る語として、最も適当なものはどれか。

ア つまり　イ あるいは　ウ むしろ　エ ところで

4 段落の働きを説明したものとして、最も適当なものはどれか。

ア ①段落は、比喩を多用しながら他者の主張を否定している。
イ ④段落は、前段の内容に反論するため具体例を用いている。
ウ ⑤段落は、図を詳細に説明しつつ自説の欠点を補っている。
エ ⑥段落は、次の論へとつなぐため前の内容を整理している。

5 (2)土器は、そのためのメディアとして働いたのです とあるが、このことについてある生徒が次のようにノートにまとめた。これを見て、後の(Ⅰ)、(Ⅱ)の問いに答えなさい。

【縄文土器のメディアとしての働き】

縄文土器の「物語的文様」により、表象の組み合わせや順列を人びとの心に呼びおこす。

⬅

土器を使う生活の中で、人びとが物語や神話などを [X] する。

⬅

人びとのきずなを強め、集落の密な林立により [Y] ためのメディアとして働く。

(Ⅰ) [X] に入る語を本文中から二字で抜き出しなさい。
(Ⅱ) [Y] に入る内容を二十五字以内で書きなさい。

4

次の文章を読んで、1から6までの問いに答えなさい。

〔寺子屋「薫風庵《くんぷうあん》」で学ぶ賢吾《けんご》は、先生の城戸宗次郎《きどそうじろう》から算法(数学)の才能を見出《いだ》され、他の子供たちから称賛を得るようになった。賢吾を宗次郎よりも長く教えている妙春《みょうしゅん》は、賢吾の才能に気づけなかったことを謝った。そのとき、思いがけないところから声が上がる。〕

「妙春先生はおかしいです。」
隣の席からおてるがこちらをのぞき込んでいる。
「おかしいって何のことですか。」
「先生なのに、賢吾に謝っていることです。」
「それがおかしなことなの?」
「そうです。賢吾だって目を真ん丸にして、吃驚《びっくり》しちゃってるじゃないですか。」
おてるの言葉を受け、改めて賢吾に目を向けると、確かに先ほどから驚きの表情を変えていない。

いう、社会関係の中での心理的機能がまさるように進化した形です。縄文土器も、社会関係の中での心理的機能のために、あれほどの複雑さや派手さをもつようになったのです。

② こんな複雑で派手な土器で実際の煮炊きもするとは、今の私たちの感覚からすれば不合理ですが、当時はそれが当たり前だったのです。というより、そうでなければならなかった。そういう世界観の中で、人びとは生きていたのです。

③ 縄文土器の造形を、認知考古学の視角でくわしく分析してみましょう。まず気づくのは、縄文土器の文様には、「直線」「角」「区切り」がないことです。ほとんどの造形が曲線で構成されています。それは、生命体(動物や植物)と共通する形の特徴です。このバイオティック(生物的・生命的)な造形とデザインは、縄文土器の最大の特徴です。

④ このような造形とデザインの中には、特定の動物や植物によく似たモチーフ(注1)が埋め込まれています。たとえば図の胴のモチーフは、植物のつるのようにも、ヘビのようにも見えます。また、縁の上の突起は、ヘビの頭のようにも鳥の首のようにも見えます。つるやヘビや鳥をはっきりと描くのではなく、つる「のようにも見える」し、ヘビ「のようにも見える」し、鳥「のようにも見える」というあいまいさを残したモチーフです。あとで見るように、縄文時代の人びとは、特定の生物をはっきりと写実的に造形する能力と技術も持っていたので、このあいまいさは、(1)おそらく意図的にそうしていたと推測されます。「何だろうか?」と見る人に考えさせるのです。

⑤ 何だろうかと考えさせるこの力こそ、弥生時代以降の土器にはない、縄文土器独特のパワーです。縄文土器の文様を写真に撮って展開してみると、バイオティックなモチーフが二つ以上出てくることがふつうです(図)。しかし、細部は少しずつ違います。まったく同じモチーフをコピーするのではなくて、どこかを少しずつ変えてあるのです。[　　]、この土器のデザインは全体として「繰り返し」ではないのです。「繰り返し」だと、ただのパターン文様だとして脳がスルーしますが、違いがあると脳が反応し、何だろうかと考えさせるのです。

図　縄文土器の文様の展開

⑥ 認知考古学の親理論ともいえる認知心理学(注2)では、何だろうかと考えさせることを、「意味的処理を活発化させる」と表現します。脳を刺激して、意味を探らせる、あるいは意味を思い起こさせるのです。縄文土器に盛り込まれた心理的機能の中心は、意味的処理を活発化させるという働きなのです。強い意味を盛り込んだ土器が、縄文土器ということもできます。

⑦ 土器に盛り込まれた意味とは、何でしょうか。小林達雄(注3)さんは、縄文土器の文様を「物語的文様」と表現しました。物語とは意味の最たるものですから、「意味的処理を活発化させる」という認知考古学の分析結果と経験を積んだ考古学者の直観とが一致するわけです。

⑧ 縄文土器の文様が、物語なのか、神話なのか、あるいは部族の紋章なのか、その具体的なことは認知考古学ではわかりません。ただそれらが、彼ら彼女らが共有していた言語と世界観に根ざして何らかの意味をもっていた表象(心に思い浮かべることのできるひとかたまりの概念やイメージ)の組み合わせや順列を、彼ら彼女らの心に呼びおこすメディアだったことはまちがいないでしょう。

⑨ このような土器を用いて煮炊きをしたり食事をしたりすることを通じて、表象の組み合わせや順列をたがいの心に共有し、確かめ合うことが、たくさんの人びとを大きく複雑な社会にまとめていくための手段として必要だったのでしょう。そのことは、強い意味を盛り込んだこのような土器がとりわけ発達したのが、環状集落(注4)が密に林立して多くの人口を擁した関東甲信越から東北にかけての地域だったことと符合(注5)します。人口が増えて人間関係や社会関係が複雑化した中で、それを調整し、まとめるためのさまざまなメディアが必要とされたのでしょう。土器はその重要な一つでした。

⑩ 私たちの感覚からすれば、社会をまとめるのは、権力やリーダー

実戦編◆国語

県立R5

2 次の文章を読んで1から5までの問いに答えなさい。(------の左側は現代語訳である。)

今は昔、持統天皇と申す女帝《にょだい》の御代《みよ》に、中納言大神《おほみわ》(注1)の高市麿《たけちまろ》と言ふ人有りけり。もとよりひととなり心直《うるは》しくして、各《おのおの》に智《さと》り有りけり。また文《ふみ》(漢詩文)を学して、(1)諸道に明らかなりけり。然《しか》れば、天皇この人を以《もつ》て世　政《よのまつりごと》を任せ給《たま》へり。これに依《よ》りて、高市麿国を治め、民を哀《あは》れぶ。

而《しか》る間(ある時)、天皇諸々《もろもろ》の司《つかさ》に勅《ちよく》して(諸国の長に命じて)、猟《かり》に遊ばむ為《ため》に、伊勢《いせ》(注2)の国に行幸《ぎやうがう》有らむ(おでかけなさろう)として、「速やかにそのまうけ(準備)を営むべし。」と下さる(命令を下した)。而るに、その時三月《やよひ》の頃《ころ》ほひなり。高市麿奏《そう》して(申し上げて)いはく、「このごろ農業《なりはひ》の頃ほひなり。かの国に御行《みゆき》(おでかけ)有らば、必ず民の煩《わづら》ひ無きに非《あら》ず。然れば、(2)御行有るべからず。」と。天皇、高市麿の言《こと》に随《したが》ひ給《たま》はずして、なほ、「御行有るべし。」と下さる。然れども、高市麿なほ重ねて奏していはく、「なほ、この御行止め給ふべし。今農業の盛りなり。田夫《でむぶ》(農夫)の憂《うれ》へ多かるべし。」と。これに依りて、遂に御行止みぬ。然れば、民喜ぶこと限りなし。

ある時には天下干《かん》ばつせるに、この高市麿我が田の口を塞《ふさ》ぎて水入れずして、百姓《ひやくせい》(民)の田に水を入れしむ(入れさせた)。水を人に施せるに依りて、(3)既に我が田焼けぬ。此様《かやう》に我が身を棄《す》てて民を哀れぶ心有り。これに依りて、天神感《てんじんかむ》を垂れ、竜神雨を降らす。但《ただ》し、高市麿の田のみに雨降りて、余りの(他の)人の田には降らず。これ偏《ひと》へに、実《まこと》の心を至せれば、天これを感じて、守りを加ふる故《ゆゑ》なり。

然れば、人は心直しかるべし。

(「今昔物語集」から)

(注1) 大神の高市麿＝人名。
(注2) 伊勢の国＝現在の三重県。

1 随《したが》ひ給《たま》はず は現代ではどう読むか。現代かなづかいを用いて、すべてひらがなで書きなさい。

2 (1)諸道に明らかなりけり の意味として最も適当なものはどれか。

ア 様々な学問に精通していた。　イ 農業に力を注いでいた。
ウ 身なりが豪華で整っていた。　エ 誰にでも明るく接した。

3 (2)御行有るべからず と高市麿が言ったのはなぜか。三十字以内の現代語で書きなさい。

4 (3)既に我が田焼けぬ とあるが、それはなぜか。

ア 高市麿は民の田に水を入れるという身勝手な行動をして、竜神の怒りを買ったから。
イ 高市麿は天皇から優遇されていることを知られ、民によって田の水を抜かれたから。
ウ 高市麿が自らの田には水を引き入れず、民の田に水を入れるよう取り計らったから。
エ 高市麿が自らの田を焼いて天神に雨乞《あまご》いをすることで、民の田を守ろうとしたから。

5 本文の内容と合うものはどれか。

ア 天皇は高市麿の民を顧みない態度を改めさせた。
イ 高市麿は竜神の力に頼ることで奇跡を起こした。
ウ 天皇の命令に背き高市麿は漢詩文を学び続けた。
エ 高市麿の民に対する慈愛の心が神を感心させた。

3 縄文土器について述べた次の文章を読んで、1から5までの問いに答えなさい。①～⑩は形式段落の番号である。

① 土器は本来、物理的機能を満たすためのモノですが、それとは関係のない複雑な形や派手な文様は、心理的機能を加味するために盛り込まれた要素で、縄文土器の場合は、ときに［A］機能が［B］機能をそこなうほどに発達しています。これは、生物学的なアナロジー(比喩)では、オスのクジャクの尾羽(上尾筒《じょうびとう》)に当たります。飛ぶためという物理的機能よりも、メスをひきつけると

令和5年度
3月8日実施

栃木県立高校入試 問題

国語

制限時間 50分

1 次の1から4までの問いに答えなさい。

1 次の——線の部分の読みをひらがなで書きなさい。

(1) エンジンが停止する。　(2) 飛行機の模型を作る。
(3) けん玉の技を競う。　(4) 都会の騒音から逃れる。
(5) 抑揚をつけて話す。

2 次の——線の部分を漢字で書きなさい。

(1) リョクチャを飲む。　(2) 寒さをフセぐ。
(3) シュクフクの気持ちを表す。　(4) ヒタイの汗をぬぐう。
(5) 日がクれる。

3 次の会話について(1)から(3)までの問いに答えなさい。

観光ガイド　「ここまで見てきて、この町はいかがでしたか。」
観光客A　「□明治時代にタイムスリップしたような気分になりました。素敵な町ですね。」
観光ガイド　「この町並みが話題になったおかげで、年々観光客が増加しています。もしよければこの町並みを背景にお二人の写真を①撮りましょうか。」
観光客B　「お願いします。」
—(写真撮影)—
観光客B　「ありがとうございます。これからお昼ご飯を食べに行こうと思うのですが、おすすめのお店はありますか。」
観光ガイド　「駅前の○○食堂のオムライスはとても有名ですよ。ぜひ②食べてみてください。」
観光客A　「わかりました。ありがとうございます。」

(1) □に入る副詞として最も適当なものはどれか。

ア まるで　**イ** まだ　**ウ** なぜ　**エ** どうか

(2) ——線の部分と熟語の構成が同じものはどれか。

ア 未定　**イ** 前後　**ウ** 着席　**エ** 豊富

(3) 〰〰線の部分を適切な敬語表現に改める場合、正しい組み合わせはどれか。

ア ①お撮りし　②いただい
イ ①お撮りし　②召し上がっ
ウ ①お撮りになり　②召し上がっ
エ ①お撮りになり　②いただい

4 次の俳句について(1)、(2)の問いに答えなさい。

A 秋たつや川瀬にまじる風の音　(飯田《いいだ》蛇笏《だこつ》)
B 冬支度鷗《かもめ》もとほる村の空　(大峯《おおみね》あきら)

(1) A・Bに共通して用いられている表現技法はどれか。

ア 対句　**イ** 体言止め　**ウ** 反復　**エ** 直喩

(2) A・Bは同じ季節を詠《よ》んだ俳句である。A・Bと同じ季節を詠んだ俳句はどれか。

ア 枯山の月今昔を照らしゐる　(飯田《いいだ》龍太《りゅうた》)
イ 暗く暑く大群衆と花火待つ　(西東三鬼《さいとうさんき》)
ウ 月を待つ人皆ゆるく歩きをり　(高浜虚子《たかはまきょし》)
エ 八重桜日輪すこしあつきかな　(山口誓子《やまぐちせいし》)

解答・解説 P136

MEMO

[実戦編]

令和4年度
県立入試

栃木県
高校入試
の対策
2024

栃木県立高校入試　問題
社　会

制限時間 **50**分

1 図1は，栃木県に住む太郎さんが，旅行で訪れた四つの道府県(北海道，新潟県，大阪府，鹿児島県)の位置を示したものである。これを見て，次の1から8までの問いに答えなさい。

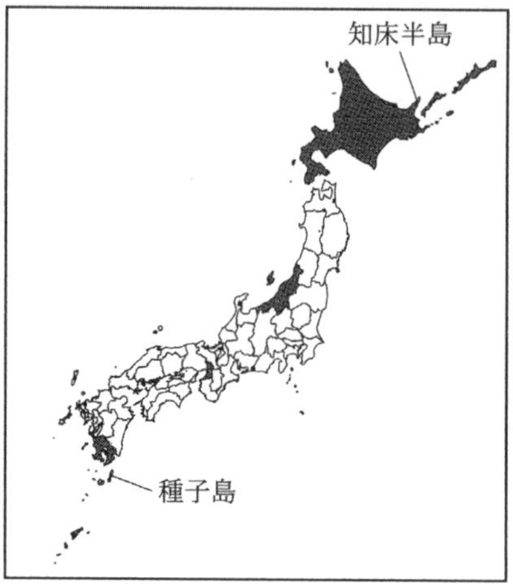

図1

1　次の文は，札幌市について述べたものである。文中の□に共通して当てはまる語を書きなさい。

> 札幌市は，道庁所在地で，人口190万人をこえる大都市である。大阪市，新潟市などとともに□都市となっている。□都市は，都道府県の業務の一部を分担し，一般の市よりも多くのことを独自に決めることができる。

2　図2のア，イ，ウ，エは，札幌市，新潟市，大阪市，鹿児島市のいずれかの雨温図である。大阪市はどれか。

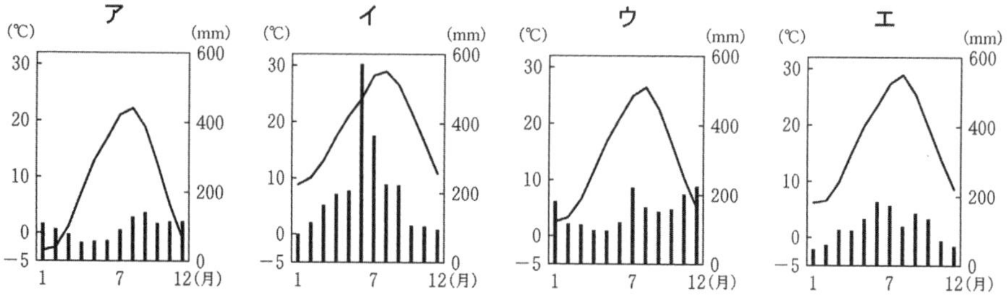

図2(「気象庁ウェブページ」により作成)

3　太郎さんは，図1で示した種子島を訪れ，カヌーで川を下りながらマングローブを眺めた。次のうち，マングローブが見られる国はどれか。

ア　スイス　　イ　インドネシア　　ウ　モンゴル　　エ　チリ

4　図3は，図1で示した四つの道府県に宿泊した旅行者数と東京都から四つの道府県への旅客輸送数(2019年)を示したものである。ⅠとⅡには，鉄道か航空のいずれかが当てはまる。Aに当てはまる道県と，Ⅰに当てはまる交通機関の組み合わせとして正しいのはどれか。

ア　A－北海道　Ⅰ－鉄道　　イ　A－新潟県　Ⅰ－鉄道
ウ　A－北海道　Ⅰ－航空　　エ　A－新潟県　Ⅰ－航空

道府県	宿泊旅行者数(千人)	東京都からの旅客輸送数(千人)	
		Ⅰ	Ⅱ
A	18,471	191	6,267
B	3,792	13	1,215
C	6,658	3,721	0
大阪府	16,709	10,327	3,237

図3(「県勢」ほかにより作成)

5　図4は，栃木県，大阪府，全国における，主な製造品の出荷額および従業者10人未満の事業所(2019年)についてそれぞれ示したものである。Pに当てはまる府県と，Xに当てはまる製造品の組み合わせとして正しいのはどれか。

ア　P－栃木県　X－金属製品
イ　P－栃木県　X－飲料・飼料
ウ　P－大阪府　X－金属製品
エ　P－大阪府　X－飲料・飼料

	主な製造品の出荷額		従業者10人未満の事業所	
府県	X(億円)	輸送用機械(億円)	各府県の全事業所数に占める割合(%)	製造品出荷額(億円)
P	17,073	15,142	71.1	9,829
Q	5,002	14,382	62.9	1,561
全国	162,706	701,960	※ 65.8	87,776

※　全国の全事業所数に占める割合

図4(「県勢」により作成)

解答・解説 P145

6　**図5**の**ア**，**イ**，**ウ**，**エ**は，**図1**で示した四つの道府県の農業産出額，米の産出額，農業産出額に占める米の割合(2019年)を示している。鹿児島県はどれか。

道府県	農業産出額(億円)	米の産出額(億円)	農業産出額に占める米の割合(%)
ア	12,593	1,122	8.9
イ	4,863	211	4.3
ウ	2,462	1,445	58.7
エ	332	73	22.0

図5(「県勢」により作成)

7　次の文は，太郎さんが**図1**で示した四つの道府県を旅行した際に訪れた施設について，それぞれ述べたものである。新潟県の施設はどれか。

ア　三大都市圏のうちの一つの都市圏にある千里《せんり》ニュータウンの模型を見ることができる。
イ　噴火を繰り返してきた桜島で暮らす人々の工夫について学ぶことができる。
ウ　先住民族であるアイヌの人々の歴史や文化を学ぶことができる。
エ　日本列島の地形を二分しているフォッサマグナの断面を見ることができる。

8　太郎さんは，**図1**で示した知床半島の斜里《しゃり》町を訪れた際に観光政策に興味をもち，**図6**，**図7**を作成した。1980年代から1990年代にかけて知床半島においてどのような問題が生じたと考えられるか。また，知床半島の人々はその解決に向けてどのような取り組みをしてきたのか，**図6**，**図7**をふまえ，「両立」の語を用いてそれぞれ簡潔に書きなさい。

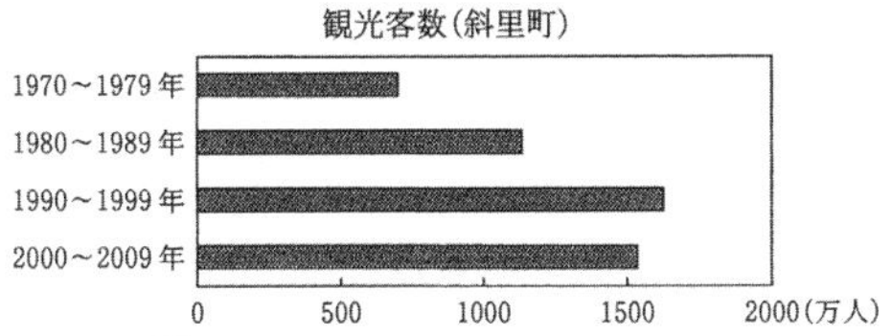

図6(「斜里町ウェブページ」により作成)

1980年	知床横断道路開通
1999年	自動車の乗り入れ規制開始
2005年	世界自然遺産登録
2007年	知床エコツーリズムガイドライン策定

図7(「知床データセンターウェブページ」により作成)

2　次の1，2の問いに答えなさい。

1　**図1**は，健さんが農産物についてまとめたものである。これを見て，次の(1)から(5)までの問いに答えなさい。

農産物	主な生産国	農産物から作られる飲料の例
ⓐとうもろこし	アメリカ　中国　ブラジル　アルゼンチン	ウイスキー
ⓑ茶	中国　インド　ケニア　スリランカ	緑茶，紅茶
ぶどう	中国　イタリア　アメリカ　スペイン	ⓒワイン
大麦	ロシア　フランス　ドイツ　オーストラリア	ⓓビール
ⓔカカオ豆	コートジボワール　ガーナ　インドネシア　ナイジェリア	ココア
コーヒー豆	ブラジル　ベトナム　インドネシア　コロンビア	コーヒー

図1(「地理統計要覧」により作成)

(1)　**図2**の**ア**，**イ**，**ウ**，**エ**は，**図1**中のアメリカ，インド，スペイン，ロシアの首都における年平均気温と，年降水量に占める6月から8月までの降水量の合計の割合を示している。スペインの首都とロシアの首都はそれぞれどれか。

(2)　下線部ⓐなどの植物を原料とし，自動車の燃料などに用いられているアルコール燃料を何というか。

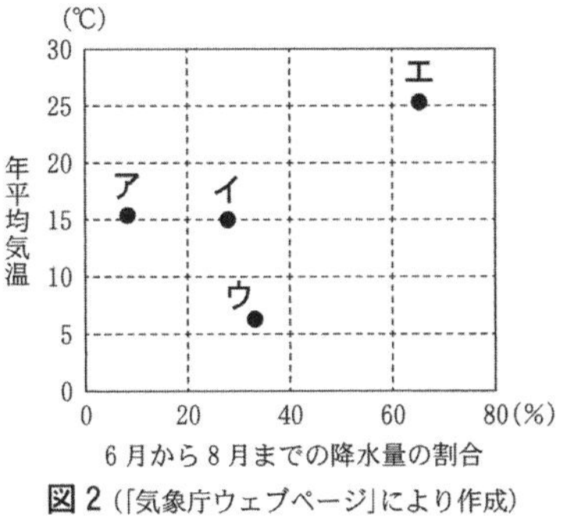

図2(「気象庁ウェブページ」により作成)

実戦編◆社会

県立R4

(3) 下線部ⓑについて，健さんは，茶の生産量の上位国ではないオーストラリアで，伝統的に茶が消費されてきたことを知り，この背景について，次のように考えた。文中の[　　　]に当てはまる国名を書きなさい。

> オーストラリアで茶が消費されてきた背景には，紅茶を飲む習慣があった[　　　]の植民地であったことが影響しているのではないか。

(4) 北アフリカや西アジアでは，下線部ⓒや下線部ⓓの一人当たりの消費量が他の地域に比べ少ない。このことに最も関連のある宗教はどれか。

ア イスラム教　　**イ** キリスト教　　**ウ** ヒンドゥー教　　**エ** 仏教

(5) 下線部ⓔについて，健さんは，**図3**，**図4**をもとに**図5**を作成した。[**X**]に当てはまる文を，「依存」の語を用いて簡潔に書きなさい。また，[**Y**]に当てはまる文を，簡潔に書きなさい。

コートジボワールの輸出上位品目(2017年)	輸出額に占める割合(%)
カカオ豆	27.9
カシューナッツ	9.7
金(非貨幣用)	6.6
天然ゴム	6.6
石油製品	6.0

図3(「世界国勢図会」により作成)

順位	カカオ豆生産国(2017年)	生産量(千t)	順位	カカオ豆輸出国(2017年)	輸出量(千t)
1	コートジボワール	2,034	1	コートジボワール	1,510
2	ガーナ	884	2	ガーナ	573
3	インドネシア	660	3	ナイジェリア	288
4	ナイジェリア	328	4	エクアドル	285
5	カメルーン	295	5	ベルギー	237
6	ブラジル	236	6	オランダ	231
7	エクアドル	206	7	カメルーン	222
	世界計	5,201		世界計	3,895

図4(「データブックオブザワールド」ほかにより作成)

> **【図3から読み取ったコートジボワールの課題】**
> ・コートジボワールの輸出における課題は，[　　**X**　　]。
> **【図4のカカオ豆の生産量と輸出量を比較して生じた疑問】**
> ・なぜ，ベルギーとオランダは，[　　**Y**　　]。
> **【図4から生じた疑問を調べた結果】**
> ・ベルギーとオランダは，輸入したカカオ豆を選別して付加価値をもたせ，輸出している。

図5

2 次の(1)，(2)の問いに答えなさい。

(1) **図6**は，排他的経済水域の面積(領海を含む)について示したものであり，**P**，**Q**，**R**には，日本，アメリカ，ブラジルのいずれかが当てはまる。**P**，**Q**，**R**に当てはまる国の組み合わせとして正しいのはどれか。

ア **P**－日本　　**Q**－アメリカ　　**R**－ブラジル
イ **P**－日本　　**Q**－ブラジル　　**R**－アメリカ
ウ **P**－アメリカ　　**Q**－日本　　**R**－ブラジル
エ **P**－ブラジル　　**Q**－日本　　**R**－アメリカ

国名	排他的経済水域の面積(万 km^2)	領土の面積を1とした場合の排他的経済水域の面積
P	762	0.78
Q	447	11.76
R	317	0.37

図6(「地理統計要覧」ほかにより作成)

(2) **図7**の**ア**，**イ**，**ウ**，**エ**は，1970年と2015年における，日本と中国の人口ピラミッドである。2015年の中国の人口ピラミッドはどれか。

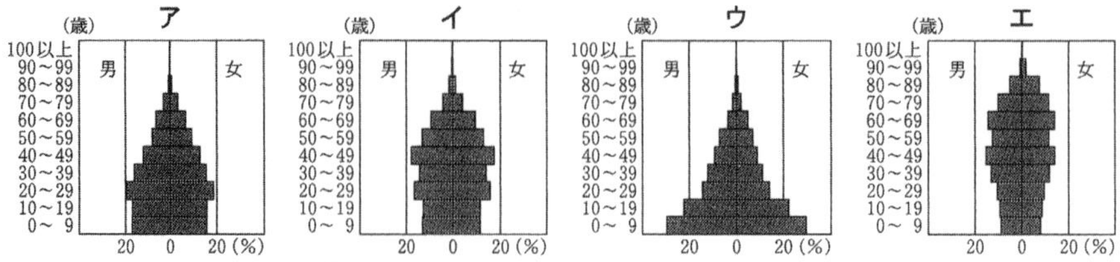

図7(「United Nations ウェブページ」により作成)

解答・解説 P145

3 詩織さんは，国際的に活躍した人物について調べ，**図1**を作成した。これを見て，次の1から8までの問いに答えなさい。

人　物	説　　　明
小野妹子	Ⅰ ために，隋を訪れた。
Ⅱ	唐の僧で，日本に仏教の教えや決まりを伝えた。
栄西	ⓐ宋で Ⅲ 宗を学び，臨済宗を開いた。
マルコ・ポーロ	フビライ・ハンに仕え，ⓑ『世界の記述』を記した。
フランシスコ・ザビエル	イエズス会の宣教師として日本を訪れ，ⓒキリスト教の布教に努めた。
ウィリアム・アダムス	ⓓ徳川家康に仕え，幕府の外交を担当した。
ハリス	アメリカの領事となり，日本とⓔ日米修好通商条約を結んだ。

図1

1 Ⅰ に当てはまる文として最も適切なのはどれか。
ア 青銅器や鉄器を手に入れる　　**イ** 政治の制度や文化を学ぶ
ウ 倭寇の取り締まりを求める　　**エ** 皇帝から金印や銅鏡を得る

2 Ⅱ ， Ⅲ に当てはまる語の組み合わせとして正しいのはどれか。
ア Ⅱ－鑑真　Ⅲ－禅　　**イ** Ⅱ－鑑真　Ⅲ－浄土
ウ Ⅱ－空海　Ⅲ－禅　　**エ** Ⅱ－空海　Ⅲ－浄土

3 下線部ⓐとの貿易を進めた人物はどれか。
ア 菅原道真　**イ** 中臣鎌足　**ウ** 平清盛　**エ** 足利尊氏

4 下線部ⓑにおいて，日本は「黄金《おうごん》の国ジパング」と紹介されている。金《きん》が使われた次の**ア**，**イ**，**ウ**，**エ**の建築物のうち，マルコ・ポーロがフビライ・ハンに仕えていたとき，すでに建てられていたものを**すべて**選びなさい。
ア 金閣　**イ** 平等院鳳凰堂　**ウ** 中尊寺金色堂　**エ** 安土城

5 下線部ⓒについて，豊臣秀吉が実施したキリスト教に関する政策はどれか。
ア 天正遣欧少年使節（天正遣欧使節）をローマ教皇のもとへ派遣した。
イ キリスト教徒を発見するために，絵踏を実施した。
ウ 外国船を追い払い，日本に近付かせないようにした。
エ 宣教師（バテレン）の海外追放を命じた。

6 下線部ⓓは，大名や商人の海外への渡航を許可し，主に東南アジア諸国と貿易を行うことを奨励した。この貿易を何というか。

7 下線部ⓔの条約では，兵庫の開港が決まっていたが，幕府は兵庫ではなく隣村の神戸を開港し，外国人居住区を**図2**中に示した場所に設置した。外国人居住区が神戸に設置された理由を，**図2**，**図3**をふまえ，「交流」の語を用いて簡潔に書きなさい。

図2　開港前の兵庫と神戸（「神戸覧古」により作成）

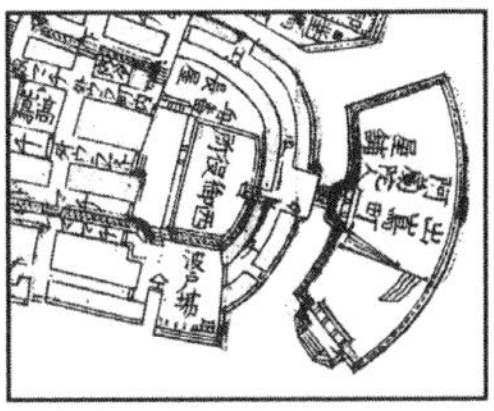
図3　出島（「長崎図」により作成）

8 詩織さんは**図1**をもとに**図4**を作成した。　　　に当てはまる語を書きなさい。

日本と交流した地域の変化		
＜古代から中世＞	➡	＜近世＞
東アジア		東アジア＋ヨーロッパ ← 〔背景〕 ヨーロッパの人々による新航路の開拓＝　　　時代とよぶ

図4

4 略年表を見て，次の1から6までの問いに答えなさい。

時代	主なできごと	
明治	ⓐ<u>江戸を東京とし，東京府を置く</u>	A
	大日本帝国憲法が発布される	
大正	東京駅が開業する	B
	ⓑ<u>「帝都復興事業」が始まる</u>	
昭和	ⓒ<u>東京で学徒出陣壮行会が行われる</u>	
	日本国憲法が施行される	C
	東京オリンピックが開催される	

1 下線部ⓐの頃の日本のできごととして適切なのはどれか。

ア 五箇条の御誓文が出された。

イ ラジオ放送が開始された。

ウ 教育勅語が発布された。

エ 日本万国博覧会が開催された。

2 **A**の時期におきたできごとを年代の古い順に並べ替えなさい。

ア 国会期成同盟が結成された。　　イ 民撰議院設立の建白書が提出された。

ウ 内閣制度が創設された。　　エ 廃藩置県が実施された。

3 下線部ⓑについて，**図1**は区画整理に関する東京の住民向けの啓発資料であり，**図2**は「帝都復興事業」に関する当時の資料を分かりやすく書き直したものである。「帝都復興事業」によってどのような都市を目指したのか，**図2**中にある「昨年の震災」の名称を明らかにしながら，**図1**，**図2**をふまえ，簡潔に書きなさい。

図1（「帝都復興の基礎区画整理早わかり」により作成）

区画整理の利益
・広い道路が四方八方に通ることで火災時の消防、事後の避難が容易となり、昨年の震災当時のような被害を免れる一手段となる。
・道路が広くなることで市街地建築物法の規定によって高い建物を建てることができる。
・曲がりくねった道路から直線道路となり、上下水道やガス、電線等の工事費と維持費を節約できる。
・番地が順番に整とんされるので、訪問や郵便配達が便利になる。
大正十三年三月

図2（「東京都市計画事業街路及運河図」により作成）

4 次の文は，**B**の時期におきた社会運動について述べたものである。文中の［　　］に当てはまる語を書きなさい。

> 明治初期に出された「解放令」後も部落差別がなくならなかったため，平等な社会の実現を目指して，1922年に［　　］が結成された。

5 **図3**は，下線部ⓒの様子である。**図3**の写真が撮影された時期として適切なのは，**図4**の略年表中の**ア**，**イ**，**ウ**，**エ**の時期のうちどれか。

図3（「写真週報」により作成）

盧溝橋事件
↓ ア
真珠湾攻撃
↓ イ
ミッドウェー海戦
↓ ウ
ポツダム宣言の受諾
↓ エ
警察予備隊の創設

図4

6 **C**の時期について，次の(1)，(2)の問いに答えなさい。

(1) この時期における国際社会の状況として<u>当てはまらない</u>のはどれか。

ア 日本は，アメリカなど48か国とサンフランシスコ平和条約を結んだ。

イ 日本は日ソ共同宣言に調印し，ソ連と国交を回復した。

ウ 朝鮮戦争が始まり，日本本土や沖縄のアメリカ軍基地が使用された。

エ 中東戦争の影響で原油価格が大幅に上昇し，石油危機がおきた。

(2) この時期におきた，日米安全保障条約の改定に対する激しい反対運動を何というか。

5　次の１，２の問いに答えなさい。

1　次の(1)，(2)，(3)の問いに答えなさい。

(1)　経済活動の規模をはかる尺度として用いられる，国内で一定期間（通常１年間）に生産された財やサービスの付加価値の合計を何というか。

(2)　図１，図２は，製品Aの需要量と供給量，価格の関係を示したものである。図１中の②の曲線が図２中の②′の位置に移動したときの説明として，正しいのはどれか。

ア　環境に配慮した製品Aへの注目が集まり，需要量が増えた。

イ　製品Aに代わる新製品が発売され，製品Aの需要量が減った。

ウ　製品Aを製造する技術が向上して大量生産が可能になり，供給量が増えた。

エ　部品の入手が困難になり，製品Aの供給量が減った。

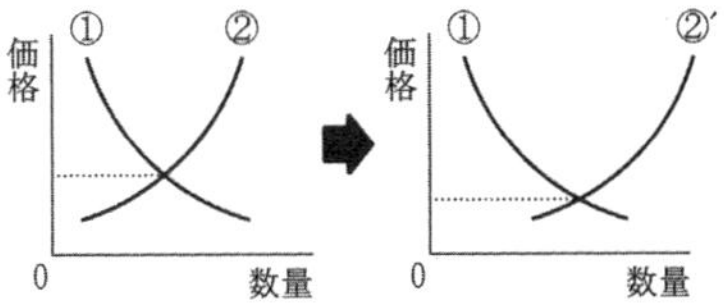

図１　図２

(3)　金融政策について，次の文中の［ I ］，［ Ⅱ ］に当てはまる語の組み合わせとして正しいのはどれか。

> 好景気の（景気が過熱する）時，［ I ］は公開市場操作を行い，国債などを［ Ⅱ ］ことで，一般の金融機関の資金量を減らす。

ア　I－日本政府　Ⅱ－買う　　イ　I－日本政府　Ⅱ－売る

ウ　I－日本銀行　Ⅱ－買う　　エ　I－日本銀行　Ⅱ－売る

2　次の(1)から(4)までの問いに答えなさい。

(1)　地方公共団体の議会が制定する独自の法のことを何というか。

(2)　内閣の仕事として，正しいのはどれか。二つ選びなさい。

ア　条約の締結　　イ　法律の制定

ウ　予算の審議　　エ　天皇の国事行為への助言と承認

(3)　内閣不信任決議案が可決された場合について，次の文中の［ I ］，［ Ⅱ ］に当てはまる語の組み合わせとして正しいのはどれか。なお，同じ記号には同じ語が当てはまる。

> 内閣は，10日以内に［ I ］を解散するか，総辞職しなければならない。［ I ］を解散した場合は，解散後の総選挙の日から30日以内に，［ Ⅱ ］が召集される。

ア　I－衆議院　Ⅱ－臨時会　　イ　I－衆議院　Ⅱ－特別会

ウ　I－参議院　Ⅱ－臨時会　　エ　I－参議院　Ⅱ－特別会

(4)　図３は，国や地方公共団体の政策についてまとめたものである。あなたはXとYのどちらの政策に賛成か。解答欄のXとYのいずれかを○で囲みなさい。また，あなたが賛成した政策が「大きな政府」と「小さな政府」のどちらの政策であるかを明らかにし，その政策の特徴を，図３をふまえ簡潔に書きなさい。

Xの政策	Yの政策
すべてのタクシー会社が利益を確保できるよう，国がタクシー運賃を決める。	タクシー会社間の自由な競争を促すため，タクシー運賃を自由化する。
バス路線が赤字となったら，税金を使って維持する。	バス路線が赤字となったら，税金を使わず廃止する。

図３

6 次の文は，ゆうさんが社会科の授業で学んだSDGsの取り組みについてまとめたものの一部である。これを読み，次の1から6までの問いに答えなさい。

> 世界の国々は，ⓐ<u>貿易や投資</u>などで結び付きを深めているが，依然としてさまざまな課題を抱えている。そのため，ⓑ<u>国際連合</u>は，2015年に「［ A ］な開発目標」であるSDGsを採択して，ⓒ<u>「質の高い教育をみんなに」</u>や「気候変動に具体的な対策を」，ⓓ<u>「平和と公正をすべての人に」</u>など，すべての加盟国が2030年までに達成すべき17の目標を設定した。気候変動への具体的な対策の一つとして，2015年にⓔ<u>温室効果ガスの削減</u>に向けた新たな国際的な枠組みである［ B ］協定が採択された。

1 文中の［ A ］，［ B ］に当てはまる語を書きなさい。

2 下線部ⓐに関して，為替相場の変動について述べた次の文中の［ Ⅰ ］，［ Ⅱ ］に当てはまる語の組み合わせとして正しいのはどれか。

> 日本の自動車会社であるC社は，1ドル＝150円のとき，1台150万円の自動車を日本からアメリカに輸出した。この場合，1ドル＝100円のときと比べると，この自動車のアメリカでの販売価格は［ Ⅰ ］なるため，アメリカに自動車を輸出しているC社にとって［ Ⅱ ］になる。

ア Ⅰ－安く Ⅱ－有利　　イ Ⅰ－安く Ⅱ－不利
ウ Ⅰ－高く Ⅱ－有利　　エ Ⅰ－高く Ⅱ－不利

3 下線部ⓑについての説明として**当てはまらない**のはどれか。
ア 国際連合には，WHOやUNESCOを含む専門機関がある。
イ 国際連合の安全保障理事会は，平和を脅かした加盟国に対して制裁を加えることがある。
ウ 国際連合は，平和維持活動により停戦の監視を行い，紛争の平和的な収束を図っている。
エ 国際連合の総会では，加盟国のうち一か国でも拒否権を行使すると決議ができない。

4 日本国憲法に規定されている権利のうち，下線部ⓒと最も関連があるのはどれか。
ア 請求権(国務請求権)　イ 自由権　ウ 社会権　エ 参政権

5 下線部ⓓに関連して，次の文中の［　　］に当てはまる語を書きなさい。

> 人種，宗教，国籍，政治的意見や特定の社会集団に属するなどの理由で迫害を受ける恐れがあるために故郷を追われて国外に逃れた人々は，［　　］とよばれ，その人々の支援や保護を行う国際連合の機関が設置されている。

6 下線部ⓔに関して，次の文は，ゆうさんが日本における発電について発表した原稿の一部である。［ X ］，［ Y ］に当てはまる文を，図1，図2をふまえ，簡潔に書きなさい。

> 環境保全のためには，太陽光発電を増やしていくことが大切だと思います。しかし，太陽光発電は天候に左右され，また，火力発電と比べて，［ X ］という短所があるので，電力の安定供給には，火力発電も依然として必要な状況です。そのため，石炭火力発電と天然ガス火力発電のどちらにおいても［ Y ］という取り組みを行っています。

太陽光発電と火力発電の特徴

	太陽光発電	火力発電
発電効率	20 %	天然ガス：46 % 石炭：41 % 石油：38 %
発電に伴う二酸化炭素排出量の総計	なし	43,900 万 t

注1）発電効率の太陽光発電は2020年，火力発電は2015年，発電に伴う二酸化炭素排出量の総計は2019年
注2）発電効率とは，発電に用いられたエネルギーが電気に変換される割合

図1（「環境省ウェブページ」ほかにより作成）

火力発電における二酸化炭素排出量の予測(2020年)

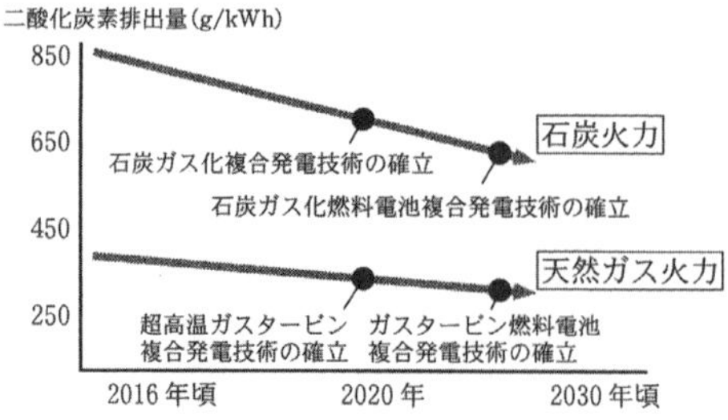

図2（「環境省ウェブページ」により作成）

解答・解説 P145

栃木県立高校入試　問題

数　学

制限時間 50分

1　次の1から8までの問いに答えなさい。

1　$14 \div (-7)$ を計算しなさい。

2　$\frac{2}{3}a + \frac{1}{4}a$ を計算しなさい。

3　$(x+5)(x+4)$ を展開しなさい。

4　2次方程式 $2x^2 - 3x - 1 = 0$ を解きなさい。

5　関数 $y = \frac{12}{x}$ について，x の変域が $3 \leqq x \leqq 6$ のときの y の変域を求めなさい。

6　右の図は，半径が9cm，中心角が60°のおうぎ形である。このおうぎ形の弧の長さを求めなさい。ただし，円周率は π とする。

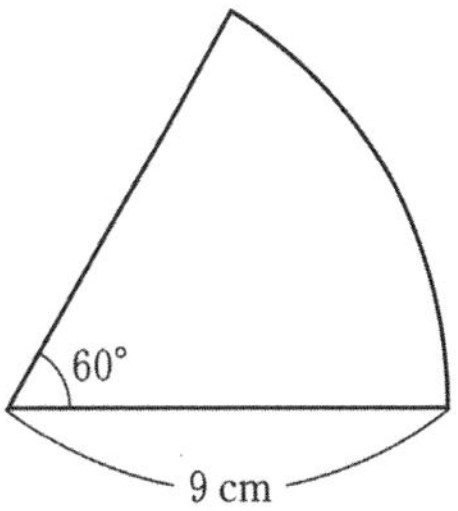

7　右の図において，点A，B，Cは円Oの周上にある。$\angle x$ の大きさを求めなさい。

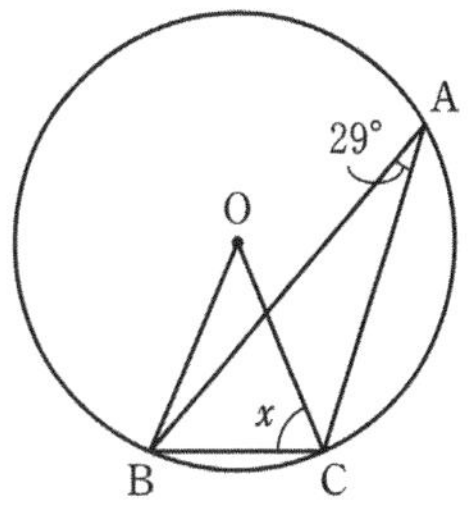

8　△ABCと△DEFにおいて BC＝EF であるとき，条件として加えても △ABC≡△DEF が常に成り立つとは限らないものを，**ア**，**イ**，**ウ**，**エ**のうちから1つ選んで，記号で答えなさい。

ア　AB＝DE，AC＝DF　　**イ**　AB＝DE，∠B＝∠E
ウ　AB＝DE，∠C＝∠F　　**エ**　∠B＝∠E，∠C＝∠F

2　次の1，2，3の問いに答えなさい。

1　$\sqrt{10-n}$ が正の整数となるような正の整数 n の値をすべて求めなさい。

2　ある観光地で，大人2人と子ども5人がロープウェイに乗車したところ，運賃の合計は3800円であった。また，大人5人と子ども10人が同じロープウェイに乗車したところ，全員分の運賃が2割引となる団体割引が適用され，運賃の合計は6800円であった。

　このとき，大人1人の割引前の運賃を x 円，子ども1人の割引前の運賃を y 円として連立方程式をつくり，大人1人と子ども1人の割引前の運賃をそれぞれ求めなさい。ただし，途中の計算も書くこと。

解答・解説　P148

3　xについての2次方程式 $x^2-8x+2a+1=0$ の解の1つが $x=3$ であるとき，aの値を求めなさい。また，もう1つの解を求めなさい。

3　次の1，2，3の問いに答えなさい。

1　大小2つのさいころを同時に投げるとき，出る目の数の積が25以上になる確率を求めなさい。

2　袋の中に800個のペットボトルのキャップが入っている。袋の中のキャップをよくかき混ぜた後，袋から無作為にキャップを50個取り出したところ，赤色のキャップが15個含まれていた。800個のキャップの中には，赤色のキャップが何個含まれていると推定できるか。およその個数を求めなさい。

3　3つの都市A，B，Cについて，ある年における，降水量が1mm以上であった日の月ごとの日数を調べた。

このとき，次の(1)，(2)の問いに答えなさい。

(1)　下の表は，A市の月ごとのデータである。このデータの第1四分位数と第2四分位数（中央値）をそれぞれ求めなさい。また，A市の月ごとのデータの箱ひげ図をかきなさい。

	1月	2月	3月	4月	5月	6月	7月	8月	9月	10月	11月	12月
日数（日）	5	4	6	11	13	15	21	6	13	8	3	1

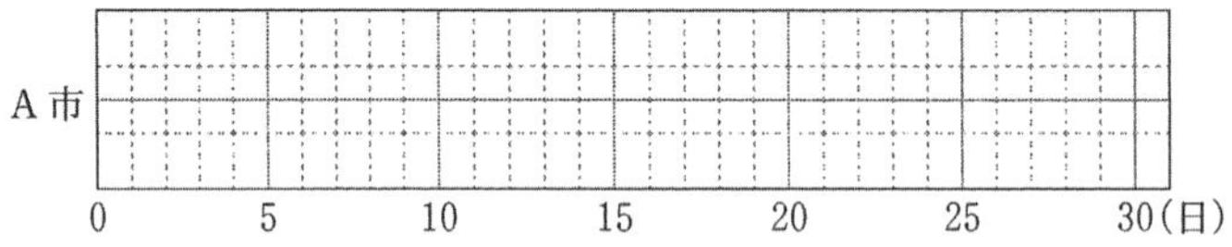

(2)　下の図は，B市とC市の月ごとのデータを箱ひげ図に表したものである。B市とC市を比べたとき，データの散らばりぐあいが大きいのはどちらか答えなさい。また，そのように判断できる理由を「範囲」と「四分位範囲」の両方の用語を用いて説明しなさい。

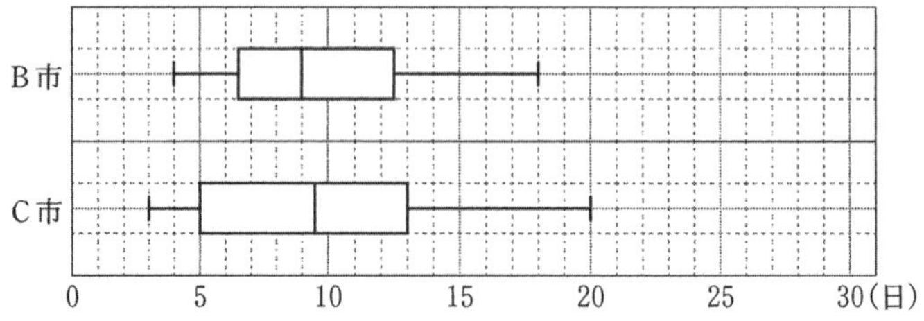

実戦編◆数学
県立
R4

解答・解説　P148

4 次の1，2，3の問いに答えなさい。

1 右の図のように，直線 ℓ 上の点A，ℓ 上にない点Bがある。このとき，下の【条件】をともに満たす点Pを作図によって求めなさい。ただし，作図には定規とコンパスを使い，また，作図に用いた線は消さないこと。

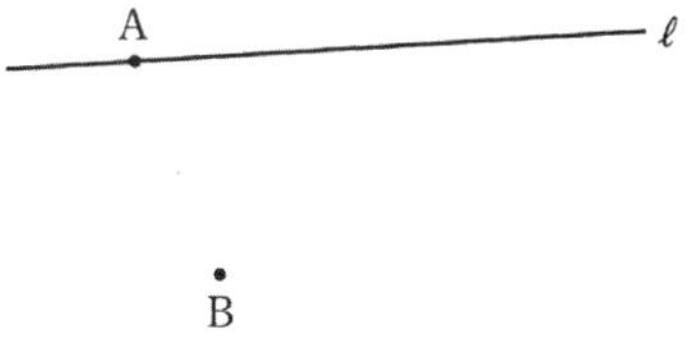

【条件】
・点Pは直線 ℓ 上にある。
・AP = BP である。

2 右の図は，DE = 4 cm，EF = 2 cm，∠DEF = 90° の直角三角形DEFを底面とする高さが3 cmの三角柱ABC − DEFである。また，辺AD上にDG = 1 cmとなる点Gをとる。

このとき，次の(1)，(2)の問いに答えなさい。

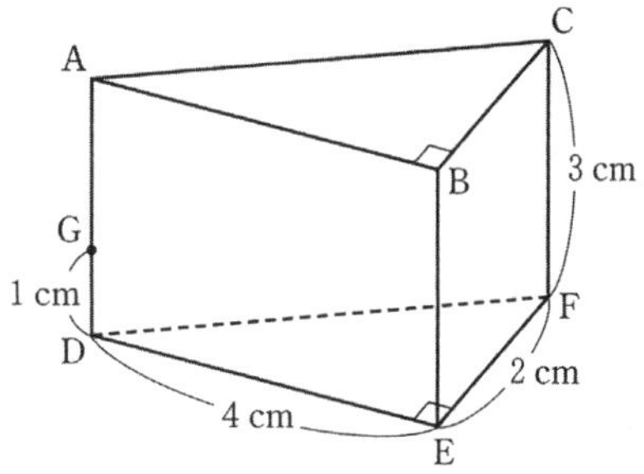

(1) BGの長さを求めなさい。

(2) 三角柱ABC − DEFを3点B，C，Gを含む平面で2つの立体に分けた。この2つの立体のうち，頂点Dを含む立体の体積を求めなさい。

3 右の図のような，AB = ACの二等辺三角形ABCがあり，辺BAの延長に∠ACB = ∠ACDとなるように点Dをとる。ただし，AB < BCとする。

このとき，△DBC ∽ △DCAであることを証明しなさい。

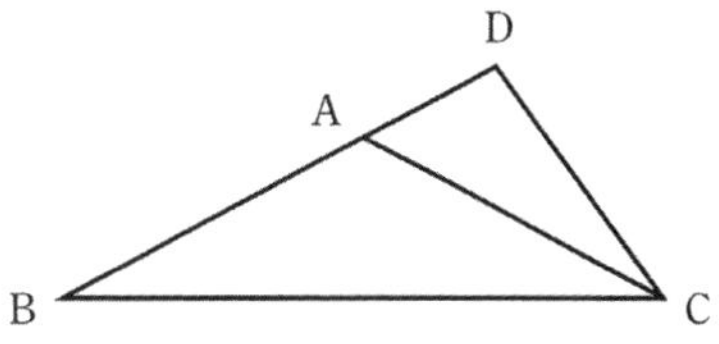

5 次の１，２の問いに答えなさい。

1 右の図のように，2つの関数 $y=x^2$，$y=ax^2$（$0<a<1$）のグラフがある。$y=x^2$ のグラフ上で x 座標が2である点をAとし，点Aを通り x 軸に平行な直線が $y=x^2$ のグラフと交わる点のうち，Aと異なる点をBとする。また，$y=ax^2$ のグラフ上で x 座標が4である点をCとし，点Cを通り x 軸に平行な直線が $y=ax^2$ のグラフと交わる点のうち，Cと異なる点をDとする。

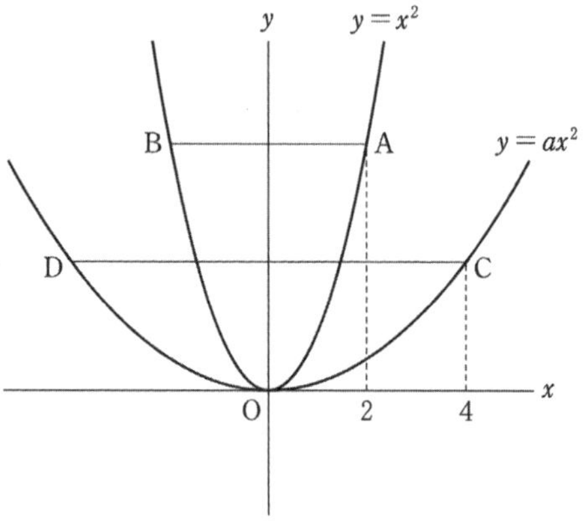

このとき，次の⑴，⑵，⑶の問いに答えなさい。

⑴ $y=x^2$ のグラフと x 軸について対称なグラフを表す式を求めなさい。

⑵ △OABと△OCDの面積が等しくなるとき，a の値を求めなさい。

⑶ 直線ACと直線DOが平行になるとき，a の値を求めなさい。ただし，途中の計算も書くこと。

解答・解説 P149

2　太郎さんは課題学習で2つの電力会社，A社とB社の料金プランを調べ，右の表のようにまとめた。

会社	基本料金	電力量料金（1 kWh あたり）	
A	2400 円	0 kWh から 200 kWh まで	22 円
		200 kWh を超えた分	28 円
B	3000 円	0 kWh から 200 kWh まで	20 円
		200 kWh を超えた分	24 円

例えば，電気使用量が 250 kWh のとき，A社の料金プランでは，基本料金 2400 円に加え，200 kWh までは 1 kWh あたり 22 円，200 kWh を超えた分の 50 kWh については 1 kWh あたり 28 円の電力量料金がかかるため，電気料金は 8200 円となることがわかった。

（式）　$2400 + 22 \times 200 + 28 \times 50 = 8200$（円）

また，電気使用量を x kWh とするときの電気料金を y 円として x と y の関係をグラフに表すと，右の図のようになった。

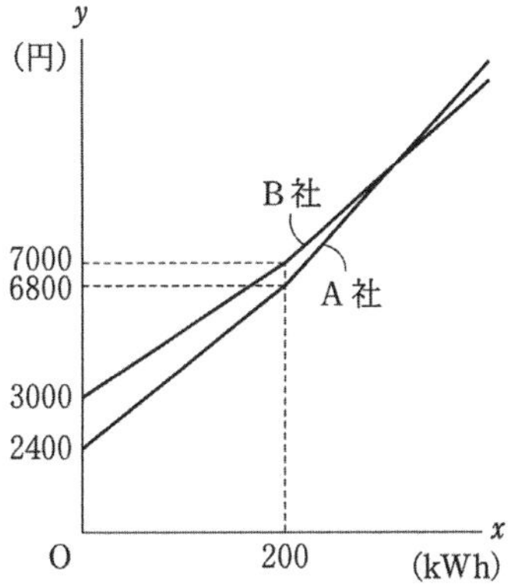

このとき，次の(1)，(2)，(3)の問いに答えなさい。

(1)　B社の料金プランで，電気料金が 9400 円のときの電気使用量を求めなさい。

(2)　A社の料金プランについて，電気使用量が 200 kWh を超えた範囲での x と y の関係を表す式を求めなさい。

(3)　次の［　　　］内の先生と太郎さんの会話文を読んで，下の問いに答えなさい。

先生「先生の家で契約しているC社の料金プランは，右の表のようになっています。まず，A社の料金プランと比べてみよう。」

会社	基本料金	電力量料金（1 kWh あたり）	
C	2500 円	電気使用量に関係なく	25 円

太郎「電気使用量が 200 kWh のときC社の電気料金は 7500 円になるから，200 kWh まではA社の方が安いと思います。」

先生「それでは，電気使用量が0以上 200 kWh 以下の範囲でA社の方が安いことを，1次関数のグラフを用いて説明してみよう。」

太郎「$0 \leqq x \leqq 200$ の範囲では，グラフは直線で，A社のグラフの切片 2400 はC社のグラフの切片 2500 より小さく，A社のグラフが通る点(200, 6800)はC社のグラフが通る点(200, 7500)より下にあるので，A社のグラフはC社のグラフより下側にあり，A社の方が安いといえます。」

先生「次に，B社とC社の電気料金を，電気使用量が 200 kWh 以上の範囲で比べてみよう。」

太郎「$x \geqq 200$ の範囲では，グラフは直線で，［　　　　　　　　］ので，B社のグラフはC社のグラフより下側にあり，B社の方が安いといえます。」

先生「わかりやすい説明ですね。先生の家でも料金プランを見直してみるね。」

［　　　］では，太郎さんが，$x \geqq 200$ の範囲でB社のグラフがC社のグラフより下側にある理由を正しく説明している。［　　　］に当てはまる説明を，下線部を参考にグラフが通る点とグラフの傾きに着目して書きなさい。

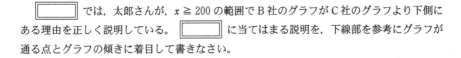

6 反復横跳びとは，図1のように，中央の線をまたいだところから「始め」の合図で跳び始め，サイドステップで，右の線をまたぐ，中央の線に戻る，左の線をまたぐ，中央の線に戻るという動きを一定時間繰り返す種目である。

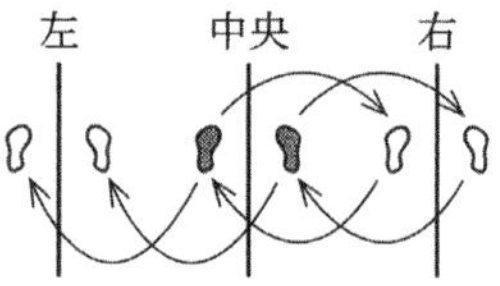

図1

ここでは，跳び始めてからの線をまたいだ回数を「全体の回数」とする。例えば，図2のように，⓪中央→①右→②中央→③左→④中央→⑤右と動くと，右の線をまたいでいるのは2度目であり，「全体の回数」は5回である。

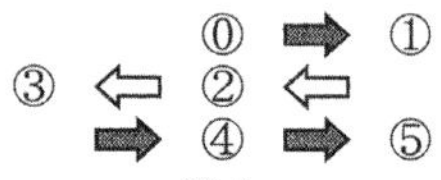

図2

反復横跳びを応用して次のことを考えた。

下の図3のように，中央の線の左右にそれぞれn本の線を等間隔に引き，反復横跳びと同様に中央の線をまたいだところから跳び始め，線をまたぎながら右端の線までサイドステップする。右端の線をまたいだ後は，折り返して左端の線までサイドステップする。さらに，左端の線をまたいだ後は，折り返して右端の線までサイドステップするという動きを繰り返す。なお，右端と左端の線で跳ぶとき以外は跳ぶ方向を変えないこととする。ただし，nは正の整数とする。

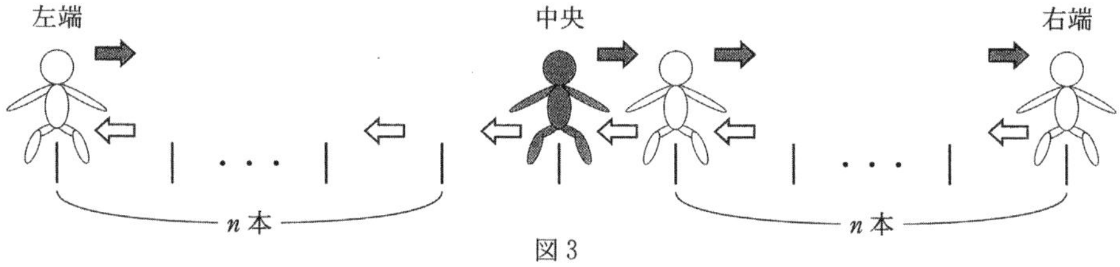

図3

このとき，次の1，2，3の問いに答えなさい。

1 図4は，$n = 2$ のときである。「全体の回数」が19回のときにまたいでいる線を，図4のアからオの中から1つ選んで，記号で答えなさい。また，その線をまたいでいるのは何度目か答えなさい。

図4

2 中央→右端→中央→左端→中央と動くことを1往復とする。$n = a$のとき，3往復したときの「全体の回数」をaを用いて表しなさい。ただし，aは正の整数とする。

3 次の文のⅠ，Ⅱに当てはまる式や数を求めなさい。ただし，bは2以上の整数とする。なお，同じ記号には同じ式が当てはまる。

> 左端の線を左から1番目の線とする。$n = b$のとき，左から2番目の線を1度目にまたいだときの「全体の回数」は，bを用いて表すと(　Ⅰ　)回となる。また，左から2番目の線を12度目にまたいだときの「全体の回数」は，(　Ⅰ　)の8倍と等しくなる。このときのbの値は(　Ⅱ　)である。

解答・解説 P149

栃木県立高校入試　問題
理　科

制限時間 50分

1 次の１から８までの問いに答えなさい。

1　長期間，大きな力を受けて波打つように曲げられた地層のつくりはどれか。

ア　隆　起　　　イ　沈　降　　　ウ　しゅう曲　　　エ　断　層

2　人体にとって有害なアンモニアを，害の少ない尿素に変えるはたらきをもつ器官はどれか。

ア　小　腸　　　イ　じん臓　　　ウ　すい臓　　　エ　肝　臓

3　次のうち，熱の放射の仕組みを利用したものはどれか。

ア　エアコンで室温を下げる。　　　イ　非接触体温計で体温をはかる。

ウ　氷で飲み物を冷やす。　　　エ　熱したフライパンでたまご焼きをつくる。

4　右の表は，４種類の物質A，B，C，Dの融点と沸点を示したものである。物質の温度が20℃のとき，液体であるものはどれか。

	融点〔℃〕	沸点〔℃〕
物質A	－188	－42
物質B	－115	78
物質C	54	174
物質D	80	218

ア　物質A　　　イ　物質B　　　ウ　物質C　　　エ　物質D

5　花粉がめしべの柱頭につくことを何というか。

6　物体の表面の細かい凹凸《おうとつ》により，光がさまざまな方向に反射する現象を何というか。

7　気温や湿度が，広い範囲でほぼ一様な大気のかたまりを何というか。

8　原子を構成する粒子の中で，電気をもたない粒子を何というか。

2 火成岩のつくりとそのでき方について調べるために，次の⑴，⑵の観察や実験を順に行った。

⑴　２種類の火成岩X，Yの表面をよく洗い，倍率10倍の接眼レンズと倍率２倍の対物レンズを用いて，双眼実体顕微鏡で観察した。それぞれのスケッチを表１に示した。

火成岩X	火成岩Y
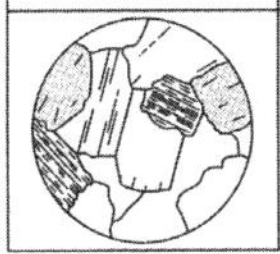	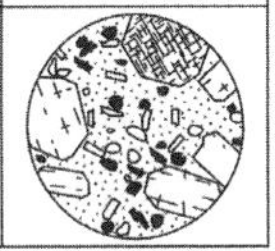

表１

⑵　マグマの冷え方の違いによる結晶のでき方を調べるために，ミョウバンを用いて，次の操作(a)，(b)，(c)，(d)を順に行った。

(a)　約80℃のミョウバンの飽和水溶液をつくり，これを二つのペトリ皿P，Qに注いだ。

(b)　図のように，ペトリ皿P，Qを約80℃の湯が入った水そうにつけた。

(c)　しばらく放置し，いくつかの結晶がでてきたところで，ペトリ皿Pはそのままにし，ペトリ皿Qは氷水の入った水そうに移した。

(d)　数時間後に観察したミョウバンの結晶のようすを表２に示した。

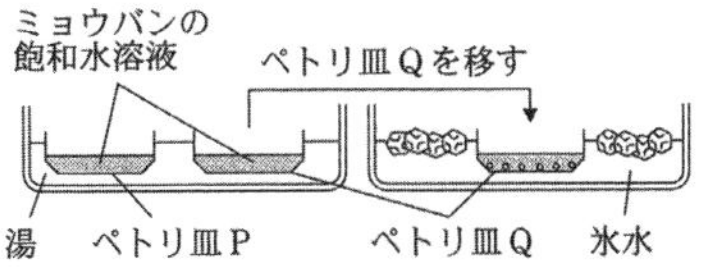

図

ペトリ皿P	ペトリ皿Q

同じような大きさの結晶が多くできていた。	大きな結晶の周りを小さな結晶が埋めるようにできていた。

表２

このことについて，次の１，２，３の問いに答えなさい。

解答・解説　P152

1　観察(1)において，観察した顕微鏡の倍率と火成岩Xのつくりの名称の組み合わせとして正しいものはどれか。

	顕微鏡の倍率	火成岩Xのつくり
ア	12倍	等粒状組織
イ	12倍	斑状組織
ウ	20倍	等粒状組織
エ	20倍	斑状組織

2　観察(1)より，つくりや色の違いから火成岩Xは花こう岩であると判断した。花こう岩に最も多く含まれる鉱物として，適切なものはどれか。

ア　カンラン石　　**イ**　チョウ石　　**ウ**　カクセン石　　**エ**　クロウンモ

3　観察(1)と実験(2)の結果から，火成岩Yの斑晶と石基はそれぞれどのようにしてできたと考えられるか。できた場所と冷え方に着目して簡潔に書きなさい。

3　化学変化における物質の質量について調べるために，次の実験(1)，(2)，(3)を順に行った。

(1)　同じ容器AからEを用意し，それぞれの容器にうすい塩酸25gと，異なる質量の炭酸水素ナトリウムを入れ，図1のように容器全体の質量をはかった。

(2)　容器を傾けて二つの物質を反応させたところ，気体が発生した。炭酸水素ナトリウムの固体が見えなくなり，気体が発生しなくなったところで，再び容器全体の質量をはかった。

図1

(3)　容器のふたをゆっくりゆるめて，容器全体の質量をはかった。このとき，発生した気体は容器内に残っていないものとする。表は，実験結果をまとめたものである。

	A	B	C	D	E
加えた炭酸水素ナトリウムの質量〔g〕	0	0.5	1.0	1.5	2.0
反応前の容器全体の質量〔g〕	127.5	128.0	128.5	129.0	129.5
反応後にふたをゆるめる前の質量〔g〕	127.5	128.0	128.5	129.0	129.5
反応後にふたをゆるめた後の質量〔g〕	127.5	127.8	128.1	128.4	128.7

このことについて，次の1，2，3の問いに答えなさい。

1　実験(2)において，発生した気体の化学式を図2の書き方の例にならい，文字や数字の大きさを区別して書きなさい。

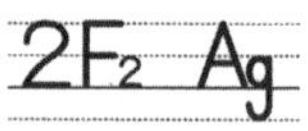

図2

2　実験結果について，加えた炭酸水素ナトリウムの質量と発生した気体の質量との関係を表すグラフをかきなさい。また，炭酸水素ナトリウム3.0gで実験を行うと，発生する気体の質量は何gになると考えられるか。

3　今回の実験(1)，(2)，(3)を踏まえ，次の仮説を立てた。

> 塩酸の濃度を濃くして，それ以外の条件は変えずに同じ手順で実験を行うと，容器BからEまでで発生するそれぞれの気体の質量は，今回の実験と比べて増える。

検証するために実験を行ったとき，結果は仮説のとおりになるか。なる場合には○を，ならない場合には×を書き，そのように判断できる理由を簡潔に書きなさい。

4 回路における電流，電圧，抵抗について調べるために，次の実験(1)，(2)，(3)を順に行った。

(1) 図1のように，抵抗器Xを電源装置に接続し，電流計の示す値を測定した。

(2) 図2のように回路を組み，10Ωの抵抗器Yと，電気抵抗がわからない抵抗器Zを直列に接続した。その後，電源装置で5.0Vの電圧を加えて，電流計の示す値を測定した。

(3) 図3のように回路を組み，スイッチA，B，Cと電気抵抗が10Ωの抵抗器をそれぞれ接続した。閉じるスイッチによって，電源装置で5.0Vの電圧を加えたときに回路に流れる電流の大きさがどのように変わるのかについて調べた。

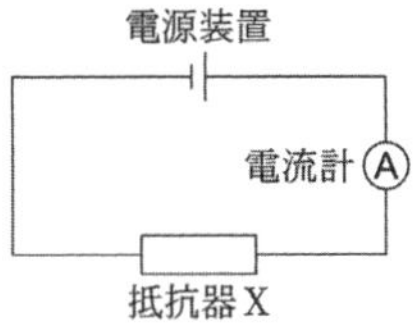

図1

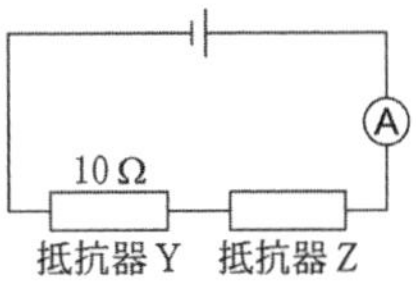

図2

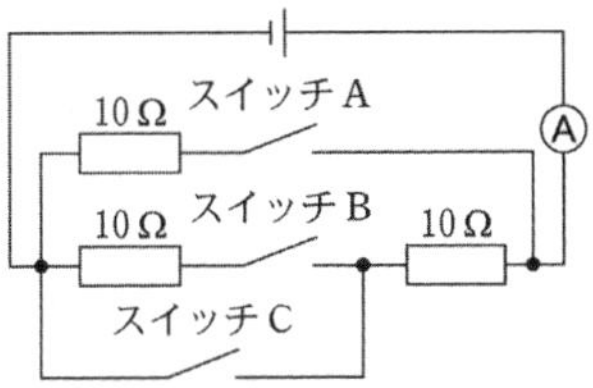

図3

このことについて，次の1，2，3の問いに答えなさい。
ただし，抵抗器以外の電気抵抗を考えないものとする。

1 実験(1)で，電流計が図4のようになったとき，電流計の示す値は何mAか。

2 実験(2)で，電流計が0.20Aの値を示したとき，抵抗器Yに加わる電圧は何Vか。また，抵抗器Zの電気抵抗は何Ωか。

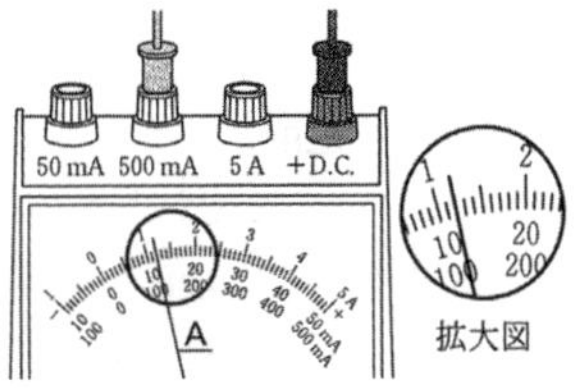

図4

3 実験(3)で，電流計の示す値が最も大きくなる回路にするために，閉じるスイッチとして適切なものは，次のア，イ，ウ，エのうちどれか。また，そのときの電流の大きさは何Aか。

ア スイッチA　**イ** スイッチB　**ウ** スイッチAとB　**エ** スイッチAとC

5 身近な動物である，キツネ，カニ，イカ，サケ，イモリ，サンショウウオ，マイマイ，カメ，ウサギ，アサリの10種を，二つの特徴に着目して，次のように分類した。

【背骨の有無】

背骨がある	背骨がない
キツネ，サケ，イモリ，サンショウウオ，カメ，ウサギ	カニ，イカ，マイマイ，アサリ

【呼吸のしかた】

(x)	(y)	(z)
カニ，イカ，サケ，アサリ	キツネ，マイマイ，カメ，ウサギ	イモリ，サンショウウオ

このことについて，次の1，2，3の問いに答えなさい。

1 背骨がないと分類した動物のうち，体表が節のある外骨格におおわれているものはどれか。

ア カニ　**イ** イカ　**ウ** マイマイ　**エ** アサリ

2 (z)に入る次の説明文のうち，①，②，③に当てはまる語をそれぞれ書きなさい。

子はおもに(①)で呼吸し，親は(②)と(③)で呼吸する

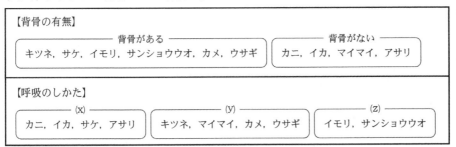

3　次の［　　　　］内の文章は，キツネとウサギの関係についてまとめたものである。①に当てはまる語を書きなさい。また，②に当てはまる文として最も適切なものは，次のア，イ，ウ，エのうちどれか。

> 自然界では，植物をウサギが食べ，ウサギをキツネが食べる。このような食べる・食べられるの関係でつながった，生物どうしの一連の関係を（　①　）という。また，体のつくりをみると，キツネはウサギと比べて両目が（　②　）。この特徴は，キツネが獲物をとらえることに役立っている。

ア　側面についているため，視野はせまいが，立体的にものを見ることのできる範囲が広い
イ　側面についているため，立体的にものを見ることのできる範囲はせまいが，視野が広い
ウ　正面についているため，視野はせまいが，立体的にものを見ることのできる範囲が広い
エ　正面についているため，立体的にものを見ることのできる範囲はせまいが，視野が広い

6　中和について調べるために，次の実験(1)，(2)，(3)を順に行った。

> (1)　ビーカーにうすい塩酸 10.0 cm^3 を入れ，緑色の BTB 溶液を数滴入れたところ，水溶液の色が変化した。
> (2)　実験(1)のうすい塩酸に，うすい水酸化ナトリウム水溶液をよく混ぜながら少しずつ加えていった。10.0 cm^3 加えたところ，ビーカー内の水溶液の色が緑色に変化した。ただし，沈殿は生じず，この段階で水溶液は完全に中和したものとする。
> (3)　実験(2)のビーカーに，続けてうすい水酸化ナトリウム水溶液をよく混ぜながら少しずつ加えていったところ，水溶液の色が緑色から変化した。ただし，沈殿は生じなかった。

このことについて，次の1，2，3，4の問いに答えなさい。

1　実験(1)において，変化後の水溶液の色と，その色を示すもととなるイオンの名称の組み合わせとして正しいものはどれか。

	水溶液の色	イオンの名称
ア	黄　色	水素イオン
イ	黄　色	水酸化物イオン
ウ	青　色	水素イオン
エ	青　色	水酸化物イオン

2　実験(2)で中和した水溶液から，結晶として塩《えん》を取り出す方法を簡潔に書きなさい。

3　実験(2)の下線部について，うすい水酸化ナトリウム水溶液を 5.0 cm^3 加えたとき，水溶液中のイオンの数が，同じ数になると考えられるイオンは何か。考えられるすべてのイオンのイオン式を，図の書き方の例にならい，文字や記号，数字の大きさを区別して書きなさい。

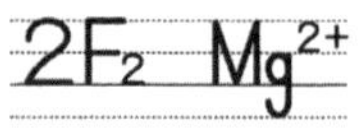

4　実験(2)，(3)について，加えたうすい水酸化ナトリウム水溶液の体積と，ビーカーの水溶液中におけるイオンの総数の関係を表したグラフとして，最も適切なものはどれか。

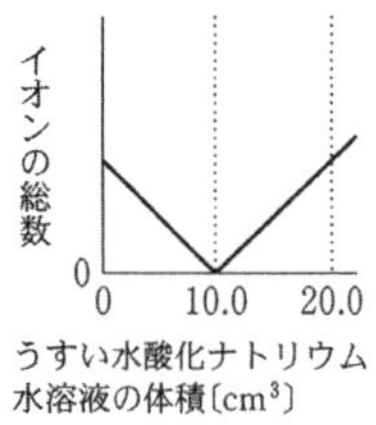

ア

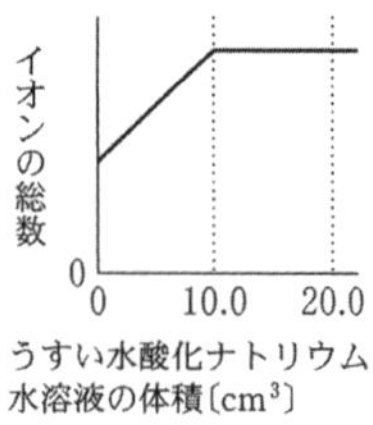

イ

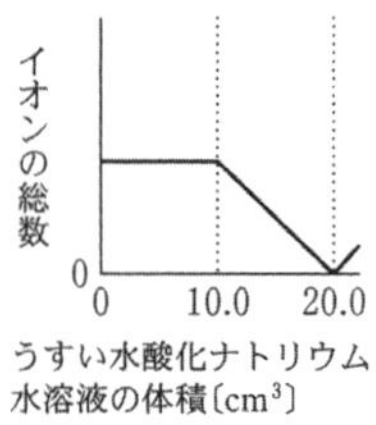

ウ

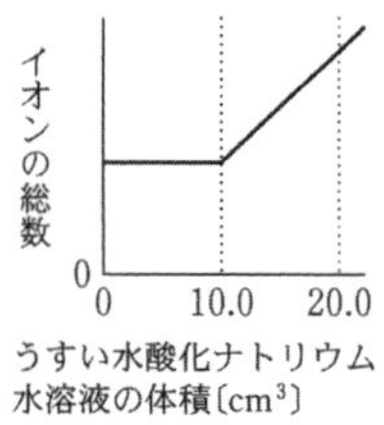

エ

解答・解説　P152

7 栃木県内の地点X(北緯37度)と秋田県内の地点Y(北緯40度)における，ソーラーパネルと水平な地面のなす角について調べるために，次の(1)，(2)，(3)の調査や実験を行った。

(1) インターネットで調べると，ソーラーパネルの発電効率が最も高くなるのは，太陽光の当たる角度が垂直のときであることがわかった。

(2) 地点Xで，秋分の太陽の角度と動きを調べるため，次の実験(a)，(b)を順に行った。

(a) 図1のように，板の上に画用紙をはり，方位磁針で方位を調べて東西南北を記入し，その中心に垂直に棒を立て，日当たりのよい場所に，板を水平になるように固定した。

(b) 棒の影の先端を午前10時から午後2時まで1時間ごとに記録し，影の先端の位置をなめらかに結んだ。図2は，そのようすを模式的に表したものである。

(3) 地点Xで，図3のように，水平な地面から15度傾けて南向きに設置したソーラーパネルがある。そのソーラーパネルについて，秋分の南中時に発電効率が最も高くなるときの角度を計算した。同様の計算を地点Yについても行った。

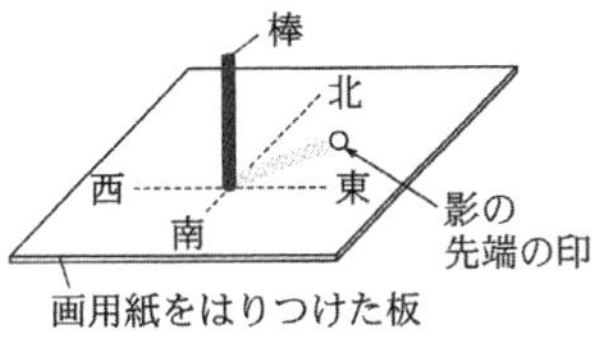

図1

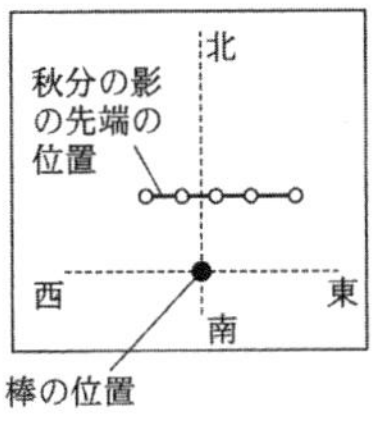

図2

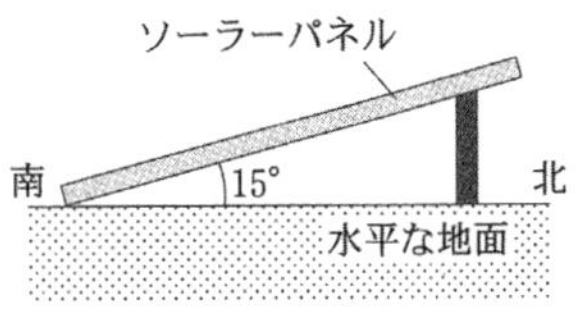

図3

このことについて，次の1，2，3，4の問いに答えなさい。

1 実験(2)において，図2のように影の先端が動いていったのは，地球の自転による太陽の見かけの動きが原因である。このような太陽の動きを何というか。

2 次の［　　］内の文章は，地点Xにおける影の先端の動きについて述べたものである。①，②に当てはまる記号をそれぞれ(　)の中から，選んで書きなさい。

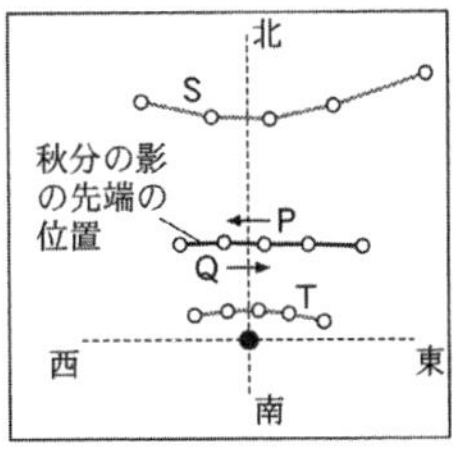

図4

> 実験(2)から，影の先端は図4の①(P・Q)の方向へ動いていくことがわかる。秋分から3か月後に，同様の観測をしたとすると，その結果は図4の②(S・T)のようになる。

3 実験(2)と同様の観測を1年間継続したとすると，南中時に棒の長さと影の長さが等しくなると考えられる日が含まれる期間は，次のア，イ，ウ，エのうちどれか。当てはまるものをすべて選び，記号で答えなさい。

ア 秋分から冬至　　**イ** 冬至から春分　　**ウ** 春分から夏至　　**エ** 夏至から秋分

4 次の［　　］内の文章は，実験(3)における，秋分の南中時に発電効率が最も高くなるときのソーラーパネルと水平な地面のなす角について説明したものである。①，②にそれぞれ適切な数値を，③に当てはまる記号を(　)の中から選んで書きなさい。

> 地点Xの秋分の南中高度は(①)度であり，ソーラーパネルと水平な地面のなす角を，15度からさらに(②)度大きくする。このとき，地点Xと地点Yにおけるソーラーパネルと水平な地面のなす角を比べると，角度が大きいのは地点③(X・Y)である。

8 植物の葉で行われている光合成と呼吸について調べるために，次の実験(1)，(2)，(3)，(4)を順に行った。

(1) 同じ大きさの透明なポリエチレン袋A，B，C，Dと，暗室に2日間置いた鉢植えの植物を用意した。袋A，Cには，大きさと枚数をそろえた植物の葉を入れ，袋B，Dには何も入れず，すべての袋に息を吹き込んだ後，袋の中の二酸化炭素の割合を測定してから密封した。

(2) 図1，図2のように，袋A，Bを強い光の当たる場所，袋C，Dを暗室にそれぞれ2時間置いた後，それぞれの袋の中の二酸化炭素の割合を測定し，結果を表1にまとめた。

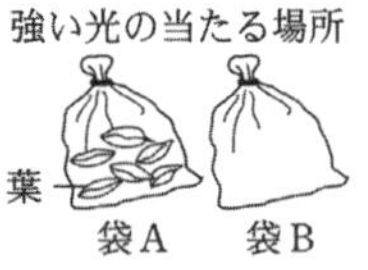

図1

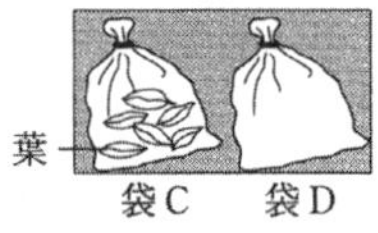

図2

		袋A	袋B	袋C	袋D
二酸化炭素の割合〔%〕	息を吹き込んだ直後	4.0	4.0	4.0	4.0
	2時間後	2.6	4.0	4.6	4.0

表1

(3) 袋A，Cから取り出した葉を熱湯につけ，あたためたエタノールに入れた後，水で洗い，ヨウ素液にひたして反応を調べたところ，袋Aの葉のみが青紫色に染まった。

(4) 実験(2)の袋A，Bと同じ条件の袋E，Fを新たにつくり，それぞれの袋の中の二酸化炭素の割合を測定した。図3のように，袋E，Fを弱い光の当たる場所に2時間置いた後，それぞれの袋の中の二酸化炭素の割合を測定し，結果を表2にまとめた。

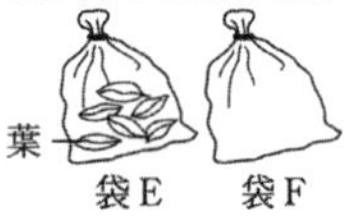

図3

		袋E	袋F
二酸化炭素の割合〔%〕	息を吹き込んだ直後	4.0	4.0
	2時間後	4.0	4.0

表2

このことについて，次の1，2，3，4の問いに答えなさい。ただし，実験中の温度と湿度は一定に保たれているものとする。

1 実験(3)において，下線部の操作を行う目的として，最も適切なものはどれか。

ア 葉を消毒する。　　イ 葉をやわらかくする。
ウ 葉を脱色する。　　エ 葉の生命活動を止める。

2 実験(3)の結果から確認できた，光合成によって生じた物質を何というか。

3 次の①，②，③のうち，実験(2)において，袋Aと袋Cの結果の比較から確かめられることはどれか。最も適切なものを，次のア，イ，ウ，エのうちから一つ選び，記号で書きなさい。

① 光合成には光が必要であること。　　② 光合成には水が必要であること。
③ 光合成によって酸素が放出されること。

ア ①　　イ ①，②　　ウ ①，③　　エ ①，②，③

4 実験(4)で，袋Eの二酸化炭素の割合が変化しなかったのはなぜか。その理由を，実験(2)，(4)の結果をもとに，植物のはたらきに着目して簡潔に書きなさい。

解答・解説 P152

9　物体の運動のようすを調べるために，次の実験(1)，(2)，(3)を順に行った。

(1)　図1のように，水平な台の上で台車におもりをつけた糸をつけ，その糸を滑車にかけた。台車を支えていた手を静かに離すと，おもりが台車を引きはじめ，台車はまっすぐ進んだ。1秒間に50打点する記録タイマーで，手を離してからの台車の運動をテープに記録した。図2は，テープを5打点ごとに切り，経過時間順にAからGとし，紙にはりつけたものである。台車と台の間の摩擦《まさつ》は考えないものとする。

(2)　台車を同じ質量の木片に変え，木片と台の間の摩擦がはたらくようにした。おもりが木片を引いて動き出すことを確かめてから，実験(1)と同様の実験を行った。

(3)　木片を台車に戻し，図3のように，水平面から30°台を傾け，実験(1)と同様の実験を行った。台車と台の間の摩擦は考えないものとする。

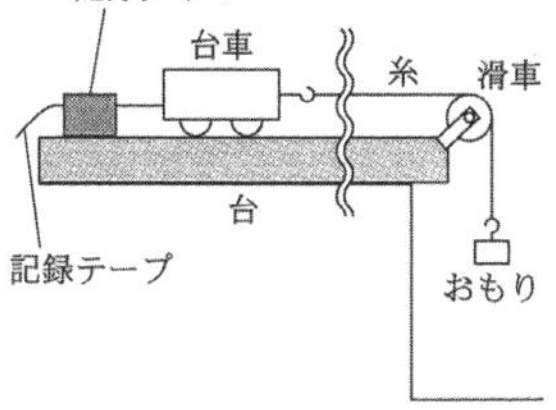

図1

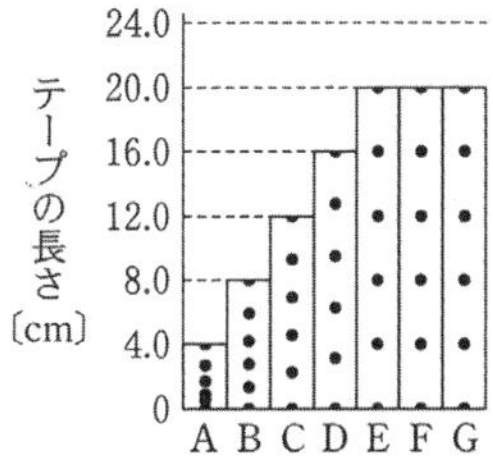

図2

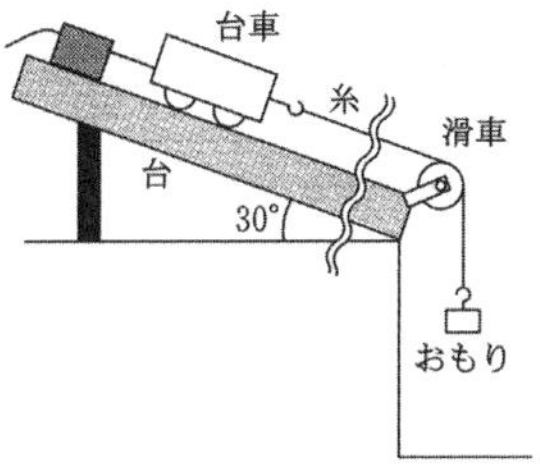

図3

このことについて，次の1，2，3，4の問いに答えなさい。ただし，糸は伸び縮みせず，糸とテープの質量や空気の抵抗はないものとし，糸と滑車の間およびテープとタイマーの間の摩擦は考えないものとする。

1　実験(1)で，テープAにおける台車の平均の速さは何cm/sか。

2　実験(1)で，テープE以降の運動では，テープの長さが等しい。この運動を何というか。

3　実験(1)，(2)について，台車および木片のそれぞれの速さと時間の関係を表すグラフとして，最も適切なものはどれか。

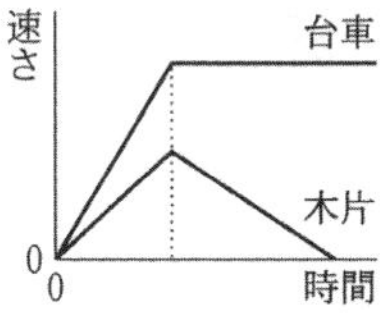

ア

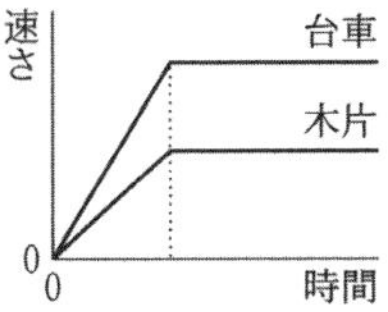

イ

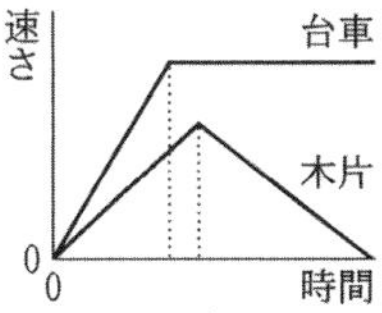

ウ

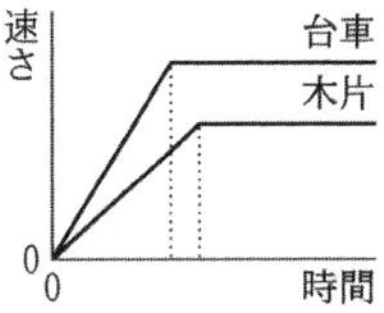

エ

4　おもりが落下している間，台車の速さが変化する割合は，実験(1)よりも実験(3)の方が大きくなる。その理由として，最も適切なものはどれか。

ア　糸が台車を引く力が徐々に大きくなるから。

イ　台車にはたらく垂直抗力の大きさが大きくなるから。

ウ　台車にはたらく重力の大きさが大きくなるから。

エ　台車にはたらく重力のうち，斜面に平行な分力がはたらくから。

令和4年度 3月7日実施 栃木県立高校入試 問題

英語

制限時間 50分

1 これは聞き方の問題である。指示に従って答えなさい。

1 〔英語の対話とその内容についての質問を聞いて，答えとして最も適切なものを選ぶ問題〕

(1)

ア
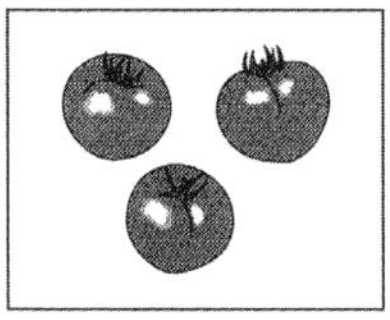

イ

ウ
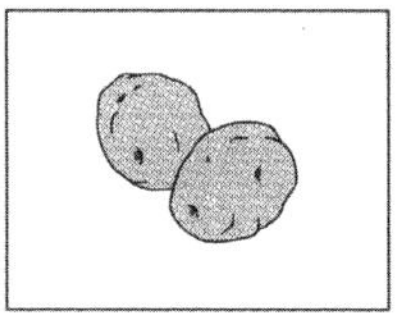

エ

(2)

ア

イ

ウ

エ

(3) ア Clean the table. イ Finish his homework.
ウ Wash the dishes. エ Watch the TV program.

(4) ア In the garden. イ In the factory.
ウ In the city library. エ In the convenience store.

2 〔英語の対話とその内容についての質問を聞いて，答えとして最も適切なものを選ぶ問題〕

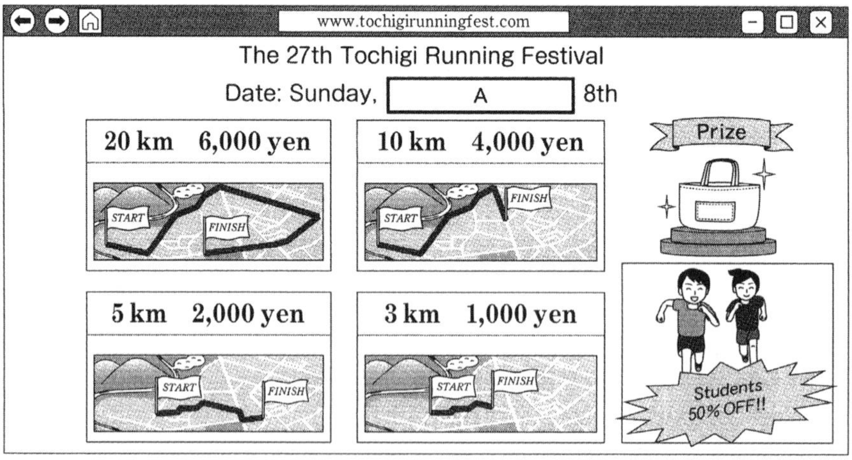

(1) ア Because he got a T-shirt as a prize in the festival.
イ Because he bought new shoes for the festival.
ウ Because his brother wanted to run with him in the festival.
エ Because his brother told him the good points about the festival.

(2) ア 20 km. イ 10 km. ウ 5 km. エ 3 km.

(3) ア January イ February ウ May エ November

解答・解説 P155

3 〔インタビューを聞いて，英語で書いたメモを完成させる問題〕

● Island country
　・famous for its beautiful (1) (　　　　　)
● Nice climate
　・over 3, 000 (2) (　　　　　) of sunshine
● Small country
　・the (3) (　　　　　) size as Utsunomiya City
● Good places to visit

2 次の1，2の問いに答えなさい。

1 次の英文中の [(1)] から [(6)] に入る語として，下の(1)から(6)のア，イ，ウ，エのうち，それぞれ最も適切なものはどれか。

Dear Emma,

Hi, [(1)] are you, Emma? I haven't [(2)] you for a long time.

A few weeks ago, I learned how to write *hiragana* in a Japanese class. It was really difficult, but [(3)] Japanese was a lot of fun. I wrote my name in *hiragana* [(4)] the first time. My teacher, Ms. Watanabe, said to me, "You did a good job! To keep practicing is [(5)]." Her words [(6)] me happy. I want to learn Japanese more. How is your school life? I'm waiting for your email.

Best wishes,

Jane

(1)	ア how	イ who	ウ when	エ why
(2)	ア see	イ seen	ウ seeing	エ saw
(3)	ア learn	イ learning	ウ learned	エ learns
(4)	ア by	イ to	ウ with	エ for
(5)	ア famous	イ weak	ウ important	エ terrible
(6)	ア made	イ gave	ウ took	エ called

2 次の(1)，(2)，(3)の(　　)内の語句を意味が通るように並べかえて，(1)と(2)はア，イ，ウ，エ，(3)はア，イ，ウ，エ，オの記号を用いて答えなさい。

(1) *A*: What is your plan for this weekend?
　B: My plan (ア shopping イ to ウ is エ go) with my sister.

(2) *A*: This is (ア interesting イ most ウ movie エ the) that I have ever watched.
　B: Oh, really? I want to watch it, too.

(3) *A*: Do you (ア who イ know ウ drinking エ is オ the boy) coffee over there?
　B: Yes! He is my cousin. His name is Kenji.

3 次の英文は，中学生の真奈(Mana)と，イギリス(the U.K.)からの留学生アリス(Alice)との対話の一部である。また，右のそれぞれの図は，総合的な学習の時間で二人が作成している，ツバメ(swallow)に関する発表資料である。これらに関して，1から6までの問いに答えなさい。

Mana: Where do swallows in the U.K. come from in spring, Alice?

Alice: Some of them come from *Southern Africa. They travel about 10, 000 km.

Mana: Really? They can fly so far! [A] do they fly to go to the U.K.?

Alice: I'm not sure, but for more than three weeks.

Mana: Wow. In Japan, swallows come from *Southeast Asia. It may take about a week. Then, they make their *nests under the *roof of a house.

Alice: Why do they choose people's houses for making nests?

Mana: There are many people around the houses, so other animals don't come close to their nests.

Alice: I see. Do Japanese people like swallows?

Mana: Yes, and there are some words about swallows in Japan. One of them is, "If a swallow flies low in the sky, ＿＿(1)＿＿." I'll draw a picture of it later.

Alice: Interesting! Swallows are popular in my country, too. We have a story called **The Happy Prince*. One day, there was a gold *statue of a prince in a city. The prince wanted to help poor people. He asked a swallow to give his *jewelry to them. ＿＿(2)＿＿ *Oscar Wilde.

Mana: Let's introduce the story to everyone. I also want to show (3)this graph. It says 36, 000 swallows were found in our city in 1985. But only 9, 500 swallows were found in 2020. *On the other hand, the number of houses has been growing for these 35 years.

Alice: You said a human's house was a safe place for swallows, right? If there are many houses, that is good for them.

Mana: Well, actually, more people in Japan like to live in Western style houses. Traditional Japanese houses are good for swallows because those houses usually have wide *space under the roof. So, it ＿＿(4)＿＿ to make their nests. However, some Western style houses don't have space under the roof.

Alice: I see. Well, I think many swallows have (5)other problems when they grow their babies. Their nests are sometimes broken by people. Also, baby swallows fall from their nests. They need a safe place.

Mana: You're right, Alice. Our city has got bigger, and its *nature was lost in many places. Living in this city is not easy for swallows [B] they can't find their food. We have to know more about *environmental problems.

Alice: That's true. (6)We have to live in a nature-friendly way.

〔注〕 *Southern Africa＝アフリカ南部　*Southeast Asia＝東南アジア　*nest＝巣
*roof＝屋根　**The Happy Prince*＝『幸福な王子』(イギリスの童話)　*statue＝像
*jewelry＝宝石　*Oscar Wilde＝オスカー・ワイルド(イギリスの作家)
*on the other hand＝一方で　*space＝空間　*nature＝自然　*environmental＝環境の

解答・解説 P155

図1

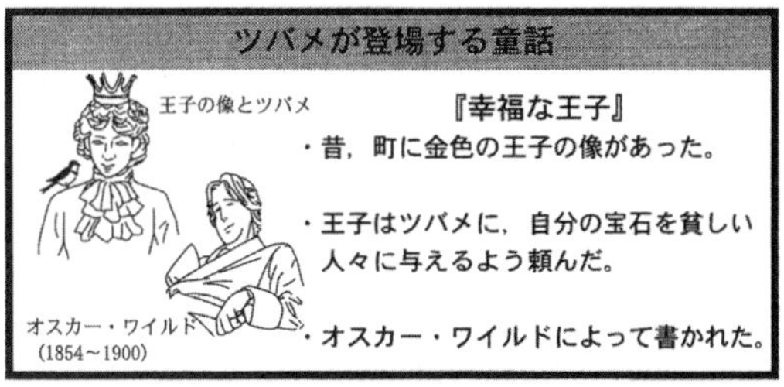

図2

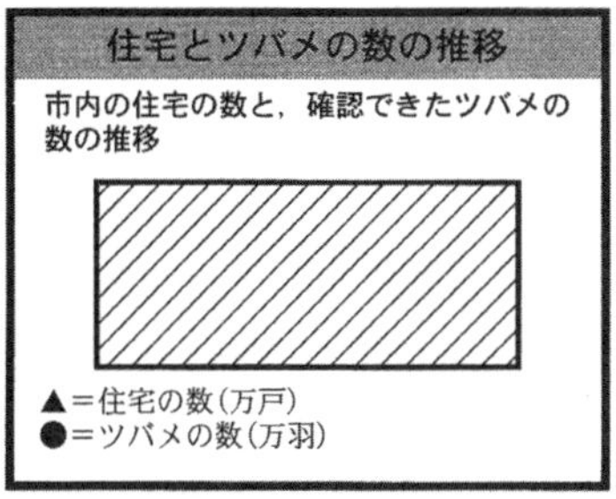

図3

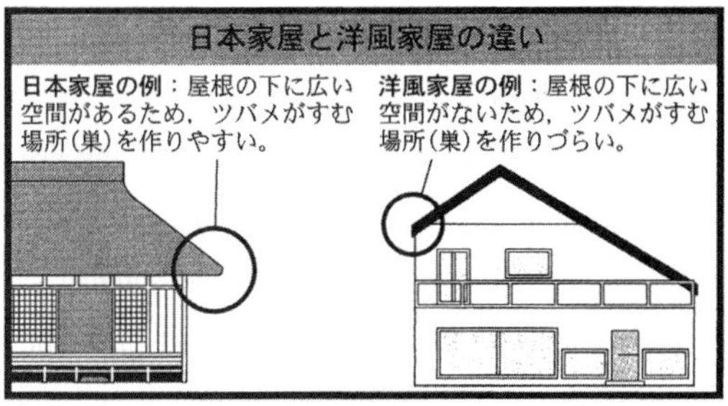

図4

1　二人の対話が成り立つよう，本文中の［ A ］に入る適切な英語**2語**を書きなさい。

2　二人の対話が成り立つよう，**図1**，**図2**，**図4**を参考に，下線部⑴，⑵，⑷に適切な英語を書きなさい。

3　下線部⑶について，**図3**の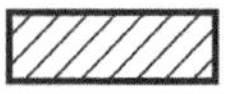の位置に入るグラフとして，最も適切なものはどれか。

ア

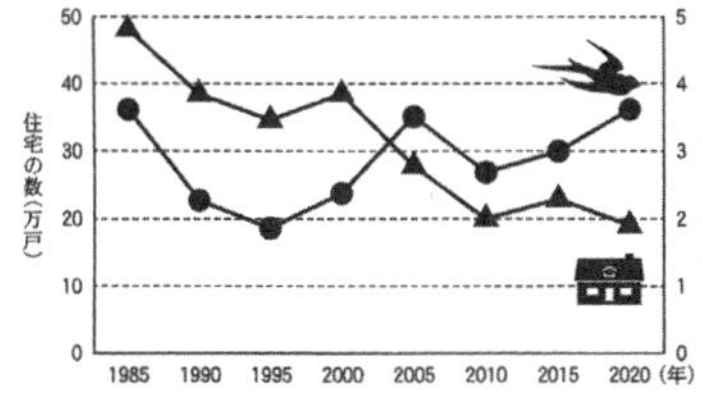

イ

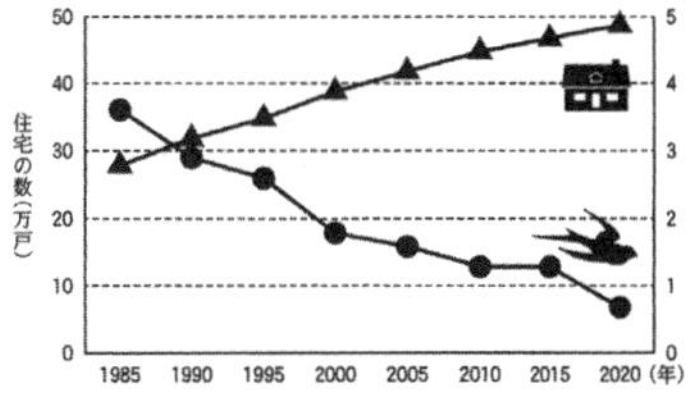

ウ

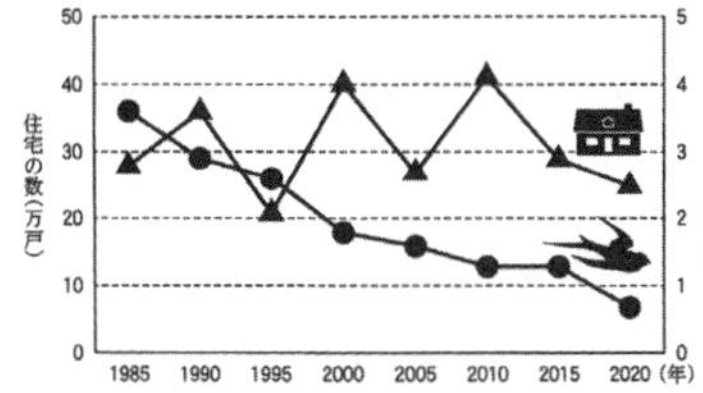

エ

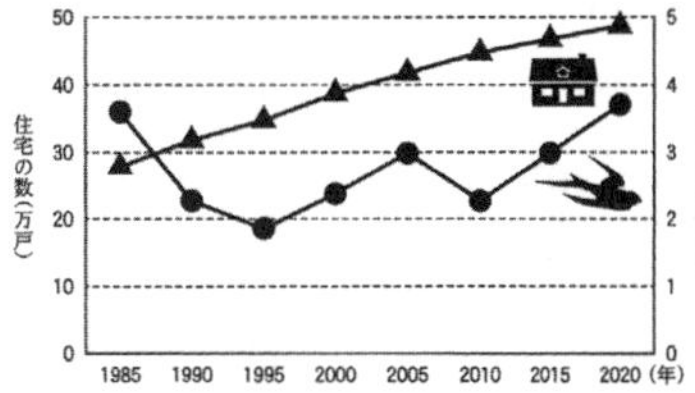

4　下線部⑸について，本文中で述べられている具体例を二つ挙げて，**20字以上30字以内**の日本語で書きなさい。ただし，句読点も字数に加えるものとする。

5　本文中の［ B ］に入る語として，最も適切なものはどれか。

ア　because　　**イ**　but　　**ウ**　though　　**エ**　until

6　下線部⑹について，自然環境に優しい生活を送るために，あなたが普段行っていること，またはこれから行おうと思うことは何ですか。まとまりのある**5文程度**の英語で書きなさい。

4 マリ(Mari)と，マリの友達であるリサ(Risa)，マリの兄であるテル(Teru)についての次の英文を読んで，1から5までの問いに答えなさい。

I met Risa when I was small. She always supported me, so I felt comfortable when I was with her. In junior high school, I chose the tennis club because she joined it. We were *doubles partners. I enjoyed the club activities with her.

We became high school students. One day in April at school, Risa asked me, "Mari, which club are you going to join? Have you decided?" "No, not yet," I answered. She said, "Then, [　　　] the tennis club together? If you can play tennis with me again, it will be fun!" "I'll think about it," I said. Actually, I wanted to join the English club.

While I was going home, I was thinking about my dream. When I was a second-year student in junior high school, my brother, Teru, was studying in Australia as *an exchange student. I visited him with my mother during the summer vacation. His foreign friends were kind to me, so I made *sushi* for them. I could not understand their English well, but when I saw their smiles, I thought, "I want to open a Japanese restaurant in Australia in the future!" I wanted to improve my English in high school for this dream. However, I was worried about joining the English club without Risa.

When I got home from school, Teru came to me and said, "Mari, are you OK? What happened?" I explained (1)my worry. When I finished talking, he asked me, "If you choose the tennis club, will you really be happy with that *choice?" I answered in a small voice, "No." Teru said, "Mari, listen. Do you know my dream? I want to teach Japanese in a foreign country. I thought studying English was necessary for my dream, so I decided to study abroad. I was nervous before I went to Australia because I didn't know any people there. In fact, to start a new life was hard for me, but I made new friends, had a lot of great experiences, and learned many things. I felt I was getting closer to my dream. Now I'm sure that deciding to go there was right." He continued, "Mari, if you have something you really want to do, try it! That's the thing I believe." His words gave me *courage. I *said to myself, "I'm still a little afraid, but I will follow my heart!"

The next day, I told Risa about my *decision. At first, she looked surprised. Then she said, "It is the first time you told me something you wanted to do. Though we will choose different clubs, we are best friends, and that will never change. I hope (2)your dream will *come true!" She smiled.

〔注〕 *doubles partners＝ダブルスのパートナー　*an exchange student＝交換留学生
*choice＝選択　*courage＝勇気　*say to myself＝心の中で思う
*decision＝決意　*come true＝実現する

解答・解説 P155

1　本文中の［　　　　］に入る適切な英語を **3語**または **4語**で書きなさい。

2　下線部(1)の，マリの心配事の内容は何か。日本語で書きなさい。

3　マリに対してテルが述べた信念とはどのようなものであったか。日本語で書きなさい。

4　下線部(2)の内容を次の［　　　　］内のように表したとき，（　　　　）に入る適切な英語を，本文から **4語**で抜き出して書きなさい。

Mari wants to (　　　　　　　　　　　　　　　　) in Australia.

5　本文の内容と一致するものはどれか。

ア　Mari joined the tennis club in junior high school because she liked sports.

イ　Mari's mother was very busy, so she could not go to Australia with Mari.

ウ　Teru did not have any friends in Australia, but he went there for his dream.

エ　Risa got angry to hear Mari's decision because she wanted to be with Mari.

5 次の英文を読んで，1，2，3，4の問いに答えなさい。

How many times do you look at a clock or a watch every day? To [A] is difficult today. Now, we can find many kinds of clocks and watches around us. It's very interesting to see them.

People in *Egypt used the sun to know the time about 6,000 years ago. They put a *stick into the ground and knew the time from its *shadow. [B] They knew the time by *measuring the speed of dropping water and how much water was used. After that, a clock with sand was invented. It was good for people who were on *ships.

Do you know the floral clock? It tells us the time with flowers. Some flowers open about seven o'clock, and others open about noon. Like this, different kinds of flowers open at different times of a day. Around 1750, a *Swedish man used this point and chose *certain kinds of flowers. In this way, the floral clock was made. By seeing which flowers open, people can know the time. Flowers cannot tell the *exact time, but don't you think it's amazing?

A watch is another kind of clock. *Pocket watches were first invented in the 16th century, and people started to use *wrist watches around 1900. We can know the time at any place. Now, we can do many other things with a watch. For example, we can check our health.

People have invented many kinds of clocks and watches. If you could create a new watch, what kind of watch would it be?

〔注〕 *Egypt＝エジプト　*stick＝棒　*shadow＝影　*measure～＝～を計る　*ship＝船
*Swedish＝スウェーデンの　*certain＝特定の　*exact＝正確な
*pocket watch＝懐中時計　*wrist watch＝腕時計

1 本文中の [A] に入るものとして，最も適切なものはどれか。

ア study them　イ wear them　ウ take care of them　エ live without them

2 本文中の [B] に入る次のア，イ，ウ，エの文を，意味が通るように並べかえて，記号を用いて答えなさい。

ア The people couldn't use this kind of clock when they couldn't see the shadow.
イ It was useful because they could know the time when it was cloudy or night time.
ウ However, there was one problem.
エ To solve the problem, they invented a clock that used water.

3 下線部の花時計(the floral clock)は，花のどのような性質を利用しているか。日本語で書きなさい。

4 本文のタイトルとして，最も適切なものはどれか。

ア Time Is the Most Important Thing in Our Life
イ The History of Telling the Time
ウ The Strong and Weak Points of Old Watches
エ Future Watches Have Amazing Power

英　語　問　題　1　〔聞き方〕

(令4)

〔注意〕1　問題を読む速さなどについては，台本の指示によること。
　　　2　台本は11分程度で読み終わること。ただし，騒音などで支障のある場合には，臨機の処置を取り，他の組との公平を失しないようにすること。
　　　3　問題は受検者全員によく聞こえるように読むこと。その際，監督者の一人は教室の後ろにいて確認すること。

台　本	時　間
これから聞き方の問題に入ります。問題用紙の四角で囲まれた1番を見なさい。問題は1番，2番，3番の三つあります。 最初は1番の問題です。問題は(1)から(4)まで四つあります。英語の対話とその内容についての質問を聞いて，答えとして最も適切なものをア，イ，ウ，エのうちから一つ選びなさい。対話と質問は2回ずつ言います。 では始めます。　〔注〕(1)はカッコイチと読む。以下同じ。斜字体で表記された部分は読まない。 (1)の問題です。　*A*: Jim, I will make a pizza for dinner. Will you buy some tomatoes at the supermarket? *B*: OK, mom. Anything else? *A*: Let me see. I have some cheese and potatoes, so buy only tomatoes, please. *B*: All right. 質問です。　*Q*: What will Jim buy?　(約5秒おいて繰り返す。)(ポーズ約5秒) (2)の問題です。　*A*: Dad, today is Ken's fifth birthday, so I made this card for him. *B*: Nice picture, Maya! Did you draw this? *A*: Yes. He loves planes. *B*: He will like your card. 質問です。　*Q*: Which card did Maya make for Ken?　(約5秒おいて繰り返す。)(ポーズ約5秒) (3)の問題です。　*A*: Mom, I've finished washing the dishes and cleaning the table. *B*: Thanks Mike, but did you finish your homework? *A*: Of course I did. Oh, my favorite TV program has just started. Can I watch it? *B*: Sure! 質問です。　*Q*: What will Mike do next?　(約5秒おいて繰り返す。)(ポーズ約5秒) (4)の問題です。　*A*: Excuse me, could you tell me where I can find books about plants? *B*: Oh, they're on the second floor. *A*: Thank you. Actually, this is my first time to come here. How many books can I borrow? *B*: You can borrow ten books for two weeks. 質問です。　*Q*: Where are they talking?　(約5秒おいて繰り返す。)(ポーズ約5秒)	(1番) 約5分
次は2番の問題です。英語の対話とその内容についての質問を聞いて，答えとして最も適切なものをア，イ，ウ，エのうちから一つ選びなさい。質問は(1)から(3)まで三つあります。対話と質問は2回ずつ言います。 では始めます。　〔注〕(1)はカッコイチと読む。以下同じ。 A はエイと読む。斜字体で表記された部分は読まない。 *Tom*: Emi, look at this website. I am going to join Tochigi Running Festival. *Emi*: Oh, Tom, Tochigi Running Festival? *Tom*: Yes. My brother ran the twenty-kilometer race last year. He got a nice T-shirt as a prize. He also enjoyed beautiful views of the city. He said the festival was fantastic. So, I've decided to try this Running Festival, and I'm going to buy new running shoes for it. *Emi*: Great! Are you going to run with your brother? *Tom*: No. This year, he has a soccer game on that day. Hey, Emi, let's run together. *Emi*: Me? I can't run twenty kilometers. *Tom*: No, no, Emi. Look at this. We can choose from the four races. *Emi*: Oh, I see. I ran five kilometers at school. I want to run longer. But wait. It's expensive. *Tom*: Hey, look! This website says that we, students, need to pay only half. We can try this race for two thousand yen. *Emi*: Really? Then, let's run this race together. *Tom*: Yes, let's! It's February 6th today, so we have three months until the festival. We can practice enough. I'm getting excited! (1)の質問です。　Why did Tom decide to run in the festival?　(ポーズ約3秒) (2)の質問です。　Which race did Emi choose?　(ポーズ約3秒) (3)の質問です。　Which is true for A in the picture?　(約5秒おいて繰り返す。)(ポーズ約5秒)	(2番) 約4分
次は3番の問題です。あなたは，英語で学校新聞を作るために，新しく来たALTにインタビューをしています。そのインタビューを聞いて，英語で書いたメモを完成させなさい。対話は2回言います。 では始めます。　〔注〕斜字体で表記された部分は読まない。 *You*: Can you tell us about your country? *ALT*: Sure. *You*: If you're ready, please begin. *ALT*: OK. My country is an island country. It is famous for its beautiful sea. You can enjoy swimming! The climate is nice through the year. We have a lot of sunshine. We receive more than three thousand hours of sunshine in a year. It's a wonderful place. My country is a very small country. Can you guess its size? It is as large as Utsunomiya City. It's surprising, right? My country is small, but there are a lot of good places for visitors. I love my country. You should come! (約5秒おいて)繰り返します。(1回目のみ)　(ポーズ約5秒)	(3番) 約2分

4 ⑷翔の話……思った　とあるが、「俺」がそう思ったのは「俺」が酪農家としての生き方をどのように捉えているからか。文末が「という生き方」となるように、本文中から十三字で抜き出しなさい。

5 ⑸もう一回、きちんと話してみろよ　とあるが、「俺」が「翔」に両親にもう一度きちんと話すよう勧めているのはなぜか。「俺」の両親への思いを踏まえて五十五字以内で書きなさい。

6 ⑹一緒に歩けるのはここまでだ　とあるが、どういうことか。

ア　互いの成長のため一切の関わりを絶ち、生きていくこと。
イ　それぞれの目標を達成するまでは、助け合っていくこと。
ウ　今後の互いの人生に、多くの苦難が待ち受けていること。
エ　それぞれの未来に向かって、自らの力で歩んでいくこと。

5

下の【資料】を参考にして、「言葉」を使用する際に心がけたいことについて、あなたの考えを国語解答用紙⑵に二百四十字以上三百字以内で書きなさい。

なお、次の《条件》に従って書くこと。

《条件》

（Ⅰ）二段落構成とすること。
（Ⅱ）各段落は次の内容について書くこと。

第一段落
・【資料】から、あなたが気づいたことを書くこと。

第二段落
・自分の体験（見聞したことを含む）を踏まえて、「言葉」を使用する際にあなたが心がけたいことを書くこと。

【資料】

〈外来語と言い換え語例〉

外来語	言い換え語例
エビデンス	証拠、根拠
コラボレーション	共同制作
サプリメント	栄養補助食品
ツール	道具、手段
バリアフリー	障壁なし
プレゼンテーション	発表
ポジティブ	積極的、前向き
ログイン	接続開始、利用開始

〈会話1〉

生徒A　今度、生徒会で新入生に学校を紹介するリーフレットを作って、プレゼンテーションをすることになったんだ。
生徒B　それはすごいね。
生徒A　でも緊張するなあ。ミスしたらどうしよう。
生徒B　大丈夫だよ。ポジティブにとらえてがんばろうよ。

〈会話2〉

生徒A　今度、生徒会で新入生に学校を紹介するちらしを作って、発表をすることになったんだ。
生徒B　それはすごいね。
生徒A　でも緊張するなあ。失敗したらどうしよう。
生徒B　大丈夫だよ。前向きにとらえてがんばろうよ。

俺にとっての空斗《たかと》さんが、翔にとっての塚本さんなんだろうなと思う。

「親父《おやじ》たちは反対してる。言ってることもわかるよ。でも俺は……。」

急に言いよどんだ翔の頭に、(3)俺はぽんと手を乗せた。

人と人との関わりって、バトンパスみたいなのかもなと思う。バトンはもらった瞬間から、渡すことが始まる。俺はもらうばっかりだから、あんまりわかってないけど、自分という存在が誰かに何か影響を与えるってことは、そういうことなんじゃないのかな。誰かからもらったものを、パスする、みたいな。受け売りってやつ。ちょっと違うかな。でも似てるんじゃないかな。

まあ、えらそうに言えるほど、自分もできちゃいない。でも少なくともこの言葉は、リレーのことがなかったら、絶対に言えなかった。

「俺は翔がやりたいようにやればいいと思う。」

翔がこっちを向いて、目を見張った。

「あー、いや、こないだと全然違うこと言ってるのは自覚あるけどさ……。」

酪農は、動物に依存する職業だ。自然と同調して生きる道だ。ましてや大島は火山島で、気まぐれな自然に寄り添い、逆らうことなく、そういう不安定な要素と折り合いをつけて生きていかなければならない。自分の身一つでどうにもならないことが、たくさんある。

それは、生き物と自然に人生を捧《ささ》げるということ。甘っちょろい覚悟でできることじゃない。そういう意味じゃ、両親の反対は決して間違っていない。

「けど、なんでそういうこと考えたのかも知らずに否定するのって、やっぱ違うかなと思う。少なくとも今俺は、(4)翔の話聞いて生半可な覚悟じゃないんだなって思ったし、じゃあ信じてみようって思った。」

翔は黙っている。俺は翔の方を見る。

「父さんたちにも、そこまでしっかり話したか?」

「いや……。」

(5)「もう一回、きちんと話してみろよ。だめそうなら、俺も一緒に話すよ。」

背中を強めに二度叩《たた》くと、翔がつんのめって、「いてえって。」と呻《うめ》いた。

元町港近くの十字路で立ち止まる。

俺は港の方へ行く。翔はたぶん島の北の方へ行くのだろう。(6)一緒に歩けるのはここまでだ。

（天沢夏月「ヨンケイ!!」〈ポプラ社〉から）

（注1）　ホルスタイン＝牛の一品種。

（注2）　空斗さん＝「俺」が所属する陸上部の先輩。

1　(1)それ　の指す内容を本文中から二十一字で抜き出しなさい。

2　(2)熱に浮かされたみたいにしゃべり続ける　とあるが、「俺」から見た「翔」の様子の説明として最も適当なものはどれか。

ア　酪農に対する強い思いを夢中になって話している。

イ　酪農を志す自分の未来を自信を持って話している。

ウ　酪農を学んで得た知識を誇りを持って話している。

エ　酪農に興味を持ったいきさつを平然と話している。

3　(3)俺はぽんと手を乗せた　とあるが、このとき「俺」が「翔」に伝えようとしていることの説明として最も適当なものはどれか。

ア　リレーを通して、人から影響を受けることの危うさを学んだので、「翔」に自分の意志を貫き通す大切さを伝えようとしている。

イ　リレーを通して、人は周囲と関わり合うことで成長すると気づいたので、「翔」の決意が理解できたことを伝えようとしている。

ウ　リレーを通して、自分が周囲に与えた影響の大きさを実感したので、「翔」の夢の実現に専念したいことを伝えようとしている。

エ　リレーを通して、「翔」が人から影響を受けていることを知ったので、自分で考えて行動することの価値を伝えようとしている。

3 □に入る語として最も適当なものはどれか。

ア 傲慢　イ 寛大　ウ 貪欲　エ 謙虚

4 次の図は、〈A〉と〈B〉の文章から読み取れる筆者の考えをまとめたものの一部である。後の(I)、(II)の問いに答えなさい。

かつて　形の美しさを受けとめる□を培ってきた

　美しい形｛自然界のつくりだす形／手づくり生産の道具や器の形

現代　自然の美しさに応える□を持たない

　↓美しい形がつくれるはずもないのではないか

(I) □に入る、〈A〉と〈B〉の文章に共通して用いられている語を、本文中から二字で抜き出しなさい。

(II) 美しい形について、「自然界のつくりだす形」や「手づくり生産の道具や器の形」がともに美しいのはなぜだと筆者は考えているか。四十字以内で書きなさい。

5 〈A〉と〈B〉の文章の関係について説明したものとして最も適当なものはどれか。

ア 〈B〉は、〈A〉で述べられた考えを踏まえて論を展開している。

イ 〈B〉は、〈A〉で提示された具体的な例を集約して述べている。

ウ 〈B〉は、〈A〉で述べられた主張と対立する見解を示している。

エ 〈B〉は、〈A〉で提起された問題を異なる視点で分析している。

4

次の文章を読んで、1から6までの問いに答えなさい。

〔高校三年生の「俺」は離島（大島）の高校で陸上部に所属し、目標にしていた関東大会出場を決めた。関東大会の会場へ向かう日の朝、「俺」は中学三年生の弟（本文中では「翔《しょう》」）と顔を合わせ、どこに行くのか尋ねる。〕

翔はあまり言いたくなさそうだったが、しばらく歩調を合わせて歩いていたら誤魔化《ごまか》し続けるのも面倒になったのか、やがて「牧場。」と突き放すように言った。

「牧場？」

「二、三年前に島に来た若い酪農家がいるんだ。塚本さんって言うんだけど。たまに手伝わせてもらってる。」

歩きながら、ぽつり、ぽつりと付け加える。

「大島って、昔は東洋のホルスタイン島(注1)なんて呼ばれてさ。すごい酪農が盛んだったんだ。千頭以上牛がいたって。だけど大手メーカーとの価格競争に負けて、だんだん衰退していった。今は島の特産品っていうポジションでなんとかやってるけど、正直人数足りてないし、後継者がいなきゃいつまでもは続けられない。」

大島の酪農の現状なんか、考えたこともなかった俺は、黙って聞いていた。一度しゃべりだすと、翔はダムが決壊したみたいにしゃべり続けたので、もしかするとずっと俺に話を聞いてほしかったのかもしれないと思った。あるいは、両親に。家族に。身近な人間に。

「俺、大島の牧草地で牛がのびのびと過ごしてる風景がすごい好きでさ。」

……ああ。そういえば。

小さい頃、牧場へ行くと、翔は放っておくといつまでもずーっと一人で牛を眺めていた。のんびりと、草を黙々と食《は》んでいる牛に合わせて、自分は何を食べているわけでもないのに一緒に口をもぐもぐと動かしていた。青い空と、緑の牧草と、白い牛。その中に、赤いシャツを着た翔がぽつんと立っている風景。

あの頃からもう、翔には自分の将来が見えていたのかもしれない。

「翔は、酪農家になりたいのか。」

「最初は(1)それだけ守れればいいって思ってた。でも酪農を勉強してみるとさ、そんな単純で簡単な問題じゃないなってすぐわかる。塚本さんのやってること見てたら、牛一頭面倒見るのだって楽じゃないんだなって。まあ、そりゃ当たり前なんだけどさ、なめてたっていうか……景色を守るってことは、そういうことなんだって思わされた。自分がその景色の一部になるってことなんだなって。」

翔は(2)熱に浮かされたみたいにしゃべり続ける。俺はなんとなく、日本美術では名もない野草や昆虫や小動物が表現の主役を演じる場合も少なくない。十九世紀中頃、西欧に強烈なジャポニスム(注2)を巻き起こし、印象派絵画に影響を与えたのは、斬新な余白を活《い》かした構図や斜めのコンポジション(注3)、平面的な描写ばかりでなく、自然の景観を愛《いと》しいほどていねいに描写し、野草や小動物までも、表現の主役としてしまう日本人の自然主義の徹底ぶりであった。西欧の人々は、はじめは驚き、奇異な目で眺めていたものの、ついには彼らに欠けていた精神性を自覚し、やがて日本人の目指す自然主義的な感性に共感しはじめたのである。

〈B〉

自然と人間の関係が薄れた理由は、私たちが自然と接する機会が少なくなり、自然のすばらしさや美しさを実感することさえ、忘れてしまったということが挙げられる。IT（情報技術）が産業界の中枢となった現代社会では、コンピュータや映像メディアが氾濫《はんらん》し、人々は自然との直接体験よりも、プリント・メディアや映像メディアを通した二次元的な情報選択との接点が圧倒的に多くなり、また、こうした情報収集で満足してしまうのである。さらにテレビゲーム、コンピュータ・グラフィックス、インターネットの映像情報が、現実との境界を曖昧にしてしまった映像のバーチャル化が、人々に自然を受け入れる余裕さえ、見失わせてしまったのである。

自然の美しさに応える感性さえ持ち合わせていない現代人に、美しい形がつくれるはずもなく、形の美しさを語る資格もないのではないだろうか。

そのような現代人でも旅にでて偶然自然の美しさに気づくことがある。悲しいかな、その美しさはテレビやメディアで見る自然と二重写しとなって、やはり自然の美しさは複製にすぎないと悟るのである。そこには(2)実体験した感性も、強力なデジタル万能の映像メディアに吸引され、同化されてしまうのである。

科学が発達していなかった工業化以前の社会では、道具や生活用品はすべて手づくり生産であり、デザインという概念はもちあわせていなかった。道具や器の形は必然的に使いやすく、使用目的に合致したものでなければならず、結果的に長い時間をかけて少しずつ無駄のない形に改良されていった。これは機能を追求した形となり、結果的にどれもが美しいのである。

これはまさしく風化した岩石が川に流れ、下流にいくにしたがい小さくなり、角がとれて滑らかな形となるプロセスと同じである。

こうして生々流転《るてん》をくり返しながら、絶えず移り変わる大自然の法則によって、万物の形が形成されていくのである。自然を支配する見えない秩序の法則が、それぞれの形を美しくつくりあげるように、もっと人間は□になってこの自然界の造化の原理を、ここで再び見直すべきではないだろうか。

つまり自然がつくりだす形が美しいのは、自然の法則に逆らわず、気の遠くなるような長い時間的な経緯を経て、少しずつ改良されていく機能を満たした形であり、結果的に無駄のない形となるから、ということができる。それゆえ、私たちはもっと自然の存在を真摯に受け止め、かつて先人たちが自然を美の発想の原点としたように、自然がつくりだした形や色・テクスチャ(注4)から形の美を探るべきであろう。

（三井秀樹「形の美とは何か」〈NHK出版〉から）

（注1）モチーフ＝題材。
（注2）ジャポニスム＝十九世紀にヨーロッパで流行した日本趣味。
（注3）コンポジション＝構図。
（注4）テクスチャ＝質感。

1 (1)まったく正反対である とあるが、西洋と日本それぞれの思想にもとづく芸術表現における自然の対象の捉え方の違いを、筆者はどのように説明しているか。五十五字以内で書きなさい。

2 (2)実体験した……同化されてしまう とあるが、その説明として最も適当なものはどれか。

ア メディアで見る自然にしか美しさを感じられなくなり、実際の自然を見てもすぐ映像として記録してしまうということ。

イ 自然と触れ合う体験をしてはじめて、実際の自然とメディアで見る自然との美しさの違いを思い知らされるということ。

ウ 実際の自然を見てもメディアで見る自然が思い起こされ、自然本来の美しさを感じ取ることができなくなるということ。

エ 実際の自然を見て自然本来の美しさに気づくと、メディアで見る自然の美しさが作り物としか思えなくなるということ。

解答・解説 P160

じきに、そこその辻《つじ》(注2)にて、みかさ(注3)あまりなる坊主《ばうず》、後《うしろ》よりおほひ来《きた》りし程に、すはやと思ひて逃げければ、いよいよ急に追ひかけしが、この門口にて見失ひぬ。それ故《ゆゑ》かくのごとし。』と云ひければ、聞く人、皆驚きて、『さてさて、あやうきことかな。それこそ見こし入道にて候《さうら》はん。』と云ひて、舌ぶるひしてけり。(2)この事、まぢかき事にて、その入道に逢《あ》ひし人、ただ今もそこそこに。」と云へば、一座の人、いづれも怖《おそろ》しき事かなと云へるに、

先生、評していはく、「このもの、昔より一名を高坊主とも云ひならはせり。野原墓原(注4)などにもあらず、ただ在家の四辻、軒の下の石橋などの辺《ほとり》より出《い》づると云へり。これ愚かなる人に臆病風のふき添ひて、すごすご歩ける夜道に、気の前より生ずる処《ところ》の、影ぼうしなるべし。その故はこの者、前よりも来らず、脇よりもせまらず、後より見こすと云へば、四辻門戸(注5)の出入、あるひは夜番の火のひかり、月星の影おぼろなるに、わが影法師、背高くうつろふと、さてこそと思ひ、気をうしなふとみえたり。」

（「百物語評判」から）

（注1）大宮四条坊門＝京都市の地名。
（注2）辻＝十字路。「四辻」も同じ。
（注3）みかさ＝三丈。一丈は約三メートル。
（注4）墓原＝墓が点在する野原。
（注5）四辻門戸＝警備のため町々にあった門。

1　云《い》ふやう　は現代ではどう読むか。現代かなづかいを用いて、すべてひらがなで書きなさい。

2　ア叩《たた》き　イ逃げ　ウ追ひかけ　エ見失ひ　の中で、主語が異なるものはどれか。

3　(1)介太郎内へ入るとひとしく、人心なし　の意味として最も適当なものはどれか。

ア　介太郎は門から中に入ると突然、心を閉ざした。
イ　介太郎は門から中に入ると同時に、気を失った。
ウ　介太郎は門から中に入るとすぐに、我に返った。
エ　介太郎は門から中に入ると急に、緊張が解けた。

4　(2)この事、まぢかき事　の説明として最も適当なものはどれか。

ア　見こし入道が町に現れるという話は間違いだということ。
イ　見こし入道の話をすると本当に会ってしまうということ。
ウ　見こし入道と出会うのは本当に幸せなことだということ。
エ　見こし入道が現れるのは身近な出来事であるということ。

5　「先生」は「見こし入道」の正体を、どのようなものだと説明しているか。次の文の空欄に当てはまるように、二十字以内の現代語で答えなさい。

夜道を歩いているとき、臆病な気持ちによって［　　］

3

次の〈A〉、〈B〉の文章は、三井秀樹「形の美とは何か」の一節である。これらを読んで、1から5までの問いに答えなさい。

〈A〉

私たち日本人の祖先は自然美を師にその美しさを模倣し、その美しさを自分たちの手で書き記したり、絵を描き記録しようとした。この日本人の創造の心が自然主義的な美意識を育み、世界に誇る日本の美術・工芸品をつくりあげてきた。私たちは日常、自然界のさまざまな形に接し、生命の尊さや内に秘めた自然のエネルギーを感じとる幼児体験をつみ重ねながら、形の美しさを受けとめる感性を培《つちか》ってきた。このように感性の形成には自然界のつくりだす形の影響が深くかかわっていると思われる。

日本の文化は根底に自然が在り、自然主義といわれるわけも、よく理解できる。水墨画や山水画とよばれる東洋画に現れた東洋の自然思想、ことに日本人の自然観は、自然と接しながらも自然は人間と対峙《たいじ》する関係にあり、つねに自然を征服しようとする人間の強い意志が文化の裏側に脈々と流れている西洋の思想とは(1)まったく正反対である。

人間至上主義の西洋の芸術表現に見る自然の対象は、あくまで、人間を主体とする表現の従属的な存在であり、装飾のモチーフ(注1)としては多用されているものの、決して表現の主体的なモチーフにはなりえなかったのである。

令和4年度 3月7日実施

栃木県立高校入試 問題

国語

制限時間 50分

1

次の1から7までの問いに答えなさい。

1 次の――線の部分の読みをひらがなで書きなさい。

(1) 彼女は礼儀正しい人だ。
(2) 健やかに成長する。
(3) 商品が陳列されている。
(4) 社会の変化が著しい。
(5) 稚拙な文章。

2 次の――線の部分を漢字で書きなさい。

(1) ごみを毎日ヒロう。
(2) バスのウンチンを払う。
(3) お茶をサましてから飲む。
(4) 偉大なコウセキを残す。
(5) 親しい友人とダンショウする。

3 「今にも雨が降りそうだ。」の――線の部分と文法的に同じ意味・用法のものはどれか。

ア 目標を達成できそうだ。
イ 彼の部屋は広いそうだ。
ウ 祖父母は元気だそうだ。
エ 子犬が生まれるそうだ。

4 次の――線の部分について適切に説明したものはどれか。なお、[A]・[B]は人物を表している。

昨日、[A]は初めて[B]にお目にかかった。

ア 尊敬語で、[A]への敬意を表している。
イ 尊敬語で、[B]への敬意を表している。
ウ 謙譲語で、[A]への敬意を表している。
エ 謙譲語で、[B]への敬意を表している。

5 次のうち、文の係り受け(照応関係)が正しいものはどれか。

ア この商品の良い点は、値段が安いところが素晴らしい。
イ 高校時代の一番の思い出は、校内球技大会で優勝した。
ウ 私の将来の夢は、生活に役立つものを発明することだ。
エ この話は、おばあさんの家に子供が住むことになった。

6 「無人」と熟語の構成が同じものはどれか。

ア 登場　イ 連続　ウ 不要　エ 往復

7 次の二首の和歌の[　]には同じ語が入る。適当なものはどれか。

東風《こち》吹かばにほひおこせよ[　]の花あるじなしとて春を忘るな　（菅原道真《すがはらのみちざね》）

雪降れば木ごとに花ぞ咲きにけるいづれを[　]とわきて折らまし　（紀友則《きのとものり》）

ア 梨　イ 梅　ウ 藤　エ 竹

2

次の文章は、「先生」のもとに集まった人々が「見こし入道」という妖怪について語っている場面である。これを読んで1から5までの問いに答えなさい。

一人のいはく、「先つごろ、大宮四条坊門(注1)のあたりに、和泉屋介《いづみやすけ》太郎《たらう》とかやいふ者、夜更《ふ》けて外より帰りけるに、門あはただしく叩《たた》きければ、内より驚きてあけぬ。さて(1)介太郎内へ入るとひとしく、人心なし。さまざまの気つけなど呑《の》ませければ、やうやうに生きかへりて云《い》ふやう、『我《わ》れ帰るさに、月うすぐらく、ものすさま

解答・解説 P160

MEMO

[実戦編]

栃木県
高校入試
の対策
2024

令和3年度
県立入試

栃木県立高校入試　問題
社　会

制限時間 **45**分

1 栃木県に住む一郎さんは，図1の4地点(本州の東西南北の端)を訪れた。これを見て，1から7の問いに答えなさい。

図1

1　大間町のある青森県や，宮古市のある岩手県について述べた，次の文中の[　　　]に当てはまる語を書きなさい。

> 東北地方の太平洋側では，夏の初め頃に冷たく湿った「やませ」とよばれる風が長い間吹くと，日照不足や気温の低下などにより[　　　]という自然災害がおこり，米の収穫量が減ることがある。

2　宮古市で行われている漁業について述べた，次の文中の[Ⅰ]，[Ⅱ]に当てはまる語の組み合わせとして正しいのはどれか。

> 宮古市の太平洋岸には，もともと山地の谷であった部分に海水が入り込んだ[Ⅰ]が見られる。この地域では，波がおだやかであることを生かし，ワカメやホタテガイ，ウニなどの[Ⅱ]漁業が行われている。

ア　Ⅰ－フィヨルド　Ⅱ－沖合　　　**イ**　Ⅰ－フィヨルド　Ⅱ－養殖
ウ　Ⅰ－リアス海岸　Ⅱ－沖合　　　**エ**　Ⅰ－リアス海岸　Ⅱ－養殖

3　図2は，岩手県と同程度の人口規模である，滋賀県，奈良県，沖縄県における，農林業，漁業，製造業，宿泊・飲食サービス業に従事する産業別人口(2017年)を示している。製造業はどれか。

	岩手県(千人)	滋賀県(千人)	奈良県(千人)	沖縄県(千人)
ア	34.6	40.9	33.1	56.9
イ	5.2	0.6	—	1.8
ウ	98.0	190.0	103.7	33.3
エ	58.3	17.4	14.4	25.0

図2(「県勢」により作成)

4　串本町の潮岬《しおのみさき》の沖合には，暖流の影響でさんご礁が見られる。次のうち，世界最大級のさんご礁が見られる国はどれか。

ア　オーストラリア　　**イ**　カナダ　　**ウ**　ノルウェー　　**エ**　モンゴル

5　一郎さんと先生の会話文を読み，(1)，(2)の問いに答えなさい。

> 一郎：「8月に大阪市を経由して串本町の潮岬を訪れましたが，大阪市は潮岬と比べて，とても暑く感じました。これはなぜでしょうか。」
> 先生：「気象庁のウェブページで，8月の気象データの平均値を見てみましょう。」
>
> | | 8月の日照時間(時間) | 8月の最高気温(℃) |
> |---|---|---|
> | 大阪市中央区 | 216.9 | 33.4 |
> | 串本町潮岬 | 234.6 | 29.6 |
>
> 図3(「気象庁ウェブページ」により作成)
>
> 一郎：「大阪市は潮岬より日照時間が短いのに，最高気温が高くなっています。都市の中心部では，自動車やエアコンからの排熱により周辺部と比べ気温が高くなっているからでしょうか。」
> 先生：「そうですね。これは，[X]現象とよばれますね。また，周辺部と比べ気温が高くなることで，急な大雨が降ることもあります。」
> 一郎：「そういえば，大阪市で突然激しい雨に降られました。都市の中心部では，[Y]ので，集中豪雨の際は大規模な水害が発生することがあると学びました。」

(1)　会話文中の[X]に当てはまる語を書きなさい。
(2)　下線部の水害が発生する理由として，会話文中の[Y]に当てはまる文を，「舗装」の語を用いて簡潔に書きなさい。

解答・解説 P169

6　次の文は，一郎さんが**図4**中に示した ―― の経路で歩いた様子について述べたものである。下線部の内容が正しいものを二つ選びなさい。

> 下関駅を出て，北側にある交番から**ア** 1,500 m歩き，「海峡ゆめタワー」に上り，街を眺めた。次に，**イ** 図書館の北を通り，**ウ** 下関駅よりも標高が低い「日和山公園」で休憩した。次に，「観音崎町」にある寺院を訪れた。その後，**エ** この寺院から北東方向にある市役所に向かった。

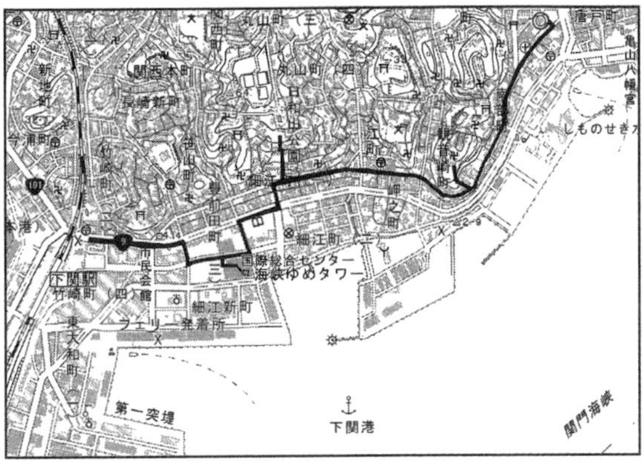

図4（国土地理院発行２万５千分の１電子地形図により作成）

7　日本の貨物輸送の特徴として，**当てはまらない**のはどれか。
ア　航空機は，半導体などの軽くて高価なものの輸出に利用されることが多い。
イ　高速道路のインターチェンジ付近に，トラックターミナルが立地するようになっている。
ウ　船舶は，原料や燃料，機械などの重いものを大量に輸送する際に用いられることが多い。
エ　鉄道は環境への負荷が小さいため，貨物輸送に占める割合は自動車と比べて高い。

2　**図1**は，日本の貿易相手上位10か国・地域(2018年)の位置を示している。これを見て，次の1から7までの問いに答えなさい。

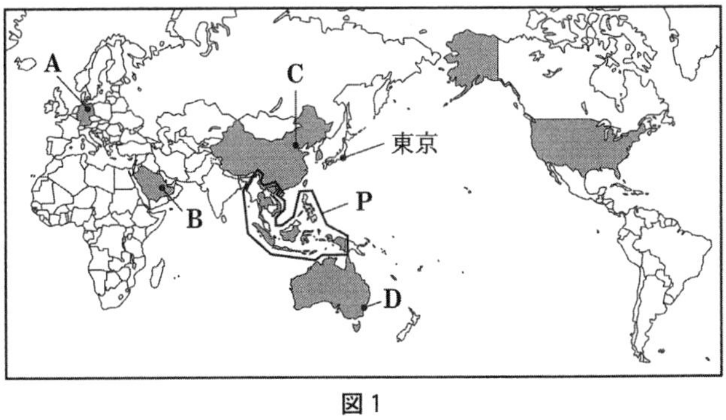

図1

	1月(℃)	7月(℃)	降水量が最も多い月の降水量(mm)
ア	0.9	19.8	59.7 (6月)
イ	−3.1	26.7	160.5 (7月)
ウ	22.9	12.5	123.1 (4月)
エ	14.5	36.6	34.4 (4月)

図2（「理科年表」により作成）

1　東京が12月1日の正午の時，12月1日の午前6時である都市は，**図1**中の**A**，**B**，**C**，**D**のどれか。なお，日時は現地時間とする。

2　次の文は，**図1**中の**P**で囲んだ国々について述べたものである。文中の［　　　］に当てはまる語を書きなさい。

> 地域の安定と発展を求めて，1967年に［　　　］が設立され，経済，政治，安全保障などの分野で協力を進めている。

3　**図2**は，**図1**中の**A**，**B**，**C**，**D**の都市における1月と7月の平均気温，降水量が最も多い月の降水量(平均値)を示している。**A**の都市は，**図2**中の**ア**，**イ**，**ウ**，**エ**のどれか。

4　図3中のa，b，cには，韓国，タイ，ドイツのいずれかが当てはまる。a，b，cに当てはまる国の組み合わせとして正しいのはどれか。

ア　a－韓国　b－タイ　c－ドイツ
イ　a－韓国　b－ドイツ　c－タイ
ウ　a－ドイツ　b－韓国　c－タイ
エ　a－ドイツ　b－タイ　c－韓国

	主な宗教の人口割合(%)	
a	キリスト教　56.2	イスラム教　5.1
b	仏教　94.6	イスラム教　4.3
c	キリスト教　27.6	仏教　15.5

注)韓国，タイは2015年，ドイツは2018年
図3(「The World Fact Book」により作成)

5　図4は，アジア州，アフリカ州，ヨーロッパ州，北アメリカ州の人口が世界の人口に占める割合の推移を示している。アフリカ州とヨーロッパ州はそれぞれどれか。

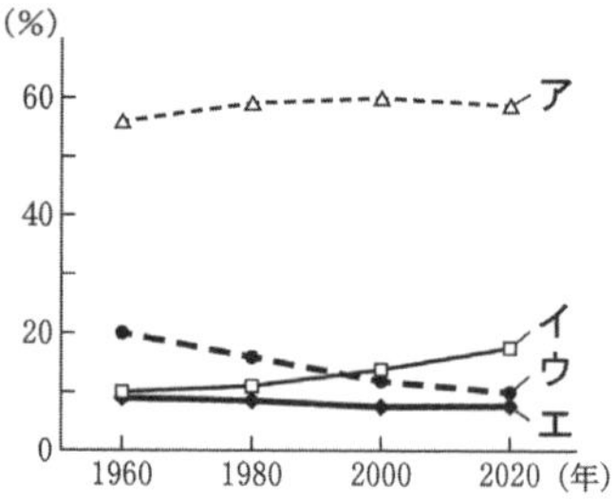

注)2020年は推計値
図4(「世界の統計」により作成)

6　図5は，インドネシア，サウジアラビア，オーストラリアからの日本の主な輸入品目(2018年)を示している。オーストラリアはA，Bのどちらか。また，［C］，［D］には，石油か石炭のいずれかが当てはまる。石油はC，Dのどちらか。なお，同じ記号には同じ語が当てはまる。

	日本の主な輸入品目
A	［C］，液化天然ガス，鉄鉱石，牛肉
インドネシア	金属鉱と金属くず，［C］，液化天然ガス，電気機器
B	［D］，揮発油，有機化合物，液化石油ガス

図5(「地理統計要覧」ほかにより作成)

7　図6，図7中のX，Y，Zにはそれぞれアメリカ，韓国，中国のいずれかが当てはまる。中国はX，Y，Zのどれか。また，そのように考えた理由について，図6，図7から読み取れることをふまえ，簡潔に書きなさい。

日本への輸出額上位3品目とその割合(%)

	1996年		2016年	
X	コンピュータ	7.4	電気機器	15.5
	穀物	5.5	一般機械	15.0
	肉類	4.5	航空機類	7.2
Y	衣類	27.0	電気機器	29.7
	魚介類	5.2	一般機械	16.5
	原油	4.1	衣類と同付属品	11.2
Z	半導体等電子部品	15.6	電気機器	17.6
	石油製品	9.5	化学製品	14.2
	鉄鋼	9.2	一般機械	13.2

図6(「データブックオブザワールド」により作成)

日本の輸入総額に占める割合

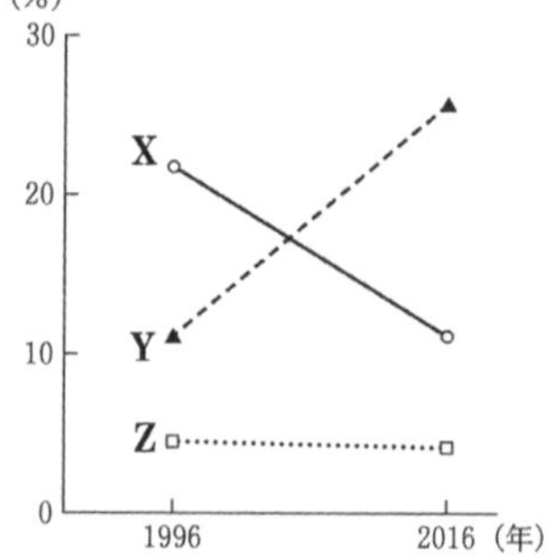

図7(「データブックオブザワールド」により作成)

3 次のAからDは，古代から近世までの資料とその説明である。これを読み，１から７までの問いに答えなさい。

	資料	説　明
A	木簡	ⓐ地方の特産物を納める税として，平城京に運ばれた海産物などが記されていた。
B	明銭	ⓑ明との貿易が始まった時期に輸入された銅銭。土器に大量に入れられ，埋められていた。
C	鉄剣	５世紀頃つくられた稲荷山古墳(埼玉県)から出土し，「獲加多支鹵《わかたける》大王」と刻まれていた。また，江田船山古墳(熊本県)でも同様の文字が刻まれた鉄刀が出土した。
D	高札《こうさつ》	犬や猫をひもでつなぐことを禁止するという，ⓒ生類憐みの令の内容が記されていた。

1　Aの資料が使われていた時期のできごととして当てはまるのはどれか。
ア　一遍がおどり念仏を広めた。　　イ　仏教が初めて百済から伝わった。
ウ　『万葉集』がまとめられた。　　エ　『新古今和歌集』が編集された。

2　下線部ⓐについて，この税を何というか。

3　Bの資料が使われていた時期の社会について述べた，次の文中の □ に当てはまる語を書きなさい。

> 商工業者による同業者の団体である □ が，貴族や寺社の保護のもと，営業の権利を独占した。

4　下線部ⓑについて，日本の正式な貿易船と倭寇とを区別するための証明書を何というか。

5　Cの資料について，(1)，(2)の問いに答えなさい。

(1)　図１は，稲荷山古墳や江田船山古墳と同じ形をした古墳の模式図である。この形の古墳を何というか。

図１

(2)　図２は，３世紀と５世紀における図１と同じ形をした古墳の分布図である。大和地方を中心とする大和政権(ヤマト王権)の勢力範囲が，３世紀から５世紀にかけてどのように変化したと考えられるか。Cの資料の説明と図２をふまえ，簡潔に書きなさい。

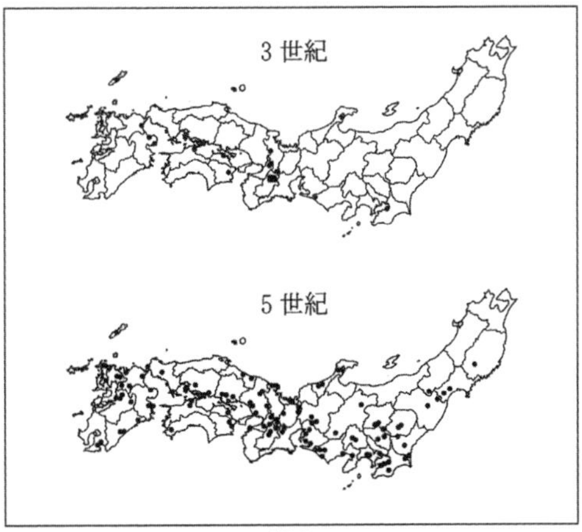

図２

6　下線部ⓒを出した人物が行った政策について，正しく述べているのはどれか。
ア　裁判の基準となる公事方御定書を制定するとともに，庶民の意見を聞く目安箱を設置した。
イ　参勤交代の制度を定め，１年おきに領地と江戸を大名に往復させることとした。
ウ　倹約令を出すとともに，旗本や御家人の生活難を救うため，借金を帳消しにした。
エ　朱子学を重視し，武力にかわり学問や礼節を重んじる政治への転換をはかった。

7　AからDの資料を，年代の古い順に並べ替えなさい。

実戦編◆社会

県立 R３

4 次の文を読み，1から5までの問いに答えなさい。

日本が国際博覧会に初めて参加したのは，幕末の@パリ博覧会(1867年)である。明治時代初頭には，条約改正交渉と欧米視察を行った⑥日本の使節団がウィーン博覧会(1873年)を訪れた。その後も，日本は©セントルイス博覧会(1904年)などに参加した。また，日本は，博覧会を1940年に開催することを計画していたが，@国内外の状況が悪化し，実現できなかった。@日本での博覧会の開催は第二次世界大戦後となった。

1 下線部@に関して，(1)，(2)，(3)の問いに答えなさい。

(1) 日本は，パリ博覧会に生糸を出品した。その後，生糸の増産と品質向上を目指し，1872年に群馬県に建てられた官営工場(官営模範工場)を何というか。

(2) 日本は，パリ博覧会に葛飾北斎の浮世絵を出品した。このことは，浮世絵がヨーロッパで紹介される一因となった。次のうち，葛飾北斎と同時期に活躍した浮世絵師はどれか。

ア 狩野永徳　　**イ** 歌川広重
ウ 尾形光琳　　**エ** 菱川師宣

(3) 薩摩藩は，パリ博覧会に参加するなど，ヨーロッパの列強との交流を深めていった。列強と交流するようになった理由を，**図1**から読み取れることをふまえ，「攘夷」の語を用いて，簡潔に書きなさい。

年	薩摩藩のできごと
1863	薩英戦争
1865	イギリスへの留学生派遣
	イギリスから武器を購入
1866	薩長同盟
1867	パリ博覧会参加

図1

2 下線部⑥について，この使節団を何というか。

3 下線部©に関して，セントルイス博覧会が開催されていた頃，日本はロシアと戦争を行っていた。**図2**中の**ア**，**イ**，**ウ**，**エ**のうち，日露戦争開戦時に日本の領土であったのはどれか。

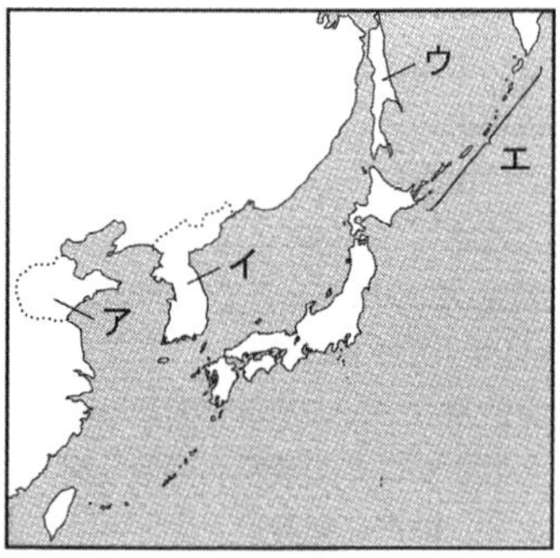

図2

4 下線部@に関して，日本が国際連盟を脱退した後の状況について，正しく述べているのはどれか。

ア 米騒動が全国に広がった。　　**イ** 世界恐慌がおこった。
ウ 五・一五事件がおきた。　　**エ** 日中戦争が始まった。

5 下線部@に関して述べた，次の文中の［ I ］，［ II ］に当てはまる語の組み合わせとして，正しいのはどれか。

［ I ］内閣は，アメリカと交渉をすすめ，1972年に［ II ］を実現させた。このことを記念して，1975年に国際海洋博覧会が開催された。

ア I－佐藤栄作　II－日中国交正常化　　**イ** I－吉田茂　II－日中国交正常化
ウ I－佐藤栄作　II－沖縄の日本復帰　　**エ** I－吉田茂　II－沖縄の日本復帰

解答・解説 P169

5 1から4までの問いに答えなさい。

1 **図1**は，三権の抑制と均衡の関係を示している。次の(1)，(2)の問いに答えなさい。

(1) **図1**中の**ア**，**イ**，**ウ**，**エ**のうち，「弾劾裁判所の設置」を表す矢印はどれか。

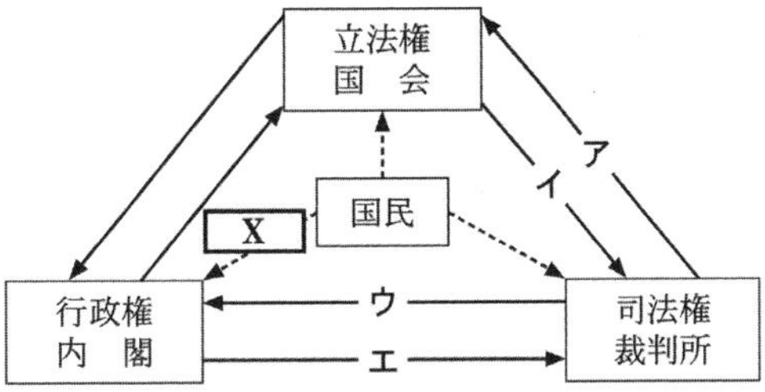

図1

(2) 次の文中と**図1**中の **X** に共通して当てはまる語は何か。

> 国民のまとまった意見や考え方を **X** とよび，その形成にはテレビや新聞などのマスメディアの影響が大きいといわれている。

2 累進課税について，正しく述べているのはどれか。

ア 高所得者ほど，高い税率が適用される。　**イ** 景気に左右されず，一定の税収が見込める。
ウ 生鮮食品に対して，税率が軽減される。　**エ** 所得が少ない人ほど，税負担の割合が高い。

3 地方自治に関して，国と比較した地方の行政事務の特徴を**図2**から読み取り，簡潔に書きなさい。また，政令指定都市と比較した小都市の歳入の特徴を**図3**から読み取り，地方交付税の役割にふれ，簡潔に書きなさい。

主な行政事務の分担

	教育	福祉	その他
国	・大学	・医師等免許	・防衛 ・外交
地方 (市町村)	・小中学校 ・幼稚園	・国民健康保険 ・ごみ処理	・消防 ・戸籍

図2(「総務省ウェブページ」により作成)

歳入に占める割合と，人口一人当たり歳入額

	地方税 (%)	地方交付税 (%)	一人当たり歳入額 (千円)
政令指定都市	41.2	5.1	509
小都市 (人口10万人未満)	27.1	23.3	498

図3(「総務省令和2年版地方財政白書」により作成)

4 経済活動に関して，次の(1)，(2)，(3)の問いに答えなさい。

(1) 日本銀行に関する次の文Ⅰ，Ⅱ，Ⅲの正誤の組み合わせとして，正しいのはどれか。

> Ⅰ 日本で流通している紙幣を発行するため，「発券銀行」とよばれている。
> Ⅱ 国民から集めた税金の使い道を決定するため，「政府の銀行」とよばれている。
> Ⅲ 一般の銀行との間でお金の出し入れをするため，「銀行の銀行」とよばれている。

ア Ⅰ－正 Ⅱ－正 Ⅲ－誤　**イ** Ⅰ－正 Ⅱ－誤 Ⅲ－正
ウ Ⅰ－正 Ⅱ－誤 Ⅲ－誤　**エ** Ⅰ－誤 Ⅱ－正 Ⅲ－正
オ Ⅰ－誤 Ⅱ－正 Ⅲ－誤　**カ** Ⅰ－誤 Ⅱ－誤 Ⅲ－正

(2) 企業が不当な価格協定を結ぶことを禁止するなど，市場における企業どうしの公正かつ自由な競争を促進するために制定された法律を何というか。

(3) 日本の企業について，正しく述べているのはどれか。

ア 企業の9割は大企業に分類され，大企業の多くは海外に進出している。
イ 水道やバスなどの公企業の主な目的は，高い利潤を上げることである。
ウ 勤務年数に関わらず，個人の能力や仕事の成果で賃金を決める企業も増えている。
エ 企業の代表的な形態は株式会社であり，株主は企業に対してすべての責任を負う。

6 ゆきさんと先生の会話文を読み，1から6までの問いに答えなさい。

> ゆき：「日本はⓐ少子高齢化に対応するため，社会保障の充実を図っています。例えば，［ A ］制度は，40歳以上のすべての国民が加入し，公的な支援を受けられる社会保険の一つですね。」
> 先生：「そのような社会保障のしくみは，ⓑ日本国憲法における基本的人権の尊重の考え方に基づいています。ⓒ人権を保障するには，ⓓ民主主義による政治を行うことが重要ですね。」
> ゆき：「3年後には有権者になるので，ⓔ実際の選挙について，調べてみようと思います。」

1 下線部ⓐに関して，働く人の数が減少することを見据え，性別に関わらず，働きやすい職場環境を整えることが大切である。雇用における女性差別を禁止する目的で，1985年に制定された法律を何というか。

2 会話文中の［ A ］に当てはまる語を書きなさい。

3 下線部ⓑに関して，次の⑴，⑵の問いに答えなさい。

⑴ 次の文は日本国憲法の一部である。文中の［　　］に当てはまる語を書きなさい。

> すべて国民は，個人として尊重される。生命，自由及び幸福追求に対する国民の権利については，［　　］に反しない限り，立法その他国政の上で，最大の尊重を必要とする。

⑵ **図1**は，憲法改正の手続きを示している。［ Ⅰ ］，［ Ⅱ ］に当てはまる語の組み合わせとして正しいのはどれか。

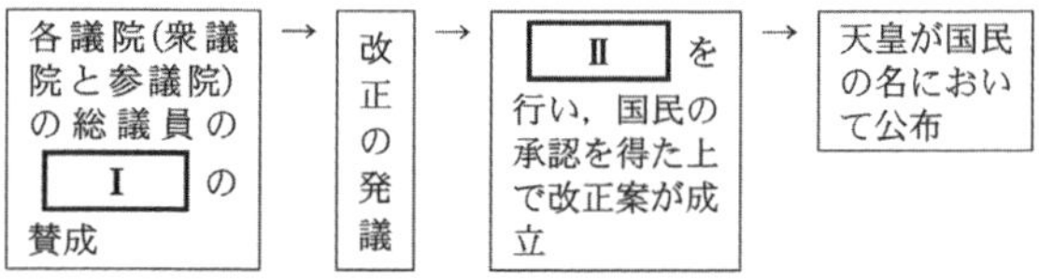

図1

ア Ⅰ－3分の2以上　Ⅱ－国民投票　　イ Ⅰ－3分の2以上　Ⅱ－国民審査
ウ Ⅰ－過半数　Ⅱ－国民投票　　エ Ⅰ－過半数　Ⅱ－国民審査

4 下線部ⓒに関して述べた，次の文中の［ Ⅰ ］，［ Ⅱ ］に当てはまる語の組み合わせとして，正しいのはどれか。なお，同じ記号には同じ語が当てはまる。

> 警察が逮捕などをする場合，原則として裁判官が出す［ Ⅰ ］がなければならない。また，被告人が経済的な理由で［ Ⅱ ］を依頼できない場合は，国が費用を負担して［ Ⅱ ］を選ぶことになっている。

ア Ⅰ－令状　Ⅱ－検察官　　イ Ⅰ－令状　Ⅱ－弁護人
ウ Ⅰ－証拠　Ⅱ－検察官　　エ Ⅰ－証拠　Ⅱ－弁護人

5 下線部ⓓに関して，議会制民主主義における考え方として<u>当てはまらない</u>のはどれか。

ア 法の下の平等　イ 多数決の原理　ウ 少数意見の尊重　エ 人の支配

6 下線部ⓔに関して，ゆきさんは，2019年の参議院議員選挙について調べ，若い世代の投票率が他の世代よりも低いことに気付いた。この課題について，**図2**，**図3**をふまえ，どのような解決策が考えられるか，簡潔に書きなさい。

投票を棄権した人の理由

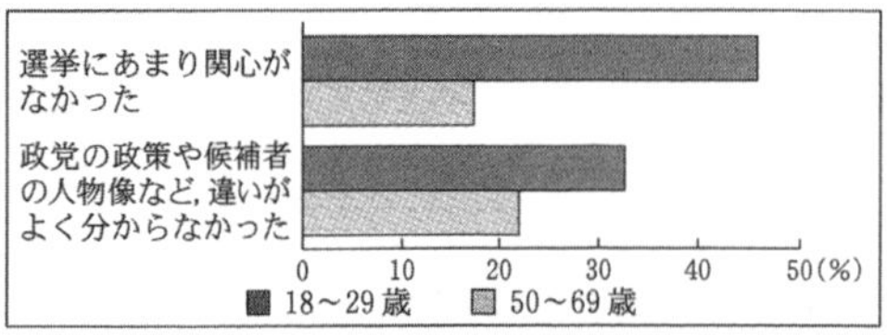

図2（「参議院議員選挙全国意識調査」により作成）

政治・選挙の情報入手元

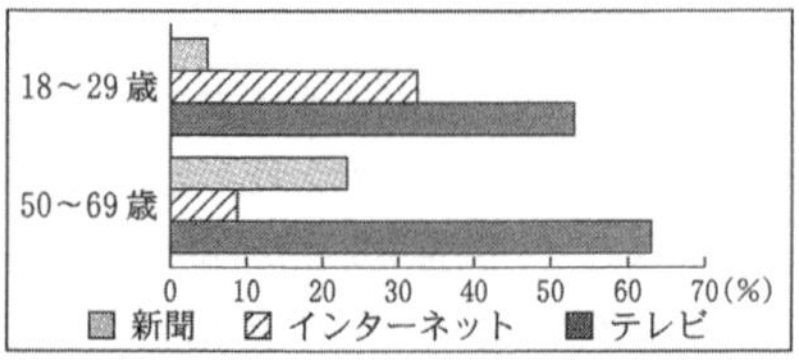

図3（「参議院議員選挙全国意識調査」により作成）

栃木県立高校入試　問題
数　学

制限時間 50分

1　次の1から14までの問いに答えなさい。

1　$-3-(-7)$ を計算しなさい。

2　$8a^3b^5 \div 4a^2b^3$ を計算しなさい。

3　$a=2$，$b=-3$ のとき，$a+b^2$ の値を求めなさい。

4　$x^2-8x+16$ を因数分解しなさい。

5　$a=\dfrac{2b-c}{5}$ を c について解きなさい。

6　次の**ア**，**イ**，**ウ**，**エ**のうちから，内容が正しいものを1つ選んで，記号で答えなさい。

ア　9の平方根は3と -3 である。

イ　$\sqrt{16}$ を根号を使わずに表すと ± 4 である。

ウ　$\sqrt{5}+\sqrt{7}$ と $\sqrt{5+7}$ は同じ値である。

エ　$(\sqrt{2}+\sqrt{6})^2$ と $(\sqrt{2})^2+(\sqrt{6})^2$ は同じ値である。

7　右の図で，$\ell /\!/ m$ のとき，$\angle x$ の大きさを求めなさい。

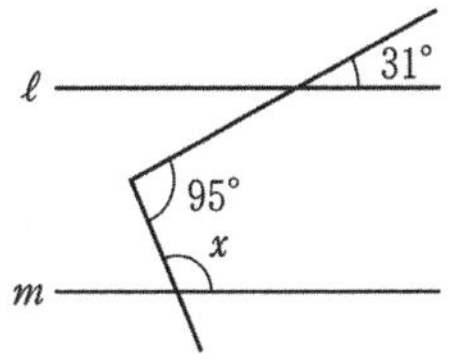

8　右の図は，y が x に反比例する関数のグラフである。y を x の式で表しなさい。

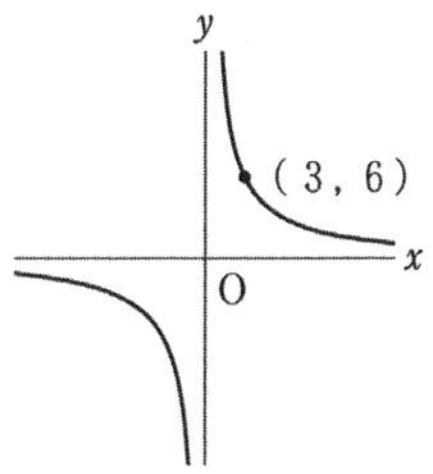

9　1辺が6 cmの立方体と，底面が合同で高さが等しい正四角錐《すい》がある。この正四角錐の体積を求めなさい。

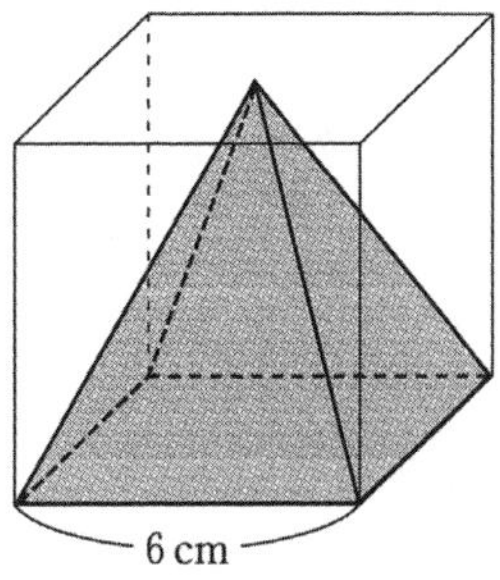

10　2次方程式 $x^2+5x+2=0$ を解きなさい。

11　関数 $y=-2x+1$ について，x の変域が $-1 \leqq x \leqq 3$ のときの y の変域を求めなさい。

12　A地点からB地点まで，初めは毎分60 mで a m歩き，途中から毎分100 mで b m走ったところ，20分以内でB地点に到着した。この数量の関係を不等式で表しなさい。

解答・解説 P172

13　右の図で，$\triangle ABC \backsim \triangle DEF$ であるとき，x の値を求めなさい。

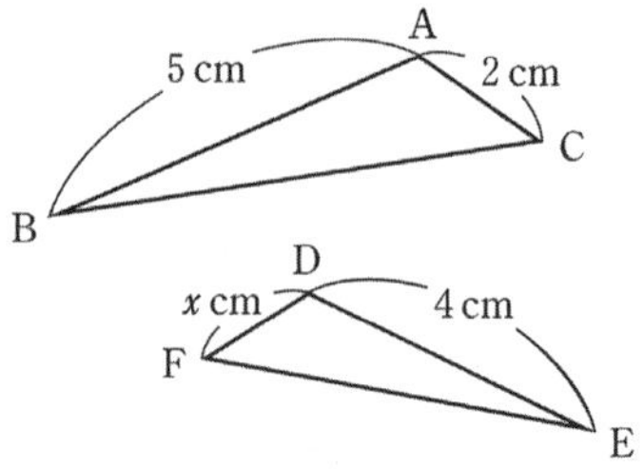

14　次の文の(　　　)に当てはまる条件として最も適切なものを，**ア**，**イ**，**ウ**，**エ**のうちから1つ選んで，記号で答えなさい。

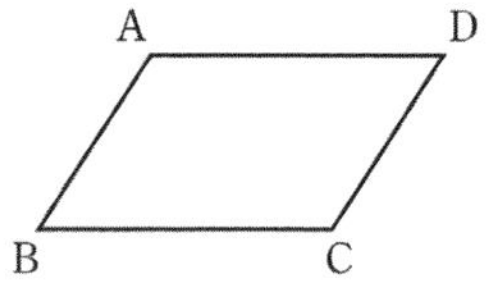

平行四辺形 ABCD に，(　　　)の条件が加わると，平行四辺形 ABCD は長方形になる。

ア　$AB = BC$　　**イ**　$AC \perp BD$
ウ　$AC = BD$　　**エ**　$\angle ABD = \angle CBD$

2　次の1，2，3の問いに答えなさい。

1　右の図の $\triangle ABC$ において，頂点 B を通り $\triangle ABC$ の面積を2等分する直線と辺 AC との交点を P とする。このとき，点 P を作図によって求めなさい。ただし，作図には定規とコンパスを使い，また，作図に用いた線は消さないこと。

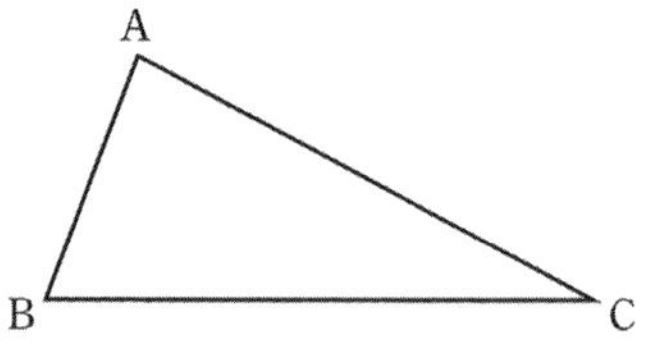

2　大小2つのさいころを同時に投げるとき，大きいさいころの出る目の数を a，小さいさいころの出る目の数を b とする。$a - b$ の値が正の数になる確率を求めなさい。

3　右の図のように，2つの関数 $y = x^2$，$y = ax^2$ ($0 < a < 1$) のグラフがあり，それぞれのグラフ上で，x 座標が -2 である点を A，B，x 座標が3である点を C，D とする。

下の文は，四角形 ABDC について述べたものである。文中の①，②に当てはまる式や数をそれぞれ求めなさい。

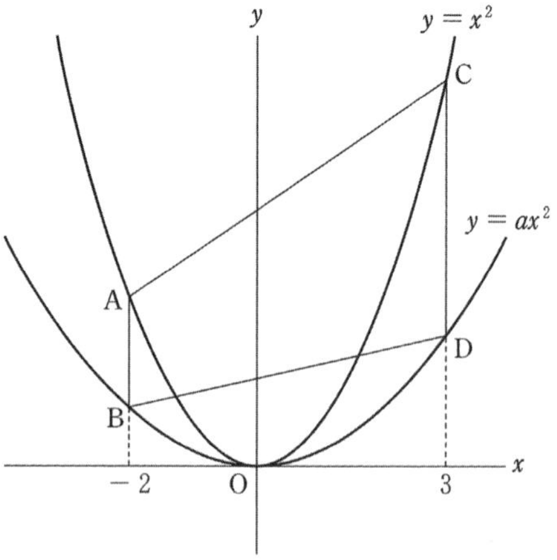

線分 AB の長さは a を用いて表すと(　①　)である。また，四角形 ABDC の面積が26のとき，a の値は(　②　)となる。

3 次の1，2の問いに答えなさい。

1 ある道の駅では，大きい袋と小さい袋を合わせて40枚用意し，すべての袋を使って，仕入れたりんごをすべて販売することにした。まず，大きい袋に5個ずつ，小さい袋に3個ずつ入れたところ，りんごが57個余った。そこで，大きい袋は7個ずつ，小さい袋は4個ずつにしたところ，すべてのりんごをちょうど入れることができた。大きい袋をx枚，小さい袋をy枚として連立方程式をつくり，大きい袋と小さい袋の枚数をそれぞれ求めなさい。ただし，途中の計算も書くこと。

2 次の資料は，太郎さんを含めた生徒15人の通学時間を4月に調べたものである。

3，5，7，7，8，9，9，11，12，12，12，14，16，18，20 (分)

このとき，次の(1)，(2)，(3)の問いに答えなさい。

(1) この資料から読み取れる通学時間の最頻値を答えなさい。

(2) この資料を右の度数分布表に整理したとき，5分以上10分未満の階級の相対度数を求めなさい。

階級(分)	度数(人)
以上　未満	
0 ～ 5	
5 ～ 10	
10 ～ 15	
15 ～ 20	
20 ～ 25	
計	15

(3) 太郎さんは8月に引越しをしたため，通学時間が5分長くなった。そこで，太郎さんが引越しをした後の15人の通学時間の資料を，4月に調べた資料と比較したところ，中央値と範囲はどちらも変わらなかった。引越しをした後の太郎さんの通学時間は何分になったか，考えられる通学時間をすべて求めなさい。ただし，太郎さんを除く14人の通学時間は変わらないものとする。

4 次の1，2の問いに答えなさい。

1 右の図のように，$\triangle$ABCの辺AB，ACの中点をそれぞれD，Eとする。また，辺BCの延長にBC：CF＝2：1となるように点Fをとり，ACとDFの交点をGとする。

このとき，$\triangle DGE \equiv \triangle FGC$ であることを証明しなさい。

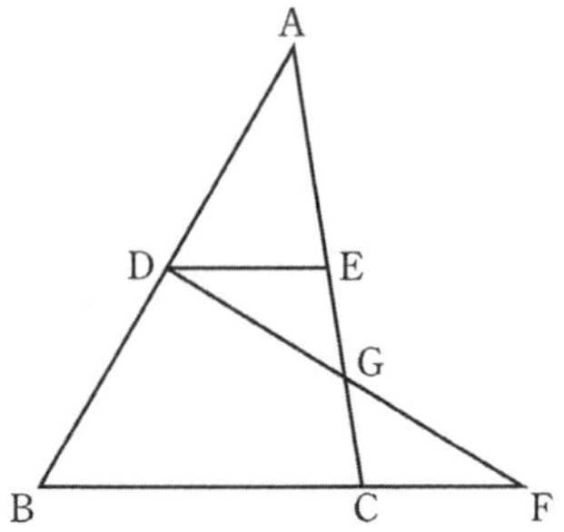

2 右の図のように，半径2cmの円Oがあり，その外部の点Aから円Oに接線をひき，その接点をBとする。また，線分AOと円Oとの交点をCとし，AOの延長と円Oとの交点をDとする。

$\angle OAB = 30^\circ$ のとき，次の(1)，(2)の問いに答えなさい。

(1) ADの長さを求めなさい。

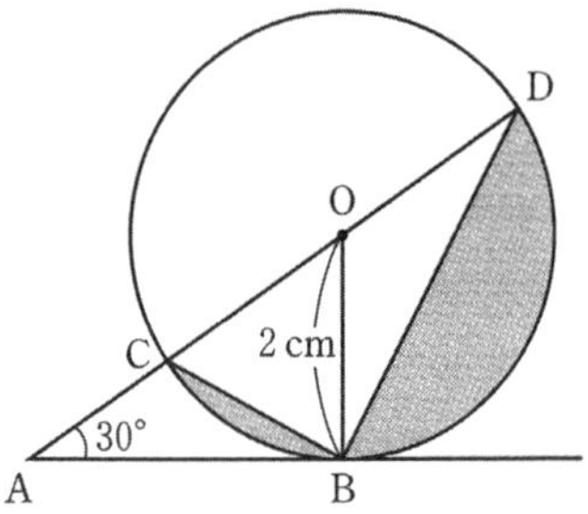

(2) Bを含む弧CDと線分BC，BDで囲まれた色のついた部分（　　の部分）の面積を求めなさい。ただし，円周率はπとする。

5　図1のような，AB = 10 cm，AD = 3 cm の長方形ABCDがある。点PはAから，点QはDから同時に動き出し，ともに毎秒1 cmの速さで点Pは辺AB上を，点Qは辺DC上を繰り返し往復する。ここで「辺AB上を繰り返し往復する」とは，辺AB上をA→B→A→B→… と一定の速さで動くことであり，「辺DC上を繰り返し往復する」とは，辺DC上をD→C→D→C→… と一定の速さで動くことである。

2点P，Qが動き出してから，x秒後の△APQの面積をy cm^2 とする。ただし，点PがAにあるとき，$y = 0$ とする。

このとき，次の1，2，3の問いに答えなさい。

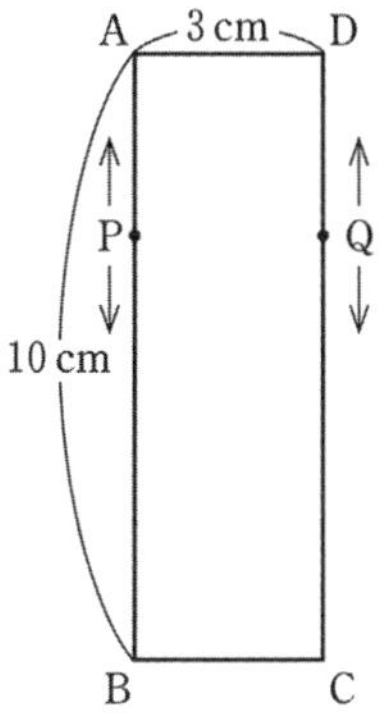

図1

1　2点P，Qが動き出してから6秒後の△APQの面積を求めなさい。

2　図2は，xとyの関係を表したグラフの一部である。2点P，Qが動き出して10秒後から20秒後までの，xとyの関係を式で表しなさい。ただし，途中の計算も書くこと。

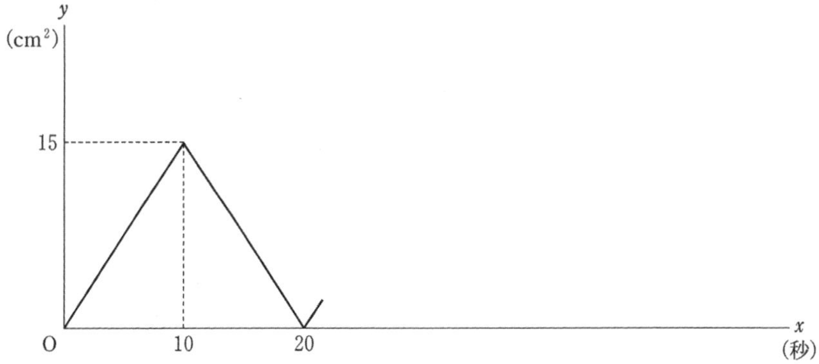

図2

3　点RはAに，点SはDにあり，それぞれ静止している。2点P，Qが動き出してから10秒後に，2点R，Sは動き出し，ともに毎秒0.5 cmの速さで点Rは辺AB上を，点Sは辺DC上を，2点P，Qと同様に繰り返し往復する。

このとき，2点P，Qが動き出してからt秒後に，△APQの面積と四角形BCSRの面積が等しくなった。このようなtの値のうち，小さい方から3番目の値を求めなさい。

6 図1のような，4分割できる正方形のシートを25枚用いて，1から100までの数字が書かれたカードを作ることにした。そこで，**【作り方Ⅰ】**，**【作り方Ⅱ】**の2つの方法を考えた。

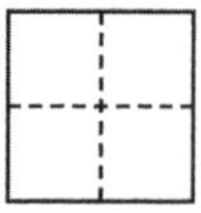

図1

【作り方Ⅰ】

図2のようにシートに数字を書き，図3のように1枚ずつシートを切ってカードを作る。

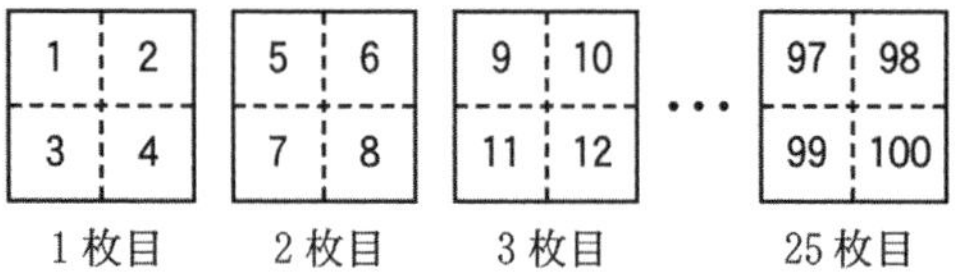

図2

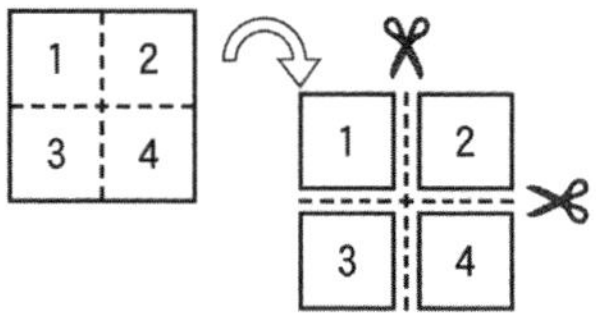

図3

【作り方Ⅱ】

図4のようにシートに数字を書き，図5のように1枚目から25枚目までを順に重ねて縦に切り，切った2つの束を重ね，横に切ってカードを作る。

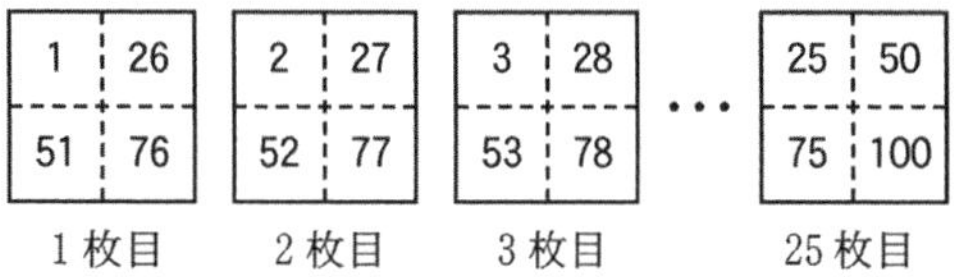

図4

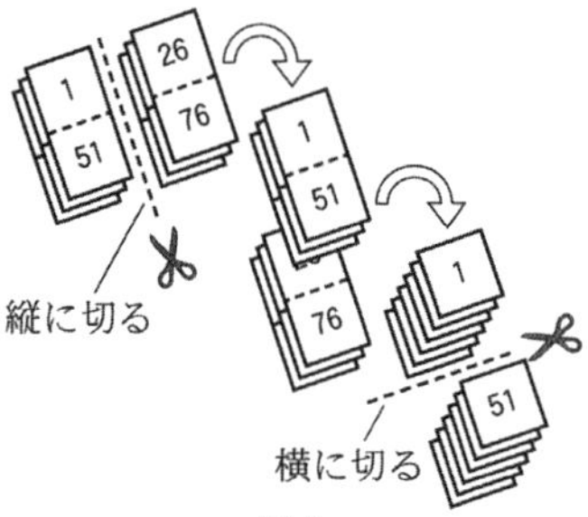

図5

このとき，次の1，2，3の問いに答えなさい。

1 **【作り方Ⅰ】**の7枚目のシートと**【作り方Ⅱ】**の7枚目のシートに書かれた数のうち，最も大きい数をそれぞれ答えなさい。

2 **【作り方Ⅱ】**のx枚目のシートに書かれた数を，図6のようにa，b，c，dとする。$a+2b+3c+4d=ac$が成り立つときのxの値を求めなさい。ただし，途中の計算も書くこと。

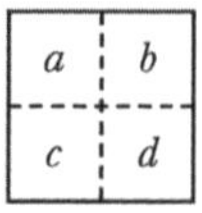

図6

3 次の文の①，②に当てはまる式や数をそれぞれ求めなさい。

【作り方Ⅰ】のm枚目のシートの4つの数の和と，**【作り方Ⅱ】**のn枚目のシートの4つの数の和が等しくなるとき，nをmの式で表すと（ ① ）となる。①を満たすm，nのうち，$m<n$となるnの値をすべて求めると（ ② ）である。ただし，m，nはそれぞれ25以下の正の整数とする。

解答・解説 P173

令和3年度 3月8日実施 栃木県立高校入試 問題

理　科

制限時間 45分

1　次の1から8までの問いに答えなさい。

1　次のうち，化学変化はどれか。

ア　氷がとける。　　**イ**　食塩が水に溶ける。

ウ　砂糖がこげる。　　**エ**　熱湯から湯気が出る。

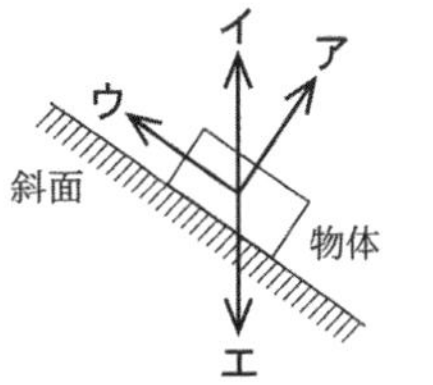

2　右の図において，斜面上に置かれた物体にはたらく垂直抗力の向きは，**ア**，**イ**，**ウ**，**エ**のうちどれか。

3　次のうち，惑星はどれか。

ア　太　陽　　**イ**　地　球　　**ウ**　彗《すい》　星　　**エ**　月

4　ヒトのだ液などに含まれ，デンプンの分解にはたらく消化酵素はどれか。

ア　リパーゼ　　**イ**　ペプシン　　**ウ**　アミラーゼ　　**エ**　トリプシン

5　雷《かみなり》は，雲にたまった静電気が空気中を一気に流れる現象である。このように，たまった電気が流れ出したり，空間を移動したりする現象を何というか。

6　地球内部の熱などにより，地下で岩石がどろどろにとけているものを何というか。

7　受精卵が細胞分裂をして成長し，成体となるまでの過程を何というか。

8　砂糖 40 g を水 160 g に溶かした砂糖水の質量パーセント濃度は何%か。

2　図1は，3月のある日の午前9時における日本付近の気圧配置を示したものである。図2は，図1のA–B間における前線および前線面の断面を表した模式図である。

このことについて，次の1，2，3の問いに答えなさい。

1　図1の地点Wでは，天気は雪，風向は南東，風力は3であった。このときの天気の記号として最も適切なものはどれか。

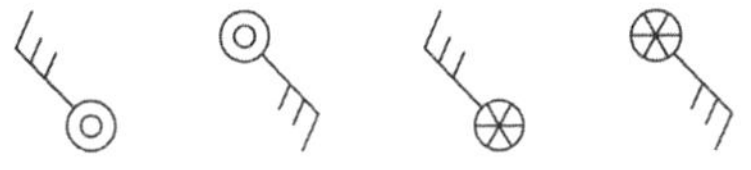

ア　　**イ**　　**ウ**　　**エ**

2　次の［　　　］内の文章は，図2の前線面の断面とその付近にできる雲について説明したものである。①に当てはまる記号と，②，③に当てはまる語をそれぞれ（　　）の中から選んで書きなさい。

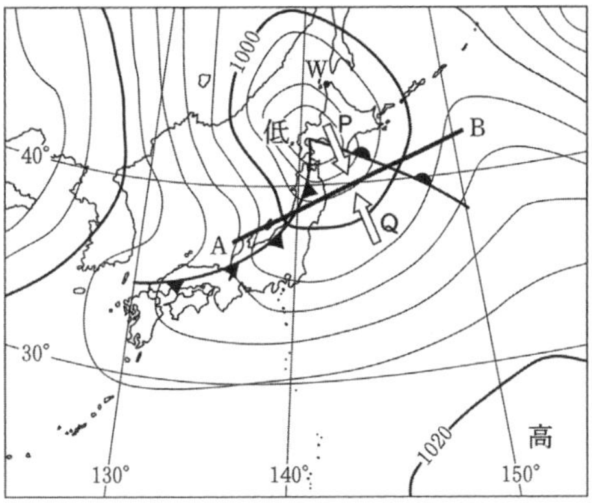

図1

> 図2は，図1のA–B間の断面を①（P・Q）の方向から見たものである。前線面上の［　　　］の辺りでは，寒気と暖気の境界面で②（強い・弱い）上昇気流が生じ，③（乱層雲・積乱雲）ができる。

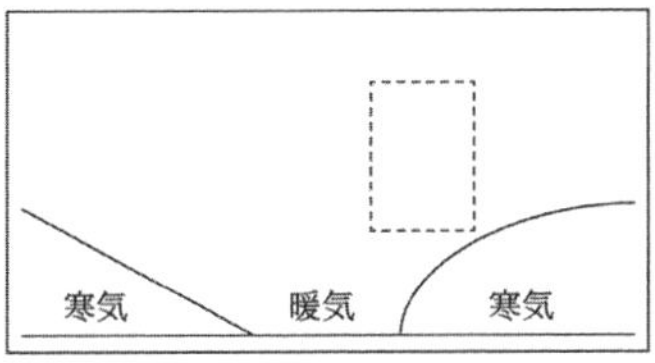

図2

解答・解説 P176

3　図3は，図1と同じ日に観測された，ある地点における気温，湿度，風向のデータをまとめたものである。この地点を寒冷前線が通過したと考えられる時間帯はどれか。また，そのように判断できる理由を，気温と風向に着目して簡潔に書きなさい。

ア　0時～3時　　イ　6時～9時

ウ　12時～15時　　エ　18時～21時

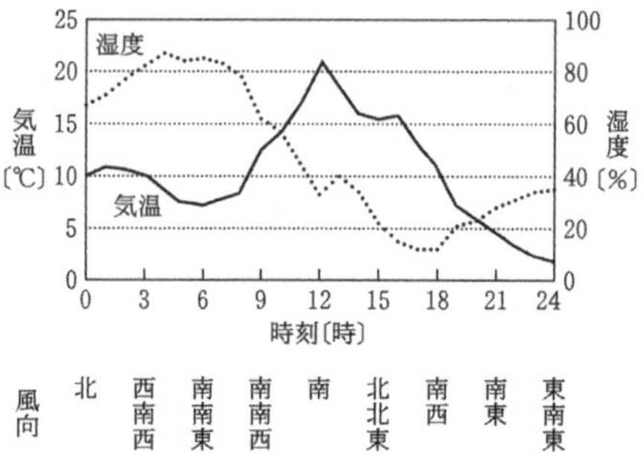

図3

3　植物の蒸散について調べるために，次の実験(1)，(2)，(3)，(4)を順に行った。

(1)　葉の数と大きさ，茎の長さと太さをそろえたアジサイの枝を3本用意し，水を入れた3本のメスシリンダーにそれぞれさした。その後，それぞれのメスシリンダーの水面を油でおおい，図のような装置をつくった。

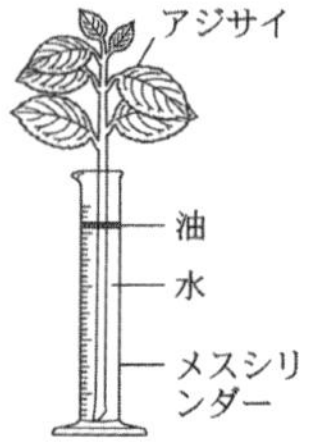

(2)　実験(1)の装置で，葉に何も処理しないものを装置A，すべての葉の表側にワセリンをぬったものを装置B，すべての葉の裏側にワセリンをぬったものを装置Cとした。

(3)　装置A，B，Cを明るいところに3時間置いた後，水の減少量を調べた。表は，その結果をまとめたものである。

	装置A	装置B	装置C
水の減少量〔cm^3〕	12.4	9.7	4.2

(4)　装置Aと同じ条件の装置Dを新たにつくり，装置Dを暗室に3時間置き，その後，明るいところに3時間置いた。その間，1時間ごとの水の減少量を記録した。

このことについて，次の1，2，3，4の問いに答えなさい。ただし，実験中の温度と湿度は一定に保たれているものとする。

1　アジサイの切り口から吸収された水が，葉まで運ばれるときの通り道を何というか。

2　実験(1)で，下線部の操作を行う目的を簡潔に書きなさい。

3　実験(3)の結果から，「葉の表側からの蒸散量」および「葉以外からの蒸散量」として，最も適切なものを，次のアからオのうちからそれぞれ一つ選び，記号で書きなさい。

ア　0.6 cm^3　　イ　1.5 cm^3　　ウ　2.7 cm^3　　エ　5.5 cm^3　　オ　8.2 cm^3

4　実験(4)において，1時間ごとの水の減少量を表したものとして，最も適切なものはどれか。また，そのように判断できる理由を，「気孔」という語を用いて簡潔に書きなさい。

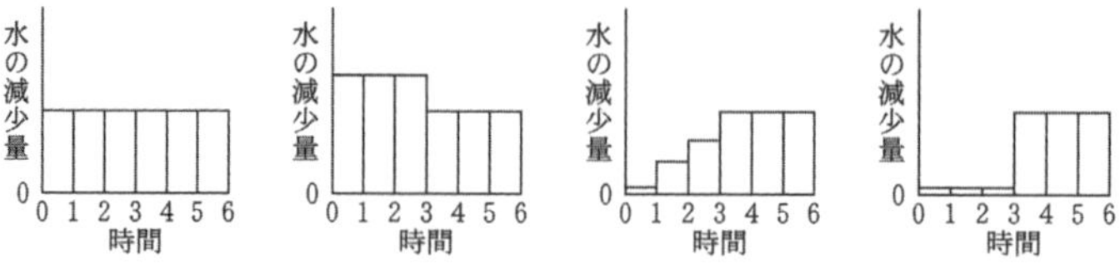

ア　　イ　　ウ　　エ

解答・解説 P176

4 アキラさんとユウさんは，電流がつくる磁界のようすを調べるために，次の実験(1)，(2)，(3)を順に行った。

(1) 図1のように，厚紙に導線を通し，鉄粉を均一にまいた。次に，電流を流して磁界をつくり，厚紙を指で軽くたたいて鉄粉のようすを観察した。

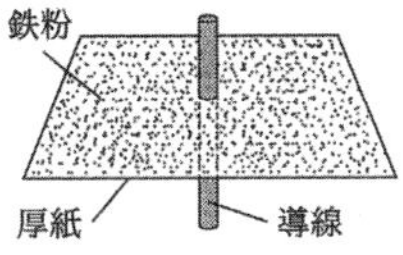

図1

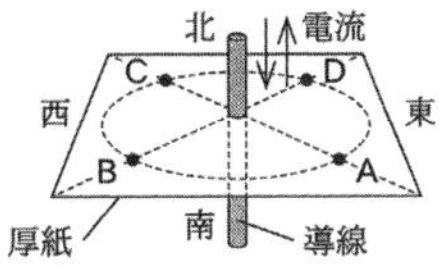

図2

(2) 図2のように，導線に上向きまたは下向きの電流を流して磁界をつくり，導線から等しい距離の位置A，B，C，Dに方位磁針を置いて，N極がさす向きを観察した。

(3) 図3のように，コイルを厚紙に固定して電流を流せるようにし，コイルからの距離が異なる位置P，Qに方位磁針をそれぞれ置いた。その後，コイルに流す電流を少しずつ大きくして，N極がさす向きの変化を観察した。図4は，図3の装置を真上から見たようすを模式的に示したものである。

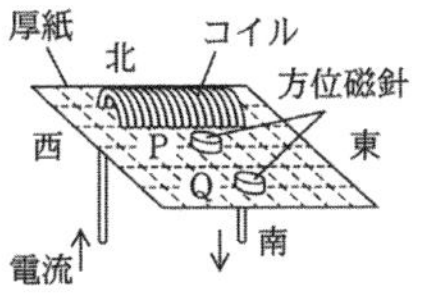

図3

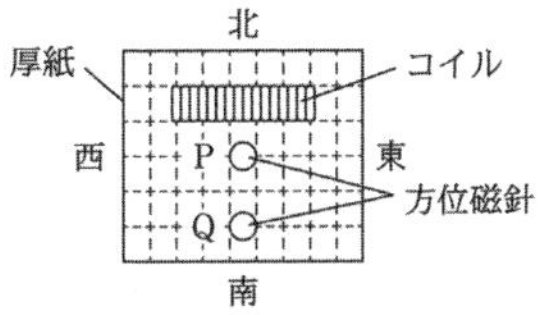

図4

このことについて，次の1，2，3の問いに答えなさい。

1 実験(1)で，真上から観察した鉄粉のようすを模式的に表したものとして，最も適切なものは次のうちどれか。

ア	イ	ウ	エ
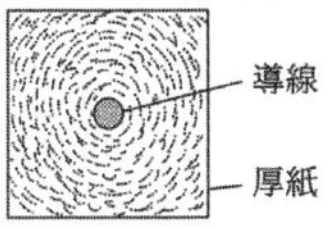	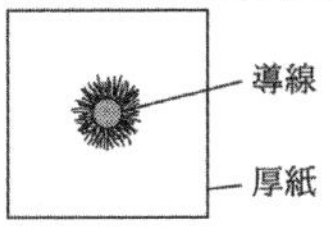	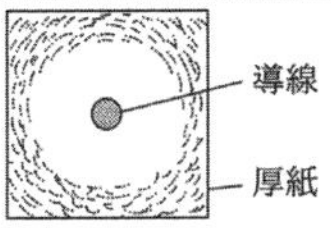	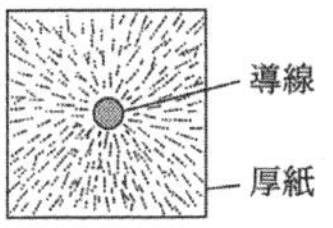
同心円状になる	導線に集まる	導線から遠ざかる	放射状になる

2 次の □ 内は，実験(2)を行っているときのアキラさんとユウさんの会話である。①に当てはまる語と，②に当てはまる記号をそれぞれ(　)の中から選んで書きなさい。

アキラ 「電流を流したから，N極がさす向きを確認してみよう。」
ユ　ウ 「電流が流れたら，位置Aでは南西向きになったよ(右図)。電流は①(上向き ・ 下向き)に流れているよね。」
アキラ 「そうだよ。次は同じ大きさの電流を，逆向きに流すね。」
ユ　ウ 「位置②(A・B・C・D)では，N極は北西向きになったよ。」

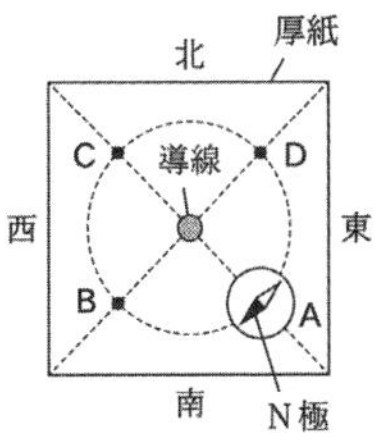

3 実験(3)について，位置P，Qに置かれた方位磁針のN極がさす向きは表のように変化した。この結果からわかることは何か。「コイルがつくる磁界の強さは」の書き出しで，簡潔に書きなさい。

	電流の大きさ			
	0	小 ⟹ 大		
位置Pの方位磁針の向き	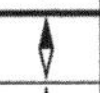			
位置Qの方位磁針の向き				

5 電池のしくみについて調べるために，次の実験(1)，(2)，(3)を順に行った。

(1) 図のようにビーカーにうすい塩酸を入れ，亜鉛板と銅板をプロペラ付き光電池用モーターにつないだところ，モーターが回った。

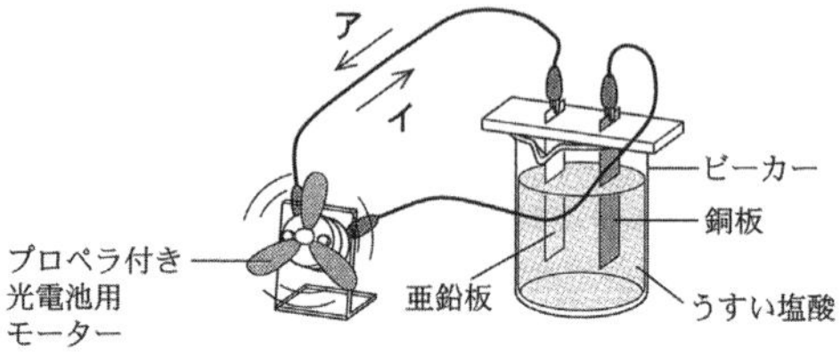

(2) 新たなビーカーに，うすい塩酸をうすい水酸化ナトリウム水溶液で中和させた溶液を入れ，実験(1)と同様に亜鉛板と銅板をプロペラ付き光電池用モーターにつないで，モーターが回るかどうかを調べた。

(3) 実験(1)において，塩酸の濃度や，塩酸と触れる金属板の面積を変えると電圧や電流の大きさが変化し，モーターの回転するようすが変わるのではないかという仮説を立て，次の実験(a)，(b)を計画した。

(a) 濃度が0.4％の塩酸に，塩酸と触れる面積がそれぞれ2 cm^2 となるよう亜鉛板と銅板を入れ，電圧と電流の大きさを測定する。

(b) 濃度が4％の塩酸に，塩酸と触れる面積がそれぞれ4 cm^2 となるよう亜鉛板と銅板を入れ，電圧と電流の大きさを測定する。

このことについて，次の1，2，3，4の問いに答えなさい。

1 うすい塩酸中の塩化水素の電離を表す式を，化学式とイオン式を用いて書きなさい。

2 次の［　　］内の文章は，実験(1)について説明したものである。①に当てはまる語と，②，③に当てはまる記号をそれぞれ(　　)の中から選んで書きなさい。

> モーターが回ったことから，亜鉛板と銅板は電池の電極としてはたらき，電流が流れたことがわかる。亜鉛板の表面では，亜鉛原子が電子を失い，①(陽イオン・陰イオン)となってうすい塩酸へ溶け出す。電極に残された電子は導線からモーターを通って銅板へ流れる。このことから，亜鉛板が電池の②(＋《プラス》・－《マイナス》)極となる。つまり，電流は図中の③(ア・イ)の向きに流れている。

3 実験(2)について，モーターのようすとその要因として，最も適切なものは次のうちどれか。

ア 中和後の水溶液は，塩化ナトリウム水溶液なのでモーターは回る。

イ 中和後の水溶液は，塩化ナトリウム水溶液なのでモーターは回らない。

ウ 中和されて，塩酸と水酸化ナトリウムの性質が打ち消されたのでモーターは回る。

エ 中和されて，塩酸と水酸化ナトリウムの性質が打ち消されたのでモーターは回らない。

4 実験(3)について，実験(a)，(b)の結果を比較しても，濃度と面積がそれぞれどの程度，電圧や電流の大きさに影響を与えるかを判断することはできないことに気づいた。塩酸の濃度の違いによる影響を調べるためには，実験方法をどのように改善したらよいか，簡潔に書きなさい。

実戦編◆理科
県立R3

6 遺伝の規則性を調べるために，エンドウを用いて，次の実験(1)，(2)を順に行った。

> (1) 丸い種子としわのある種子をそれぞれ育て，かけ合わせたところ，子には，丸い種子としわのある種子が1：1の割合でできた。
> (2) 実験(1)で得られた，丸い種子をすべて育て，開花後にそれぞれの個体において自家受粉させたところ，孫には，丸い種子としわのある種子が3：1の割合でできた。
> 　図は，実験(1)，(2)の結果を模式的に表したものである。
>
> 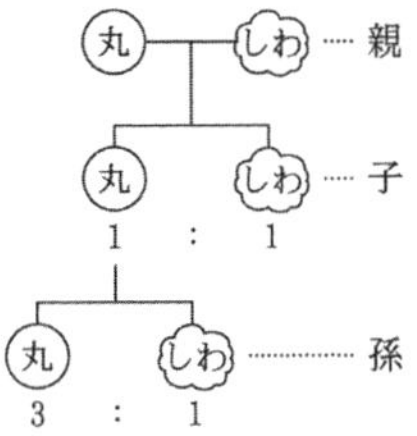
>

このことについて，次の1，2，3の問いに答えなさい。

1 エンドウの種子の形の「丸」と「しわ」のように，どちらか一方しか現れない形質どうしのことを何というか。

2 種子を丸くする遺伝子をA，種子をしわにする遺伝子をaとしたとき，子の丸い種子が成長してつくる生殖細胞について述べた文として，最も適切なものはどれか。

ア すべての生殖細胞がAをもつ。

イ すべての生殖細胞がaをもつ。

ウ Aをもつ生殖細胞と，aをもつ生殖細胞の数の割合が1：1である。

エ Aをもつ生殖細胞と，aをもつ生殖細胞の数の割合が3：1である。

3 実験(2)で得られた孫のうち，丸い種子だけをすべて育て，開花後にそれぞれの個体において自家受粉させたとする。このときできる，丸い種子としわのある種子の数の割合を，最も簡単な整数比で書きなさい。

7 図1は，ボーリング調査が行われた地点A，B，C，Dとその標高を示す地図であり，図2は，地点A，B，Cの柱状図である。なお，この地域に凝灰岩の層は一つしかなく，地層の上下逆転や断層はみられず，各層は平行に重なり，ある一定の方向に傾いていることがわかっている。

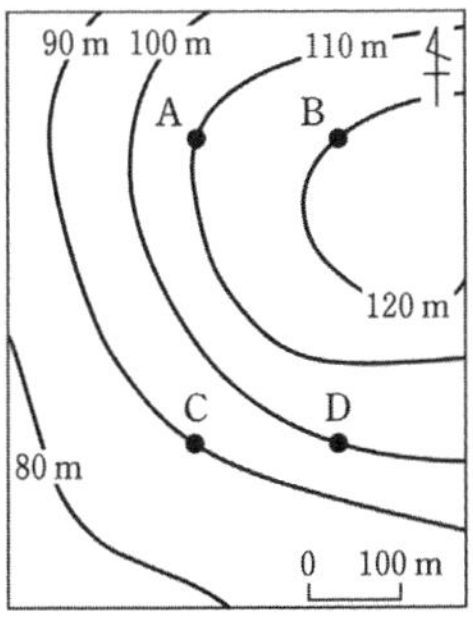

図1

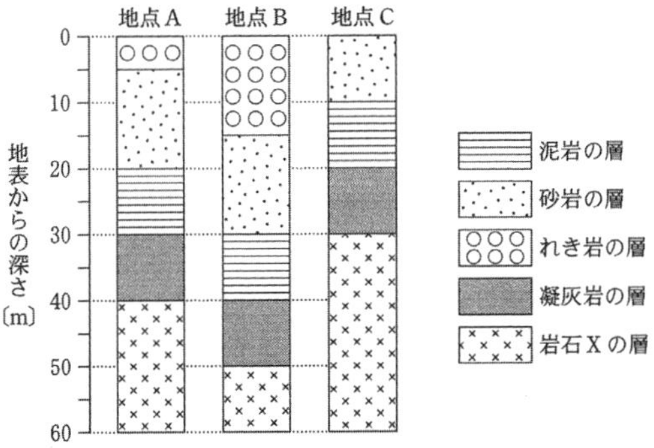

図2

このことについて，次の1，2，3，4の問いに答えなさい。

1 地点Aの砂岩の層からアンモナイトの化石が見つかったことから，この層ができた地質年代を推定できる。このように地層ができた年代を知る手がかりとなる化石を何というか。

2　採集された岩石Xの種類を見分けるためにさまざまな方法で調べた。次の［　　　］内の文章は，その結果をまとめたものである。①に当てはまる語を(　　)の中から選んで書きなさい。また，②に当てはまる岩石名を書きなさい。

> 岩石Xの表面をルーペで観察すると，等粒状や斑状の組織が確認できなかったので，この岩石は①(火成岩・堆積岩)であると考えた。そこで，まず表面をくぎでひっかいてみると，かたくて傷がつかなかった。次に，うすい塩酸を数滴かけてみると，何の変化も見られなかった。これらの結果から，岩石Xは(　②　)であると判断した。

3　この地域はかつて海の底であったことがわかっている。地点Bの地表から地下40mまでの層の重なりのようすから，水深はどのように変化したと考えられるか。粒の大きさに着目して，簡潔に書きなさい。

4　地点Dの層の重なりを図2の柱状図のように表したとき，凝灰岩の層はどの深さにあると考えられるか。解答用紙の図に［　　］のようにぬりなさい。

8　気体A，B，C，Dは，二酸化炭素，アンモニア，酸素，水素のいずれかである。気体について調べるために，次の実験(1)，(2)，(3)，(4)を順に行った。

> (1)　気体A，B，C，Dのにおいを確認したところ，気体Aのみ刺激臭がした。
> (2)　気体B，C，Dをポリエチレンの袋に封入して，実験台に置いたところ，気体Bを入れた袋のみ浮き上がった。
> (3)　気体C，Dをそれぞれ別の試験管に集め，水でぬらしたリトマス試験紙を入れたところ，気体Cでは色の変化が見られ，気体Dでは色の変化が見られなかった。
> (4)　気体C，Dを1：1の体積比で満たした試験管Xと，空気を満たした試験管Yを用意し，それぞれの試験管に火のついた線香を入れ，反応のようすを比較した。

このことについて，次の1，2，3の問いに答えなさい。

1　実験(1)より，気体Aは何か。図1の書き方の例にならい，文字や数字の大きさを区別して，化学式で書きなさい。

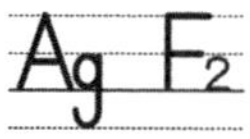

図1

2　次の［　　　］内の文章は，実験(3)について，結果とわかったことをまとめたものである。①，②，③に当てはまる語をそれぞれ書きなさい。

> 気体Cでは，(　①　)色リトマス試験紙が(　②　)色に変化したことから，気体Cは水に溶けると(　③　)性を示すといえる。

3　実験(4)について，試験管Xでは，試験管Yと比べてどのように反応するか。反応のようすとして，適切なものをア，イ，ウのうちから一つ選び，記号で答えなさい。また，そのように判断できる理由を，空気の組成(体積の割合)を表した図2を参考にして簡潔に書きなさい。

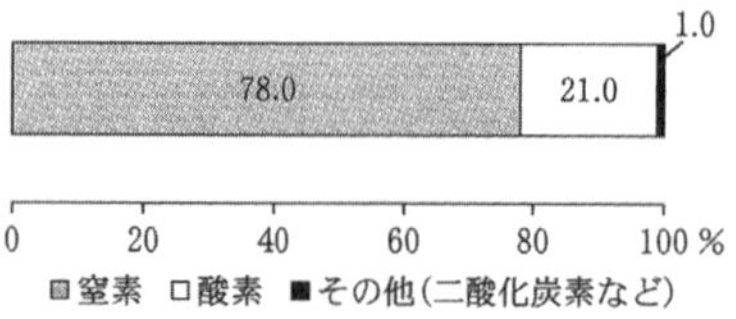

図2

ア　同じように燃える。　　**イ**　激しく燃える。　　**ウ**　すぐに火が消える。

解答・解説 P176

9 凸レンズのはたらきを調べるために，次の実験(1)，(2)，(3)，(4)を順に行った。

(1) 図1のような，透明シート（イラスト入り）と光源が一体となった物体を用意し，図2のように，光学台にその物体と凸レンズP，半透明のスクリーンを配置した。物体から発する光を凸レンズPに当て，半透明のスクリーンにイラスト全体の像がはっきり映し出されるように，凸レンズPとスクリーンの位置を調節し，Aの方向から像を観察した。

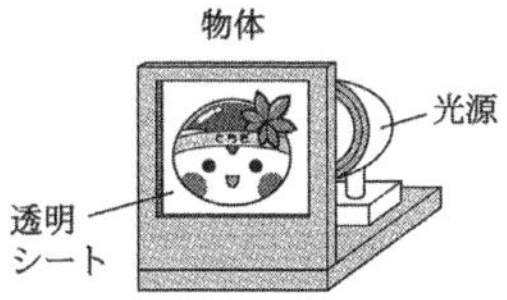

図1

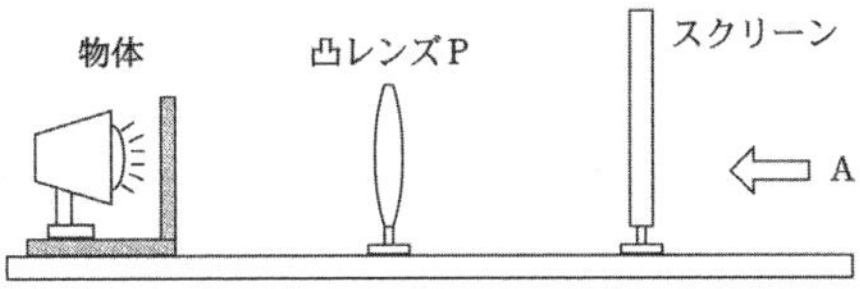

図2

(2) 実験(1)で，スクリーンに像がはっきり映し出されているとき，図3のように，凸レンズPをAの方向から見て，その半分を黒いシートでおおって光を通さないようにした。
このとき，スクリーンに映し出される像を観察した。

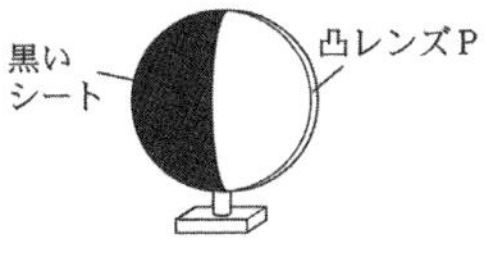

図3

(3) 図4のように，凸レンズPから物体までの距離a〔cm〕と凸レンズPからスクリーンまでの距離b〔cm〕を変化させ，像がはっきり映し出されるときの距離をそれぞれ調べた。

(4) 凸レンズPを焦点距離の異なる凸レンズQにかえて，実験(3)と同様の実験を行った。
表は，実験(3)，(4)の結果をまとめたものである。

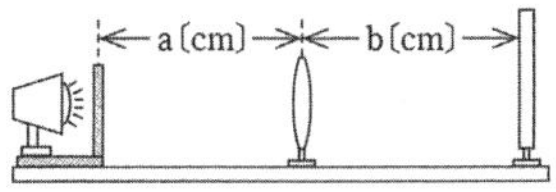

図4

	凸レンズP			凸レンズQ		
a〔cm〕	20	24	28	30	36	40
b〔cm〕	30	24	21	60	45	40

このことについて，次の1，2，3，4の問いに答えなさい。

1 実験(1)で，Aの方向から観察したときのスクリーンに映し出された像として，最も適切なものはどれか。

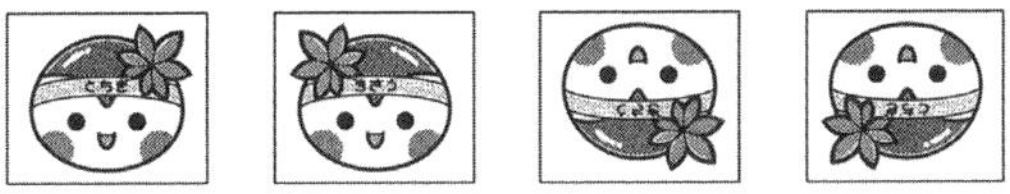

ア　　**イ**　　**ウ**　　**エ**

2 右の図は，透明シート上の点Rから出て，凸レンズPに向かった光のうち，矢印の方向に進んだ光の道すじを示した模式図である。その光が凸レンズPを通過した後に進む道すじを，解答用紙の図にかきなさい。なお，図中の点Fは凸レンズPの焦点である。

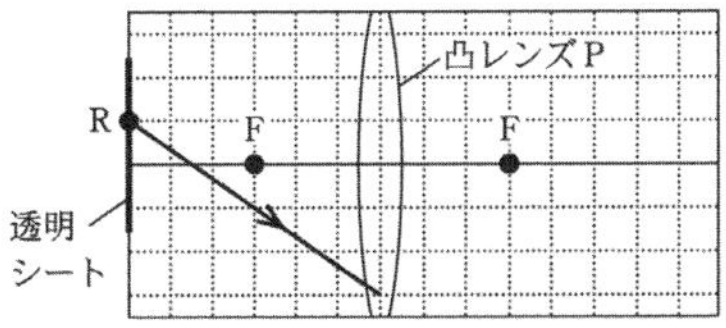

3 実験(2)で，凸レンズPの半分を黒いシートでおおったときに観察した像は，実験(1)で観察した像と比べてどのように見えるか。

ア 像が暗くなる。　　**イ** 像が小さくなる。
ウ 像の半分が欠ける。　　**エ** 像がぼやける。

4 実験(3)，(4)の結果から，凸レンズPと凸レンズQの焦点距離を求めることができる。これらの焦点距離を比較したとき，どちらの凸レンズが何cm長いか。

栃木県立高校入試　問題
英　語

制限時間 50分

1 これは聞き方の問題である。指示に従って答えなさい。

1 〔英語の対話とその内容についての質問を聞いて，答えとして最も適切なものを選ぶ問題〕

(1) ア

イ

ウ

エ

(2) ア

イ

ウ

エ

(3) ア

イ
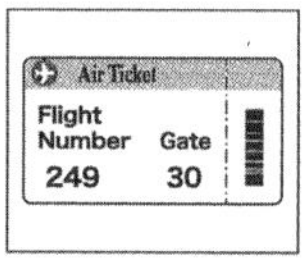

ウ

エ

2 〔英語の対話とその内容についての質問を聞いて，答えとして最も適切なものを選ぶ問題〕

(1) ① ア Because he has already practiced kendo in his country.
イ Because he can practice kendo even in summer.
ウ Because he has a strong body and mind.
エ Because he can learn traditional Japanese culture.

② ア Four days a week.　イ Five days a week.
ウ Every weekend.　エ Every day.

(2)

① ア $4.00.　イ $5.00.　ウ $6.00.　エ $7.00.
② ア A hot dog.　イ French fries.　ウ An ice cream.　エ A toy.

解答・解説 P179

3 〔イングリッシュキャンプの班長会議でのスタッフによる説明を聞いて，班員に伝えるためのメモを完成させる問題〕

○ Hiking Program：walk along the river

Meeting Place：at the entrance

Time：meet at 8:00, (1) (　　　　　) at 8:10

Things to Bring：something to (2) (　　　　　), a cap

○ Speaking Program：make a speech

Meeting Place：at the meeting room on the (3) (　　　　　) floor

Time：meet at 8:30

Thing to Bring：a (4) (　　　　　)

2　次の1，2の問いに答えなさい。

1 次の英文中の (1) から (6) に入る語句として，下の(1)から(6)のア，イ，ウ，エのうち，それぞれ最も適切なものはどれか。

Sunday, May 10

I went fishing in the Tochigi River with my brother, Takashi. It was the (1) time for me to fish in a river. Takashi (2) me how to fish. In the morning, he caught many fish, (3) I couldn't catch any fish. At noon, we had lunch which my mother made for (4). We really enjoyed it. In the afternoon, I tried again. I saw a big fish behind a rock. I waited for a chance for a long time, and finally I caught it! It was (5) than any fish that Takashi caught. I was (6) and had a great time.

(1) ア one　イ first　ウ every　エ all

(2) ア taught　イ called　ウ helped　エ knew

(3) ア if　イ because　ウ or　エ but

(4) ア we　イ our　ウ us　エ ours

(5) ア big　イ bigger　ウ biggest　エ more big

(6) ア boring　イ bored　ウ exciting　エ excited

2 次の(1)，(2)，(3)の(　　)内の語句を意味が通るように並べかえて，(1)と(2)はア，イ，ウ，エ，(3)はア，イ，ウ，エ，オの記号を用いて答えなさい。

(1) Shall we (ア of　イ in　ウ meet　エ front) the station?

(2) My mother (ア to　イ come　ウ me　エ wants) home early today.

(3) The boy (ア tennis　イ playing　ウ is　エ the park　オ in) my brother.

県立入試問題(R3)◆英語

3　次の英文は，高校生のひろし(Hiroshi)とカナダ(Canada)からの留学生クリス(Chris)との対話の一部である。また，右の図はそのとき二人が見ていたチラシ(leaflet)の一部である。これらに関して，1から6までの問いに答えなさい。

Chris: Hello, Hiroshi. What are you looking at?

Hiroshi: Hi, Chris. This is a leaflet about *assistance dogs. I'm learning about them for my homework.

Chris: Oh, I see. They are the dogs for people who need some help in their lives, right? I haven't seen them in Japan. [A] assistance dogs are there in Japan?

Hiroshi: The leaflet says there are over 1, 000 assistance dogs. There are three types of them. Look at the picture on the right. In this picture, a *mobility service dog is helping its user. This dog can ＿＿(1)＿＿ for the user.

Chris: They are very smart. Such dogs are necessary for the users' better lives.

Hiroshi: You're right. The user in this leaflet says that he ＿＿(2)＿＿ *thanks to his assistance dog. However, more than half of the users in Japan say that their dogs couldn't go into buildings like restaurants, hospitals, and supermarkets.

Chris: Really? In my country, assistance dogs can usually go into those buildings without any trouble.

Hiroshi: There is (3)a difference between our countries.

Chris: Why is it difficult for assistance dogs to go into those buildings in Japan?

Hiroshi: Because many people in Japan don't know much about assistance dogs. Some people don't think they are clean and *safe. In fact, their users take care of them to keep them clean. They are also *trained well.

Chris: I understand some people do not like dogs, but I hope that more people will know assistance dogs are [B] .

Hiroshi: I hope so too. Now, I see many shops and restaurants with the *stickers to welcome assistance dogs.

Chris: The situation is getting better, right?

Hiroshi: Yes, but there is (4)another problem. We don't have enough assistance dogs. It is hard to change this situation because it takes a lot of time to train them. Money and *dog trainers are also needed.

Chris: That's true.

Hiroshi: Look at this leaflet again. The *training center for assistance dogs needs some help. For example, we can ＿＿(5)＿＿ like clothes and toys. I think there is something I can do.

Chris: You should try it. In Canada, high school students often do some volunteer work. Through this, we learn that we are members of our *society.

Hiroshi: Wow! That's great. (6)What volunteer work can we do as high school students? I'll think about it.

〔注〕 *assistance dog＝補助犬　*mobility service dog＝介助犬　*thanks to～＝～のおかげで
*safe＝安全な　*train＝訓練する　*sticker＝ステッカー
*dog trainer＝犬を訓練する人　*training center＝訓練センター　*society＝社会

解答・解説 P179

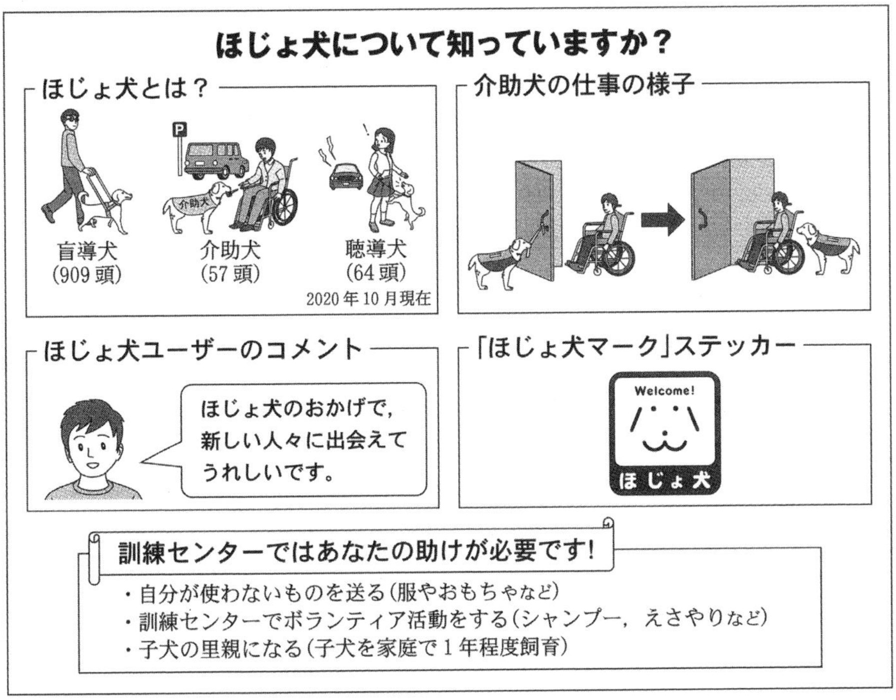

図 (「厚生労働省」，「特定非営利活動法人日本補助犬情報センター」のウェブサイトにより作成)

1 二人の対話が成り立つよう，[A] に入る適切な英語 **2 語**を書きなさい。

2 上のチラシを参考に，二人の対話が成り立つよう，下線部(1)，(2)，(5)に適切な英語を書きなさい。

3 下線部(3)の指す内容は何か。解答用紙の書き出しに続けて，**30 字以内**の日本語で書きなさい。ただし，句読点も字数に加えるものとする。

4 本文中の [B] に入る語として，最も適切なものはどれか。

ア difficult　　イ important　　ウ loud　　エ popular

5 次の [　　] 内の英文は，下線部(4)の内容を表している。①，②に入る適切な英語を，本文から **1 語**ずつ抜き出して書きなさい。

> There are not enough assistance dogs for people who (①) some help in their lives. Also, it is difficult to change this situation (②) enough time, money, and dog trainers.

6 下線部(6)について，あなたなら社会や誰かのためにどのようなことができると思いますか。つながりのある **5 文程度**の英語で書きなさい。ただし，本文及びチラシに書かれていること以外で書くこと。

実戦編◆英語
県立 R3

4 結衣(Yui)とノブ(Nobu)についての次の英文を読んで，1から5の問いに答えなさい。

I was a quiet girl when I was small. I was too *shy to talk with people. Even after I became a junior high school student, I wasn't good at talking. I wanted to talk like my friends, but I couldn't. I didn't like myself very much. One day, my teacher told me and other students to go to a *nursery school for *work experience. The teacher said, "Yui, don't be afraid. I hope you'll learn something there." I said to myself, "A nursery school? I can't talk with children. How can I do that?" I felt scared.

The day came. I was still (A). I walked to the nursery school slowly. I felt it was a long way. When I got there, I saw my classmates. They were playing with children. Then some of the children came and talked to me. However, I didn't know what to say, so I didn't say a word. They went away. I was standing in the room. I felt worse. Suddenly, a boy came to me and said, "Hi! Play with me!" I tried to say something, but I couldn't. The boy didn't care about my *silence and kept talking. His name was Nobu. His stories were interesting. I listened to him and *nodded with a smile. I had a great time. He made me feel better. However, I felt that I did nothing for him.

The next day, the children went to the vegetable garden and picked tomatoes. They were picking *round red tomatoes. They looked very excited. Then I found <u>one thing</u>. Nobu was picking tomatoes which didn't look nice. I wanted to know why. Finally, I talked to him, "Why are you picking such tomatoes?" At first, he looked surprised to hear my voice, but he said in a cheerful voice, "Look! Green, *heart-shaped, big, small. . . ." He showed the tomatoes to me and said, "They are all different and each tomato is special to me." I listened to him *attentively. He continued with a smile, "You are always listening to me. I like that. You are special to me." I said, "Really? Thank you." I felt (B) when I heard that. We looked at the tomatoes and then smiled at each other.

While I was going back home, I remembered his words. I said to myself, "Nobu is good at talking and I am good at listening. Everyone has his or her own good points. We are all different, and that difference makes each of us special." I looked at the tomatoes given by Nobu and started to *feel proud of myself.

Now I am a junior high school teacher. Some students in my class are cheerful, and some are quiet. When I see them, I always remember Nobu and the things I learned from him.

〔注〕 *shy＝恥ずかしがりの　*nursery school＝保育園　*work experience＝職場体験
*silence＝沈黙　*nod＝うなずく　*round＝丸い　*heart-shaped＝ハート型の
*attentively＝熱心に　*feel proud of～＝～を誇らしく感じる

解答・解説 P179

1　本文中の(A), (B)に入る結衣の気持ちを表している語の組み合わせとして，最も適切なものはどれか。

ア　A：brave — B：shocked　　イ　A：shocked — B：nervous

ウ　A：nervous — B：glad　　エ　A：glad — B：brave

2　次の**質問**に答えるとき，**答え**の □ に入る適切な英語 **2 語**を，第 2 段落(The day came. で始まる段落)から抜き出して書きなさい。

質問：Why did Yui feel that she did nothing for Nobu?

答え：Because she just □ him.

3　下線部の指す内容は何か。日本語で書きなさい。

4　次の □ は，ノブの行動や発言から，結衣が気付いたことについてまとめたものである。①に **10 字程度**，②に **15 字程度**の適切な日本語を書きなさい。ただし，句読点も字数に加えるものとする。

> 誰にでも(　　　①　　　)があり，私たちはみんな違っていて，その違いが(　　　②　　　)ということ。

5　本文の内容と一致するものはどれか。

ア　Yui didn't want to talk like her friends at junior high school because she was not good at talking.

イ　Some children at the nursery school went away from Yui because she didn't say anything to them.

ウ　Nobu asked Yui about the different tomatoes when he was picking them in the vegetable garden.

エ　Yui always tells her students to be more cheerful when she remembers the things Nobu taught her.

5 次の英文を読んで，1，2，3，4の問いに答えなさい。

Many people love bananas. You can find many [A] to eat them around the world. For example, some people put them in cakes, juice, salads, and even in soup. Bananas are also very healthy and they have other good points. In fact, bananas may *solve the problems about plastic.

Some people in India have used banana *leaves as plates, but those plates can be used only for a few days. Today, like people in other countries, people in India are using many things made of plastic. For example, they use plastic plates. After the plates are used, they are usually *thrown away. That has been a big problem. One day, an Indian boy decided to <u>solve the problem</u>. He wanted to make banana leaves stronger and use banana leaf plates longer. He studied about banana leaves, and finally he *succeeded. Now, they can reduce the plastic waste.

This is not all. A girl in *Turkey wanted to reduce plastic made from oil. Then she *focused on banana *peels because many people in the world throw them away. Finally, she found how to make plastic which is kind to the earth. Before she found it, she tried many times at home. After two years' effort, she was able to make that kind of plastic. She says that it is easy to make plastic from banana peels, so everyone [B].

Now, you understand the wonderful points bananas have. Bananas are a popular food and, at the same time, they can save the earth.

〔注〕 *solve＝解決する　*leaves＝leaf(葉)の複数形　*throw～away＝～を捨てる
*succeed＝成功する　*Turkey＝トルコ　*focus on～＝～に注目する
*peel＝皮

1 本文中の [A] に入る語として，最も適切なものはどれか。

ア days　イ fruits　ウ trees　エ ways

2 下線部について，何をすることによって問題を解決しようと思ったか。日本語で書きなさい。

3 本文中の [B] に入るものとして，最も適切なものはどれか。

ア must reduce plastic made from banana peels　イ can eat banana peels
ウ must stop throwing it away in the sea　エ can make it at home

4 次の [　　] 内の英文は，筆者が伝えたいことをまとめたものである。(　　　)に入る最も適切なものはどれか。

> Many people in the world like eating bananas. Some use banana leaves and peels to reduce plastics. If you look around, (　　　　　　　　　　).

ア you may find a new idea to make something good for the earth
イ you may find plastic plates which you can use again and again
ウ you will learn that many people like bananas all over the world
エ you will learn that people put bananas into many kinds of food

 解答・解説 P179

英　語　問　題　1　〔聞き方〕

（令３）

〔注意〕1　問題を読む速さなどについては，台本の指示によること。

2　台本は11分程度で読み終わること。ただし，騒音などで支障のある場合には，臨機の処置を取り，他の組との公平を失しないようにすること。

3　問題は受検者全員によく聞こえるように読むこと。その際，監督者の一人は教室の後ろにいて確認すること。

4　台本を読むテスターの位置は，正面黒板の中央すぐ前とすること。

台　本	時　間
これから聞き方の問題に入ります。問題用紙の四角で囲まれた１番を見なさい。問題は１番，２番，３番の三つあります。 最初は１番の問題です。問題は(1)から(3)まで三つあります。英語の対話とその内容についての質問を聞いて，答えとして最も適切なものをア，イ，ウ，エのうちから一つ選びなさい。対話と質問は２回ずつ言います。 では始めます。　〔注〕(1)はカッコイチと読む。以下同じ。斜字体で表記された部分は読まない。 (1)の問題です。　*A*: This is a picture of my family. There are five people in my family. *B*: Oh, you have two cats. *A*: Yes. They are really cute! 質問です。　*Q*: Which picture are they looking at?　(約５秒おいて繰り返す。)(ポーズ約５秒) (2)の問題です。　*A*: Look at that girl! She can play basketball very well! *B*: Which girl? The girl with long hair? *A*: No. The girl with short hair. 質問です。　*Q*: Which girl are they talking about?　(約５秒おいて繰り返す。)(ポーズ約５秒) (3)の問題です。　*A*: Wow, there are many flights to Hawaii. Let's check our flight number. *B*: It's two-four-nine. We have to be at Gate 30 by 11 o'clock. *A*: Oh, we need to hurry. 質問です。　*Q*: Which is their air ticket?　(約５秒おいて繰り返す。)(ポーズ約５秒)	(１　番) 約３分
次は２番の問題です。問題は(1)と(2)の二つあります。英語の対話とその内容についての質問を聞いて，答えとして最も適切なものをア，イ，ウ，エのうちから一つ選びなさい。質問は問題ごとに①，②の二つずつあります。対話と質問は２回ずつ言います。 では始めます。　〔注〕(1)はカッコイチ，①はマルイチと読む。以下同じ。斜字体で表記された部分は読まない。 (1)の問題です。　*Ms. Kato*: Hi Bob, which club are you going to join? *Bob*: Hello Ms. Kato. I haven't decided yet. I've seen practices of some sports clubs, like soccer and baseball, but I've already played them before. *Ms. Kato*: Then, join our kendo club! *Bob*: Kendo! That's cool! *Ms. Kato*: Kendo is a traditional Japanese sport. You can get a strong body and mind. *Bob*: I want to learn traditional Japanese culture, so I'll join the kendo club! Do you practice it every day? *Ms. Kato*: No, we practice from Tuesday to Saturday. *Bob*: OK..., but do I have to practice on weekends? I want to spend weekends with my host family, so I can't come on Saturdays. *Ms. Kato*: No problem! Please come to see our practice first. *Bob*: Thank you! ①の質問です。　Why does Bob want to join the kendo club?　(ポーズ約３秒) ②の質問です。　How many days will Bob practice kendo in a week?　(約５秒おいて繰り返す。)(ポーズ約５秒) (2)の問題です。　*Clerk*: Welcome to Happy Jeff's Hot Dogs! May I help you? Here's a lunch menu. *A man*: Thank you. Um..., I'd like to have a hot dog, and... an ice cream. *Clerk*: How about our apple pie? It's very popular. *A man*: Ah, it looks really good. *Clerk*: Then, how about Happy Jeff's Lunch? You can have both an apple pie and an ice cream. *A man*: Well, I don't think I can eat both, so... I'll order the cheapest Happy Lunch, and an apple pie. *Clerk*: OK. Is that all? *A man*: Yes. Oh, I have a free ticket. *Clerk*: Then you can get French fries, an ice cream, or a toy for free. Which do you want? *A man*: Um..., my little brother likes cars, but... I'll have French fries today. *Clerk*: OK. ①の質問です。　How much will the man pay?　(ポーズ約３秒) ②の質問です。　What will the man get for free?　(約５秒おいて繰り返す。)(ポーズ約５秒)	(２　番) 約５分
次は３番の問題です。あなたは，１泊２日で行われるイングリッシュキャンプに参加しています。班長会議でのスタッフによる説明を聞いて，班員に伝えるための英語のメモを完成させなさい。英文は２回言います。 では始めます。 Good evening, everyone! How was today? Tomorrow will be fun too. There are two programs, and everyone has already chosen one from them, right? I'll explain them, so tell the members in your group. First, the Hiking Program. You'll walk along the river. We'll get together at the entrance at 8 o'clock and leave at 8:10. You have to bring something to drink. It'll be hot tomorrow. Don't forget to bring your cap too. Next, the Speaking Program. Please come to the meeting room on the second floor at 8:30. You'll talk and share ideas with students from different countries. At the end of the program, you'll make a speech in English, so you'll need a dictionary. That's all. Good night. (約５秒おいて)繰り返します。(１回目のみ)　(ポーズ約５秒)	(３　番) 約３分

でも、というかたちに、清澄の唇が動いた。

「でも、今からはじめたら、八十歳の時には水泳歴六年になるやん。なにもせんかったら、ゼロ年のままやけど。」

やわらかな絹に触れる指が小刻みに震えてしまう。(3)そうね、という声までも震えてしまいそうになって、お腹《なか》にぐっと力をこめた。

（寺地はるな「水を縫う」〈集英社〉から）

（注1）　鴨居＝ふすまや障子《しょうじ》の上部にある横木のこと。

（注2）　リッパー＝縫い目などを切るための小型の裁縫道具。

1　[　　]に入る語句として最も適当なものはどれか。

ア　ためらいなく　　イ　楽しげに

ウ　たどたどしく　　エ　控えめに

2　(1)見たことない顔　とあるが、ここでは姉のどのような顔のことか。

ア　夢を見つけてひたむきに頑張っている顔。

イ　仕事に対してまじめに取り組んでいる顔。

ウ　家族の生活のために働いて疲れている顔。

エ　職場の誰にでも明るくほほえんでいる顔。

3　本文中の [ア] ～ [エ] のいずれかに、次の一文が入る。最も適当な位置はどれか。

> 自分で決めたことはいえ、さぞかしくやしかろう。

4　(2)そうなるね　とあるが、清澄はどのように考えて、一からドレスを作り直そうとしているのか。文末が「と考えたから。」となるように三十字以内で書きなさい。ただし文末の言葉は字数に含めない。

5　(3)そうね、という声までも震えてしまいそうになって、お腹にぐっと力をこめた　とあるが、「わたし」が「お腹にぐっと力をこめた」のはなぜか。四十五字以内で書きなさい。

6　「わたし」は清澄に対してどのような思いをもっているか。その説明として最も適当なものはどれか。

ア　清澄ならば自分の生き方へのこだわりを捨て、他者と協調しながら生きていけるだろう。

イ　清澄ならば既存の価値観を打ち破り、自分の信じる生き方に従って生きていけるだろう。

ウ　清澄ならば実社会に出て多くの経験を積み、自分の弱さを克服して生きていけるだろう。

エ　清澄ならば言葉の感覚を磨き、他者との意思疎通を大切にしながら生きていけるだろう。

5

「世の中が便利になること」について、あなたの考えを国語解答用紙(2)に二百四十字以上三百字以内で書きなさい。

なお、次の《条件》に従って書くこと。

《条件》

（Ⅰ）　二段落構成とすること。

（Ⅱ）　各段落は次の内容について書くこと。

第一段落

・あなたが世の中にあって便利だと思っているものについて、具体的な例を挙げて説明しなさい。例は、あなたが直接体験したことでも見たり聞いたりしたことでもよい。

第二段落

・第一段落に書いたことを踏まえて、「世の中が便利になること」について、あなたの考えを書きなさい。

「どうしたん、キヨ。」

清澄はリッパー(注2)を手にしている。ふーっと長い息を吐いてから、縫い目に挿しいれた。

「えっ。」

驚くわたしをよそに、清澄はどんどんドレスの縫い目をほどいていく。

「水青になんか言われたの？」

「なんも言われてない。」

［　　］ドレスを解体していく手つきと裏腹に、清澄の表情は歪《ゆが》んでいた。声もわずかに震えている。

「でも、姉ちゃんがこのドレスは『なんか違う』って言った気持ちが、なんとなくわかったような気がする。」

学習塾に行った時、水青はしばらく清澄たちに気づかずに、仕事をしていたという。「パソコンを操作したり、講師の人となんか喋《しゃべ》ったりする顔が。」と言いかけてしばらく黙る。［イ］

「なんて言うたらええかな。知らない人みたい、ともちょっと違うし……うん。でもとにかく、(1)見たことない顔やった。」

清澄はリッパーをあつかう手をとめて、空中を睨んでいた。そこに、次に言うべき言葉が漂っているみたいに、真剣な顔で。

「たぶん僕、姉ちゃんのことあんまりわかってなかった。」

生活していくために働いている。やりたいこととか夢とか、そんなのはいっさいない。いつもそう言っている水青の仕事はきっとつまらないものなのだと決めつけていた、のだそうだ。

「でも仕事してる姉ちゃん、すごい真剣っぽかった。」

「はあ。」

「生活のために割りきってる、ってことと、真剣やないってこととは違うんやと思った。」

でもそれが、なぜドレスをほどく理由になるのか、わたしには今いちわからない。

「姉ちゃんはな、ただわかってないだけやと思っとってん。ドレスのことか、ぜんぶ。僕とおばあちゃんに任せたらちゃんと姉ちゃんがいちばんきれいに見えるドレスをつくってあげられるのにって。どっかでちょっと、姉ちゃんのこと軽く見てたと思う。わかってない人って決めつけて。せやから、これはあかんねん。わかってない僕がつくったこのドレスは、たぶん姉ちゃんには似合わへん。」

水青のことを尊重していなかった。清澄が言いたいのは、要するにそういうことなのだろうか。そういうことなん？　と訊《たず》ねるのはでも、やめておく。たとえ拙い言葉でも自分の言葉で語ろうとしている。大切なことを見つけようとしている。邪魔をしてはいけない。

「わかった。そういうことなら、手伝うわ。」

自分の裁縫箱から、リッパーを取り出す。向かい合って畳に座った。指先にやわらかい絹が触れた瞬間、涙がこぼれそうになる。真剣な顔でひと針ひと針これを縫っていた清澄の横顔を思い出してしまった。［ウ］

「一からって、デザイン決めからやりなおすの？」

「(2)そうなるね。」

「手伝う時間が減るかもしれんわ、おばあちゃん。……プールに通うことにしたから。」

「プール。」

復唱する清澄には、さしたる表情の変化はなかった。どんな反応が返ってきたとしても、もう気持ちは固まっていたけど。

「そう。プール。泳ぐの、五十年ぶりぐらいやけどな。」

「そうか。……がんばってな。」

清澄はふたたび手元に視線を落とす。ぷつぷつとかすかな音を立てて、糸が布から離れていく。うつむき加減の額にかかる前髪も、皮膚も、まだ新品と言っていい。［エ］

この子にはまだ何十年もの時間がある。男だから、とか、何歳だから、あるいは日本人だから、とか、そういうことをなぎ倒して、きっと生きていける。

「七十四歳になって、新しいことはじめるのは勇気がいるけどね。」

清澄がまっすぐに、わたしを見る。わたしも、清澄を見る。

の結末はもう知っている」と思うだろう。読みはじめたばかりの小説なのに、もう全部知っているのだ。まだ知らない世界をもう知っているという□がそこにはある。読者は知らない道を歩いて、知っているゴールにたどり着く。適度なスリルと、適度な安心感があるのだ。私たちが小説に癒やされるのは、そういうときだろう。

（石原千秋「読者はどこにいるのか　書物の中の私たち」〈河出書房新社〉から）

（注）大橋洋一＝日本の英文学者。

1　□に入る語として最も適当なものはどれか。

ア　伏線　イ　課題　ウ　逆説　エ　対比

2　⑴こういう現象　とあるが、どのような現象か。文末が「という不思議な現象。」となるように四十字以内で書きなさい。ただし文末の言葉は字数に含めない。

3　⑵「立方体」と答えるだろう　とあるが、その理由として最も適当なものはどれか。

ア　「立方体」を知らないことによって、かえって想像力が広がり「九本の直線」に奥行きを感じるから。

イ　「立方体」を知らないので想像はできないが、目の錯覚により「九本の直線」に奥行きが生じるから。

ウ　「立方体」を知っていることにより想像力が働き、「九本の直線」に奥行きを与えて見てしまうから。

エ　「立方体」を知っていることが想像力を妨げ、「九本の直線」に奥行きを与えることができないから。

4　⑶読者が持っているすべての情報が読者ごとの「全体像」を構成する　とあるが、筆者がこのように言うのはなぜか。

ア　読者の経験によって、作品理解における想像力の働かせ方が規定されるから。

イ　読者が作品に込められた意図を想像することで、作品理解に深みが出るから。

ウ　読者の想像力が豊かになることで、作品理解において多様性が生まれるから。

エ　読者が作者の情報を得ることで、作品理解において自由な想像ができるから。

5　⑷読者は安心して小説が読めた　とあるが、筆者がこのように言うのはなぜか。五十字以内で書きなさい。

6　本文の特徴を説明したものとして最も適当なものはどれか。

ア　「図」を本文中に用いて、具体例を視覚的に示し筆者の主張と対立させている。

イ　かぎ（「　」）を多く用いて、筆者の考えに普遍性があることを強調している。

ウ　漢語表現を多く用いて、欧米の文学理論と自身の理論との違いを明示している。

エ　他者の見解を引用して、それを補足する具体例を挙げながら論を展開している。

4

次の文章を読んで、1から6までの問いに答えなさい。

〔高校一年生の清澄《きよすみ》は祖母（本文中では「わたし」）に手伝ってもらいながら、得意な裁縫を生かして姉の水青《みお》のためにウエディングドレスを作っている。ある日、清澄は友達とともに、姉が働く学習塾を訪ねた。〕

夕方になって、ようやく清澄が帰ってきた。心なしか、表情が冴《さ》えない。具合でも悪いのだろうか。

「ちょっと、部屋に入るで。」

裁縫箱を片手に、わたしの部屋に入っていく。(注1)鴨居《かもい》にかけた、仮縫いの水青のウエディングドレス。腕組みして睨《にら》んでいると思ったら、いきなりハンガーから外して、裏返しはじめた。　ア

3 次の文章を読んで、1から6までの問いに答えなさい。

読者が自由に読めるということは、理論的に小説には「完成した形」とか「完全な形」がないという結論を導く。小説はいつも「未完成品」なのだ。文学理論では、読書行為について考える理論を「受容理論」と呼ぶ。英語で書かれた文学理論書を多く翻訳している大橋洋一(注)は、受容理論の観点からこの点について次のように述べている。

受容理論の観点からみると(中略)、読者とは、限られた情報から全体像《ゲシュタルト》をつくりあげること。これを読者と作者との関係からいうと、読者は作者からヒントをもらって、自分なりに全体像をつくりあげるといっていいかもしれません。(『新文学入門』岩波書店、一九九五・八)

ここで言う「全体像」は、音楽の音階を考えるとわかりやすい。「ドレミファソラシド」の音階はピアノの右側の高い音で弾いても、左側の低い音で弾いても同じように聞こえる。あるいは、ギターで弾いても同じ「ドレミファソラシド」に聞こえる。絶対音や音の種類が違うのに不思議な現象だ。(1)こういう現象について、人間には「ドレミファソラシド」という音階を「全体像」として認識する能力があるので、たとえどの音階でもどんな種類の音でも、一つ「ミ」という音を聴いただけでそれが「ドレミファソラシド」のどの位置にある音かがわかると考えるのが「全体像心理学」である。

大橋洋一の説明に戻れば、受容理論とは「文学作品というものを、完成したものではなく、どこまでいっても未完成なものである」と考えることになる。それは、あたかも「塗り絵理論」のようなものだと言うのである。「塗り絵理論」とは、読書行為はたとえば線で書かれただけの「未完成」な人形の絵を、クレヨンで色を付けて「完成」させるようなものだとする考え方である。

ここで注意すべきなのは、読者は「全体像」を名指しすることが出来るという事実である。たとえば、上のような「図」(?・)を見てほしい。これは何だろうか。多くの人は(2)「立方体」と答えるだろう。だが、なぜ「九本の直線」と答えてはいけないのだろうか。もちろんそう答えてもいいはずなのだ。いや、その方が「正しい」はずである。にもかかわらずこの「図」を「立方体」と答えてしまうためには、二つの前提が想定できる。

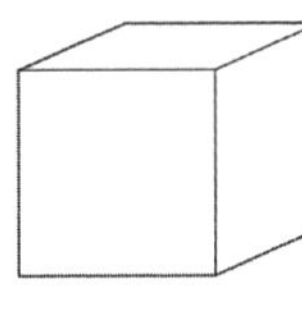

一つは、私たちの想像力がこの「図」の向こう側に回って、「九本の直線」に奥行きを与えているということだ。想像力は「全体像」を志向するのである。二つは、そのような想像力の働かせ方をするのは、私たちがあらかじめ「立方体」という「名」を、つまり「全体像」を知っているということだ。先の例でも、「ドレミファソラシド」の音階を知らない人に「ミ」だけ聴かせても、「ドレミファソラシド」という「全体像」が浮かび上がってくるはずはない。

目の前にあるテクストが「未完成」であるとか「一部分」であるとか感じるためには、読者に「全体像」がなければならないのである。つまり、読者は「全体像」を知っているという二つ目の前提が、読者は「全体像」を志向するという一つ目の前提である想像力の働き方を規定していると言える。ここでこの原理を受容理論に応用すると、「読書行為とは「作品とは読者が自分自身に出会う場所」であって、「読書行為とは、読者が自分自身をたえず読んでゆくプロセス」(大橋洋一)だということになるのである。なぜなら、(3)読者が持っているすべての情報が読者ごとの「全体像」を構成するからである。

そう言えば、私たちはこれまで多くの小説を、「成長の物語」とか「喪失の物語」とか「和解の物語」といった類の、私たちがすでに知っている「物語」として読んでいたのではなかっただろうか。つまり、実は小説にとって「全体像」とは既知の「物語」なのである。だからこそ、私たち(4)読者は安心して小説が読めたのだ。

こう考えれば、私たちは小説を読みはじめたときから「この物語

2 次の文章は、駿河《するが》国（現在の静岡県）に住んでいた三保《みほ》と磯田《いそだ》という二人の長者についての話である。これを読んで1から5までの問いに答えなさい。

時に十月の初めのころ、例のごとく、碁《ご》(注1)打ちてありけるに、三保の長者が妻にはかに虫の気《け》付きて(注2)、なやみければ、家の内さわぎ、とよみけるうち(注3)、やすやすと、男子をぞ産みける。磯田も、このさわぎに、碁を打ちさして、やがて家に帰りけるが、これもその日、夜に入りて、妻なるもの、同じく男子を産みぬ。両家とも、さばかりの豪富なりければ、産養《うぶやしな》ひの祝《いは》ひごととて、出《いで》入る人、ひきもきらず。賑《にぎ》はしきこと、言へばさらなり(注4)。

さて一二日《いちににち》を過ぐして、長者両人出会ひて、互ひに出産の喜び、言ひ交《か》はして、磯田言ひけるは、「御身と我と、常に碁を打ち遊びて、睦《むつ》ましく語らふ中に、一日《いちにち》の中《うち》に、相《あひ》共に、妻の出産せる事、(1)不思議と言ふべし。いかに、この子ども、今より兄弟のむすびして、生涯親しみを失はざらんやうこそ、願はしけれ。」と①言へば、三保も喜びて「さては子どもの代に至りても、ますます厚く交はるべし。」とて、盃《さかづき》取り交はして、もろともに誓ひをぞなしける。磯田、「名をば、いかに呼ぶべき。」と言へば、三保の長者しばし打ち案じて、「時は十月なり。十月は良月なり。御身の子は夜生まれ、我が子は、昼生まれぬれば、我が子は、白良と呼び、(2)御身の子は、黒良と呼ばんは、いかに。」と②言へば、磯田打ち笑みて、「黒白を以《もつ》て、昼夜になぞらへし事おもしろし。白良は、さきに生まれ出たれば、兄と定むべし。」と言ひて、これより、いよいよ睦ましくぞ、交はりける。

（「天羽衣《あまのはごろも》」から）

（注1）碁＝黒と白の石を交互に置き、石で囲んだ地を競う遊び。
（注2）虫の気付きて＝出産の気配があって。
（注3）とよみけるうち＝大騒ぎしたところ。
（注4）言へばさらなり＝いまさら言うまでもない。

1 祝《いは》ひごと は現代ではどう読むか。現代かなづかいを用いて、すべてひらがなで書きなさい。

2 ①言へ ②言へ について、それぞれの主語にあたる人物の組み合わせとして適当なものはどれか。

ア ① 三保 ② 三保　　イ ① 三保 ② 磯田
ウ ① 磯田 ② 磯田　　エ ① 磯田 ② 三保

3 (1)不思議と言ふべし とあるが、「不思議」の内容として最も適当なものはどれか。

ア 三保が碁の途中で妻の出産を予感し、帰宅してしまったこと。
イ 三保と磯田とが飽きることなく、毎日碁に夢中になれたこと。
ウ 碁打ち仲間である三保と磯田に、同じ日に子が生まれたこと。
エ 三保と磯田が碁を打つ最中、二人の妻がともに出産したこと。

4 (2)御身の子は、黒良と呼ばん とあるが、「黒良」という名にしたのはなぜか。三十字以内の現代語で答えなさい。

5 本文の内容と合うものはどれか。

ア 磯田は二人の子どもの名付け親になれることを心から喜んだ。
イ 磯田と三保は子の代になっても仲良く付き合うことを願った。
ウ 三保の子は家の者がみんなで心配するくらいの難産であった。
エ 三保は磯田から今後は兄として慕いたいと言われて感動した。

令和3年度 3月8日実施

栃木県立高校入試 問題

国語

制限時間 50分

1

次の1から4までの問いに答えなさい。

1 次の――線の部分の読みをひらがなで書きなさい。

(1) 専属契約を結ぶ。　(2) 爽快な気分になる。

(3) のどを潤す。　(4) 弟を慰める。

(5) わらで作った草履。

2 次の――線の部分を漢字で書きなさい。

(1) 船がギョコウに着く。　(2) チームをヒキいる。

(3) 友人を家にショウタイする。　(4) ゴムがチヂむ。

(5) ジュクレンした技能。

3 次は、生徒たちが俳句について話している場面である。これについて、(1)から(4)までの問いに答えなさい。

> 大寺を包みてわめく木《こ》の芽かな　高浜虚子《たかはまきょし》
>
> Aさん 「この句の季語は①『木の芽』だよね。」
>
> Bさん 「そうだね。この句は、『わめく』という表現が印象的だけれど、どういう情景を詠んだものなのかな。」
>
> Aさん 「先生から②教えてもらったのだけれど、『わめく』というのは、寺の周囲の木々が一斉に芽を(③)た情景だそうだよ。」
>
> Bさん 「なるほど。木々の芽が一斉に(④)た様子を『わめく』という言葉で表しているんだね。おもしろいね。」
>
> Aさん 「表現を工夫して、俳句は作られているんだね。私たちも俳句作りに挑戦してみようよ。」

(1) この句に用いられている表現技法はどれか。

ア 対句　**イ** 直喩　**ウ** 体言止め　**エ** 擬人法

(2) ①木の芽 と同じ季節を詠んだ俳句はどれか。

ア チューリップ喜びだけを持つてゐる　（細見綾子《ほそみあやこ》）

イ 転びたることにはじまる雪の道　（稲畑汀子《いなはたていこ》）

ウ 触るるもの足に搦《から》めて兜虫《かぶとむし》　（右城暮石《うしろぼせき》）

エ 道端に刈り上げて稲のよごれたる　（河東碧梧桐《かわひがしへきごとう》）

(3) ②教えてもらった を正しい敬語表現に改めたものはどれか。

ア お教えした　**イ** 教えていただいた

ウ お教えになった　**エ** 教えてくださった

(4) (③)、(④)には、「出る《で》」と「出す《だ》」のいずれかを活用させた語が入る。その組み合わせとして正しいものはどれか。

ア ③ 出し　④ 出　**イ** ③ 出し　④ 出し

ウ ③ 出　④ 出し　**エ** ③ 出　④ 出

4 次の漢文の書き下し文として正しいものはどれか。

過《あやまチテハ》則《すなはチ》勿《なカレ》レ憚《はばかルコト》レ改《あらたムルニ》。　（「論語」）

ア 過ちては則ち勿かれ憚ること改むるに。

イ 過ちては則ち憚ること勿かれ改むるに。

ウ 過ちては則ち改むるに憚ること勿かれ。

エ 過ちては則ち憚ること改むるに勿かれ。

解答・解説 P184

MEMO

［実戦編］

栃木県
高校入試
の対策
2024

令和2年度
県立入試

栃木県立高校入試　問題

社　会

制限時間 45分

1　太郎さんが両親と訪れた中国・四国地方に関して，次の1から4までの問いに答えなさい。

1　**図1**に関して，次の文は太郎さんと両親が広島市内を車で移動しているときの会話の一部である。これを読み，⑴，⑵，⑶の問いに答えなさい。

父　「広島市内を車で走ると，何度も橋を渡るね。」
太郎　「広島市の市街地は⒜三角州という地形の上にあって，何本も川が流れていると学校で学んだよ。」
母　「他にも広島市について学校で学んだことはあるかな。」
太郎　「広島市がある瀬戸内工業地域は，□とよばれる関東地方から九州地方の北部にかけてのびる帯状の工業地域の一部だよ。」
父　「もうすぐ⒝原爆ドームの近くを通るね。」
太郎　「行ってみようよ。」

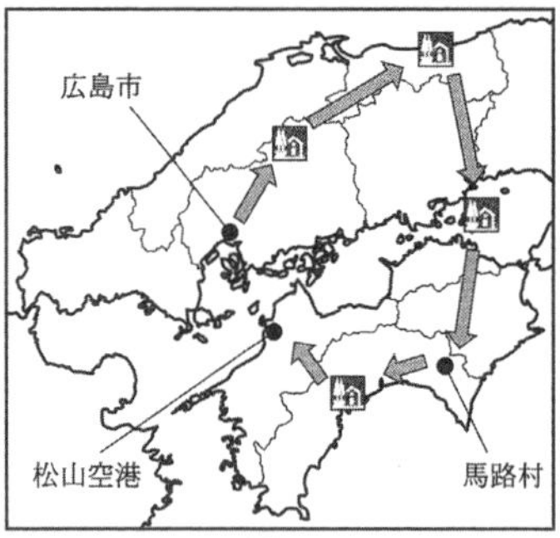

図1
(注)図中の　は「道の駅」の位置を示している。

⑴　下線部⒜について正しく述べているのはどれか。
ア　河川によって運ばれた土砂が，河口部に堆積《たいせき》した地形である。
イ　河川が山間部から平野に出た所に，土砂が堆積して造られる地形である。
ウ　小さな岬と奥行きのある湾が繰り返す地形である。
エ　風で運ばれた砂が堆積した丘状の地形である。

⑵　文中の□に当てはまる語を書きなさい。

⑶　下線部⒝のような，貴重な自然環境や文化財などのうち，人類共通の財産としてユネスコが作成したリストに登録されたものを何というか。

2　**図2**は，瀬戸内工業地域，阪神工業地帯，中京工業地帯，東海工業地域における，製造品出荷額に占める各品目の出荷額の割合と製造品出荷額を示している(2016年)。瀬戸内工業地域はどれか。

	製造品出荷額の割合(%)						製造品出荷額(百億円)
	金属	機械	化学	食料品	繊維	その他	
ア	7.9	50.7	21.1	14.4	0.7	5.2	1,613
イ	9.1	69.4	11.9	4.8	0.8	4.1	5,480
ウ	19.9	36.4	24.1	11.7	1.4	6.6	3,093
エ	17.3	36.8	29.8	8.4	2.2	5.4	2,892

図2(「データブックオブザワールド」により作成)

3　**図1**の矢印は，太郎さんと両親が広島市から松山空港まで車で移動した経路を示している。これについて，⑴，⑵の問いに答えなさい。

⑴　次の文は，太郎さんが訪れた「道の駅」の様子について述べたものである。訪れた順に並べ替えなさい。
ア　比較的降水量が少ない地域にあり，地域とオリーブの歴史などを紹介する施設や，オリーブを使った料理を提供するレストランがあった。
イ　冬場でも温暖で日照時間が長い地域にあり，温暖な気候を利用して栽培された野菜が農産物直売所で販売されていた。
ウ　山間部にあり，雪を利用した冷蔵庫である「雪室《ゆきむろ》」の中で，ジュースや日本酒が保存・熟成されていた。
エ　冬に雪が多く降る地域にあり，古事記に記された神話にちなんだ土産品が売られていた。

⑵　**図3**は，松山空港(愛媛県)から，伊丹《いたみ》空港(大阪府)，那覇空港(沖縄県)，羽田空港(東京都)，福岡空港(福岡県)に向けて1日に出発する飛行機の便数と，その所要時間を示している。福岡空港はどれか。

	出発便数(便)	所要時間(分)
ア	12	85～90
イ	12	50～60
ウ	4	50
エ	1	110

図3(「松山空港ホームページ」により作成)

解答・解説 P193

4　太郎さんは，旅行中に立ち寄った**図1**の馬路《うまじ》村に興味をもち，**図4**の資料を集めた。**図4**から読み取れる，馬路村の課題と，地域おこしの特徴や成果について，簡潔に書きなさい。

資料1　馬路村の人口と65歳以上の人口の割合の推移

	1990年	1995年	2000年	2005年	2010年	2015年
人口	1313人	1242人	1195人	1170人	1013人	823人
65歳以上の人口の割合	20.0％	24.9％	28.6％	32.9％	35.0％	39.4％

資料2　馬路村の人々の主な取組

1990年　ゆずドリンクが「日本の101村展」で農産部門賞を受賞
2003年　ゆず加工品のCMが飲料メーカーの地域文化賞を受賞
2009年　農協が地元大学とゆずの種を用いた化粧品の共同研究を開始
2011年　地元大学との共同研究で開発した化粧品の販売開始

資料3　馬路村のゆずに関する統計

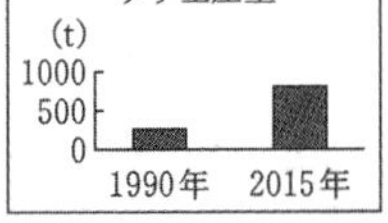

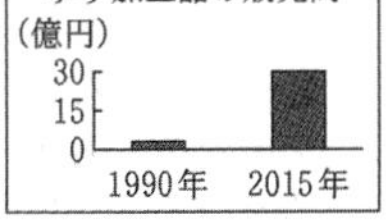

図4（「馬路村ホームページ」ほかにより作成）

2　次の1から6までの問いに答えなさい。

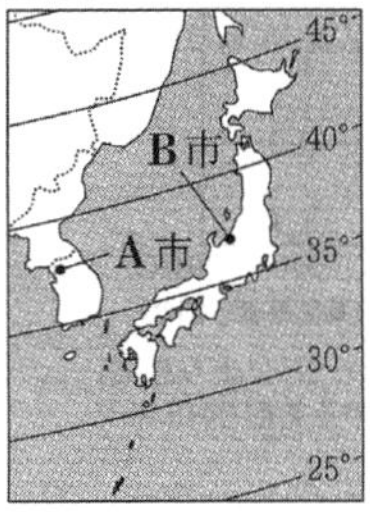

図1

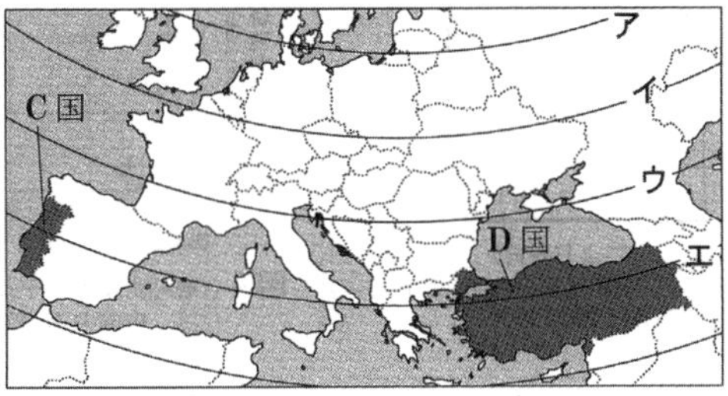

図2

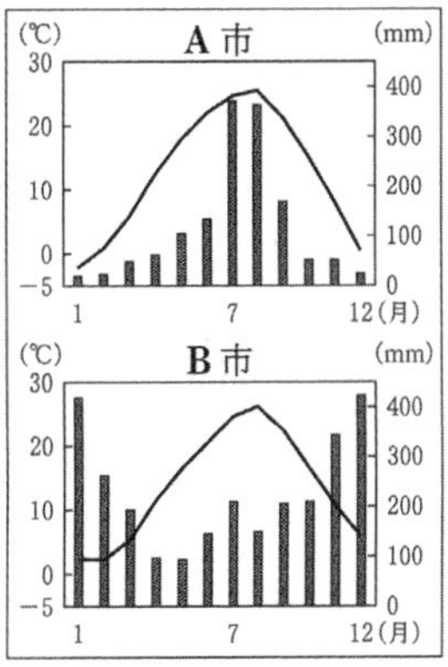

図3（「気象庁ホームページ」により作成）

1　**図1**は，**図3**の雨温図で示された**A**市と**B**市の位置を示したものである。二つの都市の気候について述べた次の文中の［Ⅰ］，［Ⅱ］に当てはまる語の組み合わせとして正しいのはどれか。

> **A**市と**B**市は，夏季には高温多雨となるが，冬季の降水量には差がみられる。**A**市では，大陸からの乾いた［Ⅰ］の影響を受けやすく，冬季の降水量が少なくなる。**B**市では［Ⅱ］の上を吹く［Ⅰ］の影響により冬季に大雪が降る。

ア　Ⅰ－偏西風　Ⅱ－暖流　　**イ**　Ⅰ－偏西風　Ⅱ－寒流
ウ　Ⅰ－季節風　Ⅱ－暖流　　**エ**　Ⅰ－季節風　Ⅱ－寒流

2　次の文は，**図2**の**C**国の公用語と同じ言語を公用語としているある国について述べたものである。ある国とはどこか。

> 赤道が通過する国土には，流域面積が世界最大となる大河が流れ，その流域には広大な熱帯雨林が広がる。高原地帯ではコーヒー豆などの輸出用作物が栽培されている。

3　ヨーロッパの大部分は日本と比べ高緯度に位置している。**図1**の北緯40度と同緯度を示す緯線は，**図2**の**ア**，**イ**，**ウ**，**エ**のどれか。

4　**図2**の**D**国とインドについて，**図4**は，総人口とある宗教の信者数を，**図5**は，主な家畜の飼育頭数を示したものである。［　　］に当てはまる語を書きなさい。

	総人口	［　　］教の信者数
D国(2018年)	8,192万人	7,987万人
インド(2018年)	135,405	19,228

図4（「データブックオブザワールド」により作成）

	牛(千頭)	豚(千頭)	羊(千頭)
D国(2016年)	13,994	2	31,508
インド(2016年)	185,987	9,085	63,016

図5（「世界国勢図会」により作成）

5　図6中のXで示された3州とYで示された3州は，図7の①，②のいずれかの地域である。また，図7の［Ⅰ］，［Ⅱ］は製鉄，半導体のいずれかである。①と［Ⅰ］に当てはまる語の組み合わせとして正しいのはどれか。

ア　①－X　　Ⅰ－半導体
イ　①－X　　Ⅰ－製　鉄
ウ　①－Y　　Ⅰ－半導体
エ　①－Y　　Ⅰ－製　鉄

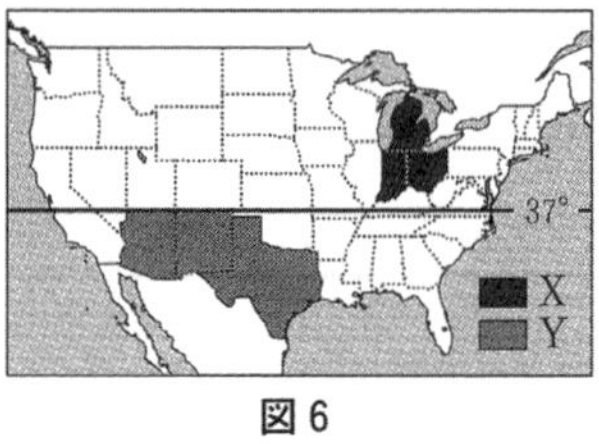

図6

X，Yの各州の主な製造品

地域	各州の主な製造品
①	石油・化学薬品
	航空宇宙・［Ⅰ］
	［Ⅰ］・医療機械
②	自動車・［Ⅱ］
	自動車・石油
	自動車・プラスチック

図7
(「データブックオブザワールド」により作成)

6　アメリカ合衆国，日本，中国のいずれかについて，図8は，農業従事者数および輸出総額に占める農産物の輸出額の割合を，図9は，農業従事者一人あたりの農地面積および総産業従事者に占める農業従事者の割合を示したものである。アメリカ合衆国はa，b，cのどれか。

また，そのように判断した理由を，図8，図9から読み取れることとアメリカ合衆国の農業の特徴にふれ，簡潔に書きなさい。

	農業従事者数	輸出総額に占める農産物の輸出額の割合
a	242 万人	9.4 %
b	228	0.4
c	24,171	2.1

図8 (「農林水産省ホームページ」により作成)
(注)　農業従事者数は日本のみ2016年その他2012年，輸出に占める農作物の割合は2013年

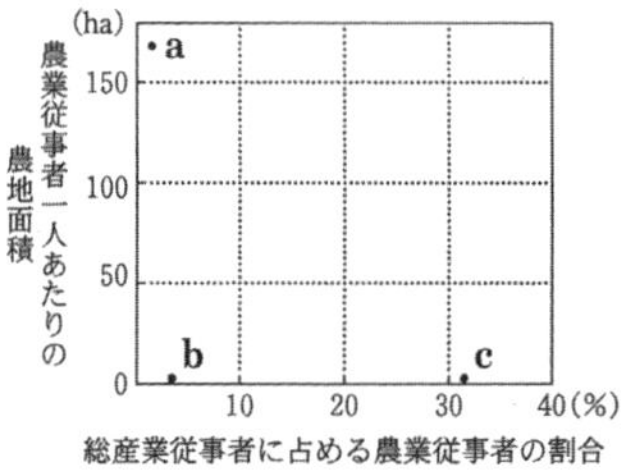

図9 (「農林水産省ホームページ」により作成)
(注)　中国のみ2013年その他2015年

3　次のAからFのカードは，史料の一部を要約し，わかりやすく書き直したものである。これらを読み，1から8までの問いに答えなさい。

A　百済の国王が初めて仏像・経典《きょうてん》および僧らを日本に送ってきた。天皇は，お言葉を下し，蘇我氏にこれらを授け，ⓐ仏教の発展を図ったのである。

B　(私が)唐にいる日本の僧から送られてきた報告書を見たところ，唐の国力の衰退している様子が書かれていました。報告の通りであれば，今後派遣される［Ⅰ］にどのような危険が生じるかわかりません。長年続けてきた［Ⅰ］を廃止するかどうか，審議し決定するようお願いします。

C　ⓑ近年，イギリスが清国に対して軍隊を派遣して激しい戦争をした結果(イギリスが勝利し，香港《ホンコン》を手に入れたこと)については，わが国が毎年長崎に来航して提出している報告書を見て，すでに知っていると思います。

D　大きな船が島に漂着した。どこの国の船かはわからなかった。外国商人の一人が手にひとつ物を持っていて，長さは60 cmから90 cmくらいで，形は中が空洞，外側はまっすぐで，大変重かった。

E　道元が次のようにおっしゃった。仏道修行で最も大切なのは，第一に座禅をすることである。中国で悟りを開く人が多いのは皆座禅の力である。修行者はただひたすら座禅に集中し，他の事に関わってはならない。

F　東京では，11日のⓒ憲法発布をひかえてその準備のため，言葉にできないほどの騒ぎとなっている。だが，面白いことに，誰も憲法の内容を知らないのだ。

1　Aのカードに関して，この頃，役人として朝廷に仕え，財政や外交などで活躍していた，中国や朝鮮半島から日本に移り住んできた人々を何というか。

2　下線部ⓐの仏教が伝来した時期と最も近い時期に大陸から日本に伝えられたのはどれか。

ア　儒　教　　　イ　土　偶　　　ウ　青銅器　　　エ　稲　作

3　Bのカードの［Ⅰ］に共通して当てはまる語は何か。

4　Cのカードの下線部ⓑの戦争と，最も近い時期におきたできごとはどれか。
ア　ロシアへの警戒感を強めた幕府は，間宮林蔵らに蝦夷地の調査を命じた。
イ　日米和親条約を結び，下田と函館の開港とアメリカ船への燃料などの提供に同意した。
ウ　朱印船貿易に伴い，多くの日本人が東南アジアへ移住し，各地に日本町ができた。
エ　交易をめぐる対立から，アイヌの人々はシャクシャインを中心に，松前藩と戦った。

5　Dのカードに関連して述べた次の文中の［　　　］に当てはまる語は何か。

> この時日本に伝わった［　　　］は，築城にも大きな影響を与え，城壁に図1の矢印が示す円形の狭間《さま》が設けられるようになった。

図1

6　Eのカードの人物が活躍した時代と同じ時代区分のものはどれか。
ア　シーボルトは塾を開き，蘭学者や医学者の養成に力を尽くした。
イ　フランシスコ・ザビエルは日本にキリスト教を伝え，大名の保護の下，布教に努めた。
ウ　北条時宗は博多湾岸に石の防壁を築かせるなど，モンゴルの再襲来に備えた。
エ　空海は中国で仏教を学び，帰国後真言宗を開くとともに，高野山に金剛峯寺を建立した。

7　Fのカードの下線部ⓒに関連して，図2は日本の初代内閣総理大臣を務めた人物がドイツ帝国首相に新年の挨拶をしている様子を描いた風刺画である。これが描かれた背景として，日本とドイツにどのような関わりがあったと考えられるか。下線部ⓒの憲法名を明らかにし，簡潔に書きなさい。

図2（『トバエ』により作成）

8　AからFのカードを，年代の古い順に並べ替えなさい。なお，Aが最初，Fが最後である。

4　略年表を見て，次の1から6までの問いに答えなさい。

時代	世界と日本のおもなできごと	
明治	富岡製糸場の開業	A（始）
明治	八幡製鉄所の操業開始	A
大正	第一次世界大戦がおこる	A（終）
大正	ⓐ日本経済が好況となる	
昭和	世界恐慌がおこる	B（始）
昭和	ポツダム宣言の受諾	B（終）
昭和	朝鮮戦争による特需景気	C（始）
昭和	ⓑ大阪万国博覧会の開催	C（終）
昭和	ⓒ中東戦争がおこる	

1　Aの時期の社会状況として当てはまらないのはどれか。
ア　産業が発展し，足尾銅山鉱毒事件などの公害が発生した。
イ　人をやとい，分業で製品を生産する工場制手工業が始まった。
ウ　三菱などの経済界を支配する財閥があらわれた。
エ　資本主義の発展により，工場労働者があらわれた。

2　下線部ⓐに関して，次の文中の［　Ⅰ　］，［　Ⅱ　］に当てはまる語の組み合わせとして正しいのはどれか。

> 第一次世界大戦の戦場となった［　Ⅰ　］からの輸入が途絶えたことにより，日本国内の造船業や鉄鋼業などの［　Ⅱ　］工業が成長した。

ア　Ⅰ－アメリカ　Ⅱ－重化学　　イ　Ⅰ－アメリカ　Ⅱ－軽
ウ　Ⅰ－ヨーロッパ　Ⅱ－重化学　　エ　Ⅰ－ヨーロッパ　Ⅱ－軽

3　Bの時期におきたできごとを年代の古い順に並べ替えなさい。
ア　学徒出陣が始まった。　　イ　アメリカが対日石油輸出禁止を決定した。
ウ　満州国が建国された。　　エ　国家総動員法が制定された。

4　Cの時期に家庭に普及したのはどれか。
ア　電気冷蔵庫　　イ　携帯電話　　ウ　パソコン　　エ　クーラー

5　下線部ⓒのできごとによりおきた，原油価格の急激な上昇を何というか。

6　下線部ⓑについて，1970年の大阪万博のテーマは「人類の進歩と調和」であり，テーマの設定にあたっては，当時の社会状況が反映されている。大阪万博が開催された頃の社会状況について，「高度経済成長」の語を用い，**図１**，**図２**の資料にふれながら簡潔に書きなさい。

２人以上勤労者世帯の収入
（１世帯あたり年平均１か月間）

1965年	1970年
65,141円	112,949円

図１（「数字で見る日本の100年」により作成）

公害に関する苦情・陳情の数
（地方公共団体に受理された件数）

1966年度	1970年度
20,502件	63,433件

図２（「図で見る環境白書　昭和47年版環境白書」により作成）

5　次の１から４までの問いに答えなさい。

1　商店街の活性化策のうち，「効率」の観点を重視したものとして最も適切なのはどれか。

ア　商店街の活性化のため，協議会を公開でおこなったが，利害が異なり意見が対立した。
イ　商店街の活性化のため，再開発をおこなったが，市は多くの借金をかかえた。
ウ　商店街の活性化のため，商店街の空き店舗を活用し，地域の特産物を販売した。
エ　商店街の活性化のため，市議会が特産物の宣伝のために，補助金の支給を決定した。

2　政府が行う経済活動について，次の(1)，(2)の問いに答えなさい。

(1)　**図**は1995年度と2018年度の日本の歳出を示しており，**A**，**B**，**C**，**D**は**ア**，**イ**，**ウ**，**エ**のいずれかである。**A**はどれか。

ア　防衛費
イ　社会保障関係費
ウ　国債費
エ　公共事業費

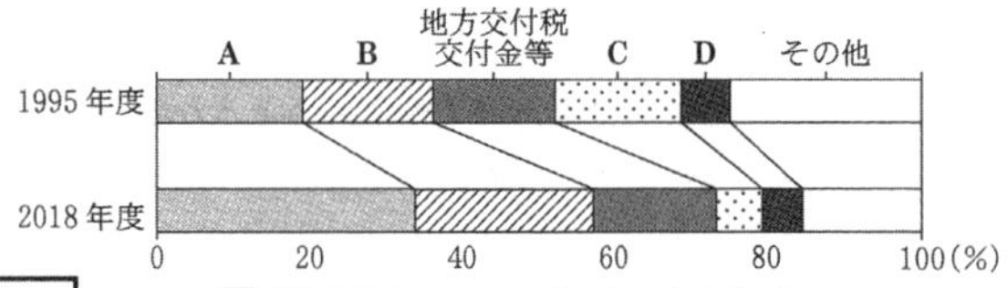

図（「財務省ホームページ」ほかにより作成）

(2)　次の文中の［Ⅰ］，［Ⅱ］に当てはまる語の組み合わせとして正しいのはどれか。

> ［Ⅰ］のとき政府は，財政政策として，公共事業への支出を増やしたり，［Ⅱ］をしたりするなど，企業の生産活動を促そうとする。

ア　Ⅰ－好景気　Ⅱ－増税　　**イ**　Ⅰ－不景気　Ⅱ－増税
ウ　Ⅰ－好景気　Ⅱ－減税　　**エ**　Ⅰ－不景気　Ⅱ－減税

3　民事裁判について正しく述べているのはどれか。

ア　裁判官は，原告と被告それぞれの意見をふまえ，判決を下したり，当事者間の和解を促したりする。
イ　国民の中から選ばれた裁判員は，重大事件の審理に出席して，裁判官とともに被告人が有罪か無罪かを判断し，有罪の場合は刑罰の内容を決める。
ウ　国民の中から選ばれた検察審査員は，検察官が事件を起訴しなかったことについて審査し，そのよしあしを判断する。
エ　裁判官は，被告人が有罪か無罪かを判断し，有罪の場合は刑罰の内容を決める。

4　民主主義に基づく国や地方の政治について，次の(1)，(2)の問いに答えなさい。

(1)　次の文中の［Ⅰ］，［Ⅱ］に当てはまる語の組み合わせとして正しいのはどれか。

> 政党名または候補者名で投票する［Ⅰ］制は，得票に応じて各政党の議席数を決めるため，当選に結びつかない票（死票）が［Ⅱ］なる。

ア　Ⅰ－小選挙区　Ⅱ－多く　　**イ**　Ⅰ－小選挙区　Ⅱ－少なく
ウ　Ⅰ－比例代表　Ⅱ－多く　　**エ**　Ⅰ－比例代表　Ⅱ－少なく

(2)　地方自治では，首長や地方議員の選挙以外にも，署名を集めて条例の制定を求めたり，住民投票を行ったりするなど，住民が意思を表明する権利がある。その権利を何というか。

6 みどりさんは，社会科の授業で企業の経済活動について発表した。次の文は，その発表原稿の一部である。これを読み，次の1から6までの問いに答えなさい。

> 私は企業の経済活動の一例として，コンビニエンスストアについて調べ，実際に⓪<u>働いている人</u>に話を聞きました。コンビニエンスストアの多くは深夜も営業をしているので，困ったときには私たちにとって頼れる存在です。最近は，社会の変化にともなって，災害が起きたときのライフラインや，防犯・安全対策面での役割も注目されています。他にもⓑ<u>安全な商品の販売</u>，環境に配慮するⓒ<u>3R</u>，ⓓ<u>新たな技術・サービスの開発</u>などにも取り組んでいることがわかりました。この動きをⓔ<u>CSR(企業の社会的責任)といい，コンビニエンスストアだけでなく，様々な企業も取り組んでいます</u>。

1 下線部ⓐに関して，法律で認められている労働者の権利として**当てはまらない**のはどれか。

ア 労働組合をつくり，使用者と対等に交渉して労働者の権利を守ることができる。

イ 性別に関わらず，1歳未満の子をもつ労働者は育児休業を原則取得することができる。

ウ 自分が働く企業の株主総会では，株主でなくても議決権を行使することができる。

エ 雇用の形態に関わらず，国で定めた最低賃金以上の賃金をもらうことができる。

2 下線部ⓑに関して，製品の欠陥で消費者が身体に損害を受けた場合など，企業の過失を証明しなくても賠償を請求できることを定めた法律はどれか。

ア 消費者契約法　**イ** 製造物責任法　**ウ** 環境基本法　**エ** 独占禁止法

3 下線部ⓒに関して，環境への負担をできる限り減らす循環型社会を目指す取組が社会全体で行われている。コンビニエンスストアのレジで会計する時に，消費者ができる3Rの取組を一つ具体的に書きなさい。

4 下線部ⓓに関して，新しい商品の生産をしたり，品質の向上や生産費の引き下げをもたらしたりするなど，企業が画期的な技術の開発をおこなうことを何というか。

5 下線部ⓔに関して，CSRの例として，生活環境に配慮することなど，環境権の保障につながる取組がある。環境権などの「新しい人権」について述べた次の文中の［　　］に当てはまる語はどれか。

> 日本国憲法第13条にある［　　］権を根拠として，「新しい人権」を認めようとする動きが生まれている。

ア 財産　**イ** 平等　**ウ** 情報公開　**エ** 幸福追求

6 みどりさんは店長から「国全体で働き手が不足している」という話を聞き，この課題について考えようとした。**図1**，**図2**は，みどりさんがこの課題を考えるために用意した資料である。**図1**，**図2**をふまえ，どのような解決策が考えられるか，簡潔に書きなさい。

日本の生産年齢人口と在留外国人の推移

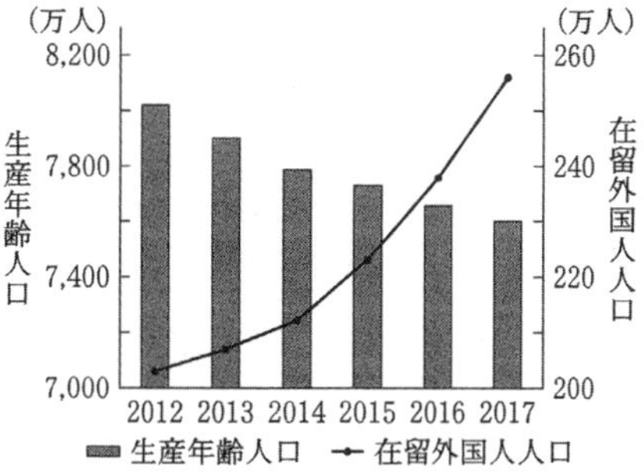

図1(「総務省統計局ホームページ」ほかにより作成)

スーパーにおけるセルフ精算レジの設置状況

	ほぼ全店舗に設置	一部店舗で設置	設置していない
2017年	7.8%	26.4%	65.8%
2018年	16.1	32.8	51.1

図2(「スーパーマーケット年次統計調査」により作成)

7 社会科のまとめの時間に，みほさんたちのグループは「国際協力のあり方」について調べることにした。みほさんたちが調べてまとめた**図1**を見て，次の1から5までの問いに答えなさい。

地域	各地域がかかえている課題	日本人による援助活動の内容	援助終了後の各地域の変化
A	先進国の援助で小学校の校舎が建設されたが，家事の手伝いなどで通うのをやめてしまう子どもが多いため，大人になっても読み書きができない人が多い。	**X**さんは，ⓐ学校以外の学習センターで，読み書きだけでなく，農業やものづくりなど幅広い知識や技術を様々な年代の人々に教えた。	現地の人々が読み書きができるようになったことや，生活技術が向上したことで，多くの人が就きたい仕事に就いたり生活の質を向上させたりすることが可能になった。
B	外国企業が給水設備を提供したが，管理方法を習得している人が少なく，多くの人は水を安全に飲むことができない。	**Y**さんは，現地の人々に給水設備の管理方法をわかりやすく指導し，多くの人が給水設備を使えるようにした。	現地の人々が自分たちで給水設備を管理できるようになり，多くの人が安全に飲める水を確保できるようになった。
C	助産師を養成する学校が外国の支援で建てられたが，指導者が不足し，新しい技術が習得できず，助産師の技術が低く，妊産婦死亡率が高い。	**Z**さんは，妊産婦死亡率を下げることを目標に掲げ，助産師を育成するために［　　　］を行った。	適切に処置をおこなうことができる技術の高い現地の助産師が増えたことで，以前より妊産婦死亡率が低くなった。

図1（「JICA ホームページ」ほかにより作成）

1　みほさんたちは，**図1**の**A**の地域で**X**さんが非政府組織である援助団体の一員として活動していることを知った。非政府組織の略称はどれか。

ア　ODA　　**イ**　NGO　　**ウ**　WHO　　**エ**　FTA

2　下線部ⓐは，江戸時代の日本において町人や農民の子どもたちが学んだ民間の教育施設を参考にしている。この江戸時代の教育施設を何というか。

3　**図2**は，総人口に対して安全な水資源を確保できない人の割合，高齢化率，100人あたりの自動車保有台数，100人あたりの携帯電話保有台数のいずれかを示した地図である。総人口に対して安全な水資源を確保できない人の割合を示したのはどれか。なお，色が濃いほど数値が高く，白い部分は資料なしを示している。

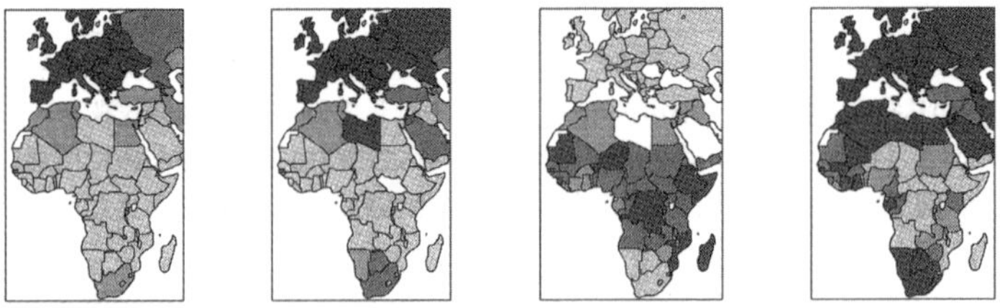

ア　　**イ**　　**ウ**　　**エ**

図2（「データブックオブザワールド」ほかにより作成）

4　**図1**の［　　　］に当てはまる最も適切なものはどれか。

ア　妊産婦の栄養管理　**イ**　製薬会社の誘致　**ウ**　保育施設の整備　**エ**　実技中心の講習

5　次の文は，みほさんたちが国際協力のあり方についてまとめたものである。次の文中の［　Ⅰ　］，［　Ⅱ　］に当てはまる文を，**図1**をふまえ，簡潔に書きなさい。

> 国際協力において，外国からの経済的な援助と人材を育てることのどちらも重要だという結論に至りました。経済的な援助が必要な理由は，［　Ⅰ　］です。また，人材を育てることが必要な理由は，持続的に発展していくためには，［　Ⅱ　］です。

令和2年度
3月5日実施

栃木県立高校入試　問題

数　学

制限時間 50分

1　次の1から14までの問いに答えなさい。

1　$(-18) \div 2$ を計算しなさい。

2　$4(x+y)-3(2x-y)$ を計算しなさい。

3　$\frac{1}{6}a^2 \times (-4ab^2)$ を計算しなさい。

4　$5\sqrt{6} \times \sqrt{3}$ を計算しなさい。

5　$(x+8)(x-8)$ を展開しなさい。

6　x についての方程式 $2x-a=-x+5$ の解が7であるとき，a の値を求めなさい。

7　100個のいちごを6人に x 個ずつ配ったところ，y 個余った。この数量の関係を等式で表しなさい。

8　右の図において，点A，B，Cは円Oの周上の点であり，ABは円Oの直径である。$\angle x$ の大きさを求めなさい。

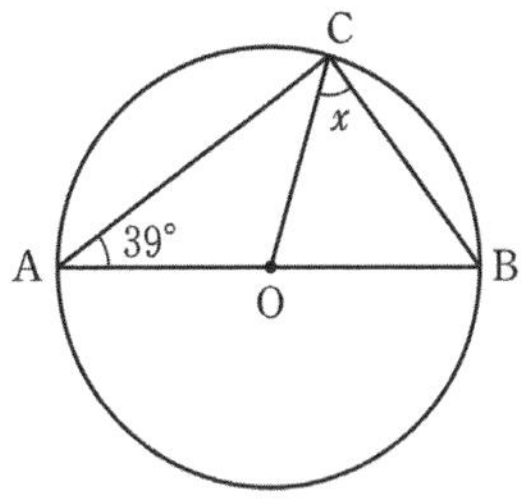

9　2次方程式 $x^2-9x=0$ を解きなさい。

10　袋の中に赤玉が9個，白玉が2個，青玉が3個入っている。この袋の中の玉をよくかき混ぜてから1個取り出すとき，白玉が出ない確率を求めなさい。ただし，どの玉を取り出すことも同様に確からしいものとする。

11　右の図の長方形を，直線 ℓ を軸として1回転させてできる立体の体積を求めなさい。ただし，円周率は π とする。

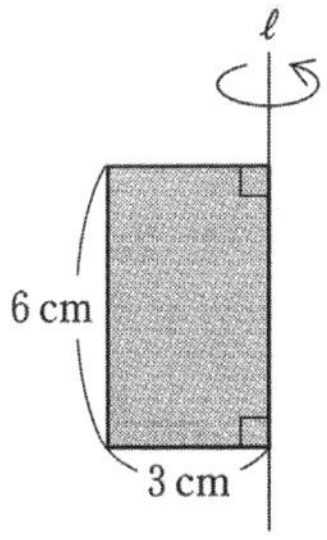

12　右の図のように，平行な2つの直線 ℓ，m に2直線が交わっている。x の値を求めなさい。

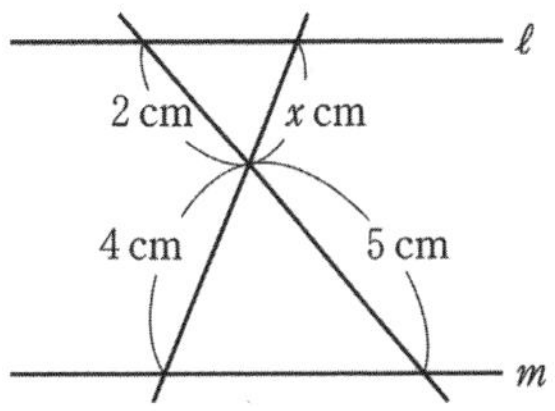

解答・解説 P196

県立入試問題(R2)◆数学

13　右の図は，1次関数 $y = ax + b$（a，b は定数）のグラフである。このときの a，b の正負について表した式の組み合わせとして正しいものを，次のア，イ，ウ，エのうちから1つ選んで，記号で答えなさい。

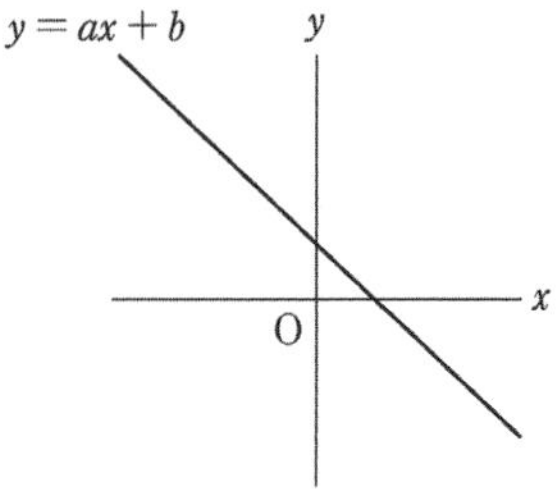

ア　$a > 0$，$b > 0$　　　イ　$a > 0$，$b < 0$

ウ　$a < 0$，$b > 0$　　　エ　$a < 0$，$b < 0$

14　ある工場で作られた製品の中から，100個の製品を無作為に抽出して調べたところ，その中の2個が不良品であった。この工場で作られた4500個の製品の中には，何個の不良品がふくまれていると推定できるか，およその個数を求めなさい。

2　次の1，2，3の問いに答えなさい。

1　右の図のような $\angle A = 50°$，$\angle B = 100°$，$\angle C = 30°$ の $\triangle ABC$ がある。この三角形を点Aを中心として時計回りに25° 回転させる。この回転により点Cが移動した点をPとするとき，点Pを作図によって求めなさい。ただし，作図には定規とコンパスを使い，また，作図に用いた線は消さないこと。

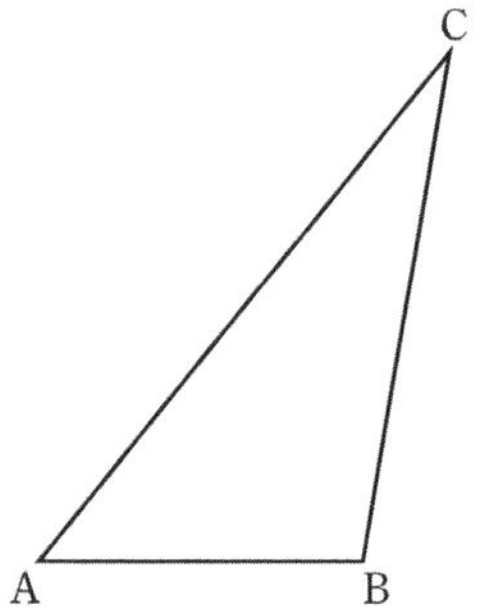

2　右の図は，2020年2月のカレンダーである。この中の

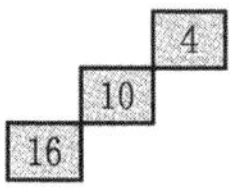

のような3つの自然数の組

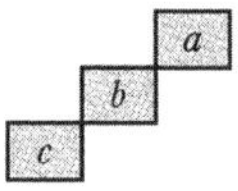

において，$b^2 - ac$ はつねに同じ値となる。

次の［　　］内の文は，このことを証明したものである。文中の［①］，［②］，［③］に当てはまる数をそれぞれ答えなさい。

2020年
2月

日	月	火	水	木	金	土
						1
2	3	4	5	6	7	8
9	10	11	12	13	14	15
16	17	18	19	20	21	22
23	24	25	26	27	28	29

> b，c をそれぞれ a を用いて表すと，
>
> $b = a +$［①］，$c = a +$［②］だから，
>
> $b^2 - ac = (a +$［①］$)^2 - a(a +$［②］$)$
>
> 　　　$=$［③］
>
> したがって，$b^2 - ac$ はつねに同じ値［③］となる。

解答・解説 P196

3　右の図は，2つの関数 $y = ax^2 (a > 0)$，$y = -\frac{4}{x}$ のグラフである。それぞれのグラフ上の，x 座標が1である点をA，Bとし，x 座標が4である点をC，Dとする。AB：CD = 1：7 となるとき，a の値を求めなさい。

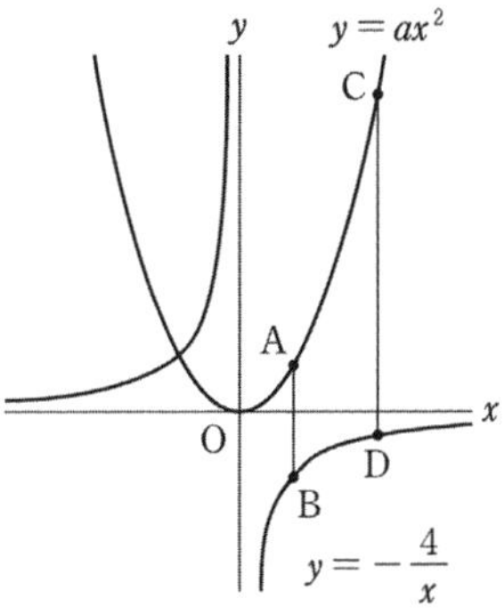

3　次の1，2の問いに答えなさい。

1　ある市にはA中学校とB中学校の2つの中学校があり，昨年度の生徒数は2つの中学校を合わせると1225人であった。今年度の生徒数は昨年度に比べ，A中学校で4％増え，B中学校で2％減り，2つの中学校を合わせると4人増えた。このとき，A中学校の昨年度の生徒数を x 人，B中学校の昨年度の生徒数を y 人として連立方程式をつくり，昨年度の2つの中学校のそれぞれの生徒数を求めなさい。ただし，途中の計算も書くこと。

2　あさひさんとひなたさんの姉妹は，8月の31日間，毎日同じ時間に同じ場所で気温を測定した。測定には，右の図のような小数第2位を四捨五入した近似値が表示される温度計を用いた。2人で測定した記録を，あさひさんは表1のように階級の幅を5℃として，ひなたさんは表2のように階級の幅を2℃として，度数分布表に整理した。

　このとき，次の(1)，(2)，(3)の問いに答えなさい。

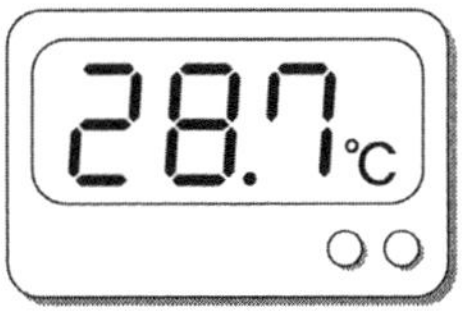

図

(1)　ある日，気温を測定したところ，温度計には28.7℃と表示された。このときの真の値を a ℃とすると，a の値の範囲を不等号を用いて表しなさい。

階級(℃) 以上 ～ 未満	度数(日)
20.0 ～ 25.0	1
25.0 ～ 30.0	9
30.0 ～ 35.0	20
35.0 ～ 40.0	1
計	31

表1

(2)　表1の度数分布表における，最頻値を求めなさい。

階級(℃) 以上 ～ 未満	度数(日)
24.0 ～ 26.0	1
26.0 ～ 28.0	3
28.0 ～ 30.0	6
30.0 ～ 32.0	11
32.0 ～ 34.0	9
34.0 ～ 36.0	1
計	31

表2

(3)　表1と表2から，2人で測定した記録のうち，35.0℃以上36.0℃未満の日数が1日であったことがわかる。そのように判断できる理由を説明しなさい。

4 次の１，２の問いに答えなさい。

１ 右の図のような，$AB < AD$ の平行四辺形 ABCD があり，辺 BC 上に $AB = CE$ となるように点 E をとり，辺 BA の延長に $BC = BF$ となるように点 F をとる。ただし，$AF < BF$ とする。

　このとき，$\triangle ADF \equiv \triangle BFE$ となることを証明しなさい。

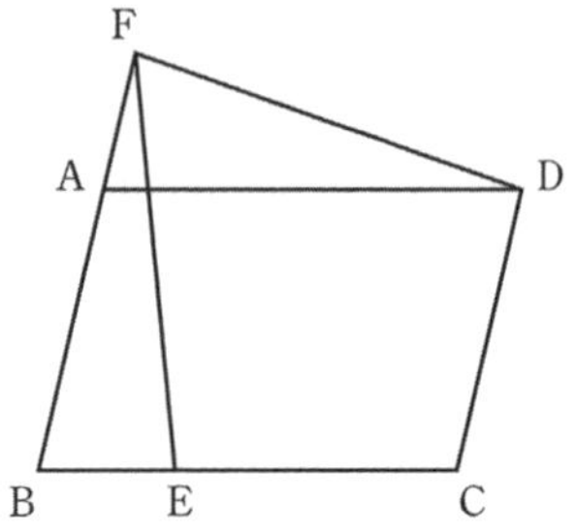

２ 右の図は，１辺が 2 cm の正三角形を底面とする高さ 5 cm の正三角柱 ABC − DEF である。

(1) 正三角形 ABC の面積を求めなさい。

(2) 辺 BE 上に $BG = 2$ cm となる点 G をとる。また，辺 CF 上に $FH = 2$ cm となる点 H をとる。

　このとき，$\triangle AGH$ の面積を求めなさい。

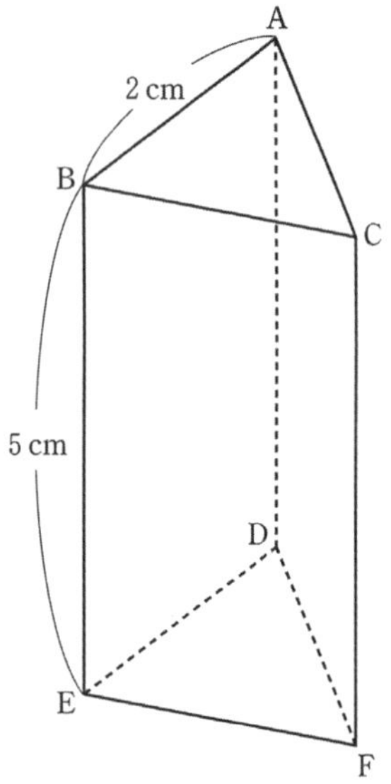

5 明さんと拓也さんは，スタート地点からA地点までの水泳300 m，A地点からB地点までの自転車6000 m，B地点からゴール地点までの長距離走2100 mで行うトライアスロンの大会に参加した。

右の図は，明さんと拓也さんが同時にスタートしてからx分後の，スタート地点からの道のりをy mとし，明さんは，水泳，自転車，長距離走のすべての区間を，拓也さんは，水泳の区間と自転車の一部の区間を，それぞれグラフに表したものである。ただし，グラフで表した各区間の速さは一定とし，A地点，B地点における各種目の切り替えに要する時間は考えないものとする。

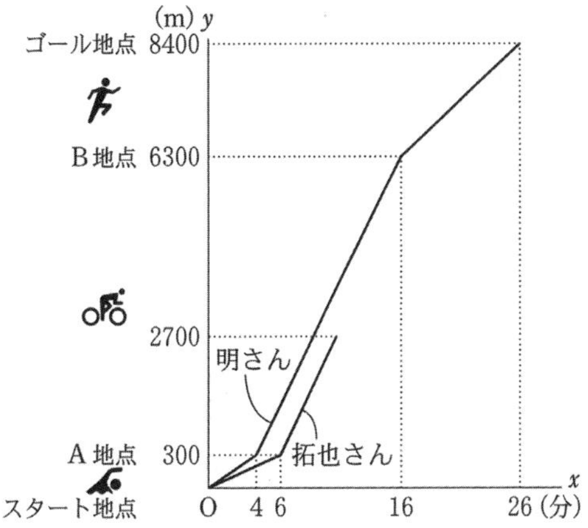

次の □ 内は，大会後の明さんと拓也さんの会話である。

明　「今回の大会では，水泳が4分，自転車が12分，長距離走が10分かかったよ。」
拓也「僕はA地点の通過タイムが明さんより2分も遅れていたんだね。」
明　「次の種目の自転車はどうだったの。」
拓也「自転車の区間のグラフを見ると，2人のグラフは平行だから，僕の自転車がパンクするまでは明さんと同じ速さで走っていたことがわかるね。<u>パンクの修理後は，速度を上げて走ったけれど，明さんには追いつけなかったよ。</u>」

このとき，次の1，2，3，4の問いに答えなさい。

1　水泳の区間において，明さんが泳いだ速さは拓也さんが泳いだ速さの何倍か。

2　スタートしてから6分後における，明さんの道のりと拓也さんの道のりとの差は何mか。

3　明さんの長距離走の区間における，xとyの関係を式で表しなさい。ただし，途中の計算も書くこと。

4　□ 内の下線部について，拓也さんは，スタート地点から2700 mの地点で自転車がパンクした。その場ですぐにパンクの修理を開始し，終了後，残りの自転車の区間を毎分600 mの速さでB地点まで走った。さらに，B地点からゴール地点までの長距離走は10分かかり，明さんより3分遅くゴール地点に到着した。

このとき，拓也さんがパンクの修理にかかった時間は何分何秒か。

6 図1のように，半径1cmの円を白色で塗《ぬ》り，1番目の図形とする。また，図2のように，1番目の図形に中心が等しい半径2cmの円をかき加え，半径1cmの円と半径2cmの円に囲まれた部分を灰色で塗り，これを2番目の図形とする。さらに，図3のように，2番目の図形に中心が等しい半径3cmの円をかき加え，半径2cmの円と半径3cmの円に囲まれた部分を黒色で塗り，これを3番目の図形とする。同様の操作を繰り返し，白色，灰色，黒色の順に色を塗り，できた図形を図4のように，4番目の図形，5番目の図形，6番目の図形，…とする。

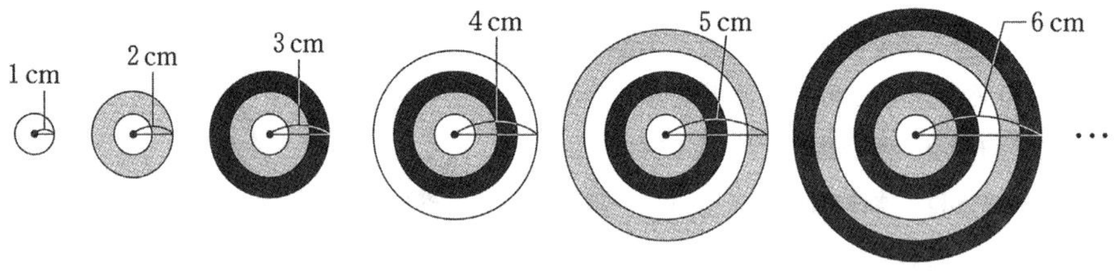

1番目　2番目　3番目　4番目　5番目　6番目　…

図1　図2　図3　図4

また，それぞれの色で塗られた部分を「白色の輪」，「灰色の輪」，「黒色の輪」とする。例えば，図5は6番目の図形で，「灰色の輪」が2個あり，最も外側の輪は「黒色の輪」である。

このとき，次の1，2，3，4の問いに答えなさい。ただし，円周率はπとする。

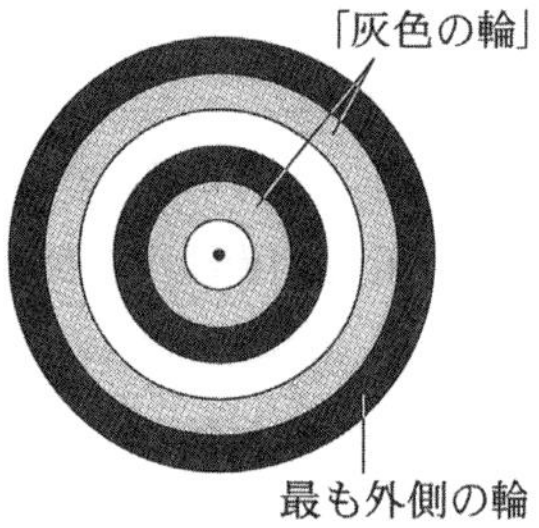

図5

1 「灰色の輪」が初めて4個できるのは，何番目の図形か。

2 20番目の図形において，「黒色の輪」は何個あるか。

3 n番目(nは2以上の整数)の図形において，最も外側の輪の面積が77π cm^{2}であるとき，nの値を求めなさい。ただし，途中の計算も書くこと。

4 n番目の図形をおうぎ形にm等分する。このうちの1つのおうぎ形を取り出し，最も外側の輪であった部分を切り取り，これを「1ピース」とする。例えば，$n = 5$，$m = 6$ の「1ピース」は図6のようになり，太線(──)でかかれた2本の曲線と2本の線分の長さの合計を「1ピース」の周の長さとする。

このとき，次の文の①，②に当てはまる式や数を求めなさい。ただし，文中のa，bは2以上の整数とする。

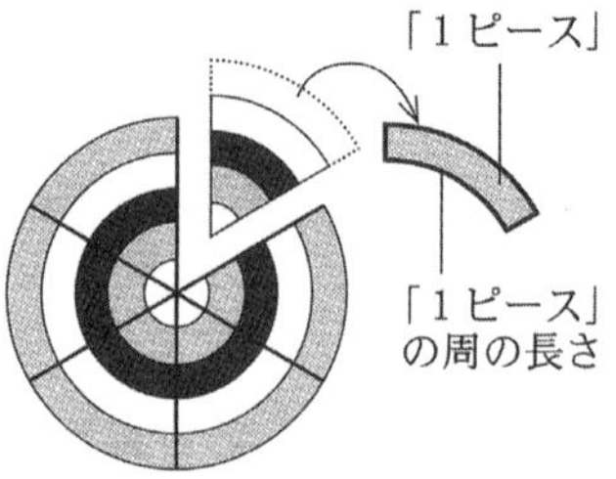

図6

$n = a$，$m = 5$ の「1ピース」の周の長さと，$n = b$，$m = 9$ の「1ピース」の周の長さが等しいとき，bをaの式で表すと，(①)となる。①を満たすa，bのうち，それぞれの「1ピース」が同じ色のとき，bの値が最小となるaの値は，(②)である。

解答・解説 P197

令和2年度 3月5日実施　栃木県立高校入試　問題　理科

制限時間 45分

1　次の1から8までの問いに答えなさい。

1　次のうち，混合物はどれか。

ア　塩化ナトリウム　　**イ**　アンモニア　　**ウ**　石　油　　**エ**　二酸化炭素

2　次のうち，深成岩はどれか。

ア　玄武《げんぶ》岩　　**イ**　花こう岩　　**ウ**　チャート　　**エ**　凝灰《ぎょうかい》岩

3　蛍光板を入れた真空放電管の電極に電圧を加えると，図のような光のすじが見られた。このとき，電極A，B，X，Yについて，＋極と－極の組み合わせとして，正しいものはどれか。

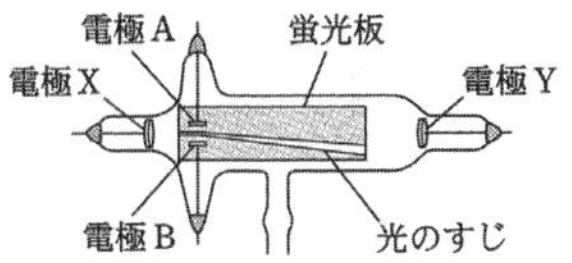

	電極A	電極B	電極X	電極Y
ア	＋極	－極	＋極	－極
イ	＋極	－極	－極	＋極
ウ	－極	＋極	＋極	－極
エ	－極	＋極	－極	＋極

4　次のうち，軟体動物はどれか。

ア　ミミズ　　**イ**　マイマイ　　**ウ**　タツノオトシゴ　　**エ**　ヒトデ

5　化学変化のときに熱が放出され，まわりの温度が上がる反応を何というか。

6　地震の規模を数値で表したものを何というか。

7　染色体の中に存在する遺伝子の本体は何という物質か。

8　1秒間に50打点する記録タイマーを用いて，台車の運動のようすを調べた。図のように記録テープに打点されたとき，区間Aにおける台車の平均の速さは何cm/sか。

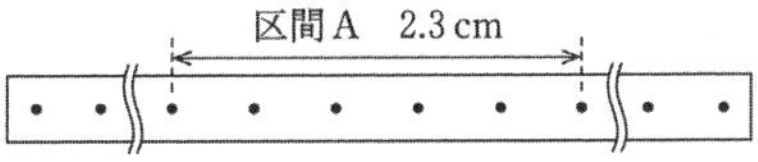

2　金星の見え方について調べるために，次の実験(1)，(2)，(3)を順に行った。

(1)　教室の中心に太陽のモデルとして光源を置く。その周りに金星のモデルとしてボールを，地球のモデルとしてカメラを置いた。また，教室の壁におもな星座名を書いた紙を貼った。図1は，実験のようすを模式的に表したものである。

(2)　ボールとカメラが図1に示す位置関係にあるとき，カメラでボールを撮影した。このとき，光源の背後に，いて座と書かれた紙が写っていた。

(3)　次に，おとめ座が真夜中に南中する日を想定し，その位置にカメラを移動した。ボールは，図2のようにカメラに写る位置に移動した。

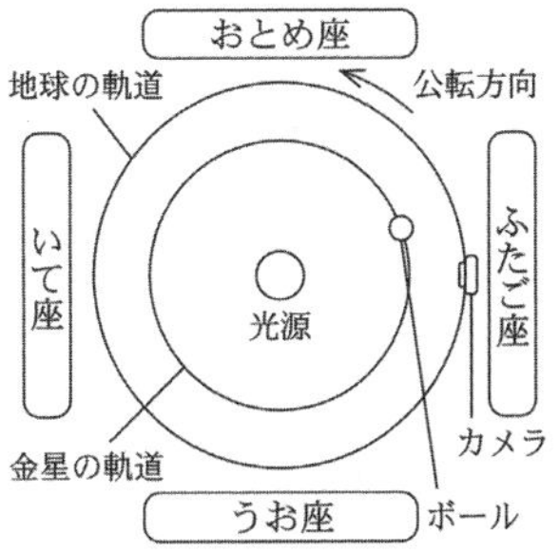

図1

図2

このことについて，次の1，2，3の問いに答えなさい。

1　カメラの位置を変えると，光源の背後に写る星座が異なる。これは，地球の公転によって，太陽が星座の中を動くように見えることと同じである。この太陽の通り道を何というか。

2　実験(2)のとき，撮影されたボールはどのように写っていたか。図3を例にして，明るく写った部分を，破線(-------)をなぞって表しなさい。

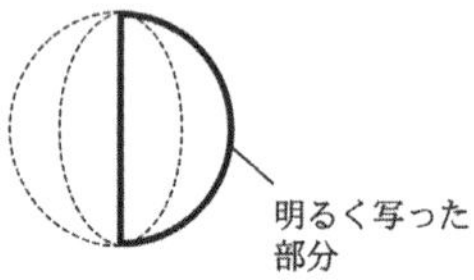

図3

3　実験(3)から半年後を想定した位置にカメラとボールを置いて撮影した。このとき，撮影されたボールは何座と何座の間に写っていたか。ただし，金星の公転周期は0.62年とする。

ア　おとめ座といて座　　　**イ**　いて座とうお座
ウ　うお座とふたご座　　　**エ**　ふたご座とおとめ座

3　電球が電気エネルギーを光エネルギーに変換する効率について調べるために，次の実験(1)，(2)，(3)を順に行った。

(1)　明るさがほぼ同じLED電球と白熱電球Pを用意し，消費電力の表示を表にまとめた。

	LED電球	白熱電球P
消費電力の表示	100V　7.5W	100V　60W

(2)　実験(1)のLED電球を，水が入った容器のふたに固定し，コンセントから100Vの電圧をかけて点灯させ，水の上昇温度を測定した。図1は，このときのようすを模式的に表したものである。実験は熱の逃げない容器を用い，電球が水に触れないように設置して行った。

(3)　実験(1)のLED電球と同じ「100V　7.5W」の白熱電球Q(図2)を用意し，実験(2)と同じように水の上昇温度を測定した。
　なお，図3は，実験(2)，(3)の結果をグラフに表したものである。

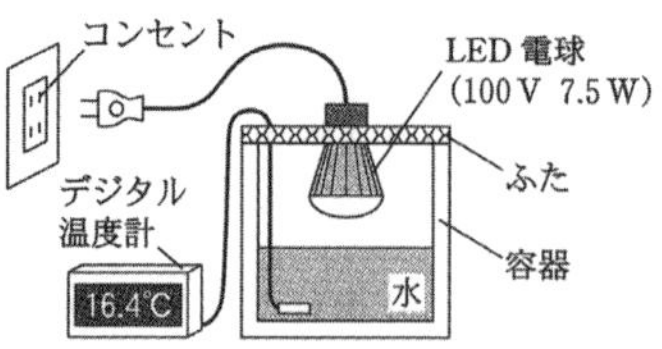

図1

図2

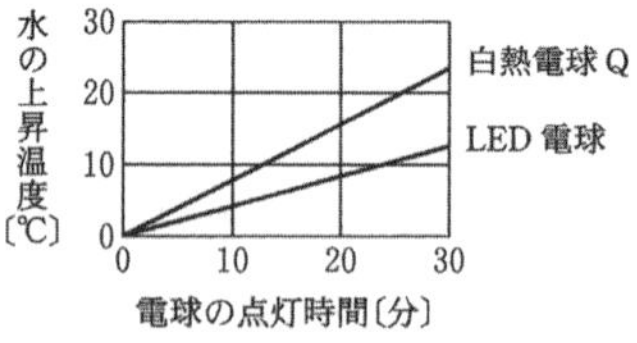

図3

このことについて，次の1，2，3の問いに答えなさい。

1　白熱電球Pに100Vの電圧をかけたとき，流れる電流は何Aか。

2　白熱電球Pを2時間使用したときの電力量は何Whか。また，このときの電力量は，実験(1)のLED電球を何時間使用したときと同じ電力量であるか。ただし，どちらの電球にも100Vの電圧をかけることとする。

3　白熱電球に比べてLED電球の方が，電気エネルギーを光エネルギーに変換する効率が高い。その理由について，実験(2)，(3)からわかることをもとに，簡潔に書きなさい。

解答・解説 P200

4 あきらさんとゆうさんは，植物について学習をした後，学校とその周辺の植物の観察会に参加した。次の(1)，(2)，(3)は，観察したときの記録の一部である。

> (1) 学校の近くの畑でサクラとキャベツを観察し，サクラの花の断面(図 1)とキャベツの葉のようす(図 2)をスケッチした。
> (2) 学校では，イヌワラビとゼニゴケのようす(図 3)を観察した。イヌワラビは土に，ゼニゴケは土や岩に生えていることを確認した。
> (3) 植物のからだのつくりを観察すると，いろいろな特徴があり，共通する点や異なる点があることがわかった。そこで，観察した 4 種類の植物を，子孫のふえ方にもとづいて，P(サクラ，キャベツ)と Q(イヌワラビ，ゼニゴケ)になかま分けをした。
>
> 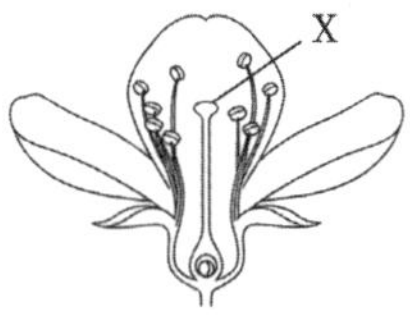
>
> 図 1
>
> 
> 図 2
>
> 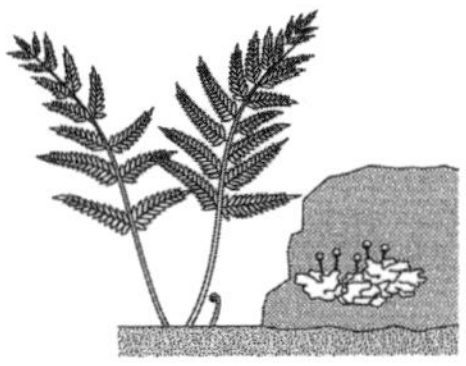
> 図 3

このことについて，次の 1 ， 2 ， 3 ， 4 の問いに答えなさい。

1　図 1 の X のような，めしべの先端部分を何というか。

2　次の図のうち，図 2 のキャベツの葉のつくりから予想される，茎の横断面と根の特徴を適切に表した図の組み合わせはどれか。

(茎)

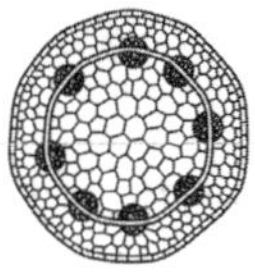
A

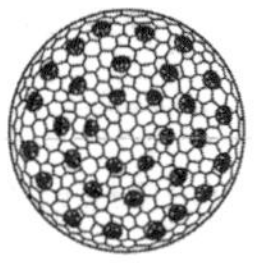
B

(根)

C

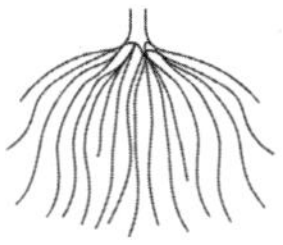
D

ア　A と C　　**イ**　A と D　　**ウ**　B と C　　**エ**　B と D

3　次の□内の文章は，土がない岩でもゼニゴケが生活することのできる理由について，水の吸収にかかわるからだのつくりに着目してまとめたものである。このことについて，①，②に当てはまる語句をそれぞれ書きなさい。

> イヌワラビと異なり，ゼニゴケは(　①　)の区別がなく，水を(　②　)から吸収する。そのため，土がなくても生活することができる。

4　次の□内は，観察会を終えたあきらさんとゆうさんの会話である。

> あきら「校庭のマツは，どのようになかま分けできるかな。」
> ゆ　う「観察会で P と Q に分けた基準で考えると，マツは P のなかまに入るよね。」
> あきら「サクラ，キャベツ，マツは，これ以上なかま分けできないかな。」
> ゆ　う「サクラ，キャベツと，マツの二つに分けられるよ。」

ゆうさんは，(サクラ，キャベツ)と(マツ)をどのような基準でなかま分けしたか。「胚珠」という語を用いて，簡潔に書きなさい。

5 マグネシウムの反応について調べるために，次の実験(1)，(2)を行った。

(1) うすい塩酸とうすい水酸化ナトリウム水溶液をそれぞれ，表1に示した体積の組み合わせで，試験管A，B，C，Dに入れてよく混ぜ合わせた。それぞれの試験管にBTB溶液を加え，色の変化を観察した。さらに，マグネシウムを0.12gずつ入れたときに発生する気体の体積を測定した。気体が発生しなくなった後，試験管A，B，Cでは，マグネシウムが溶け残っていた。表1は，これらの結果をまとめたものである。

	A	B	C	D
塩酸〔cm^3〕	6.0	8.0	10.0	12.0
水酸化ナトリウム水溶液〔cm^3〕	6.0	4.0	2.0	0.0
BTB溶液の色	緑	黄	黄	黄
発生した気体の体積〔cm^3〕	0	X	90	112
マグネシウムの溶け残り	あり	あり	あり	なし

表1

(2) 班ごとに質量の異なるマグネシウム粉末を用いて，次の実験①，②，③を順に行った。

① 図1のように，マグネシウムをステンレス皿全体にうすく広げ，一定時間加熱する。

② 皿が冷えた後，質量を測定し，粉末をかき混ぜる。

③ ①，②の操作を質量が変化しなくなるまで繰り返す。

表2は，各班の加熱の回数とステンレス皿内にある物質の質量について，まとめたものである。ただし，5班はマグネシウムの量が多く，実験が終わらなかった。

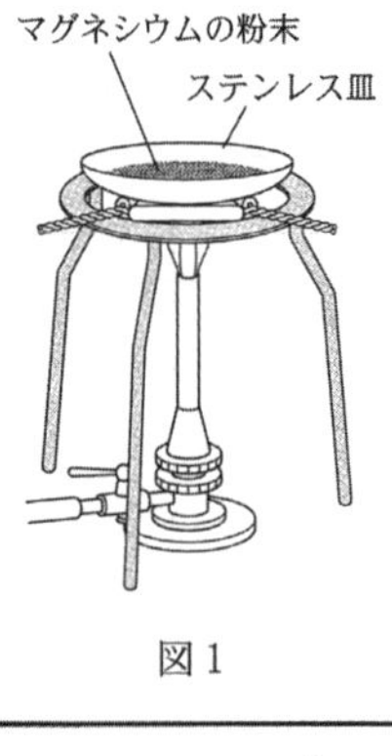

図1

	加熱前の質量〔g〕	測定した質量〔g〕				
		1回	2回	3回	4回	5回
1班	0.25	0.36	0.38	0.38		
2班	0.30	0.41	0.46	0.48	0.48	
3班	0.35	0.44	0.50	0.54	0.54	
4班	0.40	0.49	0.55	0.61	0.64	0.64
5班	0.45	0.52	0.55	0.58	0.59	0.61

表2

このことについて，次の1，2，3，4の問いに答えなさい。

1 実験(1)において，試験管Bから発生した気体の体積Xは何cm^{3}か。

2 実験(2)で起きた化学変化を，図2の書き方の例にならい，文字や数字の大きさを区別して，化学反応式で書きなさい。

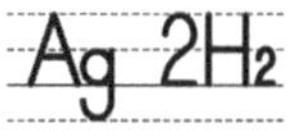

図2

3 実験(2)における1班，2班，3班，4班の結果を用いて，マグネシウムの質量と化合する酸素の質量の関係を表すグラフをかきなさい。

4 5回目の加熱後，5班の粉末に，実験(1)で用いた塩酸を加え，酸化されずに残ったマグネシウムをすべて塩酸と反応させたとする。このとき発生する気体は何cm^{3}と考えられるか。ただし，マグネシウムと酸素は3：2の質量の比で化合するものとする。また，酸化マグネシウムと塩酸が反応しても気体は発生しない。

解答・解説 P200

6 図は，ヒトの血液循環を模式的に表したものである。P，Q，R，Sは，肺，肝臓，腎臓《じんぞう》，小腸のいずれかを，矢印は血液の流れを示している。

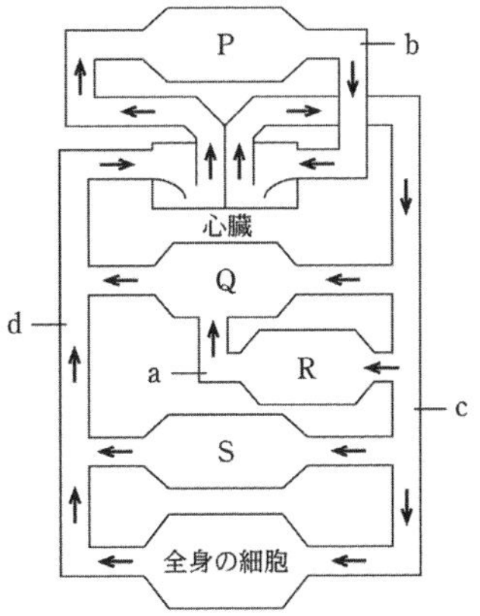

このことについて，次の1，2，3の問いに答えなさい。

1 血液が，肺や腎臓を通過するとき，血液中から減少するおもな物質の組み合わせとして正しいものはどれか。

	肺	腎　臓
ア	酸　素	尿　素
イ	酸　素	アンモニア
ウ	二酸化炭素	尿　素
エ	二酸化炭素	アンモニア

2 a，b，c，dを流れる血液のうち，aを流れている血液が，ブドウ糖などの栄養分の濃度が最も高い。その理由は，QとRのどのようなはたらきによるものか。QとRは器官名にしてそれぞれ簡潔に書きなさい。

3 あるヒトの体内には，血液が4000 mLあり，心臓は1分間につき75回拍動し，1回の拍動により，右心室と左心室からそれぞれ80 mLの血液が送り出されるものとする。このとき，体循環により，4000 mLの血液が心臓から送り出されるまでに何秒かかるか。

7 種類の異なるプラスチック片A，B，C，Dを準備し，次の実験(1)，(2)，(3)を順に行った。

(1) プラスチックの種類とその密度を調べ，表1にまとめた。

(2) プラスチック片A，B，C，Dは，表1のいずれかであり，それぞれの質量を測定した。

(3) 水を入れたメスシリンダーにプラスチック片を入れ，目盛りを読みとることで体積を測定した。このうち，プラスチック片C，Dは水に浮いてしまうため，体積を測定することができなかった。なお，水の密度は1.0 g/cm^{3}である。

	密度〔g/cm^3〕
ポリエチレン	0.94～0.97
ポリ塩化ビニル	1.20～1.60
ポリスチレン	1.05～1.07
ポリプロピレン	0.90～0.91

表1

このことについて，次の1，2，3の問いに答えなさい。

1 実験(2)，(3)の結果，プラスチック片Aの質量は4.3 g，体積は2.8 cm^{3}であった。プラスチック片Aの密度は何g/cm^{3}か。小数第2位を四捨五入して小数第1位まで書きなさい。

2 プラスチック片Bと同じ種類でできているが，体積や質量が異なるプラスチックをそれぞれ水に沈めた。このときに起こる現象を，正しく述べたものはどれか。

ア 体積が大きいものは，密度が小さくなるため，水に浮かんでくる。

イ 体積が小さいものは，質量が小さくなるため，水に浮かんでくる。

ウ 質量が小さいものは，密度が小さくなるため，水に浮かんでくる。

エ 体積や質量に関わらず，沈んだままである。

3　実験(3)で用いた水の代わりに，表2のいずれかの液体を用いることで，体積を測定することなくプラスチック片C，Dを区別することができる。その液体として，最も適切なものはどれか。また，どのような実験結果になるか。表1のプラスチック名を用いて，それぞれ簡潔に書きなさい。

	液体	密度〔g/cm³〕
ア	エタノール	0.79
イ	なたね油	0.92
ウ	10％エタノール溶液	0.98
エ	食塩水	1.20

表2

8　湿度について調べるために，次の実験(1)，(2)，(3)を順に行った。

(1)　1組のマキさんは，乾湿計を用いて理科室の湿度を求めたところ，乾球の示度は19℃で，湿度は81％であった。図1は乾湿計用の湿度表の一部である。

(2)　マキさんは，その日の午後，理科室で露点を調べる実験をした。その結果，気温は22℃で，露点は19℃であった。

(3)　マキさんと2組の健太さんは，別の日にそれぞれの教室で，(2)と同様の実験を行った。

乾球の示度〔℃〕	乾球と湿球の示度の差〔℃〕 0	1	2	3	4
23	100	91	83	75	67
22	100	91	82	74	66
21	100	91	82	73	65
20	100	91	81	73	64
19	100	90	81	72	63
18	100	90	80	71	62

図1

このことについて，次の1，2，3，4の問いに答えなさい。なお，図2は，気温と空気に含まれる水蒸気量の関係を示したものであり，図中のA，B，C，Dはそれぞれ気温や水蒸気量の異なる空気を表している。

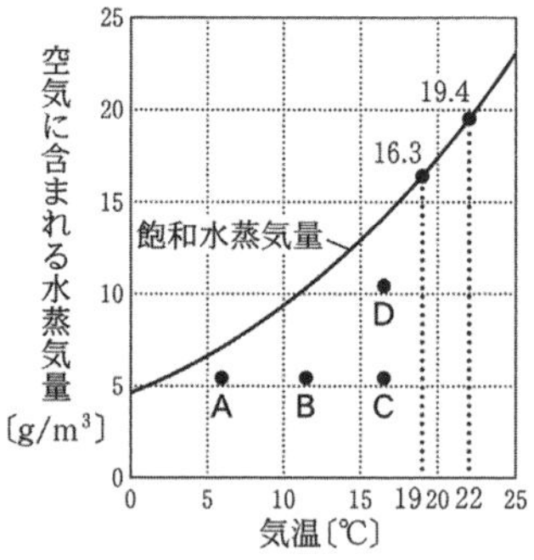

図2

1　実験(1)のとき，湿球の示度は何℃か。

2　実験(2)のとき，理科室内の空気に含まれている水蒸気の質量は何gか。ただし，理科室の体積は350 m³であり，水蒸気は室内にかたよりなく存在するものとする。

3　図2の点A，B，C，Dで示される空気のうち，最も湿度の低いものはどれか。

4　次の□内は，実験(3)を終えたマキさんと健太さんの会話である。

マキ　「1組の教室で調べたら露点は6℃で，湿度が42％になったんだ。」
健太　「えっ，本当に。2組の教室の湿度も42％だったよ。」
マキ　「湿度が同じなら，気温も同じかな。1組の教室の気温は20℃だったよ。」
健太　「2組の教室の気温は28℃だったよ。」

この会話から，2組の教室で測定された露点についてわかることは，アからカのうちどれか。当てはまるものをすべて選び，記号で答えなさい。

ア　28℃より大きい。　　イ　28℃より小さい。　　ウ　20℃である。
エ　14℃である。　　オ　6℃より大きい。　　カ　6℃より小さい。

9 物体にはたらく浮力の性質を調べるために，次の実験(1)，(2)，(3)，(4)を順に行った。

(1) 高さが5.0 cmで重さと底面積が等しい直方体の容器を二つ用意した。容器Pは中を空《から》にし，容器Qは中を砂で満たし，ふたをした。ふたについているフックの重さと体積は考えないものとする。図1のように，ばねばかりにそれぞれの容器をつるしたところ，ばねばかりの値は右の表のようになった。

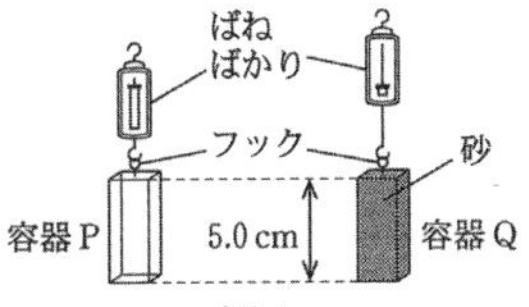

図1

	容器P	容器Q
ばねばかりの値	0.30 N	5.00 N

(2) 図2のように，容器Pと容器Qを水が入った水そうに静かに入れたところ，容器Pは水面から3.0 cm沈んで静止し，容器Qはすべて沈んだ。

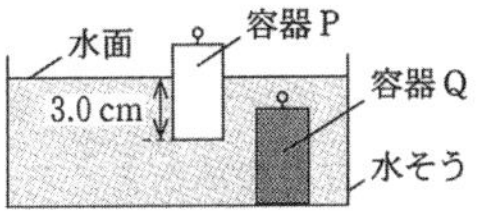

図2

(3) 図3のように，ばねばかりに容器Qを取り付け，水面から静かに沈めた。沈んだ深さxとばねばかりの値の関係を調べ，図4にその結果をまとめた。

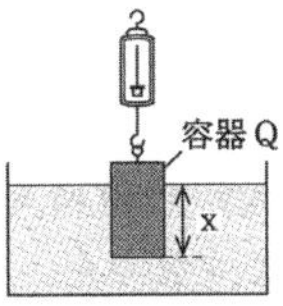

図3

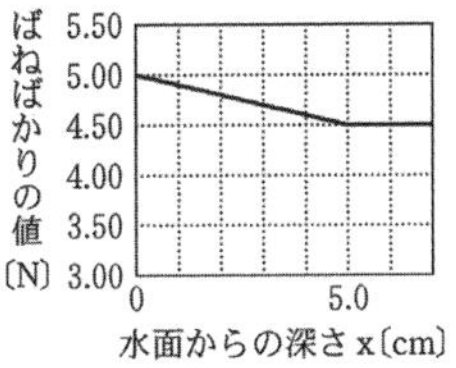

図4

(4) 図5のように，ばねばかりにつけた糸を，水そうの底に固定してある滑車に通して容器Pに取り付け，容器Pを水面から静かに沈めた。沈んだ深さyとばねばかりの値の関係を調べ，図6にその結果をまとめた。ただし，糸の重さと体積は考えないものとする。

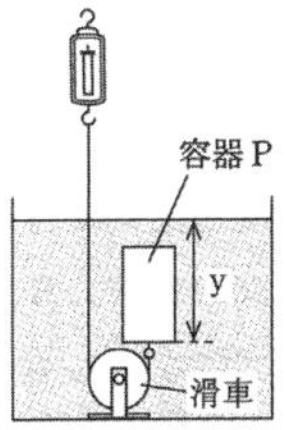

図5

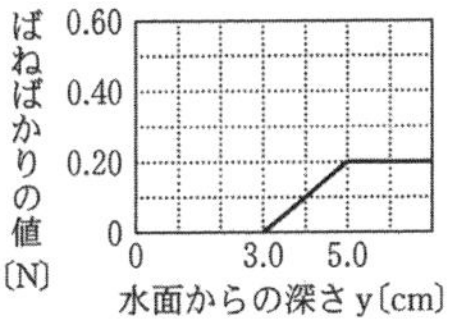

図6

このことについて，次の1，2，3，4の問いに答えなさい。

1 実験(2)のとき，容器Pにはたらく浮力の大きさは何Nか。

2 実験(3)で，容器Qがすべて沈んだとき，容器Qにはたらく浮力の大きさは何Nか。

3 図7は，実験(4)において，容器Pがすべて沈んだときの容器Pと糸の一部のようすを模式的に表したものである。このとき，容器Pにはたらく重力と糸が引く力を，解答用紙の図にそれぞれ矢印でかきなさい。ただし，図の方眼の1目盛りを0.10 Nとする。

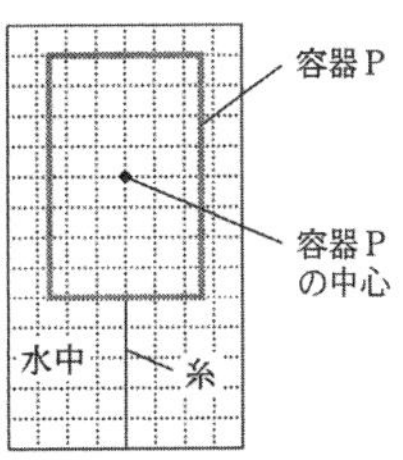

図7

4 実験(1)から(4)の結果からわかる浮力の性質について，正しく述べている文には○を，誤って述べている文には×をそれぞれ書きなさい。

① 水中に沈んでいる物体の水面からの深さが深いほど，浮力が大きくなる。

② 物体の質量が小さいほど，浮力が大きくなる。

③ 物体の水中に沈んでいる部分の体積が大きいほど，浮力が大きくなる。

④ 水中に沈んでいく物体には，浮力がはたらかない。

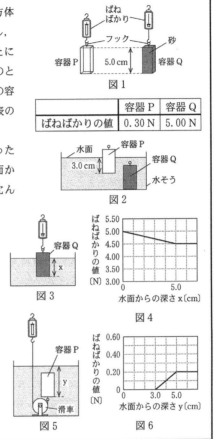

令和2年度
3月5日実施

栃木県立高校入試　問題

英　語

制限時間 50分

1　これは聞き方の問題である。指示に従って答えなさい。

1 〔英語の対話とその内容についての質問を聞いて，答えとして最も適切なものを選ぶ問題〕

(1)
ア 
イ 
ウ 
エ 

(2)
ア 
イ 
ウ 
エ 

(3)
ア 
イ 
ウ 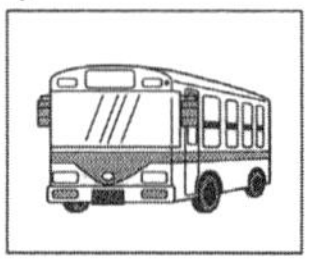
エ 

2 〔英語の対話とその内容についての質問を聞いて，答えとして最も適切なものを選ぶ問題〕

(1) ① ア In Kentaro's house.　　イ In Tom's room.
　　ウ At the cinema.　　エ At the meeting room.
② ア Call Tom.　　イ Go back home.
　　ウ Say sorry to Tom.　　エ See the movie.

(2)

Lucky Department Store

	8 F	Sky Garden
	7 F	Restaurants
	6 F	A
	5 F	B
	4 F	Cooking School
	3 F	Men's Clothes & Sports
	2 F	Women's Clothes & Shoes
	1 F	Food

〔各階案内図〕

① ア On the first floor.　　イ On the third floor.
　　ウ On the seventh floor.　　エ On the eighth floor.

② ア A：Concert Hall — B：Bookstore
　　イ A：Bookstore — B：Concert Hall
　　ウ A：Concert Hall — B：Language School
　　エ A：Language School — B：Concert Hall

解答・解説 P203

3 〔英語の説明を聞いて，Eメールを完成させる問題〕

To:　Jessie Smith
From:　(Your Name)

Hi, Jessie,

We got homework for Mr. Brown's class. Choose one book and write about it.

Write four things about the book.

1. The writer of the book.
2. The (1)(　　　　) of the book.
3. The (2)(　　　　) for choosing the book in more than one hundred words.
4. Your (3)(　　　　) words in the book.

You have to bring the homework to Mr. Brown on Thursday, (4)(　　　　) 11th.

Don't forget!

See you soon,

(Your Name)

2 次の１，２の問いに答えなさい。

1 次の英文中の [(1)] から [(6)] に入れるものとして，下の(1)から(6)のア，イ，ウ，エのうち，それぞれ最も適切なものはどれか。

I like music the best [(1)] all my subjects. The music teacher always [(2)] us that the sound of music can move people. I cannot speak well in front of people, [(3)] I think I can show my feelings through music. I learned [(4)] play the guitar in class last year. Now, I practice it every day. In the future, I want to visit a lot of countries and play the guitar there. If I can play music, I will get more [(5)] to meet people. Music [(6)] no borders, so I believe that I can make friends.

(1) ア at　イ for　ウ in　エ of
(2) ア says　イ tells　ウ speaks　エ talks
(3) ア but　イ or　ウ because　エ until
(4) ア how　イ how to　ウ the way　エ what to
(5) ア lessons　イ hobbies　ウ chances　エ spaces
(6) ア are　イ do　ウ has　エ becomes

2 次の(1)から(3)の(　　)内の語を意味が通るように並べかえて，(1)と(2)はア，イ，ウ，エ，(3)はア，イ，ウ，エ，オの記号を用いて答えなさい。ただし，文頭にくる語も小文字で示してある。

(1) My (ア has　イ eaten　ウ cousin　エ never) Japanese food before.
(2) Sophie (ア go　イ decided　ウ abroad　エ to).
(3) (ア think　イ you　ウ will　エ it　オ do) rain next weekend?

3 次の英文は，中学生の美樹(Miki)とフランスからの留学生エマ(Emma)との対話の一部である。これを読んで，1から7までの問いに答えなさい。

Emma: Miki, I found "Cleaning Time" in my *daily schedule. What is it?

Miki: Oh, it is time to clean our school. We have it(1) almost every day.

Emma: Every day? (2)(　　　) cleans your school?

Miki: We clean our classrooms, the library, the nurse's office and other rooms.

Emma: I can't believe that! In France, *cleaning staff clean our school, so students (A) do it. I think cleaning school is very hard work for students.

Miki: That may be true, but there are some good points of cleaning school. Oh, we made a newspaper about it because we have "Cleaning Week" this month. Look at the newspaper on the wall.

Emma: Ah, the girl who has a *broom in the picture is you, Miki. What is the girl with long hair doing?

Miki: She is cleaning the blackboard. The boys ＿＿(3)＿＿, and that girl is going to *take away the trash. We have many things to do, so we clean our school together.

Emma: Now, I am interested in cleaning school. Oh, this is Ms. Sato. What does she say?

Miki: She says that it is ＿＿(4)＿＿ our school clean every day.

Emma: OK. If you clean it every day, cleaning school may not be so hard work.

Miki: That's right. Emma, look at the graph on the newspaper. We asked our classmates a question. "What are the good points of cleaning school?" They found some good points. Fourteen students answer that ＿＿(5)＿＿ after they clean school. Ten students answer that they use the things and places around them more carefully.

Emma: I see. Now I know why you have cleaning time in Japan. Oh, in France, we have one thing we use carefully at school. It is our textbook! In my country, we borrow textbooks from school.

Miki: Oh, do you?

Emma: Yes. At the end of a school year, we (B) them to school. Next year, our *juniors use the textbooks, so we don't write or draw anything on them.

Miki: You mean, you reuse your textbooks. That's nice!

Emma: Other people will use them after us. We have to think about those people, so we use our textbooks carefully.

Miki: We do different things in each country, but we have the same idea(6) behind them, don't we?

Emma: That's true. Today, we found the differences and *similarities by *reflecting on our own cultures. By the way, I hear you have some school events in Japan. (7)Please tell me about one of them.

〔注〕 *daily schedule＝日課表　*cleaning staff＝清掃員　*broom＝ほうき
*take away～＝～を捨てる　*junior＝後輩　*similarity＝類似点
*reflect on～＝～を振り返る

3－1新聞 あおぞら 9月号

9月1日発行

清掃週間 スタート!!

9月23日から『清掃週間』が始まります。みんなで協力して、学校をきれいにしましょう。

日頃から学校をきれいにしておくことが大切ですよ。

佐藤先生より

教室清掃の様子

みなさんに協力してもらった「学校清掃についてのアンケート」の結果です

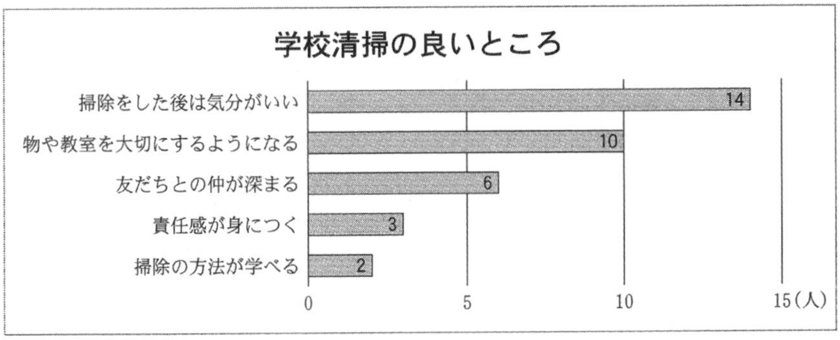

1　下線部(1)は何を指すか。英語**2語**で書きなさい。

2　二人の対話が成り立つよう，下線部(2)の(　　　)に入る最も適切な英語を書きなさい。

3　本文中の(　A　)に入る語句として，最も適切なものはどれか。

ア　need to　　イ　are able to　　ウ　would like to　　エ　don't have to

4　上の新聞を参考に，二人の対話が成り立つよう，下線部(3)，(4)，(5)に適切な英語を書きなさい。

5　本文中の(　B　)に入る語として，最も適切なものはどれか。

ア　return　　イ　receive　　ウ　repeat　　エ　report

6　下線部(6)の指す内容は何か。具体的に日本語で書きなさい。

7　下線部(7)について，あなたなら，本文に書かれていること以外で，どんな学校行事をエマに紹介しますか。つながりのある**5文程度**の英語で書きなさい。

4 次の英文を読んで，1，2，3，4の問いに答えなさい。

"Ryu, you are the new *leader of the volunteer club," Ms. Yamada, our club *adviser, said to me at the meeting. I was (A) to hear that. I said in a loud voice, "I'll do my best as a leader." When I looked up, I could see the beautiful sky. I was full of hope.

While I was walking home, I met Hiro, my uncle. He is the leader in his *community. He is respected by people living there. He said, "Hi, Ryu. What's up?" "I became the leader of the club!" I answered. He said, "Great! By the way, I am looking for some volunteers for the Summer Festival. [　　　　　] us with the festival?" "Sure!"

The next day, I told the members about the Summer Festival. "Hiro asked us to join the festival as volunteers. He also wants us to make five *posters and display them in our school." Some members said to me, "We will make the posters." I said, "Thank you, but I think I can do it *by myself." "Really?" "Yes, of course! I must do it by myself because I am the leader."

One week later at the club meeting, Ms. Yamada asked me, "Ryu, have you finished the posters?" I answered in a small voice, "Not yet. I've finished only two." She said, "Oh, no. Everyone, please help Ryu." While other members were making the posters, I couldn't look at their faces. I felt (B).

A few weeks later, the festival was held. The members were enjoying the volunteer activities. But I wasn't happy because I couldn't finish making the posters by myself. I thought, "I'm not a good leader." The *fireworks started, but I looked down at the ground.

Then, Hiro came and asked, "Ryu, what happened?" I answered, "As a leader, I was trying to make all the posters by myself, but I couldn't." Hiro said, "Listen. Do you think leaders must do everything without any help? I don't think so. I work together with people living here. We live together, work together, and help each other." His words gave me energy. "I understand, Hiro. I'll work with my club members."

At the next club meeting, I said, "I'm sorry. I believed that leaders must do everything without any help, but that wasn't true." Everyone listened to me *quietly. "I've learned working together is important. I want to work with all of you." I continued, "Let's talk about a new activity today. What do you want to do?" One of the members said, "How about *planting flowers at the station?" Then, everyone started to talk. "Sounds good!" "Let's ask local people to get together." "Working with them will be fun." Everyone was smiling. When I saw the sky, the sun was shining.

〔注〕 *leader＝リーダー　*adviser＝助言者　*community＝地域
*poster＝ポスター　*by oneself＝ひとりで　*firework＝花火
*quietly＝静かに　*plant～＝～を植える

1　本文中の(　A　)，(　B　)に入る竜(Ryu)の気持ちを表している語の組み合わせとして最も適切なものはどれか。

ア　A：interested　—　B：excited　　イ　A：bad　—　B：angry

ウ　A：excited　—　B：bad　　エ　A：angry　—　B：interested

2　本文中の［　　　　］に，適切な英語を **3 語**で書きなさい。

3　下線部に見られる竜の考えの変化と，そのきっかけとなったヒロ(Hiro)の発言とはどのようなものか。次の［　　　　］内の(　①　)に **25 字以内**，(　②　)に **20 字以内**の適切な日本語を書きなさい。ただし，句読点も字数に加えるものとする。

竜は，リーダーは(　　　　①　　　　)と信じていたが，ヒロの「私たちは(　　　　②　　　　)。」という言葉を聞いて，リーダーとしてのあり方を考え直した。

4　本文の内容と一致するものはどれか。二つ選びなさい。

ア　Hiro chose Ryu as the new leader of the volunteer club in the community.

イ　Hiro wanted Ryu and his club members to take part in the festival as volunteers.

ウ　Ryu asked his members to make the posters, but no one tried to help him.

エ　Ryu finished making all the posters before Ms. Yamada told him to make them.

オ　After the Summer Festival, Ryu and his club members talked about a new activity.

カ　When Ryu grew flowers with local people, every club member was having fun.

5 シールド工法（shield method）について書かれた次の英文を読んで，1，2，3，4の問いに答えなさい。

"London Bridge Is Falling Down" is a famous song about a bridge which fell down many times. This bridge was built over a big river that goes through London. In the 19th century, the river was very useful for *transporting things by *ship. Every day there were many big ships with *sails on the river. Many people gathered along rivers and 〔　　　　〕 cities like London.

There was one problem. When ships went under the bridges, the sails hit the bridges. So, there were only a few bridges over the river. People couldn't go to the other side of it easily. [ア] Then, some people thought of an idea to build a *tunnel under the river. They made the tunnel with the "shield method." With this method, they could make a stronger tunnel because the tunnel was supported by *pipes called "shield" from the inside. Water didn't come into the tunnel, so the tunnel didn't break down easily. [イ]

How did people find this way of building the tunnel? They found it from a small *creature's way of making a *hole in *wood. [ウ] At that time, ships were made of wood. The creatures called **Funakuimushi* ate the wood of the ships and made some holes. When they eat wood, they put a special *liquid from its body on the wall of the hole. When this liquid becomes hard, the holes become strong. [エ] In this way, people found the way to make tunnels strong.

Today, around the world, there are many tunnels under the sea and in the mountains. A small creature gave us the idea to build strong tunnels. We may get a great idea from a small thing if we look at it carefully. By doing so, we can make better things.

〔注〕 *transport＝輸送する　*ship＝船　*sail＝帆　*tunnel＝トンネル
*pipe＝筒　*creature＝生き物　*hole＝穴　*wood＝木材
**Funakuimushi*＝フナクイムシ　*liquid＝液体

1 本文中の〔　　　　〕に入れるものとして，最も適切なものはどれか。

ア built　　イ lived　　ウ left　　エ went

2 下線部の理由は何か。日本語で書きなさい。

3 本文中の [ア] から [エ] のいずれかに次の１文が入る。最も適切な位置はどれか。

People were so happy to have such a strong tunnel.

4 本文を通して，筆者が最も伝えたいことはどれか。

ア The song about London Bridge has been famous around the world.

イ It was hard for people in London to get to the other side of the river.

ウ A small creature called *Funakuimushi* likes to eat wood in the ships.

エ An idea from a small creature has improved the tunnels in the world.

英　語　問　題 1 〔聞き方〕

(令2)

〔注意〕1　問題を読む速さなどについては，台本の指示によること。

2　台本は11分程度で読み終わること。ただし，騒音などで支障のある場合には，臨機の処置を取り，他の組との公平を失しないようにすること。

3　問題は受検者全員によく聞こえるように読むこと。その際，監督者の一人は教室の後ろにいて確認すること。

4　台本を読むテスターの位置は，正面黒板の中央すぐ前とすること。

台　本	時　間
これから聞き方の問題に入ります。問題用紙の四角で囲まれた1番を見なさい。問題は1番，2番，3番の三つあります。 最初は1番の問題です。問題は(1)から(3)まで三つあります。英語の対話とその内容についての質問を聞いて，答えとして最も適切なものをア，イ，ウ，エのうちから一つ選びなさい。対話と質問は2回ずつ言います。 では始めます。　〔注〕(1)はカッコイチと読む。以下同じ。斜字体で表記された部分は読まない。 (1)の問題です。　*A*: Do you want something to drink, Mike? *B*: Yes, I want something cold, mom. *A*: OK. 質問です。　*Q*: What will Mike have?　(約5秒おいて繰り返す。)(ポーズ約5秒) (2)の問題です。　*A*: Good morning, Tadashi. Did you study for today's test? *B*: Yes, Ms. White. I always get up at six fifty, but I got up at five fifteen this morning to study. *A*: Oh, did you? Good luck. 質問です。　*Q*: What time did Tadashi get up this morning?　(約5秒おいて繰り返す。)(ポーズ約5秒) (3)の問題です。　*A*: We'll go to see the baseball game next weekend, right? Can we go to the stadium by bike? *B*: No, it's too far. We need to get there by car or bus. My father will be busy next weekend, so we need to take a bus. *A*: I see. I'll check the time. 質問です。　*Q*: How will they go to the stadium?　(約5秒おいて繰り返す。)(ポーズ約5秒)	(1　番) 約3分
次は2番の問題です。問題は(1)と(2)の二つあります。英語の対話とその内容についての質問を聞いて，答えとして最も適切なものをア，イ，ウ，エのうちから一つ選びなさい。質問は問題ごとに①，②の二つずつあります。対話と質問は2回ずつ言います。 では始めます。　〔注〕(1)はカッコイチ，①はマルイチと読む。以下同じ。斜字体で表記された部分は読まない。 (1)の問題です。*Mother*: Hello. *Kentaro*: Hello. This is Kentaro. Is that Tom's mother speaking? *Mother*: Yes. *Kentaro*: Is Tom at home? *Mother*: Yes, but.... When he came home, he didn't say anything and went to his room. He looked different. Do you know what happened? *Kentaro*: Ah.... Today, we had a plan to see a movie, but I was late. When I arrived at the cinema, I couldn't find him. I thought he went back home because he got angry. *Mother*: Now I see what happened. He's still in his room. *Kentaro*: I want to meet him and say sorry. Can I visit him? *Mother*: Of course. I think he wants to see you too. *Kentaro*: Thank you. I'll be there soon. *Mother*: OK. I'll tell him. Good bye. ①の質問です。　Where was Tom when Kentaro called?　(ポーズ約3秒) ②の質問です。　What does Kentaro want to do?　(約5秒おいて繰り返す。)(ポーズ約5秒) (2)の問題です。　*Alice*: John, finally we got to Lucky Department Store. *John*: Hey Alice, how about having lunch? Let's go to a restaurant on the seventh floor! *Alice*: Sounds nice! But wait. I think there are many people in the restaurants. *John*: Then, we can buy food on the first floor and eat it in Sky Garden on the eighth floor. *Alice*: That's good. I'll buy some sandwiches. *John*: OK. After that, I want to get a new T-shirt. *Alice*: Hey! We came here for the concert. *John*: I know, but we have two hours before the concert, so we can go shopping. Then, we'll go to the concert hall on the sixth floor. *Alice*: That's fine. *John*: Oh, you said you wanted to go to the bookstore on the fifth floor. *Alice*: Yes, I have to buy a dictionary for my sister. She started to go to a language school to learn Chinese. *John*: Cool! We have a lot of things to do. I'm so excited! ①の質問です。　Where will Alice and John eat lunch?　(ポーズ約3秒) ②の質問です。　Which is true for A and B in the picture?　(約5秒おいて繰り返す。)(ポーズ約5秒)	(2　番) 約5分
次は3番の問題です。あなたは留学先でブラウン先生(Mr. Brown)の授業を受けています。宿題についての先生の説明を聞いて，学校を欠席したジェシー(Jessie)へのEメールを完成させなさい。英文は2回言います。 では始めます。 Today, I'm going to give you homework. I want you to choose one book and write about it. You need to write four things about the book. First, the writer of the book. Second, its story. Third, the reason for choosing it. You need to write the reason in more than one hundred words. Fourth, the words you like the best in the book. Usually, we have class on Friday but next Friday is a holiday. So, bring your homework on Thursday, April 11th. Please tell this to the students who are not here today. That's all. (約5秒おいて)繰り返します。(1回目のみ)　(ポーズ約5秒)	(3　番) 約3分

6　本文の特徴を説明したものとして、最も適切なものはどれか。

ア　擬音語や擬態語を多用して家族の性格が描き分けられている。

イ　過去の場面を加えることで新しい家族の姿が表現されている。

ウ　豊かな情景描写を通して家族の心情が的確に表現されている。

エ　主人公の視点を通して交錯する家族の思いが描写されている。

5　下の図は、日本語に不慣れな外国人にバスの乗り方について、係員が説明している場面である。係員の言葉を踏まえて、あなたが様々な国の人とコミュニケーションをとる際に心がけたいことを国語解答用紙⑵に二百四十字以上三百字以内で書きなさい。

なお、次の《条件》に従って書くこと。

《条件》

（Ⅰ）　二段落構成とすること。なお、第一段落は四行程度（八十字程度）で書き、第二段落は、第一段落を書き終えた次の行から書き始めること。

（Ⅱ）　各段落は次の内容について書くこと。

第一段落

・外国人にとってわかりやすい表現にするために、下図Bの係員の言葉ではどのような工夫がされているか。下図Aの係員の言葉と比較して書くこと。

第二段落

・第一段落に書いたことを踏まえて、様々な国の人とコミュニケーションをとる際にあなたが心がけたいことを、体験（見聞したことなども含む）を交えて書くこと。

A
このバスは前方の乗車口からお乗りください。
左手に整理券がありますので、それを取っていただけますか？
?
B
このバスは前のドアから乗ってください。
左の箱から小さな白い紙が出ています。その白い紙を取ってください。
OK.

日本語に不慣れな外国人にバスの乗り方について説明している場面

□性格の父ではあるけれど、そんな母の言葉がまったく耳に入らず、心に刺さりもしなかったとは思わない。父なりに考えて、家族のためを思って行動した結果に違いないのだ。だが――。

「お父さんは、それでよかったの。」

航輝の投げかけた質問に、父はやはり困ったような微笑を浮かべた。

「航輝も、お父さんと毎日会えるのがうれしくないのか。」

「ううん、ぼくはうれしいよ。それはとてもいいことだと思う。」

(3)母の視線が鋭くなった気もしたが、(注2)歯牙《しが》にもかけない。

「でもさ、それって家族のために陸上勤務を希望したってことだよね。お父さんは本当にそれでよかったのかな。本当に、船を降りてもいいと思っていたのかな。」

すると父は(注3)虚を衝《つ》かれたようになり、何も答えずにビールの缶を口に運んだ。しかしすでに飲みきっていたようで、缶を軽く振って食卓に置く。底が天板に当たってコン、と乾いた音がした。

「お父さんはそれでよかったのか、か……航輝も大人びたことを口にするようになったもんだな。」

おどけるように言った父は質問をかわしたかったらしいが、その企《たくら》みはうまくいったとは言いがたい。三人のときよりも口数の減った食卓で、(4)航輝はせっかくのごちそうの味も何だかよくわからなかった。

――お父さんはやっぱり、船に乗るのが好きなんだよな。

あれは二年ほど前のことだっただろうか。

小学校の授業で、自分の名前の由来を調べるというのがあった。航輝が家に帰ってさっそく母に訊ねると、お父さんに訊《き》いて、との返事。航輝の名前を考えたのは父だったらしい。

航輝はその晩、ちょうど休暇で家にいた父に、あらためて名前の由来を訊ねた。そのとき父は風呂上がりで、首にタオルをかけて扇風機の風に当たっていた。

――おまえの人生という名の航路が、輝きに満ちていますように。そう願って、《航輝》と名づけたんだよ。

説明は簡潔でわかりやすく、ただそのあとで父は、照れ隠しのように付け加えたのだった。お父さんはやっぱり、船に乗るのが好きなんだよな、と。

そのときの一言ほど、実感のこもった父の台詞《せりふ》を航輝は知らない。

（岡崎琢磨「進水の日」『泣ける！ミステリー 父と子の物語』〈宝島社〉から）

（注1）　内航＝国内の港の間で貨物輸送すること。
（注2）　歯牙にもかけない＝全く相手にしない。
（注3）　虚を衝かれた＝備えのないところを攻められた。

1 (1)父は、それなんだが、とちょっと言いにくそうにした　とあるが、このときの父の心情として最も適切なものはどれか。

ア　名古屋という新天地で営業の仕事をすることへの心配。
イ　異動によってますます家族から嫌われることへの不安。
ウ　家族の生活を急に変化させてしまうことへのためらい。
エ　これから毎日家族と共に時間を過ごすことへの戸惑い。

2 (2)父はばつが悪そうにビールを一口すすり、後頭部をかいた　とあるが、なぜか。四十五字以内で書きなさい。

3 □に当てはまる最も適切な語はどれか。

ア　きまじめな　　**イ**　おおらかな
ウ　せっかちな　　**エ**　さわやかな

4 (3)母の視線が鋭くなった気もした　とあるが、航輝がこのように感じた理由として最も適切なものはどれか。

ア　航輝だけが父に味方するような発言をしたことで、母の機嫌を損ねたと思ったから。
イ　父を批判してきた母に航輝が反発を始めたことで、母を悲しませたと思ったから。
ウ　父に毎日会えることを喜ぶ態度を航輝が見せたことで、母が絶望したと思ったから。
エ　航輝が父を味方につけようとしたことで、母の怒りがさらに強まったと思ったから。

5 (4)航輝はせっかくのごちそうの味も何だかよくわからなかった　とあるが、このときの航輝は父に対してどのようなことを考えていたのか。傍線部に続く回想の場面を踏まえて五十字以内で書きなさい。

解答・解説　P208

1 (1)自分と相手との間で起こる相互理解を説明したものとして最も適切なものはどれか。

ア お互いの考えを率直に受け止め批判し合うことにより、それぞれの立場の違いがさらに明確になっていくこと。

イ 相手の考えを自分なりに理解した上で自分の考えを相手に対して表現し、伝えられたかどうかを確認すること。

ウ 相手の考えと自分の考えの違いを認め合いながら、それぞれの異なる意見を共通する結論へと導いていくこと。

エ お互いの思考と表現を往還していくことにより、相手に対して自分の意見を伝えることは容易だと気付くこと。

2 (2)あなた自身の個人メガネとは何をたとえたものか。本文中から十三字で抜き出しなさい。

3 ［　　］に入る語句として最も適切なものはどれか。

ア 情緒的に判断　イ 効果的に分析
ウ 主観的に認識　エ 客観的に観察

4 ［　　］に入る語として最も適切なものはどれか。

ア あるいは　イ たとえば
ウ なぜなら　エ ところで

5 (3)あなた自身を「自分探し」から解放することができるとあるが、どのような状態から解放することができるか。文末が「状態。」となるように、「自分探し」をする上で陥りやすいことを踏まえて、四十字以内で説明しなさい。ただし文末の言葉は字数に含めない。

6 本文における筆者の考えとして最も適切なものはどれか。

ア 個人の言語活動が活性化していくことで意見を主張できるようになり、自分らしさが完成されていく。

イ 価値観の異なる相手と議論を重ねることで新たな発想が生み出され、利便性の高い社会が創造される。

ウ 周囲の環境と関わり合うことで他とは区別される自己の存在に気付き、自分が徐々に形成されていく。

エ お互いの立場を尊重しながら対等な人間関係を築くことによって、対話の成立する社会が実現される。

4

次の文章を読んで、1から6までの問いに答えなさい。

〔小学四年生の航輝《こうき》は、船乗りである父と、母、小学一年生の妹莉央《りお》の四人家族である。三か月間の航海から戻った父は、家族と久しぶりの夕食時、重大発表があると言った。〕

「異動が決まってな。お父さん、陸上勤務になったんだ。これからは毎日、家に帰れるぞ。」

それは予想外の告白で、航輝は言葉の意味を理解するのに時間がかかってしまった。

――お父さんが、船を降りる？

「あらまあ、本当なの？」

信じられないとでも言いたげな母に、父は深々とうなずく。

「この一か月の休暇が終わったら、営業の仕事に回されることになった。そのままずっと陸上勤務というわけでもないんだが、少なくとも向こう何年かは船に乗ることはない。」

父の勤める海運会社は内航(注1)を中心としているが、営業などの部門で陸上勤務に従事する社員もいる。どうやら父は、ひそかに異動願を提出していたらしい。

「それで、勤務先は……。」

母が訊《たず》ねると(1)父は、それなんだが、とちょっと言いにくそうにした。

「名古屋営業所なんだ。これから一か月で引っ越さなくちゃならない。」

「名古屋！　そんなこと、急に言われても困るじゃないの。どうしてあらかじめ相談してくれなかったのよ。」

「いや、俺もこんなにすぐ陸上勤務になれるとは思ってなかったんだ。ほんのひと月ほど前、試しに異動願を出してみたんだが、まさか即採用されるとはなあ。」

「莉央、転校するの？　いやだ！」

非難がましい母に追従するように、妹の莉央も甲《かん》高い声を発する。

(2)父はばつが悪そうにビールを一口すすり、後頭部をかいた。

「これから家族で一緒に過ごせること、少しは喜んでもらえると思ってたんだがなあ。」

気まずい沈黙の中、航輝は父にかけるべき言葉を探していた。母は折に触れ、父が子育てに協力できないことを批判してきた。

3

次の文章を読んで、1から6までの問いに答えなさい。

人がものを考え、それを表現していくという行為は、感覚・感情(情緒)に支えられた思考・推論(内言)を、身体活動をともなう表現(外言)へと展開していくことだということができます。話したり書いたりするという活動は、まさしく、この自分の中の思考と表現の繰り返しの上に成り立つ作業であり、この往還(注1)の活性化こそが、言語活動そのものの充実につながる働きをしているわけなのです。

ここでとくに重要なのが、自己と他者の相互理解のプロセス(注2)です。

自己の内部での思考と表現の往還と同時に、(1)自分と相手との間で起こる相互理解、すなわち、相手の表現を受け止め、それを解釈して、自分の考えを述べる、そうして、自分の表現したことが相手に伝わったか、伝わらないかを自らが確かめることによって、自分の「言いたいこと」「考えていること」がようやく見えてくるということになるのです。

しかも、このとき見えてきたものは必ずしも当初自分が言おうとしていたものとは同じではないことに気づくでしょう。というよりも、当初の自らの思考がどのようなものであるかはだれにもわからず、この自己と他者の間の理解と表現のプロセスの中で次第に形成されるものと考える方が適切でしょう。つまり、自分の「言いたいこと」というものは、そんなにすぐにはっきりと相手に伝えられるようなかたちでは、ことばとして取り出すことがむずかしいということでもあります。

このように考えると、「私」は個人の中にあるというよりもむしろ、他者とのやりとりの過程にあるというべきかもしれません。「自分」というようなものも、実体としてどこかに厳然とあるというよりも、あなたと相手とのやりとり、つまりは、あなたを取り囲む環境との間にあるということになります。それは、あなたの固有の(注3)オリジナリティは本当にあなたの中にあるのか、という課題とつながっているのです。

あなたは、成長する段階でさまざまな社会や文化の影響を受けつつ、いろいろな人との交流の中ではぐくまれてきました。同時に、あなた自身の経験や考え方、さまざまな要素によって、あなたにしかない感覚・感情を所有し、その結果として、今、あなたは、世界にたった一人の個人として存在しています。この世に、あなたにかわる存在は、どこにもないということができるでしょう。

そして、このことによって、あなたが見る世界は、あなた自身の眼によっているということもできるはずです。つまり、あなたのモノの見方は、(2)すべてあなた自身の個人メガネを通したものでしかありえないということです。

あなたが、何を考えようが、感じようが、すべてが「自分を通している」わけで、対象をいくら[　]し、事実に即して述べようとしたところで、実際、それらはすべて自己を通した思考・記述でしかありえないということになります。どんな現象であろうと、「私」の判断というものをまったく消して認識することはありえない、ということになるのです。

しかも、この自己としての「私」は、そうした、さまざまな認識や判断によって少しずつつくられていく、[[　]]少しずつ変わっていくということができます。

これまで出会ったことのない考え方や価値観に触れ、自らの考え方を振り返ったり、更新したりすることを通して、「私」は確実に変容します。

ですから、はじめから、しっかりとした自分があるわけではないのです。

ここに、いわゆる「自分探し」の罠《わな》があります。

本当の自分を探してどんなに自己を深く掘っていっても、何も出てきません。ちょうど真っ白な原稿用紙を前にどんなに頭をかきむしっても何も書けないのと同じです。

「自分」とは、「私」の中にはじめから明確に存在するものでなく、すでに述べたように、相手とのやりとり、つまり他者とのインターアクションのプロセスの中で次第に少しずつ姿を現すものです。

このように考えることによって、(3)あなた自身を「自分探し」から解放することができるのです。

(細川英雄「対話をデザインする　伝わるとはどういうことか」〈筑摩書房〉から)

(注1)　往還＝行ったり来たりすること。
(注2)　プロセス＝過程。
(注3)　オリジナリティ＝独創性。

解答・解説 P208

2 次の文章を読んで、1から5までの問いに答えなさい。

浜の町といふに、島原屋《しまばらや》市左衛門《いちざえもん》とかやいひし者あり。十二月初め、雪降り積もれる朝、用ありてとくア出《い》で、浜なる路《みち》をゆくに、雪のひまにあやしき物見えけるを、立ち寄り引き上げつるに、したたか重き袋にて、内に白銀(注1)大なるが三包ばかりとおぼしきあり。おどろきて、いかさま(注2)主有るべきなれば、やがてぞ尋ね来なましと、(1)所を去らで二時《ふたとき》ばかり待ち居たれど問ひ来る人もなければ、いかさま旅人の落とせしならんと、そこらの町くだり(注3)、旅人の宿す家ごとにイ尋ね行きて、旅人のもの失ウひたまへるなどやあるとあふ人ごとに問エひしに、その日の夕つかた、からうじて主にめぐりあひぬ。始め終はり詳しく尋ね聞きしに実の主なりければ、さきの袋のままにて返しはべりぬ。この主喜び拝みて、「我は薩摩国《さつまのくに》(注4)にて、たのめる人のくさぐさの(注5)もの買ひ求めにとて、我をおこせたる(注6)に、もしこの銀あらずば、我が命ありなんや。かへすがへすも(2)有り難きことにはべるかな。」と、その銀を分かちて報ひしかど曾《かつ》て(注7)取りあぐる事もせねば、(3)力なく酒と肴《さかな》を調《ととの》へて懇《ねんご》ろ(注8)に敬ひものして帰りぬ。

（「長崎夜話草《ながさきよばなしぐさ》」から）

（注1）白銀＝銀貨。「銀」も同じ。　（注2）いかさま＝きっと。
（注3）町くだり＝町の中心部から離れたところ。
（注4）薩摩国＝現在の鹿児島県西部。
（注5）くさぐさの＝様々な。　（注6）おこせたる＝派遣した。
（注7）曾て＝決して。　（注8）懇ろに＝心を込めて。

1 からうじて は現代ではどう読むか。現代かなづかいを用いて、すべてひらがなで書きなさい。

2 ア出《い》で　イ尋ね行き　ウ失ひ　エ問ひ の中で、主語にあたる人物が異なるものはどれか。

3 (1)所を去らで二時《ふたとき》ばかり待ち居たれど とあるが、市左衛門が待ち続けた理由として、最も適切なものはどれか。

ア 浜の路《みち》で待つように持ち主から言われていたから。
イ 深く積もった雪のせいで移動ができなかったから。
ウ 袋が重すぎて一人ではどこにも運べなかったから。
エ 持ち主がすぐに戻ってくるだろうと予想したから。

4 (2)有り難きこと とあるが、市左衛門がどのように行動したことを指すのか。三十五字以内の現代語で書きなさい。

5 (3)力なく酒と肴《さかな》を調《ととの》へて とあるが、このときの主の心情として最も適切なものはどれか。

ア 銀貨を取り戻せてうれしいので、好きなだけ酒と肴を楽しみたい。
イ 銀貨を受け取ってもらえないので、せめて酒と肴でお礼をしたい。
ウ 銀貨を渡すだけでは感謝しきれないので、酒と肴の準備もしたい。
エ 銀貨を渡したくはないので、酒と肴を振る舞うことで解決したい。

令和2年度 3月5日実施

栃木県立高校入試 問題

国語

制限時間 50分

1

次の1から3までの問いに答えなさい。

1 次の――線の部分の読みをひらがなで書きなさい。

(1) 地域の発展に貢献する。　(2) 朝日に映える山。
(3) 友人の承諾を得る。　(4) まぶしくて目を背ける。
(5) 地方に赴く。

2 次の――線の部分を漢字で書きなさい。

(1) 歴史をケンキュウする。　(2) 図書館で本をカりる。
(3) 意味の二た言葉。　(4) 費用をフタンする。
(5) 英会話コウザに参加する。

3 次は、生徒たちが俳句について話し合っている場面である。これについて、(1)から(5)までの問いに答えなさい。

> スケートの紐《ひも》むすぶ間も逸《はや》りつつ　山口誓子《やまぐちせいし》

Aさん 「この句は、作者がスケート場で靴の紐を結び(ア)ながら少年の頃を思い出し、早くスケートをしたいというわくわくした心情を詠《よ》んだものだそうだよ。」

Bさん 「作者の（ ① ）ような心情やその場の情景が②想像できるね。作品や作者についてよく調べることが俳句の鑑賞では大切なことだね。」

Cさん 「それも鑑賞の一つだけれど、作品や作者について調べるだけでなく、読む人によって様々な捉え方ができるのも俳句のよさだと思う。私は③幼い子どもが初めて(イ)スケートをするときの情景を想像したよ。」

Aさん 「それもおもしろくて(ウ)いいね。俳句の十七音から色々なことが想像できるんだね。」

Bさん 「なるほど。確かに、AさんとCさんが言う(エ)ように、（ ④ ）のも俳句の魅力だね。」

(1) この俳句と同じ季節を詠んだ俳句はどれか。

ア 山風にながれて遠き雲雀《ひばり》かな　（飯田蛇笏《いいだだこつ》）
イ 名月や池をめぐりて夜もすがら　（松尾芭蕉《まつおばしょう》）
ウ 音もなし松の梢《こずえ》の遠花火　（正岡子規《まさおかしき》）
エ 淋《さび》しさの底ぬけて降るみぞれかな　（内藤丈草《ないとうじょうそう》）

(2) （ ① ）に入る慣用句として最も適切なものはどれか。

ア 胸が躍る　イ 肝を冷やす
ウ 舌を巻く　エ 目が泳ぐ

(3) ②想像と熟語の構成が同じものはどれか。

ア 抜群　イ 海底　ウ 削除　エ 未来

(4) ③幼いと同じ品詞である語は〰〰部アからエのどれか。

(5) （ ④ ）に入るものとして最も適切なものはどれか。

ア 音読を通してリズムや調子を読み味わうことができる
イ 心情や情景を豊かに想像して読み味わうことができる
ウ 作者による作品の解説に従い読み味わうことができる
エ 表現技法の効果を取り上げて読み味わうことができる

解答・解説 P208

MEMO

［実戦編］

栃木県
高校入試
の対策
2024

令和元年度
県立入試

栃木県立高校入試　問題
社　会

制限時間 45分

1　次の1，2の問いに答えなさい。

1　次の(1)から(4)までの文中の □ に当てはまるのはどれか。

(1)　スペイン語を話す，メキシコやカリブ海諸国からアメリカ合衆国への移民は， □ とよばれている。

　ア　マオリ　　**イ**　イヌイット　　**ウ**　アボリジニ　　**エ**　ヒスパニック

(2)　優れた人材を役人に登用するため，聖徳太子は □ という制度を設けた。

　ア　大宝律令　　**イ**　冠位十二階　　**ウ**　武家諸法度　　**エ**　御成敗式目

(3)　1492年，スペインの援助を受け，インドなどのアジアをめざした □ は，大西洋を横断し，西インド諸島に到達した。

　ア　コロンブス　　**イ**　バスコ・ダ・ガマ　　**ウ**　マゼラン　　**エ**　ザビエル

(4)　地方公共団体間の財政格差を調整するために，国から □ が配分される。

　ア　国債費　　**イ**　地方交付税交付金　　**ウ**　国庫支出金　　**エ**　社会保障関係費

2　次の(1)から(4)までの文中の □ に当てはまる語を書きなさい。

(1)　発展途上国などでみられる，特定の農産物や鉱産資源などに依存している経済を， □ 経済という。

(2)　東北地方の太平洋側では， □ とよばれる冷たい北東風の影響を強く受けると，稲が十分に育たず収穫量が減ってしまうことがある。

(3)　室町幕府の3代将軍である □ は，南北朝を統一し長年続いた内乱を終わらせた。

(4)　最高裁判所は，法律などが憲法に違反していないかどうかを，最終的に決定できる権限をもつことから，「 □ 」とよばれている。

2　あすかさんの旅行記の一部を読み，次の1から5までの問いに答えなさい。

> 　成田からインドのデリーへ向かう飛行機の窓から，ⓐ世界で最も高い山がある山脈が見えた。デリーでは，インドで最も多くの人々が信仰している Ⅰ 教の文化にふれた。
> 　デリーの後に，ⓑタイのバンコクとインドネシアのジャカルタを訪れた。両都市ともⓒ経済発展が進む国の首都であり，活気にあふれていた。
> 　最後に中国を訪れた。ⓓコワンチョウ(広州)では白かゆなど，ペキン(北京)ではマントウ(蒸しパンの一種)など，伝統的な料理を楽しんだ。

1　**図1**は，あすかさんが乗った飛行機の，成田からデリーへの飛行経路を示している。**図1**の**ア**，**イ**，**ウ**，**エ**のうち，下線部ⓐの山脈に最も近い位置にあるのはどれか。

2　旅行記中の Ⅰ に当てはまる語を書きなさい。

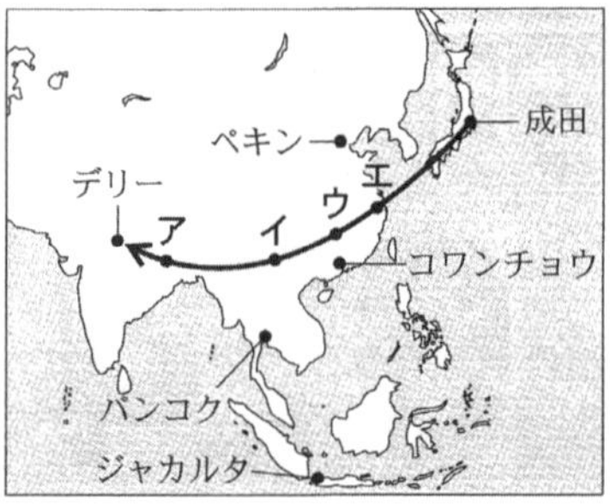

図1

3　下線部ⓑに関して，バンコクとジャカルタは同じ気候帯に属する。両都市が属する気候帯に関して，正しく述べているのはどれか。

ア　1年を通して雨が降り，長い冬が続く。寒さに強いじゃがいもなどが栽培されている。
イ　雨が少なく，草木がほとんど育たない。農業は難しく，羊などの遊牧が行われている。
ウ　雨が多く，1年を通して気温が高い。農園で，バナナなどが大規模に栽培されている。
エ　冬に雨が多く降り，夏はほとんど降らない。乾燥に強いぶどうなどが栽培されている。

4　下線部ⓒに関して，**図2**は日本，インド，タイ，インドネシア，中国の主な輸出品，乗用車保有台数，GDPに関する統計をまとめたものである。タイに当てはまるのは，**図2**の**ア**，**イ**，**ウ**，**エ**のどれか。

	主な輸出品(上位3品目)の輸出額に占める割合(%)(2014年)	乗用車保有台数(万台)(2016年)	1人あたりのGDP(ドル)(2015年)
日本	機械類(35.2)，自動車(20.6)，精密機械(6.2)	6,140	34,522
ア	機械類(41.4)，衣類(8.0)，繊維と織物(4.8)	16,560	8,109
イ	石油製品(19.2)，ダイヤモンド(7.6)，機械類(7.4)	3,436	1,614
ウ	石炭(10.6)，パーム油(9.9)，機械類(9.0)	1,348	3,346
エ	機械類(30.5)，自動車(11.3)，石油製品(4.3)	829	5,815

図2(「地理統計要覧」ほかにより作成)

5　下線部ⓓに関して，あすかさんは，ホーペイ(河北)省とコワントン(広東)省の米と小麦の生産量(2016年)を**図3**にまとめ，**図4**の雨温図を作成した。

図3から読み取れる，ホーペイ省とコワントン省の米と小麦の生産の特徴について簡潔に書きなさい。また，**図4**から読み取れる，コワンチョウの気候の特徴を，ペキンと比較して簡潔に書きなさい。

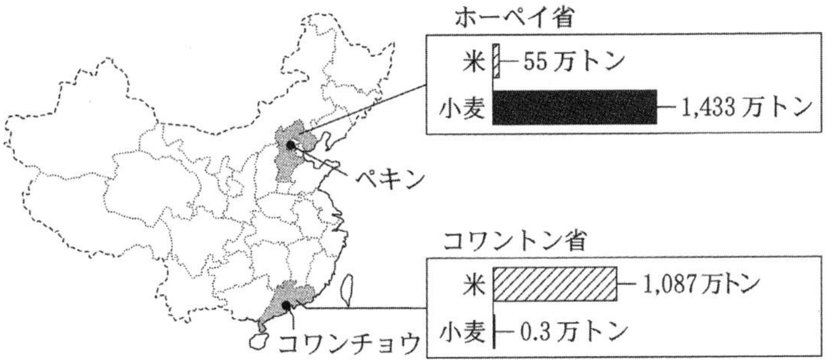

図3(「データブック　オブ・ザ・ワールド」により作成)

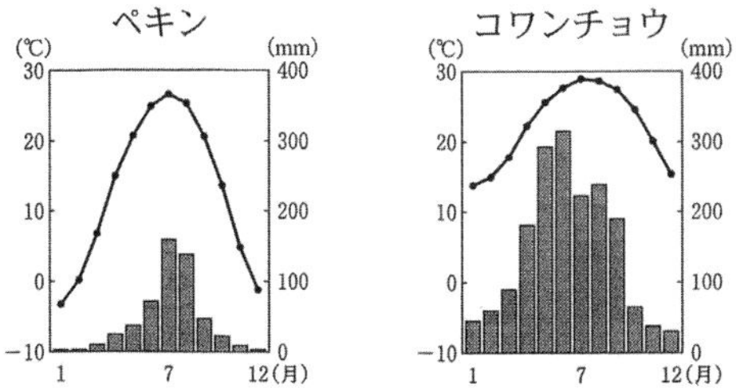

図4(「気象庁ホームページ」により作成)

3 九州地方に関して，次の1から5までの問いに答えなさい。

1 次の文中の **I** に共通して当てはまる語を書きなさい。

> 九州南部には **I** とよばれる土壌が分布している。 **I** 台地は水もちが悪いため，稲作に適さず，畜産が盛んに行われている。

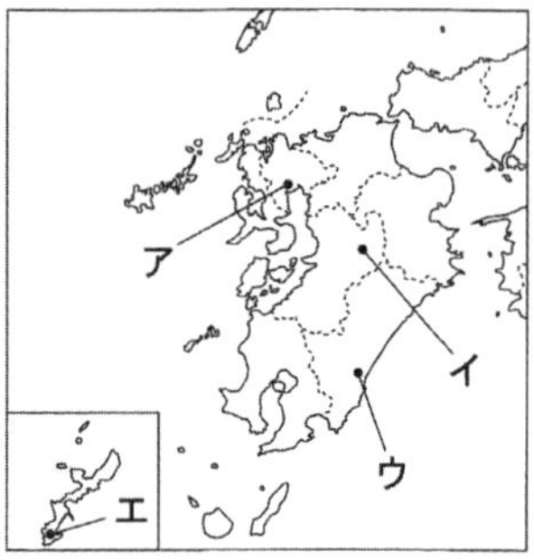

図2

2 **図1**は，あるカルデラの立体地図である。この立体地図にみられるくぼ地には，市街地が広がっている。**図1**の地形がみられる場所は，**図2**の**ア**，**イ**，**ウ**，**エ**のどれか。

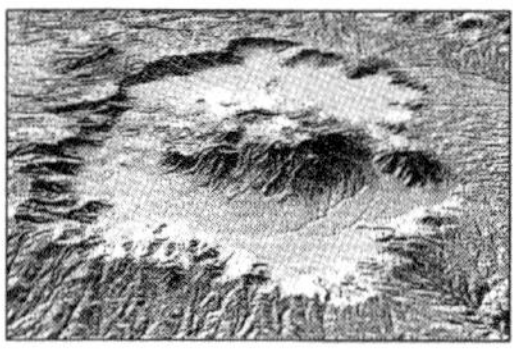

図1(「地理院地図」により作成)

3 **図3**は，東北，関東，中国，九州各地方の水力，地熱，風力，太陽光による発電量(2015年度)をまとめたものである。地熱による発電量は，**図3**の**ア**，**イ**，**ウ**，**エ**のどれか。

	東北地方	関東地方	中国地方	九州地方
ア	1,819	400	377	659
イ	666	1,339	691	1,628
ウ	1,083	11	0	1,358
エ	15,896	14,069	4,141	7,478

単位：百万 kWh

図3(「日本国勢図会」により作成)

4 **図4**は，青森県，東京都，愛知県，沖縄県について，労働力人口に占める農林業，製造業，宿泊・飲食サービス業の割合(2015年)を示したものである。沖縄県は**図4**の**ア**，**イ**，**ウ**，**エ**のどれか。

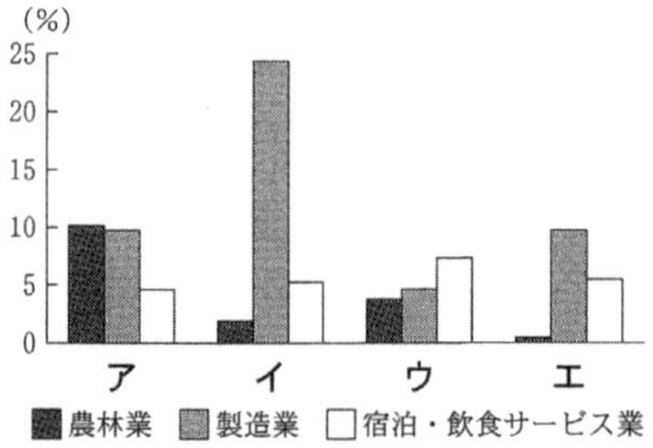

図4(「県勢」により作成)

5 **図5**は，東京都中央卸売市場におけるきゅうりの取扱量と平均価格(2016年)を示している。また，**図6**は，きゅうりの生育に適した気温と，きゅうりの主産地である宮崎市，福島市の平均気温を示している。

宮崎県が，平均価格の高い時期に，福島県よりも，きゅうりを多く出荷できる理由について，**図6**から読み取れることにふれ，「ビニールハウス」，「暖房費」の二つの語を用いて簡潔に書きなさい。

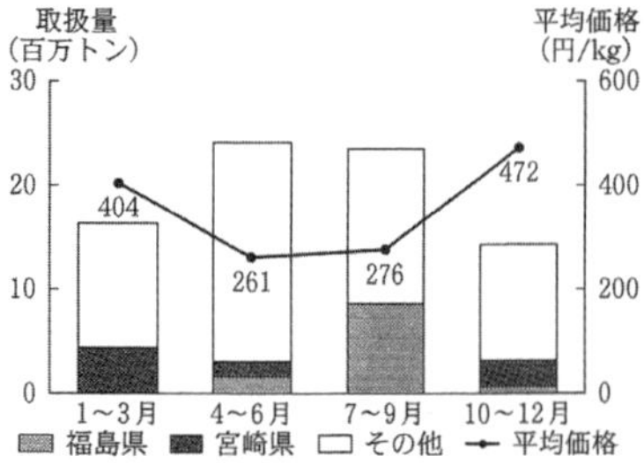

図5(「東京都中央卸売市場ホームページ」により作成)

○きゅうりの生育に適した気温　18～25℃

○宮崎市と福島市の平均気温(℃)

	1～3月	4～6月	7～9月	10～12月
宮崎市	9.3	19.7	26.3	14.4
福島市	3.0	16.1	23.4	9.5

図6(「気象庁ホームページ」ほかにより作成)

解答・解説 P217

4 次のAからEのカードは，古代から近代までの5人の女性についてまとめたものである。これらを読み，次の1から7までの問いに答えなさい。

A 【光明皇后】彼女は，民衆に伝染病が広がっていたため，病人に薬を与え治療する施設を都に設けた。また，ⓐ天皇である夫も，寺院を建て，仏教の力によって，国の安定をめざした。

B 【和宮《かずのみや》】彼女は，孝明《こうめい》天皇の妹であり，公武合体策により将軍の家茂と結婚した。夫である家茂が亡くなった後，慶喜が将軍となった。

C 【出雲の阿国】彼女は，豊臣秀吉が活躍した頃に，出雲大社の巫女《みこ》として諸国を巡ったとされている。彼女が始めた［ I ］は，現代でも多くの人に親しまれている伝統文化の原型となった。

D 【建礼門院徳子《けんれいもんいんとくこ》】彼女は，武士として初めて太政大臣となった平清盛の娘である。彼女は，高倉《たかくら》天皇と結婚した。生まれた子がのちに安徳《あんとく》天皇となり，ⓑ平氏はさらに勢力を拡大した。

E 【津田梅子】彼女は，岩倉使節団に加わり，政府が派遣した最初の女子留学生の一人となった。彼女は留学の経験をいかし，ⓒ日本の女子教育と英語教育の発展のために尽力した。

1 下線部ⓐに関して，図1の仏像がある寺院を何というか。

図1

2 次の文のうち，Bのカードの時代と同じ時代区分のものはどれか。

ア かな文字がつくられ，多くの優れた文学作品が生み出された。
イ 大名が結婚する場合，幕府の許可が必要であった。
ウ 女性にも口分田が与えられ租を負担したが，兵役は課されなかった。
エ 女性にも幕府によって相続権が認められ，地頭や御家人になる者もみられた。

3 Cのカードの［ I ］に当てはまる語はどれか。

ア 浄瑠璃　　イ 狂　言
ウ 能　　エ かぶき踊り

4 Dのカードの平清盛と，図2の藤原道長が栄華を誇ることができた理由を，Dのカードと図2をふまえ，簡潔に書きなさい。

今日は女御藤原威子《にょうごふじわらのいし》が皇后となった日である。威子は、藤原道長の三女で、一つの家から三人の皇后がでるのはいまだかつてないことである。…道長は、「この世の中は自分の世のように思われる。まるで満月が少しも欠けていないように思われることだ」とよんだ。… 「小右記《しょうゆうき》」(一部を要約し、現代語訳したもの)

図2

5 下線部ⓑについて，平氏が滅んだ戦いはどれか。

ア 壇ノ浦の戦い　　イ 関ヶ原の戦い
ウ 白村江の戦い　　エ 桶狭間の戦い

6 下線部ⓒについて，明治時代を通して，女子の就学率は徐々に上昇し，1907(明治40)年には，100％近くに達した。女子教育が普及した背景として，明治時代に**当てはまらない**のはどれか。

ア 日清戦争から日露戦争にかけて，軽工業や重工業が発展し，国民生活が向上したこと。
イ 全国各地に小学校がつくられるとともに，大学など高等教育機関の制度も整ったこと。
ウ 憲法にもとづく政治を守る護憲運動がおこり，政党内閣が成立したこと。
エ 学制が公布され，教育を受けさせることが国民の義務となったこと。

7 AからEのカードを，年代の古い順に並べなさい。ただしEを最後とする。

5 略年表を見て，次の１から５までの問いに答えなさい。

年	日本と夏季オリンピックの関わり
1912	第５回大会に日本が初めて参加…………A
1920	第７回大会で日本がメダルを初めて獲得
1938	第 12 回東京大会(1940)開催権を返上……B
1964	第 18 回東京大会の開催……………………↕ⓒ
2013	第 32 回東京大会(2020)の開催が決定……

年	日本をめぐる国際情勢
1914	第一次世界大戦に参戦……………………↕ⓐ
1931	満州事変がおこる…………………………
1945	ポツダム宣言の受諾……………………↕ⓑ
1978	日中平和友好条約の締結………………
1992	国連平和維持活動(PKO)協力法が成立

1 **A**のできごとと同じ年に建国された，アジア最初の共和国を何というか。

2 ⓐの時期における，日本の生活や文化の様子を表したのはどれか。
ア 「ぜいたくは敵だ」などのスローガンのもと，米の配給制も始まり，戦時色が強まった。
イ テレビが普及し，プロ野球中継が多くの国民の娯楽として人気を集めた。
ウ 太陽暦が採用され，都市では西洋風のレンガ造りの建物もみられるようになった。
エ 文化の大衆化が進むにつれ，新聞や雑誌が多く発行され，ラジオ放送も始まった。

3 **B**のできごとに関して，次の文中の［　　］に当てはまるのはどれか。

> 1936 年に，日本はオリンピックの開催権を得たが，その後，［　　］ため，開催権を返上した。

ア 朝鮮戦争が始まった　　**イ** 日中戦争がおこった
ウ シベリア出兵が行われた　　**エ** 日英同盟が解消された

4 ⓑの時期におきたできごとを，年代の古い順に並べなさい。
ア サンフランシスコ平和条約の締結　　**イ** 日本国憲法の公布
ウ 沖縄の返還　　**エ** 国際連合への加盟

5 ⓒの時期について，**図１**は，モスクワ大会とロサンゼルス大会における，参加辞退国を示し，**図２**は，アトランタ大会から，独立国として初参加した国を示したものである。
図１の国々が参加を辞退した背景と，**図２**の国々が初めて参加できるようになった背景をそれぞれ簡潔に書きなさい。なお，いずれも「ソ連」の語を用いること。

〔主な参加辞退国〕
・モスクワ大会(1980 年)：アメリカ，西ドイツ，日本
・ロサンゼルス大会(1984 年)：ソ連，東ドイツ

図１(「JOC ホームページ」ほかにより作成)

〔主な初参加国〕
・アトランタ大会(1996 年)：ウクライナ，ベラルーシ，カザフスタン

図２(「JOC ホームページ」ほかにより作成)

6 次の１，２の問いに答えなさい。

1 次の⑴から⑷までの問いに答えなさい。

⑴ 株式会社が利潤を上げた場合，所有する株式数に応じ，株主に支払うお金を何というか。

⑵ 次の文中の［ Ⅰ ］，［ Ⅱ ］に当てはまる語の組み合わせとして正しいのはどれか。

> 消費税は税負担者と納税者が［ Ⅰ ］税金であり，その税率は所得に［ Ⅱ ］。

ア Ⅰ－同じ　Ⅱ－関係なく同じである　　**イ** Ⅰ－同じ　Ⅱ－応じて異なる
ウ Ⅰ－異なる　Ⅱ－関係なく同じである　　**エ** Ⅰ－異なる　Ⅱ－応じて異なる

解答・解説 P217

(3) 仕事と家庭生活などとの調和を図り，働き方や生き方の充実をめざす考えはどれか。

ア　インフォームド・コンセント　　イ　バリアフリー
ウ　メディアリテラシー　　エ　ワーク・ライフ・バランス

(4) ODA について，正しく述べているのはどれか。

ア　発展途上国に対して，資金の提供に加え，農業技術や教育などの援助を行っている。
イ　貿易の自由化を促進するため，関税をなくすなど，経済関係の強化をめざしている。
ウ　地球温暖化を防ぐため，先進国に対して温室効果ガスの削減を義務付けている。
エ　各国の貴重な自然や文化を世界遺産として登録し，保護する活動をしている。

2　中学生のゆりさんと姉のあやさんの会話文を読み，(1)から(6)までの問いに答えなさい。

> ゆり「ⓐ国連総会で演説したマララさんについて学び，教育の大切さを改めて考えたよ。」
> あや「そうだね。16 歳で，堂々と意見を主張していたね。ゆりも 18 歳になったらⓑ選挙権を持てるから，自分の意見をきちんと言えるといいね。」
> ゆり「それに，国会で [Ⅰ] が改正され，成年年齢も 18 歳になったよね。自分の意思でほとんどのⓒ契約が結べるし，有効期間 10 年のⓓパスポートも取得できるよ。」
> あや「でも，ⓔ裁判員は重大な判断を求められるので，選ばれる年齢は 20 歳からなのよ。」
> ゆり「自分でできることが増える分，責任が伴うから，しっかりしないとね。」

(1) 会話文中の [Ⅰ] に当てはまる語はどれか。

ア　条　例　　イ　憲　法　　ウ　法　律　　エ　政　令

(2) 下線部ⓐに関して，次の文中の [Ⅱ] に当てはまる語を書きなさい。

> 第二次世界大戦の後，人権の尊重は世界共通の基礎であるとして，1948 年 12 月 10 日に，[Ⅱ] が採択された。1966 年には，法的拘束力をもつ規約が採択された。

(3) 下線部ⓑに関して，都道府県知事の選出方法として，正しく述べているのはどれか。

ア　被選挙権は 25 歳以上で，地方議員の中から議会で指名される。
イ　被選挙権は 30 歳以上で，地方議員の中から議会で指名される。
ウ　被選挙権は 25 歳以上で，住民の直接選挙で選ばれる。
エ　被選挙権は 30 歳以上で，住民の直接選挙で選ばれる。

(4) 下線部ⓒに関して，特定の販売方法において，一定期間内であれば契約を取り消すことができる制度を何というか。

(5) 下線部ⓓに関して，氏名や国籍などの個人の私生活に関する情報を，他人に知られたり，勝手に利用されたりしないために，主張されている新しい人権を何というか。

(6) 下線部ⓔに関して，図は，裁判員に選ばれた人の，選ばれる前の気持ちと裁判に参加した後の感想を示している。裁判員制度の導入のねらいについて，図から読み取れることにふれ，「国民の理解」の語を用い，簡潔に書きなさい。

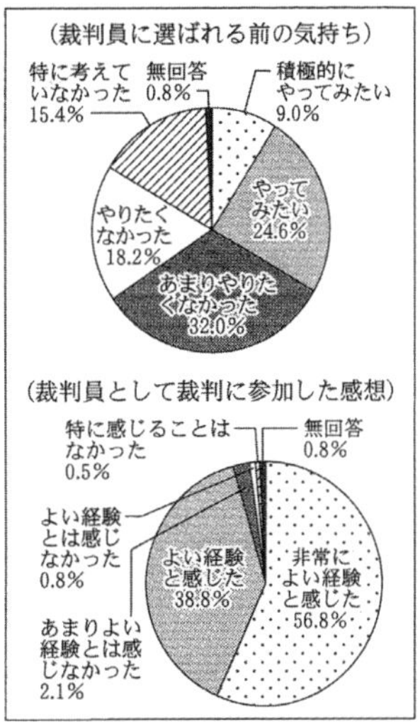

図
(「最高裁判所ホームページ」により作成)

7 まさとさんは，社会科のまとめとしての課題研究に，「**A** 市の魅力をいかしたまちづくり」を取り上げ，**A** 市の課題を「観光の充実」ととらえ，その方法を提案することにした。**図 1** から**図 5** は，その課題研究の発表時に使うスライドの一部である。次の 1 から 4 までの問いに答えなさい。

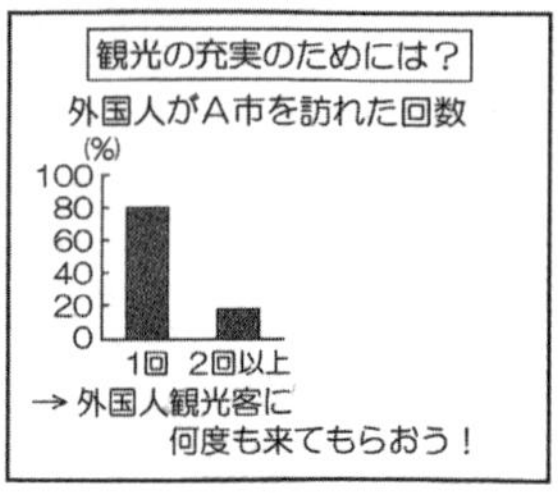

図 1

A市の魅力を発信して
外国人観光客をもっと呼びこもう！
・甘いⓐぶどう・桃の栽培
・日本最大級のⓑ医学博物館
・歴史ある町なみと城郭
・節分や七夕などのⓒ年中行事

図 2

外国人観光客に聞いた
A市観光で困ったことは？
最も多かった意見
・観光マップが分かりにくい
→この問題点を解決しよう！

図 3

1 **図 2** の下線部ⓐを説明するために，まさとさんが作成した次の文中の [　　　] に当てはまる語は何か。

> **A** 市には，川が山地から平野に流れ出るときに堆積した土砂でできる [　　　] という果樹栽培に適した地形が広がっています。

2 **図 2** の下線部ⓑの展示は，古代，中世，近世，近代の時代区分から構成されている。次の **I**，**II** の展示内容と時代区分の組み合わせとして正しいのはどれか。

I －『解体新書』～杉田玄白，解剖書の翻訳にかけた情熱～

II －海を越えて日本へ ～鑑真，仏教とともに薬を伝える～

ア **I**－近世 **II**－古代　　**イ** **I**－近代 **II**－古代
ウ **I**－近世 **II**－中世　　**エ** **I**－近代 **II**－中世

3 **図 2** の下線部ⓒに関して，田植えの時期と最も関わりの深いのはどれか。

ア 成人式　　**イ** 端午の節句　　**ウ** 盆おどり　　**エ** 七五三

4 まさとさんは，**図 3** の問題点を解決するための一つとして，**図 4** の観光マップを改善し，**図 5** のように提案した。改善した点を説明するために作成した，次の文中の [**X**]，[**Y**] に当てはまる文をそれぞれ簡潔に書きなさい。

> 一つ目は，外国人観光客が読めるように，[**X**] しました。二つ目は，外国人観光客だけでなく，多くの人々にも分かりやすいように，[**Y**] しました。

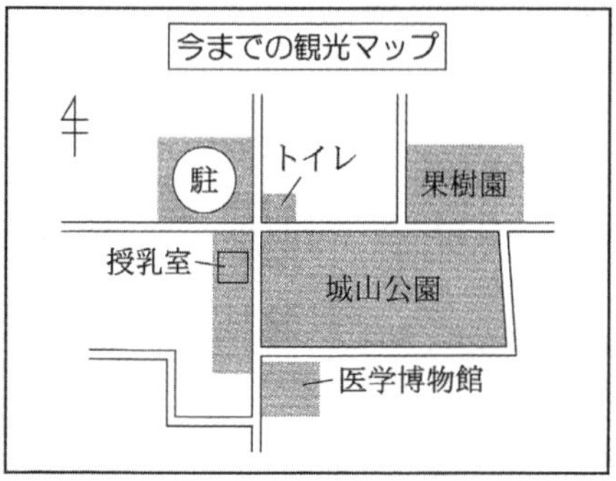

図 4

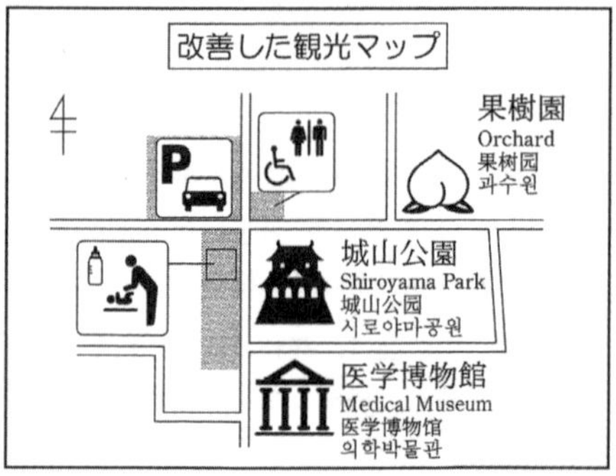

図 5

解答・解説 P217

栃木県立高校入試　問題
数　学

制限時間 50分

1　次の 1 から 14 までの問いに答えなさい。

1　$-7+5$ を計算しなさい。

2　$\dfrac{3x-2}{5}\times 10$ を計算しなさい。

3　$5ab^2 \div \dfrac{a}{3}$ を計算しなさい。

4　$(x+8)(x-6)$ を展開しなさい。

5　25 の平方根を求めなさい。

6　右の図で，$\angle x$ の大きさを求めなさい。

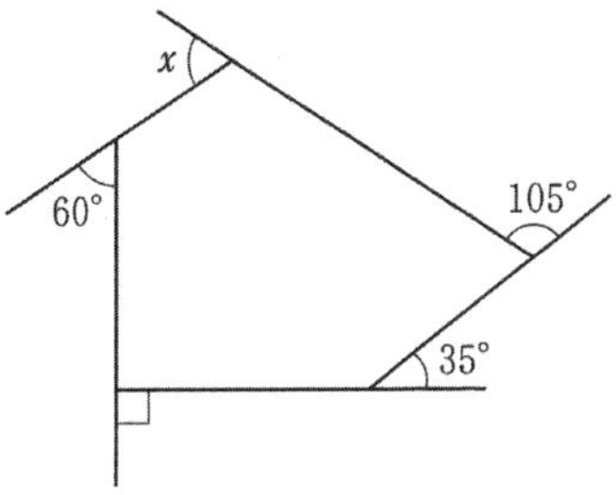

7　関数 $y=\dfrac{a}{x}$ のグラフが点$(6,\ -2)$を通るとき，a の値を求めなさい。

8　△ABC と△DEF は相似であり，その相似比は $2:3$ である。△ABC の面積が $8\ \mathrm{cm}^2$ であるとき，△DEF の面積を求めなさい。

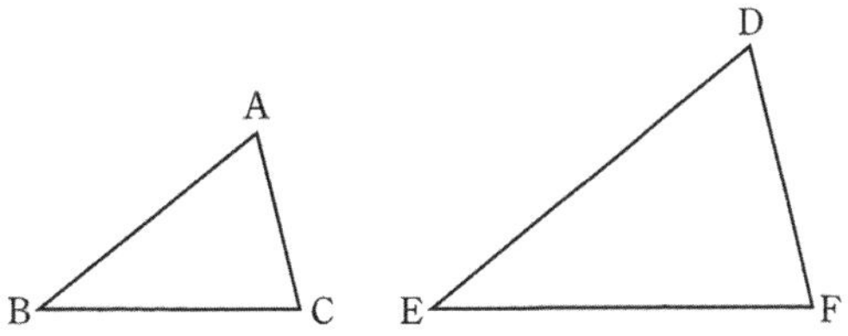

9　連立方程式 $\begin{cases} 3x+y=-5 \\ 2x+3y=6 \end{cases}$ を解きなさい。

10　大小 2 つのさいころを同時に投げるとき，2 つとも同じ目が出る確率を求めなさい。

11　右の図において，点 A，B，C は円 O の周上の点である。$\angle x$ の大きさを求めなさい。

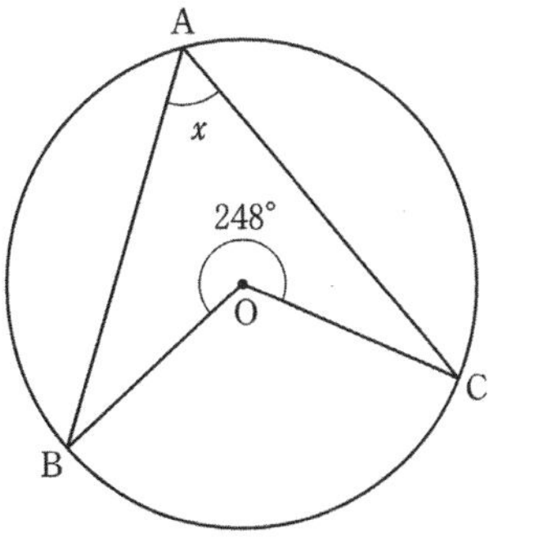

12　2 次方程式 $x^2+7x+1=0$ を解きなさい。

13　長さ 150 mm のろうそくがある。このろうそくに火をつけると，毎分 2 mm ずつ短くなる。火をつけてから x 分後のろうそくの残りの長さを y mm とするとき，x と y の関係を述べた文として適するものを，次の**ア**，**イ**，**ウ**，**エ**のうちから 1 つ選んで，記号で答えなさい。

ア　y は x に比例する。　　**イ**　y は x に反比例する。

ウ　y は x の 1 次関数である。　　**エ**　y は x の 2 乗に比例する関数である。

解答・解説 P220

14　右の図は，ある立体の投影図である。この投影図が表す立体の名前として正しいものを，次の**ア**，**イ**，**ウ**，**エ**のうちから1つ選んで，記号で答えなさい。

ア　四角錐《すい》　　　**イ**　四角柱
ウ　三角錐　　　**エ**　三角柱

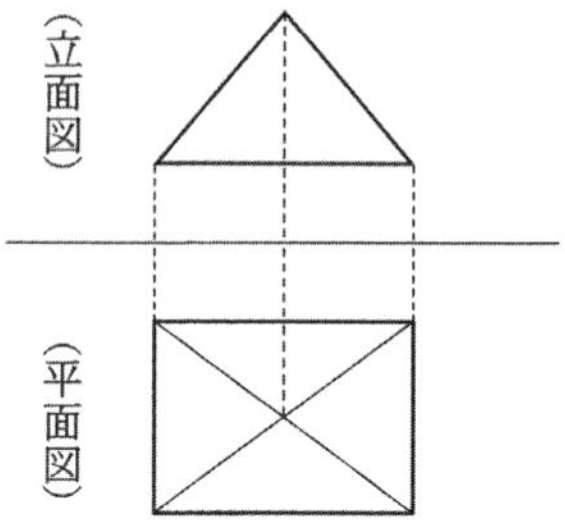

2　次の1，2，3の問いに答えなさい。

1　右の図のように，直線 ℓ と線分 AB がある。このとき，下の【条件】をともに満たす点 C を作図によって求めなさい。ただし，作図には定規とコンパスを使い，また，作図に用いた線は消さないこと。

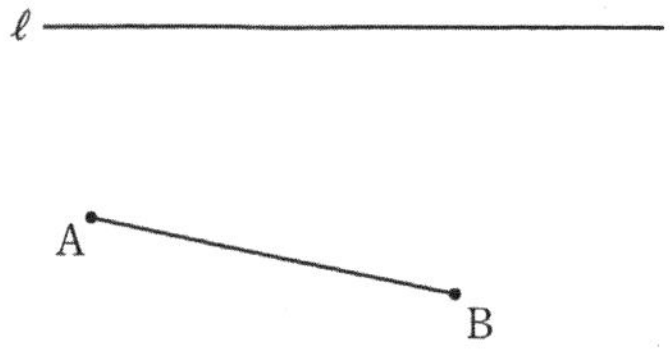

【条件】
・点 C は直線 ℓ 上にある。
・△ABC は，辺 AC を斜辺とする直角三角形となる。

2　次の健太さんと春子さんの会話文を読んで，下の(1)，(2)の問いに答えなさい。

健太：「1331 や 9449 のような 4 けたの数は，11 で割り切れることを発見したよ。」
春子：「つまり，千の位と一の位が同じ数，そして百の位と十の位が同じ数の 4 けたの数は，11 の倍数になるということね。必ずそうなるか証明してみようよ。」
健太：「そうだね，やってみよう。千の位の数を a，百の位の数を b とすればよいかな。」
春子：「そうね。a を 1 から 9 の整数，b を 0 から 9 の整数とすると，この 4 けたの数 N は…」
健太：「$N = 1000 \times a + 100 \times b + 10 \times$ ［①］ $+ 1 \times$ ［②］
と表すことができるね。」
春子：「計算して整理すると，
N ＝ ［③］ (［④］ a ＋ ［⑤］ b)
になるわね。」
健太：「［④］ a ＋ ［⑤］ b は整数だから，N は 11 の倍数だ。」
春子：「だからこのような 4 けたの数は，必ず 11 で割り切れるのね。」

(1)　［①］，［②］ に当てはまる適切な文字をそれぞれ答えなさい。
(2)　［③］，［④］，［⑤］ に当てはまる適切な数をそれぞれ答えなさい。

解答・解説 P220

3　右の図のように，関数 $y = ax^2 (a > 0)$ のグラフ上に2点A，Bがあり，x 座標はそれぞれ -6，4 である。直線ABの傾きが $-\frac{1}{2}$ であるとき，a の値を求めなさい。

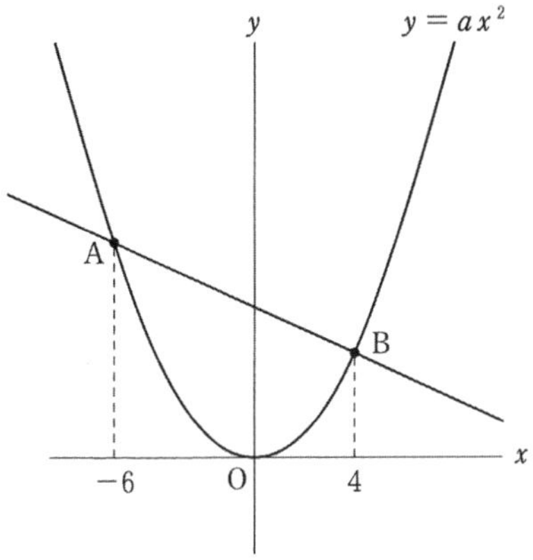

3　次の1，2の問いに答えなさい。

1　花子さんは，定価150円のジュースを50本買うことにした。そのジュースが定価の2割引きで売られているA店に行き，そのジュースを買った。しかし，50本には足りなかったので，そのジュースが定価で売られているB店に行き，A店で買った本数と合わせて50本になるようにそのジュースを買った。B店では500円分の値引券を使用したので，花子さんがA店とB店で支払った金額の合計は6280円であった。A店で買ったジュースの本数を x 本として方程式をつくり，A店で買ったジュースの本数を求めなさい。ただし，途中の計算も書くこと。なお，消費税は考えないものとする。

2　ある農園のいちご狩《が》りに参加した20人が，それぞれ食べたいちごの個数を記録した。下の表は，参加者全員の記録について，最大値(最大の値)，最小値(最小の値)，平均値，中央値，最頻値をまとめたものである。また，下の図は，参加者全員の記録をヒストグラムで表したものであり，例えば，16個以上20個未満の人数は2人であることがわかる。

最大値	39個
最小値	12個
平均値	27個
中央値	25個
最頻値	23個

表

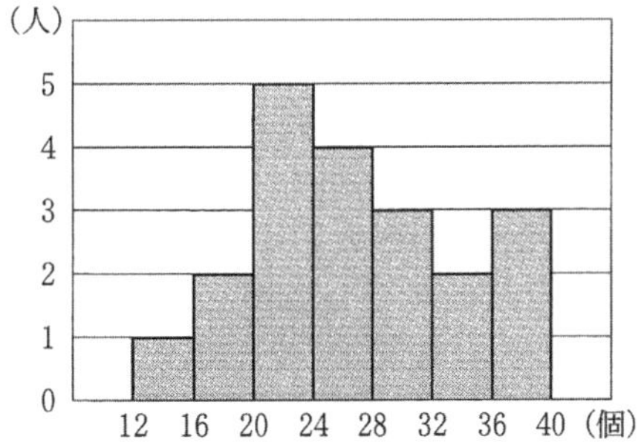

図

このとき，次の(1)，(2)の問いに答えなさい。

(1)　次の**ア**，**イ**，**ウ**，**エ**の中から，正しいことを述べている文を1つ選んで，記号で答えなさい。

ア　平均値は，度数が最も大きい階級に含まれている。
イ　いちごを14個食べたのは，1人である。
ウ　24個以上の階級において，最も小さい度数は3人である。
エ　20人が食べたいちごの個数の範囲は，27個である。

⑵　このいちご狩りに参加したひかりさんは，いちごを 26 個食べた。上の表から，「いちごを 26 個以上食べた参加者の人数は，参加者 20 人の半数以下である」と判断できる。そのように判断できる理由を，平均値，中央値，最頻値のうち，いずれかの用語を 1 つ用いて説明しなさい。

4　次の 1，2 の問いに答えなさい。

1　右の図のように，△ABC の辺 AB 上に点 D，辺 BC 上に点 E をとる。このとき，△ABC ∽ △EBD であることを証明しなさい。

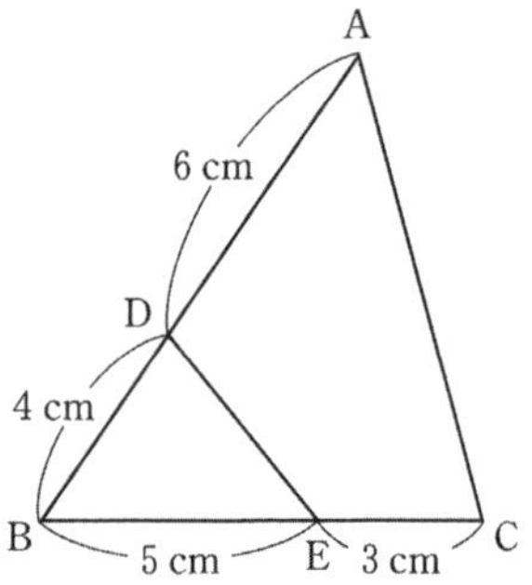

2　次の⑴，⑵の問いに答えなさい。

⑴　図 1 のような，半径 4 cm の球がちょうど入る大きさの円柱があり，その高さは球の直径と等しい。この円柱の体積を求めなさい。ただし，円周率は π とする。

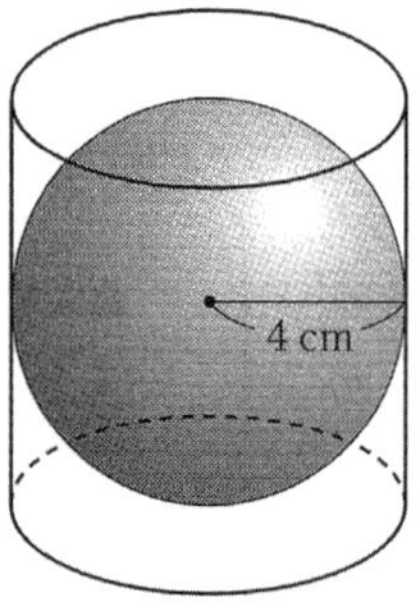

図 1

⑵　図 2 のような，半径 4 cm の球 O と半径 2 cm の球 O′ がちょうど入っている円柱がある。その円柱の底面の中心と 2 つの球の中心 O，O′ とを含む平面で切断したときの切り口を表すと，図 3 のようになる。この円柱の高さを求めなさい。

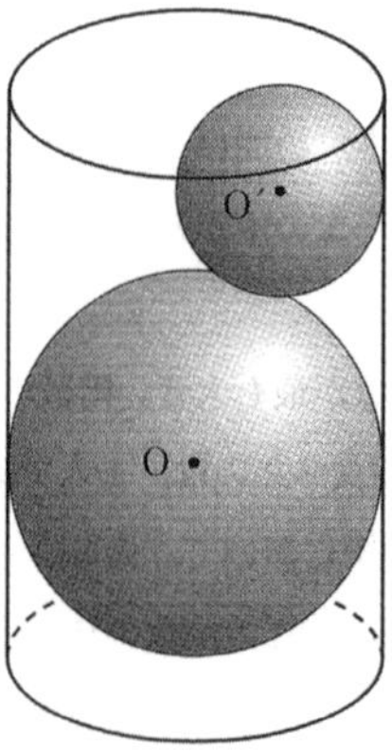

図 2

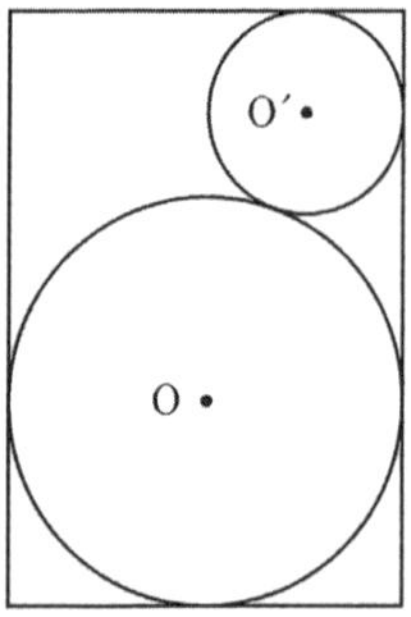

図 3

解答・解説 P221

5 ある日，あすかさんは，7時ちょうどに家を出て1800 m先の学校に向かった。家を出てから毎分100 mの速さで3分間歩き，友人と合流した。その後，毎分60 mの速さで5分間歩いたところで忘れ物に気がついたため，友人と別れ1人で家まで毎分150 mの速さで走って戻った。忘れ物をかばんに入れた後，学校まで毎分150 mの速さで走った。ただし，あすかさんの通学路は一直線であり，友人と合流する際の待ち時間と，家に戻ってから忘れ物をかばんに入れて再び家を出るまでの時間は考えないものとする。

右の図は，あすかさんが学校まで移動したようすについて，7時ちょうどに家を出てからの時間と家からの距離との関係をグラフに表したものである。

このとき，次の1，2，3の問いに答えなさい。

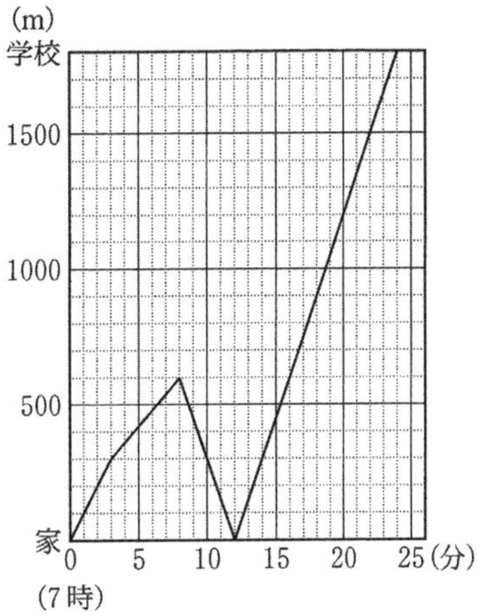

1 あすかさんが家を出てから忘れ物に気がつくまでに歩いた距離を答えなさい。

2 あすかさんがはじめに家を出てからの時間をx分，家からの距離をy mとして，あすかさんが友人と合流したときから忘れ物に気がついたときまでのxとyの関係を式で表しなさい。ただし，途中の計算も書くこと。

3 あすかさんの兄の太郎さんは，あすかさんと同じ通学路で同じ学校に通っている。次の(1)，(2)の問いに答えなさい。

(1) この日，太郎さんは，7時6分に家を出て一定の速さで学校に向かい，あすかさんよりも1分遅く学校に着いた。このとき，太郎さんが家を出てから学校まで移動したようすを表すグラフを，図にかき入れなさい。

(2) この日，太郎さんが7時3分に家を出て毎分100 mの速さで学校に向かったとすると，太郎さんとあすかさんがすれ違うのは家から何mの地点か。

6 形も大きさも同じ半径1cmの円盤がたくさんある。これらを図1のように，縦m枚，横n枚(m，nは3以上の整数)の長方形状に並べる。このとき，4つの角《かど》にある円盤の中心を結んでできる図形は長方形である。さらに，図2のように，それぞれの円盤は×で示した点で他の円盤と接しており，ある円盤が接している円盤の枚数をその円盤に書く。例えば，図2は$m=3$，$n=4$ の長方形状に円盤を並べたものであり，円盤Aは2枚の円盤と接しているので，円盤Aに書かれる数は2となる。同様に，円盤Bに書かれる数は3，円盤Cに書かれる数は4となる。また，$m=3$，$n=4$ の長方形状に円盤を並べたとき，すべての円盤に他の円盤と接している枚数をそれぞれ書くと，図3のようになる。

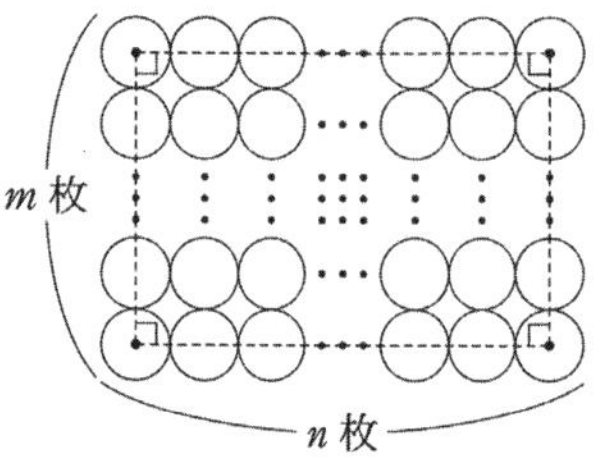

図1

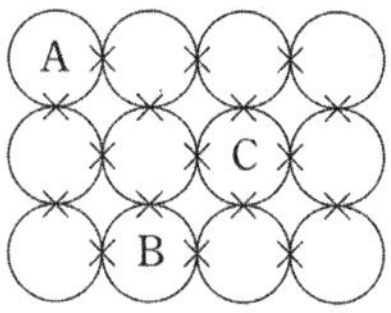

×は接している点

図2

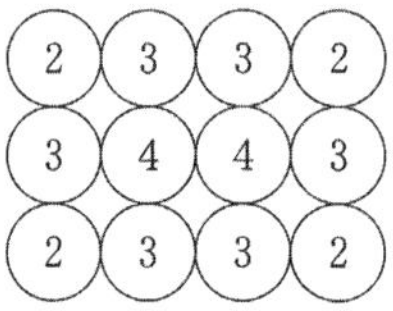

図3

このとき，次の1，2，3，4の問いに答えなさい。

1 $m=4$，$n=5$ のとき，3が書かれた円盤の枚数を求めなさい。

2 $m=5$，$n=6$ のとき，円盤に書かれた数の合計を求めなさい。

3 $m=x$，$n=x$ のとき，円盤に書かれた数の合計は440であった。このとき，xについての方程式をつくりxの値を求めなさい。ただし，途中の計算も書くこと。

4 次の文の①，②，③に当てはまる数を求めなさい。ただし，a，bは2以上の整数で，$a<b$とする。

> $m=a+1$，$n=b+1$ として，円盤を図1のように並べる。4つの角にある円盤の中心を結んでできる長方形の面積が780 cm^2 となるとき，4が書かれた円盤の枚数は，$a=$(①)，$b=$(②)のとき最も多くなり，その枚数は(③)枚である。

栃木県立高校入試　問題

理　科

制限時間 45分

1 次の1から8までの問いに答えなさい。

1　次のうち，最も直径が大きな惑星はどれか。

ア　火　星　　イ　水　星　　ウ　木　星　　エ　金　星

2　次の物質のうち，単体はどれか。

ア　水　　イ　窒　素　　ウ　二酸化炭素　　エ　アンモニア

3　次のうち，多細胞生物はどれか。

ア　ミジンコ　　イ　ミカヅキモ　　ウ　アメーバ　　エ　ゾウリムシ

4　放射線について，正しいことを述べている文はどれか。

ア　直接，目で見える。　　イ　ウランなどの種類がある。

ウ　自然界には存在しない。　　エ　物質を通り抜けるものがある。

5　物質が熱や光を出しながら激しく酸化されることを何というか。

6　血液中の血しょうの一部が毛細血管からしみ出したもので，細胞のまわりを満たしている液体を何というか。

7　東の空からのぼった天体が，天の子午線を通過するときの高度を何というか。

8　1Nの大きさの力で引くと2cm伸びるばねがある。このばねを2.4Nの大きさの力で引くと何cm伸びるか。

2 生物は，水や土などの環境や他の生物とのかかわり合いの中で生活している。図1は，自然界における生物どうしのつながりを模式的に表したものであり，矢印は有機物の流れを示し，A，B，C，Dには，生産者，分解者，消費者(草食動物)，消費者(肉食動物)のいずれかが当てはまる。また，図2は，ある草地で観察された生物どうしの食べる・食べられるの関係を表したものであり，矢印の向きは，食べられる生物から食べる生物に向いている。

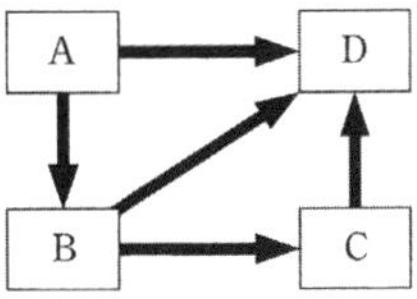

図1

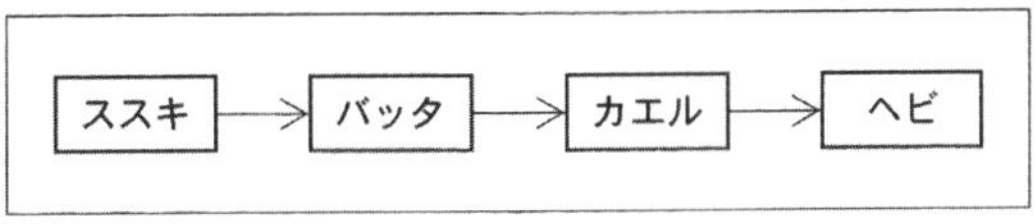

図2

このことについて，次の1，2，3の問いに答えなさい。

1　下線部について，ある地域に生活するすべての生物と，それらの生物をとりまく水や土などの環境とを，一つのまとまりとしてとらえたものを何というか。

2　図1において，Dに当てはまるものはどれか。

ア　生産者　　イ　分解者　　ウ　消費者(草食動物)　　エ　消費者(肉食動物)

3　ある草地では，生息する生物が図2の生物のみで，生物の数量のつり合いが保たれていた。この草地に，外来種が持ち込まれた結果，各生物の数量は変化し，ススキ，カエル，ヘビでは最初に減少が，バッタでは最初に増加がみられた。この外来種が**ススキ**，**バッタ**，**カエル**，**ヘビ**のいずれかを食べたことがこれらの変化の原因であるとすると，外来種が食べた生物はどれか。ただし，この草地には外来種を食べる生物は存在せず，生物の出入りはないものとする。

解答・解説 P224

3　水とエタノールの混合物の分離について調べるために，次の実験(1)，(2)，(3)を順に行った。

(1)　図1のような装置を組み立て，枝付きフラスコに水 30 cm^3 とエタノール 10 cm^3 の混合物と，数粒の沸騰《ふっとう》石を入れ，ガスバーナーを用いて弱火で加熱した。

(2)　枝付きフラスコ内の温度を1分ごとに測定しながら，出てくる気体を冷やし，液体にして試験管に集めた。その際，加熱を開始してから3分ごとに試験管を交換し，順に試験管A，B，C，D，Eとした。図2は，このときの温度変化のようすを示したものである。

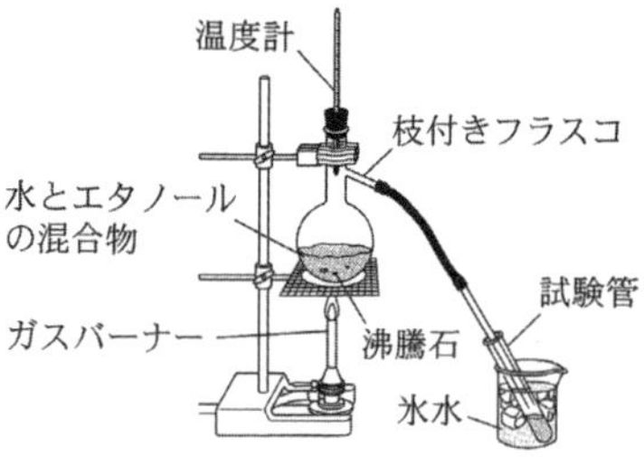

図1

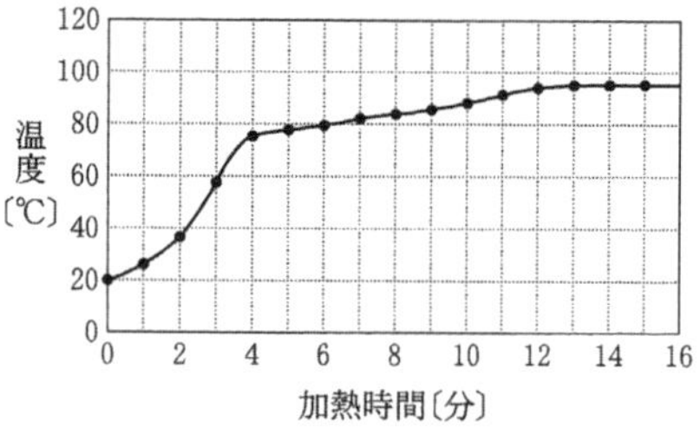

図2

(3)　実験(2)で各試験管に集めた液体をそれぞれ別の蒸発皿に移し，青色の塩化コバルト紙をつけると，いずれも赤色に変化した。さらに，蒸発皿に移した液体にマッチの火を近づけて，そのときのようすを観察した。右の表は，その結果をまとめたものである。

	液体に火を近づけたときのようす
試験管A	火がついた。
試験管B	火がついて，しばらく燃えた。
試験管C	火がついたが，すぐに消えた。
試験管D	火がつかなかった。
試験管E	火がつかなかった。

このことについて，次の1，2，3の問いに答えなさい。

1　実験(1)において，沸騰石を入れる理由を簡潔に書きなさい。

2　実験(2)において，沸騰が始まったのは，加熱を開始してから何分後か。最も適切なものを選びなさい。

ア　2分後　　イ　4分後　　ウ　8分後　　エ　12分後

3　実験(2)，(3)において，試験管B，Dに集めた液体の成分について，正しいことを述べている文はどれか。最も適切なものを次のうちからそれぞれ選びなさい。

ア　純粋なエタノールである。

イ　純粋な水である。

ウ　大部分がエタノールで，少量の水が含まれている。

エ　大部分が水で，少量のエタノールが含まれている。

解答・解説 P224

4 モーターについて調べるために，次の実験(1)，(2)，(3)を順に行った。

(1) 図1のように，エナメル線を巻いてコイルをつくり，両端部分はまっすぐ伸ばして，P側のエナメルは完全に，Q側のエナメルは半分だけをはがした。このコイルをクリップでつくった軸受けにのせて，なめらかに回転することを確認してから，コイルの下にN極を上にして磁石を置きモーターを製作した。これを図2のような回路につないで電流を流した。回路のAB間には，電流の向きを調べるためLED(発光ダイオード)を接続して，この部分を電流がAからBの向きに流れるときに赤色が，BからAの向きに流れるときに青色が点灯するようにした。また，コイルが回転するようすを調べたところ，10回転するのにちょうど4秒かかっていた。

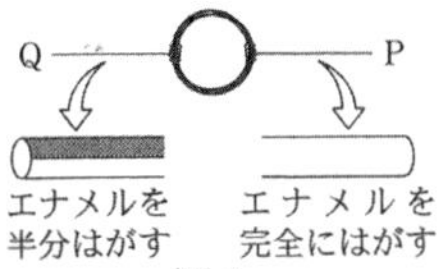

図1

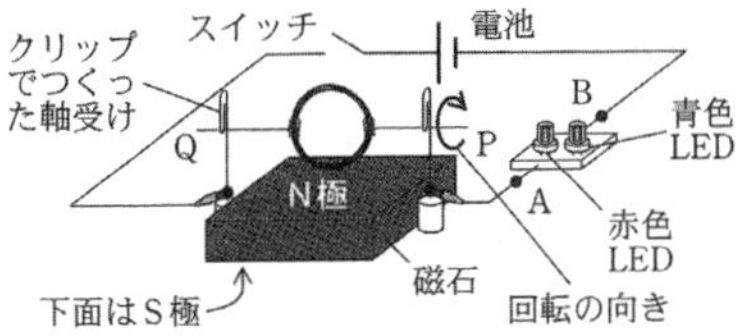

図2

(2) コイルの下にあった磁石を，図3や図4のように位置や向きを変え，それぞれの場合についてコイルが回転する向きを調べた。

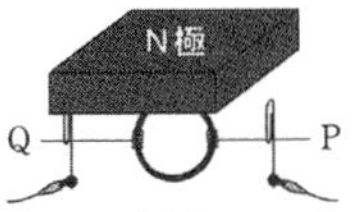

図3

図4

(3) コイルのQ側に半分残していたエナメルを全部はがしてからコイルを固定した。図5のようにコイルのすぐ近くで棒磁石を回転させ，そのときコイルを流れる電流のようすをオシロスコープで調べた。図6は，このときのコイルと棒磁石の位置関係を模式的に表したものである。

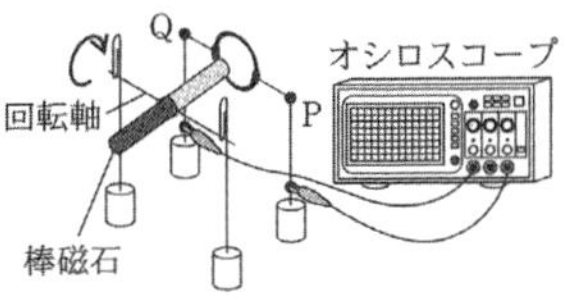

図5

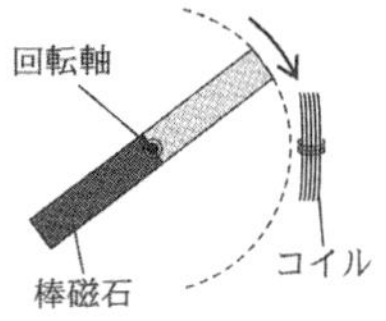

図6

このことについて，次の1，2，3，4の問いに答えなさい。

1 実験(1)において，二つのLEDのようすを説明する文として，最も適切なものはどれか。

ア 赤色のみ点滅し，青色は点灯しない。　イ 赤色は点灯せず，青色のみ点滅する。
ウ 赤色と青色が同時に点滅する。　エ 赤色と青色が交互に点滅する。

2 実験(1)において，1分間あたりのコイルの回転数を求めよ。

3 実験(2)で，図3や図4のように磁石を置いたとき，コイルが回転する向きは，実験(1)のときに対してそれぞれどうなるか。「同じ」または「逆」のどちらかの語で答えなさい。

4 実験(3)において，図6のように棒磁石がコイルの近くをくり返し通り過ぎていく。オシロスコープで観察される波形のようすを示す模式図として，最も適切なものはどれか。

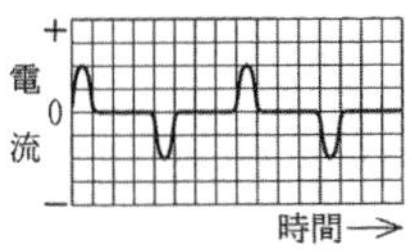

ア

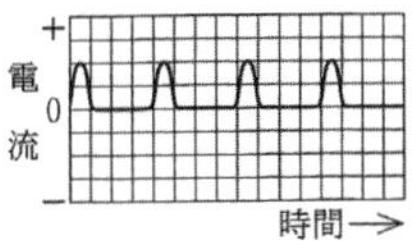

イ

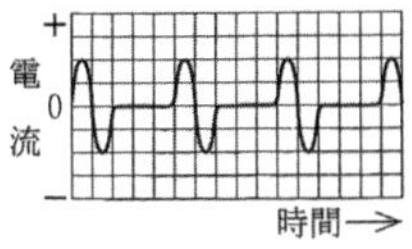

ウ

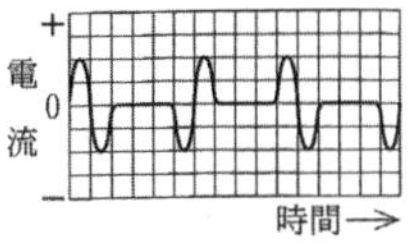

エ

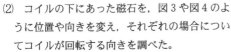

5 日本付近の気圧配置は，夏と冬では大きく異なる。その理由について調べるために，次の実験(1)，(2)，(3)を順に行った。

(1) 図1のように，透明なふたのある容器の中央に線香を立てた仕切りを入れ，その一方に砂を，他方に水を入れた。このときの砂と水の温度を温度計で測定すると，どちらも30℃であった。

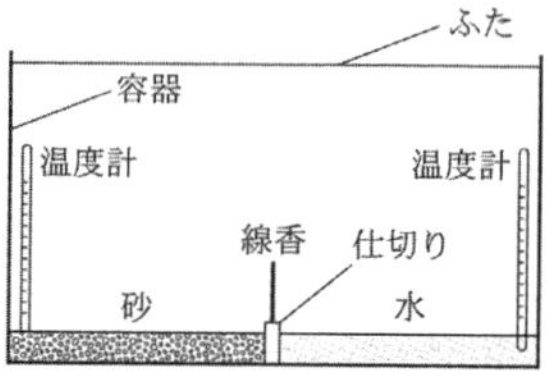

図1

(2) 容器全体をよく日の当たる屋外に10分ほど置き，線香に火をつけたところ，線香の煙によって空気の流れが観察できた。このときの砂の温度は41℃，水の温度は33℃であった。この後，線香を外してから，さらに30分ほど容器を同じ場所に置いた。

(3) 容器全体を日の当たらない室内に移動してしばらくしてから，線香を立てて火をつけたところ，線香の煙の流れる向きが実験(2)と逆になった。

このことについて，次の1，2，3，4の問いに答えなさい。

1 図2のような気圧配置が現れる時期の，栃木県の典型的な天気の説明として，最も適切なものはどれか。

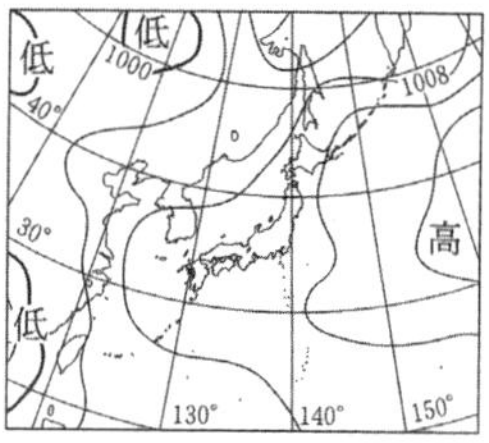

図2

ア 暖かい大気と冷たい大気の境界となり，雨の多い天気が続く。
イ 乾燥した晴れの天気が続く。
ウ 移動性高気圧によって天気が周期的に変化する。
エ 暖かく湿った風が吹き，晴れて蒸し暑い。

2 実験(2)で線香を外した後の，容器内の空気の流れを示した模式図として，最も適切なものはどれか。

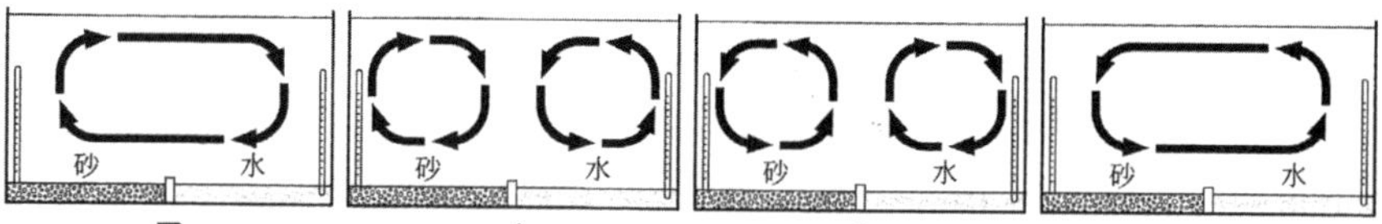

ア　イ　ウ　エ

3 実験(2)，(3)のような結果になったのは，砂と水のある性質の違いによる。その性質の違いを「水の方が砂に比べて」という書き出しで，簡潔に書きなさい。

4 次の［　　］内の文章は，冬の日本付近の気圧配置や気象について述べたものである。①，②，③に当てはまる語の正しい組み合わせはどれか。

冬の日本付近では，大陸の方が海洋より温度が（ ① ）ので，大陸上に（ ② ）が発達し，海洋上の（ ③ ）に向かって強い季節風が吹く。

	①	②	③
ア	高い	高気圧	低気圧
イ	高い	低気圧	高気圧
ウ	低い	高気圧	低気圧
エ	低い	低気圧	高気圧

解答・解説 P224

6 酸とアルカリの反応について調べるために，次の実験(1)，(2)を行った。

(1) 5個のビーカーA，B，C，D，Eを用意し，それぞれに水酸化バリウム水溶液をメスシリンダーで 50 cm^3 ずつはかって入れた。

(2) (1)のビーカーA，B，C，D，Eにうすい硫酸をそれぞれ体積を変えて加え，生じた白色の沈殿《ちんでん》の質量を測定した。下の表は，その結果をまとめたものである。

	A	B	C	D	E
うすい硫酸の体積〔cm^3〕	2.0	4.0	6.0	8.0	10.0
白色の沈殿の質量〔g〕	0.4	0.8	0.9	0.9	0.9

このことについて，次の1，2，3，4の問いに答えなさい。

1 酸とアルカリを混ぜたときに起こる，互いの性質を打ち消し合う反応を何というか。

2 実験(1)において，メスシリンダーで水酸化バリウム水溶液をはかろうとしたところ，右の図のようになった。50 cm^3 にするためには，さらに水酸化バリウム水溶液を何 cm^3 加えればよいか。

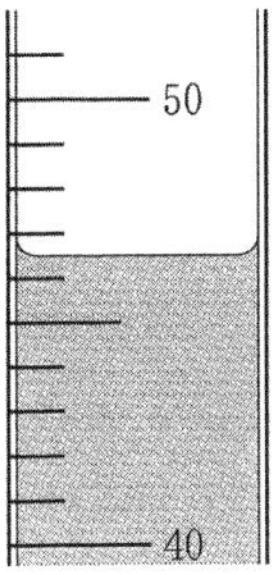

3 実験(2)のビーカー内で起こる変化は，化学反応式で次のように表される。①，②に当てはまる物質の化学式をそれぞれ書きなさい。

$$H_2SO_4 + Ba(OH)_2 \longrightarrow (\ ①\ ) + 2(\ ②\ )$$

4 実験(2)において，加えたうすい硫酸の体積と生じた白色の沈殿の質量との関係を表すグラフをかきなさい。

7 物体がもつエネルギーについて調べるために，次の実験(1)，(2)，(3)，(4)を順に行った。

(1) 図1のように，水平な床に木片を置き，糸とばねばかりを取り付け，手で引いて木片を 20 cm 動かした。

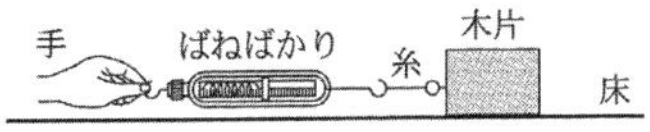

図1

(2) 図2のように，うすいレール上に木片を置き，レール上の点Pから小球をはなして木片に衝突させた。点Pの高さを 5 cm にして，質量 50 g の小球A，100 g の小球B，150 g の小球Cを衝突させたときの木片の移動距離をそれぞれ測定した。このとき，小球や木片はレールから外れなかった。

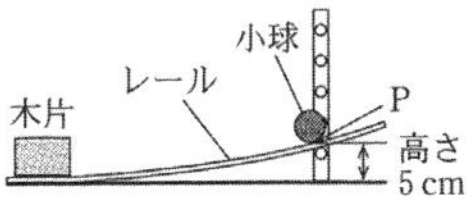

図2

(3) 点Pの高さを 10 cm，15 cm，20 cm，25 cm に変え，それぞれ実験(2)と同様の測定を行った。図3は，その結果から，点Pの高さと木片の移動距離との関係をグラフに表したものである。

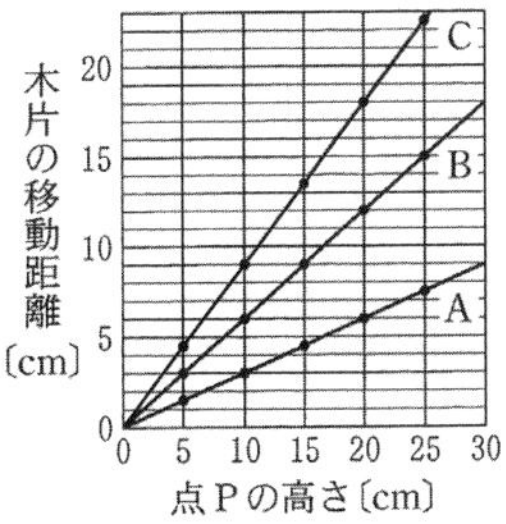

図3

(4) 木片を取り除き，図4のようにレールの端点Qを少し高くした。点Pの高さを 25 cm にして，そこから小球Aを静かにはなしたところ，レール上を動いて点Qから飛び出し，最高点Rを通過した。

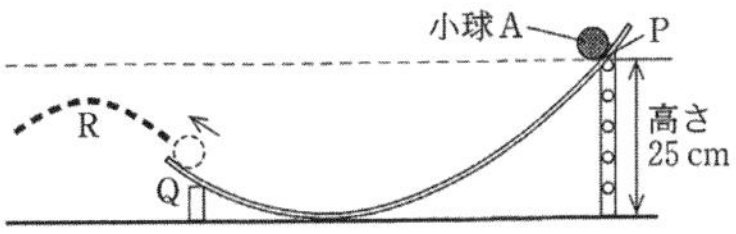

図4

このことについて，次の1，2，3の問いに答えなさい。

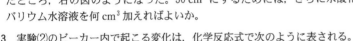

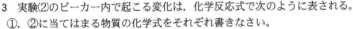

1　実験(1)で木片を引く間，ばねばかりは常に2Nを示していた。木片が受けた仕事は何Jか。

2　点Pの高さを20 cmにして，質量75 gの小球を点Pからはなし，実験(2)と同様の測定をするとき，木片の移動距離として最も適切なものは次のうちどれか。

ア　3 cm　　**イ**　9 cm　　**ウ**　15 cm　　**エ**　21 cm

3　小球がもつ力学的エネルギーは保存されるが，点Qから飛び出した後，到達する最高点Rの高さは点Pよりも低くなる。その理由として，最も適切なものは次のうちどれか。ただし，摩擦《まさつ》や空気の抵抗は考えないものとする。

ア　小球は，点Rで運動エネルギーをもつから。
イ　小球は，点Rで位置エネルギーをもつから。
ウ　小球は，点Rでは運動エネルギーをもたないから。
エ　小球は，点Rでは位置エネルギーをもたないから。

8　図1は，ある年の1か月間に日本付近で発生した地震のうち，マグニチュードが2以上のものの震源の位置を地図上に示したものである。震源の深さによって印の濃さと形を変え，マグニチュードが大きいものほど印を大きくして表している。

このことについて，次の1，2，3の問いに答えなさい。

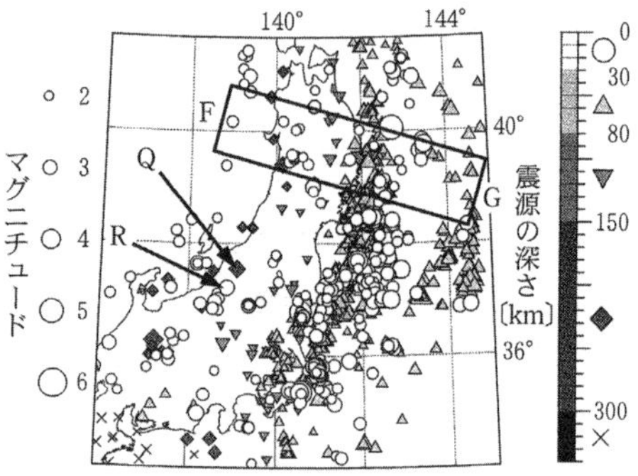

図1(「気象庁震源カタログ」より作成)

1　図1の領域F—Gにおける断面での震源の分布のようすを「•」印で模式的に表したものとして，最も適切なものはどれか。

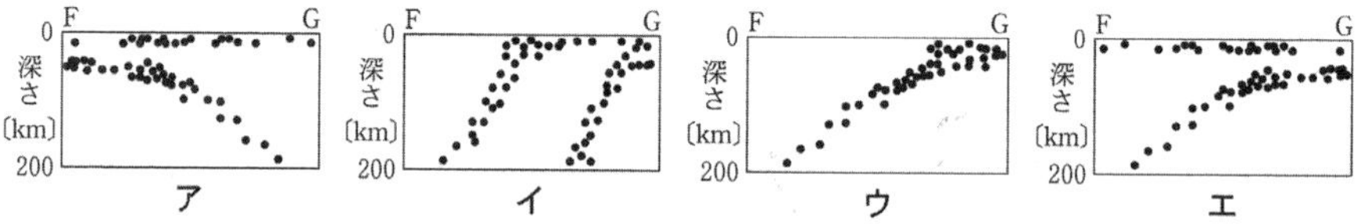

2　図1の震源Qで発生した地震と，震源Rで発生した地震とは，震央が近く，マグニチュードはほぼ等しいが，観測された地震のゆれは大きく異なった。どちらの震源で発生した地震の方が，震央付近での震度が大きかったと考えられるか，理由を含めて簡潔に書きなさい。

3　ある地震が発生し，図2の「•」印のA，B，C各地点でゆれを観測した。下の表は，各地点に地震の波が到達した時刻と，そこから推定された震源からの距離をまとめたものである。この地震の震央として最も適切なものは「×」印の**ア**，**イ**，**ウ**，**エ**のうちどれか。また，その震源の深さは何kmか。ただし，地震の波は直進し，地表も地下も一定の速さで伝わるものとする。

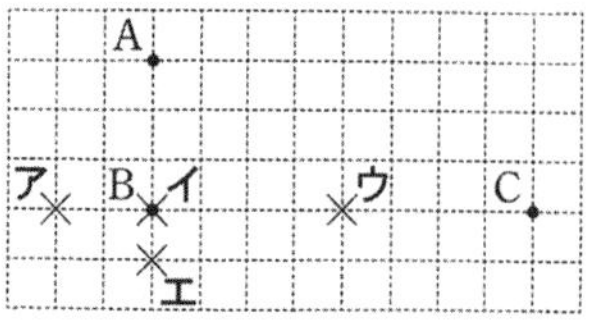

図2(方眼の1目盛りは10 km)

	P波到達時刻	S波到達時刻	震源からの距離
A	5時20分47.7秒	5時20分52.5秒	50 km
B	5時20分46.2秒	5時20分50.0秒	40 km
C	5時20分53.7秒	5時21分02.3秒	89 km

解答・解説 P224

9 植物のはたらきについて調べるために，次の実験(1)から(5)を順に行った。

(1) 青色のBTB溶液にストローで息を吹き込んで緑色のBTB溶液をつくり，4本の試験管に入れ，試験管A，B，C，Dとした。

(2) 試験管A，Bは，空気が入らないように注意しながらそのままゴム栓《せん》をした。

(3) 試験管C，Dには，同じ長さのオオカナダモを入れ，空気が入らないように注意しながらゴム栓をした。

(4) 試験管B，Dを，アルミニウムはくで完全におおった。

図1は，このときの4本の試験管について，その中のようすがわかるように模式的に表したものである。

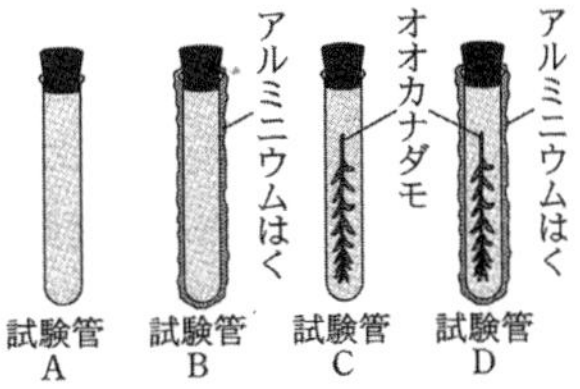

図1

(5) 試験管A，B，C，Dに十分に光を当て，溶液の色を調べた。下の表は，その結果をまとめたものである。また，このとき試験管Cでは，オオカナダモの葉から気泡がさかんに発生していることが観察された。

	A	B	C	D
溶液の色	緑	緑	青	黄

このことについて，次の1，2，3，4の問いに答えなさい。

1 試験管A，Bを用意したのは，試験管C，Dで見られた溶液の色の変化が，次のどれによることを確かめるためか。

ア オオカナダモ　イ 吹き込んだ息　ウ BTB溶液　エ 光

2 次の［　　］内の文章は，実験(5)について，試験管Cで起きたことについて述べたものである。①，②，③に当てはまる語をそれぞれ(　　)の中から選んで書きなさい。

> 気泡に多く含まれている気体は①(酸素 ・ 二酸化炭素)である。また，溶液中の②(酸素 ・ 二酸化炭素)が③(減少 ・ 増加)したため，溶液が青色になった。

3 次のうち，実験(1)から(5)によってわかることはどれか。

ア 呼吸には酸素が必要なこと　イ 光合成には二酸化炭素が必要なこと
ウ 光合成には光が必要なこと　エ 明るいところでは呼吸をしていないこと

4 図2は，地球全体における大気中の二酸化炭素濃度の変化を表しており，図3は，2010年における世界の森林分布を示している。これらを参考にして，4月から8月にかけて二酸化炭素濃度が減少している理由を簡潔に書きなさい。

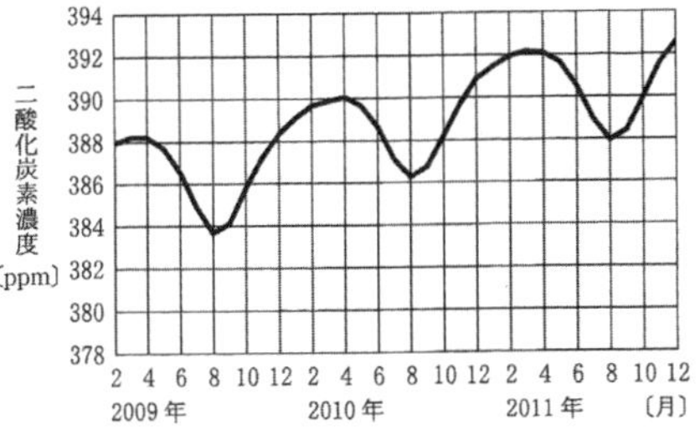

図2

(「温室効果ガス世界資料センターWebサイト」により作成)

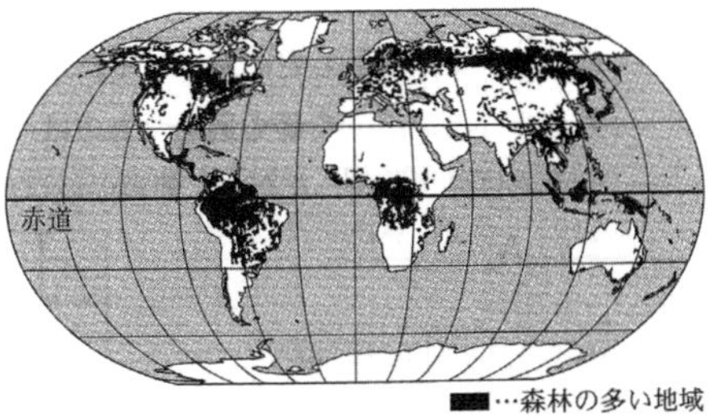

図3

(「国際連合食糧農業機関Webサイト」により作成)

平成31年度
3月6日実施

栃木県立高校入試　問題

英　語

制限時間 50分

1　これは聞き方の問題である。指示に従って答えなさい。

1 〔英語の対話とその内容についての質問を聞いて，答えとして最も適切なものを選ぶ問題〕

(1)　ア　イ　ウ　エ

(2)　ア　イ　ウ　エ

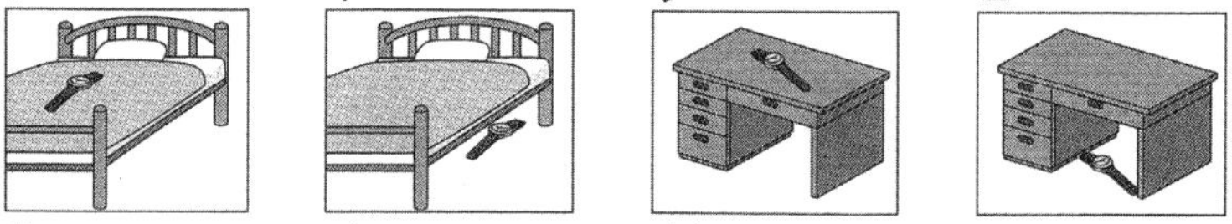

(3)　ア　イ　ウ　エ

2 〔英語の対話とその内容についての質問を聞いて，答えとして最も適切なものを選ぶ問題〕

(1)　①　ア　Places to visit.　　イ　Nice pictures.
　　　　ウ　Historical things.　　エ　Things to buy.
　　②　ア　The castle.　　イ　The museum.
　　　　ウ　The kimono shop.　　エ　The bookstore.

(2)

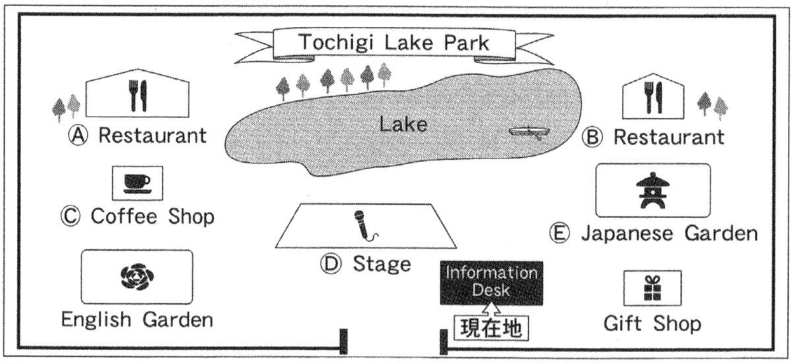

①　ア　English Garden　→　Ⓐ　→　Ⓓ　→　Ⓒ　→　Gift Shop
　　イ　English Garden　→　Ⓐ　→　Ⓔ　→　Ⓒ　→　Gift Shop
　　ウ　English Garden　→　Ⓑ　→　Ⓓ　→　Ⓐ　→　Gift Shop
　　エ　English Garden　→　Ⓑ　→　Ⓔ　→　Ⓐ　→　Gift Shop

②　ア　He will call the restaurant near the coffee shop.
　　イ　He will call the restaurant near the Japanese Garden.
　　ウ　He will visit the gift shop near the Information Desk.
　　エ　He will visit the English Garden near the coffee shop.

3 〔インタビューを聞いて，英語で書いたメモを完成させる問題〕

- John believes (1)(　　　　　　　) is important.
- The team had a meeting every (2)(　　　　　　).
- Ken broke his (3)(　　　) and couldn't play.
- Ken's (4)(　　　　) supported the team.
- All the members of the team are needed.

解答・解説 P227

2 次の1，2の問いに答えなさい。

1 次の英文中の [(1)] から [(6)] に入れるものとして，下の(1)から(6)のア，イ，ウ，エのうち，それぞれ最も適切なものはどれか。

My dream [(1)] to work at a zoo because I like animals. I think pandas are the [(2)] of all animals in the world. We can [(3)] them at Ueno Zoo in Japan, but in China, there are many pandas. Someday I want to go there to [(4)] time with them and learn about pandas. However, I have never [(5)] to China. So I will study Chinese [(6)] this summer vacation.

	ア	イ	ウ	エ
(1)	am	is	are	were
(2)	cute	as cute as	cuter than	cutest
(3)	see	saw	seen	seeing
(4)	leave	save	spend	watch
(5)	be	to be	been	being
(6)	during	while	since	between

2 次の(1)から(3)の(　　)内の語句を意味が通るように並べかえて，(1)と(2)はア，イ，ウ，エ，(3)はア，イ，ウ，エ，オの記号を用いて答えなさい。ただし，文頭にくる語も小文字で示してある。

(1) (ア writing イ was ウ a letter エ my sister) in English.

(2) Ms. Brown (ア her students イ go ウ told エ to) to the gym.

(3) (ア of イ who ウ care エ will オ take) the dog?

3 次の英文は，綾子(Ayako)とペルー(Peru)からの留学生カミラ(Kamila)が，民族音楽のコンサートに行った帰りにした，カホン(*cajon*)についての対話の一部である。これを読んで，1，2，3，4の問いに答えなさい。

Ayako: I enjoyed today's concert, Kamila. I especially loved the sound of the guitars.

Kamila: Did you? I loved it(1) too.

Ayako: Kamila, I have a question. One player sat on a box. He hit it with his hands and fingers, and sometimes (　A　) it. Do you know what the box is?

Kamila: Oh, it is a popular instrument in Peru. It is called *cajon*. *Cajon* means "box" in Spanish.

Ayako: He was sitting on it, so I thought it was a (　B　) at first.

Kamila: *Cajon* is a kind of *percussion instrument, and we sit on it when we play it. There is a large *hole in the back of *cajon*, and the sound comes from it.

Ayako: Really? I couldn't see the hole. Is it a new instrument?

Kamila: No, it isn't. *Cajon* has a history. In the old days, *slaves in Peru loved music, but they *were not allowed to have any instruments. [　　　　　　　　]
In this way, *cajon* was born.

Ayako: I see. Is it easy to play it?

Kamila: Yes, it is. We can make sounds with our hands, fingers and *heels.

Ayako: That's nice! By the way, why do you know about *cajon* well?

Kamila: My grandmother told me this. Now I think it is very important to know about our own history and culture. I want to travel around the world and tell many people about my country in the future.

Ayako: Wow, you have a wonderful dream!(2) Kamila, I want more people around the world to know about Japan. I should learn more about my country.

〔注〕 *percussion instrument＝打楽器　*hole＝穴　*slave＝奴隷《どれい》
*be not allowed to ～＝～することが許されない　*heel＝かかと

1 下線部(1)は何を指すか。具体的に日本語で書きなさい。

2 本文中の(A), (B)に入る語の組み合わせとして，最も適切なものはどれか。

ア A：kicked — B：drum　イ A：pulled — B：drum
ウ A：kicked — B：chair　エ A：pulled — B：chair

3 本文中の [　　　　] に入る以下の三つの文を，意味が通るように並べかえて，記号を用いて答えなさい。

ア They started to use them for their music.
イ Then they found boxes made of wood.
ウ So they looked for something to play.

4 下線部(2)の指す内容は何か。具体的に日本語で書きなさい。

4 次の1，2の問いに答えなさい。

1 英語の授業で，海外からの観光客に，自分の町を紹介する英文を作ることになった。下の [　　　　] は，そのために作成した日本語のメモである。[　　　　] 内の(1)，(2)に適切な英語を入れなさい。

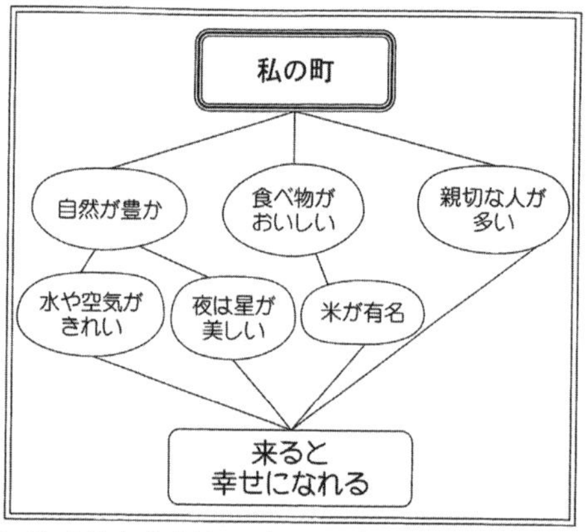

My Town

I really like my town. It has some good points. First, my town is rich in nature. Here, ＿＿(1)＿＿. Also, the stars are beautiful at night. Second, the food is delicious. My town is famous for its rice. Third, ＿＿(2)＿＿. I'm sure you will be happy if you come to my town.

2 次の絵と英文は，ジェーン(Jane)と華(Hana)が会話をしている様子を表したものである。下の(1)，(2)の問いに答えなさい。

Jane: I am so hungry. It's around noon. [　①　]
Hana: Yes, let's. I'm hungry too.
～10 minutes later～
Hana: I brought rice balls today.
Jane: Wow! They look delicious. I made some sandwiches. [　②　]
Hana: Yes. Thank you! Then I will give you one of my rice balls.
Jane: Oh, thank you. By the way, we usually have *school lunch. Which do you like better, *box lunch or school lunch?

解答・解説 P227

〔注〕 *school lunch＝給食　　*box lunch＝弁当

(1) 絵を参考に，二人の会話が成り立つよう，[　①　]，[　②　] に適切な英文を入れなさい。

(2) 下線部の質問に対してあなたが答えるとき，その答えと理由を，つながりのある **5 文程度**の英語で書きなさい。

5 絵美(Emi)と姉の友子(Tomoko)についての次の英文を読んで，1，2，3，4の問いに答えなさい。

My name is Emi. I'm a third-year student in junior high school. My sister, Tomoko, is a high school student. She is very smart, and she is also good at sports. She can do everything better than me. She is perfect. So, I didn't like her until my last *marathon race.

I didn't like the marathon race at my junior high school, because I was always the last runner. One day, I said to my mother and Tomoko, "I won't go to the marathon race this year." My mother said, "Why? This is the last year. You should go." I answered, "I think I will be last again." Then Tomoko said, "Well..., I have (1)an idea. I think we can run every morning, Emi. You still have two weeks before the marathon race." I said, "Run every morning for two weeks with you? I don't want to do that." "Do you want to be last again, Emi? I'll run with you. You'll be all right." "Are you sure? OK. I'll try," I answered.

From the next morning, we started to run. I couldn't run so fast, but Tomoko always ran with me and talked about a lot of things: her school life, her friends and our *childhood memories. Little by little, I began to enjoy running with Tomoko. One day, Tomoko said to me, "When we went to the zoo with our parents about ten years ago, we *got lost. Do you remember that? I was so tired that I stopped walking, and then you looked at me and pulled my hand." "Did I?" I asked. "Yes, you did. You walked with me and we could find our parents. I was so happy."

Finally, the day of the marathon race came. At the *starting line, I wanted to run away. Then I found Tomoko. She said, "Emi, you have practiced every morning, so [　　　　　] the last runner. You can do it!" I *breathed deeply.

"Ready, go!" I ran and ran..., but the other students were faster than me. I didn't see any runners behind me. I was so tired and almost gave up. Suddenly, in front of me, a student fell on the ground. I thought, "I won't be the last runner!" Then I remembered the childhood memory. I stopped, *reached out my hand and pulled the student's hand. I ran with her and we reached the *goal together.

When I came home, I said to Tomoko, "I was the last runner again. I'm sorry." "Oh, don't say that. I'm proud of you. Everyone gave you a big hand. They were moved by your kind action. I think the true winner in life is the person who can care about others. (2)For me, you are the winner." "Am I? Then, you are also the winner, Tomoko. You got up early and ran with me every morning. You always care about me!" Tomoko and I *hugged each other.

〔注〕 *marathon race＝長距離走大会　　*childhood memory＝子どもの頃の思い出
*get lost＝迷子になる　　*starting line＝スタートライン　　*breathe＝呼吸する
*reach out～＝～を差し伸べる　　*goal＝ゴール　　*hug＝抱きしめる

1 下線部(1)の指す内容は何か。具体的に日本語で書きなさい。

2 本文中の [　　　　　] に，適切な英語を **3 語または 4 語**で書きなさい。

3　次の [　　　] が，友子が下線部(2)と言った理由となるように，(　　　)に適切な日本語を書きなさい。

> 友子は，(　　　　　　　　　　　　　　　　　　　)だと考えていて，
> 絵美の行動がそれにふさわしいと思ったから。

4　本文の内容と一致するものはどれか。二つ選びなさい。

ア　Emi didn't like Tomoko before the marathon race because Tomoko was perfect.
イ　Tomoko gave up running with Emi because Emi couldn't run fast.
ウ　Emi couldn't find Tomoko before the marathon race started.
エ　Emi stopped running to help the student in the marathon race.
オ　Tomoko was happy because Emi got the first prize in the marathon race.
カ　Tomoko said that getting up early was important to win the marathon race.

6　クモ(spider)についての次の英文を読んで，1，2，3，4の問いに答えなさい。

Do you like spiders? Most of you will answer, "No." You may be scared when a spider appears suddenly. You may think spiders are dangerous and want to get away from them. But wait a minute! Spiders are〔　　　〕*creatures.

You know spiders make *webs. The webs are made of *spider silk and can catch many things. Have you ever seen webs covered with *water drops? Yes, spider silk can catch water in the air. Scientists have studied the great power of spider silk. They thought it would be a solution to water problems. In some parts of the world, people don't get enough water. If they make something like spider silk, it will help people living in such places.

Spider silk is very *thin, so we think it is weak. [ア] However, it is so strong, light and *elastic that we want to use it for clothes. But collecting a lot of spider silk is difficult. [イ] So, scientists have found ways to make *artificial spider silk. [ウ] The clothes have become stronger and lighter. [エ] In addition, the artificial spider silk is good for the earth and our future. We must use oil to make other artificial *fibers, but we don't have to depend on oil to make artificial spider silk. If we use it, we can save oil. Like this, from spiders, we can learn some ways to live in the future.

You have found that spiders have〔　　　〕powers. Now, can I ask the same question again? Do you like spiders?

〔注〕 *creature＝生き物　*web＝クモの巣　*spider silk＝クモの糸
*water drop＝水滴　*thin＝細い　*elastic＝伸縮性がある
*artificial＝人工の　*fiber＝繊維

1　本文中の〔　　　〕に共通して入る語を選びなさい。

ア　joyful　イ　amazing　ウ　careful　エ　boring

2　下線部の，科学者たちが考えた解決策とはどのようなことか。次の [　　　] 内の①，②に適切な日本語を書きなさい。

> (　　①　　)ことのできるクモの糸が持つ力を使って，(　　②　　)人々を助けること。

3　本文中の [ア] から [エ] のいずれかに次の1文が入る。最も適切な位置はどれか。

> By using this, some companies are making wonderful clothes.

4　本文の内容と一致するものはどれか。

ア　We think spiders always appear in dangerous places.
イ　Spider silk can get water and make oil from the earth.
ウ　We should buy the clothes made by spiders to save the earth.
エ　Spiders may give us several ideas to live in the future.

解答・解説 P227

英　語　問　題 1 〔聞き方〕　（平 31）

〔注意〕1　問題を読む速さなどについては，台本の指示によること。

2　台本は 11 分程度で読み終わること。ただし，騒音などで支障のある場合には，臨機の処置を取り，他の組との公平を失しないようにすること。

3　問題は受検者全員によく聞こえるように読むこと。その際，監督者の一人は教室の後ろにいて確認すること。

4　台本を読むテスターの位置は，正面黒板の中央すぐ前とすること。

台　本	時　間
これから聞き方の問題に入ります。問題用紙の四角で囲まれた 1 番を見なさい。問題は 1 番，2 番，3 番の三つあります。 最初は 1 番の問題です。問題は(1)から(3)まで三つあります。英語の対話とその内容についての質問を聞いて，答えとして最も適切なものをア，イ，ウ，エのうちから一つ選びなさい。対話と質問は 2 回ずつ言います。 では始めます。　〔注〕(1)はカッコイチと読む。以下同じ。斜字体で表記された部分は読まない。 (1)の問題です。　*A*: I'll go to the sea with my family tomorrow. *B*: Sounds nice. It is raining hard now, but the news says it will be cloudy tomorrow. *A*: Oh, really? I hope it will be sunny. 質問です。　*Q*: What does the news say about tomorrow's weather?　（約 5 秒おいて繰り返す。）（ポーズ約 5 秒） (2)の問題です。　*A*: Tom, I found your watch under your bed. *B*: Thank you, Mother. Where is it now? *A*: It's on your desk. 質問です。　*Q*: Where did Tom's mother find his watch?　（約 5 秒おいて繰り返す。）（ポーズ約 5 秒） (3)の問題です。　*A*: Excuse me. I want to buy a present for my sister. *B*: How about these dolls? The large dolls are 28 dollars and the small dolls are 10 dollars. *A*: I have only 20 dollars. My sister will like this one with a hat. I'll take this. 質問です。　*Q*: Which doll will the woman buy for her sister?　（約 5 秒おいて繰り返す。）（ポーズ約 5 秒）	（1　番） 約 3 分
次は 2 番の問題です。問題は(1)と(2)の二つあります。英語の対話とその内容についての質問を聞いて，答えとして最も適切なものをア，イ，ウ，エのうちから一つ選びなさい。質問は問題ごとに①，②の二つずつあります。対話と質問は 2 回ずつ言います。 では始めます。　〔注〕(1)はカッコイチ，①はマルイチと読む。以下同じ。斜字体で表記された部分は読まない。 (1)の問題です。　*Mika*: Hi, Peter. What are you reading? *Peter*: Hi, Mika. I am reading the travel magazine about this city. Next week, my parents will come to Japan, so I am looking for places to go with them. *Mika*: That's nice. What are they interested in? *Peter*: Well, they are interested in the history and culture of Japan. *Mika*: Have you visited the old castle? It's very famous. *Peter*: Yes, we have visited it before. *Mika*: Then, how about the city museum? You can see many historical things there and you can also wear kimonos. A lot of people from other countries enjoy taking pictures of themselves. *Peter*: Wow, that's interesting. We will go to the museum. Thank you very much. *Mika*: You're welcome. ①の質問です。　What is Peter looking for?　（ポーズ約 3 秒） ②の質問です。　Where will Peter and his parents go?　（約 5 秒おいて繰り返す。）（ポーズ約 5 秒） (2)の問題です。　*A girl*: Excuse me, are you working here? *Brian*: Yes, I'm Brian. This is the Information Desk. May I help you? *A girl*: Oh, yes. I lost my wallet in this park. I went to the gift shop and found that I didn't have my wallet. *Brian*: Will you tell me where you went today? *A girl*: First, I visited the English Garden. Next, I had lunch at the restaurant near the Japanese Garden. *Brian*: OK. And…? *A girl*: Well…. Then, I went to the stage to see a show. During the show, I enjoyed dancing with the dancers. They taught me how to dance. It was fun. I got very thirsty, so I went to the restaurant. *Brian*: And you bought something to drink there. *A girl*: Yes! I had a glass of orange juice before I visited the gift shop. I'm sure my wallet is at the restaurant. *Brian*: You mean the restaurant near the Japanese Garden, right? *A girl*: No, no. It's near the coffee shop. *Brian*: OK. Wait a minute. I'll call the restaurant. *A girl*: Thank you, Brian. ①の質問です。　How did the girl get to the gift shop?　（ポーズ約 3 秒） ②の質問です。　What will Brian do next?　（約 5 秒おいて繰り返す。）（ポーズ約 5 秒）	（2　番） 約 5 分
次は 3 番の問題です。あなたは英語で学校新聞を作るために，サッカー部のキャプテンであるジョン(John)にインタビューをしています。そのインタビューを聞いて，英語で書いたメモを完成させなさい。英文は 2 回言います。 では始めます。 *Interviewer*: John, you had a wonderful game yesterday. *John*: Thank you. *Interviewer*: We are happy to hear that you won the game. What was the point? *John*: Teamwork! I believe teamwork is very important in soccer. Every Friday we had a meeting after practice, so we could understand each other better. That made our teamwork stronger. An important member of our team, Ken, broke his leg and couldn't play in the game. Before the game started, we told Ken that we would win. During the game, we could hear his voice clearly, and we felt we played the game with him. His voice supported us a lot. We never gave up and finally we won! We said to Ken, "Thank you so much for your help." I learned all the members of our team are needed. （約 5 秒おいて）繰り返します。（1 回目のみ）　（ポーズ約 5 秒）	（3　番） 約 3 分

5　次の図は、ひさしの変化についてまとめたものである。[　　]に当てはまる最も適切な箇所を本文中から三十字で抜き出し、初めと終わりの五字を書きなさい。

◎ひさしの変化が読み取れる主な箇所
・悪いような気がしてきて、途中でやめた。
・妬ましさとさびしさは、ひさしにはちょっと類のないものであった。
・[　　　　　　　　]
↓
ひさしの成長

6　この文章の表現上の特徴として最も適切なものはどれか。

ア　母親とひさしそれぞれの視点から場面を描くことで、父親への思いを対比的に表現している。

イ　母親の行動を丁寧に描写することで、母親のひさしや夫に対する思いを間接的に表現している。

ウ　過去の場面にのみ会話文を使用することで、かつての母親とひさしの心の交流を表現している。

エ　隠喩表現を効果的に用いることで、母親とひさしに対する父親の心情を象徴的に表現している。

5

Aさん、Bさん、Cさん、Dさんの四人が下のグラフを見ながら、会話をしている。四人の会話とグラフを参考にして、「自分の意見を伝える」ということについてあなたの考えを書きなさい。

Aさん　「自分の意見を相手に伝えるのは難しいよね。」
Bさん　「うん、そうだね。グラフを見てみると、積極的に意見を伝える人と消極的な人は同じくらいの割合だね。私は自分の意見を積極的に言う方だな。普段から、相手に伝わる表現を使うようにしているんだ。」
Cさん　「私は自分の意見を伝えることには消極的な方かな。だから相手との人間関係を意識して、相手にどうしたら伝わりやすいか気を付けているよ。」
Dさん　「グラフをよく見ると、『場合によると思う』という人もいるね。」
Aさん　「どのように自分の意見を伝えるかは人それぞれの考えがあるんだね。」

《注意》
・自分の考えとその理由を明確にして書くこと。
・自分の体験を踏まえて書くこと。
・国語解答用紙(2)に二百四十字以上三百字以内で書くこと。

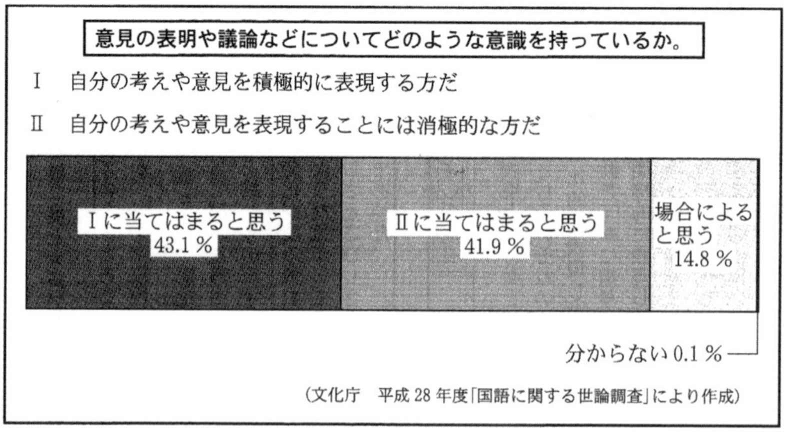

意見の表明や議論などについてどのような意識を持っているか。

分からない 0.1％
（文化庁　平成28年度「国語に関する世論調査」により作成）

母親は、お堂の縁側にひさしを坐《すわ》らせると、今度は(2)自分が脱いだコートをまた頭から被らせて、からだに巻きつけてやった。

「達磨《だるま》さんになって、待っておいで。」

そう言い置いてひさしの前を離れた。馴《な》れた足どりで境内の一隅に行くと、草履《ぞうり》を脱いだ。白い足袋《たび》をとってその上に置いた。

何が祀《まつ》ってあるのかはひさしには分らないのだが、かなり大きな石像の前に跪《ひざまず》いて一礼した母親は、それから何ごとかを唱えながら、決まっているらしい石の道を一《ひ》と廻《めぐ》りした。一礼するとまた唱えごとをしては一と廻りする。

ウ

ひさしは初めのうち、一回、二回と数えていたが、そうして待つのは母親に対しても、また、母親が願いごとをしている何かに対しても悪いような気がしてきて、途中でやめた。母親の唱える声は、気のせいかしだいに強くなり、石の上を廻る速度も少しずつ早くなっていくように見える。ひさしは、母親の足の裏から、血が出ていはしないかと心配であった。

自分の起きる前に、母親は(3)毎朝こうしていたのだと思うと、自分には分らないところで生きている時間の母親は他家《たけ》の人のような気もするのであるが、いちばん気味悪いのは、母親をそうさせてしまう何かで、その何だか知れないものに、母親が逆らうことも出来ずに連れ出されて行く妬ましさとさびしさは、ひさしにはちょっと類のないものであった。

エ

明け方の世界にひとり見放されたかという、来る時の心細さは、帰り道ではほとんどなくなっていた。しかし、家の者がまだ寝ているうちに家を抜け出して、他家の人のようになってお百度参りをする母親を目にしたひさしは、もう、それを知らないうちのひさしに戻るわけにはいかなかった。これはひさし自身にも、どうにもならないことであった。

行きには誰とも会わなかった道で、帰りには、荷馬車と擦れ違った。自転車の人に追い抜かれ、(注3)大八車を引く頬被りの人にも会った。鍬《くわ》を担《かつ》いだ農夫は、擦れ違う時、お早《はよ》うございますと言ってひさし達に頭を下げた。ひさし達も、お早うございますと言って頭を下げた。

(竹西寛子「虚無僧《こむそう》」〈集英社〉から)

(注1) 頬被り=頬を隠すように頭から手ぬぐいや布などをかぶること。

(注2) 願かけ=自分の願いの実現を神仏に頼むこと。特定の物を食べない断食《だんじき》(断ち物)やお百度参りなど、祈願のためには様々な方法がある。

(注3) 大八車=荷物を運ぶ大きな二輪車。

1 (1)「どうしたの!」と言ったときの母親の様子として最も適切なものはどれか。

ア 涙を流し自分を呼ぶひさしの声を聞き悲しみ嘆いている。

イ ついて来ないという約束を破ったひさしに困惑している。

ウ 家にいるはずのひさしが目の前にいて気が動転している。

エ 楽しみの時間を邪魔されたことに気付き悔しがっている。

2 「短いような、長いような時間が過ぎた。」という一文は、大きく場面が転換する位置に入る。この一文が入る最も適切な位置は、本文中の ア ～ エ のうちどれか。

3 (2)自分が脱いだコートをまた頭から被らせて、からだに巻きつけてやった とあるが、ここには母親のどのような思いが表れているか。

ア ひさしには暖かくして縁側に坐ったまま待っていてほしい。

イ ひさしには得体のしれないものから遠ざかっていてほしい。

ウ ひさしには裸足《はだし》で歩く自分の痛々しい姿を見てほしくない。

エ ひさしには二度と大声で自分のことを呼んでほしくない。

4 (3)毎朝こうしていた とあるが、ひさしは母親がどうしていたことを知ったのか。二十字以内で書きなさい。

解答・解説 P232

3 本文中の[A]、[B]に入る語の組み合わせはどれか。

ア A 自然 B 人工
イ A 意識 B 無意識
ウ A 動物 B 植物
エ A 非言語 B 言語

4 (3)人間同士の関係性の希薄化について、次の(Ⅰ)、(Ⅱ)の問いに答えなさい。

(Ⅰ) 人間同士の関係は、かつてどのようにして築かれたと筆者は考えているか。四十字以内で書きなさい。

(Ⅱ) 人間同士の関係性が希薄化したきっかけを筆者はどのように考えているか。最も適切なものを選びなさい。

ア 各都市で貨幣を統一し都市住民の行動範囲を狭めたこと。
イ インターネットの普及でコミュニティが弱体化したこと。
ウ 経済の発展により人々の生活が便利で豊かになったこと。
エ 自然の脅威が及ぶことのない都市で生活をし始めたこと。

5 段落の関係について説明したものとして最も適切なものはどれか。

ア ③段落は、①、②段落で提起した問題に対する筆者の見解を述べ、それ以降の論点を提示している。
イ ④段落は、②、③段落で提起した新たな問題に対して、筆者独自の視点から解決策を提示している。
ウ ⑥段落は、④、⑤段落の抽象的な内容を具体的に言い換えたうえで、補足的説明を付け加えている。
エ ⑦段落は、⑤、⑥段落で示された内容を一般化したうえで、新たな視点から別の問題を提起している。

4 次の文章を読んで、1から6までの問いに答えなさい。

〔早朝、人目を避けて家から出かけていく母親に気付き、ひさしはひそかにその後をつけた。しかし、ついて行くのに精一杯で母親を見失ってしまいそうになる。〕

明け方の世界にひとり見放されて、何もかも滅《め》茶《ちゃ》滅《め》茶《ちゃ》になってゆきそうなのがたまらなくなり、自分でもおぼえず母親を呼んだ時には、心にもあらず涙声になっていた。

(1)「どうしたの！」

という母親の声は、やさしくは響かなかった。むしろ叱りつけられたようにひさしには感じられた。

母親のおどろきがあまりにも強くて、叱りつける声ででもなければ鎮《しず》まらない程のものだということを理解するには、ひさしはまだ幼な過ぎた。しかし、子供が、寒い朝、しかも学校へ行く前にこんな所まで出て来てはいけないと畑の中で白い息を吐き続ける母親に、ひさしは少しも靡《なび》かなかった。

ひさしの態度に母親は諦めたのか、自分のショールをとって、ひさしに頬被《ほおかぶ》り(注1)させると、ひさしの肩を抱えるようにして歩き出した。それから、行き先はお地蔵様のお堂で、それは父親の病気が一日も早く癒《いえ》るように、もう何日も前から続けているお百度参りのためであることなどを、順々に話して聞かせた。

[ア]

ひさしはその時になって、この頃母親が肉も魚も食べなくなっていたのは、願かけ(注2)のためだったということも初めて知らされた。これはお母さんがすればよいので、ひさしが真似《まね》をするのはよくないとも母親は言った。

畑を通り抜けた所に、その地蔵堂はあった。民家が寄り合っている場所なので、気をつけていないと素通りしかねない入口である。ひさしには、境内に入ってからの広さが意外であった。

[イ]

3 次の文章を読んで、1から5までの問いに答えなさい。①～⑨は形式段落の番号である。

① 海や土と関わりながら生産者が生きる場がふるさとであり田舎だとすれば、海や土との関わりを絶って生きる消費者はふるさと難民であり、その場は程度の差こそあれ都会的だといえる。

② (1)生命のふるさとから離れて生きることの問題はどこにあるか。

③ それは「生命体としての自分」を自覚できなくなることにあるのではないだろうか。だからこそふるさと難民である都市住民は、リアリティ(生きる実感)と関係性(つながり)を(注1)渇望《かつぼう》している。生きる実感とは、噛《か》み砕いていえば、自分が生きものであるということを自覚、感覚できるということ。生命のふるさとである海と土から自らを切り離してしまった都市住民が生きる実感を失っていくのも、当然のことではないだろうか。

④ 生命のふるさととは、言い換えれば自然だ。自然は生きている。その自然の生命を自分に取り入れることで、私たちは生命を持続させる。私たちも死ねば最後は土や海に戻り、微生物に食べられる。

⑤ (2)この生命の大きな輪の中の一端を担《にな》っているという無意識の感覚が、生きる実感なのだと思う。自然には意識はない。だから、動物や昆虫、植物にも意識がない。人間も言葉がなかった非言語の時代には、無意識の領域が大きく、「自分は自然で、自然は自分」という感覚を無意識に持っていただろう。ところが、人間が言語を獲得してから、［ A ］の世界が［ B ］の世界を(注2)凌駕《りょうが》していった。その意識の世界一色になった現代でも、自然と共に生きる農家や漁師には無意識の領域が残っている。だから、彼らには「生きる実感」があっても自覚はないし、言葉にならない。

⑥ その一方で、「自然」という無意識から完全に離れて「人工」という意識の世界にだけ生きている私たちは、生きる実感がない。ゆえに、自然という無意識の世界に触れ、自分の無意識の領域の扉が少し開き、生物としての自分を自覚すると「ない」ものが埋まるので、「ある」と意識でき、「生きる実感を感じた」という言葉になる。

⑦ もうひとつ、(3)人間同士の関係性の希薄化も、人々がふるさとから離れてしまったことに大きく関係しているように思う。

⑧ かつて人間は、剥《む》き出しの自然に日常生活をさらして生きていた。自然災害だけでなく、獣などの動物から身を守る必要もあった。ひとりでは到底生きていくことなどできなかったのだ。だからこそ人々は群れをつくり、コミュニティを形成し、互いの役割を果たし合いながら力を合わせて生きていた。そこには他者のために自分が必要とされているというわかりやすい依存関係が存在した。

⑨ ところが自然の脅威から守られた都市という要塞に暮らすようになると、この共依存関係が崩れ、コミュニティは弱体化することになる。貨幣経済に組み込まれることで、問題解決は「相互扶助」ではなく、サービスの購入や税金という対価を支払った末の行政サービスという形に変わる。さらにインターネットの普及でますますコミュニティの存在意義は薄れ、解体へと向かっていく。

(高橋博之「都市と地方をかきまぜる『食べる通信』の奇跡」〈光文社新書〉から)

(注1) 渇望＝心から強く望むこと。
(注2) 凌駕＝他のものを超えること。

1 (1)生命のふるさとから離れて生きることとあるが、その説明として最も適切なものはどれか。

ア 食事に地元の食材を取り入れず、暮らしていくこと。
イ 田舎から遠い距離にある、都会で生活していくこと。
ウ 自然と関わりを持たず、消費者として生活すること。
エ 自然環境を破壊しながら、生産者として生きること。

2 (2)この生命の大きな輪の中の一端を担っているとはどういうことか。そのことについて説明した次の文の［　　］に当てはまるように、二十字以内で書きなさい。

人間もまた［　　　　　　］させ、死ぬと自然に戻るという循環の一部であるということ。

解答・解説 P232

(5)（ ⑤ ）に入る正しい敬語表現はどれか。

ア　お借りになられた　　イ　お借りになった

ウ　お借りした　　エ　お借りいただいた

2

次の文章を読んで、1から5までの問いに答えなさい。

異朝(注1)に負局《ふきょく》といふ仙人ありき。この仙人は希代の術どもほどこして、人の喜ぶことを、もっぱらに好めり。あるとき、天下の人民、疾病にをかされて、あるひは死し、あるひは苦しむこと、おしなべて見えたり。医工をほどこすといへども、しるしをえず。ただたのむかたは、(1)天道《てんたう》に心を入れて、おのおの祈誓《きせい》申すばかりなり。かく万民の嘆き悲しびけるを、負局こそ、深くあはれに思ひ、深谷へゆいて(注2)、岩のはざまにしたたる水を、八功徳水《はっくどくすい》(注3)なればとて、(2)心のままに湧きいだしけり。その水の色は、いかにも鮮やかにして白し。この功徳水をくみて、瓢箪《へうたん》に入れ、杖《つゑ》にかけて(注4)、国々をめぐりて、疾病にをかさるる人をみては、その者のもちける鏡をとって、かの功徳水をもってみがき、あらためて病人にみせければ、たちどころに、病療しかのみならず、はだへもうるはしく、齢《よはひ》もながしと云々《うんぬん》(注5)。病人は喜びに堪《た》へで、まひなひ(注6)を引きけれども、あへて一銭もうけ侍《はべ》らず。かくして四百余州をめぐりて、(3)人民をたすけ侍る。されば、一切の仙人の長といへり。年月をへて失《う》せければ、人々、かれが恩を謝せんために、かの八功徳水の上にほこら(注7)を建てて、神に祭りてうやまへりと云々。

（「室町殿物語」から）

（注1）異朝＝今の中国のこと。

（注2）ゆいて＝行って。

（注3）八功徳水＝八つの優れた点がある水。

（注4）杖にかけて＝杖の両端に瓢箪《ひょうたん》を引っかけ、担《かつ》いで。

（注5）云々＝～ということである。

（注6）まひなひ＝贈り物。

（注7）ほこら＝神を祭る小さな社。

1　あはれ　は現代ではどう読むか。現代かなづかいを用いて、すべてひらがなで書きなさい。

2　(1)天道に心を入れて、おのおの祈誓申すばかりなり　とあるが、人々が天に祈るしかない理由として、最も適切なものはどれか。

ア　病気を治さないと、八功徳水を手に入れられないから。

イ　病気を治したいが、医術では全く効果がなかったから。

ウ　病気を治した者が、感謝の気持ちを伝えたかったから。

エ　病気を癒やすため、恵みの雨を降らせようとしたから。

3　(2)心のままに湧きいだしけり　の意味として、最も適切なものはどれか。

ア　自分の思った通りに八功徳水を湧き出させた。

イ　病人のために各地で八功徳水を湧き出させた。

ウ　天の意向で仕方なく八功徳水を湧き出させた。

エ　万民の言うがままに八功徳水を湧き出させた。

4　(3)人民をたすけ侍る　とあるが、負局は八功徳水をどのように用いて病人を助けたのか。文末が「という方法。」になるように、三十字以内の現代語で書きなさい。ただし、文末の言葉は字数に含めない。

5　本文において、負局はどのように描かれているか。

ア　人々から受けた恩恵をいつまでも忘れず、感謝の気持ちを伝えるために、諸国を旅しながら恩返しをした。

イ　厳しい修行に励み、自分自身のためだけの究極の術を習得したことで、多くの仙人から長として敬われた。

ウ　各地を歩き病気で苦しむ万民のために尽力したことで、多くの人々から慕われ、後世に神として祭られた。

エ　誰よりも信心深いところがあり、神を敬うために様々な場所にほこらを建て、人々と共に祈りをさざげた。

県立R1

平成31年度 3月6日実施

栃木県立高校入試 問題

国語

制限時間 50分

1

次の1から3までの問いに答えなさい。

1 次の――線の部分の読みをひらがなで書きなさい。

(1) 英文を和訳する。　(2) 労力を費やす。
(3) 傾斜のゆるやかな坂。　(4) 参加人数を把握する。
(5) 卒業式の厳かな雰囲気。

2 次の――線の部分を漢字で書きなさい。

(1) 海でオヨぐ。　(2) うさぎをシイクする。
(3) 手紙がトドく。　(4) 会場のケイビをする。
(5) フクザツな思考。

3 次はAからCを話題にして先生と生徒が会話をしている場面である。それらを読んで、(1)から(5)までの問いに答えなさい。

A　今年より［①］知りそむる桜花
　散るといふことはならはざらなむ
　紀貫之《きのつらゆき》

B　夏の花みな水晶にならむとす②かはたれ時の夕立の中
　与謝野晶子《よさのあきこ》

C　花開クモ不㆓同《とも》ニ賞セ㆒　花落ツルモ③不㆓同《とも》ニ悲シマ㆒
　欲ス㆑問ハント相《そう》思《し》ノ處《ところ》　花開キ花落ツル時
　薛濤《せっとう》

生徒「先生、三つの作品を選んできました。」
先生「どうしてこれらを選んだのですか。」
生徒「私は花が好きで、どれも花を詠《よ》んでいるものだ④と思ったからです。」
先生「なるほど。花は、今も昔も多くの歌人によって詠まれている素材ですよ。」
生徒「そうなのですね。Cは以前、先生から（⑤）本で見つけたのですが、どのような内容の漢詩ですか。」
先生「これは、大切な人と花が咲く喜びや散る悲しみを共有できない切なさを詠んだ漢詩です。花に心を動かされて歌を詠むのは、時代や国が違っても同じですよ。」

(1) ［①］に入る語として最も適切なものはどれか。

ア 春　イ 夏　ウ 秋　エ 冬

(2) ②かはたれ時の夕立の中 の部分に用いられている表現技法はどれか。

ア 擬人法　イ 反復法　ウ 直喩　エ 体言止め

(3) ③不㆓同《とも》ニ悲シマ㆒ の書き下し文として正しいものはどれか。

ア 同にず悲しま　イ 同に悲しまず
ウ 悲しまず同に　エ 悲しま同にず

(4) ④だ と文法的に同じ意味・用法のものはどれか。

ア 明日は雨が降るそうだ。　イ 朝の商店街は静かだ。
ウ 友人と会話を楽しんだ。　エ これは弟の自転車だ。

解答・解説 P232

MEMO

［実戦編］

栃木県
高校入試の対策
2024

平成30年度
県立入試

平成30年度 3月7日実施　栃木県立高校入試　問題

社会

制限時間 45分

1　次の1，2の問いに答えなさい。

1　次の⑴から⑷までの文中の［　　　］に当てはまるのはどれか。

⑴　海に網を張るなどして，魚や貝を大きくなるまで育てる漁業を［　　　］漁業という。

ア　遠　洋　　**イ**　沿　岸　　**ウ**　沖　合　　**エ**　養　殖

⑵　平安時代の初め，遣唐使とともに唐に渡った［　　　］が，日本に天台宗をもたらした。

ア　最　澄　　**イ**　法　然　　**ウ**　空　海　　**エ**　親　鸞

⑶　大正時代に入ると，藩閥を批判し，政党による議会政治を求める［　　　］が，尾崎行雄や犬養毅を中心に盛り上がった。

ア　自由民権運動　　**イ**　護憲運動　　**ウ**　三・一独立運動　　**エ**　尊王攘夷運動

⑷　国際連合において，国際社会の平和の維持に主要な役割を果たしている［　　　］は，常任理事国と非常任理事国によって構成されている。

ア　経済社会理事会　　**イ**　国際司法裁判所　　**ウ**　安全保障理事会　　**エ**　国連児童基金

2　次の⑴から⑷までの文中の［　　　］に当てはまる語を書きなさい。

⑴　アメリカ合衆国のサンフランシスコ郊外の［　　　］と呼ばれる地域は，コンピュータ関連産業の中心地である。

⑵　コバルトやプラチナなど，埋蔵量が非常に少ない金属や，純粋なものを取り出すことが技術的に難しい金属の総称を［　　　］という。

⑶　大仙古墳のような［　　　］といわれる形状の古墳は，大和政権の支配の広がりとともに，各地に広まったと考えられている。

⑷　国家の主権が及ぶ範囲である領土，領海，領空をあわせて［　　　］という。

2　ゆうきさんは，ヨーロッパ州について学習した。次の1から5までの問いに答えなさい。

図1

1　文中の［　　　］に当てはまる語を書きなさい。

> ヨーロッパ州は，ユーラシア大陸の西端に位置する。南部にはアルプス山脈などの大きな山脈があり，北部には［　　　］によってけずられてできた湾や湖が多い。

2　**図2**の**ア**，**イ**，**ウ**，**エ**の雨温図は，**図1**の**A**，**B**，**C**，**D**のいずれかの都市の雨温図である。**A**の都市の雨温図は**図2**のどれか。

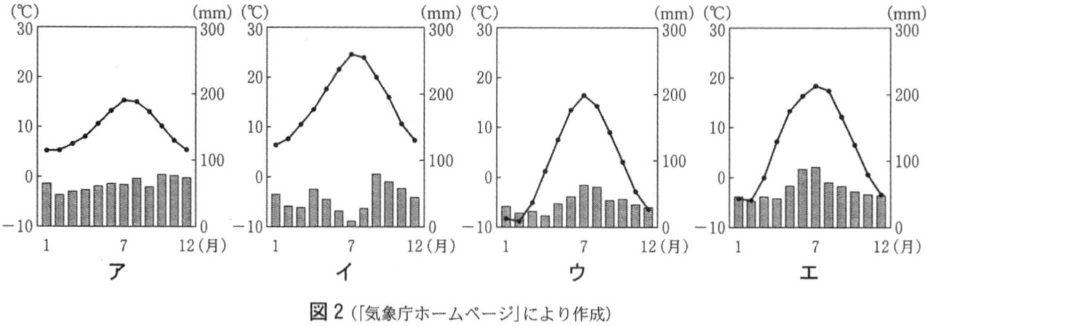

図2（「気象庁ホームページ」により作成）

3　ゆうきさんは，イタリア，フランス，オランダ，イギリスの穀類，牛乳・乳製品，果実類の自給率(2013 年)を調べ，**図 3** にまとめた。イタリアは**図 3** のどれか。

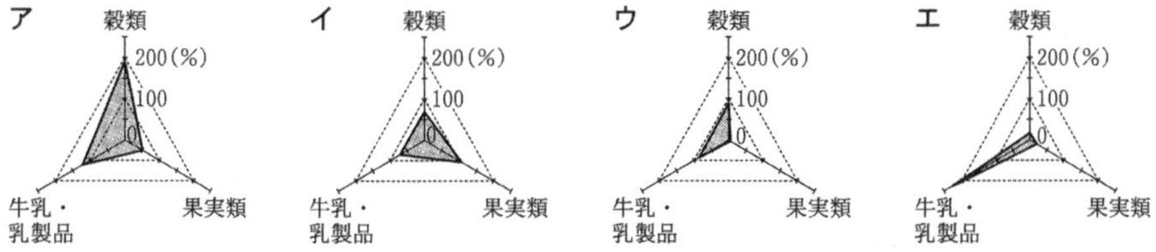

図 3(「農林水産省ホームページ」により作成)

4　ゆうきさんは，ヨーロッパ州の言語と宗教の分布の特徴について知るために，おもな国の言語(公用語の属する言語の系統)とキリスト教のおもな宗派(人口の 60 % 以上を占めるもの)について調べ，**図 4** を作成し，**図 5** にまとめた。**図 5** の［Ⅰ］，［Ⅱ］，［Ⅲ］，［Ⅳ］に当てはまる語の組み合わせとして正しいのはどれか。

	スラブ語系	ラテン語系	ゲルマン語系
プロテスタント			ノルウェー スウェーデン イギリス
カトリック	ポーランド	スペイン フランス イタリア	オーストリア
正　教　会	ウクライナ セルビア ブルガリア	ルーマニア	

図 4(「データブックオブザワールド」により作成)

> おもに，地中海沿岸地域には［Ⅰ］の信者が多く，［Ⅱ］語系が多く分布する。スカンディナビア半島など北海周辺の地域には［Ⅲ］の信者が多く，ゲルマン語系が多く分布する。東ヨーロッパには正教会の信者が多く，［Ⅳ］語系が多く分布する。

図 5

ア　Ⅰ－正教会　　Ⅱ－スラブ　　Ⅲ－カトリック　　Ⅳ－ラテン
イ　Ⅰ－正教会　　Ⅱ－ラテン　　Ⅲ－カトリック　　Ⅳ－スラブ
ウ　Ⅰ－カトリック　　Ⅱ－スラブ　　Ⅲ－プロテスタント　　Ⅳ－ラテン
エ　Ⅰ－カトリック　　Ⅱ－ラテン　　Ⅲ－プロテスタント　　Ⅳ－スラブ

5　ゆうきさんは，EU の加盟国に共通してみられる貿易の特徴とその理由を説明するために，**図 6**，**図 7** を作成した。**図 6**，**図 7** から読み取れる，EU の加盟国に共通してみられる貿易の特徴とその理由を簡潔に書きなさい。

	輸出総額に占める割合		輸入総額に占める割合	
	EU 内	EU 以外	EU 内	EU 以外
ドイツ	58.0 %	42.0 %	57.3 %	42.7 %
フランス	59.1	40.9	58.4	41.6
イタリア	54.9	45.1	58.5	41.5
スペイン	64.8	35.2	56.0	44.0

図 6(「ジェトロ世界貿易投資報告 2016 年版」により作成)

ヨーロッパ統合の歩み

1948 年　3 か国間の関税を撤廃
1952 年　6 か国間の石炭と鉄鋼の関税を撤廃
1967 年　EC(ヨーロッパ共同体)結成
　・パスポート統一(1985)
1993 年　EU 結成
　・物，サービスの移動自由化(1993)
　・人の移動自由化(1995)

図 7

3　次の1から5までの問いに答えなさい。

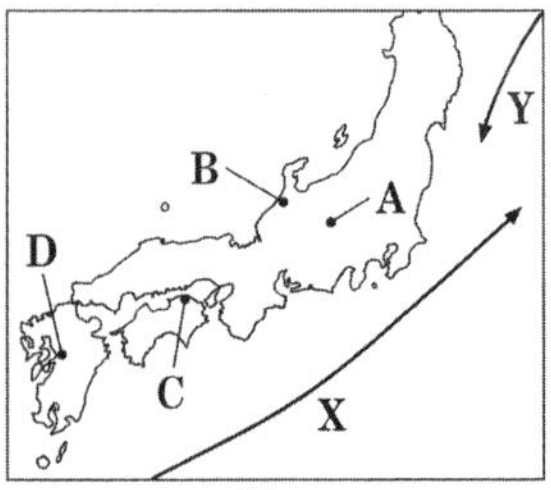

図1

1　図1のX，Yは太平洋を流れる海流である。それぞれの海流の組み合わせとして正しいのはどれか。

ア　X－日本海流　　Y－千島海流

イ　X－日本海流　　Y－リマン海流

ウ　X－対馬海流　　Y－千島海流

エ　X－対馬海流　　Y－リマン海流

2　図2は，図1のA，B，C，Dの都市の気候についてまとめたものである。Cの都市は図2のア，イ，ウ，エのどれか。

	1月の平均気温(℃)	8月の平均気温(℃)	年間降水量(mm)	降水量が最も多い月
ア	3.8	27.0	2398.9	12月
イ	5.7	28.2	1985.8	6月
ウ	5.5	28.1	1082.3	6月
エ	－0.4	24.7	1031.0	9月

図2(「データブックオブザワールド」により作成)

3　図3は北海道，千葉県，愛知県，鹿児島県の製造品出荷額上位4品目(2014年)についてまとめたものである。千葉県は図3のア，イ，ウ，エのどれか。

	第1位	第2位	第3位	第4位
ア	石油・石炭製品	化　学	鉄　鋼	食料品
イ	輸送用機械	鉄　鋼	電気機械	生産用機械
ウ	食料品	飲料・飼料	電子部品	窯業・土石
エ	食料品	石油・石炭製品	鉄　鋼	パルプ・紙

図3(「県勢」により作成)

4　次の文は，大都市周辺の農業の特徴についてまとめたものである。文中の□に当てはまる語を書きなさい。

> 大都市周辺では，消費地に近い立地を生かして，輸送にかかる費用や時間を抑え，野菜や果物などを新鮮なうちに出荷する□農業が行われている。

5　図4は埼玉県，千葉県，東京都，神奈川県の昼間人口と夜間人口の差(昼間人口－夜間人口)を表している。また，図5は，それらの都県における事業所数，大学・短期大学数，住宅地の1 m^2 あたりの平均地価を表している。図4から考えられる人々の移動の特徴を，図5からわかることにふれて簡潔に書きなさい。

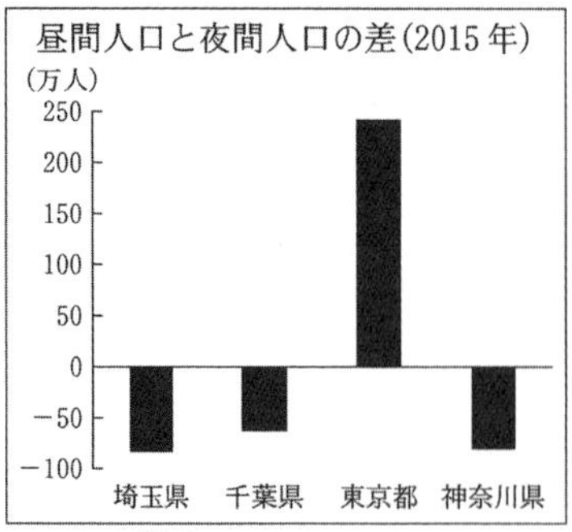

図4(「県勢」により作成)

	事業所数(2014年)	大学・短期大学数(2015年)	住宅地の1 m^2 あたりの平均地価(2015年)
埼玉県	264,561	43	10.5万円
千葉県	208,949	37	7.2
東京都	728,710	176	32.4
神奈川県	323,506	46	17.4

図5(「県勢」により作成)

解答・解説 P241

4 次の文は，日本の絵の歴史についてまとめたものの一部である。これを読んで1から7までの問いに答えなさい。

平安時代まで 聖徳太子によって建てられた［　　　　］の金堂には，古代インドの壁画と似た絵が描かれていた。平安時代になると日本独自の特徴が現れるようになり，自然風景やⓐ貴族社会の風俗などを描く大和絵が登場した。

鎌倉時代～安土桃山時代まで 室町時代には，雪舟が山口を拠点に活躍し，日本独自の水墨画を完成させた。また，ⓑ多くの貴族や僧が地方に移り住んだ。やがて安土桃山時代になると，ⓒ豊臣秀吉の保護を受けた狩野永徳などの画家が活躍した。

江戸時代（開国まで） 葛飾北斎や歌川（安藤）広重など多くの浮世絵師が活躍し，ⓓ浮世絵が民衆に身近なものになっていった。また，ⓔ西洋の文物を紹介した発明家の平賀源内は，洋風画も描いた。

江戸時代（開国以後） ⓕ江戸末期の開国以降，海外との交流がますますさかんになり，西洋の影響を受けた絵が描かれるようになった。同時に日本の絵も西洋に紹介され，西洋美術に大きな影響を与えた。

1 文中の［　　　　］に当てはまる，現存する世界最古の木造建築として知られる寺院は何か。

2 下線部ⓐに関して，貴族社会の風俗は，絵だけでなく，文学作品からもうかがえる。当時の代表的な文学作品の一つである『源氏物語』の作者は誰か。

ア 鴨長明　　イ 清少納言　　ウ 紀貫之　　エ 紫式部

3 下線部ⓑについて，図は，当時の都の様子が書かれた文章の一部を分かりやすく書き直したものである。貴族や僧が地方に移り住んだ理由と，彼らが地方に与えた文化的な影響について，図中にある「この乱」の名前と，当時の都の状況を明らかにしながら，それぞれ簡潔に書きなさい。

> 予想さえしなかった。永遠に栄えると思われた花の都が、今やきつねやおおかみのすみかとなってしまって、偶然残った東寺や北野神社さえも灰や土になろうとは。昔にも世が乱れる例はあったが、この乱では仏法も破壊し、諸宗も皆絶えてしまった。

図

4 下線部ⓒの人物について説明した，次の文中の［ Ⅰ ］，［ Ⅱ ］に当てはまる語の組み合わせとして正しいのはどれか。

> 豊臣秀吉は刀狩や太閤検地などを通して，［ Ⅰ ］の政策を進めて身分制社会の土台をつくった。また，狩野永徳らに［ Ⅱ ］のふすまや屏風に絵を描かせるなど，経済力を背景に豪華な文化を育んだ。

ア Ⅰ－兵農分離　Ⅱ－銀　閣　　イ Ⅰ－宗門改め　Ⅱ－銀　閣
ウ Ⅰ－兵農分離　Ⅱ－大阪城　　エ Ⅰ－宗門改め　Ⅱ－大阪城

5 下線部ⓓに関して，この時期，江戸幕府の老中を務めた水野忠邦の改革について，正しく述べているのはどれか。

ア 銅と俵物（海産物）の輸出をさかんにした。　　イ 株仲間の解散を命じた。
ウ 幕府の学校では朱子学以外の学問を禁止した。　　エ 公事方御定書を制定した。

6 下線部ⓔに関して，平賀源内は長崎で西洋の学問を学んだ。当時，長崎での貿易を認められていたヨーロッパの国はどこか。

7 下線部ⓕに関して，次のア，イ，ウ，エのできごとを年代の古い順に並べかえなさい。

ア 鳥羽・伏見で戦いがおき，戊辰戦争が始まった。　　イ 徳川慶喜が大政奉還を行った。
ウ イギリスなどが，長州藩の下関砲台を占領した。　　エ 薩長同盟が結ばれた。

5 略年表をみて，次の1から5までの問いに答えなさい。

1 **A**について，年表中の［　　　］に当てはまる語を書きなさい。

年代	日本のおもなできごと
1872	新橋・［　　　］間で鉄道が開通…**A**
1901	八幡製鉄所が開業……………………**B**
1914	第一次世界大戦に参戦………………**C**
1925	ラジオ放送開始………………………**D**
1939	零戦試作1号機が完成………………**E**
1956	黒部ダム建設開始……………………**F**

2 **B**は，下関条約で獲得した賠償金の一部でつくられた。この条約に関して説明した次の文のうち正しいのはどれか。

ア この条約に不満を持った国民は，日比谷焼き打ち事件をおこした。

イ この条約で樺太の領有権を譲り，千島列島の領有権を獲得した。

ウ この条約締結後，日本は三国干渉を受け入れた。

エ この条約は日本とロシアとの間で結ばれた。

3 **C**よりも後におきたできごとはどれか。

ア 中国では，北京での学生集会をきっかけに，帝国主義に反対する五・四運動が広まった。

イ 朝鮮では，日本と欧米諸国を追いはらい，政治改革を目指す甲午農民戦争がおきた。

ウ 日本では，地租改正に反対する一揆が各地でおき，政府は税率を2.5％に引き下げた。

エ インドでは，イギリスの支配に不満を持つ人々が立ち上がり，インド大反乱をおこした。

4 **D**と**E**の間の期間に生じた世界恐慌の時に，アメリカのルーズベルト(ローズベルト)大統領は，国民の雇用を確保するために，積極的に公共事業をおこした。この政策を何というか。

5 **F**の黒部ダムは，当時の金額で513億円，約7年の歳月をかけて建設された，日本最大級のダムである。当時，このような大規模なダムが建設された背景を，**図1**，**図2**からわかることにふれて簡潔に書きなさい。

日本の事業所数(製造業)

	事業所数
1951年	166,347
1955年	187,101

図1(「総務省ホームページ」により作成)

日本の最大需要電力と供給能力

	最大需要電力(kw)	供給能力(kw)
1955年	9,331	9,168

図2(「数字で見る日本の100年」により作成)

6 次の1，2の問いに答えなさい。

1 次の(1)から(5)までの問いに答えなさい。

(1) おもに不景気のとき，物価が下がり続ける現象を何というか。

(2) (1)で示した経済状況において，日本銀行が行う金融政策はどれか。

ア 日本銀行は銀行に国債を売り，市場に出まわる通貨量を増やす。

イ 日本銀行は銀行に国債を売り，市場に出まわる通貨量を減らす。

ウ 日本銀行は銀行から国債を買い，市場に出まわる通貨量を増やす。

エ 日本銀行は銀行から国債を買い，市場に出まわる通貨量を減らす。

解答・解説 P241

(3) 消費者基本法の内容として正しいのはどれか。

ア 一部の企業が市場を独占しないよう公正取引委員会を設置すること。

イ 商品の欠陥により損害が生じた場合には，製造者が責任を負うことを義務付けること。

ウ 複数の省庁に分かれていた消費者行政を一つにまとめ，消費者庁を設置すること。

エ 国や地方公共団体が情報提供などを積極的に行い，消費者の自立を支援すること。

(4) 労働基本権のうち，労働者が労働組合を結成できる権利を何というか。

(5) 次の文は，産業の空洞化について説明したものである。文中の［ I ］，［ II ］に当てはまる語の組み合わせとして正しいのはどれか。

> 経済のグローバル化が進む中で，日本では，生産費の［ I ］国へ工場を移転させた企業が多い。その結果，国内で雇用の場が［ II ］などの影響がみられる。

ア I－高　い　II－増える　　イ I－安　い　II－減　る

ウ I－安　い　II－増える　　エ I－高　い　II－減　る

2 次の文は，ゆいさんが「子どもの権利条約」についてまとめたレポートの一部である。これを読んで(1)から(5)までの問いに答えなさい。

> 1989年に国連で採択された「子どもの権利条約」には，ⓐ生きる権利・守られる権利・育つ権利などが含まれている。日本では，1994年，ⓑ国会の承認を得てこの条約を批准した。現在，国内では，ⓒ政府の他，さまざまなⓓ非営利団体が子どもの権利を守るために活動している。また，国境を越えて，ⓔ世界の諸問題の解決に向けて活躍する団体もある。

(1) 下線部ⓐに関して，生存権について述べた次の文中の［　　］にあてはまる語を書きなさい。

> 日本国憲法は，すべての国民に健康で［　　］的な最低限度の生活を営む権利を保障している。

(2) 下線部ⓑに関して，ゆいさんは，図から，平成25年の参議院議員選挙には，日本国憲法が保障している基本的人権の一つに関わる課題があることを知った。その課題とは何か。議員一人当たりの有権者数と課題に関わる基本的人権にふれ，「格差」の語を用いて，簡潔に書きなさい。

平成25年参議院議員選挙		
選挙区	有権者数(万人)	定数
A	460	4
B	455	4
C	59	2
D	48	2

図

(「総務省ホームページ」により作成)

(3) 下線部ⓒに関して，内閣が行うこととして正しいのはどれか。

ア 教育や福祉などに関する予算の審議

イ 教育や福祉などに関する法案の議決

ウ 教育や福祉などに関する政令の制定

エ 教育や福祉などに関する法律の違憲審査

(4) 下線部ⓓを示す略称として正しいのはどれか。

ア NPO　　イ PKO　　ウ ILO　　エ WTO

(5) 下線部ⓔに関して，先進国と発展途上国の間だけでなく，発展途上国間でも経済格差が生じている。このような発展途上国間の経済格差を何というか。

7 昇さんは中学校の社会科のまとめの学習に人口問題を取り上げることにした。次の文は，昇さんが調べてまとめたものの一部である。これを読んで1から4までの問いに答えなさい。

> ・ⓐ世界の人口は地域によって偏りがあるが，世界全体でみると人口が増加している。
> ・人口爆発が起きている発展途上国では，栄養不足人口の割合が高い。その原因は，自然災害，内戦などによる食糧不足にあり，解決のためには［ I ］の視点が重要。
> ・ⓑ日本の人口は今後も減少し続け，50年後には約8000万人になると予測されている。
> ・国内では，少子化対策の一環として，ⓒさまざまな子育て支援が行われている。

1 下線部ⓐに関して，次のうち，人口が2番目に多い地域（2017年）はどれか。

ア アジア州　**イ** アフリカ州　**ウ** オセアニア州　**エ** ヨーロッパ州

2 文中の［ I ］に当てはまる語として最も適切なのはどれか。

ア 伝統文化の尊重　**イ** 内政不干渉　**ウ** 人間の安全保障　**エ** 帝国主義

3 下線部ⓑに関して，**図1**は日本の人口増加率を表したものである。**X**の年の日本のできごとについて述べているのはどれか。

ア 国民総生産（GNP）が資本主義諸国の中で第2位になった。

イ 国民や物資を優先的に戦争にまわす国家総動員法が制定された。

ウ 男女共同参画社会基本法が制定された。

エ 満20歳以上の男女による普通選挙が初めて行われた。

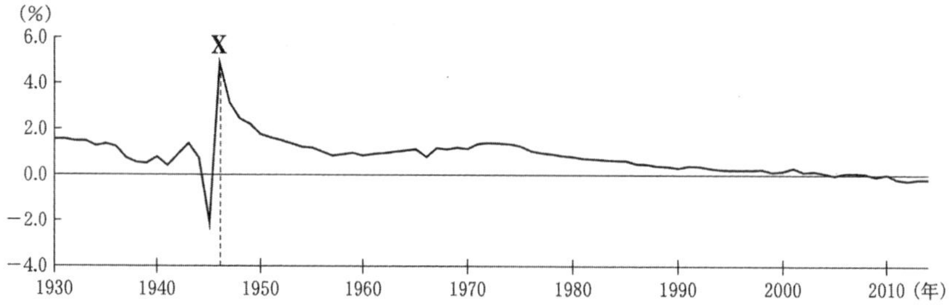

図1（「数字でみる日本の100年」ほかにより作成）

4 昇さんは下線部ⓒについて調べたところ，それらの支援が大きく三つの取組に分類できることに気づき，**図2**にまとめた。**図2**中の①を参考に，［ A ］，［ B ］に当てはまる文を書きなさい。

取組	具体的な内容
① 親が働きやすい条件を整えること	・両親ともに取得可能な育児休暇制度 ・小さな子どもを持つ親の勤務時間の短縮 ・育児を理由とした不利益な扱いの禁止
② ［ A ］	・24時間緊急保育の実施 ・小学校を利用した放課後学童保育 ・学校の空き教室を利用した保育分園
③ ［ B ］	・出産育児一時金の支給 ・児童手当の支給 ・子どもの医療費の無償化

図2

実戦編◆社会

県立 H30

解答・解説 P241

平成30年度 3月7日実施　栃木県立高校入試　問題

数　学

制限時間 50分

1 次の1から14までの問いに答えなさい。

1　$(-12) \div 3$ を計算しなさい。

2　$\frac{1}{4}xy^3 \times 8y$ を計算しなさい。

3　$\sqrt{2} + \sqrt{18}$ を計算しなさい。

4　$(x+4)^2$ を展開しなさい。

5　$5a + 2b = 7c$ を a について解きなさい。

6　1個 x g のトマト6個を y g の箱に入れると，重さの合計が900 g より軽かった。この数量の関係を不等式で表しなさい。

7　比例式 $5 : (9-x) = 2 : 3$ について，x の値を求めなさい。

8　右の図のような，底面積が 5π cm^2，高さが7 cm の円錐《すい》の体積を求めなさい。ただし，π は円周率である。

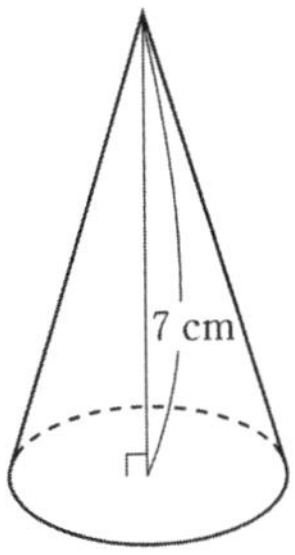

9　連立方程式 $\begin{cases} x - 2y = 8 \\ 3x - y = 9 \end{cases}$ を解きなさい。

10　2次方程式 $x^2 - 6x - 7 = 0$ を解きなさい。

11　1つの内角が150°である正多角形は，正何角形か答えなさい。

12　右の図で，$\ell /\!/ m$ のとき，$\angle x$ の大きさを求めなさい。

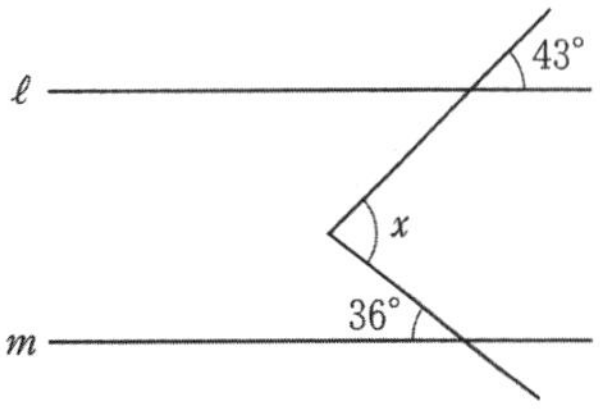

13　右の度数分布表は，ある中学校の1年生女子40人の立ち幅とびの記録をまとめたものである。度数が最も多い階級の相対度数を求めなさい。

階級(cm)			度数(人)
以上		未満	
110	～	130	3
130	～	150	12
150	～	170	9
170	～	190	10
190	～	210	6
計			40

14　関数 $y = -x^2$ について，x の値が1から4まで増加するときの変化の割合を求めなさい。

解答・解説 P244

2 次の1，2，3の問いに答えなさい。

1 右の図のように，円の内部に点Aがある。円周上にある点のうち，点Aとの距離が最も長い点Pを作図によって求めなさい。ただし，作図には定規とコンパスを使い，また，作図に用いた線は消さないこと。

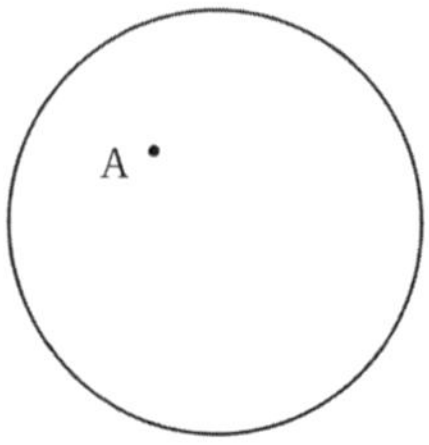

2 右の図のような，1から4までの数字が1つずつ書かれた4枚のカードがある。これらのカードをよくきってから1枚ずつ2回続けてひき，1回目にひいたカードの数字を十の位，2回目にひいたカードの数字を一の位として，2けたの整数をつくる。このとき，できた整数が素数になる確率を求めなさい。

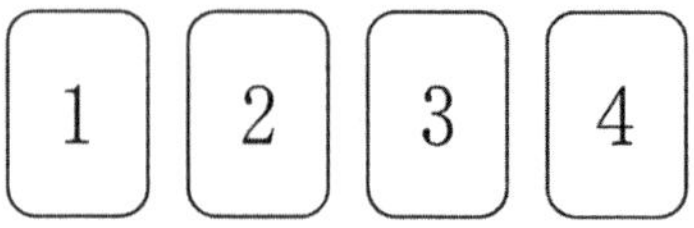

3 右の図のように，2つの関数 $y = \frac{a}{x} (a > 0)$，$y = -\frac{5}{4}x$ のグラフ上で，x 座標が2である点をそれぞれA，Bとする。AB = 6 となるときの a の値を求めなさい。

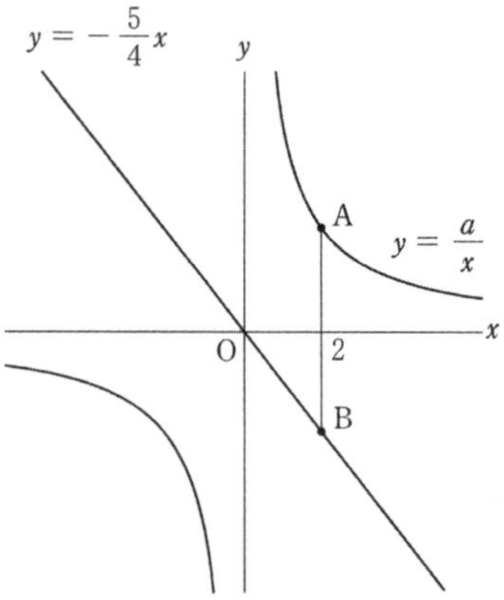

3 次の1，2の問いに答えなさい。

1 あるクラスで募金を行ったところ，募金箱の中には，5円硬貨と1円硬貨は合わせて36枚入っていた。募金箱の中に入っていた5円硬貨と1円硬貨の合計金額を a 円とするとき，a は4の倍数になることを，5円硬貨の枚数を b 枚として証明しなさい。

2 下の図のような，縦4cm，横7cm，高さ2cmの直方体Pがある。直方体Pの縦と横をそれぞれ x cm $(x > 0)$ 長くした直方体Qと，直方体Pの高さを x cm長くした直方体Rをつくる。直方体Qと直方体Rの体積が等しくなるとき，x の方程式をつくり，x の値を求めなさい。ただし，途中の計算も書くこと。

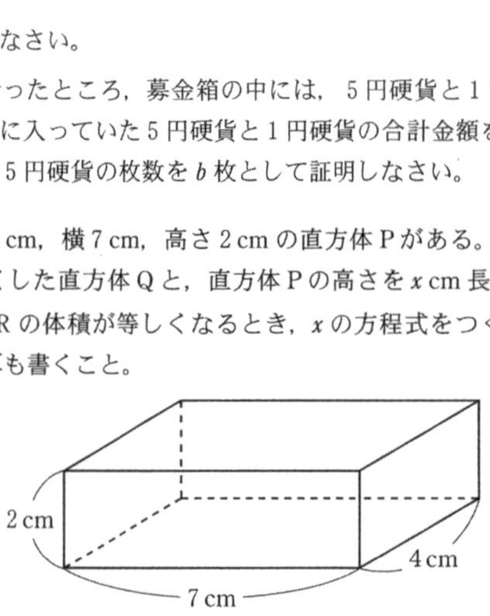

直方体P

解答・解説 P244

4 次の１，２の問いに答えなさい。

１ 右の図のように，AB ＝ AC の二等辺三角形 ABC の辺 BC 上に，BD ＝ CE となるようにそれぞれ点 D，E をとる。ただし，BD ＜ DC とする。

このとき，△ABE ≡ △ACD であることを証明しなさい。

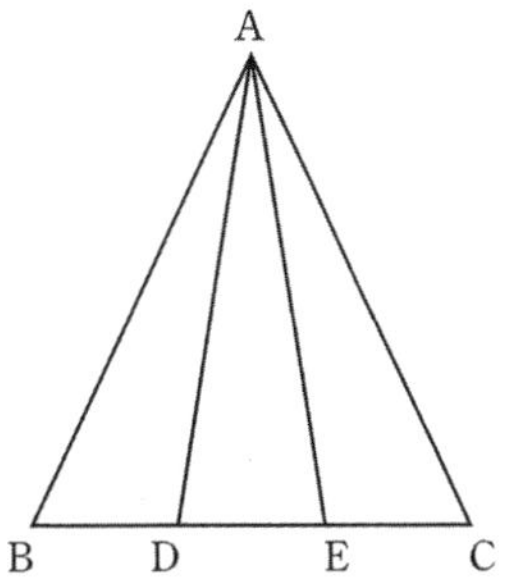

２ 右の図のように，点 O を中心とし AB を直径とする円周上に２点 A，B と異なる点 C をとり，点 O から AC に垂線 OD をひく。また，点 O を中心とし OD を半径とする円と線分 OA の交点を E とする。

このとき，次の⑴，⑵の問いに答えなさい。

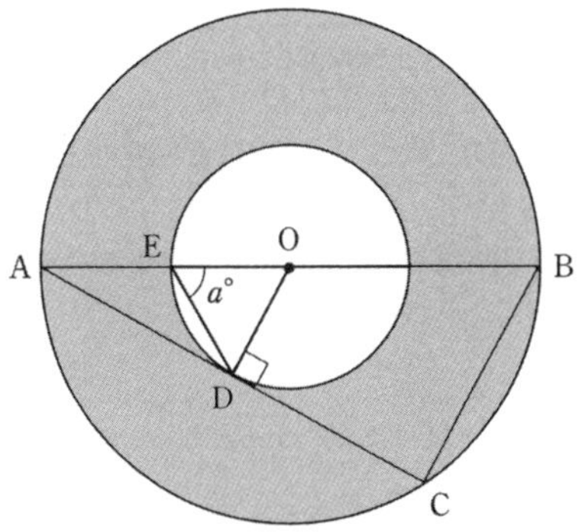

⑴ ∠OED ＝ a° とするとき，∠OBC の大きさを a を用いて表しなさい。

⑵ AC ＝ 12 cm，BC ＝ 4 cm のとき，２つの円で囲まれた色のついた部分（　　の部分）の面積を求めなさい。ただし，円周率は π とする。

5 図１のような直角三角形 ABC があり，AB ＝ 30 cm，BC ＝ 40 cm，CA ＝ 50 cm，∠ABC ＝ 90° である。点 P は A を出発し，毎秒 3 cm の速さで辺上を A→B→C の順に進み，C で停止する。また，点 Q は点 P が出発すると同時に A を出発し，毎秒 5 cm の速さで辺上を A→C→B の順に進み，B で停止する。

２点 P，Q が A を出発してから x 秒後の△APQ の面積を y cm² とする。ただし，２点 P，Q が一致したとき，$y = 0$ とする。

このとき，次の１，２，３の問いに答えなさい。

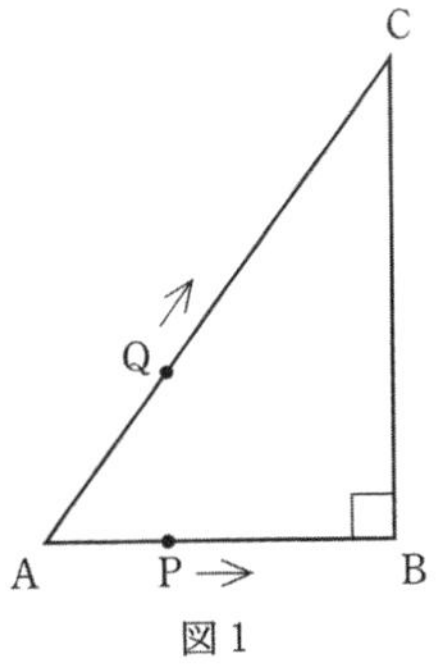

図１

１ 図２は，x と y の関係を表したグラフの一部である。このとき，次の⑴，⑵の問いに答えなさい。

⑴ ２点 P，Q が A を出発してから 10 秒後までの x と y の関係は，$y = ax^2$ と表される。a の値を求めなさい。

⑵ ２点 P，Q が A を出発して 10 秒後から 15 秒後までの x と y の関係を式で表しなさい。ただし，途中の計算も書くこと。

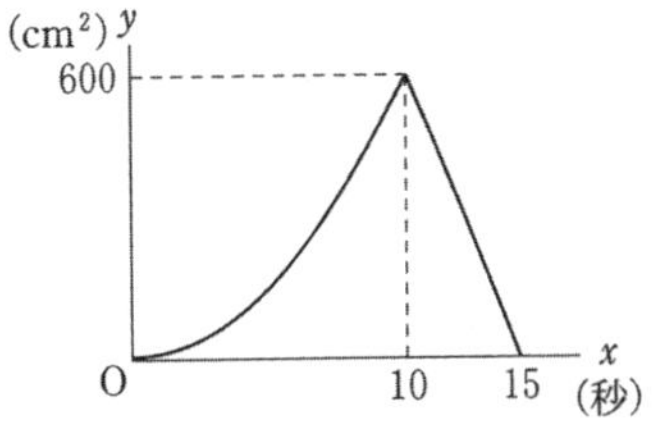

図２

２ 下の［　　］内の文章は，２点 P，Q が停止するまでの x と y の関係を表すグラフとして，次の(Ⅰ)，(Ⅱ)のどちらのグラフが適するかを述べたものである。

実戦編◆数学

県立H30

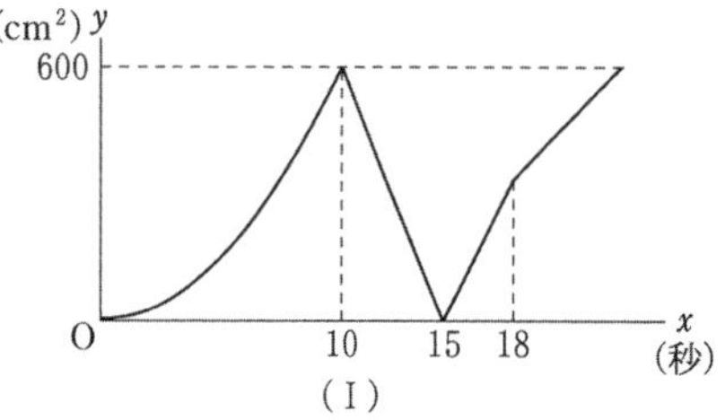

（Ⅰ）

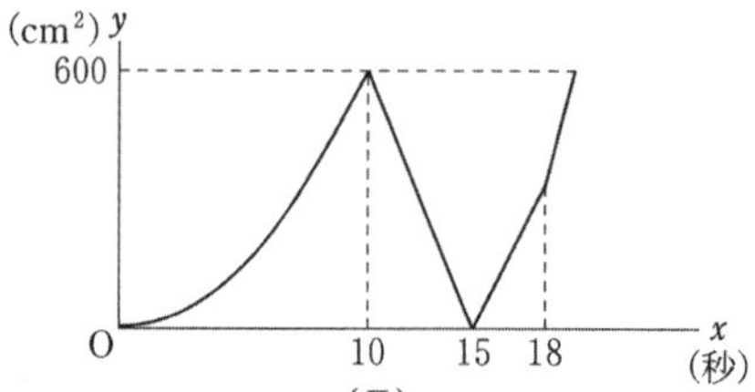

（Ⅱ）

> 2点P，QがAを出発してから18秒後，（　①　）にある。18秒後からの関数の変化の割合は，15秒後から18秒後までの変化の割合と比べて（　②　）なるので，グラフとして適するものは（　③　）である。

このとき，次の(1)，(2)の問いについて，**ア**，**イ**，**ウ**，**エ**のうちから最も適当なものをそれぞれ1つ選んで，記号で答えなさい。

(1) [　　　] 内の文章の①に当てはまる語句はどれか。

ア　点PはB　　**イ**　点PはC　　**ウ**　点QはB　　**エ**　点QはC

(2) [　　　] 内の文章の②と③に当てはまる語句とグラフの組み合わせはどれか。

ア　②－小さく　③－（Ⅰ）　　**イ**　②－小さく　③－（Ⅱ）

ウ　②－大きく　③－（Ⅰ）　　**エ**　②－大きく　③－（Ⅱ）

3　△APQの面積が3度目に500 cm^2 となるのは，2点P，QがAを出発してから何秒後か。

6　図1のような，縦 a cm，横 b cm の長方形の紙がある。この長方形の紙に対して次のような【操作】を行う。ただし，a，b は正の整数であり，$a < b$ とする。

> 【操作】
> 長方形の紙から短い方の辺を1辺とする正方形を切り取る。残った四角形が正方形でない場合には，その四角形から，さらに同様の方法で正方形を切り取り，残った四角形が正方形になるまで繰り返す。

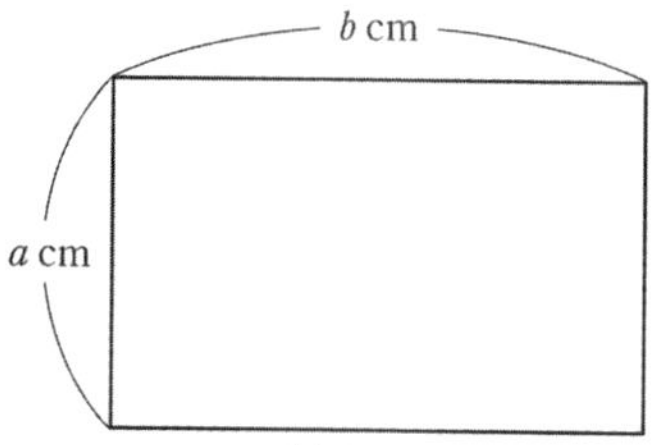

図1

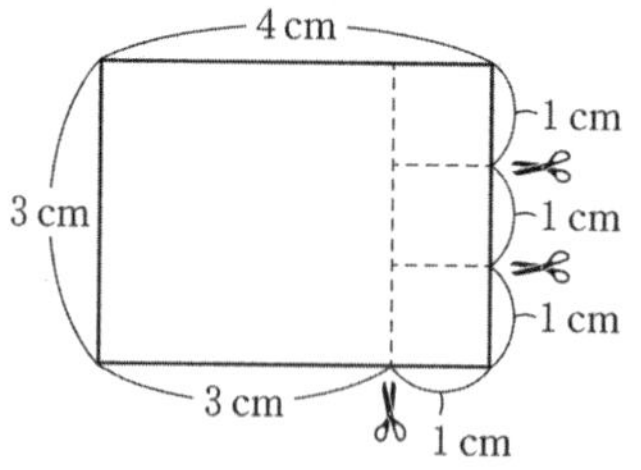

図2

例えば，図2のように，$a = 3$，$b = 4$ の長方形の紙に対して【操作】を行うと，1辺3 cmの正方形の紙が1枚，1辺1 cmの正方形の紙が3枚，全部で4枚の正方形ができる。

このとき，次の**1**，**2**，**3**，**4**の問いに答えなさい。

1　$a = 4$，$b = 6$ の長方形の紙に対して【操作】を行ったとき，できた正方形のうち最も小さい正方形の1辺の長さを求めなさい。

2　n を正の整数とする。$a = n$，$b = 3n + 1$ の長方形の紙に対して【操作】を行ったとき，正方形は全部で何枚できるか。n を用いて表しなさい。

3　ある長方形の紙に対して【操作】を行ったところ，3種類の大きさの異なる正方形が全部で4枚できた。これらの正方形は，1辺の長さが長い順に，12 cmの正方形が1枚，x cmの正方形が1枚，y cmの正方形が2枚であった。このとき，x，y の連立方程式をつくり，x，y の値を求めなさい。ただし，途中の計算も書くこと。

4　$b = 56$ の長方形の紙に対して【操作】を行ったところ，3種類の大きさの異なる正方形が全部で5枚できた。このとき，考えられる a の値をすべて求めなさい。

解答・解説　P245

平成30年度 3月7日実施 栃木県立高校入試 問題

理 科

制限時間 45分

1 次の1から8までの問いに答えなさい。

1 次のうち，合弁花類《ごうべんかるい》はどれか。

ア サクラ　　**イ** アブラナ　　**ウ** アサガオ　　**エ** チューリップ

2 次のうち，レモン汁の pH の値に最も近いものはどれか。

ア 2　　**イ** 7　　**ウ** 10　　**エ** 13

3 右の図のように，導線に電流を流したとき，導線のまわりに置いた方位磁針のようすを上から見た図として，最も適切なものは次のうちどれか。ただし，方位磁針の針は黒い方をN極とする。

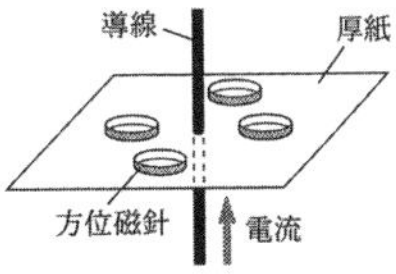

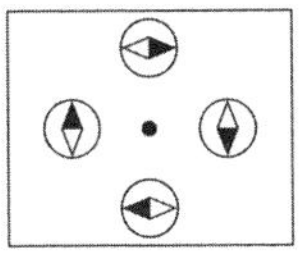
ア

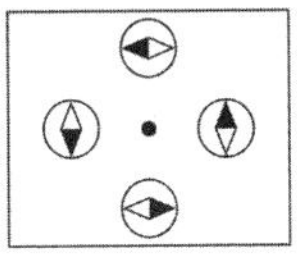
イ

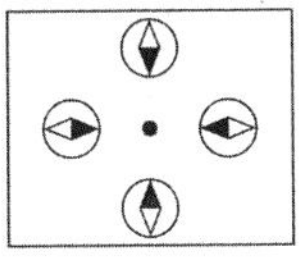
ウ

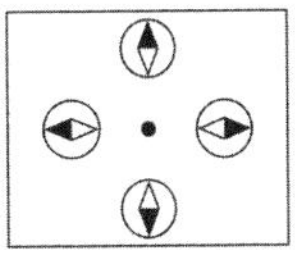
エ

4 次のうち，フズリナや三葉虫《さんようちゅう》の化石を含む地層が堆積《たいせき》した年代はどれか。

ア 新生代　　**イ** 中生代　　**ウ** 古生代　　**エ** 古生代より前の年代

5 すべての有機物に含まれる原子は何か。原子の名前を書きなさい。

6 床に置いた物体を 25 N の力で押しながら，力の向きに 5 m 移動させるときの仕事は何 J か。

7 生物の器官を構成する，形やはたらきが同じ細胞の集まりを何というか。

8 気温が下がっていくとき，空気中の水蒸気が水滴に変わり始める温度を何というか。

2 火山の噴出物からなる鹿沼土《かぬまつち》について，次の(1)，(2)，(3)，(4)の実験や調査を行った。

(1) 蒸発皿に少量の鹿沼土を入れ，水で湿らせた。

(2) 実験(1)の蒸発皿の鹿沼土を指でつぶしてから水を加え，にごった水を捨てた。これを何度もくり返し，残った粒を乾燥させた。

(3) 実験(2)で乾燥させた粒をペトリ皿に広げた。これを双眼実体顕微鏡を用いて観察したところ，図1のように，白っぽい粒が多数見られたのに対して黒っぽい粒の数は少なかった。

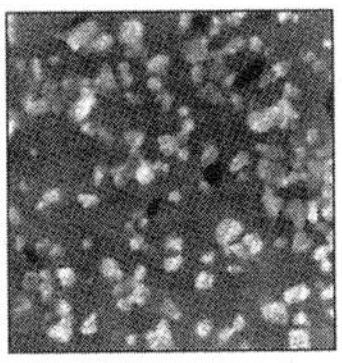
図1

(4) 日本のいくつかの火山で過去に起こった噴火について，文献で調べたところ，火山からの噴出物が広い範囲に堆積していることがわかった。図2はその分布のようすをまとめたもので，▲は火山の位置を，そのまわりの点線は噴出物が 10 cm 以上の厚さで堆積しているおおよその範囲を示している。このうち，太い点線は群馬県の赤城山《あかぎやま》が約4万5千年前に噴火した際の噴出物が堆積している範囲を示しており，この噴出物の一部が鹿沼土と呼ばれていることがわかった。

図2
（「新編火山灰アトラス」により作成）

このことについて，次の1，2，3の問いに答えなさい。

1　図1に見られるように，火山の噴出物には，マグマが冷えることでできた多くの粒が含まれる。それらのうち，結晶となっているものを何というか。

2　実験(3)と調査(4)からわかる，下線部の噴火における赤城山のマグマのねばりけと，噴火のようすとして，最も適切な組み合わせはどれか。

	マグマのねばりけ	噴火のようす
ア	強　い	激しく噴煙を吹き上げる爆発的な噴火
イ	強　い	溶岩を吹き出す比較的おだやかな噴火
ウ	弱　い	激しく噴煙を吹き上げる爆発的な噴火
エ	弱　い	溶岩を吹き出す比較的おだやかな噴火

3　図2のように，日本の多くの火山では，噴出物が堆積した範囲は東寄りに広がっている。その理由を「日本の上空では」という書き出しで，簡潔に書きなさい。

3　Aさんのグループは，次の(1)，(2)，(3)の実験や話合いを行った。

(1)　図のような装置を組み立て，試験管Xに入れた炭酸水素ナトリウムを加熱し，発生した気体を試験管Yに集めた。

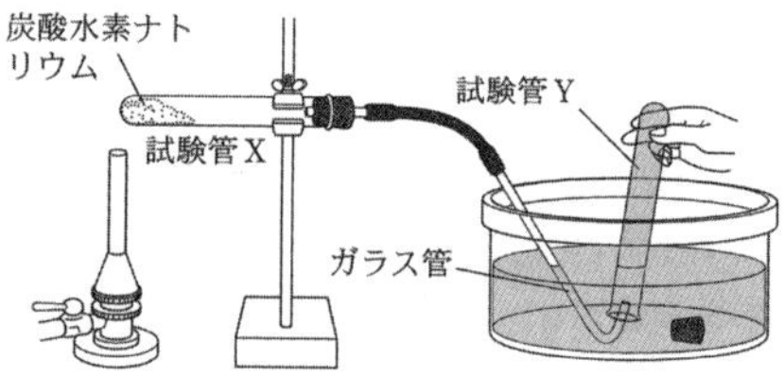

(2)　実験(1)で集めた気体が何かについて，仮説を立ててグループ内で話し合った。

Aさんは，炭酸水素ナトリウムという物質名に「水素」という文字が入っており，水上置換法で集めることができることから，発生した気体は水素であるという仮説を立てた。

(3)　グループ内で出されたさまざまな仮説のうちの一つを確かめるため，実験(1)で試験管Yに集めた気体に火のついた線香を入れたところ，線香の火が消えた。

このことについて，次の1，2，3，4の問いに答えなさい。

1　実験(1)を行う際に必ずしなければならないことはどれか。

ア　試験管Xの中に沸とう石を入れておくこと。

イ　試験管Xの中にフェノールフタレイン溶液を入れておくこと。

ウ　試験管Xの口を少し下げておくこと。

エ　試験管Xの加熱をやめた後も，ガラス管をしばらく水そうからぬかないようにすること。

2　(2)の話合いで，Aさんが立てた下線部の仮説を確かめる実験の方法を簡潔に書きなさい。

3　実験(3)の結果から，発生した気体についてわかることはどれか。

ア　二酸化炭素であること。　　イ　二酸化炭素ではないこと。

ウ　酸素であること。　　エ　酸素ではないこと。

4　炭酸水素ナトリウムを加熱したときの化学反応式は，次のように表される。①に当てはまる固体と，②に当てはまる気体の化学式をそれぞれ書きなさい。

$$2\,NaHCO_3 \longrightarrow (\ ①\ ) + (\ ②\ ) + H_2O$$

実戦編◆理科
県立H30

解答・解説 P248

4 被子植物の生殖について調べるために，次の(1)，(2)，(3)，(4)の調査や実験を順に行った。

(1) 被子植物のめしべを調べたところ，花粉がつく柱頭と胚珠の間には距離があった。
(2) ホウセンカの花粉を，砂糖水を1滴落としたスライドガラスに散布した。
(3) すぐに，顕微鏡で花粉を観察した。初めは低倍率で，次に高倍率で観察したところ，花粉は図1のようであった。

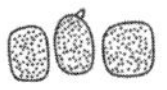
図1

(4) 10分後，花粉を酢酸オルセイン溶液で染色した。再び，顕微鏡で観察したところ，花粉は図2のようになっていた。

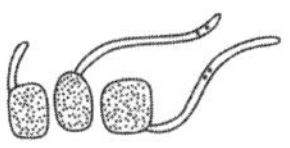
図2

このことについて，次の1，2，3の問いに答えなさい。

1 次のうち，顕微鏡観察で下線部のように観察する理由として，最も適切なものはどれか。
ア 低倍率の方が，視野が暗く，目が疲れずに観察できるから。
イ 低倍率の方が，視野が広く，注目したい部分を見つけやすいから。
ウ 低倍率の方が，観察物の輪かくがはっきり見え，しぼりの調節をしやすいから。
エ 低倍率の方が，対物レンズの先端とスライドガラスが近く，ピントを調節しやすいから。

2 次の［　　］内の文章は，受粉後の花粉のようすについて述べたものである。図1，図2を参考にして，①と②に当てはまる語をそれぞれ書きなさい。

花粉がめしべの柱頭につくと（ ① ）が伸びる。その中を（ ② ）が移動していき，胚珠の中にある卵細胞に達すると，たがいの核が合体して受精卵ができる。

3 被子植物であるイチゴは，受精によって種子をつくるが，イチゴ農家では一般に親の体の一部を分けて育てている。そうする利点を「形質」という語を用いて簡潔に書きなさい。

5 回路を流れる電流の性質について調べるために，次の(1)，(2)，(3)，(4)の実験を行った。

(1) 図1のように，回路を組み，PQ間に抵抗器Xを接続した。電源装置の電圧を変えて，PQ間の電圧と流れる電流を調べた。

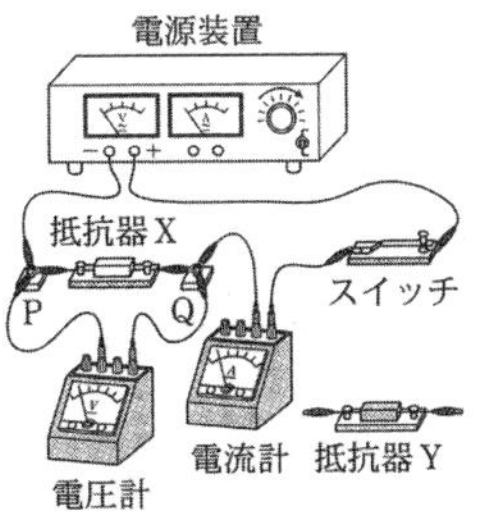

図1

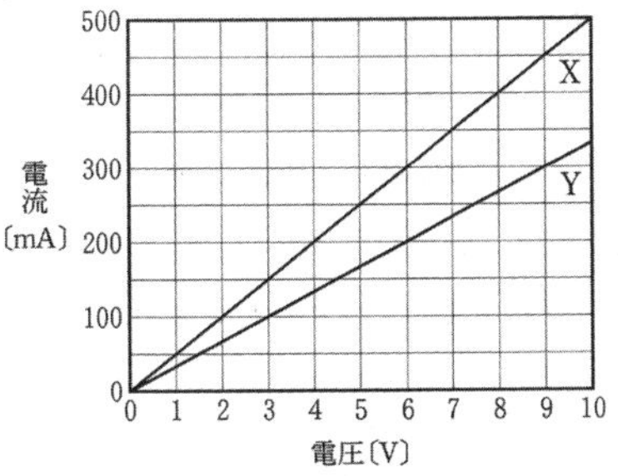

図2

(2) 抵抗器Yについて，実験(1)と同様の実験を行った。
図2は，実験(1)と(2)の結果をまとめたものである。

(3) 図1のPQ間に，図3のように，抵抗器Xと抵抗器Yを並列に接続して，電圧を加えた。

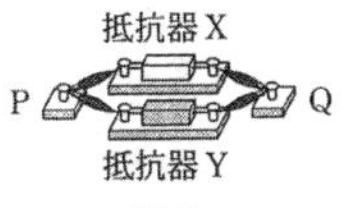

図3

(4) 図1のPQ間に，図4のように，抵抗器Xと抵抗器Yを直列に接続して，電圧を加えた。

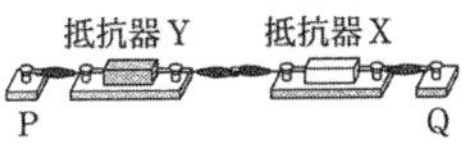

図4

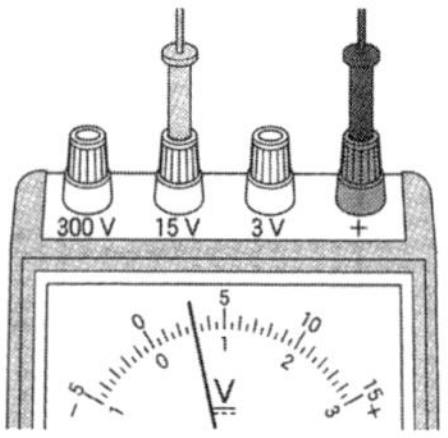

このことについて，次の1，2，3，4の問いに答えなさい。

1　実験(1)より，抵抗器Xは何Ωか。

2　実験(3)で，電圧計が右の図のようになったとき，抵抗器Xに加わる電圧は何Vか。また，このとき電流計が示す値は何mAか。

3　実験(4)で，回路に加わる電圧と流れる電流の関係を表すグラフを，図2のグラフを参考にしてかきなさい。

4　実験(3)と実験(4)で，電圧計が5Vを示したとき，最も消費する電力が大きい抵抗器は，次のうちどれか。

ア　図3の抵抗器X　　**イ**　図3の抵抗器Y　　**ウ**　図4の抵抗器X　　**エ**　図4の抵抗器Y

6　硝酸カリウム，塩化ナトリウム，ショ糖，ミョウバンの4種類の物質について，水への溶け方を調べるために，次の(1)，(2)，(3)，(4)の実験や調査を順に行った。

(1)　4種類の物質をそれぞれ8.0gずつとり，別々の試験管A，B，C，Dに入れた。それぞれの試験管に20℃の水10gを加えてよくふり混ぜたところ，試験管Cに入れた物質だけがすべて溶けた。

(2)　試験管A，B，Dをそれぞれ加熱して60℃に保ちながら，中の溶液をよくふり混ぜたところ，試験管Bに入れた物質はすべて溶けたが，試験管A，Dには溶け残りがあった。

(3)　試験管A，B，C，Dをそれぞれ10℃まで冷やしたところ，試験管B，Dの中の溶液からは結晶が出てきたが，試験管A，Cでは新たに出てくる結晶はほとんど見られなかった。

(4)　これら4種類の物質について調べたところ，水溶液の温度と溶ける物質の質量の間には右の図のような関係があることがわかった。図の中の10℃，60℃における数値は，それぞれの温度で100gの水に溶ける各物質の質量を示している。

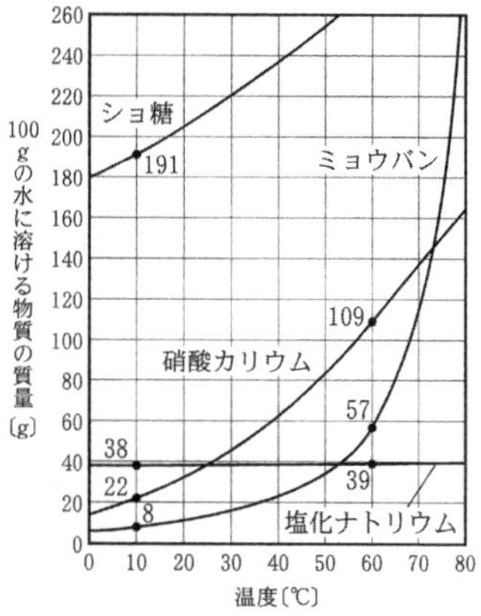

このことについて，次の1，2，3の問いに答えなさい。

1　試験管C，Dについて，溶けている物質はそれぞれ何か。物質名で書きなさい。

2　実験(3)で，試験管Bの中の溶液から出てくる結晶は何gか。

3　新たな試験管に硝酸カリウム3.0gと10℃の水5.0gを入れてよくふり混ぜた。溶け残りがあったのでよくふり混ぜながら加熱したところ，60℃ではすべて溶けていた。60℃のときの硝酸カリウム水溶液の質量パーセント濃度は何%か。小数第1位を四捨五入して整数で書きなさい。また，硝酸カリウムがすべて溶けたときの温度に最も近いものは，次のうちどれか。

ア　20℃　　**イ**　30℃　　**ウ**　40℃　　**エ**　50℃

解答・解説 P248

7　刺激と反応について，次の(1)から(6)の実験を順に行った。

(1)　下の図のように，10 人の生徒が手をつないで横一列に並び，A さん以外は目を閉じた。また，J さんは，A さんから見えるように左手を挙げて開いた。

(2)　A さんは，右手でストップウォッチをスタートさせると同時に，左手でとなりの B さんの右手をにぎった。

(3)　B さんから I さんまでは，右手をにぎられたと感じたら，左手でとなりの人の右手をにぎった。

(4)　J さんは，右手をにぎられたと感じたら，開いていた左手をにぎった。

(5)　A さんは，J さんが左手をにぎったのを見ると同時にストップウォッチを止めた。

(6)　実験(2)，(3)，(4)，(5)をくり返し 5 回行った。

このことについて，次の 1，2，3，4 の問いに答えなさい。

1　この実験の「手をにぎる」という運動と同様に，「腕を曲げる」という運動は，骨と筋肉のはたらきによって行われる。腕の骨と筋肉のつき方を示す模式図として，最も適切なものは次のうちどれか。

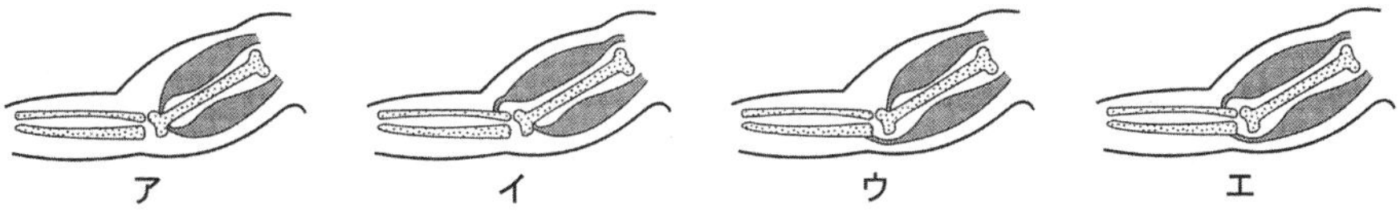

2　実験(3)で，刺激を受けとった感覚器官は何か。

3　実験(6)において，それぞれ計測した時間の平均は 2.17 秒であった。右手をにぎられてから左手をにぎるという反応をするまでの，生徒 1 人あたりにかかった平均の時間は何秒か。小数第 3 位を四捨五入して，小数第 2 位まで書きなさい。ただし，J さんが左手をにぎってから，A さんがストップウォッチを止めるまでの時間は，平均 0.26 秒かかるものとする。

4　熱いものにふれたとき無意識に起きる手を引っこめる反応は，下線部のような意識して起きる反応よりも，刺激を受けてから反応が起きるまでの時間が短い。その理由を「脳」，「せきずい」という語を用いて簡潔に書きなさい。

8 光の屈折について調べるために，次の(1)，(2)，(3)，(4)の実験を行った。

(1) 水そうに水を半分程度入れて，レーザー光を水から空気へと入射した。このときの光の道すじを真横から観察したところ，図1のようになった。

(2) 次に，実験(1)で光が出ていった方向から，レーザー光を空気から水へと入射した。このとき光は図2のように，実験(1)で見られた光の道すじを逆向きに進んだ。

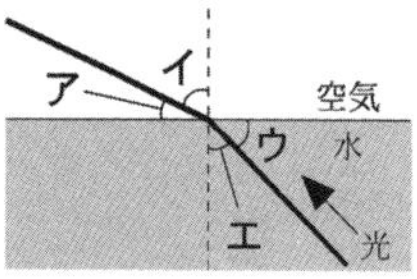

図1

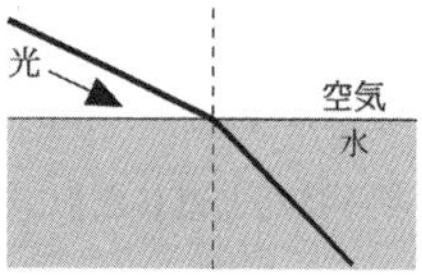

図2

(3) 図3のように，水平な机の上に1目盛り1cmの方眼紙を置き，その上に直方体のガラスを置いた。図4は，このときのようすを上から見た模式図である。まず，①方眼紙上の点Aに頭部が黒いまち針を刺した。次に，点Bに頭部が白いまち針を刺し，ガラスを通してまち針を見て，②2本のまち針がちょうど重なって見える位置を点Oとした。

(4) 実験(3)の装置で，観察する場所を図5の点O′に移動したところ，点Aのまち針はガラスの側面Xを通して見ることができなかった。

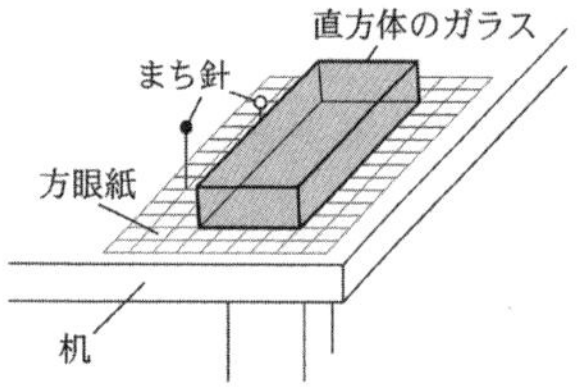

図3

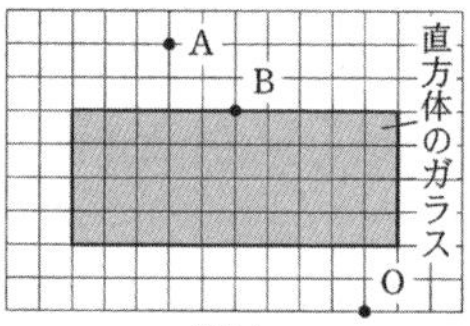

図4

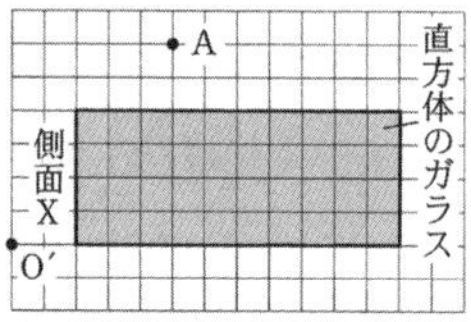

図5

このことについて，次の1，2，3の問いに答えなさい。

1 実験(1)で，光の屈折角は，図1の**ア**，**イ**，**ウ**，**エ**のうちどれか。

2 実験(3)で，下線部①のとき，点Aを出てからガラスを通して点Oに届くまでの光の道すじを解答用紙の図に実線でかきなさい。また，下線部②のとき，ガラスを通して見たまち針と，ガラスの上にはみ出て見えた2本のまち針の頭部の見え方として，最も適切なものは，次のうちどれか。

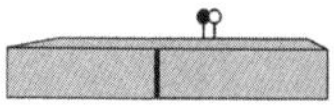
ア

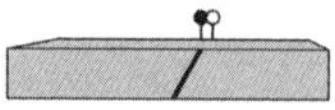
イ

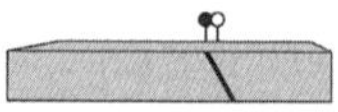
ウ

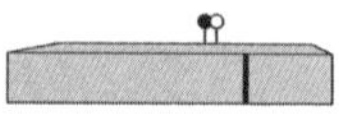
エ

3 実験(4)で，点Aのまち針が見えないのは，図5で点Aから出てガラスに入り，側面Xに入射した光のうち，屈折して空気へ進む光がないためである。側面Xで起きたこのような光の進み方を何というか。

解答・解説 P248

9 太陽について調べるために，栃木県内で次の(1)，(2)，(3)の観測を行った。

(1) 7月8日の正午ごろ，望遠鏡に太陽投影板をとりつけ，接眼レンズと太陽投影板の距離を調節して，太陽の像と記録用紙の円の大きさを合わせ，ピントを合わせた。記録用紙に投影された黒点の位置や形をすばやくスケッチしたところ，図1のようになった。

(2) 太陽の像と記録用紙の円の大きさを合わせてからしばらくすると，太陽の像は記録用紙の円からずれていった。図2のように，太陽の像が記録用紙の円の外に完全に出るまでの時間を測定したところ，およそ2分であった。

(3) 観測(1)と同様の観測を7月11日と7月14日にも行った。図3，図4はそれぞれ，そのときのスケッチである。

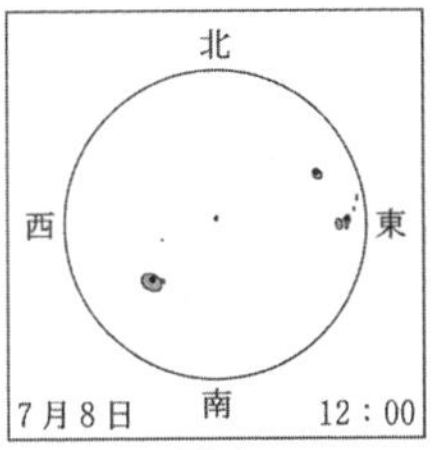

図1

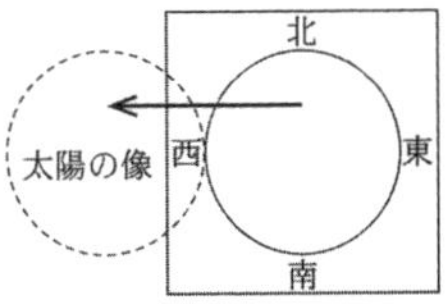

図2

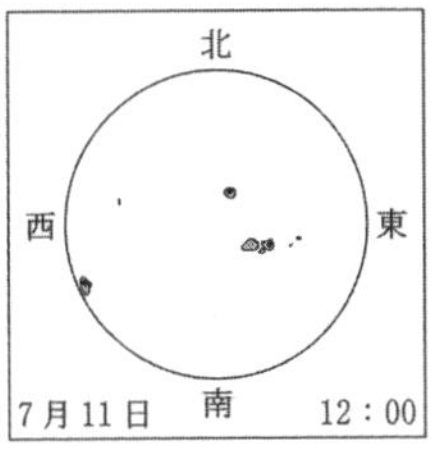

図3

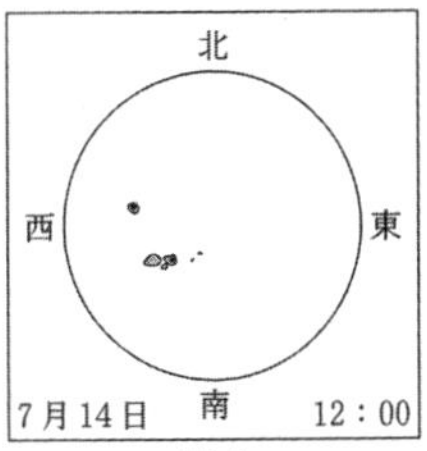

図4

このことについて，次の1，2，3，4の問いに答えなさい。

1 太陽や，星座を形づくる星のように，みずから光を出す天体を何というか。

2 黒点が黒く見える理由は，黒点の温度が周囲とは異なるからである。太陽の表面温度と，周囲と比べた黒点の温度のようすの組み合わせとして正しいものはどれか。

	太陽の表面温度	黒点の温度のようす
ア	約1600万℃	周囲と比べて高い
イ	約1600万℃	周囲と比べて低い
ウ	約6000℃	周囲と比べて高い
エ	約6000℃	周囲と比べて低い

3 次の［　　　］内の文章は，観測(1)と観測(3)の結果と考察について述べたものである。①，②に当てはまる語をそれぞれ書きなさい。

> 図1，図3，図4で黒点の位置や形に変化が見られた。このことは，太陽の形状が（ ① ）であり，太陽が（ ② ）していると考えることによって説明できる。

4 右の図は地球と太陽の位置を模式的に表したものであり，図の中の角xは地球から見た太陽の見かけの大きさを表すのに用いられる。観測(2)の結果から求めると，この角xは何度となるか。ただし，観測(2)において，太陽の像が記録用紙の円の外に完全に出るまでの時間をちょうど2分とする。

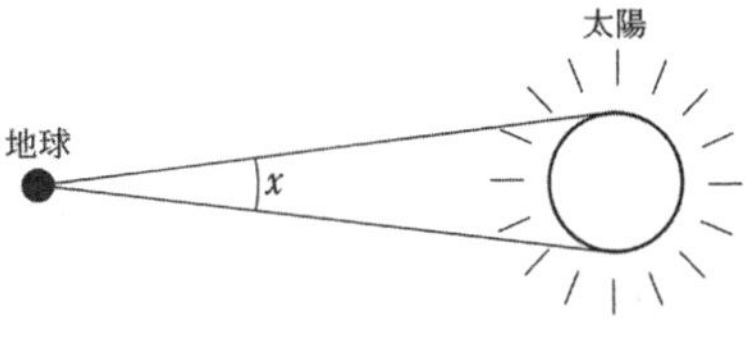

栃木県立高校入試　問題

英　語

制限時間 50分

1　これは聞き方の問題である。指示に従って答えなさい。

1〔英語の短い対話を聞いて，最後の発言に対する受け答えとして最も適切なものを選ぶ問題〕

(1) ア For an hour.　イ Five years ago.
　ウ Every Sunday.　エ Three months later.

(2) ア Here you are.　イ Yes, please.
　ウ See you there.　エ OK. I will.

(3) ア For two weeks.　イ Since last summer.
　ウ On a website.　エ To the supermarket.

(4) ア The fruit sandwiches are the best.　イ I don't need hamburgers.
　ウ Dinner is ready.　エ It's difficult to make bread.

(5) ア Yes. I'm watching TV now.　イ No. I watched it on TV at home.
　ウ Yes. I'll watch it tomorrow.　エ No. I have watched it three times.

2〔英語の対話とその内容についての質問を聞いて，答えとして最も適切なものを選ぶ問題〕

(1) ① ア On Thursday.　イ On Friday.　ウ On Saturday.　エ On Sunday.

② ア Stay at home.　イ Go shopping.
　ウ Buy a new wallet.　エ Find a bag.

(2) ①

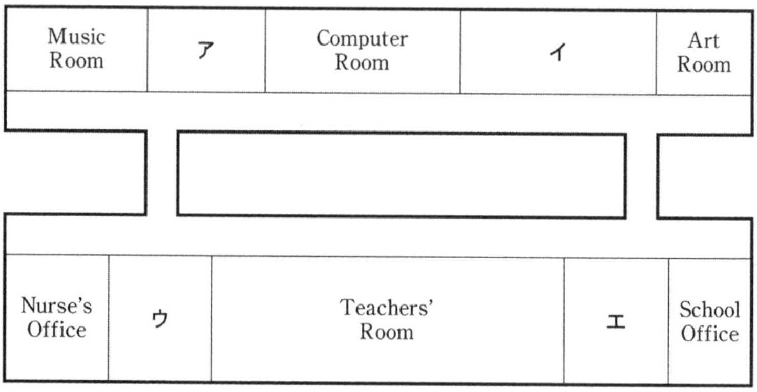

〔校舎案内図〕

② ア Because he wants Ms. Kato to check his Japanese speech.
　イ Because he wants Ms. Kato to take him to the library.
　ウ Because he wants to tell Ms. Kato that he saw her in the library.
　エ Because he wants to tell Ms. Kato that doing her best is important.

3〔英語の車内放送を聞いて，メモを完成させる問題〕

○アートミュージアム駅行きの車内で
・オールドブリッジ駅への到着時刻：(1)(　　時　　分)
・ナショナルパーク駅行きの電車の出発時刻：(2)(　　時　　分)
・3号車では新聞，雑誌，(3)(　　　　　)が買える。
・オールドブリッジ駅では(4)(　　　　　)のドアが開く。

2　次の1，2の問いに答えなさい。

1　次の英文中の (1) から (6) に入れるものとして，下の(1)から(6)のア，イ，ウ，エのうち，それぞれ最も適切なものはどれか。

Hi, Leon.
How are you? Thank you for your e-mail.
Yesterday I [(1)] a speech in front of my class in English. [(2)] was my second time. I felt a little [(3)] but I could do it better than last time. I decided [(4)] about my friend [(5)] in Germany. He practices judo after school from Monday to Friday. He [(6)] Japan last summer and stayed at my house for two weeks. Who is he? Yes, it's you! Please write to me soon.
Your friend,
Takashi

(1)	ア make	イ made	ウ to make	エ making
(2)	ア I	イ He	ウ There	エ It
(3)	ア nervous	イ wonderful	ウ amazing	エ brave
(4)	ア to talk	イ talking	ウ talk	エ talks
(5)	ア to live	イ lives	ウ is living	エ living
(6)	ア came	イ went	ウ visited	エ arrived

2 次の(1)から(3)の(　　　)内の語句を意味が通るように並べかえて，(1)と(2)は**ア**，**イ**，**ウ**，**エ**，(3)は**ア**，**イ**，**ウ**，**エ**，**オ**の記号を用いて答えなさい。ただし，文頭にくる語も小文字で示してある。

(1) We (ア to イ don't ウ have エ go) to school on Sunday.
(2) She (ア made イ me ウ gave エ a toy) in France.
(3) (ア mistakes イ afraid of ウ don't エ making オ be).

3 次の英文は，功(Isao)とインドネシアからの留学生アグス(Agus)との，納豆(*natto*)とテンペ(*tempeh*)についての対話の一部である。これを読んで，1，2，3，4の問いに答えなさい。

Isao: Hi, Agus! What did you eat for breakfast this morning?
Agus: Hi, Isao! I ate *natto*. I eat *natto* every morning.
Isao: Every morning? I'm surprised to hear that(1)! I didn't think many people from abroad liked *natto* because of its *smell.
Agus: I love *natto*! (　A　), do you know *tempeh*? We have *tempeh* in my country.
Isao: *Tempeh*? What's that?
Agus: It's a food made from *soybeans. It looks like *natto* but the smell is not so strong. People in my country like *tempeh* and eat it very often. You usually eat *natto* on rice, but we eat *tempeh* in a little different way.
Isao: I can't imagine. Please tell me more.
Agus: *Tempeh* is very useful. (　B　), we can put it in salad, curry, pizza *and so on. Some people like to eat *tempeh* *instead of meat.
Isao: That's interesting and I want to try *tempeh*. Well, our ALT says he doesn't eat meat.
Agus: There are a lot of people who don't eat meat. They have their own reasons.
Isao: I see. People in the world have different ideas about food. Well, you know we will have the Olympic and Paralympic Games in Tokyo. A lot of people from abroad will come to Japan. I want them to enjoy Japanese food.
Agus: Let's think about how to make many kinds of Japanese food with *tempeh*.
Isao: Great! I like the idea(2)! We can even welcome people who don't eat meat.
Agus: I hope that more people will like both of our countries!
Isao: That's right.

〔注〕 *smell＝におい　*soybean＝大豆　*and so on＝～など　*instead of＝～の代わりに

1　下線部(1)の指す内容は何か。具体的に日本語で書きなさい。

2　次の［　　　］内は，本文中でアグスがテンペについて説明したことをまとめた英文である。①，②のそれぞれの（　　）内に指定された文字で始まる適切な英語を１語ずつ書きなさい。

> *Tempeh* is ①(p　　　) among people in Agus's country.　They ②(u　　　) *tempeh* in many kinds of food.

3　本文中の（　A　），（　B　）に入る語の組み合わせとして適切なものはどれか。

ア　A：By the way — B：At the same time
イ　A：Of course　— B：At the same time
ウ　A：By the way — B：For example
エ　A：Of course　— B：For example

4　下線部(2)の指す内容は何か。具体的に日本語で書きなさい。

4　次の１，２，３の問いに答えなさい。

1　英語の授業で自分の趣味について発表することになった。下の［　　　］はそのために作成した日本語のメモである。［　　　］内の(1)，(2)に適切な英語を入れなさい。

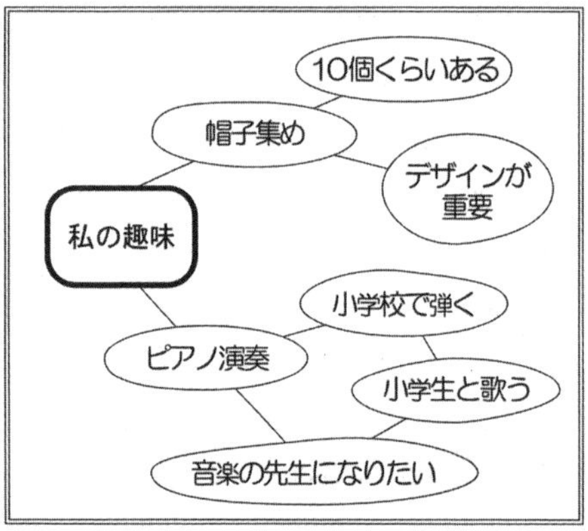

> About My Hobbies
>
> ＿＿(1)＿＿ hats and caps. I have about ten.　I think designs are important.
>
> Playing the piano is also fun.　I sometimes play the piano at an elementary school and sing songs with the students.　＿＿(2)＿＿ a music teacher in the future.

2　下の絵は誠（Makoto）と姉の有理子（Yuriko）が会話をしている場面である。絵を参考に二人の会話の(1)，(2)に適切な英語を入れなさい。

Yuriko: Hi, Makoto.　＿＿(1)＿＿, a banana or an orange?
Makoto: A banana, please.　Thank you, Yuriko.　I need to study more but I am sleepy.　So, ＿＿(2)＿＿ coffee, too?
Yuriko: Sure.　No problem.

解答・解説　P251

3 次のテーマについて，賛成か反対かあなたの立場を決め，その理由を明確にして，つながりのある**5文程度**の英語で書きなさい。なお，書き出しは下のどちらかを用いることとし，書き出しの文も**1文**と数える。

テーマ Studying in the library is better than studying at home.

書き出し （賛成の場合） I agree （反対の場合） I don't agree

5 次の英文を読んで，1，2，3，4の問いに答えなさい。

Akira loved drawing pictures. His grandmother, Kimiyo, used to be an art teacher and taught him how to draw pictures. She always said, "Draw the things that you like and enjoy drawing pictures." Kimiyo sent *picture-letters to Akira every month, and he always answered them. Akira was very happy to *exchange picture-letters with Kimiyo. He drew the faces of his friends on his first picture-letter because he loved his friends very much. After he graduated from elementary school, he drew the beautiful *cherry blossoms of his new school on his picture-letter. He was looking forward to his new life.

At junior high school, Akira joined the art club. In fall, there was a picture *contest that he tried to win. He wanted to draw a good picture, so he drew the cherry trees again. He tried very hard and he was very busy. At last, he finished his picture and he thought it was a good one, but he couldn't get a prize in the contest. Akira couldn't enjoy drawing pictures any more. Kimiyo sent Akira picture-letters, but he didn't answer them.

One day in winter, Akira's mother said, "*Grandma is sick and now she is in the hospital." Akira said, "Really? Is she OK?" She answered, "I'm not sure. I have to go now. Can you come with me?" Akira said, "Yes, of course. I want to know *whether she is OK. I have to tell her. . ." While he was going to the hospital, (1)**he looked down and didn't say a word**.

In the hospital, Kimiyo was looking at something on the bed. Akira said, "Hello, Grandma. How are you feeling?" Kimiyo answered, "I was a little tired, but I'm fine. Thank you, Akira." Akira asked, "What are you looking at?" Kimiyo said, "Oh, these are the picture-letters from you, Akira. Look, they are so cute and beautiful." Akira said, "Well. . . I stopped drawing pictures, so I couldn't answer your letters. I'm sorry, Grandma." Kimiyo said, "Akira, do you like drawing pictures? I always told you important things. Do you remember my words?" "You told me to draw the things that I liked, right?" Akira answered. Then, Kimiyo showed him the picture-letter of the cherry blossoms and said, "The cherry blossoms in this picture are shining and very beautiful. I think you were so happy when you drew this picture. I can feel your hope from it." Akira said, "So I drew my favorite cherry trees for the contest, but I couldn't get a prize. My picture is not good." Kimiyo said, "Akira, do you really remember my words? You forgot (2)**one more important thing**. If you remember this, your picture will be a beautiful one. I always love your pictures."

When Akira came back home, he started to draw the thing that he liked. He drew Kimiyo's face on his picture-letter. He enjoyed drawing pictures again.

〔注〕 *picture-letter＝絵手紙 *exchange＝交換する *cherry blossom＝桜の花
*contest＝コンテスト *grandma＝おばあちゃん *whether＝～かどうか

1 次の質問に対して，**英語**で答えなさい。

What did Akira draw on his first picture-letter?

2 下線部(1)の彰(Akira)の気持ちを表している英語として，最も適切なものはどれか。

ア glad and excited **イ** worried and sorry
ウ worried but excited **エ** glad but sorry

3　下線部(2)の指す内容は何か。具体的に日本語で書きなさい。

4　本文の内容と一致するものはどれか。二つ選びなさい。

ア　Akira received picture-letters from Kimiyo every week.
イ　Akira got first prize in the contest, but he was not happy.
ウ　Kimiyo stopped sending picture-letters to Akira after the picture contest.
エ　Kimiyo was looking at the picture-letters from Akira when she was in the hospital.
オ　Kimiyo didn't like Akira's pictures because they were not beautiful.
カ　Akira started to draw pictures again after he came back from the hospital.

6　次の英文を読んで，1，2，3，4の問いに答えなさい。

Have you ever grown tomatoes? Today many people enjoy growing tomatoes at home because we can grow them easily. Many people around the world eat tomatoes now. However, a long time ago, people in *Europe didn't(1). They just enjoyed looking at beautiful tomato plants.

In the early 16th century, tomatoes were brought to Europe from *Central and South America. At first, people didn't eat tomatoes because they looked like *poisonous plants. In the 16th century, people in Italy had many cold days and couldn't grow food well, so they didn't have enough food. Finally, some people ate tomatoes and found that they were good to eat. After that, they started to enjoy eating tomatoes.

Today, people around the world grow and eat tomatoes. When you grow tomatoes, you should remember *at least two important points. First, you have to be careful when you give tomatoes water. Too much water often makes them *dead. Second, a lot of strong light from the sun is necessary for tomatoes. If you keep these points(2) in mind, you can grow tomatoes even in *extremely hot and dry places such as a *desert.

Do you know about a big project to grow food in space? In this project, scientists are trying to grow tomatoes in space. Now, we need so much money to carry food to space. If they *succeed in this project, we can ［　　　］ a lot of money. We don't need to carry a lot of food there. In the future, people may live in space. It is hard to live there, but if we can eat foods like *fresh tomatoes, it is very good for our health, right? So we can say fresh foods like tomatoes may ［　　　］ our lives in space.

〔注〕 *Europe＝ヨーロッパ　*Central and South America＝中央・南アメリカ
*poisonous＝有毒な　*at least＝少なくとも　*dead＝枯れた
*extremely＝極度に　*desert＝砂漠　*succeed＝成功する　*fresh＝新鮮な

1　下線部(1)の didn't の後ろに省略されている英語2語を書きなさい。

2　次の［　　　］内は第2段落の内容を表している。①には3語，②には2語の英語を本文から抜き出して書きなさい。

In the 16th century, people in Italy started to eat tomatoes, because they had (　①　) and it was very difficult for them to get (　②　).

3　下線部(2)の指す内容は何か。具体的に二つ日本語で書きなさい。

4　本文中の［　　　］には同じ英語が入る。適切な英語1語を書きなさい。

英　語　問　題　1　〔聞き方〕

（平 30）

〔注意〕1　問題を読む速さなどについては，台本の指示によること。

2　台本は 11 分程度で読み終わること。ただし，騒音などで支障のある場合には，臨機の処置を取り，他の組との公平を失しないようにすること。

3　問題は受検者全員によく聞こえるように読むこと。その際，監督者の一人は教室の後ろにいて確認すること。

4　台本を読むテスターの位置は，正面黒板の中央すぐ前とすること。

台　本	時　間
これから聞き方の問題に入ります。問題用紙の四角で囲まれた 1 番を見なさい。問題は 1 番，2 番，3 番の三つあります。 最初は 1 番の問題です。問題は⑴から⑸まで五つあります。それぞれの短い対話を聞いて，最後の発言に対する相手の受け答えとして最も適切なものを**ア**，**イ**，**ウ**，**エ**のうちから一つ選びなさい。対話は 2 回ずつ言います。 では始めます。　〔注〕⑴はカッコイチと読む。以下同じ。斜字体で表記された部分は読まない。 ⑴の問題です。　*A:* You are a good dancer. *B:* Thank you. I take a dance class every Wednesday. *A:* When did you start it?　（約 5 秒おいて繰り返す。）（ポーズ約 5 秒） ⑵の問題です。　*A:* What are you going to do today? *B:* I'm going to play table tennis at school all day. *A:* Then, drink enough water for your body.　（約 5 秒おいて繰り返す。）（ポーズ約 5 秒） ⑶の問題です。　*A:* Hi, Satoshi. Your T-shirt looks really nice. *B:* Thank you. *A:* Where did you buy it?　（約 5 秒おいて繰り返す。）（ポーズ約 5 秒） ⑷の問題です。　*A:* Do you often come to this shop? *B:* Yes. I often come here to buy some food. *A:* Really? What's your favorite food at this shop?　（約 5 秒おいて繰り返す。）（ポーズ約 5 秒） ⑸の問題です。　*A:* Good morning, Atsushi. You look happy. What happened? *B:* The soccer team I support won the game yesterday! *A:* That's good. Did you go to the stadium to watch the game?　（約 5 秒おいて繰り返す。）（ポーズ約 5 秒）	（1　番） 約 3 分
次は 2 番の問題です。問題は⑴と⑵の二つあります。英語の対話とその内容についての質問を聞いて，それぞれの質問の答えとして，最も適切なものを**ア**，**イ**，**ウ**，**エ**のうちから一つ選びなさい。質問は問題ごとに①，②の二つずつあります。対話と質問は 2 回ずつ言います。 では始めます。　〔注〕⑴はカッコイチ，①はマルイチと読む。以下同じ。斜字体で表記された部分は読まない。 ⑴の問題です。　*Mike:* Mother, October 5th is Father's birthday and he will be 45, right? *Mother:* Yes, Mike. It's next Thursday. *Mike:* Let's have a birthday party for him next week. *Mother:* Yes, but he is busy from Monday to Friday. Let's do it on Saturday or Sunday. *Mike:* I agree, but I have a Japanese drum class on Saturday. So, Sunday is better for me. *Mother:* OK. I want to buy him a present. Last year, I bought him a wallet. Do you have any ideas? *Mike:* How about a bag? *Mother:* His bag is still new. *Mike:* Well. . . I hear this winter will be very cold. How about a coat? *Mother:* Nice idea. Let's go to a department store and find a good coat tomorrow. *Mike:* Why not? Sounds great. ①の質問です。　When will Mike and his mother have the birthday party?　（ポーズ約 3 秒） ②の質問です。　What will they do tomorrow?　（約 5 秒おいて繰り返す。）（ポーズ約 5 秒） ⑵の問題です。　*Brian:* Excuse me, Ms. Tanaka. Where is the library? *Ms. Tanaka:* Hi, Brian. The library is next to the computer room. It is large, so you can find it easily. *Brian:* Thank you. I know the computer room because I used it yesterday. *Ms. Tanaka:* Why do you want to go to the library? *Brian:* Because I want to talk with Ms. Kato. I've heard she is in the library now. *Ms. Tanaka:* Oh, she is not in the library now. She is in a room between the teachers' room and the nurse's office. She is talking with her students about the school festival there. *Brian:* Thank you very much. I'll go there. I want her to check my speech. *Ms. Tanaka:* Oh, really? When will you make your speech? *Brian:* Tomorrow! I have to do it in my class in Japanese! *Ms. Tanaka:* Wow. It's important for you to do your best! You can do it. ①の質問です。　Where can Brian see Ms. Kato?　（ポーズ約 3 秒） ②の質問です。　Why is Brian looking for Ms. Kato?　（約 5 秒おいて繰り返す。）（ポーズ約 5 秒）	（2　番） 約 5 分
次は 3 番の問題です。あなたは外国で電車に乗っています。車内放送を聞いて，メモを完成させなさい。英文は 2 回言います。 では始めます。 Good afternoon. This is the train for Art Museum. We will stop at Stone River, Old Bridge, Moon Lake and Art Museum. We will stop at Stone River at 2:45, Old Bridge at 2:58, and Moon Lake at 3:20. We will arrive at Art Museum at 3:35, and it's the last stop. If you want to go to National Park, please change trains at Old Bridge. The train for National Park will leave at 3:12. You can buy newspapers, magazines, and something to eat and drink on car No. 3. If you want to talk on your phone, please don't use it in your seat. From Stone River to Moon Lake, the doors on the left side will open. At Art Museum, the doors on the right side will open. The next stop is Stone River. Thank you. （約 5 秒おいて）繰り返します。（1 回目のみ）　（ポーズ約 10 秒）	（3　番） 約 3 分

3　(3)楽になりたい　とあるが、「私」は「隼」のどのような行為を捉えて「楽になりたい」と判断したのか。二十五字以内で書きなさい。

4　□に当てはまる語句として、最も適切なものはどれか。

ア　口を合わせて　　イ　口をへの字に曲げて

ウ　口をはさんで　　エ　口をすべらせて

5　(4)あんたがいてくれてよかった　とあるが、「隼」はどのようなことを「よかった」と言っているのか。最も適切なものはどれか。

ア　祖父に言い出せずにいた真実を「私」が伝えてくれたこと。

イ　祖父に代わって、「私」が祖父の夢を実現してくれたこと。

ウ　祖父に対する言葉を「私」が認め、受け入れてくれたこと。

エ　祖父に対して抱いていた不安を「私」が軽くしてくれたこと。

6　本文の表現上の特徴を説明したものとして、最も適切なものはどれか。

ア　「私」の視点から日常の一場面を語りながら、「私」の心情を描写している。

イ　登場人物それぞれの視点から心情を語ることで、物語を重層的にしている。

ウ　擬態語や外来語を多用して、「隼」の複雑な心情を効果的に表現している。

エ　会話文の間に情景描写を挿入して、「先生」の心情の変化を描き出している。

5　海外の中学生があなたの学校を訪問することになった。その中学生たちの歓迎会では、グループごとに、日本について様々なテーマで紹介する予定である。あなたなら次の候補の中からどれを選んで、グループのメンバーに提案するか。選んだ理由も含め、後の《注意》に従ってあなたの考えを書きなさい。

候補

・食文化
・映像メディア
・科学技術
・自然環境
・年中行事

《注意》

・右の候補の中から一つを選び、国語解答用紙(2)の決められた欄に書くこと。
・提案したいテーマについて具体例を挙げながら書くこと。
・国語解答用紙(2)に二百四十字以上三百字以内で書くこと。

1 ⑴紅茶がいいな　とあるが、このように言った「私」の思いとして、最も適切なものはどれか。

ア　「私」を心配している「隼」に対してあえて明るく振る舞って、迷惑をかけまいとする思い。

イ　「隼」に紅茶を淹れてもらうことで、「先生」のことを忘れてお茶を楽しみたいという思い。

ウ　「先生」を心配する「隼」の気持ちを解きほぐして、場の雰囲気を明るくしたいという思い。

エ　「先生」や「隼」に対して気遣う必要はなく、自分の思う通りに行動していこうという思い。

2 ⑵ちょっとばかだよね　とあるが、「私」がこのとき、「隼」に気付かせたかったのはどのようなことか。四十五字以内で書きなさい。

⑭　歴史の成立には、もう一つ、ひじょうに重要な条件がある。それは、事件と事件の間には因果関係があるという感覚だ。これこれこういう事件は、時間ではそのまえにあったこれこれこういう事件の結果として、あるいはその影響で、起こったというふうに考える。

⑮　これは、この世界で起こる事件は、それぞれ関連がある、あるいはあるはずだと考えることだ。こういう考えかたは、現代人、ことに日本人のあいだでは、ごくあたりまえの考えかただけれども、実は世界のなかでは、人類のなかでは、どうも少数派の感じかた、考えかたらしい。

⑯　ここで念を押すと、直進する時間の観念と、時間を管理する技術と、文字で記録をつくる技術と、ものごとの因果関係の思想の四つがそろうことが、歴史が成立するための前提条件である。言いかえれば、こういう条件のないところには、本書で問題にしている、比喩として使うのではない、厳密な意味の「歴史」は成立しえないということになる。

（岡《おか》田《だ》英《ひで》弘《ひろ》「歴史とはなにか」〈文芸春秋〉から）

1　□ に入る語として適切なものはどれか。

ア　しかし　　イ　ところで

ウ　言いかえれば　　エ　さらに

2　(1)きわめて人工的なはかりかたしかできない　とあるが、筆者がこのように言うのはなぜか。二十五字以内で書きなさい。

3　本文中の ア ～ エ のいずれかに、次の一文が入る。最も適切な位置はどれか。

それが人間本来の、時間の自然な感じかただ。

4　段落の働きを説明したものとして、最も適切なものはどれか。

ア　⑦段落は、それまでの内容をまとめ、主題へと導いている。

イ　⑨段落は、具体例を列挙し、仮説を裏付けようとしている。

ウ　⑬段落は、前段落までを総括し、独自の見解を述べている。

エ　⑮段落は、例外的な場合に触れ、新たな論を展開している。

5　(2)時間を……と考えて　とあるが、「時間が一定不変の歩調で進行する」と捉えると、時間は歴史の成立にどのように関わってくると、筆者は考えているか。五十字以内で書きなさい。

6　本文の特徴を説明したものとして最も適切なものはどれか。

ア　日本と世界の文化の比較を通して、歴史の違いについて分析している。

イ　歴史について、時間に対する考え方を明確にした上で考察している。

ウ　人間の心理と関連付けながら、歴史の捉え方について検討している。

エ　歴史という概念について、物理学的な知見に基づいて説明している。

4

次の文章を読んで、1から6までの問いに答えなさい。

この文章は宮下奈都「窓の向こうのガーシュウィン」から出題されましたが、著作物の使用許可が得られませんでしたので、設問と解答のみの掲載となりました。ご了承ください。

3 次の文章を読んで、1から6までの問いに答えなさい。①～⑯は形式段落の番号である。

① そもそも時間というものは、ビッグ・バンで宇宙が生まれたときに、空間とともにはじまったものだそうだが、すくなくとも人間が経験で知っているかぎりの世界では、時間にははじめもなく、終わりもない。これがほんとうの最初の年、最初の月、最初の日というものは、人間には知られてない。［　　］、そこから数えれば「なん番めの年」になり、「なん番めの月」になり、「なん番めの日」になる、と言えるような、わかりやすい目安になる時点は、自然界には存在しない。

② そういうわけで、たくさんの人間が寄り集まって、どの時点から数えることにしようと協定するか、だれかに適当に決めてもらうしかない。こうした取り決めが「クロノロジー（年代）」というものである。

③ 時間というものは、そういうふうに、(1)きわめて人工的なはかりかたしかできない。自然界には、絶対的な時間の経過を示すものは、なにもない。

④ だから、時計とか暦とかのない社会では、時間の経過を決めるのは人間の気持ちによる。人が「いまだ」と思ったときが「そのとき」だというのが、そうした社会の時間の感覚である。こうした時間の感覚は、絶対的な時間とか、時刻とかに置きかえることはできない。［ア］

⑤ たとえば、いまでもオーストラリアのアボリジニの社会では、お祭りのはじまる時刻は、夜ということぐらいは決まっているが、なん時ちょうどにはじまるなどということは、だれも申し合わせていない。祭りの場に集まってがやがやっているうちに、なんとなくみんなが気分が高揚してきて、そろそろだなと思ったときがそのときだとなって、お祭りがはじまるというのがふつうだ。

⑥ われわれ現代人の感覚では、時間というものは、無限の過去からはじまって、規則正しくチクタクチクタクと、同じ歩調で現在にむかって進行してきて、現在からは、無限の未来にむかって、チクタクチクタクと同じ歩調で一直線に進行していくものだ、となっている。［イ］

⑦ こうした時間の感覚は、決して自然なものではなくて、文明が創りだしたものだ。明日という日が来るかどうかは、ほんとうを言うと、だれにもわからない。そういう時間の感覚のほうが自然だ。というわけで、人間にとっては、時間は取り扱いにくいものだが、その取り扱いにくい時間がかかわってくるのが歴史なのである。

⑧ 歴史は、世界を空間だけに沿って見るものではなくて、時間に沿っても見るものだ。その時間をどう認識するかは、人間の集団ごとに、ひじょうに違う。［ウ］

⑨ 去年のことでも、三年まえのことでも、百年まえのことでも、ただ「むかし」というだけで区別しない人たちもいれば、今日の午前に起こった事件と、あとの午後に起こった事件の時間の差を問題にして、区別する人たちもいる。時間の認識のしかたは文化なのである。

⑩ 時間の観念は文化だから、文明によって、社会によって、おおいに違う。また違って当然だ。だから、時間の管理のしかたも、文明によって違ってくる。［エ］

⑪ (2)時間を一定不変の歩調で進行するものだと考えて、日・月・年に一連番号を振って、暦を作り、時間軸に沿って起こる事件を暦によって管理して、記録にとどめるという技術は、きわめて高度に発達した技術であって、人類が自然に持っているものではない。

⑫ 時間と空間の両方にまたがって、人間の世界を説明する歴史というものも、自然界にはじめから存在するものではなくて、文化の領分に属するものである。歴史は文化であり、人間の集団によって文化は違うから、集団ごとに、それぞれ「これが歴史だ」というものができ、ほかの集団が「これが歴史だ」と主張するものと違うということも起こりうる。

⑬ しかも、暦を作って時間を管理することと、記録をとることだけでは、歴史が成立するのに十分な条件にはならない。

実戦編◆国語
県立 H30

解答・解説 P256

4　次の行書のうち、「花」と同じ部首の漢字はどれか。

ア　栄　　イ　雲　　ウ　笑　　エ　葉

2

次の文章を読んで、1から5までの問いに答えなさい。

昔、西八条（注1）の舎人《とねり》（注2）なりける翁《おきな》、賀茂祭《かものまつり》の日、一条東洞院《とうゐん》の辺に、

　ここは翁が見物せむずる所なり
　人、寄るべからず

といふ札を、暁《あかつき》より ア立て たりければ、人、かの翁が所為《しょゐ》とは知らず、（注3）「陽成院《やうぜいゐん》、物御覧ぜむとて立てられたるなめり。」とて、人寄らざりけるほどに、時になりて、この翁、浅葱《あさぎ》かみしも（注4）着たり。扇ひらきつかひて、したり顔なる気色にて、物を見けり。(1)人々、目をたてけり。

陽成院、このことを聞こしめして、件《くだん》の翁を イ召し て、院司《ゐんじ》（注5）にて問はせられければ、「歳八十になりて、見物の志、さらに侍らぬが、今年、孫にて候《さうら》ふ男の、内蔵寮《くらづかさ》（注6）の小使《せうし》にて、祭を渡り候ふが、あまりに ウ見まほしく て、ただ見候はむには、人に踏み殺されぬべくおぼえて、(2)やすく見候はむために、札をば立てて侍る。ただし、院の御覧ぜむ由は、まつたく書き候はず。」と エ申し ければ、「さもあることと。」とて、御沙汰《おんさた》なくて、ゆりにけり（注7）。

これ、肝《きも》太きわざなれども、かなしく支度《したく》しえたりけるこそ、をかしけれ。

（「十訓抄《じっきんしょう》」から）

（注1）西八条＝平安京の地名。一条東洞院も同様。
（注2）舎人＝貴人の家に仕え、雑用に従事する者。
（注3）陽成院＝陽成天皇のこと。この時は退位し上皇であった。
（注4）浅葱かみしも＝上衣と袴《はかま》が同じ薄い藍色《あいいろ》の服。
（注5）院司＝上皇の御所に仕える役人。
（注6）内蔵寮＝宮中の財物を管理する役所。
（注7）ゆりにけり＝許された。

1　ひらきつかひて は現代ではどう読むか。現代かなづかいを用いて、すべてひらがなで書きなさい。

2　ア立て　イ召し　ウ見まほしく　エ申し の中で、主語にあたる人物が異なるものはどれか。

3　(1)人々、目をたてけり とあるが、人々が注目したのはなぜか。その理由を説明した次の文の空欄に当てはまるように、十五字以内の現代語で書きなさい。

　人々が立て札を見て［　　　］と考えたことに対して、予想が外れたから。

4　(2)やすく見候はむため の意味として、最も適切なものはどれか。

ア　祭の行列を安全な状態で見物するため。
イ　祭の行列を家族と一緒に見物するため。
ウ　祭の行列を人目を避けて見物するため。
エ　祭の行列を安い場所代で見物するため。

5　本文に描かれている翁はどのような人物か。

ア　何事にも驚いたり物怖《お》じしたりせず行動できるが、涙もろく情け深い人物。
イ　場に応じて機転を利かせた判断ができ、周囲の人々のために行動する人物。
ウ　周囲が思いも寄らない行動をとることもあるが、自分の気持ちに正直な人物。
エ　たとえ権力者に逆らうことになったとしても、信念を貫いて行動する人物。

栃木県立高校入試　問題

国語

1　次の1から4までの問いに答えなさい。

1　次の――線の部分の読みをひらがなで書きなさい。

(1) 桜の花が咲く。　(2) 部屋を掃除する。

(3) 舞台に上がる。　(4) 濃厚なスープ。

(5) 時間を稼ぐ。

2　次の――線の部分を漢字で書きなさい。

(1) ホームランをウつ。　(2) ヤッキョクに行く。

(3) 羊をホウボクする。　(4) 法律のセンモン家。

(5) 心をフルい立たせる。

3　次の俳句を話題にした先生と生徒の会話について、(1)から(4)までの問いに答えなさい。

> 鐘つけば銀杏《いちょう》散るなり建長寺　　夏目《なつめ》漱石《そうせき》
>
> 生徒「この俳句の季語は何ですか。」
>
> 先生「①銀杏散るが季語ですよ。季語を詳しく調べたい時は『歳時記』という本を使うのが便利です。」
>
> 生徒「わかりました。ところで、この俳句の作者は小説家の夏目漱石なんですね。」
>
> 先生「その通りです。小説家としてよく知られていますが、俳句や漢詩も作っていますし、色々なテーマで②コウエンを行うなど多方面で活躍した人物です。」
>
> 生徒「様々な才能を持った人物だったのですね。そういえば、先生も俳句を作られるとお聞きしました。今度、先生の作品を（　③　）。」
>
> 先生「いいですよ。（　④　）よかったら、あなたも一緒に俳句を作りませんか。」

(1) ①銀杏散る　と同じ季節を詠んだものはどれか。

ア　菜の花のちりこぼれたる堤かな　　瀧《たき》井《い》孝作《こうさく》

イ　独り碁《ご》や笹《ささ》に粉雪《こゆき》のつもる日に　　中《なか》勘助《かんすけ》

ウ　頂上や殊に野菊の吹かれ居《お》り　　原《はら》石鼎《せきてい》

エ　閑《しず》かさや岩にしみ入る蝉《せみ》の声　　松《まつ》尾《お》芭蕉《ばしょう》

(2) ②コウエン　と同じ漢字を用いるものはどれか。

ア　家の近くのコウエンに遊びに行く。

イ　大学教授のコウエンを聴く。

ウ　自治体が文化事業をコウエンする。

エ　新人が主役をコウエンする。

(3) （　③　）に入る正しい敬語表現はどれか。

ア　見せていただけますか。

イ　お見せしてもらえますか。

ウ　ご覧になってもいいですか。

エ　拝見なさってもいいでしょうか。

(4) （　④　）に入る副詞として適切なものはどれか。

ア　まるで　　**イ**　ふと　　**ウ**　もっと　　**エ**　もし

解答・解説 P256

MEMO

［実戦編］

栃木県
高校入試
の対策
2024

平成29年度
県立入試

平成29年度
3月6日実施

栃木県立高校入試　問題

社　会

制限時間 **45**分

1 次の１，２の問いに答えなさい。

1 次の⑴から⑷までの文中の □ に当てはまるのはどれか。

⑴ ヨーロッパ北西部では，穀物栽培と家畜の飼育を組み合わせた □ が行われてきた。

ア 二期作　　**イ** 焼畑農業　　**ウ** 混合農業　　**エ** 遊　牧

⑵ 平安時代のはじめ，□ は，蝦夷を征討するため，東北地方に坂上田村麻呂を征夷大将軍として派遣した。

ア 聖武天皇　　**イ** 天武天皇　　**ウ** 後醍醐天皇　　**エ** 桓武天皇

⑶ 鎌倉時代，武士の活躍を描いた軍記物が生まれ，なかでも □ は，琵琶法師によって語られ，多くの人々に広まった。

ア 源氏物語　　**イ** 平家物語　　**ウ** 古事記　　**エ** 徒然草

⑷ 刑事裁判は，□ が，罪を犯した疑いのある人を被告人として，裁判所に起訴することで始められる。

ア 検察官　　**イ** 弁護人　　**ウ** 裁判員　　**エ** 裁判官

2 次の⑴から⑷までの文中の □ に当てはまる語を書きなさい。

⑴ 南アメリカ大陸の太平洋側には，高い山々が南北に連なっており，□ 山脈とよばれている。

⑵ 自然災害による被害の可能性や避難場所などをわかりやすく示した地図を □ マップとよぶ。

⑶ 1872年，明治政府は，すべての国民が学校で教育を受けられるよう，□ という法令を公布し，小学校を義務教育と定めた。

⑷ 国や地方公共団体が，道路，港湾，公園，上下水道などの社会資本を建設・整備することを □ という。

2 太郎さんのクラスでは，班ごとに様々な課題に取り組みながら，アフリカ州について学習した。次の１から４までの問いに答えなさい。

1 **A**班は，人口が10万人以上の都市を点で示したアフリカ州とヨーロッパ州の地図をそれぞれ作成して，二つを比較しながら，アフリカ州の人口分布の特徴をまとめようとした。次の文は，このことに関する先生からの助言である。[Ⅰ]，[Ⅱ] に当てはまる語の組み合わせとして正しいのはどれか。

> **A**班は，点の密集の度合いで人口分布を表現する地図を作るのですから，「[Ⅰ] が正しい地図」を用いるとよいでしょう。その理由は，「緯線と経線が直角に交わる地図」を用いてしまうと，アフリカ州に比べて緯度の高いヨーロッパ州は，点の密集の度合いが [Ⅱ] 表現されるため，誤った印象を与えるからです。

ア Ⅰ－中心からの距離と方位　Ⅱ－高　く　　**イ** Ⅰ－面　積　Ⅱ－高　く
ウ Ⅰ－中心からの距離と方位　Ⅱ－低　く　　**エ** Ⅰ－面　積　Ⅱ－低　く

解答・解説 P265

2　B 班は，アフリカ州の位置や気候について調べた。次の(1)，(2)の問いに答えなさい。

(1)　図 1 は，「緯線と経線が直角に交わる地図」の一部である。緯線 a，b の緯度，経線 c，d の経度の組み合わせとして正しいのはどれか。

ア	イ
a－北緯 20 度 b－南緯 60 度 c－西経 40 度 d－東経 40 度	a－北緯 40 度 b－南緯 40 度 c－西経 20 度 d－東経 60 度

ウ	エ
a－北緯 40 度 b－南緯 40 度 c－西経 40 度 d－東経 40 度	a－北緯 20 度 b－南緯 60 度 c－西経 20 度 d－東経 60 度

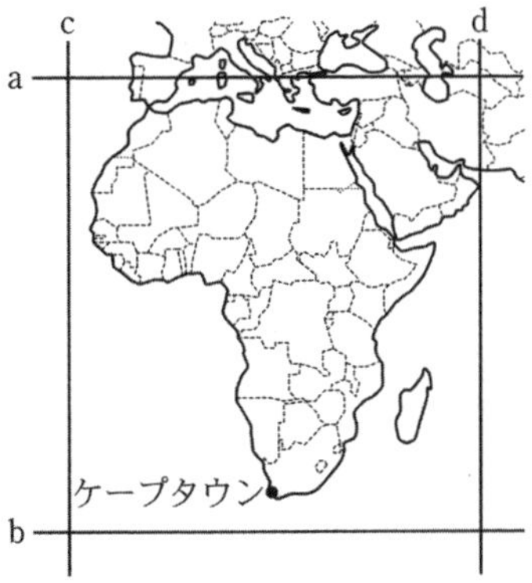

図 1

(2)　アフリカ州のおもな都市を気候の特徴に基づき，図 2 を用いて分類すると，図 1 のケープタウンが当てはまるのは図 2 のア，イ，ウ，エのどれか。次のメモを参考にして答えなさい。

> ケープタウンは，アフリカ州の最も北の地点と同じ気候区分で，夏季よりも冬季に降水量が多い地中海性気候である。

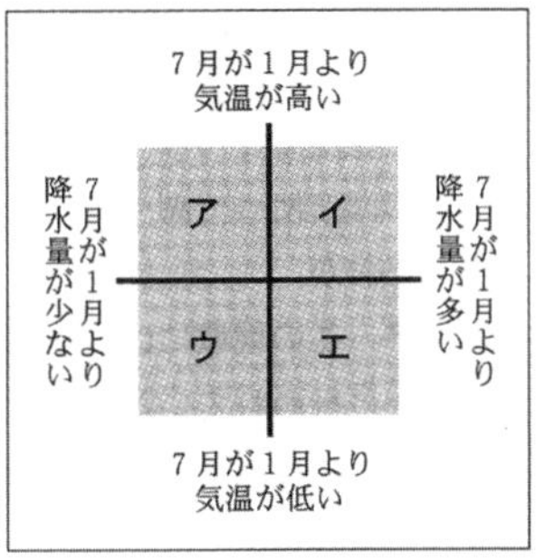

図 2

3　C 班は，アフリカ州の経済について調べた。その結果，アフリカ州には，モノカルチャー経済とよばれる経済構造の国が多く，特定の品目に偏った輸出を行うため，経済が不安定であることに気付いた。図 3 は，C 班がモノカルチャー経済の例として示したある国の輸出統計(2012 年)である。X はどれか。

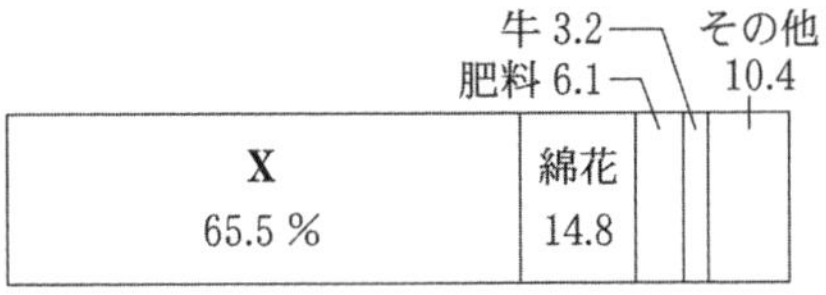

図 3（「データブックオブザワールド」により作成）

ア　金　　イ　石油製品　　ウ　自動車　　エ　機械類

4　D 班は，アフリカ州におけるおもな国の公用語と植民地支配との関係を調べた。その結果，かつてイギリスの植民地であったエジプトとナイジェリアを比べると，現在，エジプトの公用語は英語ではないが，ナイジェリアの公用語は英語であることがわかった。ナイジェリアの公用語が英語になった理由を，図 4 をもとに「共通する言語」の語を用いて書きなさい。

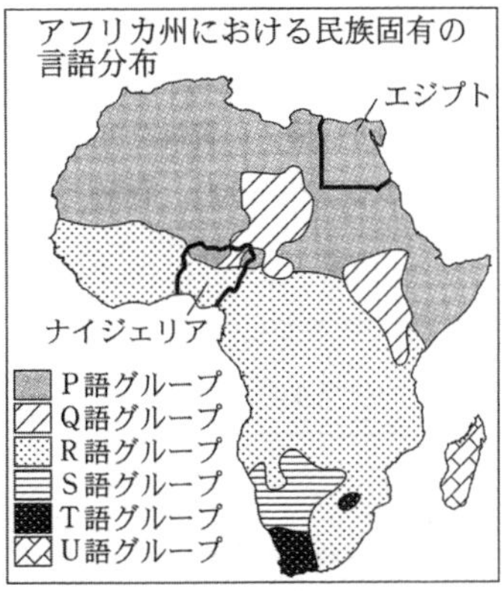

図 4（「国立民族学博物館資料」ほかにより作成）

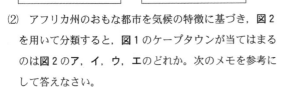

3 ひかるさんは，中部地方について学習した。次の１から５までの問いに答えなさい。

図１

１　次の文中の［　　　］に当てはまる語を書きなさい。

> 中部地方には，高い山々からなる日本アルプスがそびえている。その東側には［　　　］とよばれるみぞ状の地形があり，これを境にして，本州の東と西では地形や岩石が大きく異なる。

２　ひかるさんは，**図１**に示した四つの都市について，それぞれの降水量を**図２**にまとめた。**A**市は，**図１**の**ア**，**イ**，**ウ**，**エ**のどれか。

	A市	B市	C市	D市
6月～8月の月平均降水量(mm)	153.5	177.0	134.9	113.8
12月～2月の月平均降水量(mm)	175.3	53.0	39.5	48.8
年降水量(mm)	1821.0	1535.3	1135.2	932.7

図２(「気象庁ホームページ」により作成)

３　ひかるさんは，東海地方の産業の特色をいくつかの地形図を使って調べた。**図３**の地形図から読み取れるのはどれか。

図３(国土地理院発行５万分の１地形図により作成)

ア　この地域には台地が広がり，果樹の栽培が盛んに行われている。

イ　この地域には台地が広がり，茶の栽培が盛んに行われている。

ウ　この地域には扇状地が広がり，果樹の栽培が盛んに行われている。

エ　この地域には扇状地が広がり，茶の栽培が盛んに行われている。

４　ひかるさんは，中部地方では新潟県，長野県，静岡県，愛知県に宿泊者が多いことを知り，どのような目的で宿泊しているかを調べ，**図４**にまとめた。愛知県は，**図４**の**ア**，**イ**，**ウ**，**エ**のどれか。

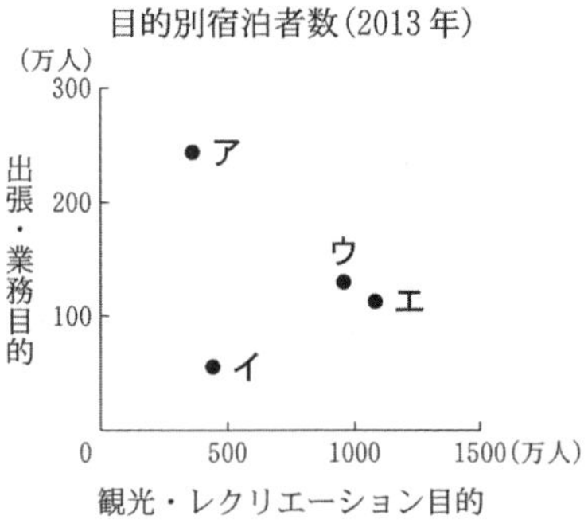

図４(「宿泊旅行統計調査」により作成)

５　ひかるさんは，富山県にアルミ産業が根付いていることを知り，その背景を示す**図５**，**図６**，**図７**の資料を用意した。アルミ産業が富山県に根付いた理由を**図５**，**図６**，**図７**からわかることにふれ，簡潔に書きなさい。

> ・鉄１トンの生産に10～80 kWhの電力が必要である。
> ・アルミ１トンの生産に約15000 kWhの電力が必要である。

図５(「石油天然ガス金属鉱物資源機構ホームページ」ほかにより作成)

	東北電力	北陸電力	関西電力	九州電力	全国平均
1957年度の電力価格(円/kWh)	3.8	2.8	4.6	4.6	4.1

図６(「北陸経済研究所 1983」により作成)

> ・富山県は古くから銅器の加工技術が高い地域であった。
> ・銅とアルミの加工技術には共通した部分が多い。

図７

解答・解説 P265

4 次は，栃木県の交通の歴史についてまとめたものである。これを読んで，1から7までの問いに答えなさい。

古代　ⓐ律令国家のしくみとして，中央と地方を結ぶ道路が整備された。役人は，道路に設置された［ Ⅰ ］を利用して，都と諸国の間を行き来した。下野には，東山道が通り，道沿いには，国府や多くの役所，寺などが置かれた。	中世　源頼朝が，鎌倉につながる街道を整備したことで，ⓑ各地の御家人たちは，鎌倉への往来が容易になった。下野は，東北へ向かう奥大道《おくだいどう》(鎌倉街道)が通っていたので，交通の要地として重要視された。
近世　下野では，五街道である日光道中・奥州道中のほか多くの街道が整備された。ⓒ日光社参などの影響もあり，街道は大いににぎわった。また，ⓓ海上・水上交通の発達により，下野は，東北と江戸を結ぶ重要な拠点として，大きな役割を果たした。	近代　1872年，新橋・横浜間に鉄道が開通した。栃木県においては，1885年に上野・宇都宮間が開通，翌年には黒磯まで伸びた。さらに，その後も両毛線や日光線などが開通した。なかでも両毛線は，栃木・群馬両県のⓔ近代織物産業の発展に貢献した。

1　下線部ⓐに関して，おもに東国の農民が，九州北部の防衛につく兵役を何というか。

2　文中の［ Ⅰ ］に当てはまるのはどれか。

ア　飛　脚　　　イ　駅　　　ウ　馬　借　　　エ　問(問丸)

3　次の説明は，下線部ⓑに関して，将軍と御家人の主従関係をまとめたものである。［ Ⅱ ］に当てはまる語を書きなさい。

御　恩	＝将軍が御家人の領地の保護をしたり，手柄に応じて新しい土地を与えたりすること。
［ Ⅱ ］	＝御家人が京都や鎌倉の警備についたり，合戦に参加したりする義務のこと。

4　中世の社会や経済について，正しく述べているのはどれか。

ア　和同開珎がつくられ，ものと交換できる貨幣の流通がはかられた。

イ　御蔭《おかげ》参りが流行し，多くの人が伊勢神宮に参詣《さんけい》した。

ウ　寺社の門前などに，毎月決められた日に定期市が開かれるようになった。

エ　商人は，株仲間をつくり，幕府や藩の許可を得て営業を独占した。

5　下線部ⓒに関して，将軍の代替わりを祝うためなどに派遣された朝鮮からの使節は，日光へも参詣したとの記録がある。この朝鮮使節を何というか。

6　下線部ⓓに関して，江戸時代に河川を利用した水運が発達した理由を**図1**をもとに書きなさい。また下野で河岸《かし》(川の港)が栄えたのはどのような場所か，**図2**をもとに書きなさい。

7　下線部ⓔに関して，開国直後から日本のおもな輸出品であり，日露戦争後には，輸出量が世界1位となった品目は何か。

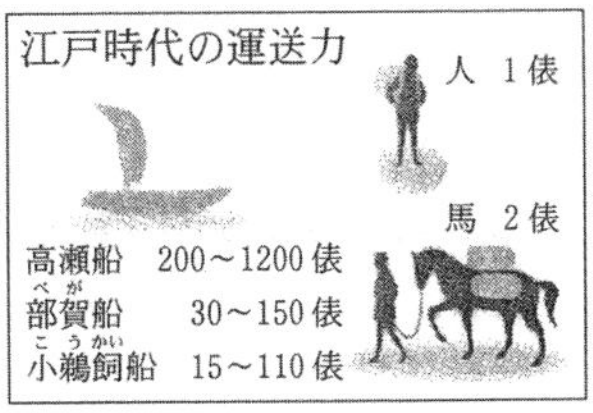

図1

(「もっと学ぼう！栃木県」により作成)

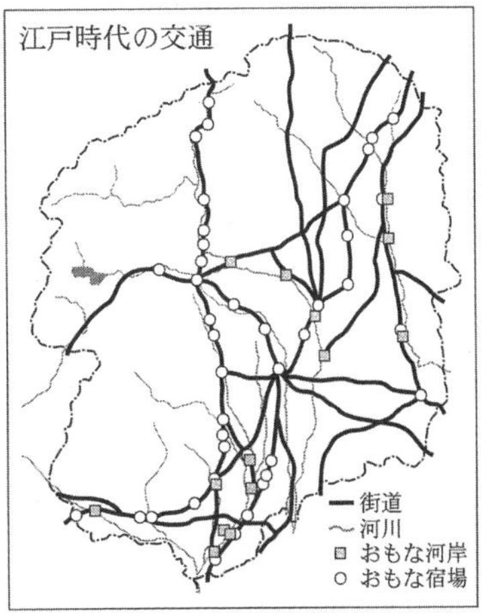

図2

(「江戸とつながる川の道」ほかにより作成)

5 略年表を見て，次の 1 から 5 までの問いに答えなさい。

年代	対外的な交渉
1858	日米修好通商条約……………A
1875	樺太・千島交換条約…………B
1905	ポーツマス条約………………C
	↕ D
1941	日ソ中立条約
1951	サンフランシスコ平和条約…E

1 次の説明は，A の不平等な内容についてまとめたものである。［　　］に当てはまる語を書きなさい。

> ・領事裁判権を認める
> 日本国内で罪を犯したアメリカ人は，アメリカの領事が裁判し，日本側では裁くことができない。
> ・［　　］権がない
> アメリカからの輸入品にかける税金の率を日本が決定することができない。

2 B によって，日本の領土として新たに画定された範囲は，図 1 のア，イ，ウ，エのどれか。

3 C の内容に対して政府への批判が高まり，東京では日比谷焼き打ち事件が起きた。この事件が起きた理由を，図 2 と当時の国民生活を表した風刺画である図 3 をふまえ，「増税」の語を用いて簡潔に書きなさい。

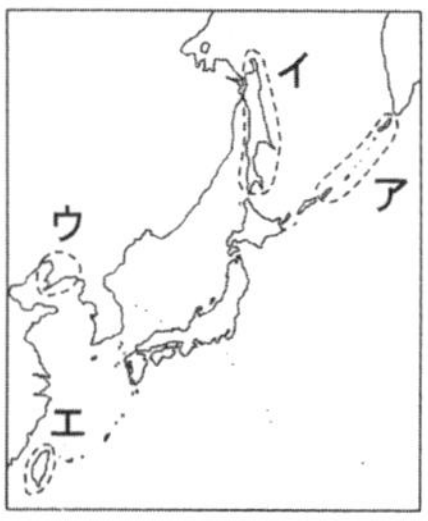

図 1

	日清戦争	日露戦争
死者数	約 13000 人	約 84000 人
戦　費	約 2.0 億円	約 17.2 億円
賠償金	約 3.1 億円	なし

図 2
(「ビジュアルワイド明治時代館」ほかにより作成)

図 3
(「東京パック」により作成)

4 次のア，イ，ウ，エは，D の時期に起きたできごとである。年代の古い順に並べなさい。

ア 二・二六事件が起こる。　　イ 大政翼賛会が発足する。
ウ 五・一五事件が起こる。　　エ 原敬内閣が成立する。

5 E の締結と同時に行われたのはどれか。

ア 日本への沖縄返還　　イ 日中平和友好条約の締結
ウ 日本の国際連合加盟　　エ 日米安全保障条約の締結

6 次の 1，2 の問いに答えなさい。

1 次の(1)から(5)までの問いに答えなさい。

(1) 新たな技術や高度な知識で，革新的な事業を展開する中小企業を何というか。

(2) 商品の価格や在庫，発注などをコンピュータで管理し，商品の製造や流通において飛躍的な効率化を実現したシステムを何というか。

(3) 次の文中の［　　］に当てはまるのはどれか。

> 世界各地で貿易の自由化など経済関係の強化を図る動きが強くなり，1989 年には，アジア太平洋地域で APEC が，1994 年には，アメリカ，カナダ，メキシコの 3 か国で［　　］が発足した。

ア TPP　　イ ASEAN　　ウ NAFTA　　エ WTO

解答・解説 P265

(4) 円高が進んだ場合，その影響として最も適切なのはどれか。

ア 輸入自動車の価格が高くなる。　　**イ** 日本企業の海外移転が増える。

ウ 輸出企業の利益が増える。　　**エ** 海外旅行をする日本人が減る。

(5) 企業の社会的責任として，**当てはまらないもの**を次の**ア**，**イ**，**ウ**，**エ**のうちから一つ選びなさい。

ア 文化活動やボランティア活動などを積極的に支援する。

イ 良質な財やサービスを適正な価格で提供する。

ウ 販売価格などについて同一業種の企業と協定を結ぶ。

エ 経営実績や業務内容に関する情報を正しく公開する。

2 次は，あゆみさんが国や地方の政治についてまとめたものの一部である。これを読んで(1)から(5)までの問いに答えなさい。

・日本国憲法には，ⓐ国民が主権者であり，ⓑ国会における代表者を通じて行動することが示されている。
・ⓒ地方自治は「民主主義の学校」とよばれ，住民が自らの意思と責任で政治に取り組むしくみである。ⓓ地方財政では，財源を確保するための努力や工夫が求められている。

(1) 下線部ⓐに関して，次の文は，ある人物が1863年にゲティスバーグで行った演説の一部である。この演説を行った人物は誰か。

人民の人民による人民のための政治が，この地球上から消え去ることがあってはならないのである。

(2) 下線部ⓑに関して，国会の信任に基づいて内閣が組織され，国会に対し連帯して責任を負う制度を何というか。

(3) 下線部ⓒに関して，地方公共団体が独自に制定できる法を何というか。

(4) 地方公共団体の住民の政治参加について述べた文として，正しいのはどれか。

ア 地方議会の議員を選ぶ選挙権年齢は，満20歳以上と定められている。

イ 地方議会の解散は，有権者の3分の1以上の署名により，首長に請求する。

ウ 都道府県知事の被選挙権年齢は，満25歳以上と定められている。

エ 事務の監査請求には，有権者の50分の1以上の署名が必要である。

(5) 下線部ⓓに関して，あゆみさんは**図1**から地方財政の歳入には，自主財源の割合が減少しているという課題があることに気付いた。また，**図2**は国や地方公共団体が地域活性化に向けて取り組んでいる政策の一部であり，あゆみさんはこれらの取り組みが**図1**で気付いた課題の解決につながると考えた。あゆみさんが，そのように考えた理由を，**図2**にある具体的な政策を一つ取り上げ，「人口」の語を用いて，簡潔に書きなさい。

地方財政歳入項目別割合

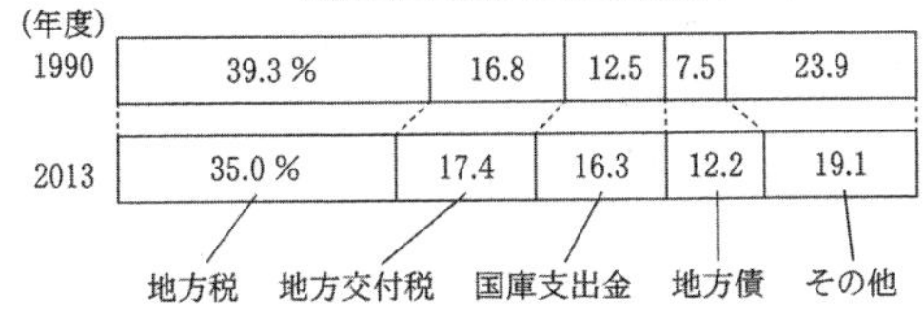

図1(「数字でみる日本の100年」ほかにより作成)

① しごとの創生
・地方において若者向けの雇用をつくる。
・企業を積極的に誘致する。
・地域産業の活性化を図る。
② ひとの創生
・地方への新しいひとの流れをつくる。
・地方への移住を促進する。
③ まちの創生
・若者，高齢者，障害者など，誰もが活躍できる地域社会の実現。

図2(「まち・ひと・しごと創生本部ホームページ」ほかにより作成)

7 めぐみさんは，社会科のまとめとしての課題研究に，資源・エネルギー問題を取り上げることにした。次は，レポート作成に向けてまとめたものの一部である。これを読んで，1から4までの問いに答えなさい。

〈調べてわかったこと〉
・ⓐ日本の電力の多くは，火力発電でまかなわれていて，燃料であるⓑ石油，石炭，天然ガスなどは輸入に頼っている。
・世界のおもなⓒ化石燃料の可採年数は，石油 53 年，石炭 110 年，天然ガス 54 年とされている。

1 下線部ⓐに関して，めぐみさんは**図1**を作成した。**図1**から読み取れることはどれか。

ア 日本全体の発電量の変化
イ 電力供給源の割合の変化
ウ 電力供給源ごとの発電量の変化
エ 日本の発電所数の変化

日本の電力供給

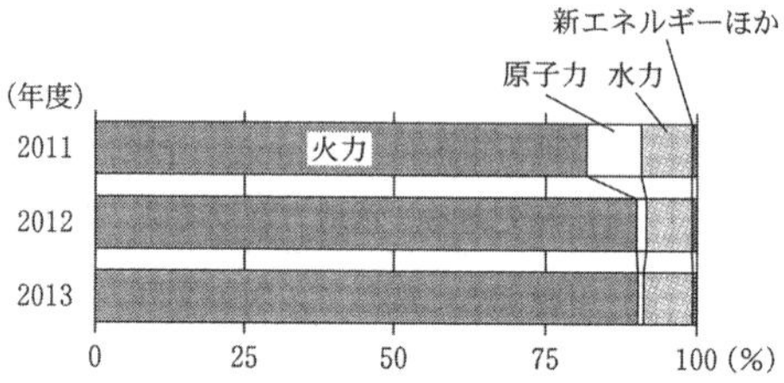

図1(「日本の統計」により作成)

2 下線部ⓑに関して，次の文中の **I** に当てはまるのはどれか。

日本では 1955 年から **I** が始まり，テレビなどの電化製品が普及するなど，国民の生活水準が高まった。しかし，1973 年に中東戦争の影響で原油価格が引き上げられて **I** は終わった。

ア 大戦景気　　**イ** 朝鮮特需(特需景気)　　**ウ** 高度経済成長　　**エ** バブル経済

3 下線部ⓒの使用によって排出される二酸化炭素など，地球温暖化の原因とされる気体を総称して何というか。

4 めぐみさんは，電力の消費と供給について調べ，日本とヨーロッパのおもな国を比較し，**図2**，**図3**を作成したところ，日本には，持続可能な社会の実現に向けて課題があることに気付いた。その課題を，**図2**，**図3**からわかることにふれ，簡潔に書きなさい。

一人当たりの年間電力消費量(2012 年)

日　本	フランス	ドイツ	イタリア
7753 kWh	7367 kWh	7138 kWh	5277 kWh

図2(「原子力・エネルギー図面集 2015」により作成)

電力供給量に占める再生可能エネルギーの割合(2012 年)

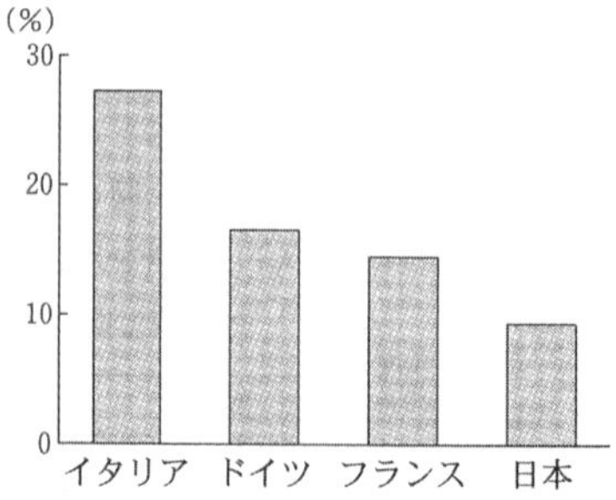

図3
(「データブックオブザワールド」により作成)

解答・解説 P265

平成29年度
3月6日実施

栃木県立高校入試　問題

数　学

制限時間 50分

1　次の 1 から 14 までの問いに答えなさい。

1　$3 \times (-4)$ を計算しなさい。

2　$\frac{3}{4}x - \frac{1}{2}x$ を計算しなさい。

3　$2(a - 3b) + 3(a + b)$ を計算しなさい。

4　$x^2 - 6x$ を因数分解しなさい。

5　$y = \frac{x-7}{5}$ を x について解きなさい。

6　x についての方程式 $ax + 9 = 5x - a$ の解が 6 であるとき，a の値を求めなさい。

7　y は x に比例し，$x = 2$ のとき $y = -8$ である。$x = -1$ のときの y の値を求めなさい。

8　右の図のように，平行な 2 つの直線 ℓ，m に 2 直線が交わっている。x の値を求めなさい。

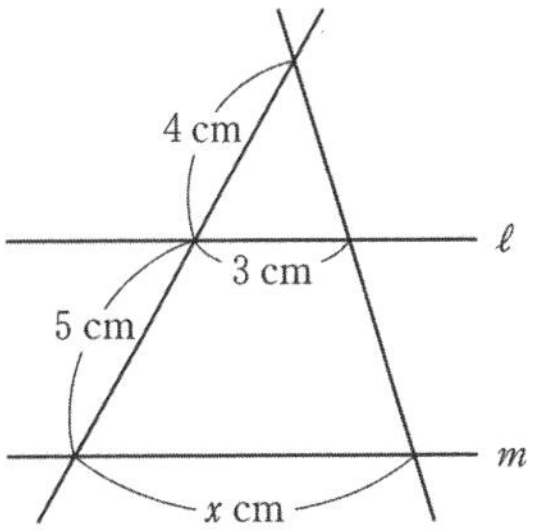

9　1 個のさいころを 1 回投げるとき，出る目の数が 4 でない確率を求めなさい。

10　右の図において，四角形 ABCD は平行四辺形である。$\angle x$ の大きさを求めなさい。

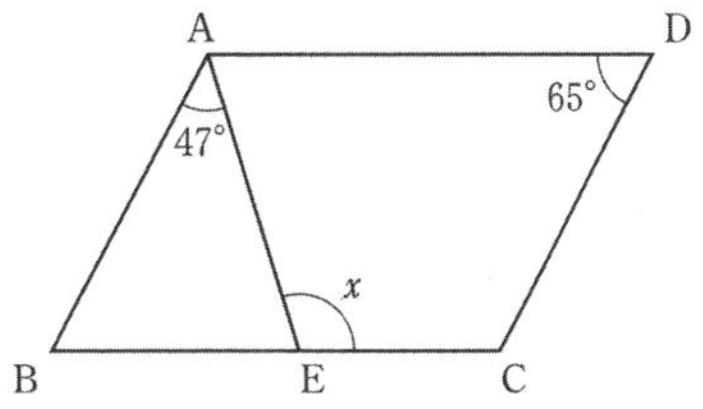

11　n を正の整数とする。$\sqrt{45n}$ が整数となる n の値のうち，最も小さい n の値を求めなさい。

12　右の図の三角柱 ABC—DEF において，辺 AD とねじれの位置にある辺をすべて答えなさい。

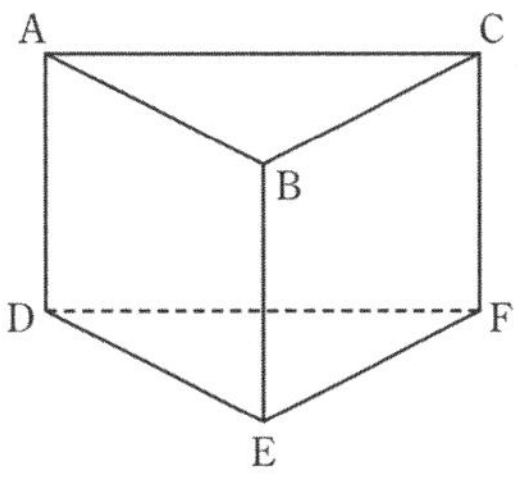

13　関数 $y = 2x^2$ について，x の変域が $-2 \leqq x \leqq 3$ のときの y の変域を求めなさい。

14　右の図のような半径 2 cm の半円を，直径 AB を含む直線 ℓ を軸として 1 回転させてできる立体の体積を求めなさい。ただし，円周率は π とする。

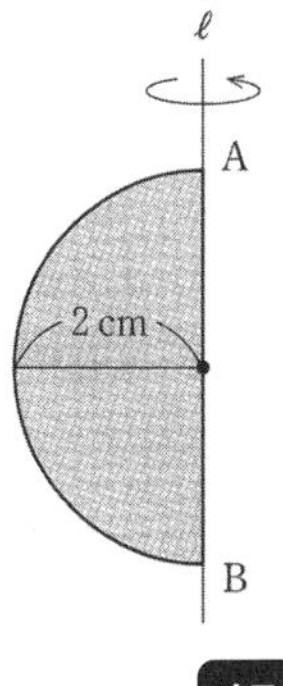

解答・解説 P268

2 次の1，2，3の問いに答えなさい。

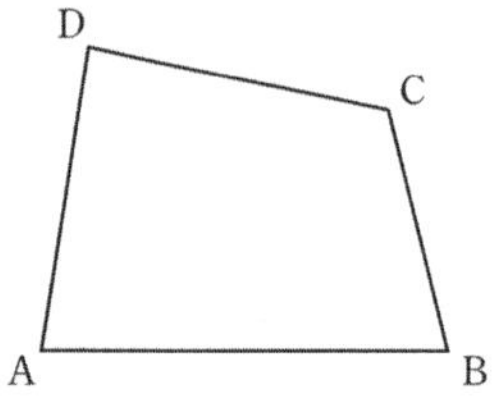

1 右の図の四角形ABCDにおいて，2辺AB，ADからの距離が等しく，辺CD上にある点Pを作図によって求めなさい。ただし，作図には定規とコンパスを使い，また，作図に用いた線は消さないこと。

2 ある中学校の生徒会が，全校生徒525人のうち，冬休みに家の手伝いをした生徒のおよその人数を調べることになり，40人を無作為に抽出する標本調査を行った。

このとき，次の(1)，(2)の問いに答えなさい。

(1) 標本の選び方として適切なものを，次の**ア**，**イ**，**ウ**，**エ**のうちから1つ選んで記号で答えなさい。ただし，くじ引きを行うとき，その対象の中からの生徒の選ばれ方は同様に確からしいものとする。

ア 2年生の中から40人をくじ引きで選ぶ。

イ 男子生徒267人の中から40人をくじ引きで選ぶ。

ウ 生徒全員の中から40人をくじ引きで選ぶ。

エ 運動部員の中から20人，文化部員の中から20人の計40人をくじ引きで選ぶ。

(2) 抽出された40人のうち，冬休みに家の手伝いをした生徒は32人であった。この中学校で，冬休みに家の手伝いをした生徒のおよその人数を求めなさい。

3 右の図のように，2つの関数 $y=ax^2(a>1)$，$y=x^2$ のグラフ上で，x 座標が2である点をそれぞれA，Bとする。また，点Aを通り x 軸に平行な直線が，関数 $y=ax^2$ のグラフと交わる点のうち，点Aと異なる点をCとし，点Bを通り x 軸に平行な直線が，関数 $y=x^2$ のグラフと交わる点のうち，点Bと異なる点をDとする。長方形ACDBの面積が24であるとき，a の値を求めなさい。

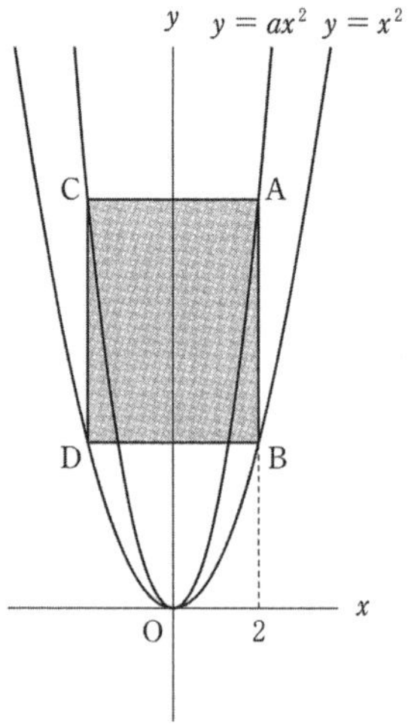

3 次の1，2の問いに答えなさい。

1 右の図は，あるクラスの座席を出席番号で表したものである。

この図中の

13	8
14	9

のような4つの整数の組

c	a
d	b

について考える。

このとき，$bc-ad$ の値はつねに5になることを，a を用いて証明しなさい。

教卓

26	21	16	11	6	1
27	22	17	12	7	2
28	23	18	13	8	3
29	24	19	14	9	4
30	25	20	15	10	5

2 あおいさんの自宅からバス停までと，バス停から駅までの道のりの合計は3600 mである。ある日，あおいさんは自宅からバス停まで歩き，バス停で5分間待ってから，バスに乗って駅に向かったところ，駅に到着したのは自宅を出発してから20分後であった。あおいさんの歩く速さは毎分80 m，バスの速さは毎分480 mでそれぞれ一定とする。

解答・解説 P268

　このとき，あおいさんの自宅からバス停までの道のりを x m，バス停から駅までの道のりを y m として連立方程式をつくり，自宅からバス停までとバス停から駅までの道のりをそれぞれ求めなさい。ただし，途中の計算も書くこと。

4 次の１，２の問いに答えなさい。

1 右の図のように，円周上の３点A，B，Cを頂点とする△ABCがあり，AB＝AC である。点Aを含まない方の弧BC上に点Dをとり，ADとBCの交点をEとする。
　このとき，△ADC ∽ △ACE であることを証明しなさい。

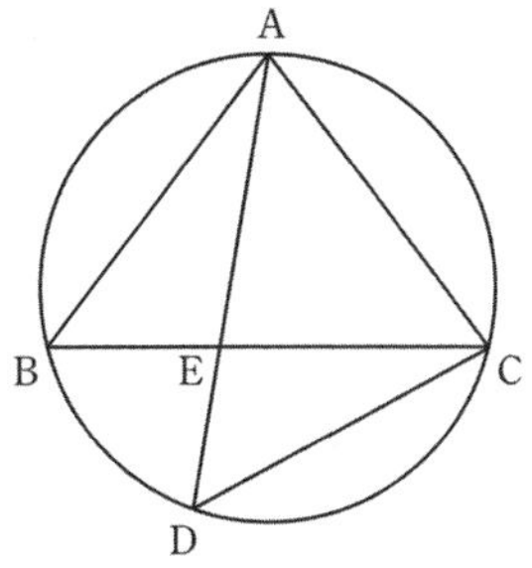

2 右の図のような，底面が１辺２cmの正五角形で高さが５cmである正五角柱ABCDE―FGHIJがあり，辺AF上に AP＝3 cm となる点Pがある。
　このとき，次の⑴，⑵の問いに答えなさい。

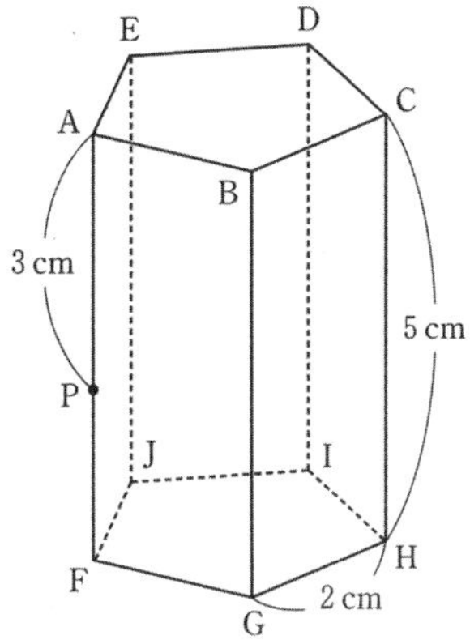

⑴ 正五角柱ABCDE―FGHIJの側面上に点Pと点Hを最短の長さで結ぶ線をひくとき，その線の長さを求めなさい。

⑵ 正五角柱ABCDE―FGHIJの体積を S cm^3，五角錐《すい》P―FGHIJの体積を T cm^3 とする。このとき，２つの図形の体積の比 S：T を，最も簡単な整数の比で表しなさい。

5 図１のように，２つの水そうA，Bがある。どちらの水そうにも毎分一定の量で排水できる栓《せん》がついており，その量は変えることができる。また，水そうAからの排水はすべて水そうBに入ることとし，２つの水そうは十分に大きく，水があふれることはないものとする。
　２つの水そうの栓を閉じて，２つの水そうに水を入れた状態から，同時に排水することを２回行った。排水を始めてから x 分後の水そうBの水の量を y L とする。
　このとき，次の１，２の問いに答えなさい。

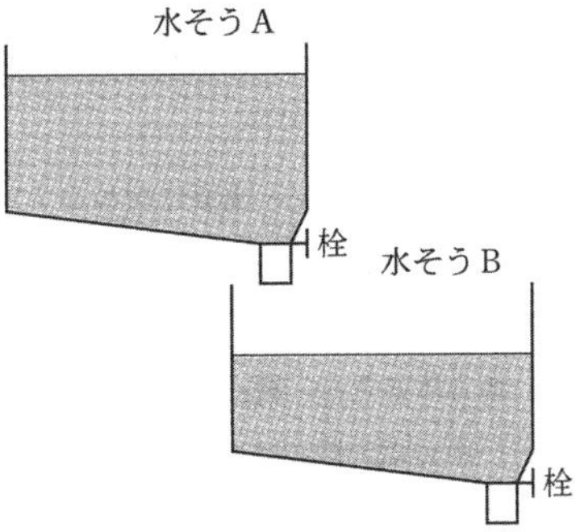

図１

1 １回目は，水そうAに120 L，水そうBに80 Lの水を入れた状態から，水そうAは毎分6 L，水そうBは毎分4 Lの割合で同時に排水を始めた。図２は，x と y の関係を表したグラフである。
　このとき，次の⑴，⑵，⑶の問いに答えなさい。

⑴ 排水を始めてから３分後の水そうBの水の量は何Lか。

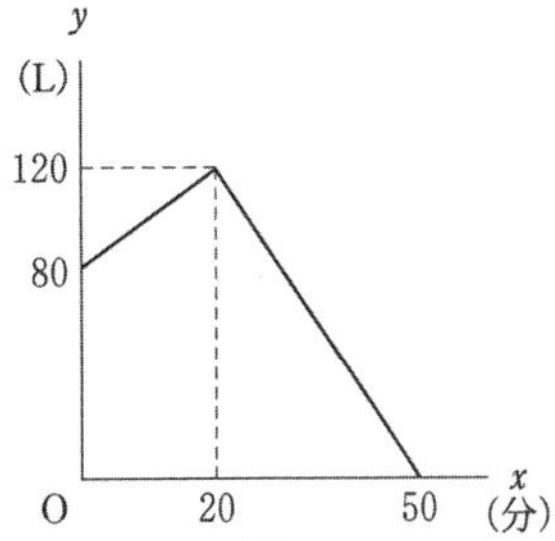

図２

⑵　水そうAと水そうBの水の量が初めて等しくなるのは，排水を始めてから何分後か。

⑶　排水を始めて20分後から50分後までの x と y の関係を式で表しなさい。ただし，途中の計算も書くこと。

2　2回目は，水そうAに150 L，水そうBに110 Lの水を入れた状態から，水そうAは毎分6 L，水そうBは毎分7 Lの割合で同時に排水を始めた。水そうAの水がなくなった後，しばらく時間がたってから，水そうBを毎分4 Lの割合で排水するように変えたところ，同時に排水を始めてから40分後に水そうBの水がなくなった。水そうBの排水を毎分4 Lに変えたのは，同時に排水を始めてから何分何秒後か。

6　図1のような1辺1 cmの立方体の，色が塗《ぬ》られていない積木《つみき》Aがたくさんある。これらをすき間がないように並べたり積み上げたりして直方体をつくる。

図2のように，垂直に交わる2つの壁とそれらに垂直に交わる床があり，これらの2つの壁と床に，つくった直方体を接するように置く。この直方体の2つの壁と床に接していない残りの3つの面に色を塗り，これを直方体Bとし，縦，横，高さをそれぞれ a cm，b cm，c cm とする。

例えば，図3は $a=3$，$b=3$，$c=2$ の直方体Bであり，色が塗られた面の面積の合計は21 cm^2 となり，1面だけに色が塗られた積木Aは8個となる。

このとき，次の1，2，3の問いに答えなさい。

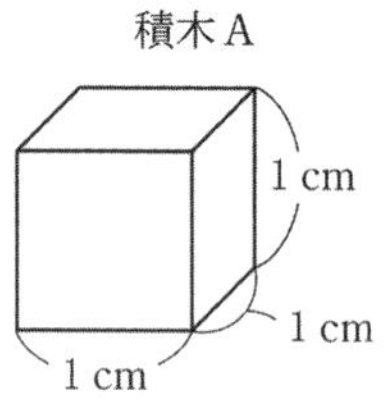

図1

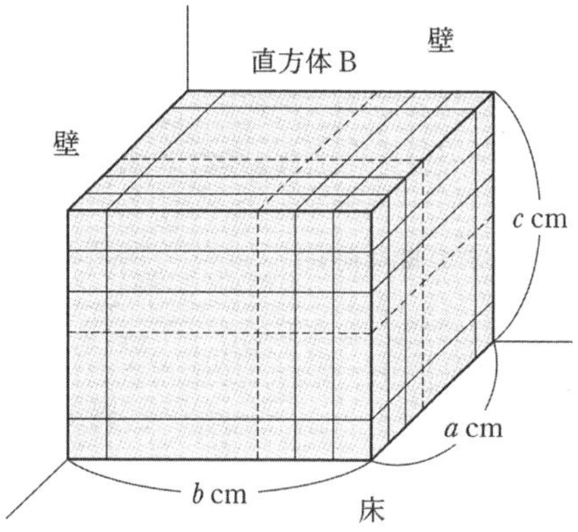

図2

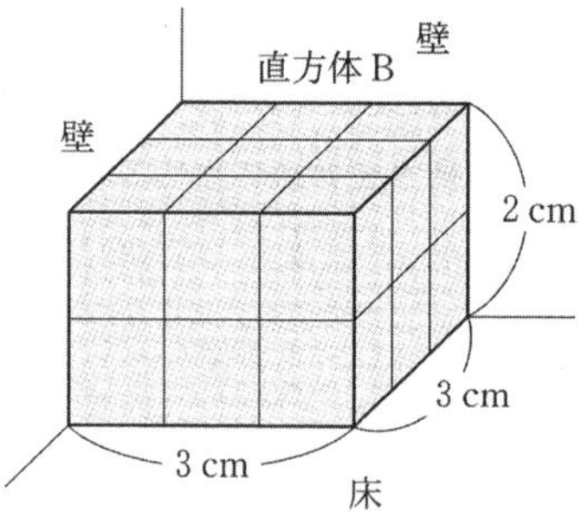

図3

1　$a=4$，$b=5$，$c=3$ である直方体Bについて，次の⑴，⑵の問いに答えなさい。

⑴　用いた積木Aの個数を求めなさい。

⑵　色が塗られた面の面積の合計を求めなさい。

2　底面が正方形で，$c=5$ である直方体Bについて，1面だけに色が塗られた積木Aは65個であった。このとき，底面の正方形の1辺の長さを x cm として方程式をつくり，x の値を求めなさい。ただし，途中の計算も書くこと。

3　84個の積木Aをすべて用いて直方体Bをつくる。このとき，ちょうど2面に色が塗られる積木Aは何個か，考えられる個数のうち最も少ない個数を求めなさい。

解答・解説 P269

栃木県立高校入試　問題
理　科

制限時間 45分

1　次の1から8までの問いに答えなさい。

1　次のうち，原子を構成している粒子で，－《マイナス》の電気をもつものはどれか。

ア 陽　子　　**イ** 電　子　　**ウ** 原子核　　**エ** 中性子

2　右の図のようなレールで点Pから小球をはなすと，破線で示したように運動し点Qに達した。このとき，図中の**ア**，**イ**，**ウ**，**エ**のうち，小球のもつ位置エネルギーが最も大きいものはどれか。

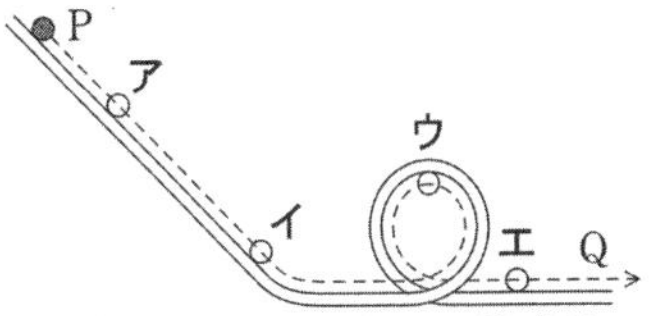

3　日本付近のプレートについて，大陸側のプレートと海洋側のプレートの主な動きを模式的に表したものとして，最も適切なものは次のうちどれか。

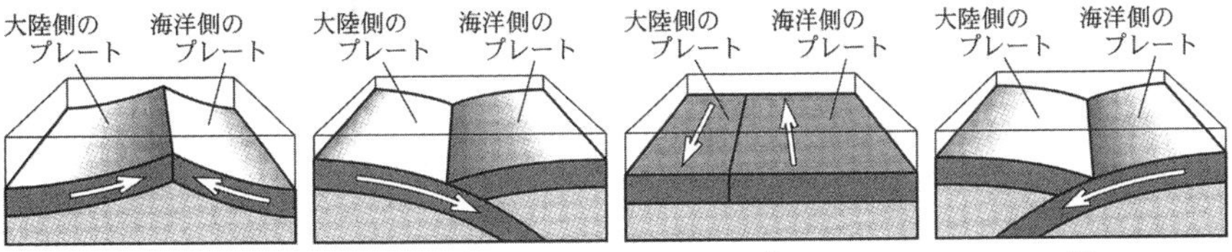

ア　　**イ**　　**ウ**　　**エ**

4　片方の手にツバキの葉を1枚持ち，もう一方の手に持ったルーペで葉脈を観察するとき，最も適切なピントの合わせ方は次のうちどれか。

ア　ルーペを目から遠ざけて持ち，葉は動かさず，ルーペを前後に動かす。

イ　ルーペを目から遠ざけて持ち，ルーペは動かさず，葉を前後に動かす。

ウ　ルーペを目に近づけて持ち，顔は動かさず，葉を前後に動かす。

エ　ルーペを目に近づけて持ち，葉は動かさず，顔を前後に動かす。

5　化学変化によって，化学エネルギーを電気エネルギーとして取り出すしくみをもつものを何というか。

6　地層ができたときの環境を推定する手がかりとなる化石を何というか。

7　種子植物の花のつくりのうち，受粉した後，種子になる部分を何というか。

8　3Vの電圧を加えると，0.2Aの電流が流れる電熱線の電気抵抗は何Ωか。

2　ニンニクの根の体細胞分裂について，次の実験(1)，(2)を順に行った。

(1)　2cmにのびた根を先端から1.2cm切り取り，あたためたうすい塩酸に入れた。その後，図1のように3等分して，根もと側からA，B，Cとした。これらから一部を切り取り，それぞれ別のスライドガラスにのせて，柄つき針で軽くつぶし酢酸オルセイン溶液を1滴落とした。数分後，カバーガラスをかけてから，ろ紙ではさみ，根を静かに押しつぶして，A，B，Cそれぞれの部分のプレパラートを作成した。

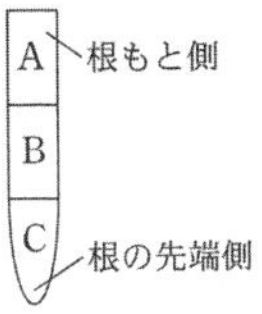

図1

(2)　実験(1)で作成したそれぞれのプレパラートを顕微鏡で観察し，スケッチした。図2はCの細胞のスケッチであり，染色体が観察された。

図2

このことについて，次の1，2，3の問いに答えなさい。

解答・解説 P272

1　実験(1)で，下線部の操作を行う目的は，次のうちどれか。

ア　細胞一つ一つを離れやすくする。　　イ　細胞の核や染色体を染める。

ウ　細胞が乾燥しないようにする。　　エ　細胞に栄養分を与える。

2　実験(2)で，A の細胞のスケッチとして最も適切なものは，次のうちどれか。

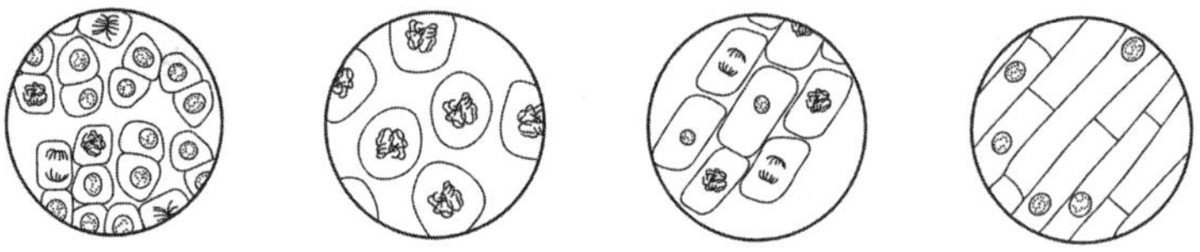

ア　　イ　　ウ　　エ

3　ニンニクの染色体の数は，体細胞分裂によって複製される前は 16 本であることがわかっている。この細胞が体細胞分裂した直後，細胞一つあたりの染色体の数は何本になるか。また，染色体に含まれている，形質を決めるもととなるものを何というか，名称を書きなさい。

3　鉄と硫黄《いおう》の反応について，次の実験(1)，(2)，(3)を順に行った。

(1)　2 本の試験管 A，B に，それぞれ鉄の粉末 4.2 g と硫黄の粉末 3.0 g をよく混合した粉末を入れた。試験管 B を，図のように脱脂綿《だっしめん》でゆるく栓《せん》をして加熱すると，混合した粉末の一部が赤くなった。反応が始まったところで加熱をやめても反応は進み，試験管の中に黒い物質が残った。その後，十分に冷ましたところ，試験管 B の内壁には黄色の物質が付いていることが確認できた。

(2)　試験管 A の粉末と試験管 B の黒い物質に，それぞれ試験管の外側から磁石を近づけたところ，磁石が引きつけられるようすに違いがみられた。

(3)　試験管 A の粉末と試験管 B の黒い物質を，それぞれ別の試験管に少量とり，それぞれにうすい塩酸を加えたところ，ともに気体が発生した。試験管 B の黒い物質から発生した気体は特有のにおいがした。

このことについて，次の 1，2，3 の問いに答えなさい。

1　次の□内の文章は，上の実験について述べたものである。①，②，③に当てはまる語句の正しい組み合わせはどれか。

> 実験(2)で，磁石が強く引きつけられたのは（　①　）だけであった。また，実験(3)で発生した気体は，試験管 A の方は（　②　），試験管 B の方は（　③　）であった。これらのことから，実験(1)で化学変化が起きたことがわかる。

	①	②	③
ア	試験管 A	硫化水素	水　素
イ	試験管 A	水　素	硫化水素
ウ	試験管 B	硫化水素	水　素
エ	試験管 B	水　素	硫化水素

2　実験(1)で起きた化学変化を，化学反応式で書きなさい。

3　実験(1)の後，試験管 B で反応せずに残った硫黄は何 g か。ただし，鉄と硫黄は 7 : 4 の質量の比で反応し，鉄はすべて反応したものとする。

解答・解説　P272

4 月や金星について，次の(1)，(2)，(3)，(4)の観測や調査を行った。

(1) ある日，栃木県内のある場所で，日の入りからしばらく後の西の空を観測すると，月と金星が隣り合って見えた。そのとき，観測された月と金星の位置は図1のようになっていた。

(2) 観測(1)のとき，金星を天体望遠鏡で観測してその形をスケッチした。図2はそのスケッチを上下左右逆にして，肉眼での観測と同じ向きにしたものである。

(3) 北極側から見た太陽，地球，月，金星の位置関係を調べ，図3のように模式的に表した。ただし，金星は軌道のみを表している。

(4) 観測(1)の翌日の同時刻に，同じ場所で同じ方角の空を観測した。

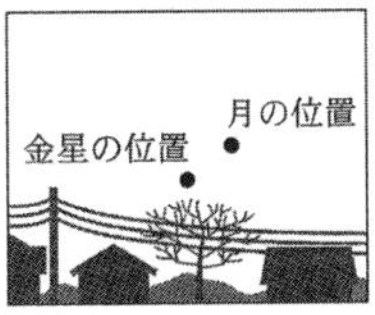

図1

図2

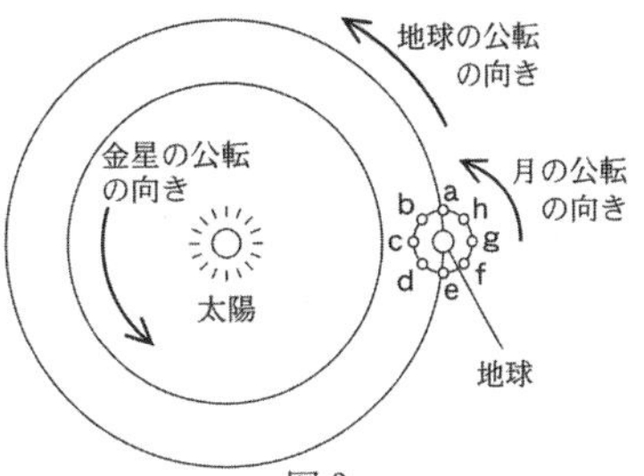

図3

このことについて，次の1，2，3の問いに答えなさい。

1 月は，次のうちどの天体に当てはまるか。

ア 恒　星　　イ 惑　星　　ウ 衛　星　　エ 小惑星

2 図3において，観測(1)のときの月の位置として最も適切なものはaからhのうちどれか。また，このときに肉眼で観測された月の満ち欠けのようすは右のア，イ，ウ，エのうちどれか。

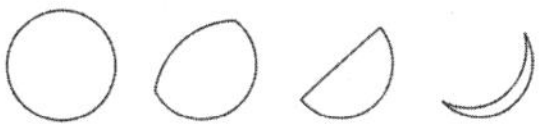
ア　イ　ウ　エ

3 次のうち，観測(4)のときに観測された月と金星の位置として最も適切なものはどれか。

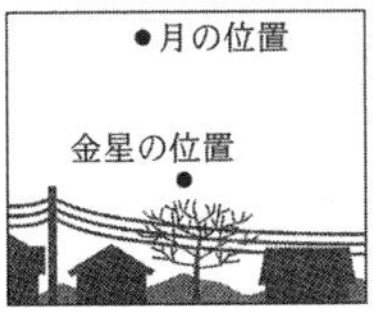

ア

イ

ウ

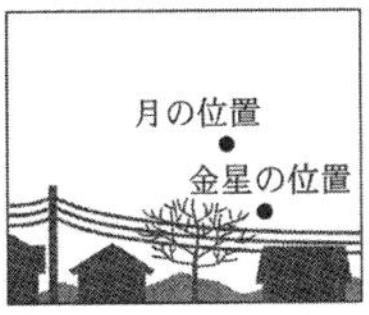

エ

5 音の性質について調べるために，次の実験(1)，(2)，(3)を行った。

(1) 図1のようなモノコードで，弦のXY間をはじいて音を発生させた。このとき発生した音をマイクとコンピュータで測定すると図2の波形が得られた。

(2) おんさで発生させた音を，実験(1)と同様に測定すると図3の波形が得られた。

(3) 打ち上げ花火を1秒間に30コマ記録するビデオカメラで撮影した。このビデオを分析すると，打ち上げ花火が開く映像からその花火の開く音が録音されている映像まで，ちょうど75コマ分の時間がかかっていることがわかった。

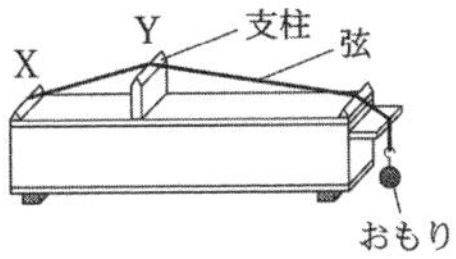

図1

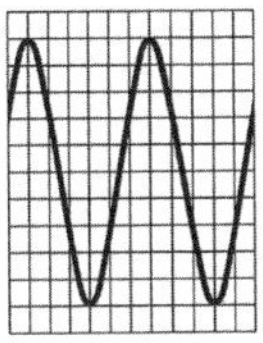
図2

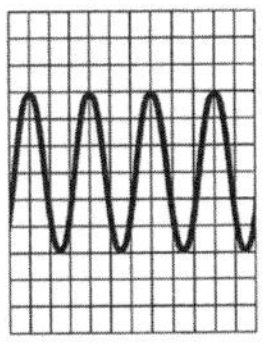
図3

このことについて，次の１，２，３の問いに答えなさい。

1　実験(1)において，次のように一つだけ条件を変えて音を発生させたとき，音が高く変化するものはどれか。

ア　弦をはじく強さを強くする。　　　**イ**　おもりの重さを軽くする。

ウ　XY 間の長さを短くする。　　　**エ**　弦を同じ材質で太いものにする。

2　実験(2)において，図２に記録された音の振動数が１秒間に300回であったとき，図３に記録された音の振動数は１秒間に何回か。ただし，図２，図３の横軸の１目《め》盛《も》りはそれぞれ同じ時間の長さを表し，縦軸の１目盛りはそれぞれ同じ振幅の大きさを表している。

3　実験(3)において，花火が開いた位置とビデオカメラの位置は，何 m 離れていたと考えられるか。ただし，音の伝わる速さは 340 m/s とする。

6　5種類の気体 A，B，C，D，E がそれぞれ別のポリエチレンの袋に入っている。これらの気体は，アンモニア，酸素，水素，窒素，二酸化炭素のいずれかである。気体 A から E がそれぞれどの気体であるかを調べるために，次の実験(1)，(2)，(3)を順に行った。

(1)　5種類の気体を入れた袋を実験台に置いたところ，気体 C を入れた袋だけは，空中に浮き上がった。次に，図のように，それぞれの袋へ水を少量入れてよく振り，数分間放置した。気体 A の袋は少ししぼみ，気体 B の袋は著しくしぼんだ。気体 C，D，E が入っている袋は，変化がみられなかった。

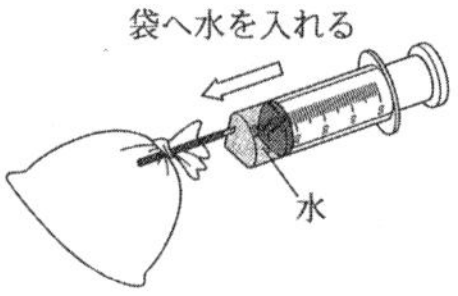

(2)　実験(1)で袋に入れた水をそれぞれ試験管にとり，緑色の BTB 溶液を加えた。BTB 溶液の色は，気体 A の入っていた袋の水では黄色に変化し，気体 B の入っていた袋の水では青色に変化した。気体 C，D，E の入っていた袋の水では変化しなかった。

(3)　実験(1)，(2)で気体を調べるのに用いた性質が，気体を発生させる方法によらないことを確認するために，いろいろな方法で気体を発生させた。

このことについて，次の１，２，３，４の問いに答えなさい。

1　気体 A の性質について，正しく述べているものは，次のうちどれか。

ア　石灰水を白くにごらせる。　　　**イ**　水に溶けてアルカリ性を示す。

ウ　燃えやすい気体である。　　　**エ**　空気よりも軽い気体である。

2　気体 B の化学式を書きなさい。

3　次のうち，気体 D と気体 E を見分ける実験として最も適当なものはどれか。

ア　においをかぐ。　　　**イ**　試験管にとり，火のついた線香を試験管に入れる。

ウ　塩化コバルト紙を近づける。　　　**エ**　水でぬらした赤色リトマス紙を近づける。

4　実験(3)で酸素が発生する方法を，次の**ア**から**オ**のうちからすべて選び，記号で書きなさい。

ア　塩化アンモニウムに水酸化バリウムを加える。　　　**イ**　石灰石にうすい塩酸を加える。

ウ　二酸化マンガンにうすい過酸化水素水を加える。　　　**エ**　炭酸水素ナトリウムを加熱する。

オ　酸化銀を加熱する。

解答・解説　P272

7 図1は，ヒトの消化管に分泌される消化酵素によって，栄養分が消化されていくようすを模式的に表したものであり，A，B，Cはデンプン，タンパク質，脂肪のいずれかである。図では，左から右へ消化が進み，消化酵素からの矢印はどの栄養分にはたらくかを示している。

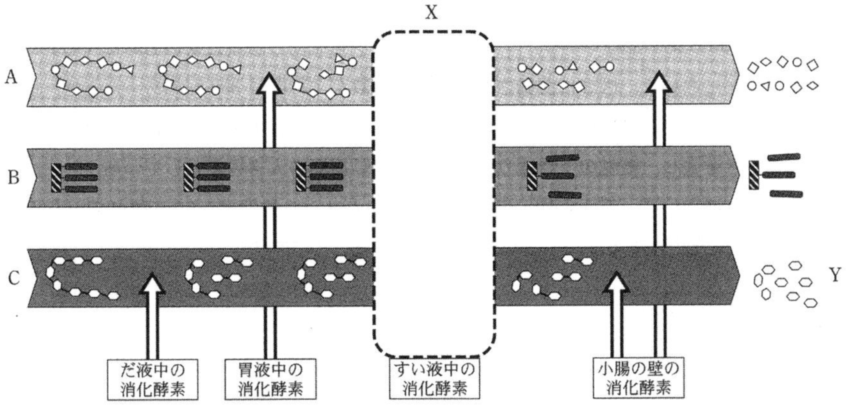

図1

このことについて，次の1，2，3，4の問いに答えなさい。

1 図1のAにはたらく胃液中の消化酵素の名称を書きなさい。

2 図1のXに入る模式図として，最も適切なものは次のうちどれか。

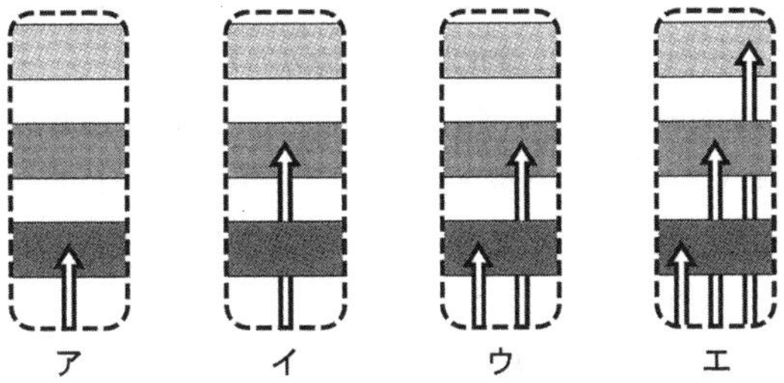

3 図1で，Cが消化により分解されて最終的にできる栄養分Yの名称を書きなさい。

4 小腸の断面を拡大すると，表面には柔毛《じゅうもう》と呼ばれる小さな突起《とっき》が無数に見られる。図2は，そのようすを示している。このようなつくりをもつことの利点について，「柔毛をもつことで」という書き出しで，小腸のはたらきに着目し，簡潔に書きなさい。

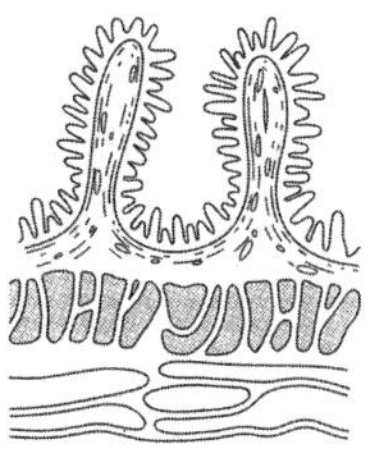

図2

8 気温と湿度の関係について調べるために，次の実験(1)，(2)，(3)を順に行った。

(1) 実験室を閉め切り，よく磨《みが》いた金属製の容器にくみおきの水を半分ほど入れてしばらく放置した。

(2) 図1のように，細かくくだいた氷の入った試験管を容器に入れ，容器の中の水をかき混ぜながら冷やしていくと，水の温度が11℃になったときに容器の表面がくもり始めた。このときの室温は25℃，時刻は10時であった。

(3) 実験室を閉め切ったまま，実験(1)，(2)と同様の操作を1時間おきに行い，結果を図2のようにグラフに表した。

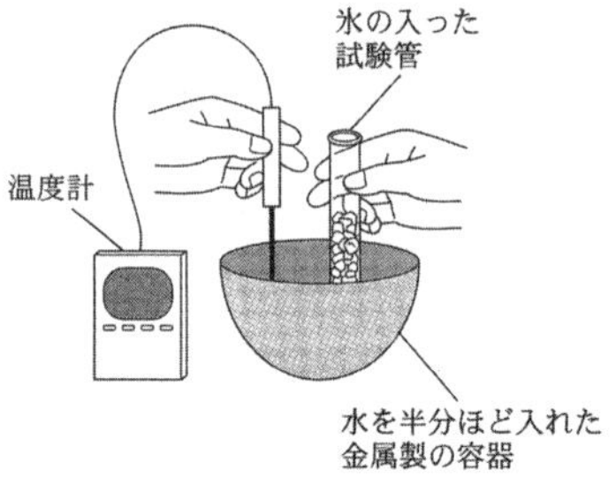

図1

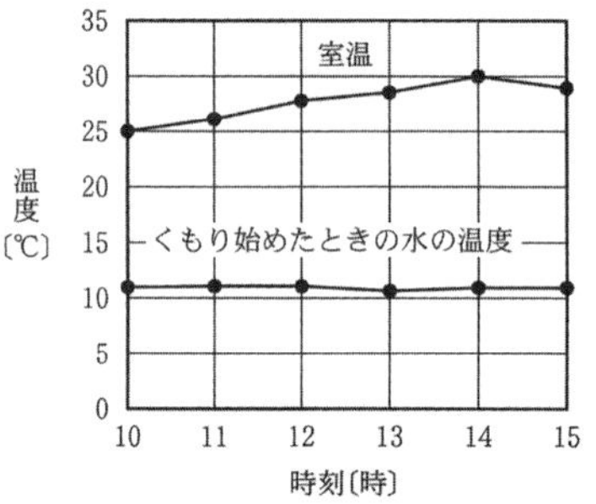

図2

このことについて，次の1，2，3，4の問いに答えなさい。

1 1 m^3 の空気が含むことのできる最大の水蒸気量を何というか。

2 金属製の容器を用いる理由について述べた次の文章において，①，②に当てはまる語句をそれぞれ簡潔に書きなさい。

> 金属には（ ① ）性質があるので，実験(2)で金属製の容器の表面がくもり始めたときの容器中の水の温度と容器の表面に接する（ ② ）が等しくなるから。

3 図3は，1 m^3 の空気が含むことのできる最大の水蒸気量と気温の関係を示したものである。10時の実験室内の湿度は何％か。小数第1位を四捨五入して整数で書きなさい。

4 実験(3)によると，10時から14時までは，実験室の室温は上昇するが，容器の表面がくもり始めたときの水の温度はほとんど変化しない。このことから，実験室内の水蒸気量と湿度の変化についてわかることを，簡潔に書きなさい。

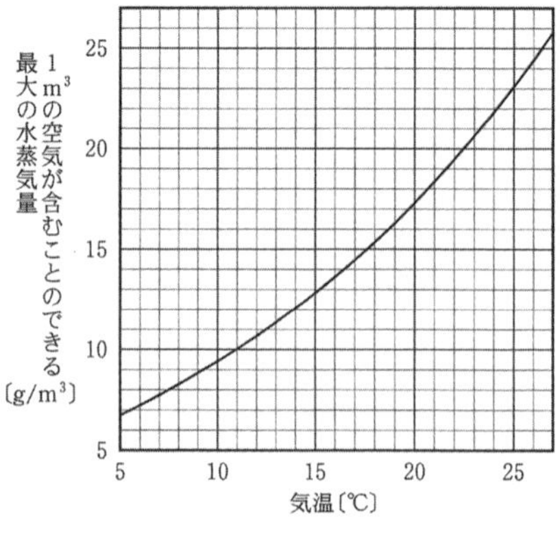

図3

解答・解説 P272

9 水平面と点Aでなめらかにつながる斜面がある。この斜面の角度は自由に変えることができる。斜面の角度と台車の運動の関係を調べるために，次の実験(1)，(2)，(3)を順に行った。

(1) 図1のように，斜面を上り坂にし，水平面上に置いた台車を手で押して運動させた。手から離れた台車の先端が点Oを通過してからの時間と台車の移動距離を，発光間隔0.2秒のストロボ装置を用いて計測した。表1は，その結果をまとめたものである。

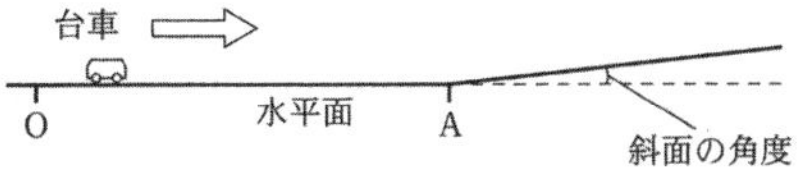

図1

時　間〔s〕	0	0.2	0.4	0.6	0.8	1.0	1.2	1.4	1.6	1.8	2.0
移動距離〔cm〕	0	33	66	99	132	165	198	229	256	279	298

表1

(2) 図2のように，斜面を下り坂にし，台車を手で押して運動させた。手から離れた台車は点Aを通過して斜面に達した。

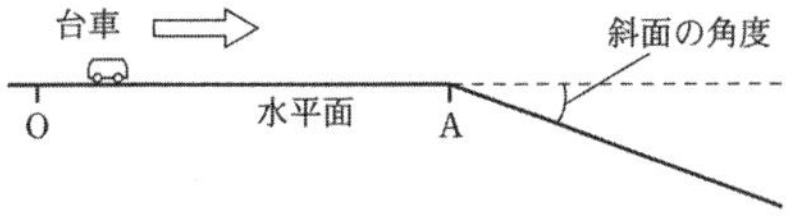

図2

(3) 再び斜面の角度を変えて，水平面上に置いた台車を手で押して運動させ，実験(1)と同様の計測を行った。表2は，その結果をまとめたものである。

時　間〔s〕	0	0.2	0.4	0.6	0.8	1.0	1.2	1.4	1.6	1.8	2.0
移動距離〔cm〕	0	36	72	108	144	180	215	243	263	275	279

表2

このことについて，次の1，2，3，4の問いに答えなさい。ただし，摩擦《まさつ》や空気の抵抗は考えないものとする。

1 実験(1)において，0.4秒から0.6秒の間における台車の平均の速さは何cm/sか。

2 図3は，実験(2)で斜面上を運動する台車にはたらく重力を矢印で表したものである。重力を斜面に平行な方向と斜面に垂直な方向に分解し，それぞれの分力を，解答用紙の図に矢印でかきなさい。

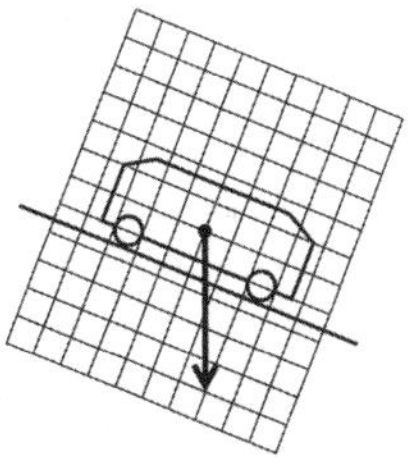
図3

3 実験(3)で，台車の先端が点Aに達した時間が含まれるものはどれか。

ア 0.2秒から0.4秒　　**イ** 0.6秒から0.8秒
ウ 1.0秒から1.2秒　　**エ** 1.4秒から1.6秒

4 実験(3)での斜面を最も適切に示しているのは，図4の**ア**，**イ**，**ウ**，**エ**のうちどれか。

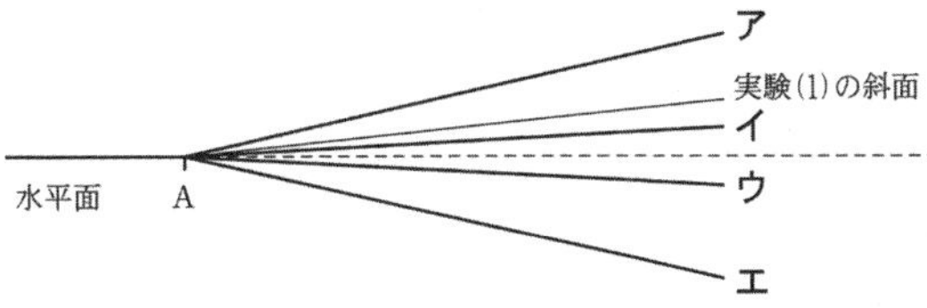

図4

平成29年度 3月6日実施 栃木県立高校入試 問題

英語

制限時間 50分

1 これは聞き方の問題である。指示に従って答えなさい。

1 〔英語の短い対話を聞いて，最後の発言に対する受け答えとして最も適切なものを選ぶ問題〕

(1) ア Cheap.　イ Large.
　ウ Short.　エ Yellow.

(2) ア Good luck.　イ Thanks.
　ウ Me too.　エ Here you are.

(3) ア So, have a good time.　イ So, come after school.
　ウ Thank you for your time.　エ Don't be late for school.

(4) ア Half an hour.　イ Just once.
　ウ Math and English.　エ Several meters.

(5) ア Yes. It's on the right side.
　イ Yes. I left the convenience store.
　ウ I said, "Turn left," not "Turn right."
　エ I said, "You left the convenience store."

2 〔英語の対話とその内容についての質問を聞いて，答えとして最も適切なものを選ぶ問題〕

(1) ①

好きな日本のもの

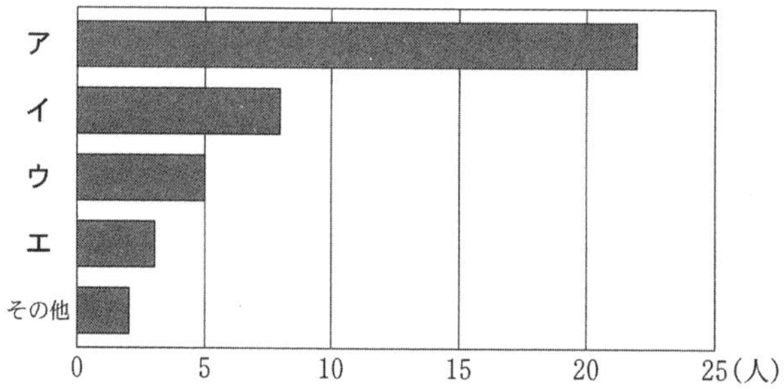

② ア Because he talked with a woman in Japanese.
　イ Because he met a kind Japanese woman in Japan.
　ウ Because he ate traditional Japanese food.
　エ Because he saw beautiful temples and shrines.

(2) ① ア Because Aya's mother can't come to the concert.
　イ Because Simon will invite Aya to the concert.
　ウ Because Aya bought the band's CD for Simon.
　エ Because Simon is going to play in the concert.

② ア The sound of the guitar.
　イ The beautiful singer.
　ウ The song on TV.
　エ The name of the band.

3 〔英語の伝言を聞いて，メモを完成させる問題〕

・メアリーの試合は，(1)(　　月　　日　　曜日)に延期
・(2)(　　　　　　)場合は，翌日も試合
・(3)(　　　)色のＴシャツを着る
・(4)(　　　　　　)は11時半
・テニスビレッジに(5)(　　時　　分)までに行く
・何かあれば，今日の(6)(　　　)前に電話する

解答・解説 P275

2 次の１，２の問いに答えなさい。

1　次の英文中の [(1)] から [(6)] に入れるものとして，下の(1)から(6)のア，イ，ウ，エのうち，それぞれ最も適切なものはどれか。

Hi, everyone. How are you [(1)] ? My name is Tiffany. Please call me Tiff. I'm from America. This is my first stay in a foreign country. I have never been to any [(2)] countries. My father is an American, and my mother is a Japanese. I can speak Japanese [(3)] my mother taught it to me. I can [(4)] speak Spanish. There are a lot of people [(5)] speak Spanish around me. They don't use English very much. Of course I speak English, so I can speak [(6)] languages. Thank you.

(1)	ア did	イ do	ウ does	エ doing
(2)	ア one	イ other	ウ another	エ some
(3)	ア because	イ if	ウ so	エ when
(4)	ア also	イ only	ウ too	エ well
(5)	ア what	イ when	ウ which	エ who
(6)	ア only one	イ two	ウ three	エ four

2　次の(1)から(3)の(　　)内の語を意味が通るように並べかえて，その順序を(1)，(2)はア，イ，ウ，エの記号を用いて，(3)はア，イ，ウ，エ，オの記号を用いて書きなさい。ただし，文頭にくる語も小文字で示してある。

(1) It is hard (ア to イ for ウ speak エ me) in front of many people.

(2) Can you (ア me イ happened ウ what エ tell) last night?

(3) (ア old イ bridge ウ when エ this オ was) built?

3 次の英文は，メキシコからの留学生マリア(Maria)と友人の春菜(Haruna)とのキンセアニョス(*Quince Años*)についての対話である。これを読んで，１，２，３の問いに答えなさい。

Maria: Hi, Haruna. Finally, I'll be 15 next Sunday.

Haruna: Oh, Happy Birthday, Maria! I'm going to make a birthday cake for you next Sunday. I love to make cake. I hope you'll like it.

Maria: I'm looking forward to your cake. In my country, the 15th birthday is [　　　　] only for girls.

Haruna: Only for girls, not for boys?

Maria: Right. Of course boys also have their 15th birthday but it's a *usual one. Girls who become 15 are not seen as children in my country. Their family and friends have a party to celebrate the birthday. The girls wear special dresses and dance a lot. We call it *"Quince Años"* in Spanish.

Haruna: In Japan, there is a national holiday for both men and women who become 20. Each city and town usually has its own ceremony around that day. They can meet their old friends there and some of them wear special Japanese clothes. This is the way to celebrate Coming-of-Age Day.

Maria: Oh, there are many differences between our countries.

Haruna: Well, I've heard another story from our English teacher from England. In his country, when people become 21, their father and mother give them a card and a house key is *printed on it. That means they can come back home even late at night after their 21st birthday.

Maria: So, each (　A　) has its own (　B　).

Haruna: Yes, that's right.

〔注〕 *usual＝普通の　　*print＝～を印刷する

1　本文中の［　　　　］に入れるものとして，最も適切な英語１語を本文中から抜き出し，書きなさい。

2　下線部の内容を下の表にまとめるとき，①から④に適切な日本語または数字を入れなさい。

	誰のために	何をする
日　本	20歳の男女	（　①　）が式典を開いて祝う。
メキシコ	（　②　）歳の（　③　）	（　④　）がパーティーを開いて祝う。

3　本文中の（　A　），（　B　）に入る語の組み合わせとして最も適切なものはどれか。

ア　A：birthday — B：cake　　イ　A：culture — B：clothes

ウ　A：country — B：birthday　　エ　A：country — B：culture

4　次の１，２，３の問いに答えなさい。

1　英語でニューヨーク(New York)旅行の思い出を書くことになった。下の［　　　　］はそのために作成した日本語のメモである。［　　　　］内の(1)，(2)に適切な英語を入れなさい。

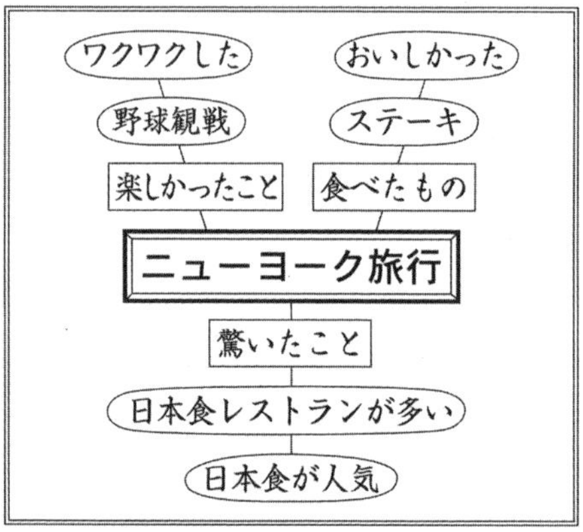

My Trip to New York

New York was a wonderful city. ＿＿(1)＿＿ a baseball game. It was exciting.

I had a steak for dinner. It was very delicious.

＿＿(2)＿＿ there were many Japanese restaurants. I found Japanese food was so popular.

2　下の絵はカナダ人のフィル(Phil)が友人のジェーン(Jane)に見せている写真である。二人の会話の(1)，(2)に適切な英語を入れなさい。

Phil: Look at these two pictures. I stayed with this family in 2008 and I went to see them again last year.

Jane: You were ＿＿(1)＿＿ your host mother in 2008, but in 2016 you're ＿＿(2)＿＿ in your host family. You have changed so much!

3　ペットを飼うことに関する次のテーマについて，賛成か反対かあなたの立場を決め，その理由を明確にして，つながりのある**５文程度**の英語で答えなさい。なお，書き出しは下のどちらかを用いることとし，書き出しの文は**１文**と数える。

解答・解説 P275

テーマ　Having pets is good for us.
書き出し　(賛成の場合)　I agree　　(反対の場合)　I don't agree

5　次の英文を読んで，１，２，３，４の問いに答えなさい。

Behind Chiaki's house, there was a big *persimmon tree. It was very old. Chiaki once asked her grandfather, Shozo, "How old is this tree?" He answered, "I don't know, but it was already there when I was born." [ア] In fall, the tree had a lot of *fruit. Shozo and Chiaki often sat on the *veranda, looked at the tree, and ate persimmons together. Shozo said to her, "When I was a child, I didn't have much food like chocolate and ice cream. So, I ate persimmons from this tree." Chiaki said, "I like chocolate, but I like persimmons the best!"

One day, Shozo asked Chiaki, "Do you like your school?" [イ] She answered, "Yes!" Then he asked, "Do you like studying?" "Well, I don't like studying so much." He looked at the tree and said, "Listen, Chiaki. When I was a child, there was a *war. Because of it, we couldn't have much time to study. War is terrible. Chiaki, I hope that you will study hard to make the world better." Chiaki said, "I will remember that."

Several years later, Chiaki became a junior high school student. One night, her father said, "Chiaki, I have good news! We are going to build a new house here!" Chiaki said, "Really? That's great! Is my room in the house?" "Of course," he answered. Then he continued, "But you know that the persimmon tree is too big. If the tree is there, we can't build a house." Chiaki asked, "Do you mean you will cut down the tree?" He answered, "Yes." [ウ] Chiaki said, "*Grandpa loves that tree, and I love it too. Don't do that, please."

Then Shozo came and said to her, "Chiaki, we will have a new house and you will have your own room." He was smiling. She said, "I'm happy, but..." "I know how you feel, but there is nothing we can do for it,"(1) he said. Chiaki couldn't say anything when she saw tears in his eyes.

One year later, Chiaki's family had their new house. Chiaki liked her own room. When she was cleaning her room, Shozo came in. He brought a table. He said, "Look at this, Chiaki. This is a present for you. This table is made of the wood of the persimmon tree." [エ] Chiaki said, "Oh, wonderful! Did you make it?" He answered, "Yes, I did. I want you to remember the tree, so I made this. You can study on this table." Chiaki said, "Thank you very much, Grandpa. I will use this table. I will do my best because I still remember your hope(2)." Shozo smiled to see Chiaki's happy face.

〔注〕　*persimmon＝柿　*fruit＝果実　*veranda＝縁側　*war＝戦争
　　*grandpa＝おじいちゃん

1　本文中の [ア] から [エ] のいずれかに次の１文が入る。最も適切な位置はどれか。

When she heard that, she became very sad.

2　下線部(1)で庄三(Shozo)が伝えたかったことを，次の [　　] 内の英文のように言いかえたとき，(　　)に入れるものとして最も適切なものはどれか。

we (　　) cut down the tree to build a new house

ア　have　　イ　don't have to　　ウ　can't　　エ　have to

3　次の［　　　　］内の文が下線部(2)の内容を表すように，（　　　）に適切な **25 字以内**の日本語を入れなさい。ただし，句読点も字数に加えるものとする。

千秋（Chiaki）が（　　　　　　　　　　　　　　）

4　本文の内容と一致するものはどれか。二つ選びなさい。

ア　The persimmon tree was older than Shozo.
イ　Chiaki liked chocolate better than persimmons.
ウ　Shozo couldn't study very much because there was a war.
エ　The new house was built in front of the persimmon tree.
オ　There weren't any rooms for Chiaki in the new house.
カ　Chiaki's father made the table for Shozo and Chiaki.

6　次の英文を読んで，1，2，3，4の問いに答えなさい。

［　A　］ letters have you written in your life? Maybe some of you write a few letters in a year and send some e-mails every day. Before people started to use phones, letters were very useful for people.

Do you know the 18th century is called the *age of letters in *Europe? Today, we write letters to a *particular person. At that time, however, people wrote not only *private letters like this but also public letters. Public letters were read by the receivers and the people living around them. They wanted to get a lot of new information or news from those letters. The writers of the letters knew that too. ［　B　］. Some things in public letters were important, so writers sometimes *copied the letters they wrote as *records of the *content.

*Mozart also wrote a lot of letters. He traveled abroad a lot and his father sometimes traveled with him. Mozart got good ideas for his music. He traveled for about one third of his life and died when he was 35 years old. He sent many letters to his family while he was traveling. Most of them were written about himself and news or information about the places which he visited. His letters were long. He wanted the people living around his family to read his letters too. His father also wrote a lot of long letters while he was abroad.

Still now, we can see the letters written by Mozart and his father, so we can know about them well. We have records of their lives because they didn't talk on the phone. If you have important things to tell some people, why don't you write letters?

〔注〕 *age＝時代　*Europe＝ヨーロッパ　*particular＝特定の　*private＝個人の
*copy＝写す　*record＝記録　*content＝内容
*Mozart＝モーツァルト(オーストリアの作曲家)

1　［　A　］に入る適切な英語 **2 語**を書きなさい。

2　［　B　］に入る最も適切なものはどれか。

ア　So the writers wanted to write a few things
イ　So the writers wanted to write a lot of things
ウ　But the receivers wanted to read a few things
エ　But the receivers wanted to read a lot of things

3　下線部が指す具体的なものは何か。本文中から **1 語**を抜き出して書きなさい。

4　本文の内容に合うものはどれか。

ア　Everyone writes many letters every day.
イ　In the 18th century, people wrote only public letters.
ウ　Mozart stayed in some foreign countries for more than ten years during his life.
エ　We can get only a little information about Mozart and his music from his letters.

解答・解説 P275

英　語　問　題　1　〔聞き方〕

(平 29)

〔注意〕1　問題を読む速さなどについては，台本の指示によること。

2　台本は 11 分程度で読み終わること。ただし，騒音などで支障のある場合には，臨機の処置を取り，他の組との公平を失しないようにすること。

3　問題は受検者全員によく聞こえるように読むこと。その際，監督者の一人は教室の後ろにいて確認すること。

4　台本を読むテスターの位置は，正面黒板の中央すぐ前とすること。

台　本	時　間
これから聞き方の問題に入ります。問題用紙の四角で囲まれた 1 番を見なさい。問題は 1 番，2 番，3 番の三つあります。 最初は 1 番の問題です。問題は(1)から(5)まで五つあります。それぞれの短い対話を聞いて，最後の発言に対する相手の受け答えとして最も適切なものを**ア**，**イ**，**ウ**，**エ**のうちから一つ選びなさい。対話は 2 回ずつ言います。 では始めます。　〔注〕(1)はカッコイチと読む。以下同じ。斜字体で表記された部分は読まない。 (1)の問題です。　*A:* Your bag is so nice. *B:* It's useful, but I don't like this color very much. *A:* Well, what color do you like?　(約 5 秒おいて繰り返す。)(ポーズ約 5 秒) (2)の問題です。　*A:* Do you like pizza? *B:* Yes, but I can't eat more now. *A:* Then, how about something to drink?　(約 5 秒おいて繰り返す。)(ポーズ約 5 秒) (3)の問題です。　*A:* Mr. Takada, do you have time? *B:* Sorry, but I'm busy now. What's happened? *A:* I have some questions about this lesson.　(約 5 秒おいて繰り返す。)(ポーズ約 5 秒) (4)の問題です。　*A:* Mike, clean your room. *B:* Yes, I will. I'll do that after I finish my homework. *A:* How long will it take to finish your homework?　(約 5 秒おいて繰り返す。)(ポーズ約 5 秒) (5)の問題です。　*A:* Could you tell me the way to the station? *B:* Sure. Go straight and turn left at the convenience store. All right? *A:* Did you say, "Turn right"?　(約 5 秒おいて繰り返す。)(ポーズ約 5 秒)	(1　番) 約 3 分
次は 2 番の問題です。問題は(1)と(2)の二つあります。英語の対話とその内容についての質問を聞いて，それぞれの質問の答えとして，最も適切なものを**ア**，**イ**，**ウ**，**エ**のうちから一つ選びなさい。質問は問題ごとに①，②の二つずつあります。対話と質問は 2 回ずつ言います。 では始めます。　〔注〕(1)はカッコイチ，①はマルイチと読む。以下同じ。斜字体で表記された部分は読まない。 (1)の問題です。　*Atsuko:* Hello, Jason. What is that graph? *Jason:* Hi, Atsuko, I'm going to use it in my speech. When I was in Australia, I asked my 40 classmates about their favorite Japanese things. *Atsuko:* Oh, favorite Japanese things? I see. Wow, more than 20 students like Japanese food. I thought Japanese anime would be the first, but it's the fourth in this graph. What's your favorite thing, Jason? *Jason:* I like Japanese calligraphy. *Atsuko:* Really? It's the second. My favorite thing is temples and shrines, but only five students like them. *Jason:* By the way, I got an interesting answer. One of my friends said he liked Japanese people. *Atsuko:* Japanese people? Why? *Jason:* Well... When he came to Japan for the first time, he didn't know which train to take at the station. He couldn't speak Japanese. Then a Japanese woman came and helped him. *Atsuko:* Oh, she was very kind. ①の質問です。　Which in the graph is Jason's favorite thing?　(ポーズ約 3 秒) ②の質問です。　Why did Jason's friend answer "Japanese people"?　(約 5 秒おいて繰り返す。)(ポーズ約 5 秒) (2)の問題です。　*Aya:* Hi, Simon. Are you free this weekend? *Simon:* Hi, Aya. Yes, I am. Why? *Aya:* I'll go to the concert with my father and brother. Why don't you come with us? *Simon:* Whose concert is it? *Aya:* It's the concert of my favorite band, "The Tochigi Stars." My mother can't come with us, so I'll give you her ticket. *Simon:* Thank you, but I don't know very much about the band. *Aya:* Let's check on the Internet. OK, I've found some of their songs. Listen to this. *Simon:* Oh, I have heard this song before! *Aya:* Maybe you've heard the song on TV. It was made for a famous TV program. Because of this song, the band became popular. *Simon:* I like the singer's beautiful voice. I like the sound of the guitar too. I can't wait for the concert! Thank you, Aya. *Aya:* You're welcome. I'm very excited too. ①の質問です。　Why can Simon get a ticket for the concert?　(ポーズ約 3 秒) ②の質問です。　What made the band popular?　(約 5 秒おいて繰り返す。)(ポーズ約 5 秒)	(2　番) 約 5 分
次は 3 番の問題です。メアリー(Mary)が聡太郎(Sotaro)の留守番電話に伝言を残しました。その伝言を聞いて，聡太郎がとったメモを完成させなさい。英文は 2 回言います。　〔注〕斜字体で表記された部分は読まない。 では始めます。 *〈Phone Ringing〉* *Sotaro:* Hello, this is Sotaro. Thank you for calling me but I'm busy right now. Please leave a message. *〈Beep〉* *Mary:* Hello, Sotaro. This is Mary. I'm sorry to call you early in the morning, but I have to tell you about the tennis games today. We can't have them today, because it rained a lot last night. We will have the tennis games next weekend on Saturday, May 13. We will have another game on Sunday, May 14 if we win the games. If you can, please wear a blue T-shirt. Blue is our team's color. The games will start at 11:30. I want to meet you before the games start, so please come to Tennis Village 15 minutes before that time. If you have any questions, please call me back before noon today. I hope you'll enjoy the games. I'm sure we'll win! (約 5 秒おいて)繰り返します。(1 回目のみ)　(ポーズ約 10 秒)	(3　番) 約 3 分

4 (3) 観ている者のこころが遊ぶ場所　とあるが、この言葉に表れた父の絵に対する考えはどのようなものか。

ア　観る者が自身の思いに任せて自由に観られる絵がよい。

イ　観る者が絵師と同じ気持ちになって楽しめる絵がよい。

ウ　観る者が皆一致した解釈をする分かりやすい絵がよい。

エ　観る者が胸を弾ませるような工夫の施された絵がよい。

5 (4) 初めて、絵師としての父を見直す気になった　とあるが、なぜか。

ア　経験頼みで描く父よりも自分の才能が上回ると確信し、父のことを認める心のゆとりが生まれたから。

イ　これまで明かされることのなかった狩野の絵の極意を授けられ、父への尊敬の念がさらに増したから。

ウ　長い間心の奥につかえていた父に対する不信感が解消し、やっと分かり合えた喜びで満ち足りたから。

エ　自分がこれまで意識したことのない絵画の本質に迫る言葉を父から聞き、新たな視点が得られたから。

6 本文の特徴を説明したものとして、最も適切なものはどれか。

ア　人物描写に比喩や慣用的な表現を用いることで、お互いを気遣う父子の心情が分かりやすくなっている。

イ　古語や外来語を織り交ぜて情景を描写することで、永徳の置かれている状況が分かりやすくなっている。

ウ　多用される会話文の間に心情を表現する短文を挿入することで、父子の関係が分かりやすくなっている。

エ　物語を描く視点が登場人物の間を交互に移動することで、父子の異なる主張が分かりやすくなっている。

5

グラフA・Bは、文部科学省が行った「高校生の読書に関する意識等調査」の結果の一部である。これを見て、読書についてのあなたの考えを書きなさい。

なお、次の《注意》に従って書くこと。

《注意》

・二段落構成とすること。

・第一段落には、二つのグラフから読み取ったことについて書くこと。

・第二段落には、第一段落に書いたことを踏まえて、読書についてのあなたの考えを書くこと。

・国語解答用紙(2)に二百四十字以上三百字以内で書くこと。

A

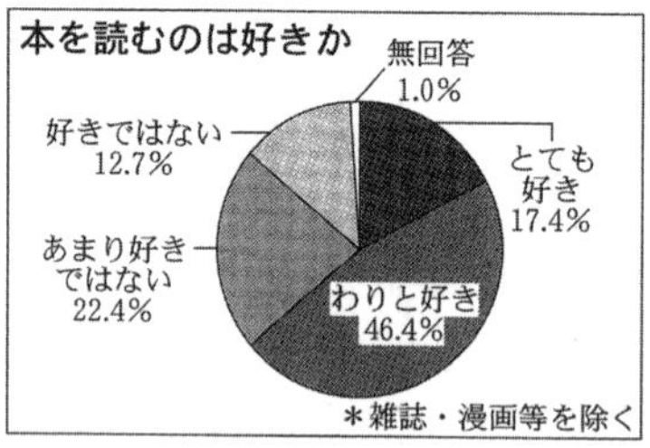

B

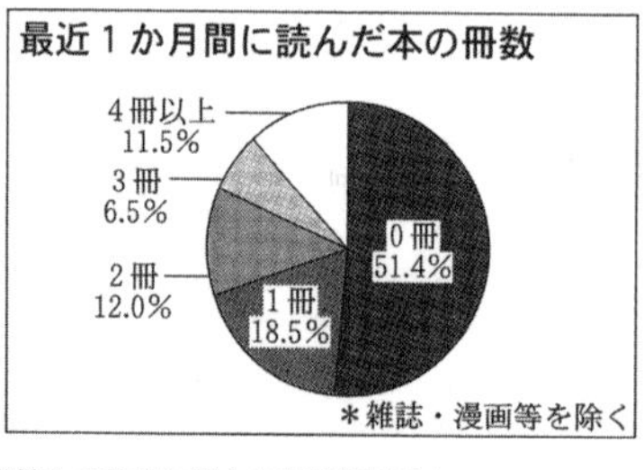

「高校生の読書に関する意識等調査」
（平成26年度文部科学省委託調査）により作成

実戦編◆国語

県立
H29

「されば、人間のたたずまい、面持ちは、こころの在り方によって左右されましょう。青雲の志をいだいておる者ならば、背筋を伸ばして、目を□て遠くを見ておりましょうし、汚辱にまみれた憂《う》き世を厭《いと》うて逃れてきた(注2)隠遁者《いんとんしゃ》ならば、すこし背を丸めて、虚《うつ》ろな目をしておりましょう。その唐人は、どんなこころで、そこに坐《ざ》し、湖水を見ているのでございましょうか。」

黙って聞いていた父が、突然、声をあげて笑いだした。侮蔑を含んだ笑いだった。

「えっ。」

「おまえは、そんなことに思い悩んで、筆が止まっておったのか。」

「絵を描くのに、いちいち、絵のなかの人物のこころまで考えておったのか。」

父の問い返しこそ、永徳には意外だった。

「(1)人を描くには、こころを描かねばならぬと存じますが、ちがいましょうか。」

また声をあげて父が笑った。

「唐人の絵を描いてはおるが、唐人のこころなど、分かるはずがないではないか。おまえは、分からぬことを無理に描こうというのか。」

言われて、永徳はおおいに呆《あき》れた。

――そんな思いで、人物を描いていたのか。だから、つまらない絵しか描けないのだと、侮蔑の気持ちがふくらんだ。

(2)父がじっと永徳を見すえていた。目のまわりばかりでなく、あごから首にかけての肉もたるんでいる。

「こころがなければ、たとえ絵でも、人ではありますまい。」

(注3)反駁《はんばく》した永徳に、父がさらに大きな声をあげて笑った。

「こころは、観《み》ている者にあるではないか。おまえは、(3)観ている者のこころが遊ぶ場所をなくしてしまおうというのか。」

父のことばが、伏兵のごとく永徳の胸をついた。意識していなかった絵画の本質の一面を、眼前にひろげて見せられた気分だった。

「観る者のこころが遊ぶ場所……。」

「そうだ。押しつけがましい絵はうるさくてかなわぬ。観る者がなにを感じるかは勝手なこと。気ままにこころをたゆたわせる場所があるほうがよかろう。」

聞きながら、永徳は(注4)狼狽《ろうばい》していた。

絵は絵師の情念を観せて、魅せるものだと思っていた。情念がたぎっていれば、観る者はかならずこころを揺り動かされる――。そう信じて疑っていなかった。

ところが、父は、観る者のこころが遊ぶ場所をつくれと言った。

「それでこそ、端正な狩野の絵になる。」

と付けくわえた。

まさに目が醒《さ》めた思いだった。

(4)初めて、絵師としての父を見直す気になった。

(山本兼一《やまもとけんいち》「花鳥の夢」〈文春文庫〉から)

(注1) 唐人=中国の人。
(注2) 隠遁者=俗世間を離れて、隠れ住む人。
(注3) 反駁=相手の意見に反論すること。
(注4) 狼狽=あわてうろたえること。

1 □に当てはまる語句として最も適切なものはどれか。

ア 丸くし　イ 輝かせ　ウ 長くし　エ 奪われ

2 (1)人を描くには、こころを描かねばならぬ　とあるが、永徳が考える絵とはどのようなものか。本文中から十五字で抜き出しなさい。

3 (2)父がじっと永徳を見すえていた　とあるが、このとき、父に見すえられた永徳はどのような気持ちであったか。五十字以内で書きなさい。

解答・解説 P280

そう愛すべきものという感覚である。日本人が、春の花見、秋の月見などの季節ごとの美の鑑賞を、年中行事として特に好んで今でも繰り返しているのも、そのためであろう。

（高階《たかしな》 秀爾《しゅうじ》「日本人にとって美しさとは何か」〈筑摩書房〉から）

（注）　あの現代人の美意識＝本文の前で、現代人の美意識について述べられている部分がある。

1　[A]、[B]に当てはまる語の組み合わせとして適切なものはどれか。

ア　A　または　B　それとも
イ　A　そのうえ　B　むしろ
ウ　A　しかし　B　だから
エ　A　あるいは　B　すなわち

2　(1)それとは何を指すか。二十字以内で書きなさい。

3　[　]に当てはまる語句はどれか。

ア　ギリシャ美術を至上とする　イ　実体物として美を捉える
ウ　本物よりもコピーが美しい　エ　美は曖昧で感覚的なもの

4　段落の関係を説明したものとして、最も適切なものはどれか。

ア　③段落は、②段落で挙げた例の補足説明をしている。
イ　④段落は、③段落までに述べた事実を否定している。
ウ　⑤段落は、④段落で述べた説の問題点を指摘している。
エ　⑥段落は、⑤段落の内容とは対照的な例を示している。

5　(2)うつろいやすいもの、はかないものという感覚とあるが、日本人が美に対してこのような感覚をもつのはなぜか。その理由について説明した次の文章の[a]、[b]に入る語句を、本文中から[a]は二十字、[b]は七字で抜き出しなさい。

日本人は、[a]に敏感に反応する。そして、そのような日本人の感性により見出された美は[b]ものだから。

6　本文の内容に合うものはどれか。

ア　古代ギリシャで成立した「カノン」は、地域の状況に応じ中身を変えながら世界中に広がった。
イ　芭蕉の詠《よ》んだ「古池や」という句は、小さな蛙そのものの美しさを新たに見出したものである。
ウ　『枕草子』冒頭の段に見られる美意識は、現代の日本人にも変わることなく受け継がれている。
エ　砂漠に置かれても美を失わない《ミロのヴィーナス》は、西欧の彫刻作品の中でも異質である。

4

次の文章を読んで、1から6までの問いに答えなさい。

〔安土《あづち》桃山時代、代々続く絵師の家柄である狩野《かのう》家において、永徳《えいとく》の描いた絵は父の絵よりも高い評価を受けていた。あるとき、父と共同で襖《ふすま》絵を制作している際に、永徳は絵の中の人物について父に尋ねた。〕

「父上。」
「……。」
父はふり向かず、目のあたりを指でもみながらこたえた。
「(注1)その唐人《とうじん》は、なにをしているのでしょうか。」
「湖水を眺めておる。」
これは、たずね方が悪かったと反省した。すぐにことばを重ねた。
「なにを思って湖水を眺めているのでしょうか。」
「……。」
顔を上げた父が、永徳を見すえた。目のまわりがたるんで、下に、黒ずんだ隈《くま》ができている。その醜さに、言いようのない嫌悪《けんお》を感じた。
「なぜ、そんなことをたずねる。」

3

次の文章を読んで、1から6までの問いに答えなさい。①～⑧は形式段落の番号である。

① 西欧世界においては、古代ギリシャ以来、「美」はある明確な秩序を持ったもののなかに表現されるという考え方が強い。その秩序とは、左右相称性であったり、部分と全体との比例関係であったり、[A]基本的な幾何学形態との類縁性など、内容はさまざまであるが、いずれにしても客観的な原理に基づく秩序が美を生み出すという点においては一貫している。逆に言えば、そのような原理に基づいて作品を制作すれば、(1)それは「美」を表現したものとなる。

② 典型的な例は、現在でもしばしば話題となる八頭身の美学であろう。人間の頭部と身長が一対八の比例関係にあるとき最も美しいという考え方は、紀元前四世紀のギリシャにおいて成立した美の原理である。ギリシャ人たちは、このような原理を「カノン」(規準)と呼んだ。「カノン」の中身は場合によっては変わり得る。現に紀元前五世紀においては、優美な八頭身よりも荘重な七頭身が規準とされた。だが七頭身にせよ八頭身にせよ、何かある原理が美を生み出すという思想は変わらない。ギリシャ彫刻の持つ魅力は、この美学に由来するところが大きい。

③ もっとも、この時期の彫刻作品はほとんど失われてしまって残っていない。残されたのは大部分ローマ時代のコピーである。しかししばしば不完全なそれらの模刻作品を通して、かなりの程度まで原作の姿をうかがうことができるのは、美の原理である「カノン」がそこに実現されているからにほかならない。原理に基づいて制作されている以上、彫刻作品そのものがまさしく「美」を表すものとなるのである。

④ だがこのような[　　]という考え方は、日本人の美意識のなかではそれほど大きな場所を占めているようには思われない。日本人は、遠い昔から、何が美であるかということよりも、むしろどのような場合に美が生まれるかということにその感性を働かせて来たようである。それは「実体の美」に対して、「状況の美」とでも呼んだらよいであろうか。

⑤ 例えば、「古池や蛙《かわず》飛びこむ水の音」という一句は、「古池」や「蛙」が美しいと言っているわけではなく、もちろん「水の音」が妙音だと主張しているのでもない。ただ古い池に蛙が飛びこんだその一瞬、そこに生じる緊張感を孕《はら》んだ深い静寂の世界に芭蕉はそれまでにない新しい美を見出《みいだ》した。そこには何の実体物もなく、あるのはただ状況だけなのである。

⑥ 日本人のこのような美意識を最もよく示す例の一つは、「春は曙《あけぼの》、やうやうしろくなりゆく山ぎはすこしあかりて……」という文章で知られる『枕草子』冒頭の段であろう。これは春夏秋冬それぞれの季節の最も美しい姿を鋭敏な感覚で捉えた、いわば模範的な「状況の美」の世界である。[B]春ならば夜明け、夏は夜、そして秋は夕暮《ゆうぐれ》というわけだが、その秋について、清少納言は次のように述べている。

秋は夕暮。夕日のさして山の端《は》いと近うなりたるに、烏《からす》の寝どころへ行くとて、三つ四つ二つ三つなど、飛びいそぐさへあはれなり。まいて雁《かり》などのつらねたるがいとちひさく見ゆるは、いとをかし……。

⑦ これはまさしく「夕焼けの空に小鳥たちがぱあっと飛び立っているところ」(注)というあの現代人の美意識にそのままつながる感覚と言ってよいであろう。日本人の感性は、千年の時を隔ててもなお変わらずに生き続けている。

⑧ 「実体の美」は、そのもの自体が美を表しているのだから、状況がどう変わろうと、いつでも、どこでも「美」であり得る。《ミロのヴィーナス》は、紀元前一世紀にギリシャの植民地であった地中海のある島で造られたが、二一世紀の今日、パリのルーヴル美術館に並べられていてもその美しさに変わりはない。仮に砂漠のなかにぽつんと置かれても、同じように「美」を主張するであろう。だが「状況の美」は、状況が変われば当然消えてしまう。春の曙や秋の夕暮れの美しさは、長くは続かない。状況の美に敏感に反応する日本人は、それゆえにまた、美とは万古不易のものではなく、(2)うつろいやすいもの、はかないものという感覚を育てて来た。うつろいやすいものであるがゆえに、いっそう貴重で、いっ

2 次の文章を読んで、1から5までの問いに答えなさい。

ある時、牛を引きたる童《わらは》の、唄《うた》などうたひ通りければ、長年《ながとし》(注1)はあと追ひ行きて、童を呼びかけ①いひけるは、我をその牛に乗せて、川端まで行けかしといふに、童うけがひ答ふるやうは、御身を乗せて行くべきが、(1)賃には何をかたまはるぞといへば、長年はわが家をかへり見て、門に生ひたる松を指さして、いづれの樹《き》なりとも、その方が望みに任すべし。とくとくやれといふに、童よろこびて、長年を川端まで乗せ行きたり。その後、三年がほどを経て、ひとりの男、童を伴ひ、長年が家に②来たりて、長年が父にむかひ、三年以前の約束を物がたりければ、長年、幼心の戯《たはぶ》れなれども、かの童はこれを誠と心得、牛に乗せたる賃をはたる(注2)に、いかにいひ説きても肯《がへ》(注3)んぜず。いかがはせんといへば、長年が父、これを聞くより、さもありぬべし。(2)約束をせしにたがひなくば、切らせて遣はすべしとて、童に望ませ、門前なる大樹の松を、杣《そま》(注4)に命じて切らせ、牛飼《うしかひ》にとらせけり。里人はこれをいひつたへ、名和《なわ》が約束の松と呼びて、今にはなし伝へたり。

(「雲萍雑志《うんぴょうざっし》」から)

(注1) 長年=名和又太郎長年。のちに南北朝時代の武将となる人物。
(注2) はたる=とりたてる。
(注3) 肯んぜず=納得しない。
(注4) 杣=山林の木を切り出すことを仕事とする人。

1 いひつたへ は現代ではどう読むか。現代かなづかいを用いて、すべてひらがなで書きなさい。

2 ①いひける ②来たりて について、それぞれの主語にあたる人物の組み合わせとして適切なものはどれか。

ア ①童 — ②長年　イ ①童 — ②ひとりの男
ウ ①長年 — ②長年　エ ①長年 — ②ひとりの男

3 (1)賃には何をかたまはるぞ とあるが、これに対して長年はどのようなことを申し出たか。二十五字以内の現代語で書きなさい。

4 (2)約束をせしにたがひなくば の意味として、最も適切なものはどれか。

ア 約束をしたのに忘れてしまったなら
イ 約束の期限が差し迫っているなら
ウ 約束をしたことが確かであるなら
エ 約束の内容にお互い不満がないなら

5 長年の父の人物像として、最も適切なものはどれか。

ア 我が子を喜ばせるためには全財産をもなげうつ子ども思いの人物。
イ 我が子が過去にとった行動に対しても責任を果たす厳格な人物。
ウ 我が子の起こした問題を当事者間で解決させる中立で公平な人物。
エ 我が子が過去にした失敗を帳消しにしようとするずる賢い人物。

栃木県立高校入試 問題

平成29年度
3月6日実施

国語

制限時間 50分

1

次の1から7までの問いに答えなさい。

1 次の――線の部分の読みをひらがなで書きなさい。

(1) 速やかに移動する。
(2) 彼は愉快な人だ。
(3) 田舎に住む。
(4) 目的を遂げる。
(5) 即興で演奏する。

2 次の――線の部分を漢字で書きなさい。

(1) 水をアびる。
(2) 機会をモウける。
(3) 知識をキュウシュウする。
(4) 実力をハッキする。
(5) カンケツな文章。

3 「兄は連日の試合で疲れているようだ。」の――線の部分と文法的に同じ意味・用法のものはどれか。

ア この夜景はちりばめた星のようだ。
イ おじは昨日から外出中のようだ。
ウ 冬の山はまるで眠っているようだ。
エ 彼女の笑顔はひまわりのようだ。

4 次のうち、熟語の構成が同じものの組み合わせはどれか。

ア 歓迎―登山
イ 縮小―加減
ウ 不在―日没
エ 価値―身体

5 次の文章は、吹奏楽部の部長の挨拶原稿である。――線の部分の敬語の使い方が正しいものの組み合わせはどれか。

> 皆様、本日は演奏会に①ご来場くださいまして、ありがとうございます。部員を代表してひとこと②ご挨拶申し上げます。
> 私たちは、この日のために練習を重ねてきました。その成果をたくさんの方々に披露できることを大変うれしく③お思いになっています。一生懸命演奏しますので、どうぞ私たちの演奏を④お聞きしてください。

ア ①と②　イ ①と②と④　ウ ①と③と④　エ ②と③

6 次の行書で書かれた部首を含む漢字はどれか。

ア 稲　イ 旅　ウ 福　エ 極

7 次の二首の和歌の□には同じ語が入る。適切なものはどれか。

思ひつつ寝《ぬ》ればや人の見えつらむ□と知りせば覚めざらましを
うたたねに恋しき人を見てしより□てふ物は頼みそめてき
（「古今和歌集」小野小町）

ア 夢　イ 君　ウ 熱　エ 愛

解答・解説 P280

MEMO

［実戦編］

令和5年度
栃木県内私立国立高校入試 問題

栃木県
高校入試
の対策
2024

作新学院

文星芸術大附属

宇都宮文星女子

宇都宮短大附属

星の杜

国学院大学栃木

佐野日本大学

青藍泰斗

足利短大附属

足利大学附属

白鷗大学足利

矢板中央

佐野清澄

国立小山工業高等
専門学校

作新学院［英進部］

社　会

制限時間 50分

1 次の各文の空欄にあてはまるものを選びなさい。

問1　山梨県・長野県・岐阜県にまたがる中央高地では，夏の涼しい気候を利用して出荷時期を遅らせる野菜の［　　］が行われている。

ア　促成栽培　　イ　混合農業　　ウ　抑制栽培　　エ　施設園芸農業

問2　山形県が全国の生産量の大半を占めている果物は，［　　］である。

ア　さくらんぼ　　イ　りんご　　ウ　ぶどう　　エ　も　も

問3　西インド諸島やメキシコなどから移住し，アメリカ合衆国に居住する，スペイン語を話す人々を［　　］と呼ぶ。

ア　マオリ　　イ　アボリジニー　　ウ　イヌイット　　エ　ヒスパニック

問4　室町時代に馬借や農民は，借金を帳消しにする［　　］を出すよう幕府に要求した。

ア　大政奉還　　イ　徳政令　　ウ　楽市令　　エ　分国法

問5　19世紀のはじめ，江戸を中心として［　　］と呼ばれる町人文化が栄えた。

ア　化政文化　　イ　元禄文化　　ウ　国風文化　　エ　飛鳥文化

問6　第一次世界大戦後，中国で反日感情が爆発し，帝国主義に反対する国民運動へと発展した［　　］が起こった。

ア　満州事変　　イ　盧溝橋事件　　ウ　五・四運動　　エ　三・一独立運動

問7　日本の国会議員は，衆議院議員と参議院議員からなる。そのうち，参議院議員の任期は［　　］で，任期途中での解散はない。

ア　3　年　　イ　4　年　　ウ　5　年　　エ　6　年

問8　訪問販売の契約を結んでから8日以内なら，無条件で解約できる制度を［　　］制度という。

ア　リコール　　イ　クーリング・オフ
ウ　フェアトレード　　エ　インフォームド・コンセント

2 次の文章や資料は伝染病や，世界・日本の公衆衛生に関するものである。これらについて，各問いに答えなさい。

2019年冬，中国の武漢で新型コロナウイルスの感染者が発見されて以降，世界各国で感染者が広がり，社会的に大きな混乱が生じている。わが国では，外出自粛の要請やマスクの着用，ソーシャルディスタンスの確保などの意識づけを行い，公衆衛生の立場から対策が講じられてきた。次の資料1は主な歴史上の感染症について，資料2は公衆衛生についてまとめたものである。

【資料1】

病　名	主な感染経路	影　響
ペスト	ネズミ・ノミ	14世紀のヨーロッパで大流行し，各都市で①人口が激減した。皮膚が黒っぽくなって亡くなることから「黒死病」とも呼ばれた。
天然痘	空気感染	②大航海時代にヨーロッパからアメリカ大陸に持ち込まれ，先住民の人口は激減した。
コレラ	水による感染	産業革命期の③ロンドンなどで流行した。公衆衛生の考え方が高まるきっかけとなった。
インフルエンザ	空気感染	④1918～20年，全世界的に大流行したスペイン風邪では，死者4000～5000万人を出したといわれる。
新型コロナウイルス感染症	空気感染	2019年末より世界的に流行し，変異株が次々に登場した。人々の交流が少なくなり，社会生活や⑤経済に大きな打撃を与えた。

問1　下線部①について，次の表は世界の人口上位国に関してまとめたものである。次の表を参考に，世界の人口に関して述べた文として，正しいものはどれか。

順　位	国　名	人　口（万人）
1	中　国	142 949
2	インド	135 337
3	アメリカ	32 824
4	インドネシア	26 960
5	ブラジル	21 175
6	パキスタン	20 769
（中略）		
11	日　本	12 583
	世界全体	779 479

（帝国書院『地理統計2022年度版』による）

ア　人口の上位6か国の中で，アジアの国は3か国ある。
イ　日本の人口は増加傾向で，今後10位以内に入ることが予想される。
ウ　中国とインドの人口は，世界の人口の3割弱を占めている。
エ　7～10位の中にはアフリカ大陸の国が存在すると考えられる。

解　答　P282

問２　下線部②について，大航海時代に関して述べた次の文章中の空欄 A ・ B にあてはまる人名の組み合わせとして，正しいものはどれか。

> ポルトガルの A はアフリカ南端の喜望峰を経由してインドに到達し，アジアへの航路が開かれた。一方，スペインの援助を受けた B は西まわりでインド到達をめざし，西インド諸島に到達した。

ア　A－マゼラン　　　B－コロンブス　　　**イ**　A－マゼラン　　　B－バスコ・ダ・ガマ
ウ　A－バスコ・ダ・ガマ　　　B－コロンブス　　　**エ**　A－バスコ・ダ・ガマ　　　B－マゼラン

問３　下線部③について，次のグラフは，ロンドン（イギリス），オスロ（ノルウェー），マドリード（スペイン）の1991～2020年における７月の降水量と７月の平均気温をまとめたものである。グラフ中のⅰ～ⅲと３地点の組み合わせとして，正しいものはどれか。

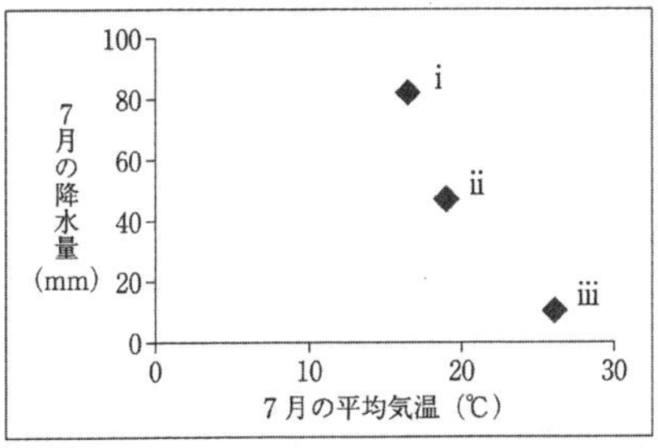

（帝国書院『地理統計2022年度版』による）

	ア	イ	ウ	エ	オ	カ
ロンドン	i	i	ii	ii	iii	iii
オスロ	ii	iii	i	iii	i	ii
マドリード	iii	ii	iii	i	ii	i

問４　下線部④について，1918～20年の間に起こった出来事として，正しいものはどれか。
ア　シベリア出兵を見こした米の買い占めから，米騒動が起こった。
イ　犬養毅らによる護憲運動が起こり，桂内閣が辞職に追い込まれた。
ウ　中国の袁世凱政府に対して，二十一か条の要求を突きつけた。
エ　青年将校らが二・二六事件を起こし，首相官邸や国会議事堂周辺を占拠した。

問５　下線部⑤について，日本の経済に関して述べた文として，正しいものはどれか。
ア　日本銀行は，景気が悪い時に，一般の銀行に国債をより多く売り，景気を刺激する。
イ　日本政府は，好景気の時に，景気の行き過ぎを防ぐために公共事業をより増やして，雇用の創出を促す。
ウ　企業は，得た利益を様々な形で社会に還元するなど，社会的な責任を果たすことが求められている。
エ　国民生活を安定させるために，国や公共団体が決定や認可をするモノやサービスの価格を，均衡価格という。

【資料２】

> ⑥明治維新を経て富国強兵政策を打ち出した日本は，ヨーロッパ諸国を参考に⑦公衆衛生制度を整備した。第二次世界大戦後には社会保険制度が拡大し，すべての国民が健康保険に加入するしくみ（国民皆保険）が成立した。それまで警察の仕事であった感染症予防や公衆衛生維持の仕事は保健所に移された。
> ちなみに予防接種を確立したのは，イギリスのジェンナーという人物である。当時のイギリスでは天然痘が猛威をふるっていたが，彼は牛飼いや羊飼いの人々が都市部の人々よりも天然痘にかかる確率が低かったことに着目し，動物の体内を通過すると天然痘が弱毒化すると考えた。そこで，牛の天然痘（牛痘）にかかった女性の水ぶくれから採取した液体を接種する牛痘接種による天然痘予防法を考案した。「ワクチン」という言葉はもともとラテン語の牝牛を意味している。このジェンナーの予防法は世界各地に広まり，⑧1980年に世界保健機関は天然痘の根絶を宣言した。

問６　下線部⑥について，次の年表は江戸時代末期から明治時代に起こった主な出来事をまとめたものである。富国強兵政策と近代化の実現に向け，学制が公布された時期として，正しいものはどれか。

年	主な出来事
1858	日米修好通商条約が結ばれる。
	A
1867	王政復古の大号令が出される。
	B
1873	地租改正が実施される。
	C
1880	大阪で国会期成同盟が結成される。
	D

ア　Aの時期　　**イ**　Bの時期　　**ウ**　Cの時期　　**エ**　Dの時期

問７　下線部⑦について，公衆衛生制度や社会保険制度は，わが国における社会保障制度の中の一つで，日本国憲法で保障されている生存権に基づいて成り立っている。生存権に関して述べた次の文章中の空欄［Ａ］・［Ｂ］にあてはまる数字と語句の組み合わせとして，正しいものはどれか。

> 生存権は日本国憲法の第［Ａ］条によって保障されている。政府が生活を保障する公助のしくみがあるが，日々の生活に対して，自助（自分で備えること）が基本である。しかし，自分の収入では十分な生活を送れない人も出てくる。そういった人たちのための［Ｂ］制度は生存権を具体的に保障するための制度である。

ア　Ａ－14　Ｂ－情報公開　　イ　Ａ－14　Ｂ－生活保護
ウ　Ａ－25　Ｂ－情報公開　　エ　Ａ－25　Ｂ－生活保護

問８　下線部⑧について，1980年以前に起こった出来事として，正しいものはどれか。
ア　ベルリンの壁が崩壊し，東西ドイツが統一された。
イ　ベトナム戦争が終結し，南北ベトナムが統一された。
ウ　ヨーロッパ共同体（ＥＣ）が，ヨーロッパ連合（ＥＵ）に発展した。
エ　池田勇人首相が，非核三原則を発表した。

3　右の地図を見て，各問いに答えなさい。

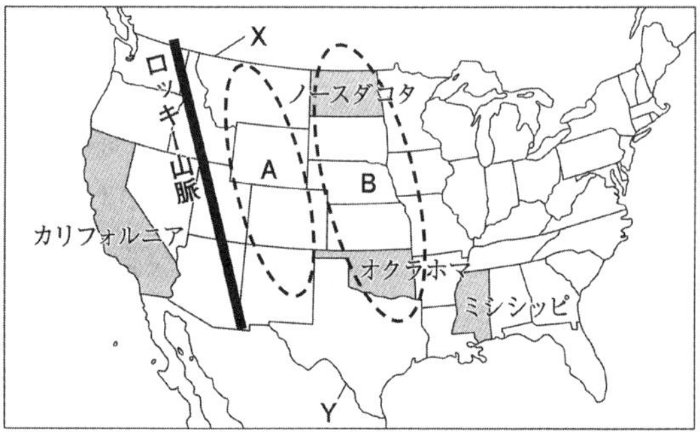

問１　地図中のＸ・Ｙはそれぞれアメリカ合衆国とカナダ，メキシコとの国境線を示している。このうちＸの大部分は直線で，ある緯度に沿って定められている。また，Ｙの大部分は曲線で，ある河川に沿って定められている。この緯度と河川の組み合わせとして，正しいものはどれか。
ア　Ｘ－北緯39度　Ｙ－セントローレンス川
イ　Ｘ－北緯39度　Ｙ－リオグランデ川
ウ　Ｘ－北緯49度　Ｙ－セントローレンス川
エ　Ｘ－北緯49度　Ｙ－リオグランデ川

問２　地図中でロッキー山脈の東側に広がる内陸部の破線で示した範囲Ａ・Ｂについて説明した次の文章中の空欄［あ］～［う］にあてはまる語句の組み合わせとして，正しいものはどれか。

> 範囲Ａは，［あ］と呼ばれる施設で牛に濃厚飼料を与えて効率よく飼育し，大規模な食肉生産が行われている［い］である。範囲Ｂは，恵まれた土壌と降水量を活かした大規模な穀物栽培が行われている［う］である。

	あ	い	う
ア	センターピボット	グレートプレーンズ	プレーリー
イ	センターピボット	プレーリー	中央平原
ウ	センターピボット	中央平原	グレートプレーンズ
エ	フィードロット	グレートプレーンズ	プレーリー
オ	フィードロット	プレーリー	中央平原
カ	フィードロット	中央平原	グレートプレーンズ

問３　次の表は地図中に示した４つの州（ノースダコタ，カリフォルニア，オクラホマ，ミシシッピ）について，各州の人種・民族別人口割合を示したものである。このうち，ミシシッピ州にあてはまるものとして，正しいものはどれか。

（単位：％）

	白　人	アフリカ系	アジア系	先住民	その他
ア	56.0	36.6	1.1	0.6	5.7
イ	82.9	3.4	1.7	5.0	7.0
ウ	63.5	7.3	2.3	8.4	18.5
エ	41.2	5.7	15.4	1.6	36.1

（二宮書店『2022 データブック オブ・ザ・ワールド Vol. 34』による）

問４　次の表は，アメリカ・メキシコ・カナダの貿易について輸出入の額と相手国上位３か国をまとめたものである。この表から読み取れる内容について述べた次のⅠ～Ⅲの文のうち，正しいものはいくつあるか。

		アメリカ		メキシコ		カナダ	
輸出	輸出額（十億ドル）		1 431		417		390
	輸出先上位3か国と輸出額に占める割合（%）	カナダ	17.8	アメリカ	81.2	アメリカ	73.6
		メキシコ	14.9	カナダ	2.7	中　国	4.8
		中　国	8.7	中　国	1.9	イギリス	3.8
輸入	輸入額（十億ドル）		2 337		406		428
	輸入先上位3か国と輸入額に占める割合（%）	中　国	18.6	アメリカ	43.8	アメリカ	48.9
		メキシコ	13.9	中　国	19.2	中　国	14.1
		カナダ	11.6	韓　国	3.8	メキシコ	5.5

（『世界国勢図会 2022/23』による）

Ⅰ　3か国ともに貿易赤字であり，貿易赤字額が最も大きいのはカナダである。
Ⅱ　3か国ともに，輸出先の上位3か国にヨーロッパ州の国は含まれていない。
Ⅲ　3か国の中で，中国との輸出額と輸入額のいずれにおいても最大の相手国はアメリカである。

ア　な　し　　イ　1　つ　　ウ　2　つ　　エ　3　つ

4　右の地図を見て，各問いに答えなさい。

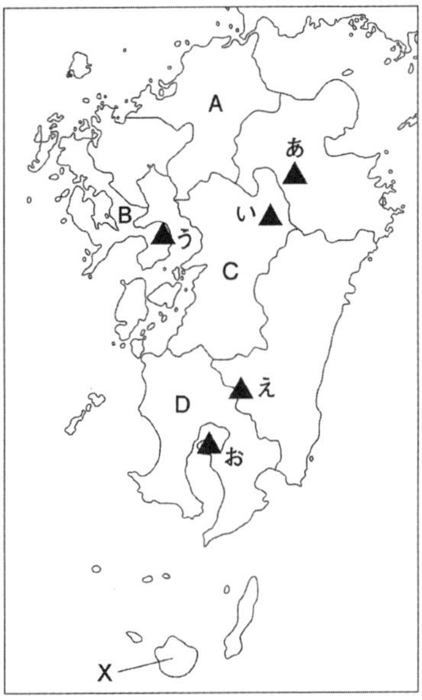

問1　地図中のXの島は固有種や絶滅の恐れがある動植物を数多く有しているため，ユネスコの世界遺産に登録されている。この島の名称として，正しいものはどれか。
ア　奄美大島　　イ　種子島
ウ　屋久島　　エ　対　馬

問2　地図中のあ～おの山について述べた文として，**誤っているもの**はどれか。
ア　あの周辺では地熱活動が活発なため，これを利用した国内最大規模の地熱発電所がある。
イ　いは世界最大級のカルデラを持つ火山で，広大なカルデラの内側にも集落が形成され，人々が生活している。
ウ　うでは1990年から大規模な噴火が始まり，翌1991年に大規模な火砕流が発生し，多くの被害者が出た。
エ　えはここ100年近く大規模な火山活動の記録が無く，気象庁が24時間体制で監視している火山には含まれていない。
オ　おは過去の大爆発で流れ出た溶岩で近くの半島と陸続きになった歴史を持ち，現在も頻繁に噴火を繰り返している。

問3　地図中のA～D県について述べた文として，**誤っているもの**はどれか。
ア　A県北部の沿岸地域にはかつて大規模な工業地帯が形成され，八幡製鉄所を中心とした鉄鋼業とその関連産業で繁栄した。
イ　B県の県庁所在地は古くから港町として栄え，かつて存在した出島と呼ばれる人工島には江戸時代にオランダ商館が置かれた。
ウ　C県南部は化学産業で繁栄したが，化学工場からの排水に含まれる有害物質により，四大公害のひとつである水俣病が発生した。
エ　D県は温暖で降水量が多く，県中央部に広がるシラス台地は特に水はけがよく肥沃なため，国内でも有数の稲作地帯である。

問4　次の表は，地図中のA～D県の人口，面積，農業産出額，製造品出荷額について示したものである。C県にあてはまるものとして，正しいものはどれか。

	人口（万人）	面積（km²）	農業産出額（億円）					製造品出荷額（十億円）
			米	野菜	果実	畜産	計	
ア	161	9 186	210	533	108	3 227	4 890	2 070
イ	174	7 409	367	1 221	313	1 147	3 364	2 845
ウ	504	4 987	375	701	239	389	2 027	10 238
エ	133	4 131	117	452	145	558	1 513	1 789

（二宮書店『2022 データブック オブ・ザ・ワールド Vol. 34』による）

問５　九州地方は国内でも他に先がけて工業化が進行した地域が多い。そのため，かつては環境対策が不十分で，大気汚染や水質汚濁が深刻化した場所も多かった。現在はその教訓から環境対策の気運が高まり，北九州市に代表される「エコタウン」のように，環境負荷の低い産業の発達がめざましい。環境負荷の低い取り組みについて述べた文として，**誤っているもの**はどれか。

ア　ペットボトルやパソコン，自動車部品などの廃棄物を再利用できるようリサイクルする工場を建設し，資源を循環させる。

イ　海岸や河川周辺のごみ拾いを地域で協力して行ったり，ごみの分別をきめ細かく行ったりする。

ウ　都市の周辺部で自動車やエアコンから出る熱がこもってしまうことを防ぐため，ビルの屋上や壁面を緑化する。

エ　河川の上流に土砂の流出を防ぐ砂防ダムを建設したり，森林の間伐や植林を計画的に行ったりして，森林の保水力を高める。

オ　再生可能エネルギーを大量に生み出すために，山間部や斜面地の森林をすべて伐採して大規模な太陽光発電施設を建設する。

5　海外とつながりのある日本の歴史上の人物についてまとめたレポートを見て，各問いに答えなさい。

阿倍仲麻呂［698？～770？］
717 年　留学生として［ A ］に入る
　　　　当時の［ A ］の皇帝に重んじられる
753 年　帰国しようとしたが，嵐にあい果たせず
770 年頃　死去

①『古今和歌集』には「天の原ふりさけみれば春日なる三笠の山に出でし月かも」という歌が収められている

［ B ］［1420～1506］
備中（現在の岡山県）に生まれる
京都の相国寺の僧となる

1467 年　②大内氏の援助を受け，明へ渡った
　　　　明で多くの絵画技法を学ぶ
1469 年　帰国
　　　　日本の水墨画を完成させた

天正遣欧使節
伊東マンショ・千々石ミゲル・中浦ジュリアン・原マルチノの４名からなる使節

1582 年　③イエズス会宣教師ヴァリニャーニに率いられ，ヨーロッパに出発
　　　　④ローマ教皇グレゴリウス 13 世に会う
1590 年　帰国

大黒屋光太夫［1751～1828］
伊勢の船頭
江戸へ向かう途中で遭難
アリューシャン列島でロシア船に救われる

1791 年　ロシア皇帝エカチェリーナ２世に会う
1792 年　⑤ラクスマンの船で帰着

津田梅子［1864～1929］
最初の女子留学生
岩倉使節団とともに６歳で渡米 ⎤
11 年間アメリカで教育を受け，帰国 ⎦ C
女子英学塾（後の津田塾大学）を開く

八田與一［1886～1942］
石川県に生まれる
台湾総督府の内務局土木課に技術者として勤務

1920～30 年　烏山頭ダムを建設

問１　空欄［ A ］にあてはまる中国の王朝の名前と，その国に関する説明の組み合わせとして，正しいものはどれか。

ア　唐　－　新羅と連合して，倭国の軍を白村江で破った。
イ　唐　－　高句麗への攻撃が失敗し，短命のうちに滅んだ。
ウ　宋　－　菅原道真の提案により，日本からこの国への使者の派遣が停止された。
エ　宋　－　フビライ・ハンによって，滅ぼされた。

問２　下線部①について，『古今和歌集』をはじめ，日本では数々の歌集がまとめられた。このうち，『万葉集』は日本最古の歌集であり，様々な歌が収められている。次の歌は『万葉集』に収められている兵士の歌であるが，この歌について述べた文の組み合わせとして，正しいものはどれか。

から衣　すそに取りつき　泣く子らを　置きてぞ来ぬや　母なしにして

Ⅰ　この歌は，防人の歌である。
Ⅱ　この歌は，国司の歌である。
Ⅲ　この歌をよんだのは，九州北部に送られた兵士である。
Ⅳ　この歌をよんだのは，東北地方に送られた兵士である。

ア　Ⅰ・Ⅲ　　**イ**　Ⅰ・Ⅳ　　**ウ**　Ⅱ・Ⅲ　　**エ**　Ⅱ・Ⅳ

問３　空欄［ B ］にあてはまる人名として，正しいものはどれか。

ア　栄　西　　**イ**　狩野永徳　　**ウ**　雪　舟　　**エ**　菱川師宣

解　答　P282

問4　下線部②について，この当時の出来事として，正しいものはどれか。

ア　室町幕府の第8代将軍足利義昭の時代であった。
イ　武家の文化と公家の文化がまじりあって，金閣に代表される北山文化が栄えた。
ウ　守護大名の細川氏を中心とする東軍と，山名氏を中心とする西軍に分かれて戦乱が起こった。
エ　朝鮮半島では，李成桂が高麗を滅ぼし，朝鮮国を建国した。

問5　下線部③について，イエズス会が日本にやってきた背景に関して述べた次の文章中の空欄［Ⅰ］～［Ⅲ］にあてはまる語句の組み合わせとして，正しいものはどれか。

16世紀になると，ローマ教皇が大聖堂を修築する資金を集めるために［Ⅰ］を販売した。これを批判してルターやカルバンが宗教改革を始めた。かれらは，［Ⅱ］に信仰のよりどころを置き，プロテスタントと呼ばれた。プロテスタントとは，「［Ⅲ］する者」という意味である。一方，カトリック教会側も対抗して改革を進め，イエズス会はその中心となり，海外布教に力を入れた。

	Ⅰ	Ⅱ	Ⅲ
ア	免罪符（しょくゆう状）	教会	信仰
イ	免罪符（しょくゆう状）	聖書	抗議
ウ	免罪符（しょくゆう状）	教会	布教
エ	聖書	聖書	抗議
オ	聖書	教会	信仰
カ	聖書	聖書	布教

問6　下線部④について，ローマ教皇グレゴリウス13世は，現在世界各国で用いられている太陽暦をつくらせた人物である。日本がこの暦を採用した頃の様子を述べた次のⅠ～Ⅲの文のうち，正しいものはいくつあるか。

Ⅰ　この頃の日本は開国直後で，欧米各国との貿易も始まり，大量の金が国外に流出していた。
Ⅱ　殖産興業政策が行われており，東京・横浜間に電信，新橋・横浜間に鉄道が開通していた。
Ⅲ　都市部では欧米風の生活様式が広まり，また，バスガールや電話交換手として働く女性が増加した。

ア　なし　　**イ**　1つ　　**ウ**　2つ　　**エ**　3つ

問7　下線部⑤について，ラクスマンの船が着いた場所と，この頃の日本の情勢の組み合わせとして，正しいものはどれか。

Ⅰ　松平定信は，質素倹約を掲げ，江戸に出稼ぎに来た農民を故郷に返して，米などの穀物の栽培を奨励し，ききんに備え各地に米を蓄えさせた。
Ⅱ　水野忠邦は，物価の上昇を抑えるために，株仲間を解散させた。また，江戸に出てきている農民を故郷に返し，年貢を確保しようとした。

ア　a・Ⅰ　　**イ**　a・Ⅱ　　**ウ**　b・Ⅰ
エ　b・Ⅱ　　**オ**　c・Ⅰ　　**カ**　c・Ⅱ

問8　津田梅子に関するレポート中のCの時期に世界で起こった出来事として，正しいものはどれか。

ア　フランスでは，革命が起こり，人権宣言が発表された。
イ　アメリカでは，南北戦争が起こり，リンカン大統領が奴隷解放宣言を発表した。
ウ　ドイツでは，「鉄血宰相」といわれたビスマルクの指導のもと産業が発展していた。
エ　インドでは，イギリスの支配に対し反感が強まり，インド大反乱が起こった。
オ　中国では，孫文が三民主義を唱え，革命運動が盛り上がっていた。

問9　次の文章は，八田與一についてまとめたレポートを見て，生徒同士がしている会話である。会話文中の波線部のうち，**誤っているもの**はいくつあるか。

作太郎君　：　八田與一さんは，明治・大正・昭和の3つの時代を生きた人だね。
新次郎君　：　八田さんは台湾総督府の内務局土木課の技術者として働いていたんだね。台湾は，日清戦争で清に勝利した日本が，南京条約で遼東半島・澎湖諸島とともに獲得したんだよね。
作太郎君　：　八田さんがつくった烏山頭ダムのおかげで，当時ほとんど作物をつくることができなかった平原が，台湾一の穀倉地帯に生まれ変わったらしい。八田さんは台湾の近代化に貢献したんだね。
新次郎君　：　日本による台湾の植民地支配は約70年続くけど，ダムの建設以外にも，鉄道の建設や教育の普及など近代化が推進された一方で，住民の抵抗もあったらしいね。
作太郎君　：　そうだよね。日本の植民地支配から台湾が解放された時には，八田さんは引き続き土木事業で台湾に貢献していたんだね。
新次郎君　：　八田さんは，今でも台湾で尊敬されているらしいよ。

アなし　　**イ**　1つ　　**ウ**　2つ　　**エ**　3つ　　**オ**　4つ

作新学院　入試問題（R5）◆社会

6　次の表は，サクミさんの学級で行った公民的分野の調べ学習について，グループごとのテーマをまとめたものである。これを見て，各問いに答えなさい。

Ａグループ	国民の義務について	Ｆグループ	国会のしくみについて
Ｂグループ	内閣について	Ｇグループ	消費支出について
Ｃグループ	裁判について	Ｈグループ	地方自治について
Ｄグループ	基本的人権について	Ｉグループ	為替相場について
Ｅグループ	私企業について		

問１　Ａグループのテーマについて，日本国憲法で定められている国民の義務として，正しいものはどれか。

ア　国民には保護する子女に教育を受けさせる義務があるが，小中学校の教科書は有償で配布されている。

イ　国民には勤労の義務があるが，公共の職業安定所は設置されていない。

ウ　国民には納税の義務があり，法律の定めるところにより税金を納めなければならない。

エ　国民には投票の義務があり，国政選挙の投票を行わなければ，罰則が科せられる。

問２　Ｂグループのテーマについて，わが国における内閣の構成員と国会議員の関係を模式的に表したものとして，正しいものはどれか。

ア
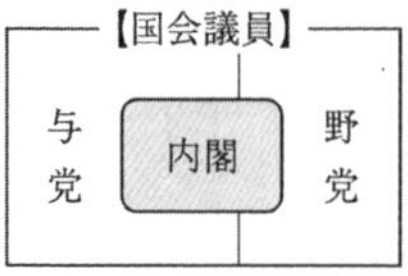

イ
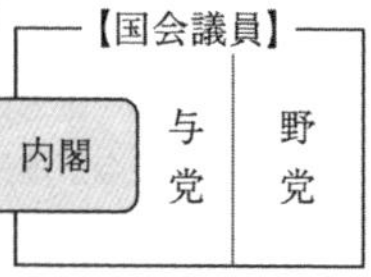

ウ
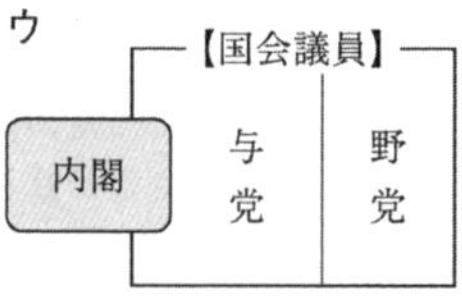

エ
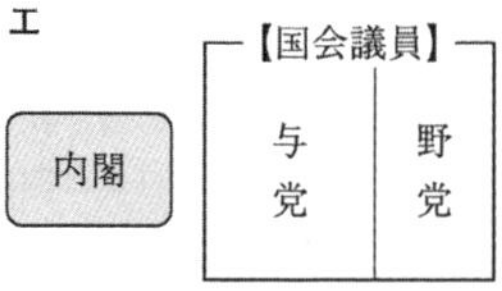

問３　Ｃグループのテーマについて，次の文章は，裁判の事例に関して述べたものであり，この裁判は，民事裁判，刑事裁判のいずれかにあたる。また，図１，図２は，わが国で裁判が行われる際の，法廷における座席などの配置を模式的に表したものであり，図１，図２は，それぞれ民事裁判，刑事裁判のいずれかのものにあたる。事例の裁判の種類と，この裁判が法廷で行われる場合の，法廷における座席などの配置を表した図の組み合わせとして，正しいものはどれか。

> Ｘさんは，貸したお金を返してくれないＹさんに対し，裁判所に訴えました。裁判所は，Ｘさんの訴えを認め，Ｙさんに返済と賠償金の支払いを命じました。

図１
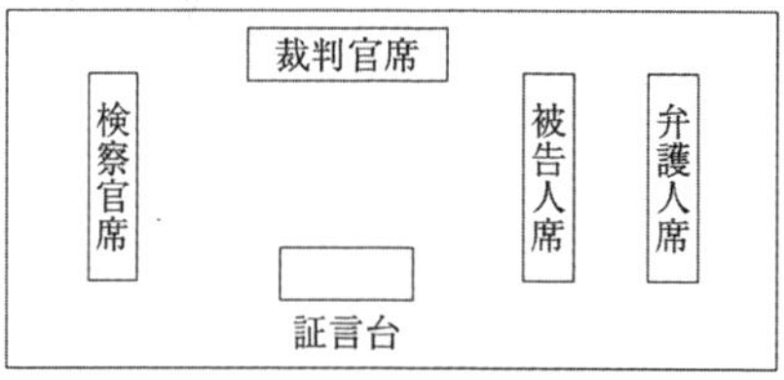

図２
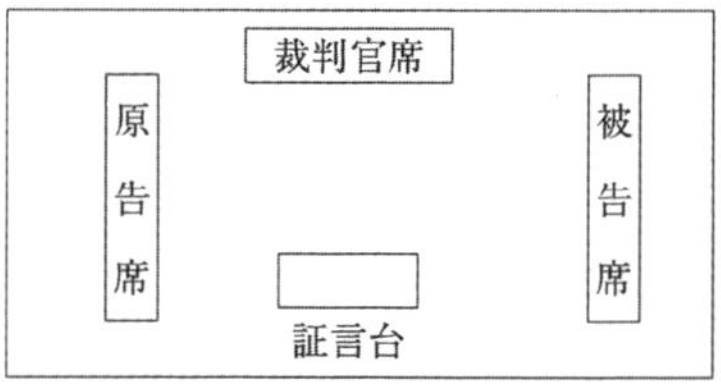

ア　民事裁判－図１　　**イ**　民事裁判－図２　　**ウ**　刑事裁判－図１　　**エ**　刑事裁判－図２

問４　Ｄグループのテーマについて，次の(a)～(c)の出来事が実際にあったと仮定する。これらの出来事には，日本国憲法が保障していることを実現していない点がある。(a)～(c)が含む問題点に最も関連の深い憲法の条文①～④の組み合わせとして，正しいものはどれか。

仮定の出来事

(a)　Ｘ社では，仕事内容が全く同じであるにもかかわらず男性社員と女性社員で給与が異なり，また定年年齢も女性社員の方が低かった。

(b)　Ｙさんはある思想に共感し，その思想がすすめる生活を送っていた。特に周囲の人たちに迷惑をかけていないにもかかわらず，その思想の信奉者であることを理由に会社を解雇された。

(c)　Ｚさんがモデルになって書かれた小説が出版された。そこにはＺさんの家族や人間関係など詳細に記述されており，Ｚさんが周りの人たちに知られたくないことも含まれていた。

①　信教の自由は，何人に対してもこれを保障する。いかなる宗教団体も，国から特権を受け，又は政治上の権力を行使してはならない。

②　生命，自由及び幸福追求に対する国民の権利については，公共の福祉に反しない限り，立法その他の国政の上で，最大の尊重を必要とする。

③　思想及び良心の自由は，これを侵してはならない。

④　すべて国民は，法の下に平等であつて，人種，信条，性別，社会的身分又は門地により，政治的，経済的又は社会的関係において，差別されない。

	ア	イ	ウ	エ	オ	カ
(a)	①	①	②	③	④	④
(b)	②	③	④	①	③	②
(c)	③	④	①	②	②	①

解　答　P282

問5　Eグループのテーマについて，私企業は，自社の利潤を追求するだけではなく，法令を遵守し，社会の一員としての責任を果たさなければならない。企業の経済活動とそれに関連する法律についての説明として，正しいものはどれか。

ア　独占禁止法では，一つの企業が市場を独占することにならないように，企業数が少ない寡占市場では企業間で協定を結んで価格を定めるように指導している。

イ　男女雇用機会均等法では，事業主は労働者の性別を理由として，労働者の配置，昇進，降格，退職のすすめ，職種および雇用形態の変更について差別的な取り扱いをしてはならないとしている。

ウ　消費者基本法では，商品を購入した消費者の個人情報を保護する観点から，企業がＰＯＳシステム（販売時点情報管理システム）を利用して，商品を販売した時に得た情報から商品の販売動向を分析することは，一切認めないとしている。

エ　製造物責任法（ＰＬ法）では，欠陥製品で被害を受けた消費者が，製品の欠陥の原因がその製品を製造した企業の過失であると証明しない限り，被害を受けた消費者はその企業に損害賠償を求めることはできないとしている。

問6　Fグループのテーマについて，予算の審議や議決に関して述べた次の文章中の空欄［Ａ］・［Ｂ］にあてはまる語句の組み合わせとして，正しいものはどれか。

> 内閣が作成した国の予算は，先に［Ａ］で審議が行われる。その後，各議院がそれぞれ異なる議決をした場合，必ず［Ｂ］を開かなければならない。

ア　Ａ－衆議院　Ｂ－公聴会　　**イ**　Ａ－参議院　Ｂ－両院協議会
ウ　Ａ－衆議院　Ｂ－両院協議会　　**エ**　Ａ－参議院　Ｂ－公聴会

問7　Gグループのテーマについて，次の図3は，わが国の勤労者世帯における１世帯あたり年平均１か月間の消費支出と食料費を表したものである。消費支出とは，財やサービスを購入するために支払われる家計の支出のことである。図3から読み取れることとして，正しいものはどれか。

図3

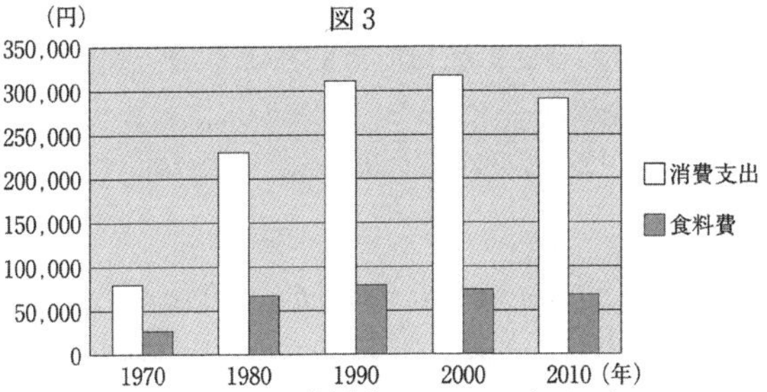

(総務省ホームページによる)

ア　消費支出，食料費がともに最も高いのは，2000年である。

イ　いずれの年においても，消費支出に占める食料費の割合は，50%を上まわっている。

ウ　1970年と1980年を比較すると，消費支出，食料費がともに4倍以上に増加している。

エ　1980年と2010年を比較すると，2010年の方が，消費支出に占める食料費の割合は，低くなっている。

問8　Hグループのテーマについて，地方議会に関する説明として，**誤っているもの**はどれか。

ア　二院制を採用しており，議決には両院の賛成を必要としている。

イ　地方財政の予算を決めたり，決算を承認したりすることができる。

ウ　地方税や各地方公共団体の有する公共施設の利用料，事務の手数料の徴収を決定できる。

エ　首長の政治の進め方に反対であれば，首長の不信任案を議決できる。

問9　Iグループのテーマについて，次の図4，図5は，日本の円とアメリカのドルの為替相場の変動を模式的に表したものである。為替相場がどのような傾向にある場合に，アメリカから日本に向けての旅行者が増加傾向をみせるか。その説明として，正しいものはどれか。

図4

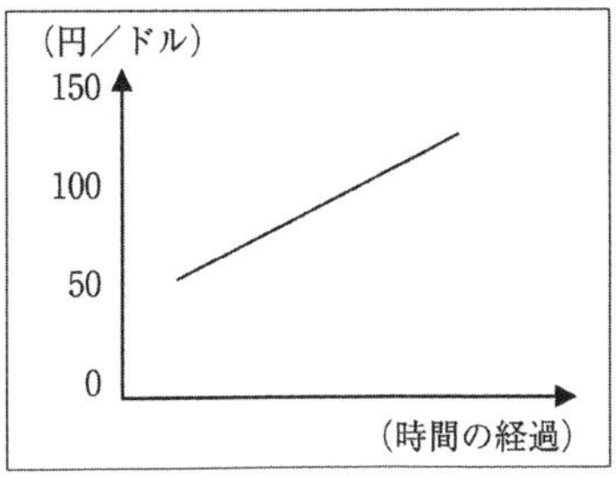

図5

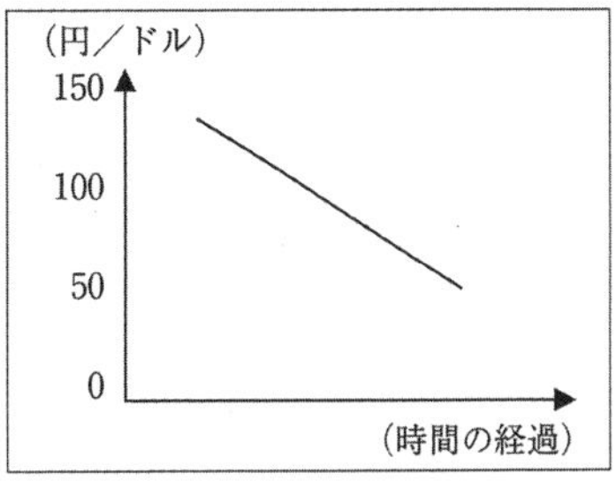

ア　図4のように，円安に向かう傾向にある場合。　　**イ**　図4のように，円高に向かう傾向にある場合。
ウ　図5のように，円安に向かう傾向にある場合。　　**エ**　図5のように，円高に向かう傾向にある場合。

1　次の(1)から(4)までの問いに答えなさい。

(1)　$\dfrac{3}{4}\times\{-3\times(-2)^3-4\}$ を計算すると，$\boxed{\text{ア}\,\text{イ}}$ である。

(2)　$\left(-\dfrac{3}{4}\right)^2\div\left(-\dfrac{x}{y}\right)^3\div\dfrac{3y}{x^5}$ を計算すると，$\dfrac{\boxed{\text{ウ}\,\text{エ}}}{\boxed{\text{オ}\,\text{カ}}}x^{\boxed{\text{キ}}}y^{\boxed{\text{ク}}}$ である。

(3)　$(x-2)^2-3(x-4)(x+1)$ を計算すると，$\boxed{\text{ケ}\,\text{コ}}x^2+\boxed{\text{サ}}x+\boxed{\text{シ}\,\text{ス}}$ である。

(4)　$\sqrt{48}-\dfrac{6}{\sqrt{3}}+3\sqrt{27}$ を計算すると，$\boxed{\text{セ}\,\text{ソ}}\sqrt{\boxed{\text{タ}}}$ である。

2　次の(1)から(7)までの問いに答えなさい。

(1)　連立方程式 $\begin{cases}\dfrac{3}{7}x+y=1\\ 2x-\dfrac{1}{3}y=-2\end{cases}$ を解くと，$x=\dfrac{\boxed{\text{ア}\,\text{イ}}}{\boxed{\text{ウ}}}$，$y=\dfrac{\boxed{\text{エ}}}{\boxed{\text{オ}}}$ である。

(2)　$\sqrt{20n}$ と $\sqrt{n-9}$ がともに整数となるような自然数 n のうち，最小の n は，$n=\boxed{\text{カ}\,\text{キ}}$ である。

(3)　タンクに水を入れるための2つの給水口A，Bがある。空のタンクにAだけ開いて5分間水を入れて閉じる。続けてBだけ開き4分間水を入れたら，水の量はタンクの容量全体の $\dfrac{7}{10}$ になった。その後さらに，A，Bの両方を開いて水を入れると，2分後にタンクの容量がいっぱいになった。タンクが空の状態から，Bだけ開いて水を入れるとき，タンクは $\boxed{\text{ク}\,\text{ケ}}$ 分でいっぱいになる。

(4)　1から10の番号を1つずつ書いた10枚のカードがある。この中から同時に2枚のカードを取り出すとき，カードに書かれた数の積が3の倍数にならない確率は，$\dfrac{\boxed{\text{コ}}}{\boxed{\text{サ}\,\text{シ}}}$ である。

(5)　右の図において，AB＝BC，AD＝DE＝EF である。BD＝5であるとき，CG＝$\dfrac{\boxed{\text{ス}\,\text{セ}}}{\boxed{\text{ソ}}}$ である。

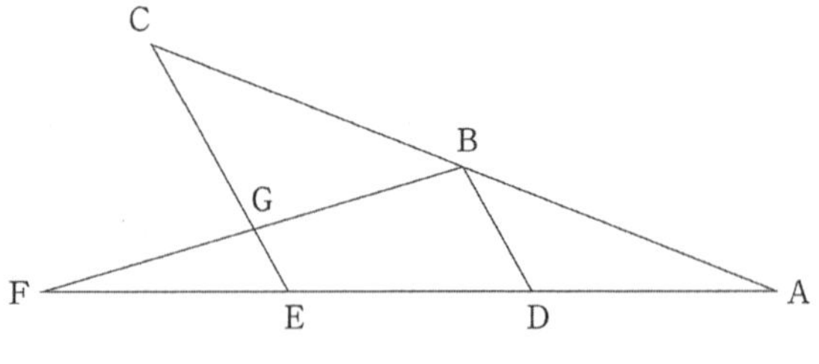

(6)　右の図のように，AB＝3，BC＝4，CA＝5の長方形ABCDを，点Cを中心として時計回りに90°だけ回転し，四角形A′B′CD′の位置に移動させた。辺ADが通過した部分にできる図形の面積は，$\boxed{\text{タ}}\pi$ である。

ただし，π は円周率である。

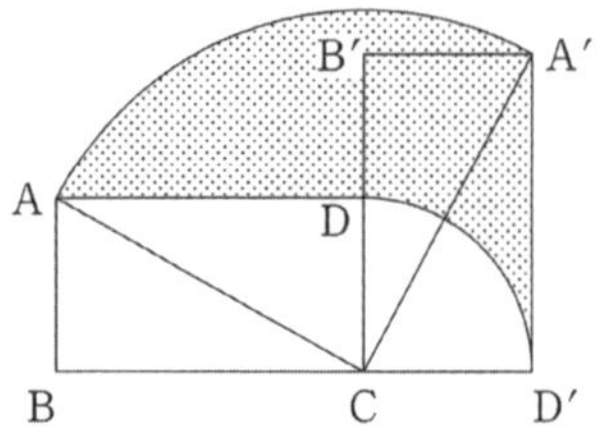

(7) 右の図のような，母線の長さが 3 cm である円錐《すい》がある。底面の円周上に点 A をとり，点 A から円錐の周りに最短距離でひもを結んだとき，そのひもの長さが 3 cm であった。このとき，円錐の表面積は，

$\dfrac{\boxed{チ}}{\boxed{ツ}}\pi\,\mathrm{cm}^2$ である。

ただし，π は円周率である。

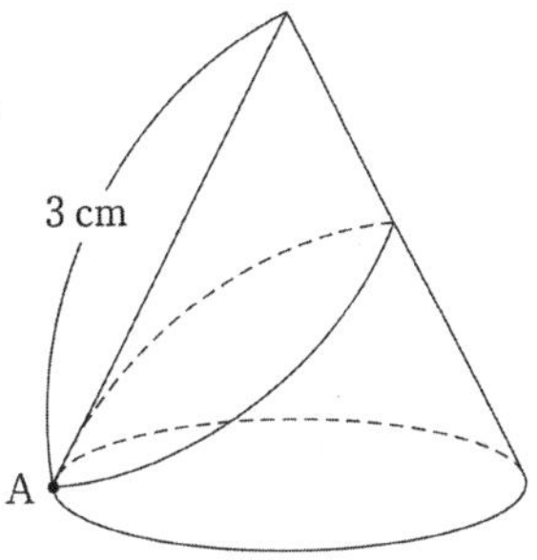

3 黒いタイルと白いタイルを，下の図のような規則に従って並べていく。

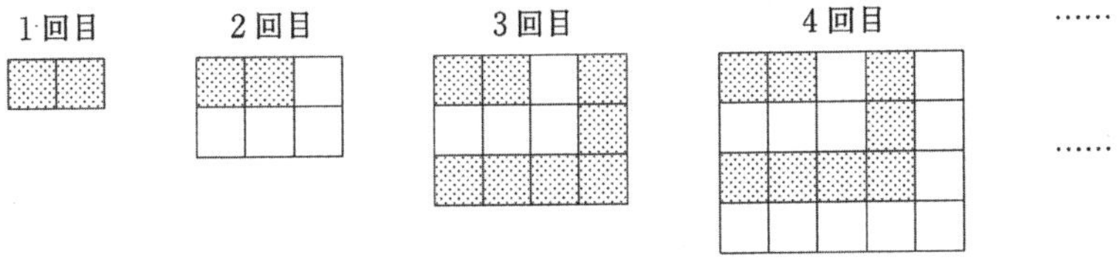

このとき，次の(1)から(4)までの問いに答えなさい。

(1) 7 回目までに並べたタイルの総数は，$\boxed{アイ}$ 枚である。

(2) n 回目までに並べたタイルの総数は，$\boxed{ウ}$ 枚である。$\boxed{ウ}$ に適する式を，①～④から選べ。

① $n(n+1)$　② $n(n-1)$　③ $n(n+2)$　④ n^2

(3) 102 回目まで並べたとき，最後に並べられた黒いタイルは，$\boxed{エオカ}$ 枚である。

(4) n 回目までに並べられたタイルの総数から，$(n-2)$ 回目に並べたタイルのみを除くと，タイルは 276 枚であった。このとき，$n=\boxed{キク}$ である。

4 右の図のように，放物線 $y=ax^2\ (a>0)$ ……①

と直線 $y=-\dfrac{1}{2}x+3$ ……②が異なる 2 点 A，B で交わっている。

また，②と x 軸との交点を C とする。

点 B の x 座標が 3 のとき，次の(1)から(4)までの問いに答えなさい。

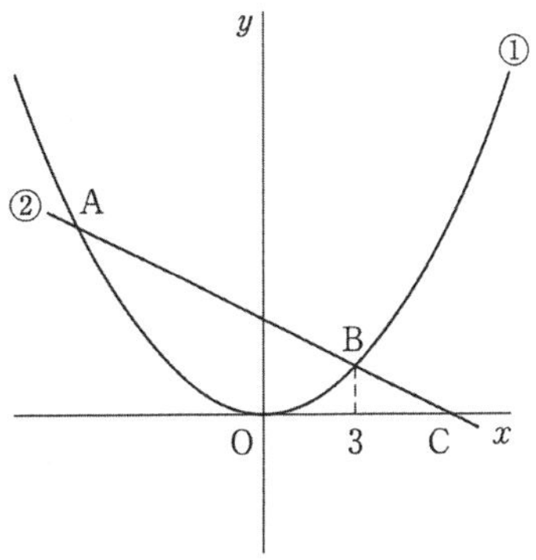

(1) 点 B の座標は，$\left(3,\ \dfrac{\boxed{ア}}{\boxed{イ}}\right)$ である。

また，点 B は①上の点でもあるから，$a=\dfrac{\boxed{ウ}}{\boxed{エ}}$ である。

さらに，①上の点 A は，$\left(t,\ \dfrac{\boxed{ウ}}{\boxed{エ}}t^2\right)$ と表せ，これが②上の点でもあるから，

$t=\boxed{オカ}$ であり，A$(\boxed{オカ},\ \boxed{キ})$ である。

(2) △OAB の面積は，$\dfrac{\boxed{クケ}}{\boxed{コ}}$ である。

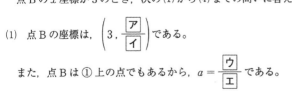

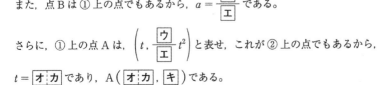

(3)　① 上の $x > 3$ または $x < \boxed{\text{オカ}}$ の範囲に点 P をとる。△PAB の面積が，△OAB の面積の 2 倍となるとき，点 P は直線 $y = -\frac{1}{2}x + \boxed{\text{サ}}$ 上にあるから，点 A と同様に点 P の座標を求めると，$\left(\boxed{\text{シ}}, \boxed{\text{ス}}\right)$ または $\left(\boxed{\text{セソ}}, \frac{\boxed{\text{タチ}}}{\boxed{\text{ツ}}}\right)$ である。

(4)　P$\left(\boxed{\text{シ}}, \boxed{\text{ス}}\right)$ とするとき，△APC を x 軸のまわりに 1 回転させてできる立体の体積は，$\boxed{\text{テトナ}}\,\pi$ である。

　ただし，π は円周率である。

5　図 1 のように，AB = 9，∠ABC = ∠BCD = 90° の台形 ABCD がある。点 P は頂点 A を出発し，一定の速さで辺 AB，BC，CD 上を通って，点 D まで移動する。点 P が頂点 A を出発してから x 秒後の 3 点 A，P，D を結んでできる △APD の面積を y とする。また，図 2 は，x と y の関係をグラフに表したものである。ただし，点 P が，頂点 A，D 上にあるときは $y = 0$ とする。このとき，次の (1) から (4) までの問いに答えなさい。

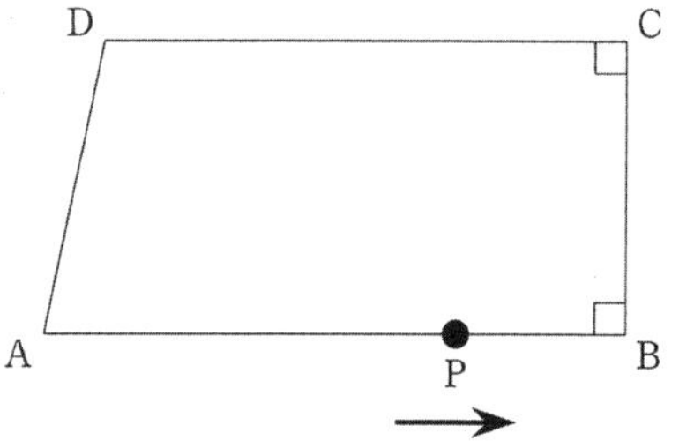

図 1

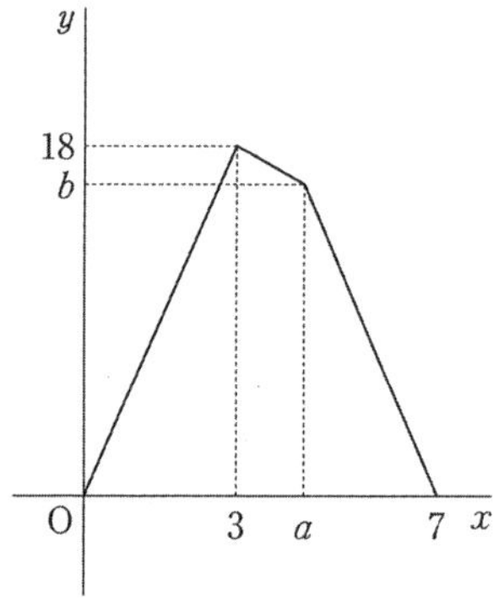

図 2

(1)　点 P が移動する速さは，毎秒 $\boxed{\text{ア}}$ である。

(2)　△ABC の面積は，$\boxed{\text{イウ}}$ であるから，BC = $\boxed{\text{エ}}$ である。

　また，x の変域が $0 \leqq x \leqq 7$ であるから，CD = $\boxed{\text{オ}}$ である。

(3)　図 2 において，$a = \frac{\boxed{\text{カキ}}}{\boxed{\text{ク}}}$，$b = \boxed{\text{ケコ}}$ である。

(4)　点 P が辺 BC 上にあるときを考える。

　x の変域は，$\boxed{\text{サ}} \leqq x \leqq \frac{\boxed{\text{カキ}}}{\boxed{\text{ク}}}$ である。

　△APD の面積を x を用いて表すと，$\frac{\boxed{\text{シス}}}{\boxed{\text{セ}}}x + \frac{\boxed{\text{ソタ}}}{\boxed{\text{チ}}}$ となり，

　△ABP の面積を x を用いて表すと，$\frac{\boxed{\text{ツテ}}}{\boxed{\text{ト}}}x - \frac{\boxed{\text{ナニ}}}{\boxed{\text{ヌ}}}$ となる。

　よって，△APD と △ABP の面積が等しくなるのは，点 P が頂点 A を出発してから $\frac{\boxed{\text{ネノ}}}{\boxed{\text{ハ}}}$ 秒後である。

解答・解説　P299

令和5年
1月7日実施
入試問題

作新学院［英進部］
理　科

制限時間 50分

1　次の各問いに答えよ。

問1　図aの①〜④は，音の大きさや高さが異なる4種類の音をオシロスコープでそれぞれ観察し，表示されたものである。最も小さい音と最も高い音の組み合わせとして，最も適当なものはどれか。ただし，縦軸の方向は振動の振れ幅，横軸の方向は時間を表している。

図a
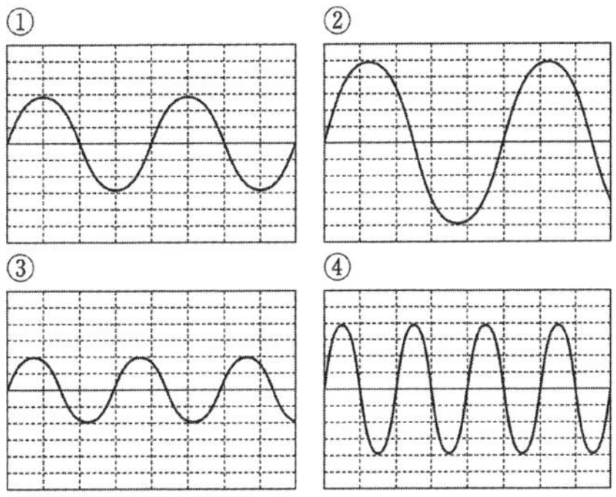

	最も小さい音	最も高い音
ア	①	②
イ	①	③
ウ	①	④
エ	③	①
オ	③	②
カ	③	④

問2　水に，ある物質をとかして水溶液をつくり，図bの装置を用いて電気分解を行った。しばらく電流を流すと，陽極では気体が発生し，プールの消毒のようなにおいがしてきた。陰極には赤色の物質が付着した。水にとかした物質として，最も適当なものはどれか。

図b
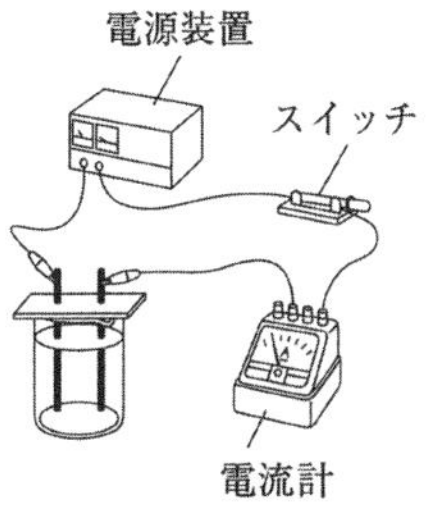

ア　酸化銀　　イ　酸化銅　　ウ　酸化アルミニウム
エ　塩化銀　　オ　塩化銅　　カ　塩化アルミニウム

問3　図cは，特徴のちがう3種類の被子植物である。被子植物は，子葉のちがいや花弁のつき方のちがいによって，さらに分類することができる。それぞれの分類名と同じなかまの植物の組み合わせとして，正しいものはどれか。

図c
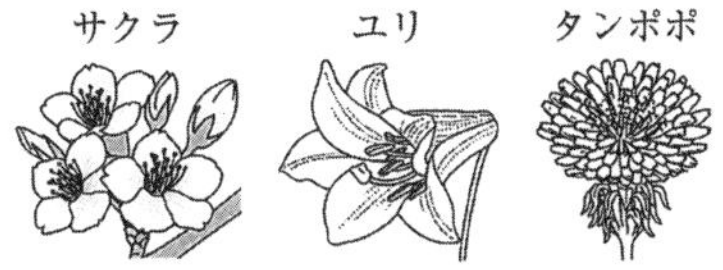

	サクラ		ユリ		タンポポ	
	分類名	植物	分類名	植物	分類名	植物
ア	双子葉類 離弁花類	アブラナ	単子葉類	イネ	双子葉類 合弁花類	ツツジ
イ	双子葉類 合弁花類	イネ	双子葉類 合弁花類	アブラナ	双子葉類 離弁花類	イチョウ
ウ	双子葉類 離弁花類	ツツジ	単子葉類	イネ	双子葉類 合弁花類	アブラナ
エ	双子葉類 合弁花類	イネ	双子葉類 離弁花類	アブラナ	双子葉類 離弁花類	イチョウ

問4　ある地点での地震のゆれの大きさは震度で表される。現在の日本で，震度は何階級に分けられるか。

ア　7階級　　イ　8階級　　ウ　9階級　　エ　10階級　　オ　11階級　　カ　12階級

2　電流が磁界から受ける力について調べるために，図dの装置を用いて次の実験を行った。ただし，電源装置の電圧は60Vで一定で，コイルや導線には抵抗はないものとする。

【実験Ⅰ】　20Ωの抵抗器Aを用いて，回路に電流を流したときに，コイルは図d中の矢印（⇨）の向きに動いた。

【実験Ⅱ】　図eにある回路①〜③のように，コイルに流れる電流の向きやU字形磁石の向きをかえて，コイルがどの向きに動くかを調べた。

図d
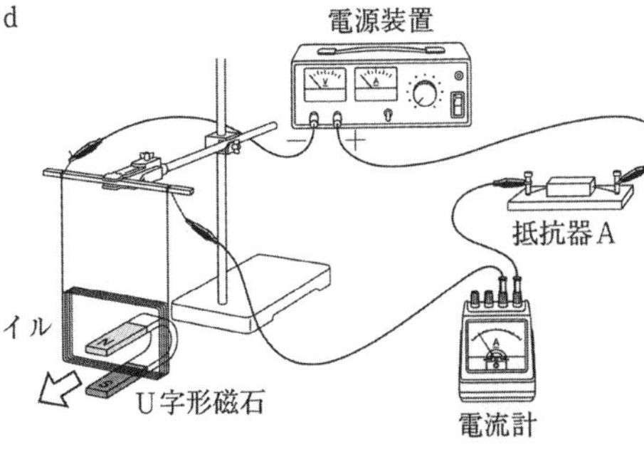

図 e

回路①　　　回路②　　　回路③

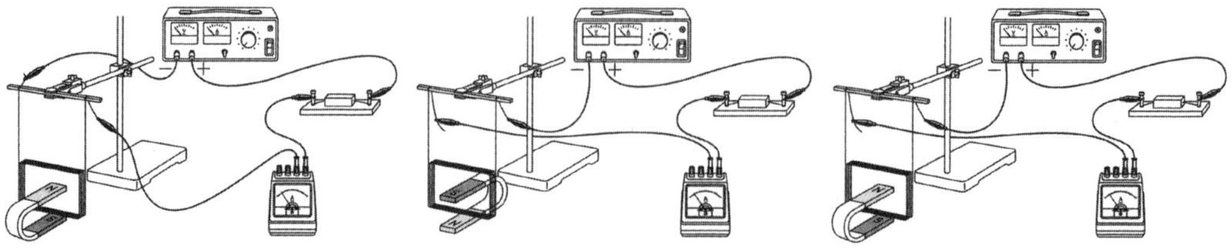

【実験Ⅲ】【実験Ⅰ】の状態に戻してから，20 Ωの抵抗器A，30 Ωの抵抗器B，40 Ωの抵抗器Cのうち，２個を用いて直列または並列に接続して，電源装置と電流計の間につなぎ，コイルの動く大きさを調べた。

問１　【実験Ⅰ】で，コイルに流れる電流の大きさは何Ａか。

ア　0.33 A　　イ　0.66 A　　ウ　3.0 A　　エ　6.0 A

問２　【実験Ⅱ】で，図 e の回路①～③に電流を流したとき，コイルが【実験Ⅰ】と同じ向きに動くものはどれか。

ア　①のみ　　イ　②のみ　　ウ　③のみ　　エ　①と②　　オ　①と③　　カ　②と③

問３　【実験Ⅲ】で，コイルの動く大きさが最も大きくなった抵抗器のつなぎ方はどれか。

ア　　イ　　ウ　　エ

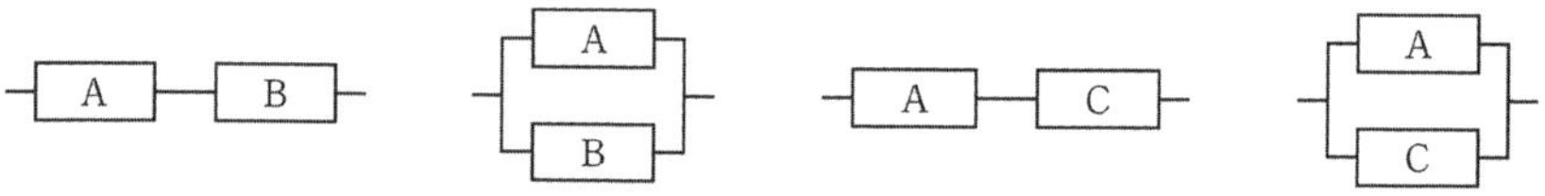

問４　【実験Ⅲ】で，コイルの動く大きさが最も大きくなったとき，コイルに流れる電流の大きさは，【実験Ⅰ】で流れる電流の大きさの何倍か。

ア　1倍　　イ　$\frac{4}{3}$倍　　ウ　$\frac{3}{2}$倍　　エ　$\frac{5}{3}$倍　　オ　2倍

3　小球のもつ位置エネルギーについて調べるために，図 f の装置を用いて次の実験を行った。ただし，小球とレールとの摩擦や空気抵抗はないものとし，レールの厚さは考えず，十分に長いものとする。また，小球は点Aをなめらかに通過し，小球のもつエネルギーは木片に衝突した後，すべて木片を動かす仕事に移り変わるものとする。

【実験】

① 質量 10 g の小球を高さ 2 cm のところから静かにはなし，木片に衝突させ，木片の動いた距離を測定した。次に，はなす高さを 4 cm，6 cm にかえ，同様の手順を繰り返した。

② 質量が 20 g や 30 g の小球にかえ，①と同様の手順を繰り返した。

③ ①と②で得られた結果を，図 g のグラフにまとめた。

図 f

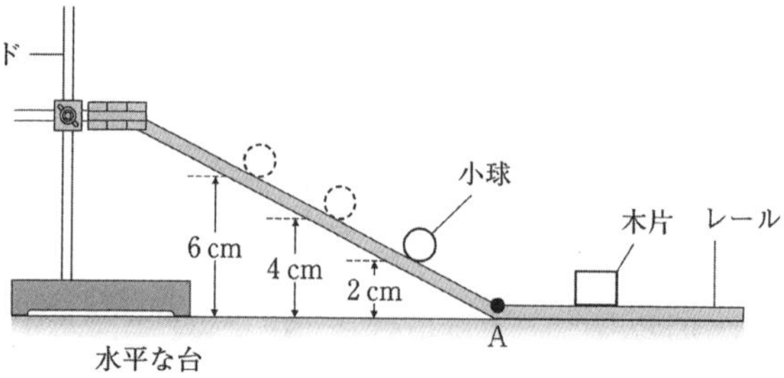

図 g

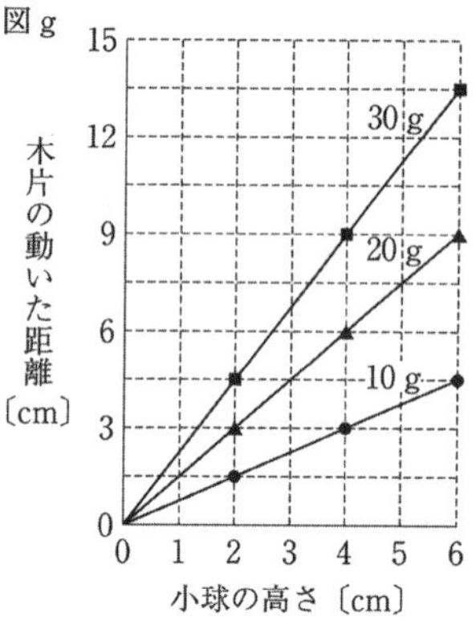

問１　小球をはなす高さが同じとき，質量 20 g から 30 g の小球にかえると，木片の動いた距離は何倍になったか。

ア　0.33 倍　　イ　0.67 倍　　ウ　1 倍　　エ　1.5 倍　　オ　3 倍　　カ　9 倍

問２　図 g のグラフからわかることとして，正しいものはどれか。

ア　小球のもつ位置エネルギーは，小球の質量が大きいほど，高さが高いほど大きい。

イ　小球のもつ位置エネルギーは，小球の質量が大きいほど，高さが低いほど大きい。

ウ　小球のもつ位置エネルギーは，小球の質量が小さいほど，高さが高いほど大きい。

エ　小球のもつ位置エネルギーは，小球の質量や高さには関係なく，つねに一定である。

問3　小球が木片に衝突した後，木片が右向きに動いているときの，レールから木片にはたらく力をすべて表したものとして，最も適当なものはどれか。ただし，● は力の作用点，矢印は力を表している。

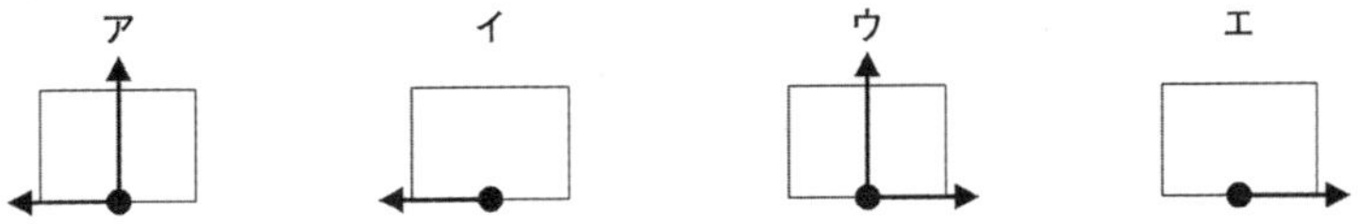

問4　図fの装置を用いて，質量12gの小球を高さ7.2cmのところから静かにはなしたときの，木片の動いた距離は何cmと考えられるか。

ア　1.80cm　　イ　4.32cm　　ウ　5.40cm　　エ　6.48cm　　オ　7.20cm　　カ　8.64cm

4　酸素，二酸化炭素，窒素，アンモニア，水素の5種類の気体について調べた。

問1　空気にふくまれる気体の体積の割合で，2番目に多い気体はどれか。

ア　酸素　　イ　二酸化炭素　　ウ　窒素　　エ　アンモニア　　オ　水素

問2　石灰水に5種類の気体をそれぞれふきこむと，白くにごったものがあった。身のまわりの物質を用いて，石灰水を白くにごらせた気体を発生させる方法として，**適当でないもの**はどれか。

ア　食塩を加熱する。　　イ　木炭を燃焼させる。

ウ　卵の殻を食酢に入れる。　　エ　発泡入浴剤を湯の中に入れる。

問3　次の①～③の性質にそれぞれ適する気体の組み合わせとして，正しいものはどれか。

① 水にとけやすい。

② 空気より重い。

③ 水上置換法で集められる。

	①	②	③
ア	窒素	水素	アンモニア
イ	窒素	二酸化炭素	アンモニア
ウ	アンモニア	二酸化炭素	酸素
エ	アンモニア	水素	酸素

問4　次の①～④の方法でそれぞれ発生する気体の組み合わせとして，正しいものはどれか。

① 二酸化マンガンにうすい過酸化水素水を加える。

② 石灰石にうすい塩酸を加える。

③ 塩化アンモニウムと水酸化カルシウムの混合物を加熱する。

④ 亜鉛にうすい塩酸を加える。

	①	②	③	④
ア	二酸化炭素	酸素	水素	アンモニア
イ	二酸化炭素	酸素	アンモニア	水素
ウ	酸素	二酸化炭素	水素	アンモニア
エ	酸素	二酸化炭素	アンモニア	水素

5　図hのように，スライドガラスに硝酸カリウム水溶液で湿らせたろ紙を置き，その上にリトマス紙を置いた。リトマス紙の中央にうすい塩酸をつけた後，電圧を加えて，リトマス紙の色の変化をみる実験を行った。

図h

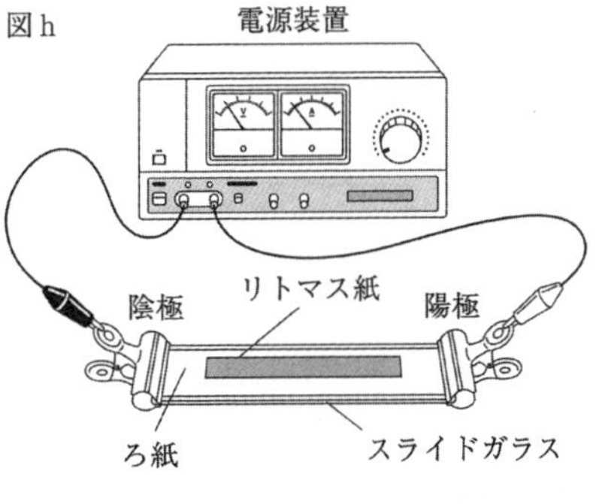

問1　ろ紙を硝酸カリウム水溶液で湿らせた理由として，最も適当なものはどれか。

ア　電流を流れやすくするため。

イ　化学反応を起こしやすくするため。

ウ　ろ紙の色を変化しやすくするため。

エ　リトマス紙の色を変化しやすくするため。

問2　この実験で使用したリトマス紙と，リトマス紙の色の変化の組み合わせとして，正しいものはどれか。

	リトマス紙	リトマス紙の色の変化
ア	赤色リトマス紙	青色の部分が陽極側に広がる
イ	赤色リトマス紙	青色の部分が陰極側に広がる
ウ	青色リトマス紙	赤色の部分が陽極側に広がる
エ	青色リトマス紙	赤色の部分が陰極側に広がる

問3　リトマス紙の色を変化させたのは，あるイオンが原因であると考えられる。リトマス紙の色を変化させる原因となったイオンと，そのイオンが帯びている電気の種類の組み合わせとして，正しいものはどれか。

	イオン	電気の種類
ア	塩化物イオン	＋
イ	塩化物イオン	−
ウ	水素イオン	＋
エ	水素イオン	−
オ	カリウムイオン	＋
カ	カリウムイオン	−

問4　リトマス紙のかわりにpH試験紙を用いて同様の実験を行う。pH試験紙の中央にうすい塩酸のかわりに，ある水溶液をつけると，pH試験紙全体の色は緑色であるが，水溶液をしみこませた部分は青色に変化した。この後，電圧を加えたときにみられた結果として，最も適当なものはどれか。

ア　水溶液は酸性であるので，電圧を加えると青色の部分が陽極側に広がる。
イ　水溶液は酸性であるので，電圧を加えると青色の部分が陰極側に広がる。
ウ　水溶液はアルカリ性であるので，電圧を加えると青色の部分が陽極側に広がる。
エ　水溶液はアルカリ性であるので，電圧を加えると青色の部分が陰極側に広がる。

6　リカさんはイモリとヤモリの見た目が似ていることに興味をもち，それぞれの特徴について調べた。

＜体表のようす＞
イモリは，うすい皮膚でおおわれ，つねにぬれている。ヤモリは，うろこでおおわれている。
＜呼吸のしかた＞
イモリは，子のときはおもにえらで呼吸し，親になると肺と皮膚で呼吸する。ヤモリは，肺で呼吸する。
＜なかまのふやし方＞
イモリは，卵生で寒天状のものに包まれている卵をうむ。ヤモリは，卵生で殻のある卵をうむ。

問1　ヤモリが殻のある卵をうむようになった理由として，最も適当なものはどれか。

ア　卵の内部を寒さから守るため。
イ　卵の内部が乾燥するのを防ぐため。
ウ　卵の内部に光が入るのを防ぐため。
エ　他の動物に食べられてしまうのを防ぐため。

問2　ヤモリの体温と気温の関係を表すグラフとして，最も適当なものはどれか。

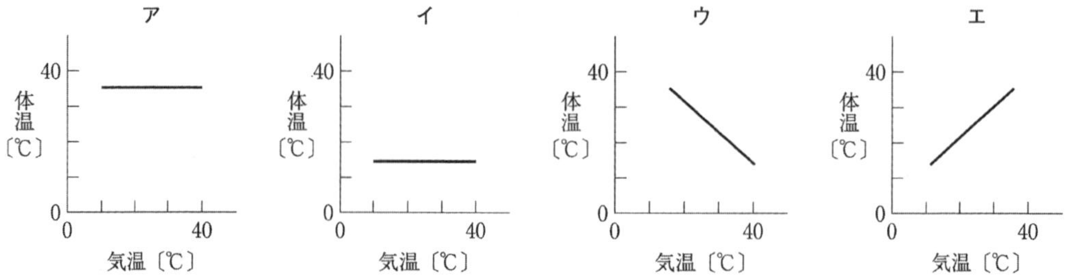

解答　P282

問3　リカさんは，ヒトの「うで」とイモリやヤモリの「前あし」が似ていることに気づき調べた。道具を使うための「うで」と歩くための「前あし」のように，見かけの形やはたらきは異なっていても，もとは同じ器官であったと考えられるものを相同器官という。相同器官の組み合わせとして，正しいものはどれか。

ア　マグロのえらとイルカの肺
イ　スズメの翼とクジラのひれ
ウ　カメのこうらとカタツムリの殻
エ　コウモリの翼とモンシロチョウの羽

問4　図iは，イモリの肺とヒトの肺を模式的に表したもので，次の文は2つの肺の特徴を比べたものである。文中の（　）に適する語句の組み合わせとして，正しいものはどれか。

図i

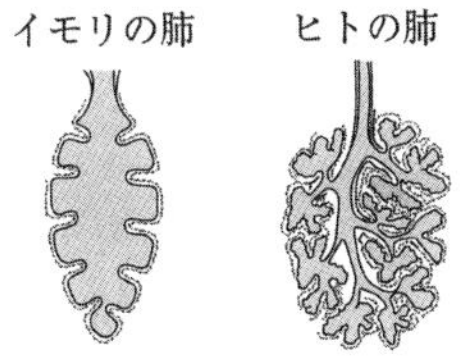

イモリの肺と比べると，ヒトの肺には肺胞があり空気にふれる表面積が（　①　）なるため，酸素と二酸化炭素のガス交換の効率が（　②　）なる。

	①	②
ア	大きく	悪く
イ	大きく	よく
ウ	小さく	悪く
エ	小さく	よく

7　花子さんは水の中にいる小さな生物を観察するために，池に行って水を採取した。図jは，顕微鏡を用いて水の中にいる小さな生物を観察したときのスケッチである。

図j

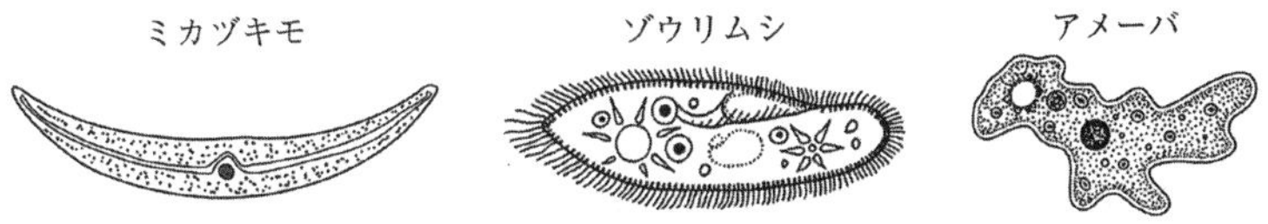

問1　次の文は，顕微鏡の明るさと倍率の調節について説明したものである。文中の（　）に適する語句の組み合わせとして，正しいものはどれか。

顕微鏡の明るさを調節する際は，接眼レンズをのぞきながら（　①　）を調節して，視野全体が明るく見えるようにする。また，拡大倍率を100倍から400倍にすると，視野に見える試料の範囲は（　②　）倍になる。

	①	②
ア	反射鏡	$\frac{1}{4}$
イ	反射鏡	$\frac{1}{16}$
ウ	レボルバー	$\frac{1}{4}$
エ	レボルバー	$\frac{1}{16}$

問2　図jのそれぞれの生物について，正しいものはどれか。

ア　ミカヅキモは，光合成を行わない。
イ　ゾウリムシには，運動や水分の調整を行う組織がある。
ウ　ゾウリムシは，多細胞生物であり，細かい毛を動かして水の中を泳ぐ。
エ　アメーバは，体の形を変えて移動し，食物があると食物を取り込んで消化をすることができる。

問３　図ｊの３つの生物の共通の特徴として，**誤っているもの**はどれか。

ア　核をもつ。　　　イ　呼吸している。
ウ　無性生殖を行う。　　　エ　出芽によってふえる。

問４　ゾウリムシ２匹を試験管に入れて食事を与えて飼育し，ゾウリムシの個体数を毎日同じ時刻に調べたところ，４日ごとに４倍の割合でふえていた。飼育開始から12日後の個体数は何匹か。

ア　36匹　　　イ　64匹　　　ウ　72匹　　　エ　128匹

8　太郎さんは地層の重なりについて調べるために，学校の裏山に見られる露頭《ろとう》を観察した。図ｋは観察された露頭の柱状図である。ただし，露頭を観察した地域では，地層の上下の逆転や断層はなく，それぞれの地層は平行に重なっており，ある一定の方向に傾いて広がっている。

図ｋ
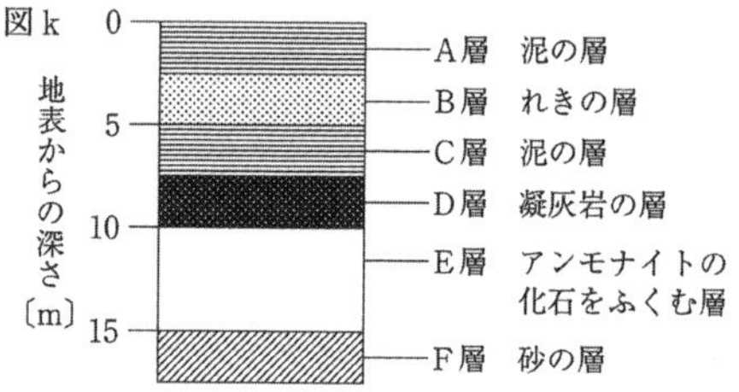

問１　この地層に関して考えられることとして，正しいものはどれか。

ア　ＡとＣの層は，同じ時期に堆積した。
イ　Ａ～Ｆの層は，すべて陸上で堆積した。
ウ　Ｄ層が堆積した時期は，火山活動が起こっていた。
エ　Ｅ層は，古生代に堆積した。

問２　次の文は，泥と砂の堆積について説明したものである。文中の（　）に適する語句の組み合わせとして，正しいものはどれか。

> 河口に運ばれた泥と砂では，（　①　）の方が岸から離れたところで堆積しやすい。また，粒の大きさがちがうものが同時に堆積するときは，粒が（　②　）ものほど速く沈む。

ア　①泥　②小さな　　　イ　①泥　②大きな　　　ウ　①砂　②小さな　　　エ　①砂　②大きな

問３　露頭から採取したれき岩を，ルーペを用いて表面を観察した。手に持ったれき岩を観察するときのルーペの使い方として，正しいものはどれか。

ア　ルーペをれき岩に近づけ，ルーペだけを前後に動かして，よく見える位置を探す。
イ　ルーペをれき岩に近づけ，ルーペとれき岩を一緒に前後に動かして，よく見える位置を探す。
ウ　ルーペを目に近づけ，れき岩だけを前後に動かして，よく見える位置を探す。
エ　ルーペを目に近づけ，れき岩は動かさず，顔とルーペを一緒に前後に動かして，よく見える位置を探す。

問４　図ℓは，この地域の地形図を模式的に表したものである。地点Ｗは観察を行った露頭の位置を示しており，地点Ｘは地点Ｗの真南に位置し，地点Ｙは地点Ｘの真東に位置し，地点Ｚは地点Ｗの真東で地点Ｙの真北に位置している。図ｍは，地点Ｗ，Ｘ，Ｙの柱状図である。地点Ｚの地層の重なり方を柱状図で表したとき，Ｅ層の地表からの深さとして，正しいものはどれか。

図ℓ
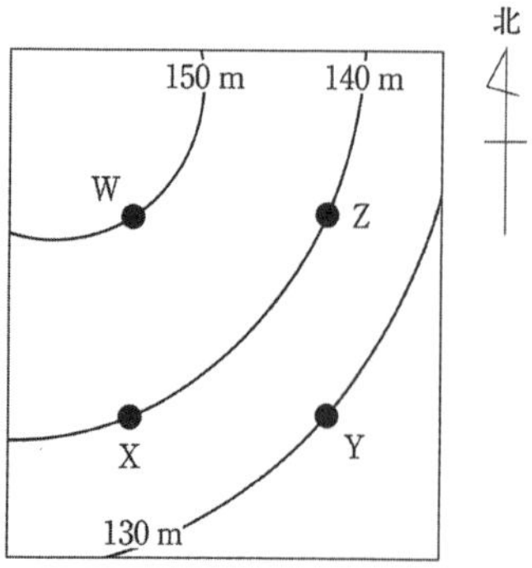

図ｍ
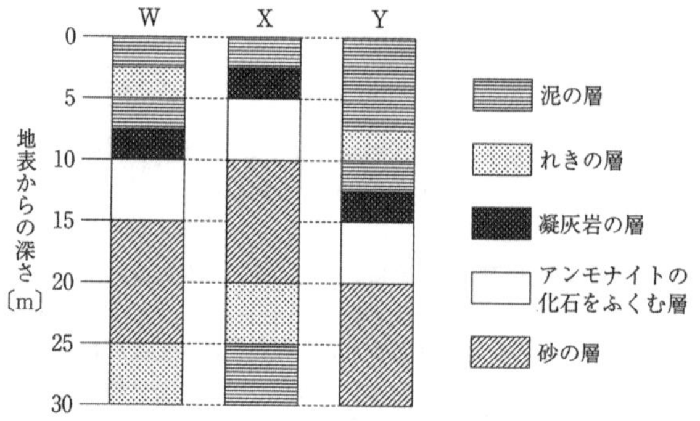

ア　0～5 m　　　イ　5～10 m　　　ウ　10～15 m　　　エ　15～20 m　　　オ　20～25 m　　　カ　25～30 m

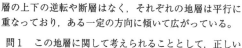

9 大気のようすは，気圧，気温，湿度，風向・風速（風力）などの気象要素で表される。これらの気象要素に関する次の各問いに答えよ。

問１　気圧について述べた文として，正しいものはどれか。

ア　大気による圧力を大気圧といい，上空にいけばいくほど大気圧は大きくなる。

イ　同じ高さの場所で気圧に差がある場合，風は気圧の低いほうから高いほうにふく。

ウ　天気図で等圧線の間隔がせまいところほど，気圧の差が大きいため，風が強くなる。

エ　気圧の単位には hPa（ヘクトパスカル）を用い，1 hPa は面積 1 m^2 の面を垂直に押す力が 1 N であることをいう。

オ　高気圧の中心付近では，まわりからふきこんだ大気が上昇気流になるため，天気はくもりや雨になりやすい。

カ　低気圧の中心付近では，地表付近でふき出した大気を補うように下降気流が生じるため，雲ができにくく，晴れることが多い。

問２　乾湿計は，気温や湿度を測定するときに用いられる。乾湿計を設置するときの，適した高さと場所の組み合わせとして，正しいものはどれか。

	高さ	場所
ア	地上約 15 cm	日かげで，風通しのよい場所
イ	地上約 15 cm	日なたで，風の当たらない場所
ウ	地上約 1.5 m	日かげで，風通しのよい場所
エ	地上約 1.5 m	日なたで，風の当たらない場所
オ	地上約 15 m	日かげで，風通しのよい場所
カ	地上約 15 m	日なたで，風の当たらない場所

問３　図nは乾湿計の一部を拡大したもので，表は湿度表の一部である。気温と湿度の組み合わせとして，正しいものはどれか。

	気温	湿度
ア	17 ℃	76 %
イ	17 ℃	81 %
ウ	17 ℃	85 %
エ	19 ℃	76 %
オ	19 ℃	81 %
カ	19 ℃	85 %

図n

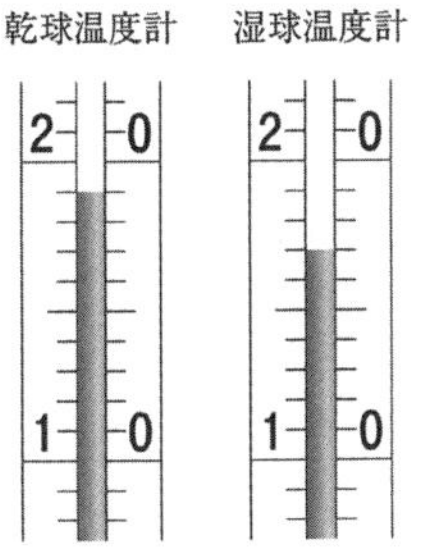

表

乾球の示度〔℃〕	乾球と湿球の示度の差〔℃〕					
	0.0	0.5	1.0	1.5	2.0	2.5
20	100	95	90	86	81	77
19	100	95	90	85	81	76
18	100	95	90	85	80	75
17	100	95	90	85	80	75
16	100	95	89	84	79	74
15	100	94	89	84	78	73
14	100	94	89	83	78	72

問４　「天気はくもり，風向は北東，風力は２」の天気図記号として，最も適当なものはどれか。

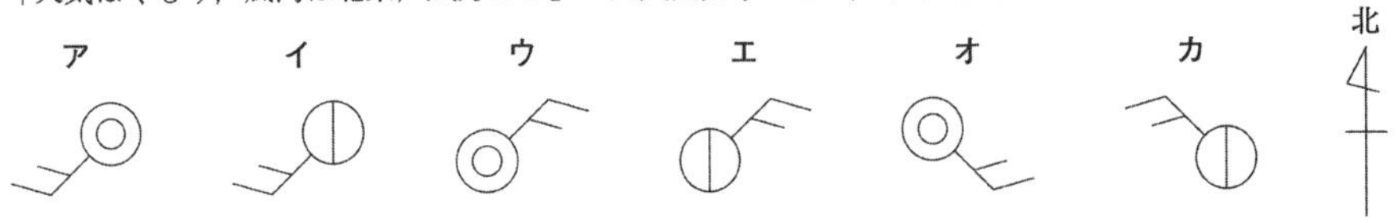

令和5年
1月7日実施
入試問題

作新学院［英進部］

英　語

制限時間 50分

1 次のAとBは，リスニングの問題です。それぞれ放送の指示に従って答えなさい。

A

(1) ア To the museum.　イ To the park.
ウ To the beach.　エ To the tower.

(2) ア What to talk about with Kate.　イ When to go out with Kate.
ウ Where to go on a date with Kate.　エ How to invite Kate on a date.

(3) ア 5 people at 5 p.m.　イ 5 people at 6 p.m.
ウ 6 people at 5 p.m.　エ 6 people at 6 p.m.

(4) ア New Zealand.　イ Italy.
ウ France.　エ England.

(5) ア They will have pizza at home.　イ They will have pizza in the park.
ウ They will have sandwiches at home.　エ They will have sandwiches in the park.

(6)

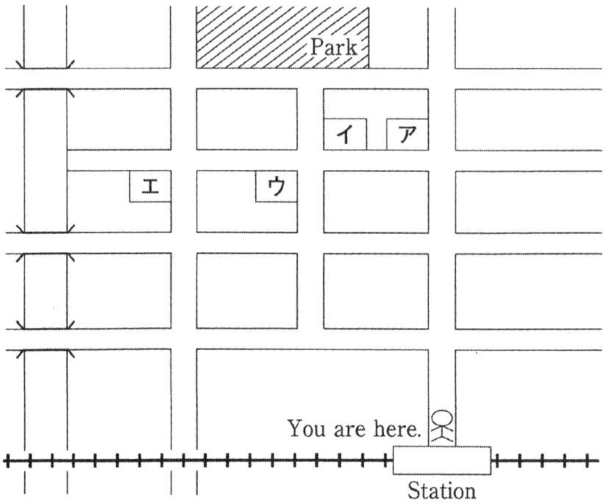

B

(7) ア OK, I will go to the theater at 1:30.　イ I forgot the swimming lesson from 2:00.
ウ Well, see you at the theater at 5:00.　エ I'll leave the swimming pool at 5:30.

(8) ア It's about 10 minutes.　イ I walk for only 5 minutes.
ウ I get coffee on the way every day.　エ It costs a lot to take a bus.

(9) ア Yes, they got a lot a few days ago.　イ No, it's never crowded.
ウ Yes, it's been warm and dry.　エ No, my friends are all good skiers.

(10) ア We have just enjoyed coffee.　イ I don't like coffee, either.
ウ I have to go there.　エ Yes, let's.

(11) ア No, I can't find my seat.　イ You are sitting in the wrong seat.
ウ I guess it's mine, then. Thanks.　エ No, my ticket is in my pocket.

2 次の各文の（　　）に入る最も適当なものを，ア～エの中から1つずつ選びなさい。

(1) （　　）your tablet for a few hours?
ア May I borrow　イ Will you get　ウ Can I lend　エ Do you buy

(2) There was no cheese（　　）in the refrigerator.
ア leave　イ leaves　ウ leaving　エ left

(3) The song（　　）me of my home country.
ア reminds　イ keeps　ウ remembers　エ takes

(4) Tofu is made（　　）soy beans.
ア into　イ from　ウ of　エ with

解答 P282

(5) I have (　　　) you.
　ア important something to tell　　　イ something important to tell to
　ウ important something telling to　　エ something important to tell

3 次の日本文の意味になるように，(　　　) 内の語(句)を並べかえたとき，その中で3番目と5番目にくるものを，ア～カの中から1つずつ選びなさい。ただし，文頭にくる語も小文字で書かれています。

(1) この頃，ビルはこのコンピュータを使っていません。
　These days, (ア by　イ used　ウ this　エ not　オ is　カ computer) Bill.

(2) ナンシーは，昨日買った本をもう読んでしまった。
　Nancy (ア the book　イ which　ウ bought　エ read　オ she　カ has already) yesterday.

(3) 子どもでさえ誰がその機械を発明したかを知っている。
　(ア knows　イ invented　ウ child　エ even　オ who　カ a) the machine.

(4) 少なくとも6時間は眠ることが重要です。
　It is (ア for　イ for you　ウ sleep　エ important　オ at　カ to) least six hours.

(5) ミカは私より英語を上手に話します。
　Mika (ア English　イ is　ウ better　エ than　オ speaker　カ a) I.

4 次の対話を読んで，(1)～(5)の問いに答えなさい。

Emma is going to interview a game designer, David.

Emma：Our guest today is David, a popular game designer. Welcome to our program.
David：Thank you for inviting me.
Emma：Your games are so unique. How do you get ideas for your games?
David：A lot of ideas come from ①some experiences in my childhood. I was born and grew up in a quiet village, *Taupo. I often played in nature with my friends.
Emma：What did you do there?
David：Well, we just climbed trees, ran in the woods, or swam in the river. But in our minds, we were having adventures in a jungle, running away from *devils, or looking for treasures.
Emma：So those memories became the worlds of your games, didn't they?
David：【 A 】
Emma：Interesting! And how did you first start making games?
David：I studied computer science at university. [ア] My dream was to become a computer engineer. But I decided to have various experiences before I became a computer engineer. After graduation, I found a job at a *map-making company.
Emma：Could you tell us more about your days at the map-making company?
David：Yes. At the company I made a variety of maps, even a map of the moon. After work, I enjoyed making a map of a future world. Then I imagined playing in it. [イ]
Emma：In that way, your first game-making started!
David：Yes. You are right. [ウ]
Emma：Amazing! By the way, ②what kind of game are you making now?
David：I am making a new kind of game for children who don't like studying. In this game, children can create *avatars and learn many things through them. By doing so, I want children to be *confident. Some people say playing computer games is bad for children. [エ]
Emma：Wonderful! I want to play it. Thank you for joining us today.
David：【 B 】

(注) Taupo「タウポ（ニュージーランド北島中部にある町）」　devils「悪魔」　map-making「地図製作」
avatars「ゲームでの自分のキャラクター」　confident「自信を持っている」

(1) 下線部①の具体的な内容として最も適当なものを，ア～エの中から1つ選びなさい。

ア　He played computer games a lot to get more treasures.
イ　He spent a lot of time in nature with his imagination.
ウ　He lived in the city and often went to the countryside.
エ　He fought with devils and beat them in the game.

(2) 【　A　】【　B　】に入る組み合わせとして最も適当なものを，ア～エの中から1つ選びなさい。

ア　【　A　】That's right.　　【　B　】My pleasure.
イ　【　A　】Yes, please.　　【　B　】Not at all.
ウ　【　A　】Probably they did.　　【　B　】I agree with you.
エ　【　A　】Of course.　　【　B　】Take it easy.

(3) 次の文を入れるのに最も適当な箇所を，本文中の［　ア　］～［　エ　］の中から1つ選びなさい。

I want to change that impression.

(4) 下線部②の答えとして当てはまるものを，ア～エの中から1つ選びなさい。

ア　In the new game, children can travel around the moon.
イ　In the new game, children can create a map of a future world.
ウ　The new game will give children a chance to learn a lot.
エ　The new game will give lessons to train bad children.

(5) 本文の内容と合うものを，ア～エの中から1つ選びなさい。

ア　David wanted to be a map designer when he was young, and he got a job at a map-making company.
イ　All the ideas for David's games came from the things which he learned at school in the countryside.
ウ　Children will learn from avatars of school teachers through the game that David is going to make.
エ　David wants to create new games which are good for education and make children confident.

5　次の英文を読んで，(1)～(6)の問いに答えなさい。

I was doing Christmas shopping in a toy store. When I was looking at *Teddy bears for my daughter, there was a nicely-dressed little girl who was excited to find pretty *Barbie dolls. She probably decided to buy a Barbie doll. She asked her father, "Do you have enough money to buy one?" He always said "Yes," when he was asked to buy something. She was a very lucky girl. She was looking for the prettiest Barbie doll for herself.

When she was looking, a little boy came near her and started looking for *Pokemon toys. He was wearing a jacket that was too small for him. He had money in his hand, but it seemed to be only 5 dollars or so. He was with his father, too, and picked up a Pokemon video game. When he looked at his father, his father [　①　]

The little girl chose her Barbie, a beautifully-dressed, pretty doll. However, she stopped and was watching the little boy and his father. The boy had to give up the video game and looked disappointed. Finally, he chose a Pokemon *sticker instead.

The little girl put her Barbie doll back on the shelf, and ran over to the Pokemon video games. She picked up the one that was on top, and ran to the *check-out after she spoke to her father.

I picked up a Teddy bear for my daughter and *got in line behind the little girl. Then, the little boy and his father got in line behind me. After ②<u>the toy</u> was paid for, the little girl handed it back to the *cashier and ③<u>whispered something</u> in her ear. The cashier smiled and put it under the counter.

When I paid for my present for my daughter and put it into my bag, the little boy came up to the cashier and paid for his sticker. Then the cashier said, "Congratulations! You are our hundredth customer today, and you win a prize!" And then, she handed the little boy the Pokemon video game. The little boy was very happy to get [　④　]

The little girl and her father were looking at him when he got the prize. I saw the biggest and prettiest smile on that little girl.

When I walked back to my car, the father said to his daughter, "Why did you do that?" She said, "Grandma and Grandpa want me to buy something that makes me happy, don't they?" He said, "Of course they do, honey." The little girl replied, "Well, I just ⑤<u>did</u>!"

解答 P282

（注）Teddy bears「クマのぬいぐるみ」　Barbie dolls「バービー（女の子）の人形」
Pokemon「ポケモン（アニメキャラクター)」　sticker「ステッカー」　check-out「精算所」
got in line「列に並んだ」　cashier「レジ係」

(1) [　①　] に入れるのに最も適当なものを，ア～エの中から１つ選びなさい。

ア gave him more money.　イ told him to buy a new jacket.
ウ shook his head, "No."　エ said they could play together.

(2) 下線部②が指すものとして最も適当なものを，ア～エの中から１つ選びなさい。

ア The Teddy bear　イ The Barbie doll
ウ The Pokemon sticker　エ The Pokemon video game

(3) 下線部③に「何かをささやいた」とあるが，その内容として最も適当なものを，ア～エの中から１つ選びなさい。

ア Can you put this back on the shelf?　イ Would you give this to that little boy?
ウ I'll take this to that little boy by myself.　エ This is a small present for you.

(4) [　④　] に入れるのに最も適当なものを，ア～エの中から１つ選びなさい。

ア the thing he really wanted to buy.　イ the thing that showed his father's love.
ウ the thing his father recommended to his son.　エ the thing the cashier prepared for him.

(5) 下線部⑤の内容として最も適当なものを，ア～エの中から１つ選びなさい。

ア 祖父母を喜ばせるために，自分にできる善い行いをした。
イ 仲の良い男の子が欲しいと思っているものを買ってあげた。
ウ 祖父母の言うようにずっと欲しかったバービー人形を買った。
エ 人が喜んでくれることが嬉しいので，男の子にプレゼントをした。

(6) 本文の内容と合うものを，ア～エの中から１つ選びなさい。

ア The little boy who picked up a Pokemon video game seemed to have enough money to buy it.
イ The little girl bought a Pokemon video game because she could not find the Barbie doll she liked.
ウ The little girl was pleased when the cashier handed the Pokemon video game to the little boy.
エ The little girl's grandparents want her to buy something that brings happiness to other people.

6 次の英文を読んで，(1)～(6)の問いに答えなさい。

Charlie Chaplin was born in London in 1889. When Charlie was small, his mother, Hannah, worked in a theater, and often took him there. He liked going there with his mother very much because it was better than staying home alone. He always stood in the *wings and watched his mother's performance. He also liked singing like her.

One evening, many wild soldiers came to the theater. Hannah made a mistake while she was singing. They made fun of her. They became so noisy that she had to leave the stage. In the wing, the stage manager was upset, and he ①got an idea. He took Charlie's hand and walked onto the stage. Everyone was surprised. After the silence, Charlie started to sing a popular song which he learned from his mother. His performance was so good that everyone started to give him a big hand. Some of them even threw money onto the stage. Charlie enjoyed the stage and his mother in the wing felt happy.

A few years later, Hannah became sick and had to be in the hospital. Charlie had to live by himself. But he didn't lose hope. He remembered the people's smiles when he was on stage. 【　②　】 After working as an actor in England, he decided to go to America. Charlie got a chance in New York and started to work in a film company.

One day, when the company's *founder, Mr. Sennett, was making a comedy film, he needed a funny actor. He found Charlie and told him to come with a funny costume. Charlie chose *baggy pants, a tight coat, a small hat and large shoes. When Charlie appeared with the costume, Mr. Sennett liked it very much. He put a small *moustache on Charlie's face, and it made him funnier. People in the studio laughed at everything Charlie did. That day, the costume and the moustache became his symbol.

When Charlie became popular, *Adolf Hitler became a very powerful man in the world. He was one of the leaders who led the world to war. He had a moustache. Hitler and Charlie's looks were [　A　], but their ways of thinking were clearly [　B　]. Charlie hated wars. He decided to fight with Hitler in his film "③<u>The Great Dictator</u>." Many people tried to stop him because they didn't want to make Hitler angry. Charlie also received some letters which complained about his actions. But he didn't give up and the film *turned out to be a great success.

At the end of this film, there is a famous speech. In the speech, he prays for world peace and tells us how awful war is. In the last scene, millions of people *hail his speech. The *heroine, Hannah, is listening to the speech through the radio. Charlie gave the heroine the same name as the first person that became happy with Charlie's performance.

(注) wings「舞台袖」　founder「創設者」　baggy「だぶだぶの」　moustache「口ひげ」
Adolf Hitler「アドルフ・ヒトラー（ナチス・ドイツの指導者）」
turned out to be ～「(後になって) ～だとわかる」　hail「～に歓喜する」
heroine「(映画の) ヒロイン」

(1) Charlieの幼少期の記述として最も適当なものを，ア～エの中から1つ選びなさい。
ア　ロンドンで劇場を経営する母親を助けるために，そこで仕事をしていた。
イ　劇場に連れられて行くより，家でひとりで過ごす時間が好きであった。
ウ　母親が舞台に立っているときは，常にそばで彼女の歌う姿を見ていた。
エ　母親とともに舞台に立つことが決まっていたため，熱心に歌の練習をしていた。

(2) 下線部①の内容として最も適当なものを，ア～エの中から1つ選びなさい。
ア　舞台のマネージャーとCharlieの二人で一緒に歌うこと。
イ　Hannahの代わりに幼いCharlieを舞台に立たせること。
ウ　Hannahに歌の指導をするようCharlieにお願いすること。
エ　観客にCharlieを盛り上げる手助けをしてもらうこと。

(3) 【　②　】に入れるのに最も適当な英文を，ア～エの中から1つ選びなさい。
ア　He thought he should make people happy with his performance.
イ　He thought he should stay with his mother in the hospital.
ウ　He thought he should get much money to go to New York.
エ　He thought he should go to America to look for a great doctor.

(4) [　A　][　B　]に入る語の組み合わせとして最も適当なものを，ア～エの中から1つ選びなさい。
ア　[　A　] funny　[　B　] serious　　イ　[　A　] cool　[　B　] childish
ウ　[　A　] strange　[　B　] clever　　エ　[　A　] similar　[　B　] different

(5) 下線部③の映画「独裁者」についての記述として**<u>適当でないもの</u>**を，ア～エの中から1つ選びなさい。
ア　平和を愛するCharlieが戦争に反対するためHitlerに戦いを挑んだ作品。
イ　Hitlerへの刺激となることを危惧して，制作には反対の声が上がった作品。
ウ　平和な世界を求め，戦争の悲惨さを訴えたスピーチが映画の冒頭にある作品。
エ　Charlieが批判に屈することなく取り組み，最終的に成功を収めた作品。

(6) 本文の内容と合うものを，ア～エの中から1つ選びなさい。
ア　Charlie's mother had to leave the stage when many soldiers came into the theater and started to fight.
イ　When Charlie was working in the film company in the US, Mr. Sennett chose the funny costume for him.
ウ　The studio of the film company was quiet while Charlie was making a performance with the funny costume.
エ　The heroine of "The Great Dictator" was named after the person who was pleased with Charlie's first performance.

解答 P282

3 空欄[3] A ・[3] B に入る言葉の組み合わせとして、最も適当なものを一つ選びなさい。

ア A 尊大　B 軽薄　　**イ** A 傲慢　B 狡猾《こうかつ》

ウ A 鷹揚《おうよう》　B 不遜　　**エ** A 横柄　B 周到

4 傍線部4a「景色を眺めていた」・4b「景色を眺める」の説明として、最も適当なものを一つ選びなさい。

ア aでは絶望するあまりに目に映る風景が暗く沈んだものにしか見えなかったが、bでは心の整理がついたことで見たままの風景を素直に受け入れている。

イ aでは動揺するあまりに目に映る風景を意識できなかったが、bでは精神的なゆとりを持って今までのことを回想しながら懐かしい景色に目をやっている。

ウ aでは到着を急ぐあまりに風景を楽しむ余裕もなかったが、bではゆとりがあることで故郷が近づいてくる景色の変化に心を奪われている。

エ aでは悲しみのあまりに我を忘れて視界に入った景色すら自覚できなかったが、bでは精神的に立ち直ったことで馴染んだ景色に明るい未来を感じている。

5 傍線部5「新幹線計画の立案者の意図も設計者の予測も超えた、血流や呼吸のような生理的な営みのように思える」の説明として、最も適当なものを一つ選びなさい。

ア 新幹線は単に急いでいる人を運ぶためだけのものではなく、すべての人々の生活に欠かせないものにもなっているということ。

イ 新幹線は多くの人を運ぶためだけのものではなく、外界から隔たっていることで自分の気持ちを整理するための空間にもなっているということ。

ウ 新幹線は快適に人を運ぶためだけのものではなく、遠く離れて暮らす人々を簡単に引き合わせることで気持ちをつなぐものでもあるということ。

エ 新幹線は単に人を速く運ぶためだけのものではなく、様々な感情をも運んでいる温かみのあるものでもあるということ。

6 この文章における内容と表現上の特徴として、最も適当なものを一つ選びなさい。

ア 父の葬儀のために故郷に向かう主人公が駅に近づくにつれ、回想する内容も古いものから新しいものへと移り変わり、新幹線の動きに主人公のこれまでを重ね合わせるように表現している。

イ 主人公の現在の旅の様子とこれまでの親子関係のもつれや和解するまでの過程が交互に語られることで、人生は新幹線の旅のように起伏に富んだものであると暗示している。

ウ 未熟だった主人公の過去から他界してしまった父親の葬儀に向かう現在までを、高速で進む新幹線と並行して描くことで、人の一生は驚くほど速く通り過ぎていくものだと比喩的に表している。

エ 速さの象徴ともいえる新幹線を物語の中心に据えることで、今感じている苦しみも一瞬で過ぎ去っていくと気づかせ、父親との死別という重苦しくなりがちな出来事を淡々と描いている。

解答　P282

ひんやりとした空気の漂うホームに降りたところで、僕はあることに気づいた。

旅行中の家族連れや、新生活に踏み出す若い女性や、初孫との対面に向かう老夫婦を「何やら今日は、いろいろな人が乗ってくる」と観察者のような目で見ていたけれど、父の通夜のために故郷に戻ってきた僕も、まぎれもなくその「いろいろな人」の一人なのだ。

幼い日にこの駅で見た速達列車*の残像が、頭のどこかを駆け抜ける。

外から見ればほんの数秒で走り去ってしまう新幹線は、毎日たくさんの「いろいろな人」を乗せ、その一人ひとりが抱える様々な事情や期待や希望や後悔や失意をも余さず乗せ、この列島を何十年も走り続けてきた。それが僕には何か、新幹線計画の立案者の意図も設計者の予測も超えた、血流や呼吸のような生理的な営みのように思える。

西日の射し込む明るいホームで立ち止まり、早春の故郷の大気を胸に吸い込む。

（越谷オサム『四角い光の連なりが』〈新潮社〉による）

注　*エアポケット――飛行機が急激に下降する空域のこと。転じて「空白」を意味し、ここでは定職に就いていなかった時期を指している。

*敵愾心――敵に対する怒りの気持ち。

*ガーメントバッグ――背広などの衣類を運ぶ時に用いる鞄。

*速達列車――主要な駅だけに停車し、目的地に早く到着する列車のこと。

1　傍線部1「父が箸を食卓に叩きつけた」の心情として、最も適当なものを一つ選びなさい。

ア　都会の厳しい競争社会で敗れたことをいつまでも引きずり、現実から目を背け続ける息子の姿を見て腹立たしく思っている。

イ　写真店の業務をそつなくこなすことで慢心し、まるで自分の店であるかのように振る舞っている息子の態度に激しい怒りを覚えている。

ウ　口では店を継ぐと言いながらもろくに仕事をせず、会社を辞めた時から少しも成長していない息子の様子にいらだっている。

エ　仕事への強い思い入れもなく、自分たちのこれまでの苦労を理解できていない息子の軽はずみな言葉に強い憤りを感じている。

2　傍線部2「つくづく、愚かな息子だ。」の説明として、最も適当なものを一つ選びなさい。

ア　故郷の両親だけは、東京で痛めつけられた状況を理解しているのだから、自分のことを甘やかしてくれるだろうと勘違いしていたということ。

イ　どの職場であっても理不尽な要求はつきもので、社会人は誰もが我慢しながら働いていることに思いが至らなかった自分は、世間知らずだったということ。

ウ　自分の対応一つですぐに問題が解決できたかもしれないのに、非難されたことを未熟さゆえに受け入れられず、頑《かたく》なな態度を取っていたということ。

エ　苦心しながら写真店を営む父親とちがい、ファミリーレストランの仕事に早々に見切りをつけて故郷に帰ってきてしまった自分は、努力が足りなかったということ。

やって来た田舎のお父さん」の姿がおかしくて、僕は母や優美子と一緒に苦笑しながらも、楽しい式の予感に胸を躍らせていた。

（中略）

父は六十八で脳梗塞を患い、それを機に佐々木写真店を畳んだ。左手に麻痺《まひ》は残ったものの、幸いにも日常生活に大きな支障は生じなかった。ただ、優人の誕生はそのわずか半年前だったので、発症のタイミングがずれていれば初孫を両手で抱くことはできなかっただろう。

父の最後の上京に親孝行ができたのは、幸いだったと思う。優人の二歳の誕生日を実家で祝うこともできたのだから、喧嘩別れをして飛び出した夜を思えばハッピーエンドといってもいいのではないだろうか。謝る機会を作れなかった悔いは、父を喪《うしな》ってますます大きくなってしまったけれど。

陽射《ひざ》しが低くなってきた。東北の初春の陽光が、強化ガラス越しに左の頬を火照らせる。内ポケットで、携帯電話が震えた。妻からのメッセージだ。

〈優人と二人で新幹線のホームに来ました。何号車か教えて〉

通夜の準備でみんな忙しいだろうに、どうしてホームまで迎えに来ることになったのだろう。優人が新幹線を見たいと言い出したのだろうか。

〈6号車。ばあばのことはほっといていいの？〉

答えたついでに尋ねると、返信はすぐに来た。

〈ばあばの勧めです。アキちゃんも古川のおばさんもばあばのそばにいるから大丈夫だって〉

ゆうべは日が暮れてから到着した優美子と優人にチャーハンを振る舞ったという話だし、電話の受け答えもしっかりしていた。それに、妹と叔母がついているのなら母の心配はいらないだろう。

およそ十分刻みで古川駅、くりこま高原駅と細かく停車してきたやまびこ号が、一ノ関駅に近づいてゆく。先週末も、病院に見舞いに向かう際に僕はこの4a景色を眺めていた。いや、「眺める」というほど自覚的に見てはいなかったか。父が再び倒れたとの報《しら》せに深い思考力を奪われ、半ば呆然《ぼうぜん》としながらただ窓の外に目を向けていただけだ。しかし父が苦痛から解放された今は、そのときと比べればずっと落ち着いている。昔のことをたっぷり振り返る余裕すらあるくらいだ。

窓の外の馴染《なじ》んだ4b景色を眺めるのもそこそこに、車内放送のメロディが鳴ると僕は早々に座席のリクライニングを戻した。ビジネスバッグのストラップを襷《たすき》掛《が》けにし、食事で出た屑物《くずもの》を手に通路に向かいかけてから、窓のそばのフックにガーメントバッグを掛けていたことを思い出す。葬儀のために帰ってきた長男が喪服を忘れたとなったら、父も心配であの世に行くに行けないだろう。

人の少ないデッキは、東京駅で出発を待っていたときよりも寒く感じられた。仙台から頻繁に開け閉めされてきたからか、それとも外の気温のせいか。首筋を震わせながら、サンドウィッチの容器やコーヒーカップを屑物入れに収める。

停止する寸前、ドアの窓の向こうを妻と息子の姿が横切った。6号車の後ろ寄りの乗車位置で待っていたらしいが、車内のこちらに気づいた様子はない。

列車が完全に停《と》まり、勿体《もったい》をつけるような間のあとでドアが開く。

解答　P282

元の勤務先の実態も知らず、頭ごなしに息子の決断を責める頑迷ぶりに腹を立て、僕は僕で声を荒らげた。しかし父の言葉とはちがい、僕自身の言葉は今ではもうよく覚えていない。「俺がどれだけ耐えてきたか知らないくせに」とか、「親父《おやじ》は何もわかってない」とか、大方つまらぬ台詞《せりふ》を吐いたのだろう。

引き止める母の手を振りほどき、僕は荷物をまとめると東京行きの最終列車に飛び乗った。そして夜半過ぎにアパートに戻ると、翌朝からさっそく転職活動を始めた。

志望する業界も何もなかった。選《え》り好みはできない時代だったし、小さな写真店の店主よりも稼げるようになって父を見返すことしか考えていなかった。

求人サイトで目に留まった企業に次々と履歴書や職務経歴書を送り、大学時代の友人の伝手《つて》を頼れないか打診し、合同企業説明会はもちろん、一部上場の大企業から町工場のような家庭的な企業にまで足を運んだ結果、中堅の生命保険会社が「採用」の電話を掛けてきた。

いったい畑ちがいの応募者の何を見込みありと判断したのか、今に至るもさっぱりわからない。あるいは、体から発散される父への反抗心が採用担当者には「熱意」と受け取られたのかもしれない。ともあれ僕は仕事にありつき、最初に配属された支店で一つ年下の〝先輩〟に色々と相談に乗ってもらいながら、慣れない業界での漕ぎ出しに夢中で取り組んだ。

実家には、何年帰らなかったのだろう。仕事が忙しかったこともあるが、喧嘩《けんか》別れをしてしまったせいで敷居が高く感じられ、顔を出す気にはなかなかなれなかった。母とはメールや電話で徐々にやりとりするようになったものの、父とは、二年か三年はひと言も言葉を交わさなかったのではないか。「ごめん」とだけ告げればすべてが元に戻る予感はあった。しかし、傷口に塩を塗り込むような父の怒声を思い出すと、「先に謝ってやるものか」という幼稚な*敵愾《てきがい》心がこみ上げてくるのを抑えられなかった。

[2]つくづく、愚かな息子だ。冗談めかして口にした「継いでやろうか」はただ[3] A なだけでなく、収入の不安定な自営業を選ぶ決意も、祖父の代から掲げてきた看板を守る覚悟も込められていない[3] B な言葉だった。経済基盤の弱い地方都市で写真店を営みながら子供二人を大学まで進学させた父は、僕の言葉の裏に潜む甘えを聞き逃さなかったのだろう。

敵愾心が一気に解けてしまったのが、〝先輩〟の優美子を連れて一関に帰省した二十九歳の夏のことだった。数年ぶりに対面した父と母は僕の目に「おじいさん」「おばあさん」としか映らず、優美子を紹介されて無邪気に喜ぶ姿に意地を張る気も失せてしまったのだった。

翌年の秋には父と母に新幹線の切符を郵送し、二十四年ぶりの上京をしてもらった。結婚式に出席してもらうためだ。

「おお、真人」

細いピンクのラインを巻いた白と紺のツートンカラーの列車から降りてきた父の、東京駅での第一声がそれだった。例によって控えめだが、うれしそうな声だった。

右手に古びた旅行鞄《かばん》。左手には、新たにあつらえた礼服を収めた紳士服チェーンのスーツカバー。僕の*ガーメントバッグと比べるとだいぶ耐久性が劣りそうな代物だったが、三日後に一関に帰るまで無事持ち堪《こた》えたらしい。

そして細い首からは、当時最新式のカメラが提げられていた。絵に描いたような「息子の結婚式にはりきって

7　本文の内容と一致するものとして、最も適当なものを一つ選びなさい。

ア　日本では歴史上の哲学者の言葉を分析する土壌がないので、視点を変えることで様々な問題が解決するということが浸透していない。

イ　私たちは身体的な感覚を使ってこの世界をとらえていることが多いが、それでは考えていないのと同じことである。

ウ　思い込みを疑っても別の見方ができなければ解決にはつながらないので、哲学のプロセスにおいて疑うことは重要ではない。

エ　物事の本質をとらえるためには考えることが重要であるが、その力は幼少期の親の接し方で決まってしまうので、子どもを育てる時には注意が必要である。

六　次の文章を読んで、1から6の問いに答えなさい。（問題作成の都合で原文を一部削除したところがあります。）

【生命保険会社に勤める「僕（佐々木真人）」は、父親の葬儀のために故郷の岩手県一関市に向かうことになった。しかし急な仕事が入ったために、「僕」は妻と息子（優人）を先に行かせ、仕事を済ませた後で岩手行きの新幹線に乗り込んだ。座席の周囲で乗客たちが織り成す人間模様を眺めていた「僕」は、前の職場（ファミリーレストラン）を辞めて実家に戻った頃を思い出した。】

エアポケット*のようなあの時間は、どれほど続いたのだろう。二週間か、三週間か。

在職中は使う時間もろくになかったので、手元にはそれなりの蓄えがあった。僕は地元で就職活動をするでもなく、契約したままの都内のアパートに戻るでもなく、たまに店を手伝ったりしながら実家でのんびりと過ごしていた。残業も夜勤も、エリアマネジャーの巡回もない毎日は、信じがたいほど静かでおだやかだった。

その頃にはすでに携帯電話やデジタルカメラも普及していて、佐々木写真店から往時の賑《にぎ》わいは消えていた。それでもまだ商売として恰好《かっこう》がつく程度の売り上げはあり、ゆとりのある忙しさの中での接客は、僕には新鮮で楽しかった。来店客とののんびりした雑談や椅子に座っての店番など、一挙手一投足がマニュアルで規定されたファミレスではあり得ない勤務内容は、東京で痛めつけられた僕を多少なりとも癒《いや》してくれた。

ただ、客の多くが顔見知りという気安さと、何か問題が起きたところで詰め腹を切らされることなく父か母に丸投げできてしまえる気楽さに、僕はいつしか寄りかかってしまっていたのだろう。

それは、些細《ささい》な言葉がきっかけだった。

家族三人で夕飯を囲んでいるときのことだ。妹は不在だった。友達か誰かと遊びに行っていたのだったか。

「なんだったら、このまま店、継いでやろうか？」

コロッケか何かを食べながら僕がそう言ったとたん、1父が箸を食卓に叩《たた》きつけた。椀《わん》が倒れ、味噌《みそ》汁が飛び散った。

「何が『店継いでやろうか』だ！　石の上にも三年っていうのに、たったの二年で会社辞めたお前に勤まると思ってんのか！」

先に、驚きが走った。父が声を荒らげるところなど、ほとんど見たことがなかったからだ。怒りは遅れて湧いてきた。

ウ　生活の効率を上げることを目的とした機器に頼ることなく、工夫して生活することで考える力が養われるという意味。

エ　人工的な機器に依存している日常を見直すために、一旦距離を置いて共存する方法を模索することで考える力が養われるという意味。

3　傍線部3「本当は見ていないといいたい」の理由として、最も適当なものを一つ選びなさい。

ア　たしかにスマホを見てばかりいるわけではないが、日々流れ込んでくる様々な情報に左右されて真実を見失っているから。

イ　たしかに道端で花を愛《め》でることはあるだろうが、肉眼ではとらえられない細部まで観察することができるわけではないから。

ウ　たしかに目の前にあるものに視線を向けてはいるのだが、物事の深い部分まで理解しようとしているわけではないから。

エ　たしかに自分が心ひかれたものは立ち止まって見ることができるが、興味のないものにはまったく目を向けなくなってしまうから。

4　空欄［A］[4]・［B］[4]・［C］[4]に入る言葉の組み合わせとして、最も適当なものを一つ選びなさい。

ア　A　だから　B　たしかに　C　したがって

イ　A　つまり　B　まるで　C　たとえば

ウ　A　しかし　B　だが　C　むしろ

エ　A　では　B　もっとも　C　あるいは

5　傍線部5「アレンジのセンスみたいなものが要求されてくる」の理由として、最も適当なものを一つ選びなさい。

ア　見えない物をとらえるためには経験を積んで想像力を高める必要があるが、その経験を生かそうとしなければうまくいかないから。

イ　想像する際にはたくさんの知識を持っていることが大切であるが、自分の身体で経験したことが伴わなくては意味がないから。

ウ　まったく知らない物を想像する時には自分の経験にたとえるしかないが、知識だけではなく心情までもが素材とならないと役には立たないから。

エ　想像力を高めて違うものを同じように見るには多くの情報が必要になってくるが、本やインターネットの情報だけでは実体験にはかなわないから。

6　空欄［6］に入る言葉として、最も適当なものを一つ選びなさい。

ア　元も子もない　イ　油断もすきもない

ウ　身も蓋もない　エ　縁もゆかりもない

もしかしてそれほどのメリットがない？　いや、そんなことはないでしょう。視点を変えれば得することはいっぱいあります。それ以上に怠け者？　それも多少あるかもしれません。でも、私の推測はこうです。多くの人がそのメリットに気づいていないのではないかと思うのです。

頑張って視点を変えれば、必ずメリットがあるにもかかわらず、そのことに気づいていない。なぜなら、それを教えてくれる学問がないからです。哲学がまさにその学問なのですが、日本では一部の人しか哲学を学びませんね。しかもその哲学は視点を変える思考法ではなく、歴史上の哲学者の言葉を分析するものです。

西洋ではもっと多くの人が学んでいますが、それもやはり視点を変える思考法ではなく、歴史上の哲学者の言葉の分析なのです。だからみんな気づかないのも無理ありません。でも、皆さんはもう知ってしまったのです。哲学には視点を変えるというプロセスがあること、そしてそれは大きなメリットをもたらすことを。だからやらない手はありません。

哲学のプロセスはいずれもとても大事なのですが、その中でもあえて「一番は？」と尋ねられたら、やはり視点を変えるところを挙げると思います。普段、ある一つの見方しかできていないものを、別の見方をすることではじめて、本質が見えてくるのですから。

いくら疑っても、別の見方ができなければ先には進めません。そのあと、再構成するわけですが、極端な場合には、別の見方をするだけで答えが立ち現れてくることもあるのです。入口がふさがっている時、その入口しかないと思っていたら先には進めません。そんな時、裏口に気づけば、それだけで問題は解決します。4［　C　］、塀をよじのぼれることに気づくとか、その塀の下に穴を掘って入るとか……。

だから視点をうまく変えることができれば、どんな問題でも解決の糸口が見つかるはずなのです。

（小川仁志『中高生のための哲学入門――「大人」になる君へ――』〈ミネルヴァ書房〉による）

1　傍線部1「考える」の説明として、最も適当なものを一つ選びなさい。

ア　幼い頃と同じように、疑問点があるかをあえて振り返って確かめるということ。

イ　見聞きしたもののすべてを、あえて自分の価値基準と照らし合わせるということ。

ウ　対象の前であえて立ち止まり、自分にとって必要か否《いな》かを吟味するということ。

エ　当たり前のことにあえて目を向けて反芻《はんすう》し、様々な視点でとらえるということ。

2　傍線部2「もう一つの意味」の説明として、最も適当なものを一つ選びなさい。

ア　これまで当たり前だと思っていた自然の恩恵を確認するために、自給自足の生活をすることで考える力が養われるという意味。

イ　生活を豊かにする道具を持つことなく、人里離れた土地で思索する時間を確保することで考える力が養われるという意味。

いや、見ているかもしれないけれど、それはあくまで表面的な部分だけです。かつて近代ドイツの哲学者カントは、物事には人間の知り得ない側面があって、それを「物自体」と名付けました。人間は五感で物をとらえるわけですが、言い換えると五感でとらえられない範囲はわからないということです。それが物自体にほかなりません。

　でも、私はそれでも人間は見えない物を見ることができると思っています。それは想像をするということです。これについて哲学者の鷲田清一さんは、著書『想像のレッスン』の中で、「意識的に視界をこじ開けるということをしないでは、世界が見えるようにはならない」と書かれています。

　見えない物を見るのは大変なのです。[4 A]、どうすれば物の本当の姿が見えるのか？　鷲田さんがいうように、それはその対象の背景にあるものを想像することによってなのでしょう。

　具体的には、色んなことを知ることでそれは可能になります。想像をするといっても、その元になる素材がなければ、不可能です。まったく知らない物を想像する時、私たちはすでに知っている何かになぞらえたり、あるいはそれをアレンジしたりしてイメージを構成するはずです。

　だからその元になる素材が多ければ多いほど、想像がしやすくなるのです。それは読書やインターネットでも集めることができますが、一番いいのは実体験でしょう。自分が身体で経験したことはなかなか忘れないものです。事細かに覚えていますから、想像する際に大いに役立つのです。

　単に見ただけのものであっても、図鑑で見たのと実際に道端で見たのとでは大違いです。それを見たシーン、その時の気持ち、すべてが素材になるからです。だからできるだけ外を歩くときはものをキョロキョロ見た方がいいと思います。そしてなんでも機会があれば、やってみる。それが想像にも役立つのです。

　[4 B]、素材が豊富にあるからといって、それに比例してどんどんアレンジができるかというと、必ずしもそうではありません。やはりそこには[5]アレンジのセンスみたいなものが要求されてくるのです。それは料理と同じです。料理もレパートリーをたくさん知っていれば、少しアレンジするだけで創作料理ができそうです。

　でも、あまり料理を知らなくても、面白い創作をする人はいるものです。なんでもそうですが。それはセンスなのです。だから想像にもセンスが求められます。そういうと[6]ように聞こえるかもしれませんが、これはアートセンスと異なり、誰でもトレーニング次第で身につけることが可能です。

　それは似てるものを発見するトレーニングです。日ごろから、何に似てるか、誰に似てるかといったことを探すようにしていれば、自《おの》ずと想像するセンスが磨かれていきます。違うものを同じように見るには、想像力がいります。そこがポイントなのです。

（中略）

　それにしても、なぜ私たちは日ごろ視点を変えようとしないのか？　もちろん複雑な作業だからやりたくないというのはあるでしょう。でも、決してそれだけが理由だとは思えません。なぜなら、視点を変えるメリットがそれを上回るなら、私たちはなんでもやるはずです。人間とはそういう生き物です。

五　次の文章を読んで、１から７の問いに答えなさい。（問題作成の都合で原文を一部削除したところがあります。）

考えるということについて深く思考していきたいと思います。

改めて哲学のプロセスを思い起こしていただきたいのですが、まず最初は疑うことから始まりました。常識や思い込みを疑うのです。そうして初めて私たちは考え始めます。逆にいうと、普段私たちは考えずに過ごしているのです。

何を見ても、何を扱うにしても、その対象を直接受け入れるか、素通りするかです。いちいち疑ってませんよね？　だから、考えるためには、対象の前で立ち止まり、その周りを環《わ》のようにぐるぐると巡る必要があるのです。あるいは、素通りするのではなく、振り返って戻ってくる必要があります。だから考える時、私たちは「ん、ちょっと待てよ」というのです。

これはそのまま受け止めたり、通り過ぎたりしそうになった時、あえて立ち止まってぐるぐる見回してみたり、立ち返ったりする時に使う言葉です。頭の中でそうした行為をする時、私たちは初めて考えるのです。だから1考えるとは、本当は「環返《かんがえ》る」なのではないでしょうか。

忙しい日常の中で、私たちは「環返る」ことを忘れてしまっているのです。小さい頃は自然にやっていたはずなのに。きれいな花を見つけたら、わざわざそこに戻って、キョロキョロと見つめる。親が手を引っ張って「はい、もう行こうね」というまで離れない。誰しもそんな想《おも》い出があると思います。人によって頻度は様々でしょうが。あるいは、親にもよるでしょうね。こういう時、子どもの好奇心に任せてじっと見守ることができればいいのですが、つい忙しくて手を引いてしまいます。そうすると、子どもは考える機会を逃してしまうのです。

私たちの周りには考える材料がたくさんあります。子どもにとって自然はまさに考える素材の宝庫です。その意味では、「環返る」という表現には2もう一つの意味を持たせることもできそうです。自然環境に返るという意味です。

人工的なものは、生活を便利にするために作られたものです。だからできるだけ考えなくていいように設計されています。誰でも楽に使えるというのはそういうことです。しかし、それでは考える機会が失われてしまいます。

そんな時、自然に返ると、つまりアナログな道具を使うと、私たちは必然的に考えざるを得なくなるのです。無人島での生活はその極致でしょう。考えないと生きて行けません。ありあわせのもので、なんとかしのがないといけないのですから。スマホが便利なツールであることは間違いないですが、その意味で考える力を奪っていることもまたたしかなのです。

スマホに目を奪われて、きれいな花の前で立ち止まることを忘れてしまわないようにしなければなりません。それは考えることを忘れてしまうということを意味するのですから。

そんなふうにいうと、きちんと見てますという人がいます。歩きスマホしてませんと。たしかにそうかもしれません。でも、私がいいたいのは、そういうことじゃないんですよね。みんな物を見ているようで、3本当は見ていないといいたいのです。

解答　P282

＊某――だれそれ。人名などをぼかして指す語。　＊まかりおくれて――先立たれて。
＊たつき――手立て。　＊やつこ――召し使い。　＊思ひ給へき――思いました。
＊はかりこと――生活の手段。　＊盗人をこそ仕らめ――盗人になろう。　＊主――持ち主。
＊ものぎよく――後味がよくも。　＊物――食べ物。　＊さるべきものにこそ――適当な食べ物だろう。
＊せめては――やむを得なければ。

1　傍線部１「やをら」の意味として、最も適当なものを一つ選びなさい。

ア　そっと　**イ**　やっと　**ウ**　まさに　**エ**　おごそかに

2　傍線部２「心得がたく」の理由として、最も適当なものを一つ選びなさい。

ア　忍び込んできた盗人が、不審だと思われたことに気づいていないはずなのに、逃げようとしたから。

イ　忍び込んできた盗人が、身体に悪いところがなさそうなのに、帝の薬を飲んでしまったから。

ウ　忍び込んできた盗人が、寝室に置いてあった灰をためらうことなく食べてしまったから。

エ　忍び込んできた盗人が、盗もうとしたものを元の通りに戻して出て行こうとしたから。

3　傍線部３「かたじけなくもかく参りて」の説明として、最も適当なものを一つ選びなさい。

ア　父親が亡くなったことによって困窮してしまったので、ありがたい帝の情けにすがろうとして参上したということ。

イ　普通の人からものを盗むと持ち主の悲しみが大きいので、畏れ多いことではあるが帝のところに参上したということ。

ウ　召し使いとして働いてつらい思いをしてきたので、恥ずかしながら帝のものを盗もうと思って参上したということ。

エ　亡くなった親がかつて帝に仕えていたので、慈悲深い帝ならば自分を雇ってくれるはずだと思って参上したということ。

4　傍線部４「泣く泣く出でにけり」の理由として、最も適当なものを一つ選びなさい。

ア　盗みに入った自分に対して罰を与えるどころか、詳細に話を聞いて涙を流す帝の心根に触れて、なんというひどいことをしてしまったのだろうかと後悔したから。

イ　ものを食べたい気持ちが薬を飲んで治まったという話を聞いた帝が、盗人である自分に高潔な心があると見抜いて、明日から仕えるようにと命じてくれたことをうれしく思ったから。

ウ　帝が盗人である自分の話を詳しく聞いてくれただけでなく、自分の心が汚れていないことを見抜いて、亡くなった父の跡を継がせる約束をしてくれたことに感謝の念を抱いたから。

エ　盗みに入った自分のことを本当は賢者だと思っていないのに、同情して褒めてくれただけでなく、自身のことを愚者であると謙遜する帝の姿に我が身を振り返って情けなくなったから。

8　文学作品の成立順として正しいものを一つ選びなさい。

ア　『雪国』　→　『こころ』　→　『走れメロス』　→　『博士の愛した数式』
イ　『たけくらべ』　→　『沈黙』　→　『城の崎にて』　→　『1Q84』
ウ　『風立ちぬ』　→　『金閣寺』　→　『山椒魚』　→　『野菊の墓』
エ　『舞姫』　→　『羅生門』　→　『路傍の石』　→　『黒い雨』

四　次の文章を読んで、1から4の問いに答えなさい。（問題作成の都合で原文を一部変更したところがあります。）

【ある夜、中国の「帝《みかど》」の寝室に「盗人《ぬすびと》」が忍び込み、宝物や衣服などを大きな袋に入れていた。「帝」は恐ろしくて寝たふりをして様子をうかがっていたが――。】

この盗人、御かたはらに薬*合はせんとて、*灰焼き置かれたりけるを見つけて、*さうなくつかみ喰《く》ふ。「いとあやし」と*見給《たま》ふほどに、*とばかりありてうち案じて、この袋なるものども取り出でて、みなもとのごとく置きて、[1]やをら*出でなんとす。その時、帝いと[2]心得がたく*おぼして、「汝《なんぢ》は何者ぞ。*いかにも、人のものを取り、また、いかなる心にて返し置くぞ」と*のたまふ。申していはく、「我は*某《それがし》と申し候ひし大臣が子なり。幼くて父に*まかりおくれて後、堪へて世にあるべき*たつきも侍《はべ》らず。さりとも、今さらに人の*やつことならんことも、親のため心憂く*思ひ給へき。念じて過ごし侍りしかど、今は命も生くべき*はかりことも侍らねば、*盗人をこそ仕《つかまつ》らめと覚えて侍るにとりて、なみなみの人のものは、*主《ぬし》の嘆き深く、取り得て侍るにつけて、*ものぎよくも覚え侍らねば、[3]かたじけなくもかく参りて、まづ*物の欲しく侍りつるままに、灰を置かれて侍りけるを、*さるべきものにこそと思ひて、これを食べつるほどに、物の欲しさなほりて後、灰にて侍りけることをはじめて悟り侍れば、*せめては、かやうの物をも食し侍りぬべかりけり。由《よし》なき心を発《おこ》し侍りけるものかなとくやしく思ひて」なんど申す。

帝つぶさにこのことを聞き給ひて、御涙を流され、感じ給ふ。「汝は盗人なれども、賢者なり。心の底いさぎよし。我、王位にあれども、愚者といふべし。空《むな》しく忠臣の跡を失へり。早くまかり帰り候へ。明日召し出だし、父の跡を起こさしめん」と仰せられければ、盗人、[4]泣く泣く出でにけり。その後、本意《ほい》のごとく仕へ奉りて、すなはち父の跡をなん伝へたりける。

（『発心集』による）

注　*合はせん――調合しよう。　*灰――薬の調合用に焼いた灰。　*さうなく――ためらわずに。
*見給ふ――ご覧になる。　*とばかり――しばらく。　*出でなんとす――出て行こうとする。
*おぼして――お思いになって。　*いかにも――どう見ても。　*のたまふ――おっしゃる。

三 次の1から8の問いに答えなさい。

1 次の傍線部の意味を一つ選びなさい。

監督の発言は、主力選手の引退を示唆している。

ア 予定している　イ 指示している　ウ ほのめかしている　エ はぐらかしている

2 「重箱読み」の熟語を一つ選びなさい。

ア 駅前　イ 洗顔　ウ 手本　エ 毛玉

3 傍線部の故事成語の使い方が**正しくないもの**を一つ選びなさい。

ア こまかいことが気になって悩んでしまうが、杞憂《きゆう》であれば幸いだ。

イ 連戦連勝しているので、次の試合も余裕をもって背水の陣で戦おう。

ウ 誰も見ていないからといって、杜撰《ずさん》な仕事をしてはいけない。

エ 彼の研究内容は恩師である教授の教えを越えており、出藍の誉れが高い。

4 「卓抜」と熟語の構成が同じものを一つ選びなさい。

ア 植樹　イ 増加　ウ 清流　エ 因果

5 次の和歌の [A] と [B] に入る枕詞の組み合わせとして、正しいものを一つ選びなさい。

[A] 日は照らせれど [B] 夜渡る月の隠らく惜しも　（柿本人麻呂）

ア A しろたへの　B いはばしる　イ A あまざかる　B くさまくら

ウ A ひさかたの　B あしひきの　エ A あかねさす　B ぬばたまの

6 次の文の傍線部と同じ意味・用法のものを一つ選びなさい。

次の休みには映画でも見に行こう。

ア 東京だけでなく大阪でも開催する。　イ 雨でも降りそうだ。

ウ 彼は友人だがライバルでもある。　エ 呼んでも返事がない。

7 俳句の季節が他とは**異なるもの**を次から一つ選びなさい。

ア 五月雨や上野の山も見あきたり　（正岡子規）

イ 神田川祭の中をながれけり　（久保田万太郎）

ウ 天の川柱のごとく見て眠る　（沢木欣一）

エ かたつむり甲斐《かい》も信濃《しなの》も雨のなか　（飯田龍太）

作新学院〔英進部〕

国語

令和5年1月7日実施

制限時間 50分

一　次の1から4の傍線部と同じ読み方をするものを一つ選びなさい。

1 逐一報告を受ける。
ア 市場を開拓する。　イ 理想を追求する。　ウ 心の純粋な人。　エ 資本を蓄積する。

2 戴冠式が挙行される。
ア 鉱石を粉砕する。　イ 交通渋滞が発生する。　ウ 巨大な堤防を作る。　エ 語彙が豊富な人。

3 彼は篤志家として有名だ。
ア 圧力鍋で調理する。　イ 謙譲の美徳。　ウ 実権を掌握する。　エ 理論を構築する。

4 大仰な身ぶり。
ア 覆いをかける。　イ 土砂が堆積する。　ウ 環境汚染の改善。　エ 高台に登る。

二　次の1から4の傍線部のカタカナと同じ漢字を使うものを一つ選びなさい。

1 ソウ好を崩す。
ア 財産をソウ続する。　イ ソウ快な目覚め。　ウ ソウ合力が問われる。　エ ソウ刊号を買う。

2 要件をタン的に伝える。
ア タン所を補う。　イ タン白な態度。　ウ タン正な着こなし。　エ タン独で行動する。

3 カン衝材を入れて郵送する。
ア 空気がカン燥する。　イ 瞬カンの出来事。　ウ カン急をつける。　エ カン容な態度。

4 気持ちがナゴむ。
ア オン厚な人柄。　イ 平オンな毎日。　ウ ジュウ軟に考える。　エ 隣国とワ睦する。

解答 P282

令和5年
1月8日実施
入試問題

文星芸術大附属　前期試験
宇都宮文星女子　[一般A]

社　会

制限時間 50分

1　図1は，気象について調査をしていた裕太さんが，全国の年間快晴日数，年間降水日数，年間降雪日数についてまとめたものである。これを見て，次の1から8までの問いに答えなさい。

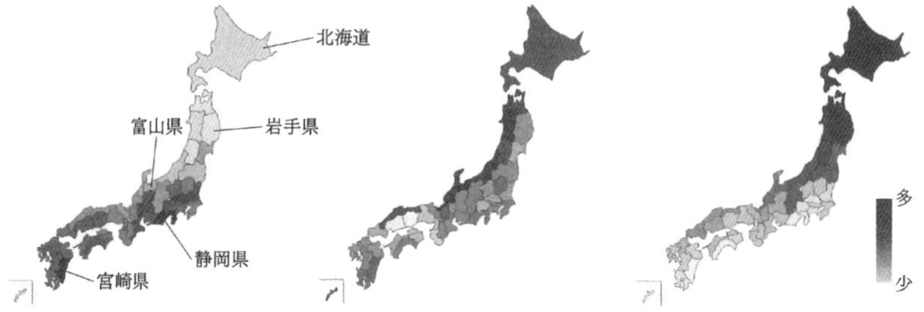

X　　Y　　Z

図1（e-stat「統計でみる都道府県のすがた2021」により作成）

1　図1のX，Y，Zと年間快晴日数，年間降水日数，年間降雪日数の組み合わせとして正しいのはどれか。

ア　X－年間快晴日数　Y－年間降水日数　Z－年間降雪日数
イ　X－年間降水日数　Y－年間快晴日数　Z－年間降雪日数
ウ　X－年間降雪日数　Y－年間降水日数　Z－年間快晴日数
エ　X－年間快晴日数　Y－年間降雪日数　Z－年間降水日数

2　次の文は，宮崎県について述べたものである。文中の□に当てはまる語を書きなさい。

> 一年中温暖な気候のこの県は，プロ野球チームのキャンプ地に選ばれることも多く，その気候を活かして農業では，出荷時期を早める□栽培を行っている。

3　図2は，岩手県で撮影した写真である。山地が海に迫り，小さな岬と湾が入り組んだ海岸を何というか。

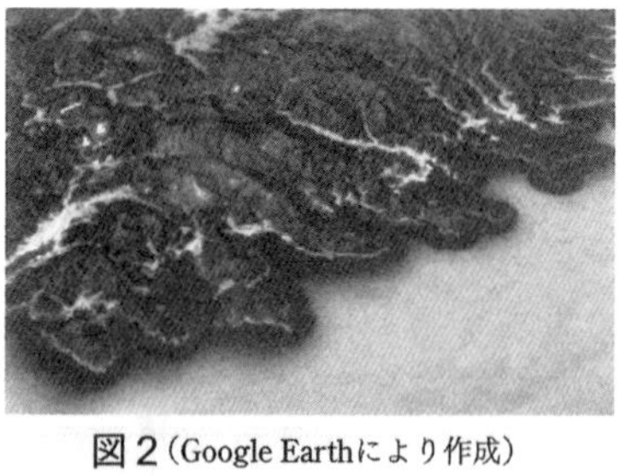

図2（Google Earthにより作成）

4　次の文は，北海道を訪れた訪日外国人が残した記録である。この外国人の出身国として適当なものはどれか。

> 1月は私の国では本格的なスキーシーズンではないので，北海道の最高の雪でスキーを楽しむことができたことが幸せです。

ア　カナダ　　イ　スイス　　ウ　ニュージーランド　　エ　オーストリア

5　図3は，図1中の静岡県でさかんに生産されている農産物の生産量の都道府県別内訳を示したものである。この農産物は何か。

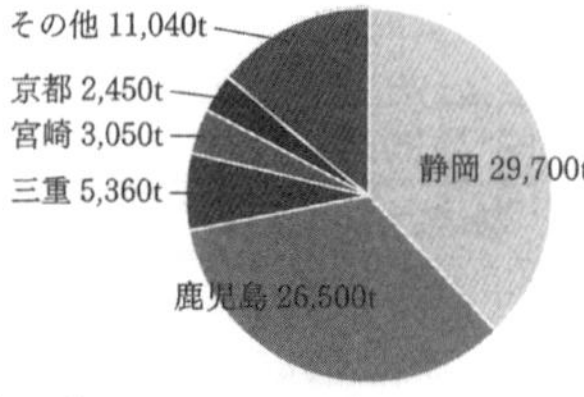

図3（「令和3年 農林水産省統計データ」により作成）

6　図4は，北海道，静岡県のいずれかにおける，主な製造業の従業者数について示したものである。Aに当てはまる道県と，Ⅰに当てはまる製造品の組み合わせとして正しいのはどれか。

主な製造業の従業者数(人)

Ⅰ		パルプ・紙・紙加工品	
愛知県	292,009	A	18,647
A	81,946	大阪府	14,349
神奈川県	56,139	埼玉県	13,483
全国	980,506	全国	189,807

図4（経済産業省「工業統計調査」2014により作成）

ア　A－北海道　Ⅰ－輸送用機械器具　　イ　A－北海道　Ⅰ－食料品
ウ　A－静岡県　Ⅰ－輸送用機械器具　　エ　A－静岡県　Ⅰ－食料品

7　北海道，岩手県，静岡県，富山県，宮崎県の地形についての説明として正しいのはどれか。
ア　北海道の洞爺湖は，巨大な噴火で造られたフィヨルドに水がたまってできた湖である。
イ　岩手県の奥羽山脈と北上高地にはさまれた場所には，庄内平野が広がっている。
ウ　日本アルプスから，黒部川が太平洋側の富山県に，天竜川が日本海側の静岡県に流れ出ている。
エ　宮崎県の宮崎平野の沿岸部には，直線的な砂浜海岸が分布している。

8　図5は，富山県でさかんに行われている水力発電都道府県別発電所数を示したものである。富山県を流れる黒部川と静岡県を流れる天竜川の月ごとの流量を比較した図6をふまえ，富山県で水力発電がさかんな理由を簡潔に書きなさい。

	都道府県	水力発電所数
1位	長野県	170
2位	富山県	126
3位	北海道	98
	岐阜県	98
4位	福島県	94

図5（資源エネルギー庁「電力調査統計」2019年度により作成）

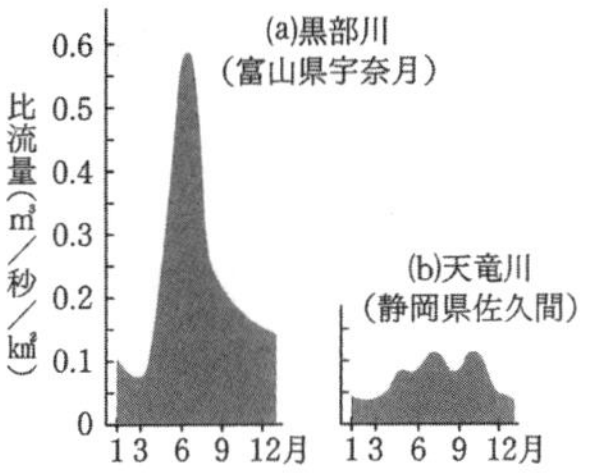

図6（「日本の河川」1986により作成）

2　次の1，2の問いに答えなさい。

1　図1は，隆さんがおもな国の労働時間と休日についてまとめたものである。これを見て，次の(1)から(5)までの問いに答えなさい。

2017	総実労働時間(時間)		年間休日(日)		
	年間	週当たり	ⓐ週休日	法定休日	年次有給休暇
日本	1709	39.5	104	ⓑ17	18.2
アメリカ	1780	43.0	104	10	8.0
イギリス	1543	41.2	104	8	25.0
ドイツ	1360	39.8	104	9	30.0
フランス	1522	38.1	104	11	25.0

図1（「データブック オブ・ザ・ワールド2022」により作成）

(1)　下線部ⓐについて，図1の国のうちで，もっとも早く土曜日がやってくるのはどこか。

(2)　図２のア，イ，ウ，エは，図１の日本(東京)，アメリカ(サンフランシスコ)，イギリス(ロンドン)，フランス(パリ)のおもな都市の雨温図である。日本とアメリカの都市の雨温図はそれぞれどれか。

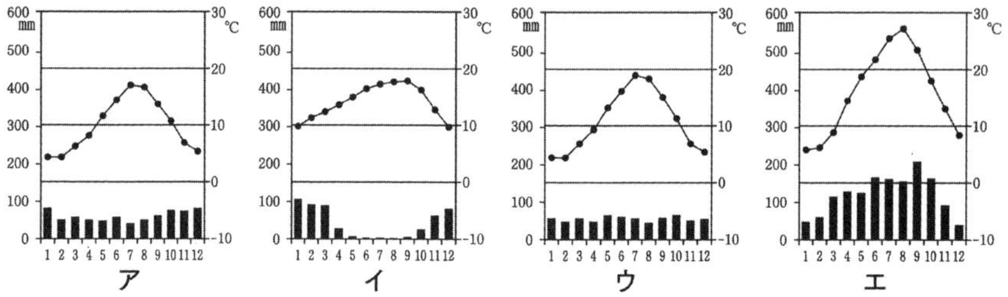

図２（気象庁ウェブページにより作成）

(3)　図３は下線部ⓑのうちのいくつかの法定休日である。図３について述べた次の文のうち，正しいのはどれか。

2021年	法定休日
春分の日	３月20日
秋分の日	９月23日

図３

ア　春分の日を過ぎると，北半球では昼の時間が長くなり，冬至の日に最長となる。
イ　春分の日を過ぎると，北半球では昼の時間が長くなり，夏至の日に最長となる。
ウ　秋分の日を過ぎると，北半球では夜の時間が長くなり，夏至の日に最長となる。
エ　秋分の日を過ぎると，北半球では昼の時間が長くなり，冬至の日に最長となる。

(4)　図１のアメリカの国の人々の休日の過ごし方について，隆さんは聞き取り調査を行い，次のような結論を導いた。文中の［　　　］に当てはまる語を書きなさい。

> グランドキャニオン国立公園の景観を楽しむために，年次有給休暇を利用して，環太平洋造山帯に属する［　　　］山脈を目指す人も少なくないことがわかった。

(5)　図４は，図１のドイツとフランスの国際観光収支である。隆さんはこの資料からドイツとフランスの間の人の移動について次のような仮説を立てた。［　X　］に当てはまる文を，「黒字」「赤字」の語を用いて簡潔に書きなさい。また，［　Y　］に当てはまる文を，「バカンス」の語を用いて簡潔に書きなさい。

（百万米ドル）

	収入	支出	収支
ドイツ	41,800	93,200	-51,400
フランス	63,800	51,700	12,100

図４（令和３年版「観光白書」により作成）

> <仮説>ドイツとフランスの収支は，それぞれ［　X　］になっている。その理由は，北に位置する［　Y　］からではないだろうか。

2　次の(1)，(2)の問いに答えなさい。

(1)　図５は，インドネシア，中国，デンマークにおける再生可能エネルギーによる発電量を示したものである。P，Q，Rに当てはまる発電の組み合わせとして正しいのはどれか。

（単位：億kWh）

	インドネシア	中国	デンマーク
P	0	1,307	8
Q	128	1	0
R	0	2,950	148

図５（IEA資料 2017により作成）

解答　P282

ア　P－地熱　Q－太陽光　R－風力　　イ　P－太陽光　Q－地熱　R－風力
ウ　P－風力　Q－太陽光　R－地熱　　エ　P－地熱　Q－風力　R－太陽光

(2)　図6のXで示した地域は，少量の雨が降り樹木が育つが，近年急速に砂漠化が進行している地域である。この地域を何というか。

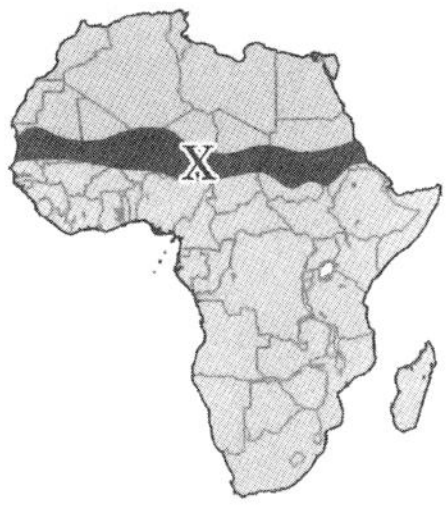

図6

3　美穂さんは，修学旅行で訪れた場所をまとめ，図1を作成した。これを見て，次の1から8までの問いに答えなさい。

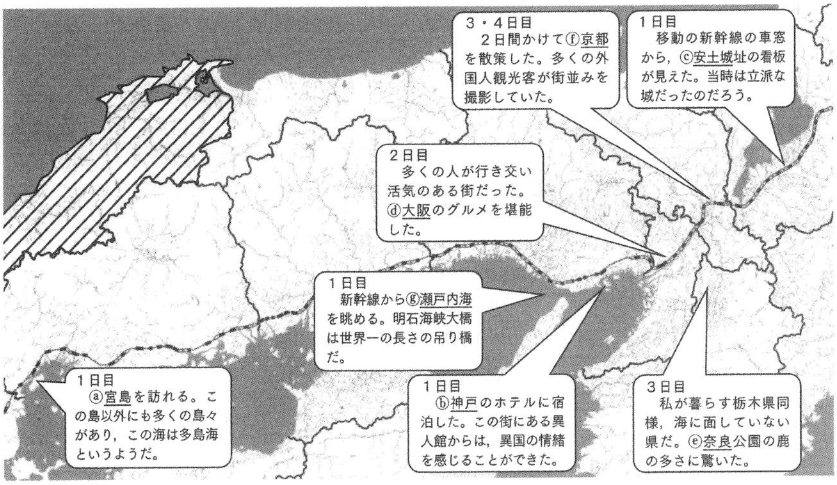

図1

1　［斜線］の県では，戦国時代に産出した「鉱山資源」が，南蛮貿易によって国外に運ばれた。南蛮貿易とはどのような貿易であるか，貿易の相手である「南蛮人」と「鉱山資源」を明らかにしながら，簡潔に書きなさい。

2　下線部ⓐの歴史について，美穂さんは次のようにレポートをまとめた。［X］，［Y］に当てはまる語の組み合わせとして正しいのはどれか。

図2（Google Earthにより作成）

> 図2の神社は，［X］貿易で大きな利益を得た［Y］の援助で整備され，現在のような海上に浮かぶ建物となった。

ア　X－朱印船　Y－徳川家康　　イ　X－朱印船　Y－平清盛
ウ　X－日宋　Y－徳川家康　　エ　X－日宋　Y－平清盛

3　下線部ⓑについて，神奈川，長崎，新潟とともにこの地が開港することが取り決められた，1858年に日本とアメリカの間で結ばれた条約を何というか。

4　下線部ⓒの城を築いた人物が実施した経済政策として正しいのはどれか。
ア　商工業者たちの株仲間の営業権を認めて税を納めさせた。
イ　座をなくし，市場での税を免除して商工業を活発にさせた。
ウ　物価の上昇を抑えるため，商品の流通を独占していた株仲間を解散させた。
エ　江戸などの都市に出稼ぎに来ていた者を村に帰し，米などの穀物栽培を奨励した。

5　下線部ⓓについて，17世紀末から18世紀初めにかけて，この地域で暮らす町人が生み出した文化として，その作品と作者の組み合わせが正しいのはどれか。

ア
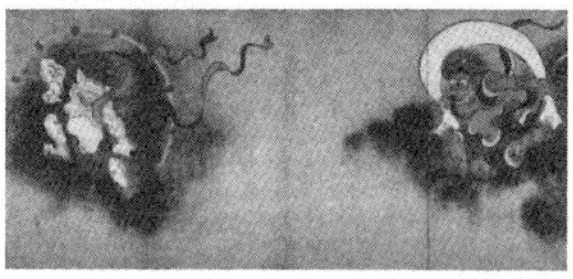
歌川広重

イ

葛飾北斎

ウ
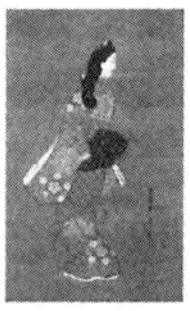
菱川師宣

エ

東洲斎写楽

6　下線部ⓔについて，ここに都がおかれる以前の時代にすでに建てられていたのはどれか。
ア　法隆寺　　イ　平等院鳳凰堂　　ウ　中尊寺金色堂　　エ　慈照寺銀閣

7　下線部ⓕについて，ここに朝廷が置かれた時代の天皇や上皇について述べた文として<u>正しくないものをすべて</u>選びなさい。
ア　推古天皇のもと，聖徳太子(厩戸皇子)と蘇我馬子が協力し，天皇を中心とする政治のしくみを作ろうとした。
イ　後白河上皇は，太政大臣の平清盛の援助を得ながら院政を行った。
ウ　後鳥羽上皇は，承久の乱で敗れて隠岐に流された。
エ　聖武天皇は，仏教の力により，伝染病や災害などの不安から国家を守ろうと考え，国ごとに国分寺と国分尼寺を建てた。

8　下線部ⓖについて，美穂さんはこの海を中心に活躍した人物についてまとめたカードを作成した。文中の□に当てはまる語を書きなさい。

人物；□ 周辺の武士団を率いて大きな反乱を起こしたが，別の武士団によって鎮圧され，やがて武士の世が到来した。	人物；毛利元就 自らの水軍に加えて，村上水軍も取り込んで，戦国時代に勢力を拡大した。

4　過去に開催された万博(万国博覧会)についてまとめた略年表を見て，1から7までの問いに答えなさい。

開催地	開催年	特記事項
パリ	1867年	幕府やⓐ<u>薩摩藩</u>など，日本が初めて万博に出品した。
パリ	1889年	ⓑ<u>フランス革命</u>から100周年を記念し開催され，エッフェル塔が建設された。
セントルイス	ⓒ<u>1904年</u>	ルイジアナ買収から100周年を記念し開催された。
パリ	1937年	現代生活の中の芸術と技術をテーマに開催され，ⓓ<u>ピカソの「ゲルニカ」</u>が出展された。
シアトル	1962年	ⓔ<u>宇宙時代</u>の人類をテーマに開催された。
ⓕ<u>大阪</u>	1970年	日本で初めて，人類の進歩と調和をテーマに開催された。
ノックスビル	1982年	ⓖ<u>エネルギー</u>は世界の原動力をテーマに開催された。

1　下線部ⓐについて，この藩の出身で，1877年に明治新政府に対して，不満を持つ士族らと西南戦争を起こした人物は誰か。

2　下線部ⓑについて，この革命の最中に発表された人権宣言と，100年後の1889年に発布された大日本帝国憲法を比較した図１を見て，当時の明治政府はどのような国づくりを目指したのか，主権や国民の権利といった点から簡潔に書きなさい。

フランス人権宣言（部分要約）		大日本帝国憲法（部分）	
第１条	主権の源は，もともと国民の中にある。どのような団体や個人であっても，国民から出たものでない権力を使うことはできない。	第１条	大日本帝国ハ万世一系ノ天皇之ヲ統治ス
		第４条	天皇ハ国ノ元首ニシテ統治権ヲ総攬シ此ノ憲法ノ条規ニ依リ之ヲ行ウ
第11条	思想および言論の自由な発表は，人間の最も尊い権利の一つである。したがって，全ての市民は自由に話し，書き，印刷し，出版することができる。	第29条	日本臣民ハ法律ノ範囲内ニ於テ言論著作印行集会及結社ノ自由ヲ有ス

図１

3　下線部ⓒの年に起きた日露戦争の講和として，翌年に結ばれた条約を何というか。

4　下線部ⓓについて，図２の「ゲルニカ」は，ドイツが古都ゲルニカを爆撃したことに対する怒りや悲しみを表現した絵画であると言われている。のちにドイツによって引き起こされた第二次世界大戦時の国際関係図をあらわした図３の中で，ドイツに該当するのはどれか。

図２

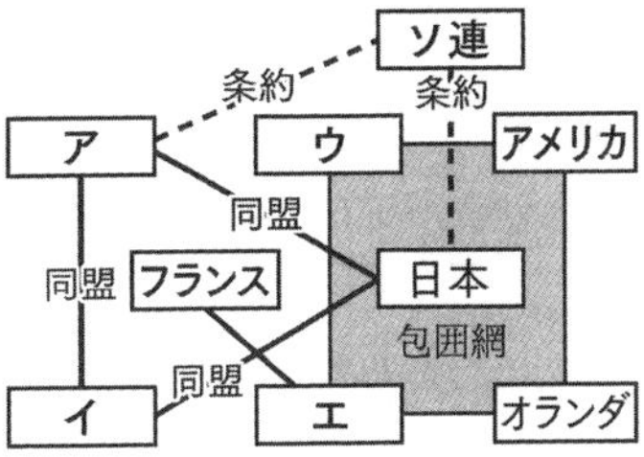

図３

5　下線部ⓔについて，次の文中の［　X　］，［　Y　］に当てはまる国名をそれぞれ書きなさい。

> 冷戦下の東西両陣営を代表する二か国によって激しい宇宙開発競争が行われた。1961年，共産主義陣営を率いる［　X　］のガガーリンが人類初の有人宇宙飛行を行い，「地球は青かった」という言葉を残すと，1969年には資本主義陣営を率いる［　Y　］のアームストロングが人類で初めて月面に着陸し，「これは一人の人間には小さな一歩だが，人類にとっては大きな飛躍だ」という言葉を残した。

6　下線部ⓕと東京を結ぶ新幹線が開通した高度経済成長期の日本の状況として，正しくないのはどれか。

ア　テレビ・洗濯機・冷蔵庫といった「三種の神器」が国民に普及した。
イ　1973年に起こった石油危機をきっかけに不況におちいり，高度経済成長は終わった。
ウ　主なエネルギー源は石炭から石油にかわり，重化学工業が産業の主軸となった。
エ　四大公害裁判では，被害を受けた住民は企業に敗訴し，公害対策はそれ以降進められなくなった。

7　下線部ⓖについて，図4の人物が兵器への使用に対して危機感を訴えたエネルギーに関しておきたできごとを年代の古い順に並べ替えなさい。

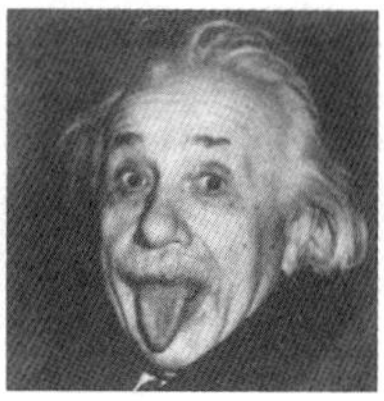

図4

ア　佐藤栄作内閣は，「持たず，作らず，持ち込ませず」の三原則を国の方針とした。
イ　アメリカの実験で第五福竜丸が被ばくすると，禁止運動が全国に広がった。
ウ　8月6日に広島，8月9日に長崎に原爆が投下された。
エ　キューバへのミサイル基地建設をめぐって対立が起こったが，兵器の使用は回避された。

5　次の1，2の問いに答えなさい。

1　次の(1)，(2)，(3)の問いに答えなさい。

(1)　次の文は，労働に関する私たちの権利について述べたものである。文中の［　　　］に当てはまる語を書きなさい。

労働者が使用者（経営者）と労働条件を交渉するために，［　　　］を結成する権利は，［　　　］法で認められている。

(2)　商品が私たち消費者の手もとに届くまでの流れとして正しいのはどれか。

ア　卸売業者 → 生産者 → 小売業者 → 消費者
イ　生産者 → 小売業者 → 卸売業者 → 消費者
ウ　卸売業者 → 小売業者 → 生産者 → 消費者
エ　生産者 → 卸売業者 → 小売業者 → 消費者

(3)　図1は，さまざまな価格のうごきをあらわしたものである。A，B，Cに当てはまるものの組み合わせとして正しいのはどれか。

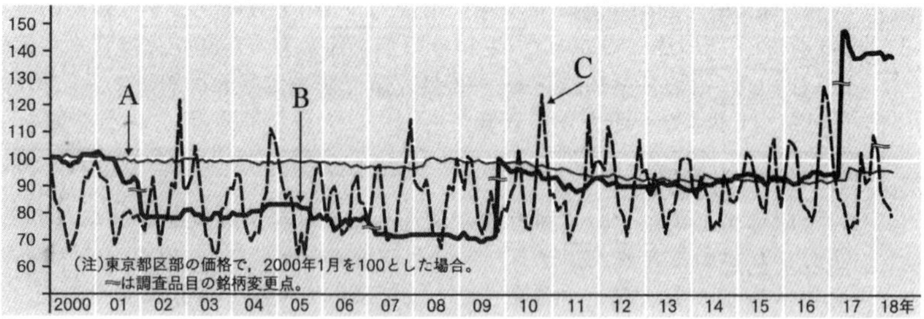

図1（小売物価統計調査により作成）

ア　A－ビール　B－トマト　C－腕時計
イ　A－腕時計　B－トマト　C－ビール
ウ　A－トマト　B－ビール　C－腕時計
エ　A－ビール　B－腕時計　C－トマト

2　次の(1)から(4)までの問いに答えなさい。

(1)　日本の刑事裁判の手続きについての説明として正しいのはどれか。

ア　警察が逮捕した被疑者を検察が起訴し，被告人として裁判を行う。
イ　警察が逮捕した被告人を検察が起訴し，被疑者として裁判を行う。
ウ　検察が逮捕した被疑者を警察が起訴し，被告人として裁判を行う。
エ　検察が逮捕した被告人を警察が起訴し，被疑者として裁判を行う。

解答　P282

(2)　次の文は天皇の地位と国事行為について述べたものである。文中の［　X　］，［　Y　］に当てはまる語の組み合わせとして正しいのはどれか。

［　X　］として天皇が国事行為を行うには，［　Y　］の助言と承認が必要である。

ア　X－主権者　Y－国会　　イ　X－主権者　Y－内閣
ウ　X－象徴　　Y－国会　　エ　X－象徴　　Y－内閣

(3)　図2は，A，B，Cの選挙区の定数と有権者数をあらわしたものである。ここで生じている，議員一人あたりの有権者の差のことを何というか。

選挙区	定数	有権者数
A	2	976,500
B	1	482,000
C	2	672,200

図2

(4)　図3は，あるクラスがリレーのメンバーを選出する際に出た意見である。あなたはAさんとBさんのどちらの意見に賛成か。解答欄のAとBのいずれかを○で囲みなさい。また，あなたが賛成した意見が「機会の公正」と「結果の公正」のどちらの公正であるかを明らかにし，その意見の特徴を，図3をふまえ簡潔に書きなさい。

Aさんの意見	Bさんの意見
男女両方が活躍できるように，男女それぞれ5名ずつメンバーを選出しよう。	チームの勝利だけを考えて，良いタイムの選手10名をメンバーとして選出しよう。

図3

6　裕紀さんと先生の会話文を読み，1から7までの問いに答えなさい。

先生：「倫理的消費（エシカル消費）」という言葉を知っていますか？
裕紀：「社会やⓐ環境に配慮した消費ですよね。ⓑ消費者が自らの選択によってⓒ市場を変えて，ⓓ持続可能な社会をつくっていくことを目的にしています。」
先生：「そうですね。ⓔグローバル化した世界で利潤を第一に考えてきたⓕ企業の理念と対立するものだと考えられてきました。」
裕紀：「そうだったのですね。現在は，企業がⓖ環境に配慮した商品を発売したり，地域に貢献するような商品を発案したりしているようです。」
先生：「そのような企業の考えを消費者が理解することも重要です。中には，自分の欲を満たすだけの消費になってしまった事例も多く見られるようです。」

1　下線部ⓐについて，住みやすい環境を求める環境権と同様に，日本国憲法には直接的に規定されていないが，「新しい人権」として主張されるようになった人権として正しくないのはどれか。

ア　知る権利　　イ　自己決定権　　ウ　参政権　　エ　プライバシーの権利

2　下線部ⓑに関連して，次の文中の［　　］に当てはまる語を書きなさい。

消費者支援制度として，訪問販売などによって契約がなされた際に，一定の期間内であれば無条件に契約の解除を消費者が事業者に要求できる制度を［　　］という。

3　下線部ⓒで行われている売買について述べた文として，正しいのはどれか。

ア　商品の需要量が供給量より多いときは，価格が高くなり供給量は増える。
イ　商品の供給量が需要量より多いときは，価格が高くなり供給量は増える。
ウ　商品の需要量が供給量より多いときは，価格が低くなり供給量は増える。
エ　商品の供給量が需要量より多いときは，価格が低くなり供給量は増える。

4　下線部ⓓの実現に向けて，差別のない社会をつくっていくために制定された法があることを知った裕紀さんは，次のような原稿を発表した。［X］，［Y］に当てはまる文を簡潔に書きなさい。

> 2016年に，ヘイトスピーチといって，［X］ような言論の解消を目指す法が制定されたが，そのような言論に対して罰則を科すことができなかったのは，憲法で認められた自由の一つである［Y］からではないだろうか。

5　下線部ⓔについて，近年，企業のほかにも国境を越えて活動をする機関や組織が増えてきている。その一つである「非政府組織」の略称として正しいのはどれか。

ア　PKO　　イ　NGO　　ウ　WHO　　エ　TPP

6　下線部ⓕについて，起業からの年数が若く，規模は小さいものの新たな技術やビジネスモデルで挑戦している企業を一般に何というか。

7　下線部ⓖについて，ある地方公共団体では，図１のような条例が制定されている。直接請求権によって条例を制定する流れについて説明した次の文中の［Ⅰ］，［Ⅱ］に当てはまる語の組み合わせとして正しいのはどれか。

> 第１条　この条例は，古来より村に生息する貴重な地域資源であり，村の特別シンボルである，すずむしを保護することにより，村の豊かな自然環境及び田園景観の保全につなげ，全国に誇る「すずむしの里」づくりを進めることを目的とする。
> 第２条　村長は，すずむしが生息し増殖できる良好な環境を保全するために必要な施策を講ずるものとする。
> 有権者の［Ⅰ］分の１以上の署名をもって，［Ⅱ］に請求する。

図１（安曇野松川村すずむし保護条例）

ア　Ⅰ－３　Ⅱ－選挙管理委員会　　イ　Ⅰ－50　Ⅱ－選挙管理委員会
ウ　Ⅰ－３　Ⅱ－首長　　エ　Ⅰ－50　Ⅱ－首長

解答 P282

令和5年
1月8日実施
入試問題

文星芸術大附属　前期試験
宇都宮文星女子　[一般A]

数　学

制限時間 50分

1　次の1から8までの問いに答えなさい。

1　$(-5)-(-8)$　を計算しなさい。

2　$56x^3y^4 \div (-8x^2y^4)$　を計算しなさい。

3　$(x-3)(3x-1)$　を展開しなさい。

4　$a=2,\ b=-5$　のとき，$\dfrac{a+b}{3}-\dfrac{2a-3}{2}$　の値を求めなさい。

5　２次方程式　$x^2-3x-7=0$　を解きなさい。

6　グラフの切片が4で，点(2，3)を通る１次関数の式を求めなさい。

7　半径3cm，中心角が45°のおうぎ形の弧の長さを求めなさい。
ただし，円周率はπとする。

8　次のア～エは，立方体の展開図である。このうち，面Aと面Bが平行であるものを１つ選び，記号で答えなさい。

ア　イ　ウ　エ

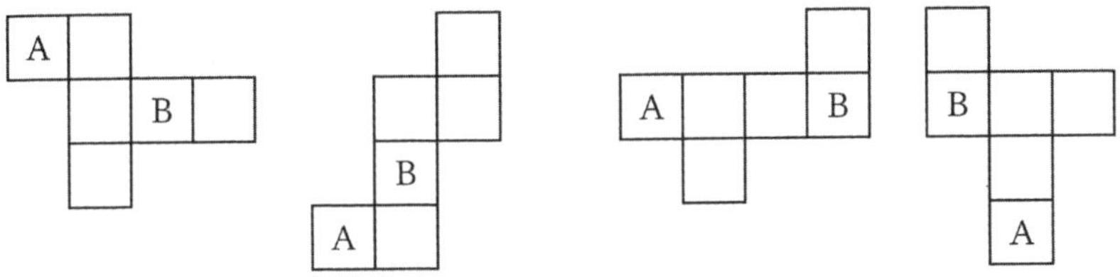

2　次の１，２，３の問いに答えなさい。

1　$2<\sqrt{a}<3$　をみたす正の整数 a をすべて答えなさい。

2　右の図のように，横の長さが縦の長さより8cm長い長方形の形をした白い紙の，４隅から各2cmの幅を青色のペンで塗った。
　白い部分の面積が128 cm² であるとき，白い紙の縦の長さを x cmとして方程式をつくり，白い紙の縦の長さを求めなさい。
　ただし，途中の計算も書くこと。

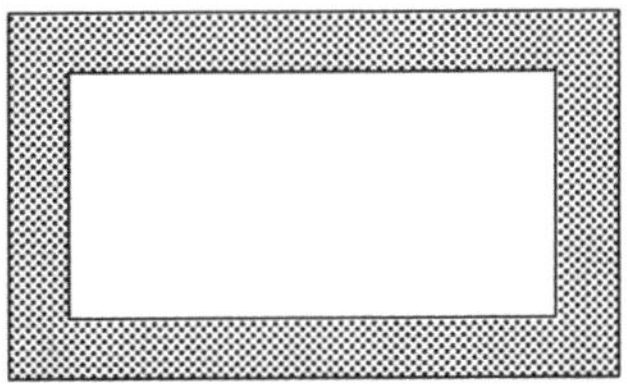

青色のペンで塗った部分

3　ある自然数 x の２乗から15を引いた数は，もとの自然数 x を２倍して9を加えた数に等しい。自然数 x を求めなさい。

3　次の１，２の問いに答えなさい。

1　1から12までの整数が1個ずつ書かれている黒玉12個と，1から5までの整数が1個ずつ書かれている白玉が5個ある。この黒玉と白玉を２つの空の袋AとBの中に，それぞれ次のように玉を入れる。

袋A：1から10までの整数が1個ずつ書かれた黒玉10個
　　　1，2の整数が1個ずつ書かれた白玉２個
袋B：袋Aに入れなかった残りの玉５個

このとき，次の(1)，(2)，(3)の問いに答えなさい。

解答・解説 P300

⑴　袋Ａから玉を１個だけ取り出すとき，取り出した玉が白玉でない確率を求めなさい。

⑵　袋Ａから玉を１個取り出して玉の色を確認して袋Ａに戻し，さらにもう１回袋Ａから玉を取り出すとき，取り出した玉が１回目は白玉，２回目は黒玉である確率を求めなさい。

⑶　袋Ａと袋Ｂから１個ずつ玉を取り出すとき，取り出した玉が２個とも同じ色である確率を求めなさい。

2　ある 25 人学級のクラスで，授業中に小テストを実施し，欠席者５名を除いた 20 人がテストを受けた。この 20 人のテストの得点の平均は 14.8 点で，20 人の得点をもとに度数分布表を作成したところ，下の《表Ａ》のようになった。

階級(点)	度数(人)
0 以上　6 未満	3
6　～　12	4
12　～　18	6
18　～　24	4
24　～　30	3
計	20

《表Ａ》

後日，欠席者５人に同じテストを実施したところ，得点は右の《表Ｂ》のような結果となった。

このとき，次の⑴，⑵，⑶の問いに答えなさい。

7	15	12	22	8

《表Ｂ》

⑴　このクラスの生徒 25 人全員の，小テストの得点の平均を求めなさい。

⑵　《表Ａ》の度数分布表に，欠席した５人のデータを加えた表をもとにヒストグラムを作ったとき，ア～エのうち正しいものを１つ選びなさい。

ア

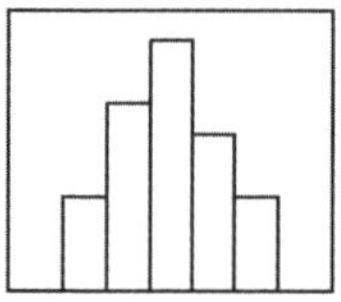

イ

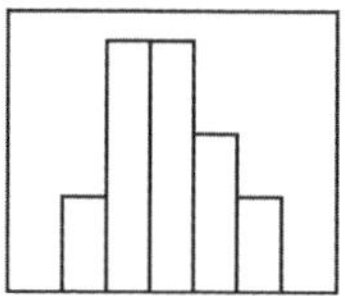

ウ

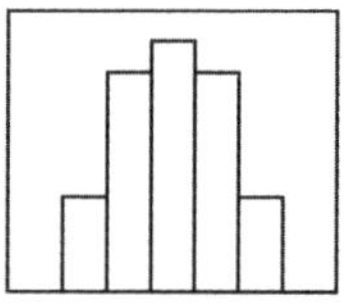

エ

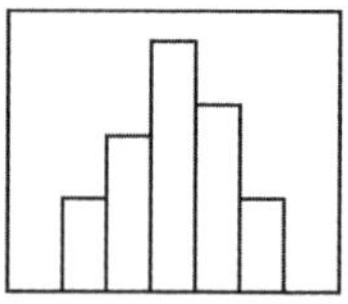

⑶　太郎さんは，データの分析について調べたところ，度数分布表から以下の《手順》のようにデータの平均を求める場合があることを知った。

《手順》
①　各階級において，(階級値)×(度数)　を求める。
②　①で求めた値の和を計算する。
③　②で求めた和の値を，度数の合計で割る。

太郎さんは，最初にテストを受けた 20 人の得点について，《表Ａ》の度数分布表から《手順》に従って得点の平均 x を求め，実際の得点の平均との差について調べた。

このとき，太郎さんが求めた平均 x と，実際の得点の平均との差を求めなさい。ただし，途中の計算も書くこと。また，差は値の大きい方から小さい方を引いて求めるものとする。

4　次の１，２，３の問いに答えなさい。

１　右の図のような，AB＝AC　である二等辺三角形ABCがあり，辺BCの中点をMとする。
　このとき，下の【条件】をともに満たす点Pを作図によって求めなさい。
　ただし，作図には定規とコンパスを使い，また，作図に用いた線は消さないこと。

【条件】
・　点Pは線分AM上にある。
・　PA＝PB　である。

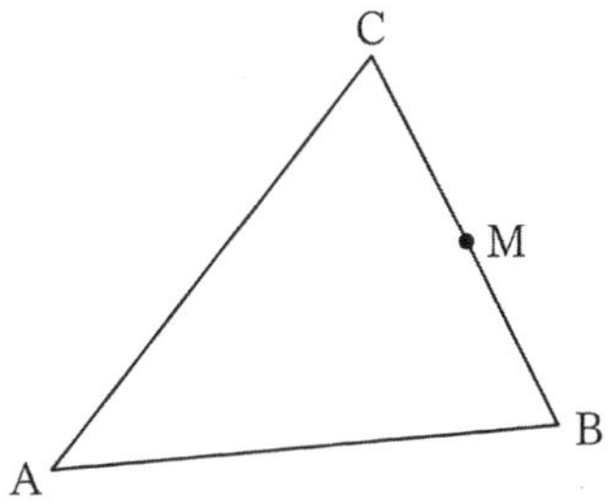

２　右の図のように，円錐《すい》Pの母線AB上に点Cがある。頂点Aから底面に対して垂線を下ろし，底面との交点を点S，点Cを通る平面との交点を点Tとする。このとき，点Sは底面となる円の中心，点Tは点Cを通る平面の円の中心である。
　また，円錐Pを，点Cを通り底面に平行な平面で切り取ったとき，頂点Aを含む小さい円錐Qを取り除いたものを「立体R」とする。
　CT＝3 cm，BS＝5 cm　のとき，次の(1)，(2)の問いに答えなさい。

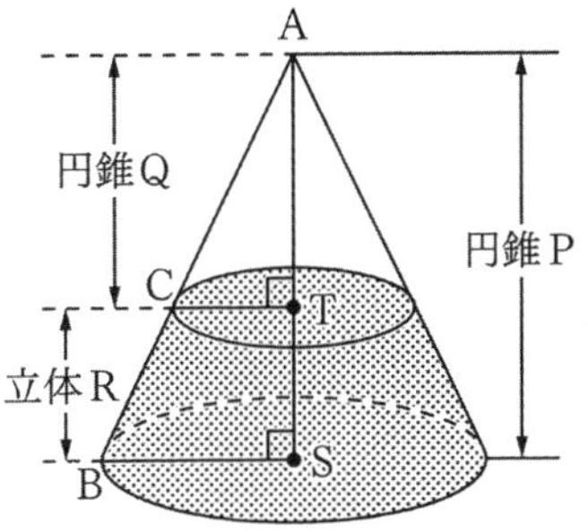

(1)　立体Rと円錐Pの体積比を，最も簡単な整数比で表しなさい。

(2)　母線ABの長さが20 cmのとき，立体Rの表面積を求めなさい。ただし，円周率はπとする。

３　右の図のような，AB＝AC　の二等辺三角形ABCと，頂点Aを中心とする円がある。
　辺AB，ACと円との交点をそれぞれD，Eとし，線分BEとCDの交点をFとする。
　このとき，△DBC≡△ECB　であることを証明しなさい。

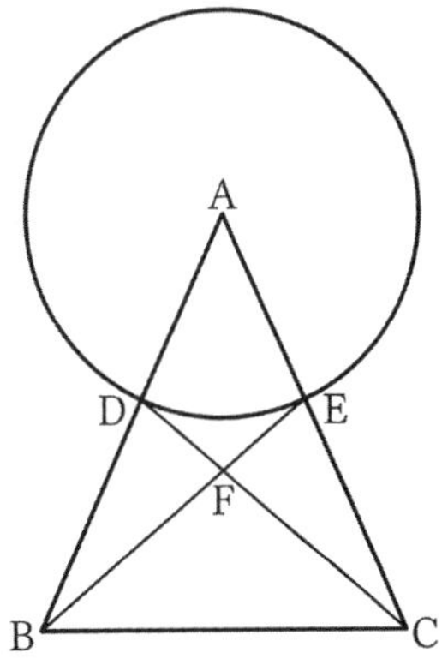

5　次の１，２の問いに答えなさい。

１　右の図のように，２つの関数
$y=x^2$，$y=ax^2$（$0<a<1$）　のグラフがある。
$y=x^2$　のグラフ上で，x座標が3，－2である点をそれぞれA，Bとし，点Aを通り，y軸と平行な直線と　$y=ax^2$　のグラフとの交点をCとする。
　このとき，次の(1)，(2)，(3)の問いに答えなさい。

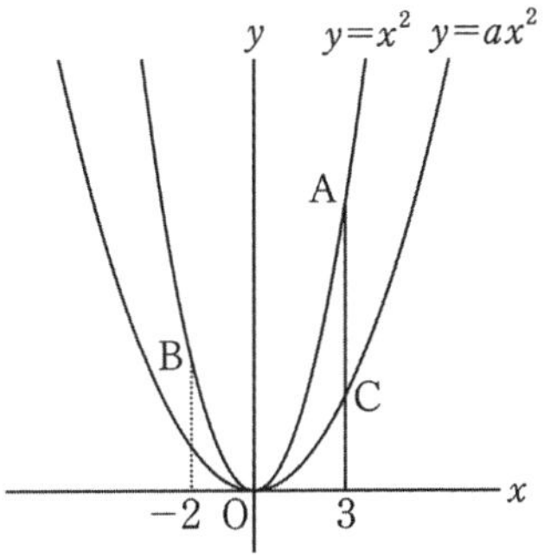

(1)　x軸に関して，点Cと対称な点Dの座標をaを用いて表しなさい。

(2)　直線OCの傾きをaを用いて表しなさい。

(3)　△OACと△OBCの面積が等しくなるとき，aの値を求めなさい。ただし，途中の計算も書くこと。

2　右の図1のような，BC＝21 cm，DC＝10 cm，AD＝14 cm，AD∥BC，BC⊥DC　である台形ABCDと2つの動点P，Qがある。

点Pは辺AD上を毎秒4 cmの速さでAからDまで進んでDで停止し，点Qは辺BC上を毎秒3 cmの速さでBからCまで進んでCで停止する。

2点P，Qが同時に出発してからx秒後の，四角形ABQPの面積をy cm^{2}としてxとyの関係をグラフに表すと，右の図2のようになった。

このとき，次の(1)，(2)，(3)の問いに答えなさい。

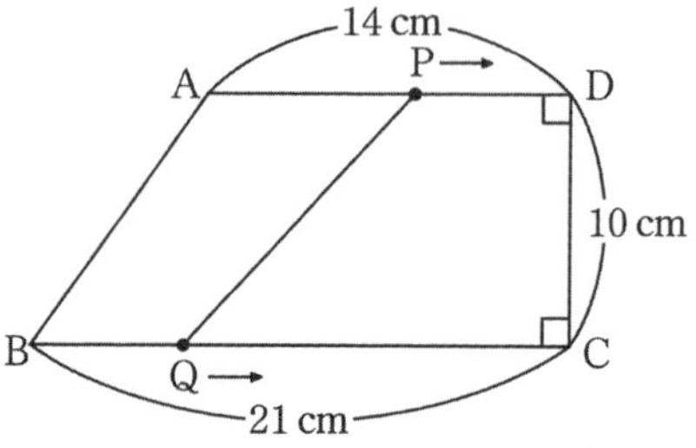

図1

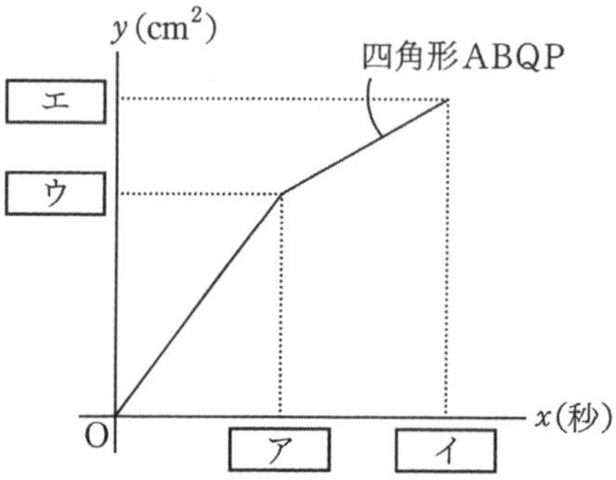

図2

(1)　図2中の[ア]，[イ]，[ウ]，[エ]に適する値をそれぞれ答えなさい。

(2)　四角形ABQPについて　[ア] $\leqq x \leqq$ [イ]　のときのxとyの関係を式で表しなさい。

(3)　線分PQが台形ABCDの面積を2等分するのは，2点P，Qが出発してから何秒後か。

6　入口から最上段までちょうど300段の石段がある。太郎さんと花子さんはこの石段を用いて実験をした。

このとき，次の1，2の問いに答えなさい。

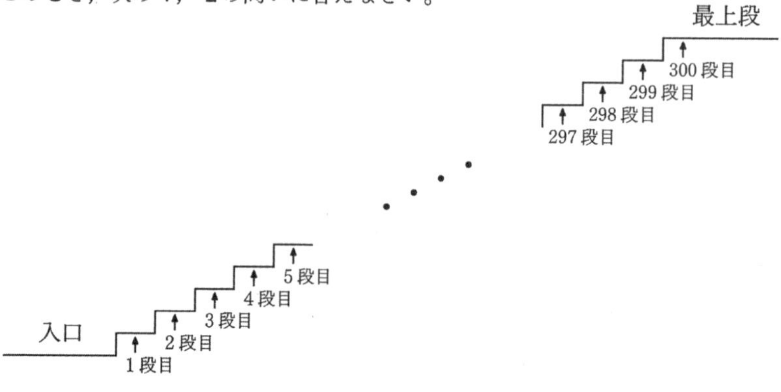

文星芸大附属・文星女子［前期］　入試問題（R5）◆数学

1　太郎さんと花子さんは，次の《実験①のルール》に従い，石段で実験①を行なった。

> 《実験①のルール》
> 【1】2人とも，最初は入口にいるものとする。
> 【2】太郎さんは，1回の移動で石段を3段ずつ上り，到達した段に赤いシールを目印として貼る。
> 【3】花子さんは，1回の移動で石段を4段ずつ上り，到達した段に青いシールを目印として貼る。

例えば，太郎さんは1回目の移動で入口から3段目，2回目の移動で入口から6段目に到達し，3段目と6段目に，目印の赤いシールをそれぞれ貼る。

このとき，次の(1)，(2)，(3)の問いに答えなさい。

(1)　太郎さんが最上段に着くのは何回目か。

(2)　赤と青の両方のシールが同じ段に最初に貼られるのは，入口から何段目か。

(3)　太郎さんが何回目かの移動を終えた直後に，先行している花子さんにスマートフォンで連絡をとったところ，花子さんも何回目かの移動を終えた直後で，2人が貼ったシールの枚数の合計は90枚，2人が上った段数の差が94段であった。

太郎さんの移動回数をx回，花子さんの移動回数をy回として連立方程式をつくり，それぞれの移動回数を答えなさい。ただし，途中の計算も書くこと。

2　太郎さんと花子さんは同じ石段で，次の《実験②のルール》に従い，実験②を行なうことにした。ただし，aは0以上の整数とする。

> 《実験②のルール》
> 【1】最初，太郎さんは入口からa段目にいて，花子さんは最上段にいる。
> 移動はつねに2人同時に行なう。
> 【2】太郎さんは，1回の移動で石段を3段ずつ上り，最上段に到達するまで移動を続ける。
> 【3】花子さんは，1回の移動で石段を4段ずつ下り，入口に到達するまで移動を続ける。
> 【4】何回目かの移動後にちょうどお互いが同じ段に到達した場合，2人は「合流した」とみなし，何回目かの移動後に2人が合流した時点で実験は終了とする。合流しなかった場合，2人は【2】，【3】に従い，最上段または入口まで移動を続ける。

以下は，実験②を始める前の，太郎さんと花子さんの会話である。

> 太郎：aの値をいくつにすれば何回目かの移動後にちょうど合流できるかな。
> 花子：nを自然数とするとき，n回目の移動後，私は入口から［ア］段目にいるから，私と太郎さんの入口からの段数が等しくなる時，nの方程式［ア］＝［イ］が成り立つので，この式を満たすnの値が整数になれば，何回目かの移動後にちょうど合流できるはずだよ。

このとき，次の(1)，(2)の問いに答えなさい。

(1)　文中の［ア］，［イ］に適する値を，自然数n，整数aを用いてそれぞれ表しなさい。

(2)　aは0以上60以下の整数とする。太郎さんと花子さんが《実験②のルール》に従い実験②を行なったとき，何回かの移動後に2人はちょうど合流して実験が終了した。このとき，aに適する最大の数と最小の数をそれぞれ求めなさい。

文星芸術大附属 前期試験
宇都宮文星女子 [一般A]

理　科

制限時間 50分

1 次の1から8までの問いに答えなさい。

1　次の水溶液のうち，ＢＴＢ溶液を緑色から青色に変えるのはどれか。
　ア　レモン果汁　　イ　セッケン水　　ウ　水　　エ　しょう油

2　脊椎動物において，肺から戻ってきた血液が入ってくるのは，心臓のどこか。
　ア　右心房　　イ　右心室　　ウ　左心房　　エ　左心室

3　図のような板を貫いた導線に矢印の向きに電流を流した。図の位置に置いた方位磁石のN極が向く向きはどれか。

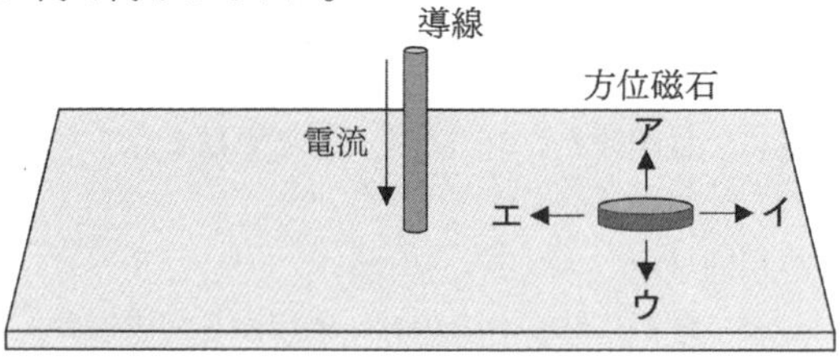

4　ねばりけが小さい溶岩を，穏やかに大量に噴き出す山の例として正しいのはどれか。
　ア　マウナロア　　イ　キリマンジャロ　　ウ　三原山　　エ　桜島

5　400 W の電気ポットを使い，1分間加熱した時の熱量は何 kJ か。

6　子が，子宮内である程度成長してから生まれることを何というか。

7　一定面積当たりの面を垂直に押す力の大きさを何というか。

8　ホットケーキが膨らむのは，重曹を加えた生地を焼いたときに発生する気体によるものである。この気体は何か。

2 金属の加熱後の質量について調べるために，次の実験(1)，(2)，(3)を順に行った。

(1)　図1のように，ステンレス皿A，B，Cに銅の粉末をのせ，電子てんびんを用いてそれぞれ 0.40 g，0.60 g，0.80 g 測りとった。その後，図2のようにステンレス皿をガスバーナー，三脚，三角架を用いて5分間加熱した。その後十分に冷却を行い，再び質量の測定を行った。表1は，加熱回数と物質の質量の関係を示したものである。なお，用いるステンレス皿はすべて 28.00 g であるものとする。

図1

図2

加熱回数(回)		1	2	3	4
加熱後の質量〔g〕	A	0.46	0.50	0.50	0.50
	B	0.67	0.73	0.75	0.75
	C	0.89	0.97	1.00	1.00

表1

(2)　ステンレス皿D，E，Fにマグネシウムの粉末をのせ，電子てんびんを用いてそれぞれ 0.30 g，0.60 g，0.90 g を測りとった。その後，実験(1)と同様に実験を行った。表2は，加熱回数とステンレス皿D，E，Fの加熱後の質量の関係を表したものである。

加熱回数(回)		1	2	3	4
加熱後の質量〔g〕	D	0.41	0.50	0.50	0.50
	E	0.82	0.98	1.00	1.00
	F	1.17	1.45	1.50	1.50

表2

解答 P283

(3)　ステンレス皿Gに銅の粉末とマグネシウムの粉末を混合し，質量を測ったところ，ステンレス皿の質量を含め 31.60 g であった。その後，実験(1)，(2)同様に加熱を繰り返したところ，ステンレス皿の質量を含め質量 33.00 g となったところで質量が増加しなくなった。

このことについて，次の1，2，3，4の問いに答えなさい。

1　実験(1)について，加熱後に生じた物質を化学式で表しなさい。

2　実験(1)について，加熱を繰り返していくとステンレス皿の質量が変化しなくなる理由を簡潔に述べなさい。

3　実験(2)について，質量が変化しなくなるまで加熱した後の質量と結合した酸素の質量の関係を表すグラフをかきなさい。

4　実験(3)について，このとき加えた銅の粉末の質量は何 g だと考えられるか。

3　フミカさんは日本の天気について興味を持ち，各季節の特徴のある天気図について調べた。下の図は春の天気図とA，B，Cについては夏，秋，冬のいずれかの天気図を示したものである。

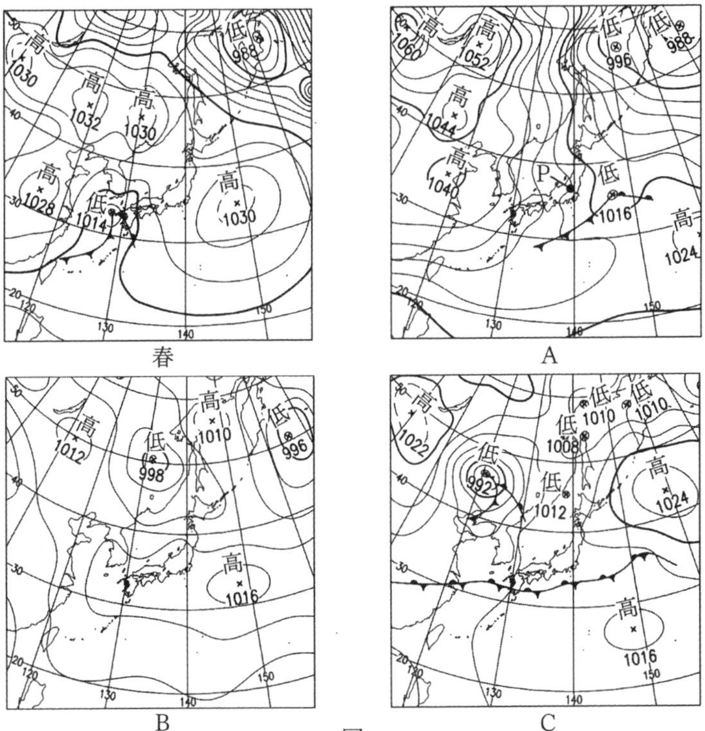

図

このことについて，次の1，2，3の問いに答えなさい。

1　図Aの点Pの気圧は何 hPa か。また，Aのような気圧配置を何と呼ぶか。漢字4文字で答えなさい。

2　春から季節の順に，図のA，B，Cを並べなさい。

3　日本の春から夏にかけての天気の変化と気団の関係について，以下の文にまとめた。文中の①，②，③について適する語句を答えなさい。

> 2月下旬ごろから(　①　)気団がおとろえ，冬の季節風が弱まると日本海上で低気圧が発達し，低気圧に向かって南寄りの強い風が吹き込み，気温が上がることがある。3月下旬になると，移動性高気圧の影響で4～7日周期で天気が変化することが多い。6月ごろになると(　②　)気団と(　③　)気団がぶつかり合い，二つの気団の勢力がほぼ同じなため，梅雨前線が発生し長い間とどまるため，雨の多い天気となる。7月下旬となると，(　③　)気団がおとろえ，太平洋高気圧が発達して梅雨が明ける。

4　植物のつくりの違いについて調べるために，校庭にある植物の観察(1)，(2)及び考察を順に行った。

(1)　校庭に生息している4種類の植物について，土を側面より掘り，根の観察を行った。図1は観察した植物のつくりの一部をスケッチしたものである。

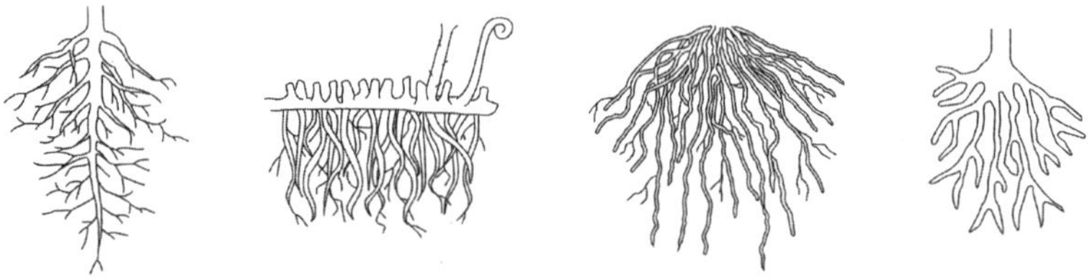

アブラナ　　イヌワラビ　　ユリ　　スギゴケ

図1

(2)　それぞれの植物の茎の水の通り道について調べるため，4種類の植物を着色した水にしばらくつけた後，茎をカッターで輪切りにし，顕微鏡で観察を行った。図2のA，B，C，Dはそれぞれの茎の様子をスケッチしたものである。

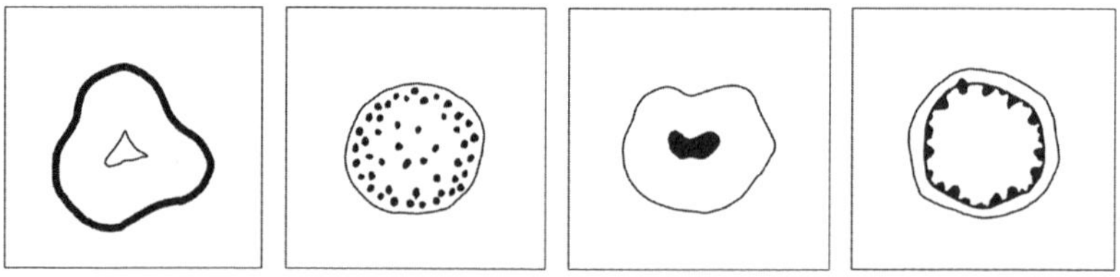

A　　B　　C　　D

図2

考察「観察(1)ではアブラナには主根と側根，ユリにはひげ根がついていたので，それらは，被子植物の双子葉類と(　①　)のどちらかに分類することができる。また，観察(2)より，水分が通る管が散らばって存在しているBは(　①　)，輪のように並んでいるDは双子葉類，内部に水分が通る管があるCは(　②　)，内部に管がないAは(　③　)と，それぞれ分類することができる。」

このことについて，次の1，2，3の問いに答えなさい。

1　観察(1)について，スギゴケの根のように見える部分を何というか。

2　考察について，文中の①，②，③に入る語句を答えなさい。

3　観察(1)，(2)及び考察により，A，B，C，Dの断面はそれぞれどの植物のものか。組み合わせとして正しいものはどれか。

	A	B	C	D
ア	スギゴケ	アブラナ	イヌワラビ	ユリ
イ	イヌワラビ	アブラナ	スギゴケ	ユリ
ウ	スギゴケ	ユリ	イヌワラビ	アブラナ
エ	イヌワラビ	ユリ	スギゴケ	アブラナ

5

物体を持ち上げる仕事について調べるために，次の実験(1)，(2)，(3)を順に行った。

(1)　図1のようにモーターの先に糸をつけ，質量600gのおもりを糸がたるまないように下におろした。モーターは直流電源につながっており，電源を入れることでモーターが回り，おもりを持ち上げることができる。この装置に電源を入れたところ，おもりは等速で上がっていき，40cm持ち上げるのに12秒かかった。

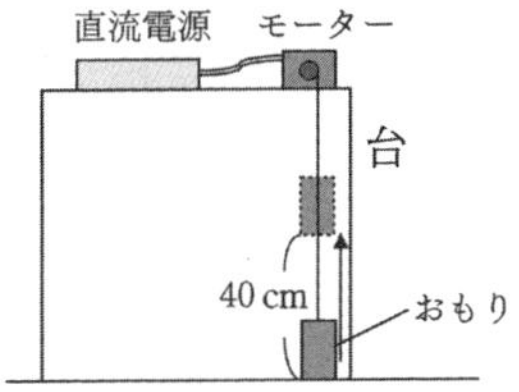

図1

(2)　図2のように，台の前に斜面を設置し，実験(1)で用いたおもりを斜面の下に糸がたるまないように置いた。電源を入れたところ，おもりは等速で斜面を上がっていき，100cm上がるのに10秒かかった。

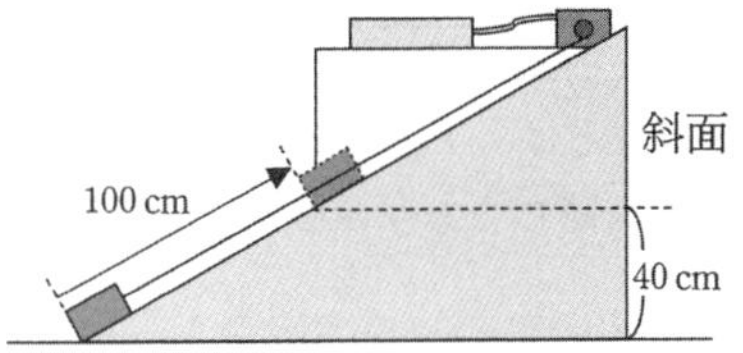

図2

(3)　おもりの重さを2倍にして実験(1)，(2)と同様の実験を行ったところ，実験(1)と同様の方法ではおもりを持ち上げることができなかった。実験(2)と同様の方法では100cm移動させるのに30秒かかった。

なお，質量100gのおもりに対して1Nの重力がはたらくものとする。

このことについて，次の1，2，3，4の問いに答えなさい。

1　実験(1)について，モーターがおもりに対して行った仕事率を求めなさい。

2　実験(2)について，斜面を100cm移動したとき，高さが40cm上昇した。このとき，糸がおもりを引いた力は何Nか。ただし，斜面とおもりの間には摩擦がはたらかないものとする。

3　実験(1)，(2)において，仕事とエネルギーについての正しい説明は次のうちどれか。

ア　実験(2)の方がおもりを動かした距離が大きいので，持ち上げた後の位置エネルギーが大きい。

イ　実験(2)について，斜面とおもりの間に摩擦があった場合，おもりを引く力が大きくなるため，引き上げた後の位置エネルギーは実験(2)よりも大きくなる。

ウ　実験(1)，(2)において，等速で持ち上げられている間，力学的エネルギーは変化しない。

エ　実験(1)，(2)において，モーターが行った仕事の大きさと持ち上げた後の物体の力学的エネルギーの変化量は等しい。

4　実験(3)について，実験(1)での仕事率をP_1，実験(2)での仕事率をP_2，実験(3)で斜面を用いた場合の仕事率をP_3とするときP_1，P_2，P_3を仕事率の大きい順に並べなさい。

6 地層の重なりについて調べるために，山を削って作られた道路脇にある露頭の観察を行った。

道路脇の4か所の露頭を観察しスケッチを行った。図1はスケッチを行った場所を示し，図2は各地点での地層の様子を柱状図で示したものである。

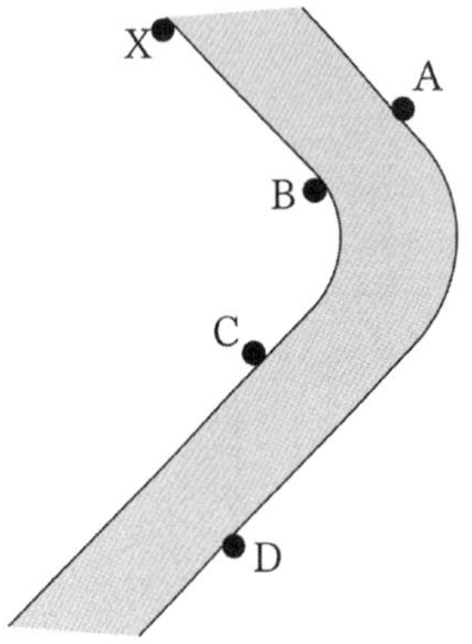

図1

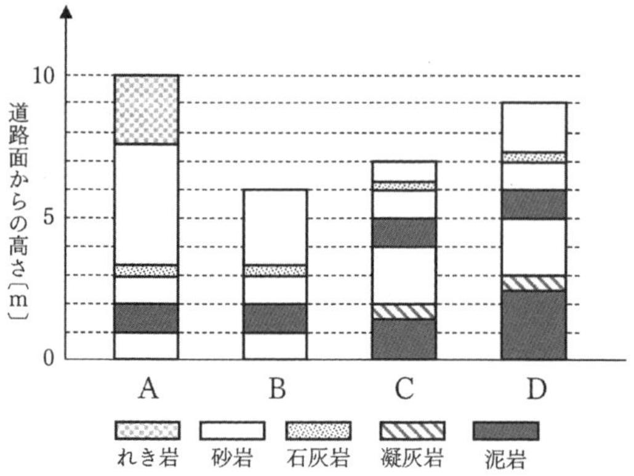

図2

このことについて，次の1，2，3，4の問いに答えなさい。

1 石灰岩やチャートなどは，主に何が堆積してできたものか。

2 A，B地点の標高は同じであり502 m だった。D地点での標高は何 m と考えられるか。

3 X地点からボーリング調査を行ったところ，凝灰岩の層は6 m 掘ったところから現れた。X地点の標高は何 m か。

4 凝灰岩のように火山灰でできた層は，離れた地層を比べるときに役立つ鍵層と呼ばれる。なぜ火山灰でできた層は鍵層となるのか説明しなさい。

7 物質A，B，C，D（硝酸カリウム，ミョウバン，ホウ酸，塩化ナトリウムのいずれかが入る）の特定を行うために，次の実験(1)，(2)，(3)を順に行った。

(1) 図1のように，200 g の水を入れたビーカーの温度を20 ℃にし，物質Aを30 g 入れた。B，C，Dについても同様に行った。その後，それぞれのビーカーを図2のようにガラス棒を使ってよくかき混ぜたところ，AとDのビーカーは物質が溶け残り，BとCのビーカーは物質が全て溶けた。

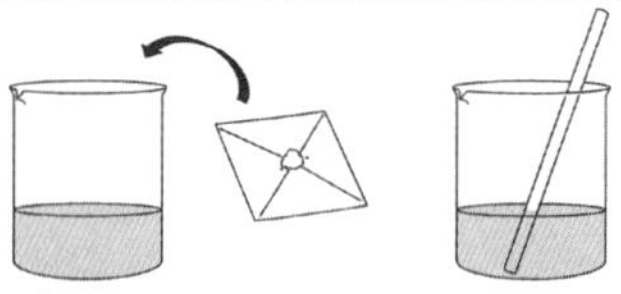

図1　図2

(2) 図3のように，ガスバーナー，三脚，金網，温度計を使い，A，B，C，Dの水溶液を60 ℃になるまで加熱した。このとき物質が溶け残っていたAとDのビーカーも物質が全て溶けた。4つのビーカーにそれぞれ，実験(1)と同じ物質をさらに30 g 加え，かき混ぜたところ，D以外のビーカーで物質が全て溶けた。

(3) 実験(2)の後A，B，C，Dのビーカーを10 ℃まで冷却したところ，AとCのビーカーも結晶が生じた。

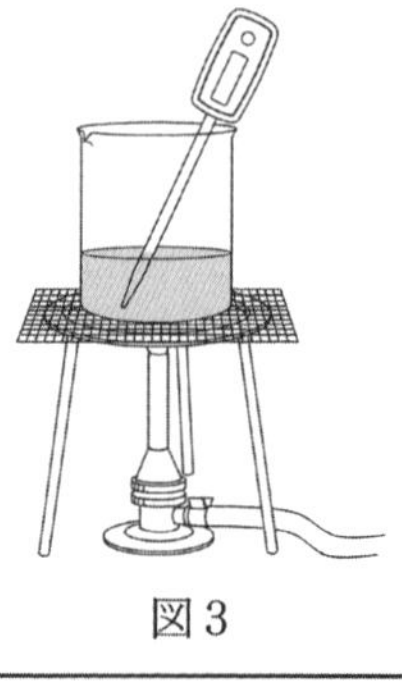

図3

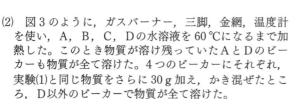

このことについて，次の1，2，3，4の問いに答えなさい。

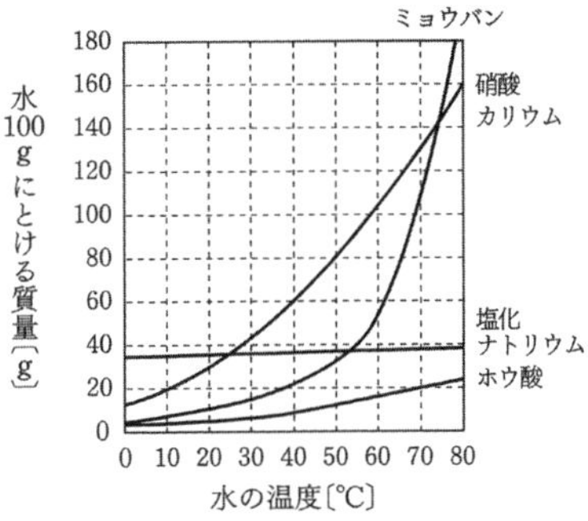

図4

1　実験(1)のAのビーカーのように，その温度で最大まで物質が溶けている水溶液を何というか。

2　実験(1)，(2)，(3)の結果と右の図4から判断すると，物質A，B，C，Dの組み合わせは次のうちどれか。

	A	B	C	D
ア	硝酸カリウム	ミョウバン	塩化ナトリウム	ホウ酸
イ	硝酸カリウム	塩化ナトリウム	ミョウバン	ホウ酸
ウ	ミョウバン	硝酸カリウム	塩化ナトリウム	ホウ酸
エ	ミョウバン	塩化ナトリウム	硝酸カリウム	ホウ酸

3　実験(3)のCのビーカーの水溶液について，質量パーセント濃度を求めなさい。ただし，答えは小数点第1位を四捨五入したものを記入すること。

4　実験(3)のBのビーカーについて，結晶を取り出す方法として考えられることを簡潔に述べなさい。

8　鏡の性質について調べるために，次の実験(1)，(2)，(3)を順に行った。

(1)　図1のように，高さ30cmの鏡を床から140cmの高さに固定する。鏡の前に立ち，鏡を見たところ，立ち姿が映った。Aさんの身長は172cm，目線の高さは160cmである。

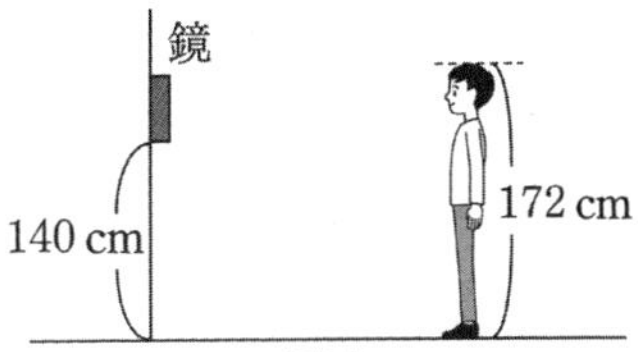

図1

(2)　図2のように，鏡1と鏡2により2面の壁が鏡になっている四方の箱を用意する。この中のA，B，Cに柱を立て，水平視野角180°のカメラをP地点に立て，矢印の方向に向け撮影を行ったところ，カメラに柱が映った。

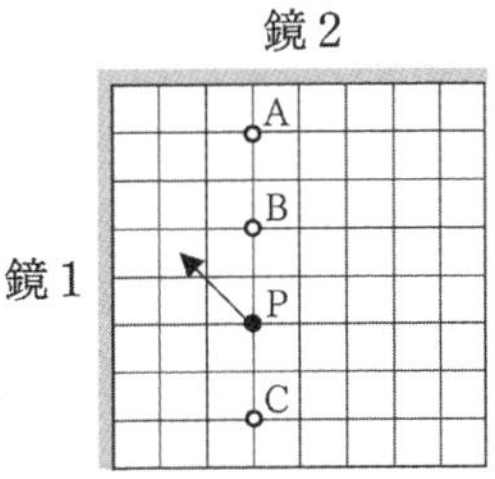

図2

(3)　図3のように，実験(2)と同様の箱を用意し，その中に斜線で示した壁を立てた。回転することにより，水平方向360°を映せるビデオカメラをQ地点に立て，撮影を行った。

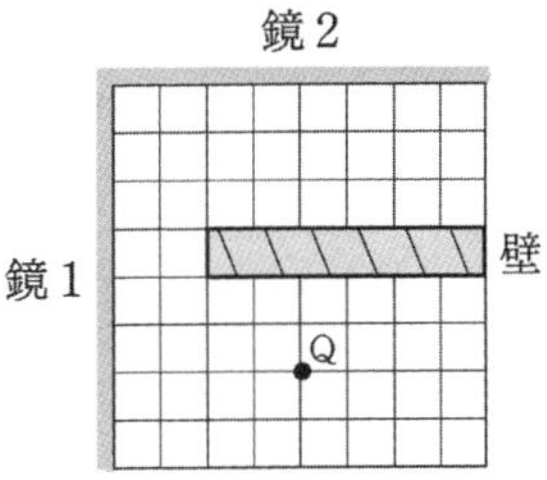

図3

このことについて，次の１，２，３，４の問いに答えなさい。

1　実験(1)について，鏡に映る像として正しいのは次のうちどれか。

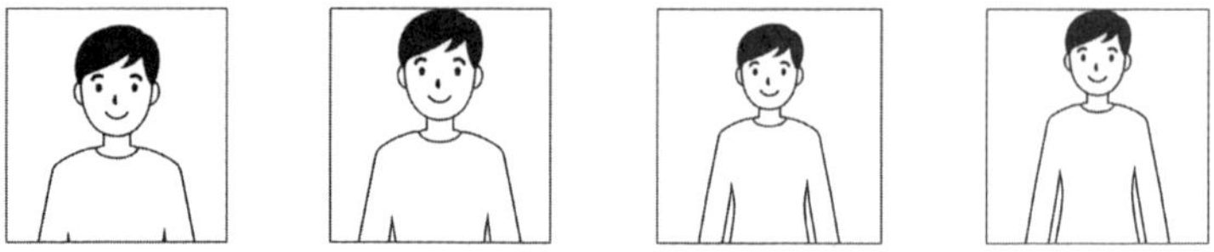

ア　　イ　　ウ　　エ

2　実験(1)について，全身がちょうど鏡の上下端まで映るようにする場合，上下幅何 cm の鏡を床から何 cm の高さに設置すればよいか。

3　実験(2)について，カメラには何本の柱が映るか。ただし，柱はすべて同一形状でまっすぐ立っており，以下の例のように柱と重なった場合は映らないものとする。
例　図２のＡはＰから見るとＢに重なっており，カメラに映らない。

4　実験(3)について，ビデオカメラに映らない部分はどこか。解答用紙の図に，映らない部分をぬりつぶしなさい。

9　マツバボタンの花の色の遺伝の規則性について調べるために，次の実験(1)，(2)，(3)を順に行った。なお，マツバボタンの遺伝の規則性は，メンデルが発見した規則性にしたがうものとする。

(1)　図１のように，白色の花と赤色の花を掛け合わせて種子を作った。その種子を育てたところ，子の代にあたる赤色の花と白色の花が咲いた。

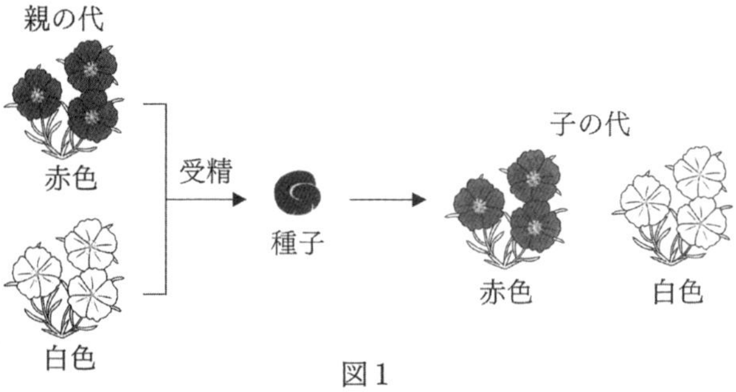

図１

(2)　図２のように，実験(1)で咲いた赤色の花を自家受精させ種子を作り，その種子を育てたところ孫の代にあたる赤色の花と白色の花が咲いた。また，図３のように，白色の花に自家受精させて種子を作り，その種子を育てたところ，孫の代にあたる白色の花が咲いた。

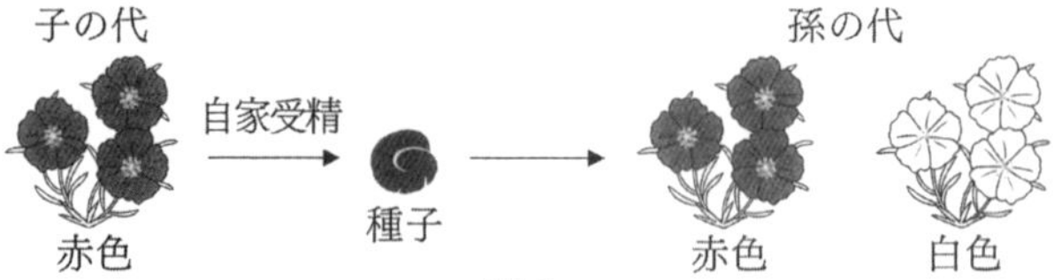

図２

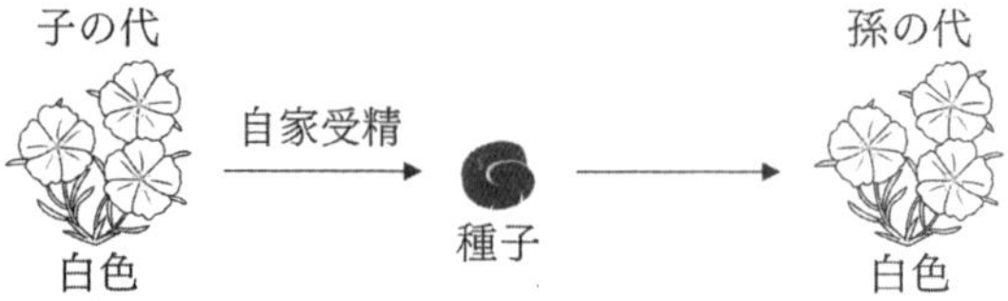

図３

解　答　P283

(3)　調査班を１班２班に分け，１班は実験(2)で咲いた花の中から赤色の花を２つ選び受精させた。２班は赤色の花と白色の花を１つずつ選び受精させた。その後，それぞれの班でできた種子をまいた。

このことについて，次の１，２，３，４の問いに答えなさい。

1　実験(2)の結果から，赤色の花と白色の花どちらが顕性形質か答えなさい。

2　実験(1)について，子の代にあたる花が赤色と白色になった理由として以下の文章の①，②，③，④に適する語句を記入しなさい。

顕性形質になる遺伝子をA，潜性形質になる遺伝子をａとしたとき，赤色の親の遺伝子は(　①　)，白色の親の遺伝子は(　②　)となる。赤色の花からできる生殖細胞は(　③　)もしくは(　④　)の遺伝子を持ち，白色の花からなる生殖細胞は(　④　)の遺伝子を持つ。よって子の遺伝子は(　①　)もしくは(　②　)となり，子の代にあたる花の色は赤色と白色の両方となる。

3　実験(2)について，図２の孫にあたる赤色の花と白色の花の割合はどうなると考えられるか。もっとも簡単な整数比で表しなさい。

4　実験(3)について，１，２班でまいた種子から咲いた花について考えられることで，間違っているものはどれか。

ア　１班の咲いた花が赤色と白色だった場合，赤色の割合は約 75 ％である。

イ　１班の咲いた花がすべて赤色だった場合，何世代自家受精しても赤色の花しか咲かない。

ウ　２班の咲いた花が赤色と白色だった場合，赤色の割合は約 50 ％となる。

エ　２班の咲いた花がすべて赤色だった場合，受精させた赤色の花は純系である。

令和5年
1月8日実施
入試問題

文星芸術大附属　前期試験
宇都宮文星女子　[一般 A]

英　語

制限時間 50分

1　これは聞き方の問題である。指示に従って答えなさい。

1 〔英語の対話とその内容についての質問を聞いて，答えとして最も適切なものを選ぶ問題〕

(1)

(2)

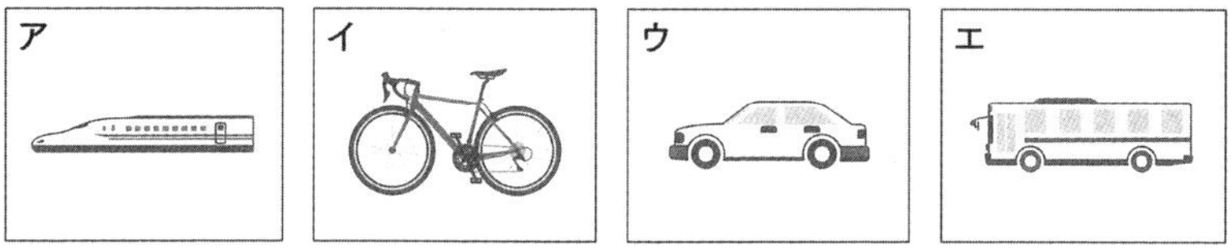

(3) ア Do his homework.　　イ Clean his room.
　ウ Play baseball.　　エ Go home.

(4) ア At the station.　　イ At the hospital.
　ウ At the library.　　エ At the theater.

2 〔英語の対話とその内容についての質問を聞いて，答えとして最も適切なものを選ぶ問題〕

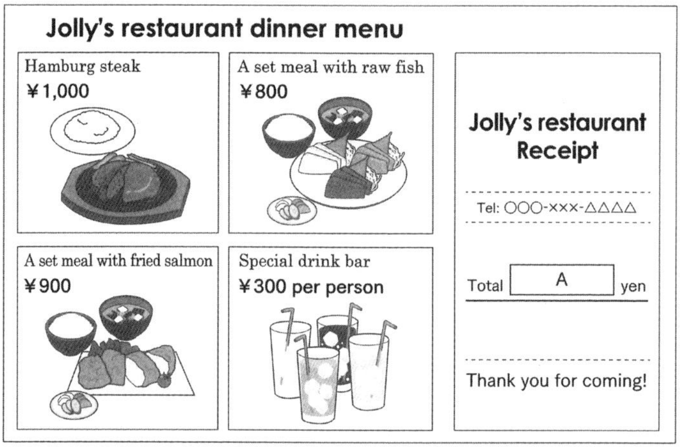

(1) ア Because it was close to their house.
　イ Because they heard the service was so good.
　ウ Because their friend recommended it.
　エ Because they heard the food was delicious.

(2) ア Hamburg steak.
　イ A set meal with fried salmon.
　ウ A set meal with raw fish.
　エ Hamburg steak and a set meal with raw fish.

(3) ア ¥1,700　　イ ¥2,300　　ウ ¥2,500　　エ ¥3,300

3 〔インタビューを聞いて，英語で書いたメモを完成させる問題〕

● The center of the country
　・a (1)(　　　) river in the city
● Climate
　・snows in (2)(　　　)
● Famous companies
　・(3)(　　　) companies and Japanese companies
● Japanese Language School

解答 P283

2 次の１，２の問いに答えなさい。

１　次の英文中の［ (1) ］から［ (6) ］に入れるものとして，下の(1)から(6)のア，イ，ウ，エのうち，それぞれ最も適切なものはどれか。

Thank you［ (1) ］your e-mail. I was very happy to get an e-mail［ (2) ］in English. I was very proud of it and showed it to my friends in my class at school the next day. I was a little surprised but felt happy［ (3) ］that you became a member of the Japanese language club. Do you enjoy learning［ (4) ］language? I hope to talk with you［ (5) ］only in English but also in Japanese.［ (6) ］you have any questions about my country, I will do my best to answer them.

(1)	ア　at	イ　in	ウ　to	エ　for
(2)	ア　write	イ　wrote	ウ　written	エ　writes
(3)	ア　know	イ　known	ウ　knowing	エ　to know
(4)	ア　we	イ　our	ウ　us	エ　ours
(5)	ア　no	イ　not	ウ　never	エ　both
(6)	ア　If	イ　Because	ウ　After	エ　Before

２　次の(1)から(3)の（　　）内の語を意味が通るように並べかえて，その順序を(1)，(2)はア，イ，ウ，エの記号を用いて，(3)はア，イ，ウ，エ，オの記号を用いて書きなさい。

(1)　A: What is（ア　in　イ　mountain　ウ　highest　エ　the）the world?
　　B: It's Mt. Everest.

(2)　A: I'll show you（ア　can　イ　how　ウ　get　エ　you）to the museum.
　　B: Thanks. I'm stranger here.

(3)　A: What did Peter say?
　　B: He asked his（ア　to　イ　buy　ウ　some　エ　him　オ　mother）food.

3 次の英文は，中学生の明(Akira)と留学生ジェイコブ(Jacob)との対話の一部である。これを読んで，１から６までの問いに答えなさい。

Akira: Hi, Jacob. Are you ready for the weekend?
Jacob: Hello, Akira. I am looking forward to going to a hot spring with your family.［ A ］hot springs are there in Japan?
Akira: I have asked my father about it before. He said ＿＿(1)＿＿ 3,000 hot springs.
Jacob: So many! Amazing. This is going to be a different experience from just taking a shower.
Akira: *Onsen* will ＿＿(2)＿＿ *from inside. The hot water coming from the ground is good for your health. Also, there are baths outside in nature, so we all feel *relaxed. For these reasons, we like hot springs.
Jacob: Could you tell me the best way to take hot springs?
Akira: *Onsen* is a *public place, so there are many rules. First, you have to take off your clothes in the *locker room. There are a *washing place and a *bathtub. Before you get into a bath, ＿＿(3)＿＿ and hair in the washing place.
Jacob: We have to follow these rules to keep hot water in the bathtub clean. Right?
Akira: Yes. Before getting into a bathtub, you must pour hot water on your body. Sometimes the water in the bathtub is really hot, so you have to get ready.
Jacob: Look at (4)<u>this survey</u> by the government. The government asked foreign tourists some questions about hot springs. About 50 percent of them said

they were interested in hot springs in Japan. However, about one-third of them wanted something to wear in hot springs, so they have never tried it.

Akira: You mustn't wear a *swimsuit. Hot springs are not swimming pools. If people wear swimsuits and go into a hot spring, swimsuits will *take in minerals from the hot water. [B], wearing a swimsuit will reduce the *effects of minerals. I've heard that *samurai* took *onsen* to *heal their wounds.

Jacob: What about the towel you use?

Akira: While in the bath, you have to put it on your head to keep the hot water clean.

Jacob: Is there (5)anything else to know before taking *onsen*?

Akira: You should take a bath for a few minutes, and then get out and take a break for a while. If you don't do this, you will feel sick.

Jacob: I'm also interested in the outdoor hot spring.

Akira: Taking a bath in nature is an amazing experience. You can enjoy nature while taking a bath under the sky. You are *in harmony with (6)nature.

Jacob: This is going to be an exciting cultural experience.

〔注〕*from inside＝体の内側（芯）から　*relaxed＝くつろいだ
*public＝公共の　*locker room＝ロッカールーム，脱衣所
*washing place＝洗い場　*bathtub＝浴槽《よくそう》　*swimsuit＝水着
*take in mineral＝ミネラル（体に良い成分）を吸収する　*effect＝効果
*heal one's wound＝傷を癒《いや》す　*in harmony with ～＝～と調和している

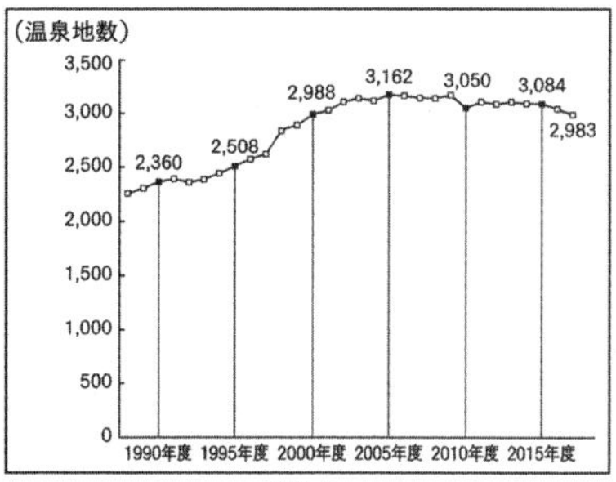

図1

温泉の効果

- 体を芯から保温する。
- 健康にいい。
- 露天風呂もある。
- リラックスできる。

図2

温泉の正しい入り方・注意事項

- 脱衣所（ロッカー）で服を脱ぐ。
- 湯船に入る前に，体と頭を洗う。
- 湯船に入る前に，お湯を体にかけて体を慣らす。
- 水着着用不可。
- タオルを湯船につけない。

図3

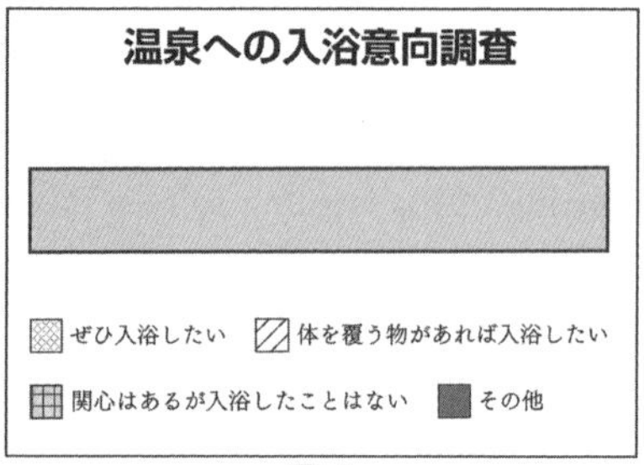

図4

1　二人の対話が成り立つよう，本文中の [A] に入る最も適切な英語2語を書きなさい。

2　二人の対話が成り立つよう，図1，図2，図3を参考に，下線部(1)，(2)，(3)に適切な英語を書きなさい。

3　下線部(4)について，図4の [　　　] の位置に入るグラフとして，最も適切なものはどれか。

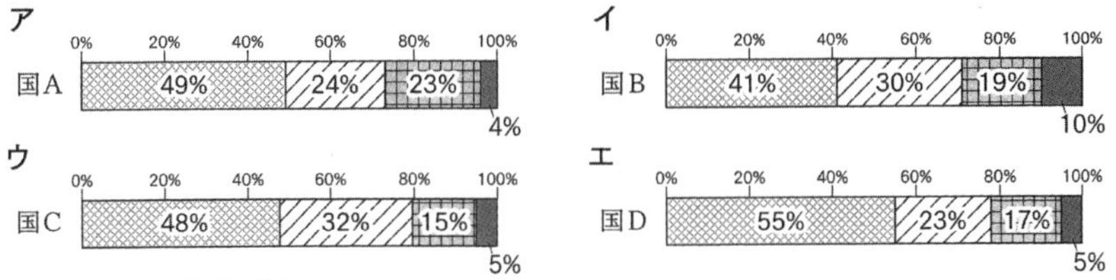

4　本文中の［　B　］に入る語句として，最も適切なものはどれか。

ア　Therefore　　イ　However　　ウ　Also　　エ　But

5　下線部(5)について，本文中で述べられている具体例を挙げて，20字以上30字以内の日本語で書きなさい。ただし，句読点も字数に加えるものとする。

6　下線部(6)について，あなたなら，本文に書かれていること以外で，自然と調和するためにどんなことをしますか。まとまりのある5文程度の英語で書きなさい。

4　レイ(Rei)と，レイの友達であるシノ(Shino)とハヤト(Hayato)についての英文を読んで，1から5の問いに答えなさい。

Shino, Hayato and I have been friends since we were children and went to the same junior high school. We are members of a Japanese *calligraphy club.

In the club activities, Shino often receives awards at art exhibitions and gives useful advice to the members, so she [　　　　] them. In classes, she works hard and often asks her teachers questions. She always gets high scores on tests. Hayato is an ordinary student in class, but he does what he has to do by himself. He is getting good grades these days. He quietly concentrates on his works in his club activities. He has recently started winning awards for his works. I also work hard like Shino and Hayato, but my grades aren't as good as theirs.

One day, Hayato and I went to Shino's house to study for the next exam. I asked her, "Can you help me?" She said, "Sure! Let's solve it together!" I asked her many questions because it was difficult for me to answer them. Then, I was able to understand how to solve them with her help. I said, "Thank you, Shino. I can answer these questions!" I felt excited. She kindly said, "I'm glad to help you. You can ask me questions anytime." While I was taught by Shino, Hayato was studying by himself quietly.

When Hayato and I were on our way home, I told him how kind Shino was that day. Then, Hayato said, "As you say, she is good at both calligraphy and studying, and she works very hard at both. (1)Her behavior is great." And I said, "I want to be like her." He answered, "I thought so too. I have asked her before. You know she wants to be a Japanese teacher. This is why she is working very hard. I want to be a famous artist, so I'm studying and practicing calligraphy like her. I've started getting good grades and winning awards. I will do my best to make (2)my dream come true." He continued. "Rei, what is your dream? It is important to set goals and study hard by yourself. Setting goals will give us the energy to work hard. Today, did you make any effort to understand by yourself?"

I was glad that Shino was kind enough to answer my questions. However, his words made me *feel ashamed that I always depended on her and used her time. After finishing the exam, I thanked Shino. "Thank you for spending your time with me. This time, I got a better score than before. Next time, I will do my best by myself."

〔注〕*calligraphy＝書道　　*feel ashamed＝申し訳ないと思う

1　本文中の［　　　　］に入る適切な英語を3語または4語で書きなさい。

2　下線部(1)について，ハヤトはシノのどのような行為を素晴らしいと思っているのか。日本語で書きなさい。

3　下線部(2)の内容を次の［　　　］内のように表したとき，(　　　)に入る適切な英語を，本文から4語で抜き出して書きなさい。

Hayato wants to (　　　　　　　　　　　　　　　　　) in the future.

4　ハヤトは目標を決めることで何を得ることができると言っているか。日本語で書きなさい。

5　本文の内容と一致するものはどれか。

ア　Shino and Rei met each other for the first time at the junior high school.

イ　Rei and Hayato were always taught by Shino.

ウ　Shino wanted to be a calligraphy artist in the future.

エ　Rei decided to study for the next exams without Shino's help.

5　次の文を読んで，1，2，3，4の問いに答えなさい。

Have you ever had *chai? Chai is a very sweet Indian-style milk tea. It is known worldwide as milk tea with *spices. It is [A] British milk tea. Tea is called *cha* in Japanese just as in Chinese. Chai and *cha* are almost the same, but why?

Do you know where Japanese tea came from? Let's look at the history of tea in Japan. It was first introduced to Japan by Chinese *monks. The Japanese word for tea and the Chinese word for tea have the same Chinese characters. [B] Eventually, in the Edo period, however, it became popular to the common people because it was cheaper than before.

On the other hand, how was tea introduced to India? It was introduced to India through *the Silk Road from China. At that time, it was introduced as chai. Now India produces the second largest amount of tea leaves in the world.

In *Korea, tea is called *cha*. And in places like *Russia along the Silk Road, tea is called chai.

In this way, tea was introduced from China a long time ago. It is still a part of daily life in each country without any changes to its name. Chai and *cha* are similar because they both came from China. Although their looks and tastes are different, they are both made from the leaves of the same kind of tea tree.

〔注〕*chai＝チャイ　*spice＝スパイス　*monk＝僧
*the Silk Road＝シルクロード　*Korea＝韓国　*Russia＝ロシア

1　本文中の[A]に入るものとして，最も適切なものはどれか。

ア　similar to　　イ　ready to　　ウ　afraid of　　エ　in danger of

2　本文中の[B]に入る次のア，イ，ウ，エの文を，意味が通るように並べかえて，記号を用いて答えなさい。

ア　Later, in the Kamakura period, a Japanese monk brought tea back to Japan and then spread it only to rich people.

イ　In the Heian period, a Chinese monk gave the first tea to the Emperor.

ウ　It did not spread around Japan then because it was introduced only to the Emperor.

エ　The tea was still expensive, so only a few people could drink it at that time.

3　下線部の茶(tea)は，どこからどのようにインドに伝わったのか。日本語で書きなさい。

4　本文のタイトルとして最も適切なものはどれか。

ア　The Relationship between Chai and *Cha*　　イ　How to Drink Tea

ウ　The Importance of the Silk Road　　エ　The Great Point of Tea

解答　P283

【コロナ禍による人生観・仕事観への影響に関する調査】

人生観：具体的にどんなことについての考え方が変わりましたか

（n＝292・複数回答）

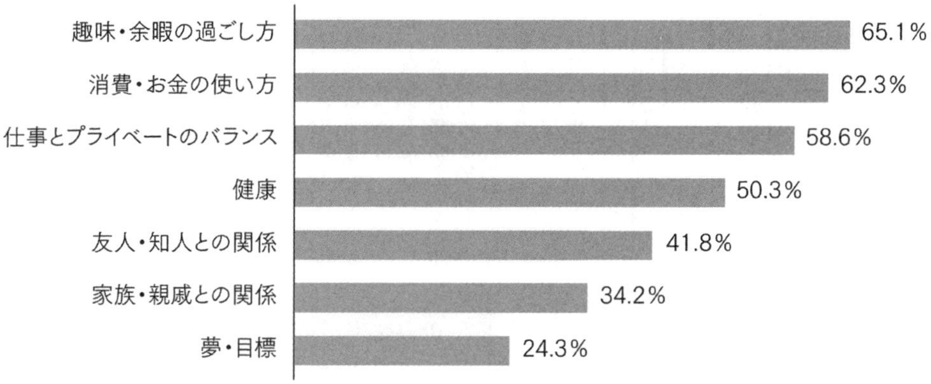

※調 査 対 象：日本全国の20代～50代の男女

※サンプル数：800人（男性618人・女性182人）

※調 査 方 法：インターネット調査

※実 施 期 間：2021年5月25日～27日

https://www.adeccogroup.jp/pressroom/2021/0728_02

哲生は駆けだした。恵理に抱きついた。
歌っていたのと同じぐらい大きな声で、泣きだした。

（重松清「カシオペアの丘で」〈岩波書店〉から）

（注1）混ぜっ返してくる＝からかったり余計なことを言ったりして、人の話をそらすこと。

1　(1)哲生の肩を抱き寄せた　とあるが、この時の「僕」の気持ちとして適切なものはどれか。

ア　自分の思いをより強く直《じか》に伝えたいという思い。
イ　息子に安心感だけでも与えたいという思い。
ウ　少しでも後ろめたさを紛らわせたいという思い。
エ　観音さまに行くのをやめさせたいという思い。

2　(2)夜空を見上げて、ありがとう、とつぶやく　とあるが、このときの「僕」の気持ちの説明として適切なものはどれか。

ア　事故を忘れたい父親の気持ちを知りお参りをあきらめた「哲生」に、心から感謝する気持ち。
イ　昔の話を最後まで興味を持って聞いていた「哲生」の我慢強さに、心ならずも感心する気持ち。
ウ　事故の犠牲になった人々を気の毒に思う「哲生」の優しさに、とても心を打たれる気持ち。
エ　「ひいおじいちゃん」の心情を想像して思いやる「哲生」の言葉を、心からうれしく思う気持ち。

3　もしかしたら、ダムや湖をつくったのは、いまわしい記憶の刻まれた炭鉱を街の歴史や暮らしから切り離してしまいたかったからなのかもしれない　とあるが、そう感じた理由を、五十字以内で答えなさい。

4　(3)またたかないはずの星がすべて揺れて、流星のように尾をひいて、湖と空が溶け合って、もう星座は見分けられない　とあるが、ここから読み取れる「僕」の様子として適切なものはどれか。

ア　「僕」が星に見とれている様子。
イ　「僕」が涙ぐんでいる様子。
ウ　「僕」が「哲生」を強く抱きしめる様子。
エ　「僕」が何かを探している様子。

5　(4)今度から、お父さんって呼んでいい？　とあるが、ここからうかがえる「哲生」の気持ちとして適切なものはどれか。

ア　父親の気持ちをきちんと受けとめることができず緊張していたところ、やっと帰るようにうながされ、ほっとする気持ち。
イ　自分が変わることによってしか病気の父親を守れないと確信し、両親の呼び名を改めることで、自分が一家の中心になろうと決心する気持ち。
ウ　病気のために弱弱しくなった父を見て驚き、新しい呼び名に改めることで、もっと父親らしくなってくれることを期待する気持ち。
エ　自分はもう子どもではなく、父親がいなくなっても強く生きていけるということを意識的に示すことで、父親を安心させようという気持ち。

6　(5)負けるな、と歌う。がんばれ、と歌う　とあるが、このときの「哲生」の気持ちを説明した次の文の［A］・［B］に入る言葉を、Aは十字以内、Bは十五字以内でそれぞれ書きなさい。

自分が［A］ことを父親に悟られないようにし、また一方で、「負けるな」、「がんばれ」と歌うことで［B］とする気持ち。

5　コロナ禍となって三年が経とうとしています。あなたの中で変わったと思う価値観を一つ挙げ、次の《注意》にしたがって自分の意見を書きなさい。以下の資料を参考にしてもよい。

《注意》
・二段落構成とする。
・具体例をいれること。
・国語解答用紙(2)に二百四十字以上三百字以内で書くこと。

哲生が言った。体が触れ合っていると、声は温かい震えになって胸に届く。「そうだよな……かわいそうだったよな」

僕の声も、耳からではなく哲生の胸にじかに響くといい。そして、おとなになるまで消えないでいてほしい。

「だから、あの観音さまが建てられたんだ。死んじゃったひとが天国で安らかに眠れますように、って」「そうじゃなくて」

ひいおじいちゃんのこと、と哲生は言った。そんなの決めなきゃいけないのって、かわいそうだよね。

「そう思うか？」「うん……だって、かわいそうじゃん、やっぱり」

僕は哲生の肩をさらに強く抱く。(2)夜空を見上げて、ありがとう、とつぶやく。

そして――

「パパは、哲生が生まれたとき思ったんだ。ひとが生まれて、生きるっていうのは、どういうことなんだろう、って。そんなの難しくて、パパにも答えなんかわからないけど、でも、ずっと考えていたいと思ったんだ。生まれた赤ちゃんにも、生きることをしっかり考える子どもになってほしいと思って……それで、哲生って名前にしたんだ」

（中略）

「パパは哲生っていう名前が大好きだし、おまえが大好きだし、哲生っていう名前をつけた赤ちゃんがおまえになってくれたのが、いちばんうれしいんだ」

哲生は僕の腕の中で、はにかんだように笑った。照れ隠しになにか混(注1)ぜっ返してくるかと思っていたが、笑うだけで黙っていた。

「パパはおまえに遺産なんてのこしてやれないけど、名前っていうのは親から子どもに贈る最初のプレゼントだから、これがパパの遺産なんだ。最高の遺産だぞ」「……遺産ってさあ、死んでからでしょ」

くぐもった声で哲生は言う。僕がぎゅっと、胸に抱き寄せたから。

星がきれいだ。悲しいほどきれいだ。北の空にカシオペア座を探してから話すつもりだったが、(3)またたかないはずの星がすべて揺れて、流星のように尾をひいて、湖と空が溶け合って、もう星座は見分けられない。

「パパ、病気なんだ」

澄みきった空気は、声をくっきりと哲生の耳に届けてくれたはずだ。

「肺ガンって聞いたことあるだろ。ヤバい病気で、病院に行ったんだけど、ちょっと、行くのが遅すぎたみたいなんだ」

生きることについて考えてくれ、と生まれたばかりの哲生に願ったのだ。生きることについてのなにかを、哲生に伝えなければならないのだ。

「がんばるよ。パパ、がんばって、少しでも長生きする。でも、哲生がおとなになるまでは、ちょっと無理みたいなんだ」

見たかったよなあ、と思う。哲生がどんな中学生になり、どんな高校生になり、どんな夢を持って、どんな青春を送って、どんな女の子を好きになって……ぜんぶ、ずっと、見たかったなあ、と頬をゆるめた。

「一日でも長く生きるから、一日でも長く、一緒にいような」

両手で抱きしめた。頭に頬ずりをした。

哲生は黙ったままだった。泣かなかった。

かわりに、僕が体を起こして「寒いだろ、そろそろ帰ろうか」と言うと、まるでサッカーの試合で監督から交代出場を告げられたときのように、ぴょん、と勢いよくベンチから立ち上がった。

「ね、パパ」……明るく、元気な声で言った。

(4)「今度から、お父さんって呼んでいい？　ママもお母さんにしていい？　ぼくさ、ずーっとさ、パパとかママとかガキっぽくて恥ずかしかったんだよね。もう変えちゃいたいんだけど、いいよね？　お父さんでいいよね？」「ああ……いいよ」

「歌いながら帰っていい？　お父さん」「うん……」

怪訝《けげん》なまま答えると、哲生は先に立って遊歩道を歩き出した。大きな声で歌う。アニメの主題歌を、次々に歌っていく。勇気を持って戦うヒーローの歌だ。正義の味方の歌ばかりだ。友情がある。夢がある。(5)負けるな、と歌う。がんばれ、と歌う。

歌いながら、哲生はどんどん足を速めていく。声もどんどん大きくなって、最後は小走りに、がなりたてるように、歌う。

勇気を持て。正義は必ず勝つ。明日のためにがんばれ。走りつづけろ。

歌声が聞こえたのだろう、コテージのドアが開いて、恵理が姿を見せた。

解答 P283

ウ　バスケットボールとアメフトのボールをまとめることで、特徴の違いをはっきりと認識することができるから。

エ　これまでの様々な経験からアメフトやバスケットのボールだけでなく、他のボールの存在も記憶しているから。

4　［B］、［C］に入る語をそれぞれ選びなさい。

ア　たとえば　イ　そして

ウ　しかし　エ　だから

5　(3)生物を分けることは、分類の最重要課題であったに違いないとあるが、その理由を三十字以内で答えなさい。

6　本文の内容にあうものはどれか。

ア　分類は対象が2つしかない状況では不可能であり、3つ以上の対象を比較しまとめることではじめて可能となる。

イ　目の前の2つのボールが初めて見るものであっても、過去の経験から意識的にそれらの種類を判別できる。

ウ　人工物が少なかった昔はものを分類する必要はなく、生命の営みとして根付いたのは近代になってからである。

エ　分類学の発展によって、分けることは私たちの生活に直結する重要な行為として認められるようになった。

4

次の文章を読んで、1から6までの問いに答えなさい。

〔「僕」は、小学生の息子「哲生《てつお》」と妻の「恵理《えり》」とともに、北海道のカシオペアの丘にあるコテージで宿泊していた。〕

このへんでいいかな、と丘の中腹のベンチに座った。街灯が近すぎも遠すぎもしない、ちょうどいい薄暗さだった。

遊歩道を歩いている途中、車のドアを開け閉めする音と、エンジンの音がコテージのほうから聞こえた。（中略）

「遊園地もいいけど……明日、大仏さまに行ってみない？」

哲生は、ほら、あれ、と夜の闇にほの白く浮かぶ北都観音を指差した。「大仏さまじゃなくて観音さまだよ」

僕は苦笑して、明かりがなにもない北都湖の対岸を見つめた。

「哲生、この湖って、自然にできたんじゃないんだぞ」「そうなの？」

「人間がつくったんだ。カシオペアの丘だって、人間がつくったようなものなんだよ」「マジ？」

「昔はここで石炭を掘ってたんだ。だから、地面の下の深いところは、まだトンネルが残ってるんだ」

カシオペアの丘は、最初から丘陵地だったわけではない。昭和初期に採炭されていた露天掘りの北都第一炭鉱が地面を深くえぐったので、その周囲が丘のようになったのだ。露天掘りの採炭が昭和二十年代のうちに終わると、今度はまわりの丘を横から掘り進めて石炭を採った。それが、昭和四十二年に落盤事故を起こした第二炭鉱だった。

第一炭鉱は、いまは湖の底になっている。発電と水源確保のために小さなダムがつくられ、炭鉱のくぼみに水がたくわえられて北都湖になった。

第二炭鉱は、湖の対岸にある。湖ができたことで、こちら側と完全に隔てられた。北都の市街地から直接向かう道路もない。昔は気づかなかったが、もしかしたら、ダムや湖をつくったのは、いまわしい記憶の刻まれた炭鉱を街の歴史や暮らしから切り離してしまいたかったからなのかもしれない。

「観音さまに行くのは、やめよう」

「えーっ、なんで？　ぼく、お参りしたい」

「あれは悲しい観音さまなんだよ」

(1)哲生の肩を抱き寄せた。夜空の星を見上げて、「まだ哲生には難しくてよくわからないかもしれないけど、昔、ここで悲しいできごとがあったんだ」と言った。

昭和四十二年の事故のことを、すべて話した。倉田千太郎《くらたせんたろう》という男が哲生のひいおじいちゃんにあたるんだということも含めて、すべて。

最初は「うそぉ」「なにそれ」「で、どうなっちゃったの？」と相槌《あいづち》を打っていた哲生も、坑道《こうどう》に倉田千太郎が注水することを決めたあたりから、じっと黙りこくった。

「見殺しにしたわけじゃないんだ。火災を食い止めるには、しかたなかったんだ。だから、ひいおじいちゃんが悪いんじゃない。これは、ほんとうに、どうしようもないことだったんだよ」

かばったつもりもごまかしたつもりもない。自分でも不思議なほど、言葉はすんなりと出た。

哲生の肩を強く抱いた。哲生も黙って、僕に体を寄せてきた。

「かわいそうだね」

る。目の前の物体だけでなく、過去に見てきたいくつものボールを頭に思い浮かべて、それらを種類分けしているはずである。

　というより、そういう過程を経ないと、目の前の物体を2種類に分けることができない。もしあなたが生まれて初めてアメフトとバスケのボールを見たとすれば、その2つが別種であると判断できないのである。想像してみてほしい。目の前の2つのボールが初めて見るものであれば、その種別を判断するために、あなたは当然、それらをつぶさに観察するだろう。たしかに形は違う。重さも弾力も違うように感じる。［B］、色は茶色で似ているし、一応どちらも(楕)円形である。

　悩みに悩んだ挙げ句、あなたは、この状況ではどうしてもそれらが別の種類であると判断できないことに気づくだろう。

（中略）

　このボールの例では、ここにもう一つバスケットボールが加わって3つになって初めて、2つのバスケットボールが同じ種類で、もう一つのアメフトボールと「分ける」ことができるようになる（図1－2）。

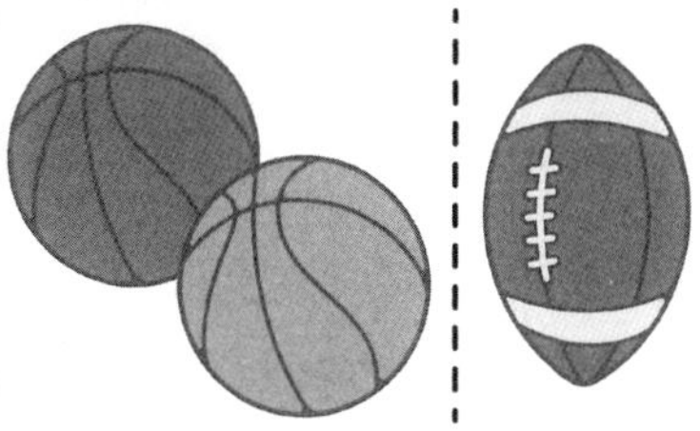
図1－2　3つになると、分けられる

　繰り返しになるが、私たちはバスケやアメフトの試合の光景の中で、何度もバスケットボールやアメフトボールを目にしている。目の前にあるボールが2つだけであっても、そのような経験の中から、別のボールの記憶を目の前の状況に加える、すなわち「分ける対象を頭の中で3つ以上にする」ことで、ボールの種別を判断しているのだ。

　［C］、ここで注目してほしいことがある。たとえばバスケットボールが新たに1つ加わったとき、私たちはバスケットボールとアメフトボールを「まとめて」いるということだ。「分ける」ことと「まとめる」ことは表裏一体で、分類とは、分けることでもあるが、ものをまとめることでもあるということがお分かりいただけよう。（中略）

　人間は長い歴史の中で、ものを分類してきた。現代であれば、前述したボールのような人工物、たとえば食器、衣服、電子機器のように特徴がはっきりしているものが身の回りにたくさんあり、私たちは子供のころからそれらを無意識のうちに分類し、生活してきたはずだ。

　しかしそのようなものなどなかったはるか昔、たとえば石器時代には、自分たちが作った石器などの人工物よりも、自然のものに触れる機会のほうが圧倒的に多かった。岩と泥《どろ》、真水と海水など、たくさんの分けるべき自然物はあるが、とくに(3)生物を分けることは、分類の最重要課題であったに違いない。そしてその遂行が分類学の始まりであったと考えられる。

　では、なぜ生物を分けるという作業は、とりわけ私たち人間に根付き、今日も発展を続ける学問に成長したのであろうか。この疑問への解答の一つは、それが生活に直結する行為であったからである。

　私たち人間を含む動物は、まず第一に周りにいる生物を食料にしなければ生きていけない。したがって、食べられる生物と食べられない生物を分けるという作業は、もっとも重要かつ基本的な「生命の営み」である。ウマは草を食べるが、肉や魚を食べない。カゴカキダイやブダイといった魚はイソギンチャクやサンゴを食べるが、カエルアンコウという魚は他の魚を好んで食べる。このように動物は、それぞれ自分が食べられる生物をより分けているのである。さらに、栄養価や味、食べられる部位やその量、そして毒のある生物であればその部位や毒性の強さなど、生物の特徴を知れば知るほど栄養の摂取効率を上げ、自分たちの死亡率を下げることができる。そしてそれは当然、生物の最優先課題である生き残りにつながっていくはずである。

（岡西政典「生物を分けると世界が分かる　分類すると見えてくる、生物進化と地球の変遷」〈講談社〉から）

1　(1)生物を分類するとあるが、動物にとってもっとも重要な生物の分類とはどういうことか。解答欄にあうように本文中より二十字以内で抜き出しなさい。

2　［A］に入る語として最も適切なものはどれか。

ア　道徳的　イ　派生的　ウ　例外的　エ　根源的

3　(2)普通はすぐに「別の種類です」と答えられるだろうとあるが、その理由として最も適切なものはどれか。

ア　アメフトやバスケットを実際にプレイしてきたことで、それぞれのボールが持つ特徴を理解しているから。

イ　動物のもつ本能とは別に、意識的に過去の経験を思い起こすことでボールの種別を判断することができるから。

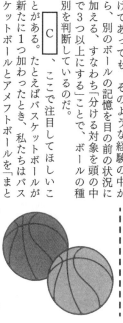

2　次の文章を読んで、１から５までの問いに答えなさい。

《醍醐《だいご》天皇の子孫である源博雅《みなもとのひろまさ》は、雅楽用の楽器を演奏するのが得意であった。ある晩、博雅の屋敷に盗人が入り込んだ。》

博雅の三位《さんみ》の家に、盗人《ぬすびと》入《い》りたりけり。(注1)三品《さんぼん》、板敷きの下に逃げ隠れにけり。盗人帰り、さて後、はひ出《い》でて家中を①見るに、残りたる物なく、みな取りてけり。(注2)篳篥《ひちりき》一つを(注3)置物厨子《づし》に②残したりけるを、三位取りて吹かれたりけるを、出でて去りぬる盗人はるかにこれを聞きて、感情おさへがたくして帰り来たりて(1)云《い》ふやう、「ただ今の御《おほん》篳篥の音《ね》をうけたまはるに、③あはれにたふとく候《さぶら》ひて、悪心みな改まりぬ。取る所の物どもことごとくに返したてまつるべし」と云ひて、(2)みな置きて出でにけり。昔の盗人は、またかく④優なる心もありけり。

（「古今著聞集《ここんちょもんじふ》」から）

（注1）三品＝親王の位。ここは、三位と同意。
（注2）篳篥＝雅楽用の竪笛で、その音はとびぬけて大きく、遠くまで響くという。
（注3）置物厨子＝物を載せ置くための戸棚。

１　たふとく　は現代ではどう読むか。現代かなづかいを用いて、すべてひらがなで書きなさい。

２　①見るに　②残したりけるを　について、それぞれの主語にあたる人物の組み合わせとして適切なものはどれか。

ア　①　博雅　②　盗人　　イ　①　盗人　②　博雅
ウ　①　博雅　②　筆者　　エ　①　筆者　②　盗人

３　(1)云ふやう　とあるが、「盗人」の言葉が終わる部分を、本文中より五字で抜き出しなさい。

４　③あはれに　④優なる　について、本文中における意味の組み合わせとして適切なものはどれか。

ア　③　心細く　④　優雅な　　イ　③　悲しく　④　優秀な
ウ　③　哀しく　④　親切な　　エ　③　趣深く　④　風流な

５　(2)みな置きて出でにけり　とあるが、その理由の説明として適切なものはどれか。

ア　自分が盗んだ物よりも、篳篥の方がよほど価値があると気付かされたから。
イ　あまりにも素晴らしい「博雅」の笛の音を聞いて、心がすっかり洗われたから。
ウ　物を盗まれても平常心を保って笛を吹く「博雅」に、尊敬の念が生まれて来たから。
エ　篳篥という珍しい楽器の音に感動し、もっと近くで聞いてみたいと思ったから。

3　次の文章を読んで、１から６までの問いに答えなさい。

(1)生物を分類するとは、どういうことであろうか。なぜ私たちは「生物を分ける」必要があるのだろうか。まず、ここから考えていこう。

この非常にシンプルな命題に答えるためには、まず「ものを分ける」ということについて考えなくてはならない。とても［A］な、人間の、動物の本能ともいえる行動だが、真剣に向き合った経験はどれほどおありだろうか。

たとえば目の前に、茶色いアメリカンフットボールとバスケットボールが１つずつ転がっていたとする（図１－１）。「これは同じ種類のボールですか？」と聞かれれば、あなたはどう答えるだろうか？(2)普通はすぐに「別の種類です」と答えられるだろう。円形と楕《だ》円形という違いはもちろん、中身の構造とそれに伴う弾力性の違いなど、さまざまな特徴をもって、あなたはそれらを別種と判定するはずだ。

しかし、じつはその判定は、あなたが事前にそのこと――２つのボールが別種であること――を知っているからこそ為《な》せるのだということにお気づきだろうか？

アメフトやバスケットのプレイ経験の有無にかかわらず、今あなたはきっと、これまでに観たそれらのスポーツの試合を無意識に思い返し、目の前の２つのボールを「分けて」い

図１－１　この２つ、どう分ける？

文星芸術大附属　宇都宮文星女子　前期試験【一般A】

国語

令和5年1月8日実施

制限時間 50分

1

次の1から3までの問いに答えなさい。

1　次の──線の部分の読みをひらがなで書きなさい。

(1) 書類の誤字、脱字の有無を調べる。
(2) ころんだ拍子にくつが脱げた。
(3) 耐えがたい眠気に襲われた。
(4) 陶器のカップでコーヒーを飲む。
(5) チームの要となって活躍する。

2　次の──線の部分を漢字で書きなさい。

(1) 動物園から逃げたサルがツカまる。
(2) 待ち合わせの時間をレンラクする。
(3) なべの内側にメモリが刻んである。
(4) 新人女優がハクシンの演技を見せた。
(5) 湯のみに熱い茶をソソぐ。

3　次の、句を話題にした先生と生徒との会話について、(1)から(5)までの問いに答えなさい。

菜の花や　月は東に　日は西に

先生「この句は、①季節感や②情景が絵画的に描かれていて③実にきれいです。」

生徒A「はい。目の前に景色が浮かんできます。他にどんな作品があるか先生からもっと話を④聞きたいです。」

先生「春の海ひねもすのたりのたりかな、という句も親しみやすくて素敵ですよ。」

生徒B「⑤この句の作者は聞いたことがあります。たしか、江戸時代に活躍した人物ですよね。」

先生「そうですね、句と絵画を織り交ぜた『俳画』というジャンルを創ったことでも有名です。」

生徒B「それは知りませんでした。他にどんな作品があるのですか。」

先生「『奥の細道』に挿絵《さしえ》をいれた、『奥の細道図巻』がありますね。」

生徒A「『奥の細道』なら聞いたことがあります。確か⑥同じ江戸時代の俳人の作品ですよね。」

(1) ①季節感　とあるが、この場合の適切な「季節感」はどれか。

ア　春の朝方　　イ　夏の朝方
ウ　春の夕方　　エ　夏の夕方

(2) ②情景　とあるが、「菜の花や」の句の情景として適切なものはどれか。

ア　現在から過去への時間的な回想
イ　晩春から初夏への季節の移ろい
ウ　つぼみから開花への植物の生長
エ　東方から西方への空間的な広がり

(3) ③実に　の──線の部分と意味・用法が同じものはどれか。

ア　きれいに掃除する。　　イ　静かに勉強する。
ウ　すでに満席だ。　　エ　便利になる。

(4) ④聞きたい　を正しい敬語表現に改めたものはどれか。

ア　お聞きしたい　　イ　お聞きいただきたい
ウ　お聞きになりたい　　エ　お聞きくださりたい

(5) ⑤この句の作者　⑥同じ江戸時代の俳人　とあるが、適切なものをそれぞれ選びなさい。

ア　芥川龍之介《あくたがわりゅうのすけ》　　イ　松尾芭蕉《まつおばしょう》
ウ　正岡子規《まさおかしき》　　エ　与謝蕪村《よさぶそん》

解答 P283

文星芸術大附属 宇都宮文星女子 後期試験

社　会

制限時間 50分

1 次の1から6までの問いに答えなさい。

1 日本の領土について次の［ Ⅰ ］，［ Ⅱ ］に当てはまる語を書きなさい。

日本の東端 ［ Ⅰ ］ 島 （東経153° 59'）
日本の西端 与那国 島 （東経122° 56'）
日本の南端 ［ Ⅱ ］ 島 （北緯20° 25'）
日本の北端 択捉 島 （北緯45° 33'）

2 次の雨温図は地図中のア，イ，ウ，エのどの都市のものか。

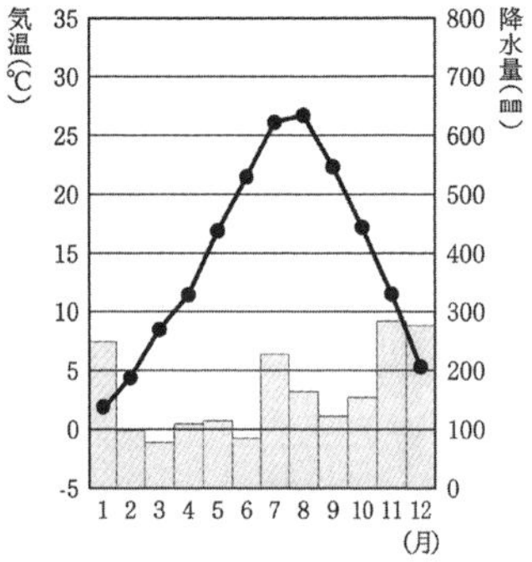

（「気象庁ホームページ」により作成）

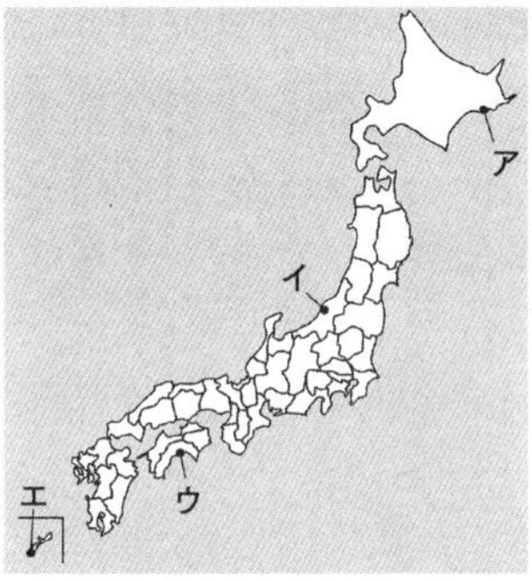

3 次の文の［ Ⅰ ］，［ Ⅱ ］に当てはまる語の組み合わせとして正しいのはどれか。

東日本の太平洋の沖合には，赤道付近から北上する暖流の［ Ⅰ ］と，千島列島から南下する寒流の［ Ⅱ ］とがぶつかる潮境があり，豊かな漁場になっている。

ア	Ⅰ－赤潮	Ⅱ－親潮	イ	Ⅰ－黒潮	Ⅱ－親潮
ウ	Ⅰ－赤潮	Ⅱ－黒潮	エ	Ⅰ－親潮	Ⅱ－黒潮

4 次のグラフは，日本のとある鉱産資源の輸入量の割合を示したグラフである。このグラフの鉱産資源名を書きなさい。

合計 1億4466万kl

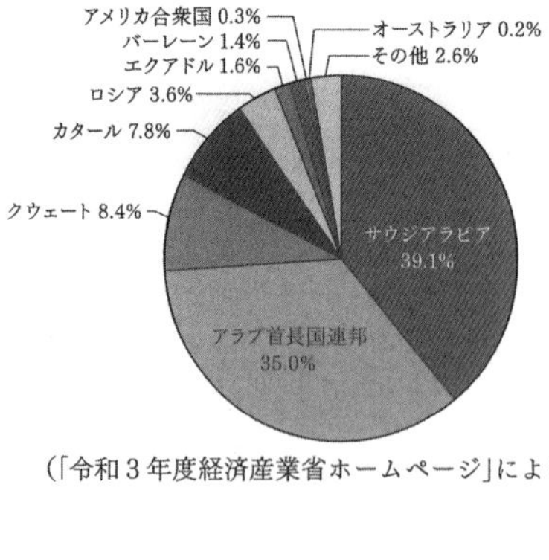

（「令和3年度経済産業省ホームページ」により作成）

解答 P284

5　次の図は，主な農産物の収穫量をあらわしたものである。(1)，(2)の問いに答えなさい。

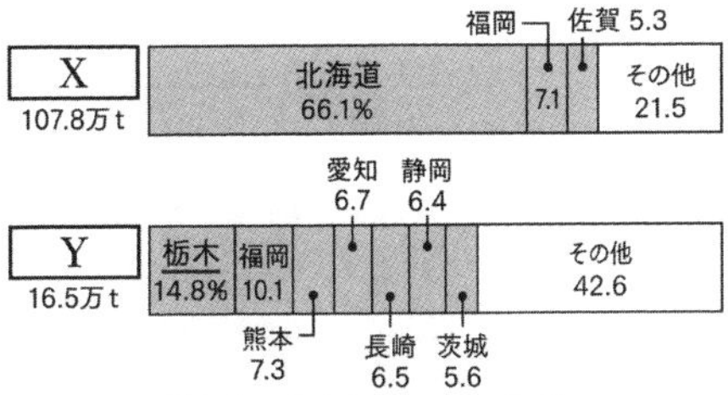

（「農林水産省資料」により作成）

図

(1)　X，Y に当てはまる語の組み合わせとして正しいのはどれか。

ア　X－とうもろこし　Y－さくらんぼ　　イ　X－小麦　Y－さくらんぼ
ウ　X－小麦　Y－いちご　　エ　X－とうもろこし　Y－いちご

(2)　下線部の都道府県に関する，次の文中の □ に当てはまる語を書きなさい。

人口一人当たりの乗用車台数が多いこの県の県庁所在地では，中心部で生じている □ を解消するため，次世代型路面電車であるLRTの整備が進められている。

6　政令指定都市とはどのような都市か。「政府」，「人口」という語を用いて簡潔に書きなさい。

2　次のAからDは世界自然遺産についてまとめたものである。1から4までの問いに答えなさい。

A　ガラパゴス諸島	B　ウルル・カタ・ジュタ国立公園	C　イエローストーン国立公園	D　ンゴロンゴロ保全地域

1　Aに関する(1)，(2)の問いに答えなさい。

(1)　Aの特徴について述べたものとして，当てはまるのはどれか。

ア　太平洋上に位置する島々で，イグアナやゾウガメなど，多くの固有種が生息している。
イ　火山の噴火によってできた陥没した地形であるカルデラの中に位置し，温泉などの観光スポットもある。
ウ　巨大な一枚岩があり，先住民であるアボリジニの人々の信仰の対象となっている。
エ　周囲を山々に囲まれた「大きな穴」を意味する名前で，ライオンなど多くの野生動物が生息している。

(2)　次の文はAがある国について説明したものである。この国の国名を書きなさい。

国内を通る「赤道」を意味するスペイン語の表現から国名がついた。

2　Bに関する(1)，(2)の問いに答えなさい。

(1)　この公園がある国名を書きなさい。

(2)　この国がアジア諸国との関係を重視するために1989年に結成した組織を何というか書きなさい。

3　Cに関する(1)，(2)の問いに答えなさい。

(1)　次の図はCがある国で多く作られている農産物の生産量の国別割合である。当てはまる農作物はどれか。

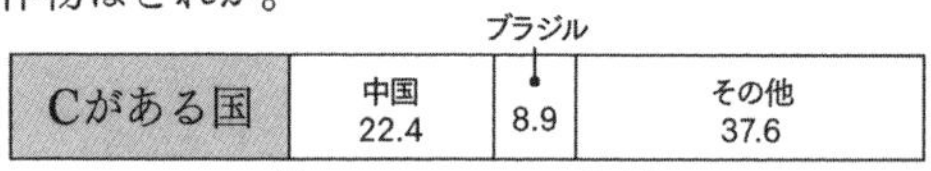

（「FAO 2020」により作成）

図

ア　米　　イ　小麦　　ウ　とうもろこし　　エ　大豆

(2)　Cがある国で，ICT産業や航空宇宙産業が発達した北緯37度付近から南に位置する温暖な気候の地域を何というか書きなさい。

4　Dは，サバナ気候に属している。この気候帯の特徴を簡潔に書きなさい。

3

次のⒶからⒹは，日本の主な建築物についてまとめた表である。１から５までの問いに答えなさい。

Ⓐ 鶴岡八幡宮 	Ⓑ 鹿苑寺金閣 
①源頼朝が鎌倉に入ると同時に現在の地にうつし，鎌倉幕府の宗社として祀った。	②足利義満が建て，その絶大な権力を日本国中に誇った。
Ⓒ 大阪城 	Ⓓ 日光東照宮 
織田信長の家臣の③羽柴秀吉（後の豊臣秀吉）が築き，本拠地とした。	徳川家康を祀るために④徳川家光が造った。

1　下線部①の人物の死後，北条氏は何という地位に就き，鎌倉幕府の政治を独占したか書きなさい。

2　下線部②の人物が活躍した頃の政治や社会の様子を述べた文として，当てはまらないのはどれか。

> ア　分裂していた北朝と南朝が統一された。
> イ　同業者ごとに座と呼ばれる団体を作り，営業を独占する権利が認められた。
> ウ　京都に六波羅探題を置いて，朝廷を監視した。
> エ　村では有力な農民を中心に惣と呼ばれる自治組織が作られた。

3　下線部②の人物が行なった日明貿易とはどのような貿易か。「勘合」，「朝貢」という語を用いて簡潔に書きなさい。

4　下線部③の人物が活躍した時代の文化として，正しいのはどれか。

> ア　わび茶と呼ばれる芸能が完成した。
> イ　複数の人が歌を繋いでいく連歌が生まれた。
> ウ　浮世草子と呼ばれる絵入りの物語が盛んに読まれた。
> エ　「新古今和歌集」が編集された。

5　D に関する(1)，(2)の問いに答えなさい。

(1)　下記の文章は徳川家康の次に将軍になった徳川秀忠が発布した武家諸法度について述べたものである。X，Y，Zの正誤の組み合わせとして正しいのはどれか。

> X　学問と武芸にひたすら精を出すようにしなさい。
> Y　諸国の城は，修理する場合であっても，必ず朝廷に申し出ること。新しい城を造ることは厳しく禁止する。
> Z　いろいろな座は廃止し，さまざまな税は免除する。
> ※部分要約

ア	X－正	Y－正	Z－誤	イ	X－正	Y－誤	Z－誤
ウ	X－誤	Y－正	Z－誤	エ	X－誤	Y－誤	Z－正

(2)　下線部④の人物が将軍だった時の1637年に九州で起きた，領主によるキリスト教信者への迫害に苦しんだ人々による一揆は何か書きなさい。

4

次の1930年代から1940年代までの日本の年表を見て，1から8までの問いに答えなさい。

1932年	①五・一五事件が起きる
1937年	②日中戦争が始まる
1940年	③日独伊三国同盟を結ぶ
1941年	ハワイの真珠湾攻撃とともに［　A　］戦争が始まる
1945年	④原子爆弾が投下される
	⑤ポツダム宣言を受諾する

1　1930年代に起きた出来事として正しいのはどれか。

> ア　加藤内閣が普通選挙法を成立させた。
> イ　関東大震災が起こり，経済に大きな影響を与えた。
> ウ　アメリカ発の世界恐慌が，日本にも及び，昭和恐慌と呼ばれた。
> エ　東京・名古屋・大阪でラジオ放送が始まった。

2　年表の時代の海外の出来事について述べた文として正しくないのはどれか。

> ア　ヒトラーが首相になり，ワイマール憲法を一部停止させ，独裁を確立した。
> イ　アメリカの呼びかけにより，ワシントン会議が開かれた。
> ウ　アメリカでローズベルト大統領が，ニューディール政策を行った。
> エ　対立していたソ連とドイツが独ソ不可侵条約を結んだ。

3　下線部①の事件で暗殺された首相は誰か書きなさい。

4　下線部②の戦争が起こる前に，中国国内ではⅠ共産党とⅡ国民党により内戦が行われていたが，当時のそれぞれの政党のリーダーは誰か。Ⅰ，Ⅱとリーダーの組み合わせとして正しいのはどれか。

ア　Ⅰ－蒋介石　Ⅱ－毛沢東	イ　Ⅰ－蒋介石　Ⅱ－溥儀
ウ　Ⅰ－毛沢東　Ⅱ－溥儀	エ　Ⅰ－毛沢東　Ⅱ－蒋介石

5　下線部③を結んだドイツに迫害され，アウシュビッツの収容所などで，多くが犠牲となった民族は何か書きなさい。

6　[A]に当てはまる語は何か書きなさい。

7　下線部④が8月6日に投下された都道府県はどこか書きなさい。

8　下線部⑤の受諾の後，日本の政治はどのように変わったか。「間接統治」，「非軍事化」という語を用いて簡潔に書きなさい。

5　次の1から4までの問いに答えなさい。

1　次の説明文を読み，(1)，(2)，(3)の問いに答えなさい。

> 近代の独立宣言や人権宣言で保障されたのは，①自由権と，身分制度を否定する②平等権でした。19世紀には，自由権の考え方の下で経済活動が盛んになり，資本主義経済が発展します。20世紀に入ると，人間らしい豊かな生活を保障しようとする③社会権が認められるようになりました。

(1)　下線部①に関して，日本国憲法が保障する自由権は，精神，身体と，あと一つは何か書きなさい。

(2)　下線部②に関して述べた文として，正しくないのはどれか。

> ア　2019年にアイヌ民族支援法が制定された。
> イ　1999年に男女共同参画社会基本法が制定された。
> ウ　2013年に障害者差別解消法が制定された。
> エ　1999年に情報公開法が制定された。

(3)　下線部③は日本国憲法で四つ保障されているが，そのうちの「健康で文化的な最低限度の生活を営む権利」は何か書きなさい。

2　次の文は選挙制度についての文章である。[A]，[B]，[C]に当てはまる語の組み合わせとして正しいのはどれか。

> 選挙制度には，一つの選挙区で一人の代表を選ぶ[A]，一つの選挙区から二人以上を得票の多い順に選ぶ[B]，得票に応じてそれぞれの政党の議席数を決める[C]などがあります。

ア	A－大選挙区制	B－小選挙区制	C－比例代表制
イ	A－比例代表制	B－大選挙区制	C－小選挙区制
ウ	A－小選挙区制	B－比例代表制	C－大選挙区制
エ	A－小選挙区制	B－大選挙区制	C－比例代表制

3　次の図は，日本の国会議員の選挙制度についてのものである。図中の[X]，[Y]に当てはまる語を書きなさい。

	参議院	衆議院
議員定数	248人	465人
任期	X 年（3年ごとに半数改選）	4年（解散あり）
選挙権	18歳以上	18歳以上
被選挙権	30歳以上	Y 歳以上
選挙区	選挙区　148人 比例代表 100人	選挙区　289人 比例代表 176人

図

4　次の生徒と先生の会話文を読み，(1)，(2)の問いに答えなさい。

生 徒：日本の三権はどのように分かれているのですか。
先 生：まず立法権を持つ国会，司法権を持つ裁判所，行政権をもつ内閣に分かれますよ。
生 徒：国会はどのようなことを行うのですか。
先 生：国会は主権を持つ国民から選ばれ，裁判所に対し，弾劾裁判所を設けて裁判官をやめさせることができます。他にも A を指名することができます。

(1)　文中の A に当てはまる語句を書きなさい。

(2)　三権分立が行われる理由を「抑制」，「均衡」という語を用いて簡潔に書きなさい。

6　次の1から4までの問いに答えなさい。

1　次の説明文を読み，(1)，(2)の問いに答えなさい。

資本主義経済で，利潤を目的とする企業を①私企業といいます。しかし，全ての企業が利潤を目的とした私企業ではなく，国や地方公共団体の資金で運営される企業もあり，それを②公企業といいます。また，企業の活動は社会に大きな影響を与える場合もあり，近年では利潤だけでなく，③企業の社会的責任を果たすべきだと考えられるようになりました。

(1)　次の図は下線部①と②をまとめたものである。 A ， B ， C に当てはまる語の組み合わせとして正しいのはどれか。

私企業	A	農家，個人商店など
	B	株式会社など
公企業	C	水道，バスなど
	独立行政法人	造幣局，国立印刷局など

ア　A－個人企業　　B－地方公営企業　C－法人企業
イ　A－地方公営企業　B－個人企業　　C－法人企業
ウ　A－個人企業　　B－法人企業　　C－地方公営企業
エ　A－地方公営企業　B－法人企業　　C－個人企業

(2)　下線部③はアルファベット3文字で何といわれるか書きなさい。

2　株主について正しく述べているのはどれか。

ア　利潤の一部を配当として受け取る権利が保障されている。
イ　株式会社が倒産した場合，全ての責任を負わなければならない。
ウ　仕事の具体的な方針を決定する。
エ　財やサービスの生産や販売を行う。

3　下の文章を読み，次の(1)，(2)の問いに答えなさい。

> 価格の役割がうまく果たされなくなる原因の一つに，独占と寡占があります。市場経済では，多くの企業が商品の供給量を競い合いますが，これらの状態では一社もしくは数社で生産量や価格を決めることが可能になります。そこで競争を促すことを目的とした①独占禁止法が制定されました。

(1)　独占と寡占の違いは何か。「市場」という語を用いて簡潔に書きなさい。

(2)　下線部①の法律に基づき，監視や指導をおこなっているのはどこか書きなさい。

4　金融について，次の(1)，(2)の問いに答えなさい。

(1)　景気に関する次の文のⅠ，Ⅱ，Ⅲの正誤の組み合わせとして正しいのはどれか。

> Ⅰ　好景気で商品の需要が供給を上回るとデフレーションがおこる。
> Ⅱ　不景気で商品の需要が供給を下回るとインフレーションがおこる。
> Ⅲ　日本銀行は，景気を安定させるために公開市場操作をおこなっている。

ア	Ⅰ－正	Ⅱ－誤	Ⅲ－誤	イ	Ⅰ－正	Ⅱ－誤	Ⅲ－正
ウ	Ⅰ－誤	Ⅱ－正	Ⅲ－正	エ	Ⅰ－誤	Ⅱ－正	Ⅲ－誤
オ	Ⅰ－正	Ⅱ－正	Ⅲ－誤	カ	Ⅰ－誤	Ⅱ－誤	Ⅲ－正

(2)　為替相場１ドル＝100円に対し，１ドル＝140円の状況は［　　］またはドル高である。［　　］に当てはまる語句は何か書きなさい。

解答　P284

文星芸術大附属 宇都宮文星女子 後期試験

数　学

制限時間 50分

1 次の1から8までの問いに答えなさい。

1　$4\times(-3)$　を計算しなさい。

2　$\dfrac{2}{5}a-\left(-\dfrac{1}{3}a\right)$　を計算しなさい。

3　$(x+2)(x+7)$　を展開しなさい。

4　2次方程式　$x^2-3x-18=0$　を解きなさい。

5　yはxに比例し，$x=2$　のとき　$y=14$　である。
yをxの式で表しなさい。

6　右の図において，Oは円の中心である。
$\angle x$の大きさを求めなさい。

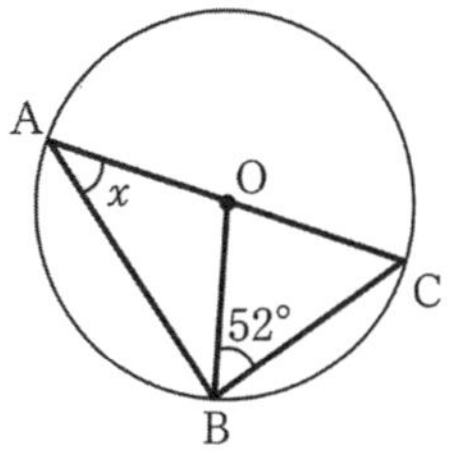

7　高さが5 cm，体積が20 cm^3 である直方体の底面について，縦の長さを$x$cm，横の長さを$y$cmとするとき，yをxの式で表しなさい。

8　下の図で，□内の三角形と相似な三角形は，ア～エのうちどれか。
あてはまるものを1つ選び，記号を答えなさい。

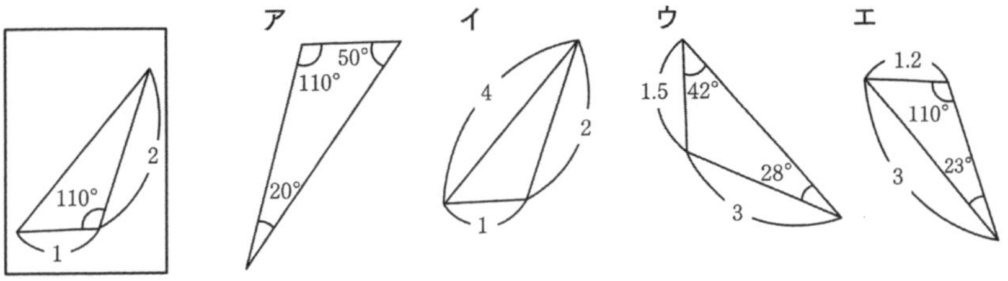

2 次の1，2，3の問いに答えなさい。

1　$\sqrt{24n}$　が自然数となるような自然数nのうち，最も小さい数を求めなさい。

2　ある博物館の入場料は，通常おとな1人300円，子ども1人200円である。
ある日の入場者数は，おとなと子どもを合わせて250人であった。ただし，この日は開館記念でおとなは通常の3割引き，子どもは通常の半額の入場料であったため，入場料の合計は44800円であった。おとなの入場者数をx人，子どもの入場者数をy人として方程式をつくり，おとなと子どもの入場者数をそれぞれ求めなさい。
ただし，途中の計算も書くこと。また，消費税については考えないものとする。

3　連続する2つの自然数がある。
<u>この2つの自然数の積は，小さい方の数を4倍して40を加えた数に等しい。</u>
このとき，次の(1)，(2)の問いに答えなさい。

(1)　小さい方の自然数をxとしたとき，下線部をxの方程式で表しなさい。

(2)　連続する2つの自然数を求めなさい。

3　次の１，２，３の問いに答えなさい。

1　大小２つのさいころを同時に投げるとき，出る目の数の和が７ではない確率を求めなさい。

2　水そうの中にある小石の数を調べるために，次のような調査を行った。

［1］　水そうの中から無作為に小石を 50 個取り出し，油性ペンで印を付けて水そうの中に戻す。

［2］　水そうの中身をかき混ぜた後に小石を 40 個取り出したところ，そのうちの８個に印がついていた。

この水そうの中にある小石の数は，何個あると推定できるか。およその個数を求めなさい。

3　女子６人，男子４人の合計 10 人であるゲームを行なったところ，10 人のゲームの得点の平均値は 5.6 点であった。右の表は 10 人の得点を記入したものであるが，一部が破れて得点がわからなくなっている。

このとき，次の⑴，⑵，⑶の問いに答えなさい。

性別	得点	性別	得点
女	5	女	6
女	2	男	
女	8	男	
女	3	男	
女	6	男	

⑴　女子６人のゲームの得点の中央値（メジアン）を求めなさい。

⑵　男子４人のゲームの得点の平均値を求めなさい。

⑶　次の①～④のなかで，必ず正しいといえるものを１つ選び，番号を答えなさい。

①　10 人のうち，得点が６点以下はちょうど３人である。
②　男子４人の得点は全員６点以上である。
③　女子６人の得点の最頻値（モード）は６点である。
④　10 人の得点の中央値（メジアン）は６点である。

4　次の１，２，３の問いに答えなさい。

1　右の図のような長方形ABCDがある。
辺BC上に中点Oをとったとき，下の【条件】をともに満たすような点Pを作図によって求めなさい。
ただし，作図には定規とコンパスを使い，また，作図に用いた線は消さないこと。

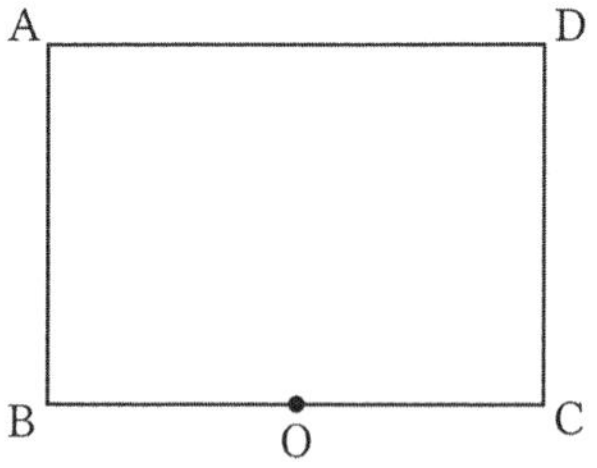

【条件】
・　点Pは辺CD上にある。
・　長方形ABCDを線分OPで折るとき，線分OCが線分ODの一部と重なる。

2　右の図のような，AB＝3 cm，AD＝4 cm，BF＝10 cm　の直方体がある。
点Aから辺BF，辺CG，辺DHを通って点Eまで糸をかけるとき，この糸の長さが最も短くなる場合の糸の長さを求めなさい。

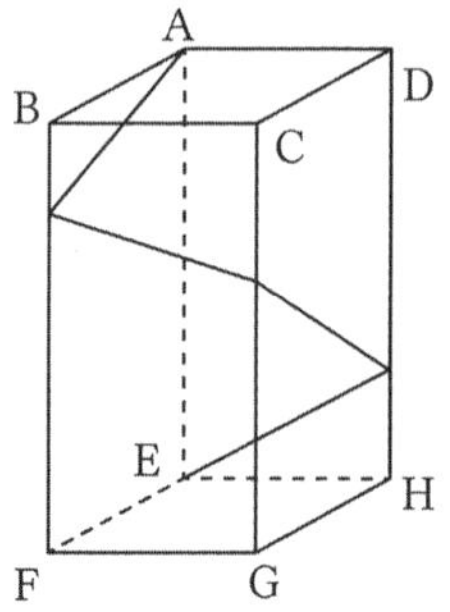

3　右の図のような，AB＝BC，∠ABC＝90°　である直角二等辺三角形ABCがある。また，辺ABの中点をDとし，CE＝2BC，∠BCE＝90°　となるような点Eをとる。

　このとき，△DBC∽△BCE　であることを証明しなさい。

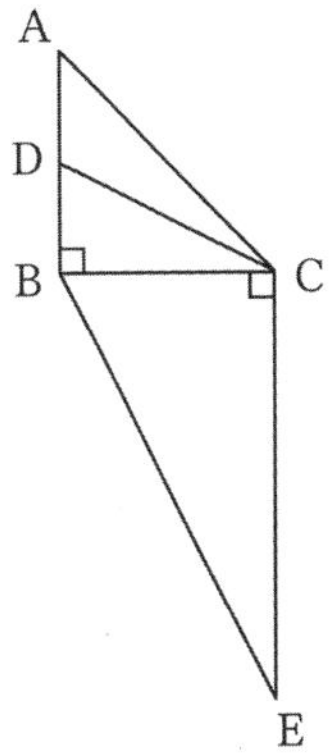

5　次の１，２の問いに答えなさい。

1　右の図のように，２つの関数

$y=\frac{1}{a}x^2\ (a>0)$　のグラフと

$y=\frac{16}{x}$　のグラフがある。

２つのグラフの交点を点Aとし，Aの x 座標は４である。また，点Bは　$y=\frac{16}{x}$　のグラフ上の点で，Bの x 座標は負の数である。

２点A，Bを通る直線と x 軸との交点をCとすると　AC：CB＝2：1　が成り立つとき，次の(1)，(2)，(3)の問いに答えなさい。

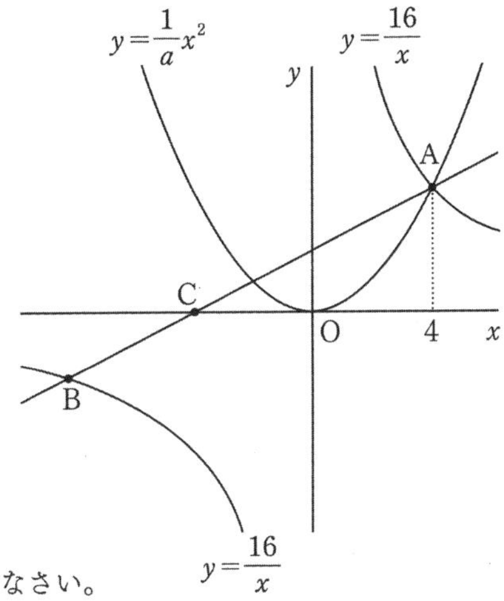

(1)　a の値と点Bの座標をそれぞれ求めなさい。

(2)　直線ABの式を求めなさい。ただし，途中の計算も書くこと。

(3)　△ABOの面積を求めなさい。

2　自由に水温を設定できる温水器がある。この温水器は，電源を入れると一定の割合で水温を上昇させ，設定温度に到達するとその水温を保つ機能が付いている。太郎さんは，温水器に水温 21 ℃ の水を入れ，設定温度を『60 ℃』にして電源を入れ，水温を上昇させた。温水器内の水温が 60 ℃ になってから 30 分後，設定温度を『87 ℃』にしたところ，電源を入れてから 52 分後に 87 ℃ となった。

　太郎さんが電源を入れてから x 分後の温水器内の水温を y ℃とする。x と y の関係をグラフに表すと，下の図の通りになった。このとき，次の(1)，(2)，(3)の問いに答えなさい。

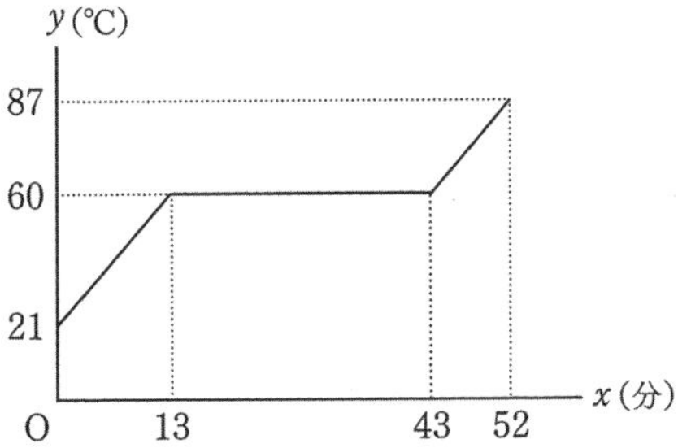

(1)　太郎さんが電源を入れてから5分後の水温を求めなさい。

(2)　$43 \leqq x \leqq 52$　のときの，xとyの関係を式で表しなさい。

(3)　太郎さんが水を温めている途中に，花子さんは作業を手伝うために鍋に水温15℃の水を入れて，ガスコンロを使って1分間に6℃ずつ一定の割合で水を温めたところ，太郎さんが温水器の電源を入れてから25分後に，温水器内の水温と鍋の中の水温は等しくなった。

以下は水温が等しくなったときの，太郎さんと花子さんの会話である。

> 花子「太郎さんが温水器の電源を入れてから私が水を温め始めるまでの時間の差ってどれくらいかな。」
> 太郎「温水器の電源を入れてからx分後の，鍋の中の水温を［ア］$x+b$(℃)とすると温水器の電源を入れてから25分後の水温について［ア］$\times 25+b=$［イ］　の関係が成り立つから，この結果を利用すれば花子さんが温め始めた時間が求められるんじゃないかな。」
> 花子「$b=$［ウ］　だから鍋の中の水温の式を利用して…わかった！太郎さんが温水器の電源を入れてから［エ］分後に，私は鍋で水を温め始めたんだ。」

文中の［ア］，［イ］，［ウ］，［エ］にあてはまる数をそれぞれ求めなさい。

6　ある会社では，《図1》のような，折りたたんだときの形状がいずれも正四角柱となる折り畳み式の箱(以降「コンテナ」とする)を，A，B，Cの3種類製造している。これらのコンテナを折りたたんだとき，底面はいずれも1辺が80 cmの正方形で，高さはAが3 cm，Bが4 cm，Cが5 cmである。

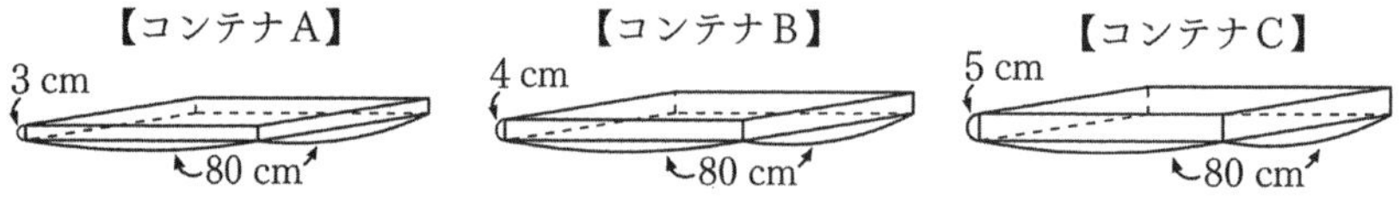

《図1》

これら3つのコンテナを折りたたんだ状態で，下から【C→B→A】の順に，《図2》のように高さが12 cmの正四角柱になるように積んだものを「セット」とする。

佐藤さんは，《図3》のような床面が縦1.6 m，横3.2 mの長方形で，床面から天井までの高さが2.9 mの直方体の形をしたトラックの荷台に，「セット」の底面と荷台の床面が平行になるように，できるだけ多くのコンテナの「セット」を積み込むことにした。

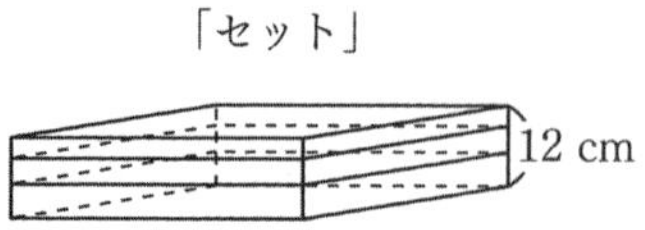

《図2》

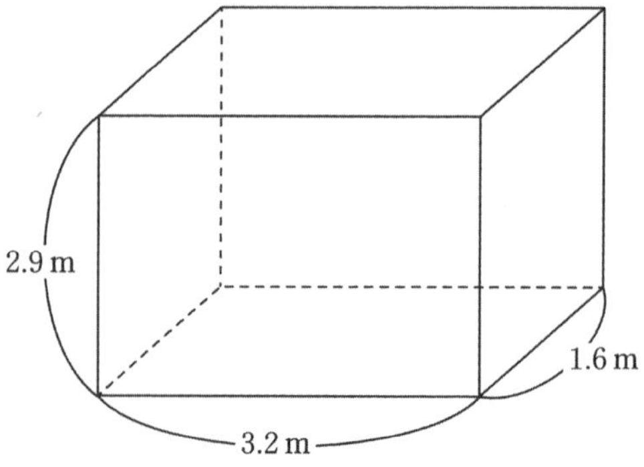

《図3》

解答　P284

このとき，次の1，2，3，4の問いに答えなさい。

1　コンテナの「セット」を7個積み上げたときの，高さの合計を求めなさい。

2　nを自然数とする。トラックの荷台にコンテナの「セット」をn個積み上げたとき，積み上げた「セット」の上面から天井までの高さが98 cmであった。このとき，nを用いて方程式をつくり，nの値を求めなさい。ただし，途中の計算も書くこと。

3　佐藤さんはトラックの荷台にコンテナを積み込む際，作業員の鈴木さんと木村さんへ次の《指示》を出した。

> 《指示》①，②の条件をいずれも満たすように積み込みを行うこと。
> ①　コンテナの「セット」を出来る限り多く積み込むこと。
> ②　積み上げたコンテナの上面と荷台の天井との間に，すき間を7 cm以上空けること。

以下の会話は，この《指示》をもとに，鈴木さんと木村さんが実際に作業を始める前にしたものである。

> 鈴木：コンテナ1つの底面積と，荷台の床面積を比較すると，荷台の床面に コンテナの「セット」を縦に[ア]個，横に[イ]個ずつ置けば，荷台の床面に「セット」を敷き詰めることができるよ。
> 木村：それぞれの上に2個目，3個目……の「セット」を重ねていけば，《指示》の通りに「セット」をできるだけ多く重ねることができるから……「セット」を上に[ウ]個ずつ積み重ねれば，佐藤さんの指示を全て満たすように積み込みができるね。

このとき，会話文中の[ア]，[イ]，[ウ]に適する数を答えなさい。

4　2人から作業完了の報告を受けた佐藤さんは，コンテナの上面と荷台の天井とのすき間が予想以上に開いていたことから，2人に次のような《追加の指示》を出した。

> 《追加の指示》③，④，⑤の条件をいずれも満たすように積み込みを行うこと。
> ③　積み上げた「セット」の上に，追加のコンテナをできるだけ多く積むこと。
> ④　追加で積むコンテナについては，積まない種類があってもよいとする。
> ⑤　②と同様，積み上げたコンテナの上面と荷台の天井との間に，すき間を7 cm以上空けること。

《追加の指示》の通りに積む方法のうち，コンテナの上面と荷台の天井とのすき間がもっとも小さくなる場合に使用する，<u>追加の</u>コンテナの個数をそれぞれ答えなさい。

ただし，追加しないコンテナの個数は「0個」とする。

令和5年
2月2日実施
入試問題

文星芸術大附属 宇都宮文星女子 後期試験

理　科

制限時間 50分

1 次の1から8までの問いに答えなさい。

1 モノコードの弦をはじいて音を出した。次に振動する弦の長さと振幅を変えて同じ強さではじいたところ，最初に出した音より，低く，大きい音が出た。弦の長さと振幅をどのように変えたか。

ア 弦を長くして，振幅を大きくした。
イ 弦を長くして，振幅を小さくした。
ウ 弦を短くして，振幅を大きくした。
エ 弦を短くして，振幅を小さくした。

2 図のように，水に溶けない気体を集めたところ，その体積は 240.0 cm^3 と読み取れた。このときのAの部分を拡大したものはどれか。

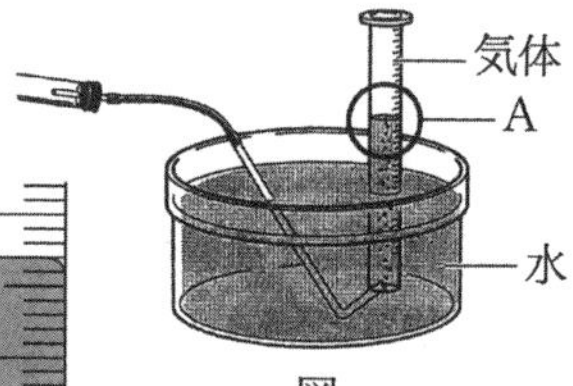

図

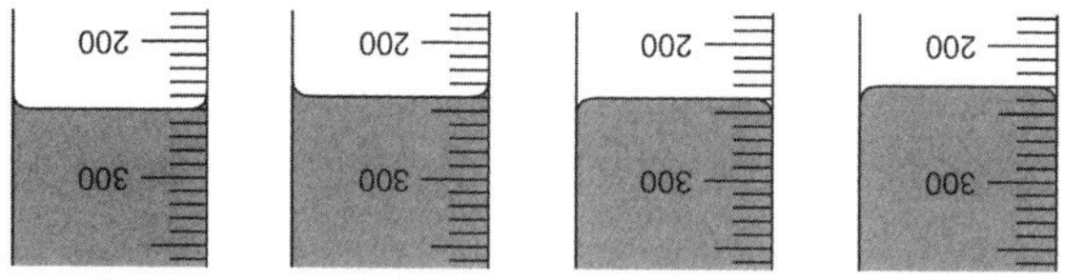

ア　　イ　　ウ　　エ

3 丸底フラスコに水，れき，砂，泥を入れてゴム栓をしよく振った。その後，丸底フラスコを逆さまにして放置したとき，れき，砂，泥はどのように積もったか。

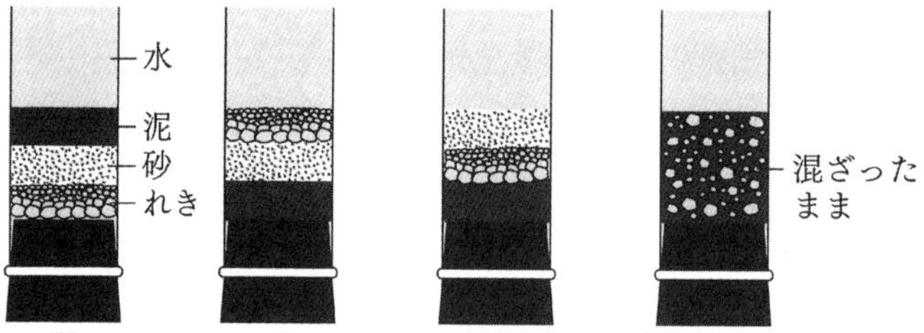

ア　　イ　　ウ　　エ

4 茎の先端から葉や根が成長してふえる生物はどれか。

ア ヤマノイモ　　イ セイロンベンケイ
ウ オランダイチゴ　　エ ヒドラ

5 火山が噴火したとき，火口から溶岩の破片や火山灰などが火山ガスとともに，高速で山の斜面を流れ下る現象を何というか。

6 よく乾いた集気びんの中で木炭を燃やした。その後，びんの中に石灰水を入れてよく振ると，石灰水が白くにごった。このことから，木炭にはどのような元素が含まれているか。

7 肺胞のまわりを網の目のように取り囲んでいる，非常に細い血管を何というか。

8 1050 km を1時間10分で移動する飛行機の平均の速さは何 m/s か。

2 蒸散について調べるために，次の(1)，(2)，(3)の実験を順に行った。

(1) 同じ大きさの試験管を3本用意し，図のように1mm 方眼紙をはりつけ，水を入れた。次に葉の大きさや数がほぼ等しいアジサイの枝A，B，Cを用意し，アジサイの枝を水の中で切った後，それぞれの試験管に差し入れた。

解答 P285

(2)　枝A，B，Cを以下のようにそれぞれ処理した後に，試験管から水が蒸発するのを防ぐため，少量の油を注いだ。
　A：何も処理をしなかった。
　B：すべての葉の表面にワセリンをぬった。
　C：すべての葉の裏側にワセリンをぬった。

(3)　よく晴れた野外に試験管を置き，11～17時まで2時間おきに液面の位置を記録し，表にまとめた。ただし，方眼紙の1番上を0mmとする。

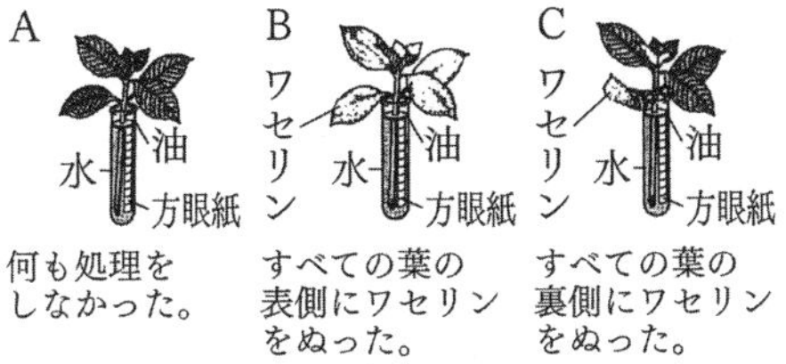

図

枝A，B，Cを入れた試験管の液面の位置〔mm〕

	11時	13時	15時	17時
A	2	27	68	93
B	3	18	45	62
C	1	9	26	36

表

このことについて，次の1，2，3，4の問いに答えなさい。

1　実験(1)において，下線部の操作を行う理由を簡潔に書きなさい。

2　次の［　　］内の文は，枝Aの実験結果から考えられることについて述べたものである。(　　　)に当てはまる語句を書きなさい。

アジサイの蒸散量は，明るさや(　　　)の影響を受けていると考えられる。

3　蒸散量の1日の変化を表したグラフとして，最も適切なものはどれか。

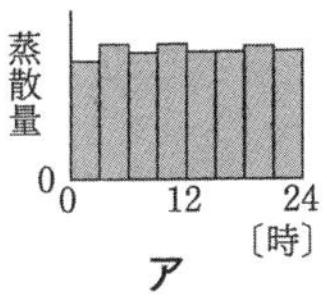

ア

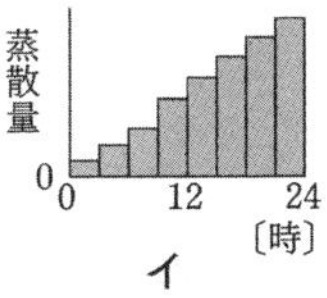

イ

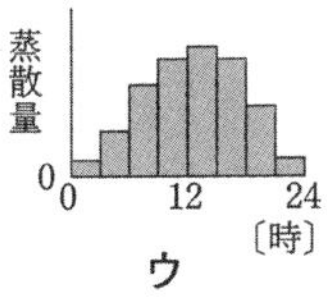

ウ

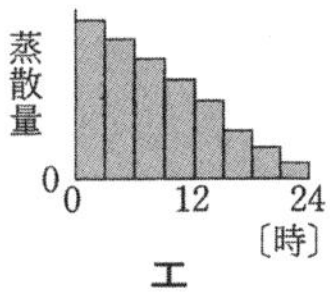

エ

4　枝Aの蒸散量をa，枝Bの蒸散量をb，枝Cの蒸散量をcとすると，アジサイの葉の表側と裏側から蒸散した水の総量をa，b，cを用いて表しなさい。

3　力の大きさとばねの伸びの関係について調べるために，次の(1)，(2)の実験を順に行った。ただし，ばねの重さは考えないものとし，100gの物体に働く重力の大きさを1Nとする。

(1)　図1のように，ばねの一方を糸で支え棒に固定し，もう一方におもりを静かにつるした。おもりの質量を変えていき，ばねの長さを測定した。表1はその結果をまとめたものである。

おもりの質量〔g〕	0	20	40	60	80	100
ばねの長さ〔cm〕	4.0	5.2	6.4	7.6	8.8	10.0

表1

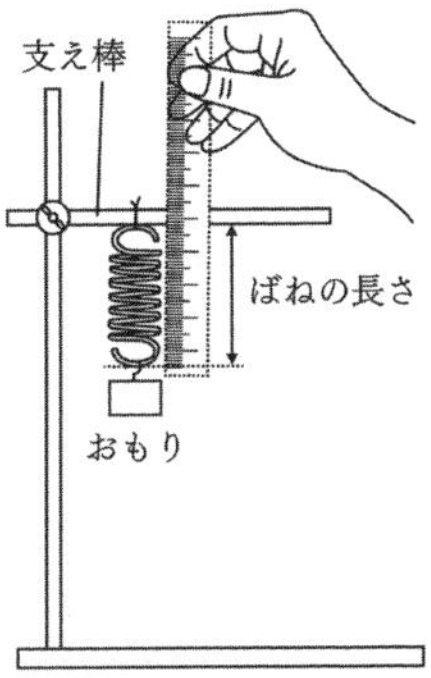

図1

(2)　図２のように，実験(1)で使ったばねに金属である物体Ａを糸で取り付け，てんびんの一方の皿にのせ，もう一方の皿に合計 200 g の分銅をのせた。さらに，支え棒を上下に動かし，てんびんが水平になるように調整した。そのときのばねの長さは，8.2 cm であった。ただし，糸の重さは考えないものとする。

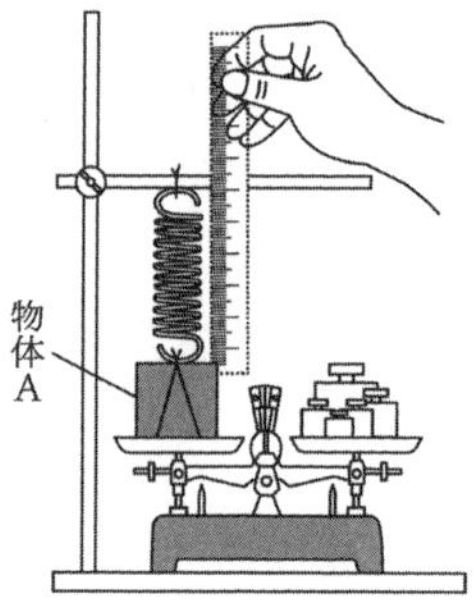

図２

このことについて，次の１，２，３，４の問いに答えなさい。

1　実験(1)から，おもりの質量とばねの長さとの関係のグラフをかきなさい。

2　物体Ａの質量はいくらか。

3　物体Ａの体積は 30 cm³ であった。表２は４つの金属の１ cm³ あたりの質量を表している。物体Ａの金属は何か。

金　属　名	アルミニウム	銅	銀	金
1cm³ あたりの質量〔g〕	2.70	8.96	10.5	19.3

表２

4　実験(2)において，てんびんが水平につりあった後，皿から 30 g の分銅を取り出した。再び，てんびんを水平にするためには，支え棒を上下どちらへ動かせばよいか。また，動かす長さはいくらか。

4　物質の密度の大小関係と，それによる物体の浮き沈みについて調べるために，次の(1)，(2)，(3)，(4)，(5)の実験を順に行った。

(1)　なたね油と水の体積と質量を調べ，グラフにすると図のようになった。

(2)　100 g のなたね油をビーカーに注いだあと，100 g の水を静かに注ぎ，そのときのようすを調べた。

(3)　100 g の水をビーカーに注いだあと，100 g のなたね油を静かに注ぎ，そのときのようすを調べた。

(4)　ビーカーに密度が 0.80 g/cm³ のエタノールを注いだ。そこに水を静かに加えると混じり合ったが，エタノールになたね油を静かに加えると混じり合わなかった。

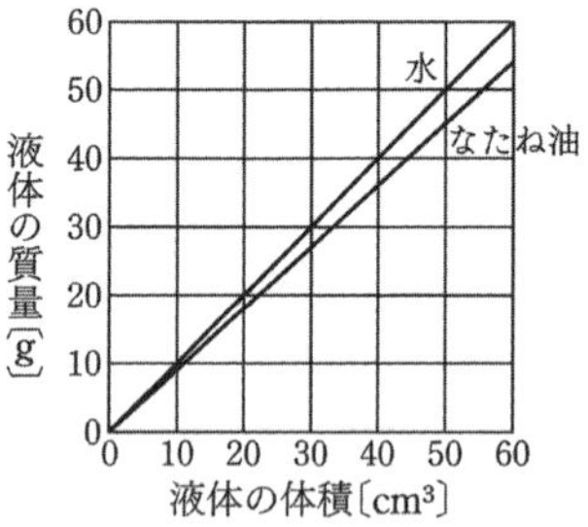

図

(5)　なたね油，水，エタノールをいろいろな順番で静かにビーカーに加えたところ，何回かくり返すうちに，なたね油，水，エタノールが３層に分かれた。

このことについて，次の１，２，３の問いに答えなさい。

1　実験(2)，(3)を行ったところ，同じ結果になった。そのときのなたね油，水のようすを表した図として，最も適切なものはどれか。

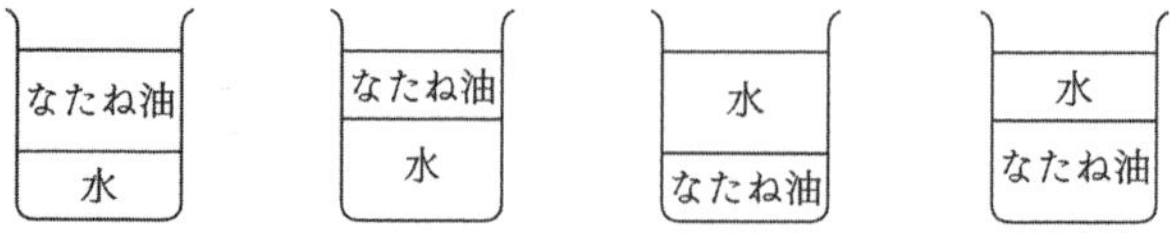

ア　イ　ウ　エ

2　実験(5)で3層に分かれたとき，最後に加えた液体はどれか。

3　実験(5)のようになった理由を，密度に着目して簡潔に書きなさい。

5　空気中の水蒸気量について調べるために，次の(1)，(2)の実験を順に行った。

(1)　図1のように，くみ置きの水が入った金属製のコップに，氷が入った試験管を入れて動かし，コップにはったセロハンテープとコップの境目付近がくもり始めたときの水温を測定した。この測定を，異なる室温のもとで5回行い，結果を表1にまとめた。

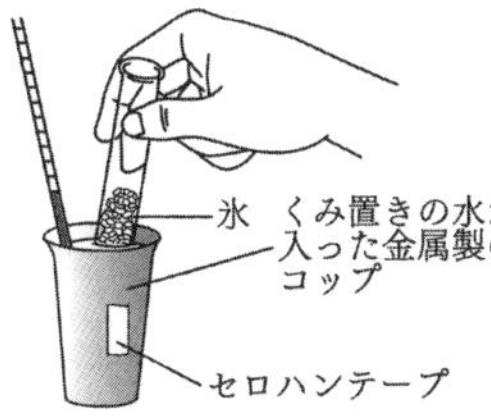

図1

	室温〔℃〕	くもり始めたときの水温〔℃〕
第1回	13	7
第2回	28	23
第3回	20	11
第4回	17	15
第5回		11

表1

(2)　(1)の実験の5回目の測定を行ったとき，乾湿計の示度を読んだ。図2は，そのときの乾湿計の一部を示したものである。また，表2は気温と飽和水蒸気量の関係を，表3は湿度表の一部を示したものである。

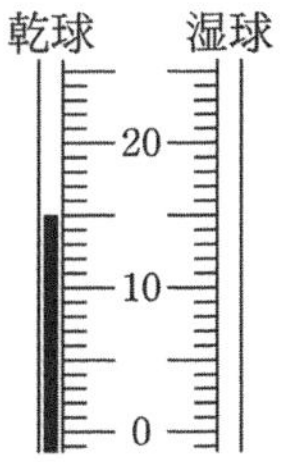

図2

気温〔℃〕	飽和水蒸気量〔g/m³〕	気温〔℃〕	飽和水蒸気量〔g/m³〕
7	7.8	18	15.4
8	8.3	19	16.3
9	8.8	20	17.3
10	9.4	21	18.3
11	10.0	22	19.4
12	10.7	23	20.6
13	11.4	24	21.8
14	12.1	25	23.1
15	12.8	26	24.4
16	13.6	27	25.8
17	14.5	28	27.2

表2

乾球の示度〔℃〕	乾球と湿球の示度の差〔℃〕					
	0.0	1.0	2.0	3.0	4.0	5.0
19	100	90	81	72	63	54
18	100	90	80	71	62	53
17	100	90	80	70	61	51
16	100	89	79	69	59	50
15	100	89	78	68	58	48
14	100	89	78	67	56	46
13	100	88	77	66	55	45
12	100	88	76	64	53	42
11	100	87	75	63	52	40

表3

このことについて，次の1，2，3の問いに答えなさい。

1　図3は，実験(1)で測定を行ったときの空気1 m³を模式的に表したものである(●，◌はどれも1個1 gを表す)。図3のとき，湿度は何%か。小数第1位を四捨五入して，整数で答えなさい。

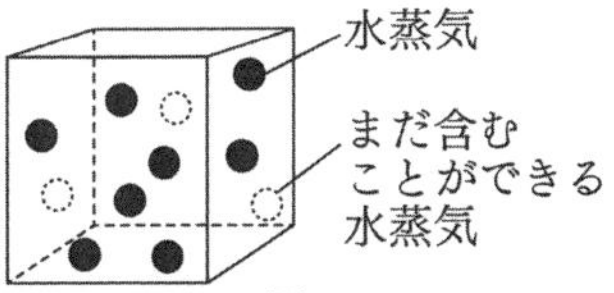

図3

2　1回目から4回目の実験の結果のうち，空気1 m³中に含まれる水蒸気の量が最も多いものは何回目か。

3　実験(2)で，図2の湿球は何℃を示していたと考えられるか。

6　電熱線の発熱量と電力との関係について調べるために，次の(1)，(2)の実験を順に行った。

(1)　図１のように，４Ωの電熱線ａと８Ωの電熱線ｂをそれぞれ室温と同じ温度の水100ｇの入った断熱容器に入れて，直列につないで回路をつくった。スイッチを入れ，電圧計が９Ｖを示すように電源装置を調節して，ガラス棒でそれぞれ水をかき混ぜながら水温を測定したところ，電熱線ｂを入れた断熱容器内の水温が，10分後に6.4℃上昇していた。

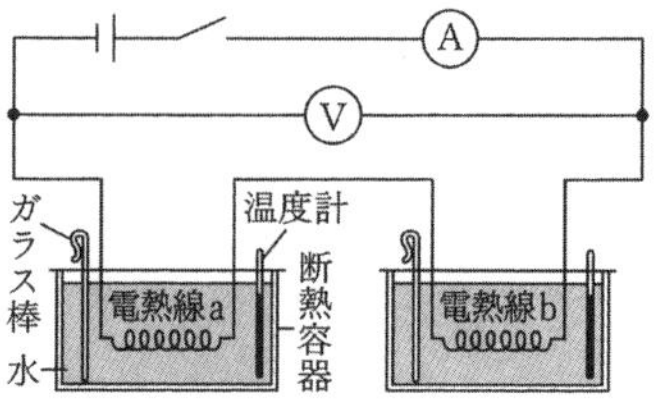

図１

(2)　図２のように，実験(1)で用いた電熱線ａと電熱線ｂをそれぞれ室温と同じ温度の水100ｇの入った断熱容器に入れて，並列につないで回路をつくった。スイッチを入れ，電圧計が９Ｖを示すように電源装置を調節して，ガラス棒でそれぞれ水をかき混ぜながら10分後に水温を測定したところ，電熱線ａを入れた断熱容器内の水温のほうが高くなっていた。

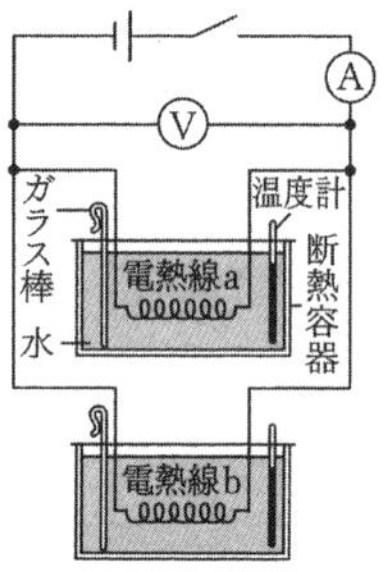

図２

このことについて，次の１，２，３の問いに答えなさい。ただし，この実験において電熱線で発生する熱量は，すべて水の温度変化に使われたものとし，水の温度変化も発生する熱量に比例するものとする。

１　実験(1)について，電熱線ａを入れた断熱容器内の水温は何℃上昇しているか。

ア　3.2℃　　イ　6.4℃　　ウ　9.6℃　　エ　12.8℃

２　実験(1)について，電熱線ｂで発生する熱量は何Ｊか。

ア　118Ｊ　　イ　473Ｊ　　ウ　945Ｊ　　エ　2700Ｊ

３　実験(2)について述べた次の［　　］内の文において，①，②，③に当てはまる語句を書きなさい。

> 並列回路では各電熱線の（　①　）が等しく，電熱線ｂより電熱線ａの方が抵抗が小さいので，（　②　）が大きくなる。よって，電熱線ａの方が（　③　）が大きくなる。したがって，電熱線ａのほうが，水温が高くなる。

7　ヒトの刺激と反応について調べるために，次の(1)，(2)，(3)，(4)の実験を順に行った。

(1)　図１のように，20人が手をつないで一列に並び，その後図２のようにＡさんの右手とＢさんの左手をつなぎ20人が輪になった。

(2)　この20人に加わっていないＣさんがストップウォッチを持ち，ストップウォッチを押すと同時に，Ａさんに合図を送る。Ａさんは左となりの人の右手をにぎり，にぎられた人は左となりの人の右手をにぎった。

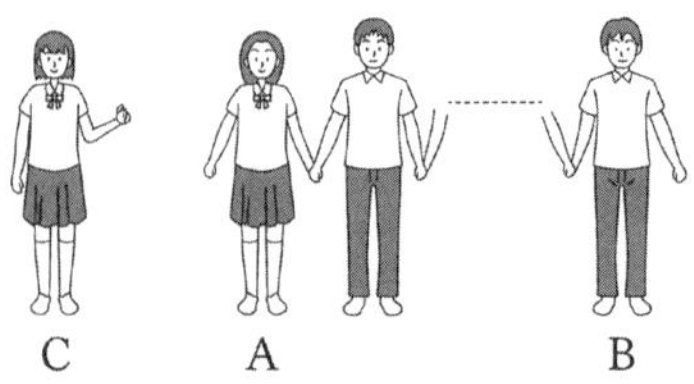

図１

解答　P285

(3)　AさんはBさんから右手をにぎられたらすぐにCさんに合図をし，Cさんはストップウォッチを止め，かかった時間を記録した。

(4)　この実験を３回繰り返した。

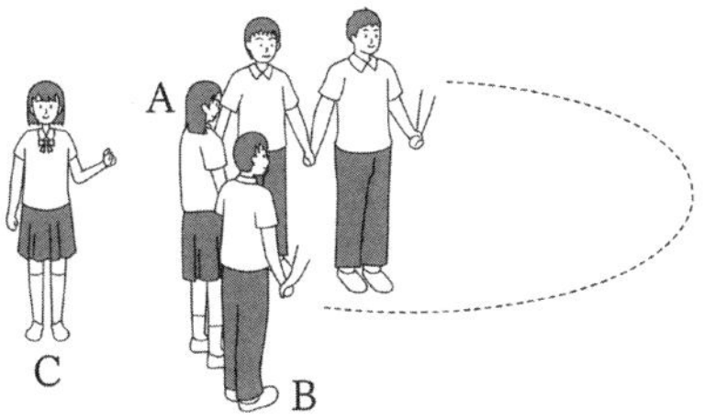

図２

このことについて，次の１，２，３の問いに答えなさい。

1　実験(4)の記録から，１人の人が右手をにぎられてから次の人の右手をにぎるまでにかかる時間の平均を求めると，0.20秒であった。右手から左手まで刺激の信号が伝わる神経の長さを平均1.5ｍとすると，伝える速さは何m/sか。

2　刺激が神経を伝わる速さは，１で求めた速さよりも実際には速くなる。１で求めた速さが遅いのはなぜか。「脳」という語句を用いて簡潔に書きなさい。

3　実験(2)で右手をにぎられたあと，刺激や命令の信号は，皮膚から筋肉まで神経系を次のように伝わったと考えられる。（　　　）の①，②，③に当てはまる語句をそれぞれ書きなさい。

皮膚→感覚神経→（　①　）→（　②　）→（　③　）→運動神経→筋肉

8　電池の電極と電圧の関係について調べるために，次の(1)，(2)，(3)の実験を順に行った。

(1)　マグネシウム，亜鉛，鉄，銅を入れた試験管に，それぞれうすい塩酸を加えると，マグネシウム，亜鉛，鉄では気体が発生したが，銅では気体は発生しなかった。また，気体の発生のしかたは，マグネシウム，亜鉛，鉄の順に弱くなった。

(2)　図１のように，電圧計の針が右に振れるように，金属と電圧計を導線でつないで，電圧を測定した。表は，その結果をまとめたものである。

金属の組み合わせ		電圧計の値
A	B	
マグネシウム	銅	2.72 V
鉄	銅	0.79 V
マグネシウム	鉄	1.93 V
亜鉛	銅	1.11 V

表

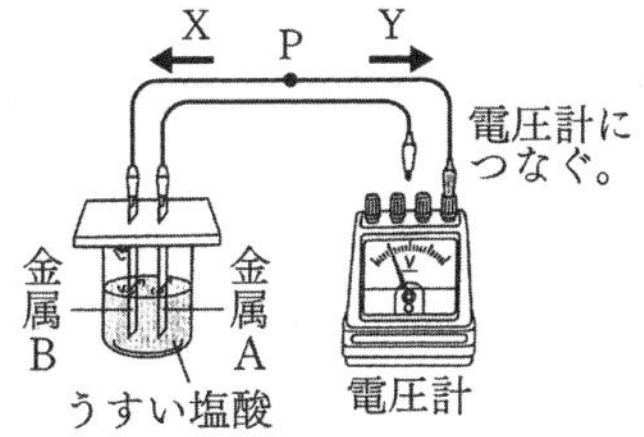

図１

(3)　図２のように，金属と電圧計を導線でつないで，そのときの電圧を測定した。

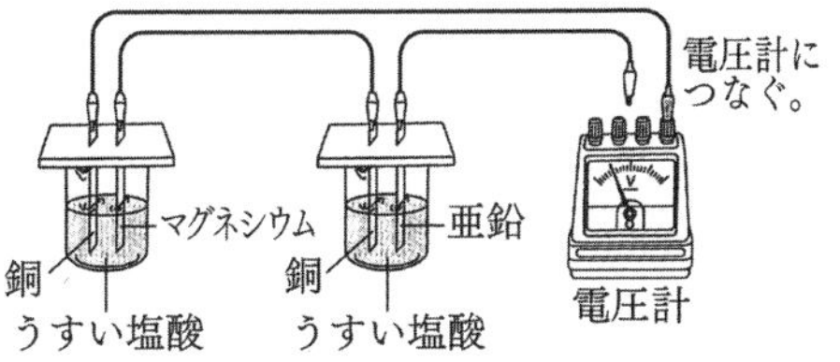

図２

このことについて，次の１，２，３，４の問いに答えなさい。

1　実験(2)で，金属A，Bの組み合わせをマグネシウムと銅にして，図１のように電圧計につないだ。このとき，電子は導線の点Pをどの向きに移動しているか。図１のX，Yから選びなさい。

2　１で＋極になっているのは，マグネシウムと銅のどちらか。

3　実験(3)で，表の値を用いることにより，図１の金属の組み合わせを変えたときの電圧を計算で求めることができる。図２のようにつないだときの電圧計の値は何Vになると考えられるか。

4　次の□内の文は，電池の電極で起こる化学変化について説明したものである。(　　)に当てはまる語句や記号を書きなさい。

電極の金属が(　①　)を放出して，(　②　)イオンになる，つまり電極の金属が溶ける化学変化が起こっているのは(　③　)極である。

9　太陽の動きを観察するために，次の(1)，(2)，(3)，(4)の観察を行った。

(1)　よく晴れた夏至の日に，図1の栃木県宇都宮市のA地点(北緯36度，東経139度)で，板の上に画用紙をはり，透明半球と同じ大きさの円をかき，その中心に点Oを記して透明半球を固定し，方位磁針で方位を調べて東西南北を記入した。

(2)　10時から15時まで1時間ごとに太陽の位置を観察し，その結果を透明半球上に・で記録し，その・をなめらかな曲線で結んで，それを透明半球のふちまで伸ばし，太陽の動いた道すじを曲線XYで表した。また日の入りの時刻は19時00分であった。

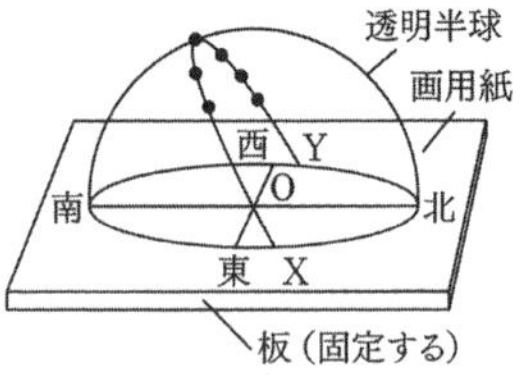

図1

(3)　曲線XY上に紙テープを重ね，透明半球上につけられた・をその紙テープに写し取って，XとYで切り取った。紙テープの・と・はいずれも2.4 cmの等間隔で，紙テープの長さは34.8 cmであった。

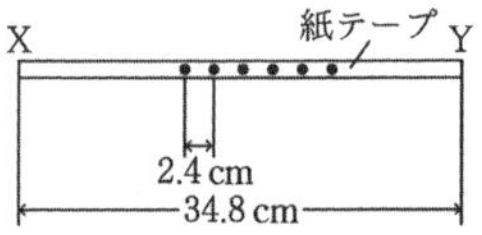

図2

(4)　板の上に画用紙をはり，方位磁針で方位を調べ，東西南北を記入した。その中心に垂直に棒を立てて，太陽が南中したときとその後の影のでき方を調べた。図3は，この日の太陽が南中したときにできた棒の影のようすである。

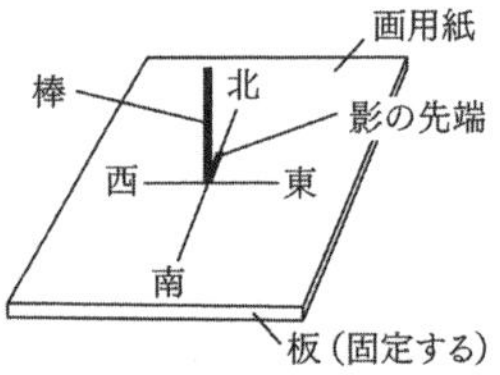

図3

このことについて，次の1，2，3，4の問いに答えなさい。

1　図1から，太陽は天球上を動いているように見えるが，これは見かけの動きである。この太陽の1日の見かけの動きが生じる理由を簡潔に書きなさい。

2　この日，栃木県宇都宮市のA地点における日の出の時刻はどれか。

ア　4時20分　　イ　4時30分　　ウ　4時40分　　エ　4時50分

3　この日，北海道札幌市のB地点(北緯43度，東経141度)で同じ観察をすると，A地点と比べてB地点における日の出の時刻と南中高度はどうなるか。

ア　日の出の時刻は早くなり，南中高度は低くなる。
イ　日の出の時刻は早くなり，南中高度は高くなる。
ウ　日の出の時刻は遅くなり，南中高度は低くなる。
エ　日の出の時刻は遅くなり，南中高度は高くなる。

4　観察(4)で，南中したときをはじめとして，1時間ごとに3回，棒の影の先端の位置を・で画用紙に記録し，・をなめらかな線で結んだ。このときの線を表したものはどれか。

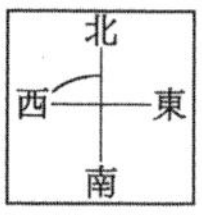

ア

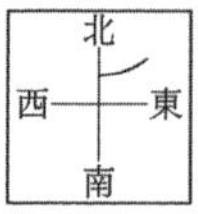

イ

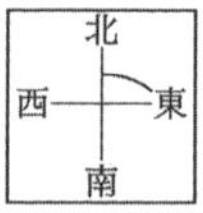

ウ

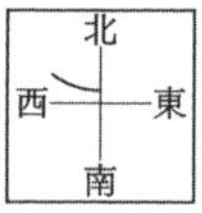

エ

文星芸術大附属 宇都宮文星女子 後期試験

英語

制限時間 50分

1 これは聞き方の問題である。指示に従って答えなさい。

1 〔英語の対話とその内容についての質問を聞いて，答えとして最も適切なものを選ぶ問題〕

(1)

(2)

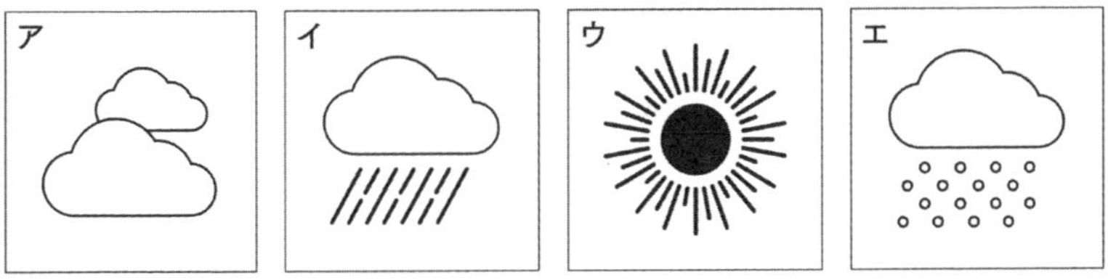

(3) ア In the library.　　イ At the airport.
　　ウ At a bus stop.　　エ On the second floor.

(4) ア Watch the news.　　イ Read a newspaper.
　　ウ Do his homework.　　エ Play video games.

2 〔英語の対話とその内容についての質問を聞いて，答えとして最も適切なものを選ぶ問題〕

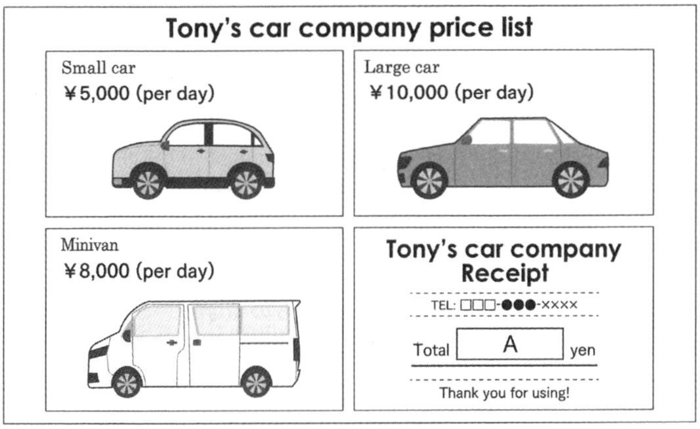

(1) ア Because she wants to use it for traveling alone.
　　イ Because she wants to use it for traveling with friends.
　　ウ Because she wants to use it on business.
　　エ Because she wants to use it for moving.

(2) ア A minivan.　　イ A large car.
　　ウ A small car.　　エ A minivan and a small car.

(3) ア ¥15,000　　イ ¥23,000　　ウ ¥24,000　　エ ¥30,000

3 〔インタビューを聞いて，英語で書いたメモを完成させる問題〕

- The place the student is from
  - the city on the (1)(　　　) Island
- Beautiful ocean views
  - nice places to (2)(　　　) by the sea
- Comfortable temperature
  - never snowed for a (3)(　　　) time
- No snow but a place to enjoy winter sports

2　次の1，2の問いに答えなさい。

1　次の英文中の [(1)] から [(6)] に入れるものとして，下の(1)から(6)のア，イ，ウ，エのうち，それぞれ最も適切なものはどれか。

Have you ever [(1)] of *Alpine skiing? I am a member of the Alpine skiing club at my high school. It is a sport which was started by people in Europe in the 20th century. All skiers try to ski faster than others [(2)] the race. Sometimes, they ski faster than cars. At first, I was afraid of its speed, so my coach showed me how to ski [(3)]. Now, I like skiing with my teammates. I am going to practice hard to improve [(4)] skills. If you are interested [(5)] it, let's try! I believe that it will make you [(6)].

〔注〕*Alpine skiing＝アルペンスキー(北欧発祥のスキー競技の１つ)

(1)	ア　hear	イ　hearing	ウ　hears	エ　heard
(2)	ア　winning	イ　to win	ウ　wins	エ　won
(3)	ア　well	イ　worse	ウ　good	エ　best
(4)	ア　I	イ　my	ウ　me	エ　mine
(5)	ア　at	イ　on	ウ　in	エ　by
(6)	ア　exciting	イ　excited	ウ　sad	エ　boring

2　次の(1)から(3)の(　　)内の語を意味が通るように並べかえて，その順序を(1)，(2)はア，イ，ウ，エの記号を用いて，(3)はア，イ，ウ，エ，オの記号を用いて書きなさい。

(1)　A: We (ア to　イ go　ウ have　エ don't) to school today.
　　B: Yeah, let's go to the park.

(2)　A: Do you know the tallest student in this class?
　　B: Tom is (ア other　イ than　ウ any　エ taller) student in the class.

(3)　A: Do you know (ア walking　イ there　ウ the　エ over　オ girl) with Tom?
　　B: Yeah, she is Mai, one of my friends.

3　次の英文は，中学生の優花(Yuka)とスペイン(Spain)からの留学生アーロン(Aaron)との対話の一部である。これを読んで，１から６までの問いに答えなさい。

Aaron: Hi, Yuka. What are you looking at?

Yuka: Hello, Aaron. This is an article about sleeping hours. It says that some students in Japan sometimes feel sleepy in their classes.

Aaron: Why? I have never slept while taking a class.

Yuka: They can't get enough time to sleep.

Aaron: Wow, [A] do they usually sleep?

Yuka: Look at (1)this graph. Japanese people sleep *less than 8 hours a day and we have the second shortest sleeping hours in the world. On the other hand, people in your country sleep more than 8.5 hours and this is the third longest country in the world. In fact, Japanese students have a lot of things ＿＿(2)＿＿ every day. For example, they must study and then do club activities. Some of them like to check *social media like YouTube or TikTok even at night. Such things reduce their sleeping hours.

Aaron: I see. Students in my country *seldom *take a nap in class. Oh, we also have a unique *custom. Some *adults in my country go back home during the lunch hour.

Yuka: That's interesting.

解　答　P285

Aaron: This is called siesta. People ＿＿(3)＿＿ with their family or get some sleeping time. Thanks to siesta, people in my country feel less stress.

Yuka: Sounds great.

Aaron: Yeah. Usually we stay home for two to three hours. Because of this custom, people can work hard and have fun in their daily lives.

Yuka: I think so too. I believe that short sleeping is bad for the health. People who don't have enough time to sleep often feel tired and get sick, so it is [B] for young people to take enough time to sleep not only for their studies but also for their health.

Aaron: You are right.

Yuka: I also heard the news that some junior high schools in Japan have a short time to sleep like a siesta.

Aaron: Really? It's a nice idea.

Yuka: Yeah. Students have time to sleep for ＿＿(4)＿＿ in a dark classroom. One student suggested this activity because there were (5)two good points. Some students who did this activity said they were able to focus on studying and it saved electricity.

Aaron: Great! Why don't we tell your story to our teacher, Mr. Tomioka? It is a good chance to (6)make our school life better than now.

Yuka: All right! Why not?

〔注〕*less than＝～未満　*social media＝ソーシャルメディア
*seldom＝めったに～ない　*take a nap＝居眠りする
*custom＝習慣，慣習　*adult＝大人

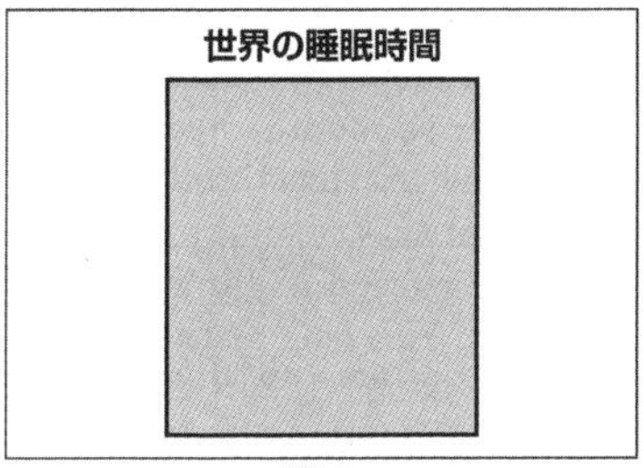

図１

図２

図３

校時表

登　校	～ 8：40
朝の会	8：40 ～ 8：50
1校時	8：50 ～ 9：40
2校時	9：50 ～10：40
3校時	10：50 ～11：40
4校時	11：50 ～12：40
昼休み	12：40 ～13：05
siesta	13：05 ～13：15
5校時	13：15 ～14：05
6校時	14：15 ～15：05
帰りの会	15：05 ～15：15

図４

1　二人の対話が成り立つよう，本文中の［ A ］に入る最も適切な英語２語を書きなさい。

2　下線部(1)について，図１の［　　］の位置に入るグラフとして，最も適切なものはどれか。

ア

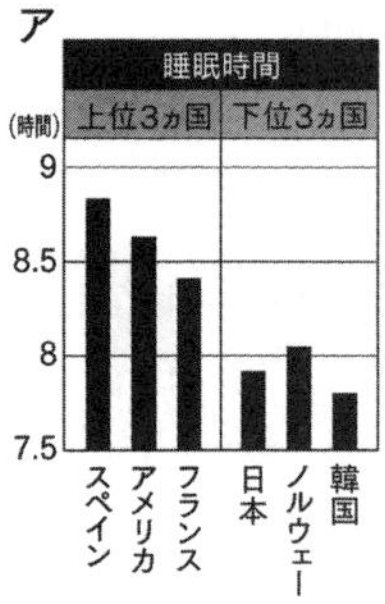

イ

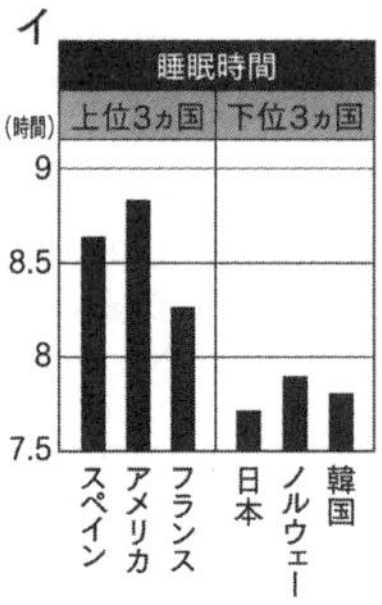

ウ

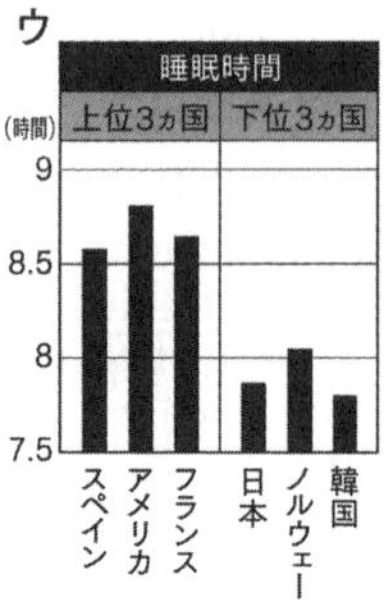

エ

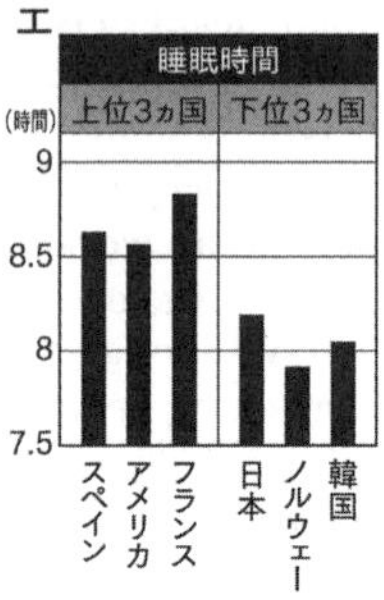

3　二人の対話が成り立つよう，図2，図3，図4を参考に，下線部(2)，(3)，(4)に適切な英語を書きなさい。

4　本文中の［　B　］に入る語句として，最も適切なものはどれか。
ア　easy　　イ　hard　　ウ　interesting　　エ　important

5　下線部(5)について，本文中で述べられている内容を挙げて，20字以上30字以内の日本語で書きなさい。ただし，句読点も字数に加えるものとする。

6　下線部(6)について，あなたなら，本文に書かれていること以外で，学校生活をよりよくするためにどんなことをしますか。まとまりのある5文程度の英語で書きなさい。

4　フミヤ(Fumiya)と，イタリアからの留学生であるマリオ(Mario)，フミヤの妹であるユイ(Yui)についての次の英文を読んで，1から5の問いに答えなさい。

Mario, my sister Yui, and I are members of the kendo club at our high school. Mario is *an exchange student from Italy. He came to Japan three months ago. At first, he was not good at speaking Japanese, but he gradually *got used to it. He loves Japanese culture such as animated movies and *martial arts.

One evening, Mario, Yui and I were walking home and we passed a *clinic. Mario looked at the parking lot of the clinic, and said, "Fumiya, Yui, look at the numbers painted on the parking lot. Numbers 4 and 9 are *missing. 1, 2, 3, 5, 6, 7, 8, 10, 11. Why are the numbers missing? [　　　] the meaning of these numbers?"

I said to Mario, "Number 4 is pronounced *'shi'* in Japanese. The word *'shi'* also means 'death' in Japanese, so many people in Japan think that number 4 is not lucky." And Yui added, "Also, number 9 is pronounced *'ku'* in Japanese, and the word *'ku'* means pain in Japanese. For (1)these reasons, numbers 4 and 9 are not lucky in Japan. Usually, these numbers are not used as room numbers at hospitals and clinics."

Mario said to me, "That is interesting. In Italy, we believe number 17 is not lucky in *Roman numerals. Number 17 reminds Italians of death, so it is usually used on *gravestones. That is why number 17 is not usually used as seat numbers on airplanes in Italy."

Yui said to Mario, "I didn't know that. This time, I will introduce a lucky number to you. Number 3 is believed to be lucky in Japan. It is often used in family names. I hear you like to watch Japanese anime. If you watch it carefully, you will be able to learn so much about the rules of numbers in Japan."

Mario said to me, (2)"That is true. In Italy, Japanese anime has been very popular. We like watching Japanese anime. In particular, sports anime is so famous. I started to watch several Japanese anime and I loved them. That is why I decided to study in Japan."

I said to Mario, "It is so wonderful. I am so happy to hear this fact. I hear Japan has become the most attractive place for tourists in the world. I hope that many tourists from foreign countries come to Japan. I have learned that it is also important for us to keep our traditional culture."

〔注〕*an exchange student＝交換留学生　*get used to～＝～に慣れる
*martial art＝武道　*clinic＝クリニック，診療所
*missing＝無い，欠けている　*Roman numeral＝ローマ数字
*gravestone＝墓石

1　本文中の［　　　］に入る適切な英語を３語または４語で書きなさい。

2　下線部(1)の，これらの理由が表す内容は何か。日本語で書きなさい。

3　マリオに対してユイが述べた日本での数字の「３」の表す意味と使われ方について，日本語で書きなさい。

4　下線部(2)の内容を次の［　　　］内のように表したとき，(　　　)に入る適切な英語を，本文から４語で抜き出して書きなさい。

People will (　　　　　　　　) the rules of numbers in Japan by watching Japanese anime.

5　本文の内容と一致するものはどれか。

ア　At first, Mario didn't speak Japanese well, but gradually he was able to speak it.

イ　Fumiya could not tell why numbers 4 and 9 were missing at the parking lot.

ウ　In Italy, number 17 means pain.

エ　Both Mario and Fumiya think Japan is the best place to visit in the world.

5　次の英文を読んで，１，２，３，４の問いに答えなさい。

Language used in Europe are all unique but it is important to notice some similar points. Sounds of words may be similar but the *spelling may be different. One example is the word *waffle.

Do you know waffles? Waffles are well known as *sweets in Japan. What about *wafers or **gaufres*? Probably you have eaten them before. All three are［　A　］eggs, sugar, and *flour, but they are not the same sweets. Yet they sound very similar. Why?

Let's look at the history of waffles.［　　　　B　　　　］The name and the shape of the wafer gradually changed from country to country.

In France, wafers changed to *gaufres* which are two thin, sweet bread with buttercream between them. Today, wafers have become very thin, cookies with cream between them. Waffles, wafers and *gaufres* are now different foods but they started as the same thing.

Next, when you look at the spelling of waffles, wafers, and *gaufres*, you will notice that they are very similar. The big difference is the "W" and the "G" used in the name of these sweets. This is one example of words which have the same meaning but use a "W" in English and a "G" in French. Another example is this: war in English and **guerre* in French. The sounds of these words are similar, but when you look at the spelling, the major difference is the "W" and the "G."

English has many words that come from French because of the history between England and France. When you study the origins of different words in different European countries, you will find that the spelling may be different but the sounds are actually very similar.

〔注〕*spelling＝スペリング，つづり　*waffle＝ワッフル　*sweets＝スイーツ
*wafer＝ウエハース（薄い焼き菓子）　**gaufre*＝ゴーフル［仏］（フランスのお菓子）
*flour＝小麦粉　**guerre*＝戦争［仏］

1　本文中の［ A ］に入るものとして，最も適切なものはどれか。

ア　made from　イ　full of　ウ　proud of　エ　covered with

2　本文中の［ B ］に入る次のア，イ，ウ，エの文を，意味が通るように並べかえて，記号を用いて答えなさい。

ア　At that time it had a different name.
イ　The original waffle was made in Greece a long time ago.
ウ　Finally, they spread these wafers all over Europe.
エ　Some people in Europe began to use the name “wafer” in their ceremonies.

3　下線部の大きな違い（the big difference）とはどのような違いか。日本語で具体的に説明しなさい。

4　本文のタイトルとして最も適切なものはどれか。

ア　Interesting Sounds and Spelling
イ　The History of Waffles
ウ　Change from French to English
エ　The Importance of French

解答　P285

6　(5)変わらないな、というみっくんの言葉が、わたしはなんだかとてもうれしかったとあるが、なぜか。適切なものを選びなさい。

ア「みっくん」の言葉から、何一つ変わらずにいることの大切さを実感し、飾らないありのままの姿が一番だと思えたから。

イ「みっくん」の言葉から、焦っているのが自分一人ではないことを感じ、「みっくん」と一緒に成長できると思えたから。

ウ「みっくん」の言葉から、互いに思いを寄せていることを実感し、大人っぽい姿を見せることも悪くないと思えたから。

エ「みっくん」の言葉から、自分の在り方が肯定されたことを感じ、急いで大人になろうとする必要がないと思えたから。

5

次の資料は「文化の日」（11月3日）を迎えるに当たって、総務省が行った「社会生活基本調査生活行動に関する結果」から文化・芸術活動に関する状況について紹介したものである。「美術鑑賞」において資料から読み取れる今後の課題を以下の《注意》に従って書きなさい。

《注意》
・二段落構成とする。
・第一段落には、資料から読み取ったことについて書くこと。
・第二段落には、第一段落に書いたことを踏まえて、今後の「美術鑑賞」にとって必要なことや大切なこと（課題）を書くこと。
・国語解答用紙(2)に二百四十字以上三百字以内で書くこと。

※資料は平成28年のものであり、新型コロナウイルス感染症が流行する前のものである。

資料【「趣味・娯楽」の種類、男女別行動者率（平成28年）】

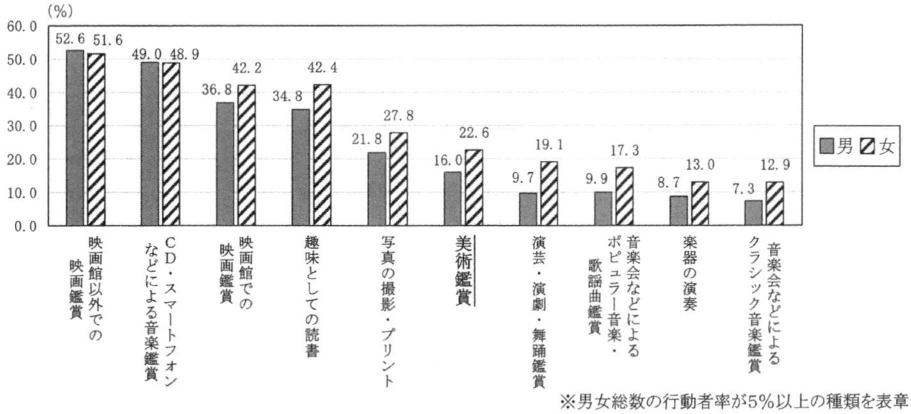

※男女総数の行動者率が5%以上の種類を表章

出典：https://www.stat.go.jp/data/shakai/topics/pdf/topics105.pdf

「だいたい、こんなでかいのが低学年向けの童話なんて読んでたら、変に決まってるだろ」

(3)その言葉を聞いたわたしは、はっとしてみっくんの顔を見あげた。わたしよりも頭ひとつぶんは上にある、みっくんの顔を。

ふてくされたような顔でそっぽを向いているみっくんを見て、わたしは気がついた。みっくんは、童話を好きじゃなくなったわけじゃなかったんだ、って。そのことが、みっくんの声や表情から伝わってきた。

それからわたしは、学校での美貴《みき》ちゃんとの会話を思いだした。大人っぽいふりをしていたわたしは、不機嫌そうで怒っているように見えた、と美貴ちゃんは言っていた。不機嫌そうで怒っているように見えるって、それはわたしだけじゃなくて、みっくんだってそうだ。

もしかしたらみっくんも、急いで大人になろうとして、無理をしているんじゃないだろうか、とわたしは思った。わたしと違って、みっくんの外見はどんどん大人に近づいている。だからわたしよりも余計にあせって、大きくなった体に中身もあわせようと、大人っぽく振舞って、好きな童話も読まなくなって……。

大人にならなくちゃとあせっていたのは、わたしだけじゃなかった。そのことがわかった途端《とたん》、わたしの口から言葉が飛びだしていた。

「絶対、変なんかじゃないと思う！」

静かな図書館に、わたしの声が響きわたった。みっくんは［B］をまるくしていて、わたしも自分の声の大きさに驚いていた。

なにを話したらいいかわからなくて、わたしはおろおろしてしまった。だけどわたしはとにかくみっくんに、またポックルの童話を読んでほしかった。

「あ、あのねっ、この本、ほんとにすごくおもしろかったの！ポックルの全部のお話の中で、ベストスリーに入れたいくらいに。ライバルのイナリ丸との料理勝負もわくわくしたし、ポックルがつくるいろんなマーボー豆腐がどれもおいしそうで……」

わたしは一生懸命、ポックルの新しいお話のおもしろさをみっくんに伝えようとした。

そんなわたしのことを、みっくんはきょとんとした顔で見つめていた。けれどそのうちに、みっくんはふう、とため息をついて、(4)「わかったよ」とわたしの言葉を止めた。やれやれというような、だけどやさしい声で。

「普段はおどおどしているのに、好きな本の話をするときはすごいおしゃべりなとこ、昔と変わらないな」

みっくんはそう言って、わたしの差しだした本を受けとった。みっくんに本をわたしながら、わたしは自然と笑顔になっていた。変わらなくちゃ、と思って、ずっと頑張っていたはずなのに、(5)変わらないな、というみっくんの言葉が、わたしはなんだかとてもうれしかった。

（如月《きさらぎ》かずさ「給食アンサンブル」〈光村図書出版〉から）

1　(1)最初のきっかけだった　とあるが、何のきっかけか。解答欄にあうように十字以内で答えなさい。

2　空欄［A］・［B］に入る語をそれぞれ漢字一字で答えなさい。ただし、空欄にはどちらも体の一部が入る。

3　(2)わたしは後ろめたい気分でいた　とあるが、なぜか。四十字以内で答えなさい。

4　(3)その言葉を聞いたわたしは、はっとしてみっくんの顔を見あげた　とあるが、ここで「わたし」はどんなことに気づいて「はっと」したのか。解答欄にあうように本文中より三十字以内で抜き出して答えなさい。

5　(4)「わかったよ」とわたしの言葉を止めた　とあるが、この時の「みっくん」の気持ちとして適切なものを選びなさい。

ア　「桃」が伝えようとしていることがわからずに困惑する一方で、童話を借りる決心がついたことに感謝している。

イ　大人になろうとすることを否定する「桃」に戸惑いつつも、自分の味方でいてくれる「桃」の姿を嬉しく思っている。

ウ　童話のおもしろさを必死に伝えようとする「桃」の姿に驚きつつも、「桃」の気持ちを素直に受け入れようとしている。

エ　少しでも周りから大人っぽく見られたいと焦る一方で、普段通りの元気な「桃」の姿が見られてほっとしている。

4

次の文章を読んで、1から6までの問いに答えなさい。

その夜に食べたマーボー豆腐《どうふ》が、(1)最初のきっかけだった。家族で出かけた本格的な中華料理店のマーボー豆腐。

そのマーボー豆腐の最初の一口を口にしてすぐに、わたしは固まってしまった。ビーフシチューみたいに黒っぽくて、あんまり辛そうに見えなかったから油断していた。

実際の味は、もう辛いとかそんなものじゃなかった。口の中が熱くて痛くて、顔中に汗がぶわっとふきだした。

わたしは必死に激辛マーボー豆腐を飲みこんだ。それから大急ぎで水を飲もうとしていたら、慌《あわ》てすぎてテーブルのコップを倒してしまった。こぼれた水がお姉《ねえ》ちゃんのおきにいりの服をぬらし、お姉ちゃんが「ちょっと桃《もも》、なにやってるのよ！」とわたしに怒鳴った。

両手で口を押さえてうなっていると、お母さんが別のコップをわたしてくれた。それをいっきに飲みほして、わたしがようやくほっと息をついていると、お姉ちゃんが冷たくわたしに言った。激辛マーボー豆腐をすました顔で食べてみせながら。

「この程度で大騒ぎするなんて、ほんっとにお子さまよね桃は」

お姉ちゃんのとげとげしい言葉の響きに、わたしはびくっと［A］を縮めた。お姉ちゃんが意地悪なのはいつものことなのに、その言葉はいつもよりずっと痛く感じた。マーボー豆腐のあまりの辛さで、泣きそうになっていたからかもしれない。

（中略）

放課後、わたしは読むのをあきらめた恋愛小説を、図書館に返しにいった。

返却カウンターで、図書館のお姉さんに本をわたしながら、(2)わたしは後ろめたい気分でいた。ほんとうに返してしまっていいんだろうか。この本を返しちゃったら、わたしはこれからもずっと、大人っぽくはなれないんじゃないかな。そんな不安も感じていた。

返却が終わったあとも、まっすぐ童話を借りにいく気にはなれなくて、わたしは大人向けの小説の棚《たな》のあいだをうろうろしていた。またべつの小説を借りてみようかな、とも考えたけど、おもしろそうな本はなかなか見つからなかった。

しばらく迷ったあとで、わたしはためらいがちに、大人の小説のコーナーを離れた。そしていつもの童話の棚に向かうと、そこでわたしは思いがけない相手の姿を見つけた。

そこにいたのは、大人びた顔の背の高い男子。みっくんだった。

みっくんは棚の前で童話の本を開いて、熱心に立ち読みをしていた。

本の表紙は見えないけど、挿絵《さしえ》でわかる。この前わたしが返した、「こだぬきレストランのポックル」の最新刊だ。

それを読むみっくんの顔には、すごくわくわくした表情が浮かんでいた。いつもの不機嫌で怖そうな顔とは違う、昔となんにも変わっていない、おもしろい童話を読んでいるときのみっくんの顔だ。

驚きすぎて声をかけることもできないでいると、みっくんがわたしに気がついた。みっくんはぎょっとした顔になってから、すぐにその表情を引っこめて、「なんだ、高梨《たかなし》か」とぶっきらぼうに言った。そして読んでいた本を棚にもどすと、なにごともなかったかのように、すたすたとその場を立ち去ってしまう。

呆気《あっけ》にとられてしまってから、わたしはとっさにポックルの最新刊を棚からぬきだして、みっくんのあとを追いかけた。

「道橋《みちはし》くん、待って！」

わたしが呼びかけても、みっくんは立ち止まってくれなかった。

わたしは駆け足でみっくんに追いつくと、服の裾《すそ》をつかんで言った。

「待ってよ、みっくん！」

昔のあだ名をつい使ってしまったら、みっくんが怒った顔で振りかえった。鋭い目でにらまれて、わたしはびくっとうつむいた。

けれどそれからすぐに、大きなため息の音が聞こえた。わたしがおそるおそる顔を上げると、みっくんは怖い顔をやめて、あきれたようにわたしのことを見ていた。

「もうその呼びかたはするなよ。恥ずかしいだろ」

「ごめんなさい。その、これ、借りようとしてたんじゃないの？」

わたしはおずおずとポックルの本をみっくんに差しだした。するとみっくんはその本を見もしないでこたえる。

「そういうわけじゃない。この前高梨が話してたのを思いだして、ちょっと見てただけだ」

「でも、すごくわくわくした顔で読んでたし……」

「そんな顔はしていない」

怖い声できっぱりと言いかえされて、わたしはまた縮こまった。けれど、それでもまだあきらめられないで、わたしがこわごわその顔色をうかがおうとしていると、みっくんはぼそぼそとつけくわえた。

解答 P285

の生活も仕事も、引き返すことができない、前進するしかしようがない時間の中にあるわけです。

［D］、古代ギリシアや古代インドでは、明らかに時間は違った流れ方をしていました。古代ギリシアでは、時間は振り子のように行っては戻るもので、繰り返すものと考えられていました。また、古代インドの時間は円環的にぐるりと回ってくるものでした。この二つの時間の考え方からは、時間が繰り返すものであるために、何らかの意味で人生にも繰り返しがきく、引き返せるという感じ方が芽生え、それが古代ギリシアや古代インドの文化に穏やかさとか悠久《ゆうきゅう》のイメージを与えているように思います。

（中略）

異文化を体験し、そこで時間がさまざまに流れている、(2)日本の日常生活とは時間の流れ方が違っていると気づくことは、異文化理解のためだけでなく、私たちが自分の人生を生きていくうえでも非常に重要なことのように思います。

たとえば、場所が違えば社会的な時間のありようからして違います。昔はよく「タイ時間」などと言って、約束した時間に二時間は遅れて行かないと何も始まらないとか言われたものでした。「ブラジル時間」とか「メキシコ時間」とか、同じような言い方が世界各地についてあったものです。タイ時間などは現在のタイのような経済発展の社会では徐々になくなりつつあると思われますが、香港《ホンコン》に行ってもタイに行ってもスリランカに行っても、食事時間というごく基本的なものからしてそれぞれ日本とは違うことに気がつきます。そして(3)それが各社会を実際に動かしているわけですから、時間が各文化の中でどうなっているのかを学ぶことが非常に重要になってくるのです。

しかし、ここで私自身が経験し、また貴重なことと感じる異文化における時間の流れ方の意味ということでお話しておきたいのは、「夕刻」という時間についてです。一日の中で昼は終わったがまだ夜にはならない夕刻という、狭間《はざま》であり一種の境界である時間は、仕事と憩いの、［　］の境目の時間に当たります。

（中略）

(4)私たちの現代日本社会は、のべつまくなし(注2)に日常の仕事の時間が全体を覆っており、朝起きてから夜寝るまで、「境界の時間」がどこにも設定されていません。人生という視点から見ても、たとえば成人式などの意義はなくなっています。「成人の日」はありますが、「境界の時間」を過ごす日ではもはやありません。結局、現代の直接的な時間に裂け目を作る装置がないために、日本社会はゆとりのない、緊張ずくめの社会になってしまっているとも感じられるのです。

（青木保「異文化理解」〈岩波書店〉から）

（注1）僧侶生活＝筆者はかつてタイの僧院で、六か月間タイの仏教の僧として修行体験をした。
（注2）のべつまくなし＝ひっきりなしに続くさま。

1　［A］から［D］に入る語の組み合わせとして適切なものはどれか。

ア　A　そして　B　では　C　たとえば　D　しかし
イ　A　そして　B　たとえば　C　しかし　D　では
ウ　A　たとえば　B　では　C　そして　D　しかし
エ　A　たとえば　B　しかし　C　そして　D　では

2　(1)近代的な時間　とあるが、「近代的な時間」と対照的な時間はどのような時間か。解答欄にあうように本文中より十五字以内で抜き出しなさい。

3　(2)日本の日常生活とは時間の流れ方が違っている　とあるが、その具体例として適切なものはどれか。

ア　タイでは、約束の時間の二時間前には待ち合わせ場所に到着していなければならないと考えられていた。
イ　ブラジルでは、過ぎ去った時間はもう二度と取り戻すことはできないものであると考えられている。
ウ　古代ギリシアでは、時間とは振り子のように行っては戻るものであると考えられていた。
エ　スリランカでは、食事の時間は仕事との切り替えのために長く取るべきであると考えられている。

4　(3)それ　とあるが、その指し示す内容を本文中より十字前後で抜き出しなさい。

5　［　］に入る言葉として適切なものはどれか。

ア　公と私　イ　動と静　ウ　量と質　エ　明と暗

6　(4)私たちの現代日本社会　とあるが、筆者が述べる「現代日本社会」の特徴について、三十字以内で書きなさい。

2　次の文章を読んで、1から5までの問いに答えなさい。

(注1)醍醐《だいご》の大僧正実賢《じつけん》、もちをやきてくひけるに、(注2)きはめたるねぶりの人にて、もちを持ちながら、(注3)ふたふたとアねぶりけるに、まへに江《かう》次郎《じらふ》といふ(注4)恪勤者《かくごんしゃ》のありけるが、僧正のねぶりてうなづくを、われにこのもちくへと(注5)気色《けしき》あるぞと心得て、イ走りより(1)て手に持ちたるもちをとりてくひてけり。僧正(注6)おどろきてのち、「ここに持ちたりつるもちは」とウたづねられければ、江次郎、そのもちは、はやくへと候《さぶら》ひつれば、たべ候ひぬとこたへけり。僧正(注7)比興のことなりとて、(2)諸人に語りてエわらひけるとぞ。

（「古今著聞集《ここんちょもんじふ》」から）

（注1）醍醐＝醍醐寺。
（注2）きはめたるねぶりの人＝たちどころに居眠りを始めてしまう人。
（注3）ふたふたと＝うとうとと。
（注4）恪勤者＝僧正の身辺の世話をする侍《さむらい》。
（注5）気色ある＝合図をしている。
（注6）おどろきて＝目を覚まして。
（注7）比興のこと＝おもしろいこと。

1　きはめたる　は現代ではどう読むか。現代かなづかいを用いて、すべてひらがなで書きなさい。

2　アねぶりける　イ走りより　ウたづねられけれ　エわらひける　の中で、主語にあたる人物が異なるものはどれか。

3　(1)手に持ちたるもちをとりてくひてけり　とあるが、「江次郎」がこのような行動をとった理由を三十字以内で答えなさい。

4　本文中に「　」を省略した会話部分があるが、どこからどこまでか。最初と最後の三字を抜き出しなさい。

5　(2)諸人に語り　とあるが、「僧正」が語った内容として適切なものはどれか。

ア　眠っている人との会話がたまたま成立するという面白さ。
イ　他人の食べものを勝手に取るとひどい目にあうという教訓。
ウ　眠っていながらも食べものにこだわる人間が持つ欲の強さ。
エ　勘違いをした人にものを取られてしまったというおかしさ。

3　次の文章を読んで、1から6までの問いに答えなさい。

いつもと違った時間、境界の時間は、異文化の中に身を置いていつもとは違った体験をすることによって得られるのです。ただし、そのとき注意しなければならないのは、「違った体験」をするということです。外国に行っても、たとえば現地の日本人社会の中で日本と同じような生活をしていては、そういう経験をしたことにはあまりなりません。外国で暮らすとき、その中で日本人どうしだけで生活して、一人で異文化の中に入りこんで、異文化に自分をさらけ出すということをしないで過ごすならば、違った体験をしたとは言えません。［A］、異文化理解もできないだろうと思います。常とは違った時間とか空間を意識して生活しないと、異文化は見えてこないのです。

異文化を理解することは、自分の文化の殻《から》から抜け出して別の文化の殻の中に入ることなのです。それは、(注1)「僧侶《そうりょ》生活」のような特殊なものでなくても、仕事の上での駐在生活や留学などのごく一般的な形でいいのですが、その場所で外国の言葉を話したり風俗習慣を身につけようとしたりしながら、自分の生活を変えていくことで可能になります。そういう「体験」がなければ、外国に行っても、どこも同じだったというよくある感想で終わってしまい、異文化理解ができないのはもちろん、逆に自分の文化を理解することもなかなかできないことになると思います。異文化の中で自文化が感じられる、自文化をあらためて理解するという経験も重要です。これは何も大げさなことではありません。ほんのささいな経験からでも可能になるのです。

異文化を体験するとは、［B］本質的にはどういうことでしょうか？　それは異質な時間と空間を体験するということにほかなりません。

異文化の空間が違うのはいわば当たり前といえるかもしれませんが、時間が異質だと言うのは、別に「時差」のことを指しているわけではありません。時間の認識とか感覚に違う面があることを意味します。

［C］、私たちがいま普通に認識している(1)近代的な時間は、「時計の時間」ということができます。昨日から今日へ、今日から明日へ、限りなく直線的に前に進む時間で、限りがありませんし、引き返すこともできません。その近代的な時間を生きる私たち

文星芸術大附属 宇都宮文星女子 後期試験

国語

令和5年2月2日実施

制限時間 50分

1

次の1から3までの問いに答えなさい。

1 次の——線の部分の読みをひらがなで書きなさい。

(1) 類似の事例がいくつか見られた。
(2) 他校との遠征試合に出発する。
(3) 自然食品の売り上げが伸びる。
(4) 心憎い演出が宴会を盛り上げた。
(5) 大きな余震が数回あった。

2 次の——線の部分を漢字で書きなさい。

(1) 結婚式のスピーチをタノまれた。
(2) 事業拡張のコウソウが発表された。
(3) 手がコゴえて字が書けない。
(4) 集合場所で参加者のテンコをとる。
(5) 自分のオい立ちを折に触れて語った。

3 次の、俳句を話題にした先生と生徒との会話について、(1)から(5)までの問いに答えなさい。

木枯らしや　目刺《めざ》しに残る　海の色

生徒A「先生、掲示されている俳句はだれの作品ですか。」
先生「『蜘蛛《くも》の糸』や『トロッコ』で有名な小説家です。分かりますか。」
生徒A「それなら知っています。〔　Ⅰ　〕ですね。季語は〔　Ⅱ　〕だと思います。」
先生「そうですね。①いくつかの修辞法の効果によって、情景や詠み手の想いがより伝わりやすくなっています。では、身近な冬の季語を挙げてみましょうか。」
生徒A「はい。身近なものでは、こたつ、鍋《なべ》、マフラーなどです。」
生徒B「確か、最近では年中目にするようになったマスクも、冬の季語だと思います。」
先生「そうですね。一段と寒さの厳しい季節ですが、〔　Ⅲ　〕という四字熟語があるように、私たちは少しずつ季節が春に向かっていることも実感できます。先ほどの俳句のように私たちも細やかに季節の移ろいを感じたいものですね。」
生徒B「はい。たまにはデジタル機器から離れて、五感で季節を感じられたらいいなと思います。」
先生「本当にそうありたいですね。ちなみに〝受験〟は春の季語です。桜咲く頃それぞれの進路が実現していることを祈っています。」
生徒A B「ありがとうございます。必ず合格できる②ように頑張ります。」

(1) 〔　Ⅰ　〕に入る人物を選びなさい。
ア 夏目漱石《なつめそうせき》　イ 太宰治《だざいおさむ》　ウ 森鷗外《もりおうがい》　エ 芥川龍之介《あくたがわりゅうのすけ》

(2) 〔　Ⅱ　〕に入る季語を答えなさい。

(3) ①いくつかの修辞法　にあてはまるものを二つ選びなさい。
ア 擬人法　イ 体言止め　ウ 切れ字　エ 倒置法

(4) 〔　Ⅲ　〕には次の四字熟語が入る。□にそれぞれ適切な漢数字を入れなさい。
□寒□温

(5) ②ように　と意味・用法が同じものを選びなさい。
ア 綿のように雪が降っている。
イ 彼はまるで泣いているように見えた。
ウ 体を冷やさないように気をつけたい。
エ 赤ちゃんのように柔らかい手。

解答 P285

MEMO

宇都宮短大附属
社　会

制限時間 50分

1　次の地図を見て，下の**1**から**7**の問いに答えなさい。

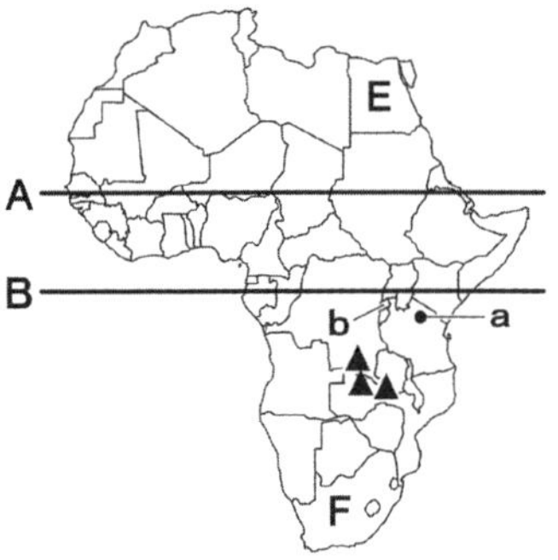

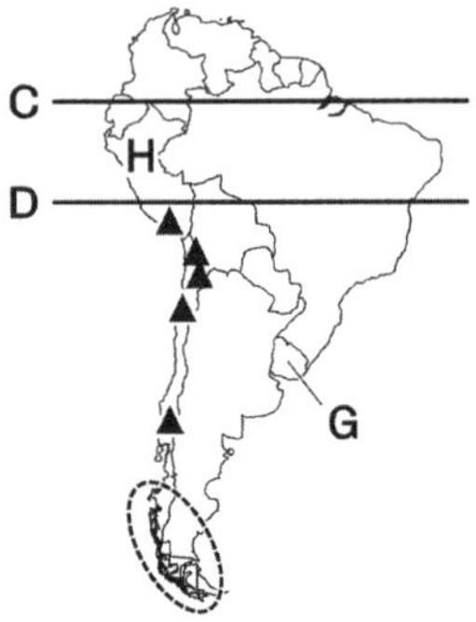

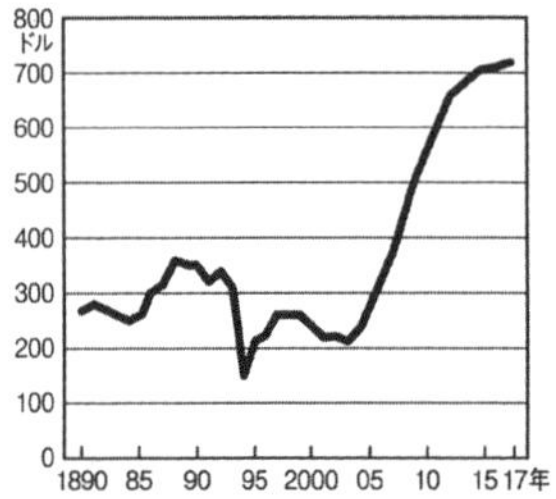

(国連資料)

1　赤道を示した線の組み合わせとして，正しいものはどれか。

ア　**A**と**C**　　**イ**　**A**と**D**　　**ウ**　**B**と**C**　　**エ**　**B**と**D**

2　**a**の山の名称はどれか。

ア　マッターホルン　　**イ**　エベレスト　　**ウ**　モンブラン　　**エ**　キリマンジャロ

3　地図中（　　　）の地域でみられる地形はどれか。

ア　リアス　　**イ**　カルデラ　　**ウ**　フィヨルド　　**エ**　トラフ

4　上のグラフは地図中**b**国，ルワンダの一人あたりの国民所得の移り変わりを示したものであるが，近年ルワンダでもっとも成長している産業はどれか。

ア　航空機　　**イ**　ＩＣＴ　　**ウ**　石油輸出　　**エ**　医療機器

5　上の写真の衣装がみられる地域はどれか。

ア　**E**　　**イ**　**F**　　**ウ**　**G**　　**エ**　**H**

6　次のグラフは日本への輸出品目の割合をあらわしているが，あてはまる国はどれか。

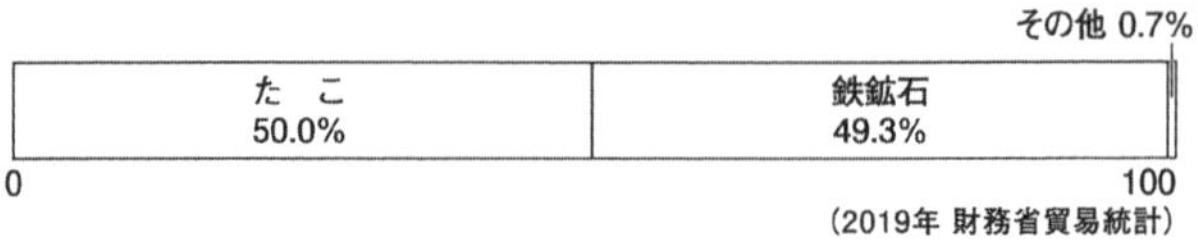

（2019年 財務省貿易統計）

ア　アルジェリア　　**イ**　モーリタニア　　**ウ**　ガーナ　　**エ**　ザンビア

7　地図中▲にあてはまる鉱山資源はどれか。

ア　銅　　**イ**　銀　　**ウ**　すず　　**エ**　金

解答 P286

2 次の地図を見て，下の**1**から**6**の問いに答えなさい。

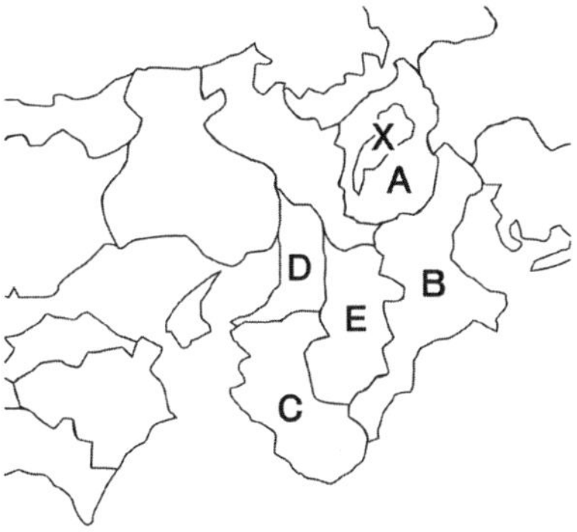

資料Ⅰ
①～④の産業と人口

	漁　業 生産量 (万t) [2015]	小売業 年間販売額 (億円) [2013]	人　口 (万人) [2017]
①	0.002	10,665	138
②	1.7	84,014	886
③	2.7	8,649	98
④	18.1	17,495	184

(農林水産省　統計情報　ほか)

1 地図中**X**の湖の名称はどれか。

ア 十和田湖　　**イ** 猪苗代湖　　**ウ** 洞爺湖　　**エ** 琵琶湖

2 地図中**A**と**B**の県庁所在地の正しい組み合わせはどれか。

ア **A**－津市　**B**－大津市　　**イ** **A**－大津市　**B**－津市

ウ **A**－松江市　**B**－大津市　　**エ** **A**－大津市　**B**－松江市

3 地図中**B**の県について，東部の志摩半島にはリアス海岸が発達している。同様の地形があるのはどこか。

ア 九十九里浜　　**イ** 東京湾　　**ウ** 鹿島灘　　**エ** 三陸海岸

4 下の**ア**～**エ**は，地図中の**A**～**E**の府県のいずれかについて述べたものである。**D**について述べた文はどれか。

ア 紀伊山地では，吉野すぎのような特色ある木材を生産している。

イ 本州四国連絡橋の一つである明石海峡が通っている。

ウ 淀川河口付近では，テーマパークの建設など再開発が進んでいる。

エ 西陣織などの伝統産業や，町家などの古い町なみが残っている。

5 資料Ⅰの①～④について，地図中の**E**にあてはまるものはどれか。

ア ①　　**イ** ②　　**ウ** ③　　**エ** ④

6 資料Ⅱが示す，ある農産物の地図記号はどれか。
(**C**県は地図中の**C**県と同じである。)

ア 　　**イ** 

ウ 　　**エ** 

資料Ⅱ
ある農産物のおもな生産品

県　名	収穫量(千t)
C　県	157
愛媛県	125
静岡県	86
熊本県	81
長崎県	54

(2022年　データブック)

3　次の略年表を見て，下の**1**から**6**の問いに答えなさい。

西　暦	で　き　ご　と
１６２３	イギリスが平戸の商館を閉じる
	↑
	A
	↓
１７７２	田沼意次が老中になる・・・・・・・・・・・・・・・**B**
１８８１	国会開設の勅諭がでる・・・・・・・・・・・・・・・**C**
	↑
	D
	↓
１９１９	ベルサイユ条約が結ばれる・・・・・・・・・・・・・**E**
１９２０	国際連盟が発足する・・・・・・・・・・・・・・・・**F**

1　年表中の**A**について，この時期の幕府がおこなった政策を年代順に並べたものはどれか。

a－日本人の海外渡航・帰国禁止　　**b**－スペイン船の来航禁止

c－ポルトガル船の来航禁止　　**d**－奉書船以外の海外渡航の禁止

ア　**a**→**b**→**c**→**d**　**イ**　**a**→**c**→**d**→**b**　**ウ**　**b**→**d**→**a**→**c**　**エ**　**b**→**a**→**c**→**d**

2　年表中の**B**について，この時期におこなわれたこととしてあてはまらないものはどれか。

ア　商工業者に株仲間をつくることを奨励した。

イ　長崎での貿易を活発にするため，輸出品の銀を専売制にした。

ウ　俵物の輸出を拡大するため，蝦夷地の調査をおこなった。

エ　新田開発のために，印旛沼の干拓がはじめられた。

3　年表中の**C**について述べた次の文の〈　**a**　〉・〈　**b**　〉・〈　**c**　〉にあてはまる人物と数字の組み合わせとして正しいものはどれか。

> １８８１年に開拓使の施設を安く売りわたそうとする事件がおこり，民権派は政府を攻撃した。〈　**a**　〉らは，民権派と結びつきが強い〈　**b**　〉を政府から追い出し，〈　**c**　〉年後に国会を開くことを約束した。

ア　**a**－伊藤博文　**b**－大隈重信　**c**－１０　　**イ**　**a**－伊藤博文　**b**－板垣退助　**c**－１５

ウ　**a**－大久保利通　**b**－板垣退助　**c**－１０　　**エ**　**a**－大久保利通　**b**－大隈重信　**c**－１５

4　年表中の**D**について，この時期におこったできごととしてあてはまらないものはどれか。

ア　義和団が列強の公使館をおそった。　　**イ**　中華民国が成立し，清朝がほろびた。

ウ　三国同盟が結ばれた。　　**エ**　インドのムガル帝国がほろびた。

5　年表中の**E**の条約が結ばれたヨーロッパの都市はどこか。

ア　ウィーン　　**イ**　ロンドン　　**ウ**　パリ　　**エ**　ベルリン

6　年表中の**F**について，国際連盟の常任理事国の組み合わせとして正しいものはどれか。

ア　日本・イギリス・ロシア・オランダ　　**イ**　日本・ロシア・フランス・アメリカ

ウ　ロシア・オランダ・イタリア・アメリカ　　**エ**　日本・イギリス・フランス・イタリア

解　答　P286

4 次の文を読み，下の**1**から**7**の問いに答えなさい。

A 室町時代にみられる①書院造は，近代の和風住宅の原型となった。

B 江戸時代，②鉱山の採掘や精錬技術が進み，江戸や京都で金貨や銀貨がつくられた。

C １８３９年に③蛮社の獄がおこり，幕府を批判した人々は厳しく処罰された。

D 日本による韓国の植民地支配は，④１９１０年から日本の敗戦まで続いた。

E ⑤第一次世界大戦後，労働運動や農民運動や社会主義の思想も広まった。

F １９世紀末から，自然科学の発達により⑥日本人科学者による世界的に最先端の研究がおこなわれた。

G １９５５年，自由民主党と野党第一党の日本社会党との保革対立という政治体制が成立した。

1 下線部①について，代表的な書院造の建物として正しいものはどれか。

ア 平等院鳳凰堂　**イ** 中尊寺金色堂　**ウ** 東求堂同仁斎　**エ** 妙喜庵待庵

2 下線部②について，鉱山と所在地の組み合わせとしてあてはまらないものはどれか。

ア 佐渡金山－新潟県　**イ** 別子銅山－高知県　**ウ** 石見銀山－島根県　**エ** 生野銀山－兵庫県

3 下線部③の事件がおこった理由を述べた次の文の〈　**a**　〉・〈　**b**　〉・〈　**c**　〉にあてはまる人物と語句の組み合わせとして正しいものはどれか。

> １８３７年の〈　**a**　〉号事件で幕府は〈　**b**　〉商船を砲撃したので，学者の〈　**c**　〉らは，外国船の打ちはらいを批判する書物を書いたために処罰をされた。

ア **a**－モリソン　**b**－アメリカ　**c**－渡辺崋山　**イ** **a**－フェートン　**b**－アメリカ　**c**－高野長英

ウ **a**－モリソン　**b**－イギリス　**c**－渡辺崋山　**エ** **a**－フェートン　**b**－イギリス　**c**－高野長英

4 下線部④の時期の韓国のようすとしてあてはまらないものはどれか。

ア 朝鮮総督府を設置して，武力で民衆の抵抗をおさえた。

イ 学校では日本語などを教え，日本人に同化させる教育をおこなった。

ウ 韓国は「朝鮮」と呼ばれ，首都の「漢城」は「京城」と改称された。

エ 韓国統監府の統監である伊藤博文が安重根に暗殺された。

5 下線部⑤の時期のようすについて述べた文としてあてはまらないものはどれか。

ア 大逆事件で幸徳秋水らが逮捕され，翌年処刑された。

イ 日本社会主義同盟が結成された。

ウ 共産主義への関心が高まり，非合法の日本共産党が結成された。

エ 全国組織として日本農民組合が結成された。

6 下線部⑥について，科学者と研究・発見の組み合わせとして正しいものはどれか。

ア 志賀潔－原子模型の研究　**イ** 野口英世－赤痢菌の病原体を研究

ウ 長岡半太郎－結核菌を発見　**エ** 北里柴三郎－破傷風の血清療法を発見

7 **G**について，１９５５年以降におこったできごととしてあてはまらないものはどれか。

ア 日中の国交が正常化した。　**イ** 小笠原諸島が日本に復帰した。

ウ 奄美群島が日本に復帰した。　**エ** 日ソの国交が回復した。

5　次の文を読み，下の**1**から**6**の問いに答えなさい。

明治時代以降，日本での成年年齢は２０歳と民法で定められていました。２０１８年6月に①国会で「民法の一部を改正する法律」が成立し，２０２２年4月1日から成年年齢が２０歳から１８歳に引き下げられました。この引き下げにより，１８歳に達した者は一人で有効な契約を結ぶことができ，また，親権に属さなくなることとなります。とくに政府としても若年者に多く発生している②消費者問題に対して，法改正や相談窓口の充実などの環境整備に取り組んでいます。

成年年齢を引き下げることは，一人の大人としての自己決定権を尊重し積極的な社会参加を促すことになると期待されています。

近年，公職選挙法の③選挙権年齢や④憲法改正国民投票権年齢を１８歳と定める，また，２０２３年には⑤裁判員や検察審査員に選ばれる可能性があるなど，１８歳・１９歳の若者にも国政や⑥裁判に参加してもらうための政策が進められています。

1　下線部①について，特別会について述べたものはどれか。

ア　衆議院解散後の総選挙の日から３０日以内に召集される。

イ　内閣が必要と認めたとき，またはいずれかの議院の総議員の４分の１以上の要求があった場合に召集される。

ウ　毎年1回，1月中に召集される。

エ　衆議院の解散中，緊急の必要があるとき，内閣の求めによって開かれる。

2　下線部②について，あてはまるものはどれか。

ア　製造物責任法（ＰＬ法）は，製造物を廃棄する際の企業の責任について定めた法律である。

イ　消費者基本法は，欠陥商品によって消費者が被害を受けた際の損害賠償について定めた法律である。

ウ　消費者契約法は，契約にあたって消費者に事実と違う説明をした場合などには，その契約を取り消すことができることを定めた法律である。

エ　これまで国と地方公共団体がそれぞれ設置していた機関を廃止し，消費者行政一元化のために，消費者庁が設置された。

3　下線部③に関連して，参政権に含まれていない権利はどれか。

ア　最高裁判所裁判官の国民審査権　　**イ**　請願権

ウ　公務員の選定・罷免権　　**エ**　国政調査権

4　下線部④について，国会での議決に必要な賛成の数と同じ条件はどれか。

ア　法律案の議決において参議院が衆議院と異なった議決となり，衆議院が再可決する場合。

イ　衆議院において内閣不信任の決議をおこなう場合。

ウ　予算の議決において参議院が衆議院と異なった議決となり，衆議院が再可決する場合。

エ　住民の直接請求権として議員や首長の解職を請求する場合に必要な有権者の署名。

解　答　P286

5　下線部⑤について述べた文としてあてはまらないものはどれか。

ア　裁判員が参加するのは重大な犯罪事件の第一審のみである。

イ　裁判員は裁判官とともに，被告人が有罪か無罪かの判断のみを下す。

ウ　検察審査員は検察官が事件を起訴しなかったことについてのよしあしを判断する。

エ　検察審査会の議決は，原則として検察官を拘束するものではない。

6　下線部⑥に関連して，あてはまるものはどれか。

ア　裁判官は，その身分が保障されているため，辞めさせられることはない。

イ　被告人は，裁判によって判決が確定するまでは有罪と推定されることはない。

ウ　一度判決が確定した後，新しい証拠が出ても再審が認められない。

エ　最高裁判所は「憲法の番人」であるため違憲審査制を必ず行使しなければならない。

6　次の文中の［ 1 ］から［ 8 ］にあてはまる語句を答えなさい。

1　時差とは経度１５度につき１時間である。日本の明石【東経１３５度】とイラクのバグダッド【東経４５度】の時差は［ 1 ］（数字）時間である。

2　南アメリカでは，地球温暖化対策のひとつとして，さとうきびやとうもろこしなどの植物原料から［ 2 ］（カタカナ）というアルコール燃料が生産されている。

3　スペインのアルタミラやフランスの［ 3 ］の洞窟では，クロマニョン人が描いた壁画が残されている。

4　桃山文化において，堺の商人出身の［ 4 ］（漢字）は豊臣秀吉に仕え，わび茶の作法を完成させた。

5　地方公共団体の長である市長の被選挙権は，国の参議院議員の被選挙権より５歳若い［ 5 ］（数字）歳以上と定められている。

6　法隆寺金堂の焼損をきっかけに，伝統文化の継承や保存を目的とする［ 6 ］（漢字）が１９５０年に制定された。

7　アルバイトやパート，派遣労働者，契約労働者などは［ 7 ］（漢字６字）とよばれ，日本の労働者の３～４割を占めている。

8　国民の三大義務とは「子どもに普通教育を受けさせる義務」「納税の義務」「［ 8 ］の義務」である。

宇都宮短大附属
数　学

制限時間 50分

1

次の計算をせよ。

1　$20 \div (-2) - (-3) \times (1-5) = -$ [アイ]

2　$\dfrac{3}{5}(x+y) - \dfrac{2x-y}{3} + \dfrac{x-2y}{15} = \dfrac{[ウ]}{[エ]}y$

3　$\left(\dfrac{1}{16} - 0.125\right) + 12 \times 0.25^3 = \dfrac{[オ]}{[カ]}$

4　$(\sqrt{3}+1)(5-\sqrt{3}) + \left(\dfrac{6}{\sqrt{3}} - 1\right)^2 =$ [キク]

5　$(x-4)^2 - 25 = \left(x + [ケ]\right)\left(x - [コ]\right)$

2

次の問題に答えよ。

1　2直線 $y = 2x - 1$, $y = -x + 5$ の交点を通り, 直線 $y = 3x + 4$ と平行な直線の式は $y =$ [ア] $x -$ [イ] である。

2　n を30以下の自然数とする。$\sqrt{2n+1}$ の値が整数とならない n の値は全部で [ウエ] 個である。

3　右の図のような円Oがあり, 3点A, B, Cは円周上の点である。
このとき, $\angle x =$ [オカ]° である。

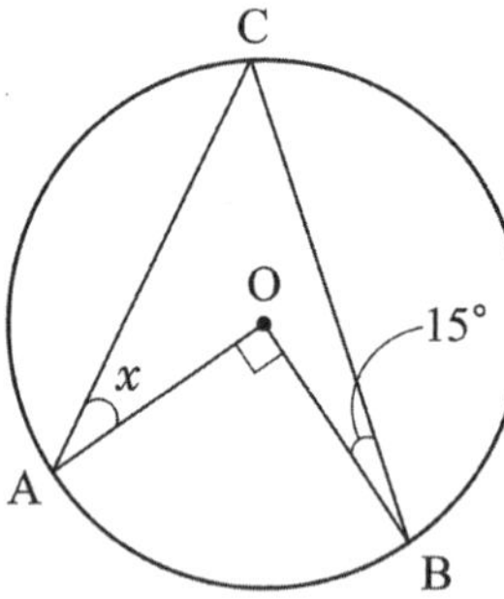

4　ある正方形Pについて, 正方形Pの1辺の長さを2cm伸ばした正方形Qを作ると, 正方形Qと正方形Pの面積の差は7cm^{2}となった。このとき, 正方形Pの1辺の長さは $\dfrac{[キ]}{[ク]}$ cmである。

5　連立方程式 $\begin{cases} 0.2x - 0.7y = -1.7 \\ \dfrac{2}{3}x + \dfrac{1}{2}y = \dfrac{17}{6} \end{cases}$ の解は $x =$ [ケ], $y =$ [コ] である。

解答・解説 P302

6　右の長方形ABCDにおいて，点E，Fは辺BCを3等分する点である。また，点Gは辺AD上にある。色のついた部分の面積が24 cm²のとき，長方形ABCDの面積は サ シ cm²である。

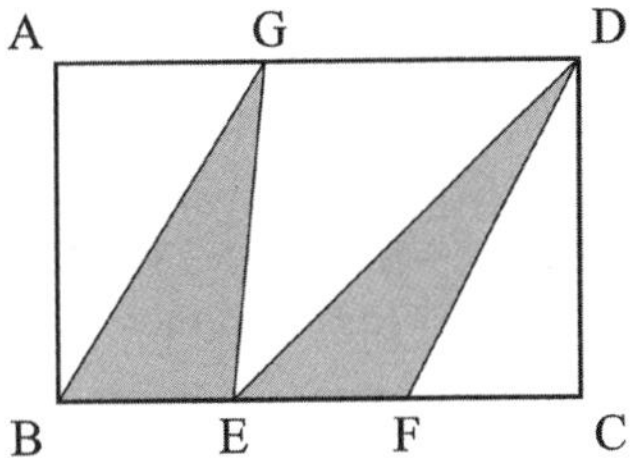

7　大小2つのさいころを同時に投げたとき，出た目の数のうち少なくとも1つが偶数になる確率は $\frac{\text{ス}}{\text{セ}}$ である。

8　右の箱ひげ図は，各組30人の生徒に対して数学のテストを行い，組ごとの得点を表したものである。この箱ひげ図について述べた文として正しいものは，1～4のうち ソ と タ である。ただし， ソ ＜ タ として答えよ。

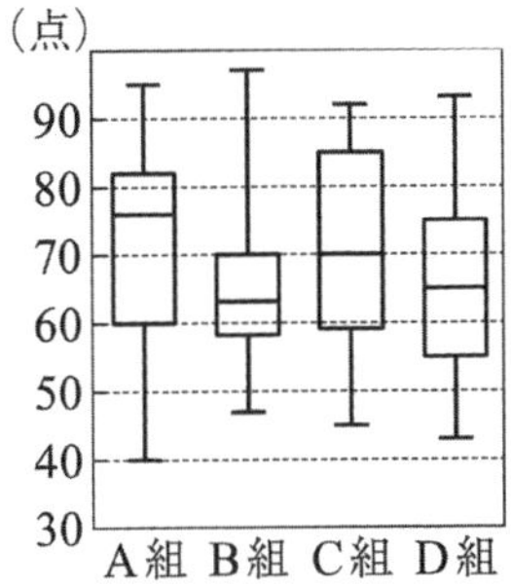

1　A，B，C，Dの4組全体の最高点の生徒がいるのはB組である。
2　A，B，C，Dの4組で比べたとき，四分位範囲が最も大きいのはA組である。
3　A組では，60点未満の人数は80点以上の人数よりも多い。
4　A，B，C，Dの4組で比べたとき，中央値と第1四分位数の差が最も小さいのはB組である。

3

0，1，2の数字が1つずつ書かれたカードが3枚入っている袋がある。この袋の中のカードをよく混ぜて1枚取り出し，取り出したカードに書かれた数字を調べて，袋に戻すことを繰り返す。また，数直線上には2を表す点Aと，次の【規則】にしたがって動く点Pがあり，点Pははじめ原点Oの位置にある。

このとき，次の問題に答えよ。

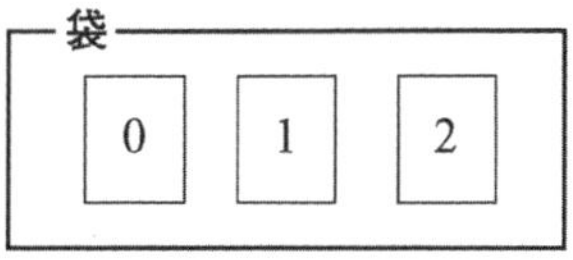

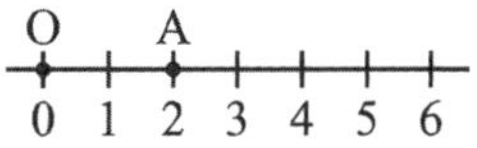

【規則】
・取り出したカードに書かれた数字が1のときは，点Pは数直線上を正の方向に1だけ移動する。
・取り出したカードに書かれた数字が2のときは，点Pは数直線上を正の方向に2だけ移動する。
・取り出したカードに書かれた数字が0のときは，点Pは移動しない。

1　カードを2回取り出したとき，点Pが4を表す点の位置にある確率は $\frac{\text{ア}}{\text{イ}}$ である。

2　カードを2回取り出したとき，点Pが点Aの位置にある確率は $\frac{\text{ウ}}{\text{エ}}$ である。

3　カードを3回取り出したとき，点Pが一度も点Aの位置に止まらない確率は $\frac{\text{オ}}{\text{カ}}$ である。

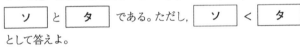

4　高さ h cm の 2 つの円錐 A，B があり，底面の半径はそれぞれ 2 cm と 3 cm である。円錐 B を逆さにして底面を水平にし，底面に平行な平面で円錐 A，B を切ったところ，2 つの切り口の面積が等しくなった。右の図はその様子を正面から見た図である。

このとき，次の問題に答えよ。
ただし，円周率を π とする。

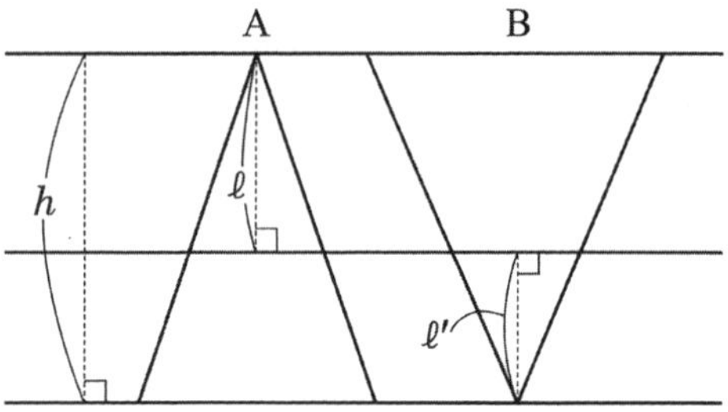

1　円錐 A，B を切ってできた円錐の高さをそれぞれ ℓ cm，ℓ' cm とする。このとき，$\ell : \ell' =$ [ア] : [イ] である。ただし，最も簡単な整数の比で答えよ。

2　切り口の円の半径 r は，$\dfrac{[ウ]}{[エ]}$ cm である。

3　円錐 A の体積が $125\pi\,\text{cm}^3$ であるとき，円錐 B を切ってできた円錐の体積は [オカ] $\pi\,\text{cm}^3$ である。

5　太郎さんと花子さんは「標準体重」という言葉を，インターネットで調べて以下のようにまとめてみた。

まとめ

標準体重とは，ヒトが肥満でもやせでもなく，最も健康的に生活ができるとされた理想的な体重のことである。用途によっていくつかの計算方法がある。
例えば以下の 3 つの計算方法がある。

計算法①　標準体重（kg）＝ 身長（m）× 身長（m）× 22
計算法②　標準体重（kg）＝（身長（cm）－ 100）× 0.9
計算法③　標準体重（kg）＝（身長（cm）－ 50）× 0.5

このとき，2 人の会話文を読んで，空欄《らん》に当てはまる最も適切なものを答えよ。

太郎 ： 計算法①で計算すると身長が 180 cm つまり 1.8 m の人だと標準体重は [ア] kg だね。

花子 ： 計算法②で考えたとき，私は太郎さんと身長差が 10 cm あるから，標準体重の差は [イ] kg だね。

太郎 ： 計算法①と計算法②の 2 種類の標準体重の求め方について，同じ標準体重になるときの身長は何 cm かな。

花子 ： あっ！単位の違いに気を付けて。身長が x m のとき，計算法②の標準体重を y kg とすると，$y =$ [ウ] と表せるよ。

太郎 ： その式と計算法①の式を組とした連立方程式を解けば求められそうだね。

花子 ： 私は計算法②と計算法③の 2 種類について，同じ標準体重になるときの身長を求めたよ。[エ] cm だね。

令和5年
1月5日実施
入試問題

宇都宮短大附属

理　科

制限時間 50分

1

図は，ある火山で採れた岩石の表面をルーペで観察してスケッチしたものである。次の問いに答えなさい。

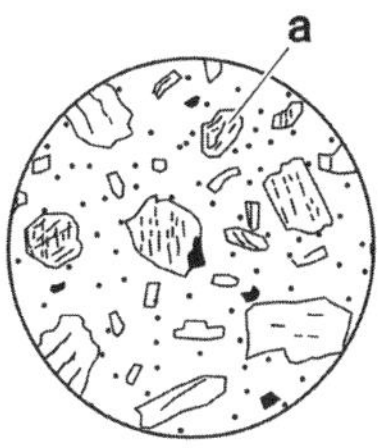

1　図の**a**を示す語句と，この岩石のつくりの組み合わせとして正しいものはどれか。

	a	つくり
ア	斑晶	斑状組織
イ	石基	斑状組織
ウ	斑晶	等粒状組織
エ	石基	等粒状組織

2　図の岩石について，正しく述べている文はどれか。

ア　岩石で観察された大きな結晶は，地表付近でゆっくり冷やされてできたものだと考えられる。

イ　岩石で観察された小さな粒は，地下深くでゆっくり冷やされてできたものだと考えられる。

ウ　岩石で観察された小さな粒は，地表付近で急に冷やされてできたものだと考えられる。

エ　岩石で観察された大きな結晶は，地下深くで急に冷やされてできたものだと考えられる。

3　図の岩石と同じつくりの岩石は，次のうちどれか。

ア　斑れい岩　　**イ**　せん緑岩　　**ウ**　花こう岩　　**エ**　安山岩

4　昭和新山について述べた次の文の（　　）に適する語句の正しい組み合わせはどれか。

昭和新山は，（①）の火山であり，マグマのねばりけが（②）ために（③）な噴火をする。

	①	②	③
ア	ドーム状の形	大きい	爆発的
イ	円すいの形	小さい	爆発的
ウ	円すいの形	大きい	おだやか
エ	ドーム状の形	小さい	おだやか

2

塩化ナトリウム，砂糖，炭酸ナトリウム，片栗粉のいずれかである白い粉末**A**，**B**，**C**，**D**がある。実験**1**から実験**3**を行い，それぞれの結果にしたがって物質の区別を行った。次の問いに答えなさい。

実験**1**　白い粉末**A**，**B**，**C**，**D**をそれぞれ少量ずつビーカーにとり，蒸留水を加えてよくかき混ぜた。そのようすを観察すると，粉末**B**，**C**，**D**は完全にとけ，無色透明となったが，粉末**A**は白くにごった。

実験**2**　実験**1**で粉末をとかした液体について，電流が流れるかどうかを調べると，粉末**A**，**B**をとかした液体には電流が流れなかった。

実験**3**　実験**1**で粉末をとかした液体について，フェノールフタレイン溶液を1滴加えて色の変化を調べると，粉末**D**をとかした液体では赤く変化した。

1　粉末**A**と粉末**B**の正しい組み合わせはどれか。

	粉末A	粉末B
ア	片栗粉	塩化ナトリウム
イ	炭酸ナトリウム	片栗粉
ウ	砂糖	炭酸ナトリウム
エ	片栗粉	砂糖

解　答　P286

2　粉末**D**はどれか。

ア　塩化ナトリウム　　**イ**　砂糖　　**ウ**　炭酸ナトリウム　　**エ**　片栗粉

3　粉末**C**について正しく述べている文はどれか。

ア　結晶は立方体の形をしている。
イ　ヨウ素溶液を加えると青紫色になる。
ウ　水溶液にＢＴＢ溶液を加えると黄色になる。
エ　加熱すると水が生じる。

4　白い粉末**A**，**B**，**C**，**D**をそれぞれ加熱すると，燃えて二酸化炭素が発生するものはいくつあるか。

ア　1つ　　**イ**　2つ　　**ウ**　3つ　　**エ**　4つ

3

消化酵素によるデンプンの分解を調べるために以下の手順で実験を行った。次の問いに答えなさい。

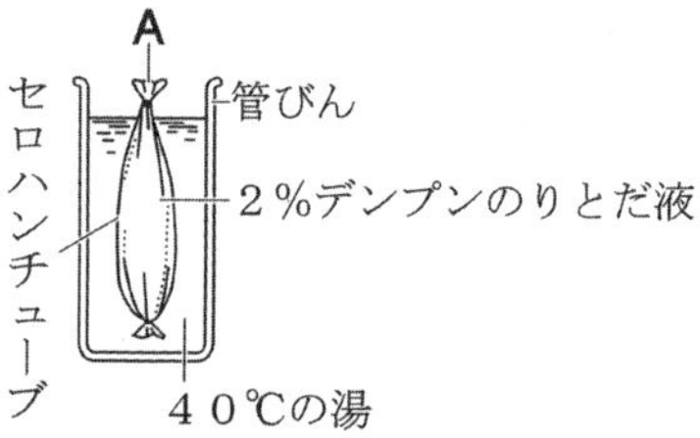

手順**1**　図のように，下部を糸でしばったセロハンチューブを２つ用意し，２％のデンプンのり５mLとだ液１mLを混ぜ合わせた液を入れたものを**A**とし，２％のデンプンのり５mLと水１mLを混ぜ合わせた液を入れたものを**B**として，それぞれ上部も糸でしばった。

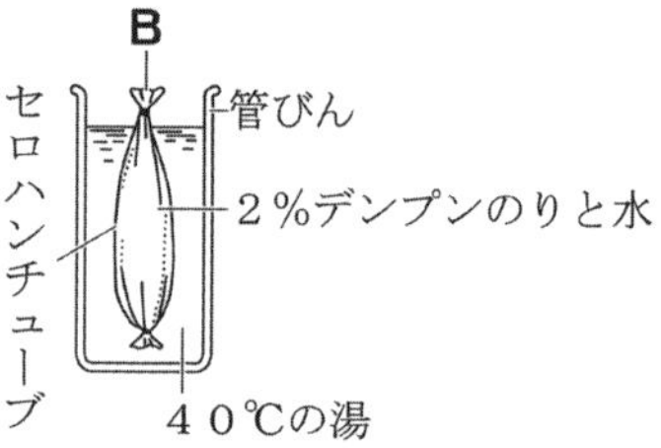

手順**2**　４０℃の湯を入れた２本の管びんの中に**A**，**B**のセロハンチューブをそれぞれ入れ，２０分置いた。

手順**3**　セロハンチューブの周りの管びんの湯をそれぞれ１mLずつ試験管に取って，ベネジクト液を加え加熱したところ，一方だけ色が変化して沈殿が生じた。

1　手順**1**の２％のデンプンのりの作り方を正しく説明している文はどれか。

ア　デンプン１ｇに水５０ｇを加え加熱してとかす。
イ　デンプン１ｇに水５０ｇを加えよくかき混ぜてとかす。
ウ　デンプン１ｇに水４９ｇを加え加熱してとかす。
エ　デンプン１ｇに水４９ｇを加えよくかき混ぜてとかす。

2　手順**3**で，色が変化して沈殿が生じたのは**A**，**B**どちらのセロハンチューブを入れた管びんの湯か，また変化後の色は何色になったか。その組み合わせとして正しいものはどれか。

	管びんの湯	変化後の色
ア	**A**を入れた方	青紫色
イ	**A**を入れた方	赤褐色
ウ	**B**を入れた方	青紫色
エ	**B**を入れた方	赤褐色

3　この実験をもとにデンプンの分子の大きさを**a**，セロハンチューブの穴の大きさを**b**，デンプンが変化した物質の分子の大きさを**c**としたとき，その関係を正しく表しているのはどれか。

ア　**a** ＞ **b** ＞ **c**　　**イ**　**a** ＞ **c** ＞ **b**
ウ　**b** ＞ **c** ＞ **a**　　**エ**　**b** ＞ **a** ＞ **c**

4　だ液にふくまれる消化酵素はどれか。

ア　リパーゼ　　**イ**　アミラーゼ　　**ウ**　ペプシン　　**エ**　トリプシン

4　光の進み方について調べるため光源から出た光の観察を行った。図**1**は，水の中の光源から水面の点**P**に当てたときの水から空気に進む光の道すじを表したものである。また，図**2**は，水を入れた容器に穴をあけ，レーザー光源装置で穴に向けて当てたすべての光が，ふき出した水の中を進んだときの光の道すじを表したものである。次の問いに答えなさい。

図**1**

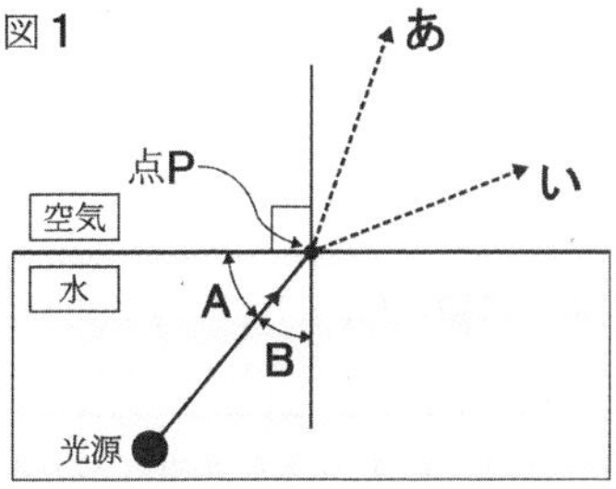

図**2**

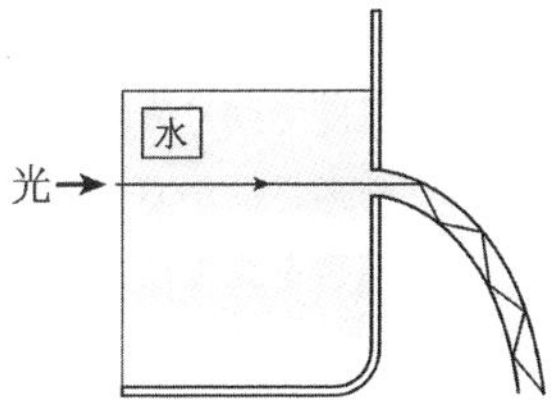

1　図**1**で，入射角と空気中での光の道すじの正しい組み合わせはどれか。

	入射角	光の道すじ
ア	A	あ
イ	A	い
ウ	B	あ
エ	B	い

2　図**1**の光の進み方について，正しく述べている文はどれか。

ア　屈折角は入射角よりも小さい。
イ　すべての光は空気中へ進む。
ウ　図**1**と同じ入射角で空気中から点**P**に光を当てるとその屈折角も同じになる。
エ　光源を点**P**の真下にすると，光は曲がらずに進む。

3　図**2**に見られた現象を利用したものはどれか。

ア　ルーペ　　**イ**　光ファイバー　　**ウ**　カメラ　　**エ**　顕微鏡

4　時間が経過して，水の勢いが弱くなると，光は水の流れにそって進まなくなった。水の勢いが弱くなったとき，レーザー光源の光が水の流れにそって進まなくなったのはなぜか。その理由を説明した次の文の（　　）に適する語句の正しい組み合わせはどれか。

水の中を進む光の入射角が（①）なり，（②）が起こらなかったから。

	①	②
ア	小さく	屈折
イ	小さく	全反射
ウ	大きく	屈折
エ	大きく	全反射

5　**U**さんは，陸と海の間の大気の動きについて調べるため，次のような実験を行った。これに関する先生との会話文を読み，次の問いに答えなさい。

図**1**

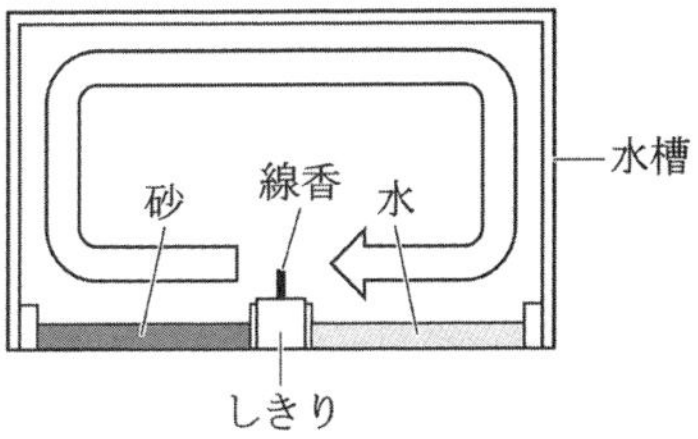

実験　図**1**のように，容器の底の部分をしきりで2つに分け，片側に砂，もう片側に砂と同じ温度で同じ体積の水を入れた。そこに，水槽を逆さにかぶせ，全体に日光を当てた。しばらくして，しきりの上に火をつけた線香を立てたところ，煙は図**1**の矢印のように動いた。

宇都宮短大附属　入試問題（R5）◆理科

先　生：線香の煙の動きから，水槽内の空気には，図**1**のような流れができたことがわかりましたね。では，なぜこのような流れができたのでしょうか。
Uさん：砂と水の温まり方のちがいが，空気の流れに関係していると思います。
先　生：良いところに気がつきましたね。それを考慮すると，どのようなことがいえますか。
Uさん：（**a**）のほうが温まりやすいため，（**a**）の上の空気の密度が（**b**）なり上昇して，水のすぐ上の空気が（**a**）のほうに流れ込んだのだと思います。
先　生：その通りです。晴れた日の昼，海岸付近では，このようなしくみで風が吹くことがあり，（**X**）といいますね。

1　**a**，**b**にあてはまる語句の組み合わせとして，正しいものはどれか。

	a	b
ア	砂	大きく
イ	砂	小さく
ウ	水	大きく
エ	水	小さく

2　**X**に入る語句として正しいものはどれか。

ア　季節風　　**イ**　偏西風　　**ウ**　海風　　**エ**　陸風

3　**U**さんは**X**によって湿度が変化するのか気になり，乾湿計を用いて湿度を調べた。ある日の乾湿計の示度は図**2**のようになっていた。この日の湿度は何％か。なお，図**2**の①，②は，一方が乾球温度計，もう一方が湿球温度計を表しており，図**3**は，湿度表の一部である。

図**2**

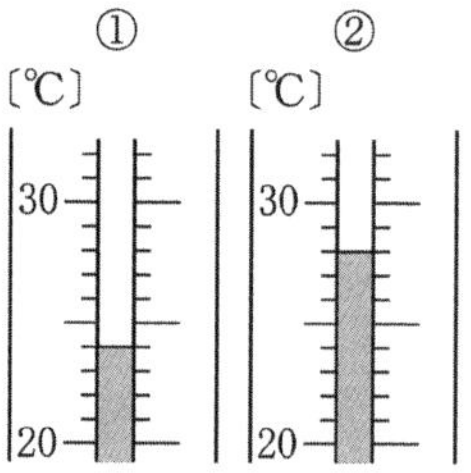

図**3**

乾球温度〔℃〕	乾球温度と湿球温度の温度差〔℃〕								
	0	1	2	3	4	5	6	7	8
36	100	93	87	81	75	69	63	58	53
34	100	93	86	80	74	68	62	56	51
32	100	93	86	79	73	66	61	55	49
30	100	92	85	78	72	65	59	53	47
28	100	92	85	77	70	64	57	51	45
26	100	92	84	76	69	62	55	48	42
24	100	91	83	75	68	60	53	46	39
22	100	91	82	74	66	58	50	43	36
20	100	91	81	73	64	56	48	40	32
18	100	90	80	71	62	53	44	36	28

ア　68％　　**イ**　70％　　**ウ**　73％　　**エ**　75％

4　**3**の空気１m^3を15℃まで冷やしたときに，出てくる水滴の量はおおよそ何ｇか。なお，図**4**は温度と飽和水蒸気量の関係を表したグラフである。

ア　６ｇ　　**イ**　13ｇ
ウ　20ｇ　　**エ**　27ｇ

図**4**

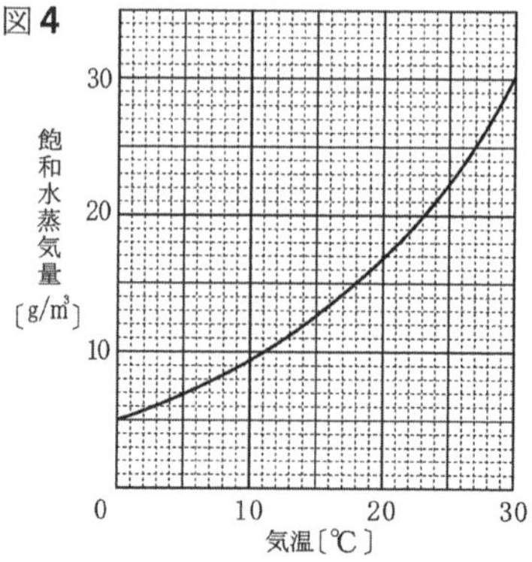

解　答　P286

6　けずり状のマグネシウムを入れたステンレス皿に金網でふたをし，ガスバーナーで一定時間加熱し完全に反応させた。下の表は，加熱前後の皿と金網を含めた全体の質量をまとめたものである。なお，ステンレス皿と金網の質量の合計は９.０ｇであった。次の問いに答えなさい。

加熱前の全体の質量〔ｇ〕	９.６	９.９	１０.２	１０.５	１０.８
加熱後の全体の質量〔ｇ〕	１０.０	１０.５	１１.０	１１.５	１２.０

1　マグネシウムについて誤って述べている文はどれか。

ア　電気をよく通す。
イ　熱や光を出しながら燃焼する。
ウ　加熱すると黒色の物質に変化する。
エ　火のついたマグネシウムを二酸化炭素で満たした集気びんに入れると燃え続ける。

2　加熱前の全体の質量が１３.５ｇのとき，加熱して完全に反応させると，加熱後の全体の質量は何ｇになるか。

ア　１４.７ｇ　　**イ**　１６.５ｇ　　**ウ**　１８.５ｇ　　**エ**　２２.５ｇ

3　ステンレス皿に３.６ｇのマグネシウムを入れて加熱したが，完全には反応せず，加熱後の全体の質量は１４.０ｇになった。反応せずに残っているマグネシウムは何ｇか。

ア　１.２ｇ　　**イ**　１.５ｇ　　**ウ**　１.８ｇ　　**エ**　２.１ｇ

4　マグネシウムを加熱したときに起こった反応を表したモデルとして正しいものはどれか。ただし，●はマグネシウム原子１個を，○は酸素原子１個を表している。

ア　●　＋　○　→　●○
イ　●　●　＋　○　→　●○●
ウ　●　●　＋　○○　→　●○　●○
エ　●　＋　○○　→　○●○

7　植物の受精のしかたについて調べた。図はある植物の受精のようすを模式的に示したものである。次の問いに答えなさい。

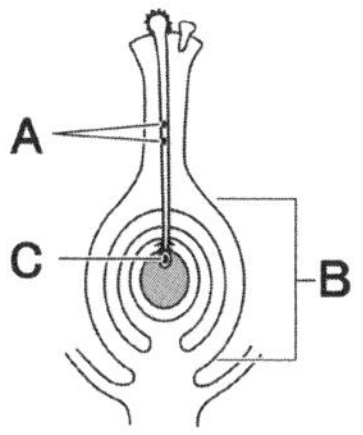

1　図の**A**から**C**の名称の正しい組み合わせはどれか。

	A	B	C
ア	精細胞	子房	卵細胞
イ	卵細胞	胚珠	精細胞
ウ	精細胞	胚珠	卵細胞
エ	卵細胞	子房	精細胞

2　Bの細胞の染色体数をX本，Cの染色体数をY本とするとき，XとYの関係を正しく表しているのはどれか。

ア　$X=\frac{1}{2}Y$　　　イ　X＝Y
ウ　X＝2Y　　　エ　X＝3Y

3　受精後，この植物の１個の受精卵は細胞分裂を繰り返し，９６時間後には３２個の細胞になった。この間，何回細胞分裂が行われたか。

ア　3回　　イ　4回　　ウ　5回　　エ　6回

4　この植物と同じ受精のしかたをするのはどれか。

ア　サクラ　　イ　マツ　　ウ　ノキシノブ　　エ　イチョウ

8　回路に加わる電圧と流れる電流との関係を調べるために，抵抗器A，抵抗器B，抵抗器Cを用いて，次の実験1から実験3を行った。実験の結果は図3のようになった。次の問いに答えなさい。

実験1　図1のような回路をつくり，抵抗器Aの両端に加わる電圧を変えて，流れる電流の大きさを測定した。

実験2　図2のように抵抗器Aと抵抗器Bを並列につなぎ，その両端に加わる電圧と回路全体を流れる電流の大きさを測定した。

実験3　実験2の抵抗器Bを抵抗器Cにかえ抵抗器Aと並列につなぎ，その両端に加わる電圧と回路全体を流れる電流の大きさを測定した。

図1
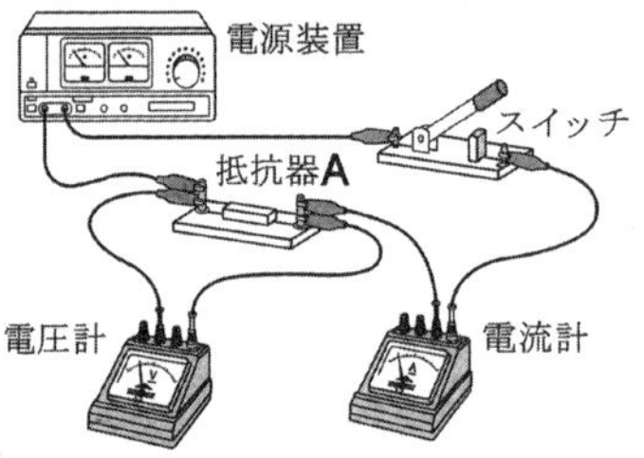

図2
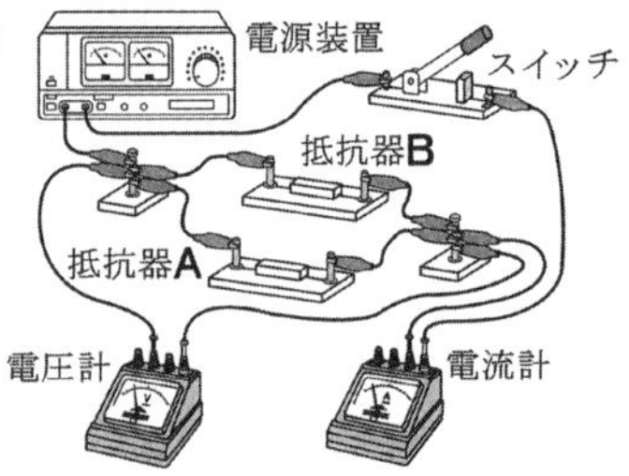

1　抵抗器Aの抵抗の値は何Ωか。

ア　10Ω　　イ　15Ω
ウ　20Ω　　エ　40Ω

2　抵抗器Bの抵抗の値は何Ωか。

ア　10Ω　　イ　15Ω
ウ　20Ω　　エ　40Ω

図3
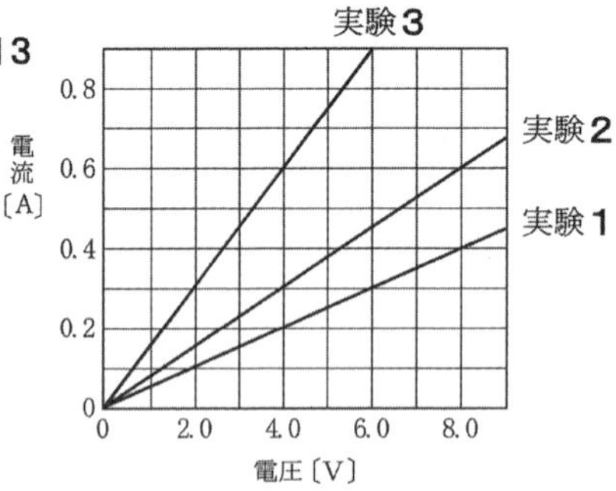

3　抵抗器Bと抵抗器Cを並列につないだとき回路の全体の抵抗は［ア．イ］Ωになる。ア，イに適する数値をマークしなさい。

4　抵抗器Aと抵抗器Cを，直列につなぎ6.0Vの電圧を加えたときと，並列につないで6.0Vの電圧を加えたときの回路全体の電力の比は［ウ：エ］になる。ウ，エに適する数値をマークしなさい。

9　次の問いに答えなさい。

1　ビーカーに鉄粉と活性炭，少量の塩化ナトリウム水溶液を入れ，ガラス棒でかき混ぜると発熱した。このとき鉄は何と結びついたか。

2　図は，双子葉類の茎の断面図を表したものである。図の中で，葉でつくられた栄養分が運ばれる管はどこか。すべて黒く塗りつぶしなさい。

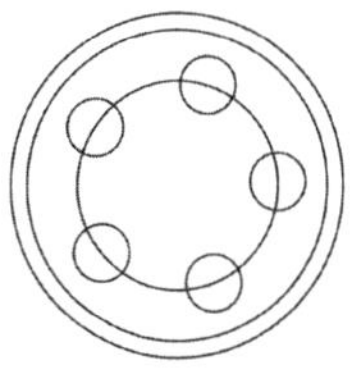

3　震度について述べた次の文の（　　）に適する数字を書きなさい。

震度は，各観測点に設置した震度計によって測定し，０から（①）の（②）階級で示す。

4　質量３０．５ｇで体積５．０cm^3である物体の密度を求めなさい。

5　１０cm^3のうすい水酸化ナトリウム水溶液に１０cm^3のうすい塩酸を加えて混合液をつくり，フェノールフタレイン溶液を加えたところ，赤色になった。さらに同じ濃度のうすい塩酸を少しずつ加えていくと５cm^3加えたところで混合液は無色になった。１０cm^3のうすい塩酸中の陽イオンと１０cm^3のうすい水酸化ナトリウム水溶液中の陰イオンの数の比を，もっとも簡単な整数の比で表しなさい。

6　生殖細胞をつくるための分裂を何分裂というか。

7　図は，ある前線のつくりを模式的に表したものである。この前線付近に見られる降水をもたらす雲は何か。

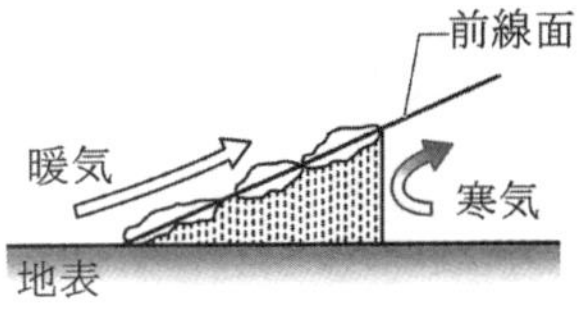

8　人が８６０ｍ離れた壁に向かって叫んだ。叫んでから５秒後に叫んだ声が返ってきたとすると音の速さは何ｍ/ｓか。

宇都宮短大附属
英語

1　ポスターを読んで，**1** ～ **5** の問いに答えなさい。

Dogs from the Animal Care Center

[　　①　　]

They are waiting for you.

A

Male, 2 years old, White, 18kg

He is very friendly. He loves to be with people. He likes to run and he can run very fast. He is good at catching balls. Please take him to the park and play with him a lot.

B

Male, 3 years old, Brown, 8kg

He feels lonely when nobody is with him. He is happy if you sleep with him. (　　②　　) He likes toys that make sounds. When he listens to music, he can sing to the music.

C

Female, 4 years old, Black and white, 6kg

She is quiet and smart. She needs some time to make friends with new people, but she will love you when she becomes your friend. She loves to swim in the river.

D

Female, 3 years old, Gray and white, 5kg

She is cheerful and shows interest in everything. She likes to take a long walk in various places. She enjoys playing with other dogs. Please touch and love her a lot.

If you want to have a dog, please call us. TEL：111-22-3344

1　[　①　] に入る最も適当な英文を選びなさい。

ア Why are you looking for a dog?
イ Why do you want to keep one of these dogs?
ウ Why don't you work with these dogs?
エ Why don't you become a new parent for one of these dogs?

2　(　②　) に入る最も適当な英文を選びなさい。

ア Don't touch him a lot.　　**イ** Don't take him for a walk.
ウ Please spend time with him.　　**エ** Please keep him away.

3　ポスターの内容と一致するものを選びなさい。

ア　The dog with the lightest weight is very curious.
イ　The white dog is good at swimming.
ウ　The male dogs are older than the female dogs.
エ　The black and white dog gets lonely easily.

4　次の英文を読み，Question に対する最も適当な答えを選びなさい。

My name is Kiyomi Toyoda.　I'm sixty years old.　I live alone and my health is very good.　I like to walk for an hour at many different places every morning.　And I go swimming in the pool once a week.　I often play the guitar with my friends at some elementary schools as a volunteer.　One of my friends keeps a dog and she is very cute.　I want my dog to play with her.

Question：Which dog seems to be the best for Kiyomi?

ア A　　**イ** B　　**ウ** C　　**エ** D

5　このポスターが作成された目的として最も適当なものを選びなさい。

ア　イヌを売る　　**イ**　行方不明のイヌを探す
ウ　イヌの新しい飼い主を見つける　　**エ**　様々なイヌを多くの人々に紹介する

2

高校生のルーカス（Lucas）とオリビア（Olivia）が，電子書籍（e-book）について話をしています。次の対話文を読んで，**1**　～　**5**　の問いに答えなさい。

Olivia：Hi, Lucas.　Are you reading an e-book?
Lucas：Yes, Olivia, e-books are more convenient than normal books.　Do you like e-books, too?
Olivia：［　A　］.　I've never read one.
Lucas：Why not?
Olivia：I love the feeling of a paper book in my hands.
Lucas：I can see you're the type of person who likes paper books better than e-books.
Olivia：［　B　］, Lucas.
Lucas：A lot of people say that paper books feel warmer than e-books.
Olivia：［　C　］, when you flip through a book, you can easily see what is in it.
Lucas：You can't really flip through an e-book, but there are some good points.　When you use a device such as a tablet or a smartphone, you can read many e-books without having to carry each ① one.　Also, e-books are cheaper.
Olivia：What else is good about them?
Lucas：You can order and immediately receive an e-book at home.
Olivia：The last point sounds nice, but it's fun to look around in a bookstore.　There are book displays, and the magazines are always changing.
Lucas：Although there's no real bookstore to walk around, e-book websites have more books.
Olivia：That's true, too.　［　D　］.

(注) tablet = タブレット（タッチパネル式の情報端末）

1　本文中の［　A　］～［　C　］に入る最も適当な文の組み合わせを選びなさい。

ア	**A** Not only that	**B** That's right	**C** Not really
イ	**A** That's right	**B** Not really	**C** Not only that
ウ	**A** Not really	**B** That's right	**C** Not only that
エ	**A** Not really	**B** Not only that	**C** That's right

2　本文中の下線部①の示すものとして最も適当なものを選びなさい。

ア tablet　　**イ** book　　**ウ** device　　**エ** smartphone

3　本文中の［ D ］に入る最も適当な英文を選びなさい。

ア I should try an e-book someday
イ You should buy an e-book someday
ウ I should stop reading paper books right now
エ You should start reading a paper book right now

4　ルーカスとの会話の中でオリビアが感じたこととして，最も適当なものを選びなさい。

ア Paper books are more expensive than e-books.
イ Reading an e-book is not good for our health.
ウ Ordering and receiving an e-book at home seems good.
エ It is more fun to buy books on the Internet than in stores.

5　本文の内容と一致しないものを選びなさい。

ア 紙の書籍をぱらぱらめくると中身が簡単にわかる。
イ 紙の書籍よりも電子書籍の方が安くて持ち運ぶ際に便利である。
ウ 電子書籍のウェブサイトには実在する本屋より多くの本がある。
エ 電子書籍は便利だが視力が低下する恐れがある。

3　次の英文を読んで，**1** ～ **5** の問いに答えなさい。

A little girl was enjoying Christmas shopping with her father in a toy shop. They stopped in front of some astronaut toys which were very popular among children. And the girl chose one of them. It was very big and [**A**], and looked very expensive. The girl said to her father, "Can I have this toy?" "Yes, of course. (①)," said her father. "Thank you, Daddy," said the girl happily.

When she was holding the toy, a small boy came near her. He was also looking for a Christmas toy with his father. She could see that his shoes were [**B**] and his jacket was old and too small. He chose an astronaut toy, too. He asked his father, "Can I have this?" His father said, "No. (②). I don't have enough money." The boy sadly put the toy back and went to look for something else.

The girl was watching them and heard their conversation. Then she said something to her father. As he listened to her words, he said, "That's a good idea." The girl hurried to the checkout counter with her father. He paid for it and told the cashier her idea. The cashier smiled and said to them, "(③). I hope he'll be glad."

A few minutes later, the boy and his father came to the checkout counter. He only had a small ball in his hand and put it on the counter. Then, the cashier suddenly said loudly, "Congratulations! You are the hundredth customer today. You win this astronaut toy as a prize. Here you are. You are very lucky!" The boy's eyes began to shine and he said, "I can't believe it. Wow! I wanted this toy so much!" The little girl and her father were watching them. She looked up at her father and smiled happily. He said, "You gave up the toy you wanted. Are you really sure about this?" She answered, "Yes, Daddy. You wanted me to get something that makes me happy. So ④ that was it." Her father was glad to hear that because he also thought (⑤).

解答 P286

(注) astronaut = 宇宙飛行士　Daddy = パパ　checkout counter = レジ
cashier = レジ係　Congratulations! = おめでとうございます
hundredth = 100 番目の

1 本文中の［ **A** ］と［ **B** ］に入る最も適当な語の組み合わせを選びなさい。

ア **A** wrong　**B** cheap　**イ** **A** old　**B** pretty
ウ **A** hot　**B** fine　**エ** **A** cool　**B** dirty

2 本文中の（ ① ）～（ ③ ）に入る最も適当な文の組み合わせを選びなさい。

ア ① It's too expensive　② It's exciting　③ It's very nice
イ ① It's very nice　② It's too expensive　③ It's exciting
ウ ① It's very nice　② It's exciting　③ It's too expensive
エ ① It's exciting　② It's very nice　③ It's too expensive

3 本文中の下線部④の内容として最も適当なものを選びなさい。

ア ほしがっていたおもちゃを手に入れることができて，男の子が喜んだこと。
イ ほしがっていたおもちゃを買ってもらうことができず，男の子が悲しんだこと。
ウ 娘の思いやりのある行動を父親が誇らしく思ったこと。
エ 子どもたちの間で人気のあるおもちゃを父親が娘に買ってあげたこと。

4 本文中の（ ⑤ ）に入る最も適当なものを選びなさい。

ア his daughter didn't want that toy
イ the boy would win the prize
ウ it was the best Christmas present
エ his daughter understood his idea

5 本文の内容と一致するものを選びなさい。

ア The girl didn't want the boy to get an astronaut toy.
イ The boy went to the toy shop in order to buy a ball.
ウ The girl told her idea to her father and he agreed with her.
エ The boy was very happy because he could get a small doll.

4

放送に従って，次の **A** ～ **C** の問いに答えなさい。

A 英文を聞き，**1** と **2** はその応答として最も適当なものを選びなさい。
3 ～ **5** は英語の問いに答えなさい。英文は 1 度だけ流れます。

1 **ア** In the library.　**イ** History.
ウ About eight books.　**エ** A few books.

2 **ア** For two hours.　**イ** At 10 o'clock.
ウ About three kilometers.　**エ** In the afternoon.

3 Choose the picture that matches what the speaker says.

ア　**イ**　**ウ**　**エ**

4 Choose the note that matches what the speaker says.

ア
Special Lesson
by
Dr.Brown
Date:Feb.20.2022
Time:6:00-8:00PM

イ
Special Lesson
by
Dr.White
Time:6:00-8:00PM
Place:RoomA

ウ
Special Lesson
by
Dr.Green
Time:6:00-8:00PM
call:(555)333-1234

エ
Special Lesson
by
Dr.Gray
Place:RoomA
call:(555)333-1234

5 Choose the sentence that matches the picture.

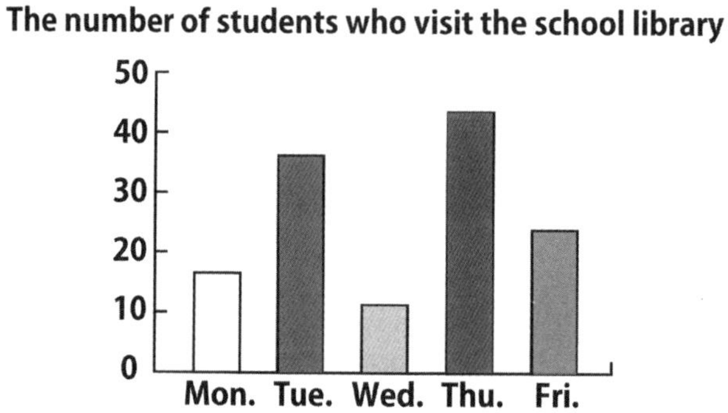

B 放送される英文を聞き，最も適当なものを選びなさい。英文と質問は２度流れます。

1 ア
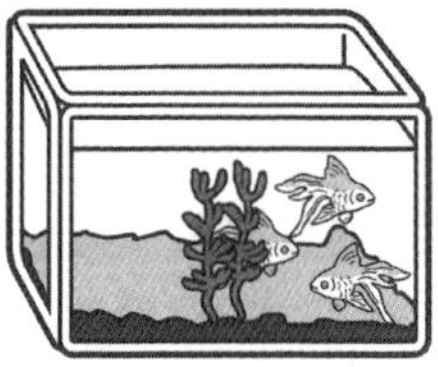
イ

ウ
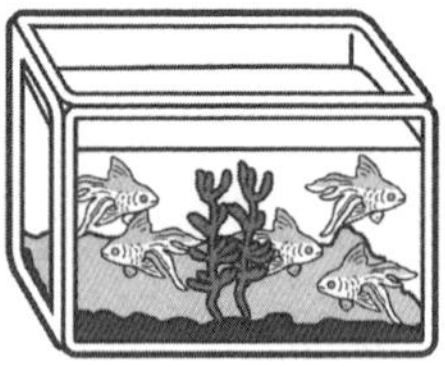
エ

2 ア Three dollars.　イ Ten dollars.　ウ Thirteen dollars.　エ Thirty dollars.

3 ア Write an essay in English.
イ Give a speech about their summer holidays.
ウ See a great movie with their classmates.
エ Go to the sea and the mountains.

4 ア Because he was sick.　イ Because he went to bed late.
ウ Because he ate breakfast.　エ Because he made lunch.

5 ア The event was held at a music school.
イ Some children could not go on the stage at the event.
ウ The parents cried because their children made mistakes.
エ The teacher wants to hold the event again.

解答 P286

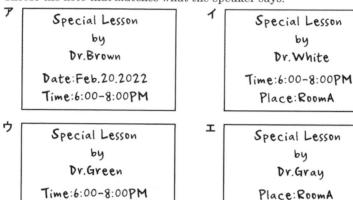

ここから記述問題になります。解答は記述用解答用紙に記入してください。

C 放送される英文を聞き，(　　) に入る最も適当な１語を英語で書きなさい。
英文は２度流れます。

Bicycle Parking at Crown High School

Students with bicycles must put a sticker on their bicycles.
The sticker's color is (　　**1**　　).

■Necessary :
- go to the Student Office
- bring your student ID and two dollars

■The Student Office :

On the (　　**2**　　) floor of Building B, it is open from 9 to 5, Monday to Friday, and in the morning on Saturdays.

■To get a parking sticker :

You must write your name, address, phone number, and student ID number in the form.

The effective term of a sticker is twelve (　　**3**　　).

If you have any questions, contact the Student Office.

5 次の **A** ～ **C** のそれぞれの問いに答えなさい。

A 次の説明に合う英単語を書きなさい。

1 a group of people who come to watch and listen to someone's speech or performance

2 a book that gives a list of words and explains their meanings in the same language, or in another language

B 次の(a)(b)の英文がほぼ同じ意味になるように (　　) 内に適当な英語を１語入れなさい。

3 (a) I have never seen such an exciting soccer game before.
(b) It was the (　　) exciting soccer game I have ever seen.

4 (a) The TV news says it will be cold this winter.
(b) (　　) to the TV news, it will be cold this winter.

C 次の (　　) 内の語(句)を意味がとおるように並べかえなさい。ただし，文頭にくる語(句)も小文字で示しています。

5 What (in / of / is / paintings / your brother / kind / interested)?

6 (for / have / waiting / how long / been / Kevin / you)?

四　次の俳句と鑑賞文を読んで、後の問いに答えよ。

「菜の花や　月は東に　日は西に」

　これは江戸時代を代表する俳人、与謝蕪村の俳句です。季語は「菜の花」で季節は[1]。実は秋の季語「月」も入っているのですが、感動を表す切れ字の「や」から、感動の中心は「菜の花」であることが分かります。

「月は東に　日は西に」の部分では省略法と[2]法が使われています。省略を用いて「月は東に（昇り）日は西に（沈む）」夕暮れの風景をリズムよく歌っています。また、「月」は「東」に、「日」は「西」にと、「菜の花」を(a)介してそれぞれ対称的に配置され、世界の広がりを感じさせます。

　色の対比も重要なポイントです。辺りがだんだんと薄暗くなっていくなか、黄色い「菜の花」が一面に咲く地から、ふと見上げれば「月」が昇る東の空は紺色に、「日」が沈む西の空は[3]色に……。なんとも壮大で絵画的な描写です。

　種から採れるナタネ油は灯火の燃料として(b)重宝され、種の搾りかすは肥料にも利用されるなど、当時、「菜の花」は生活に身近なものでした。作者の目の前に広がる日常の風景から空を(c)仰ぎ見ると、そこには深遠な宇宙が広がり、月と太陽の競演という天体ショーが繰り広げられているのです。

　ダイナミックでありながら、しみじみとした情緒が感じられるこのような風景が、俳句という短い詩文で表現されていることは、まさに驚きの一言です。ことばから情景が浮かび上がってくるような写実的で豊かな色彩にあふれた作風は、俳人でもあり画家でもあった蕪村ならではと言えるでしょう。

問一　(a)介、(b)重宝、(c)仰、の読みをひらがなで書きなさい。

問二　与謝蕪村の読みをひらがなで答えなさい。

問三　[1]に入る季節を漢字一字で答えなさい。

問四　[2]に入る表現技法の名称を漢字二字で答えなさい。

問五　[3]に入る色を表す漢字一字を答えなさい。

問六　本文中の三か所から一字ずつ抜き出し、解答欄の「鳥」と合わせて「自然の美しい景色」を意味する四字熟語を完成させなさい。

問九　本文について述べたものとして最も適当なものはどれか。
ア　「おじさん」の「少年」に対する複雑な心情を、比喩を多用してイメージを膨らませるように描いている。
イ　慣れない田舎暮らしに楽しみを見いだそうとしている「少年」の姿を、多くの擬音語や擬態語を用いて鮮明に描いている。
ウ　次第に饒舌《じょうぜつ》になっていく「おじさん」の様子や根を掘る描写を通して、深まる二人の交流を描いている。
エ　優しさを素直に表現できない「おじさん」の遠慮がちな様子を、短い会話を重ねることで第三者の視点から描いている。

三　次の文章を読んで、後の問いに答えよ。

今は昔、いつのころほひの事にかありけむ《イツノ頃ノ事デアッタダロウカ》。清水（注1）に参りたりける女の、幼き子を抱きて御堂（注2）の前の谷をのぞきたちけるが、いかにしけるやありけむ、①児を取り落として谷に落とし入れてけり。はるかに振り落とさるるを見て、すべきやうもなくて、御堂の方に向かひて、手を摺《す》りて、「観音《かんのん》助けたまへ」と□まどひ②ける。「今はなきもの」と思ひけれども、「ありさまをも見む」と思ひて、まどひ下りて見ければ、観音の「(a)いとほし」と思しめし《オ思イニナッタ》けるにこそは、③つゆ傷もなくて、谷の底の木の葉の多く落ち積もれる上に落ちかかりてなむ臥《ふ》したりける。母喜びながら抱き取りて、いよいよ観音を泣く泣く礼拝したてまつりけり《申シ上ゲタ》。これを見る人、みなあさましがりて《皆驚イテ》(b)ののしりけりとなむ語り伝へたるとや。
（『今昔物語集』から）

（注1）清水＝京都にある清水寺　（注2）御堂《みどう》＝清水寺の本堂

問一　(a)いとほし、(b)ののしりの本文中での意味はどれか。
(1)　(a)いとほし
ア　気の毒だ　**イ**　残念だ
ウ　愛らしい　**エ**　あどけない
(2)　(b)ののしり
ア　非難し　**イ**　うわさをし
ウ　大騒ぎし　**エ**　腰を抜かし

問二　①児を取り落とし谷に落とし入れてけり。とあるが、その後の「女」の様子として適当でないものを一つ選べ。
ア　谷底に落ちた子どもの様子を確認しようと下りていく様子
イ　落下する子どもを目の当たりにしてただ祈るしかない様子
ウ　取り返しのつかないことが起きたとその場で動けない様子
エ　わが子を生まれ返らせてもらえるように助けを求める様子

問三　②けるは助動詞「けり」の連体形である。□に入る語として適当なものはどれか。
ア　なむ　**イ**　や　**ウ**　か　**エ**　こそ

問四　③つゆ傷もなくて……臥したりける。の内容として適当なものはどれか。
ア　大きな傷もなく、谷底に落ちかけて泣いていた。
イ　まったく傷もなく、谷底の落葉の上に倒れていた。
ウ　かすり傷しかなく、谷底の落ち葉の下に隠れていた。
エ　目立った傷もなく、谷底の木の枝の上に座っていた。

問五　本文の内容に合っているものはどれか。
ア　人々は幼い子を誤って落とした母親を励ました。
イ　観音を敬う人々が協力して奇跡を起こした。
ウ　母親はわが子が亡くなっていると思い込んでいた。
エ　母親は自分の信仰心が報われると強く信じていた。

解答　P286

問三 ①「大丈夫か」、②「大丈夫」とあるが、この時の「おじさん」と「少年」のそれぞれの様子として最も適当なものはどれか。

ア 「おじさん」は都会育ちの「少年」に慣れない山道を歩かせていることを心配しているが、「少年」は普段歩いたことのないような山道を歩くことを楽しんでいる。

イ 「おじさん」は山道を歩いている「少年」が自分から少しでも離れると危険だと心配しているが、「少年」は「おじさん」といると緊張して自分の気持ちを素直に言えないでいる。

ウ 「おじさん」は「少年」に怪我《けが》でもさせたら母親からどう言われるかと心配しているが、「少年」は「おじさん」の気遣いを感じつつ山道の感触を楽しんでいる。

エ 「おじさん」は「少年」が疲れているのに我慢していることを見抜いて声をかけたが、「少年」はおじさんに迷惑をかけまいと平気なふりをしている。

問四 ③歯がたたない、⑥めどがたったの本文中での意味の組み合わせとして適当なものはどれか。

ア ［③対応するには手ごわい　⑥思いがけない結果になった］

イ ［③完璧な作業は難しい　⑥予定通りにやり終えた］

ウ ［③どうすることもできない　⑥ある程度の見当がついた］

エ ［③期待に応えられない　⑥予想以上の成果をあげた］

問五 ④「そうか……海と山で贅沢なやつだな」とあるが、その時の「おじさん」の気持ちの説明として適当なものはどれか。

ア 母親が忙しくて寂しい思いをしがちな「少年」に、自然と触れ合うことの豊かさを感じてほしいと願っている。

イ 自分の生い立ちはつらいものであったので、海や山で遊ぶことができる「少年」の恵まれた境遇をうらやんでいる。

ウ 母親との思い出を嬉しそうに話す「少年」の様子に、自分よりも母親と一緒に過ごしたいのだと感じてがっかりしている。

エ 「少年」に母親との良い思い出があったことを喜び、今度は山での経験を楽しいものにさせてやりたいと思っている。

問六 ⑤さすがにトンネルのおじさんだ。とあるが、その時の「少年」の気持ちの説明として最も適当なものはどれか。

ア ふだんは頼りなげに見える「おじさん」が、いざとなると力を発揮することを知って驚いている。

イ 自分ではうまく穴を掘ることができなかったが、「おじさん」が手際よくやりこなしてしまうので感動している。

ウ あまり楽しいとも思えない作業なのに、黙々と掘り続けている「おじさん」の辛抱強さを見習いたいと思っている。

エ 「母さん」と同じように自分に寄り添ってくれる「おじさん」に、感謝の気持ちがあふれてきている。

問七 ⑦おじさんは……うまそうに吸い、とあるが、その時の「おじさん」の様子として最も適当なものはどれか。

ア 打ち解けてくれない「少年」との作業が終わり、ずっと我慢していた煙草を思う存分吸うことができてほっとしている。

イ 都会暮らしの「少年」に、このまま田舎で暮らす方が良いということが伝わったと感じている。

ウ なかなか心を開かなかった「少年」が、自分に懐《なつ》いてきていることを確信している。

エ 自然の中での作業を通して、「少年」の生き生きした姿を見ることができたので心が満たされている。

問八 本文中の【　】の場面における「おじさん」の気持ちの説明として最も適当なものはどれか。

ア 楽しげに根を掘り出す「少年」を見て、少しでも長く一緒に過ごしたいと思い始めている。

イ 根を掘るのに集中している「少年」を見て、もっとたくましく成長させることが義務だと感じている。

ウ 根を慎重に掘り出している「少年」に昔の妹の姿が重なり、急に会いたくなっている。

エ 自分の言うことに素直に従って根を掘る「少年」を見て、手放すのが惜しくなっている。

らして、あとひと息の⑥めどがたったところで、そろそろ昼にしようとおじさんはいい、穴から離れた木の下の斜面にビニールシートを敷いて弁当をひろげた。

Ⅱ さすがに疲れたせいか、足裏がむくんだように熱を持っていた。それを言うと、靴を脱いで少し横になってみろ、元気が出てからまたはじめればいいと、おじさんは編み上げ靴から足を引っこ抜く手助けをしてくれた。抜いたとたん、林の冷気のなかで熱が引いていく。リュックを枕にしてひろげたビニールシートのうえで横になると、木漏れ日に目がちかちかしてそのまま意識が遠のいていきそうだった。⑦おじさんはポケットから煙草《たばこ》をとりだして火をつけ、ゆっくりとじつにうまそうに吸い、吹き消したマッチの軸を楊枝《ようじ》がわりにして歯の掃除をした。「おまえの母さんと、このあたりに来たことがある」おじさんがつぶやくように言った。母さんという言葉に反応して眠気が消え、少年は半身を起こした。「ずっとむかしだ。若いころは農業なんて平べったい言葉はつかわずに野良《のら》仕事と言ってな、友だちのまえじゃその言い方が、どうにもかっこ悪い。だから田圃《たんぼ》や畑に入らないで、町へ働きに出てた。二十五か六のときだ。十六も年が離れてるから、あいつはちょうどおまえくらいだった。お盆に帰ってきたら、学校の工作の宿題がまだ終わってないといって泣いていた」はじめて聞く話だった。柿の木と、古くからあるトンネルのことしか、母さんは教えてくれなかった。（中略）

おじさんはまた軍手をはめて穴のへりにしゃがみ込み、建物の壁を這《は》う蔦《つた》さながら細くて丈夫な根を引き抜こうとする。のこぎりで切り落とせば簡単なのだが、あまりいいかげんにやると、あとで形を整えるのがむずかしくなる。まずは掘りだし、余裕をもってカットしておいてから、どちらをどう向けるのか検討する。ふつうは根の下の方をひっくり返して、曲がった四肢が空へ伸びていくようにするのだそうだ。少年はじゅうぶんに冷えた足をあわてて靴に突っ込み、紐《ひも》をむすぶのもそこそこに、ぼくもやると言って穴にもどった。もっと太いものになると深めにシャベルを差し、支点に大きめの石をあてがって梃子《てこ》の原理で持ちあげるのだが、このくらいだとすぐ傷がついてしまう。安全を期すならやはり手で持ちあげるのがよさそうだった。ぶちぶちと根をひきちぎりながら、トンネルのおじさんが、【母さんはいつ迎えに来る？と少年にたずねた。「十日くらいしたら。電話するって」「ほかになにか聞いてるか？」「聞いてないよ」「そうか」おじさんは、ほんの息継ぎのような間を置いた。「楽しいか」「うん」ひげの生えた根がどんどん両手に集まって、まりものような玉になる。なぜだかわからないけれど、ずっと開けていないたんすの引き出しのなかみたいな、かび臭い空気がふっと鼻をつく。ぶちぶち言う音が消えたところで、おじさんは（　d　）手を休めた。「休みが終わるまで、いてもいいんだぞ」】麻袋からロープを出すと、おじさんは穴に片足を突っ込んで二股、三股に伸びた根の周囲に二重、三重に渡し、両端をのばしてそれを少年に握らせ、飛ぶように地面にあがった。それから少年の横に立って、せーので引っ張るぞ、と腰を落とした。真っ黒な土のうえに、形がまったくおなじでサイズだけが異なる靴が四つ並んでいる。この靴、だれのなんだろう？根ではなくその靴を見ながら少年は問いを呑《の》み込み、おじさんのかけ声で一気に引くと、めりめり音を立てながらロープが伸び切ってぴんと張り、醜いかたまりがわずかに持ちあがった瞬間いちばん細いところがばきんと折れて、ふたりのお尻を湿った土にやわらかくたたきつけた。

（堀江敏幸『トンネルのおじさん』「未見坂」〈新潮社〉から）

問一　（　a　）から（　d　）に入る語の組み合わせとして適当なものはどれか。

ア［a　むしろ　b　まず　c　すぐに　d　ようやく］
イ［a　まず　b　むしろ　c　ようやく　d　すぐに］
ウ［a　むしろ　b　すぐに　c　ようやく　d　まず］
エ［a　まず　b　むしろ　c　すぐに　d　ようやく］

問二　本文中の□に入る語として適当なものはどれか。

ア　わだち　**イ**　ぬかるみ　**ウ**　すなば　**エ**　けものみち

ア［A　美と価値　　　　　　B　最高の芸術　　］
イ［A　時の流れ　　　　　　B　人生の究極の姿］
ウ［A　秘められた究極のドラマ　B　人の業　　　］
エ［A　記憶の蓄積　　　　　B　喜怒哀楽の結実］

問九　生徒たちが考えを述べ合っているが、本文や参考資料の内容に合わないことを述べている生徒を選べ。

生徒ア　日本の伝統芸能には、現在でも「老い」を最高の芸術としてとらえているものがあるなんて驚きだよね。

生徒イ　今は高齢者を厄介者扱いしている面もあるからね。〈参考資料〉の「バーバ」に対する「マユ」の反応もそれに近い感じがする。

生徒ウ　「マユ」は「バーバ」の匂いを熟成されたチーズの匂いに例えているよね。これは本文と同じで老いることへのリスペクトに通じるようにも思えるけど。

生徒エ　考え方はいろいろだね。でも日本人は、時間と記憶を関連付けていたから年を取ることに価値を見出せていたのかもね。

二

次のⅠ・Ⅱの場面の文章を読んで、後の問いに答えよ。

Ⅰ　地面はあいかわらず砂利と赤い剝《む》き出しの土で、見るからに滑りそうだったが、おじさんのあとをわざと追わずに道のわきの下草を踏んでみると、（　a　）そちらのほうが危ないようだった。都会育ちの少年の語彙に□という単語はないに等しい。ねちゃねちゃと音のする土に触れる機会は、（　b　）なかった。山道には湿った草木の香りが満ちていて、酸《す》っぱいような臭いような、あまり気持ちよくない種類のものもあったのだが、そういう複雑な匂《にお》いのする道を跳ねたりジグザグに進んだりしながらのぼっていくのは、車に乗っているときの数倍も楽しいと少年は思った。①「大丈夫か」おじさんは少年が寄り道をして足音がやや離れると、（　c　）振り返ってたずねる。声をかけなくとも、五分に一度は振り向いて姿を確認する。②「大丈夫」「いま休むとかえって疲れる。このまま行くぞ。リュック、重くないか」「うん」「重かったら、持ってやる」ときどき聞こえていた湧き水の音は、もうほとんど届かなかった。（中略）

そこから二十分ほど黙って歩きつづけたころ、おじさんが、お、と声をあげ、横道に大股でがさがさ分け入って、ひとつの切り株に近づいていった。「もっと先まで行くつもりだったが、こいつでよさそうだ」かついでいた袋からスコップを出して、おじさんは根本の土を先でつついた。地表は雨のおかげかやわらかそうだ。一部の土を取り除いて出てきたもっと固い土を、今度はツルハシの先で試掘する。何度か突き刺しているうち、大きな石にあたってがちんと音のすることがあったが、あとは土ばかりのようだ。よし、やってみろと軍手を渡されて、少年は砂場で遊ぶスコップが大型になったようなシャベルを握り、反対側を掘りはじめた。しかし、見た目からは想像もできないほど深く地中にくいこんでいて、子どもの力ではなかなか③歯がたたない。アカメガシだ、瘤《こぶ》にいぼいぼがある、そういうのを欲しがる物好きがいてな、とつぶやいて、ああそうだった、こいつはもちろんおまえのだ、と言いなおした。こんなに頼りなげな木なのに、根だけは中型犬までなら簡単に包めそうなくらいがっしりと張っている。たとえ最後まで掘り出せなくても、日記に書いておくだけでじゅうぶんさまになるだろう。少年は感嘆しながら手を動かしつづけた。「潮干狩りみたい」思わず口に出すと、おじさんは顔をあげて、そうだな、と片頬だけで言った。「去年、海の家に行って、潮干狩りした」「母さんと行ったのか」「うん。ふたりで行った」④「そうか……海と山で、贅沢《ぜいたく》なやつだな」根に巻き込まれた石をツルハシで砕いて、かけらをひとつずつ拾いあげていくと、ゴボウみたいな髭《ひげ》のある細い根がだんだんあらわになり、土と根のあいだに空隙《くうげき》ができて手が入るようになってきた。ごつごつした根の中心が見え隠れする。ふたりとも、なにも喋《しゃべ》らずひたすら掘りつづけた。⑤さすがにトンネルのおじさんだ。綽名《あだな》の由来はもちろん知っているけれど、これだけ軽快で力強い穴掘りの技をみせられると、どこかで本当にトンネルを掘っていたんじゃないかと思えてくる。ぐらぐ

問二（　a　）から（　d　）に入る語の組み合わせとして最も適当なものはどれか。

ア［a いずれも　b そして　c その上　d だから］
イ［a その上　b いずれも　c そして　d だから］
ウ［a そして　b いずれも　c だから　d その上］
エ［a だから　b その上　c いずれも　d そして］

問三 ①皮肉にも究極の秘曲として尊重され、とあるが、なぜ「皮肉にも」なのか。最も適当なものを選べ。

ア 醜悪な「老い」を題材として究極の秘曲が生まれるという考え方は、日本人にしか理解できない感覚だから
イ 老いを迎え最高の芸位に達した者を「三老女」と称し敬う感覚は、一般人には理解しにくいから
ウ 「老い」を寿ぐべきこととする考え方は、老人を厄介者扱いにしている高齢化社会では風刺的な要素を持つから
エ 「老い」に美と価値を発見し、さらに深化させた点において西洋的な捉え方とは異なっているから

問四 ②小野小町の説明の組み合わせとして適当なものを後から選べ。

a 鎌倉時代前期の上流歌人で六歌仙の一人である。
b 小倉百人一首にある「花の色は うつりにけりな いたづらに わが身世にふる ながめせしまに」は小町の歌である。
c 絶世の美女であったという逸話が残されていて、世界三大美女の一人とされることもある。
d 「土佐日記」の作者で、土佐国の国司としての任期を終えて京に帰るまでの間に多くの歌を残している。

ア［ b・c ］　イ［ a・d ］
ウ［ a・b・c ］　エ［ a ］

問五 ③カンショウの意味と漢字の組み合わせとして適当なものは、どれか。

ア 芸術作品を見て楽しむこと　鑑賞
イ 対象を主観を交えず、冷静に見つめること　観照
ウ 他人事に立ち入って、従わせようとすること　干渉
エ 感心してほめること　感傷

問六 ④西欧には見られないこの伝統的な価値観とあるが、空欄に入る語の組み合わせとして適当なものを後から選べ。

日本	西欧
〈 A 〉ゆく自然の記憶	〈 B 〉ゆく物理現象

ア［A 秘められ　B めぐり］
イ［A 蓄積され　B 凝縮して］
ウ［A 積み重なって　B 過ぎ去って］
エ［A 受け継がれて　B 定着して］

問七 Ⅰ・Ⅱ に入る語の組み合わせとして適当なものはどれか。

ア［Ⅰ 劣化　Ⅱ 後退］　イ［Ⅰ 熟成　Ⅱ 醸成］
ウ［Ⅰ 腐敗　Ⅱ 発酵］　エ［Ⅰ 深化　Ⅱ 進化］

問八 本文の内容を整理した。空欄に入る語の組み合わせとして適当なものを後から選べ。

各国には固有の伝統的な価値観が存在する。
〈日本の価値観〉
人の生涯に［ A ］を感じ、
老いの姿に［ B ］を見る
（例）伝統芸能　演目「三老女」「三婆」
→「老い」はめでたい寿ぐべきこと

らえたのではなくて、時の流れによって積み重なってゆく自然の記憶のようなものを発見したからではないだろうか。蓄積された時間の記憶に人間の一生を重ね合わせ、老いの姿にあらゆる喜怒哀楽の結実を眺めたからではないだろうか。

だからこそ、百歳の小町の寂びた舞の中には、かつての若さの華やぎが見え、捨てられて山と化した老女の姿に、人生の起伏とたとえようもない懐かしさが凝縮して現われる。水を汲み続ける老女には、人間の業（注4）の究極のドラマが秘められているのだ。

（　**c**　）老人は死んだら山にゆく。村々の祭りには、その魂が神の姿を借りて戻り、村人に真実を語りかけてくる。（　**d**　）老いることは神に近づくことでもあった。「翁」や脇能（注5）はそれを表わしている。

いま高齢化社会などといって、老人を厄介者扱いにしているが、日本の伝統はけっしてそうではなかった。老いの姿に人生の究極の味わいを見出し、そこに時間の記憶という価値を与えて敬ってきたのだ。④西欧には見られないこの伝統的な価値観を、私たちは忘れてはなるまい。

（多田富雄『独酌余滴』〈朝日新聞社〉から）

（注１）前シテ＝曲の前半の主役
（注２）驕慢《きょうまん》の＝おごりたかぶった
（注３）白拍子《しらびょうし》＝歌舞を演じる芸人
（注４）人間の業《ごう》＝人としての行為が未来の苦楽を導くはたらき
（注５）脇能＝「翁」の脇に添えて演じられる。神が泰平を寿ぐ舞を舞う能

〈参考資料〉

「お母さん、ちょっと休むから、マユ、はなちゃんのそばにいてあげてね」

ママは言った。

私は、バーバにそっと近づく。そして、バーバの周りに漂う空気を、思いっきり肺に流し込んだ。

果物が腐る寸前のような、熟した甘い匂い。バーバに近づくと、林檎《りんご》と梨《なし》と桃を混ぜたような匂いがする。そして、この匂いを嗅ぐたびに、私は生まれて初めてチーズを食べた時のことを思い出してしまう。

あれは、パパの誕生日だったのか。それともパパとママの結婚記念日だったのか。その日両親はワインを飲んでいた。そして、テーブルには何種類かのチーズが並んでいた。

マユも食べてみるか。パパに差し出された一切れを口に含んだ私は、うぇっとすぐに吐き出した。パパ、まずいよ、これ。マユはまだ子供なんだなぁ、パパは顔をしかめる私をうれしそうに眺めていた。だって、腐っているじゃん。私は抗議するように言った。腐っているんじゃないよ、醸して（注）いるんだよ。パパは、私が吐き出したのと同じチーズを幸せそうに口に放り、それから足の長いグラスを掲げて真っ赤なワインを飲み干した。そして言ったのだ。［Ⅰ］することと［Ⅱ］することは、似ているけど違うんだよ。どう違うのかは、パパにも上手に説明できないけど。

その時、ママがどういう顔をしていたのか、思い出せない。

私は、ちぐはぐな両親の蝶番《ちょうつがい》となるべく、幼い子役を演じるのに必死だった。だから、もし今パパがそばにいるなら、真っ先に尋ねたい。バーバは［Ⅰ］しているのか、それとも［Ⅱ］しているのか。

（小川糸『あつあつを召しあがれ　バーバのかき氷』〈新潮社〉から）

（注）醸《かも》して＝ある状態や雰囲気などを作り出して

問一　本文中の［A］から［D］の文を正しい順序に並びかえたものはどれか。

ア「［A］→［D］→［C］→［B］」
イ「［C］→［D］→［B］→［A］」
ウ「［C］→［B］→［A］→［D］」
エ「［A］→［B］→［D］→［C］」

宇都宮短大附属

国語

令和5年1月5日実施

制限時間 50分

一 次の文章と参考資料を読んで、後の問いに答えよ。

異国を旅すると、それぞれの国が特徴のある伝統を持っていることに気付く。伝統を知ることは、その国を、そしてその国の人を知ることである。（中略）

アジアの国々にもそれぞれ伝統がある。豊かな自然にはぐくまれた仏教国の穏やかな微笑み、苛酷な気象と厳しい生活環境の中で生み出されたヒンズーの宇宙観、広大な天地を悠久の時間の中で人の道を求めた中国の思想など、二十世紀末のいまに至るまでその国の人々の考え方や生き方を規定している。

A 降りしきる雪、そこに準備される芽生え、そして花、豊かな実りと収穫、月に映える紅葉、やがて落葉は地中の根に帰り次の春を待つ。

B 四季がはっきりしているこの国では、古代から人々は自然と自分とを一体化して、四季のめぐりの中に人間の姿を見てきた。

C 日本にも、わが国独自の豊かな伝統があることは言うまでもない。

D こうした自然の営みが伝統芸能の主題となって、私たちに深い感動を与え続けてきた。

その中でも、私が注目したいことがある。日本の芸能の中には、「老い」という主題がみごとに結晶となって生きていることである。

能の「翁（おきな）」は言うまでもないが、神様が顕現する「高砂（たかさご）」や「老松」など祝言の能の前シテ(注1)はたいてい老人の姿で現われる。「老い」というのはまず、めでたい寿《ことほ》ぐべきことなのである。それは「老い」を醜悪で忌《い》み嫌うべきものとする西欧の考え方とは明らかに違う。

（　a　）「三老女」と呼ばれている「姨捨（おばすて）」「檜垣（ひがき）」「関寺小町」などは、①皮肉にも究極の秘曲として尊重され、最高の芸位に達した者しか上演が許されない。その伝統は、長唄や各種の浄瑠璃などにも受け継がれ、それぞれの芸能で最奥《さいおう》の境地を示す曲目となって定着してきた。歌舞伎の「三婆」などもこれに準ずる。

棄老伝説という凄《すさ》まじい主題を、月光のもとに舞う白衣の老女の姿を借りて、死と超越の宇宙観にまで高めた「姨捨」。若かりし日は驕慢の歌詠み(注2)であった年老いた白拍子(注3)の霊が、川霧の立ちこめたあばら屋で永遠に釣瓶《つるべ》の水を汲《く》み続ける「檜垣」。そして百歳の老婆となった②小野小町が、七夕の夜に稚児《ちご》の舞に誘われて寂々とした舞を舞う「関寺小町」。（　b　）人生そのものを老いの彼方《かなた》から③カンショウした奥深い曲である。老女という存在に人生のドラマを発見し、美をここまで深化させてきた日本人はすごいなと思う。

なぜ日本人は、西洋人と違って「老い」の美と価値を発見し、それを最高の芸術にまで高めることができたのであろうか。それは、日本人が時間というものをたんに過ぎ去ってゆく物理現象とだけと

解答 P286

星の杜［一般］

社　会

制限時間 50分

1　図1は，栃木県で行われた国民体育大会(国体)の観戦に訪れた真一さんが，過去6年間に国体を開催(中止・延期を含む)した県(三重，鹿児島，茨城，福井，愛媛，岩手)について調べ，その位置を示したものである。これを見て，次の1から4までの問いに答えなさい。

図1

1　真一さんは図1に示した6つの県の自然と気候について調べた。これについて，次の問いに答えなさい。

(1)　次の**ア**から**エ**は，真一さんが鹿児島県，茨城県，福井県，岩手県の自然と気候についてまとめたものである。福井県に当てはまるものはどれか。

ア　西部は山地，東部には高地が南北に伸びている。冬は晴天が続くが寒く，夏になると寒流の影響を受けて冷たくしめった北東の風が吹くことがあり，その影響で夏でも気温が上がらない日が続くことがある。

イ　県全体では温帯と亜熱帯に属しており，離島もあるため南北に長く北部と南部で気候が大きく異なる。活火山が県のシンボルになっており，また南部にある離島は日本で初めて世界自然遺産に登録されている。

ウ　冬はくもりの日が続き雪が多く，夏は気温が高くなり日照時間も長い。内陸の山地沿いは県内でも特に雪が多く，日本でも有数の大雪地帯となっている。海沿いは暖流の影響を受け，冬でも比較的暖かい。

エ　夏は蒸し暑く内陸部で高温になり，冬は乾燥し冷たい北西風が吹く。日本で最も広い平野に面しており，また南部には日本で2番目の面積を誇る湖がある。

(2)　図1中の  は，三重県，福井県，愛媛県，岩手県に共通した特徴が見られる海岸を記したものである。この海岸は，もともと山地の谷であった部分に海水が入り込んでできたため複雑な海岸線を持つ。この海岸を何というか。

2　図2の表は，鹿児島県，茨城県，愛媛県，岩手県の農業産出額，米の産出額，野菜の産出額，果実の産出額，畜産の産出額を示したものである。茨城県に当てはまるものはどれか。

	農業産出額(億円)	米(億円)	野菜(億円)	果実(億円)	畜産(億円)
ア	4,302	809	1,575	102	1,243
イ	1,207	152	190	527	249
ウ	4,890	209	532	110	3,227
エ	2,676	603	259	130	1,569

図2　(「令和元年生産農業所得統計」により作成)

解答　P286

3　右の図3は，鹿児島県，茨城県，福井県，愛媛県の原子力発電所を示したものである。図3を見た真一さんと先生の会話文を読み，あとの問いに答えなさい。

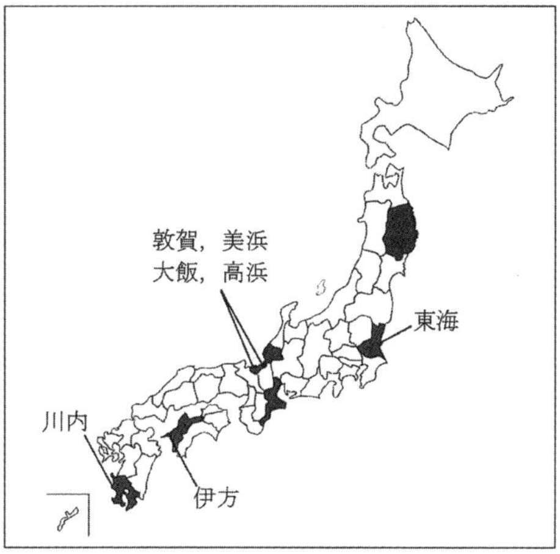

図3

真一：「今回調べた6県のうち，鹿児島県，茨城県，福井県，愛媛県の4県に原子力発電所があることがわかりました。日本における原子力発電所は，火力発電所と同様に臨海部に立地しています。」

先生：「それぞれの発電所が臨海部に立地する理由は何でしょう。」

真一：「火力発電所は石炭や天然ガスが原料なので［　Ⅰ　］ことから，また原子力発電所は［　Ⅰ　］ことに加えて［　Ⅱ　］ので，臨海部に立地しているのだと思います。」

先生：「そうですね。ただ，同じ臨海部でもその立地する場所には違いが見られます。火力発電所は電力消費地である［　X　］に立地しているのに対し，原子力発電所は事故の危険性を考えて［　X　］を避けて立地しています。」

真一：「ほかの国の発電所の立地も調べてみたいと思います。」

(1)　文章中の［　Ⅰ　］，［　Ⅱ　］に当てはまる内容を，簡潔に書きなさい。

(2)　文章中の［　X　］に共通して当てはまる語を答えなさい。

4　次の文章は，三重県の産業に興味を持った真一さんが，四日市市の工業について調べたものである。これについて，あとの問いに答えなさい。

［　　　］に属する四日市コンビナートは，日本のものづくりを支える重要な産業都市である一方で，かつて大気汚染を中心とする公害が大きな問題となった。四日市市と企業が協力し，まず工場の高煙突化や，臨海部の工業地帯と住宅地帯の分離など，コンビナート周辺地域の大気汚染防止策に取り組んだ。また一方で，公害病の原因と考えられた硫黄酸化物を煙から取り除く「脱硫装置」の開発や低硫黄燃料への転換など，根本的な発生源対策にも取り組んだ。このような環境改善の取り組みを進めた結果，産業型の大気汚染が大きく改善した。公害都市から環境都市として，自動車の排出ガスなどの都市・生活型の大気汚染問題の改善など，環境改善の歩みをさらに進めている。

(1)　文章中の□には工業地帯名が入る。この工業地帯に当てはまるグラフを図 4 から選びなさい。

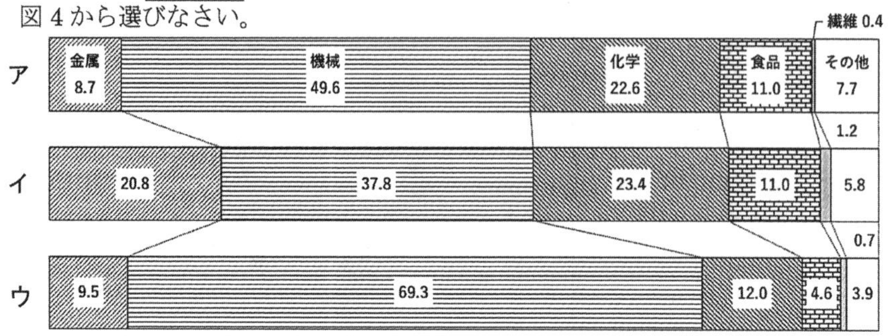

図 4　日本の三大工業地帯の製造品出荷額等の構成(2018 年)
（「データブックオブザワールド」参照）

(2)　文章中の下線部「高煙突化」について，もともと煙突の高さは 50m 程度だったが，200m 程度のものをつくるようになった。このねらいを，文章を参考にして簡潔に書きなさい。

2　星の杜高等学校の全世界探究に興味を持った愛子さんは，右の図 1 の資料で紹介されたカナダ，アメリカ合衆国(ハワイ)，エクアドル(ガラパゴス)，フィンランド，カンボジア，スリランカ，南アフリカ共和国について調べ，その位置を図 2 に示した。これを見て，あとの 1 から 5 までの問いに答えなさい。

図 1

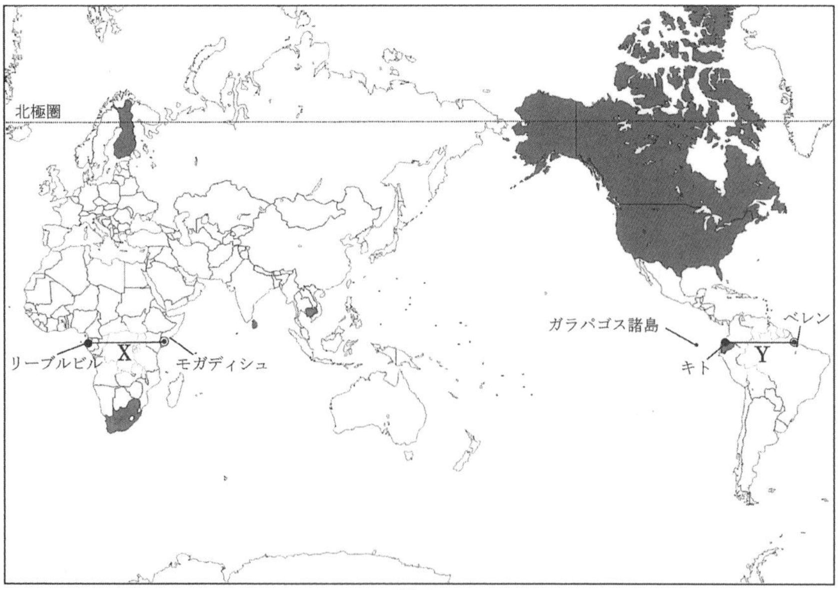

図 2

1　図1のオーロラが見られるカナダでは，白夜と極夜も見られる。カナダのほかに白夜と極夜が見られる国は次のうちどれか。当てはまるものをすべて答えなさい。

ア　アメリカ合衆国　　**イ**　エクアドル　　**ウ**　フィンランド
エ　カンボジア　　**オ**　スリランカ　　**カ**　南アフリカ共和国

2　かつて南アフリカ共和国で行われていた，ヨーロッパ系以外の人々を差別してきた人種隔離政策を何というか。

3　ガラパゴス諸島はエクアドル領の島である。これについて次の問いに答えなさい。

(1)　右の図3のⅠ，Ⅱは，図2中のほぼ同緯度であるX, Yの断面図を表したものである。また，あとの図4の①から④のグラフは，同じく図2中のほぼ同緯度にあるリーブルビル，モガディシュ，キト，ベレンの雨温図である。Yの断面図とエクアドルの首都であるキトの雨温図に当てはまる組み合わせを答えなさい。

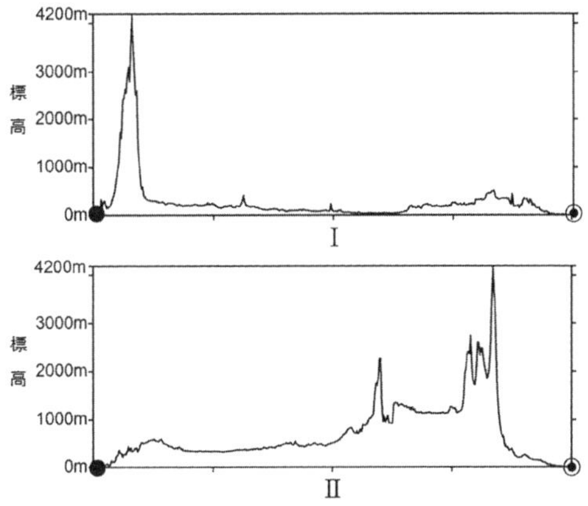

図3

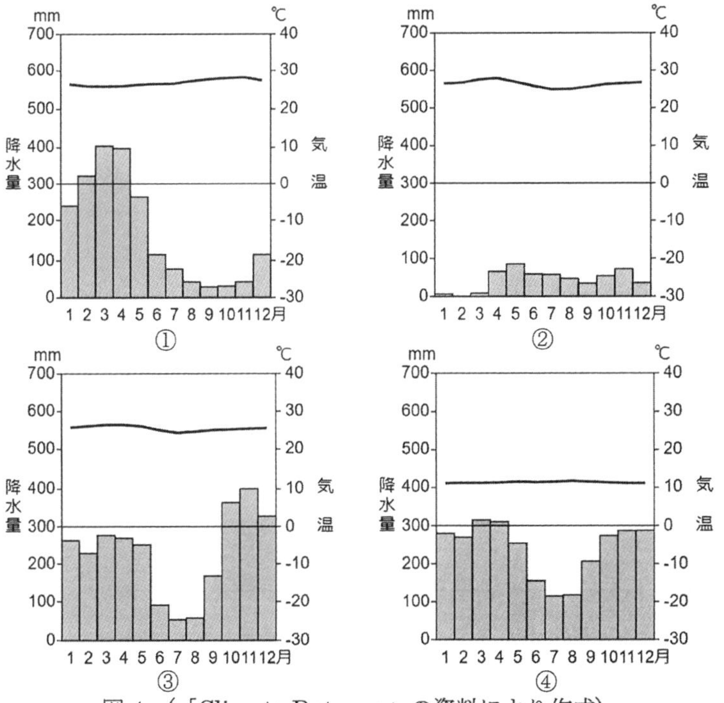

図4（「Climate-Data.org」の資料により作成）

ア　Ⅰ－①　　**イ**　Ⅰ－②　　**ウ**　Ⅰ－③　　**エ**　Ⅰ－④
オ　Ⅱ－①　　**カ**　Ⅱ－②　　**キ**　Ⅱ－③　　**ク**　Ⅱ－④

(2)　次の文章は，愛子さんがガラパゴス諸島までの行き方を調べたものである。□に当てはまる数字を答えなさい。

ガラパゴス諸島に行くには，まず東京(成田空港)からアメリカ合衆国のアトランタへ行き，そこからエクアドルの首都キトへ向かう。東京からアトランタ乗り継ぎでキトに向かう場合は，夜遅くに到着するためキトで 1 泊する。そして翌朝キトを出発し，ガラパゴス諸島へ到着する。日本とガラパゴス諸島の時差は 15 時間。日本を 1 月 5 日午後 6 時に出発する場合，ガラパゴス諸島に到着するのは現地時間の 1 月 6 日午前 11 時のため，宿泊を含めた所要時間は□時間の長旅となる。

4　次の図 5 は，カナダ，カンボジア，スリランカの主な宗教の人口割合をまとめたものである。a，b，c に当てはまる宗教の組み合わせとして正しいのはどれか。

	主な宗教の人口割合(%)	
カナダ	a　70.3	b　1.9
カンボジア	c　96.9	b　1.9
スリランカ	c　70	ヒンドゥー教　15

図 5　(「データブックオブザワールド」により作成)

ア　a ― キリスト教　b ― 仏教　c ― イスラム教
イ　a ― キリスト教　b ― イスラム教　c ― 仏教
ウ　a ― 仏教　b ― キリスト教　c ― イスラム教
エ　a ― 仏教　b ― イスラム教　c ― キリスト教
オ　a ― イスラム教　b ― キリスト教　c ― 仏教
カ　a ― イスラム教　b ― 仏教　c ― キリスト教

5　アメリカ合衆国の産業について，図 6 を見て，あとの問いに答えなさい。

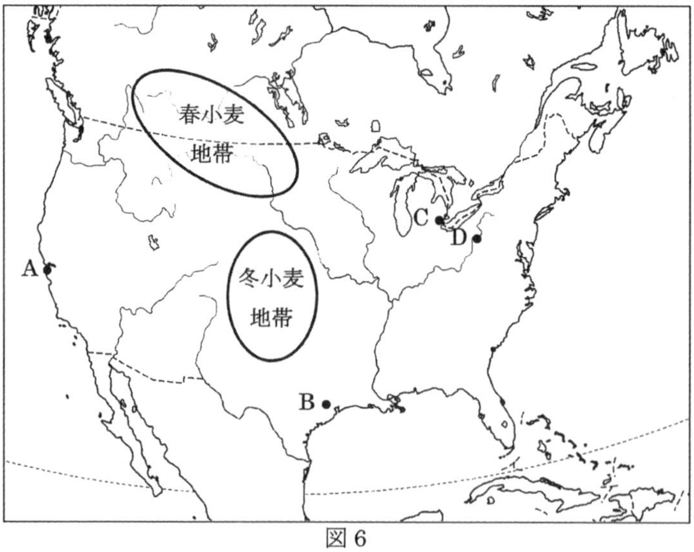

図 6

(1)　次の**ア**から**エ**は，愛子さんが図 6 の A から D の都市の産業の特徴についてまとめたものである。C に当てはまるものはどれか。
ア　自動車製造の中心地として発展した。
イ　情報通信技術(ICT)関連企業が集中している。
ウ　鉄鋼業の中心地として発展した。
エ　石油化学工業が発達している。

(2)　アメリカ合衆国の小麦栽培地帯は春小麦地帯と冬小麦地帯に分けられる。春小麦を栽培する理由を，図6，図7，図8を参考にして簡潔に書きなさい。

種類	特徴
春小麦	春に種をまき，秋に収穫する。
冬小麦	秋に種をまき，初夏に収穫する。 収穫量が多く，一般的な栽培方法。

図7

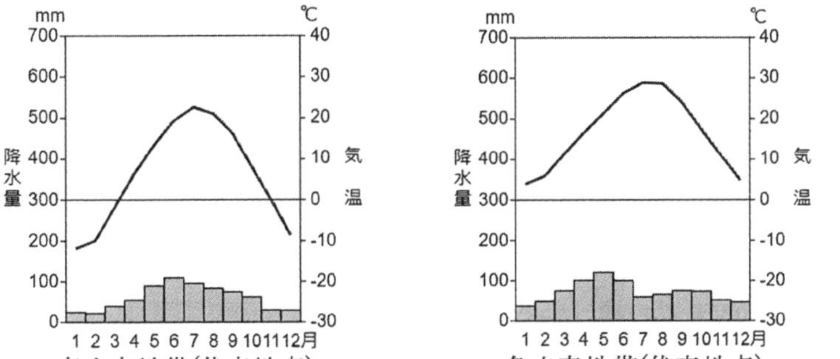

春小麦地帯(代表地点)　　冬小麦地帯(代表地点)

図8　(「Climate-Data.org」の資料により作成)

3　真理さんは，日本の絹の歴史について調べ，図1を作成した。これを見て，あとの1から8までの問いに答えなさい。

時代	説明
奈良時代	[I]として絹，糸，真綿，布，特産物を納める。
平安時代	貴族が，錦《にしき》や羅《うすぎぬ》など，絹の衣装をまとう。
	日宋貿易で宋から絹織物を輸入する。
室町時代	ⓐ日明貿易で明から絹織物を輸入する。
	ⓑ南蛮貿易で中国産の生糸や絹織物を輸入する。
	西陣織とその産地ⓒ西陣が朝廷から認められ，豊臣秀吉などによる保護を受ける。
江戸時代	出島にて，中国産の生糸や絹織物を輸入する。
	織物がⓓマニュファクチュアにより生産される。
	開港された横浜からⓔ生糸が輸出される。
明治時代	官営ⓕ富岡製糸場開業。
	輸出量が世界一になる(1909年)。
昭和時代	ⓖ中国が生糸輸出世界一になる(1970年代)。

図1

1　[I]に当てはまる語はどれか。

ア　租　　**イ**　調　　**ウ**　庸　　**エ**　雑徭　　**オ**　兵役

2　下線部ⓐは倭寇を禁じ，正式な貿易船には明からあたえられた証明書を持たせ，朝貢の形で貿易を行った。この証明書を何というか。

3　下線部ⓑにおいて，当時貿易をした相手国として当てはまるものをすべて答えなさい。

ア　イギリス　　**イ**　スペイン　　**ウ**　オランダ
エ　ポルトガル　　**オ**　ロシア　　**カ**　アメリカ

4　下線部ⓒについて，この地名はかつて８代将軍足利義政の時，将軍のあとつぎ問題をめぐって，有力な守護大名同士の争いになった際，西軍の陣地がおかれていたことに由来する。1467年におこった争いを何というか。

5　下線部ⓓについて，右の図２は「マニファクチュア」の様子を表したものである。この語の日本語の意味に当てはまるのはどれか。

ア　工場制機械工業
イ　家内制手工業
ウ　工場制手工業
エ　問屋制家内工業

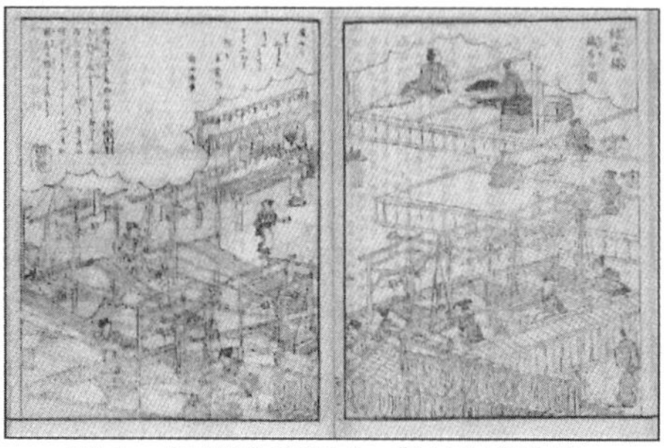

図２　尾張名所図会「結城縞織屋」

6　下線部ⓔについて，この時代の日本の輸出品についてまとめた図３のうち，生糸の割合にあたるものはどれか。

ア　79%　　　イ　12%
ウ　3%　　　エ　7%

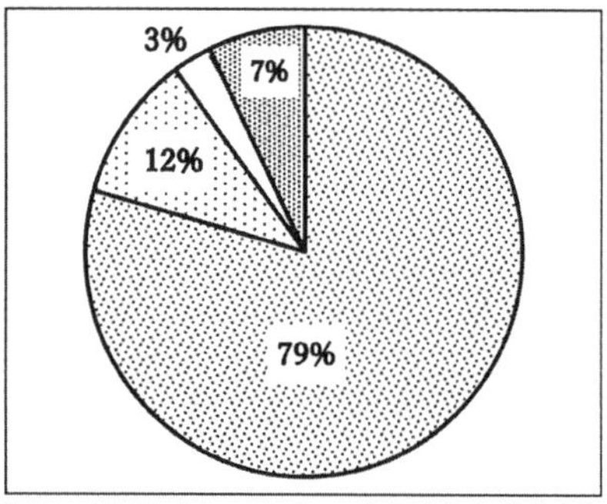

図３　1865年の日本の主要輸出品割合
(石井孝『幕末貿易史の研究』より作成)

7　下線部ⓕについて，政府は群馬県富岡に官営模範工場を開設することに決定した。官営模範工場が富岡に設置された理由は，次に示された５点といわれる。５つの条件のうち，［　　　］に当てはまる内容を，次の図４から図７を参考にして，簡潔に書きなさい。

・富岡付近は［　　A　　］。
・工場建設に必要な広い土地が用意できる。
・製糸に必要な水が既存の用水を使って確保できる。
・［　B　］を動力とする機関の燃料である石炭が近くの高崎で採れる。
・外国人指導者による工場建設に対して地元の人たちの同意が得られた。

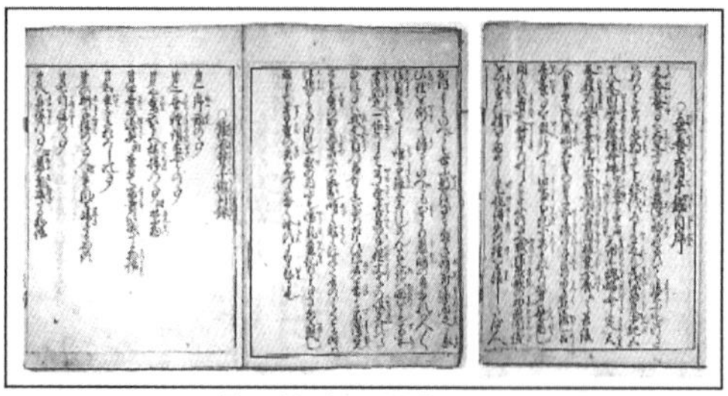

図４　『蚕養育手鑑』馬場重久著

正徳2(1712)年，群馬郡北下村(現吉岡町)の馬場重久による。近世中期以降，養蚕業の著しい発展を背景に養蚕指導書が各地で刊行された。

江戸時代の主な特産品(織物)の産地

栃尾紬《とちおつむぎ》(新潟県)	米沢《よねざわ》織(山形県)
桐生《きりゅう》織(群馬県)	足利《あしかが》織(栃木県)
郡内《ぐんない》織物(山梨県)	北荘《きたのしょう》紬(福井県)
西陣《にしじん》織(京都府)	丹後《たんご》ちりめん(京都府)
博多《はかた》織(福岡県)	

図５

図 6　高崎炭田（高崎新聞より）
明治の初め，片岡郡乗附村(現高崎市乗附町)の炭田で，亜炭《あたん》(石炭の一種)の採掘が行われた。

図 7　「ブリュナエンジン」
(富岡タウンガイド HP より)
富岡製糸場内で使用された。

8　下線部ⓖについて，1972 年 9 月 29 日，田中角栄，周恩来両国首相が日中共同声明に署名してから 2022 年で 50 周年をむかえた。国交正常化後の 1978 年に日本と中国の間で結ばれた条約は何か。

4　次の略年表を見て，あとの 1 から 6 までの問いに答えなさい。

1868 年	五箇条の御誓文	
1874 年	民撰議院設立の建白書	A
1876 年	日朝修好条規	
1889 年	大日本帝国憲法公布	
1894 年	日清戦争	B
1911 年	関税自主権の回復	
1925 年	ⓐ普通選挙法制定	
1945 年	ⓑポツダム宣言の受諾	
1946 年	戦後初のⓒ衆議院議員選挙	
1986 年	日本社会党党首，憲政史上初の女性党首就任	C
1993 年	憲政史上初の女性衆議院議長誕生	
2016 年	選挙権年齢を 18 歳以上に引き下げる	

図 1

1　A の時期の頃の日本のできごととして**当てはまらない**のはどれか。
ア　地租改正　　**イ**　徴兵令　　**ウ**　西南戦争　　**エ**　廃藩置県

2　B の時期におきたできごとを年代の古い順に並べかえなさい。
ア　日露戦争　　**イ**　領事裁判権の撤廃
ウ　韓国併合　　**エ**　立憲政友会の結成

3　下線部ⓐについて, 次の資料は 1928 年に実施された「第一回普通選挙」の際に, 新聞紙上で発表された「普選案早わかり」という題の風刺画である。この風刺画が説明しようとしている内容は何か。図 2，3 を参考に簡潔に書きなさい。

図2　普選案早わかり（岡本一平作）

風刺画について

風刺画には，25 歳以上で 6 カ月以上定住した青年と，70 歳を過ぎて税金をたくさん納めた老人が描かれている。

食べている餅《もち》は年齢を，衣服は財産を表している。

図3

4　下線部ⓑについて，ポツダム宣言の内容のうち適切なのはどれか。

ア　日本に平和，安全，正義の秩序が建設されるまでは，連合国が日本を占領する。

イ　日本の主権がおよぶのは，本州，北海道，九州，四国，沖縄と，連合国が決める島に限る。

ウ　天皇を含むすべての戦争犯罪人には厳罰を加える。

エ　日本国軍隊の条件付き降伏。

5　次の図 4 は B の時期に実施された「東京オリンピック」で使用されたポスターである。図 4 が使用された時期として適切なのは，図 5 の略年表中の**ア**，**イ**，**ウ**，**エ**の時期のうちどれか。

図4 東京オリンピック公式ポスター　亀倉雄策作

サンフランシスコ平和条約
↓　**ア**
日米新安全保障条約
↓　**イ**
国民総生産，資本主義国第 2 位
↓　**ウ**
石油危機
↓　**エ**
バブル経済崩壊

図5

6　下線部ⓒについて，文中の［　　　］に当てはまる語を書きなさい。

1946 年 4 月，満［(年齢)］歳以上の［(性別)］による初の衆議院議員総選挙が実施され，39 人の女性の国会議員が誕生した。

5　次の 1，2 の問いに答えなさい。

1　次の文章を読み，あとの問いに答えなさい。

1 ドル＝100 円だった為替相場が 1 ドル＝200 円になったとき，アメリカドルに対して日本の円は［　Ⅰ　］の状態です。［　Ⅰ　］になると，例えばアメリカに輸出した日本の製品はよく売れるようになります。その結果，輸出産業は活性化し企業の設備投資も促進され，景気はよくなります。一方で，輸入製品や輸入原材料などの値段は［　Ⅱ　］，国内物価も［　Ⅱ　］ます。このように，［　Ⅰ　］では好景気になりますが，［　Ⅲ　］に向かう傾向があります。

(1)　文中の［　Ⅰ　］，［　Ⅱ　］に当てはまる語の組み合わせとして正しいのはどれか。

ア　Ⅰ－円安　Ⅱ－上がり　　イ　Ⅰ－円安　Ⅱ－下がり
ウ　Ⅰ－円高　Ⅱ－上がり　　エ　Ⅰ－円高　Ⅱ－下がり

(2)　文中の［　Ⅲ　］に当てはまる語を，「インフレーション」または「デフレーション」のいずれかで答えなさい。

(3)　景気や物価の安定化を図るため金融政策を行う日本の中央銀行を何というか。

2　次の問いに答えなさい。

(1)　国会の機能のうち，衆議院にのみ認められているものはどれか。

ア　内閣総理大臣の指名　　イ　法律案の議決
ウ　内閣不信任決議　　エ　予算の議決

(2)　衆議院の優越という大きな権限が認められている理由について説明した次の文の［　　　］に当てはまる語を書きなさい。

衆議院の任期のほうが参議院よりも短く，［　　　］もあるため，国民の新しい意思をより忠実に反映すると考えられているから。

(3)　衆議院では選挙制度として小選挙区比例代表並立制が導入されている。小選挙区制では最多得票の1人が当選し，比例代表制では政党の得票数に応じて当選が決まる。この時，ドント式とよばれる方法が用いられる。各政党の得票数を1，2，3・・・と整数で順に割り，その答え(商)の大きいものから順に，定数の人数まで議席を配分していく。定数6人で，各政党の得票数が次の図1のような場合，B党の当選者は何人になるか答えなさい。

党名	A党	B党	C党	D党
得票数	3600票	1800票	1200票	900票

図1　定数6人の比例代表選挙でのA，B，C，Dの各党の得票数

6　次の1，2の問いに答えなさい。

1　図1，図2は，誠さんが興味をもって調べている『あたらしい憲法のはなし』に掲載されているものである。このことに関連したあとの問いに答えなさい。

図1

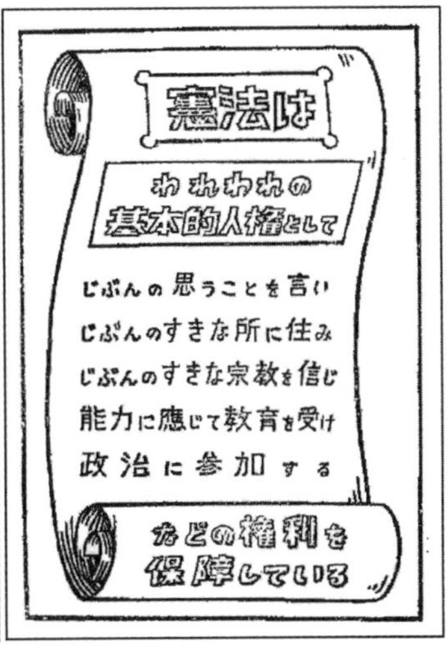

図2

(1)　図１は憲法の三大原理を説明したものである。図１の□に当てはまる語を書きなさい。

(2)　図２中で保障されている「教育を受ける権利」は，ドイツのワイマール憲法によって初めて定められた権利である。この権利に当てはまるものはどれか。

ア　自由権　　**イ**　平等権　　**ウ**　社会権　　**エ**　国務請求権

(3)　図３は，ある市で計画されている道路拡張についての異なる立場をまとめたものである。あなたはＸとＹのどちらの立場に賛成か。解答欄のＸとＹのいずれかに○をつけなさい。また，あなたが賛成した立場ＸまたはＹは，どのような権利に基づいて主張をするのか。権利を明示したうえで，簡潔に書きなさい。

	Ｘの立場	Ｙの立場
現状	近年，周辺の地域で新しい住宅地が造成され，市の中心部に向かう車で慢性的な渋滞が発生している。公共交通機関のバスも，現在の道路では幅が狭く，停車車両があると容易には通行できない。道路に隣接している果樹園は，道路の拡張用地として最適である。	鈴木さんは先祖から伝わる土地で，果樹園を営んでいる。品種改良にも努め，県から表彰されたこともある。息子が跡を継ぐことも決まり，そこでとれたフルーツを使ったケーキ屋も果樹園内に完成したばかりである。現在道路拡張のため、市から立ち退きを要求されている。
考え	果樹園の土地を利用して道路を拡張し，渋滞を解消したい。	道路拡張に伴う立ち退き要求にこたえるつもりはない。

図３

2　2006年に施行された「バリアフリー新法」に関連した次の文章を読み，あとの問いに答えなさい。

バリアフリーとは，多様な人が社会に参加する上での障壁(バリア)をなくすことです。多様な人たちのことが考慮されていない社会は，心身機能に障害がある人などにとって様々なバリアを生み出しています。以下はバリアの一例です。

ア　物理的なバリア
公共交通機関，道路，建物などにおいて，利用者に移動面で困難をもたらす物理的なバリアのこと。

イ　制度的なバリア
社会のルール，制度によって，障害のある人が能力以前の段階で機会の均等を奪われているバリアのこと。

ウ　文化・情報面でのバリア
情報の伝え方が不十分であるために，必要な情報が平等に得られないバリアのこと。

エ　意識上のバリア
周囲からの心ない言葉，偏見や差別，無関心など，障害のある人を受け入れないバリアのこと。

次の①，②，③の状況は，文中の**ア**，**イ**，**ウ**，**エ**のバリアのうちどれが当てはまるか。それぞれ答えなさい。

①　音声のみによるガイド
②　ホームと電車の広い隙間
③　点字ブロック上の自転車

星の杜［一般］
数　学

制限時間 50分

1　次の1から8までの問いに答えなさい。

1　$(3-5)\times 5$　を計算しなさい。

2　$2(x+y)-3(x-y)$　を計算しなさい。

3　$\dfrac{10}{\sqrt{2}}+\sqrt{2}$　を計算しなさい。

4　$(x-7)(x-2)$　を展開しなさい。

5　2次方程式 $x^2-4x-1=0$ を解きなさい。

6　右の図の太線でかかれた図形は点Oを中心とする点対称な図形の一部である。点対称な図形を完成させなさい。

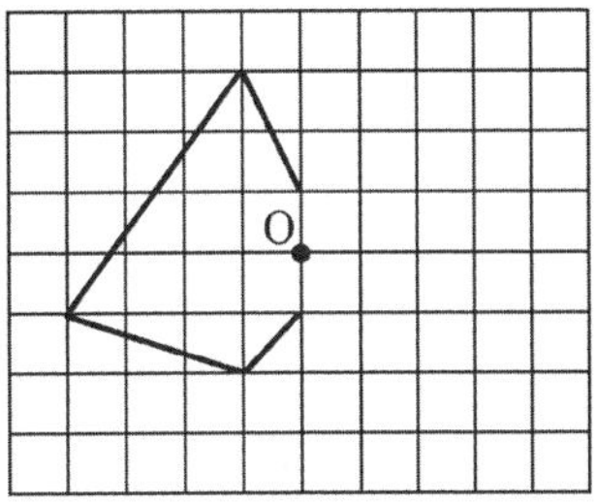

7　右の図において，$\angle x$ の大きさを求めなさい。

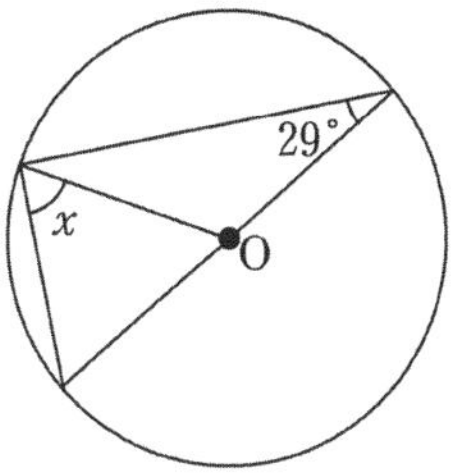

8　四角形ABCDにおいて，条件として加えても平行四辺形になるとは限らないものを選びなさい。

ア　AD // BC かつ AB // DC　　イ　AD // BC かつ AB = DC
ウ　∠A=∠C かつ∠B =∠D　　エ　AD // BC かつ AD = BC

2　次の1，2，3の問いに答えなさい。

1　$\sqrt{7}=2.646$，$\sqrt{70}=8.367$ であるとき，$\sqrt{70000}$ と $\sqrt{0.7}$ の値をそれぞれ求めなさい。

2　長さが y m の列車が，長さ240 m の鉄橋を渡るのに6秒かかり，同じ速さで長さ450 m の鉄橋を渡るのに9秒かかる。列車の速さを秒速 x m として，次の(1)，(2)の問いに答えなさい。

(1)　この列車が長さ240 m の鉄橋を渡り始めてから渡り終えるまでに進む距離を，y を用いて表しなさい。

(2)　x，y についての連立方程式をつくり，列車の速さと長さを求めなさい。

3　x についての2次方程式 $x^2+ax+a=0$ の解が，ただ1つとなるような整数 a の値をすべて求めなさい。

3　次の1，2，3の問いに答えなさい。

1　5人の生徒から，議長と書記を1人ずつ選ぶ方法は何通りありますか。

2　大小2つのさいころを同時に投げ，大きいさいころの出た目を a，小さいさいころの出た目を b とする。底辺 a cm，高さ b cm の三角形を S cm² とするとき，S が整数である確率を求めなさい。

3　大翔《ひろと》さんと陽菜《ひな》さんのクラスでは，クラス対抗陸上競技大会に向けて，短距離走(100m 走)の選手1名を決めるために，3名の候補者Aさん，Bさん，Cさんの過去20回の記録を下の箱ひげ図で比較している。2人の会話を読んで，あとの(1)，(2)の問いに答えなさい。

解答　P287

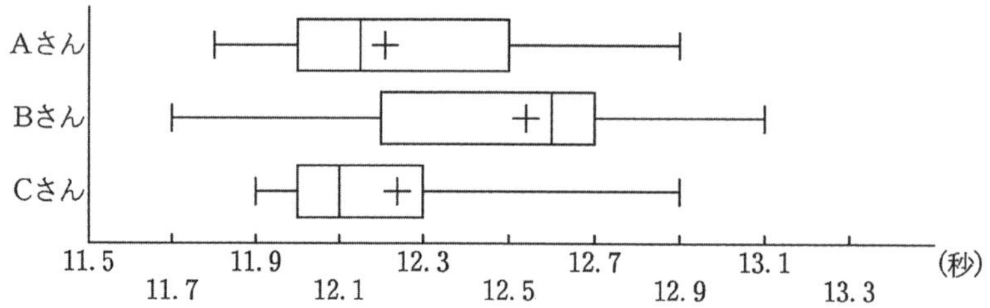

大　翔　：　最小値で比べると3人の中で，最もよい記録は[ア]さんだね。
陽　菜　：　平均値で比べると最もよい記録は[イ]さんだよ。
大　翔　：　じゃあ，選手はこの2人のうちのどちらかだね。
陽　菜　：　待って，[ウ]さんにも強みがあると思うよ。
大　翔　：　本当だ。
陽　菜　：　だれを選手に選んだらいいかしら。

(1)　会話文中の[ア]，[イ]，[ウ]には，A，B，Cのいずれかが1つずつ入る。当てはまるものをそれぞれ答えなさい。

(2)　会話文中の波線部について，[ウ]の人物の強みを，箱ひげ図から読み取れることを根拠として簡潔に答えなさい。ただし，根拠となることがらが分かるように書くこと。

[4]　次の1，2，3の問いに答えなさい。

1　平行四辺形ABCDを，頂点Bが辺AD上にくるように折る。そのときの，頂点Bが重なった辺AD上の点をEとし，折り目を線分PQとする。点Pが右の図の位置にあるとき，点Eと点Qを作図によって求めなさい。ただし，作図には定規とコンパスを使い，作図に用いた線は消さないこと。

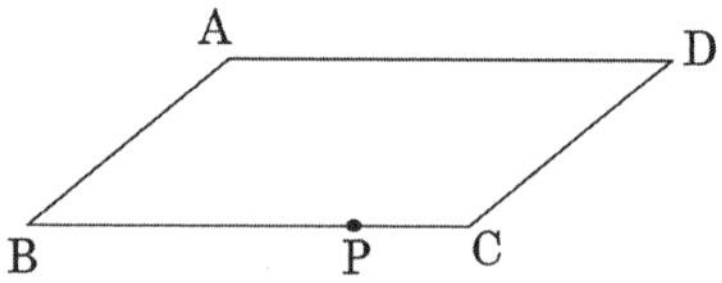

2　右の図で，△ABCはAB=AC=3 cm，∠BAC=90°の直角二等辺三角形で，直線lは辺ACに平行な直線である。△ABCを直線lを軸として1回転させてできる立体について，次の(1)，(2)の問いに答えなさい。ただし，円周率はπとする。

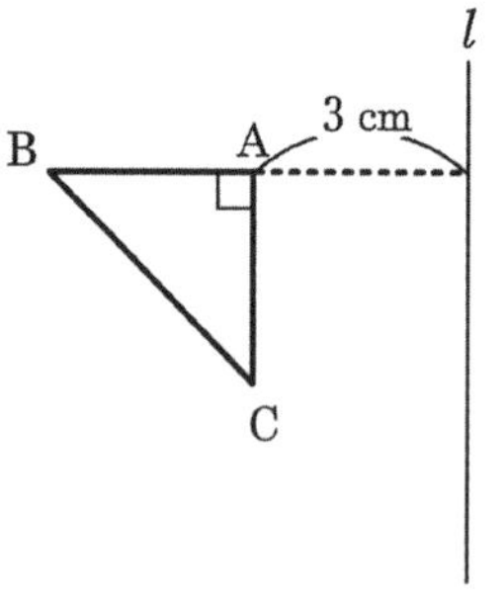

(1)　この立体の立面図として正しいものを選びなさい。

ア　　　イ　　　ウ

(2)　この立体の体積を求めなさい。ただし途中の計算も書くこと。

3　右の図のように，∠XOYをつくる直線OX，OY上にそれぞれ点A，BをOA=OBとなるようにとる。点Aを通りOXに垂直な直線と点Bを通りOYに垂直な直線の交点をPとするとき，∠APO=∠BPOであることを証明しなさい。

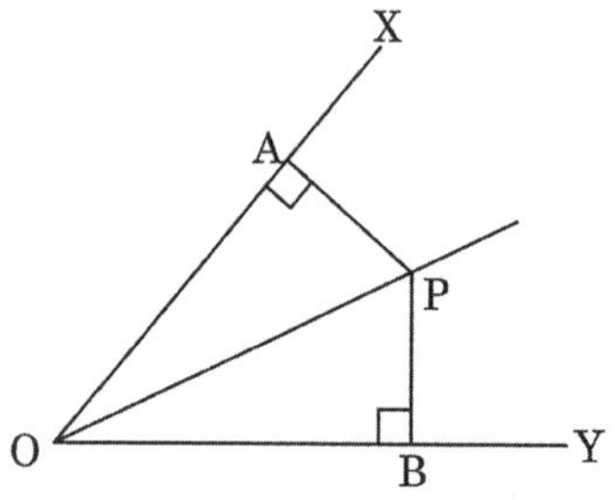

解答　P287

5　次の 1，2 の問いに答えなさい。

1　右の図のように，直線$y=ax+12$が，関数$y=x^2$のグラフと 2 点 A，B で，y 軸と点 C で交わっている。点 A のx座標が-3であるとき，次の(1)，(2)，(3)の問いに答えなさい。

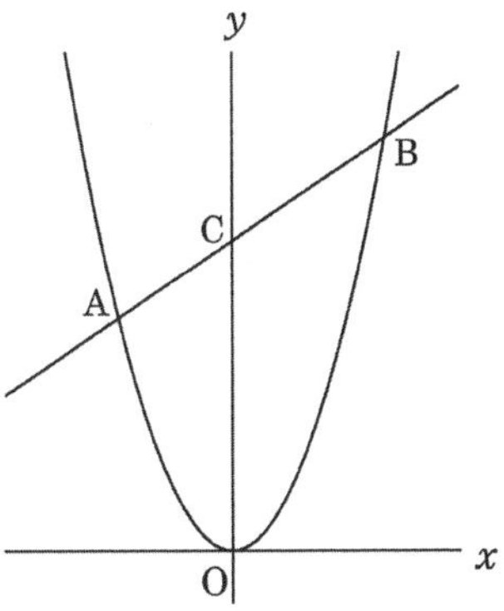

(1)　a の値を求めなさい。

(2)　点 B の座標を求めなさい。また，△OAB の面積を求めなさい。

(3)　AC の長さが$3\sqrt{2}$であるとき，点 O から直線 AB に引いた線のうち，最も短い線分の長さを求めなさい。

2　さくらさんは，生活用水の使用量を国ごとに比較したところ，日本の平均使用量が他の国と比べて多いことが分かった。そこでさくらさんは，日本における生活用水の平均使用量より少ない量で生活できるか，家族と挑戦し，記録をまとめた。

次のさくらさんの記録の[ア]，[イ]に当てはまる数をそれぞれ求めなさい。ただし，途中の計算も書くこと。

さくらさんの記録

日本における生活用水の平均使用量は，1 人あたり 1 日[ア]L である。
私は 4 人家族なので，[ア]× 4 ＝[イ]L を基準として考えた。
炊事に[イ]L の$\frac{1}{6}$を使用した。
風呂，シャワーに[イ]L の$\frac{2}{5}$を使用した。
トイレに[イ]L の$\frac{1}{7}$を使用した。
洗面，歯磨き等に21 L を使用した。
掃除に15 L を使用した。
洗濯に，炊事で使用した量の$\frac{4}{5}$を使用した。
この日の我が家の生活用水の使用量は[イ]L より140 L 少なかった。

6　下の図のように，5 つの文字 A，B，C，D，E が 1 つずつ書かれた正方形を，規則的に並べる。上から順に 1 段目，2 段目，……とするとき，あとの(1)の問いに答えなさい。

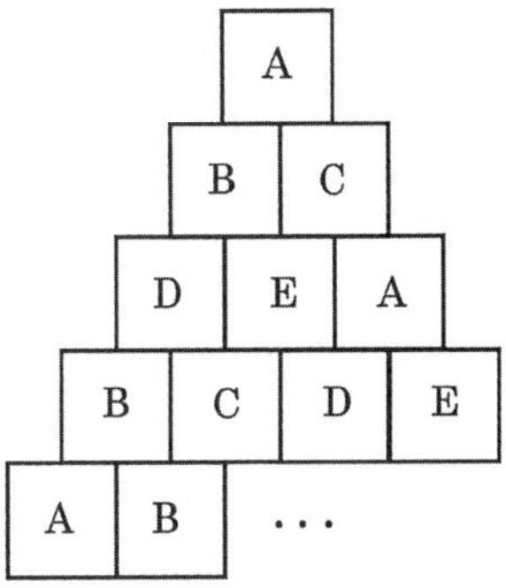

(1)　6 段目の右端まで並べるのに必要な正方形の個数を求めなさい。また，6 段目の右端にくる正方形に書かれた文字を答えなさい。

(2)　1 回目に E が右端にくるのは 4 段目である。4 回目に E が右端にくるのは何段目ですか。

(3)　n を自然数とする。$5n-1$ 段目の右端まで並べるのに必要な B が書かれた正方形の個数を，n を用いて表しなさい。

星の杜［一般］
理　科

制限時間 50分

[1] 次の1から8までの問いに答えなさい。

1　次のうち，軟体動物はどれか。

ア　イカ　　イ　クラゲ　　ウ　ヘビ　　エ　ミミズ

2　すべての金属に共通する性質として**当てはまらないもの**はどれか。

ア　熱をよく通す　　イ　たたくとうすく広がる
ウ　磁石につく　　エ　みがくと光沢が出る

3　同じくらいの勢力の寒気と暖気がぶつかってできる前線を表す記号はどれか。

ア　　イ　　ウ　　エ

4　次のうち，電気抵抗の単位はどれか。

ア　A　　イ　J　　ウ　Ω　　エ　V

5　地震の規模を表す値を何というか。

6　植物の葉の裏側に多く，2つの三日月形の細胞に囲まれたすきまを何というか。

7　携帯電話に使用されているリチウムイオン電池のように，充電して繰り返し使うことができる電池をまとめて何というか。

8　2つの物体間では大きさが等しく一直線上で逆向きの力がはたらいている。この法則を何というか。

[2] 和也さんと麻衣さんが日常で起こったことについて話している。

和也：鉄くぎを机に置いていたらさびていたんだ。
麻衣：どうしてさびてしまったのだろうね。
和也：調べてみたら**空気中の酸素と反応**したみたいだよ。
麻衣：そうなんだ。この反応は鉄だけでしか起こらないのかな。
和也：ほかにも酸素と反応する物質がないか確かめてみよう。

二人は先生に相談し，酸素と反応する物質を調べる実験をクラスで行うことにした。班ごとに質量の異なる粉末状の銅を用いて，次の実験(1)，(2)，(3)を順に行った。

(1)　ステンレス皿(質量22.0g)に粉末状の銅をうすく広げ，皿全体の質量をはかった。
(2)　ステンレス皿にのせた銅をガスバーナーでよく加熱した後，皿が十分に冷えてから皿全体の質量をはかり，銅をかき混ぜた。
(3)　(2)の操作を質量が変化しなくなるまで繰り返した。
表は，各班の加熱前後の皿全体の質量をまとめたものである。

	1班	2班	3班	4班	5班
加熱前の皿全体の質量〔g〕	22.4	22.8	23.2	23.6	24.0
加熱後の皿全体の質量〔g〕	22.5	23.0	23.5	24.0	24.5

このことについて，次の1，2，3，4の問いに答えなさい。

1　会話文中の下線部を何というか。

2　実験より，加熱中にみられる色の変化として最も適切なものはどれか。

ア　赤色から白色　　イ　赤色から黒色　　ウ　白色から赤色
エ　白色から黒色　　オ　黒色から赤色　　カ　黒色から白色

解　答　P287

3　銅と酸素による変化を化学反応式で書きなさい。ただし，大文字と小文字の区別をつけなさい。

4　新しいステンレス皿(質量22.0g)を用意して実験(1)を行ったところ，34.7gであった。同じ手順で実験を行ったが，加熱時間が短かったため加熱後の皿全体の質量は 37.3gであった。このとき，反応せずに残った銅の質量は何 g か。

3　図１は，ヒトの体のつくりと血液の循環を模式的に表したものであり，矢印は血液の流れと血管を示している。

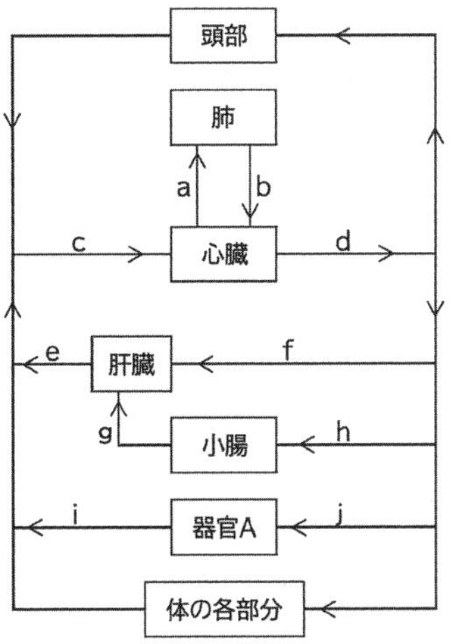

図１

このことについて，次の１，２，３，４の問いに答えなさい。

1　血管 c の特徴として，最も適切なものはどれか。

ア　血管内に弁があり，血液中には酸素が少ない。
イ　血管内に弁がなく，血液中には酸素が少ない。
ウ　血管内に弁があり，血液中には酸素が多い。
エ　血管内に弁がなく，血液中には酸素が多い。

2　次の説明にあたる血管はどれか。a から j のうちからそれぞれ一つずつ選び，記号で答えなさい。

① 酸素を最も多く含んだ血液が流れている。
② 血圧が最も高い。
③ ブドウ糖などの栄養分が最もよく調整されている血液が流れている。

3　血管 j は，血管 i に比べ，尿素の少ない血液が流れている。このことから，**器官 A** の名称を答えなさい。

4　血液中から不要な物質を排出するしくみの一つとして，**器官 A** から尿素を排出することがあげられる。これ以外に，血液中から排出される不要な物質とそれを行う器官について簡潔に書きなさい。

4　音の性質を調べるために，次の実験(1)，(2)を順に行った。

(1)　音が出ているブザーを容器の中に入れ，容器内の空気を抜いて真空にした。また，水で満たした容器に同じブザーを入れて，水中での音の伝わり方も調べた。
(2)　図１のようにモノコードに弦をはり，木片をモノコードと弦の間に入れ，固定した弦の一方をP，弦が木片と接する点をQとした。PQ間の弦の中央をはじいて音を発生させ，オシロスコープで観測した。図２はオシロスコープに表示された音の波形である。図２の縦軸は振幅を，横軸は時間を表している。

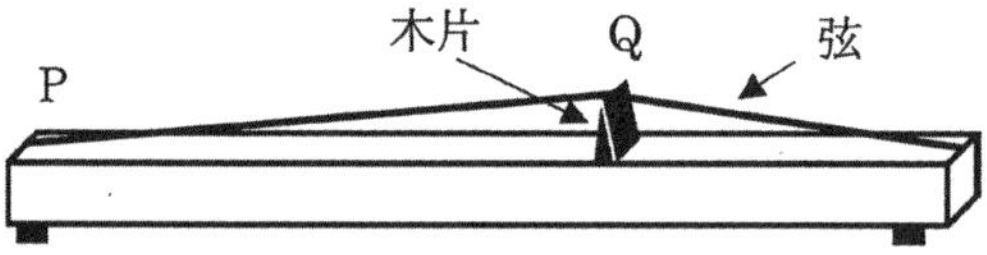

図１

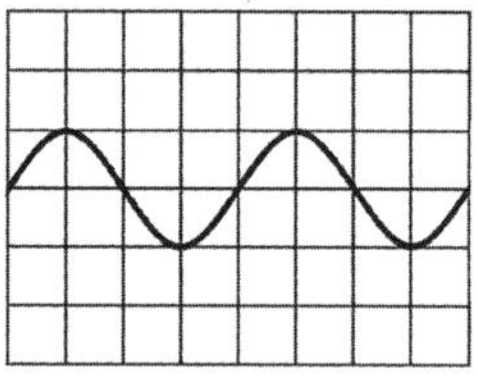
図２

このことについて，次の１，２，３，４の問いに答えなさい。

1　振動して音を発するものを何というか。

2　実験(1)では真空中と水中での音の伝わり方の違いを調べた。その結果の組み合わせとして正しいものはどれか。

	真空中	水中
ア	伝わる	伝わる
イ	伝わる	伝わらない
ウ	伝わらない	伝わる
エ	伝わらない	伝わらない

3　図２の横軸は１目盛りが0.001秒となっている。この音の振動数は何Hzか。

4　実験(2)において，弦のはりの強さと弦をはじく強さは変えずに，木片をP側に動かし，PQ間の弦の中央をはじいた。このとき，オシロスコープに表示される音の波形として最も適切なものはどれか。ただし，目盛りのとり方は図２と同じである。また，そのように判断できるのは，木片を動かす前と比較して音がどのように変化しているからか。「音の大きさ」と「音の高さ」という語句を用いて簡潔に書きなさい。

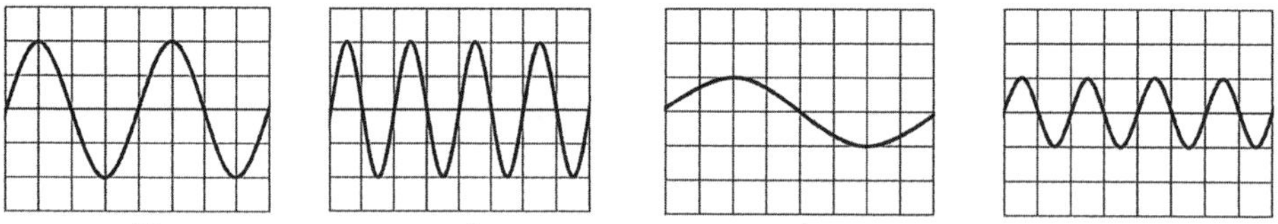
ア　イ　ウ　エ

5　健太さんと美香さんは気象について話している。

健太：ここ数年，突然の大雨や突風による被害が各地で起きているね。
美香：この夏休みには，東北地方で数時間にわたって大雨が降り続いて河川が氾濫《はんらん》したというニュースを見たよ。
健太：何年か前に，栃木県でも気象災害が起きたことがあったかな。
美香：そうだね。2019年の10月には，台風の影響で宇都宮市の田川が氾濫したね。
健太：あのときは驚いたね。どのような状況だったのだろう。
美香：気象庁のホームページで過去の気象観測データを調べることができると聞いたよ。
健太：実際に調べて，まとめてみよう。

解答　P287

図 1 は，健太さんと美香さんが 2019 年 10 月 1 日から 31 日までの 1 か月間の気象に関するデータを調べ，グラフにまとめたものである。

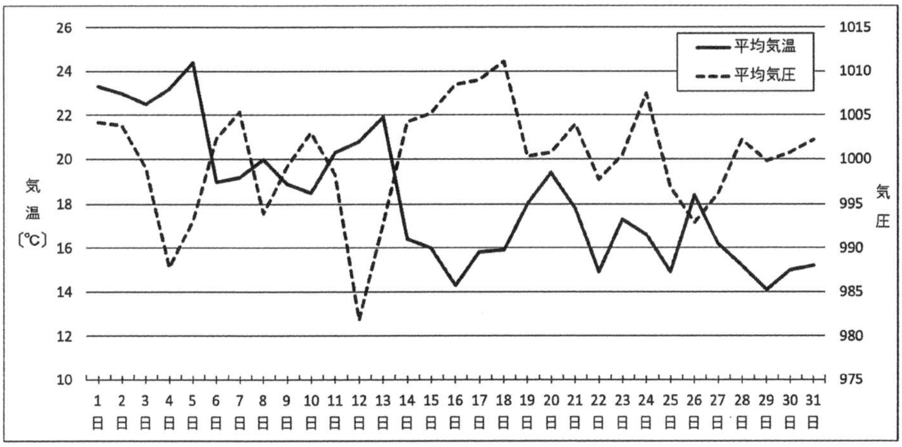

図 1（気象庁のデータをもとに作成）

このことについて，次の 1，2，3 の問いに答えなさい。

1　図 1 の右側の縦軸で示した気圧の単位を記号で書きなさい。

2　図 1 から，台風による雨量が多かったと推測される日として最も適切なものはどれか。また，その理由をグラフから読み取れることをもとに書きなさい。

ア　5 日　　**イ**　12 日　　**ウ**　16 日　　**エ**　18 日

3　30 日のある時刻の湿度は 90%であった。このデータ測定時における空気 1 m^3あたりの水蒸気量は何 g/m^3か。ただし，以下の表を参考に小数第 1 位まで書きなさい。

気温〔℃〕	0	5	10	15	20	25
飽和水蒸気量〔g/m^3〕	4.8	6.8	9.4	12.8	17.3	23.0

6　メンデルは，子に現れた顕性形質と現れなかった潜性形質が，孫にどのように伝わるかを調べるために，子の自家受粉による実験を数多く行った。表は，その実験の結果の一部である。

形質	親の形質		子の形質（個体数）	孫の形質（個体数）	
種子の形	丸	しわ	Ⅰ（すべて）	丸（5474）	しわ（1850）
子葉の色	黄色	緑色	Ⅱ（すべて）	黄色（6022）	緑色（2001）
花のつき方	葉のつけ根	茎の先端	葉のつけ根（すべて）	葉のつけ根（651）	茎の先端（207）
丈の高さ	高い	低い	高い（すべて）	高い（787）	低い（277）

このことについて，次の 1，2，3，4 の問いに答えなさい。

1　表のⅠ，Ⅱに当てはまる形質をそれぞれ書きなさい。

2　生殖細胞がつくられるときに減数分裂が行われ，対になっている遺伝子は別れて別々の生殖細胞に入る。この法則を何というか。

3　メンデルの実験により，孫の形質と個体数はどの形質であってもおおよそ同じ整数の比で表すことができる。表の実験結果を参考に孫の形質と個体数について，最も簡単な整数の比で書きなさい。

4　種子の形(遺伝子 A，a)と子葉の色(遺伝子 B，b)の 2 つの形質に着目する。丸・黄色の純系(AABB)としわ・緑色の純系(aabb)を親としてかけ合わせると，生じた子はすべて丸・黄色であった。この子に，<u>ある個体</u>をかけ合わせたところ，①，②に示した比で次世代が得られた。<u>ある個体</u>の遺伝子はそれぞれどれか。最も適切なものを，次の**ア**から**ケ**のうちから一つずつ選び，記号で書きなさい。

① 丸・黄色：しわ・黄色：丸・緑色：しわ・緑色＝3：1：3：1
② 丸・黄色：しわ・黄色：丸・緑色：しわ・緑色＝1：0：1：0

ア　AABB　　**イ**　AABb　　**ウ**　AaBB　　**エ**　AAbb　　**オ**　AaBb
カ　Aabb　　**キ**　aaBB　　**ク**　aaBb　　**ケ**　aabb

7　酸性の水溶液とアルカリ性の水溶液を用いて，次の実験(1)，(2)，(3)を順に行った。

(1)　ビーカーに水溶液 X を 9 ㎤入れ，BTB 溶液を数滴加えた。
(2)　(1)で作成したビーカーに水溶液 Y を加えていくと，ビーカー内の水溶液の色が下の表のように変化した。

加えた水溶液 Y の体積〔㎤〕	2	4	6	8	10	12	14
水溶液の色	青	青	青	青	黄	黄	黄

(3)　水溶液 Y を加えた後，ビーカー内の水溶液をすべて蒸発皿に入れ，しばらく加熱したところ白色物質が a〔g〕残った。

このことについて，次の 1，2，3，4 の問いに答えなさい。

1　水溶液 X，Y の組み合わせとして正しいものはどれか。

	X	Y
ア	うすい塩酸	水酸化ナトリウム水溶液
イ	うすい塩酸	食塩水
ウ	うすい塩酸	砂糖水
エ	水酸化ナトリウム水溶液	うすい塩酸
オ	水酸化ナトリウム水溶液	食塩水
カ	水酸化ナトリウム水溶液	砂糖水

2　水溶液 X と Y の中和反応によってできた白色物質は何か。化学式で書きなさい。

3　2 種類の水溶液 X, Y に含まれる物質が電離するようすをそれぞれ式で書きなさい。
例)　○ → △ ＋ □

4　加えた水溶液 Y の体積と残った白色物質の質量との関係を表すグラフを，解答用紙に実線でかきなさい。ただし，図 1 はこの実験で使用した水溶液 X と水溶液 Y を混合し，ちょうど中性になったときの体積の関係を示したものである。

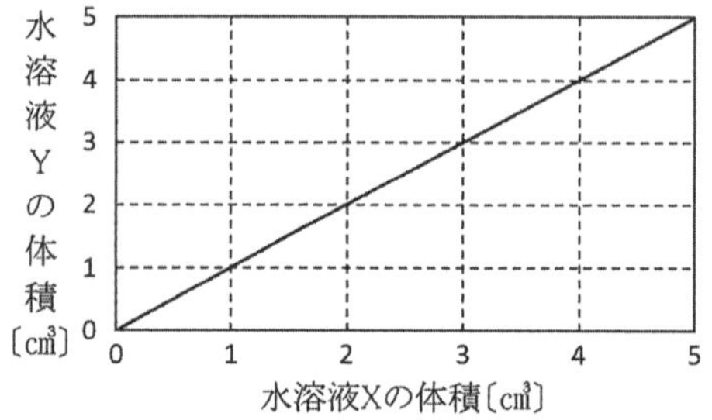

図 1

8　図1は，4つの地点Ⅰ，Ⅱ，Ⅲ，Ⅳにおけるボーリング調査の結果を表した柱状図である。4つの地点は標高が全て同じであり，一直線上に等間隔で，地点Ⅰ，Ⅱ，Ⅲ，Ⅳの順に並んでいる。

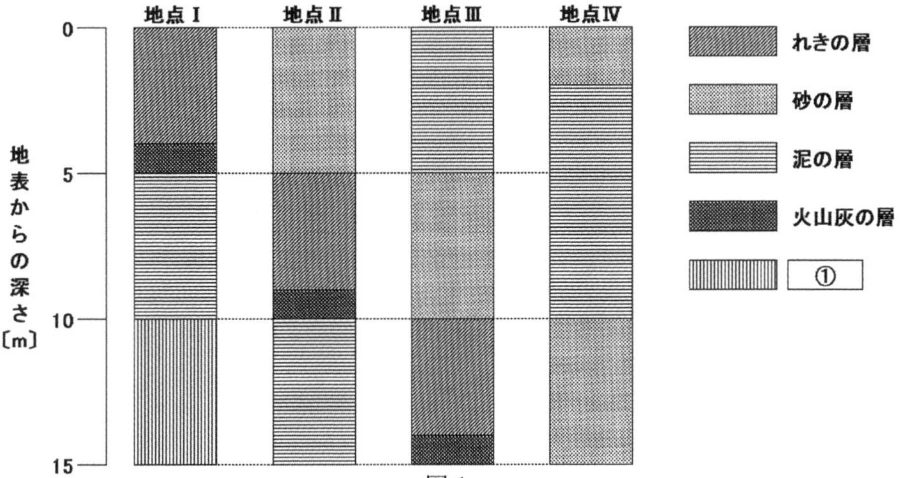

図1

このことについて，次の1，2，3，4の問いに答えなさい。ただし，4つの地点には，断層やしゅう曲などの痕跡《こんせき》はない。

1　河口から最も離れた海底に堆積すると考えられるのは，れき，砂，泥のうちどれか。また，その理由を書きなさい。

2　地点Ⅳにおいて，火山灰の層が確認できると考えられる深さとして最も適切なものはどれか。

ア　14m～15m　　イ　19m～20m　　ウ　24m～25m　　エ　29m～30m

3　図1の①の層を一部採取し，蒸発皿に入れてうすい塩酸を数滴かけたところ，激しく気体が発生した。この特徴をもつ岩石の名称を書きなさい。

4　離れた別の地域の地層からカキの化石が見つかった。このことからわかることとして，最も適切なものはどれか。

ア　海岸に近い海底に堆積した地層である。
イ　海岸から離れた海底に堆積した地層である。
ウ　湖底に堆積した地層である。
エ　川底に堆積した地層である。
オ　水中の酸素濃度が極端に変化したときに堆積した地層である。

9　物体の運動と仕事について調べるために，次の実験(1)，(2)，(3)を順に行った。

(1)　1秒間に50回，点を打つことができる記録タイマーに記録テープを通し，一端を台車につけた。図1のような装置を組み，台車は動かないように手で支えた。その後，記録タイマーのスイッチを入れ，台車から静かに手を放して台車の動きを記録した。

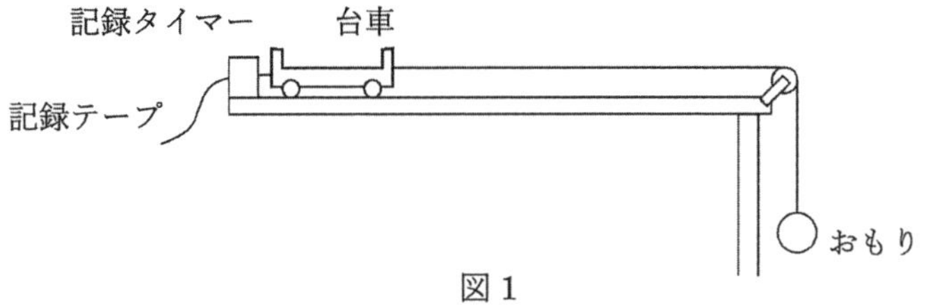

図1

(2)　図2のように斜面をつくり，実験(1)と同じ記録タイマーを固定した。記録タイマーに記録テープを通し，一端を台車につけ，台車は動かないように手で支えた。その後，記録タイマーのスイッチを入れ，台車から静かに手を放して台車の動きを記録した。

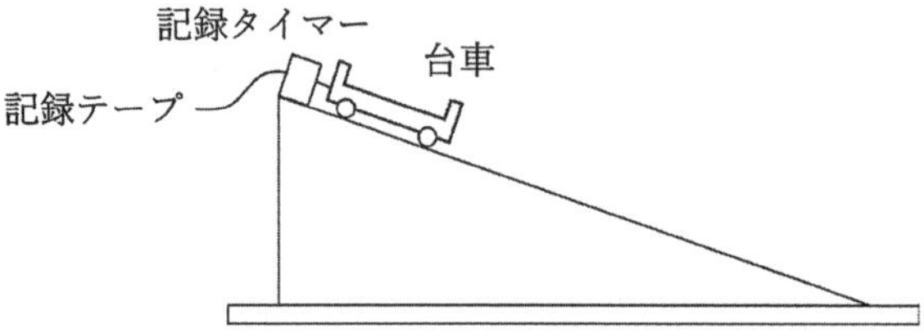

図2

(3)　実験(2)の斜面を使って，質量900gの物体にひもをつけ，次の2つの方法で引き上げた。

(a)　物体を真上に引き上げた。

(b)　物体を斜面に沿って引き上げた。

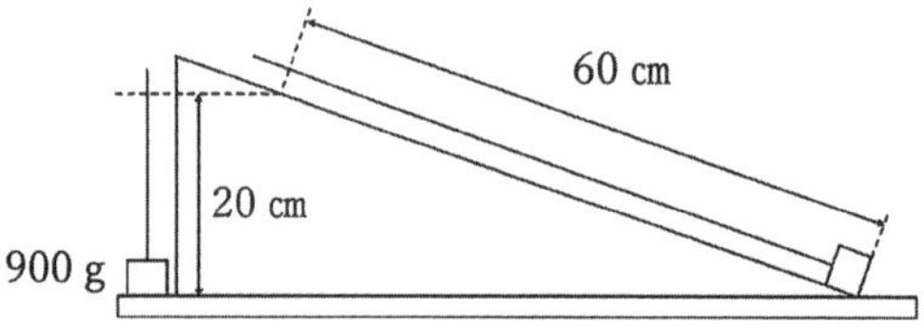

このことについて，次の1，2，3，4，5の問いに答えなさい。ただし，ひもは伸び縮みせず，ひもの質量や斜面との間の摩擦は考えないものとする。また，100gの物体にはたらく重力の大きさを1Nとする。

1　図3は実験(1)で記録したテープの一部である。5打点ごとにテープに印をつけたところ，AB間の距離は1.0 cm，BC間の距離は2.0 cm，CD間の距離は3.0 cm，DE間の距離は4.0 cm，EF間の距離は5.0 cmであった。AF間の平均の速さは何cm/sか。

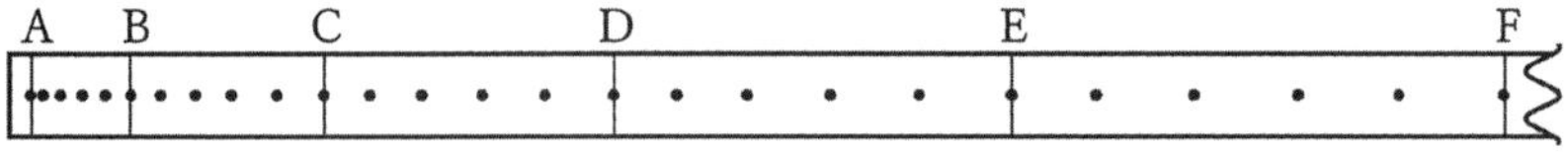

図3

2　次の□内は，実験(2)についての直樹さんと友美さんの会話である。

直樹：記録テープを見ると，斜面を下る台車の速さは一定の割合でしだいに大きくなっていることがわかるね。
友美：これは実験(1)の結果と同じだね。
直樹：つまり，台車が運動する方向にはたらく力の大きさは，(　　①　　)といえるよ。
友美：そうだね。斜面の傾きを変えたときの運動のようすも調べてみたいな。

①に当てはまることばとして，最も適切なものはどれか。

ア　常に一定である　　　**イ**　しだいに大きくなる
ウ　しだいに小さくなる　　**エ**　常に0である

3　実験(3)の(a)と(b)ではひもを引く力の大きさやひもを引く距離が異なるが，同じ高さまで物体を引き上げるためにする仕事の量は変わらない。これを何というか。

4　実験(3)の(b)で斜面に沿ってひもを60 cm引き上げたとき，(a)でひもを20 cm引き上げたときと物体は同じ高さになった。(b)でひもを引く力の大きさは何Nか。

5　実験(3)の(a)で物体を20 cm引き上げるのにかかった時間は2秒であった。このときの仕事率は何Wか。

私立
R5

実戦編◆理科　星の杜

解答 P287

令和5年
1月5日実施
入試問題

星の杜［一般］

英　語

制限時間 50分

1　リスニングテスト：放送による指示に従って答えなさい。

No.1
ア catch a train
イ go shopping
ウ fall asleep
エ stay at home

No.2
ア at a cafe
イ at a restaurant
ウ at the mall
エ together

No.3
ア a friend
イ a family member
ウ a university student
エ an exchange student

No.4
(1)
ア in a tent
イ in a hotel
ウ in a log cabin
エ in the car

(2)
ア swimming
イ reading a book
ウ playing soccer
エ driving a car

2　次の1，2の問いに答えなさい。

1　次の英文中の［　(1)　］から［　(5)　］に入る語句として，下の(1)から(5)の**ア**，**イ**，**ウ**，**エ**のうち，それぞれ最も適切なものはどれか，記号で答えなさい。

Today I would like to introduce you to my cousin. Melissa and I ［　(1)　］ the same age. We lived in the U.S. when we ［　(2)　］ in elementary school. We went to summer camp together, had Christmas parties, and had many happy memories.

This year Melissa moved to Japan. She ［　(3)　］ in Japan for three months. She speaks only ［　(4)　］ Japanese. She needs your help when I am not around.

When I was in the U.S., I didn't understand English, and there were times when I didn't know what to do. Americans spoke a lot to me even when I did not understand English. I realized that feelings are ［　(5)　］ than words when we try to help someone.

Let's have a fun year together with Melissa.

(1) **ア** am　**イ** is　**ウ** are　**エ** was
(2) **ア** am　**イ** is　**ウ** was　**エ** were
(3) **ア** have been　**イ** has been　**ウ** had been　**エ** was
(4) **ア** few　**イ** a few　**ウ** little　**エ** a little
(5) **ア** important　**イ** more important　**ウ** the most important　**エ** as important as

2　次の(1)，(2)，(3)の（　　）内の語句を意味が通るように並べかえて，(1)は**ア**，**イ**，**ウ**，**エ**，(2)と(3)は**ア**，**イ**，**ウ**，**エ**，**オ**の記号を用いて答えなさい。

(1) These figures (**ア** of　**イ** wood　**ウ** made　**エ** are).
(2) (**ア** take　**イ** you　**ウ** must　**エ** pictures　**オ** not) here.
(3) Is there (**ア** can　**イ** I　**ウ** for　**エ** do　**オ** anything) you?

解　答　P287

3　次の英文は鈴木涼子(R)と祖父の鈴木隆(G)の対話の一部である。また次のページはその時見ていた病院のホームページの一部である。これらに関して1から5までの問いに答えなさい。

R　Grandpa, what are you doing?
G　I just got back from the hospital. I heard that from now on, *appointments can be made online.
R　Wow, they changed the *reservation system. So what's the problem?
G　I want to make my next appointment, but it's a little difficult to find out how to do it.
R　Do you need any help?
G　I'd love some. The Internet is difficult to use.
R　But once you get used to it, it's easy to make an appointment and the waiting time at the hospital is shorter. Let's see. Search for Saito Clinic on the internet, then go to the website. Look at this homepage of the Clinic. This is how to do it.
G　Here's my email address.
R　You'll get an email back from the hospital system with a URL on it.
G　What's a U.R.L.?
R　It's a link that leads you easily to a *certain site on the Internet. You tap it and enter your medical number, name, and date of birth. It looks like you are done with this *registration.
G　Is that all?
R　No, it's not. This is just the end of the registration process. Next, you need to make an appointment.
G　Is there more? I don't think I can do this by myself every time.
R　Don't worry. You don't have to go through this whole process every time. You just have to make an appointment. *Besides, I'll help you when I'm around, so just let me know.
G　Okay, I'll give it a try.
R　There's a new appointment page, so you'll go to that. (1) , (2), and (3)...oh yeah. Finally, hit the send button. Yes, done!
G　Did I get my appointment?
R　I think so. You'll get an email saying your reservation is *completed and *confirmed soon.
G　Good. Ryoko, thank you so much. Now I won't have to wait so long at the hospital next time. Thank you so much!!

[注]
appointments	予約	reservation	予約	certain	正しい
registration	登録	besides	その上	complete	完成する
confirm	確認する				

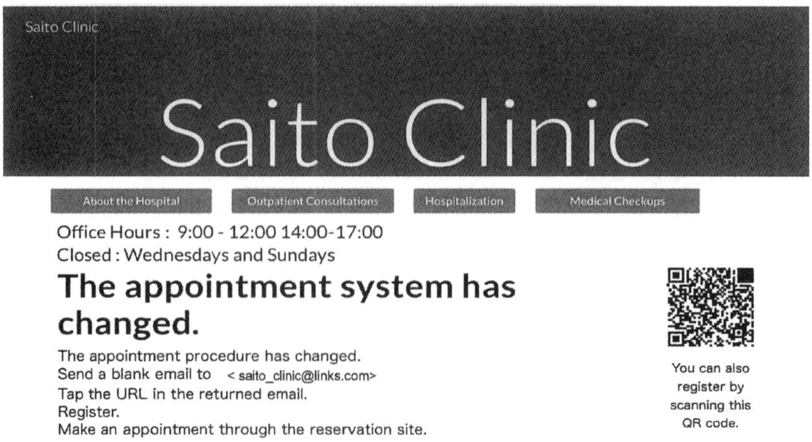
Saito Clinic
Saito Clinic
About the Hospital
Outpatient Consultations
Hospitalization
Medical Checkups
Office Hours : 9:00 - 12:00 14:00-17:00
Closed : Wednesdays and Sundays
The appointment system has changed.
The appointment procedure has changed.
Send a blank email to < saito_clinic@links.com>
Tap the URL in the returned email.
Register.
Make an appointment through the reservation site.
You can also register by scanning this QR code.

Specialty: Internal Medicine, Pediatrics

発熱
外来
発熱
外来

Fever Outpatient

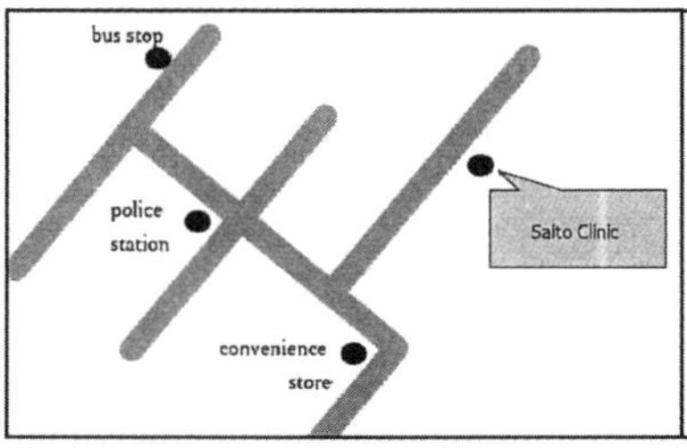

bus stop
police

Saito Clinic
convenience
store

【Bus Routes】

Mori Bus (JR Utsunomiya Station, Tobu Utsunomiya Station)

The Mashiko line, the Moka line, and the Motegi line are also available.

Get off at Kamikomoriyamachi

【LRT】

LRT scheduled to open in March 2023

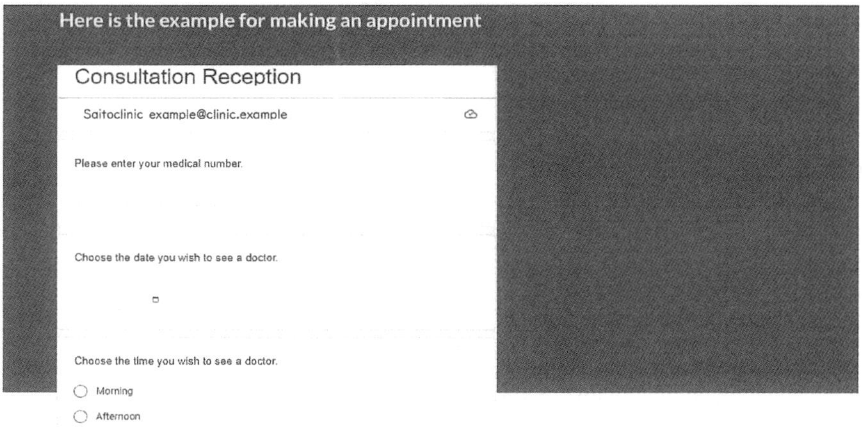

Here is the example for making an appointment
Consultation Reception
Saitoclinic example@clinic.example
Please enter your medical number.
Choose the date you wish to see a doctor.
Choose the time you wish to see a doctor.

1　一度慣れてしまえばインターネット予約は祖父にとって良いと涼子は言っている。その理由を具体的に**2つ**，本文にそって日本語で書きなさい。

2　(1)，(2)，(3)に入る文としてそれぞれ最も適切なものはどれか。

ア　choose morning or afternoon　　**イ**　choose a date　　**ウ**　enter the medical number

3　祖父が病院の登録をして予約を取るために見た画面の**ア**，**イ**，**ウ**，**エ**，**オ**を，正しい手順になるように並べかえなさい。

ア

Dear suzukitakashi@ukcloud.com
We will send you a confirmation URL for user registration.
Please continue with the registration process.
URL for this registration
https://sites.links.com/registration/d/1IKBvwiTtnkn_9DKk0cOMRC3lJ-FWI0DI/.o/.1nJabrdvJpLUPe7E3zzpwgQVN6cYX-9ee/.edit
The URL will become invalid after 20 minutes.
In this case, please click "First time user" to start over.
Please note that your registration has not been completed.
You will not be able to complete the procedure if you are still provisionally

イ

Cancel
New Message
To: saito_clinic@links.com
Cc:
Bcc:
From: suzukitakashi@ukcloud.com
Subject:

私立
R5

実戦編◆英語　星の杜

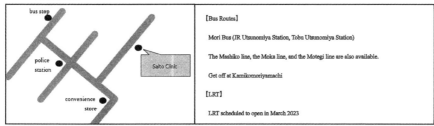

ウ

エ

オ

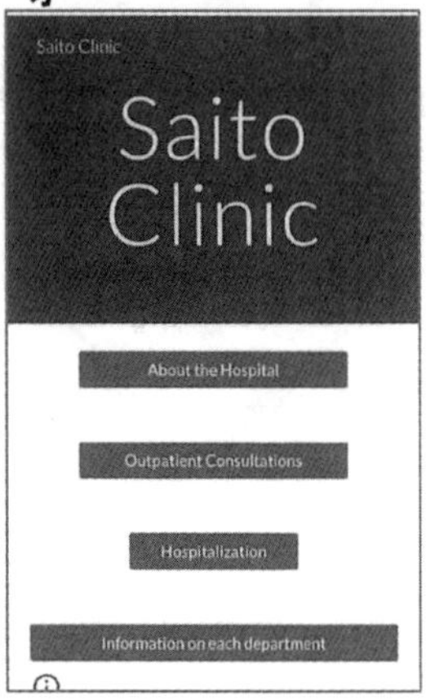

4　2人の会話を読んで，この病院がなぜインターネット予約システムを導入したのか。あなたの考えを英語**3文以上**で書きなさい。

4　次の英文を読んで，1から4の問いに答えなさい。

Jack *was fed up with everything. For the past three years, he had given up playing with his friends and *devoted himself to basketball. However, before the last game of his junior year, he broke his arm and was unable to play in the game. Jack thought, “(1)Life is unfair, and I will never be *rewarded for my efforts.”

One day after dinner, Jack told his father, “I'm thinking of quitting the basketball team.” His father asked calmly. “Why do you want to quit basketball?” Jack shouted. “Why? Do I have to tell you why? I've worked so hard for the past three years and all my efforts have gone to waste. I got injured and can't play in my last game. When I go to practice now, my teammates look at me with pity. (2)I feel miserable and I don't want to continue playing basketball anymore. His father then asked Jack to come to the kitchen with him.

When he went to the kitchen, his father prepared three pots filling them with water, and began to put them on the stove. After a few minutes, he put potatoes, eggs and *ground coffee in each pot. Jack watched his father with a sense of confusion and *frustration because he could not understand what he was being shown. After 20 minutes, his father turned off the flame and he put the potatoes and the eggs in a bowl and poured the coffee into a cup. Then he quietly asked, “Son, what do you see?” Jack became more frustrated, and answered *bluntly, “Potatoes, eggs, and coffee.” His father smiled and asked, “Are you sure nothing has changed?”

“Touch the potatoes, they became soft. The eggs became boiled eggs. The coffee shows the most interesting change.” The delicious *aroma of coffee *tickled Jack's *nostrils. Jack asked his father in a calm voice. “Dad, what are you trying to tell me?” His father smiled and answered, “The potatoes, the eggs, and the coffee all faced the same *adversity. But each has created something new in the boiling water. Which one do you want to be? Life is full of troubles. But the important thing is that you choose how you react, what you make out of it and give new meaning to it.”

Jack went back to his room and thought about his father's words. “It is true that I won't be able to play as a regular member in my last game in junior high school. It is very sad. But I have much experience. I can support the team with advice and help them win the championship. I wonder if I will *regret quitting at this point.”

［注］	be fed up with	～にうんざりしている	devote	ささげる	reward	むくい
	frustration	いらだち	ground	ひいた	bluntly	ぶっきらぼうに
	aroma	香り	tickle	くすぐる	nostril	鼻孔
	adversity	逆境	regret	後悔		

1　下線部(1)のようにジャックが感じているのはなぜか。日本語で書きなさい。

2　下線部(2)の意味と近い表現はどれか。

ア　happy　　**イ**　unhappy　　**ウ**　boring　　**エ**　excited

3　じゃがいも，卵，コーヒーを熱湯に入れることでジャックの父親はジャックに何を伝えたかったのか。①から③の（　）内に入る適切な英語を本文から抜き出して**1語ずつ**書きなさい。

Everyone faces some (　①　) in life, but everyone has a different choice on how to (　②　) to the problem or situation. We should always try to give new (　③　) to our lives.

4　本文の内容と一致するものはどれか。**2つ**選びなさい。

ア　Jack broke his arm and was told to leave the team by his coach.

イ　Before he talked with his father, he thought his three years of devotion to basketball was a waste.

ウ　Jack was frustrated so Jack's father thought to cook something for him.

エ　Jack's father wanted to tell Jack that if he wanted to quit basketball, he could.

オ　Life is full of troubles and sometimes we can't do anything about it.

カ　Jack seemed to find a new way to support his team.

[5]　次の英文を読んで，1から4の問いに答えなさい。

Have you ever eaten *fungi? You may have eaten them without even knowing it. Fungi are *organisms that are all around us. [A] are dangerous, but many types of fungi have amazing abilities that can be used to create some of our favorite foods and life-saving medicines. [ア]

If you like pizza, you have fungi to thank. Bread and cheese are both made with fungi. The yeast used to make bread. Some kinds of fungi are used to make cheese. Mushrooms are other popular types of them. [イ]

Fungi have also been used in medicine. The most commonly used *antibiotic is made from a kind of fungi, Penicillium. It was accidentally discovered by a scientist named Alexander Fleming. One day he was away on vacation. He forgot that he was experimenting and left his experiments in his laboratory. When Fleming returned, he found a blue *mold growing on the *petri dish. The mold stopped the growth of bacteria in it. [ウ]

Fungi have been useful for not only humans but also nature. For billions of years, fungi have done important work in nature. They break down dead plants and turn it into *soil. [エ] We also use fungi to make food and medicine. Next time you eat pizza, remember that fungi made pizza.

［注］	fungi	菌類	organism	生物	antibiotic	抗生物質
	petri dish	ペトリ皿	mold	カビ	soil	土

1　本文中の[A]に入るものとして，最も適切なものはどれか。

ア　One　　**イ**　Others　　**ウ**　Another　　**エ**　Some

2　本文中の[ア]から[エ]のいずれかに次の1文が入る。最も適切な位置はどれか。

It is now used around the world to save lives.

3　菌類は自然界でどのような働きをしているか。日本語で書きなさい。

4　本文のタイトルとして適切なものはどれか。

ア　Danger of Fungi　　**イ**　How to Make Pizza with Mushrooms

ウ　Fungi Is Useful for Humans　　**エ**　Fungi : Amazing Organisms

1 (1)いらいら石　とあるが、その説明として最もふさわしいものはどれか。

ア 腎臓などにできる、尿の中のカルシウム成分が結晶化したもの。

イ 自分でもコントロールできない、いらだちの感情を例えたもの。

ウ 自分の思い通りにならないことへのストレスが実体化したもの。

エ 心の中で大切にしていた、子どもの頃の思い出を象徴したもの。

2 (2)なんでいってくれないの！　とあるが、深雪は何に対して怒っているのか。三十字以内で答えなさい。

3 (3)自分のことなのにどこか他人事の、いつもの小夜子　とあるが、同じように小夜子の様子が示されている部分を傍線部より前から四十字で抜き出し、はじめと終わりの五字を答えなさい。

4 (4)所詮、わたしは a sayoko なのよ　について後の問いに答えなさい。

① 「所詮、わたしは a sayoko なのよ」とは、ここではどういう意味か、答えなさい。

② 何のために小夜子はこの言葉を深雪に発したのか、答えなさい。

5 次の【資料】は、読書についての調査結果である。これをふまえて次の各問いに答えなさい。

(1) 【資料】から、あなたが気づいたことを三つ挙げなさい。

(2) 読書についてのあなたの考えを、二百字以内で書きなさい。なお、次の《条件》に従って書くこと。

《条件》

（Ⅰ）二段落構成とすること。

（Ⅱ）各段落は次の内容について書くこと。

第一段落

・(1)で挙げた中から一つ選び、簡潔に書くこと。

第二段落

・第一段落をふまえて、読書についてあなたの考えをその根拠も挙げて書くこと。

＜人が最も読書すべき時期＞

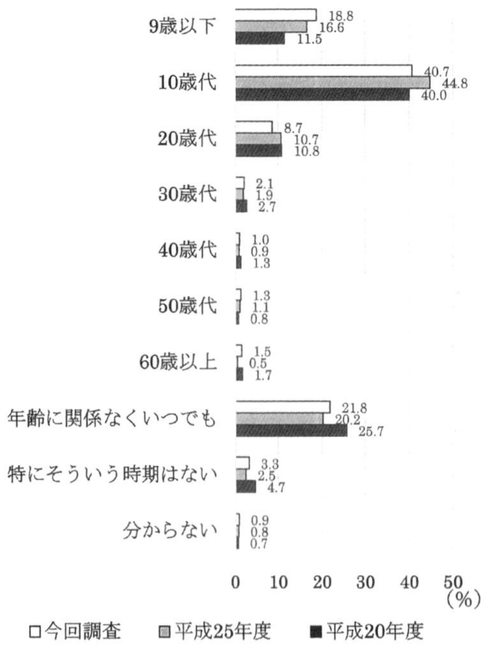

【資料】

文化庁 平成 30 年度「国語に関する世論調査」より

調査対象：全国 16 歳以上の男女

有効回答数：1,960 人

あれだけ身をふるわせていた寒さを気にする余裕もなく、お気に入りのマフラーさえも手に取るのをわすれ、はじかれたように家をとびだしていた。呼びとめる母の声を背に聞いたような気がするが、それもおぼろげで、頭には小夜子のことしか浮かばない。おなかの奥が鈍く痛む。

重さを増した〝(1)いらいら石〟が、走るわたしにあわせて大きく跳ねては、やわらかい体の内側をそこもここもと傷つけるせいだ。吐き出す白い息とともに、おさないころは手をつなぎ歩いた道を、どんどん通りすぎていく。

ゆっくり歩いて鼻歌を一曲歌いきってしまえるほどの距離にある小夜子の家にたどりつき、せいた気持ちでおしたチャイムは、いつもよりずっともたついて聞こえる。

小夜子が玄関をあけたのは、あせってもう一度チャイムを鳴らした直後だった。

間のびしたチャイムと同時に、小夜子がガチャリとドアをあける。まだ学校の制服を着たままの小夜子は、ひらいたドアの先にわたしの姿をみとめると、目だけでおどろいた顔をした。どうしてここにいるのと問いたげな彼女に、腹の底にころがっていた〝いらいら石〟が、とうとうぱんとはじけてしまった。

「(2)なんでいってくれないの！」

つかみかからんばかりの勢いで切りだした言葉は、さすがの小夜子をも一瞬はたじろがせたようだった。めずらしくふらりと視線を泳がせたが、しかし次には、もう得心《とくしん》がいった顔になり、「そういえばお母さん、近所にあいさつに行くっていってたっけ」と、(3)自分のことなのにどこか他人事《ひとごと》の、いつもの小夜子にもどってしまう。

「聞いたのね。だまっていようと思ってたのに」

「どうしてよ」

「だって深雪《みゆき》がいったのよ。しゃべりかけないで、って。だから、そういったことを後悔させてやろうと思って」

けろりとした顔で小夜子はいう。どなったときは気にしていないふうに見えた小夜子は、意外とそれを根にもっているらしかった。ごめんとあやまればいいのに、わたしは「悪趣味」と皮肉な言葉を吐き出すことしかできず、小夜子も「そうだね」とすべてを見透かしたようにいうしかしない。淡々としたおとなびた口調で、いつもの細い声で、きっぱりいいきる。

「転校するんだって、わたし。ここからずっと遠い場所に」

「みんなには？」

「いわない。だって、わたしひとりくらい、いなくなってもなにも変わらないもの」

「そんなこと」

「ないっていえるの？」

小夜子は、[注1]わたしがきのう、ぬるま湯につかって考えていたことを見越したようににやっと笑う。わたしはいい負かされた気分で口をつぐんだ。ここできっぱり、そんなことない、ということができればよかったのかもしれなかったが、その言葉を、きっと小夜子はきらうだろう。

「(4)所詮《しょせん》、わたしは a sayoko なのよ」

突拍子もなくとびだした言葉は、この期《ご》におよんでも小夜子らしいものだった。彼女はときどき、こういうことをやりたがる。

昔の話だ。

まだ小学校の三年生だったかそのくらいの小さなころに、わたしが小夜子に聞いたのだ。空に浮かぶ月の冠詞が a ではなく the なのは、月というものが唯一無二のものだからだという。だから月を英語にすると the moon で、a moon ではない。ということはつまり、小夜子は英語にしたら the sayoko なの？　と、われながらまぬけな問いかけをしたことがあった。当然、小夜子は大笑いした。

『人の名前にはつかないのよ』『でも、小夜子は世界に一人じゃない。そういうことでしょ』『そうだけど、そうじゃなくて』

会話を思い出して、ふん、と小夜子にくちびるをつきだす。

「それで、わたしは a miyuki ？」

「そう、わたしたち、月や太陽にはなれないもの。せいぜい星くずかミジンコってところで」

満足して小夜子はうなずく。

何年も前の思い出のかけらを突然ポケットから取りだして、相手の前につきだしてみせる。それで小夜子はさぐるのだ。相手にとって自分はどれほどの価値があるのか、と。どれだけ共有できていて、どれだけ記憶にきざみこまれているのか、と。それは彼女の弱さでもあるのだろう。

（笹原月子「ゆきとよる」『3日間の物語（タイムストーリー）』〈偕成社〉から）

（注1）わたしがきのう、ぬるま湯につかって考えていたこと＝幼なじみの小夜子とけんかをしていた深雪は、小夜子がいない自分の日常を想像し、いなくても支障はないのではないかと考えていた。

解答　P288

て、これまでは「らしさ」の線引きで隔てられてきた他者との間にも、共通の部分や、わかりあえる部分はたくさんあるはずです。【　C　】たとえば、ユーモアがある、他者を傷つけない、自分の言葉で話せる、といった、ジェンダーに関係ない性質のほうが、よほど重要ではないでしょうか。【　D　】古臭い意地の張り合いや出来合いの「らしさ」に捉われているのは本当につまらないことです。

（本田由紀『「日本」ってどんな国？』〈筑摩書房〉から）

1　(1)「男性とはこのようなものだ」「女性とはこのようなものだ」という、それぞれの社会で多くの人々に共有され自明視された見方　とあるが、あなたが考える具体的な例を一つ挙げなさい。

2　（　a　）、（　b　）には「ミクロ」「マクロ」どちらの語が入るか。

3　(2)一枚岩ではない　とあるが、その説明として最も適当なものはどれか。

ア　男性と女性がお互いに状況をわかり合っていないということ。

イ　男性、または女性の中でもそれぞれ違いが大きいということ。

ウ　男女間の相対的な違いがあるのは当然のことだということ。

エ　男女間の格差について皆が共通に認識していないということ。

4　本文中の【　A　】〜【　D　】のいずれかに、次の一文が入る。最も適切な位置はどれか。

同じことは女性にも言えるでしょう。

5　次は、この文章を読んで生徒達が話している場面である。（　①　）・（　②　）に入る言葉を、①は四十字以内で抜き出し、②は文中の言葉を使って四十字以内で書きなさい。

Aさん「ジェンダーという言葉は、メディアなどを通して最近よく聞くよね。」

Bさん「ジェンダーの問題は、私たち一人一人に関わるけれど、社会全体の問題でもあるんだね。」

Cさん「筆者は、このテーマを考えるときに気をつけるべきことを順に挙げていたから分かりやすかったね。」

Aさん「そうだね。その一つに、『男性・女性は本来そういうものだから問題ないんじゃない？』という考えは間違っているというものがあったけれど、私は『男性らしさ』『女性らしさ』は本来あると思うから、筆者の意見に納得できなかったな…。」

Cさん「筆者は、Aさんのような考え方を改めて問い直すこと自体がジェンダー問題だと言っていたよね。」

Bさん「さらに筆者は、『（　①　）だから、男性・女性に〝本来の〟というものはない』と述べていたんだよね。」

Aさん「うん、よく読み取ると理解できる気がするよ。」

Bさん「筆者は、男性・女性という区分よりも、個人の性質を重要視すべきだ、という考えなんだね。」

Cさん「これからの社会を、筆者の述べるように（　②　）社会にしていきたいよね。」

4　次の文章を読んで、1から4までの問いに答えなさい。

すっかり日の落ちた空には、まだ満ちない不完全な月が浮いている。

満月まであと少し。わたし、月へ帰らなくちゃいけないの。耳の奥に、廊下のざわめきから取りのこされた小夜子《さよこ》の声がよみがえる。

月へ帰らなくちゃ。

はしゃいだ休み時間と相反《あいはん》する冷静な声で、薄いくちびるで。そっと紡《つむ》がれた小さな声は、弱さもすきも見せず、いつもどこか遠い場所に自分のことを置いているそっけない小夜子の、もしかすると、精一杯のＳＯＳだったのだろうか。

全速力で走るわたしの横を、吐き出した白い息がすぎていく。ハッハッと切れる自分の呼吸、かける足音だけが、やけに大きくひびいていた。

3　次の文章を読んで、１から５までの問いに答えなさい。

　ジェンダーとは、社会的・文化的につくられた、性別による違いのことを意味する言葉です。ジェンダーには、男性・女性だけでなく、いわゆるセクシャルマイノリティ（同性愛者、両性愛者、生来の身体的性別に違和を感じる人、性的アイデンティティをもたない人など。ＬＧＢＴＱ：Lesbian, Gay, Bisexual, Transgender, Questioning などの略称で呼ばれています。ＳＯＧＩ：Sexual Orientation & Gender Identity はより広い概念です）も含まれます。

　〝人間は男性・女性のどちらかに含まれるはずで、セクシャルマイノリティは例外的で異常だ〟という考え方自体が、社会がつくりあげた（社会学では「構築された」「構成された」という言い方をします）ものなのです。そしてもちろん、(1)「男性とはこのようなものだ」「女性とはこのようなものだ」という、それぞれの社会で多くの人々に共有され自明視された見方も、ジェンダーをつくりあげています。

　このジェンダーについては、世界の中で国や地域によって異なる実情があり、日本では特に、様々な面で女性やセクシャルマイノリティに不利な位置づけが与えられてしまっています。セクシャルマイノリティはジェンダーを考える上で本当に重要な論点なのですが、セクシャルマイノリティが国内外の統計や調査においてきちんと位置づけられている例はまだ少ないため、この章ではやむを得ず、男性と女性の間の格差や関係を主に取り上げることにします。

　このテーマについて考える際には、気をつけなくてはならないことがいくつかあります。第一に、この問題には、ある程度客観的に統計などで把握することができる、地位やチャンスの分布という側面と、個々人や個別ケースにおける考えや人間関係という側面とが入り組んでいるということです。ここでは前者を「マクロ」（大きく俯瞰《ふかん》する、といった意味です）、後者を「ミクロ」（日常的な細かい個々の人々の相互作用や感じ方、といった意味です。）と呼んでおきます。マクロな状況がミクロに影響し、ミクロの集積がマクロを形作ります。（　a　）にはありふれていて特に問題なく見えることでも、それが積もり積もって（　b　）のレベルでの偏りにつながっていることがあります。これはジェンダー以外の社会事象についても言えることですが、特に日本社会のようにジェンダーをめぐる問題が広く深く根を張っている社会では、こうしたマクロとミクロの関係にひときわ敏感である必要があります。

　第二に、男性も女性も、それぞれまったく(2)一枚岩ではないということです。本章でみていくように、日本の男女間の格差や違いが著しいのですが、男性の内部、女性の内部にも大きな格差や違いがあります。ですから、「男性はみんな女性より恵まれている」といった表現は雑すぎ、正確ではありません。統計的な分布の違いなど、男女間で比べた時に見出されている相対的な違いは何かという観点から、男性と女性の置かれている状況を把握しておく必要があります。

　第三に、「男性と女性との間に格差や境遇の違いがあっても、別に本人が満足していればいいんじゃない？」とか、「それが〝本来の〟あり方だし、何が問題なの？」といった反論は、間違っているということです。先述のマクロ・ミクロという点ともかかわりますが、個々人がそれを受け入れていても、それが積もり積もって社会全体にもたらす弊害があまりに大きい場合、放置しておくことはできません。また、性別について、何らかの〝本来の〟あり方を想定し自明視すること（これは「本質主義」と呼ばれます。）自体を問い直す考え方が「ジェンダー」ですし、長い歴史や多くの社会の状況を検討すれば、男性と女性の位置づけや役割は非常に多様で、〝本来〟などというものがあると考えることはできないことがわかります。

　第四に、複雑で根深いジェンダーの問題を解き明かすために、これまで様々な概念がつくられています。それらの意味を正確に理解し、自分の周囲や社会現象をうまく説明できるようになることが重要です。【　A　】

（中略）

　何より重要なことは、男性であっても女性であってもセクシャルマイノリティであっても、誰もが対等な人間であり、誰もが他者から敬意を払われ、自分の望みを表明したり行動に表したりできるような社会にしてゆくということです。体のつくりが自分とは少し異なるだけの相手を、侮蔑《ぶべつ》したり依存したり憎悪したりすることが、いかに愚かなことか。

　そのためには、男性／女性という区分を、ぐらつかせていくことが必要と思います。個々の男性は、１００％男性としてできあがっているのではなく、これまでは女性のものとされてきたような特性を、思考や感情の中に実はかなり含み持っていると私は考えます。【　B　】何対何の割合か、なんて考える必要はありません。それは個人によって様々でしょうし、何かの「らしさ」にはまらなくとも、あなたはあなたであるだけで十分なのです。そし

(5) ⑥うかがって　と同じ種類の敬語はどれか。

ア　ケーキを召し上がってください。
イ　はじめまして。私は山田と申します。
ウ　兄は六時には家に帰ってきます。
エ　ようこそいらっしゃいました。

2　次の文章を読んで、１から４までの問いに答えなさい。

文を写すに、同じくだり(注1)のうち、あるは(注2)並べるくだりなどに、同じことばのあるときは、見紛《まが》へて、その間なる(注3)ことばどもを、写し漏《も》らすこと、常によくあるわざなり。

又一ひら(注4)と思ひて、二ひら重ねて返して(注5)は、その間一ひらを、みながら(注6)落とすこともあり。これら常に(1)こころすべきわざなり。

又よく似て、見紛へやすき文字などは、ことに紛ふまじく(注7)、たしかに書くべきなり。これは写し書きのみにもあらず。おほかた、物書くに、こころ得べき事ぞ。

すべて物を書くは、事のこころを示さむとてなれば、おふなおふな(注8)(2)文字さだかにこそ書かまほしけれ。さるを(注9)、ひたすら筆の勢いを見せむとのみしたるは、いかなることとも、読み解きがたきが、よに(注10)多かる、あぢきなき(注11)わざなり。常に書き交はす消息文(注12)なども、文字読みがたくては、言ひやる筋行き通らず、読む人はた(注13)苦しみて、頭傾けつつ、返さひ(注14)読めども、つひに読み得ずなどしては、ここ読みがたしと、返し問はんも、さすがになめしき(注15)やうなれば、ただ推し量りに心得ては、(3)事違《たが》ひもするぞかし。

（本居宣長「玉勝間」から）

（注1）くだり＝文章の行。
（注2）あるは＝あるいは。
（注3）間なる＝間にある。
（注4）ひら＝紙、木の葉などの薄く平たいものをいう語。枚。
（注5）重ねて返して＝重ねてめくって。
（注6）みながら＝残らず、ことごとく。
（注7）紛ふまじく＝まちがえないように。
（注8）おふなおふな＝精一杯に、できるだけのことをして。
（注9）さるを＝それなのに。
（注10）よに＝実に、非常に、はなはだ。
（注11）あぢきなき＝情けない、苦々しい。
（注12）消息文＝手紙。
（注13）はた＝やはり、また。
（注14）返さひ＝重ねて。
（注15）なめしき＝失礼だ、無作法。

1　おほかた　は現代ではどう読むか。現代かなづかいを用いてすべてひらがなで書きなさい。

2　(1)こころす　の意味として最も適切なものはどれか。

ア　悲しむ　　イ　気をつける
ウ　楽しみにする　　エ　不思議に思う

3　(2)文字さだかにこそ書かまほしけれ　の解釈として最も適切なものはどれか。

ア　文字は整然と書くものなので、練習してから書くべきだ。
イ　何と読むのかが分からなくても、以心伝心で伝わるのだな。
ウ　何と読むのかが分からないと、読む気がなくなってしまうな。
エ　何と読むのかが分かるように、はっきりと書いてほしい。

4　(3)事違ひ　とあるが、なぜこのようなことが起こると筆者は言っているのか。次の文の（　　）に当てはまるように、それぞれ指定された字数の現代語で答えなさい。

手紙を受け取った人は、送り主に対して、（ ① 十五字以内 ）のは失礼だと思い、何と書かれているか尋ねることができずに、内容を（ ② 二字 ）してやりとりをしてしまうから。

星の杜［一般］

国語

令和5年1月5日実施

制限時間 50分

1 次の1から3までの問いに答えなさい。

1 次の――線の部分の読みをひらがなで答えなさい。

(1) 彼女は繊細な性格だ。
(2) 弱点を克服する。
(3) 優しい雰囲気がある人。
(4) 美しい装飾を施す。
(5) 希望者を募る。

2 次の――線の部分を漢字で書きなさい。

(1) テンケイ的な例をあげる。
(2) 食物レンサ。
(3) 社会にコウケンする。
(4) 作業の無駄をハブく。
(5) チームを優勝にミチビく。

3 次は、生徒と先生が和歌について話している場面である。これについて(1)から(5)までの問いに答えなさい。

> 立ち別れ因幡《いなば》の山の峰におふるまつとし聞かばいま帰り来《こ》む
> 在原行平《ありわらのゆきひら》

生徒　「私が飼っている猫がいなくなってしまったとき、祖母にこの和歌を紙に書くとよいと言わ①れたのです。なぜでしょうか。」

先生　「この和歌は、作者が都から因幡国、現在の鳥取県東部に赴任するとき、見送りにきてくれた人に対して詠んだものだね。この和歌の意味を理解するには使われている修辞法について考える②必要があるよ。この和歌の『まつ』には、二つの意味があるんだ。」

生徒　「はい。そのような修辞法を（　③　）ということは、授業で学習しました。ということは、因幡山には（　④　）がたくさん生えているということですか。」

先生　「そうだね。そしてこの歌は、飼っていた動物がいなくなったときにおまじないとして使われることもあるんだ。」

生徒　「なるほど。いなくなってしまったけれど（　⑤　）というメッセージなのですね。」

先生　「その通り。ところで猫は戻ってきたのかな。」

生徒　「はい。いま先生のお話を⑥うかがって、猫が戻ってきたのは和歌の効果だったのかもしれないと思いました。教えてくださりありがとうございました。」

(1) ①れと同じ意味・用法のものはどれか。

ア　外の空気がすっかり冷たくて、冬の気配が感じられた。
イ　昨日の部活動の打ち合わせには先生も参加された。
ウ　私は好き嫌いがないのでなんでも食べられます。
エ　いたずらをして母にこっぴどくしかられてしまった。

(2) ②必要と同じ構成の熟語はどれか。

ア　洗顔　　イ　善悪　　ウ　切望　　エ　高校

(3) （　③　）に当てはまる修辞法はどれか。

ア　枕詞　　イ　序詞　　ウ　掛詞　　エ　切れ字

(4) （　④　）、（　⑤　）に当てはまる語の組み合わせはどれか。

ア　④　松　　⑤　帰りを待ち続けている
イ　④　桜　　⑤　帰りを待ち続けている
ウ　④　松　　⑤　いつまでも元気でいてくれ
エ　④　桜　　⑤　いつまでも元気でいてくれ

解答　P288

国学院大学栃木

社　会

制限時間 **50**分

1 次の１、２の問いに答えなさい。

１　次の（１）から（５）までの問いに答えなさい。

（１）現在の領土がアジア州とヨーロッパ州の二つにまたがっている国を、次の**ア**～**エ**から１つ選び、記号で答えなさい。

ア　インド　　**イ**　イラン　　**ウ**　中国　　**エ**　ロシア

（２）交通機関の特徴について述べた文として正しいものを、次の**ア**～**エ**から１つ選び、記号で答えなさい。

ア　鉄道は、時間が正確で大量に輸送できるため、旅客・貨物ともに短距離輸送に適している。
イ　自動車は、個別に少量の荷物を配送することが可能で、地球温暖化への影響も他の交通機関に比べて小さい。
ウ　船舶は、重量や容積の大きい貨物を安く大量に運ぶことができ、長距離輸送に適している。
エ　飛行機は、速度がはやく気象の影響を受けにくいため、旅客・貨物ともに長距離輸送に適している。

（３）桃山文化について述べた文として**誤っているもの**を、次の**ア**～**エ**から１つ選び、記号で答えなさい。

ア　安土城や大阪城などの雄大な天守《てんしゅ》を持つ城が建設された。
イ　葛飾北斎《かつしかほくさい》や歌川広重らによって、すぐれた風景画が描かれた。
ウ　出雲阿国《いずものおくに》が歌舞伎のもとになる踊りを始めた。
エ　堺の豪商であった千利休によって、わび茶が大成された。

（４）日本の少子高齢化に関する文として**適当でないもの**を、次の**ア**～**エ**から１つ選び、記号で答えなさい。

ア　2021年の日本人の平均寿命は、男女ともに80歳を超えている。
イ　日本の家族形態は核家族世帯が多いが、近年は単独世帯の割合も増えている。
ウ　共働き世帯や高齢世帯の増加にともない、育児や介護などで地域社会の連携が求められている。
エ　日本の社会保障は現役世代の負担によって成り立っており、今後その負担は軽くなると予想される。

（５）あるクラスで決まりを作るにあたって出された意見として**適切でないもの**を、次の**ア**～**エ**から１つ選び、記号で答えなさい。

ア「よりよい決まりを作るには、判断の基準として効率や公正といった見方・考え方をふまえる必要があるね。」
イ「全会一致を目指して、みんなの意見を聞きながら決めると、話し合いの時間に無駄がなく効率的だよね。」
ウ「決まりを作るときは一人一票にすると、みんなの意見が平等に反映されるから公正だね。」
エ「決め方も大事だけど、決まりが解決に効果があるかや、立場が変わっても受け入れられるかも、考える必要があるよね。」

２　次の（１）から（５）までの文中の【　　　】にあてはまる語句を答えなさい。

（１）2019年末より世界で猛威《もうい》をふるっている新型コロナウイルス感染症（COVID-19）の検査にも用いられている、ウイルスの遺伝子の特定の部分を検出する方法を【　　　】検査という。（【　　　】にはアルファベットがはいる。）

（２）紀元前3500年ころ、チグリス川とユーフラテス川の流域で【　　　】文明が発展した。そこでは、くさび形文字が発明され、月の満ち欠けを基準とする太陰暦《たいいんれき》などが考えだされた。

（３）1549年にイエズス会の宣教師《せんきょうし》【　　　】が、キリスト教を布教するために鹿児島に来航し、平戸・山口・堺などで布教を始めた。

（４）アメリカ合衆国南部のメキシコ湾に面した地域は、夏から秋にかけて【　　　】とよばれる熱帯低気圧にたびたび襲《おそ》われ、風雨や洪水による大きな被害に見《み》舞《ま》われることがある。

（５）【　　　】とは、大都市の過密状態を解消するために大都市周辺に新しく建設された住宅団地や市街地のことをいう。日本では1960年代以降、大阪府の千里《せんり》地区や東京都の多摩《たま》地区などに造られた。（【　　　】にはカタカナがはいる。）

解答　P288

2　次の**A**から**D**の文章を読み、１から５までの問いに答えなさい。

A　大モンゴル国の皇帝が、日本国王に書を送る。……日本は高麗に接しており、これまで中国に使いを送ってきたが、私が皇帝になってからはひとりも使いをよこさない。……今後は通交し合うとしよう。……武力を使いたくないのでよく考えてほしい。　(部分要約)

B　この戦争で亡くなられた人たちの死を無駄にしないように、この国が神の下《もと》で自由の新しい誕生を迎えさせるために、そして、ⓐ人民の、人民による、人民のための政治がこの地上から決して滅びることがないようにすることを、われわれはここで強く決意する。　(部分要約)

C　私たちは、一人の力には限界があり、互いに協力し合うことが求められる。そのために人々の意見や利害を調整し、ⓑ私たちの生活をより良くするはたらきが必要となる。このはたらきを政治といい、政治をおこなうために決まりを定め、命令を強制する力をⓒ政治権力という。

D　中国は主要工業製品のほとんどで生産量世界一をほこり、「世界の工場」とよばれるまでになっている。この工業化の背景には1980年代ころから［　ⓓ　］を取り入れ、経済発展を目指したことがある。また、外国企業の進出を積極的に受け入れ、［　ⓔ　］労働力を生かして工業製品を生産し、世界各地に輸出する工業国に成長していった。

1　文章**A**の史料は鎌倉時代の外交文書である。この史料に関する①と②の短文の正誤の組み合わせとして正しいものを、次の**ア**～**エ**から１つ選び、記号で答えなさい。

①　この国書の差出人は、皇帝フビライ=ハンである。

②　この国書に対して、北条時宗は要求を受け入れてモンゴルに服従した。

ア　①－正　②－正　　**イ**　①－正　②－誤　　**ウ**　①－誤　②－正　　**エ**　①－誤　②－誤

2　文章**B**の史料はアメリカ合衆国大統領が南北戦争中におこなった演説である。この史料に関する①と②の短文の正誤の組み合わせとして正しいものを、次の**ア**～**エ**から１つ選び、記号で答えなさい。

①　この演説をおこなった大統領は、リンカンである。

②　文中の下線部ⓐとは、民主主義にもとづく政治のことである。

ア　①－正　②－正　　**イ**　①－正　②－誤　　**ウ**　①－誤　②－正　　**エ**　①－誤　②－誤

3　下線部ⓑに関連して、地域の政治についての①と②の短文の正誤の組み合わせとして正しいものを、次の**ア**～**エ**から１つ選び、記号で答えなさい。

①　地方自治は、地域の人々が直接に参加し、合意にいたる経験を積めるため、「民主主義の学校」と呼ばれている。

②　日本では、地方公共団体の首長は、国政における議院内閣制と同様に地方議会の議員のなかから選出される。

ア　①－正　②－正　　**イ**　①－正　②－誤　　**ウ**　①－誤　②－正　　**エ**　①－誤　②－誤

4　下線部ⓒに関連して、三権分立についての①と②の短文の正誤の組み合わせとして正しいものを、次の**ア**～**エ**から１つ選び、記号で答えなさい。

①　三権分立は、フランスの思想家ルソーがその著書『法の精神』のなかで提唱したものである。

②　日本において、衆議院で内閣の不信任が議決された場合、内閣が衆議院の解散をおこなえるのは、三権分立の例の一つである。

ア　①－正　②－正　　**イ**　①－正　②－誤　　**ウ**　①－誤　②－正　　**エ**　①－誤　②－誤

5　文章**D**について、［　ⓓ　］・［　ⓔ　］にあてはまる語句の組み合わせとして正しいものを、次の**ア**～**エ**から１つ選び、記号で答えなさい。

ア　ⓓ－市場経済の考え方　　ⓔ－賃金が安くて豊富な
イ　ⓓ－市場経済の考え方　　ⓔ－高度な技術をもつ
ウ　ⓓ－国の計画にもとづいた経済　　ⓔ－賃金が安くて豊富な
エ　ⓓ－国の計画にもとづいた経済　　ⓔ－高度な技術をもつ

3 次の１、２の問いに答えなさい。

１　次の（１）から（５）までの問いに答えなさい。

（１）　次の表は、群馬県、埼玉県、東京都、栃木県の都県庁所在地の人口、温泉地数、耕地面積、100 世帯当たりの自家用車保有台数を示したものである。**A**～**C**と県名の組み合わせとして正しいものを、次の**ア**～**カ**から１つ選び、記号で答えなさい。

	都県庁所在地の人口	温泉地数	耕地面積（ha）	100 世帯当たりの自家用車保有台数
東京都	9,272,740	21	6,410	42.2
A	518,594	67	121,700	158.1
B	1,263,979	28	73,500	94.8
C	336,154	96	65,900	160.2

県庁所在地人口は各県庁の所在する市の人口、東京都は特別区人口とする
総務省「平成 27 年国勢調査」、環境省「令和２年度温泉利用状況」、農林水産省「令和３年耕地及び作付面積統計」、自動車検査登録情報協会「令和３年自家用乗用車の世帯当たり普及台数」により作成

	ア	イ	ウ	エ	オ	カ
A	群馬県	群馬県	埼玉県	埼玉県	栃木県	栃木県
B	埼玉県	栃木県	群馬県	栃木県	埼玉県	群馬県
C	栃木県	埼玉県	栃木県	群馬県	群馬県	埼玉県

（２）　次の表は、アメリカ合衆国、サウジアラビア、中国、ロシアの原油の産出量、消費量、自給率を示したものである。自給率が 100％を超えている場合は、超えた分を輸出しているということになる。**サウジアラビア**にあてはまるものを、次の**ア**～**エ**から１つ選び、記号で答えなさい。

	産出量（万トン）	消費量（万トン）	自給率（％）
ア	60,413	75,529	90.4
イ	52,759	13,041	448.2
ウ	48,887	8,753	697.8
エ	19,101	54,192	35.6

『データブック　オブ・ザ・ワールド』（2022 年版）により作成

（３）　次の図は、赤道と東経 90 度の経線が交わった点を中心になるように地球儀をみて、それを平面で表した模式図である。図の**X**の範囲に含まれる地域を、次の**ア**～**エ**から１つ選び、記号で答えなさい。

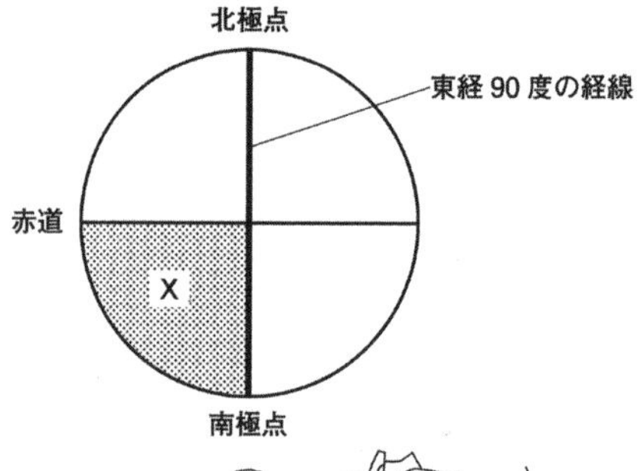

ア

イ

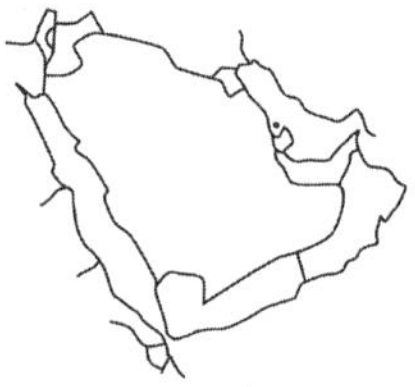
ウ

エ

縮尺は同一ではない

（4） 次の表は、オーストラリア、スリランカ、ニュージーランドの輸出上位5品目とその総輸出額に占める割合を示したものである。表中の**A**から**C**の国名の組み合わせとして正しいものを、次の**ア**～**カ**から1つ選び、記号で答えなさい。

（単位：%）

	A		B		C	
1位	衣類	42.5	鉄鉱石	32.3	酪農品	26.5
2位	茶	12.4	石炭	11.9	肉類	14.0
3位	繊維と織物	4.3	天然ガス	10.0	野菜と果実	8.0
4位	タイヤ類	4.2	金（非貨幣用）	7.0	木材	6.8
5位	野菜と果実	4.0	肉類	4.0	食用調整品	5.9

『データブック　オブ・ザ・ワールド』（2022年版）により作成

	A	B	C
ア	オーストラリア	ニュージーランド	スリランカ
イ	オーストラリア	スリランカ	ニュージーランド
ウ	ニュージーランド	オーストラリア	スリランカ
エ	ニュージーランド	スリランカ	オーストラリア
オ	スリランカ	オーストラリア	ニュージーランド
カ	スリランカ	ニュージーランド	オーストラリア

（5） 次の雨温図は、旭川（北海道）、高田（新潟県）、名古屋（愛知県）、那覇（沖縄県）のものである。**名古屋**にあてはまるものを、次の**ア**～**エ**から1つ選び、記号で答えなさい。

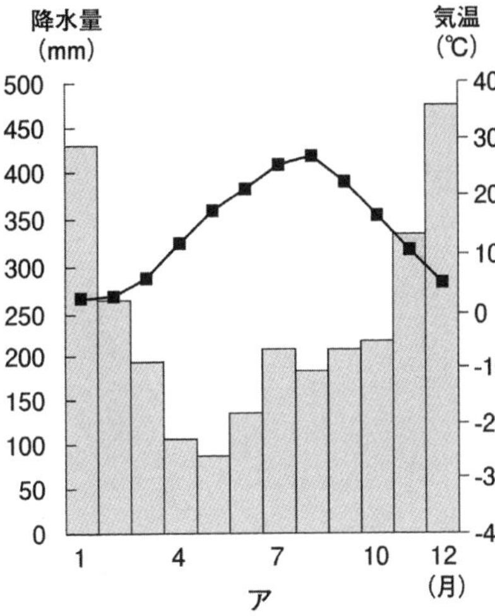

ア

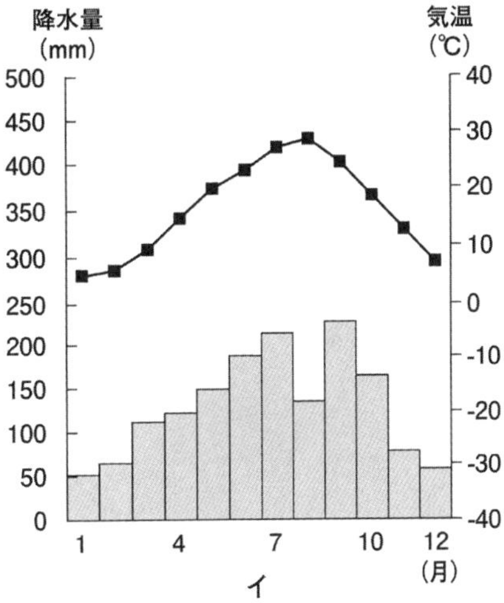

イ

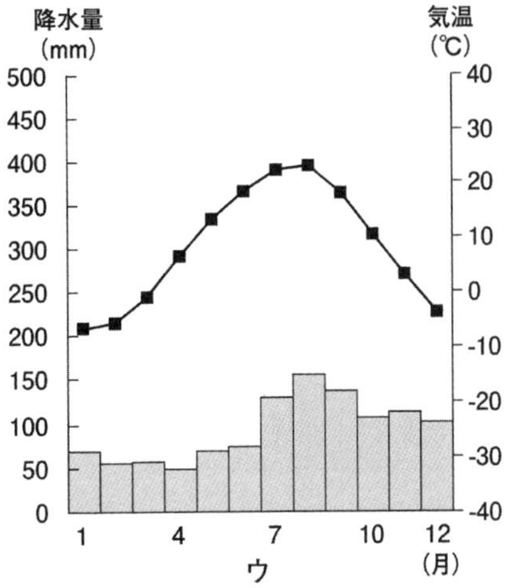

ウ

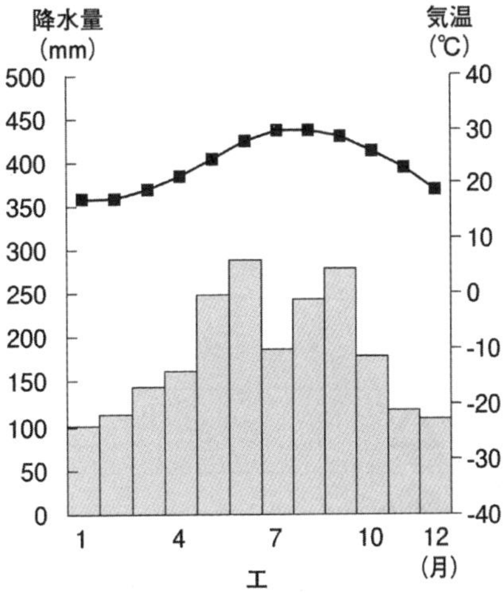

エ

気象庁資料により作成

2　次の地形図を見て、(1) から (3) までの問いに答えなさい。

国土地理院発行地形図　令和元年調製「可部」を150% 拡大

(1)　地形図中の**A**－**B**間の道路は、原寸の地図上でおよそ3.0 cmである。**A**－**B**間の実際の距離として最も近いものを、次の**ア**～**エ**から1つ選び、記号で答えなさい。

ア　750 m　　　**イ**　1000 m　　　**ウ**　1250 m　　　**エ**　1500 m

(2)　この地形図上で使われている地図記号の意味の組み合わせとして正しいものを、次の**ア**～**エ**から1つ選び、記号で答えなさい。

	ア	イ	ウ	エ
	広葉樹	針葉樹	広葉樹	針葉樹
	工場	工場	発電所等	発電所等
	裁判所	税務署	税務署	裁判所
	老人ホーム	図書館	図書館	老人ホーム

（3）この地形図から読み取れることとして**誤っているもの**を、次の**ア**～**エ**から１つ選び、記号で答えなさい。

ア　**C**地点は、**D**地点よりおよそ100m低い。
イ　太線**E—F**間は尾根となっている。
ウ　太線**G—H**間は、太線**I—J**間より傾斜が急である。
エ　**K**地点から**L**地点は見えない。

4　次の地図を見て、１から４までの問いに答えなさい。

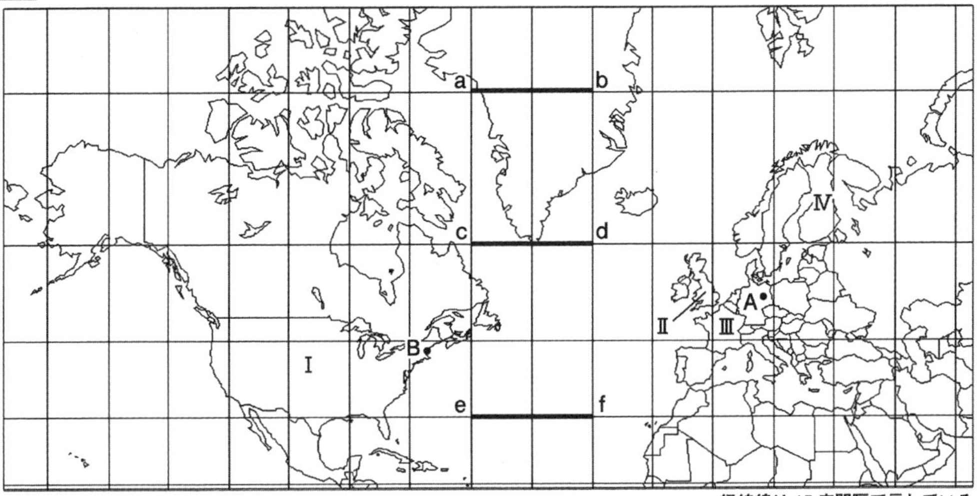

経緯線は15度間隔で示している

１　地図中の太線**a—b**、**c—d**、**e—f**の実際の距離について述べた文として正しいものを、次の**ア**～**エ**から１つ選び、記号で答えなさい。

ア　**a—b**間が最も長い。　　**イ**　**c—d**間が最も長い。
ウ　**e—f**間が最も長い。　　**エ**　いずれの距離も同じである。

２　地図中の**A**が12月１日午後４時のときの**B**の時刻を、次の**ア**～**エ**から１つ選び、記号で答えなさい。ただし、サマータイムは実施されていないものとする。

ア　11月30日午前10時　　**イ**　11月30日午後10時
ウ　12月１日午前10時　　**エ**　12月１日午後10時

３　次の表は、地図中の**Ⅰ国**から**Ⅳ国**における農地面積、農業従事者１人当たり農地面積を示したものである。**Ⅲ国**にあてはまるものを、次の**ア**～**エ**から１つ選び、記号で答えなさい。

	農地面積（万ha）		農業従事者１人当たり農地面積（ha）
	耕地・樹園地	牧場・牧草地	
ア	16,044	24,537	186.1
イ	225	2	24.1
ウ	1,913	953	41.6
エ	608	1,127	48.7

『データブック　オブ・ザ・ワールド』（2022年版）により作成

４　EUは、経済規模でアメリカ合衆国や中国と肩を並べる存在となっている。下の図はEU、アメリカ合衆国、中国の面積とGDPを示したものである。**X**から**Z**と国名（組織名）の組み合わせとして正しいものを、次の**ア**～**カ**から１つ選び、記号で答えなさい。

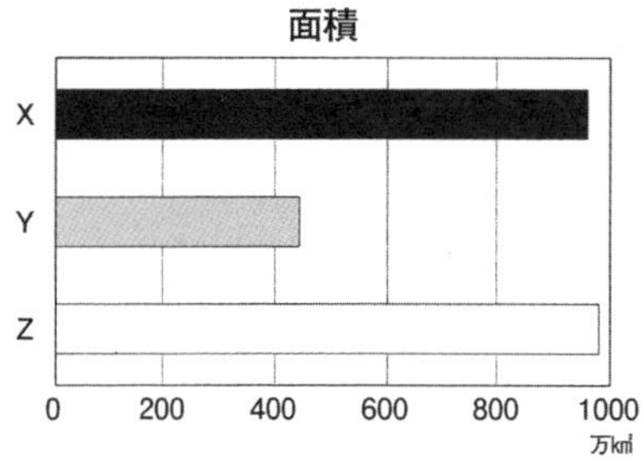

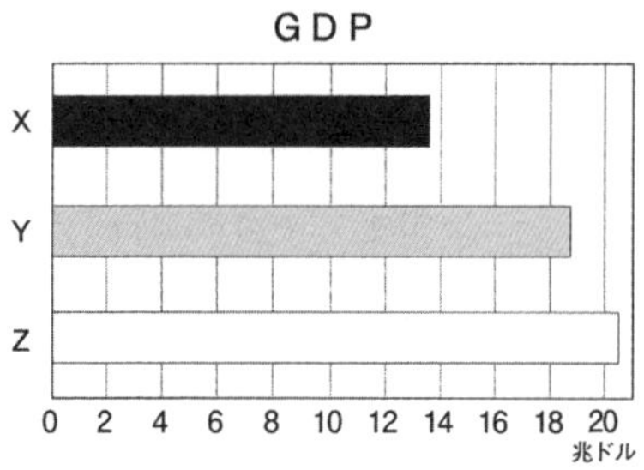

中国の面積は台湾を含む、GDPは本土のみ
世界銀行資料（2018年）により作成

	ア	イ	ウ	エ	オ	カ
X	EU	EU	アメリカ合衆国	アメリカ合衆国	中国	中国
Y	アメリカ合衆国	中国	EU	中国	アメリカ合衆国	EU
Z	中国	アメリカ合衆国	中国	EU	EU	アメリカ合衆国

5 次のAからDの文章を読んで、１から６までの問いに答えなさい。ただし、波線部の語句には誤りが１つある。

A　壬申《じんしん》の乱に勝利した大海人《おおあま》皇子は［ ⓐ ］天皇として即位した。その後、天皇を中心に全国を支配する中央集権国家の建設を目指し、中国にならって都を造り、律令や歴史書の作成を命じた。

B　10世紀半ば、関東では［ ⓑ ］が常陸《ひたち》・下野《しもつけ》・上野《こうずけ》などに攻め込み、西日本では藤原純友《すみとも》が瀬戸内海沿いの諸国を襲った。こうした地方の豪族による中央政府に対する反乱は、都の貴族たちに大きな衝撃《しょうげき》を与えた。

C　1600年におこった関ヶ原の戦いで、石田三成《みつなり》を破った［ ⓒ ］は、1603年に朝廷から征夷大将軍に任じられて江戸に幕府を開いた。その後、依然《いぜん》として大阪に力を持っていた豊臣氏を滅ぼし、約260年にわたる支配の基礎を固めた。

D　18世紀半ば、江戸幕府によって洋書の輸入の禁止がゆるめられてから、ヨーロッパの学問を研究する朱子学が発達した。そうした中で、前野良沢《まえのりょうたく》・杉田玄白などがオランダ語の人体解剖《かいぼう》書『ターヘル・アナトミア』を翻訳《ほんやく》して『［ ⓓ ］』を出版した。

1　［ ⓐ ］にあてはまる天皇を**漢字**で答えなさい。

2　［ ⓑ ］にあてはまる人物を**漢字**で答えなさい。

3　［ ⓒ ］にあてはまる人物を**漢字**で答えなさい。

4　［ ⓓ ］にあてはまる語句を**漢字**で答えなさい。

5　二重下線部に関連して、以下の文章中の［ ⓔ ］にあてはまる語句を**漢字**で答えなさい。

　オランダ東インド会社は、1609年に江戸幕府から貿易を許可された。平戸に設置されたオランダ商館は、江戸幕府による貿易統制政策にともない、1641年に長崎の［ ⓔ ］に移された。

6　各文章中に1つずつある波線部のうち、**誤っているもの**を含む文章を、次の**ア**～**エ**から1つ選び、記号で答えなさい。

ア　A　　**イ**　B　　**ウ**　C　　**エ**　D

6　日本が諸外国と結んだ条約に関する略年表を見て、1から6までの問いに答えなさい。

年　代	で　き　ご　と
1876年	日朝修好条規が結ばれる
①	
[ⓐ]年	ⓒ下関条約が結ばれる
②	
[ⓑ]年	ポーツマス条約が結ばれる
③	
1941年	ⓓ日ソ中立条約が結ばれる
④	
1951年	日米安全保障条約が結ばれる
⑤	

1　年表中[ⓐ]・[ⓑ]にあてはまる数字の組み合わせとして正しいものを、次の**ア**～**エ**から1つ選び、記号で答えなさい。

ア　ⓐ－1885　ⓑ－1905　　**イ**　ⓐ－1895　ⓑ－1905

ウ　ⓐ－1885　ⓑ－1915　　**エ**　ⓐ－1895　ⓑ－1915

2　下線部ⓒの内容として**誤っているもの**を、次の**ア**～**エ**から1つ選び、記号で答えなさい。

ア　清は、朝鮮が独立国であることを認めた。

イ　日本は、遼東半島を得た。

ウ　日本は、山東省の租借権を得た。

エ　清は、日本に対して多額の賠償《ばいしょう》金を支払うことを認めた。

3　下線部ⓓに関連して、以下の文章中の[X]・[Y]にあてはまる語句の組み合わせとして正しいものを、次の**ア**～**エ**から1つ選び、記号で答えなさい。

> 1945年8月8日、ソ連は日ソ中立条約を破り、[X]会談で結んだ秘密協定にもとづいて日本に宣戦布告した。その後、満州でソ連軍に捕らえられた約60万人の日本兵が捕虜《ほりょ》として[Y]に抑留《よくりゅう》され、長期間にわたる強制労働を強《し》いられ、多くの犠牲者《ぎせいしゃ》が出た。

ア　X－マルタ　Y－シベリア　　**イ**　X－ヤルタ　Y－シベリア

ウ　X－マルタ　Y－アラスカ　　**エ**　X－ヤルタ　Y－アラスカ

4　年表中の③の時期における世界情勢に関する出来事**Ⅰ**から**Ⅲ**を年代の古い方から順番に並べたものとして正しいものを、次の**ア**～**カ**から1つ選び、記号で答えなさい。

Ⅰ　アメリカ合衆国のニューヨークで株価が大暴落したことをきっかけに、世界恐慌がおこる。

Ⅱ　ヒトラー率いるナチ党がドイツで政権をにぎる。

Ⅲ　パリ講和会議においてベルサイユ条約が調印され、第一次世界大戦が終結する。

ア　Ⅰ－Ⅱ－Ⅲ　　**イ**　Ⅰ－Ⅲ－Ⅱ　　**ウ**　Ⅱ－Ⅰ－Ⅲ

エ　Ⅱ－Ⅲ－Ⅰ　　**オ**　Ⅲ－Ⅰ－Ⅱ　　**カ**　Ⅲ－Ⅱ－Ⅰ

5　次の絵画に描かれている出来事をこの年表に入れる場合、年表中の①から⑤のどの時期に入るか。次の**ア**～**オ**から１つ選び、記号で答えなさい。

憲法発布式之《の》図（東京都立中央図書館蔵）

ア　①　　**イ**　②　　**ウ**　③　　**エ**　④　　**オ**　⑤

6　年表中の①から⑤の時期と日本における出来事の組み合わせとして**誤っているもの**を、次の**ア**～**オ**から１つ選び、記号で答えなさい。

ア　①－教育勅語の発布　　**イ**　②－八幡製鉄所の操業開始　　**ウ**　③－二・二六事件
エ　④－東海道新幹線の開通　　**オ**　⑤－日本万国博覧会の開催

7　次の１、２の問いに答えなさい。

１　次の文章を読み、（１）から（３）までの問いに答えなさい。

> かつて基本的人権の内容は、信教の自由や財産権などの自由権がその中心とされていた。しかし、ⓐ資本主義経済の進展にともなう貧富の格差の拡大により、国に対して人間らしい生活を求める権利であるⓑ社会権も人権として認められるようになった。また、その認められる範囲も男性からⓒ女性や子どもへと広がっていった。

（１）　下線部ⓐに関連して、企業の活動についての①と②の短文の正誤の組み合わせとして正しいものを、次の**ア**～**エ**から１つ選び、記号で答えなさい。

①　企業は利潤《りじゅん》を追求するために、需要の高い商品の生産・販売に力を入れる傾向がある。
②　企業は利潤を追求するために、人件費の安い国や地域に工場を移す傾向がある。

ア　①－正　②－正　　**イ**　①－正　②－誤　　**ウ**　①－誤　②－正　　**エ**　①－誤　②－誤

（２）　下線部ⓑについて、社会権の具体例として適当なものを、次の**ア**～**エ**から１つ選び、記号で答えなさい。

ア　日本では、親が経営する商店を継ぐか、別の仕事に就《つ》くかを選ぶことができる。
イ　日本では、小学生・中学生が使用する教科書は無償《むしょう》になっている。
ウ　日本では、犯罪に対する刑罰はあらかじめ法律に定められている。
エ　アメリカでは、大学の入学者が特定の性や人種に偏《かたよ》らないように特別枠を設けることがある。

（３）　下線部ⓒに関連して、日本における権利の拡大についての文として正しいものを、次の**ア**～**エ**から１つ選び、記号で答えなさい。

ア　大日本帝国憲法のもとでの夫婦関係は夫の権限が強かったが、日本国憲法のもとでは夫婦が同等の権利を持つようになった。
イ　男女雇用機会均等法の制定によって、女性の管理職や国会議員の数は、男性とほぼ同じになった。
ウ　公職選挙法の改正によって、満18歳以上の男女に被選挙権が拡大した。
エ　成人年齢の引き下げによって、満18歳から飲酒や喫煙が認められるようになった。

2　次の（1）、（2）の問いに答えなさい。

（1）　日本国憲法第25条②には、「国は、すべての生活部面について、社会福祉《ふくし》、社会保障及《およ》び□の向上及び増進に努めなければならない。」と記されている。□にあてはまる語句を**漢字**で答えなさい。

（2）　日本国憲法第68条①には、「内閣総理大臣は、□を任命する。但《ただ》し、その過半数は、国会議員の中から選ばれなければならない。」と記されている。□にあてはまる語句を**漢字**で答えなさい。

8　次の1から4までの問いに答えなさい。

1　次の文章を読んで、（1）から（3）までの問いに答えなさい。

> 私たちはさまざまなⓐ財やサービスを消費して生活している。これらの財やサービスを個人で生産することは難しく、ⓑそれぞれが自分の得意なものを専門に生産し、それをⓒお金とやりとりしている。このような生産と消費のしくみを経済という。

（1）　下線部ⓐに関連して、消費者の権利や消費者問題についての文として正しいものを、次の**ア**～**エ**から1つ選び、記号で答えなさい。

ア　消費生活は契約によって成り立っているが、一度成立した契約を売主が一方的に解除しても損害賠償に問われないことを、契約自由の原則という。

イ　ICTの発達により、消費者は財やサービスの情報を生産者以上に手に入れやすくなったので、消費者問題は発生しにくくなっている。

ウ　消費者が訪問販売などで購入した商品を、8日以内であれば無条件で解約できるしくみをCSRという。

エ　消費者問題の解消にあたっては、自分で知識や情報を集め、的確に判断し行動する「自立した消費者」としての姿勢が重要である。

（2）　下線部ⓑに関連して、労働三権の一つで、企業において財やサービスの生産にあたる労働者が、自分たちの賃金や労働時間といった労働条件の改善を求める交渉のために、労働組合を結成することができる権利を何というか、答えなさい。

（3）　下線部ⓒに関連して、金融についての①と②の短文の正誤の組み合わせとして正しいものを、次の**ア**～**エ**から1つ選び、記号で答えなさい。

①　起業したい人が、銀行を通じてお金を借り入れることを直接金融という。

②　日本銀行は「銀行の銀行」とよばれ、一般の銀行に対するお金の貸し出しをしている。

ア　①－正　②－正　　**イ**　①－正　②－誤　　**ウ**　①－誤　②－正　　**エ**　①－誤　②－誤

2　市場経済において競争が弱まると、消費者だけでなく、企業にとっても技術革新が遅れるなどの不利益をこうむることがある。そのため、競争を促すために設置されている「市場（競争）の番人」ともよばれている組織を何というか、答えなさい。

3　次のグラフは衆議院議員総選挙の年代別投票率の推移(1990年～2021年)を示したものである。このグラフに関する文として**誤っているもの**を、次の**ア**～**エ**から1つ選び、記号で答えなさい。

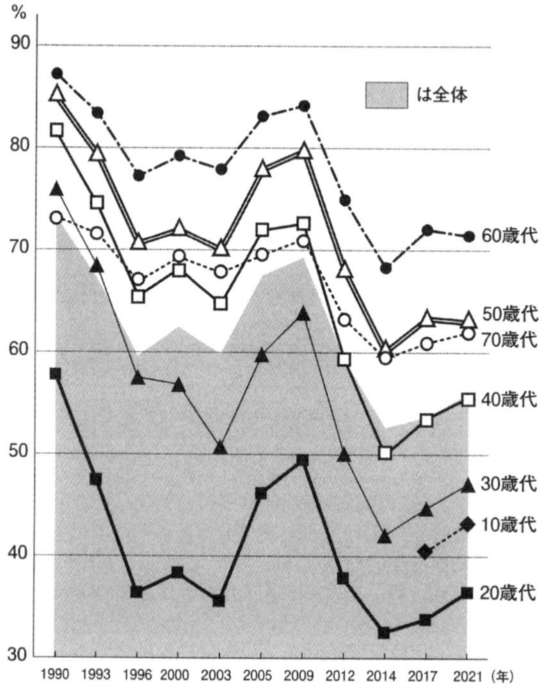

総務省資料により作成

ア　2014年と2021年を比べると、全体の投票率は上昇した。
イ　60歳代が常に最も高い投票率となっている。
ウ　2017年の総選挙ではじめて20歳未満の有権者が投票した。
エ　1990年と2014年をくらべて、最も下がり幅が大きいのは20歳代である。

4　2022年2月よりはじまったロシアによるウクライナ侵攻において、ウクライナへの支援を表明した、アメリカ合衆国と西ヨーロッパ諸国を中心とする軍事同盟の略称を、次の**ア**～**エ**から1つ選び、記号で答えなさい。

ア　WHO　　**イ**　NATO　　**ウ**　NPT　　**エ**　ASEAN

解　答　P288

国学院大学栃木

数　学

制限時間 50分

1 次の(1)から(8)までの問いに答えなさい。

(1) $2-(-2)\times(-3)$ を計算しなさい。

(2) $\dfrac{3a-b}{2}-\dfrac{a+b}{3}$ を計算しなさい。

(3) $\dfrac{5}{6}a\times 3a^2$ を計算しなさい。

(4) $\sqrt{24}-5\sqrt{6}$ を計算しなさい。

(5) $5x(x-2)-(x-3)(x-7)$ を展開して簡単にしなさい。

(6) $3x^2-12x+12$ を因数分解しなさい。

(7) 1次方程式 $x+5=\dfrac{5x+19}{3}$ を解きなさい。

(8) 2次方程式 $(x-1)^2-5(x-1)+6=0$ を解きなさい。

2 次の(1)から(10)までの問いに答えなさい。

(1) $x=\sqrt{5}-\sqrt{2}$，$y=\sqrt{5}+\sqrt{2}$ のとき，x^2-y^2 の値を求めなさい。

(2) 連立方程式 $\begin{cases} ax+by=17 \\ 3ax-by=-9 \end{cases}$ の解が $x=-2$，$y=5$ のとき，a，b の値を求めなさい。

(3) 変化の割合が2で，$x=-2$ のとき $y=-7$ である1次関数の式を求めなさい。

(4) 関数 $y=2x^2$ について，x の変域が $-2\leqq x\leqq 1$ のときの y の変域を求めなさい。

(5) ある中学校の昨年の生徒数は，男女合わせて330人であった。今年は，昨年と比べて男子生徒が5％増加し，女子生徒が2％減少したので，全体では6人増加した。この中学校の昨年の男子生徒の人数を求めなさい。

(6) 1から5までの数が1つずつ書かれた5枚のカードから，1枚ずつ続けて2枚のカードを引く。1枚目に引いたカードに書いてある数を a，2枚目に引いたカードに書いてある数を b とするとき，$a-b$ が2以下となる確率を求めなさい。ただし，引いたカードは元に戻さないものとする。

(7) 図のような三角柱がある。辺BEとねじれの位置にある辺は全部で何本あるか求めなさい。

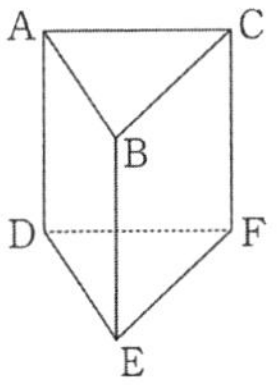

(8) 図において，$\angle x$ の大きさを求めなさい。

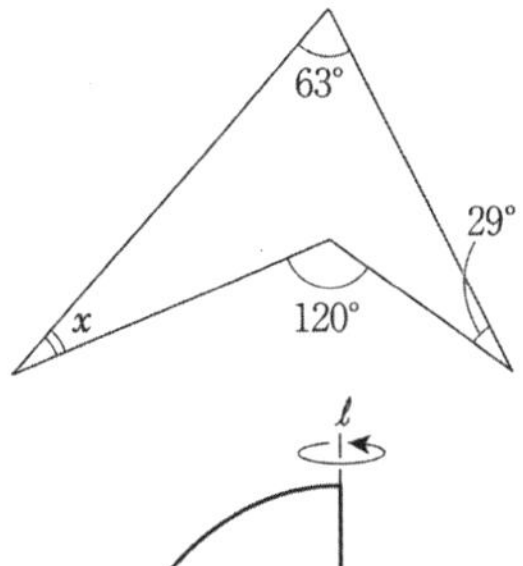

(9) 図のようなおうぎ形と直角三角形を組み合わせた図形を，直線 ℓ を軸として1回転させてできる立体の表面積を求めなさい。ただし，円周率は π としなさい。

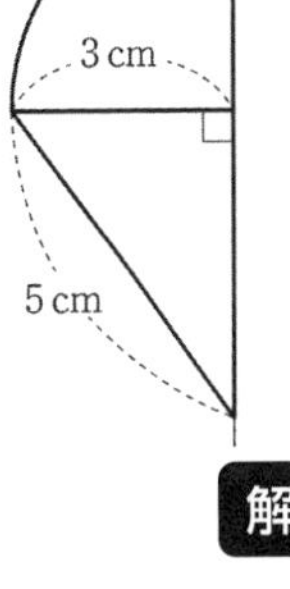

解答・解説 P304

(10) 次の表は，あるテストの得点の分布を示したものである。20 人の得点の平均が 5.2 点のとき，a，b の値を求めなさい。

得点(点)	0	1	2	3	4	5	6	7	8	9	10	計
人数(人)	1	0	1	a	2	3	4	b	1	2	1	20

3 あるクラスで図のような掃除当番表を作った。１週間ごとに，班が書かれた円を時計回りに１つずつ回していく。１週目は１班が教室，３班が理科室，４班が昇降口の掃除当番であり，２班と５班は掃除当番ではない。掃除のある週が１年間で 39 週あるとき，次の問いに答えなさい。

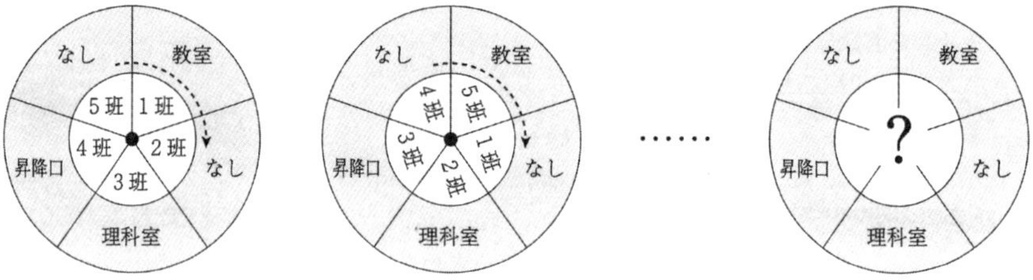

１週目　　２週目　　39 週目

(1) ４班は１年間に何回掃除当番になるか求めなさい。

(2) １年間の掃除当番の回数が，他の班よりも１回多い班が２つある。何班と何班であるか求めなさい。

4 図のように，直線 ℓ と直線 m が点Ｏで垂直に交わっている。長方形 ABCD と正方形 EFGH が，直線 ℓ, m にそって矢印の方向に，どちらも毎秒 1 cm の速さで移動する。頂点 C, E が点Ｏを出発してから x 秒後に，長方形 ABCD と正方形 EFGH が重なっている部分の面積を S cm²とするとき，次の問いに答えなさい。

(1) $x=2$ のときの S の値を求めなさい。

(2) $S=3$ となるような x の値をすべて求めなさい。

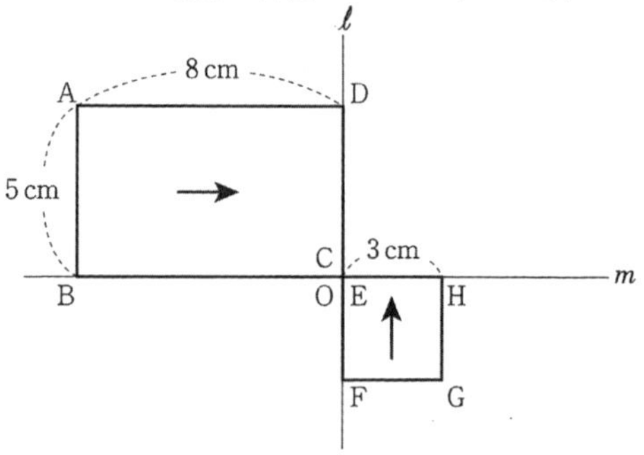

5 図のように，関数 $y=\frac{1}{4}x^2$ のグラフ…①がある。①上に２点Ａ，Ｂがあり，x 座標はそれぞれ -2，6 である。また，y 軸に平行な直線 $x=t$ が直線 AB および①と交わる点をそれぞれ P，Q とする。点Ｐが線分 AB 上にあるとき，次の問いに答えなさい。

(1) 直線 AB の式を求めなさい。

(2) $t=2$ のとき，△ABQ の面積を求めなさい。

(3) 線分 PQ の長さが２となるような t の値をすべて求めなさい。

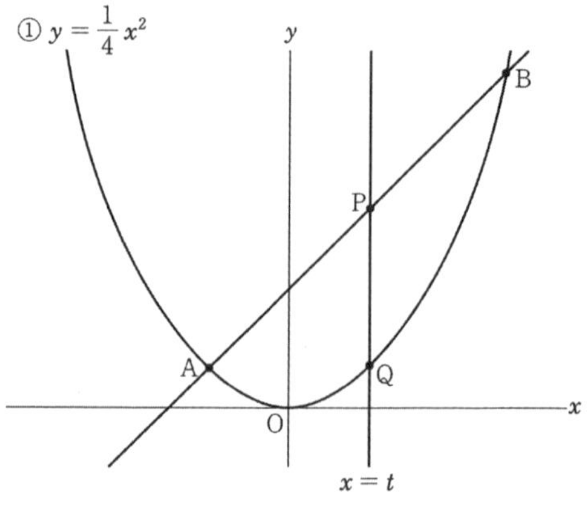

解答・解説 P304

令和5年
1月6日実施
入試問題

国学院大学栃木

理　科

制限時間 50分

1　図は日本付近のプレートの断面を示したものである。次の1から5の問いに答えなさい。

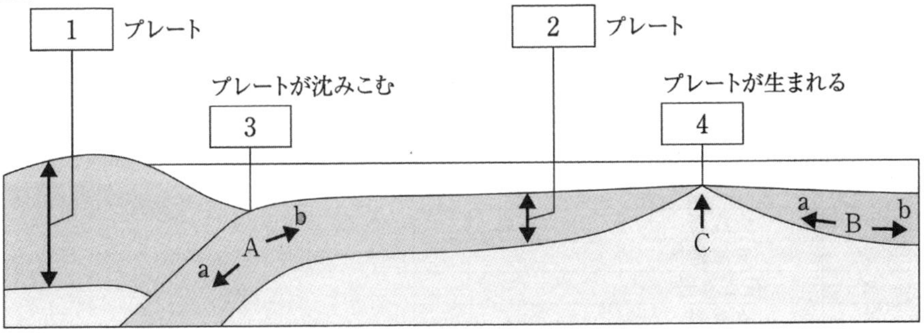

1　[1]、[2]に入る語句の正しい組み合わせはどれか。次の**ア**～**エ**から1つ選び、記号で答えなさい。

	[1]	[2]
ア	大陸	マントル
イ	大陸	海洋
ウ	地殻	マントル
エ	地殻	海洋

2　[1]プレート、[2]プレートに当てはまる日本付近のプレートの正しい組み合わせはどれか。次の**ア**～**エ**から1つ選び、記号で答えなさい。

	[1]プレート	[2]プレート
ア	フィリピン海プレート	ユーラシアプレート
イ	フィリピン海プレート	太平洋プレート
ウ	北米プレート	ユーラシアプレート
エ	北米プレート	太平洋プレート

3　[3]、[4]に入る語句の正しい組み合わせはどれか。次の**ア**～**エ**から1つ選び、記号で答えなさい。

	[3]	[4]
ア	断層	造山帯
イ	海溝	造山帯
ウ	断層	海嶺
エ	海溝	海嶺

4　A、Bにおいて、プレートの動く方向の正しい組み合わせはどれか。次の**ア**～**エ**から1つ選び、記号で答えなさい。

	A	B
ア	a	a
イ	a	b
ウ	b	a
エ	b	b

5　Cは[4]からつくられるプレートの原料となるマグマを表す。このマグマからは、黒っぽい火山岩でできている枕状溶岩（写真①）が生成されることが多い。この溶岩をつくる火成岩の種類とこの火成岩の薄片を偏光顕微鏡で観察したときの写真（あ、い）の正しい組み合わせはどれか。次の**ア**～**エ**から1つ選び、記号で答えなさい。

解　答　P288

写真①　枕状溶岩

写真　あ

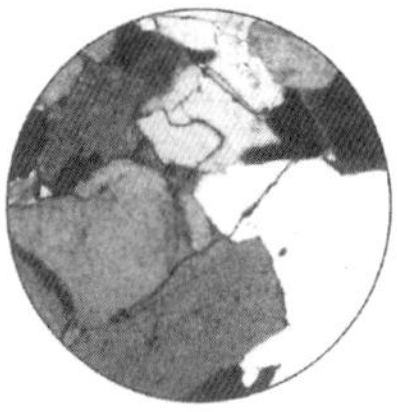

写真　い

	火成岩	写真
ア	玄武岩	あ
イ	花こう岩	い
ウ	玄武岩	い
エ	花こう岩	あ

2　遺伝の規則性について、次の1から5の問いに答えなさい。

　メダカには、体色が黒色のメダカ（黒メダカ）と体色が黄色のメダカ（ヒメダカ）がある。純系の黒メダカと純系のヒメダカを用意して、卵を産ませて子を育てた。また、産まれた子どうしをかけ合わせて、卵を産ませて、孫を育てた。なお、黒メダカとヒメダカの体色は、一組の遺伝子によって決まることが知られており、体色を黒色にする遺伝子をA、黄色にする遺伝子をaとする。

【交配1】

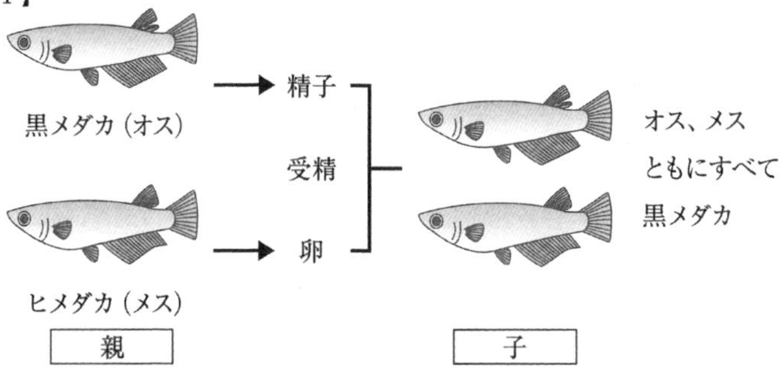

【交配2】

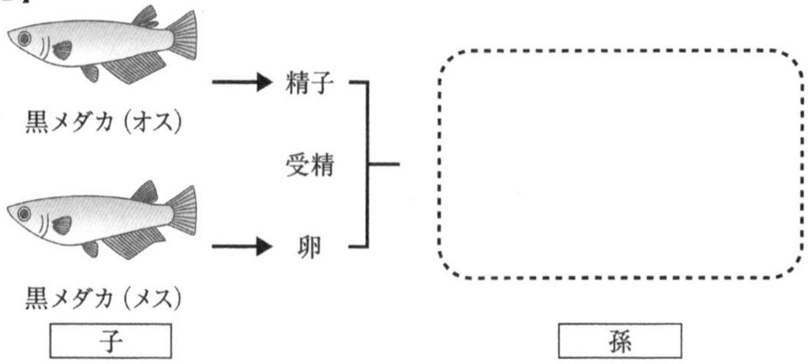

1　遺伝子に関する文のうち、**誤っているもの**を、次の**ア**～**エ**から1つ選び、記号で答えなさい。

ア　遺伝子は、核の中の染色体にある。
イ　遺伝子の本体は、デオキシリボ核酸である。
ウ　同じ親からの無性生殖でできた2個体には、それぞれ異なる遺伝子が伝わる。
エ　親のもつ形質（特徴）が子に伝わるのは、その形質のもとになる遺伝子が伝わるからである。

2　【交配1】において、親の黒メダカ（オス）と子の黒メダカ（オス、メス）の遺伝子型はそれぞれどのように表されるか。正しいものを次の**ア**～**エ**から1つ選び、記号で答えなさい。

	親（オス）	子（オス）	子（メス）
ア	AA	AA	aa
イ	AA	Aa	Aa
ウ	Aa	AA	aa
エ	Aa	Aa	Aa

3　【交配1】において、親のヒメダカ（メス）がつくる卵の遺伝子はどのように表されるか。最も適当なものを、次の**ア**～**オ**から1つ選び、記号で答えなさい。

ア　AA　　**イ**　Aa　　**ウ**　aa　　**エ**　A　　**オ**　a

4　【交配2】ではたくさんの孫の世代が育った。この孫の世代をオスとメスを合わせて数えたとき、黒メダカとヒメダカの数の割合はどのようになるか。最も適当なものを、次の**ア**～**エ**から1つ選び、記号で答えなさい。

ア　すべて黒メダカになる。
イ　黒メダカとヒメダカの数は、ほぼ等しい。
ウ　黒メダカの数は、ヒメダカの数の約2倍である。
エ　黒メダカの数は、ヒメダカの数の約3倍である。

5　【交配2】の子の黒メダカ（メス）と純系のヒメダカ（オス）を用意して、卵を産ませて次の世代を育てたとする。次の世代のメダカの説明として、最も適当なものを、次の**ア**～**エ**から1つ選び、記号で答えなさい。

ア　オスはヒメダカで、メスは黒メダカである。
イ　オスもメスも、ヒメダカと黒メダカの数がほぼ同数である。
ウ　オスもメスも、黒メダカだけである。
エ　オスもメスも、ヒメダカだけである。

3

水溶液とそれに関する化学変化について、次の1から5の問いに答えなさい。

1　食塩水、砂糖水、うすい塩酸、エタノール水溶液、蒸留水のうち、電流が流れやすいものはいくつあるか。次の**ア**～**エ**から1つ選び、記号で答えなさい。

ア　1つ　　**イ**　2つ　　**ウ**　3つ　　**エ**　4つ

2　イオンの名称とイオンを表す化学式のうち、正しい組み合わせを、次の**ア**～**エ**から1つ選び、記号で答えなさい。

	アンモニウムイオン	硫化物イオン
ア	NH_3^+	S^-
イ	NH_3^+	S^{2-}
ウ	NH_4^+	S^-
エ	NH_4^+	S^{2-}

3　塩化水素の水溶液の電離を正しく表したものを、次の**ア**～**エ**から1つ選び、記号で答えなさい。

ア　$H_2SO_4 \rightarrow 2H^+ + SO_4^{2-}$
イ　$H_2SO_4 \rightarrow H_2^+ + SO_4^-$
ウ　$HCl \rightarrow H^+ + Cl^-$
エ　$2HCl \rightarrow H_2^+ + Cl_2^-$

4　図のように塩化銅水溶液の電気分解を行った。このときに起こる変化について正しく表すものを、次の**ア～エ**から１つ選び、記号で答えなさい。

ア　＋極では塩素が発生し、－極では水素が発生する。

イ　＋極では塩素が発生し、－極では銅が生じる。

ウ　＋極では銅が生じ、－極では水素が発生する。

エ　＋極では銅が生じ、－極では塩素が発生する。

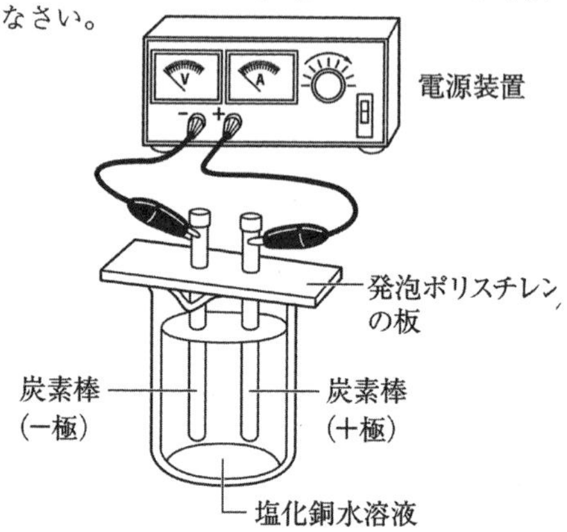

5　図のようにうすい水酸化ナトリウム水溶液を加えて水の電気分解を行った。このことについて正しく表すものを、次の**ア～エ**から１つ選び、記号で答えなさい。

ア　電極Ｘは－極であり、水素が発生する。
イ　電極Ｙは－極であり、酸素が発生する。
ウ　電極Ｘは＋極であり、酸素が発生する。
エ　電極Ｙは＋極であり、水素が発生する。

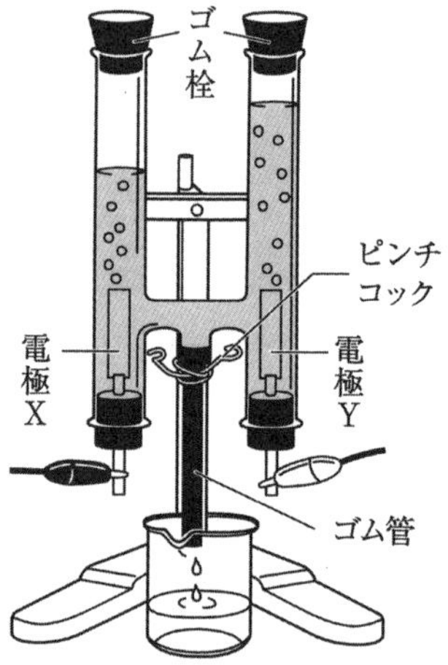

4

力や運動に関して、次の１から５の問いに答えなさい。

1　「ばねばかり」、「台ばかり」、「上皿てんびん」がある。物体の質量を測定するのに適した実験器具はどれか。次の**ア～ウ**から１つ選び、記号で答えなさい。

ア　ばねばかり　　　**イ**　台ばかり　　　**ウ**　上皿てんびん

2　床の上にある物体Ｑの上に物体Ｐをのせた。図は、それらにはたらく力ａ～ｆを作図したようすである。作用・反作用の関係にある力の組み合わせを、次の**ア～エ**から１つ選び、記号で答えなさい。

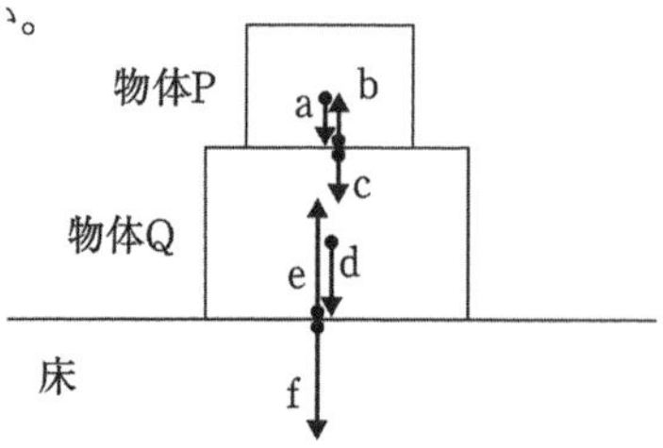

a	Ｐにはたらく重力
b	ＱがＰを押す力
c	ＰがＱを押す力
d	Ｑにはたらく重力
e	床がＱを押す力
f	Ｑが床を押す力

ア　(ａ,ｂ)と(ｃ,ｄ,ｅ)の２組　　　**イ**　(ｂ,ｃ)と(ｅ,ｆ)の２組
ウ　(ａ,ｂ)と(ｂ,ｃ)の２組　　　**エ**　(ｃ,ｄ,ｅ)と(ｅ,ｆ)の２組

3　図のように天井から同じ質量の物体がつるされており、糸Aと糸Bが物体を引く力をそれぞれS_A、S_Bとする。S_A ＞ S_Bとなるものを、次の**ア〜エ**から1つ選び、記号で答えなさい。

ア　**イ**　**ウ**　**エ**

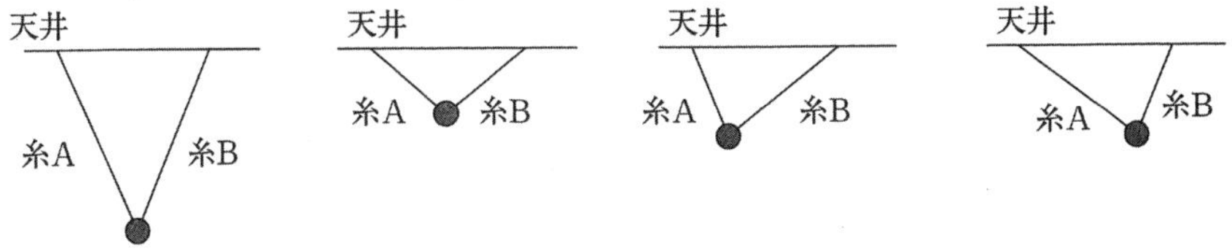

ア	イ	ウ	エ
糸Aの長さと糸Bの長さは同じ	糸Aの長さと糸Bの長さは同じ	糸Aの長さは糸Bの長さより短い	糸Bの長さは糸Aの長さより短い

4　図のように質量400gの物体が直角三角形の斜面最下点に静止している。この物体を斜面に沿ってゆっくりと5m押し上げた。このとき押し上げる力がする仕事は何Jか。次の**ア〜エ**から1つ選び、記号で答えなさい。ただし、100gにはたらく重力の大きさを1Nとする。

ア　0.8 J　　**イ**　1.25 J
ウ　10 J　　**エ**　20 J

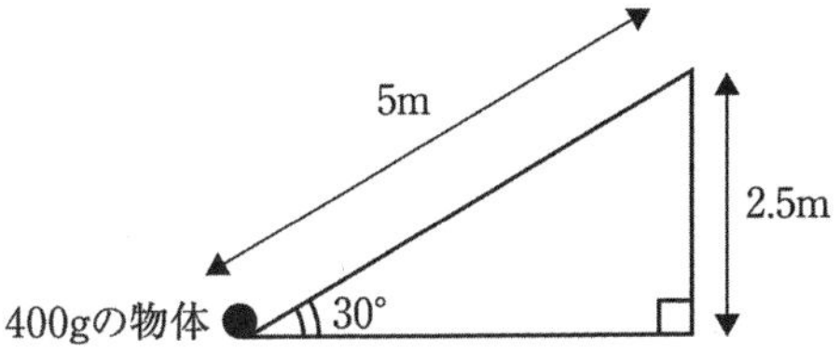

5　図1のように小球と糸で振り子を作る。小球を、点aから静かに手を離し落下させると、小球はDの位置にきて一瞬静止する。この振り子に、図2のように板を設置すると、小球がBの位置にきたとき糸が板にかかり振り子の長さが変化する。このとき、小球が一瞬静止する位置について正しいものを、次の**ア〜ウ**から1つ選び、記号で答えなさい。

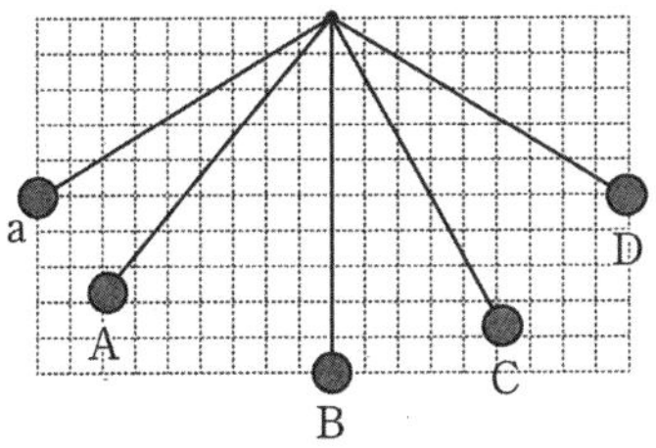

図1

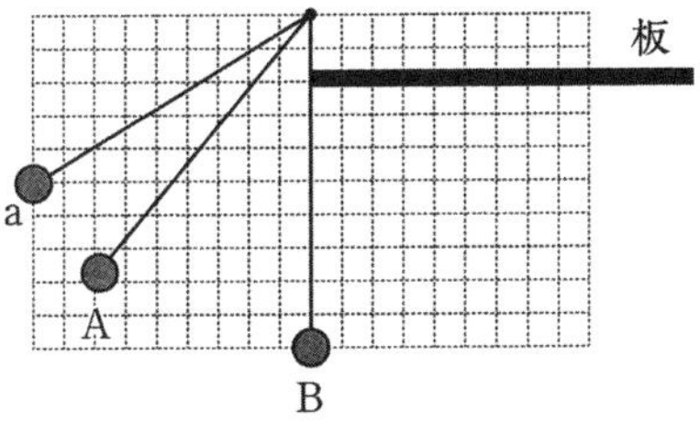

図2

ア　図1の位置Dと同じ高さまであがって一瞬静止する。
イ　図1の位置Bと位置Cの間の、ある高さまであがって一瞬静止する。
ウ　図1の位置Bで一瞬静止する。

5

次の1から4の問いに答えなさい。

1　はやぶさ2がサンプルリターンを行った小惑星「リュウグウ」はどこにある天体か。次の**ア〜ウ**から1つ選び、記号で答えなさい。

ア　太陽系内の天体　　**イ**　銀河系の中心部の天体　　**ウ**　銀河系の外にある天体

2　ツツジとアブラナの花のつくりに関する文で、正しいものを、次の**ア〜ウ**から1つ選び、記号で答えなさい。

ア　ツツジもアブラナも外側から中心に向かって、がく、花弁、めしべ、おしべの順に並んでいる。
イ　ツツジの花弁の数は、アブラナの花弁の数よりも多い。
ウ　ツツジもアブラナも、胚珠が子房に包まれている。

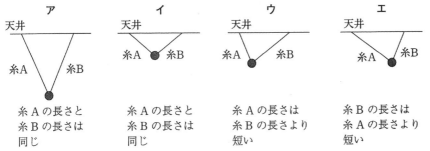

3　原子の構造に関する次の語句のうち、**適当でないもの**を、次の**ア**～**ウ**から１つ選び、記号で答えなさい。

ア　陽子　　　　**イ**　分子　　　　**ウ**　電子

4　放射線に関する文のうち、**誤っているもの**を、次の**ア**～**ウ**から１つ選び、記号で答えなさい。

ア　放射線（アルファ線、ベータ線、ガンマ線、X 線など）を出す物質を放射性物質という。
イ　X 線は、歯や骨の異常の診断などの医療に利用されている。
ウ　最も透過力が低い放射線は、ベータ線である。

6

下のグラフは 2022 年 1 月 15 日に本校で観測された気象要素のグラフである。この日、日本時間 13 時頃に南太平洋にあるトンガの海底火山「フンガ・トンガ＝フンガ・ハアパイ火山」で 大規模噴火が発生した。次の 1 から 4 の問いに答えなさい。

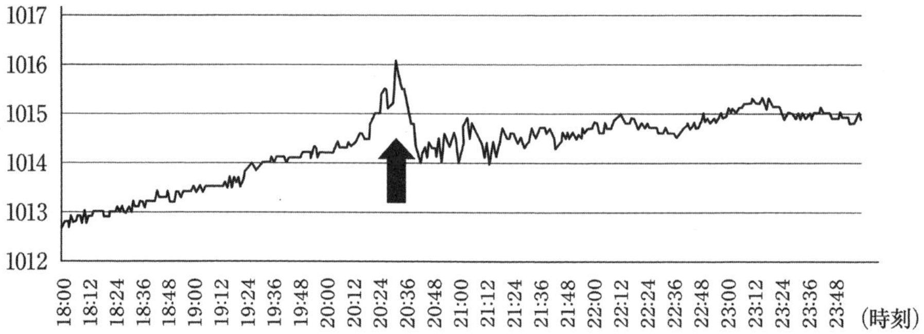

1　このグラフの縦軸が表す気象要素を、漢字 2 文字で答えなさい。また、この気象要素の単位をアルファベット 3 文字で正しく表記しなさい。

2　この気象要素の値が周りより高く、日本の夏に太平洋に現れる大気の集団を何というか。漢字 5 文字で答えなさい。

3　グラフの矢印が示す変化について正しく述べている文を、次の**ア**～**エ**から１つ選び、記号で答えなさい。

ア　トンガでの火山噴火の熱の影響が観測された。
イ　トンガでの火山噴火の影響で空気の振動が伝わった。
ウ　トンガでの火山噴火の影響で水蒸気が運ばれた。
エ　トンガでの火山噴火の影響で太陽の日射が妨げられた。

4　本校からトンガまでの距離が 8000km、噴火が起こった時刻を 13 時 00 分、グラフの矢印に示される影響がみられたのが、20 時 30 分とすると、噴火の影響が伝わった速度は何 km/h か。小数第 1 位を四捨五入し、整数値で答えなさい。

7

ヒトの呼吸運動について、次の 1 から 4 の問いに答えなさい。

肺はろっ骨とろっ骨の間の筋肉と（　A　）によって囲まれた、胸こうという空間の中にある。肺には筋肉がないので、みずから膨らんだり、縮んだりすることはできないが、（　A　）を上下に動かすことによって、呼吸運動が行われる。表は、呼吸運動によって吸う息とはく息に含まれる気体の体積の割合（%）を示したものである。

	窒素	酸素	水蒸気	二酸化炭素
吸う息	78.42	20.79	0.75	0.04
はく息	74.34	①	②	③

1　文中の（　A　）に適する語句を答えなさい。

解 答　P288

2　下線部において、(　A　) が上がったときのようすとして、最も適当なものを、次のア～エから1つ選び、記号で答えなさい。

ア　胸こうの体積が大きくなり、肺の中に空気が吸い込まれる。
イ　胸こうの体積が大きくなり、肺から空気が押し出される。
ウ　胸こうの体積が小さくなり、肺の中に空気が吸い込まれる。
エ　胸こうの体積が小さくなり、肺から空気が押し出される。

3　はく息に含まれる①～③の割合として、最も適当なものを、次のア～エから1つ選び、記号で答えなさい。

	①	②	③
ア	22.10	1.83	1.73
イ	15.26	6.19	4.21
ウ	20.79	1.33	3.54
エ	18.42	7.20	0.04

4　肺はたくさんの肺胞が集まってできているため、酸素と二酸化炭素の交換を効率よく行うことができる。なぜ、たくさんの肺胞が集まると交換効率が上がるか。次の (　　　) に適する文を答えなさい。

肺胞の表面と毛細血管が接する (　　　　　　　　　　　　　　) なるから。

8　身の周りの物質について、次の1と2の問いに答えなさい。

1　食塩、砂糖、かたくり粉、プラスチックから有機物をすべて選び、名称を答えなさい。

2　表は物質の密度を表している。次の(1)～(3)の問いに答えなさい。

物質	密度(g/cm^3)	物質	密度(g/cm^3)
金	19.3	鉄	7.87
銀	10.5	水	1.00
銅	8.96	エタノール	0.79

(1)　表の金属の中で、100g当たりの体積が最も小さい物質はどれか。名称を答えなさい。

(2)　200cm^3 の水とエタノールの質量をそれぞれ求めた。質量が大きい方の物質名を答え、その質量の差を整数値で答えなさい。

(3)　ある金属の質量を図1のように電子てんびんで測ったところ、質量は8.06gであった。また、図2のように90cm^3 の水を入れたメスシリンダーに金属を入れたところ、体積が90.9cm^3 になった。金属をつるしたひもの体積や質量を無視できるとしたとき、この金属は、表のうちどれか。名称を答えなさい。

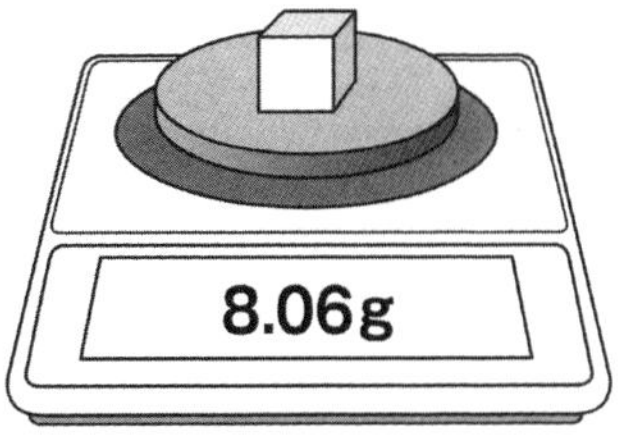

図1

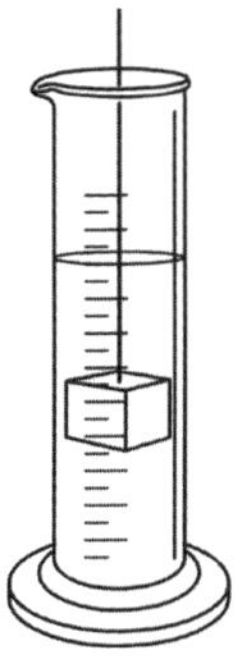
図2

9　図1のような電流計を含む回路において、図2のような抵抗①（R_1とR_2を直列につないだ）、抵抗②（R_3とR_4を並列につないだ）をP、Q間に接続した。これについて、次の1から4の問いに答えなさい。

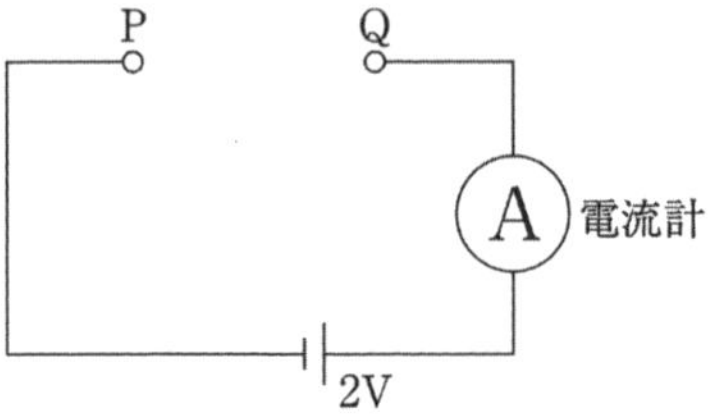

図1

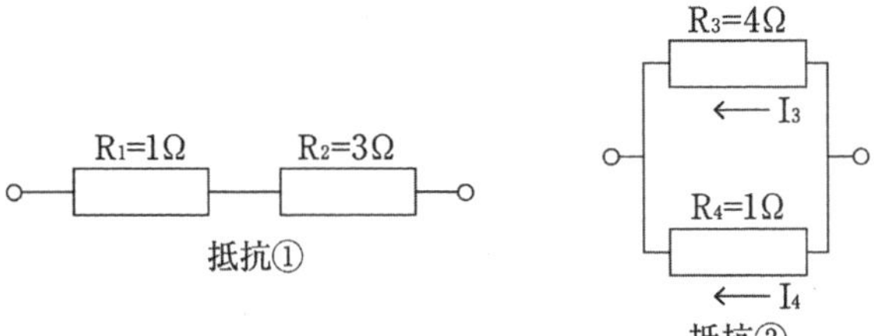

図2

1　PQ間に抵抗①を接続したとき、電流計の読みは何Aになるか、値を答えなさい。

2　PQ間に抵抗②を接続したとき、R_3とR_4にそれぞれ流れる電流の大きさの比（I_3：I_4）を最も簡単な整数比で答えなさい。

3　PQ間に抵抗②を接続したとき、電流計の読みは何Aになるか、値を答えなさい。

4　PQ間に抵抗①を接続したときと、抵抗②を接続したときの各抵抗の発熱量を比較した。この時、R_1～R_4のうち、最も発熱量が多い抵抗の1秒当たりの発熱量は何Jになるか。値を答えなさい。

解　答　P288

国学院大学栃木

英 語

制限時間 50分

1 次の問い（ A , B ）に答えなさい。

A. 次の各組の単語で、下線部の発音が他と異なるものをそれぞれ1つ選び、記号で答えなさい。

1. ア boot　イ foot　ウ tooth　エ moon
2. ア finger　イ hunger　ウ stranger　エ stronger
3. ア heated　イ slipped　ウ researched　エ released

B. 次の各組の単語で、最も強いアクセントの位置が他と異なるものをそれぞれ1つ選び、記号で答えなさい。

1. ア col-or　イ sea-son　ウ hun-dred　エ po-lite
2. ア sud-den-ly　イ ex-cel-lent　ウ cap-i-tal　エ to-geth-er
3. ア ac-tiv-i-ty　イ nec-es-sar-y　ウ tel-e-vi-sion　エ beau-ti-ful-ly

2 次の各文の（　　）内に入る最も適当なものをそれぞれ1つ選び、記号で答えなさい。

1. She may (　　) a singer.
　ア be　イ am　ウ is　エ are
2. Billy is taking guitar lessons, (　　) he?
　ア wasn't　イ didn't　ウ isn't　エ doesn't
3. A friend of (　　) visited me yesterday.
　ア they　イ their　ウ them　エ theirs
4. I'm fond of (　　) baseball games.
　ア watch　イ watched　ウ to watch　エ watching
5. There is (　　) wrong with my bicycle.
　ア anything　イ something　ウ any　エ some
6. Nancy can't buy her ticket because she has (　　) her money.
　ア lost　イ got　ウ made　エ had
7. We trust Joe because he always (　　) his promises.
　ア takes　イ keeps　ウ throws　エ breaks
8. They went (　　) a trip to Mexico.
　ア in　イ at　ウ on　エ with
9. I got on the (　　) and went up to the sixth floor.
　ア plane　イ elevator　ウ train　エ subway
10. I wish I (　　) a cat at home.
　ア have　イ has　ウ am having　エ had

3 次の各日本文の意味を表すように、（　　）内の語(句)を並べかえて正しい英文を作るとき、（　　）内で5番目に来るものをそれぞれ1つ選び、記号で答えなさい。

1. この橋は私が子どもの頃かけられました。
　This (was / I / a child / when / built / bridge / was).
　ア I　イ when　ウ a child　エ built
2. この道は朝からずっと車でいっぱいです。
　This street (been / since / full / has / this morning / cars / of).
　ア been　イ since　ウ of　エ cars
3. 起きなさい、さもないと学校に遅れますよ。
　Get up, (late / school / will / for / or / be / you).
　ア for　イ will　ウ late　エ be
4. 私はちょうど彼女のお見舞いに行ってきたところです。
　I (the hospital / been / see / just / have / to / to) her.
　ア been　イ see　ウ just　エ the hospital
5. 私は今朝、朝食を食べずに学校へ行きました。
　(eating / I / to / breakfast / school / went / without) this morning.
　ア eating　イ to　ウ without　エ school
6. 私のクラスメートの写真をお見せします。
　I'll (you / pictures / show / some / classmates / of / my).
　ア pictures　イ of　ウ classmates　エ some

解答 P288

国学院大学栃木　入試問題(R5)◆英語

[4] 次の各日本文の意味を表すように、(　　　) 内に適当な語を入れなさい。

1. 5月は何人の生徒が体育館を使う予定ですか。
(　　　)(　　　) students will use the gym in (　　　)?

2. あなたが先週の土曜日に川で釣った魚はなんて大きかったのでしょう。
(　　　) a big fish you (　　　) in the river last (　　　)!

3. 私は叔母《おば》ほど上手に泳げません。
I can't swim (　　　)(　　　) as my (　　　).

[5] 次の対話文を読んで、あとの問いに答えなさい。

Doctor : Hello, Jerry. It's nice to see you.
Jerry : Good morning, Doctor Brown.
Doctor : Sit down, Jerry. (　①　)
Jerry : Not bad. It still hurts when I move it, but it's a little better.
Doctor : (　②　)
Jerry : Really? What is it?
Doctor : The X-rays show it's not broken.
Jerry : Oh, good! Can I use it if I want to?
Doctor : No. Don't try to use it for a few days. I think it'll be all right in a week or two.
Jerry : This is a bad time to have a cold.
Doctor : (　③　)
Jerry : Because I have to use my handkerchief with one hand.
Doctor : (　④　) Well, tell me about your cold. Do you have any pain?
Jerry : Just in my head.
Doctor : Let's take your temperature.
Jerry : I don't think I have a fever.
Doctor : How are the others in your family? (　⑤　)
Jerry : No. Mm-mm...
Doctor : What's that? You're the only one?
Jerry : Mm-mm...
Doctor : Oh, sorry. You can't talk with this thermometer in your mouth. Now, are you OK?
Jerry : Yes. I'm the only one.
Doctor : Well, you're right. You don't have a fever.
Jerry : That's good.
Doctor : Just relax and sleep well. You'll be all right. Come back and see me if your arm doesn't get better.
Jerry : Thank you, Doctor. Goodbye.

(注)　X-rays : レントゲン写真　　pain : 痛み　　temperature : 体温
thermometer : 体温計

1. (　①　) ~ (　⑤　) に入る最も適当なものをそれぞれ1つずつ選び、記号で答えなさい。
ア Why do you say that?
イ Do any of them have colds?
ウ Oh, that's hard.
エ You should come to see me again.
オ I have good news for you, Jerry.
カ How does your arm feel?

2. 次の質問に対する答えとして、本文の内容に合うように (　　　) に入る最も適当な1語を本文から抜き出しなさい。
Question : Why does Jerry have to use his handkerchief with one hand?
Answer : Because his (　　　) on the other side still hurts.

3. 本文の内容に一致するものを1つ選び、記号で答えなさい。
ア This is Jerry's first visit to the doctor after he got hurt in the arm.
イ Jerry came to see the doctor with one member of his family who had a cold.
ウ This is a bad time for Jerry to have a cold because he is too busy to see the doctor.
エ Jerry was not able to talk well when he had a thermometer in his mouth.

6 次の英文を読んで、あとの問いに答えなさい。

Mark was a car mechanic. He had a problem with his job. He didn't enjoy his job, because he was tired of doing the same things every day.

One day Mark got a letter from Japan. It was a letter from Ken. Mark thought, "I stayed in Japan for a month when I was fifteen. Ken was one of my friends. ①I haven't heard from him for ten years since then. What has happened?"

> Dear Mark,
>
> Hello, this is Ken. Do you remember me? I am giving you another letter and a picture. The letter was written to you by yourself ten years ago. Do you remember Jiro, Keiko, you and I wrote letters to ourselves to read ten years later? Last week the three of us enjoyed reading them. We talked about you and decided to send your letter and our picture to you.
>
> Now I want to write to you about us. I teach English in a high school. Thanks to you, I became very interested in English and studied it hard to be a teacher. I like teaching English. Jiro works as a barber. He enjoys talking with people while he is working. Keiko is a nurse. She says that her job is hard but a lot of fun. I hope you will write me soon.
>
> Your friend,
> *Ken*

Mark saw the picture. His friends looked very happy. "They enjoy their jobs," Mark thought. He was glad to read the letter and see the picture, but ②he felt a little sad. "If someone takes my picture now, how do I look?" Mark asked himself.

Then Mark read the other letter.

> Dear Mark,
>
> Hi! How's everything? Did you realize your dream? Of course you did. I'm sure you are working as a car mechanic. You must be great at your job, and can repair all types of cars. You must know about the engines of all the nice and new cars. What types of cars are popular now?
> *Mark*

"When I started my job, I had to learn many things. For example, I needed to know about new technologies. It was very difficult to repair cars well," Mark thought. Soon Mark found that he was doing his favorite job. "Now I remember something important. People's smiling faces made me happy when I finished repairing their cars. I was proud of my job," he thought. He remembered he liked his job. He thanked Ken for sending the nice presents.

(注) mechanic：整備士　　be tired of ～：～に飽きている　　realize ～：～を実現する
repair ～：～を修理する　　engines：エンジン

1．本文の内容に合うように、次の（ a ）には適当な数字を、（ b ）には英単語をそれぞれ書きなさい。

> When Mark was (a) years old, he got a letter from Ken for the (b) time after his stay in Japan.

2．Jiro、Keiko がそれぞれどのような仕事をしているか、例にならって本文中から抜き出して答えなさい。

例．Ken became a (teacher).
Jiro works as a (1), and Keiko is a (2).

3．下線部①を日本語に直しなさい。

4．Mark が下線部②のように感じたのはなぜか。その理由を１つ選び、記号で答えなさい。

ア 日本にいる友だちが、ずっと手紙をくれなかったから。
イ 日本にいる友だちが、自分には写真を送ってくれなかったから。
ウ 日本にいる友だちは夢を叶えたのに、自分は夢を叶えられなかったから。
エ 日本にいる友だちは仕事を楽しんでいるのに、自分は楽しんでいないから。

5．本文の内容に一致するものを２つ選び、記号で答えなさい。

ア Mark remembered who Ken was because Mark saw the picture of Ken, Jiro and Keiko.
イ Mark's dream was to be a great car mechanic when he wrote a letter to himself in Japan.
ウ Mark wanted to know about new technologies in cars by studying them in Japan.
エ Thanks to the letters from Ken, Mark could know what types of cars were popular in Japan.
オ Mark felt happy to see the people's smiling faces when he finished repairing their cars.

7 次の英文を読んで、あとの問いに答えなさい。

It was the very cold winter of 1925. Dr. Welch, the only doctor in the little town of Nome in Alaska, found out that some people were sick and dying with a disease called diphtheria. But there wasn't enough medicine in Nome. He thought, "If I can get enough medicine, I can save those sick people." In bad weather, there was no plane that could fly into Nome. The only hope was to get the medicine from some place near Nome in Alaska. He called the radio station. A radio message for help went across Alaska.

A doctor in south Alaska heard ①the message, and he had enough medicine! But the problem was how to send the medicine to Nome. It could not go by ship because the seas near Nome were frozen. So he decided to send it to Nenana by train. Nenana was the town closest to Nome, one and a half days away on the railway.

The trip with the important medicine began. After about 510 kilometers by train, the medicine had to travel about 1,100 kilometers over the difficult and frozen road between Nenana and Nome. Only sledges pulled by dog teams could do this job. Again, the radio station asked for help: this time for drivers of dog teams. These drivers are known as *mushers*. Soon, some mushers with very strong dogs agreed ②to help.

On Tuesday evening, January 27, the medicine arrived at Nenana by train and it was given to the first musher. The great relay race began. Each musher relayed the medicine to the next man waiting with another dog team.

On Sunday, the medicine was relayed to the last musher, Gunnar Kaasen. Before his start, heavy snow began to fall. But he continued the race and his dogs kept running.

On the morning of February 2, five and a half days after the first dog team started, Kaasen entered the town of Nome. Soon, he found the hospital. Dr. Welch was very glad and said, "You got here in time! You have done a wonderful job."

"③No. The dogs did it! They brought us here," answered Kaasen, as he put the important medicine in the doctor's hands. The race against death was won at last!

（注） Nome：ノーム（地名）　diphtheria：ジフテリア（病名）
Nenana：ネナナ（地名）　frozen：凍っている　sledge：そり

1．下線部①の内容として最も適当なものを１つ選び、記号で答えなさい。
ア「ノームに薬を届けるマッシャー求む、一刻も猶《ゆう》予《よ》なし」
イ「当病院に予備の薬あり、ネナナまでの列車輸送可能」
ウ「重症者あり、医者派遣されたし、今すぐ」
エ「ジフテリア発生、十分な薬なし、至急助け求む」

2．下線部②の内容として最も適当なものを１つ選び、記号で答えなさい。
ア to relay the medicine to Nome in their dog teams
イ to run a dog team race against each other to carry the medicine to Nome
ウ to find a hospital that had enough medicine for diphtheria
エ to find an airplane to get the medicine to Nome much faster than dog teams

3．下線部③はどのような意味で言ったのか、本文に即し日本語で簡潔に説明しなさい。

4．本文の内容と一致するものを２つ選び、記号で答えなさい。
ア Dr. Welch needed more doctors to save the dying people in his town.
イ The doctor in south Alaska could not send the medicine by ship because of the frozen seas.
ウ The radio station asked for help twice : first for the medicine and then for mushers.
エ The last relay by Gunnar Kaasen and his dogs was the easiest part of the long and difficult route.
オ When the medicine was handed to Dr. Welch, he first thanked Gunnar Kaasen's dogs for their great job.

5．本文を参考にして、次のア～オを話の展開どおりに並べかえなさい。そのとき、２番目と４番目に来るものを記号で答えなさい。
ア The medicine was carried by train to Nenana.
イ A doctor in Nome found out that some people were very sick and called the radio station.
ウ The medicine was carried by sledges across the land of snow and ice.
エ Gunnar Kaasen gave the medicine to Dr. Welch in time to save many people.
オ A doctor who had enough medicine for diphtheria heard the radio message.

解答 P289

問四 ――線部（1）「買物に行こう、と、わたしがいったのだ」とあるが、「わたし」が「買物に行こう」と言ったのはなぜか。最も適当なものを次の**ア**～**エ**の中から選び、記号で答えなさい。

ア はじめは気がふさいで心が沈み、殻に閉じこもりたいと思っていたが、かつて自分を心配してくれた母のことが思い出され、今の困難な状況を乗り越えようという気持ちが湧いてきたから。

イ あまりにも急に状況が変わったため、当初はまったく前向きになれなかったが、自分のことを懸命に助けようとしてくれる母の思いに報いるためにも、現実に向かっていこうと決心できたから。

ウ 現実の受け入れがたい変化にとまどっているが、自分のことを常に気づかってくれている母に心配をかけないために、積極的に外出して前向きに生きていかなければならないと思ったから。

エ これまで、どうしても前向きな気持ちになれないでいたが、こちらの世界になじめず沈んでいる自分の様子を見て、元気づけてくれる母に報いるためにも気持ちを立て直そうと思ったから。

問五 ――線部（2）「……ロビンソン・クルーソーは、最後に、うちに帰れたわよね」とあるが、このときの「わたし」の説明として最も適当なものを次の**ア**～**エ**の中から選び、記号で答えなさい。

ア 明るく溌剌《はつらつ》として自分をかばい気遣ってくれている美也子に対して、もとの世界に帰りたいという気持ちや、本当にもとの世界に帰れるのか不安だという気持ちを、胸の内におさえこんでいる。

イ 現状を乗り越えるため、心の支えにしようとしていたロビンソン・クルーソーの話の内容を、きちんと確かめることによって、自分の記憶や感覚が正常であるか、確認したいと思っている。

ウ 外に出る行動を起こしてみようと、いったん前向きな気持ちになったものの、美也子の明るくたくましい様子に気おされてしまって、自分の置かれている惨めな状況をより強く実感している。

エ 今現在の信じがたい状況を、屈託なく受け入れてくれている美也子に感謝しつつ、必ずもとの世界に帰れるということを一人胸の内で固く信じながらこの難局を乗り越えようとしている。

問六 ――線部（3）「わたしは、わたしは、そうは思わないわ。節操がなくなったら、人間おしまいよ」とあるが、このときの「わたし」の心情として最も適当なものを次の**ア**～**エ**の中から選び、記号で答えなさい。

ア 「わたし」に意見する権利のない美也子が見下すようなことを言ったので、悲しくなっている。

イ あまりにも道徳的ではない感覚を持っている「わたし」のものの見方を、矯正しなければと思っている。

ウ 自分の常識的な感覚だけで、「わたし」のものの見方をあっさりと否定する美也子に腹が立っている。

エ 自分の世界を何より大切に思う「わたし」は、独自の狭い常識からの美也子の言葉を許せないでいる。

問七 「わたし」は「美也子」をどう見ているか。その説明として最も適当なものを次の**ア**～**エ**の中から選び、記号で答えなさい。

ア 自らの若さを全面的に押し出して、自らを誇示しようとする反面、「わたし」に対しても心づかいと優しさを向けてくれる存在。

イ 現代的な若い女性として美しく成長し、「わたし」に対して優しくこまやかな心遣いをし、庇《かば》おうとしてくれる存在。

ウ 明るく素直で思いやり深い女性として育つとともに、物事の判断も臨機応変に危なげなく的確にできる、心から頼りになる存在。

エ 倫理的な判断に甘さがあって危険なものの、若くて伸びやかな美しさと力強さ、頼りがいのある部分を兼ね備えている存在。

解答 P289

様、二人は何と――手をつないでビルの方に歩いて行ってしまった。

「どうしたの」

(D)わたしは、珍獣の珍奇な行動を目撃したロビンソン・クルーソー。

「平気なの？」

「何が」

「あれ」

繋《つな》がった手が、ぶらんこのように揺れながら、遠ざかって行く。

「あれって、あれ？」

「うん」

衝撃のあまり、ごくり、と(Ⅰ)唾を呑んでしまった。

「……」

気がつくと美也子さんが顔を見ている。

「違うわよ！」

「は？」

「驚いたのよ」

美也子さんは呆《あき》れたように眉を上げ、

「分かってるわよ」

わたしは、そっと顔を近づけ、驚きを言葉にした。

「あんなこと普通なの？」

「というと？」

「人前で、高校生のアベックが自転車の二人乗りしたり、手をつないだり――」

「普通でもないけど、びっくりもしないわ。もっと凄《すご》いことだってあるから」

はあ、と溜息《ためいき》が出る。

「こっちで、やっていくのって大変そう」

「そんなにショック？」

「だって、あっちだったら、男の子と女の子が、親しそうに街中歩いてるだけで、白い［　b　］で見られるわ」

「へえー、信じられない。そんなの(Ⅱ)息が詰まらない？」

かちんとくる。美也子さん、あなたにわたしの世界を非難する権利なんかない。

(3)「わたしは、――わたしは、そうは思わないわ。節操がなくなったら、人間おしまいよ」

〈北村　薫『スキップ』〈新潮社〉による〉

問一　〜〜〜線部（Ⅰ）「唾を呑んでしまった」、（Ⅱ）「息が詰まらない？」とあるが、この場合の、「唾《つば》を呑《の》む」、「息が詰まる」の意味として最も適当なものを次の**ア**〜**エ**の中からそれぞれ選び、記号で答えなさい。

（Ⅰ）「唾を呑む」

ア　あきれて開いた口がふさがらなくなる。　**イ**　怒りのあまり歯を食いしばる。

ウ　うらやましさで身動きができなくなる。　**エ**　緊張して息ができなくなる。

（Ⅱ）「息が詰まる」

ア　狭く息苦しくて不愉快を感じる状態。　**イ**　束縛されて不自由さを感じる状態。

ウ　無味乾燥でつまらない状態。　**エ**　身体的不調のため呼吸困難に陥る状態。

問二　……線部（A）〜（D）の中から、隠喩（暗喩）表現を含んでいるものを一つ選び、記号で答えなさい。

問三　［　a　］［　b　］には同じ言葉が入る。その言葉を漢字一字で答えなさい。

驚いたことに、わたしの自動車というのがあるそうだ。この家は一戸建てで、桜木さんの親の代からのもの。車庫はない。したがって、畑の向こうの駐車場を借りているという。

「すると、御主人のと合わせて一家に二台？」

「そう」

「贅沢《ぜいたく》ねえ」

「運転出来る？」

「とんでもないわ」

「じゃあ、自転車は？」

「それだったら、何とか」

玄関脇のテラスに自転車が二台。こちらは複数でも驚かない。いわれた方に乗ってみるが、ハンドルが遠い。やや前傾姿勢になる。どうも落ち着かない。

「何だか疲れそう」

「でも、確かに《あのお方》が使っていたんだから」

体はそのままかしれないが、感覚が違うのだから仕方がない。とにかく、それで出掛けることにした。先導が美也子さんである。挨拶すべき人に会ったら美也子さんが頭を下げる。こちらは、それを真似ればいい。(B)影のようなものだ。

通りを折れ、畑の間の小道に入る。

両側に木で柵《さく》がこしらえてある。これが自転車のハンドルの辺りまであって、案外に高い。子供が畑に入るせいだろうか。そろそろ夕闇が降り始めた。その中でも、柵越しに見える右手の菜の花は、ぼうっと明るい。

柵と黄色が途切れたところで、美也子さんは自転車のブレーキをかけ、すらりと伸びたスラックスの足を、ほの暗くなりかけた地につけた。

「あれが、《あのお方》のよ」

砂利の敷かれた駐車場。白い車が目の前に停まっていた。本来、畑だったところを、つぶしたのだろう。

わたしも自転車を停め、しげしげと眺めた。車の線は、石鹸《せっけん》で出来た原型を撫《な》でながら熱いお風呂の中に何度かくぐらせたように滑らか。これが現代なのだろう。

桜木真理子という女は、これに乗っていたのだ。しかし、今のわたしは、この白い車の主人ではない。

畑の先は、また住宅地。生け垣が続いている。下が小道なのに舗装されていることを除けば、さほど時間の流れは感じられない。

稲妻型に道を縫い、突然、車がひっきりなしに轟音《ごうおん》をたてている通りに出た。国道だという。美也子さんは、わざと人通りの多い道を避けてくれたのかもしれない。

暗い道に沿って走ると、ところどころに天から気まぐれに落としたように、明るい大きな建物が現れる。スカイラーク（ひばりのことだ。外から見ると、デパートの食堂だけ持って来たようなお店だった）、ビデオレンタル（これは何だろう）、ペットショップ（これは分かる）などなど。こんな建物ばっかり、道に沿ってびっしりと続いていたら、さぞ疲れることだろう。

着いた先も、そんな明るい点の一つだった。しかし、この点は今までのどれよりも大きい。三階建ての堂々たるビルだ。国道を流れる車の何台かが、合図を出しては広い駐車場に入って行く。ライトが薄闇を裂く。

わたし達は、人の流れをくぐり抜け、何列かに停まっている自転車の隙間に、自分達のそれをもぐり込ませた。

小さな女の子が母親に手を引かれ、棒に刺した大きなソーセージを食べながら歩いて来た。縁日の綿菓子のように。見たことのない眺めだ。

だが、本当にびっくりしたのはその向こう。高校生の男の子と女の子が、何と自転車の二人乗りでやって来たのだ。制服である。人のいるところから逃げて行くのならまだ分かる。衆人環視の中に自分から入って来るのだ。

こんなことってあるの、と［ a ］を剥《む》いている内に、二人は平気な顔で自転車を停めた。女の子は、ぽん、とコンクリートの上に降り立った。スカートはコバルトブルー。膝上である。男の子の制服は東京の学校にしかないようなブレザー。それはいい。しかし、彼が自転車のスタンドを足で蹴って止め、歩き出すと後ろ頭が見えた。男の子は、長い髪を浦島太郎のように縛っていた。

(C)犬の顔を見たら猫だったように、わたしは驚いた。そして、ああ神

〔四〕　次の文章を読んで、問いに答えなさい。（設問の都合上、表現を改めた部分がある。）

　高校生の「わたし」は、昼寝から覚めると二十五年後の世界に来ていた。その世界で「わたし」は、結婚して夫と一人娘（美也子）と三人暮らしをしている。美也子は母の異変にすぐ気づき、「わたし」も自分が二十五年前の世界の自分であることを、正直に打ち明ける。外見は美也子の母だが、中身は高校生である「わたし」は、混乱して戸惑いながらも、美也子とともに家から外出することに決めた。

　わたしは台所に座っている。美也子さんは着替えている。
　(1)買物に行こう、と、わたしがいったのだ。冒険である。
「驚いた」
　と、美也子さん。
「取り敢えず夕食の支度だってあるでしょう」
　と、さりげなく、わたし。
「そりゃそうだけど」
「いっとくけど、適応したわけじゃないのよ。一人になって、しばらく昨日寝た部屋に隠れていた。そうしたら知らず知らずに体が隅の方に行っちゃうのよね。押し入れにくっつくようにして、そのまま広い方を向くのが嫌になったの。このまま、自分だけの心の中に、(A)亀みたいに沈んでいたくなった。だけど、そう思った時、母の顔が浮かんだの」
「お母さんの？」
「そう。母の、心配そうな顔。まるで、学校に行きたくない、といっている子を見てるような眼。真っすぐに、こっちを見ている。たまらない。安心させてやりたくなる。だから、仕方なく寝返りをうった」
「そうしたら、お母さんは？」
「ちょっぴり笑った」
　わたしは、考えをまとめつつ、続けた。
「——ゆっくり、いうわね」
「何を」
「行動方針。取り敢えず、しばらくはここで暮らさなくてはいけない。それは残念ながら確かのようだ。いってみれば、わたしはロビンソン・クルーソーなのよ。これは前提条件。となれば、ぐちをいっているひまはない。ロビンソンが生きていくためには洞窟や水や食料を探さなくてはいけない。ましてロビンソンは一人だったけれど、わたしは家庭の中に流れ着いたわけでしょう。一人だけ野垂れ死にして済む問題じゃない。自分の役回りは、出来得る限り果たすのが義務というものよ」
　美也子さんは瞬きし、
「お母さんが、そういったの？」
「まあ、そんなところね」
「それでとにかく第一歩。流れ着いた島の様子を探索して来ようというわけね」
　わたしは、こっくりをした。
「お待たせ」
　美也子さんは、クレヨンで描いたような明るい柄のセーターに青磁色のスラックス。
——素敵だ。
「お金は？」
「箪笥《たんす》の引き出しから見つけたわ。こういう場合だから、勝手に取ってもいいでしょう？」
「まあ、やむをえないでしょうねえ」
　美也子さんは、軽く手を上げ、
「うちの中は見てみた？」
「ちょっと。でも、遠慮があるから、あちこち引っ繰り返せない」
「ああ」
　先に立って玄関に向かう。わたしは、その背に、
「美也子さん」
　明るいセーターが振り返った。いいにくくなった。
「——いえ。何でもない」
　(2)……ロビンソン・クルーソーは、最後に、うちに帰れたわよね。

問一　『宇治拾遺物語』は鎌倉時代に成立した説話集である。次の**ア**～**エ**の中から鎌倉時代以降に成立した作品を一つ選び、記号で答えなさい。

ア　義経記　　**イ**　竹取物語　　**ウ**　古今和歌集　　**エ**　古事記

問二　═══線部「かまへてまゐりたまへ」を現代仮名づかいに直して答えなさい。

問三　～～線部（X）、（Y）「何事ぞ」は誰の発言か。次の**ア**～**オ**の中から適当なものをそれぞれ選び、記号で答えなさい。

ア　大路を通り過ぎる者　　**イ**　地蔵を作った人　　**ウ**　商人　　**エ**　地蔵　　**オ**　天帝釈

問四　――線部（1）「三四年ばかり過ぎにけり」とあるが、どういうことか。説明として適当なものを次の**ア**～**エ**の中から一つ選び、記号で答えなさい。

ア　地蔵を作ったものの、日々の生活の忙しさにかまけて開眼することを忘れてしまった。
イ　地蔵を作ったものの、開眼してくれる人を見つけることができず時間が過ぎてしまった。
ウ　地蔵を作ったものの、商人が地蔵を買ってくれなかったので倉庫の中に放置してしまった。
エ　地蔵を作ったものの、周りからその地蔵は捨てたほうが良いと言われて封印してしまった。

問五　――線部（2）「え参るまじく」は「参上することができそうもない」という意味であるが、なぜ参上することができないと言うのか。理由として適当なものを次の**ア**～**エ**の中から一つ選び、記号で答えなさい。

ア　参上したい気持ちがないので、適当な言い訳をつくってなんとかごまかそうとしたから。
イ　参上したい気持ちはあるが、地蔵を作った人が参上することを許してくれないから。
ウ　参上したい気持ちはあるが、まだ開眼していないので外に出ることができないから。
エ　参上したい気持ちがないので、自分の状況を帝釈天に伝えて同情を買おうとしたから。

問六　――線部（3）「あやしくて」の意味として適当なものを次の**ア**～**エ**の中から一つ選び、記号で答えなさい。

ア　恐怖に思って　　**イ**　不思議に思って　　**ウ**　嬉しく思って　　**エ**　理不尽に思って

問七　本文の内容として適当なものを次の**ア**～**エ**の中から一つ選び、記号で答えなさい。

ア　地蔵は商人から地蔵会に誘われたが出かけることができなかったので、男の夢に現れて文句を言った。
イ　地蔵を作った人は、帝釈天が地蔵に不満を訴える夢を見てかわいそうに思い、地蔵を開眼した。
ウ　地蔵はいつまでたっても箱から出されないので、夢の中で帝釈天に開眼されることを願い、無事に願いを果たした。
エ　地蔵を作った人は、ある日地蔵の夢を見たことで自分の作った地蔵のことを思い出し、急いで開眼をした。

解答　P289

ア　最初に学校で何気なく使われている学年や民族、男女といった区別に対して疑問を抱かせない「隠れたカリキュラム」の問題を提起し、二つの問題点を提示している。次に「あたりまえ」とおもわれることが学校の中で強化されていくことで、今後多国籍になっていくであろう状況についていけない事を危惧し、最後に、区別の仕方を「隠れたカリキュラム」で変更していくことの必要性を訴えている。

イ　最初に学年や校則などの身の回りの具体例を使っていつから「隠れたカリキュラム」を学んでいるのか問題提起し、次にそれを二つの目的から区別した。次に二つ目のカリキュラムの働きについて注目し、男女や日本と外国の区別などの具体例を用いて批判し、最後に身の回りにある物事に対しての考え方が「隠れたカリキュラム」によって作成されたものだとまとめている。

ウ　最初に「隠れたカリキュラム」はどのような目的があるのか問題提起し、次にそれを二つの視点から区別した。そのうち一つのカリキュラムに注目し、それがどのような働きをもつかを具体例を使って説明しそれによって失われていく能力を提示した。最後に「隠れたカリキュラム」を発見することで既存の世界への認識を変えることができることを示唆している。

エ　最初に当たり前だと思っていることを疑わないことは「隠れたカリキュラム」に反していると問題提起し、学校生活に重きを置いた第一のタイプが原因であることに具体例を用いて指摘している。最後に、日本という国のなかで日本人という意識をもって生きるためには、世界との関係をどのように維持するか意図された第二のタイプの「隠れたカリキュラム」の発見が必要になるだろうと確信している。

〔三〕　次の文章を読んで、後の問いに答えなさい。（設問の都合上、表現を改めた部分がある。）

これも今は昔、山科《やましな》の道づらに、四の宮河原といふ所にて、袖くらべといふ商人集《あつま》る所あり。その辺の下種のありける《身分の低い者がいて》、地蔵菩薩《ぼさつ》を一体造りたてまつりたりけるを、※開眼もせで櫃《箱》にうち入れて奥の部屋など思しき所に納め置きて、世の営みに紛れて程《時間》経にければ、忘れにける程に、(1)三四年ばかり過ぎにけり。

ある夜、夢に、大路を過ぐる者の声高に人呼ぶ声のしければ、「(X)何事ぞ」と聞けば、「地蔵《地蔵さん》こそ」と、高くこの家の前にていふなれば、奥の方より、「(Y)何事ぞ」といらふる声すなり。「明日、※天帝釈の※地蔵会し給ふには参らせ給はぬか」といへば、この小家のうちより、「参らんと思へど、まだ目のあかねば、(2)え参るまじく」といへば、「かまへてまゐりたまへ」といへば、「目も見えねば、いかでか参らん」といふ声すなり。うち驚きて、何の《どうして》かくは夢に見えつるにかと思ひ参らすに、(3)あやしくて、夜明けて奥の方をよくよく見れば、この地蔵納めて置きたてまつりたりけるを思ひ出して、見出したりけり。「これが見え給ふにこそ」と驚き思ひて、急ぎ開眼したてまつりけりとなん。

〈『宇治拾遺物語』による〉

注　※　開眼……地蔵を作る仕上げに目を入れること。
※　天帝釈……帝釈天《たいしゃくてん》のこと。仏教における守護神。
※　地蔵会《じぞうえ》……地蔵菩薩を供養する会。

問六　――線部(1)「年齢という区別のしかたも同じです」について説明したものとして最も適当なものを次の**ア**～**エ**の中から選び、記号で答えなさい。

ア　人種や民族の特徴を学ぶべきだという世界のカリキュラムと同じように、日本の年齢に対する誤った考え方も、子どものうちに自然と矯正させていくこと。

イ　コミュニケーションのルールと同じように、年齢の区別も隠れたカリキュラムによって身についていき、より良い社会での生き方を身につけていくこと。

ウ　男女の区別と同じように、年齢の区別も隠れたカリキュラムによって自然と身につけさせられ、今後の行動や考え方に大きな影響を与えてしまうこと。

エ　年齢の区別が隠れたカリキュラムによって身につけさせられるように、数学や英語も誤った方法で子どもに教えられ、勉強嫌いの子どもを増やしてしまうこと。

問七　――線部(2)「そういう区別のしかた」に影響を与えられたものを本文から十文字で抜き出しなさい。

問八　――線部(3)「こういう想像がはたらかなくなるようにする」の説明として最も適当なものを次の**ア**～**エ**の中から選び、記号で答えなさい。

ア　隠れたカリキュラムによって、本来はそうではないはずの考え方があるにもかかわらず、常識を固定化して他に目が向かないようにしていること。

イ　隠れたカリキュラムによって、これからの日本にとって必要な思考法を探り当てるおもしろさや醍醐味《だいごみ》に気付かせようとしていること。

ウ　隠れたカリキュラムによって多くのいままでにない疑問が生まれてくるはずなので、自分の軸となる考え方がゆるがないようにしていること。

エ　隠れたカリキュラムによって偏見などの今までの誤った価値観がより弱くなっていき、物事に対する区別の仕方も正しいものになっていくこと。

問九　――線部(4)「私たちと世界との関係のあり方」とはどのようなことか。最も適当なものを次の**ア**～**エ**の中から選び、記号で答えなさい。

ア　知らないうちに決められている物事に対する考え方を疑い、身のまわりにある物や私たちと物の関係が実は何らかの意志によって決められていた秩序だと検証していくこと。

イ　身のまわりにある物やそれに対する考え方をどのようなものかと定義し、その定義された物事がそれぞれどのような結びつきで成り立っているかを秩序として捉えていくこと。

ウ　私たちの身のまわりには絶えず世界の物事があふれており、その世界の物事と私たちが良い関係を作っていくことが秩序であると認識していくこと。

エ　世界にあふれる物の中で必要な物と必要でない物をよく見極めて秩序を決め、その後に私たちが認識できる身の回りのものだけを定義付けていくこと。

問十　本文の構成と内容を説明したものとして、最も適当なものを次の**ア**～**エ**の中から選び、記号で答えなさい。

　さらには、日本という国のまとまりや日本人と外国人といった区別のしかたにしても、(2)そういう区別のしかたを、知らず知らずのうちに身につけていることが基礎にあるのです。自分は日本人だという意識をもとに、他の国のできごとや他の国の人とつきあっていくのか、それとも、そういう日本人という意識を離れて、自分個人としてつきあっていくのか。こういう違いも、日本というまとまりをどのように区別しているかに関係しています。そして、こういう「日本人としての自分」という意識のもとが、学校での隠れたカリキュラムなどを通じてつくられ、強化されていくのです。

　このように疑ってみると、知らず知らずに入り込む隠れたカリキュラムは、それが前提としているあたりまえのことを、より強化しているといえます。ほかのやり方の可能性があることさえ、気づかないようにさせてしまう。〔　Ⅲ　〕、男女という区別を取り払ってみたり、年齢という区別を取り払ってみたり、どの国の人であるかという区別を取り払ってみたり、そうしたときに、私たちは、どのような新しい関係を築き上げることができるのか（こうしたことは、日本の社会でなぜ男女の平等がもっと進まないのかとか、日本で生まれた外国籍の人が国や地方の議員になれないのはなぜか、といった問題にもつながっています）。〔　Ⅳ　〕、(3)こういう想像がはたらかなくなるようにする力を、隠れたカリキュラムはもっているのです。

　学校というところは、秩序を重んじる場所です。秩序というのは、まずは、自分たちのまわりの世界をどのように区別し、そうやって区別された人やモノやことがらを、どのように関係づけるかによって成り立っています。ですから、区別のしかたを変えてみるだけで、自分と世界との関係も変わってくるのです。こういう秩序のでき方や、私たちの社会の組み立て方ということにも、隠れたカリキュラムは関係しています。ですから、隠れたカリキュラムを発見することは、このような、(4)私たちと世界との関係のあり方が、知らず知らずのうちに、どのように維持されているのかに目を向けることになるのです。

〈苅谷剛彦『学校って何だろう―教育の社会学入門』〈筑摩書房〉による〉

問一　＝線部（a）「なにげない」の意味として最も適当なものを次の**ア**～**エ**の中から選び、記号で答えなさい。

ア　人の考えを理解できないこと。
イ　これといった特別な意図のないこと。
ウ　意識的に行ってしまうこと。
エ　なにもそこ見つけられないこと。

問二　＝線部（b）「必然」の類義語として最も適当なものを次の**ア**～**エ**の中から選び、記号で答えなさい。

ア　当然　**イ**　天然　**ウ**　偶然　**エ**　歴然

問三　＝線部（c）「集まっ」の活用形として適当なものを次の**ア**～**エ**の中から一つ選び、記号で答えなさい。

ア　已然形　**イ**　未然形　**ウ**　連体形　**エ**　連用形

問四　〔　Ⅰ　〕～〔　Ⅳ　〕に入る語の組み合わせとして最も適当なものを次の**ア**～**エ**の中から選び、記号で答えなさい。

ア　そして　――　たとえば　――　また　――　ところが
イ　そして　――　しかし　――　たとえば　――　また
ウ　では　――　さて　――　さらに　――　また
エ　では　――　そして　――　たとえば　――　ところが

問五　（　Ａ　）に入る文として最も適当なものを次の**ア**～**エ**の中から選び、記号で答えなさい。

ア　社会の中で一人で生きていくためのスキルを学ぶ隠れたカリキュラム
イ　正解の中で日本人であることを強く意識するための隠れたカリキュラム
ウ　学校生活をスムーズに行うために入り込んでくる隠れたカリキュラム
エ　学校と地域の関わりを意識しながら生きていくための隠れたカリキュラム

〔二〕　次の文章を読んで、後の問いに答えなさい。(設問の都合上、表現を改めた部分がある。)

学校では、数学の方程式や英語の関係代名詞などのように、「この知識を教えよう」とはっきり示していないのに、ふだんの(a)なにげない生活を通じて、生徒に伝えられることがたくさんある。さまざまなルールや、ものの見方・考え方、人とのつきあい方、日本という国のまとまりや、日本人であるといった意識など、いろいろなことがらが、学校では生徒たちに教えられています。

でも、どうしてこのような隠れたカリキュラムが、学校生活の中に入り込むのでしょうか。最後に、この問題を考えていくことにしましょう。

この問題を考えるために、隠れたカリキュラムを大きく二つに分けてみましょう。一つのタイプは、(　A　)です。これは、すでに述べたように、授業などをきちんと行うために必要とされるいろいろなルールのことです。時間を守ることも、コミュニケーションのルールも、一人で勉強するのではなく、集団で勉強するときに必要となる約束事です。

もうひとつのタイプは、もっと自然に、知らず知らずのうちに学校生活に入り込んでいる隠れたカリキュラムです。男女の区別や、年齢による区別といったことは、それが特別に問題とされないかぎり、「あたりまえ」のこととして学校の中でも使われる区別であり、約束事です。学校以外のところでも、なにげなく使われる区別が、そのまま学校でも使われるのです。

日本人や日本という国についての意識も同じです。日本という国がすでにまとまりをもっていることや、私たちが日本人であるという意識があたりまえになっている現在では、日本という国のまとまりを前提に教育が行われるのも不思議ではありません。あたりまえと思われているからこそ、自然と学校の中にも入ってくる考え方なのです。

ここで重要なのは、第二のタイプ、つまり、知らず知らずのうちに学校に入り込んでくる隠れたカリキュラムです。というのも、この第二のタイプの隠れたカリキュラムによって、あたりまえだと思っていることが、あたりまえのまま疑われなくなることがあるからです。

男女の区別にしても、年齢による区別にしても、慣れてしまえばあたりまえに思える区別です。〔　Ｉ　〕、男子と女子の区別にしても、ほかのやり方はないのでしょうか。年齢ごとの集団づくりにしても、違う学年をごちゃまぜにするやり方はできないのでしょうか。そう疑ってみると、どうしてもそうしなければならないほどの(b)必然性があるとは限りません。出欠をとるときに男女まぜこぜで名前を呼んでも困らないはず。授業だって、塾や大学などでは、年齢にこだわらずにいっしょに勉強する集団がつくられることがあります。年齢よりどれだけの学力があるかを基準にクラスをつくってもよいのです。

日本という国や日本人という意識にしても、外国人の子どもが日本の学校にもっと増えていけば、どうなるでしょう。今までのように、日本という国のまとまりを前提に、日本語や日本の歴史、地理を中心に教える教育が望ましいかどうか、疑問が出てくることだってあるでしょう。実際に、いろいろな国から人びとが(c)集まってできたアメリカやカナダのような国では、それぞれの人種や民族の特徴を学校でもっと勉強させようという主張があるくらいなのです。

このように、隠れたカリキュラムを通じて、私たちは、自分たちのまわりの世界を、どのように区別するのかを知らず知らずのうちに身につけていきます。男と女の違いをどう見るか。そして、そういう区別のしかたが、私たちの行動や考え方にも反映するようになります。たとえば、「男だから〇〇すべきだ」「女のくせに〇〇するなんて」といった見方が自然に出てきたりするのも、男と女という区別のしかたを知らず知らずのうちに身につけているからかもしれません。

(1)年齢という区別のしかたも同じです。年齢が一歳違うだけで、先輩と後輩の区別がつけられたりするのも、学年という区別のしかたが学校の中でごく自然に行われていることと関係しています。〔　Ⅱ　〕、こういう年齢という区別を気にしながら、社会人になっても、会社の中でだれが先輩かとか、だれが同期だとかいったように、人との関係の取り方が違ってきたりするのです。

問七　次の詩を読んで、後の**1**～**3**の問いに答えなさい。

みずすまし　　　　　吉野　弘

一滴の水銀のような　みずすまし。
やや重く　水の面《おもて》を凹《くぼ》ませて
浮いている　泳いでいる
そして時折　水にもぐる。

あれは　暗示的なこと
浮くだけでなく　もぐること。

わたしたちは
日常という名の水の面に生きている
浮いている。だが　もぐらない
もぐれない。――日常は分厚い

水にもぐった　みずすまし。

その深さは　わずかでも
水の阻《はば》みに出会う筈《はず》。
身体を締めつけ　押し返す
水の力に出会う筈。

生きる力を　さりげなく
水の中から持ち帰る
つぶらな可憐《かれん》な　みずすまし
水の面にしたためる
不思議な文字は　何と読むのか？

みずすまし――
あなたが死ぬと
水はその力をゆるめ
骸《むくろ》を黙って抱きとってくれる。
静かな　静かな　水底《みな》へ。
それは　水のやさしさ

みずすましには知らせない
水の　やさしさ。

1　この詩の形式を次の**ア**～**エ**の中から一つ選び、記号で答えなさい。

ア　文語自由詩　**イ**　口語自由詩　**ウ**　口語定型詩　**エ**　文語定型詩

2　この詩の中で用いられていない修辞技法を次の**ア**～**エ**の中から一つ選び、記号で答えなさい。

ア　擬態語　**イ**　直喩《ゆ》法　**ウ**　擬人法　**エ**　体言止め

3　この詩の説明として最も適当なものを次の**ア**～**エ**の中から選び、記号で答えなさい。

ア　水辺という、自分の生きる場所ですがすがしく生きているみずすましをみるにつけ、人間が優柔不断さゆえに窮屈な暮らしを送っていることに思いを寄せている。

イ　みずすましが安全な水の表面にいることをよしとせず、たびたびもぐったあげく、ついには力尽きて水底に沈んで行く姿に、すべての生きものの悲哀を重ねている。

ウ　水辺で消息を絶ったみずすましに思いを馳《は》せるとともに、平和な日常が突然奪われてしまう思いにかられ、みずすましが無事に天に召されることを祈っている。

エ　みずすましが水の抵抗にあいながらも、たびたびもぐる姿をみつめるうちに、生きものが直面する日々の困難に思いを馳せて、みずすましの姿に共感している。

国学院大学栃木

国語

令和5年
1月6日実施

制限時間 50分

解答 P289

〔一〕次の各問いに答えなさい。

問一 次の**ア**～**オ**の――線部の**カタカナ**を漢字で書きなさい。

ア 神社の**ホンデン**に参拝した。　**イ** 大雨で**テイボウ**が決壊した。

ウ 彼の**コウセキ**をたたえる。　**エ** 作家に原稿を**イライ**した。

オ 景気の行方を**ヨソク**する。

問二 次の**ア**～**オ**の――線部の漢字の読みをひらがなで書きなさい。

ア 会社の浮沈をかけた新製品だ。　**イ** 事故の惨状が報道された。

ウ 雪崩注意報が発令された。　**エ** 情報が外部に漏れる。

オ ようやく快方に赴く。

問三 次の――線部の中で、品詞の異なるものを**ア**～**エ**の中から一つ選び、記号で答えなさい。

ア 部屋の中がさわやかになった。　**イ** まばらに立つ煙突。

ウ しらせが来るのをしずかに待つ。　**エ** 近頃しきりに故郷を思い出す。

問四 次の文の□に入るカタカナ語を、後の**ア**～**エ**の中から一つ選び、記号で答えなさい。

君は、よく見もしないで形式的に判断している。それは□な見方だ。

ア ボーダレス　**イ** ステレオタイプ　**ウ** プリミティブ　**エ** ナイーブ

問五 次の――線部の中で、敬語の使い方が正しいものを**ア**～**エ**の中から一つ選び、記号で答えなさい。

ア 先生が私たちに皆勤賞の賞状を差し上げた。　**イ** 私の母がお宅にいらっしゃいます。

ウ どうぞ館内をくまなくご覧になってください。　**エ** いただいた果物を家族でめしあがりました。

問六 次の漢文の読み方の順番で四番目になるものを**ア**～**カ**の中から一つ選び、記号で答えなさい。

[ア]レ[イ]レ[ウ]レ[エ]二[オ][カ]一。

佐野日本大学
社　会

1　次の地図をみて，（1）～（6）の問いに答えなさい。

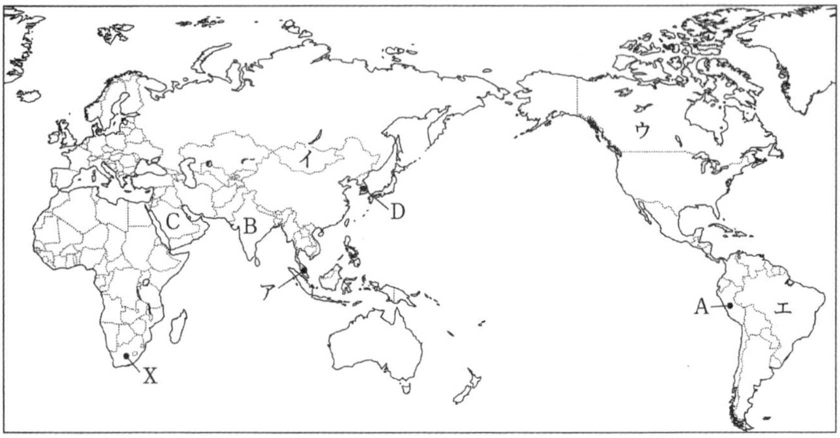

（1）地図中のA～Dのうち，次の写真のような民族衣装がみられる地域はどこか。1～4より1つ選びなさい。

1. A
2. B
3. C
4. D

（2）地図中のア～エのうち，次の写真のような森林がみられる地域はどこか。1～4より1つ選びなさい。

1．ア
2．イ
3．ウ
4．エ

（3）オーストラリアの産業と貿易について説明した文A・Bの正誤の組み合わせとして正しいものはどれか。1～4より1つ選びなさい。

A：貿易相手国の第一位は，近年日本から中国へと変化した。
B：この国では，羊の飼育がさかんであり，現在輸出品の第一位は羊毛となっている。

1．A－正　B－正　　2．A－正　B－誤
3．A－誤　B－正　　4．A－誤　B－誤

解答 P289

（4）次の写真はドイツの特徴的な農業の形態を示したものである。この農業の形態を何というか。1～4より1つ選びなさい。

1．酪農
2．地中海式農業
3．遊牧
4．混合農業

（5）地図中のＸ国の歴史と社会について説明した文Ａ・Ｂの正誤の組み合わせとして正しいものはどれか。1～4より1つ選びなさい。

Ａ：この国の人々は，イギリスの植民地時代に先住民との混血が進み，メスチーソとよばれた。
Ｂ：この国では，長期間にわたり黒人差別政策が行われてきたが，現在は廃止されている。

1．Ａ－正　Ｂ－正　　2．Ａ－正　Ｂ－誤
3．Ａ－誤　Ｂ－正　　4．Ａ－誤　Ｂ－誤

（6）北海道の北東にある島々は日本古来の領土で，北方領土とよばれる。ここは太平洋戦争後にソ連に占領され，現在まで不法に占拠された状態となっている。この領土として誤っているものはどれか。1～4より1つ選びなさい。

1．尖閣諸島　　2．択捉島　　3．歯舞群島　　4．国後島

2　次の文を読み，（1）～（5）の問いに答えなさい。

日本列島は，海と山に囲まれ，水資源が多く，四季の恵みをうけて豊かな自然を有している。その一方で，最近はその自然がもたらす災害に関するニュースや話題を頻繁《ひんぱん》に耳にするようになってきた。

私たちが暮らす日本は，世界でも自然災害が多い国といわれている。例えば，日本の国土は全世界の1％にも満たないのに，a世界で起こる地震の2割は日本で発生している。近年起こっている地震の多くは，b2011年の東日本大震災の余震といわれている。また，近年は集中豪雨による土砂崩れやc河川の堤防が決壊するなどの被害が頻発している。

なぜこれほどまで自然災害が多いのだろうか。その理由として次の点が挙げられる。まず，d日本列島の周辺には4つのプレートの境界が集中しているため，地震活動や火山活動が活発であること。また，日本は国土の7割が山地であるため，河川が急流であること。さらに，eモンスーンの影響を受ける地域に位置しており，梅雨と台風の時期にしばしば集中豪雨が起きやすいことである。

（1）下線部ａに関して，世界には地震が頻繁に起こる2つの造山帯がある。この2つの造山帯のいずれにも属さない国はどこか。1～4より1つ選びなさい。

1．トルコ　　2．インドネシア　　3．ブラジル　　4．ニュージーランド

（2）下線部bに関して，東日本大震災では津波により大きな損害を受けた原子力発電所があった。そのため，世界的に再生可能エネルギーの活用がはかられることとなった。再生可能エネルギーとして誤っているものはどれか。1～4より1つ選びなさい。

1．風力エネルギー　　2．バイオマスエネルギー
3．地熱エネルギー　　4．火力エネルギー

（3）下線部cについて説明した文A・Bの正誤の組み合わせとして正しいものはどれか。1～4より1つ選びなさい。

A：洪水や河川の氾濫《はんらん》に備えて，県や市町村が作成した地図をハザードマップという。
B：河川の氾濫の一因として，森林の減少があげられる。

1．A－正　B－正　　2．A－正　B－誤
3．A－誤　B－正　　4．A－誤　B－誤

（4）下線部dについて，日本の東海地方から九州地方の東海岸までの地域は，フィリピン海プレートがユーラシアプレートの下に沈み込んでおり，近い将来に巨大地震が発生すると予測されている。この地域を何というか。1～4より1つ選びなさい。

1．サンベルト　　2．南海トラフ　　3．フォッサマグナ　　4．太平洋ベルト

（5）下線部eについて説明した文A・Bの正誤の組み合わせとして正しいものはどれか。1～4より1つ選びなさい。

A：この風はヨーロッパ州では偏西風とよばれ，西から東に向かって一年中吹いている。
B：日本では，冬にはシベリアから冷たいモンスーンが吹き付け，東北地方の日本海側や北陸地方では豪雪となる。

1．A－正　B－正　　2．A－正　B－誤
3．A－誤　B－正　　4．A－誤　B－誤

3　日本と世界のつながりについて，（1）～（3）の問いに答えなさい。

（1）次の地図は東京を中心としたある図法の地図である。この地図について説明した文A・Bの正誤の組み合わせとして正しいものはどれか。1～4より1つ選びなさい。

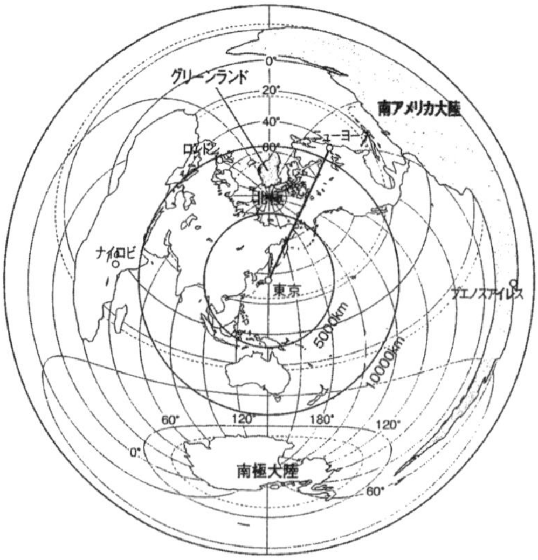

A：東京の東にはブエノスアイレスがある。
B：この地図は，実際の面積を正しく示すことができる。

1．A－正　B－正　　2．A－正　B－誤
3．A－誤　B－正　　4．A－誤　B－誤

解　答　P289

（2）日本は多くの資源を輸入に依存している。次のグラフは，原油，石炭，鉄鉱石，液化天然ガスの輸入相手国を示している。グラフ中のX・Yにあてはまる国はどれか。1～6よりそれぞれ1つずつ選びなさい。

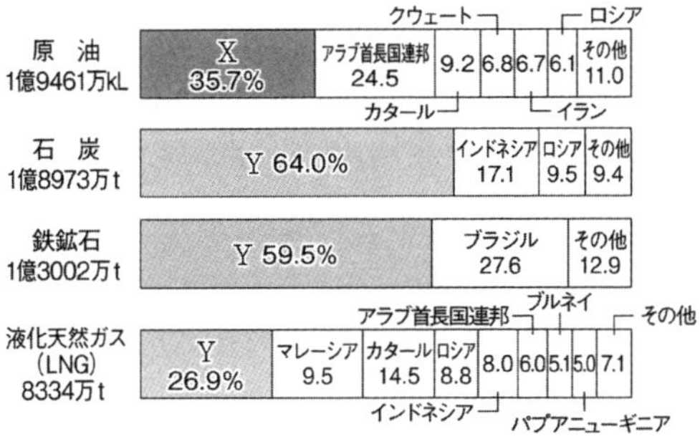

（2016年）〈財務省貿易統計〉

1．アメリカ合衆国　　2．オーストラリア　　3．インド
4．カナダ　　5．サウジアラビア　　6．中国

（3）次のA～Dの図は，オーストラリア，ブラジル，インドネシア，日本の国土面積と排他的経済水域の面積を示したものである。日本の面積を示したものはどれか。1～4より1つ選びなさい。

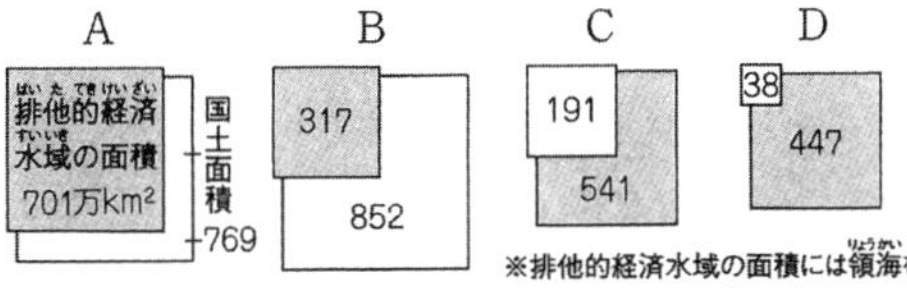

※排他的経済水域の面積には領海《りょうかい》をふくみます。
〈海洋白書　2009，ほか〉

1．A　　2．B　　3．C　　4．D

4

次の文を読み，（1）～（5）の問いに答えなさい。

　a東アジアの中で最も早く統一帝国をつくり上げた中国は，古代から近代にかけて，朝鮮や日本など周囲の国々との間に朝貢とよばれる関係を結んだ。朝貢とは周辺諸国の支配者が中国に使節を送り，中国皇帝に貢ぎ物を差し出す制度であり，漢の時代に始まった。

　日本に関しては，bかつて日本列島に小さな国がたくさんあった頃，中国に朝貢したことが中国の歴史書に記されている。4～6世紀にかけては，日本だけでなく朝鮮半島の国々も中国に朝貢を行い，その結果として共通の文化を持つ東アジア世界が形成された。唐の時代には，c日本は遣唐使を通じて中国から律令などの制度を取り入れ，国家体制を整備していった。また，都を中心にd仏教と唐の影響を強く受けた国際的な天平文化が栄えた。

　しかし，唐は国内で反乱が起こるなど9世紀には勢力が衰え，日本も菅原道真の建議によって894年以降は遣唐使の派遣を停止した。その後，10世紀後半に（　A　）が中国を統一し，朝鮮半島でも同じころに（　B　）が建国され，やがて新羅を滅ぼした。日本はこれらの国とは正式な国交を結ばなかったが，両国の商人と交易を行った。

（1）下線部aについて，紀元前3世紀には秦によって中国が統一された。秦に関して述べた文として誤っているものはどれか。1～4より1つ選びなさい。

1．北方の遊牧民族の侵入を防ぐために万里の長城を築いた。
2．秦の始皇帝は中央集権体制を実現し，長さ・容積・重さをはかる基準（度量衡）を統一した。
3．厳しい政治に対する反乱が広がり，秦は統一してからわずか15年で滅びた。
4．秦では優れた青銅器がつくられ，漢字のもとになった甲骨文字を生み出した。

（2）下線部ｂについて，次の３つの史料Ｘ～Ｚは当時の日本の様子を記した中国の歴史書である。この３つの史料を古い順に並び替えた時，正しいものはどれか。１～６より１つ選びなさい。

Ｘ

「‥南に進むと邪馬台国に着く。ここは女王が都を置いている所である。‥倭にはもともと男の王がいたが，その後国内が乱れたので一人の女子を王とした。名を卑弥呼といい，成人しているが夫はおらず，一人の弟が補佐している。‥　卑弥呼が死んだとき，直径が100歩余りもある大きな墓をつくった。」

Ｙ

「楽浪郡の海のかなたに倭人がいて，100以上の国をつくっており，中には定期的に漢に朝貢する国もある。」

Ｚ

「建武中元２年に倭の奴国が後漢に朝貢したので，光武帝は印綬（印とそれを結び留める紐《ひも》）をおくった。‥桓帝と霊帝のころ，倭は大いに乱れ，長い間代表者が定まらなかった。」

１．Ｘ→Ｙ→Ｚ　　２．Ｘ→Ｚ→Ｙ　　３．Ｙ→Ｘ→Ｚ
４．Ｙ→Ｚ→Ｘ　　５．Ｚ→Ｘ→Ｙ　　６．Ｚ→Ｙ→Ｘ

（3）下線部ｃに関して述べた文Ａ・Ｂの正誤の組み合わせとして正しいものはどれか。１～４より１つ選びなさい。

Ａ：701年に唐の律令を参考にした大宝律令が完成した。

Ｂ：中央の政府は神祇官と太政官，太政官の下に組織された８つの省で構成された。

１．Ａ－正　Ｂ－正　　２．Ａ－正　Ｂ－誤
３．Ａ－誤　Ｂ－正　　４．Ａ－誤　Ｂ－誤

（4）下線部ｄに関して，この時代の作品として正しいものはどれか。資料１～４より１つ選びなさい。

１．

２．

３．

４．

（5）文中の空欄（　Ａ　）・（　Ｂ　）に入る語句の組み合わせとして正しいものはどれか。１～４より１つ選びなさい。

	A	B
1	宋（北宋）	高句麗
2	宋（北宋）	高麗
3	元	高句麗
4	元	高麗

解答　P289

5　次の身分制度に関する生徒のレポートを読み，（1）～（5）の問いに答えなさい。

日本において身分制度がみられるのはいつからでしょうか。調べてみると，古代の邪馬台国の時代にはすでに身分の違いがあったそうです。そして，律令体制下においては，人々は良民と賤民《せんみん》に分けられ，身分に応じて口分田が与えられました。

その後，a鎌倉時代や室町時代を経て，武士層と農民層の境目が安土桃山時代にはっきりとするようになっていきました。豊臣秀吉は，一揆などに備えて刀狩令を発布し，農民から武器を取り上げましたが，これは別の面からみると武士と農民の区別がはっきりついたという面もあります。

この流れは江戸時代になっても継承され，やがて士農工商の身分制度が始まり，身分の固定化が進みました。江戸時代にはb武士，百姓，町人などの身分がおかれ，すべての人々が身分・職業・居住地を原則として固定され，社会的な上下関係に組み込まれていきました。しかし，こうした過程で百姓や町人に組み入れられなかった一部の人々は差別されることになりました。

ちなみに海外にはこのような身分制度や身分差はあったのでしょうか。フランスではc18世紀においても第一身分（聖職者）・第二身分（貴族）・第三身分（平民）の3つの身分で社会が構成されていたそうです。このような体制の下，d1789年に国王や大貴族中心の政治に対する不満が爆発し，フランス革命が起こりました。この革命は市民革命の代表例とされ，ヨーロッパが民主主義にもとづく市民社会に変わっていく転換点になりました。

日本では明治時代になると，政府は中央集権体制の強化を進めるとともに，封建的な諸制度をつぎつぎと撤廃しました。1869年の（　Ａ　）によって藩主と藩士との主従関係が解消され，封建的な身分制度を大幅に改革し，大名・公家を華族，一般武士を士族，農工商らの庶民を平民へと改めたのです。そして1871年には，いわゆる解放令を布告し，これまでのえた・ひにんの呼称を廃止して，身分・職業ともすべて平民と同じにしました。

（1）下線部ａに関して，次の資料Ａ・Ｂはともに鎌倉時代のものである。それぞれの資料についての説明文の組み合わせとして正しいものはどれか。１～４より１つ選びなさい。

資料Ａ

説明

ア：これは琵琶という楽器を弾きながら，さまざまな物語などを語った芸能者である琵琶法師の活動を示したものである。

イ：これは時宗の開祖である一遍の布教の様子を描いた絵巻物の一場面である。

資料B

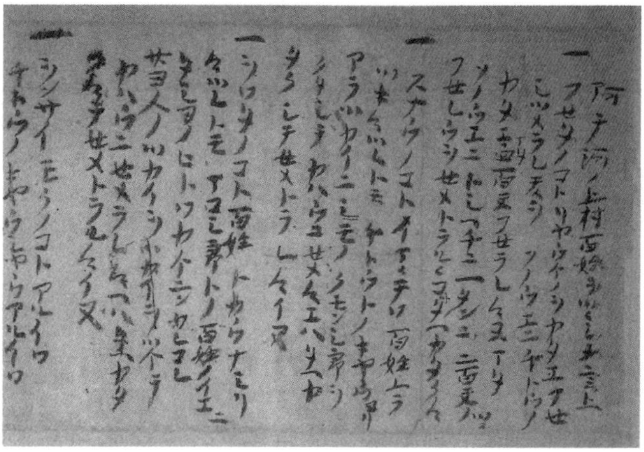

説明

ウ：これは紀伊国の阿氏河荘の農民たちが，地頭の乱暴を荘園領主に訴えるために書いた訴状である。

エ：これは惣とよばれる自治組織が定めた村の掟の一部で，農業用水路の管理や森林の利用・管理などについて記されている。

1．ア・ウ　　2．ア・エ　　3．イ・ウ　　4．イ・エ

（2）下線部ｂに関して，次のグラフについて述べた文Ａ・Ｂの正誤の組み合わせとして正しいものはどれか。1～4より1つ選びなさい。

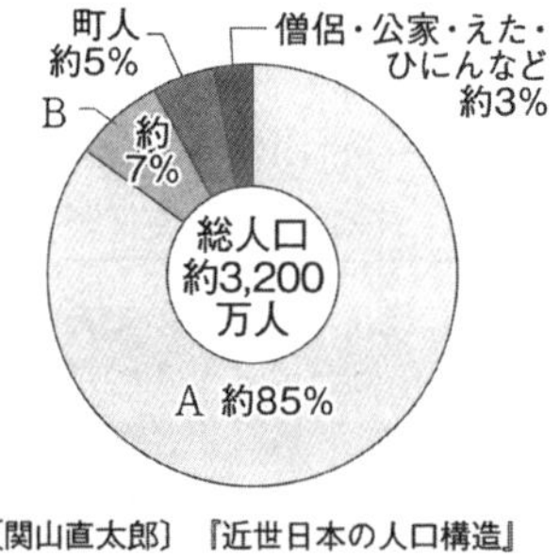

〔関山直太郎〕『近世日本の人口構造』

Ａ：グラフ中のＡは百姓であり，農地を持ち年貢を納める本百姓と，農地を持たない水呑《みずのみ》百姓に分かれていた。

Ｂ：グラフ中のＢは武士であり，名字を名乗ることや刀を差すこと（帯刀）などの特権をもっていた。

1．Ａ－正　Ｂ－正　　2．Ａ－正　Ｂ－誤

3．Ａ－誤　Ｂ－正　　4．Ａ－誤　Ｂ－誤

（3）下線部ｃに関して，18世紀に起こったできごととして正しいものはどれか。1～4より1つ選びなさい。

1．アメリカ独立戦争が起こり，アメリカ独立宣言が発表された。

2．イギリスで名誉革命が起こり，立憲君主制と議会政治が確立した。

3．中国とイギリスとの間でアヘン戦争が起こり，イギリスが勝利した。

4．「鉄血宰相」とよばれたビスマルクの指導の下，ドイツ帝国が誕生した。

（4）下線部ｄに関して，この時期に日本で行われていた改革を主導した人物はだれか。1～4より1つ選びなさい。

1．徳川吉宗　　2．松平定信　　3．水野忠邦　　4．島津久光

（5）文中の空欄（　Ａ　）に入る語句として正しいものはどれか。1～4より1つ選びなさい。

1．地租改正　　2．廃藩置県　　3．版籍奉還　　4．欧化政策

6　次の会話文を読み，（1）～（3）の問いに答えなさい。

先　生：皆さん，神奈川県の県庁所在地は知っているかな。
Aさん：はい。横浜市です。
先　生：その通り。横浜は約150年前に$_{\text{a}}$日本が開国して港を開いたことから発展した街なんだ。
Bさん：そうなんですね。初めて知りました。
先　生：その後，$_{\text{b}}$外国人の居留地が設けられるなど発展して，日本有数の人口を誇る大都市になっていったんだ。
Aさん：横浜はいろんな名物がありますよね。料理とか遊園地とか。
先　生：私はその中でも特に，$_{\text{c}}$交通や通信網の発達の中心になっていったことを挙げさせてもらうよ。今や欠かせない情報などの通信は，はじめは横浜が中心的役割をしていたといっても過言ではないんだよ。
Bさん：そうなんですね。もっと勉強してみます。

（1）下線部aについて，次のグラフは明治時代の横浜港からのおもな輸出品の推移を示したものである。このなかでA・Bの折れ線グラフに当てはまる輸出品の組み合わせとして正しいものはどれか。1～6より1つ選びなさい。

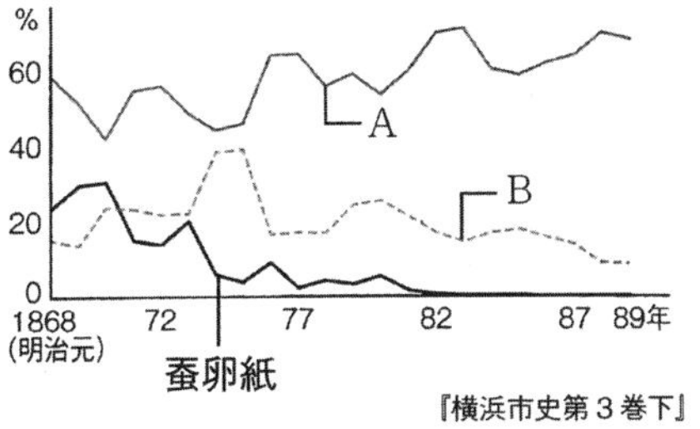

『横浜市史第3巻下』

	A	B
1	綿糸類	茶
2	綿糸類	生糸類
3	茶	綿糸類
4	茶	生糸類
5	生糸類	綿糸類
6	生糸類	茶

（2）下線部bに関して，横浜近郊で発生した外国人殺傷事件である生麦事件をきっかけに起きたできごとは何か。1～4より1つ選びなさい。

1．安政の大獄　　2．桜田門外の変　　3．薩英戦争　　4．長州征討

（3）下線部cについて述べた文A・Bの正誤の組み合わせとして正しいものはどれか。1～4より1つ選びなさい。

A：東京・横浜間に日本で初めての電信が開通した。
B：日本で初めての日刊新聞が横浜で発刊された。

1．A－正　B－正　　2．A－正　B－誤
3．A－誤　B－正　　4．A－誤　B－誤

7　次の資料Ⅰ～Ⅳをみて，(１)～(７) の問いに答えなさい。

Ⅰ

Ⅱ

Ⅲ

Ⅳ

(１) 資料Ⅰについて述べた文として正しいものはどれか。１～４より１つ選びなさい。
　１．この会議で結ばれた講話条約は，日露戦争の戦後処理についてのものである。
　２．この会議で結ばれた講話条約は，日本で締結された。
　３．この会議で結ばれた講話条約で，日本は賠償金をもらえなかった。
　４．この会議で結ばれた講話条約で，日本は朝鮮や台湾の独立を認めた。

(２) 資料Ⅰの講和会議の後のできごととして誤っているものはどれか。１～４より１つ選びなさい。
　１．ロシアはドイツやフランスとともに，日本が獲得した遼東半島の清への返還を要求した。
　２．朝鮮が国名を大韓帝国に改称した。
　３．朝鮮では，日本の明治維新にならって政治を改革しようとする甲申《こうしん》事変が起こった。
　４．日本では，伊藤博文を中心に立憲政友会が結成された。

(３) 資料Ⅱについて述べた文Ａ・Ｂの正誤の組み合わせとして正しいものはどれか。１～４より１つ選びなさい。
Ａ：この資料が描かれた背景には，日本経済が破綻し，紙幣の価値が紙くず同然になっていたことが挙げられる。
Ｂ：この資料の男性は豪商の姿を描いたものである。
　１．Ａ－正　Ｂ－正　　２．Ａ－正　Ｂ－誤
　３．Ａ－誤　Ｂ－正　　４．Ａ－誤　Ｂ－誤

(４) 資料Ⅱで描かれている時期のできごととして誤っているものはどれか。１～４より１つ選びなさい。
　１．中国では，民族の自立と民主主義の確立を求める五・四運動が起こった。
　２．日本はロンドン海軍軍縮会議で補助艦の保有制限に合意した。
　３．国際平和を維持するために，国際連盟が設立された。
　４．日本はワシントン会議で中国に山東半島を返還した。

(５) 資料Ⅲの雑誌が発刊された時期に活躍していた文学者はだれか。１～４より１つ選びなさい。
　１．樋口一葉　　２．芥川龍之介　　３．二葉亭四迷　　４．尾崎紅葉

(６) 資料Ⅲの雑誌が発刊された時期の日本の文化・生活について述べた文として正しいものはどれか。１～４より１つ選びなさい。
　１．木造やコンクリートにかわって，レンガづくりの建築物が増えた。
　２．それまでの暦にかわり，欧米と同じ太陽暦が採用された。
　３．ラジオ放送などのメディアが発達し，スポーツが大衆の娯楽となった。
　４．西田幾多郎や福沢諭吉による哲学や民俗学の研究が進んだ。

(７) 資料Ⅳに関して，大正時代の社会運動について述べた文として正しいものはどれか。１～４より１つ選びなさい。
　１．社会主義の思想が広まり，非合法の政党である日本共産党が結成された。
　２．労働組合の全国的組織である全国水平社が結成された。
　３．農村で小作争議が相次ぎ，全国的組織である友愛会が結成された。
　４．選挙運動が行われ，すべての満２５歳以上の男女に選挙権を与える普通選挙法が成立した。

解答 P289

8　次の文を読み，（1）～（4）の問いに答えなさい。

> $_{a}$第二次世界大戦後の国際社会で宗教に関連する紛争は大きな問題となっている。例えば，ユダヤ人とアラブ人が対立するパレスチナ問題が挙げられる。直接のきっかけは，第二次世界大戦後の1948年，パレスチナの地に，ユダヤ人がイスラエルという国家を建設したことであった。歴史的な経緯をみると，この地にはかつてユダヤ人の王国があったが，ローマ軍に敗れ，世界各地に離散したユダヤ人にとってパレスチナは，帰るべき「約束の地」と考えられていた。祖国をもたないユダヤ人は，長い間ヨーロッパ各地で差別され，迫害を受けてきたが，19世紀末になると，$_{b}$パレスチナへの帰郷を望む運動がさかんになった。こうしたなか，（　A　）が当時の国際情勢の中で自国の立場を有利にするために，ユダヤ人とアラブ人それぞれにパレスチナでの国家建設を約束したことが，両者の対立の大きな原因となった。
>
> 　パレスチナ問題は，$_{c}$エルサレムの宗教的な重要性や，（　B　）が中心のイスラエルと（　C　）が中心のパレスチナとの宗教対立も，問題の解決を困難なものにしている。1993年，イスラエルとパレスチナ解放機構は，（　D　）合意により，お互いを認め，パレスチナ暫定自治に合意した。しかし，2004年になると再び双方の対立が激化し，現在も対立は続いている。

（1）下線部aに関するできごととして冷戦がある。冷戦の対立の構図を示す次の表の空欄（　ア　）～（　エ　）にあてはまる語句はどれか。1～6よりそれぞれ1つずつ選びなさい。

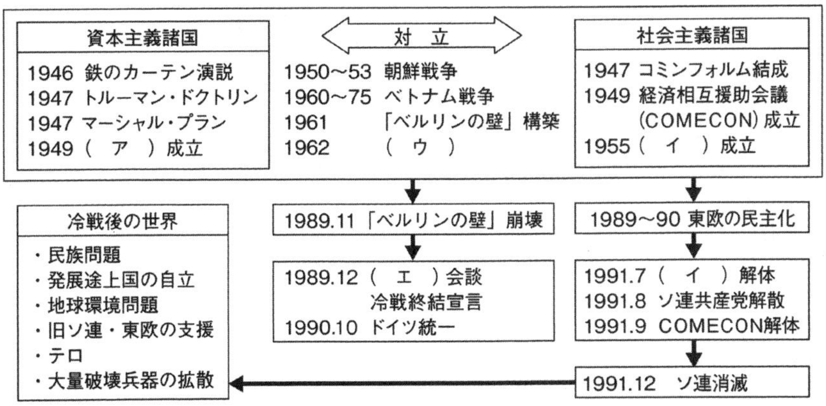

1．NATO　　2．キューバ危機　　3．石油危機
4．ワルシャワ条約機構　　5．マルタ　　6．ヤルタ

（2）文中の空欄（　A　）～（　D　）に入る適語はどれか。1～8より1つずつ選びなさい。

1．ユダヤ教徒　　2．ヒンドゥー教徒　　3．イスラム教徒　　4．キリスト教徒
5．イギリス　　6．アメリカ　　7．オスロ　　8．プラザ

（3）下線部bの運動は何とよばれるか。1～4より1つ選びなさい。

1．チャーティスト運動　　2．ラッダイト運動
3．シオニズム運動　　4．ナショナルトラスト運動

（4）下線部cについて述べた文A・Bの正誤の組み合わせとして正しいものはどれか。1～4より1つ選びなさい。

A：ユダヤ教，キリスト教，イスラム教，3つの宗教の聖地である。
B：イスラエルとパレスチナそれぞれが国家の首都として主張している。

1．A－正　B－正　　2．A－正　B－誤
3．A－誤　B－正　　4．A－誤　B－誤

9　（1）～（5）の問いに答えなさい。

（1）次の文A・Bの正誤の組み合わせとして正しいものはどれか。1～4より1つ選びなさい。

A：税や社会保険料は高いが，国のはたらきを強め，社会保障などを手厚くする方向性を大きな政府という。また，効率と公正の観点からは，大きな政府は社会の効率や自由を重視した考え方と言える。

B：税や社会保険料は高くないが，国のはたらきを国防などの必要最小限のものにし，社会保障に頼らずに個人の責任で暮らしていく方向性を小さな政府という。

1．A－正　B－正　　2．A－正　B－誤
3．A－誤　B－正　　4．A－誤　B－誤

（2）次の表のような所得税の累進税率で，課税対象になる所得が400万円の場合の所得税額はどれか。1～4より1つ選びなさい。

個人の所得税率一覧

課税所得	所得税率
195万円以下	5%
330万円以下	10%
695万円以下	20%
900万円以下	23%
1,800万円以下	33%
4,000万円以下	40%
4,000万円超	45%

1．37万2500円　　2．60万4000円　　3．63万6000円　　4．80万

（3）次の文A・Bの空欄（　ア　）・（　イ　）にあてはまる語句の組み合わせとして正しいものはどれか。1～4より1つ選びなさい。

A：日本でつくった自動車をアメリカに輸出すると，（　ア　）の方が売れやすくなる。しかし，（　ア　）だと，日本で自動車を作るために必要な原材料を，アメリカから輸入するのにかかる費用が増えてしまう。

B：アメリカに旅行に行く場合，空港の両替所で円をドルに交換するとき，（　イ　）のほうが受け取るドルが多くなるのでたくさんの買い物ができる。

1．ア－円安　イ－円安　　2．ア－円高　イ－円安
3．ア－円高　イ－円高　　4．ア－円安　イ－円高

（4）次の図はある商品の需要量・供給量・価格の関係を示したものである。その説明として誤っているものはどれか。1～4より1つ選びなさい。

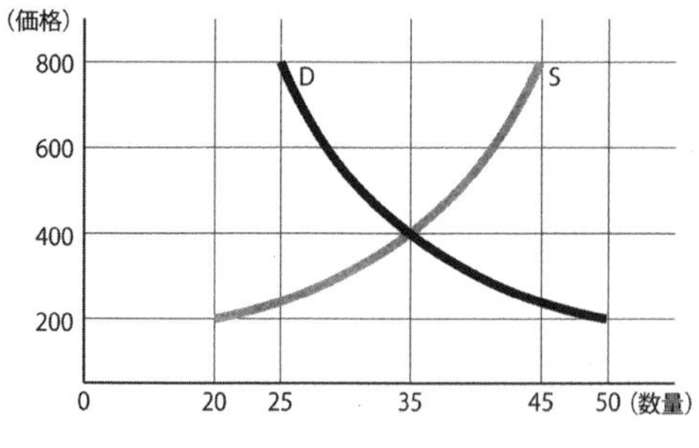

1．価格が1個800円の時，商品45個のうち20個売れ残る。
2．価格が1個400円の時，商品35個は完売する。
3．供給曲線（S）が左にシフトすると，均衡価格は上がる。
4．需要曲線（D）が右にシフトすると，均衡価格は下がる。

（5）景気が良いときに行われる金融政策の組み合わせとして正しいものはどれか。1～4より1つ選びなさい。

ア　国債を売る　　イ　国債を買う　　ウ　金利を上げる　　エ　金利を下げる

1．ア・ウ　　2．ア・エ　　3．イ・ウ　　4．イ・エ

解答　P289

佐野日本大学

数　学

制限時間 50分

1 次の$\boxed{}$にあてはまる数値を求めなさい。

(1) $6 \times 3 \div 2 - 4 \times 2 = \boxed{\text{ア}}$

(2) $\left(\dfrac{1}{2}\right)^2 \div 0.1 \times 3 - 3.5 = \boxed{\text{イ}}$

(3) $\dfrac{3x - y}{2} - \dfrac{x - 5y}{6} = \dfrac{\boxed{\text{ウ}}\,x + y}{\boxed{\text{エ}}}$

(4) $\left(\dfrac{1}{2}x^2y\right)^2 \div (-4xy^2) \times (-4x^2y)^3 = \boxed{\text{オ}}\,x^{\boxed{\text{カ}}}y^{\boxed{\text{キ}}}$

(5) $\left(\sqrt{3} + \sqrt{6}\right)^2 - 3\left(\sqrt{2} + 1\right)^2 = \boxed{\text{ク}}$

(6) $(x+1)^2 - 2(x+1) - 3 = (x - \boxed{\text{ケ}})(x + \boxed{\text{コ}})$

2 次の$\boxed{}$にあてはまる数値を求めなさい。

(1) 2次方程式 $(x+3)^2 = 12x$ を解くと，$x = \boxed{\text{ア}}$ である。

(2) $x = \sqrt{2} - 1$，$y = \sqrt{2} + 1$ のとき，
$xy^2 - x^2y = \boxed{\text{イ}}$ である。

(3) 連立方程式 $\begin{cases} 2x + 5y = 4 \\ 3x + 2y = -5 \end{cases}$ を解くと，
$x = -\boxed{\text{ウ}}$，$y = \boxed{\text{エ}}$ である。

(4) yはxに反比例し，$x = -3$ のとき，$y = 32$ である。
$x = -8$ のとき，$y = \boxed{\text{オ}\,\text{カ}}$ である。

(5) 右の図において，Aは関数 $y = ax^2$，Bは関数 $y = bx^2$，Cは関数 $y = cx^2$，Dは関数 $y = dx^2$ のグラフである。
a，b，c，d の値を小さい順に左から並べたとき，正しいものは $\boxed{\text{キ}}$ である。
　ただし，答えは次の①～④の中から1つ選び，番号で答えなさい。

① c，d，a，b
② b，a，d，c
③ d，c，b，a
④ c，d，b，a

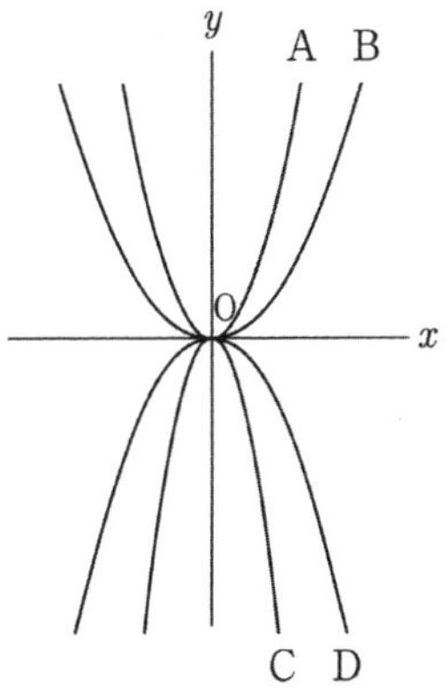

(6) $9 < \sqrt{3a} < 12$ を満たす自然数 a は全部で $\boxed{\text{ク}\,\text{ケ}}$ 個である。

解答・解説 P306

⑺　右のヒストグラムは，20人のテストの結果をまとめたものである。このテストの平均値は［コ サ］（点）である。

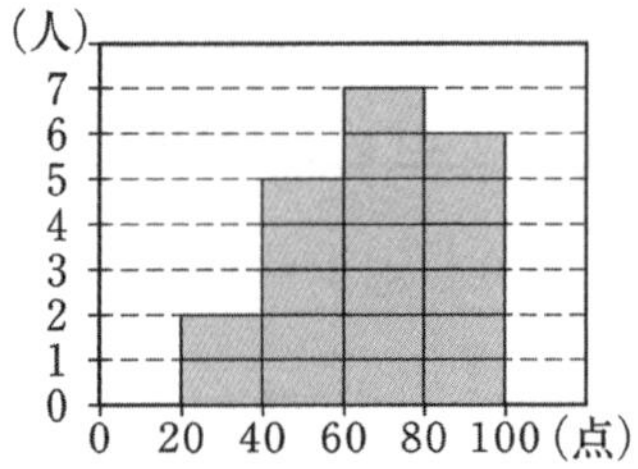

⑻　右の図において，

∠x＝［シ ス］°である。

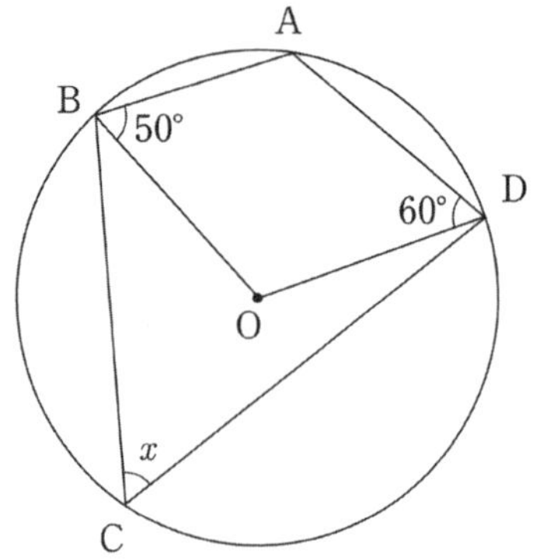

⑼　右の図は半径4cmの円Oを底面とする円すいを底面に平行な平面で切ったときにできる立体である。
PO＝3cm，PA＝2cmとするとき，この立体の体積は
［セ ソ］π cm^3 である。

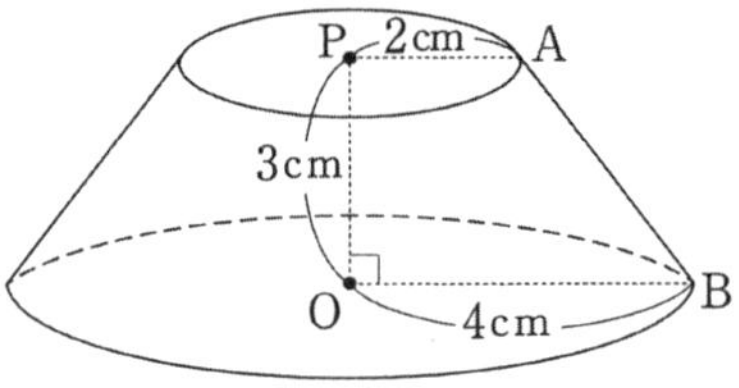

⑽　右の図のような長方形ABCDを，直線ℓを軸として1回転させてできる立体の表面積は
［タ チ］π cm^2 である。

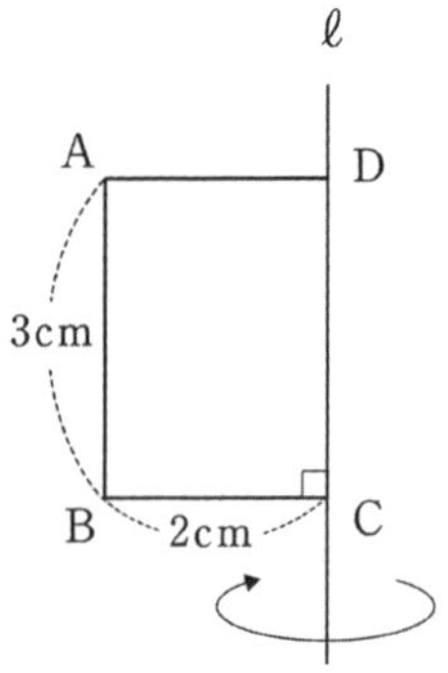

3　大小2つのさいころを投げ，大きいさいころの出た目を a，小さいさいころの出た目を b とする。
このとき，次の問いに答えなさい。

⑴　a と b がともに偶数となる確率は $\dfrac{ア}{イ}$ である。

解答・解説 P306

(2)　$a + b > ab$ となる確率は $\dfrac{\boxed{\text{ウ}\ \text{エ}}}{\boxed{\text{オ}\ \text{カ}}}$ である。

(3)　$\dfrac{1}{a} + \dfrac{1}{b} = \dfrac{1}{2}$ となる確率は $\dfrac{\boxed{\text{キ}}}{\boxed{\text{ク}\ \text{ケ}}}$ である。

4　右の図のように，
放物線　$y = \dfrac{3}{4}x^2$　……①と
２直線　$y = ax + b$ ……②，
$y = ax + c$ ……③がある。
放物線①と直線②の２つの交点をA，B，放物線①と直線③の２つの交点のうち，x座標が正である点をＰとする。また，点Ａと点Ｂのx座標はそれぞれ－２，４である。
ただし，$0 < c < b$ とする。
　このとき，次の問いに答えなさい。

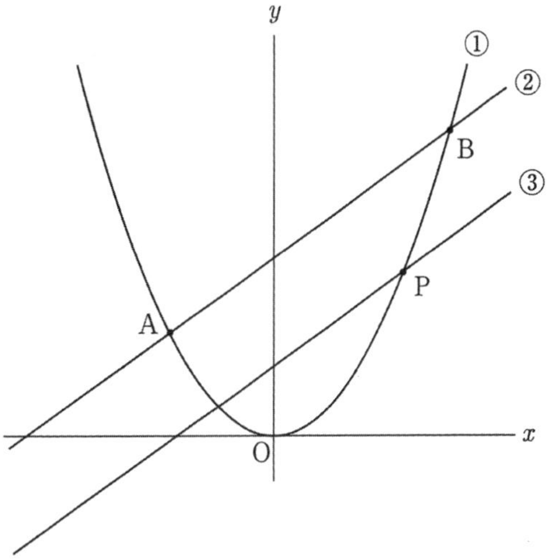

(1)　$a = \dfrac{\boxed{\text{ア}}}{\boxed{\text{イ}}}$　，$b = \boxed{\text{ウ}}$ である。

(2)　△ＯＡＢの面積は $\boxed{\text{エ}\ \text{オ}}$ である。

(3)　△ＡＢＰの面積が５であるとき，
$c = \dfrac{\boxed{\text{カ}\ \text{キ}}}{\boxed{\text{ク}}}$　である。

5　右の図のような点Ａ，Ｂ，Ｃ，Ｄ，Ｅ，Ｆを頂点とし，ＡＤ＝ＤＥ＝ＥＦ＝４cm，∠ＡＢＣ＝90°の三角柱がある。辺ＡＢ，ＡＣの中点をそれぞれＭ，Ｎとする。
　このとき，次の問いに答えなさい。

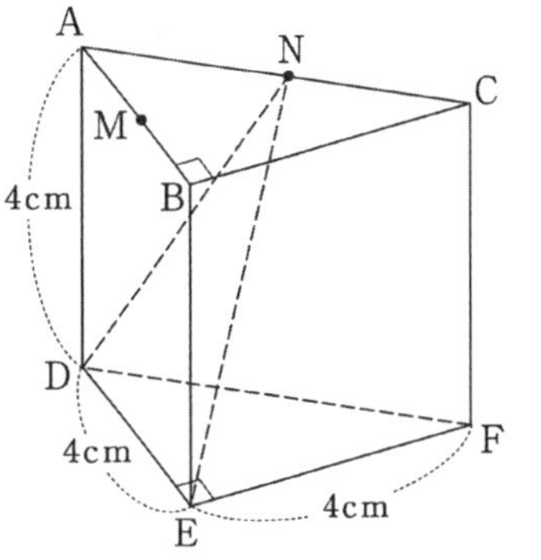

(1)　線分ＤＮの長さは $\boxed{\text{ア}}\sqrt{\boxed{\text{イ}}}$ cm である。

(2)　△ＤＥＮの面積は $\boxed{\text{ウ}}\sqrt{\boxed{\text{エ}}}$ cm^2 である。

(3)　点Ｍから△ＤＥＮに引いた垂線と△ＤＥＮの交点をＨとする。このとき，
線分ＭＨの長さは $\dfrac{\boxed{\text{オ}}\sqrt{\boxed{\text{カ}}}}{\boxed{\text{キ}}}$ cm である。

佐野日本大学

理　科

1　次の問いに答えなさい。

問1　図のように，コイルと発光ダイオードをつなぎ，矢印の向きに棒磁石のＳ極をコイルに近づけると発光ダイオードが点灯した。発光ダイオードは，長い足の端子に＋極を，短い足の端子に－極をつないで電圧を加えると点灯し，逆向きにつないで電圧を加えると点灯しない。図の棒磁石のＮ極とＳ極を反対にし，棒磁石を動かす向きや発光ダイオードのつなぎ方を変えた場合，発光ダイオードが点灯するものをすべて選んでいるものはどれか。次の中から１つ選びなさい。ただし，矢印は棒磁石の動く向きをあらわすものとする。

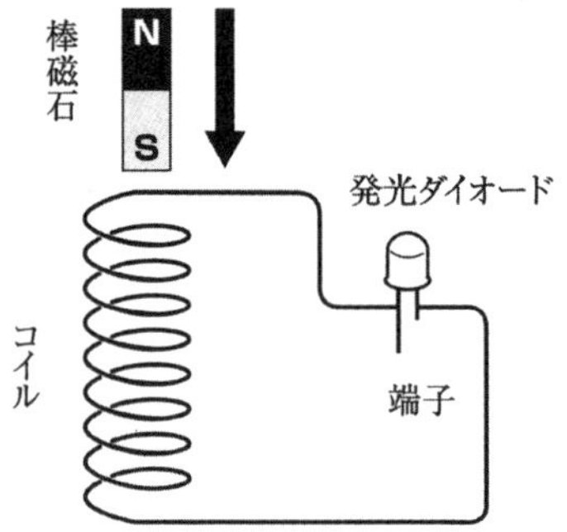

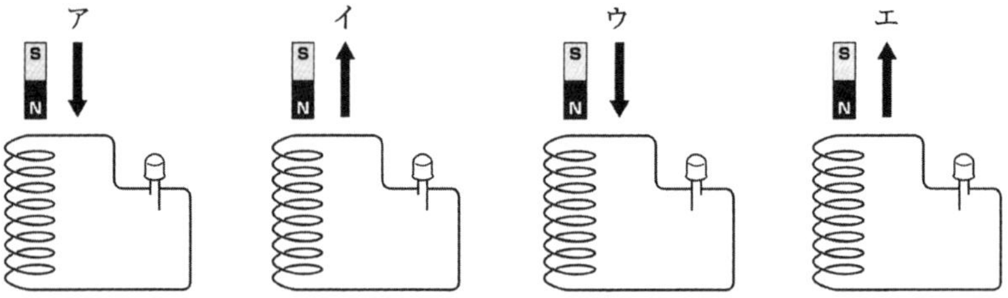

①ア　②アとイ　③イ　④イとウ
⑤ウ　⑥ウとエ　⑦エ　⑧アとエ

問2　ばねの先端に３本の糸を取り付け，それぞれのばねばかりとつないで，３方向に引いた。このときの，ばねを引く力をF_1，F_2，F_3として，それぞれの力を矢印であらわした。このとき，F_1，F_2，F_3の力の合力は何Ｎか。次の中から１つ選びなさい。ただし，方眼紙の１目盛りは1Nとする。

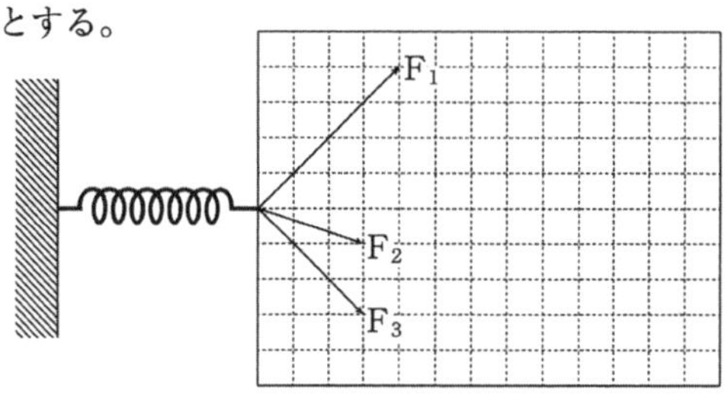

①5 N　②6 N　③7 N　④8 N　⑤10 N

問3　うすい塩酸に直流電流を流したとき，**陰極**で発生する気体の化学式はどれか。次の中から１つ選びなさい。

①CO_2　②O_2　③Cl_2　④H_2　⑤CH_4

問4　水酸化カリウムと硝酸を過不足なく中和反応させたとき，この反応で生じた塩の化学式として正しいものはどれか。次の中から１つ選びなさい。

①KCl　②$NaCl$　③K_2SO_4　④HNO_3　⑤KNO_3

解答 P289

問 5　無脊椎動物の中で，軟体動物にも節足動物にも**属していない**生物はどれか。次の中から１つ選びなさい。

①クモ　②カタツムリ　③イカ　④ヒトデ　⑤アサリ

問 6　目の中で，瞳の大きさを変えている構造はどれか。次の中から１つ選びなさい。

① 網膜　② 視神経　③ レンズ(水晶体)　④ 虹彩

問 7　次の文は温度計を使って気温を測定する際に注意すべきことである。この中で**誤りを含む**ものはどれか。次の中から１つ選びなさい。

① 温度計の球部（感温部）に空気を十分に触れさせ測定する。
② 温度計を読むときは液面の高さに目を合わせる。
③ 気温を測定するときは地面から 1.5m の高さが基本である。
④ 太陽の光の強さを考慮するため直射日光を当てて測定する。

問 8　二酸化炭素が増加することで地球温暖化が進行する理由として正しいものはどれか。次の中から１つ選びなさい。

① 二酸化炭素が雲と反応し，世界各地の晴天率が増加するため。
② 二酸化炭素が大気中でレンズの役割をはたし，太陽光が集まりやすくなるため。
③ 二酸化炭素が太陽の光で化学反応し，発熱するため。
④ 二酸化炭素が地表から放出される熱を吸収し，大気中に再放射するため。

2　次の文を読み，問いに答えなさい。

次の表は，６種類のいろいろな物質について，長さ１m，断面積１mm^2にしたときの，室温での電気抵抗の大きさを示したものである。

物質	電気抵抗
アルミニウム	0.028 Ω
銅	0.017 Ω
鉄	0.10 Ω
ニクロム	1.10 Ω
ガラス	10^{16} Ω
ゴム	10^{18} Ω

問 1　電流が流れやすい物質を何というか。次の中から１つ選びなさい。

① 導体　② 不導体　③ 半導体　④ 絶縁体

問 2　表の物質のうち，不導体の物質をすべて選んでいるものはどれか。次の中から１つ選びなさい。

① アルミニウムと鉄　② 銅とニクロム
③ アルミニウムとガラス　④ ガラスとゴム

問 3　表の物質のうち，導線に用いるのに最も適しているものはどれか。次の中から１つ選びなさい。

① アルミニウム　② 銅　③ 鉄　④ ニクロム
⑤ ガラス　⑥ ゴム

図のように，スイッチと電流計を導線で乾電池につないだ回路をつくった。

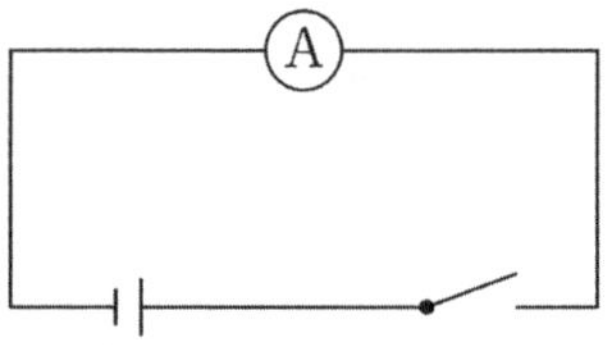

問 4　回路に流れる電流の強さを調べるために，この状態のままではスイッチを入れてはいけない。この理由を説明した次の文の（　ア　）～（　ウ　）にあてはまる語句の正しい組み合わせはどれか。次の中から１つ選びなさい。

電流計は，電流を計りたいところに（　ア　）接続するため，内部の抵抗が非常に（　イ　）なるように作られている。図の回路の状態でスイッチをいれると電流計に（　ウ　）電流が流れ，電流計が壊れてしまう可能性があるから。

	ア	イ	ウ
①	直列	大きく	非常に大きい
②	直列	小さく	非常に大きい
③	並列	大きく	非常に小さい
④	並列	小さく	非常に小さい

問 5　銅線と鉄線に１Ｖの電圧を加えたとき，それぞれ流れる電流は何Ａか。次の中から１つ選びなさい。

	銅線	鉄線
①	35.7A	0.9A
②	40.0A	4.5A
③	43.3A	8A
④	58.8A	10A

3　次の文を読み，問いに答えなさい。

図１のような装置を用いて，Ａ点（水平部分から1mの高さ）に重さ10Nの小球を置いて静かに手をはなしたところ，DF上のある高さまで上って再び下り始めた。ただし，水平部分を基準面とし，摩擦や空気の抵抗はないものとする。１kgの物体にはたらく重力の大きさを10Nとする。

図１

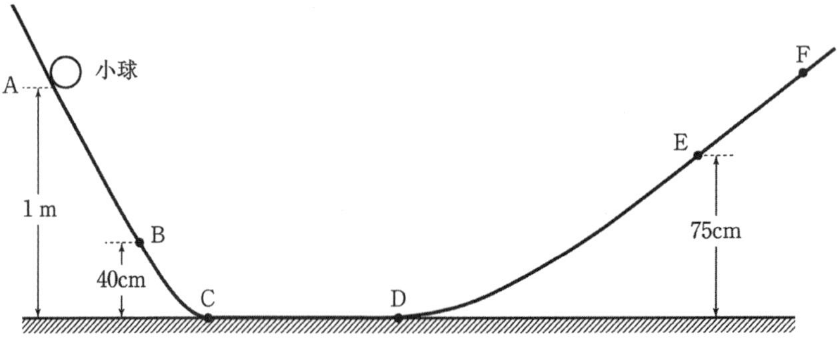

問1　一般に，基準面から50cmの高さにある質量1kgの物体のもつ位置エネルギーは，基準面から25cmの高さにある質量1.25kgの物体のもつ位置エネルギーの何倍か。次の中から1つ選びなさい。

① 1.0倍　　② 1.2倍　　③ 1.6倍　　④ 2.0倍

問2　小球がB，C，Eの各点にあるとき，小球のもつ運動エネルギーは，それぞれ何Jか。正しい組み合わせを次の中から1つ選びなさい。

	B点	C点	E点
①	12 J	20 J	5 J
②	6 J	10 J	2.5 J
③	7.5 J	7.5 J	7.5 J
④	10 J	2.5 J	6 J

問3　小球がC点にあるときの力学的エネルギーは，E点にあるときの力学的エネルギーの何倍になるか。次の中から1つ選びなさい。

① 1.0倍　　② 1.5倍　　③ 2.0倍　　④ 2.5倍
⑤ 3.0倍　　⑥ 3.5倍　　⑦ 4.0倍

問4　レールDFを，図2のように短くて傾きが急なDGに変え，同様な実験を行った。G点から飛び出した小球は，どのような運動をするか。図の①～③の中から1つ選びなさい。

図2

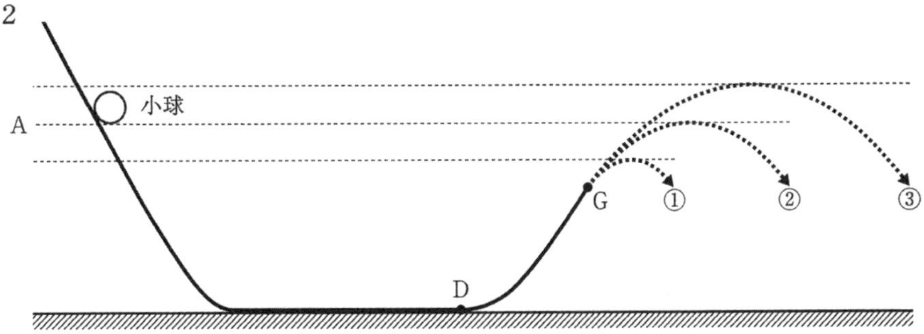

4　次の文を読み，問いに答えなさい。

佐野さんと日大くんは，塩酸に亜鉛を入れると水素が発生することに興味をもち，実験を行った。

佐野さん：試験管の中の塩酸に亜鉛を入れると，$_{a}$水素が発生し，亜鉛は$_{b}$とけていくよ。あの水素は，どこからきたのかな。

日大くん：塩酸の中の水素イオンが変化して，水素が発生したと思う。それを確かめるいい方法はないかな。

佐野さん：水素イオンについて調べることができるといいね。中和の反応を利用できないかな。中和の実験を行ってみよう。

問1　下線部aについて，発生した気体が水素であることを示しているのはどれか。次の中から1つ選びなさい。

① 試験管に火のついた線香を入れると，線香は激しく燃える。
② 試験管の口に火のついた線香を近づけると，音を立てて燃える。
③ 試験管の口に火のついた線香を入れると，消える。
④ 試験管の口に直接鼻を近づけてにおいをかぐと，刺激臭がする。

問2　下線部bについて，亜鉛は塩酸にとけると亜鉛イオンになる。亜鉛イオンの化学式はどれか。次の中から1つ選びなさい。

① Cu^{2+}　② Na^{+}　③ Zn^{2+}　④ Mg^{2+}　⑤ Ba^{2+}

次に，佐野さんと日大くんは，中和の実験を行った。そのレポートの一部である。

〔レポート〕

濃度1.14％の塩酸Aと濃度5.0％の水酸化ナトリウム水溶液Bを，さまざまな体積で混ぜて反応させた後，反応後の水溶液に緑色のBTB溶液を数滴加えて色の変化を調べた。その結果を表にまとめたものである。

〈結果〉

	実験1	実験2	実験3	実験4	実験5
Aの体積［cm^3］	5	10	15	20	25
Bの体積［cm^3］	25	20	15	10	5
BTB溶液を加えたときの溶液の色	青	青	青	緑	黄

問3　次の文は，〔レポート〕中の実験4の状態について述べたものである。**誤っているもの**はどれか。次の中から1つ選びなさい。

① ナトリウムイオンが存在している。
② 赤色リトマス紙に溶液をつけると青色に変わった。
③ 水素イオンと水酸化物イオンが過不足なく反応している。
④ 塩化物イオンが存在している。
⑤ 沈殿が生じなかった。

問4　BTB溶液の代わりにフェノールフタレイン溶液を使って実験を行い，実験5の結果とその理由について述べた文の（　ア　）と（　イ　）に入る語句の正しい組み合わせはどれか。次の中から1つ選びなさい。

実験5の結果は，フェノールフタレイン溶液を加えると溶液の色は（　ア　）色を示した。それは，結果の表からも推測できるように，この水溶液が（　イ　）性の性質であったためである。

	ア	イ
①	無	アルカリ
②	無	中
③	無	酸
④	赤	アルカリ
⑤	赤	中
⑥	赤	酸

5　日大くんは，気体の性質について興味をもち，計画を立てて，実験を行った。次の問いに答えなさい。

日大くんは，次のように4種類の気体A～Dを集める実験の計画を立てた。気体を下の表の方法で発生させ，下の図のように水上置換法で集めることにした。

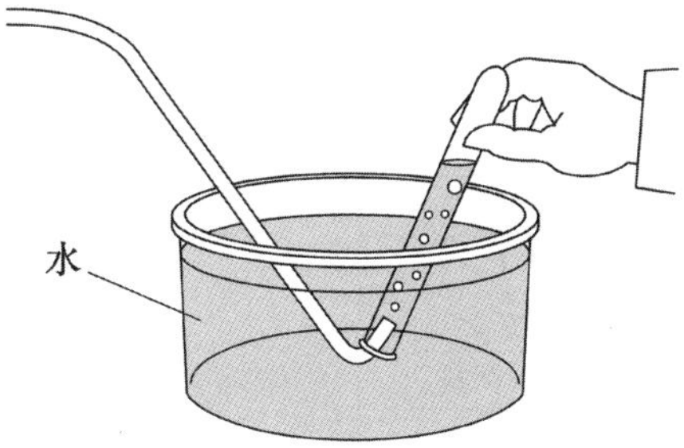

気体	発生方法
A	石灰石にうすい塩酸を加える。
B	(　ア　)にうすい塩酸を加える。
C	塩化アンモニウムと水酸化カルシウムを混ぜ合わせて熱する。
D	オキシドールに二酸化マンガンを加える。

問1　表の(　ア　)にあてはまるものはどれか。次の中から1つ選びなさい。
① 硫化鉄　② 塩化ナトリウム　③ 銅　④ マグネシウムリボン

問2　気体A～Dのうち，化合物はどれか。正しい組み合わせを次の中から1つ選びなさい。
①AとB　②AとC　③AとD　④BとC
⑤BとD　⑥CとD

問3　発生した気体Aを確かめるために使うものはどれか。次の中から1つ選びなさい。
① 石灰水　② 塩化コバルト紙
③ 無色のフェノールフタレイン溶液　④ 水でぬらした赤色リトマス紙

問4　日大くんは，実験の計画を見直したところ，水上置換法で気体Cを集めることができないと判断した。そのように判断したのは気体Cにどのような性質があるためか。次の中から1つ選びなさい。
① 水に溶けにくいから　② 水に溶けやすいから
③ 空気より軽いから　④ 空気より重いから
⑤ 水より密度が小さいから　⑥ 水より密度が大きいから

6　動物は口から食物を取り入れた後，消化吸収する。下の図はヒトの体における消化吸収の様子を示したものである。次の問いに答えなさい。

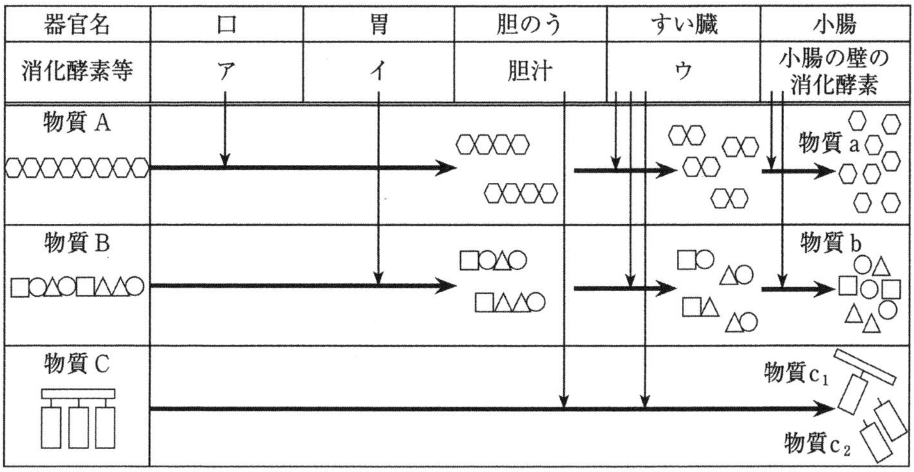

佐野日本大学　入試問題(R5)◆理科

問１　物質Ａ～Ｃはタンパク質，デンプン，脂肪のいずれかである。正しい組み合わせはどれか。次の中から１つ選びなさい。

	A	B	C
①	タンパク質	デンプン	脂肪
②	タンパク質	脂肪	デンプン
③	脂肪	タンパク質	デンプン
④	脂肪	デンプン	タンパク質
⑤	デンプン	タンパク質	脂肪
⑥	デンプン	脂肪	タンパク質

問２　物質Ｂが分解されることで生じる物質ｂはどれか。次の中から１つ選びなさい。
① モノグリセリド　② アミノ酸　③ 脂肪酸　④ ブドウ糖

問３　物質Ａが分解されたことを確かめる方法はどれか。次の中から１つ選びなさい。
① BTB 溶液を加え，溶液の色の変化を確認する。
② ベネジクト溶液を加え，加熱したのちに溶液の色の変化を確認する。
③ 石灰水を加え，石灰水の色の変化を確認する。
④ 酢酸カーミン溶液を加え，染色されるか確認する。

問４　図中のイにあてはまる消化酵素はどれか。次の中から１つ選びなさい。
① リパーゼ　② トリプシン　③ アミラーゼ　④ ペプシン

７　顕微鏡による観察について，次の問いに答えなさい。

問１　顕微鏡の操作について述べた文を，正しい順番に並べ替えたとき４番目になるものはどれか。次の中から１つ選びなさい。
① 接眼レンズをのぞきながら，調節ねじを回してピントを合わせる。
② 低倍率で接眼レンズをのぞきながら，反射鏡の角度を変え，視野全体を明るくする。
③ 接眼レンズと対物レンズを顕微鏡につける。
④ プレパラートをステージにのせ，クリップでとめる。
⑤ 横から見ながら対物レンズをプレパラートに近づける。

問２　次の文の（　ア　）と（　イ　）にあてはまる語句の正しい組み合わせはどれか。次の中から１つ選びなさい。

倍率を高くすると視野が（　ア　）なるため，しぼりを（　イ　）。

	ア	イ
①	明るく	開く
②	明るく	しぼる
③	暗く	開く
④	暗く	しぼる

問３　スケッチをするときの正しい方法はどれか。次の中から１つ選びなさい。
① 目的のもののみを影をつけて立体的にかく。
② 目的のもののみを影をつけずに正確にかく。
③ 視野内のすべてのものを影をつけて立体的にかく。
④ 視野内のすべてのものを影をつけずに正確にかく。

解　答　P289

問 4　15 倍の接眼レンズと 10 倍の対物レンズの組み合わせで，ある微生物を観察した。その後，対物レンズを 40 倍のものに変えたとき，視野における微生物の面積は何倍になるか。次の中から 1 つ選びなさい。

① 2 倍　② 4 倍　③ 6 倍　④ 8 倍
⑤ 10 倍　⑥ 16 倍

8　火成岩は，斑状か等粒状という組織の違いと色調の違いの 2 つの基準に基づいて分類される。日大くんはこれらについて以下の表にまとめた。また，図はある岩石を顕微鏡で観察したものである。次の問いに答えなさい。

表

色	a	⟷	b
マグマの粘り気	c	⟷	d
火山岩	A	B	C
深成岩	X	Y	Z

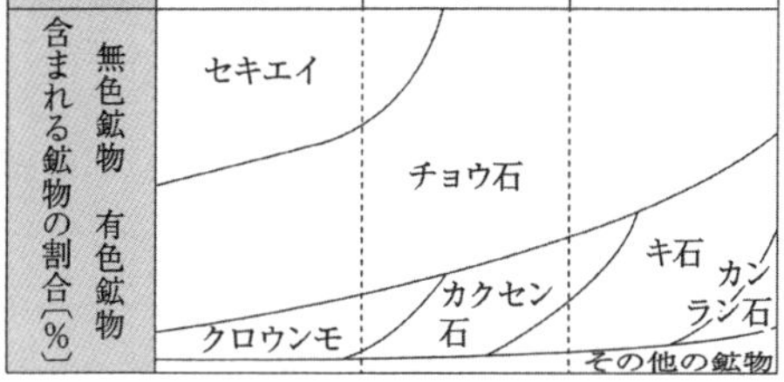

図

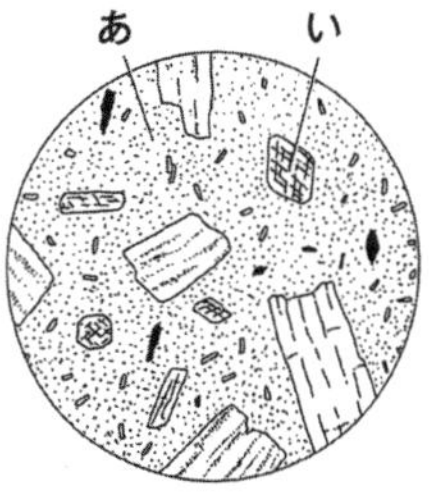

問 1　表中の a ～ d にあてはまる語句の正しい組み合わせはどれか。次の中から 1 つ選びなさい。

	a	b	c	d
①	黒っぽい	白っぽい	弱い	強い
②	黒っぽい	白っぽい	強い	弱い
③	白っぽい	黒っぽい	弱い	強い
④	白っぽい	黒っぽい	強い	弱い

問 2　表中の火山岩 A ～ C のうち A にあてはまるものはどれか。次の中から 1 つ選びなさい。

① せん緑岩　② はんれい岩　③ 花こう岩　④ 安山岩
⑤ 玄武岩　⑥ 流紋岩

問 3　表中の深成岩 X ～ Z のうち Z にあてはまるものはどれか。次の中から 1 つ選びなさい。

① せん緑岩　② はんれい岩　③ 花こう岩　④ 安山岩
⑤ 玄武岩　⑥ 流紋岩

問 4　図中の**あ**と**い**の名称と，この岩石のでき方の正しい組み合わせはどれか。次の中から 1 つ選びなさい。

	あ	い	岩石のでき方
①	斑晶	石基	マグマが地表で急に冷え固まってできた
②	斑晶	石基	マグマが地表で長い時間をかけて冷え固まってできた
③	斑晶	石基	マグマが地下深くで急に冷え固まってできた
④	斑晶	石基	マグマが地下深くで長い時間をかけて冷え固まってできた
⑤	石基	斑晶	マグマが地表で急に冷え固まってできた
⑥	石基	斑晶	マグマが地表で長い時間をかけて冷え固まってできた
⑦	石基	斑晶	マグマが地下深くで急に冷え固まってできた
⑧	石基	斑晶	マグマが地下深くで長い時間をかけて冷え固まってできた

9　次の問いに答えなさい。

問1　図1は日本のある時期の天気図である。「ある時期」にあてはまるものを次の中から1つ選びなさい。

図1

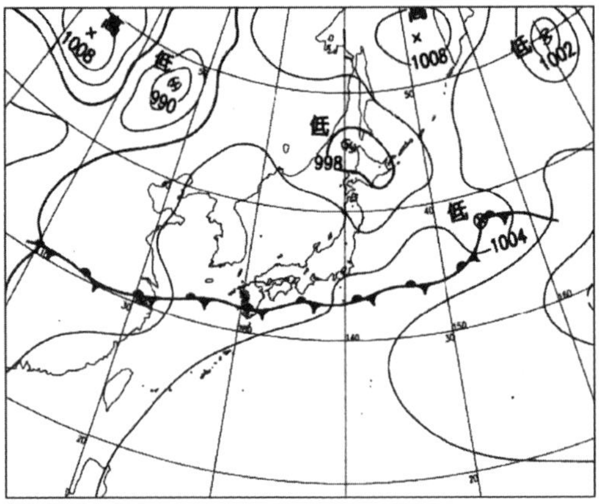

①春　　②梅雨　　③夏　　④冬

問2　図1で見られる前線の名称を，次の中から1つ選びなさい。

①温暖前線　　②寒冷前線　　③停滞前線　　④閉塞前線

図2は2018年の5月17日の天気図である。また，表1は図2中の観測点での気象データである。次の問いに答えなさい。

図2

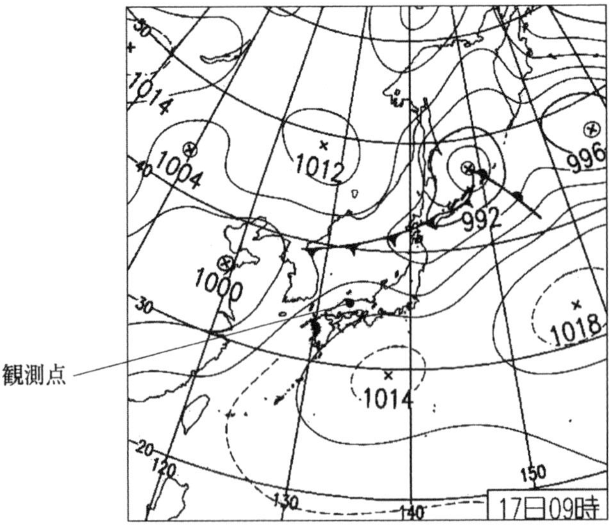

解答 P289

表1

2018年5月17～18日					
日	時	気温(℃)	風速(m/s)	風向	天気
17日	18	29	3	南南東	曇
	21	26.6	4.2	南東	薄曇
	24	25.1	4.1	南東	—
18日	3	25	2.6	南東	晴れ
	6	25.8	4.3	南	曇
	9	27.4	5.4	南南東	曇
	12	28.6	6.1	南	曇
	15	23.3	5.6	北西	雨
	18	18.6	4.5	北北西	雨

問3　5月18日に図2の観測点を通過した前線はどれか。次の中から1つ選びなさい。
　① 温暖前線　　② 寒冷前線　　③ 停滞前線　　④ 閉塞前線

問4　**問3**の前線が図2の観測点を通過したのは，18日のどの時間帯か。次の中から1つ選びなさい。
　① 3時～6時　　② 6時～9時　　③ 9時～12時　　④ 12時～15時
　⑤ 15時～18時

問5　表1の17日18時の天気記号を正しくあらわしているものを，次の中から1つ選びなさい。ただし，風速に関しては表2を参考にしなさい。

表2

風力	地上10mの高さでの風速（m／s）
0	0.0～0.3未満
1	0.3～1.6未満
2	1.6～3.4未満
3	3.4～5.5未満

①
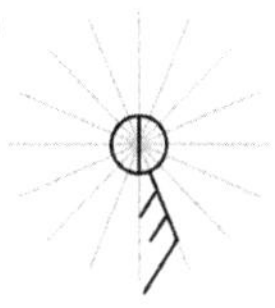
②
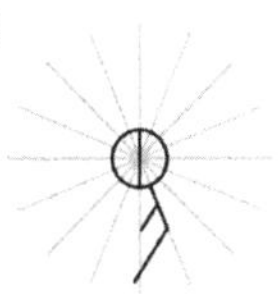
③

④
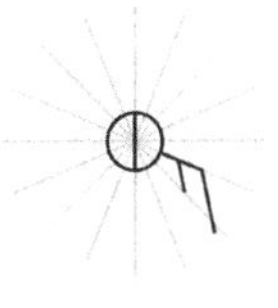

⑤
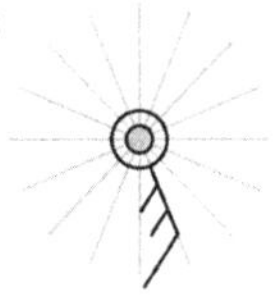
⑥
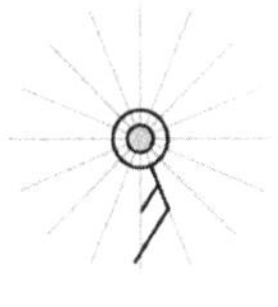
⑦
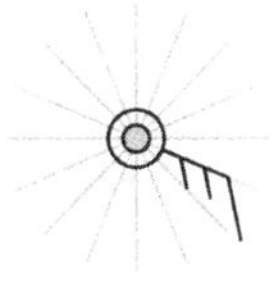
⑧
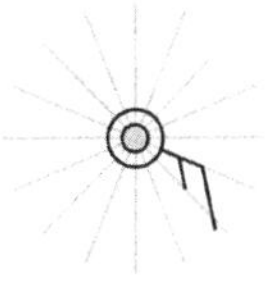

令和5年
1月6日実施
入試問題

佐野日本大学

英語

制限時間 50分

1　ただ今からリスニングテストを行います。テストはPart A、Part Bに分かれています。それぞれのPartの初めに放送される日本語の説明にしたがって、解答してください。

Part A

Part Aは絵を見て答える問題です。問題ごとに1～4の短い英文が読まれます。絵の内容を表す最も適切な英文を、1つ選びなさい。英文はそれぞれ1回しか読まれません。

問1

問2

問3

Part B

Part Bは短い会話を聞いて答える問題です。それぞれの会話の後に質問が続きます。その質問に対する答えとして最も適切なものを、1～4より1つ選びなさい。会話と質問は2回読まれます。

問4
1. Because she always sits in the front row.
2. Because she can't see far.
3. Because it is too close to the screen.
4. Because the tickets are more expensive.

問5
1. She says it is too expensive.
2. She says she likes it.
3. She says she doesn't know who painted the picture.
4. She says it is not famous.

問6
1. Because it is too fast.
2. Because he doesn't want to spend too much money.
3. Because he doesn't have the time.
4. Because the Shinkansen leaves later.

2　次の(1)～(10)の英文の空所に入る最も適切なものを、1～4より1つ選びなさい。

(1) Mr. Smith is the man who (　　) the most information about the town's history.
1. is　　2. was　　3. have　　4. has

(2) We will go for a swim as soon as Tom (　　) home.
1. will come　　2. come　　3. comes　　4. is coming

解答 P289

(3) You and Kate are good friends, aren't you? How long (　　) each other?
1. do you know　　2. are you knowing
3. did you know　　4. have you known

(4) A : Excuse me, but could you tell me where the nearest post office is from here?
B : (　　). I'm a stranger here.
1. All right　2. Thank you　3. Sorry　4. Here you are

(5) Susan was so happy to hear (　　) her son's safe return.
1. to　2. of　3. in　4. at

(6) (　　) did you buy that same book for?
1. Where　2. When　3. How　4. What

(7) May I ask you where (　　)?
1. have you been　　2. did you go
3. you have been　　4. to you went

(8) That famous artist was born in Japan (　　) February 5th, 1947.
1. at　2. on　3. of　4. in

(9) It is difficult (　　) questions in English.
1. for me to answer　　2. to me for answering
3. to answer by me　　4. me to answer

(10) Those children (　　) happy when they are playing outside.
1. see　2. look　3. watch　4. show

3 Laura と母の text massage（メール）を読み、後の設問に答えなさい。

Monday, February 6

Mother: Hi, how was school? I'm going to the supermarket now. Do you want me to buy you anything? Also, what time will you be home tonight? 3:46 p.m.

4:02 p.m. **Laura**: School was okay. I finished my speech for science class. I did my best but my teacher said that I need to practice more.

4:03 p.m. Hmm. I don't think I need anything. I have soccer practice today, so I won't be home until 7:00. What time do you want to eat dinner?

Mother: Oh, that's too bad. You have another speech next week, right? Let's practice it tonight. 4:10 p.m.

How about dinner at 7:30? I'm going to make spaghetti. 4:11 p.m.

4:15 p.m. **Laura**: Okay. Dinner at 7:30. Yum! Spaghetti sounds delicious. My speech next week is on Friday. We can practice this weekend. Thank you!

5:03 p.m. Oh no. I have to study for my math exam tomorrow! I will go to the library after soccer practice and study. I'll be home in about 3 and a half hours.

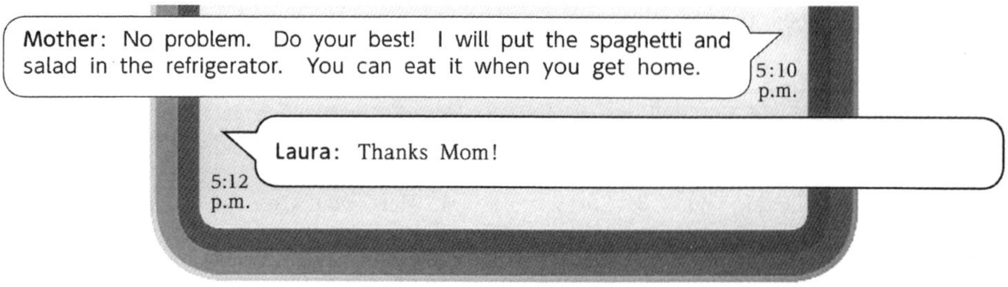
Mother: No problem. Do your best! I will put the spaghetti and salad in the refrigerator. You can eat it when you get home.
5:10 p.m.
Laura: Thanks Mom!
5:12 p.m.

(注) yum　おいしい

問1　Laura がスーパーマーケットで買ってほしいものとして最も適切なものを、1～4より1つ選びなさい。

1. spaghetti　　2. salad　　3. meat　　4. nothing

問2　Laura の次のスピーチの日程として最も適切なものを、1～4より1つ選びなさい。

1. February 10th　　2. February 12th
3. February 15th　　4. February 17th

問3　Laura の帰宅予定時間として最も適切なものを、1～4より1つ選びなさい。

1. 7:00 p.m.　　2. 7:30 p.m.　　3. 8:00 p.m.　　4. 8:30 p.m.

4　次の表は高校生の Tetsuto が授業で発表したものである。英文を読み、後の設問に答えなさい。

Tetsuto spoke about his research in his class and showed the charts below. He asked 130 students in his school what sport they liked. Skiing, soccer, basketball, baseball, and tennis were the top five. He was surprised that the number of students who liked baseball best, not soccer, was the (ア) because he often sees many of his friends playing soccer in the park. However, soccer still got more than 30 votes, and tennis came next. Six more students chose basketball than skiing. Rugby came after skiing. Rugby is becoming popular in Japan because the Rugby World Cup took place in Japan in 2019.

Next, Tetsuto researched which Japanese professional baseball teams are popular in his school. He asked the forty students who liked baseball best which team was their favorite. Of course, all of the students had their favorite team. They chose only five teams out of the twelve teams. The most students chose the *Osaka Fighters* because Osaka is close to their town and they can easily go to the stadium to see the games. The second was the *Tokyo Pirates*. The students who chose them said that one of the most talented Japanese players belonged to the team. Now he plays in the U.S. The least number of students chose the *Aichi Spiders*, and his favorite team, the *Tochigi Sparrows*, did not get any votes.

	Sports	The Number of Students
1	A	40
2	B	31
3	C	23
4	D	15
5	E	(イ)
	Others	12

	Professional Baseball Team (プロ野球球団)	The Number of Students
1	F	16
2	G	8
3	H	7
4	I	5
5	J	(ウ)

(注) research 研究　charts 図表　votes 票　talented 才能のある

解 答 P289

問1　空所（　ア　）に入る最も適切なものを、1～4より1つ選びなさい。
　1. largest　　2. smallest　　3. worst　　4. better

問2　表のDに入る最も適切なものを、1～4より1つ選びなさい。
　1. Baseball　　2. Basketball　　3. Rugby　　4. Skiing

問3　表の（　イ　）に入る数字として最も適切なものを、1～4より1つ選びなさい。
　1. 9　　2. 11　　3. 13　　4. 14

問4　表の（　ウ　）に入る数字として最も適切なものを、1～4より1つ選びなさい。
　1. 1　　2. 2　　3. 3　　4. 4

問5　本文や表の内容と合う最も適切なものを、1～4より1つ選びなさい。
1. Before he did the research, Tetsuto expected soccer to be the most popular sport because some of his friends often talked about it.
2. You can tell that Tetsuto and his friends live close to *Tokyo Pirates* stadium.
3. Many of the students who like baseball best said they liked the *Osaka Fighters* because they had a player who now plays in the U.S.
4. The baseball team Tetsuto likes is not popular in his school.

5 次の英文を読み、文中の空所(1)～(5)に入る最も適切なものを、それぞれ下の1～4より1つ選びなさい。

John and I got married about 50 years ago. We lived together for a long time and he was also my best friend. We loved going to the movies and on walks through town. He always held my hand when we walked and I felt (1).

Every year on Valentine's Day, he wrote the same note: "I love you more today than yesterday."

And then one day he died. Our children came to stay with me for a while, but after a few weeks, they (2) and I was alone.

It was so difficult to live without him, but I tried.

Then Valentine's Day came around again. I felt so sad because I knew I had to spend the day by myself.

Imagine my (3) when the bell rang and I opened the door. I saw the owner of the flower shop near my house there. He held a bouquet of roses and a little note. "From your husband," he said.

For a moment, I felt so angry and said to him, "Is this some kind of joke?" The flower shop owner said, "(4). Before your husband died, he came in and prepaid for many years of roses. He asked me to give a bouquet of roses to you every year on Valentine's Day (5) of him."

I finally opened the note and read: "I love you more today than yesterday."

(注) got married　結婚した　　note　メモ　　imagine　を想像する
　　bouquet　花束　　prepaid　先払いした

(1)　1. beautiful　　2. happy　　3. sick　　4. lonely
(2)　1. arrived　　2. knew　　3. left　　4. sent
(3)　1. surprise　　2. message　　3. courage　　4. letter
(4)　1. I have no idea　　2. Yes, it is
　　3. I'm joking　　4. No, it isn't
(5)　1. instead　　2. take care　　3. think　　4. go out

6 次の英文中の(1)～(6)の〔　〕内の語句を、前後関係を考慮して、意味が通るように並べかえなさい。解答は例にならって、正しい順にマークしなさい。

例題　彼はサッカーがうまい。〔 1. is　2. soccer　3. a good　4. he 〕 player.

（解答）	①　②　③　●
	●　②　③　④
	①　②　●　④
	①　●　③　④

この例では He is a good soccer player. が正解なので、上から順に④、①、③、②とマークすることになる。

My mother likes traveling and has traveled to many countries in the world. I would like to (1) 〔 1. I　2. you　3. one of the most exciting stories　4. tell 〕 heard from her. She stayed in a hotel which was built of salt!

The hotel stands alone in a huge salt desert in Bolivia, South America. The salt desert is (2) 〔 1. about 3,700 meters　2. is probably　3. above the ocean　4. and 〕 the largest in the world with an area of about 12,000 square kilometers. A long time ago, it was not a salt desert, but later the ocean floor rose up and mountains were created. So, a lot of seawater was left in the mountains and a lake was created. Then the water of the lake disappeared and a salt desert was left. It is called *Salar de Uyuni* now. When you visit it, you will find (3) 〔 1. it　2. beautiful　3. is　4. how 〕.

The salt hotel is very strange. Everything (4) 〔 1. salt blocks　2. made　3. is　4. from 〕, from beds to tables and chairs. There is no electricity ― the hotel (5) 〔 1. the natural heat　2. the sun　3. of　4. uses 〕. During the day, the sun makes the blocks of salt warm, and it (6) 〔 1. comfortable　2. the rooms　3. keeps　4. warm and 〕 even at night. By the way, the hotel does not have any baths or showers because it is in the center of the huge desert of salt!

（注） Bolivia　ボリビア　　square kilometers　平方キロメートル　　ocean floor　海底
Salar de Uyuni　ウユニ塩湖　　huge　巨大な

7 次の英文を読み、後の設問に答えなさい。

There are many ways of naming a child in the world. Some parents seem to name their children after their favorite things. In some families, grandparents or professional name makers give a child a name. **(1)** And in some cases, parents choose a name according to a child's birthday.

In European countries, names are usually chosen by parents. Names they choose for their children are taken from names of relatives or ancestors within their family members. For example, in Italy, children are traditionally named after their grandparents. The name of the father's parents is often used in many cases. **(2)** Also, people in Eastern Europe take a name for their children from relatives who have died. This tradition is seen as a way to protect their children from evil.

In some Asian countries, many people ask a child's grandfather or a fortune-teller to choose the child's name. In this case, names are chosen based on a traditional idea: a name can influence the child's personality. For example, names may have a connection to certain elements such as fire, water, earth, wood, or metal. **(3)** Also, the characters used in the name can have some important meanings like beauty, strength, or kindness.

In some African cultures, people name their children after the day of their birth. Each day has its own meaning. A boy and a girl born on the same day have different names. However, they have the same meaning. (　ア　), in Ghana's Akan culture, if they have a boy on Friday, people would choose a name, Kofi. (　イ　),

私立
R5
実戦編◆英語　佐野日本大学

a girl on Friday would have Afua as her own name. Both Kofi and Afua mean "explorer" or "traveler." In other places in Africa, names can have a meaning of place. If you see a girl in Ethiopia named Zara, she probably comes from the southwestern part of the country.

The name given to a baby is the first gift for their life. Though the way to name a baby is different from place to place, each name has its own special meaning, and the name reflects something about the culture. **(4)**

(注) relatives 親せき　evil 災い　fortune-teller 占い師
based on に基づいて　personality 性格
certain elements 特定の要素　Ghana's Akan ガーナ(アフリカの国)のアカン族
Ethiopia エチオピア(アフリカの国)　reflects 反映する

問1 第2段落の内容と一致する最も適切なものを、1～4より1つ選びなさい。

1. イタリアでは子どもの父親の名前が最初の子どもの名前に使われることが多い。
2. イタリアでは子どもの母親の名前が二番目以降の子どもの名前に使われることが多い。
3. ヨーロッパの国々では子どもの名前は親せきの人が選ぶことが多い。
4. 東ヨーロッパでは、亡くなった親せきの名前にちなんで子どもに名前を付けることが多い。

問2 下線部の内容として最も適切なものを、1～4より1つ選びなさい。

1. Parents' personalities sometimes make a fortune-teller choose their child's name.
2. A name that has a specific meaning can affect a personality of a child.
3. Parents sometimes name their child after their character.
4. Grandparents or a fortune-teller should choose a name for a child.

問3 空所(ア)に入る最も適切なものを、1～4より1つ選びなさい。

1. For example　　2. However
3. On the other hand　　4. Instead

問4 空所(イ)に入る最も適切なものを、1～4より1つ選びなさい。

1. For example　　2. Still
3. On the other hand　　4. On one hand

問5 次の英語の問いの答えとして最も適切なものを、1～4より1つ選びなさい。

What is true about the cultures in Africa?

1. Boys named Kofi are asked to become a traveler because the name means "traveler."
2. If you know the name of a girl in Ethiopia, you can know what place she lives in now.
3. In Ghana's Akan culture, the names, Kofi and Afua, have different meanings.
4. You can sometimes tell when or where people in Africa were born from their names.

問6 下の英文が入る最も適切な箇所を、本文中の(1)～(4)より1つ選びなさい。

So, we should respect all names.

問7 次の英文が本文の内容と一致している場合は1、一致していない場合には2をマークしなさい。

1. All families must follow their own culture when they name a baby.
2. In European countries, parents are the only persons who can choose a baby's name.
3. Some parents choose their child's name because they think the name can protect their child.

佐野日本大学 入試問題(R5)◆国語

四 次の文章を読んで、後の問いに答えなさい。

(1)みちのくに田村の郷の住人、馬の允《じよう》、なにがしとかやいふをのこ、鷹《たか》を使ひけるが、鳥を得ずして(2)むなしく帰りけるに、赤沼といふ所に、鴛鴦《をし》の一つがひゐたりけるを、※くるりを持ちて射たりければ、過《あやま》たず雄鳥《をとり》に当たりてけり。その鴛鴦を、(3)やがてそこにてとりかひて《鷹に餌として与えて》、餌《ゑ》がらをば餌袋に入れて、家に帰りぬ。その次の夜の夢に、いとなまめきたる女の小《ちひ》さやかなる、枕に来てさめざめと泣きゐたり。あやしくて(4)何人《なにびと》のかくは泣くぞと問ひければ、昨日赤沼にて、(5)させる誤りも侍《はべ》らぬに、年ごろの男《長年連れそった夫》を殺し給《たま》へる悲しみに堪へずして、参りてうれへ申すなり。この思ひによりて、わが身もながらへ侍るまじきなりとて、一首の歌を唱へて、泣く泣く去りにけり。

A 日暮るれば誘ひしものをあかぬまのまこもがくれの独り寝ぞうき

あはれに不思議に思ふほどに、中一日ありて後、餌がらを見ければ、餌袋に、鴛鴦の妻鳥《めとり》の、※嘴《はし》をおのが嘴に食ひ交はして、死にてありけり。(6)これを見てかの馬の允、やがて※もとどりをきりて出家してけり。

(『古今著聞集』より)

※〈語注〉 くるり…水鳥や魚を射るための矢　嘴…口ばし　もとどり…束ねた髪

問一 傍線部(1)とありますが、これに当てはまらない現在の都道府県名として最も適当なものを次から選びなさい。

1 新潟県　2 福島県　3 岩手県　4 青森県

問二 傍線部(2)の本文中での意味として最も適当なものを次から選びなさい。

1 はかない　2 疲れている　3 みじめだ　4 無益だ

問三 傍線部(3)の本文中での意味として最も適当なものを次から選びなさい。

1 そのまま　2 しばらくして　3 だんだん　4 ついに

問四 傍線部(4)の返答の内容として最も適当なものを次から選びなさい。

1 夫がいなくなり生きていく希望を失ったということ
2 夫だけでなく仲間も殺されてしまい絶望しているということ
3 仲の良かった鴛鴦が二羽とも殺されてしまい嘆いているということ
4 昨日赤沼にいたのは自分ではないことを伝えたいということ

問五 傍線部(5)の現代語訳として最も適当なものを次から選びなさい。

1 ひどい誤解がありましただけなのに
2 それほど誤算がありましたわけでもなく
3 これといった過誤もありませんのに
4 ちょっとした誤答をしましたところ

問六 Aの和歌に詠まれている心情として最も適当なものを次から選びなさい。

1 夫を殺された怒り　2 夫を失った悲しみ
3 夫への恨み　4 夫への感謝

問七 傍線部(6)の理由として最も適当なものを次から選びなさい。

1 鳥の愛情の深さに感動したから
2 罪の深さを悟ったから
3 穢《けが》れを祓《はら》おうとしたから
4 いつか出家したかったから

「わたし、子どもの頃からあれをつぶすのが好きだったんです。夢中になって、飽きないんですよね、不思議と」

もらっていいですよね、と訊かれた先生が困惑しながらうなずくと、テンコさんは自分で席を立って、プチプチを持ってきた。小さな瓶をくるんでいたのだから、サイズはほんのささやかなものだ。

「ね、ちょっと、ちょっとだけ待ってて」

先生はキッチンに向かう。収納庫の扉を開けて覗《のぞ》き込むと、お歳暮のワインをくるんだプチプチを見つけた。これならたっぷり時間をかけて楽しめる。

テンコさんも、うわあ、と(6)相好を崩した。(7)童心に返ったような、素直な笑顔だった。

「先生もお酒、どうぞ」

そうなると、こちらも心おきなく――。

冷蔵庫の野菜室から、とっておきの純米大吟醸を出した。広島の酒どころ・西条の地酒だ。軟水で醸したやわらかい味わいが気に入っている。

食卓を挟んで、かつての教師は日本酒を切子のグラスでちびちび飲《や》って、かつての教え子はプチプチを両手の親指でつぶしていく。いきさつをなにも知らなければ、ずいぶん奇妙な光景だった。いや、当の先生自身、なんだかヘンなことになっちゃったなあ……と戸惑っている。

テンコさんも「なにやってるんでしょうね、わたしたち」と笑う。くすぐったそうに、あきれたように、けれど、すごく楽しそうに。

（重松　清『めだか、太平洋を往け』〈幻冬舎〉より）

問一　傍線部(1)からうかがえる心情として最も適当なものを次から選びなさい。

1　翔也のことを心配していたのに、当の本人が元気だったため安心する一方で拍子抜けした心情

2　あんなに元気がいいのに、すぐに新しいクラスになじめない翔也に対して不審に思う心情

3　翔也の元気で明るい様子に対して安心したものの、それならばなぜ登校しないのかと非難する心情

4　翔也の不自然な元気を目の当たりにし、子供らしくないと批判したくなる心情

問二　［2］に当てはまる語として最も適当なものを次から選びなさい。

1　嘆き　　2　不安　　3　熱意　　4　心づかい

問三　傍線部(3)の説明として最も適当なものを次から選びなさい。

1　元教育者としてテンコさんの一面的な教育観をたしなめようとしているということ

2　反抗的なテンコさんに対し議論で打ち負かし、年上としての示しをつけようとしているということ

3　テンコさんの情熱的な考えに対して、自らの考えが間違っていたのではないかと揺れ動いているということ

4　テンコさんの剣幕に対して内心を見透かされないように、平静さを装おうとしているということ

問四　［4］に当てはまる語として最も適当なものを次から選びなさい。

1　斬新奇抜　　2　明朗闊達《かったつ》　　3　理路整然　　4　意気消沈

問五　傍線部(5)の理由として最も適当なものを次から選びなさい。

1　アンミツ先生のはっきりしない反応に、自分の意見に自信が持てなくなってしまったから

2　今まで意見を主張し続けてきた自分に急に嫌気がさして自信がなくなってしまったから

3　正論だと思っていたことが、実は誤りであったことに気づき敗北感を味わったから

4　「解消」ではなく「解決」しなければ意味がないのに自分も結局は逃げているだけだと悟ったから

問六　傍線部(6)の読みとして最も適当なものを次から選びなさい。

1　しょうこう　　2　そうごう　　3　そうこう　　4　あいごう

問七　傍線部(7)の説明として最も適当なものを次から選びなさい。

1　先生に対して反抗を繰り返してきたが、その態度を反省し謝罪の意を示しているということ

2　いつも他人に対して警戒心を強く持っていたが、初めて先生に対して素直に接するようになったということ

3　昔アンミツ先生に教わっていた小学生の時の気持ちを徐々に思い出してきたということ

4　今まで頑《かたく》なな態度をとってきたが、先生に対して心を開いてきたということ

解答 P289

けたまま、「あなた、ほんとうに翔也が明るくて元気のいい子だと思ってる?」と訊《き》いた。

テンコさんは少し怪訝《けげん》そうな間をおいて、それでも「ええ」と迷いなく答えた。「だって、人見知りもしないで、ハキハキしてて、すごくいい子じゃないですか」

「明るくて元気な子は、いい子?」

「ええ、まあ、そうですよね」

「明るくなくて、元気じゃない子は?」

「はあ?」

「そういう子は、良くない子?」

「いえ、まあ……『良くない』とは言いませんけど、やっぱり元気を出してほしいし、明るくなってほしいし……」

お湯が沸く。やかんの口から湯気とともにシューシューという音が漏れてくる。

「でもね、テンコさん、元気や明るさって、おとなが安心するときにわかりやすいサインっていうだけなんじゃないの?」

コンロの火を止めて、振り向いた。テンコさんと目が合った。挑むような、反発するような、強いまなざしだったが、(3)先生はひるまずに言った。

「子どもたちの幸せって、元気や明るさだけじゃないと思う」

食卓に向き合って座った。お茶を啜《すす》ると、苦みと渋みがふだんよりキツかった。

「テンコさんは、お酒……酔っぱらうのがあんまり好きじゃない、って言ってたけど、飲めないわけじゃないのよね?」

アンミツ先生は湯呑《の》みを口から離して訊いた。ほんのちょっとでもテンコさんに「その気」があるのなら、すぐにお酒に切り替えるつもりだった。

だが、テンコさんは迷うそぶりも見せずに「『好きじゃない』じゃなくて、『嫌い』なんです」と返した。「さっきもそう言ったと思うんですけど」

「じゃあ、ストレス解消は?」

スポーツ、カラオケ、甘いもの、遊園地の絶叫マシン、食べ歩き、ショッピング……いくつか挙げてみたが、どれも「そんなこと、べつにしません」と首を横に振る。「ギャンブルとか、アイドルの追っかけとか?」と訊くと、冗談はやめてください、とそっぽを向いてしまう。そして、「ストレス解消って、よくわからないんですよ」とつづけた。「ストレスは『解消』じゃなくて『解決』しなくちゃだめなんじゃないんですか?」

お酒のほろ酔いでいい気分になっても、解決にはならない。趣味を楽しんでも、そんなのは仕事から逃げているだけだ。しかも、ニッポンのおとなたちの言う「ストレス解消」とは「とりあえず、いまはそのことを忘れておく」だけで、正しい意味での「解消」にすらなっていない。

テンコさんは淀《よど》むことのない　4　とした口調で言った。アンミツ先生は「それはまあ、そうだけど……」と気おされて、苦くて渋いお茶を啜るしかない。

ところが、(5)テンコさんの表情に、議論に勝った満足感はなかった。あれだけ滔々《とうとう》と語っていたのに、しゃべり終えると急に自信のなさそうな様子になって、伏し目がちにまばたきをする。

「でも……」

テンコさんは、ふう、と息をつきながら言った。「なんか、もう、疲れちゃいました」

「今日のことで?」

「今日だけじゃなくて、いままでのことも全部まとめて……バカみたい」

他人ではなく自分自身を突き放して、アンミツ先生に言った。

「先生、わたしに気をつかわなくていいから、お酒飲んでくださいよ」

「だいじょうぶよ」

アンミツ先生はお茶を啜る。あいかわらず苦くて渋い。けれど、その苦みと渋みをまっすぐに受け止めなければ、と自分に言い聞かせた。

お酒が少し入ったほうが話しやすいのは確かでも、自分だけお酒を飲むことはできない。テンコさんは教え子なのだ。こっちは教師なのだ。現役を引退しているからこそ、しっかりとケジメはつけなければ、ずるずると楽なほうに流れて、ただの「おばあちゃん」になってしまいかねない。

だが、テンコさんは「わたしもストレス解消しながらおしゃべりしますから」と意味ありげに笑う。「ストレス解消の趣味、一つだけあったのを思いだしました」

キッチンのほうを指差す。その先には、ウニの瓶詰めをくるんでいたエアキャップ――いわゆる「プチプチ」があった。

※〈語注〉くびき…自由を束縛するもの

問一　傍線部(1)に当てはまるものとして最も適当なものを次から選びなさい。

1　ひとの生命にかかわるもっとも基本的な営み
2　公共制度やサーヴィス機関
3　生命維持をめぐる最低のセルフ・ケア
4　〈協同〉の営み

問二　傍線部(2)の熟語の構成の説明として最も適当なものを次から選びなさい。

1　同じような意味の漢字を重ねたもの
2　反対の意味を表す漢字を重ねたもの
3　上の字が主語、下の字が述語の関係になっているもの
4　下の字が上の字の目的語になっているもの

問三　傍線部(3)の説明として最も適当なものを次から選びなさい。

1　個人の自由時間を増大させたいと願っていた人間の願望が別のものに変化していくという過程
2　自ら中央管理的なシステムに依存することでセルフケアの能力が弱体化していくという過程
3　かつて家族や地域が持っていた生きるための相互依存の営みが失われつつあるという過程
4　家族や地域の共同の営みが自己責任を担えるものに変化していくという過程

問四　［4］に当てはまる語として最も適当なものを次から選びなさい。

1　恣《し》意的　　2　先鋭的　　3　受動的　　4　能動的

問五　傍線部(5)の説明として最も適当なものを次から選びなさい。

1　社会に従順であることで安心で穏やかな生活が保障されるということ
2　「弱い者」を管理できる社会のみが安心に暮らせる社会であるということ
3　「社会にぶら下がる」ことでのみ、自由な生活が保障されるということ
4　家事以外の非労働の場での活躍こそが「自立」を実現するということ

問六　傍線部(6)の理由として最も適当なものを次から選びなさい。

1　社会の因襲的なくびきから解放されたことでむしろ重大な決定や責任を負わずにすむことになったから
2　自由を追求するあまり、他者に対して無償の支えあいを行おうとする奉仕の精神にかけてしまっているから
3　近代経済学では合理的に行動する市民的個人としての立場が求められているから
4　「自立した自由」な主体であるはずが〈協同〉の機能が失われることで、不自由なものになっているから

問七　次の一文が入る本文中の箇所として最も適当なものを後から選びなさい。

そうなりたくなければ「がんばれ」、というわけだ。

1　(A)　　2　(B)　　3　(C)　　4　(D)

三

次の文章を読んで、後の問いに答えなさい。

食事を終えると、翔也は「僕、お風呂入ってきまーす」と、バタバタとした小走りで浴室に向かった。少しは食休みの時間をとったほうが体にはいいのだが、アンミツ先生とテンコさんを早く二人きりにしてあげよう、という気づかいなのだろう。

先生にはそれがわかるから、食器の片付けを終えると「お茶いれるね」と席を立った。

だが、テンコさんは――。

「翔也くん、あの調子なら明日から学校に来られますね」

やかんにお湯を沸かす先生の背中に、冷静な声で言った。「あんなに明るい子だとは思いませんでした」と、(1)元気の良さをどこか咎《とが》めるような声にもなった。

わかっていないのだ、翔也のお芝居が。

「ああいう子だったら、すぐに新しいクラスにも馴染《なじ》めますよ。逆に、いつまでもウチの中にひとりぼっちでいたら、元気を持て余して、病気になっちゃうんじゃないですか？」

伝わっていないのだ、落ち込むテンコさんへの翔也の［2］が。

「……ねえ、テンコさん」

先生はガスコンロにかけたやかんを見つめ、テンコさんには背中を向

二　次の文章を読んで、後の問いに答えなさい。

相互依存（interdependence）、それはあまりにあたりまえすぎる事実だと言ってよい。個人として生きるというのは、じぶんの面倒をじぶんで見るということだ。食べたいものを食べ、入浴したいときに入浴し、見たいものを見る。そういうセルフ・ケアが独力でできなくなったときは（すでに見たように、そういうセルフ・ケアも実際は見かけのうえでしかなりたっていないのだが）、他人の手を借りるしかない。これもあたりまえのことだが、(1)それがいまの社会のようにひとびとの協働体制がはてしなく複雑に機構化されてくると、他人の手を借りていることじたいも見えにくくなる。(A)

調理、排泄物処理、洗濯、繕い物、看病、出産、介護、葬送、教育など、ひとの生命にかかわるもっとも基本的な営みは、かつては家族や地域の共同の営みであった。が、そのほとんどは、「近代化」の駆動とともに、家庭の外部にある、あるいは地域を超えた、公共制度やサーヴィス機関によって代行されるようになっていった。「必要」へのかかわりを最小限にすることで個人の「自由時間」を増大させるという意味では、人類は皮肉にもディオゲネスの「簡易生活」の理想に技術の進化で応えた、と言えるかもしれない。

が、「必要」事を強いている生命上の「欠乏」がそれで消えたわけではない。震災時のようにこうした公共的なサーヴィス機能が停止し、(2)遮断されると、たちまち個人のセルフ・ケアが不能になるから、やはり生命維持をめぐる最低のセルフ・ケアは独力でできる訓練をしておかなければならない……と、ここで言いたいのではない。そうではなくて、かつて家族や地域がもっていた〈協同〉の機能が、その細部まで中央管理的なシステムに吸い上げられることで急速に痩《や》せ細ってきたという事実を言いたいのだ。それを言いかえると、「生活の標準化」というかたちで家族が国家による個人管理の細胞としての機能をはたす場へと鞍替《くらが》えし、(3)「私的なものの抵抗の拠点」としての反対ベクトルの力を削《そ》がれてゆくプロセスなのでもあった。そういう〈協同〉の営みとしての家事一つとっても、その合理化、たとえば電化、サーヴィス商品化によって家事労働への幽閉からの婦人の解放を促進しはしたが、他方で女性の社会性が家事以外には非労働の場（サークルやクラブ）でしか確認できないような状況がずっと続いてきたわけで、その点からすると、家事の外部化以上に、「協同家事」や「家事空間の共有」というかたちでいわば〈協同〉の視点から同じ目的を追求する道があったはずだ。(B)

〈協同〉の力を削いでゆくこのプロセスこそ、福祉政策というより大きな〈協同〉の衣をまとうことでその実「弱い者」をさらに弱体化してゆくプロセスであった。扶養する者―扶養される者、保護する者―保護される者というかたちで、家庭や福祉施設や学校を一方的な管理のシステムとして再編成し、「弱い者」を管理される者という［4］な存在へと押し込めることになった。女性も老人も子どもも、その対抗性、破壊性を封印され、(5)「可愛い」存在であることでしか安寧を約束されないという体制が社会に浸透していった。(C)

「がんばれ」というのは「強い」主体になれということだ。「強い」主体というのは、みずからの意思決定にもとづいて自己管理ができ、自己責任を担いうる主体のことだ。そういう「自立した自由な」主体が、社会の細胞として要請される。それ以外の者は、「社会にぶら下がる」ことでしか生きられない保護と管理の対象とみなされる。そしてそういう「自立した自由な」主体を想定して、近代の法制度は作られてきた。そういう合理的に行動する市民的個人を前提として、近代経済学は作られてきた。(D)

しかし、「自由」というのは、「自立」を、つまりは自己決定と自己管理と自己責任を引き受けうるということをかならず前提とするものだろうか。各人がじぶんの主人であること、そういう意味で、決定と責任の主体でありうるような自己完結した存在の想定なしには不可能なことだろうか。「自由」の概念は、社会の因襲的※なくびきから解放された「リバティ」の意識として歴史的には深い意味があったが、「自由」にはもうひとつ、「リベラリティ」という言い方がある。「気前のよさ」という意味だ。「じぶんが、じぶんが……」といった不自由から自由になることと言い換えてもよい。「自己実現」とか「自分探し」というかたちで、より確固たる自己を求めるひとが、同時に(6)ひりひりととても傷つきやすい存在であるように見えるのは、無償の支えあいという、この「気前のよさ」へと放たれていないからかも知れない。「自立」がじつは「孤立」としてしか感受しえないのも、「支えあい」の隠れた地平、つまりは家族や地域といった中間世界がこの社会で確かなかたちを失いつつあるからかも知れない。

（鷲田清一・内田　樹『「弱い者」に従う自由』「大人のいない国　成熟社会の未熟なあなた」〈プレジデント社〉より）

佐野日本大学
国語

令和5年
1月6日実施

制限時間 50分

一

次の各問いに答えなさい。

問一 次の傍線部と同じ漢字を用いるものを後から選びなさい。
式のシダイを決定する
1 カンダイな処置を受ける　2 キュウダイ点を取る
3 ワダイの洋菓子店　4 レキダイの大統領

問二 次の語の組み合わせの中で、対義語の関係になっていないものを選びなさい。
1 架空―虚構　2 具体―抽象
3 攻撃―防御　4 感情―理性

問三 次の（　　）に当てはまるものとして最も適当なものを後から選びなさい。
失敗しても（　　　）の志で励むことで、人生の道は拓《ひら》ける
1 捲土《けんど》重来　2 胡蝶《こちょう》の夢
3 水魚の交わり　4 水清ければ魚棲《す》まず

問四 「馬脚をあらわす」という慣用句と類義の関係にあるものとして、最も適当なものを次から選びなさい。
1 虎の威を借る　2 頭角をあらわす
3 ばけの皮がはがれる　4 足下から鳥が立つ

問五 「物事をためらわずに、思い切って決断する」という意味の四字熟語を次から選びなさい。
1 一日千秋　2 一念発起
3 一致団結　4 一刀両断

問六 「ユニーク」の意味として最も適当なものを次から選びなさい。
1 個別　2 普遍　3 独特　4 一般

問七 敬語の使い方が最も適当なものを次から選びなさい。
1 ご利用するサービスをお選びください
2 この施設はどなたでもご利用になれます
3 詳しいことは受付で伺ってください
4 どうぞお召し上がりになられてください

問八 次の鑑賞文に当てはまる短歌として最も適当なものを後から選びなさい。
＊青春の憂いを聴覚と視覚を巧みに取り入れ、叙情豊かに歌い上げた作品である。反復表現によって感情の高まりや思いを強調し、心地よいリズムを生み出している。
1 東海の小島の磯の白砂にわれ泣きぬれて蟹とたはむる
2 いつしかに春の名残となりにけり昆布干場のたんぽぽの花
3 ふるさとの訛《なまり》なつかし停車場の人ごみの中にそを聴きにゆく
4 春の鳥な鳴きそ鳴きそあかあかと外の面の草に日の入る夕《ゆうべ》

問九 『竹取物語』と同じ時代の作品として最も適当なものを次から選びなさい。
1 『方丈記』　2 『平家物語』
3 『源氏物語』　4 『奥の細道』

問十 次の傍線部を読む順番として適当なものを後から選びなさい。
宋人ニ有リ二耕スレ田ヲ者一。
1 三番目　2 四番目　3 五番目　4 六番目

解答 P289

令和5年
1月7日実施
入試問題

青藍泰斗

社　会

制限時間 50分

【1】 ある中学校の3年1組は，各班で中部地方のことについて調べた。次の1から8の問いに答えなさい。

1　1班は日本アルプスについて調べた。次の文中の［Ⅰ］・［Ⅱ］・［Ⅲ］の組み合わせとして当てはまるものを選び，記号で答えなさい。

> 中部地方には3000ｍ級の山々が連なる日本アルプスがあります。飛騨山脈は［Ⅰ］，木曽山脈は［Ⅱ］，赤石山脈は［Ⅲ］と呼ばれています。

ア　Ⅰ　南アルプス　　Ⅱ　北アルプス　　Ⅲ　中央アルプス
イ　Ⅰ　北アルプス　　Ⅱ　中央アルプス　Ⅲ　南アルプス
ウ　Ⅰ　北アルプス　　Ⅱ　南アルプス　　Ⅲ　中央アルプス
エ　Ⅰ　南アルプス　　Ⅱ　中央アルプス　Ⅲ　北アルプス

2　2班は中部地方の工業を知るために，日本のおもな工業地帯・工業地域の製造品出荷額などを調べ下記の**表**にまとめた。中京工業地帯に当てはまるものを選び，記号で答えなさい。

（百億円）

工業地域・工業地帯	金属工業	機械工業	化学工業	食品工業	繊維工業	その他
ア	227	1290	588	287	9	201
イ	707	1289	798	375	40	198
ウ	570	4152	718	276	43	235
エ	169	476	124	173	6	77

表　「データブック オブ・ザ・ワールド2022」より作成

3　3班は南部沿岸の東海地域を調べた。説明文として当てはまらないものを選び，記号で答えなさい。

ア　東海地域には新幹線や高速道路などの主要幹線が通っている。その沿線には，名古屋，静岡，金沢などの政令指定都市が連なっている。
イ　東海工業地域には富士山からの豊かな水や広大な土地を利用して製紙，パルプ工業が発達している。
ウ　焼津港は日本でも有数の漁獲量を誇る港である。太平洋の沖合漁業だけでなく，大西洋やインド洋への遠洋漁業の基地としても栄えている。
エ　東海地域の臨海部には輸入された石油，鉄鉱石などの工業原料を加工する石油コンビナートや製鉄所などが集まっている。

4　4班は北陸地域の地場産業について調べ**表1**のようにまとめた。なぜ，このような地場産業が発展したのか，**写真1・2**と**表2**の上越市高田の雨温図を参考に「**積雪**」，「**屋内**」という2つの語を用いて簡潔に答えなさい。

県名	新潟県	石川県	福井県
市・地場産業	小千谷市・麻織物	輪島市・漆器	鯖江市・漆器
	燕市・洋食器	金沢市・友禅染	鯖江市・めがね
	長岡市・刃物	能美市・九谷焼	

表1

写真1

写真2

「NHK for school」より作成

上越市高田

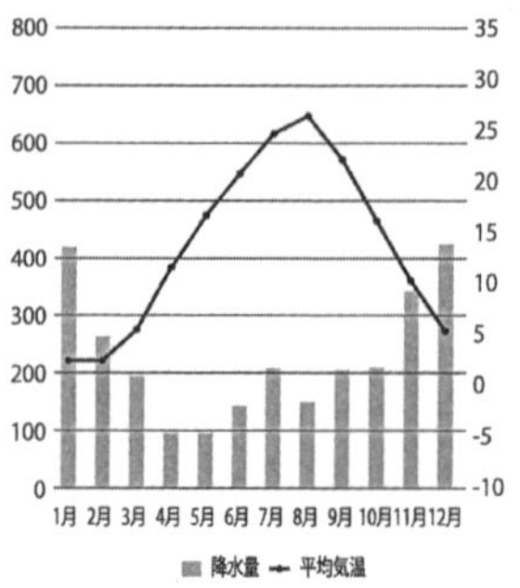

表2

「データブック オブ・ザ・ワールド2022」より作成

解 答 P289

5　5班は中部地方の交通について調べた。次の文中の［Ⅰ］，［Ⅱ］の組み合わせとして当てはまるものを選び，記号で答えなさい。

> 中部地方は東日本と西日本を結ぶ交通の要所となっています。南部の沿岸には，［Ⅰ］が，中央部には［Ⅱ］があり、今でも宿場町として残っています。

ア　Ⅰ　日光街道　Ⅱ　中山道　　イ　Ⅰ　東海道　Ⅱ　奥州街道
ウ　Ⅰ　日光街道　Ⅱ　東山道　　エ　Ⅰ　東海道　Ⅱ　中山道

6　6班は山梨県で見ることができる**写真**のような扇状地について調べた。その説明文として当てはまるものを選び，記号で答えなさい。

ア　河口付近に川が運んできた細かい砂や泥が堆積してできた地形。
イ　海岸が長い間の波の浸食によってできた地形。
ウ　大きな地震が起き，山間部が崩れてできた地形。
エ　川が山間部から平地や盆地に流れ出たところに土砂がたまってできた地形。

写真

7　7班は中央高地について調べ，次のようにまとめた。文中の［　　］に当てはまる語を漢字4字で答えなさい。

> 中央高地には，避暑地として毎年多くの観光客が訪れるが，自家用車の乗り入れを規制し，ふもとの駐車場からハイブリッド型のシャトルバスで送迎しています。
> これは［　　］に配慮するために行っている対策であることがわかりました。

8　8班は甲府駅周辺の**地図**を見ながら，街の様子を調べた。この地図の説明文として当てはまらないものを選び，記号で答えなさい。

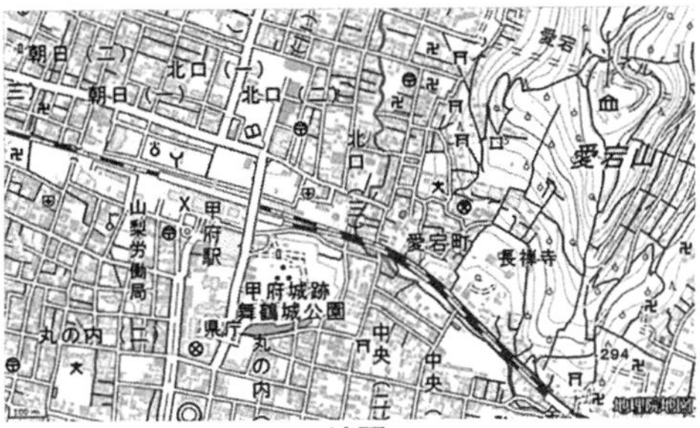

地図

「国土地理院ホームページ」より作成

ア　甲府駅の南東方面には，甲府城跡（舞鶴城公園）があり，地元の人や観光客など多くの人々が訪れる場所になっている。
イ　甲府駅の周辺には，交番，消防署，郵便局，官公署など公の機関が点在している。
ウ　甲府城跡（舞鶴城公園）の西側の道路を北上していくと県庁が見えてくる。
エ　甲府駅の北東方面には愛宕山があり，そこには山梨県立科学館がある。

【2】次の1・2の問いに答えなさい。

1　東京にいるたけし君は，ロサンゼルスで行われるメジャーリーグの大谷翔平選手の試合をテレビで見ようと考えた。試合はロサンゼルスの時間で9月3日午後6時開始。日本時間では何月何日の何時何分になるか当てはまるものを選び，記号で答えなさい。なお，ロサンゼルスの経度は西経120度，日本は東経135度とし，サマータイムは考えないものとする。

ア　9月3日　午前11時00分　　イ　9月2日　午前1時00分
ウ　9月3日　午前1時00分　　エ　9月3日　午後1時00分

2　次の文中の［Ⅰ］，［Ⅱ］，［Ⅲ］の組み合わせとして当てはまるものを選び，記号で答えなさい。

> 東南アジアや南アジアの気候は，［Ⅰ］によって夏には海からの風の影響で［Ⅱ］になり，冬には内陸からの風が吹き［Ⅲ］になります。

ア　Ⅰ　季節風　Ⅱ　雨季　Ⅲ　乾季　　イ　Ⅰ　貿易風　Ⅱ　雨季　Ⅲ　乾季
ウ　Ⅰ　季節風　Ⅱ　乾季　Ⅲ　雨季　　エ　Ⅰ　貿易風　Ⅱ　乾季　Ⅲ　雨季

私立 R5

実戦編◆社会　青藍泰斗

【3】ある中学校の３年２組ではＳＤＧｓの目標や取り組みについて調べた。次の１から５の問いに答えなさい。

1　Ａ班はＳＤＧｓの意義について調べ前文を読んだ。文中の［　　］に当てはまる語を答えなさい。

> 前文（抜粋）
> わたしたちは，［　　］な世界を築くためには，極度の貧困をふくめ，あらゆる形の，そして，あらゆる面の貧困をなくすことが一番大きな，解決しなければならない課題であると，みとめます。
> すべての国と人びとが協力しあってこの計画を実行します。
> わたしたちは，人びとを貧困や欠乏からときはなち，地球を守ることを決意します。
> わたしたちは［　　］で，強くしなやかな世界に向かう道を歩んでいくために，今すぐ大胆で変化をもたらす行動を起こすことを決意します。
> ともに［　　］な世界へ向かうこの旅をはじめるにあたり，だれひとり取り残さないことを誓います。

2　Ｂ班はＳＤＧｓ７の目標「エネルギーをみんなにそしてクリーンに」を調べ，原油の産出量と輸入量，そして自動車の保有台数についてそれぞれまとめた。**表中の**［Ⅰ］，［Ⅱ］，［Ⅲ］の組み合わせとして当てはまるものを選び，記号で答えなさい。

国名	原油産出量2019年
Ⅰ	60413
ロシア	52759
サウジアラビア	48887
イラク	23148
Ⅱ	19101

表１（万トン）

国名	原油輸入量2018年
Ⅱ	46189
Ⅰ	38326
インド	22650
韓国	15028
Ⅲ	14921

表２（万トン）

国名	自動車の保有台数2018年
Ⅰ	28150
Ⅱ	23122
Ⅲ	7892
ロシア	5842
ドイツ	5647

表３　（万台）

「データブック オブ・ザ・ワールド2022」より作成

ア　Ⅰ　アメリカ合衆国　Ⅱ　日本　Ⅲ　イギリス
イ　Ⅰ　アメリカ合衆国　Ⅱ　中国　Ⅲ　日本
ウ　Ⅰ　中国　Ⅱ　アメリカ合衆国　Ⅲ　イギリス
エ　Ⅰ　中国　Ⅱ　日本　Ⅲ　アメリカ合衆国

3　Ｃ班はＳＤＧｓ11の目標である「住み続けられるまちづくりを」について調べ，次のようなことをまとめた。文中の波線部のうちの１つである写真の建築物の名称を答えなさい。

> 目標11の中に「世界の文化遺産および自然遺産の保護・保全の努力を強化する。」とあります。これは，開発や地球温暖化などの影響で危機的な遺産が増えていることへの対応であることがわかりました。

写真

4　Ｄ班はＳＤＧｓ12の目標である「つくる責任　つかう責任」について調べた。説明文として当てはまらないものを選び，記号で答えなさい。

ア　つくる責任として使う側に提供した後も，リサイクルやリユースで協力してもらう呼びかけを行っている。
イ　先進国の食品ロスは，食べ残しによるものが生産される食品の３～４割に当たる。
ウ　途上国の食品ロスは，冷蔵設備や輸送体制の未整備からうまれるもので，消費者に届く前に発生するものが４割を占めている。
エ　アメリカ合衆国では「リユース　リサイクル　リソース」の３Ｒがうまく機能していなかったが，「資源を大切に」する動きがみられるようになった。

解答　P289

5　E班はＳＤＧｓ15の目標「陸の豊かさも守ろう」について調べ，「世界の森林面積の推移」，「森林面積の減少している主な国」「世界の二酸化炭素平均濃度」をそれぞれの表にまとめた。文中の□に当てはまる文章を「**光合成**」，「**吸収量**」という２つの語を用いて簡潔に答えなさい。

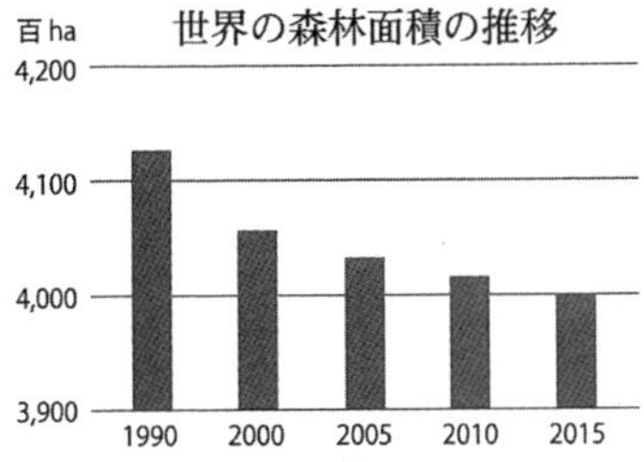

表１

「林野庁ホームページ」より作成

世界の二酸化炭素平均濃度

	1870年ppm	2020年ppm	増加率％
二酸化炭素	278	413.2	49

表２

「環境庁ホームページ」より作成

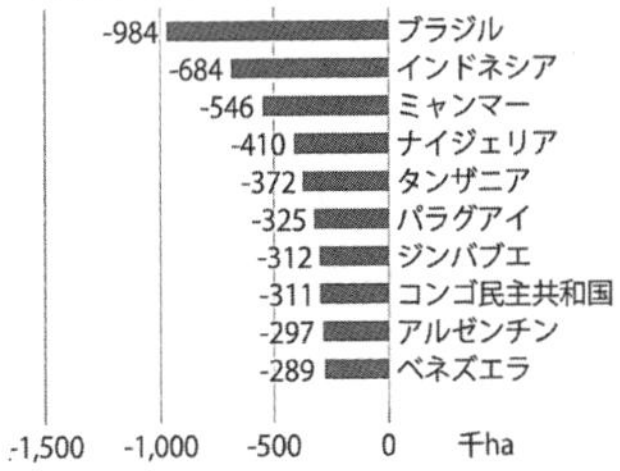

表３

「環境庁ホームページ」より作成

> 世界の森林面積が減少しています。特に激しいのがブラジルのアマゾン川流域です。ここでは鉱山を開発するために熱帯林を切り開き，鉄鉱石を運ぶための鉄道や道路が作られました。多くの熱帯林が伐採されたことで□が進むという問題が考えられています。

【4】 AからEは史料の一部を要約し，わかりやすくしたものである。これらを読んで，下の問いに答えなさい。

A	老中の地位についた□は，商工業者に株仲間をつくることを奨励した。 Ⅰその後に老中になった松平定信は，幕政改革を始めた。
B	Ⅱ織田信長などの各地の戦国大名などにより，城下の商人たちに市場の税を免除し，自由な営業を認め，座をもっていた特権を取り上げる楽市・楽座が行われた。
C	平城京を中心に華やかな貴族中心の仏教文化が栄えた。Ⅲ東大寺にある正倉院の宝物には，唐や新羅だけではなくインドなどの影響を受けたものもある。
D	藤原氏は他の貴族を退けながら，Ⅳ藤原氏一族で朝廷の官職を独占し，その地位にともなう高い給与を受け取り，広大な荘園をもつようになった。
E	北条泰時が幕府の三代目□の地位にあった時，御家人の権利や義務などの武士の習慣をまとめ，御成敗式目（貞永式目）を制定した。

1　Aの□に当てはまる人物名を答えなさい。

2　下線部Ⅰの改革名を答えなさい。

3　下線部Ⅱがおこなった政策の内容として，当てはまるものを選び，記号で答えなさい。

ア　急増する訴えに対し，裁判の基準となる公事方御定書を制定した。
イ　天下を武力で統一しようとする意志を示す「天下布武」を掲げた。
ウ　太閤検地を行い，全国の土地を石高という統一的な基準で表した。
エ　儒学を奨励する政治を推進する一方で，生類憐みの令を出した。

4　Cの時代の文化を何というか答えなさい。

5　下線部Ⅲの代表的なものとして当てはまるものを選び，記号で答えなさい。

ア

万国津梁の鐘

イ

天正大判

ウ

弥勒菩薩像

エ

瑠璃坏

6　下線部Ⅳの結果，藤原氏が大きな勢力をもつことができるようになった理由について，「きさき」と「子ども」という2つの語を用いて簡潔に答えなさい。

7　Eの［　　］に当てはまる語を答えなさい。

8　A～Eを古いものから順に並べ記号で答えなさい。

【5】次の年表を見て1から5の問いに答えなさい。

年　代	で　き　ご　と	
1868	戊辰戦争始まる・・・・・・・・・・・・・	
		↕A
1894	日清戦争起こる・・・・・・・・・・・・・	B
1914	第一次世界大戦起こる・・・・・・・・・・	C
		↕D
1929	世界恐慌が起こる・・・・・・・・・・・・	E
		↕F
1951	サンフランシスコ平和条約が結ばれる・・	G

年表

1　次の**ア**から**エ**は**年表**中**A**の時期に起きたできごとである。年代の古い順に並べ替えて記号で答えなさい。

ア　日本は，朝鮮が朝貢する清と対等な内容の日清修好条規を結ぶことで，朝鮮との交渉を進めようとしたが，失敗に終わった。

イ　全国の代表者が大阪に集まって国会の開設を求める国会期成同盟を結成した。

ウ　西郷隆盛を中心として鹿児島県の士族などが起こした西南戦争は最も大規模なものだったが，政府軍により鎮圧された。

エ　板垣退助や江藤新平などは，民撰議院設立建白書を政府に提出し，議会の開設を主張した。

2　**写真**は，**年表**中Bの前に描かれた風刺画である。この風刺画は，どのような国際関係を表しているか，4つの国名をあげて説明しなさい。

写真

解答　P290

3　**年表中C**に関わった，オーストリア・ロシア・アメリカ・日本の４カ国の動きを述べた文として当てはまらないものを選び，記号で答えなさい。

ア　オーストリアの皇太子夫妻が，サラエボでスラブ系セルビア人に暗殺されたことをきっかけに，セルビアに宣戦布告した。

イ　ロシアでは，皇帝ニコライ２世が退位して，臨時政府ができたが政治は安定せず社会主義者レーニンの指導の下，ソビエト政権が誕生した。

ウ　アメリカは，ウィルソン大統領の提案を基に，世界平和と国際協調を目的とする国際連盟を発足させ，日本・イギリス・フランスと共に常任理事国となった。

エ　日本は，日英同盟を理由に参戦することとなったが，ベルサイユ条約により，中国山東省の権益や太平洋地域の植民地の統治権を得ることとなった。

4　**年表中D**の時期に，右の**写真**の人物は，政治の目的を一般民衆の幸福や利益に置き，一般民衆の意向に沿って政策決定することを主張して，普通選挙や政党内閣制の実現を説いた。この人物は誰か答えなさい。

写真

5　次の文は，**年表中E**のイギリスの対応についてまとめたものである。[　　　]に当てはまる語を答えなさい。

> イギリスは，本国と植民地との関係を密接にし，オーストラリアやインドなどと貿易を拡大する一方，それ以外の国の商品に対する関税を高くした。このように，関係の深い国や地域を囲い込んで，その中だけで経済を成り立たせる[　　　]を実施した。

6　次の**資料**は，**年表中F**の時期に起きたある戦争の長期化に対応するために，政府が戦時体制の構築を図ろうと制定した法律の一部である。その戦争名を答えなさい。

> 第１条　国家総動員とは戦時に際し，国防目的達成の為国の全力を最も有効に発揮せしむるよう人的及物的資源を統制運用する
> 第８条　政府は戦時に際し，国家総動員上必要あるときは，勅令の定むる所により，総動員物資の生産，修理，配給，譲渡その他の処分，使用，消費，所持及び移動に関し必要なる命令をなす

資料

7　**年表中G**の頃の世界情勢について述べたものとして当てはまるものを選び，記号で答えなさい。

ア　日本は，中国と日中共同声明によって国交を正常化し，その後，日中平和友好条約を結び，両国の関係は深まっていった。

イ　北緯38度線を境にして，南に大韓民国（韓国），北に朝鮮民主主義人民共和国（北朝鮮）が成立したが，北朝鮮が武力による統一を目指して韓国に侵攻し，朝鮮戦争が始まった。

ウ　西ヨーロッパ諸国は経済統合を進め，ヨーロッパ共同体を設立する一方，東ヨーロッパ諸国との関係を改善した。

エ　イスラエルとエジプト・シリアを代表とするアラブ諸国との間で第四次中東戦争が勃発した。

【6】資料１は，てるこさんのクラスで，公民的分野の学習のまとめとして取り上げたテーマの一覧である。これをみて，次の問いに答えなさい。

> ≪各班のテーマ≫
> 1班　A人権について
> 2班　B国民の義務について
> 3班　C国会のしくみについて
> 4班　D条文について
> 5班　E憲法改正について
> 6班　F地方財政について
> 7班　G選挙制度について

資料１

1　下線部Aについて，1948年に国際連合で採択された各国が保障すべき人権の共通の基準を示し，人権保障の模範となっているものを選び，記号で答えなさい。

ア　女子差別撤廃条約　　**イ**　世界人権宣言
ウ　子どもの権利条約　　**エ**　国際人権規約

2　下線部Bについて，日本国憲法には国民の義務が三つ定められている。子どもに普通教育を受けさせる義務，勤労の義務と，あと一つは何か答えなさい。

3　下線部Cについて，予算の審議や議決について述べた次の文の［Ⅰ］・［Ⅱ］の組み合わせとして，当てはまるものを選び，記号で答えなさい。

> 内閣が作成した国の予算は，先に［Ⅰ］で審議が行われる。その後，各議院がそれぞれ異なる議決をした場合，必ず［Ⅱ］を開かなければならない。

ア　Ⅰ　衆議院　Ⅱ　公聴会　　イ　Ⅰ　参議院　Ⅱ　両院協議会
ウ　Ⅰ　衆議院　Ⅱ　両院協議会　　エ　Ⅰ　参議院　Ⅱ　公聴会

4　下線部Dについて，次の日本国憲法の条文の［　　］に当てはまる語を答えなさい。

> 第66条３項　内閣は，行政権の行使について，国会に対し［　　］して責任を負う。

5　下線部Eについて，手続きの内容として当てはまらないものを選び記号で答えなさい。

ア　衆議院の３分の２以上の賛成が必要　　イ　参議院の３分の１以上の賛成が必要
ウ　満18歳以上の国民による国民投票を行う　　エ　天皇が国民の名において公布する

6　下線部Fについて，地方財政における税収入の不均衡を是正するために，国が使いみちを指定することなく，地方公共団体に配分する資金を何というか答えなさい。

7　下線部Gついて，**資料２**は７班の生徒が国会議員のAさんにインタビューをしてまとめた取材メモである。この取材メモから分かったことについて述べた次の文の［　　］に当てはまる内容を，衆議院議員と参議院議員の任期の違いにふれながら簡潔に答えなさい。

> Aさんは国会議員のうち，参議院議員であることが分かる。その理由は［　　］である。

> 【取材メモ】
> ○取材日　2021年4月
> ○国会議員Aさんからの聞き取り
> ○内容
> ・2016年7月に行われた選挙で当選し，現在1期目。
> ・比例代表で選出された。
> ・予算委員会に所属。
> ・環境問題を議員活動のテーマとしている。

資料２

【7】次の３つのテーマに関する問いに答えなさい。

> **貨幣とは**
> ○商品などと交換できる価値があり，社会に流通しているもの。通貨ともいう。一般にはA紙幣や硬貨などが用いられる。
> ○我が国の紙幣は，正式には日本銀行券といい，国立印刷局で製造されている。
> ○紙幣にはB我が国の歴史上の人物，硬貨には産業，文化などを表すデザインがそれぞれ盛り込まれている。

消費税とは

○消費税率の推移

導入年	1989年	1997年	2014年	2019年
税率	3%	5%	8%	10%

○消費税が導入された理由
・少子高齢化が進み，C直接税の減収が予想されたから。
・景気の変化に左右されにくく，安定した税収が望めるから。
○消費税の使いみち
・社会保障のうち次の４つに使われています。
　年金・医療・介護・D子ども，子育て支援

> **キャッシュレス決済とは**
> ○キャッシュレス手段
> ・Eクレジットカード，電子マネー（交通系・コンビニ）などがある。
> ○キャッシュレスで還元
> ・キャッシュレス対応によってF企業の生産性の向上や消費者の利便性を高める。

解答 P290

1　現在，我が国で下線部[A]を発行しているのは日本銀行である。日本銀行のように紙幣を発行したり，政府の預金を管理したりする特別な銀行のことを何というか答えなさい。

2　下線部[B]に関して，けんとさんは千円札の肖像に注目し，これまでに肖像となった人物と，2024年度に発行予定の新千円札の肖像に選定された北里柴三郎の業績を調べた。けんとさんが調べた4人について述べたできごとを，年代の古いものから順に並べ，記号で答えなさい。

ア　夏目漱石は，ポーツマス条約が結ばれた年に，「吾輩は猫である」を発表した。

イ　野口英世は，国際連盟が設立された年に，ノーベル賞候補となった。

ウ　北里柴三郎は，日清戦争が起こった年に，ペスト菌を発見した。

エ　伊藤博文は，内閣制度が創設された年に，初代内閣総理大臣に就任した。

3　下線部[C]に関して，次のⅠ，Ⅱの問いに答えなさい。

Ⅰ　直接税に当てはまらないものを選び，記号で答えなさい。

ア　相続税　　**イ**　法人税　　**ウ**　関税　　**エ**　自動車税

Ⅱ　所得税に適用される累進課税とはどのような制度か，簡潔に説明しなさい。

4　下線部[D]に関して，次の文は，企業や政府が実現をめざす社会を示すため，内閣府が取りまとめたものの一部である。この文と最も関係の深い語として当てはまるものを選び，記号で答えなさい。

> 国民一人ひとりがやりがいや充実感を感じながら働き，仕事上の責任を果たすとともに，家庭や地域生活などにおいても，子育て期，中高年期といった人生の各段階に応じて多様な生き方が選択・実現できる社会。

ア　インフォームド・コンセント　　**イ**　セーフティネット

ウ　フェアトレード　　**エ**　ワーク・ライフ・バランス

5　下線部[E]に関して，消費生活について述べた次のⅠ，Ⅱの文の正誤の組み合わせとして正しいものを選び，記号で答えなさい。

Ⅰ　商品の売り手と買い手の契約には，契約書によらず口頭で合意する場合もある。

Ⅱ　クレジットカードを利用して商品を購入する場合，支払いは購入後に生じる。

ア　A＝正，　B＝正　　**イ**　A＝正，　B＝誤

ウ　A＝誤，　B＝正　　**エ**　A＝誤，　B＝誤

6　下線部[F]に関して，次の文は「企業の社会的責任（ＣＳＲ）」について述べた文である。文中の[　　]に当てはまる語を答えなさい。

> 高度経済成長期の日本で起こった公害は，企業が社会に与えた負の影響である。一方で，教育や文化，環境保護などの面で，積極的に社会貢献しようとする企業も増えている。近年，企業では[　　]を求めるだけでなく，企業の社会的責任（ＣＳＲ）を果たすべきだと考えられている。

【1】次の1から8までの問いに答えなさい。

1　$(-4)\times 7$ を計算しなさい。

2　$\sqrt{18}+\sqrt{8}$ を計算しなさい。

3　$\frac{2}{3}x-\frac{1}{2}x$ を計算しなさい。

4　連立方程式 $\begin{cases} 5x+y=14 \\ x-4y=7 \end{cases}$ を解きなさい。

5　yはxに反比例し，$x=-3$のとき，$y=8$である。$x=4$のときのyの値を求めなさい。

6　右の図において△A’B’Cは，△ABCを点Cを中心として時計回り（右回り）に20°回転移動したものである。
また頂点Aは辺A’B’上にあるとき∠xの大きさを求めなさい。

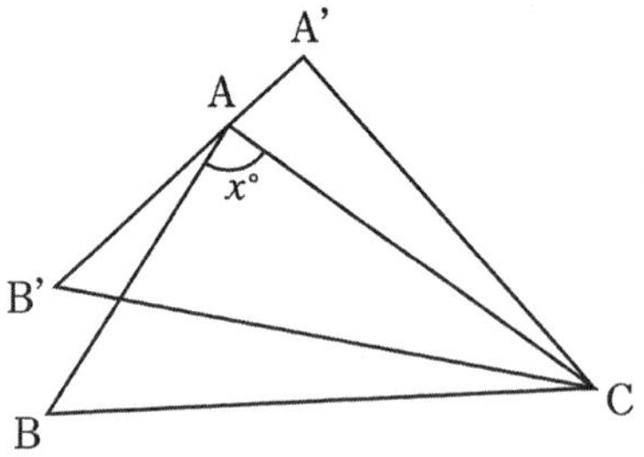

7　右の図は立方体の展開図である。これを組み立てた時，辺ABとねじれの位置にある辺をすべて答えなさい。

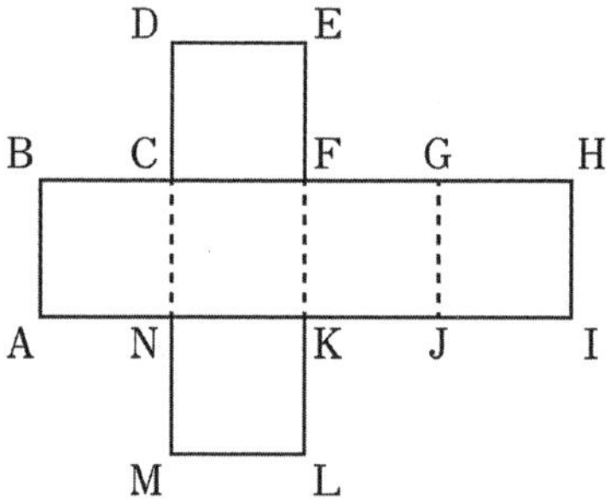

8　AD∥BC，AB＝CDを満たす四角形ABCDで，平行四辺形でない四角形ABCDを図示しなさい。

【2】次の1，2，3の問いに答えなさい。

1　次の表は，ある週の月曜日から日曜日までの7日間の最高気温を表したものである。月曜日から水曜日までの3日間の最高気温の平均値は，木曜日から日曜日までの4日間の最高気温の平均値より4.8℃高かった。このとき，xの値を求めなさい。

	月曜日	火曜日	水曜日	木曜日	金曜日	土曜日	日曜日
最高気温(℃)	26.8	27.6	x	22.4	20.6	27.4	26.4

2　連続する3つの自然数があり，最も小さい数と最も大きい数の積が，中央の数の3倍より9大きくなるという。このとき，この3つの自然数の中で最も大きい数を求めなさい。

3　次のアからオの中から正しいものをすべて選び，記号で答えなさい。

ア　3つの数　0.4，$\frac{\sqrt{6}}{5}$，$\frac{1}{\sqrt{5}}$　の中で最も小さい数は0.4である。

イ　25の平方根は，5である。

ウ　$\frac{\sqrt{3}}{\sqrt{2}}$ は $\frac{\sqrt{6}}{2}$ に等しい。

エ　$\sqrt{17}=4.123$のとき，$\sqrt{170}=41.23$である。

オ　$\sqrt{9}$ は，±3である。

【3】次の1，2，3の問いに答えなさい。

1　負でない整数をたして合計を100にする。次の(1)，(2)の条件を満たす場合は，全部で何通りあるか答えなさい。

(1) 整数を2つ使う場合
例 10＋90，25＋75，75＋25，……
上の例のように，25＋75と75＋25は異なる場合と考える。

(2) 整数を3つ使う場合
例 1＋2＋97，1＋97＋2，20＋30＋50，……
上の例のように，1＋2＋97と1＋97＋2は異なる場合と考える。

2　図Ⅰのように，正方形を9つのマスに区切り，縦，横，斜めのどの3つのマスの数の和もすべて等しくなるように数を入れていく。図Ⅰのように，8，9，13はすでに入れてあり，残りのマスは図Ⅱのように，ⓐ～ⓕとする。また，ⓐ～ⓕには同じ数が入ってもよい。
このとき，次の(1)，(2)の問いに答えなさい。

（図Ⅰ）

9		
	8	13

（図Ⅱ）

9	ⓐ	ⓑ
ⓒ	ⓓ	ⓔ
ⓕ	8	13

(1) ⓒのマスに入る数は，
9＋ⓒ＋ⓕ＝ⓕ＋8＋13
から求めることができる。
ⓒのマスに入る数を求めなさい。

(2) ⓑのマスに入る数を求めなさい。

3　右のヒストグラムは40人の生徒に100点満点のテストを行ったときの得点の分布を表したものである。このとき次の(1)，(2)，(3)の問いに答えなさい。

(1) 得点の最頻値（モード）を求めなさい。

(2) 得点の中央値（メジアン）を求めなさい。

(3) 得点の平均値を求めなさい。

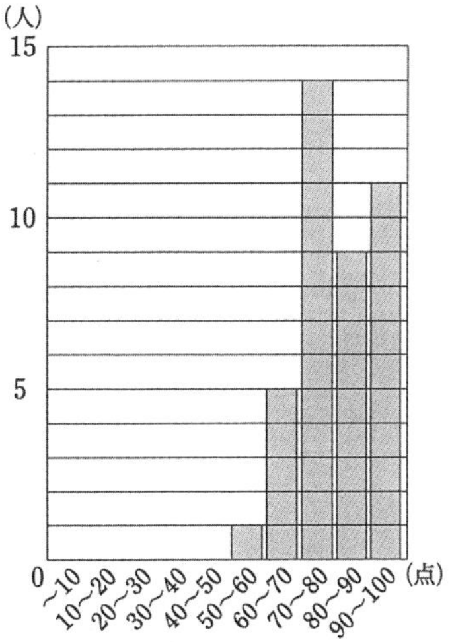

【4】次の1，2の問いに答えなさい。

1　線分AB上に点Oがある。∠POB＝75°になる辺OPを作図しなさい。ただし，作図には，定規とコンパスを使い，作図に用いた線は消さないこと。また点Pを示すこと。

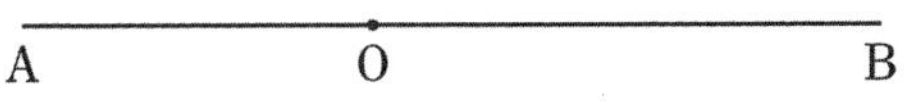

2　右の図のように，ＡＣ＝３，ＢＣ＝６の直角三角形ＡＢＣがある。また，直角三角形ＡＢＣの斜辺ＡＢ上の点Ｏを中心とする円Ｏが辺ＡＣ，辺ＢＣとそれぞれ点E，点Dで接している。
このとき，次の(1)から(4)までの問いに答えなさい。ただし，円周率はπとする。

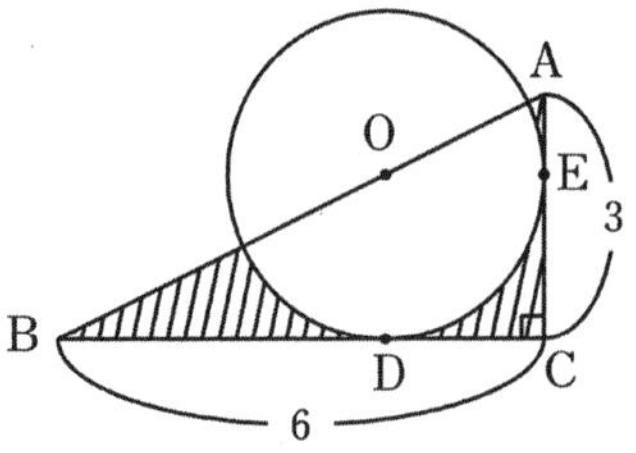

(1) ∠ＯＤＢの大きさを求めなさい。

(2) △ＯＢＤと△ＡＯＥが相似であることを証明しなさい。

(3) 円Ｏの半径を求めなさい。

(4) △ＡＢＣの内部で円Ｏの外部(斜線部分)の面積を求めなさい。

【5】次の１，２の問いに答えなさい。

1　放物線$y=ax^2$$(a>0)$と直線$y=x+3$が２点A，B$\left(\frac{3}{2}, b\right)$で交わっている。
このとき，次の(1)，(2)，(3)の問いに答えなさい。

(1) 定数a，bの値を求めなさい。

(2) 原点Oと２点A，Bを結び三角形をつくる。
△ＡＯＢの面積を求めなさい。

(3) 点Aを通り，△ＡＯＢの面積を２等分する直線の方程式を求めなさい。

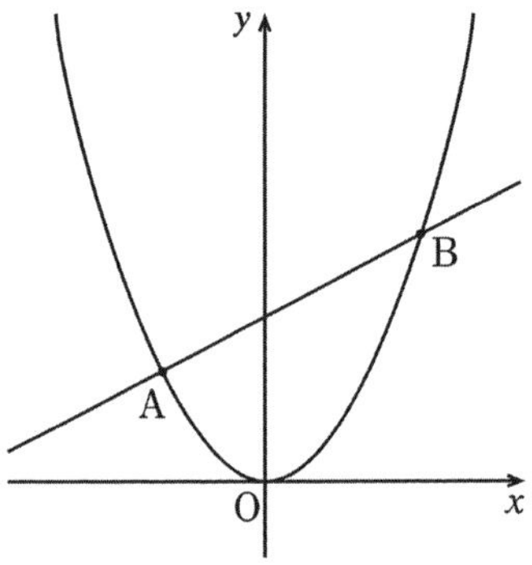

2　温度を表す単位は，日本では主に摂氏(℃)を，アメリカ合衆国では主に華氏(°F)が使われている。摂氏と華氏の関係は次の通りである。

	摂氏（℃)	華氏（°F)
水が氷になる温度	0 ℃	32 °F
水が沸騰する温度	100 ℃	212 °F

このとき，次の(1)，(2)，(3)の問いに答えなさい。

(1) 摂氏で「温度が１℃上昇する」を華氏で表現すると何°F上昇することになりますか。

(2) 摂氏x℃と華氏y°Fの関係を式で表しなさい。

(3) 華氏を摂氏にするのに，
「華氏から30を引いた値を２で割る」……(★)
と計算しても大まかであるが求めることができる。(2)で求めた関係式と(★)のどちらの関係を使っても，華氏a°Fのとき摂氏b℃になった。aとbの値を求めなさい。

私立
R５

実戦編◆数学　青藍泰斗

解　答　P290

【6】 縦８cm，横14cmの長方形ＡＢＣＤの板の上にフィルムが貼ってある。次のⅠからⅤのルールにしたがってフィルムをはがしていくとき，下の１から５までの問いに答えなさい。

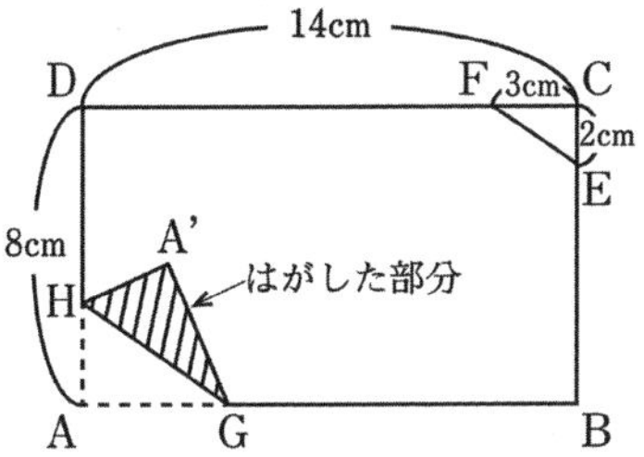

ルール

Ⅰ　辺ＣＢ，辺ＣＤ上に，ＣＥ＝２cm，ＣＦ＝３cmとなる点Ｅ，Ｆをとる。

Ⅱ　頂点Ａの位置からフィルムをはがす。

Ⅲ　はがしたフィルムと板の境界線と辺ＡＢ，辺ＡＤとの交点を図のように，それぞれ点Ｇ，点Ｈとする。

Ⅳ　常にＧＨ//ＥＦとなるようにフィルムをはがす。上の図で△ＡＧＨの部分をはがした部分が△Ａ'ＧＨである。

Ⅴ　点Ｇが頂点Ａから動いた距離をx cm，フィルムをはがした部分の面積をy cm^{2}とする。

1　フィルムをはがし始めてからはがし終わるまでの x の変域を求めなさい。

2　点Ｈが辺ＡＤ上にあるとき，x と y の関係式を求めなさい。

3　点Ｇが辺ＢＣ上にあるとき，x と y の関係式を求めなさい。

4　$x=16$のとき，y の値を求めなさい。

5　右の図は，五角形ＡＢＧＨＤをはがした部分が五角形Ａ'Ｂ'ＧＨＤ'になっている。
頂点Ｃが辺Ａ'Ｂ'上にあるとき，xの値を求めなさい。

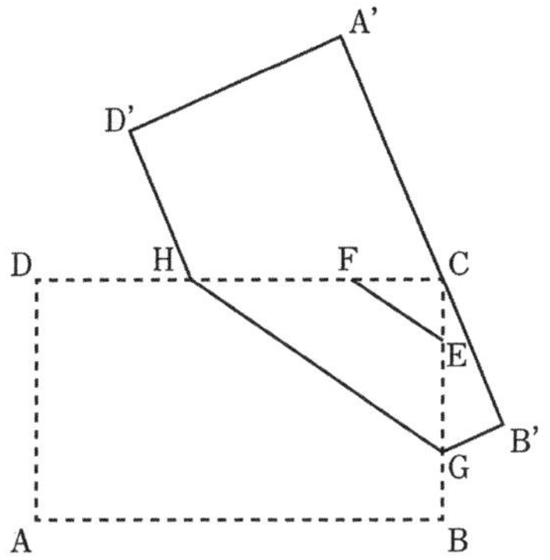

青藍泰斗

理　科

制限時間 50分

【1】次の1から10までの問いに答えなさい。

1　「天気は晴れ，北西の風，風力は5」の天気図として正しいものはどれか。

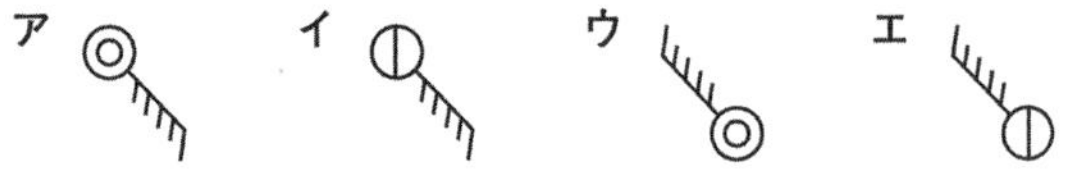

2　イオン式として正しいものはどれか。

ア　$CuCl_2 \rightarrow 2Cu^{+} + Cl^{-}$　　イ　$CuCl_2 \rightarrow Cu^{+} + 2Cl^{-}$

ウ　$CuCl_2 \rightarrow Cu^{2+} + 2Cl^{-}$　　エ　$CuCl_2 \rightarrow 2Cu^{2+} + Cl^{-}$

3　ウイルスや細菌などの病原体を分解する血液の成分はどれか。

ア　血小板　　イ　白血球　　ウ　赤血球　　エ　血しょう

4　右の図は，地球が太陽のまわりを公転している様子を模式的に示したものである。日本が「春分の日」の位置を示したものはどれか。

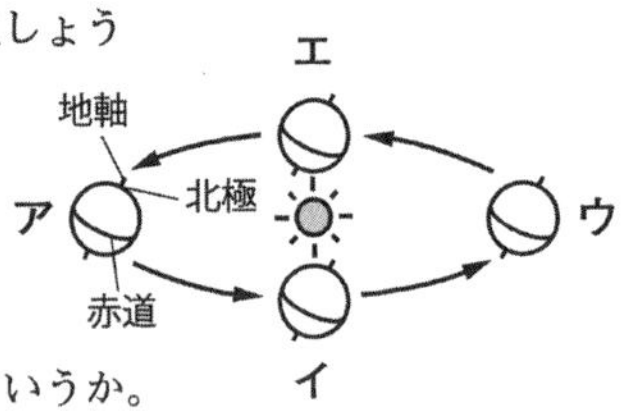

5　細胞のつくりで，酢酸カーミンなどによく染まる構造を何というか。

6　みずから光を出す天体を何というか。

7　体内でできる有害なアンモニアを肝臓では何という物質に変化させるか。

8　右の図の回路で，抵抗器BとCを1個の抵抗器Dとみなしたとき，この抵抗器Dに流れる電流の大きさは何Aか。

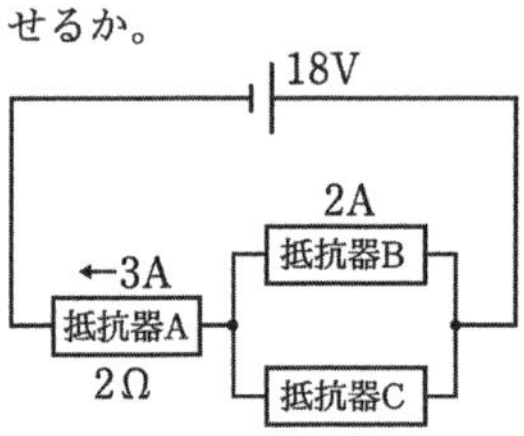

9　50gの水に食塩を溶かして，質量パーセント濃度が20%の食塩水を作るためには，食塩を何g溶かせばよいか。

10　質量200gの物体を50cm上に引き上げるときの仕事の量は何Jか。

【2】塩酸48mlを入れた三角フラスコと，質量が2.0gの石灰石のかけらが3個ある。この三角フラスコと3個の石灰石をあわせた質量は，80.0gであった。次にこの三角フラスコに石灰石のかけらをひとつ入れ，塩酸と十分に反応させてから，三角フラスコと残りの石灰石をあわせた質量を測定したところ，質量は78.4gとなった。次の問いに答えなさい。

1　塩酸の化学式を書きなさい。

2　石灰石のかけらをひとつ入れたときに発生した気体の質量は何gか。

3　石灰石のかけらをもうひとつ入れ，塩酸と十分に反応させた。三角フラスコと残りの石灰石をあわせた質量は何gか。

4　3個の石灰石を全部入れて塩酸と反応させたところ，三角フラスコの中に石灰石が少し残った。このときの三角フラスコの質量を測定したところ76.4gであった。三角フラスコの中に残った石灰石の質量は何gか。

5　この塩酸48mlとちょうど反応する石灰石の量は何gか。

【3】陸と海の間の大気の動きについて調べるための実験を行った。次の問いに答えなさい。

【実験1】図1のように，ビーカーAとBに同じ質量の砂か水を入れて，温度計をさした。このとき，「水の入ったビーカー」の温度計の液だめは，直射日光が当たらないように，アルミニウムはくでおおった。ビーカーAとBを日当たりのよい場所に置き，太陽の光を同じように当てて，10分ごとに調べた。

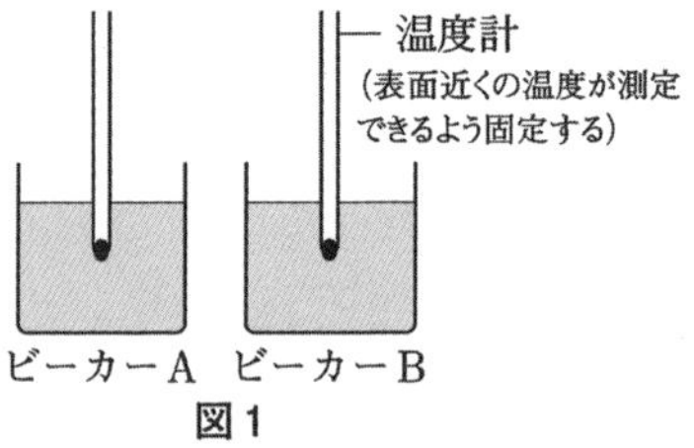

図1

解答　P290

【実験2】図2のように，「砂」と「水」を入れた容器を水そうに入れ密閉した。線香の煙《けむり》で水そう内を満たし，空気の様子を観察した。このとき，日当たりのよい場所に置いた。

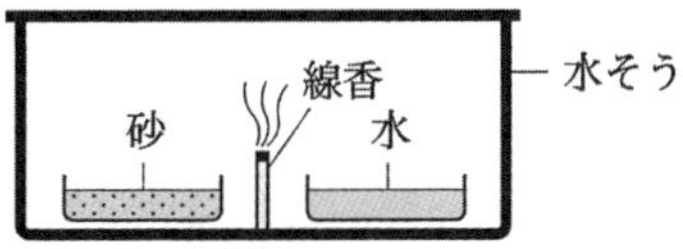

図2

1　下の表は実験1の結果である。「砂を入れたビーカー」は表中のA，Bのどちらか。

表

時間(分)		0	10	20	30	40
温度(℃)	A	24.2	26.4	27.3	29.5	30.3
	B	26.6	28.5	32.3	36.6	38.7

2　実験1のように温度の上がり方に違いが見られた理由を，簡潔に説明しなさい。

3　図3は水そう内の空気の動きを示した模式図である。実験2の結果として最も適切なものは，次のア，イ，ウ，エのうちどれか。

ア　イ　ウ　エ

図3

4　次の[　　]内の文章は，海陸風について説明したものである。①，②に適切な語句を書きなさい。

陸上の気温が海上の気温より高くなることで，陸上に（　①　）気流ができ，気圧が（　②　）なる。そのため，海から陸に風が吹くと考えられる。

【4】セイランさんは音の性質を調べる実験を行った。次の問いに答えなさい。

【実験1】音の出ているブザーを，図1のような容器の中に入れ密閉したところ，ブザーの音は容器の外まで聞こえた。また，容器内の扇風機が細い布のきれはしを舞い上げているのが観察できた。次に，真空ポンプを使って，容器内の空気を抜いていくと，ブザーの音は次第に小さくなってやがて聞こえなくなった。そのとき，細い布のきれはしは[　　]。

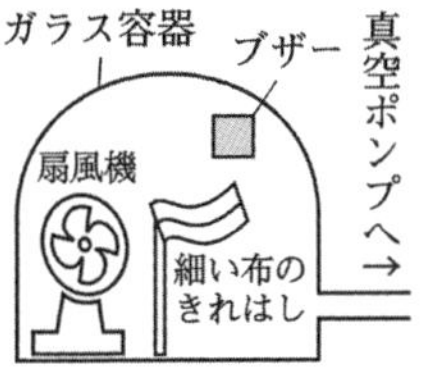

図1

【実験2】図2のようなモノコードを使って，ことじとAの間隔（これを弦の長さとする）を50cmにした。50cmの弦の中央付近を指ではじき，そのときの音の波形をオシロスコープで調べたら，図3のようになった。

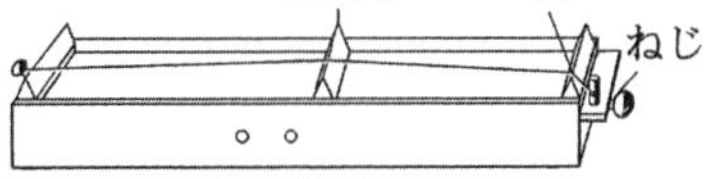

図2

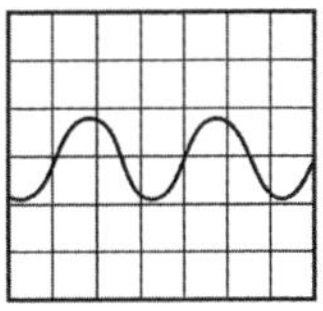
図3

【実験3】図2のモノコードの弦の長さ，弦の太さ，ねじで弦を張る強さを変えて，発生した音の振動数を調べた。ただし，弦をすべて同じ程度の強さで，指ではじいたものとする。表はその結果をまとめたものである。

表

	弦の長さ	弦の太さ	弦を張る強さ	発生した音の振動数(Hz)
1	25cm	0.5mm	3より弱い	600Hz
2	25cm	0.3mm	3より強い	800Hz
3	50cm	0.5mm	基準	400Hz
4	50cm	0.5mm	3より弱い	300Hz
5	75cm	0.5mm	3と同じ	200Hz
6	75cm	1.0mm	3と同じ	100Hz

1　実験1の結果から分かることは，次のア，イ，ウのうちどれか。
　ア　真空中でも音は伝わる。
　イ　真空中では音は伝わらない。
　ウ　真空中では，音は伝わったり伝わらなかったりする。

2　実験1の空欄に入る最も適切なものは，次のア，イ，ウのうちどれか。
　ア　垂《た》れ下がった。
　イ　前の通り舞い上がったままだった。
　ウ　上がったり下がったりした。

3　次の□内の文章は，実験2の結果から分かったことをまとめたものである。①，②にあてはまる語句の組み合わせで，最も適切なものは，次のア，イ，ウ，エのうちどれか。

　オシロスコープの観察から，弦をはじくと，弦の振動が（　①　）として空気中を伝わることが分かった。ヒトが音を聞くことができるのは，空気中を伝わった振動により，耳の（　②　）が振動するためと考えられる。

	①	②
ア	粒子	聴神経
イ	粒子	鼓膜
ウ	波	鼓膜
エ	波	聴神経

4　実験2の結果をもとにして，A～Cのようにモノコードの弦をはじいた。A～Cのそれぞれの波形は，1～4の波形のどれかと対応している。A～Cの組み合わせで，最も適切なものは，次のア，イ，ウ，エのうちどれか。ただし，1～4のオシロスコープの1目盛りの値は，図3と同じであるものとする。

A　弦の長さを同じにして，実験2よりも弦を強くはじいたとき
B　弦の長さを短くして，実験2と音の大きさが同じになるように弦をはじいたとき
C　弦の長さを長くして，実験2と音の大きさが同じになるように弦をはじいたとき

1.
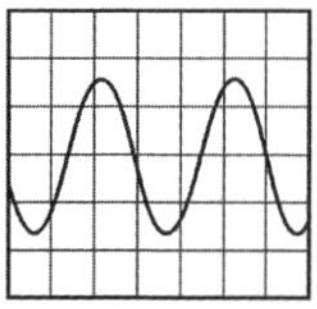

2.
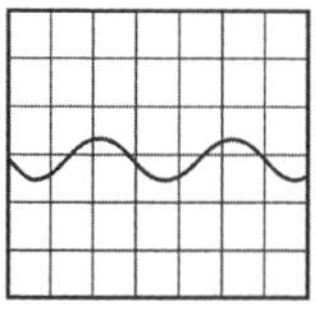

3.
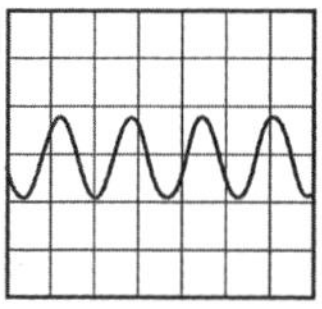

4.
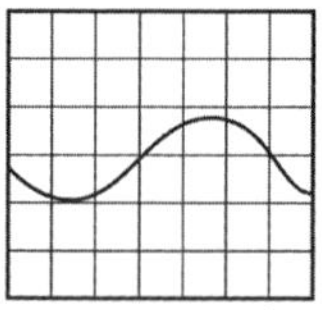

	A	B	C
ア	4	3	2
イ	4	2	1
ウ	1	3	4
エ	1	2	1

5　実験3の結果からわかる性質を正しく述べている文の組み合わせとして最も適切なものは，次のア，イ，ウ，エのうちどれか。
　①弦の太さと弦を張る強さが同じときは，弦の長さを長くすると，音は高くなる。
　②弦の太さと弦を張る強さが同じときは，弦の長さを長くすると，音は低くなる。
　③弦の長さと弦の太さが同じときは，弦の張る強さを強くすると，音は高くなる。
　④弦の長さと弦の太さが同じときは，弦の張る強さを強くすると，音は低くなる。
　⑤弦の長さと弦を張る強さが同じときは，弦の太さを太くすると，音は高くなる。
　⑥弦の長さと弦を張る強さが同じときは，弦の太さを太くすると，音は低くなる。
　ア　①②③　　　イ　①③⑤　　　ウ　②④⑤　　　エ　②③⑥

【5】ヒトの消化の仕組みについて調べるために，以下の手順で実験を行った。次の問いに答えなさい。

①デンプン溶液をA～Dの4本の試験管に5mlずつ入れる。
②試験管Aには水でうすめただ液2ml，Bには水を入れる。その後，図のようにビーカーに40℃のお湯を入れて10分間保温する。
③試験管AとBをビーカーから取り出し，それぞれにヨウ素液を加え反応を観察する。

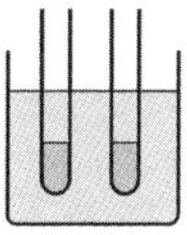

図

④試験管Cには水でうすめただ液2ml，Dには水を入れて40℃のお湯の中で10分間保温する。
⑤試験管CとDをビーカーから取り出し，それぞれにベネジクト液を加え，沸騰石を入れてガスバーナーで加熱し反応を観察する。

1　試験管A～Dについて，だ液中の消化酵素が，デンプンから糖を含めた別の物質に変化させたとわかる組み合わせとして最も適切なものは，次の**ア**，**イ**，**ウ**，**エ**のうちどれか。
ア　AとB　　**イ**　AとC　　**ウ**　BとC　　**エ**　BとD
2　実験の手順②と④で，40℃で試験管を保温する理由を10字以上で書きなさい。
3　だ液中の消化酵素を何というか。
4　消化酵素のはたらきにより，デンプンはヒトの体内で最終的に何という物質に変化するか。
5　消化酵素は，食物の栄養分を吸収する上でどのような役割をもつか。「**大きな分子**」と「**小さな分子**」という語を用いて簡潔に書きなさい。

【6】アンモニアを丸底フラスコに集めて，図のような方法でその性質を調べた。次の問いに答えなさい。

図のように，アンモニアを入れた丸底フラスコにスポイトで水を入れると，フェノールフタレイン溶液を入れた水槽の中の水が噴水のようになって丸底フラスコに入り，同時に噴水の色が変わった。

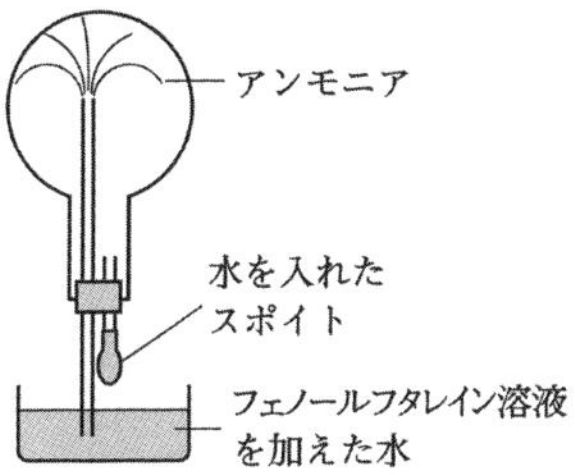

図

1　噴水の水の色は何色になったか。また，この気体の水溶液は何性を示すか。
2　スポイトの水をフラスコ内に入れると，ガラス管から水が噴水のように吹き出すのは，この気体がどんな性質をもつからか簡潔に書きなさい。
3　次の□内の文章は，アンモニアの捕集方法について説明したものである。①，②に適切な語句を書きなさい。

アンモニアは空気より（　①　）ため，（　②　）法で集める。

【7】火山の特徴を調べるための実験をした。次の問いに答えなさい。

ホットケーキミックス50ｇに，水を40ml加えたものＡと30ml加えたものＢを用意し，それぞれポリエチレンの袋に入れた。ポリエチレンの袋には生クリーム用のしぼり口をつけ，**図１**のように工作用紙に開けた穴の下からホットケーキミックスを押し出した。

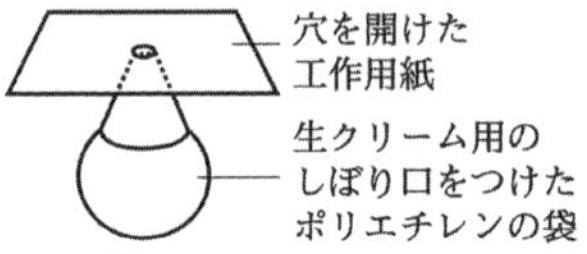

図１

1　**図２**は，火山の形を示した模式図である。実験でＡを押し出したようすとして適切なものは，**ア**，**イ**のどちらか。

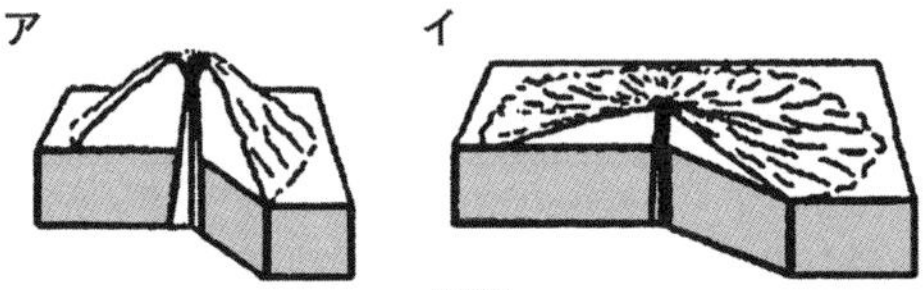

図２

2　次の［　　］内の文章は，火山の形による違いについて説明したものである。①，②に適切な語句を（　　）から選びなさい。

ドーム状の形の火山は傾斜がゆるやかな火山に比べてねばりけが①（　大き　・　小さ　）く，②（　激しい　・　おだやかな　）噴火が起こりやすい。

3　ドーム状の形の火山のマグマが冷えてできた岩石は，傾斜がゆるやかな火山に比べて白っぽく見える。その理由を簡潔に書きなさい。

4　**図２**のアの火山の形の例として，富士山が有名である。富士山と同じ形に分類される火山として最も適切なものは，次の**ア**，**イ**，**ウ**，**エ**のうちどれか。
ア　桜島　　**イ**　昭和新山　　**ウ**　マウナロア　　**エ**　雲仙普賢岳

【8】次の文章を読んで次の問いに答えなさい。

19世紀にエンドウを材料として遺伝のしくみを解明した人物がオーストリアのメンデルである。メンデルはエンドウの種子の形や，子葉の色などの形質に着目した。メンデルの実験を再現し，形質が異なる純系の親どうしを受粉させ，子に表れる形質を調べた。次に，子を自家受粉させ，その結果できる孫の形質を調べた。**表**は，実験の一部である。種子の形を丸型にする遺伝子をＡ，しわ型にする遺伝子をａとし，子葉の色を黄色にする遺伝子をＢ，緑にする遺伝子をｂとする。

表

形質	親の遺伝子の組み合わせ	子の形質	孫に現れた個体数	
種子の形	丸型の親　しわ型の親 ＡＡ　×　ａａ	全て丸型	丸型 576	しわ型 183
子葉の色	黄色の親　緑の親 ＢＢ　×　ｂｂ	全て黄色	黄色 606	緑色 （　　）

1　種子の形について，丸型としわ型の純系の親の遺伝子の組み合わせは**表**のようであり，それらをかけ合わせた。
①分離の法則より，子の種子の形を決める遺伝子の組み合わせはどのようになるか。
②潜性形質は丸型としわ型のどちらか。

2　子葉の色について，子を自家受粉させた結果，孫に現れた結果は**表**のようになった。空欄にあてはまるおおよその個体数として最も適切なものは，次の**ア**，**イ**，**ウ**，**エ**のうちどれか。
ア　1000　　**イ**　800　　**ウ**　200　　**エ**　50

3　子葉の色を決定する遺伝子の組み合わせが不明なエンドウがあり，これを個体Ｘとする。この個体Ｘに緑色の個体Ｙを親としてかけ合わせたら，子に黄色と緑色の子葉を持つ個体がほぼ１：１の割合で出現した。個体Ｘと個体Ｙの遺伝子の組み合わせをそれぞれ書きなさい。

解　答　P290

【9】棒磁石の磁界の向きと，電流による磁界の向き，また，それによって発生する力の方向などを調べる実験を行った。次の問いに答えなさい。

【実験1】棒磁石，導線，コイルに，**図1**のように方位磁石をⒶ～Ⓔに置いて，磁界の向きを調べた。

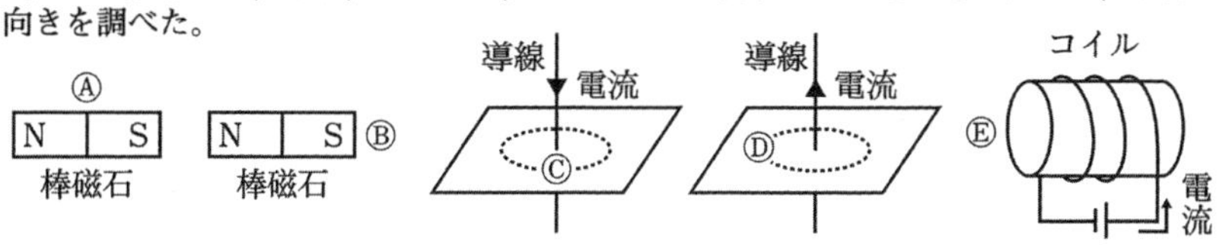

図1

【実験2】**図2**のように，以下の手順で実験を行った。

(a) **図2**のように，電源装置にコイルをセットし，抵抗器Rおよびスイッチをつないだ。そして，U字型磁石をコイルにはさみこむようにして設置した。

(b) ここに電流を流したところ，コイルは矢印（→）で示した方向に動いて止まった。

(c) 次に，**図2**の回路に，電流計と電圧計をつないで抵抗器Rに流れる電流と抵抗器Rに加えた電圧を測定したところ，電流は2.0Aで，電圧は6.0Vだった。

(d) さらに，抵抗器Rを5.0Ωにかえ，電源装置の電圧を変えずに電流を流し，コイルの動く様子を観察した。

(e) 最後に，(d)の抵抗器Rをはずして，別の抵抗器4.0Ω 2つを並列につなぎ，電源装置の電圧を変えずに電流を流して，コイルの動く様子を観察した。

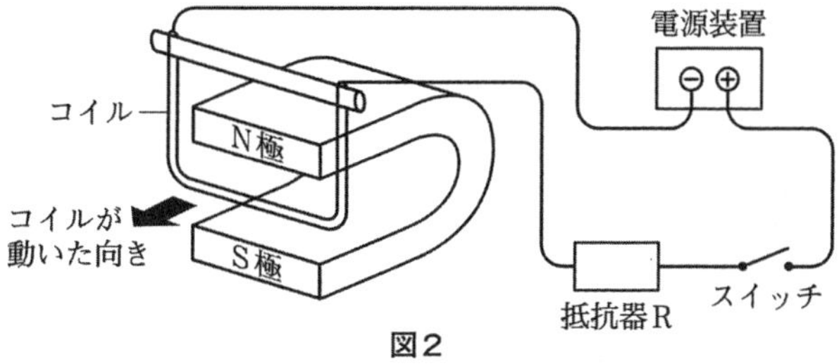

図2

1　**図3**は方向磁石の向きを示したものである。実験1で，A～Eに置いた方向磁石の向きの組み合わせとして最も適切なものは，次の**ア**，**イ**，**ウ**，**エ**のうちどれか。

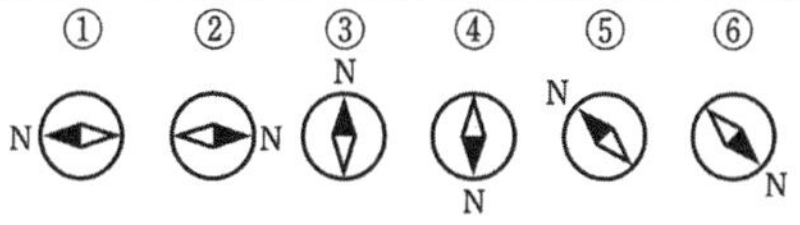

図3

	A	B	C	D	E
ア	①	②	③	④	⑤
イ	①	③	①	④	⑥
ウ	②	①	①	④	①
エ	②	③	①	④	⑤

2　実験2の(c)のとき，抵抗器Rの電気抵抗は何Ωか。

3　実験2の(d)のとき，回路に流れる電流の値は何Aか。

4　実験2の(d)で，抵抗器を5Ωにかえたときのコイルの動きとして最も適切なものは，次の**ア**，**イ**，**ウ**，**エ**のうちどれか。

ア　抵抗器をとりかえると，さらに大きく振れて動いた。
イ　抵抗器をとりかえても，変化はなかった。
ウ　抵抗器をとりかえると，前より振れは小さくなった。
エ　抵抗器をとりかえたら，動かなかった。

5　実験2の(e)のとき，コイルの動きとして最も適切なものは，4の**ア**，**イ**，**ウ**，**エ**のうちどれか。

青藍泰斗

英　語

制限時間 50分

【1】これは聞き方の問題である。指示に従って答えなさい。

1 〔英語の対話とその内容についての質問を聞いて，答えとして最も適切なものを選ぶ問題〕

(1) ア

イ

ウ

エ

(2) ア
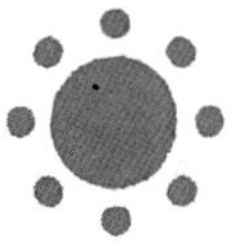
イ
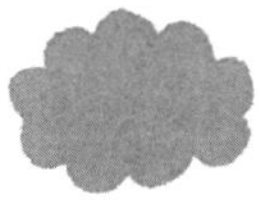
ウ

エ

(3) ア He should do his homework.
イ He should turn on the TV.
ウ He finished his homework.
エ He watched his favorite TV program.

(4) ア In the library.　　イ In the garden.
ウ At the bookstore.　　エ At the airport.

2 〔英語の対話を聞いてグラフを完成させる問題〕

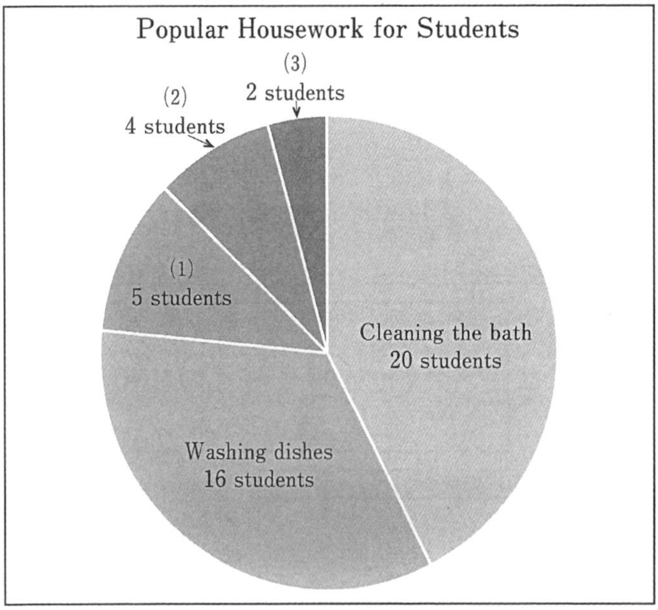

ア Cleaning clothes　　イ Cooking dinner　　ウ Walking the dog

3 〔案内を聞いて，英語で書いたメモを完成させる問題〕

MEMO

Places to Visit
(1) (　　　　　) and shopping center
Lunch
(2) (　　　　　) or hot dog
Ending Time
(3) (　　　　　)

解答 P290

【2】次の1，2の問いに答えなさい。

1　次の英文中の[(1)]から[(6)]に入れるものとして，下の(1)から(6)のア，イ，ウ，エのうち，それぞれ最も適切なものはどれか。

Hi, Mana!

[(1)] are you? Do you have *jet lag? Thank you for your E-mail and the nice greeting card. Your English is not perfect, [(2)] I understand what you want to [(3)]. I think that your English skills are 85%, so you should *keep talking to me and your English teachers at high school. And also, *not only watching English movies but also listening to English music [(4)] your English skills better. You can call me anytime if you want to practice English. We were [(5)] that you enjoyed visiting us in LA. I am looking forward to [(6)] you again.

Best wishes,

Mike

〔注〕 *jet lag＝時差ぼけ　　*keep ～ing＝～し続ける
*not only ～ but also …＝～だけでなく…もまた

(1) ア What	イ How	ウ Which	エ Why
(2) ア so	イ because	ウ but	エ before
(3) ア say	イ call	ウ feel	エ hear
(4) ア teaches	イ tells	ウ does	エ makes
(5) ア sad	イ glad	ウ angry	エ surprised
(6) ア see	イ saw	ウ seen	エ seeing

2　次の(1)から(3)の(　)内の語を意味が通るように並べかえて，ア，イ，ウ，エ，オの記号を用いて答えなさい。

(1) You (ア hospital　イ to　ウ must　エ the　オ go) this weekend.

(2) Do (ア where　イ you　ウ lives　エ know　オ he)?

(3) I (ア a　イ who　ウ friend　エ have　オ can) speak French.

【3】次の英文は，中学生の一樹(Kazuki)とイタリアからの留学生アイーダ(Aida)との対話の一部である。これを読んで，1から6までの問いに答えなさい。

Aida　: Hello, Kazuki. What are you doing now?

Kazuki : Hi, Aida. I'm doing my summer homework now. It's about *World Heritage sites.

Aida　: That's good. I'm interested in (1)them too. It is because my country, Italy, has many World Heritage sites. I'm [(2)] of them. Can I see them?

Kazuki : Sure. Here you are.

Aida　: What are these two graphs?

Kazuki : Well, Graph 1 shows the relation between the size of the country and the number of World Heritage sites of it. I picked up four countries *at random. As you see, large countries don't always have many sites. For example, the United States has the least of them though it's the biggest country in them. Moreover, the United States has almost as many sites as Japan.

Aida　: Exactly. I have known my country has so many sites, but I didn't expect that the country which has the most World Heritage sites is my country.

Kazuki : Look at China in Graph 1. China is the only country that has large land and many sites in these four countries.

Aida　: I see. Then, what does Graph 2 mean?

Kazuki : It's about *World Heritage in danger. Do you know it?

Aida　: [(3)]. Please explain it.

Kazuki : Sure. In recent years, some sites are losing their worth because of wars, bad manners of tourists, natural disasters and so on. These sites are called World Heritage in danger. Graph 2 shows the change of the number of the sites in danger until 2019.

Aida　: Oh, they are increasing *gradually. I'm very sorry to know that and I want more people to know (4)the fact.

Kazuki : If it goes on like the present situation, the number of sites in danger will increase in the near future. The most important thing is people around the world will understand the fact and *think over how to solve the problem.

Aida　: I think so. (5)We have to make an effort to protect World Heritage sites.

Kazuki : Yes. Let's do our best.

〔注〕 *World Heritage site＝世界遺産　　*at random＝無作為に
*World Heritage in danger＝危機遺産　　*gradually＝徐々に
*think over＝熟考する

1　下線部(1)は何を指すか。英語3語で書きなさい。

2　本文中の(2)に入る語として，最も適切なものはどれか。
ア afraid　　イ proud　　ウ taken care　　エ ashamed

3　グラフのAとCに入る国の組み合わせとして正しいものを選びなさい。
ア アメリカ－日本　　イ イタリア－アメリカ
ウ イタリア－日本　　エ 中国－日本

4　二人の会話が成り立つよう，(3)に入る最も適切な英語を書きなさい。

5　下線部(4)はどのような事実を言っているか，日本語で具体的に書きなさい。

6　下線部(5)について，世界遺産を守るためにあなたができることを，つながりのある5文程度の英語で書きなさい。

Graph 1

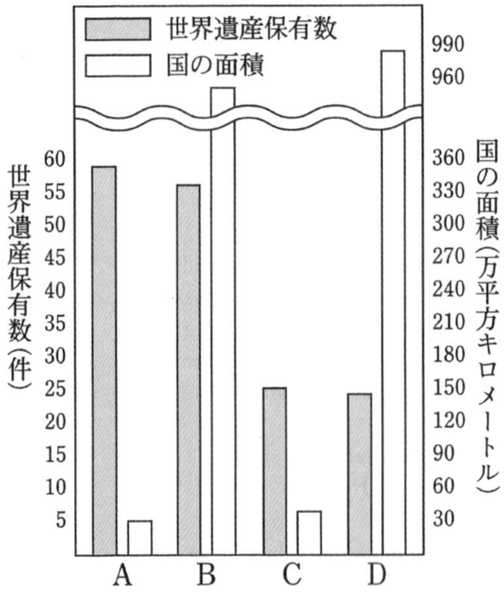

Graph 2
危機遺産数の推移

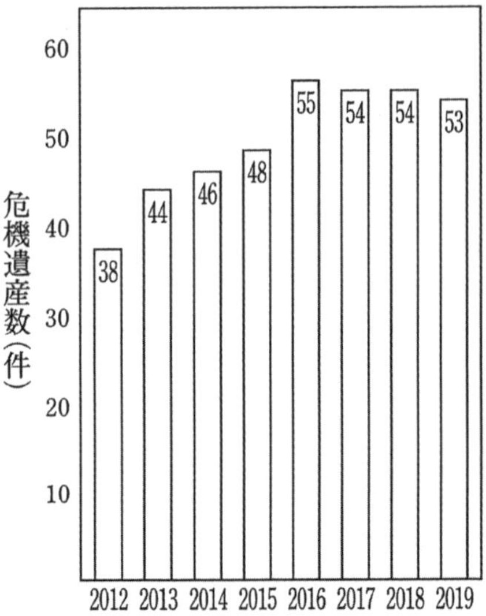

解答 P291

【4】ケンの自己紹介について次の文を読んで，1から5の問いに答えなさい。

My name is Ken, and I am an English teacher. I have been a teacher since I was 22 years old. I am from America, but now I live in Tochigi, Japan. I have lived in Japan （ A ） 5 years. I think that Japan is a good place because it is safe. Before I came to Japan, I lived in Brazil and China. This summer, I am going to go to America to visit my family.

First, when I was young, I really enjoyed traveling many countries with my friends. I visited about 25 countries in total. My favorite country is Japan because there are beautiful buildings like Kinkaku-ji, Nikko Toshogu and so on. Also, I like to talk to the local people about each other's cultures. If you want to learn about different cultures and make new friends, you should try to go to foreign countries.

Second, I love many kinds of food, and one of them is Japanese food because it is healthy. I especially like udon. Do you know *Mizusawa Udon? It is the famous udon, and I have eaten it three times in Gunma. It is delicious. Recently, I try to cook Japanese food, but the taste is not good. However, I never give up and want to *keep cooking.

Third, I have several hobbies. One is walking. I（ア running　イ like　ウ than　エ it　オ better）. I walk my cute dog in the park every morning. I call it Hachi. I usually walk for 1-2 hours. Walking is fun, and it is also a good *workout. I really recommend that you should exercise *regularly for your health. My another hobby is watching movies. I watch a movie *per week. I often watch action or comedy movies. I like watching them because I can learn some new ideas from them. Please tell me about your favorite movies, and I would like to talk with you about them.

Finally, I also like sports. I like to watch baseball and soccer. Once I have watched a baseball game in New York. That was a great experience. I was on a soccer team in high school and university. I could learn *leadership and *responsibility from belonging to sport teams, so I want you to be on a team which you interested （ B ）.

〔注〕 *Mizusawa Udon＝水沢うどん　　*keep ～ing＝～し続ける
*workout＝運動　　*regularly＝定期的に
*per week＝１週間に　　*leadership＝リーダーシップ
*responsibility＝責任

1 本文の(A)(B)に入る語の組み合わせとして，最も適切なものはどれか。
　ア A：since ― B：at　　イ A：during ― B：of
　ウ A：for ― B：in　　エ A：in ― B：from

2 （ ）内の語を意味が通るように並べかえて，ア，イ，ウ，エ，オの記号を用いて答えなさい。

3 下線部の指す内容は何か。日本語で答えなさい。

4 二重下線部の理由を，次の枠内の（ ① ）と（ ② ）にそれぞれ適切な日本語を書きなさい。

（ ① ）ことからリーダーシップと（ ② ）を学ぶことができたから。

5　本文の内容と一致するものを1つ選びなさい。
　ア Ken is going to go to America because he wants to meet his friends.
　イ Communicating with the city person is very fun.
　ウ Ken is good at cooking Japanese food.
　エ Ken likes movies because he is able to learn some new ideas from them.
　オ Ken has never watched a baseball game in New York.

【5】次の英文を読んで，1，2，3，4の問いに答えなさい。

Today, we have many global issues, and one of them is “deforestation”. This means the act of cutting down or burning the trees in an area. Wood products are used in many different parts of our life such as chopsticks and paper. So, we can’t live without using woods. However, deforestation can cause climate change, fewer crops, *flooding and so on.

Deforestation is happening everywhere in the world, but the situation of *rainforest in Amazon is more serious than any other places. In the 1960s, Brazil government started projects to build roads in the rainforest because they wanted to develop new *farmlands and increase population. After that, they needed much more farmlands to grow soybeans, and they continued to destroy their forest. It is said that about 15% of Amazon rainforest was lost, and much forest changed into the desert.

Less green in South America may have a huge *impact on other areas because all global *ecosystems are connected. For example, when the number of trees decreases, the amount of CO_2 in the *atmosphere will increase. This is connected to more serious global warming. As you know, it is one of global issues that we must try to solve.

It takes so many years to grow trees, and it is difficult for us to solve this problem. International *organizations including *the UN have discussed the issue for a long time, but the solution [　A　] yet. If we continue to live the way we do now, our children or grandchildren will not have a bright future.

[　B　] we can try by ourselves is very few, but we have to find out something to stop deforestation.

〔注〕
*flooding＝洪水　*rainforest＝熱帯雨林
*farmland＝農地　*impact＝影響
*ecosystem＝生態系　*atmosphere＝大気
*organization＝組織　*the UN＝国際連合

1　なぜアマゾンの森林破壊が進んだのか。日本語で答えなさい。
2　本文中のoneは具体的に何を指すか。日本語で書きなさい。
3　本文中の[　A　]に入るものとして最も適切なものはどれか。
　ア has found　イ has not found
　ウ has been found　エ has not been found
4　本文中の[　B　]に適切な一語を書きなさい。

解答 P291

それは、どこへつながっているのかまだ見えない道……のような何か。

ふたつの影は、ゆっくりと家にたどりついた。

（原田マハ「永遠をさがしに」〈河出書房新社〉から）

(注)　スタンディングオベーション＝ミュージカルやコンサートなどのイベントで、座っていた観客が立ち上がって拍手を送る行為

反芻＝繰り返し考え、よく味わうこと

1　［A］には、どのような言葉が入るか。

ア　上を見た　　イ　立ち上がった

ウ　羽ばたいた　　エ　ふくらんだ

2　(1)和音の背中を自然と押してくれている　とあるが、何が、何に向かって、どのように背中を押してくれたのか、四十字以内で書きなさい。

3　(2)真弓の瞳が、ふっと微笑んだ　とあるが、ふっと微笑んだ理由として適切なものはどれか。

ア　父の影響で音楽の世界に固執し夢の中から脱出できない和音に、現実を見つめさせる必要を感じたから。

イ　和音も表現者としての資質を持っているのに、そのことに気づいていないことが好ましく感じたから。

ウ　それぞれ将来の道を進もうとしている二人に対してあせり、気おくれしている和音を励まし安心させようと思ったから。

エ　文斗のピアノ演奏のすばらしさを感じ取った和音の感性に驚き、どのように対応していいか判断がつかなかったから。

4　(3)ぴんってはねる魚みたく　とあるが、和音と真弓はそれぞれどのような表現だと思っているのか、五十字以内で書きなさい。

5　(4)和音は、目を瞬かせた　とあるが、その理由を五十字以内で書きなさい。

6　本文の表現の効果や特色を説明したものとして、適切なものはどれか。

ア　「どんな道を進んでいくのか」「よく考えたらヘンな表現だ」のように、文はすべて和音の思いや考えで構成されている。

イ　「真弓も静かに微笑んでいた」「真弓の瞳が、ふっと微笑んだ」のように、母である真弓の心情だけは直接的に表現されている。

ウ　「すごい、ふたりとも。なんか、かっこいいよ」のように、和音と友人二人だけの会話を多用することで、躍動感ある軽快な場面を構成している。

エ　「どんなプレゼントよりもうれしかった」のように、和音が感じた印象や心情の変化を中心として話が展開している。

【五】　中高生への意識調査が行われた中で、「今大切にしているもの」という問いに対して、「友達」「家族」「時間」「勉強」「お金」といった回答が上位を占めました。この五つを比べてみると、「時間」だけが他の四つと比べて、姿・形・実態がとらえにくいものだといえます。

では、あなたは、「時間を大切にする」ということは、どういうことだと考えますか。なぜそのように考えるのか理由をはっきりさせて意見文を書きなさい。国語解答用紙（2）に、二百四十字以上三百字以内で書くこと。

穏やかな、ゆるやかな旋律《せんりつ》。清らかな小川の流れ。やさしく揺れて輝く木漏れ日。ひなたでするうたた寝。読みかけの本のページをめくるそよ風。

心を満たす甘やかな音に、和音のイマジネーションは翼を得て、［A］。

目を閉じ、じっと聴き入る。和音も、真弓も、朱里も。演奏が終わると、三人は、申し合わせたように拍手をした。文斗は立ち上がると、お辞儀をした。三人も立ち上がって拍手を送り続けた。スタンディングオベーションだ。文斗はしきりに照れて、頭を掻《か》いた。

「すごい。……すごく、よかった。ありがとう」

和音が言った。文斗が、「いや……こっちこそ、ありがとう」と返した。

「おれさ。決めたんだ。とりあえず、音大に行こうって。……このまえ、ここへ来て、このピアノを弾いて、真弓さんの話を聞いて――まだまにあうかもって思った。両親に相談したら、やってみろ、学費はなんとかするからって言われたんだ」

照れくさそうに文斗が話してくれた。和音の顔がみるみる輝いた。

「ほんとに？　じゃあ、ピアノ、あきらめないんだね」

文斗は大きくうなずいた。和音は、「やった！」と思わず飛び跳ねた。

「私もね。進路、なんとなく決めたよ」

朱里も、頰を紅潮させて言った。

「もうすぐ進路指導、あるじゃん？　いろいろ考えてさ。私、楽器はできないけど、ほら、アーティスト、っていうか、演奏家のマネージャーとかできるといいなあ、って思って……真弓さんにメールで相談したら、『すごくいいと思う』って」

音楽の制作に関わる仕事につけるように、そういうビジネススクールに行くつもり。朱里の決心を聞いて、和音は、「すごい！」と声を上げた。

「すごい、ふたりとも。なんか、かっこいいよ」

文斗と朱里は、はにかんで笑っている。真弓も静かに微笑んでいた。

友の決心は、どんなプレゼントよりもうれしかった。そしてそれは、(1)和音の背中を自然と押してくれているようでもあった。和音も一緒に進んでいこうよ、と。

どんな道を進んでいくのか。その道は遠くまで続いているんだろうか。

十六歳になったばかりの和音には、まだ、ふたりの友のようにははっきりと見えなかったけれど。

文斗と朱里を駅まで送った帰り道、真弓と和音は、このまえと同じように、商店街の道をにぎやかにおしゃべりしながら歩いた。

「すてきだったなあ、文斗君のピアノ。すっごくやわらかいタッチ。それなのに、音が伸びてて……ところどころ、ぴんってはねる魚みたく。転調するところも、流れがすごく自然で、やさしくて」

ついさっきまで見ていた夢を反芻《はんすう》するように、和音が言った。真弓は和音の横顔をみつめて、つぶやいた。

「すごいのは、文斗君だけじゃない。あんたもだよ」

和音は、真弓を見た。(2)真弓の瞳が、ふっと微笑んだ。

「無意識に、ちゃんと表現しているじゃない。文斗君の演奏。(3)『ぴんってはねる魚みたく』って」

急に言われて、和音は赤くなった。ピアノの旋律を、魚がはねるみたく、なんて、よく考えたらヘンな表現だ。演奏者に失礼かもと、ちょっと後悔した。

「ごめんなさい。撤回します。ヘンなこと言っちゃって」

生真面目に和音が言うと、「どうして？」と真弓がすぐに返した。

「ヘンじゃない。すばらしいよ。だって、それ、あんたのオリジナルの表現でしょ？　あたしもいちおう、物書きのはしくれだから言わせてもらうけど……誰の真似でもない、オリジナルの表現ができる、っていうのは、表現方法がなんであれ、すごいことだと思う。だから、すばらしいんだよ。あんたも」

(4)和音は、目を瞬かせた。

……オリジナルの表現？

真弓が何を伝えようとしているのか、はっきりとはわからなかった。けれど、うっすらと指し示してくれているような気がした。

る意見が新聞のコラムや投書欄に載ったりし始めたのは比較的最近のことである。イ

人間の目には、晴れていてしかも暗い夜、星空をいちばん楽しめるようにできている。目の感度の下限がそうなっているのだ。もし、感度が今の百分の一だったら、星はほとんど見えず、おそらく人間は、「Ａ」という言葉を持たなかっただろう。逆に、もし感度が百倍あったら、われわれは無数の星が光輝く夜空の下で、不眠症になっただろう。

星を見るという目的に限っていえば、目の感度の下限は、今よりずっと暗かったころの夜にぴったりだった。現代ではどうも星がよく見えなくて欲求不満になるが、われわれはもって生まれた目の感度を変えることはできない。日本人が昔のように星空を堪能《たんのう》するためには、明るくなりすぎた今の空を、明治維新のころの暗さまで回復させるしかないのである。ウ

夜は暗くてはいけないか、と問われると、だれでも一瞬動揺するだろう。なるほど都会の夜が明るいのは楽しく便利だが、暗い夜もあっていいはずだ。暗い夜には現代人が捨て去っただいじなものがありそうだと、直感的に分かるからである。

星や蛍を見られるとか、闇を利用して魚や動物を捕まえられるなど、夜が暗いほうがよい理由としては楽しいものがいろいろあるが、最もだいじな理由は、暗さが人にものを考えさせるということなのだ。エ

（乾正雄「夜は暗くてはいけないか　暗さの文化論」〈朝日新聞社〉から）

（注）かまびすしく＝やかましく

1　□にあてはまる語句として適切なものはどれか。

ア　しかし　イ　もっとも　ウ　やはり　エ　また

2　(1)引けめを感じても不思議はないくらいの世の中になったとあるが、その原因と考えられると思われることを本文中より二十字以内で書きなさい。

3　(2)今のままではありえないとあるが、どのようになるのか。

ア　星の観測のためにも、もっと暗い夜が必要になる。

イ　星空が一番楽しめる明治維新のころの暗い夜になる。

ウ　夜間の照明が必要なくなり、明るさが減る。

エ　夜中に街に出る人や車で移動する人が減る。

4　「Ａ」にあてはまる語句を文中から抜き出しなさい。

5　本文中のア～エのいずれかに、次の一文が入る。最も適切なところはどれか。

それも時流のなすところだろう。

6　「夜は暗くてはいけないか」という問いに対する筆者の意見として正しいものはどれか。

ア　星の観測のためにもっと暗い空を取り戻そうというキャンペーンを大々的に行うべきだ。

イ　夜が暗いほうがよい最もだいじな理由は、暗さが人にものを考えるということをさせるからだ。

ウ　星や蛍を見られたり、闇を利用して魚や動物を捕まえられるなど、夜が暗いほうが楽しいからだ。

エ　都会の夜が明るいのは楽しく便利だが、エネルギーの無駄遣いがあるならば改善すべきだ。

【四】　次の文章を読んで、1から6までの問いに答えなさい。

和音《わおん》は世界的指揮者の父を持つ高校生。真弓《まゆみ》は父が再婚した新しい母。十六歳の誕生日を迎えた和音の家を訪れた文斗《あやと》と朱《じゅ》里《り》。文斗は見事なピアノの演奏を披露し、プロのピアニストを目指す決意を伝える。続けて朱里も、自身の将来を語る。

文斗は、グランドピアノの前に座った。和音たちも、並べられた椅子に腰掛けた。

文斗は、両手をそっと鍵盤の上に置く。小さく息を吸い込んで、弾き始めたのは――モーツァルト、ピアノソナタ第九番、ニ長調、K.311、第二楽章。

【二】 次の文章を読んで、1から5までの問いに答えなさい。

堀河院の御時、勘解由次官《かけゆのすけ》明宗とて、いみじき笛吹きありけり。ゆゆしき、(1)心おくれの人なり。院、笛聞こしめされむとて、召したりける時、帝《みかど》の御前とⒶ思ふに、臆《おく》して、わななきて、え吹かざりけり。

本意《ほい》なしとて、相知《あいし》れりける女房に仰《おほ》せられて、「私《わたくし》に坪《つぼ》のほとりに呼びて、吹かせよ。われ、立ちⒷ聞かむ」と仰せありければ、月の夜、かたらひ契《ちぎ》りて、吹かせけり。「女房の聞く」と思ふに、(2)はばかるかたなくて思ふさま吹きにける。世にたぐひなく、めでたかりけり。

帝、感に(3)堪《た》へさせたまはず、「日ごろ、上手とは聞こしめしつれども、かくほどまでとは思《おぼ》しめさず。いとどこそめでたけれ」と仰せ出《い》だされたるに、「さは、帝の聞こしめしけるよ」と、たちまちに臆して、さわぎけるほどに、縁より落ちにけり。

（「十訓抄」から）

(注) 堀河院＝堀河天皇（帝）
勘解由次官＝平安時代の官職名
女房＝宮中に仕える女性
坪＝建物や塀などに囲まれた中庭
さわぎける＝取り乱してあわてる
縁＝中庭に面した縁側

1　(1)心おくれの人　を説明した次の文中の□にあてはまる語を答えなさい。

「心おくれの人」とは、いざという時や大切な場面で、気おくれしてしまったり、ふるえたりしてしまって、実力が出せない□者のこと

2　Ⓐ思ふ、Ⓑ聞かむ　のそれぞれの主語はどれか。

ア　堀河院　　イ　明宗　　ウ　女房　　エ　語り手

3　(2)はばかるかたなくて思ふさま吹きにける　という様子と逆の様子を表している箇所を抜き出しなさい。

4　(3)堪へさせたまはず　は現代ではどう読むか。現代仮名遣いを用いて書きなさい。

5　本文中に描かれている内容として適当なものはどれか。

ア　帝は、自分が姿を見せなければいい演奏が聞けると考えて、明宗の知り合いの女房に力を借りた。

イ　帝は、月の明るい夜でこそ、はっきりした演奏が聞けると考えて女房をつかわした。

ウ　明宗は、女房しかいないと思っていた所へ、帝が現れたので大変喜んだ。

エ　明宗は、帝がかくれて聞いていることを見抜いて、わざと大騒ぎをして見せた。

【三】 次の文章を読んで、1から6までの問いに答えなさい。

かつては明るいことは単純に繁栄のしるしだった。□、今日もはやただ明るいことは自慢にはならない。良識のある人だったら、自分の国、自分の町が必要以上に明るい場合には、(1)引けめを感じても不思議はないくらいの世の中になった。都市や高速道路の照明光の中に、エネルギーの無駄遣いといわれるようなものがあるならば、調整、消灯あるいは極端な場合には撤去さえすべきであろう。しかしながら、あらかたの夜間照明は必要があるからついている。[ア]

ただし、享楽《きょうらく》的生活と車社会の目立つ人間活動の形態が万一変わることがあるならば、日本の明るさが減る可能性があるとだけは付け加えておこう。なぜなら、夜中に街に出る人が減り、夜中に車で移動する人が減れば、照明は当然(2)今のままではありえないからである。

星の観測のためにもっと暗い空を、という声は、近ごろかまびすしくなった。夜の空が明るくなったのはずいぶん前からであり、天文台もアマチュアの観測者も長年迷惑を被っていたはずだが、暗い空を取り戻そうというキャンペーンが聞こえてきたり、それに類す

青藍泰斗

国語

令和5年
1月7日実施

制限時間 50分

解答 P291

【一】 次の1から7までの問いに答えなさい。

1 次の――線の部分の読みをひらがなで書きなさい。
(1) 地球の軌道。　(2) 稲穂が実る。
(3) 投球に緩急をつける。　(4) 新説を唱える。
(5) 事業を企てる。

2 次の――線の部分を漢字で書きなさい。
(1) 生徒会の予算がショウニンされた。
(2) 苦手なことをコクフクする。
(3) 国民体育大会をカイサイする。
(4) 長所はネバり強いところだ。
(5) 青色の毛糸で手袋をアむ。

3 「雪の降る寒い日だった。」の――線の部分と文法的に同じ意味・用法のものはどれか。
ア 庭にバラの真っ赤な花が咲いている。
イ パソコンの使い方を習う。
ウ 絵を描くのが好きだ。
エ これは、白い花の咲く木だ。

4 「先生、私の母が次の保護者会を欠席すると□」の□に入る正しい敬語表現はどれか。
ア おっしゃっていました。　イ おっしゃっておられました。
ウ 申しておりました。　エ 申されていました。

5 「この問題は簡単に解けると□が、そうではなかった。」の□に入る語句として適切なものはどれか。
ア しらを切っていた
イ 高をくくっていた
ウ 大目に見ていた
エ 腰を据《す》えていた

6 次の和歌の□には季節が入るが、一つだけ他とは異なる季節がある。それはどれか。
ア 奥山にもみぢ踏みわけ鳴く鹿の声聞くときぞ□はかなしき　（猿丸大夫）
イ 吹くからに□の草木のしをるればむべ山風をあらしといふらむ　（文屋康秀）
ウ またや見む交野《かたの》のみ野の桜狩り花の雪散る□のあけぼの　（藤原俊成）
エ □風の吹きにし日より音羽山《おとはやま》峰のこずゑも色づきにけり　（紀貫之）

7 次の漢文の書き下し文として正しいものはどれか。

君ハ 汲メ二 川 流ヲ一 我ハ 拾ハンレ 薪ヲ　（広瀬淡窓）

ア 君は汲め川流を我は拾はん薪を
イ 君は川我は薪を汲め流を拾はん
ウ 汲め君は川流を拾はん我は薪を
エ 君は川流を汲め我は薪を拾はん

足利短大附属［学特併願］

社　会

制限時間 **50**分

1　次の設問に答えなさい。

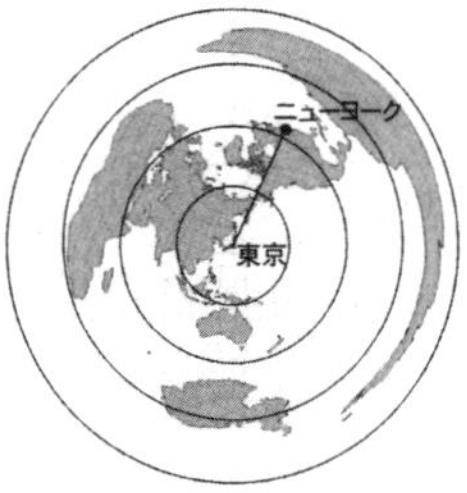

問１　図の中心の東京からニューヨークまでの最短コースを直線で示した右の地図はどのような特徴をもった地図か、記号で答えなさい。
　ア．航海図に使われている。
　イ．中心からの距離と方位が正しい。
　ウ．陸地の面積が正しい。
　エ．緯線と経線が直角に交わる。

問２　東南アジアで主に食べられているものは何か、記号で答えなさい。
　ア．小麦　　イ．キャッサバ　　ウ．トウモロコシ　　エ．米

問３　右のグラフを見て、2017年の日本の発電量の内訳で２番目に多いのは次のどれか、記号で答えなさい。
　ア．火力　　イ．水力
　ウ．原子力　　エ．再生可能エネルギー

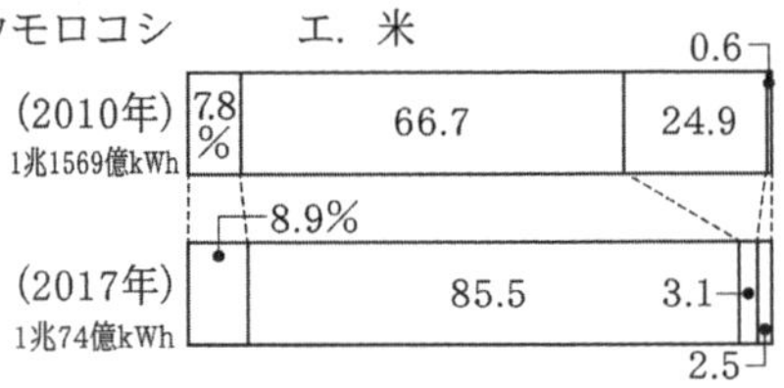

(2017年World Energy Statistics, ほか)

問４　14世紀から16世紀にかけて、イタリアから西ヨーロッパ各地へと広まった新しい文化運動を何というか、記号で答えなさい。
　ア．ルネサンス　　イ．ペレストロイカ　　ウ．プロテスタント　　エ．レジスタンス

問５　11世紀の後半から始まった十字軍の目的は、イスラム勢力から聖地を回復することであった。その聖地とはどこか、記号で答えなさい。
　ア．イスタンブール　　イ．ローマ　　ウ．エルサレム　　エ．メッカ

問６　イギリスからの独立を望むインドでは、非暴力・不服従の抵抗運動がおこった。これらの運動を指導した人物は誰か、記号で答えなさい。
　ア．マルコ＝ポーロ　　イ．ムハンマド　　ウ．キング牧師　　エ．ガンディー

問７　地方公共団体がその自治のために制定する法を何というか、記号で答えなさい。
　ア．政令　　イ．律令　　ウ．法律　　エ．条例

問８　集団生活で起こった対立の解決策は、全員が納得できるものでないといけない。解決の判断基準になる代表的な考え方の１つに「公正」がある。その「公正」の内容として適当でないものを選び、記号で答えなさい。
　ア．みんなが決定に参加する機会があったかを考える。
　イ．立場が変わっても、その決定を受け入れられるかを考える。
　ウ．問題の解決に効果があるかを考える。
　エ．ほかの人の権利や利益を侵害していないかを考える。

2　次の世界地図（略図）を見て、下の問いに答えなさい。

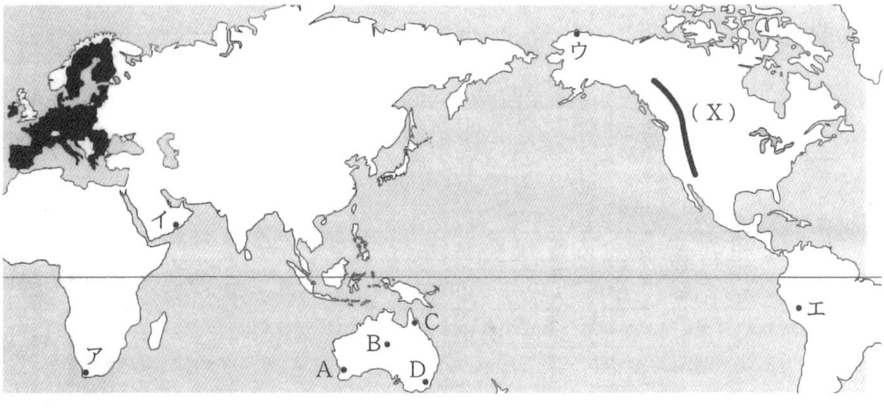

解　答　P291

問１　地図中（　Ｘ　）の山脈を何というか、記号で答えなさい。
　ア．ロッキー山脈　　イ．ウラル山脈　　ウ．アンデス山脈　　エ．アパラチア山脈

問２　次の写真はどの地域に暮らしている人たちか、雨温図を参考にして地図中のア～エより記号で答えなさい。

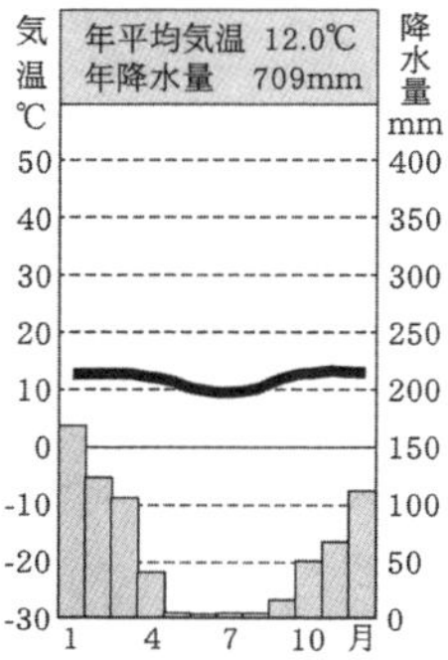

問３　地図中の■はＥＵの地域を示している。このＥＵについて述べた文のうち、適当でないものはどれか、記号で答えなさい。
　ア．ＥＵは、アメリカや日本に対抗するために結成されたＥＣという組織が前身となっている。
　イ．ＥＵ域内で生産された商品のうち、ＥＵの定める品質基準を満たした商品に対して認証マークをつけている。
　ウ．ＥＵに加盟している全ての国で共通の通貨が導入され、国境を越えての買い物や旅行が活発になっている。
　エ．東ヨーロッパから西ヨーロッパの国々へ働きにくる労働者が増えた原因の一つに、ＥＵ加盟国間の経済格差の拡大がある。

問４　地図中のオーストラリアについて、下の（1）～（3）の問いに答えなさい。
（1）オーストラリアの首都はどこか、地図中のＡ～Ｄより選び、記号で答えなさい。
（2）下の表は、オーストラリアの主な鉱産資源の生産量を示したものである。そして、円グラフは、表中（　Ａ　）の国別の産出量割合である。（　Ａ　）にあてはまる鉱産資源は何か、答えなさい。

品目	生産量（万ｔ）
（　Ａ　）	56,900
石　　炭	41,100
ボーキサイト	10,518

(地理データファイル2022より作成)

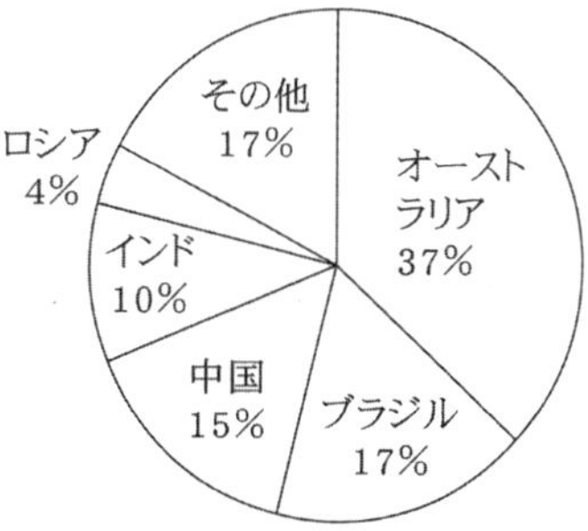

（3）次のグラフは、オーストラリアの主な貿易相手国を表している。2018年のグラフ中の（　Ｘ　）にあてはまる国名を記号で答えなさい。

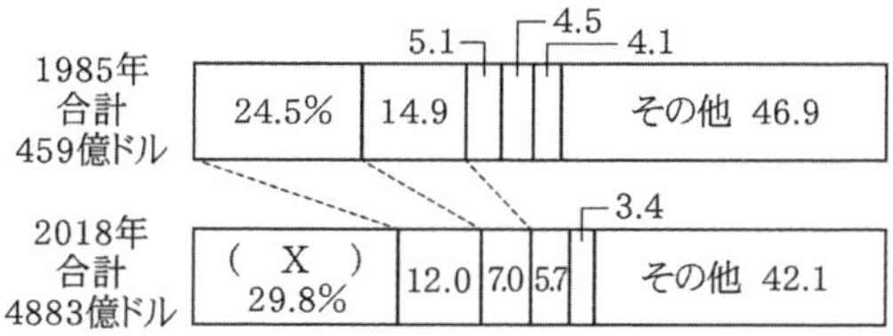

(UNComtradeより作成)

　ア．中国　　イ．日本　　ウ．イギリス　　エ．インド

3　次の日本地図を見て、あとの問いに答えなさい。

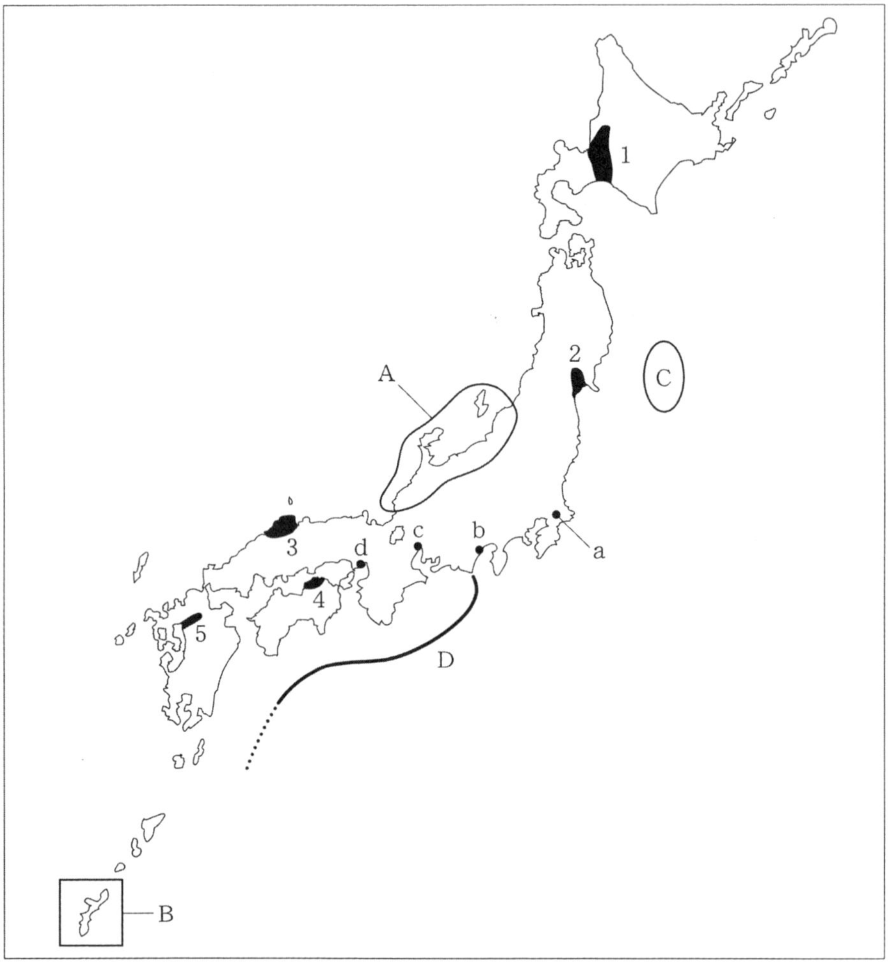

問1　図中のAの地方の様子について述べた文として適当なものを選び、記号で答えなさい。

ア．1980年代までに高速道路や新幹線が開通し、工業団地が多く生まれて出かせぎに行く人が減った。

イ．冷涼な気候をいかした畑作や酪農が盛んで、にんにくやゴボウなどの一大産地となっている。

ウ．冬の間の農作業がむずかしいため副業がさかんで、地域の特色を生かした地場産業が発達している。

エ．鉄鋼業や石油化学工業がさかんで、そこで生産される製品は中国や韓国など海外にも送られている。

問2　図中のBについて述べた文として適当でないものを選び、記号で答えなさい。

ア．亜熱帯気候によって稲作が盛んに行われている。また、交易の中継地として古くから花や野菜を栽培する園芸農業が盛んとなっている。

イ．1972年にアメリカの統治が終わり、本土復帰が実現した。しかし、米軍基地は、ほぼそのまま残り、県民の生活や自然環境に大きな影響を与えている。

ウ．強い台風の影響をたびたび受けるため、住居や農業に独特の工夫がみられる。また、観光業などの第3次産業人口の割合は全国でも高い県となっている。

エ．かつては独立した王国で、中国や日本、東南アジアと交流していた。その影響から今でも独特な文化や生活が残っている。

解答　P291

問３　下の説明文にあてはまる平野はどこか、図中より選び、番号で答えなさい。

> 夏も冬も季節風が山地にさえぎられるため、晴天の日が多く、一年中温暖で降水量が少ない。そのため、水不足になりやすく、古くから農業用のため池や用水路が整備されてきた。

問４　下の表は、図中のａ～ｄの４つの貿易港の輸出額と金額による輸出品目の割合をあらわしたものである。この表を参照し、あとの（１）・（２）の問いに答えなさい。

輸出港	金額（億円）	金額による輸出品目の割合（%）
（　①　）	101589	半導体製造装置（8.4%）　金（7.6%）　科学光学機器（5.5%）
（　②　）	104138	自動車（24.6%）　自動車部品（16.6%）　内燃機関（4.1%）
（　③　）	49017	プラスチック（7.4%）建設・鉱山用機械（5.0%）無機化合物（4.0%）
（　④　）	16684	内燃機関（11.0%）自動車部品（8.8%）科学光学機器（7.4%）

（2022データブックオブ・ザ・ワールドより）

（１）図中のａとｃの貿易港にあてはまるのはどれか、表中の（　①　）～（　④　）から選び、その組み合わせとして適当なものを記号で答えなさい。

ア．ａ①　ｃ②　　イ．ａ①　ｃ③　　ウ．ａ②　ｃ④
エ．ａ②　ｃ③　　オ．ａ③　ｃ④　　カ．ａ④　ｃ①

（２）図中のｂの港の周辺一帯は工業地域となっており、表中の工業製品以外にもさまざまな工業製品が生産されている。その工業地域でみられる代表的な工業として<u>適当でないもの</u>を選び、記号で答えなさい。

ア．楽器　　イ．出版・印刷　　ウ．電気機械器具　　エ．パルプ・紙加工品

問５　図中のＣの海域は、世界有数の漁場となっている。この海域でたくさんの魚が多く集まる理由として適当なものを選び、記号で答えなさい。

ア．暖流とその上を吹く偏西風の影響で年中温暖だから。
イ．稚魚《ちぎょ》を育てて海に戻す栽培漁業が行われているから。
ウ．近くに広がるリアス海岸によって波が穏やかだから。
エ．異なる性質の海水がぶつかる潮目となっているから。

問６　図中のＤは、静岡県から高知県にかけての太平洋沖の海底にある幅をもった溝で、近い将来、巨大地震の発生が予測されている場所とされている。このＤの呼び名を答えなさい。

問７　次の表は、ある農産物の国内生産における上位３県をそれぞれ示している。表中の（　①　）・（　②　）にあてはまる農産物の組み合わせとして正しいものを記号で答えなさい。

ア．①トマト　②メロン
イ．①トマト　②さつまいも
ウ．①いちご　②鶏卵
エ．①いちご　②生乳

	（　①　）	（　②　）
１位	栃　木（15.4%）	茨　城（8.5%）
２位	福　岡（10.1%）	鹿児島（6.9%）
３位	熊　本　（6.9%）	千　葉（6.4%）

（2018年農林水産省資料、その他）

問８　下の文中の（　Ｘ　）にあてはまる地名を答えなさい。

> 日本の領域には、その領有をめぐって隣国との間で課題がある地域もある。その１つが、北方領土と呼ばれる歯舞諸島・色丹島・国後島・（　Ｘ　）で、政府はこの地の返還に向けてロシアと交渉を続けている。

4　次の各文は、弥生時代から江戸時代までのできごとについて簡単にまとめたものである。これらを読み、あとの問いに答えなさい。

弥生時代	邪馬台国の卑弥呼は、女王となって倭の30ほどの国々をまとめていた。
⬇	
古墳時代	この時期、戦乱の多い中国や朝鮮半島から倭国に移住してきた人々を①<u>渡来人</u>とよぶ。
⬇	
飛鳥時代	聖徳太子は、②<u>かんむりの色などで地位を表す制度</u>を設けて、才能や功績のある人物を役人に取り立てようとした。
⬇	
平安時代	藤原頼通は、極楽浄土の世界を再現しようとして（　Ｘ　）をつくった。

↓

鎌倉時代	③新しい仏教の宗派が誕生し、人々はこれらに新たな救いを求めるようになった。

↓

（　Y　）時代	

↓

戦国時代	各地の戦国大名が、領地の拡大をめざして争いを続けた。

↓

江戸時代	社会の安定と幕府財政の強化をめざして、④幕府は様々な改革をおこなった。

問１　弥生時代の邪馬台国や卑弥呼について、その説明として正しいものはどれか、記号で答えなさい。

ア．邪馬台国のあった場所については、九州説と東北説がある。
イ．卑弥呼は中国に使者を送り、倭王の称号と金印を得た。
ウ．卑弥呼がまとめていた国々には、身分の差がなかった。
エ．邪馬台国や卑弥呼のことは、中国の歴史書「後漢書」に記されている。

問２　古墳時代の下線部①について、渡来人が伝えたものとして適当でないものはどれか、記号で答えなさい。

ア．機織《はたおり》　　イ．仏教　　ウ．漢字　　エ．かな文字

問３　飛鳥時代の下線部②の制度を何というか、答えなさい。

問４　平安時代の（　X　）には、右の写真の建物の名称が入る。（　X　）に当てはまるものはどれか、記号で答えなさい。

ア．法隆寺金堂　　　イ．平等院鳳凰堂
ウ．東大寺大仏殿　　エ．鹿苑寺金閣

問５　鎌倉時代の下線部③について、宗派とそれを開いた人物の組み合わせのうち正しいものはどれか、記号で答えなさい。

ア．浄土宗・法然　　イ．臨済宗・道元　　ウ．曹洞宗・空海　　エ．浄土真宗・日蓮

問６　（　Y　）時代のできごととして正しいものはどれか、記号で答えなさい。

ア．墾田永年私財法が定められ、新たな開墾地であれば自分のものにしてよいと認められた。
イ．南朝と北朝に分かれていた朝廷がふたたび一つとなった。
ウ．後鳥羽上皇は幕府を倒すために兵をあげたが、幕府軍に敗れ、隠岐国に流された。
エ．中国の進んだ文化や制度を取り入れるために、遣唐使が派遣された。

問７　右の絵は、戦国時代におきた長篠の戦いの様子を描いたものである。この戦いについて正しく述べているものはどれか、記号で答えなさい。

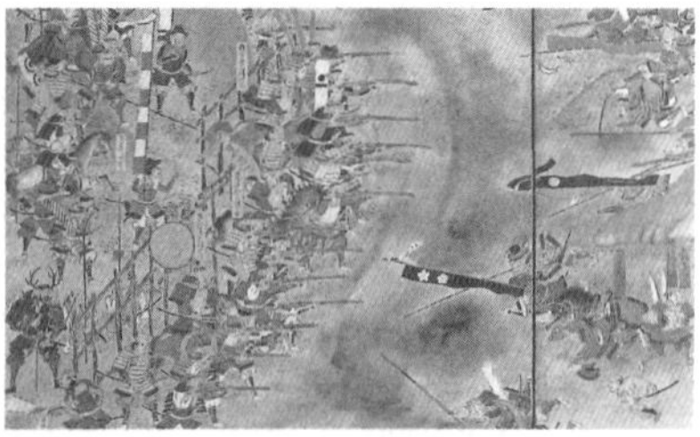

ア．織田軍は、石の防塁を築き、陣を守った。
イ．武田軍は、土を焼いて固めた球状の武器を使った。
ウ．両軍とも一騎打ちの戦いをおこなった。
エ．織田軍は、大量の鉄砲を効果的に使った。

問８　次の表は、江戸時代の下線部④をまとめたものである。表の（　Ⅰ　）・（　Ⅱ　）・（　Ⅲ　）・（　Ⅳ　）に入る改革の名前と改革者の組み合わせとして正しいものはどれか、記号で答えなさい。

改革の名前	享保の改革	（　Ⅰ　）	（　Ⅱ　）
改革者	（　Ⅲ　）	松平定信	（　Ⅳ　）
主な内容	公事方御定書の制定	ききんに備えて米を蓄えさせた。	株仲間の解散

ア．Ⅰ　寛政の改革　　Ⅱ　天保の改革　　Ⅲ　徳川吉宗　　Ⅳ　水野忠邦
イ．Ⅰ　天保の改革　　Ⅱ　寛政の改革　　Ⅲ　水野忠邦　　Ⅳ　徳川吉宗
ウ．Ⅰ　寛政の改革　　Ⅱ　天保の改革　　Ⅲ　水野忠邦　　Ⅳ　徳川吉宗
エ．Ⅰ　天保の改革　　Ⅱ　寛政の改革　　Ⅲ　徳川吉宗　　Ⅳ　水野忠邦

解答　P291

5　次の略年表を見て、あとの問いに答えなさい。

<table>
<tr><th>年</th><th>日本のおもなできごと</th><th></th></tr>
<tr><td>1867</td><td>① 徳川慶喜が大政奉還をした</td><td rowspan="3">A</td></tr>
<tr><td>1874</td><td>② 板垣退助らによって（　X　）が始まる</td></tr>
<tr><td>1925</td><td>③ 男子普通選挙制が実現される</td></tr>
<tr><td>1941</td><td>④ 太平洋戦争がおこる</td><td></td></tr>
<tr><td>1951</td><td>⑤ サンフランシスコ平和条約が結ばれた</td><td rowspan="2">B</td></tr>
<tr><td>1972</td><td>⑥ 日本と中国の国交が正常化された</td></tr>
</table>

問1　①について、徳川慶喜はどのような考えをもって大政奉還をしたか、その考えを記号で答えなさい。
ア．すべての権力を朝廷に返上し、政権から退《しりぞ》こうとした。
イ．新しい政権の中で幕府勢力の地位を確保しようとした。
ウ．欧米諸国と協力して、新しい政権を樹立しようとした。
エ．中国とともに東アジアに強大な帝国を建設しようとした。

問2　右の絵は、②の（　X　）の高まりによって開かた演説会を警官が取り締まっている様子を描いたものである。（　X　）に入る語句を答えなさい。

問3　③について、このときの選挙権は何歳以上か、答えなさい。

問4　Aの期間におきたできごとを年代の古い順に並べ替えなさい。
ア．岩倉使節団が派遣される　　イ．日英同盟が結ばれる
ウ．米騒動がおこる　　エ．西南戦争がおこる

問5　④について、戦時下の社会の状況を述べた次の文のうち、<u>適当でないもの</u>はどれか、記号で答えなさい。
ア．中学生や女学生も勉強を中断して、軍需工場で働くようになった。
イ．映画や歌謡《かよう》曲は戦争と結び付けられ、戦争映画や軍国歌謡がつくられた。
ウ．新聞やラジオ放送などのマス＝メディアは、戦争批判や反対の声をあげた。
エ．空襲からのがれるために、都会に暮らす子どもたちは地方に避難した。

問6　⑤に関連する次の文の（　A　）・（　B　）に入る語句の組み合わせとして正しいものはどれか、記号で答えなさい。

> （　A　）内閣はサンフランシスコ平和条約を結び、日本は独立を回復した。また、同時に（　B　）が調印された。

ア．A　鳩山一郎　　B　日米安全保障条約　　イ．A　吉田茂　　B　日ソ共同宣言
ウ．A　吉田茂　　B　日米安全保障条約　　エ．A　鳩山一郎　　B　日ソ共同宣言

問7　Bの期間のできごととして正しいものはどれか、記号で答えなさい。
ア．PKO協力法が成立する　　イ．第1回先進国首脳会議（サミット）に参加する
ウ．女性参政権が認められる　　エ．国際連合に加盟する

問8　⑥の日中国交正常化に関する説明として正しいものはどれか、記号で答えなさい。
ア．田中角栄内閣によって行われた。
イ．香港が中国に返還された。
ウ．この年に日中平和友好条約が結ばれた。
エ．中国は社会主義国から資本主義国に変わった。

6　A君のクラスでは、公民分野の調べ学習をし、次のテーマを調べてまとめた。右の表をみて、問いに答えなさい。

テーマ１	基本的人権の尊重
テーマ２	国会の種類
テーマ３	政党政治
テーマ４	財政
テーマ５	裁判員制度
テーマ６	日本の労働環境

問１　テーマ１について、日本国憲法が保障する基本的人権の１つである「自由権」にあてはまるものを、記号で答えなさい。

ア．法律の定める手続きによらなければ逮捕されない権利
イ．健康で文化的な最低限度の生活を営む権利
ウ．公正かつ迅速《じんそく》に裁判を受ける権利
エ．患者自身が多様な治療の選択肢《し》から治療法を選ぶ権利

問２　テーマ２について、下のⅠ～Ⅳの文は、国会の種類を説明したものである。文中の（　A　）・（　B　）・（　C　）にあてはまる語句の組み合わせとして正しいのはどれか、記号で答えなさい。

Ⅰ．特別国会は、（　A　）解散後の総選挙の日から30日以内に召集される。
Ⅱ．通常国会は、毎年１回、１月中に召集され、会期は（　B　）日間である。
Ⅲ．緊急集会は、（　A　）の解散中、緊急の必要があるとき、（　C　）の求めによって開かれる。
Ⅳ．（　C　）が必要と認めたとき、または、いずれかの議院の総議員の４分の１以上の要求があった場合に召集される。

ア．A　参議院　　B　30　　C　天皇　　イ．A　衆議院　　B　30　　C　天皇
ウ．A　参議院　　B　150　　C　内閣　　エ．A　衆議院　　B　150　　C　内閣

問３　テーマ３について、次の２つのグラフから読み取れることとして適当でないものはどれか、記号で答えなさい。

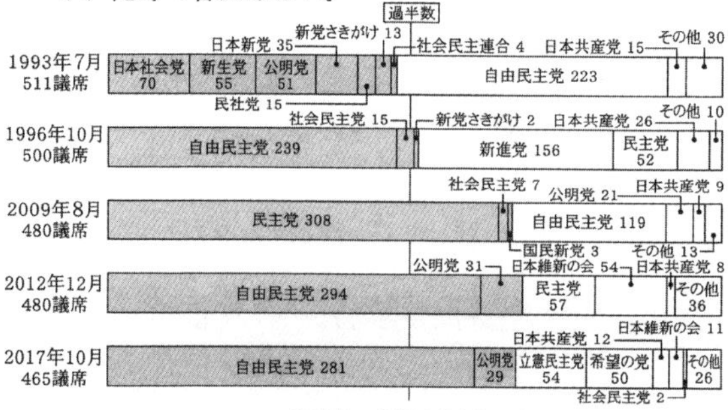

衆議院の政党別議席数の変化（総務省資料ほか）

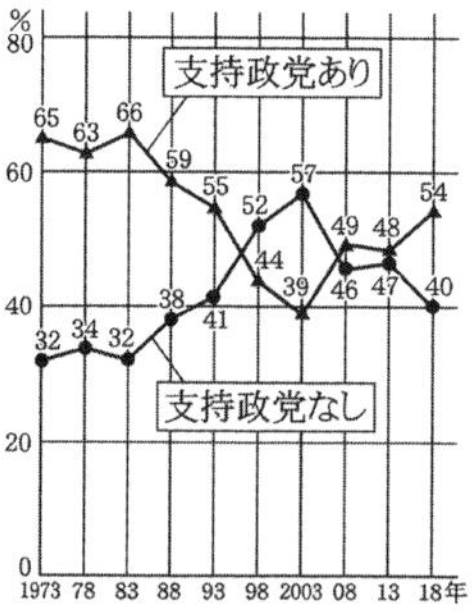

支持政党の有無（NHK放送文化研究所資料）

ア．1990年代以降は、政治への不信感が高まり無党派層が拡大して、政党の再編成が進んだ。
イ．1993年以降は、複数の政党が集まって作る連立政権が多くなった。
ウ．1996年以降、野党勢力の政党に変化はないものの、新しい政党が加わっている。
エ．2009年、自由民主党中心の連立政権から民主党中心の連立政権に代わった。

問４　テーマ４について、日本の国債残高の推移の表をみて、2017年度の国債残高の国民１人あたりの金額として正しいのはどれか、記号で答えなさい。（ただし日本の人口を１億3000万人として考えなさい）

ア．約200万円　　イ．約500万円
ウ．約700万円　　エ．約1000万円

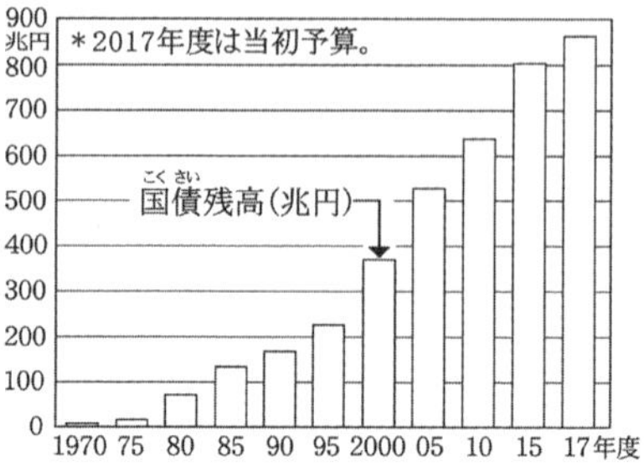

〈日本の国債残高の推移（財務省資料参考）〉

解答　P291

問５　テーマ５について、裁判員制度の説明として適当でないものはどれか、記号で答えなさい。

ア．１つの事件の裁判は、裁判員６人と裁判官３人で行われる。

イ．裁判員制度の対象となるのは、重大な犯罪についての刑事裁判である。

ウ．裁判員は、刑事裁判の審理に出席して裁判官とともに被告人が有罪か無罪かを判断する。

エ．評議の結果、有罪の場合には裁判官３人でどのような刑罰を科すのかを決める。

問６　近年、日本の労働環境もさまざまな変化がみられるようになっている。その労働環境の変化として適当でないものはどれか、記号で答えなさい。

ア．年功序列型賃金制度の拡大　　イ．成果主義の導入

ウ．非正規雇用の拡大　　エ．同一労働同一賃金の導入

7　次の文章を読んで、あとの問いに答えなさい。

市場に少数の企業しか存在しない状態を（　Ａ　）という。（　Ａ　）の状態が行き過ぎると市場の競争力が弱まり、消費者が不利益をこうむることがある。こうしたことを防止するために独占禁止法が定められ、（　ア　）が市場の監視や指導を行っている。ただし、国民の生活に大きな影響を与えるものについては、①国や地方公共団体が決定や認可をする公共料金として定められている。

一国の経済活動の規模は、主に（　Ｂ　）ではかられる。（　Ｂ　）は、通常１年間で、国内で生産されたモノやサービスの金額から、その原材料などの金額を差し引いた付加価値を合計したものである。

問１　文中の（　ア　）にあてはまる機関は何か、答えなさい。

問２　文中の（　Ａ　）・（　Ｂ　）に入る適切な語句の組み合わせとして正しいのはどれか、記号で答えなさい。

ア．Ａ　独占　　Ｂ　ＧＮＩ　　イ．Ａ　寡占　　Ｂ　ＧＮＩ

ウ．Ａ　独占　　Ｂ　ＧＤＰ　　エ．Ａ　寡占　　Ｂ　ＧＤＰ

問３　下線部①の公共料金として適当でないものはどれか、記号で答えなさい。

ア．公立学校授業料　　イ．電気料金　　ウ．水道料金　　エ．携帯電話料金

問４　経済活動における政府の役割を述べたものとして適当でないものはどれか、記号で答えなさい。

ア．公開市場操作を行い、景気や物価の安定をはかる。

イ．民間企業だけでは十分に供給されない社会資本を整備したり、公共サービスを行う。

ウ．累進課税や社会保障、雇用対策を行うことで、国内の所得の格差を減らす。

エ．企業の生産活動による環境汚染を防止したりする。

足利短大附属［学特併願］

数　学

制限時間 50分

1　次の計算をしなさい。

（1）　$-2^2+0\times(-2)^3+2^4$

（2）　$6\div(-21)\times(-2)\times7-5\div3\times(-6)$

（3）　$\dfrac{3(x-y)}{2}-\dfrac{2x-y}{3}$

（4）　$\sqrt{6}\times\sqrt{2}-\dfrac{3}{\sqrt{3}}$

（5）　$(x+5)^2-(x-5)(x+5)$

2　次の問いに答えなさい。

（1）　1次方程式 $2(0.2x+1.5)=1-0.1x$ を解きなさい。

（2）　2次方程式 $2x^2-3x-1=0$ を解きなさい。

（3）　x^3-16xy^2 を因数分解しなさい。

（4）　連立方程式 $\begin{cases}\dfrac{2-x}{4}=\dfrac{2x-3y}{3}\\-5x+4y-6=0\end{cases}$ を解きなさい。

（5）　2次方程式 $x^2+(2a+4)x+a^2=0$ の1つの解が -1 であるとき，定数 a の値を求めなさい。

（6）　3枚の硬貨を同時に投げるとき，表が2枚以上出る確率を求めなさい。

（7）　右の図のように，円周上に3点A，B，Cがある。
このとき，$\angle x$ の大きさを求めなさい。
ただし，Oは円の中心である。

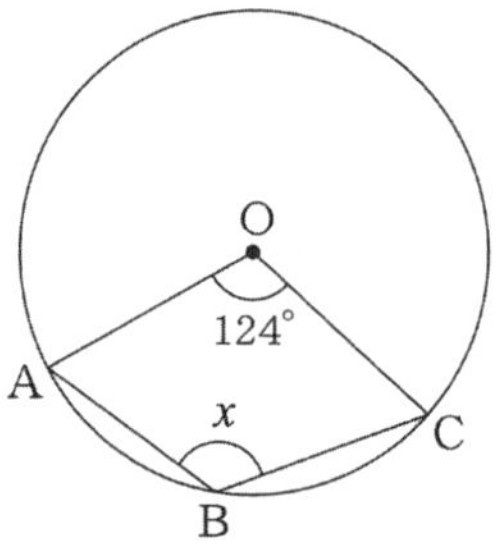

（8）　y は x に反比例し，$x=2$ のとき $y=3$ である。また，x の変域が $3\leqq x\leqq4$ のとき，y の変域を求めなさい。

（9）　右の図のような△ABCにおいて，∠BAC＝13°で AD＝DE＝EF＝FC＝CBとする。このとき，∠Bの大きさを求めなさい。

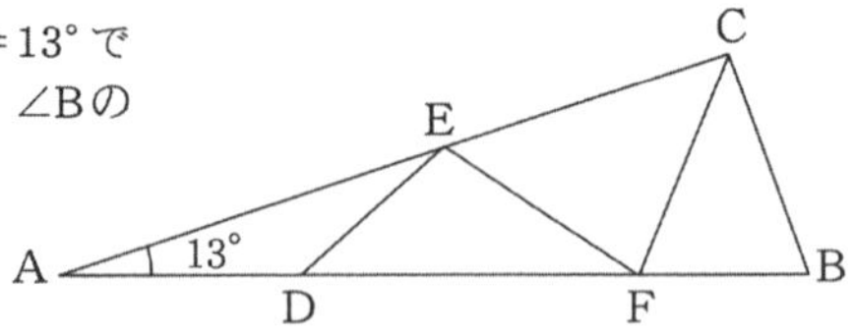

（10）　下の値は，最近10試合で成功したバスケットボールのシュートの本数である。
成功したシュートの本数の第2四分位数を求めなさい。

5　4　6　5　13　9　5　7　6　5　（単位 本）

3　右の図は，すべての辺の長さが等しい立体の展開図である。これを組み立てた立体について，次の問いに答えなさい。

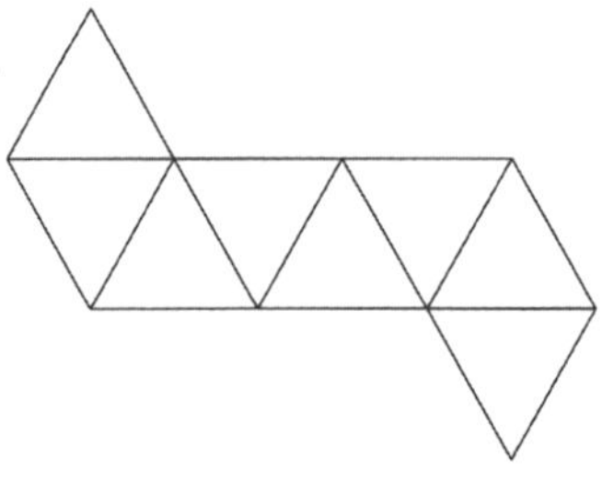

（1）　立体の名前を答えなさい。

（2）　辺の数を求めなさい。

（3）　頂点の数を求めなさい。

解答　P291

4　右の図のような図形を，ADを軸として回転させてできる立体について，次のものを求めなさい。ただし，円周率はπとする。

（1）　表面積

（2）　体積

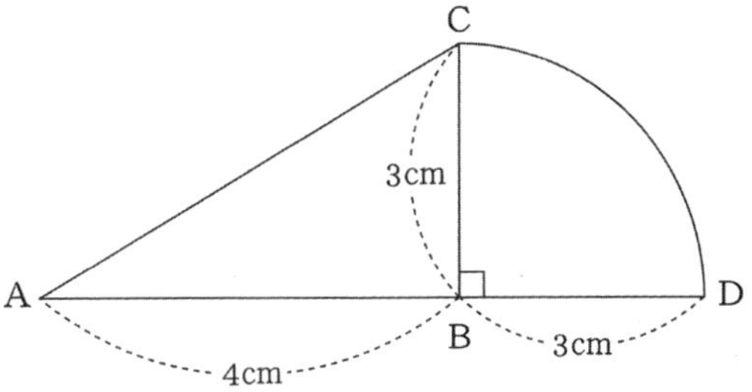

5　食品Ａはタンパク質を７％，食品Ｂはタンパク質を10％含んでいる。
また，100ｇあたりの価格は，食品Ａが140円，食品Ｂが340円である。食品Ａと食品Ｂで，タンパク質を44ｇとり，価格を1300円にしたい。
このときの食品Ａの量をxｇ，食品Ｂの量をyｇとして，次の問いに答えなさい。

（1）　xとyについて，連立方程式をつくりなさい。

（2）　（1）でつくった連立方程式を解き，x，yの値を求めなさい。

6　ある月のカレンダーにおいて，図Ⅰのような形に並ぶ９つの数の中央の数をnとし，この９つの数の間に成り立つ関係について考える。
図Ⅱは，$n=9$のときの例である。次の問いに答えなさい。

（1）　$n=13$のとき，９つの数の和を求めなさい。

（2）　９つの数の和をnを使って表しなさい。

（3）　９つの数の和が207のとき，nの値を求めなさい。

図Ⅰ

	n	

図Ⅱ

1	2	3
8	9	10
15	16	17

7　△ABCは，∠B＝90°の直角二等辺三角形である。BR＝BS，PR∥AB，QS∥CB，AB＝12cm，AS＝$x$cmとして，次の問いに答えなさい。

（1）　PTの長さをxを使った式で表しなさい。

（2）　$x=9$cmのとき，△PQTの面積を求めなさい。

（3）　四角形BRTSの面積と△PQTの面積が等しくなるとき，ASの長さを求めなさい。

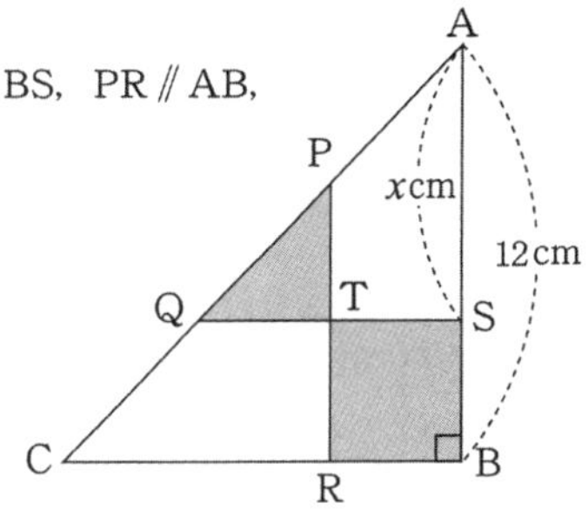

8　右の図のように，関数$y=ax^2$のグラフ①と直線②が２点Ａ，Ｂで交わっている。２点Ａ，Ｂの座標は，それぞれＡ(３，３)，Ｂ(６，12)である。また，点Ｐはy軸上を動く点である。このとき，次の問いに答えなさい。

（1）　直線②の式を求めなさい。

（2）　aの値を求めなさい。

（3）　線分APと線分BPの長さの和が最小となる点Ｐの座標を求めなさい。

（4）　（3）のとき，△ABPの面積を求めなさい。

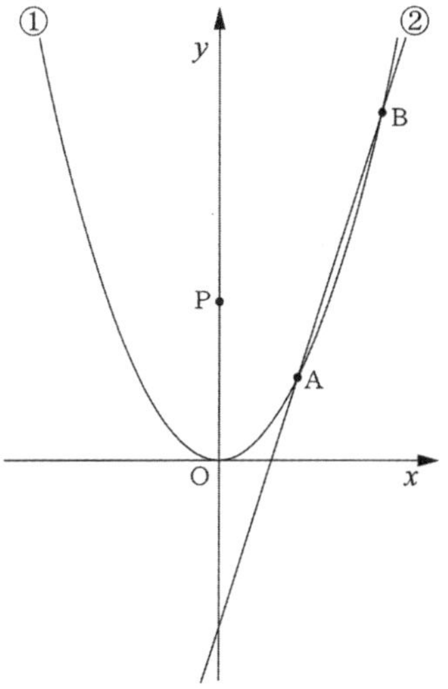

足利短大附属［学特併願］

理　科

制限時間 50分

1　自宅でエンドウを育てているシオリさんは、エンドウの花の観察をした。図1は、エンドウのめしべの断面をスケッチしたものである。以下の問いに答えなさい。

（1）図1について、エンドウのめしべは、A・花柱・Bの3つの部分から成り立っている。A、Bの名称をそれぞれ書きなさい。

図1

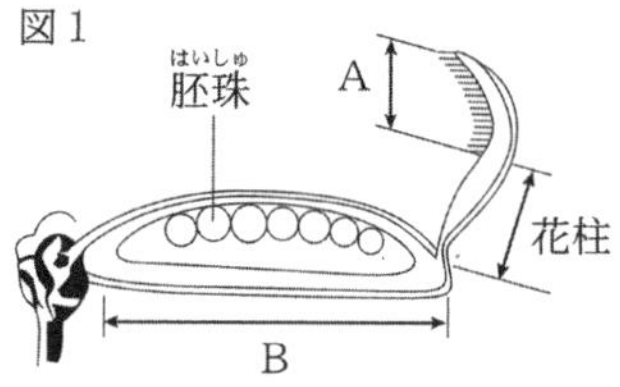

2　実験が好きなシオリさんは、エンドウを用いて次のような実験を行った。以下の問いに答えなさい。

【実験1】花の色が紫色の純系のエンドウの花粉を、花の色が白色の純系のエンドウのめしべにつけて受粉させると、子ども世代の花の色は紫色になった。

【実験2】実験1で得られた紫色の花の種子を育てて自家受粉《じかじゅふん》させると、孫世代では、花の色が紫色のものと白色のものができた。

【実験3】実験2で得られた花の種子をすべて育て、自家受粉させると、ひ孫世代は、花の色が紫色のものと白色のものができた。

（1）下線部について、対立した2つの形質のうち、子ども世代に現れた形質を何というか。

（2）実験2で得られた、孫の世代をすべて数えると、花の色が紫色の個体と白色の個体が合わせて240個あった。このとき、下線部と同じ遺伝子のくみあわせをもつものは何個あると考えられるか。

（3）実験2の考察として適切なものを、次のア～エより選び記号で答えなさい。

ア　花の色の形質は2種類で、遺伝子の組み合わせも2種類である。

イ　花の色の形質は2種類であるが、遺伝子の組み合わせまでは、この実験からは特定できない。

ウ　白色の花の数は、紫色の花の約3分の1になる。

エ　白色の花の数は、100個以上生じる。

（4）実験3の、ひ孫世代にできた紫色の花の数と白色の数の比はどのようになるか。簡単な整数比で答えなさい。

（5）今回の、“紫色の花と白色の花”というように、対立する2つの形質にかかわる遺伝子は、それぞれ分かれ、別べつの生殖細胞に入るという法則の名前を書きなさい。

3　Aさんは、うすい塩酸と石灰石を用いて気体を発生させる実験を行った。次の①～④はその時の手順を示している。以下の各問いに答えなさい。

①　図のように、うすい塩酸20mlを入れた試験管と、石灰石0.25gをペットボトルにいれ、ふたを閉じてペットボトル全体の重さを測ったところ、61.95gだった。

②　ふたを閉じたままペットボトルを傾け、塩酸を試験管からすべて出して石灰石と反応させたら、気体Xが発生した。気体の発生が終わってからペットボトル全体の質量を測定すると、61.95gだった。

③　②のペットボトルのふたをゆるめて発生した気体を逃がし、再びペットボトル全体の質量を測定したところ61.84gであった。

④　今回の実験について考察をおこない、発生した気体について、グループ内で意見交換をした。

図

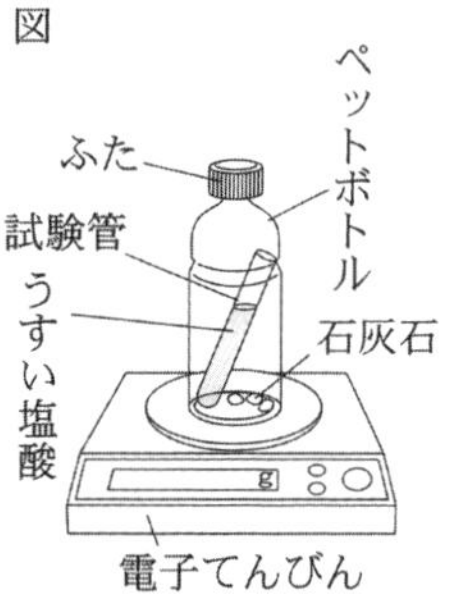

解答 P291

【考察】

①と②で全体の質量に変化が見られなかったのは、化学反応の前後で、構成する原子の（　Ｐ　）は変わったが、原子の（　Ｑ　）が変化しなかったからである。このとき、（　Ｒ　）が成立すると考えられる。

（1）この実験で発生した気体Ｘの質量は何ｇになりますか。ペットボトルの 手順① と 手順③ の質量の差は発生した気体の質量分とする。

（2）【考察】の空欄（　Ｐ　）、（　Ｑ　）にあてはまる適切な語句の組み合わせとして最も適当なものを次のア～エより１つ選びなさい。

	（　Ｐ　）	（　Ｑ　）
ア	組み合わせと種類	数
イ	組み合わせ	種類と数
ウ	種類と数	組み合わせ
エ	数	種類と組み合わせ

（3）【考察】の空欄（　Ｒ　）に当てはまる法則の名称を書きなさい。

（4）この実験で発生した気体Ｘと同じ気体が発生する方法として適切なものを、次のア～カよりすべて選んで記号で答えなさい。

ア　炭酸水素ナトリウムとクエン酸を混ぜる。
イ　エタノールを蒸発させる。
ウ　ドライアイスを蒸発させる。
エ　二酸化マンガンに過酸化水素を加える。
オ　水を電気分解させる。
カ　炭酸水素ナトリウムを強く加熱する。

（5）下線部について、次の５つの文はＡさんのグループ内で出された意見です。この実験で発生した気体Ｘの性質について、正しいことを述べている人をＡ～Ｅから２人選び、答えなさい。

Ａさん：空気より重く水に溶けにくい気体です。
Ｂさん：水に溶けると弱い酸性を示し、空気より軽いです。
Ｃさん：殺菌作用があり、消毒液に使われていますよ。
Ｄさん：タマゴの殻に食酢をかけても発生し、植物が光合成をするときに吸収する気体です。
Ｅさん：ヒトの呼気（吐いた息）に含まれていて、水上置換法でも集めることができます。

4　次の実験について、以下の問いに答えなさい。

実験
1　容器Ｘに15℃の水を100ｇ、容器Ｙに15℃の水を200ｇ入れた。
2　抵抗《ていこう》が30Ωの電熱線R_1と、抵抗が60Ωの電熱線R_2を使って図のような回路を作った。
3　回路に電流を流すと、図中の電圧《でんあつ》計Ｖは15Ｖを示し時間がたつと水温が変化した。

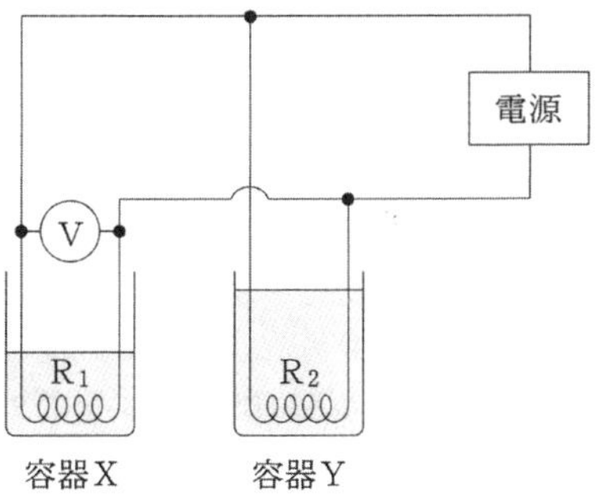

（1）電熱線R_1、R_2に流れる電流は、それぞれ何Aか。

（2）電熱線R_1、R_2の電力《でんりょく》は、それぞれ何Wか。

（3）回路に４分間電流を流した時の電熱線R_1の電力量は何Ｊか。

（4）（3）のときに、容器Ｘの水温は19℃になっていた。
容器Ｘの水の温度を上げるのに使われた熱量は何Ｊか。ただし、水１ｇの温度を１℃あげるのに必要な熱量を4.2Ｊとする。

（5）この実験の電熱線 R_1、R_2のようなつなぎ方を何回路というか。

5　図は、日本付近での天気図の一部を示したものである。以下の問いに答えなさい。

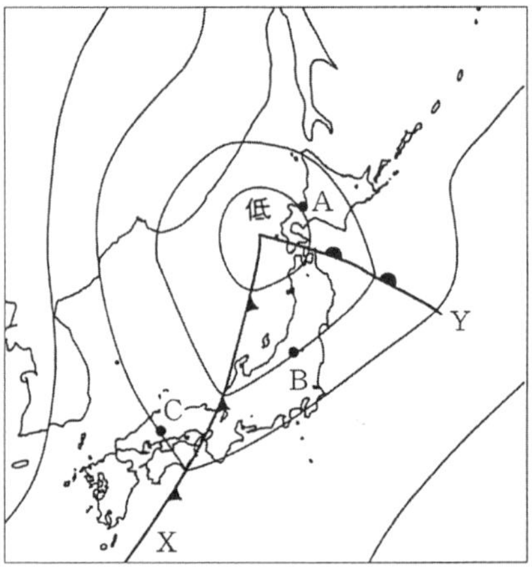

（1）図中のA、B、Cの地点での気圧を比べるとどうなっているか。気圧の高い順に並べかえなさい。

（2）図中のA、B、Cの地点での風向きを、次のア～エからそれぞれ選び記号で答えなさい。

ア　東寄りの風
イ　西寄りの風
ウ　南寄りの風
エ　北寄りの風

（3）図中のX、Yの前線付近の空気の様子を正しく表している模式図を、次のア～エからそれぞれ選び記号で答えなさい。

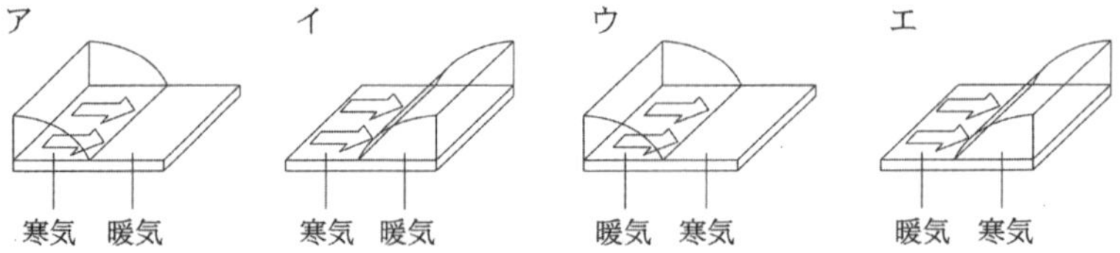

解答　P291

足利短大附属［学特併願］

英　語

制限時間 50分

1 これは聞き方の問題です。放送の指示に従って答えなさい。

1 ア Staying home with his family.
　イ Taking photographs of his family.
　ウ Visiting foreign countries.
　エ Telling fun stories.

2 ア His father's cooking.
　イ Last night's garden barbeque.
　ウ How to make pasta.
　エ His hobby.

3 ア In the park.
　イ Under her bed.
　ウ Under the car.
　エ In the neighbor's garden.

4 ア Because she isn't going to England.
　イ Because she can't study English.
　ウ Because her friend is going to England next week.
　エ Because they can't Skype each other every week.

5 ア At a sport stadium.
　イ By a field.
　ウ At an airport.
　エ In a gym.

2 次の各組の２つの文がほぼ同じ意味になるように、（　　）内に入る語句を答えなさい。

1 You must do your homework now.
　You (　　) (　　) do your homework now.

2 Do they speak French in Canada?
　(　　) French (　　) in Canada?

3 My sister can play the violin very well.
　My sister is (　　) (　　) play the violin very well.

4 I'm very busy today.
　I have many things (　　) (　　) today.

5 We have a lot of rain here.
　(　　) (　　) a lot here.

6 Ms. Sasaki teaches us math.
　Ms. Sasaki is our (　　) (　　).

7 Nick came later than Bob.
　Bob came (　　) (　　) Nick.

8 The question was so difficult that I couldn't answer it.
　The question was (　　) difficult for me (　　) answer.

3 次の文の（　　）内に入るもっとも適切な語を次の中から１つ選んで、記号で答えなさい。

1 Did you enjoy (　　) TV last night?
　ア to watch　イ watch　ウ watched　エ watching

2 He is kind enough (　　) me with my work.
　ア helping　イ help　ウ to help　エ helped

3 Japan is famous (　　) hospitality.
　ア as　イ by　ウ at　エ for

4 I want to know (　　) to cook pizza.
　ア what　イ when　ウ which　エ how

5 It is very kind (　　) you to carry my heavy bag.
　ア of　イ on　ウ for　エ with

6 Have you ever (　　) to Hokkaido?
　ア being　イ be　ウ to be　エ been

7 The man (　　) on the chair is Mr. Jones.
　ア sit　イ sat　ウ sitting　エ be sitting

8 He is interested in (　　) the guitar.
　ア play　イ playing　ウ plays　エ played

解答 P292

足利短大附属　入試問題（R5）◆英語

4 次のそれぞれの英文の（　　　　）内に入る語句を答えなさい。

1 The day which comes between Tuesday and Thursday is (　　　　).
2 This camera is as small (　　　　) my father's.
3 The sun rises (　　　　) the east.
4 She (　　　　) good care of her dog when she was a child.
5 They arrived (　　　　) the railroad station just before the train left.
6 My aunt went to China (　　　　) the first time last year.

5 次の質問に対する答えとしてもっとも適切なものを次の中から１つ選んで、記号で答えなさい。

1 Would you like some more coffee?
　ア Yes, I do.　　イ No, thank you.
　ウ I don't have any coffee.　　エ There is a cup of coffee on the table.

2 Why did you visit Kyoto?
　ア He will go to see a musical.　　イ He's been to Tokyo three times.
　ウ To see my friend.　　エ I'll meet him next week.

3 How long have you been in this town?
　ア For two weeks.　　イ I will stay there for two weeks.
　ウ I'm going home next week.　　エ In one month.

4 How often does she have to practice tennis?
　ア For three weeks.　　イ She has to practice it tomorrow.
　ウ Three weeks later.　　エ Three times a week.

5 What shall we do next?
　ア Let's see a movie.　　イ I went to the shopping mall.
　ウ I don't want to.　　エ I will see a movie.

6 次の英文を読んで、後の問いに答えなさい。

My name is Saki. I'm a junior high school student living in Ashikaga. Last August, my brother, Takashi went to New Zealand to spend the summer vacation at our uncle's farm in *Rotorua. He met a boy named Ken and became good friends.

On January 10, Ken came to Japan. He stayed at our house for three weeks and went back to New Zealand at the end of January. Two weeks later, I got a mail from him.

> Dear Saki.
> It is already more than a week since I came back from Japan. ① Thank you for everything you did for me during my stay there.
> Yesterday I invited some friends to my home and told them about some of the differences between (　1　). They were surprised to hear that you ate raw fish.
> ② Another surprise was that women could walk alone at night. (a) They didn't know that the *crime rate in Japan was very low.
> Well, Saki, ③ I have something to tell you. After coming back to New Zealand, I decided to learn Japanese from your uncle and go back to Japan in a few years.
> (b) He taught (c) me the way to write my name in Japanese, so I'm writing my name in Japanese for the first time in my life in this letter.
> I'm looking forward to seeing you again. Keep in touch !
> (d) Your friend,
> 健

*Rotorua　ロトルア　ニュージーランドの都市　　*crime rate　犯罪率

問１　下線部①の英文を途中で１か所区切って読むとすれば、どこで区切ればよいですか。次の中から１つ選んで記号で答えなさい。
Thank you for everything ア you did イ for me ウ during エ my stay there.

問２　（　1　）内にあてはまるもっとも適切な語句を次の中から１つ選んで、記号で答えなさい。
　ア New Zealand and Japan　　イ brother and sister
　ウ Saki and Ken　　エ August and January

解答 P292

問3　本文の内容から考えて正しいと思うものを次の中から1つ選んで、記号で答えなさい。

ア　Saki と Takashi はいとこ　　イ　Ken と 健 は同一人物
ウ　Takashi は Ken の兄　　エ　Ken は 健 の弟

問4　下線部②について、ほかに驚いたことは何ですか。日本語で答えなさい。

問5　下線部(a)～(d)はそれぞれ具体的に誰のことですか。次の中から選んで、記号で答えなさい。

ア　Ken　　イ　Saki's uncle　　ウ　Ken's uncle　　エ　Saki
オ　Saki's friends　　カ　Ken's friends

問6　下線部③の英文を日本語になおすとき、もっとも適切な語を次の中から1つ選んで、記号で答えなさい。

ア　聞きたいことがあります。　　イ　話したいことがあります。
ウ　プレゼントしたいものがあります。　　エ　教えてほしいことがあります。

問7　本文の内容と合っているものを次の中から1つ選んで、記号で答えなさい。

ア　Saki's uncle in New Zealand can't understand Japanese.
イ　Ken stayed at Saki's house for more than a month.
ウ　People in New Zealand eat raw fish very often.
エ　Saki now has a friend in Rotorua.

7　次の英文は、中学生の由美子が学校のキャンプで同級生の真奈との出来事を振り返って書いたものです。次の英文を読んで、後の問いに答えなさい。

Mana and I first met five years ago. We were always together. We always wanted to do the same things. We thought we understood everything about each other before the school camp.

One month before the camp, our teacher made six groups of five students in our class. Mana and I were in the same group. Each group talked about what to do in the free time during the camp.

I wanted to go fishing in a lake. So, I said, "I think fishing is good. It will be a lot of fun! What do you think, Mana?" I thought Mana would agree with me. But she said "I don't like fishing. I think hiking is better." The other students in my group also wanted to go hiking. I was shocked and very sad. After that, Mana and I didn't speak to each other.

The camp started. Our group went hiking. It was a beautiful day, but I wasn't happy. Then, we started to cook curry and rice for dinner. We worked very hard to make a fire, but it took very long. When the fire became strong, we were happy and said, "We've made it!" Then, we began to work better as a team. Mana and I cut the vegetables together. I wanted to talk to her, but I couldn't. The dinner was finally ready. She *served me curry and rice, and there were many potatoes in it. ① I was very glad to find that. Mana also wanted to talk to me again, I thought. I tried the curry and said, "Very good! This is the best curry I've ever ② eat in my life!"

After dinner, our class watched the stars together. I sat next to Mana and said, "Thank you for the potatoes. You remembered that I love them." She smiled and said, "When I was very young, I went fishing with my father. I *slipped and got injured. I was in a hospital (　③　) a month. So I don't like fishing." Then I understood why she didn't want to go fishing. I said, "Thank you for telling me, Mana. I didn't know that. I'm sorry." She said, "I'm sorry, too. I didn't tell you about that." We smiled at each other.

Mana then said, "When I was in the hospital, the nurses were very kind. So I decided to be a nurse and help people who are sick or injured to make them happy. This is my dream. How about you?" I answered, "My dream is to become a musician. I want to make people happy with my songs." Mana said, "I didn't know that! We share one dream! You want to make people happy as a musician, and I as a nurse. Please come to my hospital and sing happy songs some day."

Now Mana and I are true friends. I hope our dream will come true.

*served　よそってくれた　　*slipped and got injured　すべってけがをした

足利短大附属　入試問題（R5）◆英語

問1　キャンプに行った日の天気はどのようでしたか。もっとも適切なものを次の中から1つ選んで、記号で答えなさい。

ア　晴れ　　イ　くもり　　ウ　雨　　エ　台風

問2　下線部①のように由美子が感じたのは、真奈がどのような気持ちでいると考えたからですか。由美子がそのように考えるきっかけとなった真奈の行動を含めて、（　　）内に適切な日本語を入れなさい。

真奈が由美子の（　a　）に好物の（　b　）を（　c　）いれてくれたのは、真奈が自分と話したいと思ったから。

問3　下線部②の語を適切な形に直しなさい。

問4　（　③　）に入るもっとも適切な語を次の中から1つ選んで、記号で答えなさい。

ア　at　　イ　on　　ウ　for　　エ　by

問5　真奈は、自分と由美子の将来の夢についてどのような共通点があると述べていますか。（　　）内に適切な語を入れなさい。

They want to （　a　） people （　b　）.

問6　本文の内容と合っているものを次の中から2つ選んで、記号で答えなさい。

ア　Yumiko and Mana understood everything about each other before the camp.
イ　Mana doesn't like fishing because she had a bad experience with fishing.
ウ　After cutting the vegetables together, Yumiko and Mana made a fire easily.
エ　Mana wants Yumiko to visit Mana's hospital and sing happy songs in the future.
オ　Before the camp, Mana knew what Yumiko wanted to be in the future.

解答　P292

※階層社会………身分・財産・職業により、人々を上位から下位に並べた社会
※革新団体………社会の制度・組織・習慣・方法などを新しく変えようとする集団
※独占資本家………生産や資本を集中、集積し、支配的な力を持つ企業を動かす人
※上流人士………社会的地位はもちろん、経済力があり、教養も高い人々
※食事を給仕する……食事の世話をする
※背広………男性用のスーツ（上着と下のズボンがセットになっているもの）

問一　本文のタイトルとして適切なものを、次の1～4の中から一つ選びなさい。
1　偉大なる大衆社会　2　偉大なる均等社会　3　偉大なる階層社会　4　偉大なる市民社会

問二　文中の（　A　）～（　D　）に入る語を、次の1～5の中からそれぞれ一つずつ選びなさい。
1　いつも　2　これが　3　そして　4　すると　5　しかも

問三　文中の[1]～[3]に入る漢字二字を文中より探し、それぞれ答えなさい。

問四　═線部「貴族」と対照的に使われている語を、文中より抜き出しなさい。

問五　――線部①「公共の場所で入場を拒まれるといったことは決してない」とあるが、その理由として最も適切なものを、次の1～4の中から一つ選びなさい。
1　定められた服装をしているから。　2　事前予約を取り付けているから。
3　機会均等の思想が浸透しているから。　4　定額費用をすでに支払っているから。

問六　次の文が入る箇所を、本文の《1》～《4》から選びなさい。

私たちの住んでいたヨーロッパでは、そのような大衆社会は「神話」に過ぎなかった。

問七　――線部②「ヨーロッパ的な意味での金持」を、筆者はどうとらえているか。次の1～4の中から一つ選びなさい。
1　一代で財を成し、大成功をおさめた人々　2　休暇をとり、夏は避暑地へ出かける人々
3　革新系に敵視されるような資本家の人々　4　上の階層に属し、裕福で教養もある人々

問八　――線部③「驚異でなくて何であろう」とあるが、その根拠となる一文をみつけ、最初と最後の五字を答えなさい。（句読点を含む）

問九　――線部④「閉鎖的な土地や場所」とはどのようなところか。次の1～4の中から一つ選びなさい。
1　ある限られた地域・場所の人だけがいるところ　2　ある条件を満たす人々だけが集うようなところ
3　会費制で費用を払える会員限定で使えるところ　4　軽井沢や葉山などの避暑・避寒で有名なところ

問十　――線部⑤「私は腰を抜かさんばかりにおどろき」とあるが、その理由を次の1～4の中から一つ選びなさい。
1　フランスでは、メイドが海外旅行に出かけて、ツアーに参加するなどということはありえないから。
2　フランスでは、メイドがいないと生活に困り、留守の間は代わりの人を雇うのが当たり前だから。
3　フランスでは、メイドが自分のプライベートを雇い主に具体的に話すことは、普通考えられないから。
4　フランスでは、メイドが自分の休暇中にどうしようと個人主義の国なので雇い主は気にもとめないから。

問十一　本文の内容とは異なるものを、次の1～4の中から一つ選びなさい。
1　日本に長期滞在する外国人には、階級が存在しないという社会が考えられない。
2　ヨーロッパでは、機会均等の平等な世の中を理想として、長い間奮闘してきた。
3　日本はすばらしい国だとは思うが、行き過ぎた大衆化は少し気になる。
4　超一流といわれている所に行くことは、日本人にとって抵抗のないことなのだ。

これは、私たちには少なからず衝撃的な事実である。ヨーロッパの市民社会は究極の目的として、今日の日本のような社会を目ざし、そして挫折してきたのである。

≪ 1 ≫

日本とは比較にならぬほど革新勢力の強いフランスやイタリー、あるいはすでに革新系の政党が政権を握っているイギリスや西ドイツでも、階級は厳然と存在する。デモクラシーの手本とされているアメリカでさえ、階層社会的な物の考え方が定着しつつあるのは、ムッシュ・パッカードらの書物からも明らかである。ところが、日本は、私たちの国にさきがけて階級なき社会をいつの間にか作り上げてしまったのである。（　B　）③驚異でなくて何であろう。

≪ 2 ≫

経済的な個々のハンディキャップは別として、[2]の社会は、ヨーロッパの社会よりも暮らしよい社会に思われる。ヨーロッパでは未だに各階層間のコミュニケーションが円滑ではないし、ある社会は、条件の満たぬ人間が入り込もうとしても絶対に入り込むことができない。

ごく卑近な例で説明すると、パリのホテル・リッツで食事をするフランス人と、※食事を給仕するフランス人の間には、階層社会として明らかな断層がある。そして、給仕する側のフランス人が、その人生において、そこで食事をする側に回ることはまずあり得ない。また、多くのパリ居住者にとって、ホテル・リッツは自分たちと一生無縁の場所であって、たとえお茶一杯といえども飲みに入ろうという気持ちが沸かないのである。

ここのところの説明が私の感覚上の問題なのでむずかしいのだが、どうも日本ではそうではないような気がするのである。東京の超一流ホテルで食事をすることは、いっこうに階級的ではない。コーヒー一杯、ライスカレー一皿の値段が、町の食堂より高いということはあるだろうが、身分的にそこに入ることをためらう東京居住者はいそうにない。（　C　）、そのホテルで給仕をしている日本人にしても、自分の働いているホテルはともかく、※背広を着替えてよそのホテルに食事をしに行くことに何の精神的抵抗も感じないだろう。

そういう意味で、今日の日本は「偉大なる大衆社会」である。しかもその大衆社会の大衆は隣りの共産中国のそれのように個人的意見を持たぬ盲目的な大衆ではなく、自由に政治を論じ、文学を語り、日本シリーズに熱狂する大衆なのである。

≪ 3 ≫

たとえば、フランスの雑誌に南仏のぜいたくな別荘のグラビア写真が載ったとする。大多数の読者は、そのページは眺めるだけで自分たちとは縁のない写真だと本能的に考え、バカンスで南仏に行くことはあっても、高級別荘地とは無縁の大衆的な避暑地へ出かけて行く。

日本はそうではなく、グラビア・ページで軽井沢や葉山が紹介されれば、読者はたちまちその地へ殺到し、あっという間にそこを大衆化してしまう。したがって、日本の、かつては高級とされていた避暑地や避寒地は、すべて「元[3]」という但し書きがつくようになる。その大衆のエネルギーは爆発的であって、誰もそれを阻止することはできない。

この国で④閉鎖的な土地や場所を求めるのは至って困難である。都心の超一流ホテルは、受験シーズンになると、若い男女の受験生で一杯になる。ゴルフの練習場はサラリーマンで押すな押すなとなる。夏休みになると、国内線の旅客機は子供連れの「大衆的」な客で満員になる。（いったい、ヨーロッパで、旅客機が子供連れの客で満員になるなどということが想像できるだろうか）。

≪ 4 ≫

ある日、私は親しい日本人の家庭を訪ねた。食事のときになって、ふと私はその家のメイド（日本ではお手伝いさんという）が不在であることに気付き何気なく「お手伝いさんはやめたのですか？」と訊ねた。（　D　）、そこの家の奥さんはつぎのように答えた。「いいえ、彼女はいま休暇でヨーロッパ旅行のツアーに参加しています」⑤私は腰を抜かさんばかりにおどろき、次いで日本の大衆社会に心からなる拍手を送った。何というすばらしい国だろう、と。

（ポール・ボネ『新東方見聞録』〈ダイヤモンド社〉より）

問三　――線部②「唐土」の読みを平仮名で答えなさい。

問四　――線部③「貯へ」について、次の各問いに答えなさい。

（1）読みを現代仮名遣いで答えなさい。

（2）これに相当するものを、文中から漢字一字で抜き出しなさい。

問五　══線部A～Dの中から、意味・用法の異なる「の」を一つ選びなさい。

問六　――線部④「捨てつ」は誰の動作か。次の1～4の中から一つ選びなさい。

1　人　　2　許由　　3　孫晨　　4　筆者

問七　本文中の（Ⅰ）、（Ⅱ）について、次の各問いに答えなさい。

（Ⅰ）に入る語を、文中から漢字一字で抜き出しなさい。

（Ⅱ）に入る語を、次の1～4の中から一つ選びなさい。

1　朝　　2　夜　　3　春　　4　秋

問八　――線部⑤「これ」の指す内容を本文中から四十字以内で抜き出し、最初と最後の五字を答えなさい。

問九　本文中から、「許由」の行動に対する筆者の感想を述べた一文を抜き出しなさい。

4　次の文章は、フランス人の立場から、日本と欧米との対比を述べている。よく読み、後の問いに答えなさい。

日本に長期滞在をしている外国人の間で、（　A　）話題になるのが、この国の平等である。実際、西側先進国の中で、日本ほど階級を感じさせない社会は他に類例を見ない。あらゆる面において、機会均等の思想が浸透しており、人間である限り、①公共の場所で入場を拒まれるといったことは決してない。おそらく、貧富の差についても、西側先進国の中で最もその差の狭い国であろう。

たしかに、日本には皇室が存在するが、その周辺には、イギリスのような貴族社会もなければ社交界もない。したがってある意味で、日本の皇室は孤立した存在である。皇室ないし王室が存在して社交界がないということは、ヨーロッパの常識では考えられぬことである。

もちろん、この国も、戦前には強固なまでの※階層《ヒエラルキー》社会的な考え方が支配していたらしい。その時代には、貴族もいたし、金持もいた。現在はそのどちらもいない。日本の人々は、いや、金持なら存在すると主張するかもしれないが、②ヨーロッパ的な意味での金持となると、ほとんどいないと考えたほうがよさそうだ。

日本の※革新団体に属する人々は、しきりに※独占資本家をたおせと主張しているが、どうやらその人々は、独占資本の何たるかを知らないらしい。この国には、経営者はいても、大資本家は両の指で数え得るかどうかさえ疑わしい。仮にまた一代で財を成した資本家がいたとしても、その資産は、会社組織にでもしておかない限り、莫大な相続税によって、子孫がそれを継ぐことはまず不可能である。

ヨーロッパの観念では、一代限りの貴族だとか、一代限りの［1］階級という存在は考えられないのであって、金だけがあっても※上流人士とは認められないし、かといって家柄だけで当人が無知、無教養だったら、同じく上流人士とは認められない。だから、ヨーロッパの観念だと、戦後の日本には階級が存在しないのである。

問六　Ｆの「わ」に当てはまる適切な漢字を、次の１～４の中から一つ選びなさい。

１　和　　２　我　　３　話　　４　輪

問七　Ｇの「さくさく」は何を表す音か。次の１～４の中から一つ選びなさい。

１　林檎の木がしなる音　　２　林檎をかじる音

３　雪を踏みしめる音　　４　雪が降り積もる音

問八　Ｈの（　）に入る語を次の１～４の中から一つ選びなさい。

１　熱し　　２　濡れし　　３　愛し　　４　高し

3

次の文を読んで、後の問いに答えなさい。

人は、※おのれをつづまやかにし、※奢《おご》りを退けて、財《たから》を持たず、※世をむさぼらざらんぞ、※いみじかるべき。昔より、賢き①人の富めるはまれなり。

唐土②に許由《きょいう》といひつる人は、さらに身にしたがへる貯へ③もなくて、水をも手してささげて飲みけるを見て、※なりひさこといふ物を人のＡ得させたりければ、ある時、木のＢ枝にかけたりけるが、風に吹かれて鳴りけるを、かしかましとて捨てつ④。また、（　Ⅰ　）にむすびてぞ水も飲みける。いかばかり心のうち涼しかりけん。孫晨《そんしん》は、冬のＣ月に※衾《ふすま》なくて、藁一束《わらひとつかね》ありけるを、夕《ゆふべ》にはこれに※ふし、（　Ⅱ　）にはをさめけり。

唐土のＤ人は、これ⑤を※いみじと思へばこそ、しるしとどめて世にも伝へけめ、※これらの人は、※語りも伝ふべからず。

（兼好法師『徒然草』より）

※おのれをつづまやかにし……自分の生活を簡素にし
※奢り……ぜいたく
※世をむさぼらざらん……世間的な名誉や利益をむやみに求めない
※いみじかるべき……りっぱなことと言えよう
※なりひさこ……ひょうたんを乾燥させ、酒や水を入れる容器としたもの
※衾……寝具の一種
※ふし……寝て
※いみじ……たいしたことだ
※これらの人……我が国の人々
※語りも伝ふべからず……語り伝えもしないであろう

問一　本文中から「やかましい」という意味の語を、五字で抜き出しなさい。

問二　――線部①「賢き」の品詞名を次の１～４の中から一つ選びなさい。

１　形容詞　　２　動詞　　３　副詞　　４　形容動詞

問六 [B] に入る語句を次の1～4の中から一つ選びなさい。
1 全然＋否定　2 全然＋仮定　3 全然＋肯定　4 全然＋未定

問七 ——線部③「優しさがにじむ」とあるが、それはなぜか。次の1～4の中から一つ選びなさい。
1 配慮の意味もあるから　2 ブラックを否定的に使うから
3 国語の乱れを感じないから　4 私の料理がおいしくないから

2 次の短歌を読んで、後の問いに答えなさい。

A ゆふされば　大根の葉に　ふる時雨　いたく寂しく　降りにけるかも　斎藤　茂吉

B 佐保神の　別れかなしも　来ん春に　ふたたび逢はむ　われならなくに　正岡　子規

C 生まれ出でて　命短し　みづうみの　水にうつろふ　蛍の光　島木　赤彦

D 何となく　君に待たるる　ここちして　出でし花野の　夕月夜かな　与謝野晶子

E 松の葉の　葉毎《ごと》に結ぶ　白露の　置きてはこぼれ　こぼれては（　　）　正岡　子規

F 桜ばな　いのち一ぱいに　咲くからに　生命をかけて　わが眺めたり　岡本かの子

G 君かへす　朝の舗石　さくさくと　雪よ林檎《りんご》の　香のごとくふれ　北原　白秋

舗石…道路に敷いてある石

H 向日葵《ひまわり》は　金の油を　身にあびて　ゆらりと（　　）　日のちひささよ　前田　夕暮

問一 Aの「時雨」の読みを平仮名で答えなさい。

問二 Bの句の句切れとして適切なものを、次の1～4の中から一つ選びなさい。
1 初句切れ　2 二句切れ　3 三句切れ　4 四句切れ

問三 Cに使われている表現技法を、次の1～4の中から一つ選びなさい。
1 体言止め　2 反語　3 対句　4 擬人法

問四 Dの「るる（受け身）」と同じ意味で使われている助動詞を、次の1～4の中から一つ選びなさい。
1 昔の写真を見ると、その頃のことが思い出される。
2 マラソン大会で、沿道の人たちから声援をかけられた。
3 図書館には、校長先生が寄贈された本がたくさんある。
4 今日の天気からすると、明日雨が降るとは考えられない。

問五 Eの句は、露の様子が繰り返されているさまを表現している。（　）に入る二字を終止形で答えなさい。

足利短大附属【学特併願】

国語

令和5年1月14日実施

制限時間 50分

1 次の文章を読んで、後の問いに答えなさい。

「全然大丈夫」という言葉を初めて耳にしたのは20年ほど前だったか。その衝撃を今も覚えている。え、全然は「全然知らない」など否定形につく言葉じゃないの。日本語の乱れここに極[a]まれり。でも肯定で使ってみると面白みも感じた。

すっかり定着した全然大丈夫だが、必[①]ずしも誤用とは言えないらしい。言語学者加藤重広さんの『日本人も悩む日本語』によると「全然＋肯定」の用法は江戸時代から見られ、明治になっても珍しくなかった。

[A]の『坊っちゃん』にも「全然悪《わ》るいです」の台詞《せりふ》が出てくる。いつの間にか「全然＋否定[②]」が主流になったようで、何が乱れなのか分からなくなる。そう考えると、この意識調査もキョウミ[b]深い。国語の乱れを感じる人がだんだん減っているという。

文化庁によると「今の国語は乱れている」と思う人は20年前は85％だったが、直近は66％である。言葉は変化し続けており、むしろ人々の受け入れ幅が広くなっているのだろう。

言葉は世につれ、である。「ブラック企業」は暴力団関連企業を指す隠語だったが、「若者を酷使[c]する企業」として使われるようになり、問題企業をコクハツ[d]する運動につながった。一方で人種差別の観点から、ブラックを否定的に使うべきでないとの議論も出ている。

「[B]」に戻ると、今の使い方は配慮の意味もあるらしい。「私の料理、おいしくないでしょ」に対して「全然おいしい」と言えば、優しさがにじむ[③]。言葉は、人と人とのつながりも映し出す。

（朝日新聞「言葉は世につれ」『天声人語』〈2020年9月29日〉より）

問一 ――線部a～dで漢字は読みを平仮名で書き、カタカナは漢字に直しなさい。

問二 ――線部①の「必」の矢印が指している部分は何画目に当たるか。次の1～4の中から正しいものを一つ選びなさい。

1 一画目　2 二画目　3 三画目　4 四画目

問三 ═══線部「肯定」の対義語を本文中から抜き出しなさい。

問四 [A]には、小説『坊っちゃん』の作者名が入るが、その小説家の名前を次の1～4の中から一つ選びなさい。

1 鷗外　2 漱石　3 龍之介　4 康成

問五 ――線部②「否定」のように、「否」を使って否定の意味の熟語になるものを次の1～4の中から一つ選びなさい。

1 吉　2 害　3 凡　4 決

解答 P292

MEMO

足利大学附属［学特併願］

社会

制限時間 **50**分

1　次の設問に答えなさい。

（1）　岩倉使節団とともにフランスへ留学し、ルソーの思想を日本へ伝えたことで「東洋のルソー」と称された人物を下から選び、番号で答えなさい。

1　福澤諭吉　　2　木戸孝允　　3　大隈重信　　4　中江兆民

（2）　次の文章を読み、これらの特徴を含む宗教として正しいものを下から選び、番号で答えなさい。

・聖地はサウジアラビアのメッカである。
・世界で2番目に信者の多い宗教である。
・信者は北アフリカ・西アジア・東南アジアに多い。

1　イスラム教　　2　ヒンドゥー教　　3　ユダヤ教　　4　キリスト教

（3）　メソポタミアやエジプトなどを含んだ地域を指し、ヨーロッパから見て「太陽の昇る土地」という意味の言葉をカタカナ5字で答えなさい。

（4）　次の文章の（　　）にあてはまる略称を下から選び、番号で答えなさい。

　ボランティア活動などの社会貢献活動をおこない、営利を目的にしない（　　）は、福祉・教育・まちづくりなど多くの分野で活動している。

1　PKO　　2　NPO　　3　GDP　　4　ODA

（5）「もったいない」という日本語に感銘《かんめい》を受けて、世界各地で環境保護活動をおこなう中で「MOTTAINAI」という言葉を広めたケニア出身の女性活動家を下から選び、番号で答えなさい。

1　マザー・テレサ　　2　マララ・ユスフザイ
3　アウン・サン・スー・チー　　4　ワンガリ・マータイ

（6）　次の（ア）～（ウ）の問いに答えなさい。

（ア）　地図中のA・Bの国名の組み合わせとして正しいものを下から選び、番号で答えなさい。

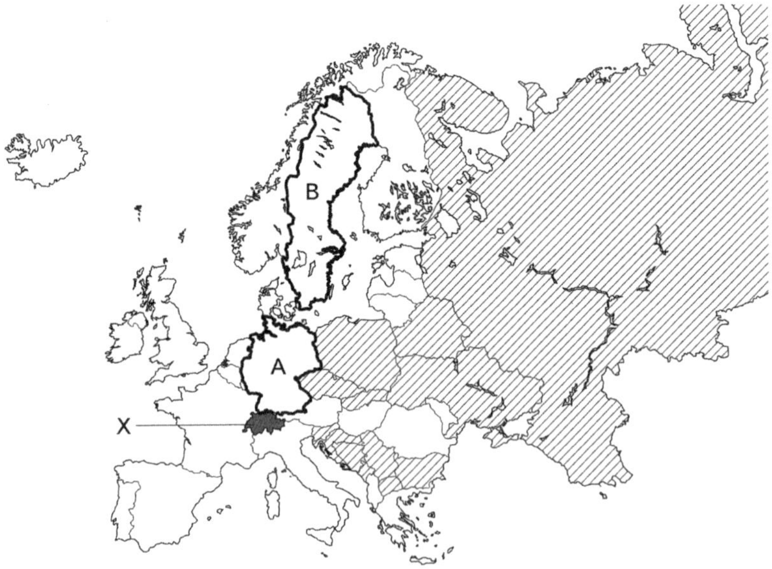

1　A－ドイツ　B－スウェーデン　　2　A－ドイツ　B－ウクライナ
3　A－スペイン　B－スウェーデン　　4　A－スペイン　B－ウクライナ

（イ）　地図中のXはスイスを示している。スイスの特徴を説明した文章として正しいものを下から選び、番号で答えなさい。

1　ヨーロッパ最大の農業国であり、原子力発電による電力供給割合が高い。
2　永久にいかなる国とも政治的な同盟を結ばない「永世中立」を掲《かか》げる国である。
3　西ヨーロッパに天然ガスなどの鉱産資源をパイプラインで供給している。
4　ユーロ硬貨にも描かれている18世紀の音楽家モーツァルトの出身国である。

解答　P292

(ウ)　地図中の斜線部分の地域ではおおむね同じ系統の言語が使用されている。その言語の系統として正しいものを下から選び、番号で答えなさい。

1　ゲルマン語系　　2　ラテン語系　　3　スラブ語系　　4　チベット語系

2　北海道に関する資料を読み、あとの設問に答えなさい。

　北海道は日本の北端に位置している。ほとんどの地域は、①亜寒帯（冷帯）に属しており、内陸部では最低気温が（　X　）を記録する日もあるほど寒さが厳しく、（　Y　）ことや②南北方面に連なる山々を境に、日本海側と太平洋側で気候が大きく異なることが特色として挙げられる。その③気候を活かした農業もおこなわれている。

　また、北海道の中でも雪の多い地域では、④雪に備えるための様々な対策が取られてきた。

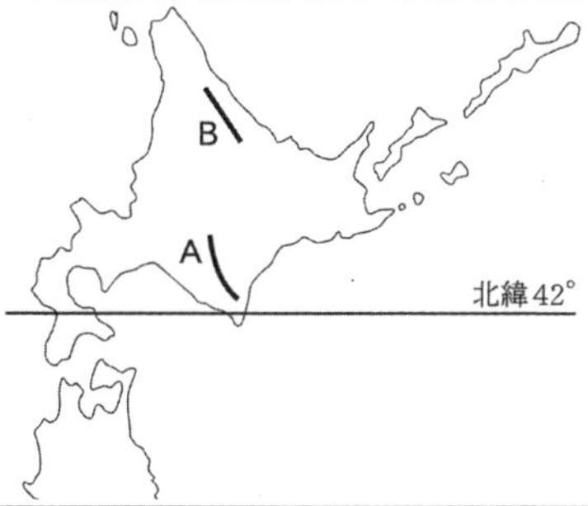

問1　文章中の（　X　）・（　Y　）にあてはまるものの組み合わせとして正しいものを下から選び、番号で答えなさい。

1　X：－30℃　Y：はっきりとした四季がない　　2　X：－70℃　Y：はっきりとした四季がない

3　X：－30℃　Y：季節風が吹かない　　4　X：－70℃　Y：季節風が吹かない

問2　下線部①に関して、ロシアのシベリアにはマツなどの針葉樹で形成される森林が分布する。このような森林を何というか、カタカナ3字で答えなさい。

問3　下線部②について、地図中のA・Bの山脈と山地の組み合わせとして正しいものを下から選び、番号で答えなさい。

1　A：日高山脈　B：白神山地　　2　A：日高山脈　B：北見山地

3　A：奥羽山脈　B：白神山地　　4　A：奥羽山脈　B：北見山地

問4　地図中には北緯42度線が引かれている。北緯42度線が領土を通る国を下から選び、番号で答えなさい。

1　イタリア　　2　ブラジル　　3　フィンランド　　4　インドネシア

問5　下線部③に関連して、北海道が全国生産量の100%を占める農産物を下から選び、番号で答えなさい。

1　にんじん　　2　こまつな　　3　さつまいも　　4　てんさい

問6　下線部④に関連して、道路の中に電熱線や温水パイプを入れ、その熱で雪を溶かす設備を何というか、カタカナで答えなさい。

3　下の表は、太郎くんが夏休みに九州地方を旅行した際に書いた日記の一部である。この日記を見て、あとの設問に答えなさい。

日付	その日の出来事
8／11	世界遺産の屋久島には巨木の原生林や多様な動植物など、豊かな自然や生態系が広がっていた。また鹿児島市街を散策したが、①窓を閉め切っている家が目立った。
8／12	馬肉の生産量が日本一ということもあり、馬刺しを食べられるお店が多くあった。その後カルデラの見学をしたが、これは阿蘇山の噴火によりくぼんでできたものらしい。
8／13	本場の博多ラーメンを食べるために移動している途中、普段あまり見かけない地形が広がっていたため、②写真を撮った。調べてみると「つづら棚田」と呼ばれているようだ。
8／14	名産品である伊万里《いまり》焼や有田焼などの陶磁器を購入した。また県南部に面する日本最大の干潟である③有明海の景色は美しく、見ているだけでただただ時間が過ぎていった。

問1　下線部①の理由として推測できるものを下から選び、番号で答えなさい。

1　桜島の噴火により火山灰が舞っていたため。

2　桜島の噴火により黄砂が舞っていたため。

3　浅間山の噴火により火山灰が舞っていたため。

4　浅間山の噴火により黄砂が舞っていたため。

問２　下線部②について、このとき撮った写真を下から選び番号で答えなさい。

1

2

3

4

問３　下線部③の有明海が日本一の産地となっているものを下から選び、番号で答えなさい。

1　のり　　2　わかめ　　3　こんぶ　　4　ひじき

問４　夏休み中に太郎くんが訪れたと読み取れる県を下から選び、番号で答えなさい。

1　熊本県　　2　宮崎県　　3　長崎県　　4　大分県

4　オセアニア州に関する文章を読み、あとの設問に答えなさい。

> オセアニア州とは①オーストラリア、ニュージーランド、パプアニューギニア、そして太平洋に位置する多くの島々を含む６大州の１つである。ニュージーランドと太平洋の島々は、②ミクロネシア・メラネシア・ポリネシアの３つの地域に分けられる。
> オーストラリアでは、肉牛の飼育が盛んであり、降水量の多い（　X　）部では主に肥育場で育てられ、乾燥の厳しい（　Y　）部では放牧されることが多い。

問１　文章中の（　X　）・（　Y　）にあてはまる語句の組み合わせとして正しいものを下から選び、番号で答えなさい。

1　X：中央　Y：南東　　2　X：南西　Y：中央

3　X：中央　Y：南西　　4　X：南東　Y：中央

問２　下線部①について、（1）・（2）の問いに答えなさい。

（1）　下の文章の（　　　）にあてはまる語句を答えなさい。

> オーストラリアでは、20世紀初めごろから1970年代にかけて、中国系の移民をはじめとする非ヨーロッパ系の移民を制限する政策をとった。この政策を（　　　）主義という。

（2）　次の表はある鉱産資源の日本に対する輸出量上位５カ国を示したものである。この鉱産資源とは何か、正しいものを下から選び番号で答えなさい。

国名	数量（t）
オーストラリア	79,834,901
ブラジル	36,420,185
南アフリカ共和国	5,690,351
カナダ	3,913,603
チリ	1,311,884
その他	3,783,999
合計	130,954,923

〈2015年　財務省　貿易統計より〉

1　石油　　2　ダイヤモンド　　3　銅　　4　鉄鉱石

問３　下線部②について、ミクロネシアの言葉の意味として正しいものを下から選び、番号で答えなさい。

1　小さい島々　　2　多くの島々　　3　黒い島々　　4　宝のある島々

私立R５

実戦編◆社会　足利大学附属

5　次の文章はある中学校における歴史の授業の一場面である。これを読んで、あとの設問に答えなさい。

〈冬休み前の授業〉

先　生：2022年もさまざまなできごとがありました。下のA～Fは今年のニュース記事の見出しです。皆さんはこの中から一つを選び、その内容や関連事項、またそこから派生した歴史的なできごとなどを自由に調べてみてください。冬休み後の授業で調べた内容を発表してもらいます。

A　将棋・藤井聡太五冠　19歳最年少の偉業　（2022.02.18　日本経済新聞）
B　河野太郎氏、自民も「脱はんこ」　参院選オンライン化提案　（2022.04.05　毎日新聞）
C　「真に平和で豊かな沖縄の実現を」日本復帰50年、沖縄と東京で式典　（2022.05.15　琉球新報）
D　大谷、ベーブルース以来104年ぶり「2桁勝利＆2桁本塁打達成」（2022.08.10　日刊スポーツ）
E　ノーベル文学賞にフランスの作家、アニーエルノーさん　（2022.10.07　読売新聞オンライン）
F　円安加速、一時148円台　32年ぶりの水準更新　（2022.10.14　朝日新聞デジタル）

〈冬休み後の授業〉

先　生：さて、皆さんはどのようなことを調べてきたのかを発表してください。

はやと：僕はAの記事について調べました。藤井聡太さんは竜王・王位・叡王《えいおう》・王将・棋聖《きせい》という5つの①称号を最年少で獲得しました。またさまざまな「最年少」に関する記録を調べました。その中でも驚いたのが、②生後7か月で即位した天皇がいるということです。

けいこ：私はBの記事について調べました。業務の効率化やコンプライアンスの強化などを目的に2020年に9割以上の行政手続きにおける押印《おういん》廃止が決定しました。「印鑑」の歴史は長く、「漢委奴国王」の金印が日本最古のもののようです。「印鑑」は政府や地方の支配者の公の印として使われ始め、平安時代以降、③個人の印として印鑑を押す習慣が定着したようです。

たかし：僕はCの記事を調べました。沖縄はかつて「琉球王国」と呼ばれた一つの国でした。明治時代になると「沖縄県」が設置され、日本の統治下となりますが、第二次世界大戦後は約27年もの間、アメリカの統治下に入るなど、④沖縄県の歴史は特徴的なものであると感じました。

あつし：Dの記事についてですが、エンゼルスで活躍している大谷選手は昨シーズン34本のホームランと15勝を達成するなど、投打の二刀流として前人未踏《みとう》の大記録を残しました。大谷選手の活躍により二刀流という言葉は一般的なものとなりましたが、本来の語源は武士が両手に刀を持ち、攻守をおこなう技術を指すもので、⑤主に江戸時代に活躍した宮本武蔵が開いた流派が有名です。

ななこ：Eについてですが、去年のノーベル文学賞の有力候補には『ノルウェイの森』や『（　X　）のピンボール』などの作品で有名な日本人作家の村上春樹さんも名を連ねていました。日本で「文学」が普及したのは7世紀頃であるとされており、日本最古の歌集である⑥万葉集などが代表的な文学作品として挙げられます。

かずや：Fの記事についてですが、日本では去年円安が加速し、通貨価値が下落することとなりました。景気が極端に変動すると、金融政策などの面で政府が積極的に介入することとなりますが、そのような動きは現代に限った話ではないそうです。輸出入制限や⑦通貨価値の政策的な変動などを通して経済を安定させようとする動きは以前からもあったそうです。

先　生：皆さんよく調べましたね。このように歴史という教科は、普段何気なく使っているものの起源を調べることや⑧過去を評価し、現在の生活を顧《かえり》みることが重要になります。

足利大学附属　入試問題(R5)◆社会

問1　下線部①に関連して、日本の歴史上ではさまざまな称号を有する人物が登場する。そのうち、自らを「新皇《しんのう》」と称して下野《しもつけ》国や常陸《ひたち》国の国府を攻め落とした人物を答えなさい。

問2　下線部②について、生後7か月で即位した天皇とは六条天皇のことを指す。彼は1164年に天皇に即位したが、なぜ0歳の天皇が誕生したのか。その理由として正しいものを下から選び、番号で答えなさい。

1　蘇我氏が権力を振《ふ》るうために年少の天皇を推薦《すいせん》したから。
2　北条氏が執権政治を展開するために年少の天皇を推薦したから。
3　摂関政治の全盛期であり、藤原頼通が摂政に就いたから。
4　上皇が実質的な権力を握る政治体制が確立されていたから。

問3　下線部③に関連して、織田信長が使用したとされる印を下から選び、番号で答えなさい。

1　2　3　4

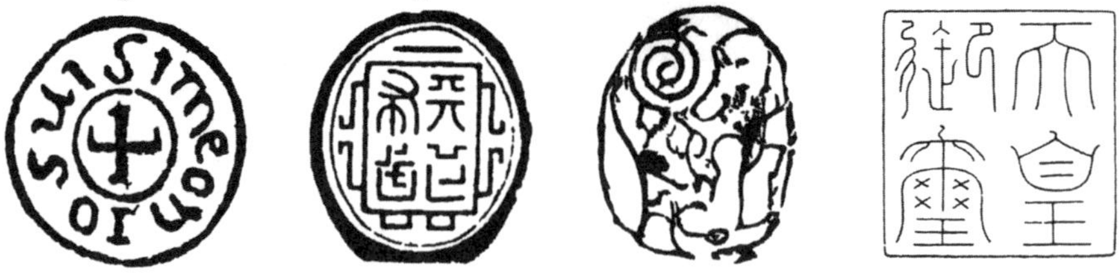

問4　下線部④について、沖縄でおこった次の**ア**～**ウ**のできごとを年代の古い順から正しく並び替えたものはどれか、下から選び番号で答えなさい。

ア　北山・南山・中山の三王国が成立する。
イ　首都が首里に置かれる。
ウ　謝恩使《しゃおんし》や慶賀使《けいがし》が派遣されるようになる。

1　**ア → イ → ウ**　　2　**ア → ウ → イ**　　3　**イ → ア → ウ**
4　**イ → ウ → ア**　　5　**ウ → ア → イ**　　6　**ウ → イ → ア**

問5　下線部⑤に関連して、宮本武蔵の誕生地には複数の説があり、中でも有力視とされているのは現在の兵庫県・岡山県である。次の**ア**～**エ**のできごとのうち、江戸時代に現在の兵庫県・岡山県でおこったできごとの組み合わせとして正しいものを下から選び、番号で答えなさい。

ア　製塩技術が進歩し、赤穂《あこう》では大規模な生産がおこなわれた。
イ　漁業技術が進歩し、九十九里浜では鰯《いわし》漁が盛んであった。
ウ　倹約令を出すなどの藩政改革を機に、渋染《しぶぞめ》一揆が発生した。
エ　藩政改革に河井継之助《つぎのすけ》が着手し、西洋式軍制を取り入れた。

1　兵庫県 ― **ア**　岡山県 ― **ウ**　　2　兵庫県 ― **ア**　岡山県 ― **エ**
3　兵庫県 ― **イ**　岡山県 ― **ウ**　　4　兵庫県 ― **イ**　岡山県 ― **エ**

問6　文章中の（　X　）にはある西暦年があてはまる。この年には下のようなできごとが発生したが、（　X　）にあてはまるものを下から選び、番号で答えなさい。

第一次石油危機の発生	ベトナム和平協定の締結	狂乱物価の発生	巨人軍V9達成

1　1953年　　2　1963年　　3　1973年　　4　1983年

問7　下線部⑥について、『万葉集』に収められている歌として適当でないものを下から選び、番号で答えなさい。

1「あかねさす　紫野《むらさきの》行き　標野《しめの》行き　野守《のもり》や見ずや　君が袖《そで》振る」
2「唐衣《からころも》　裾《すそ》に取りつき　泣く子らを　置きてぞ来ぬや　母《おも》なしにして」
3「この世をば　わが世とぞ思ふ　望月《もちづき》の　欠けたることも　なしと思へば」
4「石走る　垂水《たるみ》の上の　さわらびの　萌《も》え出《い》ずる春に　なりにけるかも」

問8　下線部⑦に関連して、江戸時代も同様に小判における金の含有《がんゆう》量を増減させるなどの景気対策をおこなった。1601年につくられた慶長小判は金を87％含んでいたが、1695年につくられた小判は金の含有量を57％まで減らした。この小判を当時の元号を用いて何というか、答えなさい。

解答　P292

問９　下線部⑧に関連して、日本の歴史上においても「過去を評価」した結果、そのときの社会構造に戻すべきであると主張した人物が多く存在する。このことについて述べた文章として正しいものを下から選び、番号で答えなさい。

１　徳川慶喜は「王政復古の大号令」により西郷隆盛や岩倉具視らを政界の中心から追放し、天皇を中心とする政治体制に戻すことを宣言した。

２　後醍醐天皇は「建武の新政」により、これまでの武家中心の政治から天皇中心の政治に戻すことを企図《きと》したが、武家および公家からの批判を受け、新政は約２年半で崩壊した。

３　道元は「神道《しんとう》は祭天《さいてん》の古俗《こぞく》」と述べ、仏教や儒教信者を鋭く批判し、縄文時代のような仏教導入以前の神道の世の中に立ち返るべきであると主張した。

４　歌川広重は著書『自然真営道《しぜんしんえいどう》』などにより、支配者階級を鋭く批判し、縄文時代のような階級分化のない「自然世」に立ち返るべきであると主張した。

6　次の文章と年表は国際博覧会についてまとめたものである。これを読み、あとの設問に答えなさい。

世界の文化や技術を紹介した国際博覧会は、19世紀におけるイギリスのものが最初とされ、現代まで世界各国で催《もよお》されている。2025年には、（　X　）で万国博覧会［万博］の開催が予定されている。（　X　）では1970年にも万博が催された。このときの来場人数は6000万人を超え、世界の多様な文化や最先端の技術は多くの人々を魅了《みりょう》した。①高度経済成長期の日本において万博の開催は明るい未来を象徴するものであった。2025年の万博のテーマは「いのち輝く未来社会のデザイン」であり、人類共通の課題を共有し、新たなアイデアを創造することで、未来社会を「共創」することをうたっている。

〈主な博覧会〉

西暦年	開催地	開催国	関連事項・「テーマ」
1851	ロンドン	②イギリス	国際博覧会が始まる。
1855	パリ	フランス	初めて万国博覧会と称する。
1867	パリ	フランス	幕府や③薩摩藩などが出品する。
④1889	パリ	フランス	エッフェル塔が完成する。
1915	サンフランシスコ	アメリカ	↑
1929	バルセロナ	スペイン	A
1949	ポルトープランス	ハイチ	↓
1970	（　X　）	日本	「人類の進歩と調和」
2005	愛知	日本	「⑤自然の叡智《えいち》」
2010	上海	⑥中国	「Better city、Better Life」
2025	（　X　）	日本	「いのち輝く未来社会のデザイン」

問１　下線部①について、（１）・（２）の問いに答えなさい。

（１）　急速な経済発展は、同時にさまざまな公害問題を引き起こした。次の文章はある公害を説明したものである。文章中の（　ア　）・（　イ　）にあてはまるものの組み合わせとして正しいものを下から選び、番号で答えなさい。

（　ア　）県では、カドミウムという有毒物質を含む（　イ　）が原因となり、骨がもろくなるなどの症状が出る「イタイイタイ病」という公害事件が発生した。

１　ア ― 熊本　イ ― 排煙による大気汚染　　２　ア ― 熊本　イ ― 排水による水質汚濁
３　ア ― 富山　イ ― 排煙による大気汚染　　４　ア ― 富山　イ ― 排水による水質汚濁

（２）　高度経済成長期には国民の所得が増加し、家庭生活にも大きな変化が見られた。人々の生活を豊かにした工業製品を「３Ｃ」と総称することがあるが、その「３Ｃ」に含まれないものを下から選び、番号で答えなさい。

１　自動車　　２　洗濯機　　３　カラーテレビ　　４　クーラー

問２　下線部②に関連して、次の文章の（　　　）にあてはまる語句を漢字２字で答えなさい。

産業革命をいちはやく迎えたイギリスでは、綿製品の大量生産を皮切りにさまざまな産業が発展した。この時代のイギリスの繁栄《はんえい》ぶりは「世界の（　　　）」と称されることがある。

問3　下線部③に関連して、1866年に薩摩藩は長州藩と同盟を結び、倒幕を目指すようになった。この同盟を仲立ちした土佐藩出身の人物として正しいものを下から選び、番号で答えなさい。

1　吉田松陰　　2　坂本龍馬　　3　西郷隆盛　　4　大久保利通

問4　下線部④について、1889年におこったできごとを説明した文章として正しいものを下から選び、番号で答えなさい。

1　新政府は新しい政治の指針をしめす「五箇条の御誓文」を発表した。
2　地方制度について、それまでの藩を廃止し、新たに県を設置した。
3　プロイセンの憲法を参考にした「大日本帝国憲法」を発布した。
4　韓国を併合し、ソウルには朝鮮総督府が置かれた。

問5　下線部⑤のテーマは21世紀の地球社会が直面する環境問題を前提に、自然と文明の共存を訴えたものである。これに関連し、1997年に採択された先進国の温室効果ガス削減の目標を定めた取り決めを漢字5字で答えなさい。

問6　下線部⑥に関連して、中国の歴史について述べた文章として正しいものを下から選び、番号で答えなさい。

1　下関条約により、清は日本に対して山東《さんとう》半島・台湾・澎湖《ほうこ》諸島を割譲した。
2　日清修好条規では日本と清が互いの領事裁判権を認めることが明記された。
3　二十一か条の要求で中国におけるフランスの権益をすべて日本に譲った。
4　蔣介石を指導者とする共産党は国民党に対して抗日民族統一戦線の結成を呼びかけた。

問7　空欄（　X　）にあてはまる地名を漢字2字で答えなさい。

問8　次の1～5の文章は、年表中のAの時期におこったできごとを説明したものである。時代の古い順に並べ替えたとき3番目にあたるできごとを下から選び、番号で答えなさい。

1　ウィルソンの提案にもとづき、世界平和と国際協調を目的とする国際連盟が発足した。
2　資本主義陣営の軍事同盟として、北大西洋条約機構（NATO）が発足した。
3　日本が真珠湾を奇襲したことで、太平洋戦争がはじまった。
4　ニューヨークの株式市場が暴落し、世界恐慌がはじまった。
5　ドイツとイタリアが同盟を結び、ベルリン・ローマ枢軸を形成した。

7　次の文章は、日本の内閣について述べたものである。これを読んで、あとの設問に答えなさい。

日本国憲法第65条に、「行政権は、内閣に属する」と規定されているように、内閣は行政の各部門の仕事を指揮監督している。
①内閣は、内閣総理大臣とその他の国務大臣によって組織されている。国務大臣の多くは、②各省庁の長となり、行政の仕事を分担し、内閣総理大臣が主宰《しゅさい》する（　　　）を開いて、行政の運営を決定する。

問1　文章中の（　　　）にあてはまる語句を漢字2字で答えなさい。

問2　下線部①に関連して、内閣のしくみについて述べた文章として、正しいものを下から選び、番号で答えなさい。

1　内閣総理大臣は、国民の直接選挙によって選出されなければならない。
2　国務大臣は、必ず国会議員の中から選出されなければならない。
3　内閣総理大臣は、国務大臣を罷免《ひめん》する権限をもっている。
4　国務大臣は、国会を調査する国政調査権をもっている。

問3　下線部②について、1～4の省庁とその説明として正しいものを下から選び、番号で答えなさい。

	省庁	説明
1	復興庁	教育、スポーツ、文化の振興などをおこなう。
2	環境省	社会福祉、社会保障、公衆衛生の向上・増進などをおこなう。
3	経済産業省	国の予算の作成や決算、税に関する立案などをおこなう。
4	国土交通省	土地や道路の整備・管理などをおこなう。

解答 P292

8　次の設問に答えなさい。

問１　人権が保障されるまでには、人々の長年にわたる努力があった。17世紀から18世紀にかけて活躍した思想家（A・B）とその人物に関する発言や説明（ア～ウ）の組み合わせとして正しいものを下から選び、番号で答えなさい。

A ― ロック　　B ― モンテスキュー

ア「人は生まれながらに、生命・自由・財産などの権利をもっている。人民はこれらを侵す政府を変更する抵抗権をもつ。」

イ「人民の、人民による、人民のための政治」と演説し、国民主権に基づく民主政治の理念を表明した。

ウ「人は生まれながらに、自由・平等である。その自由・平等を実現するためには、人民が主権をもつ共同体をつくるべきである。」

１　A ― ア　　２　A ― イ　　３　A ― ウ
４　B ― ア　　５　B ― イ　　６　B ― ウ

問２　流通に関して、次の（1）・（2）の問いに答えなさい。

（1）　商品の売れた数量や時間、客の性別や年齢などの情報をレジやバーコードなどから集計・管理するしくみを何というか、答えなさい。

（2）　次のグラフは、小売業における業態別の販売額の推移を表したものであり、A～Cは百貨店、大型スーパーマーケット、コンビニエンスストアのいずれかを示している。その組み合わせとして正しいものを表中の番号で答えなさい。

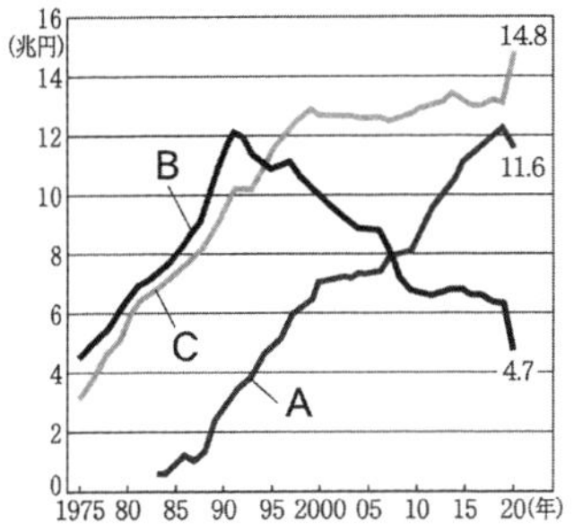

〈経済産業省資料〉

	百貨店	大型スーパーマーケット	コンビニエンスストア
1	A	B	C
2	A	C	B
3	B	A	C
4	B	C	A
5	C	A	B
6	C	B	A

問３　次のグラフは、日本における2017年の年齢別労働力率と男女別平均賃金を表したものである。下の１～５の文章のうち、これらのグラフから読み取れる記述として正しいものはいくつあるか、算用数字で答えなさい。

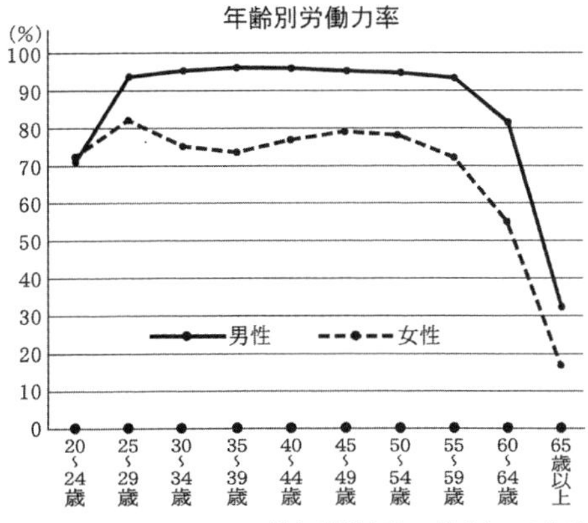

（注）労働力率…働く人口の比率
〈総務省資料〉抜粋

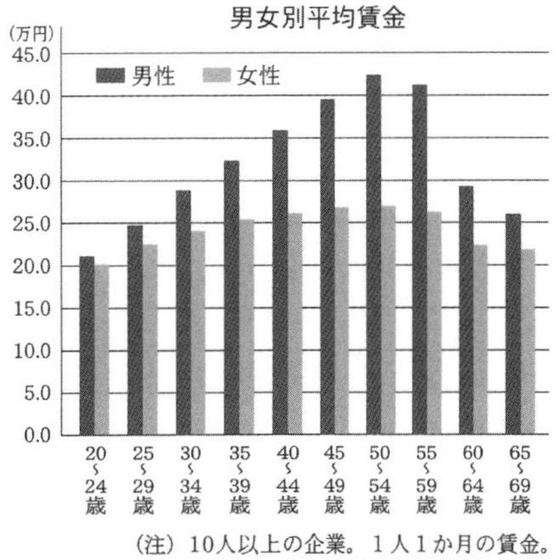

（注）10人以上の企業。１人１か月の賃金。
〈厚生労働省資料〉抜粋

1　女性の労働力率が最も高い25 ～ 29歳では平均賃金は25万円を超えている。
2　男性の平均賃金が最も高い50 ～ 54歳では労働力率が90％を超えている。
3　男女の平均賃金の差が最も小さい20 ～ 24歳では労働力率の差も最も小さい。
4　男女の労働力率が最も低い65歳以上では平均賃金も男女ともに最も低い。
5　男女の労働力率の差が最も大きい35 ～ 39歳では平均賃金の差が10万円以上ある。

問４　税金は、国民の間で公平に負担されなければならない。たとえば所得税は、所得が多くなればなるほど高い税率が課せられる。このような制度を何というか、漢字４字で答えなさい。

問５　次の文章中の（　A　）・（　B　）にあてはまる語句の組み合わせとして正しいものを下から選び、番号で答えなさい。

東京都の23区は（　A　）と呼ばれ、市町村とほぼ同じ権限を持っているが、上下水道や消防などは東京都が担《にな》っている。それに対して、横浜市、大阪市、（　B　）市などの政令指定都市に設けられている区は、市の一部であり、地方自治体としての権限を持っていない。

1　A ― 特別区　　B ― 神戸　　2　A ― 特別区　　B ― 金沢
3　A ― 経済特区　B ― 神戸　　4　A ― 経済特区　B ― 金沢

問６　日本における刑事裁判および刑事事件の内容を説明した文章として、正しいものを下から選び番号で答えなさい。

1　警察は検察官の発行する令状がなければ、原則として逮捕や捜索をすることはできない。
2　プライバシー保護のため、原則として裁判は非公開でおこなわれる。
3　いかなる事件も判決が確定するまでは、被告人は有罪と推定される。
4　弁護人を依頼できないときは、国が費用を負担し弁護人をつけることになっている。

解　答　P292

足利大学附属［学特併願］
数学

【1】 次の問に答えなさい。

(1) $-3-(-5)-9$ を計算しなさい。

(2) $20ab^2 \div \frac{1}{5}a^2b^4 \times \frac{1}{4}ab$ を計算しなさい。

(3) $\frac{\sqrt{2}}{\sqrt{3}}+\frac{10}{\sqrt{6}}$ を計算しなさい。

(4) $(3x-y)(2x+9y)$ を展開しなさい。

(5) a^2-25b^2 を因数分解しなさい。

【2】 次の問に答えなさい。

(1) $a=\frac{\sqrt{7}-\sqrt{5}}{2}$，$b=\frac{\sqrt{7}+\sqrt{5}}{2}$ のとき，a^2b+ab^2 の値を求めなさい。

(2) 連立方程式 $\begin{cases} 0.3x-0.4y=3 \\ \frac{3x-y}{6}=\frac{x-2y}{7} \end{cases}$ を解きなさい。

(3) 2次方程式 $2x^2-6x+3=0$ を解きなさい。

(4) 関数 $y=-2x^2$ について，x の変域が $-4 \leqq x \leqq 2$ のとき y の変域を求めなさい。

(5) n を正の整数とする。$\sqrt{\frac{24}{n}}$ が整数となる n のうち，最も小さい n の値を求めなさい。

【3】 次の問に答えなさい。

(1) 右の図のように，平行な直線 l，m に2直線が交わっているとき，x の値を求めなさい。

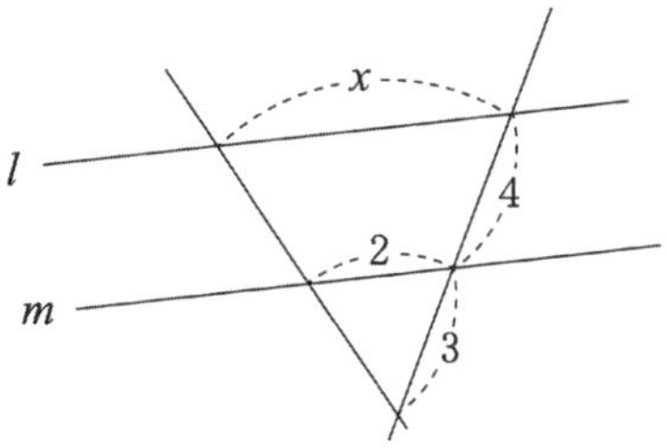

(2) 右の図において，x の値を求めなさい。

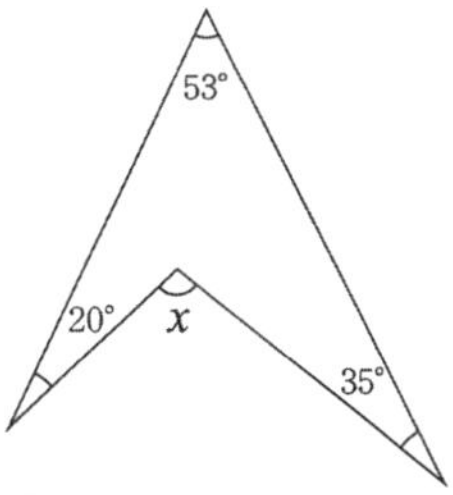

(3) 点 $(2，-1)$ を通り，$y=-2x$ に平行な直線の式を求めなさい。

(4) ある高校の生徒会が，全校生徒920人のうち，自転車通学している生徒のおよその人数を調べることになった。40人の生徒を抽出したところ，15人の生徒が自転車通学していた。この高校で自転車通学している生徒のおよその人数を求めなさい。

(5) 原価の35％の利益を見込んで定価をつけた品物を600円値下げして売ったところ，原価の10％の利益があった。この品物の原価を求めなさい。

【4】 右の図のような，中心角が 90°，半径 3 のおうぎ形を，
半径 AO を含む直線 l を軸として 1 回転させて立体をつくる。
この立体の体積と表面積を求めなさい。

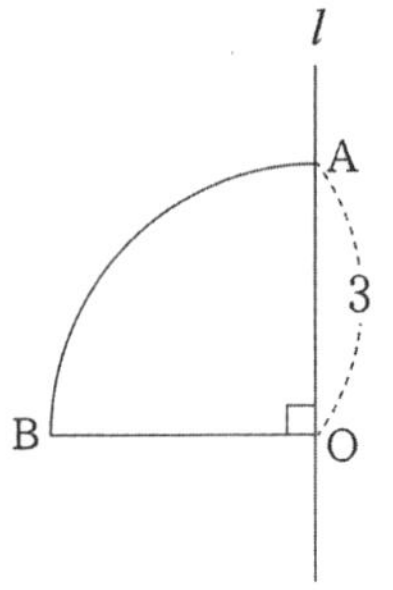

【5】 大小 2 個のさいころを同時に投げる。大きいさいころの出た目を a，
小さいさいころの出た目を b とし，$2a+b$ の値を考える。次の問に答えなさい。
ただし，さいころの 1 から 6 の目が出る確率はすべて等しいものとする。

(1) $2a+b$ の値が 10 より小さくなる確率を求めなさい。

(2) $2a+b$ の値が素数となる確率を求めなさい。

【6】 右の図のように △ABC の 3 辺 BC，CA，AB に接する円がある。
3 つの接点をそれぞれ P，Q，R とする。
AB＝8，BC＝9 であるとき，次の問に答えなさい。

(1) BP の長さを x とするとき，
AQ の長さを x を用いて表しなさい。

(2) CA＝7 であるとき，
BP の長さを求めなさい。

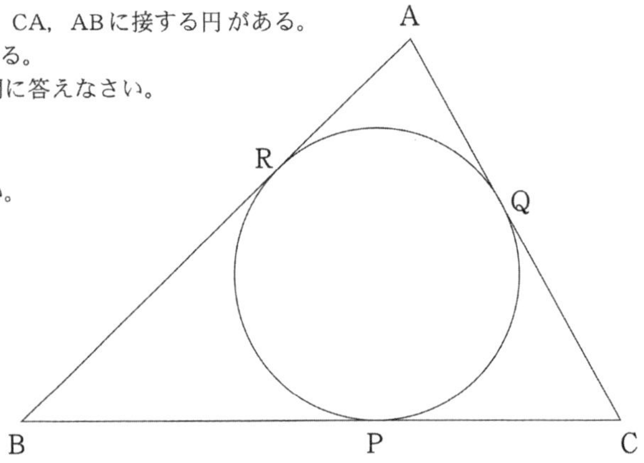

【7】 右の図のように 2 点 A(3, 9)，B(−1, 1) をとる。
y 軸上に点 C をとり，四角形 ACBD が平行四辺形に
なるように点 D をとる。平行四辺形の面積が 32 と
なるとき，次の問に答えなさい。
ただし，点 C の y 座標は点 A の y 座標より大きいものとする。

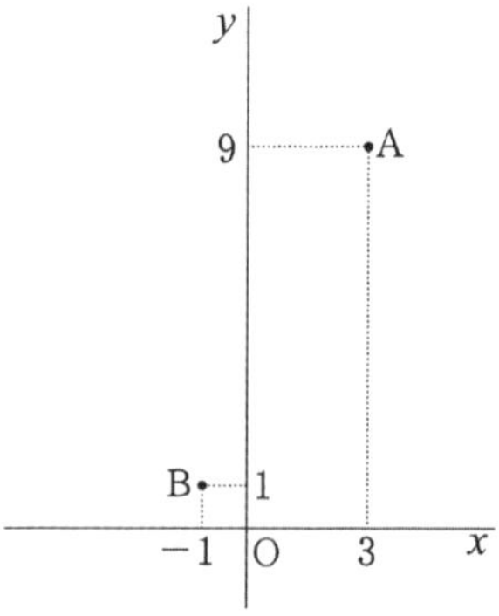

(1) 直線 AB の式を求めなさい。

(2) 点 D の座標を求めなさい。

(3) 平行四辺形 ACBD の対角線の交点の座標を求めなさい。

(4) 原点を通り，平行四辺形 ACBD の面積を二等分する直線の式を求めなさい。

解答・解説 P308

足利大学附属［学特併願］

理　科

制限時間 50分

1　長さ20.0cmのつるまきばねにいろいろなおもりをつり下げ，ばねの長さを測ったところ，下の表の結果が得られた。次の各問いに答えなさい。ただし，100gのおもりにはたらく重力の大きさを１Ｎとし，ばねや糸の重さ，滑車の摩擦は考えないものとする。

おもりの重さ［g］	50	100	150	200	250	300	350	400
ばねの長さ［cm］	20.5	21.0	21.5	22.0	22.5	23.0	23.5	24.0

（1）図１のように，あるおもりをつるしたら，ばねの長さが27.0cmになった。このおもりの重さは何gか答えなさい。
　また，このときおもりにはたらく力を矢印で正しく表しているものを，次の（ア）～（オ）から一つ選び記号で答えなさい。

図１

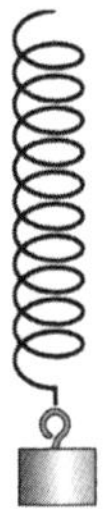

（ア）　（イ）　（ウ）　（エ）　（オ）

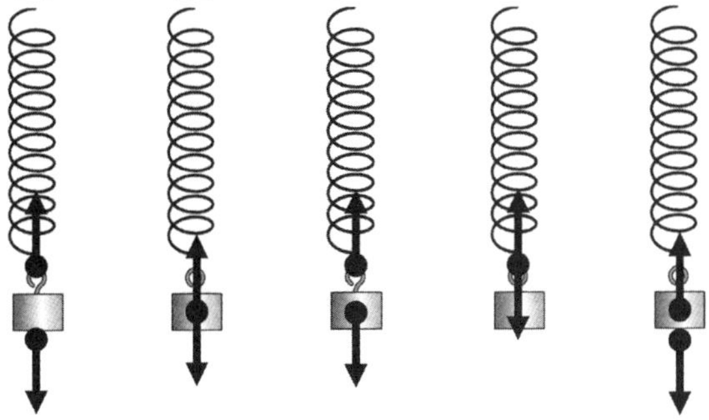

（2）図２のような装置をつくり，ばねの両端に同じ重さのおもりを１個ずつつるしたところ，ばねの長さが25.0cmになった。このときのおもり１個の重さは何gか答えなさい。

図２

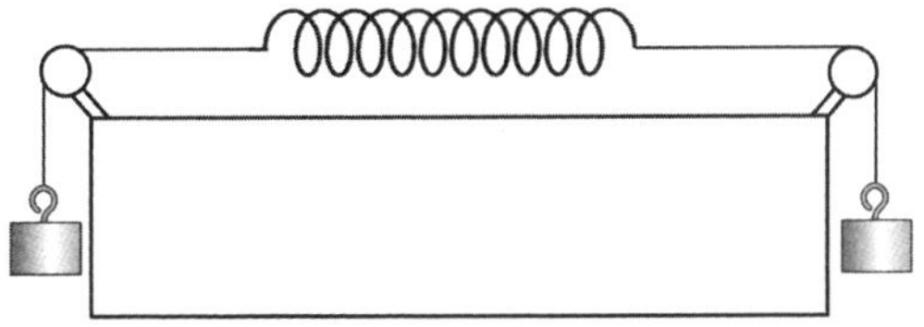

（3）図３のように，このばねを２本つなぎ一端は装置に固定し，もう一端におもりを１つつるしたところ，ばねの長さが２本合わせて45.0cmになった。このときのおもりの重さは何gか答えなさい。

図３

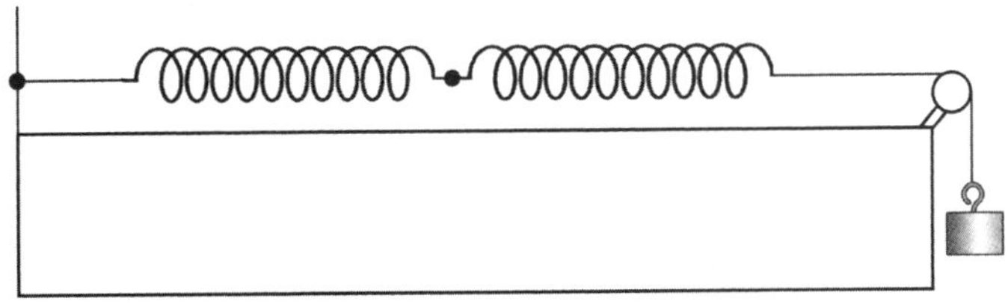

（4）図４のように，このばねに１kgのおもりをつるし，下から手で支えたところばねの長さが26.0cmになった。手がおもりを支える力は何Ｎか答えなさい。

図４

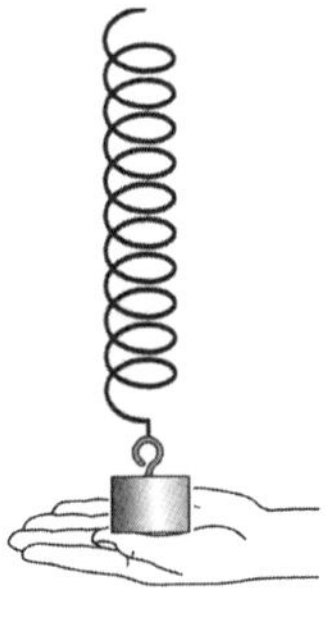

解答 P292

2　次のような実験を行った。各問いに答えなさい。

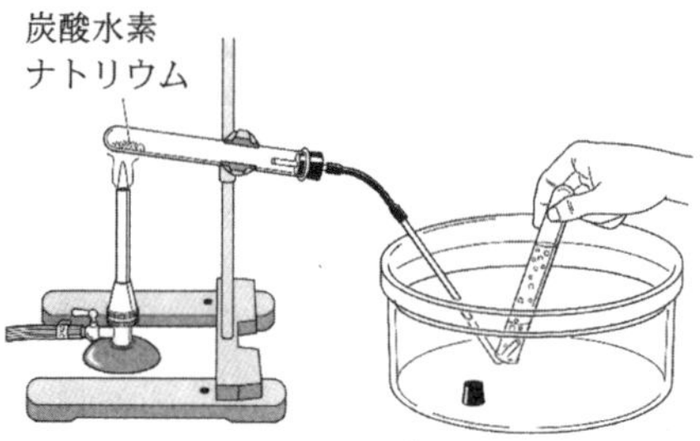

〈実験〉
炭酸水素ナトリウム5.0ｇを十分に加熱したところ，気体が発生し，試験管の口付近に液体が付着した。また，加熱後の試験管の内部には白い固体が残っていた。残った白い固体の質量をはかると3.2ｇであった。

（1）　図のような気体の集め方のことを何置換法というか答えなさい。

（2）　発生した気体について，次の（　　）に適する語句を答えなさい。
発生した気体を（　　）に通すと白濁したので，この気体は二酸化炭素であることがわかった。

（3）　試験管の口付近に付着した液体について，(A) に当てはまるものを次の（ア）～（エ）から一つ選び記号で答えなさい。また，(B) には適する色を答えなさい。
試験管の口付近に付着した液体を（　A　）を用いて調べると，（　B　）色に変化したので，水であることがわかった。
（ア）　赤色リトマス紙　　（イ）　BTB溶液　　（ウ）　塩化コバルト紙　　（エ）　ヨウ素液

（4）　加熱後に試験管内部に残った白い固体は何か答えなさい。

（5）　実験で2.5ｇの炭酸水素ナトリウムを使用した場合，残った白い固体の質量は何ｇか答えなさい。

（6）　試験管に集めた気体と同じ気体を発生させるためには，うすい塩酸に何を加えればよいか，次の（ア）～（エ）から適当なものを一つ選び記号で答えなさい。
（ア）　水酸化カルシウム　　（イ）　マグネシウム　　（ウ）　石灰石　　（エ）　二酸化マンガン

3　恵さんたちは，ヒトが刺激を受けとってから，反応するまでにかかる時間を調べるために次の実験を行った。各問いに答えなさい。

実験
① 図１のように，恵さんたち７人が手をつないで輪になる。
② 恵さんが右手でストップウォッチを持ち，ストップウォッチをスタートさせると同時に左手で隣の人の右手をにぎる。その後，ストップウォッチを左手に持ちかえる。
③ 右手をにぎられた人はすぐに左手でとなりの人の右手をにぎるという動作を，次々に続けていく。
④ 恵さんは，自分の右手がにぎられたら，ストップウォッチを止める。
⑤ ①～④までをくりかえし５回行う。

図１

結果

回	1	2	3	4	5	平均
秒	1.74	1.75	1.77	1.78	1.71	1.75

（1）　平均時間をもとに，生徒１人が右手をにぎられてから左手をにぎるという反応をするまでにかかった時間は何秒か答えなさい。

解答 P292

（2） 図2はヒトの神経系を模式的に表したものである。図のAとBの神経の名称を，それぞれ漢字二文字で答えなさい。

（3） 下線部のとき，刺激が伝わり反応が起こるまでの経路として適切なものはどれか，次の（ア）～（エ）から一つ選び記号で答えなさい。

（ア） A → D → B　　（イ） A → C → E → F → B

（ウ） B → D → A　　（エ） B → F → E → C → A

（4） 下線部の反応に対し，刺激に対して無意識に起こる反応を，漢字二文字で答えなさい。

（5） （4）の反応はどのような経路で刺激が伝わるか，（3）の選択肢（ア）～（エ）から一つ選び記号で答えなさい。

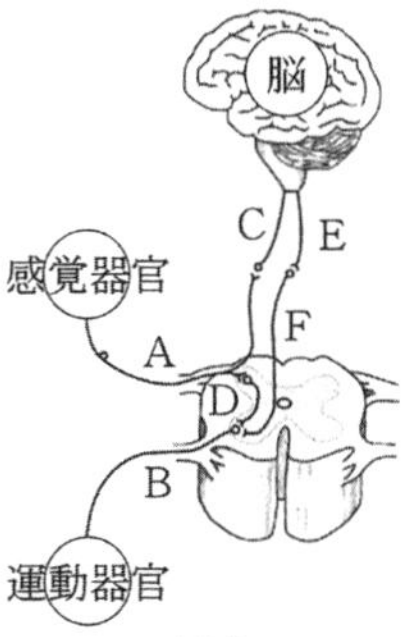

図2

4　下の図は，震源から60km離れた地点での地震のゆれの記録である。次の各問いに答えなさい。

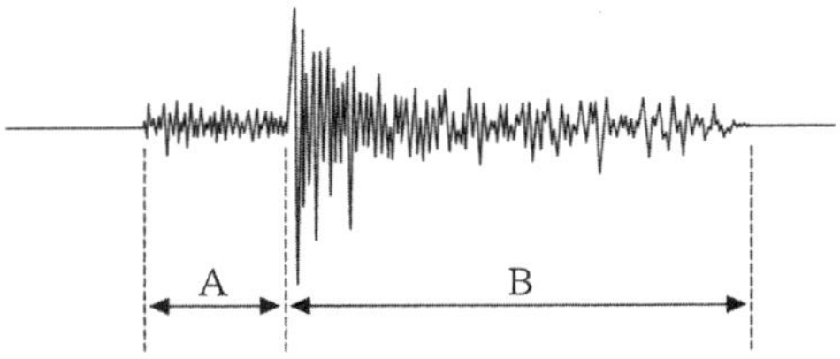

（1） 図のBのゆれを何というか答えなさい。

（2） 図のAのゆれが始まってからBのゆれが始まるまでの時間を何というか答えなさい。

（3） AのゆれはP波とS波のどちらの波によって起きているか答えなさい。

（4） 図のAのゆれが，地震発生から7.5秒で始まったとすると，震源からこの地点までAのゆれが伝わるときの平均の速さは何km/秒か答えなさい。

（5） 震源からの距離がこの地点より遠い地点での一般的な様子を表しているものとしてもっとも適当なものはどれか，次の（ア）～（オ）から一つ選び記号で答えなさい。

（ア） Aの到達時刻は早くなり，Bのゆれは小さくなる。

（イ） Aの継続時間は短くなり，Bの到達時刻は早くなる。

（ウ） Aの到達時刻は遅くなり，Bのゆれは大きくなる。

（エ） Aの継続時間は長くなり，Bの到達時刻は遅くなる。

（オ） Aの継続時間は変わらず，Bの到達時刻は遅くなる。

5　2本の電熱線aとbがある。次の各問いに答えなさい。

（1） 電熱線aの両端に6Vの電圧を加えたところ，0.4Aの電流が流れた。電熱線aの抵抗は何Ωか答えなさい。

（2） 電熱線aと電熱線bを直列につないで両端に加える電圧を連続して変化させたとき，電圧と回路を流れる電流の関係は図1のようになった。電熱線bの抵抗は何Ωか答えなさい。

図1

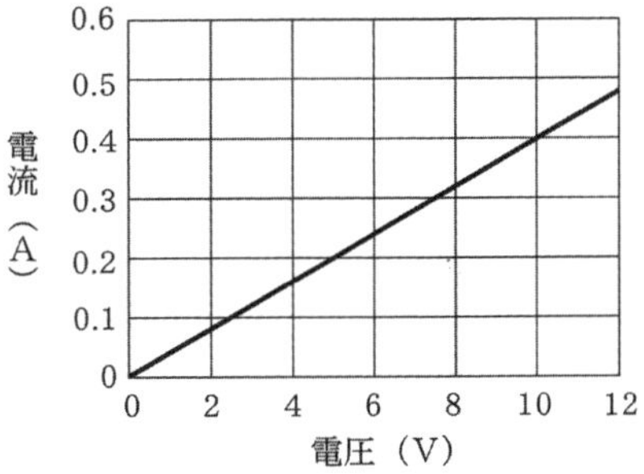

（3） 電熱線ａ，ｂを使って図２のような回路を作った。この回路図として正しく書き表したものはどれか，（ア）～（エ）から一つ選び記号で答えなさい。ただし，図中の＋，－は装置の接続端子を表す。

図２

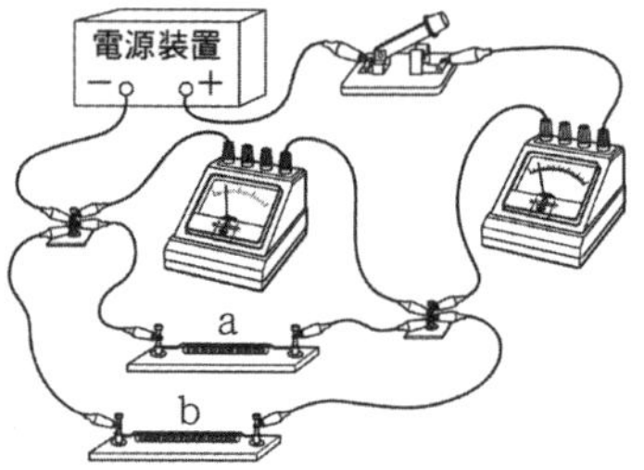

（ア）

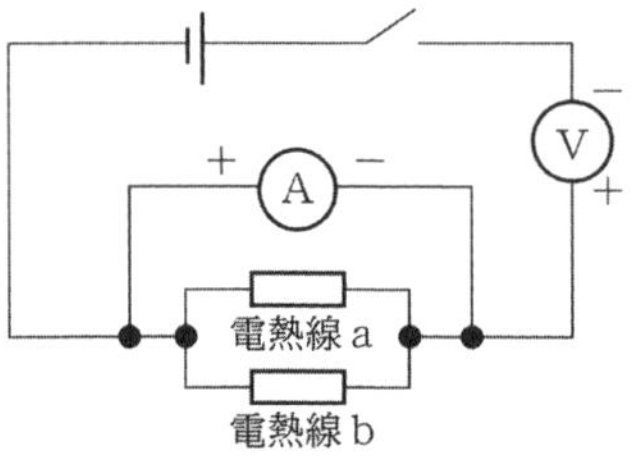

（イ）

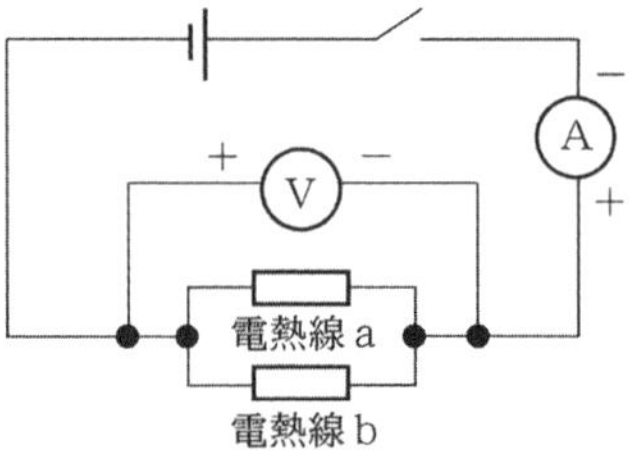

（ウ）

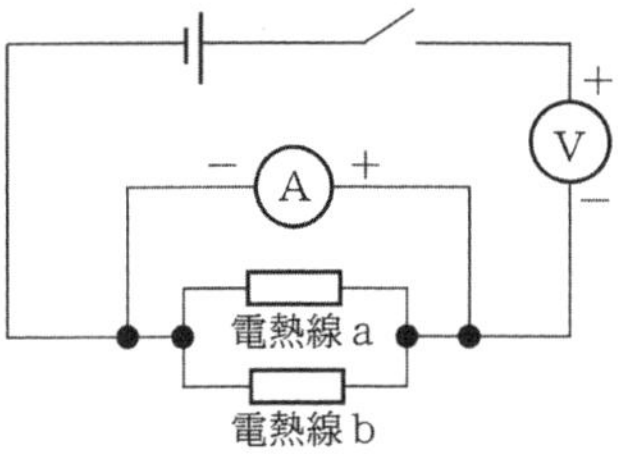

（エ）

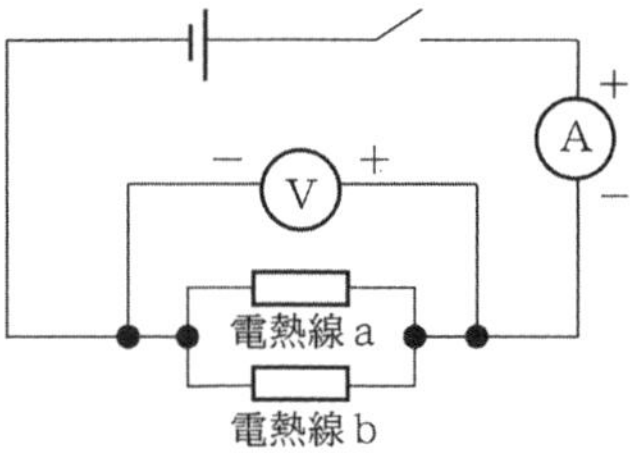

（4） 図２で示した回路に電源装置から12Ｖの電圧を加えたとき，電流計が示す値は何Ａか答えなさい。

（5） （4）のとき，電熱線ａが消費する電力は何Ｗか答えなさい。

（6） 図３のように，電熱線ａと電熱線ｂを直列につないで20Ｖの電圧を加えたとき，電熱線ｂに加わる電圧は何Ｖか答えなさい。

図３

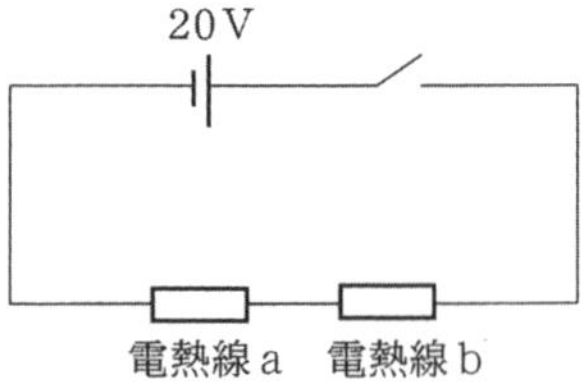

6　次のような実験を行った。各問いに答えなさい。

右の図のように，ビーカーにうすい塩酸20cm³をはかりとり，ＢＴＢ溶液を加えたところ（　①　）色になった。このビーカーにうすい水酸化ナトリウム水溶液を少量ずつ加えていくと，水溶液の色は次第に変化し，15cm³加えたところで緑色になった。さらに水酸化ナトリウム水溶液を加えていくと，（　②　）色に変化した。

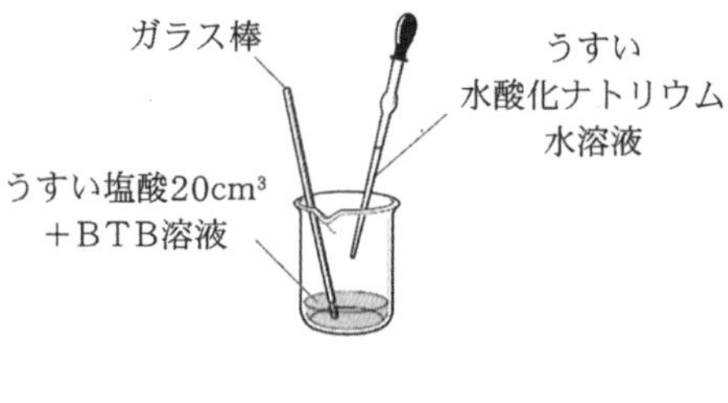

(1)　文章中の①および②にあてはまる色を答えなさい。

(2)　緑色になった水溶液をシャーレに少量取り，水を蒸発させると結晶が得られた。この結晶に関する説明として正しいものを，次の（ア）～（エ）から一つ選び記号で答えなさい。

（ア）　加熱するとこげる。

（イ）　全体として＋の電気を帯びている。

（ウ）　陽イオンと陰イオンが２：１の割合で含まれている。

（エ）　陽イオンと陰イオンは規則正しく並んでいる。

(3)　この実験によって起こる反応を化学反応式で書き表したとき，次の（a）および（b）にあてはまる化学式を答えなさい。

HCl　＋　（　a　）　→　（　b　）　＋　H_2O

(4)　この反応のように酸性の水溶液とアルカリ性の水溶液を混ぜ合わせることで，互いの性質を打ち消し合う反応を何というか。漢字二文字で答えなさい。

(5)　アルカリ性の水溶液には，共通してあるイオンがふくまれている。このイオンの名前を答えなさい。

(6)　この実験における水溶液中の（5）のイオンの数の変化を表すグラフとして正しいものを，次の（ア）～（カ）から一つ選び記号で答えなさい。

（ア）

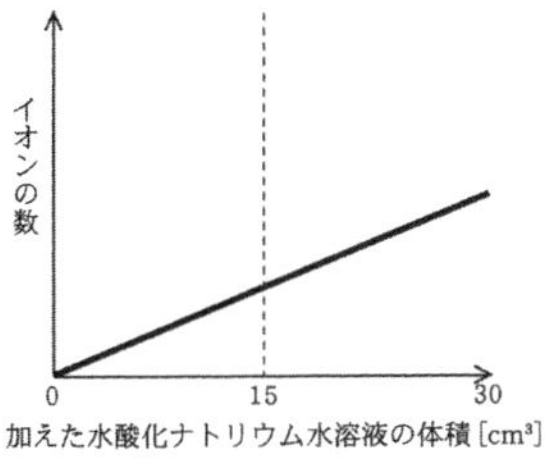

（イ）

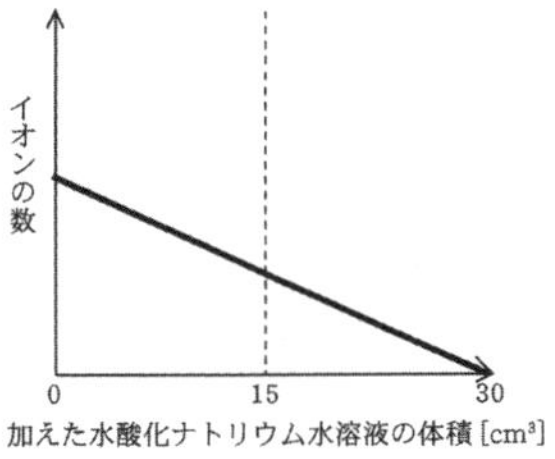

（ウ）

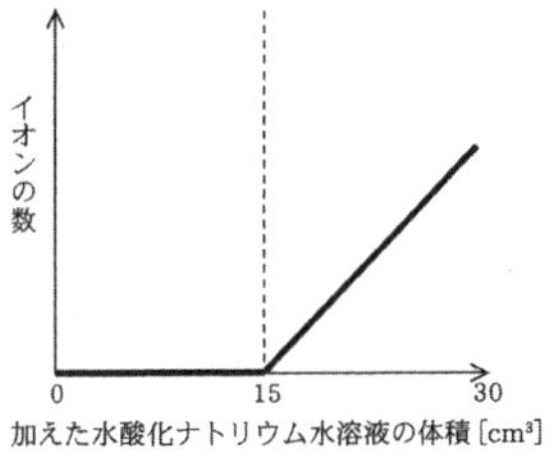

（エ）

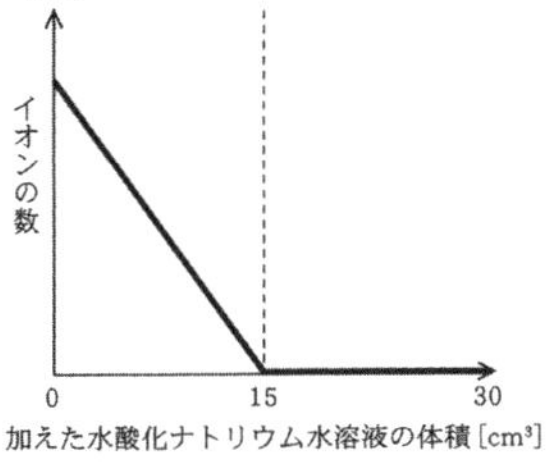

（オ）

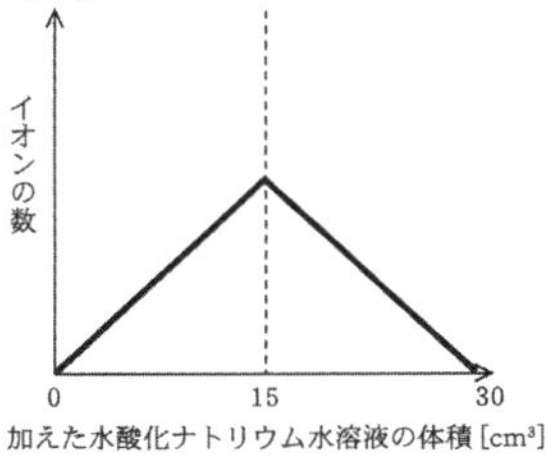

（カ）

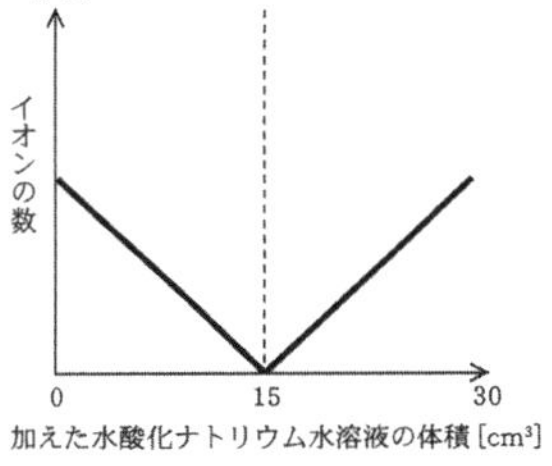

7　図１のような発芽したソラマメの根を用いて，下のような手順で観察をした。次の各問いに答えなさい。

手順①　細胞分裂を観察するために，２cmくらいになったソラマメの根の一部を３mmほど切りとり，A塩酸処理を行いスライドガラスにのせ，柄つき針の腹でつぶす。

手順②　B染色液をたらして３分間置いた後，カバーガラスをかける。

手順③　スライドガラスの上にろ紙をのせて，指で静かに押しつぶしプレパラートをつくる。

手順④　プレパラートを顕微鏡で観察した。図２は顕微鏡で観察したときのスケッチである。

図１

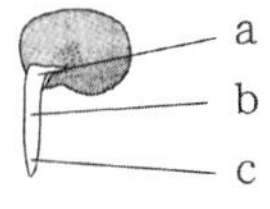

図２

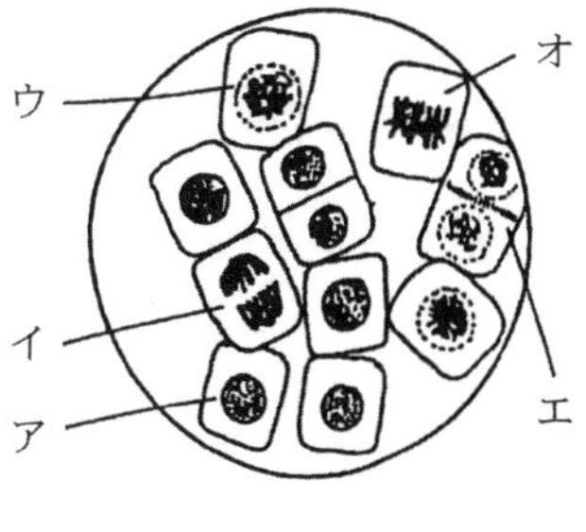

（1）　細胞分裂の観察をするのに適する部分は図1のどこか，ａ～ｃから一つ選び記号で答えなさい。

（2）　図3は，図1のａ～ｃのそれぞれの部分の細胞の大きさを模式的に表したものである。細胞の大きさを正しく表している組み合わせを，（ア）～（オ）から一つ選び記号で答えなさい。

図3

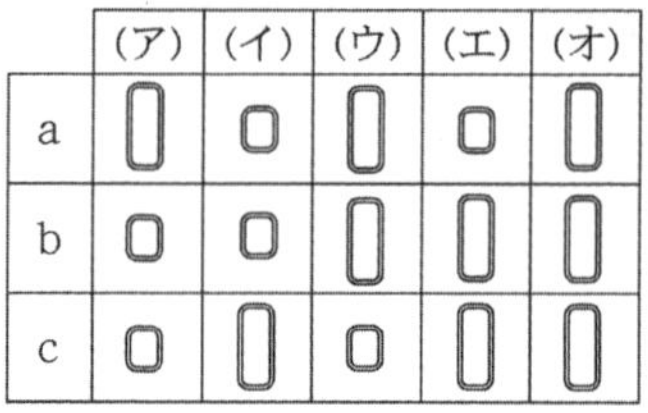

（3）　下線Aの処理を行う理由として正しい記述を，次の（ア）～（オ）から一つ選び記号で答えなさい。

（ア）　細胞をかたくするため。　　（イ）　細胞をやわらかくするため。
（ウ）　細胞を酸性にするため。　　（エ）　細胞をばらばらにするため。
（オ）　細胞を大きくするため。

（4）　下線Bとして適するものを，次の（ア）～（オ）から一つ選び記号で答えなさい。

（ア）　ＢＴＢ溶液　　（イ）　酢酸カーミン液　　（ウ）　石灰水　　（エ）　ベネジクト液
（オ）　ヨウ素液

（5）　下線Bによく染まるものを，次の（ア）～（オ）から一つ選び記号で答えなさい。

（ア）　細胞壁　　（イ）　細胞膜　　（ウ）　核　　（エ）　葉緑体　　（オ）　液胞

（6）　図2に見られるひも状のものを何というか答えなさい。

（7）　図2のア～オの細胞を，アを始まりとして細胞分裂の順に並べなさい。

8　春分の日に1日の太陽の移動の様子を線で透明半球に記録した。透明半球に描いた3本の線は，北半球の緯度の違う3地点（Ⅰ～Ⅲ）での記録を1つの透明半球にうつし描いたものである。次の各問いに答えなさい。

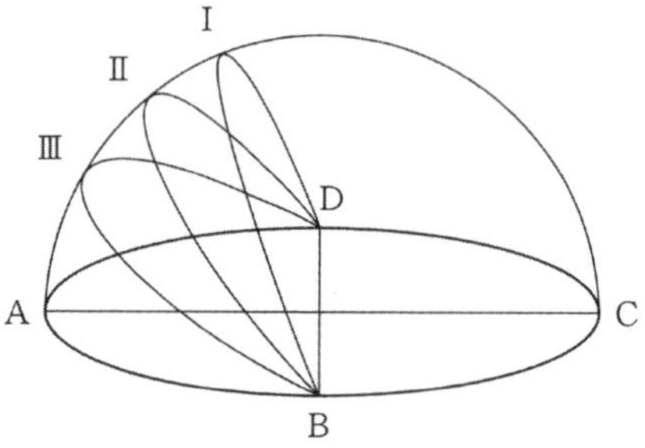

（1）　A～Dの中で北を表しているのはどれか，A～Dから一つ選び記号で答えなさい。

（2）　最も緯度が高い地点の記録はどれか，Ⅰ～Ⅲから一つ選び数字で答えなさい。

（3）　この日，Ⅰの地点での太陽の南中高度は72度であった。Ⅰの地点の緯度は何度か答えなさい。

（4）　Ⅱの地点での南中高度が55度だった。この地点の夏至のときの南中高度は何度か答えなさい。

（5）　この日，Ⅲの地点では日の出から日没までおよそ何時間か答えなさい。

（6）　この日の真夜中0時に見ることができない星座はどれか，次の（ア）～（オ）から一つ選び記号で答えなさい。

（ア）　かに座　　（イ）　しし座　　（ウ）　おとめ座　　（エ）　てんびん座　　（オ）　みずがめ座

解答　P292

足利大学附属［学特併願］

英　語

制限時間 50分

【1】リスニング問題。指示があるまで【2】の問題から始めなさい。
（リスニング問題は試験開始10分後より放送される）

＜第１部＞

No. 1 から No. 5 の英文と質問を聞き、その質問に対する答えとして最も適当なものを１つ選び、記号で答えなさい。英文は２度読まれる。

No. 1　ア．For two weeks.　イ．For three weeks.
　ウ．For ten days.　エ．For a month.

No. 2　ア．His dictionary.　イ．His German textbook.
　ウ．His homestay address in Germany.　エ．His college textbook.

No. 3　ア．Call Jane.　イ．Send an e-mail to Jane.
　ウ．Meet Jane at a bookshop.　エ．Buy a book.

No. 4　ア．Buy a new watch.　イ．Spend some money.
　ウ．Work at a restaurant.　エ．Walk to town.

No. 5　ア．He will go on a train ride.　イ．He will talk to a train driver.
　ウ．He will visit a museum.　エ．A train driver will visit his school.

＜第２部＞

先に質問文を確認し、対話文を聞きながら以下の No. 6 から No. 10 までの質問に記号で答えなさい。なお、対話文のみ２度読まれる。

No. 6　Why did Mike go to Germany?
　ア．To see his family.　イ．To see Wagner opera.
　ウ．To walk in the mountains.　エ．To go shopping.

No. 7　Why was Mike lucky?
　ア．Because he got opera tickets.　イ．Because he got a plane ticket and a hotel.
　ウ．Because his family were very happy.　エ．Because it was beautiful and cool.

No. 8　How much did Mike pay?
　ア．13,000 yen.　イ．130,000 yen.
　ウ．30,000 yen.　エ．300,000 yen.

No. 9　How long did Saori stay in Karuizawa?
　ア．For a week.　イ．For more than a week.
　ウ．For a weekend.　エ．For summer.

No. 10　What did Saori buy in Karuizawa?
　ア．She bought opera tickets.　イ．She bought a hot spring.
　ウ．She bought a bag for her mother.　エ．She bought clothes for her mother.

【2】次の１～10の各英文で（　　）に入る最も適当なものを１つ選び、記号で答えなさい。

1．The new shopping mall is close to my house, so it's very (　　). I can easily walk there.
　ア．convenient　イ．comfortable　ウ．kind　エ．lucky

2．Hiroya made four serious mistakes last year. I think he is a (　　) worker.
　ア．wrong　イ．trouble　ウ．careless　エ．angry

3．Megumi borrowed a science textbook from her friend for her homework.
She will (　　) it to her tomorrow.
　ア．back　イ．return　ウ．lend　エ．like

4．My parents want to move to the (　　) because they don't like big and noisy cities.
　ア．silence　イ．countryside　ウ．peace　エ．community

5．It's very cold and cloudy this morning. It (　　) like it's going to rain.
　ア．begins　イ．makes　ウ．happens　エ．looks

6．My older brother usually leaves for university (　　) eating breakfast.
He has toast and coffee at a cafeteria in the school campus.
　ア．without　イ．among　ウ．by　エ．to

7．Ryan enjoyed visiting Japan last month. Takashi showed him (　　) Kyoto and Tokyo.
　ア．in　イ．with　ウ．up　エ．around

8．Kosei and Takuto went to a newly opened Italian restaurant near Ashikaga station last night. (　　) of them had pasta.
　ア．Some　イ．Many　ウ．Both　エ．Only

9．The classrooms for the first year students are on the sixteenth (　　) of that building.
Students can enjoy a great view.
　ア．level　イ．floor　ウ．space　エ．unit

10．When Ryohei was jogging in the park last evening, a mouse (　　) ran out in front of him and he was very surprised.
　ア．suddenly　イ．early　ウ．speedy　エ．fast

解答 P292

足利大学附属　入試問題(R5)◆英語

【3】次の1～5の日本語の意味に合うように（　　）内の語(句)を並べかえ、2番目と4番目にくる語の組み合わせとして正しいものを選び、記号で答えなさい。なお、文頭に来る語も小文字になっている。

1．あなたが手伝ってくれれば、部屋の掃除が早く終わります。
I can (① the room　② faster　③ finish　④ if　⑤ cleaning) you help me.
ア．2－1　　イ．2－5　　ウ．5－1　　エ．5－2

2．学校はここからどれくらいですか。
(① the school　② how　③ from　④ is　⑤ far) here?
ア．1－5　　イ．4－5　　ウ．5－1　　エ．5－4

3．先生は私たちにこれらの箱を運ぶように頼みました。
Our teacher (① these boxes　② to　③ asked　④ carry　⑤ us).
ア．1－2　　イ．2－4　　ウ．4－2　　エ．5－4

4．吹奏楽部の練習はどこでやっているのか教えていただけますか。
Could you (① the brass band club　② tell me　③ is　④ where　⑤ practicing)?
ア．1－3　　イ．3－1　　ウ．4－3　　エ．4－5

5．放課後の数学補習授業に参加してみてはどうですか。
(① you　② join　③ don't　④ why　⑤ the extra math class) after school?
ア．1－2　　イ．3－2　　ウ．5－2　　エ．5－3

【4】次の各組の英文がほぼ同じ意味を表すように、適切な語をそれぞれ答えなさい。

1．All the boy students have to wear a tie for the entrance ceremony.
All the boy students have to put (　　) a tie for the entrance ceremony.

2．Don't open that box!　That's a gift for grandma from mom.
Don't open that box!　That's a (　　) for grandma from mom.

3．I was late this morning, so my mother drove me to school.
I was late this morning, so my mother gave me a (　　) to school.

4．Alex, babies are sleeping in this room, so be quiet.
Alex, babies are sleeping in this room, so don't be (　　).

5．There are many old stone buildings in the towns of England.
Many of the buildings in the towns of England are old and (　　) of stone.

【5】次の会話文を読み、設問に答えなさい。

Mary (M) is in Paris.　She is on her honeymoon with her new husband Dave.
Now, she is talking to her friend Amy (A) on the phone.

A：So Mary, are you enjoying your honeymoon?
M：Yes, it's wonderful.　I'm having a great time here with Dave.
A：How's Paris?
M：It's great, so beautiful and so romantic.
A：Have you climbed the *Eiffel Tower yet?
M：Yes, we did that yesterday afternoon.　We had lunch in a restaurant near the top.
The view of Paris was amazing.
A：Have you been to the *Louvre yet?
M：That was the first thing we did.
We spent all the first day walking around looking at the paintings.　The gallery is *huge.
You can spend every day for a month in there and still not see everything.
A：What did you like best?
M：Leonardo's *Mona Lisa* was great of course, but there's so much more to see.
I probably liked the *Caravaggios the best.
A：Did you see the *Impressionists?
M：Yes, but they are all in a different gallery called the *Musee d'Orsay.
The *Monets, the *Pissarros, the *Cezannes and *Gauguins were all *incredible.
Best of all were the Monets in the *Orangerie gallery.
There's a round room completely *surrounded by his *water lilies.
It's amazing.　You have to go there before you die!
A：How about Paris itself?　What have you seen so far?

解答 P292

M：Well, we have been to *Montmartre and I had my *portrait painted.
We have taken a boat trip along the River Seine and had dinner at sunset.
That was so romantic. But we haven't been to the *Notre Dame cathedral yet.
I'm not sure if we can go in there. There was a fire there a while ago.
A：Have you been outside Paris yet?
M：No, not yet. We haven't been to *Chartres to see the cathedral, yet.
And we really want to go to *Versailles Palace. I think we're going there tomorrow.
A：Is the hotel nice?
M：It's OK. It's clean and in the center of the city.
But it's not very friendly and breakfast is not very good.
A：I *imagine the food in Paris must be delicious…
M：It is if you have money. Good restaurants are very expensive.
And it's difficult to reserve tables in the best restaurants.
We have been eating in small restaurants. Actually, we have been eating Italian more than French food! But it's OK. We are very happy.
A：Oh Mary, I'm so happy for you. I hope you are taking a lot of photos.
I look forward to seeing them when you get back.
M：Of course, I'll show them to you when we get back next Friday.
A：Great, OK, well enjoy the rest of your trip and I look forward to seeing you next week.
M：Great talking to you. Bye!

【注】*Eiffel Tower：エッフェル塔　*Louvre：ルーブル美術館　*huge：巨大な
*Caravaggio：カラバッジョ（画家）　*impressionists：印象派の画家
*Musee d'Orsay：オルセー美術館　*Monet：モネ（画家）　*Pissarro：ピサロ（画家）
*Cezanne：セザンヌ（画家）　*Gauguin：ゴーギャン（画家）*incredible：素晴らしい
*Orangerie gallery：オランジュリ美術館　*surrounded：囲まれている
*water lilies：スイレン（植物）　*Montmartre：モンマルトル（地名）　*portrait：肖像画
*Notre Dame cathedral：ノートルダム大聖堂　*Chartres：シャルトル（地名）
*Versailles Palace：ベルサイユ宮殿　*imagine：思い描く

以下の質問とその答えが本文の内容と合致するように（　　）に適する語を答えなさい。
例：Are Mary and Dave enjoying their honeymoon? → (Yes), (they) (are).
1．What did Mary and Dave do at the Eiffel Tower? → (　　) (　　) (　　).
2．When did Mary and Dave go to the Louvre? → On (　　) (　　) (　　).
3．(　　) paintings in the Louvre (　　) Mary like the best? → The Caravaggios.
4．(　　) they (　　) to Montmartre yet? → Yes, they have.
5．What happened to Notre Dame cathedral before. → (　　)(　　)(　　)(　　).
6．(　　) are they going tomorrow? → They are going to Versailles Palace.
7．(　　) is the hotel? → It's clean, but not friendly.
8．What food have Mary and Dave had a lot? → (　　) (　　).

【6】次の英文を読み、設問に答えなさい。

*Elvis Presley was a superstar. He was one of the greatest American singers of the 20th century. He was born on January 8, 1935, in *Tupelo, *Mississippi. His parents were very poor. Elvis never had music lessons. But he sang every Sunday in church services. In 1948 his family moved to *Memphis, *Tennessee. Elvis left school in 1953 and worked as a truck driver.

In summer, 1953, Elvis sang two songs as a birthday present for his mother. Sam Phillips, the owner of Sun Records asked him to record *That's All Right* in July 1954. 20,000 copies of the record were sold. Elvis made 5 more records for Sun and in July 1955 he met Colonel Tom Parker, who became his manager. Parker sold Elvis to RCA Records, one of America's biggest music companies. Elvis bought a pink *Cadillac car for his mother. In 1956 Elvis made *Heartbreak Hotel*. One million copies were sold. In the next year he made 14 more records. They were all big hits. Then in 1956 he made his first movie in Hollywood, *Love Me Tender*. He was now a very big star.

In 1958, Elvis joined the army. Thousands of women cried when he cut his hair. He went to Germany for 2 years. There he met *Priscilla Beaulieu. He *married her 8 years later in 1967. In 1960, he left the army and went to Hollywood to make movies.

By 1968, many people were bored with Elvis. But he made a new album, *From Elvis in Memphis*. TV made him popular again. He went to Las Vegas where he sang for a month and made $750,000. His *marriage finished in 1973. After that he went on many concert tours. In 1977 he died at home of a heart attack. He ate and drank too much for many years. His death was big news all over the world. 80,000 people went to his *funeral. In the year after his death 100 million Presley albums were sold. He became a legend.

【注】*Elvis Presley：エルビス プレスリー(アメリカの歌手・俳優)　*Tupelo：チューペロ(地名)
*Mississippi：ミシシッピ州　*Memphis：メンフィス(地名)　*Tennessee：テネシー州
*Cadillac：キャデラック(アメリカ製の自動車)　*Priscilla Beaulieu：プリシラ ボーリュー(人名)
*married ～：～と結婚をした　*marriage：結婚生活　*funeral：葬儀

1．本文の内容に合うように次の各文を並べ替えなさい。
ア：After two years of leaving the music and movie world, Elvis returned to the U.S.
イ：He became one of the greatest singers people would never forget.
ウ：The music and the movie Elvis made during the 1950s were all loved by many people.
エ：Elvis and his family lived in Tupelo for more than ten years.

2．本文の内容と合うものを１つ選び答えなさい。
ア：Elvis was a superstar from birth and he produced a lot of big hits.
イ：Elvis's family was very poor although his father worked as a truck driver.
ウ：Elvis changed his lifestyle and it made people sad all over the world.
エ：Elvis lived for 42 years and died of a heart attack.

解　答　P293

問6　――部③「弟の目の色がからりと変って晴れやかに、さもうれしそうになりました」とあるが、このときの弟の気持ちはどのようなものだと考えられるか。文末が「という思い。」となるように、本文中から最も適切な箇所を十九文字で抜き出しなさい。ただし文末の言葉は字数に含めない。

問7　――部④「ばあさんはあっといったきり、表口をあけ放しにして置いて駆け出してしまいました」について、なぜばあさんは駆け出したのか。その理由として、最も適切なものを次の中から選び、記号で答えなさい。

1　喜助が弟を殺した現場を見て、自分も殺されると思い駆け出した。
2　喜助が弟を殺した現場を見てしまい、恐ろしくなって駆け出した。
3　喜助が弟を殺したと思い込み、医者を呼びに行くため駆け出した。
4　喜助が弟を殺したと思い込み、奉行所に通報するため駆け出した。
5　喜助が弟を殺したと思い込み、役人を呼びに行くため駆け出した。

問8　――部⑤「わたくしはかみそりをそばに置いて、目を半分あいたまま死んでいる弟の顔を見詰めていたのでございます」について、このとき考えられる喜助の心情は四字熟語「呆然自[ア]」「意気[イ]沈」と表すことができる。空欄[ア]、[イ]に入る漢字二文字を使った熟語を答えなさい。

問9　――部⑥「そこに疑いが生じて、どうしても解けぬのである」について、これはどういうことか。内容が具体的に分かる箇所を二十九文字で抜き出し、その最初と最後の五文字を答えなさい。ただし句読点を含む。

問10　本文の特徴を説明したものとして、最も適切なものを次の中から選び、記号で答えなさい。

1　庄兵衛は罪人の喜助に話しかけた。その結果、庄兵衛は喜助の罪に対して疑念を持つ。庄兵衛の喜助に対する見方が変わる過程、さらに自分の立場を逸脱していく過程に面白みがある。
2　庄兵衛は自分の立場を利用して喜助に話しかけた。その結果、お奉行様の裁きに反するような考えを持つようになる。庄兵衛が役人としてお奉行様にたてついていく所に面白みがある。
3　庄兵衛は罪人である喜助が島流しになることを哀れんで話しかけた。喜助もその優しさに触れて罪を犯したことを後悔した。喜助が罪人でありながら改心していく過程に面白みがある。
4　喜助は高瀬舟の中で罪人であることも忘れて庄兵衛に身の上を語り始める。庄兵衛も自分の立場を忘れて話に耳を傾ける。その結果、罪人と役人が親しくなるという所に面白みがある。
5　喜助は犯した罪を悪いと思っていない。庄兵衛も喜助の話を聞くうちに喜助に下された裁きは不当だと感じる。二人がお奉行様に対して不服を申し立てようとする過程に面白みがある。

問11　『高瀬舟』は江戸中期の随筆集『翁草』に材を得ている。『翁草』では喜助に対する批評として「教えのない民だから悪意がないのに人殺しになった」とあるが、『高瀬舟』にはそのような記載はない。作者はなぜこの批評を取り入れなかったのか。考えられる理由として、最も適切なものを次の中から選び、記号で答えなさい。

1　喜助の弟殺しの場合でも、杓子定規《しゃくしじょうぎ》に解釈しなければならず、どのような状態であっても安楽死させることは許せないと、作者が確信しているから。
2　死に瀕して苦しんでいる者を従来の道徳通り苦しみながら死を待たせるべきか、安楽死させるべきかという問題に、作者が誠実に向き合いたいから。
3　現代は安楽死について盛んに話し合われているが、この作品が書かれた時代は、作者自身を含め、誰もが安楽死ということを考えもしなかったから。
4　作者自身の経験から、安楽死については問題だと常々考えており、喜助の弟殺しの件は明らかに安楽死であるため、喜助のことが許せなかったから。
5　作者自身、道徳的に考えたときに安楽死は許せないことだと思っており、喜助の弟殺しは非道徳的な振る舞いだと、不愉快な感情を持っているから。

問12　本作品の作者は森鷗外で二〇二二年に没後百年を迎えたが、さかのぼること六年、二〇一六年に没後百年を迎えた、森鷗外と親交の深かった文豪は誰か。次の中から選び、記号で答えなさい。

1　志賀直哉　**2**　井上靖　**3**　夏目漱石　**4**　井伏鱒二　**5**　北原白秋

庄兵衛の心のうちには、いろいろに考えて見た末に、自分より上のものの判断に任すほかないという念、オオトリテエ（　）にしたがうほかないという念が生じた。庄兵衛はお奉行様の判断を、そのまま自分の判断にしようと思ったのである。そうは思っても、庄兵衛はまだどこやらに腑《ふ》に落ちぬものが残っているので、なんだかお奉行様に聞いて見たくてならなかった。
しだいにふけて行く朧《おぼろ》夜に、沈黙の人ふたりを載せた高瀬舟は、黒い水の面をすべって行った。

森鷗外『高瀬舟』河出書房 より

※1　時疫……流行病。
※2　空引……織機で織物を作る仕事。
※3　笛　……のどぼとけのあたり。

問1　〰〰部a～eのカタカナ部分を漢字に直して答えなさい。

問2　══部A～Eについて、次の問いに答えなさい。

A　「ようよう」と同じ意味で使われているものはどれか。次の中から選び、記号で答えなさい。
1　ようようたる大河　**2**　ようよう仕上げた　**3**　ようように構える　**4**　意気ようようと帰る　**5**　前途ようようたる青年

B　「目が物を言います」と同じ意味のものはどれか。次の中から選び、記号で答えなさい。
1　目が飛び出る　**2**　目尻を下げる　**3**　目が離せない　**4**　目に物言わす　**5**　目に物見せる

C　「**輪**」の太字部分は何画目か。算用数字で答えなさい。

D　「条理」が正しく用いられているものはどれか。次の中から選び、記号で答えなさい。
1　ジョウリに立つ　**2**　ジョウリを履く　**3**　古代のジョウリ制　**4**　現世は会者ジョウリ　**5**　不ジョウリな世の中

E　「オオトリテエ」は「オーソリティー」のことであり、（　）内には「オーソリティー」の日本語訳が入る。（　）に当てはまるものとして、最も適切なものを次の中から選び、記号で答えなさい。
1　権勢　**2**　権利　**3**　権威　**4**　権力　**5**　権益

問3　［Ⅰ］～［Ⅳ］には副詞が入る。それぞれに当てはまる組み合わせとして、適切なものを次の中から選び、記号で答えなさい。
1　Ⅰしだいに―Ⅱしっかり―Ⅲうまく―Ⅳとうとう
2　Ⅰしだいに―Ⅱうまく―Ⅲしっかり―Ⅳとうとう
3　Ⅰとうとう―Ⅱしっかり―Ⅲうまく―Ⅳしだいに
4　Ⅰしっかり―Ⅱうまく―Ⅲとうとう―Ⅳしだいに
5　Ⅰとうとう―Ⅱうまく―Ⅲしっかり―Ⅳしだいに

問4　――部①「なるたけふたりが離れないようにいたして、いっしょにいて、助け合って働きました」について、なぜこのようにしたのか。その理由として、最も適切なものを次の中から選び、記号で答えなさい。
1　幼いときに両親を流行病で亡くし、その流行病の影響を二人も受けて瀕死《ひんし》の状態を経験してきたから。
2　幼いときに両親を流行病で亡くし、親類からも見放されて雨露をしのぐこともままならなかったから。
3　幼いときに両親を流行病で亡くし、もう一人の兄弟も亡くしたため残された二人が結束を強めたから。
4　幼いときに両親に先立たれ、人々に情けを掛けてもらいながら兄弟二人で力を合わせ生きてきたから。
5　幼いときに両親に先立たれ、近所の人に面倒を見てもらったが職を得ることは簡単ではなかったから。

問5　――部②「わたくしどもは北山の掘立小屋同様の所に寝起きをいたして」について、ここからうかがえる兄弟の暮らし向きはどのようなものか。その状況を表すものとして、当てはまらないものを次の中から選び、記号で答えなさい。
1　貧窮　**2**　貧困　**3**　困惑　**4**　困窮　**5**　窮乏

という音がいたすだけでございます。わたくしにはどうも様子がわかりませんので、『どうしたのだい、血を吐いたのかい』といって、そばへ寄ろうといたすと、弟は右の手を床について、すこしからだを起しました。左の手は［Ⅱ］あごの下のところを押えていますが、その指の間から黒血の固まりがはみ出しています。弟は目でわたくしのそばへ寄るのを留めるようにして口をききました。Aようよう物が言えるようになったのでございます。『すまない。どうぞかんにんしてくれ。どうせなおりそうにもない病気だから、早く死んですこしでも兄きに楽がさせたいと思ったのだ。※3笛を切ったら、すぐ死ねるだろうと思ったが息がそこから漏れるだけで死ねない。深く深くと思って力いっぱい押しこむと、横へすべってしまった。刃はこぼれはしなかったようだ。これを［Ⅲ］抜いてくれたらおれは死ねるだろうと思っている。物を言うのがせつなくっていけない。どうぞ手を借して抜いてくれ』というのでございます。

《中略》

こんなときは、不思議なもので、B目が物を言います。弟の目は『早くしろ、早くしろ』といって、さもうらめしそうにわたくしを見ています。わたくしの頭のなかでは、なんだかこう車のC輪のような物がぐるぐるまわっているようでございましたが、弟の目は恐ろしいbサイソクをやめません。それにその目のうらめしそうなのがだんだん険しくなって来て、［Ⅳ］かたきの顔をでもにらむような、憎々しい目になってしまいます。それを見ていて、わたくしは［Ⅳ］、これは弟のいった通りにしてやらなくてはならないと思いました。わたくしは『しかたがない、抜いてやるぞ』と申しました。③すると弟の目の色がからりと変って晴れやかに、さもうれしそうになりました。わたくしはなんでもひとおもいにしなくてはと思ってひざをつくようにしてからだを前へ乗り出しました。弟はついていた右の手を放して、いままでのどを押えていた手のひじを床について、横になりました。わたくしはかみそりの柄をしっかり握って、ずっとひきました。このときわたくしの内から締めて置いた表口の戸をあけて、近所のばあさんがはいって来ました。留守の間、弟に薬を飲ませたりなにかしてくれるように、わたくしの頼んで置いたばあさんなのでございます。もうだいぶ内のなかが暗くなっていましたから、わたくしにはばあさんがどれだけのことを見たのだかわかりませんでしたが、④ばあさんはあっといったきり、表口をあけ放しにして置いて駆け出してしまいました。わたくしはかみそりを抜くとき、手早く抜こう、まっすぐに抜こうというだけの用心はいたしましたが、どうも抜いたときの手ごたえは、いままで切れていなかったところを切ったように思われました。刃が外の方へ向いていましたから、外の方が切れたのでございましょう。わたくしはかみそりを握ったまま、ばあさんのはいって来てまた駆け出して行ったのを、ぼんやりして見ておりました。ばあさんが行ってしまってから、気がついて弟を見ますと、⑤弟はもう息が切れておりました。創口からはたいそうな血が出ておりました。それから年寄衆がおいでになって、役場へ連れて行かれますまで、わたくしはかみそりをそばに置いて、目を半分あいたまま死んでいる弟の顔を見詰めていたのでございます」

すこしうつむきcカゲンになって庄兵衛の顔を下から見上げて話していた喜助は、こういってしまってdシセンをひざの上に落した。

喜助の話はよくD条理が立っている。ほとんど条理が立ち過ぎているといってもいいくらいである。これは半年ほどの間、当時のことをいくたびも思い浮べて見たのと、役場で問われ、町奉行所で調べられるそのたびごとに、注意に注意を加えてさらって見させられたのとのためである。

庄兵衛はその場の様子をまのあたりに見るような思いをして聞いていたが、これがはたして弟殺しというものだろうか、人殺しというものだろうかという疑いが、話を半分聞いたときから起って来て、聞いてしまっても、その疑いを解くことができなかった。弟はかみそりを抜いてくれたら死なれるだろうから、抜いてくれといった。それを抜いてやって死なせたのだ、殺したのだとはいわれる。しかしそのままにして置いても、どうせ死ななくてはならぬ弟であったらしい。それが早く死にたいといったのは、苦しさに耐えなかったからである。喜助はその苦を見ているに忍びなかった。⑥苦から救ってやろうと思って命を絶った。それが罪であろうか。殺したのは罪にeソウイない。しかしそれが苦から救うためであったと思うと、そこに疑いが生じて、どうしても解けぬのである。

問6　――部⑥「大臣感じたまひて、萩織りたる御直垂を押し出だして賜はせけり」を簡単に解釈するとどうなるか。次の中から選び、記号で答えなさい。

1　大臣は感心なさって、褒美として侍に着物を与えた。
2　大臣は不機嫌になってしまい、侍の着物を没収した。
3　大臣は上機嫌になり、侍や女房たちに織物を与えた。
4　大臣はあきれかえり、何も言えなくなってしまった。
5　大臣は皆から尊敬され、着物をもらうことになった。

問7　Ⓐと Ⓑは同じ手法が使われている。その説明として、最も適切なものを次の中から選び、記号で答えなさい。

1　最初に今の季節と反対のものを出すことで、季節が変わっていることを実感させつつ、四季の美しさを感じることにつないでいる。
2　最初に今の季節にふさわしいものを出すことで、その場にふさわしい感じを与えておきつつ、最後は関係ない季節へつないでいる。
3　最初に季節の始まりである春のものを出し、そこから季節の推移を感じさせるために、順次季節をめぐらせて冬へとつないでいる。
4　最初に今の季節と関係ないものを出し、不適切であるように感じさせておきながら、そこから適切な季節のものへとつないでいる。
5　最初に今の季節に必要なものを出し、適切であると人々を納得させておきながら、最後は人々を裏切るようなものへつないでいる。

問8　Ⓐでは、「糸」を中心に「くり」「へ」「はたおり」と、意味上でつながりのある語句が使われているが、この修辞法は何か。次の中から選び、記号で答えなさい。

1　掛詞　　2　縁語　　3　対句　　4　枕詞　　5　序詞

問9　Ⓑの「かすみて」という語句はどのような意味に用いられているか。その説明として、適切なものを次の中から選び、記号で答えなさい。

1　「秋霧でかすんで見える空気」の意と「雁のかすんで消えゆく鳴き声」の二つの意味に用いている。
2　「かすみのように消えてしまう雁」の意と「かすみとは違う濃い秋霧」の二つの意味に用いている。
3　「春霞が立ちこめてかすむ」の意と「雁が霞にかすんで見えなくなる」の二つの意味に用いている。
4　「かすみがかかったように見える」と言われている「かすみ草」のことをそれとなく表現している。
5　「春のかすみ」を思い浮かべさせつつその中に「かすんで消えてしまう雁」のことを表現している。

3

次の文章を読んで、後の問いに答えなさい。

江戸時代、京都の罪人が遠島(島流しの刑)に処せられると、高瀬舟に乗せられて護送された。護送役を任された庄兵衛は、弟殺しの罪で遠島になった喜助に、舟の中で弟をあやめた訳を尋ねた。本文は喜助がその訳を話す場面である。

「わたくしは小さいときに二親が時疫《じえき》[※1]でなくなりまして、弟とふたりあとに残りました。初めちょうどaノキシタに生れた狗《いぬ》の子にふびんをかけるように町内の人達がお恵み下さいますので、近所中の走り使いなどをいたして、飢え凍えもせずに、育ちました。［Ⅰ］大きくなりまして職を捜しますにも、①なるたけふたりが離れないようにいたして、いっしょにいて、助け合って働きました。去年の秋の事でございます。わたくしは弟といっしょに西陣《にしじん》の織場《おりば》にはいりまして、空引《そらびき》[※2]ということをいたすことになりました。そのうち弟が病気で働けなくなったのでございます。そのころ②わたくしどもは北山《きたやま》の掘立小屋《ほったてごや》同様の所に寝起きをいたして、紙屋川《かみやがわ》の橋を渡って織場へ通っておりましたが、わたくしが暮れてから、食べ物などを買って帰ると、弟は待ち受けていて、わたくしをひとりでかせがせては済まないすまないと申しておりました。ある日いつものように何心なく帰って見ますと、弟はふとんの上に突っ伏していまして、まわりは血だらけなのでございます。わたくしはびっくりいたして、手に持っていた竹の皮包や何かを、そこへおっぽり出して、そばへいって『どうしたどうした』と申しました。すると弟は真っさおな顔の、両方のほおからあごへかけて血に染まったのをあげて、わたくしを見ましたが、物を言うことができませぬ。息をいたすたびに、創口《きずぐち》がひゅうひゅう

大臣《おとど》、秋の初めに南殿に出でて、※2はたおりの鳴くを愛しておはしましけるに、暮れければ、「②下格子に人参れ」(格子を下ろしに誰か来い)と仰せられけるに、「蔵人《くらうど》の五位たがひて、人も候はぬ」(蔵人の五位は居合わせないで、どなたもおりません)と申して、この侍参りたるに、「ただ、さらば、汝《なんぢ》下ろせ」(それでは、構わないからおまえが下ろせ)と仰せられければ、③参りたるに、「汝は歌詠みな」とありければ、かしこまりて御格子下ろしさして候ふに、(下ろすのを途中でやめて控えていると)「このはたおりをば聞くや。一首つかうまつれ」(一首詠んでみせよ)と仰せられければ、「④青柳《あおやぎ》の」と、初めの句を申し出だしたるを、候ひける女房たち、(仕えていた女房たちは)折に合はずと思ひたりげにて⑤笑ひ出だしたりければ、「ものを聞き果てずして笑ふやうやある」(ものを終わりまで聞かないで笑うということがあるか)と仰せられて、「とくつかうまつれ」(はやくその先を詠んでみせよ)とありければ、

Ⓐ　青柳のみどりの糸をくりおきて夏へて秋ははたおりぞ鳴く

と詠みたりければ、⑥大臣感じたまひて、萩《はぎ》織りたる御直垂《ひたたれ》を押し出だして賜《たま》はせけり。

※3寛平《くわんぴやう》※4歌合《うたあはせ》に、「はつ雁《かり》」(雁の鳴く声)を、友則《とものり》、

Ⓑ　春霞《はるがすみ》かすみていにしかりがねは今ぞ鳴くなる秋霧の上に

と詠める、(と詠んだ、この友則は左方であったが、このはじめの五文字を詠んだときに、右方の人は、みなが声を出して笑った)左方《ひだりかた》にてありけるに、五文字《いつもじ》を詠みたりける時、右方の人、声々に笑ひけり。⑦さて次の句に、「かすみていにし」と言ひけるにこそ、音もせずなりにけれ。同じことにや。

『古今著聞集』より

※1　名簿……………新しく仕える主人に差し出す名札。自分の官位、姓名、年月日、特技などを書く。
※2　はたおり………いまのきりぎりすを指す。秋の季節のもの。
※3　寛平……………宇多天皇の時代の年号。
※4　歌合……………歌人が左方と右方に分かれ、定められた題を詠んだ歌の優劣を競う文学的遊戯。

問1　――部①「初めて参りたりける侍」の特技は何か。次の中から選び、記号で答えなさい。
1　能を舞うこと　**2**　参拝をすること　**3**　歌を朗詠すること　**4**　和歌を詠むこと　**5**　織物を作ること

問2　――部②「格子」とは下の図のどの部分を指すか。記号で答えなさい。

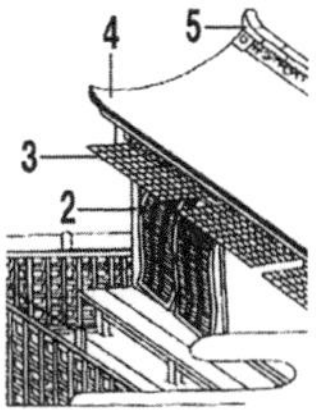

問3　――部③「参りたる」の現代語訳として適切なものはどれか。次の中から選び、記号で答えなさい。
1　侍が左大臣に特技を申し上げた。　**2**　侍が左大臣の前で歌を披露した。
3　侍が花園の左大臣家に参上した。　**4**　侍が左大臣のお近くに参上した。
5　侍が格子をお下ろし申し上げた。

問4　――部④「青柳」と同じ季節を表す語句を、本文中から二文字で抜き出しなさい。

問5　――部⑤「笑ひ出だしたり」とあるが、誰がなぜ笑ったのか。その説明として、適切なものを次の中から選び、記号で答えなさい。
1　女房たちが、大臣と侍の折り合いが悪い場面を見て笑った。
2　女房たちが、季節をとりちがえた歌だと早合点して笑った。
3　女房たちが、四季折々の草花が植えられた庭を見て笑った。
4　女房たちが、庭から手で折ってきた美しい花を見て笑った。
5　女房たちが、季節に合わない草花を持ってきたので笑った。

問1　〰〰部a、bに相当する漢字を含むものはどれか。次の中からそれぞれ選び、記号で答えなさい。

a　イガイ
1　この問題はイガイと難しい
2　関係者イガイ立ち入り禁止
3　ヨウイに解決できる問題だ
4　あの人はイショクの人材だ
5　事件のケイイを詳しく聴く

b　チョシャ
1　チョトツモウシンする
2　チョスイチの水が減る
3　ジョウチョが不安定だ
4　チョサクケンの侵害だ
5　栃木ケンチョウへ行く

問2　［Ⅰ］、［Ⅱ］、［Ⅲ］、［Ⅳ］には体に関する漢字一文字が入る。それぞれ答えなさい。

問3　――部①「レビューは『使える語彙』の宝庫」について、なぜこのように言えるのか。その説明として、当てはまらないものを次の中から選び、記号で答えなさい。
1　味のある文章を書く人々があちらこちらにいるから。
2　その道の書評家や批評家だけがレビューを書くから。
3　大きな情報をわかりやすくまとめて書いてあるから。
4　批評家でもないのにうまい文章が書かれているから。
5　文章が良質で読むと感心してしまうことがあるから。

問4　［②］に入る語句を、本文中から二文字で抜き出しなさい。

問5　――部③「こうした視点」とはどのような視点か。その説明として、最も適切なものを次の中から選び、記号で答えなさい。
1　特定の誰かの誹謗中傷をレビューに書く人がいるので、自分の書いた作品のレビューは見ないという視点。
2　同じ本を読み、同じ音楽を聴いた人の感想は、価値観や表現方法が同じであるということを理解した視点。
3　同じ物を見聞きした人たちが感想を書いているのに、考え方も表現方法も違うということを理解した視点。
4　誤読していることに気がつかず、作者の誹謗中傷を書き続けることが正義だと思いこんでいる立場の視点。
5　言葉の選び方によって人間性がバレてしまうことが分からず、使っている言葉が正しいと思っている視点。

問6　――部④「前提知識が増えている」とは、多くのレビューを読むことで成し遂げられるものである。そのようなレビューには何があるのか。本文中から七文字で抜き出しなさい。ただし句読点や記号は除く。

問7　次の文は、本文を読んだ後に先生と生徒が話し合っている場面である。本文の内容を考慮した上で、空欄に当てはまる語句を本文中から五文字で抜き出しなさい。

生徒A　ネットに書き込んであるレビューなんて当てにならないものばかりですよね。
生徒B　でもそのレビューもレベルが低いものだけではないって先生がおっしゃっていました。
先　生　最近のレビューはかなり役に立つものもあります。そのため、レビューを活用して国語力をつけるという方法もあるのではないでしょうか。もちろん良いものも悪いものもあります。ですから、まずはその中から［　　］を見つけることをしてみてはどうですか。
生徒A　なるほど、そうすればレビューの文章だけで偽物か本物かを見分ける力がつきますね。
生徒B　そういうセンスを磨いていくことがこれから様々な文章に触れる私たちには必要なのかもしれませんね。

2　次の文章を読んで、後の問いに答えなさい。

花園《はなぞの》の左大臣の家に、①初めて参りたりける侍《さぶらひ》の、※1名簿《みょうぶ》のはしがきに、「能は歌詠み」と書きたりけり。

足利大学附属【学特併願】

国語

令和5年1月14日実施

制限時間 50分

解答 P293

1　次の文章を読んで、後の問いに答えなさい。

[a]イガイに思われるかもしれませんが、アマゾンはじめインターネット上の①レビューは「使える語彙《ごい》」の宝庫です。私は本やCDを買うときに片っ端からレビューを読むようにしているのですが、プロの書評家や批評家ではないのになんて味のある文章を書くんだろう、と目を見張るような人があちらこちらにいらっしゃるんですね。

レビューは、大きな情報をわかりやすくまとめ、主観と［②］のバランスをとりながら伝える集合知です。

客観的に冷静に、でも心から「いい」と思っているのが伝わるレビュー。

購入を迷っている人の背中を押す、商品愛にあふれたレビュー。

そんな良質な文章を読むと感心してしまいますし、その商品も買ってしまいたくなるものです。

一方で、誤読なのに罵詈《ばり》雑言を書く人や鬼の［Ⅰ］を取ったかのような揚げ［Ⅱ］取りのレビューや、特定の誰かの誹謗《ひぼう》中傷にあたるような文章を書く人もいます。

同じ本を読み、同じ音楽を聴いた人の感想が集まっているはずなのに、見方も価値観も表現もまったく違う。「ものの見方」としても非常に勉強になるのです。

③こうした視点でレビューを読んでいくなかで、「言葉の選び方によって、人間性がバレてしまう」ということも痛感するはずです。ぜひ、いったん本書を閉じて、いくつかのレビューサイトを見てみてください。「この人は頭が切れるし気遣いもできる人だな」「この人は感情的で付き合いたくないタイプだな」と人となりを感じられるレビューが散見されることでしょう。そのなかで、「厳しいことを言う前のクッション言葉」「性根が悪く見える言い方」「ただの憂さ晴らしの悪口に見える言い回し」といった「良い語彙」も「悪い語彙」もインプットできるのです。

「短い文章のなかにも、人格は確実に表れる」

これを［Ⅲ］に銘じていれば、ネットでのトラブルがかなり予防できます。

《中　略》

私は、買おうかどうか迷った本があったらまずその本のレビューを読み、そのチ[b]ョシャのほかの作品のレビューを読み、さらに同じテーマのほかの本のレビューまで読むようにしています。すると、20冊、30冊分のレビューを読むなかで、自然とその分野の④前提知識が増えているんですね。「まとまった情報」としてのレビューには、集合知という価値があるのです。

レビューは、この時代のひとつのテキストのあり方として、決してレベルが低いものではありません。利害関係も大人の事情もしがらみもない率直な意見が聞けるし、普段接することができないような専門家の意見まで収集できる場です。

また、次第に「関係者が褒《ほ》めているな」とか「同業者が悪口を書いているな」など［Ⅳ］が利くようになりますから、玉石混淆《こんこう》のなかから本物の情報を見つける練習にもなります。

齋藤孝『語彙力こそが教養である』角川新書 より

白鷗大学足利［学業特待］
社　会

1　次の白鷗大学足利高等学校富田校舎（富田キャンパス）に関する文を読み，後の問いに答えなさい。

①白鷗大学足利高等学校富田校舎は1984年（昭和59年）４月に開校し，②私学教育の特色を前面に打ち出し，徹底した学習による，特色ある生徒の教育を目指しました。校訓として「プルス・ウルトラ」を掲げ，全学一丸となって学校発展の道を歩んできましたが，さらなる発展を目指し，令和６年４月，明るく快適なデザインと次世代教育を担う設備を備えた新校舎を建設し，本校舎のあるメインキャンパスと一体化します。

問１　下線部①に関して，富田校舎の位置は，北緯36度，東経139度であるが，富田校舎の対蹠点《たいせきてん》*として最も適切な値をア～エから選び，記号で答えなさい。
　＊対蹠点…地球上のある地点から見て，地球の中心を通って反対側にある地点

ア　南緯36度　　西経41度　　　イ　北緯36度　　西経139度
ウ　南緯54度　　西経41度　　　エ　南緯54度　　西経139度

問２　下線部②に関して，富田校舎は海外語学研修や海外修学旅行を実施している。（現在はコロナ禍のため中止している。）図１はこれまで修学旅行で訪れたことのある都市を示したものである。図を参照し，後の問い(i)～(iii)に答えなさい。

図１

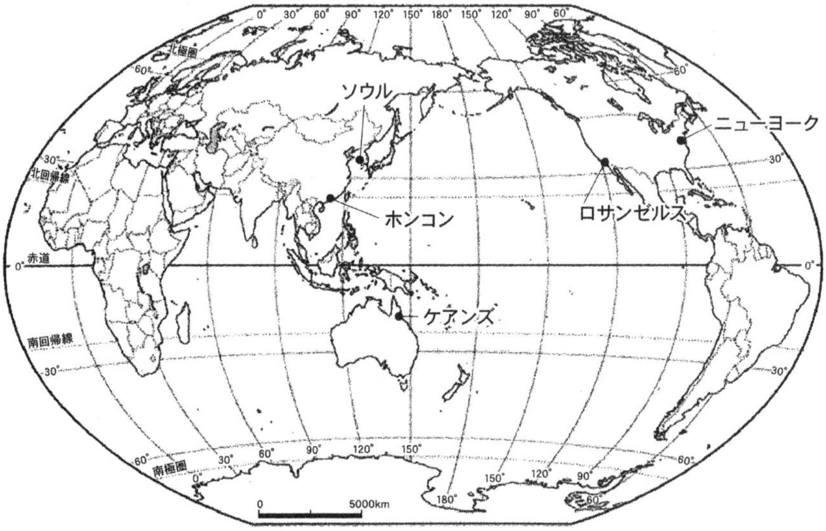

(i)　次のＡ～Ｄの各文の下線部①・②の正誤の組み合わせとして正しいものをア～エから選び，記号で答えなさい。

Ａ　ソウルは大韓民国（韓国）の首都であり，①人口や経済の一極集中が進んでいる。1990年代以降は，首都のソウルを中心に，半導体や薄型テレビ，携帯電話の生産といった②ハイテク（先端技術）産業が発展している。

Ｂ　ケアンズは，①熱帯気候に属し世界最大のサンゴ礁であるグレートバリアリーフが有名である。また，この大陸は②大規模な地震や火山が多い地域で，その大部分は標高500m以下のなだらかな平原となっている。

Ｃ　ロサンゼルスの位置するカリフォルニア州は，スペイン語を母語とする①ヒスパニックの人々の比率が他の地域より高い。また，②シリコンバレーには先端技術産業の研究拠点になっている名門大学を中心としてICT関連企業が集中している。

Ｄ　ニューヨークは，文化，芸術，娯楽，スポーツ，ショッピングなど様々な観光的魅力に富み，アメリカ合衆国で①首都に次ぐ第２位の人口を抱える都市である。市内には②中国人街やイタリア人街など移民の街がある。

ア　①－正　　②－正　　　イ　①－正　　②－誤
ウ　①－誤　　②－正　　　エ　①－誤　　②－誤

解答　P293

(ii) 次の雨温図ア〜エは，図1中のケアンズ，ソウル，ロサンゼルス，ニューヨークを示している。ケアンズに該当するものをア〜エから選び，記号で答えなさい。

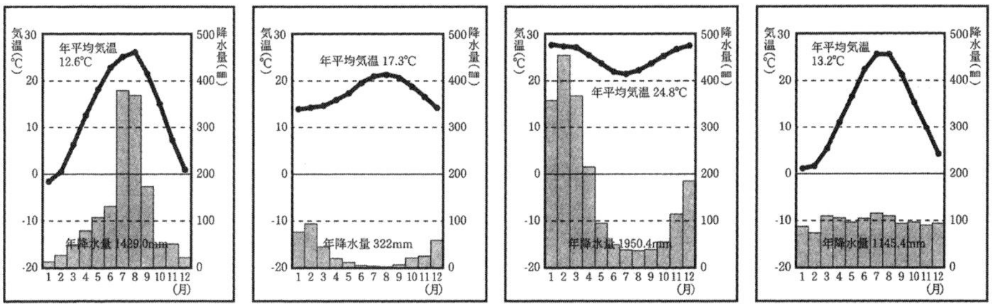

ア　　　イ　　　ウ　　　エ

（出典『理科年表』平成28年他より作成）

(iii) 東京の空港を1月5日　17：00発の飛行機に乗り，10時間かかってロサンゼルスの空港に到着したとき，ロサンゼルスの現地時間は何月何日何時か。適するものを次のア〜エから選び，記号で答えなさい。

ア　1月6日　3：00　　イ　1月6日　10：00　　ウ　1月5日　10：00　　エ　1月5日　3：00

問3　次の図2は，富田校舎周辺を示す2万5千分の1地形図である。図を参照し適当でないものをア〜エから選び，記号で答えなさい。

ア　富田校舎付近には富田駅とあしかがフラワーパーク駅があるが，図中の富田校舎を示す記号に最も近いのは富田駅である。

イ　富田校舎周辺は，湿地や水田がみられ洪水の被害が出やすい低平な地形であることが読み取れる。

ウ　地図中の線路の北側には老人ホームや博物館（美術館）がある。

エ　富田駅とあしかがフラワーパーク駅間は約4cmであるから，2万5千分の1地形図の場合は，実際の距離は約2kmである。

図2

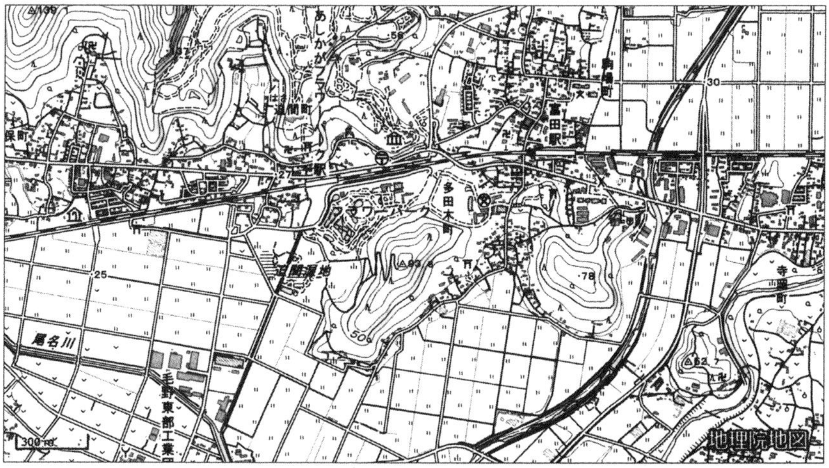

問4　次の文中の下線部a〜cのうち，内容が適当でないものを選び，記号で答えなさい。

富田校舎に近い佐野市は日本一暑い町としてニュースで取り上げられることが多い。この理由は，周囲を山に囲まれた地形により，a山を越えた風が麓《ふもと》に吹き下ろす際に乾燥して気温が上昇する，フェーン現象が発生し，気温が上がった可能性が考えられる。さらに，佐野や周辺地域は内陸部で　bやませの影響を受けて暖まった空気がたまりやすい特徴があるという。cビル街など都市部の気温が周囲より高くなる「ヒートアイランド現象」なども伴い，南西からの暖かい風が吹き込んだ影響もある。「首都圏から暖かい空気が流れ込みやすい」ため，佐野市は暑くなりやすいのだ。

（出典　下野新聞等より作成）

2　次の各問いに答えなさい。

問1　次の文を読み，自然災害と防災に関する問い(i)～(v)に答えなさい。

日本は，ユーラシア大陸の東岸に位置し，①季節風の影響により，四季がはっきりしている。
日本列島では，地震や津波，火山災害のほかに，不順な天候や激しい大気現象によって多くの災害が引き起こされる。日本列島では山崩れやがけ崩れ，地すべり，土石流などの土砂災害がしばしば発生する。これは，［ 1 ］うえ，梅雨前線や②台風に伴う大雨が多いためである。山地に降った雨が，短時間で洪水や鉄砲《てっぽう》水となって，山間部や低地を襲うこともある。また，海岸近くの沖積平野や③複雑な海岸線をもつ地域では，台風の接近に伴って［ 2 ］の被害を受けることがある。近年は，1時間にも満たない短い時間に，狭い範囲に大雨が降る局地的大雨や，狭い範囲に数時間にわたって雨が強く降り続いて総雨量が数百mmに達するような集中豪雨が日本各地でみられる。

(i)　文中の［ 1 ］に適する文を次のア～エから選び，記号で答えなさい。
ア　日本列島の山は高く険しいので，河川の流れも急である
イ　日本列島の山は高く険しいが，河川の流れは緩やかである
ウ　日本列島の山はなだらかで，河川の流れは急である
エ　日本列島の山はなだらかで，河川の流れも緩やかである

(ii)　文中の［ 2 ］に適する語句を次のア～エから選び，記号で答えなさい。
ア　津波　　イ　高潮　　ウ　地盤沈下　　エ　干ばつ

(iii)　下線部①に関して，図1は，夏と冬の風向きを示したものである。冬の風を示すものをA・Bから選び，記号で答えなさい。

図1

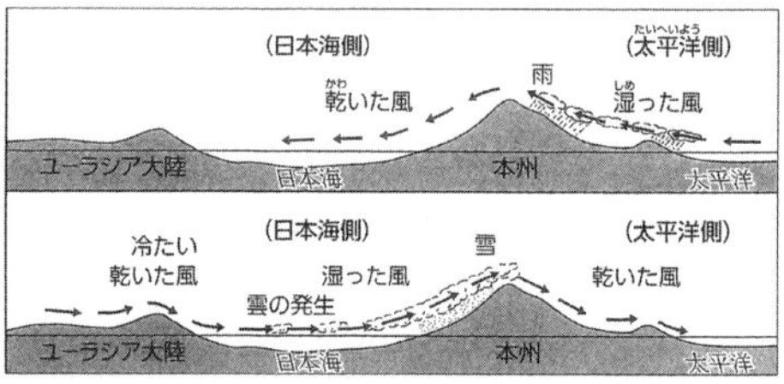

(iv)　下線部②に関して，次の文章の下線部a～dのうち，内容が適当でないものを選び，記号で答えなさい。

図2は　a紀伊半島の南西付近に台風が接近している状況を示している。台風は，b赤道の南の地域で発生して北上する。紀伊半島南東部は，c日本有数の多雨地域であり，集中豪雨の際には，がけ崩れや土石流といった甚大《じんだい》な被害を与えることがある。熱帯低気圧は発生する地域によって名称が異なり，大西洋西部のメキシコ湾で発生するものを　dハリケーンとよぶ。

図2

解答　P293

(v) 下線部③に関して，図２中の破線地域でみられる山地や丘陵が沈水することにより，谷に海水が浸入してできた複雑に入り組んだ海岸を何というか答えなさい。

問２　次の文ア～オから正しいものを一つ選び，記号で答えなさい。

ア　赤道に近い低緯度地域の国では，高緯度地域に比べて夏の日照時間が長いのでサマータイムを導入している国が多い。

イ　サマータイムの期間中は，余暇活動の時間が増えるため経済効果が高く，サマータイムは日本を含む先進国ではすでに導入されている。

ウ　南極圏や北極圏にある集落では，冬至のころは太陽が一日中沈まない白夜となり，24時間日常生活が営まれている。

エ　各地の標準時は，経度30度ごとに１時間ずつの時刻のずれがあり，これを時差という。

オ　日本の標準時子午線は，兵庫県明石市を通る東経135度線である。

問３　次の図３中のＡ～Ｄは，人口増加率，65歳以上人口の割合，農業産出額，工業製品出荷額を示したものである。Ａ～Ｄとそれぞれが示すものの正しい組み合わせをア～エから選び，記号で答えなさい。

	A	B	C	D
ア	人口増加率	65歳以上人口の割合	農業産出額	工業製品出荷額
イ	65歳以上人口の割合	人口増加率	工業製品出荷額	農業産出額
ウ	人口増加率	65歳以上人口の割合	工業製品出荷額	農業産出額
エ	65歳以上人口の割合	人口増加率	農業産出額	工業製品出荷額

図３

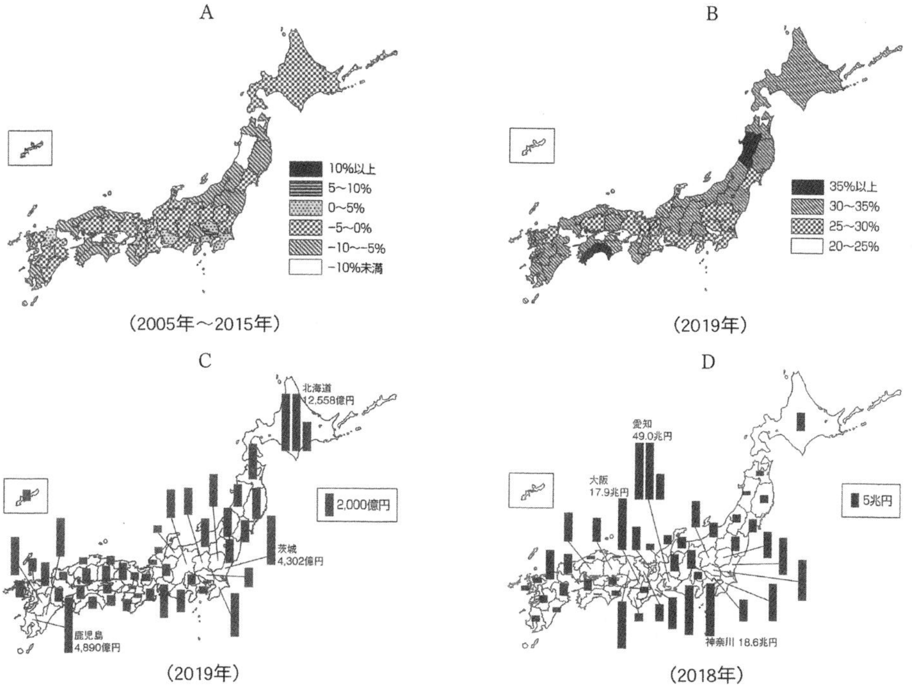

（出典　総務省「人口推計」，国勢調査，農林水産省 資料，『工業統計表』より作成）

3　カモメ中学３年生の咲さんは，夏休みの宿題の研究課題で古代までの下野国（栃木県）の歴史に関係のある人物やできごとを調べて発表することにしました。カードを見て，問いに答えなさい。

咲さんの調べたカード

A…この時代，唐の僧侶鑑真を招き奈良の東大寺，下野薬師寺，太宰府の観世音寺の３か所に戒壇《かいだん》*を設けた。現在の下野市には，下野国分寺，国分尼寺が建立された。

＊戒壇…僧に対して国が正式な戒律（修行のきまりごと）を授ける場所

白鷗大学足利　入試問題(R5)◆社会

B…氷期が終わり，温暖化が進んだこの時代，栃木県では落葉広葉樹でおおわれ，秋にはクリやトチなどの恵みを得られるようになった。氷がとけて県南近くまで海が広がった。栃木市藤岡地区や野木町周辺では，貝塚が発見されている。また，宇都宮市の野沢遺跡では，穴を掘り下げた地面に柱を立てて草屋根をつけた，校倉造住居の跡が見つかっている。

C…5世紀前期の笹塚古墳(宇都宮市)がこの地域の王の古墳とされる。その後，5世紀末から6世紀前半，小山市北部の思川東岸に摩利支天塚《まりしてんづか》古墳と琵琶塚《びわづか》古墳が出現した。6世紀後半，県内最大の吾妻《あづま》古墳（栃木市，壬生町）が造られた。頭にツボを載せた女性や琴弾《ことひき》の男子など人，家，動物などの土偶が出土している。足利市では，歌で歌われた「渡良瀬橋《わたらせばし》」から西へ1キロ，「八雲神社」に隣接する丘陵の公園に円墳9基と前方後円墳1基がある。

D…この時代の遺跡から出土するものは，栃木県内では，ほぼ100％石器に限られている。そして，石器は，やり先やナイフ，皮なめし用の刃器など主に「刺す，切る，削る」ための道具として使われた。栃木県内では，佐野市東部の上林《かみばやし》遺跡で，石器類が出土した。当時，調査を行った人によるとこれは，3万2000～3万年前のものであるとのことである。

E…栃木県では，恐竜化石は見つかっていない。隣の群馬県では，1985年に国内最初の恐竜の足跡が発見され，骨も見つかった。茨城県では，恐竜時代に海に生息した爬虫類《はちゅうるい》の仲間のモササウルス類の背骨が見つかっている。

F…倭国は百済を支援するために朝鮮半島に大軍を送ったが，663年白村江で唐・新羅の連合軍と戦って大敗した。下野市が出身地とされる下毛野古麻呂《しもつけのこまろ》は，この時代，都で役人となり，その後能力の高さを買われて［　　　］の制定に加わっている。

G…中世から近世の栃木県のようす
鎌倉幕府が成立すると，栃木県では，小山・宇都宮・足利・那須などの下野の武士も御家人として活躍した。徳川家康が幕府を開くと，天領や旗本領に細分化され大名や旗本が支配するようになった。

（出典　読売新聞等　より作成）

問1　カードAの時代について，次の問いに答えなさい。

(i)　この時代について述べた文X・Yについて，その正誤の組み合わせとして正しいものを次のア～エから選び，記号で答えなさい。

X　たび重なる渡航の失敗から失明し，約10年かけて来日した鑑真は，唐招提寺を開いた。
Y　戸籍に登録された6歳以上の人々には，性別や身分に応じて口分田があたえられた。

ア　X－正　Y－正　　イ　X－正　Y－誤　　ウ　X－誤　Y－正　　エ　X－誤　Y－誤

(ii)　成人した農民の負担についての表AのⅠ～Ⅲに当てはまる語句の組み合わせとして正しいものを表Bのア～オから選び，記号で答えなさい。

表A

Ⅰ	稲の収穫の3％を納める
Ⅱ	労役の代わりに麻布（約8m）を納める
Ⅲ	絹や魚などの特産物を納める
雑徭	国司の下で1年に60日以内の労役
兵役	食料・武器は自己負担で訓練を受ける。都…1年間，防人…3年間
出挙	稲を借りて利息付きで返す

表B

	Ⅰ	Ⅱ	Ⅲ
ア	租	調	庸
イ	庸	租	調
ウ	調	庸	租
エ	租	庸	調
オ	庸	調	租

問2　カードBとCの文章中の下線部について，それぞれ正しい語句に書きかえなさい。

解答　P293

問3　カードＦの時代について，次の問いに答えなさい。

(i)　次のａ～ｄについて，この時代ではないものを（　Ｘ　），この時代におこったものを（　Ｙ　）とした場合，正しい組み合わせをア～エから選び，記号で答えなさい。

ａ　富本銭の鋳造　　ｂ　平安京遷都　　ｃ　イスラム教成立　　ｄ　仏教成立

ア　Ｘ－ａ　Ｙ－ｃ　　イ　Ｘ－ａ　Ｙ－ｄ　　ウ　Ｘ－ｂ　Ｙ－ｃ　　エ　Ｘ－ｂ　Ｙ－ｄ

(ii)　カードＦの文章中の［　　　］は，701年につくられた刑罰や政治を行う上でのさまざまな決まりである。この法典名を漢字４字で答えなさい。

問4　Ａ～Ｆのカードについて，時代の古い順に並んでいるものを次のア～エから選び，記号で答えなさい。

ア　Ｅ→Ｄ→Ｂ→Ｃ→Ａ→Ｆ　　イ　Ｅ→Ｂ→Ｄ→Ｃ→Ａ→Ｆ

ウ　Ｅ→Ｂ→Ｄ→Ｃ→Ｆ→Ａ　　エ　Ｅ→Ｄ→Ｂ→Ｃ→Ｆ→Ａ

問5　次の二人の天皇（兄弟）の話を読み，当てはまる時代をカードＡ～Ｆから選び，記号で答えなさい。

兄「私は，皇太子の時代に都を難波に移し，政治の中心とした。「大化」という元号を使った。これまで豪族たちが支配していた土地と人々はこれから国家が直接支配することにした。外国の侵攻に備えて大野城や水城もつくり都も大津に移した。天皇に即位してからは，初の全国的な戸籍をつくったぞ。」

弟「兄が亡くなった後，あとつぎをめぐる争いである壬申の乱に勝って天皇になった。皆は，私のことを神に例えている。天皇の力を高めて唐や新羅に負けない国をつくりたい。都は，飛鳥にもどすぞ。」

問6　カードＧの時期に当てはまらない諸外国のできごとを次のア～エから選び，記号で答えなさい。

ア　ルターが宗教改革を開始した。　　イ　コロンブスが西インド諸島に到達した。

ウ　イタリアからルネサンスが広がった。　　エ　辛亥革命が起こった。

4　諸外国と日本との関係についての次の年表や文章を読み，問いに答えなさい。

東アジアでは，1557年からポルトガルの支配下に置かれていたマカオが1999年に，そして，イギリスが支配していた香港は1997年に，それぞれ中国に返還されました。

問1　文中の下線部に関連する語句の正しい組み合わせをア～エから選び，記号で答えなさい。

ア　江華島事件－南京条約　　イ　アヘン戦争－日清修好条規

ウ　江華島事件－日清修好条規　　エ　アヘン戦争－南京条約

問2　文中の下線部のきっかけとなった出来事がおこったのは，年表のどの時期に当てはまるのか，Ａ～Ｄから選び，記号で答えなさい。

年	できごと
1825	異国船打払令
Ａ	
1837	大塩平八郎の乱
Ｂ	
1853	ペリー来航
Ｃ	
1858	日米修好通商条約
Ｄ	

問3　日本と欧米諸国との対等な関係を求めて行った条約改正に向けての年表を見て，(i)～(v)の問いに答えなさい。

年	責任者	交渉の状況
1872	岩倉具視	準備不足で失敗
1878	寺島宗則	イギリスなどの反対で不成功
Ａ		
1882～87	ア　井上馨	舞踏会を開くなどの欧化政策への反発で中止
Ｂ		
1888～89	大隈重信	外国へ譲歩した大隈が襲われ中止

1891	イ　青木周蔵	大津でロシア皇太子が襲われ中止
1894	ウ　陸奥宗光	［　Ⅰ　］権の廃止に成功
C		
1899	青木周蔵	各国との改正条約を実施
D		
1911	エ　小村寿太郎	［　Ⅱ　］権を完全に回復
E		

(i)　写真Ⅰは鹿鳴館である。この建物に関係の深い人物を年表のア～エから選び，記号で答えなさい。

写真Ⅰ

(ii)　年表中の［　Ⅰ　］，［　Ⅱ　］に当てはまる語句を漢字４字で答えなさい。

(iii)　次の文は，ある戦争についての意見である。文章を読み，どの時期に出されたものか，年表のＡ～Ｅから選び，記号で答えなさい。

> 東京帝国大学の七博士意見書（部分要約）
> 　ロシアは朝鮮で問題を起こそうとしているようである。争いの中心を朝鮮に置いておけば，満州がロシアの勢力内にあるとみなが思うからである。そのため，極東の問題は満州の保全にかかっている。・・・・この機会を失えば，日本の存在は危うくなることを自覚すべきである
> 内村鑑三の非戦論（部分要約）
> 　私は戦争そのものに絶対に反対する者である。戦争は人を殺すことであり，それは大罪悪である。

(iv)　日本がある国との戦争の後，下関で講和条約が結ばれ，その内容は以下のようなものであった。この条約が結ばれるきっかけとなった戦争が起きた時期を年表のＡ～Ｅから選び，記号で答えなさい。

> （１）　朝鮮の独立を認める
> （２）　遼東《りょうとう》半島・台湾・澎湖《ほうこ》列島を日本にゆずりわたす
> （３）　賠償金２億両《テール》を支払う

(v)　(iv)の条約が結ばれた後の日本と諸外国の動きについて述べたａ～ｄについて，正しいものの組み合わせをア～エから選び，記号で答えなさい。

ａ　ロシアは，ドイツ，イギリスとともに日本が獲得した遼東半島を返還するように勧告してきた。
ｂ　ロシアは，ドイツ，フランスとともに日本が獲得した遼東半島を返還するように勧告してきた。
ｃ　三国干渉に対して，日本は軍事力を持って対抗した。
ｄ　三国干渉に対して，日本は対抗できる力がなかったために受け入れた。

ア　ａとｃ　　　イ　ａとｄ　　　ウ　ｂとｃ　　　エ　ｂとｄ

5　次の会話文を読んで，あとの問いに答えなさい。

> 先　生：前回の授業で，①「三権分立」という言葉を学習しましたね。
> 生徒Ａ：はい。国の権力を立法権，行政権，司法権に分け，それぞれ別の機関が持つことで権力の集中を防ぎ，国民の人権を守るという考え方です。
> 先　生：日本国憲法では，三権の中でも立法権をになう国会のことを「（　Ａ　）の最高機関」とされています。
> 生徒Ｂ：憲法を読んでみると，国会議員のことは「正当に②選挙された国会における代表者」とされています。国会議員を正当に選挙するためには，どんなことが大切でしょうか？

先　生：国民の③自由権や平等権が尊重されることが大切です。
　　　　国会と議院内閣制の関係のうえに成り立っているのが，行政権を担う内閣です。内閣が決めた方針に従って，憲法で「全体の奉仕者」と定められた国の職員が，④中央省庁などで行政の実務を行っています。
生徒C：そして，残る一つが，司法権を担う⑤裁判所ですね。これらの三権が互いに抑制されることで，権力の暴走を防ぐのが，三権分立の目的でしたよね。ところで，地方公共団体にも，これに似たようなしくみがありますか？
先　生：似たしくみは，あります。ただし，⑥地方公共団体は三権のうち，（　B　）権にあたるはたらきはもっていません。

問1　文中の（　A　）にあてはまる言葉を漢字2字で答えなさい。

問2　文中の（　B　）にあてはまる言葉を，会話文の中から抜き出して答えなさい。

問3　下線部①を図1で表した。図1中のX・Yにあてはまるものを次のア～オからそれぞれ選び，記号で答えなさい。
ア　衆議院の解散
イ　違憲立法の審査
ウ　国政の調査
エ　内閣総理大臣の指名
オ　最高裁判所長官の指名

図1
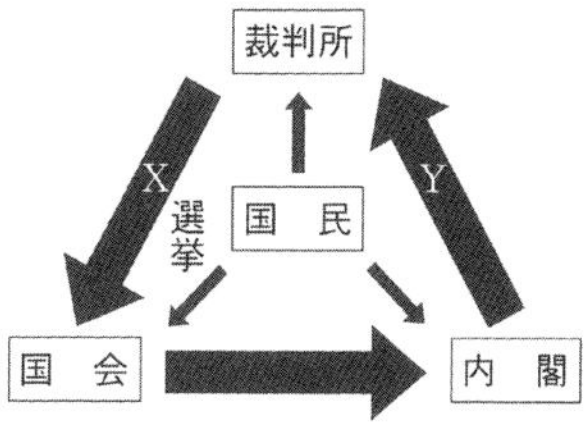

問4　下線部②に関して，図2の示す選挙制度の特色を，ア～エから選び，記号で答えなさい。
ア　死票が多くなる。
イ　二大政党制を維持しやすい。
ウ　小政党からも当選が見込まれ，政権が不安定になりやすい。
エ　得票率と政党の議席獲得率に大きな開きが生じる。

図2
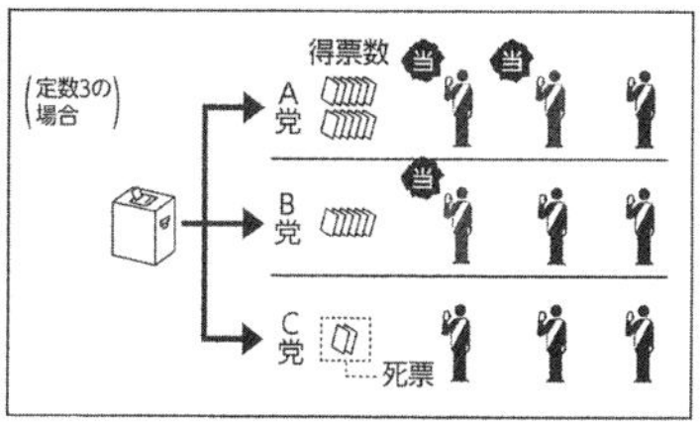

問5　下線部③に関して，経済活動の自由にあてはまるものとして，正しい組み合わせをア～エから選び，記号で答えなさい。
ア　学問の自由，居住・移転の自由　　イ　集会・結社の自由，職業選択の自由
ウ　居住・移転の自由，職業選択の自由　　エ　苦役からの自由，思想及び良心の自由

問6　下線部④の権限の一部を地方にゆだねるために1999年に制定され，翌年施行された法律は何か，解答欄に合わせて答えなさい。

問7　下線部⑤について，授業で模擬裁判をおこなった時のようすの一部である。［　C　］，［　D　］にあてはまる言葉をア～エからそれぞれ選び，記号で答えなさい。

裁判官：これより審理に入ります。［　C　］は，前に出て，証言台まで来て下さい。
　　　　それでは，これから［　C　］に対する窃盗事件についての審理を行います。
　　　　［　D　］は，起訴状を読み上げて下さい。

ア　被告人　　イ　原告　　ウ　弁護人　　エ　検察官

問8　下線部⑥が，義務教育の実施など特定の活動を行うために国から受け取っているものを図3中のa～dから選び，記号で答えなさい。

図3
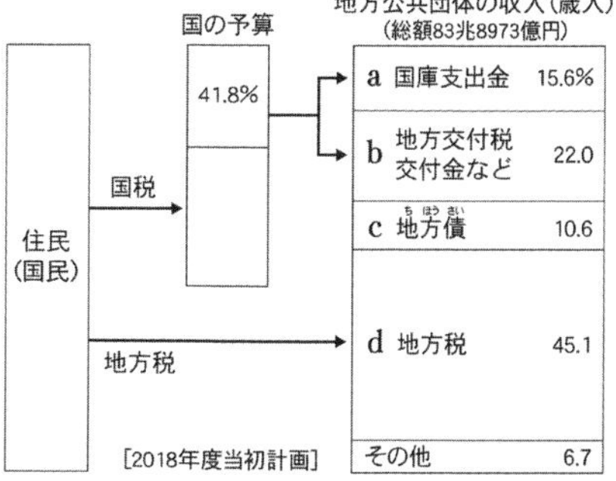

私立
R5

実戦編◆社会　白鷗大学足利

6　経済に関するさまざまなしくみをまとめたものである。あとの問いに答えなさい。

問1　経済活動のしくみに関する図1を説明した文として，正しいものをア～エから選び，記号で答えなさい。

ア　AとBは利潤の一部を利息として支払うことを表している。
イ　Cの代表例として，間接税の1つである所得税がある。
ウ　Dの代表例として，国税の1つである住民税がある。
エ　EとFの代表例として，労働力の提供と給料がある。

図1

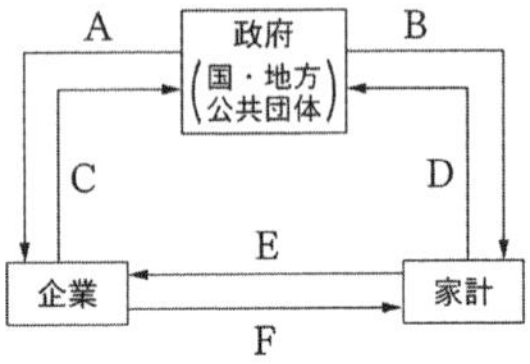

問2　株式会社のしくみに関する図2をみて， X に入る機関名と Y に入る言葉を答えなさい。

問3　株式会社は，利潤を目的に活動を行う民間企業の最も代表的なものである。このような企業を何というか，漢字3字で答えなさい。

図2

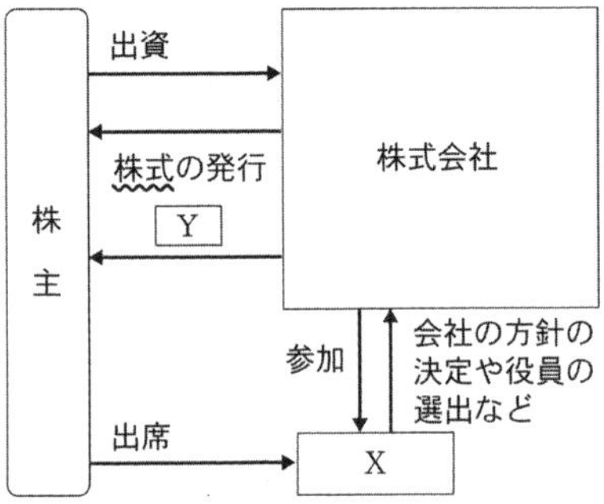

問4　図2の波線部の株式について述べた下の文が，正しい内容となるようにそれぞれ選択肢を選びなさい。

株式の売買は，{①　ア　証券取引所　　イ　公正取引委員会} で行われる。会社の業績が良くて，利益が上がると，その会社の株式を {②　ウ　購入　　エ　売却} する人が増え，株価が上がる。

問5　日本における金融のしくみに関する図3を見て， A ～ D にあてはまる語句の組み合わせとして正しいものを，次のア～エから選び，記号で答えなさい。

図3

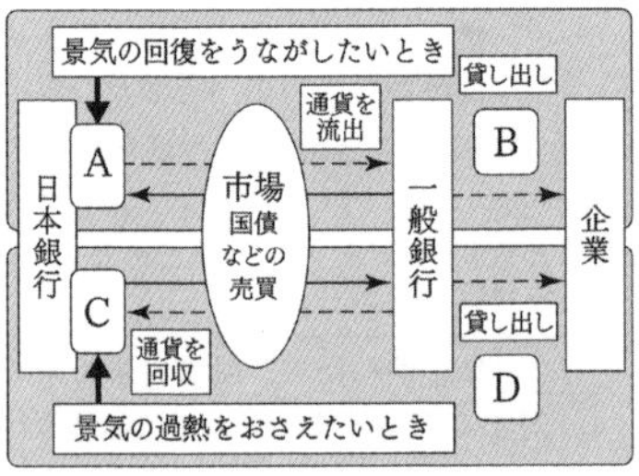

ア　A：国債などを買う　B：増える　C：国債などを売る　D：減る
イ　A：国債などを買う　B：減る　C：国債などを売る　D：増える
ウ　A：国債などを売る　B：減る　C：国債などを買う　D：増える
エ　A：国債などを売る　B：増える　C：国債などを買う　D：減る

白鷗大学足利［学業特待］

数　学

1　次の各問いに答えなさい。

(1) $2-3^2\times(-2)$ を計算しなさい。

(2) $\sqrt{8}-\dfrac{6}{\sqrt{2}}+2\sqrt{2}$ を計算しなさい。

(3) $\dfrac{5a-6}{9}-\dfrac{a+2}{3}$ を計算しなさい。

(4) 方程式 $x-4(3x-2)=19$ を解きなさい。

(5) 連立方程式 $2x+y=x-5y=-11$ を解きなさい。

(6) 2次方程式 $2x^2+7x+1=0$ を解きなさい。

(7) y は x に比例し，$x=-4$ のとき $y=32$ です。$y=4$ のときの x の値を求めなさい。

(8) 関数 $y=\dfrac{12}{x}$ について正しく述べていることを，下の①～⑤の中からすべて選び，番号で答えなさい。

① y は x に比例する。

② y は x に反比例する。

③ グラフは，y 軸を対称の軸として対称である。

④ グラフは，原点を通る直線である。

⑤ グラフは，双曲線である。

(9) 右の図で，点Oを円の中心とするとき，$\angle x$ の大きさを求めなさい。

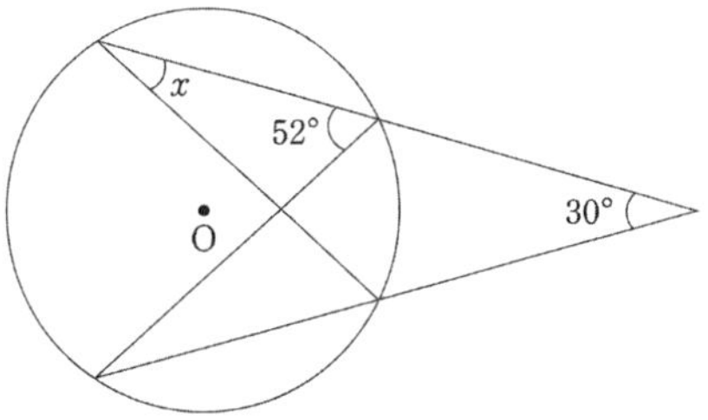

(10) 大小2個のさいころを同時に投げるとき，2個とも5以上の目が出る確率を求めなさい。

2　次の各問いに答えなさい。

(1) スポーツテストで，30人のハンドボール投げの記録の平均値は，ちょうど20mでした。このとき，必ずいえることを，次の①～④の中から選び，番号で答えなさい。

① 記録が20mだった人が最も多い。

② 30人の半分の15人の記録は，20m以上である。

③ 全員の記録を合計すると600mである。

④ 記録を大きい方から順に並べたとき，大きい方から数えて15番目と16番目の記録の平均値は20mである。

(2) $x=\sqrt{5}+\sqrt{2}$，$y=\sqrt{5}-\sqrt{2}$ のとき，x^2y-xy^2 の値を求めなさい。

(3) x，y についての連立方程式 $\begin{cases}ax+by=5\\bx-ay=-12\end{cases}$ の解が $x=-2$，$y=3$ であるとき，定数 a，b の値を求めなさい。

(4) 2次方程式 $x^2+ax+12=0$ の2つの解がともに負の整数であるような定数 a の値をすべて求めなさい。

(5) 関数 $y=2x^2$ において，x の値が a から $a+2$ まで増加するときの変化の割合は32です。定数 a の値を求めなさい。

(6) 右の図のように，$\angle\mathrm{ABC}=54°$ である三角形ABCの辺AB上に点Dをとり，線分CDを折り目として三角形ABCを折り，頂点Aが移った点をPとします。PD∥BCのとき，∠PDCの大きさを求めなさい。

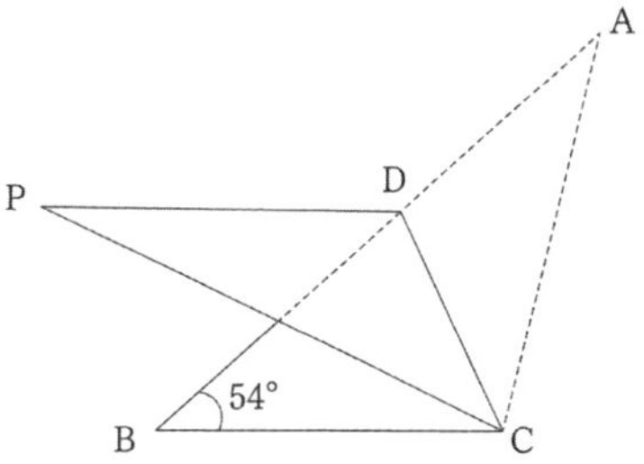

解答・解説 P310

3　M先生と2人の生徒Aさん，Bさんが会話をしています。下の会話文を読んで，次の問いに答えなさい。

M先生：今日は連続する2つの偶数について，大きい方の偶数の2乗から小さい方の偶数の2乗をひいた数を考えてみよう。
例えば6と8だと $8^2-6^2=28$ だね。

Aさん：実際に計算すればいいんじゃないかな。

M先生：それじゃあ 126^2-124^2 はいくつだろう。

Aさん：計算がすごく大変。もっと簡単に求める方法はないかな。

Bさん：文字を使って考えてみようか。nを整数として，小さい方の偶数を$2n$とすると大きい方の偶数は［ア］で表せるね。

Aさん：それぞれを2乗して差を計算してみると［イ］になったよ。

Bさん：あ。この［イ］の式は小さい方の偶数と大きい方の偶数の和を［ウ］倍しているよ。

(1) ア，イ，ウにあてはまる数または式を答えなさい。

(2) 126^2-124^2 の値を求めなさい。

4　Aさんの家には，「強」「中」「弱」の3段階の強さで使用できるストーブがあります。このストーブの灯油の消費量は，どの強さで使用した場合でも，使用した時間に比例します。また，1時間あたりの灯油の消費量は下の表のようになることがわかりました。

ストーブの強さ	強	中	弱
1時間あたりの灯油の消費量（L）	0.75	0.5	0.25

ある日，Aさんは9Lの灯油が入ったこのストーブを，午前6時に点火してから午前10時まで「強」で使用し，午前10時から午後2時までは「弱」で使用し，午後2時から再び「強」で使用しました。午後6時にストーブを止めたところ，灯油が2L残っていました。下のグラフはAさんが点火してからx時間後の灯油の残りの量をyLとしたときのxとyの関係を表したものです。このとき，次の問いに答えなさい。

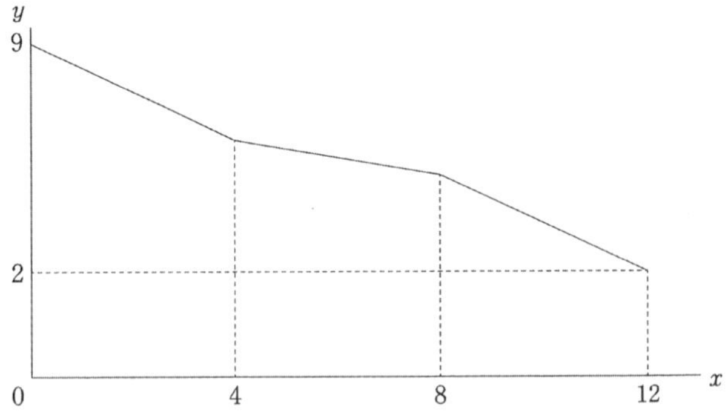

(1) Aさんが点火してから1時間20分後の灯油の残りの量を求めなさい。

(2) 午後4時の時点での灯油の残りの量を求めなさい。

(3) 次の日に，同じストーブに灯油を入れ9Lに戻してから，午前6時より前に点火し，午後3時まで「中」で使用しました。午後3時の時点での灯油の残りの量は，前の日の午後3時の時点での灯油の残りの量と等しくなりました。ストーブは午前何時何分に点火しましたか。

5　右の図のような，AB＝4cm，AC＝5cm，BC＝3cm，∠ABC＝90°
AD＝9cm の三角柱 ABC－DEF があります。また，辺BE上に点Pをとります。ただし，点Pは点B，Eと異なる点とします。
このとき，次の問いに答えなさい。

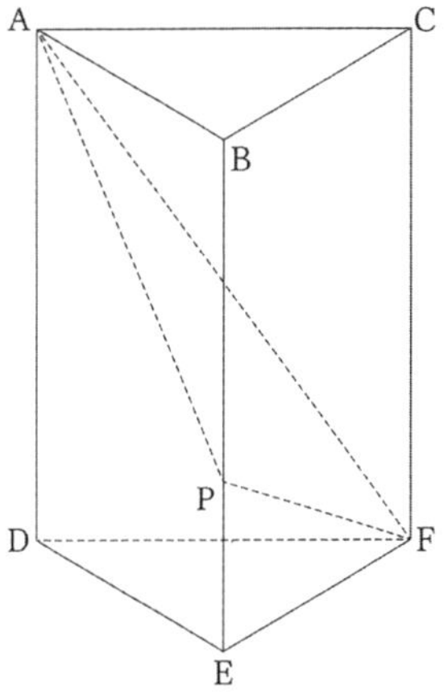

(1) 三角柱 ABC－DEF の辺のうち，辺ACとねじれの位置にある辺は何本ありますか。

(2) 3点A，F，Pを通る平面で三角柱 ABC－DEF を2つの立体に分けます。BP＝7cm のとき，四角すいABPFCの体積を求めなさい。

(3) 分けた2つの立体の表面積が等しくなるとき，線分BPの長さを求めなさい。

6　自転車はペダル側の歯車と後輪側の歯車が連動することで動いています。

$$\frac{\text{（ペダル側の歯車についている歯数）}}{\text{（後輪側の歯車についている歯数）}}$$

をギア比の値とします。たとえばギア比の値が2.5のとき，ペダルを1回転させると，後輪は2.5回転します。一般的に，後輪には複数の歯車がついており，ギア比の値を変えることができます。後輪の直径が1m，ペダル側の歯車の歯数が40，後輪側には下の表のような歯数をもつ歯車①，②がついている自転車を考えます。このとき，次の問いに答えなさい。ただし，円周率をπとします。

歯車	①	②
歯数	32	10

(1) ギア比の値が2.5のとき，ペダルを2回転させると，何m進みますか。

(2) 後輪側の歯車が①のとき，ペダルがx回転したときにym進んだとします。yをxを用いて表しなさい。

(3) ペダルを同じだけ回転させたとき，歯車②で進む距離は，歯車①で進む距離の何倍になりますか。

白鷗大学足利［学業特待］

理　科

制限時間 50分

1　次の(1)～(8)の問いにおいて適当なものはどれか。**ア**～**エ**の中から１つ選び，記号で答えなさい。

(1) ストローと紙ぶくろはこすれ合うと静電気を生じる。このような静電気が発生するしくみについて説明した文として，適当なものはどれか。

ア　ストローのプラスの電気が，紙ぶくろに移動することによる。
イ　紙ぶくろのプラスの電気が，大気中に放出されることによる。
ウ　摩擦により，紙ぶくろにマイナスの電気が新たに発生することによる。
エ　紙ぶくろのマイナスの電気が，ストローに移動することによる。

(2) 図のような装置をつくり，その斜面に小球を置いて手で支えて静止させた。手を静かに離したとき，斜面を転がる間，小球にはたらく進行方向に平行な力（→）について説明した文として，適当なものはどれか。ただし，摩擦や空気抵抗は考えないものとする。

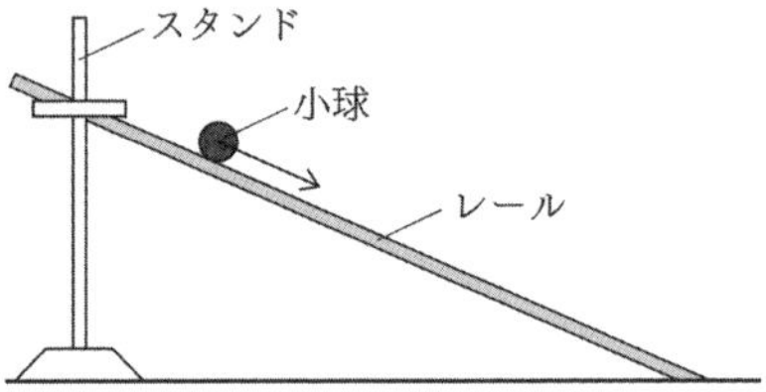

ア　力ははたらき続け，しだいに大きくなる。
イ　力ははたらき続け，しだいに小さくなる。
ウ　力の大きさは，常に一定である。
エ　力ははたらいていない。

(3) 15℃の水に物質Aを最大まで溶かすと，その溶液の質量パーセント濃度は20％になる。15℃の水100 g に物質Aを溶かしたとき，溶ける最大の量として適当なものはどれか。

ア　15 g　　**イ**　20 g　　**ウ**　25 g　　**エ**　30 g

(4) －20℃の冷凍室で，細かく砕いた氷を丸型フラスコに入れてゴム栓をした。この丸型フラスコを20℃の室内に移動し，状態変化のようすを観察した。状態変化のようすを表したものとして，適当なものはどれか。

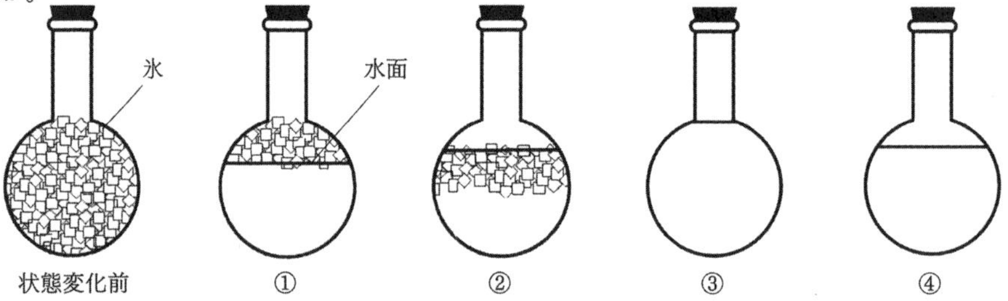

ア　状態変化前　→　①　→　③　　**イ**　状態変化前　→　①　→　④
ウ　状態変化前　→　②　→　③　　**エ**　状態変化前　→　②　→　④

(5) 菌類に分類されるものはどれか。

ア　ミジンコ　　**イ**　インフルエンザウイルス　　**ウ**　スギナ　　**エ**　シイタケ

(6) タンポポについて述べた文として，適当なものはどれか。

ア　葉は平行脈，根は主根と側根がある。　　**イ**　葉は平行脈，根はひげ根である。
ウ　葉は網状脈，根は主根と側根がある。　　**エ**　葉は網状脈，根はひげ根である。

(7) 北半球の高気圧における上空から見た大気の動きを模式的に表した図として，適当なものはどれか。ただし図中の黒矢印は地表付近をふく風の向きを示している。

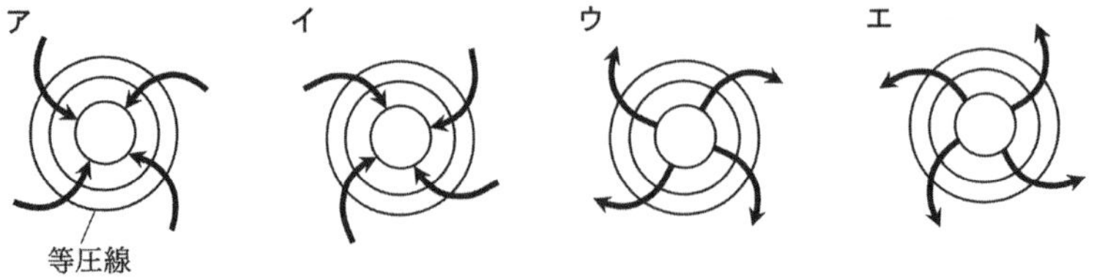

(8) 寒冷前線が通過する前後の雨の降るようすと風向きの変化について述べた文のうち，適当なものはどれか。

ア　強い雨が短い時間降った後，北よりの風にかわる。
イ　強い雨が短い時間降った後，南よりの風にかわる。
ウ　弱い雨が長い時間降った後，北よりの風にかわる。
エ　弱い雨が長い時間降った後，南よりの風にかわる。

解　答　P293

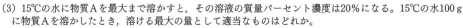

2　光の進み方を調べるため，次の実験１～３を行った。(1)～(5)の問いに答えなさい。

【実験１】

図１のような均一な厚さの半円形ガラスを用いて，光の反射と屈折について調べた。図２のように光源装置の光を半円形ガラスの中心に向けて半円形ガラス側から空気側へ入射したときの光の道すじのようすを観察した。ただし，図２の光の道すじは一部省略してある。

【実験２】

図３の破線は半円形ガラスの中心を通り，このガラスを二等分する線である。この二等分線と平行となるように半円形ガラスに光を入射させると，その光はガラス内を進んでガラスの外に出た。このときの進んだ光の道すじのようすを観察した。

【実験３】

図４のように，正方形のマス目の上に鏡を置いた後，ａ～ｄの位置に棒を立てた。☆印の位置からａ～ｄの棒が鏡にうつって見えるかどうかを確かめた。ただし，鏡の厚さは考えないものとする。

図１

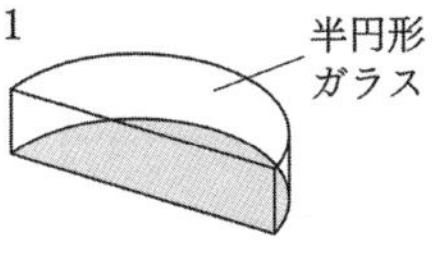

図２

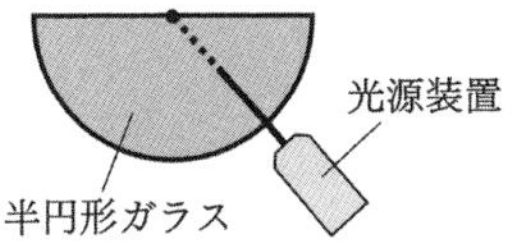

図３

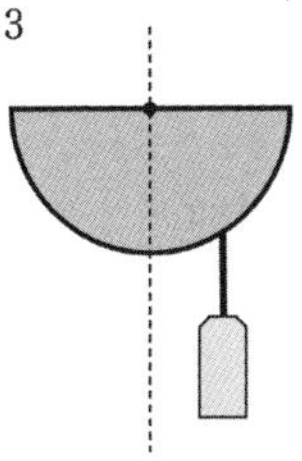

図４

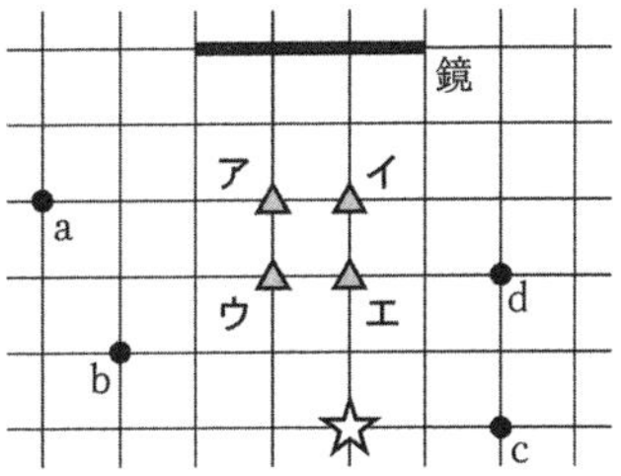

(1) 実験１において，入射させた光は反射する光と屈折する光に分かれる。このとき，入射角・反射角・屈折角の関係を表した式として，適当なものはどれか。**ア**～**カ**の中から１つ選び，記号で答えなさい。

ア　入射角 < 反射角 < 屈折角　　**イ**　入射角 ＝ 反射角 ＝ 屈折角
ウ　入射角 < 反射角 ＝ 屈折角　　**エ**　入射角 > 反射角 ＝ 屈折角
オ　入射角 ＝ 反射角 < 屈折角　　**カ**　入射角 ＝ 反射角 > 屈折角

(2) 実験２において，半円形ガラスの中と外を通る光の道すじの模式図として，適当なものはどれか。**ア**～**オ**の中から１つ選び，記号で答えなさい。

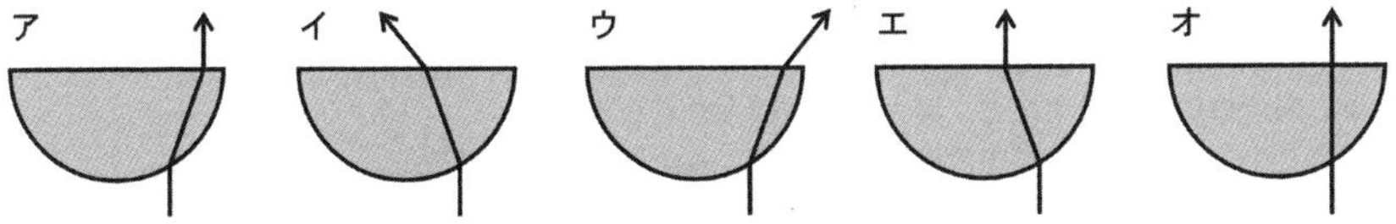

(3) 実験３において，☆印の位置から鏡を見たときに鏡にうつっている棒として，適当なものはどれか。**ア**～**カ**の中から１つ選び，記号で答えなさい。

ア　ｂのみ　　**イ**　ｃのみ　　**ウ**　ａ，ｂ
エ　ｂ，ｃ　　**オ**　ｃ，ｄ　　**カ**　ｂ，ｃ，ｄ

(4) 実験３において，すべての棒を鏡にうつして見るためには，図４の△印**ア**～**エ**のどの位置から，鏡を見ればよいか。図４の**ア**～**エ**の中から１つ選び，記号で答えなさい。

(5) Ａさんの息子のＢさんの身長は114cm，目の高さは床から102cmである。右図のように２人が並んで立って，Ｂさんが真正面の垂直に立てた鏡を見たとき，Ａさんの全身が鏡の上下いっぱいに映っていた。このとき，鏡の上下の長さと床から鏡の下端までの長さの比が「５：３」であったとすると，Ａさんの身長は何cmか。整数で答えなさい。

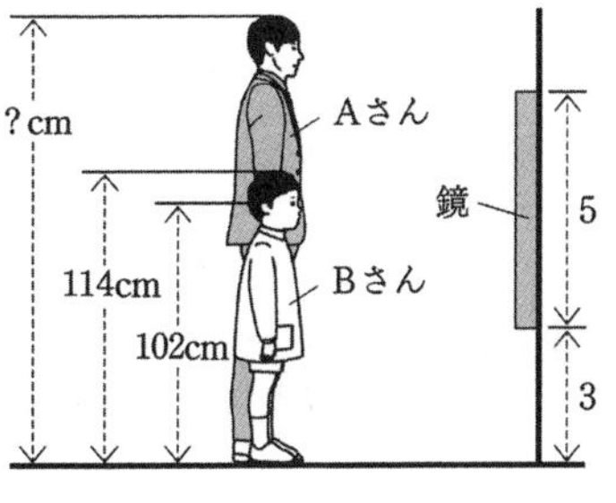

3　物体にはたらく浮力についての実験を行った。(1)～(5)の問いに答えなさい。ただし，100 g の物体にはたらく重力の大きさを１Nとし，糸の質量や体積は考えないものとする。

【実験】

図１，２のような質量90 g の物体A，質量45 g の物体Bを準備する。図３のように物体Aにばねばかりをつけて，物体底面が水平になるようにつるした。水槽に触れないようにして物体Aをゆっくりと水中へ沈めていき，水面から物体底面までの距離，そのときのばねばかりの値を調べた。物体Bについても同様の操作を行い，物体Aの結果を表にまとめた。

図３

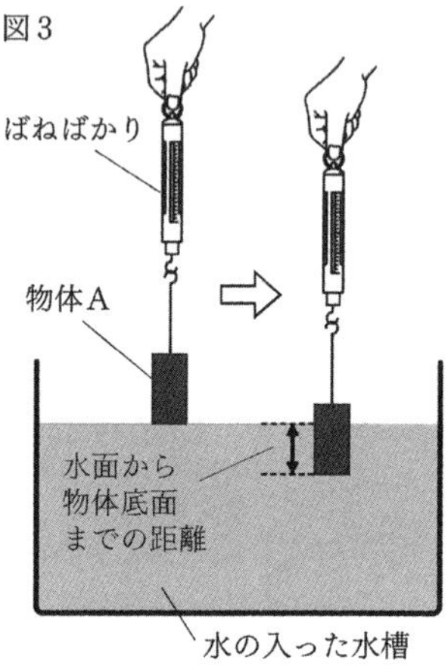

図１（物体A）

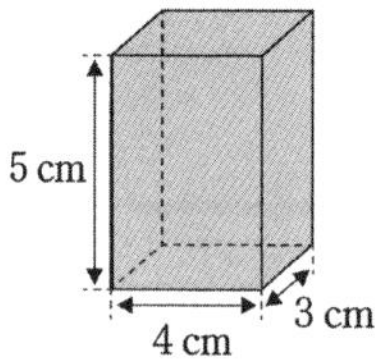

図２（物体B）

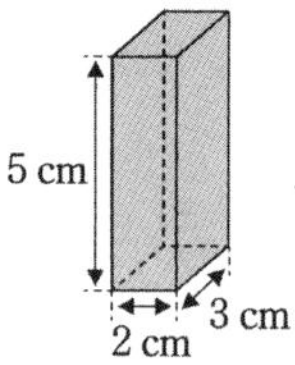

水面からの物体底面までの距離[cm]	0	1.0	2.0	3.0	4.0	5.0
物体Aのばねばかりの値［N］	0.90	0.78	0.66	0.54	0.42	0.30

(1) 物体Aを水槽に入れずにそのままの向きで床に置いたとき，物体Aが床と接する面にはたらく圧力の大きさは何Paか。整数で答えなさい。

(2) 水中にすべて沈めた物体Aにはたらく圧力の向きと大きさを矢印で表した模式図として，適当なものはどれか。**ア～エ**の中から１つ選び，記号で答えなさい。

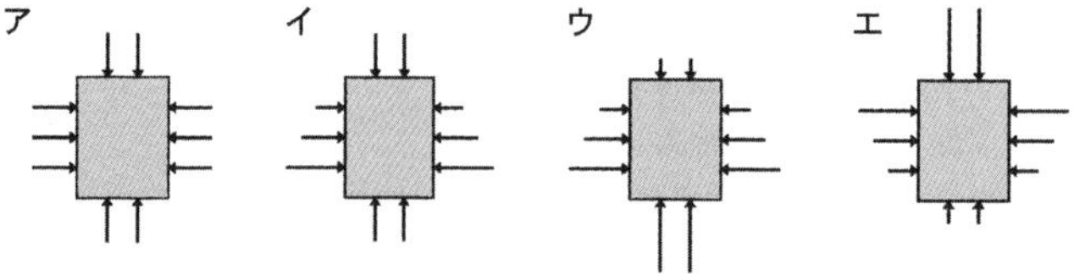

(3) 浮力に関する説明として，適当なものはどれか。**ア～オ**の中から１つ選び，記号で答えなさい。

ア　物体Aと物体Bでは密度が等しいので，全体を沈めたときの浮力も等しくなる。
イ　物体の水中にある部分の体積が増すほど，浮力と重力は大きくなる。
ウ　物体の密度が水より小さい場合は，水中では浮力しかはたらかないので水に浮く。
エ　物体を沈める液体を水から油に変えても，物体にはたらく浮力は変わらない。
オ　物体全体を水中に沈めたあとの浮力の大きさは，深さには関係しない。

(4) 物体Bを水中に沈めていって水面から物体底面までの距離が3.0cmになったとき，物体Bにはたらく浮力の大きさは何Nか。小数第２位まで答えなさい。

(5) 物体Aと物体Bにおいて，水面から物体底面までの距離がともに4.0cmのとき，物体Aと物体Bの底面にはたらく圧力の比として，適当なものはどれか。**ア～オ**の中から１つ選び，記号で答えなさい。

ア　1：4　　**イ**　1：2　　**ウ**　1：1　　**エ**　2：1　　**オ**　4：1

4　酸とアルカリの性質を調べるため，次の実験を行った。(1)～(5)の問いに答えなさい。

【実験】

うすい水酸化バリウム水溶液をビーカーA～Eにそれぞれ20cm³とり，ＢＴＢ溶液を数滴加えた。その後，ビーカーA～Eに加えるうすい硫酸の体積を変化させて操作１～操作３の手順で実験を行った。

【操作１】

うすい硫酸をメスシリンダーを用いてはかりとり，図１のようにビーカーA～Eにそれぞれ加えて反応させた。

しばらくするとビーカーA～Eの底に白い沈殿が生じた。

図１

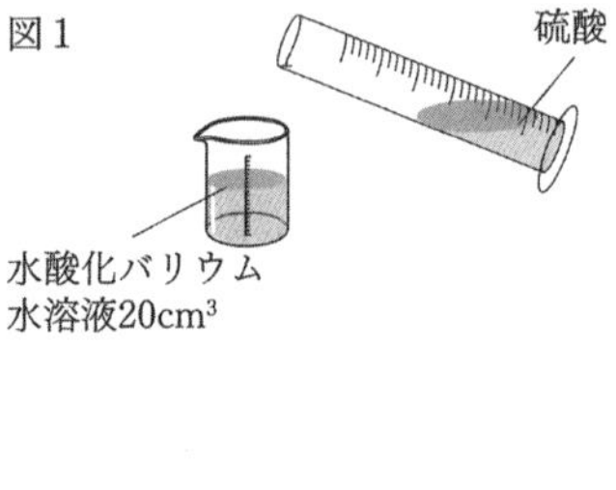

【操作2】

図2のように電源装置と電流計をつないだ電極を用いて，ビーカーA～Eの水溶液に流れる電流をはかった。

図2

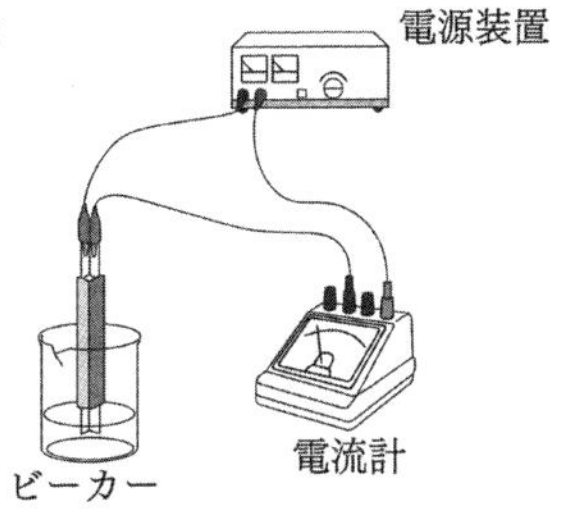

【操作3】

操作1でできた白い沈殿をろ過し，ろ紙に残った物質を乾燥させて質量をはかり，加えた硫酸の体積とできた白い沈殿との質量の関係を下表にまとめた。

表

	A	B	C	D	E
加えた硫酸の体積［cm^3］	10	20	30	40	50
生じた沈殿の質量［g］	0.24	0.48	0.72	0.82	0.82

(1) 操作1の後，それぞれのビーカーの色を観察した。ビーカーA，ビーカーEが示す色を**ア**～**エ**の中から<u>それぞれ</u>選び，記号で答えなさい。

ア　赤色　　**イ**　黄色　　**ウ**　緑色　　**エ**　青色

(2) 以下は，水酸化バリウム水溶液に含まれるバリウムイオンについて説明した文である。①～③に当てはまる語句の組み合わせとして，適当なものはどれか。**ア**～**エ**の中から1つ選び，記号で答えなさい。

バリウム原子が電子（　①　）個を（　②　）できた（　①　）価の（　③　）イオンである。

	①	②	③
ア	1	失って	陽
イ	1	受け取って	陰
ウ	2	失って	陽
エ	2	受け取って	陰

(3) 実験で用いた水酸化バリウムのように，水に溶けると電流が流れる物質のことを何というか。漢字で答えなさい。

(4) 加えたうすい硫酸の体積と，その水溶液に流れる電流の関係を模式的に表したグラフとして適当なものはどれか。**ア**～**エ**の中から1つ選び，記号で答えなさい。

ア

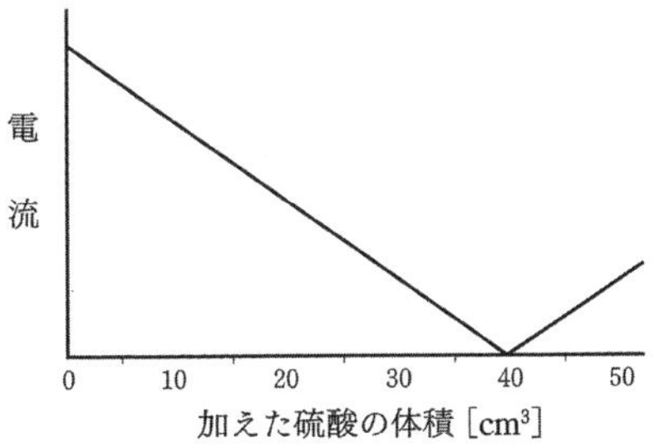

イ

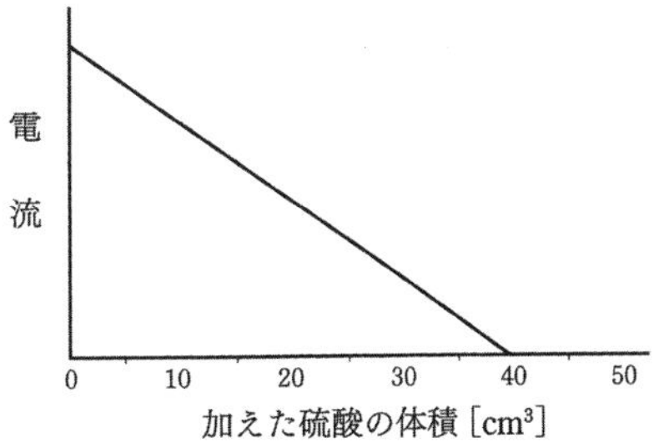

ウ

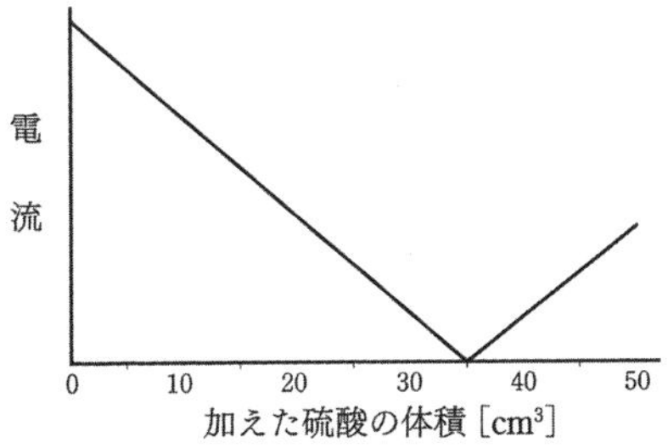

エ

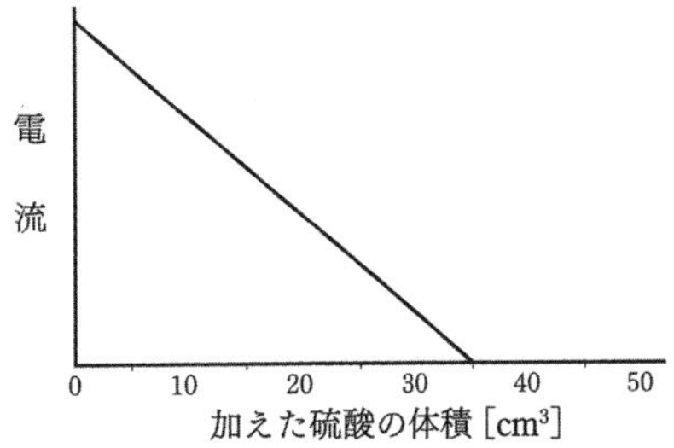

(5) 操作3の後，ビーカーAとEのろ過した後の液体をすべて反応させた。反応させた液体に残るすべてのイオンのうち，陰イオンの割合は何%か。四捨五入して整数値で求めなさい。ただし，反応前のうすい硫酸10cm^3に含まれる水素イオンと，うすい水酸化バリウム水溶液10cm^3に含まれるバリウムイオンの数は等しいものとする。

5　化学変化における物質の質量の関係について調べるため，次の実験を行い，以下のレポートを作成した。(1)～(5)の問いに答えなさい。ただし，炭素は空気中の酸素と反応しないものとする。

酸化銅の［　①　］とその質量について

目的　酸化銅と炭素の反応から，どのような質量比で２つの物質が反応するかを明らかにする。

実験

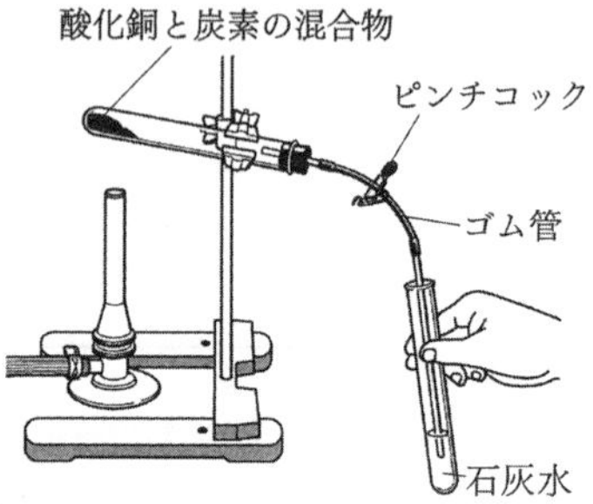

【操作１】
黒色の酸化銅CuOの粉末3.20 gと，黒色の炭素Cの粉末0.24 gをはかりとる。

【操作２】
はかりとった酸化銅の粉末と炭素の粉末をよく混ぜてから試験管に入れ，右図のような装置で混合物を十分に加熱する。この時，試験管につないだ石灰水の変化を観察する。

【操作３】
十分に加熱した後，ガラス管を石灰水からぬき，ガスバーナーの火を消す。その後，ピンチコックでゴム管を閉じる。

【操作４】
加熱した試験管が十分に冷めてから，試験管内の固体をとり出して観察し，質量をはかる。

【操作５】
操作１ではかりとる酸化銅の粉末と炭素の粉末の質量を変えて，操作２～４を再度行う。

【結果】
・酸化銅の粉末と炭素の粉末を加熱した時の石灰水の変化を確認したところ，石灰水は白くにごった。
・加熱後，試験管に残った固体のうち色の変わった部分をろ紙にとってこすると，金属光沢が見られた。
・はかりとった酸化銅と炭素の質量と加熱後の試験管内の物質の質量は下表にまとめた。

酸化銅の粉末の質量［g］	3.20	3.20	3.20	3.20	2.40	1.60
炭素の粉末の質量［g］	0.12	0.18	0.24	0.36	0.12	0.12
試験管内に残った固体の質量［g］	2.88	2.72	2.56	2.68	2.08	1.28
試験管内に残った固体の様子	赤色と黒色		すべて赤色	赤色と黒色		すべて赤色

・試験管内に残った固体の色がすべて赤色であったものは，酸化銅，炭素がどちらも残らず反応したと考えられる。

(1)［　①　］には，酸素が失われる化学反応の名称が入る。適当な言葉を漢字で答えなさい。

(2) この実験で発生した気体と同じ気体が発生する反応として適当なものはどれか。ア～エの中から１つ選び，記号で答えなさい。

ア　塩化アンモニウムと水酸化カルシウムを混ぜて加熱する。
イ　亜鉛にうすい塩酸を加える。
ウ　石灰石にうすい塩酸を加える。
エ　二酸化マンガンにうすい過酸化水素を加える。

(3) 酸化銅の粉末3.20 gと，炭素の粉末0.24 gの混合物を加熱して発生した気体の質量は何gか。小数第２位まで求めなさい。

(4) 実験結果から，酸化銅と炭素が反応するときの質量比を求め，最も簡単な整数比で答えなさい。

(5) 次のア～オのうち，実験操作２～４を行うと，試験管内に残る固体の質量が1.92 gになる酸化銅の粉末の質量と炭素の粉末の質量の組み合わせはどれか。ア～オの中から２つ選び，記号で答えなさい。

ア　酸化銅の粉末2.00 gと炭素の粉末0.15 g
イ　酸化銅の粉末2.10 gと炭素の粉末0.18 g
ウ　酸化銅の粉末2.32 gと炭素の粉末0.15 g
エ　酸化銅の粉末2.40 gと炭素の粉末0.18 g
オ　酸化銅の粉末3.00 gと炭素の粉末0.21 g

解答 P293

6　図は，ヒトの消化器系を模式的に示したものである。(1)～(4)の問いに答えなさい。

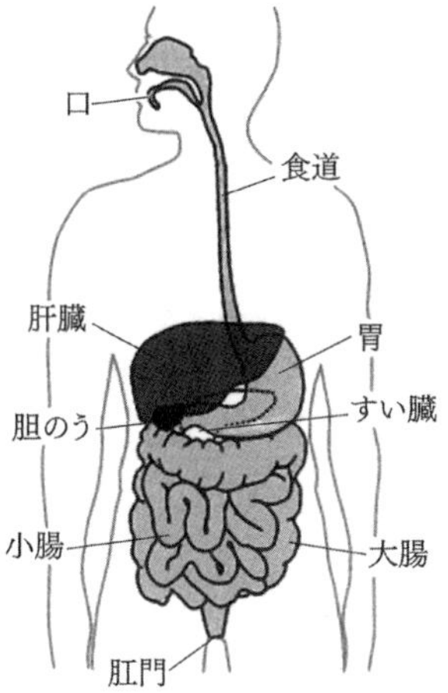

(1) だ液の中に含まれている酵素を何というか。

(2) だ液で，デンプンが糖に変えられたことを確認するための実験はどれか。ア～エの中から1つ選び，記号で答えなさい。

ア　ヨウ素液を加えると青紫色になる。　　**イ**　ベネジクト液を加えて加熱すると赤褐色になる。
ウ　塩化コバルト紙をつけると赤色になる。　　**エ**　ＢＴＢ溶液を加えると黄色になる。

(3) 胃で消化される物質はどれか。ア～エの中から1つ選び，記号で答えなさい。

ア　炭水化物　　**イ**　脂肪　　**ウ**　カルシウム　　**エ**　タンパク質

(4) 小腸の内側はひだ状の構造になっており，その表面には無数の突起物がついている。この突起物を何というか。漢字で答えなさい。また，このひだがある理由として適当なものはどれか。ア～エの中から1つ選び，記号で答えなさい。

ア　消化した物質を流しやすくするため。　　**イ**　すきまを増やし栄養分をたくわえるため。
ウ　多くの物質を吸収しやすくするため。　　**エ**　多くのエネルギーをつくりだすため。

7　植物のはたらきを調べるため，オオカナダモ(水草)とＢＴＢ溶液を使って次の実験1～3を行った。(1)～(5)の問いに答えなさい。

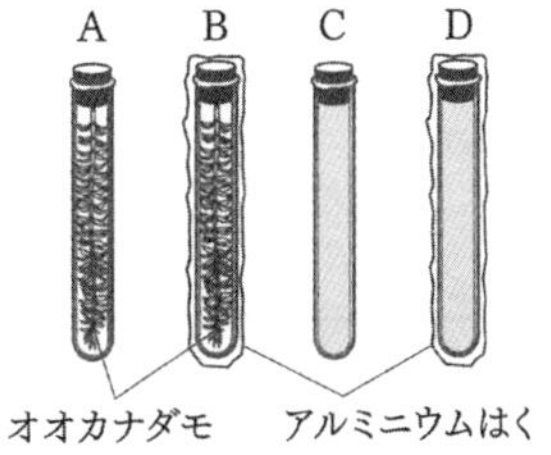

【実験1】
青色に調節したＢＴＢ溶液にガラス管で息をふきこんで緑色にし，その溶液を試験管Ａ～Ｄに満たした。

【実験2】
図のように，試験管ＡとＢにほぼ同じ大きさのオオカナダモを入れ，4本ともゴム栓をしたのち，試験管ＢとＤは光をさえぎるためにアルミニウムはくで包んだ。

【実験3】
4本の試験管に同じ強さの光を一定時間当てたあと，それぞれの試験管中のＢＴＢ溶液の色を観察すると，ＡとＢは変化し，ＣとＤは緑色のままであった。

(1) 実験でオオカナダモを入れた試験管Ａと何も入れない試験管Ｃを用意したように，調べたいことの条件を一つだけ変え，それ以外の条件を同じにして行う実験を何というか。漢字で書きなさい。

(2) 実験3で観察したときの試験管ＡとＢのＢＴＢ溶液は何色か。ア～エの中から1つ選び，記号で答えなさい。

ア　ＡもＢも黄色　　**イ**　ＡもＢも青色
ウ　Ａは黄色，Ｂは青色　　**エ**　Ａは青色，Ｂは黄色

(3) 試験管ＡのＢＴＢ溶液の色が変化したのはなぜか。ア～エの中から1つ選び，記号で答えなさい。

ア　水中の窒素が増えたから。　　**イ**　水中の二酸化炭素が増えたから。
ウ　水中の酸素が減ったから。　　**エ**　水中の二酸化炭素が減ったから。

(4) 試験管BのＢＴＢ溶液が変化したことから，この中のオオカナダモの行ったはたらきについて述べているのはどれか。**ア**～**エ**の中から１つ選び，記号で答えなさい。

ア　光合成は行っていたが，呼吸は行っていなかった。
イ　呼吸は行っていたが，光合成は行っていなかった。
ウ　光合成と呼吸の両方を行っていた。
エ　光合成も呼吸も行っていなかった。

(5) 次の文は，この実験についてのまとめである。文中の①～④に当てはまる記号の組み合わせとして，適当なものはどれか。**ア**～**エ**の中から１つ選び，記号で答えなさい。

試験管AのＢＴＢ溶液の色の変化にオオカナダモがかかわっていることは，試験管Aと試験管（　①　）の実験結果を比べるとわかる。試験管AのＢＴＢ溶液の色の変化に光がかかわっていることは，試験管Aと試験管（　②　）の実験結果を比べるとわかる。また，光を当てただけではＢＴＢ溶液の色が変化しないことは，試験管（　③　）と試験管（　④　）の実験結果からわかる。

	①	②	③	④
ア	B	C	A	B
イ	B	C	B	C
ウ	C	B	C	D
エ	C	B	D	A

8　図１はある地域の地形図である。地点A～Dを結んだ図形は正方形で，地点Aは地点Bの真北の方向にある。図２は地点A～Cの柱状図である。この地域では断層やしゅう曲，地層の逆転は無く，厚さも変わらず，ある一定の方向に傾いている。また，各地点で見られる凝灰岩の層は同一のものである。(1)～(5)の問いに答えなさい。

図１

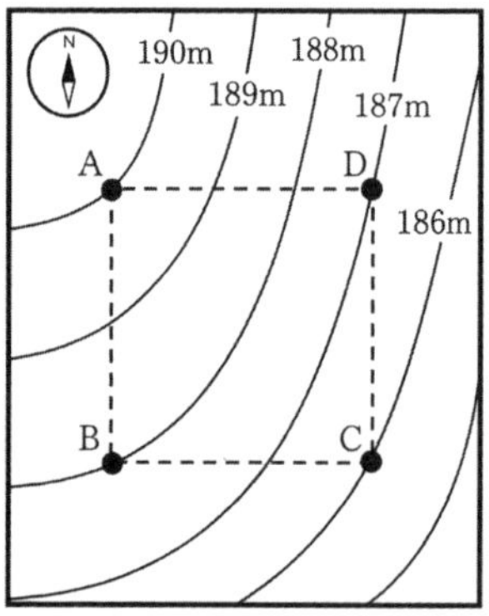

図２

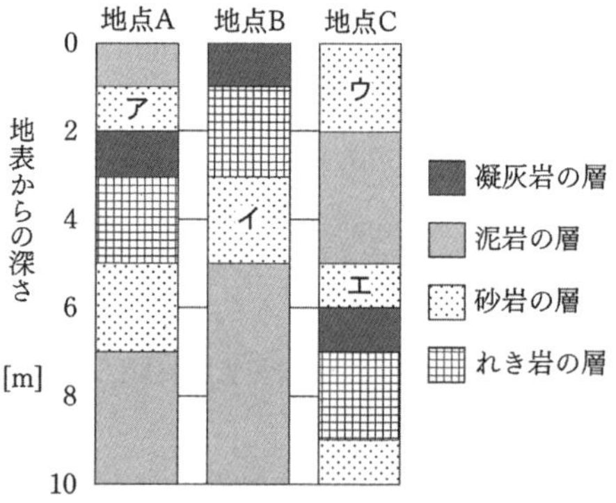

(1) 図２の**ア**～**エ**の砂岩のうち，堆積した時代が最も古いものはどれか。記号で答えなさい。

(2) 地点Aでは，凝灰岩の層の下にれき岩，砂岩，泥岩の層が順に重なっている。これらの層が堆積した間，地点Aから海岸までの距離はどのように変化したと考えられるか。**ア**～**エ**の中から１つ選び，記号で答えなさい。

ア　しだいに短くなった。　　　**イ**　しだいに短くなり，その後しだいに長くなった。
ウ　しだいに長くなった。　　　**エ**　しだいに長くなり，その後しだいに短くなった。

(3) 凝灰岩の層に含まれる火山灰は白っぽく，石英や長石が多かった。これらの特徴から考えられる，この凝灰岩の層をつくった火山の噴火のようすやマグマの性質を説明した文として適当なものを，**ア**～**エ**の中から１つ選び，記号で答えなさい。

ア　おだやかな噴火で，マグマのねばりけは弱い。　**イ**　おだやかな噴火で，マグマのねばりけは強い。
ウ　激しい噴火で，マグマのねばりけは弱い。　　　**エ**　激しい噴火で，マグマのねばりけは強い。

(4) この付近の地層はどちらに傾いているか。**ア**～**エ**の中から１つ選び，記号で答えなさい。

ア　北　　　**イ**　南　　　**ウ**　西　　　**エ**　東

(5) 地点Dで凝灰岩の層は，地表から何mの深さに現れるか。**ア**～**エ**の中から１つ選び，記号で答えなさい。

ア　3 m　　　**イ**　5 m　　　**ウ**　7 m　　　**エ**　9 m

解答　P293

9　図1は日本のある場所で，明け方に東の空に見られた金星を観察したときのようすである（問題の都合上，矢印と記号が描かれている）。図2は図1での，太陽，金星，地球の位置関係を模式的に表したものである。金星の公転周期を0.62年，地球の公転周期を1年とし，金星と地球の公転軌道は太陽を中心とした円とする。(1)～(5)の問いに答えなさい。

図1

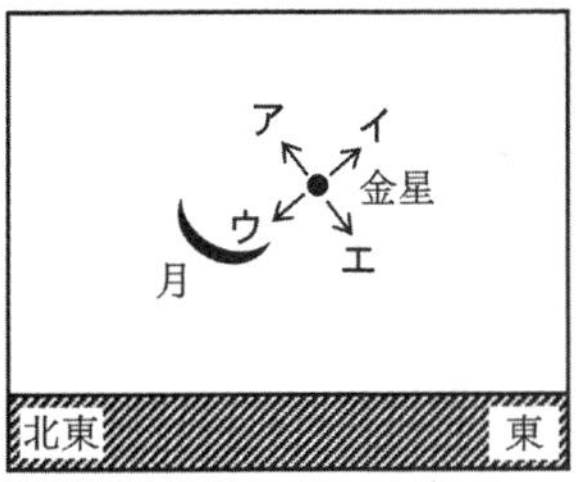

図2

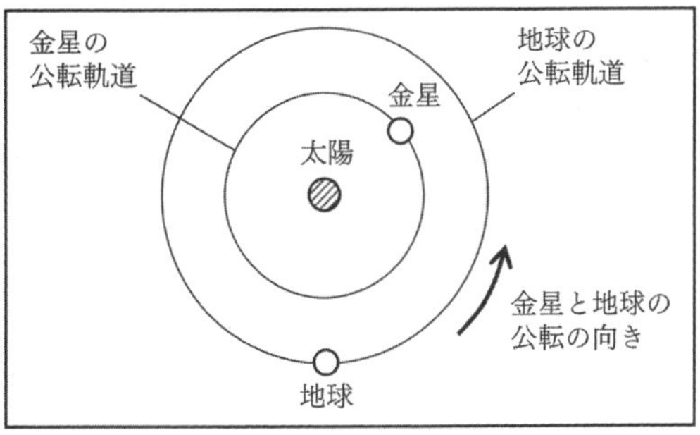

(1) 金星や木星のような，星座をつくる星とは違った動きをして見える，恒星のまわりを公転している天体を何というか。漢字で書きなさい。

(2) 図1について，このまま観察を続けると，金星はどの向きに動いて見えるか。金星が動いて見える向きを→で表すとき，向きとして適当なものを，**ア**～**エ**の中から1つ選び，記号で答えなさい。

(3) 図1の金星を地球から望遠鏡で見たとき，金星の光って見える部分の形はどのように見えるか。**ア**～**エ**の中から1つ選び，記号で答えなさい。ただし，金星の光っている部分の形は，肉眼で見たときのように上下左右の向きを直している。

(4) 図1の金星と比べて，1年後に観察した金星の形と大きさはどのように見えるか。**ア**～**エ**の中から1つ選び，記号で答えなさい。ただし，金星を観察したときの望遠鏡の倍率は同じであるとする。

ア　細長い形で，大きく見える。　　**イ**　細長い形で，小さく見える。

ウ　丸い形で，大きく見える。　　**エ**　丸い形で，小さく見える。

(5) 図3のように，ある年に太陽，金星，地球がこの順番で1列に並んだとする。太陽，金星，地球が次に1列に並ぶのは，およそ何か月後か。**ア**～**エ**の中から1つ選び，記号で答えなさい。

ア　8か月後　　**イ**　14か月後　　**ウ**　20か月後　　**エ**　26か月後

図3

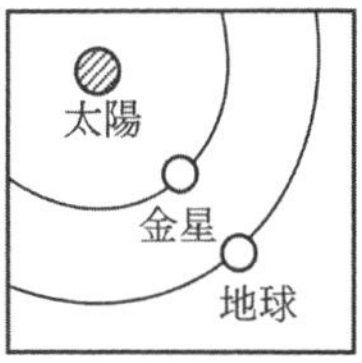

白鷗大学足利 [学業特待]

英　語

制限時間 50分

1　放送を聞いて，No.1からNo.10の問いに答えなさい。

Part 1

No. 1

No. 2

No. 3

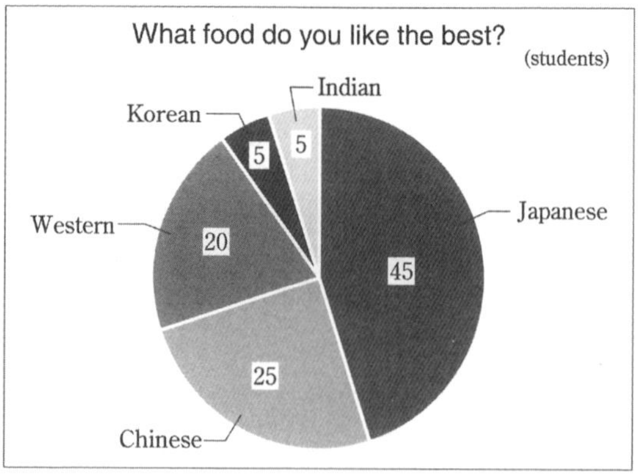

Part 2

No. 4
ア　Visited temples.　　イ　Took a boat on the lake.
ウ　Enjoyed an *onsen*.　　エ　Saw the colorful leaves.

No. 5
ア　How often Meg buys cake.　　イ　How long it takes to get to the cake shop.
ウ　How much the cake was.　　エ　How to make Meg's cake.

No. 6
ア　Because her grandmother will come to see her.
イ　Because she is not good at playing tennis.
ウ　Because her grandmother is sick.
エ　Because she has something to do all day.

解　答　P293

No. 7　ア　Mike and his cousin did.　　イ　Mike's father and his sister did.
　　　　ウ　Mike and his sister did.　　エ　Mike and his father did.

Part 3　No. 8　ア　One.　イ　Two.　ウ　Three.　エ　Zero.

No. 9　ア　English.　イ　Math.　ウ　Social studies.　エ　P.E.

No.10　ア　She will play basketball.
　　　　イ　She will play volleyball.
　　　　ウ　She will teach math to her friends.
　　　　エ　She will study social studies a lot.

2　次の1から5の英文の This が表しているものは何か。最も適切な語を英語1語で答えなさい。

1　This is a large black and white animal that looks like a bear. This lives in China.
2　This is the eighth month of the year.
3　This is a building or room that has a lot of books to read or borrow.
4　This is the name of a room or space. This is used for cooking.
5　This is the time from noon to evening.

3　次の1から5の日本文に合うように，与えられた語・句を並べかえたとき，(　　)内で3番目と5番目に来るものはどれか。ア～カの中から選び，記号で答えなさい。ただし，文頭に来るべき語・句も小文字で示してある。

1　この花はフランス語では何と呼ばれていますか。
　(ア flower　イ in　ウ called　エ is　オ this　カ what) French?
2　ケーキを作るのを手伝ってくれますか。
　(ア some　イ make　ウ will　エ you　オ me　カ help) cakes?
3　あなたは今，何か言うことがありますか。
　(ア to　イ you　ウ do　エ have　オ anything　カ say) now?
4　ソファーの上で寝ているあの猫を見てください。
　(ア at　イ the sofa　ウ that cat　エ on　オ look　カ sleeping).
5　これらは彼が動物園で撮った写真です。
　(ア the pictures　イ are　ウ at　エ these　オ he　カ took) the zoo.

4　次のメモと英文は，友達のルーシー（Lucy）についてのものである。メモの内容をもとに，①から⑤の英文を書いたが，各文には明らかに誤って使われている語が1語ずつある。その語を（誤）の欄に書きなさい。また，正しく直した語を1語で（正）の欄に書きなさい。なお，解答の仕方は（例）に従いなさい。

（例）I see him two days ago.

解答欄

誤	see
正	saw

メモ
ルーシーは馬が大好きで，ときどき馬の写真を撮っている。彼女のアルバムには馬の写真がたくさんある。今は小さなアパートに住んでいて馬を飼っていないが，いつか馬を飼いたいと思っている。

① Lucy like horses very much. ② She sometimes takes pictures of it. ③ There is a lot of pictures of horses in her album. ④ She doesn't have some horses now because she lives in a small apartment. ⑤ Someday she wants to having horses.

5　次の英文は，日本文化に関心のあるマイク（Mike）とその友人のアヤ（Aya）の会話である。よく読んで，1から4の問いに答えなさい。

Aya　：Mike, we're going to have my grandmother's 88th birthday party this Sunday. Will you come?
Mike　：Sure. So your grandmother will be 88 years old on Sunday, right?
Aya　：In ① your way of counting ages, yes. But in ② our traditional way, she's already 89 years old. In this way of counting ages, you are one year old at birth. And every New Year's Day, you become one year older.
Mike　：Are you saying a baby born a day before New Year's Day becomes two years old the next day?

Aya　:　That's right. Also, 88 is a special number in Japan. The *kanji* characters for eight, ten, and eight make the single *kanji* character for rice. Because we read the character for "rice" as *bei* and the character for "celebration" as *ju*, we call the 88th birthday *beiju*.

Mike　:　So your grandmother wants to celebrate *beiju* in our way of counting ages. How do you celebrate *beiju*?

Aya　:　The birthday person often wears gold clothes, but ③ my grandmother says she won't. So it's going to be just another birthday party.

Mike　:　Still, it sounds like fun. Thanks for inviting me.

(注) character＝文字　　celebration＝祝い

1　下線部①の年齢の数え方では，アヤのおばあさんはこの会話を交わしている時点では何歳か。算用数字で答えなさい。

2　下線部②の数え方を，次の形で説明するとすれば，それぞれの（　　）に入るものは何か。算用数字で答えなさい。

生まれたときに（　　）歳で，（　　）月（　　）日が来るたびに1歳年を取る。

3　アヤがマイクに説明している漢字はどれか。ア～エの中から1つ選び，記号で答えなさい。
ア　年　　イ　米　　ウ　卒　　エ　祝

4　下線部③の後ろに省略されているものは何か。英語3語で答えなさい。

6　次の掲示の内容に関して，1から3の問いに答えなさい。

We Need Volunteers

The Animal Center is taking care of homeless animals. Most of them were thrown away by their owners. We have already saved three thousand animals. We keep over 200 cats and 250 dogs now. We need volunteers to work with us. If you are interested in doing these jobs, please call us.

Volunteer jobs

Work at the center
・Look after animals.
・Spend at least five hours a week at the center.

Make our website
・Make our website to introduce the animals and to find new owners for them.
・You don't have to come to the center if you can use a personal computer at home.

Keep the animals at home
・Look after the animals at home until we find new owners for them.
・Come to the center once a month to have medical checkup for the animals.

Give advice to pet owners
・Give advice on how to keep pets to stop the owners from throwing away their pets.
・Take a one-week training course at the center.
・You can give advice on the phone or by e-mail at home.

The Animal Center
Tel 555-2204-5839

(注) throw away～＝～を捨てる　　at least＝少なくとも
medical checkup＝健康診断　　stop～from…ing＝～が…するのを止める

1　次の1から3の問いに対する答えとして，最も適切なものはどれか。ア～エの中から1つ選び，記号で答えなさい。

1　What does the Animal Center help?
ア　It helps animals that don't have owners.
イ　It helps animals that work for handicapped people.
ウ　It helps wild animals.
エ　It helps sick animals.

2　How many animals has the Animal Center saved?
ア　30.　　イ　300.　　ウ　3,000.　　エ　30,000.

3　If you are interested in doing these jobs, what should you do first?
ア　Visit the center.　　イ　Telephone the center.
ウ　Send a letter to the center.　　エ　Send an e-mail to the center.

解答 P293

2　下線部の目的として，最も適切なものはどれか。ア～エの中から1つ選び，記号で答えなさい。

ア　ペットにエサを与えるため。　　イ　ペットの飼い主を探すため。

ウ　飼い主がペットと仲良くなるため。　　エ　飼い主にペットを捨てさせないため。

3　次のような人にとって，最も適切な仕事はどれか。ア～エの中から1つ選び，記号で答えなさい。

"I want to take care of the animals but the center is so far away from my house that I can't go to the center."

ア　To work at the center.　　イ　To make the website of the center.

ウ　To keep the animals at home.　　エ　To give advice to pet owners.

7　次の英文を読んで，1から5の問いに答えなさい。

Helen lived with old people. She lived in Saiwai-en, a special home for old people. She arrived there about 13 years ago. She usually stayed in a big room but at night she slept in her own house in the home. Everyone in the home loved her very much.

Mr. Yamada, the manager of the home, decided to 'keep' Helen. Many people didn't like this idea. They said to him, "Keeping a dog will make the home dirty and someone will have to take care of her." But soon they noticed ① some changes in the home. Before Helen came, about half of the old people stayed in their beds all day. But after she came, these people got out of their beds and came to touch and talk to her. They enjoyed talking to her and talking with each other about her. Many children heard about Helen and came to see her. They played with her and began to talk with the old people. Everyone became happy and kind. The home became full of smiles.

About 5 years ago, Helen died suddenly. The old people were sad and cried. Each of them brought a flower to thank her and to say good-bye. So many flowers were in her coffin. Mr. Yamada says, "We all were very sad when Helen died. But it was a good chance for the old people to think about death. They knew they would die someday and they felt lonely. But now, after Helen's death ② they don't feel lonely, because they saw many people felt sad and cried for Helen. They understood that many people would feel sad and cry when they died, too."

What did Helen do for the old people? She did nothing special for them. She only walked and sat among the old people. She was always near them. ③ That was all Helen did. The old people enjoyed doing something for her. Helen wagged her tail happily when they touched and talked to her. The old people felt happy when she looked happy. Helen gave them the power to live actively. She was also happy to live with them. The old people and Helen needed each other.

We can live actively when we have someone or something near us. It may be animals, flowers or nature itself. Each of us also can give each other the power to live actively. Helen shows us what we should do. We can't live without each other.

Now in Saiwai-en, Jane lives with the old people, like her mother Helen.

(注) manager＝園長　　coffin＝棺（ひつぎ）

wag one's tail happily＝うれしそうにしっぽを振る　　actively＝いきいきと

1　本文の内容と合うように，次の1から4の英文の（　　）内に入れるものとして，最も適切なものはどれか。ア～ウの中から1つ選び，記号で答えなさい。

1　Helen is (　　　　).

ア　an old man　　イ　a volunteer　　ウ　a dog

2　Saiwai-en is a special home (　　　　).

ア　for old people　　イ　for animals　　ウ　for families

3　Helen lived for about (　　　　) in the home.

ア　three years　　イ　eight years　　ウ　thirteen years

4　Jane is (　　　　).

ア　Helen's mother　　イ　Helen's friend　　ウ　Helen's daughter

2　下線部①の例として，あてはまらないものはどれか。ア～ウの中から1つ選び，記号で答えなさい。

ア　山田さんはHelenと遊ぶために早起きをするようになった。

イ　子どもたちがHelenに会いにくるようになり，お年寄りとも話すようになった。

ウ　お年寄りたちはベッドから出て，Helenと話をするようになった。

3　下線部②のように人々が考えたのはなぜか。その考えとして，最も近いものをア～ウの中から1つ選び，記号で答えなさい。

ア　"Many people will do nothing for me when I die."

イ　"Many people will feel sad and cry for me when I die."

ウ　"Many people will come to live in this home when I die."

4　下線部③が表す内容として，最も適切なものはどれか。ア～ウの中から１つ選び，記号で答えなさい。

ア　To feel sad and cry for old people and to bring flowers to them.
イ　To walk and sit among old people and to be always near them.
ウ　To enjoy doing something for children and to feel happy.

5　次の英文は，本文を要約したものである。(　ア　)から(　エ　)に入れるものとして，最も適切なものはどれか。下の[　　　]の中から選び，書きなさい。

Helen lived in Saiwai-en with old people. She did nothing special but people enjoyed (　ア　) and talking to her. They were given the (　イ　) to live by Helen. Helen was happy to live with them. Helen's death (　ウ　) the old people sad, but it was a good chance to (　エ　) of death. The old people and Helen needed each other. This story tells us that everyone must support each other.

[children / think / made / sleeping / power / touching]

8　次の英文を読んで，１から５の問いに答えなさい。

These days, almost everyone has a smartphone. On the train, in restaurants, or even when shopping, someone is looking at the screen of a phone. Is this person paying attention to others? ① Probably not much, but this person will pay full attention to that little screen.

This brings us to the question of manners. Here, we have the results of a questionnaire about table manners for smartphones. I asked people what is OK when others are using smartphones ② at the table. About 70% said just checking notifications is OK. About 65% said reading business e-mails. About 60% said answering business phone calls. About 35% said answering personal phone calls. This shows that using smartphones is usually OK when ③ they are used for business.

Usually, it is rude to ignore someone you are spending time with. However, these days, a lot of people check their messages when they are having meals with a friend or a family member. Sometimes a group of people only stare at their smartphones, and ignore each other.

What do you think about this? I hope I'm not the only one worried about the effect of smartphones on the way we talk to each other.

(注) questionnaire＝アンケート　notification＝通知　rude＝失礼な　ignore＝無視する
stare＝じっと見つめる

1　下線部①の内容を表しているものとして，最も適切なものはどれか。ア～エの中から１つ選び，記号で答えなさい。

ア　おそらくこの人は他人にまったく注意を払っていない。
イ　おそらくこの人は他人にそれほど注意を払っていない。
ウ　おそらくこの人はスマートフォンにまったく注意を払っていない。
エ　おそらくこの人はスマートフォンにそれほど注意を払っていない。

2　下線部②の内容を表しているものとして，最も適切なものはどれか。ア～エの中から１つ選び，記号で答えなさい。

ア　食事中に　　イ　会議中に　　ウ　会話中に　　エ　授業中に

3　アンケートの結果を表しているものとして，最も適切なものはどれか。ア～エの中から１つ選び，記号で答えなさい。

ア　約70％の人が通知に返事をするのはかまわないと答えた。
イ　約65％の人が個人的なメールを読むだけならかまわないと答えた。
ウ　約60％の人が仕事の電話に出るのはかまわないと答えた。
エ　約35％の人が個人的な電話をかけるのはかまわないと答えた。

4　下線部③は何を指すか。本文中より１語で抜き出しなさい。

5　本文の内容と合うものはどれか。ア～エの中から１つ選び，記号で答えなさい。

ア　Nobody will pay full attention to the little screen of a phone on the train.
イ　All the people think it is OK to answer business phone calls on the train.
ウ　These days, many people try not to use smartphones when they are having meals with someone else.
エ　Sometimes a group of people are looking at their own smartphones without talking to each other.

解　答　P293

問7 〰〰線A・Bでの、珠美の心情の変化を選び、記号で答えなさい。

ア 将来について適当にしか考えていなかったが、卒業したことを区切りに、新しいことに挑戦しようと思うようになった。

イ 自分の将来をある程度は考えていたが、派手なスーツを着る姉にがっかりし、真面目に考えるようになった。

ウ 自分の将来について全く興味を持っていなかったが、父の家出をきっかけに、真剣に考えるようになった。

エ 自分の将来についてただ漠然としか考えていなかったが、卒業式で姉の配慮を感じ、はっきり意識するようになった。

4

次の古文を読んで、後の問いに答えなさい。

楊梅大納言《やまもものだいなごん》顕雅卿《あきまさきやう》は、若くよりいみじく言失《ごんしつ》をぞし給ひける。

神無月のころ、ある宮腹に参りて、御簾《みす》の外にて、女房たちとものがたりせられけるに、時雨のさとしければ、供なる雑色《ざふしき》を呼びて、「車の降《ふ》るに、時雨さし入れよ」とのたまひけるを、「車軸とかやにや、おそろしや」とて、御簾の内、①笑いあはれけり。

さて、ある女房の、「御いひたがへ、つねにありと聞こゆれば、まことにや、御祈りのあるぞや」といはれければ、「②そのために、③三尺のねずみをつくり、供養せむと思い侍る」といはれたりける。をりふし、ねずみの御簾のきはを、走り通りけるを見て、観音に思ひまがへて、のたまひけるなり。「時雨さし入れよ」には、まさりてをかしかりけり。

越度《をちど》の次《ついで》にいひ出さる。

（「十訓抄」から）

（注）宮腹…皇女から生まれた人。
さとしければ…さあと降ったので。
雑色…雑用に従事する下男。
三尺…約九十センチメートル。
越度…失敗。

問1 ——線①の説明を選び、記号で答えなさい。

ア 顕雅の「車の降るに」という言い間違いをとらえて、「車軸のような太い雨が降ってくるのかしら」とみんなでからかっている。

イ 顕雅の「車の降るに」という言い間違いを真に受けて、「車軸が雨のように降ってくるのかしら」とみんなが怖がっている。

ウ 顕雅が「車の降るに」という言い間違いをごまかすため、「車軸のような雨が降ってきたらどうしよう」と怖がるふりをしている。

エ 顕雅が「車の降るに」という言い間違いを指摘され、あわてて「車軸のように強い雨が降ることもある」と言い訳をしている。

問2 ——線②は何のためか。解答欄に合うように文中より二字で抜き出しなさい。

問3 (1) ——線③から顕雅が言い間違えた言葉を抜き出しなさい。
(2) 本来言うべきだった正しい言葉を文中より抜き出しなさい。

問4 本文について、生徒たちが感想を出し合った。本文の内容と合っていないものを選び、記号で答えなさい。

ア 生徒A…顕雅卿は、ずいぶんひどい言い間違いをする人だね。

イ 生徒B…顕雅卿の言い間違いに、すぐさまつっこみを入れている女房がいるね。

ウ 生徒C…顕雅卿の評判を聞いてからかっている女房もいるし。

エ 生徒D…でも顕雅卿は全く気にしていないところがまた、おもしろいね。

解答　P294

白鷗大学足利　入試問題(R5)◆国語

――いいの?

――え?

――いいの?こんな派手なので行っても……。

珠美が笑って頷《うなず》くと、父も嬉しそうな顔になって言ったのである。

――じゃあ、そうしようか。

それなのに父は、珠美の卒業式を待たずに「家出」してしまった。せっかく新調したスーツも、持たずに。それは珠美に対する裏切りのように思える。家出は仕方がないこととしても、二週間くらい待ってくれても良いではないかという気がする。

所詮《しょせん》、父にとってはこの家も珠美も、大したものではなかったのかもしれない。そう考えるとひどく淋《さび》しい。

翌朝起きて階下へ降りていく途中、ふと、父が帰ってきているのではないかという気がした。いつもの笑顔で「ごめんね、ごめんね」と言いながら、食卓についているのではないか。そして父は言うのだ。

――　I　

しかしダイニングに入ったとたん、その空想ははかなく消えた。コートを着て出かける用意をした母が立ったままコーヒーを飲んでおり、まだガウンを着ている直美はテーブルに新聞を広げていた。

「ごめん珠美、今日は行けそうもないの」

母が出かけ際に慌《あわ》ただしく言った。

「うん、いいよ別に」

小学校も中学校も、卒業式に母は来られなかった。その母の多忙のおかげで珠美たちは生活ができるのだから、文句を言える筋合いではない。

b卒業式はつつがなく終わった。何人かの同級生は泣いていたが、クラスのほぼ全員は持ち上がりの短大に進むわけで別れを惜しむということもない。珠美は白けていた。

講堂から退場するとき、父兄席の脇《わき》の通路を並んで歩きながら、ぼんやりと周囲を見渡した珠美は、ハッと息を呑《の》んだ。

ダークグレーや黒い色が大半を占める父兄席の中に、ひときわ目立つ明るいグリーンを見つけたのだ。

――やっぱり来てくれたんだ。

笑顔を作りかけてそちらの方をよく見たとき、珠美はもういちど驚いた。

グリーンのスーツを着ているのは父ではなかった。だぶだぶの上着の袖をまくり、ズボンの裾《すそ》も折り曲げてそのスーツを着ている人は直美だった。

金ぶちの眼鏡をかけ、仏頂面とさえ言えるような表情で投げやりな拍手をしている直美の方に、珠美の視線は釘づけになった。半ば口を開いたままで退場する珠美を、③直美は苦々しい表情になって見つめ、身ぶり手ぶりで「口を閉じて前を向け」と知らせた。

講堂から出ると、たまらない可笑《おか》しさがこみあげ、珠美は思わずプッと吹き出した。泣き顔のクラスメートが驚いて珠美の方を振り返った。珠美はあわてて笑いを呑みこみ、チャップリンを彷彿《ほうふつ》させるような姉の背広姿をもういちど胸に描いた。

――Bがんばって同時通訳になろうか……。

今度心の中で呟いたことばには、数年前テレビを観ながらぼんやりと呟いた同じことばよりは重みがあるようだった。

（鷺沢萠「海の鳥・空の魚」〈角川書店〉から）

（注）直美…珠美の姉で、大学院を卒業後研究員として勤務。
チャップリン…イギリスの喜劇俳優で映画監督。

問1　═線aを言い換えた表現を五字で抜き出しなさい。

問2　═線bの意味を選び、記号で答えなさい。
ア　華やかに　イ　しんみりと　ウ　厳かに　エ　無事に

問3　━線①のように珠美に思わせる、母と姉の様子が描かれている一文を抜き出し、初めの五字を答えなさい。

問4　━線②の「理由」を選び、記号で答えなさい。
ア　家出するつもりだったのに、スーツを新調したこと。
イ　新調したスーツが、成金趣味の不快なものだったこと。
ウ　卒業式に着ると約束したスーツを置いて、父が家を出たこと。
エ　珠美に手紙一つ残さず、父がいなくなったこと。

問5　　I　に入る言葉を選び、記号で答えなさい。
ア　卒業式、出られそうにないな。
イ　卒業式、今日だったよね。
ウ　卒業式、いつだったかな。
エ　卒業式、どうしようかな。

問6　━線③の理由を選び、記号で答えなさい。
ア　両親が卒業式に出られず、なげやりになっている珠美をかわいそうだと思ったから。
イ　思いがけなく卒業式に参加している直美を見て慌てる珠美が、おもしろかったから。
ウ　保護者席に座っている直美の姿に驚いた珠美の反応を不快に思ったから。
エ　たった一人で卒業式に参加している珠美の堂々とした姿に、罪悪感を感じていたから。

問6　――線②を筆者はどのように表現しているか。六字で抜き出しなさい。

問7　[Ｉ] に共通して入る語を五字で抜き出しなさい。

問8　Aさんは本文を読み、次の項目についてア～オのようにメモにまとめた。[①] と [③] に適するものをそれぞれ選び、記号で答えなさい。

Aさんのメモ

框	上がり框…	①
	床框…	②
縁	縁側…	③
	縁台…	④
	濡縁…	⑤

ア　座敷の延長部分で、家人や親しい人が出入りすることもある場所。

イ　知り合いでもない人間とかかわったり、長年の知り合いが日常的なコミュニケーションをとったりする場所。

ウ　床の間で一段高くなっており、貴人が座ったり、座敷飾りになったりする場所。

エ　用があってやって来た人がちょっと腰をかけて用事以外のおしゃべりをするような場所。

オ　見知らぬ人同士が集まってコミュニケーションを形成するような場所。

問9　本文の内容と合っているものを選び、記号で答えなさい。

ア　昔と現在とでは気候が変わってしまったため、現在の建築物には框や縁側のような場所が必要なくなった。

イ　日本人のコミュニティを円滑に形成するために考えられた建築様式は、日本の気候や風土に合った様式でもあった。

ウ　日本の建築様式は、日本の気候風土と深く関わっている上に、人間関係を築く役割も果たした。

エ　現在の日本が希薄な人間関係になったのは、洋風建築が主流となり、框や縁側がなくなってしまったからである。

3

次の文章を読んで、後の問いに答えなさい。

父がいなくなっても、家の中には何の変化も起きなかった。母は相変わらず仕事に忙しいし、直美は本を読んでいるか机にかじりついているかのどちらかである。学校はとっくに休みになっている珠美はというと、卒業式に備えてクリーニングに出しておいた制服が戻ってくるとあとはもうすることもなく、毎日毎日テレビを観たり雑誌をめくったりしていた。

姉の直美はそんな珠美をときどき叱《しか》りつける。

「あんた卒業したらどうするつもりなの」

「別に……。短大は[a]エスカレーターだし」

「あんたね、目標ってものはないの」

「……ない」

すると直美は苛々《いらいら》した調子でまくしたてる。目標がないということは人間を駄目にする。どんなことでもいいから目標を持ちなさい。

姉は一度、語学関係の専門学校や留学関係のパンフレットをどっさり家に持ち帰ったことがあった。ずっと以前に、珠美がぼんやりと[A]「あたし同時通訳っていうのになりたいなあ……」と呟《つぶや》いたのを覚えていたらしい。それはただ単に、そのときちょうどテレビに出ていた同時通訳の女性がキレイでカッコよかったから、というだけのことだったのだが。

しかし直美は言う。

「キッカケはどんなことでもいいんです。あんな花嫁学校に毛の生えたような短大に行くくらいなら、何年間か外国でくらしてみなさい」

珠美は心の中で、「耳にタコができてその上にまたタコができた……」と呟きながら、不機嫌な顔で自分の部屋に引きあげる。自分の進路のことなどよりも、父がいなくなったというのに①どうして母も姉もあんなに平然としているんだろうと考える。

父の失踪に関しては、珠美には特別に腹立ちをおぼえる②ひとつの理由があった。

父は年が明けてまもなく、スーツを新調したのである。光沢のあるグリーンの生地は、成金趣味とも言えるようなものであったが、いかにも父らしいと思って珠美はなんとなく愉快だった。父自身もまた、そのスーツをえらく気に入っていて、にこにこしながら「いつ着ようか」と言っていた。

母や姉はそんな父を呆《あき》れ顔で見ていたが、父は子どものようにはしゃいでいて、なんだか可愛《かわい》かった。だから珠美は言ったのだ。

――パパ、それあたしの卒業式のときに着て来てよ。

父は一瞬、驚いた顔で珠美を見て、そして言った。

解答　P294

白鷗大学足利　入試問題（R5）◆国語

るか、そのつど判断を迫られる。「上がり框関係」では、訪れた者も迎えた者もその場に座ることができるが、今の中途半端な洋風住宅では、玄関の板の間は座るには低すぎ、立ちながらしゃべるのは苦痛だ。そればかりでなく、相手よりやや高いところに立ち続けることが、相手によっては甚《はなは》だ失礼であるように感じられ、自分だけ床に座ってしまうこともある。そうすると、相手は玄関に座るわけにはいかないから、相当な視線の段差ができる。はなはだ不都合だ。

上がり框は、訪問者と迎える者とが、同じ目線の高さで話すことのできる、ちょうどいい半端な訪問形態なのである。この訪問形態によって話されることが、コミュニティ内の多様なコミュニケーションを生み出していたであろうことは、想像に難くない。

空間の上下に付随《ふずい》する地位の上下感覚は、江戸時代においては上がり框を使って演出されることがあった。上下関係があると、農民たちは土間に座り、上がり框には腰掛けない。そして代官は座敷から、土間にいる農民を見下す。大家と店子《たなこ》は上がり框の同じ［ I ］で話をし、代官と農民は異なる［ I ］で話をした。

建築構造は人間関係と密接な関係があるようだ。この「訪問」と「迎える」という関係については、上がり框だけでなく、縁側を使った関係にも同様のものがあった。とくに農村では座敷の周囲を縁側がめぐっていて、なじみの深い客は庭からこの縁側にまわり、ここに座って話をするのが常であった。江戸時代の旅日記には、そのような農家に立ち寄って食事をしてゆく場面がある。自分でたずさえてきた酒を飲み、持っている弁当を使うのだが、家のあるじがあり合わせの煮物などを出してくれる。この場面では、はっきりとどこに座っているかの記述はないが、そんな場面を読んでいると、それが玄関から客間に通されてすることなどではなく、庭からふいと縁側に立ち寄って座り、天気のことなど話しながらできあがってくるかかわりに違いないと思える。縁側とは、まさにそのような、深くない縁の触れあう場所であり、知り合いでもない人間のかかわる場所であり、また、長いあいだの知り合いが、ほんの少し日常のコミュニケーションをする場所なのだ。玄関には上がり框が、庭には縁側が、それぞれ同様の機能を持って、日本の住宅に存在していたのである。

「縁」には縁台もある。縁台は外にある場合と、屋内にある場合とがあって、居酒屋、水茶屋などでは基本的に屋内に縁台を置き、よい季節の晴れた日であれば、縁台は外に出された。縁台とはポータビリティのある縁側のことであり、移動可能な上がり框のことである。ただし、上がり框がその向こうに必ず「座敷」という奥の間を持っていて、あくまで「［ B ］」ことを目的にしているのに対し、縁台はもっぱら［ C ］ことを目的としている。つまり、上り框の持っている「上がる」「座る」機能の中から座る機能のみを抽出し、縁側の持っている「通路」「座る」機能の中からやはり座る機能のみを抽出したのが、縁台であった。そして縁台はときに、川の中にまで置かれる。

居酒屋、水茶屋に卓（テーブル）はなく、座敷もなく、客は縁台に座り、茶や酒や菓子や料理はやはり縁台に置かれる。または、縁台は客が眠る場所として使われることもある。縁側や上がり框には亭主がいて、外からやってくる客がそこに座るのは亭主やその家族と話すためだった。しかし縁台には客しかいない。そこには見知らぬ客同士が集まるのであって、いわばコミュニケーションの場を形成した。縁台では、上がり框では絶対に行われない碁《ご》や将棋が行われることもある。

縁にはさらに「濡縁《ぬれえん》」というものがあり、これは廊下の役割は果たしていない。ここから庭に出ることもあり、玄関にまわる必要のない親しい人がここから入ってくることもあり、座敷からここにはみ出たりすることがある。いわばひとつの座敷の延長部分で、外の明かりが欲しくなって、ここに席を移す場合もある。縁はこのように、さまざまな場所に現れる。

（田中優子「未来のための江戸学」〈小学館〉から）

（注）上がり框…

問1　═線ａの意味を選び、記号で答えなさい。

ア　起動性　イ　独立性　ウ　連続性　エ　携帯性

問2　［ A ］に入る語を選び、記号で答えなさい。

ア　つまり　イ　そして　ウ　だから　エ　また

問3　［ B ］・［ C ］に入る語をそれぞれ三字以内で抜き出しなさい。

問4　═線ｂとはどこか。一語で抜き出しなさい。

問5　──線①を具体的に述べている一文を抜き出し、初めの三字を答えなさい。

白鷗大学足利【学業特待】

国語

令和5年1月5日実施

制限時間　50分

1　次の各問いに答えなさい。

問1　――線部のカタカナを漢字に直しなさい。
①　多大なコウセキを残す。
②　赤くウれたいちごを食べる。

問2　――線部の漢字の読みをひらがなで答えなさい。
①　不朽の名作と評判の小説。
②　広場に若者が集う。

問3　次の――線部と同じ意味・用法のものを選びなさい。
日没までには戻らなければならない。
ア　風が強いうえに、雨まで降りだした。
イ　閉店まで待ち続ける。
ウ　そんな無茶な話は断るまでだ。
エ　彼の評判は海外まで知れわたっている。

問4　次の空欄に入る数字を合計した数を、算用数字で答えなさい。
□束□文　□臓□腑　□転□倒

問5　次の（　　）に入る敬語を選びなさい。
明日、私から先生に本をいただいたお礼を（　　）つもりです。
ア　話される　イ　申し上げる　ウ　うかがう　エ　おっしゃる

問6　「予算を超える」という意味の慣用句を選びなさい。
ア　足が出る　イ　足がはやい　ウ　足を洗う　エ　足を引っぱる

問7　日本人初のノーベル文学賞を受賞した人物を選びなさい。
ア　志賀直哉　イ　夏目漱石　ウ　川端康成　エ　芥川龍之介

問8　次の漢文を訓読した時、四番目に読む漢字を答えなさい。
虎　求メテ二百　獣ヲ一而　食フレ之ヲ。

2　次の文章を読んで、後の問いに答えなさい。

「框《かまち》」というのはもともと、いろいろな物の外枠の木のことをいうらしい。であるから、玄関の上がり框は、段差があるためにむき出しになっている側面と端とを、木の枠でカバーしたその部分のことをいう。

日本の住宅はつまり、地面と床とにかなりの段差があったわけだ。これは、日本の気候風土と関係があるだろう。

住環境学者の沢田知子は「家に上がる」「お上がりください」という言葉の中に、①日本人の境界感覚を見た。家には入るのではなく、上がるのである。一段高いところに上がるために靴を脱ぐという行為があり、靴を脱いだ先には境界を超えて別の世界がある。「框」という言葉は「床框《とこがまち》」という場合にも使われる。　A　、床の間を作るときにその幅に横木を入れて、板の間や畳からさらに一段高くするのである。これは「床」という言葉が示すように寝場所であり、貴人の座る場所であり、そして、座敷飾りの場であった。寝場所であった場合、人はこんどは着物を脱いで、その高い場所に上がった。

ところで、私が関心を持っているのは、その上がり框に、外からやってきた人がちょっと座る、という行動である。これは私が生まれた家でも日常茶飯事で、近所の人はたいてい、よほどのことがないと家には上がらないし、かといって玄関先で立ったまま用事を伝えて帰るというわけでもなく、用を足すためにやってきて、上がり框に腰掛けた。そしてそこで、用事以外のさまざまなおしゃべりが始まるのである。

これは②「訪問」でもなく「伝言」でもなく、そのあいだの関係だ。現代の住居はその上がり框がなくなったため、私は近所の訪問者が来ると、書斎に通すか、リビングに通すか、そのまま立ち話で終わらせ

解答　P293

矢板中央［一般］
社　会

制限時間 **50**分

1　図1は，高田さんが参加したクルーズ（船旅）旅行のコース略図である。これを見て，寄港地などに関する次の1から8までの問いに答えなさい。

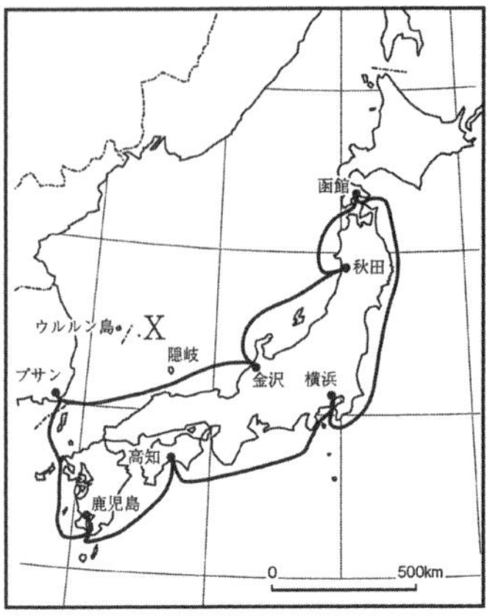

図1

1　次の文は，横浜港を出港したクルーズ船が函館港に向け航行した三陸海岸の沖合について述べたものである。文中の［　Ⅰ　］，［　Ⅱ　］に当てはまる語を書きなさい。

> 三陸海岸の沖合は，寒流の［　Ⅰ　］と暖流の［　Ⅱ　］が出会う潮目があり，たくさんの魚が集まる豊かな漁場となっている。

2　図2は，高田さんが函館で観光のため下船した際に訪れた白老町にある施設『ウポポイ』のロゴマークである。次の文は，その『ウポポイ』について述べたものである。文中の［　　　］に当てはまる同じ語を書きなさい。

2007年 9月	国連総会で,「先住民族の権利に関する国連宣言」が採択される。(日本も賛成)
2008年 6月	衆参両院において「［　　　］民族を先住民族とすることを求める決議」が，全会一致で採択される。
2009年 7月	「［　　　］政策のあり方に関する有識者懇談会」報告において,「民族共生の象徴となる空間」の整備が提言される。
2014年 6月	「民族共生の象徴となる空間」が，北海道白老郡白老町へ整備されることに決定される。
2018年12月	一般投票により,「民族共生の象徴となる空間」の愛称が,「ウポポイ」と決定される。
2020年 7月	一般公開される。

ウポポイ
NATIONAL AINU MUSEUM and PARK
民族共生象徴空間

図2

3　図3のア，イ，ウ，エは，8月上旬に行われる「東北四大祭り」の写真である。秋田市で行われる祭りはどれか。

ア　イ　ウ　エ

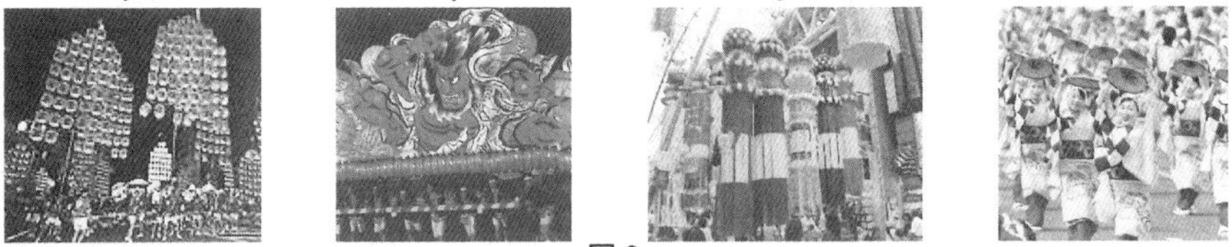

図3

4　図4のア，イ，ウ，エは，高田さんが寄港した函館市，金沢市，鹿児島市，高知市のいずれかの雨温図である。金沢市の雨温図はどれか。

ア　イ　ウ　エ

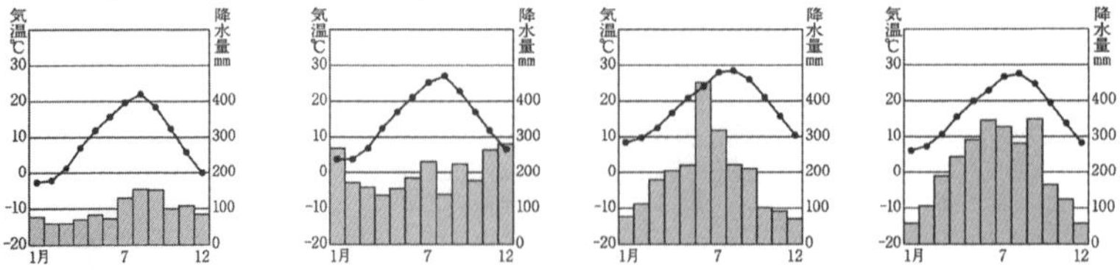

図4（「気象庁ホームページ」により作成）

5　図1のXは，島根県隠岐諸島の北西にある島である。1905年に明治政府が国際法に従って島根県に編入した日本固有の領土であるが，1952年から韓国が不法に占拠している。この島の名称はどれか。

ア　竹島《たけしま》　　**イ**　魚釣島《うおつりじま》　　**ウ**　択捉島《えとろふとう》　　**エ**　与那国島《よなぐにじま》

解　答　P294

6　韓国ではガス給湯器を使用して，お湯を床下のパイプに通す床暖房が普及している。朝鮮半島や中国東北部では冬の寒さが厳しく，調理に使用するかまどから出た煙を床下に通して部屋を暖める床暖房が考案され，広く普及してきたが，その知恵が現在でも生かされている。この朝鮮半島などで考案された床暖房はどれか。

ア　キムチ　　**イ**　ハングル　　**ウ**　オンドル　　**エ**　ヒョンデ

7　鹿児島湾に位置する活火山は，2022年7月の噴火で，一時，噴火警戒レベルが，レベル3（入山規制）から最高のレベル5（避難）に引き上げられた。この活火山の名称を書きなさい。

8　図5は，なす，ピーマンの生産高の上位5県である。これをみると，高知県のなす，ピーマンの生産高は全国の上位である。次の文は，大消費地の遠方に位置していて，野菜栽培には不利と考えられている高知県で野菜栽培がさかんな理由をまとめたものである。文中の［　Ⅰ　］，［　Ⅱ　］に当てはまる語を書きなさい。

なす（2020年）

県名	t	%
高 知	39,300	13.2
熊 本	34,200	11.5
群 馬	27,700	9.3
茨 城	16,900	6.0
福 岡	16,700	5.6

ピーマン（2020年）

県名	t	%
茨 城	32,500	22.7
宮 崎	26,800	18.7
高 知	13,000	9.1
鹿児島	11,800	8.2
岩 手	8,230	5.8

図5（「日本のすがた2022」により作成）

　高知県では，温暖な気候を生かした野菜や果物の生産が行われている。高知平野に広がるビニールハウスでは，夏が旬であるなすやピーマンなどの野菜の［　Ⅰ　］栽培が行われている。これらの野菜は，冬から春にかけて高値で売ることができる。
　高知平野で生産された野菜は，以前は鉄道や船で主に大阪方面の市場に運ばれていた。高速道路の整備とともに，1980年代以降，三か所の［　Ⅱ　］橋が開通し，四国は本州と高速道路で結ばれた。保冷トラックが普及した現在は，鮮度を保ったままで首都圏や新潟など遠くの市場にも出荷されている。

2　次の1，2の問いに答えなさい。

1　次の文は，ヨーロッパの政治経済について述べたものである。これを見て，(1)から(4)までの問いに答えなさい。

　二度の世界大戦で戦場となり，大きな被害を受けた西ヨーロッパの国々は，紛争を避け，アメリカ合衆国などの大国に対抗するために，しだいに国どうしの経済的な結びつきを強化するようになった。その結果，1967年にAなどの6か国が欧州共同体を組織し，この共同体は，1993年に［　X　］に発展した。西ヨーロッパの経済的･政治的な統合が進み，2004年以降は，冷戦時代には対立していた東ヨーロッパの多くの国々が［　X　］に加盟した。現在の加盟国はヨーロッパの大半を占めるまで拡大している。
　ヨーロッパ最大の工業国であるAでは，かつては，鉄鉱石や地元で産出される石炭をアルプス山脈から北海に流れている［　Ⅰ　］などの水運を利用して運び，鉄鋼業を中心に工業地帯が発達していた。1960年代にエネルギーの主役が石油へと変化すると，工業地帯の中心は，原油の輸入に便利な臨海部に移っていった。現在では，鉄鋼業にかわって，医薬品や航空機などの［　Ⅱ　］産業やⓐ自動車産業などが成長している。
　21世紀に入り［　X　］諸国の東に位置するBの経済は豊かになった。その理由は，国内で産出される原油や天然ガスなどの輸出量の増加や価格上昇によってである。この原油や天然ガスなどの多くは［　Y　］を使って，Aをはじめ陸続きの［　X　］諸国へ直接輸出されていた。しかし，世界情勢が大きく変わっているので，今後は不透明な状況である。

(1)　図1のA，Bは，文中のA，Bの国の位置を示している。A，Bの国名を書きなさい。

(2)　文中の［　X　］，［　Y　］に当てはまる語を書きなさい。

(3)　文中の［　Ⅰ　］，［　Ⅱ　］に当てはまる語の組み合わせとして正しいものはどれか。

ア　Ⅰ－ライン川　　Ⅱ－先端技術
イ　Ⅰ－ライン川　　Ⅱ－生活必需品
ウ　Ⅰ－ドナウ川　　Ⅱ－先端技術
エ　Ⅰ－ドナウ川　　Ⅱ－生活必需品

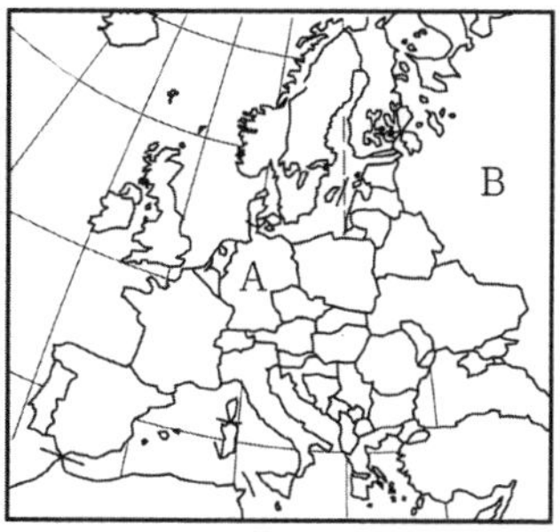

図1

(4)　下線部ⓐに関して，次の**図2**は，主な国の自動車生産台数，販売台数を示している。C，D，Eに当てはまる国名の組み合わせとして正しいのはどれか。

	自動車生産台数		（千台）	自動車販売台数（千台）	電気自動車(EV)販売台数(千台)
国名	1980年	2000年	2020年	2020年	2020年
C	217	2,069	25,225	25,311	1,161
D	8,010	12,800	8,822	14,453	296
E	11,043	10,141	8,068	4,599	30
A	3,879	5,527	3,742	3,268	395
インド	113	801	3,394	2,939	24
フランス	3,378	3,348	1,316	2,100	185

図2（「世界国勢図会 2021/22」により作成）

ア　C－アメリカ　D－日本　E－中国
イ　C－アメリカ　D－中国　E－日本
ウ　C－日本　D－アメリカ　E－中国
エ　C－日本　D－中国　E－アメリカ
オ　C－中国　D－日本　E－アメリカ
カ　C－中国　D－アメリカ　E－日本

2　次の(1)，(2)の問いに答えなさい。

(1)　**図3**のFと日本との貿易について調べたところ，**図4**のとおり，Fからの輸入量が多い品目があることがわかった。**図4**のⅠ，Ⅱに当てはまるものの組み合わせとして正しいのはどれか。

ア　Ⅰ－米　Ⅱ－天然ガス
イ　Ⅰ－米　Ⅱ－鉄鉱石
ウ　Ⅰ－小麦　Ⅱ－天然ガス
エ　Ⅰ－小麦　Ⅱ－鉄鉱石
オ　Ⅰ－トウモロコシ　Ⅱ－天然ガス
カ　Ⅰ－トウモロコシ　Ⅱ－鉄鉱石

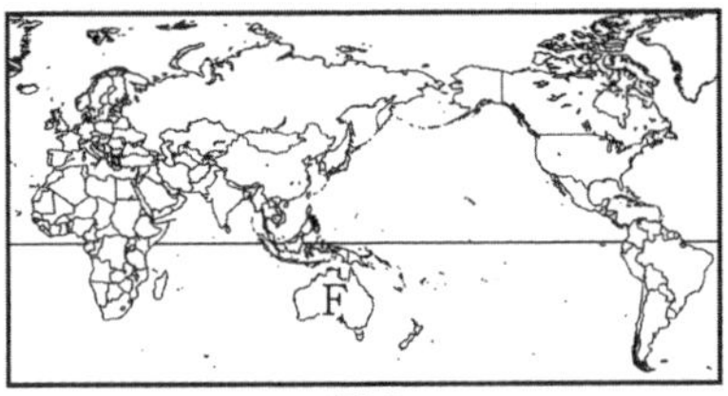

図3

品目Ⅰ・Ⅱの日本の輸入先上位3か国（2019年）

品名：Ⅰ		品名：Ⅱ	
国名	%	国名	%
アメリカ	47.3	F	57.3
カナダ	34.4	ブラジル	26.3
F	16.7	カナダ	6.2

図4（「データブック・オブ・ザ・ワールド」により作成）

(2)　**図5**を参考に，次の文章内の［　Ⅲ　］に当てはまる国名を，［　Ⅳ　］に当てはまる語を書きなさい。

> 図3のFは，国旗の一部分に［　Ⅲ　］国旗のデザインが使用されているように，歴史的には［　Ⅲ　］との結びつきが強く，貿易も［　Ⅲ　］が1位だった。
> 1965年と2020年の輸出入相手国をそれぞれ比べると，近年は［　Ⅲ　］にかわり，日本や中国などの［　Ⅳ　］諸国，アメリカとの貿易が中心となっている。

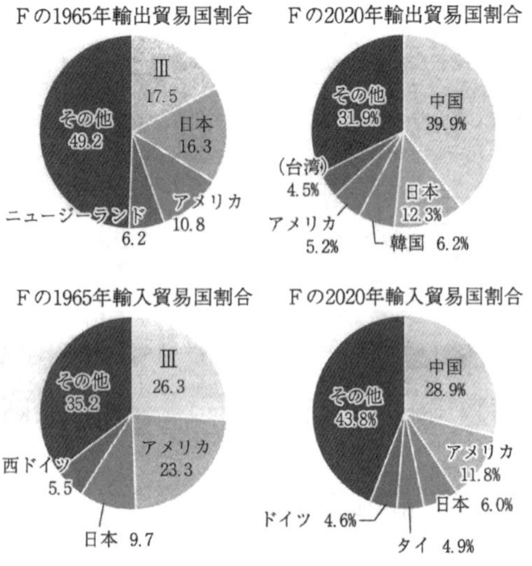

図5（「日本国勢図会 2022/23」により作成）

3　次のAからFのカードは，我が国の古代から近代までの農業などに関わる政策の説明である。これらを読み，1から7までの問いに答えなさい。

A　645年，中大兄皇子は，中臣鎌足らとはかり，蘇我氏をたおして，土地制度を含むⓐ政治改革に着手した。

B　8代将軍の［ X ］は，ⓑ財政の悪化に対処するため，質素倹約と文武の奨励を基本とする様々な改革に取り組んだ。この改革を享保の改革という。

C　人々は戸籍に基づいて国から口分田をあたえられた。6歳以上の全員にあたえられ，死後は国に返すきまりになっていた。ⓒ税には，年齢や性別によって様々な種類があり，分量がきめられていた。

D　豊臣秀吉は，全国の田畑の面積をはかり，土地のよしあしや予想される生産量，耕作する農民の名前などを調べ，記録した。これをⓓ検地という。

E　将軍は，御家人に対して，先祖伝来の所領の支配を保障したり，新たな所領をあたえたりした。これを御恩という。これに対し，御家人は，天皇のお住まいや鎌倉の幕府を警備し，戦いでは生命をかけて軍役を果たし，将軍に仕えた。これを［ Y ］という。

F　1873年，明治政府は，土地の所有者と地価を定め，地価を基準に課税する改革を実施した。

1　Aのカードの下線部ⓐに関して，正しいのはどれか。
ア　天保の改革　　**イ**　建武の新政　　**ウ**　大化の改新　　**エ**　寛政の改革

2　Bのカードの［ X ］に当てはまる人物の名前を書きなさい。

3　Bのカードの下線部ⓑについて述べた，次の文中の［　　］に当てはまる語を書きなさい。

収入の中心である年貢米を増やすため，新田開発を進めたほか，［　　］の制によって，参勤交代を軽減するかわりに米を献上させた。

4　Cのカードの下線部ⓒについて，以下の問いに答えなさい。

(1)　次の文中の［ Ⅰ ］，［ Ⅱ ］，［ Ⅲ ］に当てはまる語の組み合わせとして，正しいのはどれか。

労役のかわりに麻の布を約8m納める税を［ Ⅰ ］といい，絹や塩などの特産物の税を［ Ⅱ ］という。年間60日以下と定められた地方での労役は，［ Ⅲ ］といわれた。

ア　Ⅰ-調　Ⅱ-庸　Ⅲ-雑徭　　**イ**　Ⅰ-調　Ⅱ-雑徭　Ⅲ-庸
ウ　Ⅰ-庸　Ⅱ-調　Ⅲ-雑徭　　**エ**　Ⅰ-庸　Ⅱ-雑徭　Ⅲ-調
オ　Ⅰ-雑徭　Ⅱ-調　Ⅲ-庸　　**カ**　Ⅰ-雑徭　Ⅱ-庸　Ⅲ-調

(2)　図1の家族の受け取る口分田の大きさはどれか。図1，図2およびCのカードの内容をふまえ，答えなさい。ただし，1段＝360歩とする。
ア　5段120歩　　**イ**　6段　　**ウ**　6段120歩　　**エ**　6段240歩

家族の構成		
良民	三十九歳	男子
良民	六十四歳	女子
良民	三十七歳	女子
良民	三歳	女子
賤民	十四歳	男子

図1

口分田の配分

男子には2段，女子にはその3分の2，賤民には良民男女のそれぞれ3分の1の口分田があたえられた。

図2

5　Dのカードの下線部ⓓに関して，以下の問いに答えなさい。
(1)　豊臣秀吉の行った検地は何というか。
(2)　豊臣秀吉の行った検地の結果，農民の立場はどのように変化したか。「検地帳」という語を用い，解答欄の書き出しに続けて簡潔に書きなさい。

6　Eのカードの［ Y ］に当てはまる語を書きなさい。

7　AからFのカードを，年代の古い順に並べ替えなさい。なお，Aが最初，Fが最後である。

4 略年表を見て，次の1から6までの問いに答えなさい。

西暦	主なできごと
1854	日米和親条約 ……（A の期間の始まり）
1869	版籍奉還 ……（A の期間の終わり）
1920	［　B　］設立（本部ジュネーブ）
1929	ⓐ世界恐慌と各国の対応
1932	ⓑ海軍青年将校が首相官邸を襲撃
1945	ⓒＧＨＱによる民主化政策
〃	［　C　］発足（本部ニューヨーク）
1972	ⓓ沖縄本土復帰

1　Aの期間に起こった次のできごとを古い順に並べ替えなさい。

ア　新政府軍と旧幕府軍との間で，鳥羽・伏見の戦いが起こった。

イ　坂本龍馬の仲介で，薩長同盟が結ばれた。

ウ　尊王攘夷運動が高まる中，桜田門外の変が起こった。

エ　イギリスと薩摩藩との間で，薩英戦争が起こった。

2　次の(1)，(2)の問いに答えなさい。

(1)　下線部ⓐに関して，内容として誤っているのはどれか。

ア　アメリカでは，ルーズベルト大統領が，ニューディール政策のもと大規模な公共事業を行った。

イ　ソ連では，スターリンらの指導のもと計画経済により工業化と農業の集団化が進められた。

ウ　ドイツでは，ヒトラーのファシスト党が政権を握り，独裁体制となった。

エ　イギリスでは，マクドナルド首相が，輸入品に高い関税をかけるブロック経済を行った。

(2)　下線部ⓐに関して，日本国内では次の文中のような影響が起こった。文中の［　　　］に当てはまる語を書きなさい。

> 関東大震災による不況の影響がいえない中，取り付け騒ぎなどで銀行の破綻による金融恐慌が起きた。また，米価が大幅に下落し，アメリカへの生糸輸出が途絶え，農村部では深刻な農業恐慌に見舞われた。その後さらに，1929年以来の大打撃が数年にわたって続き，［　　　］が起こった。

3　下線部ⓑに関して，次の文中の［　Ⅰ　］・［　Ⅱ　］の組み合わせとして正しいのはどれか。

> 軍の政治介入により，［　Ⅰ　］総理大臣が殺害される［　Ⅱ　］が起こった。当時の新聞は，図1のようにこの事件を「帝都未曾有の不祥事」という見出しで報じた。これが軍部独裁のきっかけとなり，その後，国内では日増しに軍事色が強まっていった。

図1

ア　Ⅰ－犬養　毅　　Ⅱ－二・二六事件　　**イ**　Ⅰ－犬養　毅　　Ⅱ－五・一五事件

ウ　Ⅰ－浜口雄幸　　Ⅱ－二・二六事件　　**エ**　Ⅰ－浜口雄幸　　Ⅱ－五・一五事件

4　下線部ⓒに関して，正しいのはどれか。

ア　財閥の解体　　**イ**　男子の普通選挙の実施

ウ　教育勅語の発布　　**エ**　国家総動員法制定

5　年表中の［　B　］，［　C　］に関して，次の文を読んで［　B　］，［　C　］に当てはまる語を書きなさい。

> アメリカのウィルソン大統領の提唱で平和14カ条の原則をふまえ，［　B　］が設立された。しかし，第二次世界大戦を回避することはできなかった。その反省をふまえ，第二次世界大戦後，［　C　］が発足した。

解答 P294

6　下線部ⓓに関して，次の文は「沖縄の現状」をまとめたものである。これを見て，(1)，(2)の問いに答えなさい。

> 本土復帰50年をむかえた沖縄県の面積は，全国面積との比較でわずか0.6％である。しかし，全国の米軍基地全体面積に対して，沖縄県には［　Ⅰ　］％をこえる割合の［　Ⅱ　］。

(1)　図2を参考にして，文中の［　Ⅰ　］に当てはまる数字を書きなさい。

(2)　文中の［　Ⅱ　］に当てはまる文を簡潔に書きなさい。

米軍専用施設のある都道府県の面積と基地の面積（2019年）

都道府県	都道府県の面積（㎢）	米軍基地の面積（千㎡）
北海道	83, 424	4, 274
青森	9, 646	23, 743
埼玉	3, 798	2, 035
千葉	5, 158	2, 095
東京	2, 194	13, 193
神奈川	2, 416	14, 730
静岡	7, 777	1, 205
京都	4, 612	36
広島	8, 480	3, 538
山口	6, 113	8, 672
福岡	4, 987	23
長崎	4, 131	4, 557
沖縄	2, 281	184, 833
全国	377, 974	262, 935

図2（「国土地理院HP」「防衛省HP」により作成）

5　りつこさんは，「人の一生」と「憲法や法律に関わる権利と義務」について，下の表のようにまとめた。この表を見て，1から7までの問いに答えなさい。

人の一生	憲法や法律に関わる権利と義務
誕生	ⓐ人は生まれながらにしてさまざまな権利を持ち，憲法では「すべての国民に保障する」と定められている。
入学	6歳の4月からⓑ小学校に入学し，勉強する。その費用は無償とされる。
成人	ⓒ選挙権を持ち，政治に参加できる。
就職	労働者の権利として，労働基本権（労働三権）が憲法で保障され，ⓓ労働三法が定められている。
結婚	婚姻は両性の合意のみに基づいて成立し，人々はⓔ家族という社会集団を形成する。
出産	国民は，養育する子どもに対して［　X　］を受けさせる義務がある。
退職	国民年金加入者のうち，資格のある人が年金を受給できる。

1　下線部ⓐに関して，この権利を何というか。

2　下線部ⓑに関連する権利はどれか。

ア　自由権　　**イ**　社会権　　**ウ**　参政権　　**エ**　環境権

3　下線部ⓒに関して，このとき政治家は，公約や政権公約（マニフェスト）を示し，世論の支持を集める。世論を形成する上で，重要な役割を果たしているのは情報だが，情報を受け取る場合，メディア・リテラシーが必要とされる。メディア・リテラシーについて，次の文中の［　A　］，［　B　］に当てはまる語句を書きなさい。

> 私たちは新聞，テレビなどの［　A　］から情報を得ており，これらは不特定多数の人々に大量の情報を伝達するだけでなく，世論の形成にも影響を与えている。
> だが，常に正しい情報を伝えているとは限らない。情報の受け手は，［　A　］の伝える内容を［　B　］のではなく，その情報をさまざまな角度から見つめ，信頼できるものかどうかを冷静に判断し，正しく見極めて利用する能力を養わなければならない。

4　下線部ⓓに関して，労働基準法に定められている内容をすべて選びなさい。

ア　労働者と使用者の関係の調整を図り，労働争議を予防，または解決する。
イ　労働組合を結成し，使用者に対して，労働条件の向上を要求できる。
ウ　賃金については，男女同一賃金の原則を定めている。
エ　労働は週40時間，1日8時間以内とする。

5　下線部ⓔについて，現代の家族は，夫婦のみ，両親と未婚の子ども，また父（母）のみと未婚の子どもで構成される家族が増えている。このような家族形態を何というか。

6　次の文を読み，［　Ⅰ　］，［　Ⅱ　］に当てはまる語を書きなさい。

> 家族生活に関する基本的な原則として，日本国憲法第24条では「［　Ⅰ　］の尊厳と両性の本質的［　Ⅱ　］に立脚して，制定されなければならない。」と定められている。

7　［　X　］に当てはまる語はどれか。

ア　普通教育　　**イ**　英才教育　　**ウ**　情報教育　　**エ**　人権教育

6 次のカードは，恵子さんが授業で，「経済主体」のテーマ学習から，「家計」と「企業」についてまとめたものの一部である。次の1，2，3の問いに答えなさい。

> 個人や同居している家族など，ⓐ<u>消費生活</u>を営む単位を家計という。家計は収入を得て，それをさまざまな目的に支出する。収入から消費支出と，税金や社会保険料などを差し引いた残りを［　X　］という。

> 最も基本的な経済活動である生産と消費のうち，さまざまな商品（モノやサービス）の生産を担っている組織や個人が企業である。利潤追求を目的とする私企業は，資本金や従業員の数によってⓑ<u>大企業</u>と中小企業に分けられる。

1　下線部ⓐについて，次の(1)から(4)までの問いに答えなさい。

(1)　文中の［　X　］に当てはまる適切な語句を，漢字2字で書きなさい。

(2)　商品に対して売り手と買い手の意思が一致し，売買が成立することを何というか。

(3)　次の文は，恵子さんの「クレジットカードのしくみ」をまとめたものの一部である。文中の［　Y　］，［　Z　］に当てはまる語の組み合わせとして正しいのはどれか。

> 最近，IT 化の進展にともないキャッシュレス支払いが増えている。クレジットカードは，支払い方法の1つであるが，お金（現金）ではない。代金は［　Y　］で，［　Z　］が一時的に代金を立てかえるだけである。収入や支出を考えて，無理のない支払い計画を立てることが大切である。

ア　Y - 前払い　Z - 小売店　　　**イ**　Y - 前払い　Z - カード会社
ウ　Y - 後払い　Z - 小売店　　　**エ**　Y - 後払い　Z - カード会社

(4)　訪問販売や電話勧誘販売などで商品を購入後，一定期間内であれば消費者側から契約解除できる制度を何というか。

2　下線部ⓑについて，次の(1)，(2)の問いに答えなさい。

(1)　図1は製造業の大企業と中小企業の会社数，従業員数，売上高の構成比を表したグラフである。グラフの中のa，b，c，dの正しい組み合わせはどれか。

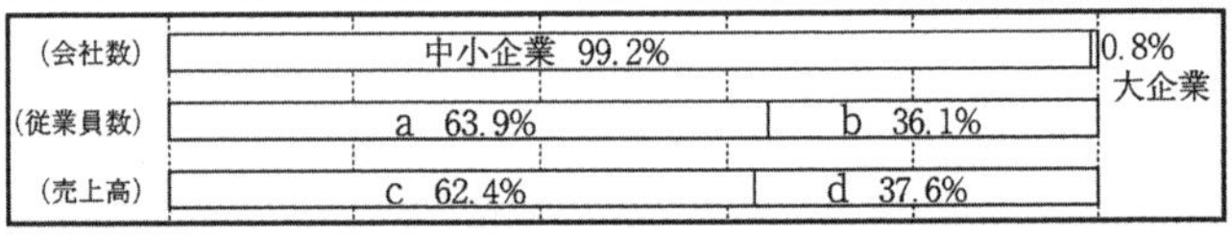

図1（「2019年中小企業白書」により作成）

ア　a - 中小企業　b - 大企業　c - 中小企業　d - 大企業
イ　a - 中小企業　b - 大企業　c - 大企業　d - 中小企業
ウ　a - 大企業　b - 中小企業　c - 大企業　d - 中小企業
エ　a - 大企業　b - 中小企業　c - 中小企業　d - 大企業

(2)　新たに事業を起こし，新しい技術や独自の経営方法をもとに，革新的な事業を展開する中小企業を何というか。

3　近年，日本の労働環境をとりまく問題は複雑化している。これに関して，図2，図3を見て，日本の雇用の特徴について，「正社員」「非正規雇用」「賃金」の語を用いて簡潔に書きなさい。

形態別雇用数の変化

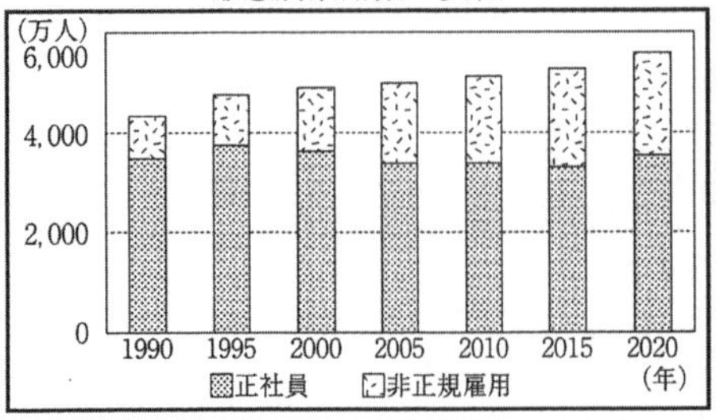

図2（「厚生労働省2020年労働力調査」により作成）

年齢階層別月収

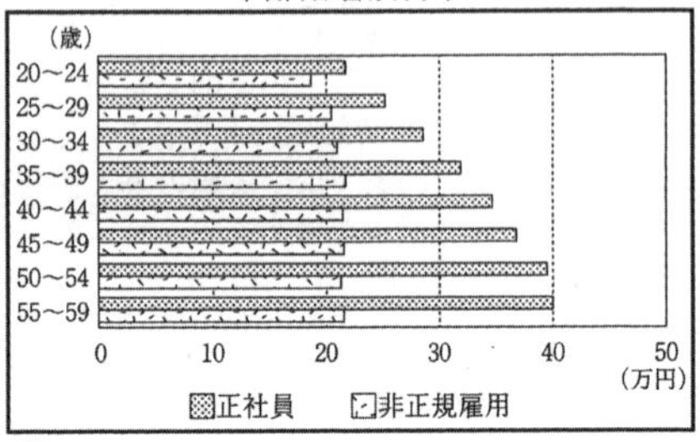

図3（「厚生労働省2020年賃金構造基本統計調査」により作成）

解答 P294

矢板中央［一般］
数　学

制限時間 50分

1　次の1から8までの問いに答えなさい。

1　$-5-(-8)$ を計算しなさい。

2　$(8a^2+6a)\div 2a$ を計算しなさい。

3　$(x-2)^2$ を展開しなさい。

4　2次方程式 $2x^2+4x-6=0$ を解きなさい。

5　y は x に反比例し，$x=2$ のとき $y=-5$ である。y を x の式で表しなさい。

6　右の図は正方形ＡＢＣＤの点Ｂと点Ｄを中心として弧ＡＣをひいた図である。斜線部の面積を求めなさい。
ただし，円周率は π とする。

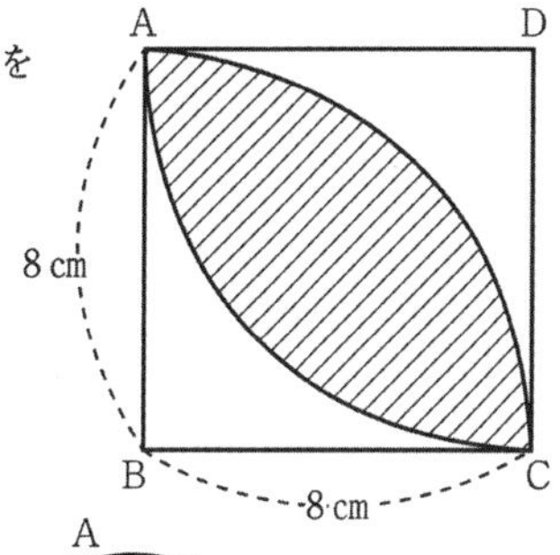

7　右の図で，Ａ，Ｂ，Ｃ，Ｄは円Ｏの周上の点であり，Ｅは直線ＡＤとＢＣとの交点である。$\angle$ＡＣＢ＝60°，$\angle$ＤＥＣ＝40°のとき，$\angle x$ の大きさを求めなさい。

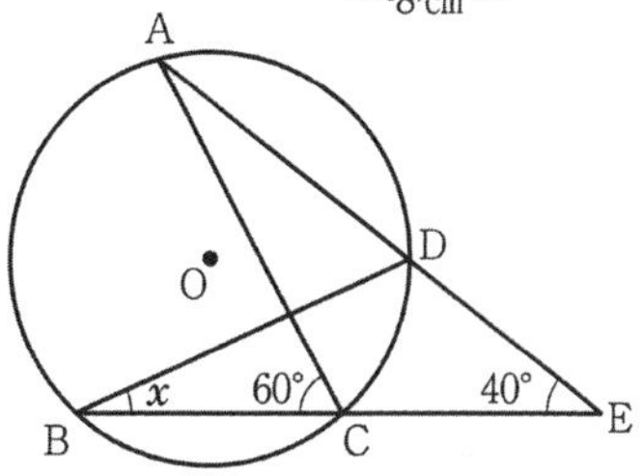

8　△ＡＢＣと△ＤＥＦにおいて ＡＢ：ＤＥ＝ＢＣ：ＥＦ，∠Ｂ＝∠Ｅ であるとき，△ＡＢＣ∽△ＤＥＦとなる相似条件を，**ア**，**イ**，**ウ**，**エ**のうちから１つ選んで，記号で答えなさい。

ア　３組の辺の比が，すべて等しい
イ　２組の辺の比とその間の角が，それぞれ等しい
ウ　２組の角が，それぞれ等しい
エ　１組の辺とその両端の角が，それぞれ等しい

2　次の1，2，3の問いに答えなさい。

1　m を自然数とする。このとき，$\sqrt{24m}$ が整数となるときの m のうちで，もっとも小さい数を求めなさい。

2　兄弟で買い物に行き，兄は自分の持っているお金の80％を，弟は70％を出し合って6800円の品物を買った。残金を比べると弟のほうが200円多かった。兄と弟はそれぞれ最初にいくら持っていたかを求めなさい。

3　ある正方形を縦に3 cm，横に2 cm延ばしてできた長方形の面積が30 cm^2 のとき，もとの正方形の１辺の長さを求めなさい。

3　次の1，2，3の問いに答えなさい。

1　３枚の硬貨を同時に投げるとき，表が２枚出る確率を求めなさい。

2　右の表は，あるクラスの生徒30人が夏休み中に読んだ本の冊数である。
度数が最も多い階級の相対度数を求めなさい。

階級(冊)			度数(人)
以上		未満	
0	～	3	8
3	～	6	12
6	～	9	5
9	～	12	4
12	～	15	1
合計			30

解　答　P294

矢板中央　入試問題(R5)◆数学

3　3つの学級A，B，Cはともに生徒23人の学級であり，通学時間（分）について調べた。このとき，次の(1)，(2)の問いに答えなさい。

(1)　下のデータは，学級Aの通学時間の記録を小さい順に並べたものである。

2	3	3	5	5	6	7	8	9	10
11	12	13	14	15	15	16	17	18	19
20	21	28							

このデータの第1四分位数，第2四分位数（中央値）をそれぞれ求めなさい。
また，このデータの箱ひげ図を書きなさい。

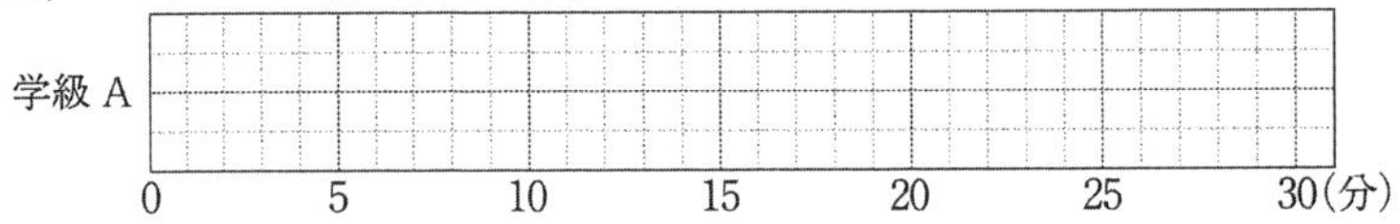

(2)　下の図は，学級Bと学級Cの生徒の通学時間を箱ひげ図に表したものである。学級Bと学級Cを比べたとき，下の**ア**，**イ**，**ウ**，**エ**から正しいものをすべて選び，記号で答えなさい。

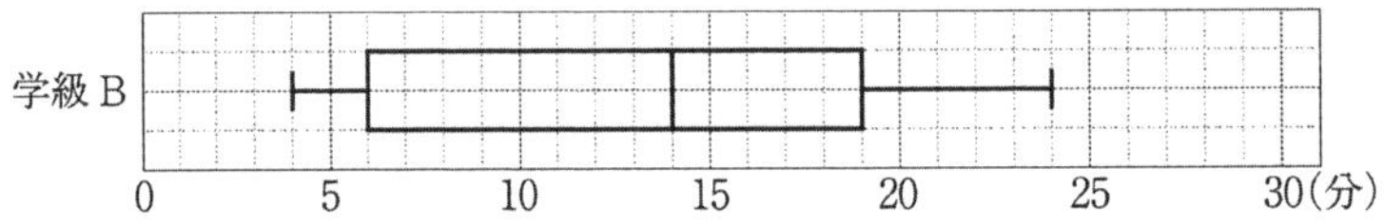

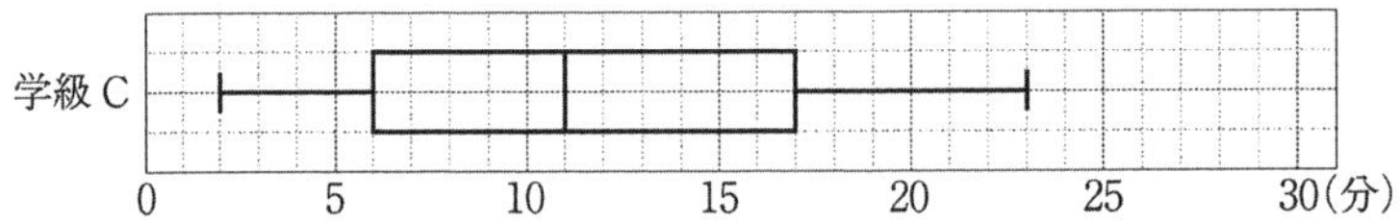

ア　通学時間が13分以上の生徒が半数以上いるのは学級Bであり，学級Cは半数未満である。
イ　学級Bと学級Cの通学時間を比べたとき，第3四分位数は学級Cの方が大きい。
ウ　通学時間の四分位範囲は学級Bと学級Cは同じである。
エ　学級B，学級Cともに通学時間は25分以内である。

4　次の1，2の問いに答えなさい。

1　円Oの円周上の1点をAとする。点Aにおける円Oとの接線を定規とコンパスを用いて作図しなさい。また，作図に用いた線は消さないこと。

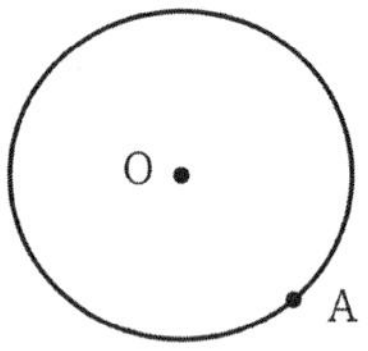

2　平行四辺形ABCDの対角線BDで折り返したときに，点Cが移動した点をEとする。EBとADの交点を点Fとするとき，△ABFと△EDFが合同になることを証明した。

(1)　【　　】にあてはまるものを下の語群から選び，ⓐ～ⓦの記号で答えなさい。

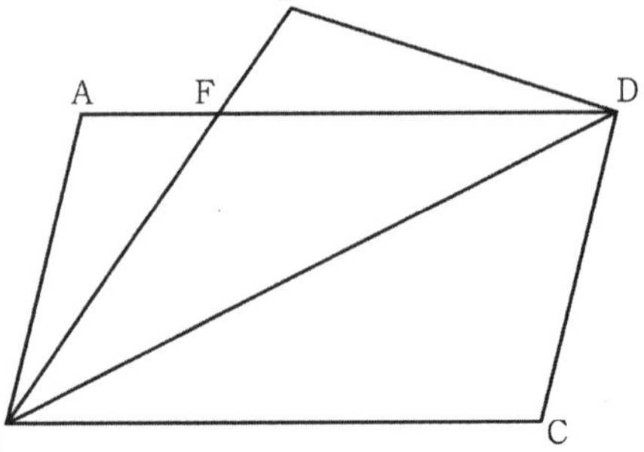

(証明) △ABFと△EDFについて
【ア】より　AB=ED　……①
【イ】より　∠A＝∠E　……②
【ウ】から∠AFB＝∠EFD……③
三角形の内角の和は【エ】度……④
②③④より【オ】……⑤
よって①②⑤より【カ】がそれぞれ等しいから
△ABF【キ】△EDF

解答 P294

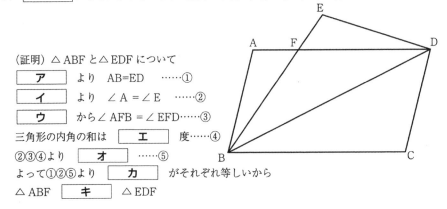

(2) **ク** だから，点A，B，D，Eは同一円周上にある。 [　　　] にあてはまるものを下の語群から選び，ⓐ〜ⓦの記号で答えなさい。

(3) △AFEの面積が $1\,\mathrm{cm}^2$，△FBDの面積が $4\,\mathrm{cm}^2$ のとき，平行四辺形ABCDの面積を求めなさい。

語群（記号は複数回使用してもよい）

ⓐ　0	ⓑ　90	ⓒ　180	ⓓ　360	ⓔ　45
ⓕ　二等辺三角形の二辺は等しい		ⓖ　平行四辺形の対角は等しい		
ⓗ　対応する角は等しい	ⓘ　平行四辺形の対辺は等しい		ⓙ　対応する辺は等しい	
ⓚ　対頂角は等しい	ⓛ　斜辺と１つの鋭角		ⓜ　１組の辺とその両端の角	
ⓝ　２組の辺とその間の角	ⓞ　＝	ⓟ　≡	ⓠ　∠FBD＝∠FDB	
ⓡ　△ABF＝△FDE	ⓢ　∠BFD＝∠BCD		ⓣ　BF＝DF	
ⓤ　∠E＋∠C＝180°	ⓥ　∠E＝90°		ⓦ　∠ABF＝∠EDF	

5 次の１，２の問いに答えなさい。

1　右の図のように２つの関数 $y=ax^2$ $(a>0)$，$y=\dfrac{4}{x}$ のグラフ上で，x 座標が２である点をA，x 座標が－４で $y=ax^2$ 上の点をB，$y=\dfrac{4}{x}$ 上の点をCとする。このとき，次の(1)，(2)，(3)の問いに答えなさい。

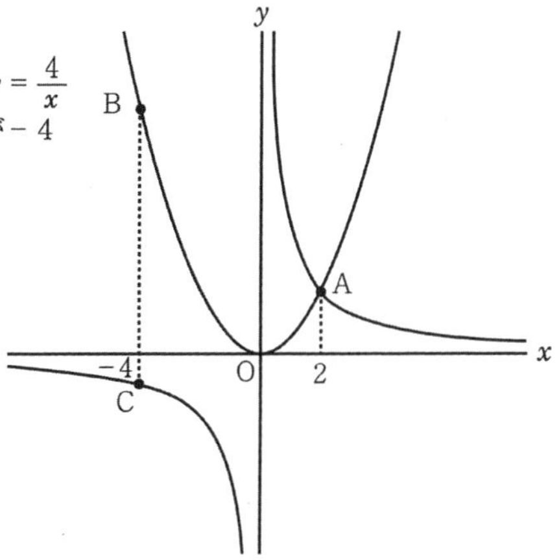

(1) a の値を求めなさい。

(2) 四角形ＡＢＣＤが平行四辺形となるように点Ｄをとるとき，点Ｄの座標を求めなさい。

(3) 線分ＢＣ上に点Ｐ（－4，t）をとる。△ＡＢＰの面積が12となるとき，t の値を求めなさい。

2　ゆうこさんは家にある図１のような水そうに水道から一定の割合で水を入れたときの時間と水そうの底面から水面までの高さの関係について調べた。

　図１の水そうの形は直方体であり，水そうの中には図２のような直方体Ｐが水そうの底面と側面に固定されている。また，水そうの底面には排水管があり，栓が開いているときには入れた水の一部が流れ出る。

　ゆうこさんが調べた状況を次のようにまとめた。

・水を入れ始めたところ水そうに水がたまり始めたが，２分後に排水管の栓が開いていることに気づき，すぐに栓を閉じた。
・そのまま水を入れ続け，水を入れ始めてからの時間を x（分），底面から水面までの高さを y（cm）として x と y の関係を表すグラフの一部を図３のようにかいた。
・水そうが満水になって水を止めた。

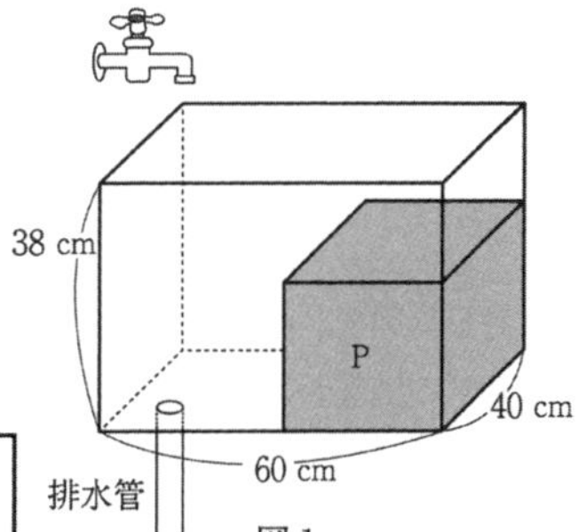

図１

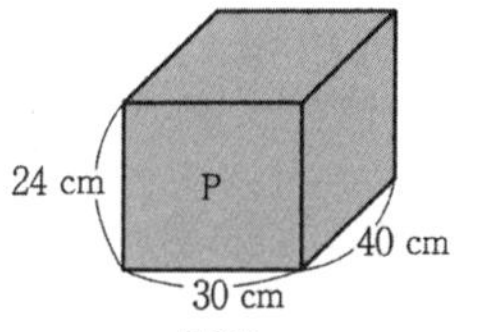

図２

このことについて，ゆうこさんと先生の会話を読んで(1)～(5)の問いに答えなさい。

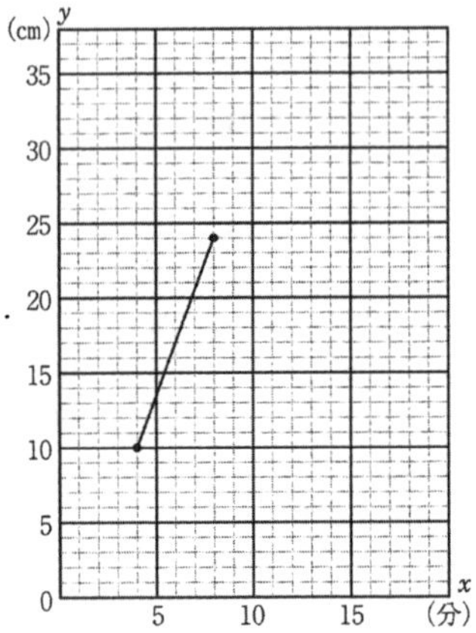

図3

先　生「ゆうこさん，グラフの一部をかくことができましたね。」
ゆうこ「排水管の栓が開いていたため，途中しか記録できませんでした。」
先　生「ゆうこさんがかいたグラフから，水を入れ始めてから満水になるまでのグラフを完成させましょう。まず，水を入れ始めて4分後から8分後のグラフから何がわかりますか。」
ゆうこ「4分後から8分後に入った水の量が， ア cm^{3}とわかるので，1分間に水道から入る水の量が イ cm^{3}とわかります。」
先　生「そうですね。水道から出ている水の量は一定なのでそのことを用いてグラフを完成させてみましょう。」

(1) ア ， イ に入る数を求めなさい。

(2) 水を入れ始めてから満水になるまでの時間は何分か。

(3) 排水管を閉じてから8分後までの x と y の関係を表す式を求めなさい。

(4) 水を入れ始めてから満水になるまでの x と y の関係を表すグラフを解答用紙にかき入れなさい。

(5) 排水管の栓が開いていたとき，排水管から流れ出た水の量は何cm^{3}か。

6 図1のように，1辺の長さが3cmの正方形を，右と下に1cmずつずらしながら順に重ねて図形をつくる。ただし，重なる部分は，1辺の長さが2cmの正方形となるようにする。このとき，「2番目の図形」の周の長さは16cm，面積は14cm^{2}となる。

ここで，周と面積は太線で囲まれた図形の周と面積である。

次の1，2の問いに答えなさい。

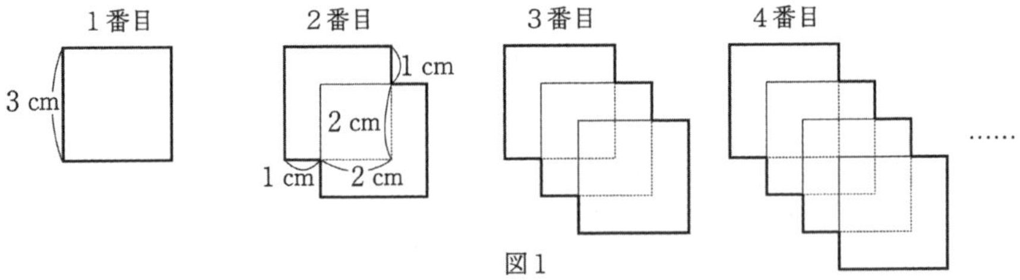

図1

1 「3番目の図形」の周の長さを求めなさい。

2 「6番目の図形」の面積を求めなさい。

次に，図2のような「n番目の図形」において，最初の正方形の左上の頂点をP，最後に重ねた正方形の右下の頂点をQとする。

次の3，4の問いに答えなさい。

3 「n番目の図形」の周の長さと面積を n の式で表しなさい。

4 2つ目に重ねた正方形の左上の頂点をAとするとき，線分PQの長さは線分PAの長さの何倍となるかを n の式で表しなさい。

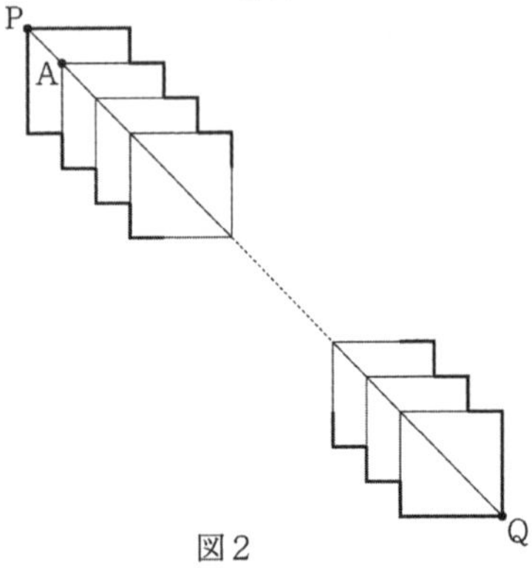

図2

解答 P294

令和5年 1月8日実施 入試問題

矢板中央［一般］

理　科

制限時間 50分

1　次の1から8までの問いに答えなさい。

1　次のうち，堆積岩《たいせきがん》はどれか。

ア　安山岩《あんざんがん》　　**イ**　花《か》こう岩《がん》　　**ウ**　玄武岩《げんぶがん》　　**エ**　石灰岩《せっかいがん》

2　空気中で火をつけると，音を立てて燃えて水ができる気体はどれか。

ア　窒素　　**イ**　水素　　**ウ**　酸素　　**エ**　二酸化炭素

3　次のうち，軟体動物ではないものはどれか。

ア　ハマグリ　　**イ**　イカ　　**ウ**　タコ　　**エ**　ヒトデ

4　右の図のように固定されたコイルに棒磁石のN極を近づけたら，検流計の針は右に振れた。固定された棒磁石に，コイルを近づけたり遠ざけたりしたときに，検流計の針が反対の左に振れるものの組み合わせとして正しいものはどれか。

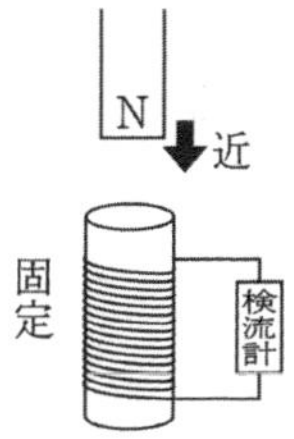

針が右に振れた。

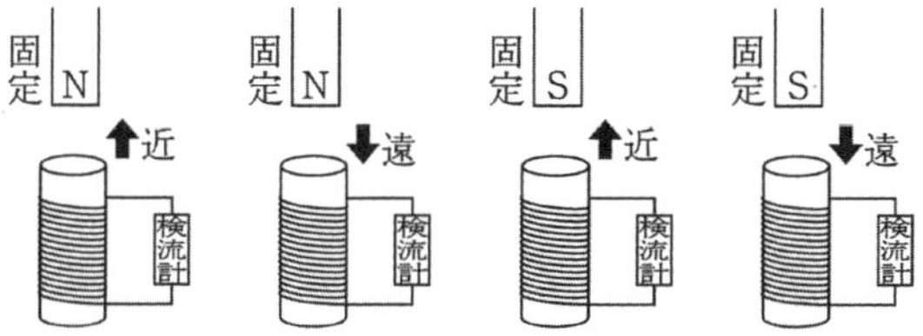

a　　b　　c　　d

ア　aとc　　**イ**　aとd　　**ウ**　bとc　　**エ**　bとd

5　60℃の水100gにミョウバン40gを溶かした溶液を冷却し，40℃まで温度を下げたとき再び結晶に戻るミョウバンは何gか。ただしミョウバンの溶解度は，40℃で23.8g，60℃で57.4gとする。

6　胚珠が子房の中にある植物を何というか。

7　光が鏡などに当たってはね返ることを何というか。

8　ある地層からアサリの化石が発掘された。この地層は浅い海でできたと考えられる。アサリの化石のように，その化石をふくむ地層ができた当時の環境を推測できる化石を何というか。

2　電池のしくみについて調べるために，次のような実験を行った。

図のようなダニエル電池をつくり，プロペラモーターが回ることで電流が流れることを確認した。しばらく電流を流し続けると亜鉛板は小さくなり，銅板の周りには，赤い物質が付着するのが観察された。

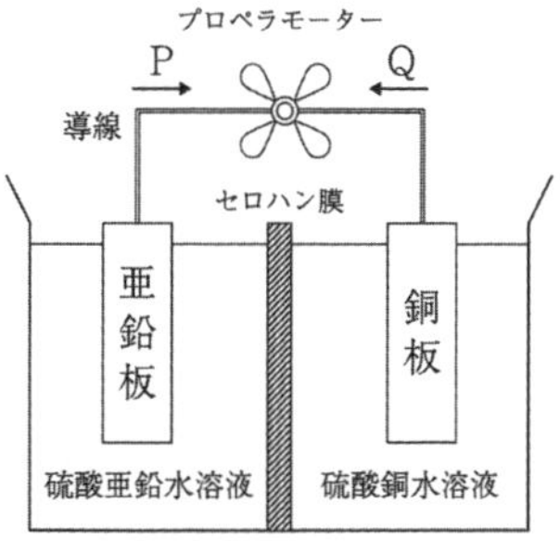

このことについて，次の1，2，3の問いに答えなさい。

1　実験装置のセロハン膜について正しく述べているものはどれか。

ア　左右の水溶液の水もイオンも移動しないようにしている。

イ　左右の水溶液のイオンが移動しないようにしている。

ウ　左右の水溶液のイオンがゆっくり移動できるようにしている。

エ　左右の水溶液の陰イオンだけがゆっくり移動できるようにしている。

解答 P294

2　この実験において電子の移動する方向は，図中のＰとＱのどちらか。また，負極で起きている反応は次のように表せる。①，②に当てはまる化学式をそれぞれ書きなさい。

（　①　）　→　（　②　）　＋　$2e^-$

3　次の□内の文章は，図で右側に入れた硫酸銅水溶液の色について考えたものである。文章中の①には金属名を，②，③には当てはまる語句をそれぞれ書きなさい。

ダニエル電池では，電流が取り出されるときに水溶液の青い色の（　①　）イオンが原子に変化し，（　①　）イオンの数が（　②　）するために青い色は次第に（　③　）くなっていく。

3　図１は，水蒸気を含んだ空気のかたまりが上昇し，雲ができるようすを，図２は，標高０ｍのある地点にあった空気のかたまりが山にぶつかり，雲ができるようすを模式的に示したものである。

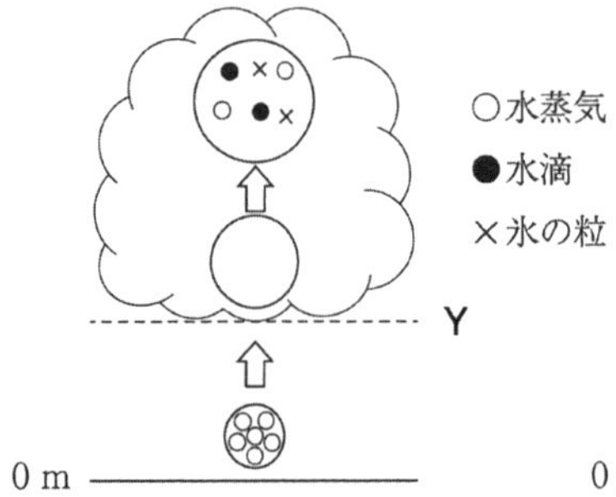

図１

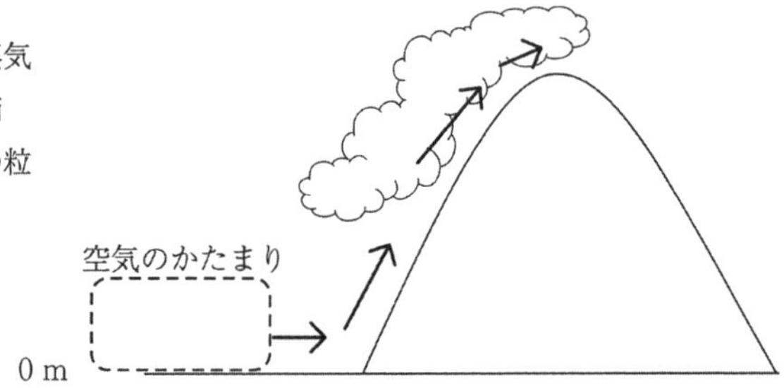

図２

このことについて，次の１，２，３，４の問いに答えなさい。

1　Ｙでの空気のかたまりのようすを，水蒸気を○，水滴を●，氷の粒を×として書き込みなさい。ただし，全ての記号を使うとは限らない。

2　空気のかたまりが上昇するときの気圧の変化と空気の体積の変化について，「気圧は」という書き出しで書きなさい。

3　空気のかたまりが図１のＹの高さまで達すると雲ができ始める。このときの空気のかたまりの湿度は何％か。

4　次の文章を読み，(1)，(2)の問いに答えなさい。

図２のように，標高０ｍのある地点において，気温15℃，露点10℃の空気のかたまりがある。この空気のかたまりが，ある山にぶつかったところ，斜面を吹き上がり，ある高さに達したときに雲が発生した。さらに，この空気のかたまりが上昇を続け，山頂に達したときの温度は５℃だった。ただし，この空気のかたまりは，100ｍ上昇するごとにその温度は１℃ずつ下がり，雲が発生してからは100ｍ上昇するごとに0.5℃ずつ下がるものとする。

(1)　雲ができる高さは何ｍか。

(2)　この山の高さは何ｍか。

解　答　P294

4　電熱線に加わる電圧と流れる電流の大きさについて調べるために，次の実験(1)，(2)，(3)を行った。

(1)　電源装置，長さ50cmの電熱線，電圧計，電流計，スイッチを図1のように導線を用いて接続した。電圧計が16Ｖを示すよう電源装置を調整したところ，電流計は0.20Ａを示した。

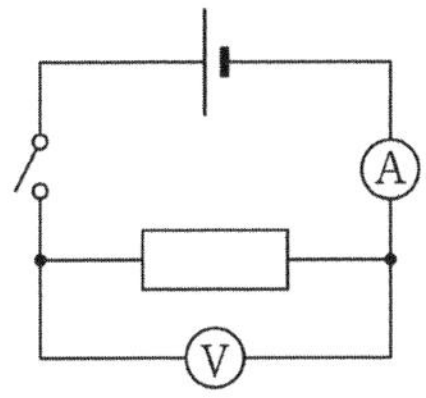

図1

次に，この電熱線を図2のように，25cm（電熱線**a**），15cm（電熱線**b**），10cm（電熱線**c**）の3本に切断した。

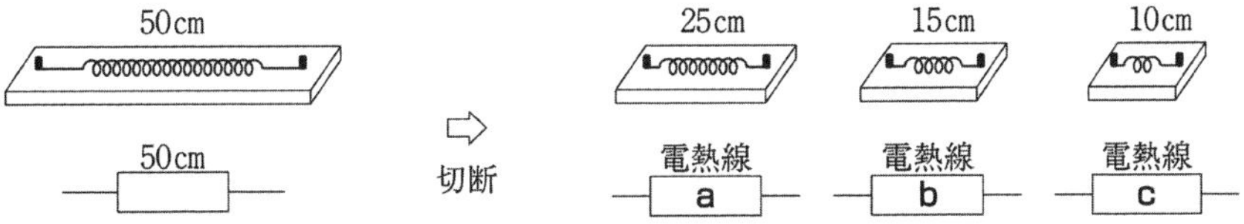

図2

(2)　3本の電熱線**a**，**b**，**c**を図3のように並列に接続した。電圧計が16Ｖを示すよう電源装置を調整して，電流を2.0分間流した。

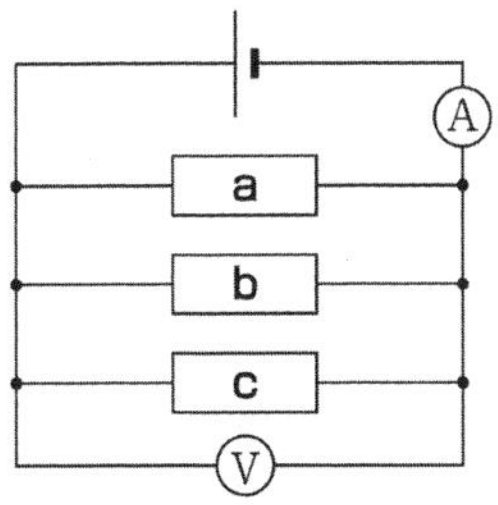

図3

(3)　3本の電熱線**a**，**b**，**c**を図4のように直列に接続した。電圧計が16Ｖを示すよう電源装置を調整して，電流を2.0分間流した。

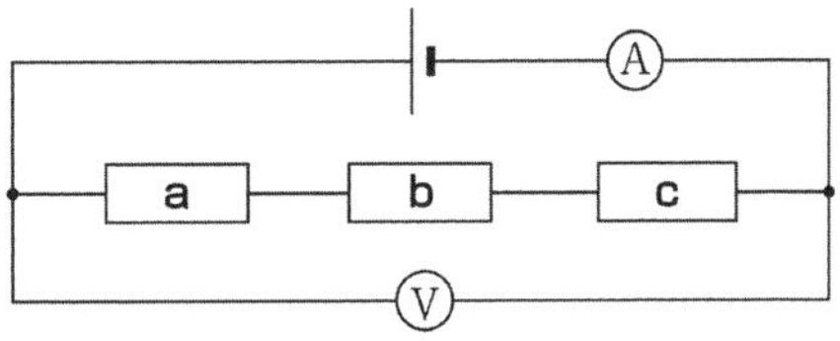

図4

このことについて，次の1，2，3の問いに答えなさい。ただし，電熱線の電気抵抗は電熱線の長さに比例し，温度によらず一定とする。

1　実験(1)について，この電熱線の電気抵抗は何Ωか。

2　実験(2)について，これら3本の電熱線**a**，**b**，**c**のうちで最も発熱量が大きいものはどれか。**a**，**b**，**c**で答えなさい。また，その発熱量は何Ｊか。

3　実験(3)について，これら3本の電熱線**a**，**b**，**c**のうちで最も発熱量が大きいものはどれか。**a**，**b**，**c**で答えなさい。また，その発熱量は何Ｊか。

5　エンドウの種子には，丸い種子としわのある種子がある。これらを親として交配し，その子の代や孫の代の形質を調べたところ，図のような結果が得られた。ただし，エンドウの種子を丸くする遺伝子をA，しわにする遺伝子をaとする。

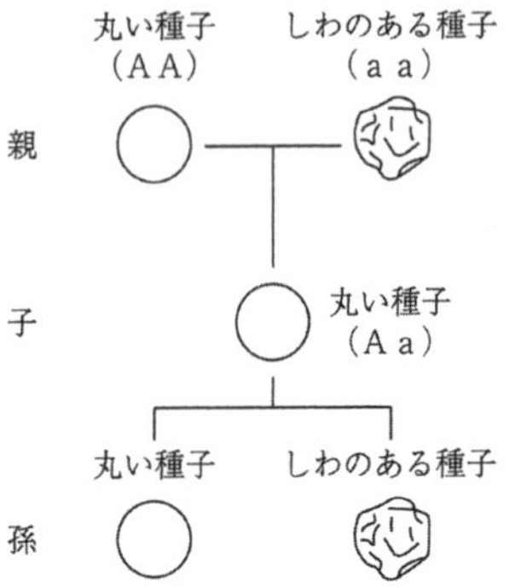

このことについて，次の1，2，3，4の問いに答えなさい。

1　エンドウの種子の形の「丸」と「しわ」のように，同時に現れない2つの形質のことを何というか。

2　孫の遺伝子の組み合わせは，AA，Aa，aaの3種類である。これらが生じる割合はどのような比となるか。

3　子の丸い種子と親のしわのある種子をかけあわせたとき，丸い種子が300個できた。しわのある種子は何個できたと考えられるか。

4　孫の代の丸い種子を自家受粉させた場合，その次の代の丸い種子としわのある種子は，どのような比で現れるか。

6　炭酸水素ナトリウムについて調べるために，次の実験を行った。

炭酸水素ナトリウム2.0 gを乾いた試験管Aに入れ，図のような装置で加熱した。気体が発生し試験管Bの石灰水は白く濁り，気体が出なくなったところで加熱をやめた。試験管Aには白い物質が残り，試験管の口についた水を完全に取り去った後で，白い物質の質量をはかると1.3 gであることがわかった。

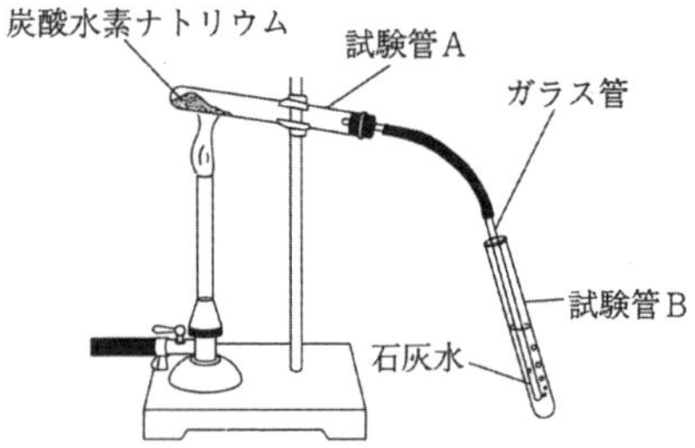

次に加熱する前の炭酸水素ナトリウムと試験管Aに残った白い物質を0.5 gずつ別々の試験管にとり50mLの水を加えて溶かし，フェノールフタレイン溶液を加え色の変化を観察した。どちらの試験管も色が変化したが，加熱前の色のほうが薄い色になっているのがわかった。

このことについて，次の1，2，3，4の問いに答えなさい。

1　発生した気体は何か。物質名を答えなさい。

2　次の□内の文章は，フェノールフタレイン溶液を加えた結果からわかることを，考察したものである。①，②に当てはまる語の正しい組み合わせはどれか。

フェノールフタレイン溶液を加えると2つとも（ ① ）色に変化した。これはどちらの水溶液もアルカリ性になっていることを示す。また，色の濃さの違いから，よりアルカリ性が強いのは加熱（ ② ）の物質であると考えられる。

ア　①赤　②前　　**イ**　①赤　②後　　**ウ**　①青　②前　　**エ**　①青　②後

3　この実験では，加熱をやめる前に，ガラス管を試験管Bから取り出さなければならない。その理由を簡潔に書きなさい。

4　この実験で炭酸水素ナトリウム3.7 gを使用する場合，反応後に残る固体の物質の質量は何gになるか。小数第2位を四捨五入して小数第1位まで書きなさい。

解答 P294

7　金星について調べるために，次の観測を行った。

ある年の4月から1か月ごとに7月まで，栃木県内のある場所で20時の金星の位置を確認し，望遠鏡を使い倍率を変えずに観測した。金星の大きさや見え方が少しずつ変化していくようすが観測できた。またパソコンのシミュレーションソフトを使い，観測した日ごとの金星と地球の位置を調べた。

図1は観測した金星の位置を示したものである。西の方角の空で見えること，金星が複雑に動いていることがわかる。図2は6月に観測した金星を，肉眼で見えたときと同じ向きに直したものである。図3は金星と地球の位置関係を模式的に示したものである。天の北極方向から見た図であり，図中の矢印は地球の自転方向を表している。

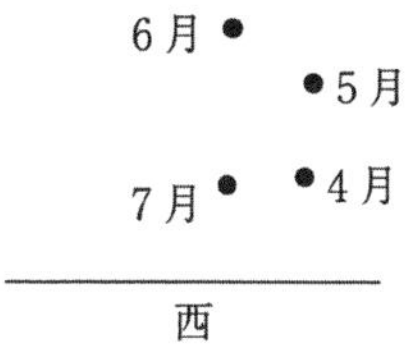

図1　金星の位置

図2　6月の金星

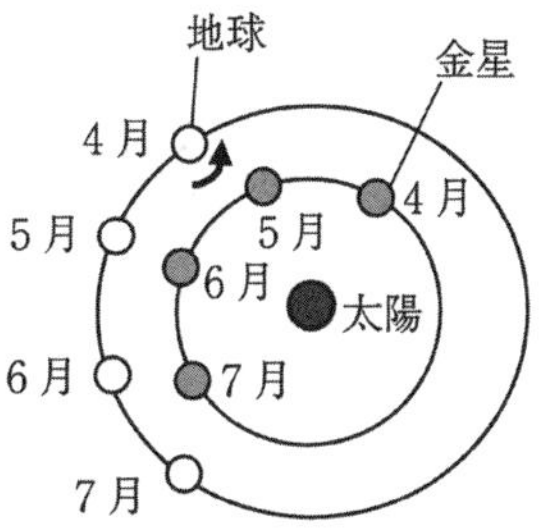

図3　金星と地球の位置関係

このことについて，次の1，2，3の問いに答えなさい。

1　次の□内の文章は，図1のように観測される理由について述べたものである。①に当てはまる数値（分数）を，②に当てはまる語を書きなさい。

図3を見ると，金星は地球の内側を公転していることがわかる。また，軌道の上を3か月間で地球は約（　①　）周動いているのに対し，金星は約$\frac{2}{5}$周動いていることがわかる。つまり金星と地球では公転軌道と公転（　②　）が異なる。そのため惑星どうしの位置関係は複雑に変化し，図1のように観測される。

2　4月と7月に観測した金星の組み合わせを表しているのは，次のうちどれか。図2，図3を参考にして答えなさい。なお，どの金星も肉眼で見えたときと同じ向きに直したものである。

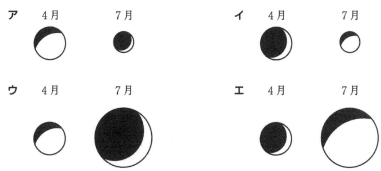

ア　4月　7月

イ　4月　7月

ウ　4月　7月

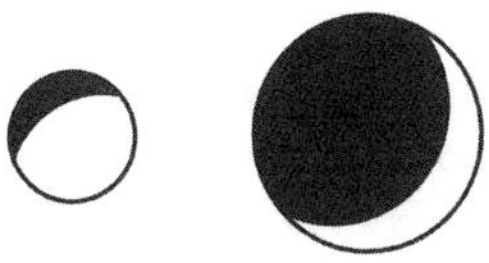

エ　4月　7月

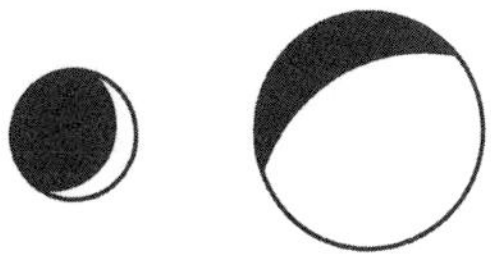

3　翌年の1月に観測した場合，金星が観測できると考えられる時間帯と方角はどれか。

ア　明け方の西の空　**イ**　明け方の東の空　**ウ**　夕方の西の空　**エ**　夕方の東の空

8　刺激と反応の関係について調べるために，次の実験を行った。

図1のように，ものさしを落とす役，つかむ役の2人1組になる。落とす役がものさしの上端《じょうたん》を支え，つかむ役はものさしの0の目盛《めも》りの位置にふれないように指をそえる。合図なしにものさしを落とし，ものさしが動いたらすぐにものさしをつかむ。

ものさしを落とす役と，つかむ役を変えずに3回実験を行った。その後，図2を使って反応時間を求めた。この結果をまとめたものが表である。

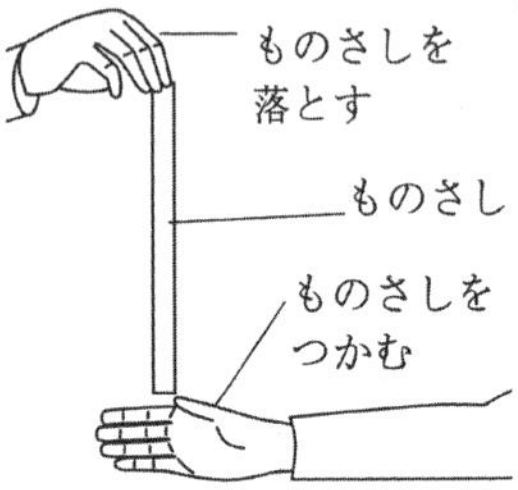

図1

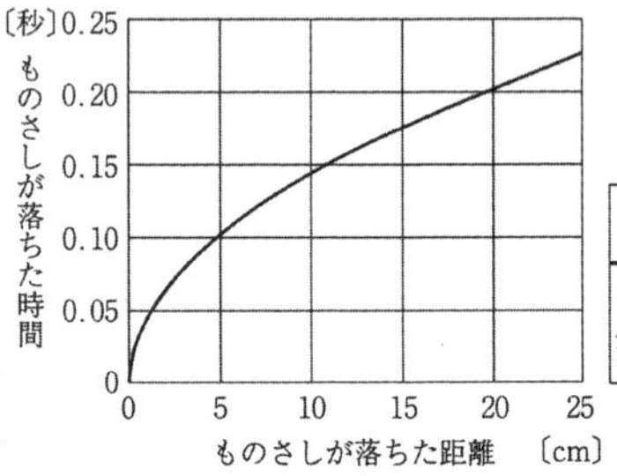

図2

	1回目	2回目	3回目
ものさしが落ちた距離(cm)	20.5	22.4	21.9

表

このことについて，次の1，2，3の問いに答えなさい。

1　図3は，図2の一部を拡大したものである。ものさしが落ちた距離の平均値と図3を用い，実験での反応時間の平均値を求めなさい。

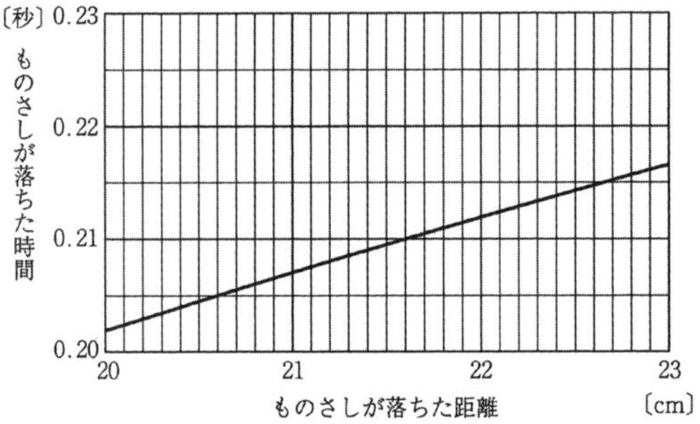

図3

2　次の□内の文章は実験について述べたものである。①，②，③に当てはまる語の正しい組み合わせはどれか。

ものさしが落ちるという刺激は目の網膜《もうまく》で信号に変わる。信号は（　①　）神経を通り，（　②　）神経へと伝えられる。（　②　）神経は「つかめ」という信号を出し，（　③　）神経を通って手の筋肉に伝わり，ものさしをつかむという反応になる。

ア　①運動　②中枢《ちゅうすう》　③感覚　　**イ**　①感覚　②中枢　③運動
ウ　①運動　②感覚　③中枢　　**エ**　①感覚　②運動　③中枢

3　熱いものにふれたとき，熱いと感じる前に思わず手を引っこめてしまう。これは無意識に起こる反応であり，実験のように意識して反応する場合に比べ反応時間が短い。熱いものにふれたときの反応時間が短くなる理由ついて，「刺激」，「脳」，「脊髄《せきずい》」の語を用いて簡潔に書きなさい。

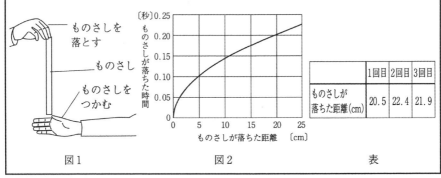

9　物体にはたらく浮力について調べるために，図１で示す直方体のおもりを用いて，次の実験(1)，(2)，(3)を行った。

(1)　図２のようにおもりをばねにつるし水中に沈めて，ばねののびを測定した。

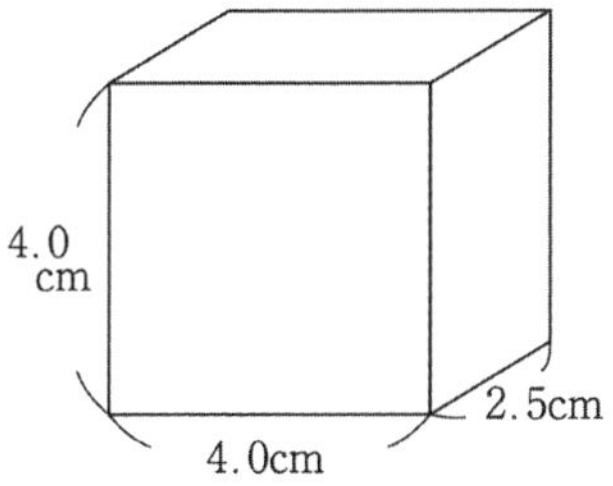

図１

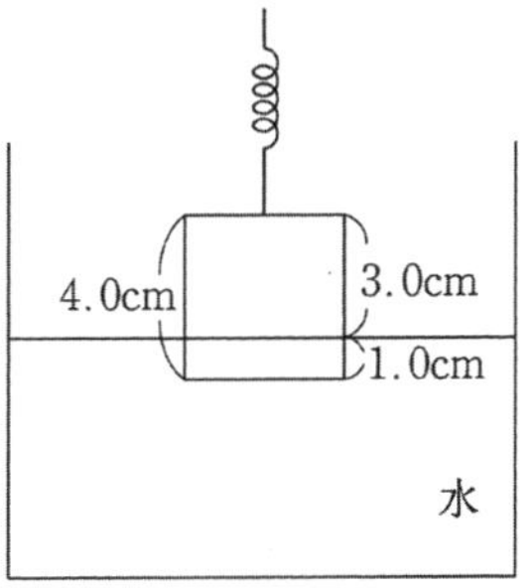

図２

(2)　図３のようにおもりを完全に水中に沈めて，ばねののびを測定した。

(3)　図４のようにおもりを水槽の底につくまで沈めた。それから，ばねを引いた。

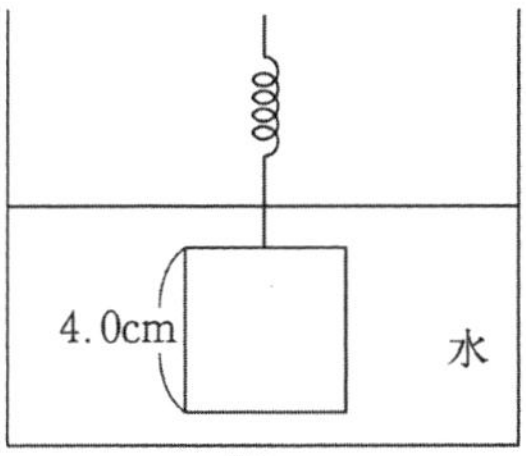

図３

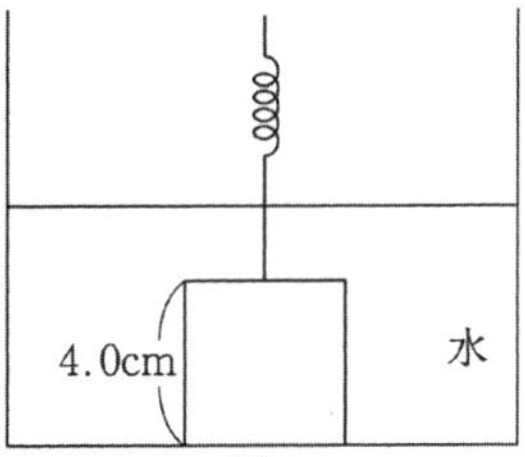

図４

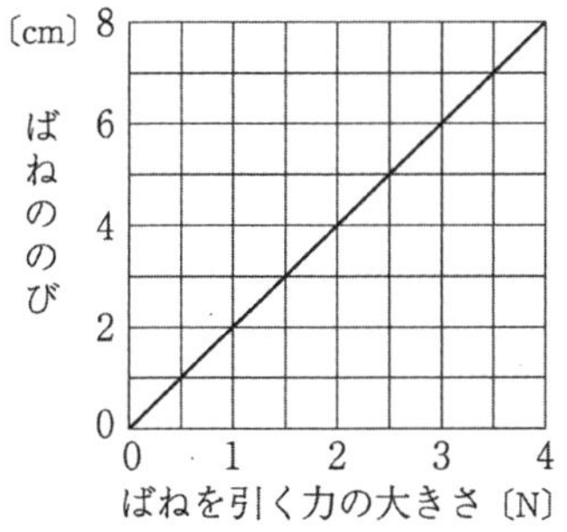

図５

このことについて，次の１，２，３，４の問いに答えなさい。ただし，図５はばねに加える力の大きさとばねののびの関係を表したグラフである。また，質量 100 g の物体にはたらく重力の大きさは１Ｎとし，ばねの重さは無視できるものとする。

1　直方体のおもりの質量は何ｇか。ただし，おもりの密度は 5.0 g /cm^3 である。

2　実験(1)でおもりを水中に 1.0cm 沈めたとき，ばねののびは 3.8cm であった。このとき，おもりにはたらく浮力の大きさは何Ｎか。

3　実験(2)で図３のようにおもりを完全に水中に沈めたとき，ばねののびは何 cm か。ただし，物体にはたらく浮力の大きさは物体の水中部分の体積に比例する。

4　実験(3)で図４のようにばねを引いたとき，ばねののびは 0.80cm であった。このとき，水槽の底がおもりを押す垂直抗力は何Ｎか。

矢板中央［一般］

英　語

制限時間 50分

1　これは聞き方の問題である。指示に従って答えなさい。

1〔英語の対話とその内容についての質問を聞いて，答えとして最も適切なものを選ぶ問題〕

(1)

ア

イ

ウ

エ

(2)

ア

イ

ウ

エ

(3) ア　Today, in the morning.　　イ　Today, in the evening.
ウ　Tomorrow morning.　　エ　Tomorrow, in the evening.

(4)

ア
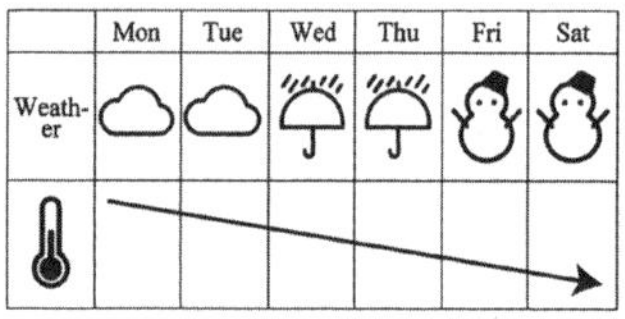

イ
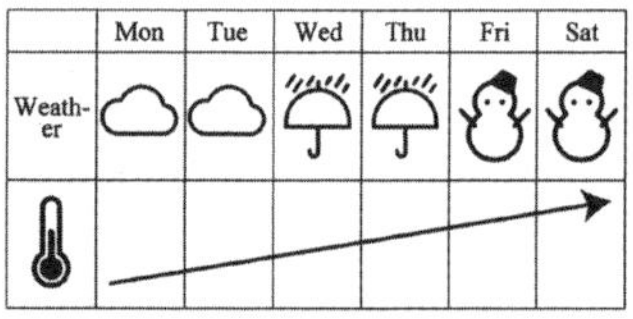

ウ
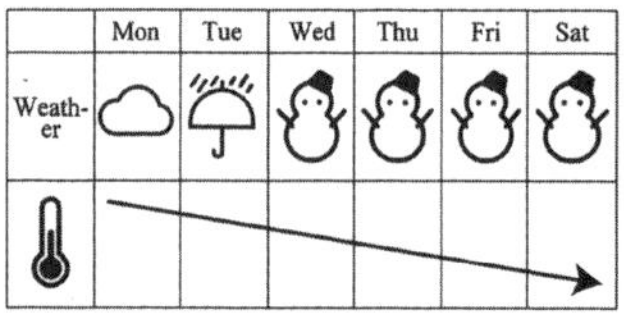

エ
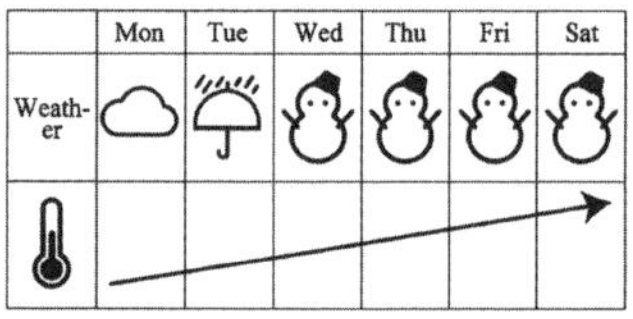

2〔英語の対話とその内容についての質問を聞いて，答えとして最も適切なものを選ぶ問題〕

(1)

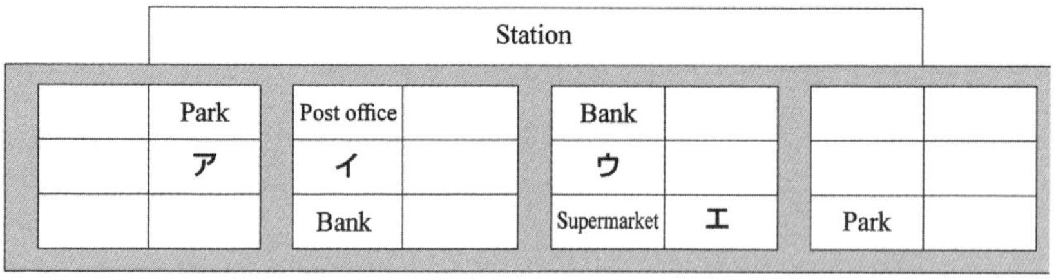

(2) ア　About 6:40.　　イ　About 7:00.　　ウ　About 7:20.　　エ　About 7:40.

(3)

ア VANILLA　CHOCOLATE　イ RASPBERRY　MINT　STRAWBERRY　ウ CARAMEL　エ PISTACHIO

3〔スピーチを聞いて，英語で書いたメモを完成させる問題〕

・New Year's Day is the (1) (　　　　　) event.
・They believe that eating gyoza brings (2) (　　　　　) to their lives.
・They also eat fish.
・They believe that eating it will give them (3) (　　　　　) food and money.

解　答　P295

2 次の１，２の問いに答えなさい。

１　次の英文中の [(1)] から [(6)] に入れるものとして，下の(1)から(6)のア，イ，ウ，エのうち，それぞれ最も適切なものはどれか。

Hi, my name is Kenji. I like soccer very much. I joined a soccer team [(1)] I was eight years old, and now we [(2)] after school every Monday, Wednesday, and Friday. We [(3)] practice in the afternoon from four o'clock [(4)] six o'clock at a park in my town. But on rainy days, we go to a gym near my house [(5)] practice. Last Sunday, we had a game on the soccer field at my school. We didn't win the game, but we [(6)] our best.

(1)	ア what	イ where	ウ when	エ how
(2)	ア practice	イ practices	ウ practicing	エ practiced
(3)	ア ever	イ never	ウ forever	エ usually
(4)	ア since	イ to	ウ at	エ by
(5)	ア on	イ of	ウ for	エ with
(6)	ア do	イ does	ウ doing	エ did

２　次の(1)，(2)，(3)の（　　）内の語句を意味が通るように並べかえて，(1)と(2)はア，イ，ウ，エ，(3)はア，イ，ウ，エ，オの記号を用いて答えなさい。

(1) A : What did you buy at the bookstore?
B : I bought *Botchan*. It is a (ア Natsume Souseki　イ book　ウ by　エ written). He is a famous writer in Japan.

(2) A : Thank you very much for guiding me during my trip.
B : Let me know if you come back. There are many (ア should　イ you　ウ that　エ places) visit.

(3) A : I am thinking about a new computer. Which of these computers do you think is best?
B : This is the (ア computer　イ the　ウ of　エ best　オ five). I hope you like it.

3 次の英文は，中学生の祐樹(Yuki)とアメリカ人のALTのマック(Mac)との対話の一部である。また，右のそれぞれの図(chart)は，総合的な学習の時間で使ったSDGs(Sustainable Development Goals=持続可能な開発目標)の資料である。これらに関して，１から６までの問いに答えなさい。

Yuki: I often hear about SDGs on TV and in the news these days, but I don't really understand what it means.

Mac: SDGs means "Sustainable Development Goals" in English. In September 2015, *UN member states decided to *achieve 17 of these goals by 2030.

Yuki: What are those SDGs?

Mac: Look at Chart 1 on the right. There are 17 goals shown in the logos. The SDGs are about achieving these goals. For example, the gold medals for the Tokyo Olympics [A] from *electronic waste such as smartphones, personal computers, TVs, and so on.

Yuki: Yeah. At our school, we are collecting smartphones that we don't use any longer.

Mac: Most of the electronic waste in the world is from China, the United States, India, Japan, and European countries.

Yuki: What happens to it?

Mac: About 80% is thrown away into *landfills, but some countries have troubles because those landfills are becoming full of garbage.

Yuki: Electronic waste has *harmful things to us, such as *mercury and lead, so ＿＿＿(1)＿＿＿.

Mac: That's right. Japan is the fourth most waste-producing country in the world. Especially food, clothes, and plastic, and also other things.

Yuki: Wow! Do we put out so much garbage? It has become a problem because we throw away a lot of vegetables, rice balls, lunch boxes, and even Christmas cakes that are left in the store till the end.

Mac: Also, many people wear popular clothes, but for only one season.

Yuki: What happens to the clothes we don't wear?

Mac: They *will be burned. So, that is also bad for global warming.

Yuki: That's for sure. Is this SDGs Goal 12, "＿＿(2)＿＿"? From now on we have to think more carefully when we buy something at a store.

Mac: That's right. There are also many other things we can do. In my country, we've been *working on (3)the 3Rs for many years. There are stands to collect PET bottles and *recyclable waste. When we bring them, we can get a shopping point.

Yuki: Oh, I see.

Mac: We can see (4)them here and there in Japan too these days. Besides the 3Rs, there are things like refusing, repairing, remaking, and returning.

Yuki: [B], I'm not using wrapping paper now so as to reduce the amount of garbage. My mother has also been remaking her old clothes into bags. So, does that mean that I am also working on the SDGs?

Mac: (5)I think there are still many other things that we can be working on.

〔注〕 *UN member states ＝国連加盟国　*achieve ～＝～を達成する　*electronic waste ＝電子ごみ
*landfill ＝埋立地　*harmful ＝有害な　*mercury and lead ＝水銀や鉛
*will be burned ＝燃やされる　*work on ～＝～に取り組む　*recyclable waste ＝資源ごみ

図1

電子ごみの主な問題点
①有害物質が含まれているので，環境や健康によくない。
②特に途上国での回収率が低く，深刻な汚染が心配されている。
③生物多様性を失う懸念もある。

図2

図3

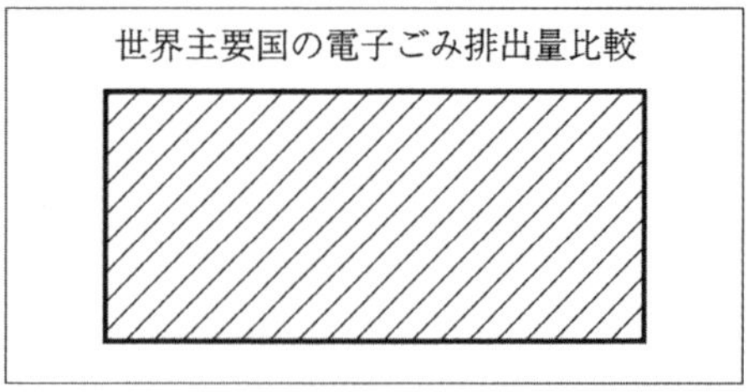

図4

1　二人の対話が成り立つよう，本文中の [A] に入る適切な英語２語を書きなさい。

2　二人の対話が成り立つよう，図１，図２を参考に，下線部(1)，(2)に適切な英語を書きなさい。また，図３を参考に，下線部(3)の the 3Rs の内容を具体的に表す単語を１語ずつ英語で書きなさい。

(1)　it ＿＿＿＿ ＿＿＿＿ for the environment or ＿＿＿＿ ＿＿＿＿.

(2)　*responsibility to ＿＿＿＿＿＿, responsibility to ＿＿＿＿＿＿.

(3)　＿＿＿＿＿＿, ＿＿＿＿＿＿, ＿＿＿＿＿＿

〔注〕 *responsibility ＝責任

3　二人の対話から，図４の[////]の位置に入るグラフとして，最も適切なものはどれか。

解答 P295

ア

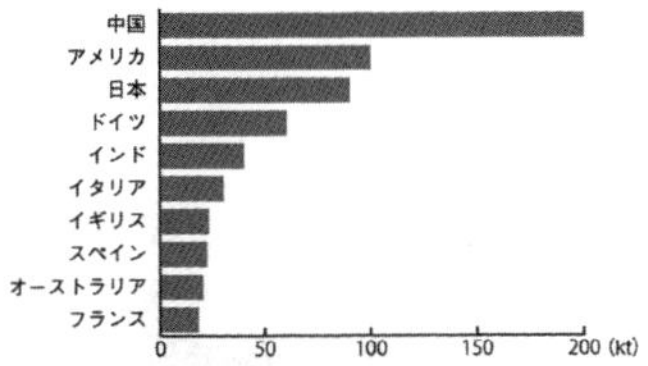

イ

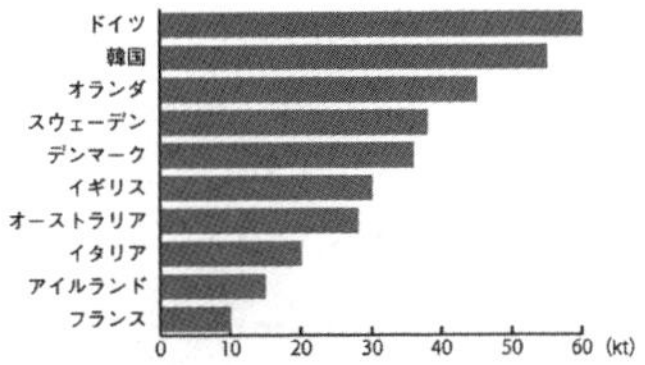

ウ

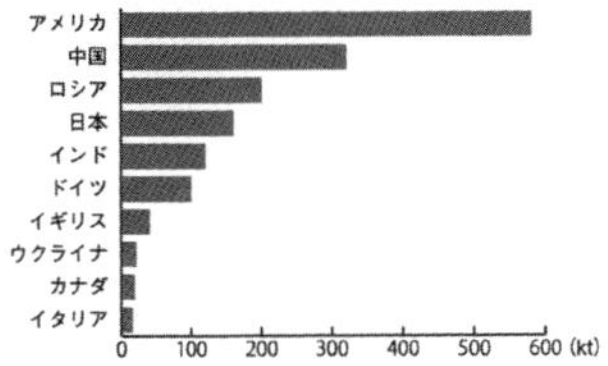

エ

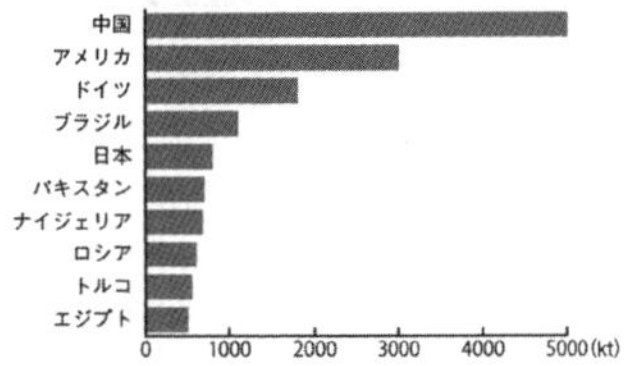

4 下線部(4)の them の内容を 20 字以上 25 字以内の日本語で書きなさい。ただし，句読点も字数に加えるものとする。

5 本文中の [B] に入る最も適切なものはどれか。

ア However　　イ In this way　　ウ Probably　　エ By the way

6 下線部(5)について，SDGs に取り組むために，あなたが普段行っていること，またはこれから行おうと思うことは何ですか。まとまりのある 5 文程度の英語で書きなさい。

4 ケン (Ken) と，アメリカに住んでいる，エマ (Emma) とケンの叔父《おじ》である野田先生 (Mr. Noda) についての英文を読んで，1 から 6 までの問いに答えなさい。

During last winter vacation, I went to New York to see my uncle. I stayed at his house for three weeks. He teaches Japanese at a high school in the city. One day during my trip, I visited his school. When my uncle and I were walking in the school, some of his students talked to us a lot in Japanese.

One of his students, Emma, came to me. She has been learning Japanese hard because she wants to learn about Japanese art at a *university in Japan next year. So, she was good at speaking Japanese. But I asked her, "If you don't mind, would [A] talk with me in English? My future dream is to work in foreign countries, so I want to *improve my English." She said, "Sure! That's a good idea," and started talking to me in English. I was very excited at first because I thought that *conversation would be easy, but soon it became [B] because of two things.

First, I didn't have enough *knowledge. For example, she asked me "What is the difference between Kanji, Hiragana and Katakana?" *Even though I have been speaking and writing Japanese *naturally every day, I didn't know what to say about their differences.

Second, I couldn't explain reasons well. For example, she asked me "Why do the Japanese say *itadakimasu* before they eat?" I have been saying this word every day, but I couldn't give her a clear reason for it. Such things happened many times, so our conversation often stopped.

At one of those times, my uncle came to us and said, "What's wrong?" I said, "When I was talking with Emma, she asked me (1)<u>some questions</u>, but I couldn't answer them. It's because I have only been trying to know about foreign countries and never thought about Japan." After hearing that, my uncle asked Emma, "Do you remember the important thing that I always taught you in my Japanese class?" She answered, "Of course Mr. Noda. To understand foreign cultures, you first need to know the culture of your own country, right?" My uncle said "That's right. We *seem to know our own culture and language, but we don't really understand it *fully." He continued, "Emma, do you have any *advice for Ken?" She said "Let me see ... Ken, why don't you start learning more about Japan while you are in Japan? I think it will be interesting to think about Japanese culture, language, history, *way of thinking, food and so on."

Her advice was very important for me to make my dreams come true. So, (2)<u>I decided to do it</u> when I got back to my country. In the future, I want to tell students in other countries a lot about Japan by teaching Japanese like my uncle.

〔注〕*university ＝大学　*improve ～＝～を上達させる　*conversation ＝会話
*knowledge ＝知識　*Even though ～＝～にもかかわらず　*naturally ＝自然に
*seem to ～＝～のように見える　*fully ＝完全に　*advice ＝アドバイス
*way of thinking ＝考え方

1 本文中の [A] に入る適切な英語を 3 語で書きなさい。

2　本文中の[B]に入る語として，最も適切なものはどれか。

ア　better　　イ　difficult　　ウ　easier　　エ　exciting

3　下線部(1)について，本文中で述べられている具体例を二つ日本語で書きなさい。

4　野田先生が日本語の授業でいつも生徒に伝えてきた重要な内容とは何か。日本語で書きなさい。

5　下線部(2)の内容を次の[　　]内のように表したとき，(　　　)に入る適切な英語を，本文から4語で抜き出して書きなさい。

Ken decided to (　　　　　　　　　　) Japan.

6　本文の内容と一致するものはどれか。

ア　Emma has been studying Japanese hard, but she is not good at speaking Japanese.
イ　Mr. Noda teaches Japanese art at a university in New York.
ウ　Emma asked Ken some questions about Japan in English.
エ　In the future, Ken wants to tell students in other countries about Japan by using English.

5　次の英文を読んで，1，2，3，4の問いに答えなさい。

Do you know about the "Kyu-Can-Cho" project? It sounds like the name of a bird, but actually it's *canned bread made by Pan Akimoto in Tochigi. Mr. Akimoto, the president of the company, started the project in 2009. He found the way to keep the quality of Kyu-Can-Cho bread for about three years. Families, schools and companies buy the cans as *emergency food. If the cans are not [A] within two years, Pan Akimoto collects the cans and the *buyers can get new ones at a low price. Then Pan Akimoto sends cans collected in this way to people in need around the world.

[B]

Bread was brought to Japan by the *Portuguese in the sixteenth century. But, it did not become well known until the nineteenth century. At first bread was baked as food for *soldiers because it was light and easy to carry around and no cooking was needed. Bread became popular in Japan after World War Ⅱ. Then students often ate it for school lunch.

Do you like bread? Today there are many kinds of delicious bread. We eat it as much as rice for meals. You may think canned bread doesn't taste good, but Kyu-Can-Cho bread is delicious. Akimoto found a way to make canned bread that remains soft and moist. He says, "We want people to eat delicious bread, especially in hard times." Kyu-Can-Cho is spreading smiles all over the world. Pan Akimoto also sent canned bread to people in *Ukraine. They said "It is really delicious, thank you very much for helping us."

Our school is keeping Akimoto's canned bread for the students as emergency food. And when they graduate, the school gives Kyu-Can-Cho bread to the students. On the can, they can see an old photo of their school building that was built in 1957. It will be one of the good memories of Yaita Chuo High School.

〔注〕*can＝缶詰めにする，缶詰　*emergency food＝非常食　*buyer＝購入者
*Portuguese＝ポルトガル人　*soldier＝兵士　*Ukraine＝ウクライナ

1　本文中の[A]に入る語として，最も適切なものはどれか。

ア　sold　　イ　bought　　ウ　opened　　エ　eaten

2　本文中の[B]に入る次のア，イ，ウ，エの文を，意味が通るように並べかえて，記号を用いて答えなさい。

ア　So bread in those days was *flat.
イ　It is said that bread was first made in Mesopotamia about 5000 B.C.
ウ　They didn't use *fermentation.
エ　The people mixed *flour with water and then baked it.

〔注〕*flat＝平らな　*fermentation＝発酵　*flour＝小麦粉

3　下線部の理由を日本語で書きなさい。

4　本文の内容と一致するものはどれか。

ア　パンは19世紀にポルトガル人によって日本に持ち込まれた。
イ　救缶鳥のパンは3年間保存されたあとに回収される。
ウ　売れ残った新品の救缶鳥のパンは世界中の困っている人々に送られる。
エ　救缶鳥のパンは缶詰のパンであるが，やわらかくしっとりしている。

2 (2)私は窓を越えて外に出てみました　という行動に表れている「私」の気持ちとして最も適当なものはどれか。

ア　落ち着きを装う気持ち。
イ　感服する気持ち。
ウ　怒り狂う気持ち。
エ　動揺する気持ち。

3 (3)できるかぎり大きな声で鳴いていた　とあるが、「サワン」は何に対して鳴いていたのか。本文中から十字以内で抜き出しなさい。

4 (4)サワン、お前……降りて来ないのか！　の部分の「私」の不安な心情について、後の(Ⅰ)、(Ⅱ)の問いに答えなさい。

(Ⅰ)　このとき「私」が抱いている不安として最も適当なものはどれか。

ア　足をすべらせて落ちてしまうという不安。
イ　野鳥と争ってけがをしてしまうという不安。
ウ　逃げ出すのではないかという不安。
エ　野犬などに襲われるという不安。

(Ⅱ)　不安を「私」に抱かせてしまう、最初の「サワン」の行動を表す一文を本文から五十字以内で抜き出し、初めの五字を答えなさい。

5 (5)彼が三日かかっても食べきれないほど多量な餌を与えました　とあるが、その行為に表される「私」の心情として最も適当なものはどれか。

ア　サワンに対する威圧。
イ　サワンに対する哀願。
ウ　サワンに対する憎悪。
エ　サワンに対する愛着。

5　小学生、中学生に情報端末（タブレット端末）が配布され、学習の場で活用されるようになった。あなたはどのようなことを心掛けて、情報端末を活用してきたか。また、これからの学習に情報端末をどのように活用していきたいか。あなたの考えを国語解答用紙(2)に二百四十字以上三百字以内で書きなさい。

なお、次の《条件》に従って書くこと。

《条件》

(Ⅰ)　二段落構成とすること。
(Ⅱ)　各段落は次の内容について書くこと。

第一段落

・あなたはどのようなことを心掛けて、今まで情報端末を活用してきたか、具体的な例を挙げて書くこと。

第二段落

・第一段落に書いたことを踏まえて、情報端末をこれからの学習でどのように活用していきたいか、あなたの考えを書くこと。

4　次の文章を読んで、1から5までの問いに答えなさい。

〈「私」は近くの沼池を散歩していた時、傷ついた雁《がん》を見つけ、家に連れて帰り治療を施す。傷が治ると庭で放し飼いにするが、雁も人なつこく私の後に付いてきたりしてあたかも飼い犬のようであった。私はこの雁に「サワン」と名付け、野道や沼池の散歩に連れて行った。〉

やがて夏が過ぎ、秋になってある日のことでした。それは木枯《こがらし》のはげしく吹き去ったあとの夜更けのことです。私は寝間着《ねまき》の上にドテラ(注1)を羽織って、その日の午後に洗濯して乾ききらなかった足袋(注2)《たび》をよく乾かそうとして、火鉢《ひばち》の炭火で足袋をあぶっていました。こんな場合にはだれしも自分自身だけの考えにふけったり、ふところ手(注3)をしたりして、明日《あす》の朝は早く起きてやろうなぞと考えがちなものです。そうして炭火であぶっている足袋が焦げくさくなっているのに気がつかないことさえあります……そのとき私は、サワンの甲高い鳴き声を聞きました。その鳴き声は夜ふけの静けさを物々しい騒がしさに転じさせ、たしかに戸外では、(1)何かサワンの神経を興奮させる事件がおこったものに違いありません。

私は窓を開いてみました。

「サワン！　大きな声で鳴くな。」

けれどサワンの悲鳴はやみませんでした。窓の外の木立ちはまだこずえにそれぞれ雨滴をためて、幹に手を触れれば幾百もの露が一時に降りそそいだでありましょう。けれど、すでによく晴れ渡った月夜でありました。

(2)私は窓を越えて外に出てみました。するとサワンは、私の家の屋根の頂上に立って、(3)その長い首を空に高くさし伸べ、彼としてはできるかぎり大きな声で鳴いていたわけなのです。彼が首をさし伸ばしている方角の空には月が――夜ふけになって登る月のならわしとして、赤くよごれたいびつ(注4)な月が光っていました。そうして月の左側から右側の方向にむかって、夜空に高く三羽の雁が飛び去っているところでした。私は気がつきました。この三羽の雁とサワンは、空の高いところと屋根の上とで、互いに声に力を込めて鳴きかわしていたのであります。サワンがたとえば声を三つに断《き》って鳴くと、三羽の雁のいずれかが声を三つに断って鳴き、彼らは何かを話し合っていたのに違いありません。察するところサワンは三羽の僚友(注5)たちにむかって、

「私を一しょに連れて行ってくれ！」

と叫んでいたのでありましょう。

私はサワンが逃げ出すのを心配して、彼の鳴き声に言葉をさしはさみました。

「サワン！屋根から降りてこい！」

サワンの態度はいつもとはちがって、彼は私の言いつけを無視して三羽の雁と鳴きすがるばかりです。私は口笛を吹いて呼んでみたり両手で手招きしたりしていましたが、ついたまらなくなって、棒ぎれで庭木の枝をたたいてどならなければならなくなりました。

(4)「サワン、お前、そんな高いところへ登って、危険だよ。早く降りて来い。こら、お前どうしても降りて来ないのか！」

けれどサワンは、三羽の僚友たちの姿と鳴き声とが全く消え去ってしまうまでは、屋根の頂上から降りようとはしなかったのです。もしこのときのサワンの有様をながめる人があるならば、おそらく次のような場面を心に描くことができるでしょう。――遠い離れ島に漂流した老人の哲学者が、十年ぶりにようやく沖を通りすがった船を見つけた時の有様――を、人々は屋根の上のサワンの姿に見ることができたでしょう。

サワンが再び屋根などに跳《と》び上がらないようにするためには、彼の脚《あし》を紐《ひも》で結んで紐の一端を柱にくくりつけておかなければならないはずです。けれど私はそういう手荒《てあら》なことを遠慮しました。彼に対する私の愛着を裏切って、彼が遠いところに逃げ去ろうとはまるで信じられなかったからです。私は彼の羽根を、それ以上に短くすれば傷つくほど彼の翼の羽根を短く切っていたのです。あまり彼を苛酷にとりあつかうことを私は好みませんでした。

ただ私は翌日になってから、サワンをしかりつけただけでした。

「サワン！お前、逃げたりなんかしないだろうな。そんな薄情なことはよしてくれ。」

私はサワンに、(5)彼が三日かかっても食べきれないほど多量な餌を与えました。

（井《い》伏《ぶせ》鱒《ます》二《じ》「屋根の上のサワン」〈角川書店〉から）

（注1）ドテラ＝普通の着物よりも少し長く、大きめに仕立てて、綿を入れた、広袖の和服。

（注2）足袋＝足の形に合わせ、指先を二つに分けて袋状に作った布製のはきもの。

（注3）ふところ手＝両手を和服のふところに入れていること。

（注4）いびつ＝形、特に円形がゆがんでいること。

（注5）僚友＝同じ仕事や物事に携わる友達や仲間。ここでは仲間と思われる三羽の雁のこと。

1　(1)サワンの神経を興奮させる事件　について、その事件を「私」はどのような鳴き声によって知ったのか。本文中から十字以内で抜き出しなさい。

ていえばそれは、他人にこの自分の存在をそっくり肯定してほしいという、深い相互依存の関係でもあるからだ。そのひとがいないと生きてゆけないという、逆の危機にひとを誘い入れるからだ。

　いまわたしたちにほんとうに必要なのは、そういうねっとり密着した関係ではなく、距離を置いてたがいに[　　]しあう、そういう差異を前提とした関係なのだろう。〈わたし〉という個は、自己自身との関係のなかでではなく、〈わたしたち〉の共同的な組織の中で編まれつつ、いわばその特異な点としてかたちづくられる。他者たちによる承認はそこで大きな役割を果たすが、受け身でそれを待っていては、相も変わらず依存のなかにしかいられない。

〈B〉

　自立ということをわたしたちの社会は、さまざまなことを自分でできること、(自分の身体も含めて)生きるに必要な多くのものを意のままにできることとして了解してきた。が、何かを意のままにできるということが自立なのではない。そうでなくて、(2)意のままにならないということの受容、そういう「不自由」の経験をおのれの内に深く湛《たた》えつつ、何かを意のままにするという強迫から下りることを自然に受け容れるようになるのが、ほんとうの自立なのであろう。

　「自立」と言えば、ひとはすぐに、他人の力を借りずに独力で生きられることという風に考えられる。社会的サーヴィスがいくら充実していても、じっさいに動いてくれるのは機械ではなく他のひとだ。ひとりひとりができることはきわめて限られていて、食堂で何かを食べるときには、調理するひと、配膳するひとが要るし音楽に浸りたいときには、曲を作るひと、演奏をするひと、録音をするひと、CDを売るひとが要る。からだが不自由になったら、介助をしてくれるひとが要る。人間はそういう無数の他者に支えられて生きているのであって、ひとりでできることなどたかが知れている。

　とすれば、「自立」とは「独立」、すなわち他人に依存していないこと(in-dependence)ではなく、他人との相互依存(inter-dependence)のネットワークをいつでも使える用意ができているということを意味するはずだ。困ったときに「助けてくれ」と声を上げれば、それにきちんと答えてくれる支えあいネットワークのなかにあるということこそほんとうの「自立」であり、そのネットワークを支える活動が「自立支援」であるはずだ。

(鷲田清一《わしだきよかず》「わかりやすいはわかりにくい?　臨床哲学講座」〈筑摩書房〉から)

1 [　　]に入る語句として最も適切なものはどれか。

ア 空想　イ 存在
ウ 肯定　エ 否定

2 (1)自己の「死」にそれと意識しないままに触れつづける、と言ってもおおげさではない　とあるが、その理由として最も適当なものはどれか。

ア 自身を正しく認識できなくなるということは自己の消滅と同じだから。
イ 自身の内面を深く見つめると自己と他人の境界が曖昧になるから。
ウ 社会について疑問を持つことは社会への反抗に他ならないから。
エ 社会の中で自己を肯定できない者は社会から排除されるから。

3 (2)意のままにならないということの受容　とあるが、なぜ意のままにならないことを受け入れなければならないのか。五十字以内で書きなさい。

4 次の図は、〈A〉と〈B〉の文章から読み取れる筆者の考えをまとめた一部である。後の(Ⅰ)、(Ⅱ)の問いに答えなさい。

依存
　条件を付けないで自身を肯定してくるひとを求めること。
　そのひとがいないと生きてゆけないという危険な状態の[　　]のこと。

自立
　ほんとうの「自立」のこと。
　[　　]のネットワークをいつでも使える状態のこと。

(Ⅰ) [　　]に入る、〈A〉と〈B〉の文章に共通して用いられている語を、本文中から四字で抜き出しなさい。

(Ⅱ) ほんとうの「自立」　とはどのような状態にあることなのか。具体的に述べられている箇所を本文中から五十五字以内で抜き出し、初めと終わりの五字を書きなさい。

5 〈A〉、〈B〉の文章の関係について説明したものとして最も適当なものはどれか。

ア 〈B〉は、〈A〉で述べられた抽象的な例を挙げて述べている。
イ 〈B〉は、〈A〉で述べられた主張と反対の意見を述べている。
ウ 〈B〉は、〈A〉で挙げられた問題を別の視点で分析している。
エ 〈B〉は、〈A〉で述べられた考えをもとに論を展開している。

解答 P295

の騒ぎをかしがり、これを聞寝入りにして、居る中に、その夜更《よふ》けてから、（注5）沙《さ》汰《た》なしに聟《むこ》入りをする男ありしが、うれし貌《がほ》に、内にも居られず、ここにその時分を待ち合はすを、かの法師の見つけて、「この男奴《め》は、今晩聟入りをすると、兼ねて①聞いたり。先の娘の美しさ、昔の浄瑠利御前《じやうるりごぜん》も及ぶまじ。にくやあいつ奴が、御曹司《おんざうし》様に、髪（注6）月代《さかやき》をしすまして、呼ばぬさきから、女房自慢なる顔つきに、さらば祝うて、（注7）釣髭《つりひげ》」と、墨すり筆に染めて、物の見事に作りければ、年寄ども、その筆をばひあひて、我も我もとつくる程に、顔ひとつ、手習のごとく書きよごしける。

その後けはしく宿にかへり、袴《はかま》着るまでも、(2)人の気もつかず、その姿にて聟入りせしに、先にて興を覚まし、（注8）指添《さしぞ》へをさげて、駆け出すを、舅《しうと》留めて、申すは、「この上は、おのおの堪忍《かんにん》あそばしても、我等きかず。（注9）もはや百年目」と、死出立ちになりて行くを、両町ききつけ、さまざまに嗳《あつか》へども、②きかざれば、やうやう四人に、(3)作り髭をさせ、（注10）頭に引裂紙をつけ、上下を着し、日中に詫言《わびごと》。よい歳をして、孫子のある者共、面目なけれど、死なれぬ命なれば、是非もなき事なり。中にもすぐれてをかしきは、御坊《ごぼう》の上髭ぞかし。

（「西鶴諸国《さいかくしょこく》ばなし」から）

（注1）　大上戸の同行＝大酒飲みの浄土真宗《じょうどしんしゅう》の門徒。
（注2）　諸白＝原料となるこうじ・酒米に、ともに精白米を用いて造った上酒。
（注3）　文＝蓮如上人《れんにょしょうにん》の『領解文《りょうげもん》』。浄土真宗の教えを平明に説明した書状集。
（注4）　談合＝法話。
（注5）　沙汰なしに＝世間に披露《ひろう》しないでひそかに。
（注6）　月代＝成人男性が、額から頭上にかけて髪を剃った部分。
（注7）　釣髭＝中間《ちゅうげん》・奴《やっこ》が威勢を示すために口髭の先をはね上げたもの。
（注8）　指添へ＝脇指《わきざし》。町人の礼装には脇指を帯びる。
（注9）　もはや百年目＝のっぴきならぬ時にいう語。後にひけぬ。
（注10）　頭に引裂紙＝元結に細かい紙を結いつけたさま。

1　ばひあひ　は現代ではどう読むか。現代かなづかいを用いて、すべてひらがなで書きなさい。

2　①聞いたり　②きかざれ　について、それぞれの主語にあたる人物の組み合わせとして適当なものはどれか。

ア　①法師　②聟入りをする男　　イ　①法師　②舅
ウ　①親仁達　②聟入りをする男　　エ　①親仁達　②舅

3　(1)何かおもひ残する事もなし　の理由として最も適当なものはどれか。

ア　長年にわたって思う存分大好きなお酒を飲むことができたから。
イ　長年思い続けた蓮如上人の『領解文』を読むことができたから。
ウ　十分歳も取って子供に家業を譲って隠居することができたから。
エ　大変長寿である法師のありがたい法話を聞くことができたから。

4　(2)人の気もつかず　とあるが、周囲の人は何に気づかなかったのか。文末が「に気づかなかった。」となるように、十五字以内の現代語で書きなさい。ただし、文末の言葉は字数に含めない。

5　(3)作り髭をさせ　とあるが、作り髭を書かせたのはなぜか。

ア　相手と和解させるため。　　イ　相手と勝負させるため。
ウ　相手を笑わせるため。　　エ　相手を驚かせるため。

3

次の〈A〉、〈B〉の文章は、鷲田清一「わかりやすいはわかりにくい？」の一節である。これらを読んで、1から5までの問いに答えなさい。

〈A〉

会社で、学校で、そして家庭の中でも。「自分にしかないものは何か？」という問い、あるいは「自分探し」とか「自己実現」という強迫観念に責め苛《さいな》まれ、その答えが見いだせなかったら、――そう、たいていのひとはそれを見いだすことはできない――、こんどは「わたし、ここにいていいの？」というひりひりした問いにさらされることになる。(1)自己の「死」にそれと意識しないままに触れつづける、と言ってもおおげさではない。

条件つきでしか自分を認められない社会のなかで、自分が生きつづけられるか、ひとはいつもその不安に苛まれる。その不安を鎮《しず》めるために、条件をつけないで自分の存在を肯定してくれるようなひとを求める。自分をこのまま認めてくれるひとと、自分の存在を条件つきではなく肯定してくれるひとを求めるようになるのである。このままのこの自分に関心をもってほしい、自分をずっと見守っていてほしい、というわけだ。このように他人に自分の存在理由をあたえてもらうとしているうちに、他人が見ていてくれないとなにもできないようになる。

裏返しが、たがいが存在をそっくり肯定しあうような関係は重すぎる。

矢板中央［一般］

国語

令和5年1月8日実施

制限時間 50分

1

次の1から7までの問いに答えなさい。

1　次の――線の部分の読みをひらがなで書きなさい。

(1)　律儀な青年である。　(2)　類似した商品。

(3)　旅行を企画する。　(4)　身を委ねる。

(5)　秘伝を授かる。

2　次の――線の部分を漢字で書きなさい。

(1)　学校と家をオウフクする。　(2)　時間にヨユウがない。

(3)　内容をケントウする。　(4)　家族をヤシナう。

(5)　八月のナカば。

3　「彼は字をきれいに書く。」の――線の部分と文法的に同じ意味・用法のものはどれか。

ア　母は買い物を兄に頼む。　イ　姉はすぐに宿題をする。

ウ　父が散歩に出かける。　エ　犬が元気にかけまわる。

4　次の――線の部分を適切な敬語表現に改める場合、正しい組み合わせはどれか。

【学校で生徒が先生に尋ねている場面】

先日、先生が①言っていた個人面談の日時を②聞いてくるように、母から言われました。

ア　①申していた　②聞いてまいる

イ　①話されていた　②お聞きになる

ウ　①おっしゃっていた　②お聞きしてくる

エ　①お話になられていた　②うかがってくる

5　次のうち、文の係り受け（照応関係）が正しいものはどれか。

ア　なぜ、事故が起きた。

イ　明日は、おそらく雪だ。

ウ　たとえ親友でも、許せない。

エ　母が怒ると、まるで鬼だ。

6　「温泉」と熟語の構成が同じものはどれか。

ア　新年　イ　因果　ウ　選択　エ　骨折

7　次の二首の和歌の□には同じ語が入る。適当なものはどれか。

行く蛍雲の上までいぬべくは□風吹くと雁《かり》に告《つ》げ来《こ》せ
（在原業平《ありわらのなりひら》）

世の中をなにたとへむ□の田をほのかに照らすよひの稲妻
（源　順《みなもとのしたごう》）

ア　春　イ　夏　ウ　秋　エ　冬

2

次の文章は、寝ている若者にいたずらをした老人たちの話である。これを読んで1から5までの問いに答えなさい。

（注1）大上戸《だいじやうご》の同行《どうぎやう》四人、いつとても（注2）諸白《もろはく》、二斗切に呑《の》みほしける。このお寄坊主、はじめの程は、雫《しづく》も嫌はれしが、人々に進められて、もろもろの小盃《こさかづき》をふり捨てて、阿波《あは》の大鳴門・小鳴門と名付けて、渦まく酒をよろこぶ。いづれも子供に世をわたし、年に不足もなければ、(1)何かおもひ残する事もなし。楽しみは呑死《のみじに》と定め、折ふし十月二十八日、今宵お取越しとて、殊勝にお文（注3）をいただき、ありがたきお談合（注4）に泪《なみだ》を流し、跡は例の大酒になつて、前後をしらず、小歌まじりになぐさみける。その次の間に、近所の若い者ども、親仁達《おやぢたち》

解答 P295

令和5年
1月7日実施
入試問題

佐野清澄［一般］

数学

制限時間 45分

1 次の(1)～(8)を計算しなさい。

(1)　$8-10$

(2)　$\dfrac{2}{3}-\dfrac{3}{2}$

(3)　$5\times4-3\times(-8)$

(4)　$25-(-4)^2$

(5)　$2a^2-5a^2$

(6)　$(3x+4y)-(4x-3y)$

(7)　$6\sqrt{2}-\sqrt{32}$

(8)　$\sqrt{15}\div\sqrt{5}\times\sqrt{3}$

2 次の(1)～(8)の［　　］にあてはまる適切な答えをア～エの中から1つ選び，記号で答えなさい。

(1)　1次方程式　$2(3x-1)=3x-5$　の解は［　　］である。

ア．$x=-\dfrac{4}{3}$　　イ．$x=-1$　　ウ．$x=1$　　エ．$x=\dfrac{4}{3}$

(2)　x^2-6x+8　を因数分解すると［　　］である。

ア．$(x+1)(x+8)$　イ．$(x-1)(x-8)$　ウ．$(x+2)(x+4)$　エ．$(x-2)(x-4)$

(3)　2次方程式　$x^2-4x+4=0$　の解は［　　］である。

ア．$x=-4$　　イ．$x=-2$　　ウ．$x=2$　　エ．$x=4$

(4)　絶対値が2以上5未満の整数の個数は［　　］個である。

ア．3　　イ．4　　ウ．6　　エ．8

(5)　正六角形の1つの外角は［　　］である。

ア．30°　　イ．60°　　ウ．90°　　エ．120°

(6)　400円の4割引きは［　　］円である。

ア．100　　イ．160　　ウ．240　　エ．360

(7)　円周率をπとすると，半径9cm，中心角が120°の扇形の弧の長さは［　　］cmである。

ア．6π　　イ．9π　　ウ．12π　　エ．18π

(8)　1次関数　$y=-2x+4$　のグラフは［　　］である。

ア．
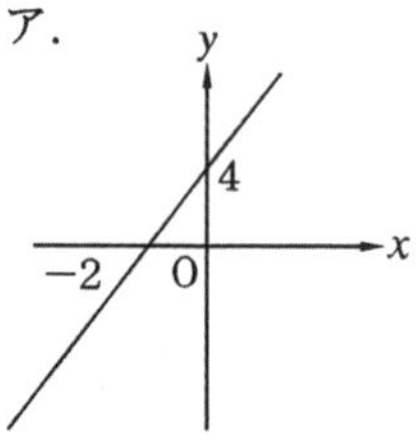

イ．
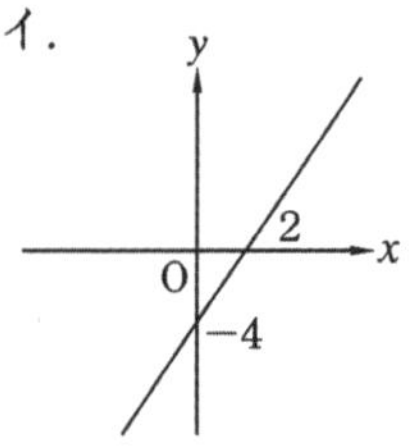

ウ．
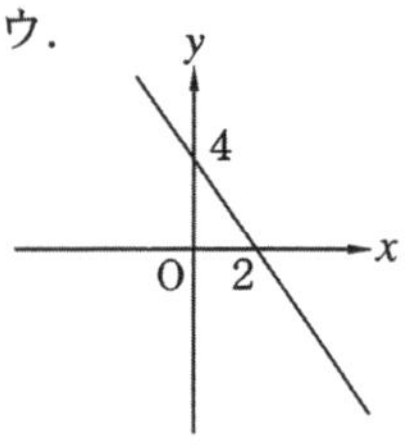

エ．
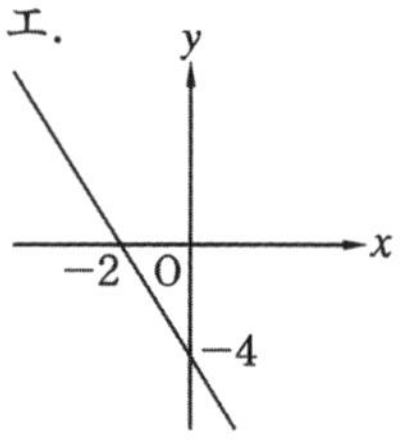

解答 P295

3 次の(1)～(4)について答えなさい。

(1)　下の図でＤＥ//ＢＣのとき，x，yの値を求めなさい。

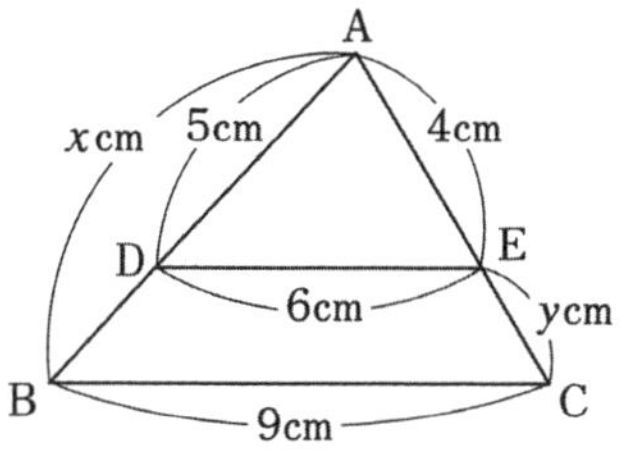

(2)　下の図で∠xの値を求めなさい。

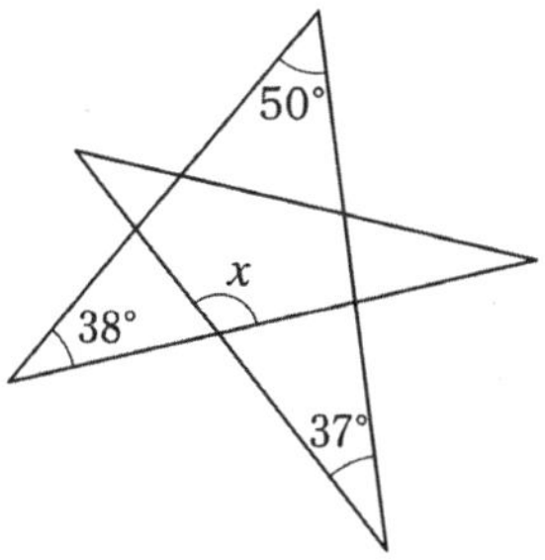

(3)　下の図の円で点Oを中心とするとき，∠xの値を求めなさい。

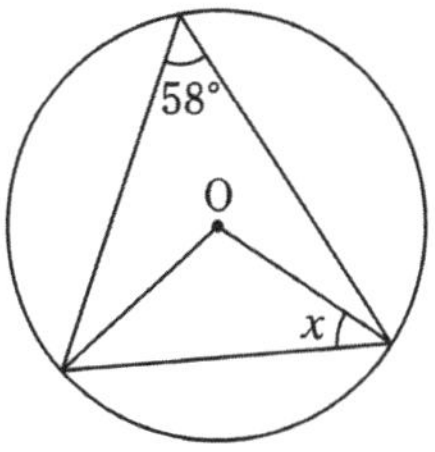

(4)　正方形ＡＢＣＤの紙の上に点Ｐがある。この紙から点Ｐを中心とする半径が最も大きい円を切り取るとき，切り取る円を定規とコンパスを両方用いて作図しなさい。ただし，作図に用いた線は残しておくこと。

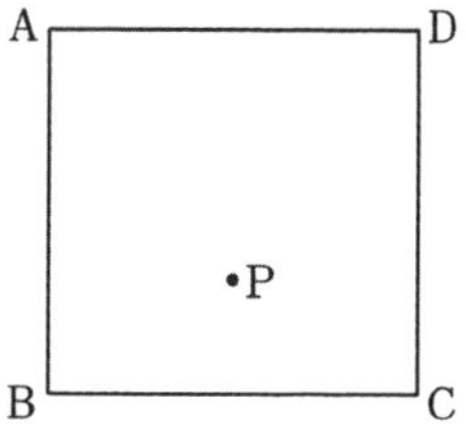

4　次の資料は１０人の生徒の１週間の自宅学習時間について，調べてまとめたものである。次の(1)～(3)について答えなさい。

4	6	9	9	10	11	13	16	18	19

(時間)

(1)　中央値を求めなさい。

(2)　四分位範囲を求めなさい。

(3)　資料に対応する箱ひげ図を次のア～エの中から１つ選び，記号で答えなさい。

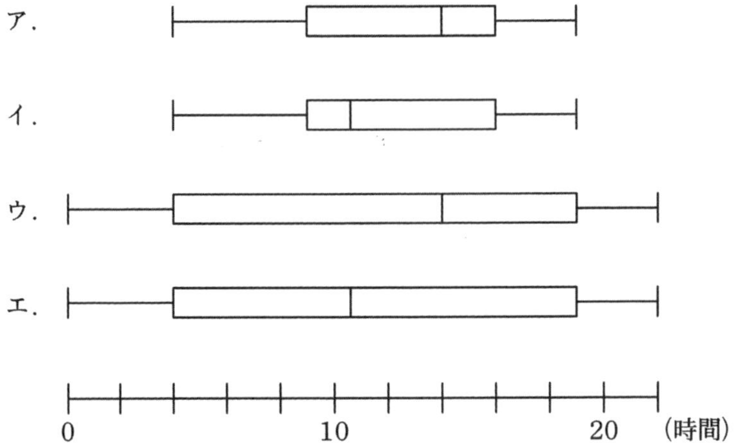

5　下の表のような２つのろうそくがあるとき，次の(1)～(3)について答えなさい。

	長さ(cm)	1分ごとに燃える長さ(cm)
黒いろうそく	24	2
白いろうそく	27	3

(1)　白いろうそくを燃やしたとき５分後の長さを求めなさい。

(2)　黒いろうそくについて，長さを y，燃えている時間を x とするとき，y を x の式で表しなさい。

(3)　黒いろうそくと白いろうそく２本同時に火をつけたとき，同じ長さになるのはつけ始めてから何分後か求めなさい。

解　答　P295

6 下の図のように○印を１段目，２段目，３段目・・・と，ある規則にしたがって記入していくとき，次の(1)～(3)について答えなさい。

1段目	○○○
2段目	○○○○○
3段目	○○○○○○○
4段目	○○○○○○○○○
：	
n段目	

(1)　8段目の○の個数を求めなさい。

(2)　n段目の○の個数をnを用いて表しなさい。

(3)　○の数が77個になるときは何段目か求めなさい。

7 次の図で２つの直線とx軸との交点をそれぞれＢ，Ｃとし，直線lとy軸との交点をＰとする。直線mの式は$y=-x+7$，点Ｂの座標は（−２，０），点Ｐの座標は（０，４）である。このとき，次の(1)～(3)について答えなさい。

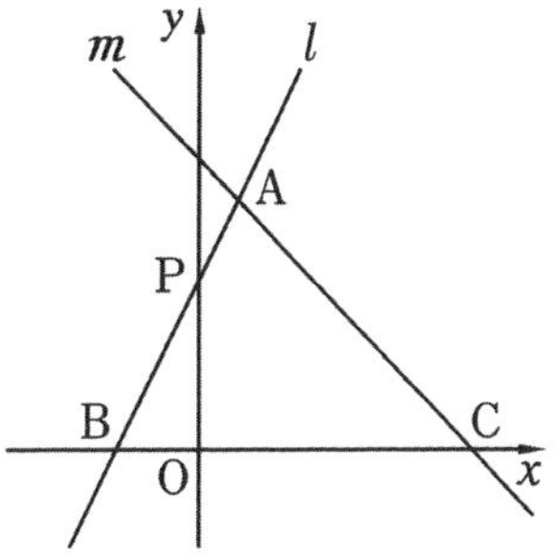

(1)　直線lの式を求めなさい。

(2)　直線l，mの交点をＡとし，その座標を求めなさい。

(3)　点Ｂを通り，△ＡＢＣの面積を２等分する直線の式を求めなさい。

8 次の図のような１辺10cmの立方体ＡＢＣＤ−ＥＦＧＨがある。辺ＡＤ，辺ＤＣ上の中点をそれぞれＩ，Ｊとするとき，次の(1)～(3)について答えなさい。

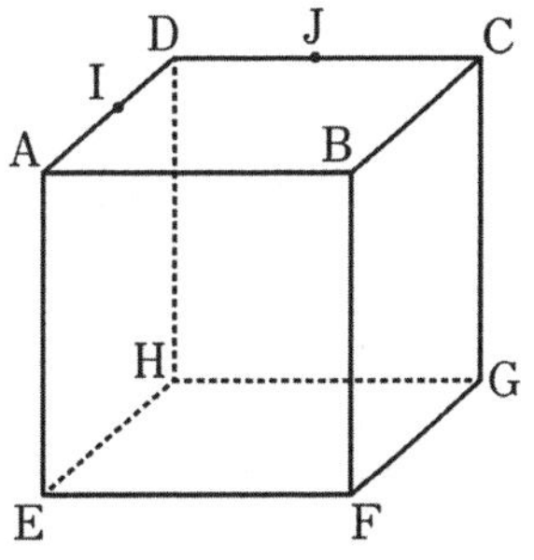

(1)　この立方体の体積を求めなさい。

(2)　線分ＪＨの長さを求めなさい。

(3)　この立方体を３点Ｉ，Ｊ，Ｆを通る平面で切ったとき，切り口の形を求めなさい。

佐野清澄 [一般]

英語

制限時間 45分

【Ⅰ】 次の中で正しいつづりの単語をア～エの中からそれぞれ１つ選び，記号で答えなさい。

(1) ア．opple　イ．apple　ウ．epple　エ．aple
(2) ア．book　イ．dook　ウ．duuk　エ．buuk
(3) ア．centor　イ．center　ウ．centar　エ．centle
(4) ア．daubre　イ．doubre　ウ．double　エ．dauble
(5) ア．erefant　イ．erephant　ウ．elefant　エ．elephant

【Ⅱ】 次の単語の中で意味・内容の上で種類の異なる語をア～エの中からそれぞれ１つ選び，記号で答えなさい。

(1) ア．America　イ．Brazil　ウ．Canadian　エ．Denmark
(2) ア．fish　イ．bear　ウ．cat　エ．dog
(3) ア．father　イ．mother　ウ．sister　エ．neighbor
(4) ア．see　イ．she　ウ．watch　エ．look
(5) ア．your　イ．him　ウ．their　エ．its

【Ⅲ】 次の各英文に合うよう適切な語をア～エの中からそれぞれ１つ選び，記号で答えなさい。

(1) I (ア．am　イ．is　ウ．are　エ．were) from Japan.
(2) There (ア．am　イ．is　ウ．are　エ．do) some balls.
(3) He is (ア．play　イ．plays　ウ．playing　エ．played) basketball now.
(4) English is (ア．speak　イ．speaks　ウ．speaking　エ．spoken) in many countries.
(5) (ア．Talks　イ．Talking　ウ．Talked　エ．Talk) with friends is fun.

【Ⅳ】 空所①～⑤に適する単語を下からそれぞれ１語ずつ選び，そのまま答えなさい。

January ⇒ (①) ⇒ March ⇒ (②) ⇒
May ⇒ (③) ⇒ July ⇒ (④) ⇒
(⑤) ⇒ October ⇒ November ⇒ December

【 September / February / April / August / June 】

【Ⅴ】 次の各日常会話の返答として最もふさわしいものをア～エの中からそれぞれ１つ選び，記号で答えなさい。

(1) How's your cold?
ア．It's my bed.　イ．I feel much better.
ウ．I'm sorry I'm late.　エ．No, thank you.

(2) Let's go to the cafeteria.
ア．Please come again.　イ．Please help me.
ウ．Sorry, I can't.　エ．Thank you.

(3) Do you know where Mr. Suzuki is?
ア．You can't miss it.　イ．I like it, too.
ウ．I think so.　エ．I'm not sure.

(4) I have to wash my father's car.
ア．Why not?　イ．Do you know why?
ウ．What can I do for you?　エ．Can you drive me home?

(5) How long does it take to walk to the park?
ア．About thirty minutes.　イ．About five years.
ウ．About three thousand yen.　エ．About three miles.

解答 P295

【Ⅵ】 次の各日本語訳を参考に単語を並び替え，正しい英文を答えなさい。

(1) 私の父は英語の先生です。
(an / my father / teacher / . / is / English)

(2) 昨日は暑くありませんでした。
(hot / not / . / was / it / yesterday)

(3) 彼女は夕食後，たいてい音楽を聴きます。
(dinner / music / usually / . / after / she / listens to)

(4) 私たちは明日，母を手伝うつもりです。
(our mother / . / tomorrow / are / going / help / to / we)

(5) 私は２年間英語を勉強しています。
(have / studying / two years / English / . / I / been / for)

【Ⅶ】 これはある小説の一部です。以下の英文を読んであとの問題に答えなさい。

The summer holidays ①come, and there ②be no school. Tom didn't want to think about Muff Potter and Injun Joe, but it wasn't easy. At night, (③) he was in bed, he saw Injun Joe's face in the dark, (④) he ⑤can't sleep. But he ⑤can't talk to anyone about ⑥it.

One hot summer's day, he and Joe Harper were down by the Mississippi River. They ⑦sit and ⑧watch the boats, and fished and talked.

"Let's get away from here!" said Tom, (⑨). "Let's go and do something exciting somewhere."

"OK," said Joe. "But what? And where?"

"I know," Tom said. "Let's run away. Let's go and live on Jackson's Island. We can sleep out, under the trees."

Jackson's Island was in the Mississippi, three miles south of St Petersburg. Nobody ⑩live there.

Adapted from *Mark Twain, The Adventures of Tom Sawyer*

(1) 下線部①②⑤⑦⑧⑩を適切な形にして答えなさい。

(2) 空所③④⑨に適する語を下からそれぞれ１つずつ選び，答えなさい。
【 and / suddenly / when 】

(3) 下線部⑥の内容として正しいものをア～ウの中から１つ選び，記号で答えなさい。
ア．学校に行かなかったこと。
イ．マフ・ポッターのことが忘れられなかったこと。
ウ．暗闇にインジャン・ジョーの顔が見えて眠れなかったこと。

(4) ジャクソン島はセントピーターズバーグから南にどのくらいの距離か。本文中から２語で答えなさい。

【Ⅷ】 これはある小説の一部です。以下の英文を読んであとの問題に答えなさい。

So that night three boys in a small boat went down the river to Jackson's Island. They had some (①) and some (②), and Huck had his pipe, too. When they got ③there, they carried everything on to the island and made a fire, under a big old tree. (④) they cooked some of the (②) over the fire, and oh, that meat was good – the best dinner in the world! Soon, they stopped talking, their eyes closed, and they slept.

The next morning Tom woke up with the sun on his head and a smile on his face. (④) Huck and Joe woke up, and the three boys ran down to the river to swim. After that, they fished, and soon they had about six big (⑤) for their breakfast. They cooked the fish on their fire and ate them all. ⑥They were very hungry.

Adapted from *Mark Twain, The Adventures of Tom Sawyer*

(1) 空所①②⑤に最も適する語を下からそれぞれ１つずつ選び，答えなさい。
【 fishes / meats / breads / fish / meat / bread 】

(2) 下線部③の具体的な場所を本文中から２語で答えなさい。

(3) 空所④に共通して入る語を下から１つ選び，答えなさい。
【 And / So / Then / However 】

(4) 下線部⑥が指し示しているものは何か。本文中から３つ書き抜き答えなさい。

(5) 次の日の朝，トムが目覚めた時の状態として正しいものをア～エの中から１つ選び，記号で答えなさい。
ア．笑っていた。
イ．怒っていた
ウ．悲しんでいた。
エ．何も感じなかった。

解答 P296

問四　――傍線部③の口語訳として最も当てはまるものを次の中から一つ選び、記号で答えなさい。

ア　聞いた話がつまらなくて　イ　聞き忘れて

ウ　多くの話を聞きすぎて　エ　聞いていた以上に

問五　――傍線部④について次の各問いに答えなさい。

（1）現代仮名遣いで書くとどれが正しいか。最も当てはまるものを次の中から一つ選び、記号で答えなさい。

ア　とふとくこそおはしけれ　イ　とうとくこそおわしけれ

ウ　とふとくこそおわしけれ　エ　とうとくこそおはしけれ

（2）「こそ」という助詞があることによって結びの語が変化する法則を何というか、解答欄に合う形で答えなさい。

問六　――傍線部⑤の理由として最も当てはまるものを次の中から一つ選び、記号で答えなさい。

ア　修行をしていたため　イ　観光に行くため　ウ　お参りするため　エ　登山をするため

問七　――傍線部⑥の理由を本文中から抜き出し、十字で答えなさい。

問八　――傍線部⑦について次の各問いに答えなさい。

（1）読みをひらがなで答えなさい。

（2）この作品の作者の名前を答えなさい。

解答　P296

問九　乙松の子供が死んだ理由を本文中から四十字で抜き出し、初めの五字を答えなさい。

問十　子供が死んでしまっても乙松が仕事を続けなければいけなかった理由を本文中から四字で抜き出し、解答欄に合う形で答えなさい。

【四】　次の文の――傍線部の敬語は、（A）尊敬語、（B）謙譲語、（C）丁寧語のどれに当てはまるか。（A）～（C）の中からそれぞれ一つ選び、記号で答えなさい。

1　校庭でお弁当を食べましょう。　　2　ご覧になりたいものがあれば、お伝えください。

3　父がよろしくと申しておりました。　　4　料理は私がお作りします。

5　先生がいらっしゃる。

【五】　次の四字熟語の空欄に入る漢数字を答えなさい。

1　□転八起　　2　唯一無□　　3　□方美人

4　億□長者　　5　□日天下

【六】　次の文章を読んで、あとの問いに答えなさい。

仁和寺にある法師、ⓐ年よるまで、石清水を拝まざりければ、心うく覚えて、①ある時思ひ立ちて、ただひとりかちより②詣でけり。極楽寺・高良などを拝みて、かばかりと心得て帰りにけり。さて、かたへの人にあひて、「年ごろ思ひつること、果し侍りぬ。③聞きしにも過ぎて、④尊くこそおはしけれ。そも、⑤参りたる人ごとに山へのぼりしは、何事かありけん、ゆかしかりしかど、神へ参るこそ本意なれと思ひて、⑥「山までは見ず」とぞ言ひける。少しのことにも、先達はあらまほしき事なり。

〈⑦『徒然草』より〉

〔語注〕　石清水……石清水八幡宮、山の上に本社がある神社　　かち……徒歩

問一　〰〰波線部（a）の意味として最も当てはまるものを次の中から一つ選び、記号で答えなさい。

ア　新年になったら　　イ　年を越すまで　　ウ　年が若い　　エ　年をとる

問二　――傍線部①とあるが、何を思い立ったのか。本文中の語句を用いて、解答欄に合う形で答えなさい。

問三　――傍線部②の主語を本文中から抜き出し、二字で答えなさい。

妻が乙松に向かって⑤声を荒らげたのは、後にも先にもその一度きりだった。

押しつけられたなきがらのよろめくような重さを、乙松は忘れない。それはたしかに、⑥凍えた転轍機よりも重かった。

〈浅田次郎『鉄道員《ぽっぽや》』〈集英社〉より〉

〔語注〕　指差喚呼……指で示しながら行う確認作業
　　　　転轍機………鉄道で、車両の線路を切り替える装置
　　　　キハ……一般の客も乗車する鉄道車両

問一　波線部（a）「の」と同じ意味用法のものを次の中から一つ選び、記号で答えなさい。

ア　彼女は話すのが上手い　　イ　夏の暑さを感じる
ウ　休日はどこに行くの　　エ　十七年前の吹雪の朝

問二　傍線部①とあるが、その理由は何か。本文中の語句を用いて、解答欄に合う形で答えなさい。

問三　傍線部②には乙松のどのような心情が表れているか。最も当てはまるものを次の中から一つ選び、記号で答えなさい。

ア　嬉しさ　　イ　驚き　　ウ　恐れ　　エ　怒り　　オ　悲しみ

問四　空欄 A に当てはまる語句として最も適当なものを次の中から一つ選び、記号で答えなさい。

ア　そのとき　　イ　そして　　ウ　または　　エ　きっと　　オ　やはり

問五　傍線部③と同じ意味で使われている語句を本文中から二字で抜き出し、答えなさい。

問六　傍線部④に使われている表現技法はどれか。最も当てはまるものを次の中から一つ選び、記号で答えなさい。

ア　直喩　　イ　暗喩　　ウ　倒置法　　エ　対句　　オ　擬人法

問七　傍線部⑤はなぜか。最も当てはまるものを次の中から一つ選び、記号で答えなさい。

ア　乙松の仕事ぶりに不満があり、納得がいかなかったから
イ　子供より仕事を優先した乙松への怒りを抑えられなかったから
ウ　乙松が自分を頼ってくれず、力になれないことへのあせりを感じたから
エ　仕事に力を尽くしている乙松と比べ、自分が情けなくなったから

問八　傍線部⑥とあるが、重かったものは何か。次の文の空欄（X）に当てはまるように本文中から六字で抜き出し、答えなさい。

（　X　）は乙松が持つ仕事の責任より重かった。

問八　筆者の考え方に最も当てはまるものを次の中から一つ選び、記号で答えなさい。
ア　グローバリズムの競争に勝つために、専門教育を早く学ぶ必要がある
イ　教養学部に入るために、教養を身につける必要がある
ウ　シーラカンスの生き方から、人間も生き方を学ぶべきだ
エ　教養を身につけることで、人生のあらゆる局面に柔軟に対応できるようになる

【三】次の文章を読んで、あとの問いに答えなさい。

※鉄道員である乙松《おとまつ》は、鉄道員としての仕事が娘であるユッコを殺してしまったと後悔している。

少女は少し及び腰になって、乙松の手を握った。
「なんも、おっかなくないべや。ああ、よしよし」
小さな掌《てのひら》を握ると、乙松は悲しくなった。なんだかゆうべの妹も、この姉も、死んだユッコのような気がしてならなかった。こんな気分になるのもⓐ、あと三ケ月で終わる暮らしのせいなのだろうか。
風邪さえひかせなければ、ユッコもきっとこんなふうに大きくなって、毎晩トイレ通いに自分を付き合わせたことだろう。それもこれも、医者さえいないこの村に生まれて、すきま風の吹く事務室つづきの部屋に寝かせていたからだ。仕事が子供を殺してしまったのだと思うと、乙松は①やりきれない気持になった。
トイレの前で少女を待つ間、乙松は②ぼんやりと向かいのホームを見つめた。
十七年前の吹雪の朝に、女房の腕に抱かれたユッコをあのホームから送り出した。いつに変わらず指差喚呼《しさかんこ》して、気動車を見送った。［A］その晩の気動車で、ユッコは同じ毛布にくるまれ、ひやっこくなって帰って来たのだった。
（あんた、死んだ子供まで旗振って迎えるんかい）
雪のホームにうずくまって、③妻はユッコをかき抱えながらそう言った。
そのとき、自分は何と言ったのだろう。
（したって、俺はポッポヤだから、どうすることもできんしょ。俺がホームで旗振らねば、こんなもふぶいてるなか誰がキハを誘導するの。転轍機《てんてつき》も回さねばならんし、子供らも学校おえて、みんな帰ってくるべや）
妻は言い返した。
（あんたの子も帰ってきただべさ。こんなんなって、ユッコが④雪みたいにひやっこくなって帰ってきただべさ）

再発見された時に「生きた化石」と評判になったシーラカンスは、海の中のある特定のニッチだけで長い間生きてきた。専門領域だけで通用する知識を身につけて生きることは、シーラカンスに少し似ている。もちろん、それは一つの④立派な生き方ではあるが、人間本来の可能性は、もっと広い。

教養とは過酷《かこく》で、厳しいものである。生きていく中で、何に出会うかわからないということを背景とする。出会ったものが何であれ、ちゃんと対応できなければならない。とても、余暇《よか》に楽しむ(b)娯楽などの騒ぎではない。まさに、⑤命がけなのである。

本当の課題は、多方面に通じる「マルチ」ではなく、人生のどんな局面でも柔軟かつ適切に対応できる「ダイナミック・レンジ」である。振れ幅の大きい人生に対応するためには、必死になって教養を身につけるしかない。

〈茂木健一郎『それでも脳はたくらむ』〈中央公論新社〉より〉

〔語注〕 フレキシブル……柔軟なさま　マルチ……種類や数が多いこと
ダイナミック・レンジ……音声や信号能力の最大値と最小値の範囲を表したもの

問一　波線部(a)・(b)の意味として最も適当なものを次の中から一つ選び、それぞれ記号で答えなさい。

(a)　ア　地球主義　イ　国家主義　ウ　地方主義　エ　学校主義

(b)　ア　悲しみや辛さ　イ　遊びや楽しみ　ウ　楽すること　エ　適当な態度

問二　傍線部①について、次の各問いに答えなさい。

(1)　①は教養をどのように考えていることが原因か。本文中から十三字で抜き出し、解答欄に合う形で答えなさい。

(2)　「流行らない」と同じ意味で使われている言葉を本文中から五字で抜き出し、答えなさい。

問三　傍線部②を身につけた例えとして用いられているものは何か。本文中から抜き出し、答えなさい。

問四　傍線部③とは何か。説明している連続する二文を探し、初めの五字を答えなさい。

問五　空欄[A]に入る語句を本文中から二字で抜き出し、答えなさい。

問六　傍線部④について説明している部分を二十四字で抜き出し、初めの五字を答えなさい。

問七　傍線部⑤と考えているのはなぜか。理由が書かれた連続する二文を探し、初めの五字を答えなさい。

佐野清澄【一般】

国語

令和5年1月7日実施

制限時間 45分

【一】次の各問いに答えなさい。

問一　次の――傍線部の読みをひらがなで答えなさい。

1　女性用の服飾品。　2　作物の豊作を祈る。　3　争いを回避する。

4　トンネルが貫通した。　5　効果は抜群だ。

問二　次の――傍線部を漢字で答えなさい。

1　運動会がエンキになった。　2　感動的なエイゾウだった。　3　調査をイライする。

4　朝までトウロンが続いた。　5　ゼンアクの判断がつかない。

【二】次の文章を読んで、あとの問いに答えなさい。

一昔前は、大学には「教養課程」があって、「教養学部」があった。まずは教養を身につけてから、専門課程に進むというスタイルが受け継がれていた。私も、入学時は「教養学部」に所属していたように記憶する。

ところが、最近では①「教養」という言い方はどうやら流行らないようである。②社会に役立つ専門教育を、とにかく早くからやるようにといった主張がある。そもそも、「教養」という言葉に人気がない。どこか、余裕があれば身につけるものといった響きがある。ⓐグローバリズムの大競争の中、教養などに気を配っている余裕などない。無駄だから、無くしてしまえ。③そんな声が聞こえてくる。脳を研究している立場から言えば、「教養」を軽視することほど愚《おろ》かなことはない。知性こそ総合的な「 A 」に他ならないからである。

知性というものは様々な体験を統合し、一つの世界観の中に把握し、理解するためにこそ進化してきた。他の生物と比べた時の人間の最大の特徴は、その「ニッチ」（生態学的地位）の幅が広く、フレキシブルであるということである。だからこそ、地球上の様々な地域に住んで繁栄《はんえい》することができた。

解答 P296

MEMO

令和5年
2月12日実施
入試問題

小山工業高等専門学校

社会

制限時間 50分

1　次の図1のAからDの国について，問1から問4までの各問いに答えよ。

図1

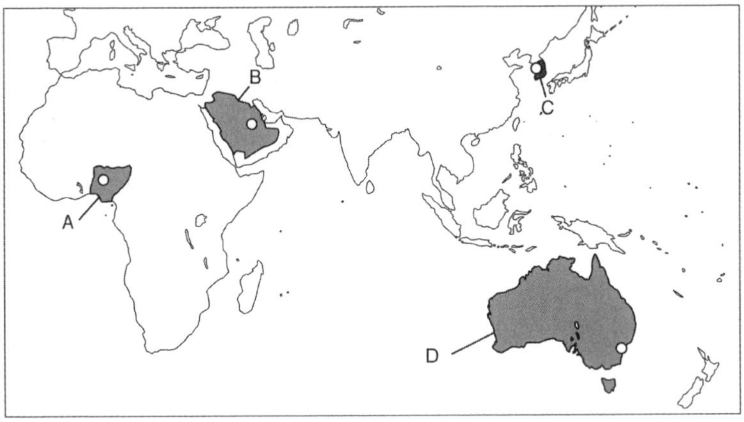

問1　次の表1は，図1中の○の地点で観測された月平均気温と年降水量をまとめたものである。表1中のアからエには，それぞれ図1中のAからDの国での観測地点が当てはまる。Bの国の観測地点に当てはまるものを表1中のアからエのうちから一つ選べ。

表1　月平均気温と年降水量

	月平均気温（℃）		年降水量（mm）
	1月	7月	
ア	23.5	13.1	973.0
イ	14.0	36.2	175.5
ウ	-1.9	25.3	1417.8
エ	27.8	26.2	1216.1

（気象庁ホームページより作成）

問2　次の図2は，図1中のAからDのいずれかの国における人口ピラミッド（2020年）を示したものである。表2にまとめた各国の人口推移，平均寿命，乳児死亡率を参考にして，図2の人口ピラミッドに当てはまる国を，下のアからエのうちから一つ選べ。

図2

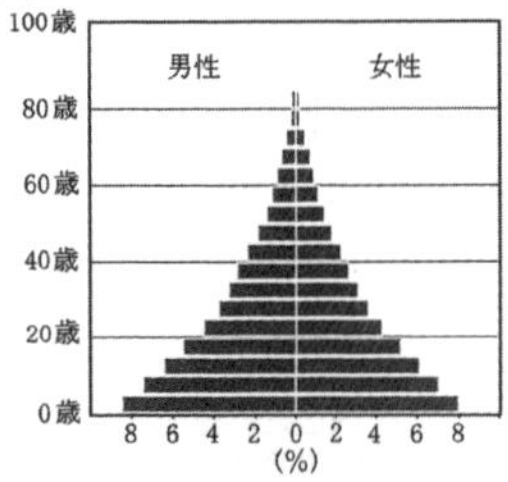

表2　人口推移・平均寿命・乳児死亡率

	人口推移（千人）			平均寿命（年）	乳児死亡率※
	1980年	2000年	2020年	2018年	2018年
A	80556	122284	206140	54.3	76.0
B	9372	20664	34814	75.0	6.0
C	38124	47379	51269	82.6	2.7
D	14695	18991	25500	82.7	3.1

※乳児死亡率とは出生児1000人のうち満1歳未満で死亡する人数を指す。

（『世界国勢図会 1990/ 1991年版』，『世界国勢図会 2021/ 22年版』，『データブックオブザワールド 2021』より作成）

ア　A　　イ　B　　ウ　C　　エ　D

問3　次の表3は，図1中のA，C，Dの国における輸出品上位4品目をまとめたものである。表3中のXからZには，それぞれ原油，鉄鉱石，自動車のいずれかが当てはまる。XからZの組み合わせとして正しいものを，下のアからカのうちから一つ選べ。

表3　輸出品上位4品目

A（2018年）

輸出品目	輸出額（百万ドル）
X	51371
液化天然ガス	6151
船舶	1493
石油ガス	490

C（2019年）

輸出品目	輸出額（百万ドル）
機械類	221343
Y	62246
石油製品	41726
プラスチック	28602

D（2019年）

輸出品目	輸出額（百万ドル）
Z	66496
石炭	44237
金	16245
肉類	11456

（『世界国勢図会 2021/22年版』より作成）

解答 P296

	ア	イ	ウ	エ	オ	カ
X	原油	原油	鉄鉱石	鉄鉱石	自動車	自動車
Y	鉄鉱石	自動車	原油	自動車	原油	鉄鉱石
Z	自動車	鉄鉱石	自動車	原油	鉄鉱石	原油

問４　次の**表４**は，**図１**中の**Ａ**から**Ｄ**の国における１人あたりの国民総所得（GNI），１人１日あたりの食料供給栄養量，１人１日あたりの食料供給量をまとめたものである。**表４**中の**ア**から**エ**には，それぞれ**図１**中の**Ａ**から**Ｄ**のいずれかの国が当てはまる。**図１**中の**Ｃ**に当てはまる国を**表４**中の**ア**から**エ**のうちから一つ選べ。

表4　1人あたりの国民総所得・1人1日あたりの食料供給栄養量・1人1日あたりの食料供給量

（2018年）

	１人あたりの国民総所得（ドル）	１人１日あたりの食料供給栄養量※（kcal）	１人１日あたりの食料供給量(g)				
			穀物	いも類	肉類	牛乳・乳製品	魚介類
ア	1965	2572	374	756	22	3	24
イ	33841	3420	512	41	208	30	248
ウ	56728	3391	262	134	332	619	72
エ	23555	3307	521	45	128	112	30

※食料供給栄養量とは，供給される食料の量から栄養成分量(kcal)を算出した値を指す。

（『世界国勢図会 2021/22年版』より作成）

2　福井，長野，香川，鹿児島の四つの県の特徴について，問１から問３までの各問いに答えよ。

問１　次の**図**の**Ａ**から**Ｄ**は，四つの県（福井，長野，香川，鹿児島）の県庁がある都市のいずれかにおける気温と降水量の平年値を表したものである。また，下の**ア**から**エ**の文は，四つの県いずれかの発電所の立地に関して述べたものである。このうち**Ｃ**の都市がある県について述べた文として正しいものを，下の**ア**から**エ**のうちから一つ選べ。

図

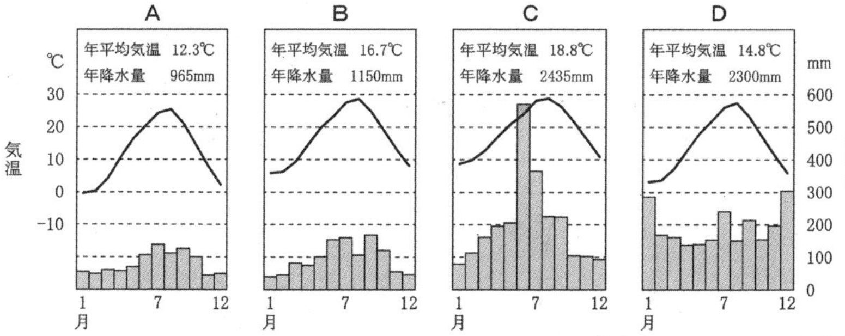

（気象庁ホームページより作成）

ア　山がちな地形を生かして水力発電所が多く立地している一方，火力発電所は小規模なものを除いて立地しておらず，原子力発電所も立地していない。

イ　山間部にダムを利用した水力発電所が複数あるほか，海沿いの複数の市や町に原子力発電所が立地している。

ウ　火力発電所が立地している一方，地形や気候の条件から水力発電所は小規模なものを除いて立地しておらず，原子力発電所も立地していない。

エ　水力・火力・原子力の発電所があるほか，県内には有名な火山や温泉もあるように地熱エネルギーに恵まれており，複数の地熱発電所も立地している。

問２　次の**表１**の**Ｅ**から**Ｈ**は，四つの県（福井，長野，香川，鹿児島）のいずれかの面積，県内で最も高い地点の標高，県庁から海までの最短距離を示したものである。また，下の**表２**の**ア**から**エ**は，四つの県のいずれかの農業産出額（全品目の合計およびいくつかの品目）について，全国での順位を示したものである。このうち**Ｈ**の県に当てはまるものを，**表２**中の**ア**から**エ**のうちから一つ選べ。

表1　各県の面積，県内で最も高い地点の標高，県庁から海までの最短距離

	面積※	最も高い地点の標高※	県庁から海までの最短距離※※
E	1877㎢	1060m	1km
F	4191㎢	2095m	15km
G	9186㎢	1936m	1km 未満
H	13562㎢	3190m	51km

※面積，最も高い地点の標高は国土地理院ウェブサイトによる。※※海までの距離は地理院地図により計測

表2　各県の農業産出額の全国での順位（2020 年）

	合計	米	野菜	果実	工芸作物※	畜産
ア	2 位	26 位	15 位	21 位	2 位	2 位
イ	11 位	14 位	7 位	2 位	36 位	30 位
ウ	35 位	38 位	31 位	30 位	24 位	28 位
エ	44 位	20 位	46 位	46 位	45 位	44 位

※工芸作物には，さとうきび，茶，てんさいなどが含まれる。　（生産農業所得統計（2020 年）より作成）

問３　次の表３のアからエは，四つの県（福井，長野，香川，鹿児島）のいずれかと東京都とを結ぶ交通機関（鉄道・バス・航空機）を利用した乗客の１年間の数である。このうち香川県に当てはまるものを，表３中のアからエのうちから一つ選べ。

表３　各県と東京都とを結ぶ交通機関を利用した乗客の１年間の数（2019 年度）

	総数※	鉄道	バス※※	航空機
ア	1146 万人	853 万人	294 万人	0 万人
イ	245 万人	3 万人	0 万人	243 万人
ウ	157 万人	30 万人	3 万人	124 万人
エ	65 万人	61 万人	4 万人	0 万人

※1万人に満たない数を四捨五入しているため，鉄道・バス・航空機の和と総数が一致しない場合がある。
※※貸切バスの利用者も含めた数　　（旅客地域流動調査（2019 年度）より作成）

3　図１は，国際連合のシンボルマークである。このシンボルマークのデザインには世界地図が取り入れられている。図２は，その地図と同じように描いた，北極点からの距離と方位が正しい世界地図である。なお，国際連合のシンボルマークにあわせて南緯 60 度より南は緯線・経線も含めて描いていない。この地図について，問１，問２に答えよ。

図１

図２

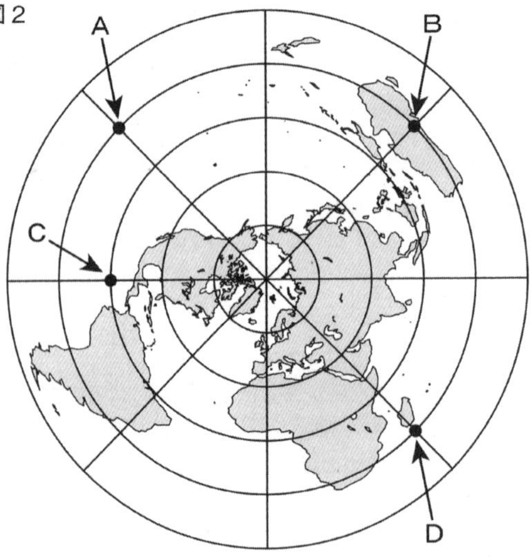

実戦編◆社会　小山工業高等専門学校

高専 R５

解　答　P296

問１　図２の地図には緯線と経線がそれぞれ等間隔で描かれている。図２中のＡ地点の緯度と経度の組み合わせとして最も適当なものを，次のアからクのうちから一つ選べ。

ア　緯度０度，西経 45 度　　　イ　緯度０度，西経 135 度
ウ　北緯 18 度，西経 45 度　　エ　北緯 18 度，西経 135 度
オ　南緯 30 度，西経 45 度　　カ　南緯 30 度，西経 135 度
キ　南緯 48 度，西経 45 度　　ク　南緯 48 度，西経 135 度

問２　図２の地図から読み取れることとして正しいものを，次のアからエのうちから一つ選べ。

ア　Ａ地点から見てＢ地点はほぼ東の方角にある。
イ　Ａ地点とＣ地点では６時間の時差がある。
ウ　Ｂ地点からＤ地点までの最短距離は，Ｂ地点から北極点までの最短距離より長い。
エ　北極点からＢ地点までの最短距離は，北極点からＤ地点までの最短距離と等しい。

4　次の**史料１**，**史料２**を読み，問１，問２に答えよ。なお，**史料１**，**史料２**は現代語に訳し，省略したり改めたりしたところがある。

史料１
八月。空海，年三十五歳，唐から日本に帰るために船に乗った。……（中略）……
十月二十二日。日本に到着した。空海は，唐から持ち帰った書物の目録を，大宰府の役人に託《たく》して朝廷に提出した。（扶桑略記《ふそうりゃくき》）

史料２
このごろ都で流行しているものは，夜討ち，強盗，天皇の偽《にせ》の命令。囚人《しゅうじん》，急ぎの使者の馬，たいした理由もないのにおこる騒動。生首が転がり，僧が俗人に戻り，俗人が勝手に僧になる。急に成り上がった大名，路頭《ろとう》に迷う者。（二条河原落書）

問１　**史料１**で述べられている出来事の時期と**史料２**が書かれた時期の間におこった出来事として誤っているものを，次のアからエのうちから一つ選べ。

ア　ドイツでルターが宗教改革をはじめ，聖書に基づく信仰の大切さを唱えた。
イ　マルコ＝ポーロのアジアでの旅をもとにした旅行記が書かれた。
ウ　ローマ教皇の呼びかけによって，十字軍の遠征がはじまった。
エ　高麗《こうらい》《コリョ》が新羅《しらぎ》《シルラ》をほろぼして，朝鮮半島を統一した。

問２　**史料２**は当時新しくはじまった政治によって混乱が生じている様子を批判している。**史料２**で批判されている政治をおこなった人物についての説明として正しいものを，次のアからエのうちから一つ選べ。

ア　この人物は，御家人と呼ばれる配下の武士と強力な主従関係を結んで本格的な武士による政治をはじめ，鎌倉に幕府を開いた。
イ　この人物は，南北に分裂していた朝廷を統一して動乱を終わらせ，京都の室町で政治をおこなった。
ウ　この人物は，伊豆《いず》を勢力拠点とした豪族の娘として生まれた。夫である将軍の死後は，この人物の実家が代々の執権の地位を独占して，幕府の実権を握った。
エ　この人物は，幕府が倒れた後に，武士の政治や慣習を否定して天皇を中心とする政治をはじめたが，武士らの反対にあって吉野に逃れた。

5　次の生徒と先生の会話文を読み，問１から問３までの各問いに答えよ。

生徒：戦国時代に関する漫画や映画，テレビドラマをよく見るのですが，戦国時代とはいつからいつまでなのでしょうか。
先生：戦国時代というのは，奈良時代や鎌倉時代のように，政治の中心地があった地名から名づけられたのではなく，「戦争がつづいた時代」という社会の状況にもとづく時代区分です。そのため，いつからいつまでが戦国時代か明確に決まっているわけではありません。

小山高専　入試問題(R5)◆社会

> 生徒：室町幕府がほろびて戦国時代がはじまるわけではないのですね。
> 先生：京都で(1)<u>応仁の乱がおきた</u>ころから幕府の力は衰えていきます。16世紀になると(2)<u>戦国大名</u>があらわれ，競い合う時代になります。この時期にも室町幕府はありますが，社会の様子は大きく変わっているので，戦国時代とよぶのです。
> 生徒：15世紀から16世紀にかけて戦国時代がはじまるとみればいいのでしょうか。
> 先生：そうですね。
> 生徒：そうした状況のなかから(3)<u>織田信長</u>が登場するのですね。
> 先生：信長は京都に入り，やがて将軍を京都から追い出して，統一をすすめました。
> 生徒：家臣の明智光秀に討《う》たれてしまうんですよね。テレビドラマで見ました。
> 先生：光秀は(4)<u>豊臣秀吉</u>に倒されます。そして秀吉は，大名たちを従えたり，攻めほろぼしたりしながら統一をはたしました。(5)<u>秀吉が全国統一をはたした</u>ことで，やっと戦国時代が終わるといえます。16世紀の100年間は，社会が大きく動いた時代の転換点だったのです。

問１　次のAからDの文のうち，下線部(1)と下線部(5)の間の時期の出来事として正しいものの組み合わせを，下のアからエのうちから一つ選べ。

A　加賀で浄土真宗（一向宗）信徒たちが守護を倒し，自治をはじめた。
B　近江《おうみ》の馬借を中心に，徳政令による借金の帳消しを要求する正長の土一揆がおこった。
C　百姓が刀や脇差《わきざし》，その他武具を所持することを禁じる法令が秀吉によって出された。
D　中山王の尚《しょう》巴《は》志《し》が三山を統一し，首里《しゅり》を都とする琉球王国を建てた。

ア　AとB　　イ　AとC　　ウ　BとD　　エ　CとD

問２　下線部(2)について，戦国大名の分国法の事例として最も適当なものを，次のアからエのうちから一つ選べ。

ア　外国の船が入港するのを見たら，すぐさま攻撃し追い払いなさい。
イ　広ク会議ヲ興《おこ》シ，万機《ばんき》公論ニ決スベシ。
ウ　国の交戦権は，これを認めない。
エ　喧嘩《けんか》をしたものは，いかなる理由によるものでも，処罰する。

問３　次の地図中のaからdは，下線部(3)と(4)に関連する城の位置を示している。下のXとYの文が示している城の位置の組み合わせとして正しいものを，後のアからエのうちから一つ選べ。

地図

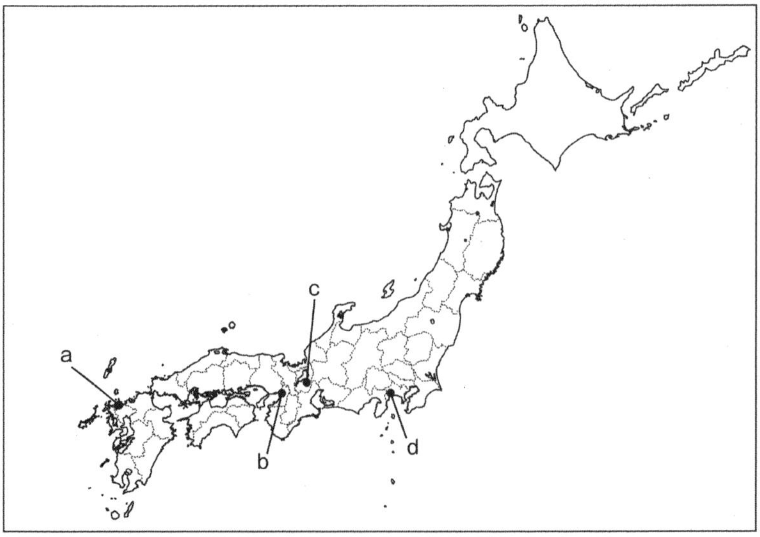

解答　P296

X　織田信長が築いた城で，城下町には楽市令を出して商工業の活発化をはかった。
Y　豊臣秀吉が，朝鮮への出兵のために築いた城である。

ア　X－d　Y－a　　　イ　X－d　Y－b
ウ　X－c　Y－a　　　エ　X－c　Y－b

6　次の**年表**と**史料**を見て，問１から問４までの各問いに答えよ。なお，**史料**には省略したり改めたりしたところがある。

年表

1945年　(1)国際連合が設立された。

↕　①

1951年　サンフランシスコ平和条約が結ばれた。

↕　②

1975年　第１回サミット（主要国首脳会議，先進国首脳会議）が開催された。

↕　③

1989年　マルタ会談で，(2)冷戦の終結が宣言された。

史料

一，[A]年の復帰実現は百万県民の多年にわたる努力の成果であり民族的遺産として後世に語り伝えることが出来るのを誇りに思う。しかし祖国の民主平和憲法のもとへの即時無条件全面返還を要求しつづけた県民の立場に立って考えるとき，今回の日米共同声明の内容には満足しているものではない。

一，その第一は「核ぬき，本土なみ，[A]年返還」で所期《しょき》の目的を達成したというが核基地撤去，B52の扱い，その他事前協議の運用をめぐって憂慮《ゆうりょ》される問題を残していることである。第二は[B]の米軍基地を要とした現在の(3)日米安保条約を長期的に継続する方針がとられたことである。[B]県民はさる大戦で悲惨な戦争を身をもって体験し戦争とこれにつながるいっさいのものをにくみ，否定する。長い間米軍基地に苦しめられてきた県民は，その[B]基地を要とする安保体制を容認することはできない。安保体制の長期継続は憲法改悪の恐れすら抱かせ，[B]基地の固定化は戦争体験を通じて世界の絶対平和を希求しひたすら平和の島を建設したいという県民の願いと相いれない。（後略）

（琉球政府主席声明）

問１　**年表**中の下線部(1)国際連合の説明として正しいものを，次のアからエのうちから一つ選べ。

ア　世界の平和と安全の維持を目的とし，現在，世界のすべての国が加盟している。
イ　イギリス，アメリカ，ソ連などが提唱して設立され，総会はスイスにある本部で開催される。
ウ　全加盟国で構成される総会の決議では，すべての国が平等に一票を持つ。
エ　日本を含む安全保障理事会の常任理事国には，重要な議題で拒否権が認められている。

問２　**年表**中の下線部(2)冷戦の終結後の世界情勢として誤っているものを，次のアからエのうちから一つ選べ。

ア　東ヨーロッパで共産党政権が次々と崩壊したことに続いてソ連も解体し，ロシア連邦などが誕生した。
イ　朝鮮半島で戦争がおこり，アメリカ軍を中心とする国連軍が韓国を，中国義勇軍が北朝鮮を支援して参戦した。
ウ　国家の枠組みをこえて地域統合を進めるなかで，ヨーロッパ連合（ＥＵ）は共通の通貨としてユーロの流通をはじめた。
エ　アメリカで同時多発テロがおこり，その後，テロとの戦いを宣言したアメリカはアフガニスタンやイラクを攻撃した。

問３　**史料**はアメリカ統治下にあった［B］県の日本への返還を求める運動を主導してきた人物が発表した声明である。**史料**中の［A］年を含む期間を**年表**中の①から③のうちから選び，その選んだ期間におきた出来事を次の**出来事**ａとｂのうちから選んで，その組み合わせを下の**ア**から**カ**のうちから一つ選べ。

出来事

ａ　ベトナム戦争が激しくなり，アメリカ軍による北ベトナムへの爆撃がはじまった。

ｂ　湾岸戦争がはじまり，アメリカ軍を中心とする多国籍軍が派遣された。

ア　①－ａ　　**イ**　①－ｂ　　**ウ**　②－ａ

エ　②－ｂ　　**オ**　③－ａ　　**カ**　③－ｂ

問４　**史料**中の下線部(3)日米安保条約（日米安全保障条約）について述べた次の文ａとｂが正しいか誤っているかを判断し，正誤の組み合わせとして正しいものを下の**ア**から**エ**のうちから一つ選べ。

ａ　日米安保条約は，日本の国際連合加盟と同じ年に結ばれた。

ｂ　新安保条約に日本政府が調印した際には，市民や学生による大規模な反対運動がおこった。

ア　ａ－正　ｂ－正　　**イ**　ａ－正　ｂ－誤

ウ　ａ－誤　ｂ－正　　**エ**　ａ－誤　ｂ－誤

7　次のⅠからⅢは，中学生のＡさんが住んでいるＸ市が発行している広報紙の記事の見出しの一部である。Ａさんはこれらの見出しと記事をもとに調べたり考えたりした。問１から問３までの各問いに答えよ。

Ⅰ　直接請求に向けての署名活動，市内各地ではじまる

Ⅱ　近隣の市町村との合併協議スタート，合意に向けてのメリットとデメリットとは？

Ⅲ　ストップ「少子化」！　市民のみなさんからのアイデアを募集します！

問１　Ⅰに関連して，ＡさんはＸ市における直接請求について調べた。次の**資料**中のこのことに当てはまることがらとして正しいものを，下の**ア**から**エ**のうちから一つ選べ。

資料

Ｘ市の人口は25000人で，有権者は18000人です。有権者から360人の署名を集めると，このことを市長に対して請求することができます。

ア　市議会議員の解職　　**イ**　市議会の解散　　**ウ**　条例の制定　　**エ**　市長の解職

問２　Ⅱに関連して，今回の合併協議よりも前に，かつて三つの町が合併して現在のＸ市となったことを知ったＡさんは，そのころのことについてＸ市の職員であるＢさんにインタビューをした。次の**インタビュー**中の［a］から［c］のそれぞれに当てはまる内容の組み合わせとして正しいものを，次ページの**ア**から**カ**のうちから一つ選べ。

インタビュー

Ａさん：三つの町が合併したのはいつごろなのですか？

Ｂさん：［a］です。阪神・淡路大震災がおこって５年がたち，新たな世紀を翌年に迎えるにあたり，災害に強いまちづくりを進めようと考えたのです。

Ａさん：合併して地域がよくなったことや，合併後も残された課題はなんでしょうか？

Ｂさん：合併によって効率的な事務がおこなわれるようになったとされる一方，近年の全国的な傾向と同じくＸ市も地方公共団体の借金である地方債の額が［b］という課題が残されました。これは市の範囲が大きくなった分，市役所の事務の量が増えたことか原因の一つだと考えられます。しかし，住民のみなさんが自発的に課題の解決に取り組んでいただいている［c］の活動も広がっていて，私たち市役所職員はとても心強く感じています。

解答 P296

	a	b	c
ア	当時の新潟県巻町で住民投票がおこなわれた年	減少する傾向が続く	マスメディア
イ	当時の新潟県巻町で住民投票がおこなわれた年	増加する傾向が続く	マスメディア
ウ	当時の新潟県巻町で住民投票がおこなわれた年	減少する傾向が続く	NPO（非営利組織）
エ	地方分権一括法が施行された年	増加する傾向が続く	マスメディア
オ	地方分権一括法が施行された年	減少する傾向が続く	NPO（非営利組織）
カ	地方分権一括法が施行された年	増加する傾向が続く	NPO（非営利組織）

問３　Ⅲに関連して，次の図は，Ｘ市における，０歳から 14 歳，15 歳から 64 歳，65 歳以上に分けたときの人口の割合の推移である。図中のＰからＲは，それぞれ０歳から 14 歳，15 歳から 64 歳，65 歳以上のいずれかが当てはまる。Ｘ市は2000 年以降，少子高齢化が特に進んでいることを踏まえて，ＰからＲに当てはまるものの組み合わせとして正しいものを，下の**ア**から**カ**のうちから一つ選べ。

図

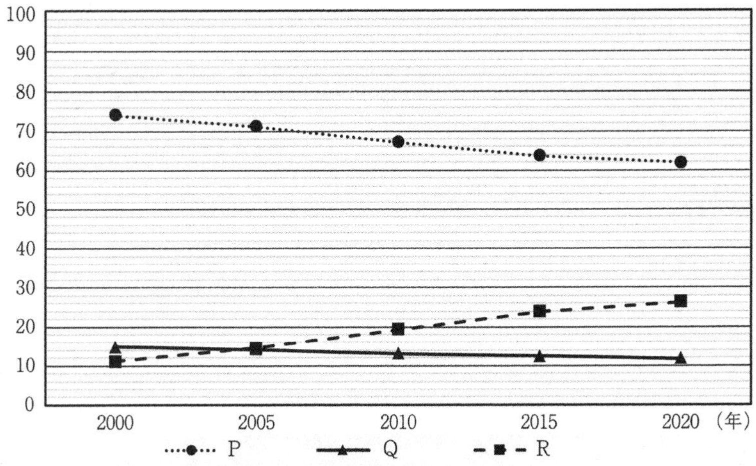

	ア	イ	ウ	エ	オ	カ
P	0 ～ 14 歳	0 ～ 14 歳	15 ～ 64 歳	15 ～ 64 歳	65 歳以上	65 歳以上
Q	15 ～ 64 歳	65 歳以上	0 ～ 14 歳	65 歳以上	0 ～ 14 歳	15 ～ 64 歳
R	65 歳以上	15 ～ 64 歳	65 歳以上	0 ～ 14 歳	15 ～ 64 歳	0 ～ 14 歳

8　次の生徒と先生の会話文を読み，問１から問４までの各問いに答えよ。

生徒：世界の自動車生産量を調べてみました。2018 年では生産台数１位は中国，２位はアメリカ，３位は日本です。中国は今世紀に入り急速に生産台数を増やして１位になりました。

先生：前世紀はどのようでしたか。

生徒：1970 年ごろまでは，アメリカが１位でした。1980 年ごろから日本がアメリカを上回り１位になります。その後，1990 年代の初めごろに再びアメリカが１位になります。

先生：どうしてそうなったのでしょうね。

生徒：調べたところ，1970 年代に(1)石油危機（オイルショック）などの影響により，日本車が低燃費で比較的性能もよくなってきたことから，アメリカで日本車が注目され輸出が増えたそうです。また，当時のドルに対する円の価値が今よりも低い(2)円安であったことも影響したそうです。

先生：そうですね。日本はアメリカに対して大幅な貿易黒字となり，日米貿易摩擦問題になりました。
生徒：それは知りませんでした。その問題はどうなったのですか。
先生：アメリカは自国の貿易赤字を解消するため，日本に対し農産物への(3)関税を引き下げることを要求しました。関税とは，輸出入される商品にかかる税ですね。また，日本の自動車会社はアメリカへの輸出量を制限する自主規制を実行し，その後，組立工場をアメリカに作り，アメリカでの現地生産を増やすことで利益を確保しようとしました。それもあって，再びアメリカの生産台数が増加したのです。
生徒：でもそうなると，日本の国内の自動車生産台数は減りますね。
先生：それだけでは終わらず，日本の自動車会社は，その後，発展途上国等での生産工場を増やし，いわゆる(4)産業の空洞化がおきました。
生徒：企業活動が国際化することで，メリットもあればデメリットもあるのですね。

問１　下線部(1)についての説明として正しいものを，次のアからエのうちから一つ選べ。
ア　中東戦争などの影響で原油価格が高騰し，原油輸入国が不景気になった。
イ　中東戦争などの影響で原油価格が暴落し，原油輸入国が好景気になった。
ウ　当時のソ連がアメリカに対して輸出制限をし，世界的に原油価格が高騰し，原油輸入国が不景気になった。
エ　当時のソ連がアメリカに対して輸出拡大をし，世界的に原油価格が暴落し，原油輸入国が好景気になった。

問２　下線部(2)について，円安を説明した文ＡとＢ，円安と輸出の関係を説明した文ＸとＹのうち，正しいものの組み合わせを，次のアからエのうちから一つ選べ。
Ａ　１ドルに対する円の価値が120円であるときと比べて，１ドルに対する円の価値が140円であるのは，ドル高・円安である。
Ｂ　１ドルに対する円の価値が120円であるときと比べて，１ドルに対する円の価値が100円であるのは，ドル高・円安である。
Ｘ　それまでより円安になると，日本の輸出産業が外国へ売る製品価格は，輸出先の国では高くなる。
Ｙ　それまでより円安になると，日本の輸出産業が外国へ売る製品価格は，輸出先の国では安くなる。
ア　Ａ－Ｘ　　イ　Ａ－Ｙ　　ウ　Ｂ－Ｘ　　エ　Ｂ－Ｙ

問３　下線部(3)に関する説明として最も適当なものを，次のアからエのうちから一つ選べ。
ア　各国が関税を引き下げると貿易の自由化が進み，輸出産業は安く輸出できる。
イ　各国が関税を引き下げると貿易の自由化が妨げられ，輸入品が国内で安価に販売される。
ウ　各国が関税を引き上げると貿易の自由化が進み，輸入品が国内で安価に販売される。
エ　各国が関税を引き上げると貿易の自由化が妨げられ，輸出産業は安く輸出できる。

問４　下線部(4)についての説明として正しいものを，次のアからエのうちから一つ選べ。
ア　後継者の減少により職人技術の継承が難しくなり，国内での伝統産業や地場産業が衰退してしまうこと。
イ　国内の大都市などで地価や人件費が高騰したことにより，企業が地価や人件費の安い地方に工場などを移転すること。
ウ　国内における農業・水産業などの第１次産業が衰退し，外国から安価な食料品が大量に輸入されるようになること。
エ　国内企業が，安い労働力を求めるなどして，工場などを海外に移転し，国内での雇用が減少すること。

解答 P296

小山工業高等専門学校
数　学

制限時間 **50**分

1 次の各問いに答えなさい。

(1) $-3+2\times\left\{\left(3-\frac{1}{2}\right)^2-\frac{1}{4}\right\}$ を計算すると $\boxed{\text{ア}}$ である。

(2) 2次方程式 $x^2-6x+2=0$ を解くと $x=\boxed{\text{イ}}\pm\sqrt{\boxed{\text{ウ}}}$ である。

(3) $a<0$ とする。関数 $y=ax+b$ について，x の変域が $-4\leqq x\leqq 2$ のとき，y の変域は $4\leqq y\leqq 7$ である。このとき，$a=-\frac{\boxed{\text{エ}}}{\boxed{\text{オ}}}$，$b=\boxed{\text{カ}}$ である。

(4) 2つの関数 $y=ax^2$，$y=-\frac{3}{x}$ について，x の値が1から3まで増加するときの変化の割合が等しいとき，$a=\frac{\boxed{\text{キ}}}{\boxed{\text{ク}}}$ である。

(5) 袋の中に赤玉2個と白玉3個が入っている。いま，袋の中から玉を1個取り出して色を調べてから戻し，また玉を1個取り出すとき，2回とも同じ色である確率は $\frac{\boxed{\text{ケコ}}}{\boxed{\text{サシ}}}$ である。ただし，どの玉が取り出されることも同様に確からしいものとする。

(6) 下の資料は，中学生10人の握力を測定した記録である。このデータの中央値（メジアン）は $\boxed{\text{スセ}}$ kgであり，範囲は $\boxed{\text{ソタ}}$ kgである。

25，12，30，24，16，40，29，33，17，35　(kg)

(7) 下の図で，点Aと点Bは円Oの周上にあり，直線BCは円Oに接している。
$\angle\mathrm{OAC}=37^\circ$，$\angle\mathrm{BCA}=15^\circ$ のとき，$\angle\mathrm{OAB}=\boxed{\text{チツ}}^\circ$ である。

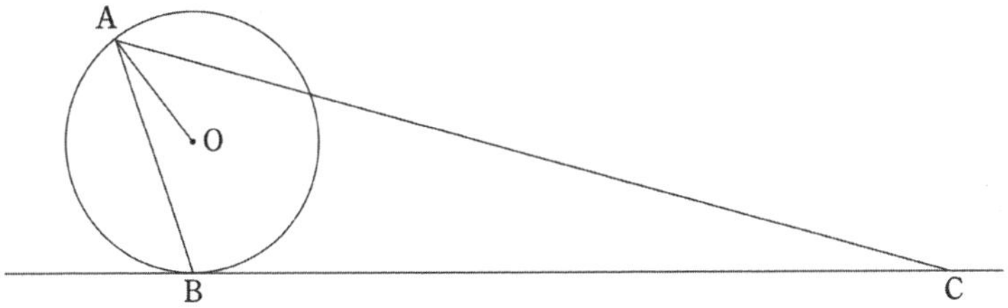

(8) 下の図で，$\angle\mathrm{ABC}=\angle\mathrm{ACD}=90^\circ$，$\mathrm{AB}=3$，$\mathrm{BC}=\sqrt{3}$，$\mathrm{CD}=2$ である。
このとき，$\mathrm{AD}=\boxed{\text{テ}}$，$\mathrm{BD}=\sqrt{\boxed{\text{トナ}}}$ である。

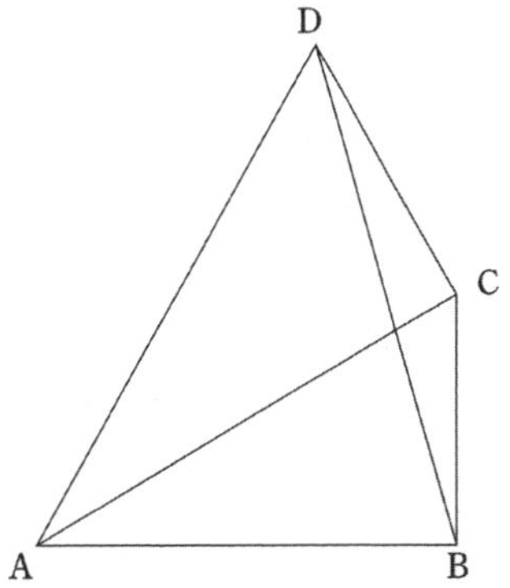

解答 P296

2　図1のように，関数 $y = ax^2$ のグラフ上に2点A，Bがある。点Aの座標は（−5，10），点Bの x 座標は $\frac{5}{2}$ である。

図1

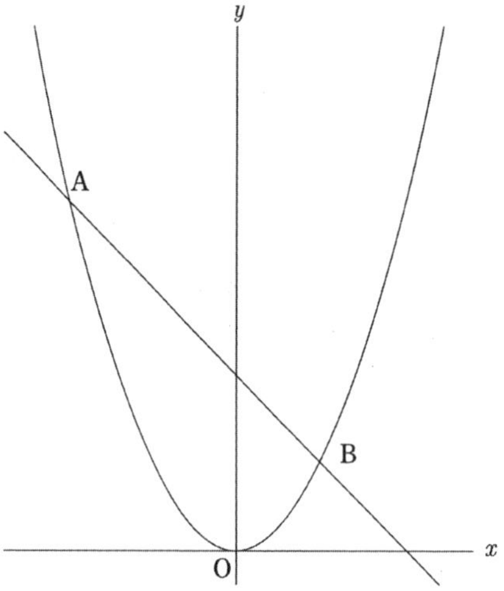

このとき，次の各問いに答えなさい。

(1)　a の値は $\frac{\boxed{ア}}{\boxed{イ}}$ であり，点Bの y 座標は $\frac{\boxed{ウ}}{\boxed{エ}}$ である。

(2)　直線ABの傾きは $\boxed{オカ}$，切片は $\boxed{キ}$ である。

(3)　図2のように，y 軸上を動く点P$(0, t)$（$t > 0$）がある。

図2

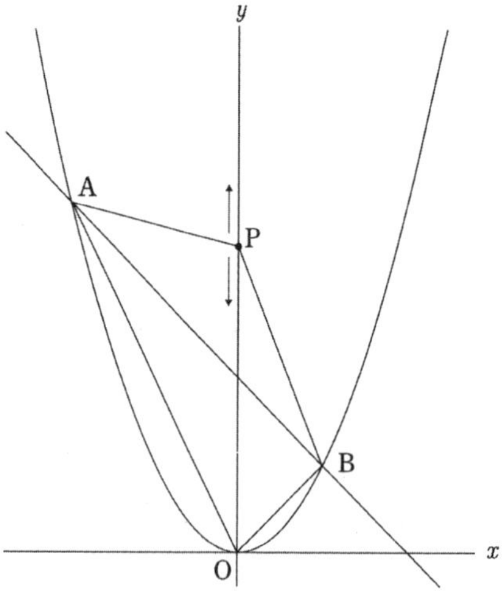

このとき，次の(i)，(ii)に答えなさい。

(i)　四角形OAPBの面積が45となるとき，$t = \boxed{クケ}$ である。

(ii)　∠PAB＝∠OABとなるとき，$t = \frac{\boxed{コサ}}{\boxed{シ}}$ である。

解答 P296

3 野菜や果物の皮などの捨てる部分を廃棄部といい，廃棄部を除いた食べられる部分を可食部という。廃棄部に含まれる食物繊維の割合は高く，エネルギーの割合は低い。そのため，可食部に含まれる食物繊維の割合は低く，エネルギーの割合は高い。

ある野菜Aの廃棄部と可食部それぞれの食物繊維の含有量とエネルギーを調べる。このとき，次の各問いに答えなさい。

(1) 廃棄部 40 g あたりの食物繊維の含有量を調べたところ，3.08 g であった。廃棄部における食物繊維の含有量の割合は [ア].[イ] %である。

(2) 下の表は，野菜Aと可食部それぞれの 100 g あたりの食物繊維の含有量とエネルギーを示したものである。

	食物繊維	エネルギー
野菜A　100 g	3.6 g	45 kcal
可食部　100 g	2.7 g	54 kcal

この表と(1)の結果を用いると，野菜A 200 g における可食部の重さは [ウエオ] g，廃棄部の重さは [カキ] g である。また，廃棄部 100 g あたりのエネルギーは [ク] kcal である。

4 図1のように，1辺の長さが 2 cm の立方体 ABCD-EFGH がある。辺 AD，AB 上にそれぞれ点 I，J があり，AI = AJ = 1 cm である。3点 G，I，J を通る平面でこの立体を切ると，切り口は五角形 IJKGL になる。

図1

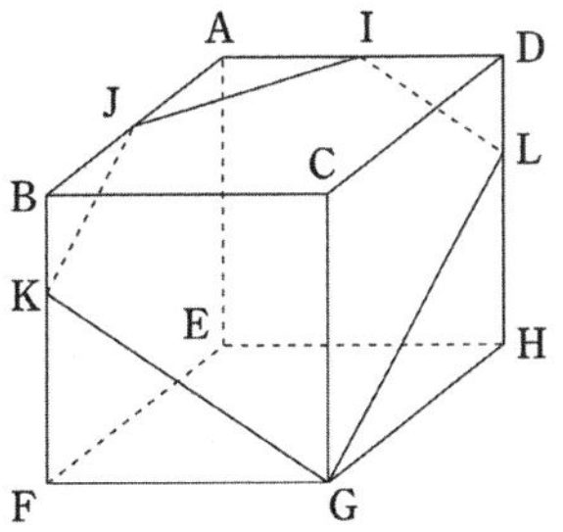

このとき，次の各問いに答えなさい。

(1) 図2はこの立方体の展開図の一部である。図2において，3点 J，K，G は一直線上にあるため，$\mathrm{BK}=\dfrac{\boxed{\text{ア}}}{\boxed{\text{イ}}}$ cm である。

図2

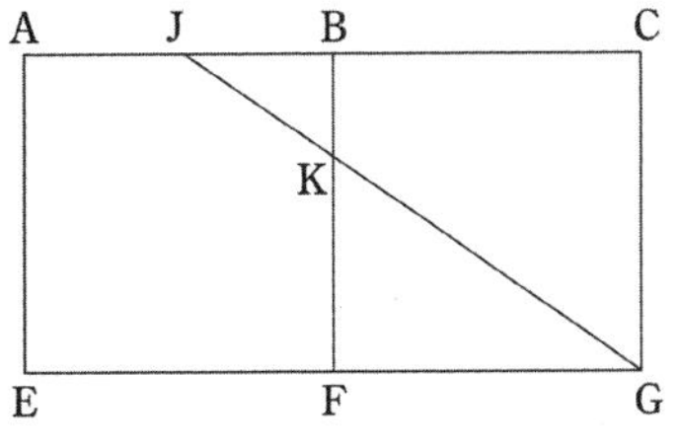

⑵　図3のように，図1の立方体の面ABFEと面AEHDをそれぞれ共有している2つの直方体を考える。ただし，4点M，J，I，Nは一直線上にあるとする。

図3

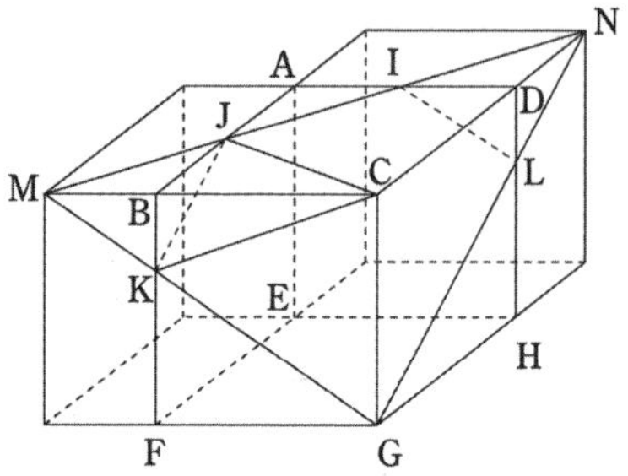

このとき，三角錐G-CMNの体積は $\boxed{\text{ウ}}$ cm³ であり，三角錐C-BJKの体積は $\dfrac{\boxed{\text{エ}}}{\boxed{\text{オ}}}$ cm³ である。

⑶　図4のように，図1の五角形IJKGLを底面とする五角錐C-IJKGLを考える。五角錐C-IJKGLの体積は $\dfrac{\boxed{\text{カ}}}{\boxed{\text{キ}}}$ cm³ である。

図4

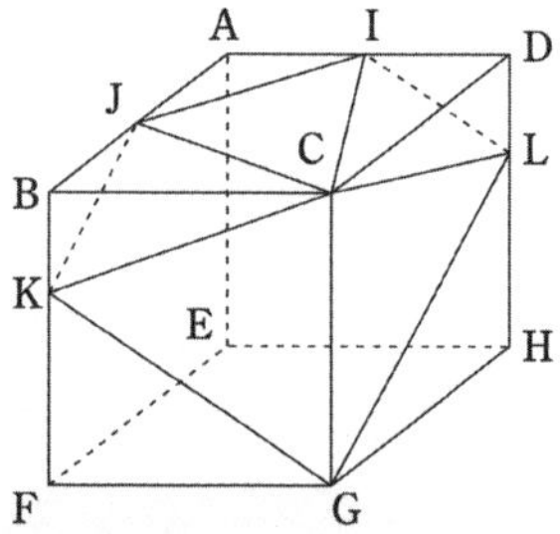

⑷　五角形IJKGLの面積は $\dfrac{\boxed{\text{ク}}\sqrt{\boxed{\text{ケコ}}}}{\boxed{\text{サ}}}$ cm² である。

解答　P296

令和5年
2月12日実施
入試問題

小山工業高等専門学校

理　科

制限時間 50分

1　次の問１から問８に答えよ。

問１　観測者が雷の光を見てから音を聞くまで６秒かかったとき，雷の光が発生した場所は観測者から何 km 離れていると考えられるか。ただし，音が空気中を伝わる速さは 340 m/s とする。

［ア］.［イ］km

問２　直方体の水槽に水を入れ，図のように，ストローを手前の面Ａとの平行を保ったまま，水面の中央部分に斜めに差し入れた。水槽の面Ａを，面Ａに対して垂直に見るとき，水の中のストローの見え方として，最も適当なものを以下のアからエの中から選べ。

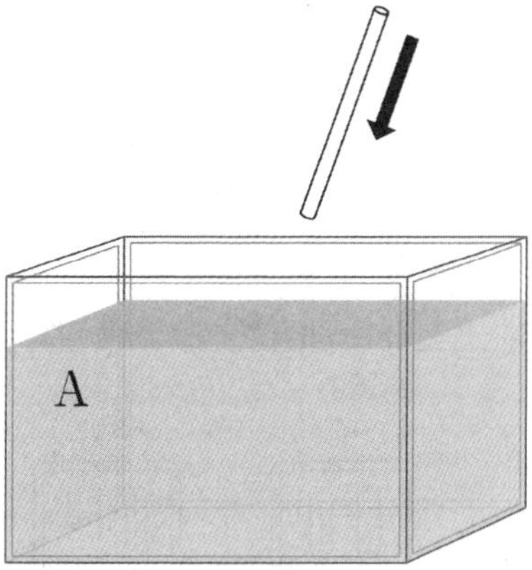

図

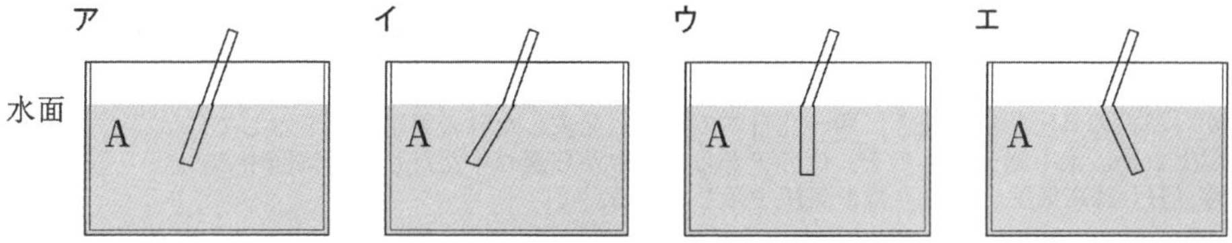

問３　うすい塩酸を電気分解したとき，陽極側に発生する気体の性質について書かれた記述で正しいものを次のアからエの中から二つ選べ。

ア　水にとけにくい　　　イ　水にとけやすい
ウ　無色で空気より軽い　エ　刺激臭がある

問４　次のアからエに示した現象はいずれも，ひらがなで書くと「とけた」という言葉を使用している。化学変化であるものを次のアからエの中から選べ。

ア　春になると氷がとけた　　　イ　酸性の水溶液がかかり，金属の一部がとけた
ウ　砂糖を水に入れると，よくとけた　エ　金属を高温にするととけた

問５　ユリ，ツツジ，イヌワラビ，マツを植物の特徴にもとづいて分類した。分類結果を示したものとして最も適当なものを，次のアからエの中から選べ。

ア

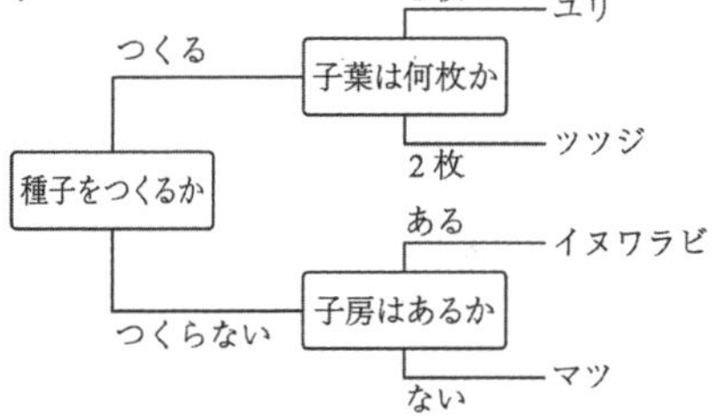

イ

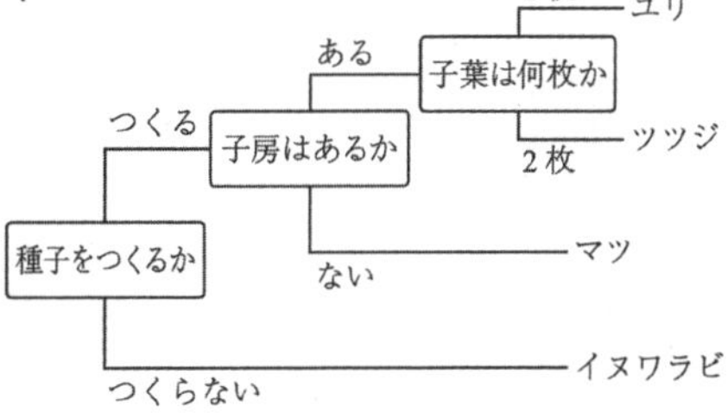

ウ

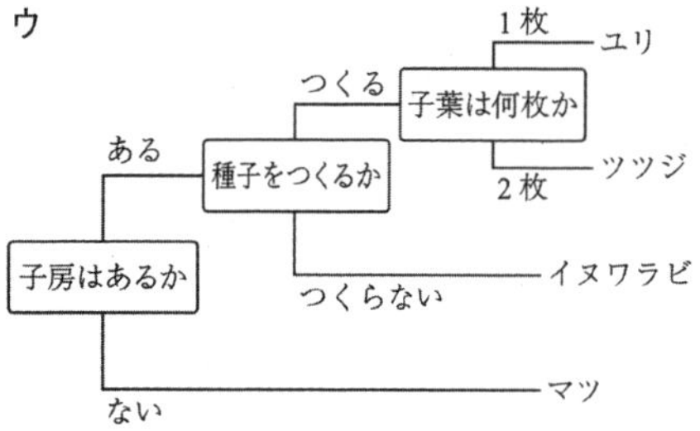

エ

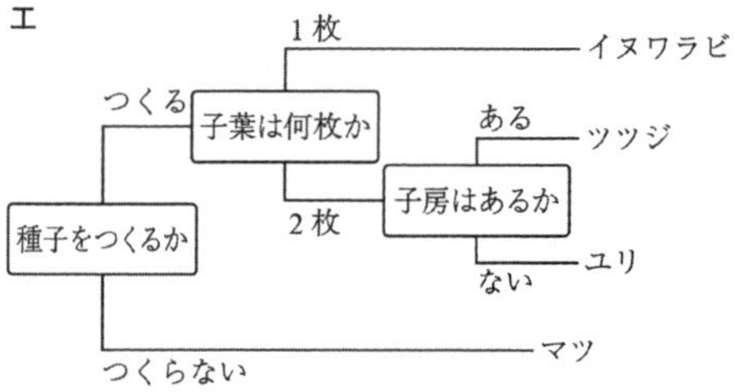

問6　図1は植物の体細胞分裂の様子をスケッチしたものである。図1のAの時期の染色体の様子を図2のように表すとき，図1のBの時期の染色体の様子はどのように表すことができるか。最も適当なものを以下のアからエの中から選べ。

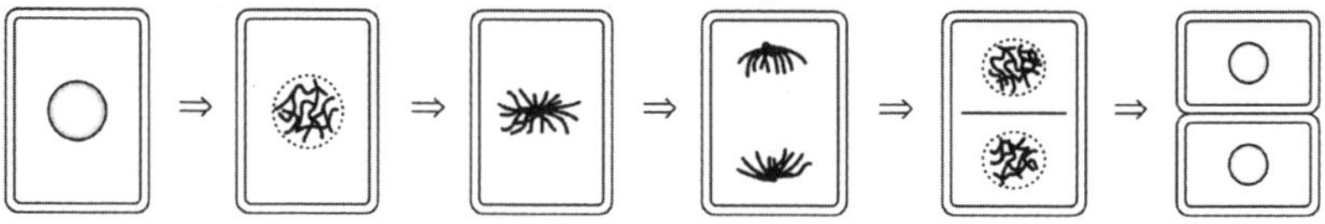

図1

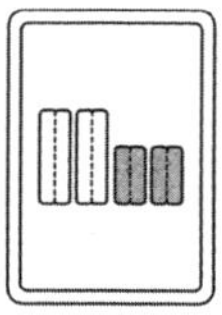

図2

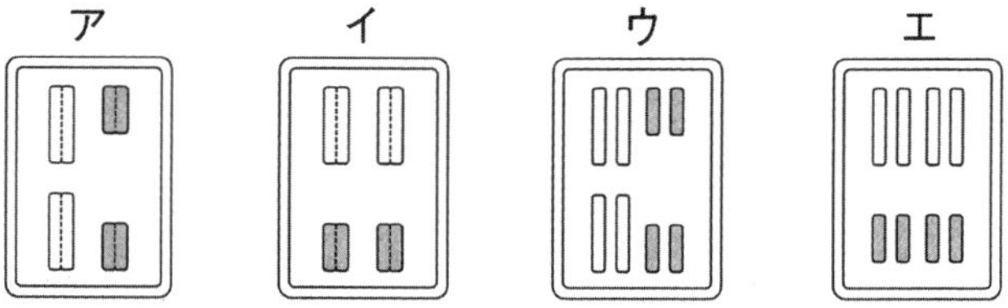

問7　気象庁が「冬型の気圧配置が続き，西～北日本で雪」と発表した日の気圧配置を示しているものはどれか。最も適当なものを，次のアからエの中から選べ。ただし，天気図中の白抜き文字「H」は高気圧を，「L」は低気圧を示している。

ア

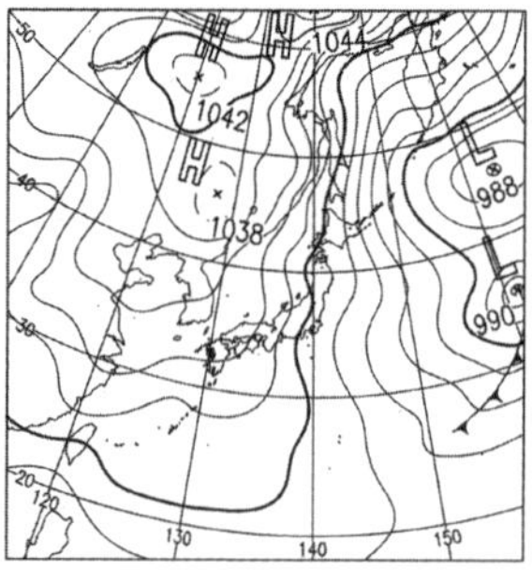

イ

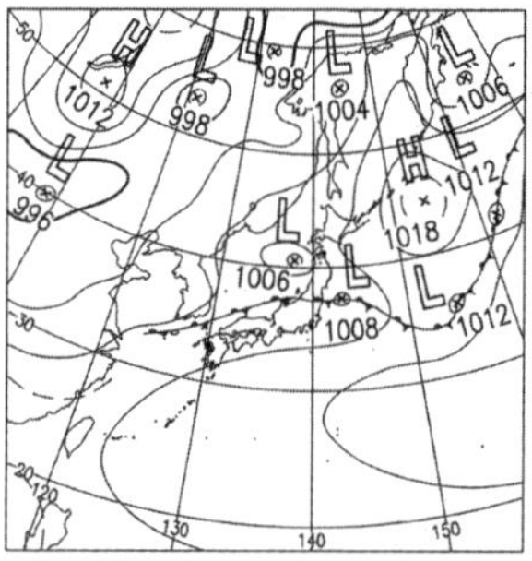

ウ

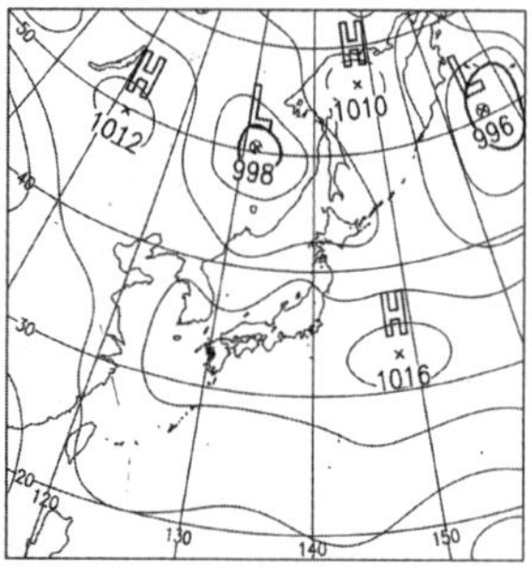

エ

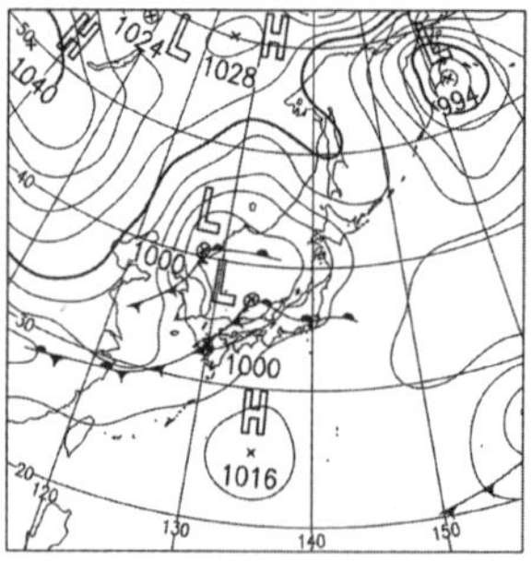

(気象庁ホームページ「日々の天気図」より作成)
https://www.data.jma.go.jp/fcd/yoho/hibiten/index.html

解答　P296

問８　次の文章は，地震についての説明文である。文章中の空欄①，②に当てはまるものを，以下の**ア**から**ク**の中からそれぞれ選べ。

（　①　）を震源という。また，地震の規模を表すものは（　②　）である。

①の選択肢	②の選択肢
ア　地震の発生場所	**オ**　震度
イ　最も揺れの大きかった地上の地点	**カ**　主要動
ウ　地震の発生した場所の真上の場所	**キ**　マグニチュード
エ　地震波が最も早く到達した地上の地点	**ク**　震源からの距離

2　植物のはたらきについて，次の問１から問４に答えよ。

問１　葉のはたらきと，気孔から取り入れる物質の組み合わせとして，最も適当なものを次の**ア**から**カ**の中から二つ選べ。

ア　光合成・CO_2　　**イ**　光合成・H_2O　　**ウ**　呼吸・O_2　　**エ**　呼吸・CO_2
オ　蒸散・H_2O　　**カ**　蒸散・O_2

問２　蒸散について調べるために次の［実験］を行った。枝Ａ，Ｂ，Ｃの水の減少量をそれぞれ a，b，c とすると，葉からの蒸散量はどのように表すことができるか。最も適当なものを以下の**ア**から**カ**の中から選べ。ただし，水の減少量と植物の蒸散量は同じであり，蒸散は葉以外の茎などからも行われるものとする。

［実験］
　同じ大きさの試験管を３本用意し，水を入れた。葉の大きさや数がほぼ等しい植物の枝Ａ，Ｂ，Ｃを図１のようにし，明るく風通しのよいところに置いた。数時間後，それぞれの試験管の水の減少量を調べた。

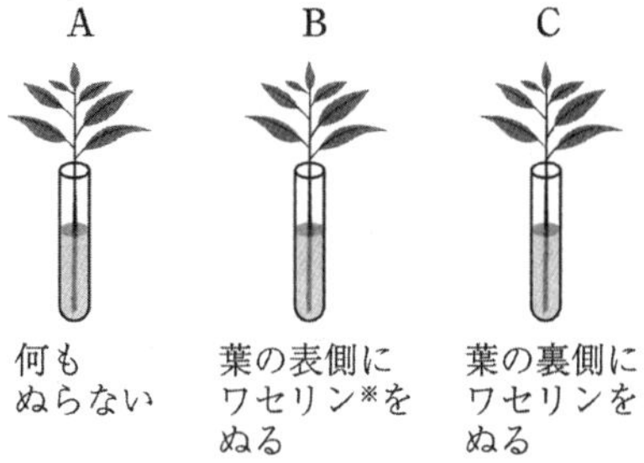

※ワセリンは油の一種で蒸散を防ぐ
図１

ア　a　　**イ**　$b+c$　　**ウ**　$(b+c)-a$　　**エ**　$a-(b+c)$
オ　$2a-(b+c)$　　**カ**　$2(b+c)-a$

問３　**図２**は，ある晴れた日に野外の植物の葉の蒸散量とその茎を流れる水の流量を調べたものである。グラフからいえることとして最も適当なものを，次の**ア**から**エ**の中から選べ。

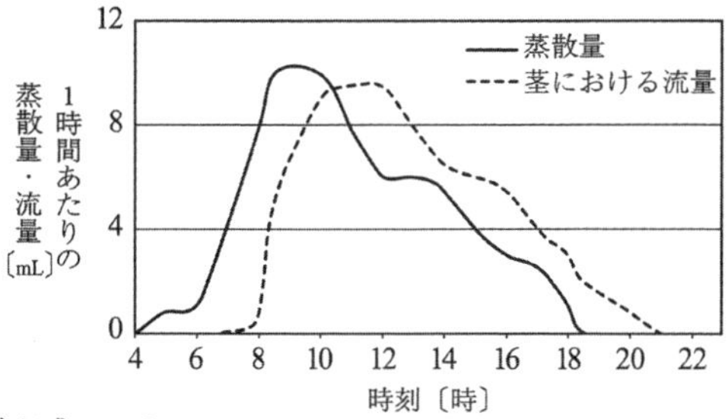

図２

ア　根からの吸水が盛んになると，蒸散が盛んになる
イ　蒸散が盛んになると，根からの吸水が盛んになる
ウ　茎における水の流量が減少すると，蒸散が抑えられる
エ　蒸散量が減少すると，茎における水の流量が増加する

問４　植物をビニルハウス内で栽培するときには，植物がきちんと光合成や蒸散ができるようにビニルハウス内の環境を調節している。ある植物をビニルハウス内で栽培しているときに，換気と水やりを忘れてしまった日があった。**図３**はこの日のビニルハウス内の環境を記録したものである。この記録からいえることを以下の文章にまとめた。文中の空欄①から③に当てはまる最も適当な組み合わせを，以下の**ア**から**ク**の中から選べ。

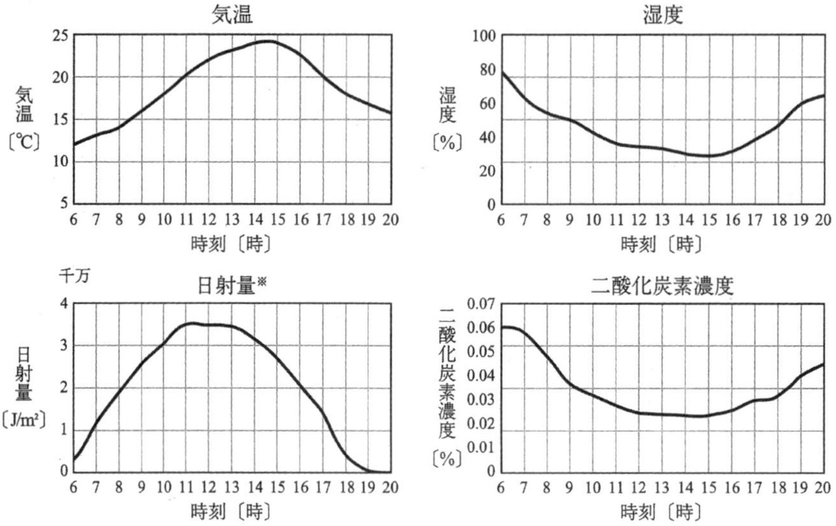

※日射量は1 m²あたりに太陽から降り注ぐ光のエネルギーの量

図3

図3より，8時から12時頃までは光合成が（　①　）ことがわかる。また，12時頃に葉の表面の様子を調べると，ほとんどの気孔が閉じていた。これは気温の上昇とともに（　②　）ためと考えられる。これによって，12時以降は蒸散も光合成も（　③　）ことがわかる。
このことから，ビニルハウス内の換気と水やりを適切に調節することで，蒸散や光合成を調節することができる。

	①	②	③
ア	行われなくなった	日射量が増えた	盛んに行われた
イ	行われなくなった	日射量が増えた	ほとんど行われなくなった
ウ	行われなくなった	湿度が下がった	盛んに行われた
エ	行われなくなった	湿度が下がった	ほとんど行われなくなった
オ	盛んに行われた	日射量が増えた	盛んに行われた
カ	盛んに行われた	日射量が増えた	ほとんど行われなくなった
キ	盛んに行われた	湿度が下がった	盛んに行われた
ク	盛んに行われた	湿度が下がった	ほとんど行われなくなった

3 図1のように斜面AB上の点Pから，小さな物体を斜面にそって力をあたえずに静かにすべらせた。この物体は水平面BCを移動して斜面CDをある高さまで上がった後，斜面CDを下りはじめた。いずれの斜面も十分に長く，斜面ABは水平面と30°，斜面CDは45°の角度をなしている。以下の問1から問6に答えよ。ただし，物体の大きさや摩擦，抵抗は考えないこととし，斜面と水平面との接続点BとCにおいても物体はなめらかに運動したものとする。また，計算結果において平方根がでた場合は，$\sqrt{2}=1.41$，$\sqrt{3}=1.73$として答えること。

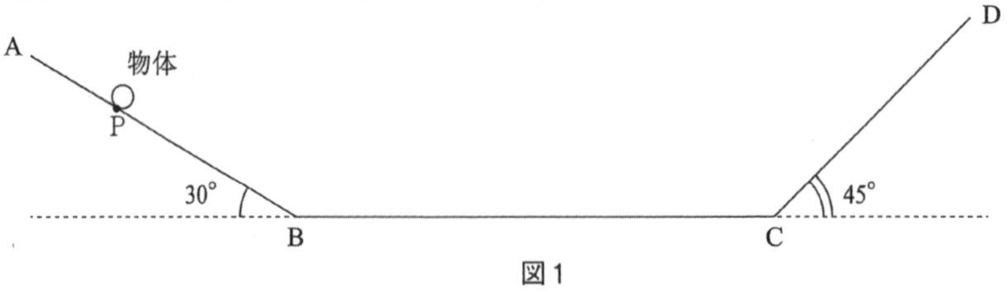

図1

解答　P296

問１　表は，物体が点Pから斜面ABを下りはじめて0.2 sごとの点Pからの移動距離を示したものである。0.2 sから0.6 sの間の平均の速さはいくらか。

［アイウ］cm/s

表

時間〔s〕	0	0.2	0.4	0.6	0.8
移動距離〔cm〕	0	10	40	90	160

問２　物体が斜面ABを下っているとき，物体にはたらいている力の合力の向きはどれか。最も適当なものを図２のアからクの中から選べ。物体にはたらいている力がつり合っている場合は，ケを選ぶこと。

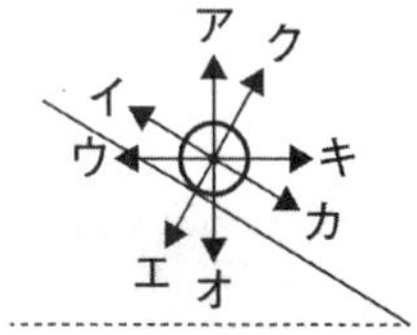

図２

問３　物体が水平面BCを移動しているとき，物体にはたらいている力の合力の向きはどれか。最も適当なものを図３のアからクの中から選べ。物体にはたらいている力がつり合っている場合は，ケを選ぶこと。

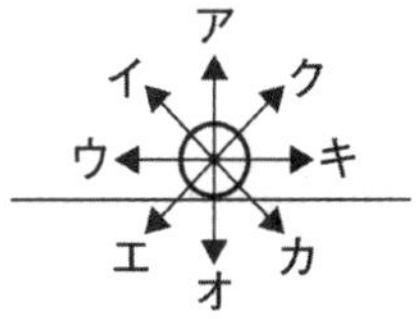

図３

問４　物体が斜面CDを上がっているとき，物体にはたらいている力の合力の向きはどれか。最も適当なものを図４のアからクの中から選べ。物体にはたらいている力がつり合っている場合は，ケを選ぶこと。

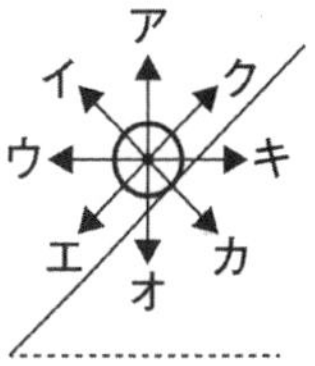

図４

問５　斜面CDを上がっている物体は，その斜面上のある位置（点Q）で運動の向きを変え，斜面を下りはじめる。点Cから点Qまでの距離は，点Pから点Bまでの距離の何倍か。

［ア］.［イウ］倍

問６　物体が点Qから斜面CDを下りはじめて0.2 sおきに点Qから移動した距離を調べた。最も適当な距離の変化を表したものを次のアからエの中から選べ。

ア	6 cm	23 cm	60 cm	126 cm
イ	10 cm	40 cm	90 cm	160 cm
ウ	14 cm	57 cm	127 cm	226 cm
エ	14 cm	74 cm	134 cm	194 cm

4　月と金星について，次の問１から問３に答えよ。

問１　次の文章は，月について説明したものである。文中の空欄①，②に当てはまる語句を，次のアからキの中からそれぞれ選べ。

月は地球の周りを公転する（　①　）で，満ち欠けの周期は約29.5日である。また，月食は（　②　）の順番で一直線に並んだときに起きる。

ア　地球型惑星　　イ　木星型惑星　　ウ　衛星　　エ　小惑星
オ　地球・太陽・月　　カ　太陽・地球・月　　キ　太陽・月・地球

問２　図１は，ある年の１月１日の地球と月の位置を，地球の北極の上空から見たものである。以下の１と２に答えよ。

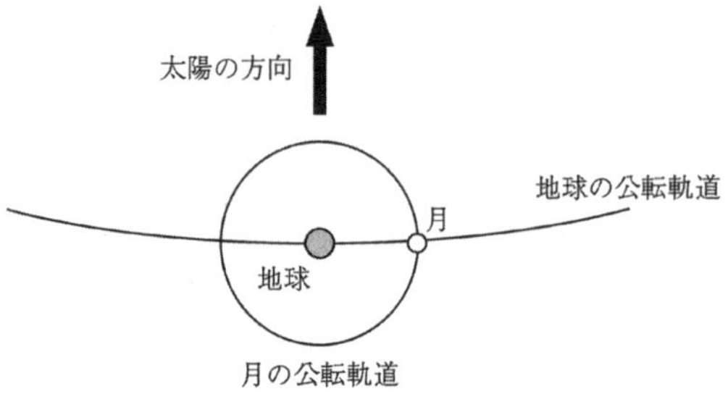

図１

1　１月１日から１ヶ月以内に，日食が起きるとすると，いつ起きると考えられるか。最も適当なものを，次のアからエの中から選べ。

ア　6日後　　イ　13日後
ウ　20日後　　エ　27日後

2　１月１日の月を肉眼で観測したとき，月は南に見えた。このとき，「観測される時間帯」「月の形」について，最も適当なものを，次のアからカの中からそれぞれ選べ。

「観測される時間帯」
ア　午前0時ごろ　　イ　午前6時ごろ　　ウ　午後6時ごろ

「月の形」
エ　満月　　オ　向かって右側が明るい半月（上弦の月）
カ　向かって左側が明るい半月（下弦の月）

問３　図２は，地球・金星・太陽の位置関係を，地球の北極の上空から見たものである。ある年の１月１日には，地球と金星はそれぞれ X の位置にあり，30日後の１月31日には Y の位置まで移動した。以下の問いに答えよ。

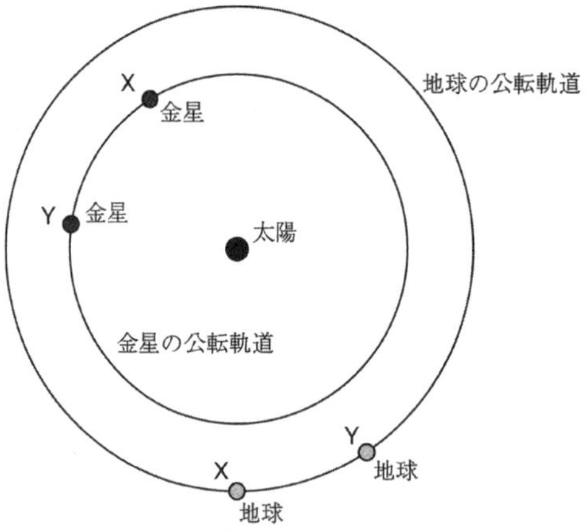

図２

１月１日から１月31日まで，望遠鏡を使って金星を毎日観測した。この間の金星の満ち欠けの変化の様子を表す図と文として，最も適当なものを次のアからエの中から選べ。ただし，金星の明るい部分は，実線で表すものとする。

ア  地球から金星が観測できない日がある

イ 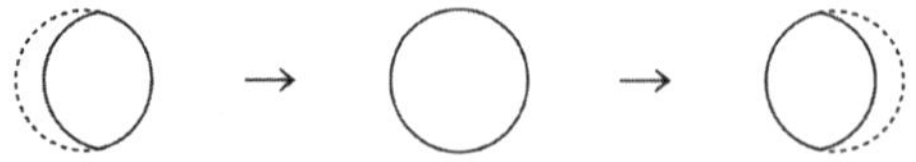 満月のように，満ちた姿の金星が観測できる日がある

ウ  三日月のような細長い金星が観測でき，満ち欠けの変化はほとんどない

エ 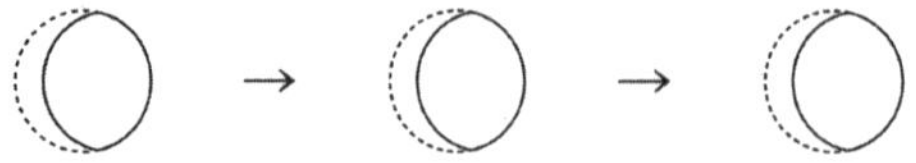 端だけが少し欠けた金星が観測でき，満ち欠けの変化はほとんどない

解答 P296

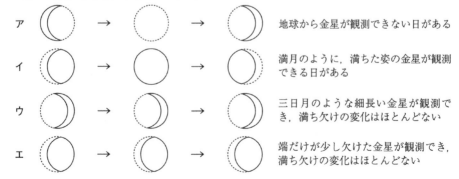

5 次の図は 100 g の水にとける硝酸カリウム，ミョウバン，塩化ナトリウムの質量と温度の関係を表したものである。加熱に伴う水の蒸発は考えないものとする。以下の問 1 から問 4 に答えよ。

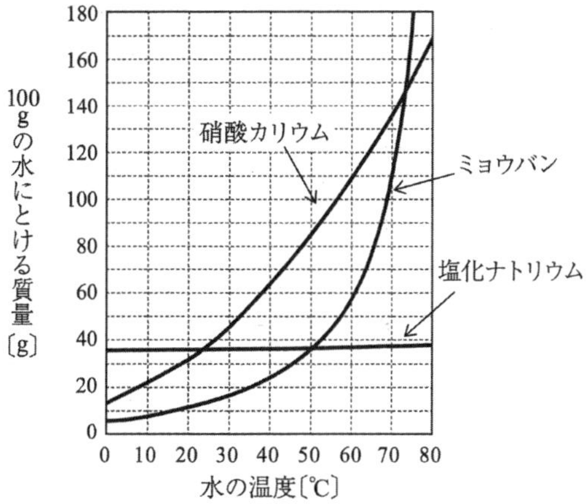

図

問 1　60 ℃の硝酸カリウムの飽和水溶液の質量パーセント濃度はいくらか。最も適当なものを次のアからオの中から選べ。

ア　25%　　イ　37%　　ウ　47%　　エ　52%　　オ　100%

問 2　硝酸カリウム 26 g を 60 ℃の水 80 g にとかした溶液がある。この溶液をおよそ何℃まで冷やせば，とけきれなくなった硝酸カリウムが結晶として現れ始めるか。最も適当なものを次のアからオの中から選べ。

ア　10 ℃　　イ　20 ℃　　ウ　30 ℃　　エ　40 ℃　　オ　50 ℃

問 3　ミョウバン 49 g と塩化ナトリウム 1 g が混ざった粉末 50 g がある。この粉末から，純粋なミョウバンの結晶を取り出そうと，次のような［実験］を行った。あとの 1 と 2 に答えよ。

［実験］

ビーカーに水 100 g を入れ，この粉末 50 g を加えた。ビーカーをガスバーナーで 60 ℃まで加熱し，粉末試料がすべて水にとけたことを確認した。その後 20 ℃まで温度を下げると白い結晶が現れたので，ろ過によって結晶とろ液に分けた。

1　このように温度による溶解度の差を利用して，純粋な物質を取り出す操作を何というか。適切なものを次のアからオの中から選べ。

ア　ろ過　　イ　再結晶　　ウ　蒸留　　エ　中和　　オ　還元

2　ろ液に含まれるミョウバンと塩化ナトリウムの質量比として最も適当なものを次のアからオの中から選べ。

ア　1 : 0　　イ　1 : 4　　ウ　4 : 1　　エ　11 : 1　　オ　49 : 1

問 4　ミョウバン 40 g を 20 ℃ の水 100 g に加え 80 ℃まで加熱した。ミョウバン水溶液の濃度変化を模式的に表したグラフとして最も適当なものを次のアからオの中から選べ。

ア

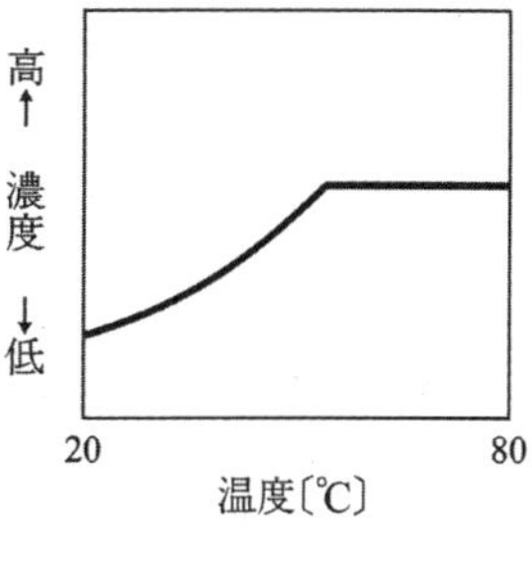

イ

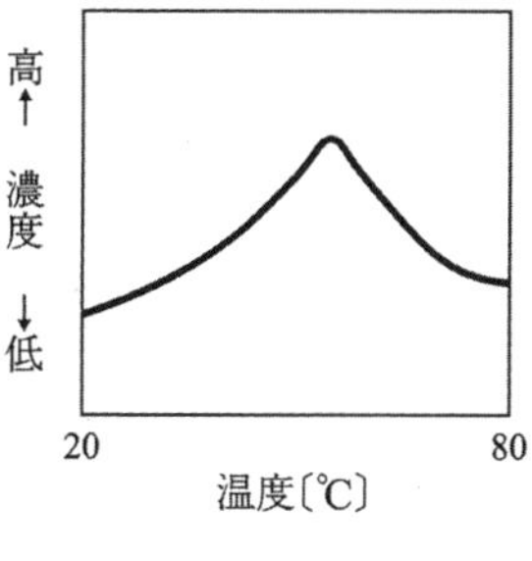

ウ

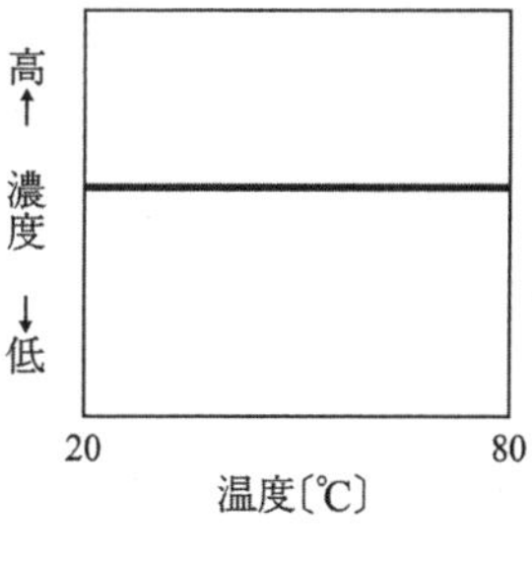

エ

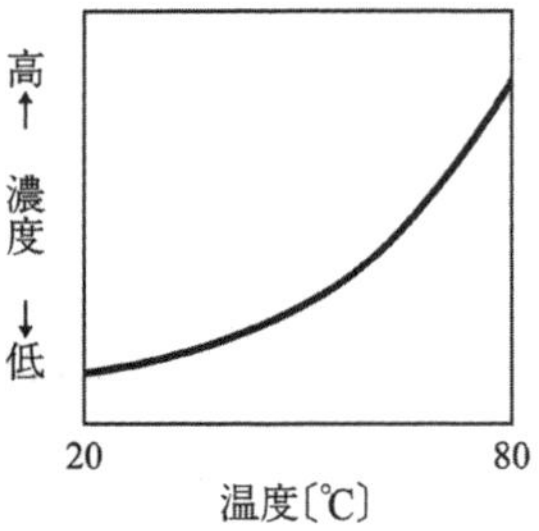

オ

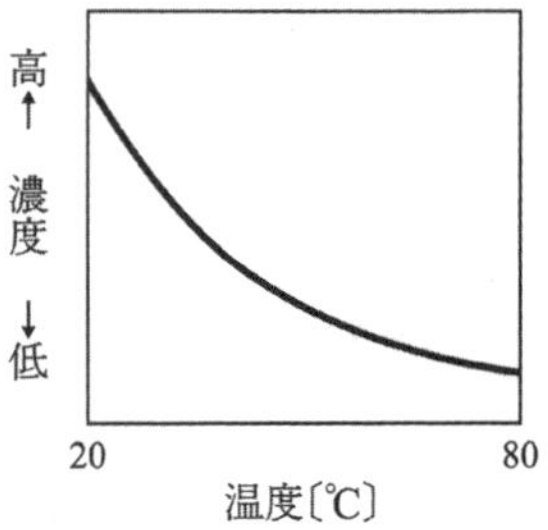

6 花子さんは自分のクラスの教室に，図1のような「二酸化炭素濃度測定器」という装置が置いてあることに気づいた。どのような装置なのか，興味を持った花子さんは先生に質問をした。次の文は，そのときの会話の一部である。会話を読んで，以下の問1から問6に答えよ。

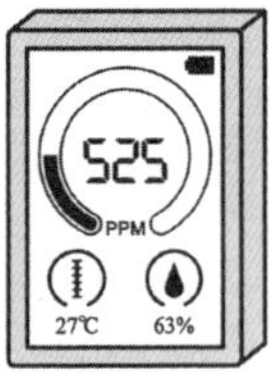

図1

花子「先生, 教室に二酸化炭素濃度測定器という装置が置いてありますね。どんな装置なんですか？」

先生「まずは，花子さんは二酸化炭素という物質は知っていますよね。」

花子「はい。分子のモデルについても，理科で学びました。」

先生「人間の呼気にも含まれていますよね。この装置の置いてある空間の空気に二酸化炭素がどれくらい含まれているか，内部にある二酸化炭素濃度センサーを用いて調べる道具なんです。」

花子「表示されている 525 ppm というのはどういう意味なんですか。」

先生「例えば，1.0 m^3 の空気のうち，ある気体が 0.2 m^3 分占めているとすれば，占めている分の体積比として，その気体は 20% 含まれているといえますよね。ppm というのはもっと少ない割合の気体が占められているときによく使う単位で，1.0 m^3 の空気のうち，ある気体が 1.0 cm^3 分だけ占めているとき，1 ppm というのです。」

花子「普段の空気での二酸化炭素は何 ppm なんですか。」

先生「普段の空気というのは，大気ということですね。現在はおよそ 400 ppm とされています。」

花子「においもなく目にも見えない気体の存在がほんの少しであってもわかるなんて，センサーってすごいですね。センサーを勉強して，自分で装置を作ってみたくなりました！」

先生「それはいいですね。他にもいろいろなセンサーがありますから，いろいろ作ってみてください。」

問1　次のアからエはヒトの呼気に含まれるおもな成分を分子のモデルで表したものである。ヒトの呼気に最も多く含まれるものはどれか。適切なものをアからエの中から選べ。なお，同じ模様であれば，それらは同じ種類の原子を表している。

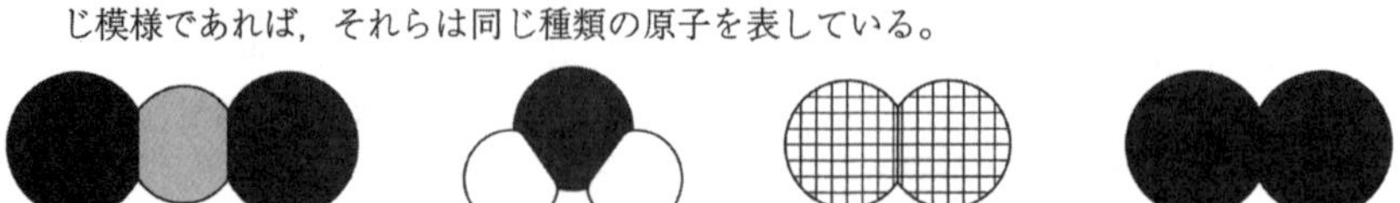

ア　　　イ　　　ウ　　　エ

問2　ヒトの吸気中の酸素は，肺胞で血液に取り込まれる。細胞は血液中から酸素を取り込み，細胞呼吸により生じた二酸化炭素は血液中にとけ込み，やはり肺胞を通して排出される。二酸化炭素を多く含んだ血液が流れる血管として適当なものを，次のアからエの中から二つ選べ。

ア　肺動脈　　イ　肺静脈　　ウ　大動脈　　エ　大静脈

問3　ヒトの呼気1Lに含まれる二酸化炭素は，占められている分の体積でいうとおよそ 40 mL であることが知られている。これは，大気中の二酸化炭素の体積の割合と比べて，およそ何倍だといえるか。最も適当なものを次のアからクの中から選べ。

ア　0.1　　イ　1　　ウ　10　　エ　100　　オ　1000
カ　10000　　キ　100000　　ク　1000000

解答 P296

問4　花子さんは，先生が「“現在は”およそ400 ppm」と言っていたことが少し気にかかり，昔の大気がどれくらいの二酸化炭素濃度であったのか，調べてみた。すると，中生代では現在の数倍高い数値であったらしいと記されていた。また，二酸化炭素が，長い時間の中で形を変えながら，大気，海，陸などを移動していることもわかった。これに関連した物質である炭酸カルシウムを多く含む岩石として適切なものを，次のアからエの中から選べ。

ア　花こう岩　　イ　玄武《げんぶ》岩　　ウ　石灰岩　　エ　チャート

問5　センサーに興味を持った花子さんは，マイコン（制御装置）と二酸化炭素濃度センサーを用いて，装置の自作に挑戦した。センサーの値が1000 ppmを超えた場合，警告灯として赤色のLED（発光ダイオード）が光るようにしたいと考えた。このマイコンから出力される電圧は3.3 Vであるため，そのままLEDだけを接続すると，LEDに加わる電圧値が適正な値を超えてしまう。そこで，LEDの電流と電圧の関係のグラフ（図2）を参考にしながら，図3のように抵抗をつないで，LEDに加わる電圧が2.1 Vとなるようにした。つないだ抵抗の抵抗値を答えよ。

［アイ］Ω

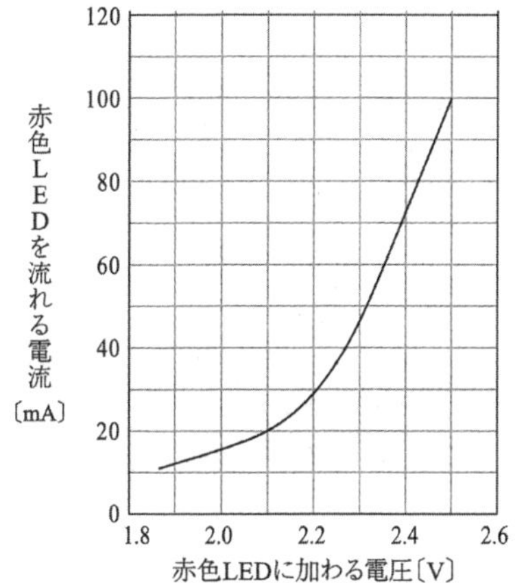

図2

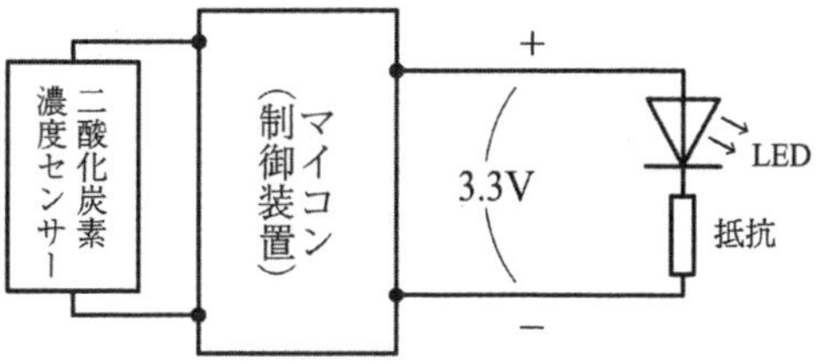

図3

問6　花子さんは，自作した問5の装置を用いて，午前8時15分から一定時間，自分の教室の二酸化炭素濃度がどのように変化するか，測定した。図4は，そのときのデータをグラフにしたものである。この時間における抵抗で発生するおよその熱量を表したい。最も近い値と，適当な単位はそれぞれどれか。数値はアからキの中から，単位はクからシの中から，それぞれ選べ。

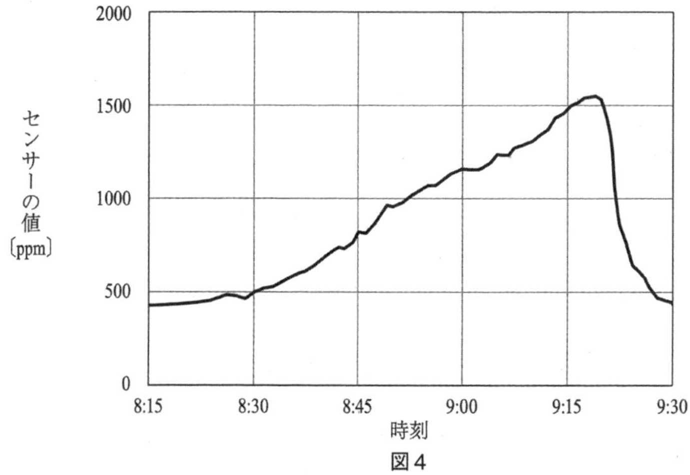

図4

数値　ア　0.01　　イ　0.03　　ウ　0.7　　エ　2　　オ　40
　　　カ　100　　キ　300

単位　ク　J　　ケ　W　　コ　N　　サ　Hz　　シ　℃

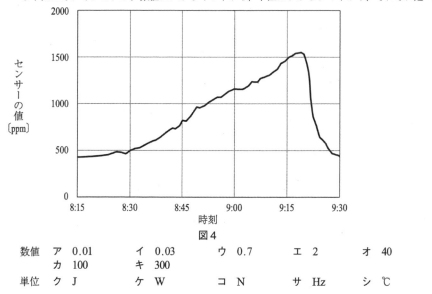

小山工業高等専門学校

英　語

制限時間 50分

1 次の各組の英文がほぼ同じ内容となるような（　A　）と（　B　）に入る語（句）の最も適切な組み合わせを，それぞれア～エの中から一つずつ選びなさい。

1．This is a very difficult question.（　A　）can answer it.
We don't know（　B　）can answer this very difficult question.

ア	イ	ウ	エ
(A) We (B) who	(A) Everyone (B) which	(A) Nobody (B) who	(A) Who (B) how

2．My brother is（　A　）in playing the guitar.
My brother's（　B　）is playing the guitar.

ア	イ	ウ	エ
(A) interesting (B) hobby	(A) interested (B) liked	(A) interest (B) like	(A) interested (B) hobby

3．I have（　A　）been to New York before.
This is my（　B　）visit to New York.

ア	イ	ウ	エ
(A) not (B) next	(A) never (B) first	(A) never (B) last	(A) not (B) best

4．Hiromi（　A　）me how to use the new computer.
It is（　B　）for Hiromi to teach me how to use the new computer.

ア	イ	ウ	エ
(A) can't show (B) impossible	(A) won't call (B) expensive	(A) speaks to (B) cheap	(A) talks to (B) impossible

5．I can't talk with Mary because I（　A　）speak Spanish.
I want to talk with Mary. I wish I（　B　）speak Spanish.

ア	イ	ウ	エ
(A) could not (B) can	(A) could not (B) could	(A) cannot (B) can	(A) cannot (B) could

2 次の1～5の会話文について，場面や状況を考え，（　　）に入る最も適切なものを，それぞれア～エの中から一つずつ選びなさい。

1．A：John, I couldn't go to school yesterday. Do we have any homework?
B：Yes, I think that we have some English homework.
A：OK. What is it?
B：（　　　　　　　　）

ア　Let me check my notebook.
イ　Of course, I have no problem.
ウ　It was until last week.
エ　You haven't finished it yet.

2．A：Hmm. You look different today, Satoshi. Are those new shoes?
B：Yes. I just bought them yesterday. They are still clean. What do you think?
A：（　　　　　　　　）I really like the color.

ア　I like my new ones very much.
イ　They are really old.
ウ　They look really nice on you.
エ　They are very tired.

3．A：Do you have any plans this weekend?
B：No. I'll just stay at home.
A：Do you often spend your weekends at home?
B：（　　　　　　　　）I don't like to go outside.

ア　Yes, I can find the bus to take.
イ　I'll go to play tennis.
ウ　You're often sick in bed.
エ　I usually do so.

4．A：What did you do during the winter vacation?
B：I went to Sydney. It was beautiful. Have you ever been to Australia?
A：No, but（　　　　　　　　）I want to see koalas in nature.

ア　I was in the country for three years.
イ　I hope I can go there.
ウ　I have been to the country twice.
エ　I will not go there again.

解答 P296

5. A：How did you like the zoo, Tomoko?
　B：It was great. I love pandas. Thanks for taking me today.
　A：You're welcome. (　　　　　　)
　B：That's a good idea. There's too much to see in just one day.
　ア How about going again next month?　　イ Is the zoo crowded on weekends?
　ウ How about going to the zoo today?　　エ Why do we visit the zoo today?

3 次の英文を良く読み，後の問題に答えなさい。

Video games are played by people of all ages. Most people use games consoles when they play video games now. These consoles can be (1) in many houses around the ア world and are used almost every day.

In the (2), consoles were very イ simple machines. They could only be used to play games. However, the games industry has changed, and consoles are now like home entertainment centers. You can use them (3) watch ウ movies, use the Internet, and look at photos.

There are several companies making consoles now. Some companies focus on power and performance when they make a games console. Players love the fast action and high quality of the games for these consoles. The games look very real. Recently, more and more people like to play their エ favorite games on the Internet (4) other players. For that reason, we can play most new games online, and some new types of games have become very popular.

Other companies focus on creating new consoles and fun games to encourage players to exercise or move to play. These consoles are not so powerful. They are also オ different because they can be taken outside when you go to your friend's house or on the カ train. Players can (5) games anywhere because of the design.

Millions of consoles are sold every year, and many interesting games are made. Online games have become an important way to connect with friends. New games get better and better, and have (6) features and ideas.

(注) games consoles, consoles ゲーム機　　games industry ゲーム業界
entertainment centers 娯楽の中心機器　　focus on 焦点を合わせる
performance 性能　　quality 品質　　online オンラインで，オンラインの
exercise 運動する　　design デザイン　　millions of 非常にたくさんの

問1 本文中の（1）～（6）に入る最も適切な語（句）を，ア～エの中から一つずつ選びなさい。

	ア	イ	ウ	エ
(1)	heard	found	said	told
(2)	future	little	past	while
(3)	at	for	in	to
(4)	against	across	along	until
(5)	enjoy	enjoyed	enjoying	to enjoy
(6)	low	poor	original	weak

問2 次の（1）と（2）につき，それぞれと同じような意味で使われている語を本文中の下線部ア～カから一つずつ選びなさい。
（1） moving pictures and sound that tell a story
（2） not the same

4 次の1～5の会話について，場面や状況を考えて（　）内の語（句）を最も適切な順に並べ替え，（　）内において3番目と5番目にくるものの記号を選びなさい。なお，文頭にくるべき語の最初の文字も小文字で書かれています。

1. A：Where were you this afternoon?
　B：Oh, I forgot to tell you. I was at Paul's Cafeteria.
　A：Do (ア mean　イ new restaurant　ウ opened　エ the　オ you　カ which) last weekend? I heard it's good.
　B：It sure is.

2. A：What are you reading?
B：It's a book about kindness and friendship.
A：Is it interesting? You've（ア been　イ finished　ウ it　エ reading　オ since　カ we）lunch.
B：Actually, it has a lot of useful information.

3. A：What are you going to do this evening?
B：I am going to do my homework. Why do you ask?
A：Well, I washed the clothes and hung them in the garden. Will you（ア before　イ house　ウ into　エ take　オ the　カ them）it gets dark?
B：No problem.

4. A：What time are we going to meet at the station today?
B：How about three o'clock in the afternoon?
A：OK, but I have something to do after lunch.（ア don't　イ for　ウ if　エ I'm　オ me　カ wait）late.
B：Sure. I understand.

5. A：Did you understand the story that he told us now?
B：No, I didn't. What should we do?
A：I think（ア him　イ have　ウ to　エ to ask　オ tell us　カ we）again.

5 次の英文は，家族の夜の外食行動（eating out behavior）に関する調査について述べたものである。英文と表を良く読み，あとの問題に答えなさい。なお，計算等を行う場合は，この問題のページの余白で行うこと。

Kakeru and his friend Judy go to a university in Japan. They decided to work together to do some research about people's eating out behavior at night. They sent several questions to 300 families with children in elementary or junior high school. They asked what day of the week the families eat out at night the most and what their primary reason for eating out is. The results are shown in the tables below.

Table 1 shows the days of eating out at night. According to the results of the survey, Monday is the lowest percent of all. Only one percent of the families eat out on Monday. The percent of families who eat out on Thursday is half of the percent of Wednesday. On Sunday, ten percent of families eat out.

The rate of families choosing Friday or Saturday night for eating out is more than 70 percent, and Friday is higher than Saturday. Why do more families choose Friday and not Saturday for eating out? Many adults and children are on a five-day week, and Saturdays and Sundays are their days off. So, they eat out on Friday night as a reward for finishing the week's work or school.

In Table 2, we can see various reasons for eating out at night, but more than 60 percent of the answers are related only to parents. Parents usually make meals for the family, and other members sometimes help to cook. As a result, when parents cannot make dinner, the family eats out. The percent of "For a change" is about half of "All family members come home too late."

The research also shows that most children want to eat out more often, but about 50 percent of parents think they eat out too much. They worry about the cost of eating at restaurants.

Table 1　Days of eating out

Day	Percent (%)
Monday	1
Tuesday	2
Wednesday	8
Thursday	（ A ）
Friday	（ B ）
Saturday	（ C ）
Sunday	10
Total amount	100

Table 2　Reasons to eat out

Reason	Percent (%)
Parents come home too late	36
（ P ）	27
（ Q ）	15
（ R ）	11
For a change	7
Others	4
Total amount	100

（注）primary 第一位の
on a five-day week 週5日勤務の
be related to ～ ～と関係がある
cost 経費
table 表
day off 休暇
for a change 気分転換に
total amount 合計
rate 割合
reward ごほうび
late 遅くに

解答 P296

問1　本文と表等から考えて，次の（1）～（3）の英文の（　　　）に入る最も適切なものをア～エの中からそれぞれ一つずつ選びなさい。

（1）The number in（ A ）is（　　　）.
　ア 2　　イ 3　　ウ 4　　エ 5

（2）The percent of Friday（ B ）must be（　　　）.
　ア 15　　イ 25　　ウ 35　　エ 45

（3）（　　　）is the percent for Saturday（ C ）.
　ア 25　　イ 30　　ウ 35　　エ 40

問2　表2の（ P ），（ Q ），（ R ）に対応する組み合わせとして正しい配列のものをア～エの中から一つ選びなさい。

	ア	イ	ウ	エ
(P)	Parents are too tired	Parents are too tired	Children's birthdays	Children's birthdays
(Q)	Children's birthdays	All family members come home too late	All family members come home too late	Parents are too tired
(R)	All family members come home too late	Children's birthdays	Parents are too tired	All family members come home too late

問3　次の英文は，この調査を行ったJudyによるまとめと感想です。（　　　）に入る最も適切なものをア～エの中から一つ選びなさい。

> The research says that more than 60 percent of the families who answered the questions eat out when parents come home too late or are too tired. The result also shows that parents worry about the cost of eating at restaurants. If that is true, (　　　　　　).

ア　other members of the family should cook dinner more often
イ　only children should be in good health
ウ　families should eat out more often
エ　families should be in good health

6　次の文章は，英語を母国語としない海外の中学生が英語学習と自分の将来について書いたものです。この英文を読んで，後の問題に答えなさい。

Today, English is used in many fields all over the world. To communicate with people in various countries, for example in business, learning English has become more and more important. However, some of my friends are good at listening and reading English but are not good at speaking or writing. For my future, I want to speak and write it correctly.

I think an effective way of improving my English is to use it everywhere. In school, [1] and I don't think that is enough. For that reason, after school I always try to use English to communicate with my teachers and speak with my friends.

Reading is another way of improving my English. [2]. It's fun to learn new ideas and new expressions. It is valuable to read published materials because I believe they have no mistakes. Through reading, I also have learned how to use English correctly in [3].

Television, the radio, websites, and social media are other good ways to improve my English. I want to speak English as naturally as <u>they</u> speak it on TV and on the radio. [4]. Through these media, we can also link with many new people, and learn about their cultures and their countries.

[5], my mother and grandmother came to this country about 30 years ago. My mother met my father in this town. I want to support my family by buying and selling a lot of things overseas in the future. I study English hard because by using it correctly, I will not make mistakes in business.

My teacher says, "English is a gate to the life, culture, and history of foreign countries." I think that the things I'm learning now will be useful in business, too. So, I will try to do my best to improve my English to be successful in business and to help my family.

I learn English by taking lessons at school, talking to my friends, reading books, and so on. My teacher also says the joy of learning English is everywhere. As for me, I enjoy using "correct" English. I hope we all have fun when we use English.

(注) correctly 正確に　　published materials 出版物
social media ネットで交流できる通信サービス　　naturally 自然に
media 情報を送受信する媒体　　link つながる　　～ and so on ～など
as for me 私に関しては　　correct 正確な

問1　本文中の空所 [1] に入る最も適切なものを次のア～ウの中から一つ選びなさい。
- ア　English is used only when we have English lessons
- イ　I cannot speak it faster than other students in English lessons
- ウ　we don't know how to use a computer in English lessons

問2　本文中の空所 [2] に入る最も適切なものを次のア～ウの中から一つ選びなさい。
- ア　I don't want to go to the library after school
- イ　I have read many English books at home and in the library
- ウ　The book shop near my school is usually closed at eight o'clock

問3　本文中の空所 [3] に入る最も適切なものを次のア～ウの中から一つ選びなさい。
- ア　listening and watching
- イ　watching and writing
- ウ　speaking and writing

問4　本文中の空所 [4] に入る最も適切なものを次のア～ウの中から一つ選びなさい。
- ア　The Internet is not a good way to research new words
- イ　The Internet is not a way to make friends or communicate in "natural" English
- ウ　Websites and social media are really good ways to learn "natural" written English

問5　本文中の空所 [5] に入る最も適切なものを次のア～ウの中から一つ選びなさい。
- ア　By the way
- イ　In a few years
- ウ　These days

問6　本文中の下線部 they の内容を次のア～ウの中から一つ選びなさい。
- ア　the writer's teachers and friends
- イ　people speaking English on TV and radio programs
- ウ　the writer's mother and grandmother

問7　次のア～ウは本文を読んだ生徒たちが述べた意見ですが，最も適切に内容を理解して述べられたものを一つ選びなさい。
- ア　I don't agree with the writer. You should use correct English when you are in business with foreign countries.
- イ　According to the writer's opinion, learning English is not only for understanding foreign cultures but also for doing business with foreign countries. I think so, too.
- ウ　That's interesting. The writer says that TV and radio are not as important as websites and social media when you learn English.

解答 P297

問5　本文中に、(3)妙に落ち着かない気分になっていた。とあるが、なぜか。その理由として最も適当なものを、次の**ア**から**エ**までの中から一つ選べ。

ア　父親との親子関係をなかなかうまく築けない不満と焦りでいらだつ和也を見て、その原因の一端が自分の存在にあるのではないかと疑い始めているから。

イ　今まで見たこともないほど楽しそうにしている父親の姿に傷つく和也を見て、自分がかつて親に対して抱いた思いが呼び覚まされそうになっているから。

ウ　学校の成績に劣等感を抱いて落ち込む和也を見て、家庭教師の自分が勉強を十分に見てはこなかった結果だと思って打ちのめされそうになっているから。

エ　楽しそうな父親の姿に驚いている和也を見て、学問の話題が二人を隔てていることに気づき、先生と和也の仲を取り持たなくてはと思い始めているから。

問6　本文中の、(4)「わからないひとだよ、きみのお父さんは。」という僕の発言の意図として最も適当なものを、次の**ア**から**エ**までの中から一つ選べ。

ア　先生は不器用ながらも先生なりに息子のことを考えていると、和也にそれとなく気づかせようとすると同時に、物事も人もわからないからこそおもしろく、向き合う価値もあるのだと伝えようとしている。

イ　わからないからこそ世界はおもしろいのだと考え、役に立ちそうもない気象の研究に一心に打ち込む父親を見習って、役には立たないかもしれないが和也には絵の道に進んでほしいと伝えようとしている。

ウ　熱心な研究者であるなら息子にも学問をさせたいと考えるのが普通なはずなのに、息子には得意なことを好きにやらせたいと考える先生が僕にもわからず、自分も和也と同感であると伝えようとしている。

エ　僕自身も先生がどういう人なのか今でもよくわからないが、それでも学問の師として尊敬しており、たとえ父親のことがわからなくても息子として和也も父親を敬うべきではないかと伝えようとしている。

問7　本文中に、(5)軽やかにはじける光を神妙に見つめる父と息子の横顔は、よく似ている。とあるが、この一文の表現効果の説明として、最も適当なものを、次の**ア**から**エ**までの中から一つ選べ。

ア　共通の趣味である花火を、父と協力して楽しむ和也の横顔が父親と似ていると言及することで、今の先生と和也は似た者同士であるからこそ仲が悪いが、近いうちに何らかのきっかけで仲直りするだろうということを暗示する効果。

イ　隣に並んで花火をしてはいるが、場を取り仕切る父親に嫌悪感を抱く和也の横顔が父親と似ていると言及することで、先生と似ているからこそ和也の反発は根深く、簡単に打ち解けることなどできないということを暗示する効果。

ウ　父親と一緒に花火に夢中になって、日頃の対立を解消した和也の横顔が父親と似ていると言及することで、和也は父親に反抗するあまり勉強から逃げていたが、将来父親と同じく学問に夢中になるはずだということを暗示する効果。

エ　父に火をもらい、一緒に花火をしている和也の横顔が父親と似ていると言及することで、先生と和也の親子関係が現状では必ずしもうまくいってはいないとしても、親子としてのきずなで結ばれているということを暗示する効果。

解答　P297

問2　本文中に、(1)先生は目を輝かせた。とあるが、それはなぜか。その理由として最も適当なものを、次の**ア**から**エ**までの中から一つ選べ。

ア　貸していた本を返してもらえるのがうれしかったから。
イ　今関心を寄せている学問の話ができると期待したから。
ウ　ふたりになったところで急に話しかけられ驚いたから。
エ　退屈だったのが自分だけでないとわかり安心したから。

問3　本文中の破線部の場面について話し合っている次の会話文の[Ⅰ]に当てはまるものを、次の**ア**から**エ**までの中から一つ選べ。

生徒1　「先生はおざなりな生返事をしたきり、見向きもしない。」とあるけれど、どうしてだろう。先生は和也の絵をひさしぶりに見たい、と言っていたのに。
生徒2　僕と本の話をしているうちに、和也の絵の話は忘れてしまったんじゃないかな。超音波風速温度計の話を続けようとしているもの。
生徒3　こんなふうに自分の世界に入り込んでしまうと周りはついていけないよね。「奥さんも困惑顔で呼びかけた。」とあるよ。
生徒1　でも、「先生がはっとしたように口をつぐんだ。」とあるから、さすがの先生もすぐに事態に気づいたようだね。
生徒2　そうだね。周りもほっとしただろうね。「僕は胸をなでおろした。たぶん奥さんも、それに和也も。」とも書かれているよ。
生徒3　ちょっと待って。先生は「ああ、スミ。悪いが、紙と鉛筆を持ってきてくれるかい。」って言っているんだから、先生がはっとしたように口をつぐんだのは、[Ⅰ]
生徒1　そうか。それで和也は「踵を返し、無言で部屋を出ていった。」わけか。この親子の関係は、あまりうまくいっていないみたいだね。

ア　僕のために雲の絵を解説してあげたいという気持ちがあって、それには紙と鉛筆が必要だと思ったからじゃないかな。
イ　奥さんの声を聞いて、今自分がいるのは大学の研究室じゃなくて自宅の和室だってことに気づいたからじゃないかな。
ウ　学問についてふと頭に思い浮かんだことがあって、忘れないうちにそれをメモしておこうと思ったからじゃないかな。
エ　和也の絵に雲の名前を書いていないところがあって、書き足そうと思っていたのを急に思い出したからじゃないかな。

問4　本文中に、(2)腕組みして壁にもたれ、暗い目つきで僕を見据えた。とあるが、このときの和也の気持ちの説明として最も適当なものを、次の**ア**から**エ**までの中から一つ選べ。

ア　父親の求めで絵を探しに行ったのに結局は無視されて、いつも周囲を振り回す父親の身勝手さを改めて思い知らされ、嫌気がさしている。
イ　せっかく父親が自分の絵に関心を向けてくれたのにわざと学問の話を始め、父親の関心を奪っていった僕に対し、強い反感を抱いている。
ウ　息子の絵のことなど忘れ、僕を相手に夢中で学問の話をする父親の姿に、やはり父親は自分に関心を向けてくれないと感じ落胆している。
エ　家庭教師の僕がもう少し熱心に教えてくれれば成績が上がり、父親の関心が自分に向くようになるはずなのにと思い、僕を非難している。

和也は答えない。身じろぎもしない。
「学校の成績をそう気にすることもないんじゃないか、ってお父さんはおっしゃった。得意なことを好きにやらせるほうが、本人のためになるだろうってね。」
色あせた表紙をめくってみる。ページ全体が青いクレヨンで丹念に塗りつぶされている。白いさざ波のような模様は、(注3)巻積雲《けんせきうん》だろう。
「よく覚えてるよ。意外だったから。」
次のページも、そのまた次も、空の絵だった。一枚ごとに、空の色も雲のかたちも違う。確かに力作ぞろいだ。
「藤巻先生はとても熱心な研究者だ。もしも僕だったら、息子も自分と同じように、学問の道に進ませようとするだろうね。本人が望もうが、望むまいが。」
僕は手をとめた。開いたページには、今の季節におなじみのもくもくと不穏にふくらんだ積雲(注4)が、繊細な陰翳《いんえい》までつけて描かれている。
「(4)わからないひとだよ、きみのお父さんは。」
わからないことだらけだよ、この世界は——まさに先ほど先生自身が口にした言葉を、僕は思い返していた。
だからこそ、おもしろい。

僕と和也が和室に戻ると、先生は庭に下りていた。どこからかホースをひっぱってきて、足もとのバケツに水をためている。
奥さんが玄関から靴を持ってきてくれて、僕たち三人も庭に出た。
縁側に、手持ち花火が数十本も、ずらりと横一列に並べてある。長いものから短いものへときれいに背の順になっていて、誰がやったか一目瞭然だ。色とりどりの花火に、目移りしてしまう。
どれにしようか迷っていたら、先生が横からすいと腕を伸ばした。向かって左端の、最も長い四本をすばやくつかみ、皆に一本ずつ手渡す。
「花火奉行《ぶぎょう》なんだ。」
和也が僕に耳打ちした。
花火を配り終えた先生はいそいそと庭の真ん中まで歩いていって、手もとに残った一本に火をつけた。先端から、青い炎が勢いよく噴き出す。和也も父親を追って隣に並んだ。ぱちぱちと燃えさかる花火の先に、慎重な手つきで自分の花火を近づける。火が移り、光と音が倍になる。
僕と奥さんも火をもらった。四本の花火で、真っ暗だった庭がほのかに明るんでいる。昼間はあんなに暑かったのに、夜風はめっきり涼しい。虫がさかんに鳴いている。
ゆるやかな放物線を描いて、火花が地面に降り注ぐ。(5)軽やかにはじける光を神妙に見つめる父と息子の横顔は、よく似ている。

（瀧羽麻子《たきわあさこ》『博士の長靴』〈ポプラ社〉による）

（注1）納戸＝普段使わない家具や食器などをしまっておく物置用の部屋。　（注2）スミ＝藤巻先生の奥さんの名前。
（注3）巻積雲＝うろこ状、またはさざ波のように広がる雲。いわし雲。　（注4）積雲＝晴れた日によく見られる、白いわたのような雲。綿雲。

問1　本文中の、(a)話の腰を折る、(b)腑に落ちないの意味として最も適当なものを、次の**ア**から**エ**までの中から一つずつ選べ。

(a)　**ア**　話の途中でその場から離れる　**イ**　話の途中を省略して結論を急ぐ
　　ウ　話の途中で急に口を閉ざす　**エ**　話の途中で言葉を挟んで妨げる

(b)　**ア**　想像できない　**イ**　納得いかない　**ウ**　信じられない　**エ**　気に留めない

解答 P297

「ねえ、あなた。」

奥さんも困惑顔で呼びかけた。

と、先生がはっとしたように口をつぐんだ。僕は胸をなでおろした。たぶん奥さんも、それに和也も。

「ああ、(注2)スミ。悪いが、紙と鉛筆を持ってきてくれるかい。」

先生は言った。和也が踵《きびす》を返し、無言で部屋を出ていった。

おろおろしている奥さんにかわって、自室にひっこんでしまった和也を呼びにいく役目を僕が引き受けたのは、少なからず責任を感じたからだ。

父親に絵をほめられたときに和也が浮かべた表情を、僕は見逃していなかった。雲間から一条の光が差すような、笑顔だった。いつだって陽気で快活で、いっそ軽薄な感じさえする子だけれど、あんな笑みははじめて見た。

「花火をしよう。」

ドアを開けた和也に、僕は言った。

「おれはいい。先生がつきあってあげれば？　そのほうが親父も喜ぶんじゃない？」

和也はけだるげに首を振った。険しい目つきも、ふてくされたような皮肉っぽい口ぶりも、ふだんの和也らしくない。僕は部屋に入り、後ろ手にドアを閉めた。

「まあ、そうかっかするなよ。」

藤巻先生に悪気はない。話に夢中になって、他のことをつかのま忘れてしまっていただけで、息子を傷つけるつもりはさらさらなかったに違いない。

「様子を見てきます。」と僕が席を立ったときも、なにが起きたのか(b)腑《ふ》に落ちない様子できょとんとしていた。

「別にしてない。」

和也はなげやりに言い捨てる。

「昔から知ってるもの。あのひとは、おれのことなんか興味がない。」

(2)腕組みして壁にもたれ、暗い目つきで僕を見据えた。

「でも、おれも先生みたいに頭がよかったら、違ったのかな。」

「え？」

「親父があんなに楽しそうにしてるの、はじめて見たよ。いつも家ではたいくつなんだろうね。おれたちじゃ話し相手になれないもんね。」

うつむいた和也を、僕はまじまじと見た。(3)妙に落ち着かない気分になっていた。胸の内側をひっかかれたような。むずがゆいような、ちりちりと痛むような。

唐突に、思い出す。

状況はまったく違うが、僕もかつて打ちのめされたのだった。自分の親が、これまで見せたこともない顔をしているのを目のあたりにして。母に恋人を紹介されたとき、僕は和也と同じ十五歳だった。こんなに幸せそうな母をはじめて見た、と思った。

「どうせ、おれはばかだから。親父にはついていけないよ。さっきの話じゃないけど、なにを考えてるんだか、おれにはちっともわかんない。」

僕は小さく息を吸って、口を開いた。

「僕にもわからないよ。きみのお父さんが、なにを考えているのか。」

和也が探るように目をすがめた。僕は机に放り出されたスケッチブックを手にとった。

「僕が家庭教師を頼まれたとき、なんて言われたと思う？」

「わからないことだらけだよ、この世界は。」

先生がひとりごとのように言った。

「だからこそ、おもしろい。」

一時はどうなることかとはらはらしたけれど、それ以降は和也が父親につっかかることもなく、食事は和やかに進んだ。鰻《うなぎ》をたいらげた後、デザートには西瓜《すいか》が出た。

話していたのは主に、奥さんと和也だった。僕の学生生活についていくつか質問を受け、和也が幼かった時分の思い出話も聞いた。

中でも印象的だったのは、絵の話である。

朝起きたらまず空を観察するというのが、藤巻先生の長年の日課だという。晴れていれば庭に出て、雨の日には窓越しに、とっくりと眺める。そんな父親の姿に、幼い和也はおおいに好奇心をくすぐられたらしい。よちよち歩きで追いかけていっては、並んで空を見上げていたそうだ。熱視線の先に、なにかとてつもなくおもしろいものが浮かんでいるはずだと思ったのだろう。

「お父さんのまねをして、こう腰に手をあてて、あごをそらしてね。今にも後ろにひっくり返りそうで、見ているわたしはひやひやしちゃって。」

奥さんは身ぶりをまじえて説明した。本人は覚えていないようで、首をかしげている。

「それで、後で空の絵を描くんですよ。お父さんに見せるんだ、って言って。親ばかかもしれないですけど、けっこうな力作で……そうだ、先生にも見ていただいたら？」

「親ばかだって。子どもの落書きだもん。」

照れくさげに首を振った和也の横から、藤巻先生も口添えした。

「いや、わたしもひさしぶりに見たいね。あれはなかなかたいしたものだよ。」

「へえ、お父さんがほめてくれるなんて、珍しいこともあるもんだね。」

冗談めかしてまぜ返しつつ、和也はまんざらでもなさそうに立ちあがった。

「あれ、どこにしまったっけ？」

「あなたの部屋じゃない？　(注1)納戸《なんど》か、書斎の押し入れかもね。」

奥さんも後ろからついていき、僕は先生とふたりで和室に残された。

「先週貸していただいた本、もうじき読み終わりそうです。週明けにでもお返しします。」

なにげなく切り出したところ、(1)先生は目を輝かせた。

「あの超音波風速温度計は、実に画期的な発明だね。」

超音波風速温度計のもたらした貢献について、活用事例について、今後検討すべき改良点について、堰《せき》を切ったように語り出す。

お絵描き帳が見あたらなかったのか、和也たちはなかなか帰ってこなかった。その間に、先生の話は加速度をつけて盛りあがった。ようやく戻ってきたふたりが和室の入口で顔を見あわせているのを、僕は視界の端にとらえた。自分から水を向けた手前、(a)話の腰を折るのもためらわれ、どうしたものかと弱っていると、スケッチブックを小脇に抱えた和也がこちらへずんずん近づいてきた。

「お父さん。」

うん、と先生はおざなりな生返事をしたきり、見向きもしない。

「例の、南西諸島の海上観測でも役に立ったらしい。船体の揺れによる影響をどこまで補正できるかが課題だな。」

問8　本文中に、(5)平時における環境悪化・災害発生への備え・適応力が問われている　とあるが、それはなぜか。その理由として最も適当なものを、次の**ア**から**エ**までの中から一つ選べ。

ア　日常生活の中で人々がどんな心理に陥りやすいか想定しておくことで、緊急時に取るべき対策を決める手がかりを得ることができ、社会の復元力を高めることができるから。

イ　災害が起きた後に社会はどう対応したかではなく、災害が起きる前に社会は災害にどう備えていたかを問題点とすることが、気候適応史研究を特徴づけている視点であるから。

ウ　日頃から自然災害や気候の変動を正確に観測し、大規模な被害につながるすべての可能性を想定しておくことで、被害が起きた後早急に復興をはかることが可能となるから。

エ　気候の悪化や自然災害に伴って起きる大規模な社会の混乱を防ぐには、自然災害や環境変動が起きた後の対策だけでは十分でないことが、これまでの歴史で明らかであるから。

3

次の文章を読んで、後の問いに答えよ。

母子家庭に育った大学生の「僕」は、気象学が専門の藤巻《ふじまき》先生の研究室に入った。先生の依頼で先生の息子和也《かずや》の家庭教師になったが、和也は研究熱心な父には似ず、勉強が嫌いで集中できない。ある日藤巻家の夕食会に招かれた僕は、和也の勉強を見た後和也と和室に向かうが、縁側に座り一心に空を見上げる先生は、和也の呼びかけに応えない。先生は食事中も時折外へ目をやるなどして、あまり熱心には会話に加わろうとしなかった。

「ねえ、お父さんたちは天気の研究をしてるんでしょ。」
和也が箸をおき、父親と僕を見比べた。
「被害が出ないように防げないわけ？」
「それは難しい。」
藤巻先生は即座に答えた。
「気象は人間の力ではコントロールできない。雨や風を弱めることはできないし、雷も竜巻もとめられない。」
「じゃあ、なんのために研究してるの？」
和也がいぶかしげに眉根を寄せた。
「知りたいからだよ。気象のしくみを。」
「知っても、どうにもできないのに？」
「どうにもできなくても、知りたい。」
「もちろん、まったく役に立たないわけじゃないですしね。」
僕は見かねて口を挟んだ。
「天気を正確に予測できれば、前もって手を打てるから。家の窓や屋根を補強するように呼びかけたり、住民を避難させたり。」
「だけど、家は流されちゃうんだよね？」
「まあでも、命が助かるのが一番じゃないの。」
奥さんもとりなしてくれたが、和也はまだ釈然としない様子で首をすくめている。
「やっぱり、おれにはよくわかんないや。」

問4　本文の破線部A・B・Cの内容に対応する矢印を、それぞれ図1のアからエまでの中から選べ。ただし、同じ記号は二回使わない。

A　あるとき数十年周期の気候変動が起きて農業生産力が増大した

B　数十年周期の変動の場合は豊作の期間は一〇年や二〇年も続くので、その間に人々は豊作に慣れて、人口を増やしたり（出生率をあげたり）、生活水準を向上させたりした

C　飢饉の発生や難民の流出によって半強制的に人口が減らざるを得なかった

問5　本文中に、(2)数十年周期の変動は、予測も対応も難しい時間スケールなのである。とあるが、なぜか。「対応が難しい」理由の説明として最も適当なものを、次の**ア**から**エ**までの中から一つ選べ。

ア　住民の人口が増加を始めたときには、既に気候変動で生産力が減少しているが、その時点から計画的に農業の技術革新を進めて生産力を高めようとしても、計画の実現には人間の寿命と同じ数十年単位の時間が必要となり、対応が間に合わないから。

イ　生産力の減少期には、それまでに増大した全人口が生存可能なだけの食糧を確保できなくなるが、生まれる子供の数をその時点で減らし始めたとしても、人口が十分減るまでには人間の寿命と同じ数十年の時間がかかり、対応が間に合わないから。

ウ　住民の人口が増加を始めると人々の生活水準も上がっていくが、その時点で住民は既にぜいたくに慣れてしまってより多くの食糧を求めるようになり、その人々の寿命である数十年の間は同じ状況が続いてしまい、結果的に対応が間に合わないから。

エ　生産力の減少期を迎えたときには、気候は再び増産可能な方向で安定し始めているが、その時点で既に人間の寿命である数十年単位の人口減少が続いているため、農産物の増産を可能にするだけの労働力を確保できなくなり、対応が間に合わないから。

問6　本文中に、(3)その状態に過適応してしまっていた　とあるが、どういうことか。その説明として最も適当なものを、次の**ア**から**エ**までの中から一つ選べ。

ア　災害がなく気候もよい状態を当然のように受け入れて、人口を増やしますます豊かな生活をおくる一方で、生産力が減少するかもしれない事態への備えを怠っていた。

イ　災害がなく気候もよい状態を普通だと考えて、従来通りの方法だけで農業生産力を維持できると思い込み、豊作を継続させるための技術革新や農地拡大を怠っていた。

ウ　災害がなく気候もよい状態が続くことを当然であると信じて、農業技術の革新により、市場での競争に打ち勝っていく一方で、穀物を備蓄する量も増やし続けていた。

エ　災害がなく気候もよい状態が生存には最適だと判断して、生産力の拡大を続ける一方で、他国との闘いを繰り返し、より温暖で災害の少ない地域に進出し続けていた。

問7　本文中に、(4)そのこと　とあるが、どういうことか。その説明として最も適当なものを、次の**ア**から**エ**までの中から一つ選べ。

ア　農業生産力が高い時期と、縮小に転じた時期とでは必要な対処が異なるため、それぞれの時期に応じた適切な対応が必要だということ。

イ　他国と闘う中世と、市場での競争が求められる近世とでは必要な対策が異なるため、それぞれの時期に応じた政策が必要だということ。

ウ　気候変動と人間社会との間には、長年続いた複雑な関係があるため、気候変動への適切な対応には歴史的知識が必要であるということ。

エ　社会の為政者と構成員とでは、状況に応じて取るべき対処がそれぞれ異なるため、日頃から両者の密接な連携が必要であるということ。

解答　P297

［③］人々は「気候変動や自然災害に適応するため」だけに生きている訳ではないので、農業生産力の高い時代には、それを最大限生かした生業(注4)や政策を展開することが、中世(注5)であれば他国との闘いに、近世(注6)であれば市場での競争に打ち勝っていくために、必要不可欠なことだったと思われる。しかし生産力の拡大期の論理に適応し過ぎれば、生産力が縮小に転じた時期にブレーキが利かなくなる。切り替えがうまい為政者《いせいしゃ》(注7)がいれば、両時期に的確に対応できる可能性もあるが、通常はその両者に適応できる人間は少ないし、もとより為政者だけが(4)そのことを理解していても社会の構成員の多くが理解していなければ、対応が難しいことは同じであろう。歴史上の気候変動と人間社会の関係の背後には、そのような構図があるものと思われる。

つまり気候のよい時期・豊作の時期における社会のあり方や人々の考えを知ることが、気候適応史研究の一つの焦点になるべきである、と私は考えている。このことは、気候変動だけでなく、地震・津波・火山噴火などの地殻災害、あるいは新型コロナをはじめとする感染症の蔓延《まんえん》(注8)、さらに経済循環などの人間社会に内在する変動にまで、あらゆることにも当てはまるものと思われる。昨今の例でいえば、感染症のパンデミックがなかった時代にパンデミックが起きたときのことを何も想定せず、保健所の機能を単に合理化縮小してしまったこと、津波が来ない時期が何十年も続くうちに沿岸域の危険な場所に住居を広げてしまったことなどなど、あらゆることが**図1**の構図に当てはまる。すべて、気候・環境が悪化して災害が起きてからではなく、その前の(5)平時における環境悪化・災害発生への備え・適応力が問われているのである。そのことを、まさに研究の対象にしなければならない。考えてみればあたり前のことが、歴史の研究はもとより、日常生活一般、さらにいえば国会の審議のなかでも、必ずしも意識されていないことが問題であるといえよう。

（中塚《なかつか》 武《たけし》『気候適応の日本史　人新世をのりこえる視点』〈吉川弘文館〉による）

（注1）前近代＝明治維新より前の、科学や技術の進歩による資本主義経済がまだ発達していない時代。
（注2）環境収容力＝ある環境下において、持続的に維持できる生物の最大個体数、または生物群集の大きさ。
（注3）野放図＝際限がないこと。しまりがないこと。
（注4）生業＝生活していくための仕事。
（注5）中世＝鎌倉時代および室町時代。
（注6）近世＝安土桃山時代および江戸時代。
（注7）為政者＝政治を行う者。
（注8）蔓延＝はびこりひろがること。

問1　空欄［①］、［②］、［③］に入る語として適当なものを、それぞれ次の**ア**から**エ**までの中から選べ。**ただし、同じ記号は二回使わない。**

ア　もちろん　**イ**　つまり　**ウ**　しかし　**エ**　やがて

問2　本文中の、(a)束の間の、(b)介した　の意味として適当なものを、それぞれ次の**ア**から**エ**までの中から選べ。

(a)　**ア**　継続的な　**イ**　少しの間の　**ウ**　定期的な　**エ**　久しぶりの
(b)　**ア**　重視した　**イ**　付け加えた　**ウ**　兼ね備えた　**エ**　仲立ちとした

問3　本文中に、(1)その地域の農業生産量などが許容する範囲　とあるが、どういうことか。その説明として最も適当なものを、次の**ア**から**エ**までの中から一つ選べ。

ア　その地域で生産される農作物の総量などが、その地域の人口や生活水準をどの程度満たせるかという範囲。
イ　その地域の人々が、農作物などを最大限生産し続ける状態をどれくらいの期間継続できるかという範囲。
ウ　その地域で生産される農作物の量などが、その地域の人口や生活水準を持続的に維持できる範囲。
エ　その地域の人々が、自然環境に悪影響を与えずに農作物などを持続的に生産できる農地面積の範囲。

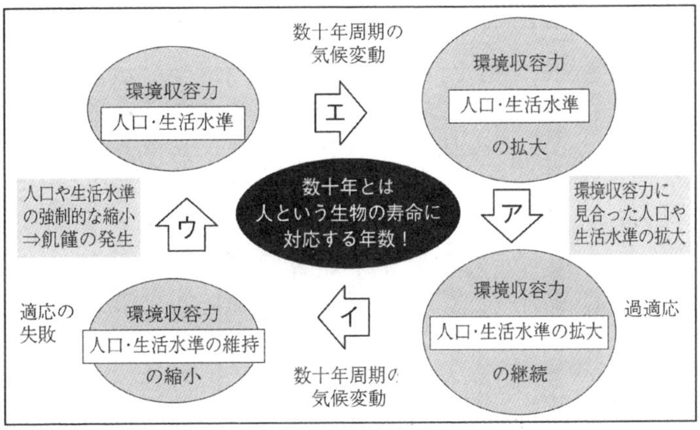

図1

図1は、前近代[注1]の農業社会を念頭に置いて、農業生産に影響を与えるような数十年周期の大きな気候変動が起きたときに社会に何が起こるかを想像したものである。どのような社会もそうであるが、その社会を構成する人々の人口や平均的な生活水準は、その社会を取り巻く環境の収容力、具体的には(1)その地域の農業生産量などが許容する範囲内に収まっている必要がある。現在の地球環境問題では、地球の人々の総人口や平均的な生活水準が地球の環境収容力[注2]の限界を超えていること、［①］、このままの生活を続けていたら持続可能性がないことが問題なのだが、過去の世界であれば、その空間スケールは人間の行動や流通の範囲を反映してもっと狭く、弥生時代であれば一つのムラ、江戸時代であれば一つの藩といったスケールで起きている現象をこの図は想定している。

Aあるとき数十年周期の気候変動が起きて農業生産力が増大したとする。この豊作が一年か二年で直《す》ぐに元に戻るのであれば、人々は(a)束《つか》の間の豊作を神様に感謝して穀物の備蓄に励むだけだろうが、B数十年周期の変動の場合は豊作の期間は一〇年や二〇年も続くので、その間に人々は豊作に慣れて、人口を増やしたり（出生率をあげたり）、生活水準を向上させたりしたものと思われる。しかし、これは数十年周期の変動なので、やがて農業生産力は元に戻ってしまう。そのときには、豊作期の豊かな時代に育った若者をはじめとして、人々には自主的に生活水準を下げたり人口を減らしたりすることは難しく、結果的にC飢饉の発生や難民の流出によって半強制的に人口が減らざるを得なかった、と考えられる。

数年周期の変動であれば、凶作年にはあらかじめ備蓄しておいた穀物で食いつなげるし、何より豊作の年に人口が急に増えたりはしない。逆に数百年周期の変動であれば徐々に生産力が変化するので、人々には対応の時間的余裕があり、農業技術を革新したり農地面積を拡大したりすることもできただろうし、生産力の上昇期には出生率の増大、低下期には出生率の減少を通じて、大きな痛みを伴うことなく、ゆっくりと気候変動に適応できた可能性もある。［②］、数十年周期の変動の場合は、短期間での技術や農地の変革は難しく、穀物備蓄もすぐに底を尽き、出生率の調整では時間的に間に合わず、多くの人々が飢饉に直面したことが想像できる。つまり(2)数十年周期の変動は、予測も対応も難しい時間スケールなのである。出生率を(b)介した人口調整との関係でいえば、数十年とはちょうど人間の寿命に相当する時間スケールであり、それゆえにこそ効果的な対応ができなかったことが予想できる。

このような話を歴史研究者の皆さんを相手にしていると、「数十年周期の変動が重要なのは何となくわかったけど、具体的に何に着目したらよいかわからない。」という感想を頂くことが多い。それは、気候・環境変動や自然災害に対する社会の復元力（レジリアンス）を研究しておられる方々から特に多く聞かれる。そういう方々の多くは、気候災害などが起きた「後」の社会の対応に注目しておられる場合が多い。もちろん、災害復興過程の研究では、災害後の社会の状況を観察することは不可欠だが、実際には、「気候がよい時代や災害がない時代に、(3)いかにその状態に過適応してしまっていたか」が重要である。過適応がなければ、つまり人口や生活水準を野放図[注3]《のほうず》に拡大しなければ、次に起きる気候の悪化や災害に対処できた可能性がある。

解答 P297

問5　本文中に、(4)聖人の戒めに適っている　とあるが、どういうことか。その説明として最も適当なものを、次の**ア**から**エ**までの中から一つ選べ。

ア　低いところまで降りてきた弟子に声をかけた「高名の木のぼり」の言動は、屋外では予想外の出来事が起きるという当たり前のことを当たり前のこととして受けとめ、それが自然に行動に移されたもので、聖人の教えをよく理解したものである。

イ　油断しそうな弟子の性格を見抜き適切に声をかけた「高名の木のぼり」の言動は、才能のないものは失敗するという当たり前のことを当たり前のこととして受けとめ、それが自然に行動に移されたもので、聖人の教えと異なるものである。

ウ　安全な高さまで弟子が降りてきたところで声をかけた「高名の木のぼり」の言動は、失敗は油断から生まれるという当たり前のことを当たり前のこととして受けとめ、それが自然に行動に移されたもので、聖人の教えに通じるものである。

エ　弟子が安全な高さまで降りたときに声をかけた「高名の木のぼり」の言動は、常に細心の注意を払って行動するという当たり前のことを当たり前のこととして受けとめ、それが自然に行動に移されたもので、聖人の教えを踏まえたものである。

問6　本文中に、(5)あえてしないということのうちに積極性がある　とあるが、どういうことか。その説明として最も適当なものを、次の**ア**から**エ**までの中から一つ選べ。

ア　あえて慎重に振る舞い、一見行動していないように見えても、実際は適切な折をとらえてうまくことを運べる機会が来るのを待っている。

イ　あえて勝ち負けを無視し、一見勝敗を気にしないように見えても、実際は自然の法則を分析しつつ勝負に出る機会が来るのを待っている。

ウ　あえて大胆な行動を控え、一見我慢しているように見えても、実際は成功に強くこだわり競争相手に打ち勝つ機会が来るのを待っている。

エ　あえて合理的に考え、一見冷徹に計算しているように見えても、実際は心の余裕を保つことで最後に成功する機会が来るのを待っている。

問7　本文中に、(6)「一道に携はる人」の心得　とあるが、どのようなものか。その説明として最も適当なものを、次の**ア**から**エ**までの中から一つ選べ。

ア　自分が他人より優れていると思うことがかえって自分の弱点を見抜かれたり他人に陥れられたりする要因になることを重く受けとめ、どんなときも自分が冷静でいられる道を追究すること。

イ　自分が他人より優れていると思うことが他人から攻撃されたり嫉妬されたりする原因になることをよく知っていて、他人の言動をよく見極め、他人と争うことを避けつつ道を追究すること。

ウ　自分が他人より優れていると思うことがわざわいを招くもととなることをよく知っていて、どのようなときも慎み深く振る舞うとともに、今の自分に満足することなく道を追究すること。

エ　自分が他人より優れていると思うことがわざわいを招くもととなることを経験的に理解しており、どのようなときも他人を尊重するよう心がけて、すべての人と調和する道を追究すること。

2

次の文章を読んで、後の問いに答えよ。

数十年周期での大きな気候変動が起きたときに、しばしば大きな飢饉《ききん》や社会の騒乱が起きるが、その背景にはどのようなメカニズムがあるのであろうか。ここでは簡単な概念図を示して一つの思考実験をしてみたい。

をこにも見え、人にもいひ消《け》たれ、禍《わざわい》を招くは、ただこの慢心なり。一道にもまことに長じぬる人は、みづから明らかにその非を知る故に、志常に満たずして、終《つい》に物に誇る事なし。

本人がどんなにすぐれていると思っていても他人から見ると馬鹿らしく見え、わざわいを招くのはまさにこの慢心であるという。道の人はそれを知っており、けっして自分が完全であるなどとは思わない。むしろ、自らを持たざる者として位置づけ、その人なりのあえて何もしない「無為」を貫くのである。それは意識してできることではなく、道の追究において身につくものであり、それは、現世にいながら現世を超える自在さとなるだろう。兼好はそこに人間観としての無為の積極性を見いだしているように思われる。

（藤本成男《ふじもとしげお》『徒然草のつれづれと無為』〈大学教育出版〉による）

（注1）兼好＝鎌倉末期の歌人、随筆家で『徒然草』の著者。（注2）閾＝門の内外を区切る境の木。敷居。
（注3）鞍＝人が乗りやすいように馬などの背につける道具。（注4）轡＝手綱をつけるために、馬の口にかませる金具。
（注5）双六＝盤と二個のサイコロ、黒白の駒を使って二人で行う遊戯。賭け事にも用いた。
（注6）通暁する＝あることについて詳しく知っている。（注7）博打（を打つ）＝賭け事（をする）。「博打打ち」は博打で生計を立てる人。

問1　本文中の、①ゴウ情、②カン髪を入れず、③世ゾク、④攻セイ　のカタカナ部分の漢字表記として適当なものを、それぞれ**ア**から**エ**までの中から一つ選べ。

①ゴウ情　**ア**　業　**イ**　豪　**ウ**　合　**エ**　強
②カン髪を入れず　**ア**　巻　**イ**　感　**ウ**　間　**エ**　完
③世ゾク　**ア**　族　**イ**　俗　**ウ**　続　**エ**　属
④攻セイ　**ア**　制　**イ**　成　**ウ**　正　**エ**　勢

問2　本文中の、並ぶ者(1)のない　と同じ意味用法の「の」を、本文中の**a**から**d**までの中から一つ選べ。

a　またぐのを見る　**b**　気の立っている　**c**　他の馬に　**d**　用心するのだ

問3　本文中に、(2)「馬乗り」の馬乗りたるところ　とあるが、「吉田と申す馬乗り」が述べている馬乗りの心得の説明として最も適当なものを、次の**ア**から**エ**までの中から一つ選べ。

ア　自分が乗ろうとしている馬をよく見てその気性を把握したり、馬具などで気にかかる点があれば馬を走らせないようにしたりするなど、当然のことをよく理解し自然に行動できる。

イ　人の力は馬の力には到底及ばないと知ったうえで、自分が乗ることになっている馬を観察しながらよい部分を見極め、その馬の能力のすべてを引き出せるよう自然に行動できる。

ウ　轡や鞍などを装着したときの反応によってそれぞれの馬の気性を知ることができるので、馬具の状態をよく確認することを通じて、馬のよしあしを自然に見抜けるようになる。

エ　人は馬の真の力に勝つことができないということをよく知り、自分が乗る馬の強いところ弱いところの両面を十分見極めることによって、馬のよしあしを自然に見抜けるようになる。

問4　本文中に、(3)きわめて合理的な判断　とあるが、どういうことか。その説明として最も適当なものを、次の**ア**から**エ**までの中から一つ選べ。

ア　馬の体格に自分の性格を合わせられない人は落馬するということを、体験的に知ったうえで下す判断。

イ　人の体つきと馬の気性の組み合わせが悪いと落馬するということを、体験的に知ったうえで下す判断。

ウ　その日の馬の状態を正確に把握できない人は落馬するということを、体験的に知ったうえで下す判断。

エ　どんなに有能な人でも気性が荒い馬に乗ると落馬するということを、体験的に知ったうえで下す判断。

解答　P297

れる人は見抜く目をもっている。

第一〇九段では「高名の木のぼり」と世間でいわれていた男が、人に指図して高い木にのぼらせて木の枝を切らせたときに、非常に危なそうに見える間は何もいわないで、家の軒先の高さまで降りてきたときになってやっと、「過ちすな。心して降りよ。」とことばをかけた。そういわれた人が「かばかりになりては、飛び降るとも降りなん。如何《いか》にかく言ふぞ。」、これくらいになったからには、飛び降りても降りられるだろう、どうしてそんなことをいうのか、と尋ねると、「その事に候《そうろ》ふ。目くるめき、枝危ふきほどは、己《おの》れが恐れ侍れば、申さず。過ちは、安き所になりて、必ず仕《つかまつ》る事に候ふ。」と答えた。眼《め》が回るような高い所、枝が今にも折れそうな所は本人が自《おの》ずと恐れ注意を払っているからいう必要がない。しかし過ちは安全と思われるところになって必ずしでかしてしまうものであるという。兼好は、こういう名人、達人とされる人のことばは、その身分は低くとも(4)聖人の戒めに適《かな》っていると共感している。道の名人は何を見ているのか、そこに見える真実とは、失敗は油断から生まれるという当たり前のことを、まさに当たり前のこととして受けとめ、自然とそれが行動となってあらわれる、無理のないあり方であるともいえる。

いずれにせよ、道の真実を知っているがゆえに敬われる人たちのことばは、計り知れぬ深さがその背後には感じられる。専門家は、その道の本質をつかんでいるが故に、かえってダイナミックなものの見方ができる。そこに合理性もあり、力動性もある。それはどの道においてもいえる。第一一〇段では、(注5)双六《すごろく》の上手といわれる人に、その方法を聞いたところ、その答えは、「勝たんと打つべからず。負けじと打つべきなり。いづれの手か疾《と》く負けぬべきと案じて、その手を使はずして、一目なりとも、おそく負くべき手につくべし。」勝とうと思って打ってはいけない。負けまいと思って打つのがよい。どの手がきっと早く負けるだろうかと考えて、その手を使わないで、たとい一目でも遅く負けると推測される手に従うべきだという。勝とう勝とうと気持ちが前へ出るときすでに欲に捕らわれている。負けまいと思えるのは余裕があるからである。むしろ、勝ち負けに強くこだわるために自らを失うということがない冷静さを身につけよといっているように思われる。このように慎重にことを運ぶことは、生き方としては消極的に見えるかもしれない。しかし、ここで兼好が考えようとしているのは、この(5)あえてしないということのうちに積極性があるということである。

無為とは何もしないということではない。仮に何もしないようなかたちを取ることがあったとしても、必ずそこに積極性が生まれている。道の人はそのことを知っている。天地自然のはたらきに②カン髪を入れずぴったり即して生きることは、③世ゾク世界に「無用」であり続けることが、同時にそのはたらきのきまり、すじみちに(注6)通暁《つうぎょう》することに通じる。第一二六段では、

(注7)博打《ばくち》の負け極まりて、残りなく打ち入れんとせんにあひては、打つべからず。立ち返り、続けて勝つべき時の至れるとしるべし。その時を知るを、よき博打といふなり。

ということばを挙げている。博打打ちもまた道を知れる者であって、多年の経験から運命の定めるところを知っている。無為のところに引き絞られた力は必ず④攻セイへと転ずる時を待っている。そのことがわかるかどうかは、外形に捕らわれないで本質を見抜く目を持っているかどうかで決まる。それに気づくためには、謙虚さがなければならない。

その(6)「一道に携はる人」の心得を説いたのが第一六七段である。

我が智《ち》を取り出《い》でて、人に争ふは、角ある物の角を傾け、牙《きば》あるものの牙をかみ出だす類《たぐい》なり。人としては善に誇らず、物と争はざるを徳とす。

他にまさることのあるは大いなる失なり。

という。自分の智恵を持ち出して自分がすぐれていることを自慢する気持ちで争うのはよくない。家柄の高さにせよ才芸の優秀さにせよ、自分が勝っていると思って相手を見下すその内心のありようが、すでに「とが」つまり欠点となっている。

小山工業高等専門学校

国語

令和５年
２月12日実施

制限時間 50分

1

次の文章を読んで、後の問いに答えよ。

ふつうは見逃されてしまうようなことでも、そこにある良さも悪さも見抜いてしまうのが道の人である。(注1)兼好《けんこう》が興味を持っていたもののひとつが馬乗りである。『徒然草』第一八五段には「城陸奥守泰盛《じょうのむつのかみやすもり》は、双《そう》なき馬乗りなりけり。馬を引き出《いだ》させけるに、足を揃《そろ》へて、(注2)閾《しきみ》をゆらりと越ゆるを見ては『これは勇める馬なり。』とて、(注3)鞍《くら》を置き換へさせけり。」という。執権北条貞時《ほうじょうさだとき》の外祖父（母方の祖父）であった安達泰盛《あだちやすもり》は、並ぶ者(1)のない馬乗りといわれ、馬が敷居《しきい》をまたぐaのを見るだけで「これは気bの立っている馬だ。」と他cの馬に替えさせた。逆に、足を伸ばしたまま敷居にぶつけるような馬は鈍い馬だとして乗らなかったという。「道を知らざらん人、かばかり恐れなんや（道を知らないような人は、これほど用心するだろうか）。」とあり、道について深く知っているからこそ、これほどまでに用心するdのだということである。第一八六段には「吉田《よしだ》と申す馬乗り」がその道の秘訣《ひけつ》を述べる。

吉田と申す馬乗りの申し侍《はべ》りしは「馬毎《ごと》にこはきものなり。人の力、争ふべからずと知るべし。乗るべき馬をば、先《ま》づよく見て、強き所弱き所を知るべし。次に、(注4)轡《くつわ》・鞍《くら》の具に、危ふき事やあると見て、心にかかる事あらば、その馬を馳《は》すべからず。この用意を忘れざるを馬乗りとは申すなり。これ秘蔵の事なり。」と申しき。

馬はどれでも①ゴウ情なものであり、人の力はこれと争うことができないと知らねばならない。乗ることになっている馬を、何よりもよく観察して強いところ弱いところを知るのがよい。次に、轡・鞍など道具に危ない所はないか点検し、気になるところがあればその馬を走らせてはならないという。けっして難しいことをいっているのではなく、ごく当たり前のこと、誰にでもできることを弁《わきま》え、自然に行動に移せるかどうかというのが、(2)「馬乗り」の馬乗りたるところであり、それがほんとうの道を知ることなのである。

このようにして馬をよく見、その特徴をとらえるということができないで、不用意に馬に乗る者は落馬する。本人はわかっていなくとも、その道に心得のある人は予《あらかじ》めその不運を見抜いてしまう。第一四五段では、

御随身秦重躬《みずいじんはたのしげみ》、北面の下野入道信願《しもつけのにゅうどうしんがん》を、「落馬の相《そう》ある人なり。よくよく慎み給《たま》へ。」といひけるを、いと真《まこと》しからず思ひけるに、信願馬より落ちて死ににけり。道に長じぬる一言、神の如《ごと》しと人思へり。さて、「いかなる相ぞ。」と人の問ひければ、「極めて桃尻にして、沛艾《はいがい》の馬を好みしかば、此《この》相を負《お》ほせ侍りき。いつかは申し誤りたる。」とぞ言ひける。

道に長じた者の的確な見極めを人々は不思議だ「神の如し」だと思ったが、「落馬の相」を読み取ったのは単なる見込みでもなければ当て推量でもない。(3)きわめて合理的な判断に基づいている。それは、「桃尻」、馬の鞍に尻の据わりの悪い人と、「沛艾の馬」、気の荒い馬という両者のもともとの不適合が、落馬という当然の成り行きになることを体験的に知っていたからである。どういうときに人間は過《あやま》ちを犯すかということを、道の名人といわ

解答　P297

下野《しもつけ》新聞は小学生と
中学生を応援します!
会員登録
会員特典
年会費
すべて無料!!でチュー
「小サポ」は、小学生とその保護者に学習や習い事、部活動、レジャーなどに関するさまざまな情報や機会を提供し、賢く、たくましく、健やかな成長をサポートする「下野新聞小学生サポートクラブ」の略称です。
「中サポ」は、高校進学を目指す中学生のみなさんや保護者の方々にさまざまな情報や教材を提供することで中学生の受験や日々の学習を応援する「下野新聞中学生サポートクラブ」の略称です。
小学生の学びとワクワクを応援!!
小学生サポートクラブ 小サポ
1~6年生あつまれ~!
中学生の日々の学習、受験勉強を応援!!
中学生サポートクラブ 中サポ
みんな申し込むでチュ~!
「小学生サポートクラブ 小サポ」会員特典 非売品
特別会員 …下野新聞ご購読者家庭に居住する小学生
❶ クロスワード・まちがいさがし・漢字クイズ
脳トレ ふむふむ
本年度から新登場!!
年6回発行
❷ 小学生を応援する情報紙
小サポ通信 隔月発行
小学生の最新情報満載!
本年度はこどもニュースや県内ニュース、スポーツ特集などの掲載を予定しています。
年5回発行
※写真は昨年度の内容です。
❸ 家族で楽しもう!
下野新聞社主催イベントご優待
2023年度は夏休みこどもイベントなど楽しいイベントへの招待を予定しています。
❹ 気になる試合結果を即チェック!
小学生スポーツ大会など試合結果速報配信
配信実績…県学童軟式野球大会、県少年サッカー選手権大会 など
下野新聞 小学生サポートクラブ
小サポ LINE@ 友だち募集中!
LINE
友だち登録すると小サポなどのサービスを随時ご案内します。
※特典は予告なく変更になる場合がございます。ご了承ください。
「中学生サポートクラブ 中サポ」会員特典 非売品
■「中サポ」会員には特別会員と一般会員の2種類があり、受けられる特典は異なります
特別会員 全て無料 下野新聞販売エリア内に居住する中学生で、下野新聞を購読していただいている方(世帯)または、新規で購読していただける方
一般会員 申込月の❶と❷が1回もらえる 下野新聞販売エリア内に居住する中学生ならどなたでも入会できます。メルマガ配信も受けられます
※下野新聞販売エリアは栃木県内と茨城県の一部地域です。
❶ 下野新聞オリジナル中1・中2・中3生【5教科】
「中学生学力アップ問題集」+「解答・解説」
中3・中2・中1の問題がこの1冊に!中3生は復習に!中2・中1生は保存版として受験勉強に活用しよう!
自主学習に便利な解答・解説は別冊
人気No.1
年間10冊
❷ 中学生を応援する情報紙
中サポ通信
中学生最新情報満載!読まなきゃ損!
人気No.2
年4回発行
❸ 受験生必携アドバイス集
「必勝受験塾」
大手進学塾講師の熱いアドバイス。学年別・科目別に分けてタイムリーな勉強法を伝授!
年1回発行
❹ 栃木県内の中学生の約8割が受験!信頼できる合格判定!!
「下野新聞模擬テスト解説動画」
下野新聞特別講師陣が動画で分かりやすく解説
※解説動画は無料で利用できますが、パケット代(通信料)がかかります。
❺ 高校入試対策ばっちり!
「英語リスニング問題集」
音声はインターネットを経由して聞けるのでスマートフォンさえあればOK!
人気No.3
年1回発行
❻ 進学フェア用公式ガイドブック
受験生必須!無料でもらっちゃおう!!
❼ ご希望の方に教育情報メルマガ配信
E-Mail
教育最新情報はここでチェック!
※特典は予告なく変更になる場合がございます。ご了承ください。
新規会員募集中!
下野新聞社 販売部
〒320-8686 宇都宮市昭和1-8-11
FAX 028-625-9892
小サポ係 TEL 028-688-7666
中サポ係 TEL 028-678-3131
WEB https://www.shimotsuke.co.jp
お申し込み・最新情報はWEBへ 下野新聞 SOON 検索

本書の刊行にあたり、アンケート等の協力や入学試験問題を提供していただいた栃木県教育委員会ならびに県立・私立高等学校、高等専門学校の先生方に、心よりお礼申し上げます。

令和6年受験用
栃木県高校入試の対策2024

令和5年6月30日　第1刷　発行

●監　修●
下野新聞社
高校進学指導委員会

●制作発行●
下野新聞社
〒320-8686　栃木県宇都宮市昭和1-8-11
TEL028-625-1111（代表）
028-625-1135（編集出版部）

●印　刷●
凸版印刷（株）

栃木県高校入試の対策 2024

基礎解答・解説編

社会

数学

理科

英語

国語

実戦解答・解説編

令和5年度
県立入試

令和4年度
県立入試

令和3年度
県立入試

令和2年度
県立入試

令和元年度
県立入試

平成30年度
県立入試

平成29年度
県立入試

下野新聞社

栃木県高校入試の対策 2024

解答・解説編 CONTENTS

[情報ガイド編]

[基礎編]

※英語リスニングテスト用
音声ダウンロードQRコードは
問題編の巻末にあります。

[実戦編]

[掲載広告目次]

高校入試中サポ講座

合格への近道

下野新聞社キャラクター「どっとこちゃん」

下野新聞は、過去40年以上にわたり高校進学を目指す中学生の進学指導を行っており、教育関係者の方々より高い評価を得ています。4月から土曜日と日曜日の週2回、11月からは月・水・金・土・日曜日の週5回**「高校入試中サポ講座」**を新聞紙上に掲載しています。学校の授業内容と並行して出題される問題を通じ、実力アップを図ってください。

令和5年度 日程・出題内容一覧表

下野新聞紙上で連載中!

◆国語・社会・数学・理科・英語各25回ずつ掲載。基礎からしっかり学べます。

回＼教科	国語	社会	数学	理科	英語
1	4/8(土) 説明的文章、漢字	4/9(日) 地球の姿をとらえよう	4/15(土) 正の数・負の数	4/16(日) 植物の特徴と分類	4/22(土) be動詞(現在、過去)
2	4/23(日) 説明的文章、漢字	4/29(土) 文明のおこりと日本の成り立ち、古代国家の歩みと東アジアの世界	4/30(日) 文字式と式の計算	5/6(土) 動物の特徴と分類	5/7(日) 一般動詞(現在、過去)
3	5/13(土) 文学的文章(小説)、漢字	5/14(日) 日本の姿をとらえよう	5/20(土) 1次方程式とその利用	5/21(日) いろいろな物質、気体の発生と性質	5/27(土) 進行形
4	5/28(日) 説明的文章、漢字	6/3(土) 中世社会の展開と東アジアの情勢、世界の動きと天下統一	6/4(日) 比例と反比例	6/10(土) 水溶液、物質の状態変化	6/11(日) 助動詞、未来表現
5	6/17(土) 古文、小問	6/18(日) 人々の生活と環境	6/24(土) 平面図形と空間図形	6/25(日) 光による現象、音による現象	7/1(土) 名詞、代名詞、冠詞
6	7/2(日) 文学的文章(随筆)、漢字	7/8(土) 近世社会の発展、近代ヨーロッパの世界支配と日本の開国	7/9(日) 連立方程式の基礎	7/15(土) 力による現象	7/16(日) 形容詞、副詞
7	7/22(土) 文学的文章(小説)、漢字	7/23(日) 世界の国々を調べよう	7/29(土) 連立方程式の利用	7/30(日) 火山、地震	8/5(土) 比較
8	8/6(日) 説明的文章、漢字	8/12(土) 近代日本の歩み	8/13(日) 1次関数の基礎	8/19(土) 地層、大地の変動	8/20(日) いろいろな文(命令文、There is～など)
9	8/26(土) 俳句・短歌(和歌)	8/27(日) 世界から見た日本の姿	9/2(土) 1次関数の応用	9/3(日) 物質の成り立ち、さまざまな化学変化	9/9(土) いろいろな疑問文
10	9/10(日) 説明的文章、漢字	9/16(土) 現代社会とわたしたちの生活	9/17(日) 平行と合同 ※反例追加	9/23(土) 化学変化と物質の質量の規則性	9/24(日) 不定詞(1)
11	9/30(土) 文学的文章(随筆)、漢字	10/1(日) 二度の世界大戦と日本、現代の日本と世界	10/7(土) 三角形	10/8(日) 生物の体をつくる細胞、植物の体のつくりとはたらき	10/14(土) 不定詞(2)、動名詞(1)
12	10/15(日) 説明的文章、漢字	10/21(土) 都道府県を調べよう	10/22(日) 平行四辺形	10/28(土) 動物の体のつくりとはたらき、感覚と運動のしくみ	10/29(日) 1・2年の総復習
13	11/1(水) 古文、小問	11/3(金) 人間の尊重と日本国憲法	11/4(土) データの活用と確率 ※箱ひげ図追加	11/5(日) 地球の大気と天気の変化	11/6(月) 受け身
14	11/8(水) 説明的文章、漢字、敬語	11/10(金) 歴史のまとめ(古代～平安時代)	11/11(土) 展開と因数分解	11/12(日) 電流の性質	11/15(水) 現在完了(1)
15	11/17(金) 文学的文章(小説)、漢字	11/18(土) 世界地理のまとめ	11/19(日) 平方根	11/20(月) 電流の正体、電流と磁界	11/22(水) 現在完了(2)、現在完了進行形
16	11/24(金) 説明的文章、漢字	11/25(土) 現代の民主政治と社会	11/26(日) 2次方程式とその利用	11/27(月) 生命の連続性 ※多様性と進化追加	11/29(水) 前置詞、接続詞、連語
17	12/1(金) 古文	12/2(土) 歴史のまとめ(鎌倉～江戸時代)	12/3(日) 関数$y=ax^2$	12/4(月) 力と物体の運動 ※水圧、浮力追加	12/6(水) いろいろな会話(1)、原形不定詞
18	12/8(金) 説明的文章、漢字	12/9(土) 日本地理のまとめ	12/10(日) 関数$y=ax^2$の応用	12/13(水) 仕事とエネルギー	12/15(金) 関係代名詞
19	12/16(土) 文学的文章(小説)、漢字	12/17(日) わたしたちの暮らしと経済	12/18(月) 図形と相似の基礎 ※誤差と有効数字追加	12/20(水) 水溶液とイオン	12/22(金) 分詞、動名詞(2)
20	12/23(土) 文学的文章(随筆)、漢字	12/24(日) 歴史のまとめ(明治時代～現代)	1/5(金) 図形と相似の応用	1/6(土) 酸・アルカリと塩	1/7(日) 間接疑問文
21	1/8(月) 小問、古典総合	1/10(水) 地球社会とわたしたち	1/12(金) 円、三平方の定理の基礎	1/13(土) 地球の運動と天体の動き	1/14(日) いろいろな会話(2)
22	1/15(月) 作文	1/17(水) 地理分野の総合	1/19(金) 三平方の定理の応用	1/20(土) 太陽系の天体、恒星の世界	1/21(日) 仮定法
23	1/22(月) 小問、古文	1/24(水) 公民のまとめ(政治)	1/26(金) 図形の総合問題	1/27(土) 自然と人間	1/28(日) 総合問題(Ⅰ)
24	1/29(月) 説明的文章総合	1/31(水) 歴史分野の総合	2/2(金) 数式と規則性の総合問題	2/3(土) 総合問題(1)	2/4(日) 総合問題(Ⅱ)
25	2/5(月) 文学的文章(小説)総合	2/7(水) 公民のまとめ(経済)	2/9(金) 関数の総合問題	2/10(土) 総合問題(2)	2/11(日) 総合問題(Ⅲ)

※新聞休刊日の変更や紙面の都合上、掲載日程や内容が変わる場合がございます。

最新・正確な情報が役立つ情報ガイド編。

［情報ガイド編］

栃木県　2024
高校入試の対策

栃木県の中学生の進路について

下の図は、中学校を卒業して社会人になるまでの大まかな進路を図に表しています。ただし、全員がこの図に当てはまることはありません。１人１人の目標、努力、環境などによって図とは違った、さまざまな進路を進むことが考えられます。

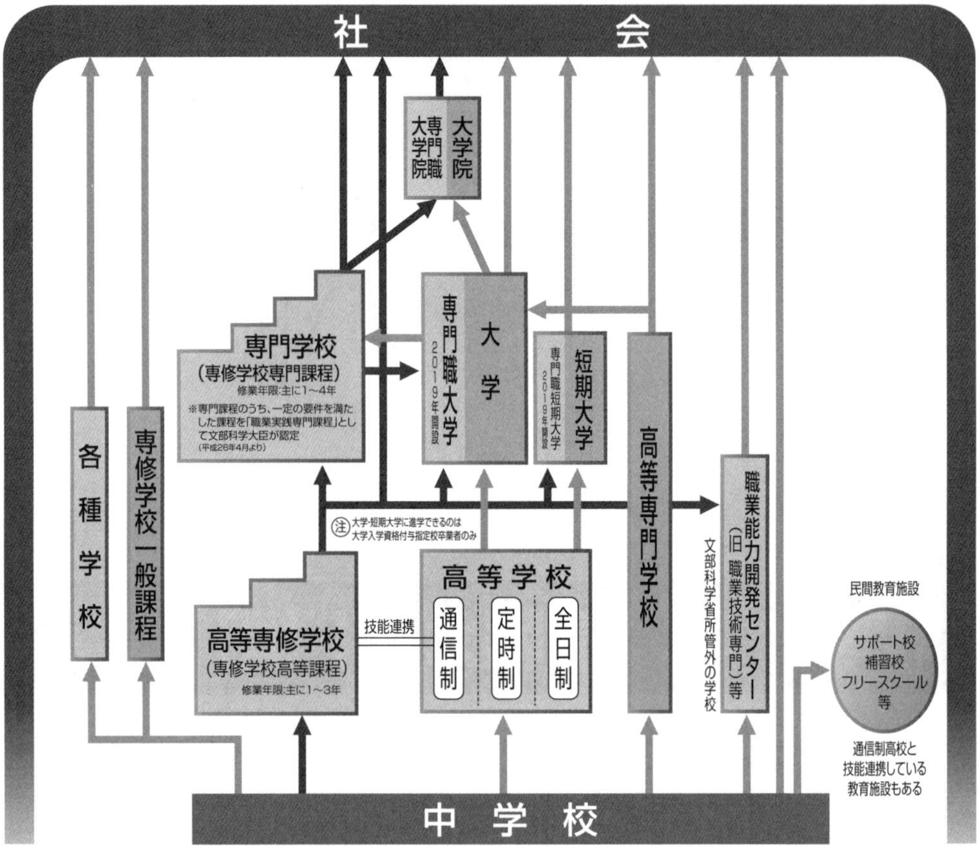

中学校までが義務教育である以上、その先に進学するためには入学試験があったり、入学後には学費などの経済的な負担があることも自覚しましょう。

自分自身を見つめ、将来を考え、自らの行動で情報を集めましょう。この図もその一つです。自分の進路を決めるときの参考にしてください。進路を決めるには、家族や親族、信頼できる大人、友達、学校の先生に相談することもよいでしょう。

高等学校を卒業した後、18歳ごろ、20歳ごろ、22歳ごろに大きな節目が来る人が多くいます。

無理なく準備を進めておくのがよいでしょう。

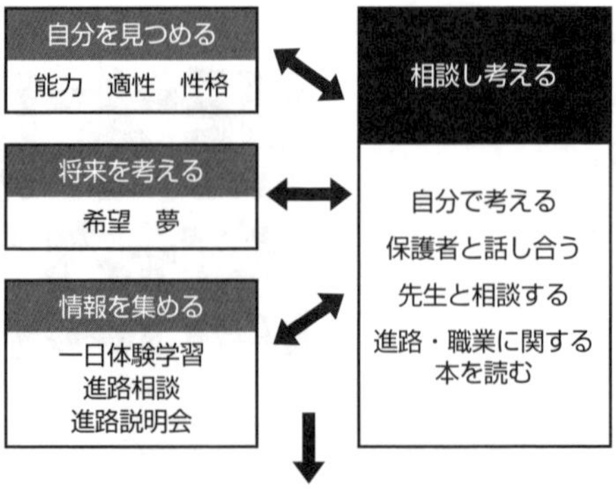

栃木県立・私立高校、国立高専配置図

進学先決定については、卒業後の進路や将来について考えることはもちろん、通学は毎日のことですから、続けることが困難なほど体力的な負担はないか、公共交通機関などを通学に利用するにしても、経済的負担は問題ないかなど家族と話し合うことも大切です。

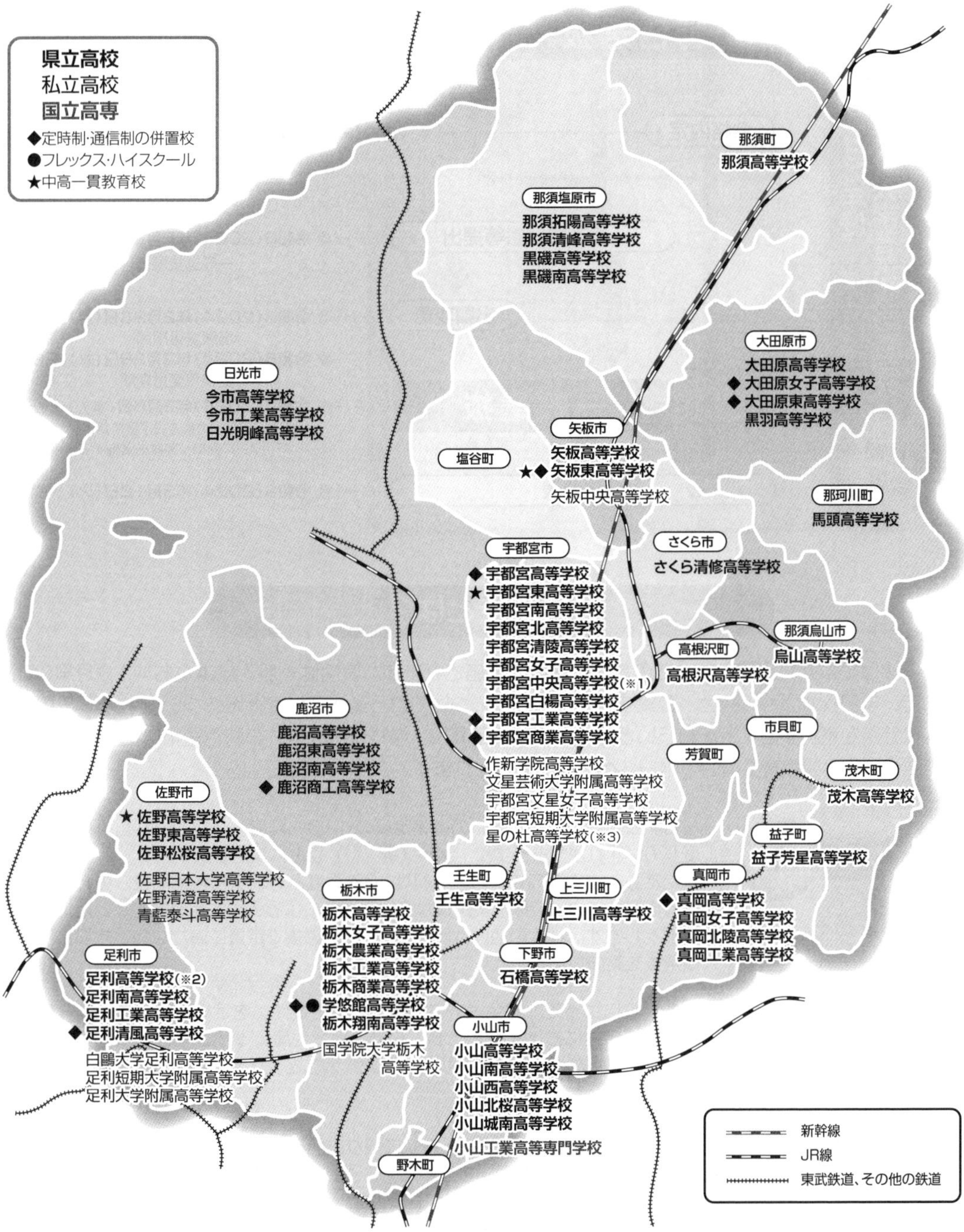

※1…2022年(令和4)年度より宇都宮中央女子高等学校が男女共学化し校名変更
※2…2022年(令和4)年度より足利高等学校と足利女子高等学校が統合し男女共学化
※3…2023年(令和5)年度より宇都宮海星女子学院高等学校が男女共学化し校名変更

栃木県立高校全日制 入学者選抜について

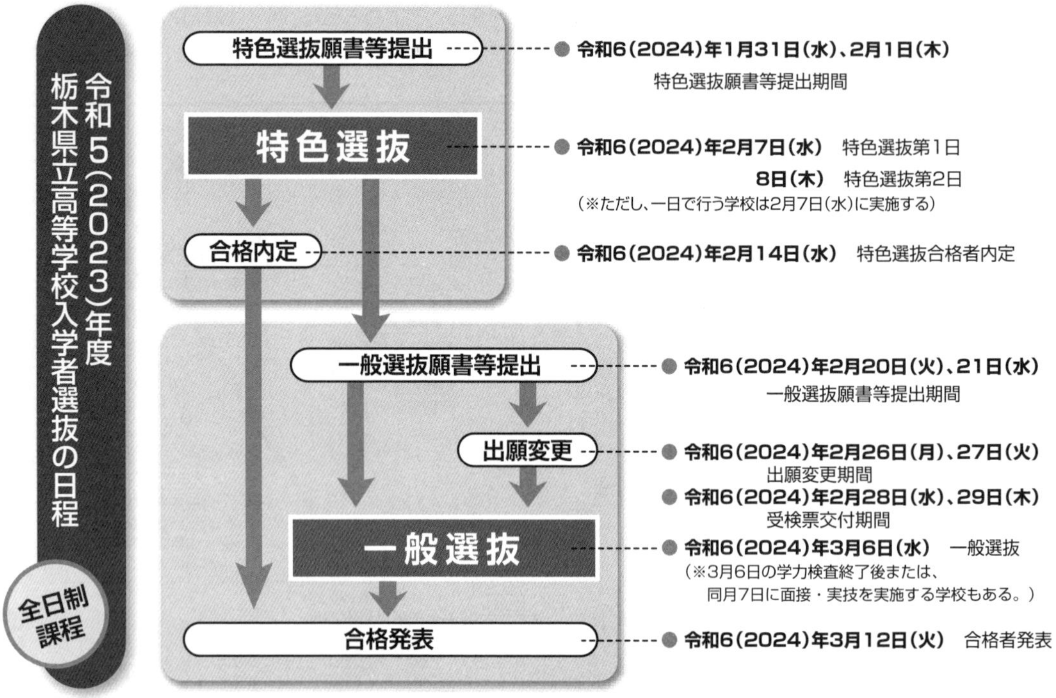

特色選抜とは？

特色選抜は栃木県立高校のすべての高校・学科で実施されます。時期は一般入試よりも約1ヵ月早い2月上旬で、志望校や学科の特色、募集する生徒像などについて自ら調べ自分の進路について十分に考え、主体的に針路を選択することをねらいとしています。各高校・学科（系・科）の特色選抜に出願するための資格要件は栃木県教育委員会のホームページに発表されます。

ポイント 1

各学校・学科（系・科）の募集定員の「10%程度」「20%程度」「30%程度」のいずれかから各学校・学科（系・科）ごとに決定します。
※ただし、小山南高校スポーツ科は50%程度とし、宇都宮東高校、佐野高校、矢板東高校については募集定員から内部進学による入学内定者数を除いた定員の全部とします。程度の範囲は5%以内。特色選抜で定員に満たなかった場合に一般選抜を実施します。

ポイント 2

各学校によって「特色選抜に出願する資格要件」を定めています。「資格要件」は中学校における特別活動、校外の勤労生産、奉仕、社会活動、文化活動（コンクールなど）、スポーツ大会（県大会など）、生徒会活動など様々な分野にわたっています。

ポイント 3

特色選抜は1校1学科（系・科）に限り出願できます。出願に必要な書類は①入学願書②調査書③特色選抜志願理由書④その他必要な書類です。

ポイント 4

特色選抜では、必ず面接が実施されます。面接は個人、集団、それらの併用のうちから各学校・学科（系・科）の特色に応じて選択します。面接に加えて作文、小論文、学校独自検査（学校作成問題、口頭試問、実技など）を選択して行います。

一般選抜について

1 学力検査の実施

ア 検査期日　令和6(2024)年3月6日(水)

イ 検査日程

学力検査の日程は、次のとおりとする。なお、集合時刻は、午前８時 40 分とする。

時間	9：25～10：15	10：40～11：30	11：55～12：45	13：40～14：30	14：55～15：45
教科	国　語	社　会	数　学	理　科	英　語

ウ 検査場

学力検査場は、出願先高等学校とする。

2 学力検査受検者の心得

ア 受検者は、学力検査当日、午前8時40分までに検査場に集合して、検査係の指示を受ける。
イ 学力検査開始時刻に遅れた者は、原則として受検することができない。
ウ 検査当日の必携品は、次のとおりとする。
受検票、筆記用具、消しゴム、コンパス、定規、昼食、上ばき
エ スマートフォン等の情報端末や計算機・辞書・地図等の機能のついた時計等、学力検査の公正を乱すおそれのあるものの携帯は認めない。
オ 検査場には時計がないので留意すること。

3 一般選抜における学力検査

※以下に掲載した情報は、令和5(2023)年度「栃木県高等学校入学者選抜実施細則」をもとに作成しました。
令和6(2024)年度の一般選抜では変更される場合もあります。詳細事項が決定次第下野新聞に掲載いたします。

（1）学力検査問題

ア 出題の方針

学力検査問題は、中学校学習指導要領に即するとともに、基礎的・基本的事項を重視するものとする。

イ 教科及び内容

（ア）学力検査は、国語、社会、数学、理科及び外国語（英語）について行う。
（イ）出題の内容・範囲は中学校学習指導要領の「内容」に即するものとする。

ウ 配点

（ア）配点は、検査教科それぞれについて100点とする。
（イ）各教科内の配点は学校・学科により採点基準の配点を基に増減を加えることができる。
なお、令和6(2024)年度に実施する学校・学科、実施する教科は次の表のとおりである。

学校名	学科名	実施する教科
宇都宮高等学校	普通科	国数英
宇都宮女子高等学校	普通科	国数英

学校名	学科名	実施する教科
栃木高等学校	普通科	国数英

（ウ）小山高等学校の数理科学科は受検者の数学の得点を1.5倍する。

エ 作成

栃木県教育委員会が作成し、各高等学校長に手交する。

4 一般選抜における面接及び実技検査

（1）面接の実施

ア 面接を実施する学校は、個人面接、集団面接及びそれらの併用のうちから各学校が学校の特色に応じて選択して実施する。
イ 面接は、3月6日（水）の学力検査終了後又は3月7日（木）に、出願先高等学校において実施する。
ウ 各受検者の面接日及び集合時刻は、受検票交付時に出願先高等学校長から出身中学校長あて「面接同時通知書」により通知する。

（2）実技検査の実施

ア 小山南高等学校スポーツ科の受検者に対して、3月7日（木）に同校において実技検査を実施する。集合時刻は午前9時とする。
イ 実施種目は、①立ち幅とび ②メディシンボール投げ ③シャトルランニングの3種目とする。

栃木県の県立高校　多様な進路希望に対応するさまざまなタイプの高等学校

普通系高校

普通科高校	宇都宮・宇都宮東・宇都宮南・宇都宮北・宇都宮清陵・宇都宮女子・鹿沼・鹿沼東・日光明峰・上三川・石橋・小山西・栃木・栃木女子・栃木翔南・壬生・佐野・佐野東・足利・真岡・真岡女子・益子芳星・烏山・大田原・大田原女子・黒羽・黒磯・矢板東

※宇都宮東・佐野・矢板東は中高一貫教育校です。

普通科・普通系専門学科の併置校	小山・小山南
総合学科高校	今市・小山城南・足利南・茂木・黒磯南・さくら清修

普通系・職業系併置校

普通科・職業系専門学科の併置校	宇都宮中央・馬頭・那須拓陽・那須	
総合選択制高校	鹿沼南・足利清風・高根沢	Ⅰを参照

職業系専門高校

職業系専門高校	宇都宮商業・鹿沼商工・今市工業・栃木農業・栃木工業・栃木商業・足利工業・真岡工業	
総合選択制専門高校	宇都宮白楊・佐野松桜・真岡北陵・那須清峰・矢板	Ⅱを参照
総合産業高校	小山北桜	Ⅲを参照
科学技術高校	宇都宮工業	Ⅳを参照

職業系専門学科と普通科を併設した

Ⅰ. 総合選択制高校が3校あります。

●鹿沼南高等学校

学　科	設　置　学　科　名
農　業	食料生産科　環境緑地科
家　庭	ライフデザイン科
普　通	普通科

●足利清風高等学校

学　科	設　置　学　科　名
商　業	商業科
普　通	普通科

●高根沢高等学校

学　科	設置学科名
商　業	商業科
普　通	普通科

- 生徒の募集は各学科ごとに行い、各学科とも男女共学です。
- 職業系専門学科では、関心や進路目的に応じて、2･3年生で普通系の科目を選択履修することも可能です。
- 普通科では、全員が職業系専門科目を一部履修し、基礎知識の習得を図るとともに体験的･実践的な学習を行い、2･3年生では関心や進路目的に応じて専門科目を選択履修することも可能です。

職業系専門学科のある高校の中で

Ⅱ. 総合選択制専門高校が5校あります。

●宇都宮白楊高等学校

学　科	設　置　学　科　名
農　業	農業経営科　生物工学科 食品科学科　農業工学科
工　業	情報技術科
商　業	流通経済科
家　庭	服飾デザイン科

●佐野松桜高等学校

学　科	設　置　学　科　名
工　業	情報制御科
商　業	商業科
家　庭	家政科
福　祉	介護福祉科

●真岡北陵高等学校

学　科	設　置　学　科　名
農　業	生物生産科　農業機械科 食品科学科
商　業	総合ビジネス科
福　祉	介護福祉科

●那須清峰高等学校

学　科	設　置　学　科　名
工　業	機械科　建設工学科 電気情報科　機械制御科
商　業	商業科

●矢板高等学校

学　科	設　置　学　科　名
農　業	農業経営科
工　業	機械科　電子科
家　庭	栄養食物科
福　祉	介護福祉科

- 生徒の募集は各学科ごとに行い、各学科とも男女共学です。
- 総合選択制専門高校には、生徒の多様な進路希望に対応するため、同じ学校の中に農業･工業･商業･家庭･福祉などの学科が設置されています。
- 生徒は所属学科の専門教育を受けるほかに、興味･関心、適性、進路などに応じて、自由選択科目として、他の学科の科目を選んで学ぶことができます。

※ 介護福祉科については、介護福祉士を目指すことを目標としているため、他の学科の選択科目を設定していません。

各産業分野について広く学べる
Ⅲ. 総合産業高校が1校あります。

●小山北桜高等学校

学　科	設置学科名	学　科	設置学科名
農　業	食料環境科	商　業	総合ビジネス科
工　業	建築システム科	家　庭	生活文化科

- 生徒の募集は各設置学科ごとに行い、各学科とも男女共学です。
- 1年次には、全ての学科の基礎科目を全員が学習し、産業全体について学びます。
- 2年進級時に、定員の条件等が整えば、適性や希望に応じた転科（学科を移ること）が可能です。
- 2年次からは各学科の中でコース（類型）に分かれ、それぞれの専門分野をより深く学びます。
- 2、3年次は、他学科の専門分野・科目を一部選択履修することも可能です。

新しいタイプの工業高校
Ⅳ. 科学技術高校が1校あります。

●宇都宮工業高等学校

宇都宮工業高校は、本県の工業教育の中心校としての役割等を継承した上で、さらに新しい学び方を導入することなどにより、ものづくり県である本県産業の将来を担う技術力に対応できる人材の育成等を目指す新しいタイプの工業高校になりました。

新しい学び方 [4系 11コース 7学科]

技術の複合化・高度化に対応するため、広く工業全般について学ぶとともに専門性の深化を図ることを目指し、1年次では関連性の高い複数の学科を大くくりにした学科群（「系」※）の中で幅広く、工業全般の基礎・基本を学びながら自分の進むべき分野を決定し、2年次からは各学科の学習内容を、さらに細分化・重点化した類型（「コース」）に分かれ専門性を深めていく学び方をします。

※「系」…機械と電子機械、電気と電子情報等、各学科の学習内容が関連性を持っていることに着目し、1つにくくることでより幅の広い学習効果が期待できる学科同士をまとめたもの。

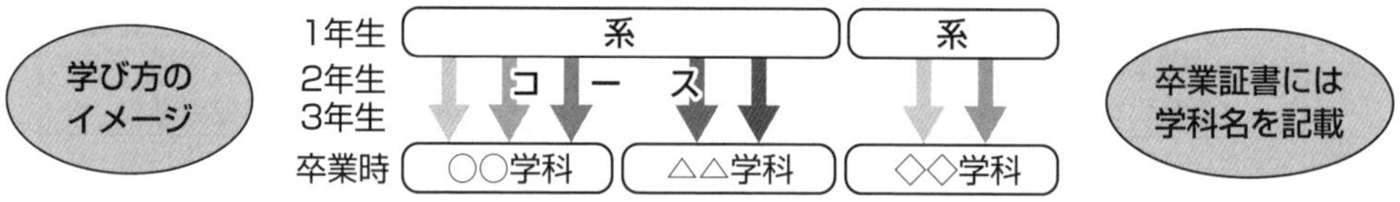

- 1年生は関連性が高い学科をまとめた系学科群の中で工業全般の基礎基本について広く学習します。
- 2・3年生は学科よりもさらに細分化されたコース（類型）に分かれて専門性を深めます。
- 生徒の募集は系ごとに行い、各系とも男女共学です。
- 1年次は系ごとに均一のクラス編成、2年次からはコースによるクラス編成となります。

学科構成

系	コース	設置学科
機械システム系	機械技術コース	機械科
	機械エネルギーコース	
	電子機械コース	電子機械科
電気情報システム系	電気エネルギーコース	電気科
	電子コース	電子情報科
	情報ネットワークコース	
建築デザイン系	建築技術コース	建築デザイン科
	住環境デザインコース	
環境建設システム系	環境設備コース	環境設備科
	土木施工コース	環境土木科
	土木設計コース	

各科の特色、学習内容や進路について

普通

普通科では、共通教科を中心に幅広い教養や学問の体系の基礎を学びます。

普通科を志望するのは

- 主に進学したい人
- 将来のため、幅広い教養を身に付けたい人
- 興味･関心のある教科について深く学びたい人
- いろいろな教科の勉強をしてから進路を決めたい人

普通科での学習内容は

- 普通科の授業は、国語、地理歴史、公民、数学、理科、外国語などの共通教科が中心です。ひとつの教科で、内容やその程度によっていくつかの科目に分かれています。各教科の必履修科目は全員が学びますが、その他の科目は自分の適性や進路に応じて選択することもできます。
- 多くの普通科では、自分の適性、興味･関心、進路などに応じて、文系、理系などの類型ごとにより深く学びます。
- 多様な進路に対応するために、商業、情報、家庭、福祉などの専門科目を学べるようにしている高校もあります。

総合学科

総合学科では、一人一人の進路希望や興味･関心に応じた科目の選択ができるよう、多くの科目を開設しています。

総合学科を志望するのは

- 共通科目をより深く学び、大学･短大などへ進学を目指す人
- それぞれの興味･関心に応じた学習をしたいと考えている人
- 芸術･体育･家庭･情報関係の科目を専門的に学びたい人
- 総合学科での学びを通して、進路を見い出したいと考えている人

総合学科の特徴は

- 産業社会と人間
  1年次に学ぶ「産業社会と人間」の授業で、生き方や将来の職業について深く考え、その実現に向けた学習計画（時間割）を作成できるようにします。
- 幅広い選択科目
  国語･数学などの共通教科･科目に加え、商業･家庭･情報･体育･美術等の専門科目など、幅広い科目（一般的な普通科高校の2倍以上となる100科目程度）を開設しています。
- 自分だけの時間割
  各教科の必履修科目は全員が学びますが、2年次以降は開設されている複数の系列（総合選択科目群）などから、大学進学や就職など自分の進路希望を実現するために必要な科目や、興味･関心のある科目を選び、自分の時間割を作って学びます。例えば、共通科目を中心に学ぶ普通科のような時間割や、専門科目を中心に学ぶ専門学科のような時間割も作成することができます。
- 単位制
  単位制とは、所定の単位を修得すれば卒業が認められる制度です。
- 少人数 ･専門的授業
  授業は、個人指導やグループ学習など少人数で行われることが多く、きめ細やかな授業を展開します。また、体験学習や社会人講師による専門的な授業も実施します。

専門学科 農業

農業の各学科では、共通教科に加え農業の各分野に関する基礎的･基本的な知識と技能を、実験や実習を重視して学習します。

農業学科を志望するのは

- 作物の栽培や家畜の飼育技術、農業経営について学びたい人
- 施設園芸やバイオテクノロジーについて学びたい人
- 食品の加工･流通や生活環境･生活技術について学びたい人
- 農業機械･測量･土木･造園や緑地環境について学びたい人

各学科の学習内容は

農業経営科　食料生産科 生物生産科　植物科学科	新しい時代に対応した作物、草花、野菜、果樹、畜産などに関する専門的な知識と技術を学びます。 ※食料生産科では草花は学びません。※植物科学科では畜産は学びません。
食料環境科	作物･野菜･果樹の栽培方法を学ぶ食料生産コースと、草花の栽培方法や造園･ガーデニングを学ぶ環境創生コースに分かれ、食料生産と環境づくりに関する知識と技術を学びます。
動物科学科	生産物を得るための動物を学ぶ生産動物コースと、人の生活に貢献する社会動物を学ぶ社会動物コースに分かれ、動物の飼育やその利用に関する知識と技術を学びます。
生物工学科	植物バイオテクノロジー･動物バイオテクノロジーや微生物の利用及び養液栽培等の施設栽培などに関する知識と技術を学びます。
農業工学科	道路や橋などの土木構造物の設計や施工及び水や土の基本的性質など環境保全に配慮した農業土木工事などに関する知識と技術を学びます。
環境緑地科	草花の栽培や装飾、造園やガーデニング、森林環境の保全やキノコの栽培方法などに関する知識と技術を学びます。
環境デザイン科	地域の自然や産業を取り巻く環境を維持･改善するために、環境や農業土木に関する知識と技術を学びます。
食品化学科　食品科学科	食品の特性と加工･貯蔵･流通に加え、食品の成分分析や衛生検査の方法及び食品に関連する微生物の利用と培養などに関する知識と技術を学びます。
農業機械科	各種農業機械の取扱い方法を学ぶと共に、エンジンをはじめ機械各部の構造と整備方法などに関する知識と技術を学びます。

専門学科 工業

工業の各学科では、体験的な学習（実験・実習）をとおして専門的な知識と技術を学び、「ものづくり県とちぎ」の発展を支え、将来の地域産業を担う人材を育てます。

工業学科を志望するのは

- 機械や電気に興味・関心がある人
- コンピュータを操作したりプログラムを作ったりすることが好きな人
- 「もの」を組み立てたり、工作したりすることが好きな人
- 建物や橋に興味・関心がある人

各学科の学習内容は

機械科　電子機械科 情報制御科　生産機械科 機械制御科	機械の設計や製品の加工技術、ロボットの仕組みや制御技術、自動車の構造などに関する知識と技術を学びます。
電気科　電子科　電子情報科 電気情報科　電気システム科	電気や電子に関する基礎、電気設備、オートメーション、情報通信などに関する知識と技術を学びます。
情報技術科 情報科学科	コンピュータのハードウェアやソフトウェア、エレクトロニクス、制御技術に関する知識と技術を学びます。
建設科 環境土木科　建築デザイン科 建設工学科　建築システム科	住宅、ビルなどの各種建築物や道路、トンネルなどを設計、施工、管理する知識と技術を学びます。
環境設備科	建物の冷暖房、給排水設備などを設計、施工、管理する知識と技術を学びます。
産業デザイン科	工業製品や織物、印刷物など、幅広い産業分野のデザインに関する知識と技術を学びます。
工業技術科	機械や電気などの工業に関する基礎的な知識と技術を幅広く学びます。

専門学科 商業

商業の各学科では、会計帳簿の作成と利用、ビジネスにおけるパソコンの活用、国際社会でのコミュニケーション能力の育成、商品流通のしくみなどを学習します。

商業学科を志望するのは

- 簿記会計の知識を身に付けたい人
- パソコンをビジネスに生かしたい人
- 商・経営・経済系の大学に進学したい人
- 検定試験にチャレンジしたい人

各学科の学習内容は

商業科	簿記や表計算ソフト、マーケティングなどについて幅広く学びます。進路に応じてコース制を設けている学校もあります。
情報処理科	ワープロや表計算ソフトはもちろん、情報処理技術者としての知識、パソコンのしくみやプログラムの作成方法などを学びます。
流通経済科	商品流通のしくみや営業販売活動におけるマナー、マーケティングについて学びます。
総合ビジネス科	ビジネスについての基礎的・基本的内容を幅広く学習し、情報処理や会計について深く学びます。
リゾート観光科	就業体験を積極的に取り入れており、リゾート地域における観光や商品企画の方法などについて学びます。

専門学科 水産

水産科では、主に淡水の魚類やその他の水産生物の増養殖技術、水産物の加工、流通を学びます。

水産科を志望するのは

- 河川・湖沼の水質や生息している生物について学びたい人
- 魚類の生理・生態について、より詳しく学びたい人
- 観賞魚を飼育したり、水生生物を観察したりすることが好きな人
- 水産物の加工や流通について学びたい人

水産科の学習内容は

水産海洋基礎	広く水産業に関する内容を学びます。
海洋生物	水産生物の分類、生理、生態などについて学びます。
資源増殖	水産生物の増養殖法、病気、バイオテクノロジーなどについて学びます。
海洋情報技術	ワープロ、データ処理、プレゼンテーションなどについて学びます。
食品製造	水産食品の製造、加工、保蔵などについて学びます。
課題研究	自ら設定した課題を主体的に研究し、まとめ、発表します。
総合実習	水産に関する知識と技術について体験的に学びます。
リバースタディ	河川の環境レジャー、文化、歴史などについて学びます。

■学校内で学ぶことができない実験・実習については校外学習を行います。主な実習先は次のとおりです。

- 海洋実習（1年）･･･茨城県立海洋高校（宿泊実習）
- カヌー実習（1･2年）･････････････････････武茂川等
- （3年）････････････････････････那珂川
- ヒメマス採卵実習（1年）･･････････････････中禅寺湖漁業協同組合
- 河川調査及び磯採集（2年）････････････････････････････那珂川
- インターンシップ（2年）･･･養殖場･栃木県水産試験場･なかがわ水遊園等

専門学科 家庭

家庭の各学科では、家庭生活を支える食生活･衣生活･住生活･保育などに関する知識と術能を学びます。

家庭学科を志望するのは

- 被服製作が好きな人
- ファッションやデザインについて学びたい人
- 調理師を目指す人
- 食生活について学びたい人
- 福祉の仕事に関心のある人
- 保育や家族のことを学びたい人
- 消費者として広い視野をもちたい人
- 生活文化について学びたい人

各学科の学習内容は

総合家庭科	家庭に関する専門的な知識と技術を科学的な視点から体験的･総合的に学びます。
服飾デザイン科	服飾デザインについて専門的な知識や技術を習得し、個性豊かなファッションスペシャリストを目指します。
ライフデザイン科	食物･福祉の分野において自他ともによりよい生活を創造していくための知識と技術を学びます。
生活文化科	衣(服飾)文化･食文化･住文化など、生活文化全般に関する知識や技術を学びます。
家政科	被服、食物、保育、家庭経営、住居、家庭情報処理に関する知識と技術を学び、生活産業分野のスペシャリストを目指します。
食物文化科	食生活を総合的に学習し、食文化を伝え創造するとともに、食物関連産業で活躍するための知識と技術を学びます。
栄養食物科	調理、栄養、食品衛生、食文化など、調理師として活躍するための専門的知識と技術を学びます。

専門学科 福祉

福祉学科では、福祉に関する専門科目を学び、高齢社会において、信頼され、心のこもった介護サービスができる専門家を育てます。

福祉学科を志望するのは

- 相手の気持ちに応えられるように努力する人
- 手を差し伸べる勇気を持とうと努力する人
- 人生の先輩から学ぼうと努力する人
- 福祉に関する諸課題を主体的に解決しようと努力する人

福祉学科の学習内容は

- 介護実践の基礎となる教養や倫理的態度を養います。
- 適切な介護実践に必要な心や体に関する知識を学びます。
- 「尊厳の保持」「自立支援」の考え方を踏まえ、介護実践できる能力を養います。

専門学科 理数

理数学科（数理科学科）では、数学と理科に関する教科・科目を重点的に学び、科学的に自然を探究する知識や技能、および思考力・判断力・表現力を身につけていきます。

数理科学科を志望するのは

- 数学や理科が得意で、より深く学びたい人
- 自然や物事の仕組みに興味・関心が高く、探究心が旺盛な人
- 数学や理科だけでなく、すべての学習に粘り強く取り組める人
- 科学の分野で社会に貢献したい人

- 数学と理科の授業を充実させ、論理的思考力や問題解決能力を養います。
- 少人数授業や学習習熟度別授業により、自分の能力や興味・関心に合わせた学習ができるよう配慮しています。
- 自然探究合宿や大学・研究機関と連携した体験学習など、最先端の知識や科学技術に触れるプログラムを用意しており、視野を広げることで将来の進路選択にも役立ちます。

専門学科 体育

体育科（スポーツ科）では、スポーツについての正しい理解と実践により、高度な運動技能や運動の学び方を身につけた心身ともに健全な人を育てます。

スポーツ科を志望するのは

- 体育・スポーツが好きで、体育・スポーツに関する様々なことに挑戦したい人
- 自分が得意とするスポーツ種目の技能の向上を目指したい人
- 将来、体育・スポーツにかかわる仕事に就きたい人
- 運動部で活躍したい人

栃木県立高校 全日制/定時制/通信制

令和6年（2024）度 入試カレンダー

2024年		全日制		定時制		通信制
		特色選抜	一般選抜	フレックス特別選抜	一般選抜	
1/31	水	願書等提出期間				
2/1	木					
2	金					
3	土					
4	日					
5	月					
6	火					
7	水	面接等（ただし、1日で				
8	木	行う学校は7日に実施）				
9	金					
10	土					
11	日					
12	月					
13	火					
14	水	合格者内定				
15	木					
16	金					
17	土					
18	日					
19	月					
20	火		20日・21日			
21	水		願書等提出期間			
22	木					
23	金					
24	土					
25	日					
26	月		26・27日	26・27日		
27	火		出願変更期間	願書等提出期間		
28	水		28日・29日	28日・29日		
29	木		受検票交付期間	受検票交付期間		
3/1	金					
2	土					
3	日					
4	月					
5	火					
6	水		学力検査	学力検査		
7	木					
8	金					
9	土					
10	日					
11	月					
12	火		合格者発表	合格者発表	12～14日	
13	水				願書等提出期間	12～15日
14	木					願書等提出期間
15	金					
16	土					
17	日					
18	月				学力検査	
19	火					
20	水					面接（春分の日）
21	木					18日·19日·21·22日、25日
22	金				合格者発表	願書等提出期間
23	土					
24	日					
25	月					
26	火					面接
27	水					合格者発表
28	木					
29	金					
30	土					
31	日					

2023(令和5)年度実施済 栃木県立高校全日制 学力検査と調査書の比重一覧

栃木県立高校の全日制の一般入試による入学者の選抜は、調査書、学力検査の成績、面接及び実技検査を行った場合はその結果等を資料として総合的に行われ、学力検査と調査書の評定との比重の置き方については、各学校・学科(系・科)ごとに定められています。この調査書と学力検査の比重は、特色選抜や定時制、通信制には該当しません。

(比重欄の左側が学力検査、右側が調査書の比重。○は個人面接、●は集団面接を課している。)

学校名	学科名	男女	比重	面接
宇都宮	普通	男	9：1	—
宇都宮東	普通	男女	9：1	—
宇都宮南	普通	男女	8：2	—
宇都宮北	普通	男女	9：1	—
宇都宮清陵	普通	男女	8：2	—
宇都宮女子	普通	女	9：1	—
宇都宮中央	普通	男女	9：1	—
	総合家庭	男女	8：2	—
宇都宮白楊	農業経営	男女	6：4	●
	生物工学	男女	6：4	●
	食品科学	男女	6：4	●
	農業工学	男女	6：4	●
	情報技術	男女	6：4	●
	流通経済	男女	6：4	●
	服飾デザイン	男女	6：4	●
宇都宮工業	機械システム	男女	7：3	—
	電気情報システム	男女	7：3	—
	建築デザイン	男女	7：3	—
	環境建設システム	男女	7：3	—
宇都宮商業	商業	男女	7：3	—
	情報処理	男女	7：3	—
鹿沼	普通	男女	8：2	—
鹿沼東	普通	男女	8：2	—
鹿沼南	普通	男女	6：4	●
	食料生産	男女	6：4	●
	環境緑地	男女	6：4	●
	ライフデザイン	男女	6：4	●
鹿沼商工	情報科学	男女	6：4	●
	商業	男女	6：4	●
今市	総合学科	男女	7：3	—
今市工業	機械	男女	6：4	●
	電気	男女	6：4	●
	建設工学	男女	6：4	●
日光明峰	普通	男女	5：5	●
上三川	普通	男女	7：3	—
石橋	普通	男女	8：2	—
小山	普通	男女	8：2	—
	数理科学	男女	8：2	—
小山南	普通	男女	7：3	—
	スポーツ	男女	6：4	●
小山西	普通	男女	8：2	—
小山北桜	食料環境	男女	6：4	●
	建築システム	男女	6：4	●
	総合ビジネス	男女	6：4	●
	生活文化	男女	6：4	●
小山城南	総合学科	男女	7：3	—
栃木	普通	男	9：1	—
栃木女子	普通	女	8：2	—
栃木農業	植物科学	男女	6：4	●
	動物科学	男女	6：4	●
	食品科学	男女	6：4	●
	環境デザイン	男女	6：4	●
栃木工業	機械	男女	6：4	●
	電気	男女	6：4	●
	電子情報	男女	6：4	●
栃木商業	商業	男女	7：3	●
	情報処理	男女	7：3	●
栃木翔南	普通	男女	8：2	—
壬生	普通	男女	7：3	—
佐野	普通	男女	8：2	—
佐野東	普通	男女	8：2	—
佐野松桜	情報制御	男女	6：4	●
	商業	男女	6：4	●
	家政	男女	6：4	●
	介護福祉	男女	6：4	●
足利	普通	男女	8：2	—
足利南	総合学科	男女	6：4	—
足利工業	機械	男女	6：4	●
	電気システム	男女	6：4	●
	産業デザイン	男女	6：4	●
足利清風	普通	男女	7：3	●
	商業	男女	7：3	●
真岡	普通	男	9：1	—
真岡女子	普通	女	8：2	—
真岡北陵	生物生産	男女	6：4	●
	農業機械	男女	6：4	●
	食品科学	男女	6：4	●
	総合ビジネス	男女	6：4	●
	介護福祉	男女	6：4	●
真岡工業	機械	男女	6：4	●
	生産機械	男女	6：4	●
	建設	男女	6：4	●
	電子	男女	6：4	●
益子芳星	普通	男女	6：4	—
茂木	総合学科	男女	7：3	—
烏山	普通	男女	8：2	—
馬頭	普通	男女	5：5	●
	水産	男女	5：5	○
大田原	普通	男	9：1	—
大田原女子	普通	女	8：2	—
黒羽	普通	男女	6：4	●
那須拓陽	普通	男女	8：2	—
	農業経営	男女	6：4	●
	生物工学	男女	6：4	●
	食品化学	男女	6：4	●
	食物文化	男女	6：4	●
那須清峰	機械	男女	6：4	●
	機械制御	男女	6：4	●
	電気情報	男女	6：4	●
	建設工学	男女	6：4	●
	商業	男女	6：4	●
那須	普通	男女	5：5	●
	リゾート観光	男女	5：5	●
黒磯	普通	男女	8：2	—
黒磯南	総合学科	男女	6：4	—
矢板	農業経営	男女	6：4	●
	機械	男女	6：4	●
	電子	男女	6：4	●
	栄養食物	男女	6：4	●
	介護福祉	男女	6：4	●
矢板東	普通	男女	8：2	—
高根沢	普通	男女	6：4	●
	商業	男女	6：4	●
さくら清修	総合学科	男女	7：3	—

県立入試問題の傾向と対策〈社会〉

	令和3年度	令和4年度	令和5年度
1	地理(日本):やませの記述。宮古市の漁業の特徴について選択。製造業を資料から判断。世界最大のさんご礁がある国を選択。ヒートアイランド現象の記述。都市で水害が発生する理由を論述。地図を読み取り、正誤判断。日本の貨物輸送について選択。	地理(日本):政令指定都市の記述。大阪市の雨温図の選択。マングローブが見られる国の選択。宿泊旅行者数・旅客輸送数の資料の読み取り。製造品出荷額・従業者10人未満の事業所割合の資料の読み取り。農業産出額・米の産出額の資料の読み取り。新潟県の施設を選択。知床半島の問題解決に向けての取り組みを記述。	地理(日本):緯度と経度。日本の貿易。自然災害と防災。日本の気候。地域調査の方法。日本の交通。日本の資源・エネルギー。日本の農業。
2	地理(世界):時差から地図上の位置を選択。東南アジア諸国連合の記述。ドイツの都市の気候を資料から選択。韓国・タイ・ドイツの宗教について選択。人口の割合のグラフの読み取り。日本の輸入品について資料から判断。統計から中国を判断。判断理由を論述。	地理(世界):気温・降水量のグラフの読み取り。バイオ燃料の記述。オーストラリアがイギリスの植民地であったことの記述。アルコールを飲まない宗教の選択。コートジボワールの輸出のグラフとカカオ豆の資料の読み取り。排他的経済水域の資料の読み取り。人口ピラミッドの資料の読み取り。	地理(世界):大陸の大きさと地図。南アメリカ州の地形。南アメリカ州の人々の生活。熱帯の農業。世界の気候。世界の国々の地下資源。南アメリカの都市問題。
3	歴史(古代～近世):資料から時代を選択。調の記述。座の記述。勘合の記述。前方後円墳の記述。大和政権の勢力範囲の変化について論述。徳川綱吉の政策について選択。年代順の並び替え。	歴史(古代～近世):遣隋使の目的を選択。鑑真と禅宗の選択。日宋貿易を進めた人物の選択。建築物の時代を判断。豊臣秀吉のキリスト教に関する施策の選択。朱印船貿易の記述。外国人居住区を神戸に設置した理由の記述。大航海時代の記述。	歴史(古代～近代):奈良時代のできごと。鎌倉時代の社会の様子。中世の政治の変遷。戦国大名の政策。戦国時代の世界のできごと。古代から近世における法令。江戸時代の物流。税制度の近代化。
4	歴史(近代～現代):富岡製糸場の記述。葛飾北斎と同時期に活躍した人物の選択。資料から薩摩藩が列強と交流した理由について論述。岩倉使節団の記述。日本とロシアの領土について選択。国際連盟脱退後の出来事について選択。佐藤栄作内閣について選択。	歴史(近代～現代):明治初期のできごとの選択。明治時代におきたできごとの並び替え。関東大震災後の区画整理の資料に関する記述。全国水平社の記述。学徒出陣の時代の選択。太平洋戦争後のできごとの時代の判断。安保闘争の記述。	歴史(近世～現代):日本の開国。国会開設に向けた動き。世界恐慌への対応。第二次世界大戦中の国際情勢。文化の大衆化。戦後の日本経済。近現代の日本や世界のできごと。
5	公民:三権分立について選択。世論の記述。累進課税について選択。地方の行政事務と小都市の歳入の特徴を資料から論述。日本銀行の役割について選択。独占禁止法の記述。日本の企業の特徴を選択。	公民:GDPの記述。需給曲線の読み取り。金融政策についての選択。条例の記述。内閣の仕事の選択。内閣不信任決議案可決後の処理の選択。大きな政府と小さな政府に関する記述。	公民:日本の選挙制度。国や地方の政治のしくみ。地方財政の特徴。人の支配と法の支配。インフレーションと貨幣価値。消費者問題。衆議院議員選挙の課題。
6	公民:男女雇用機会均等法の記述。介護保険制度の記述。公共の福祉の記述。憲法改正の手続きについて選択。被疑者・被告人の権利について選択。議会制民主主義の考え方について選択。若者の低投票率について解決策を資料から論述。	公民:持続可能な開発目標の記述。パリ協定の記述。為替相場についての選択。国際連合に関する選択。教育を受ける権利に関する選択。難民の記述。発電方法の資料に関する記述。	公民:人権保障の国際的取り組み。日本における就業率の変化。日本の社会保障制度。平和への取り組み。発展途上国間の経済格差。グローバル化と地域の連帯。食品ロス削減への取り組み。

【傾向と対策】

全体：大問数は６問。昨年度と同様。各分野の配点は地理34点，歴史34点，公民32点で昨年と同様。各分野バランスよく出題されている。各大問それぞれに論述問題が1問出題されている。まず教科書の基本知識を身につける必要がある。そして、基礎知識を生かし、地図・文献・図版、写真、統計資料から必要な情報を読み取り、解答に結びつけることが必要である。

地理：基本知識を問う問題に加え、資料から考察させる問題が多く出題されている。普段から、資料や地図と基礎知識を結びつける勉強をすることが必要である。

歴史：歴史の流れ，時代の背景を問う問題が多く出題されている。断片的に知識を覚えるのではなく，出来事の前後関係や因果関係を確認しながら勉強することが必要である。

公民：教科書の基本知識が多く出題されている。公民の各分野をバランスよく勉強する必要がある。

県立入試問題の傾向と対策〈数学〉

	令和3年度	令和4年度	令和5年度
1	基礎的・基本的問題 (14問,28点) 正の数・負の数の減法，単項式の除法，式の値，因数分解，等式変形，平方根（選択)，平行線と角，反比例，正四角錐の体積，2次方程式，1次関数の変域，数量の大小関係，三角形の相似，平行四辺形の特別な形（選択)	基礎的・基本的問題（8問,16点) 正の数・負の数の除法，単項式の加法，展開，2次方程式，反比例，おうぎ形の弧の長さ，円周角と中心角，三角形の合同（選択)	基礎的・基本的問題（8問,16点) 正の数と負の数の減法，単項式の除法，展開，1次不等式，立方体のねじれの位置，反比例，円周角の定理，相似比と面積比
2	作図，確率，関数（3問,12点) 辺の中点を求める作図，さいころを使った確率，2乗に比例する関数と図形	平方根，方程式（3問,15点) 平行根，連立方程式の活用（計算過程の論述)，２次方程式	方程式・文字式（3問,15点) 解の公式，1次方程式の活用（計算過程の論述)，文字式の利用
3	連立方程式と資料の活用(4問,14点) 連立方程式の活用（計算過程の論述)，最頻値，相対度数，資料の分析	確率と標本調査（4問,16点) 確率，標本調査，四分位数と箱ひげ図，散らばりぐあい（判断理由の論述)	作図･図形の計量･証明(4問,18点) 作図，三平方の定理，回転体の体積，直角三角形の合同の証明
4	図形の証明と計量（3問,15点) 合同であることの証明，三平方の定理，図形の面積	作図,図形の計量と証明(4問,18点) 作図，三平方の定理，立体の体積，相似であることの証明	確率・データの活用（5問,13点) 確率，累積度数，最頻値，箱ひげ図（選択)，四分位数（正しいとは限らない理由の論述)
5	点の移動と1次関数（3問,15点) 動点と図形の面積，1次関数の式（計算過程の論述)，1次関数の活用	2次関数と1次関数のグラフ(6問,22点) 対称なグラフ，図形の面積，平行な直線（計算過程の論述)，1次関数の値，１次関数の式，１次関数のグラフ（正しい理由の論述)	関数のグラフと活用（6問,25点) 関数 $y=ax^2$ の変域，$y=ax^2$ の活用，$y=ax^2$ の活用（計算過程の論述)，1次関数のグラフの傾き，1次関数の式（計算過程の論述)，１次関数の活用
6	シートに書かれた数（3問,16点) シートに書かれた最大の数，2次方程式の活用（計算過程の論述)，整数の性質	反往横跳びの位置と回数(3問,13点) 移動後の位置，文字を用いた表現，1次方程式の活用	タイルの貼り方（3問,13点) 白いタイルの枚数，黒と白のタイルの枚数、等式と整数

【傾向と対策】

今年度も例年通り「数と式」，「図形」，「関数」，「データの活用」の4領域からバランスよく出題されている。また，基礎的・基本的問題が大半を占めるように配慮され，どのような生徒でも得点できるように構成されている。

令和5年度では問題のページ数が従来の7ページから9ページに変わったが，問題数では昨年度は28問，今年度は29問とほとんど変化しなかった。受験生はゆったりと計算できたと思われる。ただ，5の関数のグラフと活用については，5に関数とグラフの問題を集め，配点も25点あった。放物線と図形，また，1次関数を利用した道のり，速さ，時間をテーマとした代表的な問題である。ぜひともこのような問題に慣れてほしい。

入試問題はどのように変化しても，その内容はつねに教科書を基本としている。皆さんは授業を真剣に聞き，教科書に載っているすべての問題を解けるようにする。解けなければ解答や解説を参考にし，先生や友達に聞く。これを繰り返す。また，定理の証明を完全に理解し，再現できるようにする。さらに，栃木県の過去の入試問題を完全に征服する。解けないときは，解説を何度も読み返して自分の実力とする。合わせて他府県の入試問題にも挑戦するとよい。過去問は入試対策として最良の問題であり，入試に必要な知識がちりばめられている。

受験勉強は受験だけでなく，自分自身の人間力や人間性を高め，人生に立ち向かっていく積極的な力を養ってくれる。力まず楽しく勉強に取り組んでほしい。

県立入試問題の傾向と対策〈理科〉

	令和3年度	令和4年度	令和5年度
1	第1・第2分野の小問集合（８問） ア～エからの選択式と記述式 化学変化・垂直抗力・惑星・消化酵素 放電・マグマ・発生・質量パーセント濃度	第1・第2分野の小問集合（８問） ア～エからの選択式と記述式 しゅう曲・肝臓のはたらき・熱の放射の利用・状態変化・受粉・乱反射・気団・中性子	第1・第2分野の小問集合（８問） ア～エからの選択式と記述式 裸子植物の種類・空気の成分・力のつりあい・気団の特徴・初期微動・反射・電力・塩
2	気象観測と前線の通過による気象データの変化(3問) 天気の記号・前線付近の断面図・前線付近の気流と雲のようす・前線の通過に伴う気象の変化(記述)	ミョウバンを用いた実験を通して斑晶と石基のでき方について考察する(3問) 顕微鏡の倍率・火成岩のつくり・花こう岩に多く含まれる鉱物・斑晶と石基のでき方の違い(記述)	モノコードを用いた実験を通して音の高さや大きさを決める条件について科学的に考察する(4問) 音の伝わり方・振動数・音の高さを決める条件・音をならす条件と波形の関係(記述)
3	植物のつくりと蒸散（４問） アジサイの茎のつくり・実験操作の目的・気孔の分布と蒸散量の関係・実験結果の考察（記述）	炭酸水素ナトリウムと塩酸の反応を通して質量保存の法則からわかる質量変化の規則性を考察する（３問） 二酸化炭素の化学式・質量変化のグラフとその量的関係・仮説の検証（記述）	霧の発生に関する実験を通して、霧が発生する条件と身の回りの現象を関連付けて解釈する（３問） 実験操作の目的・霧が発生する条件(記述)・身の回りの現象との関連
4	直流電流とコイルを流れる電流がつくる磁界（３問） 鉄粉による磁界・直流電流がつくる磁界・コイルがつくる磁界の強さとコイルからの距離の関係（記述）	様々な回路における，電流，電圧，抵抗の関係（３問） 電流計の読み取り・直列回路の電圧と電気抵抗・回路と電流の大きさ	だ液による消化の実験（４問） ベネジクト液の反応・だ液のはたらき（記述）・粒子の大きさの考察・仮説を確認するための実験方法の立案
5	電池のしくみ（４問） 電離を表す式・電池のしくみ・中和された溶液での電流が流れる条件・実験方法の改善（記述）	動物のつくりと分類・体のつくりと生活のしかたの関係（３問） 節足動物・両生類の呼吸・食物連鎖・目のつきかたと見え方の関係	塩化銅水溶液の電気分解と，電流と生成物の量的関係（３問） 気体のにおいのかぎ方・化学反応式・流した電流と生成物の量的関係
6	遺伝の規則性（３問） 対立形質・分離の法則・遺伝の規則性の考察	塩酸と水酸化ナトリウム水溶液の中和の実験（４問） ＢＴＢ溶液の色の変化と酸性を示すもととなるイオン・塩を取り出す方法（記述）・イオンの数とイオン式・イオンの総数の変化のグラフ	小球とレールを用いてのエネルギーについての実験（３問） 小球を持ち上げたときの仕事・位置エネルギーと速さの関係・力学的エネルギー（グラフ）
7	地層（４問） 示準化石・堆積岩の同定・地層が堆積した当時のようす（記述）・地層の広がりの考察	季節ごとの太陽と影の動きを調べる実験とソーラーパネルの設置角度（４問） 日周運動・季節の変化による影の動きの違い・南中高度と影の長さ・ソーラーパネルと地面のなす角	溶解度曲線から、物質の種類ごとの量的関係を見いだす（４問） 質量パーセント濃度・溶解度・溶解度曲線と結晶の析出・物質の溶解と粒子モデル（記述）
8	気体の同定（３問） 気体の化学式・気体の水溶液の性質・酸素の働き（記述）	光合成と呼吸について調べる実験（4問） 操作の目的・光合成によって生じる物質・実験結果の比較から確かめられること・二酸化炭素の割合の変化からわかること（記述）	ジャガイモの無性生殖と有性生殖（３問） 栄養生殖・有性生殖の染色体のようす・無性生殖の形質と遺伝子（記述）
9	凸レンズのはたらき（４問） 凸レンズによる実像・凸レンズに入射した後の光の道すじの作図・凸レンズの性質・焦点距離	水平面や斜面での台車の運動と木片の運動（４問） 平均の速さ・等速直線運動・台車と木片の速さと時間の関係・物体にはたらく力	月や金星の運動と見え方（４問） 衛星・月の公転と見え方・金星の位置と見え方・惑星の特徴

【傾向と対策】

問題の数、難易度に関しては例年通りであり、生命・物質・エネルギー・地球の各分野から偏りなく出題されている。ただ、今年も、実験の結果から得られた結果を「日常生活に当てはめて考えたり、仮説をたて、どのような実験をし、どのような結果が得られればその仮説が正しいと証明できるか」を問う問題が出題されている。これらはそのための特別な学習というより、基本的な知識があればかなりの確率で解決できる問題である。ただし、多少文章が長いので、日頃から教科書などをよく読み（ときには音読することもお勧めである）、わからないときは繰り返し読み、文章の内容を理解する力を身につけておく必要がある。

ある程度の知識が習得できていたら、過去の入試問題に挑戦してみよう。自分のできていないところに気がつくことができる。知識の習得がこれからだったら、好きな分野を集中的に勉強して、まずは得意の分野を作ろう。このとき一番役に立つのは教科書だ。問題を解くのはそのあとだ。得意な分野をコツコツと増やしていけばよい。

県立入試問題の傾向と対策〈英語〉

	令和3年度	令和4年度	令和5年度
1	聞き方の問題(11問) 1.対話を聞き絵を選択する問題(3問) 2.対話を聞き内容に関する質問の答えを選択する問題(4問) 3.説明を聞きいて英文のメモを完成する問題(4問)	聞き方の問題(10問) 1.対話を聞き質問の答えとなる絵や応答を選択する(4問) 2.対話を聞き内容に関する質問の答えを選択する(3問) 3.インタヴューを聞いて英文のメモを完成する(3問)	聞き取りの問題(10問) 1.対話を聞き質問の答えとなる絵や応答を選択する(4問) 2.表を参照しながら、対話を聞き内容に関する質問の答えを選択する(3問) 3.説明文(ガイドの案内)を聞いて英語でメモを完成する(3問)
2	1.文脈に合う語句を選択する問題(6問) 2.語句を並べ替える問題(3問)	語彙や文法・文構造に関する問題(9問) 1.文脈に合う語句を選択する(6問) 2.文意が通るよう語句を並べ替える(3問)	語彙や文法・文構造に関する問題(9問) 1.文脈に合う語句を選択する(6問) 2.文意が通るよう語句を並べ替える(3問)
3	長文の対話を読んで答える総合問題(9問) 1.空所に語句を補充する問題(記述) 2.空所に語句を補充する問題(記述 3問) 3.下線部の内容を説明する問題(記述) 4.空所に単語を補充する問題(選択) 5.下線部の内容に関する空所補充問題(選択 2問) 6.問題文と関連する自由英作文(5文程度)	長文の対話を読んで答える総合問題(8問) 1,2.対話の流れや資料の内容に合うように空所に語句や文を補充する(記述 4問) 3.下線部の内容を表す資料を選ぶ(選択) 4.下線部の内容を説明する(記述) 5.文中の空所に補充する単語を答える(選択) 6.問題文と関連する自由英作文(5文程度)	長文(説明文)を読んで答える総合問題(4問) 1.説明の筋が通るように前後の英文から判断して、空所に入る適切な語句を選ぶ(選択) 2.前後の内容から判断して、2つの空所に共通して入る単語を答える(記述) 3.下線部の内容を具体的に説明する(記述) 4.説明のまとめとして適する英文を選ぶ(選択)
4	長文(体験文)を読んで答える総合問題(7問) 1.空所に語句を補充する問題(選択 2問) 2.空所に語句を補充する問題(選択) 3.下線部の内容を説明する問題(記述) 4.問題文の内容を要約する問題(記述 2問) 5.問題文の内容との整合を問う問題(選択)	長文(体験文)を読んで答える総合問題(5問) 1.空所に適切な語句を補充する(記述) 2.下線部の内容を日本語で説明する(記述) 3.問いに対する要点を答える(記述) 4.下線部の内容を表す語句を書き出す(記述) 5.問題文の内容との整合を問う(選択)	長文(体験文)を読んで答える総合問題(5問) 1.空所に適切な語句を補充する(記述) 2.下線部の内容を日本語で説明する(記述) 3.空所に適切な単語を補充する(記述) 4.英文の概要を捉えて、空所に適切な単語の組合せを補充する(選択) 5.問題文の内容と合う英文を答える(選択)
5	長文(説明文)を読んで答える総合問題(4問) 1.空所に語句を補充する問題(選択) 2.下線部の内容を説明する問題(記述) 3.空所に英文の一部を補充し文を完成する問題(選択) 4.問題文の主題を問う問題(選択)	長文(説明文)を読んで答える総合問題(4問) 1.空所に適切な語句を補充する(選択) 2.空所の前後の英文の意味がつながるよう、正しい順序で空所に英文を補充する(並べ替え) 3.下線部の内容について説明する(記述) 4.問題文の概要を捉え主題を答える(選択)	長文(対話文)を読んで答える総合問題(9問) 1.下線部の内容を指す語を答える(記述) 2.対話の流れに合うよう、空所に当てはまる英文を答える(選択) 3.下線部の内容について説明する(記述) 4.図の内容を表す英文の空所に、適切な英語を補充する(記述 3問) 5.対話の流れに合うよう、空所に入る適切な表現を答える(記述) 6.対話の流れに合うよう、空所に入る適切な単語の組合せを答える(選択) 7.問題文と関連する自由英作文(記述 5文程度)

【傾向と対策】

大問は昨年と同じ5問。小問ごとの問題数を見ると、「1聞き取りの問題」「2語彙や文法・文構造に関する問題」は昨年と同数であり、出題傾向も昨年度と変わらない。長文問題では、3の問題文が対話文から説明文に変わり、問題数は8問から、選択3問と記述1問の計4問となった。4の問題数は5問と昨年度と変わらないが記述が1問減った。5は昨年の4問から9問へと問題数が増え、記述が昨年の2問から7問に増えた。また、対話文は大問3から5での出題となり、併せて資料を参照して答える問いや、問題文と関連して自分の意見を書く自由英作文も大問5へ移った。長文問題ごとの英文の量が多いことや。今年度も語注が多く、英語以外の外国語が入ったりしているので、英文を読み進める上で難しさを感じる面もあるだろう。

長文読解では「概要や要点、話の流れを正確に捉える力」が試されている。その力なしには、「空所に入る語句を選ぶ問題」であっても正解することはできない。教科書だけでなく教科書以外の英文にも多く接し、速く正確に内容を把握する力を付ける練習をしたい。資料や図を参考に読む問題は、部分英作文にだけ必要なもので、昨年度の対話文を資料と照らしながら「下線部の内容を表す資料を答える」問題とは出題意図が異なる。記述問題は、日本語で説明するものから単語で答えるものや、部分英作文や自由英作文まで難易度に差がある。今年度は、自由作文に条件や例が示され、解答し易くなった。英作文の準備としては、語彙や表現だけを覚えるのではなく、普段から文単位で覚え、文単位で使う（話す、書く）練習することが大切である。

1聞き取れない部分に拘って流れを見失わないこと。付属のCDで、段階を踏んで繰り返し聞く練習をする。例えば、①まず聞く②英文を見て聞く③意味を確認後、再度英文を見ながら聞く④最後にもう一度、英文を見ないで聞くなどが考えられる。

2 1空所だけでなく、その前後の文も確認し、文法的に正しく、文意にも合う単語を選ぶ。単語の意味はもちろん、文中での適切な形など、文法の知識も総動員して考える。2確実に理解できるよう、解きながら必要に応じて文法や文構造などを確認してみる。1、2ともに、類似の練習問題を数多くこなして慣れておくとよい。

3 4 5 長文問題に慣れるには、多くの英文に触れ、内容や流れを的確に把握する練習をする。例えば、①細部よりも概要・要点の把握を中心に読む。②文法や語句を確認し、英文を訳しながら正確に読む。③内容を確認しながら再度読むなどの工夫をする。長文問題を解く際、設問を予め確認してから読み始めてもよい。また、指示代名詞などが「具体的に指すもの」に注意して読む習慣を付ける。5 7今回の自由英作文は、与えられたテーマについて、具体例、理由、まとまりなどの条件の下、平易な英文で表現する問題である。普段から、テーマを決め英文を順序よく5文程度まとめる練習して、使える語句や英文を増やしておきたい。

県立入試問題の傾向と対策〈国語〉

	令和3年度	令和4年度	令和5年度
1	漢字・文法・俳句の季節などを問う小問集合 1　漢字の読み取り　2　漢字の書き取り　3（1）俳句の表現技法（2）俳句の季節（3）敬語（4）自動詞、他動詞　4　漢文の書き下し	漢字・文法・熟語の構成・俳句の季節などを問う小問集合 1　漢字の読み取り　2　漢字の書き取り　3「そうだ」の識別 4　敬語　5　文の係り受け 6　熟語の構成　7　和歌の語句選択	漢字・文法・熟語の構成・俳句の季節などを問う小問集合 1　漢字の読み取り　2　漢字の書き取り　3（1）副詞の選択（2）熟語の構成（3）敬語 4（1）俳句の表現技法（2）俳句の季節
2	古文　出典「天羽衣」から 1　現代かなづかいに直す 2　文脈中の主語の識別選択 3　文脈中の部分理解の選択 4　文脈中の部分理解の記述 5　本文内容理解の選択	古文　出典「百物語評判」から 1　現代かなづかいに直す 2　文脈中の主語の識別選択 3　文脈中の部分理解の選択 4　文脈中の部分理解の選択 5　本文内容理解の記述	古文　出典「今昔物語集」から 1　現代かなづかいに直す 2　文脈中の部分理解の選択 3　文脈中の部分理解の記述 4　文脈中の部分理解の選択 5　本文内容理解の選択
3	評論文　出典・石原千秋「読者はどこにいるのか」から 1　文章中の空欄補充の選択 2　文章中の部分理解の記述 3　文章中の部分理解の選択 4　文章中の部分理解の選択 5　文章中の部分理解の記述 6　本文の特徴の選択	評論文　出典・三井秀樹「形の美とは何か」から 1　文章中の部分理解の記述 2　文章中の部分理解の選択 3　文章中の空欄補充の選択 4　(1) 文章中の空欄補充の抜き出し　(2) 文章中の部分理解の記述 5　2つの文章の関係	評論文　出典・松本武彦「はじめての考古学」から 1　文章中の空欄補充の選択 2　文章中の部分理解の記述 3　文章中の接続詞の選択 4　段落の働きの選択 5　(1) 文章中の空欄補充の抜き出し　(2) 文章中の部分理解の記述
4	小説　出典・寺地はるな「水を縫う」から 1　文章中の空欄補充の選択 2　文章中の心情理解の選択 3　文章中の空欄補充の選択 4　文章中の心情理解の記述 5　文章中の心情理解の記述 6　本文の心情理解の選択	小説　出典・天沢夏月「ヨンケイ!!」から 1　指示語内容の抜き出し 2　文章中の心情理解の選択 3　文章中の心情理解の選択 4　文章中の心情理解の抜き出し 5　文章中の心情理解の記述 6　文章中の心情理解の選択	小説　出典・篠綾子「江戸寺子屋薫風庵」から 1　文章中の空欄補充の選択 2　文章中の心情理解の選択 3　文章中の心情理解の選択 4　文章中の部分理解の選択 5　文章中の心情理解の記述 6　文章中の心情理解の抜き出し
5	作文『「世の中が便利になること」について考えを書く』という問題。	作文【資料】を参考にして『言葉』を使用する際に心がけたいことについて考えを書く」という問題。	作文「小学６年生向けの学校紹介の方法について、２つの意見を比較検討して選択理由を書く」という問題。

【傾向と対策】

問題構成は小問集合、古文、論説文、小説、作文と例年通りである。全体の難易度としては昨年同様、文章が長文化しており、その点で混乱した人も多かったのではないか。その分設問は平易なものが多かったが、文章理解に戸惑い、時間的に厳しかった人も多かったのではないかと思われる。

小問集合は国語の知識を問うもので、基本的なものが多かった。変化としては2年ぶりに4問構成の小問集合となった。内容は例年とほぼ同様の傾向といえる。レベル的には基礎的なものであり、どの問題も普段からの学習の積み重ねが重要である。

古文は例年の出題傾向から大きな変化のない問題であった。前年と比較して文章が更に長くなったうえに、文章の読み取りも難しくなった。文章が長いこと、主語の取りにくいところがあったことなどで戸惑った受験生も多かったかもしれない。設問はかなづかいや部分理解の問題から全体の内容理解まで標準的な出題であった。対策としては、多くの古文の問題に当たり古文特有の話の展開に慣れておくことが大切である。

論説文の出題内容は、問題全体としては、昨年同様かなり文章が長かった。内容としては具体的で丁寧に読み込めば読み取れる内容であった。長さゆえに、内容の読み取りに時間がかかったり、記述の設問に手間取ったりした人も多かったと思われる。設問は傍線部の前後を丁寧に読み取ったり、キーワードを丁寧に追ったりすれば解答にたどりつくことができるものが多い。対策としては、数多くの問題に当たり、様々なジャンルの論説文に慣れておくことや、解答する際には空欄や傍線部の前後を丁寧に読み、ヒントを探し出すようにすることを普段の学習から意識して行うことなどがあげられる。

小説は、例年通り傍線部の理解を問う部分理解に関する設問がほとんどであり、記述の問題は本文中の記述から判断できる内容であったが、いざまとめようとすると難しく感じた人も多かったと思う。対策としては、語い力をつけておくことや、登場人物の心情や場面ごとの内容を把握することを意識して小説を読むようにすること、またその心情や場面を本文の内容に即しながら自分なりの言葉で説明できるようにすることなどがあげられる。

作文は、資料を参考にして「小学6年生向けの学校紹介の方法について、2つの意見を比較検討して選択理由を書く」というものであった。字数が従来の作文より少なくなったため、いかに少ない字数で言いたいことをまとめるかが重要であった。対策としては、作文に慣れていない人は書く内容を箇条書きにして、話を論理立てて組み立てる練習を積むこと、そして実際に作文を書く演習を多くこなし、様々なパターンの設問に触れておくことが考えられる。

県内高校アンケート こんな学校です。

栃木県内にある県立高校（全日制・定時制・通信制）私立高校、国立高専、県立産業技術専門校の先生方に、下野新聞社が独自に行ったアンケートの結果です。（令和5年3月）
学校説明会は変更になる場合があります。
事前に確認して下さい。

※学校説明会などの各種日程は中止・変更になる可能性があります。
各校のホームページやお電話にてご確認ください。

県立 宇都宮高等学校 普通科

全日制　生徒数／841人（男子841人／女子 ―― 人）

①144年の歴史と伝統を誇る男子校で、「学業プラスワン」を合い言葉に学習に、部活動に、学校行事にと青春のエネルギーを完全燃焼させ、楽しく充実した学校生活を送っています。
②全員が大学進学を志望しています。進学者の7割が東北大・東京大・新潟大などの国公立大学で、残りが慶應義塾大・早稲田大・東京理科大などの私立大学です。
③令和4年度入学生より進学型単位制高校となり、魅力ある学校設定科目を開講していきます。

■所在地／栃木県宇都宮市滝の原3丁目5番70号
■TEL／028-633-1426 ■FAX／028-637-7550
■HP／https://www.tochigi-edu.ed.jp/utsunomiya/nc3/
学校説明会 8月22日

県立 宇都宮東高等学校 普通科

全日制　生徒数／466人（男子227人／女子239人）

①「正しく剛く寛く」の校訓のもと、生徒たちはそれぞれの夢の実現を目指して、充実した高校生活を送っている。校内合唱コンクールや宇東祭、体育祭などの行事は中高合同で行われる。
②ほぼ全員が4年制大学への進学を希望しており、「授業第一」をモットーに授業中心の学習を継続することで、多くの生徒が難関大学に合格している。
③県内初の公立の併設型中高一貫教育校として、平成24年度からは完全な共学校になった。

■所在地／栃木県宇都宮市石井町3360番地1
■TEL／028-656-1311 ■FAX／028-656-7540
■HP／https://www.tochigi-edu.ed.jp/utsunomiyahigashi/nc3/
学校説明会 8月下旬

県立 宇都宮南高等学校 普通科

全日制　生徒数／928人（男子425人／女子503人）

①「さわやか宇南」をキャッチフレーズに、学習活動を基盤として部活動や地域連携活動等を推進しています。変化の激しい社会を、主体的に、利他的に、正義を胸に、さわやかに生き抜く人材を育成します。
②209名（68%）の生徒が4年制大学（うち国公立大学25名）に、12名（4%）が短期大学に、64名（21%）が各種専門学校に進学しています。就職は9名（3%）です。
③バドミントン、柔道、弓道、フェンシング、陸上、水泳（競泳、飛込み）、吹奏楽、合唱、書道等の部活で全国大会出場実績があります。

■所在地／栃木県宇都宮市東谷町660番1号
■TEL／028-653-2081 ■FAX／028-653-7050
■HP／https://www.tochigi-edu.ed.jp/utsunomiyaminami/nc3/
学校説明会 8月22日（予定）

県立 宇都宮北高等学校 普通科

全日制　生徒数／947人（男子532人／女子415人）

①「人間性豊かで、我が国の伝統・文化を理解し、国際感覚をもって社会で活躍する人材を育成する」を教育目標としており、生徒たちは学習・部活動をはじめ、校内外の活動に積極的に励んでいます。
②ほとんどの生徒が進学しており、文理を問わず幅広い分野に進んでいます。東北大・筑波大・大阪大等難関大学や地元宇都宮大学など国公立大に91名が合格したほか、早稲田大・慶應義塾大など難関私大にも多数合格しています。
③[全国大会出場]書道部、陸上競技部
[関東大会出場]競技かるた部、バスケットボール部、バドミントン部、弓道部

■所在地／栃木県宇都宮市岩曽町606番地
■TEL／028-663-1311 ■FAX／028-660-4726
■HP／https://www.tochigi-edu.ed.jp/utsunomiyakita/nc3/
学校説明会 8月下旬

県立 宇都宮清陵高等学校 普通科

全日制 | 生徒数／609人（男子277人／女子332人）

①「進路に応じた教育・豊かな人間性を培う教育・科学技術リテラシー教育」を特色としている。生徒達は「より広くより深くより高く」を胸に、学業・部活・ボランティア等に組んでいる。
②新潟大・山形大・公立諏訪東京理科大・青山学院大・国際医療福祉大・白鷗大等四年制大学125名。作新女子短期大学等短大15名。看護医療系を中心に専門学校66名。一般企業への就職7名。
③球技大会・合唱コンクール・清陵祭・百人一首かるた大会等を通してクラスの団結を図っている。

■所在地／栃木県宇都宮市竹下町908番地3
■TEL／028-667-6251 ■FAX／028-667-7970
■HP／https://www.tochigi-edu.ed.jp/utsunomiyaseiryo/nc3/
学校説明会 8月3日

県立 宇都宮女子高等学校 普通科

全日制 | 生徒数／840人（男子 ── 人／女子840人）

①「白百合よ 貴《たか》きをめざせ」のもと、各自の目標に向かって互いに切磋琢磨しながら、学業や様々な学校行事、部活動等に励んでいます。探究的な学習を推進し、校内外の様々な講座を活用して、深い学びを実践しています。
②国公立大学のべ128名（北大、東北大、筑波大、千葉大、お茶の水女子大、東京大、東京外国語大、一橋大、名古屋大、大阪大、神戸大等）、国公立大医学部5名、私立大のべ668名（早大、慶大、上智大、立教大、明治大、学習院大、青山学院大、津田塾大、東京理科大、獨協医大医学部医学科）が合格しています。
③現存する公立女子高校として最も長い歴史（創立148年目）を誇り、進学型単位制教育課程を導入しています。

■所在地／栃木県宇都宮市操町5番19号
■TEL／028-633-2315 ■FAX／028-637-7630
■HP／https://www.tochigi-edu.ed.jp/utsunomiyajoshi/ncs3/
学校説明会 8月22日

県立 宇都宮中央高等学校（令和4年度入学生から） 普通科 総合家庭科

全日制 | 生徒数／837人（男子71人／女子766人）

①宇都宮市の中央部に位置し、緑多く静かな環境にある。令和4年度から、創立94年の女子校の伝統を受け継ぎながら、共学校として開校した。社会の発展に貢献する情操豊かな人間の育成を教育目標とし、県内初の進学型単位制高校としてスタートした。
②普通科約93%、総合家庭科の75%が4年制大学に進学。進学率全体は96%。国公立には筑波大・東京学芸大・宇大など74名が合格。私立は青山学院大・立教大・明治大など延べ487名が合格。
③「勉強プラスワン」のスローガンのもと、毎年10を超える部が関東大会以上に出場し活躍しています。

■所在地／栃木県宇都宮市若草2丁目2番46号
■TEL／028-622-1766 ■FAX／028-627-7870
■HP／https://www.tochigi-edu.ed.jp/utsunomiyachuo/nc3/
学校説明会 未定

県立 宇都宮白楊高等学校 農業経営科 生物工学科 食品科学科 農業工学科 情報技術科 流通経済科 服飾デザイン科

全日制 | 生徒数／854人（男子365人／女子489人）

①共通教科・専門教科の指導、進路サポートが充実。各学科の活動を通して地域貢献をしながら専門知識を定着させ、コミュニケーション能力や人間力を高めることで、全国大会レベルの実績を生んでいる。また、それらと連動した小論文補習、大学出前授業、面接指導など手厚い進路指導の下、広い視野を培い、国公立大合格を始め、県内有数の企業へも就職。
②6割が進学、4割が就職。山形、長岡技術科学などの国公立。白鷗、東農、酪農学園、拓殖、千葉商科、日本、東洋、文化学園などの私立大。就職は市役所、JA、マルハニチロ、キヤノン、レオン自動機、ミツトヨ、SUBARU、栃木銀行、日産自動車、日本郵便、久光製薬、ファナックなど。
③運動部、文化部、専門学習を深める学科部を合わせ36の部活動。資格取得や地域連携活動に力を入れている。宇都宮駅より徒歩15分。

■所在地／栃木県宇都宮市元今泉8丁目2番1号
■TEL／028-661-1525 ■FAX／028-660-4540
■HP／https://www.tochigi-edu.ed.jp/utsunomiyahakuyo/nc3/
学校説明会 7月28日

県立 宇都宮工業高等学校 機械システム系 電気情報システム系 建築デザイン系 環境建設システム系

全日制 | 生徒数／951人（男子841人／女子110人）

①将来の産業界を担う技術者を育成するために、先端的な施設・設備を導入しています。また、運動部・文化部ともに関東大会、全国大会等で活躍しています。
②就職、進学いずれにも対応しています。約7割が製造業・建設業を中心に、県内外の企業に就職しています。約3割が国公立大学や私立大学等へ進学しています。
③全国大会出場（バスケットボール部、空手少林寺拳法部、ソフトテニス部、土木研究部、パソコン部、電子機械研究部）。

■所在地／栃木県宇都宮市雀宮町52番地
■TEL／028-678-6500 ■FAX／028-678-6600
■HP／https://www.tochigi-edu.ed.jp/utsunomiyakogyo/nc3/
学校説明会 未定

県立 宇都宮商業高等学校 商業科 情報処理科

全日制 | 生徒数／828人（男子365人／女子463人）

①創立121年の伝統ある高校です。商業の資格取得では全国トップの実績で「就職にも進学にも強い宇商」を展開しています。また部活動も運動部・文化部それぞれが全国レベルで活躍しています。
②進学・就職どちらにも対応できるカリキュラムを設定。進学では宇都宮・明治・法政・中央・立命館・同志社などの大学へ進学、就職では足利銀行・栃木銀行・ホンダなどへ合格しており、内定率100%を誇っています。
③全商検定3種目以上1級合格の取得者数が全国トップレベル。検定対策講座、進学対策講座、検定・学習サポーター制度など、個々の生徒の進路希望に応じたきめ細やかな指導体制が充実しています。

■所在地／栃木県宇都宮市大曽3丁目1番46号
■TEL／028-622-0488 ■FAX／028-627-7871
■HP／https://www.tochigi-edu.ed.jp/utsunomiyashogyo/nc3/
学校説明会 8月初旬

県立 鹿沼高等学校 普通科

全日制 生徒数／704人（男子346人／女子358人）

①「自主自律に富み、心豊かで、郷土及び社会の発展に貢献できる人間を育成する」という教育目標のもと、高大連携の推進や課題解決型学習プログラムの導入等により志の高い生徒を育てています。
②国公立大学77名合格（東北、筑波、宇都宮、埼玉、電気通信、東京学芸、新潟、金沢、静岡他）、私立大学480名合格（立教、明治、青山学院、中央、東京理科、法政、同志社他）
③全国・関東大会出場部（アーチェリー、弓道、陸上競技、水泳、囲碁将棋、写真、放送、音楽）

■所在地／栃木県鹿沼市万町960番地
■TEL／0289-62-5115 ■FAX／0289-65-7601
■HP／https://www.tochigi-edu.ed.jp/kanuma/nc3/
学校説明会 7月下旬

県立 鹿沼東高等学校 普通科

全日制 生徒数／578人（男子280人／女子298人）

①「流汗悟道」を校訓として、学習と部活動の両立に意欲的に取り組んでいます。部活動加入率は全学年9割前後です。また、ＪＲＣ部を中心に地域に根ざしたボランティア活動にも積極的です。
②宇都宮大・群馬大・埼玉大・新潟大・高崎経済大等の国公立大学、自治医科大・東京薬科大・成蹊大・獨協大学等の私立大学、私立短大や防衛大学校等の専修学校等を含め9割以上の生徒が進学しています。
③弓道部、陸上部、科学部、放送部が全国大会・関東大会の常連校として活躍しています。

■所在地／栃木県鹿沼市千渡2050番地
■TEL／0289-62-7051 ■FAX／0289-65-7471
■HP／https://www.tochigi-edu.ed.jp/kanumahigashi/nc3/
学校説明会 8月22日

県立 鹿沼南高等学校 普通科 食料生産科 環境緑地科 ライフデザイン科

全日制 生徒数／433人（男子171人／女子262人）

①生徒一人一人の進路希望や興味・関心に応じて普通科目や農業・家庭の専門科目を選ぶことができる総合選択制の高校です。放課後や夏休み等の学習会やインターンシップをはじめとする校外での体験学習のほか、さまざまな資格にも挑戦することができ、進学・就職それぞれの希望に沿った学習ができます。
②進学では、県外・県内の4年生大学や短大、県農大、専門学校等に進学しています。就職では、公務員をはじめ、学科の特色を生かして県内・県外の様々な企業に就職しています。
③さくよう健康なおやつコンテスト2021最優秀賞、家庭クラブ研究発表大会徳島大会ホームプロジェクトの部家庭クラブ連盟賞、農業クラブ全国大会兵庫県農業鑑定競技会大会優秀賞、農業クラブ関東大会意見発表会優秀賞、陸上部関東大会出場

■所在地／栃木県鹿沼市みなみ町8番73号
■TEL／0289-75-2231 ■FAX／0289-75-1420
■HP／https://www.tochigi-edu.ed.jp/kanumaminami/nc3/
学校説明会 8月4日

県立 鹿沼商工高等学校 情報科学科 商業科

全日制 生徒数／465人（男子209人／女子256人）

①情報科学科は情報に関する知識とものづくりの技能習得を、商業科は経済活動に関する知識と実務やビジネスマナーの習得をめざしている。地域との連携を重視、ボランティア活動も盛んである。
②学習活動で取得した資格・検定等を生かし、進路の決定は就職・進学ともに順調である。就職約50%・進学約50%。地元に就職し、活躍する者が多いことが特色である。
③創立114周年（明治42年創立）。多くの部が関東大会や全国大会の切符を手にしている。

■所在地／栃木県鹿沼市花岡町180番1号
■TEL／0289-62-4188 ■FAX／0289-63-0710
■HP／https://www.tochigi-edu.ed.jp/kanumashoko/nc3/
学校説明会 8月1日（予定）

県立 日光明峰高等学校 普通科

全日制 生徒数／136人（男子79人／女子57人）

①世界遺産である日光の社寺を取り巻く日光国立公園内に立地し、豊かな自然と文化に触れながら探究活動「日光学」を行う。生徒の少人数を生かし、個に応じたきめ細やかな指導を行っている。
②進学では全国の有名私立大学の他、県内外への短期大学・専門学校へ、就職では日光・鹿沼市の企業を中心に内定する。生徒は進路に応じ、2年次から4つのコースに分かれて学習する。
③スピードスケート部、アイスホッケー部が全国大会で活躍している。eスポーツ部とゴルフ部が新設され、部活動として活動できる。

■所在地／栃木県日光市久次良町104番地
■TEL／0288-53-0264 ■FAX／0288-53-2301
■HP／https://www.tochigi-edu.ed.jp/nikkomeiho/nc3/
学校説明会 8月2日

県立 今市高等学校 総合学科

全日制 生徒数／512人（男子203人／女子309人）

①創立98年を迎えた伝統校で、総合学科高校です。1年次は全員ほぼ同じ科目を学習しますが、2年次からはそれぞれの進路希望に応じた科目を選択して学習します。
②卒業生の約9割が上級学校に進学します。約4割が大学へ、約1割が短期大学へ、約4割が専修学校へ進学しています。就職を希望する生徒もおり、有名企業や公務員に内定する生徒もいます。総合学科の特性を生かして、生徒一人ひとりを大切にし、それぞれの進路希望に対応できる教育を実践しています。
③本年度もホッケー部が全国高校選抜ホッケー大会に男女とも出場しました。

■所在地／栃木県日光市千本木432番地
■TEL／0288-22-0148 ■FAX／0288-22-7633
■HP／https://www.tochigi-edu.ed.jp/imaichi/nc3/
学校説明会 8月23日（予定）

県立 今市工業高等学校

機械科 電気科 建設工学科

全日制 生徒数／283人（男子261人／女子22人）

①「地域から信頼され、地域に貢献できる学校づくり」を目標に3科が協力してものづくり教育と地域貢献活動に取り組んでいる。最新設備を導入した実習や、中学校での出前授業等も行っている。
②就職希望者は約70%。上都賀地区唯一の工業高校であるため、地元企業を中心に製造業、建設業などへの就職が多い。進学先は工業系の大学、専門学校が主である。
③令和4年度は機械科3年生7名が、アイディアロボット栃木県大会で3位となり、青森県で開催された第30回全国高校ロボット競技大会に出場した。

■所在地／栃木県日光市荊沢615番地
■TEL／0288-21-1127 ■FAX／0288-22-2444
■HP／https://www.tochigi-edu.ed.jp/imaichikogyo/nc3/

学校説明会 8月4日

県立 上三川高等学校

普通科

全日制 生徒数／465人（男子198人／女子267人）

①運動部が9、文化部が8あり、広いグランドと緑に恵まれた環境のもと、学習と部活動に取り組んでいる。社会福祉部を中心にボランティア活動も行われている。
②約9割の生徒が進学し、その半数が四年制大学及び短大、残りが専門学校である。1割程度の生徒が就職し、地元の役場や消防など、公務員となった卒業生もいる。
③平成25年度より町社協と共催で、ふくしアクションプログラムを実施している。

■所在地／栃木県河内郡上三川町大字多功994番地4
■TEL／0285-53-2367 ■FAX／0285-52-2172
■HP／https://www.tochigi-edu.ed.jp/kaminokawa/nc3/

学校説明会 8月上旬

県立 石橋高等学校

普通科

全日制 生徒数／711人（男子383人／女子328人）

①男女共学の進学校で部活動加入率が90%以上。
陸上部:全国高等学校陸上競技大会女子100mH･400mH出場、とちぎ国体陸上競技大会女子300mH出場。放送部:NHK杯全国高校放送コンテスト出場。歴史研究部:全国高等学校社会科学･郷土研究発表大会優秀賞。その他:とちぎ国体新体操競技出場。
②上級学校への延べ合格者数は、国公立大学130名、私立大学709名。国立大学では、東京工業大学、東北大学、名古屋大学、筑波大学、東京外国語大学などに合格している。
③大正13年の創立。今年、創立99周年を迎える。校訓は、「爾の立てるところを深く掘れ」。

■所在地／栃木県下野市石橋845番地
■TEL／0285-53-2517 ■FAX／0285-52-2376
■HP／https://www.tochigi-edu.ed.jp/ishibashi/nc3/

学校説明会 8月18日（予定）

県立 小山高等学校

普通科 数理科学科

全日制 生徒数／706人（男子460人／女子246人）

①「聡･直･剛」の指標のもと、学習や部活動に意欲的に取り組む生徒の集まる、活気あふれる学校です。普通科･数理科学科ともに「探究する力」の育成をめざした教育プログラムの開発を進めています。
②宇都宮大学をはじめ、山形大、福島大、茨城大、群馬大、埼玉大、東工大、横国大などの国公立大に48名が合格。私立大では早稲田大、東京理科大、中央大、法政大、学習院大等にのべ487名合格。
③本年度は剣道部、ウェイトリフティング部が全国大会･関東大会に、陸上競技部、水泳部が関東大会に出場。

■所在地／栃木県小山市若木町2丁目8番51号
■TEL／0285-22-0236 ■FAX／0285-22-8449
■HP／https://www.tochigi-edu.ed.jp/oyama/nc3/

学校説明会 8月23日

県立 小山南高等学校

普通科 スポーツ科

全日制 生徒数／415人（男子256人／女子159人）

①体育系10、文化系4の部活動と同好会1。令和5年度より卓球部とダンス部が創部。カヌーやウェイトリフティングは全国大会の常連で入賞者多数。音楽部やボランティア部によるボランティア活動が盛ん。
②大学は日本大、国士舘大、東海大、帝京大、関東学院大、白鷗大など。短大は國學院栃木短大、佐野日本短大など。専門学校は医療関係を含む多方面に進学。また、就職では公務員（栃木県警）をはじめ地元有力企業に多数就職（100%全員内定継続中）。
③スポーツ科（県内公立高校で唯一）と普通科の2学科からなる。ウェイト･トレーニング場完備。少人数制によるクラス編成。

■所在地／栃木県小山市間々田23番地1
■TEL／0285-45-2424 ■FAX／0285-45-8949
■HP／https://www.tochigi-edu.ed.jp/onan/nc3/

学校説明会 8月2日（予定）

県立 小山西高等学校

普通科

全日制 生徒数／592人（男子279人／女子313人）

①生徒たちは恵まれた学習環境の下、きめ細かな学習指導と積極的な部活動への参加で充実した高校生活を送る。主体性･協働力･発信力を身につけながら進路実現を目指す探究学習「キャリアクション･プロジェクト」は本校の大きな特色である。
②宇都宮大、茨城大、福島大、新潟大、高崎経済大、都留文科大など国公立大に9名、白鷗大、東海大、日本大、東洋大、駒澤大など私立大に132名が進学。短大･専門学校進学者は44名である。
③陸上競技部、男子ハンドボール部、放送部が全国大会、女子ハンドボール部、バドミントン部が関東大会に出場。（令和3年度）

■所在地／栃木県小山市大字松沼741番地
■TEL／0285-37-1188 ■FAX／0285-37-0741
■HP／https://www.tochigi-edu.ed.jp/oyamanishi/nc3/

学校説明会 8月24日

県立 小山北桜高等学校

食料環境科 建築システム科 総合ビジネス科 生活文化科

全日制　生徒数／410人（男子249人／女子161人）

①本県唯一の総合産業高校として、生産から流通・消費までを一体として学び、総合的な知識・技術を習得できます。小山地区の専門高校として、地域産業を支える人材を育成しています。
②宇都宮大、日本工業大、足利大、白鷗大等の四大、県内外の短大や専門学校に進学、小山農協、日産自動車、巴コーポレーション等幅広い分野に就職しています。
③専用の野球場があります。ウエイトリフティング部が全国大会出場。ものづくりや多くの資格が取得できます。

■所在地／栃木県小山市東山田448番29号
■TEL／0285-49-2932 ■FAX／0285-49-0908
■HP／https://www.tochigi-edu.ed.jp/oyamahokuo/nc3/
学校説明会 8月4日

県立 小山城南高等学校

総合学科

全日制　生徒数／589人（男子138人／女子451人）

①総合学科の特色である幅広い選択科目や少人数授業を展開している。また令和3年度入学生から必要な科目を履習することで、「介護職員初任者研修」の資格を取ることができるようになった。
②四年制大学64名、短大28名、専門学校75名で85%が進学。就職は希望者に対して丁寧な面談指導を行うなどきめ細かい指導を行っている。
③吹奏学部、バドミントン部が関東大会に出場。バドミントン部は栃木県の強化指定を受けている。また美術部は、2023年度全国総合文化祭に出品が決定。

■所在地／栃木県小山市西城南4丁目26番1号
■TEL／0285-27-1245 ■FAX／0285-28-2622
■HP／https://www.tochigi-edu.ed.jp/oyamajonan/nc3/
学校説明会（一日体験学習）8月1日

県立 栃木高等学校

普通科

全日制　生徒数／710人（男子710人／女子 ── 人）

①「文武両道」のもと、生徒が自ら設定した進路目標の実現を目指して勉学に励み、学校行事・部活動等にも全力的に取り組んで、将来有為な人材となる礎を築いている学校です。
②東大2、東工大2、東北大10、大阪大1、医学科6など、国公立大に156名が合格。早大28、慶大10、医学科8など、私立大に延べ596名が合格。
③令和4年度より進学型単位制が導入されました。興味関心、習熟度に応じて設けられた多数の科目の中から、自らの進路実現に向けて必要な科目を選択し学ぶことができます。
部活動等の主な実績（令和4年度）
全国大会出場:音楽部、演劇部、囲碁将棋部
関東大会出場:ソフトテニス部、陸上競技部、水泳部、囲碁将棋部
その他:SSH活動（日本学生科学賞）

■所在地／栃木県栃木市入舟町12番4号
■TEL／0282-22-2595 ■FAX／0282-22-2534
■HP／https://www.tochigi-edu.ed.jp/tochigi/nc3/
学校説明会 8月23日

県立 栃木女子高等学校

普通科

全日制　生徒数／720人（男子 ── 人／女子720人）

①県内外約100校の中学校から志高い女子が集い、互いに切磋琢磨しながら自己の目標に向かって、ひたむきに努力するという素晴らしい校風が代々受け継がれている伝統ある進学校です。
②生徒のほぼ全員が大学に進学し、昨年は4年制大学にのべ500人以上の合格者がありました。難関国立大学への進学を志す生徒も多く、昨年は、京都大学に2名、東北大学に3名が入学しました。
③120年を超える歴史を持つ伝統校です。伝統のセーラー服に憧れて入学する生徒が多くいます。

■所在地／栃木県栃木市薗部町1丁目2番5号
■TEL／0282-23-0220 ■FAX／0282-25-2728
■HP／https://www.tochigi-edu.ed.jp/tochigijoshi/nc3/
学校説明会 8月中～下旬

県立 栃木農業高等学校

植物科学科 動物科学科 食品科学科 環境デザイン科

全日制　生徒数／458人（男子268人／女子190人）

①特色あるカリキュラムによる4つの学科で、進学や公務員試験を目指すより高度な学習や、地域に貢献できる様々な行事や体験活動などを通して、地域に開かれ、地域に愛される学校を目指しております。
②約半数が民間企業や公務員、各種団体等へ就職をしています。進学では栃木県農業大学校で農業の学習を深める生徒をはじめ、国立大学を含めた4年制大学や短期大学のほか、専門学校等に進学しています。
③生徒が育てた生産物販売が毎年好評を博している栃農祭、農場の生産物を材料に全校でカレーや豚汁を作る収穫祭をはじめ、地域と連携した栃農給食デーなど、農業高校ならではの体験をすることができます。

■所在地／栃木県栃木市平井町911番地
■TEL／0282-22-0326 ■FAX／0282-22-0375
■HP／https://www.tochigi-edu.ed.jp/tochiginogyo/nc3
学校説明会 8月3日

県立 栃木工業高等学校

機械科 電気科 電子情報科

全日制　生徒数／474人（男子465人／女子9人）

①校訓「和顔愛語」のもと、工業を支える技術者を目指しています。タイ王国ボランティア交流研修等の工業の特色を活かした福祉教育活動や加入率8割を超える部活動にも力を入れています。
②就職希望者が約8割で、内定率は100%です。多くの卒業生が県内外の優良企業に入社し、活躍しています。また、より専門的な知識や技術を学ぶために大学に進学する等、幅広い進路選択が可能です。
③各種ものづくりコンテストで優勝し、関東・全国大会に出場する等、意欲的に取り組んでいます。

■所在地／栃木県栃木市岩出町129番地
■TEL／0282-22-4138 ■FAX／0282-22-4146
■HP／https://www.tochigi-edu.ed.jp/tochigikogyo/nc3/
学校説明会 8月2日

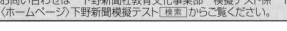

県立　栃木商業高等学校
商業科
情報処理科

全日制　生徒数／471人（男子166人／女子305人）

①創立107年の歴史と伝統のある学校です。昨年度はハンドボール部（女子）、フェンシング部（男女）、美術部、会計研究部、珠算部、英語スピーチ（個人）が全国大会に出場しました。
②昨年度は進学が70.9％、就職が26.6％でした。大学進学の生徒は、ほとんどが指定校推薦、全商協会推薦、商業科推薦で進学しています。就職の職種は、事務・製造・販売と多岐にわたっています。
③毎年11月3日（文化の日）に開催される「栃商デパート」は、約4千人の来客のある販売実習で、今年度で36回目の本校の伝統行事となっています。

■所在地／栃木県栃木市片柳町5丁目1番30号
■TEL／0282-22-0541 ■FAX／0282-22-0567
■HP／https://www.tochigi-edu.ed.jp/tochigishogyo/nc3

一日体験学習
8月4日

県立　栃木翔南高等学校
普通科

全日制　生徒数／508人（男子176人／女子332人）

①校訓「自立・叡智・連帯」のもと、オーストラリア語学研修やイングリッシュキャンプなどの国際理解教育の推進、紫陽祭（学校祭）、体育大会、キャンパス見学などの充実した学校行事、担任との個人面談を通したきめ細やかな進学指導など、年々発展している学校です。2年次より文系・理系に、3年次は文Ⅰ・文Ⅱ・理系に分かれます。
②国公立大は、新潟・埼玉・宇都宮・福島・山形・岩手・富山・東京都立・横浜市立・高崎経済・埼玉県立・静岡県立などに合格。私立大では、上智・明治・青山学院・中央・法政・津田塾・自治医・獨協医・日本・東洋・駒澤・専修・文教・獨協・芝浦工などに多数合格。
③平成18年度開校の普通科共学校で、令和5年度に創立18周年を迎えます。部活動では、フェンシング部・ウエイトリフティング部（令和4年度インターハイ優勝者輩出）が強化推進拠点校に指定され、放送部・弓道部と共に全国大会に出場しております。また、ダンス部も普及奨励運動部として指定されております。

■所在地／栃木県栃木市大平町川連370番地
■TEL／0282-24-4739 ■FAX／0282-25-2831
■HP／https://www.tochigi-edu.ed.jp/tochigishonan/nc3/

学校説明会
8月1日

県立　壬生高等学校
普通科

全日制　生徒数／470人（男子147人／女子323人）

①キャリア教育に力を入れ、生徒の多様な進路に応じた教育活動を行っている。2年生からは進路や興味・関心に応じて5つのコースに分かれ学習する。JRC部や生徒会を中心に、地域に密着したボランティア活動を行っている。陸上部・弓道部等の関東大会出場、美術部の総務大臣奨励賞等、実績をあげている。
②約8割の生徒が大学・短大・専門学校などの幅広い分野へ進学している。内訳は大学・短大が5割、専門学校が5割である。分野は看護医療・保育・福祉が多い。
③昭和37年創立。卒業生約13,600名が各分野で活躍中。

■所在地／栃木県下都賀郡壬生町大字藤井1194番地
■TEL／0282-82-0411 ■FAX／0282-82-7986
■HP／https://www.tochigi-edu.ed.jp/mibu/nc3/

学校説明会
8月

県立　佐野高等学校
普通科

全日制　生徒数／442人（男子210人／女子232人）

①創立123年目を迎えた伝統ある男女共学中高一貫教育校である。「探究力」「人間力」を育成する「Sanoグローカル構想」を推進し、地域課題等の解決に向けて生徒が主体的に課題研究に取り組んでいる。
②卒業生157中、137名が四年制大学に進学。東北大、筑波大をはじめとする国公立大に58名が合格、早稲田大、慶應大をはじめ私立大に延べ271名が合格している。
③部活動以外に「Sano.Gクラブ」が設置されており、グローバル教育活動を牽引している。その他本校の詳しい内容については、ホームページをご覧ください。

■所在地／栃木県佐野市天神町761番地1
■TEL／0283-23-0161 ■FAX／0283-21-1301
■HP／https://www.tochigi-edu.ed.jp/sano/nc3/

学校説明会
8月18日
（予定）

県立　佐野東高等学校
普通科

全日制　生徒数／592人（男子239人／女子353人）

①(1)校是…「啓（ケイ）」知を啓き、心を啓き、新しい伝統の扉を啓く。 (2)教育目標…豊かな教養と高い知性を身につけ、心身ともに健全で優れた品性を身につけ、社会の発展に寄与する人間の育成。
②進路先は、国公立大学29名、私立大学132名、短大4名、専門学校26名です。授業を中心に、土曜日や夏休み中の課外授業、学習合宿等を実施し、学校をあげて進学に力を入れています。
③過去3年間(令和4年4月現在)で、ウォータースポーツ部（ボート、カヌー）、ダンス部、陸上競技部が全国大会に出場しました。また、文芸部、吹奏楽部が関東大会に出場しました。

■所在地／栃木県佐野市金屋下町12番地
■TEL／0283-23-0239 ■FAX／0283-21-8902
■HP／https://www.tochigi-edu.ed.jp/sanohigashi/nc3/

学校説明会
8月3日

県立　佐野松桜高等学校
情報制御科
商業科　家政科
介護福祉科

全日制　生徒数／660人（男子300人／女子360人）

①工業・商業・家庭・福祉の4学科が設置された総合選択制専門高校である。将来、地域の産業界を担う人材として活躍することを目指し、「健康・創造・奉仕」の指標のもと、日々活動している。
②進学と就職の割合は、約6:4である。大学・短大・専門学校への進学、地元を中心とした有力企業への就職、公務員など着実に成果を上げている。福祉科は介護福祉士国家試験の合格率が高い。
③令和4年度第69回全国高等学校ワープロ競技大会に出場（2年連続）。

■所在地／栃木県佐野市出流原町643番5号
■TEL／0283-25-1313 ■FAX／0283-25-3143
■HP／https://www.tochigi-edu.ed.jp/sanoshooh/nc3/

一日体験
7月31日

県立　足利高等学校　普通科

全日制　生徒数／797人（男子392人／女子405人）

①足利高校と足利女子高校が統合し，新「足利高校」となりました。両校の歴史と伝統を継承し，新しい教育的ニーズに応えながら、生徒の希望進路実現を目指します。令和6年に新校舎完成予定です。
②両校合わせて、北海道大2名、東北大2名、九州大1名等、国公立大学92名、早稲田大3名、慶応大1名、国際基督教大1名、上智大1名等、私立大学509名合格。
③第34回全日本高校・大学ダンスフェスティバル出場（ダンス部）、囲碁将棋部、男女テニス部、文芸部、水泳部、陸上部、女子ソフトテニス部関東大会出場。

■所在地／栃木県足利市本城1丁目1629番地
■TEL／0284-41-3573 ■FAX／0284-43-2470
■HP／https://www.tochigi-edu.ed.jp/ashikaga/nc3/
学校説明会 8月8日

県立　足利南高等学校　総合学科

全日制　生徒数／450人（男子130人／女子320人）

①興味・関心や進路に応じて主体的に科目を選択して自分の時間割を作り、人文社会、自然科学、芸術・スポーツ、情報メディア、生活デザインの5つの系列に分かれて学習します。
②大学22名（15%）、短大18名（12%）、専門学校76名（50%）、就職32名（21%）。主な進学先は白鷗大、上武大、佐野日大短大、館林高等学院、大泉保育福祉専門学校などです。
③ウエイトリフティング部が毎年全国大会に出場しています。学校家庭クラブは地域に貢献しています。

■所在地／栃木県足利市下渋垂町980番地
■TEL／0284-72-3118 ■FAX／0284-73-2772
■HP／https://www.tochigi-edu.ed.jp/ashikagaminami/nc3/
学校説明会 8月1日

県立　足利工業高等学校　機械科　電気システム科　産業デザイン科

全日制　生徒数／462人（男子361人／女子101人）

①地域産業を担う技術者の育成を目指し、キャリア教育や資格取得をはじめ、工場見学・職場実習・高大連携などを積極的に推進しています。
②就職は約7割で製造業を中心に内定率100%を維持しています。進学も4年制大学・短期大学・専門学校へ約3割が進んでいます。
③平成17年から5S運動やドイツ姉妹校との国際交流を継続中です。

■所在地／栃木県足利市西宮町2908番1号
■TEL／0284-21-1318 ■FAX／0284-21-9313
■HP／https://www.tochigi-edu.ed.jp/ashikagakogyo/nc3/
学校説明会 8月4日

県立　足利清風高等学校　普通科　商業科

全日制　生徒数／527人（男子228人／女子299人）

①総合選択制高校として、普通科は探究活動を中心に進学のための多彩なカリキュラムを用意しています。商業科はキャリア教育の充実と、資格等を生かした進路実現を目指しています。
②高崎経済大学、法政大学、専修大学、獨協大学、文教大学、白鷗大学などの四年制大学に74名、短大に24名、専門学校を含め144名が進学しています。就職では、希望する生徒全員が内定を頂いています。
③本校では普通科・商業科の2学科とも普通教科と職業系教科の選択科目を設けることにより、進学と就職の両方の進路に適応しています。

■所在地／栃木県足利市山下町2110番地
■TEL／0284-62-2011 ■FAX／0284-62-5193
■HP／https://www.tochigi-edu.ed.jp/ashikagaseifu/nc3/
学校説明会 8月2日

県立　真岡高等学校　普通科

全日制　生徒数／593人（男子593人／女子 ―― 人）

①部活動も盛んな文武両道の男子進学校。
②東北7、宇都宮11、茨城・埼玉8、金沢5、山形・新潟3、筑波2（医1）、弘前・横浜国立・信州・大阪2、北海道・一橋・千葉・岐阜・宮城教育・秋田・福島・静岡1、秋田県立3、都留文化2、会津・高崎経済・前橋工科・諏訪東京理科1（国公立大進学69）自治医科1（医1）、獨協医2（医1）、慶應・明治2、中央6、法政3、早稲田・東京理1（私立大進学105）。
③明治33年（1900年）4月に栃木県第三中学校として創立した伝統校。過去5年の全国出場部…サッカー、陸上、写真、空手道など。関東出場部…サッカー、陸上、山岳、水泳、バレーボール、空手道、吹奏楽、将棋、写真、文芸など。H28校庭人工芝竣工。

■所在地／栃木県真岡市白布ヶ丘24番1号
■TEL／0285-82-3413 ■FAX／0285-82-2913
■HP／https://www.tochigi-edu.ed.jp/moka/nc3/
学校説明会 8月18日

県立　真岡女子高等学校　普通科

全日制　生徒数／585人（男子 ―― 人／女子585人）

①創立百年を超える伝統ある女子高で、地域の進学校である。「強く・聡く・美（うるわ）しく」を校訓とし、学校行事も盛んで、「文武両道」を目標に、勉学と部活動に励み、多数の部が関東大会や全国大会に出場している。
②宇大や茨大に加えて、千葉大や筑波大及び金沢大を含む国公立大学に延べ34名の合格者を出すとともに、首都圏の難関・中堅私大にも多くの合格者を出した。
③全国大会で第1位になった生徒の名を刻んだ石のプレート「栄光の碑」は、現在38枚になっている。活躍中の卒業生には、ロンドン五輪・リオデジャネイロ五輪2大会連続出場のやり投げの海老原有希選手がいる。

■所在地／栃木県真岡市台町2815番地
■TEL／0285-82-2525 ■FAX／0285-83-6615
■HP／https://www.tochigi-edu.ed.jp/mokajoshi/nc3/
学校説明会 8月18日（予定）

県立　真岡北陵高等学校

生物生産科　農業機械科　食品科学科　総合ビジネス科　介護福祉科

全日制　生徒数／515人（男子251人／女子264人）

①農業・商業・福祉の学習において実験・実習等の体験的学習が多く、生徒一人ひとりが学ぶ楽しさを味わうことができる総合選択制専門高校です。各学科とも、様々な資格取得に挑戦できる授業があります。
②就職者は全体の約6割（JA、地元製造工場、小売販売、運輸・物流、金融、福祉施設など）で、進学者は約4割（国立大学、私立大学、短大、専門学校など）です。
③部活動が充実しており、特にライフル射撃部は、全国大会の常連校として活躍しています。

■所在地／栃木県真岡市下籠谷396番地
■TEL／0285-82-3415 ■FAX／0285-83-4634
■HP／https://www.tochigi-edu.ed.jp/mokahokuryo/nc3/

学校説明会　8月2日

県立　真岡工業高等学校

機械科　生産機械科　建設科　電子科

全日制　生徒数／469人（男子437人／女子32人）

①生徒指標である「思慮深く、意志強く、礼儀正しく」のもと、工業の専門的な知識や技術の習得に励み、創造型実践技術者の育成を目指す学校である。各種資格取得にも積極的に取り組んでいる。
②就職が70%、進学が30%である。就職については、地元企業を中心に県内外から1,300件を超える多くの求人をいただいている。進学については、工業系を中心に私立大学や専門学校等に進学している。
③例年各科の研究部をはじめ、陸上競技部、空手部等が全国大会や関東大会へ出場している。

■所在地／栃木県真岡市寺久保1丁目2番9号
■TEL／0285-82-3303 ■FAX／0285-83-6537
■HP／https://www.tochigi-edu.ed.jp/mokakogyo/nc3/

一日体験学習　8月4日

県立　益子芳星高等学校

普通科

全日制　生徒数／437人（男子191人／女子246人）

①生徒の興味・関心に応じて学べるコース別学習を取り入れています。資格取得や検定合格をめざすライセンス教育やボランティア活動などの地域連携に積極的に取り組んでいます。県内でも数少ない女子サッカー部があります。
②約40%の生徒が進学し（大学11名、短大7名、専門学校等35名）、約60%の生徒が地元企業を中心に就職しています。
③窯業室があり、陶芸の授業や美術陶芸部があります。

■所在地／栃木県芳賀郡益子町塙2382番地1
■TEL／0285-72-5525 ■FAX／0285-72-7925
■HP／https://www.tochigi-edu.ed.jp/mashikohosei/nc3/

一日体験学習　8月3日

県立　茂木高等学校

総合学科

全日制　生徒数／465人（男子230人／女子235人）

①あらゆる進路に対応する進学型総合学科。進路実現に向けて、多様な科目を履修できるカリキュラムを準備。また、その実現のために各種学力向上対策、少人数制授業等を実施。ボランティアを単位認定。
②7割が大学や短大、2割が専門等、1割が就職。国公立大は宇都宮大・筑波大等に例年20名前後合格。私立大は県内大学の他に首都圏の大学に多数合格。就職は県内の民間企業や公務員。
③平成15年度より普通科から総合学科に転科。陸上競技部・美術部が全国大会、柔道部・弓道部・ソフトテニス部が関東大会、音楽部（吹奏楽）が東関東大会に出場。

■所在地／栃木県芳賀郡茂木町茂木288番地
■TEL／0285-63-1201 ■FAX／0285-63-1923
■HP／https://www.tochigi-edu.ed.jp/motegi/nc3/

学校説明会　8月（期日未定）

県立　烏山高等学校

普通科

全日制　生徒数／438人（男子237人／女子201人）

①本校は、地域・社会に貢献できる人材の育成を使命とし、「志高く、心豊かに、明日を創る」を生徒指標として掲げ、勉学や部活動、そして地域課題解決型学習「烏山学」に取り組んでいます。
②進学から就職まで、生徒一人ひとりの希望に応じた、きめ細やかな指導を実践しています。令和3年度卒業生の大学合格者数は、国公立大学12名、私立大学85名でした。
③明治40年創立の烏山高校（男子校）と大正10年創立の烏山女子高校が平成20年に統合して誕生した男女共学の普通科高校です。

■所在地／栃木県那須烏山市中央3丁目9番8号
■TEL／0287-83-2075 ■FAX／0287-83-0145
■HP／https://www.tochigi-edu.ed.jp/karasuyama/nc3/

学校説明会　7月下旬または8月上旬

県立　馬頭高等学校

普通科　水産科

全日制　生徒数／188人（男子123人／女子65人）

①創立76周年を迎える地域に根ざした伝統校であり、「健康で個性豊かな人格を養い、よりよい社会をつくる人材を育成すること」を教育目標としている。部活動では、アーチェリー部・レスリング部が関東、関東選抜、全国大会に出場。
②就職と進学の割合は7対3。就職は県内に就職する生徒がほとんど。進学は専門学校への進学が多いが、大学進学希望にも対応。
③全国唯一の内陸淡水系の専門的学習ができる水産科が設置されている。在学中の様々な研究活動を活かし県内外問わず水産関連施設で活躍する卒業生も多い。令和4年には「水産・海洋研究発表大会（関東・東海地区）で優秀賞を獲得し、全国大会へ出場した。普通科では、平成28年度より地域学習「那珂川学」が開講した。平成30年度より「単位制」を導入するとともに「コミュニティスクール」となり、地域創生に貢献する高校生の育成を目指す。那珂川町より通学費や下宿費の補助金制度がある。

■所在地／栃木県那須郡那珂川町馬頭1299番2号
■TEL／0287-92-2009 ■FAX／0287-92-5749
■HP／https://www.tochigi-edu.ed.jp/bato/nc3/

学校説明会　8月8日

県立　大田原高等学校　普通科

全日制	生徒数／599人（男子599人／女子 ── 人）

①校訓「質素堅実」を掲げる創立119年の伝統校で、令和元年度より文部科学省からSSHの指定を受け、文理融合型課題研究プログラムの開発を通して志と科学的リテラシーを持った人材を育成しています。
②ほとんどの生徒が大学に進学します。昨年度卒業生の国公立大学へは進学127名です。主な進学先は、東北大学3名、名古屋大学1名、宇都宮大学19名、千葉大学3名、埼玉大学6名、新潟大学23名などです。
③部活動加入率は8割と高く、多くの生徒が文武両道を実践しています。
【過去3年間の活動実績】
全国大会出場:陸上競技、柔道・相撲、水泳、ソフトテニス、スキー、文芸、囲碁・将棋、SSC（スーパーサイエンスクラブ）
関東大会出場:陸上競技、柔道・相撲、水泳、ソフトテニス

■所在地／栃木県大田原市紫塚3丁目2651番地
■TEL／0287-22-2042 ■FAX／0287-23-9691
■HP／https://www.tochigi-edu.ed.jp/otawara/nc3/
学校説明会 8月22日

県立　大田原女子高等学校　普通科

全日制	生徒数／587人（男子 ── 人／女子587人）

①県北唯一の女子校で、令和4年度に創立111周年を迎えた地域の伝統校。進学指導のみならず、福祉教育、部活動指導にも力を入れ各分野で優れた実績を誇る。令和4年度に関東大会や全国大会出場を果たした部活動には、運動部（陸上競技部・ソフトボール部・水泳部・スキー部）・文化部（科学部・書道部・被服部・放送部）がある。
②現役で宇都宮大学12人を始め、東北大・筑波大・金沢大（薬学類）など国公立大51名合格、私立大では早稲田を始め、上智・明治・青山学院・法政等、難関私大に多数合格し、地元の国際医療福祉大へは45名が合格した。
③運動会（5月）、合唱コンクール（7月）、なでしこ祭（9月）など学校行事が多彩で、大変活発である。

■所在地／栃木県大田原市元町1丁目5番43号
■TEL／0287-22-2073 ■FAX／0287-23-8759
■HP／https://www.tochigi-edu.ed.jp/otawarajoshi/nc3/
学校説明会 8月22日（予定）

県立　黒羽高等学校　普通科

全日制	生徒数／317人（男子165人／女子152人）

①選択科目が多く、多様な学びに対応できる高校です。花見句会や応援合戦が見所の体育祭など特色ある学校行事も多く、地元のイベントへの参加、保育園・小学校との交流など、地域とのつながりも大切にしています。
②上級学校進学者と就職者がほぼ半々です。県内の専門学校への進学が多い中、近年は県外の4年制大学を目指す生徒も増えています。就職者のほとんどが地元の企業で活躍し、地域の産業を支えています。
③相撲部は全国大会団体5位、関東大会団体準優勝など、輝かしい成績を残しています。

■所在地／栃木県大田原市前田780番地
■TEL／0287-54-0179 ■FAX／0287-54-4179
■HP／https://www.tochigi-edu.ed.jp/kurobane/nc3/
学校説明会 8月2日

県立　那須拓陽高等学校　普通科　農業経営科　生物工学科　食品化学科　食物文化科

全日制	生徒数／696人（男子279人／女子417人）

①本校では文武両道に努め、多くの生徒が意欲的に学習や部活動に励んでいる。特に運動部が盛んで、陸上競技・ソフトボール・牛部等が毎年上位大会に進出し、活躍している。
②北見工業・岩手・茨城・宇都宮・埼玉・秋田県立・会津・酪農学園・明治・東京農業・国際医療福祉・白鷗大等（国公立大・私立大・短大へ約100名、専門学校等へ約90名、公務員を含め就職約50名）
③「調和と共生」のスローガンの下、5学科がそれぞれの特性を生かして学科間の連携を深める取組を行っており、3年次には自分の学科以外の科目を学ぶこともできる。

■所在地／栃木県那須塩原市下永田4丁目3番地52号
■TEL／0287-36-1225 ■FAX／0287-36-8027
■HP／https://www.tochigi-edu.ed.jp/nasutakuyo/nc3/
学校説明会 8月3日（専門学科） 8月4日（普通科）

県立　那須清峰高等学校　機械科　機械制御科　電気情報科　建設工学科　商業科

全日制	生徒数／536人（男子431人／女子105人）

①社会・地域に貢献できる人材を育成するため、資格取得やものづくり等の実践的な教育に力を入れています。一人一人の就職や進学の希望を100%実現できる学校を目指しています。
②就職約7割、進学約3割。主な進路先はカゴメ・関電工・キヤノンメディカルシステムズ・資生堂・栃木銀行・栃木ニコン・トヨタ・ブリヂストン・国際医療福祉大・帝京大・日本工業大・日本大等です。
③各種ロボット大会で多数全国大会出場、全商簿記1級等の資格取得など活躍の場が多い学校です。

■所在地／栃木県那須塩原市下永田6丁目4番地
■TEL／0287-36-1155 ■FAX／0287-37-2458
■HP／https://www.tochigi-edu.ed.jp/nasuseiho/nc3/
学校説明会 8月1日

県立　那須高等学校　普通科　リゾート観光科

全日制	生徒数／271人（男子155人／女子116人）

①令和2年度単位制となり新カリキュラムになりました。進学・就職・資格取得など自分の目標に合わせて多様な科目の中から選択できます。那須の自然や観光地の特性を生かした体験学習の他に総合的な探究の時間において地域の方々と協力した活動に取り組んでいます。
②卒業後の進路は、県内外の大学・短大・専門学校への進学から公務員・地元企業各業種（製造・販売・サービス等）の就職まで多様な進路希望に対応しています。
③令和4年度から制服のデザインが新しくなりました。

■所在地／栃木県那須郡那須町寺子乙3932番地48号
■TEL／0287-72-0075 ■FAX／0287-72-6325
■HP／https://www.tochigi-edu.ed.jp/nasu/nc3/
学校説明会 8月3日

県立 黒磯高等学校　普通科

全日制　生徒数／547人（男子303人／女子244人）

①「自主·友愛不屈」の校訓と、「心豊かで逞《たくま》しい自立した人間を育てる」の教育目標の下、生徒たちが学習や部活動·学校行事に積極的に取り組んでいる。県のSTEAM教育推進事業モデル校に指定され、企業や行政、大学等との連携により、教科横断的な学びを通して問題の本質を把握し自ら問いを立てる力や、答えが一つに定まらない問題に対して、試行錯誤しながら自ら解を見いだしていく力などの育成を目指している 。
②大学125名、短大3名、専門学校37名、就職2名。合格者の延べ人数は国公立大22名で宇都宮大2名、埼玉大2名、新潟大2名、山形大4名等。私立が182名で国際医療福祉大16名、白鷗大39名、慶応大、明治大、中央大、法政大、東洋大、日本大等。
③本校は大正14年、黒磯町立実践女学校として開校。令和7年に創立100周年を迎える男女共学の伝統校である。

■所在地／栃木県那須塩原市豊町6番1号
■TEL／0287-62-0101 ■FAX／0287-62-4645
■HP／https://www.tochigi-edu.ed.jp/kuroiso/nc3/

学校説明会 8月後半

県立 黒磯南高等学校　総合学科

全日制　生徒数／472人（男子176人／女子296人）

①約7割の生徒が部活動に参加し熱心に活動しています。国際理解教育活動や、各種ボランティアなどの地域連携活動にも力を入れています。
②4割の生徒が大学や短大へ、4割が各種専修学校に進学し、2割の生徒が就職しています。総合学科での「多様な学び」を活かし、一人ひとりが進路希望を実現しています。
③広大な敷地面積を誇る那須地区唯一の総合学科高校です。JRの駅から校内まで市営バスが乗り入れています。

■所在地／栃木県那須塩原市上厚崎747番2号
■TEL／0287-63-0373 ■FAX／0287-64-3766
■HP／https://www.tochigi-edu.ed.jp/kuroisominami/nc3/

学校説明会 8月18日

県立 矢板高等学校　農業経営科　栄養食物科　機械科　介護福祉科　電子科

全日制　生徒数／495人（男子296人／女子199人）

①農業·工業·家庭·福祉の専門的技術や知識を修得する総合選択制専門高校です。部活動は全員加入を基本とし、学習との両立を図っています。地域連携·地域貢献活動に積極的に参加しています。
②学校の目標である「地域に必要とされる産業人の育成」の通り、矢板市や塩谷町等地域の企業に就職する生徒が多いです。進学では4年制大学、短大、専門学校。将来は地域のリーダーになります。
③創立百十周年を向かえました。相撲部や機械技術研究部など県内外でも優秀な成績の部が多いです。

■所在地／栃木県矢板市片俣618番2号
■TEL／0287-43-1231 ■FAX／0287-43-4533
■HP／https://www.tochigi-edu.ed.jp/yaita/nc3/

学校説明会 8月2日（予定）

県立 矢板東高等学校　普通科

全日制　生徒数／437人（男子216人／女子221人）

①県北唯一の附属中学校を併設する中高一貫教育校で、男女共学の進学校です。学業、部活動、探究活動等に熱心に取り組んでいます。生徒曰く「頑張ることが恥ずかしくない学校」です。体育大会、合唱コンクール、学校祭は毎年開催。
②多くの生徒が大学等への進学希望です。令和5年度入試の延べ合格者数:卒業生139名中、国公立大学56名、私立大学278名、短大·専門学校14名、就職1名。
③本校主催の短期海外研修（1年生希望者対象、カナダ·バンクーバー方面、3月に2週間のホームステイ）が復活。文科省主催、官民協働の留学支援制度「トビタテ!留学JAPAN」に11名採用（全国4番目に多い人数）。令和4年度にそれぞれマルタ、フィジー、韓国、アメリカ等に留学しました。

■所在地／栃木県矢板市東町4番8号
■TEL／0287-43-1243 ■FAX／0287-43-4268
■HP／https://www.tochigi-edu.ed.jp/yaitahigashi/nc3/

一日体験学習（中学生対象） 8月23日

県立 高根沢高等学校　普通科　商業科

全日制　生徒数／506人（男子242人／女子264人）

①「普通科」と「商業科」を併置し、互いの教科を学ぶことができる総合選択制高校です。普通科には、多様な進路に対応する選択科目があります。商業科では、ビジネスについて広く学び、高度な資格取得も可能です。
②四年制大学10.3%（国際医療福祉大、白鷗大、作新学院大、北里大、帝京大、日本工業大、東北芸術工科大、等）短大·専門学校34.8%（作新学院大女子短大、済生会宇都宮病院看護専門学校、宇都宮ビジネス電子専門学校、大原スポーツ公務員専門学校、国際医療福祉大学塩谷看護専門学校、等）
就職49.5%（栃木銀行／宇都宮·塩野谷·那須南農業協同組合／クボタ／カルビーロジスティクス／オートテクニックジャパン／オリックスレンタカー／清原住電／栃木住友電工／テラ／長府製作所／オカモト／日産自動車／興国インテック／壱番屋／大日本パックス／丸永製菓／ムロコーポレーション／矢崎部品／栃木県警察·自衛官一般曹候補生等）　その他4.9%

■所在地／栃木県塩谷郡高根沢町文挟32番2号
■TEL／028-676-0531 ■FAX／028-676-0820
■HP／https://www.tochigi-edu.ed.jp/takanezawa/nc3/

学校説明会 8月上旬

県立 さくら清修高等学校　総合学科

全日制　生徒数／697人（男子268人／女子429人）

①幅広い選択科目、進路希望に合わせた各自の時間割、少人数による授業展開を実施。また、豊富な学校行事·活発な部活動·盛んなボランティア活動など、3年間を通し充実した学校生活が魅力。
②令和4年3月の卒業生について、宇都宮大·弘前大·新潟大等の国公立大をはじめ、法政大·成城大·東洋大·駒澤大·東京農大·国際医療福祉大他四年制大学143名。短期大学19名。専門学校72名。民間企業5名。
③創立18年目。世界大会出場…自転車トライアル。
全国大会出場…美術部。国体…少年女子サッカー。
関東大会出場…陸上競技部·弓道部·水泳部·ソフトボール部出場権獲得。

■所在地／栃木県さくら市氏家2807番地
■TEL／028-682-4500 ■FAX／028-682-0358
■HP／https://www.tochigi-edu.ed.jp/sakuraseishu/nc3/

学校説明会 8月3日（予定）

県立　宇都宮工業高等学校　普通科　工業技術科

定時制　生徒数／132人（男子93人／女子39人）

①午後部（普通科）1クラス、夜間部（工業技術科）1クラスの昼夜間二部制定時制高校です。毎日4時間丁寧な学び直しで、基礎的な学力や幅広い知識を身につけることができます。
②令和3年度は24名が卒業しました。そのうち大学や専門学校等に2名が進学、他は県内の企業を中心に就職しています。
③普通科や工業技術科の生徒がアイディアロボット大会や高校生電気自動車大会に出場しています。

■所在地／栃木県宇都宮市雀宮町52番地
■TEL／028-678-6500 ■FAX／028-678-6600
■HP／https://www.tochigi-edu.ed.jp/utsunomiyakogyo/nct3/
学校説明会　11月28日

県立　宇都宮商業高等学校　普通科　商業科

定時制　生徒数／67人（男子31人／女子36人）

①修業年限は原則4年間ですが、3年間で卒業できる制度（三修制）もあります。また、3年次編入「経理コース（社会人対象）」を設けている。
②【進学先】日本社会福祉事業大学社会福祉学部、宇都宮共和大学シティーライフ学部、作新学院大学女子短期大学部幼児教育科、国際ペット総合専門学校、IFC大学校調理師科、ベルエポック美容専門学校トータルビューティ科。【就職先】東北福山通運(株)宇都宮南支店、(株)ジェイ・ステップ、(株)Farm大越、中田総業(株)、(株)エマール、(株)愛全重車両、(株)北関東支店、(株)NDM（南大門グループ）、(株)プラスワールド(株)、不二工機宇都宮事業所、(株)宮食、(株)高崎通信工業、ジェイティプラントサービス(株)。
③部活動は活発に行われています。バドミントン部(男子・女子)及び剣道部（男子）は、令和4年度の県大会を制覇し全国大会に出場しました。また、11月に地域自治会と協働で黄ぶな(田川)清掃活動を実施しました。

■所在地／栃木県宇都宮市大曽3丁目1番46号
■TEL／028-622-0488 ■FAX／028-627-7871
■HP／https://www.tochigi-edu.ed.jp/utsunomiyashogyo/nct3/
学校説明会　希望により随時対応

県立　鹿沼商工高等学校　普通科

定時制　生徒数／19人（男子11人／女子8人）

①令和2年度の入学生より募集が今までの夜間定時制商業科から夕夜間定時制普通科になりました。大きな特徴は希望する生徒は通常4年かかるところを3年間で卒業する事ができることです。上都賀地区唯一の夕・夜間の定時制課程高校です。学び直しの場、再挑戦の場として生徒達は頑張っています。各種検定（ビジネス文書検定・情報処理検定・計算実務検定等）に積極的に挑戦し、合格する生徒も増えています。卒業後は、本校で学んだ知識技能を生かして社会人として活躍する者や、さらに上級の資格取得を目指して進学する生徒もいます。
②生徒の進路希望を実現するために、校内での進路ガイダンスに力を入れています。外部講師による講演・体験学習会を実施し、各年次にあった進路指導を適宜実施しています。生涯教育の観点からキャリア教育の推進も行っています。
令和4年度進路実績（卒業生5名 進学:大学1名 専門学校3名 就職:1名）
③部活動に関しては主にバドミントン部が活動をしています。定時制通信制総合体育大会にも参加しています。生徒達は意欲的に活動しています。

■所在地／栃木県鹿沼市花岡町180番1号
■TEL／0289-62-4188 ■FAX／0289-63-0710
■HP／https://www.tochigi-edu.ed.jp/kanumashoko/nct3/
学校説明会　個別（随時）

県立　足利工業高等学校　工業技術科

定時制　生徒数／39人（男子33人／女子6人）

①3年間での卒業や学習時間を選択する制度があり、働きながら学ぶ生徒が多いです。栄養士さん調理員さんが、栄養十分でバランスのとれた給食を愛情こめてつくり提供しています。
②希望する地元企業の就職試験を受け、内定しています。高校在籍時に従事していた仕事を継続する生徒もいます。
③毎年多くの生徒が「計算技術検定」や「ガス溶接技能講習」などの資格取得に挑戦し合格しています。

■所在地／栃木県足利市西宮町2908番1号
■TEL／0284-21-1318 ■FAX／0284-21-9313
■HP／https://www.tochigi-edu.ed.jp/ashikagakogyo/nct3/
定時制見学会　11月中旬頃

県立　真岡高等学校　普通科

定時制　生徒数／51人（男子32人／女子19人）

①夕方から4時間、夜間のみ4時間の、いずれかの学習時間帯を選べます。3年間での卒業を希望する場合は、資格試験等を活用する他、2年次から夕夜6時間も選べます。
②前年度は21名が卒業し、そのうち1名が4年制大学、1名が短期大学、5名が専門学校へ進学、8名が新規採用、4名が現業継続でした。卒業生のうち4名は、3年間での卒業です。
③給食があります。学校の厨房で作っているので、出来たてで、とてもおいしいと評判の給食です。

■所在地／栃木県真岡市白布ヶ丘24番1号
■TEL／0285-82-3413 ■FAX／0285-82-2913
■HP／https://web2.tochigi-edu.ed.jp/moka/nc3/
学校見学　随時

県立　大田原東高等学校　普通科

定時制　生徒数／45人（男子20人／女子25人）

①昭和41年に設立された、那須地区唯一の県立定時制高校です。「学びつつ　品位を高め　ともに働く」を校訓とし、これからの時代を生き抜く力を育て、明日の社会を担う人づくりに努めています。
②卒業生15名の進路は、専門学校等進学3名、就職9名、アルバイト継続1名、その他2名でした。卒業した生徒のほとんどが、進学先で活躍し、企業や地域社会の担い手として期待されています。
③一定の条件を満たした生徒には、希望により、教科書費の給付や就学奨励費貸与の制度があります。

■所在地／栃木県大田原市元町1丁目5番43号
■TEL／0287-22-2808 ■FAX／0287-23-8759
■HP／https://www.tochigi-edu.ed.jp/otawarahigashi/nc3t/
学校説明会　随時

県立 矢板東高等学校　普通科

定時制　生徒数／20人（男子13人／女子7人）

①生徒達は仕事と学業の両立を図りながら充実した学校生活を送っています。部活動も、頑張っています。生徒会活動も活発で体育祭等の行事やボランティア活動等を行っています。
②就職先は、製造業、介護福祉関係、運送業、サービス業などの分野に就職しています。
③バドミントン部、剣道部が全国大会（8月実施）に出場しました。

■所在地／栃木県矢板市東町4番8号
■TEL／0287-43-1243 ■FAX／0287-43-4268
■HP／https://www.tochigi-edu.ed.jp/yaitahigashi/nct3/

学校説明会 10月上旬（お問合わせください）

県立 学悠館高等学校　普通科

定時・通信制　生徒数／定時制555人（男子284人／女子271人）、通信制442人（男子225人／女子217人）

①【定時制】午前・午後・夜間の3部から自分に合った学習時間帯で、およそ100科目の多彩な科目から選択できる。習熟度別、少人数、体験的学習など学業指導が充実している。【通信制】週に一度登校して面接指導を受け、自宅で作成した報告課題を提出する。毎日の登校ではないので無理なく学習できる。
②津田塾大学、東京農業大学、文教大学、日本大学等、多くの四大・短大・専門学校に進学し、県内外の企業等に多数が就職した。
③2022年度全国定通大会:ソフトテニス・柔道が（団体ベスト8）・男子バレーボール（ベスト16）ほか、サッカー・剣道・陸上競技・バドミントン・男子バスケットボール・卓球など出場。JRC部:全国高校生ボランティアアワード2022出場コミュニティ賞受賞。文部科学大臣表彰令和4年度子供の読書活動優秀実践校。個人:第57回NHK障害福祉賞最優秀。土曜開放講座『寺子屋みらい』、体験学習など、各種教育活動が充実。

■所在地／栃木県栃木市沼和田町2番2号
■TEL／0282-20-7073 ■FAX／0282-24-9299
■HP／https://www.tochigi-edu.ed.jp/gakuyukan/nc3/

学校説明会 11月29日 1月17日

県立 宇都宮高等学校　普通科

通信制　生徒数／534人（男子294人／女子240人）

①豊かな自然と落ち着いた環境のもと、就業の有無・年齢に関わらない様々な生徒が、向学の志を持ち高校卒業を目指して学んでいます。自学自習を基本としながらも、個に応じたきめ細かいサポートを行っています。
②新潟大・作新学院大・白鷗大・文星芸術大・国際医療福祉大・帝京大・千葉工業大・京都産業大など4年制大学に19名。短期大学に2名。専門学校等に31名。新規就職は14名。
③全国定通体育大会にソフトテニス・陸上競技・卓球が出場。県定通秋季体育大会にてソフトテニス・陸上競技が優勝、バレーボール準優勝、卓球第3位。

■所在地／栃木県宇都宮市滝の原3丁目5番70号
■TEL／028-633-1427 ■FAX／028-637-0026
■HP／https://www.tochigi-edu.ed.jp/utsunomiya/nct3/

学校説明会 12月17日

私立 作新学院高等学校　トップ英進部 英進部 総合進学部 情報科学部

全日制　生徒数／3,753人（男子1,968人／女子1,785人）

①普通科では、難関大学進学から就職まで、生徒の進路目標に合わせた指導を展開。専門学科では、高い技術や資格を取得するスペシャリストを育成。部活動は、恵まれた環境のもとで活発な活動を展開し、全国大会出場も多数。
②2021年度大学入試で、過去3年の合格実績では東京大・京都大現役合格を含む国公立大学合格328名は県内私立高校トップの進学実績。就職でも求人数は県内全高校トップクラスで、内定率100%を達成。
③成績優秀で勉学意欲旺盛な生徒を対象とした学業特待生制度を用意（部活動特待生制度もあります）。

■所在地／栃木県宇都宮市一の沢1丁目1番41号
■TEL／028-648-1811 ■FAX／028-648-8408
■HP／https://www.sakushin.ac.jp/

学校説明会 詳細はHPにて

私立 文星芸術大学附属高等学校　英進科（I類・II類） 普通科（進学・総合・美術デザイン） 総合ビジネス科

全日制　生徒数／990人（男子923人／女子67人）

①「三敬精神」を教育基盤とし、生徒一人ひとりの進路実現に向けて多彩な科・コースを設置。高いレベルでの文武両道を実践し、テニス部のインターハイ出場、美術部の全国総文祭出品や将棋部の全国大会出場など、多くの部活動が全国で活躍している。
②個々の進路を徹底的にサポート。東大（2年連続）、京大（3年連続）に現役合格、北海道、大阪、神戸などの有名国立大や、慶應、早稲田などの有名私大にも多数の合格者を輩出。就職希望者も高い内定率を維持。
③学力特待生とスポーツ文化特待生制度があり、A特待生は授業料等が免除となる。英進科のI類・II類は男女共学。令和3年には創立110周年を迎えた。

■所在地／栃木県宇都宮市睦町1番4号
■TEL／028-636-8585 ■FAX／028-633-2321
■HP／https://www.bunsei.ed.jp/

一日体験学習 7・8月
学校説明会 9・10・11月

私立 宇都宮文星女子高等学校　秀英特進科 普通科 総合ビジネス科

全日制　生徒数／610人（男子 ── 人／女子610人）

①まもなく創立100周年。生徒の自主性を重んじ、生徒会企画を毎月実施しています。社会で活躍できる女性の育成をめざし、ICTを活用した探究活動に力を入れています。
②小論文や面接、プレゼン等の入試を手厚くサポートし、宇都宮大学をはじめとする国公立大学、自治医科大学や国際医療福祉大学などの私立大学へ合格を果たしています。
③陸上競技部が全国駅伝競走大会に3年連続出場しました。バレーボール部・卓球部・ソフトボール部、文化部では美術部・バトントワリング部・ワープロ部・ロボットサイエンス部が全国大会へ出場を果たしています。

■所在地／栃木県宇都宮市北一の沢町24番35号
■TEL／028-621-8156 ■FAX／028-622-8971
■HP／http://www.bunsei-gh.ed.jp/

1日体験学習 8月上旬
学校説明会 10月～11月

私立 宇都宮短期大学附属高等学校

普通科 調理科 生活教養科 音楽科 情報商業科

全日制	生徒数／2,445人（男子1,155人／女子1,290人）

①建学の精神「全人教育」のもと、特色ある5科を擁する。部活動は39あり、人工芝の野球場やサッカー場、そしてテニスコートを完備している。令和3年にe-スポーツ部を創部し、ゲーミングパソコンも完備している。
②全体の85％以上が進学（普通・音楽科は全員）。全国の有名国公立大や医学部に現役合格を果たした。早稲田・慶応など難関私立大学にも多数合格し、進学実績を伸ばし続けている。
③特に音楽科では国際舞台で活躍する著名人が多い。特待生制度（学力・運動）も充実している。

■所在地／栃木県宇都宮市睦町1番35号
■TEL／028-634-4161 ■FAX／028-635-3540
■HP／https://www.utanf-jh.ed.jp/
学校説明会 未定

私立 星の杜高等学校

普通科

全日制	生徒数／──人（男子 ──人／女子──人）

①新たな価値を創造し社会に貢献する「チェンジメーカー」の育成をスクールミッションに掲げている。また「制服なし、校則なし、定期テストなし」により、生徒の自主性や自律心を育む。
②一般選抜はもちろん、学校推薦型選抜、総合型選抜などの新しい入試にも対応。「海外大学進学指定校推薦制度」があり、世界34大学と指定校提携を結び、グローバルな進路選択も可能。
③デジタルデザイン、リベラルアーツなどの社会で活躍するために必要な様々なスキルを育成する授業がある。

■所在地／栃木県宇都宮市上籠谷町3776番地
■TEL／028-667-0700 ■FAX／028-667-6985
■HP／https://hoshinomori.ed.jp/
学校説明会 未定

私立 國學院大學栃木高等学校

普通科

全日制	生徒数／1,254人（男子746人／女子508人）

①進路希望別のコース展開やきめ細かい学力向上プログラムにより進路実現をしっかりサポート。國學院大學へ推薦による進学が可能。学校行事や海外研修、部活動が盛んで文武両道を実践し、人間力を養う。
②東北大、筑波大、千葉大、横浜国立大に合格。医学部医学科3名、早・慶・上智5名、GMARCH理48名、國學院大學97名など、国公立大60名、私立大（國學院大學除く）に399名が合格。
③奨学生制度あり。栃木駅前の学園教育センターは放課後自学自習の場として多数の生徒が利用。

■所在地／栃木県栃木市平井町608番地
■TEL／0282-25-5020 ■FAX／0282-25-0441
■HP／https://kokugakuintochigi.jp
学校説明会 6月～

私立 佐野清澄高等学校

普通科 生活デザイン科

全日制	生徒数／401人（男子205人／女子196人）

①知育に偏らない「心の教育」の尊重を掲げ、男女の特性を生かした教育方針により、真に信頼され正しい行動ができる良き社会人の育成を目指しています。少人数による親身な指導をしています。
②足利大、上武大、駿河台大、桐生大、東京国際大、佐野日大短大などの他、専門学校にも多数進学しています。またイオンリテール（株）やタマムラデリカ（株）など地元企業への就職者も多数おります。
③スクールバスを3路線運行しております。3路線とも全て無料で、多くの生徒が利用しています。

■所在地／栃木県佐野市堀米町840番地
■TEL／0283-23-0841 ■FAX／0283-23-0842
■HP／https://www.sanokiyosumi-h.ed.jp/
学校説明会 8月・11月

私立 佐野日本大学高等学校

普通科

全日制	生徒数／1,251人（男子810人／女子441人）

①生徒一人ひとりの希望進路を実現するために、「3コース＋αクラス」を設置し、目的に沿ったきめ細やかな指導をしています。
②昨年度の現役合格率は99.7％。日本大学377名（毎年、進学コースの約6割の生徒が日本大学へ進学）、大阪大学（薬）、東北大学など国公立大学35名、早慶上理などの難関私立大学等209名など合格多数。
③過去に硬式野球部、サッカー部、陸上競技部、剣道部、ゴルフ部等多数部活が全国大会に出場。奨学生制度あり。

■所在地／栃木県佐野市石塚町2555番地
■TEL／0283-25-0111 ■FAX／0283-25-0441
■HP／https://high.sano-nichidai.jp
学校説明会 7月～

私立 青藍泰斗高等学校

普通科 総合ビジネス科 総合生活科

全日制	生徒数／464人（男子282人／女子182人）

①今年で創立114年を迎え、人間養育の伝統を受け継ぎつつ、時代の変化に即した教育改革を実行中。アクティブラーニング教室の設置・改修など、施設・設備の拡充も積極的に展開している。
②約5割が進学を希望し、全ての生徒が進学決定。就職希望者に対しては、きめ細かい実践的指導を行う。長い歴史と伝統の中で培われた企業との太いパイプにより、高い内定率を維持している。
③部活動ではウエイトリフティング部の国体・インターハイでの入賞。卓球部は国体・インターハイに出場の常連校。陸上部も全国大会で入賞する選手を輩出。吹奏楽部は地域イベントで活躍している。

■所在地／栃木県佐野市葛生東2丁目8番3号
■TEL／0283-86-2511 ■FAX／0283-85-2280
■HP／http://www.seirantaito.ed.jp/
学校説明会 8月（予定）

私立　足利短期大学附属高等学校　普通科

全日制　生徒数／324人（男子 ── 人／女子324人）

【2024年春、新しいコースとともに生まれかわります】
①1925年(大正14年)創立。聖徳太子の憲法17条「和を以て貴しと為す」が建学の精神。「穏健質実なる女子教育」という創立当初の理念は「豊かな個性と高潔な品性を養う」という今日の教育理念へと展開され伝統ある女子高校。
②内部推薦による足利大学看護学部（工学部）、足利短期大学こども学科への進学。医療福祉関係の学校へ進学する卒業生が多い。
③バトントワリング部10年連続全国大会出場。柔道部インターハイ、国民体育大会出場。

■所在地／栃木県足利市本城3丁目2120番地
■TEL／0284-21-7344 ■FAX／0284-21-1380
■HP／https://www.ashikaga-jc-h.ed.jp/
学校見学会　7月

私立　足利大学附属高等学校　普通科　工業科　自動車科　情報処理科

全日制　生徒数／892人（男子755人／女子137人）

①レスリング部、バレーボール部、硬式テニス部、弓道部、スキー部、放送部が全国大会に出場し活躍。吹奏楽部は各地で依頼演奏を行う。
②本校独自のきめ細やかな指導体制のもと、足利大学工学部26名、看護学部7名、他大学では宇都宮大学、山梨大学、明治大学などの進学実績を誇る。就職実績ではアキレス㈱や㈱SUBARU、足利市役所など多くの人材を輩出している。
③系列大学（足利大学、足利短期大学）への内部進学や入学金全額免除、系列校在籍生徒の兄弟姉妹奨学金など多くの特典がある。

■所在地／栃木県足利市福富町2142番地
■TEL／0284-71-1285 ■FAX／0284-71-9876
■HP／https://www.ashitech-h.ed.jp/
学校公開　詳細はHPにて

私立　白鷗大学足利高等学校　普通科

全日制　生徒数／1,237人（男子610人／女子627人）

①「文武両道」を掲げ、令和4年度も多くの運動部、文化部で輝かしい成績を残しました。ボクシング部がIBA世界ユースボクシング選手権大会52kg級で第3位、女子ソフトテニス部が関東選抜ソフトテニス大会優勝、柔道部がインターハイ個人90kg級で準優勝しました。
②お茶の水女子大学、東京学芸大学、金沢大学、千葉大学などの国公立大学に31名、早稲田大学、上智大学などの私立大学に422名が合格し、そのうち系列の白鷗大学には152名が合格しています。
③進学を目指した4つのコースで生徒を募集しています。

■所在地／栃木県足利市伊勢南町3番2号
■TEL／0284-41-0890 ■FAX／0284-42-3335
■HP／https://hakuoh-h.jp
学校説明会　9月

私立　矢板中央高等学校　普通科　スポーツ科

全日制　生徒数／523人（男子382人／女子141人）

①普通科特進コース･進学選抜を中心に毎年国公立大学合格者を輩出している。一昨年は、防衛医科大学医学部に合格者を出した。また、部活動においては、サッカー部が令和4年度全国高校総体ベスト8、関東プリンスリーグ1部･2部に所属。男子ソフトテニス部が関東大会3位、新人大会個人優勝。女子ソフトボール部が全国高校総体出場、新人大会優勝。女子バスケ部が関東大会出場、インターハイ出場、ウインターカップ県予選優勝。また、新聞部が栃木県高校新聞コンクールにおいて最優秀賞を受賞。
②昨年度の進路は、大学合格が東京学芸大、宇都宮大、山形大、福島大、防衛大学校、明治大、亜細亜大、日本体育大などに91名合格。専門学校は、栃木県立衛生福祉大学校などに52名進学。また、就職は、県内外企業に42名内定している。生徒一人一人の個性に合わせた幅広い進路指導をしている。

■所在地／栃木県矢板市扇町2丁目1519番地
■TEL／0287-43-0447 ■FAX／0287-43-0899
■HP／https://ychyama.sakura.ne.jp/
学校説明会　8月6日

国立　小山工業高等専門学校　機械工学科　電気電子創造工学科　物質工学科　建築学科

全日制　学生数／996人（男子796人／女子200人）

①「技術者である前に人間であれ」を基本理念に、豊かな人間性と高度な技術を養う。平成25年度の改組で電気電子創造工学科を新設し、社会のニーズにあった技術者の育成を行う。
②高専専攻科に20名が進学し、国公立大学等の3年次に62名が編入学。主な編入先は東工大･横国大･宇都宮大･群馬大･千葉大･東京農工大･長岡技科大･豊橋技科大など。就職は産業界全般から約30倍の求人があり、就職率は約100％（希望者全員が就職）（令和4年3月卒業者の実績）。
③各種コンテストに積極的に取り組んでおり、第35回高専ロボコンでは4年連続24回目の全国大会出場、第7回廃炉創造ロボコンでは2年連続最優秀賞受賞を果たした。

■所在地／栃木県小山市大字中久喜771番地
■TEL／0285-20-2141 ■FAX／0285-20-2882
■HP／https://www.oyama-ct.ac.jp/
学校説明会　6月

県立　県央産業技術専門校　木造建築科

全日制　生徒数／15人（男子15人／女子__人）

①産技校5つのポイント！
1 授業料･入校料無料！　2 安心の就職サポート！
3 役立つ資格の取得！　4 無理なく身につく技能！
5 充実した学ぶ環境！
②県内企業に正社員として多数の就職実績（就職率100％）
③若年者ものづくり競技大会など、全国レベルの大会に出場
※ツイッターやブログで最新情報を発信しています。

■所在地／栃木県宇都宮市平出工業団地48番4号
■TEL／028-689-6374 ■FAX／028-689-6377
■HP／https://www.tochigi-it.ac.jp/
一日体験学習　8月･10月･11月

私立 学校法人TBC学院 国際TBC高等専修学校　総合キャリア学科

通信制　生徒数／378人（男子109人／女子269人）

①情報、CG･まんが、メイク･ファッション、保育福祉、ペット、総合など専門的な学習や様々な行事を通して、個性と才能を伸ばす。国家資格のITパスポート試験、メイク検定、トリマー検定など多種多様の検定取得。
②高専一貫教育（5か年教育）の実践のため、約6割の生徒が専門課程に進学。また、県内外の大学･各種学校への進学や、取得した資格を生かして各分野への就職をする生徒が多数います。
③部活動では女子バレーが全国準優勝、女子ソフトテニスが全国第3位。第1回入学試験で学費10万円給付。

■所在地／栃木県宇都宮市今泉2丁目10番12号
■TEL／028-627-9237 ■FAX／028-627-9238
■HP／https://www.tbchs.jp/
学校説明会 HPにて

私立 クラーク記念国際高等学校 連携校 宇都宮キャンパス（宇都宮クラーク高等学院）　情報ビジネス科

全日型通信制　生徒数／150人（男子75人／女子75人）

①基本学習の学び直しが充実。情報処理、グラフィック･クリエイター、簿記、声優パフォーマンス、インターナショナル、体育科、学習検定の7つの特設ゼミで資格取得と技能を磨き進路の幅を広げる。
②300以上の大学の指定校推薦制度、姉妹校専門学校の優待制度もあり高い進学率。独自のWEB講座も充実し、基礎から大学受験までの学習を後押しする。
③毎年全国大会で活躍する陸上部、卓球部ほかマンガ、ダンスなどの部が積極的に活動している。

■所在地／栃木県宇都宮市昭和1丁目2番18号
■TEL／028-650-5900 ■FAX／028-600-3088
■HP／https://www.uclark.jp
学校説明会 随時

私立 学校法人TBC学院小山校 国際TBC調理･パティシエ専門学校　高等課程 調理科

全日制　生徒数／83人（男子45人／女子38人）

①専門学校媒体の学校なので、設備の充実はもちろん、有名店や有名ホテルで今も活躍している現役のプロ講師から、料理の技術を教わることができ、現場で即戦力となる人材を育成します。
②日本ビューホテル、シェラトン･グランデ･トウキョウベイなど有名ホテルを始め、中村孝明、四川飯店など、多くの有名店にも内定しております。当校専門課程への進学者もおります。
③調理技術コンクール関東甲信越地区予選上位通過、栃木県高等学校定通制体育大会優勝。

■所在地／栃木県小山市三峯1丁目10番21号
■TEL／0285-28-0525 ■FAX／0285-28-3586
■HP／https://www.oyama.ac.jp/
体験学習 7月26日～11月25日

私立 第一学院高等学校 宇都宮キャンパス　普通科

通信制　生徒数／7,849人

①一人ひとりの状況･ライフスタイルに合わせてキャンパス通学や自宅でのオンライン学習など、学ぶ場所やスタイルを選べるため、自分のペースで高校卒業を目指すことが可能です。
②大学、専門学校等への進学が約8割。就職が約2割。キャリア教育を充実させ、目標への継続したサポートで、一人ひとりの希望に合わせた進路実現を目指していきます。
③日々の「成長実感」を大切にし、その「成長実感」を自信に変えて更なるチャレンジができる「成長実感型」の教育活動に取り組んでいます。

■所在地／栃木県宇都宮市大通り2丁目1番5号明治安田生命宇都宮大通りビル8F
■TEL／028-614-5650 ■FAX／028-614-5651
■HP／https://www.daiichigakuin.ed.jp/
学校説明会 4月中旬～（月1回）

私立 日々輝学園高等学校　普通科

通信制　生徒数／1,426人（男子864人／女子562人）

①「一人ひとりを大切にする教育」をモットーに、きめ細かな教育を行っています。学び直し･ICT教育･体験型キャリア教育”みらい”を重視し、緑豊かな環境での体験学習に取り組んでいます。
②卒業生の約4割が四年制大学または短期大学へ進学、約5割は専門学校へ進学、約1割は就職等それぞれ希望の進路を実現しています。
③陸上競技部･ソフトテニス部･バドミントン部が全国大会出場。文化部では、塩谷地区芸術祭やNHK全国学校コンクールにて活躍。

■所在地／栃木県塩谷郡塩谷町大宮2475番地1
■TEL／0287-41-3851 ■FAX／0287-41-3852
■HP／https://www.hibiki-gakuen.ed.jp/
学校説明会 5月頃より順次実施

私立 おおぞら高等学院　基本コース 個別指導コース 専門コース　進学コース

通信制サポート校　生徒数／全国約10,000名

①「なりたい大人になるための学校®。」として、生徒一人ひとりが描く、「なりたい大人」をめざすためのさまざまな体験や環境が整っています。
②国公立大学･私立大学･専門学校進学、就職、留学、実績多数有。進学対策、面接指導、職業体験等キャリア教育プログラムなどが充実しており、卒業後の進路をサポートします。
③おおぞら高等学院の先生「マイコーチ®」が「みらいノート®」を使ってなりたい大人を共に描きます。「みらいの架け橋レッスン®（選択授業）」ではイラスト･ダンス･ネイル･音楽･eスポーツ･各種検定など多種多様な科目があります。なりたい大人像がすでにある人も、今は想像できない人も、高校卒業をゴールとするのではなく、その先のなりたい大人となって幸せな未来を歩めるようみなさんを全力でサポートします。

■所在地／栃木県宇都宮市駅前通り3丁目2番3号 チサンホテル宇都宮3F ■TEL／028-632-5001
■HP／https://www.ktc-school.com/
学校説明会 随時

MEMO

2023(令和5)年度実施済 栃木県立高校全日制 一般選抜合格結果

【表の見方】
①一般選抜定員は、特色選抜と海外特別選抜の内定者数を募集定員から差し引いたもの。宇都宮東、佐野、矢板東は内部進学による内定者数も差し引いている。
②第3志望まで出願できる学科は第2、第3志望合格者を含む。合格倍率は受検人員を、第1志望合格人員で割ったもの。合計の合格倍率は総受検人員を総合格人員で割ったもの。

学校名	学科名	男女	募集定員	特色選抜内定者数	A海外特別選抜内定者数	一般選抜定員	受検者数	合格者数	合格倍率	前年合格倍率
宇都宮	普通	男	280	25	6	249	289	249	1.16	1.18
宇都宮東	普通	男女	160	54	3	3	0	0	0.00	
宇都宮南	普通	男女	320	112		208	289	208	1.39	1.34
宇都宮北	普通	男女	320	48	3	269	419	270	1.55	1.49
宇都宮清陵	普通	男女	200	50	1	149	173	149	1.16	1.00
宇都宮女子	普通	女	280	28	3	249	318	249	1.28	1.13
宇都宮中央	普通	男女	240	27	1	212	325	213	1.53	1.86
	総合家庭	男女	40	9		31	38	31	1.23	1.53
宇都宮白楊	農業経営	男女	40	14		26	47	27	1.74	1.67
	生物工学	男女	40	14		26	40	27	1.48	1.56
	食品科学	男女	40	14		26	46	27	1.70	1.52
	農業工学	男女	40	14		26	30	26	1.43	1.59
	情報技術	男女	40	14		26	40	27	1.67	1.70
	流通経済	男女	40	14		26	45	27	1.67	1.70
	服飾デザイン	男女	40	14		26	42	27	1.56	1.74
宇都宮工業	機械システム	男女	120	42		78	82	78	1.12	1.21
	電気情報システム	男女	80	28		52	59	52	1.13	1.26
	建築デザイン	男女	40	14		26	37	26	1.42	1.46
	環境建設システム	男女	80	28		52	63	52	1.26	1.31
宇都宮商業	商業	男女	200	70		130	156	130	1.20	1.43
	情報処理	男女	80	28		52	58	52	1.12	1.32
鹿沼	普通	男女	240	60		180	188	180	1.04	1.19
鹿沼東	普通	男女	200	70		130	138	130	1.06	1.13
鹿沼南	普通	男女	40	10		30	28	28	1.00	1.00
	食料生産	男女	40	14		26	27	26	1.04	1.03
	環境緑地	男女	40	11		29	26	26	1.00	1.03
	ライフデザイン	男女	40	14		26	31	26	1.19	1.08
鹿沼商工	情報科学	男女	40	10		30	27	27	1.00	1.20
	商業	男女	120	42		78	88	78	1.13	1.31
今市	総合学科	男女	160	52		108	121	108	1.12	1.27

学校名	学科名	男女	募集定員	特色選抜内定者数	A海外特別選抜内定者数	一般選抜定員	受検者数	合格者数	合格倍率	前年合格倍率
今市工業	機械	男女	80	28		52	27	26	1.04	1.00
	電気	男女	40	11		29	10	10	1.00	1.00
	建設工学	男女	40	14		26	14	14	1.00	1.00
日光明峰	普通	男女	80	28		52	25	25	1.00	1.00
上三川	普通	男女	160	40		120	164	120	1.37	1.27
石橋	普通	男女	240	60	1	179	238	179	1.33	1.13
小山	普通	男女	200	50		150	151	150	1.01	1.07
	数理科学	男女	40	9		31	26	26	1.00	1.13
小山南	普通	男女	80	20		60	71	60	1.18	1.10
	スポーツ	男女	80	44		36	40	36	1.11	1.00
小山西	普通	男女	200	50	1	149	170	149	1.14	1.39
小山北桜	食料環境	男女	40	10		30	24	24	1.00	1.05
	建築システム	男女	40	7		33	30	30	1.00	1.00
	総合ビジネス	男女	40	10		30	33	30	1.10	1.00
	生活文化	男女	40	10		30	32	30	1.07	1.00
小山城南	総合学科	男女	200	50	3	147	171	147	1.16	1.07
栃木	普通	男	240	58		182	207	182	1.14	1.02
栃木女子	普通	女	240	60	1	179	199	179	1.11	1.16
栃木農業	植物科学	男女	40	9		31	27	31	1.08	1.03
	動物科学	男女	40	10	1	29	36	29	1.24	1.07
	食品科学	男女	40	10		30	36	30	1.20	1.27
	環境デザイン	男女	40	10		30	26	26	1.18	1.13
栃木工業	機械	男女	80	28		52	51	52	1.11	1.00
	電気	男女	40	14		26	27	26	1.08	1.08
	電子情報	男女	40	14		26	37	26	1.42	1.15
栃木商業	商業	男女	120	42		78	79	78	1.01	1.03
	情報処理	男女	40	12		28	25	26	1.00	1.08
栃木翔南	普通	男女	200	50	1	149	156	149	1.05	1.18
壬生	普通	男女	160	50		110	121	110	1.10	1.29
佐野	普通	男女	*160	19		40	50	40	1.25	1.00
佐野東	普通	男女	200	50		150	218	150	1.45	1.13
佐野松桜	情報制御	男女	80	28		52	61	52	1.17	1.10
	商業	男女	80	28		52	50	50	1.00	1.06
	家政	男女	40	14		26	40	27	1.48	1.19
	介護福祉	男女	30	10		20	24	20	1.20	1.20

学校名	学科名	男女	募集定員	特色選抜内定者数	A海外特別選抜内定者数	一般選抜定員	受検者数	合格者数	合格倍率	前年合格倍率
足利	普通	男女	240	60	1	179	229	179	1.28	1.24
足利南	総合学科	男女	160	54		106	83	83	1.00	1.29
足利工業	機械	男女	80	26		54	48	53	1.00	1.02
	電気システム	男女	40	14		26	29	26	1.12	1.00
	産業デザイン	男女	40	14		26	38	26	1.46	1.00
足利清風	普通	男女	120	42		78	69	67	1.03	1.01
	商業	男女	80	26		54	49	49	1.00	1.08
真岡	普通	男	200	50	1	149	147	147	1.00	1.07
真岡女子	普通	女	200	50		150	131	131	1.00	1.05
真岡北陵	生物生産	男女	40	12		28	16	16	1.00	1.19
	農業機械	男女	40	9		31	19	19	1.00	1.23
	食品科学	男女	40	14		26	24	24	1.00	1.19
	総合ビジネス	男女	40	10		30	18	18	1.00	1.12
	介護福祉	男女	30	9		21	7	7	1.00	1.08
真岡工業	機械	男女	40	14		26	26	26	1.00	1.08
	生産機械	男女	40	14		26	14	14	1.00	1.12
	建設	男女	40	14		26	20	20	1.00	1.00
	電子	男女	40	10		30	25	25	1.00	1.27
益子芳星	普通	男女	160	56		104	81	80	1.01	1.01
茂木	総合学科	男女	160	56		104	97	97	1.00	1.00
烏山	普通	男女	160	56	1	103	66	65	1.02	1.00
馬頭	普通	男女	80	10		70	23	22	1.05	1.00
	水産	男女	25	8		17	13	13	1.00	1.25
大田原	普通	男	200	35		165	139	139	1.00	1.12
大田原女子	普通	女	200	50		150	165	150	1.10	1.00
黒羽	普通	男女	120	32		88	74	74	1.00	1.00
那須拓陽	普通	男女	80	28		52	46	46	1.00	1.02
	農業経営	男女	40	14		26	29	26	1.12	1.00
	生物工学	男女	40	14		26	26	26	1.00	1.04
	食品化学	男女	40	14		26	27	26	1.04	1.04
	食物文化	男女	40	14		26	26	26	1.00	1.00

学校名	学科名	男女	募集定員	特色選抜内定者数	A海外特別選抜内定者数	一般選抜定員	受検者数	合格者数	合格倍率	前年合格倍率
那須清峰	機械	男女	40	14		26	29	26	1.12	1.00
	機械制御	男女	40	13		27	23	27	1.10	1.00
	電気情報	男女	40	14		26	35	26	1.35	1.12
	建設工学	男女	40	14		26	24	26	1.04	1.00
	商業	男女	40	14		26	29	26	1.12	1.00
那須	普通	男女	80	19		61	37	37	1.00	1.00
	リゾート観光	男女	40	11		29	13	13	1.00	1.00
黒磯	普通	男女	200	50		150	143	143	1.00	1.06
黒磯南	総合学科	男女	160	56		104	112	104	1.08	1.00
矢板	農業経営	男女	40	14		26	26	26	1.00	1.00
	機械	男女	40	14		26	26	26	1.00	1.00
	電子	男女	40	4		36	19	19	1.00	1.00
	栄養食物	男女	40	13		27	24	24	1.00	1.04
	介護福祉	男女	30	9		21	12	12	1.00	1.00
矢板東	普通	男女	*160	31		62	59	59	1.00	1.00
高根沢	普通	男女	80	21		59	48	47	1.02	1.00
	商業	男女	120	37		83	50	49	1.02	1.00
さくら清修	総合学科	男女	240	84		156	181	156	1.16	1.32
合計			11,475	3,162	28	8,017	8,657	7,481	1.16	1.17

[備考]

1　一般選抜定員＝(募集定員)－(特色選抜内定者数)－(A海外特別選抜内定者数)
ただし、宇都宮東高等学校、佐野高等学校及び矢板東高等学校の一般選抜定員は、
一般選抜定員＝(募集定員)－(特色選抜内定者数)－(A海外特別選抜内定者数)－(内部進学による内定者数)

2　$$\text{合格倍率}=\frac{\text{受検人員}}{\text{第一志望合格人員}}$$

ただし、$$\text{合計欄の合格倍率}=\frac{\text{受検人員計}}{\text{合格人員計}}$$

2023(令和5)年度実施済
栃木県立高校全日制

特色選抜の割合及び選抜の方法

学校名	学科名	男女	特色選抜の定員の割合	面接の形式		作文・小論文				学校独自検査
				個人面接	集団面接	作文	小論文	所要時間	文字数	
宇都宮	普通	男	10%程度	○			○	60分	500～700字	
宇都宮東	普通	男女	100%		○					学校作成問題（国·数·英）
宇都宮南	普通	男女	30%程度	○			○	50分	500～600字	
宇都宮北	普通	男女	10%程度	○			○	50分	500～600字	
宇都宮清陵	普通	男女	20%程度	○		○		50分	500～600字	
宇都宮女子	普通	女	10%程度	○			○	50分	500～600字	
宇都宮中央	普通	男女	10%程度	○			○	50分	500～600字	
	総合家庭	男女	20%程度	○			○	50分	500～600字	
宇都宮白楊	農業経営	男女	30%程度	○			○	50分	500～600字	
	生物工学	男女	30%程度	○			○	50分	500～600字	
	食品科学	男女	30%程度	○			○	50分	500～600字	
	農業工学	男女	30%程度	○			○	50分	500～600字	
	情報技術	男女	30%程度	○			○	50分	500～600字	
	流通経済	男女	30%程度	○			○	50分	500～600字	
	服飾デザイン	男女	30%程度	○			○	50分	500～600字	
宇都宮工業	機械システム	男女	30%程度	○		○		40分	500～600字	
	電気情報システム	男女	30%程度	○		○		40分	500～600字	
	建築デザイン	男女	30%程度	○		○		40分	500～600字	
	環境建設システム	男女	30%程度	○		○		40分	500～600字	
宇都宮商業	商業	男女	30%程度	○		○		45分	400～500字	
	情報処理	男女	30%程度	○		○		45分	400～500字	
鹿沼	普通	男女	20%程度	○			○	50分	600字程度	
鹿沼東	普通	男女	30%程度	○		○		50分	600字程度	
鹿沼南	普通	男女	20%程度	○		○		40分	400～500字	
	食料生産	男女	30%程度	○		○		40分	400～500字	
	環境緑地	男女	30%程度	○		○		40分	400～500字	
	ライフデザイン	男女	30%程度	○		○		40分	400～500字	
鹿沼商工	情報科学	男女	20%程度	○		○		45分	400～500字	
	商業	男女	30%程度	○		○		45分	400～500字	
今市	総合学科	男女	30%程度	○		○		50分	500～600字	
今市工業	機械	男女	30%程度	○		○		30分	300～400字	
	電気	男女	30%程度	○		○		30分	300～400字	
	建設工学	男女	30%程度	○		○		30分	300～400字	

学校名	学科名	男女	特色選抜の定員の割合	面接の形式		作文・小論文				学校独自検査
				個人面接	集団面接	作文	小論文	所要時間	文字数	
日光明峰	普通	男女	30%程度	○		○		30分	320～400字	
上三川	普通	男女	20%程度	○		○		40分	400～500字	
石橋	普通	男女	20%程度	○			○	50分	500～700字	
小山	普通	男女	20%程度	○			○	50分	600～800字	
	数理科学	男女	20%程度	○			○	50分	600～800字	
小山南	普通	男女	30%程度	○		○		30分	400字程度	
	スポーツ	男女	50%程度	○		○		30分	400字程度	
小山西	普通	男女	20%程度	○			○	50分	600字程度	
小山北桜	食料環境	男女	20%程度	○		○		40分	400字程度	
	建築システム	男女	20%程度	○		○		40分	400字程度	
	総合ビジネス	男女	20%程度	○		○		40分	400字程度	
	生活文化	男女	20%程度	○		○		40分	400字程度	
小山城南	総合学科	男女	20%程度	○		○		40分	450～500字	
栃木	普通	男	20%程度	○						学校作成問題（総合問題A･B）
栃木女子	普通	女	20%程度	○			○	50分	500～600字	
栃木農業	植物科学	男女	20%程度	○		○		40分	400字程度	
	動物科学	男女	20%程度	○		○		40分	400字程度	
	食品科学	男女	20%程度	○		○		40分	400字程度	
	環境デザイン	男女	20%程度	○		○		40分	400字程度	
栃木工業	機械	男女	30%程度	○		○		40分	400～500字	
	電気	男女	30%程度	○		○		40分	400～500字	
	電子情報	男女	30%程度	○		○		40分	400～500字	
栃木商業	商業	男女	30%程度	○		○		30分	400～480字	
	情報処理	男女	30%程度	○		○		30分	400～480字	
栃木翔南	普通	男女	20%程度	○			○	50分	600字程度	
壬生	普通	男女	30%程度	○		○		40分	540～600字	
佐野	普通	男女	30%程度	○		○		50分	600字程度	
佐野東	普通	男女	20%程度	○			○	50分	600字程度	
佐野松桜	情報制御	男女	30%程度	○		○		30分	350～400字	
	商業	男女	30%程度	○		○		30分	350～400字	
	家政	男女	30%程度	○		○		30分	350～400字	
	介護福祉	男女	30%程度	○		○		30分	350～400字	

学校名	学科名	男女	特色選抜の定員の割合	面接の形式		作文・小論文				学校独自検査
				個人面接	集団面接	作文	小論文	所要時間	文字数	
足利	普通	男女	20%程度	○			○	50分	600字程度	
足利南	総合学科	男女	30%程度	○		○		40分	400～500字	
足利工業	機械	男女	30%程度	○		○		30分	400字程度	
	電気システム	男女	30%程度	○		○		30分	400字程度	
	産業デザイン	男女	30%程度	○		○		30分	400字程度	
足利清風	普通	男女	30%程度	○		○		30分	340～400字	
	商業	男女	30%程度	○		○		30分	340～400字	
真岡	普通	男	20%程度	○			○	60分	700～800字	
真岡女子	普通	女	20%程度	○			○	50分	600字程度	
真岡北陵	生物生産	男女	30%程度	○		○		30分	400字程度	
	農業機械	男女	30%程度	○		○		30分	400字程度	
	食品科学	男女	30%程度	○		○		30分	400字程度	
	総合ビジネス	男女	30%程度	○		○		30分	400字程度	
	介護福祉	男女	30%程度	○		○		30分	400字程度	
真岡工業	機械	男女	30%程度	○		○		30分	300～500字	
	生産機械	男女	30%程度	○		○		30分	300～500字	
	建設	男女	30%程度	○		○		30分	300～500字	
	電子	男女	30%程度	○		○		30分	300～500字	
益子芳星	普通	男女	30%程度	○		○		30分	400字程度	
茂木	総合学科	男女	30%程度	○		○		40分	500～600字	
烏山	普通	男女	30%程度	○		○		40分	500～600字	
馬頭	普通	男女	20%程度	○		○		30分	400～600字	
	水産	男女	30%程度	○		○		30分	400～600字	
大田原	普通	男	20%程度	○		○		40分	500～600字	
大田原女子	普通	女	20%程度	○		○		40分	540～600字	
黒羽	普通	男女	30%程度	○		○		40分	400～500字	
那須拓陽	普通	男女	30%程度	○		○		40分	400字程度	
	農業経営	男女	30%程度	○		○		40分	400字程度	
	生物工学	男女	30%程度	○		○		40分	400字程度	
	食品化学	男女	30%程度	○		○		40分	400字程度	
	食物文化	男女	30%程度	○		○		40分	400字程度	

学校名	学科名	男女	特色選抜の定員の割合	面接の形式		作文・小論文				学校独自検査
				個人面接	集団面接	作文	小論文	所要時間	文字数	
那須清峰	機械	男女	30%程度	○		○		30分	400字程度	
	機械制御	男女	30%程度	○		○		30分	400字程度	
	電気情報	男女	30%程度	○		○		30分	400字程度	
	建設工学	男女	30%程度	○		○		30分	400字程度	
	商業	男女	30%程度	○		○		30分	400字程度	
那須	普通	男女	30%程度	○		○		30分	400字程度	
	リゾート観光	男女	30%程度	○		○		30分	400字程度	
黒磯	普通	男女	20%程度	○		○		40分	600字程度	
黒磯南	総合学科	男女	30%程度	○		○		40分	500～550字	
矢板	農業経営	男女	30%程度	○		○		30分	400字以内	
	機械	男女	30%程度	○		○		30分	400字以内	
	電子	男女	30%程度	○		○		30分	400字以内	
	栄養食物	男女	30%程度	○		○		30分	400字以内	
	介護福祉	男女	30%程度	○		○		30分	400字以内	
矢板東	普通	男女	30%程度	○		○		40分	500～600字	
高根沢	普通	男女	20%程度	○		○		30分	400字程度	
	商業	男女	30%程度	○		○		30分	400字程度	
さくら清修	総合学科	男女	30%程度	○		○		40分	500～600字	

※中高一貫教育に係る併設型高等学校のうち宇都宮東高校については、一般選抜を行わないことがあります。

2023(令和5)年度実施済 栃木県立高校全日制 特色選抜合格結果

学校名	学科名	男女	募集定員	特色選抜の割合・人数		受検者数	受検倍率	合格内定者	合格内定倍率
				割合	人数				
宇都宮	普通	男	280	10%	28	39	1.39	25	1.56
宇都宮東	普通	男女	*160	100%	55	54	0.98	54	1.00
宇都宮南	普通	男女	320	30%	96	155	1.61	112	1.38
宇都宮北	普通	男女	320	10%	32	104	3.25	48	2.17
宇都宮清陵	普通	男女	200	20%	40	68	1.70	50	1.36
宇都宮女子	普通	女	280	10%	28	63	2.25	28	2.25
宇都宮中央	普通	男女	240	10%	24	101	4.21	27	3.74
	総合家庭	男女	40	20%	8	28	3.50	9	3.11
宇都宮白楊	農業経営	男女	40	30%	12	33	2.75	14	2.36
	生物工学	男女	40	30%	12	34	2.83	14	2.43
	食品科学	男女	40	30%	12	49	4.08	14	3.50
	農業工学	男女	40	30%	12	16	1.33	14	1.14
	情報技術	男女	40	30%	12	25	2.08	14	1.79
	流通経済	男女	40	30%	12	32	2.67	14	2.29
	服飾デザイン	男女	40	30%	12	42	3.50	14	3.00
宇都宮工業	機械システム	男女	120	30%	36	70	1.94	42	1.67
	電気情報システム	男女	80	30%	24	39	1.63	28	1.39
	建築デザイン	男女	40	30%	12	28	2.33	14	2.00
	環境建設システム	男女	80	30%	24	36	1.50	28	1.29
宇都宮商業	商業	男女	200	30%	60	102	1.70	70	1.46
	情報処理	男女	80	30%	24	37	1.54	28	1.32
鹿沼	普通	男女	240	20%	48	93	1.94	60	1.55
鹿沼東	普通	男女	200	30%	60	80	1.33	70	1.14
鹿沼南	普通	男女	40	20%	8	10	1.25	10	1.00
	食料生産	男女	40	30%	12	17	1.42	14	1.21
	環境緑地	男女	40	30%	12	11	0.92	11	1.00
	ライフデザイン	男女	40	30%	12	29	2.42	14	2.07
鹿沼商工	情報科学	男女	40	20%	8	12	1.50	10	1.20
	商業	男女	120	30%	36	52	1.44	42	1.24
今市	総合学科	男女	160	30%	48	75	1.56	52	1.44
今市工業	機械	男女	80	30%	24	35	1.46	28	1.25
	電気	男女	40	30%	12	11	0.92	11	1.00
	建設工学	男女	40	30%	12	18	1.50	14	1.29
日光明峰	普通	男女	80	30%	24	29	1.21	28	1.04

学校名	学科名	男女	募集定員	特色選抜の割合・人数		受検者数	受検倍率	合格内定者	合格内定倍率
				割合	人数				
上三川	普通	男女	160	20%	32	66	2.06	40	1.65
石橋	普通	男女	240	20%	48	138	2.88	60	2.30
小山	普通	男女	200	20%	40	88	2.20	50	1.76
	数理科学	男女	40	20%	8	9	1.13	9	1.00
小山南	普通	男女	80	30%	24	24	1.00	20	1.20
	スポーツ	男女	80	50%	40	62	1.55	44	1.41
小山西	普通	男女	200	20%	40	82	2.05	50	1.64
小山北桜	食料環境	男女	40	20%	8	14	1.75	10	1.40
	建築システム	男女	40	20%	8	7	0.88	7	1.00
	総合ビジネス	男女	40	20%	8	16	2.00	10	1.60
	生活文化	男女	40	20%	8	22	2.75	10	2.20
小山城南	総合学科	男女	200	20%	40	96	2.40	50	1.92
栃木	普通	男	240	20%	48	109	2.27	58	1.88
栃木女子	普通	女	240	20%	48	107	2.23	60	1.78
栃木農業	植物科学	男女	40	20%	8	9	1.13	9	1.00
	動物科学	男女	40	20%	8	27	3.38	10	2.70
	食品科学	男女	40	20%	8	21	2.63	10	2.10
	環境デザイン	男女	40	20%	8	12	1.50	10	1.20
栃木工業	機械	男女	80	30%	24	37	1.54	28	1.32
	電気	男女	40	30%	12	24	2.00	14	1.71
	電子情報	男女	40	30%	12	19	1.58	14	1.36
栃木商業	商業	男女	120	30%	36	70	1.94	42	1.67
	情報処理	男女	40	30%	12	12	1.00	12	1.00
栃木翔南	普通	男女	200	20%	40	85	2.13	50	1.70
壬生	普通	男女	160	30%	48	60	1.25	50	1.20
佐野	普通	男女	*160	30%	16	48	3.00	19	2.53
佐野東	普通	男女	200	20%	40	87	2.18	50	1.74
佐野松桜	情報制御	男女	80	30%	24	35	1.46	28	1.25
	商業	男女	80	30%	24	41	1.71	28	1.46
	家政	男女	40	30%	12	39	3.25	14	2.79
	介護福祉	男女	30	30%	9	22	2.44	10	2.20
足利	普通	男女	240	20%	48	141	2.94	60	2.35
足利南	総合学科	男女	160	30%	48	59	1.23	54	1.09

学校名	学科名	男女	募集定員	特色選抜の割合・人数		受検者数	受検倍率	合格内定者	合格内定倍率
				割合	人数				
足利工業	機械	男女	80	30%	24	27	1.13	26	1.04
	電気システム	男女	40	30%	12	15	1.25	14	1.07
	産業デザイン	男女	40	30%	12	35	2.92	14	2.50
足利清風	普通	男女	120	30%	36	44	1.22	42	1.05
	商業	男女	80	30%	24	27	1.13	26	1.04
真岡	普通	男	200	20%	40	62	1.55	50	1.24
真岡女子	普通	女	200	20%	40	58	1.45	50	1.16
真岡北陵	生物生産	男女	40	30%	12	12	1.00	12	1.00
	農業機械	男女	40	30%	12	10	0.83	9	1.11
	食品科学	男女	40	30%	12	22	1.83	14	1.57
	総合ビジネス	男女	40	30%	12	10	0.83	10	1.00
	介護福祉	男女	30	30%	9	11	1.22	9	1.22
真岡工業	機械	男女	40	30%	12	16	1.33	14	1.14
	生産機械	男女	40	30%	12	18	1.50	14	1.29
	建設	男女	40	30%	12	17	1.42	14	1.21
	電子	男女	40	30%	12	10	0.83	10	1.00
益子芳星	普通	男女	160	30%	48	69	1.44	56	1.23
茂木	総合学科	男女	160	30%	48	66	1.38	56	1.18
烏山	普通	男女	160	30%	48	59	1.23	56	1.05
馬頭	普通	男女	80	20%	16	10	0.63	10	1.00
	水産	男女	25	30%	7	14	2.00	8	1.75
大田原	普通	男	200	20%	40	35	0.88	35	1.00
大田原女子	普通	女	200	20%	40	83	2.08	50	1.66
黒羽	普通	男女	120	30%	36	32	0.89	32	1.00
那須拓陽	普通	男女	80	30%	24	37	1.54	28	1.32
	農業経営	男女	40	30%	12	40	3.33	14	2.86
	生物工学	男女	40	30%	12	16	1.33	14	1.14
	食品化学	男女	40	30%	12	27	2.25	14	1.93
	食物文化	男女	40	30%	12	26	2.17	14	1.86

学校名	学科名	男女	募集定員	特色選抜の割合・人数		受検者数	受検倍率	合格内定者	合格内定倍率
				割合	人数				
那須清峰	機械	男女	40	30%	12	27	2.25	14	1.93
	機械制御	男女	40	30%	12	13	1.08	13	1.00
	電気情報	男女	40	30%	12	25	2.08	14	1.79
	建設工学	男女	40	30%	12	26	2.17	14	1.86
	商業	男女	40	30%	12	14	1.17	14	1.00
那須	普通	男女	80	30%	24	19	0.79	19	1.00
	リゾート観光	男女	40	30%	12	11	0.92	11	1.00
黒磯	普通	男女	200	20%	40	69	1.73	50	1.38
黒磯南	総合学科	男女	160	30%	48	112	2.33	56	2.00
矢板	農業経営	男女	40	30%	12	23	1.92	14	1.64
	機械	男女	40	30%	12	17	1.42	14	1.21
	電子	男女	40	30%	12	4	0.33	4	1.00
	栄養食物	男女	40	30%	12	14	1.17	13	1.08
	介護福祉	男女	30	30%	9	10	1.11	9	1.11
矢板東	普通	男女	＊160	30%	27	38	1.41	31	1.23
高根沢	普通	男女	80	30%	24	21	0.88	21	1.00
	商業	男女	120	30%	36	37	1.03	37	1.00
さくら清修	総合学科	男女	240	30%	72	125	1.74	84	1.49
合計			11,475		2,776	4,828	1.74	3,162	1.53

［備考］

1 受検倍率＝ $\frac{\text{受検人員}}{\text{特色選抜の割合の人数}}$

2 合格内定倍率＝ $\frac{\text{受検人員}}{\text{合格内定人員}}$

3 定員の割合(%)＝ $\frac{\text{合格内定人員}}{\text{募集定員}}$ ×１００

4 一般選抜定員＝(募集定員)－(特色選抜内定者数)－(Ａ海外特別選抜内定者数)

ただし、宇都宮東高等学校、佐野高等学校及び矢板東高等学校の一般選抜定員は、
一般選抜定員＝(募集定員)－(特色選抜内定者数)－(Ａ海外特別選抜内定者数)－(内部進学による内定者数)

栃木県立高校
定時制／通信制

2023(令和5)年度実施済
県立定時制高校入試結果

学校名	学科名	男女	一般選抜定員	出願人員		合格人員		面接の形式	
				出願人員	出願倍率	合格人員	合格倍率	個人面接	集団面接
宇都宮工業	(午後部)普通	男女	40	32	0.80	32	1.00	○	
	(夜間部)工業技術	男女	40	16	0.40	16	1.00	○	
宇都宮商業	普通	男女	40	9	0.23	9	1.00	○	
	商業	男女	40	13	0.33	13	1.00	○	
鹿沼商工	普通	男女	40	5	0.13	5	1.00	○	
学悠館	(Ⅰ部)普通	男女	36	54	1.50	36	1.47	○	
	(Ⅱ部)普通	男女	36	35	0.97	36	1.26	○	
	(Ⅲ部)普通	男女	20	3	0.15	3	1.00	○	
足利工業	工業技術	男女	40	14	0.35	13	1.08	○	
真岡	普通	男女	40	20	0.50	20	1.00	○	
大田原東	普通	男女	40	21	0.53	18	1.11	○	○
矢板東	普通	男女	40	7	0.18	7	1.00	○	
合計			452	229	0.51	217	1.04		

一般選抜
1.出願
入学志願者は、次のア、イの場合を除き、1校1学科に限り出願するものとする。

ア　宇都宮商業高等学校を志願する場合は、当該校の中の異なる学科を第２志望まで出願することができる。

イ　学悠館高等学校については、普通科のI部(午前の部)、Ⅱ部(午後の部)、Ⅲ部(夜間の部)の3つの中から第3志望まで出願することができる。

2.学力検査問題
国語、社会、数学、理科及び外国語（英語）について基礎的な事項を総合して行い、配点はそれぞれについて100点とする。ただし、2023(令和5)年４月１日現在で満20歳以上の志願者については、高等学校長の判断により学力検査を行わず、作文をもってこれに代えることができる。

3.作文による受検
作文による受検を希望する志願者は、「作文による受検許可願」を期間中に「入学願書」とともに提出し、志願先高等学校長の許可を得る。

4.学力検査期日及び集合時刻
2023(令和5)年3月20日（月）午前9時集合　※令和6年度については17ページを参照のこと。

5.検査日程

時間	9：30～10：30	10：55～11：35
学力検査	国語・社会・英語	数学・理科
作文による検査	作文	

6.合格者の発表
3月24日（金）午前10時

合格者の発表は、各高等学校に掲示するほか、合格者に対し「合格通知書」を交付する。その際、合格者は「受検票」を提示する。

◇フレックス特別選抜について

栃木県立学悠館高校は、フレックス・ハイスクールです 。

フレックス制とはライフスタイルに応じて、学校で学習する時間帯を選択できるしくみのことをいいます。学悠館では定時制課程I部(午前の部)・II部(午後の部)・III部(夜間の部)の3コースに加え、通信制課程も併設しています。

1.募集　各部・各学科の募集定員のそれぞれ50%を上限とする。

募集定員			
☆定時制課程（募集定員　200名）	I 部（午前の部）…	普通科	80名
	II部（午後の部）…	普通科	80名
	III部（夜間の部）…	普通科	40名
☆通信制課程（総定員　普通科　450名）			

2.出願条件

☆栃木県内に住所を有する者（定時制の場合は隣接県の一部地域を含む）
☆出願の時点で中学校を卒業、または卒業見込みの者

定時制課程においては入試は定時制課程の一般選抜とフレックス特別選抜の2種類があります。

フレックス特別選抜は、昼夜間開講の定時制・通信制課程を置く、単位制による県立高校(フレックス・ハイスクール)の定時制課程において実施します。現在のところ、栃木県内では学悠館高校定時制課程のみです。

フレックス特別選抜の定員の割合については、各部・各学科の募集定員のそれぞれ50%を上限とし、普通科のI部(午前の部)、II部(午後の部)、III部(夜間の部)の3つのなかから第3志望まで出願できます。ただし、全日制課程と併願はできません。

学力検査は行わず面接および作文をもってそれに代えます。面接は個人面接、作文は50分、600文字程度です。

※詳しくは学悠館高等学校までお問い合わせください。　**電話 0282-20-7073**

◇通信制課程について

通信制とは、報告課題（レポート）の提出と面接指導（スクーリング）および試験により単位を修得し、3年あるいは4年で卒業する課程です。栃木県で通信制課程を置く高等学校は、栃木県立宇都宮高等学校（宇都宮市）と、栃木県立学悠館高等学校（栃木市）の2校です。

1.通信制高校では

●生涯学習の観点から生涯学習機関としての役割も果たしています。
●さまざまな理由で毎日の学習ができない生徒にも自宅学習の機会を提供しています。

2.通信制高校での学習は

●報告課題（レポート）
自学自習の状況を報告するのがレポートです。レポートは、添削されて指導助言・解答例などとともに返送されます。

●面接指導（スクーリング）
スクーリングは年間23日程度、日曜日に行われますが、仕事の都合で日曜日に登校できない人のために火曜スクーリング制度もあります。スクーリングでは各教科の指導を受けるとともに、クラブ活動や生徒会活動、遠足や文化祭・体育祭等の特別活動があります。特定の教科は、放送視聴により面接指導の一部代替とする制度もあります。

●試験
試験は所定のレポートに合格し、かつ定められた出席時間を満たした人が受験できます。前期試験(8·9月)と後期試験(1·2月)の年2回です。

●年間履修科目は
4年間で卒業するコースは、年間7～8科目程度、3年で卒業する３修コースは、年間11科目程度履修します。

2023(令和5)年度実施済 栃木県内私立高校 生徒募集要項

学校名	部・科		男女別	募集人数	募集期間	試験日	合格発表通知日	試験科目
作新学院	トップ英進部	SⅠクラス	男女	20人	第1回 インターネット出願 11月21日～12月1日 第2回 インターネット出願 1月14日～17日	第1回 トップ英進部・英進部 1月7日 総合進学部・情報科学部 1月6日 第2回 1月31日	第1回 1月11日 第2回 2月3日	第1回 国・数・英(リスニング含む)・理・社 第2回 国・数・英(リスニング含む)
	トップ英進部	SⅡクラス	男女	60人				
	英進部	英進選抜クラス	男女	70人				
	英進部	英進クラス	男女	150人				
	総合進学部	特別進学クラス	男女	60人				
	総合進学部	進学クラス	男女	450人				
	情報科学部	商業システム科	男女	80人				
	情報科学部	電気電子システム科	男女	80人				
	情報科学部	自動車整備士養成科	男女	80人				
	情報科学部	美術デザイン科	男女	80人				
	情報科学部	ライフデザイン科	男女	80人				
	情報科学部	普通科総合選択コース	男女	280人				
	計			1,490人				
文星芸術大学附属	英進科	Ⅰ類	男女	20人	第1回入試 インターネット 11月21日～12月1日 第2回入試 インターネット 1月13日～19日	第1回入試 1月7日又は 1月8日 第2回入試 2月2日	第1回入試 1月10日 第2回入試 2月4日	第1回・第2回 5教科型/国(作文含む)・社・数・理・英(リスニング含む) 3教科型/国・数・英・面接(単願受験者のみ)
	英進科	Ⅱ類	男	40人				
	普通科	進学コース	男	60人				
	普通科	総合コース	男	200人				
	普通科	美術デザインコース	男	20人	推薦入試 インターネット 11月22日～12月2日	推薦入試 1月7日	推薦入試 1月10日	推薦入試 普通科(進学・総合コース)作文・面接 普通科(美術デザインコース) 作品提出・作文・面接 総合ビジネス科 作文・面接
	総合ビジネス科		男	180人				
	計			520人				
宇都宮文星女子	秀英特進科	秀英特進コース	女	40人	第1回入試 インターネット出願 11月21日～12月1日 第2回入試 インターネット出願 1月13日～19日	第1回入試 1月7日又は 1月8日 第2回入試 2月2日	第1回入試 1月10日 第2回入試 2月4日	第1回 5教科(一般入試) 国(作文含む)・社・数・理・英(リスニング含む) 3教科(一般入試、スポーツ・文化特待生入試) 国・数・英・面接(単願受験者のみ)・実技(美術デザインコースのみ) 第2回 5教科(一般入試) 国(作文含む)・社・数・理・英(リスニング含む)・面接(秀英特進科を除く単願受験者のみ) 3教科(美術デザインコースのみ) 国(作文含む)・数・英(リスニング含む)・実技
	秀英特進科	英語留学コース	女	募集停止				
	普通科	美術デザインコース	女	30人				
	普通科	選抜進学コース	女	30人				
	普通科	文理探究コース ・文理進学系 ・教養進学系 ・幼児教育系 ・食物栄養系 ・社会福祉系	女	150人 ※2学年から分かれる				
	総合ビジネス科	ICTコース	女	20人	推薦入試 インターネット出願 11月22日～12月2日	推薦入試 1月7日	推薦入試 1月10日	推薦入試 普通科(美術デザインコース除く)・総合ビジネス科 作文・面接 普通科(美術デザインコース) 作文・実技
	総合ビジネス科	会計・流通コース ・会計系 ・流通系	女	90人 ※2学年から分かれる				
	計			360人				
宇都宮短期大学附属	普通科	特別選抜コース	男女	30人	第1回(単願・併願) インターネット 11月21日～12月1日 第2回(単願・併願) インターネット 1月9日～14日	第1回 1月4日又は 1月5日 (音楽科は5教科終了後に実技面接) 第2回 2月1日	第1回 1月8日 第2回 2月3日	第1回・第2回 国・数・英(リスニング含む)・社・理 音楽科は実技・面接あり
	普通科	特進コース	男女	90人				
	普通科	進学コース	男女	160人				
	普通科	応用文理コース	男女	230人				
	生活教養科		女	120人				
	情報商業科		男女	120人				
	調理科		男女	80人				
	音楽科		男女	40人				
	計			870人				
足利短期大学附属	普通科	特進コース	女	25人	学特推薦・一般単願 12月6日～10日 学特併願 12月6日～10日 一般併願 1月19日～23日	学特推薦・一般単願 1月5日 学特併願 1月14日 一般併願 1月28日	学特推薦・一般単願 1月13日 学特併願 1月20日 一般併願 2月3日	学特推薦:面接 一般単願:国・数・英・面接 学特併願:国・社・数・理・英(リスニング含む) 一般併願:国・数・英(リスニング含む)
	普通科	進学コース	女	90人				
	普通科	福祉教養コース	女	45人				
	計			160人				
佐野清澄	普通科		男女	70人	第1回 インターネット 11月24日～12月7日 第2回 インターネット 1月17日～21日 第3回 インターネット 2月1日～4日	第1回 1月7日 第2回 1月28日 第3回 2月11日	第1回 1月11日 第2回 1月31日 第3回 2月14日	第1回・第2回・第3回 国・数・英
	生活デザイン科	ライフ・プロデュースコース スイーツ・プロデュースコース 食物調理コース	男女	90人				
	計			160人				
青藍泰斗	普通科		男女	160人	第1回(単願・併願) インターネット 11月21日～12月2日 第2回(単願・併願) インターネット 1月18日～23日	第1回(単願) 1月6日 第1回(一般併願) 1月6日 (学業特待生試験) 1月7日 第2回 1月27日	第1回 1月12日 第2回 2月1日	第1回 単願 国・数・英 一般併願 国・数・英 スポーツ文化特待 国・数・英・実技・面接 学業特待 国・数・英(リスニング含む)・理・社 第2回 国・数・英
	総合ビジネス科		男女	120人				
	総合生活科		女	120人				
	計			400人				

学校名	部・科		男女別	募集人数	募集期間	試験日	合格発表通知日	試験科目
白鷗大学足利	普通科	特別進学コース	男女	35人	第1回 インターネット 11月26日～12月6日 第2回 インターネット 1月10日～17日	第1回 (学業特待·特別進学コース) 1月5日 (運動部·文化部特待) 1月5日·6日·(実技) 第2回 1月29日	第1回 1月10日 第2回 2月2日	第1回 学業特待 国·社·数·理·英 特別進学コース 国·社·数·理·英·面接 運動部·文化部特待 国·数·英·面接·実技 第2回 学特ランクアップ入試 国·数·英 一般入試 国·数·英·面接
		進学コース	男女	210人				
		文理進学コース	男女	175人				
		総合進学コース	男女	245人	推薦入試 インターネット 11月26日～12月6日	推薦入試 1月5日	推薦入試 1月10日	推薦入試 国·数·英·面接
	計			665人				
星の杜	普通科	グローバルラーニングコース	男女	150人	総合型·一般入試 第1回インターネット 11月21日～12月1日 総合型入試 第2回インターネット 1月12日～19日	総合型·一般入試 第1回 1月5日 総合型入試 第2回 1月28日	総合型·一般入試 第1回 1月7日 総合型入試 第2回 1月30日	推薦入試 グループワーク·面接·プレゼンテーション 一般入試 国·数·英（リスニング含む）·理·社
		ディープラーニングコース			推薦入試· 海外帰国生入試 インターネット 11月21日～12月1日	推薦入試· 海外帰国生入試 1月5日	推薦入試· 海外帰国生入試 1月7日	推薦入試· 海外帰国生入試 作文·面接
	計			150人				
國學院大學栃木	普通科	特別選抜Sコース	男女	30人	第1回インターネット 11月20日～12月15日 第2回インターネット 11月20日～12月15日 第3回インターネット 1月7日～25日	第1回 1月6日 第2回 1月7日 第3回 1月28日	第1回 1月12日 第2回 1月12日 第3回 1月30日	第1回·第2回·第3回 国·英·数又は 国·英·数·理·社·面接 （単願のみ） 体育技能入試 国·英·数·面接
		特別選抜コース	男女	150人				
		選抜コース	男女	150人				
		文理コース	男女	270人	推薦入試（インターネット） 11月20日～12月15日	推薦入試 1月6日	推薦入試 1月11日	推薦入試 面接
	計			600人				
矢板中央	普通科	特進コース	男女	60人	一般入試 12月5日·6日	一般入試 1月8日	一般入試 1月12日	一般入試 国·数·英(リスニング含む)·社·理 *スポーツ科のみ実技あり
		普通コース	男女	300人				
	スポーツ科		男女	40人	推薦入試 12月5日·6日	推薦入試 1月8日	推薦入試 1月12日	推薦入試 国·数·英·作文·面接
	計			400人				
佐野日本大学	普通科	特別進学コースαクラス	男女	30人	第1回インターネット 11月18日～12月19日 第2回インターネット 1月4日～19日 第3回インターネット 1月20日～27日	第1回 1月6日 第2回 1月22日 第3回 1月30日	第1回 1月11日 第2回 1月25日 第3回 2月2日	第1回·第2回·第3回 国·数·英（リスニング含む）又は国·数·英（リスニング含む）·社·理
		特別進学コース	男女	120人				
		スーパー進学コース	男女	160人				選抜推薦（単願） 国·数·英（リスニング含む）又は 国·数·英（リスニング含む）·社·理 併願推薦（併願） 国·数·英（リスニング含む）又は 国·数·英（リスニング含む）·社·理
		進学コース	男女	200人	推薦入試 インターネット 11月18日～12月19日	推薦入試 1月6日	推薦入試 1月10日	
	計			510人				
足利大学附属	普通科	特進コース	男女	160人	第1回（学業特待単願） インターネット 11月19日～12月3日 第2回（学業特待併願） インターネット 11月19日～12月3日 第3回（併願） インターネット 1月21日～28日	第1回 1月7日 第2回 1月14日 第3回 2月12日	第1回 1月11日 第2回 1月20日 第3回 2月16日	第1回 国·数·英·面接 第2回 国·社·数·理·英（リスニング含む） 第3回 国·数·英·面接
		フロンティアコース	男女					
	工業科	機械科	男女	320人				
		電気科	男女					
		建築科	男女					
	自動車科		男女	100人				
	情報処理科		男女	40人				
	計			620人				
幸福の科学学園	普通科		男女	40人	1月16日～20日	2月2日	2月7日	国·数·英·面接（必要者のみ·保護者同伴）
	計			40人				
合計				7,065人				

(注)　・推薦入試の合格発表通知日は、合格発表又は合格内定の日　・特待生（奨学生）のみ対象とする入試については、掲載していない。

学校名	部・科		男女別	募集人数	募集期間	試験日	合格発表通知日	試験科目
日々輝学園 （通信制）	普通科	総合クラス	男女	40人	一般入試 (第1回目) 12月5日～16日 (第2回目) 1月10日～18日 (第3回目) 1月23日～2月8日 (第4回目) 2月13日～21日 (第5回目) 3月6日～15日	一般入試 (第1回目) 1月6日 (第2回目) 1月21日 (第3回目) 2月11日 (第4回目) 2月25日 (第5回目) 3月18日	一般入試 (第1回目) 1月13日 (第2回目) 1月27日 (第3回目) 2月17日 (第4回目) 3月1日 (第5回目) 3月23日	本校、宇都宮キャンパス 総合クラス(一般) 面接、国、数·英(合同問題) STクラス 面接(シートへの記入)、小テスト(国) 3DAYSクラス 単願 面接(シートへの記入)、小テスト(国) 併願 面接、国、数·英(合同問題)
		STクラス		40人				
		3DAYSクラス		10人				本校、宇都宮キャンパス 総合クラス(単願推薦) 面接(シートへの記入)、小テスト(国)
		オンラインコース		20人	一般入試 (第1回目) 1月12日～18日 (第2回目) 1月2日～2月8日 (第3回目) 2月16日～22日 (第4回目) 3月9日～15日	一般入試 (第1回目) 1月21日 (第2回目) 2月11日 (第3回目) 2月25日 (第4回目) 3月18日	一般入試 (第1回目) 1月25日 (第2回目) 2月15日 (第3回目) 3月1日 (第4回目) 3月22日	作文·面接
合計				110人				

※これは昨年度の各校の学校案内をもとに下野新聞社で作成したものです。令和6年度入試募集要項は７月～９月ごろ発表の予定です。

県内の主な奨学金一覧 令和5年度実施済

奨学金制度とは、学業資金の給付（返済が不要)、貸与（将来返済する義務がある）を行う制度で、在学中の経済的負担をかなりの割合で軽減できます。貸与の場合でも無利子や低金利で金利水準が決められていることが多いが、関心のある人は問い合わせ先に返済計画まで含めて質問するとよいでしょう。

設置者	主な対象	金額		人数	募集時期	問い合わせ先	TEL
県	高校など	月額1万8千円~3万5千円	貸与	150人程度	6月中旬	県教委総務課	028-623-3354
	公立高校など	一時金3万2300円~14万3700円	給付	―	7月中		
	私立高校など	一時金5万2100円~15万200円	給付	―	7月~10月中旬	県文書学事課	028-623-2056
宇都宮市	高校など	月額1万7千円または1万8千円	貸与	150人程度	2月~1月	市教育企画課	028-632-2704
	高校など	一時金20万円以内		25人程度	9月~3月中旬		
足利市	高校など	月額1万5千円	貸与	数名程度	2月中	市教育総務課	0284-20-2216
栃木市	高校など	月額1万2千円	貸与	10人以内	11月~1月	市教育総務課	0282-21-2461
鹿沼市	高校など	月額1万5千円以内	貸与	制限なし	1月上旬~3月中旬（期間外も随時募集）	市教育総務課	0289-63-2234
	高校など	一時金6万円以内			1月中旬~2月上旬		
日光市	高校など	月額2万円または3万円	貸与	制限なし	10月~3月中旬まで	市学校教育課	0288-21-5181
	高校など	一時金10万円以内					
小山市	高校など	月額1万円または1万2千円	貸与	10人以内	2月~3月	市教育総務課	0285-22-9644
真岡市	高校など	月額2万円	貸与	20人程度	1月~3月下旬	市学校教育課	0285-83-8180
大田原市	高校など	月額1万2千円	貸与	制限なし	2月中旬~3月中旬	市教育総務課	0287-23-3111
矢板市育英会	高校など	月額1万5千円	貸与	若干名	2月中旬~3月中旬	市教育総務課	0287-43-6217
那須塩原市	高校など	月額1万8千円	貸与	若干名	11月~12月	市教育総務課	0287-37-5231
さくら市	高校など	月額1万5千円	貸与	若干名	2月中	市学校教育課	028-686-6620
那須烏山市	高校	年額10万円	給付	5人程度	12月~1月中旬	市学校教育課	0287-88-6222
下野市	高校など	月額2万円、月額2万円+入学一時金10万円	貸与	10人程度	11月~12月	市教育総務課	0285-32-8917
上三川町	高校など	毎年度年額16万円	給付	若干名	1月中	町教育総務課	0285-56-9156
益子町	高校など	月額1万円以内	貸与	15人程度	1月中旬~3月中旬	町学校教育課	0285-72-8861
茂木町	高校など	月額1万5千円~2万円	貸与	若干名	1月中旬~2月下旬	町生涯学習課	0285-63-3337
市貝町	高校など	月額1万円以内	貸与	若干名	1月~3月	町こども未来課	0285-68-1119
芳賀町	高校など	月額2万円以内	貸与	若干名	2月~3月下旬	町学校教育課	028-677-6098
壬生町	高校	毎年度年額5万円または10万円	給付	20人程度	3月中旬まで	町学校教育課	0282-81-1870
塩谷町	高校	月額1万5千円以内	貸与	若干名	11月上旬~3月下旬	町学校教育課	0287-48-7501
那須町	高校など	月額1万5千円	貸与	若干名	12月~2月中旬	町学校教育課	0287-72-6922
那珂川町	高校など	月額1万3千円	貸与	3人程度	11月~12月中旬	町学校教育課	0287-92-1124
	高校	月額1万円	給付	7人程度			
栃木県育英会	高校など	月額1万8千円または3万円	貸与	80人	10月~11月中旬	同育英会事務局	028-623-3459
				50人	5月~6月中旬		
	高校など	一時金5万円または10万円		50人	10月~11月中旬		
下野奨学会	高校	月額2万円 +入学準備金5万円+入学祝金15万円+卒業祝金5万円	給付	20人程度	9月~12月中旬	同奨学会事務局	028-625-1565

※人数や金額は変更になる可能性があります。詳しくは各問い合わせ先でご確認ください。

[基礎編]

社会

数学

理科

英語

国語

栃木県
高校入試
の対策
2024

[基礎編]

社　会

栃木県
高校入試
の対策
2024

1 地理 1

1 (1) **大西洋** (2) **東南(アジア)** (3) **ウ** (4) **エ** (5) **イ** (6) **季節風(モンスーン)** (7) **外国企業を受け入れて，資本や技術を導入するため。** (8) **ASEAN** (9) **プランテーション**

解説 (1) 本初子午線は北極点からイギリスのロンドン付近を通り，ヨーロッパ・アフリカ大陸・大西洋・南極点を結ぶ経線であることから，Ⅰと判断する。なお，日付変更線の基準にもなっている経度180度線は太平洋を通過するため，Ⅲが太平洋となる。残るⅡがインド洋。

(2) アジア州は，東アジア，東南アジア，中央アジア，西アジア，南アジアの五つに分けられる。タイやインドネシアが含まれる地域は東南アジアである。

(3) aについて，地図は中心からの方位と距離を正確に表すため，リマは北東に位置すると分かる。なおbは，ナイロビとの距離は10,000km強，リマは15,000km超。

(4) 地図中の○印の区域は，赤道近くのコンゴ盆地やギニア湾岸である。この地域は，一年中雨が多く熱帯林が広がっており，主食となるいも類やバナナが栽培されている。

(5) オーストラリア大陸は内部の大半が乾燥帯であることをふまえる。寒帯100%の**エ**は南極大陸。冷帯の地域がなく，逆に寒帯の地域がある**ウ**は南アメリカ大陸。

(6) 日本などの海に囲まれた国々はおおむね湿潤であるが，大陸に位置する国々では，海からの季節風(モンスーン)によって雨がもたらされるかどうかで降水量に違いが生じる。南アジアや東南アジアでは，夏に海から吹いてくる湿った風が雨を降らせ，雨季となる。しかし冬になると，夏とは反対に内陸から乾いた風が吹き出すために，雨が少なくなり，乾季となる。

(7) 国の計画に基づいて運営してきた中国は，1980年代になると，自由な経済活動を取り入れた発展を目指すようになった。工業化を進めて，輸出を伸ばすためには，技術と資金が必要になるため，外国企業を招くことで実現しようとした。

(8) 東南アジアのほとんどの国が加盟している東南アジア諸国連合(ASEAN)では，輸入品にかける税金をお互いになくすなど，加盟国間の貿易や人の交流をさらに活発にしようとしている。

(9) 東南アジアでは，輸出を目的とした作物がプランテーションで栽培されてきた。植物油の原料になる油やしは，マレーシアとインドネシアで栽培地が拡大している。

2 (1) **イ** (2) **ア** (3) **遊牧** (4) **アパルトヘイト** (5) **ア** (6) a：**ウ** b：**ア** (7) **フィヨルド** (8) **ユーロ**

解説 (1) インドでは約80%の人がヒンドゥー教を信仰しており，ガンジス川で身体的汚れを清めるために沐浴を行う。

(2) インドでは，1990年代に入って外国企業の進出が活発になると，自動車産業を中心に工業化が進んだ。また近年では，特に情報通信技術(ICT)関連産業が急速に成長している。

(3) 水を得にくい場所では農業が難しいので，乾燥に強いらくだや羊などの家畜を飼う遊牧が行われている。

(4) 南アフリカ共和国では，長年アパルトヘイト(人種隔離政策)によって，少数の白人が多数の黒人を支配してきた歴史がある。

(5) サハラ砂漠とその北部でイスラム教を信仰する人は多い。

(6) a－偏西風と暖流の北大西洋海流の影響を受け，一年を通して降水量と気温の差が小さい。b－油やしは主にインドネシアやマレーシアなど東南アジアで，カカオはアフリカ大陸のコートジボワールやガーナで栽培される。

(7) ヨーロッパ州北部のスカンディナビア半島には，氷河によって削られた谷に海水が深く入り込んだフィヨルドなどの氷河地形が見られる。

(8) EU域内の多くの国で共通の通貨ユーロを導入することにより，両替をする必要がなくなり，国境を越えた買い物や量などが活発になった。

2 地理 2

3 (1) **ウ** (2) **ア** (3) **ハブ空港** (4) **適地適作** (5) **焼畑農業** (6) **バイオエタノール(バイオ燃料)** (7) **エ** (8) **イ** (9) **福島県**

解説 (1)　作物Aは地中海に面したヨーロッパの国で主に生産されている点からオリーブと分かる。作物Bはナツメヤシで**ア**が，作物Cはカカオ豆で**イ**が説明文となる。

(2)　bの世界で最も人口が多いのは中国。dのパソコンは中国・香港・アメリカ合衆国で主に生産されている。

(3)　ハブ空港とは旅客機の乗りかえを行うための地域の拠点となる空港のことである。ハブとは車輪の中心を意味している。

(4)　アメリカ合衆国では適地適作の農業が行われているため，西経100度付近から東側の，降水量が比較的多い地域ではとうもろこしや大豆が栽培されている。一方で，西経100度から西側は，降水量が少なく牧草地として利用され，肉牛の放牧が盛んである。

(5)　アマゾン川流域で暮らす先住民は，不毛な土地で農業をするために森林や草原を焼き払うことで肥料とし，作物を栽培していた。しかし，数年たつと土地がさらにやせるため別の場所に移動する。

(6)　さとうきびやとうもろこしなど，主に植物を原料としてつくられる燃料である。大気中の二酸化炭素を吸収して光合成する植物を原料とするため，燃やしても計算上は大気中の二酸化炭素が増加せず，環境に優しいエネルギーとされている。

(7)　**エ**は産業革命がおこったイギリスのことである。

(8)　北端が択捉島，南端が沖ノ鳥島，東端が南鳥島，西端が与那国島である。

(9)　関東地方で福島県に接しているのは茨城県・栃木県・群馬県の3県である。

4　(1)　**ウ**　(2)　**環太平洋造山帯**　(3)　**エ**
(4)　**扇状地**　(5)　**リアス海岸**
(6)　**ア：エチオピア　イ：インド**
ウ：アメリカ合衆国　(7)　**促成栽培**
(8)　**ウ→ア→イ**

解説 (1)　時差は経度差15度で1時間。東経135度の日本と本初子午線が通るロンドンの時差は9時間，西経74度のニューヨークとロンドンの時差は5時間を割り出す。時差は9＋5＝14時間，そして東経に位置する札幌の時刻が先に進んでいる。

(2)　世界には，太平洋を取り囲むように山脈や島々が連なる環太平洋造山帯と，ヨーロッパのアルプス山脈からアジアのヒマラヤ山脈を通りインドネシア東部まで伸びるアルプス・ヒマラヤ造山帯の二つの造山帯がある。

(3)　a－日本アルプスはフォッサマグナの西側にある。b－中国・四国地方の山地は東西方向に，東北地方の山地は南北方向に連なっている。

(4)　扇状地では，粒の大きい砂や石からできていて水が地下にしみこみやすいため，桃やぶどうなどの果樹園に利用されている。

(5)　リアス海岸は，波が穏やかで水深が深いことから天然の良港として使われることが多い。

(6)　**ア**は出生率と死亡率が高い富士山型，発展途上国に多く見られるためエチオピアと判断する。**イ**は**ア**と比べ15歳から64歳の生産年齢人口が多く，経済発展で成年層の死亡率が下がっているインドと推察する。**ウ**は先進国に見られるつりがね型，生産年齢人口が多く，また他の2国に比べ高齢者が多く成年層の死亡率が低い点からアメリカ合衆国となる。

(7)　冬でも温暖な気候を生かした野菜の促成栽培が行われており，ビニールハウスを利用して夏が旬のキュウリやピーマンを全国に出荷している。

(8)　1960年代の高度経済成長期に太平洋ベルトで工業地帯が発達しはじめた。その後，高速道路が整備され北関東に工業地域が形成された。1980年以降，外国製品との競争や，貿易上の問題により，アメリカやヨーロッパで現地生産を始めた。

3　地　理　3

5　(1)　**エ**　(2)　**減災**　(3)　**イ・ウ**
(4)　**ウ**　(5)　**エ**　(6)　**(例)景観を保護する**

解説 (1)　Aは著しく利用者が伸びていることから，1988年の瀬戸大橋の開通によって自動車での往来が増えたと考える。

(2)　災害を引き起こす地震や豪雨，台風などの自然現象そのものを止めることは不可能である。そこで日本では，被害をできるだけ少なくする減災のために様々な取り組みが行われている。

(3)　**ア**－盛んなのは地熱発電で，八丁原発電所は日本最大の地熱発電所である。**エ**－火山灰が堆積したシラス台地は水もちが悪く稲作には不向きなため，畑作や畜産が行われている。

⑷　瀬戸内工業地域は製鉄所や石油化学コンビナートが集中し，金属や化学工業の割合が高い。よって金属の割合が高いⅠが瀬戸内工場地域のグラフである。そして全国よりも数値が高いBが化学となる。

⑸　ａ－大阪は「天下の台所」とよばれた。ｂ－自動車関連工場が集まり，日本最大の工業出荷額をほこるのは中京工業地帯。

⑹　伝統的な街並みが残る京都や奈良では住民の生活の利便性を守りながら，古都の歴史的景観や伝統を後世に受け継いでいくための取り組みが行われている。

6　⑴　**岐阜県**　⑵　**Ⅱ**　⑶　**イ**
⑷　**工業団地**　⑸　**エ**　⑹　**やませ**
⑺　**エ**　⑻　**潮目（または潮境）**
⑼　**アイヌ**　⑽　**（例）自国の海岸線から200海里以内にある水産資源や鉱産資源を，利用する権利を持つ水域。**

解説　⑴　白川郷は，岐阜県内の庄川流域の呼称である。白川郷は合掌造りの集落で知られる。

⑵　ⅠとⅢは冬の降水量が多いことから，日本海側の気候とわかる。ウの長野市は中央高地の気候で年間の降水量が少なく，寒暖の差が激しい。よってⅡ。

⑶　「西アジアの国々から輸入」をもとに解答する。日本では，新潟県沖の日本海海底などから，石油（原油）が採掘されてきた。

⑷　工業団地とは，工場を計画的に集めた地域のこと。国や県などの誘致によって，同じ業種の中小工場が集められることが多い。高速道路のインターチェンジ付近につくられる傾向がある。

⑸　流域面積とは川が水を集める範囲の面積を指し，多くの支流を持つ大きな川は流域面積が広い。日本では，利根川が１万6800 km^2 で最大である。

⑹　東北地方の太平洋側（東側）の夏は，寒流の親潮（千島海流）の影響を受け，やませと呼ばれる冷たく湿った北東の風が吹くことがある。

⑺　りんごの栽培が特にさかんな青森県の割合が特に高いことから，果樹の割合と判断する。

⑻　三陸海岸の沖で暖流と寒流のぶつかる潮目は，たくさんの魚が集まる好漁場になっているため，沿岸には，八戸や気仙沼をはじめとする日本有数の漁港が集まっている。

⑼　北海道は，もともと先住民族であるアイヌの人たちが住んでいた土地である。

⑽　排他的経済水域とは領域の外側にあり，魚などの水産資源や，石油や天然ガスなどの鉱産資源について沿岸国が管理することができる領域のことである。その水域は200海里（約370km）以内とされている。

4　歴史 1

7　⑴　**ポリス**　⑵　**ア**　⑶　ａ：**青銅**　ｂ：**ア**　⑷　**卑弥呼**　⑸　**埴輪（はにわ）**
⑹　**十七条の憲法**　⑺　**エ**　⑻　**唐**
⑼　**ア**　⑽　**ア**

解説　⑴　ギリシャは，山が多く土地が狭かったため，王による広い領域の支配は成り立たず，紀元前８世紀ごろから多くの都市国家（ポリス）が生まれた。

⑵　イについて，絹は中国からシルクロードで西方へ運ばれた。ウの都市国家が形成され，男性の市民による民主政が行われたのは古代ギリシャ。エの数学や天文学が発展したのはイスラムの国々。

⑶　銅鐸や銅剣・銅矛などの青銅器は，豊作を神に祈る祭りの道具として使われた。また，ヤマト王権は，加羅（伽耶）地域とのつながりを強めながら，百済に協力して高句麗や新羅と戦った。

⑷　卑弥呼は，まじないによって諸国を治めた。

⑸　古墳時代に，墓の周囲に埋めた円筒や人形・動物などの像が埴輪（はにわ）。

⑹　十七条の憲法では，仏教や儒教の考え方が取り入れられた。

⑺　絹や特産物を納めるのが調。

⑻　７世紀以降，盛んに唐に遣唐使が派遣された。

⑼　空海は，真言宗を開いて金剛峯寺を建てて教えを広めた。

⑽　藤原頼通が平等院鳳凰堂をつくった。

8　⑴　**院政**　⑵　**イ**
⑶　**フビライ＝ハン**　⑷　**ウ**
⑸　**金剛力士像**　⑹　**御家人**　⑺　**イ**
⑻　**建武の新政**　⑼　**（例）倭寇と区別するため。**　⑽　**（例）利子を取ってお金を貸していたから。**

解説 (1) 白河天皇は，天皇の位を幼少の皇子に譲って上皇となった後も，政治を行った。この政治を院政という。

(2) 後鳥羽上皇は，源氏の将軍がとだえると，1221年，幕府をたおすため兵をあげた。しかし，味方となった武士は少なく，上皇は幕府軍に敗れ，隠岐国に流された。

(3) フビライ＝ハンは中国北部を支配し，都を大都(現在の北京)に移して，国号も元に変えた。

(4) 「元の皇帝」はｂの文中の「フビライ」のこと，なお時代は鎌倉時代である。ａのローマ帝国が東西に分かれたのは日本では古墳時代にあたる４世紀のこと。ｃの宗教革命が始まったのは，日本では戦国時代にあたる。

(5) 運慶や快慶らの仏師によってつくられた金剛力士像からは力強い武士の気質が読み取れる。

(6) 御家人たちは，先祖から引きついできたその領地の支配を認め，てがらに応じて新たな領地などを与えた御恩，鎌倉の警備をするなどの義務を負った奉公による主人と家来の主従関係をもとに，住民や土地などを支配するしくみができた。

(7) 禅宗はおもに武士の間で広まった。

(8) 1334年，後醍醐天皇を中心とする政治が始められた。しかし，これまでの武家のしきたりを無視し，天皇に権力を集めて新しい政策を次々にうち出したため，武士や農民だけでなく，天皇に近い立場にある公家(貴族)からも批判を浴びた。

(9) 足利義満は，朝貢形式による日明貿易を始めた。正式な貿易船には，明から勘合が与えられた。

(10) 京都や奈良などには，土倉や酒屋が多くでき，室町幕府はそれらから税を取った。

5 歴 史 2

9 (1) **ウ** (2) **(例)村の寄合でおきてをさだめたりした自治組織のこと。**
(3) **連歌** (4) **応仁の乱** (5) **ウ**
(6) **織田信長** (7) **エ** (8) **太閤検地，石**
(9) **朝鮮**

解説 (1) ａのムハンマドがイスラム教を開いたのはおおよそ７世紀初めで飛鳥時代，ｂのチンギス＝ハンがモンゴル帝国を築いたのは13世紀はじめで鎌倉時代のころ。なお，朝鮮国は14世紀末に建国された。

(2) 回答にはキーワードとなる「自治」を必ず入れたい。資料から権力者に頼らず，自分たちで決まりをつくり，森林などを管理していることを読み取る。

(3) 和歌の上の句と下の句を別の人が次々に読みついでいくもの。もとは貴族の遊びだったが，寄合にふさわしい文化として地方の武士などの間で流行し，連歌を指導する連歌師も現れた。

(4) 有力な守護大名が，８代将軍足利義政のあとつぎをめぐって争いを始めた。これに幕府の実力者細川氏と山名氏の勢力争いが複雑に結びつき，1467年，多くの守護大名をまきこんだ戦乱となった。

(5) **ア**－南蛮貿易の中心地は平戸と長崎。**イ**－蘭学が盛んになったのは18世紀後半のこと。**エ**－日本人が移り住んだのはタイなどの東南アジア。

(6) 織田信長は尾張(愛知)の小さな戦国大名であった。東海地方を支配する今川義元を桶狭間で破って名をあげ，武力による全国統一の意思を表明した。

(7) 千利休が活躍した時代に戦国大名や豪商の経済力を背景に，壮大で豪華な文化が生まれた。

(8) 豊臣秀吉は年貢を確実に集めるために，ものさしやますを統一し，田畑の広さや収穫高を調べ，石という単位を用いた。武士は自分の領地の石高に対して戦いに必要な人や馬などの確保を請け負い，農民は石高に応じた年貢を納めることになった。

(9) 豊臣秀吉軍は1592年に朝鮮へ攻め入り，各地を占領したが，朝鮮では義兵とよばれる民衆の抵抗運動，李舜臣の率いる水軍の抵抗が強く，明の援軍もあって行きづまった。

10 (1) **イ・ウ** (2) **イ** (3) **ウ**
(4) **ａ－ア　ｂ－エ** (5) **ア** (6) **国学**
(7) **大塩平八郎**

解説 (1) **ア**は織田信長の楽市・楽座，**エ**は豊臣秀吉の刀狩令である。なお，**ウ**は参勤交代で３代将軍徳川家光が出した武家諸法度で規定された。

(2) Ｘについて，銀や銅は朝鮮との交易の輸出品。Ｙについて，薩摩藩は琉球王国との貿易の日本側窓口であった。

(3) 御成敗式目は鎌倉時代の法令，徳川吉宗は享保の改革を行った８代将軍。

(4) 徳川吉宗はキリスト教を警戒する一方，日常生活に役立つ実学を重視したため，漢文に翻訳されたヨーロッパ書物の輸入制限をゆるめた。
(5) **イ**は田沼意次の政策，**ウ**は天保の改革，**エ**は享保の改革，これらの政策が行われた順（享保の改革→田沼の改革→寛政の改革→天保の改革）と行った人物（順に徳川吉宗，田沼意次，松平定信，水野忠邦）も押さえておく。
(6) 仏教や儒教が伝わる前の日本古来の精神に学ぼうとするものであり，本居宣長が「古事記伝」を書いて国学を大成させた。
(7) 天保のききんが起こり，米の値段がはね上がったため，各地で一揆や打ちこわしが続発した。人々の苦しむ姿を見かねて，元大阪町奉行所の役人大塩平八郎が乱を起こした。

6 歴史 3

11 (1) **工場制手工業（マニュファクチュア）** (2) **産業革命** (3) **イ**
(4) **（例）天皇を尊び，外国の勢力を排除しようとする考え方。** (5) **日米和親条約**
(6) **安政** (7) **リンカン** (8) **（例）政権を朝廷に返した。** (9) **戊辰戦争**
(10) a－**ウ** b－**屯田兵**
(11) **自由民権運動** (12) **大隈重信**

解説 (1) 農村からきた働き手を自分の作業所（工場）に集め，製品を分業で大量に仕上げる新しい生産の仕組みのことを工場制手工業（マニュファクチュア）という。
(2) 産業革命とは工業中心の社会へと大きく変化していくこと。
(3) **ア**の近松門左衛門は人形浄瑠璃の脚本家。**ウ**の尾形光琳は装飾画を，**エ**の菱川師宣は町の人々の浮世絵を描いた。
(4) 天皇を尊ぶ尊王論と，外国人を追い払おうとする攘夷論が結びついて，尊王攘夷の考えが広まった。
(5) 1853年，ペリーは浦賀に来航し，開国を求める大統領の国書をさしだした。幕府は，翌54年回答を求めて再び来航したペリーと日米和親条約を結び，下田（静岡県）と函館（北海道）の2港を開いた。
(6) アメリカなどの国々との貿易開始に反対する運動を行ったことに対して，井伊直弼は幕府に反対した大名や公家など多くの人々を処罰し，吉田松陰らを処刑した。
(7) アメリカ合衆国の統一と奴隷の解放をめざしたリンカンの指導の下で，北部が戦争に勝利した。
(8) 江戸幕府15代将軍徳川慶喜は，幕府だけで政治を行うことは難しくなったと考え，天皇に政権の返上を申し出た。
(9) 旧幕府側は，徳川慶喜の官職と領地を天皇に返すことを迫られたため反発し，鳥羽・伏見で戦いを起こした。
(10) 殖産興業の交通分野では，1872年に新橋（東京）・横浜間，続いて神戸・大阪・京都間に鉄道が開通した。生活に困っていた士族などを，北海道の開拓と防備にあたる屯田兵として移住させた。
(11) 1874年，板垣らは民撰議院設立建白書を政府に提出し，人々の意見を政府に反映させるために，国民が選んだ議員が作る国会の早期開設を要求した。
(12) 1882年にイギリスのような議会政治を目指して大隈重信が立憲改進党をつくった。

12 (1) **ア** (2) **ウ** (3) a－**イ** b－**ウ**
(4) あ－**孫文** 記号－**ウ**
(5) **（例）国民が多大な犠牲を払って戦争に協力したにもかかわらず，ロシアからの賠償金が得られなかったため。**

解説 (1) 地租改正により，江戸時代以来の米による税の徴収から現金の徴収へと変更された。財政の安定化が目的のため，課税の基準は収穫高から地価となり，その税率は当初3％だったが後に2.5％へと引き下げられた。
(2) aについて，衆議院と参議院の二院制とされたのは1946年に公布された日本国憲法によってである。bについて，大日本帝国憲法で内閣は天皇の政治を補佐する機関とされた。
(3) 1894年，日本と欧米諸国を追いはらい，朝鮮の政治改革をめざす反乱が朝鮮半島の南部で起こり，勢力を広げた。下関条約によって日本が遼東半島を獲得すると，清で利権を広げたいロシアはドイツ・フランスをさそい，遼東半島を清に返すよう日本に迫った。
(4) 孫文は，亡命先の東京で清をたおすための運動を進め，民族の独立，民主制の実現，国民生活の安定をめざす三民主義をとなえた。1912年，帰国した孫文が臨時大総統となり，南京でアジア初の共和国である中華民国の成立を宣言した。

(5) ポーツマス条約は日露戦争の講和条約。日清戦争に比べ日露戦争では，国民は戦費をまかなうための増税，戦争の犠牲者，ともに大きな負担を負った。

7 歴史 4

13 (1) **田中正造** (2) **吉野作造**
(3) **イギリス** (4) **全国水平社**
(5) **米騒動** (6) **イ** (7) **世界恐慌**
(8) a－イ b－イ (9) **五・一五事件**
(10) **ソ連** (11) **ポツダム宣言** (12) **広島**

解説 (1) 栃木県足尾の銅山から流れ出た鉱毒によって，川魚が死に，田畑が荒廃するなどの被害がおきた。

(2) 民主主義をとなえ，政治に民衆の考えを反映していこうと主張した。この主張は，青年をはじめ，多くの人々に影響を与えた。

(3) オーストリア・ドイツ・トルコなどの同盟国と，セルビア側についたロシア・イギリス・フランスなどの連合国の間で，第一次世界大戦がはじまった。日本は日英同盟を理由にドイツに宣戦布告し，連合国側として参戦した。

(4) 1922年，解放令が出されたのち，働く条件や結婚などの差別はなくならなかったため，みずからの手による部落差別問題の解決をめざして，全国水平社が結成された。

(5) 1918年，富山県の主婦が，米の安売りを要求した。その後，米屋などが襲われる米騒動となり，全国の都市に広がった。

(6) 立憲政友会の原敬が首相となり，本格的な政党内閣を組織した。

(7) 1929年ニューヨークで株価が大暴落すると，アメリカの経済は一転して不景気になった。この不景気はヨーロッパをはじめ，世界中の国々にも広がった。

(8) 中国国民党を率いた蒋介石が，南京に国民政府をつくり，中国をほぼ統一した。1931年，関東軍は，柳条湖で南満州鉄道の線路を爆破する事件を起こし，中国側のしたこととして攻撃を始め，「満州」全体を占領した。

(9) 1932年5月15日，海軍の青年将校らが首相官邸を襲い，犬養毅首相を殺害した。

(10) 1945年8月8日，ソ連はヤルタ会談での密約をもとに日ソ中立条約を破って「満州」や南樺太などに攻めこみ，日本軍と衝突した。

(11) 連合国側は，1945年7月のドイツのポツダムでの会議で，アメリカ・イギリス・中国の名前で日本の無条件降伏を促す共同宣言を出した。

(12) アメリカは，戦争の早期終結とソ連に対して優位に立つため，8月6日に広島，8月9日に長崎へ原子爆弾を投下した。

14 (1) **財閥** (2) **ア** (3) **日ソ共同宣言**
(4) **アジア・アフリカ会議（バンドン会議）**
(5) **ベトナム戦争** (6) a－イ b－ウ
(7) **イ** (8) **ウ** (9) **バブル経済**
(10) **阪神淡路大震災**

解説 (1) GHQは，財閥解体を行い，経済の民主化を図った。

(2) 岸信介はアメリカ合衆国と新安保条約を結んだ首相，田中角栄は日中共同声明によって中国との国交回復を果たした首相，池田勇人は所得倍増計画をかかげた首相である。

(3) 資料内の「日本の国連加盟へのソ連の支持」「日ソ戦争状態の終了」から答えを導く。

(4) 1955年，インドネシアのバンドンでアジア・アフリカ会議が開かれ，植民地支配の反対や冷戦の下での平和共存の路線が確認された。

(5) アメリカは1965年から北ベトナムへの激しい爆撃と地上軍の派遣を行った。

(6) 佐藤栄作は韓国との国交正常化，アメリカからの沖縄返還を実現した。田中角栄は佐藤栄作の次の首相で，1972年に中華人民共和国との国交を正常化した。

(7) 1989年に冷戦の象徴であった「ベルリンの壁」が取りはらわれ，アメリカとソ連の首脳会談（マルタ会談）で冷戦の終結が宣言された。

(8) **ア**－中国ではなくアメリカ。**イ**－農業へ産業の中心が移ったのではない。**エ**－エネルギー源は石炭から石油に変わった。

(9) 1980年代後半から，銀行の資金援助を受けた企業が余った資金を土地や株に投資したため，株価や地価が異常に高くなり，景気が良くなったが，ふくらみすぎた景気を支えることができずに崩壊した。

(10) 1995年1月17日に兵庫県南部を震源として発生した。震度7を観測した。

8 公 民 1

15 (1) **ア** (2) **イ** (3) **モンテスキュー**
(4) **主権** (5) **記号－ウ 内容－18歳**
(6) **(例)(核兵器を)持たず，つくらず，持ちこませず**
(7) **男女雇用機会均等法，男女共同参画社会基本法**

解説 (1) **ア**は清掃場所に応じて無駄なく人数を配置するように考えている。**イ**・**ウ**・**エ**は公正の考え方で，すべての生徒に分担や機会が等しくなるよう計画されている。
(2) **ア**について，大日本帝国憲法における人権は，臣民の権利として法律によって制限された。また主権者は天皇であった。**ウ**は他人の人権を侵害する可能性のある場合は，公共の福祉によって人権が制限される。**エ**は，世界人権宣言が発表された後，法的拘束力をもつ国際人権規約が採択された。
(3) モンテスキューは，専制政治を防ぐには，司法，立法，行政の権力の分立(三権分立)が必要だと唱えた。
(4) 日本国憲法が定める基本原理の一つは国民主権であり，国の政治の在り方を決定するのは国民である，ということを意味する。
(5) 2016年の選挙から満18歳以上の国民なら誰でも投票できるようになった。
(6) 非核三原則は1967年に当時の佐藤栄作首相が国会答弁で述べた。国会では1971年に決議された。
(7) 男女雇用機会均等法は，雇用の分野における男女の均等な機会及び待遇の確保を図るとともに，女性労働者の就業に関して妊娠中及び出産後の健康を図るなどの措置を推進することを目的とする。男女共同参画社会基本法は，男女の人権が尊重され，かつ，社会経済情勢の変化に対応できる豊かで活力ある社会を実現することの必要性にかんがみている。

16 (1) **バリアフリー** (2) **ウ** (3) **イ**
(4) **イ** (5) **参政権** (6) **環境権** (7) **エ**
(8) **ア，ウ，エ**

解説 (1) バリアフリーは，障がい者や高齢者などが，社会生活に参加する上で生活の支障となる物理的な障がいや，精神的な障壁を取り除くための施策，または，具体的に障がいを取り除いた事物および状態を指す。
(2) aは刑事補償請求権として保障されている。
(3) aで集会・結社・表現の自由は精神の自由，bで労働基本権は社会権にあたる。
(4) 憲法25条では「健康で文化的な最低限度の生活」を営む権利を保障していて，生存権と呼ばれる。
(5) 人権を守るためには，国民の誰もが政治に参加できる民主主義の実現が必要である。国民に選挙で代表を選ぶ権利と自ら選挙に立候補する権利などの参政権を保障した。
(6) 大気や水質の汚染あるいは日照不足など，公害や環境悪化に苦しむ人が増えた。この中で良好な環境で生きる権利(環境権)が人権として憲法で明確に保障すべきであると議論されている。
(7) **ア**のメディアリテラシーはマスメディアの情報をうのみにせず，自ら判断し正しく読み取る能力である。**イ**のクーリング・オフは消費者が訪問販売などで商品を購入した場合に，一定期間内であれば無条件で契約を解除できる制度である。**ウ**のフェアトレードは発展途上国でつくった農産物や製品を，先進国の人が公正な価格で取り引きし，生産者の生活を支援すること。
(8) 国民に果たしてもらう必要のある義務があり，保護者が子どもに普通教育を受けさせる義務，勤労の義務，納税の義務の三つである。

9 公 民 2

17 (1) **a－平等 b－普通**
(2) **(例)一票の格差があり，法の下の平等に反しているから。** (3) **ウ**
(4) **メディアリテラシー(または情報リテラシー)** (5) **特別国会(または特別会)**
(6) **両院協議会** (7) **ア，ウ，エ** (8) **ウ**

解説 (1) 有権者が代表者を直接選ぶ直接選挙，投票した結果を他人に知られないようにする秘密選挙とあわせて，選挙の四原則である。
(2) 一票の格差とは，選挙区ごとに議員一人当りの有権者数が異なることから，一票の重みに不平等が生じる現象をいう。
(3) 1955年から，38年間，自民党が単独で政権を取り続けた。2000年代になり，民主党が議席を増やし，2009年の衆議院議員総選挙の結果，政権交代がおこった。

(4) マスメディアの発する情報について的確に判断・活用できる能力のことである。マスメディアの情報をうのみにせず，信頼できる情報は何かを冷静に判断する力が必要になる。

(5) 特別国会（特別会）は衆議院解散後の総選挙の日から30日以内に召集されるものである。

(6) 衆議院と参議院の議決が異なったときに開かれる協議会で，衆参両院の10名ずつの議員で構成される。

(7) **イ**の解散は参議院にはない。**オ**は栃木選挙区の定数は２だが，参議院は３年ごとに半数が改選されるため，一度に選ばれるのは１人である。

(8) アメリカ合衆国では大統領と議会議員を別々に選ぶ二元代表制度のため，大統領は議会の解散権をもたない。なお，法案は拒否できる。

18 (1) **ア** (2) **ア** (3) **ウ**
(4) **地方分権** (5) **ア**

解説 (1) 法廷奥に「裁判員」とあることから刑事裁判，右側に「被告人」とあることからｂは弁護人，ａは検察官と分かる。裁判員裁判は，重大な犯罪を裁く刑事事件の第一審で行われる。

(2) 憲法第37条で，公平で迅速な公開裁判を保障している。国が費用を負担する弁護人を国選弁護人という。

(3) **ア**の違憲審査権の行使は裁判所，**イ**の国政調査権の行使と**エ**の条約の承認は国会の持つ権限である。

(4) 地方公共団体の仕事を国が強く関与したり，国が行うべき仕事を地方公共団体が国の代わりに行ったりしたことがあったため，各地方公共団体が地域の実情に合った取り組みをより自主的に行えるようにした。

(5) ａは，地方会議が制定するのが条例，国会が制定するのが法律である。ｂで，議会の解散と同じく首長・地方議員の解職請求も有権者の３分の１の署名が必要。請求先は選挙管理員会である。

10 公 民 3

19 (1) **製造物責任法（PL法）**
(2) **（例）安く買うことができる。**
(3) **私企業** (4) **ウ**
(5) **（例）株式や債券を発行** (6) **ウ**
(7) **寡占** (8) **ア，ウ**
(9) **インフレーション** (10) **間接税**

解説 (1) 製造物の欠陥により人の生命，身体又は財産に係る被害が生じた場合における製造業者などの損害賠償の責任について定めることにより，被害者の保護を図っている。

(2) 解答例以外に，仲介業者が中間に入らないため，商品を新鮮な状態で手にできる，などの利点もある。

(3) 私企業は個人商店などの個人企業と，会社などの形を取る法人企業に分けられる。

(4) 中小企業は，日本の全企業の約99%，雇用全体の６割以上を占めている。

(5) 間接金融は，銀行などからの借り入れによって資金を調達することを指す。

(6) 買う量は需要量で，作る量は供給量とされている。

(7) 少数の売り手しかいない寡占の状態では，供給量を調節することで売り手の価格が決められる。

(8) 公共料金は，国民生活に大きく影響するため，国や地方公共団体が決定や認可しているガス･水道料金や鉄道運賃などを指す。

(9) 物価が上がり続ける現象のこと。極端なインフレはお金の価値を急速に減少させるため，生活を不安定にさせる。

(10) 消費税は間接税で，税金を納める人と負担する人が異なることを意味する。所得税，法人税は直接税で，税金を納める人と負担する人が同じである。

20 (1) **エ** (2) **介護保険制度（介護保険）**
(3) **公衆衛生** (4) **ａ－主権 ｂ－イ**
(5) **（例）紛争や迫害などにより，住んでいた国や土地を離れざるをえなくなった人々。**
(6) **ウ** (7) **世界保健機関（WHO）**
(8) **南南問題**

解説 (1) ａは１kgあたりの価格10ドル×為替レート100円＝1000円となる。同様にｂは10ドル×80円＝800円となる。ｃは１ドルを手にするために100円を必要としたときに対して，80円で手にできるため円高となる。ｄは円高の時が少ない円で同じ量を輸入できるため，有利とわかる。

(2) 社会全体で介護を支えることを目的に創設された公的保険制度である。

(3) 社会保険・公的扶助・社会福祉とともに四つの柱で日本の社会保障制度は成り立っている。

(4) 排他的経済水域とは，領海の外側から沿岸より200海里（370km）までの海域を指す。
a の沿岸国以外の国が自由に航海や漁業を行えるのは，排他的経済水域外側の公海である。

(5) シリアを追われた多くの人々がおもにトルコやドイツへ，アフガニスタンを追われた人々がパキスタンやイランへ難民として逃れている。

(6) **ア**の国連本部はニューヨークに置かれている。また，PKOは専門機関ではなく，平和維持活動の略。**イ**の国連総会は，重要事項は3分の2以上，通常の議案は過半数の賛成で議決する。**エ**の安全保障理事会は5か国の常任理事国と10か国の非常任理事国で構成される。

(7) 全ての人々が可能な最高の健康水準に到達することを目的として設立された国連の専門機関のことである。

(8) 南南問題に対して，先進国と発展途上国との間の問題を南北問題という。

[基礎編]

数　学

栃木県
高校入試
の対策
2024

1 文字式と計算・資料の整理

1 (1) **−8** (2) **27** (3) **−7** (4) **−11**
(5) **−39** (6) **−7** (7) $\boldsymbol{7x+3}$
(8) $\boldsymbol{3a-2b}$ (9) $\boldsymbol{10ab}$ (10) $\boldsymbol{\dfrac{7x+y}{6}}$

解説 (1) $7-15=-(15-7)=-8$
(2) **かけ算が先** $4\times8-5=32-5=27$
(3) **わり算が先** $-9+8\div4=-9+2=-7$
(4) $(-56)\div7-3=-8-3=-11$
(5) **累乗が先** $-3^2=-(3\times3)=-9$
$-3^2-6\times5=-9-30=-(9+30)=-39$
(6) $(-2)^2=(-2)\times(-2)=4$
$5-3\times(-2)^2=5-3\times4=5-12=-7$
(7) $x-3+6(x+1)=x-3+6x+6$
$=x+6x-3+6=7x+3$
(8) $(6a^2-4ab)\div2a=\dfrac{6a^2}{2a}-\dfrac{4ab}{2a}=3a-2b$
(9) **分数のわり算は，かけ算になおす。**

$$6a^2b^3\div\frac{3}{5}ab^2=6a^2b^3\div\frac{3ab^2}{5}$$
$$=6a^2b^3\times\frac{5}{3ab^2}=\frac{6a^2b^3\times5}{3ab^2}=10ab$$

(10) **分数のたし算，ひき算は通分する。**

$$\frac{5x-y}{3}-\frac{x-y}{2}=\frac{2(5x-y)}{2\times3}-\frac{3(x-y)}{3\times2}$$
$$=\frac{2(5x-y)-3(x-y)}{6}$$
$$=\frac{10x-2y-3x+3y}{6}=\frac{7x+y}{6}$$

2 (1) $\boldsymbol{60a}$ m (2) **6480円** (3) **5.7℃**
(4) $\boldsymbol{a=10b+3}$ (5) $\boldsymbol{83a+102b\leqq740}$
(6) $\boldsymbol{12a}$ **g** (7) **30個**
(8)① **8.6秒** ② **1.4秒**

解説 (1) **道のり＝速さ×時間**
1時間＝60分だから
$a\times60=60a$(m)

道のり	
速さ	時間

(2) 6000円に，6000円の8％(＝0.08)の消費税を加えて支払うことだから
$6000+6000\times0.08=6000\times1.08=6480$(円)
(3) A市の最低気温からB市の最低気温をひいて $5.3-(-0.4)=5.3+0.4=5.7$℃
(4) a 個の卵を10個ずつパックに入れると b パックできるから，$10b$ 個入れた。さらに3個余ったから $a=10b+3$
(5) 1本83円のペン a 本で $83a$ 円，1本102円のテープ b 本で $102b$ 円。合計金額は$(83a+102b)$円で，これが740円以下だから $83a+102b\leqq740$ （a 以上は $\geqq a$）
(6) **食塩＝$\dfrac{\%濃度}{100}$×食塩水** 3％の食塩水 $400a$ gに含まれる食塩は $\dfrac{3}{100}\times400a=12a$ g
(7) 1から99までに3の倍数は $99\div3=33$(個)，1から9までに3の倍数は $9\div3=3$(個)ある。2けたの自然数10から99までに3の倍数は $33-3=30$(個)ある。
(8)

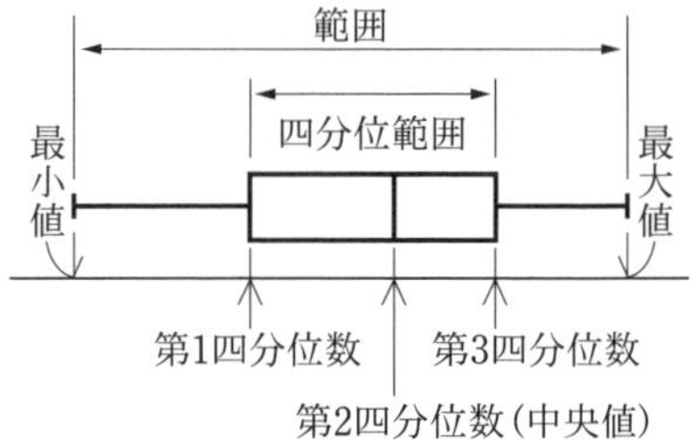

① B組の第3四分位数は，箱の右端の値を読み取って 8.6秒
② **(四分位範囲)**
＝(第3四分位数)−(第1四分位数)
A組の第3四分位数は8.7秒，第1四分位数は7.3秒だから，四分位範囲は
$8.7-7.3=1.4$(秒)

3 (1) **28個** (2) $\boldsymbol{(8n-12)}$**個**

解説 (1) 3番目の正方形で，外側の1辺の個数は $3\times2=6$(個) 4辺あるから $(3\times2)\times4$，かどの4個は重複して数えているから $(3\times2)\times4-4=20$(個) 同様に計算すると，4番目の正方形では
$(4\times2)\times4-4=28$(個)

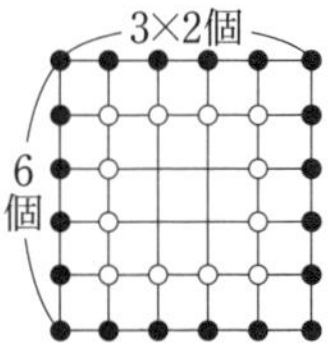

(2) n 番目の正方形の内側に並ぶ碁石の個数は，$(n-1)$番目の正方形の外側に並ぶ碁石の個数に等しい。1辺に $2(n-1)$ 個並び4辺あってかどの4個は重複して数えるから $2(n-1)\times4-4=8n-12$(個)

2 1次方程式と連立方程式

4 (1) $\boldsymbol{x=-1}$ (2) $\boldsymbol{x=3}$ (3) $\boldsymbol{x=5}$
(4) $\boldsymbol{x=-2}$ (5) $\boldsymbol{x=4,\ y=-1}$
(6) $\boldsymbol{x=4,\ y=-9}$ (7) $\boldsymbol{x=7,\ y=6}$
(8) $\boldsymbol{x=2,\ y=-1}$
(9) $\boldsymbol{x=1,\ y=-2}$ (10) $\boldsymbol{x=5,\ y=8}$

数学
基礎編◆解答・解説

解説 (1)　xを左辺に9を右辺に移項する。**移項すると符号が変わる**。$7x+9=x+3$，$7x-x=3-9$，$6x=-6$，$x=-1$

(2)　$3x-7=8-2x$，$3x+2x=8+7$，$5x=15$　両辺を5でわると　$x=3$

(3)　$5x-7=9(x-3)$，$5x-7=9x-27$，$5x-9x=-27+7$，$-4x=-20$，$x=5$

(4)　両辺に100をかけて　$16x-8=-40$，$16x=-40+8$，$16x=-32$，$x=-2$

(5)　$x+3y=1$…①　$y=2x-9$…②　②を①に代入して　$x+3(2x-9)=1$，$x+6x-27=1$，$x=4$　②より $y=-1$

(6)　$7x+y=19$…①　$5x+y=11$…②　①−②より　$2x=8$，$x=4$　これを②に代入して　$5\times4+y=11$，$y=-9$

(7)　$x+y=13$…①　$3x-2y=9$…②　①×2＋②より　$5x=35$，$x=7$　これを①に代入して　$7+y=13$，$y=6$

(8)　$x-3y=5$…①　$3x+5y=1$…②　①×3−②より　$-14y=14$，$y=-1$　これを①に代入して　$x+3=5$，$x=2$

(9)　$4x-3y=10$…①　$3x+2y=-1$…②　①×2＋②×3より　$17x=17$，$x=1$　これを①に代入して　$4-3y=10$，$y=-2$

(10)　$7x-3y=11$…①　$3x-2y=-1$…②　①×2−②×3より　$5x=25$，$x=5$　これを①に代入して　$35-3y=11$，$y=8$

5 (1)　**$a=-6$**　(2)　**2000円**　(3)　**A班　17人，B班　12人**　(4)　**学校から公園まで　1200 m，公園から動物園まで　2800 m**　(5)　**$x=200$，$y=300$**　(6)　**A地区　240 km^2，B地区　390 km^2**

解説 (1)　**解は代入する**。$x=3$を方程式に代入して　$2\times3-a=3(3+1)$，$6-a=3\times4$　$-a=6$，$a=-6$

(2)　ワイシャツ1着の定価をx円とする。ワイシャツ5着に対して割引券が3枚だから，3割(＝0.3)引きで3着，定価で2着買った。代金から　$(1-0.3)x\times3+x\times2=8200$　$2.1x+2x=8200$，$x=2000$(円)

(3)　A班の人数をx人，B班の人数をy人とする。B班はA班より5人少ないから　$y=x-5$…①　A班は1人3脚ずつ，B班は1人4脚ずつ椅子を並べる。A班の総数はB班の総数より3脚多いから　$3x=4y+3$　…②　①を②に代入して　$3x=4(x-5)+3$，$3x=4x-20+3$，$x=17$　①より　$y=17-5=12$

(4)　学校から公園までをx m，公園から動物園までをy mとする。行きは学校から動物園までの$(x+y)$ mを分速80mで50分歩くから　$x+y=80\times50$…①　帰りは動物園から公園までのy mを分速70mで歩く。公園で10分間休憩し，公園から学校までのx mを分速60mで歩く。動物園を出発してから70分後に学校に着くから

$\frac{y}{70}+10+\frac{x}{60}=70$，両辺に420をかけて

$7x+6y=25200$…②　②−①×6より　$x=1200$　これを①に代入して　$y=2800$

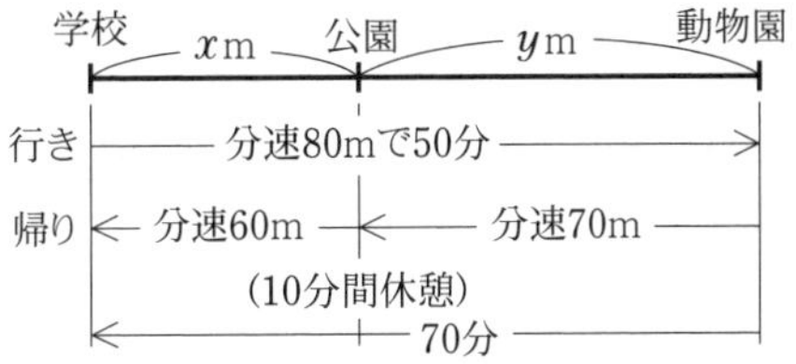

(5)　**食塩水の問題では食塩の量に着目する。**

食塩＝$\frac{\%濃度}{100}$×食塩水，濃度(%)＝$\frac{食塩}{食塩水}$×100

5%の食塩水xgに含まれる食塩は$\frac{5}{100}x$g

2%の食塩水500gに含まれる食塩は

$\frac{2}{100}\times500=10$(g)　水を$y$g加えただけだから食塩の量は等しく　$\frac{5}{100}x=10$，$x=200$

また，食塩水xgに水ygを加えて500gの食塩水をつくるから　$x+y=500$　$x=200$を代入して　$y=300$

(6)　A地区の面積をx km^2，B地区の面積をy km^{2}とする。町の面積が630 km^{2}だから　$x+y=630$…①　森林の面積から

$\frac{70}{100}x+\frac{90}{100}y=519$，$7x+9y=5190$…②

①×9−②より　$2x=480$，$x=240$

①より　$240+y=630$，$y=390$

6　**大人　54人，子供　84人**

解説　問題文に「今日の入園者数は昨日の入園者と比べて」とあるから，昨日の入園者数を基準にしている。このような問題では**基準の方をx，yとする**。昨日の大人の入園者数をx人，子供の入園者数をy人とすると　$x+y=140$…①　今日の大人の入園者数は昨日のx人の10%，$0.1x$人　減ったから　$x-0.1x=0.9x$(人)

子供の入園者数は y 人の 5 %，$0.05y$ 人増えたから　$y+0.05y=1.05y$（人）　入園料から　$500\times0.9x+300\times1.05y=52200$
$450x+315y=52200$，両辺を 45 でわると
$10x+7y=1160\cdots$②　　①×10－②より
$3y=240$，$y=80$　①より　$x=60$
今日の入園者数は　大人 $0.9x=0.9\times60=54$（人），子供 $1.05y=1.05\times80=84$（人）

3 平面図形と空間図形

7 (1)　**右の図**
(2)　**27 度**　(3)　**115 度**

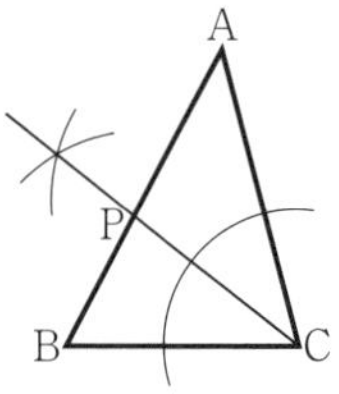

解説 (1)　角の二等分線上の点から角の 2 辺までの距離は等しい。∠ACB の二等分線を作図し，辺 AB との交点に P を記入する。

(2)　**平行線の同位角は等しい**から 126° を移す。△ABC で AC＝BC より
∠A＝∠B＝∠x
三角形の内角の和から　∠x＋∠x＋126°＝180°，∠x＝27°

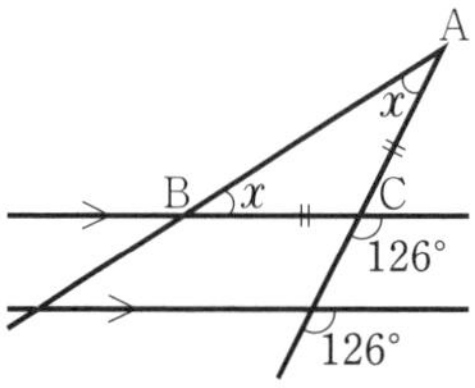

(3)　図のように E を定める。△AEC の外角は，それと隣り合わない 2 つの内角の和に等しい。
∠BED＝41°＋35°
∠x は △EBD の外角だから　∠x＝41°＋35°＋39°＝115°
＊∠x＝∠A＋∠B＋∠C が成り立つ。

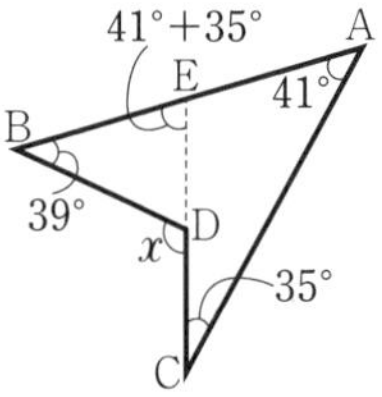

8 (1)　**78π cm²**　(2)　**12π cm³**
(3)①　**36π cm³**　②　**36π cm²**

解説 (1)　底面の半径が 3cm，高さが 10cm の円柱の展開図で，側面は縦 10cm，横は円周に等しい $2\pi\times3=6\pi$ (cm)　表面積は
$\pi\times3^2\times2+10\times6\pi$
$=18\pi+60\pi=78\pi\,(\text{cm}^2)$

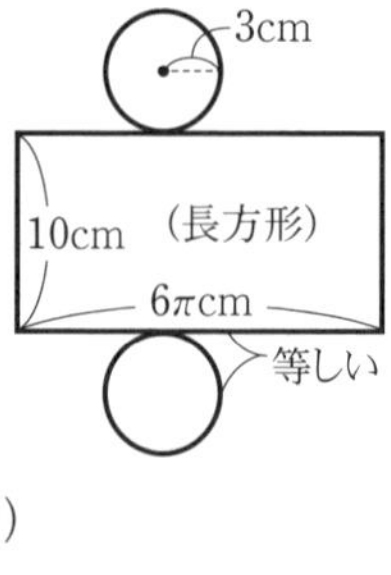

(2)　円錐の体積は　$\frac{1}{3}\times\pi\times3^2\times4=12\pi\,\text{cm}^3$
(3)①　半径 r の球の体積は　$\boldsymbol{\frac{4}{3}\pi r^3}$
身《み》の上《うえ》に心配《しんぱい》あーる参上《さんじょう》する　と覚える。
半径 3cm の球の体積は　$\frac{4}{3}\pi\times3^3=36\pi$
②　半径 r の球の表面積は　$\boldsymbol{4\pi r^2}$
心配《しんぱい》あーる事情《じじょう》と思われる，窮《きゅう》せし面《めん》を見《み》るにつけても　と覚える。$4\pi\times3^2=36\pi$

9 (1)①　**3 : 4**　②　**$\frac{4}{9}$ 倍**
(2)①　**24π cm²**　②　**135 度**

解説 (1)①　△AED と △DEC は AD，DC を底辺（底辺は常に下側にあるとはかぎらない）と考えると**高さの等しい三角形で，面積の比は底辺の比に等しい**。AD : DC＝3 : 4 より，面積の比も 3 : 4

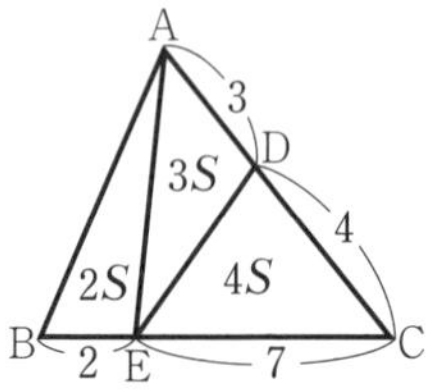

②　△AED＝$3S$，△DEC＝$4S$　とおくと △AEC＝$3S+4S=7S$　△ABE と △AEC は BE，EC を底辺と考えると**高さの等しい三角形で，面積の比は底辺の比に等しく** 2 : 7　△AEC＝$7S$　より
△ABE＝$2S$，△ABC＝$2S+7S=9S$
△DEC の面積 $4S$ は △ABC の面積 $9S$ の　$4S\div9S=\frac{4S}{9S}=\frac{4}{9}$（倍）
～は…の何倍か ⇒（～は）÷（～の）

(2)①　円錐の側面積は
π×底面の半径×母線の長さ　$\pi\times3\times8=24\pi\,\text{cm}^2$
②　円錐の側面にあたるおうぎ形の中心角の大きさは

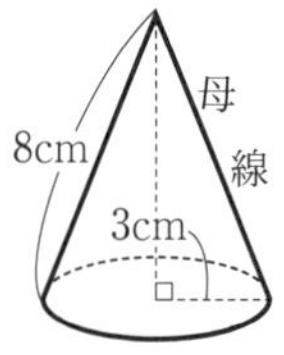

360°×$\frac{\text{底面の半径}}{\text{母線の長さ}}$　$360°\times\frac{3}{8}=135°$
母線：円柱や円錐の側面をつくり出す線分

4 三角形の合同と確率

10　△ABD と △ACE において，仮定より AD＝AE …①
△ABC は正三角形だから
AB＝AC …②
∠BAD＝∠ACB＝60° …③　AE // BC より平行線の錯角は等しいから　∠CAE＝∠ACB＝60° …④　③，④より ∠BAD＝∠CAE …⑤
①，②，⑤より，2 組の辺とその間の角がそれぞれ等しいから　△ABD≡△ACE

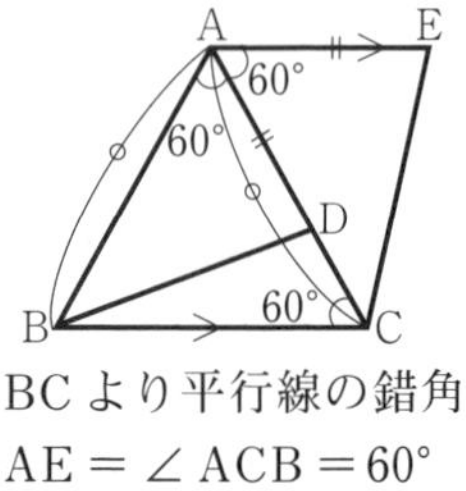

解説 △ABCは正三角形で，∠BAD＝∠ACB＝∠CAE＝60°を利用する。

11 △ABHと△AGHにおいて，共通な辺だから　AH＝AH…①　四角形ABCD，AEFGは合同な正方形だから　∠ABH＝∠AGH＝90°…②　AB＝AG…③

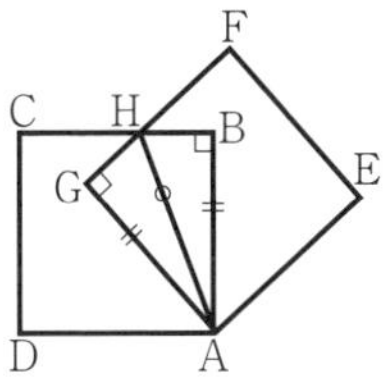

①，②，③より，直角三角形の斜辺と他の1辺がそれぞれ等しいから△ABH≡△AGH

解説 直角三角形の合同条件2つもしっかり覚えて，正確に使えるようにする。

12 △ABQと△PDQにおいて，四角形ABCDは長方形で，対角線BDで折り返しているからAB＝PD…①　∠BAQ＝∠DPQ＝90°…②　対頂角は等しいから

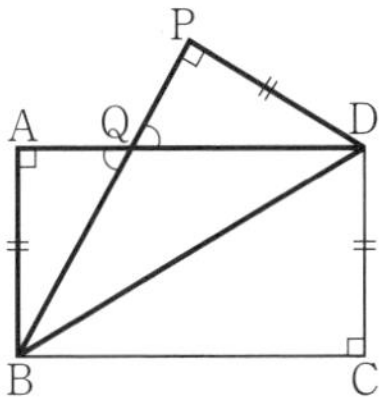

∠AQB＝∠PQD…③　三角形の内角の和は180°であり，②，③より残りの角も等しい。よって∠ABQ＝∠PDQ…④　①，②，④より，1組の辺とその両端の角がそれぞれ等しいから△ABQ≡△PDQ

解説 **折り返した図形ともとの図形は合同**　△PBD≡△CBDより∠QBD＝∠CBD＝∠QDB(錯角)だからQB＝QDになる。

13 (1)①　$\frac{11}{36}$　②　$\frac{5}{12}$　(2)　$\frac{7}{8}$　(3)　$\frac{4}{9}$

(4)　$\frac{2}{5}$　(5)　$\frac{1}{10}$　(6)　$\frac{1}{5}$　(7)　$\frac{3}{5}$

解説 (1)①　大小2つのさいころを同時に投げると目の出方は全部で　6×6＝36(通り)　出る目の数の積が5の倍数5，10，15，20，25，30になるのは11通りで　$\frac{11}{36}$

大	1	2	3	4	5	6
小	5	5	5	5	1 2 3 4 5 6	5

②　出る目の数の和が素数2，3，5，7，11になるのは15通り。求める確率は　$\frac{15}{36}=\frac{5}{12}$

大	1	2	3	4	5	6
小	1 2 4 6	1 3 5	2 4	1 3	2 6	1 5

(2)　硬貨には表と裏の2通りある。硬貨3枚の表と裏の出方は　2×2×2＝8(通り)

(同時のときは，かける)　表を○，裏を×で示すと次のようになり，矢印のように○や×を移すと書きやすい。少なくとも1枚は表が出る確率は　1－(3枚とも裏が出る確率) で求める。$1-\frac{1}{8}=\frac{7}{8}$

A	○	○	○	×	○	×	×	×
B	○	○	×	○	×	○	×	×
C	○	×	○	○	×	×	○	×

(3)　3個の玉から1個を取り出し，袋に戻してもう1回取り出す。玉の取り出し方は1回目も2回目も3通りで　3×3＝9(通り)　2回のうち1回だけ赤玉がでるのは4通りだから　$\frac{4}{9}$

1回目	赤	赤	白	青
2回目	白	青	赤	赤

(4)　2枚目のカードは箱に戻さないからカードの取り出し方は1枚目5通り，2枚目4通りで　5×4＝20(通り)　大きい数を小さい数でわると余りが1となるのは8通りで　$\frac{8}{20}=\frac{2}{5}$

1枚目	2	3	4	5
2枚目	3 5	2 4	3 5	2 4

(5)　5枚のカードから2枚のカードを取り出す取り出し方は10通り。2枚のカードの数字の積が2の倍数でもなく，3の倍数でもないのは5×7の1通りだけだから，求める確率は　$\frac{1}{10}$

3×4	3×5	3×6	3×7
	4×5	4×6	4×7
		5×6	5×7
			6×7

(6)　当たりくじ3本，はずれくじ3本，合計6本のくじがある。同時にくじを2本ひくことは，1本ずつ続けて2回ひくことと同じ。2本とも当たりは，1回目当たり，2回目も当たりだが，2回目では当たりくじが1本減っている。1回目当たりは　$\frac{3}{6}$，2回目当たりは　$\frac{2}{5}$　より　$\frac{3}{6}\times\frac{2}{5}=\frac{1}{5}$

(7)　赤玉3個をR_1，R_2，R_3，白玉2個をW_1，W_2とする。玉の取り出し方は10通りあり，赤玉1個，白玉1個の場合は6通りあるから　$\frac{6}{10}=\frac{3}{5}$

R_1R_2	R_1R_3	R_1W_1	R_1W_2
	R_2R_3	R_2W_1	R_2W_2
		R_3W_1	R_3W_2
			W_1W_2

5　比例と1次関数

14 (1) $y=-3x$ (2) $y=\dfrac{18}{x}$

(3) $y=\dfrac{3}{5}x-7$ (4) $y=2x+3$

(5) $(-1,\ 3)$ (6) $a=2$, $b=1$

解説 (1) yはxに比例するから **$y=ax$** に $x=2$, $y=-6$を代入して
$-6=2a$, $a=-3$より $y=-3x$

(2) yはxに反比例するから **$y=\dfrac{a}{x}$, $xy=a$** xとyの積が比例定数になる。$x=2$, $y=9$を代入して $a=2\times9=18$, $y=\dfrac{18}{x}$

(3) 1次関数は**$y=ax+b$**, xの増加量は5, yの増加量は3 **変化の割合$=\dfrac{y\text{の増加量}}{x\text{の増加量}}$**
$=\dfrac{3}{5}$, $y=\dfrac{3}{5}x+b$ で$x=5$, $y=-4$を代入して $-4=\dfrac{3}{5}\times5+b$, $b=-7$
より $y=\dfrac{3}{5}x-7$

(4) 直線の式を**$y=ax+b$**とする。
点$(-1,\ 1)$を通るから $1=-a+b$…①
点$(2,\ 7)$を通るから $7=2a+b$…②
②−①より $3a=6$, $a=2$ これを①に代入して $1=-2+b$, $b=3$, $y=2x+3$

＊直線の傾き $\dfrac{7-1}{2-(-1)}=2$ も利用できる。

(5) **交点の座標は連立方程式の解**
$y=-2x+1$…①を$y=x+4$…②に代入して $-2x+1=x+4$, $x=-1$ ②より $y=-1+4=3$ 交点の座標は $(-1,3)$

(6) 関数$y=ax+b$のグラフは, xの変域とyの変域 $-1\leqq x\leqq3$, $-1\leqq y\leqq7$でつくる長方形の対角線になる。$a>0$より右上がりの直線で, 2点$(3,\ 7)$, $(-1,\ -1)$を通るから

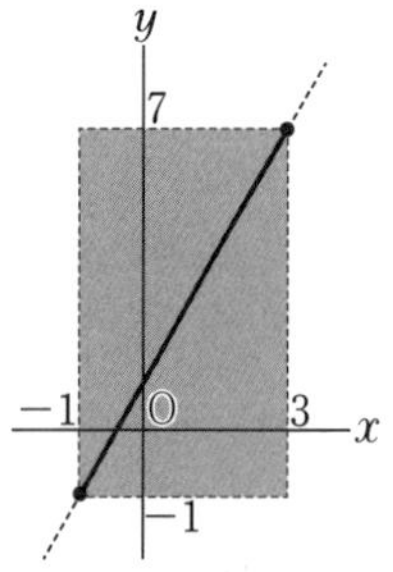

$7=3a+b$…① $-1=-a+b$…②
①, ②より $a=2$, $b=1$

15 (1) $(-4,\ -4)$ (2) $y=\dfrac{1}{2}x-2$

(3) $y=\dfrac{1}{2}x+2$

解説 (1) 点Aのx座標-4を$y=\dfrac{16}{x}$…①に代入すると $y=-4$ だから A$(-4,\ -4)$

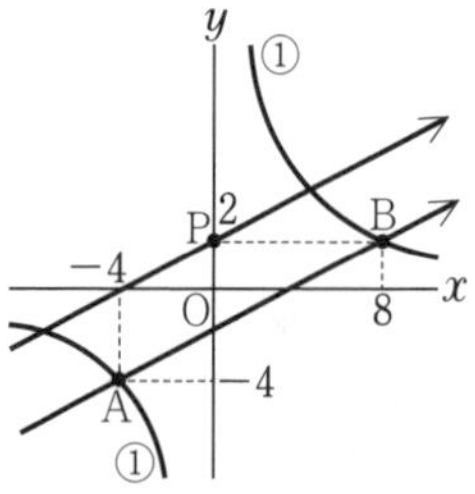

(2) 点Bのx座標8を①に代入して$y=2$ B$(8,\ 2)$ 直線ABを$y=ax+b$とすると2点A, Bを通るから$-4=-4a+b$…② $2=8a+b$…③ ②, ③より $a=\dfrac{1}{2}$, $b=-2$ したがって $y=\dfrac{1}{2}x-2$

(3) y軸上の点Pのy座標はBのy座標と同じだから2, 求める直線の切片は2 また, 直線ABの傾きは$\dfrac{1}{2}$, 平行な直線の傾きは等しいから, 傾きは $\dfrac{1}{2}$ で $y=\dfrac{1}{2}x+2$

16 (1) $y=x+5$ (2) $b=-2$

(3) $(2,\ 0)$

解説 (1) 直線①で文字bを使っているから, $y=ax+b$ は使わない。直線ABを**$y=mx+n$**とする。A$(1,\ 6)$, B$(-6,\ -1)$を通るから$6=m+n$, $-1=-6m+n$

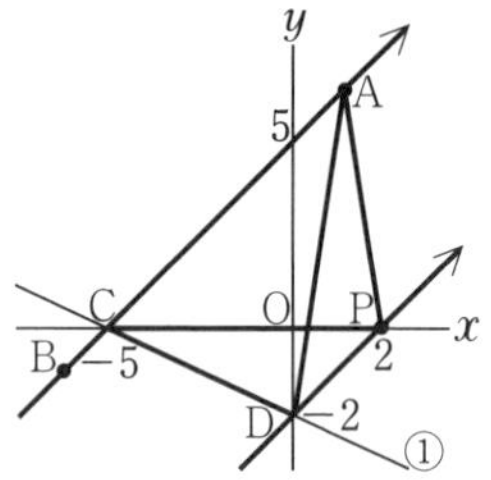

連立方程式を解いて $m=1$, $n=5$より 直線ABの式は $y=x+5$

(2) 点Cは直線ABとx軸との交点。**x軸上の点のy座標は0**だから $y=0$を$y=x+5$に代入して $0=x+5$, $x=-5$より C$(-5,\ 0)$ 直線①は点Cを通るから
$0=-\dfrac{2}{5}\times(-5)+b$, $b=-2$

(3) 点Dを通り直線AC(AB)に平行な直線をひく。平行な直線とx軸との交点がP △ACDと△ACPは**底辺ACが共通で, AC∥PDより高さが等しいから面積は等しい**。直線AC(AB)の傾きは1, 平行な直線の傾きは等しいから直線PDの傾きも1である。また, 直線①の切片は-2だからD$(0,\ -2)$ 直線PDの切片も-2で, 式は $y=x-2$ 点Pのy座標は0より $0=x-2$, $x=2$ したがって P$(2,0)$

17 (1) 24 (2) $3\leqq a\leqq6$

(3) $(a-1,\ a+1)$

(4) $y=\dfrac{8}{5}x-4$

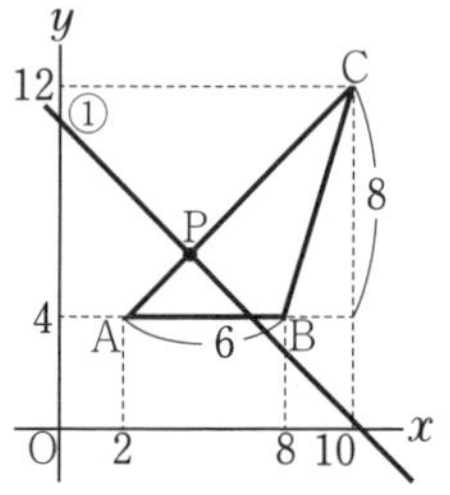

解説 (1) △ABCの底辺AB$=8-2=6$ 高さは $12-4=8$ 面積は$6\times8\div2=24$

(2)　直線①が線分ABの両端を通る場合を調べればよい。①がA(2, 4)を通るとき $4=-2+2a$, $a=3$　B(8, 4)を通るとき　$4=-8+2a$, $a=6$ より $3\leqq a\leqq 6$

(3)　直線ACを $y=cx+d$ とする。A(2,4) C(10, 12)を通るから　$4=2c+d$, $12=10c+d$　より　$c=1$, $d=2$　ACの式は $y=x+2$　点PはACと直線①との交点だから　$x+2=-x+2a$, $2x=2a-2$　$x=a-1$, $y=(a-1)+2=a+1$　したがって　P$(a-1, a+1)$

(4)　点Cを通り△ABCの面積を2等分する直線は，線分ABの中点Mを通る。A(2, 4), B(8, 4)よりMの x 座標は　$\dfrac{2+8}{2}=5$

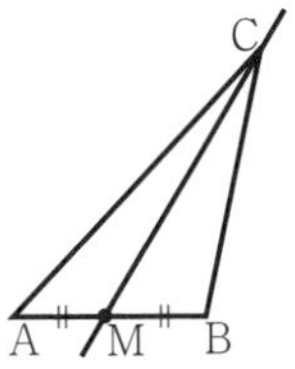

y 座標は　$\dfrac{4+4}{2}=4$　よりM(5, 4)　直線CMを $y=mx+n$ とすると　$12=10m+n$, $4=5m+n$　連立方程式を解くと

$m=\dfrac{8}{5}$, $n=-4$　より　$y=\dfrac{8}{5}x-4$

6　1次関数の利用

18 (1)　$\boldsymbol{y=-5x+20}$　(2)　$\boldsymbol{y=4x-16}$

(3)　$\boldsymbol{y=20}$

(4)　**右の図**

(5)　**3 cm**

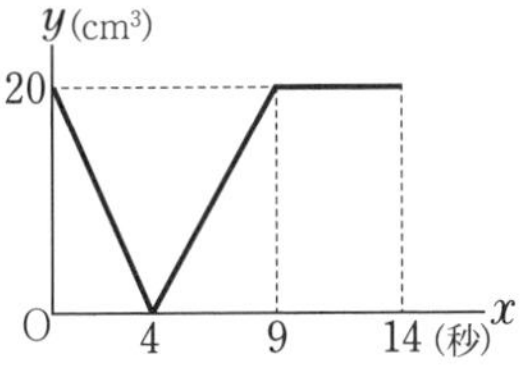

解説 (1)　点Pは辺AE上にあり，毎秒1cmの速さで進み，x 秒後 x cm進む。AP＝x，PE＝$4-x$, これが高さになる。

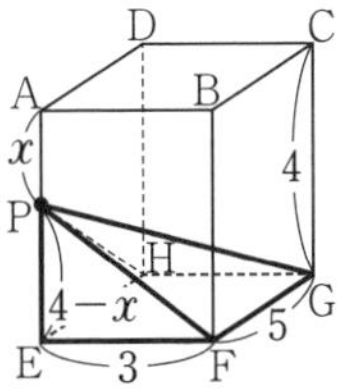

$y=\dfrac{1}{3}\times 3\times 5\times(4-x)$

$y=-5x+20$

(2)　$4\leqq x\leqq 9$ のとき，グラフを利用して直線の式を求める。これを $y=ax+b$　とすると2点(4, 0), (9, 20)を通るから

$0=4a+b$, $20=9a+b$

連立方程式を解いて

$a=4$, $b=-16$　より

$y=4x-16$

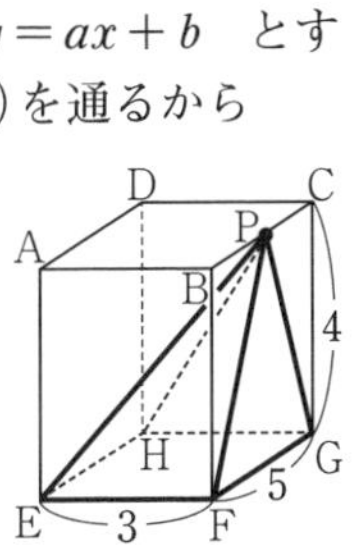

(3)　点Pは辺BC上にあり四角錐の高さは 4 cm

$y=\dfrac{1}{3}\times 3\times 5\times 4$, $y=20$

(4)　グラフは $0\leqq x\leqq 4$ のとき，$y=-5x+20$ で2点(0, 20), (4, 0)を結ぶ線分。$9\leqq x\leqq 14$ のとき　$y=20$, 2点(9, 20), (14, 20)を結ぶ x 軸に平行な線分。

(5)　点Pが線分EB上にあるのは $4\leqq x\leqq 9$ のときで　$y=4x-16$　$y=12$ を代入して　$12=4x-16$, $x=7$　点Pは毎秒1cmの速さで進むから7秒後，7cm進む。

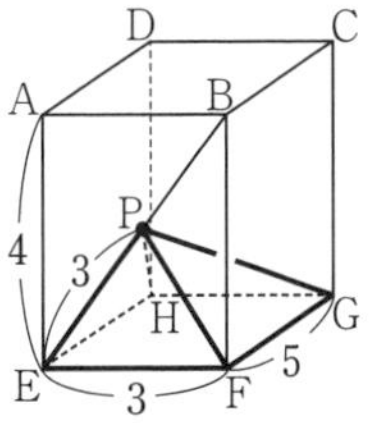

AE＋EP＝7cm，AE＝4cmより　4＋EP＝7，EP＝3cm

19 (1)　$\boldsymbol{y=75x}$　(2)　**下の図**

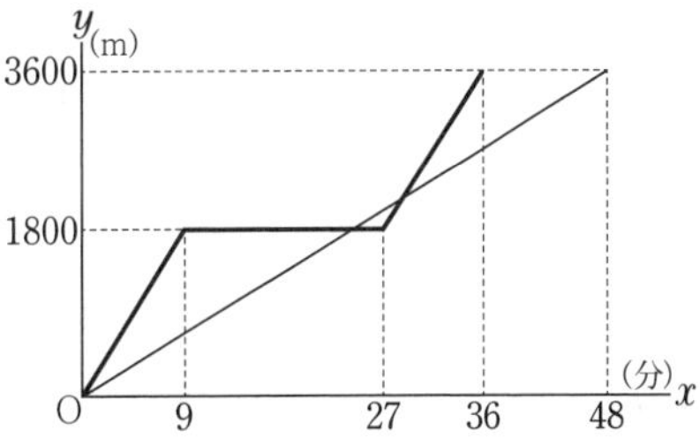

(3)　$\boldsymbol{y=200x-3600}$

(4)　**午前9時28分48秒**　(5)　**午前9時33分**

解説 (1)　ひなたさんはこのコースを2周する。$1800\times 2=3600$(m)を9時から9時48分までの48分間歩く。速さは，毎分 $3600\div 48=75$(m)　**速さは直線の傾きに等しい。**グラフは原点を通るから式は　$y=75x$

(2)　大輝さんは，ひなたさんと同時に出発し2周して36分後に地点Aに着いた。1周後18分間休憩したから走ったのは　$36-18=18$分。1周目も2周目も同じ速さで走るから，1周するのに　$18\div 2=9$(分) かかる。グラフは，原点と点(9, 1800)を結ぶ線分。1周後18分間休むから　$9+18=27$　休憩を表すグラフは2点(9, 1800), (27, 1800)を結ぶ x 軸に平行な線分。休憩後のグラフは2点(27, 1800), (36, 3600)を結ぶ線分になる。

(3)　大輝さんは1周1800mのコースを9分で走るから，速さは毎分 $1800\div 9=200$(m)　**速さは直線の傾きに等しい。**休憩後も速さは毎分200mだから　$y=200x+b$,　点(27, 1800)を通るから　$1800=200\times 27+b$　$b=-3600$　より　$y=200x-3600$

＊2点(27, 1800), (36, 3600)を通る直線の式を求めてもよい。

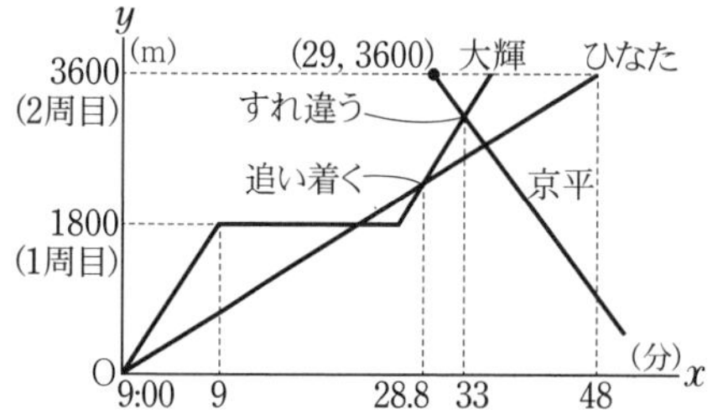

(4) ひなたさんを表す直線 $y=75x$ と大輝さんを表す直線 $y=200x-3600$ の交点の x 座標を求める。$200x-3600=75x$
$x=28.8$(分)$=28$分$+0.8\times60$(秒)
$=28$分48秒 より 午前9時28分48秒

(5) 9時29分のとき，大輝さんは2周目を走る。京平さんを表す直線は点(29, 3600)を通り，ひなたさんと反対向きに毎分150 m の速さで進むから傾きは負で，-150
$y=-150x+c$，$3600=-150\times29+c$，
$c=7950$ より $y=-150x+7950$ 大輝さんの式 $y=200x-3600$ を代入して
$200x-3600=-150x+7950$，$x=33$
2人がすれ違うのは 午前9時33分

7 多項式・平方根・2次方程式

20 (1) $3\sqrt{3}$ (2) $2\sqrt{2}$ (3) $3\sqrt{5}$
(4) $-\sqrt{6}$ (5) $3+\sqrt{7}$ (6) 2
(7) $5-\sqrt{6}$ (8) $-8+3\sqrt{21}$
(9) $-6x-16$ (10) $6a+58$

解説 (1) $\sqrt{12}+\sqrt{3}=2\sqrt{3}+\sqrt{3}=3\sqrt{3}$
(2) $\sqrt{3\times6}-\sqrt{2}=3\sqrt{2}-\sqrt{2}=2\sqrt{2}$
(3) $4\sqrt{5}-\sqrt{10}\div\sqrt{2}=4\sqrt{5}-\sqrt{5}=3\sqrt{5}$
(4) $2\sqrt{6}+3\sqrt{3}\times(-\sqrt{2})$
$=2\sqrt{6}-3\sqrt{6}=-\sqrt{6}$
(5) $(\sqrt{18}+\sqrt{14})\div\sqrt{2}=\dfrac{\sqrt{18}}{\sqrt{2}}+\dfrac{\sqrt{14}}{\sqrt{2}}$
$=\sqrt{9}+\sqrt{7}=3+\sqrt{7}$
(6) $(\sqrt{5}+\sqrt{3})(\sqrt{5}-\sqrt{3})$
$=(\sqrt{5})^2-(\sqrt{3})^2=5-3=2$
(7) $(\sqrt{2}-\sqrt{3})^2+\sqrt{6}$
$=(\sqrt{2})^2-2\times\sqrt{2}\times\sqrt{3}+(\sqrt{3})^2+\sqrt{6}$
$=2-2\sqrt{6}+3+\sqrt{6}=5-\sqrt{6}$
(8) $(\sqrt{3}+2\sqrt{7})(2\sqrt{3}-\sqrt{7})$
$=2\times3-\sqrt{21}+4\sqrt{21}-2\times7=-8+3\sqrt{21}$
(9) $(x+2)(x-8)-x^2$
$=x^2-8x+2x-16-x^2=-6x-16$
(10) $(a+3)^2-(a+7)(a-7)$
$=a^2+2\times a\times3+3^2-(a^2-7^2)$
$=a^2+6a+9-a^2+49=6a+58$

21 (1) $xy(x-4)$ (2) $(x-2)(x+7)$
(3) $(x+4)(x-5)$ (4) $(a-4)^2$
(5) $(x+4y)(x-4y)$ (6) $(a-b)(4x-1)$

解説 (1) **共通因数 xy をかっこの外にくくり出す。** $xy\times x+xy\times(-4)=xy(x-4)$
(2) 積が-14，和が$+5$となる2つの整数は -2と$+7$ $x^2+5x-14=(x-2)(x+7)$
(3) 積が-20，和が-1となる2つの整数は $+4$と-5 $x^2-x-20=(x+4)(x-5)$
(4) $a^2-8a+16=a^2-2\times a\times4+4^2$
$=(a-4)^2$ ＊ $a^2-2ab+b^2=(a-b)^2$
(5) $x^2-16y^2=x^2-(4y)^2=(x+4y)(x-4y)$
(6) $a-b=A$ とおくと $4xA-1\times A$
$=A(4x-1)=(a-b)(4x-1)$

22 (1) $x=2\pm\sqrt{5}$ (2) $x=0$，4
(3) $x=-1$，-2 (4) $x=-1$，6
(5) $x=-3$，4 (6) $x=2$，-7
(7) $x=-1$，3 (8) $x=3$，-6
(9) $x=\dfrac{-7\pm\sqrt{5}}{2}$ (10) $x=\dfrac{5\pm\sqrt{33}}{4}$

解説 (1) $x-2$が5の平方根。$x-2=\pm\sqrt{5}$
-2を右辺に移項して $x=2\pm\sqrt{5}$
＊左辺を展開してから解の公式を使うような計算をしてはならない。
(2) 左辺を因数分解すると $x(x-4)=0$，
$x=0$または$x-4=0$ より $x=0$，4
＊$x=0$も解であることを忘れない。
(3) $x^2+3x+2=0$，$(x+1)(x+2)=0$
$x+1=0$または$x+2=0$，$x=-1$，-2
(4) $x^2-5x-6=0$，$(x+1)(x-6)=0$
$x+1=0$または$x-6=0$，$x=-1$，6
(5) $x^2-x-12=0$，$(x+3)(x-4)=0$
$x+3=0$または$x-4=0$，$x=-3$，4
(6) $x^2+5x-14=0$，$(x-2)(x+7)=0$
$x-2=0$または$x+7=0$，$x=2$，-7
(7) $2x^2-2x-3=x^2$，$x^2-2x-3=0$
$(x+1)(x-3)=0$，$x=-1$，3
(8) $10-5x=x^2-2x-8$，$x^2+3x-18=0$
$(x-3)(x+6)=0$，$x=3$，-6
(9) 左辺が因数分解できないときは，解の公式をつかう。2次方程式 $ax^2+bx+c=0$
の解は $x=\dfrac{-b\pm\sqrt{b^2-4ac}}{2a}$
口で何度も唱えて，必ず覚えること。導き方も理解しておくとよい。
$x^2+7x+11=0$で $a=1$，$b=7$，$c=11$
$x=\dfrac{-7\pm\sqrt{7^2-4\times1\times11}}{2\times1}=\dfrac{-7\pm\sqrt{5}}{2}$

(10) $x=\dfrac{-(-5)\pm\sqrt{(-5)^2-4\times2\times(-1)}}{2\times2}$

$=\dfrac{5\pm\sqrt{25+8}}{4}=\dfrac{5\pm\sqrt{33}}{4}$

23 (1) $-\sqrt{6}$ (2) **100** (3) **5**
(4) $n=14$ (5) $6-2\sqrt{6}$ (6) $a=7$，
他の解 $x=-8$ (7) $a=-9$，$b=14$

解説 (1) **分母に根号がある数は分母を有理化する。** $\dfrac{12\times\sqrt{6}}{\sqrt{6}\times\sqrt{6}}-3\sqrt{3}\times\sqrt{2}$

$=\dfrac{12\sqrt{6}}{6}-3\sqrt{6}=2\sqrt{6}-3\sqrt{6}=-\sqrt{6}$

(2) $x^2+2xy+y^2=(x+y)^2$
$=\{(5+\sqrt{3})+(5-\sqrt{3})\}^2=10^2=100$

(3) $5^2<30<6^2$ より $\sqrt{5^2}<\sqrt{30}<\sqrt{6^2}$，$5<\sqrt{30}<6$　$a<\sqrt{30}$ で，a は最も大きい自然数だから　$a=5$　($\sqrt{30}\fallingdotseq5.48$)

(4) $\sqrt{56n}=\sqrt{2^2\times14n}=2\sqrt{14n}$　これが自然数となるような最も小さい自然数 n は **根号内＝(自然数)²** となればよいから
$n=14$　このとき，$2\sqrt{14^2}=2\times14=28$

(5) $3.14=3+0.14$ で3を整数部分，0.14を小数部分という。$2^2<6<3^2$　だから
$\sqrt{2^2}<\sqrt{6}<\sqrt{3^2}$，$2<\sqrt{6}<3$　より
$\sqrt{6}=2.\cdots$　$\sqrt{6}$ の整数部分は2，小数部分 a は $a=\sqrt{6}-2$ と表せる。a^2+2a
$=a(a+2)=(\sqrt{6}-2)(\sqrt{6}-2+2)$
$=(\sqrt{6}-2)\times\sqrt{6}=6-2\sqrt{6}$

(6) **解は代入する。** $x=1$ を2次方程式に代入して　$1^2+a\times1-8=0$，$a=7$　これを方程式に代入して　$x^2+7x-8=0$，
$(x-1)(x+8)=0$，$x=1$，-8
他の解は　$x=-8$

(7) 解が2，7である2次方程式の1つは $(x-2)(x-7)=0$，$x^2-9x+14=0$　これが $x^2+ax+b=0$ と一致するから各項の係数を比較して　$a=-9$，$b=14$

24 左上の数を n とすると右上，左下，右下の数はそれぞれ $n+2$，$n+3$，$n+5$ と表すことができるから
$(n+2)(n+3)-n(n+5)$
$=n^2+5n+6-n^2-5n=6$
したがって，右上の数と左下の数の積から左上の数と右下の数の積をひくと6になる。

解説 4つの数は図のように表せる。右上の数は $n+2$，左下の数は $n+3$，右下の数は $n+5$

n	$n+2$
$n+3$	$n+5$

どの数とどの数をかけるのか，確認する。

8 2乗に比例する関数

25 (1) $y=2x^2$ (2) $0\leqq y\leqq9$
(3) $a=-6$，$b=0$ (4) **3**
(5) $p=4$ (6) $a=1$

解説 (1) y は x の2乗に比例するから
$y=ax^2$，$x=-2$，$y=8$ を代入して
$8=a\times(-2)^2$，$a=2$ より　$y=2x^2$

(2) x の変域 $-2\leqq x\leqq3$ に $x=0$ が含まれる。
$x=-2$，0，3のとき　$y=(-2)^2=4$，
$y=0^2=0$，$y=3^2=9$　だから　$0\leqq y\leqq9$

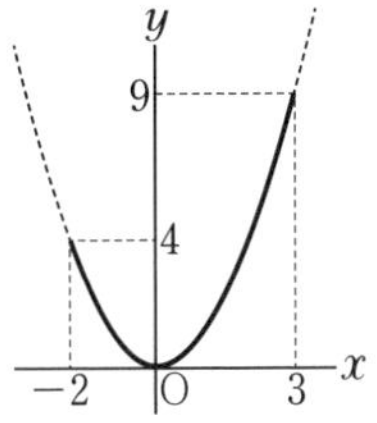

(3) $b\leqq y\leqq9$ より $y=9$ を $y=\dfrac{1}{4}x^2$　に代入して
$x^2=36$，$x=\pm6$
$a\leqq x\leqq3$ だから $x=-6$ であり，$a=-6$ になる。
$-6\leqq x\leqq3$ のとき
$0\leqq y\leqq9$，$b\leqq y\leqq9$ より　$b=0$

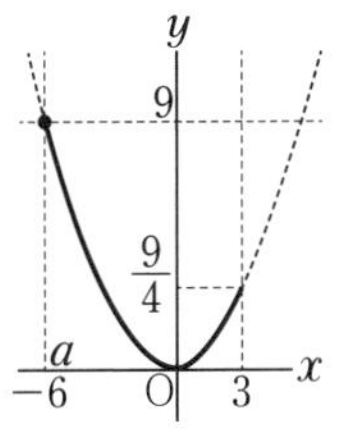

(4) $y=-3x^2$ について，$x=-4$ のとき
$y=-3\times(-4)^2=-48$，$x=3$ のとき
$y=-3\times3^2=-27$

変化の割合＝$\dfrac{y\text{の増加量}}{x\text{の増加量}}$ $=\dfrac{-27-(-48)}{3-(-4)}$

$=21\div7=3$

＊ $y=ax^2$ について，x の値が p から q まで増加するときの変化の割合は

$\dfrac{aq^2-ap^2}{q-p}=\dfrac{a(q^2-p^2)}{q-p}=\dfrac{a(q+p)(q-p)}{q-p}$

$=a(q+p)=$**$(p+q)\times a$**　のように表せるから　$(-4+3)\times(-3)=3$

(5) $y=-x^2$　について，x の値が p から $p+3$ まで増加するときの変化の割合は **$(p+q)\times a$** を利用して $(p+p+3)\times(-1)$
$=-2p-3$　これが-11に等しいから
$-2p-3=-11$，$-2p=-8$，$p=4$

(6) $y=ax^2$ について，x の値が-2から6まで増加するときの変化の割合は
$(-2+6)\times a=4a$ また，関数 $y=4x+1$ の変化の割合は一定で，傾きに等しく4
変化の割合は等しいから　$4a=4$，$a=1$

26 (1) (6，9) (2) (-6，0)
(3) $y=9$ (4) **27** (5) $3-3\sqrt{5}$

解説 (1)　点Aのx座標は6，$x=6$を①に代入して　$y=\frac{1}{4}\times6^2=9$だから　A(6, 9)

(2)　BA∥POで平行線の錯角は等しいから
∠OAB＝∠AOH，
∠OAB＝∠BPOより∠AOH＝∠BPO
同位角が等しいから
BP∥AO　**2組の対辺がそれぞれ平行だ**から四角形ABPOは平行四辺形である。
BA＝PO＝6，点Pのx座標は負で，x軸上にあるからy座標は0，P(−6, 0)

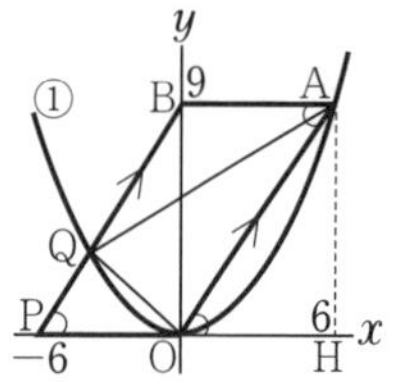

(3)　直線ABはA(6, 9)，B(0, 9)を通り，x軸に平行な直線だから式は　$y=9$

(4)　△OAQと△OABは底辺OAが共通，BQ∥AOより高さが等しいから面積は等しい。△OABでBA＝6，BO＝9より
△OAQ＝△OAB＝6×9÷2＝27

(5)　**交点の座標は連立方程式の解**。直線BPの傾きは　$\frac{9}{6}=\frac{3}{2}$，切片9で$y=\frac{3}{2}x+9$

①をこれに代入して　$\frac{1}{4}x^2=\frac{3}{2}x+9$

$x^2-6x=36$，**xの係数−6の半分の2乗$(-3)^2=9$を両辺に加え**，平方の形にする。
$x^2-6x+9=36+9$，$(x-3)^2=45$
$x-3=\pm\sqrt{45}=\pm3\sqrt{5}$，$x=3\pm3\sqrt{5}$
$x<0$より　$x=3-3\sqrt{5}$

27 (1)　$a=\frac{1}{3}$　(2)　$y=\frac{1}{2}x+9$
(3)　36　(4)　$(\sqrt{6}, 12)$　(5)　1：3

解説 (1)　点A(6, 12)は$y=ax^2$のグラフ上にあるから　$12=a\times6^2$，$36a=12$，$a=\frac{1}{3}$

(2)　点Bのx座標−2を$y=2x^2$に代入して$y=2\times(-2)^2=8$
B(−2, 8)　2点A，Bを通る直線の式を$y=mx+n$とする。
$12=6m+n$
$8=-2m+n$
連立方程式を解いて

$m=\frac{1}{2}$，$n=9$より　$y=\frac{1}{2}x+9$

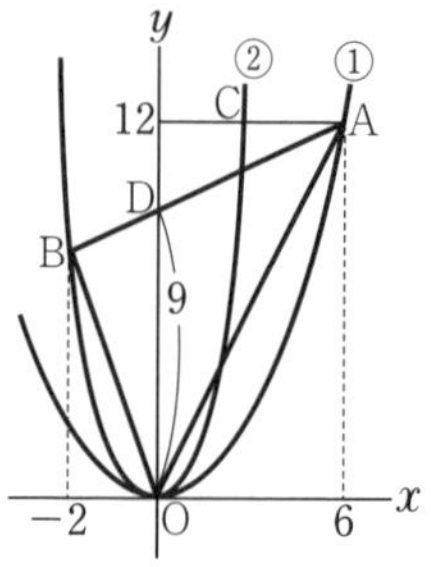

(3)　直線ABとy軸との交点をDとすると，直線ABの切片9から　OD＝9
△OAB＝△OAD＋△OBD，ODを共通な底辺，A，Bのx座標の絶対値を高さと考えて　△OAB＝△OAD＋△OBD
＝(9×6÷2)＋(9×2÷2)＝27＋9＝36

(4)　点Cのy座標は点Aのy座標と同じで12
$y=12$を$y=2x^2$に代入して　$12=2x^2$
$x^2=6$，$x=\pm\sqrt{6}$　$x>0$より$x=\sqrt{6}$
点Cの座標は
($\sqrt{6}$，12)

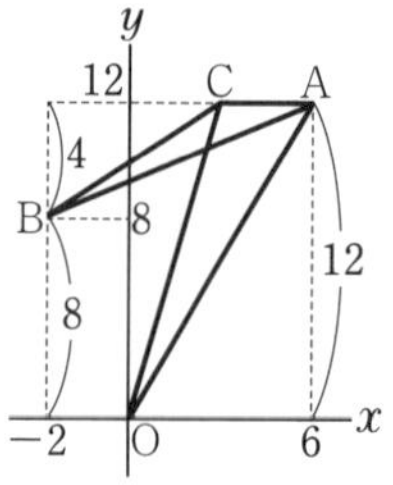

(5)　△ACBと△ACOは**底辺ACが共通だから，面積の比は高さの比に等しい**。△ACBの高さは点Cのy座標12から点Bのy座標8をひいて　12−8＝4
△ACOの高さは12　△ACBと△ACOの面積の比は　4：12＝1：3

9 円と相似

28 (1)　106度　(2)　80度　(3)　$x=10$

解説 (1)　OとCを結ぶ。
1つの弧に対する中心角は円周角の2倍で
∠BOC＝28°×2＝56°
∠DOC＝25°×2＝50°
∠BOD＝56°＋50°
＝106°

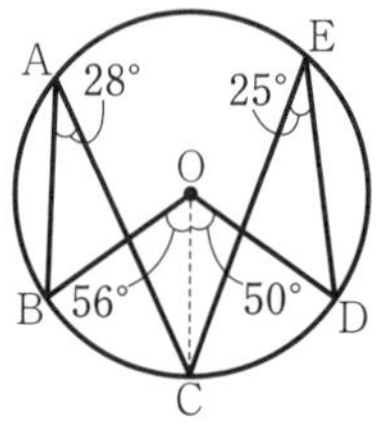

(2)　**直径⇔直角**
直径BDに対する円周角∠BAD＝90°
△ABDは直角三角形，**直角三角形では直角を除いた2つの内角の和は90°**だから∠ADB＋33°＝90°
∠ADB＝57°　また，**$\overset{\frown}{CD}$に対する円周角は中心角の半分**で　∠CAD＝46°÷2
＝23°　**三角形の外角はそれと隣り合わない2つの内角の和に等しい**から
∠x＝57°＋23°＝80°

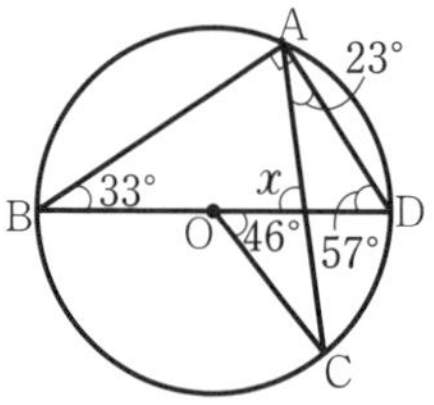

(3)　ℓ∥m∥nより平行線と線分の比の定理から　18：12＝15：x
比を簡単にして
3：2＝15：x
$3x=2\times15$，$x=10$

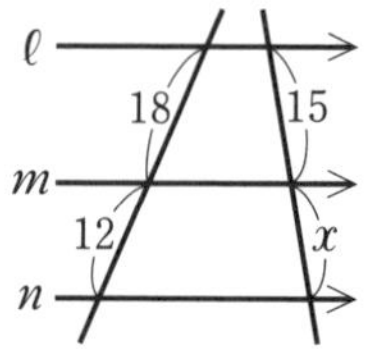

＊DE∥BCならば
AD：AB＝AE：AC
＝DE：BC
AD：DB＝AE：EC

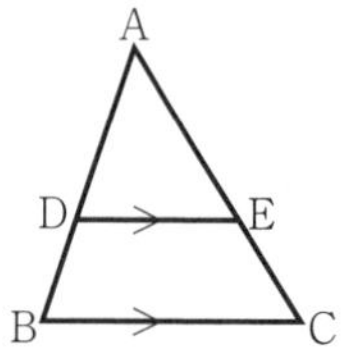

29　△ACDと△AEBにおいて，
$\overset{\frown}{CD}=\overset{\frown}{DB}$ より等しい弧に対する円周角は等しいから
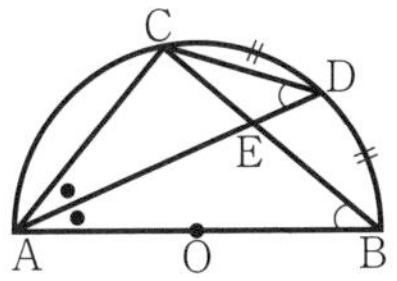

∠CAD＝∠EAB…①　$\overset{\frown}{AC}$ に対する円周角は等しいから　∠ADC＝∠ABE…②
①，②より，2組の角がそれぞれ等しいから　△ACD∽△AEB

解説　等しい弧に対する円周角は等しい。
1つの弧に対する円周角はすべて等しい。
これらをしっかり覚えておくこと。

30　△EBFと△FCDにおいて，△ABCは正三角形だから
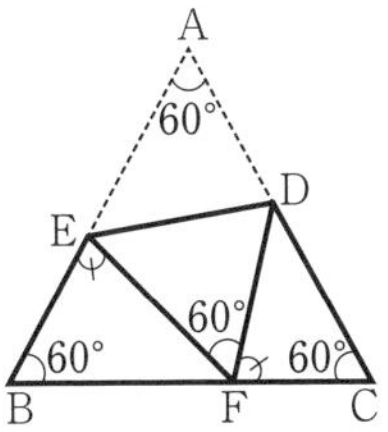

∠EBF＝∠FCD＝60°…①　線分EDを折り目として正三角形を折り返したから
∠EFD＝∠EAD＝60°…②　∠EFCは△EBFの外角になるから
∠EBF＋∠BEF＝∠EFC　また，
∠EFD＋∠CFD＝∠EFC　より
∠EBF＋∠BEF＝∠EFD＋∠CFD
①，②より　60°＋∠BEF＝60°＋∠CFD
よって　∠BEF＝∠CFD…③
①，③より，2組の角がそれぞれ等しいから　△EBF∽△FCD

解説　**折り返した図形ともとの図形は合同**
∠EBF＋∠BEF＝∠EFC　である。

31 (1)　**10 cm**　(2)　**8 cm**　(3)　$\dfrac{2}{5}$**倍**
(4)　**4：5**

解説 (1)　EF // BCでAE：AB＝EF：BC
AE＝18－6＝12
12：18＝EF：15
比を簡単にして
2：3＝EF：15
3EF＝2×15
EF＝10(cm)
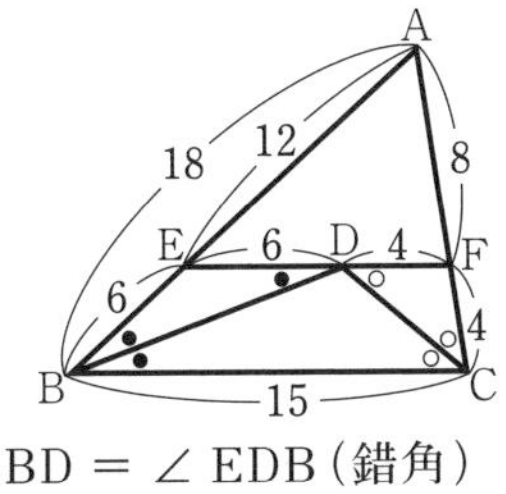

(2)　∠EBD＝∠CBD＝∠EDB(錯角)より△EBDは二等辺三角形。EB＝ED＝6，FD＝10－6＝4，また　∠FCD＝∠BCD＝∠FDC(錯角)　△FCDも二等辺三角形で　FC＝FD＝4 cm
12：6＝AF：4，AF＝8 cm
(3)　△EBDと△DBCはED，BCを底辺と考えると，ED // BCより高さが等しい。**高さの等しい三角形の面積の比は底辺の比に等しい**。ED＝6 cm，BC＝15 cmだから△EBD＝6S，△DBC＝15Sとする。△EBDの面積は△DBCの面積の

$$6S\div15S=\frac{6S}{15S}=\frac{2}{5}\text{(倍)}$$

～は…の何倍か⇒(～は)÷(…の)

(4)　EF // BCだから　△AEF∽△ABC
相似比は　12：18＝2：3　**相似な図形では，面積の比は相似比の2乗に等しいから**
$2^2：3^2$＝4：9　△AEF＝4，△ABC＝9とすると四角形EBCF＝9－4＝5
△AEFの面積と四角形EBCFの面積の比は　4：5

10 三平方の定理

32 (1)　**$48\sqrt{3}$ cm²**　(2)　**$(4\sqrt{2}-4)$ cm**
(3)　**5 cm**

解説 (1)　点Aから辺BCに垂線AHをひくとHはBCの中点になる。
△ABHは30°，60°の直角三角形で3辺の比は　**1：2：$\sqrt{3}$**
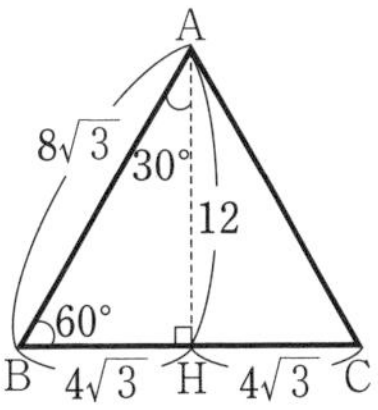

AB：AH＝2：$\sqrt{3}$　だから
$8\sqrt{3}$：AH＝2：$\sqrt{3}$，2AH＝8×3
AH＝12，△ABCの面積は
$8\sqrt{3}\times12\div2=48\sqrt{3}$(cm²)
(2)　直角二等辺三角形の3辺の比は
1：1：$\sqrt{2}$　4倍すると　4：4：$4\sqrt{2}$
AB＝$4\sqrt{2}$ cm
BD＝BC＝4 cm
だから　AD＝$4\sqrt{2}-4$(cm)
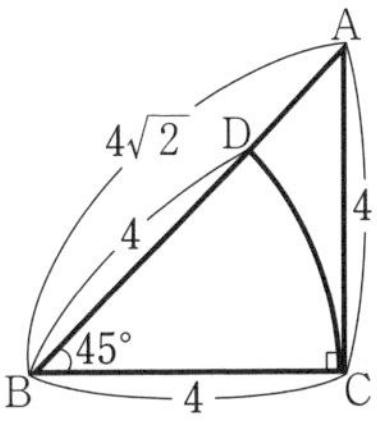

(3)　△ABCは直角三角形だから三平方の定理より
$BC^2+AC^2=AB^2$
$12^2+AC^2=13^2$
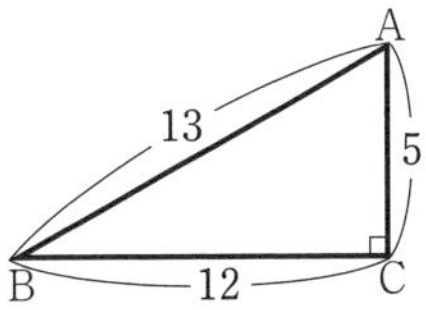

$AC^2=13^2-12^2=(13+12)(13-12)$
$=25\times1=25$
AC＞0より　AC＝$\sqrt{25}$＝5(cm)
＊数字でも　a^2-b^2　の形が出てきたら因数分解を考えるとよい。直角三角形の3辺の比　**3：4：5**，2倍した　**6：8：10**，さらに　**5：12：13**　は覚えて使うこと。

33 (1) 4 cm (2) 2 cm (3) $3\sqrt{10}$ cm
(4) $\sqrt{86}$ cm (5) $3\sqrt{86}$ cm^2
(6) $15\sqrt{5}$ cm^3

解説 (1) 直角三角形DEFで三平方の定理より $DE^2+(2\sqrt{5})^2=6^2$

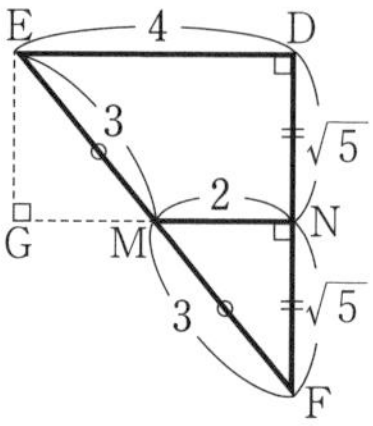

$DE^2=36-20=16$
DE＞0より
$DE=\sqrt{16}=4$(cm)

(2) 点M，点Nは辺EF，DFの中点だから中点連結定理より $MN=\frac{1}{2}ED=\frac{4}{2}=2$ cm

(3) BE＝9，EM＝6÷2＝3 直角三角形BEMで $BM^2=9^2+3^2=90$，BM＞0より $BM=\sqrt{90}$
$=\sqrt{3^2\times10}=3\sqrt{10}$ cm

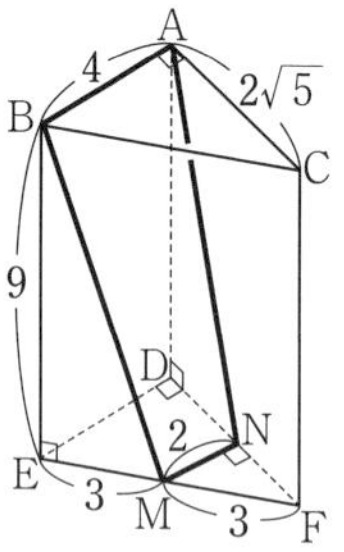

(4) AD＝9，DN＝$\sqrt{5}$
直角三角形ADNで三平方の定理より
$AN^2=9^2+(\sqrt{5})^2=86$
AN＞0より
$AN=\sqrt{86}$ cm

(5) 面ABC⊥面ABED⊥面ADFCだから
∠BAN＝∠ANM＝90°
四角形ABMNは台形で高さはAN＝$\sqrt{86}$ cm
面積は

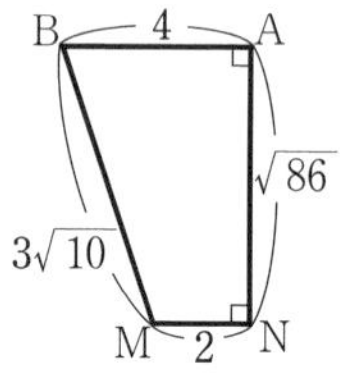

$\frac{1}{2}\times(4+2)\times\sqrt{86}=3\sqrt{86}$ (cm^2)

(6) 底面に直角三角形EGMをつけ加えて長方形DEGNをつくり，さらに三角錐B‐EGMをつくる。頂点D，Eを含む方の立体の体積は三角柱ADN‐BEGから三角錐B‐EGMをひいて求める。

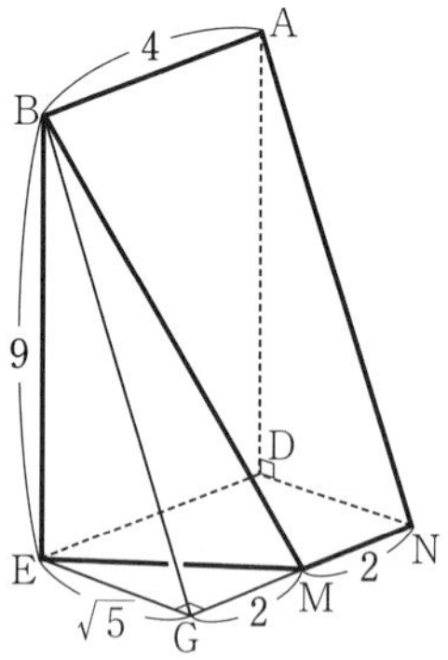

三角柱ADN‐BEGの体積は
$\frac{1}{2}\times\sqrt{5}\times9\times4=18\sqrt{5}$ (cm^3)
△EGMでEG＝$\sqrt{5}$ cm，GM＝2 cm
三角錐B‐EGMの体積は
$\frac{1}{3}\times\frac{1}{2}\times2\times\sqrt{5}\times9=3\sqrt{5}$ (cm^3)
よって $18\sqrt{5}-3\sqrt{5}=15\sqrt{5}$ (cm^3)

34 (1) $\frac{16\sqrt{2}}{3}\pi$ cm^3 (2) 6 cm
(3) 12π cm^2 (4) 120度 (5) $2\sqrt{7}$ cm

解説 (1) 底面の半径が4÷2＝2cm，高さが $4\sqrt{2}$ cm の円錐の体積は
$\frac{1}{3}\times\pi\times2^2\times4\sqrt{2}$
$=\frac{16\sqrt{2}}{3}\pi$ (cm^3)

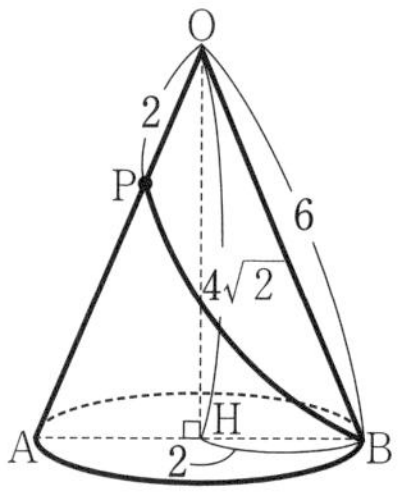

(2) 直角三角形OAHで三平方の定理より
$OA^2=2^2+(4\sqrt{2})^2=36$，OA＞0より
$OA=\sqrt{36}=6$(cm)

(3) 円錐の側面積は
π×底面の半径×母線の長さ
$\pi\times2\times6=12\pi$ (cm^2)

(4) 円錐の側面にあたるおうぎ形の中心角は
$360°\times\frac{\text{底面の半径}}{\text{母線の長さ}}$
母線OAの長さが6cm，底面の半径が2cm だから $360°\times\frac{2}{6}=120°$

(5)

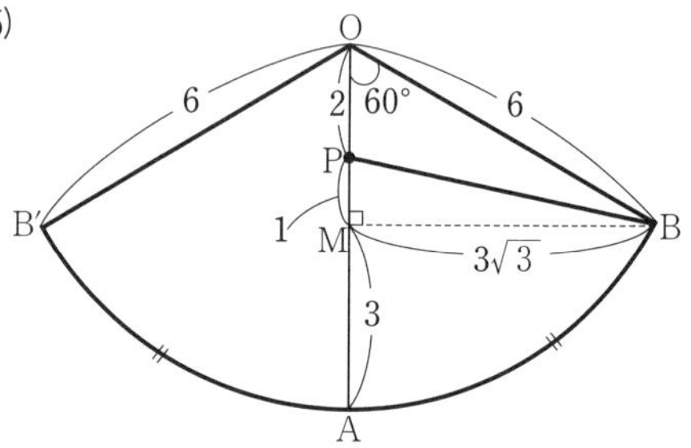

最も短いひもや糸の長さを求めるときは，展開図をかいて直線をひく。

この円錐の側面にあたるおうぎ形の中心角は120°，求めるひもの長さは展開図で線分PBの長さになる。点BからOAに垂線BMをひく。∠BOA＝B′OA＝60°より，△OMBは30°，60°の直角三角形。3辺の比は **1：2：$\sqrt{3}$**，3倍すると3：6：$3\sqrt{3}$ より OM＝3，BM＝$3\sqrt{3}$
PM＝3－2＝1，直角三角形PMBで三平方の定理より $PB^2=1^2+(3\sqrt{3})^2=28$
PB＞0より $PB=\sqrt{28}=2\sqrt{7}$ (cm)

＊最短の長さを求めるときは，その曲線や直線が描かれている面の展開図をかいて直線をひく。直角三角形をつくり，三平方の定理を使い長さを求める。

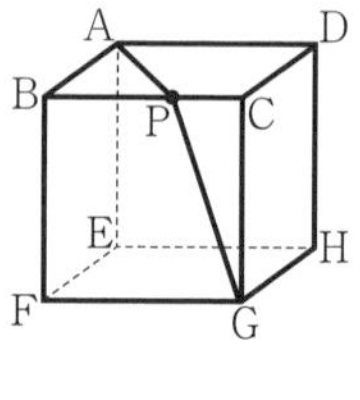

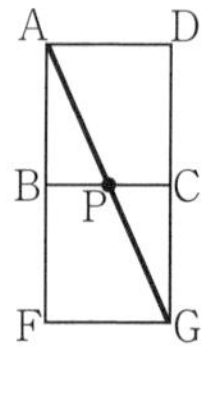

［基礎編］

理　科

栃木県
高校入試
の対策
2024

1 光・音・力による現象

1 イ

解説 (1) 右図のように，入射光が斜辺となるような直角三角形をつくると反射光が作図できる。

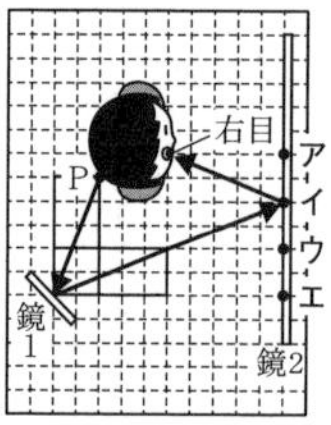

2 (1) **性質：屈折 現象：イ** (2) **右図**

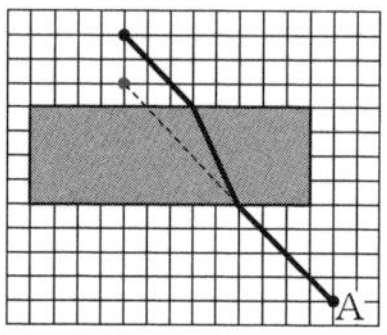

解説 (1) ア：鏡に当たった光は反射する。鏡に映った物体が鏡の奥にあるように見えるのは虚像である。イ：虫メガネは凸レンズなので，屈折して物体が大きく見える。ウ：物体が見えるのは乱反射による光が目に入るからである。エ：光ファイバーを進む光は全反射を繰り返している。

(2) 図のように，鉛筆から出た光は点線と平行にレンズの境界面まで進み，屈折する。

3 (1) **a：音源（発音体） b：空気 c：鼓膜** (2) **ア** (3) **0.45秒後**

解説 (1) 音は，音源となる物体が振動することによって生じる。

(2) 振動している物体は，まわりの空気を押したり引いたりしている。空気は押されて濃くなったりうすくなったりし，この空気の振動が波となって耳の中にある鼓膜を振動させる。

(3) AさんからCさんまでの距離は

340m/s×0.60s＝204m

よってAさんとBさんの距離は

204m－51m＝153m

ゆえにBさんが音を聞くのは

153m÷340m/s＝0.45s後である。

4 (1) **(例)物体の運動の状態を変化させる。**

(2)(a) **アとウ** (b) **アとイ**

(3) **90g** (4) **(力の)合成**

(5) **右図** (6) **大きくなる**

(7) **5.0N**

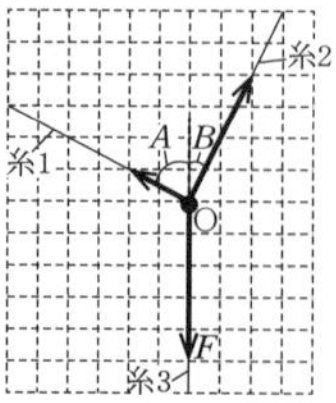

解説 (2) 一つの物体に二つ以上の力がはたらいていて，その物体が静止しているとき，物体にはたらく力はつりあっているという。おもり（一つの物体）にはたらいているばねがおもりを引く力アとおもりにはたらく重力ウはつり合いの関係である。作用・反作用の力は，二つの物体間で対になってはたらく力である。ばねがおもりを引く力アとおもりがばねを引く力イは，ばねとおもりという二つの物体の間ではたらき合う，作用・反作用の関係である。

(3) 図2より，ばねは10gの力で0.5cmのびる。よって，4.5cmのびるには

$$10\,\mathrm{g}\times\frac{4.5\mathrm{cm}}{0.5\mathrm{cm}}=90\,\mathrm{g}$$ の力が必要である。

(4) 二つの力と同じはたらきをする一つの力を，もとの二つの力の合力といい，合力を求めることを，力の合成という。

(5) 力Fと同じ大きさの逆向きの力F'をかき，糸1と糸2の方向に分解する。F'は，平行四辺形の対角線になる。

(6) AとBの角度を大きくして作図してみると，F'の長さは変わらないので，糸1と糸2の矢印は長くなる。

(7) A，Bの角度が60°のときは右図のように，二つの正三角形になる。図のF_1，F_2はF'と等しい。

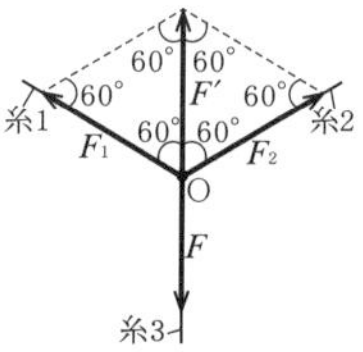

2 物質の変化

5 (1) **NH_3** (2) **吸熱反応** (3) **ウ**

(4) **(例)水に溶けやすい。水溶液はアルカリ性を示す。**

解説 (1) 発生する気体はアンモニアである。アンモニアは窒素原子1個と水素原子3個でできている分子である。

(2) 熱を発生する化学変化は発熱反応という。

(3) アンモニアは窒素原子を含んでいるので，肥料の原料として用いられる。アは窒素，イは塩素，エは二酸化炭素の用途である。

(4) アンモニアは非常に水に溶けやすいので，スポイトから加えられた水に溶け，それによってフラスコ内の気圧が下がるので，水そうの水が吸い上げられた。アンモニアの水溶液はアルカリ性を示すので，フェノールフタレイン溶液が赤くなる。

6 (1) **(例)火のついた線香を入れると線香が激しく燃える。** (2) **$4Ag + O_2$**

(3)　**0.14g**

解説　(1)　酸化銀を加熱すると，単体の銀Agと気体の酸素O_2に分解される。

(2)　左辺と右辺の原子の数を合わせるために，Agの前に係数4をつける。

(3)　1.00gの酸化銀に含まれる銀は0.93gなので，3.00gの酸化銀に含まれる銀は

$0.93\text{g}\times\frac{3.00\text{g}}{1.00\text{g}}=2.79\text{g}$　である。よって

残っている酸素は $2.93\text{g}-2.79\text{g}=0.14\text{g}$

7　①　**不足している**　②　**B**　③　**A**　④　**Y**

解説　ねじAは空気調節ねじ，ねじBはガス調節ねじである。炎がオレンジ色なのは，空気の量が不足しているためである。空気調節ねじをゆるめて，空気の量を調節して青い炎にする。

8　(1)　**質量保存の法則**　(2)　**a：HCl　b：H_2O　c：CO_2**

(3)　**右図**

(4)　**イ，エ，カ**

(5)　**0.9g**

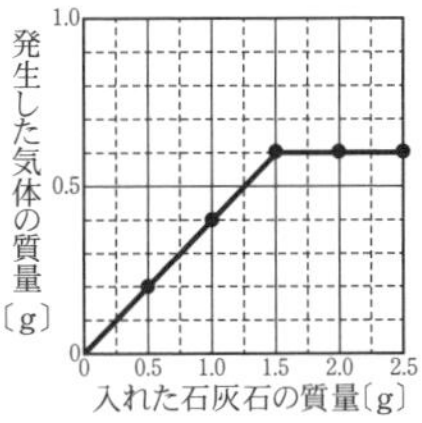

解説　(2)　石灰石の主成分は炭酸カルシウムである。炭酸カルシウムと塩酸が反応すると，塩化カルシウムと水と二酸化炭素ができる。

(3)　うすい塩酸を入れたビーカー全体の質量である59.0gに「入れた石灰石の質量」を加えた値が反応前の質量になる。反応前の質量から「反応後の全体の質量」を引いた値が発生した気体の質量になる。

(4)　発生する気体は，**ア**は水素，**ウ**は酸素，**オ**は水素と塩素，**キ**はアンモニアである。

(5)　(3)のグラフより，うすい塩酸12cm^3と過不足なく反応する石灰石の質量は1.5gであり，そのとき発生する気体の質量は0.6gである。塩酸は　$\frac{18\text{cm}^3}{12\text{cm}^3}=1.5$(倍)

石灰石は　$\frac{3.0\text{g}}{1.5\text{g}}=2$(倍)

なので，発生する気体の質量は0.6gの1.5倍になる。

3　電流とその利用

9　(1)　**ア：ー　イ：X**　(2)　**12.6Ω**　(3)　**1.89A**　(4)　**4.275W**　(5)　**エ**

解説　(1)　電子はーの電気を帯びていて，電源装置のー極から＋極に向かって移動する。このとき＋極からー極に向かって電流が流れたという。実際の電子の動く向きと電流の向きは逆である。

(2)　豆電球aとbの抵抗の大きさは

$\frac{3.8\text{V}}{0.5\text{A}}=7.6\Omega$　であり，豆電球cの抵抗の大きさは

$\frac{3.8\text{V}}{0.76\text{A}}=5.0\Omega$　である。実験②では，豆電球aとcは直列回路なので，回路全体の抵抗は　$7.6\Omega+5.0\Omega=12.6\Omega$

(3)　実験③では，豆電球bと豆電球cが並列回路になっているので，電流計の示す値は，豆電球bと豆電球cに流れる電流の和になる。豆電球b，cに流れる電流はそれぞれ

$\frac{5.7\text{V}}{7.6\Omega}=0.75\text{A}$，　$\frac{5.7\text{V}}{5.0\Omega}=1.14\text{A}$

よって，$0.75\text{A}+1.14\text{A}=1.89\text{A}$　となる。

(4)　$5.7\text{V}\times0.75\text{A}=4.275\text{W}$

(5)　抵抗値が同じである豆電球aとbを比べてみると，実験②の豆電球aより実験③の豆電球bの方が電圧も流れる電流も大きい。実験③の豆電球bとcを比較すると，電圧は等しく，電流は抵抗の小さい豆電球cの方が大きい。よって，実験③の豆電球cが最も電力が大きくなり明るく点灯する。

10　(1)　**ウ**　(2)①　**光**　②　**熱**　(3)　**19%**

解説　(1)　**ア**：電圧の大きさは常に100Vとは限らない。**イ**：乾電池から流れる電流は直流である。**エ**：DCは直流をさす記号。交流はAC。

(2)　白熱電球は，電気エネルギーを光エネルギーに変換するとき，ほとんどを熱エネルギーとして放出してしまう。一方，LED電球は，電気エネルギーの約30%を光エネルギーに変換している。

(3)　$\frac{10.6\text{W}\times4+8.0\text{W}\times8}{60\text{W}\times4+40\text{W}\times8}\times100=19\%$

11　(1)　**不導体(絶縁体)**　(2)　**ア**

解説　(1)　電流を通す物質は導体という。金属は電気を通しやすい。

(2)　右ねじが進む向きに電流を流すと，右ねじを回す向きに磁界ができる。電流は下か

ら上に向かって流れている。

12 (1) **電磁誘導** (2) **ア**
(3) **ア・エ・イ・ウ**

解説 (1) コイルの中の磁界が変化すると，その変化に応じた電圧が生じて，コイルに電流が流れる。この現象を電磁誘導といい，このとき流れる電流を誘導電流という。

(2) 図2で，磁石による磁界は右から左の向きである。一方，コイルのABの部分はA→Bの向きに電流が流れているので，右ねじの法則により，コイルABの上側では右向きの，下側では左向きの磁界ができる。コイルの下側は磁石による磁界と電流による磁界が同じ向きなので，磁界が強くなり，上側では磁石による磁界の向きと電流による磁界の向きが反対なので磁界は弱くなる。混みあった磁力線は広がろうとする性質があるので，磁界の強い方(ここでは下側)から弱い方(ここでは上側)に力がはたらく。

(3) 手回し発電機のハンドルを手で回すとき，回路がつながって電気エネルギーが使われているときの方が手ごたえがある。これは，手が発電機に対して仕事をすることによって，電気エネルギーをつくり出しているためである。よって，大きな電流が流れるものほど手ごたえが重くなる。割りばしは電気を通しにくいので，アは回路になっていない。また，流れる電流が小さい順は**エ→イ→ウ**である。

4 水溶液とイオン

13 (1) **電解質** (2) **ウ** (3)① **亜鉛**
② **銅** ③ **亜鉛** (4) **ダニエル電池**
(5) **$Zn \rightarrow Zn^{2+} + 2e^-$** (6)① **銅板**
② **導線** ③ **亜鉛板から銅板へ**
(7) **(例)2種類の水溶液が簡単には混じらないが，電流を流すために必要なイオンは少しずつ通過できるようにする役割。**
(8) **化学エネルギー**

解説 (2) 試験管Aで，水溶液の青色がうすくなったのは，銅イオンが減少したためである。銅イオンが亜鉛から電子を受け取って単体の銅になり，亜鉛板に付着した。

(3) 試験管Aでは，亜鉛はイオンになって溶け出し，イオンであった銅は亜鉛が放出した電子を受け取って単体の銅になった。一方，亜鉛がすでにイオンであり，銅は単体である試験管Bでは変化が起こらなかった。ことから，亜鉛と銅では，亜鉛の方が陽イオンになりやすいことがわかる。

(5) 亜鉛がイオンになるときは，2個の電子を放出してZn^{2+}になる。

(6) 電池では，より陽イオンになりやすい金属が－極である。亜鉛と銅では亜鉛の方が陽イオンになりやすいので，亜鉛板が－極，銅板が＋極である。亜鉛板(－極)から放出された電子は導線を通って銅板へ移動する。これが電流の流れなので，導線の途中で電流を取り出すことができる。

(7) 二つの電解質水溶液がはじめから混じっていると銅イオンが亜鉛原子から直接電子を受け取ってしまうため，電池のはたらきをしない。電流を取り出し続けると，硫酸銅水溶液からは銅イオンが減り続け，硫酸亜鉛水溶液には亜鉛イオンが増え続けることになる。この状態では電子は移動しにくくなる。セロハンは小さなイオンは通過できるので，硫酸銅水溶液側から硫酸イオンが，硫酸亜鉛水溶液側から亜鉛イオンが移動することで，電池が長持ちする。

(8) 化学エネルギーとは物質がもともともっているエネルギーのことである。

14 (1) **ウ，オ** (2) **エ**

解説 (1) 陽子は＋の電気を，電子は－の電気を帯びている。中性子は電気を帯びていない。原子では，陽子と電子の数が等しく電気的に中性であるが，イオンは電子を失ったり受け取ったりしてできるので，陽子の数と電子の数が等しくない。**ウ**は陽子が1個で電子は2個なので，陰イオン，**オ**は陽子は1個で電子はゼロなので陽イオンである。

(2) 陽子の数が等しいものは同じ元素である。同じ元素(陽子の数が等しいもの)で中性子の数が異なるものが同位体である。

15 (1) **$NaOH + HCl \rightarrow NaCl + H_2O$**
(2) **ナトリウムイオン：ア**
水酸化物イオン：ウ
(3) **a：ほとんど流れなく b：大きくなった c：硫酸バリウム d：$BaSO_4$**

解説 (1) アルカリ性の溶液である水酸化ナトリウム水溶液に塩酸を加えていくと，中和の反応が起こり，塩である塩化ナトリウムと水ができる。

(2)　BTB溶液は，アルカリ性で青色，中性で緑色，酸性で黄色になる。表より，加えた塩酸の合計が 4 cm^3 のとき，ちょうど中和したことがわかる。塩酸を加えてもナトリウムイオンは増加も減少もしないので，加えた塩酸の量に関係なく一定のままである。一方，水酸化物イオンは，加えた塩酸中の水素イオンと結びついて水になるので減少する。加えた塩酸の量が 4 cm^3 になると中和が完了して水酸化物イオンはゼロになり，そのまま変わらない。

(3)　硫酸と水酸化バリウムが反応すると硫酸バリウムという水に溶けにくい塩ができ，沈殿する。硫酸中の水素イオンは水酸化物イオンと結びついて水になり，硫酸イオンはバリウムイオンと結びついて硫酸バリウムの沈殿になってしまうので，ちょうど中和したときは水溶液中にイオンはほとんどなくなる。よって，電流がほとんど流れない。さらに水酸化バリウム水溶液を加えていくと，水溶液中にバリウムイオンと水酸化物イオンが増加していくので電流が流れるようになる。

5　運動と力・エネルギー

16　(1)　**右図**
(2)　**エ**
(3)　**等速直線運動**
(4)　**イ**　(5)　**右下図**
(6)　**12.5cm**　(7)　**0.025秒**

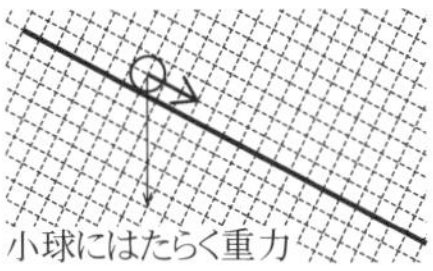

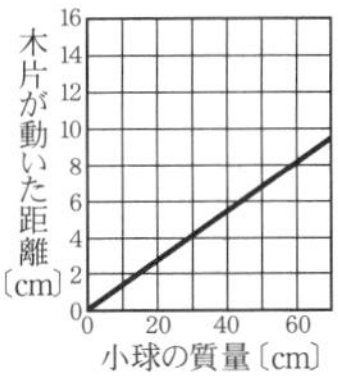

解説　(1)　重力を示す矢印が対角線になるような長方形をつくって求める。

(2)　(1)で求めた力がはたらき続けるので，小球にはたらく力の大きさは変化しないが，速さはだんだん速くなる。

(3)　水平面では，運動の向きに力がはたらいていないので，速さは変わらない。

(4)　小球にはたらく重力は，小球がどの位置にあっても変わらない。位置エネルギーは高さが低くなるほど小さくなり，その分，運動エネルギーが大きくなる。力学的エネルギーは，運動エネルギーと位置エネルギーの和なので，変わらない。

(5)　図2より，小球を離す高さが8cmのとき，小球の質量が30gのときは4cm，60gのときは8cmになっている。

(6)　30gの小球を8cmの高さから離したとき木片が動いた距離は4cmであった。小球の質量が50gになり，離す高さが15cmになると，

$$4\,\mathrm{cm}\times\frac{50\mathrm{g}}{30\mathrm{g}}\times\frac{15\mathrm{cm}}{8\mathrm{cm}}=12.5\mathrm{cm}$$

動くことになる。

(7)　$\dfrac{0.04\mathrm{m}}{x}=1.60\mathrm{m/s}$，$x=0.025\mathrm{s}$

17　(1)　**12秒**　(2)　**9.0 J**　(3)　**0.75W**
(4)　**仕事の原理**　(5)①　**自由落下**
②　**位置**　③　**9.0**　(6)　**ア**　(7)　**エ**

解説　(1)　180cm÷15cm/s＝12s

(2)　5.0 N×1.8m＝9.0 J

(3)　9.0 N÷12s＝0.75 W

(4)　斜面や滑車，てこなどの道具を用いると，力は小さくてすむが，力の向きに物体を動かす距離は長くなる。

(5)　物体が落下すると，運動エネルギーは増加するが，位置エネルギーは減少する。運動エネルギーと位置エネルギーの和は変わらないので，9.0 Jのままである。

(6)　図1～3の物体がはじめにもつ位置エネルギーは等しいので，地面に達したときの運動エネルギーの大きさは等しく，その速さも等しい。

(7)　物体が斜面を下ると，運動エネルギーは0から増加し，それに伴って位置エネルギーは減少するが，水平面上では，位置エネルギーも運動エネルギーも一定である。

6　大地の変化

18　(1)　**ウ**　(2)　**12%**　(3)　**ア**
(4)　**斑状組織**　(5)　**岩石名：花こう岩**
理由：地下深くでゆっくり冷えて固まったため。　(6)①　**ア**　②　**ア**　(7)　**火砕流**

解説　(1)　双眼実体顕微鏡は，プレパラートを作る必要がなく，観察する物体を立体的に見ることができる。

(2)　有色鉱物は，輝石(7％)と角閃石(5％)である。7％＋5％＝12％

(3)　石灰岩やチャートは，生物の遺骸や水に溶けていた成分が堆積して固まったもの。

(4)　マグマが地下深くにあるときにゆっくり冷やされてできた鉱物が斑晶であり，その

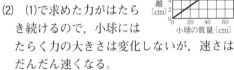

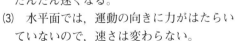

マグマが地表や地表近くに上昇すると，急に冷やされ，すでにできていた鉱物を取り囲むように，とても小さなままの鉱物やガラス質の部分(石基)ができる。

(5)　火成岩Cは等粒状組織なので，深成岩である花こう岩である。等粒状組織は，マグマが地下深くで，長い時間をかけてゆっくり冷え固まったため，それぞれの鉱物が十分成長している。

(6)　無色鉱物を多く含むマグマは，ねばりけが強く，爆発的な噴火になり，できる火山はドーム型になることが多い。北海道の昭和新山や長崎県の雲仙普賢岳の平成新山がその例である。

19　①　**イ**　②　**ア**　③　**イ**

解説　河口まで運ばれたれき，砂，泥は，細かい粒ほど沈みにくいので遠くへ運ばれる。石灰岩は炭酸カルシウムが主成分であり，チャートは二酸化ケイ素という物質を多く含む極めて硬い岩石である。石灰岩は，うすい塩酸をかけると二酸化炭素を発生してとけるが，チャートはうすい塩酸をかけても気体は発生せず，とけもしない。

20　(1)　**主要動**　(2)　**15時9分50秒**
(3)　**X　32　Y　54**　(4)　**活断層**
(5)　**フィリピン海プレート**　(6)　**ウ**

解説　(1)　最初にくる小さなゆれはP波によるもので初期微動という。

(2)　地点Bと地点Cの震源からの距離の差は，240km－160km＝80kmで，S波が到着した時間の差は，20秒である。このことからS波の進む速さは　80km÷20s＝4km/sであることがわかる。震源から地点Bまでの160kmをS波が進むのにかかった時間は160km÷4km/s＝40s　なので，地震が発生した時刻は15時10分30秒の40秒前ということになる。

(3)　地点Aと地点BのS波の到着時間の差は，32秒なので，地点Aと地点Bの震源からの距離の差は　4km/s×32s＝128km　である。よって，Xは160km－128km＝32kmである。また，P波の速さは，地点Bと地点Cの到着時間の差から　80km÷10s＝8km/sである。地点Bと地点Aの距離の差が128kmなので，地点AにP波が到着した時間は地点Bより128km÷8km/s＝16s　前である。

(6)　大陸プレートの下に海洋プレートが沈み込んでいるのが正しい。また，震源の深い地震は海洋プレートに沿って起こり，内陸で起こる地震は震源が浅い。

21　(1)　**オ**　(2)　**南**　(3)　**a　新生代**
b　示準　c　示相

解説　(1)　泥岩の層の位置は，**オ**だけが凝灰岩の層より上にある。

(2)　凝灰岩の層の上面の標高に注目すると，地点Aでは　294m－1m＝293m，地点Bでは292m，地点Cでは296m－4m＝292m，地点Dでは300m－7m＝293mとなる。地点AとDに比べて地点BとCが低くなっている。

(3)　古生代の示準化石はフズリナやサンヨウチュウ，中生代はアンモナイト，新生代はビカリアやナウマンゾウなどがある。

7　植物と動物の世界

22　(1)　**右図**

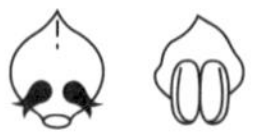

(2)　**観点1　ウ**
観点3　エ　(3)　**D**　(4)　**イ**　(5)　**からだの表面全体から直接吸収している。**

解説　(1)　アブラナの花のPは胚珠である。マツの花の胚珠は雌花にあって，子房がなくむき出しになっている。

(2)　イヌワラビやゼニゴケは胞子で増える。アサガオやアブラナが双子葉類であるのに対して，ツユクサは単子葉類である。

(3)　タンポポの花弁はアサガオの花弁と同じく一つにくっついている合弁花である。

(4)　ツユクサは子葉が1枚の単子葉類なので，維管束は散在している。

(5)　ゼニゴケにある根のようなものは仮根といい，水分は吸収せず，からだを固定する役目である。

23　(1)　**変態**　(2)　**ニワトリ**
(3)(あ)　**f**　(え)　**d**　(お)　**a**

解説　(1)　からだの形や生活のしかたが大きく変化するのは，両生類であるカエルである。カエルの子はえらや皮膚で呼吸し，親は肺や皮膚で呼吸する。

(2)　表1のうち，恒温動物はニワトリとネズミのみである。また，表1の動物のうち，胎生なのはネズミだけである。よってDはニワトリ，Eはネズミとわかる。

(3) 表1の動物のうち，背骨がないのは，軟体動物であるイカだけである。よって，(お)は背骨があるなかま（脊椎動物）である。Aのカエルが(あ)と(い)をかねていることから，(あ)はえら呼吸，(い)は肺呼吸である。

24 (1) **赤血球** (2) **細胞呼吸**
(3) **a 血しょう b 組織液**
(4) **a 肝臓 b 尿素 c 腎臓**

解説 (1) 赤血球にはヘモグロビンという赤い物質が含まれていて，ヘモグロビンは酸素の多いところでは酸素と結びつき，酸素の少ないところでは酸素をはなす。
(2) 細胞呼吸のエネルギー源となるのは，炭水化物などの有機物である。
(3) 血しょうは，栄養分や不要な物質を溶かしている。
(4) 尿素などの不要な物質は，余分な水分や塩分とともに尿となる。

25 (1) **反射** (2) **イ**

解説 (1) 感覚器官で受け取った信号は，感覚神経を経て脊髄に伝わると，脳には行かず，脊髄から直接命令の信号が出される。このため，意識して起こす反応に比べて，刺激を受け取ってから反応するまでの時間が短い。
(2) 網膜で受け取った光の信号は，視神経を通って脳に送られる。

26 **図 ア X けん**

解説 骨についている筋肉は，両端がけんになっていて，関節を隔てた二つの骨についている。

8 天気の変化

27 (1) **エ** (2) **1012 hPa**
(3) **天気 雨 風向 北西 風力 1**
(4) **エ** (5) **記号 ウ 理由 (例)10月1日1時ごろの気圧がいちばん低いから。**
(6) **204 g**

解説 (1) ア：天気は雲量で決める。雲の形は関係しない。イ：直射日光が当たらないところで測定する。ウ：風向は風が吹いてくる方向で表す。
(2) 等圧線は1000 hPaを基準に，4 hPaごとに引かれていて，20 hPaごとに太い線になっている。
(4) 台風の中心付近は低気圧の中心付近と同じく，反時計回りに風が吹き込む。
(5) 台風の中心付近は最も気圧が低い。
(6) 除湿機を使用する前の1 m^3 当たりの水蒸気量は 20.6g/m^3 × 0.81 ＝ 16.686g/m^3 であり，除湿機を使用した後は
19.4g/m^3 × 0.65 ＝ 12.61g/m^3 である。
よって部屋から除かれた水蒸気は
(16.686g/m^3 − 12.61g/m^3) × 50m^3 ＝ 203.8g
これを四捨五入すると204 gとなる。

28 (1) **ウ** (2) **a イ b ア c イ**
x (例)水蒸気が水滴に変わり
(3) **ア，イ** (4) **600 m**

解説 (1) 1気圧は，海面と同じ高さのところでの平均の大気圧の大きさであり，1 cm^2 の面に約1 kgの物体をのせたときの圧力にほぼ等しい。
(3) 海と陸を比べると，海より陸の方があたたまりやすく冷めやすい。晴れた日の日中は，陸の空気の方があたたまって膨張し，密度が小さくなって上昇する。夜は，陸の空気の方が冷えるので，海上で上昇気流ができる。
(4) 地上での1 m^3 当たりの水蒸気量は
19.4 g/m^3 × 0.70 ＝ 13.58 g/m^3 なので，
表より，この空気の露点は16℃である。
22℃ − 16℃ ＝ 6℃ 下がるためには600 m上昇すればよい。

29 (1) **名称 閉そく前線 ① ア**
② ア (2) **ア**

解説 (1) 図中のAは寒冷前線，Bは温暖前線である。寒冷前線は温暖前線より移動する速さが速いので，寒冷前線はやがて温暖前線に追いつき，重なり合って閉そく前線となる。
(2) 寒冷前線では，寒気が暖気を急激に押し上げるので，積乱雲が発達する。そのため，強い雨が短時間に降り，強い風を伴うことが多い。

9 生命の連続性

30 (1) **減数分裂** (2) **a 13本**
b 26本 c 26本 (3) **AA，Aa**
(4) **ア** (5) **ウ** (6) **(例)体細胞分裂によ**

って子をつくるので，子は親の染色体をそのまま受け継ぐため。　(7)　胚　(8)　発生　(9)　栄養生殖　(10)　ア，イ

解説　(1)　生殖細胞がつくられるときは，染色体の数がもとの細胞の半分になる。

(2)　受精によって，子の細胞は親と同じ数の染色体をもつことになる。

(3)　遺伝子の組み合わせがAAとなるためには，親の遺伝子には必ずAが含まれていなければならない。

(5)　ミカヅキモは単細胞生物である。

(10)　オランダイチゴは，親のからだから伸びたほふく茎によってふえる。イソギンチャクは，胃の中でからだの一部が分かれて新しい個体ができ，それが口から出される。

31　**(1)　a　自家受粉　b　(例)花弁に包まれている　(2)　ウ　(3)　p　イ　q　ア　r　イ　(4)　デオキシリボ核酸**

解説　(2)　種子の形を丸形にする遺伝子をA，しわ形にする遺伝子をaとすると，Aグループの遺伝子の組み合わせはAA，Bグループはaa，CグループとDグループはAaで同じになる。

(3)　丸形の種子の遺伝子の組み合わせにはAAとAaがある。これを特定するにはしわ形aaをかけ合わせればよい。種子XがAAだとすると，AAとaaのかけ合わせなので，できる種子はすべてAaで丸形になる。もし種子XがAaだとすると，Aaとaaのかけ合わせなので，できる種子はAa(丸形)：aa(しわ形)＝1：1になる。

(4)　DNAの略称で呼ばれることが多い。

10　地球と宇宙

32　**(1)　天球　(2)　名称　日周運動　理由　(例)地球が自転しているため。**
(3)①　ア　②　イ　③　イ　④　ア
(4)　イ　(5)　(例)地球が公転面に垂直な方向に対して地軸を傾けたまま公転しているため。

解説　(3)　秋分の日には，太陽は真東から出て真西に沈む。図でわかるように，夏至の日は秋分の日より北寄りの通り道で，南中高度が最も大きい日である。

(4)　$60\,\text{min} \times \dfrac{8.7\text{cm}}{2.3\text{cm}} = 226.95\,\text{min}$

四捨五入して227分＝3時間47分

よって，日の出の時刻は8時の3時間47分前である。

33　**ウ**

解説　ア：水星，金星以外の惑星は，衛星をもつ。イ：木星など，地球以外でも大気をもつ惑星がある。エ：地球型惑星は，水星，金星，地球，火星で，表面は岩石，内部は岩石より重い金属でできている。

34　**(1)　金星　D　月　H　(2)　ア　南　イ　西　(3)　(例)金星は地球より内側を公転しているから。　(4)　24°　(5)　a　ア　b　エ　(6)　月食　(7)　冬**

解説　(1)　観察②は夕方なので，図4の地球に太陽が右手(西)になる向きで立つと，金星の右半分が見えるのはDの位置である。同様に，図5の地球に，太陽が右手になる向きで立つと，南に見えるのはHの月である。

(2)　観察③は明け方なので，図4の地球に太陽が左手側(東)になる向きで立つと，月の左半分が見えるのはLの位置であり，方角は南である。観察④は夕方なので，図4の地球に太陽が右手(西)になる向きで立つと，金星が図3のように見えるのは太陽と同じ側(西)の空であり，図5では地球からLの位置の月は見えない。

(3)　地球から見ると，金星は常に太陽と同じ側になるので夜間には見えない。

(4)　226日で360°回転するので，15日では

$$360° \times \frac{15\text{日}}{226\text{日}} = 23.89°$$

(5)　図4のA～Eの位置の金星は夕方西の空に見えるが，Fの位置の金星は地球から見えなくなる。Fを過ぎてGの位置になると金星は明け方，東の空に見えるようになる。

(7)　満月が見えるのは，太陽と月の間に地球があるときである(図5のJ)。冬は，地球の地軸が太陽とは反対側に傾いているので，太陽の南中高度が低く月の南中高度が高い。

35　**ふたご座**

解説　観測した日には真夜中にさそり座が南中しているので，地球は図の左側(夏至)の位置である。9か月後には地球は上側(春分)の位置に移動し，真夜中にはしし座が南中する。よって22時にはかに座が，20時にはふたご座が南中して見える。

［基礎編］

英　語

栃木県
高校入試
の対策
2024

1 動詞の形 現在形・過去形・進行形

1 (1) **ウ** (2) **エ** (3) **ウ** (4) **エ** (5) **オ** (6) **ア** (7) **カ** (8) **オ** (9) **イ** (10) **カ**

解説 be動詞を選ぶ際に注意するポイント。①主語が三人称単数か，それ以外の単数や複数か。②内容が現在のことか，過去のことか。③助動詞やto不定詞の後では原形(be)であること。④現在完了では，have (has)の後にくるbe動詞は，beenという過去分詞であること。(1)主語Kumi's motherは三人称単数。現在の年齢について話している。(2)want to不定詞の後に続くので原形。「～になりたい」(3)「あそこにいる男の子(that boy＝he)」について聞いている。He is ---. という応答からで現在とわかる。(4)主語は人名で三人称単数だが，助動詞will後にくるのでbe動詞は原形。(5)a funny boy(三人称単数)と今年を振り返っているthis year(過去を表す語句)。(6)現在進行形の疑問文「今，私は何をしているでしょう」で，主語がI。(7)your classmatesは複数形。「今朝」の話を時間が経ってからしているので過去の内容。(8)若いころの夢だから過去の内容。主語my grandpa's dreamは単数。(9)「今楽しんでいるところ」という意味の現在進行形の文。主語parentsは複数形で代名詞はtheyに相当する。(10)「きのうの放課後に何をしていたか」を聞いている過去進行形の疑問文。主語はyou and Sakiで複数形。

2 (1) **hurrying** (2) **goes** (3) **gets** (4) **found** (5) **doesn't ／ ○** (6) **drinks** (7) **○** (8) **did** (9) **looking** (10) **saw ／ got**

解説 一般動詞の形(変化)は，文が日常や習慣を表す現在か，過去の内容か，ある動作の現在や過去における進行を表しているかなどで決まる。否定文(don't～ ／ doesn't～ ／ didn't)，疑問文(Do～？／ Does～？／ Did～？)では，現在，過去，また主語が三人称単数かどうかにかかわらず動詞は原形を用いる。(1)(9)は，be動詞isやareとともに一般動詞hurryやlookを用いて，動作の進行「～している」を表す。進行形はbe＋～ ingの形をとる。(2)(3)(6)は，主語が三人称単数(My friend ／ Nancy ／ Mike)の肯定文で日常や習慣を表しているので，動詞に-sや-esをつける。(4)は，主語は三人称単数。文末にlast Sundayがあるので不規則動詞findを過去形にする。(5)主語の三人称単数(Hana)に合わせてdon'tをdoesn'tにする。否定文なので，watchに-esはつかない。(7)は，主語が三人称単数(my uncle)だが，動詞がdoesn'tという否定の後にくるので，-sをつけずに原形を用いる。日常や習慣を表す否定文。(8)80年前の開校当時の教員数を聞いている。過去の疑問文。(10)seeとgetは不規則動詞。yesterdayに合わせて過去形にする。

3 (1) **are ／ am** (2) **does ／ leaves** (3) **Do ／ don't** (4) **Does ／ does** (5) **was ／ was cooking [making]** (6) **Did ／ didn't**

解説 (1)(5)は，be動詞を含む疑問文である。文の主語と呼応するbe動詞を答える。それぞれ，「出身」「(きのうの夕方6時に)何をしていたか」を答える。(5)は，過去進行形の文。その応答文には，何をしていたか(doing)に対して，具体的な内容(cooking)で答える。(2)「家を出る時間」を聞いている。三人称単数の主語(Taro ／ he)に合わせて，doesやleavesで答える。(3)(4)(6)は，Do, Does, Didで始まる一般動詞の疑問文。Yes ／ Noで答えるときは，それぞれdo ／ don't, does ／ doesn't，did ／ didn'tを用いる。

4 (1) **had** (2) **studies** (3) **aren't** (4) **didn't take** (5) **was showing** (6) **does ／ come**

解説 (1)「～がいた」→「持っていた」と考える。until last monthがあるので，haveの過去形hadを用いる。(2)日常や習慣を表す現在形を用いる。主語に合わせてyをiに変えてstudiesとする。(3)There is ／ areの文で，gyms(複数形)と「ない」という現在の状況に合わせてaren't(＝are not)を用いる。not～ anyは，「～は(ひとつも)ない」という意味。(4)過去の否定文。didn't (＝did not) takeを入れる。take a walkは「散歩する」という意味。(5)「～を見せていました」過去進行形の文。主語に呼応するbe動詞と合わせてwas showingとする。(6)現在の疑問文。our new ALT(heまたはshe)が三人称単数なのでdoesと動詞の原形comeを答える。

5 (1) (They went there) **To see a football game.**
(2) (She bought) **A Swiss watch.** [**An expensive Swiss watch.**]
(3) (They had dinner) **At a popular Italian restaurant.**

解説　be動詞やいろいろな一般動詞(規則動詞，不規則動詞)の過去形が使われているので，注意しながら読む。(1)スタジアムにいった理由・目的を答える。解答例にある不定詞を使う他に，becauseを使って，Because they wanted to see... ／ they were going to see...などと答えてもよい。(2)命令文「～してください」の形で，香の母親が買ったものを聞いている。文全体は間接疑問文の形をしている。bought (buyの過去形)をそのまま用いて，文の形で買ったものを答えでもよい。(3)買い物の後にどこで食事をしたかを聞いている。場所だけを答えてよいが，文で答える際には，質問文中のhaveを過去形のhadにする。また，Kaori and her parentsは三人称複数の代名詞theyに言い換える。

2 未来を表す表現・助動詞

6 (1) **ウ** (2) **エ** (3) **ウ** (4) **エ** (5) **イ** (6) **ウ**

解説　(1)canの否定は，cannotまたはcan't。(2)助動詞を用いた疑問文は，You can make ～. → Can you make ～？ のように，助動詞を文頭に置く。be動詞の疑問文と同様の考え方。ここでは，依頼を表している。canの過去形を用いたCould you ～？はCan you ～？よりも丁寧な依頼の表現。(3)(6)助動詞の後では，動詞は原形を用いる。(4)(5)be going to ～は，ほぼ確実な未来の予定を表す。このtoの後では動詞は原形。

7 (1) **will you**
(2) **Could you** [**Would you**]
(3) **May I** [**Can I**] (4) **Is ／ going**
(5) **Shall I**

解説　(1)相手がI'll (＝I will be back...)で答えていることから，「学校からいつ戻ってくるの」と予定を尋ねる助動詞を用いた疑問文を答える。(2)「明かりを消してほしい」ことを頼む表現。Can [Will] you ～？も可であるが，相手がCertainly.という言葉で応えていることから，丁寧さの度合いはやや高い。(3)相手がSure. Go ahead.「どうぞ」と答えているので，許可を求めていることがわかる。Can I ～？よりもMay I ～？の方が丁寧である。(4)今日の午後の予定についてのやりとり。be going to ～を使った疑問文。(5)応答がNo, thank you.「いいえ，結構です」。ここでは，窓を開ける申し出を断っている。Shall I ～？は，「～しましょうか。」という意味。

8 (1) **will have** (2) **May I**
(3) **must help** (4) **should ／ visit**
(5) **won't rain**
(6) **can't** [**cannot**] **go**

解説　日本文から，助動詞を迷わずに判断できるようにしたい。(1)レストランなどで注文をする場合,「～をください。～にします」という意味でwill haveを使う。(2)許可を求めるmayまたはcan。(3)義務を表すmust (≒ have to)。(4)「～したらいいですか」→「～すべき(しなくてはならない)ですか」と考える。(5)未来の否定。won't＝will not。(6)「行けない」→「行くことができない」can, can'tには，be able to, be unable toという表現もある。

9 (1) **hope our teacher will get well soon**
(2) **Would you like some coffee or**
(3) **must not spend too much money**
(4) **When are you going to visit Kyoto**
(5) **is going to have a Christmas party**

解説　(1)hope＋主語＋助動詞＋動詞＋soon.の語順。mayが不要。(2)Would you like ～？飲み物や食べ物を勧める際の定型表現。couldが不要。(3)must notで禁止を表す。Don't ～.という文に言い換えることができる。couldが不要。(4)(5)be going toを含む文の語順に注意する。(4)は疑問文。howが不要。(5)は肯定文。beが不要。

10 (1) **What will you** [**are you going to**] **do**
(2) **Should I practice** (3) **Can you see**

(4) Could [Can ／ Would ／ Will] you call him
(5) We [You] must [have to] be kind
(6) You won't [will not] be late (for school)

解説　(1)(2)(3)(4)助動詞を使った疑問文は，助動詞を文頭に置く。ただし，(1)のように疑問詞whatなどを用いる場合は，疑問詞を文頭に，助動詞はその疑問詞の後に置く。(2)Should I～？と助動詞shouldを置いて，義務や必要性を尋ねている。(3)単純に「できるか，できなか」を聞いているCan you～？これは依頼ではないので，Could you～？とは言わない。(4)は,(3)とは異なり「依頼，お願い」をする時のCould [Would ／ Can ／ will] you～？(5)義務を表す助動詞must。have toを使うこともできる。kindは形容詞なのでbe動詞が必要。禁止を表す場合は，mustn't(＝must not)。(6)「～はしないよ。」→「しないでしょう(することはないでしょう)。」と考えて，will notまたはその短縮形won'tを使う。

3 現在完了

11　(1) イ　(2) ア　(3) ウ　(4) エ　(5) ウ　(6) エ

解説　現在完了はhave(has)＋過去分詞の形で，文の内容が「過去のある時点に始まったことが，現在と関係している，現在に影響を与えている」ことを表す。現在完了の表す意味合いから，完了，継続，経験の用法に分けられる。(1)already, readがあるのでHaveを選ぶ。文意は「もう読んだの」。(2)have neverに続く動詞なので，不規則動詞speakの過去分詞spokenを選ぶ。neverは現在完了と一緒によく用いられ，「決して～ない」を表す否定の語。(3)many times「何回も」という語句から，「行ったことがあるという経験」を表していると判断して，現在完了形を選ぶ。has visitedは正しい英語だが，to Osakaとあるので，has been to Osakaとなる。has visited to～とは言わない。(4)(5)も主語の後にhave, hasと動詞が並んでいるので，必ず過去分詞との組合せを選ぶ。knowは不規則動詞で，know - knew - knownと変化する。stayは規則動詞。現在完了は期間を表すforやsinceを使った語句を伴うことが多く，どちらも継続用法である。has been stayingは現在完了進行形で「ずっと～していて，今も続いている」という意味合いをもつ。(6)「夕食を作る」という日常的な行動なので，三人称単数現在の形makesを選ぶ。

12　(1) We have just started running in the park.
(2) Jiro has lived [been living] in this city since he was a child.
(3) My aunt has never traveled to countries in Europe before.
(4) Daniel and Mao have been good friends for more than twenty years.

解説　現在完了の基本の形have(has)＋過去分詞と，加える語句やその位置に注意をして書き換える。(1)just「ちょうど［たった］今」。「今，走り始めた」の意。(2)since～「～以来[～のときから]」。「ずっと住んでいる」の意。(3)never「決して［一度も］～ない」はhaveの後に，before「以前に」は文末に置く。「一度も旅行したことがない」の意。(4)for～「～の間［期間］」。「ずっと仲良くしている」の意。more thanは「～以上」という意味。

13　(1) オ　(2) ア　(3) ウ　(4) イ　(5) エ　(6) カ

解説　現在完了の文で頻繁に使われる語の意味を理解して，文意に沿うように選ぶ。(1)「長い間(ずっとほしかった)。」(2)「もう[既に](家を出た)。」(3)「今までに(行ったことがありますか)。」(4)I want to try someday.から，「以前に一度も(プレーしたことが)ない。」と考える。(5)「(今朝)から(ずっと)，(勉強している)。」(6)「まだ(到着してい)ない。」否定文の中のyetは「まだ～ない」，疑問文では「もう～(しましたか)」のように，alreadyと同じ意味で使われる。

14　(1) We have been to Nikko several times before
(2) Have you finished dinner yet
(3) I have been studying English for more than three hours
(4) How long have you been a fire fighter

(5) I have been practicing *judo* for

解説　疑問文の語順や，期間を表す語句，already, yet, before など，現在完了と一緒に頻繁に使われる語句をよく理解すること。(1)have been to は「経験(～へ行ったことがある)」を表す。several times は「何度か」。twice は「２度，２回」, two times とも言う。１度は once。３回以降は，～ times を使って表現する。(2)yet は疑問文の中で用い「もう～(しましたか)」の意。用法は「(動作の)完了」。(3)現在完了進行形 have＋been＋～ing。「ずっとしていて，今もそれが継続している」ことを強調している。more than は「～以上」の意。(4)How long を文頭に置き「消防士をしている期間」を聞いている。「継続」を表している。(5)for nine years は「9 年間」という意味。(3)と同じく have been practicing は現在完了進行形。これも「継続」用法。

15　(1) My family has lived in this house for
(2) How many movies have you watched since
(3) long have you practiced [been practicing] table tennis
(4) hasn't seen his parents since he was
(5) Have you ever climbed

解説　現在完了では，have (has) に続く動詞の過去分詞，特に不規則動詞の過去分詞を確実に覚えておきたい。(1)動詞 live 規則動詞なので，過去分詞は lived。「～間」for を忘れないこと。(2)How many movies を文頭において観賞した映画の本数を聞く。動詞 watch は規則動詞。see は see - saw - seen と変化する不規則動詞。(3)How long を用いて期間を尋ねる。動詞 play は規則動詞なので，語尾に -ed をつけて，play-played-played と変化する。現在完了進行形(been playing)も可能。(4)否定文なので，have not (＝haven't)，もしくは never(一度もない)を用いる。動詞 see の変化は see - saw - seen。(前出)(5)疑問文 Have you ever climbed -- ? ever「今までに」の位置に注意。動詞 climb は規則動詞。

16　(1) has　(2) left
(3) have　(4) been　(5) studying　(6) since
(7) Have,　(8) had [eaten],　(9) yet　(10) have

解説　日本文の内容をよく読み，会話の流れをしっかりと把握する。(1)(2)have left は「家を出ていて今ここにいない」という意味合いをもつ表現。「出かけています」という日本語から，「今ここにはいない」ことがわかる。(3)(4)(5)have been studying は，現在完了進行形で「午後からずっと勉強している」という継続を表している。(6)since は「いつから」という始まりを表す前置詞。(8)の過去分詞は, eaten または had のどちらを使ってもよい。(9)文末の yet は，疑問文で用いて「もう(～をしましたか)」の意味。(10)は，(7),(8),(9)で Have you～？と聞いているので，have を用いて答える。

4　名詞・冠詞・代名詞・接続詞・前置詞

17　(1) cities　(2) dishes　(3) teeth
(4) children

解説　複数形は語尾が原則 -s, -es 終わるが，原則から外れて，不規則な変化をするものがある。(1) y を i に変えて -es。country→countries も同じ仲間である。(2)語尾に -es を付ける基本形。(3)語尾ではなく，語中の綴り，母音の発音ともに変わる。綴りは oo→ee へ。母音は [uː] → [iː] へ。(4)child に -ren を付けて不規則な複数形を作る。上記の単語とは別に，名詞の中には fish のように単数形と複数形が通常同じものもある。

18　(1) days　(2) spring　(3) Tuesday
(4) October　(5) uncle　(6) between

解説　(1)「1 年は 365 日。」(2)「冬は～の前に来る。」(3)「水曜日は○○曜日の次の日」。(4)「ハロウィーンの季節」「1 年の10番目の月」などから判断する。(5)母親の兄弟は「おじ」。(6)「小山－宇都宮間」の駅の数。

19　(1) an／a　(2) ×／an　(3) ×／×
(4) a／×　(5) ×／the　(6) a／The

解説　(1)interesting story, sad story はともに単数形なので，an と a をそれぞれの前に付ける。an は単語の最初の音が母音(aeiou などの文字で始まる音)の場合に使う。(2)my などの代名詞の所有格と冠詞は同時に使わない。excellent teacher は世の中にたくさんいるので，その一人という意味で an を付ける。(3)地名には, 冠詞は付けない。また,

this weekendのthisなどと冠詞は一緒に用いられない。(4)牛乳はコップで飲むイメージから，a glass ofを使って杯数を数える。コーヒーや紅茶などはa cup of coffee, two cups of teaなどと数える。(5)English classesの前にfour（数詞）がある。数詞とa, an, theは同時に使わない。「午前中に」や「午後に」in the 〜のようにtheが必要。(6)初めて話題の中に出てくる名詞にはaを付け，話し手同士が理解している「その犬」という意味でtheを用いる。

20 (1) it (2) her (3) them
(4) She ／ her (5) they ／ their
(6) mine

解説 一覧表にあるように，代名詞は，主格（〜は，が），所有格（〜の），目的格（〜を，〜に）や所有代名詞（〜のもの）まで様々である。どの名詞を受けているか，また文中での役割によってどの形を使うかを考える。(1)that red sweaterを受ける代名詞 → it（主格：主語の役割）。(2)「Ms. Satoの上着」→ her jacket（所有格）(3)前置詞の後には，目的格を用いる。two birds → them。(4)Taylor Swift → She（主格：主語の役割）とher（所有格：名詞songsの持ち主を説明する所有格）で受ける。(5)a lot of boys and girls →主語の役割をする主格のtheyで受ける。また，namesなど名詞の前にはその所有を表すtheirを用いる。
(6)「誰の靴ですか。」に「君のじゃない。」と答えていることから，「僕のものですか。」と聞いているのがわかる。mine（所有代名詞）＝ my shoes。

		主 格	所有格	目的格	所有代名詞
単数	1人称	I	my	me	mine
	2人称	you	your	you	yours
	3人称	he she it	his her its	him her it	his hers —
複数	1人称	we	our	us	ours
	2人称	you	your	you	yours
	3人称	they	their	them	theirs

21 (1) so (2) before (3) at (4) on
(5) but (6) in

解説 (1)「A，それで［だから］B」。Aの内容を受けて，その後の流れや結果につなげる接続詞so。(2)接続詞のbefore。ここでは「寝る前に」。(3)「決まっている時間」に使う前置詞at。ここでは，「給食を○時□分に食べる」。(4)「誕生日に」という日付に使う前置詞on。(5)「Aはできない，でも［しかし］Bはできる」。接続詞but。(6)「何月に」「ある特定の月に」という場合は前置詞in。

22 (1) on (2) of (3) in (4) for (5) with

解説 前置詞が様々な表現で使われることがあることに慣れておくこと。(1)「〜ステージ上に登場する」。「テーブルの上に」。(2) one of the pretty dolls「かわいい人形の中のひとつ」，what kind of music「映画の中のどんな種類→どんな種類の映画」という意味。(3)「（この大学の）の中に」在籍数に言及している。「（何年）に」。(4)「〜年間」。「父親のために」。(5)どちらも「一緒に」を表す前置詞。

23 (1) because (2) or (3) until［till］
(4) After (5) before (6) if

解説 (1)理由を述べる接続詞「〜ので，なぜなら〜だから」。(2)選択を表す接続詞「〜か…，〜または…」。(3)前置詞「〜まで」。byは「〜までに」なので注意。(4)接続詞「〜した後は，〜してから」。(5)接続詞「〜する前に」。(6)接続詞「もし〜だったら」。

5 形容詞・副詞・比較級

24 (1) warmer ／ the warmest
(2) easier ／ the easiest
(3) more important ／ the most important
(4) better ／ the best

解説 形容詞や副詞の比較級や最上級の多くは，規則的に -er，the -estの形をとる。長めの単語はmore -，the most - となるので，単語ごとに確認しながら覚えていくとよい。(1)規則通り-er ／ the -estの形にする。(2)語尾のyをiに変えて，-er ／ the -est。(3)beautiful, interesting, carefulなども，importantと同様にmore -, the most -で比較級，最上級をつくる。(4)副詞のwellもgoodと同じ形の比較級，最上級である。

25 (1) enough (2) much (3) much
(4) a little (5) many (6) a few (7) well
(8) many (9) easily

解説 形容詞は名詞を修飾し，副詞は動詞や形容詞を修飾する。また，名詞が数えられるものか，数えられないものかで，manyやmuch，a fewやa little「少しある」を，またはfewやlittle「あまりない」を使い分ける。(1)(3)water, moneyは数えられない名詞。数えられない名詞には，manyは使わない。(2)と(7)副詞muchは「たいへん，非常に」という程度を，副詞wellは「上手に」という様子を表すので，それぞれの動詞の意味と呼応するものを選ぶ。(4)a littleが「少し難しい」という意味で形容詞difficultを修飾する。(5)(8)book(s), painting(s)ともに数えられる名詞。(6)minute(s)は数えられる名詞。in a few minutesは「数分で」。(9)「容易に見つけられる」。動詞findを修飾する副詞easilyを選ぶ。

26 (1) **the highest** (2) **larger than** (3) **longer** (4) **more difficult** (5) **hot**

解説 -er thanやthe -mostなどから，比較級最上級かは判断できるが，各英文の意味も確認すること。(1)世界一高い山についての文。最上級。(2)二つの湖の大きさ，広さを比べている文。比較級。(3)比較級を用いて世界一長い川について述べた文。than any other river in the worldは，「世界の他のどの川より」という意味。(4)数学と英語の難易度を比べた比較級の文。difficultは長めの単語なのでmore～とする。(5)〈A is as ～ as B.〉は，「AはBと同じくらい～だ」という意味で「同等比較級」と呼ばれる。as ～ asの間には形容詞や副詞の「原級」(-erも-estもつかない形)を用いる。「夏のように暑い日が続いている」ことを表現している。

27 (1) **Which ／ better** (2) **much bigger** (3) **only［just］** (4) **most beautiful** (5) **always** (6) **as fast as**

解説 (1)betterはmuchの比較級。(2)飼い犬と他の犬を比べている。muchを使って「ずっと～だ」を表現する。oursはour dogの表す所有代名詞。(3)(5)only, alwaysは頻度や程度を表す副詞。(4)beautifulは長い形容詞なので最上級にthe mostを用いる。(6)同等比較級as～ as。

28 (1) **Rugby is more exciting than table tennis**
(2) **who runs the fastest in your school**
(3) ***go* is as interesting as *shogi***
(4) **peace is much more important than authority**
(5) **there was more water than two days ago**
(6) **How many times a week do you go to *juku***
(7) **was the most popular of all among the audience**

解説 (1)excitingは長い形容詞なので，比較級にはmoreを用いる。(2)副詞の最上級the fastestが動詞runsを説明している。「速い」はfast，「早い」はearly。(3)同等比較級。asとasの間に形容詞の原級を置く。(4)は(1)と同じくinterestingやimportantは長い形容詞なので，moreを用いて比較級にする。(5)「～がもっとあった」は，there was more ～。このmoreは，waterが数えられない名詞なので，manyではなくmuchの比較級。than two days agoは「2日前より比べて」。(6)How many timesは「何回」と聞く時の表現。そのほか，How long, How often, How muchなども確認しておきたい。(7)of all ～「全ての(～の)中で」。「すべての歌の中で」の意。popularは長い形容詞なので，the mostを用いて最上級をつくる。

29 (1) **I am the tallest boy (of all) in my class.［the tallest of all the boys］**
(2) **The moon is smaller than the Earth.**
(3) **What is the best season for you?**
(4) **I can run faster than my brother.**
(5) **I can't dance as well as Hinako (can).**
(6) **Soccer is one of the most popular sports in the world.**

解説 (1)「男子全員の中で」のように，比較の対象が複数の時はofを用いる。allの時も～ of all「すべての中で」となる。allは比べる範囲の数が意識されている。また，「クラスの中で」など，一つのグループや場所などの範囲には，in the classroom, in the UKのようにinを用いる。(2)smallの比較級。語尾に-erをつける。(3)「最高の」はthe best, goodの最上級を用いる。(4)run faster「もっと速く走る」。(5)〈not as ～ as ...〉「…ほど～ではない」の意。(6)は(1)と同じく「世界」のように一つの場所やグループなどにはin

を用いる。また，one of ～「～のひとつ」なので，sportsと複数形にする。

6 受け身（受動態）

30 (1) エ (2) ウ (3) イ (4) ア (5) イ (6) ウ

解説 問題文はすべて受け身の文。〈be動詞＋過去分詞〉の形を基本に，疑問文や否定文，助動詞を含む受け身の文にも慣れておきたい。(1)助動詞canに続くのでbe動詞は原形(be)。文意は「野菜は家庭で簡単に育てることができる。」(2)last nightから過去のことだと分かる。意味は「病院に連れていかれた(運ばれた)」。不規則動詞takeの変化は，take - took - taken。(3)「～がスピーチをするために選ばれた」という意味。chooseは不規則動詞。choose - chose - chosenと変化する。(4)this windowは単数なのでWasを選ぶ。意味は「壊されましたか」。(5)shownは不規則動詞showの過去分詞。文意は「先週の金曜日初公開された」。(6)文意は「どうして警察に話しかけられたのですか」。不規則動詞speakの変化は，speak - spoke - spoken。疑問詞を含む疑問文の語順に注意。疑問詞＋be動詞＋主語＋過去分詞の順。

31 (1) **loved** (2) **built** (3) **found** (4) **cleaned** (5) **given** (6) **be seen**

解説 (1)loveは規則動詞で，過去分詞は-edで終わる。(2)build - built - builtと変化する。(3)find - found - foundと変化する。(4)cleanは規則動詞で，過去分詞は-edで終わる。should be cleanedは，「きれいにされるべきだ」の意。(5)giveの変化は，give - gave - given。(6)助動詞canの後に動詞が来るので，be動詞は原形のまま。seeの変化はsee - saw - seen。「見られる」，つまり「見ることができる」ということ。

32 (1) **was opened** (2) **is used ／ by** (3) **was written** (4) **was not painted by** (5) **are ／ grown [produced]** (6) **be eaten**

解説 by ～「～によって」は，次のような場合には省略されることがある。

1．話の流れから，誰かが明らかな場合
2．誰かが分からない場合
3．広く一般の人たちの場合

問題の(1)(5)(6)では，by以下が省かれている。(1)過去の受け身の文。openは規則動詞。「いつ開館されたか」，つまり「いつ開館したか」ということ。(2)useは規則動詞で，過去分詞は-edで終わる。(3)(　　　) was written in the letter …?の主語の位置にある(　　)の部分を聞くためにwhatを文頭に置いた受け身の疑問文。(4)受け身の過去の否定文。動詞paintは規則動詞。(5)Grapes for good wine are grown (in ～).の(　　)の部分を聞くためにwhereを文頭に置いた受け身の疑問文。不規則動詞growの変化はgrow - grew - grown。規則動詞のproduceを用いてもよい。(6)助動詞の否定can'tの後に動詞が来るので，be動詞は原形のまま。eat(不規則動詞)の変化はeat - ate - eaten。

33 (1) **will not be forgotten forever**
(2) **Great stories were told by Ichiro**
(3) **What was discovered in that place**
(4) **English is used in many countries**
(5) **will be sent to you by next week**
(6) **What is that flower called**

解説 (1)助動詞を含む受け身の否定文。forget - forgot - forgotten(不規則動詞)。mustが不要。(2)tell - told - told（不規則動詞）。storiesが複数形なので，wasが不要。(3)疑問詞what「何が」がこの文の主語として文頭に置かれ，be動詞＋過去分詞が続いている。discover - discovered - discovered(規則動詞)。didが不要。(4)useは規則動詞。一般的なことを述べているので，by ～は省略されている。notが不要。(5)は(1)と同じく助動詞を含む受け身の文。send - sent - sent（不規則動詞）。ここでのbyは「～によって」ではなく，「next weekまでに」の意味。untilが不要。(6)That flower is called (　　) in your country.の(　　)の部分を聞くためにwhatを文頭に置いた受け身の疑問文。callは規則動詞。saidが不要。(2)の文だけby以下で行為者が明示されている。

34 (1) **was introduced**
(2) **Was the [that] book written**
(3) **was written** (4) **are read**

解説 (1)過去を表す受け身の文。「紹介する」introduceは規則動詞。(2)受け身の疑問文。

「有名は作家が書いたのですか」→「有名な作家によって書かれたのですか」write - wrote - written(不規則動詞)。(3)「夏目漱石が書いた」→「夏目漱石によって書かれた」。(4)漱石の本一般に言及してhis booksと複数形を主語にしている。文意から現在のことを述べているのでare readとなる。read - read - read(語形変化のない不規則動詞)。過去形，過去分詞の発音は[red]。

7 不定詞・動名詞

35 (1) ウ (2) ウ (3) ウ (4) イ (5) エ

解説 (1)〈It ... for 人 to ～(動詞の原形)〉構文。for us「私たちにとって」。itは形式的な主語と呼ばれ，to以下の内容(世界史を勉強すること)がI think以下の文の主語となっている。(2)動名詞の名詞的用法。「趣味は音楽を聴くこと」。(3)〈how to ～〉「どのようにして～できるか(～の仕方)」。この文では，「駅への行き方」を聞いている。(4)〈want ～ to …(動詞の原形)〉は「～に…してほしい」という意味。「宿題を手伝ってほしかった」と言っている。(5)東大寺に行く目的は，to see the Great Buddha「大仏を見る(見学する)ため」。

36 (1) to drink (2) cleaning (3) to visit (4) watching (5) to wear

解説 (1)to不定詞の形容詞的用法。nothingをto drinkが後ろから修飾。「飲むためのnothing」→「飲むための何かはない」と考える。「冷蔵庫に何も飲むものがなかった」という意味。(2)(4)finishやenjoyに続く動詞は，動名詞にする。(3)Would you likeに続く動詞はto不定詞。名詞的用法。Do you want toよりも丁寧に「～したいか」を聞いている。(5)haveの後にto不定詞を伴って，have toは「～しなければならない」を表す。ここでは「着用しなければならない」という意味。

37 (1) to learn (2) Teaching math (3) it, to watch (4) to tell

解説 (1)動名詞とto不定詞は，ほぼ同じ意味で使うことができる。(2)動名詞を使って，teaching math「数学を教えること」にする。(3)〈It … (for 人) to ～(動詞の原形)〉構文。to watch a boxing matchが意味を考える際の主語。(4)to不定詞の形容詞的用法。「私たちに伝える(ための)話をたくさんもっている。」「→たくさん面白い話をしてくれる」

38 (1) running [to run] (2) Watching [To watch] (3) to drink (4) to hear (5) meeting

解説 (1)動詞startの後には，動名詞とto不定詞の両方が使える。(2)動名詞を主語に使った文。「～することは，a lot of funだ」のように主語が長くなっている。to不定詞を使うこともできる。(3)to不定詞の形容詞的用法。「飲むための何か」→「飲みもの」。(4)to不定詞の副詞的用法の中の「原因や理由」を表すもの。sorry to hear ～は「～と聞いて残念だ」。(5)look forward to ～は「～を楽しみにして待つ」という意味。この熟語ではtoの後には動名詞を用いる。

39 (1) a good restaurant to have a special dinner
(2) is a good place to visit during
(3) ask you to clean the windows
(4) told me to study hard and play hard
(5) show me how to use
(6) asked me to go to Tokyo with him

解説 英語は日本語の語順とは異なるので，注意が必要。「意味のかたまり」を押さえると，並べかえやすい。(1)を例に取ると，英文は「～を見つけた」「良い場所を」「特別な食事をするための」というかたまりで並んでいる。(1)不定詞の形容詞的用法。a good restaurantをto不定詞以下to have a special dinnerが修飾している。runが不要。(2)不定詞の形容詞的用法。かたまりは，「いい場所です」「訪れるための」「七夕シーズンの間に」。withが不要。(3)不定詞名詞的用法。〈ask 人 to 不定詞〉は「～に…することを頼む」という意味。かたまりは，「頼む」「あなたに」「掃除することを」「窓を」。forが不要。(4)〈tell ～ to …(動詞の原形)〉は「～に…するように言う(指示する)」。かたまりは，「私に言った」「よく学びよく遊べ」。notが不要。(5)how to ～「やるべき方法・手段」→「どのように～するか」→「～する方法」。Could you ～は，Can you ～よりも丁寧な依頼の表現。かたまりは，「教えてほしいのですが」「方法を」「この券売機を使う」。

whatが不要。(6)〈ask ～ to …（動詞の原形）〉は「～に…することを頼む」。かたまりは，「真司は私に頼んだ」「東京に行くことを」「一緒に」。hisが不要。

40 (1) enjoyed　(2) watching
(3) watching　(4) playing
(5) want　(6) to　(7) to　(8) join［play］
(9) to　(10) go［visit］

解説　(1)enjoyは規則動詞。(2)enjoyの後には動名詞を使う。(3)動名詞「～することが好き」。2語も可であればto～不定詞を用いることもできる。(4)be good at ～「～がうまい，～が得意だ」。前置詞atの後は動名詞。(5)(6)want to～「～することがほしい」→「～したい」。不定詞の名詞的用法。(7)(8)Would you like to join～で「参加したいですか」。不定詞の名詞的用法。(9)(10)to不定詞の形容詞的用法。to visitはsome placesを修飾する。「訪問するための場所がある」→「訪問する場所がある」と考える。

8　分詞・関係代名詞

41 (1) running　(2) written　(3) working
(4) built　(5) playing

解説　名詞を修飾する単語が，「～している」（現在分詞）または「～された」（過去分詞）のどちらで使われるかを考える。現在分詞と過去分詞は，多くの場合，修飾語句，例えばin the gymやby my fatherを伴って名詞を後ろから修飾するが，単独で使われる場合は，a smiling babyのように名詞の前に置かれる。(1)「校庭を走っている犬」(2)「太宰治によって書かれた本」(3)「働いている子供たち」(4)「約1世紀前に建てらた家」(5)「犬と遊んでいる女の子」

42 (1) which［that］　(2) which［that, ×］
(3) that［×］　(4) who［that］

解説　先行詞（関係代名詞の前にある名詞語句）が「人」か「人以外のもの」かで，どの関係代名詞が適切かを考える。人の場合はwho，人以外の場合はwhichを使うが，thatは両方の場合に使うことができる。(1)先行詞はa big city library。人ではないことに注意。意味は「生徒に役に立つ本がたくさんある大きな市立図書館」。文中では，(　　) have many ... のようにlibraryを受けて主語の役割をしているので，主格の関係代名詞を用いる。この主格の関係代名詞の後には必ず動詞が続く。(2)先行詞はthe dictionary。「私が友だちから借りた辞書」。文後半のI borrowed［　　］from～の［　　］の部分，つまり目的語の役割をしている。この目的格の関係代名詞は省略することもできる。(3)先行詞はan excellent tennis player。「私たちが大好きで尊敬している素晴らしいテニス選手」。この関係代名詞は，文後半のwe love and respect［　　］. の［　　］部分（目的語）を受けている。先行詞が人であっても主格の役割しかもたないwhoは通常使わずthatを用いるか，関係代名詞は省略してよい。(4)先行詞はthe woman。「駅までの道を案内してくれた女性」。(1)と同じ主格の関係代名詞。ただし，(1)では文全体の主語はweなのに対して，(4)ではThe woman (who) showed us the way to the stationまでが文全体の主語となっている。

43 (1) a boy sitting on the bench
(2) that teacher respected by many students
(3) the expensive cup broken by someone
(4) that girl swimming in the lake

解説　日本語と英語の語順の違いに注意して考える。(1)英語に直す際の語順は，「一人の男の子」「座っている（現在分詞）」「ベンチに」。sittingはtが重なっていることに注意。(2)「あの先生」「尊敬されている（過去分詞）」「多くの生徒に（よって）」。respectは規則動詞。(3)「その高価なカップ」「割られた」「誰かに（よって）」。breakは不規則動詞。break - broke - broken。(4)「あの女の子」「泳いでいる（現在分詞）」「湖で」。なお，(1)～(4)は次のように関係代名詞を使って表すこともできる。
(1) a boy who［that］is sitting on ～
(2) that teacher who［that］is respected by ～
(3) the expensive cup which［that］was broken by ～
(4) that girl who［that］is swimming in ～

44 (1) I use　(2) singing
(3) who［that］works
(4) grown［produced］by

英語

基礎編◆解答・解説

解説 (1)目的語an IC dictionaryを受けた目的格の関係代名詞が省略されている。また，The IC dictionary（whichまたはthat）I use is…の部分は文全体の主語になっている。(2)現在分詞が名詞を修飾していて，その部分が文の主語となっている。The students singing their favorite songs looked …。「大好きな歌を歌っている生徒たちは…」。(3)関係代名詞の主格who［that］＋動詞works。ここでも，関係代名詞を含む部分は，Hinako who［that］works at that bread shopは文全体の主語である。「パン屋で働いている日奈子」。(4)も過去分詞が名詞を修飾している部分が，文の主語となっている。The vegetables grown by my father in his garden are …。「庭で父によって［父が］育てられた［育てている］野菜」。

45 **(1) who［that］ (2) eating［having］ (3) called［named］ (4) which［that］ (5) I bought**

解説 (1)先行詞が人で，are dancingと続いているので，主格の関係代名詞who［that］を入れる。現在分詞だけを使ってthe girls dancing over thereとも表現できる。(2)「～している」(現在分詞)。My friend eating lunch with meは文全体の主語。(3)「～されている」(過去分詞)。a little cat called［named］Kittyの部分は動詞hasの目的語。(4)先行詞が人以外で，comesと動詞が続くので，主格の関係代名詞whichまたはthatを入れる。(5)the jacket (whichまたはthat) I bought youのように，関係代名詞が省略されていると考える。この部分はthis＝the jacket I bought you for your birthdayの関係にある。

46 **(1) those boys playing 3-on-3 on the basketball court**
(2) remember all the words our teacher taught us
(3) musician who is playing the guitar beautifully
(4) who brings presents to children
(5) found an old photo that was taken

解説 日本語を英語に直す際の語順は，日本語と英語の語順の違いに注意して考える。(1)「あの男の子たち」「3オン3をしている」「バスケットコートで」。aroundが不要。(2)「覚えている」「すべての単語を」「先生が私たちに教えた」。knewが不要。(3)「あの音楽家」「ギターを弾いている」「素晴らしく」。～ingが後ろからmusicianを修飾すると考えれば，who isを使わなくても同じ意味。whichが不要。(4)「男の人」「運んでくる」「プレゼントを」「子どもたちに」。atが不要。(5)「（彼は）見つけた」「一枚の写真を」「オーストラリアで撮影された」。語句の指定がなければ，関係代名詞を使わずに過去分詞だけで，a picture taken in Australiaとも表現できる。tookが不要。

47 **(1) 私たちのALTと英語で話をしている女の人は私の担任です。**
(2) 僕が友だちとよくやるオンラインゲームは難しいけどとても楽しい［面白い］。
(3) 英語とフランス語は，カナダの人たちに使われている公用語です。

解説 英文の意味を理解する際にも，語句を意味のかたまりでとらえるとよい。例えば，かたまりを細かくとらえて以下のように考えるとよい。The woman｜talking with our ALT｜in English｜is｜my homeroom teacher.
(1)the womanを現在分詞talking以下が修飾している。The woman～in Englishまでが主語。関係代名詞を使って，The woman who［that］is talking with…も可。(2)The gameをI often play online with my friendsが修飾している。gameとIの間の関係代名詞that［which］を入れることもできる。この文の主語は，The game ～my friendsまでの部分。(3)languagesを過去分詞usedが説明している。関係代名詞を使って，languages that［which］are usedも可。この文は文法的にはThis is a pen.と同じで，this ＝ a pen → English and French ＝ official languages used by …の関係にある。

48 **My mother showed me some photos［pictures］(which ／ that) my father took when he was young.**

解説 (1)(2)で伝えたいことを整理すると，「母は，父が若いころに撮った何枚かの写真を，私に見せた」。これを，英語の語順で意味のかたまりを考えると，「私の母」「私に見せた」「何枚かの写真」「父が若いころに撮った」となる。関係代名詞は省略してもよい。また，過去分詞を用いて，photos［pictures］

(which were ／ that were) taken by my father when he was young とすることもできる。

9 命令文・間接疑問文・いろいろな文型

49 (1) **イ** (2) **エ** (3) **ウ** (4) **ア**

解説 (1)仮定法過去。実際のことではないが,「〜だといいなあ」という現在の願望を表現する。I wish I were (Iでも原則wereでwasではない)〜. ／ I wish I could ＋動詞の原形〜では,下線を引いた部分には必ず過去形を用いる。(2)How about 〜？は「〜してはどうですか／〜しませんか」のように,相手に提案したり誘ったりするときの表現。〜の部分には,動名詞。または文も使われる。(3)carefullyは副詞でdo the jobにかかっている。意味は「もっと注意深く仕事をしよう」と提案(Why don't we 〜？)。(4)間接疑問文(文の中に疑問文が含まれているもの)なので,語順に注意。この文は過去のことなので,what ~~did~~ I ~~have~~ hadのようにdidを使わず,haveはhadに変える。

50 (1) **where to** (2) **Shall we**
(3) **could [would] you** (4) **what to do**
(5) **Don't be afraid**
(6) **there were [you had]**

解説 (1)where to visit 〜「どこを訪問すべきか(したらよいか)」。☆〈疑問詞＋to不定詞〉の他の例として,what to see, what to read, what to say, where to go, when to start, how to drive a car, how to swim, how to play chessなど,様々なものがある。(2)Shall we 〜？は,「誘う,提案する」ときの表現。(3)「(荷物)を運んでほしい」という依頼の表現。Will you 〜？／ Can you 〜？よりも丁寧。(4)what to do「何をすべきか」,「何をしたらよいか」。(5)否定の命令文なので,Don'tで始める。 be afraid of 〜は「〜を怖がる,恐れる」。(6)人数を確認するにはthere are 〜またはyou haveを用いることができる。「〜があります。〜がいます。」過去の間接疑問文なのでareやhaveを過去形にする。

51 (1) **ア** (2) **イ** (3) **オ** (4) **エ**
(5) **ウ**

解説 代名詞itには,「それ」と何か特定のものを指す使い方の他に,特に意味をもたずに「日時や天気(天候),距離・時間など」を表す使い方もある。(1)(3)(5)がそれに当たる。(2)は,最初何かわからなかったものを指して,それがa little monkeyだったことを述べている。具体的なものを指す代名詞。(4)このitは形式的な主語で,実際の主語はto have something to eat以下の部分。

52 (1) **what time the soccer game starts**
(2) **where I can buy those cool shirts**
(3) **who gave me a call**
(4) **how he went to the stadium**

解説 間接疑問文の問題。疑問文が文の一部になった時の語順や動詞の変化に注意する。(1)一般動詞の疑問文が文の一部となった場合は, do, does, didは使わない。この文では, the soccer game(三人称単数の主語)に合わせて,動詞startに-sを付けstartsにする。(2)助動詞の位置は主語の後に戻す。where can I buyはwhere I can buyとなる。(3)疑問詞が主語で「誰が」を聞いている。do, does,didも使われていないので,疑問文の語順や動詞はそのまま文の一部となる。(4)は(1)の説明のとおり,didは必要なくなる。疑問文が過去なのでgoをwentに直し,how did he go ... をhow he went ... とする。

53 (1) **was so excited that I couldn't sleep well**
(2) **everyone always calls me DJ**
(3) **don't have to go to school so early, do you**
(4) **My teacher gave me several hints**
(5) **Please take this world map to**
(6) **is too difficult to understand easily**

解説 意味のかたまりを考えながら並べかえる。(1)〈so 〜 that…〉は,「とても〜なので…だ」。ここでは,couldn'tがあるので「とても〜なので…できなかった」。意味のかたまりは,「とても興奮していた(ので)」「私はできなかった」「よく眠ること」。(2)call AB「AをBと呼ぶ」。「みんな」「いつも」「呼んでいる」「私を」「DJと」。(3)don't have to 〜「〜する必要はない」。「あなたは」「必要ない」「学校に行く」「そんなに早く」「(念押しの)よね」。念押しや確認には付加疑問を用いる。don't you? / do you?, isn't it? / is it? などの形をとる。付加疑問が否定形をとるか，肯定形をとるかは，本動詞(文の意味の中心となる動詞)が肯定形か否定形による。⑶の場合，don't have to goと一般動詞の否定形なので，do you?を用いる。⑷「先生が」「くれた」「私に」「いくつかヒントを」。⑸「(丁寧さを出す言葉)」「持っていく」「この世界地図を」「君の歴史の先生の所へ」。なお，pleaseは語尾にあっても構わない。その際，pleaseの前にカンマを付ける。⑹〈too～to不定詞〉「～過ぎて…できない」という表現。「難しすぎて」「理解できない」「容易に」。

54 ⑴ **The TV drama made us (feel) so sad.**
⑵ **I want to [would like to] join a [the] big space project in the future.**
⑶ **You mustn't [Don't] speak loudly in the library.**

解説 ⑴〈make＋人・もの＋…〉「人・ものを…にする」。意味のかたまりで考えると「そのテレビドラマは」「…にする」「私たちを」「とても悲しい気持ちに」。sadをfeel sadとしてもよい。⑵〈want to ～〉「～したい」,「私は」「参加したい」「大きな宇宙プロジェクトに」「将来」。⑶You mustn't～(＝Don't)を用いていて，禁止を表す。「～してはいけません」「大声で話す」「図書館の中では」。

10 会話文・さまざまな疑問文

55 ⑴ **エ／ケ** ⑵ **ク** ⑶ **カ**
⑷ **ア** ⑸ **イ** ⑹ **オ**

解説 解答する際のポイント①文中の動詞がbe動詞か，一般動詞か。②主語は何か。主語は単数か複数か。③現在か，過去か，未来のことか，完了や継続など現在完了か。⑴何年も続けていて，今も続けているのかを聞いている現在完了進行形の疑問文。⑵「あさっての天気」のことだから未来。⑶oftenだから，現在の日常的なこと。⑷明日のテストに向けて勉強しようという提案，勧誘。⑸兄か姉に関する二者択一の疑問文。⑹昨夜のこと。疑問詞のある一般動詞の過去の疑問文。

56 ⑴ **Where does** ⑵ **What was／date**
⑶ **How many** ⑷ **isn't he** ⑸ **Whose**
⑹ **Which is higher**

解説 ⑴in Ashikagaと場所を答えている。疑問詞where「どこに」。⑵日付を聞く定形表現。昨日の日付を聞いていることに注意。⑶more than one hundredと答えているので，物の数をたずねる表現How many。⑷付加疑問。「～ですよね？」のように軽い「確認」や「疑問」の気持ちを表す。He is～(肯定)なら文末は，isn't he?(否定)，He isn't～(否定)なら文末はis he?(肯定)となる。⑸Riku's(陸のもの)と答えていることから，疑問詞whose「誰の」を入れる。⑹二つの山の標高を比べているので疑問詞whichとhighの比較級を用いる。

57 ⑴ **How are we [you] going to travel to Kyushu?**
⑵ **What day (of the week) is (it) today?**
⑶ **How much is your new "smart" watch?**
⑷ **What time [When] will we meet online tonight?**
⑸ **Why did you close all the curtains?**

解説 ⑴「飛行機で」と交通手段を答えているので，疑問詞howを使った疑問文。仲間に交通手段を確認している。⑵「曜日」をたずねる表現。⑶「値段」を答えているのでHow muchを文頭に置く。⑷「時間」を答えているので，What timeを文頭に置く。疑問詞whenを使ってもよい。⑸「理由」を述べているので，疑問詞whyで始まる疑問文を作る。closedと過去形を使っていることに注意する。

58 ⑴ **How about you** ⑵ **Nice to meet**
⑶ **Shall we [Can we]** ⑷ **Would／like**
⑸ **May I** ⑹ **Excuse me**

解説 ⑴質問者に同じ質問を繰り返さずに，「あなたはどうですか」と聞き返していると考える。⑵初対面の時に使うあいさつ。「初めまして(お会いできてうれしいです)」。⑶「忙しいの。でも聞いてくれて(誘ってくれて)ありがとう」(thank you for asking)というBの答えから，Aが「～しましょうか」とか「一緒に～できる」と声をかけたことが分かる。⑷飲み物や食べ物を，「～はいかがですか」と勧めるときの定形表現。⑸答えから，名前を聞いていることが分かる。

What is your name? よりも，丁寧な表現。⑹相手に何かを聞きたいときに，「すみませんが…」と切り出す表現。Could you tell me the time? は，What time is it now? と同じく時間をたずねる表現。聞かれた相手は，時計を家に忘れてきている。

59 ⑴ **イ** ⑵ **エ** ⑶ **オ** ⑷ **ウ** ⑸ **ア**

解説 ⑴Shall I ～？は「～しましょうか。」と相手に何かを申し出るときの表現。Thank you. Yes, please.「ありがとう。お願いします。」と返している。断る場合は，No, thank you. ⑵How is ～？で相手に「感想」や「印象」をたずねている。I love it here. の it は life in our town を指している。⑶Let's ～．は，「～をしましょう。」と提案をする表現。sound の意味は「～のように聞こえる。」であるから，応答の Sounds great! は「great に聞こえる。」→「いいねえ。」と賛同を表している。⑷Would you like to join us? は「一緒にどうですか（行きませんか）」。I'm afraid I can't. は「残念ですがいけません」。以下，何を観賞するのか聞いている。⑸I'd like to listen to ～？「～をお聞きしたいのですが」と丁寧に切りだしている。Certainly.「いいですよ／もちろん」は，ややかしこまった表現。No problem. や Sure. などはくだけた気軽な言い方。その後に冒険旅行の話が続いている。

★実力アップに向けたアドバイス★

1　問題を解いて答え合わせをするだけでなく，正解，不正解にかかわらず解説をよく読んで理解を深めておこう。
2　同時に日本語のついていない英文の意味も確認しておこう。
3　問題には，教科書にはない単語や表現も使われています。必要があれば，辞書やオンラインで調べてみるなど，積極的にボキャブラリーを増やす努力をしよう。
4　解説を読んで、納得できなかったり，十分に理解ができなければ，参考書に当たったり，英語の先生に質問したりして解決しようとする姿勢をもとう。
5　一度解いて終わりではなく，複数回解いてみよう。
6　余裕があれば，正解の英文を暗記したり，暗写したり，また日本文がついていれば、日本文を見て英語に直してみたりしてみよう。

こういった地道な繰り返しや積み重ねが実力アップにつながります。
Do your best! がんばって！

MEMO

文前「できることはなんでもやろう」や③中の「気持ちをたてなおす」から読み取れる。

9 文学的文章Ⅱ〔小説2〕

22 (1) **エ** (2) **甘い物好きだから(8字)** (3) **エ** (4) **ウ**

解説

(1) 空欄直前の「ほんとうに分かったのかなあ」という二三の言葉から、疑問に思う意味の慣用句である**エ**「首をかしげる」が適切。

(2) 傍線部①を含む一文より、亮太が柏餅を楽しみにしていたとわかる。傍線部①の三段落後初めに「とはいえ、亮太が柏餅を〜喜ぶのは」とあり、その直後に「甘い物好きだから」と理由が書かれている。

(3) **エ**の「家族にたくさん食べさせ」は傍線部②中の「食べきれないほど」という表現から否定はできない。「長男を〜育て上げたい」は、傍線部②直前に理由を表す「それゆえ」があり、その直前の「跡取りが〜喜びだった」と、傍線部②の二段落前の端午の節句に柏餅を食べる由来の記述から読み取れる。

(4) 小説では情景描写が登場人物の心情や今後を象徴的に表すことがある。傍線部③に至るまでは、家族が各自の役割を果たしつつ仲良く過ごす姿が書かれ、また傍線部③の「実を結」ぶという慣用句は良い結果が表れるというプラスの意味があるため**ウ**が適切。マイナスな内容の**ア**、**イ**、**エ**は不適。

10 文学的文章Ⅲ〔小説3〕

23 (1) **母の具合が悪くて遠足へ行けなくなるかもしれないことと姉が涙ぐんでいること。(37字)** (2) **ア** (3) **ウ**

解説

(1) 傍線部①中に「それも」とあることから、辛いことは一つではないことに注意。

(2) 傍線部②中で自分の家や母の部屋を思い出していることから、前日の家での、姉に対する態度や父の部屋でのかんしゃく、母の見舞に行かなかったことなどを反省していると考えられるため、**ア**が適切。

(3) 「僕」は結局胡桃を割ることをあきらめているため、**ウ**が適切。

なってくる」がポイント。比喩表現の「ゴミ」は「余計な、あふれた知識、記憶」と言い換える。

6 論説的文章〔Ⅱ〕

19 (1) **エ** (2) **(例) 知的認識の、知る主体が知られる客体に距離を置き、見渡したり、分解したり総合したりする点。(44字)** (3) **外から与え～備をする力** (4) **ア**

解説

(1) 空欄直前「相対的なものの位置とは別に」より、「相対的」の対義語であるエが適切。

(2) 傍線部1中の「これ」が指す内容が「視覚」に「似ている」ものである。「これ」は傍線部1直前の「知的な認識は～総合したりする仕事」を指す。ここを設問の「何の、どういう点」という形に合うようにまとめる。

(3) 傍線部2は言い換えると「あらゆる現実を認識の対象として統一する能力」である。傍線部2直後の一文中の「外から与えられる無数の感覚刺激」が「あらゆる現実」に対応し、「認識の～統一する能力」が一文中の「形にまとめ、～準備をする力」に対応している。

(4) アの「想像した～作り上げたから」は傍線部3直後「あの星くずを～描いたのである」から読み取れる。「古代人が視覚のみに頼り」は傍線部1直後の第二段落中から読み取れる。よってイの「古代人は～借りることで」は不適。ウの「対象に～確認することにより」は、傍線部3を含む第四段落冒頭の「地上にある対象の場合」の内容なので不適。エは本文中に「恐怖」に関する記述がなく不適。

7 論説的文章〔Ⅲ〕

20 (1) **一般化でき～てゆく作業** (2) Ⅰ **(例) 作者が提示した具体的な事物を通じて読者にゆだねればよいもの。(30字)** Ⅱ **(例) 結論めいた文章を書こうとしてしまうこと。(20字)** (3) **ウ**

解説

(1) 「作業」という言葉は①段落の三文目と四文目中にある。傍線部1の直前の「感動の拠り所を分析帰納して」と三文目の「事を分析帰納しながら」がほぼ同じ内容なので、三文目の「一般化できる～敷衍してゆく作業」が傍線部1と対応している。

(2) Ⅰ 小説の結論に関する記述である②段落の三文目中「結論は～ゆだねればよい」を、文末が「もの」になるようにまとめる。

Ⅱ 傍線部2中「評論では」と設問の条件よりⅡの解答は「評論の結論」に関すること。②段落の四、五文目から、評論を書く筆者が「結論めいた文章」を書く習慣があり、それを書かないと不安があり、傍線部2では、その不安から小説では読者にゆだねる結論を書いてしまうことを表していると言える。

(3) ウの「⑤段落は～踏まえつつ」は⑤段落一文目「評論では～言った」と傍線部2より適切。「新しい視点」は⑤段落一文目「事物を杜撰にではなく～考えている」より適切。

8 文学的文章Ⅰ〔小説1〕

21 (1) **ウ** (2) **(例) どんな小さなダメージでも油断はできないため、モコを獣医に連れていくのが翌朝で間に合うかということ。(49字)** (3) **ア**

解説

(1) ウは、傍線部①直前の段落で、汚れて破れた手袋を見た理央が「ずいぶん～あるものではない」と感じているため適切。イのモコのケガは傍線部①の後の話。

(2) 理央の「心配」している気持ちは②直前の「でも、間に合うだろうか」や直後の「油断はできない」から読み取れる。ここから設問の「何」と「理由」に対応する部分を考える。

(3) アの「タカへの愛情」は、傍線部③直前の「平橋さんの言葉（＝タカをいっぱい、～愛しなさい）を思い出して」いることから読み取れ、「前向きな気持ち」は③の二

わいがるようになったこと。（五十七字）

(3) エ

解説

(1) 歴史的仮名づかいで母音がau（アウ）となるものは、現代仮名づかいではô（オー）と読む。

(2) 見たものは子犬と主人の行動である。傍線部の直後に「うらやましく」とあるので、馬が主人が子犬をかわいがるのがうらやましかったことを踏まえて解答を作成する。

(3) 本文最初の段落は主人と子犬と馬の具体的な話で、伝えたいことは最後の段落から読み取れるため**エ**が適切。

〈通釈〉ある人が、小さな子犬をとてもかわいがっていたのだろうか、その主人が外から帰った時、その子犬が主人の膝にのぼり、胸に手をあげ、口の周りをなめまわした。これによって、主人が（子犬を）かわいがることはさらに増した。馬はひそかにこの様子を見て、うらやましく思ったのだろうか、「ああ私もこのようにしましょう」と決意して、ある時、主人が外から帰った時、馬は主人の胸にとびかかり、顔をなめ、尾を振るなどしたところ、主人がこれを見てたいそう怒り、棒を手に取って、もとの馬小屋に押し入れた。

このように、人の親しいこと、疎遠なことを判断せず、自分の方から親しいものとしてちやほやするように振る舞うことはたいへんおかしい事である。自分は身分相応に人への応対をするべきである。

16

(1) **示《スニ》二玉人《ニ》一**

(2) **爾《なんぢ》は玉を以て宝と為す**

(3) **エ**

解説

(1) 示③《スニ》玉①人②《ニ》は書き下し文から判断して番号の順番で読み、②から③に返って読むには、二字以上離れた文字から上にある文字に返る「一・二」点を使う。

(2) 爾①《ハ》以③《テ》レ玉②《ヲ》為⑤《ス》レ宝④《ト》の番号の順番で送り仮名をつけて読む。「レ」点は下の一字から上の一字に返って読む。

(3) 子罕が最後に話した内容より**エ**が適切。

〈通釈〉宋の国の人が玉を得て、それを司城の子罕に献上した。（だが）子罕はそれを受け取らない。玉を献上した者が言うことには、「宝石職人に見せたところ、職人が（その玉を）宝玉だと鑑定したから、これを献上した。」と。子罕が言うことには、「私は欲深く物を欲しがらないことを宝としている。あなたは玉を宝とみなす。もし私に（その玉を）与えたら、二人とも皆、宝を失うのである。（それよりも）人それぞれの宝を持っているほうがよい。」

17 **①ア ②ウ ③イ ④ウ**

解説

漢文は原則、上から順に読み、「レ」点は一文字下を読んでから返って読む。「一・二」点は一から二に返って読む。

① 入②レ郷①従④レ郷③の順に読む。

② 先①生②教⑦二生③徒④漢⑤文⑥一の順に読む。

③ 我①誘③レ友②行⑦二美④術⑤館⑥一の順に読む。

④ 人①方⑤二少②壮③時④一不⑨レ知⑧二惜⑥陰⑦一の順に読む。助動詞「不」は書き下し文ではひらがなにする。

5 論説的文章〔Ⅰ〕

18 **(1) イ (2) エ (3) （例）頭が、余計な、あふれた知識、記憶で埋まってはたらかなくなる怖れがある（34字）**

解説

(1) 空欄直前では少ないゴミが自然に近い形で処理されていたことが述べられているが、直後では、近代的都市生活ではモノが増えて、自然のゴミ処理では間に合わないと逆の内容が述べられているため、**イ**が適切。

(2) 傍線部**1**直後の段落中「人間の記憶は忘却に〜忘却はおきない。」「完全記憶で、〜ありえない」より**エ**が適切。**ア**と**ウ**は人間とコンピューターを同様に捉えているが、本文中からは読み取れない。**イ**は第三段落中の「部分的記憶、〜正常な記憶であるということになる」より不適。

(3) 設問中の「意図的な忘却」は傍線部**2**直前の一文冒頭「記憶を意図的に廃棄しないと」から読み取れ、この一文中の「頭が〜

12 (1) ① 故郷から／父が／上京して／きた。

② 彼は／私の／人生に／大きな／影響を／与えた。

③ 現代では／自然も／社会も／環境の／激変が／起きて／いる。

④ シェイクスピアは／社会の／変化を／敏感に／感じて／いた。

(2) ① これ／は／古い／歴史／を／持っ／た／技法／だ。

② 自分／は／この／結果／に／全く／満足／を／し／て／い／ない。

③ 彼女／は／走る／こと／を／やめ／て／ゆっくり／歩い／た。

④ 人／は／自分／と／異なる／もの／へ／の／あこがれ／を／抱く／もの／だ。

解説 (1) 文節とは、文の意味を壊さない程度に短く区切ったもの。話す調子で「ネ」「サ」「ヨ」などをつけて自然に入るところで区切る。

(2) 単語とは、言葉の最小の単位で、それ以上分けられないもの。

3 古文の学習〔Ⅰ〕

13 (1) よせかえる

(2) (例)絵を上手に描いている屛風(12字)

(3) ウ　(4) エ

解説 (1) 歴史的かなづかいでは文中の「はひふへほ」は「わいうえお」と読む。

(2) 「よく」は「上手に」などの意を表す。

(3) ウは「『これ（＝やまとなでしこ）は秋の末なれば～見えぬ』といふ」から読み取れる。

(4) 注（※）を参照に考えるとエが適切。

〈通釈〉にしとみという所の山は、絵を上手に描いている屛風を立て並べたような景色である。片方は海で、浜辺の様子も、寄せては返す波の景色も、すばらしくみごとである。もろこしが原という所も、砂がとても白い所を二三日かけて通り過ぎる。「（ここでは）夏はやまとなでしこが色が濃く、あるいは薄く錦を広げたように咲いている。今は秋の末なので見えません。」と（ある人）が言うが、それでもやはりところどころは散り落ちながら、（花が）ものさびしそうに一面に咲いている。もろこしが原に、やまとなでしこが咲いているとは、などと、人々はおもしろがる。

14 (1) ゆえ　(2) ウ

(3) (例) **恵心僧都は鹿が草を食べるのを惜しんで、その鹿を苦しめたと考えたから。**(三十四字)　(4) イ

解説 (1) 歴史的かなづかいの「ゑ」は、現代仮名遣いでは「え」と読む。

(2) 「いはく」は「言ったことには」の意味。aは直前の「ある人問うて」が「ある人が尋ねて」と訳し、bは直前の「僧都の」が「僧都が」という訳になることから考える。

(3) 傍線部①直後の「草を～悩ますか」の部分が理由となる。

(4) 二重傍線b直後の「我、～打つなり」の部分よりイが適切。

〈通釈〉仏道を修める人の行いは、善行も悪行もすべて深い考えがある。（普通の）人の考えが及ぶところではない。

昔、恵心僧都が、ある日、庭先で草を食べている鹿を、人に命じて、追い払わせた。その時に、（そこにいた）ある人が尋ねて言うことには、「お師匠様は、慈悲の心がないように見えます。草を惜しんでけものを苦しめるのですか。」僧都が言うことには、「私が、もしこれを打たなかったら、この鹿は、人に慣れて、悪人に近づくような時、必ず殺されるだろう。このために打ちたたいたのだ。」

鹿を打ちたたくのは慈悲の心がないように見えるが、心の中の筋の通った考え方では、慈悲の心が余るほどあふれていることは、このとおりである。

4 古文の学習〔Ⅱ〕

15 (1) かよう　(2) (例)子犬が主人の膝にのぼり、胸に手をあげ、口の周りをなめまわし、そのことで主人が子犬をよりか

① 集団などの長となり主導権を握ること。
② 危険を冒さなければ、大きな成功は得られない。
③ 一度失敗した者が、再び勢力を盛り返すこと。
④ 子供の教育にはよい環境を選べという教え。
⑤ 何度も繰り返し読書すること。

2 文法・敬語・詩歌の学習

7 ① **ア** ② **ウ** ③ **エ** ④ **オ**
⑤ **イ**

解説
① 主語は「何が」「だれが」を表す。
② 「どんな」を説明する修飾語。
③ 「だが」は逆接を表す接続語。
④ 他の文節に関わりが無いので独立語。
⑤ 述語は「どうする、どんなだ」を表す。

8 ① **カ行変格活用（カ変）・命令形**
② **五段活用・連体形**
③ **サ行変格活用（サ変）・仮定形**
④ **下一段活用・終止形**
⑤ **サ行変格活用（サ変）・未然形**
⑥ **上一段活用・連用形**

解説
活用の種類の見分け方は、カ変の動詞は「来る」、サ変の動詞は「する」だけなので暗記する。他は動詞に「ない」をつけて活用させた場合、「ない」の直前がア段の音なら五段活用、イ段の音なら上一段活用、エ段の音なら下一段活用となる。活用形はその活用形に続く代表的な言葉やどのような形かを覚える。未然形は「ない」「う・よう」、連用形は「た」「ます」などが続く。終止形は言い切りの形。連体形は「こと」などの「体言（名詞）」、仮定形は「ば」などが続く。命令形は命令する形。

9 ① **いらっしゃい** ② **なさら**
③ **お会いになり（会いなさい）（会われ）**
④ **お聞きになる（聞きなさる）（聞かれる）**
⑤ **参り（うかがい）**
⑥ **ご案内し（ご案内いたし）**
⑦ **うけたまり（うかがい）（お聞きし）**
⑧ **お持ちし（お持ちいたし）**

解説
尊敬語は相手（目上）を敬う言葉、謙譲語は自分（身内）がへりくだった言葉のため、相手（目上）が行う動作なら尊敬語を使い、自分（身内）が行う動作なら謙譲語を使う。
① 「お客様」が「いる」ので尊敬語。
② 「相手」が「気にする」ので尊敬語。
③ 「相手」が「会う」ので尊敬語。
④ 「相手」が「聞く」ので尊敬語。
⑤ 「自分」が「行く」ので謙譲語。
⑥ 「自分」が「案内する」ので謙譲語。
⑦ 「自分」が「聞く」ので謙譲語。
⑧ 「自分」が「持つ」ので謙譲語。

10 ① **イ** ② **エ** ③ **イ** ④ **ア**
⑤ **エ** ⑥ **ア** ⑦ **ウ** ⑧ **ウ**

解説
① 設問と**イ**は動作の目的を示す格助詞。
② 設問と**エ**は動詞「あまる」の連用形。
③ 設問と**イ**は推定（様態）の助動詞。
④ 設問と**ア**は「〜がもとで」という原因・根拠を示す格助詞。
⑤ 設問と**エ**は「〜まで」という添加を示す副助詞。**ア**は「すら」という他を類推させることを示す副助詞。
⑥ 設問と**ア**は「〜ではあるが」という逆接を示す接続助詞。
⑦ 設問と**ウ**は「存在する」という意味の動詞。
⑧ 設問と**ウ**は「同じく」という意味の副詞。**イ**は「それに加えて」という意味の接続詞。

11 (1) **A 名月・秋 B 花・春**
(2) **切れ字** (3) **ア**

解説
(1) 季語は、自然現象や動植物、行事、生活など広範囲にわたっている。
(2) 切れ字は詠嘆や強調を示す言葉で、感動の中心を表す。
(3) 冬の季語で秋の末から初冬の頃の強く冷たい風の「こがらし」が吹く中、夕日が海に沈む情景を「強い風が夕日を吹き落とす」という擬人法で表現しているため**ア**が適切。

1 漢字・語句の基礎知識

【一】

1

(1)① しかばね ② おんなへん
③ ふしづくり ④ やまへん
⑤ りっしんべん ⑥ にくづき
⑦ わかんむり ⑧ したごころ

(2)① ア ② エ ③ ウ ④ ア ⑤ ア
⑥ エ

(3)① 出し ② あと ③ 終止符
④ 小耳 ⑤ うつつ ⑥ 顔

(4)① 臭い物 ② 備え ③ 七癖
④ たすき ⑤ 回れ ⑥ 三つ子
⑦ とんぼ ⑧ 背比べ

(5)① 末節《まっせつ》 ② 薄命《はくめい》 ③ 不断《ふだん》 ④ 三文《さんもん》
⑤ 意気《いき》 ⑥ 当千《とうせん》

解説

(1) 部首は意味を表す。「りっしんべん」や「したごころ」は心を表し、「わかんむり」はかぶるという意味。

(2) 各構成は①類義語。②主語、述語。③下の語を打ち消す接頭語。④下の語が上の語の目的語。⑤上の語が下の語を修飾。⑥対義語。

(3) それぞれの意味は
① 自分のために他を利用する。
② 物事の影響があとに残る。
③ 終わりにする。
④ ちらりと聞く。
⑤ 何かに心を奪われ夢中になる。
⑥ 世間体が保たれる。

(4) それぞれの意味は
① 人に知られては困るような醜《みにく》い事実を一時しのぎに隠そうとするたとえ。
② ふだんから準備しておけば万一の事態に困らない。
③ だれしも多少は癖があるということ。
④ 中途半端で役に立たないことのたとえ。
⑤ 急ぐならかえって安全確実な方法をとったほうが結局早く目的を達せられるということ。
⑥ 幼いころの性格は年をとっても変わらないということ。
⑦ 物事が中途で切れて、完結しないこと。
⑧ どれもこれも平凡で、特にすぐれたもののないことのたとえ。

(5) それぞれの意味は
① 中心から外れた事柄。
② 美人は早死にしたり不幸だったりするということ。
③ ぐずぐずしていて、決断できないこと。
④ 数が多くても値段がひどく安いこと。
⑤ 元気がなくしょげること。
⑥ 一人で千人の敵に対抗できるほど強いこと。

2

① みなと ② は ③ きわ
④ なな ⑤ た ⑥ こもりうた
⑦ しずく ⑧ とどこお ⑨ ものおき
⑩ ね ⑪ まか ⑫ ふえ ⑬ とおで
⑭ にぎ ⑮ う ⑯ かま

【二】

3

(1)① 2画 ② 10画 ③ 14画
④ 6画 ⑤ 12画 ⑥ 4画

(2)① ひとり ② じゅず ③ でこぼこ
④ やまと ⑤ きょう ⑥ うわ(つく)
⑦ ゆかた ⑧ くだもの ⑨ ふつか
⑩ おとめ ⑪ とあみ ⑫ じょうず

4

① きんこう ② はせい
③ るいじ ④ けっさく ⑤ ぶんけん
⑥ だいく ⑦ なんしょく ⑧ ほっさ
⑨ ひょうばん ⑩ かっしゃ
⑪ ひんぱん ⑫ しゅうぜん
⑬ せいやく ⑭ ちんたい ⑮ ばくが
⑯ きんちょう

5

① 渡航 ② 朗読 ③ 運勢
④ 教養 ⑤ 弁護 ⑥ 温和 ⑦ 自治
⑧ 指揮 ⑨ 背景 ⑩ 金属 ⑪ 無礼
⑫ 遊牧 ⑬ 警備 ⑭ 借家 ⑮ 漁師
⑯ 成功

【三】

6

(1)① 日 ② 度 ③ 洗 ④ 改
⑤ 止 ⑥ 小 ⑦ 燃 ⑧ 縦 ⑨ 採
⑩ 型破 ⑪ 散 ⑫ 暖 ⑬ 思
⑭ 納 ⑮ 住 ⑯ 速 ⑰ 除 ⑱ 奮
⑲ 勇 ⑳ 暑

(2)① 牛耳 ② 虎子 ③ 捲土 ④ 孟母
⑤ 韋編

解説

(2) それぞれの意味は

[基礎編]

国語

栃木県
高校入試
の対策
2024

[実戦編]

栃木県
高校入試
の対策
2024

令和5年度
県立入試

令和4年度
県立入試

令和3年度
県立入試

令和2年度
県立入試

令和元年度
県立入試

平成30年度
県立入試

平成29年度
県立入試

MEMO

[実戦編]

令和5年度
県立入試

栃木県
高校入試
の対策
2024

栃木県立高校入試（R5）

社　会　【解答用紙】

（令５）

社　会　解　答　用　紙

受検番号 (算用数字ではっきり書くこと。)	番

得点計	

◎「得点」の欄には受検者は書かないこと。

問題		答		え	得点
1	1	（　　　）	2	（　　　）	
	3 (1)	（　　　）	(2)	（　　　）	
	3 (3)	（　　　）	(4)	（　　　）	
	3 (5)	（　　　）			
	3 (6)	X：　〔という特徴〕 Y：　〔ということ〕			
2	1	（　　　）	2	（　　　）	
	3	（　　　）	4	（　　　）〔農業〕	
	5	（　　　）	6	（　　　）	
	7				
3	1	（　　　）	2	（　　　）	
	3	（　→　→　→　）			
	4 (1)	（　　　）	(2)	（　　　）	
	5	（　　　）	6	（　　　）	
	7				
4	1	（　　　）	2	（　　　）〔運動〕	
	3 (1)	（　　　）	(2)	（　　　）（　　　）	
	4 (1)	P：　〔から〕 Q：　〔こと〕			
	4 (2)	（　　　）	(3)	（　　　）	
5	1	（　　　）〔法〕	2	（　　　）	
	3	（栃木県 ─　　国庫支出金 ─　　）			
	4	（　　　）	5	（　　　）	
	6	（　　　）〔法〕			
	7				
6	1	（　　　）	2	（　　　）	
	3	（　　　）	4	（　　　）	
	5	（　　　）	6	（　　　）	
	7	X：　〔こと〕 Y：（　　　）〔%〕 Z：　〔こと〕			

栃木県立高校入試(R5)

数　学　【解答用紙】

(令5)

数　学　解　答　用　紙　(1)

受検番号 (算用数字ではっきり書くこと。)	番

	(1)	(2)	計
得　点			

◎「得点」の欄には受検者は書かないこと。

問　題		答		え	得　点
1	1		2		
	3		4		
	5		6	$y =$	
	7	度	8	倍	
2	1	$x =$			
	2	答え(使用できる教室の数)			
	3	① ( ) ② ( ) ③ ( ) ④ ( ) ⑤ ( )			
3	1	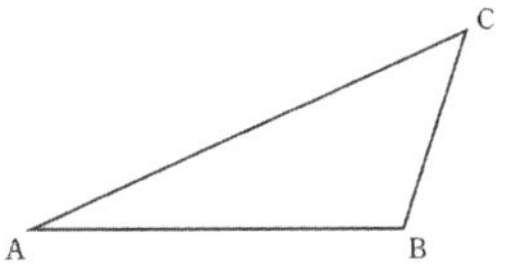	2	(1) cm (2) cm^3	
	3	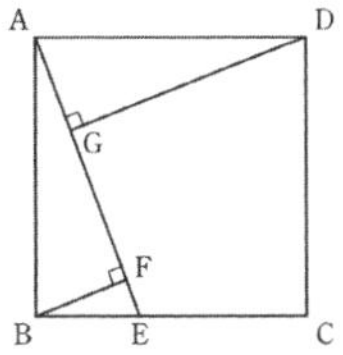(証明)			

（令５）

数　学　解　答　用　紙　(2)

受検番号（算用数字ではっきり書くこと。）	番

得　点	

◎「得点」の欄には受検者は書かないこと。

問	題		答　え	得　点
4	1			
	2	(1)	人	
		(2)	秒	
	3	(1)		
		(2)		
5	1	(1)	(2)	
		(3)	答え（　$t =$　）	
	2	(1)	毎分　m	
		(2)	答え（　）	
		(3)	分　秒後	
6	1		枚	
	2		黒いタイル　枚，白いタイル　枚	
	3		①（　）　②（　）　③（　）	

（令5）

理　科　解　答　用　紙

受検番号 （算用数字ではっきり書くこと。）	番
得点計	

◎「得点」の欄には受検者は書かないこと。

問	題	答え	得点
1	1	（　　）	
	2	（　　）	
	3	（　　）	
	4	（　　）	
	5	（　　）	
	6	（　　）	
	7	（　　）A	
	8	（　　）	
2	1	（　　）	
	2	（　　）Hz	
	3	砂ぶくろの重さと音の高さの関係　：　条件（　　）と条件（　　） 弦の太さと音の高さの関係　：　条件（　　）と条件（　　） 弦の PQ 間の長さと音の高さの関係：　条件（　　）と条件（　　）	
	4	①（　　）　②（　　） 波形の変化	
3	1	①（　　）　②（　　）	
	2	装置 A と装置 B の結果の比較 装置 A と装置 C の結果の比較	
	3	①（　　）　②（　　）　③（　　）	
4	1	（　　）	
	2		
	3	（　　），（　　），（　　）	
	4	①（　　）　②（　　）　③（　　）	
5	1		
	2		
	3	（　　）	
6	1	（　　）J	
	2	小球の速さの大小関係： a（　　）b　a（　　）d　c（　　）e	
	3	 	
7	1	（　　）%	
	2	（　　）g	
	3	（　　）	
	4	記号（　　） 理由	
8	1	方法（　　）　無性生殖（　　）	
	2	（　　）	
	3		
9	1	（　　）	
	2	記号（　　）　時間帯（　　）	
	3	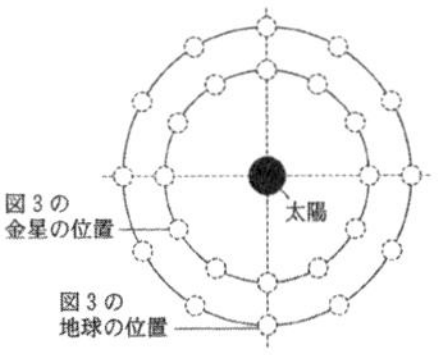 金星の画像（　　）	
	4	（　　）	

(令5)

英　語　解　答　用　紙

受検番号（算用数字ではっきり書くこと。）	番
得点計	

◎「得点」の欄には受検者は書かないこと。

問	題	答え	得点	
1	1	(1) (　　) (2) (　　) (3) (　　) (4) (　　)		
	2	(1) (　　) (2) (　　) (3) (　　)		
	3	(1) (　　) (2) (　　)		
		(3) (　　)		
2	1	(1) (　　) (2) (　　) (3) (　　) (4) (　　)		
		(5) (　　) (6) (　　)		
	2	(1) (　→　→　→　) (2) (　→　→　→　)		
		(3) (　→　→　→　→　)		
3	1	(　　)		
	2	(　　)		
	3	アリは　10　20　25　から，アリがゾウに勝つ。		
	4	(　　)		
4	1			
	2			
	3	(　　)		
	4	(　　)		
	5	(　　)		
5	1	(　　)		
	2	(　　)		
	3	10　15		
	4	(3)		
		(4)		
		(5)		
	5			
	6	(　　)		
	7			

栃木県立高校入試（R５）

国　語

【解答用紙】

（令５）

国語解答用紙（1）

受検番号（算用数字ではっきり書くこと。）	番

得点		
(1)	(2)	計

◎「得点」の欄には受検者は書かないこと。　5は「国語解答用紙(2)」を用いること。

問題			答え	得点 小計	得点 計
1	1	(1)	停止		
		(2)	模型		
		(3)	競（　）う		
		(4)	逃（　）れる		
		(5)	抑揚		
	2	(1)	リョク　チャ		
		(2)	フセ（　）ぐ		
		(3)	シュク　フク		
		(4)	ヒタイ		
		(5)	ク（　）れる		
	3	(1)	（　　）		
		(2)	（　　）		
		(3)	（　　）		
	4	(1)	（　　）		
		(2)	（　　）		
2	1		（　　）		
	2		（　　）		
	3		□□□□□□□□□□□□□□□□□□□□		
	4		（　　）		
	5		（　　）		
3	1		（　　）		
	2		縄文時代の人びとは、□□□ということ。		
	3		（　　）		
	4		（　　）		
	5	(Ⅰ)	□□		
		(Ⅱ)	□□□□□□□□□□□□□□□□□□□□□□□□□		
4	1		（　　）		
	2		（　　）		
	3		（　　）		
	4		（　　）		
	5		□□		
	6		□□□□□□□□□□□□□		

（令５）

国語解答用紙（2）

受検番号（算用数字で横書きにはっきり書くこと。）	番

得点		
甲	乙	計

5

◎受検者名と題名は書かないこと。

100字

200字

240字

栃木県立高校入試(R5)

社　会　【解答・解説】

(令5)

社会採点基準　(総点100点)

〔注意〕 1　この配点は，標準的な配点を示したものである。
2　定められた答えの欄に答えが書かれていないときは，点を与えない。
3　指示された答えと違う表現で答えの欄に記入されていても，正答と認められるものには点を与える。
4　定められた数より多く答えたときは，点を与えない。
5　採点上の細部については，各学校の判断によるものとする。

問題		正答			配点		
1	1	(エ)	2	(イ)	2点×7	14	18
	3 (1)	(ハザードマップ(防災マップ))	(2)	(イ)			
	3 (3)	(ウ)	(4)	(エ)			
	3 (5)	(ア)					
	3 (6)	X：(例)農業産出額の総額に占める野菜の割合が高い〔という特徴〕 Y：(例)新鮮な状態で，大都市に出荷しやすい〔ということ〕			4点	4	
2	1	(ア)	2	(ウ)	2点×6	12	16
	3	(ウ)	4	(焼畑)〔農業〕			
	5	(ウ)	6	(エ)			
	7	(例)サンパウロ都市圏人口はニューヨーク都市圏人口と比較して増加率が高い。そのため都市の下水道の整備が追い付かず，汚水流入により上水の供給源の水質悪化という課題が生じた。			4点	4	
3	1	(エ)	2	(ウ)	2点×7	14	18
	3	(ウ → イ → ア → エ)					
	4 (1)	(分国法)	(2)	(ア)			
	5	(ウ)	6	(エ)			
	7	(例)従来の税制度では税収が安定しなかったことから，政府が定めた地価の一定割合を地租として現金で納めさせ，毎年一定の金額の税収を確保できるようにするため。			4点	4	
4	1	(イ)	2	(自由民権)〔運動〕	2点×4	8	16
	3 (1)	(ア)	(2)	(ア)(ウ)(完答・順不同)			
	4 (1)	P：(例)全国に放送局が設置され，東京の放送局と地方の放送局が電話線で結ばれた〔から〕 Q：(例)大人から子供まで幅広い人々に向けた，趣味や娯楽に関する番組が放送されていた〔こと〕			4点	4	
	4 (2)	(エ)	(3)	(ア)	2点×2	4	
5	1	(公職選挙)〔法〕	2	(エ)	2点×6	12	16
	3	(栃木県— X　国庫支出金— ウ)(完答)					
	4	(カ)	5	(イ)			
	6	(消費者契約)〔法〕					
	7	(例)選挙区によって有権者数が異なるため，一つの選挙区で一人が当選する小選挙区制では，一票の価値に差が生じるという課題がある。			4点	4	
6	1	(イ)	2	(ウ)	2点×6	12	16
	3	(公的扶助)	4	(イ)			
	5	(南南問題)	6	(ア)			
	7	X：(例)恵方巻の廃棄率が前年度より減少したと回答した企業の割合が高い〔こと〕 Y：(53)〔%〕 Z：(例)賞味期限の近いものから購入する〔こと〕			4点	4	

[1]　1　日本は，イギリスのロンドンより東に位置している。本初子午線を基準の経線として，より東側に位置する地域ほど時刻が早くなる。よってイギリスの方が日本より時間が遅れている。また冬は緯度が高いほど，日照時間が短い。よってロンドンは，宇都宮市よりも日の出から日の入りまでの時間が短い。

2　中国の製品が安くて品質がよくなったことなどの理由で，日本の輸入総額に占める中国からの輸入の割合は近年大幅に増加している。

3⑴　被害が予想される範囲や避難場所などを示した地図はハザードマップ。

⑵　冬季に降水量が大きいのは日本海側の気候。

⑶　航空写真からは，転入したのが他県からかどうかはわからない。

⑷　岡山県と香川県は瀬戸大橋で結ばれていて，つながりが強い。よって，香川県は，他都道府県からの旅客数に占める岡山県からの旅客数の割合が高い。また，問題文中の県の中で香川県の人口が２番目に少ない。

⑸　火力発電で利用される原油や石炭，天然ガスは海上輸送に適している。よって海がない岐阜県は，総発電量に占める火力発電の割合が最も低い。

⑹　図４から，豊橋市の農業は農業産出額の総額に占める野菜の割合が高いことが読み取れる。その理由として，高速道路のインターチェンジに近いことを生かし，新鮮な状態で，大都市に出荷しやすいことが考えられる。

[2]　1　サンパウロとリマの経度差は約30°。地球一周の長さが約40000kmであるから，経度差30°あたりの距離は40000÷360×30で，約3300km。サンパウロとリマを直線で結んだ線は経線に対し斜めに交わっている。斜めに交わる線の距離は垂直に交わる場合より長くなるので3300kmより少し長い。

2　**ウ**の区間にアンデス山脈がある。

3　**ア**－サンパウロには日本からの移民の子孫が集まって住む地区が見られる。**イ**－南アメリカではキリスト教が広く信仰されており，キリスト教徒が礼拝などを行う施設が多く見られる。**ウ**－南アメリカの多くは，スペイン・ポルトガルの植民地だったため，スペイン語・ポルトガル語の看板を掲げている店が多く見られる。**エ**－南アメリカでは，メスチーソと呼ばれる先住民とヨーロッパ人の混血の人々が多数暮らしている。

4　森林を伐採して焼き払い，その灰を肥料として作物を栽培するのは焼畑農業。

5　都市Ｂはサバナ気候である。サバナ気候は雨期と乾期があり，夏が雨期で，冬が乾期である。都市Ｂは赤道より南側にあるので，6，7，8月が乾期，1月頃が雨期。また，都市Ｃは砂漠気候で，年間を通して降水量がほとんどない。

6　南アメリカは鉱産資源に恵まれていて，ブラジルで鉄鉱石，チリで銅，ベネズエラやエクアドルで原油が産出されている。特にチリの銅鉱は産出額が世界一である。よってこれらの資源の産出量の割合が高い**エ**が南アメリカ州。

7　図６から，サンパウロ都市圏人口はニューヨーク都市圏人口と比較して増加率が高いことが読み取れる。また図７からサンパウロの増加する人口に下水道の整備が追いつかず，汚水が流入していることが読み取れる。そのことにより上水の供給源の水質悪化という課題が生じた。

[3]　1　平城京を都としてから平安京を都とするまでの時代は奈良時代。国分寺の建立は奈良時代に聖武天皇によって命じられらた。

2　戸籍に登録された人々に口分田が与えられ，租などの税が課されたのは奈良時代。

3　1221年に後鳥羽上皇が鎌倉幕府を倒すため兵をあげた（承久の乱）。幕府側が勝利し，京都に六波羅探題が設置された。1333年に鎌倉幕府が滅亡し，後醍醐天皇が天皇中心の政治を行った（建武の新政）。その後，室町幕府第三代将軍である足利義満が日明貿易をはじめた。よって**ウ→イ→ア→エ**

4⑴　戦国大名が領地を治めるために定めた独自のきまりは分国法。

⑵　戦国大名が活躍していたのは15世紀末から16世紀末。**ア**－ルターによる宗教改革がはじまったのは1517年。**イ**－イギリスで産業革命がおきたのは18世紀中頃から19世紀初頭。**ウ**－アメリカ独立宣言が発表された

のは1776年。**エ**－元が成立したのは1271年。

5　徳川家光は参勤交代を制度化した。よって出された法令は**ウ**。

6　江戸時代に，年貢米や特産品を販売するために大阪におかれたのは蔵屋敷。

7　図２から，従来の税制度では税収が安定しなかったことが読み取れる。そこで政府は地価の一定割合を地租として現金で納めさせ，毎年一定の金額の税収を確保できるようにするため地租改正を行った。

4　1　図１が伝えているできごとはペリー来航。ペリー来航の翌年，日米和親条約が締結された。

2　国民が政治に参加する権利の確立を目指すために行われたのは自由民権運動。

3⑴　ルーズベルト(ローズベルト)，ヒトラーともに世界恐慌による国内の経済の混乱を立て直すため，公共事業を積極的に行い，雇用の創出を目指した。

⑵　第二次世界大戦開戦後に結ばれたのは日独伊三国同盟。よって**ア**と**ウ**。

4⑴　図４から，全国にラジオの放送局が設置され，東京の放送局と地方の放送局が電話線で結ばれたことがわかる。また図５から，大人から子供まで幅広い人々に向けた，趣味や娯楽に関する番組が放送されていたことがわかる。

⑵　**ア**－1973年。**イ**－1945年。**ウ**－1991年頃。**エ**－1955年頃。よって**エ**。

⑶　日本において，テレビ中継が行われるようになったのは第二次世界大戦後。**ア**の満州事変は1931年におこった。よって満州事変の様子はテレビで生中継されていないと判断できる。

5　1　選挙権年齢などの選挙制度を定めた法律は公職選挙法。

2　**ア**－内閣総理大臣は，国務大臣の過半数を，国会議員の中から選ばなければならない。**イ**－内閣総理大臣は，国会の議決で指名される。**ウ**－地方公共団体の首長は，地方議会を解散することができる。**エ**－地方公共団体の首長は，住民の直接選挙で選ばれる。

3　東京都は歳入における地方税の割合が高く，地方公共団体間の格差をおさえるための地方交付税交付金を受け取っていない。よってＹ－東京都，Ｘ－栃木県。**ア**－地方税，**イ**－地方交付税，**ウ**－国庫支出金。

4　法の支配とは，法によって政府の政治活動を制限することで，国民に対する政治権力の行使を抑制し，人権や自由を保障しようとする考え方である。

5　インフレーションがおこると物価が上昇し，一定のお金で買える財やサービスが少なくなる。

6　事業者から事実と異なる説明によって商品を購入した場合，後からこの売買契約を取り消すことができることを定めた法律は，消費者契約法。

7　図３から，有権者数が最も多い選挙区と少ない選挙区で２倍以上の差があることが読み取れる。小選挙区制では，一票の価値に差が生じやすいという課題がある。

6　1　世界人権宣言に法的拘束力を持たせるため，採択されたのは国際人権規約。

2　女性は結婚・出産があるため，20代後半から30代にかけて就業率が落ちる。近年，育児休暇の取得がしやすくなるなど就労環境の改善により，以前ほど，女性の就業率は減少していない。

3　生活に困っている人に対し，最低限度の生活を保障し，自立を助ける制度は公的扶助。

4　Ⅰ－日本は，非核三原則の立場をとっている。Ⅱ－核拡散防止条約の採択以降，北朝鮮など新たに核兵器を開発する国がみられる。Ⅲ－日本は，個々の人間を大切にするという人間の安全保障の考え方をとっている。

5　発展途上国間の経済格差は南南問題。

6　国境を越えて経営するのは多国籍企業。また，アジア・太平洋地域の国々が参加するのはAPEC。ASEANは東南アジア諸国連合。

7　図２から，恵方巻の廃棄率が前年度より減少したと回答した企業の割合が高いことがわかる。また図３から，前年度よりも４割以上の削減をした企業が，53％(31＋22)であることがわかる。図４から翌日飲む牛乳を店舗で購入する場合には，賞味期限の近いものから購入することで，食品ロスの削減に貢献できることがわかる。

栃木県立高校入試(R5)

数　学　【解答・解説】

数 学 採 点 基 準　(総点 100 点)　　(令 5)

〔注意〕 1　この配点は，標準的な配点を示したものである。
2　定められた答えの欄に答えが書かれていないときは，点を与えない。
3　指示された答えと違う表現で答えの欄に記入されていても，正答と認められるものには，点を与える。
4　採点上の細部については，各学校の判断によるものとする。

問	題	正		答	配	点		
1	1	8	2	$\frac{4}{3}a^2b$	2 点× 8	16		
	3	x^2+6x+9	4	$7x+5y \leqq 2000$				
	5	4	6	$(y=)-\frac{16}{x}$				
	7	113(度)	8	$\frac{25}{9}$(倍)				
2	1	$(x=)-2\pm\sqrt{3}$			1 は 3 点 2 は 7 点 3 は 5 点	15		
	2	(例) $15x+34=20(x-2)+14$ $15x+34=20x-26$ $-5x=-60$ $x=12$ この解は問題に適している。 答え(　使用できる教室の数　12　)						
	3	①(　100　)　②(　10　) ③(　$a+1$　)　④(　b　)　⑤(　$c-1$　)						
3	1	(例) 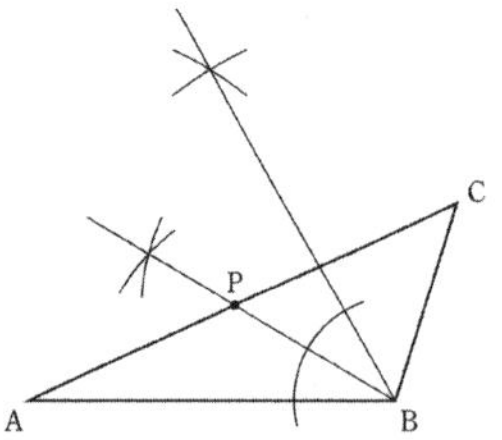 	2	(1) $\sqrt{10}$(cm) (2) 21π(cm^3)	1 は 4 点 2 (1)は 3 点 2 (2)は 4 点 3 は 7 点	18		
	3	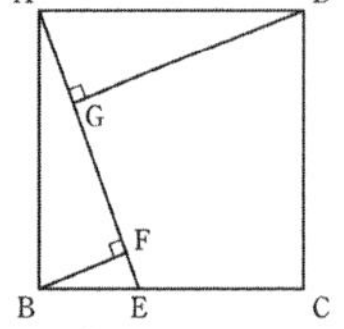 		(例) △ABF と △DAG において 仮定より ∠BFA = ∠AGD = 90°　……① AB = DA　……② ∠BAD = 90°　より ∠BAF = 90° − ∠DAG　……③ △DAG において ∠ADG = 180° − (90° + ∠DAG) = 90° − ∠DAG　……④ ③，④より ∠BAF = ∠ADG　……⑤ ①，②，⑤より 直角三角形の斜辺と 1 つの鋭角がそれぞれ等しいから △ABF ≡ △DAG				

問題			正答	配点	
4	1		$\frac{2}{5}$	1は3点 2(1)は2点 2(2)は2点 3(1)は2点 3(2)は4点	13
	2	(1)	17(人)		
		(2)	21.0(秒)		
	3	(1)	ア，エ		
		(2)	(例) 25番目の生徒の得点が7点，26番目の生徒の得点が9点		
5	1	(1)	$0 \leqq y \leqq 50$	1(1)は2点 1(2)は4点 1(3)は7点 2(1)は3点 2(2)は5点 2(3)は4点	25
		(2)	18		
		(3)	(例) $B(t,\ 2t^2)$，$C(-t,\ 2t^2)$，$D(-t,\ -5t)$より $BC = 2t$，$CD = 2t^2 + 5t$ である。 $BC : CD = 1 : 4$ より $4BC = CD$ $4 \times 2t = 2t^2 + 5t$ $2t^2 - 3t = 0$ $t(2t - 3) = 0$ $t = 0$，$t = \frac{3}{2}$ $t > 0$ より　$t = \frac{3}{2}$ この解は問題に適している。 答え(　$t = \frac{3}{2}$　)		
	2	(1)	(毎分)65(m)		
		(2)	(例) xとyの関係の式は $y = 70x + b$ と表せる。 グラフは点(6，390)を通るので $390 = 70 \times 6 + b$ $b = -30$ したがって，求める式は　$y = 70x - 30$ 答え(　$y = 70x - 30$　)		
		(3)	14(分)20(秒後)		
6	1		64(枚)	1は3点 2は4点 3は6点	13
	2		(黒いタイル)17(枚)，(白いタイル)32(枚)		
	3		①(　$4(a^2 - b)$　)　②(　9　)　③(　11　)		

1 1　$3-(-5)=3+5=8$

2　$8a^3b^2 \div 6ab = \dfrac{8a^3b^2}{6ab} = \dfrac{4}{3}a^2b$

3　$(x+3)^2 = x^2+2\times x\times 3+3^2 = x^2+6x+9$

4　1個x円のパン7個で$7x$円，1本y円のジュース5本で$5y$円。代金の合計が2000円以下になるから　$7x+5y\leqq 2000$

5　辺ABとねじれの位置にある，平行でなく交わらない辺は，辺CG，DH，EH，FG の4つ。

6　yはxに反比例するから $y=\dfrac{a}{x}$，$xy=a$
$x=-2$，$y=8$を代入して
$a=(-2)\times 8=-16$ より　$y=-\dfrac{16}{x}$

7　大きい方の$\overset{\frown}{AC}$に対する中心角は
$360°-134°=226°$
$\overset{\frown}{AC}$に対する円周角は中心角の半分だから
$\angle x=226°\div 2=113°$

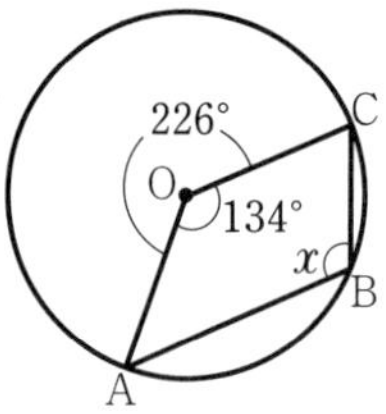

8　相似な図形では，**面積比は相似比の2乗に等しい**。△ABCと△DEFの面積比は$3^2:5^2=9:25$　△DEFの面積は△ABCの面積の　$25\div 9=\dfrac{25}{9}$(倍)

〜は…の何倍か⇒(〜は)÷(…の)

2 1　$x=\dfrac{-4\pm\sqrt{4^2-4\times1\times1}}{2\times1}$
$=\dfrac{-4\pm\sqrt{12}}{2}=\dfrac{2(-2\pm\sqrt{3})}{2}=-2\pm\sqrt{3}$

2

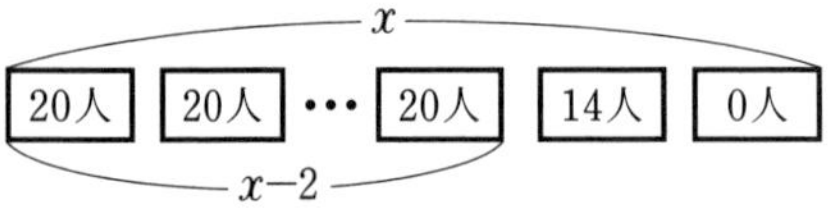

使用できる教室の数をxとする。教室1つに15人ずつ入ると$15x$人が入れ，34人が入れないから参加者は$(15x+34)$人。また，教室1つに20人ずつ入るとき，$(x-2)$の教室に20人ずつ入るから参加者は
$20(x-2)+14$(人)　参加者の数は同じだから　$15x+34=20(x-2)+14$，$x=12$

3　3けたの自然数Mの百の位の数をa，十の位の数をb，一の位の数をcとすると
$M=100a+10b+c$，自然数$N=M+99$
$N=100a+10b+c+(100-1)$
$=100(a+1)+10b+(c-1)$
Nの百の位の数は$a+1$，十の位の数はb，一の位の数は$c-1$となるからNの各位の数の和は　$(a+1)+b+(c-1)=a+b+c$

3 1　△DABが正三角形になるような点Dを求める。∠ABDの二等分線を作図し辺ACとの交点にPを記入する。$\angle ABP=60°\div 2=30°$

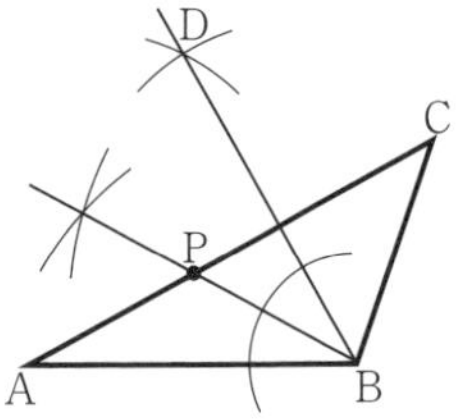

2 (1)　点Aから辺CDに垂線AHをひくと
AH＝BC＝3
DH＝3−2＝1
△DAHで
$AD^2=3^2+1^2$
$=10$
AD＞0より
$AD=\sqrt{10}$ cm

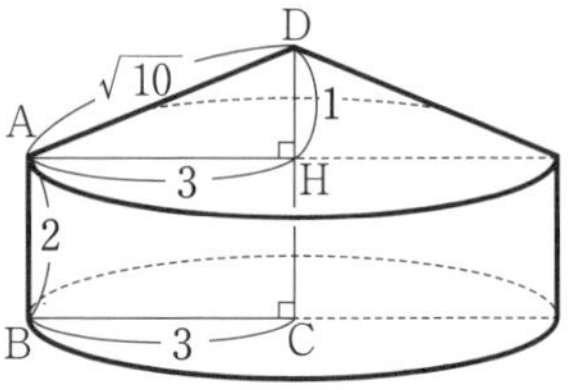

(2)　底面の半径が3cm，高さが2cmの円柱と高さが1cmの円錐を重ねた立体ができる。$\pi\times 3^2\times 2+\dfrac{1}{3}\times\pi\times 3^2\times 1=21\pi$

3　正方形ABCDで，
∠BAD＝90°，∠BAF＝90°−∠DAG　△DAGは∠AGD＝90°の直角三角形だから　∠ADG＝180°−(90°＋∠DAG)＝90°−∠DAG より　∠BAF＝∠ADG　直角三角形の斜辺と1つの鋭角がそれぞれ等しい。

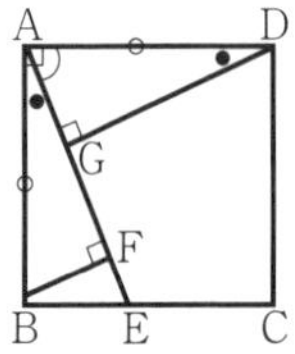

4 1　5人の生徒から2人を選ぶ選び方は，10通り。このうちDが選ばれるのは　AD，BD，CD，DE の4通りだから　$\dfrac{4}{10}=\dfrac{2}{5}$

AB	AC	AD	AE
	BC	BD	BE
		CD	CE
			DE

2 (1)　**累積度数は，最初の階級からその階級までの度数を合計したもの**だから
$2+7+8=17$(人)

(2)　**最頻値は，度数が最も多い階級の階級値。**度数が13人で最も多い20.0秒以上22.0秒未満の階級の階級値を求めると
$(20.0+22.0)\div 2=21.0$(秒)

3

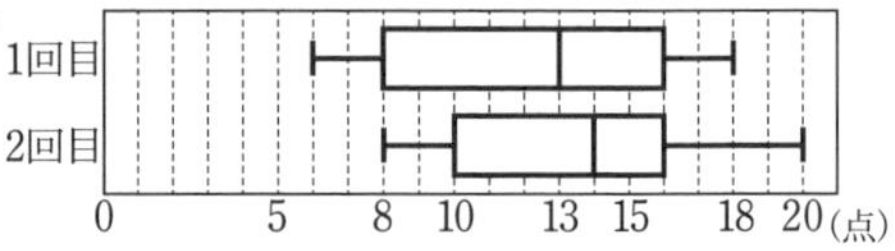

(1)**ア**　**中央値は第2四分位数**のことで，1回目13点，2回目14点，正しい。**イ**　1回目18点，2回目20点，2回目の方が大きい。

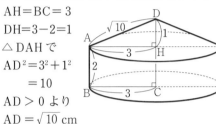

ウ　(範囲)＝(最大値)－(最小値)　1回目　$18-6=12$(点), 2回目　$20-8=12$(点)　等しい。**エ　(四分位範囲)＝(第3四分位数)－(第1四分位数)**　1回目　$16-8=8$(点), 2回目　$16-10=6$(点)　正しい。

⑵　100人を　$100\div4=25$(人)ずつに分ける。第1四分位数は得点の小さい方から25番目と26番目の平均値。25番目の生徒が7点, 26番目の生徒が9点の場合, 第1四分位数は　$(7+9)\div2=8$(点)となる。

5 **1** ⑴　xの変域に$x=0$も含まれるから　$y=2x^2$に$x=-1$, 0, 5をそれぞれ代入して, $y=2$, 0, 50 より　$0\leqq y\leqq50$

⑵　図のようにE, Fを定める。$t=2$のとき　Aのx座標は2, $y=5\times2=10$, A(2, 10)　Cのx座標は-2　$y=2\times(-2)^2=8$　C(-2, 8)　CE＝8, EF＝$2-(-2)=4$, AF＝10　△OAC＝台形CEFA－△OCE－△OAF＝$(8+10)\times4\div2-2\times8\div2-2\times10\div2$＝$36-8-10=18$

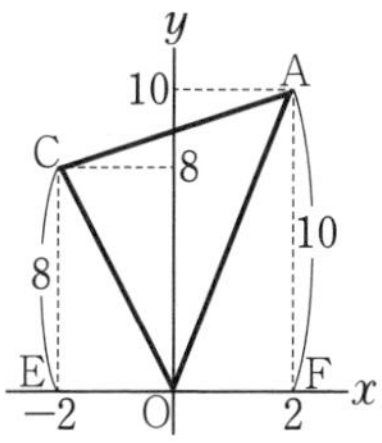

⑶　B(t, $2t^2$), C, Dのx座標は$-t$　C($-t$, $2t^2$), D($-t$, $-5t$)　BC＝$t-(-t)=2t$　CD＝$2t^2-(-5t)$＝$2t^2+5t$

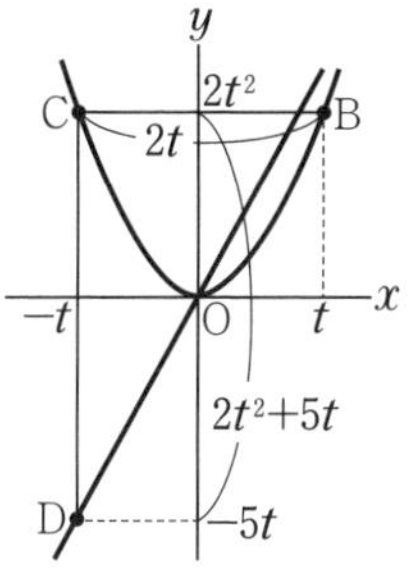

BC：CD＝1：4 より　4BC＝CD　$4\times2t=2t^2+5t$, $2t^2-3t=0$, $t(2t-3)=0$, $t>0$より　$t=\dfrac{3}{2}$

2 ⑴　2人が学校を出てから後藤さんの家までの390mを6分で歩くから, 速さは毎分　$390\div6=65$(m)

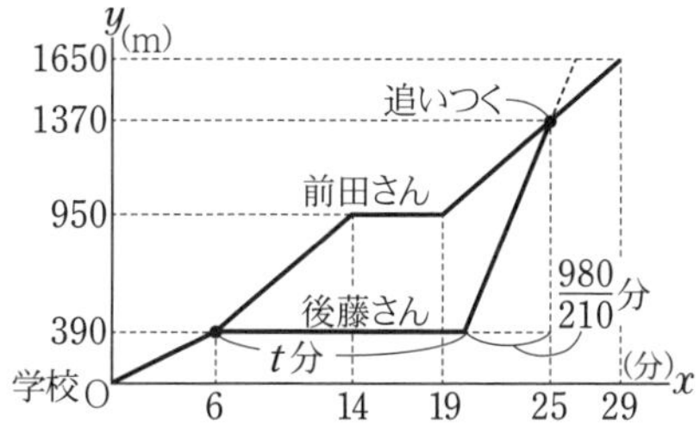

⑵　前田さんは毎分70mの速さで歩く。**速さは直線の傾きに等しく**式は　$y=70x+b$　グラフは点(6, 390)を通り　$390=70\times6+b$　$b=-30$　より　$y=70x-30$

⑶　前田さんは家から図書館まで毎分70mの速さで歩く。**速さは直線の傾きに等しく式**は　$y=70x+c$, グラフは点(19, 950)を通り　$950=70\times19+c$, $c=-380$より　$y=70x-380$…①　後藤さんは図書館まで残り280mの地点で追いつく。学校からでは　$1650-280=1370$(m)　$y=1370$を①に代入して　$1370=70x-380$, $x=25$　学校を出てから25分後に前田さんに追いつく。後藤さんは家を出てから前田さんに追いつくまでに　$1370-390=980$mを毎分210mの速さで進む。後藤さんは家に着いてからt分後に家を出たとすると

$$6+t+\frac{980}{210}=25,\ t=\frac{43}{3}=14\frac{1}{3}=14分20秒$$

6 **1**　$n=4$の場合, タイルをしきつめる正方形の板の面積は$4\times4=16\,\mathrm{cm}^2$　白いタイルは$1\,\mathrm{cm}^2$に4枚使う。$4\times16=64$(枚)

2　$n=5$の場合, 黒いタイルをx枚, 白いタイルをy枚使うとする。$x+y=49$…(i)　黒いタイル1枚は$1\,\mathrm{cm}^2$, 白いタイル1枚は$\dfrac{1}{4}\,\mathrm{cm}^2$, 正方形の板の面積から

$$x+\frac{1}{4}y=5\times5,\ 4x+y=100\cdots\text{(ii)}$$

(i), (ii)より　$x=17$, $y=32$

3　$n=a$の場合, 正方形の板の面積は　$a^2\,\mathrm{cm}^2$　黒いタイルはb枚で$b\,\mathrm{cm}^2$　残りは$(a^2-b)\,\mathrm{cm}^2$　これに白いタイルを使う。白いタイルは$1\,\mathrm{cm}^2$に4枚使うから, 白いタイルの枚数は　$4(a^2-b)$枚…①

次に, はじめのタイルの貼り方では黒いタイルはb枚, 白いタイルは$4(a^2-b)$枚使った。枚数の合計は　$b+4(a^2-b)=4a^2-3b$(枚)　変更後, 黒いタイルを貼った$b\,\mathrm{cm}^2$に白いタイルを使う。白いタイルは$1\,\mathrm{cm}^2$に4枚使うから, $4b$枚使う。また, 白いタイルを貼った$(a^2-b)\,\mathrm{cm}^2$に黒いタイルを使う。黒いタイルは$1\,\mathrm{cm}^2$に1枚使うから(a^2-b)枚使う。枚数の合計は$4b+(a^2-b)=a^2+3b$(枚)　変更後のタイルの枚数は, はじめのタイルの枚数よりも225枚少なく　$a^2+3b=(4a^2-3b)-225$　$3a^2=6b+225$, $a^2=2b+75$　$2b$は偶数, 75は奇数で偶数と奇数の和は奇数。$2b+75$は奇数で **(奇数)^2＝(奇数)** よりa^2は75より大きい(奇数)^{2}の数になる。したがって
$a=9$…②　のとき　$a^2=81$, $b=3$
$a=11$…③　のとき　$a^2=121$, $b=23$

栃木県立高校入試(R5)

理　科　【解答・解説】

理科採点基準　(総点100点)　(令5)

〔注意〕
1　この配点は，標準的な配点を示したものである。
2　定められた答えの欄に答えが書かれていないときは，点を与えない。
3　指示された答えと違う表現で答えの欄に記入されていても，正答と認められるものには点を与える。
4　定められた数より多く答えたときは，点を与えない。
5　採点上の細部については，各学校の判断によるものとする。

問	題	正答	配点	
1	1	(ウ)　2 (イ)　3 (ア)　4 (エ)	2点×8	16
	5	(初期微動)　6 (反　射)		
	7	(12)A　8 (塩)		
2	1	(空　気)　2 (100)Hz	1は2点	12
	3	砂ぶくろの重さと音の高さの関係　：条件(A)と条件(C) 弦の太さと音の高さの関係　：条件(A)と条件(D) 弦のPQ間の長さと音の高さの関係：条件(A)と条件(B)	2は3点	
	4	①(太　く)　②(長　く) 波形の変化(例)　縦軸の振動の振れ幅が大きくなる。	3は3点 4は4点	
3	1	①(高　く)　②(大きく)	1は2点	9
	2	装置Aと装置Bの結果の比較(例)　(ビーカー内の)空気に，より多くの水蒸気が含まれること。 装置Aと装置Cの結果の比較(例)　(ビーカー内の水蒸気を含んだ)空気が冷やされること。	2は4点	
	3	①(晴　れ)　②(水蒸気)　③(凝　結)	3は3点	
4	1	(ウ)	1は2点	12
	2	(例)　だ液には，デンプンを糖に分解するはたらきがあること。	2は3点	
	3	(R)，(T)，(S)	3は3点	
	4	①(水)　②(あ　る)　③(な　い)	4は4点	
5	1	(例)　手であおぎながらかぐ。	1は3点	9
	2	$CuCl_2 \rightarrow Cu + Cl_2$	2は3点	
	3	(イ)	3は3点	
6	1	(0.1)J	1は2点	9
	2	小球の速さの大小関係：　a(>)b　a(=)d　c(<)e	2は3点	
	3	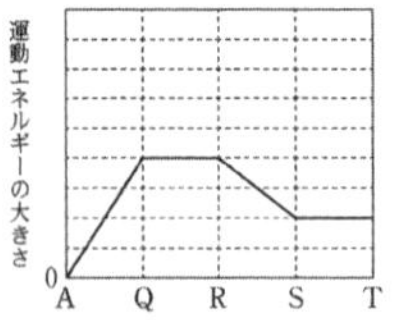 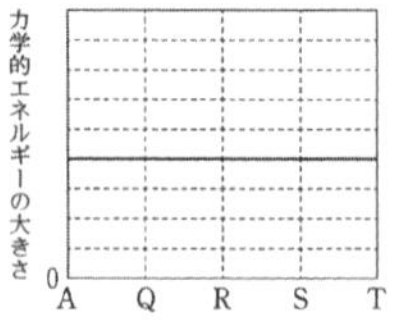	3は4点	
7	1	(20)%　2 (5)g　3 (ア)	1は2点 2は3点 3は3点	12
	4	記号(イ) 理由(例)　同じ温度での溶解度は等しいから。	4は4点	
8	1	方法(Y)　無性生殖(栄養生殖)　2 (ア)	1は3点 2は3点	9
	3	(例)　新しい個体は体細胞分裂でふえ，遺伝子がすべて同じであるから。	3は3点	
9	1	(衛　星)	1は2点	12
	2	記号(ア)　時間帯(明け方)	2は3点	
	3	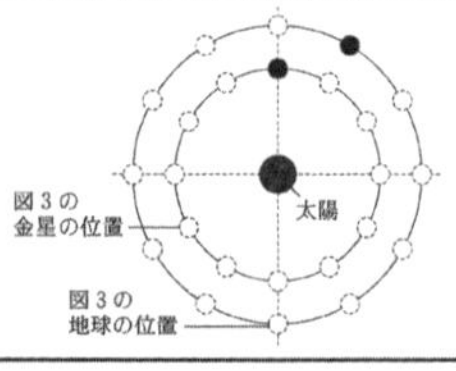 金星の画像 (エ)	3は4点	
	4	(ウ)	4は3点	

[1] 1　子房がなく胚珠がむきだしになっている植物は裸子植物である。裸子植物には，イチョウのほか，マツ，スギ，ソテツなどがある。

2　水蒸気を除いた空気の体積の割合は，窒素が約78％，酸素が約21％，その他が約1％である。その他の中には二酸化炭素が約0.04％含まれる。

3　一つの物体に二つ以上の力がはたらいていて，その物体が静止しているとき，物体にはたらく力は「つりあっている」という。この場合の「一つの物体」にあたるのがおもりである。「おもりにはたらく重力」と「糸がおもりにおよぼす力」はどちらもおもりにはたらいていて，大きさは等しく，向きは反対で，同一直線上にあるので，つりあいの関係にある。これと混同しやすいのが作用・反作用で，作用・反作用は，「二つの物体の間で対になってはたらく力」である。**ア**と**イ**は「おもりと糸」という二つの物体間ではたらく力で，**ウ**と**エ**は「糸と天井」という二つの物体間ではたらく力である。

4　気団は，広大な大陸上や海洋上に大規模な高気圧ができ，その中の大気があまり動かないとできる。夏は日本列島の南海上に太平洋高気圧が発達し，あたたかくて湿った気団が形成される。大陸上にできた気団は乾燥しており，海洋上にできた気団は湿っている。

5　S波による大きな揺れは主要動という。

6　意識とは無関係に起こる反射は，感覚器官で受け取った刺激の信号が，感覚神経→脊髄→運動神経→筋肉と伝えられる。脳を通らず，脊髄から直接命令の信号が出されるので，意識して起こす反応に比べて，刺激を受けてから反応するまでの時間が短い。

7　1200 W÷100 V＝12 A

8　酸とアルカリがたがいの性質を打ち消す中和反応では，酸の陽イオンである水素イオンと，アルカリの陰イオンである水酸化物イオンが結びついて水になり，酸の陰イオンとアルカリの陽イオンが結びついて塩ができる。塩には塩化ナトリウムのように水に溶けるものと，硫酸バリウムのように水に溶けにくいものがある。

[2] 1　音は音源となる物体が振動することによって生じる。その振動が空気を振動させ，音が伝えられる。

2　振動数とは，1秒間に振動する回数のことである。図2より，モノコードの音が1回振動するのにかかった時間は200分の2秒なので，$1\mathrm{s} \div \frac{2}{200}\mathrm{s} = 100\mathrm{Hz}$

3　砂ぶくろの重さと音の高さの関係を調べるには，弦の太さや長さは変えずに砂ぶくろの重さのみを変えればよいのでAとC。弦の太さと音の高さの関係を調べるには，砂ぶくろと弦の長さは変えずに弦の太さのみを変えればよいのでAとD。弦の長さと音の高さとの関係を調べるには，砂ぶくろと弦の太さは同じにして，弦の長さのみを変えればよいので，AとB。

4　図2と図3を比べると，振幅は変わっていないが振動数が異なることがわかる。図3は1回振動するのに要する時間が図2の2倍なので，振動数は半分になる。振動数が小さいと低い音になる。弦を強くはじくと振幅が大きくなる。

[3] 1　飽和水蒸気量は温度が上がると大きくなる。空気の温度が露点より低くなると結露してしまうので，結露を防ぐには空気の温度を上げるとよい。

2　Aの空気はぬるま湯があるので水蒸気を多く含むが，Bはそれがない。Aの空気は氷水で冷やされているがCの空気は冷やされていない。霧が発生するには多くの水蒸気を含んだ空気が冷やされることが必要であることがわかる。

3　風がない晴れた夜は，地面から熱が逃げて，地表の温度が大きく下がる。

[4] 1　ベネジクト液は，デンプンには反応しないが，デンプンが消化されてできた麦芽糖やブドウ糖には反応する。麦芽糖やブドウ糖を含む液体にベネジクト液を加えて加熱すると，青色だったものが，黄色や赤褐色に変化する。

2　ヨウ素液はデンプンが存在すると青紫色に変色する。だ液を加えたデンプン溶液の20分後に注目すると，ヨウ素液では変化せず，つまりデンプンはなくなっていて，ベネジクト液では変化している。すなわち糖が存在することがわかる。

3　チューブAに入れたデンプンが試験管C′には存在しないので，デンプンはセロハンチューブの穴より大きいことがわかる。また，チューブB内でできた糖は，試験管D′にも存在していることから，糖はセロハンチューブの穴より小さいことがわかる。

4　チューブXにはだ液に含まれる酵素が存在している。もし酵素の大きさがセロハンチューブの穴より大きいと仮定すると，チューブXの酵素はセロハンチューブを通り抜けられないので，試験管Yにはデンプンが残ったままで糖はできていないことになる。デンプンのままだとヨウ素液で色が変化し，ベネジクト液で色は変化しない。

5　1　気体には有毒なものもあるので，必要以上に吸い込まないようにする。塩素は有毒な気体である。

2　塩化銅水溶液を電気分解すると，塩化銅は単体の銅と気体の塩素になる。

3　図2のグラフで，電流を流した時間が50分のところに注目すると，0.40 Aのとき付着した固体の質量は0.20 Aと0.60 Aのときの中間の0.40gである。50分で0.40gなので1.0gになるためには

$$50\,\mathrm{min}\times\frac{1.0\mathrm{g}}{0.4\mathrm{g}}=125\,\mathrm{min}$$

6　1　100gが1 Nなので，50gは0.5 Nに相当する。　0.5 N×0.2m＝0.1 J

2　水平面QRでは，小球の位置エネルギーはすべて運動エネルギーに変わっているので，位置エネルギー(水平な床からの高さ)の大小が運動エネルギーの大小と等しい。

3　位置エネルギーと運動エネルギーの和が力学的エネルギーである。摩擦や空気の抵抗がなければ，力学的エネルギーは一定に保たれる(力学的エネルギー保存の法則)。力学的エネルギーは位置エネルギーがゼロになったときの運動エネルギーの値と等しいので下から4マス目の値である。

7　1　$\frac{25\mathrm{g}}{(100+25)\,\mathrm{g}}\times 100=20\%$

2　ホウ酸は44℃で100gの水に10gまでしか溶けないので，20gの水に溶けるのは2gまでである。よって，7g－2g＝5gが溶け残る。

3　硝酸カリウムと塩化カリウムの溶解度曲線を比べると，30℃から60℃まで温度が変化したとき，100gの水に溶ける物質の質量は，硝酸カリウムの方が変化が大きい。よって，それぞれの飽和水溶液を冷却したとき出てきた結晶は硝酸カリウムの方が多い。

4　最初に何g溶かした水溶液であっても，冷却して結晶が出てきたあとの水溶液はその温度での飽和水溶液である。ビーカーAもBも水の量は等しく100gなので，A′もB′も20℃の飽和水溶液であり，溶けている溶質の質量(粒子モデルの数)は等しい。

8　1　方法Xは，雌雄の親が関わって子を増やす増え方なので有性生殖である。

2　ジャガイモAとBは減数分裂によって染色体の数が半分になるが，受精によって子は親と同じ数の染色体をもつことになる。

3　方法Xの有性生殖では両親の遺伝子を半分ずつもつ受精卵ができるが，方法Yの無性生殖では受精が行われない。

9　2　3月29日の上弦の月は，図2では上側の位置にある月である。月は満月から満月までに約29.5日かかるので，上弦の月から満月(図2の左側の月)までには

29.5日÷4＝7.375日　かかる。3月29日の7日後は4月6日になる。また，満月が西の方角に見えるときは太陽が東にあるので明け方に見える。

3　地球は1日に約1°移動するので，150日後には図3の地球の位置から約150°移動している。金星の公転周期は表より，0.62年である。これは365日×0.62＝226.3日にあたる。よって，150日後には

$$360^\circ\times\frac{150日}{226日}=238.9^\circ\ (約240^\circ)$$

移動していることになる。

150日後の地球から金星を見ると，左側が太陽に照らされて光って見える。また，図3の地球と金星間の距離に比べて，150日後の地球と金星間の距離の方が短いので，金星は図4より大きく見える。

4　グループXは，図5より，惑星の直径が小さく密度が大きいことから，地球型惑星(水星，金星，地球，火星)である。グループYは，直径は大きいが密度は小さいので，木星型惑星(木星，土星，天王星，海王星)である。**ア**：Yの方が平均密度は小さいが，質量は大きい。**イ**：Xの方が太陽からの距離は小さいが，平均密度は大きい。**ウ**：正しい　**エ**：Yの木星型惑星は，平均密度は小さいが，公転周期はすべて長い。

栃木県立高校入試(R5)

英　語　【解答・解説】

英語採点基準

(総点100点)　(令5)

〔注意〕
1　この配点は，標準的な配点を示したものである。
2　定められた答えの欄に答えが書かれていないときは，点を与えない。
3　指示された答えと違う表現で答えの欄に記入されていても，正答と認められるものには点を与える。
4　定められた数より多く答えたときは，点を与えない。
5　採点上の細部については，各学校の判断によるものとする。

問	題	正　答	配	点		
1	1	(1) (ア)　(2) (エ)　(3) (イ)　(4) (ウ)	2点×4	26		
	2	(1) (イ)　(2) (エ)　(3) (エ)	3点×3			
	3	(1) (1723)　(2) (children[kids]) (3) (beautiful)	3点×3			
2	1	(1) (ウ)　(2) (イ)　(3) (ア)　(4) (ウ) (5) (イ)　(6) (エ)	2点×6	18		
	2	(1) (エ → イ → ウ → ア)　(2) (エ → イ → ア → ウ) (3) (イ → ア → ウ → オ → エ)	2点×3			
3	1	(イ)	3点	14		
	2	(例) (different)	4点			
	3	アリは ゾウの耳や鼻の中に入ることができ，ゾウはそれを嫌がる から，アリがゾウに勝つ。(26字)	4点			
	4	(ウ)	3点			
4	1	(例1) did not say (例2) never said	2点	14		
	2	(例) 修二が竜也にバドミントンで負けること。	3点			
	3	(例) (power)	3点			
	4	(エ)	3点			
	5	(ア)	3点			
5	1	(T-shirt)	2点	28		
	2	(ア)	3点			
	3	(例) 不要になった服を捨てること。(14字)	3点			
	4	(3) (例1) putting clothes into (例2) trying to put her clothes into (4) (例1) get books they want to read (例2) take a book they like (5) (例1) makes a bag (例2) made a bag	3点×3			
	5	(例1) Can you tell me (例2) Will you explain	3点			
	6	(ウ)	2点			
	7	(例1) I will bring my used clothes to a shop near my house. I know the shop collects used clothes and recycles them. Now, I just throw away the clothes I don't need because it is an easy way. However, I think I should stop it because my small action can save the earth. I want to be kind to the environment. (例2) I will give my clothes to my little sister. I have clothes which are too small for me, but my sister can still wear them. She often says she likes my clothes, so I think she will be happy. Also, it is good for our family because we don't need to buy new clothes.	6点			

1　概要・要点を聞き逃さないために，段階を踏んで聞く練習をしておくことが大切。

1　話題の中心は何かを聞き取る。

(1)　犬がどこで，何をしているかを聞き取る。sleepingかplayingをよく聞いて判断する。

(2)　いつ集まってレポートを作成するのか，曜日や月日に注意して聞き取る。

(3)　何のために先生の居場所を探しているのかを聞き取る。

(4)　友人との約束を忘れて慌てている場面。友人との待ち合わせ場所を聞き取る。

2　表を参照しながら，時間に沿って登場人物の行動を見失わないよう英文を聞く。選択肢から質問を予想して聞くとよい。

(1)　二人が午後1時に居る場所を聞き取る。1時に参加するイベントで判断する。

(2)　二人が科学ショーを何時に見学するのかを聞き取る。文中のafter thatに注意。

(3)　Mihoに関して正しいものを選ぶ問題。**アイウ**はAlexに関する内容。**エ**の「昼食後どこに行くか」をMihoが提案した。

3　空所に入る内容を予想して聞く。基本的な単語は書けるようにしておく。

(1)　城が建てられた西暦を聞き取る。数字を間違えないように注意して聞く。

(2)　写真に写っている男性の子供の数。five sonsとfive daughtersだから，ten children。

(3)　West Tower（西塔）から，何が見えるかを聞き取る。beautifulの文字列に注意。

2 1　発表の内容に沿って，空所に入る適切な語や語形を選ぶ問題。2　比較級（同等比較級），受動態，現在完了進行形など，文法・語法上の基本的な理解を問う並べかえ問題。

1 (1)　動名詞（～ing）は「～すること」の意。

(2)　Doで始まる疑問文に対するYesの基本的な答え方。

(3)　aboutは「～について」という前置詞。

(4)　themは文頭のSome troublesを指す。動詞solveの目的語で，目的格の代名詞。

(5)　大好きな映画について話しているので，肯定的な意味の形容詞を選ぶ。fantasticは「素晴らしい」の意。

(6)　仮定法過去の文。助動詞の過去形を選ぶ。「もし，あなたがその少女だったら，どんなことをするだろうか。」の意。

2 (1)　同等比較級A is as～ as B。「AはBと同じくらい～だ。」～は形容詞の原級を使う。

(2)　「見える」を，助動詞を含む受動態を使ってcan be seen「見られる」と表現。

(3)　現在完了進行形have been ～ingで，「ずっと～を続けていて，今も続けている」ことを表す。

3　［問題文の要旨］

日本では，勝ち負けや順番を決める際に，ジャンケンをする。グーはチョキに，チョキはパーに，パーはグーに勝つとルールがわかり易いので多くの人がジャンケンをする。

この手のゲームは世界中にあり，フランス（4種類）やマレーシア（5種類）のように，3つ以上の手の形を使う人たちもいる。

インドネシアのように日本とは異なる手の形を使う国もある。親指を立てた握り拳が象を，人差し指を立てた拳が人を，小指を立てた拳が蟻を表す。象が人を，人が蟻を打ち負かす。蟻は象の耳や鼻に入って嫌がらせをして勝つという。

世界にはジャンケンに似た手を使った遊びがあり，形や意味が違って面白い。将来外国に行き，その土地の手遊びについて尋ねてみたり，自国の手遊びを紹介して一緒に遊んだりしてみるのも，世界中の人たちと意思疎通を図るいい取りかかりになるかもしれない。

［解説］

1　先行する文にジャンケンのルールが明快に説明がされているので，「理解しやすい」easy to understandが文意に合う。

2　2～3段落目に，日本と異なる世界各地のジャンケンの具体例が書かれていることから，「異なる」differentが当てはまる。

3　インドネシアのジャンケンで「アリが象よりも強い」理由を読み手に尋ね，第3段落最後の文でその理由を説明している。

4　[B]の直前の文，Why don't you ～？「自国のジャンケンで，外国人と遊んでみよう」という提案が，どんなa good startにつながるかを考える。

4　［問題文の概要］

修二と竜也は同じバドミントクラブに所属し，チャンピオンになるという同じ夢をもつ。修二は実力があり竜也には負けなかったが，竜也は「次は勝つよ」と言いながら練習に励み，徐々に上達していった。

11歳の時の市の大会で，修二は思いもよらず，「今回は勝つよ」と言う竜也に初めて負けてしまう。

高校では修二は一度も勝てなくなり，竜也は全国大会に出場する。修二は，竜也の見事なプレーを見ると同時に，「大丈夫，今度は同じミスをしないぞ」「俺はチャンピオンになるんだ」と，初心者だった頃と変わらずに言い続ける竜也の姿を目にする。

竜也が日本チャンピオンになった時，修二はここまで強くなった理由を竜也に聞いた。「『チャンピオンになりたい』という自分の目標を声に出して言い続けたことが，心も体も強くしてくれたし，熱心な練習はプレーの上達にもつながった」という言葉が返ってきた。修二は，今まで恥ずかしいと感じていたが，「自己の目標を声に出して一生懸命練習する」ことを決意する。

18歳になって今までとは変わった修二。「今度は俺が勝つ。チャンピオンはおれだ」と竜也に向かって言うつもりで，全国大会のコートに立っている。

［解説］

1　「優勝する」と口にすることへの修二の否定的な考え方が，後半because以下からわかるので，didn't やneverなどを用いる。

2　thatの直前の文に，負けないと思っていた試合に初めて負けたことが書かれている。

3　第4段落の中段から，目標を言葉にすることで，前進できたり自身が強くなったりすることが書かれている。これらから，pで始まる単語power「力」を連想できる。

4　決勝で勝利した修二に，竜也はメールの前半で「目標とする修二に初めて勝った時のうれしい気持ち」を，後半では「修二が初めて自分の目標を口にした時の驚き」を書いていることが読み取れる。

5　ア　第1段落に書かれている内容と一致。
イ　Tatsuya asked Shuji to practice～ が×。
ウ　～Tatsuya would win against Shujiが×。
エ　竜也の言葉や行動は，because Shuji told Tatsuya to do soではないので×。

5　［問題文の要旨］

洋服を買っても長くは着ない光。かつては捨てたりしていたが，今は捨てないでいるものの，その処分に頭を悩ませている。そんな光にドイツ人のレオンが，日本人考案の衣類回収箱や，公共の本棚に関する話を紹介する。

不要な衣類や本でも，そのような場所へ持ち寄ることで，必要な人やほしい人が利用できる取組があることを光は知る。

さらに，着なくなったTシャツをバッグや動物用の衣類などに作り直し，不要になったものを新しい別物に生まれ変わらせ，それらに新しい価値を与えるUpcycling。光はそれに興味をもち，洋服の再利用についてもっと考えてみたいと思うようになる。

［解説］

1　oneは話題に上った同種の物を指す。ここではa new oneはa new T-shirtのこと。

2　同じ洋服好きでも，頻繁に服を買う光とお気に入りの服を長く着るレオンの考え方の違いを，2～5行目から読み取る。

3　代名詞that（そう／そのようなこと）は，often throw away the clothes you don't needという直前のレオンの言葉を受けている。

4　図1は「②服を③（回収箱）の中に①入れ［ようとし］ている」などが考えられる。①②③の語順に注意する。また，isが既にあるのでputやtryは～ingの形を用いる。

同様に，図2は「③読みたい［好きな］②本を①もらう［手に入れる／持っていく］」などと表現できる。

図3では，ペット用の服以外の用途，つまり「②バッグを①作る」を表現する。バッグは単数形でも複数形でも可，また今も作っていると考えれば現在形，単に以前の事実をだけを述べるのであれば過去形のように模範解答は使い分けている。

5　聞き慣れないupcyclingという言葉を聞いた光が，upcyclingについてレオンに教えて［説明して］ほしいと頼んでいる。「～してくれませんか」という依頼の意味をもつ表現を用いる。

6　最後の7行ではレオンがUpcyclingについて光に説明をする。「不要になった物から新たな物（something new）を創り出すことで，不要になった物にも新しい価値（new values）を与えることができ，物を大切に長く（for a long time）使うようになる」というUpcyclingに光は興味をもちはじめる。

7　示された条件に従って書く。特に「まとまりのある英語」とあるので，考えや気持ちを表す表現や語句，文をつなぐ接続詞などを用いたり，具体例を盛り込んだりして，短文の羅列にならないようにする。

何だろうかと考えさせる」を⑥段落最初の一文中「認知心理学では、～表現します」と整理しており、また⑦段落最初の一文「土器に盛り込まれた意味」は⑥段落最初の一文「強い意味を盛り込んだ土器」から論がつながっているため**エ**が適当。**ア**は「他者の主張を否定」、**イ**は「前段の内容に反論する」、**ウ**は「自説の欠点を補っている」の部分が不適。

5(I)　ノート中の空欄Xを含む一文中の「土器を使う生活の中で」は⑨段落冒頭と対応しており、そこに「表象の組み合わせや順列を～共有し」とある。この「表象の組み合わせや順列」は、⑧段落の二文目より縄文時代の人びとが共有していた言語と世界観に根差しており、また⑩段落の二文目「みんなが世界観や物語や神話を強く共有」とあることから、解答は「共有」が適当。

(II)　空欄Yは傍線部(2)の「そのため」と対応し、「その」は直前の「社会はまとまっていました」を指す。また空欄Y直前「～により」は「～が原因で」という意味。⑨段落二文目中から「集落が密に林立し」たことが原因で「多くの人口を擁した」ことがわかる。この「人口」と「社会をまとめる」ことの両方について記述のある⑨段落三文目「人口が増えて～されたのでしょう」を参考に字数条件と空欄に合うようまとめる。

4

1　疑問に思う時の行動を表す**エ**「首をかしげ」るは、文章の冒頭から空欄の後まで妙春先生が賢吾に謝ることに疑問を感じているおてるの行動として適当。

2　傍線部(1)までおてるは妙春の発言に対して言葉に詰まっているが、「しばらく考えこ」んで自分の考えをはっきりと述べているため**イ**が適当。

3　**ア**の「二人に～きちんと聞いてほしい」は傍線部(2)中の「おてると～見つめた」から読み取れ、「自分の考え」は傍線部(2)直後の「間違えたら謝る」が「間違っていないと思う時は～きちんとそう言います」という妙春の発言から読み取れる。

4　傍線部(3)は直前の「論じ合う」ことを指す。これは傍線部(2)直後の妙春の発言の第五文目「そこでは～論じ合うことをよしとしています」を踏まえている。この直後に「自分の考えを述べ」て「考えを深めてき、仲間と一緒に成長していく」ことが述べられているため**ウ**が適切。

5　傍線部(4)の「首を横に振る」のは直前の「城戸先生に感謝の気持ちを持」つことを否定していると考えられる。また「帳面」に以前妙春が話した言葉を書いた理由は「心に響いたから」であり、それを妙春に見せた理由は「この言葉の意をしっかりと理解しているから」とある。つまり城戸先生だけでなく、妙春に対しても感謝の気持ちを抱いていると考えられる。

6　本文最後から三文目の妙春の発言「この言葉は～届いていたのですね」から教師の役目を果たせた喜びが読み取れ、その直後の「妙春は～ようやく言った」から妙春の様子がわかる。この中で字数条件に合うのは「涙ぐみそうになるのをこらえ」。

5　作文を書く際は、「何について書くのか」「条件は何か」に注意して書くことになる。この問題では「小学6年生向けの学校紹介の方法について、2つの意見を比較検討して選択理由を書く」ことが求められており、選んだ理由に説得力を持たせて書くことが重要である。字数制限が短くなっていることから、簡潔に意見をまとめることにも注意が必要である。

〔作文例〕

私はAさんの意見を選ぶ。なぜなら百聞は一見にしかずというように、その場の空気感を肌で味わった方が得られるものが多く、また一人ひとりに合うと思うからだ。

確かにオンラインは時代にあった手法かもしれない。しかし、どうしても動画は中学校側の視点での情報発信に偏りやすく、またパソコンのモニターの前でしかわからないものになりやすい。一方、直接見てもらうと小学生一人ひとりの視点で気づくこと、知りたいことをつぶさに伝えられるのではないか。だからAさんの意見を選ぶ。

1

3 (1)　「タイムスリップしたような」より「まるで～ようだ」という副詞の呼応が用いられていると判断できる。

(2)　「増加」「豊富」は似た意味の字を重ねた構成。

(3)　①は発話者の観光ガイド自身の動作なので謙譲表現の「お～する」を用いた**ア**、**イ**に解答が絞れる。②は相手である観光客の動作なので「食べる」の尊敬表現「召し上がる」を用いた**イ**が適当。

4 (1)　文末にAは「音」、Bは「空」と、ともに体言があるため**イ**「体言止め」が適当。

(2)　A「秋たつ」は「秋になる」、B「冬支度」は「冬を迎える準備」というどちらも秋の季語。**ウ**「月」も「中秋の名月」に代表されるように詩歌では秋の題材として親しまれる。それ以外の季語と季節は、**ア**「枯山」冬、**イ**「花火」夏、**エ**「八重桜」春。

2　〈出典〉『今昔物語集』から

〈現代語通釈〉

今となっては昔のことだが、持統天皇と申し上げる女帝のご治世に、中納言大神の高市麿と言う人がいた。昔から生まれつき心が美しくて、多くの物事に理解があった。また漢詩文を学んで、様々な学問に精通していた。だから、天皇はこの人に政治をお任せになった。こういうわけで、高市麿は国を治め、民をいつくしんだ。

ある時、天皇が諸国の長に命じて、狩りで遊ぶために、伊勢の国におでかけなさろうとして、「速やかにその準備をしなさい。」と命令を下した。だが、その時期は旧暦三月の頃だった。高市麿が申し上げて言うには、「今は農業の盛んな時期です。あの国におでかけすれば、必ず民の苦しみがないわけはない（必ず民が苦しむ）。だからおでかけなさるべきではない。」と。天皇は、高市麿の言葉にお従いにならずに、やはり「でかけるつもりだ。」と命令を下す。だが、高市麿はもっと繰り返し申し上げて言うには、「やはり、このおでかけはおやめになるべきです。今は農業の盛んな時期です。農夫の嘆きが多くなるはずです。」と。こういうわけで、遂におでかけはなくなった。だから、民が喜ぶことはこの上なかった。

ある時には世の中が干ばつになったが、この高市麿が自分の田の（水を引き入れる）入り口をふさいで水を入れずに、民の田に水を入れさせた。水を人に行き渡らせたことで、すっかり自分の田は干上がってしまった。このように（高市麿は）自分の身をかえりみずに民をいつくしむ心を持っていた。こういうわけで、天の神は感動を示し、竜神は雨を降らした。ただし、高市麿の田だけに雨が降って、他の人の田には降らなかった。これはまったく、（高市麿が）誠実な心をこめたので、天がこれに感動し、神の加護を与えたためであった。

だから、人は心が美しくあるべきだ。

1　歴史的かなづかいでは文中の「はひふへほ」は「わいうえお」と読む。

3　傍線部(2)直前の「然れば」は「だから」という理由を示す語。よってその前の高市麿の発言をまとめる。

4　傍線部(3)直前の「に依りて」は原因・理由を示す語。よってその前の「この高市麿～施せる」までが田が干上がった理由である。

5　**エ**の「高市麿の～慈愛の心」は傍線部(3)直後の「此様に～心あり」から、また「神を感心させた」は最後から三～二行目「これ～感じて」からそれぞれ読み取れる。他の選択肢は本文中からは読み取れない。

3

1　空欄AB直前の「土器」の「複雑な形や派手な文様は、心理的機能を加味するために盛り込まれた要素」という記述と、直後の「物理的機能よりも、～心理的機能がまさるように進化した形」という記述から「物理的機能」よりも「心理的機能」が発達していることがわかる。

2　傍線部(1)を含む一文から縄文時代の人びとが意図的にあいまいにしていたと筆者が推測していることが読み取れる。何をあいまいにしていたかというと④段落より土器を「つる」「ヘビ」「鳥」のどれにも見えるようあいまいにしていたことがわかる。また縄文時代の人びとは本来「はっきりと写実的に造形する能力と技術を持っていた」にも関わらず「意図的」つまり「わざと」「あえて」あいまいにしていたと言える。

3　二重空欄直前の「どこかを少しずつ変えてある」を直後で「全体として『繰り返し』ではない」と言い換えているため**ア**が適当。

4　⑤段落最後の一文中の「違いがあると脳が～

栃木県立高校入試（R5）

国語　【解答・解説】

（令5）

国語採点基準　（総点100点）

〔注意〕
1　この配点は、標準的な配点を示したものである。
2　定められた答えの欄に答えが書かれていないときは、点を与えない。
3　指示された答えと違う表現で答えの欄に記入されていても、正答と認められるものには、点を与える。
4　定められた数より多く答えたときは、点を与えない。
5　採点上の細部については、各学校の判断によるものとする。

問	題		正答	配		点
1	1	(1)	ていし	2	30	
		(2)	もけい	2		
		(3)	きそ(う)	2		
		(4)	のが(れる)	2		
		(5)	よくよう	2		
	2	(1)	緑茶	2		
		(2)	防(ぐ)	2		
		(3)	祝福	2		
		(4)	額	2		
		(5)	暮(れる)	2		
	3	(1)	ア	2		
		(2)	エ	2		
		(3)	イ	2		
	4	(1)	イ	2		
		(2)	ウ	2		
2	1		したがいたまわず	2	10	
	2		ア	2		
	3		(例)農業が忙しい時期であり、間違いなく民の負担となるから。	2		
	4		ウ	2		
	5		エ	2		
3	1		イ	3	20	
	2		(例)縄文時代の人びとは、土器に特定の生物を写実的に造形する能力と技術を持っていたが、あえて様々な生物に見えるようにしていた　ということ。	4		
	3		ア	3		
	4		エ	3		
	5	(Ⅰ)	(答)共有	3		
		(Ⅱ)	(例)人口が増えて複雑化した社会を調整し、まとめる	4		
4	1		エ	2	20	
	2		イ	3		
	3		ア	3		
	4		ウ	3		
	5		(例)才能に気づいてくれた城戸先生だけでなく、心に届く言葉を教えてくれた妙春先生にも感謝していることを伝えたいという思い。	5		
	6		(答)涙ぐみそうになるのをこらえ	4		
5			(評価の観点) 1　形　式　目的に応じた適切な叙述であるか。 字数が条件に合っているか。 2　内　容　立場を明確にして、自分の意見をわかりやすく筋道立てて述べているか。 3　表現・表記　文体に統一性や妥当性があるか。主述関係や係り受けなどが適切であるか。 語句が適切に使用されているか。誤字・脱字がないか。 ※これらの項目に照らし、各学校の実態に即して総合的に評価するものとする。	20		

［実戦編］

栃木県高校入試の対策2024

令和4年度 県立入試

栃木県立高校入試（R4）

社　会　【解答用紙】

（令4）

社　会　解　答　用　紙

受検番号（算用数字ではっきり書くこと。）	番
得点計	

◎「得点」の欄には受検者は書かないこと。

問題		答え	得点
1	1	（　　　　）〔都市〕	
	2	（　　）　3（　　）　4（　　）	
	5	（　　）　6（　　）　7（　　）	
	8		
2	1 (1)	（スペイン ―　　　ロシア ―　　　）	
	1 (2)	（　　　　）	
	1 (3)	（　　　　）　(4)（　　）	
	1 (5)	X： Y：	
	2 (1)	（　　）　(2)（　　）	
3	1	（　　）　2（　　）	
	3	（　　）　4（　　　　）	
	5	（　　）　6（　　　　）〔貿易〕	
	7		
	8	（　　　　）〔時代〕	
4	1	（　　）　2（　→　→　→　）	
	3		
	4	（　　　　）　5（　　）	
	6 (1)	（　　）　(2)（　　　　）	
5	1 (1)	（　　　　）　(2)（　　）	
	1 (3)	（　　）	
	2 (1)	（　　　　）　(2)（　　）（　　）	
	2 (3)	（　　）	
	2 (4)	（ X ・ Y ）の政策に賛成	
6	1	A（　　　　）　B（　　　　）〔協定〕	
	2	（　　）　3（　　）	
	4	（　　）　5（　　　　）	
	6	X： Y：	

栃木県立高校入試(R4)

数　学　【解答用紙】

（令４）

数　学　解　答　用　紙　(1)

受検番号（算用数字ではっきり書くこと。）	番

得点	(1)	(2)	計

◎「得点」の欄には受検者は書かないこと。

問題		答		え	得点
1	1		2		
	3		4	$x =$	
	5		6	cm	
	7	度	8		
2	1	$n =$			
	2	答え（　大人　　　円，子ども　　　円　）			
	3	$a =$　　　，$x =$			
3	1		2	およそ　　　個	
	3 (1)	第１四分位数　　　日			
		第２四分位数(中央値)　　　日			
		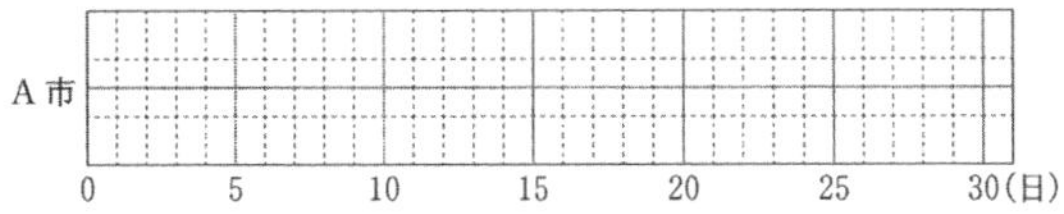			
	3 (2)	市			
		（理由）			

数学 【解答用紙】

（令4）

数　学　解　答　用　紙　⑵

受検番号（算用数字ではっきり書くこと。）	番
得点	

◎「得点」の欄には受検者は書かないこと。

問題		答		え		得点
4	1	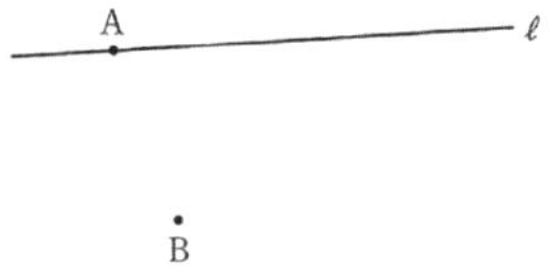	2	⑴	cm	
				⑵	cm^3	
	3	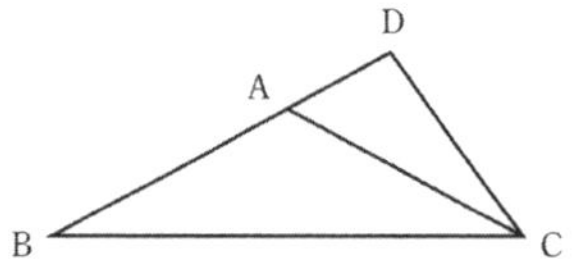	（証明）			
5	1	⑴		⑵	$a =$	
		⑶	答え（ $a =$ 　　　）			
	2	⑴	kWh	⑵		
		⑶				
6	1	記号（　　　），（　　　）度目		2	回	
	3	Ⅰ（　　　）		Ⅱ（ $b =$ 　　　）		

実戦編◆数学　解答用紙

県立 R4

(令4)

理　科　解　答　用　紙

受検番号 (算用数字ではっきり書くこと。)	番

得点計	

◎「得点」の欄には受検者は書かないこと。

問題		答え	得点	
1	1	(　　) 2 (　　) 3 (　　) 4 (　　)		
	5	(　　) 6 (　　)		
	7	(　　) 8 (　　)		
2	1	(　　) 2 (　　)		
	3	斑晶(　　) 石基(　　)		
3	1			
	3	記号(　　) 理由		
	2	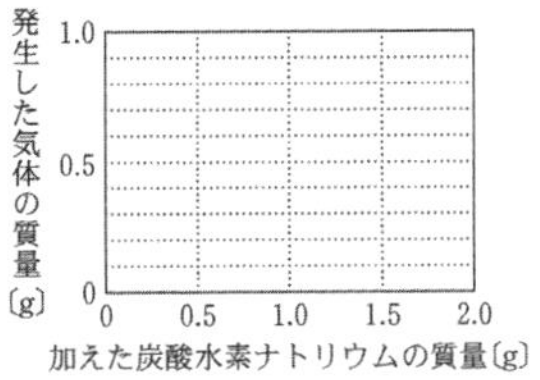 発生する気体の質量(　　)g		
4	1	(　　)mA		
	2	電圧(　　)V　電気抵抗(　　)Ω		
	3	記号(　　)　電流の大きさ(　　)A		
5	1	(　　)		
	2	①(　　)　②(　　)　③(　　)		
	3	①(　　)　②(　　)		
6	1	(　　)		
	2			
	3			
	4	(　　)		
7	1	(　　)		
	2	①(　　)　②(　　)		
	3	(　　)		
	4	①(　　)度　②(　　)度　③ 地点(　　)		
8	1	(　　) 2 (　　)		
	3	(　　)		
	4			
9	1	(　　)cm/s 2 (　　)		
	3	(　　) 4 (　　)		

英語 【解答用紙】

（令4）

英 語 解 答 用 紙

受検番号（算用数字ではっきり書くこと。）	番
得点計	

◎「得点」の欄には受検者は書かないこと。

問題		答え	得点	
1	1	(1) （ ） (2) （ ） (3) （ ） (4) （ ）		
	2	(1) （ ） (2) （ ） (3) （ ）		
	3	(1) （ ） (2) （ ）		
		(3) （ ）		
2	1	(1) （ ） (2) （ ） (3) （ ） (4) （ ）		
		(5) （ ） (6) （ ）		
	2	(1) （ → → → ） (2) （ → → → ）		
		(3) （ → → → → ）		
3	1	（ ） （ ）		
	2	(1)		
		(2)		
		(4)		
	3	（ ）		
	4	10 20 30		
	5	（ ）		
	6			
4	1			
	2			
	3			
	4			
	5	（ ）		
5	1	（ ）		
	2	（ → → → ）		
	3			
	4	（ ）		

栃木県立高校入試（R４）

国　語　【解答用紙】

（令４）

国　語　解　答　用　紙　(1)

受検番号（算用数字で横書きにはっきり書くこと。）	番

得点	
(1)	
(2)	
計	

◎「得点」の欄には受検者は書かないこと。　5は「国語解答用紙(2)」を用いること。

問	題	答え	得点（小計）	得点（計）
1	1	(1) 礼儀　(2) 健やか　(3) 陳列　(4) 著しい　(5) 稚拙		
	2	(1) ヒロう　(2) ウンチン　(3) サまし　(4) コウセキ　(5) ダンショウ		
	3	（　　）		
	4	（　　）		
	5	（　　）		
	6	（　　）		
	7	（　　）		
2	1	（　　）		
	2	（　　）		
	3	（　　）		
	4	（　　）		
	5	夜道を歩いているとき、臆病な気持ちによって		
3	1			
	2	（　　）		
	3	（　　）		
	4	(Ⅰ) (Ⅱ)		
	5	（　　）		
4	1			
	2	（　　）		
	3	（　　）		
	4	という生き方		
	5			
	6	（　　）		

（令4）

国語解答用紙 (2)

受検番号（算用数字で横書きにはっきり書くこと。）	番

得点	甲	乙	計

5

◎受検者名と題名は書かないこと。

100字

200字

240字

300字

栃木県立高校入試(R4)

社　会　【解答・解説】

社会採点基準　(総点100点)　(令4)

〔注意〕 1　この配点は，標準的な配点を示したものである。
2　定められた答えの欄に答えが書かれていないときは，点を与えない。
3　指示された答えと違う表現で答えの欄に記入されていても，正答と認められるものには点を与える。
4　定められた数より多く答えたときは，点を与えない。
5　採点上の細部については，各学校の判断によるものとする。

問題			正答	配点		
1	1		(　政令指定　)〔都市〕	2点×7	14	18
	2		(　エ　)			
	3		(　イ　)			
	4		(　ア　)			
	5		(　ウ　)			
	6		(　イ　)			
	7		(　エ　)			
	8		(例)道路の開通により観光客が増加し，自然環境が損なわれたため，自然環境の保全と観光の両立を目指す取り組みをしてきた。	4点	4	
2	1	(1)	(　スペイン ― ア　ロシア ― ウ　)(完答)	2点×4	8	16
		(2)	(　バイオ燃料(バイオエタノール，バイオマス燃料，バイオマスエタノール)　)			
		(3)	(　イギリス　)			
		(4)	(　ア　)			
		(5)	X：(例)輸出の多くを農産物や鉱産資源に依存しているため，天候や国際価格などの影響を受けやすいこと Y：(例)生産量が上位ではないのに，輸出量が上位なのだろうか	4点	4	
	2	(1)	(　ウ　)	2点×2	4	
		(2)	(　イ　)			
3	1		(　イ　)	2点×6	12	18
	2		(　ア　)			
	3		(　ウ　)			
	4		(　イ，ウ　)(完答)			
	5		(　エ　)			
	6		(　朱印船　)〔貿易〕			
	7		(例)兵庫と比べて神戸は住居が少なく，外国人と日本人の交流を制限しやすかったから。	4点	4	
	8		(　大航海　)〔時代〕	2点×1	2	
4	1		(　ア　)	2点×2	4	16
	2		(　エ → イ → ア → ウ　)			
	3		(例)関東大震災によって大規模な火災が発生したことから，区画整理を行い，災害に強い便利で暮らしやすい都市を目指した。	4点	4	
	4		(　全国水平社　)	2点×4	8	
	5		(　ウ　)			
	6	(1)	(　エ　)			
		(2)	(　安保闘争　)			
5	1	(1)	(　国内総生産(GDP)　)	2点×6	12	16
		(2)	(　ウ　)			
		(3)	(　エ　)			
	2	(1)	(　条例　)			
		(2)	(　ア　)(　エ　)(完答)			
		(3)	(　イ　)			
		(4)	(　X・Y　)の政策に賛成 (例1)Xの政策は，「大きな政府」の政策であり，企業の経済活動を保護したり，税金を使って公共サービスを充実させたりする。 (例2)Yの政策は，「小さな政府」の政策であり，企業の自由な競争を促したり，税金の負担を軽くしたりする。	4点	4	
6	1	A	(　持続可能　)	2点×6	12	16
		B	(　パリ　)〔協定〕			
	2		(　ア　)			
	3		(　エ　)			
	4		(　ウ　)			
	5		(　難民　)			
	6		X：(例)発電効率が低い Y：(例)新たな発電技術を確立させて，二酸化炭素排出量を減らす	4点	4	

[1] 1　政令指定都市は,人口50万人以上で,政令によって都道府県並みの特別な権限を持っている大都市をいう。

2　**ア－**年間気温が低く，梅雨がないことから，北海道の気候である札幌市の雨温図。**イ－**夏の降水量が多いことから，太平洋側の気候である鹿児島市の雨温図。**ウ－**冬の降水量が多いことから，日本海側の気候である新潟市の雨温図。**エ－**年間降水量が少ないことから，瀬戸内の気候である大阪市の雨温図。よって**エ**。

3　マングローブは熱帯および亜熱帯地域に生育する植物。熱帯であるインドネシアでよく見られる。

4　大阪府には東京から新幹線で訪れる人が多い。よってⅠが鉄道，Ⅱが航空。東京都から新潟県を訪れる時には通常航空を利用しない。よってＣが新潟県。北海道は観光産業がさかん。よって宿泊旅行者数・東京都からの旅客輸送数がともに多いＡが北海道。Ｂが鹿児島県。よって**ア**。

5　阪神工業地帯にある大阪府は中小企業の町工場が多い。よって全事業所数に対する従業者10人未満の事業所の占める割合，製造品出荷額が多いＰが大阪府。阪神工業地帯は金属製品の製造が多いからＸが金属製品。よって**ウ**。

6　米の産出額，農業産出額に占める米の割合ともに多い**ウ**が新潟県。農地が少なく農業産出額も少ない**エ**が大阪府。農業産出額が最も多く，米の産出額が**ウ**に次いで多い**ア**が北海道。農業産出額が多いものの畜産がさかんで，米の産出額が多くない**イ**が鹿児島県。よって**イ**。

7　**ア－**千里ニュータウンは京阪神大都市圏の大阪にある。**イ－**桜島があるのは鹿児島県。**ウ－**アイヌの人々が多く住むのは北海道。**エ－**フォッサマグナの断面は新潟県で見られる。よって**エ**。

8　図6，7から知床横断道路開通以降，観光客数が年々増加していることがわかる。その結果自然環境が損なわれたが，自動車の乗り入れ規制の開始や，ガイドラインの策定により自然環境の保全と観光の両立を目指す取り組みをしてきたことがわかる。

[2] 1(1)　ロシアの首都モスクワは冷帯に属し，年平均気温が低い。よってロシアが**ウ**。インドの首都ニューデリーは熱帯に属し，年平均気温が高く，6月から8月までの降水量が多い。よってインドが**エ**。アメリカの首都ワシントンは温暖湿潤気候。スペインの首都マドリードは地中海性気候。地中海性気候は夏の降水量が少ない。よってスペインが**ア**。アメリカが**イ**。

(2)　バイオ燃料はさとうきびやとうもろこしなど,主に植物を原料として作られる燃料。

(3)　オーストラリアはイギリスの植民地であった。

(4)　北アフリカや西アジアで多く信仰されているのはイスラム教。イスラム教徒はアルコールを飲まない。よって**ア**。

(5)　図3からコートジボワールでは，輸出の多くを農産物や鉱産資源が占めていることがわかる。これらは天候や国際価格などの影響を受けやすい。また,図4からベルギーとオランダがカカオ豆の生産量が上位でないのに,輸出量が上位であることがわかる。

2(1)　日本は島国であるため，領土の面積に対し，排他的経済水域の割合が多い。よってＱが日本。アメリカは太平洋，大西洋両方に接しているが，ブラジルは大西洋にのみ接している。したがって，アメリカの方がブラジルに比べ排他的経済水域の面積が大きいからアメリカがＰ，ブラジルがＲ。よって**ウ**。

(2)　中国は1970年時点で出生率が高い。よって**ウ**が1970年の中国。その後中国では一人っ子政策が行われ，少子化が進行した。2015年時点で，30代より若い世代の少子化が進行したことがわかる**イ**が2015年の中国。**ア**は1970年の日本。**エ**は2015年の日本。

[3] 1　小野妹子は政治の制度や文化を学ぶため，隋につかわされた。

2　唐の僧で，日本に仏教の教えや決まりを伝えたのは鑑真。栄西は禅宗を日本に伝えた。

3　日宋貿易を進めたのは平清盛。

4　マルコ・ポーロがフビライ・ハンに仕えていたのは，日本の鎌倉時代。**ア－**金閣が建てられたのは，室町時代。**イ－**平等院鳳凰堂が建てられたのは，平安時代。**ウ－**中尊寺金色堂が建てられたのは，平安時代。**エ－**安土城が建てられたのは，安土桃山時代。よって**イ・ウ**。

5　豊臣秀吉はキリスト教の力をおそれ，宣教師の海外追放を命じて，キリスト教を禁止した。よって**エ**。

6　徳川家康が奨励した東南アジア諸国との貿易は，朱印船貿易。

7　江戸幕府は，キリスト教の禁止を徹底し，日本人と外国人の自由な交流を制限するため，外国との交易を出島に限定した。日米修好通商条約が結ばれた時点ではキリスト教は禁止されていたため，兵庫と比べ住居が少なく，出島と同じように外国人と日本人の交流を制限しやすい神戸に外国人居住区を設置した。

8　ヨーロッパ人による新航路の開拓が続いた時代を大航海時代という。

[4]　1　江戸を東京としたのは江戸幕府滅亡直後の1868年。五箇条の御誓文が出されたのも江戸幕府滅亡直後の1868年。よって**ア**。

2　**ア**－1880年。**イ**－1874年。**ウ**－1885年。**エ**－1871年。よって**エ→イ→ア→ウ**。

3　大正時代におこった震災は関東大震災。資料から，震災をきっかけに，東京を災害に強い便利で暮らしやすい都市にするため，区画整理を行うこととしたことがわかる。

4　部落差別問題の解決を目指して，全国水平社が結成された。

5　学徒出陣が行われたのは，太平洋戦争で日本の戦局が悪化した頃。ミッドウェー海戦をきっかけに日本の戦局は悪化していった。よって**ウ**。

6⑴　日本国憲法が施行されたのは1947年。昭和に東京オリンピックが開催されたのは1964年。**ア**－1951年。**イ**－1956年。**ウ**－1950年。**エ**－1973年。よって**エ**。

⑵　日米安全保障条約の改定に反対する人々は大きな反対運動を行った。

[5]　1⑴　国内総生産（GDP）は，ある国や地域の中で一定期間に生産された，財やサービスの付加価値の合計。

⑵　図中の①が需要曲線，②が供給曲線。②から②’の位置に移動するということは供給量が増えるということ。その結果，均衡価格は下がる。よって**ウ**。

⑶　公開市場操作を行うのは日本銀行。好景気の時，日本銀行が国債を一般の銀行に売ることで，一般の銀行が貸し出せるお金が減る。企業はお金を借りにくくなり，景気の行き過ぎを抑えられる。よって**エ**。

2⑴　地方公共団体の独自の法は条例。

⑵　条約の締結と天皇の国事行為への助言と承認は内閣の仕事。よって**ア・エ**。法律の制定・予算の審議は国会の仕事。

⑶　内閣不信任決議案が可決された場合，内閣は，10日以内に衆議院を解散するか，総辞職しなければならない。衆議院を解散した場合は，解散後の総選挙の日から30日以内に，特別会（特別国会）が召集される。よって**イ**。

⑷　小さな政府は，国民から取る税金は少ないが，政府が最小限の仕事のみ行う政府。大きな政府は，国民から多くの税金を取るが，政府が社会保障や教育などの多様な仕事を行う政府。Xの政策が大きな政府。Yの政策が小さな政府。Xの政策は，タクシー会社が利益を確保できるようにし，バス路線を税金を使って維持するようにしており，企業の経済活動を保護したり，税金を使って公共サービスを充実させている。一方，Yの政策は，タクシー運賃を自由化したり，バス路線を廃止しており，企業の自由な競争を促したり，税金の負担を軽くしている。

[6]　1　SDGsは持続可能な開発目標。2015年に採択された温室効果削減のための国際的な枠組みはパリ協定。

2　1ドル＝100円から150円になるのは円安。日本の輸出企業にとって，円安はアメリカでの販売価格が安くなるため，有利である。よって**ア**。

3　常任理事国が一か国でも拒否権を行使すると決議できないのは国際連合の安全保障理事会。よって**エ**が当てはまらない。

4　教育を受ける権利は社会権の一つ。

5　迫害，戦争，暴力のために故郷から逃れることを余儀なくされた人々は難民。

6　図1から，太陽光発電は火力発電と比べて，発電効率が低いことがわかる。また，図2から，石炭火力発電と天然ガス火力発電どちらにおいても，新たな発電技術を確立させて，二酸化炭素排出量を減らす取り組みをしていることがわかる。

栃木県立高校入試(R4)

数　学　【解答・解説】

数学採点基準　(総点100点)　(令4)

〔注意〕 1 この配点は，標準的な配点を示したものである。
2 定められた答えの欄に答えが書かれていないときは，点を与えない。
3 指示された答えと違う表現で答えの欄に記入されていても，正答と認められるものには，点を与える。
4 採点上の細部については，各学校の判断によるものとする。

<table>
<tr><th colspan="2">問題</th><th colspan="4">正答</th><th colspan="4">配点</th></tr>
<tr><td rowspan="4">1</td><td>1</td><td colspan="2">-2</td><td>2</td><td>$\frac{11}{12}a$</td><td rowspan="4">2点×8</td><td rowspan="4">16</td><td rowspan="4"></td><td rowspan="4"></td></tr>
<tr><td>3</td><td colspan="2">$x^2+9x+20$</td><td>4</td><td>$(x=)\frac{3\pm\sqrt{17}}{4}$</td></tr>
<tr><td>5</td><td colspan="2">$2\leqq y\leqq 4$</td><td>6</td><td>3π(cm)</td></tr>
<tr><td>7</td><td colspan="2">61(度)</td><td>8</td><td>ウ</td></tr>
<tr><td rowspan="3">2</td><td>1</td><td colspan="4">$(n=)1,\ 6,\ 9$</td><td rowspan="3">1は3点
2は7点
3は5点</td><td rowspan="3">15</td><td rowspan="3"></td><td rowspan="3"></td></tr>
<tr><td>2</td><td colspan="4">(例)
$\begin{cases}2x+5y=3800 & \cdots\cdots① \\ 0.8(5x+10y)=6800 & \cdots\cdots②\end{cases}$
②より　$x+2y=1700$　……③
①−③×2より　$y=400$
③に代入して　$x+800=1700$
よって　$x=900$
この解は問題に適している。
答え(　大人　900　円，子ども　400　円　)</td></tr>
<tr><td>3</td><td colspan="4">$(a=)7,\ (x=)5$</td></tr>
<tr><td rowspan="6">3</td><td>1</td><td colspan="2">$\frac{1}{9}$</td><td>2</td><td>(およそ)240(個)</td><td rowspan="6">1は3点
2は3点
3(1)は6点
3(2)は4点</td><td rowspan="6">16</td><td rowspan="6"></td><td rowspan="6"></td></tr>
<tr><td rowspan="5">3</td><td rowspan="3">(1)</td><td colspan="3">(第1四分位数)4.5(日)</td></tr>
<tr><td colspan="3">(第2四分位数(中央値))7(日)</td></tr>
<tr><td colspan="3">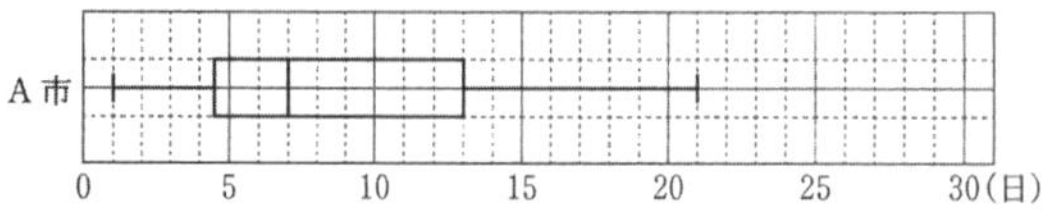</td></tr>
<tr><td rowspan="2">(2)</td><td colspan="3">C(市)</td></tr>
<tr><td colspan="3">(例)
範囲と四分位範囲がともにB市よりC市の方が大きいから。</td></tr>
</table>

問題		正答		配点			
4	1	(例) 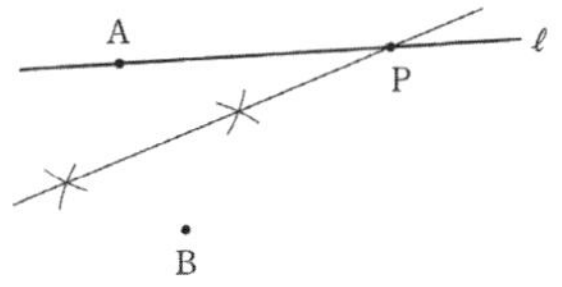	2 (1) $2\sqrt{5}$(cm) 2 (2) $\frac{28}{3}$(cm^3)	1は4点 2(1)は3点 2(2)は4点 3は7点	18		
	3	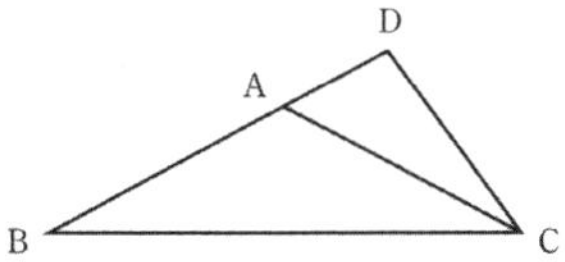	(例) △DBC と △DCA において 二等辺三角形の底角は等しいから ∠ABC = ∠ACB ……① 仮定より ∠ACB = ∠ACD ……② ①，②より ∠DBC = ∠DCA ……③ 共通な角だから ∠BDC = ∠CDA ……④ ③，④より 2組の角がそれぞれ等しいから △DBC ∽ △DCA				
5	1	(1) $y=-x^2$	(2) $(a=)\frac{1}{8}$	1(1)は2点 1(2)は4点 1(3)は6点 2(1)は3点 2(2)は3点 2(3)は4点	22		
		(3) (例) 点A(2，4)，点C(4，16a)，点D(−4，16a)より 直線ACの傾きは $\frac{16a-4}{4-2}=8a-2$ 直線DOの傾きは $\frac{0-16a}{0-(-4)}=-4a$ AC//DOより傾きは等しいから $8a-2=-4a$ よって $a=\frac{1}{6}$ この解は問題に適している。 答え($a=\frac{1}{6}$)					
	2	(1) 300(kWh)	(2) $y=28x+1200$				
		(3) (例) B社のグラフが通る点(200，7000)はC社のグラフが通る点(200，7500)より下にあり，B社のグラフの傾き24はC社のグラフの傾き25より小さい					
6	1	記号(エ)，(6)度目	2 $12a$(回)	1は4点 2は3点 3は6点	13		
	3	Ⅰ($3b-1$)	Ⅱ((b =) 9)				

1 1　$14 \div (-7) = -(14 \div 7) = -2$

2　$\dfrac{2}{3}a + \dfrac{1}{4}a = \dfrac{8}{12}a + \dfrac{3}{12}a = \dfrac{11}{12}a$

3　$(x+5)(x+4) = x^2 + (5+4)x + 5 \times 4$
$= x^2 + 9x + 20$

4　$x = \dfrac{-(-3) \pm \sqrt{(-3)^2 - 4 \times 2 \times (-1)}}{2 \times 2}$
$= \dfrac{3 \pm \sqrt{9+8}}{4} = \dfrac{3 \pm \sqrt{17}}{4}$

5　$y = \dfrac{12}{x}$について，$x = 3$のとき$y = 4$，$x = 6$のとき$y = 2$　より　$2 \leqq y \leqq 4$

6　弧の長さは　$2\pi \times 9 \times \dfrac{60}{360} = 3\pi$(cm)

7　$\overset{\frown}{\mathrm{BC}}$に対する中心角は円周角の2倍だから∠BOC＝29°×2＝58°　△OBCは二等辺三角形で　58°＋∠x＋∠x＝180°，∠x＝61°

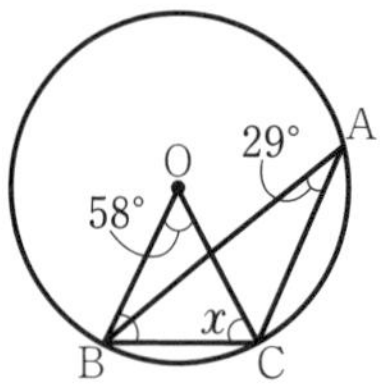

8　ウ

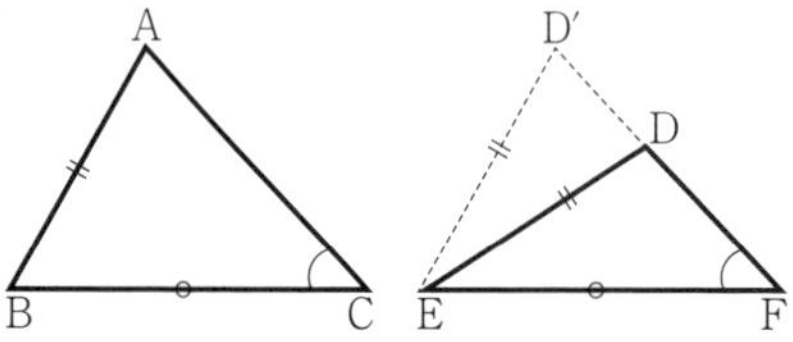

2組の辺と1つの角がそれぞれ等しくても間の角が等しくなければ，常に△ABC≡△DEFが成り立つとは限らない。

2 1　$10 - n =$(自然数)^2 になればよいから　$1 \leqq n \leqq 9$　$10 - n = 1^2$ のとき　$n = 9$，$10 - n = 2^2$ のとき　$n = 6$，$10 - n = 3^2$ のとき　$n = 1$　より　$n = 1,\ 6,\ 9$

2　大人2人と子ども5人の運賃から　$2x + 5y = 3800$，2割引となる団体割引の運賃から　$(1 - 0.2)(5x + 10y) = 6800$
連立方程式を解いて　$x = 900$，$y = 400$

3　$x = 3$が解だから方程式に代入すると　$3^2 - 8 \times 3 + 2a + 1 = 0$，$2a = 14$，$a = 7$
このとき，方程式は　$x^2 - 8x + 15 = 0$
$(x-3)(x-5) = 0$　もう1つの解は　$x = 5$

3 1　大小2つのさいころを同時に投げると目の出方は全部で　6×6＝36(通り)　出る目の数の積が25以上になるのは4通りだから　$\dfrac{4}{36} = \dfrac{1}{9}$

大	5	6
小	5　6	5　6

2　赤色のキャップがおよそx個含まれているとすると　$15 : 50 = x : 800$，
$50x = 15 \times 800$，$x = 240$，およそ240個

3 (1)　データを小さい方から順に並べると

1　3　4　5　6　6　8　11　13　13　15　21

第1四分位数　第2四分位数(中央値)　第3四分位数

第1四分位数：(4＋5)÷2＝4.5(日)
第2四分位数：(6＋8)÷2＝7　(日)
第3四分位数：(13＋13)÷2＝13(日)
最小値：1日，最大値：21日
これらを箱ひげ図に表せばよい。

(2)　B市の範囲は　18－4＝14(日)，四分位範囲は　12.5－6.5＝6(日)，C市の範囲は　20－3＝17(日)，四分位範囲は　13－5＝8(日)　どちらもB市よりC市の方が，データの散らばりぐあいは大きい。

4 1　AP＝BPである点Pは，線分ABの垂直二等分線上にある。ABの垂直二等分線とℓの交点にPを記入する。

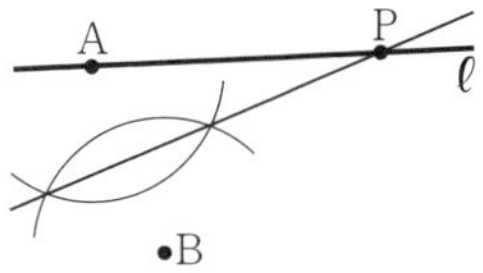

2 (1)　△ABGで
$BG^2 = 2^2 + 4^2 = 20$
$BG > 0$より
$BG = \sqrt{20} = 2\sqrt{5}$

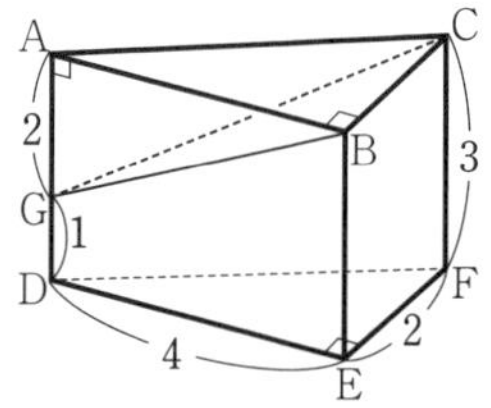

(2)　頂点Dを含む立体の体積は三角柱ABC-DEFから三角錐G-ABCをひく。
$\dfrac{4 \times 2}{2} \times 3 - \dfrac{1}{3} \times \dfrac{4 \times 2}{2} \times 2 = 12 - \dfrac{8}{3} = \dfrac{28}{3}$

3　△ABCは二等辺三角形だから
∠ABC＝∠DBC＝∠ACB　仮定より∠DCA＝∠ACBで　∠DBC＝∠DCA　共通な角から∠BDC＝∠CDA　2組の角がそれぞれ等しいから相似になる。

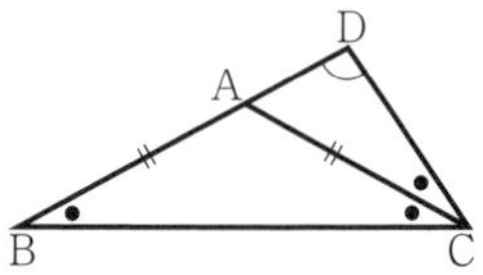

5 1

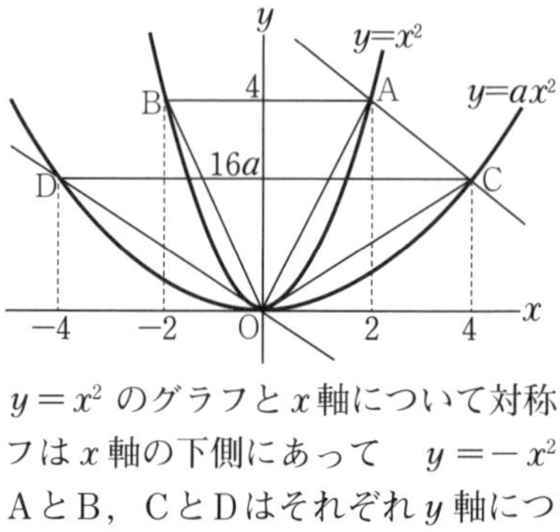

(1)　$y = x^2$のグラフとx軸について対称なグラフはx軸の下側にあって　$y = -x^2$

(2)　AとB，CとDはそれぞれy軸について対称。$y = x^2$に$x = 2$を代入して$y = 2^2 = 4$，A(2，4)，B(－2，4)　$y = ax^2$に

$x=4$ を代入して $y=a\times4^2=16a$
$C(4,\ 16a)$，$D(-4,\ 16a)$　△OABで
底辺 $AB=2-(-2)=4$，高さは4
△OCDで　底辺 $CD=4-(-4)=8$，高さは $16a$，２つの三角形の面積は等しいから　$4\times4\div2=8\times16a\div2$，$64a=8$，

$a=\dfrac{1}{8}$

(3)　$A(2,\ 4)$，$C(4,\ 16a)$，$D(-4,\ 16a)$，$O(0,\ 0)$で，AC∥DOだから直線ACと直線DOの傾きは等しい。

$\dfrac{16a-4}{4-2}=\dfrac{0-16a}{0-(-4)}$ より $\dfrac{16a-4}{2}=\dfrac{-16a}{4}$

$8a-2=-4a$，$a=\dfrac{1}{6}$

2 (1)　電気使用量を x kWhとすると，電気料金が9400円だからグラフより　$x>200$
B社は基本料金が3000円，200kWh までは1kWh あたり20円，200kWh を超えた分は1kWh あたり24円の電力量料金だから　$3000+20\times200+24(x-200)=9400$
$3000+4000+24x-4800=9400$
$24x=7200$，$x=300$(kWh)

(2)　A社の料金プランについて，電気使用量が200kWh を超えると1kWh あたり28円の電力量料金がかかるから　$y=28x+b$ と表せる。グラフから $x=200$ のとき $y=6800$ だから　$6800=28\times200+b$
$b=6800-5600=1200$，$y=28x+1200$

(3)

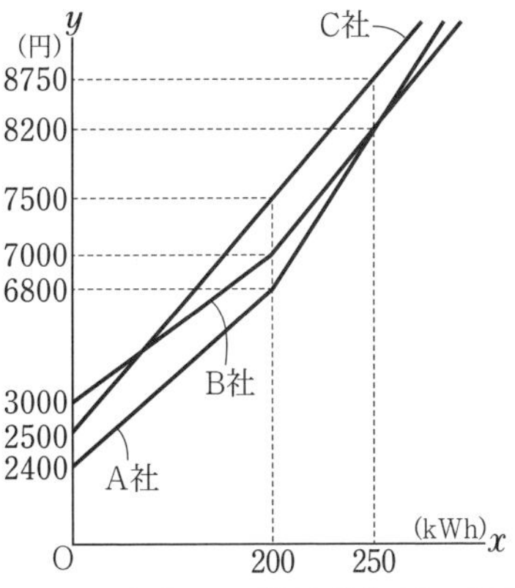

$x=200$ のとき，B社は点(200，7000)を通り，C社は太郎さんの最初の発言より点(200，7500)を通るから，B社の方が下側にある。さらに，200kWh を超えた分について，1kWhあたりの電力量料金はB社が24円，C社は25円だからB社のグラフの傾きは24，C社のグラフの傾きは25となり，C社よりB社の傾きの方が小さいから，B社のグラフはC社のグラフの下側にある。
なお，$x\geqq200$ のとき，B社の式は $y=24x+2200$，C社の式は $x\geqq0$ で $y=25x+2500$　B社の方が安い。

6 1　図のように0，1，2と数字を書き込むと，19回目のときにまたいでいる線は**エ**。また，**エ**の線をまたいでいるのは1，3，9，11，17，19回あるから６度目。

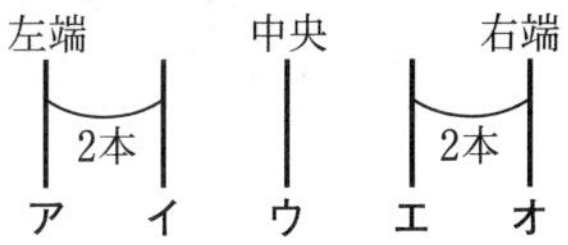

0 → 1 → 2
6 ← 5 ← 4 ← 3 ←┘
└→ 7 → 8 → 9 → 10
14 ← 13 ← 12 ← 11 ←┘
└→ 15 → 16 → 17 → 18
20 ← 19 ←┘

2　$n=a$ のとき，図のように１往復したときの「全体の回数」は $4a$ 回になるから，３往復したときの「全体の回数」は　$4a\times3=12a$(回)

0 → a
$3a$ ← $2a$ ←┘
└→ $4a$ → $5a$
$7a$ ← $6a$ ←┘
└→ $8a$

0 → b
$3b$　$3b-1$ ← $2b$ ← $b+1$ ←┘
└→ $3b+1$ → $4b$ → $5b$
$7b$　$7b-1$ ← $6b$ ← $5b+1$ ←┘
└→ $7b+1$ → $8b$ → $9b$
$11b$　$11b-1$ ← $10b$ ← $9b+1$ ←┘
└→ $11b+1$ → $12b$

3　$n=b$ のとき，図のように $12b$ 回までを書き込んで調べる。左から２番目の線を１度目にまたいだときの「全体の回数」は $(3b-1)$ 回…(Ⅰ)　次に12度目の12は偶数だから偶数番に着目する。左から２番目の線を２度目，４度目にまたいだときの「全体の回数」は $(3b+1)$ 回，$(7b+1)$ 回。中央の線をまたいだときの $4b$ 回，$8b$ 回を用いると　２度目は　$3b+1=4b-b+1=(2b\times2)-b+1$，４度目は　$7b+1=8b-b+1=(2b\times4)-b+1$ のように表せる。したがって，左から２番目の線を12度目にまたいだときの「全体の回数」は
$(2b\times12)-b+1=23b+1$(回)　これが(Ⅰ)で求めた $(3b-1)$ 回の８倍と等しくなるから　$23b+1=8(3b-1)$
$23b+1=24b-8$，$b=9$…(Ⅱ)

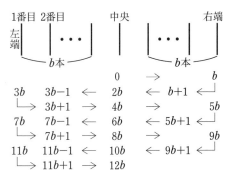

栃木県立高校入試(R4)

理　科　【解答・解説】

理 科 採 点 基 準　(総点 100 点)　(令 4)

〔注意〕
1　この配点は，標準的な配点を示したものである。
2　定められた答えの欄に答えが書かれていないときは，点を与えない。
3　指示された答えと違う表現で答えの欄に記入されていても，正答と認められるものには点を与える。
4　定められた数より多く答えたときは，点を与えない。
5　採点上の細部については，各学校の判断によるものとする。

問題		正答	配点	
1	1	(ウ)	2点×8	16
	2	(エ)		
	3	(イ)		
	4	(イ)		
	5	(受粉)		
	6	(乱反射)		
	7	(気団)		
	8	(中性子)		
2	1	(ウ)	1は2点	8
	2	(イ)	2は2点	
	3	斑晶　(例)　地下深くで，ゆっくりと冷え固まってできた。 石基　(例)　地表付近で，急に冷え固まってできた。	3は4点	
3	1	CO_2	1は2点	9
	2	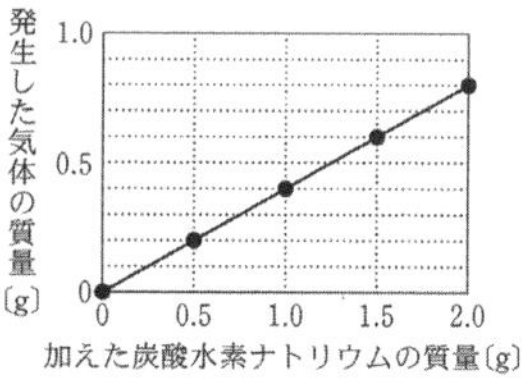 発生する気体の質量(1.2)g	2は3点	
	3	記号(×) 理由 (例)　塩酸の濃度を変えても，加える炭酸水素ナトリウムの質量が同じであるため，発生する気体の質量は変わらないから。	3は4点	
4	1	(120)mA	1は2点	10
	2	電圧(2.0)V　電気抵抗(15)Ω	2は4点	
	3	記号(エ)　電流の大きさ(1.0)A	3は4点	
5	1	(ア)	1は2点	9
	2	①(えら)　②(肺)　③(皮膚)　②③は順不同	2は3点	
	3	①(食物連鎖)　②(ウ)	3は4点	
6	1	(ア)	1は2点	12
	2	(例)　水溶液の水を蒸発させる。	2は3点	
	3	H^+　Na^+	3は4点	
	4	(エ)	4は3点	
7	1	(日周運動)	1は2点	13
	2	①(Q)　②(S)	2は2点	
	3	(ア，イ)	3は4点	
	4	①(53)度　②(22)度　③ 地点(Y)	4は5点	
8	1	(ウ)	1は2点	12
	2	(デンプン)	2は3点	
	3	(ア)	3は3点	
	4	(例)　光合成によって吸収された二酸化炭素の量と，呼吸によって放出された二酸化炭素の量がつり合っているから。	4は4点	
9	1	(40)cm/s	1は2点	11
	2	(等速直線運動)	2は3点	
	3	(ウ)	3は3点	
	4	(エ)	4は3点	

1　1　大きな力を受けて地層が割れてずれ動くと断層になる。

2　肝臓はアンモニアを尿素に変えるほか，胆汁をつくる，食物に紛れ込んだ有害物質を無害化する，小腸で吸収した栄養分を体に必要な別の物質に作り変えたり蓄えたりするなど，多くのはたらきを行っている。

3　熱の放射は，熱を外に放出することである。体に直接触れずに体温をはかるのは放射を利用している。わきの下ではかる体温計は高温部から低温部に熱が移動する熱の伝導を利用している。

4　20℃のとき液体である物質は，融点が20℃より低く，沸点が20℃より高い。

5　めしべの柱頭についた花粉は，子房の中の胚珠に向かって花粉管をのばす。

6　乱反射によって，どの方向からでも物体を見ることができる。

7　気団は，広大な大陸上や海洋上に大規模な高気圧ができ，その中の大気があまり動かないとできる。

8　原子の中心にある原子核は，＋の電気をもつ陽子と電気をもたない中性子からできている。

2　1　火成岩Xのように，肉眼で見分けられるくらいの大きさの鉱物が組み合わさった火成岩のつくりを等粒状組織，火成岩Yのように，斑点状に見える比較的大きめの鉱物が粒を識別できない固体によって囲まれている火成岩のつくりを斑状組織という。

2　花こう岩は，セキエイやチョウ石，クロウンモが含まれているが，最も多く含まれているのはチョウ石である。チョウ石はほぼすべての火成岩に含まれる。

3　実験の(2)からわかるように，ゆっくりと冷やしたペトリ皿Pは同じような大きさの結晶が多くでき，火成岩Xと同じつくりになった。それに対して，しばらくはゆっくりと冷やして，その後急に冷やしたペトリ皿Qは火成岩Yと同じようなつくりになった。先に地下深くでゆっくり冷えて斑晶ができ，噴火によって地表付近に来たとき，急に冷えて石基ができたと考えられる。

3　1　炭酸水素ナトリウムと塩酸が反応すると，二酸化炭素が発生する。その化学反応式は

$NaHCO_3 + HCl \rightarrow NaCl + H_2O + CO_2$

である。

2　反応前の容器全体の質量（反応後にふたをゆるめる前の質量）から反応後にふたをゆるめたあとの質量を引いた値が，発生した気体の質量である。容器Aではゼロ，容器Bでは0.2g，容器Cでは0.4g，容器Dでは0.6g，容器Eでは0.8gである。この値を縦軸の値にしてグラフにする。また，加えた炭酸水素ナトリウムの質量が1.0gのとき（容器C），0.4gの気体が発生したので，3.0gでは3倍の1.2gの気体が発生する。

3　表あるいは2のグラフからわかるように，発生した気体の質量は加えた炭酸水素ナトリウムの質量に比例している。これは炭酸水素ナトリウムと反応する相手である塩酸が十分に存在しているためである。よって，これ以上塩酸の濃度を濃くしても，発生する気体の質量は変わらない。

4　1　マイナス端子は電流計の500mAに接続されているので，最下段の目盛りを読む。

2　図2の抵抗器は直列つなぎなので，抵抗器Yと抵抗器Zの和が回路全体の抵抗になる。回路全体の抵抗は

$5.0\,\mathrm{V} \div 0.20\,\mathrm{A} = 25\,\Omega$　である。よって，

抵抗器Zの電気抵抗は

$25\,\Omega - 10\,\Omega = 15\,\Omega$　であり，抵抗器Yに加わる電圧は

$0.20\,\mathrm{A} \times 10\,\Omega = 2.0\,\mathrm{V}$　である。

3　電流計の値が最も大きくなるのは，回路の抵抗が最も小さいときである。スイッチAのみを閉じると，抵抗は10Ω，スイッチBのみを閉じると，抵抗は

$10\,\Omega + 10\,\Omega = 20\,\Omega$，スイッチAとBを閉じると $\frac{1}{R} = \frac{1}{10} + \frac{1}{20}$ より $R = \frac{20}{3}\Omega = 6.6\cdots\Omega$，

スイッチAとCを閉じると $\frac{1}{R} = \frac{1}{10} + \frac{1}{10}$

より　$R = 5\,\Omega$　となり抵抗が最小になる。

そのときの電流の大きさは

$5.0\,\mathrm{V} \div 5\,\Omega = 1.0\,\mathrm{A}$　である。

5　1　カニは節足動物の甲殻類に属する。一方，イカ，マイマイ，アサリは軟体動物で，内臓は外とう膜で覆われている。

2　イモリとサンショウウオは両生類のなかまで，子はおもにえら，親は肺と皮膚で呼吸する。カニ，イカ，サケ，アサリは水中で生活するのでえらで，キツネ，マイマイ，

カメ，ウサギは陸上で生活するので肺で呼吸する。

3　ウサギは草食動物であり，キツネは肉食動物である。草食動物は目が側面についているため視野が広い。肉食動物は目が正面についているため視野はせまいが，立体的にものをみることのできる範囲が広く，獲物を捕らえるのに適している。

6　1　酸性を示すもととなるイオンは水素イオンで，アルカリ性を示すもととなるイオンは水酸化物イオンである。水溶液にBTB溶液を加えると，酸性では黄色，中性では緑色，アルカリ性では青色になる。

2　塩酸と水酸化ナトリウムの中和では，塩化ナトリウム(食塩)という塩と水ができる。塩化ナトリウムを取り出すには，水を蒸発させる。

3　うすい塩酸10.0cm^3と水酸化ナトリウム水溶液10.0cm^3が過不足なく反応したので，水酸化ナトリウム水溶液5.0cm^3を加えたときには，うすい塩酸5.0cm^3は中和し，残りの5.0cm^3は反応していない状態である。最初のうすい塩酸中の水素イオンと塩化物イオンの数を10個と仮定すると，加えた水酸化ナトリウム水溶液中のナトリウムイオンと水酸化物イオンの数はそれぞれ5個ずつとなる。5個の水酸化物イオンは塩酸中の5個の水素イオンと結びついて水になってしまうので，残りは，塩化物イオン10個，水素イオン5個，ナトリウムイオン5個となる。

4　水酸化ナトリウム水溶液が10.0cm^3までは，加えた水酸化物イオンは水素イオンと反応してしまうので増えず，ナトリウムイオンの増加数は水素イオンの減少数と同じなので，イオンの総数は一定のままである。加えた水酸化ナトリウム水溶液が10.0cm^3を越えると，ナトリウムイオンも水酸化物イオンも一定の割合で増加する。

7　1　地球は24時間で1回転(360°)自転しているので，1時間では15°自転している。

2　太陽は東から上り西へ動いて見えるので，影は最初西側にでき，しだいに東側に移動する。秋分から3か月後は，冬至の頃で，太陽の高度が低くなるので，影が長くなる。

3　棒の長さと影の長さが等しくなるのは，棒と影で直角二等辺三角形をつくるとき。それは太陽の南中高度は45°になるときである。また，春分・秋分の南中高度は，(90°－緯度)で計算できる。地点Xの秋分と春分の南中高度は　90°－37°＝53°，地球の地軸の傾きが23.4°なので，冬至の南中高度は　53°－23.4°＝29.6°，夏至の南中高度は　53°＋23.4°＝76.4°である。よって，南中高度が45°になるのは秋分と冬至の間と，冬至と春分の間である。

4　秋分の地点Xの南中高度は53°なので，太陽光のあたる角度を垂直にするには，ソーラーパネルと地面とのなす角を37°にすればよい。地点Yの秋分の南中高度は90°－40°＝50°なので，ソーラーパネルと地面とのなす角は40°にする。

8　1　エタノールで葉を脱色すると，ヨウ素溶液にひたしたときの色の変化がみやすくなる。

2　葉の細胞の中にある葉緑体が光を受けると，水と二酸化炭素からデンプンなどの栄養分をつくり出す(光合成)。デンプンがあると，ヨウ素溶液を加えたとき青紫色になる。

3　袋Aと袋Cの違いは光の有無だけである。

4　袋Eは，弱い光が当たっているので，光合成によってある程度の二酸化炭素が消費された。また，植物は光の有無に関係なく，常に呼吸をして二酸化炭素を放出している。実験(4)で二酸化炭素の割合が変化しなかったのは，これらの量がちょうどつり合っていたためである。

9　1　1秒間に50打点記録するので，5打点は0.1秒に相当する。テープAの長さは4.0cmなので，平均の速さは
4.0cm÷0.1s＝40cm/s　となる。

2　おもりが床についた後は，台車の運動の向きに力がはたらかないので，台車は等速直線運動になる。

3　台車の速さは，図2のテープの長さからわかるように，おもりが床につくまではしだいに大きくなり，おもりが床についた後は一定になる。一方，木片は摩擦がはたらくので，台車ほど速さは増加しない。さらにおもりが床につくまでの時間が台車より長くかかる(**ア**ではない)。おもりが床についてしまうと運動の向きに力がはたらかないので，速さが減少し，やがて止まる。

栃木県立高校入試(R4)

英　語　【解答・解説】

英語採点基準

(総点 100 点)　　(令 4)

〔注意〕 1 この配点は，標準的な配点を示したものである。
2 定められた答えの欄に答えが書かれていないときは，点を与えない。
3 指示された答えと違う表現で答えの欄に記入されていても，正答と認められるものには点を与える。
4 定められた数より多く答えたときは，点を与えない。
5 採点上の細部については，各学校の判断によるものとする。

問	題	正　答	配	点		
1	1	(1) (ア) (2) (ウ) (3) (エ) (4) (ウ)	2 点× 4	26		
	2	(1) (エ) (2) (イ) (3) (ウ)	3 点× 3			
	3	(1) (sea) (2) (hours) (3) (same)	3 点× 3			
2	1	(1) (ア) (2) (イ) (3) (イ) (4) (エ) (5) (ウ) (6) (ア)	2 点× 6	18		
	2	(1) (ウ → イ → エ → ア) (2) (エ → イ → ア → ウ) (3) (イ → オ → ア → エ → ウ)	2 点× 3			
3	1	(How) (long)	3 点	28		
	2	(1) (例 1) it will rain (例 2) it is going to rain (2) (例 1) The story was written by (例 2) The person who wrote the story is (4) (例) is easy for them	3 点× 3			
	3	(イ)	3 点			
	4	ツバメの巣が人に壊されたり，ひ ながら巣から落ちたりすること。 (29 字)	4 点			
	5	(ア)	3 点			
	6	(例 1) When I become a high school student, I will go to school by bike every day. Using cars is not good for the earth. I think using buses and trains is good, too. Also, I will turn off the light when I leave a room. I hope my action will save the earth. (例 2) I usually try to reduce trash [garbage]. For example, using plastic bags is bad for the earth. So, I always use my own bag when I go to a supermarket. I also want to use things again and again.	6 点			
4	1	(例 1) shall we join (例 2) why don't we join	2 点	14		
	2	(例) リサのいない英語部に入ること。	3 点			
	3	(例) 本当にやりたいことがあるならば，挑戦すること。	3 点			
	4	open a Japanese restaurant	3 点			
	5	(ウ)	3 点			
5	1	(エ)	3 点	14		
	2	(ウ → ア → エ → イ)	4 点			
	3	(例) 種類によって，花が咲く時間が異なるという性質。	4 点			
	4	(イ)	3 点			

1　話の概要・要点を聞き逃さないことが大切である。「傾向と対策」に例示したように段階を踏んで練習する。

［解説］

1　話題の中心は何かを聞き取る。

(1)　ピザを作るのに必要な野菜を聞き取る。複数の野菜名が出てくるが惑わされない。

(2)　何歳の誕生日か，カードの絵柄は何かを聞き取る。

(3)　次にすることは何かを聞き取る。

(4)　本を探していること，何冊借りられるかなどについて話していることから，どんな場所での会話かを聞き取る。

2　選択肢から，質問を予想しながら聞く。

(1)　トムがマラソン大会に参加しようと決めた理由を聞き取る。

(2)　エミがどのレースを走るかを聞き取る。

(3)　マラソン大会の開催月を答える。「今日から3か月先」であることを聞き取る。

3　メモの空所に入る内容を予想して聞く。基本的な単語なので書けるようにしておく。

(1)　その島国が何で有名か。「美しい海」。

(2)　その国の気候,具体的には「日照時間」。

(3)　国土の広さ。as large as Utsunomiya～
→「宇都宮と同じ広さ」

2 1　友だちに宛てた手紙を読んで，空所に入る適切な語や語形を選ぶ問題。2　不定詞，最上級，関係代名詞など，文法・語法上の基本的な理解を問う並べかえ問題。

［解説］

1 (1)　「元気ですか。」基本的な挨拶の表現。

(2)　現在完了を用いて「久しぶり」という意味の文。haven'tに続く動詞は過去分詞。

(3)　「日本語を学ぶことは…」主語の役割をできるのは「動名詞」。

(4)　「初めて」という意味の熟語で用いる前置詞。

(5)　主語 To keep practicing を説明する形容詞を選ぶ。「練習を続けることは～だ。」

(6)　「彼女の言葉が私をhappyにした。」makeの〈AをBの状態にする〉という用法。

2 (1)　不定詞の名詞的用法
to go shopping「買い物に行くこと」

(2)　長めの形容詞の最上級
the most interesting movie「最も面白い映画」

(3)　関係代名詞whoによる後置修飾
the boy who is drinking ... the boy をwho以下が説明。「コーヒーを飲んでいる少年」。

3　［問題文の要旨］

イギリスのツバメは，春にアフリカ南部から，１万キロもの距離を３週間以上もかけて渡ってくる。一方，日本では１週間ほどかけて東南アジアから飛来し，動物が近寄ってこない人家の軒下に巣を作る。

日本では，「ツバメが空を低く飛ぶと次の日は雨になる」という言い伝えがある。また，イギリスでは，物語「Happy Prince」の中で，王子の命を受けツバメが貧しい人々に宝石を配ることが語られている。

$$\frac{36000-9500}{36000}=\frac{26500}{36000}\fallingdotseq 0.736$$

日本では過去35年間にツバメの数が４分の１近くまで激減し，それは日本人が西洋式の住宅を好むようになったことと関係している。伝統的な日本家屋のほうが軒下が広く,ツバメにとっては巣作りがしやすい。

巣作りのほかにも，人間に巣を壊されたり,ひなが巣から落ちたりしてしまうなど,子育て上の問題もある。

大都市化が進み自然が失われる中，餌を見つけるのも難しくなり，ツバメにとって都市生活は簡単なことではない。環境にやさしい生活を目指さなくてはいけない。

［解説］

1　アリスのfor more than three weeksという答えから，飛んでいる期間を聞いている。

2　図の表す内容を自分の言葉で表現する。
(1)ツバメが低く飛ぶ時の「天気の変化」を表現する。(2)物語「Happy Prince」の著者について説明する。解答の例１は受動態で「～によって書かれた」，例２は関係代名詞を用いて「物語を描いた人物は～」と表現している。(4)日本家屋の構造が，ツバメの巣づくりを容易にすることを表現する。〈It is ～ for … to －.〉「－することは,…にとって～である」を用いる。

3　下線部(3)に続く英文には，住宅が増加するにつれて，ツバメの数も減少していることが書かれている。

4　other problems when they grow their babiesから，「子育て上の問題」であることがわかる。続く英文に具体例が書かれている。

5　空所Ｂの前後の関係は後半が前半の原因・理由になっていると考えられる。because以外の接続詞では意味がつながらない。

6　考えを述べる際の表現や接続詞などを用いたり，具体例を盛り込んだりするなどして，短文の羅列にならないようにする。

4　［段落ごとの概要］

［段落1］マリとリサは幼なじみで仲良し。中学では二人ともテニス部に所属し，ダブルスを組んで楽しく活動していた。

［段落2］高校でどの部活動に入るかという話になった。決まっていないなら，一緒にテニス部に入ろうとリサに言われたが，マリは英語部に入りたいと思っていた。

［段落3］マリは帰宅途中，自分が中2の時に母親と一緒にオーストラリアに留学していた兄のテルを訪ねたことを思い出した。夏休みの滞在中，兄の友達は皆親切で，マリもお寿司を作ってあげたりした。英語はよく分からなかったけど，彼らの笑顔を見て「将来，オーストラリアで日本食レストランを開きたい。」と思った。そのためにも，高校で英語をもっと伸ばしたいと思うが，リサのいない英語部にも不安があった。

［段落4］家に帰り，マリはテルに悩みを相談した。「テニス部に入って満足できるか。」とテルは質問し，自身の夢について語り始めた。「将来外国で日本語を教えたい。だから英語を外国で勉強する必要がある。誰も知らず，不安で新しい生活は大変だった。やがて友達もでき，経験も積んでたくさんのことを学んだ。夢に近づいている気がして，自分の選択は間違っていなかった。」マリはテルの「やりたいことがあるなら，挑戦しろよ！」という言葉に勇気をもらった。

［段落5］次の日，マリが自分の決めたことを伝えると，リサは，部活動は違っても，いつまでも友達であること，そしてマリの夢がかなってほしいと言って笑顔を見せた。

［解説］

1　同じ部活動で一緒に活動したい友達が，マリをテニス部に誘っている。

2　第3段落の最後の二つの文にマリの葛藤が書かれている。

3　第4段落の最後から三つ目の文にThat's the thing I believe.とあり，その直前の英文にテルの信念が書かれている。

4　第3段落の終わりのほうでI want to open ... と夢を語る部分がある。

5　ア　because she liked sports が×

　　イ　she（＝Mari's mother）could not go が×

　　ウ　第4段落に書かれている内容と合致

　　エ　Risa got angry ... Mari's decision が×

5　［簡易訳例］

毎日どれだけ時計を見るだろう。今日，時計なしでの生活は難しい。今や多くの種類の時計を身の回りで目にする。

約6,000年前，エジプト人は太陽を利用し，地面に棒を刺して，その影で時間を把握した。しかし，これには「影が出なければ，この手の時計は使えない。」という問題があった。そこで，曇りでも夜でも時間がわかる水を利用した時計が発明された。エジプト人は，水の落ちる速さや使った水量を測ることで，時間を知っていた。その後に砂時計が発明され，船乗りたちの役に立った。

花が時間を知らせる花時計を知っているか。ある花は7時に，ある花は正午に咲く。花の種類によって1日の中で開花する時間が異なることから，1750年ごろ一人のスウェーデン人が，特定の種類の花を使い，花時計を作った。正確ではないが，花の開花で時間がわかる。素晴らしいと思わないか。

時計clockには，watch（小型で身に着けるもの）という，もう一つの種類がある。懐中時計は16世紀に発明され，腕時計は1900年ごろに使われはじめて，どこでも時間を知ることができるようになった。今では，健康状態を確認するなど，腕時計で多くのことができる。

様々な時計が発明されてきたが，あなただったらどんな種類の時計を創るだろうか。

［解説］

1　第1段落の「私たちが1日に何度も時計を見る」や「私たちの周りには時計があふれている」ということから判断する。

2　以下のように段落内の論の流れをつかむ。

〈太陽の利用（日時計）→ ［　B　］ →水時計の発明→砂時計の発明〉

空所Bでは，「日時計の欠点から水時計の発明につながった経緯」を表すように選択肢を並べ替える。

3　下線部から3文目のLike this, different flowers open at ... of a day.の部分で花の性質が述べられている。Like thisは，直前の文にある「性質の具体例」に言及している。

4　各段落では，時を計るための人々の工夫や発明が語られ，最後に筆者はこれからの時計に対する期待を投げかけている。**アウエ**は部分的に話に出てくるが，説明文全体に関わるものではない。

いうことを表す「自然の美しさは複製にすぎないと悟る」がウの「自然本来の～できなくなる」と対応している。よってイの「実際の～思い知らされる」、エの「メディアで～思えなくなる」は不適。アの「すぐ～記録してしまう」は本文中から読み取れない。

3　空欄直後の「見直すべき」という態度と合うのはおごりたかぶらず素直なさまを表すエ「謙虚」。ア「傲慢」はおごりたかぶって人をみくだすこと。イ「寛大」は度量が大きく、思いやりがあること。ウ「貪欲」はきわめて欲が深いこと。

4　(Ⅰ)「かつて」の空欄を含む一文と同様の文が第一段落三文目中にある。また「現代」の空欄を含む一文と同様の部分が第六段落冒頭にある。そこから共通する語を探し出す。

(Ⅱ)「手作り生産の道具や器の形」が美しい理由は第八段落二、三文目「道具や～美しいのである」にあり、「自然界のつくりだす形」が美しい理由は第十一段落一文目中「自然が～なるから」にあり、ほぼ共通の内容が読み取れることから、同内容の表現を利用してまとめる。

5　〈A〉では日本人は自然主義的な美への完成を育んできたという考えを西洋と比較して述べている。〈B〉では日本人が自然と接する機会が少なくなり、美への感性が薄れてきており、先人たちのように自然から形への美を探るべきだと論を展開している。イ、ウ、エは本文から読み取れない。

4

1　弟の翔は傍線部(1)だけ守れればいいと言っており、傍線部(1)の三文後に「景色を守るってことは…」とある。翔は「景色」について傍線部(1)より前の部分で「俺、大島の～風景がすごい好き」と発言していることからここを二十一字で抜き出す。

2　「熱に浮かされる」とは夢中になって理性を失うこと。よってアが適当。

3　イは傍線部(3)の次とその次の段落とその次の会話文「人と～いいと思う」から読み取れる。アは「リレーを～学んだ」、エは「リレーを～知った」の部分が本文から読み取れず、ウの「自分が～大きさ」は傍線部(3)の次の段落の三文目中「俺はもらうばっかりだから」と矛盾する。

4　「俺」の酪農家の生き方に対する捉え方が読み取れる傍線部(4)を含む会話文の二段落前からを確認すると「それ(酪農)は～できることじゃない」とあることから字数条件に合わせて抜き出す。

5　「俺」の両親への思いは傍線部(4)直前の一文「けど～思う」から否定的に捉えていることがわかる。また傍線部(4)直後の部分から「翔」の強い覚悟を知って「信じてみよう」と「俺」は思ったことがポイント。

6　傍線部(6)直前の内容から二人が異なる方向へ行くことがわかる。それまで「翔」の今後やりたいことについて語っていたことからエが適切。よってイの「助け合っていく」は不適。また異なる方向へ行くことが「互いの成長のため」とは述べられておらず不適。ウは本文中から読み取れない。

5

作文を書く際は、「何について書くのか」「条件は何か」に注意して書くことになる。この問題では「『言葉』を使用する際に心がけたい」ことについての意見を資料を参考に、自分の体験を踏まえて書くことが求められており、体験をどのくらいの分量で書くのかによって意見の分量が少なくなってしまうことも考えられるので注意が必要である。

〔作文例〕

資料中の表を見ると、言い換え語のほうがわかりやすいものもあれば、外来語のほうがピンとくるものもある。会話を見てもどの言葉がわかりやすいかはまちまちに感じる。

テレビ番組の中のコメントで、資料中会話1のようにやたらと外来語を使っているものがあった。一緒に見ていた妹は、何を言っているのかさっぱりわからないと言っていた。私自身も半分も理解できなかった。「言葉」とは自分の考えや思いを相手と共有するためのものでもあると思う。その場合相手の持つ語彙に合わせてわかりやすくするのが理想だと考える。外来語の使用についても状況や相手を踏まえてより適切な選択をすることが「言葉」を使用するうえで大切だと思う。

1

1　訓読み二、音読み三で、標準的なものが多い。

2　書き取りも使用頻度の高いものが多い。

3　設問と**ア**の「そうだ」は推測、それ以外は伝聞を表す。

4　「お目にかかる」は「会う」の謙譲語。謙譲語は動作の受け手に対して敬意を表す。

5　**ウ**は「私の将来の夢」＝「生活に役立つものを発明すること」という係り受けになっており正しい。それ以外の選択肢の正しい係り受けは、**ア**「この商品の良い点は、値段が安いところだ」、**イ**「高校時代の一番の思い出は、校内球技大会で優勝したことだ」、**エ**「この話は、おばあさんの家に子供が住むことになった話だ」などとなる。

6　設問の「無」と**ウ**の「不」はどちらも打ち消しの接頭語。それ以外の構成は**ア**は上が動作、下が対象で、**イ**は似た意味の字を重ねており、**エ**は反対の意味の字を重ねている。

7　「東風」は春になって吹く風のこと。また紀友則の和歌では木に花が咲いているのに雪も降っていることから、季節が早春と考えられ、早春に咲く「梅」が適当。

2

〔出典〕『百物語評判』から

〔現代語通釈〕

一人が言うことには、「先日、大宮四条坊門のあたりに、和泉屋介太郎とかいう者が、夜が更けて外から帰ったときに、門をあわただしく叩いたので、(家の人が)中から驚いて開けた。そうして介太郎は門から中に入ると同時に、気を失った。色々な気付け薬などを飲ませたところ、やっと回復していうことには、『自分が帰るときに、月は薄暗く、なんとなく荒涼としているところに、どこそこの十字路で、三丈あまり(の高さ)である坊主が、後ろから覆いかぶさるように来た時に、あっと思って逃げたところ、ますます急に追いかけてきたが、この門の入り口で見失った。それだからこのようになった。』と言ったので、聞いた人は、皆驚いて、『なんとまあ、あぶないことだよ。それこそ見こし入道でございましょう。』と言って、怖さのあまり舌を震わせていた。この事は、身近な出来事であって、その入道に会った人は、現在もどこそこに(いる)。」と言うと、同席の人全部が、いずれも恐ろしいことだなあと言ったので、

先生が、論じていうことには、「このものは、昔から別名を高坊主とも言い伝えている。墓が点在する野原などでもなく、ただ民家の十字路の、軒下の石橋などの辺りから出ると言っている。これは愚かな人に臆病な気持ちが加わって、気落ちして歩いた夜道で、(臆病な)気持ちが出る以前から生じていた、人の影であるはずだ。その理由はこの者は、前からも来ず、脇からも迫らず、後ろから見こすと言うので、町々の門の出入り、あるいは夜番の火の光、月や星の光がぼんやりしている時に、自分の影法師が、背が高く映ると、これは大変と思い、気を失うと見えた。」

1　歴史的かなづかいでは文中の「はひふへほ」は「わいうえお」と読み、「やう」は「よう」と読む。

2　二重傍線部**ア**は家に帰ってきた人が門を叩いたので主語は介太郎。**イ**、**ウ**、**エ**は坊主に追いかけられ逃げてその坊主を見失った介太郎の話から、**イ**と**エ**の主語は介太郎、**ウ**は坊主。

3　「〜とひとしく」は「〜すると同時に」、「人心」は「正気」という意味。また傍線部(1)直後に「気つけなど呑ませければ」とあり、「気つけ」は気絶した人の意識を回復させる薬や酒のことからも「人心なし」は気を失ったことだとわかる。

4　「まぢかき」は「間近し」という形容詞。空間や時間的に近いことを表す。

5　臆病な気持ちから人が自分の影を「見こし入道」という妖怪に見間違えていることを先生の話から読み取る。

3

1　西洋思想の芸術表現における自然の対象の捉え方は傍線部(1)の直後の段落の「西洋の芸術表現に見る自然の対象は、〜人間を主体とする表現の従属的な存在であり」から読み取れる。また西洋では自然の対象が「決して表現の主体的なモチーフにはなりえなかった」とあるため、正反対の日本では「表現の主体的なモチーフになりえた」と考えられる。

2　傍線部(2)直前の一文中の「二重写し」が**ウ**の「実際の〜思い起こされ」と対応し、自然よりもテレビやメディアが本物の美しさと感じると

栃木県立高校入試（R4）
国語　【解答・解説】

（令4）

国語採点基準　（総点100点）

〔注意〕
1 この配点は、標準的な配点を示したものである。
2 定められた答えの欄に答えが書かれていないときは、点を与えない。
3 指示された答えと違う表現で答えの欄に記入されていても、正答と認められるものには、点を与える。
4 定められた数より多く答えたときは、点を与えない。
5 採点上の細部については、各学校の判断によるものとする。

問	題		正答	配点		点
1	1	(1)	れいぎ	2	30	
		(2)	すこ（やか）	2		
		(3)	ちんれつ	2		
		(4)	いちじる（しい）	2		
		(5)	ちせつ	2		
	2	(1)	拾（う）	2		
		(2)	運賃	2		
		(3)	冷（まし）	2		
		(4)	功績	2		
		(5)	談笑	2		
	3		ア	2		
	4		エ	2		
	5		ウ	2		
	6		ウ	2		
	7		イ	2		
2	1		いうよう	2	10	
	2		ウ	2		
	3		イ	2		
	4		エ	2		
	5		（例）夜道を歩いているとき、臆病な気持ちによって自分の影を見こし入道に見間違えたもの。	2		
3	1		（例）西洋では自然を人間を主体とする表現の従属的な存在として捉えたのに対し、日本では自然を表現の主役として捉えた。	4	20	
	2		ウ	3		
	3		エ	3		
	4	(I)	（答）感性	3		
		(II)	（例）長い時間を経て少しずつ改良され、機能を満たした結果、無駄のない形となるから。	4		
	5		ア	3		
4	1		（答）大島の牧草地で牛がのびのびと過ごしてる風景	4	20	
	2		ア	2		
	3		イ	3		
	4		（答）生き物と自然に人生を捧げるという生き方	4		
	5		（例）「翔」の覚悟を知って、両親が「翔」の思いを知らずに反対するのは違うと思い、両親にも理解してほしいと思ったから。	4		
	6		エ	3		
5			（評価の観点） 1 形　式　目的に応じた適切な叙述であるか。 字数が条件に合っているか。 2 内　容　第一段落 ・【資料】から、気づいたことについて述べているか。 第二段落 ・自分の体験（見聞したことを含む）を踏まえて、テーマに対して自分の考えを明確に表現しているか。 3 表現・表記　文体に統一性や妥当性があるか。主述関係や係り受けなどが適切であるか。 語句が適切に使用されているか。誤字・脱字がないか。 ※ これらの項目に照らし、各学校の実態に即して総合的に評価するものとする。	20		

[実戦編]

栃木県 高校入試の対策 2024

令和3年度
県立入試

社 会 【解答用紙】

（令３）

社 会 解 答 用 紙

受検番号（算用数字ではっきり書くこと。）	番

得点計	

◎「得点」の欄には受検者は書かないこと。

問題		答 え	得 点
1	1	（　　）	
	2	（　　）	
	3	（　　）	
	4	（　　）	
	5	(1)（　　）〔現象〕	
		(2)　〔ので〕	
	6	（　　）（　　）	
	7	（　　）	
2	1	（　　）	
	2	（　　）	
	3	（　　）	
	4	（　　）	
	5	アフリカ州 ―（　　）　ヨーロッパ州 ―（　　）	
	6	オーストラリア ―（　　）　石油 ―（　　）	
	7	〔記号〕（　　）〔理由〕	
3	1	（　　）	
	2	（　　）	
	3	（　　）	
	4	（　　）	
	5	(1)（　　）	
		(2)	
	6	（　　）	
	7	（　→　→　→　）	
4	1	(1)（　　）	
		(2)（　　）	
		(3)	
	2	（　　）	
	3	（　　）	
	4	（　　）	
	5	（　　）	
5	1	(1)（　　）　(2)（　　）	
	2	（　　）	
	3	図２： 図３：	
	4	(1)（　　）　(2)（　　）　(3)（　　）	
6	1	（　　）	
	2	（　　）〔制度〕	
	3	(1)（　　）　(2)（　　）	
	4	（　　）	
	5	（　　）	
	6		

栃木県立高校入試(R3)

数学 【解答用紙】

(令3)

数　学　解　答　用　紙　(1)

受検番号（算用数字ではっきり書くこと。）	番

	(1)	(2)	計
得　点			

◎「得点」の欄には受検者は書かないこと。

問題		答		え	得点
1	1		2		
	3		4		
	5	$c =$	6		
	7	度	8	$y =$	
	9	cm^3	10	$x =$	
	11		12		
	13	$x =$	14		
2	1	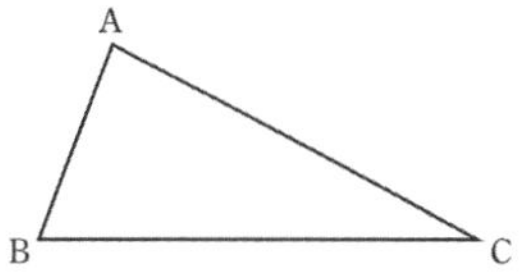	2		
			3	①（ AB = ） ②（ a = ）	
3	1	答え（ 大きい袋　枚，小さい袋　枚 ）			
	2	(1) 分			
		(2)			
		(3) 分			

栃木県立高校入試(R3)

数　学　【解答用紙】

(令3)

数　学　解　答　用　紙　(2)

受　検　番　号 (算用数字ではっきり書くこと。)	番

得　点	

◎「得点」の欄には受検者は書かないこと。

問　題		答　え	得　点
4	1	(証明) 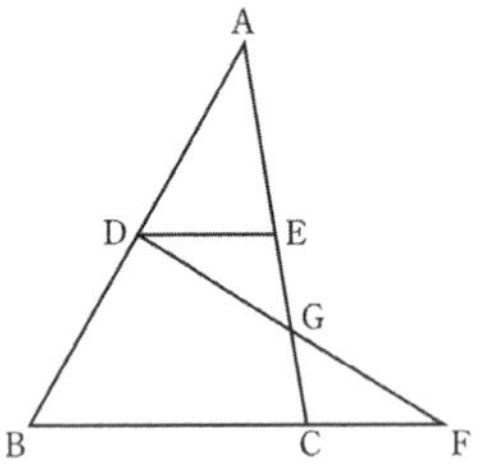	
	2	(1)　　cm　(2)　　cm^2	
5	1	cm^2	
	2	答え(　　)	
	3	$t=$	
6	1	【作り方Ⅰ】(　　)　【作り方Ⅱ】(　　)	
	2	答え($x=$ 　)	
	3	①($n=$ 　)　②($n=$ 　)	

栃木県立高校入試（R3）

理　科　【解答用紙】

（令３）

理　科　解　答　用　紙

受検番号（算用数字ではっきり書くこと。）	番

得点計	

◎「得点」の欄には受検者は書かないこと。

問題		答え	得点	
1	1	（　　）		
	2	（　　）		
	3	（　　）		
	4	（　　）		
	5	（　　）		
	6	（　　）		
	7	（　　）		
	8	（　　）％		
2	1	（　　）		
	2	①（　　）　②（　　）　③（　　）		
	3	記号（　　） 理由（　　）		
3	1	（　　）		
	2			
	3	葉の表側（　　）　葉以外（　　）		
	4	記号（　　） 理由（　　）		
4	1	（　　）		
	2	①（　　）　②（　　）		
	3	コイルがつくる磁界の強さは		
5	1	（　　）		
	2	①（　　）　②（　　）　③（　　）		
	3	（　　）		
	4			
6	1	（　　）		
	2	（　　）		
	3	丸い種子の数：しわのある種子の数＝（　　）：（　　）		
7	1	（　　）		
	2	①（　　）　②（　　）		
	3			
	4	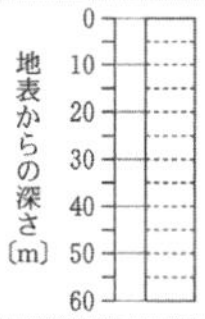		
8	1			
	2	①（　　）　②（　　）　③（　　）		
	3	記号（　　） 理由（　　）		
9	1	（　　）		
	2	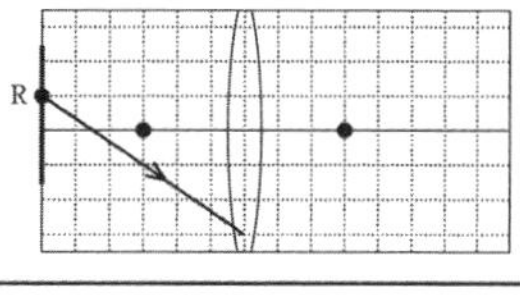		
	3	（　　）		
	4	凸レンズ（　　）の方が（　　）cm 長い		

(令3)

英　語　解　答　用　紙

受検番号（算用数字ではっきり書くこと。）	番

得点計	

◎「得点」の欄には受検者は書かないこと。

問	題	答え	得点
1	1	(1) ( ) (2) ( ) (3) ( )	
	2	(1) ① ( ) ② ( ) (2) ① ( ) ② ( )	
	3	(1) ( ) (2) ( )	
		(3) ( ) (4) ( )	
2	1	(1) ( ) (2) ( ) (3) ( ) (4) ( )	
		(5) ( ) (6) ( )	
	2	(1) (→ → →) (2) (→ → →)	
		(3) (→ → → →)	
3	1	( ) ( )	
	2	(1)	
		(2)	
		(5)	
	3	カナダと比べ日本では，□□□□□□□□□□(10)□□□□□□□□□□(20)□□□□□□□□□□(30)	
	4	( )	
	5	① ( ) ② ( )	
	6		
4	1	( )	
	2	( ) ( )	
	3		
	4	① □□□□□□□□□□(10)□	
		② □□□□□□□□□□(10)□□□□□(15)□□□	
	5	( )	
5	1	( )	
	2		
	3	( )	
	4	( )	

栃木県立高校入試（R３）

国語 【解答用紙】

（令3）　国語解答用紙(1)

受検番号（算用数字で横書きに はっきり書くこと。）	番

得点		
(1)	(2)	計

◎「得点」の欄には受検者は書かないこと。　５は「国語解答用紙(2)」を用いること。

問題		答え	得点 小計	得点 計
1	1	(1) 専属　(2) 爽快　(3) 潤す　(4) 慰める　(5) 草履		
	2	(1) ギョコウ　(2) ヒキいる　(3) ショウタイ　(4) チヂむ　(5) ジュクレン		
	3	(1)（　　）　(2)（　　）　(3)（　　）　(4)（　　）		
	4	（　　）		
2	1	（　　）		
	2	（　　）		
	3	（　　）		
	4	（解答欄マス目）		
	5	（　　）		
3	1	（　　）		
	2	（解答欄マス目）という不思議な現象。		
	3	（　　）		
	4	（　　）		
	5	（解答欄マス目）		
	6	（　　）		
4	1	（　　）		
	2	（　　）		
	3	（　　）		
	4	（解答欄マス目）と考えたから。		
	5	（解答欄マス目）		
	6	（　　）		

栃木県立高校入試(R3)

国語 【解答用紙】

(令3) 国語解答用紙 (2)

受検番号	(算用数字で横書きに はっきり書くこと。)	番

得点		
甲	乙	計

5

◎受検者名と題名は書かないこと。

100字

200字

240字

300字

栃木県立高校入試(R3)

社　会　【解答・解説】

社会採点基準　(総点100点)　(令3)

〔注意〕
1　この配点は，標準的な配点を示したものである。
2　定められた答えの欄に答えが書かれていないときは，点を与えない。
3　指示された答えと違う表現で答えの欄に記入されていても，正答と認められるものには点を与える。
4　定められた数より多く答えたときは，点を与えない。
5　採点上の細部については，各学校の判断によるものとする。

問題		正答	配点		
1	1	(冷害)	2点×5	10	18
	2	(エ)			
	3	(ウ)			
	4	(ア)			
	5 (1)	(ヒートアイランド)〔現象〕			
	5 (2)	(例)地面がコンクリートやアスファルトで舗装されていることが多く，降った雨がしみこみにくい〔ので〕	4点	4	
	6	(イ)(エ)(完答)	2点×2	4	
	7	(エ)			
2	1	(B)	2点×6	12	16
	2	(東南アジア諸国連合(ASEAN))			
	3	(ア)			
	4	(エ)			
	5	アフリカ州 —(イ)　ヨーロッパ州 —(ウ)(完答)			
	6	オーストラリア —(A)　石油 —(D)(完答)			
	7	〔記号〕(Y)〔理由〕(例)日本への輸出品目の中心が軽工業製品から重工業製品へと変化しており，日本の輸入総額に占める割合も増加しているため。	4点	4	
3	1	(ウ)	2点×5	10	18
	2	(調)			
	3	(座)			
	4	(勘合)			
	5 (1)	(前方後円墳)			
	5 (2)	(例)3世紀に大和地方を中心に分布していた古墳が，5世紀には国内各地に広がっており，埼玉県や熊本県の古墳で大王の名が刻まれた鉄剣や鉄刀が出土していることから，大和政権(ヤマト王権)の勢力が関東地方や九州地方にも拡大したと考えられる。	4点	4	
	6	(エ)	2点×2	4	
	7	(C → A → B → D)			
4	1 (1)	(富岡製糸場)	2点×2	4	16
	1 (2)	(イ)			
	1 (3)	(例)薩英戦争で列強の軍事力を実感し，攘夷が難しいことを知ったので，列強の技術などを学び，幕府に対抗できる実力を備えようとしていたから。	4点	4	
	2	(岩倉使節団)	2点×4	8	
	3	(エ)			
	4	(エ)			
	5	(ウ)			
5	1 (1)	(イ)	2点×3	6	16
	1 (2)	(世論)			
	2	(ア)			
	3	**図2**：(例)地方は，生活により身近な行政事務を担っている。 **図3**：(例)小都市は，政令指定都市と比較して地方税による歳入が少ないため，地方公共団体間の格差を抑える地方交付税に依存している。	4点	4	
	4 (1)	(イ)	2点×3	6	
	4 (2)	(独占禁止法)			
	4 (3)	(ウ)			
6	1	(男女雇用機会均等法)	2点×6	12	16
	2	(介護保険(公的介護保険))〔制度〕			
	3 (1)	(公共の福祉)			
	3 (2)	(ア)			
	4	(イ)			
	5	(エ)			
	6	(例)テレビだけでなくインターネットを活用し，選挙への関心を高められるよう，政党の政策や候補者の人物像などの情報を分かりやすく発信する。	4点	4	

1　1　やませが吹いておこる自然災害は冷害。

2　宮古市の太平洋岸に見られるのはリアス海岸。波がおだやかであることを生かし，養殖漁業が行われている。よって**エ**。

3　海に面していない奈良県では，漁業に従事する人口がほとんどいないことから**イ**が漁業。沖縄県は，宿泊・飲食サービスがさかんであることから**ア**が宿泊・飲食サービス業。全国的に農林業に比べ，製造業に従事する人口が多いことから**エ**が農林業，**ウ**が製造業とわかる。よって**ウ**。

4　世界最大級のさんご礁が見られるのはグレートバリアリーフがあるオーストラリア。

5(1)　都市の中心部で，自動車やエアコンからの排熱により周辺部と比べ気温が高くなる現象はヒートアイランド現象。

(2)　都市部では，地面がコンクリートやアスファルトで舗装されていることが多く，降った雨がしみこみにくい。その結果，集中豪雨では大規模水害が発生することがある。

6　**ア**－地図上で，交番から「海峡ゆめタワー」を測定すると約2.5cm。2万5千分の1の地図での実際の距離は2.5cm×25000＝62500cm＝625mとなる。よって誤り。**イ**－海峡ゆめタワーの後に歩いた経路上の北に図書館の地図記号がある。よって正しい。**ウ**－地図上の等高線を読み取ると，下関駅よりも日和山公園の標高が高い。よって誤り。**エ**－市役所は寺院から北東方向にある。したがって正しい。よって**イ・エ**。

7　道路網の整備にともない，貨物輸送に占める割合は自動車の方が圧倒的に高くなっている。よって**エ**が当てはまらない。

2　1　東京と問題の都市の時差は6時間。1時間の時差につき15°の経度差があるので，東京と問題の都市の経度差は15×6＝90°。東京と本初子午線が通るロンドンの経度差は135°であるから，問題の都市は東京とロンドンの真ん中よりやや西に位置する。よってB。

2　東南アジア諸国連合（ASEAN）は，東南アジア地域の安定と発展を求めて，1967年に設立された。

3　降水量が少なく，7月の平均気温が高いため**エ**が砂漠気候であるB。1月の平均気温が7月よりも高いことから，**ウ**が南半球に位置するD。7月の降水量が多いことから，**イ**がC。7月はさほど暑くならず，また1月も高緯度の割には気温が低くないことから，**ア**が西岸海洋性気候であるA。よって**ア**。

4　ドイツはキリスト教徒の割合が多く，またイスラム教徒の移民が多いのでａ。タイは仏教徒が圧倒的に多いのでｂ。韓国はキリスト教徒の割合が多く，次いで仏教徒が多いのでｃ。よって**エ**。

5　世界人口に占める割合が最も多いアジア州が**ア**。人口爆発がおきているアフリカは**イ**。先進国が多く，少子化の影響で人口増加していないヨーロッパ州が**ウ**。北アメリカ州は**エ**。

6　鉄鉱石や牛肉を日本が輸入していることからAがオーストラリア。原油関連製品が多いBがサウジアラビア。日本はオーストラリアから多くの石炭を輸入し，サウジアラビアからは多くの石油を輸入している。よってCが石炭。Dが石油。

7　中国から日本への輸出品の中心は衣類などから電気機器に移っている。よってYが中国。Xがアメリカ。Zが韓国。

3　1　Aの資料が使われていたのは奈良時代。よって**ウ**。**ア**－鎌倉時代。**イ**－飛鳥時代。**エ**－鎌倉時代。

2　調は地方の特産物を納める税。

3　Bの資料が使われていたのは室町時代。室町時代に商工業者による同業者の団体である座が，営業の権利を独占した。

4　日本と明との貿易（日明貿易）は，勘合を使ったことから勘合貿易とよばれる。

5(1)　稲荷山古墳や江田船山古墳の形は前方後円墳。

(2)　分布図から，前方後円墳の分布が大和地方から国内各地に広がっていることが読み取れる。埼玉県や熊本県で同じ大王の名が刻まれた鉄剣や鉄刀が出土しており，大和政権（ヤマト王権）の勢力が関東地方や九州地方に拡大したことがわかる。

6　生類憐みの令を出したのは江戸幕府第5代将軍徳川綱吉。**ア**－第8代将軍徳川吉宗が行った享保の改革の内容。**イ**－第3代将軍徳川家光が定めた参勤交代の制度。**ウ**－

老中松平定信が行った寛政の改革の内容。徳川綱吉は，朱子学を重視し，学問や礼節を重んじる政治を行った。よって**エ**。

7　C（古墳時代）→A（奈良時代）→B（室町時代）→D（江戸時代）

[4]　1(1)　1872年に群馬県に建てられた官営工場は富岡製糸場。

(2)　葛飾北斎が活躍したのは化政文化の頃。よって**イ**。**ア**－安土桃山時代に活躍。**ウ**・**エ**－元禄文化の頃に活躍。

(3)　薩英戦争で敗北した薩摩藩は，攘夷が難しいことを知り，幕府に対抗できる実力を備えようとし，ヨーロッパ列強との交流を深めた。

2　明治初頭に，条約改正交渉と欧米視察を行ったのは岩倉使節団。

3　1875年に，日本はロシアと樺太・千島交換条約を結び，樺太島全域をロシア領とするかわりに，千島列島を日本領とした。日露戦争開始は1904年。よって**エ**。

4　**ア**－1918年。**イ**－1929年。**ウ**－1932年。**エ**－1937年。1931年におこった満州事変の後，日本は「満州国」を承認しなかった国際連盟を1933年に脱退した。よって**エ**。

5　佐藤栄作内閣のときに，沖縄は日本に返還された。よって**ウ**。

[5]　1(1)　国会は，弾劾裁判所を設置して，問題のある裁判官を辞めさせることができる。よって**イ**。

(2)　世論の形成にはマスメディアの影響が大きい。

2　所得税や相続税には，所得が多くなればなるほど高い税率を適用する累進課税の方法が採られている。よって**ア**。

3　地方は，小中学校の運営，ごみ処理等，生活に身近な行政事務をになっている。また，地方交付税交付金は地方公共団体間の財政格差をおさえるために国から分配されるが，小都市は政令指定都市に比べ，地方交付税交付金に依存する割合が高い。

4(1)　Ⅰ－日本銀行は日本で流通している紙幣を発行するため，「発券銀行」とよばれている。よって正しい。Ⅱ－国民から集めた税金の使い道を決める予算の審議・議決を行うのは国会であり，日本銀行ではない。よって誤り。Ⅲ－日本銀行は一般の銀行との間でお金の出し入れをするため，「銀行の銀行」とよばれている。よって正しい。したがって**イ**。

(2)　市場における企業どうしの公正かつ自由な競争を促進するために制定された法律は独占禁止法。

(3)　**ア**－日本の企業の約99％が中小企業。よって誤り。**イ**－水道やバスなどの公企業は，利潤目的ではなく，公共の目的のために活動する。よって誤り。**ウ**－従来，賃金が年齢とともに上昇していく年功序列賃金を採用する企業が多かったが，近年，個人の能力や仕事の成果を基準にして賃金などを決定する，能力主義や成果主義を導入する企業が増えてきている。よって正しい。**エ**－株主の責任は有限責任であり，出資した金額以上の負担は負わない。よって誤り。

[6]　1　雇用における女性差別を禁止する法律は男女雇用機会均等法。

2　介護保険制度は40歳以上の人が加入し，介護が必要になったときに介護サービスを受けられる制度。

3(1)　日本国憲法は，国民の権利は，公共の福祉に反しない限り，最大の尊重を必要とする，と定めている。

(2)　憲法の改正は，各議院の総議員の３分の２以上の賛成で国会が発議し，国民投票において，その過半数の賛成が必要である。よって**ア**。

4　日本国憲法には，被疑者や被告人の権利が保障されている。警察が逮捕する場合，原則として令状が必要である。また弁護人を依頼する権利が保障されており，国が費用を負担して国選弁護人を選ぶことになっている。よって**イ**。

5　議会制民主主義においては，政治が人の支配によってではなく，法の支配に基づいて行われることが必要である。よって**エ**が当てはまらない。

6　図２から，投票を棄権した理由が，選挙への関心の薄さと，政党の政策や候補者の人物像のわかりにくさにあることがわかる。若い世代はインターネットを情報入手の手段としていることから，インターネットを使い，情報を発信することが必要である。

栃木県立高校入試(R3)

数　学　【解答・解説】

（令３）

数学採点基準　（総点100点）

〔注意〕1　この配点は，標準的な配点を示したものである。

2　定められた答えの欄に答えが書かれていないときは，点を与えない。

3　指示された答えと違う表現で答えの欄に記入されていても，正答と認められるものには，点を与える。

4　採点上の細部については，各学校の判断によるものとする。

問題		正答			配点			
1	1	4	2	$2ab^2$	2点×14	28		
	3	11	4	$(x-4)^2$				
	5	$(c=)-5a+2b$	6	ア				
	7	116(度)	8	$(y=)\frac{18}{x}$				
	9	$72(\mathrm{cm}^3)$	10	$(x=)\frac{-5\pm\sqrt{17}}{2}$				
	11	$-5\leqq y\leqq 3$	12	$\frac{a}{60}+\frac{b}{100}\leqq 20$				
	13	$(x=)\frac{8}{5}$	14	ウ				
2	1	(例) 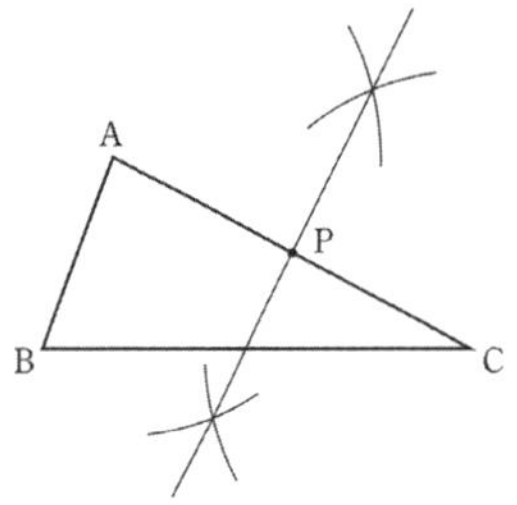 	2	$\frac{5}{12}$	1は4点 2は4点 3は4点	12		
			3	①（ $(\mathrm{AB}=)4-4a$ ） ②（ $(a=)\frac{1}{5}$ ）				
3	1	(例) $\begin{cases} x+y=40 & \cdots\cdots① \\ 5x+3y+57=7x+4y & \cdots\cdots② \end{cases}$ ②より　$2x+y=57$　……③ ③−①より　$x=17$ ①に代入して　$17+y=40$ したがって　$y=23$ この解は問題に適している。 答え（ 大きい袋　17　枚，小さい袋　23　枚 ）			1は7点 2(1)は2点 2(2)は2点 2(3)は3点	14		
	2	(1) 12(分)						
		(2) 0.4						
		(3) 10，17，19(分)						

<table>
<tr><th colspan="2">問　題</th><th>正　　　　答</th><th colspan="2">配　　点</th></tr>
<tr><td rowspan="2">4</td><td>1</td><td>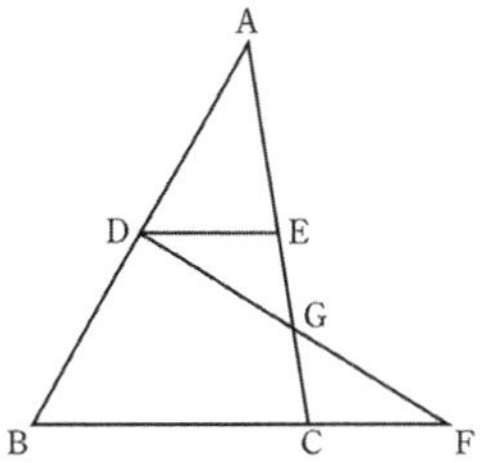

(例)
△DGE と △FGC について
△ABC で，点 D，E はそれぞれ
辺 AB，AC の中点であるから
DE // BC　　……①
$DE=\frac{1}{2}BC$　　……②
①より DE // BF だから，錯角は等しいので
∠GED = ∠GCF　　……③
∠EDG = ∠CFG　　……④
また，BC : CF = 2 : 1 から
$CF=\frac{1}{2}BC$　　……⑤
②，⑤より
DE = FC　　……⑥
③，④，⑥より，1 組の辺とその両端の角がそれぞれ等しいから
△DGE ≡ △FGC</td><td rowspan="2">1 は 8 点
2 (1)は 3 点
2 (2)は 4 点</td><td rowspan="2">15</td></tr>
<tr><td>2</td><td>(1)　6 (cm)　　(2)　$2\pi-2\sqrt{3}$ (cm^2)</td></tr>
<tr><td rowspan="3">5</td><td>1</td><td>9 (cm^2)</td><td rowspan="3">1 は 3 点
2 は 7 点
3 は 5 点</td><td rowspan="3">15</td></tr>
<tr><td>2</td><td>(例)
点 P が動き出して 10 秒後から 20 秒後までのグラフの傾きは
$\frac{0-15}{20-10}=-\frac{3}{2}$
であるから，x と y の関係の式は $y=-\frac{3}{2}x+b$ と表される。
グラフは点(20，0)を通るから
$0=-\frac{3}{2}\times 20+b$
よって　$b=30$
したがって，求める式は　$y=-\frac{3}{2}x+30$
答え(　$y=-\frac{3}{2}x+30$　)</td></tr>
<tr><td>3</td><td>($t=$)65</td></tr>
<tr><td rowspan="3">6</td><td>1</td><td>【作り方Ⅰ】(　28　)　　【作り方Ⅱ】(　82　)</td><td rowspan="3">1 は 4 点
2 は 7 点
3 は 5 点</td><td rowspan="3">16</td></tr>
<tr><td>2</td><td>(例)
$a=x$，$b=x+25$，$c=x+50$，$d=x+75$ と表される。
$a+2b+3c+4d=ac$ に代入して
$x+2(x+25)+3(x+50)+4(x+75)=x(x+50)$
$10x+500=x^2+50x$
$x^2+40x-500=0$
$(x+50)(x-10)=0$
$x=-50$，$x=10$
x は正の整数だから　$x=10$
答え(　$x=10$　)</td></tr>
<tr><td>3</td><td>①(　($n=$) $4m-39$　)　　②(　($n=$) 17，21，25　)</td></tr>
</table>

1 1　$-3-(-7)=-3+7=4$

2　$8a^3b^5\div 4a^2b^3=\dfrac{8a^3b^5}{4a^2b^3}=2ab^2$

3　$a+b^2=2+(-3)^2=2+9=11$

4　$x^2-8x+16=x^2-2\times x\times 4+4^2=(x-4)^2$

5　$a=\dfrac{2b-c}{5}$　両辺に5をかけて分母を払うと　$5a=2b-c$，$c=-5a+2b$

6 ア　9の平方根は3と−3，正しい。
イ　$\sqrt{16}=\sqrt{4^2}=4$　ウ　$\sqrt{5+7}=\sqrt{12}$
エ　$(\sqrt{2}+\sqrt{6})^2=8+4\sqrt{3}$
$(\sqrt{2})^2+(\sqrt{6})^2=2+6=8$

7　かどを通り ℓ，m に平行な直線をひく。31°と $95°-31°=64°$ を移すと　$\angle x+64°=180°$，$\angle x=116°$

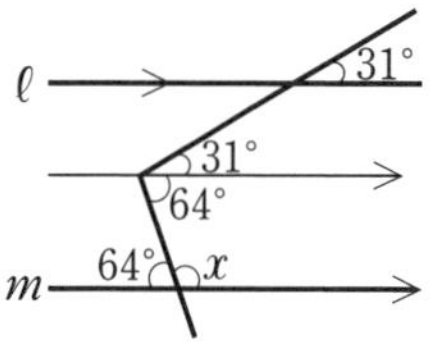

8　y が x に反比例するから $y=\dfrac{a}{x}$，$xy=a$
グラフは点(3，6)を通るから
$a=3\times 6=18$　より　$y=\dfrac{18}{x}$

9　底面は1辺が6cmの正方形，高さが6cmの正四角錐の体積は　$\dfrac{1}{3}\times 6\times 6\times 6=72$

10　$x=\dfrac{-5\pm\sqrt{5^2-4\times 1\times 2}}{2\times 1}=\dfrac{-5\pm\sqrt{17}}{2}$

11　関数 $y=-2x+1$ のグラフは右下がりの直線。$x=3$ のとき　$y=-2\times 3+1=-5$，$x=-1$ のとき　$y=-2\times(-1)+1=3$　y の変域は　$-5\leqq y\leqq 3$

12　分速60mで a m歩くと $\dfrac{a}{60}$ 分，分速100mで b m走ると $\dfrac{b}{100}$ 分かかる。20分以内でB地点に到着したから　$\dfrac{a}{60}+\dfrac{b}{100}\leqq 20$

13　**相似な図形は，向きをそろえて対応する辺を比べる。**
$5:4=2:x$
$5x=4\times 2$，$x=\dfrac{8}{5}$

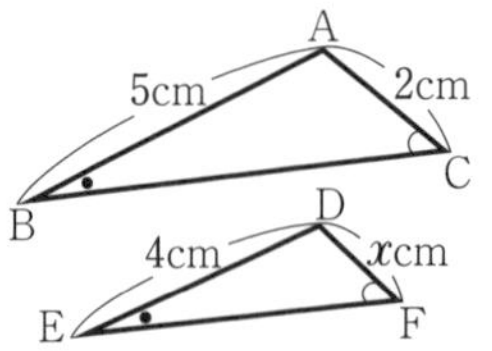

14　平行四辺形に，ウの AC = BD が加わると対角線の長さが等しくなり長方形になる。ア，イ，エの条件では，ひし形になる。

2 1　点Bを通り△ABCの面積を2等分する直線は，辺ACの中点を通る。辺ACの垂直二等分線を作図し，ACの交点にPを記入する。

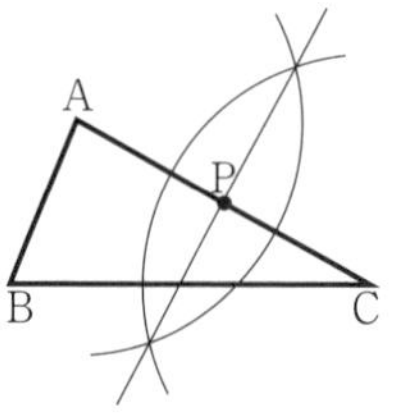

2　大小2つのさいころを同時に投げると目の出方は全部で　$6\times 6=36$(通り)　$a-b$ の値が正の数になるのは15通りで　$\dfrac{15}{36}=\dfrac{5}{12}$

a	2	3	4
b	1	1 2	1 2 3

a	5	6
b	1 2 3 4	1 2 3 4 5

3 ①　$x=-2$ を $y=x^2$，$y=ax^2$ に代入すると
A(−2，4)
B(−2，4a)
$AB=4-4a$

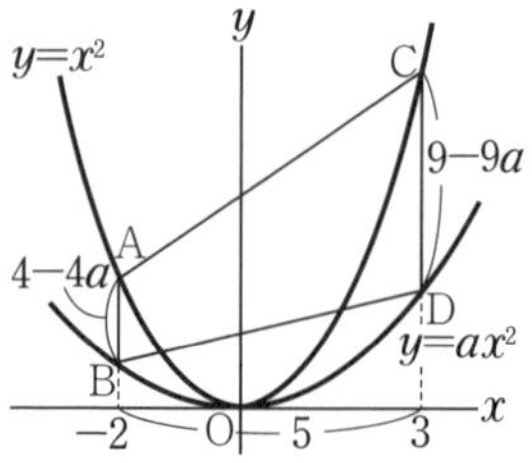

②　$x=3$ を $y=x^2$，$y=ax^2$ に代入して　C(3，9)，D(3，9a)　$CD=9-9a$　四角形ABDCは高さが $3-(-2)=5$ の台形。面積が26より　$\{(4-4a)+(9-9a)\}\times 5\div 2=26$
$5(13-13a)=26\times 2$，$65a=13$，$a=\dfrac{1}{5}$

3 1　袋の枚数から　$x+y=40$　袋に入れたりんごの個数から　$5x+3y+57=7x+4y$
連立方程式を解いて　$x=17$，$y=23$

2 (1)　資料の中で12分が3個で最も多いから，最頻値は12分。

(2)　資料を整理すると5分以上10分未満の階級には6人いる。
相対度数は
$6\div 15=0.4$

階級(分)	度数(人)
以上　未満	
0 ～ 5	1
5 ～ 10	6
10 ～ 15	5
15 ～ 20	2
20 ～ 25	1
計	15

(3)　3 5 7 7 8 9 9 11 12 12 12 14 16 18 20（11の上に「中央値」）
中央値は8番目の11分。中央値と範囲は変わらないから1番目3分，8番目11分，15番目20分は変化しない。2番目から7番目の資料に5分を加えても11分より小さい値は　$5+5=10$(分)，9番目から14番目の資料に5分を加えても20分より小さい値は
$12+5=17$(分)，$14+5=19$(分)

4 1　2点D，Eはそれぞれ辺AB，ACの中点。中点連結定理より
DE // BC，
$DE=\dfrac{1}{2}BC$
BC : CF = 2 : 1 で $FC=\dfrac{1}{2}BC$，DE // BF より平行線の錯角は等しいから　∠DEG = ∠FCG，∠EDG = ∠CFG　より合同である。

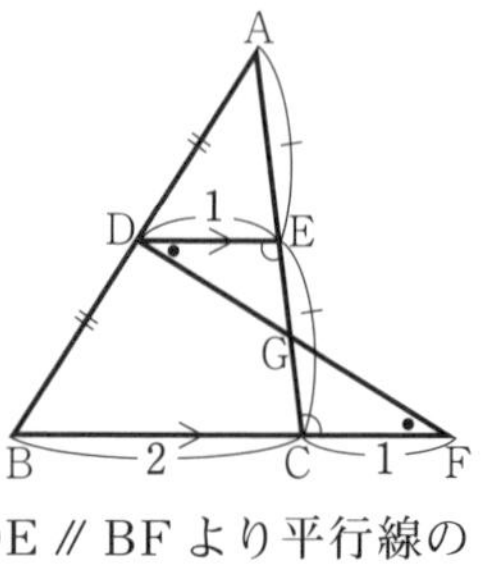

2 (1)　**接線⊥半径**より $\angle$OBA＝90°　$\angle$OAB＝30°で△OABは30°，60°の直角三角形。3辺の比は　**1：2：$\sqrt{3}$**　OB＝2，OA＝4，OD＝2より　AD＝4＋2＝6(cm)

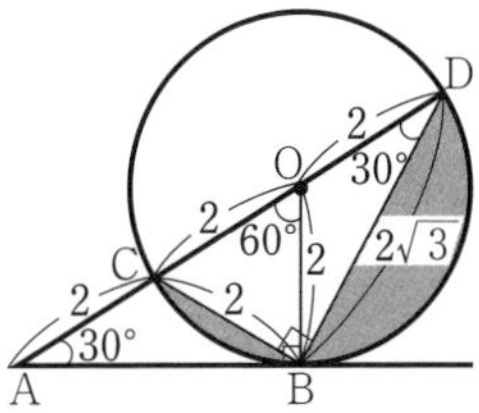

(2)　色のついた部分の面積は半円から△DCBをひく。△DCBで，DCは直径だから $\angle$DBC＝90°(**直径⇔直角**)　$\angle$CDB＝$\frac{1}{2}\angle$COB＝30°　△DCBも30°，60°の直角三角形。CD＝4，BC＝2，DB＝$2\sqrt{3}$　より　$\pi\times2^2\div2-2\times2\sqrt{3}\div2$＝$2\pi-2\sqrt{3}$(cm²)

5 1　2点P，Qは毎秒1cmの速さで動くから動き出してから x 秒後 x cm進む。6秒後，AP＝DQ＝6cm　△APQ＝3×6÷2＝9(cm²)

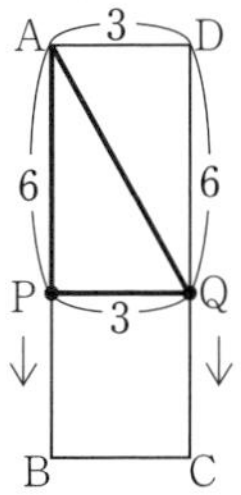

2　グラフから2点(10，15)，(20，0)を通る直線の式を求める。$y=ax+b$ とすると　$15=10a+b$，$0=20a+b$　連立方程式を解いて

$a=-\frac{3}{2}$，$b=30$　より　$y=-\frac{3}{2}x+30$

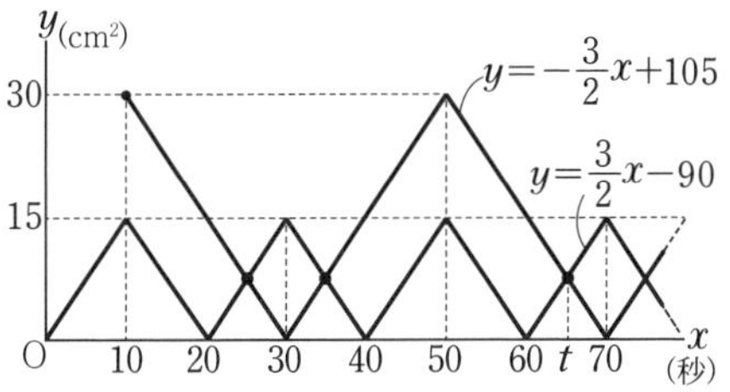

3　2点P，Qが動き出してから10秒遅れて2点R，Sは動き出す。毎秒0.5cmの速さで動くから辺AB，DC上を　10÷0.5＝20(秒)かけて繰り返し往復する。2点P，Qが動き出してから x 秒後の四角形BCSRの面積を y cm² とする。四角形BCSRは長方形で，$x=10$ のとき長方形ABCDと重なり　$y=10\times3=30$，$x=10+20=30$ のとき，2点R，SはB，C上にあるから　$y=0$　2点R，Sは一定の速さで動くから，四角形BCSRの面積を表すグラフは直線になる。このグラフを△APQのグラフに書き加えると上の図のようになる。

△APQの面積と四角形BCSRの面積が等しくなるとき，グラフの直線は交わる。t の値が小さい方から3番目のときは，グラフが3回目に交わる $60\leqq x\leqq70$ のとき。△APQの面積を表すのは2点(60，0)，(70，15)を通る直線で式は　$y=\frac{3}{2}x-90$
四角形BCSRの面積を表すのは，2点(50，30)，(70，0)を通る直線で式は

$y=-\frac{3}{2}x+105$，$\frac{3}{2}x-90=-\frac{3}{2}x+105$

より　$3x=195$，$x=65$　すなわち　$t=65$

6 1　【作り方Ⅰ】　　【作り方Ⅱ】

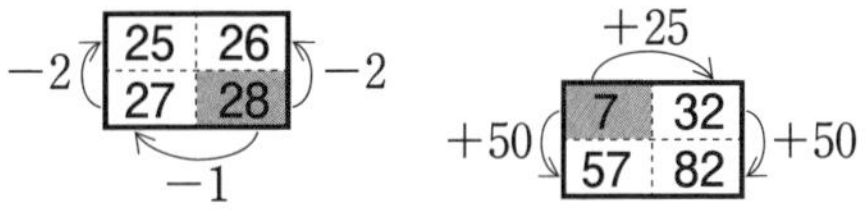

【作り方Ⅰ】では，最も大きい右下の数に着目する。右下の数は4の倍数になっていて，7枚目のシートでは　7×4＝28
【作り方Ⅱ】では，最も小さい左上の数に着目する。左上の数は枚数と一致するから7枚目のシートでは7で，最も大きい数は右下の　7＋25＋50＝82

2　**【作り方Ⅱ】**では，x 枚目のシートの数は

x	$x+25$
$x+50$	$x+75$

$a=x$，$b=x+25$，$c=x+50$，$d=x+75$
$x+2(x+25)+3(x+50)+4(x+75)$
　$=x(x+50)$　より　$x^2+40x-500=0$
$(x+50)(x-10)=0$，$x>0$ より $x=10$

3　**【作り方Ⅰ】**の m 枚目　**【作り方Ⅱ】**の n 枚目

$4m-3$	$4m-2$
$4m-1$	$4m$

n	$n+25$
$n+50$	$n+75$

①　**【作り方Ⅰ】**の m 枚目のシートの4つの数の和は　$(4m-3)+(4m-2)+(4m-1)+4m=16m-6$　**【作り方Ⅱ】**の n 枚目のシートの4つの数の和は　$n+(n+25)+(n+50)+(n+75)=4n+150$
Ⅰ，Ⅱの4つの数の和は等しいから
$4n+150=16m-6$，$4n=16m-156$
両辺を4でわると　$n=4m-39$…①

②　①を満たす m，n のうち $m<n$，書き直すと $n>m$ となる m は，この不等式に①を代入して　$4m-39>m$，-39 と m をそれぞれ移項して　$3m>39$，両辺を3でわると　$m>13$，m は14以上の整数である。
$m=14$ のとき，①に代入して
$n=4\times14-39=17$　$m=15$ のとき，①より　$n=4\times15-39=21$　$m=16$ のとき，①より　$n=4\times16-39=25$
ただし，m，n はそれぞれ25以下の正の整数とするから　$n=17$，21，25…②

栃木県立高校入試(R3)

理　科　【解答・解説】

理科採点基準　(総点100点)　(令3)

〔注意〕 1　この配点は，標準的な配点を示したものである。
2　定められた答えの欄に答えが書かれていないときは，点を与えない。
3　指示された答えと違う表現で答えの欄に記入されていても，正答と認められるものには点を与える。
4　定められた数より多く答えたときは，点を与えない。
5　採点上の細部については，各学校の判断によるものとする。

問	題	正　答	配	点
1	1	(ウ)　2 (ア)　3 (イ)　4 (ウ)	2点×8	16
	5	(放電)　6 (マグマ)		
	7	(発生)　8 (20)%		
2	1	(エ)　2 ①(P)　②(強い)　③(積乱雲)	1は2点 2は3点 3は4点	9
	3	記号(ウ) 理由　(例)　気温が急激に下がり，風向が南よりから北よりに変わったから。		
3	1	(道管)	1は2点 2は2点 3は4点 4は4点	12
	2	(例)　水面からの水の蒸発を防ぐ。		
	3	葉の表側(ウ)　葉以外(イ)		
	4	記号(エ) 理由　(例)　明るくなると気孔が開いて蒸散量が多くなり，吸水量がふえるから。		
4	1	(ア)　2 ①(下向き)　②(D)	1は2点 2は3点 3は4点	9
	3	コイルがつくる磁界の強さは (例)　コイルからの距離が近いほど強く，流れる電流が大きいほど強い。		
5	1	($HCl \longrightarrow H^+ + Cl^-$)	1は2点 2は3点 3は3点 4は4点	12
	2	①(陽イオン)　②(－)　③(イ)		
	3	(ア)		
	4	(例)　塩酸と触れる金属板の面積は変えずに，塩酸の濃度だけを変えて実験を行う。		
6	1	(対立形質)　2 (ウ)	1は2点 2は3点 3は4点	9
	3	丸い種子の数：しわのある種子の数＝(5)：(1)		
7	1	(示準化石)	1は2点 2は3点 3は3点 4は4点	12
	2	①(堆積岩)　②(チャート)		
	3	(例)　下から泥，砂，れきの順に粒が大きくなっていったことから，水深がしだいに浅くなった。		
	4	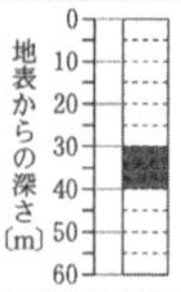		
8	1	NH_3　2 ①(青)　②(赤)　③(酸)	1は2点 2は3点 3は4点	9
	3	記号(イ) 理由　(例)　試験管Xの方が試験管Y(空気)よりも酸素の割合が高いから。		
9	1	(エ)	1は2点 2は3点 3は3点 4は4点	12
	2	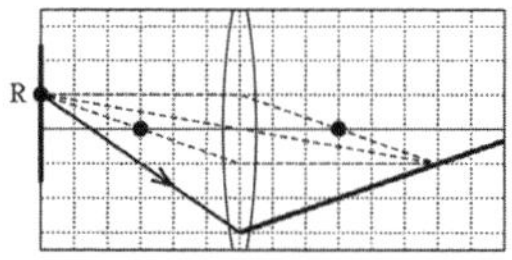		
	3	(ア)		
	4	凸レンズ(Q)の方が(8)cm長い。		

1　1　化学変化は，化学反応をして別の物質になる変化である。状態変化や溶解は別の物質にはなっていないので，物理変化という。砂糖がこげて黒くなるのは，砂糖の成分のうち，水素と酸素が２：１の比でとれて炭素が残った結果である。

2　垂直抗力は面(この場合は斜面)が物体に押されたとき，その力に逆らって面が物体を押し返す力である。この力は，面に対して垂直にはたらく。

3　惑星とは，恒星(太陽系の場合は太陽)のまわりを回っていて，自ら光を出さず，ある程度の質量と大きさをもった天体である。太陽系には，水星，金星，地球，火星，木星，土星，天王星，海王星の八つの惑星があり，ほぼ同じ平面上で，同じ向きに太陽のまわりを公転している。月は地球の衛星であり，彗星は太陽系の小天体である。

4　リパーゼは脂肪を，ペプシンやトリプシンはタンパク質を分解する消化酵素である。

5　圧力を低くした気体中を電流が流れる現象を真空放電という。

6　マグマが地表に噴き出してできた山が火山である。

8　$\dfrac{40〔\mathrm{g}〕}{40〔\mathrm{g}〕+160〔\mathrm{g}〕}\times 100 = 20〔\%〕$

2　1　風向は風のふいてくる方位で表す。

2　図２の寒気と暖気の境界線の形に注目する。右側の寒気を表す線は丸くカーブしている。これは寒気が暖気の下にもぐりこみ，暖気を押し上げている形である。よって右側が寒冷前線である。左側の寒気を表す線は直線状である。これは暖気が寒気の上にはい上がり，寒気を押しやりながら進んでいく温暖前線を表している。左側が温暖前線，右側が寒冷前線になるのはＰの方向から見たときである。

3　寒冷前線が通過すると，気温が下がり，風向が南寄りから北寄りに変わる。この両方にあてはまるのは12時～ 15時である。

3　1　根で吸収された水の通り道は道管，葉でつくられた栄養分の通り道が師管である。道管と師管は維管束内にあり，道管は茎の中心側，師管は茎の表皮側にある。

2　水面から水が蒸発してしまうと，正しい値が得られない。

3　葉の表側と裏側以外からの蒸散量を茎からと考えると，装置Ａによる水の減少量は，「表＋裏＋茎」によるものである。同様に，装置Ｂは葉の表側の気孔をふさいであるので「裏＋茎」，装置Ｃはの裏側の気孔をふさいであるので「表＋茎」によるものである。よって，葉の表側からの蒸散量は

Ａ－Ｂ＝12.4－9.7＝2.7〔$\mathrm{cm^3}$〕　であり，

葉以外(茎)からの蒸散量は

Ｂ＋Ｃ－Ａ＝9.7＋4.2－12.4＝1.5〔$\mathrm{cm^3}$〕

である。

4　気孔はふつう昼は開き，夜は閉じる。暗室では気孔が閉じているので蒸散量が減り吸水量が減少するが，明るいところでは気孔が開いて蒸散が盛んになり，水の吸水量が増加する。

4　1　まっすぐな導線に電流を流すと，導線を中心とした同心円状の磁力線で表される磁界ができる。

2　導線に流れる電流がつくる磁界は，右ねじが進む向きに電流を流すと，右ねじを回す向きに磁界ができる。位置Ａの磁針の向きから，できた磁界は厚紙の上から見たときに右まわりになっていることがわかる。よって電流は上から下に向かって流れた。このとき，位置Ｂで右まわりの方位は北西，位置Ｃで右まわりの方位は北東，位置Ｄで右まわりの方位は南東である。電流を逆の向き(下から上)に流すと，磁界の向きが逆になるので，位置Ａでは北東，位置Ｂでは南東，位置Ｃでは南西，位置Ｄでは北西になる。

3　磁界の強さは，電流が大きいほど強くなり，導線に近いほど強い。磁界が弱いほど磁針は北をさすようになる。

5　1　塩酸は塩化水素という気体が水に溶けたもので，塩酸中では塩化水素が水素イオンと塩化物イオンに電離している。

2　電解質水溶液に入れた２種類の金属を導線でつなぐと電池になる。亜鉛と銅では亜鉛の方が陽イオンになりやすいので亜鉛が亜鉛イオンZn^{2+}になって水溶液中に溶けだし電子を亜鉛板に残す。これらの電子が導線を通ってモーター，銅板へと流れる。このとき電子が流れ出す電極を－極(負極)という。電流の向きは実際の電子が移動する向きとは逆なので，銅板から亜鉛板に向かう向きになる。

3　塩酸を水酸化ナトリウム水溶液で中和す

ると，塩化ナトリウム水溶液になる。塩化ナトリウム水溶液も電解質水溶液なので，モーターは回る。

4　塩酸の濃度による影響を調べるときには塩酸の濃度のみを変え，他の条件はすべて同じくして行わなければならない。塩酸に触れる金属板の面積の影響を調べるときには，金属板の面積のみを変え，他の条件はすべて同じくして行わなければならない。このように，調べたい一つの条件のみを変え，他の条件はすべて同じくして行う実験を対照実験という。二つの条件を同時に変えてしまうと，どちらの条件の影響かを判断することができない。

6　2　親として用いた丸い種子の遺伝子は，AAとAaのどちらかであり，しわのある種子の遺伝子はaaである。丸い種子がAAだとすると，子の遺伝子はAA，Aa，Aa，aaとなり，丸としわが３：１の比でできる。Aaとaaのかけあわせだと，子の遺伝子はAa，Aa，aa，aaとなり，丸としわが１：１の比でできる。よって，親の丸い種子の遺伝子はAaであることがわかる。子の丸い種子の遺伝子はすべてAaなので，子の丸い種子が成長してつくる生殖細胞はAをもつものとaをもつものが1:1でできる。

3　実験の結果を遺伝子で表すと下図のようになる。図より，孫の丸い種子だけを自家受粉させてできる種子は丸としわが10：２＝５：１の比で現れる。

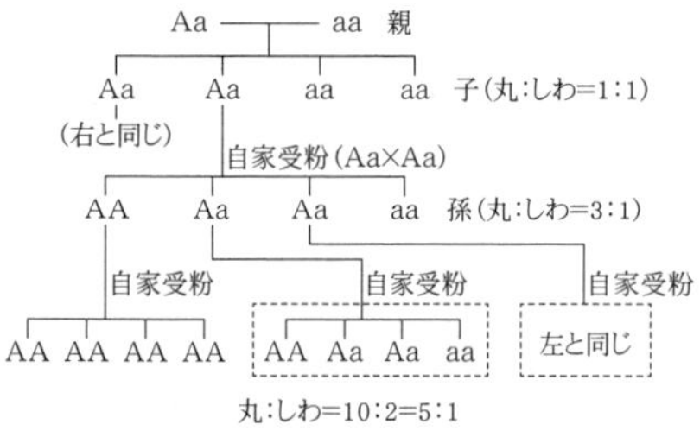

7　1　示準化石に対して，地層ができた当時の環境を知ることができる化石を示相化石という。

2　マグマが冷え固まった火成岩はでき方によって等粒状組織や斑状組織をしている。堆積岩のうち，生物の遺骸や水に溶けていた成分が堆積したものに石灰岩とチャートがあるが，くぎでひっかいても傷がつかないくらいかたくて，うすい塩酸をかけても反応しないのはチャートである。石灰岩は塩酸をかけるととけて二酸化炭素を発生する。

3　れき，砂，泥では，粒の大きいれきや砂は岸に近い浅いところに堆積し，細かい粒の泥は岸から離れた深いところに堆積しやすい。

4　凝灰岩の層の上の面の標高を調べてみると，地点Aでは，110－30＝80〔m〕，地点Bでは，120－40＝80〔m〕と等しいのに対して，地点Aの真南に当たる地点Cでは，90－20＝70〔m〕と10m低くなっている。よって，地点Bの真南に当たる地点Dでも70mであると考えられる。$100-x=70$〔m〕になるのは地表から30mの深さである。

8　1　4種類の気体のうち，臭いがあるのはアンモニアだけである。

2　実験(2)より，気体Bは空気より軽い水素であることがわかる。気体Cは，水でぬらしたリトマス紙が青色から赤色に変化したことから，水に溶けて酸性を示す二酸化炭素であることがわかる。よって，気体Dが酸素である。

3　酸素の割合が大きい方が激しく燃える。

9　1　凸レンズを通すと上下左右が逆向きの実像ができる。Aの方向から観察したとき，右上にある髪飾りは，スクリーン上では左下になる。

2　物体の１点からでた光は凸レンズを通って，再び１点に集まり，そこに像ができる。①凸レンズの軸に平行な光は，凸レンズの反対側の焦点を通る。②凸レンズの中心を通る光はそのまま直進する。③焦点を通る光は，凸レンズを通った後，軸と平行に進む。これら①～③の線を引き(①，②のみでも可)，これらの線の交点を求める。その交点が像ができる位置であり，点Rからでた光はその交点を通る。

3　凸レンズの半分を黒いシートで覆うと，光の量が少なくなるので像が暗くなる。像は同じくできる。

4　物体が焦点距離の２倍の位置にあるとき，焦点距離の２倍の位置に物体と同じ大きさの実像ができる。凸レンズPではaの距離とbの距離が等しくなるのが24cmのときなので，凸レンズPの焦点距離は12cmである。また，凸レンズQでは，aの距離とbの距離が等しくなるのは40cmのときなので，焦点距離は20cmである。

栃木県立高校入試(R3)

英　語　【解答・解説】

(令3)

英語採点基準　(総点100点)

〔注意〕 1　この配点は，標準的な配点を示したものである。
2　定められた答えの欄に答えが書かれていないときは，点を与えない。
3　指示された答えと違う表現で答えの欄に記入されていても，正答と認められるものには点を与える。
4　定められた数より多く答えたときは，点を与えない。
5　採点上の細部については，各学校の判断によるものとする。

問	題	正答	配	点		
1	1	(1) (ア) (2) (ウ) (3) (イ)	2点×3	26		
	2	(1) ① (エ) ② (ア) (2) ① (ウ) ② (イ)	3点×4			
	3	(1) (leave) (2) (drink) (3) (second) (4) (dictionary)	2点×4			
2	1	(1) (イ) (2) (ア) (3) (エ) (4) (ウ) (5) (イ) (6) (エ)	2点×6	18		
	2	(1) (ウ → イ → エ → ア) (2) (エ → ウ → ア → イ) (3) (イ → ア → オ → エ → ウ)	2点×3			
3	1	(How) (many)	2点	28		
	2	(1) (例) open the door (2) (例1) is happy to meet new people (例2) is happy because he can meet new people (5) (例1) send things which we do not use (例2) send things which are not used	3点×3			
	3	カナダと比べ日本では，(例) 補助犬がレストランなどの建物に入るのは難しいということ。 (28字)	3点			
	4	(イ)	2点			
	5	① (need) ② (without)	3点×2			
	6	(例1) I think I can help people in my town. For example, I will visit an elementary school. I will help the students when they do their homework. I can also visit old people who don't live with their families. I want to talk with them. (例2) I learned that many children in the world do not have pens and notebooks. I can collect and send them to those children. I think they will be happy if they get pens and notebooks. I hope every child can get a chance to study.	6点			
4	1	(ウ)	2点	14		
	2	(listened) (to)	2点			
	3	(例) ノブが，見た目が良くないトマトを採っていたこと。	3点			
	4	① (例) それぞれの良い所 (8字) ② (例) 私たち一人一人を特別にしている (15字)	2点×2			
	5	(イ)	3点			
5	1	(エ)	3点	14		
	2	(例) バナナの葉を強くして，バナナの葉の皿をより長く使うこと。	4点			
	3	(エ)	3点			
	4	(ア)	4点			

1 話の概要・要点を聞き逃さないことが大切であり，段階を踏んで練習(cf.「対策」)をすること。

1 選択肢の絵の違いに注目して聞く。

(1) 人や動物の数に注目する。

(2) スポーツの種類と髪型を聞き分ける。

(3) 便名と搭乗口の番号を聞き取る。集合時刻に惑わされないこと。

2 (1) 選択肢から，質問を予想して聞く。

① 剣道部に入部する理由を答える。

② 1週間に何日練習するかを答える。

(2) 音声から絵の情報を正しく聞き取る。

① 一番安い(the cheapest)メニューAとアップルパイの合計金額。

② 無料券で購入したのはポテトフライ。

3 メモの空所に入る内容を予想して聞く。基本的な単語なので書けるようにしておく。

(1) 8:10は，出発時刻。

(2) 持ち物は，飲み物。something to drinkは，「飲むための何か」→「飲みもの」。

(3) 待合場所の階は，2階。

(4) 持ち物は，辞書。

2 1 英文の流れに沿って，空所に入る適切な語を選ぶ問題。2 前置詞句，不定詞，～ingの後置修飾など，基本的な理解を問う並べかえ問題。

1 (1)(2) 「川に釣りに初めて行って，つりの仕方を教えてもらった」という話の流れ。

(3) 前半のcaught，後半のcouldn't catchから判断。

(4) 前置詞の後には目的格の代名詞を使う。

(5) thanから比較していることが分かる。

(6) had a great timeから考える。excitedは人に，excitingは物や状況に使う。

2 (1) 前置詞句「～の前に」in front of ～

(2) 不定詞「…に～してほしい」want 人 to ～

(3) 現在分詞(-ing)の後置修飾「～している少年」

3 [問題文の要旨]

高校生のひろしがリーフレットを見ながら，補助犬について，留学生クリスと話をしている。リーフレットには，補助犬の数や種類，仕事の内容，利用者の感想などが書かれている。

補助犬のお陰で利用者がとても助かっているのに，クリスの国とは違って，日本ではレストランや病院，スーパーなどの建物に補助犬が入れないという利用者の声が話題となっている。ひろしは，その理由として補助犬に対する人々の理解不足(清潔さ，安全性，能力)を挙げている。

徐々に，補助犬の重要性が理解され状況も改善されつつあり，「補助犬ＯＫ」のステッカーが店舗やレストランの多くに見られるようになった。

その一方で，日本の補助犬の数は十分でない。訓練に要する時間や費用，犬を訓練する人の不足などの理由から，数を増やすことは容易でない。それでも，支援を必要としている「訓練センター」からのお知らせにあるように，不用なものをセンターに送るなど，出来ることはある。

最後に，カナダの高校生のボランティア活動に話は移り，ひろしは高校生として出来るボランティア活動の可能性について考えていこうとしている。

[解説]

1 ひろしの言葉のover 1,000 assistance dogsから，数を聞いていることがわかる。

2 チラシの関連する箇所を参照しながら考える。

(1) ... helping its user. から，補助犬が「ドアを開ける」様子を表現する。

(2) The user in this leaflet says ... から，ユーザーの発言を表現する。「～してうれしい」は，be happy to ～。

(5) The training center ... needs some help. から，リーフレット下の服やおもちゃに関する部分を参照する。

3 下線部(3)直前のひろしとクリスの補助犬の建物への入場制限に関する会話を指す。

4 補助犬の置かれている状況改善には，多くの人の理解が「大切だ」ということ。

5 ①補助犬が少ないことで困るのは誰か。「生活支援が必要な人たち」。

②状況を変えるには「～が必要」→「～なしでは難しい」。

6 意見を述べる際の表現や，接続詞などを用いて，短文の羅列にならないようにする。また，具体例などを盛り込むことも大切である。

4 [段落ごとの概要]

[段落1] 小さい頃から物静かで無口だった結衣。中学生になっても上手く話ができず，そんな自分が好きになれない。保育園で職

場体験をすることになったが，結衣はどうしたら園児たちと話ができるか不安でしかたがない。

［段落２］気が進まず参加した職場体験。早速，園児たちが寄ってきたが，何を言っていいか分からずに黙っていると，子どもたちは離れていった。すると，ノブという男の子が寄って来て，何も言えずにいる結衣にお構いなしに話し続けた。結衣は頷きながら話を聞いたが，何かしてあげたい気持ちにはなれなかった。

［段落３］トマトの収穫の日，他の子とは違い，形のよくないトマトをノブが収穫しているのを見て，結衣はその理由を聞いてみた。ノブは色や形の違うトマトを見せながら言った。「どれもみんな違って，僕にはどれも特別なんだ。」「先生はいつも僕の話を聞いてくれる。だから先生は僕にとって特別なんだ。」それを聞いた結衣はうれしくなった。

［段落４］結衣は帰宅途中にノブの言葉を思い出し自信が湧いてきた。ノブには「話すこと」，自分には「聞くこと」という，違った良さがあり，その違いがそれぞれを特別なものにしていると結衣は思った。

［段落５］中学校教師になった結衣は，自分の学級の元気な生徒，静かな生徒たちを見ると，ノブと彼から学んだことをいつも思い出している。

［解説］

1　(A)，(B)ともに直前の文章から気持ちを読み取る。

2　第２段落下から２行目から分かる。
just ～は，「～しただけ」の意。

3　Then とあるので，次の文を読む。didn't look nice は，「見た目の良くない」の意。

4　第４段落の結衣の独り言の部分を読む。
I said to myself… 以下の部分。
make ～ …「～を…にする」。

5　ア　Yui didn't want to talk like her friends が×　イ　didn't say anything が問題文中の didn't say a word と合致　ウ Nobu asked Yui が×　エ　tell ... to be morecheerful が×

5　［訳例］

多くの人はバナナが大好きです。世界にはたくさんのバナナの食べ方があります。例えば，ある人たちは，ケーキ，ジュース，サラダ，そしてスープにもバナナを入れたりします。バナナは健康にも良いし，そのほかにも良い点があります。実際に，バナナはプラスチックの問題も解決するかもしれません。

インドにはバナナの葉をお皿として使っている人たちがいますが，そのお皿はほんの数日しか使われません。今日，他の国の人たちと同じように，インドの人たちはプラスチック製品を使っています。例えば，プラスチック製のお皿を使っているのです。（プラスチックの）お皿は使用後には，ふつう捨てられてしまいます。そのことがずっと問題となっています。ある日，一人のインド人の少年がこの問題を解決しようと決心したのです。彼は，バナナの葉をもっと丈夫にしたい，そしてバナナの葉のお皿をもっと長く使いたいと思いました。彼はバナナの葉について研究し，とうとう成功を収めました。今では，プラスチックの廃棄物を減らせるようになりました。

これだけではありません。トルコではある女の子が，石油製品のプラスチックを減らしたいと思いました。そこで，彼女はバナナの皮に注目しました。その理由は，世界で多くの人々がバナナの皮を捨てているからです。（そして）とうとう彼女は地球に優しいプラスチックの作り方を見つけ出しました。２年間の努力の後に，その種の（地球に優しい）プラスチックを作ることができました。彼女によれば，バナナの皮でプラスチックを作るのは簡単なので，誰でも家で作れるそうです。

さて，これでバナナのもつ素晴らしい長所がわかりました。バナナは人気の食べ物であると同時に，地球を救うことができるのです。

［解説］

1　For example 以下に様々な食べ方が例示されていることから判断する。way(s) は，ここでは「道」ではなく，「方法」「手段」の意味で用いられる。

2　直後の文の make banana leaves stronger 以下を答える。

3　so ～「だから～」に注目して，文の前後の流れがつながるものを選ぶ。

4　筆者は，バナナの皮の再利用を一つの例にして，環境に優しくする方法を考えていることを押さえる。

本文中で確認すると、その直前に「ドレミファソラシド」の音階はどこで弾いても同じように聞こえることが述べられている。よってこれらを字数内にまとめる。

3　傍線部(2)を含む段落の最後の一文中「この『図』を～想定できる」より、二つの前提、つまり二つ理由があることがわかり、それが次の段落で説明されている。この段落の三文目「二つは～知っている」より**ア**と**イ**は「『立方体』を知らない」の部分が不適。**ウ**と**エ**は同じ段落の一、二文目の「一つは～志向するのである」より「想像力」があることが分かるため、**ウ**が適当。

4　**イ**「意図を想像する」「作品理解に深みが出る」、**ウ**「想像力が豊かになる」「多様性が生まれる」、**エ**「作者の情報を得る」「自由な想像ができる」は本文中から読み取れず不適。

5　設問では理由を問われている。傍線部(4)の直前に理由を示す「だからこそ」があることから、その直前の「小説にとって～『物語』なのである」が解答の核となる。また本文最後の段落より「知っているゴール(＝結末)にたどり着く」から「安心感がある」ことがわかる。

6　**ア**は「筆者の～対立させている」、**イ**は「普遍性がある」、**ウ**は「欧米の～明示」の部分が本文からそれぞれ読み取れず不適。**エ**は、「大橋洋一」の見解を『新文学入門』から引用し、それを「立方体」という具体例で補足しているため適当。

4

1　空欄の三文前「清澄はどんどん～縫い目をほどいていく」より**ア**が適当。

2　傍線部(1)の七文後の「でも仕事してる姉ちゃん～真剣ぽかった」から**イ**が適当。**ア**は「夢をみつけて」が姉の普段の発言と矛盾するため不適。**ウ**と**エ**は本文中から読み取れない。

3　設問の一文は祖母が清澄の心情を察している内容と言える。「自分で決めたこと」は清澄がドレスを作り直すことを指している。二重空欄**ウ**の直前には、祖母がドレスを縫う時のこれまでの清澄の真剣な顔を思い出し、「涙がこぼれそうにな」っている記述があるため、**ウ**が適当。

4　傍線部(2)から十文前の「わかってない僕が～似合わへん」という清澄の発言が解答の核となる。また、それまでの清澄の発言から、姉の本当の姿を「わかっていなかった」こと、つまり姉のことを理解していなかったことが読み取れる。

5　今回の設問のように理由を問われているが、本文中には理由がはっきりと書かれてはいない場合、傍線部(3)までの内容を踏まえて解答を考える。傍線部(3)は、プールに通うことにしたが「七十四歳に～勇気がいる」という祖母の少し弱気な発言の後、「でも、今から～ゼロ年のままやけど」という清澄のポジティブな発言を受けてのものなので、祖母が清澄の発言で心を動かされ、それが声の震えとして現れそうになったと考えられる。また「お腹にぐっと力をこめた」のはその声の震えを止めようとした、つまり自分の感情を見せまいとしていると考えられる。

6　**ア**は「他者と協調」、**ウ**は「実社会に～積み」「自分の弱さを克服」、**エ**は「言葉の感覚」「他者との意思疎通」といった内容がそれぞれ本文中が読み取れず不適。

5

作文を書く際は、「何について書くのか」「条件は何か」に注意して書くことになる。この問題では「世の中が便利になること」についての考えを、具体的な例を挙げて書くことが求められており、具体例をどのくらいの分量で書くのかによって意見の分量が少なくなってしまうことも考えられるので注意が必要である。

〔作文例〕

現在の社会で便利だと感じるものは多いが、その中でもリチウムイオン電池を挙げたい。毎日使うスマホ、ワイヤレスイヤホンなど、小型軽量でありながら長時間使用可能なのはリチウムイオン電池の性能のおかげである。

「世の中が便利になること」によって、むしろ自然環境破壊が進行してしまったり、人間が本来持つべき能力が低下してしまったりという負の側面が語られていることも事実である。確かに人間の便利さのために何かが犠牲になってしまうことは望ましいことではない。だが様々な改善の糸口もまた科学技術の進展によってもたらされてきていて、「便利」を求める心がその元となっていることも事実ではないだろうか。

[1]

1　訓読み二、音読み二、熟字訓一で、標準的なものが多い。

2　書き取りも使用頻度の高いものが多い。

3　(1)　物である「木の芽」に対し「わめく」という語を使って、人以外のものを人にたとえる擬人法が用いられている。

(2)　「木の芽」の季節は春。アの俳句の季語は「チューリップ」で季節は春。それ以外の季語と季節は、イは「雪」で冬、ウは「兜虫」で夏、エは「稲」で秋。

(3)　自分が先生から「教えてもらう」ので、「もらう」を自分がへりくだった表現である謙譲語「いただく」に改めたイが適当。ウとエは尊敬表現。アは謙譲表現だが、自分が「教える」という意味になるので不適。

(4)　「出る」は主語の動作・作用を表し、目的語を必要としない自動詞、「出す」は他への動作・作用を表すため、目的語を必要とする他動詞。③は直前に「芽を」という目的語があるため「出す」が適当。④は目的語がないため「出る」が適当。

4　「レ」点は一文字下を読んでから返って読む。ここでは過①則②勿⑤レ憚④レ改③ の番号の順番で送り仮名をつけて読む。

[2]

〔出典〕『天羽衣《あまのはごろも》』から

〔現代語通釈〕

時に十月の初めのころ、いつものように、（三保と磯田が）碁を打っていたところ、三保の長者の妻が急に出産の気配があって、苦しんだので、家の中は忙しく動きまわり、大騒ぎしたところ、苦労せずに男の子を出産した。磯田も、この騒動に碁を打つのを途中でやめて、そのまま家に帰ったが、これも（磯田の）妻であるものが、（偶然）その日のことだが、夜になって、同じく男の子を出産した。両家とも、たいへんな大金持ちであったので、出産のお祝いとして、出入りする人が絶え間ない。にぎやかなことは、いまさら言うまでもない。

そうして一、二日を過ごして、長者二人が出会って、互いに出産の喜びを言い交して、磯田が言ったことは、「あなた様と私と、常に碁を打って遊んで、仲良く語らう中で、一日の間に、お互いともに妻が出産したことは不思議なことと言うべきだ。（そこで）どうだろうか、この子どもたちに今から兄弟の縁を結んで、生涯親しみを失わないようなことが望ましい。」と言うので、三保も喜んで「それならば子どもの代に至っても、ますます深くつきあうだろう。」と言って、（誓いの）杯を取り交わして、一緒に誓いを立てた。磯田が「名前をどのように呼んだらよいか。」と言うので、三保の長者はしばらく考えて、「時は十月である。十月は良い月である。あなた様の子は夜生まれ、私の子は昼に生まれたので、私の子は白良と呼び、あなた様の子は黒良と呼ぶのはどうだろうか。」と言うので、磯田はにっこりして、「黒白で、昼と夜になぞらえたことは面白い。白良は、さきに生まれ出たので、兄と決めましょう。」と言って、これからますます仲良く付き合った。

1　歴史的かなづかいでは文中の「はひふへほ」は「わいうえお」と読む。

2　二重傍線部①の直前の会話文の前に「磯田言ひけるは」とあるので①の主語は磯田。②の直前の会話文の前に「三保の長者～案じて」とあるので②の主語は三保。

3　アは「三保が～予感し」の部分が不適。イとエは本文から読み取れない。

4　名前に「良」とあるのは「十月は良月」が由来。「黒」は三保の「御身の子は夜生まれ」という発言と、磯田の「黒白を以て～おもしろし」から黒という色で夜になぞらえていること、またこの「黒」という色は注1より碁の石の色であることから名づけられた。

5　アは本文中から読み取れない。ウの「難産」は本文最初の一文中の「やすやすと、～産みける」より不適。エの「三保は～兄として慕いたいと言われて」は、磯田の最後の発言中の「白良は、～兄と定むべし」より「白良」を兄とするので不適。

[3]

1　空欄は「まだ知らない世界をもう知っている」という矛盾した内容を示す語が入る。「逆説」は一見矛盾しているが、実は真実を言い当てていることを表す。

2　傍線部(1)の直前の一文中「絶対音や音の種類が違うのに」とある。「違うのに」どうなのかを

栃木県立高校入試（R３）
国語　【解答・解説】

（令３）

国語採点基準

（総点100点）

〔注意〕
1　この配点は、標準的な配点を示したものである。
2　定められた答えの欄に答えが書かれていないときは、点を与えない。
3　指示された答えと違う表現で答えの欄に記入されていても、正答と認められるものには、点を与える。
4　定められた数より多く答えたときは、点を与えない。
5　採点上の細部については、各学校の判断によるものとする。

問題			正答	配点		点
1	1	(1)	せんぞく	2	30	
		(2)	そうかい	2		
		(3)	うるお(す)	2		
		(4)	なぐさ(める)	2		
		(5)	ぞうり	2		
	2	(1)	漁港	2		
		(2)	率(いる)	2		
		(3)	招待	2		
		(4)	縮(む)	2		
		(5)	熟練	2		
	3	(1)	エ	2		
		(2)	ア	2		
		(3)	イ	2		
		(4)	ア	2		
	4		ウ	2		
2	1		いわいごと	2	10	
	2		エ	2		
	3		ウ	2		
	4		(例)黒石を連想させる夜に生まれ、誕生月が良月である十月だから。	2		
	5		イ	2		
3	1		ウ	2	20	
	2		(例)絶対音や音の種類が違う「ドレミファソラシド」であっても、同じように聞こえるという不思議な現象。	4		
	3		ウ	3		
	4		ア	3		
	5		(例)読者の中に既知の「物語」があることで、結末までの見通しをもって小説を読み進めることができるから。	4		
	6		エ	4		
4	1		ア	2	20	
	2		イ	3		
	3		ウ	3		
	4		(例)姉のことを理解せずに作ったドレスは姉に似合わないだろうと考えたから。	4		
	5		(例)清澄の率直な言葉に勇気をもらったことでこみ上げてくる感情を、見せまいとしているから。	4		
	6		イ	4		
5			(評価の観点) 1　形　式　目的に応じた適切な叙述であるか。 字数が条件に合っているか。 2　内　容　第一段落 ・テーマに関する具体例を挙げて説明しているか。 第二段落 ・第一段落に書いたことを踏まえて、テーマに対して自分の考えを明確に表現しているか。 3　表現・表記　文体に統一性や妥当性があるか。主述関係や係り受けなどが適切であるか。 語句が適切に使用されているか。誤字・脱字がないか。 ※　これらの項目に照らし、各学校の実態に即して総合的に評価するものとする。	20		

[実戦編]

栃木県
高校入試
の対策
2024

令和2年度
県立入試

社 会 【解答用紙】

(令2)

社 会 解 答 用 紙

受 検 番 号 (算用数字ではっきり書くこと。)	番

得点計	

◎「得点」の欄には受検者は書かないこと。

問題		答 え	得 点	
1	1	(1) ( ) (2) ( )		
		(3) ( ) 2 ( )		
	3	(1) (→ → →) (2) ( )		
	4	〔課題〕 〔特徴・成果〕		
2	1	( ) 2 ( ) 3 ( )		
	4	( )〔教〕 5 ( )		
	6	〔記号〕( ) 〔理由〕		
3	1	( ) 2 ( ) 3 ( )		
	4	( ) 5 ( ) 6 ( )		
	7			
	8	(A → → → → → F)		
4	1	( ) 2 ( )		
	3	(→ → →) 4 ( )		
	5	( )		
	6			
5	1	( ) 2 (1) ( ) (2) ( )		
	3	( ) 4 (1) ( ) (2) ( )		
6	1	( ) 2 ( )		
	3	( )		
	4	( ) 5 ( )		
	6			
7	1	( ) 2 ( ) 3 ( )		
	4	( )		
	5	I 〔です。〕 II 〔です。〕		

栃木県立高校入試(R2)

数　学　【解答用紙】

(令2)

数　学　解　答　用　紙　(1)

受検番号 (算用数字ではっきり書くこと。)	番

	(1)	(2)	計
得　点			

◎「得点」の欄には受検者は書かないこと。

問	題	答		え	得　点
1	1		2		
	3		4		
	5		6	$a =$	
	7		8	度	
	9	$x =$	10		
	11	cm^3	12	$x =$	
	13		14	およそ　個	
2	1	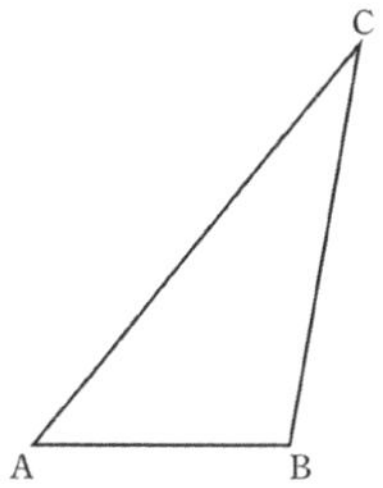	2	①(　　) ②(　　) ③(　　)	
			3	$a =$	
3	1	答え(　A中学校　　人，B中学校　　人　)			
	2	(1)			
		(2)	℃		
		(3)			

栃木県立高校入試(R2)

数学 【解答用紙】

(令2)

数　学　解　答　用　紙　(2)

受　検　番　号 (算用数字ではっきり書くこと。)	番
得　点	

◎「得点」の欄には受検者は書かないこと。

問	題	答		え		得　点
4	1	(証明) 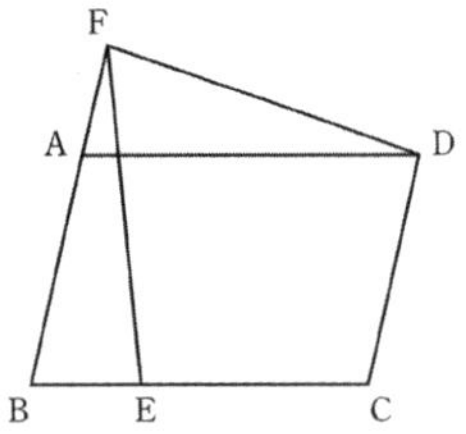				
	2	(1)	cm^2	(2)	cm^2	
5	1	倍		2	m	
	3	答え(　　　)				
	4	分　　秒				
6	1	番目		2	個	
	3	答え($n=$ 　　　)				
	4	① ($b=$ 　　) ② ($a=$ 　　)				

（令２）

理　科　解　答　用　紙

受検番号（算用数字ではっきり書くこと。）	番

得点計	

◎「得点」の欄には受検者は書かないこと。

問	題	答	え	得	点
1	1	（　　）　2（　　）	3（　　）　4（　　）		
	5	（　　）	6（　　）		
	7	（　　）	8（　　）cm/s		
2	1	（　　）	2 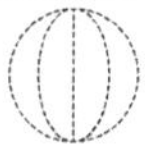		
	3	（　　）			
3	1	（　　）A			
	2	白熱電球Pの電力量（　　）Wh	LED電球の使用時間（　　）時間		
	3				
4	1	（　　）	2（　　）		
	3	①（　　）	②（　　）		
	4				
5	1	（　　）cm^3	3 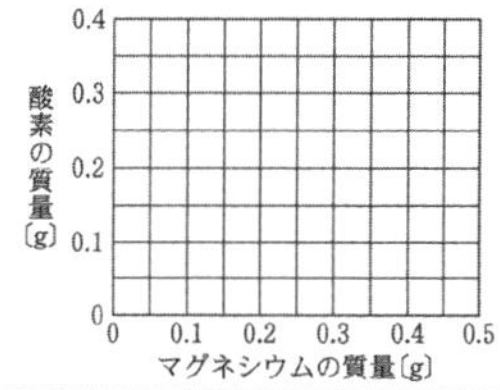		
	2				
	4	（　　）cm^3			
6	1	（　　）			
	2				
	3	（　　）秒			
7	1	（　　）g/cm^3	2（　　）		
	3	液体（　　）			
		実験結果（　　）			
8	1	（　　）℃	2（　　）g		
	3	（　　）	4（　　）		
9	1	（　　）N	3 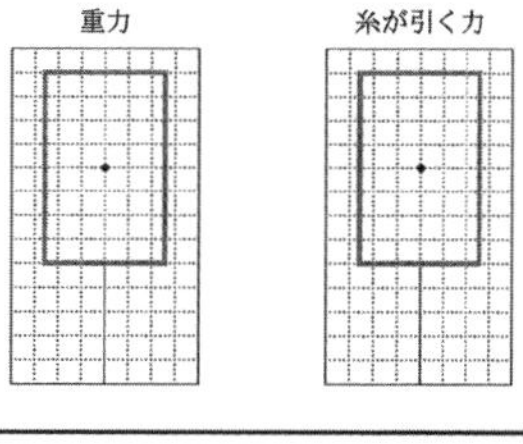		
	2	（　　）N			
	4	①（　　） ②（　　） ③（　　） ④（　　）			

栃木県立高校入試(R2)

英語 【解答用紙】

(令2)

英　語　解　答　用　紙

受検番号 (算用数字ではっきり書くこと。)	番

得点計	

◎「得点」の欄には受検者は書かないこと。

問	題	答え	得点	
1	1	(1) (　　) (2) (　　) (3) (　　)		
	2	(1) ① (　　) ② (　　) (2) ① (　　) ② (　　)		
	3	(1) (　　) (2) (　　) (3) (　　) (4) (　　)		
2	1	(1) (　　) (2) (　　) (3) (　　) (4) (　　) (5) (　　) (6) (　　)		
	2	(1) (　→　→　→　) (2) (　→　→　→　) (3) (　→　→　→　→　)		
3	1	(　　) (　　)		
	2	(　　)		
	3	(　　)		
	4	(3) (4) (5)		
	5	(　　)		
	6			
	7			
4	1	(　　)		
	2	(　　) (　　) (　　)		
	3	① ②		
	4	(　　) (　　)		
5	1	(　　)		
	2			
	3	(　　)		
	4	(　　)		

栃木県立高校入試（R２）

国　語　【解答用紙】

（令２）

国　語　解　答　用　紙　(1)

受検番号（算用数字で横書きにはっきり書くこと。）	番

得点	
(1)	
(2)	
計	

◎「得点」の欄には受検者は書かないこと。

5は「国語解答用紙(2)」を用いること。

問題		答え	得点 小計	得点 計
1	1	(1) 貢献　(2) 映　える　(3) 承諾　(4) 背　ける　(5) 赴　く		
	2	(1) ケンキュウ　(2) カりる　りる　(3) ニた　た　(4) フタン　(5) コウザ		
	3	(1)（　）(2)（　）(3)（　）(4)（　）(5)（　）		
2	1	（　）		
	2	（　）		
	3	（　）		
	4			
	5	（　）		
3	1	（　）		
	2			
	3	（　）		
	4	（　）		
	5	状態。		
	6	（　）		
4	1	（　）		
	2			
	3	（　）		
	4	（　）		
	5			
	6	（　）		

実戦編◆国語　解答用紙

県立 R２

栃木県立高校入試（R２）

国　語　【解答用紙】

（令２）

国　語　解　答　用　紙　(2)

受検番号（算用数字で横書きに はっきり書くこと。）　番

得点		
甲	乙	計

5

◎受検者名と題名は書かないこと。

100字

200字

240字

300字

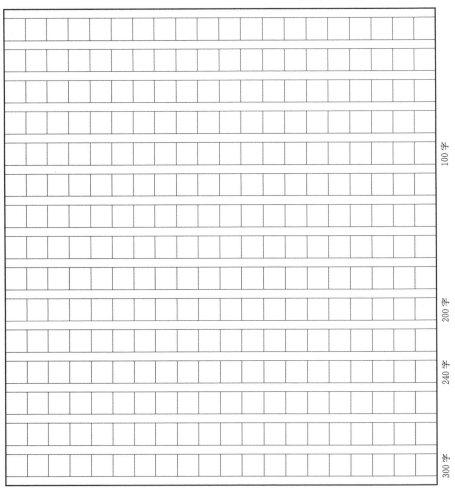

栃木県立高校入試（R2）

社　会　【解答・解説】

(令2)

社会採点基準　（総点100点）

〔注意〕
1 この配点は，標準的な配点を示したものである。
2 定められた答えの欄に答えが書かれていないときは，点を与えない。
3 指示された答えと違う表現で答えの欄に記入されていても，正答と認められるものには点を与える。
4 定められた数より多く答えたときは，点を与えない。
5 採点上の細部については，各学校の判断によるものとする。

問題		答え	得点			
1	1	(1)（ ア ） (2)（ 太平洋ベルト ） (3)（ 世界遺産 ）	2点×6	12	16	
	2	（ エ ）				
	3	(1)（ ウ → エ → ア → イ ） (2)（ ウ ）				
	4	〔課題〕(例)人口減少や高齢化が進行している。 〔特徴・成果〕(例)ゆず加工品の開発・生産に取り組んでおり，ゆずの生産量とゆず加工品の販売高が伸びた。	4点	4		
2	1	（ ウ ）	2点×5	10	14	
	2	（ ブラジル ）				
	3	（ エ ）				
	4	（ イスラム ）〔教〕				
	5	（ ウ ）				
	6	〔記号〕（ a ）〔理由〕(例)輸出総額に占める農産物の輸出額の割合が高い。また，総産業従事者に占める農業従事者の割合は低いが，一人あたりの農地面積が大きいことから，輸出向けに大規模な農業を広い農地で行っているアメリカ合衆国であると考えられる。	4点	4		
3	1	（ 渡来人(帰化人) ）	2点×6	12	18	
	2	（ ア ）				
	3	（ 遣唐使 ）				
	4	（ イ ）				
	5	（ 鉄砲(火縄銃) ）				
	6	（ ウ ）				
	7	(例)日本が大日本帝国憲法を作成する際に，伊藤博文は憲法調査のためにヨーロッパへ向かい，ドイツ(プロイセン)の憲法を参考にしていたこと。	4点	4		
	8	（ A → B → E → D → C → F ）	2点	2		
4	1	（ イ ）	2点×5	10	14	
	2	（ ウ ）				
	3	（ ウ → エ → イ → ア ）				
	4	（ ア ）				
	5	（ 石油危機(オイルショック) ）				
	6	(例)高度経済成長によって収入が増加し，生活も便利で豊かになっていったが，大気汚染や水質汚濁などに関する苦情・陳情の数も増えるなど，公害問題が深刻化した。	4点	4		
5	1	（ ウ ）	2点×6	12	12	
	2	(1)（ イ ） (2)（ エ ）				
	3	（ ア ）				
	4	(1)（ エ ） (2)（ 直接請求権 ）				
6	1	（ ウ ）	2点×5	10	14	
	2	（ イ ）				
	3	（ (例)レジ袋や割り箸などをもらわない，エコバッグを使う　など ）				
	4	（ 技術革新(イノベーション) ）				
	5	（ エ ）				
	6	(例)生産年齢人口が減少しているので，労働者の不足を補うために，在留外国人を労働者として雇用するとともに，セルフ精算レジの設置をすすめる。	4点	4		
7	1	（ イ ）	2点×4	8	12	
	2	（ 寺子屋 ）				
	3	（ ウ ）				
	4	（ エ ）				
	5	Ⅰ (例)建物や設備を充実させるために資金が必要だから〔です。〕 Ⅱ (例)外国の援助がなくなったとしても，現地の人々が技術などを身に付け自立して生活を維持していくことが必要だから〔です。〕	4点	4		

1 1(1) 三角州は河川によって運ばれた土砂が，河口部に堆積した地形。よって**ア**。

(2) 関東地方から九州地方北部にかけてのびる帯状の工業地域は太平洋ベルト。

(3) 貴重な自然環境や文化財などのうち，人類共通の財産としてユネスコが作成したリストに登録されたものは世界遺産。

2 製造品出荷額が最も多いので**イ**は中京工業地帯だとわかる。それに次ぐ出荷額であり，金属製品の割合が多い**ウ**が阪神工業地帯。瀬戸内工業地域は化学工業がさかんである。よって正解は**エ**。**ア**は東海工業地域。

3(1) 一番最初に訪れた道の駅は広島県と島根県の間に位置する。山間部にあり，降雪量が多いので**ウ**。次に訪れた道の駅は鳥取県にある。日本海側の気候であり，冬の降雪量が多いので**エ**。3番目に訪れた道の駅は瀬戸内海の島にある。瀬戸内の気候であり，比較的降水量が少ないので**ア**。最後に訪れた道の駅は高知県にある。太平洋側の気候であり，冬でも温暖で日照時間が長いので**イ**。よって正解は**ウ→エ→ア→イ**。

(2) 松山空港から所要時間がもっともかかるのは沖縄県の那覇空港で**エ**。人の往来が多いため，出発便数が多く，松山空港から2番目に所要時間がかかる空港が東京都の羽田空港で**ア**。同様に出発便数が多く，東京より松山に近い大阪府の伊丹空港が**イ**。したがって福岡空港は**ウ**。

4 資料1から馬路村の人口が減少しており，65歳以上の人口の割合も高く，高齢化が進行していることが読み取れる。また資料2から，ゆず加工品の開発・生産に取り組んでいることが読み取れる。さらに資料3からは，ゆずの生産量とゆず加工品の販売高が伸びていることが読み取れる。

2 1 大陸から吹く乾いた風は季節風。B市は日本海側にあり，暖流の対馬海流の影響により冬季に大雪が降る。よって**ウ**。

2 C国はポルトガル。ポルトガル語を公用語とし，赤道を通過する国土を持ち，流域面積が世界最大となるアマゾン川が流れているのはブラジル。

3 北緯40度を示す緯線は，イタリア南部，地中海を通る。よって**エ**。

4 D国はトルコ。トルコは人口のほとんどがイスラム教の信者。またイスラム教徒は豚肉を食べないのでトルコの豚の飼育頭数は少ない。よってイスラム教。

5 Yで示された3州は北緯37度より南のサンベルトの一部であり，先端技術産業が発達していて半導体の生産がさかん。よって①がY。Ⅰが半導体。Xで示された3州では自動車工業がさかん。自動車の生産には大量の鉄鋼が必要。よって②がX。Ⅱは製鉄。したがって正解は**ウ**。

6 アメリカ合衆国は輸出向けに大規模な農業を広い農地で行っている。**図8**のaは輸出総額に占める農産物の輸出額の割合が高い。また，**図9**のaは総産業従事者に占める農業従事者の割合が低いが，一人あたりの農地面積が大きい。よってaがアメリカ合衆国。

3 1 Aのカードの時代に役人として朝廷に仕え，財政や外交などで活躍していた，中国や朝鮮半島から日本に移り住んで来た人々は渡来人(帰化人)。

2 仏教と儒教はともに古墳時代に日本に伝えられた。よって**ア**。**イ**の土偶は縄文時代につくられた。**ウ**の青銅器，**エ**の稲作は弥生時代に中国や朝鮮から日本に伝わった。

3 唐の衰退により廃止されたのは遣唐使。菅原道真の提案により廃止された。

4 下線部ⓑの戦争はアヘン戦争(1840年)。**ア**は1800年, **イ**は1854年, **ウ**は17世紀初頭, **エ**は1669年のできごと。よってアヘン戦争と最も近い時期におきたできごとは**イ**。

5 Dのカードに述べられているのはポルトガル人を乗せた中国人の倭寇の船が種子島に漂着し，鉄砲(火縄銃)が伝えられたときの様子。城壁に円形の狭間が設けられるようになったのは，城へ攻めてくる敵を壁の内側から鉄砲で撃つため。

6 Eのカードの道元は鎌倉時代の禅僧で曹洞宗を開いた。**ア**は江戸時代，**イ**は戦国時代, **ウ**は鎌倉時代, **エ**は平安時代。よって**ウ**。

7 日本の初代内閣総理大臣は伊藤博文。伊藤博文は大日本帝国憲法を作成する際に，憲法調査のためにヨーロッパへ向かい，ドイツ(プロイセン)の憲法を参考にした。

8 Aは古墳時代。Bは平安時代。Cは江戸時代。Dは戦国時代。Eは鎌倉時代。Fは明治時代。よってA→B→E→D→C→F。

【4】 1　工場制手工業が始まったのは江戸時代。よって**イ**。

2　第一次世界大戦の戦場になったのはヨーロッパ。また造船業や鉄鋼業などは重化学工業。よって**ウ**。

3　**ア**は1943年。太平洋戦争中のできごと。**イ**は1941年。太平洋戦争のきっかけとなった。**ウ**は1932年。**エ**は1938年。1937年に始まった日中戦争の長期化に対処するため制定された。よって**ウ→エ→イ→ア**。

4　Cの時期に家庭に普及したのは電気冷蔵庫。よって**ア**。高度経済成長期にテレビ・電気洗濯機・電気冷蔵庫の家電は三種の神器とよばれ，家庭に普及した。

5　第4次中東戦争をきっかけに石油危機(オイルショック)がおこった。

6　**図1**からわかるように，高度経済成長期には世帯収入が増加し，生活が便利で豊かになった。その反面，**図2**からわかるように，公害に関する苦情・陳情の数も増え，大気汚染や水質汚濁などの問題が深刻化した。

【5】 1　問題解決のための判断基準となるのは「公正」と「効率」である。効率とは配分について無駄のないこと。**ウ**は商店街の空き店舗を活用し，地域の特産物を販売しており，商店街の店舗を無駄なく活用している。よって**ウ**。

2 ⑴　近年，高齢化により，国の歳出における社会保障関係費の割合は大幅に増えている。よって**イ**。

⑵　政府は，不景気のとき，財政政策として，公共事業への支出を増やしたり，減税をしたりするなど，企業の生産活動を促そうとする。よって**エ**。

3　民事裁判において，裁判官は，原告と被告のそれぞれの意見をふまえ，判決を下したり，当事者間の和解を促したりする。よって**ア**。**イ**，**ウ**，**エ**は刑事裁判についての記述。

4 ⑴　得票に応じて各政党の議席数を決めるのは比例代表制。比例代表制は小政党が当選しやすいため，死票が少なくなる。よって**エ**。

⑵　地方公共団体の住民が，地方の政治に直接参加できる権利は直接請求権。

【6】 1　株主総会で議決権を行使できるのは株主のみ。よって**ウ**が労働者の権利として当てはまらない。

2　欠陥商品で消費者が被害を受けたときの企業の責任を定めたのは製造物責任法。よって**イ**。

3　環境に配慮する3Rとは，リデュース(ごみの削減)，リユース(再使用)，リサイクル(ごみの再生利用)。コンビニで会計するときに消費者が取り組めることは，レジ袋や割り箸などをもらわない，エコバッグを使うなどしてゴミを削減することである。

4　企業の研究・開発により画期的な技術を生み出すことが技術革新(イノベーション)。

5　環境権，自己決定権，知る権利，プライバシー権などの「新しい人権」は憲法13条の幸福追求権を根拠に認められる。よって**エ**。

6　**図1**から日本の生産年齢人口が減少する一方，在留外国人が増えていることがわかる。労働者の不足を補うためには在留外国人を労働者として雇用することが考えられる。また**図2**からスーパーにおけるセルフ精算レジの設置が増えていることがわかる。セルフレジの設置をすすめることで労働者の不足を補うことができる。

【7】 1　非政府組織の略称はNGO。よって**イ**。

2　江戸時代の日本において町人や農民の子どもたちが学んだ民間教育施設は寺子屋。

3　総人口に対して安全な水資源を確保できない人の割合は発展途上国で高い。したがって正解はアフリカの割合が高く，ヨーロッパの割合が低い**ウ**。

4　妊産婦死亡率を下げるためには，技術の高い助産師を育成する必要がある。そのためには実技中心の講習を行えばよい。よって**エ**。

5　**図1**から先進国からの援助や支援で建物や設備が充実しているのがわかる。そのためには資金が必要である。また，**図1**から経済的援助があっても，現地の人材不足により，様々な課題があることがわかる。外国の援助がなくなったとしても，現地の人々が技術などを身に付け自立して生活を維持するために人材を育てることが必要である。

栃木県立高校入試(R2)

数　学　【解答・解説】

(令2)

数学採点基準　(総点100点)

〔注意〕 1　この配点は，標準的な配点を示したものである。
2　定められた答えの欄に答えが書かれていないときは，点を与えない。
3　指示された答えと違う表現で答えの欄に記入されていても，正答と認められるものには，点を与える。
4　採点上の細部については，各学校の判断によるものとする。

<table>
<tr><th colspan="2">問　題</th><th colspan="4">正　　答</th><th colspan="2">配　　点</th><th colspan="2"></th></tr>
<tr><td rowspan="7">1</td><td>1</td><td>-9</td><td>2</td><td colspan="2">$-2x+7y$</td><td rowspan="7">2点×14</td><td rowspan="7">28</td><td rowspan="7"></td><td rowspan="7"></td></tr>
<tr><td>3</td><td>$-\frac{2}{3}a^3b^2$</td><td>4</td><td colspan="2">$15\sqrt{2}$</td></tr>
<tr><td>5</td><td>x^2-64</td><td>6</td><td colspan="2">$(a=)16$</td></tr>
<tr><td>7</td><td>$100-6x=y$</td><td>8</td><td colspan="2">51(度)</td></tr>
<tr><td>9</td><td>$(x=)0,\ 9$</td><td>10</td><td colspan="2">$\frac{6}{7}$</td></tr>
<tr><td>11</td><td>54π(cm^3)</td><td>12</td><td colspan="2">$(x=)\frac{8}{5}$</td></tr>
<tr><td>13</td><td>ウ</td><td>14</td><td colspan="2">(およそ)90(個)</td></tr>
<tr><td rowspan="3">2</td><td rowspan="3">1</td><td rowspan="3">(例)
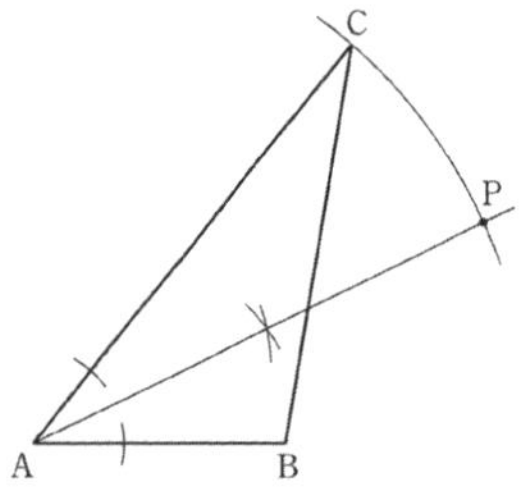
</td><td>2</td><td colspan="2">①(　6　)
②(　12　)
③(　36　)</td><td rowspan="3">1は4点
2は3点
3は4点</td><td rowspan="3">11</td><td rowspan="3"></td><td rowspan="3"></td></tr>
<tr><td>3</td><td colspan="2">$(a=)3$</td></tr>
<tr><td colspan="3"></td></tr>
<tr><td rowspan="4">3</td><td>1</td><td colspan="4">(例)
$\begin{cases} x+y=1225 & \cdots\cdots① \\ \frac{4}{100}x-\frac{2}{100}y=4 & \cdots\cdots② \end{cases}$
②より　$4x-2y=400$ から　$2x-y=200$　……③
①+③より　$3x=1425$
よって　$x=475$
①に代入して　$475+y=1225$
したがって　$y=750$
この解は問題に適している。
答え(　A中学校　475人，B中学校　750人　)</td><td rowspan="4">1は6点
2(1)は2点
2(2)は2点
2(3)は3点</td><td rowspan="4">13</td><td rowspan="4"></td><td rowspan="4"></td></tr>
<tr><td rowspan="3">2</td><td>(1)</td><td colspan="3">$28.65 \leqq a < 28.75$</td></tr>
<tr><td>(2)</td><td colspan="3">32.5(℃)</td></tr>
<tr><td>(3)</td><td colspan="3">(例)
表1において35.0℃以上40.0℃未満の日が1日あり，表2において36.0℃以上の日がないから。</td></tr>
</table>

問題		正答	配点	
4	1	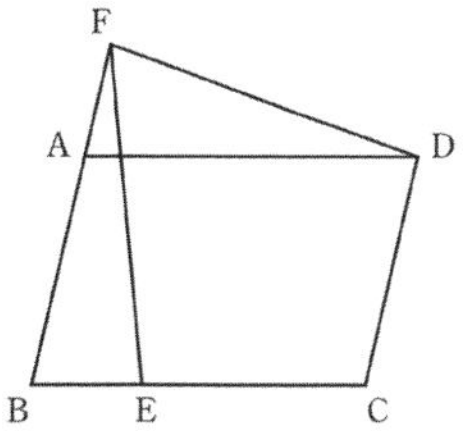 (例) △ADF と △BFE において 四角形 ABCD は平行四辺形なので AD // BC より，同位角は等しいから $\angle DAF = \angle FBE$ ……① 仮定より　AB ＝ CE ……② 　　　　　BF ＝ BC ……③ ここで　AF ＝ BF － AB ……④ 　　　　　BE ＝ BC － CE ……⑤ ②，③，④，⑤より　AF ＝ BE ……⑥ 平行四辺形の対辺は等しいから AD ＝ BC ……⑦ ③，⑦より　AD ＝ BF ……⑧ ①，⑥，⑧より，２組の辺とその間の角がそれぞれ等しいから △ADF ≡ △BFE	1は7点 2(1)は3点 2(2)は4点	14
	2	(1) $\sqrt{3}$ (cm^2)　(2) $\sqrt{10}$ (cm^2)		
5	1	1.5(倍)	1は3点 2は3点 3は6点 4は5点	17
	2	1000(m)		
	3	(例) 明さんの長距離走の区間のグラフの傾きは $\frac{8400-6300}{26-16}=210$ であるから，x と y の関係の式は $y=210x+b$ と表される。 グラフは点(16，6300)を通るから $6300=210\times16+b$ よって　$b=2940$ したがって，求める式は $y=210x+2940$ 答え($y=210x+2940$)		
	4	2(分)12(秒)		
6	1	11(番目)	1は2点 2は3点 3は6点 4は6点	17
	2	6(個)		
	3	(例) 最も外側にある輪の面積は $\pi n^2-\pi(n-1)^2=\pi(2n-1)$ これが 77π cm^2 になるから $\pi(2n-1)=77\pi$ $2n=78$ よって　$n=39$ この解は問題に適している。　答え($n=39$)		
	4	①（ $(b=)\frac{9a-2}{5}$ ）　②（ $(a=)8$ ）		

1 1　$(-18)\div 2=-(18\div 2)=-9$

2　$4(x+y)-3(2x-y)=4x+4y-6x+3y$
$=4x-6x+4y+3y=-2x+7y$

3　$\frac{1}{6}a^2\times(-4ab^2)=-\frac{a^2\times 4ab^2}{6}=-\frac{2}{3}a^3b^2$

4　$5\sqrt{6}\times\sqrt{3}=5\sqrt{6\times 3}=5\times 3\sqrt{2}=15\sqrt{2}$

5　$(x+8)(x-8)=x^2-8^2=x^2-64$

6　**解は代入する。** $x=7$ を方程式に代入して　$2\times 7-a=-7+5, 14-a=-2,$
$a=16$

7　いちごを6人に x 個ずつ配ると $6x$ 個必要で y 個余るから　$100-6x=y$　または
$6x+y=100$

8　**直径⇔直角**　AB は円Oの直径だから
$\angle\mathrm{ACB}=90°$
△OAC は二等辺三角形で　$\angle\mathrm{OAC}=$
$\angle\mathrm{OCA}=39°$, $\angle x+39°=90°$, $\angle x=51°$

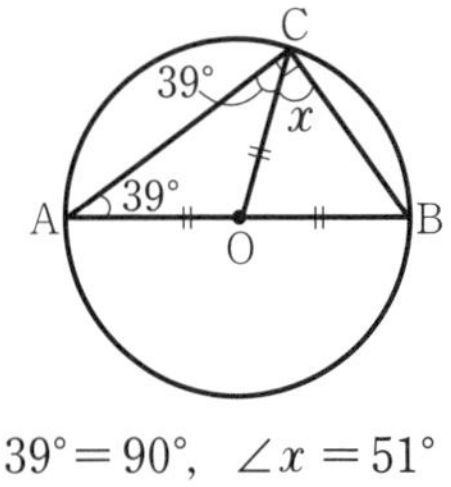

9　$x^2-9x=0$, $x(x-9)=0$,
$x=0$ または $x-9=0$　より　$x=0, 9$

10　赤玉9個，白玉2個，青玉3個の計14個が袋に入っている。この中から白玉以外の12個から1個取り出せばよいから　$\frac{12}{14}=\frac{6}{7}$

11　底面の半径が 3cm，高さが 6cm の円柱ができる。体積は　$\pi\times 3^2\times 6=54\pi\,(\mathrm{cm}^3)$

12　$\ell\,/\!/\,m$ より
$x:4=2:5$
$5x=4\times 2$, $x=\frac{8}{5}$

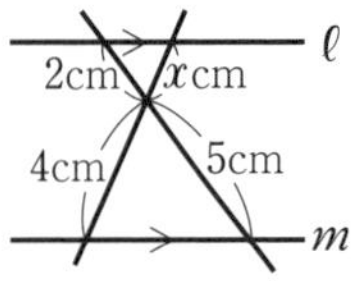

13　関数 $y=ax+b$ のグラフは右下がりの直線だから傾き a は $a<0$，切片 b は y 軸の正の部分にあるから $b>0$　**ウ**が正しい。

14　含まれる不良品の割合は，ほぼ等しいと考えられるから　$4500\times\frac{2}{100}=90$(個)

2 1　$\angle\mathrm{A}=50°$ より
∠Aの二等分線を作図して25°をつくり，点Aを中心とする半径ACの円と二等分線の交点にPを記入する。

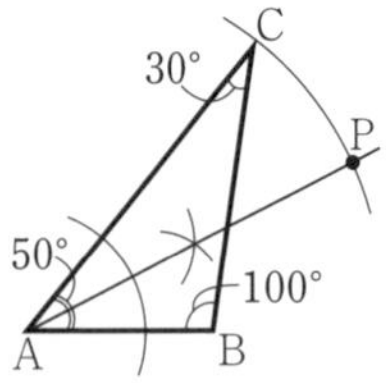

2　枠《わく》の中の数は　$10=4+6$, $16=4+12$
$b=a+6$, $c=a+12$　より　$b^2-ac=$
$(a+6)^2-a(a+12)=a^2+12a+36-a^2-12a$
$=36$　つねに同じ値36となる。

3　点A，Bの x 座標は1，$x=1$ を2つの式に代入して A(1, a) B(1, -4)　点C，D の x 座標は4だからC(4, $16a$), D(4, -1)
$\mathrm{AB}=a-(-4)=a+4$
$\mathrm{CD}=16a-(-1)$
$=16a+1$
AB：CD＝1：7
より　$(a+4):(16a+1)=1:7$
$16a+1=7(a+4)$,　$9a=27$,　$a=3$

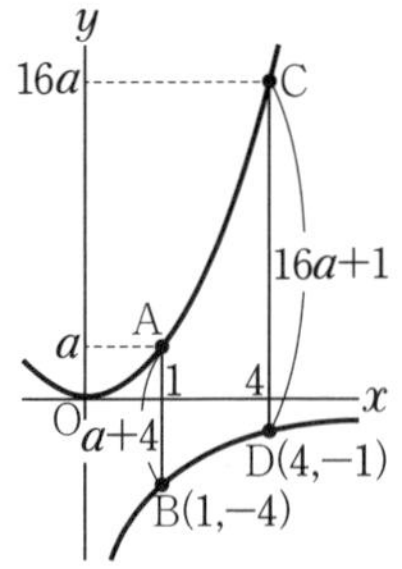

3 1　昨年度の生徒数から　$x+y=1225$…①
今年度の増加と減少から　$0.04x-0.02y=4$…②　②×50 より　$2x-y=200$…③
①，③より　$x=475$, $y=750$

2 (1)　小数第2位を四捨五入した近似値が28.7だから，小数第2位の数を5とする0.05を考える。真の値 a の範囲は，
$28.7-0.05\leqq a<28.7+0.05$　のように表せるから　$28.65\leqq a<28.75$

(2)　**最頻値は度数が最も多い階級の階級値。**
30.0℃以上35.0℃未満の階級の度数が最も多いから　$(30.0+35.0)\div 2=32.5$(℃)

(3)　表1には，35.0℃以上40.0℃未満の日が1日だけあり，表2には，36.0℃以上の日はない。したがって，35.0℃以上36.0℃未満の日数は1日だけである。

4 1　AD＝BC＝BF,
AB＝CE で
AF＝BF－AB
BE＝BC－CE
より　AF＝BE
∠DAF＝∠FBE
2組の辺とその間の角がそれぞれ等しい。

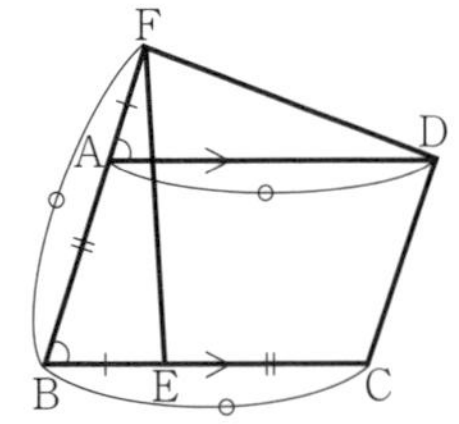

2 (1)　図の△DEF で
△DEM の3辺の比は　**1：2：$\sqrt{3}$**
$\mathrm{DM}=\sqrt{3}$ cm
△ABC≡△DEF
△ABC の面積は
$2\times\sqrt{3}\div 2=\sqrt{3}$

(2)　△ABG で
$\mathrm{AG}^2=2^2+2^2=8$
△GNH で　$\mathrm{GH}^2=$
$1^2+2^2=5$，△ACH で　$\mathrm{AH}^2=2^2+3^2=13$　$\mathrm{AG}^2+\mathrm{GH}^2=\mathrm{AH}^2$ となるから△AGH は∠AGH＝90°の直角三角形。面積は
$2\sqrt{2}\times\sqrt{5}\div 2=\sqrt{10}\,(\mathrm{cm}^2)$

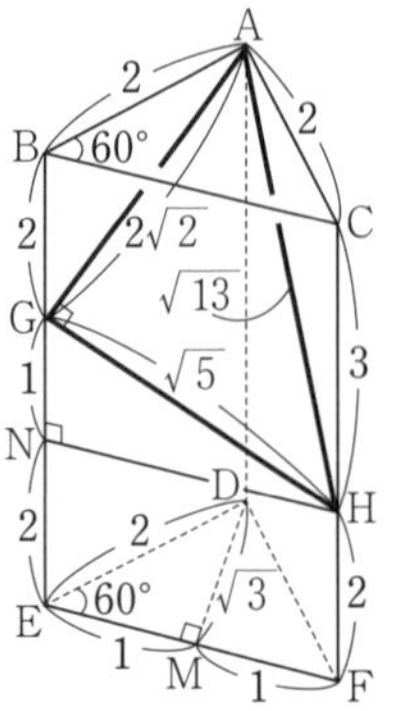

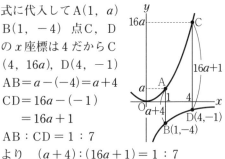

5 1　水泳の区間300mを明さんは4分で泳ぐから，分速 $300 \div 4 = 75$(m)　拓也さんは6分で泳ぐから，分速 $300 \div 6 = 50$(m)　明さんが泳いだ速さは拓也さんが泳いだ速さの　$75 \div 50 = 1.5$(倍)

2　スタートしてから6分後，拓也さんはA地点にいるから300m進んだ。一方，明さんはスタートしてから4分後，300m進んだA地点にいる。その後，6分後までの2分間は自転車で進む。明さんの自転車は，$16-4=12$(分間)に $6300-300=6000$(m)進むから，分速 $6000 \div 12 = 500$(m)　スタートしてから4分後から6分後までの2分間に　$500 \times 2 = 1000$(m)進む。スタートしてから6分後における2人の道のりの差は　$(300+1000)-300=1000$(m)

3　明さんの長距離走の区間における x と y の関係は，グラフで　$16 \leqq x \leqq 26$　のとき。2点(16, 6300), (26, 8400)を通る直線の式を求めればよい。$y = ax + b$　で
$6300 = 16a + b$…①　　$8400 = 26a + b$…②
②－①より　$2100 = 10a$，$a = 210$　これを①に代入して　$6300 = 16 \times 210 + b$，
$b = 2940$　したがって　$y = 210x + 2940$

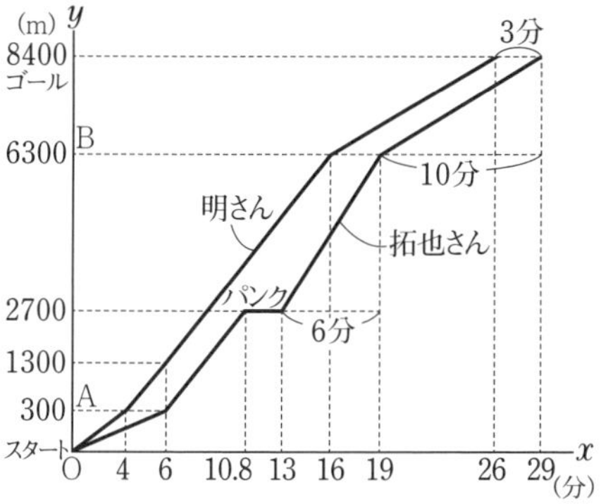

4　2人の会話から明さんと拓也さんはパンクするまで自転車を同じ速さで走らせている。自転車は分速500m，拓也さんは自転車を $2700-300=2400$(m)走らせるから $2400 \div 500 = 4.8$(分)　パンクしたのはスタートしてから　$6+4.8=10.8$(分後)　修理が終わってからの，残りの自転車の区間は $6300-2700=3600$(m)　分速600mで走るから　$3600 \div 600 = 6$(分)　かかり，長距離走の区間は10分で走った。拓也さんがゴールしたのは明さんがゴールした26分より3分遅い29分。パンクの修理に t 分かかったとすると　$10.8+t+6+10=29$，$t=2.2$(分)＝2分＋0.2×60秒＝2分12秒

6

1番目	2番目	3番目	4番目	5番目	6番目
白色	灰色	黒色	白色	灰色	黒色
7番目	8番目	9番目	10番目	11番目	12番目
白色	灰色	黒色	白色	灰色	黒色

1　白色，灰色，黒色の順に3色を繰り返し塗っていくから，これら3色を一組とする。「灰色の輪」は，1個目が2番目，2個目が $2+3=5$ 番目，3個目が $5+3=8$ 番目，4個目が $8+3=11$ 番目　にできる。したがって，11番目の図形。

2　$20 = 3 \times 6 + 2$，20番目の図形には3色一組が6組と，白色，灰色の2色の輪がある。「黒色の輪」は3色一組の中に1個ずつ含まれるから，6組の中に6個ある。

3　n 番目の図形の最も外側の輪は，半径 n cmの円から半径 $(n-1)$cmの円を除いたものである。面積が 77π cm^2 だから

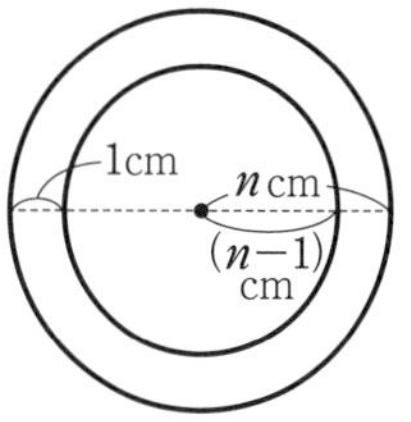

$\pi n^2 - \pi(n-1)^2 = 77\pi$，両辺を π でわると　$n^2-(n-1)^2=77$，$n^2-n^2+2n-1=77$
$2n=78$，$n=39$

4　$n=a$，$m=5$ の「1ピース」は，半径 a cmの円から半径 $(a-1)$cmの円を除いた最も外側の輪を5等分したものである。また，$n=b$，$m=9$ の「1ピース」は，半径 b cmの円から半径 $(b-1)$cmの円を除いた最も外側の輪を9等分したものである。周の長さは，内側と外側の2本の曲線(弧)の長さと両端の2本の線分2cmの和になる。2つの「1ピース」の周の長さが等しいから

$$\frac{2\pi a + 2\pi(a-1)}{5} + 2 = \frac{2\pi b + 2\pi(b-1)}{9} + 2$$

$$\frac{4a-2}{5} = \frac{4b-2}{9},\quad 5(4b-2) = 9(4a-2),$$

$$20b = 36a - 8,\quad b = \frac{9a-2}{5} \cdots ①$$

a，b は2以上の整数だから①の分子 $9a-2$ は分母5の倍数。$a=3$ のとき

$b = \dfrac{9 \times 3 - 2}{5} = \dfrac{25}{5} = 5$，3番目と5番目の色は黒色と灰色で適さない。$a=8$ のとき

$b = \dfrac{9 \times 8 - 2}{5} = \dfrac{70}{5} = 14$　　$8 = 3 \times 2 + 2$，
$14 = 3 \times 4 + 2$　より，8番目と14番目の色は，ともに2番目と同じ灰色になる。2つの値は問題に適しているから　$a = 8$…②

栃木県立高校入試(R2)

理　科　【解答・解説】

理科採点基準　（総点 100 点）　（令 2）

〔注意〕 1 この配点は，標準的な配点を示したものである。
2 定められた答えの欄に答えが書かれていないときは，点を与えない。
3 指示された答えと違う表現で答えの欄に記入されていても，正答と認められるものには，点を与える。
4 定められた数より多く答えたときは，点を与えない。
5 採点上の細部については，各学校の判断によるものとする。

問題		正答							配点	
1	1	（ ウ ）	2	（ イ ）	3	（ エ ）	4	（ イ ）	2 点× 8	16
	5	（ 発熱反応 ）			6	（ マグニチュード ）				
	7	（ DNA（デオキシリボ核酸））			8	（ 23 ）cm/s				
2	1	（ 黄 道 ）			2				1 は 3 点 2 は 3 点 3 は 3 点	9
	3	（ エ ）								
3	1	（ 0.60 ）A							1 は 2 点 2 は 4 点 3 は 3 点	9
	2	白熱電球 P の電力量（ 120 ）Wh　LED 電球の使用時間（ 16 ）時間								
	3	（例） LED 電球は，同じ消費電力の白熱電球より熱の発生が少ないから。								
4	1	（ 柱 頭 ）			2	（ ア ）			1 は 2 点 2 は 3 点 3 は 4 点 4 は 3 点	12
	3	①（ 葉，茎，根 ）　②（ からだの表面 ）								
	4	（例） 胚珠が子房の中にあるかどうかという基準。								
5	1	（ 45 ）cm^3			3	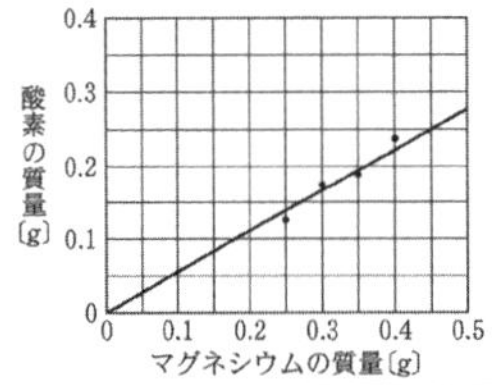			1 は 3 点 2 は 3 点 3 は 3 点 4 は 3 点	12
	2	$2Mg + O_2 \rightarrow 2MgO$								
	4	（ 196 ）cm^3								
6	1	（ ウ ）							1 は 3 点 2 は 3 点 3 は 3 点	9
	2	（例） 小腸は栄養分を吸収し，肝臓はその栄養分をたくわえるはたらきがあるから。								
	3	（ 40 ）秒								
7	1	（ 1.5 ）g/cm^3			2	（ エ ）			1 は 3 点 2 は 3 点 3 は 3 点	9
	3	液体（ イ ）								
		実験結果 （例） ポリプロピレンはなたね油に浮き，ポリエチレンはなたね油に沈む。								
8	1	（ 17 ）℃			2	（ 5705 ）g			1 は 3 点 2 は 3 点 3 は 3 点 4 は 3 点	12
	3	（ C ）			4	（ イ，オ ）				
9	1	（ 0.30 ）N			3	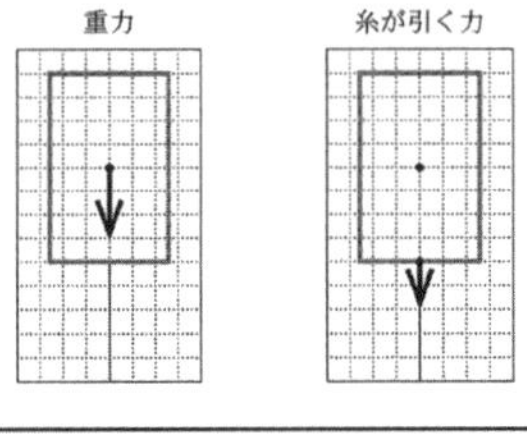			1 は 2 点 2 は 3 点 3 は 4 点 4 は 3 点	12
	2	（ 0.50 ）N								
	4	①（ × ） ②（ × ） ③（ ○ ） ④（ × ）								

[1] 1　塩化ナトリウムは塩素とナトリウム，アンモニアは窒素と水素，二酸化炭素は炭素と酸素からなる化合物である。石油は何種類かの化合物が混じっている。

2　深成岩とは，マグマが地下深くでゆっくり冷えて固まってできた岩石で，花こう岩，せん緑岩，斑れい岩などがこれにあたる。玄武岩は火山岩（マグマが地表や地表近くで急に冷えて固まってできた岩石）であり，チャートは生物の遺骸や水にとけていた成分が堆積してできた堆積岩，凝灰岩は火山の噴出物が堆積してできた堆積岩である。

3　陰極線（電子線）の正体は－の電気をもつ粒子（電子）の流れである。電子は－極（電極X）から出て＋極（電極Y）に向かって流れる。このとき，上下の電極板を電源につないで電圧を加えると，－の電気を帯びている電子は＋極の方に引き寄せられて曲がる。よって陰極線が曲がった方の電極Bが＋極であることがわかる。

4　イカ，タコ，マイマイ，アサリなどが軟体動物である。軟体動物には外とう膜とよばれる筋肉でできた膜があり，内蔵がある部分を包んでいる。アサリのように，外とう膜を覆う貝殻があるものも多い。

5　発熱反応とは逆に，化学変化のときに熱が吸収される反応は吸熱反応という。

6　地震の規模を表すマグニチュードが1ふえると地震のエネルギーは約32倍に，2ふえると約1000倍になる。地震によるゆれの大きさは震度で表す。

7　遺伝子の本体はデオキシリボ核酸（略してDNA）である。

8　1秒間に50打点なので，5打点は0.1秒にあたる。よって平均の速さは

2.3〔cm〕÷0.1〔s〕＝23〔cm/s〕

[2] 1　太陽は星座の間を西から東へ1年かけて移動しているように見える。この天球上の太陽の通り道を黄道という。これは地球の公転によって生じる見かけの動きである。

2　**図1**のボールの，光源に面していない半分を黒く塗りつぶしてから，カメラからボールを見ると，光ってみえるのは左側の，半分より狭い部分である。

3　**図**のように，実験(3)のカメラ（地球）の位置は，おとめ座が真夜中に南中する日なので，おとめ座と光源（太陽）の間になる。また，そのときボール（金星）が**図2**のように右半分が光って見えるのは光源とふたご座の間にあるときである。この位置から半年後は，右図の矢印のように移動して，カメラは光源とうお座の間，ボールはもとの位置より少し手前になる。この位置のカメラからボールを見ると，ふたご座とおとめ座の間に見える。

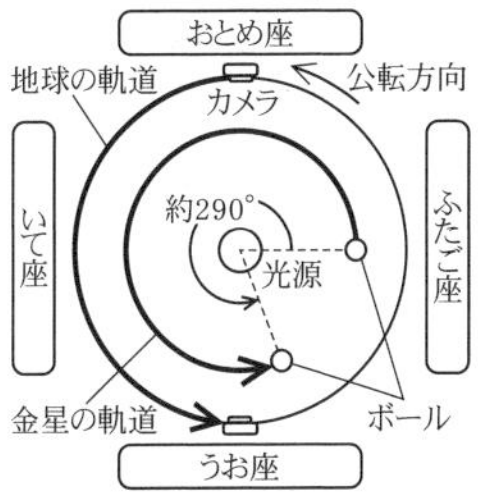

[3] 1　60〔W〕÷100〔V〕＝0.60〔A〕

2　白熱電球Pを2時間使用したときの電力量は　60〔W〕×2〔h〕＝120〔Wh〕

一方，LED電球の電力は7.5Wなので同じ電力量になるのは

7.5〔W〕× x〔h〕＝120〔Wh〕　x ＝16

より，16時間使用したときである。

3　白熱電球は，フィラメント（金属）に電流を流して発熱させ，その熱で明るく光るので，電気エネルギーは光エネルギーとして使われるよりも，熱エネルギーとして使われる割合の方が大きい。実験(2)，(3)より得られた**図3**はこのことを確かめる実験である。消費電力の等しい白熱電球とLED電球を比べると，白熱電球の方が発熱量が大きいことがわかる。

[4] 1　おしべのやくからでた花粉がめしべの柱頭につくことを受粉という。

2　葉脈が網状脈であることから，キャベツは被子植物の双子葉類に属することがわかる。よって茎の維管束は輪のように並んでいて，根は主根と側根からなる。

3　イヌワラビはシダ植物，ゼニゴケはコケ植物に属する。どちらも種子はつくらず，胞子でふえる。シダ植物は維管束があり，根・茎・葉の区別もあるが，コケ植物は維管束も，根・茎・葉の区別もない。コケ植物の根のように見える部分は仮根といい，おもに体を地面などに固定するはたらきをする。

4　サクラやキャベツは胚珠が子房の中にある被子植物である。それに対して，マツは胚珠がむきだしになっている裸子植物である。スギ，イチョウ，ソテツなども裸子植物のなかまである。

[5] 1　試験管Aに注目すると，塩酸と水酸化ナトリウム水溶液がともに $6.0cm^3$ のとき，すなわち体積の比が1：1のとき，BTB

溶液の色が緑色になり，過不足なく中和されたことがわかる。よって，試験管Bでは，8.0－4.0＝4.0〔cm^3〕の塩酸が未反応で残っていることになる。同様に，試験管Cでは8.0cm^3，Dでは12.0cm^{3}の塩酸が未反応で残っている。試験管A，B，Cではマグネシウムが溶け残っていたので，マグネシウムは十分にあり，未反応の塩酸の体積に比例して気体が発生したと考えられる。すなわち，試験管Bで発生する気体は試験管Cの半分になる。試験管Dではマグネシウムが溶け残っていないことと，発生した気体が試験管Cの1.5倍より小さいことから，0.12gのマグネシウムはすべて反応し，塩酸の方が過剰だったことがわかる。なお，発生した気体は水素である。

2　左辺と右辺の原子の数が合うように，係数を正しくつける。

3　質量が変化しなくなるまで加熱した後の質量から加熱前の質量を引いたものが，化合した酸素の質量である。1～4班の値を•で記入し，原点を通り，•が線の上下に同程度散らばるような直線を引く。•が必ずしも直線上にのらないのは実験の誤差である。

4　5班において，5回の加熱でマグネシウムと反応した酸素の質量は

0.61〔g〕－0.45〔g〕＝0.16〔g〕である。

マグネシウムと酸素は3：2の質量の比で反応するので，酸素と反応したマグネシウムの質量は

x：0.16＝3：2　x＝0.24〔g〕であり，

0.45〔g〕－0.24〔g〕＝0.21〔g〕のマグネシウムが未反応で残っている。

実験(1)より，0.12gのマグネシウムがすべて塩酸と反応したとき発生する気体の体積は112cm^3　なので0.21gでは

0.12：0.21＝112：y　　y＝196〔cm^3〕

の気体が発生する。

6　1　肺では空気中の酸素がとりこまれ，細胞呼吸でできた二酸化炭素が排出される。アンモニアは肝臓で尿素に変えられ，血液にとりこまれて腎臓へと送られる。腎臓では尿素が血液中からこしだされて尿になる。

2　図で，Pは肺，Qは肝臓，Rは小腸，Sは腎臓を表している。血管aを流れる血液が栄養分の濃度が高いのは，ブドウ糖，アミノ酸などが小腸で吸収されるからである。

3　1分(60秒)で左心室から送り出される血液は　80〔mL〕×75＝6000〔mL〕である。よって，4000mL送り出されるまでには

60：x＝6000：4000　　x＝40〔s〕かかる。

7　1　4.3〔g〕÷2.8〔cm^3〕＝1.53〔g/cm^3〕

これを四捨五入する。密度の値からプラスチックAはポリ塩化ビニルである。

2　体積や質量は違っても，密度はBと変わらないので水に沈む。Bはポリスチレンである。

3　CとDはポリエチレンとポリプロピレンのいずれかなので，密度が0.91g/cm^{3}より大きく0.94g/cm^{3}より小さい液体を選べばよい。

8　1　乾球の示度が19℃で湿度が81％になるとき，乾球と湿球の示度の差は2℃なので，19℃の2℃下が湿球の示度になる。

2　理科室の露点が19℃であることから，空気に含まれている水蒸気の量は16.3g/m^{3}である。よって理科室全体では

16.3〔g/m^3〕×350〔m^3〕＝5705〔g〕

となる。

3　A，B，Cは含まれる水蒸気量が等しいので，最も温度が高いCが，飽和水蒸気量に対する割合が最も小さくなる。CとDは温度が等しいので含まれる水蒸気量が少ないCの方が湿度が低い。

4　2組の教室は，湿度が1組と同じでも，気温が高いので，空気に含まれる水蒸気量は1組より多い。よって露点は6℃より大きくなる。また，露点が気温を上回ることはないので28℃より小さい。

9　1　容器Pが水に浮いているとき，容器Pにはたらく重力と浮力がつりあっている。

2　水に沈めると，はたらく浮力の分だけばねばかりの値が小さくなる。

5.00〔N〕－4.50〔N〕＝0.50〔N〕

3　重力は水中であっても変わらないので，物体の中心から3目盛り分，下向きの矢印をかく。糸を引く力の大きさはばねばかりの値と等しいので，糸の端を作用点として2目盛り分，下向きの矢印をかく。

4　①　物体全体が水中にある場合は，物体にはたらく浮力の大きさは水面からの深さに関係しない。　②　水中にある物体の体積が大きいほど，浮力は大きい。浮力の大きさは，物体の質量には関係しない。③　正しい。　④　物体の一部でも全体でも，水中につかっていれば，つかっている体積に応じて浮力がはたらく。

栃木県立高校入試(R2)

英　語　【解答・解説】

英語採点基準　(総点 100 点)　(令 2)

〔注意〕
1　この配点は，標準的な配点を示したものである。
2　定められた答えの欄に答えが書かれていないときは，点を与えない。
3　指示された答えと違う表現で答えの欄に記入されていても，正答と認められるものには点を与える。
4　定められた数より多く答えたときは，点を与えない。
5　採点上の細部については，各学校の判断によるものとする。

問	題	正答	配	点		
1	1	(1) (エ) (2) (ア) (3) (ウ)	2 点× 3	26		
	2	(1) ① (イ) ② (ウ) (2) ① (エ) ② (ア)	3 点× 4			
	3	(1) (story) (2) (reason) (3) (favorite) (4) (April)	2 点× 4			
2	1	(1) (エ) (2) (イ) (3) (ア) (4) (イ) (5) (ウ) (6) (ウ)	2 点× 6	18		
	2	(1) (ウ → ア → エ → イ) (2) (イ → エ → ア → ウ) (3) (オ → イ → ア → エ → ウ)	2 点× 3			
3	1	(Cleaning) (Time)	2 点	28		
	2	(Who)	2 点			
	3	(エ)	2 点			
	4	(3) (例 1) are carrying the desk (例 2) are moving the teacher's desk (4) (例 1) important to keep (例 2) necessary for us to keep (5) (例 1) they feel good (例 2) they can feel nice	3 点× 3			
	5	(ア)	3 点			
	6	(例) みんなが使うものを大切に使うべきだということ。	4 点			
	7	(例 1) Our school has the chorus contest in September every year. We practice very hard after school to win the contest. On the day of the contest, we sing on the stage, and many people are invited. We look forward to it very much. (例 2) We visit an elementary school every month. We teach English to the children. We sing English songs, play games and so on. They enjoy learning English. I feel happy when I see their smiles.	6 点			
4	1	(ウ)	2 点	14		
	2	(例 1) (Can) (you) (help) (例 2) (Would) (you) (help)	2 点			
	3	① (例) 助けがなくても，すべてのことをしなければならない (24 字) ② (例) 共に生き，共に働き，お互いに助け合うのだ (20 字)	3 点× 2			
	4	(イ) (オ)	2 点× 2 順不同			
5	1	(ア)	2 点	14		
	2	(例) 船が橋の下を通る時，帆が橋に当たるから。	4 点			
	3	(イ)	4 点			
	4	(エ)	4 点			

1 話の展開を追いながら聞く。文字で確認してから，何度も音声を聞くとよい。

1 選択肢から聞くべきポイントがわかる。

⑴ somethingの部分に注意。

⑵ 15と50を聞き分ける。

⑶ needに続く交通手段に注意。

2 ⑴ 複雑なので展開をしっかり追う。

① went to his roomからわかる。

② I want to ～の部分からわかる。

⑵ 図を見ながら聞いてみよう。

① ～ eat it in Sky Garden on the eighth floorと言っている。

② 場所が後で述べられることに慣れる。

3 事前に設問からポイントを見つけておく。⑴⑵⑷は，聞き取ったままで答えることができるが，⑶は，you like the best の部分を一語に言い換える必要がある。

2 1 空所の前後がヒントになる。そこから相応しい形や単語を考える。⑷は意味を考える。 2 基本的な文型の語順の問題。

1 ⑴ the best of all ～の構文。

⑵ ～ us that …の語順からtellとわかる。

⑶ 前後の内容から考える。

⑷ how to ～＝どのように～するか

⑸ If ～が表す条件と，to meet people から考える。

⑹ 動詞の意味と，music が単数であることからわかる。

2 ⑴ 現在完了形。neverの位置に注意。

⑵ decide to ～「～することを決める」

⑶ 疑問文。Doで始める。

3 ［本文の要旨］

エマと美樹が話をしている。前半では学校の清掃を話題にしている。日本では生徒が清掃を行うが，フランスでは生徒は行わないので，美樹が清掃を取り上げた学校新聞を使って，エマに説明する。エマは，日本と違ってフランスでは教科書は借り物で後輩へ引き継ぐことを美樹に話す。どちらの場合も物を大切にすることが学べることに二人は気が付き，興味を持つ。

［解説］

1 戻りながら探す。前文のCleaning Time。

2 cleans ～の主語をたずねる疑問文なので，Who。後の応答もヒント。

3 直前に「清掃員が清掃する」とあるので，「生徒は清掃する必要がない」にする。

4 新聞を見ながら考える。⑶「男子生徒は机を動かしている」moveかcarryが使える。⑷ it is ～ to …の構文を使う。「…することが大切である」という文にする。後にour school cleanとあるので，keep～cleanが使える。⑸ グラフでは14人は「清掃をした後は気分がいい」とある。feel goodが使える。

5 前後から「～を返す」となることがわかる。

6 事例から考える。前の文の we use our textbook carefully から考えると，物を大切にすることであることがわかる。

7 様々なことを書くことで表現力を上げる。文のつながりを意識しながら書く練習をする。

4 ［訳例］

「竜がボランティアクラブの新しいリーダーだ」と助言者の山田先生がミーティングで言いました。それを聞いて嬉しく思いました。大声で「リーダーとしてがんばります」と言いました。見上げると，美しい空が見えました。希望に満ちていました。

家に歩いて帰るときに，叔父のヒロさんに会いました。叔父さんは地域のリーダーです。そこで暮らす人たちに尊敬されています。叔父さんが「竜，どうした」と言いました。「クラブのリーダーになったよ」と答えました。叔父さんは，「すごいな。ところで，夏祭りのボランティアを探しているんだ。祭りを手伝ってくれないか」と言いました。「いいですよ」

次の日，クラブ員に夏祭りについて話しました。「ヒロさんからボランティアとして祭りに参加するように頼まれた。ポスターを五枚作って，校内に貼るように言われてもいる」何人かが「僕たちがポスターを作る」と言いました。僕は「ありがとう，でもそれは一人でやるよ」と答えました。「本当？」「もちろんさ。一人でやらないといけないんだ，だってリーダーなんだから」

一週間後のクラブのミーティングで山田先生が僕に「竜，ポスターはできましたか」と尋ねました。僕は小さな声で，「まだです。２枚しか終わっていません」と答えました。「まあ，たいへん，みんな竜を手伝って」と先生は言いました。他のメンバーがポスターを作っている間，彼らの顔を見ることができませんでした。僕は気分がよくありませんでした。

数週間後，祭りが行われました。クラブ員たちはボランティア活動を楽しんでいました。でも，僕は一人でポスターを終わせなかったので，楽しくありませんでした。「自分は良いリーダーではないんだ」と思っていました。花火が始まっても地面を見ていました。

そのときヒロさんが来て，「竜，どうした」と尋ねてきました。「リーダーとして，すべてのポスターを一人で仕上げようとしたけど，できなかったのです」と答えました。「よく聞け，リーダーは助けなしですべてをやらなければならないと思うのか？違うと思うよ。私はここに住む人たちと一緒に活動している。共に暮らし，共に活動し，そしてお互いに助け合っているんだよ」とヒロさんは言いました。ヒロさんの言葉は僕に元気を与えてくれました。「わかったよ，ヒロさん。クラブのみんなと活動するよ」

次のクラブのミーティングで，僕は「ごめんなさい。リーダーはあらゆることを助けてもらわずにやらなければならないと思っていました。でも，それは間違っていました」と話しました。みんな僕の話を静かに聞いていました。「一緒に活動することが大切だということを学びました。みんなと一緒に活動していきたいと思います」僕は続けて，「今日は，新しい活動について話しましょう。何をやりたいですか」と話しました。一人のメンバーが，「駅に花を植えるのはどうでしょうか」と言いました。そうすると，全員が話し始めました。「いいね」「地元の人に一緒にやってくれるように頼もう」「その人たちと一緒に活動するのは楽しそうだ」みんなが笑顔でした。空を見ると，太陽が輝いていました。

［解説］

1　どちらも直前の内容から気持ちを考える。

2　応答から何かを依頼されたことがわかる。～ us with…の部分に合う help を使う。

3　①　竜の発言の I believed that leaders must do everything without help の部分になる。②　前の段落のヒロさんの発言の We live together, work together, and help each other の部分になる。

4　ア　一段落の最初　イ　二段落後半　ウ　三段落　エ　四段落　オ　最終段落　カ　最終段落

5　［訳例］

「ロンドン橋おちる」は，何度も落下した橋についての有名な歌です。この橋はロンドンを流れる川にかけられていました。19世紀に，その川は船で物を輸送するのにとても役立ちました。毎日帆のついた大きな船が川に多く見られました。多くの人が川沿いに集まり，ロンドンのような街を作りました。問題が一つありました。船が橋の下をくぐるとき，帆が橋に当たりました。そのため，川にはほんの少しの橋しかありませんでした。人々は簡単には対岸に行くことができませんでした。そのころ，ある人々が川の下にトンネルを作ろうと考えました。その人たちはトンネルを「シールド工法」で作りました。この工法では，トンネルが「シールド」と呼ばれるパイプで内側から支えられていたので，より強いトンネルを作ることができました。水がトンネルに入り込まないので，トンネルは簡単には壊れなかったのです。人々はこのような頑丈なトンネルができたことを喜びました。

トンネルを作るためのこの工法はどのようにして発見されたのでしょうか。小さな生き物が木の中に穴を作る方法から，それは発見されました。当時，船は木材で作られました。フナクイムシと呼ばれる生き物は，船の木材を食べて，穴をあけました。フナクイムシが木材を食べるときに，体からでる特殊な液体を穴の壁に付けます。この液体が固くなると，穴が丈夫になります。このようにして，トンネルを頑丈にする方法が見つけられました。

今日，世界中の海や山の下にトンネルがたくさんあります。小さな生き物が，丈夫なトンネルを作るための発想を与えてくれました。注意深く見ていけば，小さなものから素晴らしい発想が得られるかもしれません。そうすることで，もっと良い物を作れるでしょう。

［解説］

1　後続する cities との組み合わせを考える。cities を目的語に使えるのは built。意味からでも分かるであろう。

2　So は，前に理由があることを表すので，When ships went under the brides, the sail hit the bridges の部分が理由。

3　such a strong tunnel「このような頑丈なトンネル」という内容と合う部分を選ぶ。

4　「ある生き物から世界中のトンネルを丈夫にする発想がえられた」ということ。

対応し、「感覚・感情」が「個人メガネ」と対応する。

3　空欄を含む一文では「対象を□し、事実に即して述べたとしても、実際は自分を通して考えたり感じたりした思考・記述となる」ということを言っている。よって主観的に判断する「実際の思考」とは逆の内容の**エ**が適切。**ア**と**ウ**は「実際の思考・記述」に当たるため不適。**イ**は「効果的」が文脈からずれるため不適。

4　**ウ**は二重空欄を含む一文の文末が「〜からだ」となっていないため不適。「自己としての『私』」について二重空欄の直前には「さまざまな認識や判断によって〜つくられていく」こと、直後には「少しずつ変わっていくこと」と違う方向性について述べているため**ア**が適切。話の転換を表す**エ**や具体例を表す**イ**は不適。

5　設問を言い換えると「自分探し」がどのような状態かということを聞いている。傍線部(3)の七〜五行前に「『自分探し』」では「本当の〜何も出て」こないこと、また三行前にはその「『自分』とは〜存在するものでな」いことが述べられている。

6　**ウ**は第五、六、十四段落などから読み取れる。**ア**は「意見を〜なり」、**イ**は「利便性の〜創造される」、**エ**は「対等な〜築く」「対話の〜社会」が本文中から読み取れず不適。

4

1　傍線部(1)中の「それ」とは「勤務先」を指す。直後の父の発言に「名古屋」へ「一か月で引っ越さなくちゃならない」とあることから**ウ**が適切。**ア**、**イ**、**エ**は本文中から読み取れず不適。

2　「ばつが悪い」とは「きまりが悪い」という意味。傍線部(2)直前の母と妹の発言と直後の父の発言「これから〜思ってたんだがなぁ」から陸上勤務で家族の時間が増えることを喜んでもらえずに母と妹に反発されてきまり悪くしていることが分かる。

3　父のせっかちさ、さわやかさが読み取れる記述がないため**ウ**と**エ**は不適。また父が異動届を出した時点で家族に相談していなかったことから**ア**よりも細かいことにこだわらない**イ**の「おおらか」さが適切。

4　傍線部(3)直前の、母が非難していた父に同調した航輝の発言に対し「母の視線が鋭くなった」つまり視線が強くきびしくなったと読み取れる。よって**ア**が適切。**イ**は「母に航輝が反発を始めた」、**ウ**は「母が絶望した」が読み取れず不適。**エ**は航輝は「父を味方につけようとした」のではなく同調しただけなので不適。

5　傍線部(3)直後の航輝の発言中の「お父さんは〜本当に、船を降りてもいいと思っていたのかな」から航輝の考えが分かる。このように考えたのは、傍線部(4)に続く回想の場面より船と関連のある名前を息子につけるほど船に乗ることが好きだという父の実感のこもった言葉を航輝が聞いたことがあったからだとわかる。よってこれらの内容を字数内に収まるよう工夫して説明する。

6　**ア**は擬音語・擬態語で家族の性格がわかる記述はないので不適。**イ**は、回想の場面で「新しい家族の姿」がわかる記述はないので不適。**ウ**は「情景描写」が本文中にないため不適。**エ**は否定できるところがないため適切。

5　作文を書く際は、「何について書くのか」「条件は何か」に注意して書くことになる。この問題では「様々な国の人とコミュニケーションをとる際に心がけたい」ことについての意見を資料を参考に、自分の体験を踏まえて書くことが求められており、体験をどのくらいの分量で書くのかによって意見の分量が少なくなってしまうことも考えられるので注意が必要である。

〔作文例〕

「左手に整理券があります」というAの表現に対して、Bでは「左の箱から小さな白い紙が出ています」といった直観的にわかりやすい表現をするように工夫している。

以上のことから、私は様々な国の人とコミュニケーションをとる際に、視覚などの感覚的に理解しやすい言葉を選んでいくことを心がけたい。なぜなら、視覚的な表現ならば見てその場で理解しやすいので、たとえ外国には無いような事柄でも誤解されにくいと思うからだ。実際に先日見ていたテレビでも、来日した外国の方へのインタビューでは見てわかる表現を多用し、通じていたように感じた。だから私は感覚に訴えることを心がけたい。

[1]

1 訓読み三、音読み二で、標準的なものが多い。

2 書き取りも使用頻度の高いものが多い。

3 (1) 問題文中とエの俳句の季語は「スケート」「みぞれ」で季節は冬。それぞれの季語と季節は、アは「雲雀」で春、イは「名月」で秋、ウは「花火」で夏。

(2) Aさんの発言中の「わくわくした心情」と同じ意味のアが適切。イは「ひやりとする」、ウは「感心し、驚くさま」、エは「心が動揺するさま」を表す。

(3) ②は「像を想う」という意味で、上の「想」が動作、「像」が目的の構成。イは「海の底」という修飾・被修飾の関係。ウは似た意味の字を重ねる構成。エは「未」という接頭語で下の「来」を打ち消す構成。

(4) ウは「おもしろい」と「い」で言い切れるため、「幼い」と同じく形容詞。アは「結ぶ」、エは「言う」とウ段の音で言い切れるため動詞。イは活用せず「する」という用言(動詞)を修飾しているため副詞。

(5) ④の直前に「AさんとCさんが言うように」とあるところから二人の発言中の「心情」「情景を想像した」をヒントにする。

[2]

〔出典〕『長崎夜話草』から

〔現代語通釈〕

浜の町というところに、島原屋市左衛門とかいった者がいた。十二月初め、雪が降り積もった朝に、(市左衛門は)用があって朝早く(家を)出て、浜にある路を行くと、雪と雪の隙間に奇妙な物が見えたので、立ち寄って引き上げたところ、ひどく重い袋で、中に銀貨の大きなものが三包ほどと思われるものがあった。おどろいて、きっと持ち主がいるはずなので、すぐに探しに来るだろうと、その場を去らないで二時(現在の時間で四時間)ほど待っていたが、尋ねてくる人もいないので、きっと旅人が落としたのであろうと、そのあたりの町の中心部から離れたところの、旅人が宿泊する家をすべて尋ねて行って、旅人でものをなくしなさった人などがいるかと会う人すべてに尋ねたが、その日の夕方、ようやく持ち主にめぐりあった。事の始めから終わりまで詳しく尋ねて聞いたところ本物の持ち主であったので、先ほどの袋のままで返しました。この持ち主は喜び拝んで、「私は薩摩の国で、(自分を)信頼している人が様々なものを買い求めに(行ってほしい)と言って、私を派遣したので、もしこの銀貨がなかったならば、私の命はあるだろうか、いやない。本当にありがたいことでございますなあ」と、その銀貨を分かち合って(恩に)報いたが(市左衛門は)決して受け取る事もしないので、(持ち主は)どうしようもなくて酒とつまみを用意して心を込めて敬いもてなして帰った。

1 歴史的かなづかいで母音が「アウ」の場合、「オー」と読むので「らう」は「ろー(ろう)」と読む。

2 二重傍線部ウの直前の「旅人の」の「の」は主語を示す「が」という意味。よってウの主語は旅人。それ以外の主語は市左衛門。

3 市左衛門が銀貨を見つけて考えたことは傍線部(1)直前の「いかさま主有る～来なまし」の部分。よってエが適切。

4 持ち主は市左衛門が落とし物の持ち主を探し出し、「さきの袋のままにて返しはべりぬ」という行動に対し、「喜び拝み」、「有り難きこと」と言っている。

5 傍線部(3)の直前「その銀を～せねば」からイの「銀貨を受け取ってもらえない」ことが読み取れ、傍線部(3)とその直後の「懇ろに～帰りぬ」から持ち主が酒と肴を準備し、市左衛門を「敬い」、何かしたことが読み取れることから「お礼」をしたと考えられる。

[3]

1 傍線部(1)直後に言い換えの接続詞「すなわち」があることから「すなわち」以降が傍線部(1)の説明。イの「相手の～表現し」は本文「相手の表現を～自分の考えを述べる」、イの「伝えられたか～確認する」は本文「自分の表現したことが～確かめる」と対応している。

2 傍線部(2)を含む一文の頭に言い換えを表す「つまり」とあることから、その直前の一文「そして、～できるはずです」を確認すると、「このことによって」とあり、この指示語が指す前段落も確認する。傍線部には「あなた自身」とあることから自分だけにあるものという意味合いを前段落から探すと「あなたにしかない」が

栃木県立高校入試(R2)

国語

【解答・解説】

(令2)

国語採点基準

(総点100点)

〔注意〕
1 この配点は、標準的な配点を示したものである。
2 定められた答えの欄に答えが書かれていないときは、点を与えない。
3 指示された答えと違う表現で答えの欄に記入されていても、正答と認められるものには、点を与える。
4 定められた数より多く答えたときは、点を与えない。
5 採点上の細部については、各学校の判断によるものとする。

問題			正答	配点	計
1	1	(1)	こうけん	2	30
		(2)	は(える)	2	
		(3)	しょうだく	2	
		(4)	そむ(ける)	2	
		(5)	おもむ(く)	2	
	2	(1)	研究	2	
		(2)	借(りる)	2	
		(3)	似(た)	2	
		(4)	負担	2	
		(5)	講座	2	
	3	(1)	エ	2	
		(2)	ア	2	
		(3)	ア	2	
		(4)	ウ	2	
		(5)	イ	2	
2	1		かろうじて	2	10
	2		ウ	2	
	3		エ	2	
	4		(例)銀貨が三包入った袋の持ち主を長時間探して、拾ったときのまま返したこと。	2	
	5		イ	2	
3	1		イ	3	20
	2		あなたにしかない感覚・感情	4	
	3		エ	3	
	4		ア	3	
	5		(例)本当の自分が自己の中にはじめから明確に存在すると思い込んで、それを探している状態。	4	
	6		ウ	3	
4	1		ウ	3	20
	2		(例)陸上勤務を少しは喜んでもらえると思っていたのに、妻と娘に反発されて気まずくなったから。	4	
	3		イ	3	
	4		ア	3	
	5		(例)息子に航輝と名付けるほど船に乗るのが好きな父が、家族のために船を降りても本当によいのかということ。	4	
	6		エ	3	
5			(評価の観点) 1 形　式　目的に応じた適切な叙述であるか。 字数が条件に合っているか。 2 内　容　第一段落 ・外国人にとってわかりやすい表現にするためにどのような工夫がされているかについて述べているか。 ・AとBの中の言葉を比較しているか。 第二段落 ・テーマに対して、自分の体験や見聞を踏まえ、自分の考えを明確に表現しているか。 3 表現・表記　文体に統一性や妥当性があるか。主述関係や係り受けなど適切であるか。 語句が適切に使用されているか。誤字・脱字がないか。 ※ これらの項目に照らし、各学校の実態に即して総合的に評価するものとする。	20	

[実戦編]

栃木県
高校入試
の対策
2024

令和元年度
県立入試

栃木県立高校入試(H31)

社 会 【解答用紙】

(平 31)

社　会　解　答　用　紙

受検番号 (算用数字ではっきり書くこと。)	番
得点計	

◎「得点」の欄には受検者は書かないこと。

問題		答		え		得点	
1	1	(1)	(　　)	(2)	(　　)		
		(3)	(　　)	(4)	(　　)		
	2	(1)	(　　) 〔経済〕	(2)	(　　)		
		(3)	(　　)	(4)	(　　)		
2	1	(　　)		2	(　　) 〔教〕		
	3	(　　)		4	(　　)		
	5	図3：					
		図4：					
3	1	(　　)		2	(　　)		
	3	(　　)		4	(　　)		
	5						
4	1	(　　)		2	(　　)		
	3	(　　)					
	4	〔平清盛と藤原道長は〕					
	5	(　　)		6	(　　)		
	7	(　→　→　→　→ E)					
5	1	(　　)		2	(　　)		
	3	(　　)		4	(　→　→　→　)		
	5	図1：					
		図2：					
6	1	(1)	(　　)	(2)	(　　)		
		(3)	(　　)	(4)	(　　)		
	2	(1)	(　　)	(2)	(　　)		
		(3)	(　　)	(4)	(　　) 〔制度〕		
		(5)	(　　)				
		(6)					
7	1	(　　)		2	(　　)		
	3	(　　)					
	4	X	〔しました。〕				
		Y	〔しました。〕				

栃木県立高校入試(H31)

数　学　【解答用紙】

(平 31)

数　学　解　答　用　紙　(1)

受 検 番 号 (算用数字ではっきり書くこと。)	番

	(1)	(2)	計
得　点			

◎「得点」の欄には受検者は書かないこと。

問題		答		え	得点
1	1		2		
	3		4		
	5		6	度	
	7	$a =$	8	cm^2	
	9	$x =$, $y =$	10		
	11	度	12	$x =$	
	13		14		
2	1	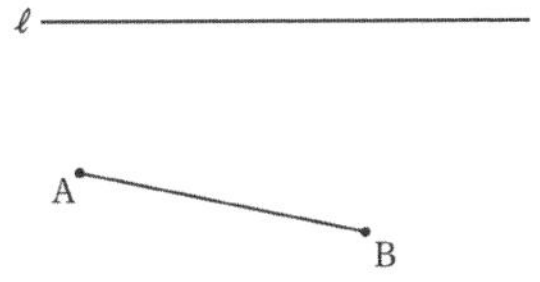	2	(1) ①（　　） ②（　　）	
				(2) ③（　　） ④（　　） ⑤（　　）	
			3	$a =$	
3	1	答え(　　　本)			
	2	(1)			
		(2)			

栃木県立高校入試(H31)

数学 【解答用紙】

(平 31)

数　学　解　答　用　紙　(2)

受検番号 (算用数字ではっきり書くこと。)	番

得　点	

◎「得点」の欄には受検者は書かないこと。

問題		答え	得点
4	1	(証明) 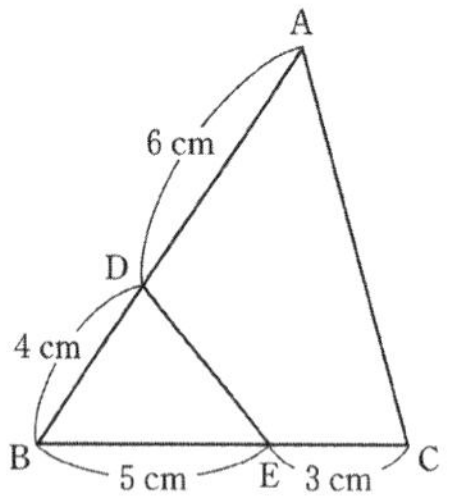	
4	2	(1) cm^3　(2) cm	
5	1	m	
5	2	答え(　　)	
5	3	(1) 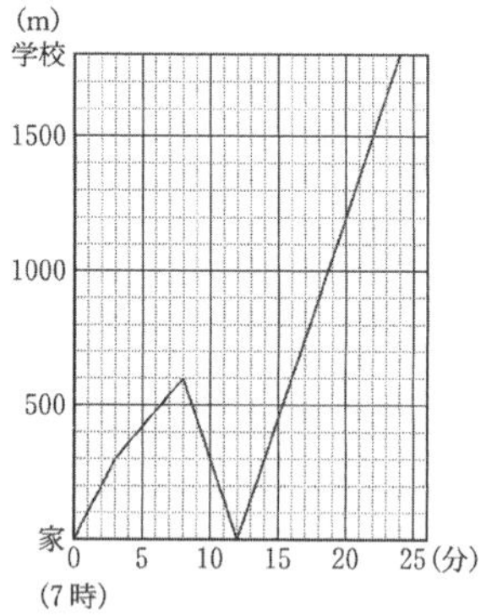 (2) m	
6	1	枚	
6	2		
6	3	答え(x =　　)	
6	4	①(　　)　②(　　)　③(　　)枚	

栃木県立高校入試(H31)
理　科　【解答用紙】

(平 31)

理　科　解　答　用　紙

受検番号 (算用数字ではっきり書くこと。)	番

得点計	

◎「得点」の欄には受検者は書かないこと。

問	題	答		え		得点	
1	1	(　　　) 2 (　　　)	3	(　　　) 4 (　　　)			
	5	(　　　　　)	6	(　　　　　)			
	7	(　　　　　)	8	(　　　)cm			
2	1	(　　　　　)	2	(　　　)			
	3	(　　　　　)					
3	1						
	2	(　　　)					
	3	試験管 B(　　　)　試験管 D(　　　)					
4	1	(　　　)	2	(　　　)回転			
	3	図 3 (　　　)　図 4 (　　　)					
	4	(　　　)					
5	1	(　　　)	2	(　　　)			
	3	水の方が砂に比べて					
	4	(　　　)					
6	1	(　　　　　)	4	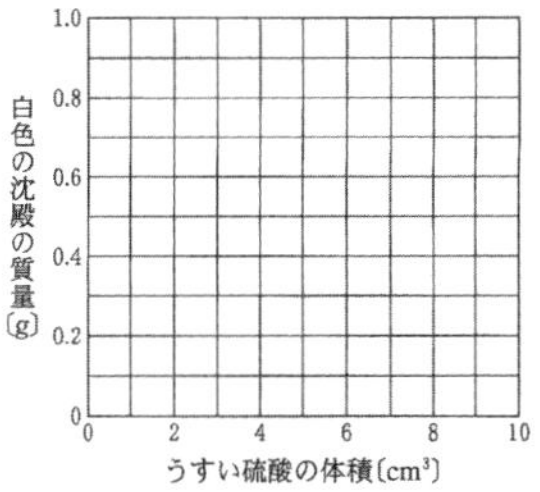			
	2	(　　　)cm^3					
	3	① (　　　　　) ② (　　　　　)					
7	1	(　　　)J					
	2	(　　　)	3	(　　　)			
8	1	(　　　)					
	2						
	3	震央(　　　)　震源の深さ(　　　)km					
9	1	(　　　)					
	2	① (　　　)　② (　　　)　③ (　　　)					
	3	(　　　)					
	4						

栃木県立高校入試(H31)

英語 【解答用紙】

(平 31)

英　語　解　答　用　紙

受検番号 (算用数字ではっきり書くこと。)	番

得点計	

◎「得点」の欄には受検者は書かないこと。

問	題	答え	得	点
1	1	(1) (　　) (2) (　　) (3) (　　)		
	2	(1) ① (　　) ② (　　) (2) ① (　　) ② (　　)		
	3	(1) (　　　　) (2) (　　　　)		
		(3) (　　　　) (4) (　　　　)		
2	1	(1) (　　) (2) (　　) (3) (　　) (4) (　　)		
		(5) (　　) (6) (　　)		
	2	(1) (　→　→　→　) (2) (　→　→　→　)		
		(3) (　→　→　→　→　)		
3	1			
	2	(　　)		
	3	(　→　→　)		
	4			
4	1	(1)		
		(2)		
	2	(1) ①		
		(1) ②		
		(2)		
5	1			
	2			
	3			
	4	(　　) (　　)		
6	1	(　　)		
	2	① (　　　　)		
		② (　　　　)		
	3	(　　)		
	4	(　　)		

栃木県立高校入試（H31）

国語 【解答用紙】

（平31）

国語解答用紙 (1)

受検番号（算用数字で横書きにはっきり書くこと。）	番

得点	
(1)	
(2)	
計	

◎「得点」の欄には受検者は書かないこと。　5は「国語解答用紙(2)」を用いること。

問題		答え	得点 小計	得点 計
1	1	(1) 和訳　(2) 費やす　やす　(3) 傾斜　(4) 把握　(5) 厳かな　かな		
	2	(1) オヨぐ　ぐ　(2) シイク　(3) トドく　く　(4) ケイビ　(5) フクザツ		
	3	(1)（　）(2)（　）(3)（　）(4)（　）(5)（　）		
2	1	（　）		
	2	（　）		
	3	（　）		
	4	□□□□□□□□□□□□□□□□□□□□□□□□□□という方法。		
	5	（　）		
3	1	（　）		
	2	人間もまた□□□□□□□□□□□□□□□□□□□□させ、死ぬと自然に戻るという循環の一部であるということ。		
	3	（　）		
	4	(I) □□ (II)（　）		
	5	（　）		
4	1	（　）		
	2	（　）		
	3	（　）		
	4	□□□□□□□□□□□□□□□□□□□□		
	5	□□□□□ 〜 □□□□□		
	6	（　）		

(平31) 国語解答用紙 (2)

受検番号	（算用数字で横書きに はっきり書くこと。）	番

得点		
甲	乙	計

5

◎受検者名と題名は書かないこと。

100字

200字

240字

300字

栃木県立高校入試(H31)

社　会　【解答・解説】

社会採点基準

(総点100点)　　(平31)

〔注意〕 1　この配点は，標準的な配点を示したものである。
2　定められた答えの欄に答えが書かれていないときは，点を与えない。
3　指示された答えと違う表現で答えの欄に記入されていても，正答と認められるものには点を与える。
4　定められた数より多く答えたときは，点を与えない。
5　採点上の細部については，各学校の判断によるものとする。

問題			正答			配点		
1	1	(1)	(エ)	(2)	(イ)	2点×4	8	16
		(3)	(ア)	(4)	(イ)			
	2	(1)	(モノカルチャー)〔経済〕	(2)	(やませ)	2点×4	8	
		(3)	(足利義満)	(4)	(憲法の番人)			
2	1		(ア)	2	(ヒンドゥー)〔教〕	2点×4	8	12
	3		(ウ)	4	(エ)			
	5		図3：(例)ホーペイ省は小麦の生産が盛んで，コワントン省は米の生産が盛んである。 図4：(例)コワンチョウは，ペキンと比較し，1年を通して，気温が高く降水量が多い。			4点	4	
3	1		(シラス)	2	(イ)	2点×4	8	12
	3		(ウ)	4	(ウ)			
	5		(例)宮崎県は，福島県に比べ，冬でも温暖である。そのため，宮崎県では，ビニールハウスを暖める暖房費を抑えながら，冬にきゅうりを生産することができるから。			4点	4	
4	1		(東大寺)	2	(イ)	2点×3	6	16
	3		(エ)					
	4		〔平清盛と藤原道長は〕(例)自分の娘を天皇と結婚させることで権力を強め，朝廷の政治の実権を握ったから。			4点	4	
	5		(ア)	6	(ウ)	2点×3	6	
	7		(A → D → C → B → E)					
5	1		(中華民国)	2	(エ)	2点×4	8	12
	3		(イ)	4	(イ → ア → エ → ウ)			
	5		図1：(例)アメリカを中心とする西側諸国と，ソ連を中心とする東側諸国の対立があった。 図2：(例)ソ連の解体により，独立国となった。			4点	4	
6	1	(1)	(配当(配当金))	(2)	(ウ)	2点×4	8	22
		(3)	(エ)	(4)	(ア)			
	2	(1)	(ウ)	(2)	(世界人権宣言)	2点×5	10	
		(3)	(エ)	(4)	(クーリング・オフ)〔制度〕			
		(5)	(プライバシーの権利(プライバシーを守る権利))					
		(6)	(例)やりたくなかった人の多くが，裁判に参加してよい経験と感じているように，裁判員制度は，司法に対する国民の理解を深めることにつながるため。			4点	4	
7	1		(扇状地)	2	(ア)	2点×3	6	10
	3		(イ)					
	4	X	(例)英語や中国語などの複数の言語も表記〔しました。〕			2点×2	4	
		Y	(例)絵や記号なども表記〔しました。〕					

1 1⑴ 問題文中の「スペイン語を話す」「アメリカ合衆国への移民」は**エ**。
⑵ 聖徳太子が設けた制度は**イ**。
⑶ 問題文中の「大西洋を横断し，西インド諸島に到達した」のは**ア**。
⑷ 問題文中の「地方公共団体間の財政格差を調整するために，国から」配分されるのは**イ**。
2⑴ 「特定の農産物や鉱産資源などに依存している経済」はモノカルチャー経済。
⑵ 「東北地方の太平洋側」で吹く，「冷たい北東風」はやませ。
⑶ 「室町幕府の３代将軍」は足利義満。南北朝を統一した。
⑷ すべての裁判所は違憲審査権をもっているが，「最高裁判所」は違憲かどうかを，最終的に決定できる権限をもっていることから，憲法の番人とよばれている。

2 1 世界で最も高い山(エベレスト)があるのはヒマラヤ山脈。ヒマラヤ山脈はインド，中国(チベット)，ネパールなどの国境付近に位置する。よって**ア**。
2 インドの人口の79.8％(2011年)がヒンドゥー教徒である。
3 バンコクとジャカルタが属する気候帯は熱帯。熱帯では雨が多く，１年を通して気温が高い。よって**ウ**。
4 タイは東南アジアの自動車産業の拠点となっていて，電気機械工業が発達していることから**エ**とわかる。またタイは中国，インド，インドネシアと比べ人口が少ないことから，乗用車保有台数も少ない。さらにタイは工業化が進んでいることから，**ア**の中国に次いで１人あたりのGDPが高い。**イ**がインド，**ウ**がインドネシア。
5 **図３**からホーペイ省では小麦の生産がさかんで，コワントン省では米の生産がさかんなことが読み取れる。また**図４**からペキンよりもコワンチョウの方が１年を通して，気温が高く，降水量が多いことが読み取れる。

3 1 九州南部には，シラスとよばれる土壌が広く分布している。厚く積もったシラスは水もちが悪いため，稲作には適さない。
2 **図１**のカルデラは九州の阿蘇山の特徴である。カルデラの中に広がるくぼ地には，市街地が広がっている。阿蘇山の位置は**イ**。
3 地熱，風力，太陽光などの再生可能エネルギーによる発電量は，水力による発電量より少ない。よって**エ**が水力による発電量である。**ア**は強い風が吹く東北地方で発電量が多いことから，風力による発電量である。関東，中国地方には地熱発電所がほとんどない。これに対し，九州地方には火山が多く，地熱発電所が多い。よって**イ**が太陽光による発電。**ウ**が地熱による発電。
4 沖縄県は，宿泊・飲食サービスなどの第３次産業の割合が多い。よって**ウ**。
5 **図５**から宮崎県は，キュウリの平均価格が高い１月～３月，10月～12月の出荷量が福島県より多いことがわかる。また**図６**から福島県では４月～６月，７月～９月がきゅうりの生育に適した気温になることが読み取れる。それに対し，１月～３月，10月～12月は福島県より宮崎県の方が気温が高く，温暖であるため，ビニールハウスを使ってきゅうりを生育するのに適した温度にする場合，暖房費が福島県よりかからない。したがって，宮崎県では冬に福島県より多くきゅうりを出荷できる。

4 1 光明皇后は，聖武天皇の皇后。**図１**は東大寺の大仏である。
2 **B**のカードは(徳川)慶喜が将軍になったと書かれているので，江戸時代とわかる。**ア**は平安時代。**イ**は武家諸法度の内容であるから江戸時代。**ウ**の口分田制度が確立したのは奈良時代。**エ**は鎌倉時代。よって**イ**。
3 出雲の阿国によって始められたかぶき踊りは現代の歌舞伎の原型となった。
4 **D**のカードから，平清盛の娘である建礼門院徳子が高倉天皇ともうけた子が安徳天皇となったことがわかる。また**図２**から，藤原道長の娘が皇后になっていることがわかる。２人とも，自分の娘を天皇と結婚させることで権力を強め，政治の実権を握ることができた。
5 平氏が滅んだ戦いは壇ノ浦の戦い。よって**ア**。
6 女子教育が普及した背景として，「学制が公布され，教育を受けさせることが国民の義務になったこと」，明治時代末期に「軽工業や重工業が発展し，国民生活が向上したこと」,「全国各地に小学校がつくられ」,「高等教育機関の制度も整ったこと」などがあげられる。護憲運動がおこり，政党内閣が成立したのは大正時代。よって明治時代に当てはまらないのは**ウ**。

7　**A**は奈良時代。**B**は江戸時代。**C**は安土桃山時代。**D**は平安時代。**E**は明治時代。よって**A→D→C→B→E**。

5　1　アジア最初の共和国は中華民国。孫文が中華民国の建国を宣言した。

2　下線部ⓐの時期(1914年～1931年)は大正から昭和初期。**ア**は日中戦争(1937年)の後。**イ**は高度経済成長期(1960年代)。**ウ**は明治時代の文明開化の時期。**エ**は大正時代の出来事。よって**エ**。

3　日本は，1937年に日中戦争が始まったため,オリンピックの開催権を返上した。よって**イ**。

4　**ア**は1951年。**イ**は1946年。**ウ**は1972年。**エ**は1956年。よって**イ→ア→エ→ウ**。

5　**図1**から，モスクワ大会はアメリカを中心とする西側諸国が参加を辞退し，ロサンゼルス大会はソ連を中心とする東側諸国が参加を辞退したことが読み取れる。このことから西側諸国と東側諸国の対立が参加辞退の背景だとわかる。

また，**図2**のアトランタ大会では，旧ソ連のウクライナ，ベラルーシ，カザフスタンが初めてオリンピックに参加したことが読み取れる。ソ連の解体により多くの国が独立したことで，オリンピックに初めて参加できるようになったことがわかる。

6　1(1)　株式会社が利潤を上げた場合，所有する株式に応じ，株主に支払うお金は配当(配当金)。

(2)　消費税は間接税であるため，税負担者と納税者が異なる。またその税率は所得に関係なく同じである。よって**ウ**。

(3)　仕事と家庭生活などの調和を図り，働き方や生き方の充実をめざす考え方はワーク・ライフ・バランス。よって**エ**。

(4)　ODAとは政府開発援助のこと。発展途上国の支援のため，資金の提供や，農業技術，教育などの援助を行っている。よって**ア**。

2(1)　国会は立法機関であるから**ウ**。**ア**の条例は地方公共団体が制定する。**イ**の憲法改正をするには，国会が発議し，国民投票で過半数の賛成が必要である。**エ**の政令は内閣が制定する。

(2)　第二次世界大戦の後，1948年に国際連合で採択されたのは世界人権宣言。

(3)　都道府県知事の被選挙権は30歳以上で，住民の直接選挙で選ばれる。よって**エ**。

(4)　特定の販売方法において，一定期間内であれば契約を取り消すことができる制度はクーリング・オフ制度。

(5)　個人の私生活に関する情報を，他人に知られたり，勝手に利用されたりしないために，主張されている権利はプライバシーの権利(プライバシーを守る権利)。

(6)　**図**中の上の円グラフから，裁判員に選ばれる前は，半数近くの人が「あまりやりたくなかった」または「やりたくなかった」という感想を持っていることが読み取れる。また**図**中の下の円グラフから，多くの人が裁判員として裁判に参加したことをよい経験と感じていることが読み取れる。このことから裁判員制度導入のねらいは，司法に対する国民の理解を深めることにつながるためだとわかる。

7　1　川が山地から平野に流れ出るときに堆積した土砂でできる地形は扇状地。

2　一般に古代は，弥生時代から平安時代まで。中世は，平安時代末期から戦国時代まで。近世は，安土桃山時代から江戸時代まで。近代は，明治維新から第2次世界大戦終了まで。「解体新書」が出版されたのは江戸時代(近世)。鑑真が日本に来たのは奈良時代(古代)。よって**ア**。

3　田植えの時期は4月～6月。端午の節句は5月。よって**イ**。**ア**は1月。**ウ**の盆おどりは8月(地域によっては7月)。**エ**は11月。

4　改善した観光マップには，英語・中国語・ハングルが表記されている。これにより外国人観光客が観光マップを読めるようになる。また絵や記号などを表記することで，多くの人々にも分かりやすくなっている。

栃木県立高校入試(H31)

数　学　【解答・解説】

(平 31)

数学採点基準　(総点 100 点)

〔注意〕
1　この配点は，標準的な配点を示したものである。
2　定められた答えの欄に答えが書かれていないときは，点を与えない。
3　指示された答えと違う表現で答えの欄に記入されていても，正答と認められるものには，点を与える。
4　採点上の細部については，各学校の判断によるものとする。

<table>
<tr><th colspan="2">問　題</th><th colspan="3">正　　答</th><th colspan="3">配　　点</th></tr>
<tr><td rowspan="7">1</td><td>1</td><td>-2</td><td>2</td><td>$6x-4$</td><td rowspan="7">2 点× 14</td><td rowspan="7">28</td><td rowspan="7"></td></tr>
<tr><td>3</td><td>$15b^2$</td><td>4</td><td>$x^2+2x-48$</td></tr>
<tr><td>5</td><td>± 5</td><td>6</td><td>70(度)</td></tr>
<tr><td>7</td><td>$(a=)-12$</td><td>8</td><td>18(cm^2)</td></tr>
<tr><td>9</td><td>$(x=)-3$，$(y=)4$</td><td>10</td><td>$\frac{1}{6}$</td></tr>
<tr><td>11</td><td>56(度)</td><td>12</td><td>$(x=)\frac{-7\pm3\sqrt{5}}{2}$</td></tr>
<tr><td>13</td><td>ウ</td><td>14</td><td>ア</td></tr>
<tr><td rowspan="3">2</td><td rowspan="3">1</td><td rowspan="3">(例)
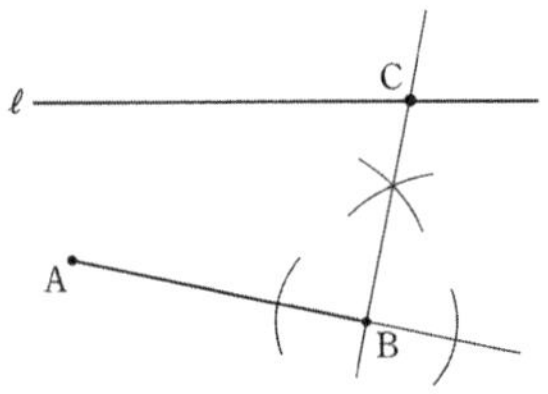</td><td rowspan="2">2</td><td>(1) ①(　b　)
②(　a　)</td><td rowspan="3">1 は 4 点
2 (1)は 2 点
2 (2)は 2 点
3 は 4 点</td><td rowspan="3">12</td><td rowspan="3"></td></tr>
<tr><td>(2) ③(　11　)
④(　91　)
⑤(　10　)</td></tr>
<tr><td>3</td><td>$(a=)\frac{1}{4}$</td></tr>
<tr><td rowspan="3">3</td><td>1</td><td colspan="3">(例)
A 店で支払った金額と B 店で支払った金額の合計は 6280 円なので
$150\times(1-0.2)\times x+\{150\times(50-x)-500\}=6280$
$120x+7500-150x-500=6280$
$-30x=-720$
$x=24$
この解は問題に適している。

答え(24 本)</td><td rowspan="3">1 は 6 点
2 (1)は 2 点
2 (2)は 4 点</td><td rowspan="3">12</td><td rowspan="3"></td></tr>
<tr><td rowspan="2">2</td><td>(1)</td><td>エ</td><td></td></tr>
<tr><td>(2)</td><td colspan="2">(例)　26 個という記録は，中央値の 25 個よりも大きいから。</td></tr>
</table>

<table>
<tr><th colspan="2">問題</th><th colspan="2">正答</th><th>配点</th><th></th></tr>
<tr><td rowspan="2">4</td><td>1</td><td colspan="2">
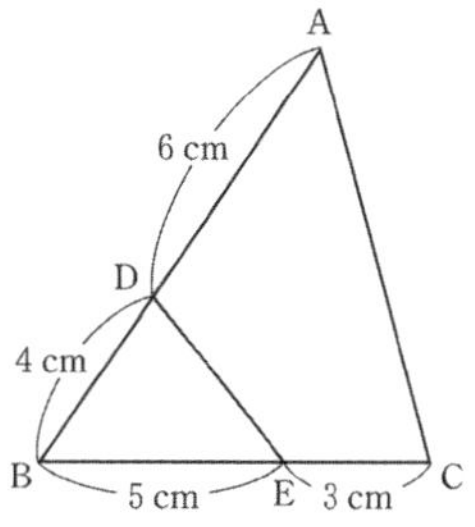

(例)
△ABC と△EBD において
AB : EB = 10 : 5 = 2 : 1 ……①
BC : BD = 8 : 4 = 2 : 1 ……②
①，②より
AB : EB = BC : BD ……③
共通な角であるから
∠ABC = ∠EBD ……④
③，④より
2 組の辺の比とその間の角がそれぞれ等しいから
△ABC ∽ △EBD
</td><td rowspan="2">1 は 7 点
2 (1)は 3 点
2 (2)は 4 点</td><td rowspan="2">14</td></tr>
<tr><td>2</td><td>(1) 128π (cm^3)</td><td>(2) $6 + 4\sqrt{2}$ (cm)</td></tr>
<tr><td rowspan="3">5</td><td>1</td><td colspan="2">600 (m)</td><td rowspan="3">1 は 2 点
2 は 6 点
3 (1)は 4 点
3 (2)は 5 点</td><td rowspan="3">17</td></tr>
<tr><td rowspan="2">2</td><td rowspan="2">
(例)
あすかさんが友人と合流したときから忘れ物に気がついたときまでのグラフの傾きは 60 であるから，x と y の関係の式は
$y = 60x + b$
と表すことができる。
グラフは点 (3，300) を通るから
$300 = 60 \times 3 + b$
よって $b = 120$
したがって，求める式は
$y = 60x + 120$
答え ($y = 60x + 120$)
</td><td>3 (1)
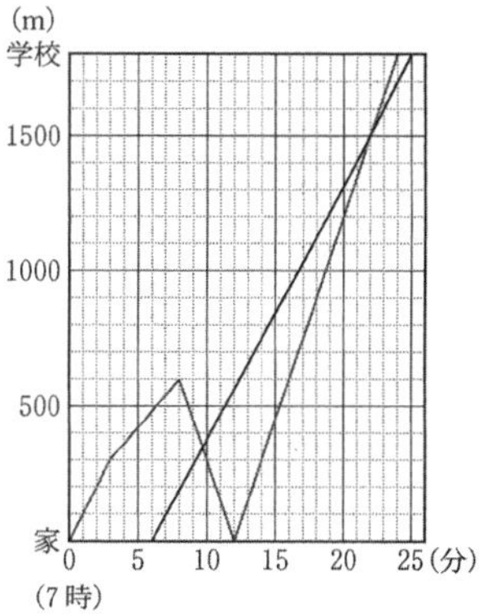

</td></tr>
<tr><td>3 (2) 540 (m)</td></tr>
<tr><td rowspan="3">6</td><td>1</td><td>10 (枚)</td><td>2   98</td><td rowspan="3">1 は 2 点
2 は 3 点
3 は 6 点
4 は 6 点</td><td rowspan="3">17</td></tr>
<tr><td>3</td><td colspan="2">
(例)
円盤に書かれた数の合計は
$2 \times 4 + 3 \times 4(x-2) + 4 \times (x-2)^2 = 4x^2 - 4x$
これが 440 になるから
$4x^2 - 4x = 440$
$x^2 - x - 110 = 0$
$(x+10)(x-11) = 0$
$x = -10,\ x = 11$
$x \geqq 3$ より，$x = 11$
答え ($x = 11$)
</td></tr>
<tr><td>4</td><td colspan="2">① (13)   ② (15)   ③ (168) (枚)</td></tr>
</table>

1 1　$-7+5=-(7-5)=-2$

2　$\frac{3x-2}{5}\times10=(3x-2)\times2=6x-4$

3　$5ab^2\div\frac{a}{3}=5ab^2\times\frac{3}{a}=15b^2$

4　$(x+8)(x-6)=x^2+(8-6)x+8\times(-6)$
$=x^2+2x-48$

5　2乗すると25になる数が25の平方根だから　5，－5

6　n角形も五角形も外角の和は360°
$\angle x+60°+90°+35°+105°=360°$
$\angle x+290°=360°$，$\angle x=70°$

7　$y=\frac{a}{x}$，$xy=a$ に $x=6$，$y=-2$ を代入すると　$a=6\times(-2)=-12$

8　**相似な図形では，面積比は相似比の2乗に等しい。**相似比2：3より，面積比は
$2^2:3^2=4:9$，$8:\triangle DEF=4:9$
$4\times\triangle DEF=8\times9$，$\triangle DEF=18(cm^2)$

9　$3x+y=-5$…①　$2x+3y=6$…②
①×3－②より　$7x=-21$，$x=-3$
①より　$3\times(-3)+y=-5$，$y=4$

10　目の出方は全部で　6×6＝36(通り)
2つとも同じ目が出るのは6通りだから
$\frac{6}{36}=\frac{1}{6}$

大	1	2	3	4	5	6
小	1	2	3	4	5	6

11　∠BOC＝360°－248°
＝112°，$\overset{\frown}{BC}$ に対する円周角∠xは，中心角の半分だから
∠x＝112°÷2＝56°

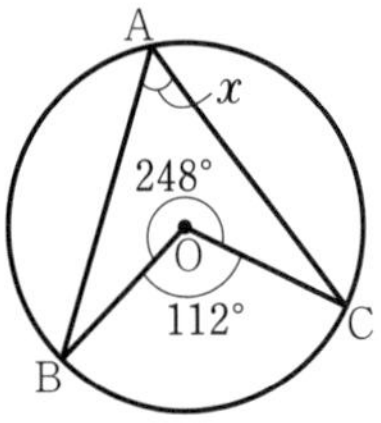

12　$x^2+7x+1=0$
$x=\frac{-7\pm\sqrt{7^2-4\times1\times1}}{2\times1}=\frac{-7\pm3\sqrt{5}}{2}$

13　150 mmのろうそくが毎分2 mmずつ短くなるから　$y=-2x+150$　**ウ**が適する。

14　真上から見た図を平面図，正面から見た図を立面図という。投影図は**ア**の四角錐を表す。

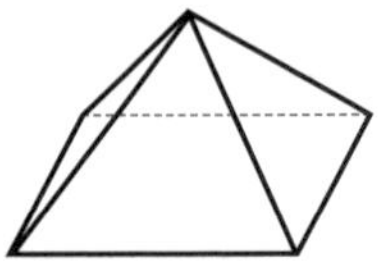

2 1　直角三角形ABCで，辺ACを斜辺とするから∠B＝90°　点Bを通り半直線ABに垂直な直線をひき，ℓとの交点にCを記入。

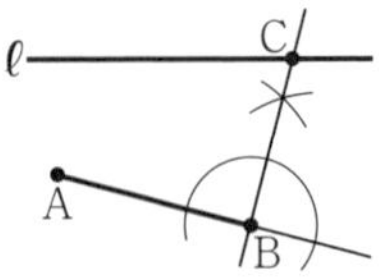

2　千の位と一の位の数をa，百の位と十の位の数をbとすると，4けたの数Nは
$N=1000\times a+100\times b+10\times b+1\times a$
$=1001a+110b=11(91a+10b)$
$91a+10b$　は整数だから Nは11の倍数。

3　$y=ax^2$ に
$x=-6$，4をそれぞれ代入すると
$y=a\times(-6)^2=36a$
$y=a\times4^2=16a$
A$(-6,\ 36a)$
B$(4,\ 16a)$　直線

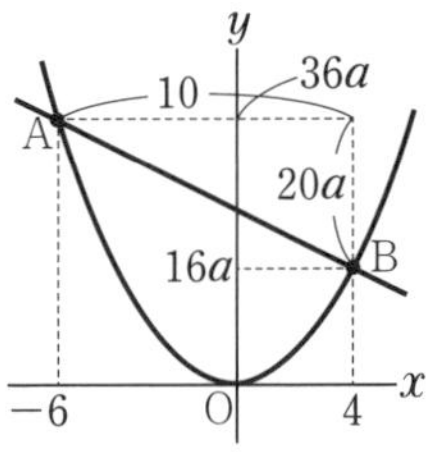

ABの傾きは　$\frac{16a-36a}{4-(-6)}=\frac{-20a}{10}=-2a$
$-2a=-\frac{1}{2}$　より　$a=\frac{1}{4}$

3 1　A店ではジュースを2割引きでx本買ったから　$150\times(1-0.2)\times x$(円)，B店ではジュースを$(50-x)$本買い，値引券を使用したから　$150\times(50-x)-500$(円)
$150\times(1-0.2)\times x+\{150\times(50-x)-500\}$
$=6280$，$-30x+7000=6280$，$x=24$

2(1)ア　平均値27個は，度数が最も大きい20個以上24個未満の階級に含まれていない。
イ　12個以上16個未満の階級にいる1人は，12，13，14，15個のいずれかを食べた。
ウ　24個以上の階級で最も小さい度数は2人。
エ　**範囲＝最大値－最小値**，39－12＝27(個)
エが正しい。

(2)　中央値25個は10番目と11番目の人の平均。10番目と11番目の人は24個と26個，または25個と25個食べたことになるから，26個以上食べた人は20人の半数10人以下である。

4 1　**相似な図形は，向きをそろえて対応する辺を比べる。**2組の辺の比とその間の角がそれぞれ等しいから相似になる。

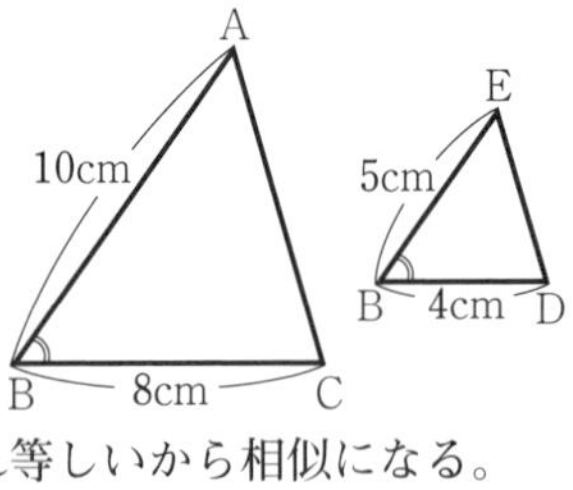

2(1)　半径4 cmの球がちょうど入る円柱は，底面の半径が4 cm，高さが8 cmの円柱。
体積は　$\pi\times4^2\times8=128\pi(cm^3)$

(2)　球や円が接するとき，**2つの中心と接点は1直線上にある。**点Hを定めると OH＝2 cm
OO′＝4＋2＝6 cm
直角三角形OO′Hで
$O'H=\sqrt{6^2-2^2}=\sqrt{32}$
$=4\sqrt{2}$ cm，円柱の高さは
$2+4\sqrt{2}+4=6+4\sqrt{2}$(cm)

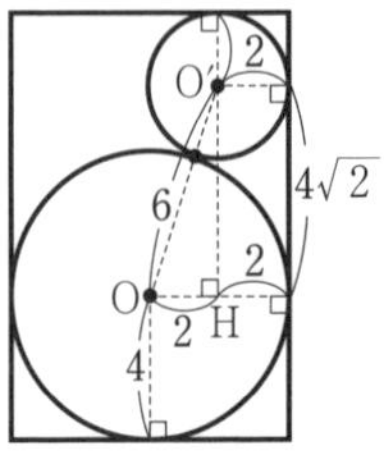

5 1　あすかさんは家を出てから毎分100mの速さで3分，毎分60mの速さで5分歩いてから忘れ物に気がついた。歩いた距離は

$100\times3+60\times5=300+300=600$(m)

＊グラフから600mを読み取ることもできる。

2　あすかさんが，友人と合流したときから忘れ物に気がついたときまでは $3\leqq x\leqq8$ このときの速さは，毎分60m **速さは直線の傾きに等しい**から　$y=60x+b$　と表せる。グラフは点(3，300)を通るから

$300=60\times3+b$，$b=120$ より

$y=60x+120$

3 (1)　太郎さんは7時6分に家を出て一定の速さで学校に向かうから，グラフは直線である。図から，あすかさんが学校に着くのは7時24分。太郎さんは，あすかさんより1分遅く学校に着くから太郎さんが学校に着くのは7時25分。太郎さんが移動したようすを表すグラフは，2点(6，0)，(25，1800)を結ぶ線分になる。

(2)

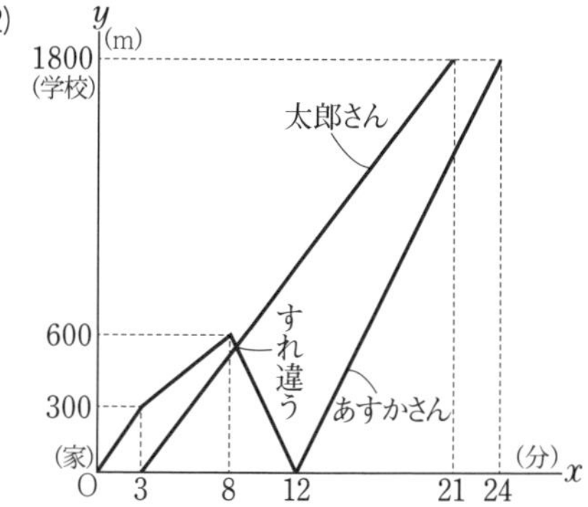

太郎さんの速さは毎分100m，速さは直線の傾きに等しいから　$y=100x+c$　と表せる。7時3分に家を出るから点(3，0)を通る。　$0=100\times3+c$，$c=-300$ より $y=100x-300$…①　太郎さんとあすかさんがすれ違うのは　$8\leqq x\leqq12$ のとき。あすかさんは毎分150mの速さで家に戻るから傾きは負で-150，　$y=-150x+d$ と表せる。あすかさんは7時12分に家に着くから点(12，0)を通る。$0=-150\times12+d$　$d=1800$　より　$y=-150x+1800$…②　①，②のグラフの交点の y 座標が，太郎さんとあすかさんがすれ違う地点の家からの距離を表す。　①×3＋②×2 より

$5y=2700$，$y=540$，540mの地点。

6 1　右上の図のように，3が書かれた円盤は長方形状に並べた円盤の周りにだけあって，内部にはない。$m=4$，$n=5$ のとき左側と右側に

$4-2=2$(枚)ずつ

上側と下側に

$5-2=3$(枚)ずつ

あるから

$2\times2+3\times2=10$枚

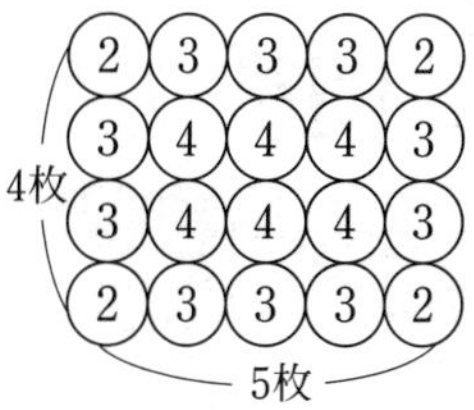

2　$m=5$
$n=6$
のとき

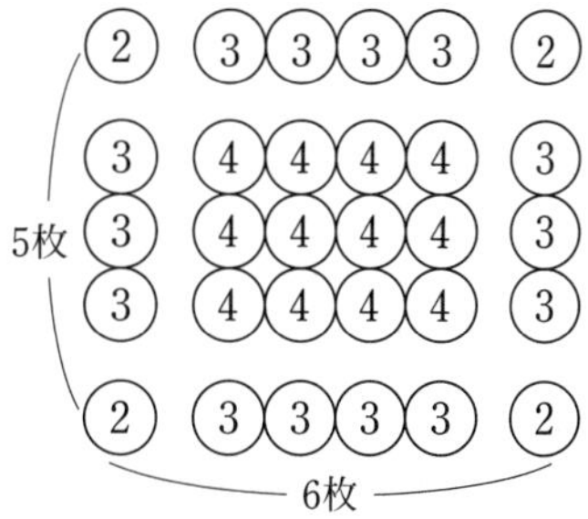

2の円盤：4つの角に4枚

3の円盤：$(5-2)\times2+(6-2)\times2=14$枚

4の円盤：$(5-2)\times(6-2)=3\times4=12$枚

数の合計は　$2\times4+3\times14+4\times12=98$

3　$m=x$，$n=x$ のとき，2の円盤：4枚

3の円盤：$(x-2)\times2+(x-2)\times2=4x-8$

4の円盤：$(x-2)\times(x-2)=(x-2)^2$枚

円盤に書かれた数の合計は440だから

$2\times4+3(4x-8)+4(x-2)^2=440$

$4x^2-4x-440=0$，$x^2-x-110=0$，

$(x+10)(x-11)=0$，$x\geqq3$ より　$x=11$

4　直径2cmの円盤を縦に$(a+1)$枚，横に$(b+1)$枚並べる。

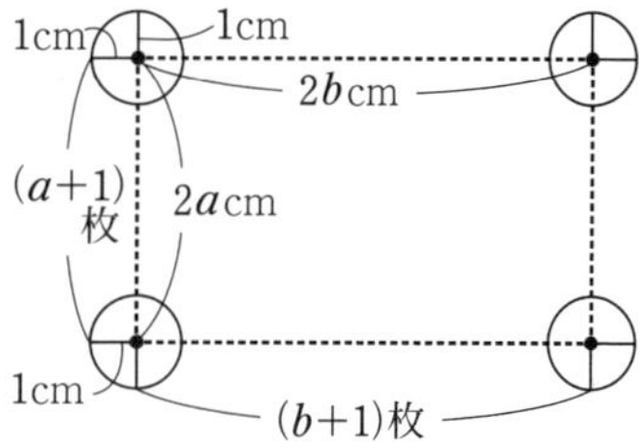

角にある円盤の中心を結んでつくる長方形の縦は，直径の和から上下1cmずつを引いて　$2(a+1)-1\times2=2a$(cm)，横も $2(b+1)-1\times2=2b$(cm)　長方形の面積から　$2a\times2b=780$，$ab=195$　**a，b は195の約数**で右のように求める。一方，4が書かれた円盤は縦に $(a+1)-2=a-1$(枚)，横に $(b+1)-2=b-1$(枚)並ぶ。

1×195
3×65
5×39
13×15

枚数は　$(a-1)(b-1)=ab-(a+b)+1$

$ab=195$ を代入して　$195-(a+b)+1$

$=196-(a+b)$　この値が最も大きくなるのは，$a+b$ の値が最も小さくなるとき。

a，b は2以上の整数，$a<b$ の条件を満たすのは右上のかけ算で求めた195の約数の中で　$a=13$，$b=15$　円盤の枚数は

$196-(a+b)=196-(13+15)=168$(枚)

栃木県立高校入試(H31)

理　科　【解答・解説】

(平 31)

理科採点基準　(総点 100 点)

〔注意〕 1　この配点は，標準的な配点を示したものである。
2　定められた答えの欄に答えが書かれていないときは，点を与えない。
3　指示された答えと違う表現で答えの欄に記入されていても，正答と認められるものには，点を与える。
4　定められた数より多く答えたときは，点を与えない。
5　採点上の細部については，各学校の判断によるものとする。

問題		正答							配点	
1	1	(ウ)	2	(イ)	3	(ア)	4	(エ)	2 点× 8	16
	5	(燃　焼)			6	(組織液)				
	7	(南中高度)			8	(4.8)cm				
2	1	(生態系)			2	(イ)			1 は 3 点 2 は 3 点 3 は 3 点	9
	3	(カエル)								
3	1	(例)　フラスコ内の液体が急に沸騰することを防ぐため。							1 は 3 点	9
	2	(イ)							2 は 2 点	
	3	試験管 B(ウ)　試験管 D(エ)							3 は 4 点	
4	1	(ア)			2	(150)回転			1 は 3 点	12
	3	図 3 (同　じ)　図 4 (逆)							2 は 3 点	
	4	(エ)							3 は 2 点 4 は 4 点	
5	1	(エ)			2	(ア)			1 は 2 点	11
	3	(水の方が砂に比べて)　(例)　あたたまりにくく冷めにくい。							2 は 3 点 3 は 3 点	
	4	(ウ)							4 は 3 点	
6	1	(中　和)			4	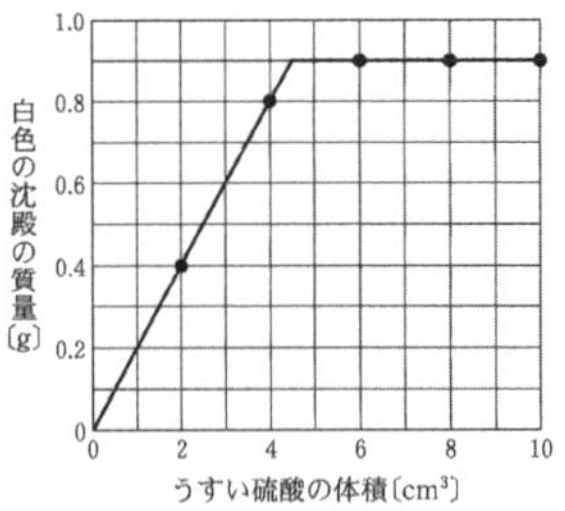			1 は 2 点	12
	2	(3.5)cm^3							2 は 3 点	
	3	① ($BaSO_4$)							3 は 4 点	
		② (H_2O)							4 は 3 点	
7	1	(0.4)J							1 は 3 点 2 は 3 点 3 は 3 点	9
	2	(イ)			3	(ア)				
8	1	(エ)							1 は 3 点	10
	2	(例)　震源 R で発生した地震の方が震源が浅いので震度が大きかった。							2 は 3 点	
	3	震央(イ)　震源の深さ(40)km							3 は 4 点	
9	1	(ア)							1 は 2 点	12
	2	① (酸　素)　② (二酸化炭素)　③ (減　少)							2 は 3 点	
	3	(ウ)							3 は 3 点	
	4	(例)　森林が多い北半球が夏になり，光合成がさかんに行われているから。							4 は 4 点	

1　1　木星は，太陽系最大の惑星で，水素やヘリウムなどでできている。

2　単体とは，1種類の原子のみでできている物質である。窒素は窒素原子が2個結びついてできた分子が集まってできている(化学式はN_2)。これに対し，2種類以上の原子でできている物質を化合物という。水H_2Oは水素原子と酸素原子で，二酸化炭素CO_2は炭素原子と酸素原子で，アンモニアNH_3は窒素原子と水素原子でできている。

3　単細胞生物は，分裂によって増える。

4　放射線には，X線，α線，β線，γ線，中性子線などがある。目では見えず，物質を通りぬけたり，物質を変質させたりするものがある。放射線を出す物質を放射性物質といい，放射線を出す性質(能力)を放射能という。自然界には，ウランのように放射線を出す物質があるが，人工的につくりだす放射線もある。

5　金属がさびるのはおだやかな酸化である。

6　組織液は，血液によって運ばれてきた栄養分や酸素を細胞に届ける。また，細胞の活動によってできた二酸化炭素やアンモニアなどの不要な物質は組織液にとけて血管の中にとりこまれる。

7　地上から見て，太陽の位置が最も高くなったときが南中である。

8　$$2〔\mathrm{cm}〕\times\frac{2.4〔\mathrm{N}〕}{1〔\mathrm{N}〕}=4.8〔\mathrm{cm}〕$$

2　1　地球全体，一つの水槽やため池なども生態系ととらえることができる。

2　**図1**のAは植物(生産者)，Bは草食動物(消費者)，Cは肉食動物(消費者)，Dは生物の遺骸や排出物などの有機物を無機物に分解する分解者である。ミミズなどの土壌生物や，菌類，細菌類などの微生物がこれにあたる。

3　食べる，食べられるという鎖のようにつながった一連の関係を食物連鎖という。一般に，食べる生物よりも食べられる生物の方が数量が多い。バッタが増加したのは，バッタを食べるカエルが減少したためと考えられる。カエルが減少することで，カエルをえさとしていたヘビが減少し，バッタが増加したことで，バッタに食べられるススキが減少した。よって，外来種が食べた生物はカエルである。

3　2　加熱を始めて4分後から，温度の上昇があまり見られなくなる。状態変化をしている間は温度が上昇しないので，このあたりでエタノール(沸点78℃)が沸騰して盛んに気体に変化していることがわかる。

3　試験管Aは加熱を始めてから3分までなので水もエタノールも沸騰はしていないが，エタノールの方が水に比べて蒸発しやすいのでエタノールの割合が極めて高い。試験管Bは，途中からエタノールが沸騰し始めるので，エタノールが盛んに蒸発して出てくる。ただし，水も幾分蒸発するので純粋なエタノールではない。試験管Dになると，エタノールはほぼ蒸発した後なので，大部分は水である。

4　1　電流は電池の＋極から出て，導線を通って－極に向かって流れる。Q側のエナメルを半分はがしてあるので，エナメルがはがしてある部分がクリップに触れているときは，電池の＋極から回路を通って－極に電流が流れ，赤色LEDが点灯する。コイルが回転してエナメルがはがしてない部分がクリップに触れているときは回路に電流が流れないのでLEDは点灯しない。よって，赤色のみが点滅し，青色は点灯しない。

2　10回転するのに4秒かかったので，1回転するには0.4秒かかることになる。
60〔s〕÷0.4〔s〕＝150〔回転〕

3　コイルの上側と下側では，電流の向きが逆になる。**図3**では**図2**と比べて，電流の向きが逆の側に磁界の向きも逆にしたので，**図2**のときと同じ向きに回転する。**図4**では電流の向きは変わらず，磁界の向きだけを逆にしたので，回転の向きは逆になる。

4　実験(3)では，電池から電流を流すことはしていない。コイルのまわりの磁界を変化させることでコイルに電流が流れる電磁誘導という現象である。コイルに棒磁石のS極が近づくと＋に振れ，離れていくので－に振れる。次に，N極が近づくので－に振れ，N極が離れていくので＋に振れる。

5　1　日本列島全体が高気圧におおわれていて，北西部に低気圧があるので，夏に特徴的な天気図である。夏になると，日本列島の南東にある太平洋高気圧が発達し，日本列島はあたたかく湿った小笠原気団に覆われる。

2　砂は水に比べてあたたまりやすいので，日があたると，水の上の空気よりも砂の上の空気の方があたたまりやすい。空気があたためられると膨張して密度が小さくなり，上昇気流が発生して気圧の低いところができる。そこに気温の低い水の上の空気が流れ込む。陸があたたまる昼間は海から陸へ風がふくという海風の原因がこれである。

3　水は，あたたまりにくく，さめにくい物質である。

4　冬は，さめやすい大陸の方が冷え，さめにくい海洋上のほうがあたたかい。その結果，海洋上では上昇気流が生じて低気圧が発達し，大陸側では高気圧が発達する。そのため，大陸から海洋上に向かって北西の季節風がふく。

[6]　1　中和とは，酸性を示すもとになる水素イオンH^+とアルカリ性を示すもとになる水酸化物イオンOH^-が反応して水になり，互いの性質を打ち消しあう反応である。

2　メスシリンダーの目盛りを読むときは，水面の位置に目の高さをあわせ，ガラス面にふれているところではなく，水平になっている部分の液面の高さを読む。目盛りの10分の1まで目分量で読むので，46.5cm^3と読める。よって50cm^3にするにはさらに3.5cm^3加えればよい。

3　硫酸中の2個のH^+と水酸化バリウム水溶液中の2個のOH^-が反応して2個の水ができるので②の方は水H_2Oである。①には，硫酸中の硫酸イオンSO_4^{2-}と水酸化バリウム水溶液中のBa^{2+}イオンが結びついてできる硫酸バリウム$BaSO_4$がはいる。硫酸バリウムは水に溶けにくいので白色の沈殿になる。

4　表の値をグラフ用紙に•でかき入れ，•を直線でつなぐと，原点を通る直線と水平な直線の2本の直線ができ，1箇所で交わる。その位置で折れ曲がるグラフにする。グラフが折れ曲がったところが，うすい硫酸と水酸化バリウム水溶液が過不足なく反応した点である。

[7]　1　2Nの力で木片を20cm(0.2m)動かしたので，木片が受けた仕事は

2〔N〕×0.2〔m〕＝0.4〔J〕

2　図3のグラフからわかるように，木片の移動距離は小球をはなす点Pの高さに比例し，同時に小球の質量にも比例する。グラフより，点Pの高さが20cmのとき，質量50gの小球Aを衝突させると，木片は6cm移動するので，質量75gの小球では

$6〔cm〕\times \frac{75〔g〕}{50〔g〕} = 9〔cm〕$　移動する。

3　物体のもつ運動エネルギーと位置エネルギーの和は，常に一定に保たれる(力学的エネルギーの保存)。点Rは小球をはなした高さより低いので，位置エネルギーははなしたときよりも小さい。その差が点Rでの小球のもつ運動エネルギーになる。

[8]　1　日本付近の震源の分布を断面で見ると，太平洋側から日本列島に向かってだんだん深くなっているものと，陸地の比較的浅いところで起こるものとがあることがわかる。前者は海洋プレートが大陸プレートの下に沈み込んでいるため，プレートの境目に巨大な力がはたらいて起こるものであり，後者は海洋プレートの動きによって大陸プレートに力が加わり，活断層が活動して起こると考えられている。

2　図1の震源の深さに注目すると，震源Rの深さは30km以下であり，震源Qの深さは200km以上である。地震の規模(マグニチュード)が同じくらいの地震では，震源からの距離が小さい方が，ゆれは大きくなる。

3　地震の震源を点Pとし，地下の断面として△ABPを考えると，AB＝30km，BP＝40km，AP＝50kmであり，$30^2 + 40^2 = 50^2$　と三平方の定理が成り立ち，∠ABPは直角であることがわかる。同様に△CBPに注目してみるとほぼ三平方の定理が成り立つことがわかる。すなわち，震源PはB地点のほぼ真下ということになる。

[9]　1　試験管AとC，試験管BとDを比べたとき，違いはオオカナダモの有無だけである。このときの試験管AとBのように，調べたいこと以外の条件をすべて同じにして実験することを対照実験という。

2　試験管Dは，光があたらないので光合成は行われず，呼吸のみが行われている。よって二酸化炭素が排出され，BTB溶液が酸性になり黄色になった。一方，試験管Cは呼吸と光合成の両方が行われ，呼吸で排出される二酸化炭素より，光合成で消費される二酸化炭素の量の方が多いので，BTB溶液はアルカリ性に傾き，青色になったと考えられる。

3　試験管Cと試験管Dの違いは，光があたるかあたらないかの違いである。

4　図3を見ると，森林は北半球に多く分布していることがわかる。北半球では，春から夏にかけて植物の生育が盛んになる。

栃木県立高校入試(H31)

英　語　【解答・解説】

(平31)

英語採点基準　(総点100点)

〔注意〕
1　この配点は，標準的な配点を示したものである。
2　定められた答えの欄に答えが書かれていないときは，点を与えない。
3　指示された答えと違う表現で答えの欄に記入されていても，正答と認められるものには点を与える。
4　定められた数より多く答えたときは，点を与えない。
5　採点上の細部については，各学校の判断によるものとする。

問題			正答	配点			
1	1		(1) (イ) (2) (イ) (3) (エ)	2点×3	26		
	2		(1) ① (ア) ② (イ) (2) ① (ウ) ② (ア)	3点×4			
	3		(1) (teamwork) (2) (Friday)	2点×4			
			(3) (leg) (4) (voice)				
2	1		(1) (イ) (2) (エ) (3) (ア) (4) (ウ)	2点×6	18		
			(5) (ウ) (6) (ア)				
	2		(1) (エ → イ → ア → ウ) (2) (ウ → ア → エ → イ)	2点×3			
			(3) (イ → エ → オ → ウ → ア)				
3	1		(例) ギターの音	2点	12		
	2		(ウ)	3点			
	3		(ウ → イ → ア)	3点			
	4		(例) 将来，世界中を旅して，多くの人々に自分の国(ペルー)について伝えること。	4点			
4	1	(1)	(例1) water and air are clean (例2) we have clean water and air	2点	16		
		(2)	(例1) many people are kind (例2) there are many kind people	2点			
	2	(1)	① (例1) Let's have lunch together. (例2) Shall we eat lunch?	3点			
			② (例1) Do you want to eat some sandwiches? (例2) Would you like one of my sandwiches?	3点			
		(2)	(例1) I like school lunch better. I don't have to bring lunch every day and my parents will be happy. I can also eat several kinds of food. It is very healthy. I look forward to the school lunch menu every month. (例2) I like box lunch better because I can eat my favorite foods. I always feel happy when I see my lunch. I sometimes make my own lunch. It takes time but it's fun.	6点			
5	1		(例) (友子と絵美が)毎朝一緒に走ること。	2点	14		
	2		(例1) you won't be (例2) you will not be	2点			
	3		(例) 人生における真の勝者とは，他人のことを気にかけることができる人	4点			
	4		(ア) (エ)	3点×2 順不同			
6	1		(イ)	2点	14		
	2		① ((例) 空気中の水分を捕える)	3点×2			
			② ((例) 水を十分に得られない)				
	3		(ウ)	3点			
	4		(エ)	3点			

1 話の展開を追いながら聞く。文字で確認してから，何度も音声を聞くとよい。
1 選択肢から聞くべきポイントがわかる。
(1) the news says に続く天気。
(2) 場所が質問されている。冒頭に注意。
(3) 数字と with a hat という表現に注意。
2 (1) 場所に注意しながら聞く。
① looking for に続く内容が答え。選択肢では，places to visit になっている。
② 終わりの方で述べている。
(2) 図をよく見て聞いてみよう。
① First と言って説明を始めている。
② 文脈からわかる。二つのレストランの位置関係に注意。
3 設問からポイントを理解しておきたい。設問の英語をヒントにする。
(1) I believe の後に注目。
(2) 音声では Every Friday の方が前にある。
(3) his leg であるが，聞き取りにくい。
(4) 音声では His voice とあるが，His は Ken のこと。

2 1 空所の前後がヒントになる。そこから相応しい形や単語を考える。(4)は意味を考える。2 基本的な文型の語順の問題。
1 (1) My dream に合わせるので is。
(2) the と of の間なので，最上級。
(3) can の後では変化しない。see。
(4) save time＝「時間を節約する」
(5) 現在完了形になるので，過去分詞。
(6) during だけが this summer vacation と一緒に使える。
2 (1) 進行形。～ was writing …の語順。
(2) tell ～ to …の語順で，「～に…するように言う」の意味。
(3) 疑問文。Who で始める。take care of ～＝「～の世話をする」

3 ［本文の要旨］
コンサートで使われていたカホン（cajon）という楽器についての話から，綾子は自分の文化や歴史について知ることの大切さに気がつき，将来は世界の人々にそれらを伝えたいと考え始める。
［解説］
1 同じような文型の前の文からわかる。
2 A：and で hit ～とつなぐ。後で出てくる heels もヒントになる。B：前の文に「座っていた」とあることから考える。
3 直前に「楽器を持てなかった」とある。「だから演奏するものを探した」→「木の箱を見つけた」→「楽器とした」の順にする。
4 前の発言の I want to ～の文をまとめる。

4 1 (1) 「水や空気がきれい」(2) 「親切な人が多い」を英語で表す。文型に注意する。
2 (1) 空欄の後から考える。① Let's で，「～しましょう」という文を考える。② 何かをすすめる表現が答えになる。
(2) いろいろな意見を書く練習をすることで，表現力をあげておく。「意見→理由→説明や事例→まとめ」の順で書いてみよう。

5 ［訳例］
私の名前は絵美です。中学校3年生です。姉の友子は，高校生です。姉はとても頭が良くて，スポーツも得意です。何でも私よりよくできます。姉は完璧です。なので，私はこの前の長距離走大会までは姉が嫌いでした。
私はいつも最下位だったので，中学生のときは長距離走が好きではありませんでした。ある日，私は母と友子姉さんに，「今年は長距離走大会には行かない」と言いました。母は「なぜ？今年は最後の年よ。行った方がいいんじゃないの」と言いました。「またビリになると思うの」と私は答えました。そのとき友子姉さんが，「そうだ。考えがあるわ。一緒に毎朝走ろうよ，絵美。まだ長距離走大会まで2週間あるよ」と言いました。「2週間毎朝一緒に走るの？やりたくないわ」私は言いました。「絵美，またビリになりたいの。私が一緒に走るわよ。大丈夫だから」「本気なの？わかった。やるわ」と私は答えました。
次の日の朝から，私たちは走り始めました。私は速くは走れなかったけれども，友子姉さんといつも一緒に走って，たくさん話をしました。学校や友達，子どもの頃の思い出についての話でした。少しずつ友子姉さんと一緒に走るのが楽しくなってきました。ある日，友子姉さんが「十年前に両親と動物園に行ったときに迷子になったよね。覚えている？とても疲れて歩くのを止めると，そのとき私の方を見て，私の手を引いたよね」と私に言いました。「そうだった？」私は尋ねました。「そうだったのよ。一緒に歩いて，両親を見つけることができたのよ。嬉しかったわ」

ついに，長距離走大会の日が来ました。スタートラインで，私は逃げ出したい気持ちでした。そのとき，友子姉さんを見つけました。友子姉さんは「絵美，毎朝練習してきたじゃない，だからビリにはならないよ。きっとできるよ」と言いました。私は息を深く吸いました。

「ヨーイ，ドン」私は走って，走って，走りましたが，他の生徒は私よりも速く走っていました。私より後ろには誰も走っていませんでした。とても疲れて，あきらめそうになりました。突然，前の方で一人の生徒が転びました。「ビリにはならなそうだ」と思いました。そのとき子どもの頃のことを思い出しました。私は立ち止まると，手を伸ばして，その生徒の手を引きました。彼女と一緒に走って，私たちは一緒にゴールしました。

家に帰ると，私は友子姉さんに言いました。「またビリになっちゃった。ごめんなさい」「そんなこと言わないでよ。あなたを誇りに思うわ。みんな大きな拍手を送ったわよ。あなたの親切な行動にみんな感動していたわ。人生の本当の勝者は他の人のことを気にかけることができる人だと思うの。私にとっては，あなたが勝者よ」「私が？そうだとしたら，友子姉さんも勝者よ。毎朝早起きをして，一緒に走ってくれた。いつも私のことを気にかけてくれていたもの」友子姉さんと私は抱き合いました。

［解説］

1　下線部の後の文に具体的に書かれている。

2　soがあるので，前で述べたことから導かれることが入ることがわかる。「あなたはビリにはならない」という内容の英語が入る。

3　友子の考えは前の文のI thinkに続く部分。

4　問題文の次の部分と比較しながら読む。
ア　第一段落　**イ**　第三段落　**ウ**　第四段落　**エ**　第五段　**オ**　第六段落　**カ**　第六段落

6　［訳例］

クモは好きですか。ほとんどの人は「いいえ」と答えるでしょう。あなたは突然クモが現れたら，怖がるかもしれません。クモは危険で，逃げ出したいと思うかもしれません。しかし，少し待って下さい。クモは驚くべき生き物なのです。

クモがクモの巣を作ることは知っていますよね。クモの巣はクモの糸で作られていて，多くのものを捕らえることができます。クモの巣が水滴で覆われているのを見たことがありますか。そうです，クモの糸は空気中の水分をとらえることができるのです。科学者はクモの糸の偉大な力を研究しています。それが水問題の解決策になりそうだと科学者たちが考えたからです。世界のある地域では，人々は十分な水が手に入りません。もしクモの糸のようなものが作れれば，人々がこのような場所で暮らす手助けになるでしょう。

クモの糸はとても細く，そのため私たちはそれが弱いと考えます。しかしながら，クモの糸は，衣服に使いたいくらいに強くて，軽く，伸縮性があります。しかしながら，たくさんのクモの糸を集めるのは難しいのです。そのため，科学者は人工のクモの糸を作る方法を見つけました。これを使って，ある会社は素晴らしい衣服を作っています。それに加えて，人工のクモの糸は地球や私たちの未来にとってよいものです。他の人工の繊維を作るためには石油を使わなくてはなりませんが，人工のクモの糸を作るのに石油に頼る必要はありません。もし人工のクモの糸を使えば，石油を節約することができます。このように，クモから未来の暮らし方を学ぶことができます。

クモが驚くべき力を持っていることがおわかりでしょう。では，もう一度同じ質問をします。クモは好きですか。

［解説］

1　二か所から肯定的な意味の単語が入ることがわかる。選択肢のなかではamazing。

2　①　前で述べられたクモの糸の特徴が入る。②　people living in such placesのこと。suchは「水が十分でない」ということ指す。

3　By using thisのthisが指すことができる内容が前に必要。artificial spider silkを指す。

4　問題文の次の部分と比較しながら読む。
ア　第一段落　**イ**　第二，三段落　**ウ**　第三段落　**エ**　第三段落

(Ⅱ)　⑨段落の一文目「ところが～弱体化することになる」から**エ**が読み取れる。

5　②段落は①段落で説明されていることに対する問題提起がされ、③段落の一文目でその問題提起に対する筆者の意見を述べ、二文目以降には④段落以降のキーワードとなる「生きる実感」「感覚」「関係性」といった言葉が出てくるため**ア**が適切。**イ**は「解決策を提示」、**ウ**は「具体的に言い換えた」、**エ**は「一般化した」がそれぞれ不適。

④

1　リード文から母親がひさしがつけてきたことを知らなかったこと、また七行目「母親のおどろきが～強くて」から気が動転していることがわかるため**ウ**が適切。**ア**は「悲しみ嘆いている」、**イ**は「約束を破ったひさし」、**エ**は「楽しみの時間を邪魔されたこと」「悔しがっている」がそれぞれ不適。

2　設問中の「大きく場面が転換する位置に入る」が大きなヒント。**エ**の直前は母親の地蔵堂での行いを見たひさしの心情が述べられ、直後は帰り道の場面に転換しているため、**エ**が適切。

3　九行目の「寒い朝」と、傍線部(2)直後の母親の発言「待っておいで」から**ア**が適切。

4　十四～十六行目「それから、～聞かせた」より母親が毎朝地蔵堂に行ってお百度参りをしていたこと、また二十七～三十二行目「馴れた足どりで～一と廻りする」より一生懸命お参りしている様子が読み取れる。

5　図中のひさしの変化は本文の順番通りに書かれているため空欄に入る内容は四十三、四十四行目「妬ましさと～あった」以降と考えられる。四十六～四十九行目「しかし、～いかなかった」にひさしが母の行動を見る前と後では同じではいられないことが書かれており、そこから字数条件の三十字で抜き出す。

6　**イ**は、母親がひさしに自分のショールやコートを被らせている描写からひさしへの気遣いがわかり、お百度参りの記述から夫の病気が治ってほしい気持ちが読み取れるため適切。**ア**は、本文はひさしの視点で描かれていること、またひさしの父親への思いが読み取れないため不適。**ウ**は、本文では場面が現在や過去に転換していないため不適。**エ**は、本文中に父親の気持ちを読み取れる部分はないため不適。

⑤　作文を書く際は、「何について書くのか」「条件は何か」に注意して書くことになる。この問題では「自分の意見を伝える」ことについての意見を資料を参考に、自分の体験を踏まえて書くことが求められており、体験をどのくらいの分量で書くのかによって意見の分量が少なくなってしまうことも考えられるので注意が必要である。

〔作文例〕

「自分の意見を伝える」ということについて、私は、自分の考えや意見を積極的に表現する方が好ましいと考えています。

これからの日本は、国際化がより進行します。私が通う学校にも外国人の友人が数人在籍しています。文化や価値観の異なる私達が互いに理解を深めるためには、それぞれの意見を出し合って、受け入れるべきところは受け入れることが大切であると学びました。

場の空気を重視する日本人が、グラフのⅡのような考え方を肯定するのは自然なことと言えます。しかし、これからの私達が生活する環境を考えると、Ⅰの意識が重要になってくると考えます。

1
1 訓読み二、音読み三で、標準的なものが多い。

2 書き取りも使用頻度の高いものが多い。

3 (1) 「桜花」という語をヒントにする。Aの和歌の訳は「今年初めて春を知って咲き始めた桜よ。(咲くということだけを知って)散るということは習わないでほしい。」

(2) 「中」という体言で文が終わっているため体言止めが正解。

(3) 漢文は原則、上から順に読み、「一・二」点は一から二に返って読む。

(4) 傍線部④と**エ**の「だ」は体言に接続しているため断定を表す。**ア**は伝聞の助動詞「そうだ」の一部。**イ**は形容動詞「静かだ」の一部。**ウ**は過去の助動詞「た」が濁音化したもの。

(5) ⑤を発言している生徒自身が先生から本を借りているため、謙譲表現の**ウ**が適切。

2
〔出典〕『室町殿物語』から

〔現代語通釈〕

中国に負局という仙人がいた。この仙人は世にも珍しい方法などを用いて、人の喜ぶことを専ら好んでいた。あるとき、世の中の人々が、病気になって、ある人は亡くなり、ある人は苦しむことが、広く見られた。医術を(人々に)ほどこすといっても、効果を得られない。ただ(人々が)あてにする方法としては、天に心を込めて、各自祈るだけである。このようにすべての人々が嘆き悲しんだが、負局は、深くかわいそうに思い、深い谷へ行って、岩の間でしたたっている水を、八功徳水であるからと思って、自分の思った通りに湧き出させた。その水の色は、きわめて鮮やかで白い。この功徳水をくんで、瓢箪に入れ、杖の両端にそれを引っかけ、担いで、国々を巡って、病気にかかった人を見ては、その人の持っていた鏡を取って、その功徳水で磨き、改めて病人に見せたところ、すぐさま病気が治っただけでなく、肌も美しくなり、寿命も長くなるということである。病人は喜びをおさえられずに、贈り物を与えたけれども、決して一銭も受け取りませんでした。こうして四百余りの州を巡って、(病気の)人民を助けました。それゆえ、(人々は負局のことを)すべての仙人の上に立つ人と言った。年月を経て(負局が)亡くなったところ、彼の恩に感謝するために、あの八功徳水の上に神を祭る小さな社を建てて、(負局を)神として祭って敬ったということである。

1 歴史的かなづかいでは、語頭以外の「はひふへほ」は「わいうえお」と読む。

2 四行目「医工を～えず」から**イ**の内容が読み取れる。

3 「心のままに」は「自分の心の思うままに」という意味。

4 病人を助けた方法は十～十一行目「疾病にをかさるる人を～みせければ」から読み取れるので、ここをまとめる。

5 **ウ**の「各地を～尽力したことで」は九～十五行目「この功徳水を～たすけ侍る」から、「多くの～祭られた」は十五～十七行目「されば、～云々」より読み取れる。

3
1 「生命のふるさと」は一行目「海や土と関わりながら生産者が生きる場がふるさと」から読み取れ、そこから離れて生きることについては二、三行目「海や土との～都会的だ」より読み取れるため、**ウ**が適切。

2 傍線部(2)中の「この」は④段落を指している。また説明した文中の「死ぬと～いうこと」は④段落中の最後の一文「私たちも～食べられる」の言い換えであるので、空欄にはその一文直前の「その自然の～持続させる」の内容が入る。

3 空欄A、Bを含む一文冒頭に「ところが」と逆接があるため、この一文は、⑤段落の始めから空欄A、Bを含む一文の直前まで述べられた「人間は非言語の時代には無意識の領域が大きいこと」とは逆の内容になると考えられる。また一文の直後に「その意識の世界一色になった現代」とあることから現代が「無意識」の世界から「意識」の世界になったことが読み取れるため、**イ**が適切。

4 (I)の「かつて」については、⑧段落で述べられており、また⑨段落ではその後のことについて書かれているため(II)のヒントとなる。

(I) ⑧段落中の四文目「だからこそ～生きていた」から「人間同士の関係をどう築いたか」が読み取れる。

栃木県立高校入試（H31）
国語
【解答・解説】

（平31）

国語採点基準　（総点100点）

〔注意〕
1　この配点は、標準的な配点を示したものである。
2　定められた答えの欄に答えが書かれていないときは、点を与えない。
3　指示された答えと違う表現で答えの欄に記入されていても、正答と認められるものには、点を与える。
4　定められた数より多く答えたときは、点を与えない。
5　採点上の細部については、各学校の判断によるものとする。

問	題		正答	配点	
1	1	(1)	わやく	2	30
		(2)	つい（やす）	2	
		(3)	けいしゃ	2	
		(4)	はあく	2	
		(5)	おごそ（かな）	2	
	2	(1)	泳（ぐ）	2	
		(2)	飼育	2	
		(3)	届（く）	2	
		(4)	警備	2	
		(5)	複雑	2	
	3	(1)	ア	2	
		(2)	エ	2	
		(3)	イ	2	
		(4)	エ	2	
		(5)	ウ	2	
2	1		あわれ	2	10
	2		イ	2	
	3		ア	2	
	4		(例)病人の鏡を八功徳水で磨き、改めて病人に鏡を見せ、病を治すという方法。	2	
	5		ウ	2	
3	1		ウ	3	20
	2		(例)人間もまた自然の生命を取り入れて自己の生命を持続させ、死ぬと自然に戻るという循環の一部であるということ。	4	
	3		イ	3	
	4	(I)	(例)群れを作りコミュニティを形成し、互いが役割を果たし協力し合うことで築かれた。	4	
		(II)	エ	3	
	5		ア	3	
4	1		ウ	3	20
	2		エ	3	
	3		ア	3	
	4		(例)一生懸命にお百度参りをしていたこと。	4	
	5		もう、それ～なかった。	4	
	6		イ	3	
5			(評価の観点) 1　形　式　目的に応じた適切な叙述であるか。 字数が条件に合っているか。 2　内　容　テーマに対して、自分の体験を踏まえているか。また自分の考えとその理由が明確に表現されているか。 3　表現・表記　文体に統一性や妥当性があるか。主述関係や係り受けなどが適切であるか。 語句が適切に使用されているか。誤字・脱字がないか。 ※　これらの項目に照らし、各学校の実態に即して総合的に評価するものとする。	20	

[実戦編]

栃木県
高校入試
の対策
2024

平成30年度
県立入試

(平 30)

社　会　解　答　用　紙

受検番号 (算用数字ではっきり書くこと。)	番

得点計	

◎「得点」の欄には受検者は書かないこと。

問題		答え		得点
1	1	(1) (　　)	(2) (　　)	
		(3) (　　)	(4) (　　)	
	2	(1) (　　)	(2) (　　)	
		(3) (　　)	(4) (　　)	
2	1	(　　)		
	2	(　　)	3 (　　)	
	4	(　　)		
	5			
3	1	(　　)	2 (　　)	
	3	(　　)	4 (　　)〔農業〕	
	5			
4	1	(　　)	2 (　　)	
	3	移り住んだ理由： 文化的な影響：		
	4	(　　)	5 (　　)	
	6	(　　)		
	7	(　→　→　→　)		
5	1	(　　)	2 (　　)	
	3	(　　)	4 (　　)〔政策〕	
	5			
6	1	(1) (　　)	(2) (　　)	
		(3) (　　)	(4) (　　)〔権〕	
		(5) (　　)		
	2	(1) (　　)〔的〕		
		(2)		
		(3) (　　)	(4) (　　)	
		(5) (　　)		
7	1	(　　)	2 (　　)	
	3	(　　)		
	4	A		
		B		

栃木県立高校入試(H30)

数　学　【解答用紙】

（平 30）

数　学　解　答　用　紙　(1)

受　検　番　号 （算用数字ではっきり書くこと。）	番

得　点	(1)	(2)	計

◎「得点」の欄には受検者は書かないこと。

問　題		答		え	得　点
1	1		2		
	3		4		
	5	$a=$	6		
	7	$x=$	8	cm^3	
	9	$x=$ 　　, $y=$	10	$x=$	
	11		12	度	
	13		14		
2	1	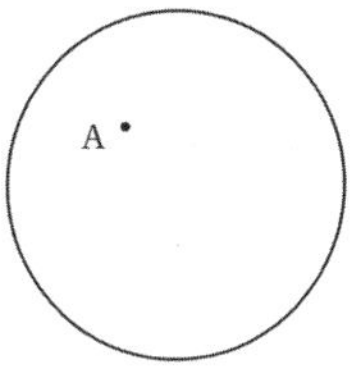	2		
			3	$a=$	
3	1	（証明）			
	2	答え($x=$ 　　)			

栃木県立高校入試(H30)

数　学　【解答用紙】

(平 30)

数　学　解　答　用　紙　(2)

受　検　番　号 (算用数字ではっきり書くこと。)	番

得　点	

◎「得点」の欄には受検者は書かないこと。

<table>
<tr><th colspan="2">問　題</th><th colspan="4">答　え</th><th>得　点</th></tr>
<tr><td rowspan="2">4</td><td>1</td><td colspan="4">(証明)
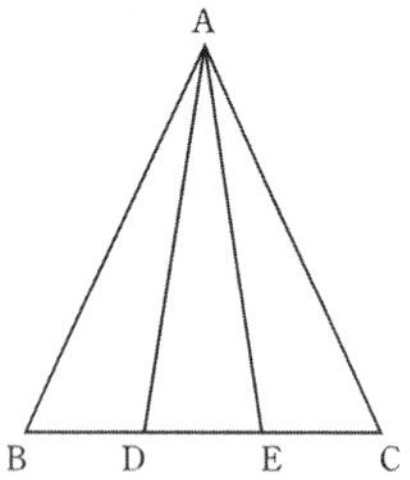
</td><td rowspan="2"></td></tr>
<tr><td>2</td><td>(1)</td><td>度</td><td>(2)</td><td>cm^2</td></tr>
<tr><td rowspan="4">5</td><td rowspan="2">1</td><td>(1)</td><td colspan="3">$a =$</td><td rowspan="4"></td></tr>
<tr><td>(2)</td><td colspan="3">答え（　　　　）</td></tr>
<tr><td>2</td><td>(1)</td><td></td><td>(2)</td><td></td></tr>
<tr><td>3</td><td colspan="4">秒後</td></tr>
<tr><td rowspan="3">6</td><td>1</td><td colspan="2">cm</td><td>2</td><td>枚</td><td rowspan="3"></td></tr>
<tr><td>3</td><td colspan="4">答え（$x =$　　　　，$y =$　　　　）</td></tr>
<tr><td>4</td><td colspan="4">$a =$</td></tr>
</table>

栃木県立高校入試(H30)

理　科　【解答用紙】

(平 30)

理　科　解　答　用　紙

受検番号 (算用数字ではっきり書くこと。)	番

得点計	

◎「得点」の欄には受検者は書かないこと。

問	題	答え	得点
1	1	(　　　)　2 (　　　)　3 (　　　)　4 (　　　)	
	5	(　　　)　6 (　　　)J	
	7	(　　　)　8 (　　　)	
2	1	(　　　)　2 (　　　)	
	3	日本の上空では	
3	1	(　　　)	
	2		
	3	(　　　)	
	4	① (　　　)　② (　　　)	
4	1	(　　　)	
	2	① (　　　)　② (　　　)	
	3		
5	1	(　　　)Ω	
	2	電圧(　　　)V 電流(　　　)mA	
	3	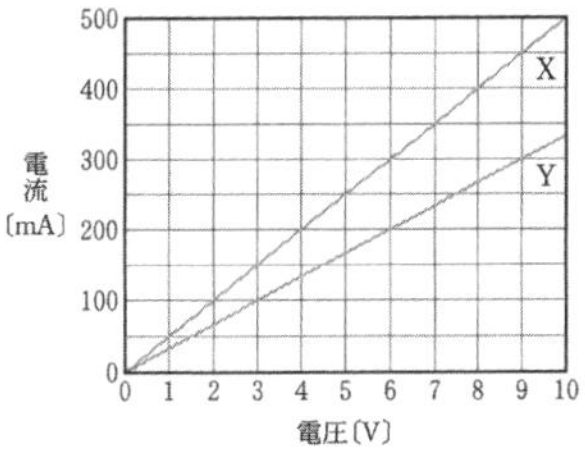	
	4	(　　　)	
6	1	試験管 C(　　　)　試験管 D(　　　)	
	2	(　　　)g	
	3	濃度(　　　)%　温度(　　　)	
7	1	(　　　)　2 (　　　)	
	3	(　　　)秒	
	4		
8	1	(　　　)	
	2	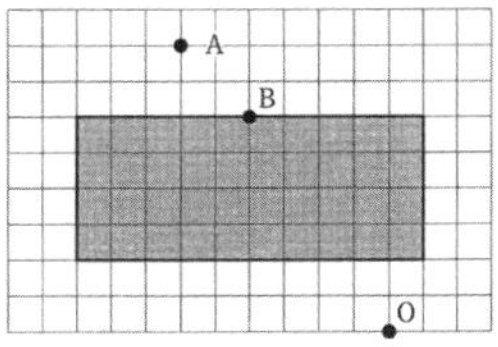 見え方(　　　)	
	3	(　　　)	
9	1	(　　　)　2 (　　　)	
	3	① (　　　)　② (　　　)	
	4	(　　　)度	

栃木県立高校入試(H30)

英　語　【解答用紙】

(平 30)

英　語　解　答　用　紙

受検番号 (算用数字ではっきり書くこと。)	番

得点計	

◎「得点」の欄には受検者は書かないこと。

問	題	答え	得	点
1	1	(1) (　　) (2) (　　) (3) (　　) (4) (　　) (5) (　　)		
	2	(1) ① (　　) ② (　　) (2) ① (　　) ② (　　)		
	3	(1) (　　時　　分) (2) (　　時　　分)		
		(3) (　　) (4) (　　)		
2	1	(1) (　　) (2) (　　) (3) (　　) (4) (　　)		
		(5) (　　) (6) (　　)		
	2	(1) (　→　→　→　) (2) (　→　→　→　)		
		(3) (　→　→　→　→　)		
3	1			
	2	① (　　) ② (　　)		
	3	(　　)		
	4			
4	1	(1)		
		(2)		
	2	(1)		
		(2)		
	3			
5	1			
	2	(　　)		
	3			
	4	(　　) (　　)		
6	1	(　　)(　　)		
	2	① (　　) ② (　　)		
	3	(　　)		
		(　　)		
	4	(　　)		

栃木県立高校入試（H30）
国語
【解答用紙】

(平30)

国語解答用紙(1)

受検番号（算用数字で横書きにはっきり書くこと。）　　番

得点	
(1)	
(2)	
計	

◎「得点」の欄には受検者は書かないこと。
5は「国語解答用紙(2)」を用いること。

問題		答え	得点 小計	得点 計
1	1	(1) 咲く　(2) 掃除　(3) 舞台　(4) 濃厚　(5) 稼ぐ		
	2	(1) ウつ　(2) ヤッキョク　(3) ホウボク　(4) センモン　(5) フルい		
	3	(1)（　）(2)（　）(3)（　）(4)（　）		
	4	（　）		
2	1	（　）		
	2	（　）		
	3	人々が立て札を見て［　　　　　　　　　　　　　　］と考えたことに対して、予想が外れたから。		
	4	（　）		
	5	（　）		
3	1	（　）		
	2	［　　　　　　　　　　　　　　　　　　　　　　］		
	3	（　）		
	4	（　）		
	5	［　　　　　　　　　　　　　　　　　　　　　　］と筆者は考えている。		
	6	（　）		
4	1	（　）		
	2	［　　　　　　　　　　　　　　　　　　　　　　］		
	3	［　　　　　　　　　　　　　　　　　　　　　　］		
	4	（　）		
	5	（　）		
	6	（　）		

国語 【解答用紙】

(平30)

国語解答用紙 (2)

受検番号（算用数字で横書きにはっきり書くこと。）	番

得点		
甲	乙	計

5

候補	

◎受検者名と題名は書かないこと。

100字

200字

240字

300字

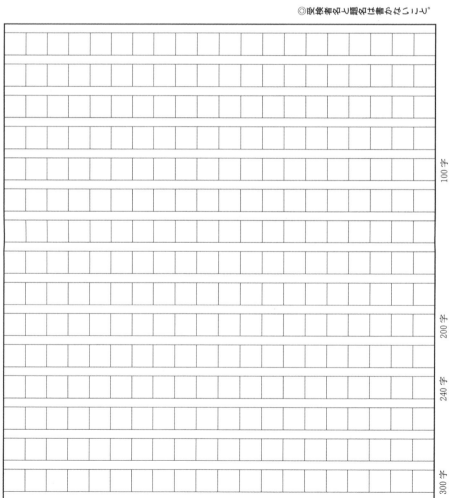

栃木県立高校入試(H30)

社　会　【解答・解説】

(平 30)

社会採点基準　(総点 100 点)

〔注意〕 1　この配点は，標準的な配点を示したものである。
2　定められた答えの欄に答えが書かれていないときは，点を与えない。
3　指示された答えと違う表現で答えの欄に記入されていても，正答と認められるものには点を与える。
4　定められた数より多く答えたときは，点を与えない。
5　採点上の細部については，各学校の判断によるものとする。

問題			正答			配点		
1	1	(1)	(エ)	(2)	(ア)	2 点× 4	8	16
		(3)	(イ)	(4)	(ウ)			
	2	(1)	(シリコンバレー)	(2)	(レアメタル(希少金属))	2 点× 4	8	
		(3)	(前方後円墳)	(4)	(領域)			
2	1		(氷河)			2 点× 4	8	12
	2		(ア)	3	(イ)			
	4		(エ)					
	5		(例) EU 内では国境に関係なく，人や物などが自由に移動できるので，EU 加盟国同士での貿易がさかんであること。			4 点	4	
3	1		(ア)	2	(ウ)	2 点× 4	8	12
	3		(ア)	4	(近郊) 〔農業〕			
	5		(例) 東京都に比べ地価の安い周辺の県に居住している多くの人々が，東京都にある事業所や大学等に通勤・通学していると考えられる。			4 点	4	
4	1		(法隆寺)	2	(エ)	2 点× 2	4	16
	3		移り住んだ理由：(例) 応仁の乱で京都の町が荒れ果てたため。 文化的な影響：(例) 中央の文化を地方に広めた。			4 点	4	
	4		(ウ)	5	(イ)	2 点× 4	8	
	6		(オランダ)					
	7		(ウ → エ → イ → ア)					
5	1		(横浜)	2	(ウ)	2 点× 4	8	12
	3		(ア)	4	(ニューディール) 〔政策〕			
	5		(例) 工業が発展し，当時の最大需要電力に供給能力が追いついていなかったこと。			4 点	4	
6	1	(1)	(デフレーション(デフレ))	(2)	(ウ)	2 点× 5	10	22
		(3)	(エ)	(4)	(団結) 〔権〕			
		(5)	(イ)					
	2	(1)	(文化) 〔的〕			2 点	2	
		(2)	(例) 選挙区により議員一人あたりの有権者数に差があることで，一票の格差が生じ，平等権を侵害しているということ。			4 点	4	
		(3)	(ウ)	(4)	(ア)	2 点× 3	6	
		(5)	(南南問題)					
7	1		(イ)	2	(ウ)	2 点× 3	6	10
	3		(エ)					
	4	A	(例) 子どもを預けられる場所を用意すること			2 点× 2	4	
		B	(例) 子育てに必要な資金を援助すること					

1　1⑴　問題文中の「大きくなるまで育てる漁業」はエ。

⑵　問題文中の「天台宗をもたらした」のは，平安時代初期のア。

⑶　「藩閥を批判」はアも当てはまるが，「大正時代」と「政党による議会政治」を合わせるとイとわかる。

⑷　国際連合のうち，「平和の維持に主要な役割」を果たし，「常任理事国」が置かれているのはウ。

2⑴　「サンフランシスコ郊外」で「コンピュータ関連産業の中心地」は，シリコンバレー。

⑵　「コバルトやプラチナ」など「埋蔵量が非常に少ない金属」はレアメタル。

⑶　「大仙古墳」の「形状」は前方後円墳。

⑷　「領土，領海，領空」を合わせて領域。国家が成立するための基本。

2　1　ヨーロッパ州の北部に位置するのはスカンディナビア半島で，西海岸のフィヨルドは，氷河に削られてできた地形の代表。

2　アは西岸海洋性気候，イは地中海性気候，ウとエは冷帯の雨温図で，アはA(ダブリン)，イはD(マルセイユ)，ウはB(オウル)，エはC(ミンスク)。

3　アは穀類の自給率が高いから，小麦の生産量が多いフランス。イは穀類と乳製品の自給率はやや足りないが，果実類の自給率が高いから，国土のほぼ全域が地中海性気候で，夏に柑橘類，冬に小麦の栽培が盛んなイタリア。ウは，穀類と乳製品の自給率がやや足りなく，果実の自給がほとんど無いから，混合農業と酪農が盛んなイギリス。エは乳製品の自給率が高く，穀類や果実の自給率がほとんど無いから，牧草や花，球根の栽培が盛んなオランダ。

4　各国の公用語とキリスト教各派の分布を組み合わせる設問。各国の位置を把握しているかが問われる。プロテスタントはヨーロッパ北部に多く，正教会はヨーロッパ東部に多い。カトリックはヨーロッパ西部から中央部に多い。

5　図6からは輸出，輸入ともにEU域内が半分以上を占めていることを読み取る。図7からは，現在のEU域内では人，物，サービスの移動が完全自由化され，関税が無いことを読み取る。

3　1　北半球の海流は，北(北極)から南下する寒流と南(赤道)から北上する暖流。日本列島付近では，寒流は日本海側のリマン海流と太平洋側の千島海流(親潮)。暖流は日本海側の対馬海流と太平洋側の日本海流(黒潮)。ここでは太平洋側の寒流名と暖流名の組み合わせ。

2　アは，降水量が最も多い月が12月だから日本海側の気候でB(金沢市)。ウとエは，年間降水量が少ないから瀬戸内の気候または中央高地の気候で，1月の平均気温が氷点下になるエがA(松本市)で，ウは温暖なC(高松市)。残るイはD(熊本市)。

3　アは1位と2位が石油・石炭製品および化学製品だからコンビナートが発達する千葉県。イは1位が輸送用機械だから愛知県。エは1位が食料品で，4位がパルプ・紙製品だから北海道。残るウは鹿児島県で，4位の窯業・土石製品はガラスやコンクリート，陶磁器などが当てはまる。

4　「大都市周辺」，「消費地に近い」，「新鮮なうちに出荷」など，いずれも近郊農業を説明する場合に使用する語句。

5　図4から東京は昼間人口が圧倒的に多く，夜間人口が極端に少ない点を読み取る。図5からは，東京は地価が高いため住みにくいこと，事業所や大学・短期大学が多いから通勤・通学で流入する人口が多いことを読み取る。

4　1　「聖徳太子によって建てられた」，「現存する世界最古の木造建築」は，法隆寺。

2　アは鎌倉時代の随筆「方丈記」の作者。イ，ウ，エは国風文化に属し，イは「源氏物語」の少し前に随筆「枕草子」を執筆。ウは，「枕草子」よりも前に「古今和歌集」を編さん。

3　図は応仁の乱の様子を記した『応仁記』(作者不詳)の一部。この乱をきっかけに，雪舟が山口に移るなど，多くの僧や芸術家が，有力な守護大名を頼って地方に移住した。

4　太閤検地(1582～1598)と刀狩(1588)を通して，農民を土地にしばりつけて年貢の徴収をやりやすくし，農民とそれ以外の身分を固定化した。

5　アは老中田沼意次の改革の政策，ウは老中松平定信の寛政の改革の政策，エは第8代将軍徳川吉宗の享保の改革の政策。

6　鎖国が完成したのは1641年。これ以後，長崎で貿易を許されたのは，唐人屋敷の清国と出島のオランダのみ。朝鮮との貿易は，対馬藩にのみ釜山の倭館（朝鮮が設置）で行うことが朝鮮から許された。

7　**ア**は1868年，**イ**は1867年，**ウ**は1864年，**エ**は1866年。

5　1　日本最初の鉄道は，建設資金，機関車，運転士，建設技術など，すべてをイギリスに依存した。最初に新橋（現・汐留）～横浜（現・桜木町）に開通したのは，来日外国人の数と貿易額が最も多かったから。新橋～横浜の所要時間は，53分であった。

2　**ア**は，1905年にロシアと結んだポーツマス条約に関する国民の反応。**イ**は，1875年にロシアと結んだ樺太・千島交換条約の内容。**エ**は**ア**と**イ**を示す。

3　**ア**は1919年，**イ**は1894年，**ウ**は1876年～1877年，**エ**は1857年。

4　ルーズベルト大統領のニューディール（新規まき直し）政策は，公共事業による労働者の救済や地位の向上，企業の統制，農民の救済など広範囲。

5　黒部ダムの建設を開始した1956年は，高度経済成長期の初期。**図1**は，この時期に事業所数が急増したことを示す。**図2**は，事業所数の急増によって電力需要が急増し，電力不足になったことを示している。

6　1⑴　デフレーションが起こると，企業は利益が減少するから，生産量を減らし，労働者の賃金を下げる。家計は所得が減り，購買力が低下する。

⑵　経済政策のうち日本銀行が行うのは金融政策，政府が行うのは財政政策。不景気の場合，日本銀行は，一般の金融機関から国債などを買い上げ，市場の資金量を増やす㋒。反対に好景気の場合は，市場の資金量を減らすために国債を売って金融機関から資金を吸収する㋑。

⑶　**ア**は独占禁止法，**イ**は製造物責任法，**エ**は消費者基本法を示す。

⑷　日本国憲法第28条の労働者の団結権，争議権，団体交渉権は労働基本権とよばれ，労働者が団結して組織する団体を労働組合とよんでいる。

⑸　日本国内の産業が，生産の場を海外に移すことで，日本人の職場が減少するのが「産業の空洞化」。1985年以後，急速に円高が進んだため，企業は，利益を確保する目的で，労働賃金が安い海外に生産の場を移したことから進行した。

2⑴　生存権を示しているのは日本国憲法第25条。国民に「健康で文化的な最低限度の生活」を保障し，そのための社会的使命を国に課している。

⑵　最多有権者数のA選挙区の場合，議員1人当たりの有権者数は115万人。最少有権者数のD選挙区の場合，議員1人当たりの有権者数は24万人。A選挙区有権者の1票は，D選挙区有権者の1票の約5分の1の価値。日本国憲法第14条「法の下の平等」に違反している。

⑶　**ア**と**イ**は国会の役割，**エ**は裁判所の役割である。

⑷　NPO（非営利団体）は，Non-Profit Organizationの略。日本では特定非営利活動促進法によって法律的に活動が認められている。**イ**は国連平和維持活動，**ウ**は国際労働機関，**エ**は世界貿易機関の略称。

⑸　「先進国と発展途上国の間」の問題は南北問題で，経済格差が最大の原因。1970年代～1980年代には，発展途上国の間にも経済発展に成功した国と経済発展に遅れた国との格差が拡大し，南南問題に発展した。

7　1　人口が最も多い州はアジア州，2位がアフリカ州。人口増加率ではアフリカ州が1位。

2　1994年，国連開発計画（UNDP）は，食料不足，貧困，難民問題，自然災害，環境破壊などの諸問題の解決には，地球規模，国家規模の対策とともに，各個人の健康や自尊心，人権などを守る視点，つまり「人間の安全保障」の考え方が必要であることを提唱した。

3　**ア**は1968年，**イ**は1938年，**ウ**は1999年。**エ**は1946年で，前年に新選挙法が公布された。

4　「さまざまな子育て支援」のうち，表の②の「具体的な内容」の各項目は，いずれも場所に関すること，③の「具体的な内容」の各項目は，いずれも資金に関することを述べている。

栃木県立高校入試(H30)

数　学　【解答・解説】

数学採点基準　(総点 100 点)

〔注意〕 1　この配点は，標準的な配点を示したものである。
2　定められた答えの欄に答えが書かれていないときは，点を与えない。
3　指示された答えと違う表現で答えの欄に記入されていても，正答と認められるものには，点を与える。
4　採点上の細部については，各学校の判断によるものとする。

問	題	正		答	配	点		
1	1	-4	2	$2xy^4$	2 点× 14	28		
	3	$4\sqrt{2}$	4	$x^2+8x+16$				
	5	$(a=)\dfrac{-2b+7c}{5}$	6	$6x+y<900$				
	7	$(x=)\dfrac{3}{2}$	8	$\dfrac{35}{3}\pi(\mathrm{cm}^3)$				
	9	$(x=)2$，$(y=)-3$	10	$(x=)-1$，7				
	11	正十二角形	12	79(度)				
	13	0.3	14	-5				
2	1	(例) 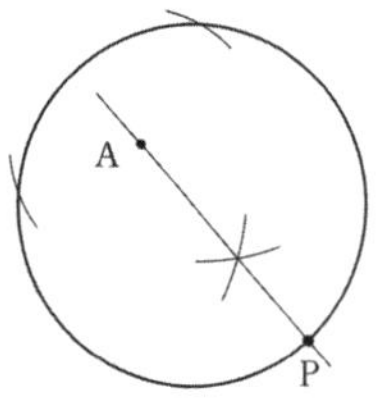	2	$\dfrac{5}{12}$	1 は 4 点 2 は 4 点 3 は 4 点	12		
			3	$(a=)7$				
3	1	(例) 5 円硬貨の枚数が b 枚なので，1 円硬貨の枚数は，$(36-b)$ 枚と表される。 よって $a=5b+(36-b)$ $=4b+36$ $=4(b+9)$ b は整数だから，$b+9$ も整数である。 したがって，a は 4 の倍数である。			1 は 6 点 2 は 6 点	12		
	2	(例) 直方体 Q の体積と直方体 R の体積は等しいので $(4+x)(7+x)\times 2=4\times 7\times(2+x)$ $x^2+11x+28=14x+28$ $x^2-3x=0$ $x(x-3)=0$ $x=0$，3 $x>0$ だから $x=3$ 答え $(x=3)$						

<table>
<tr><th colspan="2">問　題</th><th colspan="4">正　　　　答</th><th colspan="4">配　　　点</th></tr>
<tr><td rowspan="2">4</td><td>1</td><td colspan="4">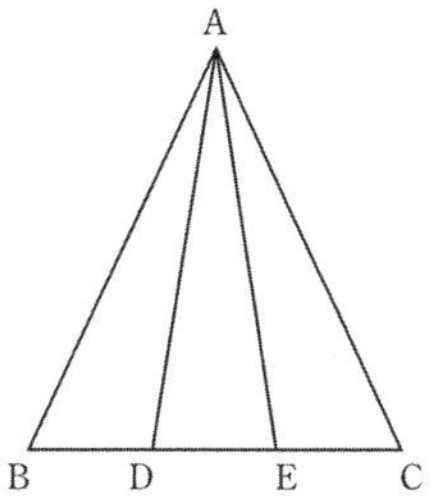

(例)
△ABE と△ACD において
仮定より AB = AC　……①
△ABC は二等辺三角形だから
∠ABE = ∠ACD　……②
仮定より BD = CE　……③
ここで
BE = BD + DE　……④
CD = CE + DE　……⑤
③，④，⑤より
BE = CD　……⑥
①，②，⑥より
2 組の辺とその間の角がそれぞれ等しいから
△ABE ≡ △ACD</td><td rowspan="2">1 は 7 点
2 (1)は 3 点
2 (2)は 4 点</td><td rowspan="2">14</td><td rowspan="2"></td><td rowspan="2"></td></tr>
<tr><td>2</td><td>(1)</td><td>$180-2a$(度)</td><td>(2)</td><td>36π(cm^2)</td></tr>
<tr><td rowspan="4">5</td><td rowspan="2">1</td><td>(1)</td><td colspan="3">($a=$) 6</td><td rowspan="4">1 (1)は 2 点
1 (2)は 6 点
2 (1)は 2 点
2 (2)は 2 点
3 は 5 点</td><td rowspan="4">17</td><td rowspan="4"></td><td rowspan="4"></td></tr>
<tr><td>(2)</td><td colspan="3">(例)
2 点 P，Q が A を出発してから 10 秒後から 15 秒後までのグラフの傾きは
$\dfrac{0-600}{15-10}=-120$
であるから，x と y の関係の式は $y=-120x+b$ と表される。
グラフは点(15, 0)を通るから
$0=-120\times15+b$
よって $b=1800$
したがって，求める式は $y=-120x+1800$
答え($y=-120x+1800$)</td></tr>
<tr><td>2</td><td>(1)</td><td>ウ</td><td>(2)</td><td>ア</td></tr>
<tr><td>3</td><td colspan="4">$\dfrac{190}{9}$(秒後)</td></tr>
<tr><td rowspan="3">6</td><td>1</td><td colspan="2">2 (cm)</td><td>2</td><td>$n+3$ (枚)</td><td rowspan="3">1 は 2 点
2 は 3 点
3 は 6 点
4 は 6 点</td><td rowspan="3">17</td><td rowspan="3"></td><td rowspan="3"></td></tr>
<tr><td>3</td><td colspan="4">(例)
$\begin{cases} x+y=12 & \cdots\cdots① \\ x=2y & \cdots\cdots② \end{cases}$
②を①に代入すると
$2y+y=12$
$y=4$
②に代入すると
$x=8$
これらの解は問題に適している。
答え($x=8$，$y=4$)</td></tr>
<tr><td>4</td><td colspan="4">($a=$)21, 32, 40</td></tr>
</table>

実戦編◆数学　解答・解説

県立 H30

1 1　$(-12)\div 3=-(12\div 3)=-4$

2　$\frac{1}{4}xy^3\times 8y=\frac{xy^3\times 8y}{4}=2xy^4$

3　$\sqrt{2}+\sqrt{18}=\sqrt{2}+3\sqrt{2}=4\sqrt{2}$

4　$(x+4)^2=x^2+2\times x\times 4+4^2=x^2+8x+16$

5　$5a+2b=7c$，$2b$を右辺に移項して

$5a=-2b+7c$，$a=\frac{-2b+7c}{5}$

6　1個 x g のトマト6個で $6x$ g，y g の箱に入れると重さの合計は $(6x+y)$ g
これが900gより軽いから　$6x+y<900$

7　$5:(9-x)=2:3$，$5\times 3=2\times(9-x)$，
$15=18-2x$，$2x=3$，$x=\frac{3}{2}$

8　底面積が $5\pi\,\mathrm{cm}^2$，高さが 7 cm の円錐の体積は　$\frac{1}{3}\times 5\pi\times 7=\frac{35}{3}\pi\,(\mathrm{cm}^3)$

9　$x-2y=8$…①　　$3x-y=9$…②
②×2－①より　$5x=10$，$x=2$　これを②に代入して　$3\times 2-y=9$，$y=-3$

10　$x^2-6x-7=0$，$(x+1)(x-7)=0$，
$x+1=0$，$x-7=0$　より　$x=-1$，7

11　1つの内角が150°である正 n 角形の外角は　$180^\circ-150^\circ=30^\circ$　正 n 角形も n 角形も外角の和は360°だから　$30^\circ\times n=360^\circ$，
$n=12$　より　正十二角形。

12　かどを通り ℓ，m に平行な直線をひく。平行線の同位角，錯角は等しいから
$\angle x=43^\circ+36^\circ=79^\circ$

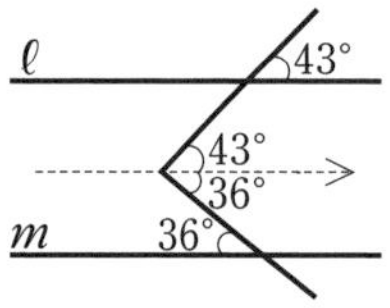

13　度数が最も多いのは，130cm以上150cm未満の階級で12人。全員で40人いるから，
相対度数は　$12\div 40=0.3$

14　$y=-x^2$について，xの値が1から4まで増加するときの変化の割合は
$(1+4)\times(-1)=-5$　のように計算できる。

2 1　点Aとの距離が最も長い円周上の点Pは，Aを通る直径の両端のうち，Aから遠い方の点。Aを中心とする円と円周との交点をB，Cとする。B，Cを中心とする半径の等しい円をかき，交点とAと通る直線をひく。

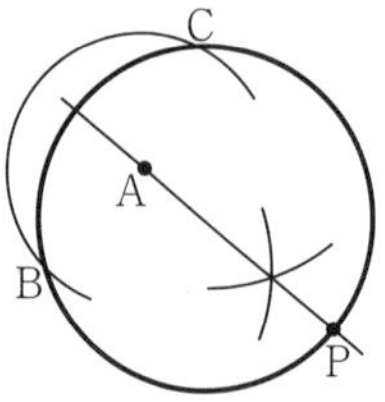

2　カードは1枚ずつ2回ひくから1回目4通り，2回目，1枚減って3通り。全部で　$4\times 3=12$(通り)

12	13	14
21	23	24
31	32	34
41	42	43

素数は13，23，31，41，43の5通りで　$\frac{5}{12}$

3　$x=2$ を $y=\frac{a}{x}$，
$y=-\frac{5}{4}x$ に代入して
$y=\frac{a}{2}$，$y=-\frac{5}{2}$
$\mathrm{A}\left(2,\ \frac{a}{2}\right)$，$\mathrm{B}\left(2,\ -\frac{5}{2}\right)$
$\mathrm{AB}=\frac{a}{2}-\left(-\frac{5}{2}\right)$
$=\frac{a+5}{2}$，$\frac{a+5}{2}=6$ より $a+5=12$，$a=7$

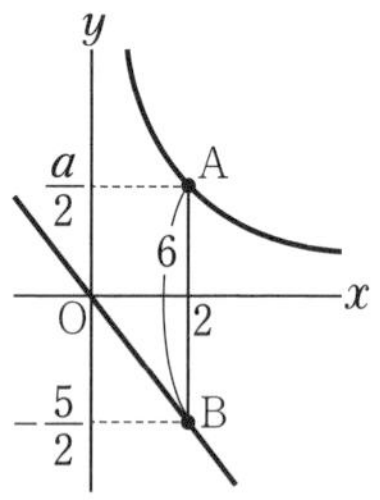

3 1　5円硬貨が b 枚だから，1円硬貨は $(36-b)$ 枚。合計金額 a 円は
$a=5b+1\times(36-b)=4(b+9)$，$b+9$ は整数だから $4(b+9)$ は4の倍数である。

2

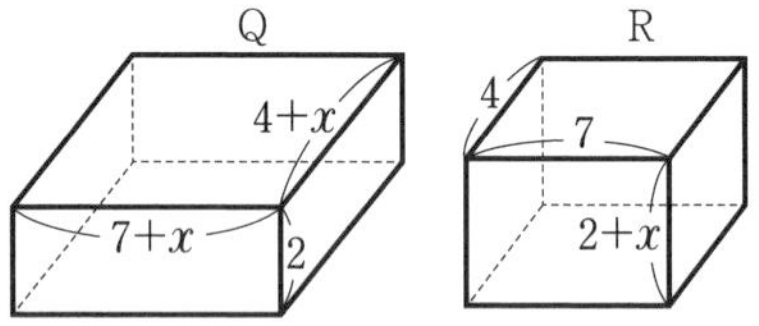

直方体Qと直方体Rの体積は等しいから
$(4+x)(7+x)\times 2=4\times 7\times(2+x)$
$x^2-3x=0$，$x(x-3)=0$，$x>0$ で $x=3$

4 1　AB＝AC，
∠ABE＝∠ACD
BE＝BD＋DE
CD＝CE＋DE
BD＝CEより
BE＝CDを導く。
BE＝BC－CE
CD＝BC－BD　のようにも表せる。

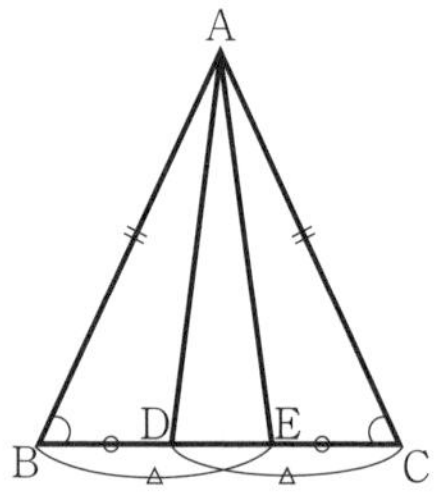

2 (1)　△OEDはOE＝ODの二等辺三角形。∠OED＝∠ODE＝a°
ABは円Oの直径で∠BCA＝90°
∠ODA＝90°より OD∥BC　同位角は等しいから∠OBC＝∠EOD＝$180^\circ-2a^\circ$

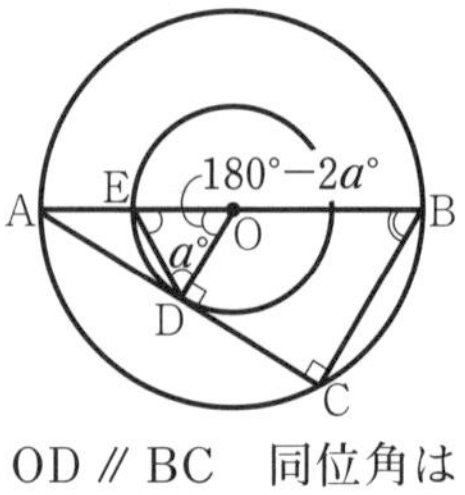

(2)　Oは辺ABの中点。
OD∥BC よりDは辺ACの中点になる。
$\mathrm{AD}=12\div 2=6$
$\mathrm{OE}=\mathrm{OD}=4\div 2=2$，$\mathrm{AO}=\sqrt{6^2+2^2}$
$=\sqrt{40}=2\sqrt{10}$　色のついた部分の面積は
$\pi\times(2\sqrt{10})^2-\pi\times 2^2=40\pi-4\pi=36\pi$

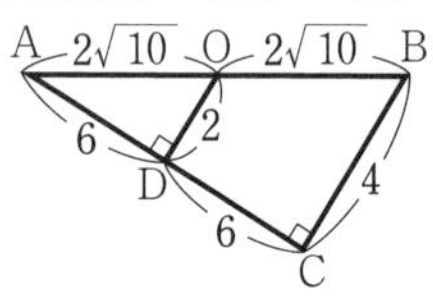

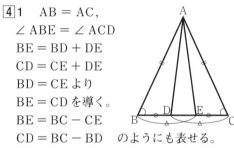

5 **1** (1)　$0 \leqq x \leqq 10$ のとき，$y=ax^2$　このグラフは点(10，600)を通るから
$600=a\times10^2$，$100a=600$，$a=6$

(2)　2点(10，600)，(15，0)を通る直線の式を求めてもよい。$y=mx+n$ とすると
$600=10m+n$…①　　$0=15m+n$…②
①，②より $m=-120$，$n=1800$ だから
$y=-120x+1800$

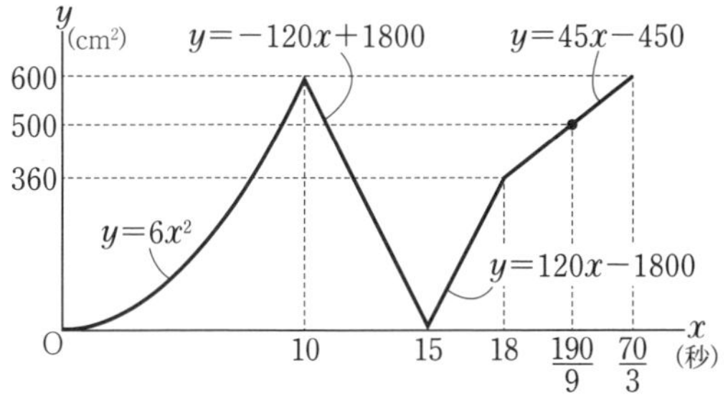

2 (1)　出発してから18秒後，点Pは毎秒3cmで進むから $3\times18=54$，Bからでは $54-30=24$(cm)進む。点Qは毎秒 5 cm で進むから $5\times18=90$，AC＋CB＝50＋40＝90(cm)だから，点QはB上にあり，**ウ**。

(2)　$x=15$ のとき $y=0$ になるから，15秒後2点P，Qは辺BC上ですれ違う。18秒後点Pは $3\times18=54$(cm)進み，点QはB上にあるから PQ＝PB＝$54-30=24$(cm)
$y=24\times30\div2=360$　$15\leqq x\leqq18$ のとき，直線は2点(15，0)，(18，360)を通る。これを $y=cx+d$ とすると　$0=15c+d$，
$360=18c+d$ より $c=120$，$d=-1800$，
$y=120x-1800$　また，点PはAからCまで　$(30+40)\div3=\frac{70}{3}$(秒)かかる。PがC上に着くとき，PQ＝CB＝40cm だから　$y=40\times30\div2=600$　$18\leqq x\leqq\frac{70}{3}$ のとき，直線は2点(18，360)，$\left(\frac{70}{3}，600\right)$ を通る。これを $y=ex+f$　とすると
$360=18e+f$，$600=\frac{70}{3}e+f$　となるから
$e=45$，$f=-450$ より　$y=45x-450$
18秒後からの変化の割合は45，15秒後から18秒後までの変化の割合は120だから，18秒後からの変化の割合の方が小さく(直線の傾きが小さく)，(I)のグラフが適し，**ア**。

3　△APQ の面積が 3 度目に 500 cm² になるのは $18\leqq x\leqq\frac{70}{3}$ のとき。$y=45x-450$ に $y=500$ を代入して　$500=45x-450$
$45x=950$，$x=\frac{950}{45}=\frac{190}{9}$(秒後)

6 **1**　$a=4$，$b=6$ の長方形の紙は，図のように切り取ることができる。3枚の正方形のうち，最も小さい正方形の1辺は 2 cm

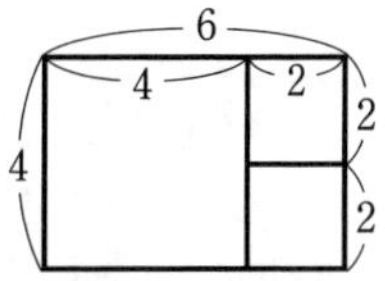

2

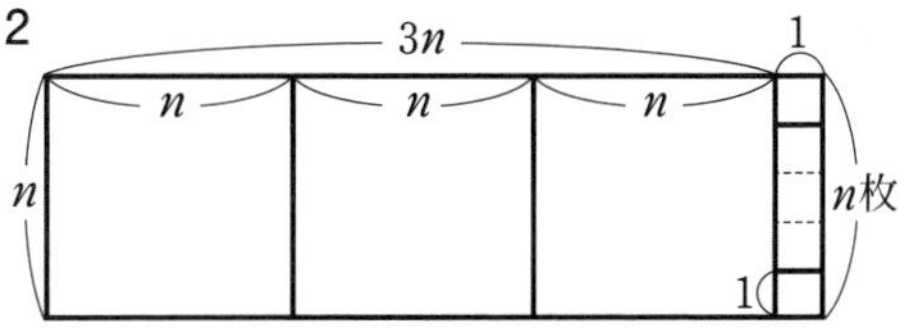

$a=n$，$b=3n+1$ のとき，上の図のように1辺が n cm の正方形が3枚，1辺が1 cm の正方形が n 枚できる。正方形は全部で　$(n+3)$枚。

3　4枚の正方形は図のようになるから
$x+y=12$…①
$x=2y$…②
②を①に代入して
$2y+y=12$，$y=4$　②より $x=2\times4=8$

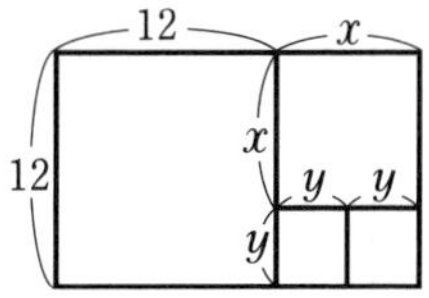

4　3種類の大きさの異なる正方形の1辺の長さを，長い方から順に a cm，ℓ cm，m cm とする。正方形は全部で5枚だから
$5=1+1+3$，$1+2+2$　さらに，1辺の長さが最も短い m cm の正方形の枚数が最も多くなることを1，2，3でみつける。

(i)　a が1枚，ℓ が1枚，m が3枚の場合
$a+\ell=56$…①
$\ell+m=a$…②
$\ell=3m$…③
①，②より
$2\ell+m=56$…④
③，④より $\ell=24$，$m=8$，②より $a=32$

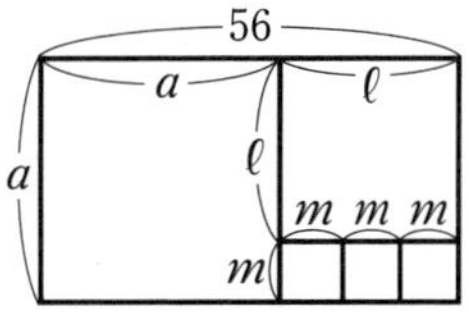

(ii)　a が1枚，ℓ が2枚，m が2枚の場合
$a+\ell=56$…①
$2\ell+m=a$…②
$\ell=2m$…③
①，②より
$3\ell+m=56$…④
③，④より
$\ell=16$，$m=8$，$a=2\times16+8=40$

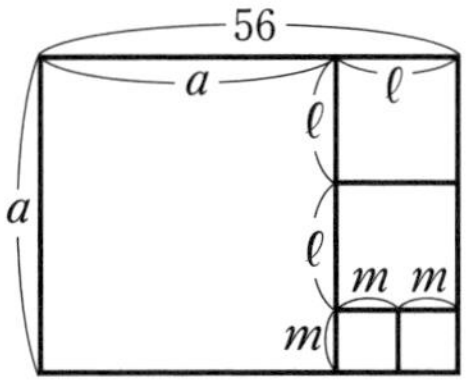

(iii)　a が2枚，ℓ が1枚，m が2枚の場合
$2a+\ell=56$…①
$\ell+m=a$…②
$\ell=2m$…③
①，②より
$3\ell+2m=56$…④　　③，④より $\ell=14$，
$m=7$　②より　$a=14+7=21$
したがって　$a=21$，32，40

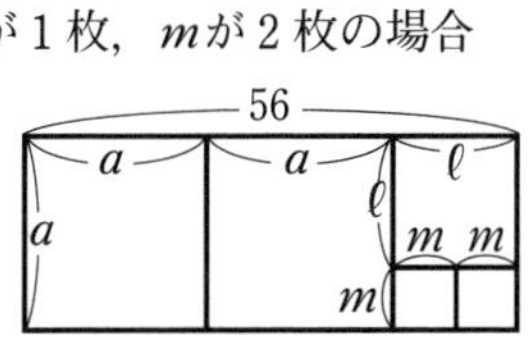

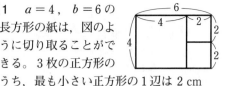

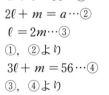

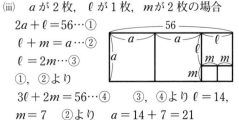

栃木県立高校入試(H30)

理　科　【解答・解説】

(平 30)

理科採点基準

(総点 100 点)

〔注意〕
1 この配点は，標準的な配点を示したものである。
2 定められた答えの欄に答えが書かれていないときは，点を与えない。
3 指示された答えと違う表現で答えの欄に記入されていても，正答と認められるものには，点を与える。
4 定められた数より多く答えたときは，点を与えない。
5 採点上の細部については，各学校の判断によるものとする。

問題		正答	配点	
1	1	(ウ)	2 点× 8	16
	2	(ア)		
	3	(イ)		
	4	(ウ)		
	5	(炭 素)		
	6	(125)J		
	7	(組 織)		
	8	(露 点)		
2	1	(鉱 物)	1 は 3 点	9
	2	(ア)	2 は 3 点	
	3	日本の上空では (例) 偏西風が吹いているから。	3 は 3 点	
3	1	(ウ)	1 は 2 点	11
	2	(例) 火のついたマッチを試験管 Y の口に近づける。	2 は 3 点	
	3	(エ)	3 は 2 点	
	4	① (Na_2CO_3) ② (CO_2)	4 は 4 点	
4	1	(イ)	1 は 2 点	9
	2	① (花粉管) ② (精細胞)	2 は 4 点	
	3	(例) 親と同じ形質をもつイチゴを育てることができる。	3 は 3 点	
5	1	(20)Ω	1 は 2 点	12
	2	電圧(3.0)V 電流(250)mA	2 は 4 点	
	3	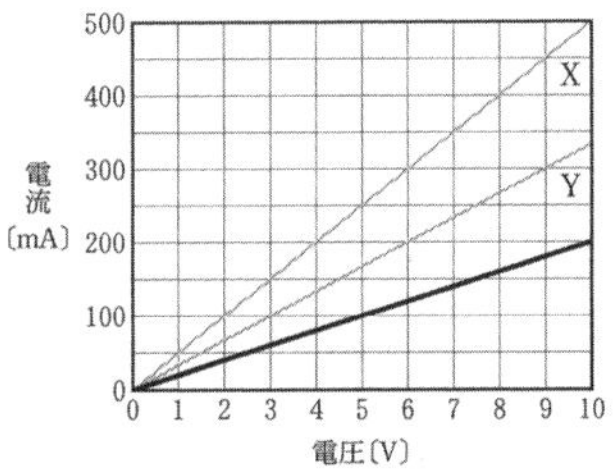	3 は 3 点	
	4	(ア)	4 は 3 点	
6	1	試験管 C(ショ糖) 試験管 D(ミョウバン)	1 は 4 点	10
	2	(5.8)g	2 は 2 点	
	3	濃度(38)% 温度(ウ)	3 は 4 点	
7	1	(エ)	1 は 2 点	12
	2	(皮 ふ)	2 は 3 点	
	3	(0.21)秒	3 は 3 点	
	4	(例) 刺激の信号が脳を通らずに，せきずいから筋肉に伝わるから。	4 は 4 点	
8	1	(イ)	1 は 2 点	9
	2	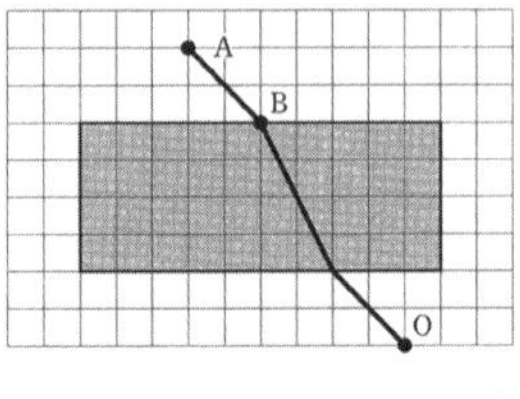 見え方(ア)	2 は 4 点	
	3	(全反射)	3 は 3 点	
9	1	(恒 星)	1 は 2 点	12
	2	(エ)	2 は 2 点	
	3	① (球 形) ② (自 転)	3 は 4 点	
	4	(0.5)度	4 は 4 点	

1　1　アサガオの花弁は互いにくっついているので合弁花であるが，サクラ，アブラナ，チューリップの花弁はひとつひとつ離れているので，離弁花に属する。

2　pHは酸性やアルカリ性の強さの程度を表す数値(最大で14)で，7が中性，7より小さいと酸性，7より大きいとアルカリ性である。レモン汁は酸性なので，7より小さい数値を選ぶ。

3　右ねじが進む向きに電流を流すと右ねじを回す向きに磁界ができる(右ねじの法則)。上から下に向かって電流が流れた場合は**ア**のような向きの磁界ができる。問題のように下から上に電流が流れた場合は，**ア**と反対向きの**イ**の磁界ができる。

4　ある時期だけに栄えて広い範囲にすんでいた生物の化石からは，地層が堆積した地質年代を知ることができる。このような化石を示準化石といい，フズリナや三葉虫は古生代の示準化石である。

5　有機物には必ず炭素原子が含まれている。しかし，炭素原子が含まれる化合物の中には，二酸化炭素のように無機物に分類されるものも一部ある。

6　**仕事〔J〕＝物体に加えた力〔N〕×**
力の向きに移動させた距離〔m〕　より
25〔N〕×5〔m〕＝125〔J〕

7　形やはたらきが同じ細胞の集まりを組織といい，組織が集まって特定のはたらきをするものを器官と言う。ヒトでは目，耳，心臓などが器官である。被子植物では，葉，茎，根などが器官にあたる。器官が集まって個体がつくられている。

8　飽和水蒸気量は，温度が高くなると大きくなり，温度が低くなると小さくなる。気温が下がると空気中の水蒸気の量が飽和水蒸気量と同じ値になり，それ以上空気中に存在できないので，水滴ができ始める。このときの温度が露点である。

2　1　マグマが噴出して，冷えて固まってできた結晶を鉱物という。石英や長石などは鉱物である。

2　ねばりけが強いマグマには無色の鉱物が多く含まれるため，白っぽく見える。これに対し，ねばりけが弱いマグマには有色の鉱物が多く含まれるため，黒っぽく見える。鹿沼土は白っぽく見えるので，無色の鉱物を多く含み，赤城山のマグマはねばりけが強いと思われる。マグマのねばりけが強いと激しく爆発的な噴火になる。

3　日本の上空では偏西風とよばれる風が西から東にふいている。日本付近の天気が西から東に変わっていくことが多いのも偏西風の影響による。

3　1　炭酸水素ナトリウムのような固体を試験管で加熱する場合，発生した水が加熱部分にふれて試験管が割れたりすることがないように，試験管の口を少し下げて加熱する。

2　水素にマッチの火を近づけると爆発的に燃える。

3　試験管Yの中の気体が酸素であれば，線香の火が激しく燃える。二酸化炭素の中に線香の火を入れると火が消えるが，火が消えただけで試験管Yの中の気体が二酸化炭素だと断定することはできない。なぜなら，仮に試験管Yの中の気体が窒素だとしても，線香の火は消えるからである。この場合確認できるのは「酸素でない」ことだけである。試験管Yに石灰水を加えて振り混ぜ，白く濁れば二酸化炭素だと断定できる。

4　炭酸水素ナトリウムを熱分解したあとに残る白色の固体は炭酸ナトリウムであり，発生する気体は二酸化炭素である。炭酸ナトリウムの化学式はNa_2CO_3である。

4　2　精細胞と卵細胞が受精して増える増え方を有性生殖という。

3　親のからだの一部を分けて育てる増やし方は，無性生殖とよばれ，親の形質をそのまま受け継ぐ。

5　1　抵抗器Xは，**図2**より，電圧が10Vのとき電流が500mAなので，
10〔V〕÷　0.5〔A〕＝20〔Ω〕
同様に，抵抗器Yの抵抗は
9〔V〕÷　0.3〔A〕＝30〔Ω〕　である。

2　15Vの－端子につないであるので，電圧計の読みは3.0Vである。抵抗器Xと抵抗器Yにはどちらにも3.0Vの電圧がかかっていることになる。回路全体の抵抗をRとすると

$$\frac{1}{R}=\frac{1}{20}+\frac{1}{30}\quad \text{より}\quad R=12〔\Omega〕$$

よって回路に流れる電流は

$$\frac{3.0〔V〕}{12〔\Omega〕}=0.25〔A〕=250〔mA〕$$

3　実験(4)は，抵抗器Xと抵抗器Yの直列回路なので，回路全体の抵抗は
20〔Ω〕＋30〔Ω〕＝50〔Ω〕

となる。よって電圧が10Vのときの電流は
10〔V〕÷50〔Ω〕＝0.2〔A〕
この点と原点を直線で結ぶ。

4　消費する電力は電流と電圧の積である。直列つなぎ(**図4**)と並列つなぎ(**図3**)では並列つなぎの方がそれぞれの抵抗器にかかる電圧は大きい。さらに，**図3**の場合，抵抗の値が小さい方が流れる電流は大きいから，抵抗器Xの消費電力が最も大きい。

6　1　物質A～Dはそれぞれ8.0gを10gの水に溶かしたので，100gの水に換算すると，80g溶かしたことになる。グラフより，20℃で80g以上溶けるのはショ糖だけなので，試験管Cはショ糖である。次に，ショ糖以外で60℃ですべて溶けるのは，グラフより，硝酸カリウムだけなので，Bは硝酸カリウムである。10℃にしたとき，AとCでは新たに出てくる結晶はほとんど見られなかったことから，Aは温度が変わっても溶解度の値がほとんど変わらない塩化ナトリウムであると推測できる。硝酸カリウムとミョウバンは，10℃まで温度を下げると溶解度が著しく小さくなるので，結晶がでてくる。よってDはミョウバンである。

2　グラフより，硝酸カリウムは10℃の溶液では100gの水に22gまで溶ける。よって10gの水には2.2gまでしか溶けないので，
8.0〔g〕－2.2〔g〕＝5.8〔g〕
の結晶が出てくる。

3　60℃では3.0gの硝酸カリウムが5.0gの水にすべて溶けたので，その質量パーセント濃度は

$$\frac{3.0}{3.0+5.0}\times 100 = 37.5\,〔\%〕$$

これを四捨五入すると38％となる。
また，5.0gの水を100gの水に換算するために，3.0gの硝酸カリウムを20倍すると，水100gに60gの硝酸カリウムが溶けている溶液ということになる。グラフより，溶解度が60gになるのは38℃くらいである。よって最も近いのは40℃となる。

7　1　ひじの関節をはさんで肩側の骨についている2つの筋肉は，互いに向き合うように，関節をまたいで手首側の2つの骨についている。筋肉は，縮むことはできるが，自らのびることはできない。2つの筋肉のどちらか一方が縮むと，もう一方がのばされるので，うでを曲げたりのばしたりすることができる。

2　外部から刺激を受け取るのが感覚器官である。ヒトの感覚器官は，目，耳，鼻，舌，皮ふなどである。感覚器官には刺激を受け取る特定の細胞があり，刺激を電気的な信号に変える。

3　Aが信号を受け取ってから反応するまで(Jが手をにぎるのを見てストップウォッチを押すまで)にかかった0.26秒と，残りの9人が信号を受け取ってから反応するまでにかかった時間の合計が2.17秒なので
(2.17－0.26)÷9＝0.212〔秒〕

4　感覚器官(この実験では右手)で受け取った刺激は，電気信号となり，感覚神経→せきずい→脳→せきずい→運動神経→運動器官と伝わるが，熱いものにふれたときに手を引っこめるような無意識の反応は，感覚器官→感覚神経→せきずい→運動神経→運動器官と伝わり，脳を通らないので，刺激を受けてから反応が起きるまでの時間が短い。このように意識とは無関係に反応が起こることを反射という。

8　1　屈折角とは，境界面に垂直な線と屈折した光のなす角をいう。

2　2本のまち針が重なって見えることから，点Aと点Bをつなぐ線を引き，それと平行な線を点Oからガラスの前面まで引く。さらにその点(点Pとする)から点Bに向かって線を引く。点Oから見ると，まち針は点Pの延長線上に立っているように見える。

3　光が水やガラスから空気中に進むとき，入射角が大きくなると，屈折角が90°を越えるので屈折して進む光はなくなり，すべての光が反射してしまう。

9　1　太陽が恒星であるのに対して，地球は，自ら光を出さず，太陽のまわりを回っている惑星である。

2　太陽は水素を多くふくむ高温の気体のかたまりである。太陽の表面温度が約6000℃，黒点の温度は約4000℃である。

3　黒点の形に注目すると，周辺付近ではだ円形に近い形をしているが，中央付近では円形に近い。このことから太陽の形状は球形であると考えられる。また，黒点の位置が少しずつ移動していることから，太陽は自転していると考えられる。

4　太陽の日周運動を考えると，360°を24時間で回るので，1時間(60分)で15°移動することになる。よって2分では
60：15＝2：x　　x＝0.5〔度〕

栃木県立高校入試(H30)

英　語　【解答・解説】

(平30)

英語採点基準　(総点100点)

〔注意〕
1　この配点は，標準的な配点を示したものである。
2　定められた答えの欄に答えが書かれていないときは，点を与えない。
3　指示された答えと違う表現で答えの欄に記入されていても，正答と認められるものには点を与える。
4　定められた数より多く答えたときは，点を与えない。
5　採点上の細部については，各学校の判断によるものとする。

問	題	正答	配点			
1	1	(1) (イ) (2) (エ) (3) (ウ) (4) (ア) (5) (イ)	2点×5	26		
	2	(1) ① (エ) ② (イ) (2) ① (ウ) ② (ア)	2点×4			
	3	(1) (2時58分) (2) (3時12分)	2点×4			
		(3) (食べ物と飲み物) (4) (左(側))				
2	1	(1) (イ) (2) (エ) (3) (ア) (4) (ア)	2点×6	18		
		(5) (エ) (6) (ウ)				
	2	(1) (イ → ウ → ア → エ) (2) (ウ → イ → エ → ア)	2点×3			
		(3) (ウ → オ → イ → エ → ア)				
3	1	(例) アグスが毎朝，納豆を食べていること。	2点	12		
	2	① (popular) ② (use)	2点×2			
	3	(ウ)	2点			
	4	(例) テンペを使った多くの種類の日本の食べ物の作り方について考えること。	4点			
4	1	(1) (例1) I like collecting (例2) One of my hobbies is collecting	2点	16		
		(2) (例1) I want to be (例2) My dream is to become	2点			
	2	(1) (例1) Which do you like to eat (例2) Which fruit do you want	3点			
		(2) (例1) can you give me a cup of (例2) may I have some	3点			
	3	(例1) I agree. I often go to the library. The library is quiet, so I can study hard. There are many kinds of books. When I have some questions, I can read books to find the answers.	6点			
		(例2) I don't agree, because it takes a lot of time for me to go to the library. At home, I don't need to think about other people. I like to study in my room. I can also use my own computer to do my homework.				
5	1	(例) He drew the faces of his friends (on it).	3点	14		
	2	(イ)	2点			
	3	(例) 絵を描くことを楽しむこと。	3点			
	4	(エ) (カ)	3点×2 順不同			
6	1	(eat)(tomatoes (them))	3点	14		
	2	① (many cold days) ② (enough food)	2点×2			
	3	((例) トマトには注意して水をあげなければならないということ。)	2点×2 順不同			
		((例) トマトには強い太陽の光が必要だということ。)				
	4	(save)	3点			

1　話の展開がわかりにくいことがある。文字で確認してから，再び音声を聞くとよい。

1　選択肢から問題を予想できることがある。

(1)　過去の時期をたずねている。

(2)　命令に対する典型的な返答を選ぶ。

(3)　場所が質問されている。

(4)　好きな食べ物を答える。

(5)　時間に注目する。過去のこと。

2　(1)　曜日などに注意しながら聞く。

①　Sunday is better for meからわかる。

②　tomorrowが文末にあるので注意。

(2)　図を見ながら聞いてみよう。

①　between ～ and …に注意。間のこと。

②　I want her to ～の部分からわかる。

3　場所と時刻に注意。特に場所に注意。

(1)(2)　到着はstop，発車はleaveで表されている。

(3)　something to eat and drinkの部分。

(4)　From Stone River to Moon Lake の中にOld Bridgeがあるので，左。

2 1　(　　)の前後と文章の内容を読み取ることが大切。2　基本的な文型の語順の問題。

1 (1)　Yesterdayとあるので過去形のmade。

(2)　speechを指す代名詞はit。

(3)　文脈から緊張していた(nervous)ことがわかる。

(4)　decideに動詞を続けるにはtoが必要。

(5)　living～でmy friendを修飾する。

(6)　後に前置詞を使わないのはvisit。

2 (1)　don't have to～＝「～する必要がない」になる。

(2)　give ～ …の語順。madeは後ろからa toyを修飾する。

(3)　〈Don't ＋ 命令文〉で禁止を表す。afraidは形容詞なので，命令文ではbeが必要。afraid of ～＝「～をするのを恐れる」ofに動詞続けるときは～ingになる。

3　［本文の要旨］

納豆とテンペは大豆から作られる点では共通しているが，食べ方が異なる。テンペは他の食品にまぜたり，肉の代用として使われたりすることなどをアグスが話している。

［解説］

1　直前のAgusの発言からわかる。

2　①　amongもヒント。popularになる。

②　useで「～で使う」の意味。in ～にも注意。

3　A：話題をかえる表現。B：例をあげる表現

4　直前の文をまとめる。how to ～で，「～のやり方」の意味。

4 1 (1)　趣味は，I like ～ ing，One of my hobbies is ～などで表せる。(2)　I want to be ～で，「～になりたい」を表せる。

2 (1)　選択をたずねる。Whichとorを使う。

(2)　応答からコーヒーをお願いしていることがわかる。May I have ～？Could you give me ～？などで表せる。coffeeにはa cup of をつけるとよい。

3　いろいろな意見を書く練習をすることで，表現力をあげておく。「理由→説明や事例→まとめ」の順で書いてみよう。

5　［訳例］

アキラは絵を描くのが大好きだった。アキラの祖母のキミヨさんは，以前美術の先生をしていて，アキラに絵の描き方を教えた。いつも「好きな物を描きなさい。絵を描くのを楽しみなさい」と言っていた。キミヨさんが毎月アキラに絵手紙を送ると，必ずアキラは返信をした。アキラはキミヨさんと絵手紙を交換するのがとてもうれしかった。友達が大好きだったので，最初の絵手紙には友達の顔を描いた。小学校を卒業すると，絵手紙に新しい学校の桜の花を描いた。アキラは新生活を楽しみにしていた。

中学校で，アキラは美術部に入った。秋には，絵画コンテストがあり，アキラは優勝をねらった。良い絵を描きたいと思い，再び桜の木の絵を描いた。やっと，絵を描きあげると，それは良いできだと思ったが，コンテストでは入賞できなかった。アキラはもう絵を描くことが楽しめなくなった。キミヨさんは絵手紙を送ったが，アキラは返信を出さなかった。

冬のある日，アキラの母親が，「おばあちゃんの具合が悪いの，今入院している」と言った。アキラは「本当？大丈夫なの？」と言った。お母さんは「わからないわ。行かなければならないの。一緒に行く？」と答えた。アキラは「もちろん。大丈夫かどうか知りたいよ。おばあちゃんに伝えなければ」と言った。病院に向かうあいだ，アキラは下を向いて，一言も話さなかった。

病院で，キミヨさんはベッドで何かを見ていた。アキラは「おばあちゃん。具合はどう」と言った。キミヨさんは「少し疲れたけど，大丈夫だよ。ありがとう，アキラ」と答えた。アキラは「何を見ているの」とたずねた。「あなたからの絵手紙よ。見て，これは，かわいくて素敵よ」と言った。「絵を描くのを止めちゃって，手紙に返事をできなかったんだ。おばあちゃん，ごめんなさい」とアキラは言った。キミヨさんが「アキラ，絵を描くのが好きかい？いつもあなたに大事なことを言っていたでしょう。私の言葉を覚えているかい」と言った。「好きな物を描きなさい，ということ？」とアキラが答えた。すると，キミヨさんが桜の花の絵手紙を見せて，「この絵の中の桜の花は輝いているよ，とても美しいわ。この絵を描いたときは幸せだったのでしょうね。そこからあなたの希望を感じることができるの」と言った。アキラは「だから，コンテストに向けて，一番好きな桜の木を描いたんだけど，賞が取れなかった。僕の絵はよくないんだ」と言った。キミヨさんは「アキラ，本当に私の言ったことを覚えているかい。もう一つの大切なことを忘れているよ。もしこれを覚えていたら，アキラの絵は美しくなるよ。いつでもアキラの絵は大好きだよ」と言った。

アキラは家に帰ると，好きな物を描き始めた。キミヨさんの顔を絵手紙に描いた。アキラは，再び絵を描くのを楽しんだ。

［解説］

1　第一段落の後半に，on his first picture-letterとある。この文からわかる。

2　第二，第三段落から考える。具合を心配し，手紙を出さなかったことを申し訳なく思っている。

3　Draw the things that you like and enjoy drawing pictures.の二つの内，前者はすでにあげているので，後者が答え。

4　問題文の次の部分と比較しながら読む。
ア　第一段落　**イ**　第二段落　**ウ**　第三段落の最後　**エ**　第四段落の前半　**オ**　第四段落の中央　**カ**　第五段落

6　［訳例］

これまでにトマトを栽培したことがありますか。簡単に栽培できるので，今では多くの人が家庭でトマトの栽培を楽しんでいます。世界中で多くの人々がトマトを食べます。しかしながら，ヨーロッパの人々は，昔は違いました。美しいトマトを見て楽しむだけでした。

16世紀初頭に，トマトは中央・南アメリカから運ばれました。最初のうちは，有毒な植物のように見えたので，食べませんでした。16世紀には，イタリアで寒い日が多く，食べ物がよく育たなくて，十分な食べ物がありませんでした。とうとう，ある人がトマトを食べて，食べられるくらいにおいしいことを発見しました。それから，トマトを食べ始めました。

現在では，世界中でトマトが栽培され，食べられています。トマトを栽培するときに，少なくとも二つのことを覚えておいたほうがよいでしょう。一つは，水をやるときには慎重にやらなければならないということです。水が多すぎるとトマトが死んでしまいます。二つ目は，トマトには強い日差しが必要だということです。これらの点を頭におけば，砂漠のような，とても暑く乾いた土地でさえもトマトを栽培できます。

宇宙でトマトを栽培しようという壮大な計画を知っていますか。この計画では，科学者は宇宙でトマトを育てようとしています。現在，宇宙に食料を運ぼうとすると多くの費用がかかります。もしこの計画が成功すれば，多くのお金を節約できます。宇宙に多くの食料を運ぶ必要がありません。将来，人間は宇宙で暮らすかもしれません。宇宙は暮しにくいけれども，もし新鮮なトマトのような食べ物を食べられれば，健康に良さそうですよね。だから，トマトのような新鮮な食べ物が宇宙で命を救ってくれるかもしれないと言えそうです。

［解説］

1　直前の文を見る。

2　第二段落参照。①　hadの後のmany cold daysを抜く。②　getは「手に入れる」という意味なので，enough foodを抜く。

3　First, Secondとある。その二か所をまとめる。

4　saveには，「（お金を）節約する」という意味と「（命を）救う」という意味がある。

段落以降の話の中心となる「歴史」について言及しているため適切。**イ**は「仮説」、**ウ**は「前段落までを総括」、**エ**は「例外的な場合に触れ」が読み取れず不適。

5　傍線部(2)の直後の「暦を作り～事件を暦によって管理して、記録にとどめる」という内容と関連する⑬段落中の「暦を作って時間を管理することと、記録をとること」の部分が、「歴史が成立する」条件の一つであることがわかる。また⑭段落冒頭「歴史の成立には～感覚だ」より、「因果関係があるという感覚」がもう一つの条件だと読み取れる。

6　**ウ**は「人間の心理と関連付けながら」、**エ**は「物理学的な知見に基づいて」が本文から読み取れず不適。**ア**「日本と世界の文化の比較」は⑤段落から読み取れるが、この段落は④段落の「時計とか～気持ちによる」の具体例であり、「歴史の違い」について述べているわけではないので不適。**イ**は、①～⑥段落で「時間に対する考え方」を説明し、⑦～⑯段落で歴史についての考察をしているので適切。

4

1　**ア**は、本文中に「隼」が「私」を心配しているという記述がないため不適。**イ**や**エ**は、傍線部(1)の直前に「隼」や「先生」を気遣う記述があるため不適。**ウ**は第一段落中から読み取れる。

2　傍線部(2)の五行前の「『夢の中では～悲しいじゃないか』」という「隼」の発言に対して「私」は「ばかだよね」と述べ、傍線部(2)の直後の段落から「私」の考えが読み取れる。よってこの部分をまとめる。

3　「隼」の行為とは傍線部(3)直前の「物差しを当てようとする」ことであり、これは傍線部(3)を含む段落の最後の一文を踏まえると「悲しい」という物差しを当てることと考えられる。ここの言い換えが傍線部(3)の前文「太いクレヨンで～感情は、悲しいという単語～に肩代わりさせ」る、という部分となる。本文中の表現のままだと字数条件が厳しいので、自分なりに言い換えてまとめる。

4　空欄直前の「隼」の発言からマイナスの感情が読み取れる。これに合うのは**イ**。

5　**エ**は傍線部(4)の八～四行前「『悲しいって～じいちゃんのこと』」や傍線部(4)自体から読み取れる。**ア**、**イ**は本文中から読み取れず不適。**ウ**は傍線部(2)から否定できる。

6　**ウ**は、本文中の外来語によって「隼」の心情は述べられていないため不適。**エ**は、「情景描写」が本文中にないため不適。本文では終始「私」の視点で描かれているため**イ**「登場人物それぞれの視点」は不適。**ア**は否定できる所がなく適切。

5　作文を書く際は、「何について書くのか」「条件は何か」に注意して書くこと。特に本問は、海外の中学生の訪問に際して、グループごとに日本について紹介、グループのメンバーに向けての提案という条件で、提案する文章を書くので、条件が多少複雑である。この点に注意して書くようにする。

〔作文例〕

　私達のグループでは食文化を取り上げて紹介するのがよいと考えます。食文化以外の映像メディア・科学技術等も、日本を知ってもらうという意味では、どれもすばらしい事柄だと思います。ただ、例えば映像メディアや科学技術について中学生である私達がそのすばらしさを伝えきることが出来るでしょうか。おそらくインターネット等を調べて資料をまとめるだけになってしまうでしょう。

　普段から身近に感じている郷土料理等をテーマにすることで、私達の生の声や感想を、日本に興味を持ってやってきた海外の中学生に伝えることができるのではないでしょうか。そして、そうすることで日本についてより理解してもらえると考えました。

[1]

1　訓読み二、音読み三で、標準的なものが多い。

2　書き取りも使用頻度の高いものが多い。

3　(1)　「銀杏散る」と**ウ**の「野菊」は秋の季語。**ア**は「菜の花」が春、**イ**は「粉雪」が冬、**エ**は「蝉」が夏の季語。

(2)　傍線部②と**イ**は「講演」。**ア**は「公園」、**ウ**は「後援」、**エ**は「好演」。

(3)　**ア**は「見せてもらう」の謙譲語。**イ**は先生の「見せる」という行動を「お〜する」という謙譲語にしているため不適。**ウ**と**エ**は生徒自身の「見る」という行動を「ご覧になる」「なさる」という尊敬語としているため不適。

(4)　**エ**「もし」は空欄④直後の「よかったら」という仮定表現と呼応する。

4　「花」と**エ**「葉」の部首はくさかんむり。

[2]　〈出典〉『十訓抄』から

〈現代語通釈〉

昔、西八条の舎人であった老人が、賀茂祭の日、一条東洞院の辺りに、

ここは老人(の私)が見物する予定の場所である(他の)人は(ここへ)寄ってはならない

という立て札を、夜明け前から立てていたので、人々は、その老人のしわざとは知らずに、「陽成院が、祭りを見物なさろうとしてお立てになっているようだ。」といって、人が(そこへ)寄らなかった間に、祭りの時間になって、この老人が、浅葱かみしもを着ていた。扇を開いて(あおいで)使って、得意気な様子で、祭りを見ていた。人々は、注目していた。

陽成院は、このことをお聞きになって、前述の老人をお呼びになって、院司に(事情を)尋ねさせなさったところ、「年齢は八十歳になって、見物しようという志は、まったくございませんが、今年、(自分の)孫であります男が、内蔵寮の小使で、祭りを(行列の一員として)通りますのが、あまりに見たくて、単に見物しますのには、人に踏み殺されそうに思われて、祭りの行列を安全に見物しますために、札を立てました。ただし、陽成院がご覧になるということは、全く書いておりません。」と申したところ、「そのようなこともあるだろう。」と(陽成院は)言って、(処分の)ご命令もなくて、(老人は)許された。

これは、度胸がある行動だけれども、かわいそうなほど(老人がいろいろ考えて)行動したことは、おもしろいことだ。

1　歴史的かなづかいでは、語頭以外の「はひふへほ」は「わいうえお」と読む。

2　**イ**の主語は陽成院、それ以外はすべて翁。

3　人々が立て札を見て考えたことは、本文五行目『陽成院、物御覧ぜむとて〜なめり。』から読み取れる。

4　傍線部(2)前後から、翁が、祭りを見物するのに人に踏み殺されそうだ、つまり危険だと感じて札を立てたことがわかる。よって「やすく」は「安全に」という意味となる。

5　**ウ**の「周囲が〜ある」の部分は第一段落から、また「自分の気持ちに正直」は第二段落の、祭に出ていた自分の孫を見たくて立て札を立てたという内容から読み取れる。**ア**は「涙もろく」、**イ**は「周囲の〜行動する」、**エ**は「権力者に逆らう」が本文中から読み取れない。

[3]

1　空欄の前後では①段落三〜四行目「時間にははじめもなく、終わりもない。」ということがどういうことかを言い方を変えて説明している。よって**ウ**が適切。

2　傍線部(1)直前の「そういうふうに」が指す②段落が「人工的なはかりかた」の説明となる。②段落の始めに「そういうわけで」と理由を示す言葉があることから、この指示語が指す①段落最後の「わかりやすい〜存在しない」が理由となる。解答にはこの部分とほぼ同内容の傍線部(1)直後の一文の言葉を利用してもよいだろう。

3　設問の一文中の「それ」が指す内容を空欄それぞれで確認する。「時間の感じかた」は空欄**ア**の直前の一文中の「時間の感覚」と言い換えられるのでここが適切。空欄**イ**の直前は「現代人の感覚」に限定した内容なので不適。空欄**ウ**の直前は時間の認識の仕方が集団によって異なることについて、空欄**エ**の直前は時間の管理のしかたについて述べられているため不適。

4　**ア**は、⑦段落最初の一文で「こうした時間の感覚は」と前段落までを指した上で、その内容をまとめており、また⑦段落最後の一文で、⑦

栃木県立高校入試（H30）

国語　【解答・解説】

（平30）

国語採点基準

（総点100点）

〔注意〕
1　この配点は、標準的な配点を示したものである。
2　定められた答えの欄に答えが書かれていないときは、点を与えない。
3　指示された答えと違う表現で答えの欄に記入されていても、正答と認められるものには、点を与える。
4　定められた数より多く答えたときは、点を与えない。
5　採点上の細部については、各学校の判断によるものとする。

問	題		正答	配	点
1	1	(1)	さ（く）	2	30
		(2)	そうじ	2	
		(3)	ぶたい	2	
		(4)	のうこう	2	
		(5)	かせ（ぐ）	2	
	2	(1)	打（つ）	2	
		(2)	薬局	2	
		(3)	放牧	2	
		(4)	専門	2	
		(5)	奮（い）	2	
	3	(1)	ウ	2	
		(2)	イ	2	
		(3)	ア	2	
		(4)	エ	2	
	4		エ	2	
2	1		ひらきつかいて	2	10
	2		イ	2	
	3		(例) 人々が立て札を見て 陽成院が祭見物にいらっしゃる と考えたことに対して、予想が外れたから。	2	
	4		ア	2	
	5		ウ	2	
3	1		ウ	2	20
	2		(例) 自然界には絶対的な時間の経過を示すものはないから。	4	
	3		ア	3	
	4		ア	3	
	5		(例) 暦を作って時間を管理、記録し、ものごとの因果関係を考えることが、歴史が成立するための前提条件となると筆者は考えている。	5	
	6		イ	3	
4	1		ウ	3	20
	2		(例) 先生の様子が変わってしまっても、先生の大事なものは先生の心の中に残っているということ。	4	
	3		(例) 複雑な感情を悲しいという言葉に肩代わりさせたこと。	4	
	4		イ	3	
	5		エ	3	
	6		ア	3	
5			（評価の観点） 1　形　式　目的に応じた適切な叙述であるか。字数が条件に合っているか。 2　内　容　テーマに対して、適切な具体例が挙げられているか。また、自分の考えとその理由が明確に表現されているか。 3　表現・表記　文体に統一性や妥当性があるか。主述関係や係り受けなどが適切であるか。語句が適切に使用されているか。誤字・脱字がないか。 ※　これらの項目に照らし、各学校の実態に即して総合的に評価するものとする。	20	

［実戦編］

栃木県
高校入試
の対策
2024

平成29年度
県立入試

栃木県立高校入試(H29)

社　会

【解答用紙】

(平 29)

社　会　解　答　用　紙

受　検　番　号 (算用数字ではっきり書くこと。)	番

得 点 計	

◎「得点」の欄には受検者は書かないこと。

問　題		答	え	得　点
1	1	(1) (　　　)	(2) (　　　)	
		(3) (　　　)	(4) (　　　)	
	2	(1) (　　　)〔山脈〕	(2) (　　　)〔マップ〕	
		(3) (　　　)	(4) (　　　)	
2	1	(　　　)		
	2	(1) (　　　)	(2) (　　　)	
	3	(　　　)		
	4			
3	1	(　　　)	2 (　　　)	
	3	(　　　)	4 (　　　)	
	5			
4	1	(　　　)	2 (　　　)	
	3	(　　　)	4 (　　　)	
	5	(　　　)		
	6	理由： 場所：		
	7	(　　　)		
5	1	(　　　)〔権〕	2 (　　　)	
	3			
	4	(　→　→　→　)	5 (　　　)	
6	1	(1) (　　　)	(2) (　　　)〔システム〕	
		(3) (　　　)	(4) (　　　)	
		(5) (　　　)		
	2	(1) (　　　)	(2) (　　　)	
		(3) (　　　)	(4) (　　　)	
		(5)		
7	1	(　　　)	2 (　　　)	
	3	(　　　)		
	4			

栃木県立高校入試（H29）

数　学　【解答用紙】

（平 29）

数　学　解　答　用　紙　(1)

受検番号（算用数字ではっきり書くこと。）	番

	(1)	(2)	計
得　点			

◎「得点」の欄には受検者は書かないこと。

問題		答		え	得点
1	1		2		
	3		4		
	5	$x=$	6	$a=$	
	7	$y=$	8	$x=$	
	9		10	度	
	11	$n=$	12		
	13		14	cm^3	
2	1	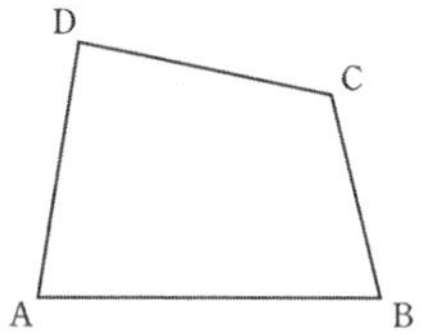	2 (1)		
			2 (2)	およそ　人	
			3	$a=$	
3	1	（証明）			
	2	答え（自宅からバス停まで　m，バス停から駅まで　m）			

数 学 【解答用紙】

(平 29)

数 学 解 答 用 紙 (2)

受 検 番 号 (算用数字ではっきり書くこと。)	番

得 点	

◎「得点」の欄には受検者は書かないこと。

問 題			答 え			得 点
4	1	(証明) 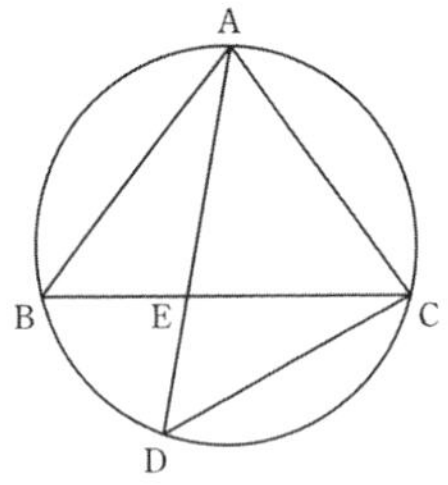				
	2	(1)	cm	(2)	S : T = :	
5	1	(1)	L	(2)	分後	
		(3)	答え( )			
	2		分 秒後			
6	1	(1)	個	(2)	cm^2	
	2		答え(x =)			
	3		個			

実戦編◆数学 解答用紙

県立 H29

栃木県立高校入試(H29)

理　科　【解答用紙】

(平 29)

理　科　解　答　用　紙

受検番号 (算用数字ではっきり書くこと。)	番

得点計	

◎「得点」の欄には受検者は書かないこと。

問	題	答					え		得点
1	1	(　　)	2	(　　)	3	(　　)	4	(　　)	
	5	(　　)			6	(　　)			
	7	(　　)			8	(　　)Ω			
2	1	(　　)			2	(　　)			
	3	染色体の数(　　)本　名称(　　)							
3	1	(　　)							
	2								
	3	(　　)g							
4	1	(　　)							
	2	月の位置(　　)　月の満ち欠け(　　)							
	3	(　　)							
5	1	(　　)							
	2	(　　)回							
	3	(　　)m							
6	1	(　　)			2	(　　)			
	3	(　　)			4	(　　)			
7	1	(　　)			2	(　　)			
	3	(　　)							
	4	柔毛をもつことで							
8	1	(　　)							
	2	①(　　)　②(　　)							
	3	(　　)%							
	4								
9	1	(　　)cm/s			2	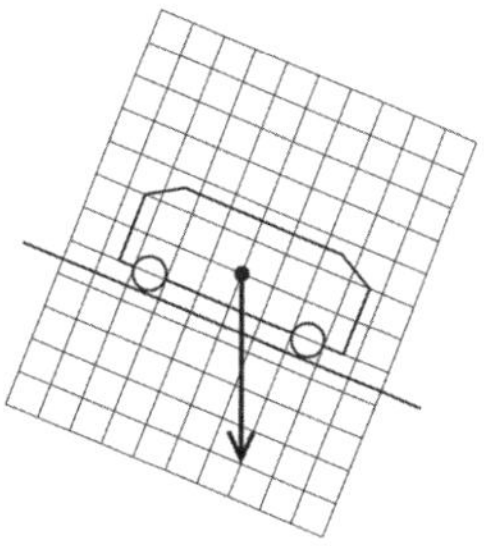			
	3	(　　)							
	4	(　　)							

(平 29)

英　語　解　答　用　紙

受検番号 (算用数字ではっきり書くこと。)	番

得点計	

◎「得点」の欄には受検者は書かないこと。

問題		答え	得点	
1	1	(1) (　　) (2) (　　) (3) (　　) (4) (　　) (5) (　　)		
	2	(1) ① (　　) ② (　　) (2) ① (　　) ② (　　)		
	3	(1) (　月　日　曜日) (2) (　　) (3) (　　) (4) (　　) (5) (　時　分) (6) (　　)		
2	1	(1) (　　) (2) (　　) (3) (　　) (4) (　　) (5) (　　) (6) (　　)		
	2	(1) (　→　→　→　) (2) (　→　→　→　) (3) (　→　→　→　→　)		
3	1	(　　)		
	2	① (　　) ② (　　) ③ (　　) ④ (　　)		
	3	(　　)		
4	1	(1) (2)		
	2	(1) (2)		
	3			
5	1	(　　)		
	2	(　　)		
	3	千秋(Chiaki)が(　　)		
	4	(　　) (　　)		
6	1	(　　) (　　)		
	2	(　　)		
	3	(　　)		
	4	(　　)		

栃木県立高校入試(H29)
国語
【解答用紙】

(平29)

国語解答用紙 (1)

受検番号 (算用数字で横書きにはっきり書くこと。)	番

得点	
(1)	
(2)	
計	

◎「得点」の欄には受検者は書かないこと。 5は「国語解答用紙(2)」を用いること。

問	題	答え	得点 小計	得点 計
1	1	(1) 速やか（　　やか） (2) 愉快 (3) 田舎 (4) 遂げる（　　げる） (5) 即興		
	2	(1) アびる（　　びる） (2) モウける（　　ける） (3) キュウシュウ (4) ハッキ (5) カンケツ		
	3	（　　　）		
	4	（　　　）		
	5	（　　　）		
	6	（　　　）		
	7	（　　　）		
2	1	（　　　）		
	2	（　　　）		
	3	□□□□□□□□□□□□□□□□□□□□□□□□□		
	4	（　　　）		
	5	（　　　）		
3	1	（　　　）		
	2	□□□□□□□□□□□□□□□□□□□□		
	3	（　　　）		
	4	（　　　）		
	5	a □□□□□□□□□□□□□□□□□□□□ b □□□□□□□		
	6	（　　　）		
4	1	（　　　）		
	2	□□□□□□□□□□□□□□□		
	3	□□		
	4	（　　　）		
	5	（　　　）		
	6	（　　　）		

栃木県立高校入試(H29)

国語 【解答用紙】

(平29)

国語解答用紙(2)

受検番号（算用数字で横書きにはっきり書くこと。） 番

得点		
甲	乙	計

5

◎受検者名と題名は書かないこと。

100字

200字

240字

300字

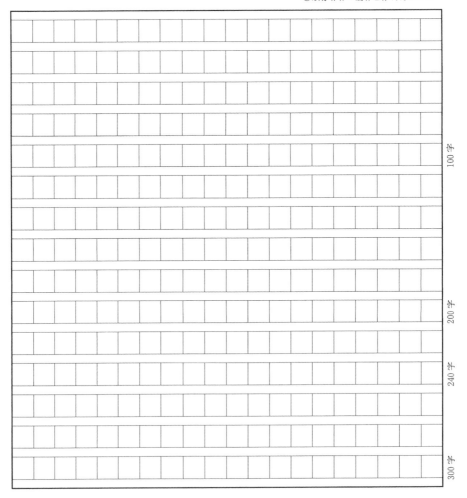

栃木県立高校入試(H29)

社 会 【解答・解説】

(平29)

社会採点基準

(総点100点)

〔注意〕 1 この配点は，標準的な配点を示したものである。
2 定められた答えの欄に答えが書かれていないときは，点を与えない。
3 指示された答えと違う表現で答えの欄に記入されていても，正答と認められるものには点を与える。
4 定められた数より多く答えたときは，点を与えない。
5 採点上の細部については，各学校の判断によるものとする。

問題		正答		配点		
1	1	(1) (ウ)	(2) (エ)	2点×4	8	16
		(3) (イ)	(4) (ア)			
	2	(1) (アンデス) 〔山脈〕	(2) (ハザード(防災)) 〔マップ〕	2点×4	8	
		(3) (学制)	(4) (公共事業)			
2	1	(エ)		2点×4	8	12
	2	(1) (イ)	(2) (エ)			
	3	(ア)				
	4	(例) エジプトと異なり，ナイジェリアには共通する言語がなかったため，同じ国内で言葉が通じないと困るので，植民地時代から使われてきた英語を公用語としたから。		4点	4	
3	1	(フォッサマグナ)	2 (ア)	2点×4	8	12
	3	(イ)	4 (ア)			
	5	(例) アルミの生産に必要な大量の電力を安く手に入れることができ，また，銅器の加工技術をアルミ加工に生かすことができたから。		4点	4	
4	1	(防人)	2 (イ)	2点×5	10	16
	3	(奉公)	4 (ウ)			
	5	(朝鮮通信使)				
	6	理由：(例) 船の輸送は，陸上の輸送よりも一度に大量のもの(米)を運ぶことができるから。 場所：(例) 宿場や街道に近い場所。		4点	4	
	7	(生糸)		2点	2	
5	1	(関税自主) 〔権〕	2 (ア)	2点×2	4	12
	3	(例) 多くの人が犠牲になったり，多額の戦費を調達するために増税が行われたりするなど，国民への負担が大きかったにも関わらず，賠償金が得られなかったから。		4点	4	
	4	(エ → ウ → ア → イ)	5 (エ)	2点×2	4	
6	1	(1) (ベンチャー企業)	(2) (POS(販売時点情報管理)) 〔システム〕	2点×5	10	22
		(3) (ウ)	(4) (イ)			
		(5) (ウ)				
	2	(1) (リンカン(リンカーン))	(2) (議院内閣制)	2点×4	8	
		(3) (条例)	(4) (エ)			
		(5) (例1) 企業を積極的に誘致することが， (例2) 地方への移住を促進することが， (例3) 誰もが活躍できる地域社会を実現することが，	人口の増加につながり，地方税の増収が見込めるから。	4点	4	
7	1	(イ)	2 (ウ)	2点×3	6	10
	3	(温室効果ガス)				
	4	(例) 日本はヨーロッパのおもな国よりも一人当たりの年間電力消費量が多いにもかかわらず，電力供給量に占める再生可能エネルギーの割合が低いこと。		4点	4	

1　1⑴　小麦やライ麦などの食用穀物と飼料用作物の栽培および家畜の飼育を組み合わせた農業は，混合農業。アルプス山脈の北側で広く行われていた。

⑵　奈良時代末期に起こった蝦夷の抵抗は，789年に阿弖流為（アテルイ）らの行動に発展したため，桓武天皇は797年に征夷大将軍坂上田村麻呂を派遣してしずめた。

⑶　「将門記」など平安時代から作られた武士の活躍を描く軍記物は，鎌倉時代に発展。中でも「平家物語」は人気が高く，おもに盲目の旅芸人琵琶法師が語り伝えた。

⑷　刑事裁判は，検察官が被疑者を起訴することで始まるから，検察官が原告，被疑者が被告人になる。

2⑴　南アメリカ大陸の太平洋岸を南北に走るアンデス山脈は，太平洋を囲む環太平洋造山帯の南東部を構成。

⑵　災害が発生する前に被害を予測し，想定できる被害状況を地図に記入した図を，国や地方公共団体が作成。

⑶　国民皆学，教育の機会均等などを理念とする近代的教育制度の確立を目指して，フランスの教育制度を取り入れて学制をつくったが，当初は反対も多かった。

⑷　道路・港湾・公園・上下水道などの社会資本の整備は，利潤追求を目的とする民間企業の仕事としてそぐわないので，国や地方公共団体が行う。

2　1　分布図を作る場合，緯線と経線が直角に交わる地図は，高緯度地方の陸地が実際より上下に拡大され，分布の疎密を正しく表現できないので不適切。

2⑴　a線は，スペイン中央部とイタリア半島南部を通り秋田県北部に至る北緯40度。b線は，赤道を挟んでa線と等距離だから南緯40度。c線と本初子午線の間隔は，赤道から北緯40度までの半分。赤道付近では同じ度数の緯線や経線の間隔はほぼ同じだから，c線は西経20度。d線は赤道からc線までのおよそ3倍だから東経60度。

⑵　ケープタウンは地中海性気候で，夏に乾燥し冬に雨が降る。南半球なので季節は北半球と反対。**図2**では下半分のうちの右半分に当てはまる。

3　モノカルチャー経済の国の輸出品は，地下資源や農林水産品。グラフ中の輸出品目が，農産品などの一次産品であるから，Xも同様の地下資源と考える。

4　この国は，民族や言語，宗教が異なる人々がモザイク状に居住するため，共通する植民地時代の言語を公用語とした。

3　1　日本アルプスは，西から飛驒・木曽・赤石の三山脈が並行。その東側には糸魚川と静岡を結ぶ構造帯（フォッサマグナ）の西縁が通り，本州を東西に分けている。

2　A市は年降水量が他の3市より多く，特に12月～2月が多いから日本海側の**ア**（新潟市）。他の3市はいずれも12月～2月の降水量が少ないが，B市は6月～8月がC市・D市に比べて多いから太平洋側の**エ**（名古屋市）。C市は，夏の降水量がD市より多いから，太平洋からの季節風の影響をD市よりも受ける**ウ**（甲府市）。

3　地形図は静岡県牧ノ原市の北部に広がる牧ノ原台地。この地域は茶の一大産地で，地図中に果樹園は見られない。

4　**ア**は出張・業務目的が主だから中京工業地帯や三大都市の名古屋を含む愛知県。**イ**は出張・業務，観光・レクリエーションともに最少だから新潟県。**ウ**は**エ**に比べて出張・業務目的が多いから，東海工業地域や静岡市・浜松市の政令指定都市を含む静岡県。**エ**は長野県。

5　**図1**は，アルミ生産に多量の電力が必要なことを示す。**図2**は，北陸電力の電力価格が全国平均に比べて安価なことを示す。**図3**は，富山県の伝統産業に，アルミ生産に通ずる技術があることを示す。

4　1　律令制度下の兵役は，成年男子3人に1人の割合で課され，国衙に属して国内の治安維持に当たる者，都の警備に行く者，大宰府で北九州の警備をする防人に分けられた。防人は，730年以後は東国出身者に限られた。

2　律令国家は，都を起点に七道（東海道，東山道など）を整え，約16km間隔で駅を設けた。駅鈴を持った公用の役人は，宿泊や馬の交換などをここで行った。

3　鎌倉幕府を支える主従関係は，将軍が武士に与える御恩，武士が将軍に対して行う奉公で成り立つ。両者が成立した場合，従となった武士を御家人と呼ぶ。

4　アは飛鳥時代末から奈良時代。イは江戸時代後期，ウは鎌倉時代，エは江戸時代中期以後に公認。中世に含まれるのは鎌倉時代。

5　「将軍の代替わりを祝うため」に派遣された朝鮮からの使節は，(朝鮮)通信使。1607年から全12回来日し，1636年の第４回から通信使の名称を使用。

6　江戸時代は，内陸諸都市と沿岸航路を結ぶ，物資の大量輸送路として河川交通が発達。それにつれて川が，宿場あるいは街道に近付く場所に河岸(川の港)が出現。

7　江戸時代末期から明治時代の輸出品の第１位は生糸であるが，輸出量で中国を抜いて第１位になったのは，1909(明治42)年ころ。このころ国内の産業革命が進んだ。

5　1　日米修好通商条約を初めとする英・露・仏・蘭との条約は，いずれも領事裁判権と日本に関税自主権が無い点が共通。

2　1854年の日露和親条約は，樺太は両国人雑居，千島列島は択捉島以南を日本領とした。1875年の樺太・千島交換条約は，樺太はロシア領，千島列島全島を日本領とした。

3　日露戦争の死者数と戦費は，日清戦争を大きく上回り，国民は重税に耐えて戦費を負担した。しかしロシアから賠償金を得られなかったため，国内各地で講和反対集会が開かれ，東京日比谷公園の集会は，参加者が暴徒化した。

4　アは1936年，イは1940年，ウは1932年，エは1918年。

5　アは1972年，イは1978年，ウは1956年，エは1951年。

6　1⑴　中小企業の中には，半導体やバイオ産業など，大企業が着目しなかった分野で冒険的な経営を行う企業がある。これらがベンチャー(冒険)企業。

⑵　商品の製造や流通，在庫管理，販売動向，顧客管理などを一括して効率的に行うのが，コンビニエンスストアーなどで利用されているPOSシステム。

⑶　地域主義はEU，ASEANなどが有名。北米自由貿易協定(NAFTA)もその一つ。

⑷　円高は，ドルに対する円の価値が上がる現象。１ドル＝123円→１ドル＝100円は大幅な円高。円高ではアの場合は安くなり，ウの場合は減り，エの場合は増える。

⑸　アの内容はメセナとよばれ，企業による利益の社会還元。イ，エの内容は，企業の本来的使命。ウの内容は価格協定で，カルテルとよばれる。

2⑴　1863年11月19日，南北戦争の激戦地ゲティスバーグで開かれた記念式典において，リンカーンが行った演説の一部。民主主義の理念を示す言葉として有名。

⑵　設問は，日本国憲法第67条〔内閣総理大臣の指名，衆議院の優越〕①と第69条〔内閣不信任決議の効果〕および第66条〔内閣の組織，国会に対する連帯責任〕をもとにした議院内閣制。

⑶　設問は，日本国憲法第94条〔地方公共団体の権能〕の「条例」を指す。

⑷　アは「20歳」が誤りで18歳，イは「首長」が誤りで「選挙管理委員会」，ウは「25歳」が誤りで30歳。

⑸　設問の「図２にある具体的な政策」は，六つの小項目を示す。六つの小項目のいずれも，地方の人口を増やして，自主財源の中心となる住民税の増加を目指す政策。

7　1　アの日本全体の発電量，ウの供給源ごとの発電量，エの発電所数は，それぞれ図１には示されていない。

2　設問文の「1955年から」始まる高度経済成長期は，「テレビなどの電化製品が普及」に象徴されるが，その終えんは「1973年に中東戦争の影響で原油価格が引き上げられ」たことがきっかけ。

3　石油，石炭，天然ガスなどの化石燃料の燃焼で生じる二酸化炭素だけでなく，フロン，メタンなど各種の気体が，温室効果をもたらしている。

4　図２は，他の３か国に比べて日本は，１人当たりの年間電力消費量が多いことを示す。図３は，他の３か国に比べて日本は，電力供給量に占める再生可能エネルギーの割合が低いことを示す。この二点を踏まえて，「持続可能な社会の実現に向けた課題」つまり，資源消費の抑制について書く。

栃木県立高校入試(H29)

数　学　【解答・解説】

(平 29)

数学採点基準　(総点 100 点)

〔注意〕 1　この配点は，標準的な配点を示したものである。

2　定められた答えの欄に答えが書かれていないときは，点を与えない。

3　指示された答えと違う表現で答えの欄に記入されていても，正答と認められるものには，点を与える。

4　採点上の細部については，各学校の判断によるものとする。

問題		正		答	配	点
1	1	-12	2	$\frac{1}{4}x$	2 点× 14	28
	3	$5a-3b$	4	$x(x-6)$		
	5	$(x=)\ 5y+7$	6	$(a=)\ 3$		
	7	$(y=)\ 4$	8	$(x=)\frac{27}{4}$		
	9	$\frac{5}{6}$	10	112(度)		
	11	$(n=)\ 5$	12	辺 BC，辺 EF		
	13	$0 \leqq y \leqq 18$	14	$\frac{32}{3}\pi(\mathrm{cm}^3)$		
2	1	(例) 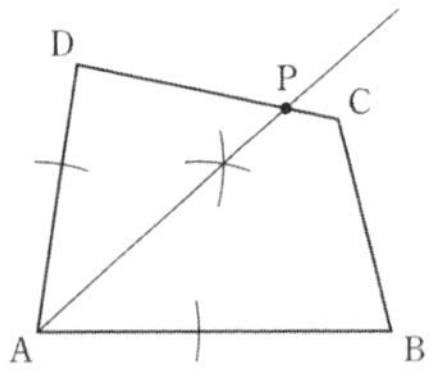 	2 (1)	ウ	1 は 4 点 2 (1)は 2 点 2 (2)は 2 点 3 は 4 点	12
			2 (2)	(およそ)420(人)		
			3	$(a=)\frac{5}{2}$		
3	1	(例) $b=a+1$，$c=a+5$，$d=a+6$ と表される。 よって $bc-ad=(a+1)(a+5)-a(a+6)$ $=a^2+6a+5-a^2-6a$ $=5$ したがって $bc-ad$ の値はつねに 5 になる。			1 は 6 点 2 は 6 点	12
	2	(例) $\begin{cases} x+y=3600 & \cdots\cdots① \\ \frac{x}{80}+5+\frac{y}{480}=20 & \cdots\cdots② \end{cases}$ ②より $6x+y=7200$ ……③ ①－③より $-5x=-3600$ よって $x=720$ ①に代入して $720+y=3600$ したがって $y=2880$ この解は問題に適している。 答え(自宅からバス停まで 720 m，バス停から駅まで 2880 m)				

<table>
<tr><th>問</th><th>題</th><th colspan="4">正　答</th><th colspan="4">配　点</th></tr>
<tr><td rowspan="2">4</td><td>1</td><td colspan="4">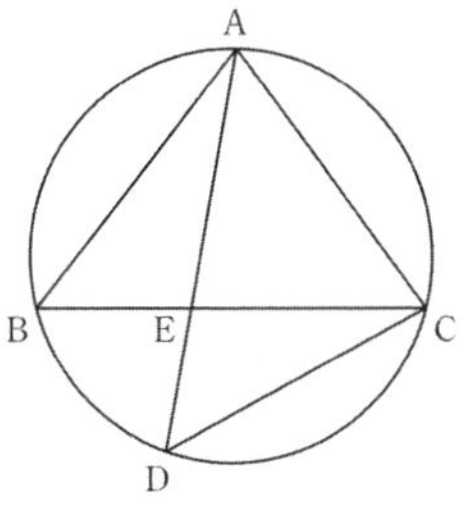

(例)
△ADC と △ACE において
共通な角であるから
∠DAC ＝ ∠CAE ……①
弧 AC に対する円周角の大きさは
等しいから
∠ABC ＝ ∠ADC ……②
仮定より △ABC は二等辺三角形であるから
2 つの底角は等しいので
∠ABC ＝ ∠ACE ……③
②，③より
∠ADC ＝ ∠ACE ……④
①，④より
2 組の角がそれぞれ等しいから
△ADC ∽ △ACE</td><td rowspan="2">1 は 7 点
2 (1)は 3 点
2 (2)は 3 点</td><td rowspan="2">13</td><td rowspan="2"></td><td rowspan="2"></td></tr>
<tr><td>2</td><td>(1)</td><td>$2\sqrt{5}$ (cm)</td><td>(2)</td><td>(S : T ＝) 15 : 2</td></tr>
<tr><td rowspan="3">5</td><td rowspan="2">1</td><td>(1)</td><td>86 (L)</td><td>(2)</td><td>5 (分後)</td><td rowspan="3">1 (1)は 2 点
1 (2)は 3 点
1 (3)は 7 点
2 は 5 点</td><td rowspan="3">17</td><td rowspan="3"></td><td rowspan="3"></td></tr>
<tr><td>(3)</td><td colspan="3">(例)
排水を始めて 20 分後から 50 分後までのグラフの傾きは
$\frac{0-120}{50-20}=-4$
であるから，x と y の関係の式は $y=-4x+b$ と表される。
グラフは点 (50, 0) を通るから
$0=-4\times 50+b$
よって $b=200$
したがって，求める式は $y=-4x+200$
答え ($y=-4x+200$)</td></tr>
<tr><td>2</td><td colspan="4">33 (分) 20 (秒後)</td></tr>
<tr><td rowspan="3">6</td><td>1</td><td>(1)</td><td>60 (個)</td><td>(2)</td><td>47 (cm^2)</td><td rowspan="3">1 (1)は 2 点
1 (2)は 3 点
2 は 7 点
3 は 6 点</td><td rowspan="3">18</td><td rowspan="3"></td><td rowspan="3"></td></tr>
<tr><td>2</td><td colspan="4">(例)
1 面だけに色が塗られた積木 A が 65 個だから
$(x-1)^2+4(x-1)\times 2=65$
$x^2+6x-72=0$
$(x+12)(x-6)=0$
$x=-12,\ x=6$
x は正の整数だから，$x=6$
答え ($x=6$)</td></tr>
<tr><td>3</td><td colspan="4">11 (個)</td></tr>
</table>

1 1　$3\times(-4)=-(3\times4)=-12$

2　$\frac{3}{4}x-\frac{1}{2}x=\frac{3}{4}x-\frac{2}{4}x=\frac{1}{4}x$

3　$2(a-3b)+3(a+b)=2a-6b+3a+3b$
$=2a+3a-6b+3b=5a-3b$

4　$x^2-6x=x\times x-x\times6=x(x-6)$

5　$y=\frac{x-7}{5}$ の両辺に5をかけて分母を払うと　$5y=x-7$, $x-7=5y$, $x=5y+7$

6　**解は代入する**。$x=6$ を方程式に代入して　$6a+9=5\times6-a$, $7a=21$, $a=3$

7　y は x に比例するから　$y=ax$　$x=2$, $y=-8$ を代入して　$-8=2a$, $a=-4$ より $y=-4x$　$x=-1$ を $y=-4x$ に代入して　$y=-4\times(-1)=4$

8　ℓ, m が平行だから
$4:(4+5)=3:x$
$4x=9\times3$, $x=\frac{27}{4}$

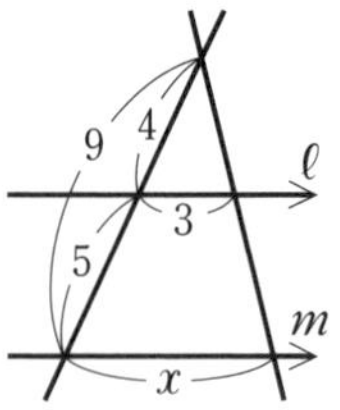

9　1個のさいころを1回投げると目の出方は全部で6通り。このうち，出る目の数が4でないのは1，2，3，5，6の5通りで　$\frac{5}{6}$

10　平行四辺形の対角は等しいから∠D＝∠B＝65°　△ABEの外角から　∠x＝47°＋65°＝112°

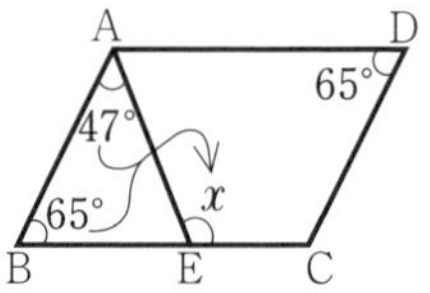

11　$\sqrt{45n}=\sqrt{3^2\times5\times n}$　根号内＝(整数)^2 になればよいから，最も小さい n は $n=5$

12　辺ADと平行でなく交わらない辺が，ねじれの位置にあるから　辺BC，辺EF

13　$-2\leqq x\leqq3$ に $x=0$ が含まれている。$x=-2$ のとき $y=2\times(-2)^2=8$
$x=0$ のとき $y=0$, $x=3$ のとき $y=2\times3^2=18$
y の変域は　$0\leqq y\leqq18$

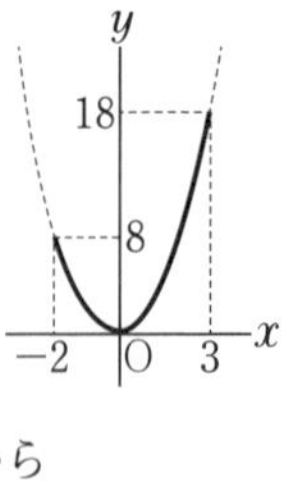

14　半径が2cmの球ができるから
$\frac{4}{3}\pi\times2^3=\frac{4}{3}\pi\times8=\frac{32}{3}\pi$ (cm^3)

2 1　2辺AB，ADから等距離にある点は，∠DABの二等分線上にある。∠DABの二等分線を作図しCDとの交点にPを記入。

2 (1)　標本の選び方として大切なのは「かたよりのない公平な標本を選ぶこと」だから，生徒全員の中から40人をくじ引きで選ぶ**ウ**が正しい。

(2)　手伝いをしたおよその人数を x 人とする。
$525:x=40:32$, $40x=525\times32$, $x=420$

3　$x=2$ を $y=ax^2$, $y=x^2$ にそれぞれ代入して　$y=a\times2^2=4a$
A(2, $4a$)　$y=2^2=4$
B(2, 4)　AB＝$4a-4$
点Bと点Dは y 軸について対称だからD(−2, 4)
よりDB＝4　長方形ACDBの面積が24だから
$(4a-4)\times4=24$, $4a-4=6$, $a=\frac{5}{2}$

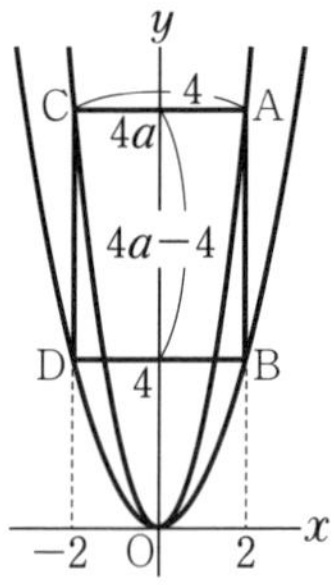

3 1　下に進むと1ずつ増え，左に進むと5ずつ増えるから

$a+5$	a
$a+6$	$a+1$

$b=a+1$, $c=a+5$, $d=a+6$　と表せる。
$bc-ad=(a+1)(a+5)-a(a+6)=5$
$bc-ad$ の値はつねに5になる。

2

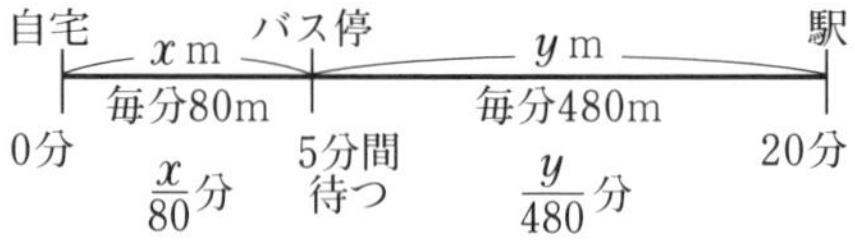

自宅から駅までの道のりから $x+y=3600$
自宅からバス停まで $\frac{x}{80}$ 分，バス停で5分間待ち，バス停から駅までは $\frac{y}{480}$ 分。自宅から駅まで20分かかったから
$\frac{x}{80}+5+\frac{y}{480}=20$，両辺に480をかけて
$6x+y=7200$　より　$x=720$, $y=2880$

4 1　∠DAC＝∠CAE(共通)，AB＝ACより∠ABC＝∠ACE，$\overset{\frown}{AC}$ に対する円周角は等しいから∠ABC＝∠ADC　よって
∠ADC＝∠ACE　2組の角がそれぞれ等しいから　△ADC∽△ACE

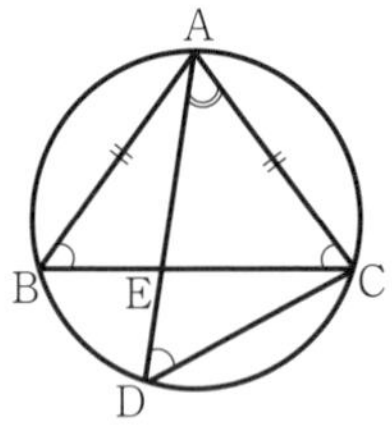

2 (1)　**最短の長さは展開図をかいて直線をひく。**
最短の長さは線分PH
PF＝5−3＝2(cm)
直角三角形PFHで
PH＝$\sqrt{2^2+4^2}=\sqrt{20}$
$=2\sqrt{5}$ (cm)

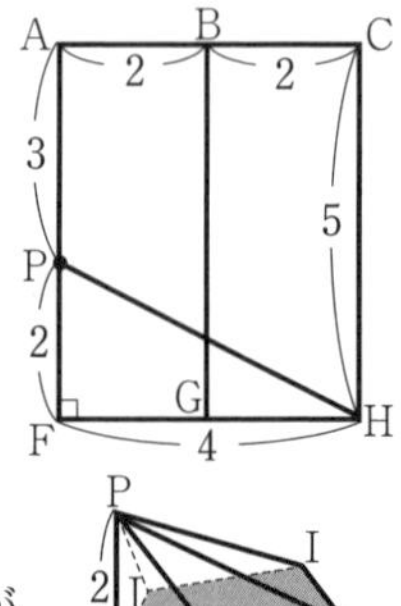

(2)　正五角柱の底面積を a cm^2 とすると，高さが5 cm の正五角柱の体積

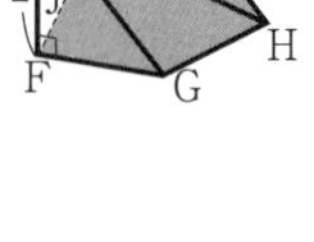

Sは　$S=5a$，高さ PF＝2 cm の五角錐の体積Tは　$T=\frac{1}{3}\times a\times 2=\frac{2}{3}a$

$S:T=5a:\frac{2}{3}a=15:2$

＊五角錐と正五角柱の底面は共通。底面積と高さの等しい五角錐の体積は正五角柱の$\frac{1}{3}$，五角錐の高さは正五角柱の $\frac{2}{5}$ だから

$\frac{1}{3}\times\frac{2}{5}=\frac{2}{15}$　より　$S:T=15:2$

5 1(1)　排水を始めてから3分後，水そうAから水そうBに　$6\times3=18$(L)の水が流れ込み，水そうBから　$4\times3=12$(L)の水が排水される。水そうBには80 Lの水が入っているから　$80+18-12=86$(L)

(2)　排水を始めてからx分後，水そうAから水そうBに $6x$ L の水が流れ込むから，水そうAの水の量は　$120-6x$ (L)　水そうBからは $4x$ L の水が排水されるから，水そうBの水の量は　$80+6x-4x$ (L)

水そうAと水そうBの水の量が初めて等しくなるから　$120-6x=80+6x-4x$

$8x=40$，$x=5$(分後)

(3)　図2のグラフで$20\leqq x\leqq50$のときの直線の式を求めればよい。これを$y=ax+b$とすると，2点(20, 120)，(50, 0)を通るから　$120=20a+b$，$0=50a+b$　連立方程式を解いて　$a=-4$，$b=200$　より　$y=-4x+200$

2

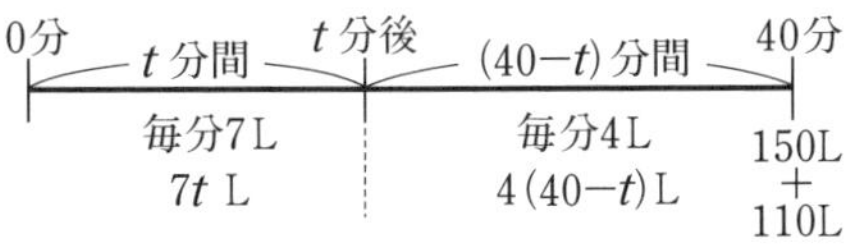

同時に排水を始めてからt分後に水そうBの排水を毎分4 Lに変えたとする。t分後までに水そうAの水 150Lは全て水そうBに流れ込んでいて，水そうBからはt分間に $7t$ L 排水される。また，40分後に水そうBの水がなくなるから $40-t$(分間)は毎分4 Lの割合で排水され $4(40-t)$ Lの水が排水される。

水そうBの水がなくなったとき，水そうBからは水そうAと水そうBの水の量を加えた $150+110$(L)の水が排水されたことになるから　$7t+4(40-t)=150+110$

$3t=100$，$t=\frac{100}{3}=33\frac{1}{3}=33$分$+\frac{1}{3}\times60$秒

したがって　33分20秒後

6 1(1)　積木Aを縦に4個，横に5個，高さに3個並べるから，その個数は

$4\times5\times3=60$(個)

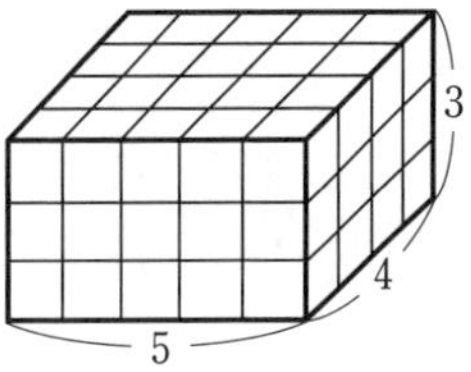

(2)　色が塗られた面は，正面が $3\times5=15$(cm^2)，側面が $3\times4=12$(cm^2)，上面が　$4\times5=20$(cm^2)　だから　$15+12+20=47$(cm^2)

2　1面だけに色が塗られた積木Aは，右の図の影をつけた部分で，かどにある2面または3面が塗られた積木を除けばよい。

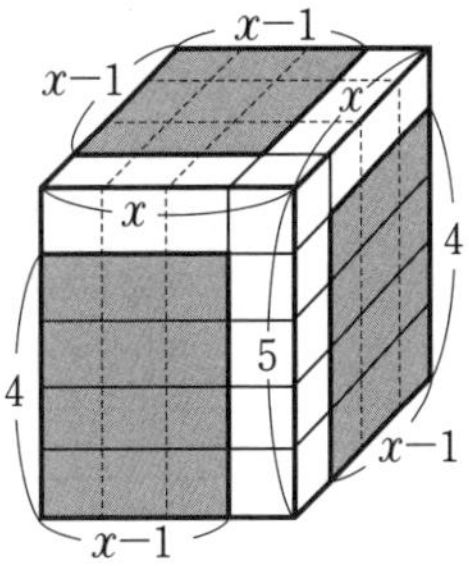

正面に$4(x-1)$個，側面に$4(x-1)$個，上面に$(x-1)^2$個あり，全部で65個あるから

$4(x-1)+4(x-1)+(x-1)^2=65$

$8x-8+x^2-2x+1-65=0$

$x^2+6x-72=0$，$(x-6)(x+12)=0$

$x=6$，-12　$x>0$ より $x=6$ が適している。

3　縦 a cm，横 b cm，高さ c cm の直方体Bで，ちょうど2面に色が塗られている積木Aは，右の図で影をつけた部分。縦に $a-1$(個)，横に $b-1$(個)，高さに $c-1$(個)並ぶから，その個数は

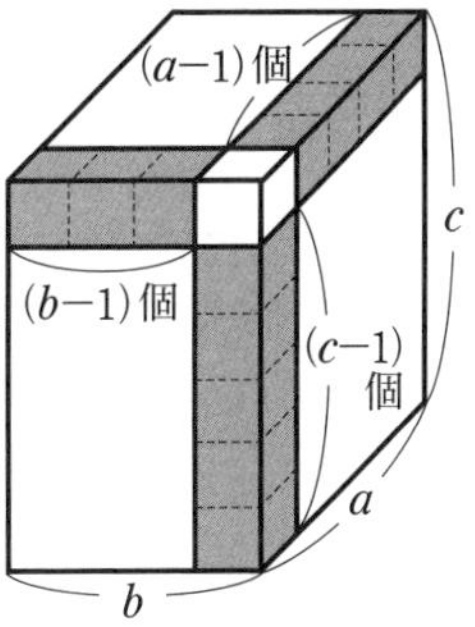

$(a-1)+(b-1)+(c-1)=(a+b+c)-3$

一方，84個の積木Aで直方体Bをつくるから　$abc=84$，$(a+b+c)-3$　の値が最も小さいとき，個数が最も少なくなるからa，b，cがそれぞれ1桁の自然数の場合を考える。a，b，cの積84を素因数分解して$84=2\times2\times3\times7$，$2\leqq a\leqq b\leqq c$とすると

$a=2$，$b=6$，$c=7$のとき

$(a+b+c)-3=(2+6+7)-3=12$(個)

$a=3$，$b=4$，$c=7$のとき

$(a+b+c)-3=(3+4+7)-3=11$(個)

a，b，cのうちどれか1つが2桁の自然数であれば，$(a+b+c)-3$ の値は11より大きくなるから，考えられる個数のうち最も少ない個数は　11個。

栃木県立高校入試(H29)

理　科　【解答・解説】

(平 29)

理科採点基準　(総点 100 点)

〔注意〕 1　この配点は，標準的な配点を示したものである。
2　定められた答えの欄に答えが書かれていないときは，点を与えない。
3　指示された答えと違う表現で答えの欄に記入されていても，正答と認められるものには，点を与える。
4　定められた数より多く答えたときは，点を与えない。
5　採点上の細部については，各学校の判断によるものとする。

問	題	正		答	配	点
1	1	(イ) 2 (ア)	3	(エ) 4 (ウ)	2点×8	16
	5	((化学)電池)	6	(示相化石)		
	7	(胚　珠)	8	(15)Ω		
2	1	(イ)	2	(エ)	1は2点 2は3点 3は4点	9
	3	染色体の数(16)本　名称(遺伝子)				
3	1	(イ)			1は3点	10
	2	$Fe + S \longrightarrow FeS$			2は3点	
	3	(0.6)g			3は4点	
4	1	(ウ)			1は2点	9
	2	月の位置(d)　月の満ち欠け(エ)			2は4点	
	3	(ア)			3は3点	
5	1	(ウ)			1は3点	9
	2	(600)回			2は3点	
	3	(850)m			3は3点	
6	1	(ア)	2	(NH_3)	1は2点 2は3点 3は3点 4は3点	11
	3	(イ)	4	(ウ，オ)		
7	1	(ペプシン)	2	(エ)	1は2点	12
	3	(ブドウ糖)			2は3点	
	4	柔毛をもつことで (例)　小腸の表面積が大きくなり，栄養分が吸収しやすくなる。			3は3点 4は4点	
8	1	(飽和水蒸気量)			1は2点	12
	2	① ((例)　熱をよく伝える)　② ((例)　空気の温度)			2は4点	
	3	(43)%			3は3点	
	4	(例)　水蒸気量は変化せず，湿度は低くなった。			4は3点	
9	1	(165)cm/s	2	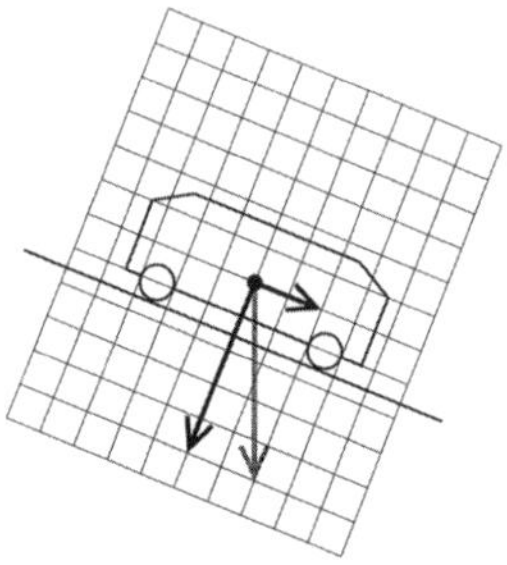	1は3点 2は3点 3は3点 4は3点	12
	3	(ウ)				
	4	(ア)				

1　1　原子は，中心にある原子核とそのまわりを動きまわっている電子からなる。原子核は，＋の電気をもつ陽子という粒子と，＋の電気も－の電気ももたない中性子という粒子でできている。電子は－の電気をもつ粒子で，原子核にある陽子と同じ数存在している。

2　位置エネルギーは，基準面からの高さが高いほど大きい。高さが低くなると位置エネルギーが減少し，その分，運動エネルギーが増加する。

3　日本付近では，海洋側のプレートが大陸側のプレートの下に沈み込んでいる。

4　ルーペは，凸レンズによってできる虚像を観察している。

5　2種類の金属と電解質水溶液を用いると化学電池ができる。

6　示相化石に対して，地層ができた地質年代を推定する手がかりになるのが示準化石である。

7　種子植物が受粉した後，種子になるのが胚珠，果実になるのが子房である。

8　オームの法則より

3〔V〕÷　0.2〔A〕＝15〔Ω〕

2　1　酢酸オルセイン溶液は，核や染色体を赤色に染色し，観察しやすくする。酢酸カーミン溶液や酢酸ダーリア溶液を用いる場合もある。

2　根の先端付近のCの部分では細胞分裂が盛んに行われているが，根もと側のAの部分では，細胞分裂は行われず，細胞分裂によってできた細胞の一つ一つが成長して大きくなっていると考えられる。**ア**と**ウ**は分裂途中の細胞が見られるのでAではない。**イ**は植物の細胞ではなく，動物の細胞である。ヒトのほおの内側の細胞を観察するとこのように見える。

3　体細胞分裂では，細胞が分裂する前に染色体が複製され，それが細胞分裂によって2つに分かれるので，染色体の数は分裂前と同じになる。

3　1　試験管Aは，単に鉄粉と硫黄を混合しただけなので，単体の鉄と硫黄の性質がそのまま残っている。それに対して，試験管Bは，加熱によって鉄と硫黄が化合して硫化鉄という物質ができていることがわかる。また，加熱後にも試験管Bの内壁には黄色の物質（硫黄）がついていることから，鉄はすべて反応したが，硫黄は過剰にはいっていたので反応しないで残っているものがあることがわかる。よって，鉄がそのまま存在する試験管Aは磁石に引きつけられ，鉄が別の物質に変化している試験管Bは，磁石に引きつけられない。また，塩酸を加えたとき，試験管Aでは鉄と塩酸が反応して水素を発生し，試験管Bでは硫化鉄と塩酸が反応して硫化水素を発生する。硫化水素は腐卵臭の有毒な気体である。

2　鉄Feと硫黄Sは1：1の比で化合し，硫化鉄FeSになる。

3　鉄と硫黄は7：4の比で反応するので，4.2gの鉄と反応した硫黄の質量をxgとすると，　$4.2：x＝7：4$　　$x＝2.4$

よって反応せずに残った硫黄の質量は

3.0〔g〕－2.4〔g〕＝0.6〔g〕

となる。

4　1　太陽や星のように，自ら光を放つ天体が恒星，太陽のまわりを公転している水星，金星，地球，火星，木星，土星，天王星，海王星などの天体が惑星，月のように，惑星のまわりを公転している天体が衛星である。小惑星は，主に火星と木星の軌道の間にある小さな惑星で，太陽の周りを公転している。

2　地球の自転の向きは，月の公転の向きと同じである。地球から見たとき，日の入りのときは太陽が西になるので，cの方角が西であり，eの方角が南にあたる。観測では，日の入りからしばらくして西の空に月が見えているので，日の入りから少し自転が進んだdの方角が西になったと考えられる。dの位置にある月の右半分を黒くぬりつぶしてみると，月の満ち欠けのようすは**エ**のようになる。

3　**図1**より，月と金星は同じ方角に見えているので，観測した日の金星の位置は，**図3**の金星の公転軌道のうち，太陽の真下あたりであると考えられる。翌日の同じ時刻に西の空を観察すると，金星の位置はほとんど変わらず，月は1日で約12°東側に移動しているはずである。（月は約29.5日かかって地球のまわりを一周する。）

5　1　モノコードのように，弦が発する音を高く変化させたいときには，弦の長さを短くするか，おもりの重さを重くして弦の張り方を強くするか，弦を細いものに換える。

2　**図2**は，12目盛りで2回振動しているが，**図3**は，同じく12目盛りで4回振動しているので，１秒間あたりの振動数は300回の２倍の600回である。

3　１秒間に30コマ記録するビデオカメラなので，１コマ当たりの時間は30分の１秒である。よって75コマ分の時間は

１〔s〕÷30×75＝2.5〔s〕

ゆえに，花火とビデオカメラとの距離は

340〔m/s〕×2.5〔s〕＝850〔m〕となる。

6　1　実験(1)より，気体Ｃは空気よりきわめて軽いことから水素であることがわかる。また，水に対するとけやすさと実験(2)から，気体Ａは二酸化炭素，気体Ｂはアンモニアだということがわかる。二酸化炭素は水に少しとけ，水溶液は酸性を示す。アンモニアは水によくとけ，水溶液はアルカリ性を示す。

2　他の気体の化学式は，二酸化炭素CO_2，水素H_2，酸素O_2，窒素N_2である。

3　気体Ｄと気体Ｅは，酸素または窒素のいずれかである。どちらもにおいはなく，水にもとけにくく，酸性もアルカリ性も示さない。酸素はものを燃やすはたらきがあるので，火のついた線香を入れると線香が激しく燃える。窒素中では線香は消えてしまう。塩化コバルト紙は，液体が水であることを確認するときに用いる。

4　**ア**ではアンモニアが発生する。**イ**と**エ**では二酸化炭素が発生する。

7　1　**図1**より，Ｃはだ液から消化が始まっているのでデンプン，Ａは胃液から消化が始まっているので，タンパク質，残りのＢが脂肪であることがわかる。胃液中でタンパク質にはたらく消化酵素はペプシンである。

2　すい液中には，デンプンにはたらく消化酵素，タンパク質にはたらく消化酵素，脂肪にはたらく消化酵素のすべてがふくまれている。

3　デンプンは，消化が進むにつれて小さくなり，麦芽糖を経て，最終的にはブドウ糖になる。

4　最終的には，Ａのタンパク質はアミノ酸になり，Ｂの脂肪は脂肪酸とモノグリセリドになり，Ｃのデンプンはブドウ糖になって小腸の柔毛から吸収される。タンパク質とブドウ糖は柔毛中の毛細血管に吸収され，脂肪酸とモノグリセリドはリンパ管に吸収される。

8　1　飽和水蒸気量は，**図３**からわかるように，気温が高いほど大きな値になる。

2　実験で，金属製の容器の表面がくもり始めたのは，容器内の水によって容器の表面にふれている空気が冷やされ，水蒸気量が飽和に達したためである。そのときの温度(露点)が11℃なので，実験室内の水蒸気量は，**図３**より，10g/m^{3}であることがわかる。また，そのときの気温が25℃なので，**図３**で25℃における飽和水蒸気量を調べると23g/m^{3}である。よって湿度は

$\frac{10}{23}\times 100 = 43.4$　〔%〕

となる。これを四捨五入すると43%となる。

3　実験室内の水蒸気の量はほとんど変わらないので露点は変わらないが，気温が高くなると飽和水蒸気量の値が大きくなるので湿度は低くなる。

9　1　「速さ＝移動距離÷移動するのにかかった時間」であるから，**表１**より

(99－66)〔cm〕÷(0.6－0.4)〔s〕＝

165〔cm/s〕となる。

2　力を分解して分力を作図するときには，分解したい力が平行四辺形の対角線になるような四角形をつくる。この場合は，重力が対角線になるように長方形を描けば，たてと横の２辺が分力になる。

3　**表２**における0.2秒間に移動した距離を調べてみると，０～1.0秒までは移動距離がすべて36cmであるが，1.0秒以降は，

215－180＝35〔cm〕，243－215＝28〔cm〕，

同様に，20cm，12cm，４cmとしだいに減少していっている。これは台車の進行方向とは逆向きの力がはたらいたためである。すなわち1.0秒より後は斜面を上っていることを示している。

4　**表２**において，台車が0.2秒間に移動した距離を順に調べてみると，1.0秒まではすべて36cmであり，それ以降は35cm，28cm，20cm，12cm，４cmとしだいに減少していっている。よって台車は実験(1)と同様に斜面を上っていることがわかる。**表１**と**表２**の0.2秒あたりの移動距離を比較してみると，水平面を移動しているときの速さは**表２**の方が速いが，斜面を上っていくときの移動距離は**表２**の方は**表１**の２倍の速さで減少している。よって実験(3)の斜面は実験(1)の斜面の２倍の角度であると予想できる。

栃木県立高校入試(H29)

英　語　【解答・解説】

(平29)

英語採点基準　(総点100点)

〔注意〕 1　この配点は，標準的な配点を示したものである。
2　定められた答えの欄に答えが書かれていないときは，点を与えない。
3　指示された答えと違う表現で答えの欄に記入されていても，正答と認められるものには点を与える。
4　定められた数より多く答えたときは，点を与えない。
5　採点上の細部については，各学校の判断によるものとする。

問	題	正　答	配　点			
1	1	(1) (エ) (2) (イ) (3) (イ) (4) (ア) (5) (ウ)	2点×5	30		
	2	(1) ① (イ) ② (イ) (2) ① (ア) ② (ウ)	2点×4			
	3	(1) (5月13日 土曜日) (2) (試合に勝った) (3) (青) (4) (試合開始) (5) (11時15分) (6) (正午)	2点×6			
2	1	(1) (エ) (2) (イ) (3) (ア) (4) (ア) (5) (エ) (6) (ウ)	2点×6	18		
	2	(1) (イ → エ → ア → ウ) (2) (エ → ア → ウ → イ) (3) (ウ → オ → エ → ア → イ)	2点×3			
3	1	(special)	2点	9		
	2	① (市や町) ② (15) ③ (女性) ④ (家族と友人)	4点			
	3	(エ)	3点			
4	1	(1) (例1) I enjoyed watching (例2) I was happy to watch	2点	16		
		(2) (例1) I was surprised (that) (例2) It was amazing (that)	2点			
	2	(1) (例1) shorter than (例2) not as tall as	3点			
		(2) (例1) the tallest (例2) the biggest	3点			
	3	(例1) I agree, because having pets gives us good experiences. For example, if we have a pet, we will feel love from the pet. When we are lonely, the pet will be with us and make us happy. So having pets is good for us. (例2) I don't agree. Having pets is a big problem. If I have a dog, I have to walk with it every day and give it food. We don't have time to take care of it. Having a pet makes us busier. For these reasons, I don't think it is good for us to have pets.	6点			
5	1	(ウ)	2点	14		
	2	(エ)	2点			
	3	(例)千秋(Chiaki)が(世界をよりよくするために，一生懸命勉強すること。) (24字)	4点			
	4	(ア) (ウ)	3点×2			
6	1	(How)(many)	2点	13		
	2	(イ)	3点			
	3	(letters)	4点			
	4	(ウ)	4点			

[1] 話の展開が理解し難いことがある。文字で確認してから，音声を聞くとよいだろう。

1　選択肢から質問を予想できることがある。

(1)　最後の色の質問に答える。

(2)　提案に対する答えを選ぶ。

(3)　今は忙しいと言っている。

(4)　期間をたずねている。時間を答える。

(5)　leftと言っていたことに注意。

2 (1)　順番に注意しながら聞く。

①　It's the secondが答えになる。

②　後半のエピソードからわかる。

(2)　メモをとりながら聞いてみよう。

①　so ～とある。soの前に答えがある。

②　Because of this songから考える。

3　if～や日付，時間の表現に注意。

(1)　英語では日付，曜日の順になる。

(2)　if we winの部分が答え。

(3)　a ___ T-shirtの下線の部分が答え。

(4)　The game will startの部分が答え。

(5)　that timeは11時30分のこと。

(6)　before noonなので，正午前。

[2] 1　(　　)の前後に注意する。文章の内容を読み取ることも大切。2　基本的な文型の語順の問題。

1 (1)　進行形。How are you doing?は挨拶。

(2)　anyと複数形の名詞の間なので，other.

(3)　直後に理由が述べられている。

(4)　文脈から「～も」(also)とわかる。

(5)　who～でpeopleを修飾する。

(6)　英語，日本語，スペイン語。

2 (1)　It is hard for…to～で，「…が～をするのは難しい」という意味の文。

(2)　tell＋相手＋内容の順になる。

(3)　疑問文なのでWhen was～の順になる。

[3] ［本文の要旨］

マリアと春菜が成人式の話をしている。国により，成人とされる年齢も，祝福の仕方も異なる。メキシコでは，女性は15歳で，特別な服を着てダンスを踊る。日本は，男女とも20歳で，市や町が式典を行い，特別な服を着る人もいる。イングランドでは21歳で，親が鍵の描かれたカードを送る。

［解説］

1　boysについてはusualと説明している。ここから，girlsはspecialとわかる。

2　①　Each city and townとある。②③④Mariaの3番目の発言にある。

3　「それぞれの国にはそれぞれの文化がある」の意味にする。国＝country，文化＝culture

[4] 1 (1)　野球観戦は「楽しかったこと」なので，enjoyやhappyなどが使える。(2)「驚いたこと」なので，surprisedやamazingが使える。I was surprised that ～，It was amazing that ～とする。Surprisingly，～としてもよい。

2　比較の表現を使う。(1)は「～より背が低い」(2)は「～で最も背が高い」と考える。(1)は，原級でも比較級でも書ける。(2)は最上級で書ける。theを忘れずに。

3　いろいろな意見を書く練習をすることで，表現力をあげておく。「理由→説明や事例→まとめ」の順で書いてみよう。

[5] ［訳例］

千秋の家の裏に，大きな柿の木があった。とても古い木だった。千秋は以前祖父の庄三に「この木はどのくらい古いの」とたずねた。庄三は「わからないけど，生まれた時にはすでにあったよ」と答えた。秋には，その木はたくさんの実をつけた。庄三と千秋は一緒にベランダに座って木を見あげよく柿を食べた。庄三は千秋に「子供の頃は，チョコレートやアイスクリームのような食べ物があまりなかった。だから，この柿を食べていた」と言った。千秋は「私はチョコレートが好きだけど，柿が一番好き」と言った。

ある日，庄三が千秋に「学校は好きか」とたずねた。「好きだよ」と千秋は答えた。その後「勉強は好きか」と庄三はたずねた。「そうね，そんなに好きではないよ」庄三は木の方を見て，「千秋，私が子供のとき，戦争があった。戦争のために，勉強する時間があまりなかったんだよ。戦争はおそろしい。千秋，世の中をよりよくするために，一生懸命勉強しておくれよ」と言った。千秋は「覚えておくよ」と言った。

数年後，千秋は中学生になった。ある日，千秋の父親が「千秋，いい知らせがあるぞ。ここに新しい家を建てる」と言った。千秋は「本当，すごい。その家には，私の部屋ができるの？」と言った。「もちろん」と父は答えた。それに続けて，「でも，柿の木は大きすぎる。そこに柿の木があったのでは，家が建てられないよ」と言った。「柿の木を切るの？」千秋がたずねた。父は「そうだね」と答えた。それを聞いて，千秋はとても悲しくなった。「おじいちゃんは，その木が大好きなの，私も大好きなの。切らないで，お願い」と千秋は言った。

そのとき，庄三がやってきて千秋に「千秋，新しい家になって，新しい部屋がもてるよ」と言った。庄三は，にこにこしていた。「うれしいけど…」「どんな気持ちかわかるが，どうしようもないんだよ」と庄三は言った。千秋は庄三の目の涙を見ると何も言えなかった。

一年して，千秋の家族は新しい家を持った。千秋は自分の部屋が気に入った。千秋が部屋の掃除をしていると，庄三が入ってきた。テーブルを運んできた。「これを見てごらん。これはプレゼントだよ。このテーブルはあの柿の木から作られているんだよ」と言った。千秋は「まあ，なんて素晴らしい。自分で作ったの」と言った。「そうだよ。あの木のことを覚えておいてほしいんだ。だから，これを作ったんだ。このテーブルで勉強ができるぞ」と庄三が答えた。「おじいちゃん，どうもありがとう。このテーブルを使うよ。おじいちゃんの希望はまだ覚えているから，がんばるよ」と千秋は言った。庄三は，千秋のうれしそうな顔を見ると，笑顔をうかべた。

［解説］

1　「それを聞いて，彼女は悲しくなった」thatとsheで指せる部分と，悲しくなるような内容がある箇所を選ぶ。

2　下線部は「私たちにできることはない」の意味。したがって，have to ～で，「～しなければならない」が答えになる。

3　第２段落のI hope that you will study hard to make the world better.が祖父の希望。

4　問題文の次の部分と比較しながら読む。
ア　第一段落　**イ**　第一段落の最後　**ウ**　第二段落　**エ**　第三段落　**オ**　第三，四段落　**カ**　第五段落

6　［訳例］

人生でどのくらいの手紙を書きましたか。おそらく，みなさんの中には１年で２，３通しか手紙は書かないけれど，電子メールは毎日送るという人がいることでしょう。電話を使い始めるまでは，手紙は非常に有益でした。

ヨーロッパでは18世紀は手紙の時代と呼ばれているのを知っていますか。今日では，手紙はある特定の人に送られます。しかし，当時は，このような私的な手紙だけでなく，公的な手紙も書きました。公的な手紙は受取人とその周囲の人々に読まれました。人々はこれらの手紙から多くの新しい情報やニュースを知りたかったのです。手紙の書き手もそれを知っていました。だから，書き手はたくさん書きたいと思っていました。公的な手紙には重要なことが含まれることがあったので，書き手は時々内容の記録として書いた手紙を写しておきました。

モーツアルトもたくさんの手紙を書きました。彼は外国をたくさん旅行しました。そして父親が時々一緒に旅行しました。モーツアルトは音楽についてすばらしい着想を得ました。人生の約三分の一を旅してすごし，35歳の時に亡くなりました。旅の間に，多くの手紙を家族に送りました。そのほとんどが自分自身と訪れた場所のニュースや情報でした。彼の手紙は長いものでした。家族の周りの人々にも手紙を読んでほしかったのです。モーツアルトの父も外国にいる間に，長い手紙をたくさん書きました。

今でも，モーツアルトと彼の父によって書かれた手紙を見ることができるので，私たちは二人のことをよく知ることができます。二人が電話で話したのではなかったので，二人の生活の記録が残っているのです。もし誰かに大切なことを伝えることがあれば，手紙を書いてみるのはどうでしょうか。

［解説］

1　質問への応答がa few lettersなので，数をたずねる疑問文にする。

2　直前のthatは，その前の文の内容，つまり，人々が多くの新しい情報やニュースを知りたがっていることを指しているので，「だから，書き手は多くのことを書きたかった」という意味の文が入る。

3　「生活の記録」とは，手紙のこと。第三段落の内容からわかる。

4　問題文の次の部分と比較しながら読む。
ア　第一段落　**イ**　第二段落　**ウ**　第三段落 one third（三分の一）の期間旅したとあるが，35歳で亡くなっているので10年以上である。**エ**　第三，四段落

れ、その日本人の考える美を④段落五行目で「状況の美」と呼び、それに対し西欧世界の美を「実体の美」と呼んでいる。

4　③段落での古代ギリシャの美の原理の例について④段落も説明をしているため、**ア**が正解。④段落では、③段落の「美の原理」の考え方とは異なる「日本人の美意識」について説明しているため**イ**は不適。⑤段落は、段落冒頭に「例えば」とあることから、④段落の具体例を説明しているため**ウ**は不適。⑥段落の最初の一文に「日本人のこのような美意識を最もよく示す例の一つは」とあり、⑤段落の内容を踏まえていることから**エ**も不適。

5　空欄Aには日本人が敏感に反応するものが入る。傍線部⑵の二行前に「状況の美に敏感に反応する日本人」とあるが、「状況の美」だけでは字数が足りない。そこでこれを言い換えた部分を二十字で探すと④段落の四行目にある。空欄Bを含む一文では日本人が美に対しうつろいやすいものという感覚を持つ理由が述べられている。傍線部⑵の一行前に「それゆえに」と理由を表す語があるので、「それ」が指す「長くは続かない」が正解。

6　**ウ**は⑥⑦段落から読み取れるので正解。**ア**は④段落で日本人は「カノン」とは異なる美意識を持つと述べられているため「世界中に広がる」が不適。**イ**は⑤段落に「『古池や〜という一句は〜『蛙』が美しいと言っているわけではなく』」とあるため、「小さな蛙〜の美しさを〜見出した」が不適。**エ**は、⑧段落の一、二行目「『実体の美』は〜いつでも、どこでも『美』であり得る」の例としてミロのヴィーナスが挙げられているため「西欧の〜中でも異質」が不適。

4

1　「青雲の志」とは立身出世して高い地位につこうとする志のこと。そのような志を持つ者がする表情としては**イ**が適切。

2　永徳の絵に対する考え方は後ろから八行目に書かれている。

3　永徳の気持ちは傍線部⑵の二行前「そんな思いで〜ふくらんだ」から読み取れる。「そんな思い」とは直前の父の発言「唐人の絵を〜描こうというのか」から読み取れる父の絵に対する考え方を指す。これらを字数条件に合わせてまとめる。

4　傍線部⑶の五行後から「観ているもののこころが遊ぶ場所」を「気ままにこころをたゆたわせる場所」と父が説明している。

5　傍線部⑶直後の「父のことばが〜永徳の胸をついた。意識してなかった絵画の本質〜を〜見せられた気分だった」や傍線部⑷直前「目が醒めた思い」などから**エ**が正解。**ア**は「父よりも〜確信し」が「父を見直す」理由と異なるため不適。**イ**は「父への尊敬の念がさらに増した」が傍線部⑷中の「初めて〜父を見直す気になった」と合わず不適。**ウ**は「分かり合えた喜び」が本文中に述べられておらず不適。

6　**ア**の「お互いを気遣う父子の心情」、**イ**の「古語や〜情景を描写する」、**エ**の「物語を〜移動する」がそれぞれ本文中から読み取れず不適。

5　作文を書く際は、「何について書くのか」「条件は何か」に注意して書くこと。本問は、一段落目にグラフ　A・Bについての読み取りを書き、二段落目に一段落目に書いたことを踏まえて、読書についての考えを書くので、条件が多少複雑である。この点に注意して書くようにする。

〔作文例〕

グラフAでは、「とても好き」・「わりと好き」と答えた高校生が60％以上であり、読書に対して肯定的な態度が見て取れるが、グラフBからは、1か月に読んだ本の冊数が、0冊もしくは1冊と答えた人が60％を超えており、グラフAの結果と矛盾している。

この結果は、高校生が時間的に忙しい生活を送っていることに関わっているように思われる。学校での勉強、部活動、アルバイト等に加え、就職や進学を控えている高校生が、読書にあてられる時間を持ちにくいのではないか。読書は、多くの知識を与えてくれるだけでなく、社会でのコミュニケーション能力を高めるものなので、積極的に時間を割くべきだと考える。

1　**3**　設問の文と正解の**イ**はどちらも「どうやら」という推測の言葉を入れられるため、「ようだ」は推定の意。**ア**、**ウ**、**エ**はいずれも「まるで〜ようだ」とたとえる意味を表す比況。

4　**ア**「歓迎」は「歓んで迎える」という修飾・被修飾の構成。「登山」は「山に登る」という上が動作、下が対象の構成。**イ**「縮小」は似た意味の構成。「加減」は反対の意味の構成。**ウ**「不在」は接頭語で下を打ち消す構成。「日没」は「日が没す」という主語・述語の構成。**エ**は「価値」「身体」どちらも似た意味の字を重ねる構成。

5　③は話し手の行動に対し尊敬語「お〜になる」を用い、④は来場者の行動に対し謙譲語「お〜する」を用いている点が不適。

6　「行書」とは楷書を少しくずし、点や画を続けて書いた書体。

7　「思ひつつ…」の和歌の意味は「(あの人のことを)思いながら寝るので、あの人が(夢に)見えたのだろうか。もし夢だと知っていたら目を覚まさなかっただろうに。」「うたたねに…」の和歌の意味は「うたた寝(の夢に)恋しい人を見てしまった時から、(あてにならないはずの)夢という物を頼りにし始めてしまった。」「寝れ」「覚め」「うたたね」をヒントに考える。

2　〔出典〕『雲萍雑志』から

〔現代語通釈〕

ある時、牛を引いている童が、唄などを歌いながら通っていたので、長年は(その童の)あとを追って行って、童に呼びかけて言ったことには、「私をその牛に乗せて、川の端まで行ってくれよ」と言うので、童が承諾して答えることには、「あなた様の身を乗せて行くつもりだが、報酬には何をくださるのか」と言うと、長年は自分の家をふりかえって見て、門に生えている松を指さして、「どの樹であっても、あなたが(欲しいと)望むものに従うつもりだ。(だから)はやくはやく乗せて行け。」と言うので、童は喜んで、長年を川の端まで乗せて行った。その後、三年ほど経って、一人の男が童を伴って、長年の家に来て、(その男が)長年の父に向かって、三年前の約束を話したところ、「長年が(約束したことは)幼心による冗談であるのに、この童はこれを本当だと理解し、牛に乗せた報酬をとりたてる(と言う)が、どのように言い説得しても(冗談だと)納得しない。どうしたらよいだろうか。」と(その男が)言うので、長年の父は、これを聞くとすぐに、「きっとそのとおりであろう。約束をしたことが確かであるなら、(樹を)切らせて与えよう」と言って、童に(どの樹が欲しいか)希望を聞き、門前にある大樹の松を、木を切るのを仕事とする人に命じて切らせ、牛飼(の童)に与えた。里人はこれを言い伝え、名和の約束の松と呼んで、今でも話し伝えている。

1　歴史的かなづかいでは、語頭以外の「はひふへほ」は「わいうえお」と読む。

2　①の主語は童に呼びかけた人物である。②の主語は童を連れて長年の家に来た人物。②直前の「長年が家」の「が」は「の」という意味なので注意。

3　(1)は「報酬には何をくれるのか」という意味。(1)の直後の長年の発言をまとめる。

4　「たがひ」は漢字で「違ひ」と書き、「たがひなくば」で「違うことがないなら」つまり「確かであるなら」となる。

5　長年の父が、三年前の長年が童にした約束を実行したことを踏まえて考える。**ア**は「全財産をもなげうつ子ども思いの人物」、**ウ**は「当事者間で解決させる」、**エ**は「失敗を〜ずる賢い人物」が不適。

3　**1**　空欄A前後の内容は「秩序」の説明になっており、話がつながっているため、**ウ**A「しかし」は不適。空欄B直後の内容は、その直前の一文の「春夏秋冬」の「『状況の美』の世界」の具体的な内容になっていることから言い換えを表す「すなわち」が入る。

2　「それ」が指すのは直前の「そのような原理に〜制作すれば」の部分。「そのような」の指す内容を明確にし、また「それ」は指示代名詞であるので、解答の文末を「作品」という名詞で終わるようにする。

3　空欄直前の「このような」は①〜③段落の西欧世界における「美」に対する考え方を指す。空欄を含む一文ではこの西欧の考え方は日本人の美意識のなかにはあまりないことが述べら

栃木県立高校入試（H29）

国　語

【解答・解説】

（平29）

国語採点基準（総点100点）

〔注意〕
1 この配点は、標準的な配点を示したものである。
2 定められた答えの欄に答えが書かれていないときは、点を与えない。
3 指示された答えと違う表現で答えの欄に記入されていても、正答と認められるものには、点を与える。
4 定められた数より多く答えたときは、点を与えない。
5 採点上の細部については、各学校の判断によるものとする。

問	題		正答	配点		点
1	1	(1)	すみ(やか)	2	30	
		(2)	ゆかい	2		
		(3)	いなか	2		
		(4)	と(げる)	2		
		(5)	そっきょう	2		
	2	(1)	浴(びる)	2		
		(2)	設(ける)	2		
		(3)	吸収	2		
		(4)	発揮	2		
		(5)	簡潔	2		
	3		イ	2		
	4		エ	2		
	5		ア	2		
	6		ウ	2		
	7		ア	2		
2	1		いいつたえ	2	10	
	2		エ	2		
	3		(例)長年の家の松を、童の望みどおりに与えること。	2		
	4		ウ	2		
	5		イ	2		
3	1		エ	3	20	
	2		(例)客観的な原理に基づいて制作された作品。	4		
	3		イ	3		
	4		ア	3		
	5	a	どのような場合に美が生まれるかということ	4		
		b	長くは続かない			
	6		ウ	3		
4	1		イ	2	20	
	2		絵師の情念を観せて、魅せるもの	3		
	3		(例)絵の中の人物のこころを考えないで描くからつまらない絵しか描けないのだと、父をいっそう侮蔑する気持ち。	4		
	4		ア	3		
	5		エ	4		
	6		ウ	4		
5			（評価の観点） 1 形　　式　目的に応じた適切な叙述であるか。 字数と段落構成が条件に合っているか。 2 内　　容　第一段落には、二つのグラフから読み取ったことが書かれているか。 第二段落には、第一段落に書かれたことを踏まえて自分の考えが書かれているか。 3 表現・表記　文体に統一性や妥当性があるか。主述関係や係り受けなどが適切であるか。 語句が適切に使用されているか。誤字・脱字がないか。 ※ これらの項目に照らし、各学校の実態に即して総合的に評価するものとする。	20		

［実戦編］

栃木県
高校入試
の対策
2024

実戦解答・解説編

作新学院

文星芸術大附属

宇都宮文星女子

宇都宮短大附属

星の杜

国学院大学栃木

佐野日本大学

青藍泰斗

足利短大附属

足利大学附属

白鷗大学足利

矢板中央

佐野清澄

国立小山工業高等
専門学校

作新学院　英進部

■社会

[1]　問1　ウ　問2　ア　問3　エ　問4　イ
問5　ア　問6　ウ　問7　エ　問8　イ
[2]　問1　エ　問2　ウ　問3　ウ　問4　ア
問5　ウ　問6　イ　問7　エ　問8　イ
[3]　問1　エ　問2　エ　問3　ア　問4　イ
[4]　問1　ウ　問2　エ　問3　エ　問4　イ
問5　オ
[5]　問1　ア　問2　ア　問3　ウ　問4　ウ
問5　イ　問6　イ　問7　オ　問8　ウ
問9　エ
[6]　問1　ウ　問2　イ　問3　イ　問4　オ
問5　イ　問6　ウ　問7　エ　問8　ア
問9　ア

■数学

解答・解説はP298

■理科

[1]　問1　カ　問2　オ　問3　ア　問4　エ
[2]　問1　ウ　問2　エ　問3　イ　問4　エ
[3]　問1　エ　問2　ア　問3　ア　問4　エ
[4]　問1　ア　問2　ア　問3　ウ　問4　エ
[5]　問1　ア　問2　エ　問3　ウ　問4　ウ
[6]　問1　イ　問2　エ　問3　イ　問4　イ
[7]　問1　イ　問2　エ　問3　エ　問4　エ
[8]　問1　ウ　問2　イ　問3　ウ　問4　オ
[9]　問1　ウ　問2　ウ　問3　オ　問4　ウ

■英語

[1]　A(1)　ア　(2)　ウ　(3)　ウ　(4)　エ
(5)　イ　(6)　ウ
B(7)　ウ　(8)　イ　(9)　ア　(10)　エ
(11)　ウ
[2]　(1)　ア　(2)　エ　(3)　ア　(4)　イ
(5)　エ
[3]　(1)　3番目　オ　5番目　イ
(2)　3番目　ア　5番目　オ
(3)　3番目　ウ　5番目　オ
(4)　3番目　カ　5番目　ア
(5)　3番目　ウ　5番目　オ
[4]　(1)　イ　(2)　ア　(3)　エ　(4)　ウ
(5)　エ
[5]　(1)　ウ　(2)　エ　(3)　イ　(4)　ア
(5)　エ　(6)　ウ
[6]　(1)　ウ　(2)　イ　(3)　ア　(4)　エ
(5)　ウ　(6)　エ

■国語

[一]　1　エ　2　イ　3　イ　4　ア
[二]　1　ア　2　ウ　3　ウ　4　エ
[三]　1　ウ　2　ア　3　イ　4　イ
5　エ　6　イ　7　ウ　8　エ
[四]　1　ア　2　エ　3　イ　4　ウ
[五]　1　エ　2　ウ　3　ウ　4　エ
5　ア　6　ウ　7　イ
[六]　1　エ　2　ウ　3　ア　4　イ
5　エ　6　ア

文星芸術大学附属 宇都宮文星女子　前期

■社会

[1]　1　ア　2　促成　3　リアス(海岸)
4　ウ　5　茶　6　ウ　7　エ
8　(例)黒部川を流れる大量の雪解け水を利用できるから。
[2]　1(1)　日本　(2)　日本ーエ　アメリカーイ(完答)　(3)　イ　(4)　ロッキー
(5)　X：(例)ドイツは赤字，フランスは黒字　Y：(例)ドイツからフランスにバカンスに訪れる人が多い
2(1)　イ　(2)　サヘル
[3]　1　(例)ポルトガル人やスペイン人を相手に，日本からは銀を輸出し，相手国からは鉄砲などを輸入した。
2　エ　3　日米修好通商(条約)　4　イ
5　ウ　6　ア　7　ア，エ(完答)
8　藤原純友
[4]　1　西郷隆盛　2　(例)天皇主権とし，国民の権利は「臣民」の権利として法律の範囲内でのみ認められるものとした。
3　ポーツマス(条約)　4　ア
5　Xーソ連　Yーアメリカ(完答)
6　エ　7　ウ→イ→エ→ア
[5]　1(1)　労働組合　(2)　エ　(3)　エ
2(1)　ア　(2)　エ　(3)　一票の格差
(4)　(A・Bに賛成)
(例1)男女両方が出場できるよう，機会の公正を重視しているから。
(例2)タイムが良い人が出場できるよう，結果の公正を重視しているから。
[6]　1　ウ　2　クーリング・オフ　3　ア
4　X：(例)日本に住んでいる外国出身者やその子孫に対して差別をする
Y：(例)表現の自由が制限されてしまう危

険性がある　5　イ
6　ベンチャー(企業)　7　エ

■数学
解答・解説はP300

■理科
[1]　1　イ　2　ウ　3　ウ　4　ア
5　24(kJ)　6　胎生　7　圧力
8　二酸化炭素

[2]　1　CuO
2　(例)銅がすべて酸素と化合すると，それ以上反応が進まないため。　3　右上図　4　2.4(g)

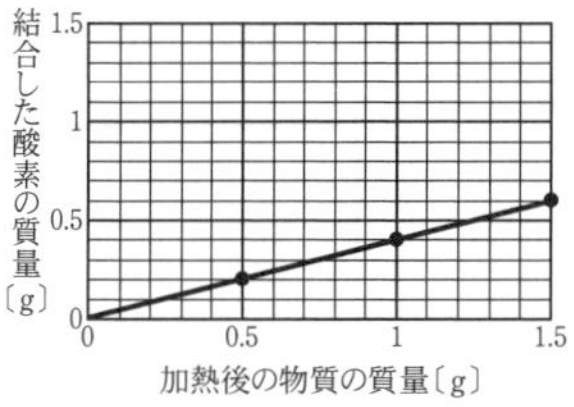

[3]　1　(気圧)1024(hPa)　(Aの気圧配置)西高東低　2　(春)→B→C→A
3①　シベリア　②　小笠原
③　オホーツク海

[4]　1　仮根　2①　単子葉類
②　シダ植物　③　コケ植物　3　ウ

[5]　1　0.2(W)　2　2.4(N)　3　エ
4　$P_2 > P_1 > P_3$

[6]　1　生物の遺骸　2　498(m)
3　507(m)　4　(例)火山灰は広範囲に堆積するため。

[7]　1　飽和水溶液　2　エ　3　17(%)
4　(例)水溶液を加熱することで水を蒸発させ，水溶液に含まれる水を少なくする。

[8]　1　ア
2　(上下幅)86(cm)
(床からの高さ)80(cm)
3　7(本)
4　右図

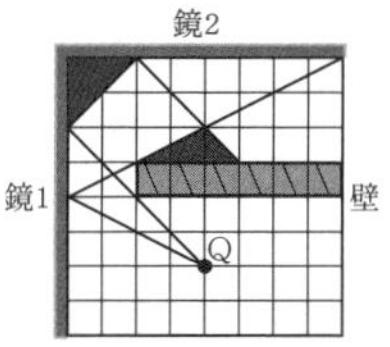

[9]　1　赤色の花　2①　Aa　②　aa
③　A　④　a　3　(赤色の花：白色の花＝)3：1　4　イ

■英語
[1]　1(1)　エ　(2)　エ　(3)　ウ　(4)　ア
2(1)　エ　(2)　ウ　(3)　イ　3(1)　large
(2)　February　(3)　international／global

[2]　1(1)　エ　(2)　ウ　(3)　エ　(4)　イ
(5)　イ　(6)　ア　2(1)　エ→ウ→イ→ア
(2)　イ→エ→ア→ウ
(3)　オ→ア→イ→エ→ウ

[3]　1　How many
2(1)　(例1)there are about／(例2)Japan has about
(2)　(例1)keep you warm／(例2)warm us
(3)　(例1)you should wash your body／(例2)it is necessary to wash your body
3　ウ　4　ア　5　(例)お風呂に数分浸かったら，お湯から出てしばらく休憩をする。(27字)
6　(例1)I am going to go to the mountains with my family in summer. We can enjoy looking at trees and leaves. In winter, we go skiing and enjoy the snow. These experiences will give me the chance to know more about nature.
(例2)I will take part in a farming program. I am going to learn how to grow rice and vegetables. I have been interested in the food loss problem. Working at a farm will be a good opportunity to learn about nature.

[4]　1　(例1)is respected by／(例2)is liked by
2　(例)書道にも勉強にも全力で取り組んでいること。
3　be a famous artist
4　(例)一生懸命取り組むエネルギー。
5　エ

[5]　1　ア　2　イ→ウ→ア→エ
3　(例)中国からシルクロードを通ってインドに伝わった。　4　ア

■国語
[1]　1(1)　うむ　(2)　ひょうし　(3)　ねむけ
(4)　とうき　(5)　かなめ　2(1)　捕(まる)
(2)　連絡　(3)　目盛(り)　(4)　迫真
(5)　注(ぐ)　3(1)　ウ　(2)　エ　(3)　ウ
(4)　ア　(5)⑤　エ　⑥　イ

[2]　1　とうとく　2　ア　3　まつるべし
4　エ　5　イ

[3]　1　食べられる生物と食べられない生物を分ける(ということ。)(二十字)　2　エ
3　エ　4B　ウ　C　イ
5　(例)食べられる生物を知ることが，生き残りにつながっていくから。(二十九字)
6　ア

[4]　1　ア　2　エ　3　(例)落盤事故を起こした第二炭鉱から市街地に向かう道路はなく，ダムや湖によって分断されていると感じたから。(五十字)　4　イ　5　エ
6　A(例)ショックを受けている(十字)
B(例)自分自身と父をともにはげまそう(十五字)

[5]　省略

文星芸術大学附属　宇都宮文星女子　後期

■社会

[1]　1 Ⅰ　南鳥(島)　Ⅱ　沖ノ鳥(島)
2　イ　3　イ　4　原油　5(1)　ウ
(2)　渋滞　6　(例)政府によって指定を受けた人口50万人以上の市。

[2]　1(1)　ア　(2)　エクアドル
2(1)　オーストラリア　(2)　APEC
3(1)　ウ　(2)　サンベルト
4　(例)一年中気温が高く，雨の少ない季節と雨が降る季節とがはっきりしている。

[3]　1　執権　2　ウ　3　(例)明から与えられた勘合を持たせ,朝貢の形を取った貿易。
4　ア　5(1)　イ　(2)　島原・天草一揆

[4]　1　ウ　2　イ　3　犬養毅　4　エ
5　ユダヤ人　6　太平洋(戦争)
7　広島県　8　(例)GHQの指令に従い，日本政府が政策を実施する間接統治の方法を採り，日本が再び連合国の脅威にならないように，徹底的に非軍事化した。

[5]　1(1)　経済活動　(2)　エ　(3)　生存権
2　エ　3 X　6　Y　25
4(1)　内閣総理大臣　(2)　(例)互いを抑制し合い，均衡を保つことにより，国の権力が一つの機関に集中することを防ぐため。

[6]　1(1)　ウ　(2)　CSR　2　ア
3(1)　(例)独占とは一つの企業が市場を支配している状態で，寡占は少数の企業が市場を支配している状態のこと。
(2)　公正取引委員会　4(1)　カ　(2)　円安

■数学

[1]　1　-12　2　$\frac{11}{15}a$
3　$x^2+9x+14$　4　$(x=)-3,\ 6$
5　$(y=)7x$　6　$(\angle x=)38°$
7　$(y=)\frac{4}{x}$　8　ウ

[2]　1　$(n=)6$
2　(例)おとなの入場者数を x 人，子どもの入場者数を y 人とすると
$x+y=250$……①
題意から，割引後のおとなの入場料は
$300\times(1-0.3)=210$(円)，
子どもの入場料は　$200\times\frac{1}{2}=100$(円)
なので，入場料の合計から
$210x+100y=44800$……②
②－①×100より　$110x=19800$
これを解いて　$x=180$
①に代入して　$180+y=250$
よって　$y=70$
答え(おとなの入場者数)180(人)，
(子どもの入場者数)70(人)
3(1)　$x(x+1)=4x+40$
(2)　(小さい方から順に)8，9

[3]　1　$\frac{5}{6}$　2　(およそ)250(個)
3(1)　5.5(点)　(2)　6.5(点)　(3)　③

[4]　1
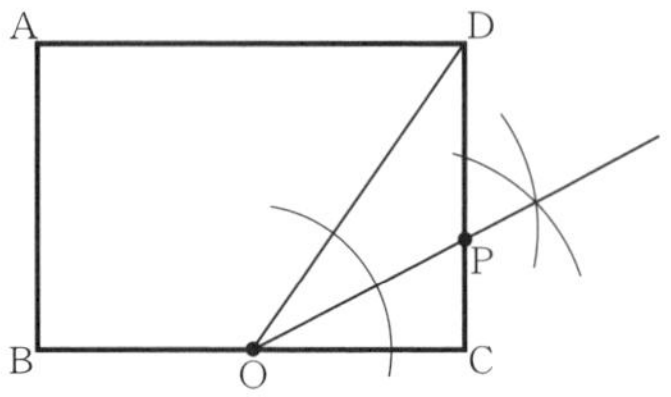

2　$2\sqrt{74}$(cm)
3　(例)△DBCと△BCEにおいて　仮定から
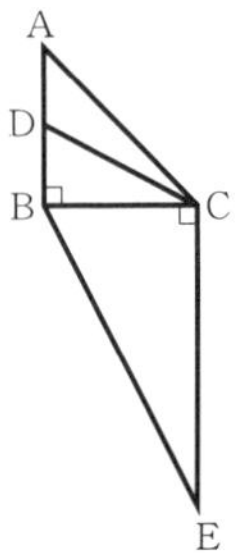

$\angle ABC=\angle BCE=90°$
より　$\angle DBC=BCE$……①
$CE=2BC$　より
$BC:CE=1:2$……②
また点Dは辺ABの中点であるから
$DB:AB=1:2$……③
仮定より　$AB=BC$……④　③，④より
$DB:BC=1:2$……⑤
よって②，⑤から
$DB:BC=BC:CE=1:2$……⑥
①，⑥より，2組の辺の比とその間の角がそれぞれ等しいので
$\triangle DBC\backsim\triangle BCE$

[5]　1(1)　$(a=)4$　$B(-8,\ -2)$
(2)　(例)2点A，Bを通る直線の式を
$y=mx+n$　とおくと
点A(4，4)を通るから　$4=4m+n$…①
点B(－8，－2)を通るから
$-2=-8m+n$…②　①－②より
$12m=6,\ m=\frac{1}{2}$
これを①に代入して　$4=2+n$
よって　$n=2$
求める直線の式は　$y=\frac{1}{2}x+2$
答え　$y=\frac{1}{2}x+2$
(3)　12　2(1)　36(℃)　(2)　$y=3x-69$
(3)ア　6　イ　60　ウ　-90　エ　$\frac{35}{2}$

または17.5

[6] 1　84(cm)

2　(例)コンテナを n 個積み上げたとき，積み上げたコンテナから天井までの高さが98cmであるから

$290-12n=98$，$12n=192$

から　$n=16$

答え　$(n=)16$

3ア　2　イ　4　ウ　23

4　【コンテナA】8(個)

【コンテナB】 8(個)　【コンテナC】 0(個)

■理科

[1] 1　ア　2　イ　3　ア　4　ウ

5　火砕流　6　炭素　7　毛細血管

8　250(m/s)

[2] 1　(例)道管に空気が入らないようにするため。　2　気温　3　ウ

4　$2a-b-c$

[3] 1　右図

2　270(g)

3　銅

4　上(向き)

1.8(cm)

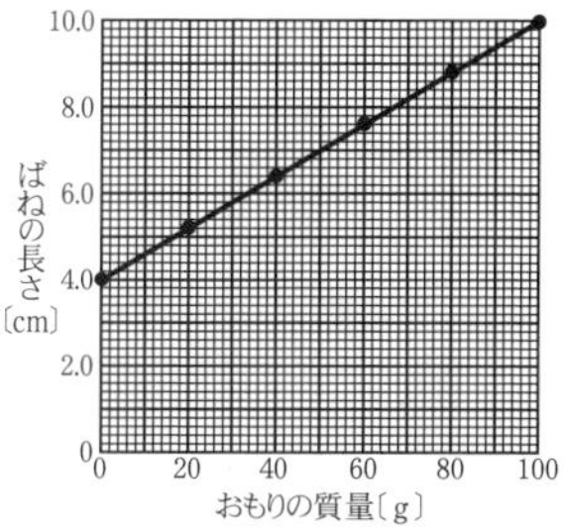

[4] 1　ア　2　エタノール

3　(例)密度の大きな物質は，密度の小さい物質の下に沈むため。

[5] 1　73(%)　2　2(回目)　3　13(℃)

[6] 1　ア　2　エ　3①　電圧　②　電流

③　電力

[7] 1　7.5(m/s)　2　(例)脳で判断してから命令を出すのに時間がかかるため。

3①　脊髄　②　脳　③　脊髄

[8] 1　X　2　銅　3　3.83(V)

4①　電子　②　陽　③　−

[9] 1　(例)地球が自転しているため。

2　イ　3　ア　4　ウ

■英語

[1] 1(1)　エ　(2)　ウ　(3)　イ　(4)　ウ

2(1)　イ　(2)　ウ　(3)　ア

3(1)　North　(2)　walk　(3)　long

[2] 1(1)　エ　(2)　イ　(3)　ア　(4)　イ

(5)　ウ　(6)　イ　2(1)　エ→ウ→ア→イ

(2)　エ→イ→ウ→ア

(3)　ウ→オ→ア→エ→イ

[3] 1　how long　2　ウ

3(2)　(例1)to do ／ (例2)they should do

(3)　(例1)enjoy having lunch ／

(例2)eat their lunch

(4)　(例1)ten minutes ／ (例2)10 minutes

4　エ　5　(例)勉強に集中することができ，節電にもつながるということ。(27字)

6(例1)I will propose to hold school sports festivals. We can play sports, such as basketball or soccer. It is good not only for our health, but also for our relationships. We have a chance to talk with other students. Thanks to this, we can make new friends.

(例2)I want to introduce a cleaning day. If all the students clean their classrooms, they will not get sick. This is a good chance to think about cleaning and health. They can understand how important they are.

[4] 1　(例1)Do you know ／

(例2)Can you tell me

2　(例)数字の4は死を意味し，数字の9は苦痛を意味する。

3　(例)縁起が良いと信じられていて，名字(家族の名前)にもよく使われる。

4　be able to learn　5　ア

[5] 1　ア　2　イ→ア→エ→ウ

3　(例)ワッフルやウエハースとゴーフルのつづりに使われているWとGの違い。

4　ア

■国語

[1] 1(1)　るいじ　(2)　えんせい

(3)　の(びる)　(4)　こころにく(い)

(5)　よしん　2(1)　頼(まれ)　(2)　構想

(3)　凍(え)　(4)　点呼　(5)　生(い)

3(1)　エ　(2)　木枯らし　(3)　イ・ウ

(4)　三(寒)四(温)　(5)　ウ

[2] 1　きわめたる　2　イ　3　(例)もちを食べるようにと，僧正が合図を出していると思ったから。(二十九字)

4　(最初)そのも　～(最後)候ひぬ

5　エ

[3] 1　ア　2　繰り返しがきく，引き返せる(時間)(十三字)　3　ウ

4　社会的な時間のありよう(十一字)

5　ア　6　(例)「境界の時間」が存在せず，ゆとりのない緊張ずくめの社会。(二十八字)

[4] 1　(例)大人っぽくなろう(と思ったきっかけ。)(八字)　2A　首　B　目

3　(例)大人になりたいと思って無理して借りた恋愛小説を途中で返そうとしている

から。（三十七字）
4　みっくんは，童話を好きじゃなくなったわけじゃなかった（ということ。）（二十六字）　5　ウ　6　エ
5　省略

宇都宮短大附属

■社会

1　1　ウ　2　エ　3　ウ　4　イ
5　エ　6　イ　7　ア
2　1　エ　2　イ　3　エ　4　ウ
5　ア　6　ア
3　1　ウ　2　イ　3　ア　4　エ
5　ウ　6　エ
4　1　ウ　2　イ　3　ア　4　エ
5　ア　6　エ　7　ウ
5　1　ア　2　ウ　3　エ　4　ア
5　イ　6　イ
6　1　6　2　バイオエタノール
3　ラスコー　4　千利休　5　25
6　文化財保護法　7　非正規労働者
8　勤労

■数学

解答・解説はP302

■理科

1　1　ア　2　ウ　3　エ　4　ア
2　1　エ　2　ウ　3　ア　4　イ
3　1　ウ　2　イ　3　ア　4　イ
4　1　エ　2　エ　3　イ　4　イ
5　1　イ　2　ウ　3　イ　4　ア
6　1　ウ　2　イ　3　イ　4　ウ
7　1　ア　2　ウ　3　ウ　4　ア
8　1　ウ　2　エ　3ア　8　イ　0
4ウ　2　エ　9
9　1　酸素　2　右図
3①　7　②　10
4　6.1（g/cm^3）
5　2：3
6　減数分裂　7　乱層雲　8　344（m/s）

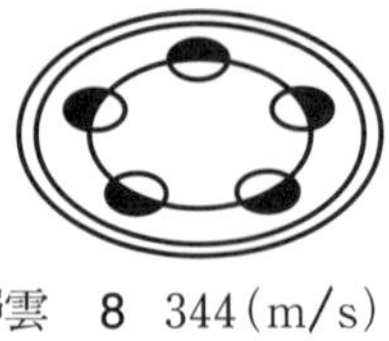

■英語

1　1　エ　2　ウ　3　ア　4　エ　5　ウ
2　1　ウ　2　イ　3　ア　4　ウ　5　エ
3　1　エ　2　イ　3　ア　4　ウ　5　ウ
4　A 1　イ　2　ア　3　イ　4　ウ
5　ウ
B 1　ア　2　エ　3　ア　4　イ　5　エ
C 1　blue　2　third　3　months
5　A 1　audience　2　dictionary
B 3　most　4　According
C 5　(What) kind of paintings is your brother interested in (?)
6　How long have you been waiting for Kevin (?)

■国語

一　問一　ウ　問二　イ　問三　エ
問四　ア　問五　イ　問六　ウ　問七　ウ
問八　エ　問九　イ
二　問一　ア　問二　イ　問三　ア
問四　ウ　問五　エ　問六　イ　問七　エ
問八　ア　問九　ウ
三　問一(1)　ア　(2)　ウ　問二　エ
問三　ア　問四　イ　問五　ウ
四　一(a)　かい（して）　(b)　ちょうほう
(c)　あお（ぎ）　二　よさぶそん　三　春
四　対句（法）　五　赤・朱・緋・茜・橙など
六　花（鳥）風月

星の杜

■社会

1　1(1)　ウ　(2)　リアス海岸　2　ア
3(1) Ⅰ　（例）原料が輸入しやすい
Ⅱ　（例）冷却水が得やすい
(2)　（例）人口密集地，都市　4(1)　ウ
(2)　（例）大気中に排出される硫黄酸化物を拡散し，工場付近の濃度を低下させるため。
2　1　ア，ウ　2　アパルトヘイト
3(1)　エ　(2)　32　4　イ
5(1)　ア　(2)　（例）高緯度地域は寒さが厳しく，小麦が冬を越すことができないため。
3　1　イ　2　勘合　3　イ，エ
4　応仁の乱　5　ウ　6　ア
7 A　（例）江戸時代から養蚕が盛んなため，生糸の原料である繭　B　蒸気
8　日中平和友好条約
4　1　ウ　2　イ→エ→ア→ウ
3　（例）納税額や所有する財産，年齢にかかわらず，同じ一票を有している。
4　ア　5　イ　6　（年齢：）20（歳）
（性別：）男女
5　1　ア　(2)　インフレーション
(3)　日本銀行　2(1)　ウ　(2)　解散
(3)　2（人）

[6] 1(1) 平和主義 (2) ウ (3) (X・Y)の立場に賛成。 (例) Xの場合：公共の福祉にもとづいて，多数の市民の利益を尊重する立場から立ち退きを求める。
(例) Yの場合：個人の経済活動の自由を保障した自由権にもとづき，果樹園を守る。
2① ウ ② ア ③ エ

■数学

[1] 1 -10
2 $-x+5y$
3 $6\sqrt{2}$
4 $x^2-9x+14$
5 $x=2\pm\sqrt{5}$
6 右図

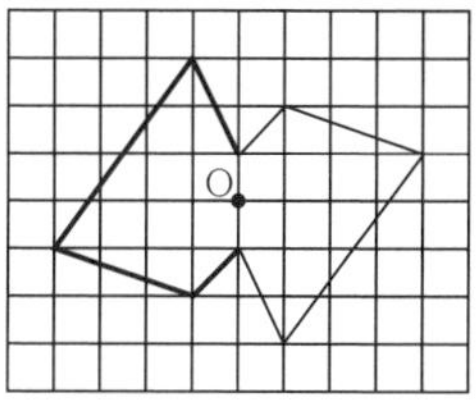

7 61(度) 8 イ

[2] 1 $\sqrt{70000}=264.6$ $\sqrt{0.7}=0.8367$
2(1) $240+y$(m)
(2) (連立方程式) $\begin{cases} y=6x-240 \\ y=9x-450 \end{cases}$
(列車の速さ)(毎秒)70(m)
(列車の長さ)180(m) 3 $a=0$，4

[3] 1 20(通り) 2 $\frac{3}{4}$ 3(1)ア B イ A ウ C (2) 中央値，四分位範囲が小さいことから，安定してよい記録を残している。

[4] 1 右図

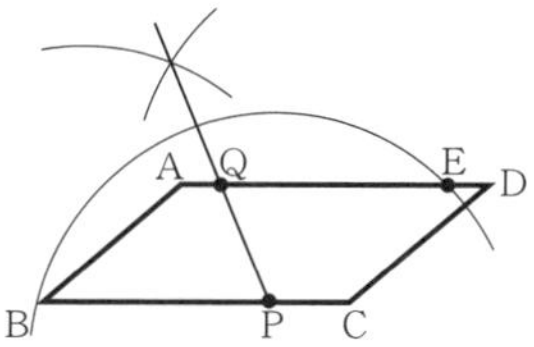

2(1) ウ
(2) 求める体積は底面の半径6cm，高さ6cmの円錐の体積から底面の半径3cm，高さ3cmの円柱と円錐の体積を引いた値であるから

$$V=\frac{1}{3}\times6^2\pi\times6-\left(3^2\pi\times3+\frac{1}{3}\times3^2\pi\times3\right)$$

$$=72\pi-(27\pi+9\pi)=36\pi$$

答え 36π(cm³)

3 (証明)△OAPと△OBPにおいて
仮定より OA＝OB…①
∠OAP＝∠OBP＝90°…②
OPは共通…③
①，②，③より
直角三角形で斜辺と他の1辺がそれぞれ等しいから
△OAP≡△OBP
合同な図形の対応する角は等しいから
∠APO＝∠BPO

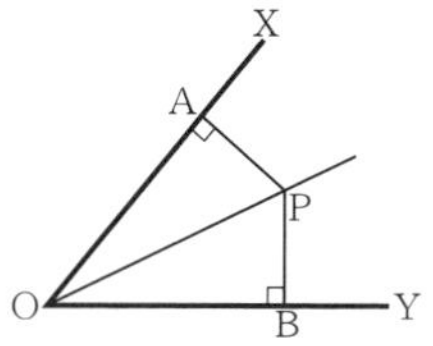

[5] 1(1) $a=1$ (2) (点Bの座標)4，16 (△OABの面積)42 (3) $6\sqrt{2}$
2 イにあてはまる数をxとおく
条件より

$$\frac{1}{6}x+\frac{2}{5}x+\frac{1}{7}x+21+15+\frac{1}{6}x\times\frac{4}{5}$$

$=x-140$ $x=1120$
アは$1120\div4=280$

答え ア 280 イ 1120

[6] (1) (個数)21(個) (文字)A
(2) 10(段目) (3) $\frac{5}{2}n^2-\frac{1}{2}n$(個)

■理科

[1] 1 ア 2 ウ 3 エ 4 ウ
5 マグニチュード 6 気孔
7 二次電池 8 作用・反作用の法則

[2] 1 酸化 2 イ 3 $2Cu+O_2\rightarrow2CuO$
4 2.3(g)

[3] 1 ア 2① b ② d ③ e
3 腎臓 4 (例)肺から呼吸によって二酸化炭素が排出される

[4] 1 音源(発音体) 2 ウ 3 250(Hz)
4 (記号)エ (理由)音の大きさは変化せず，音の高さは高くなるから。

[5] 1 hpa 2 (記号)イ (理由)最も気圧が低いため 3 11.5(g/m³)

[6] 1 Ⅰ 丸 Ⅱ 黄色 2 分離の法則
3 (丸：しわ＝)3：1 4① カ ② エ

[7] 1 エ 2 NaCl
3 X $NaOH\rightarrow Na^{+}+OH^{-}$
Y $HCl\rightarrow H^{+}+Cl^{-}$
4

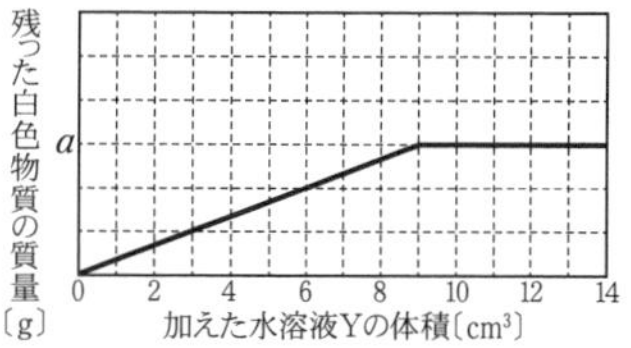

[8] 1 (堆積物)泥 (理由)粒子が細かいため 2 イ 3 石灰岩 4 ア

[9] 1 30(cm/s) 2 ア
3 仕事の原理 4 3.0(N) 5 0.9(W)

■英語

[1] 1 イ 2 ア 3 ア 4(1) ウ
(2) イ

[2] 1(1) ウ (2) エ (3) イ (4) エ
(5) イ 2(1) エ→ウ→ア→イ
(2) イ→ウ→オ→ア→エ
(3) オ→イ→ア→エ→ウ

[3] 1 予約をすることが簡単になる

病院での待ち時間が短くなる
2(1) ウ (2) イ (3) ア
3 ウ→オ→イ→ア→エ
4 SaitoClinic changed the reservation system because patients can make an appointment at any time even in the middle of the night. Also this prevents the crowding in the hospital. Hospitals won't have to respond to calls outsaide of office hours.

[4] 1 3年間バスケットボールに打ち込んだにもかかわらず，中学最後の試合前に腕を骨折して，試合に出場できないから。
2 イ 3① adversity ／ troubles
② react ③ meaning 4 イ カ

[5] 1 エ 2 ウ 3 死んだ植物を分解して，土に変えている。 4 エ

■国語

[1] 1(1) せんさい (2) こくふく
(3) ふんいき (4) ほどこす (5) つのる
2(1) 典型 (2) 連鎖 (3) 貢献
(4) 省(く) (5) 導(く) 3(1) エ
(2) ウ (3) ウ (4) ア (5) イ

[2] 1 おおかた 2 イ 3 エ
4① (例)字が読みにくいと伝える
② (例)推量

[3] 1 (例)女性はおしとやかに・男性は人前で泣かない等 2 a ミクロ
b マクロ 3 イ 4 B
5① 長い歴史や多くの社会の状況を検討すれば，男性と女性の位置づけや役割は非常に多様
② 誰もが対等で他者から敬意を払われ，自分の望みを表明したり行動したりできる

[4] 1 イ 2 小夜子が転校するということを，自分に伝えなかったこと。
3 (はじめ)弱さもすき(〜)(終わり)ない小夜子
4① 自分は唯一無二の存在ではなく，いなくなっても問題ないような存在だという意味。
② 二人が共有している昔の話をすることで深雪の反応を探り，自分が相手にとってどれだけ価値のある存在であるかを確かめるため。

[5] 省略

国学院大学栃木

■社会

[1] 1(1) エ (2) ウ (3) イ (4) エ
(5) イ 2(1) PCR(検査)
(2) メソポタミア(文明) (3) ザビエル
(4) ハリケーン (5) ニュータウン

[2] 1 イ 2 ア 3 イ 4 ウ 5 ア

[3] 1(1) オ (2) ウ (3) ア (4) オ
(5) イ 2(1) ア (2) エ (3) ア

[4] 1 ウ 2 ウ 3 ウ 4 カ

[5] 1 天武(天皇) 2 平将門
3 徳川家康 4 解体新書 5 出島
6 エ

[6] 1 イ 2 ウ 3 イ 4 オ
5 ア 6 エ

[7] 1(1) ア (2) イ (3) ア
2(1) 公衆衛生 (2) 国務大臣

[8] 1(1) エ (2) 団結権 (3) ウ
2 公正取引委員会 3 エ 4 イ

■数学

解答・解説はP304

■理科

[1] 1 イ 2 エ 3 エ 4 イ 5 ア
[2] 1 ウ 2 イ 3 オ 4 エ 5 イ
[3] 1 イ 2 エ 3 ウ 4 イ 5 ア
[4] 1 ウ 2 イ 3 ウ 4 ウ 5 ア
[5] 1 ア 2 ウ 3 イ 4 ウ

[6] 1 (気象要素(漢字2文字))気圧
(気象要素の単位(アルファベット3文字))
hPa(完答) 2 (漢字5文字)小笠原気団
3 イ 4 1067(km/h)(整数値)

[7] 1 横隔膜 2 エ 3 イ
4 (肺胞の表面と毛細血管が接する)面積が大きく(なるから。)

[8] 1 砂糖 かたくり粉 プラスチック
2(1) 金 (2) (物質名)水
(質量の差)42(g)(完答) (3) 銅

[9] 1 0.5(A) 2 (I_3：I_4＝)1：4
3 2.5(A) 4 4(J)

■英語

[1] A 1 イ 2 ウ 3 ア
B 1 エ 2 エ 3 ア

[2] 1 ア 2 ウ 3 エ 4 エ 5 イ
6 ア 7 イ 8 ウ 9 イ 10 エ

[3] 1 ア 2 エ 3 ウ 4 エ
5 ウ 6 イ

[4] 1 How many , May
2 What , caught , Saturday

3　as／so well , aunt
[5] 1① カ　② オ　③ ア　④ ウ
⑤ イ　2　arm［hand］　3　エ
[6] 1(a)　25　(b)　first　2(1)　barber
(2)　nurse　3　(例)それから10年間彼からの便りはなかった。　4　エ　5　イ　オ
[7] 1　エ　2　ア　3　(例)人ではなく，犬がたたえられるべきだという思い。
4　イ　ウ　5　(2番目)オ　(4番目)ウ

■国語

〔一〕　問一ア　本殿　イ　堤防　ウ　功績
エ　依頼　オ　予測　問二ア　ふちん
イ　さんじょう　ウ　なだれ
エ　も(れる)　オ　おもむ(く)　問三　エ
問四　イ　問五　ウ　問六　ウ
問七1　イ　2　ア　3　エ
〔二〕　問一　イ　問二　ア　問三　エ
問四　エ　問五　ウ　問六　ウ
問七　私たちの行動や考え方　問八　ア
問九　イ　問十　ウ
〔三〕　問一　ア　問二　かまえてまいりたまえ　問三X　イ　Y　エ　問四　ア
問五　ウ　問六　イ　問七　エ
〔四〕　問一Ⅰ　エ　Ⅱ　イ　問二　D
問三　目　問四　ア　問五　ア　問六　ウ
問七　イ

佐野日本大学

■社会

[1] (1)　1　(2)　3　(3)　2　(4)　4　(5)　3
(6)　1
[2] (1)　3　(2)　4　(3)　1　(4)　2　(5)　3
[3] (1)　2　(2)X　5　Y　2　(3)　4
[4] (1)　4　(2)　4　(3)　1　(4)　3　(5)　2
[5] (1)　3　(2)　1　(3)　1　(4)　2　(5)　3
[6] (1)　6　(2)　3　(3)　1
[7] (1)　2　(2)　3　(3)　4　(4)　2　(5)　2
(6)　3　(7)　1
[8] (1)ア　1　イ　4　ウ　2　エ　5
(2)A　5　B　1　C　3　D　7　(3)　3
(4)　1
[9] (1)　3　(2)　1　(3)　4　(4)　4　(5)　1

■数学

解答・解説はP306

■理科

[1] 問1　8　問2　5　問3　4　問4　5
問5　4　問6　4　問7　4　問8　4
[2] 問1　1　問2　4　問3　2　問4　2
問5　4
[3] 問1　3　問2　2　問3　1　問4　1
[4] 問1　2　問2　3　問3　2　問4　3
[5] 問1　4　問2　2　問3　1　問4　2
[6] 問1　5　問2　2　問3　2　問4　4
[7] 問1　5　問2　3　問3　2　問4　6
[8] 問1　4　問2　6　問3　2　問4　5
[9] 問1　2　問2　3　問3　2　問4　4
問5　6

■英語

[1] 問1　3　問2　1　問3　1　問4　3
問5　4　問6　2
[2] (1)　4　(2)　3　(3)　4　(4)　3　(5)　2
(6)　4　(7)　3　(8)　2　(9)　1　(10)　2
[3] 問1　4　問2　4　問3　4
[4] 問1　1　問2　2　問3　1　問4　4
問5　4
[5] (1)　2　(2)　3　(3)　1　(4)　4　(5)　1
[6] (1)　4 2 3 1　(2)　1 3 4 2
(3)　4 2 1 3　(4)　3 2 4 1
(5)　4 1 3 2　(6)　3 2 4 1
[7] 問1　4　問2　2　問3　1　問4　3
問5　4　問6　4　問7 1　2　2　2
3　1

■国語

[1] 問一　2　問二　1　問三　1　問四　3
問五　4　問六　3　問七　2　問八　4
問九　3　問十　4
[2] 問一　2　問二　1　問三　3　問四　3
問五　1　問六　4　問七　3
[3] 問一　3　問二　4　問三　1　問四　3
問五　2　問六　2　問七　4
[4] 問一　1　問二　4　問三　1　問四　1
問五　3　問六　2　問七　2

青藍泰斗

■社会

【1】 1　イ　2　ウ　3　ア
4　(例)冬は，積雪の為，農作業が行えず，屋内で行える作業から発展した
5　エ　6　エ　7　環境保護　8　ウ
【2】 1　ウ　2　ア
【3】 1　持続可能　2　イ

3 オペラハウス 4 エ

5 (例)植物の光合成による二酸化炭素の吸収量が減少し，地球温暖化が

【4】 1 田沼意次 2 寛政の改革

3 イ 4 天平文化 5 エ

6 (例)天皇の妃にして，生まれた子どもを天皇にする 7 執権

8 C→D→E→B→A

【5】 1 ア→エ→ウ→イ 2 (例)日本と清が朝鮮をめぐって対立し，ロシアが，その様子をうかがっている

3 ウ 4 吉野作造 5 ブロック経済

6 日中戦争 7 イ

【6】 1 イ 2 納税の義務 3 ウ

4 連帯 5 イ 6 地方交付税交付金

7 (例)Aさんは，1期目で当選から4年以上経過しており，衆議院議員の任期である4年を超えているから

【7】 1 中央銀行 2 エ→ウ→ア→イ

3 Ⅰ ウ Ⅱ (例)所得が高いほど，税率が高くなる制度 4 エ 5 ア 6 利潤

■数学

【1】 1 -28 2 $5\sqrt{2}$ 3 $\frac{1}{6}x$

4 $x=3$，$y=-1$ 5 $y=-6$

6 $\angle x=80$(度)

7 辺CF，辺KN，辺KL(KJ)，辺EF(GF)

8 右図

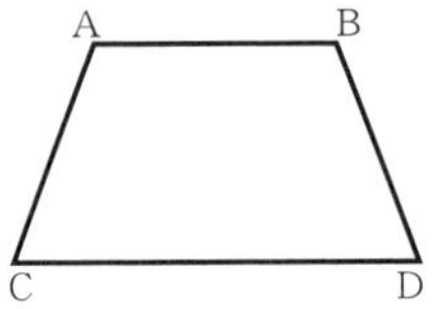

【2】 1 $x=32.6$ 2 6 3 ア，ウ

【3】 1(1) 101(通り) (2) 5151(通り)

2(1) 12 (2) 10 3(1) 75(点)

(2) 80(点) (3) 81(点)

【4】 1

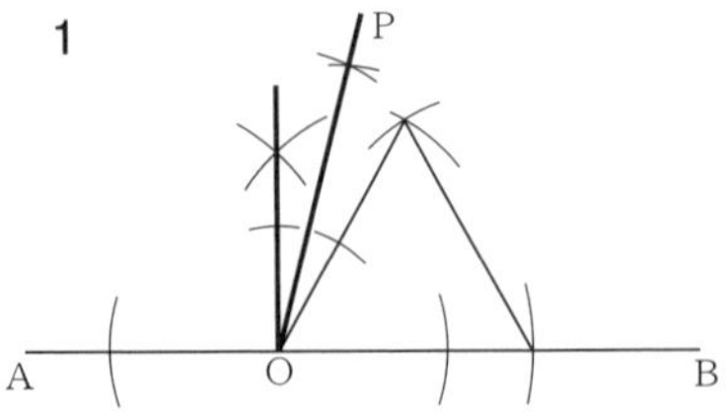

2(1) $\angle ODB=90$(度)

(2) △OBDと△AOEにおいて

BCとACは接線なので

$\angle ODB=\angle AEO$………①

$\angle ACB=\angle AEO$からBC∥OEなので

$\angle OBD=\angle AOE$………②

①，②より三角形の2組の角の大きさが等しいので

△OBD∽△AOE

(3) 2 (4) $9-2\pi$

【5】 1(1) $a=2$，$b=\frac{9}{2}$

(2) $\triangle AOB=\frac{15}{4}$ (3) $y=\frac{1}{7}x+\frac{15}{7}$

2(1) 1.8(°F) (2) $y=1.8x+32$

(3) $a=50$，$b=10$

【6】 1 $0\leqq x\leqq 22$ 2 $y=\frac{1}{3}x^2$

3 $y=-\frac{3}{4}x^2+33x-251$ 4 $y=85$

5 $x=\frac{146}{9}$

■理科

【1】 1 エ 2 ウ 3 イ 4 エ

5 核 6 恒星 7 尿素 8 3(A)

9 12.5(g) 10 1(J)

【2】 1 HCl 2 1.6(g) 3 76.8(g)

4 1.5(g) 5 4.5(g)

【3】 1 B 2 砂の方が水より温まりやすいから。 3 イ 4① 上昇 ② 低く

【4】 1 イ 2 ア 3 ウ 4 ウ

5 エ

【5】 1 イ 2 ヒトの体温と同じ状態にするため。消化酵素はヒトの体温付近ではたらくため。 3 アミラーゼ

4 グルコース(ブドウ糖) 5 大きな分子を小さな分子に変えて吸収しやすくさせるため。

【6】 1 (色)赤(色) (性質)アルカリ(性)

2 アンモニアは水に溶けやすい性質をもつから。 3① 密度が小さい(軽い)

② 上方置換

【7】 1 イ 2① 大き ② 激しい

3 有色鉱物が少なく，無色鉱物の割合が多いから。 4 ア

【8】 1① Aa ② しわ(型) 2 ウ

3 (固体X)Bb (固体Y)bb

【9】 1 ウ 2 3(Ω) 3 1.2(A)

4 ウ 5 ア

■英語

【1】 1(1) イ (2) イ (3) ア (4) ウ

2(1) イ (2) ア (3) ウ

3(1) science museum (2) sandwich

(3) 4 o'clock

【2】 1(1) イ (2) ウ (3) ア (4) エ

(5) イ (6) エ

2(1) ウ→オ→イ→エ→ア

(2) イ→エ→ア→オ→ウ

(3) エ→ア→ウ→イ→オ

【3】 1 World heritage sites 2 イ
3 ウ 4 No, I don't.
5 戦争や観光客のマナーの悪さ，そして自然破壊などによって，いくつかの(世界)遺産の価値が下がっているという事実。
6 間違い1つにつきマイナス2点

【4】 1 ウ 2 イ→エ→オ→ウ→ア
3 私は一度ニューヨークで野球の試合を観たことがあること。
4① スポーツチームに所属する
② 責任 5 エ

【5】 1 (農地)開発／道路建設
2 地球温暖化 3 エ 4 what

■国語

【一】 1(1) きどう (2) いなほ
(3) かんきゅう (4) とな (5) くわだ
2(1) 承認 (2) 克服 (3) 開催 (4) 粘
(5) 編 3 エ 4 ウ 5 イ 6 ウ
7 エ

【二】 1 臆病(気の弱い)(気弱な)
2Ⓐ イ Ⓑ ア 3 臆して，わななきて，え吹かざりけり
4 堪(たえさせたまわず) 5 ア

【三】 1 ア 2 享楽的生活と車社会の目立つ人間活動 3 ウ 4 星 5 イ
6 イ

【四】 1 ウ 2 友(二人)の決心が，自分の将来(進路)に向かって，一緒に進んでいこうと背中を押してくれた。(37字)等〈二人(文斗と朱里)の決心・自分の将来(進路)・一緒に進む(前進)の三点にふれていれば正解〉
3 イ 4 和音は演奏者に失礼かもしれないヘンな表現と思い，真弓は誰の真似でもないオリジナルの表現と思っている。(50字)等〈和音の「ヘンな表現」，真弓の「オリジナルの表現」両方にふれていれば正解〉
5 真弓が何を伝えようとしているのかわからなかったが，進む道を指し示してくれてるように感じたから。(48字)等〈真弓の伝えたいことははっきりしないが，和音の進む将来の道を示している，ということが書かれていれば，正解〉 6 エ

足利短大附属

■社会

[1] 問1 イ 問2 エ 問3 イ 問4 ア
問5 ウ 問6 エ 問7 エ 問8 ウ

[2] 問1 ア 問2 エ 問3 ウ
問4(1) D (2) 鉄鉱石 (3) ア

[3] 問1 ウ 問2 ア 問3 4
問4(1) ア (2) イ 問5 エ
問6 南海トラフ 問7 ウ
問8 択捉島

[4] 問1 イ 問2 エ 問3 冠位十二階
問4 イ 問5 ア 問6 イ 問7 エ
問8 ア

[5] 問1 イ 問2 自由民権運動
問3 25(歳以上) 問4 ア→エ→イ→ウ
問5 ウ 問6 ウ 問7 エ 問8 ア

[6] 問1 ア 問2 エ 問3 ウ 問4 ウ
問5 エ 問6 ア

[7] 問1 公正取引委員会 問2 エ
問3 エ 問4 ア

■数学

[1] (1) 12 (2) 14 (3) $\dfrac{5x-7y}{6}$
(4) $\sqrt{3}$ (5) $10x+50$

[2] (1) $x=-4$ (2) $x=\dfrac{3\pm\sqrt{17}}{4}$
(3) $x(x-4y)(x+4y)$
(4) $x=-6,\ y=-6$ (5) $a=-1,\ 3$
(6) $\dfrac{1}{2}$ (7) 118(度) (8) $\dfrac{3}{2}\leqq y\leqq 2$
(9) 52(度) (10) 5.5(本)

[3] (1) 正八面体 (2) 12 (3) 6

[4] (1) 33π(cm^2) (2) 30π(cm^3)

[5] (1) $\begin{cases} \dfrac{7}{100}x+\dfrac{10}{100}y=44 \\ \dfrac{x}{100}\times 140+\dfrac{y}{100}\times 340=1300 \end{cases}$
(2) $x=200,\ y=300$

[6] (1) 117 (2) $9n$ (3) 23

[7] (1) $(2x-12)$(cm) (2) 18(cm^2)
(3) $6\sqrt{2}$(cm)

[8] (1) $y=3x-6$ (2) $a=\dfrac{1}{3}$
(3) P(0，6) (4) 18

■理科

[1] (1) (A：)柱頭 (B：)子房

[2] (1) 顕性(優性)の法則 (2) 120(個)
(3) ウ (4) 5：3 (5) 分離の法則

[3] (1) 0.11(g) (2) イ (3) 質量保存の法則 (4) ア，ウ，カ (5) D，E

[4] (1) (R_1：)0.5(A) (R_2：)0.25(A)
(2) (R_1：)7.5(W) (R_2：)3.75(W)

(3) 1800(J) (4) 1680(J)
(5) 並列回路

5 (1) C→B→A (2) (A:)ア (B:)ウ (C:)イ (3) (X:)ア (Y:)エ

■英語

1 1 エ 2 ア 3 イ 4 ウ 5 ア

2 1 have to 2 Is spoken 3 able to 4 to do 5 It rains 6 math teacher 7 earlier than 8 too to

3 1 エ 2 ウ 3 エ 4 エ 5 ア 6 エ 7 ウ 8 イ

4 1 Wednesday 2 as 3 in 4 takes 5 at 6 for

5 1 イ 2 ウ 3 ア 4 エ 5 ア

6 問1 ウ 問2 ア 問3 イ
問4 女性が夜にひとりで出歩けること
問5(a) カ (b) ウ (c) ア (d) エ
問6 イ 問7 エ

7 問1 ア 問2(a) カレー (b) じゃかいも (c) たくさん 問3 カ 問4 ウ
問5(a) make (b) happy 問6 イ エ

■国語

1 問一a きわ(まれり) b 興味 c こくし d 告発 問二 4
問三 否定 問四 2 問五 4
問六 3 問七 1

2 問一 しぐれ 問二 4 問三 1
問四 2 問五 置く 問六 2 問七 3
問八 4

3 問一 かしまし 問二 1
問三 もろこし 問四(1) たくわえ
(2) 財 問五 A 問六 2
問七Ⅰ 手 Ⅱ 1 問八 (最初)おのれをつ (最後)ぼらざらん
問九 いかばかり心のうち涼しかりけん。

4 問一 1 問二A 1 B 2 C 3 D 4 問三1 上流 2 日本 3 高級 問四 大衆 問五 3
問六 《3》 問七 4
問八 (最初)ヨーロッパ (最後)のである。
問九 2 問十 1 問十一 3

足利大学附属

■社会

1 (1) 4 (2) 1 (3) オリエント (4) 2 (5) 4 (6)(ア) 1 (イ) 2 (ウ) 3

2 問1 1 問2 タイガ 問3 2
問4 1 問5 4
問6 ロードヒーティング

3 問1 1 問2 2 問3 1 問4 1

4 問1 4 問2(1) 白豪 (2) 4
問3 1

5 問1 平将門 問2 4 問3 2
問4 1 問5 1 問6 3 問7 3
問8 元禄小判 問9 2

6 問1(1) 4 (2) 2 問2 工場
問3 2 問4 3 問5 京都議定書
問6 2 問7 大阪 問8 5

7 問1 閣議 問2 3 問3 4

8 問1 1 問2(1) POSシステム
(2) 4 問3 2(つ) 問4 累進課税
問5 1 問6 4

■数学

解答・解説はP308

■理科

1 (1) 700(g) (記号)ウ (2) 500(g)
(3) 250(g) (4) 4(N)

2 (1) 水上(置換法) (2) 石灰水
(3)A ウ B 桃(色)
(4) 炭酸ナトリウム (5) 1.6(g) (6) ウ

3 (1) 0.25(秒) (2)A 感覚(神経)
B 運動(神経) (3) イ (4) 反射
(5) ア

4 (1) 主要動 (2) 初期微動継続時間
(3) P(波) (4) 8(km/秒) (5) エ

5 (1) 15(Ω) (2) 10(Ω) (3) エ
(4) 2(A) (5) 9.6(W) (6) 8(V)

6 (1)① 黄(色) ② 青(色) (2) エ
(3)a NaOH b NaCl (4) 中和
(5) 水酸化物イオン (6) ウ

7 (1) C (2) ウ (3) エ (4) イ
(5) ウ (6) 染色体
(7) (ア)→ウ→オ→イ→エ

8 (1) C (2) Ⅲ (3) 18(度)
(4) 78.4(度) (4) 12(時間) (5) オ

■英語

1 1 エ 2 ア 3 イ 4 ウ 5 ウ 6 イ 7 ア 8 エ 9 イ 10 ウ

2 1 ア 2 ウ 3 イ 4 イ 5 エ 6 ア 7 エ 8 ウ 9 イ 10 ア

3 1 エ 2 ウ 3 エ 4 ウ 5 イ

4 1 on 2 present 3 ride/life 4 noisy 5 made

5　1　They had / ate lunch
2　the first day
3　Whose / Which　／　did
4　Have　／　been　5　There was a fire
6　where　7　How　8　Italian food

6　1　エ→ウ→ア→イ　2　エ

■国語

1　問1 a　1　b　4　問2 Ⅰ　首
Ⅱ　足　Ⅲ　肝　Ⅳ　鼻　問3　2
問4　客観　問5　3
問6　まとまった情報　問7　本物の情報

2　問1　4　問2　3　問3　5
問4　春霞　問5　2　問6　1　問7　4
問8　2　問9　3

3　問1 a　軒下　b　催促　c　加減
d　視線　e　相違　問2 A　2　B　4
C　13(画目)　D　5　E　3
問3　1　問4　4　問5　3
問6　早く死んですこしでも兄きに楽がさせたい(という思い。)　問7　5
問8　消失　問9　苦から救っ(～)あろうか。　問10　1　問11　2　問12　3

白鷗大学足利

■社会

1　問1　ア　問2(i)A　ア　B　イ
C　ア　D　ウ　(ii)　ウ　(iii)　ウ
問3　エ　問4　b

2　問1(i)　ア　(ii)　イ　(iii)　B　(iv)　b
(v)　リアス(海岸)　問2　オ　問3　ア

3　問1(i)　ア　(ii)　エ　問2 B　たて穴
C　埴輪　問3(i)　ウ　(ii)　大宝律令
問4　エ　問5　F　問6　エ

4　問1　エ　問2　B　問3(i)　ア
(ii) Ⅰ　領事裁判(権)　Ⅱ　関税自主(権)
(iii)　D　(iv)　C　(v)　エ

5　問1　国権　問2　司法　問3 X　イ
Y　オ　問4　ウ　問5　ウ
問6　(地方)分権一括(法)　問7 C　ア
D　エ　問8　a

6　問1　エ　問2 X　株主総会　Y　配当
問3　私企業　問4①　ア　②　ウ
問5　ア

■数学

解答・解説はP310

■理科

1　(1)　エ　(2)　ウ　(3)　ウ　(4)　エ
(5)　エ　(6)　ウ　(7)　ウ　(8)　ア

2　(1)　オ　(2)　イ　(3)　エ　(4)　イ
(5)　170(cm)

3　(1)　750(Pa)　(2)　ウ　(3)　オ
(4)　0.18(N)　(5)　ウ

4　(1)A　エ　E　イ　(2)　ウ　(3)　電解質
(4)　ウ　(5)　67(%)

5　(1)　還元　(2)　ウ　(3)　0.88(g)
(4)　(酸化銅：炭素＝)40：3　(5)　ウ　エ

6　(1)　アミラーゼ　(2)　イ　(3)　エ
(4)　(名称)柔毛　ウ

7　(1)　対照実験　(2)　エ　(3)　エ　(4)　イ
(5)　ウ

8　(1)　イ　(2)　ア　(3)　エ　(4)　エ　(5)　ウ

9　(1)　惑星　(2)　イ　(3)　エ　(4)　ア
(5)　ウ

■英語

1　No.1　ウ　No.2　ア　No.3　イ
No.4　イ　No.5　エ　No.6　エ　No.7　ウ
No.8　エ　No.9　イ　No.10　ア

2　1　panda　2　August　3　library
4　kitchen　5　afternoon

3　1　3番目　オ　5番目　ウ
2　3番目　カ　5番目　イ
3　3番目　エ　5番目　ア
4　3番目　ウ　5番目　エ
5　3番目　ア　5番目　カ

4　①　誤　like　正　likes
②　誤　it　正　them
③　誤　is　正　are
④　誤　some　正　any
⑤　誤　having　正　have

5　1　87(歳)　2　1(歳)1(月)1(日)
3　イ　4　wear gold clothes

6　1 1　ア　2　ウ　3　イ　2　エ
3　イ

7　1 1　ウ　2　ア　3　イ　4　ウ
2　ア　3　イ　4　イ　5ア　touching
イ　power　ウ　made　エ　think

8　1　イ　2　ア　3　ウ
4　smartphones　5　エ

■国語

1　問1①　功績　②　熟(れた)
問2①　ふきゅう　②　つど(う)
問3　イ　問4　31　問5　イ　問6　ア
問7　ウ　問8　求

[2]　問1　エ　問2　ア　問3 B　上がる
C　座る　問4　縁台　問5　一段高
問6　上がり框関係　問7　目線の高さ
問8①　エ　③　イ　問9　ウ
[3]　問1　持ち上がり　問2　エ
問3　母は相変わ　問4　ウ　問5　イ
問6　ウ　問7　エ
[4]　問1　ア　問2　言失(を直すため)
問3(1)　ねずみ　(2)　観音　問4　エ

矢板中央

■社会

[1]　1 I　千島海流(親潮)
II　日本海流(黒潮)　2　アイヌ　3　ア
4　イ　5　ア　6　ウ　7　桜島
8 I　促成(栽培)　II　本州四国連絡(橋)
[2]　1(1)　(A国)ドイツ　(B国)ロシア
(2)X　ヨーロッパ連合(EU)
Y　パイプライン　(3)　ア　(4)　カ
2(1)　エ　(2)III　イギリス
IV　アジア(諸国)
[3]　1　ウ　2　徳川吉宗　3　上米(の制)
4(1)　ウ　(2)　ア　5(1)　太閤検地
(2)　(正解例)(農民は)検地帳に名が記され,土地の所有者であることが認められた。
6　奉公　7　(A)→C→E→D→B→(F)
[4]　1　ウ→エ→イ→ア　2(1)　ウ
(2)　昭和恐慌　3　イ　4　ア
5 B　国際連盟　C　国際連合
6(1)　70(%)　(2)　(正解例)米軍基地がある
[5]　1　基本的人権　2　イ　3 A　マスメディア　B　そのまま信じる(うのみにする)
4　ウ,エ(完全正答)
5　核家族(核家族世帯)　6 I　個人
II　平等　7　ア
[6]　1(1)　貯蓄　(2)　契約　(3)　エ
(4)　クーリングオフ　2(1)　イ
(2)　ベンチャー企業　3　(正答例)非正規雇用者が年々増加傾向にある。正社員は年齢階層が上がると賃金が上昇し,非正規雇用は賃金がほとんど変わらない。

■数学

[1]　1　3　2　$4a+3$　3　x^2-4x+4
4　$(x=)-3,\ 1$　5　$y=-\frac{10}{x}$
6　$32\pi-64(\mathrm{cm}^2)$　7　20(度)
8　イ
[2]　1　$(m=)6$　2　(兄)5000(円),(弟)4000(円)　3　3(cm)
[3]　1　$\frac{3}{8}$　2　0.4　3(1)　(第1四分位数)6(分)　(第2四分位数)12(分)

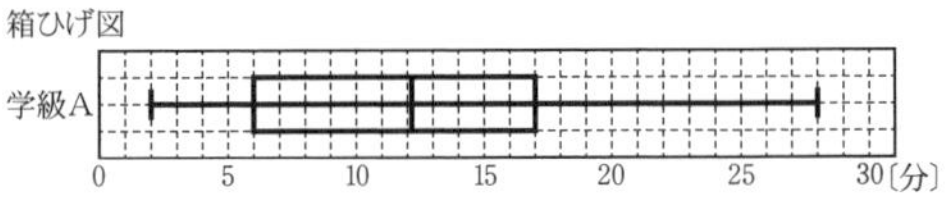

(2)　ア,エ
[4]　1　右図

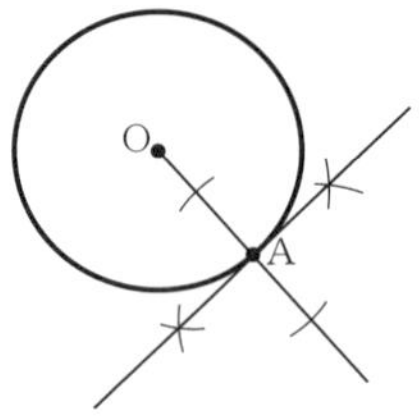

2(1)ア　ⓘ　イ　ⓖ
ウ　ⓚ　エ　ⓒ
オ　ⓦ　カ　ⓜ
キ　ⓟ　(2)　ⓦ
(3)　$12(\mathrm{cm}^2)$
[5]　1(1)　$(a=)\frac{1}{2}$
(2)　D(2, −7)
(3)　$(t=)4$
2(1)ア　16800
イ　4200
(2)　16(分)
(3)　$y=\frac{7}{2}x-4$
(4)　右図
(5)　$4800(\mathrm{cm}^3)$

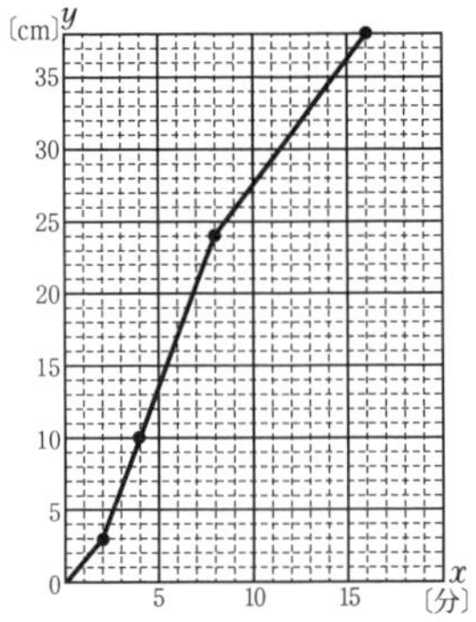

[6]　1　20(cm)　2　$34(\mathrm{cm}^2)$
3　(長さ)$4n+8$(cm)　(面積)$5n+4(\mathrm{cm}^2)$
4　$n+2$(倍)

■理科

[1]　1　エ　2　イ　3　エ　4　ウ
5　16.2(g)　6　被子植物　7　反射
8　示相化石
[2]　1　ウ　2　(どちらか)P　①　Zn
②　Zn^{2+}　3①　銅　②　減少　③　薄
[3]　1　右図

2　(気圧は)(例)低くなり,空気の体積は大きくなる。
3　100(%)
4(1)　500(m)　(2)　1500(m)
[4]　1　80(Ω)
2　(どれか)c　(発熱量)1920(J)
3　(どれか)a　(発熱量)192(J)
[5]　1　対立形質
2　(AA:Aa:aa=)1:2:1
3　300(個)
4　(丸い種子:しわのある種子=)5:1
[6]　1　二酸化炭素　2　イ
3　(例)加熱した試験管が冷えると気圧が

下がり，石灰水が逆流するのを防ぐため。
4　2.4(g)

7　1①　$\frac{1}{4}$　②　周期　2　ウ　3　イ

8　1　0.21(秒)　2　イ
3　(例)刺激の信号が脳を通らず，脊髄が命令の信号を出すため。

9　1　200(g)　2　0.10(N)
3　3.2(cm)　4　1.2(N)

■英語

1　1(1)　ウ　(2)　エ　(3)　イ　(4)　ア
2(1)　ウ　(2)　イ　(3)　エ
3(1)　biggest　(2)　peace　(3)　more

2　1(1)　ウ　(2)　ア　(3)　エ　(4)　イ
(5)　ウ　(6)　エ　2(1)　イ→エ→ウ→ア
(2)　エ→ウ→イ→ア
(3)　エ→ア→ウ→イ→オ

3　1　were made　2(1)　(it) isn't good (for the environment or) for health (.)
(2)　(responsibility to) make
(, responsibility to) use
(3)　reduce , reuse , recycle　3　ウ
4　(例)ペットボトルや資源ゴミを回収するための設備。(22字)　5　エ
6　(例) I always bring my own bag when I go shopping. I also bring a shopping list to stop buying too many things. It is easy for us to do those things. When I'm at home, I spend as much time as possible in one room with my family and turn off the lights in other rooms. We talk many different things each other more often more often than before.

4　1　you like to　2　イ
3　(具体例1)漢字，ひらがな，カタカナの違いは何か。
(具体例2)なぜ日本人は食べる前にいただきますと言うのか。
4　(例)外国の文化を理解するためには，まずは自分の国の文化を知る必要があるということ。
5　start learning more about　6　ウ

5　1　ウ　2　イ→エ→ウ→ア
3　(例)つらい時でも，おいしいパンが食べられるから。　4　エ

■国語

1　1(1)　りちぎ　(2)　るいじ　(3)　きかく
(4)　ゆだ(ねる)　(5)　さず(かる)
2(1)　往復　(2)　余裕　(3)　検討
(4)　養(う)　(5)　半(ば)　3　エ　4　ウ
5　ウ　6　ア　7　ウ

2　1　ばいあい　2　イ　3　ウ
4　(例)男の顔が墨で黒くなっていること(に気づかなかった。)　5　ア

3　1　ウ　2　ア　3　(例)人間は無数の他者に支えられて生きているのであって，ひとりでできることはたかが知れているから。　4(Ⅰ)　相互依存　(Ⅱ)　困ったとき(〜)ということ　5　エ

4　1　サワンの甲高い鳴き声　2　エ
3　三羽の僚友たち　4(Ⅰ)　ウ
(Ⅱ)　サワンの態　5　イ

5　省略

佐野清澄

■数学

1　(1)　−2　(2)　$-\frac{5}{6}$　(3)　44　(4)　9
(5)　$-3a^2$　(6)　$-x+7y$　(7)　$2\sqrt{2}$
8　3

2　(1)　イ　(2)　エ　(3)　ウ　(4)　ウ
(5)　イ　(6)　ウ　(7)　ア　(8)　ウ

3　(1)　$x=7.5$
$y=2$
(2)　$x=125$(°)
(3)　$x=32$(°)
(4)　右図

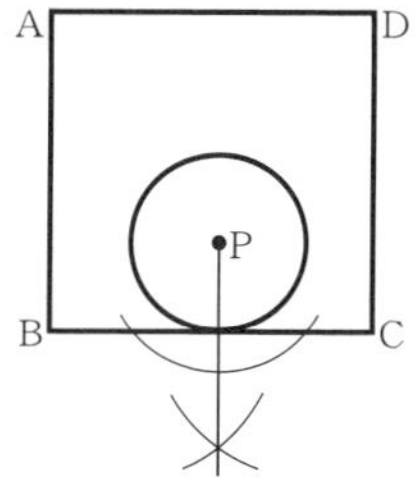

4　(1)　10.5　(2)　7　(3)　イ

5　(1)　12(cm)　(2)　$y=-2x+24$
(3)　3(分後)

6　(1)　17(個)　(2)　$2n+1$　(3)　38(段目)

7　(1)　$y=2x+4$　(2)　(1, 6)
(3)　$y=\frac{1}{2}x+1$

8　(1)　1000(cm^3)　(2)　$5\sqrt{5}$(cm)
(3)　五角形

■英語

【Ⅰ】(1)　エ　(2)　ア　(3)　イ　(4)　ウ
(5)　エ

【Ⅱ】(1)　ウ　(2)　ア　(3)　エ　(4)　イ
(5)　イ

【Ⅲ】(1)　ア　(2)　ウ　(3)　ウ　(4)　エ
(5)　イ

【Ⅳ】① February ② April ③ June ④ August ⑤ September

【Ⅴ】(1) イ (2) ウ (3) エ (4) ウ (5) ア

【Ⅵ】(1) My father is an English teacher.
(2) It was not hot yesterday.
(3) She usually listens to music after dinner.
(4) We are going to help our mother tomorrow.
(5) I have been studying English for two years.

【Ⅶ】(1)① came ② was ⑤ couldn't ⑦ sat ⑧ watched ⑩ lived (2)③ when ④ and ⑨ suddenly (3)⑥ ウ (4) three miles

【Ⅷ】(1)① bread ② meat ⑤ fish (2)③ Jackson's Island (3)④ Then (4)⑥ Tom Huck Joe (5) ア

■国語

【一】問一 1 ふくしょく 2 いの 3 かいひ 4 かんつう 5 ばつぐん 問二 1 延期 2 映像 3 依頼 4 討論 5 善悪

【二】問一(a) ア (b) イ 問二(1) (教養とは)余裕があれば身につけるもの (2) 人気がない 問三 シーラカンス 問四 グローバリ 問五 教養 問六 専門領域だ 問七 教養とは過 問八 エ

【三】問一 ア 問二 仕事が子供を殺してしまったと思う(から) 問三 オ 問四 イ 問五 女房 問六 ア 問七 イ 問八 死んだユッコ 問九 医者さえい 問十 ポッポヤ(だから)

【四】1 C 2 A 3 B 4 C 5 A

【五】1 七 2 二 3 八 4 万 5 三

【六】問一 エ 問二 石清水を拝む(こと) 問三 法師 問四 エ 問五(1) イ (2) 係り結び(の法則) 問六 ウ 問七 神へ参るこそ本意なれ 問八(1) つれづれぐさ (2) 吉田兼好

小山工業高等専門学校

■社会

1 問1 イ 問2 ア 問3 イ 問4 イ
2 問1 エ 問2 イ 問3 ウ
3 問1 カ 問2 エ
4 問1 ア 問2 エ
5 問1 イ 問2 エ 問3 ウ
6 問1 ウ 問2 イ 問3 ウ 問4 ウ
7 問1 ウ 問2 カ 問3 ウ
8 問1 ア 問2 イ 問3 ア 問4 エ

■数学

1 (1)ア 9 (2)イ 3 ウ 7 (3)エ 1 オ 2 カ 5 (4)キ 1 ク 4 (5)ケ 1 コ 3 サ 2 シ 5 (6)ス 2 セ 7 ソ 2 タ 8 (7)チ 1 ツ 9 (8)テ 4 ト 1 ナ 3

2 (1)ア 2 イ 5 ウ 5 エ 2 (2)オ － カ 1 キ 5 (3)ク 1 ケ 2 コ 1 サ 5 シ 2

3 (1)ア 7 イ 7 (2)ウ 1 エ 6 オ 4 カ 3 キ 6 ク 4

4 (1)ア 2 イ 3 (2)ウ 3 エ 2 オ 9 (3)カ 7 キ 3 (4)ク 7 ケ 1 コ 7 サ 6

■理科

1 問1ア 2 イ 0 問2 ア 問3 イ エ 問4 イ 問5 イ 問6 ウ 問7 ア 問8① ア ② キ

2 問1 ア ウ 問2 オ 問3 イ 問4 ク

3 問1ア 2 イ 0 ウ 0 問2 カ 問3 ケ 問4 エ 問5ア 0 イ 7 ウ 1 問6 ウ

4 問1① ウ ② カ 問2 1 ア 2 (観測される時間帯)イ (月の形)カ 問3 エ

5 問1 エ 問2 イ 問3 1 イ 2 エ 問4 ア

6 問1 ウ 問2 ア エ 問3 エ 問4 ウ 問5ア 6 イ 0 問6 (数値)オ (単位)ク

■英語

1 1 ウ 2 エ 3 イ 4 ア 5 エ
2 1 ア 2 ウ 3 エ 4 イ 5 ア
3 問1(1) イ (2) ウ (3) エ (4) ア (5) ア (6) ウ 問2(1) ウ (2) オ
4 1 3番目 エ 5番目 カ
2 3番目 ウ 5番目 カ
3 3番目 ウ 5番目 イ
4 3番目 イ 5番目 ウ
5 3番目 エ 5番目 ウ
5 問1(1) ウ (2) エ (3) イ 問2 イ

問3　ア

6　問1　ア　問2　イ　問3　ウ

問4　ウ　問5　ア　問6　イ　問7　イ

■国語

1　問1①　エ　②　ウ　③　イ　④　エ

問2　b　問3　ア　問4　イ　問5　ウ

問6　ア　問7　ウ

2　問1①　イ　②　ウ　③　ア

問2(a)　イ　(b)　エ　問3　ウ

問4 A　エ　B　ア　C　ウ　問5　イ

問6　ア　問7　ア　問8　エ

3　問1(a)　エ　(b)　イ　問2　イ

問3　ウ　問4　ウ　問5　イ　問6　ア

問7　エ

<作新学院 英進部>

1 (1) アイ **15** (2) ウエ **−3** オカ **16** キ **2** ク **2** (3) ケコ **−2** サ **5** シス **16** (4) セソ **11** タ **3**

解説 (1) $\frac{3}{4}\times\{-3\times(-8)-4\}=\frac{3}{4}\times20=15$

(2) $\left(-\frac{3}{4}\right)^2\div\left(-\frac{x}{y}\right)^3\div\frac{3y}{x^5}=\frac{9}{16}\div\left(-\frac{x^3}{y^3}\right)\div\frac{3y}{x^5}$

$=-\frac{9}{16}\times\frac{y^3}{x^3}\times\frac{x^5}{3y}=-\frac{3}{16}x^2y^2$

(3) $(x-2)^2-3(x-4)(x+1)=x^2-4x+4$
$-3(x^2-3x-4)=-2x^2+5x+16$

(4) $4\sqrt{3}-\frac{6\times\sqrt{3}}{\sqrt{3}\times\sqrt{3}}+3\times3\sqrt{3}$
$=4\sqrt{3}-2\sqrt{3}+9\sqrt{3}=11\sqrt{3}$

2 (1) アイ **−7** ウ **9** エ **4** オ **3** (2) カキ **45** (3) クケ **20** (4) コ **7** サシ **15** (5) スセ **15** ソ **2** (6) タ **4** (7) チ **7** ツ **4**

解説 (1) $\frac{3}{7}x+y=1$…① $2x-\frac{1}{3}y=-2$…②
①×14−②×3より $15y=20$，$y=\frac{4}{3}$
②より $2x-\frac{4}{9}=-2$，$x=-\frac{7}{9}$

(2) $n-9\geqq0$ より $n\geqq9$ $\sqrt{20n}=2\sqrt{5n}$ が整数のとき，$5n=(\text{自然数})^2$ になる。
$5n=5^2\times2^2$，$n=20$ $5n=5^2\times3^2$ のとき $n=45$ このとき $\sqrt{45-9}=\sqrt{36}=6$

(3) 給水口Aで毎分 a，Bで毎分 b の水を入れるとし，タンクの容量全体を1とする。
Aで5分間，Bで4分間水を入れると $5a+4b=0.7$…① その後A，Bで2分間水を入れ，タンクをいっぱいにするから $2a+2b=1-0.7$…② ①，②より $a=0.1$，$b=0.05$ Bだけで x 分でいっぱいにすると $0.05x=1$，$x=20$(分)

(4) 同時に2枚のカードを取り出すことを，1枚ずつ2回取り出すと考える。数の積が3の倍数にならないのは，2回とも3，6，9のカードを取り出さないことで 1回目 $\frac{7}{10}$，2回目ではカードが1枚減るから $\frac{6}{9}$
したがって $\frac{7}{10}\times\frac{6}{9}=\frac{7}{15}$

(5) $CG=x$ とする。
△ACE，△FBDで中点連結定理より $CE=5\times2=10$
$GE=10-x$

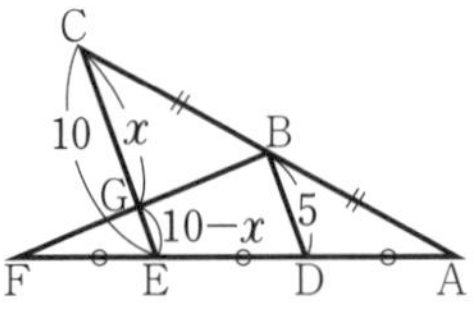

$GE=\frac{1}{2}BD$ で $10-x=\frac{1}{2}\times5$，$x=\frac{15}{2}$

(6) 半径3の円をかき加えE，E′を定める。
図形ADEと図形A′D′E′は合同で，図形A′D′E′を移す。
∠ACA′＝90°
求める面積は
(おうぎ形CAA′)
−(おうぎ形CEE′) を計算して

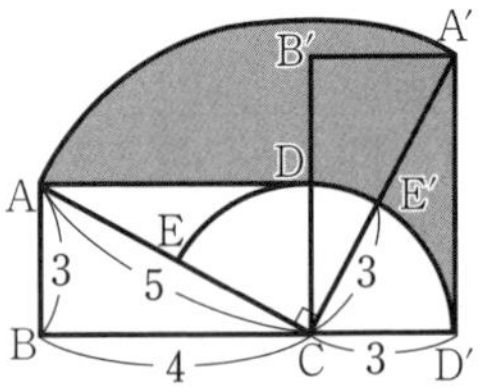

$\pi\times5^2\times\frac{90}{360}-\pi\times3^2\times\frac{90}{360}=4\pi$

(7) 展開図で最短のひもの長さは線分 $AA'=3$
$OA=3$ より△OAA′は正三角形で，側面になるおうぎ形の中心角は60° 底面の半径を

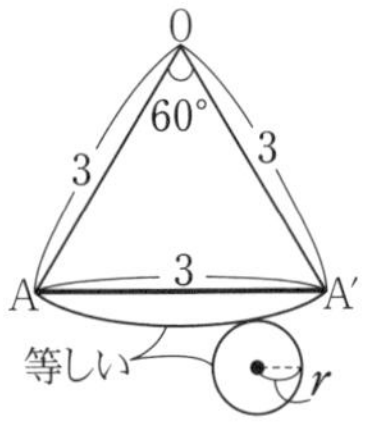

r とすると $2\pi r=2\pi\times3\times\frac{60}{360}$，$r=\frac{1}{2}$

円錐の側面積＝π×底面の半径×母線の長さ で求められる。円錐の表面積は
$\pi\times\frac{1}{2}\times3+\pi\times\left(\frac{1}{2}\right)^2=\frac{3}{2}\pi+\frac{1}{4}\pi=\frac{7}{4}\pi$

3 (1) アイ **56** (2) ウ **①** (3) エオカ **202** (4) キク **17**

解説 (1) 4回目までの図で考える。タイルは縦に回数と同じ4枚，横に4＋1＝5(枚)並ぶ。
7回目までも同様に，縦に7枚，横に7＋1＝8(枚)並ぶ。総数は $7\times8=56$(枚)

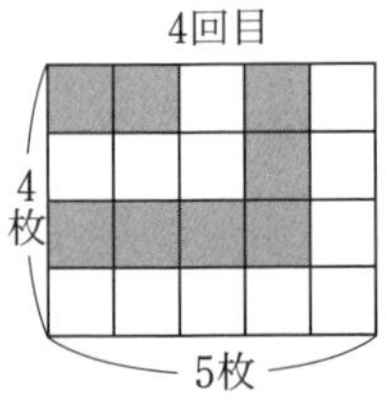

(2) n 回目までも同様に，縦に n 枚，横に $(n+1)$ 枚並ぶ。総数は $n(n+1)$ 枚で，①が適している。

(3) 偶数回の102回目では，最後に白いタイルが並ぶ。最後に黒いタイルが並ぶのは，1回前の101回目。最後に並ぶタイルは回数を2倍したものになっているから，101回目を利用して $101\times2=202$(枚)

(4) n 回目までに並べられたタイルの総数は(2)より $n(n+1)$ 枚。$(n-2)$ 回目に並べたタイルは，最後に並べられたタイルで回数を2倍した $2(n-2)$ 枚。したがって
$n(n+1)-2(n-2)=276$
$n^2-n-272=0$，$272=16\times17$ だから
$(n+16)(n-17)=0$ $n>0$ より $n=17$

4 (1) ア 3　イ 2　ウ 1　エ 6　オカ −6　キ 6　(2) クケ 27　コ 2　(3) サ 9　シ 6　ス 6　セソ −9　タチ 27　ツ 2　(4) テトナ 288

解説 (1)　$x=3$ を②に代入, $y=-\frac{1}{2}\times3+3=\frac{3}{2}$ より $B\left(3,\ \frac{3}{2}\right)$ また, 点Bは①上にもあるから $\frac{3}{2}=a\times3^2$, $a=\frac{1}{6}$ ①は $y=\frac{1}{6}x^2$ 点Aの x 座標を t とするとAは $\left(t,\ \frac{1}{6}t^2\right)$ Aは②上にもあるから

$\frac{1}{6}t^2=-\frac{1}{2}t+3$, $t^2+3t-18=0$,

$(t-3)(t+6)=0$, $t<0$ より $t=-6$

y 座標は $\frac{1}{6}\times(-6)^2=6$ A$(-6,\ 6)$

(2) 図のようにDを定める。直線②の切片3より, 底辺OD＝3 A, Bの x 座標の絶対値を高さとする。

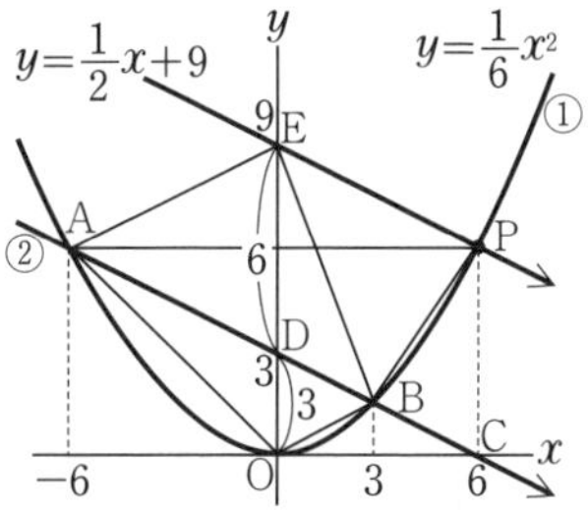

△OAB＝△ODA＋△ODB

$=3\times6\div2+3\times3\div2=\frac{27}{2}$

(3) DE＝2OD＝6となる点Eを y 軸にとるとE(0, 9) △EABと△OABは底辺ABが共通で高さが2倍になるから △EAB＝2△OAB 点Eを通り②に平行な直線 $y=-\frac{1}{2}x+9$ と①の交点がPになる。

$\frac{1}{6}x^2=-\frac{1}{2}x+9$ より $(x-6)(x+9)=0$,

$x=6,\ -9$ $x=6$ のとき $y=\frac{1}{6}\times6^2=6$, $x=-9$ のとき $y=\frac{1}{6}\times(-9)^2=\frac{27}{2}$

点Pの座標は (6, 6), $\left(-9,\ \frac{27}{2}\right)$

(4) ②の式に $y=0$ を代入して $x=6$ C(6, 0), P(6, 6) A(−6, 6) △APCを x 軸のまわりに1回転させてできる立体は

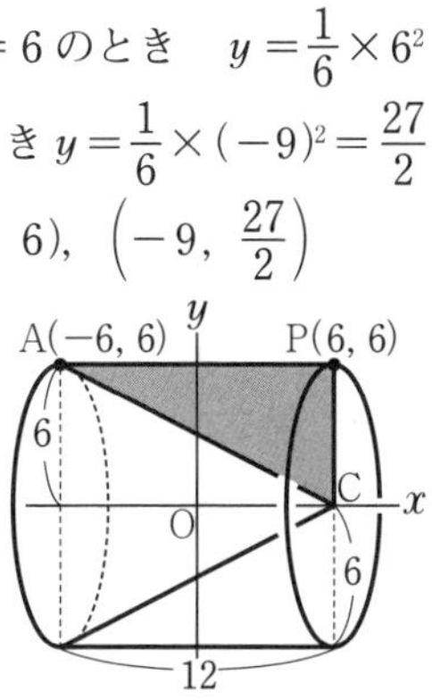

底面の半径CP＝6, 高さAP＝12の円柱から, 底面の半径が6, 高さが12の円錐をひいたもの。体積は

$\pi\times6^2\times12-\frac{1}{3}\times\pi\times6^2\times12$

$=\pi\times36\times12\left(1-\frac{1}{3}\right)=36\pi\times8=288\pi$

5 (1) ア 3　(2) イウ 18　エ 4　オ 8　(3) カキ 13　ク 3　ケコ 16　(4) サ 3　シス −3　セ 2　ソタ 45　チ 2　ツテ 27　ト 2　ナニ 81　ヌ 2　ネノ 21　ハ 5

解説 (1)　点PはAを出発してから3秒後, グラフで直線の傾きが変わるからBに着いた。PはABの長さ9を3秒で移動するから, 速さは　毎秒 $9\div3=3$

(2)　$x=3$ のとき点PはB上にあり $y=18$ このとき　△APD＝△ABD＝△ABC＝18　であり

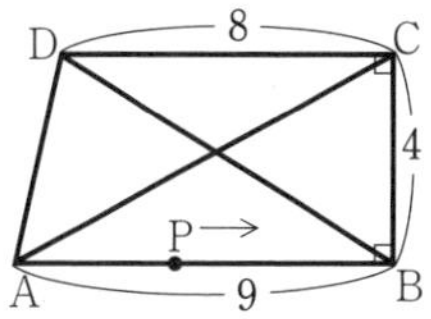

$9\times BC\div2=18$, BC＝4　また, グラフから点PがAからDまで移動するとき, 7秒かかる。7秒では $3\times7=21$ の長さを進むから　9＋4＋CD＝21, CD＝8

(3)　$x=a$ のとき, グラフで直線の傾きが再び変わるから, 点PはCに着いた。AからCまで $9+4=13$ の長さを毎秒3の速さで移動するから　$a=13\div3=\frac{13}{3}$　点PがC上にあるとき, △APD＝△ACDだから面積の値 b は　$b=8\times4\div2=16$

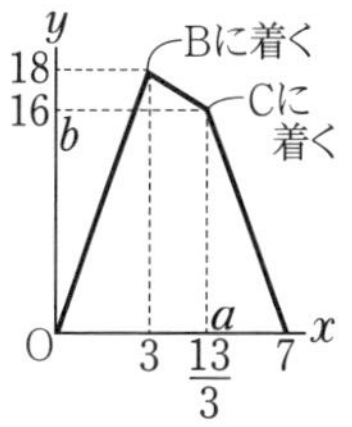

(4)　点PがB上にあるとき $x=3$, 点PがC上にあるとき $x=\frac{13}{3}$, $3\leqq x\leqq\frac{13}{3}$

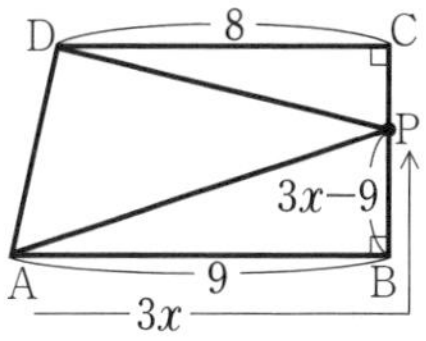

△APDの面積 y は2点(3, 18), $\left(\frac{13}{3},\ 16\right)$ を通る直線の式で表される。$y=mx+n$ で　$18=3m+n$…①　$16=\frac{13}{3}m+n$…②

①, ②の連立方程式を解くと　$m=-\frac{3}{2}$, $n=\frac{45}{2}$　より　$(y=)-\frac{3}{2}x+\frac{45}{2}$　また, △ABPで, 点Pは x 秒後 $3x$ 移動する。AB＋BP＝$3x$, AB＝9よりBP＝$3x-9$

面積は　$\frac{1}{2}\times9\times(3x-9)=\frac{27}{2}x-\frac{81}{2}$

△APDと△ABPの面積が等しいとき

$-\frac{3}{2}x+\frac{45}{2}=\frac{27}{2}x-\frac{81}{2}$, $-3x+45=27x-81$

$30x=126$, $x=\frac{21}{5}$ (秒後)

1　1．3　2．$-7x$　3．$3x^2-10x+3$
4．$-\frac{3}{2}$　5．$x=\frac{3\pm\sqrt{37}}{2}$
6．$y=-\frac{1}{2}x+4$　7．$\frac{3}{4}\pi$ cm　8．ア

解説 1　$(-5)-(-8)=-5+8=3$
2　$56x^3y^4\div(-8x^2y^4)=-\frac{56x^3y^4}{8x^2y^4}=-7x$
3　$(x-3)(3x-1)=3x^2-10x+3$
4　$\frac{a+b}{3}-\frac{2a-3}{2}=\frac{2-5}{3}-\frac{2\times2-3}{2}$
$=-1-\frac{1}{2}=-\frac{2}{2}-\frac{1}{2}=-\frac{3}{2}$
5　$x=\frac{3\pm\sqrt{9+4\times1\times7}}{2\times1}=\frac{3\pm\sqrt{37}}{2}$
6　切片は4，1次関数の式を$y=ax+4$とする。点(2, 3)を通るから$3=2a+4$，$a=-\frac{1}{2}$　より　$y=-\frac{1}{2}x+4$
7　$2\pi\times3\times\frac{45}{360}=6\pi\times\frac{1}{8}=\frac{3}{4}\pi$ (cm)
8　図のように面Aと面Bが平行であるのはア。イ，ウ，エでは面Aと面Bは隣り合うように並ぶ。

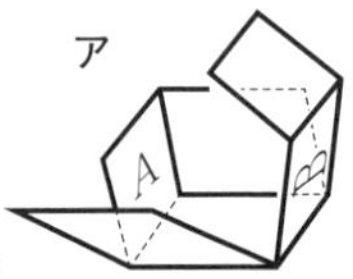

2　1．$a=5$，6，7，8　2．12 cm
白い紙の縦の長さをx cmとすると横の長さは$(x+8)$cmと表せる。白い部分の長方形の縦は$x-4$(cm)，横は$x+8-4=x+4$(cm)だから$(x-4)(x+4)=128$
$x^2=144$，$x=\pm12$　$x>0$より$x=12$が適している。　3．$x=6$

解説 1　$2<\sqrt{a}<3$ の各辺を2乗すると　$2^2<(\sqrt{a})^2<3^2$，$4<a<9$　aは正の整数(自然数)だから　$a=5$，6，7，8
2　長方形の白い紙のまわりを2 cmの幅で青色を塗るから内側の縦は$(x-2\times2)$cm　横は$(x+8-2\times2)$cmの長方形になる。
3　ある自然数xに対して　$x^2-15=2x+9$
$x^2-2x-24=0$，$(x+4)(x-6)=0$
xは自然数だから　$x=6$

3　1 (1) $\frac{5}{6}$　(2) $\frac{5}{36}$　(3) $\frac{13}{30}$　2 (1) 14.4点
(2) ア　(3) 0.2点　表Aから手順に従って平均xを求めると　$3\times3+9\times4+15\times6+21\times4+27\times3=300$，$x=300\div20$，$x=15$(点)　実際の得点の平均は14.8点だから，差は　$15-14.8=0.2$(点)

解説 1 (1)　袋A：1～10の黒玉10個と1，2の白玉2個の合計12個が入っている。
黒玉1個を取り出せばよいから　$\frac{10}{12}=\frac{5}{6}$
(2)　Aから2回取り出すが取り出した玉は戻す。1回目白玉は　$\frac{2}{12}$，2回目黒玉は　$\frac{10}{12}$
続けるときはかけるから　$\frac{2}{12}\times\frac{10}{12}=\frac{5}{36}$
(3)　袋B：11，12の黒玉2個と3，4，5の白玉3個の合計5個が入っている。
Aから黒玉，Bから黒玉のとき　$\frac{10}{12}\times\frac{2}{5}$
Aから白玉，Bから白玉のとき　$\frac{2}{12}\times\frac{3}{5}$
2つの事柄は別々に起こるから
$\frac{10}{12}\times\frac{2}{5}+\frac{2}{12}\times\frac{3}{5}=\frac{26}{60}=\frac{13}{30}$
2 (1)　**合計＝平均×人数**　$14.8\times20=296$点
$(296+7+15+12+22+8)\div25=14.4$(点)
(2)　度数分布表で度数が上から3，$4+2=6$，$6+2=8$，$4+1=5$，3に変わるから　ア
(3)　度数分布表では(階級値)×(度数)これの和が20人のデータの合計点になる。

4　1．右の図

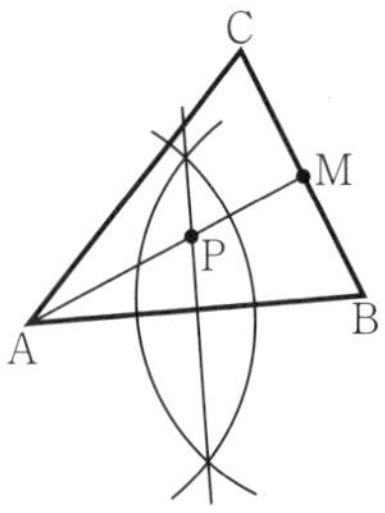

2 (1)　98：125
(2)　98π cm^2
3．△DBCと△ECBにおいて，△ABCは二等辺三角形だから
AB＝AC…①
∠DBC＝∠ECB…②　円の半径は等しいから　AD＝AE…③　DB＝AB－AD
EC＝AC－AE　①，③よりDB＝EC…④　共通な辺より　BC＝CB…⑤
②，④，⑤より，2組の辺とその間の角がそれぞれ等しいから　△DBC≡△ECB

解説 1　2点A，Bからの距離が等しい点Pは，線分ABの垂直二等分線上にある。線分AMと垂直二等分線の交点にPを記入。
2 (1)　円錐P∽円錐Q　相似比は5：3　体積比は相似比を3乗して　$5^3:3^3=125:27$
立体Rの体積は　$125-27=98$

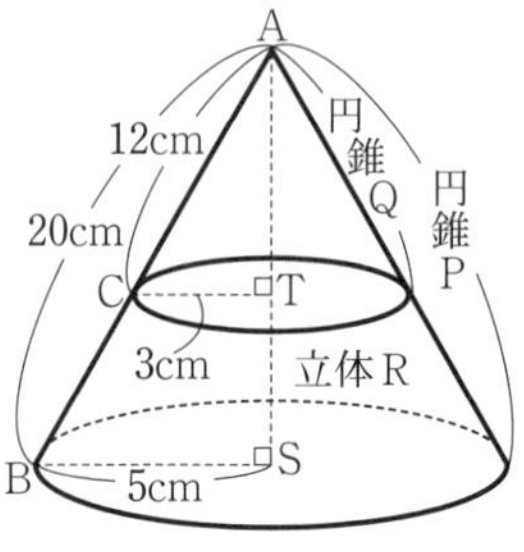

立体Rと円錐Pの体積比は　98：125

⑵ AC：AB＝CT：BS より
AC：20＝3：5，5AC＝60，AC＝12
円錐の側面積＝π×底面の半径×母線の長さ 立体Rの側面積は円錐PからQの側面積をひいて $\pi\times5\times20-\pi\times3\times12=64\pi$
Rの2つの円の面積は $\pi\times3^2+\pi\times5^2=34\pi$ 表面積は $64\pi+34\pi=98\pi$(cm²)
3 AB＝AC，AD＝AE から AB－AD＝AC－AE より，DB＝EC を導く。

5 **1** ⑴ **(3，$-9a$)** ⑵ **$3a$** ⑶ **$a=\frac{1}{3}$**

△OAC＝△OBC のとき，底辺 OC は共通だから高さが等しい。このとき，2直線AB，OCは平行であり傾きは等しい。A(3，9)，B(－2，4)より直線ABの傾きは $\frac{9-4}{3-(-2)}=1$，直線OCの傾きは$3a$だから $3a=1$，$a=\frac{1}{3}$

2 ⑴ア **3.5** イ **7** ウ **122.5** エ **175**
⑵ **$y=15x+70$** ⑶ **2.5秒後**

＊ $3.5=\frac{7}{2}$，$122.5=\frac{245}{2}$，$2.5=\frac{5}{2}$ でもよい。

解説 1⑴ $x=3$ を $y=ax^2$ に代入して $y=9a$，C(3，$9a$) x軸に関して対称な点はy座標の符号を変えて D(3，$-9a$)
⑵ 原点Oと点C(3，$9a$)を通る直線の傾きは $\frac{9a}{3}=3a$

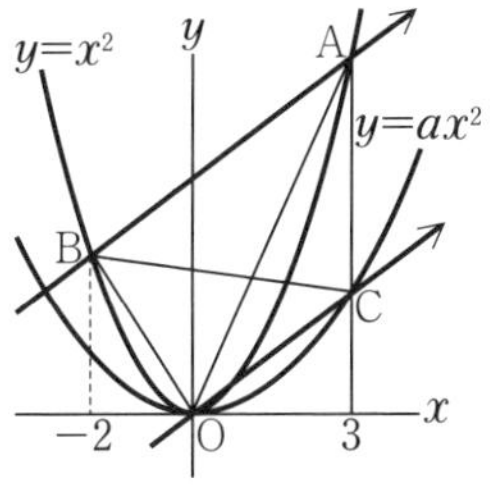

⑶ 底辺OCを共有する△OACと△OBCの面積が等しいとき，高さが等しいから AB∥OC，2直線の傾きは等しい。

2⑴ 点Pは毎秒 4 cm，点Qは毎秒 3 cm の速さで進む。点Pは 14÷4＝3.5 秒後Dに着き，点Qは 21÷3＝7秒後Cに着く。[ア]＝3.5 [イ]＝7

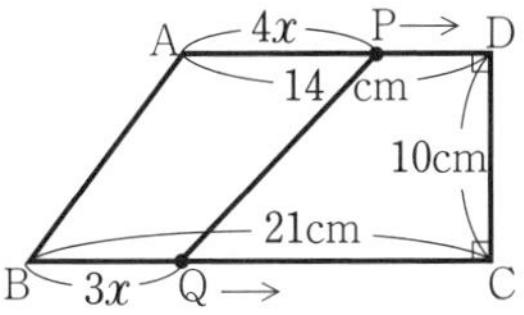

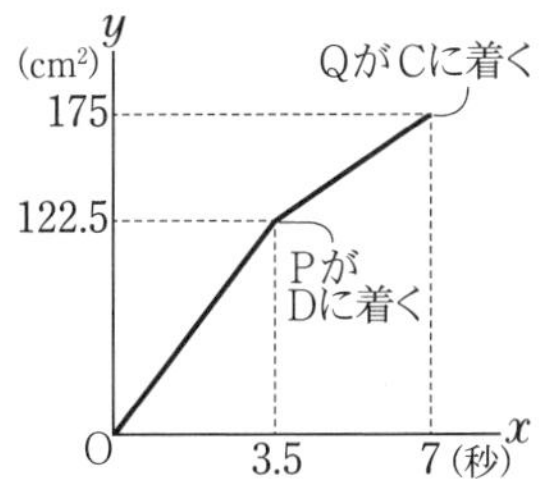

$x=3.5$のとき AP＝AD＝14，BQ＝3×3.5＝10.5 より
$y=(14+10.5)\times10\div2=122.5$…[ウ]

$x=7$のとき，点PはD上にあり，点QはC上にあるから，yは台形ABCDの面積。
$y=(14+21)\times10\div2=175$…[エ]
⑵ $3.5\leqq x\leqq7$ のとき，点PはD上にあり点Qは辺BC上にあるから AP＝AD＝14 cm，BQ＝$3x$ cm
$y=(14+3x)\times10\div2$，$y=15x+70$
⑶ 台形ABCDの面積は 175 cm²，2等分すると 87.5 cm² この値は$x=3.5$のときの$y=122.5$より小さいから点P，Qは辺AD，BC上にある。出発してからx秒後 AP＝$4x$，BQ＝$3x$だから
$(4x+3x)\times10\div2=87.5$，$x=2.5$(秒後)

6 1 **100回目** ⑵ **12段目** ⑶ **太郎さん 38回，花子さん 52回** 移動回数の合計とシールの枚数の合計は同じになるから $x+y=90$…① 花子さんが先行しているから $4y-3x=94$…② ①×3＋②より $7y=364$，$y=52$ これを①に代入して $x=38$ この解は問題に適している。
2 ⑴ア **$300-4n$** イ **$3n+a$**
⑵ **最大の数 55，最小の数 6**

解説 1⑴ 太郎さんは1回の移動で石段を3段ずつ上るから 300÷3＝100(回目)
⑵ 太郎さんは3段ずつ，花子さんは4段ずつ上る。3と4の最小公倍数は12だから，12段目に両方のシールが最初に貼られる。
⑶ 移動回数とシールの枚数から $x+y=90$ 花子さんが先行し，94段の差があるから $4y-3x=94$ をつくる。
2⑴ 花子さんは最上段の300段目にいる。n回の移動で$4n$段下るから，入口からでは $300-4n$(段目)…[ア] 一方，太郎さんは入口からa段目にいる。n回の移動で$3n$段上るから，入口からでは $3n+a$(段目)…[イ]
⑵ $300-4n=3n+a$ より $a=300-7n$
aは0以上60以下の整数とするから
$300-7n\geqq0$…① $300-7n\leqq60$…②
①より $300\geqq7n$，$7n\leqq300$，$n\leqq42.8$…
②より $300-60\leqq7n$，$7n\geqq240$，$n\geqq34.2$… nは自然数だから
$35\leqq n\leqq42$，$n=35$，42を $a=300-7n$ にそれぞれ代入してaの値を求める。
$n=35$のとき $a=300-7\times35=55$
$n=42$のとき $a=300-7\times42=6$
したがって，aの最大の数は55，最小の数は6である。

1　1．アイ22　2．ウ4　エ5
3．オ1　カ8　4．キク15
5．ケ1　コ9

解説 1　$20 \div (-2) - (-3) \times (1-5)$
$= -(20 \div 2) - (-3) \times (-4)$
$= -10 - 12 = -(10+12) = -22$

2　$\frac{3}{5}(x+y) - \frac{2x-y}{3} + \frac{x-2y}{15}$
$= \frac{3 \times 3(x+y)}{3 \times 5} - \frac{5(2x-y)}{5 \times 3} + \frac{x-2y}{15}$
$= \frac{9(x+y) - 5(2x-y) + (x-2y)}{15}$
$= \frac{9x+9y-10x+5y+x-2y}{15} = \frac{12y}{15} = \frac{4}{5}y$

3　$0.125 = \frac{125}{1000} = \frac{1}{8}$，$0.25 = \frac{25}{100} = \frac{1}{4}$より
$\left(\frac{1}{16} - \frac{1}{8}\right) + 12 \times \left(\frac{1}{4}\right)^3 = -\frac{1}{16} + 12 \times \frac{1}{64}$
$= -\frac{1}{16} + \frac{3}{16} = \frac{2}{16} = \frac{1}{8}$

4　$\frac{6}{\sqrt{3}} = \frac{6 \times \sqrt{3}}{\sqrt{3} \times \sqrt{3}} = \frac{6\sqrt{3}}{3} = 2\sqrt{3}$　より
$(\sqrt{3}+1)(5-\sqrt{3}) + (2\sqrt{3}-1)^2$
$= 5\sqrt{3} - 3 + 5 - \sqrt{3} + 4 \times 3 - 4\sqrt{3} + 1$
$= 5\sqrt{3} + 2 + 12 - 5\sqrt{3} + 1 = 15$

5　$(x-4)^2 - 25 = (x-4)^2 - 5^2$
$= (x-4+5)(x-4-5) = (x+1)(x-9)$

2　1．ア3　イ3　2．ウエ27
3．オカ30　4．キ3　ク4
5．ケ2　コ3　6．サシ72
7．ス3　セ4　8．ソ1　タ4

解説 1　$y = 2x - 1$…①　$y = -x + 5$…②
①，②より　$2x - 1 = -x + 5$，$3x = 6$，
$x = 2$　これを①に代入して　$y = 3$
交点の座標は$(2, 3)$　平行な直線の傾きは等しいから，求める直線の傾きは3で式は　$y = 3x + b$　点$(2, 3)$を通るから
$3 = 3 \times 2 + b$，$b = -3$　より　$y = 3x - 3$

2　$\sqrt{2n+1}$が整数となる場合を調べる。
$2n+1$は奇数，$\sqrt{(奇数)^2} = (奇数)$　で
nは1から30までの自然数だから
$3^2 = 9$，$5^2 = 25$，$7^2 = 49$について考える。
$2n + 1 = 3^2$のとき，$n = 4$，$2n + 1 = 5^2$のとき　$n = 12$，$2n + 1 = 7^2$のとき　$n = 24$，
$2n + 1 = 9^2$のとき，$n = 40$で適さない。
30個の自然数のうち4，12，24の3個を除くと，求める自然数は　$30 - 3 = 27$(個)

3　OとCを結ぶ。△OACと△OBCは，ともに二等辺三角形で

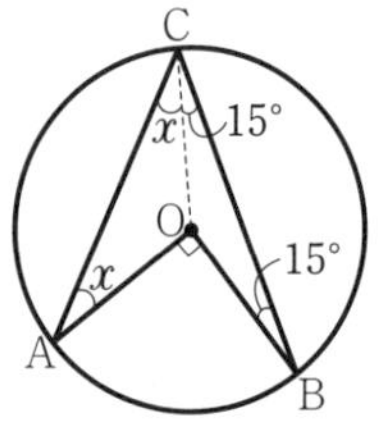

$\angle OCA = \angle OAC = \angle x$，$\angle OCB = \angle OBC = 15°$
$\angle ACB$は$\overset{\frown}{AB}$に対する円周角だから$\overset{\frown}{AB}$に対する中心角$\angle AOB = 90°$の半分で45°
$\angle x + 15° = 45°$，$\angle x = 30°$

4　正方形Pの1辺の長さを$x$cmとすると正方形Qの1辺は$(x+2)$cm
QとPの面積の差から
$(x+2)^2 - x^2 = 7$

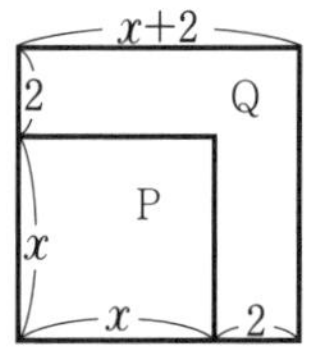

$x^2 + 4x + 4 - x^2 = 7$，$4x = 3$，$x = \frac{3}{4}$cm

5　$0.2x - 0.7y = -1.7$…①
$\frac{2}{3}x + \frac{1}{2}y = \frac{17}{6}$…②
①×10より　$2x - 7y = -17$…③　②×6より　$4x + 3y = 17$…④　④－③×2より
$17y = 51$，$y = 3$　④に代入して　$x = 2$

6　$BE = EF = FC = a$，$AB = b$とする。色のついた△GBEと△DEFの面積が$24cm^2$より

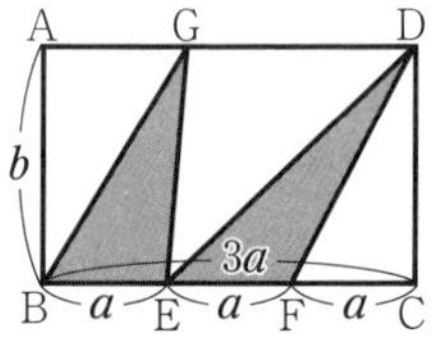

$\frac{1}{2}ab + \frac{1}{2}ab = 24$，$ab = 24$，$BC = 3a$
だから長方形ABCDの面積$3ab$は
$3ab = 3 \times 24 = 72(cm^2)$

7　大小2つのさいころを同時に投げると，目の数の出方は全部で　$6 \times 6 = 36$(通り)
2つとも奇数の目になるのは9通りだから少なくとも1つが偶数になる確率は
$1 -$(2つとも奇数の目になる確率)
$1 - \frac{9}{36} = 1 - \frac{1}{4} = \frac{3}{4}$

大	1	3	5
小	1 3 5	1 3 5	1 3 5

8　目盛りからおよその数値を読み取る。

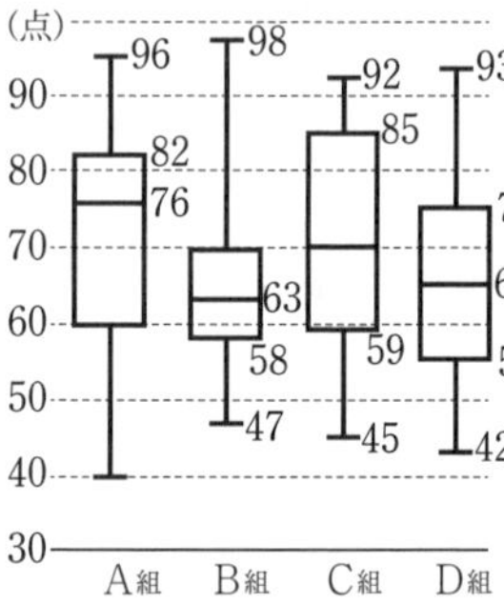

1　B組の最高点は98点で最も高い。
2　四分位範囲は，第3四分位数から第1四分位数をひいた箱の長さで表す。

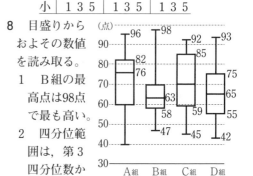

A組：82－60＝22　B組：70－58＝12
C組：85－59＝26　D組：75－55＝20
C組の四分位範囲が最も大きい。

3　A組には30人の生徒がいるから，第1四分位数は8番目の生徒で60点。60点未満の生徒は7人以下になる。また，第3四分位数は23番目の生徒で82点。82点以上の生徒は8人いるから，60点未満の人数は80点以上の人数よりも少ない。

1　2　・・・　6　7　8　9　10　・・・　14　15
↑
〔A組〕　第1四分位数60点

16　17　・・・　21　22　23　24　25　・・・　29　30
↑
第3四分位数82点

4　中央値と第1四分位数との差は
A組：76－60＝16　B組：63－58＝ 5
C組：70－59＝11　D組：65－55＝10
差が最も小さいのはB組である。

3 1．ア 1　イ 9　2．ウ 1　エ 3
3．オ 1　カ 3

解説 1　取り出したカードは数字を確認して袋に戻すから，どのカードについても取り出される確率は $\frac{1}{3}$　点Pが4を表す点の位置にあるのは，1回目も2回目も2を取り出せばよい。$\frac{1}{3}\times\frac{1}{3}=\frac{1}{9}$

1回目	2
2回目	2

2　点PがAの2の位置にあるのは3通りで
$\left(\frac{1}{3}\times\frac{1}{3}\right)\times 3=\frac{1}{3}$

1回目	0	1	2
2回目	2	1	0

3　カードを3回取り出したとき，点Pが一度もAの2の位置に止まらないのは9通りあるから　$\left(\frac{1}{3}\times\frac{1}{3}\times\frac{1}{3}\right)\times 9=\frac{1}{3}$

1回目	0	0	1	1
2回目	0	1	0	2
3回目	0 1	0 2	0 2	0 1 2

4 1．ア 3　イ 2　2．ウ 6　エ 5
3．オ 1　カ 8

解説

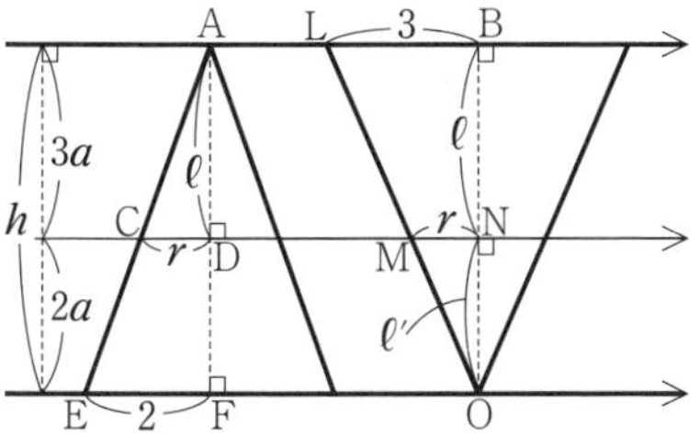

1　図のように記号を定める。円錐の2つの切り口の面積が等しいから，切り口の半径は等しい。CD＝MN＝r cm　とすると
△ACD ∽ △AEF より　$\ell : h = r : 2$
$2\ell = hr$ …①　　△OMN ∽ △OLB より
$\ell' : h = r : 3$，$3\ell' = hr$ …②
①，②より　$2\ell = 3\ell'$
したがって　$\ell : \ell' = 3 : 2$

$\ell : \ell'$
$2\ell = 3\ell'$
3：2

2　$\ell : \ell' = 3 : 2$ より $\ell = 3a$，$\ell' = 2a$　とおくと　$h = \ell + \ell' = 5a$　1の①より
$2\times 3a = 5a\times r$，$5ar = 6a$，$r=\frac{6}{5}$ (cm)

3　$h = 5a$　だから円錐Aの体積 125π より
$\frac{1}{3}\times\pi\times 2^2\times 5a = 125\pi$，$20a = 375$，
$a=\frac{75}{4}$　円錐Bを切ってできた円錐の高さは　$\ell' = 2a = 2\times\frac{75}{4}=\frac{75}{2}$　求める体積は
$\frac{1}{3}\times\pi\times\left(\frac{6}{5}\right)^2\times\frac{75}{2}=\frac{36\times 75}{6\times 25}\pi = 18\pi$ (cm³)

5 ア　71.28　イ　9　ウ　$90x-90$
エ　162.5

解説 ア　計算法①で，1.8m の人の標準体重は　1.8×1.8×22＝3.24×22＝71.28 (kg)

イ　私の身長を a cm とすると太郎さんの身長は $(a+10)$ cm　または　$(a-10)$ cm と表されるがここでは $(a+10)$ cm を使う。
計算法②で，私の標準体重は
$(a-100)\times 0.9 = 0.9a - 90$ (kg)
太郎さんの標準体重は
$\{(a+10)-100\}\times 0.9 = 0.9a - 81$ (kg)
標準体重の差は
$(0.9a-81)-(0.9a-90) = -81+90$
$= 9$ (kg)

ウ　身長が x m のとき，計算法②の身長の単位は cm だから　x m＝$100x$ cm
計算法②の標準体重を y kg とすると
$y = (100x-100)\times 0.9$
$y = 90x - 90$

エ　計算法②と計算法③の2種類について，同じ標準体重になるときの身長を z cm とする。　計算法②では
$(z-100)\times 0.9 = 0.9z - 90$　(kg)
計算法③では
$(z-50)\times 0.5 = 0.5z - 25$　(kg)
したがって　$0.9z - 90 = 0.5z - 25$
$9z - 900 = 5z - 250$，$4z = 650$，
$z = 162.5$　(cm)

1 (1)　-4　(2)　$\dfrac{7a-5b}{6}$　(3)　$\dfrac{5}{2}a^3$

(4)　$-3\sqrt{6}$　(5)　$4x^2-21$　(6)　$3(x-2)^2$

(7)　$x=-2$　(8)　$x=3,\ 4$

解説 (1)　$2-(-2)\times(-3)=2-(+6)=-4$

(2)　$\dfrac{3a-b}{2}-\dfrac{a+b}{3}=\dfrac{3(3a-b)}{3\times2}-\dfrac{2(a+b)}{2\times3}$

$=\dfrac{3(3a-b)-2(a+b)}{6}=\dfrac{7a-5b}{6}$

(3)　$\dfrac{5}{6}a\times3a^2=\dfrac{5a\times3a^2}{6}=\dfrac{5}{2}a^3$

(4)　$\sqrt{24}-5\sqrt{6}=2\sqrt{6}-5\sqrt{6}=-3\sqrt{6}$

(5)　$5x(x-2)-(x-3)(x-7)$
$=5x^2-10x-(x^2-10x+21)$
$=5x^2-10x-x^2+10x-21=4x^2-21$

(6)　$3x^2-12x+12=3(x^2-4x+4)$
$=3(x^2-2\times x\times2+2^2)=3(x-2)^2$

(7)　両辺に３をかけて分母を払うと

$3(x+5)=3\times\dfrac{5x+19}{3}$，$3x+15=5x+19$

$3x-5x=19-15$，$x=-2$

(8)　$x-1=A$とおくと　$A^2-5A+6=0$，
$(A-2)(A-3)=0$　Aを$x-1$に戻すと
$(x-1-2)(x-1-3)=0$
$(x-3)(x-4)=0$　より　$x=3,\ 4$

2 (1)　$-4\sqrt{10}$　(2)　$a=-1,\ b=3$

(3)　$y=2x-3$　(4)　$0\leqq y\leqq8$

(5)　**180人**　(6)　$\dfrac{17}{20}$　(7)　**２本**　(8)　**28度**

(9)　$33\pi\ \mathrm{cm}^2$　(10)　$a=4,\ b=1$

解説 (1)　$x^2-y^2=(x+y)(x-y)$
$=\{(\sqrt{5}-\sqrt{2})+(\sqrt{5}+\sqrt{2})\}$
$\times\{(\sqrt{5}-\sqrt{2})-(\sqrt{5}+\sqrt{2})\}$
$=2\sqrt{5}\times(-2\sqrt{2})=-4\sqrt{10}$

(2)　**解は代入する**。$x=-2$，$y=5$をそれぞれの方程式に代入して　$-2a+5b=17$…①　$-6a-5b=-9$…②　①＋②より　$-8a=8$，$a=-1$　①より　$b=3$

(3)　１次関数の式を$y=ax+b$とする。変化の割合$a=2$より$y=2x+b$，$x=-2$，$y=-7$を代入して　$-7=2\times(-2)+b$，$b=-3$　だから　$y=2x-3$

(4)　$y=2x^2$について
$x=-2$のとき
$y=2\times(-2)^2=8$
$x=0$のとき$y=0$
$x=1$のとき$y=2$
よって　$0\leqq y\leqq8$

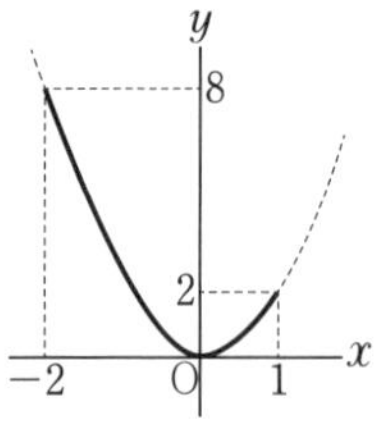

(5)　昨年の男子生徒をx人，女子生徒をy人とすると　$x+y=330$…①　今年は，昨年と比べて男子x人の５％，$0.05x$人が増加，女子y人の２％，$0.02y$人が減少した。全体で６人増加した。**増加は＋，減少は－で表す**と　$0.05x-0.02y=6$…②
①×２＋②×100より　$7x=1260$
$x=180$（人）　①より　$y=150$（人）

(6)　１から５の５枚のカードから１枚ずつ続けて２枚をひくとき，１枚目のひき方は５通り。ひいたカードは戻さないから２枚目をひくとき，カードは１枚減っている。２枚目のひき方は４通りあり，ひき方は全部で　$5\times4=20$（通り）このうち　$a-b\leqq2$となる場合より　$a-b\geqq3$　の場合の方が少ない。これを調べると３通りだから

$1-\dfrac{3}{20}=\dfrac{17}{20}$

a	4	5
b	1	1 2

(7)　辺BEとねじれの位置にある，平行でなく交わらない辺は　辺AC，辺DFの２本。

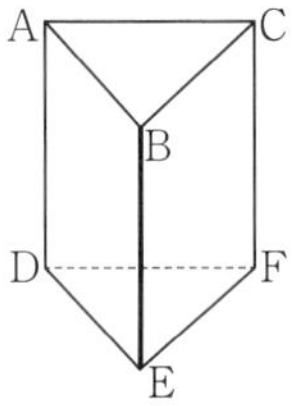

(8)　図のように記号を定める。
△ACEで，三角形の外角はそれと隣り合わない２つの内角の和に等しいから
∠BED
$=63^\circ+29^\circ$
△BEDでも同様に　$\angle\mathrm{BDC}=\angle x+63^\circ+29^\circ$
$\angle x+63^\circ+29^\circ=120^\circ$　より　$\angle x=28^\circ$
＊$\angle\mathrm{BDC}=\angle\mathrm{A}+\angle\mathrm{B}+\angle\mathrm{C}$　が成り立つ。

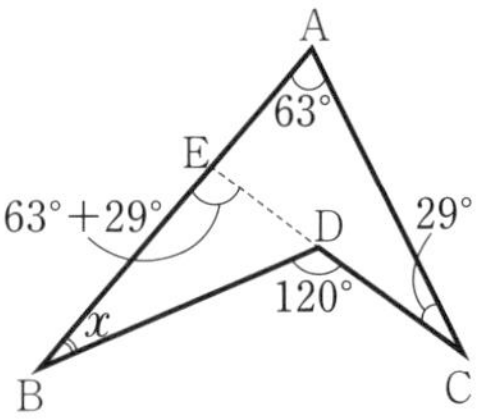

(9)　図のような半球と円錐を合わせた立体ができる。
球の表面積の半分は
$4\pi\times3^2\div2=18\pi$
円錐の側面積は
π×底面の半径×母線の長さ　$\pi\times3\times5=15\pi$
表面積は　$18\pi+15\pi=33\pi\,(\mathrm{cm}^2)$

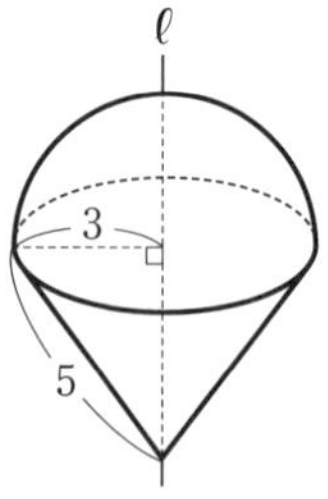

(10)　人数から　$1+0+1+a+2+3+4+b+1+2+1=20$，$a+b+15=20$，$a+b=5$…①
得点の合計＝平均×人数　から
$0\times1+1\times0+2\times1+3a+4\times2+5\times3+6\times4+7b+8\times1+9\times2+10\times1=5.2\times20$
$3a+7b+85=104$，$3a+7b=19$…②
②－①×３より　$4b=4$，$b=1$　これを①に代入して　$a+1=5$，$a=4$

3 (1)　**23回**　(2)　**1班と3班**

		教室	なし	理科室	昇降口	なし
1週目	：	1	2	3	4	5
2週目	：	5	1	2	3	4
3週目	：	4	5	1	2	3
4週目	：	3	4	5	1	2
5週目	：	2	3	4	5	1
6週目	：	1	2	3	4	5
…		…	…	…	…	…

解説 (1)　上のような表をつくる。

1班から5班まで5つの班があり，1週間ごとに清掃場所が変わるから，5週を1つの組とする。$39=5\times7+4$　1年間を39週とすると，5週の1組が7つと4週に分けられる。5週の1組では，どの班でも掃除当番が3回，当番なしが2回ある。

4班での掃除当番は，5週の1組が7つで　$3\times7=21$(回)　さらに4週では，1週目から4週目までと同じで，1週目の昇降口，3週目の教室の2回ある。求める掃除当番の回数は　$21+2=23$(回)

(2)　掃除当番は1年間で，どの班にも5週の1組が7つあって21回。さらに，4週では1班と3班が3回，2，4，5班が2回あるから，1班と3班が1回多い。

4 (1)　$\boldsymbol{S=4}$　(2)　$\boldsymbol{x=\sqrt{3}}$，**7**

解説

(1)

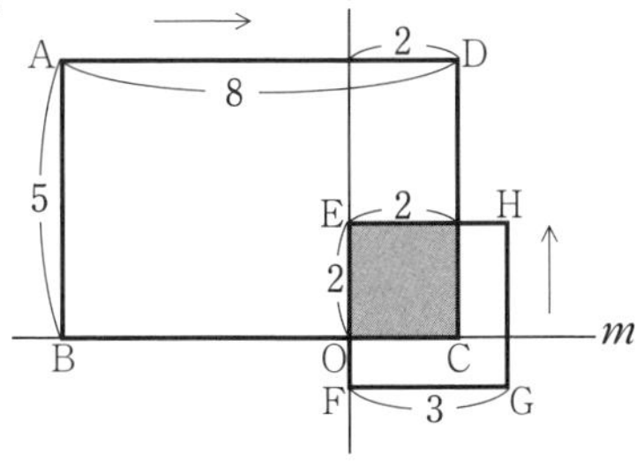

長方形も正方形も毎秒1cmの速さで移動するから，$x=2$のとき$OC=OE=2$cm　重なっている部分は1辺が2cmの正方形で　$S=2\times2=4$

(2)

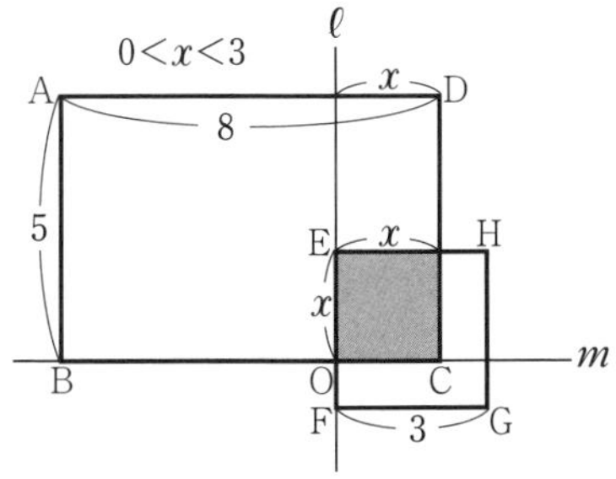

$0<x<3$のとき，x秒後$OC=OE=x$　重なっている部分は1辺がxの正方形。

$x^2=3$，$x>0$より$x=\sqrt{3}$

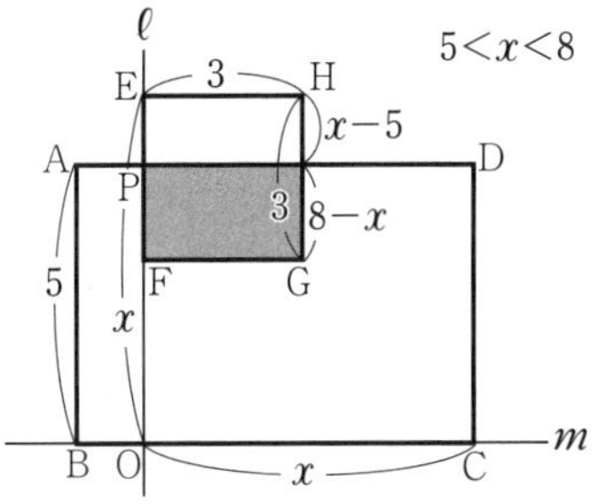

$3\leqq x\leqq5$のとき，正方形EFGHは長方形の内部に含まれ　$S=3\times3=9$

$5<x<8$のとき，図のように点Pを定める。$OE=x$，$OP=5$より$EP=x-5$　$FP=3-(x-5)=8-x$，$FG=3$より　$3(8-x)=3$，$8-x=1$，$x=7$

5 (1)　$\boldsymbol{y=x+3}$　(2)　**16**

(3)　$\boldsymbol{t=2\pm\sqrt{2}}$

解説 (1)　$x=-2$，6をそれぞれ①に代入すると

$y=\dfrac{1}{4}\times(-2)^2$

$=1$

$y=\dfrac{1}{4}\times6^2=9$

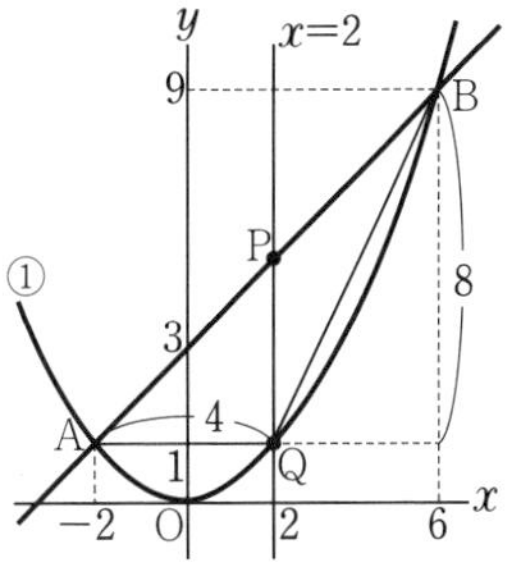

$A(-2,\ 1)$，$B(6,\ 9)$　直線ABを$y=ax+b$とすると2点A，Bを通るから　$1=-2a+b$…②　$9=6a+b$…③

②，③より$a=1$，$b=3$，$y=x+3$

(2)　$t=2$のとき$x=2$　点Qのy座標は

$y=\dfrac{1}{4}\times2^2=1$，$Q(2,\ 1)$，底辺$AQ=2-(-2)=4$，高さは$9-1=8$

△ABQの面積は　$4\times8\div2=16$

(3)　$y=x+3$，

$y=\dfrac{1}{4}x^2$　にそれぞれ$x=t$を代入すると

$y=t+3$

$y=\dfrac{1}{4}t^2$

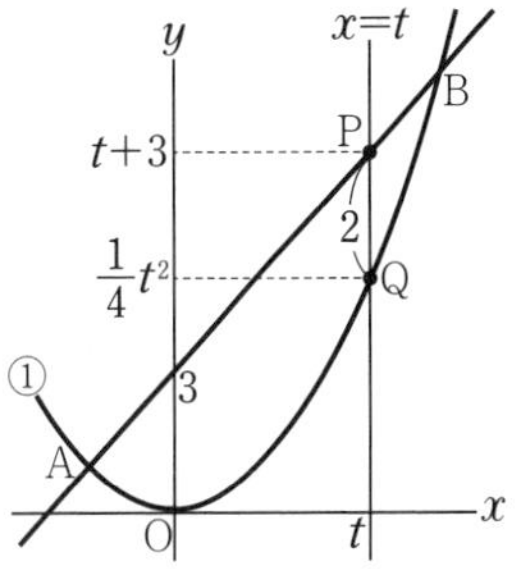

$P(t,\ t+3)$，$Q\left(t,\ \dfrac{1}{4}t^2\right)$　$PQ=2$より　$(t+3)-\dfrac{1}{4}t^2=2$，$4t+12-t^2=8$

$t^2-4t=4$　　両辺に4を加えると

$t^2-4t+4=4+4$，$(t-2)^2=8$

$t-2=\pm\sqrt{8}$，$t=2\pm2\sqrt{2}$

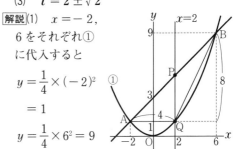

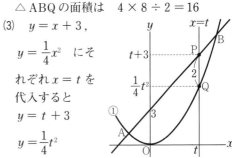

1 (1)　ア **1**　(2)　イ **4**　(3)　ウ **4**　エ **3**
(4)　オ **4**　カ **9**　キ **3**　(5)　ク **0**
(6)　ケ **2**　コ **2**

解説 (1)　$6 \times 3 \div 2 - 4 \times 2 = 18 \div 2 - 8 = 1$

(2)　$\left(\frac{1}{2}\right)^2 \div 0.1 \times 3 - 3.5 = \frac{1}{4} \div \frac{1}{10} \times 3 - 3.5$

$= \frac{1}{4} \times \frac{10}{1} \times 3 - 3.5 = 7.5 - 3.5 = 4$

(3)　$\frac{3x-y}{2} - \frac{x-5y}{6} = \frac{3(3x-y)}{3 \times 2} - \frac{x-5y}{6}$

$= \frac{3(3x-y)-(x-5y)}{6} = \frac{9x-3y-x+5y}{6}$

$= \frac{8x+2y}{6} = \frac{2(4x+y)}{2 \times 3} = \frac{4x+y}{3}$

(4)　$\left(\frac{1}{2}x^2y\right)^2 \div (-4xy^2) \times (-4x^2y)^3$

$= \frac{x^4y^2}{4} \times \left(-\frac{1}{4xy^2}\right) \times (-64x^6y^3)$

$= \frac{64x^{10}y^5}{4 \times 4xy^2} = 4x^9y^3$

(5)　$(\sqrt{3}+\sqrt{6})^2 - 3(\sqrt{2}+1)^2$
$= (\sqrt{3} \times 1 + \sqrt{3} \times \sqrt{2})^2 - 3(\sqrt{2}+1)^2$
$= \{\sqrt{3}(\sqrt{2}+1)\}^2 - 3(\sqrt{2}+1)^2$
$= 3(\sqrt{2}+1)^2 - 3(\sqrt{2}+1)^2 = 0$

(6)　$x+1 = A$ とおくと　$A^2 - 2A - 3$
$= (A-3)(A+1) = (x+1-3)(x+1+1)$
$= (x-2)(x+2)$

2 (1)　ア **3**　(2)　イ **2**　(3)　ウ **3**　エ **2**
(4)　オカ **1 2**　(5)　キ **④**　(6)　クケ **2 0**
(7)　コサ **6 7**　(8)　シス **7 0**
(9)　セソ **2 8**　(10)　タチ **2 0**

解説 (1)　$(x+3)^2 = 12x$，$x^2+6x+9 = 12x$，
$x^2 - 6x + 9 = 0$，$x^2 - 2 \times x \times 3 + 3^2 = 0$，
$(x-3)^2 = 0$，$x - 3 = 0$ より　$x = 3$

(2)　$xy^2 - x^2y = xy(y-x)$
$xy = (\sqrt{2}-1)(\sqrt{2}+1) = (\sqrt{2})^2 - 1^2 = 1$
$y - x = (\sqrt{2}+1) - (\sqrt{2}-1) = 2$
だから　$xy(y-x) = 1 \times 2 = 2$

(3)　$2x + 5y = 4$…①　　$3x + 2y = -5$…②
①×3－②×2より　$11y = 22$，$y = 2$
これを①に代入して　$2x + 10 = 4$，$x = -3$

(4)　y は x に反比例するから　$y = \frac{a}{x}$，$xy = a$
$x = -3$，$y = 32$ を代入して　$a = -3 \times 32$
$a = -96$ より　$xy = -96$，この式に
$x = -8$ を代入して　$-8y = -96$，$y = 12$

(5)　$y = ax^2$ のグラフでは，**aの値の絶大値が大きいほど，グラフの開き方は小さい**。

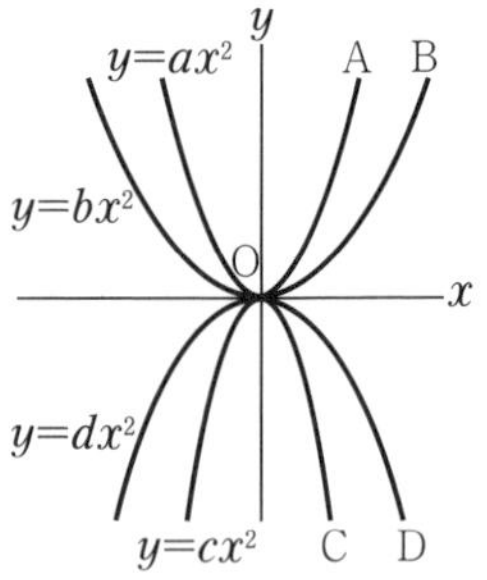

A，Bの放物線は上に開いた形だから $a > 0$，$b > 0$
AはBより開き方が小さいから
$a > b > 0$
C，Dの放物線は下に開いた形だから　$c < 0$，$d < 0$　CはDより開き方が小さいから　$c < d < 0$　したがって
$c < d < b < a$　より④が正しい。

(6)　$9 < \sqrt{3a} < 12$　の各辺をそれぞれ2乗すると　$9^2 < (\sqrt{3a})^2 < 12^2$，$81 < 3a < 144$
各辺を3でわると　$27 < a < 48$　aは自然数だから28から47までの数であり，
$(47-28)+1 = 20$(個)ある。

(7)　ヒストグラムや度数分布表の**各階級に入っているデータは，すべてその階級の階級値をとるものとみなす**。60点以上80点未満の階級の7人は階級値$(60+80) \div 2 = 70$点をとったと考える。各階級の階級値は30点，50点，70点，90点だから20人の合計点は
$30 \times 2 + 50 \times 5 + 70 \times 7 + 90 \times 6 = 1340$点
テストの平均値は　$1340 \div 20 = 67$(点)

(8)　OとAを結ぶ。

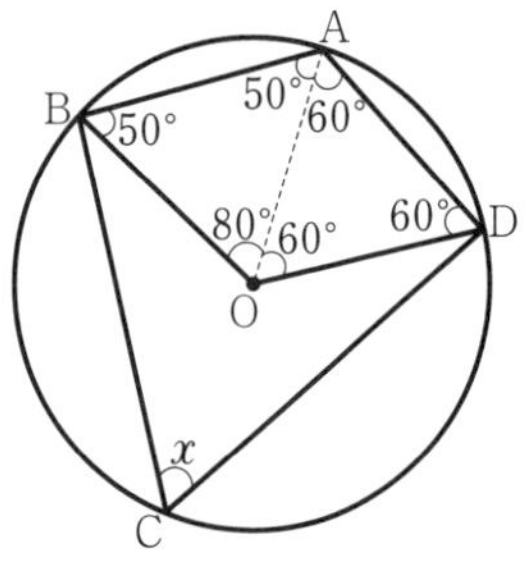

△OAB，
△OADは二等辺三角形で
∠OAB
＝∠OBA＝50°
∠AOB
＝180°－50°×2
＝80°，∠OAD＝∠ODA＝60°
∠AOD＝180°－60°×2＝60°
∠xは$\overset{\frown}{\mathrm{BAD}}$に対する円周角，$\overset{\frown}{\mathrm{BAD}}$に対する中心角∠BODは円周角の2倍だから　$2\angle x = 80° + 60°$，$\angle x = 70°$

(9)　点Qを定める。△QPA∽△QOBより

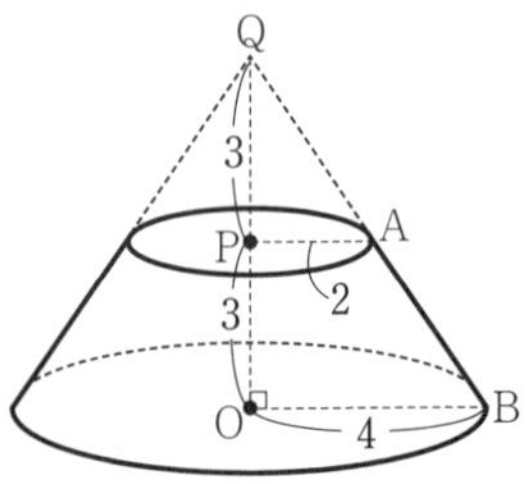

QP：QO
＝PA：OB
＝2：4＝1：2
で　QP＝PO
＝3，QO＝6
求める立体の体積は，QOを高さとする円錐からQPを高さとする円錐をひく。$\frac{1}{3} \times \pi \times 4^2 \times 6 - \frac{1}{3} \times \pi \times 2^2 \times 3$
$= 32\pi - 4\pi = 28\pi\,(\mathrm{cm}^3)$

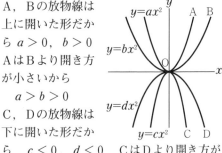

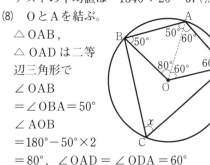

⑽ 図のような円柱ができる。底面は半径2の円で2つ。側面は展開図で表すと縦3，横は円周に等しく$2\pi\times2$ ＝4π の長方形になる。表面積は

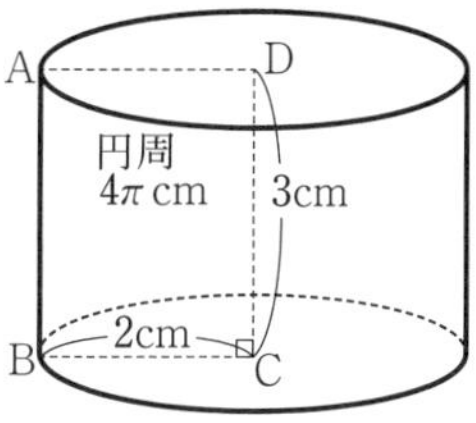

$\pi\times2^2\times2+3\times4\pi=20\pi(\text{cm}^2)$

3 ⑴ ア**1** イ**4** ⑵ ウエ**1 1** オカ**3 6**
⑶ キ**1** クケ**1 2**

解説 ⑴ 大小2つのさいころを投げると目の出方は全部で $6\times6=36$(通り) a と b がともに偶数となるのは9通りあるから

$\dfrac{9}{36}=\dfrac{1}{4}$

a	2	4	6
b	2 4 6	2 4 6	2 4 6

⑵ $a+b>ab$ (2数の和)＞(2数の積)

となるのは11通りあるから $\dfrac{11}{36}$

a	1	2	3	4	5	6
b	1 2 3 4 5 6	1	1	1	1	1

⑶ $\dfrac{1}{a}+\dfrac{1}{b}=\dfrac{1}{2}$ の両辺に $2ab$ をかけると

$2b+2a=ab,\ 2a=ab-2b,\ 2a=b(a-2)$
$2a>0$，$b>0$ だから $a-2>0$，$a>2$
$a=3$，4，6の3通りが適しているから

求める確率は $\dfrac{3}{36}=\dfrac{1}{12}$

a	3	4	6
b	6	4	3

4 ⑴ ア**3** イ**2** ウ**6** ⑵ エオ**1 8**
⑶ カキ**1 3** ク**3**

解説 ⑴ 2点A，Bは放物線①上にある。
$x=-2$，4をそれぞれ①に代入して

$y=\dfrac{3}{4}\times(-2)^2=3$，$y=\dfrac{3}{4}\times4^2=12$

A$(-2,\ 3)$，B$(4,\ 12)$ 直線 $y=ax+b$ …②は2点A，Bを通るから $3=-2a+b$
$12=4a+b$ 連立方程式を解くと

$a=\dfrac{3}{2}$，$b=6$ 直線②は $y=\dfrac{3}{2}x+6$

⑵ 図のようにCを定める。直線AB…②の切片が6だから底辺 OC＝6 2点A，Bの x 座標の絶対値を高さとする。

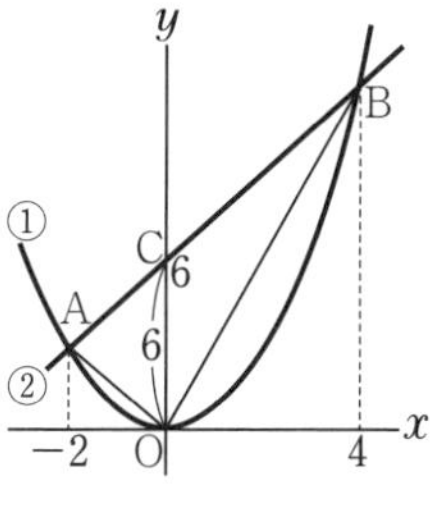

△OAB
＝△AOC＋△BOC
$=6\times2\div2+6\times4\div2=6+12=18$

⑶ y 軸上にDを定める。直線②と③は傾きが等しいから平行。

△ABPと△ABDは底辺ABが共通でAB∥DPより

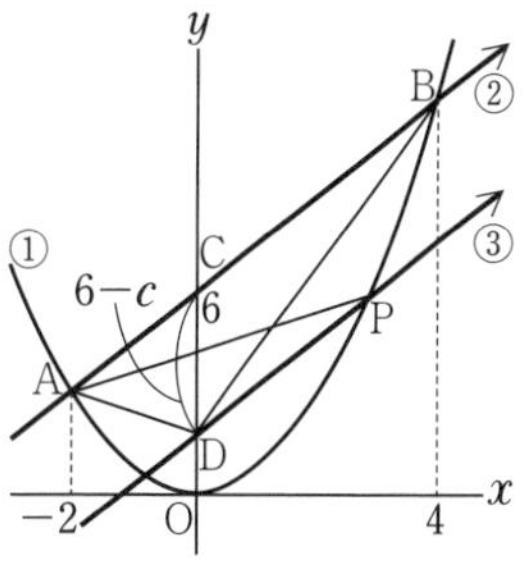

高さが等しいから面積は等しい。直線③の切片は c，OD＝c，CD＝$6-c$
△ABP＝△ABD＝△ACD＋△BCD
$=(6-c)\times2\div2+(6-c)\times4\div2$
$=18-3c$，$18-3c=5$ だから $c=\dfrac{13}{3}$

5 ⑴ ア**2** イ**6** ⑵ ウ**4** エ**5**
⑶ オ**4** カ**5** キ**5**

解説 ⑴ △ABCは直角二等辺三角形。
3辺の比は
$1:1:\sqrt{2}$
4倍して
$4:4:4\sqrt{2}$
AC＝$4\sqrt{2}$
AN＝$2\sqrt{2}$

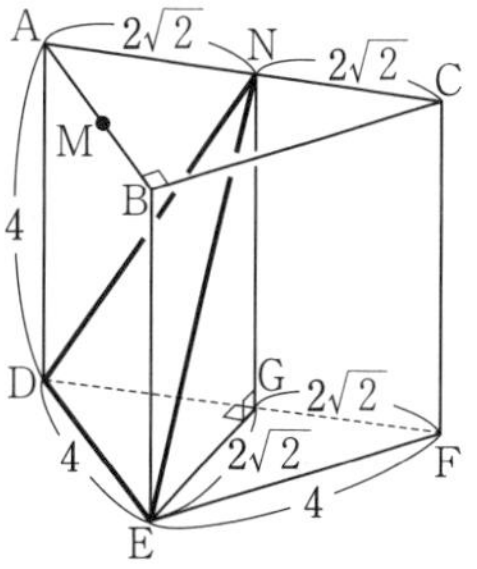

直角三角形ADNで $\text{DN}^2=4^2+(2\sqrt{2})^2$
$=24$ DN＞0より DN＝$\sqrt{24}=2\sqrt{6}$ cm

⑵ 辺DFの中点をGとする。△DEFも直角二等辺三角形でDG＝FG＝EG＝$2\sqrt{2}$ △NEGで $\text{EN}^2=4^2+(2\sqrt{2})^2$
＝24より EN＝$2\sqrt{6}$

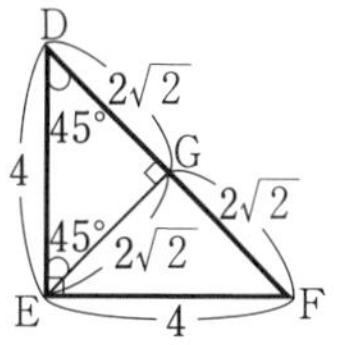

Lを定めると DL＝EL＝2，△NDLで
$2^2+\text{NL}^2=(2\sqrt{6})^2$
$\text{NL}^2=20$ よりNL＝$2\sqrt{5}$

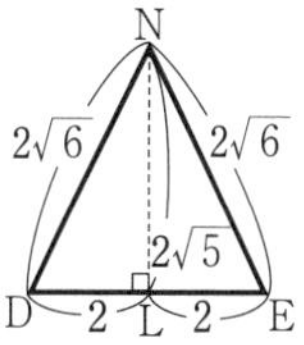

△DENの面積は $4\times2\sqrt{5}\div2=4\sqrt{5}$

⑶ △MDEを底面，MN＝$\dfrac{1}{2}$BC＝2を高さとする三角錐NMDEの体積は $\dfrac{1}{3}\times\dfrac{4\times4}{2}\times2$

$=\dfrac{16}{3}$ この三角錐

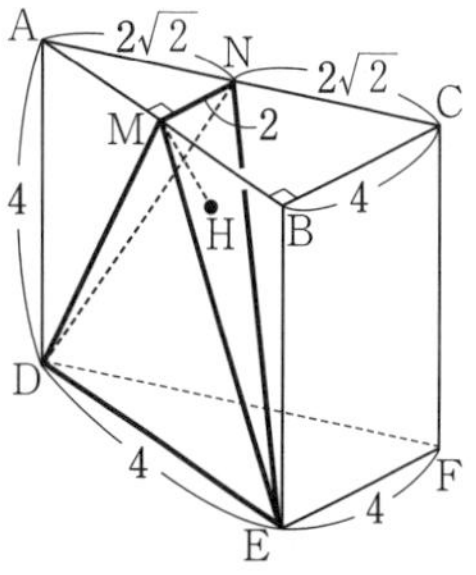

の底面を△DEN，高さを線分MHとすると同じ三角錐だから体積は等しい。

$\dfrac{1}{3}\times4\sqrt{5}\times\text{MH}=\dfrac{16}{3}$，$\text{MH}=\dfrac{4}{\sqrt{5}}=\dfrac{4\sqrt{5}}{5}$

【1】(1)　**-7**　(2)　**$\dfrac{25}{b}$**　(3)　**$2\sqrt{6}$**

(4)　**$6x^2+25xy-9y^2$**　(5)　**$(a+5b)(a-5b)$**

解説(1)　$-3-(-5)-9=-3+5-9=-7$

(2)　$20ab^2 \div \dfrac{1}{5}a^2b^4 \times \dfrac{1}{4}ab$

$=\dfrac{20ab^2}{1}\times\dfrac{5}{a^2b^4}\times\dfrac{ab}{4}=\dfrac{5\times20a^2b^3}{4a^2b^4}=\dfrac{25}{b}$

(3)　$\dfrac{\sqrt{2}}{\sqrt{3}}+\dfrac{10}{\sqrt{6}}=\dfrac{\sqrt{2}\times\sqrt{3}}{\sqrt{3}\times\sqrt{3}}+\dfrac{10\times\sqrt{6}}{\sqrt{6}\times\sqrt{6}}$

$=\dfrac{\sqrt{6}}{3}+\dfrac{10\sqrt{6}}{6}=\dfrac{\sqrt{6}}{3}+\dfrac{5\sqrt{6}}{3}=2\sqrt{6}$

(4)　$(3x-y)(2x+9y)$

$=6x^2+27xy-2xy-9y^2$

$=6x^2+25xy-9y^2$

(5)　$a^2-25b^2=a^2-(5b)^2$

$=(a+5b)(a-5b)$

【2】(1)　**$\dfrac{\sqrt{7}}{2}$**　(2)　**$x=2,\ y=-6$**

(3)　**$x=\dfrac{3\pm\sqrt{3}}{2}$**　(4)　**$-32\leqq y\leqq 0$**

(5)　**$n=6$**

解説(1)　$a^2b+ab^2=ab(a+b)$

$ab=\dfrac{\sqrt{7}-\sqrt{5}}{2}\times\dfrac{\sqrt{7}+\sqrt{5}}{2}$

$=\dfrac{(\sqrt{7})^2-(\sqrt{5})^2}{4}=\dfrac{7-5}{4}=\dfrac{1}{2}$

$a+b=\dfrac{\sqrt{7}-\sqrt{5}}{2}+\dfrac{\sqrt{7}+\sqrt{5}}{2}=\dfrac{2\sqrt{7}}{2}$

$=\sqrt{7}$，　$ab(a+b)=\dfrac{1}{2}\times\sqrt{7}=\dfrac{\sqrt{7}}{2}$

(2)　$0.3x-0.4y=3$…①　$\dfrac{3x-y}{6}=\dfrac{x-2y}{7}$…②

①×10より $3x-4y=30$…③　②×6×7より　$7(3x-y)=6(x-2y)$，$15x+5y=0$，$3x+y=0$…④　③−④より　$-5y=30$，$y=-6$　これを④に代入して　$x=2$

(3)　$x=\dfrac{-(-6)\pm\sqrt{(-6)^2-4\times2\times3}}{2\times2}$

$=\dfrac{6\pm\sqrt{12}}{2\times2}=\dfrac{6\pm2\sqrt{3}}{2\times2}=\dfrac{3\pm\sqrt{3}}{2}$

(4)　$y=-2x^2$に

$x=-4$，0，2を代入すると

$y=-2\times(-4)^2=-32$，$y=-2\times0=0$

$y=-2\times2^2=-8$

yの変域は　$-32\leqq y\leqq 0$

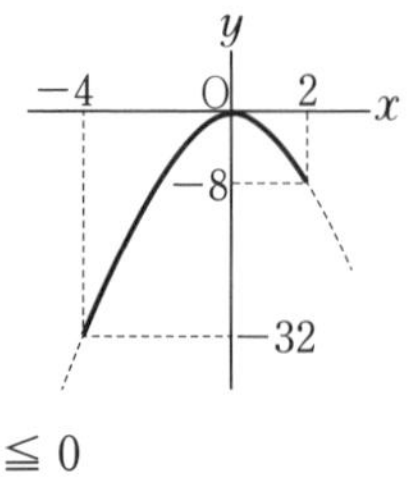

(5)　$\sqrt{\dfrac{24}{n}}=\sqrt{\dfrac{2^2\times6}{n}}=2\sqrt{\dfrac{6}{n}}$　これが整数となるとき，最も小さいnの値は　$n=6$

$n=6$のとき　$\sqrt{\dfrac{24}{n}}=\sqrt{\dfrac{24}{6}}=\sqrt{4}=2$

【3】(1)　**$x=\dfrac{14}{3}$**　(2)　**108度**　(3)　**$y=-2x+3$**

(4)　**およそ345人**　(5)　**2400円**

解説(1)　$\ell /\!/ m$ より

$3:(3+4)=2:x$

$3:7=2:x$

$3x=14$，$x=\dfrac{14}{3}$

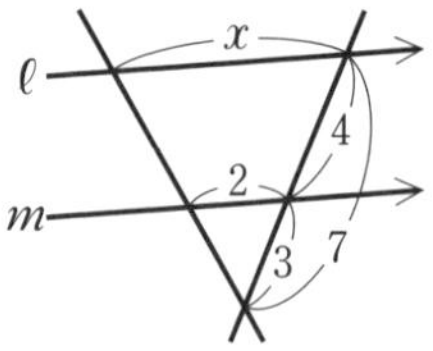

(2)　図のように記号を定める。△ABEで，**三角形の外角はそれと隣り合わない2つの内角の和に等しいから**

$\angle$BEC＝$20°+53°$　△DECでも外角を利用して

$\angle$BDC＝$\angle x=20°+53°+35°=108°$

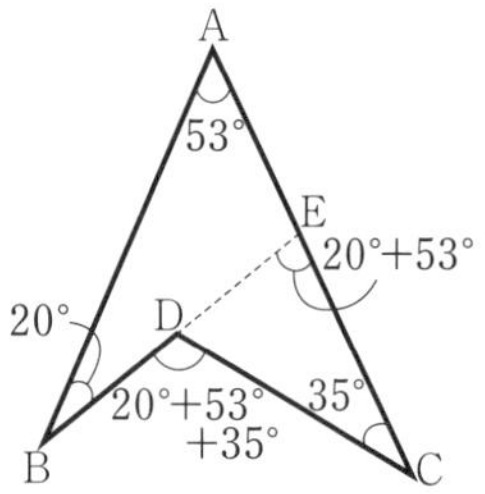

(3)　$y=-2x$に平行な直線は傾きが等しいから　$y=-2x+b$，点$(2,\ -1)$を通るから　$-1=-2\times2+b$，$b=3$　より

$y=-2x+3$

(4)　自転車通学している生徒のおよその人数をx人とすると，次の比例式が成り立つ。

$920:x=40:15$，比を簡単にして

$920:x=8:3$，$8x=920\times3$，

$x=345$　より　およそ345人

(5)　この品物の原価をx円とする。原価x円の35％，$0.35x$円の利益を見込んでつけた定価は　$x+0.35x=1.35x$(円)，定価を600円値下げして売ったから，売り値は$(1.35x-600)$円　この金額に対して原価x円の10％，$0.1x$円の利益があったから

$(1.35x-600)-x=0.1x$，

$0.25x=600$，$x=2400$(円)

【4】　**体積　18π，表面積　27π**

解説　図のような半径3の半球ができる。

体積は

$\dfrac{4}{3}\pi\times3^3\times\dfrac{1}{2}=18\pi$

表面積は球の表面積の半分と円で　$4\pi\times3^2\div2+\pi\times3^2=27\pi$

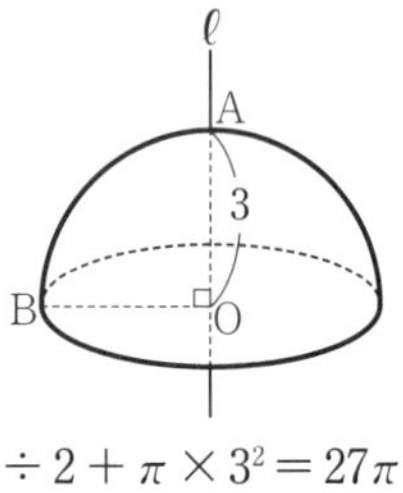

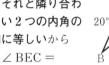

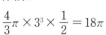

【5】(1) $\dfrac{5}{12}$ (2) $\dfrac{13}{36}$

解説 (1) 大小2個のさいころを同時に投げると，目の出方は全部で $6\times6=36$（通り）
$2a+b$ の値が10より小さくなるとき，
$2a\geqq2$，$b\geqq1$ だから $3\leqq2a+b\leqq9$ で15通りある。求める確率は $\dfrac{15}{36}=\dfrac{5}{12}$

a	1	2	3	4
$2a$	2	4	6	8
b	1 2 3 4 5 6	1 2 3 4 5	1 2 3	1

(2) $2\leqq2a\leqq12$，$1\leqq b\leqq6$ だから
$3\leqq2a+b\leqq18$，3以上18以下の素数は
3，5，7，11，13，17 で13通りある。
求める確率は $\dfrac{13}{36}$

a	1	2	3	4	5	6
$2a$	2	4	6	8	10	12
b	1 3 5	1 3	1 5	3 5	1 3	1 5

【6】(1) $8-x$ (2) 5

解説

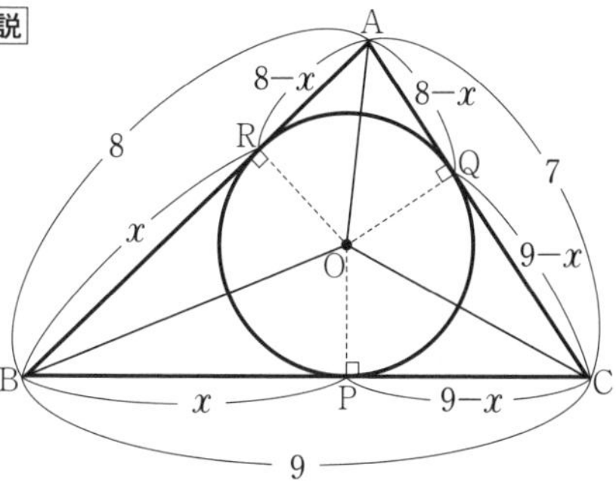

(1) 円の中心をOとする。辺AB，BC，CAは円Oの接線でもある。**円の接線は，接点を通る半径に垂直**だから BC⊥OP，CA⊥OQ，AB⊥OR 直角三角形の斜辺と他の1辺がそれぞれ等しいから
△OPB≡△ORB，△OPC≡△OQC，△OQA≡△ORA したがって
BP＝BR，CP＝CQ，AQ＝AR
円外の1点からひいた2つの接線の長さは等しい。
BP＝x のとき，BR＝BP＝x，
AQ＝AR＝$8-x$

(2) CQ＝CP＝$9-x$ だから
CA＝CQ＋AQ＝$(9-x)+(8-x)$
$=17-2x$
CA＝7より $17-2x=7$，$x=5$

【7】(1) $y=2x+3$ (2) $(2,\ -1)$
(3) $(1,\ 5)$ (4) $y=5x$

解説

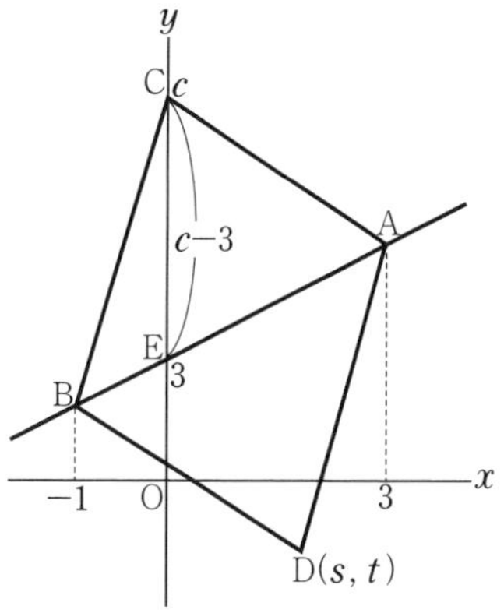

(1) 直線ABの式を $y=ax+b$ とする。2点A(3，9)，B(−1，1)を通るから
$9=3a+b$…① $1=-a+b$…②
①−②より $8=4a$，$a=2$ これを②に代入して $b=3$，$y=2x+3$

(2) 直線ABの切片は3だからE(0，3)，点Cは y 軸上にあるから
C(0，c)とすると
CE＝$c-3$
△ABC≡△BADより対角線ABは平行四辺形の面積を2等分する。

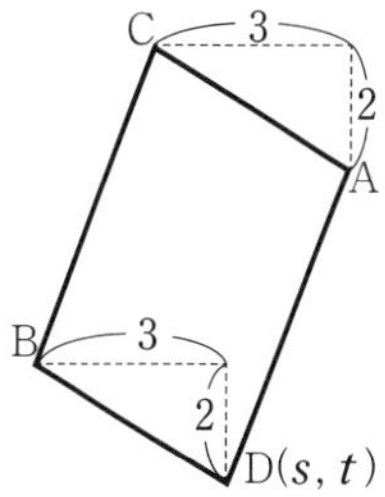

△ABCの面積は $32\div2=16$，CE＝$c-3$ を共通な底辺，A，Bの x 座標の絶対値を高さとすると
△ABC＝△ACE＋△BCE
$=(c-3)\times3\div2+(c-3)\times1\div2$
$=2c-6$，$2c-6=16$ より $c=11$
C(0，11) CA∥BD，CA＝BDだから点Cから点A(3，9)まで，右へ $3-0=3$ 下へは $9-11=-2$ より2進めばよい。点B(−1，1)から点Dまでも右へ3，下へ2進めばよい。点Dの座標を(s，t)とすると
$s=-1+3=2$，$t=1-2=-1$ より
D(2，−1)

(3) 平行四辺形ACBDの対角線の交点Mは対角線ABの中点でもある。A(3，9)，B(−1，1)だからMの x 座標 $\dfrac{3+(-1)}{2}$
$=1$，y 座標は

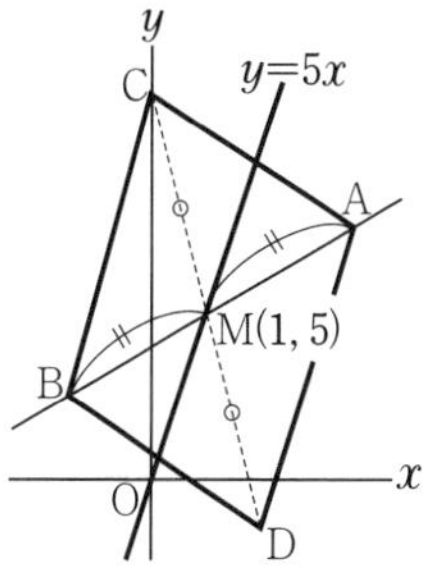

$\dfrac{9+1}{2}=5$ より M(1，5)

(4) **平行四辺形の面積を2等分する直線は，対角線の交点を通る。**原点Oと点M(1，5)を通る直線の傾きは5だから $y=5x$

1 (1) **20** (2) $\sqrt{2}$ (3) $\dfrac{2a-12}{9}$
(4) $x=-1$ (5) $x=-6,\ y=1$
(6) $x=\dfrac{-7\pm\sqrt{41}}{4}$ (7) $x=-\dfrac{1}{2}$
(8) ②, ⑤ (9) **22度** (10) $\dfrac{1}{9}$

解説 (1) $-3^2=-(3\times3)=-9$ だから
$2-3^2\times(-2)=2-9\times(-2)=2+18=20$

(2) $\sqrt{2^2\times2}-\dfrac{6\times\sqrt{2}}{\sqrt{2}\times\sqrt{2}}+2\sqrt{2}$
$=2\sqrt{2}-3\sqrt{2}+2\sqrt{2}=\sqrt{2}$

(3) $\dfrac{5a-6}{9}-\dfrac{a+2}{3}=\dfrac{5a-6}{9}-\dfrac{3(a+2)}{3\times3}$
$=\dfrac{5a-6-3(a+2)}{9}=\dfrac{2a-12}{9}$

(4) $x-4(3x-2)=19$, $x-12x+8=19$, $-11x=11$, $x=-1$

(5) $2x+y=-11$…① $x-5y=-11$…②
①－②×2より $11y=11$, $y=1$ これを②に代入して $x-5=-11$, $x=-6$

(6) $x=\dfrac{-7\pm\sqrt{7^2-4\times2\times1}}{2\times2}=\dfrac{-7\pm\sqrt{41}}{4}$

(7) y は x に比例するから $y=ax$ に $x=-4$, $y=32$ を代入して $32=-4a$, $a=-8$ で $y=-8x$, $y=4$ を代入して
$4=-8x$, $x=-\dfrac{1}{2}$

(8) ① y は x に反比例する。
② 正しい。
③ グラフは原点について対称である。
④ グラフは原点を通らない双曲線である。
⑤ 正しい。

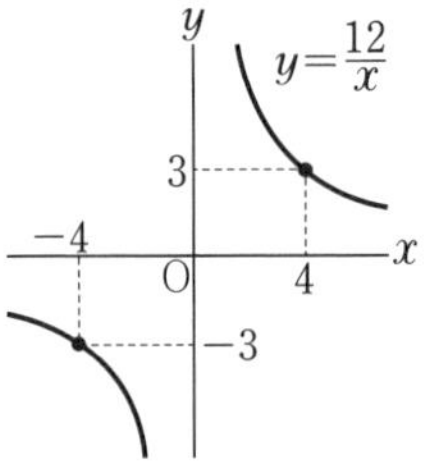

(9) 図のように記号を定める。$\overset{\frown}{AB}$ に対する円周角は等しいから∠ACB＝∠ADB＝52°, △ACE で ∠A＋∠E＝∠ACB より
∠x＋30°＝52°, ∠x＝22°

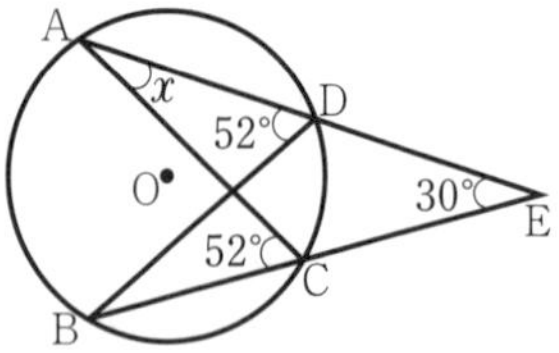

(10) 大小2個のさいころを同時に投げると目の出方は全部で $6\times6=36$(通り) 2個とも5以上の目が出るのは4通りあるから
$\dfrac{4}{36}=\dfrac{1}{9}$

大	5	6
小	5 6	5 6

2 (1) ③ (2) $6\sqrt{2}$ (3) $a=2$, $b=3$
(4) **7, 8, 13** (5) $a=7$ (6) **117度**

解説 (1) ① 最も多い値は最頻値で，平均値ではない。② 半分の15人の記録は，20m以上とは限らない。③ 合計は，平均値と人数をかけた値。$20\times30=600$(m)だから正しい。④ 15番目と16番目の記録の平均値は，中央値，第2四分位数である。

(2) $x^2y-xy^2=xy(x-y)$
$xy=(\sqrt{5}+\sqrt{2})(\sqrt{5}-\sqrt{2})$
$=(\sqrt{5})^2-(\sqrt{2})^2=5-2=3$
$x-y=(\sqrt{5}+\sqrt{2})-(\sqrt{5}-\sqrt{2})$
$=2\sqrt{2}$ だから
$xy(x-y)=3\times2\sqrt{2}=6\sqrt{2}$

(3) **解は代入する**。$x=-2$, $y=3$ を2つの方程式にそれぞれ代入すると
$-2a+3b=5$…① $-2b-3a=-12$,
$3a+2b=12$…② ①×3＋②×2より
$13b=39$, $b=3$ ②に代入して $a=2$

(4) 積が12, 和が a となる2つの整数で2次方程式の左辺を因数分解する。2つの解がともに負の整数となるから $x^2+ax+12=0$ は $(x+1)(x+12)=0$, $x^2+13x+12=0$
$(x+2)(x+6)=0$, $x^2+8x+12=0$
$(x+3)(x+4)=0$, $x^2+7x+12=0$
したがって $a=7$, 8, 13

(5) $y=2x^2$ について，x の値が a から $a+2$ まで増加するときの変化の割合は
$\{a+(a+2)\}\times2=4a+4$ のように計算できる。これが32になるから
$4a+4=32$, $a=7$

(6)

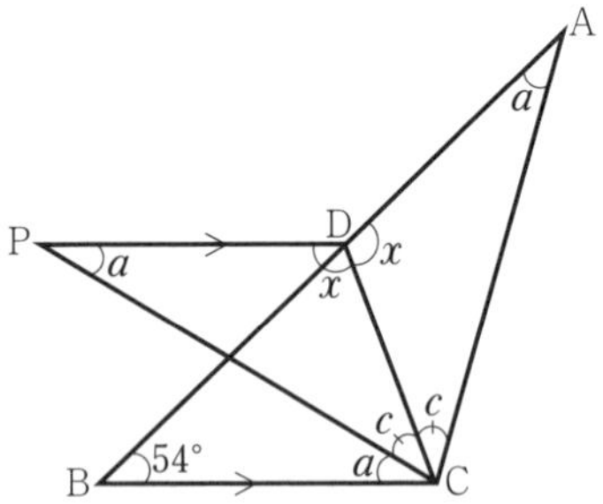

折り返した図形ともとの図形は合同だから △PDC≡△ADC, ∠PDC＝∠ADC＝∠x, ∠P＝∠A＝∠a, ∠PCD＝∠ACD＝∠c とする。PD∥BC で平行線の錯角は等しいから∠PCB＝∠DPC＝∠a △ADC で∠x＋∠a＋∠c＝180° …① △DBC で，**三角形の外角はそれと隣り合わない2つの内角の和に等しい**から
54°＋∠a＋∠c＝∠x
∠a＋∠c＝∠x－54° …② ②を①に代入して ∠x＋(∠x－54°)＝180°
2∠x＝234°, ∠x＝117°

3 (1) **ア $2n+2$ イ $8n+4$ ウ 2**
(2) **500**

解説 (1) ア 連続する2つの偶数について，nを整数として小さい方の偶数を$2n$とする。大きい方の偶数は$2n$より2大きいから $2n+2$ イ $(2n+2)^2-(2n)^2$
$=4n^2+8n+4-4n^2=8n+4$
ウ 小さい方の偶数と大きい方の偶数の和は $2n+(2n+2)=4n+2$ だから
$8n+4=2(4n+2)$ で，2倍している。
(2) 124と126は連続する2つの偶数だからそれぞれを2乗して差を計算すると，2つの偶数の和を2倍した値になる。
$126^2-124^2=2\times(124+126)=2\times250=500$

4 (1) **8L** (2) **3.5L** (3) **午前5時30分**

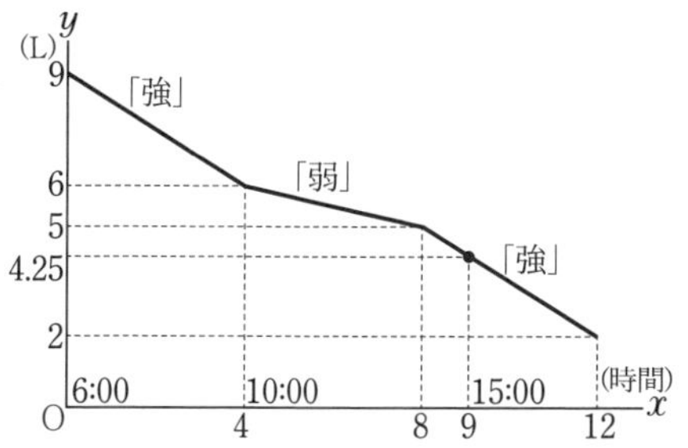

解説 (1) 点火してから4時間は「強」で使用する。1時間に0.75Lの灯油を消費するから
1時間20分$=1\frac{20}{60}=\frac{4}{3}$時間では$0.75\times\frac{4}{3}=$
1(L)消費し，残りの量は $9-1=8$(L)
(2) 午前6時から午前10時までの4時間は「強」で使用するから $0.75\times4=3$(L) 消費する。午前10時から午後2時までの4時間は「弱」で使用するから $0.25\times4=1$L 消費する。午後2時から午後4時までの2時間は再び「強」で使用するから $0.75\times2=1.5$(L)消費する。点火後午後4時までに $3+1+1.5=5.5$(L) 使用したから，灯油の残りの量は $9-5.5=3.5$(L)
(3) 前の日，午後2時に $3+1=4$(L)，午後3時の時点では $4+0.75=4.75$(L)消費した。前の日も次の日も点火前9Lの灯油があったから，午後3時の時点で残りの量が等しくなることは，消費量が等しくなることと同じ。次の日は「中」で使用したから $4.75\div0.5=9.5$(時間) 使った。午後3時$=15$時から9.5時間前の時刻は
$15-9.5=5.5$ より 午前5時30分

5 (1) **3本** (2) **32cm³** (3) $\frac{36}{7}$**cm**

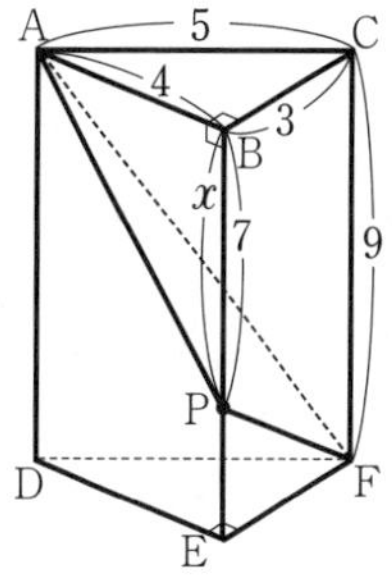

解説 (1) 辺ACとねじれの位置にある，平行でなく交わらない辺は辺BE，DE，FEの3本。
(2) 台形BPFCを底面，辺ABを高さとする四角錐の体積を求める。
$\frac{1}{3}\times\frac{(7+9)\times3}{2}\times4=16\times2=32$(cm³)
(3)

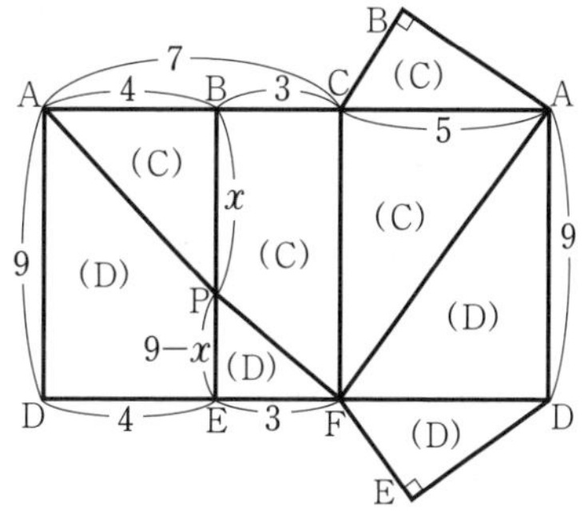

$BP=x$とすると$PE=9-x$ 2つに分けた点Cを含む立体と点Dを含む立体について，切り口の△APFは共通，△ACF≡△FDA，△BCA≡△EFD 表面積が等しいとき，△APB，台形BPFCの和と，△PEF，台形ADEPの和が等しい。これは△APB，台形BPFCの和が長方形ADFCの面積の半分に等しいこと。
$4x\div2+3(x+9)\div2=9\times7\div2$，$x=\frac{36}{7}$

6 (1) **5π m** (2) **$y=\frac{5}{4}\pi x$** (3) **3.2倍**

解説 (1) 後輪の直径が1mだから，円周は $1\times\pi=\pi$(m) 後輪は1回転するとπ m進む。ギア比の値が2.5のときペダル1回転で後輪は2.5回転するから，ペダルを2回転させると $2.5\times2\times\pi=5\pi$ m進む。
(2) 歯車①の歯数32，ギア比の値は $\frac{40}{32}=\frac{5}{4}$
ペダル1回転で後輪は$\frac{5}{4}$回転する。ペダルがx回転すると後輪は$\frac{5}{4}x$回転するから距離yは $y=\frac{5}{4}x\times\pi$，$y=\frac{5}{4}\pi x$
(3) 歯車①のギア比の値は$\frac{5}{4}$，歯車②は $\frac{40}{10}=4$ ギア比の値はペダルを1回転させたときの後輪の回転数を表す。1回転で後輪の進む距離は ① $\frac{5}{4}\pi$ m ② 4π m
$4\pi\div\frac{5}{4}\pi=4\pi\times\frac{4}{5\pi}=\frac{16}{5}=3.2$(倍)

～は…の何倍か⇒(～は)÷(…の)

県内の私立高等学校紹介

- 作新学院高等学校
- 文星芸術大学附属高等学校
- 宇都宮文星女子高等学校
- 宇都宮短期大学附属高等学校
- 星の杜高等学校
- 國學院大學栃木高等学校
- 佐野日本大学高等学校
- 佐野清澄高等学校
- 青藍泰斗高等学校
- 白鷗大学足利高等学校
- 足利短期大学附属高等学校
- 足利大学附属高等学校
- 矢板中央高等学校

※学校説明会などの各種日程は中止・変更になる可能性があります。各校のホームページやお電話にてご確認ください。

Pride.
BUNSEI
ONE STEP BEYOND
人生を強くする文星
文星芸術大学附属高等学校

未来を つくる、いきる ちから。
秀英特進科
秀英特進コース
英語留学コース
普通科
選抜進学コース
美術デザインコース
文理探究コース
総合ビジネス科
ICTコース
会計・流通コース
一日体験学習 9:00～・13:00～
7月29日(土)・30日(日)・8月5日(土)・6日(日)
なでしこ祭・入試相談会 10:00～
9月23日(土)
相談会・説明会
▶入試相談会 18:00～
10月6日(金)・20日(金)・11月2日(木)
▶学校見学説明会 10:00～
9月30日(土)・10月14日(土)・10月28日(土)・
11月11日(土)
宇都宮文星女子高等学校

KOKU TOCHI
KOKUGAKUIN UNIVERSITY TOCHIGI HIGH SCHOOL

たくましく　直く　明るく　さわやかに

國學院大學栃木高等学校

〒328-8588 栃木県栃木市平井町608番地　TEL 0282(22)5511　https://kokugakuintochigi.jp

君の本気が國栃《ココ》にある

Youth in earnest

普通科4コース
- 特別選抜Sコース　最難関国公私立大学を目指す
- 特別選抜コース　難関国公私立大学を目指す
- 選抜コース　GMARCHレベルの私立大学を目指す
- 文理コース　國學院大學をはじめ、有名私立大学を目指す

令和5年度入試　大学合格実績

国公立大学（大学校を含む）59名

筑波大学、お茶の水女子大学、千葉大学、埼玉大学、宇都宮大学、茨城大学、群馬大学、東京都立大学、埼玉県立大学、高崎経済大学、群馬県立女子大学、防衛大学校、防衛医科大学校　など

私立大学500名以上合格

國學院大學（文学部・神道文化学部・法学部・経済学部・人間開発学部・観光まちづくり学部）、早稲田大学、慶應義塾大学、上智大学、東京理科大学、青山学院大学、学習院大学、中央大学、法政大学、明治大学、立教大学、同志社大学、成蹊大学、成城大学、津田塾大学、芝浦工業大学、国際医療福祉大学（医含む）、自治医科大学（医含む）、獨協医科大学　など

◇一日体験学習『Come on in 国学院』
第1回7月22日(土) 第2回7月29日(土)

◇中学3年生対象学力診断テスト
『国栃チャレンジテスト』10月8日（日）
◎入試本番の雰囲気を体験しながら、学力到達度が分かります。

◇入試説明会・個別相談会
**9月23日（土・祝）　10月22日（日）　11月4日（土）
11月11日（土）　11月23日（木・祝）**

※詳細は、ホームページでご確認ください。

佐野日本大学高等学校

叶えたい未来はここから始まる！

現役合格率 **98.3%**

令和5年度　大学合格状況
東京大学、東京工業大学、群馬大学（医・医）、筑波大学など合格

◎国公立大学35名合格
東京大学、東京工業大学、群馬大学(医・医)、筑波大学、金沢大学、東京学芸大学、広島大学、横浜国立大学、山形大学、埼玉大学、宇都宮大学、防衛医科大学校（看）など

◎日本大学364名合格
法30名、経済28名、文理43名、理工40名、薬5名、歯3名など

◎日本大学以外の難関私立大学等198名合格
早稲田大学4名、慶應義塾大学4名、GMARCH上理26名など

◎医歯薬獣医系大学学部40名合格
医1名、歯12名、薬15名、獣医1名、看護11名
群馬大学（医1）、慶應義塾大学（薬1）、国際医療福祉大学（薬1看1）など

普通科　3コース＋αクラス
- ●特別進学コースαクラス
- ●特別進学コース
- ●スーパー進学コース
- ●進学コース

①日本大学への付属推薦制度
②進級時のコース・クラスのランクアップ制度
③難関大学合格と部活動の両立可能なカリキュラム
④放課後と土曜日を活用した充実の学習サポート体制
⑤3 年間継続可能な奨学生制度

オープンキャンパス（生徒保護者対象）

コース説明・見学会	7/30(日) 8/5（土）8/6(日)
入学説明・相談会	9/23(土祝) 10/22（日）11/3(金祝) 11/19（日）11/23（木祝）

学力判定テスト　10月14日（土）
SANICHI Achievement 2023
受験料無料

学校法人 佐山学園

全学科共学

佐野清澄高等学校

オープンキャンパス

第1回 8月5日㊏

第2回 8月26日㊏

学校説明＋見学

入試相談会

第1回 11月11日㊏

第2回 11月18日㊏

第3回 12月2日㊏

個別相談＋見学

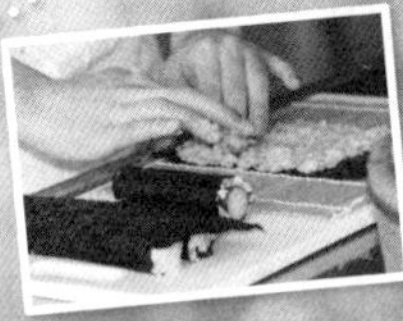

なりたい自分になろう!

〒327-0843 栃木県佐野市堀米町840番地
●Tel 0283-23-0841(代) ●Fax 0283-23-0842

詳しくはこちら▶
https://www.sanokiyosumi-h.ed.jp

SEIRANTAITO

学校法人　永井学園

青藍泰斗高等学校

きっと君を輝かせる

- ■ 普通科（共学）
- ■ 総合ビジネス科（共学）
- ■ 総合生活科（女子）

学校見学会

○第１回　7／29(土)
○第２回　7／30(日)
○第３回　8／ 4(金)
○第４回　8／ 5(土)
○第５回　11／ 3(金・祝)

入試相談会

① 8／27(日)　② 9／16(土)
③ 9／30(土)　④10／14(土)
⑤10／29(日)　⑥11／11(土)

〒327-0501栃木県佐野市葛生東2-8-3
TEL 0283-86-2511 FAX 0283-85-2280
E-mail info@seirantaito.ed.jp URL http://www.seirantaito.ed.jp

白鷗大学足利高等学校

HP https://hakuoh-h.jp/　MAIL nyushi-h@hakuoh.ed.jp　TEL 0284-41-0890

令和４年度大学入試　**国公立大学 39 名　私立大学 567 名　合格**

北海道大学　東北大学　千葉大学　金沢大学　信州大学　埼玉大学　茨城大学　群馬大学　新潟大学　白鷗大学
早稲田大学　慶應義塾大学　上智大学　東京理科大学　立教大学　中央大学　明治大学　法政大学　東京薬科大学
立命館大学　明治学院大学　成蹊大学　武蔵大学　芝浦工業大学　等

4月10日現在

コースを再編！　充実したカリキュラムで進学をサポート！

2024年度募集するコースは、特別進学コースと進学コースと総合進学コースです。
生徒の希望する進学を強力にサポートします！

全国大会 関東大会等で活躍　文武両道を実践

昨年度は、柔道部、陸上競技部、女子ソフトテニス部、女子バスケットボール部、
男子ソフトボール部、ボクシング部、バトントワリング部、囲碁・将棋部が出場しました。

一日体験学習
富田キャンパス・本校舎
8/5（土）、8/6（日）

学校説明会・部活動見学会
本校舎 8/26（土）、9/2（土）
学校説明会・見学会
本校舎 9/30（土）

オープンキャンパス
富田キャンパス
10/7（土）、10/21（土）

※予定を変更させていただく場合がございます。

足利短期大学附属高等学校

2024年春、新しいコースとともに生まれかわります

（バトントワリング部）

普通科（女子）
・アドバンス進学コース
・ヒューマンケア進学コース
・こども教育進学コース
入学時は普通科としての一括募集とし、
2年進級時にコース選択をします。

学校見学会　7/29（土）・30（日）・9/3（日）

中学生・保護者対象入試説明会　午前9:30～
10/14（土）・21（土）
11/4（土）・11（土）・18（土）・25（土）
12/2（土）

◆足利大学
（工学部／看護学部）
◆足利短期大学
（こども学科）
への

優先入学の道が開かれます。

〒326-0808　栃木県足利市本城3丁目2120
電話 0284（21）7344　FAX 0284（21）1380

本書の刊行にあたり、アンケート等の協力や入学試験問題を提供していただいた栃木県教育委員会ならびに県立・私立高等学校、高等専門学校の先生方に、心よりお礼申し上げます。

令和6年受験用
栃木県高校入試の対策2024

令和5年6月30日　第1刷　発行

●監　修●
下野新聞社
高校進学指導委員会

●制作発行●
下野新聞社
〒320-8686　栃木県宇都宮市昭和1-8-11
TEL028-625-1111(代表)
028-625-1135(編集出版部)

●印　刷●
凸版印刷(株)